Gisela von Frankenberg

Kulturvergleichendes Lexikon
Von Abendland bis Zweisonnen-System

Meinen Förderern
Christof und Ursula Engelhorn
gewidmet

Gisela von Frankenberg

Kulturvergleichendes Lexikon

Von Abendland bis Zweisonnen-System

Verlegt von Gisela Meussling

ISBN 3-922129-06-4

1. Auflage 1985

Satz und Druck: Fuldaer Verlagsanstalt GmbH, Fulda
Bindung: Buchbinderei Fleischmann, Fulda
Verlag Gisela Meussling (edition die maus), 5300 Bonn

Vorwort

Im Dezemberheft 1983 der Service-Studien des neuen Magazins TREND-RADAR erschien unter der Überschrift »Achtung Trend: Die stille Kultur-Revolution« als Versuch einer ersten Prognose für die 80er Jahre unter anderem folgendes Fazit:

»8. Eine **New-Age-Bewegung** etabliert sich. Speziell in unserem Land wird sich der ›kalifornische Zukunfts-Impuls‹ mit der ›gründelnden Such-Kultur‹ der Deutschen verbinden. Ein spirituell begründetes Transformations-Netzwerk wird entstehen, das in Deutschland die Verschmelzung der getrennten Weisheitslehren zugunsten einer ›Weltweisheit‹ anstrebt.«

Es ist naheliegend, dies auch als Hinweis auf die spirituelle Achse Kolawole/San Francisco, Kalifornien - Muiska-Museum/München, Deutschland, zu deuten mit Übertrag der Formel DIE EINE WELTWEISHEIT auf das darin entstandene, 20 Jahre Forschung zum Abschluß bringende »Kulturvergleichende Lexikon«. Im Gegensatz zu bisher erschienenen enzyklopädischen Nachschlagwerken, die entweder nur ein bestimmtes Sachgebiet in umfassenden Details vorlegen oder aber zum »Vollständigen Universallexikon aller Wissenschaften und Künste« in 60 und mehr Bänden anwachsen, wird hier ein neuer Synthese-Weg zwischen Expertentum und summarischem Bildungsberg eingeschlagen. Denn beides leidet meines Erachtens unter dem gleichen Konservatismus einer Überbewertung sowohl männlicher wie abendländisch-westlicher Maßstäbe. Auch wird keine Überlieferung hinterfragt, schon gar nicht die der Religionen, Geschichtsbücher, Mythen und Theoriemodelle. Alles wird nur aufgezählt, Querverbindungen, die aus der verwirrenden Vielfalt eine begreifbare Einheit machen könnten, fehlen.

Dieses Lexikon bietet erstmalig Vielheit UND Einheit quer durch alle Zeiten und Völker. Deshalb ist es getränkt mit Hinweispfeilen, die - folgt man ihnen eine Weile als Bewußtseinserweiterung suchender Wanderer - das traditionell lineare Denken zum Kreis umbiegen und schließlich den so lange schon ersehnten Beweis liefern, daß wirklich alles mit allem sinnvoll zusammenhängt. Vorgenommene Korrekturen an gängigen Interpretationen, jeweils gekennzeichnet durch den Hinweis THESE (des Lexikons, bzw. seiner Autorin), führen dabei nicht zu neuen verwirrenden Modellen, sondern zu einer Weltformel, die ich 1978 auf der Biennale von Venedig zum erstenmal als Performance vorführte. Sie erhebt den Anspruch globaler Gültigkeit, weil die Denksysteme aller Kontinente darin enthalten und aufeinander bezogen sind. Daß daneben die Detailfülle so begrenzt bleibt, daß ein Lexikon-Band für die Beweisbarkeit einer Weltweisheit ausreicht, sollte toleriert werden können. Quantität ist für das kommende Neue Zeitalter (new age) kein Kriterium mehr. »Aufbruch zu einer höheren Form von Vernunft« ist laut TREND-RADAR-Report die Devise. Und wer sich darunter nichts vorstellen kann, schlage in diesem Lexikon gleich als erstes den Begriff VERNUNFT nach. Nicht zuletzt, um auch den »kalifornischen Zukunfts-Impuls« kennenzulernen. Es wünscht Ihnen eine gute Passage

München, 15. Februar 1984

Gisela von Frankenberg

Abkürzungsverzeichnis

a. auch
Abb. Abbildung
Abk. Abkürzung
afrik. afrikanisch
äg. ägyptisch
Äg. Ägyptisch
ahd. althochdeutsch
alchem. alchemistisch
allg. allgemein
amerik. amerikanisch
anarch. anarchistisch
Anf. Anfang
Angeh. Angehörige
Anm. Anmerkung
apok. apokalyptisch
Apok. Apokalypse
äqv. äquivalent
Äqv. Äquivalent
A.R. Altes Reich
archäol. archäologisch
Archäol. Archäologie
Art. Artikel
astrol. astrologisch
Astrol. Astrologie
AT Altes Testament
atl. atlantisch
Aug. August
ausl. ausländisch
ausschl. ausschließlich
azt. aztekisch

babyl. babylonisch
Babyl. Babylonisch
bed. bedeutet, bedeuten, bedeutend
Bed. Bedeutung
begr. begründet
Begr. Begründer
bek. bekannt
bes. besonders
best. bestimmt
betr. betreffend
Bev. Bevölkerung
bez. bezeichnet, bezeichnen
Bez. Bezeichnung
brasil. brasilianisch
Bsp. Beispiel
byzant. byzantinisch
bzgl. bezüglich
bzw. beziehungsweise

ca. circa
Calif. California
charakt. charakteristisch
chichim. chichimekisch
chin. chinesisch
cm Zentimeter

Darst. Darstellung
dazw. dazwischen
Def. Definition
dergl. dergleichen
desgl. desgleichen
Det. Detail
Deut. Deuteronomium
Dez. Dezember
d. h. das heißt
d. J. der Jüngere
dogm. dogmatisch
dt. deutsch
Dyn. Dynastie

ebd. ebenda
ebf. ebenfalls
ehem. ehemals, ehemalig
eigtl. eigentlich
einschl. einschließlich
Einz. Einzahl
enth. enthalten
entspr. entspricht, entsprechen, entspechend
entw. entweder
Erl. Erläuterung
err. errichtet
erw. erwähnt
etc. et cetera
esot. esoterisch
europ. europäisch
evang. evangelisch
evtl. eventuell
extraterr. extraterrestrisch
Ez. Ezechiel

Febr. Februar
folg. folgend
fragment. fragmentarisch
frz. französisch

geb. geboren
Geb. Gebirge
gegr. gegründet
gen. genannt
germ. germanisch
ges. gesamt
Gesch. Geschichte
gesellsch. gesellschaftlich
gg. gegen
ggb. gegenüber
Ggs. Gegensatz

hebr. hebräisch
Hen. Henoch
hermaphrod. hermaphroditisch
hl. heilig
Hl. Heilig...

idg. indogermanisch
individ. individuell
inkl. inklusive
insbes. insbesondere
insg. insgesamt
inter. interessant
intern. international
inzw. inzwischen
ital. italienisch

J. Jahr
Jan. Januar
jap. japanisch
Jap. Japanisch
Jh. Jahrhundert
Joh. Johannes
Jt. Jahrtausend

kanaan. kanaanäisch
Kap. Kapitel
kapital. kapitalistisch
kath. katholisch
km Kilometer
kommun. kommunistisch

l. links, link...
lat. lateinisch
Lex. Lexikon
lit. litauisch
Lk. Lukas
lt. laut

m Meter
MA Mittelalter
mater. materiell
material. materialistisch
math. mathematisch
Mehrz. Mehrzahl
mesop. mesopotamisch
mex. mexikanisch
mhd. mittelhochdeutsch
Mio. Million
Mitgl. Mitglieder
Mk. Markus
mod. modern
Mrd. Milliarde
Mt. Matthäus
mythol. mythologisch
Mythol. Mythologie

N Nord(en)
Nachf. Nachfahre
nhd. neuhochdeutsch
niederl. niederländisch
nm Nanometer
Nov. November
Nr. Nummer
NT Neues Testament
Nv. Namensvariante
n. Z. nach der Zeitrechnung

O Ost(en)
o. ä. oder ähnliche(s)
od. oder
offiz. offiziell
Okt. Oktober
österr. österreichisch

paläst. palästinisch
par. parallel
Par. Parallele
philos. philosophisch
Philos. Philosophie
Pl. Plural
portug. portugiesisch
prinzip. prinzipiell
Prof. Professor
Ps. Psalm
psychol. psychologisch
Psychol. Psychologie

qkm Quadratkilometer

r. rechts, recht...
rd. rund
reformat. reformatorisch
rel. relativ
relig. religiös
Repr. Repräsentant(in)
republik. republikanisch

S Süd(en)
s. siehe
S. Seite
s. a. siehe auch
Schreibvar. Schreibvariante
sec. Sekunde
sem. semitisch
Sept. September
Sg. Singular
skand. skandinavisch
sog. sogenannt
spez. speziell
spirit. spirituell
St. Stunde(n)
Stichw. Stichwort
sum. sumerisch
symb. symbolisch
system. systematisch

tats. tatsächlich
teilw. teilweise
Temp. Temperatur
theol. theologisch
Theol. Theologie
tib. tibetanisch

u. und
u. a. und andere, unter anderem
u. ä. und ähnliche(s)
übers. übersetzt
Übers. Übersetzung
übertr. übertragen
umgek. umgekehrt
unbek. unbekannt
urspr. ursprünglich
usw. und so weiter
u. U. unter Umständen

v. a. vor allem
Var. Variante
Verf. Verfasser(in)
versch. verschieden
verw. verwandt
vgl. vergleiche
vorh. vorhanden
v. Z. vor der Zeitrechnung

W West(en)
wahrsch. wahrscheinlich

Z. Zeichen
zahlr. zahlreich
z. B. zum Beispiel
zeitw. zeitweise
z. T. zum Teil
zus. zusammen
Zus. Zusammensetzung
zw. zwischen
z. Z. zur Zeit

Buchstabe A Alpha

Grundmotiv  Triumphtanz

Aaron: Bruder des Moses↗; These: entspr. dem äg. Semenchkare↗, Bruder des Echnaton↗.
Ab: Gottvater u. Vater (kanaan.); These: Sonnenkern↗(A) plus Sonnenbarke↗(B). Äqv.: Brahma↗, Al↗.
Abdu: Fisch↗; Bez. für Osiris↗nach der Ermordung.
Abel: 2. Sohn von Eva↗; These: eines der vier Horuskinder↗. Lt. Genesis↗von Kain↗ermordet.
Abendbarke: am Abend wechselt der Sonnengott↗das Schiff u. zieht über den Gegenhimmel zum O zurück, um hier die Tagesbarke↗zu besteigen. Äg. Name: Mesektet. These: beide Barken entspr. zus. dem B des Sonnenaufbaus, im Übertrag aber a. Sonne↗ (Tagesbarke) und Mond↗(Abend- oder Nachtbarke). Z.:

Abendland: heute der europ. Kulturkreis, ggb. Morgenland (Asien) u. Land gen Mitternacht = Amerika. These: früher Afrika inkl. Ägypten ab Nullmeridian (etwa Nilverlauf) nach W personifiziert als Göttin Amentet↗.
Abendmahl: das Abschiedsmahl von Jesus↗im Kreis der 12 Jünger. Wie man heute weiß, vollzog es sich streng nach den Regeln der Essener↗, taucht aber schon im Baal-Epos↗auf.
Abia: hebr. Personenname, der sich ›Jahwe↗ist Vater‹ übers. These: die eigentl. Zus. lautet *Ab* (Vater) ist *Ia*↗(Jahwe). Ein Beispiel für Ab↗.
Abraham: in der Bibel↗Abram. These: der Name setzt sich aus *Ab*↗(Vater) und *Ram* (Widder↗) zus., macht symb. aus ihm einen Sohn des Widders, weshalb er bei Darst. mit Widderkopf auftaucht. Gilt als

Dominikaner-Allegorie, Florenz

Stammvater der Juden↗, wird in der Bibel (1 Mose 14/13) als Hebräer↗bezeichnet. Graves: »Abraham - das Wort bezeichnet einen weitgewanderten Stamm, der Ende des 3. Jt. v. Z. aus Armenien in Palästina eingedrungen war« (nach Temple, 1977: 348). Das macht aus dem Widder eine Zeitangabe des Zodiak↗, u. zwar für die Völkerwanderung↗.
Ab.sin: sum. Name für den Zodiaksektor Jungfrau↗. These: die Übers. *Ab* (Vater) ist *sin*↗deutet sowohl auf den Mond↗, in den die Mayas den Hasen↗ verlegten (Jungfrau = Hase im Tierkreis), wie auf die Sintflut↗, die sich am Ende dieses Sektors ereignete.
Absolutismus: unbeschränkte (absolute) Staatsgewalt in einer aristokratischen Hand. S. Ludwig XIV.↗.
Abubakari II.: Negerkönig von Mali↗, der 1311 nach Mexiko↗ segelte u. als Quetzalcoatl↗ gefeiert wurde.
Abusua: schlecht übers. mit ›Blutseele‹↗, ein Attribut der Psyche↗, das Dauer hat und eng mit der weibl. Erbfolge verknüpft ist (Ashanti). These: Par. zum äg. Ka↗(Geist) bzw. zur Nommo↗-Linie der Dogon↗.
Abydos: oberäg. Nekropole↗(Totenstadt), aus der die Mordstätte des Osiris↗gemacht wurde. Hier lagen auf einem Hügel die Gräber der Pharaonen↗der 1. u. 2. Dyn.↗; eines von ihnen betrachtete man als das Osirisgrab↗, gekennzeichnet durch die Kopfreliquie↗ des Osiris. Man fand zahlr. Scherben von Weihegeschenken; noch von den Griechen aufgesuchtes Wallfahrtsziel.
Ac: Schildkröte, bestehend aus Sternen im Bild der Zwillinge↗(Maya).
Acat: Nv. von Akad, reduziert auf Ak↗(Schöpfer), a. im Titel Ce Acatl↗ enth.
Ach, Mehrz. Achu: Wesen, die sich in einem über das Irdische hinausgehenden lichteren Daseinszustand befinden (Ägypten). Rangmäßig folgen sie den Göttern↗. Man unterschied: Götter, Achu, Menschen, Tote. Der Tote↗ist nicht ohne weiteres ein Ach, erst die Verklärungen des Totenpriesters machen ihn zu einem solchen. Symbol: Ibis↗.
Achäer: altgriech. Stamm in Thessalien u. auf dem Peloponnes (Achaia). Bei Homer auf Kreta ansässig u. Bez. aller Griechen↗, die nach Troja↗zogen. Auch: Seevolk (wie die Etrusker↗).
Achath: Göttin↗auf der unerreichbaren Ebene der Absolutheit und Unendlichkeit: Eins, Einheit↗. Achath-Ruach↗-Elohim-Chiim, übers. mit: Eine ist sie - der Geist - der Elohim↗ - des Lebens (hebr.). These: entspr. der ind. Adi↗.
Achet: äg. Metapher für Tempel↗, Schriftbild  ein Urhügel↗. Auch ›Horizont‹ gen., so bei

Harachte ↗. Eine Tempelstadt des Namens ist Achetaton ↗.

Achetaton: Tempel od. Tempelstadt für Aton ↗, gebaut von Echnaton ↗. Heute bek. als Tell el-Amarna ↗. S. Achet ↗.

Actum: Tempel und Höhle (Maya).

Ad: der Erste (Sanskrit); Verdoppelung Adad ↗.

Adad: der Einzige; z. B. Baal ↗-Adad (od. Hadad).

Adam: Mensch (hebr.); Blavatsky ↗: »Der Name Adam oder Mensch schließt in sich selbst die doppelte Form des Daseins ↗ ein. Er ist wesensgleich mit Athamas oder Thomas ↗ (Tamil ↗, Tam ↗), welches durch das griech. Didymos, ein Zwilling ↗, wiedergegeben wird. - Im Hebr. heißt die irdische Erde Adamah ↗, und da es keinen Artikel gibt, ist Adam sowohl männlich wie weiblich und bedeutet ›über die Erde herrschen‹« (Geheimlehre II, 143). - Der Name, mit dem man in Ozeanien ↗ den Vorfahren bezeichnet, variiert um die gemeinsame Wurzel: Tumu, Atua, Matua, Tamate, Tuma. Wiederum hieß in Ägypten in den Texten des A. R. der erste Ahne Atum ↗, woraus die Israeliten und nach ihnen die Christen Adam machten. - Die Kabala ↗ unterscheidet zwei: A. Kadmon ↗ und A. Rishon ↗.

Adamah: ird. Erde ↗ im Talmud ↗; bei den Dogon ↗ unrein, im Ggs. zur Erde des Sirius ↗, die als rein gilt. - Aus A. entstand Adam Rischon ↗.

Adam Kadmon: der himml. Mensch oder Mensch, der im Himmel lebt. Blavatsky ↗: »Die 1. Ursache (Logos ↗), die ursprüngliche und ewige Idee, offenbart sich durch Adam Kadmon (auch Kadmos), den 2. Logos« (Geheimlehre I, 235). - Wittlich: »dem jüd. Adam Kadmon entspricht in Ägypten die Göttin Nut ↗« (Symbole, 22). These: Logosträger bzw. Nommo ↗, denn die Silbe *Kad* hat in der Kabala den Stellenwert 24 = die 24 Grundmotive ↗ des Kosmos ↗. Äg. Entsprechung: Osiris ↗.

Adam Rishon: unser Erzvater, der erste von Gott geschaffene ird. Mensch; zuerst hermaphroditisch, dann geteilt in Adam ↗ und Eva ↗.

Adam's Peak: Wallfahrtsberg in Ceylon ↗, auf den sich Adam ↗ nach dem Paradiesverlust ↗ lt. Mythos flüchtete.

Adamu: lt. Blavatsky ↗ Bez. der dunklen Rasse, d. h. des schwarzen Adam = die Lemuren ↗.

Adapa: mesop. Held, der die Chance nicht nützt, unsterbl. zu werden; geschaffen von Ea ↗.

Adi: das Erste oder Eka ↗ = Eins; das kollektive Aggregat oder die Gesamtheit der Hauptschöpfer oder Architekten des sichtbaren Weltalls, weibl. (ggb. Achad, einer, männl., der 2. Eins auf der Ebene der Emanationen). Sie kann niemals emanieren noch geteilt werden, da sie ewig, absolut u. unveränderlich ist; denn sie ist der Logos ↗ oder Ishvara ↗ im Weltall der Illusion (Blavatsky). These: weibl. Dreieck ↗ ▽; Äqv.: Achath ↗. Übersetzungsmöglichkeit: Ad ↗ erstes - I ↗ Licht ↗.

Adibuddha: erscheint im Tantrismus ↗ zus. mit Dakini ↗ als Paar u. Idealbild der Unio Mystica ↗. Blavatsky ↗: »Das eine Unbekannte, ohne Anfang u. Ende, wesensgleich mit Parabrahman ↗ und Ain Suph ↗ = Finsternis, die einen hellen Strahl senden kann« (Geheimlehre I, 624). These: das Ur-X ↗ als Ur-Paar ↗.

Adi Buddhi: absolutes Bewußtsein; s. Buddhi ↗ als 6. Sinn ↗.

Adiditi: afrik. Name, der das Di ↗ = edel, adlig verdoppelt.

Aditi: Himmelsmutter, Herrin des RTA ↗ = der Weltordnung, Mutter der 7 (oder 8) Adityas ↗ bzw. Mutter der Götter ↗, gen. Panca Jana ↗ = die 5 Wesen;

Symbol Fünfstern ↗. Blavatsky ↗: »Aditi oder Akasha ↗ in ihrer höchsten Form ist der äg. siebenfältige Himmel« (Geheimlehre II, 649). These: äqv. zur äg. Göttin Mu.T ↗, Symbol Geier ↗, eine Form des Gesamtkosmos ↗. Nv. Vach ↗.

Aditya: Sonne ↗ (ind.); mit ihr beginnt Kala ↗ (Zeit).

Adityas: ›Söhne‹ der Aditi ↗. Im Rigveda ↗ werden 6 genannt, daneben erscheint die Zahl 8 mit dem Bericht, wie Aditi von den 8 Söhnen, welche von ihrem Leib geboren wurden, nur 7 zu den Göttern brachte, den 8. aber, Martanda ↗, verwarf. Im Taittirya Brahma werden folgende Namen genannt: Mitra ↗, Varuna ↗, Aryaman ↗, Amsa ↗, Bhaga ↗, Dhitr ↗, Indra ↗ und Vivasvat = Martanda. These: es handelt sich um das, was der Katholizismus ↗ die 7 Erzengel ↗ nennt bzw. die Offenbarung ↗ die 7 Geister Gottes, Wesenheiten des 8er Kreises der Sonne ↗, zu dem u. U. die Wesenheiten des 4er Kreises treten, weshalb an 2 Stellen im Satapatha Bramana die Zahl der A. a. mit 12 angegeben wird mit Gleichsetzung zu den 12 Monaten des Jahres. In den Upanischaden ↗ wird ebenso die Zahl 12 angegeben. Weitere Äqv.: die germ. Walküren ↗. Einordnung im Kreis:

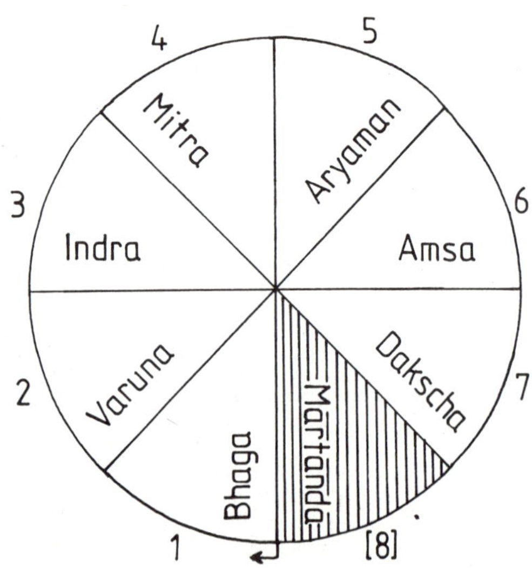

Adler: vertritt einmal 1 Sektor des Tierkreises ↗, äqv. Skorpion ↗, zum andern wie der Falke ↗ die Kraft, die die Sonne ↗ trägt. Deshalb z. B. nennen die Indianer ↗ die Sonnenstrahlen ↗ »unseres Vaters Federn« und schmücken sich entspr. mit Adlerfedern. Im Altind. sind im Namen des A. die Farben schwarz ↗ und weiß ↗ enth.: Cyena = Adler, gebildet aus *Cya-Ma* = schwarz u. *Cyeni* = weiß. - Im Tierkreis ist der A. der Gegensektor ↗ zum Stier ↗, entspr. befand sich auf dem Rücken des Apis ↗ (Stiers von Ägypten) lt. Herodot ↗ ein Fleck, der einem A. glich.
Adlerfrau: Göttin Ciuacoatl, die weibl. Schlange (mex.); Nv. Cihuacoatl ↗ (als Titel).
Adlerhaus: Haus der Sonne ↗ (azt.).
Adonis: von *Adn*, Gebieter (kanaan.), deshalb zunächst nur mit Herr übersetzt, hebr. *Adoni*, mein Herr. Steht in vielen Variationen für den ›ersten Herrn‹; Adam ↗ ist im Sanskrit *Adi-Nath*, was a. erster Herr bedeutet. These: äqv. Baal ↗, Tammuz ↗, Osiris ↗, Adam Kadmon ↗, denn sein Tod erfolgt durch einen Eber ↗ bzw. durch Resep (äg. Reschef ↗), äqv. Melqart, Esmus, Sem ↗, im Monat Tammuz = Juni ↗.
Adonis-Fluß: zu Byblos gehörte das Bergheiligtum Afqa an der Quelle des A. (heute Nahr Ibrahim), einstmals mit Baalat ↗-Tempel. Der Ort gilt als Sterbeort des Adonis ↗. Ein in den Fluß gefallener Stein (Meteorit) kündigt den Beginn der Adonisfeierlichkeiten an. Auch in Griechenland gab es Adonisfeste; sie galten Adonis' Liebe zu Aphrodite ↗, die dann wohl der Baalat entspr.
Adonis-Garten: mit wenig Erde gefüllte Tonscherben oder Gefäße, in denen die aufsprießende Saat alsbald verdorrte: Symbol der Adonis ↗-Tötung.
Advent: Ankunft (lat.), symb. Vorbereitungszeit auf die Wiederkehr ↗ - Ereignisse der Endzeit ↗, abgeflacht zur Erinnerung an die Geburt von Jesus ↗. These: die 4 A.-Sonntage vor Weihnachten ↗ müßten eigtl. für die vier apok. Pferde u. Reiter ↗ stehen, letztl. für die vier Rassen ↗ od. Kontinente od. Elemente. Symbol: Adventskranz ↗.
Adventskranz: ein Kreis mit 4 Kerzen, u. U. 8 Herzen od. Sternen u. 12 Äpfeln, zus. Zahl 24 ↗. These: älteres Vorbild evtl. der Omphalos ↗.
Affe: im chin. Tierkreis ↗ unserem Schütze ↗-Sektor entspr. Symbol des äg. Thot ↗. Bei den Maya galten alle Affentage als günstig bes. für Lehren und Lernen; nach Schultze-Jena beginnt der Lehrgang der Zauberlehrlinge in Chichicastenango an einem Tag 13 Affe und dauert 1 Tzolkin ↗-Umlauf, also 260 Tage.
Afrika: hieß früher *Amami* - Land der Vorfahren der Altägypter; *F(e)rk(ak)* - getrennt vom Mutterland (Mu ↗); *Ifrikias* - Königsland (von Ifricos = König) u. Land von Ham ↗, phöniz. Bez. in einem petroglyphischen Text, gefunden in Brasilien. These: letzteres war auch die Bez. von Ägypten ↗ (Km.T).
Erst allmählich wird A. in einem der großen geistigen Abenteuer des 20. Jh. von der Wissenschaft wiederentdeckt. Es war keineswegs ein Land der ungebändigten Wildnis und des Chaos. Vielmehr hat seine Bev. im Laufe einer langen bewegten Gesch. einen eindrucksvollen Beitrag zur Beherrschung dieser Erde geleistet. Kulturen und Zivilisationen wurden gegr., Regierungs- und Denksysteme erschaffen, u. man mühte sich um das Wesen des Geistigen mit solcher verzehrenden Leidenschaft, daß Kunstwerke höchster Vollendung Form gewannen.
Die schwarzafrik. Weltsicht entspringt der Vision der Einheit ↗; sie gründet auf der Ntu-Philosophie ↗, der Orischa-Religion ↗ und dem Begriff Nommo ↗. S. Typologisches Gesetz ↗ der afrik. Kunst.
Agama: jungfräul. Mutter, nichtsexuelle Fortpflanzung (s. unbefleckte Empfängnis ↗). Agamie = Ehelosigkeit.
Agenor: kanaan. König (von Tyrus ↗ od. Sidon ↗), Vater von Europa ↗ + Kadmos ↗.
Agni: ind. Personifizierung des Feuers, denn das Sanskritwort für Feuer ↗ ist *Agnis* (lat. ignis), mit ag-ilis = beweglich zusammenhängend. Symbol: Strahlenkranz als Rad. Das doppelte Gesicht (Abb.) könnte die Tei-

lung des Elements Feuer in Licht ↗ u. Donner ↗ sein. Spruch: ›Du wirst Mitra ↗, wenn du entzündet bist‹. Der Widder ↗ als Reittier könnte auf den 4er Kreis der Sonne ↗ deuten, da in Ägypten der Widder 4 Köpfe hatte. Aussehen: rot ↗, 3 Beine u. 7 Arme, schwarze Augen, schwarze Haare. Nv.: *Pavakan* - der Reiniger, *Dhuma Ketu* - der, der den Rauch als Fahne hat, *Anala* - der Unersättliche. These: rot ist die Farbe des Feuers, 3 Beine sind die restl. 3 Elemente und 7 Arme die Ausfächerung in den 7 Regenbogenfarben ↗.
Agnus: das Lamm ↗ der christl. Religion, Sinnbild für Christus ↗.
Ägypten: Km.T ↗, Schwarzland oder Land der Schwarzen: »Nie, in keinem Augenblick ihrer Gesch. haben die alten Bewohner des Niltals, die für die pharaonische Zivilisation verantwortlich gewesen sind, ihr Land ›Ägypten‹ genannt. Dieses Wort stammt aus dem altgriech. *aigips* = dunkel, schwarz; daraus wurde *aigyptos*, z. B. bei Homer. Cheikh Anta Diop hat fast alle Dokumente überprüft, das Zeugnis der Bibel, die Aussagen der griech.-röm. Antike, die Aussagen ernstzunehmender Ägyptologen, anthropologische Zeugnisse, linguistische, ethnologische, schöpfungsmythische, bildhauerische, bio-chemische (die in der Haut äg. pharaon. Mumien enthaltene Dosis an Melanin) Beweise, um zu zeigen, daß die alten Ägypter nichts anderes waren als Neger. Deshalb nannten sie die Griechen auch *melampos* = Schwarzfüße« (Obenga 1973: 78). Als Gründerstamm gelten die Anu ↗. Blavatsky ↗: »Alle Tatsachen führen zu dem Schluß, daß die Ägypter bereits sehr große Fortschritte in den Künsten der Zivilisation ↗ gemacht hatten vor dem Zeitalter des

Menes ↗ und vielleicht bevor sie in das Niltal eingewandert waren« (Geheimlehre II, 450). - P. Kolosimo: »Die Sowjets glauben versichern zu können - allerdings mit Vorbehalt - daß die Ägypter aus Indonesien kamen. Gehörten sie also zu Mu ↗? Dann wäre ihre Zivilisation (wie es auch die Russen angeben) vor ca. 12.000 J. einer Katastrophe zufolge stehengeblieben. Die allg. bek. äg. Kultur, die bis 4000 v. Z. zurückreicht, wäre dann nichts anderes als ein schwacher Abglanz der Pracht einer phantastischen Welt, die wir immer noch ignorieren« (Kolosimo 1970: 99). Plutarch: »Die äg. Erde ist Isis ↗, der Nil Osiris ↗.« A. Champdor: »Das äg. Land war die Projektion eines Teiles des himmlischen Alls auf die Erde« (1977: 45). These: dieser Teil waren - schon im Übertrag der Großen Pyramide ↗ - Maat ↗ und Zodiak ↗ als Mittel der Wiederkehr ↗ nach dem Osirismord ↗. - S. Junu ↗.

Ägyptisches Totenbuch: wirkl. Titel ist das ›Heraustreten ins Tageslicht‹, Bibel des alten Ägyptens mit den wesentl. Leitmotiven: 1. Totengericht, 2. Reisen des Verstorbenen im Himmel, auf Erden und in der Unterwelt ↗, 3. Empfang bei den Göttern u. Verschmelzung mit ihnen, 4. Teilnahme am Kampf gegen ihre Feinde, 5. Verjüngung, der Verstorbene wird zu einem neugeborenen Kind, 6. dazwischen eingestreut Erinnerungen an Katastrophen der Urzeit u. ihre Überwindung. - Die Anmerkungen der Schreiber aus den letzten Dyn. bezeugen jedoch, daß schon ihnen die alten Texte schwer zugänglich waren. Pierret: »eine tadellose und endgültige Übersetzung dieses Buches ist unmöglich.« S. Totenbuch ↗.

Ägyptologie: begr. von J.F. Champollion um 1829. Diop: »Die Hieroglyphen ↗ wurden 1822 durch Champollion d. J. entziffert, der 1832 starb, eine äg. Grammatik und eine Serie von Briefen hinterlassend. Sie wurden von seinem Bruder 1883 veröffentlicht und von da ab zerbröckelt die hieroglyphische Mauer und entschleiert überwältigende Reichtümer. Die Ägyptologen waren starr vor Staunen über diese Vergangenheit an Größe und Perfektion, die sie entdeckten u. nach u. nach als älteste Zivilisation erkannten, die alle anderen hervorgebracht hatte. Unter der gleichzeitigen Auswirkung des Imperialismus fühlten sie sich aber immer ›ungeneigter‹, die bisher evidente These weiter zu akzeptieren, daß Ägypten ein Negerreich gewesen war. Infolgedessen wurde das Hauptcharakteristikum der Ägyptologie die Notwendigkeit, unter allen Umständen u. in jeder Beziehung die Erinnerung an ein schwarzes Ägypten so komplett wie möglich zu zerstören« (Nations, 50-51).

Ägyr: Meergott (skand.), der als Gastgeber der anderen Götter auftritt, weil er den Kessel ↗ besitzt, in dem der Göttertrank (für die Unsterblichkeit) gebraut werden mußte. Gattin: Meergöttin Ran ↗, sie haben zus. 9 Töchter, die ihrerseits Heimdall ↗ hervorbringen. These: das Paar ist die Ausfächerung des Elements Wasser ↗, Ägyr = Nun ↗ in Ägypten. - Zählt zu den Riesen ↗, die älter sind als die Asen ↗. Nv.: Hler, Gylfi, Gymir.

Ah: männl. Präfix (Maya) ggb. Ix ↗ = weibl. Präfix. Im Umgangsmaya hat es die Bed. von ›Kundiger im Verfertigen von Etwas‹ angenommen, d.h. Meister.

Ahau: Titel: König, Monarch, Kaiser (Maya). Urspr. der letzte Tag des 20-Tage Monats, der für die Zeitrechnung von entscheidender Bed. war. Denn der Kreislauf der Machtausübung stellt hier eine Par. zum Kreislauf der Zeit dar.

Ahaucan: ›Schlangenherr‹, Hoherpriester mit erbl. Wissen (Maya). Von Ahau ↗ u. Can = Chan ↗.

Ah Can Tun: die 4 *(can)* Steine *(tun)* der Gnade, die sich am Anf. der Welt, als deren Ausmaß und Form bestimmt wurden, in den 4 kosm. Richtungen befanden (Maya); mit ihnen wird das Welt-Ideogramm ↗ beim Neujahrsritus gelegt. Sie vertreten die Gottheiten Tzakol ↗, Bitol ↗, Alom ↗ u. Cajolom ↗, 2 Paare, die im Popol Vuh ↗ am Anfang des Schöpfungsberichtes stehen. Ihr Äqv. sind die 4 Ecken des Altars od. Tempels od. Ackers. Obwohl rechteckig od. quadratisch, wird das Ganze zum ›Zauberkreis‹. Var.: 4 Kerzen, 4 Schiffe, Kreuze, Schalen, Berge etc.

Ah Can Tzichnal: ›Herr der 4 Weltgegenden‹, d. h. die Mitte (als Nr. 5) von Ah Can Tun ↗, stellvertretend für die Zwillinge ↗ Sonne + Mond bzw. deren Personifizierungen: Ahpu ↗ u. Ixquik ↗ od. Hunahpu ↗ u. Ixbalamque ↗.

Ah Kantenal: ›der mit dem gelben Altar‹ (Maya), erwartet als Wiederkehrender der Endzeit ↗ zus. mit Ix Pucyola ↗, der ›Zerstörerin des Wasserherzens‹.

Ah Kii: Zähler der Tage des Tzolkin ↗ (Maya).

Ah Kin: Priester bzw. Diener des Solarkultes, bezogen auf *Kin* ↗ = Sonne, Tag, Sommer, Sterben etc.

Ah Pop: Adelstitel (Maya), ›Herr der Matte‹, s. Pop ↗.

Ah Poxa: ›Herr Mattentänzer‹ oder ›Herr des Tanzes‹, Zus.: Ah ↗ Herr, Pop ↗ Matte, Xa ↗ Tanz, Pop ist a. der Name des 1. der 18 Monate à 20 Tage des Normaljahres Haab ↗, u. die Matte ist wieder eine Par. zu den Ah Can Tun ↗; der Mattentänzer entspr. dann dem Zentrum, Ahpu ↗ u. leitet mit einem Sonnentanz das Jahr ein. These: äqv. Schiwa ↗, wenn er tanzt, um die Welt aufzubauen.

Ahpu: diese vielnamige u. vielgestaltige Gottheit der Mayas ↗ gilt als 1. Vorfahre, 1. Priester u. Erlösergott, der stirbt, um die Menschheit zu erlösen. Er nahm menschl. Gestalt an u. kam zur Erde herab, um die Ordnung der Kalender ↗-Riten u. der Lebensführung festzulegen. Er ist ein *Gucumatz* ↗ (azt. Quetzalcoatl ↗) = eine Vogelschlange. Nv.: Apu, Apo, Abo, Apoto, Po Chi (Sonne), Ape Hawa, Ka Tata (Vater). These: als Kern (A) des Kosmos ↗ (Po ↗) entspr. er dem männl. Gottprinzip schlechthin, äqv.: Atum ↗, Ntu ↗ u. kann deshalb folgende Ausfächerungen zusammenfassen:

als Gott 3:	Ahpu + Ixquik ↗ = Maisgott ↗
als Gott 5:	das Weltideogramm ↗
als Gott 7:	in dem Augenblick, da er mit seinen 6 Hypostasen zur Erde herabkommt, wird er der Hunahpu ↗ der Mythen (äqv. Nommo ↗)
als Gott 9:	wird er nach dem Hinabsteigen in die Unterwelt (Xibalba ↗) verstanden (äqv. ermordeter Osiris ↗ od. Baal ↗, Christus ↗)
als Gott 13:	ist er ›Gott des Gewitters‹ wie Jahwe ↗ u. vertritt die Planeten ↗.

These: aus dem Wort Apu kann man das Christus-Monogramm ↗ machen oder die Koppelung der 2 Weltordnungen ↗ Evolution ↗ + Geschichte ↗. Deshalb erscheint er im Jahreszyklus zweimal, am Anfang des Tzolkin ↗, d. h. der 260 Tage des Agrarkultes als Zentrum der Ah Can Tun↗, um dann in den anschließenden 100 Tagen Ruhe als Gott des Spiels (sprich der Kultur↗) vorzuherrschen, bis zum Eintreffen der 5 Tage

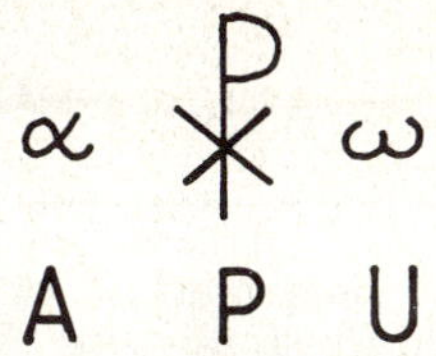

Unheil (Uayeb↗). Die dazu benötigten Dinge sind Schatz der 12 Bruderschaften (äqv. Zodiak↗) u. befinden sich nicht in den Tempeln des Agrarkultes. - Mutter ist Göttin Ixmukane↗, desh. Großmutter von Ahpu als Hunahpu. - Nach dem Herabsteigen wird aus Ahpu als Herz des Himmels das Herz der Erde, dargestellt als Blätterkreuz↗(Baum↗), das die christl. Missionare zu ihrem Ärger als Par. zum christl. Kreuz schon vorfanden.

Ahpu's Kopf: gilt als Ball beim hl. Ballspiel↗.

Ahpus, die 7: als Ausfächerung von Ahpu↗heißen: Tzakol↗, Bitol↗, Alom↗, Cajolom↗, Tepeu↗, Gucumatz↗und Maisgott↗als Zwilling. These: äqv. den 7 Adityas↗, die Söhne der Aditi↗sind, wie die 7 Ahpus Söhne der Ixmukane↗ sind. Anläßl. der Neujahrsriten ziehen 2 der 7 ballspielend von O nach W u. werden in Xibalba↗von den Came↗besiegt bzw. in Stücke gerissen u. als Opfer der Erde übergeben. Anderen Angaben zufolge, lassen sie den Ball bei Ixmukane, und er folgt auf mysteriöse Weise später nach. Die Ahpu sind jetzt nicht mehr Götter, sondern Angehörige eines Clans, der mit dem Clan der Came verfeindet ist. These: es handelt sich um die Asen (Ahpu) und Wanen (Came) germ. Überlieferung, denn es gibt auch die Auffächerung in 12 Ahpu↗,u. 13 Sitze hatte Asgard↗. Die ganze Tragödie erinnert an die Nibelungensage↗. - These: sie spielte sich an der Nil-Quelle↗ab.

Ahpus, die 12: als Ausfächerung von Ahpu↗heißen: Nim Ak, Nima Tziiz, Aicual, Aiyamanic, Aichut, Aitzalan, Airaxa Lak, Airaxa Tzel, Aikol, Ah Toltecat, R'atit-Kij u. R'atit-Zak. Sie werden ›Regengötter‹

gen., die aber ebf. Regenten des Kalenders sind, weshalb 13 x 20 Tage den Tzolkin↗bilden. Sie benutzen die Axt, um die Wolken zu lenken u. sie zu schlagen, bis sie den Regen freigeben. Auf Bildern zerschneidet diese Axt die Wolkenplatte, die aber eher wie der Kosmos↗wirkt, zusammengesetzt aus zwei X↗, Weltideogramm↗u. daran hängender Sonne. These: es handelt sich um die 12 Planeten↗.
Inter. die 7 Strahlen der Sonne↗als 7 Ahpus. In der Chorti-Sprache heißen die Regengötter *Ah Patnar Winik'op* = arbeitende Männer. Sie arbeiten gemeinsam mit Göttin Ixmukane↗, denn sie (als Kosmos) besitzt das Wasser, das zu Regen werden soll, in ihrem ›Krug‹, den sie an Flüssen etc. ›füllt‹ (Wasserkreislauf). Die 12 Ahpus können sich noch einmal auffächern in 24, nämlich 12 Vögel, reitend auf 12 Schlangen. Die Einheit ist ›Vogelschlange‹, sprich Gucumatz↗(Quetzalcoatl↗). So wird der Ahpu-Begriff tats. zum Sonnenaufbau.

Ahriman: pers. Prinzip des Bösen mit dem Eber↗als Opfertier, das im Avesta↗von Mithras↗gejagt wird. Lt. Mythos begreift A. schon im Mutterleib, daß der Erstgeborene das Königreich erhält, weshalb er versucht, vor Ohrmuzd↗geboren zu werden, was aber nicht gelingt. Im Schöpfungsbericht (des Zoroastrismus) existieren beide von Urbeginn an als 2 voneinander unabhängige Wesen u. schaffen gleichzeitig, antipodisch, schon in der geistigen Welt Licht-Dunkel, dann mater.; A. z. B. Schlangen u. Ameisen, Ohrmuzd Ur-Rind u. Mensch. Und die Pole Leben↗u. Tod↗. Äqv. Osiris↗+Seth↗. Der Endkrieg↗wird sich zw. ihren ›Kindern‹ abspielen, s. Kinder der Finsternis↗(u. des Lichts). Im Namen steckt: *Ah*↗ (Herr) u. *Riman* (zählen), s. Rim↗.

Ahu: Altar (Tahiti). Auch auf die 10stufige Pyramide angewandt, im 18. Jh. von der Fürstin Purea u. dem Ariki Amo erbaut. Bei Cook's Ankunft 1769 war sie schon etwas zerfallen. Bei Festen wurden die vom Meer ankommenden Götterbilder auf die oberste Stufe gestellt. Göttin dieses Altars war Laka↗, Patronin der Hula-Dichtung. Der Stufenaufbau stand am einen Ende des Marae↗, d. h. Kultplatzes.

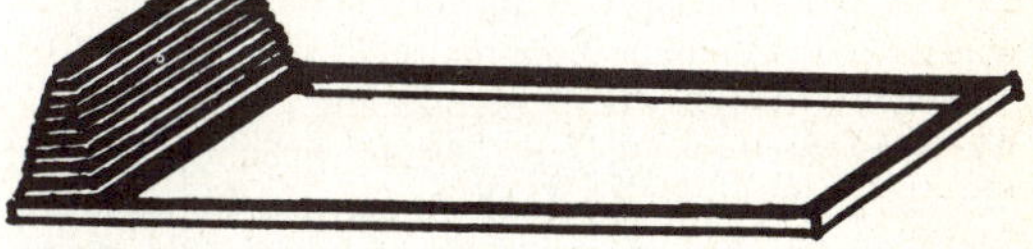

These: es könnte sich um ein Symbol für die alte Weltenlehre↗handeln; die oberste Stufe würde dem 10. Himmel↗entspr., polynes. Io↗, von wo einst der/die Kulturbringer↗das Wissen holten. Eine Var. ist dann der Babyl. Turm↗, der zwar nur 7stöckig war, aber an der Basis mit der 3. Welt↗begann. Ein Äqv. ist die Stufenpyramide↗.

Ahura: Herr (iran.), äqv. Asura (ind.); 7fältige Gottheit wie Ahpu↗als Gott 7. Höchste Gottheit bei Zoroaster↗als Ahura Mazdao↗.

Ahura Mazdao: in der zoroastr. Mythol. der ›weise Herr‹ oder Schöpfer↗, später im mittelpers. Ohrmuzd↗gen. Auch ›das Gute‹ ggb. Ahriman↗, ›das Böse‹. Vor Schöpfung des 1. vollkommenen Menschen Gayomart↗, bildet er als 1. lebendes Wesen einen Ur-Stier; sein Tod gilt im altpers. Mythos als Ursprung der

Schöpfung. Diesen Himmelsstier ↗gibt es a. bei anderen Völkern, z. B. Muntu ↗in Ägypten. Als die Mächte des Bösen (Ahriman) die Schöpfung verderben wollten, ergriffen sie diesen ›Stier‹. Auf pers. Bildern umklammert ein Skorpion dessen Genitalien, um den Samen zu verderben; deshalb wird alles (?) auf den Mond ↗entrückt und dort von Grund auf durch die Mondgöttin geläutert. These: Ursprung der Schöpfung ist das A ↗, ein Stierkopf in den äg. Hieroglyphen ↗, 20. Grundmotiv ↗des Kosmos ↗, das als einziges ›stirbt‹, um sich in die Sonnenkerne ↗zu verwandeln.

Ain Suph: das Nichtding (Kabala), Adi Buddha ↗od. Parabrahman ↗; These: das Ur-X ↗. Nv.: (en) Soph ↗.

Ainu: europide Urbewohner der jap. Inseln, untersetzt u. stark behaart; ein steinzeitl. Zweig der weißen Rasse, von denen heute noch geringe Reste auf der Nordinsel Hokkaido leben. Es ist offen, ob sie aus Sibirien eingedrungen sind oder als Niflungen ↗den Untergang von Midgard ↗(Mu ↗) überlebten. Ihr Kult galt dem Bären ↗u. sie waren lange so kriegerisch, daß die Regierungstruppen Mühe hatten, sich ihrer Überfälle zu erwehren.

Aion: Ewigkeit (urspr. weibl.), aber a. Zeitalter bzw. Weltalter (griech.); Darst. als Schlange mit Köpfen von Löwe, Stier etc. weisen a. auf den Tierkreis ↗, nicht als Jahr, sondern Präzession, siehe Aion-Fest ↗. These: nach der Endzeit ↗geht das Aion in das Sion ↗über.

Aion-Fest: Geburtstag des Osiris ↗, in Griechenland am 1.6. gefeiert. Heute: Dreikönige ↗.

Airavata: Elefant ↗, Reittier des Indra ↗(ind.).

Aither (od. Äther): Aditi ↗, Akasha ↗, die Synthese aller Elemente, auch 5. Element gen., Quintessenz aller Energie ↗, Schwingungen nichtmeßbarer Frequenz, a. Chaos ↗; im Popol Vuh ↗wohl die grünblauen Federn, in die Tzakol ↗, die Schöpferin, u. Bitol ↗, der Former, gehüllt sind. Auch der unmittelbar ausstrahlende Logos ↗bei den Kabiren ↗. Ätherische Persönlichkeiten haben, schwächer, ebf. diese Ausstrahlung. Äg. Par.: Athyr = Athor, Hathor ↗.

Ajello: stigmatisierte span. Nonne, die 1954 die Vision einer Dunkelwolke ↗hatte, die 70 Stunden lang unseren Globus verhüllt u. z. T. verwüstet. Nach ihrem Tod 1972 ist ihre Heiligsprechung eingeleitet worden. These: das vorausgesehene Ereignis deckt sich mit der Öffnung des 4. Siegels ↗der Offenbarung ↗.

Ak: Schöpfer (assyr.), Zus.: *Ak-Ad* = Schöpfervater; Vermännlichung von Achath ↗, par. zur Umdrehung der Nut ↗in Ntu ↗, oder der Elohim ↗als weibl. Mehrz. in eine männl. Einz. Es ist die Verlagerung der Einheit ↗als Prinzip des Sein ↗, bestehend aus den 24 Grundmotiven des Kosmos, auf die Ebene des Daseins ↗in Gestalt des Sonnenkerns ↗, der eine andere Art Einheit ist. These: Ak könnte die Umdrehung von Ka ↗sein.

Akala: die Nichtzeit (ind.) ggb. Kala ↗, Zeit.

Akasha: lt. Blavatsky ↗die urspr. Substanz, himml. Jungfrau und Mutter jeder existierenden Form und Wesenheit; der obere Äther (Aither ↗) oder Aditi ↗. Gilt als 1 Form der Prakriti ↗.

Akasha-Chronik: spielt in der Anthroposophie ↗eine große Rolle. Äg. Äqv. wahrsch. Anubis-Kult ↗.

Aka Ulea: der ›sprechende Baum‹ (polynes.), äqv. Ul ↗.

Aker: Gott, der sich in der Erde verkörpert (Äg.), Mehrz. *Akeru* = Erdgeister. Das Aufgehen der Sonne am Morgen heißt ›Herauskommen aus Aker‹, ihre Nachtfahrt führt durch seinen Leib. Auf Darst. wird er

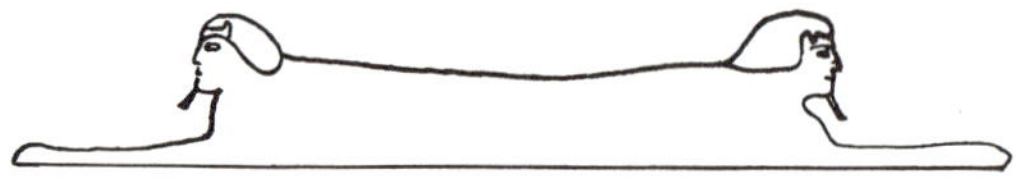

zum Untersatz der Sonnenbarke ↗, entw. als Schriftbild für Horizont, jeweils für O od. W stehend, od. das gleiche Z. wird an beiden Enden zu einem Männerkopf, dem ausgestreckte Löwenpfoten hinzugefügt werden. In weiterer Kombination vereinigen sich alle 4 Elemente ↗so, daß Schu ↗u. Tefnut ↗(Luft u. Feuer) als Löwenpaar das Aker-Schriftbild wie auch den Himmel (Nut ↗) tragen, dazw. die Sonnenkugel. Nv. Geb ↗, sum. Ki ↗. These: bei dem Löwenbezug wird auf das 3. Zodiakhaus ↗angespielt, äqv. Markus, der Löwe, 3. Evangelist ↗.

Assyr. Var. der Hörner-Altar. Afrik. Var. (Abb.) als Einfassung bienenkorbförmiger Heiligtümer. Diese Form findet sich ebf. als Kopfreliquie ↗des Osiris ↗u. erinnert an den Kopf (Ball) des Ahpu ↗im Zentrum des Welt-Ideogramms ↗.

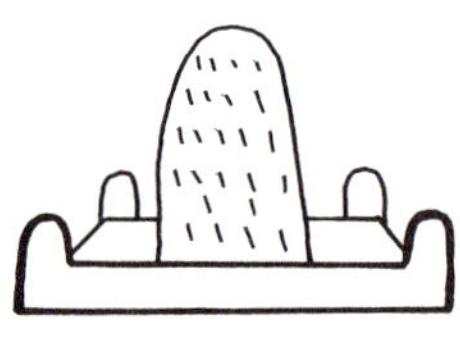

Akh: die Kulmination eines Zirkumpolarsternes ↗ z. Z. seines Meridiandurchgangs zur Ermittlung der Ecken eines Tempels, aber a. Teil der menschl. Psyche ↗, bestehend aus Ba ↗, Ka ↗u. Akh: Seele, Geist u. Ich ↗, s. 9fältiger Mensch ↗.

Akkad: in der Genesis als Hauptstadt des Nimrod ↗erwähnt (sem.). Nv.: Agadi; am Euphrat, nördl. Bagdad. Später von Sargon ↗nach Besiegung des sum. Königs Lugalsaggesi als Zentrum des von ihm begr. 1. sem. Großreichs ausgebaut, mit Übertrag des Namens auf das ganze Reich, Nordhälfte des älteren Landes Sumer ↗.

Akriti-Rupa: jede Strukturform von Atom, Blatt, Blume, Skelett bis Gestirn (ind.). Im Tantrismus ↗wird versucht, sie durch ein Yantra ↗auszudrücken. Rupa allein heißt nur Form. These: Akriti könnte sich aus *Aker* ↗= Erde u. *Ti* ↗= Schlüssel zusammensetzen. Dann wäre die Struktur einer Naturform (Materie), d. h. das innere Gerüst, ganz richtig ein Schlüssel zum Verständnis der Erde überhaupt.

Aku, Verdoppelung Aku-Aku: der Geist eines Verstorbenen (Osterinsel), äg. Par. wohl Ach ↗, Achu. These: dürfte mit Ku ↗(Licht) zusammenhängen, bezugnehmend auf die Verklärung psych. Bestandteile. S. Akua-Ba ↗.

Akua-Ba: Name eines afrik. Idols, das wie die Figuration des äg. Lebenskreuzes ↗aussieht. These: aus dem Wort kann man Geistseele ↗machen, denn Ba ↗ist das äg. Wort für Seele, u. Akua klingt nach Aku ↗oder Ku ↗. Die weibl. Betonung spricht ebf. für Ku = Licht, denn in der äg. Götter-Achtheit ↗ist Feuer weiblich: die Göttin Tefnut ↗. Auch wir benutzen dieses Symbol als Zeichen für weibl.

Al: göttl., Var. El ↗, Il ↗. Die Unsicherheit der Vokali-

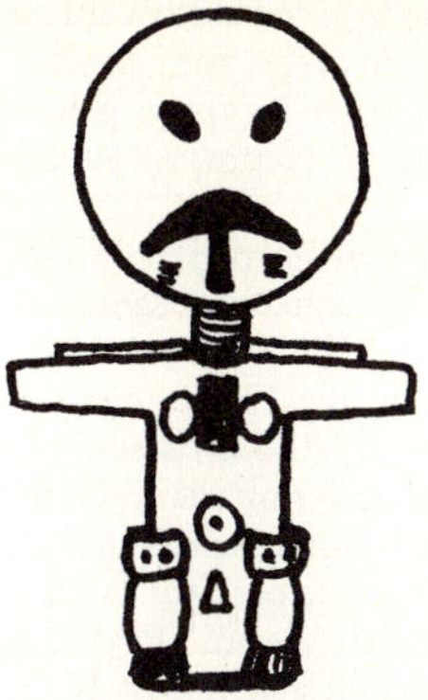

Akua-Ba

sierung geht auf das kanaan. 'L zurück (Konsonantenschrift). Zu finden bei den Maya als Al Mehen = göttl. Menschen, woraus Olmeken↗wurde. – Wohl a. in Allah↗enth.

Alarich: König der West-Goten (ca. 370–410); eroberte 410 Rom↗, von wo er nach Meinung der Thule-Gruppe↗den Gral↗nach Carcassonne, Pyrenäen↗, verschleppte. S. Gralssuche↗.

Alben: überird. Wesen, geschieden in Lichtalben u. Schwarzalben od. Dunkelelfen↗. Albenstrahl = Lichtstrahl. Nv. Alfar, Alfen, Elfen (germ.).

Albingenser: Geheime Sekte↗des 11. Jh., die relig. Grundsätze der Katharer↗vertretend. Wurden schon im letzten Kreuzzug↗(1209–1229) ausgerottet.

Albruna: 1 der 4 Grade des Thrudenring↗, evtl. das 1. für Einweihung in die Runen↗. Wortdeutung: Alb↗(Fee, Priesterin) der Runa.

Alchemie: *hiera techne* oder göttl. Kunst (Technik), deren Hauptziel die Vervollkommnung des Menschen zum Anthropos↗war. Die Wurzeln reichen nach Ägypten, das darin mit seinem eigenen Namen Km, kopt. Kemi, enth. ist + arab. Titel Al↗. Km-Ur↗ist aber a. der ›Große Schwarze‹, nämlich der vollkommene Mensch (Muntu↗) Osiris↗. Alle weiteren Bezüge, Metallveredelung etc. sind zweitrangig. In Europa wurde das Ziel der Alchemisten, den ›Stein der Weisen‹↗zu finden; in China medizin. Heilkräuter-Chemie. C.G. Jung↗fand in alten Schriften der A. den Begriff Archetyp↗. – These: A. war urspr. die Wissenschaft des schwarzen Lichts↗, d. h. der 24 Grundmotive↗des Kosmos↗, u. verband sich mit dem Gral↗. – Teilhard de Chardin: »Sie ist eine Wissenschaft, die weniger materialisiert als hominisiert. Die wahre Physik ist diejenige, die es fertigbringt, den ganzen Menschen in ein zusammenhängendes Weltbild einzubeziehen« (nach Aufbruch, 140–141). Die Nommo-Logie↗hat diese Aufgabe übernommen.

Aleph: 1. Buchstabe der Hebräischen Schrift↗, bed. Stierkopf wie bei der 1. Hieroglyphe↗. Wird griech. Alpha↗.

Alkalde: Regent od. Träger (Maya); so sind die 4 Gottheiten (Ah Can Tun↗) der kosm. Richtungen Alkalden, aber a. jedes Jahr hat als Regent (A.) einen anderen Namen, der sich nach dem Tagesnamen des Jahresbeginns richtet. Nach 1 Haab↗(360 Tagen) erlöscht die Regentschaft des A. u. für die restl. 5 Tage = Uayeb↗ist die Welt ohne Regent. Inzw. wird a. der Präsident der mex. Republik A. genannt.

Alkmene: Mutter von Herkules↗, die ihren Gatten Amphitryon lt. Mythos mit Zeus↗untreu wurde, weshalb dessen Gattin Hera↗Alkmenes Sohn mit Wahnsinn schlug. – Spielt in Kleists ›Amphitryon‹ die Hauptrolle, weil ihr der Staat in Gestalt des Gatten als Fremdes erscheint, das jedes Individuum zerstört: Grund der Untreue mit Ziel, das Außerirdische in Gestalt eines Hierogamus↗suchend.

'Alla: erregt sein, zittern (arab.).

Alla: Schöpfergott (kanaan.), Nv.: Al, El, Il, wird der Elohim↗des AT; wie Zeus↗als Stier↗symbolisiert. Gattin Allat↗, Par. Hera↗. Die Sterne↗sind seine ›Söhne‹. Baal↗tritt sein Erbe an, das Verhältnis ist gespannt. These: es ist die Ablösung nach dem 6. Tag der Schöpfung↗durch den Kulturbringer↗, die sich im Mythos oft verschiebt auf den Wechsel von geschichtl. 4. zur 5. Welt↗.

Allah: Al Ilah = der *(al)* Gott (*Ilah*, s.Il, El, Al↗), islam. Gottheit ohne Geschlechtsbestimmung, die als Überbegriff alle Aufspaltungen zu vereinen sucht. These: dabei geht die Erkenntnismöglichkeit von Evolution↗und Gesch.↗verloren.

Allat: Göttin, weibl. Form von Alla↗(durch Anhängung von T), Nv. Ascherat↗. Babyl. wahrsch. das Tor↗(*Baba*) zu Gott (*Ilu*, zus. Babylon↗). Im AT wird eine Aschtoret oft erwähnt, als die der Verehrung Jahwes↗entgegengesetzte göttl. Gestalt. Von den Propheten stark bekämpft, war sie trotzdem weit verbreitet. These: sie repräsentiert den 8er Kreis der Sonne (die Tagesbarke) = das Tao↗, denn das allein ist das ›Tor‹ zu ihrem Gatten Il (El, Al etc.), was dazu paßt, daß diesem eine 7–8 kammrige Wohnung zugewiesen wird, ›in der Tiefe der beiden Meere‹, wohl im Gläsernen Meer↗u. im Urmeer↗, das den Kosmos füllt.

Alma: Göttermutter, a. *Alma Mater*, eigtl. Mutter (mater) der Elohim↗, kanaan. Lm, äqv.: Nut↗. Mohammed↗setzt vielen Kapiteln des Koran↗dieses Wort als Alm voran. Blavatsky: es steht für die »unbefleckte Jungfrau der Himmel« (Geheimlehre II, 485). These: es steht für die 24 Grundmotive↗des Kosmos↗.

Almehen: Bez. der geistigen Elite oder Aristokratie der Mayas, die Edlen. These: *Al* = göttlich, *Mehen* = Menschen, mit Übertrag auf die Olmeken↗.

Al Nabi: der Prophet, nämlich Mohammed↗; Übernahme von Nabo für Merkur↗als babyl. Gott der Weisheit↗, benutzt als Überbegriff bei den Nabathäern↗für geheime Weisheit. Nv.: *Nabin*, ein Seher. – These: das Wort geht zurück auf das äg. Nb = Gold↗.

Alom: im Popol Vuh↗der Mayas die 2. weibl. Schöpferkraft, große Mutter oder Erzeugerin bzw. Gebärerin gen. Dritte der 4 Ah Can Tun↗des Welt-Ideogramms↗. These: da es sich um eine Mehrz. handelt, ist an ein Äqv. für die weibl. Mehrz. Elohim↗zu denken, d. h. die 24 Grundmotive↗des Kosmos, mit Gleichstellung zu Alm u. Alma↗. Man kann aber a. *Al* (göttl.) Om↗daraus machen u. landet beim 5. Element Aither↗, Akasha↗.

Alpha: Anfang; 1. Buchstabe des griech. Alphabets↗, abgeleitet von Aleph↗. Benutzt im Christusmonogramm↗.

Alphabet: festgelegte Reihenfolge↗von Schriftz., hier benannt nach den ersten 2 Buchstaben des griech. Alphabets, Alpha↗u. Beta↗= A u. B, etwa Haus *(Beta)* des Anfangs (A). Die röm. Umformung entspr. dem Sonnenalphabet ↗.

Alswidr: ›Allgeschwind‹, einer der beiden Hengste, die den Sonnenwagen ↗ ziehen (germ.); der andere hieß Arwakr = ›Frühwach‹. Ihre Lenkung erfolgt durch ›Frau Sunna‹ (Frau Sonne). These: die Kraft, die die Sonne bewegt, geht von den Planeten ↗ aus, die Lenkung vom 8er Kreis der Sonne. Da in der Edda ↗ Ohr u. Huf der beiden Hengste erwähnt werden, gelangt man über insg. 4 Ohren + 8 Hufe tats. zur Zahl 12 der 12 Planeten.

Am: göttl., Gottheit. Umkehrung ↗ von Ma ↗, Sonne. Evtl. a. enth. in Adam ↗ als Ad ↗ (erster) *Am* = gottwesensgleicher.

Amaltheia: im griech. Mythos eine Ziege ↗, die Zeus ↗ säugte, oder eine Nymphe, die Zeus mit der Milch einer Ziege aufzog. Ihr Horn wurde zum Sinnbild des Überflusses = Füllhorn. These: unter Gleichstellung Ziege = Steinbock ↗ enthält sie eine Zeitangabe im Tierkreis ↗ für die Geburt einer mit Zeus gleichgesetzten göttl. Person, die mit Kreta verbunden wird, wo man das Grab zeigte. Es könnte sich um Seth ↗ handeln, den Beginn der weißen Rasse.

Amami: Afrika ↗, ein alter Name, der ›Land der Vorfahren der Altägypter‹ bedeutet. *Mamyi* = Vorfahre in Senegal.

Amari De: Muttergöttin, die zuerst da war u. den männl. Hochgott O Del hervorbring, dem von Anf. an der ›Teufel‹, O Bengh gegenübersteht (Zigeuner ↗). Nv.: De Develeski. These: die beiden letzteren entspr. Ohrmuzd ↗ u. Ahriman ↗ bzw. Osiris ↗ u. Seth ↗. Sie selbst ist die Nut ↗, d. h. der Kosmos ↗.

Amarna: s. Tell El-Amarna ↗.

Amar-Ud: Kind der Sonne (sum.), z. B. Marduk ↗.

Amasis: Pharao Ahmose, 18. Dyn. (1570–1546 v. Z.), enthält *mose* ↗ = Kind u. Am ↗ = Gott. Var. zu *Amar-Ud* ↗, Sonnenkind.

Amaterasu: Sonnengöttin (Jap.), gilt als Großmutter des Tenno ↗. Unter ihrer Oberhoheit regierten aber schon bis ins 3. Jh. die sog. Hexenköniginnen. Diese Frauenherrschaft ging mit Installation des 1. Kaisers, Jimmu Tenno, im 4. Jh. zu Ende. Nv.: *o-mi-kami,* wichtigstes Kami ↗ im Schintoismus ↗, jedoch nicht die oberste Göttin. Als Vater gilt Izanagi ↗, aus dessen linkem Auge ↗ sie hervorging. These: über diesem Auge ist beim Pharao ↗ die Isis ↗ als Kobra angebracht, der sie dann entspricht.

Amazonas: heute ein Fluß, früher ein zum Atlantik offenes Binnenmeer, inmitten des amazon. Reiches, Patiti ↗ genannt. Dieses Meer breitete sich aus, wo heute Dschungel ist. Urspr. bestimmte das uralte Hochland im NO des Kontinents, der Guayanaschild, den Lauf der Ströme, die Mio. von J. in den Pazifik flossen, bis im Tertiär tekton. Gewalten die junge Gebirgskette der Anden ↗ emporwuchteten. An ihrem Saum stauten sich nun Wassermassen zu einem weiten See, bis zur nächsten Veränderung beim Weltuntergang ↗ -11432 v. Z. Seither fließen die Flüsse in umgek. Richtung zum Atlantik.

Amazonen: Krieger. Frauenstamm, lt. griech. Mythos von *Ares* = Mars ↗ abstammend. In N-Afrika ansässig, griffen in den Trojanischen Krieg ↗ ein unter Königin Penthesileia ↗. Zur Fortpflanzung verbanden sie sich mit Männern der Nachbarstämme, schickten denen die Knaben u. zogen nur die Mädchen selbst auf als Kriegerinnen. These: sie stammten urspr. vom Amazonasreich, Patiti ↗, von wo sie nach Ägypten geholt wurden, überliefert als Übertritt der Nephtys ↗ auf die Seite der Isis ↗, ca. 7. Jt. v. Z.

Ambronen: germ. Stamm auf den nordfries. Inseln, der sich mit den Kimbern u. Teutonen ↗ zusammenschloß.

Amduat: das äg. Unterweltbuch, die 12 Stunden der Nacht in der Duat ↗ beschreibend. Ältere Fassung ist das Zweiwegebuch ↗, Hauptstück der pharaon. Grabtexte. Wer diese geheimen Bilder kennt, wird ein Verklärter = Ach ↗. Der Tote wandert, par. zur Nachtfahrt der Sonne, durch 12 Stationen, die ein Durchlauf durch die Gesch. als Zodiak ↗ zu sein scheinen: z. B. erreicht man in der 6. Stunde (gg. Mitternacht) die Leiche des Osiris ↗, des Herrn dieser Unterwelt - im 6. Zodiaksektor wurde er ermordet; in der 10. Stunde kommt man zu einem Wasser, in dem Ertrunkene aller Art schwimmen - die kleine Flut Mesopotamiens im 10. Zodiaksektor etc. Bezogen auf das Land Ägypten befand sich diese Duat im W des Nil, unterstellt der Göttin Amentet ↗. Äqv. Hel ↗ (germ.).

Amentet: weibl. Wort für Westen = Amente, Amenti ↗, Land der Toten ↗. Zunächst sind die Nekropolen ↗ darunter verstanden, dann weitet sich der Begriff zur Unterwelt, Duat ↗, aus, dem Vorbild der späteren christl. Hölle, um schließl. im Jenseits eines himml. Paradieses, Amenti ↗, zu landen.

Amenti: männl. Wort für Westen wie Amentet ↗; ein himml. Jenseits für die Toten, deren Herz bei der Wägung nicht schwerer als die Feder der Maat ↗ war, auch Earu ↗ bzw. Reich des Osiris ↗ gen. In der Beschreibung ein Idealbild des Lebens auf der Erde, ein himml. Paradies ↗. These: ein Ort im W des Sternenhimmels. Im Äg. Totenbuch ↗ werden Orion ↗ u. Sirius ↗ gen.; evtl. gleichzusetzen mit dem himml. Jerusalem ↗.

Amerika: Neubezeichnung dieses Kontinents nach Amerigo Vespucci, der 1503 in ›Mundus Novus‹ formell anerkannte, daß das von Kolumbus ↗ entdeckte Territorium kein asiat. Archipel sei. Bis dahin war Europa der festen Überzeugung, daß die Einteilung der Welt in Europa, Asien, Afrika die christl. Trinität ↗ widerspiegle, wie man auch deren Rassen mit Ham ↗, Sem ↗ u. Japhet ↗ identifizierte; für eine rote Rasse gab es keinen bibl. Hinweis, weshalb es zu einer kirchl. Sondersitzung gekommen sein soll, ob rote Menschen Menschen seien. Dabei fanden die Spanier nicht nur rote, sondern auch schwarze und weiße ›Indianer‹ ↗. - Alte Namen: Atlanta ↗, Patala ↗, Pushkara ↗.

Amma: männl. Hochgott in Afrika (Dogon ↗), weshalb die väterl. Linie Amma-Linie genannt wird, ggb. der mütterl. Nommo ↗-Linie. Symbol ist ein senkrechtes Oval als Weltenei ↗ mit Vertikale, gen. Amma in der Urnacht. These: daraus läßt sich bei Öffnung Grundmotiv A machen: Oder bei Schreibweise *Ama* = der Kern (A) der Sonne (Ma): Äqv. Lingham ↗ (die Vertikale als 1 oder Phallus) in der Yoni ↗ (ind.) als Null ↗. 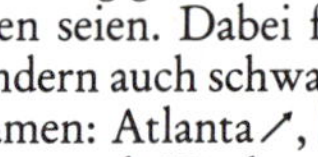 Wortverw. mit Ammon ↗.

Ammon, Amon, Amun, Aman, Amen: äg. Urgott, dargestellt in Menschengestalt, Hautfarbe blau; Partnerin Göttin Mut ↗. In sich eine Dreiheit, die

Atum↗u. Re↗umfaßt oder Atum und die Götter-Achtheit↗. Äqv. der ind. (männl.) Dreiheit Vishnu↗, Brahma↗, Schiwa↗. Deshalb mit Vishnu gleichzustellen sowie seinen Inkarnationen auf der Erde, dessen letzte jetzt erwartet wird. Als Urgestalt gilt die Schlange Kematef↗. In sie wird sich Atum zurückverwandeln, wenn alles Geschaffene wieder zerstört wird u. die Welt in den urzeitl. Zustand einer Wasserflut zurückkehrt. In ihr diese Schlange, die an Quetzalcoatl↗am Urbeginn erinnert, geschildert im Popol Vuh↗der Mayas. - Symbole: ein hohes Federnpaar u. die Geißel↗. Nv.: Min↗, Bes↗. Nach der Christianisierung stellten ihn die Kopten↗Christus↗gleich. Wahrsch. erfolgte dabei die Übernahme als Amen beim Gebetsabschluß. -These: aus dem Wort läßt sich *A* = erster + Mon, Man = Mensch herausholen, d. h. der himml. Mensch, Adam Kadmon↗. Möglicherweise führte die Umdrehung des Wortes zu Nommo↗- oder umgek. Beide Begriffe sind im heutigen Afrika zu finden, Amon z. B. bei den Yoruba↗u. mit dem gleichen Sinn wie in Altägypten: versteckt. Davon abgeleitet *Mon* = heilig, sakral. Außerdem hängt die ganze Beschneidungssitte Afrikas mit A. zusammen, weil er als absolutes Wesen sowohl männl. wie weibl. ist, u. dieser Urmensch in jedem Individuum wieder ›getrennt‹, auf ein präzises Geschlecht reduziert werden muß. - Er ist jedoch nicht der letzte Urgrund, denn Mut↗ist nicht nur seine Gattin, sondern auch Mutter. - A. wurde als Widder↗symbolisiert, manchmal 4köpfig wie Brahma↗.

Amnael: in Schriften der Alchemie↗sagt eine Priesterin, die sich Isis↗nennt, diesem 1. Engel↗verdanke sie ihre Kenntnisse. These: da die Alchemie Pseudonyme benutzte aus Gründen der Geheimhaltung u. in christl. Zeit aus Angst vor Verfolgung, ist anzunehmen, daß sich hinter Amnael der Gott *(El)* Amun (Aman, hier umgedreht zu *Amna*) versteckt sowie eine Zeitangabe: 1. Engel = 1. Zodiaksektor↗. Es sind die gleichen Kenntnisse, die lt. AT Eva↗am ›Baum der Erkenntnis‹↗erwarb.

Amori: lt. AT Name eines Nachf. von Kanaan↗, woraus der Stamm der Amoriter wurde; spez. in Palästina, Nordafrika u. bis Babylon zu finden. Nv.: Amuru, 'Emori, Mauri. These: daraus wurden auch die Mohren od. Mauren, sie stammten urspr. von Mu↗, wo man sie noch als Maori↗findet. Zeitw. hieß Kanaan nach ihnen Moria↗, u. so hieß auch der vorisraelit. Tempelberg von Jebus↗(Jerusalem).

Amoriter: Nachf. von Amori↗, kanaan. Stamm.

Amsa: einer der Adityas↗od. Sonnenengel, die a. die 7 Welten↗lenken.

Amun: Ammon↗.

An: Himmel in Sumer↗, ggb. Ki↗= Erde, als Schriftz. ein 8-Stern ✳ was 2 Deutungen zuläßt: 1. Tao↗-Z. (Himmel), äqv. Hantu↗, immateriell; od. die helle Sonne des Sirius↗, auf Rollsiegeln↗8strahlig. - Das frz. *An* bed. Jahr↗.

Ana: Mutter der Lilith↗bei den Zigeunern↗u. Königin der guten Feen, gen. Keshalyi↗. These: in Anklang an An↗wohl weibl. Himmel, äqv. Anat↗bzw. Eine. Ihre Vergewaltigung durch Erdkräfte bringt im Zigeuner-Mythos die Krankheiten hervor. - Bei den Chaldäern↗setzt sich die weibl. Dreiheit↗aus Ana, Belia u. Davkina zus. Die Namen finden sich in Kanaan↗als Anat↗= Baalat↗= Schechina↗.

Anahita: Tochter einer Königin von Mu↗, die im Alter von 9 J. die Fähigkeit des Wiedererinnerns erlangte. Auf 100.000 kleinen Tafeln schrieb sie die Dokumente ihrer Ahnen nieder u. fügte ihre eigene Botschaft hinzu. Einige dieser Tafeln wurden im 19. Jh. in der Wüste Gobi↗gefunden.

Anahuac-Religion: altmex. Auffassung der Welt u. Gesch. als eines Kampfes männl. gg. weibl. Kräfte, Tezcatlipoca↗gg. Quetzalcoatl↗ u. der Weltenlehre↗, nach der wir uns in der 5. ›Sonne‹ = Welt befinden. Das Wort dürfte eine Umdrehung von Huacan = Wakan↗= Heiliger Geist↗sein, der Ana↗ entspricht.

Analogie-Gesetz: wie oben so unten. Deshalb kann man durch Analogie-Handlungen auf der ird. Ebene auch andere Ebenen erreichen; z. B. durch sakrale Aktionen in Tempeln↗, die der Sonne nachgebaut sind, die Sonne beeinflussen etc.

Ananda: höchste Seligkeit, die die Unterschiede zw. weibl. + männl. im Zustand vollkommener Vereinigung auslöscht. In diesem Zustand wird jeder Impuls u. jede Funktion zu Sakti-Siva↗. Diese Ekstase wird erfahren, wenn die Kundalini↗aufsteigt u. sich entfaltet (Indien, Tantrismus↗).

Ananta: die Schlange der Ewigkeit mit 100 Köpfen = Me↗in Sumer: der Gesamtkosmos↗, neutral, d. h. ungeschieden in weibl. oder männl. Manifestation. Auf Darst. trägt sie Vishnu↗und Lakshmi↗, das Urpaar↗. Taucht a. bei den Hesperiden↗auf.

Ana O Keke: einstmalige ›Jungfrauenhöhle‹ auf der Osterinsel↗, auch ›Höhle zur Inklination↗der Sonne‹. Eine hl. Bleichstätte für auserwählte Neru↗-Jungfrauen, die nach langer Einsperrung relig. Zwecken dienten, die nicht mehr bek. sind. Die Höhlenwände waren mit Z. bedeckt.

Anarchismus: Lehre vom Staat ohne Herrscher, im Taoismus↗Wu-Chün-Lun, Lehre von der Fürstenlosigkeit gen. In China galt der A. unbestritten als eine Form des gesellsch. Zusammenlebens, die zumindest in 2 Sphären verwirklicht war: im frühesten Altertum u. in den Ländern mit dunkler Bevölkerung, die China umgaben. Für die Taoisten kamen noch 2 jenseitige Sphären hinzu: das Reich des Todes u. die Länder an den Enden der Welt, ›Insel der Seligen‹↗im Pazifik u. Hsi-Wang-Mus↗Reich im Gebiet an Tibets Grenze. - Als Erzvater des europ. A. gilt der Russe Bakunin↗.

Anat: Göttin von Kanaan↗, a. Herrin (= Baalat↗) der Herrschergewalt und des Hohen Himmels gen. Albright deutet den Namen als Schicksal↗, Vorsehung, unter Hinweis auf *at* = Zeit, Wille (s. Att↗). Dann wäre die Zus.: An↗= Himmel + at, der Himmelswille od. die Himmelszeit. Geschrieben wird Anat nur N.T, genau wie in Äg. die Nut↗, u. wird wie diese mit Flügeln dargestellt. Im Mythos wird sie als Schwester-Geliebte von Baal↗vorgestellt, die seinen Palastbau durchsetzt (These: die Große Pyramide↗). Nv.: Tannit↗, Tinnit (Karthago), Danatum, Dana↗, Diana↗, Dannan, Jana↗, Anu↗; es wird behauptet, a. Athena↗sei eine Namensv. Darst. zeigen A. mit Helm, Harfe, Schild u. Palmzweig. So ist sie doppelgesichtig (Krieg-Friede) als Jana, weibl. Form von Janus, u. U. in der Zusammenfassung Heilende, eine Soteira↗,

d. h. die weibl. Dreiheit ↗, äg. Junu ↗.

Anch, Ankh: das äg. Lebenskreuz ↗, z. B. im Namen Tutanchamun enthalten, zusammengesetzt aus Toth ↗ (hier Tut), Anch u. Amun (Ammon ↗). S. Per Ankh ↗.

Anchsenamun: Gattin von Tutenchamun ↗, zusammengesetzt aus Anch ↗, Sin ↗ (hier Sen) u. Amun (Ammon ↗). Eine der 6 Töchter Echnatons ↗ u. Enkelin der nubischen Königin Teje ↗, deren jüngster Sohn eben Tutenchamun war. Bei seinem Tod nahm sie zu Füßen der Mumie den Platz der Göttin Isis ↗ ein, während am Kopf eine andere Prinzessin die Rolle der Nephtys ↗ übernahm. Als letzte Erbin der Krone faßte sie, 20jährig, den beispiellosen Entschluß, nach einem ausl. Prinzen als Gatten Ausschau zu halten, u. zwar bei den Hethitern ↗ - er wurde auf dem Weg zu ihr umgebracht, u. sie wahrsch. auch.

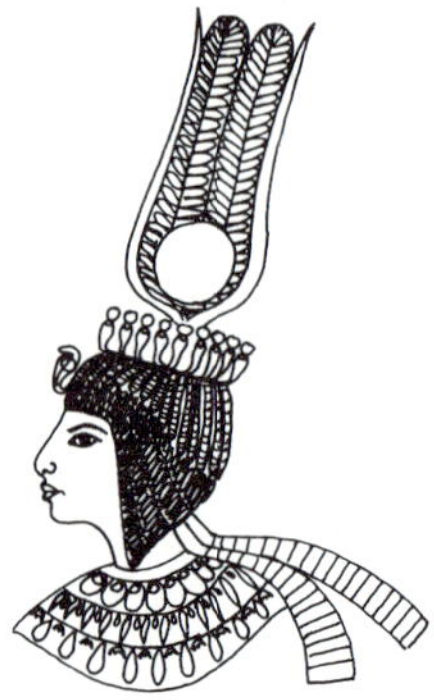

Anchsenamun mit der ›Geierkrone‹

Anden: Geb. am Westrand S-Amerikas; im zentralen Teil bis 800 km breit. Rel. junge Auftürmung. Vor dem Weltuntergang ↗ größtenteils unter Wasser, heute hochgelegene Ruinen waren Häfen. Man fand auch Reste eines uralten künstl. Kanals, der Pazifik u. Amazonas ↗-Binnenmeer verband für die Durchfahrt von Mu ↗ zum Atlantik, nahe Tiahuanaco ↗. - Berühmt geworden sind die Erdz. von Nazca. - Ältester Einwanderstamm dürften hier die Kara ↗ (Karer) von Kaskara ↗ (= Mu) sein.

Äneas, Aineias: Sohn der Aphrodite ↗, Held des Trojan. Kriegs ↗; Zentralgestalt im Epos von Vergil ↗, gen. Aeneis ↗.

Aeneis: Vergils Hexameterepos in 12 Gesängen. Die 1. Hälfte, die Odyssee ↗ röm. widerspiegelnd, schildert die Irrfahrt des Äneas ↗ nach der Zerstörung Trojas u. endet nach einer Befragung des Totenreichs mit dessen Landung in Italien ↗. Die 2. Hälfte ist die röm. Ilias ↗ u. zeigt Kämpfe um die neue Heimat mit den vorh. Völkern Italiens bis zur Glorie Kaiser Augustus, mit Anspielung auf das Ende der ›eisernen Menschen‹ (= 5. Welt ↗) durch Wiedergeburt des Apollo ↗ (= Horus). These: es handelt sich um die Benutzung des Schemas der zodiakalen Menscheitsgesch., verengt auf die Gesch. der Römer ↗. Dabei klingt stark das Adventistische des Fischsektors an.

Angrboda: Zornbotin; Mutter des Fenriswolfs ↗, der Midgardschlange ↗ u. Hel ↗.

Anima: ggb. Animus ↗ der weibl. Teil der Seele ↗ lt. Jung ↗. Als Feuer ↗ (Flamme) erregend, als Wasser ↗ in die Abgründe des Unbewußten ↗ stürzend. Deshalb als Archetyp ↗ sowohl Göttin = Madonna ↗ wie Hexe = Urmutter ↗.

Anima Mundi: die weibl. Weltseele Isis ↗.

Animismus: Glaube an die Beseeltheit der ges. Natur, vom Stern ↗ bis zum Atom ↗; s. Seele ↗.

Animus: ggb. Anima ↗ männl. Teil der Seele ↗; als Luft ↗ (Atem, Odem) das omnipräsente Pneuma, belebend; als Erde ↗ träge, starr, verhaftet. Deshalb als Messias ↗ wie a. dessen Gegenspieler Satan ↗ auftauchend, Archetyp ↗ Gott u. negativer Gottessohn.

Ankh: Anch ↗, das äg. Lebenskreuz ↗.

Anki: sum. Kombination von An ↗, Himmel, u. Ki ↗, Erde, benutzt im Wort *Etemen-Anki* = Grundstein von Himmel u. Erde für den Babyl. Turm ↗.

Ankwati = März, 3. Monat des Hopi ↗ Kalenders. Bei der Kultfeier erscheint eine gehörnte Schlange (als Arm-Maske des Katschina ↗-Tänzers) namens Palülükonu ↗. Die Vorsilbe *Ank (Unk)* findet sich im germ. ebf. als Schlange: Horn-Unk (wird Hornung, Februar), die Horn-Unke, gehörnte Schlange, ist auch die Schnecke. - These: darin könnte sich Anki ↗ (verkürzt auf Ank) verbergen, denn die Schlange ist als Zodiak (hier Jahr) tats. die Verbindung zw. Himmel + Erde.

An-Po: Anubis ↗, der pechschwarze Hund ↗ Altägyptens. Dieses ältere Wort könnte sich zusammensetzen aus An ↗ (Himmel) u. Po ↗ (schwarze Siriussonne bei den Dogon ↗, kosm. Urfinsternis auf Australien ↗, was essentiell auf das gleiche hinauskommt). In esot. Kreisen gilt A. denn a. als Bahn der schwarzen Siriussonne. These: konkret handelt es sich um einen Geheimkalender, der die 52 Jahre Umlaufszeit der Po-Sonne mit dem Großen Jahr *An,* d.h. der Präzession ↗ als Gesch. ↗, u. damit mit dem Kosmos (ebf. Po) aus 24 Grundmotiven ↗ verbindet. Erhalten z. B. als olmek. Longcount ↗-Zählung. Deshalb gilt A. als ›gezeugt‹ von Nephtys ↗ u. dem Geist des toten Osiris ↗, wobei erstere Po vertritt u. letzterer An.

Anthropogenesis: Titel des 2. Teils der Geheimlehre ↗, die Entwicklung *(genesis)* des Anthropos ↗ (Mensch) beschreibend.

Anthropos: der geistige, innere u. vollständige Mensch, der am Schlusse des *opus alchymicum* aus dem *ovum philosophicum* als Gefäß hervorgeht (C.G. Jung). Zu deutsch: der von der Alchemie ↗ angestrebte vollkommene Mensch, der am Ende der 5. Welt ↗ aus dem Durchlauf durch die 24 kosm. Grundmotive ↗ als ›philosophisches Ei‹ entstehen soll. These: wurde bei Nietzsche zum Übermenschen ↗. Äqv.: Chenti ↗ in Ägypten, Chen-Jen in China.

Anthroposophie: von R. Steiner ↗ 1912 gegr. Abzweigung der Theosophie ↗, die Weisheit = Sophia ↗ des Menschen = Anthropos ↗ als Lehre vermittelnd. Hauptziel: durch Vervollkommnung des Ätherleibs (äg. Ka ↗) direkt in der Akasha-Chronik ↗ lesen zu können, d.h. die Urinformationen von Akasha ↗, was an das Trinken aus dem Urbrunnen ↗ erinnert. Vertritt Reinkarnation ↗ u. Karma ↗. Die Abspaltung erfolgte wegen Annie Besant ↗.

Anti-Christ: Gegner und Gegenspieler von Christus ↗. Im 13. Kap. der Offenbarung ↗ prophetisch für die Endzeit ↗ angekündigt, symbolisiert als Tier mit 7 Köpfen u. 10 Hörnern, aus dem Meer steigend. Der ›rote Drache‹ (ähnl. Symbolik) gibt ihm seine Kraft. - These: äqv. Seth ↗ in Ägypten, dem Gegner u. Gegenspieler von Osiris ↗. Die 7 Köpfe, von denen einer ›tödlich wund‹ ist, deuten auf die Planeten, deren 7., von der Sonne aus gerechnet, zerstört wurde (heute Planetoidengürtel), Ogo ↗ in Afrika, u. die 10 Hörner sind die 10 Zahlen (Sefirot ↗), der Unterbau eines der 2 Djed ↗-Bäume Ägyptens, zus. das Gläserne Meer ↗; das ist das Meer, aus dem das Tier steigt.

Prophezeiung: die 42 Monate (oder Monde), die der A. endzeitl. regiert, fallen auf die J. 1993–97, dann stirbt er 33jährig (Anzahl der Ringe auf Tutenchamuns ↗Hirtenstab ↗) u. vereinigt seine Psyche mit der des dann 66jährigen Christus (Anzahl der Ringe + Perlen der Geißel ↗), von dem er sich 1964 (Geburt) abspaltete. In dieser Zeit wird also eine neue Religion die Menschheit in Bann halten. Jakob Böhme über den A.: »Ein Maulchrist... Er wird in der Lilienzeit offenbar werden und wird ohne Hände zerbrechen. Er rühmet Christi Lehre, aber verleugnet ihre Kraft. Er ist die Meinheit, Deinheit, Ichheit, der eigene Wille.« S. Vorausschau ↗.

Antilope: in Ägypten eine Gestalt des Seth ↗u. deshalb bevorzugtes Opfertier. Personifizierung als Göttin Satisoder Satet, einer weibl. Form des Namens Seth. Dieses Tier war immer weiß. ›Falke auf dem Rücken der Antilope‹ war ein Siegestitel des Horus ↗. These: zodiakale Var. zum Steinbock ↗(wie die Gazelle ↗) u. Zeitangabe für die Geburt von Seth als Beginn der weißen Rasse ↗. Möglicherweise ist eine andere Var. das weiße Lama, nach dem Tiahuanaco ↗benannt ist.

Antu: Gemahlin von Anu ↗(sum.) od. An ↗, zus. das himml. Paar; Mutter von Ischtar ↗, Inanna ↗, Allat ↗, erw. im Gilgamesch-Epos ↗. Bei deren Gleichstellung mit Neith ↗landen wir bei der äg. Nut ↗, beide N.T geschrieben. – Auf der Abb. wird das Paar auf jenem Stuhl getragen, den man als äg. Hieroglyphe findet, als Symbol auf dem Kopf der Isis ↗u. eingebaut in den Thron ↗, der wieder das Symbol des Anu ↗-Stammes ↗wie a. Teil des Symbols der Nephtys ↗ist. These: es ist Sambo ↗, die ›sprechende Truhe‹ (Bundeslade ↗), u. die beiden sind außerird. Besucher (Astronauten) vom Sirius ↗, die beiden dortigen Sonnen vertretend, in Zeichen:

◊ Antu ✳ Anu

Äqv.: Lilith ↗u. Adam Kadmon ↗(Kabala), Nephtys ↗u. Osiris ↗(Äg.), Anat ↗u. Baal ↗(Kanaan), Schlange ↗u. Baum der Erkenntnis ↗(Bibel), Orejona ↗u. Patschakamak ↗in Süd-Amerika etc. – Weitere Einzelheiten: Kulturbringer ↗. – Ein nach ihr benannter Stamm Antu dürfte sich auf die Vorfahren der Bantu ↗beziehen.

Anu: Negerstamm, der Altägypten gründete; a. Osiris ↗war ein Anu. These: es handelt sich um die Nachf. der außerird. Kulturbringer ↗An ↗+Antu ↗. Symbol war der 3-Balken-Schnitt, der dem Tao ↗-Z. Himmel ≡ entspr. sowie der äg. Thron ↗. Die Deutschen ↗nannten sich einst Volk der Göttin Anu.

Anubis: a. An-Po ↗, Hauptperson im äg. Göttertribunal, das die Toten ↗richtet, auch ›Öffner der unteren Pforten‹ genannt. Geht vor dem Verstorbenen her u. führt ihn vor Osiris ↗, Isis ↗ u. Nephtys ↗in der Duat ↗zum Wägen des Herzens auf der Waage der Maat ↗. Auch ›Hüter der magischen Texte‹ (d.h. des Totenbuchs ↗), weshalb A. als schwarze Schakalin in Gräbern auf dem Naos ↗liegt. (Abb.)

Anubis auf einem Naos

Anubis-Kult: Geheime Mysterienreligion, a. ›Schwarzer Ritus‹, besonderen Eingeweihten vorbehalten, weshalb der Inhalt unbek. ist. Eine Prophezeiung im Text ›Augenstern des Kosmos‹ sagt: »Erst wenn sich die Menschen mit den Himmelskörpern befassen u. nach ihnen in die Höhe hinaufjagen, kann man hoffen, den Inhalt des Schwarzen Ritus zu begreifen.« – Er wurde spez. in der Grube ↗unter der Großen Pyramide ↗praktiziert. These: es handelt sich um die Erlangung der Fähigkeit, in der Akasha-Chronik ↗zu lesen. S. Anubis ↗.

Anubisches Licht: im Ggs. zum Sethischen Licht ↗ der Eingang in eine andere Welt, die auch die Welt vor

Schöpfung der Sonne ist. In seinem Glanz erstrahlte das Weltenei ↗. - These: es ist blaues Licht = die Haare des Anubis ↗, das die Schwärze des Kosmos ↗ od. der Po-Sonne ↗ ausstrahlt (od. jeder schwarze Körper), im Umschlag der Einheit ↗ in die Synthese ↗ der Dualität schwarz-weiß ↗. Bei Friesen in Gräbern ist die Reihenfolge weiß-grün-schwarz-blau

(Abb.), es ist der Durchstieg durchs weiße Sonnenlicht ↗ an der Mittelstelle, deren Öffnung das Geheimnis des Gral ↗ war.

Anuket: äg. Göttin, gen. »Herrin des Himmels der Götter« (Bonnet). Ihre Federkrone (Abb.) ist a. die der Tolteken ↗. Im Namen enth. Anu ↗.

Anunaki: ›Engel der Erde‹, die beim Weltuntergang ↗ den großen Brand auslösen. Es fällt die Zahl 50; wahrsch. ein Geheimorden der Anu ↗. 50 Mitgl. gab es z. B. a. in altgriech. Priesterinnen-Colleges, 50 Ruderer hatte die Argo ↗, 50 Begleiter Gilgamesch ↗. Und 50 war der dynast. Stellenwert von Marduk ↗, der als ›Herz‹ der A. gilt. Übersetzungsmöglichkeit: Himmlische (*Anu* ↗) geboren *(na)* auf der Erde *(ki* ↗). These: ein Ordenstitel.

Anyang: Stadt unmittelbar nördl. des Gelben Flusses im klass. Herzen Chinas ↗. Hier fand man unter den Relikten einer großen bronzezeitl. Stadt zahlr. beschriftete Schildkrötenpanzer u. Tierknochen, die Berichte über Botschaften zw. den lebenden und toten Shang ↗-Königen enthielten. Es sind Bildz., u. die bisher frühesten Zeugnisse chin. Schrift. Lt. P. Tompkins ging auch der Standort von An-Yang vom äg. Nullmeridian ↗ aus, als einer der alten geodätischen ↗ Punkte für sakrale Zentren. - Übersetzungsmöglichkeit: Himmel *(An) Yang* ↗ (männlich), eine dem männl. Himmel nachgebaute Stadt in einem weibl. definierten Land, Yin ↗ = China in alter Zeit.

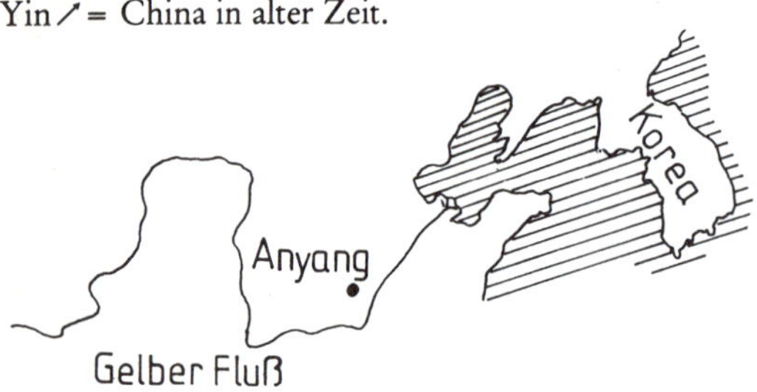

Ao: Licht ↗ (polynes.) ggb. Po ↗ = Urfinsternis des Kosmos ↗, gen. das Ur-Elternpaar der Menschen. These: es handelt sich um den A-Kreis (O) = das Sonnenalphabet ↗.

Apere: eine hl. Truhe ↗ in der afrik. Stadt Ife ↗, in der der Oba ↗ Geschenke an andere Könige schickt. Sie kann a. zum Schemel werden u. erinnert an Sambo ↗; s. Bild Gral ↗. - Eine andere afrik. Truhe hieß Ngoma ↗.

Apfel: symb. Frucht am bibl. Baum der Erkenntnis ↗, allderdings erst durch die röm. Kirche eingebracht, beeinflußt vom Mythos der Äpfel der Hesperiden ↗. Da die Herkulessage den Gang zum Garten der Hesperiden in den Wassermannsektor ↗ verlegt, in dem der ›Biß in den Apfel‹ die Gesch. ↗ in Gang setzte, ist zu folgern, daß man eigtl. 12 Äpfel einsetzen müßte als Gang durch den Zodiak ↗. Das Bild eines schott. Grabsteins zeigt 10+2 Schlangen, deren Köpfe dann mitzuzählen wären, u. zwar als die immer abgesetzten 2 Endsektoren (Kali Yuga ↗) Widder u. Fisch. - Sum. Rollsiegel ↗ zeigen das gleiche Motiv in vielen Variationen. Hier aus Palästina ↗ die Kombination: 5 Äpfel, 6 Sternzacken + 1 Kugel als Wurzel = 12 (Abb. 1). Das

Abb. 2

äg. Äqv. ist ein Djedbaum ↗ mit 10 Abschnitten, Widderhörnern (11. Sektor) u. Kugel in einem Federpaar. Oder: Göttin Nut ↗ in der Sykomore, in der einen Hand Früchte (Äpfel?), in der anderen das Gefäß mit hl. Wasser, das auf der Zodiakscheibe beim Wassermann ↗ doppelt eingesetzt wird (Abb. 2). Aus Schottland stammt Abb. 3:

Abb. 1

Abb. 3: Grabstein

9 Äpfel am Baum, 1 in der Hand von Eva ↗ sowie 2 Schlangen, zus. wieder 12.

Aphrodite: eine der 12 (griech.) Gottheiten des Olymp ↗, von den Römern mit Venus ↗ gleichgesetzt. Im Namen steckt *aphros* = Meeresschaum, weil sie - Geburtsmythos - dem Schaum entsprungen sein soll, der sich um die von Kronos (Saturn) dem Uranos ↗abgeschnittenen Genitalien herum ansammelte, als diese über das Meer trieben. These: da es sich bei den 3 angegebenen Namen um Planeten handelt u. bek. ist, daß die Griechen ihre Mythen von anderen Völkern ohne Verständnis übernahmen, um sie mit um so größerer Fabulierlust umzugestalten, könnte sich hinter dem unendlichen Wust angebl. Liebesabenteuer dieser Göttin als Realität die Entstehung des Planeten Venus stehen. In zu vielen Überlieferungen tanzt er aus der Reihe. Wahrsch. schließt sich die Entstehung an die Zerstörung des Planeten Ogo ↗(heute Plantoidengürtel) beim 1. Besuch von Nommo ↗an u. wäre hier eine Abtrennung von Uranus, evtl. einem Uranus-Mond, gen. sein Genital.

Die Griechen hatten immer gewußt, daß A. eine asiat. Götting war. Herodot ↗stellte fest, daß der älteste Tempel der A. = Himmelsgötting Urania ↗, in der phöniz. Stadt Askalon stand: »von den Assyrern Mylitta, von den Arabern Alilat, von den Persern Mitra ↗ genannt«. Nach Pausania wurde A. Urania an ihrem Altar in Athen die älteste der Moiria ↗gen.; nach Hygin belehrte sie Hermes ↗über die Bewegung der Planeten ↗. - Für Cäsar u. Augustus war sie die Ahnin des Geschlechts der Julier, dem sie entstammten. - Ihr wird auch die Entstehung der Prostitution ↗als Tempelschlaf ↗zugeschrieben. - In jedem Fall läuft dann ihre Entstehung als Planet mit der Entstehung der menschl. Liebe wie auch sexueller Betätigung überhaupt mit dem Biß in den Paradies ↗-Apfel ↗par., der dann mythol. als jener Apfel auftaucht, den ihr Paris gibt, wofür er Helena erhält, Grund des Trojan. Krieges ↗.

Apieion: ›Sitz des Apis ↗‹, Urbild des äg. Tempels ↗ mit Osttor für den Auslauf bei Prozessionen u. Westtor, aus dem nur der tote Apis getragen wurde. Im Hof des Apieion lag a. der Stall der Apismutter (Himmelskuh ↗).

Apis: geheiligter Stier ↗Ägyptens, dessen Kult bis in die 1. Dyn. zurückreichen soll, was schwerlich stimmt, da diese noch im Sektor Zwilling ↗(Hund ↗) liegt. Der Stierkult beginnt mit dem Stier-Sektor ↗4530 v. Z., 5. Dyn. - Neben der Verknüpfung Osiris-Apis trägt A. den Titel *WHM* = Wiederholung ↗. Aussehen: schwarzes Fell, weißes Dreieck auf der Stirne, Rückenfleck in Gestalt eines Adlers ↗(= Gegensektor des Stiers); auf späten Bronzefiguren sind auch Bilder des Geiers ↗u. Skarabäus ↗eingraviert. Nach Aelian trug er insg. 29 Z. These:

1 = Kopf (Aleph ↗) + Dreieck: Evolutionswiederholung A bis U
4 = Zodiak ↗als 4 Häuser
24 = die 24 Grundmotive des Kosmos als Wiederholung der Geschichte ↗= X bis P;
zus. A (-U + X-) P; Zeit: 2370 v. Z. - 1950

Heiligtum war das Apieion ↗.

Apokalypse: Inhalt des letzten Buches im NT, gen. Offenbarung ↗, den bevorstehenden Endkrieg ↗schildernd sowie den Sieg von Christus ↗über den Antichrist ↗, u. das Herabkommen des Himml. Jerusalem ↗auf die Erde. Nach altchristl. Überlieferung soll sie vom Apostel (Jünger) Johannes verfaßt worden sein. These: nein, von Jesus ↗selbst in Übernahme u. Umgestaltung altäg., babyl. u. ind. Prophezeiungen. - Luther ↗fand die A. so dunkel, daß er sie am liebsten aus dem Kanon der Bibel ↗entfernt hätte. These: das Dunkel der Symbolik, die sich deutl. von den übrigen Texten der Bibel unterscheidet, kann nur durch Studium der gen. alten Kulturen erhellt werden, zu denen noch die Kabala ↗, Alchemie ↗u. das kanaan. Erbe der Qumransekte ↗gehört. - Das Wort kommt von *apokalypsis* (griech.) = Enthüllung einer Wahrheit bzw. Offenbarung eines Geistes.

Kap.	Struktur
1-3	Ankündigung der Wiederkehr von Christus
4	Aufbau der Sonne ↗; die 24 Ältesten (= Sonnenalphabet A bis Z) werfen die Kronen ab (geschichtl. 1979 in der Woche nach Ostern als Farbveränderung der Sonne)
5	das 7fach Versiegelte Buch u. das Lamm ↗, das allein seine Siegel öffnen kann (1980)
6-8	Öffnung der 7 Siegel ↗(1981-87); die 7 Jahre des Endkriegs ↗
8-12	die 7 Posaunen (1987-1993); als Nachwirkungen: Verseuchungen der Elemente, aber a. Erscheinung eines Engels (6. Posaune = 1992: in Erscheinung treten von Christus)
13	dem Meer entsteigt ein Tier mit 7 Häuptern u. 10 Hörnern = der Antichrist beginnt eine 42monatige Herrschaft (1993-97)
14	Lamm mit 144.000 Getreuen in Sion ↗,s. Osirismumie ↗
15	7 Engel erhalten 7 Schalen
16	Ausgießung der ersten 6 Schalen (1993-98), bei der 7. Schale (1999) erfolgt das größte Erdbeben aller Zeiten, d.h. ein Polsprung als ›Jüngstes Gericht‹ ↗. Stimme: ›Es ist geschehen.‹ Nämlich der Wechsel von 5. zu 6. Welt ↗.
17-18	Rückblick auf das antichristl. Reich u. dessen Überwindung
19	Triumphlied der Auserwählten, sprich Übriggebliebenen
20	Bindung des Drachens auf 1000 Jahre = Beginn des Tausendjährigen Reiches ↗(Jahr 2000-3000)
21	Neuer Himmel, neue Erde; Beschreibung des neuen Jerusalems ↗
22	Wasser u. Baum des Ewigen Lebens = Beginn der menschl. Unsterblichkeit ↗. - S. apok. Ziel ↗.

Apokalyptische Reiter: 4, verbunden mit den ersten 4 geöffneten Siegeln ↗(1981-84). Die Farben ihrer Pferde sind: weiß (1981), rot (1982), schwarz (1983) und gelb (1984). Diese Symbolik betrifft die 4 Kontinente im Engagement während der ersten 4 J. des Endkriegs ↗, Reihenfolge: Europa, Amerika, Afrika, Asien. - Teil der Apok. Weitere Erl.: Reiter ↗.

Apokalyptisches Ziel: Sophia ↗u. Christus ↗als Hochzeit von Braut u. Lamm ↗. C.G. Jung: »Sie vereinigt den Sohn mit der Muttergattin, womit der glückselige Endzustand erreicht ist. Dieses Symbol ↗wiederholt sich in den nuptiae chymicae, der coniunctio der Alchemie ↗« (Jung 1952: 377). D. h. in der Alchymischen Hochzeit von Sonne ↗u. Mond ↗, die ihrerseits für die 2 Weltordnungen ↗stehen, nämlich Kosmos als Mutter u. Sonne als Sohn. Die Vereinigung erfolgt in der Mutter als Hl. Geist, weshalb das Tausendjährige Reich ↗ im Anschluß an die 7. Schale der Apok. ↗ a. 3. Reich ↗ des Hl. Geistes gen. wurde, z. B. auf dem Gnosti-

Die Lebensquelle. Ikone aus dem 17. Jh., Konstantinopel

schen Manifest ↗ von 1908. In seinem Buch ›Die 2 Zeugen der Apokalypse ↗‹ (1961) vertritt der Autor Albert Maillet die These, das seien Hitler ↗ u. Mussolini ↗ gewesen, dazu ausersehen, durch ihr Martyrium das Zeitalter des Hl. Geistes herbeizuführen. - Die 2 Zeugen werden im 11. Kap. erwähnt.

Apollon: griech. Gott (röm. Apollo), über dessen Ursprünge es viele Vermutungen gibt. Übereinstimmung besteht nur darüber, daß er zuerst weder ein Gott der Hellenen ↗ noch der vorgriech. Einwohner Griechenlands war. Die Griechen der Klassik ↗ glaubten, er verbringe den Winter bei den Hyperboreern ↗ ›jenseits des Nordwindes‹, womit wir im Pazifik, d.h. auf dem untergegangenen Kontinent Mu ↗ landen. Obwohl heutige Gelehrte den Bezug ablehnen od. die Hyperboreer nach Zentralasien verweisen, finden sich zwei Bestätigungen: Blavatsky ↗ überliefert, die Mutter von A. (u. Artemis ↗, seiner Schwester) Leto ↗ habe Lemuria (= Mu) vertreten, u. deren Streit mit Niobe ↗ spiegle den Streit mit Atlantis ↗; Bonnet überliefert die griech. Gleichsetzung A. = Horus ↗, die sich in der Benennung alter Horus-Kultorte in Apollinopolis manifestierte. Das nicht zu findende Bindeglied wäre, daß Horus = A. vor ca. 25000 J. auf Mu geboren wurde, Adam Rishon ↗ der Kabala, Adam der Bibel, Muntu ↗ der Afrikaner. Da Muntu als 4. Hauptkategorie der Ntu-Philosophie ↗ auch das Element Wasser ↗ vertritt, ist die Etymologie des Namens leicht: *Ap-Ul* = Gott in den Wassern, woraus im Altfries. *apol* = Pfuhl wurde. Etrusk. Nv. Ap-Lu od. Apulu. Er entspringt der Wassertiefe, akkad. Apsu ↗, und tritt ins Licht, deshalb das Attribut A. *Lukegenes* = im Licht geboren. Damit ist aber nicht das Sonnenlicht gemeint, sondern Ul ↗, der Baum der Erkenntnis. Es ist der Übergang vom Urmenschen in den Homo Sapiens ↗, weshalb seine Verbindung mit Musik (Symbol Leier), Heilkunst, Orakelsprüchen etc. den Kern trifft. So wundert es nicht, daß seine Lehren zu den Griechen über das Orakel von Delphi ↗ kamen - u. das war meist eine Ägypterin. Horus' Kampf mit Apophis ↗ wird zu A. Kampf mit Python ↗ u.a. Unterschied: Horus umfaßt Sonne u. Mond, gen. Horusaugen ↗, bei dem griech. Pendant vertritt A. nur die Sonne, seine Schwester Artemis den Mond. Beide gehören zu den 12 Gottheiten des Olymp ↗, welche Planeten ↗ sie vertreten, ist ungewiß, da Sonne u. Mond in der alten Planetenlehre okkulte, d.h. unsichtbare u. geheimgehaltene Planeten vertraten, u. diese wiederum in der Weltenlehre ↗ die Zukunft.

Apophis: ›Drache der Finsternis‹ (äg.), eine Riesenschlange, nach dem kopt. Wort *Aphoph* = Riese. Text im Totenbuch ↗: »Böswilliges Wesen, das du dich labst an der Schwachen Vernichtung.« - Die Lokalisierung dieses Abstraktums verweist eindeutig ins Sonnensystem, denn auf Bildern gleitet die Sonnenbarke über sie hinweg u. die Insassen müssen sie tägl. bekämpfen, od. der Horusfalke zieht sie, die gefüllt ist mit Zodiaktieren, über enthauptete Tote hinweg etc. (Abb.). Obwohl geschieden von Seth ↗, sind sie doch ähnl. eins wie der rote Drache der Apokalypse ↗, der dem Antichrist ↗ seine Stärke gibt. These: es handelt sich um den Planetoidengürtel ↗ als Reste eines zerstörten Planeten (afrik. Ogo ↗) sowie die Auswirkun-

gen seiner entwichenen Seele als ›das Böse‹. Lt. Bonnet wohnt A. Seele im ›Westberg‹ - im roten Kontinent

Amerika? Dort jedenfalls sah Steiner ↗ eine grandiose Offenbarung des Ahriman ↗ heraufkommen.
Zur geschichtl. Tätigkeit des A. im O. Ägyptens: »Der Hyksos ↗-König A. nahm sich Seth zum Herrn u. diente keinem anderen Gotte, der im ganzen Land (Äg.) war, mit Ausnahme des Seth.«

Apostel: die von Jesus ↗ berufenen 12 Sendboten des Evangeliums ↗, die a. seine Jünger u. z. T. seine Brüder waren; die Namen sind bei den 4 Evangelisten ↗ nicht gleich.

Zwilling: Thomas ↗
Brüder: (Simon) Petrus ↗
Jakobus
Johannes
Neffe: Judas ↗ Ischariot (Sohn von Simon Petrus)
andere: Andreas
Philippus
Bartholomäus
Matthäus (od. Levi)
Jakobus
Judas Thaddäus (od. Lebbäus) Sohn von Jakob.
Simon

Nach äthiop. Angaben war Petrus ein Schwarzer, was erklären würde, warum in modernen Filmen Judas Ischariot, sein Sohn, mit Vorliebe von einem Black Panther (afro-amerik. Bewegung) gespielt wird. Da nach einer Vorausschau der letzte Papst ↗ wieder wie der erste Petrus heißen soll, ist zu erwarten, daß es ein Afrikaner sein wird.

Apsiden: die bei einer Ellipsenbewegung eines Planeten od. Mondes existierenden 2 Punkte größter Annäherung bzw. Entfernung vom umkreisten Zentralkörper; sie werden durch die Apsidenlinie verbunden. Bzgl. Erdbahn-Sonne liegen die Punkte in der Ekliptik ↗ bei größter Sonnennähe (2. Jan.) im Krebs u. bei größter Sonnenferne (2. Juli) im Steinbock, mit den Abständen 147 bzw. 151 Mio. km.

Apsu: das Süßwasser in der Erde, das die Quellen speist; eine männl. Urkraft, die zus. mit Tiamat ↗, dem Meer als weibl. Pendant, das die Erde umgibt, die ersten Götter hervorbringt (Babyl.). Im sum. Mythos ist A. das Heiligtum von Enki ↗, genannt ›Haus in der Tiefe des Meeres‹. Griech. Nv.: *Abys*, Adj. abyssisch = aus der Tiefe der Erde stammend, zum Tiefseebereich gehörend. Lat. Nv.: *Abyssus* = bodenloser Abgrund bzw. die unbekannte Tiefe zw. den versch. Welten des Kosmos ↗. Ind. Nv.: *Aptya*. Im Rigveda ↗ hat Agni ↗ 3 Aufenthalte, einen im Ozean *(samudra)*, einen im Himmel *(divi)* u. einen in den Wassern *(apsu)*, wonach die Aufspaltung in ›Söhne‹ erfolgt: Ekata, der Erste, Dvita, der Zweite u. Trita aptya, der Dritte in den Wassern, lt. Mythos von den ersten 2 ›in den Brunnen geworfen‹. Germ. Nv.: Mimirs ↗ Brunnen od. Quelle, mit 2 anderen unter den Wurzeln der Yggdrasil ↗ (des Weltenbaums) entspringend. These: diese 3-Teilung entspr. in der Weltformel ↗ Mu (Wasser) ↗ = Nun ↗ u. Naunet ↗ in Ägypten oder Regen ↗, See im Tao ↗. Apsu wäre äg. Nun.

Äquinoktien: Tagundnachtgleiche, ca. 21. März u. 23 Sept., für alle Orte der Erde sind dann Tag u. Nacht gleich lang. Die Äquinoktialpunkte sind die Schnittpunkte der Ekliptik ↗ mit dem Himmelsäquator zu dieser Zeit - ggb. den Punkten des Solstitium ↗ bei Sommer- bzw. Wintersonnenwende ↗. Bzgl. ihres Umlaufs befindet sich heute die Erde am 21. März am Übergang von Jungfrau zu Waage, weshalb von der Erde aus gesehen am gleichen Tag die Sonne beginnt, im Widder aufzugehen. S. Tierkreis ↗.

Ar: Wasser, z.B. in *Ar-Ab* (woraus Arabien wurde), wasserlos = Wüste. Viel Wasser wird Mare, Meer. S. Ariel ↗.

Ara: Göttin u. Schlange ↗ (äg.), spez. die Kobra ↗: Nv. Uräus ↗. Außer eingezeichnet in Aton ↗ kann sie einzeln mit weißer Krone ↗ erscheinen (Abb. 1), doppelt wie bei Behdet ↗ (Abb. 2) od. je 1 Axt ↗ umschlingend (Abb. 3). - S. ihre Präsenz auf der Osirismumie ↗.

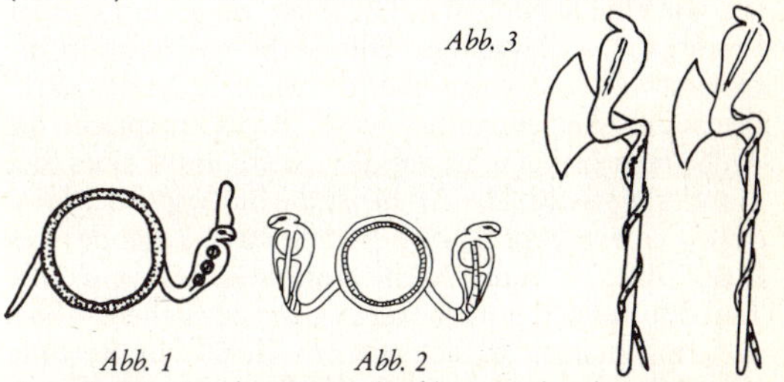
Abb. 3
Abb. 1 *Abb. 2*

Arani: Herrin der Rasse (ind.), erw. in einer Hymne an Agni ↗ im Veda ↗: »Hier ist Pramantha; der Erzeuger ist bereit. Bringe die Herrin der Rasse (Arani). Lasset uns Agni hervorbringen durch Reibung, nach altem Brauche.« - Äqv.: Feuerbohren ↗ bei den Indianern. - Blavatsky: »Arani ist Aditi ↗, die Mutter der Götter, oder Schechina ↗, das Ewige Licht in der Welt des Geistes ↗. Kombination: Aditi Surarani, die Mutter od. Matrix der Suras ↗. Im Mahabharata ↗ wird Kunti, Mutter des Pandavas Pandavarani gen. - Es ist der Kosmos ↗, das ›auserwählte Gefäß‹, in der kath. Kirche auf Maria ↗ bezogen« (Geheimlehre II, 554). These: der Name läßt sich in Ar ↗ (Wasser) u. An ↗ (Himmel) zerlegen, zus. Wasserhimmel = Urwasser ↗. Auch im Gefäß d. äg. Nut ↗ sind die Farben der Urrassen schwarz ↗ + weiß ↗ gegeben; s. Rassen ↗ allg.

Ararat: höchster Gipfel des Kaukasus ↗ u. einer der Überlebenspunkte bei der Sintflut ↗ = der Kaukasier ↗.

Arc, Arca, Arg, Arche ↗, Argo ↗ etc.: gehen auf die äg. Wurzel *Arq*, Kreis, Bogen zurück, im übertr. Sinn die Weisheit ↗ oder das weibl. Zeugungsvermögen in Gestalt eines Gefäßes, in dem sich alle Möglichkeitskeime ↗ befinden. Im Übertrag archaisch = uranfänglich, in der Kunst Z. statt Bilder. These: der Kreis des Uralphabets, Nommo ↗.

Arcanum: das Abgeschlossene, dann das Geheime u. Geheimnisvolle (lat.). In der Alchemie ↗ das Große Elixier u. der Stein der Weisen ↗, myst. das geheime, körperlose und unsterbl. Etwas (s. Arc ↗). These: Wortbildung *Arc* (Kreis) *An* (Himmel). Im Taro ↗ ist das kleine A. Sonne + Zodiak, das große A. die Gesch.

Arche (Noah): lt. Moses ↗ 1, 6/16 ein Kasten mit 3 Böden u. 1 Fenster zur Rettung von Noah ↗ u. Familie; meist als Schiff verstanden, das am Kaukasus ↗ gesucht wird. Da aber alle Völker Überlebende der Sintflut ↗ überliefern, muß das allegorisch verstanden werden. These: die wahre A. war die Große Pyramide ↗, denn sie ist ebf. 3stöckig u. hat nur 1 Luke ↗.

Arche (Nommo): in Afrika (Dogon ↗) wird überliefert, daß Nommo ↗, der Schmied, in einer Arche vom

Sirius ↗ zur Erde kam u. alle seine Prinzipien mitbrachte. Dann kehrte er leibl. dorthin zurück. Hier handelt es sich um ein Raumschiff. Seine Bogenbahn *(arc)* wird noch heute als Maskenaufsatz riesigen Formats vorgeführt. - Darst. zeigen diese A. rund, mit 4 Füßchen,

fast wie eine Schildkröte. Die Abb. zeigt ein Det. der Landung ↗. - Blavatsky: »Die Arche repräsentiert die Obergewalt des Geistes über die Materie. In der astrotheosophischen Karte des westl. Ritus entspricht die Arche dem Nabel u. ist auf der l. Seite des Weibes (des Mondes) versetzt. Die Arche ist die hl. Argha der Hindus« (Geheimlehre II, 483). In der babyl. Legende ist es Istar ↗, welche in der Arche eingeschlossen ist u. eine Taube aussendet, um trockenes Land zu suchen. - These: letztl. handelt es sich um ein Gefäß zur Rettung oder Übertragung des Ka ↗ (Geist). Der Ka-Transfer ↗ spielte in Ägypten eine zentrale Rolle; als Gefäß wurde ein leerer Sarkophag ↗ benutzt, dessen Maße denen der ›Bundeslade‹ ↗ (Arche der Juden) sowie einem Bruchteil der Großen Pyramide ↗ entsprachen, die wahrsch. die echte Arche Noah ↗ war. - S. Argo ↗.

Archetyp: numinoses Strukturelement der Psyche ↗, das eine gewisse Selbständigkeit u. spezifische Energie ↗ besitzt (C.G. Jung ↗). Jung entnahm den Begriff dem ›Corpus Hermeticum‹ (Sammlung Hermetischer Schriften ↗), zur Wahl des Wortes angeregt von den ›Ideae Principales‹ (Ur-Ideen ↗) des Hl. Augustinus ↗. Dabei unterscheidet er zw. dem Archetyp *per se*, dem nur potentiell in jeder psych. Struktur innewohnenden A. einerseits, u. dem aktualisierten, wahrnehmbar gewordenen, ins Bewußtsein eingetretenen A. andererseits, der dann als archetyp. Bild, Vorstellung, Vorgang oder Prozeß auftritt, wobei seine Erscheinungsweise ständig variiert u. von der jeweiligen Konstellation, innerhalb welcher er manifest wird, abhängt (Jacobi). - Man kann psychol. feststellen, daß ein A. fähig ist, das Ich zu ergreifen u. es sogar zu zwingen, in seinem (d.h. des A.) Sinne zu handeln (Jung). - These: die A. *per se* sind die 24 Grundmotive ↗ des Kosmos, kollektiv eingelagert in den 25920 J. der letzten Präzession ↗ ab Biß in den Apfel ↗ vom Baum der Erkenntnis ↗ bis 1950, dem Wiederbeginn des Wassermannzeitalters. Ihre Anordnung bestimmte den Gang der Gesch. ↗ u. jetzt den Gang der Endzeit ↗. Alles weitere sind abstrakte oder figürl. Ausgestaltungen: Z., Symbole, Kunst, Mythen, Feste, Riten etc., aber auch Handlungen, Kriege, Religionen, Erfindungen etc.

Eigene Archetypen-Liste

- Urmutter
- Baum
- Meerfahrt
- Medizinmann
- Luzifer
- Himmelsleiter
- Gott
- Alter König/Söhne
- Schatz
- Quelle
- Ewiges Leben
- Schuldhafte Tat
- Hirtenstab
- Trinität
- Feindliche Brüder
- Madonna
- Versteck
- Schlüssel
- Gottessohn
- Pfau
- Blau
- Versuchung
- Verwandlung
- Aufgabe

Diese Reihenfolge ergibt sich aus der Reihenfolge des Uralphabets ↗. Man kann aus ihr den Gang der Gesch. rekonstruieren u. findet sie ganz od. teilw. in Mythen aufrechterhalten, was ihre Entmythologisierung erleichtert. Auch Traumserien folgen manchmal dem Muster, beginnen aber meist erst mit der Meerfahrt. Deren Geschichtlichkeit war die Argonautik ↗. Soweit von Interesse, tauchen die A. im Lexikon auf. - Wirkung ohne Reihenfolge: Wenn sich im Leben etwas ereignet, was einem A. entspr., wird dieser aktiviert u. es tritt eine Zwanghaftigkeit auf, die, wie eine Instinktreaktion, sich wider Vernunft u. Wille durchsetzt. - Bequemerweise wurde heute die Irrationalität ↗ daraus.

Ardhanari: Göttin (ind.), vertritt in der Weltenlehre ↗ die 3. Welt bzw. 3. Wurzelrasse ↗; als A.-Ishvara steht sie auf einem Lotosblatt, das auf dem Wasser schwimmt u. ist lt. Blavatsky die Isis ↗ der Hindus. These: das Wort läßt sich in die 4 Elemente zerlegen: *ardh* (Erde), *han* (Luft), *ar* (Wasser), *I* (Licht), was erklären würde, warum im Hl. Dreieck ↗ für Isis die Zahl 4 eingesetzt wird. Sie vertritt bei der Hl. Hochzeit ↗ Planet Erde. - Das Beiwort Ishvara steht bei den Vedantisten ↗ für das höchste Bewußtsein der Natur ↗. - S. Eridanus ↗.

Ares: Mars ↗ bei den Griechen, zählt zu den 12 Göttern des Olymp ↗. Lt. Mythos einziger Sohn von Hera u. Zeus; vertritt in der Weltenlehre ↗ die 5. Welt mit den ›Eisernen Menschen‹, weshalb ihm das Eisen zugeordnet wird. Als Kriegsgott a. ›Brecher der Schilde‹ u. ›Städteplünderer‹ gen. Bleibt unverheiratet; seine Verbindung mit Aphrodite ↗ (Venus) endet schmachvoll, nämlich im Netz des Hephaistos ↗, Aphrodites Gatte. These: es handelt sich um die Übernahme von Horus ↗ dem Krieger (Abb.), der a. ohne Partnerin bleibt,

a. der 5. Welt vorsteht, a. ein Zukunftsversprechen enthält. Das wäre Venus = 6. Welt. Der Name A. wäre dann eine Reduzierung von Horus, a. Har(es) überliefert, z.B. in Haroeiris, also Eliminierung von H. Bleibt die Frage, ob sich a. der Begriff Arier ↗ darauf zurückführt, ebf. verbunden mit der 5. Wurzelrasse ↗. – Das Planetenz. ♂ ergäbe sich hier aus dem runden Schild plus dem von der Schulter abgehenden Pfeil (in einer röm. Darst. von Horus als Krieger). Bei der Stange in der r. Hand dürfte es sich um den äg. Planetenstab handeln. – In Thrakien u. Skythien verkörperte ein Schwert den dort ebf. verehrten A. – Homer läßt A. der Athena ↗ unterliegen, was geschichtl. insofern richtig wäre, als Athena die in unserer Zeit zur Geburt anstehende 2. Sonne symbolisiert, die A., d. h. die 5. Welt beendet.

Argo: lt. Überlieferung das 1. Schiff, das die Meere befuhr, urspr. ohne Steuermann. In ihm ›Halbgötter‹, die den barbar. Menschen Kultur u. Wissen brachten. Seinen Namen trug es von der wunderbaren Schnelligkeit; außerdem verstand es zu reden, weil Athena ↗ ein Stück sprechendes Holz im Bug anbrachte, das auf Gefahren aufmerksam machte. Da die Argonautensage ↗ viel älter ist als die griech. Ausgestaltung, kann es sich um ein Radar-Sprechgerät o.ä. gehandelt haben, das auf Anat ↗ (Athena) zurückgeht, die extraterr. Astronautin ↗. Fulcanelli überliefert als Argotik eine alchem. Geheimsprache, die möglicherweise etwas mit *Argos* = hundertäugig zu tun hat, letztl. mit den 100 Me ↗ = Lichtkräften des Gesamtkosmos ↗, denn *Argi* heißt im Bask. Licht. – Auch in den äg. Pyramidentexten wird ein Schiff geschildert, das Götter ↗ bauten, es war 770 Ellen (ca. 400 m) lang u. erstrahlte von Gold, dem Energiemedium a. von Sambo ↗, der ›sprechenden Truhe‹. Die Verbindung ergibt sich aus der Ähnlichkeit der Argonauten- zur Ilmarinen ↗-Sage.

»Argo, von Dichtern nur vernommen
Strahlend im Meer der Lüfte wandelt«

(aus der Argonautika von Apollonios). Das klingt mehr nach verdunkelter Erinnerung an ein Raumschiff, das a. dicht über dem Wasser dahinsausen konnte. Ein ›Schlangenboot‹, gezeichnet wie ein Floß, taucht in der Quetzalcoatl ↗-Sage auf. Bericht d. Hopi:

»Während der Welt v. Kaskara ↗ (= Mu ↗) gab es Fliegende Schilde (Abb.), Paatoowa = das Objekt, das über das Wasser fliegen kann (der Pfeil auf der Felszeichnung von Oraibi symbolisiert nur die Geschwindigkeit). Das Fahrzeug hatte keinen Motor u. benötigte keinen Kraftstoff, es flog im magnetischen Feld.« – Bei den religiösen Feiern von Delphi trug man in Prozessionen ein Boot von riesiger Größe umher; es hatte mondförmige Gestalt. Man nannte es Omphalos ↗, Nabel (siehe Arche, Nommo) od. bezeichnete es als das Schiff Argo.

Argonautensage: (griech.) soll vorhomerisch sein u. eine lange Überlieferungsgesch. haben, während der sie allerlei Einfluß unterworfen u. unterschiedl. Interessen dienstbar gemacht wurde. Gründungen aus der Zeit der griech. Kolonisation hatten den Wunsch nach Verbindung mit einem so berühmten u. uralten Abenteuer. So mußte der Weg der Argo ↗ entsprechend gelenkt werden, nämlich ins Mittelmeer. Die ältere Stufe der Sage ist verschollen. Jedoch geht auch in der Hesperiden ↗-Sage eine wunderbare Reise weit übers Meer bis zu den Grenzen der Erde. Antike Maler müssen die Ähnlichkeit empfunden haben, denn sie geben dem Baum, an dem das goldene Vlies ↗ (Widderfell) hängt, noch Äpfel ↗, lassen Medea ↗ die den Baum bewachende Schlange aus einer Schale tränken, wie es die Hesperidenmädchen auch tun. Ja, sie verpflanzen Medea in den Garten der Hesperiden u. machen sie zur Wärterin des Drachens Ladon ↗ (hundertköpfig!). – Auch die Irrfahrten des Odysseus, die den Kern der Odyssee ↗ bilden, haben vermutl. Stoff aus der A. geschöpft. Außerdem wird sie zur orphischen Literatur gerechnet. Bei den ›Orphischen Argonautika‹ handelt es sich um eine dem Orpheus ↗ in den Mund gelegte u. um seine Gestalt kreisende Darst. des Argonautenzuges. – Andrew Lang war wohl der Erste, der auf Märchen aus dem Ilmarinen ↗-Kreise hinwies u. ein ihnen verwandtes als Quelle der Argonautensage vermutete.

Argonautik: Fahrt in der Argo ↗, teils Fahrt über die Meere, teils Astronautik bzw. Aeronautik. Für den Beginn ersterer findet sich eine versteckte Zeitangabe in der Argonautensage ↗: als die Argo durch Sturm strandet, erschienen Nymphen in Mänteln aus Ziegenfell, um zu helfen. Die Ziege ↗ ist ein Äqv. für den Steinbock ↗, als Zodiaksektor der Zeit 21800–19650 v. Z. vorstehend. Die 1. Hälfte fällt unter den Archetyp ↗ Meerfahrt. Da brachten Nachf. der Hl. Hochzeit ↗, d. h. Horuskinder ↗, von Mu ↗ Kultur u. Wissen zu den Barbaren der restl. 4 Kontinente. Eine Bestätigung wäre auch die Verbindung der A. mit den Hesperiden ↗. Weitere Erl.: Maya ↗ = Auswanderer von Mu zu deren Kolonien Ma ↗. – Die Wissensvermittlung spielte sich damals, als es noch keine Sprache gab, durch Theaterspiel ab, weshalb a. die Schiffsbühnen der Arioi ↗ von Interesse sind. S. Kolonialisierung ↗.

Argos, Argus: im griech. Mythos mal Erbauer der Argo ↗, dann Mann mit 4 bis 100 Augen, über den ganzen Körper verteilt wie beim äg. Bes ↗, dessen Übernahme er wohl ist. – Heute noch: argusäugig = alles sehend.

Ariadne: im Mythos Tochter des Minos ↗, Enkelin der Europa ↗. Berühmt für ihre Hilfe, aus dem Labyrinth ↗ herauszufinden. Sie war Priesterin, ihr Name bedeutet ›die Hochheilige‹. These: der angebl. ›Faden der Ariadne‹, mit dem sie half, ist der Mäander ↗: auf einer griech. Vasenmalerei umschlingt er Ariadne in den Armen von Dionysos ↗. Beide standen als Paar im Zentrum der antiken Mysterienspiele ↗.

Arianismus: Lehre des Arius von Alexandria, daß Jesus ↗ Mensch war u. nicht Gott. Diese frühchristl. Antithese wurde im Logos-Streit ↗ auf dem Konzil von Nizäa 325 besiegt, dann verteufelt u. die Anhänger blutig verfolgt. Mehrere germ. Völker kamen mit dem A. in Berührung, bevor sie zur Kirche in Rom übertraten. Die Goten ↗ lernten ihn schon im 4. Jh. an den Ufern des Schwarzen Meeres kennen. Mit ihnen u. anderen Völkern, wie den Wandalen u. Burgundern, kam diese

Form des Christentums a. nach W; dort bekannten sich fast alle Germanen ↗dazu, bis die Franken bei der Bekehrung Chlodwigs, die dem Einfluß seiner burgund. Gattin Clothilde zuzuschreiben ist, 496 zum Katholizismus übergingen. - Tats. stellte das Arianer-Problem die Röm. Kirche ↗vor ihre 1. Krise der Nachimperialen Zeit. Ende des 5. Jh. hatten arian. Germanen alle mediterranen Provinzen besetzt, u. es stand zu vermuten, daß sie ganz Westeuropa erobern würden. Am mächtigsten wurde die arian. Drohung von den Westgoten vertreten. Chlodwig brach ihr Rückgrad in Gallien u. kehrte mit dem erbeuteten Besitz der Arianer als kath. Held nach N zurück. Er feierte seinen Triumph, indem er Paris zur neuen Residenz bestimmte. - Im Ggs. zu allen anderen christl. Abspaltungen, gibt es heute keine arian. Gemeinde mehr; dafür verband sich die Lehre mit der Gral-↗Sage.

Ariel: Wassergeist (Kabala), Bsp. für Ar↗= Wasser. Im AT der oberste Absatz des Brandopferaltars bzw. Jerusalem: »Wehe Ariel, Ariel! du Stadt, wo David lagerte!« (Jes. 29/1) - im Mittelalter Schutzengel der Unschuld. - These: unter Abhängung von El↗(göttlich) könnte sich der Rest Ari über Earu↗(äg. = Gefilde der Seligen) auf die sum. Hieroglyphe Ur, Uri ›Palmenland‹ zurückführen lassen, mit Jerusalem↗als Jeru *(ea-*

ru) = Stätte *(Salem)* des Friedens. Die verschachtelten Z. des Gesamtkosmos↗im oberen Teil der 1. Glyphe, die in der 2. zu Lotos↗-Blüten werden kennzeichnen dann den unteren Teil, der wie die Wurzel eines Zahns↗wirkt, als W od. weiblich↗. Es ist das Ur-U od. doppelte U, das bei Umkehrung↗zu den Gesetzestafeln wird, die als Doppelfeder die Geierkrone↗abschließen. Oder: mit Wasser ist das Ur-Wasser↗gemeint.

Arier: Angeh. frühgeschichtl. Völker mit ing. Sprache in Indien u. Iran, abgeleitet vom Sanskrit-Wort *Arya,* woraus erst später ›Herren‹ wurde. Aus der Zus. Aryasanga = Orden der 5. Wurzelrasse, wird aber ersichtlich, daß sich Arya zunächst nur auf die 5. Wurzelrasse↗bezieht, u. zwar auf den Teil, der die Überlebenden von Atlantis↗umfaßt, bei Blavatsky als Aryo-Atlantier auftauchend. - Als Beschützer der A. gilt Aryaman↗, einer der Adityas↗. - Ihr Einfall in Indien↗ wird auf 1500 v. Z. geschätzt. - Hitler↗, der zu Unrecht alle Weißen zu Ariern machte, verlegte ihr Überleben bei der Sintflut↗auf den Ararat↗, Gipfel des Kaukasus. - Möglicherweise gibt es eine Verbindung zu den Ariki↗der Osterinsel.

Ariki: Angeh. od. Verstorbene königlich-heiliger Herkunft (polynes.). Mit dem Ausdruck wurden z. B. die Statuen der Osterinsel↗belegt, Riesen↗an Format u. ›Langohren‹↗, dem Zeichen für Überlegenheit. These: als Mutter aller Langohren (zu denen z. B. a. Buddha↗zählt) kann Orejona↗, die Astronautin gelten, äqv. Anat↗bzw. Lilith↗od. die ›Schlange‹ am Baum der Erkenntnis↗. So verbirgt sich wohl in A. wie a. Arier↗Ara↗, Göttin, u. Ariel↗. Und damit angeborenes Wissen + Erkenntnis, zus. Weisheit↗als Kennz. des Übermenschen↗.

Arioi: kult. Bund auf Tahiti↗, der weibl. + männl. Mitgl. umfaßte u. 8 Ränge besaß: 7 waren offen, als Voraussetzung der Aufnahme galt nur, sich in den Nena-Neva↗Zustand versetzen zu können. Der 8. Rang blieb in erbl. Hand von Nachf. des Urpaares Hina↗+ Tane↗od. Vertretern ihrer Wahl. Diese A. waren eine Theatergruppe, die auf den Bühnen riesiger Flottillen spielten, sobald sich diese dem Ufer näherten. Über die Aufführungen ist wenig bekannt; es sollen pantomim. Bilder relig. Prägung gewesen sein, die die Schöpfung aller Dinge durch den Gott Tangaroa↗erzählten. These: zweifellos kam a. der Gegenspieler Tane↗hinzu, u. es handelte sich um ein Spiel des 8er Kreises der Sonne, bei der der 8. Sektor (Naunet↗in Äg.) a. immer gesondert bleibt. Auf diese Weise muß Kultur u. Wissen bei den Fahrten der Argo↗vermittelt worden sein. - Jeder Rang besaß eine charakt. Kleidung u. Tätowierung. Besuchten die A. fremde Bezirke, wurden sie in den fast 100 m langen Arioi-Häusern empfangen, die nachts mit Feuer u. Bankulkerzen erleuchtet waren zur Schaffung des Rehu Arui, des Lichts zw. Tag u. Nacht. Auch hier gaben sie Vorführungen. - Für die ersten 7 Ränge gab es volle sexuelle Freiheit, aber entstandene Kinder mußten getötet werden. Als Dank winkte ein besonderes Paradies, beherrscht von Roma-Tane. - Roma↗heißt bei den Zigeunern↗Mensch, Tane ist der göttl. Kulturbringer↗(Nommo↗, Osiris↗ etc.); das gen. Paradies dürfte Amenti↗entspr. - Auf den Marquesainseln hießen die A. Ka„ioi, auf den Gesellschaftsinseln Uritoi. - 8 Grade hatte die Große Loge↗von Ägypten, später der Mithraskult↗.

Ariosophie: Arische Weisheit; eine nord. Rassenkult-Religion, die ab Jahrhundertwende in vielen präfaschist. Sekten↗virulent wurde, spez. bei den Neutemplern (ont), deren Sprachrohr die Zeitschrift Ostara↗ wurde (ab 1905). Es wird eine neue Menschenrasse prophezeit, die wieder mit denselben elektro-magnetisch-radiologischen Organen ausgestattet sein soll wie die Uralt-Rasse. In der Endzeit↗sollen an der Spitze der Völker »weise Priesterfürsten, geniale ariosoph-mystisch geschulte Führer ritterlich-geistlicher Geheimorden stehen« (Ach-Pentrop 1977: 12). Ostara-Ideen scheinen sich wie ein Lauffeuer ausgebreitet zu haben. Bald schon sprach man von einer ›ariosophischen Internationalen‹, zu der a. der Ku-Klux-Klan↗zählte. Für den Armanen↗Guido von List war z. B. Wien↗ ein uraltes arisches Venus↗-Heiligtum. Nach uralten arischen Prophezeiungen *(Austria erit in orbe ultima* = Aeiou) soll im Gebiet des 48. Breitengrads die kommende Arier-Kirche des Heils-Geistes entstehen. - Den gleichen Breitengrad gibt Nostradamus↗für das Herabsteigen des Hl. Geistes↗während der Endzeit an! - Lists letztes Werk ›Armanismus und Kabala‹ versucht zu beweisen, daß die Kabala↗arisches Weistum = Ariosophie ist. - 1908, im Jahr des Gnostischen Manifests↗, kam Lists Buch ›Das Geheimnis der Runen‹ heraus. These: die Runen↗, die zu den Grundlagen der A. gezählt werden, gehen auf die schwarze Stammutter der Germanen, Nemanus↗zurück, die sich mit einem Weißen - wahrsch. Herkules↗- verband u. sie zu den Niflungen↗brachte. - Die A. wurde eine der okkulten Wurzeln von Hitler↗. - Auch nach 1945 gab es wieder aufblühende Zweige der A.: Irminsul↗-Kreis, Godenorden, Gylfiliten u.a. Bei dem (Ostara-)

Thing↗1976 will man eine Verdoppelung der Sonne↗gesehen haben. Man spricht von Baldurs↗Wiederkehr u. erwartet die Ankunft außerird. Götter bei den Externsteinen↗.

Aristoteles: griech. Philosoph (384–322 v. Z.), dessen Lehre zu einer der Grundlagen europ. Denkens wurde. Behandelte die Probleme aller Wissensgebiete aus naturwissenschaftl. Sicht u. hielt die Sinne↗für eine der wichtigsten Quellen der Erkenntnis. Glaubte an das Experiment u. die Theorie. Versuchte, die Sklavenhalterei zu rechtfertigen durch die Behauptung, gewisse Menschen würden zu Sklaven auf Grund einer natürl. Veranlagung. – In der Kunst↗glaubte er an Ästhetik als Ziel. Schüler von Platon↗.

Arkana, Arcana: Mehrz. von Arcanum↗.

Armanen: präfaschist. Orden mit 1. Zusammenkunft Ostern 1915, der dem exoter. Wotanismus↗den esot. Armanismus zur Seite stellt. Lehre von Reinkarnation↗u. Karma↗, verbunden mit dem Anspruch, den Armanen stehe es zu, die polit. Herrschaft der Welt anzutreten. Pflegen auch heute wieder kult. Wotansfeiern mit Pferdefleisch u. Met (in Heroldsbach bei Nürnberg) u. Weihen nach heidnischem Brauch. S. Ariosophie↗.

Arnhemland: an der Nordküste Australiens↗; hier spielt sich das große Schöpfungsepos des Djangawul-Zyklus↗ab. Deshalb wird es von den Altaustraliern Land der Hl. Geister gen. Einst, so geht die Sage, streiften Riesen↗durch das Land u. vollbrachten heldenhafte Taten. Auserwählte bewachen ihre Stätten, bes. den Berg Brockman, Heimat der Regenbogenschlange↗. Dem Widerstand gg. Uranabbau liegt die Prophezeiung zugrunde, es käme zum Weltuntergang↗, wenn dieser Berg angetastet würde.

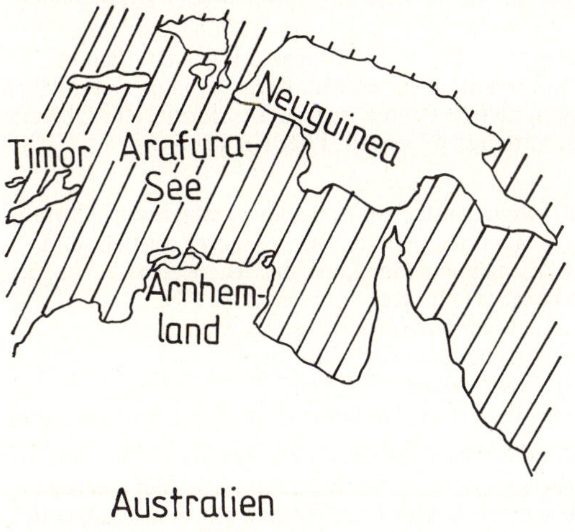

Arsnuphis: Nv. von Schu↗(Luft u. Tierkreis↗), spez. in Nubien↗gebräuchlich, a. ›Erster von Nubien‹ od. ›schöner Jäger, Herr von Punt‹ gen. Evtl. eine Noah↗-Figur, zus. mit Tefnut↗von dort nach Km.T↗ziehend als Löwe + Löwin = Ruti↗ im Löwe-Sektor↗.

Artemis: griech. Göttin, Zwillingsschwester von Apollon↗, gehört zu den 12 des Olymp↗, meist dem Mond↗gleichgestellt. Dieser steht in der Weltenlehre↗für einen geheimen Planeten, wofür eigtl. nur der 12. u. äußerste unseres Sonnensystems in Frage kommt. Das würde sich mit dem Mythos decken, sie sei ›Jägerin‹ bzw. Herrin der wilden Tiere, wenn wir unter letzteren den Tierkreis↗verstehen, dem sie als Sterngruppe dann am nächsten ist. Dazu fügt sich ihre Verbindung zum ›Jagdgefährten‹ Orion↗u. die Legende, ihn, der weit draußen im Meer schwamm u. nicht zu erkennen war, bei einer Wette mit ihrem Pfeil abzuschießen. – Auch eine histor. Gestalt A. auf der Erde zu finden, entspr. Apollon = Horus↗, führt über die Mutter Leto↗= Mu in den Pazifik u. in die Generation der Horuskinder↗, von denen 1 weibl. ist, gen. Amset. Wirth sieht ihr Pendant in der indian. Göttin Mayauel↗, sodaß ihr im Welthüterquadrat↗ wohl Amerika zufiel. Ein Grabgefäß aus Theben zeigt A. zw. Hakenkreuzen↗u. 2 Wölfen↗, einen Fisch↗ im Bauch. Dazu kommt, daß sich ihre Priesterinnen in Attika in Bärenfelle kleideten. These: alles deutet darauf hin, daß sie etwas mit der Entstehung der Weißen↗ (Seth↗, Bär↗) zu tun hat. Auch die Zeit würde stimmen, denn ihr hl. Tier ist Hirschkuh bzw.

Hirsch↗, äqv. Steinbocksektor↗. – Röm. Par.: Diana↗. – A. war urspr. keine griech. Götting. Versuch einer Wortdeutung: *Ar*↗(Wasser) *Tem* (Tm, Zwilling↗) *Is* (heilig). Auf den Armen Geier↗.

Arthur, König Artus: kommt in der Gral↗-Sage vor. Nach seinem Rausschmiß aus der Gralsburg↗, landet Parzival↗bei der Tafelrunde des Königs A. und wird dort wegen seiner ›Tumbheit‹ bloßgestellt. Symbolisiert wohl nur den barbar. Charakter germ. Stammeshäuptlinge in Konfrontation mit kultivierteren Rittern frz. od. engl. Art.

Arwarkr: ›Frühwach‹, einer der beiden Hengste, die den Sonnenwagen↗ziehen (germ.); der andere hieß Alswidr↗= ›Allgeschwind‹. Ihre Lenkung erfolgt durch ›Frau Sunna‹, Frau Sonne. Auf Arwarkrs Ohr u. Alswidrs Huf steht lt. Edda↗der Schild des ›scheinenden Gottes‹. These: letzterer ist der Sonnenkern↗, Frau Sonne die Maat↗aus 2 Sonnenbarken, 4er + 8er Kreis der Sonne, der Schild Aton↗, der Außenkreis mit dem Alphabet↗, u. die 2 Hengste sind in der Gleichlautung *Mare* (Pferd) = Meer das Gläserne Meer↗od. die 12 Planeten↗, Grundmotiv ⓥ, das man aus Huf u. Ohr zusammensetzen kann:

Huf U + ᗰ Ohr = ⓥ

Aryaman: Beschützer der Arier↗(ind.), im Rigveda↗einer der 8 Adityas↗, Helfer von Mitra↗. These: 5. Sektor des 8er Kreises der Sonne u. astrales Vorbild des mineralischen + urvegetativen Reiches (in Buchstaben N, O, P), beginnend vor ca. 3 Mrd. J.: äqv. 3. Tag der Sekundärschöpfung ↗. Planetar. Äqv. wohl Ares ↗ (Mars), Regent der 5. Welt ↗.

As, Asa, Ascha: 8fach, Sonnenwagen, Sonnenboot (in der Reihenfolge: sum, altind., iran.), äqv. *Asch* = Schiff, Schiffsburg (germ.). Wirth: »was im Awesta ↗ Asa heißt, ist im Vedischen lautlich entspr. Rta ↗« (1931: 131). Daraus läßt sich Rita ↗, Rota ↗ u. Taro ↗ machen, schließl. Tao ↗, das Rad der Weltordnung ↗ od. achtfacher Pfad im Buddhismus ↗. Es handelt sich um den 8er Kreis der Sonne ↗. - Insg. a. Feuer ↗ im Sinne der Regenbogenfarben ↗; so wird unterschieden zw. dem fluidischen Feuer = Luft, flüssigen Feuer = Wasser, festen Feuer = Erde u. lebendigen Feuer = das Feuer als Element. Die urspr. Namen der Götter stehen alle in Zusammenhang mit diesem ›Feuer‹ u. seinen okkulten Graden. Hebr. Äqv.: Aza = erleuchten. Hier findet sich die richtige Buchstabenklammer A bis Z, zusammengeholt im A als Sonnenkern (Gott), afrik. Ntu ↗. Im Sanskrit ist die Wurzel *Ush* Feuer od. Hitze; u. das äg. Wort Osiris ↗ ist zusammengesetzt aus *Ws* (wechselnd tradiert als Us, As, Os) Sitz = *Ir* (ur, or) = Auge; zus. Sitz des Auges ↗. Entspr. Ashram (Asram) ↗, ›Sitz‹ oder Wohnort der Gurus ↗.

Ascher, Asar: einer der 3 Namen im hebr. ›Ich bin der ich bin‹ = *Ahiye Asher Ahiye.* Zu finden in Mesopotamien als Assur ↗, die geflügelte Sonnenscheibe; kanaan. 'L (Il, El, Al etc.), Gatte der Aschera bzw. Aschirat und Ascherat ↗, was wohl nur die weibl. Form von Ascher ist. Daraus: *Attar* = Vater (Gott), im Vater-Unser der Goten. Und Ask ↗, Esche, Baum ↗, Teil des Wortes Askese ↗; bzw. Astar, Astro = Stern ↗. - Man kann natürl. a. Asche daraus machen oder den, der zu Asche verbrennt, wenn man zu nahe kommt, weil er im Feuer der Sonne, im ›Feuertempel‹, im Sonnenboot sitzt. Äqv.: der 8armige Schiwa ↗, umgedreht Ishva in Ishvara ↗, und Ischa, Ascha, As ↗ (Is) etc.

Ascherat, Aschirat, Aschera: Götting (kanaan.), Erzeugerin der Götter gen., weibl. Form (durch T-Anhängung) von Ascher ↗ bzw. 'L (Al, El, Il), weshalb a. der Name Allat ↗ (Ilat, Elat etc.) existiert. Wurde a. im arab. Raum verehrt. Ihr gleichnamiges Symbol war ein Pfahl, der neben dem Altar stand, pl. *Ascheren* (hölzerne Pfähle); einer war a. im Tempel von Jerusalem ↗ aufgestellt. - Griech. Äqv. dürfte Hera ↗ sein, Schlußsilbe von Aschera. - Bei dem Beschluß, für Baal ↗ einen Palast zu bauen, dem sie sich erst widersetzte, sagt sie zum Gatten:

> »Wir beide wollen seinen Becher herbeitragen,
> Wir beide wollen herbeitragen seinen Pokal.«

Dieses Motiv wurde ins AT übernommen als Becher, den Gott die Völker der Welt trinken läßt. - Ferner gibt es eine assyr. Darst. einer Götterprozession, wo die vorderste Göttin in ihrer r. Hand einen Becher hält. - These: ein alter Bezug zum Gral ↗, der als Gefäß eben der 8er Kreis der Sonne ist u. diese Göttin: Maat ↗ (Wahrheit-Gerechtigkeit).

Asen: germ. Göttergeschlecht, wörtl. ›die (12) Säulen der Welt‹. Lt. Mythos erschaffen sie die Erde, die Meere, den Himmel u. die Wolken, die ganze sichtbare Welt aus den Resten des erschlagenen Riesen Ymir ↗ - aber sie erschaffen nicht den Menschen, bloß seine Form aus dem Ask ↗, dem Eschenbaum. Sein Äqv. ist der Tzite-Baum im Popol Vuh ↗, aus dem die 3. Wurzelrasse ↗ geschaffen wurde. Odin ↗ begabt sie mit Leben u. Seele, weshalb er als Anführer der A. gilt. Ihre 12 Sitze befinden sich in Asgard ↗ = dem Garten der Asen, Äqv. Olymp ↗. These: es ist der 12er Kreis der Sonne ↗; Ask reduziert ihn auf die ersten 10 Sektoren, die als 10 Abschnitte des äg. Djedbaumes erscheinen, denen als Abschluß das Lebenskreuz (Anch ↗) entspringt. Bis dahin ist in der Ntu-Philosophie ↗ Afrikas Muntu ↗ (d. Mensch) zwar intelligent, aber unvernünftig, insbes. sterblich: Homo erectus, der Urmensch. - Ird. Analogie: die Asen (folg. Stichw.) als Geschlecht.

Asen: ein Volk, das lt. Strabo (griech. Geschichtsschreiber) u. Ptolemäus ↗ am Fuß des Kaukasus ↗ in der Gegend des Asowschen Meeres lebte u. in Astrachan, Stadt im Wolgadelta, als 1. Heimat der Weißen Rasse, nachdem sie nach der Sintflut ↗ vom iran. Plateau herabgestiegen war. - In der germ. Überlieferung bekämpften sie vor dem Weltuntergang ↗ die Wanen ↗ u. unterlagen schließl. bzw. wurden lt. Edda ↗ vernichtet - genau wie die Atlanten ↗ in Blavatskys Bericht. Eine Gleichstellung liegt nahe. Bei Snorri kommen die A. nach dem Trojan. Krieg aus Asien nach Alteuropa u. werden als Streitaxtleute ↗ faßlich; spez. die Goten ↗ sahen die A. als ihre halbgöttl. Vorfahren an. - Es scheint sich aber nicht um eine Rasse, sondern relig. Gemeinschaft gehandelt zu haben, in deren Zentrum die Runen ↗ standen, sowie die planetar. gebundene Weltenlehre ↗ als Yggdrasil ↗ od. Weltenbaum. In der Edda werden außerdem goldene Tafeln erwähnt, die einst die A. besaßen, dann aber verloren. Nach ihnen ließ Hitler ↗ suchen. - Ind. Äqv. Asuras ↗.

Asgard: eine der 9 Welten, durch die Yggdrasil ↗, der Weltenbaum ↗, der in der Hel ↗ wurzelt, hindurchwächst. Da 12 Sitze angegeben werden u. ein zusätzlicher in der Mitte f. Odin ↗ als Sonne, darf man davon ausgehen, daß es sich um die 12 Planeten ↗ handelt, zurückgeholt auf ihren 12er Kreis. Es muß also möglich sein, diese 9 Welten mit der Weltformel ↗ in Übereinstimmung zu bringen. Hier ein Versuch:

1) Helheim (Kosmos)
2) Schwarzalfheim (Sonnenkerne als schwarze Zwerge)
3) Wanenheim (4er Kreis, die Geister der Natur ↗)
4) Muspelheim (8er Kreis, die Feuerriesen)
5) Asgard (12er Kreis mit den Asen ↗)
6) Lichtalfheim (24er Kreis, das Alphabet)
7) Niflheim (die Zodiakzeichen)
8) Jötunheim (der Tierkreis)
9) Midgard (die Archetypen, das Reich des Menschen)

Ob das Schema stimmt, ist ungewiß. Wichtig sind vor allem Gladsheim mit Walhall ↗, wo Odin u. seine Einherier ↗ von Saga ↗ den Becher mit dem Unsterblichkeitstrunk gereicht bekommen, weshalb ihre Sitze (Sektoren) nebeneinanderliegen müssen u. sicher den Gesamtkreis als Anfang u. Ende verklammern. Thrymheim, die Welt des Lärms, paßt am besten zum 11. Sektor, in dem sich die bisherige Gesch. abspielte. Alles andere ist fraglich, weil fast alle Überlieferungen fehlen. - Dieser Kreis war das Thing ↗ mit 12 Steinen, Domareringar ↗, übersetzbar als Wasserring, entspr. Gläsernes Meer ↗.

Ashram: Ort relig. Bemühung, Einsiedelei, Stätte der Gurus ↗ u. ihrer Schüler.

Asgard-Schema
(mit Sonnenalphabet)

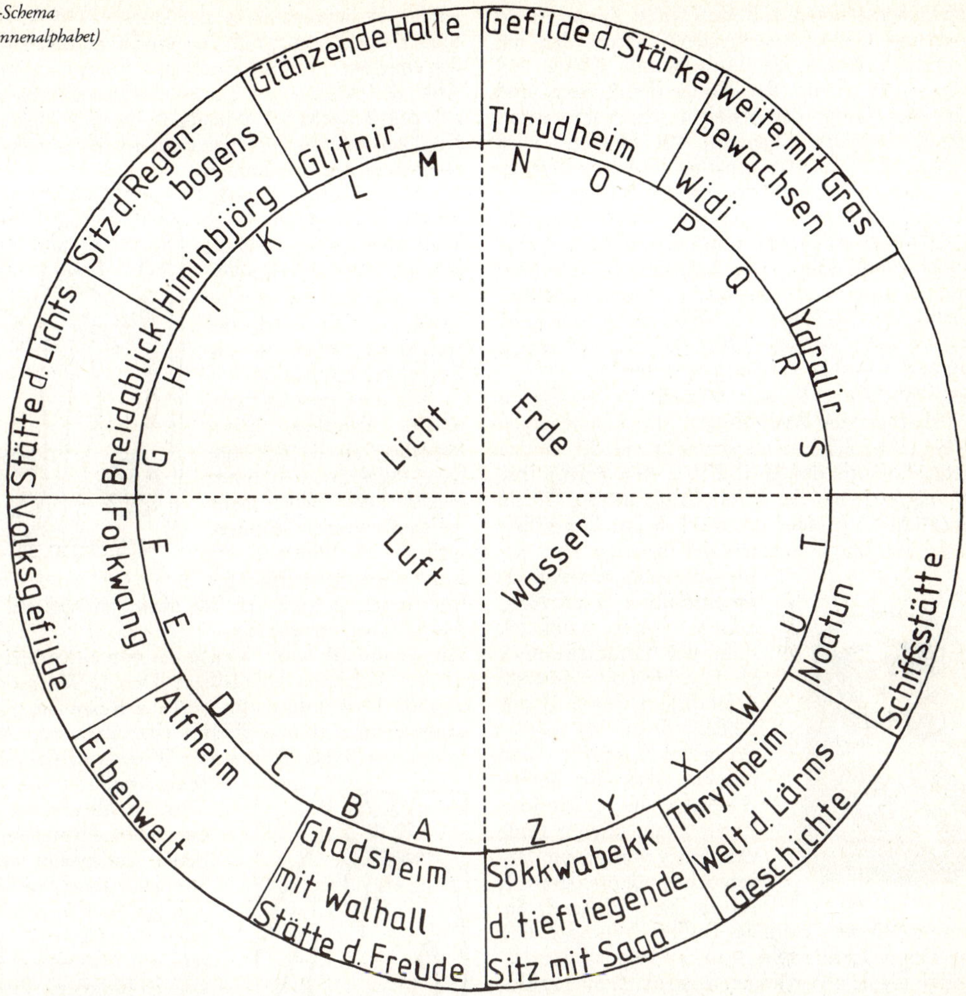

Asien: heute größter Kontinent ↗, dessen Hauptmasse aber erst nach dem Untergang von Atlantis ↗ aus den Wassern hervorkam (11432 v. Z.). Davor war es mit Mu ↗ u. Amerika verbunden. – Der Name soll vom phöniz. *Asir* stammen, was ›zentral‹ bedeutet u. mit dem skand. Wort Asen ↗ = Götter zusammenhängt. Ob dann im Übertrag Asien einstmals Asgard war, muß offen bleiben. Es tauchen aber Andeutungen auf, hier sei die 2. Wurzelrasse ↗ entstanden, die evtl. den Asuras ↗ entspricht. – Beim Übergang von 4. zur 5. Welt ↗ war der Himalaya ↗ die Rettungsinsel. Tats. sind in Zentralasien in einer Höhe von 4000 m Elefanten im Eis aufgefunden worden. – In der Wüste Gobi ↗ werden immer wieder auf Metall gravierte Dokumente entdeckt, desgl. Steintafeln mit unlesbaren Z. in den Höhlen des Himalaya. – Die alten Reiche der 4. Welt sind überliefert als: Naga-Empire ↗, Königreich Maharalta u. Land der Uighur ↗.

Ask: Esche (germ.) als Baum, aus der der 1. Mann gemacht wird, äqv. Embla für die 1. Frau. Wahrsch. Baum des Lebens, äg. Djed ↗ mit Lebenskreuz. Zweitbed. Schiff ↗. Auch die Yggdrasil ↗ gilt als Ask, wohl weil sie sich auf die Asen ↗ als Planeten bezieht, s. Babyl. Turm ↗.

Asket, Askese: Verweigerung von Essen + Nachkommenschaft, um Weisheit zu erringen. Wurde z.B. von Gautama ↗ praktiziert u. wieder aufgegeben. Vorsilbe evtl. Ask ↗.

Assur: in Assyrien der Gott, nach dem das Land benannt wurde. Stand mit Istar (Ischtar) ↗ als Göttin an der Spitze der Religion. Er wurde janus-köpfig dargestellt, mit 4 Augen + 4 Ohren, Flügeln, Vogelschwanz u. Armbrust. Der Name wurde a. von

Königen übernommen, z. B. im 7. Jh. v. Z. von Assurbanipal und Gattin Assurscharrat. Text: »Ich bin Assurbanipal, König des Universums, König von Assyrien, dem Assur, der König der Götter, und Ischtar, die Herrin der Schlacht, ein ruhmreiches Schicksal bestimmt haben.« In Indien wird Gott in versch. Dialekten genannt: Eashoor, Esur, Iswur u. Ishvara↗im Sanskrit, mit der Wurzel *Ush* = Feuer. - Etrusk. Äqv. Aesar, äg. Äqv. Wsir = Osiris↗. - Die Zählung der Federn↗= je 8 pro Flügel + 8 vom Rock (Schwanz) ergibt 24, das Alphabet↗A bis Z (Az) der Sonne, ausgehend vom Rad↗, hier offensichtl. 12speichig für die Planeten; bleibt für diesen Gott selbst die Zahl 8 (4 Augen, 4 Ohren) sowie 4 (2 Arme, 2 Beine), u. der Aufbau der Sonne↗ist fertig.

Astarte, Aschtoret: kanaan. Göttin, die im Mythos vom Palastbau des Baal↗diesem im Kampf gegen Jam↗beisteht (nicht zu verwechseln mit der Göttin Ascherat↗, Gattin des Al (Il, El), a. Alat↗gen.). Ihre Darst. zeigen sie mit der Symbolfrisur der äg. Göttin Hathor↗(Abb.). In einer ugarit.akkad. par. Götterliste wird sie der babyl. Ischtar↗gleichgesetzt. Die Namensdeutung verweist für die Endsilbe evtl. auf *Toret, taur. t* = Stier, weibl. (t), d. h. auf Himmelskuh↗, als die a. Hathor manchmal symbolisiert wurde. Damit landen wir bei irgendeiner Form des Kosmos↗. Man beachte, daß die beiden ›Locken‹ in gestreckter Form a. am oberen Ende des Rades von Assur↗angebracht sind, mit dem sich A. als Istar verband. Sie werden zu Hörnern beim äg. Isisblut↗-Symbol. Die gleiche Doppellocke findet man auf sum. Bildern allein, ohne Figur, neben anderen astrol. Z. S. Astrologie↗, Hathorlocke↗u. Ostara↗als germ. Äqv.

Astrologie: betrifft im Ggs. zur Astronomie↗nicht das Naturgesetz = Nomos↗der Sterne = Aster (od. Planeten), sondern ihren Geist = Logos↗. D.h., es ist die Lehre von dem in den Himmelskörpern wirkenden Sinn, den man durch Horoskope↗zu ermitteln sucht. In fast allen alten Kulturen wurden die Astralgeister, deren Körper die sichtbaren Kugeln: Sonne, Mond, Planeten, Stern (ferne Sonnen) wie auch Sterngruppen↗waren, als Götter u. Göttinnen personifiziert u. exoter. als Personen od. Tiere, esot. als Z. dargestellt. Über den tats. Einfluß dieser Kräfte auf Individuen, Völker u. den Ablauf der Evolution↗u. Gesch.↗ herrscht Streit wie eh und je.

Es folgt ein sum. Bild, das z. B. zeigt, daß die mod. Einsetzung der Doppellocke (Hathor↗, Astarte↗) für Mondknoten↗unrichtig ist. These: es handelt sich

von l. nach r. um Mond↗, Siriussonne↗, unsere Sonne↗, Venus↗, Orientierungspunkte der 4 alten Kalender, die heute noch bei den Dogon↗(Afrika) in Gebrauch sind. Venus greift aber weit über den Planeten - der einst ein Uranus-Mond war - hinaus. Eine paläst. Abb. der Astarte = Ischtar↗u. Ostara↗etc., macht aus den 2 Locken 2 Schlangen, die sich über ihrem Kopf gegenüberstehen, par. dazu unten 2 unterschiedl. Sternräder mit den Zahlen 6 u. 5. Die Lesung ist ambivalent: Venus leitet die 5. Welt über in die 6. Welt, bezogen auf die Weltenlehre↗, od, was das gleiche wäre, leitet die Gesch. des Sechssterns↗über in die Gesch. des Fünfsterns↗.

A. war eine geisteswissenschaftl. Fakultät, deren Modelle durch Bekämpfung weitgehend verloren gingen bzw. nicht mehr ›gelesen‹ werden können, weil sie als Bilder in die Kunst↗eingingen. Ständiger Interpretationsstreit hat sie inzw. weitgehend zum Aberglauben entwürdigt.

Astronaut(in): leibl. Wesen, das von einem Planeten in den Weltraum hinausfliegt. Den 1. Weltraumflug von der Erde unternahm 1961 der Russe Gagarin. Er unterzeichnete das afrik. Bild eines prähistor. A. Ein Jahr zuvor, 1960, stellten russ. Wissenschaftler die Hypothese auf, die von vielen Völkern überlieferten A., die von einem anderen Planeten außerhalb unseres Sonnensystems vor langer Zeit auf der Erde landeten, seien blauhäutig↗ gewesen. — In Guatemala, Mexiko, Kolumbien, Peru u. Bolivien existieren Legenden von einer nichtird. Rasse. Das sind die ›blauen Menschen‹ mit rundem, abgeplattetem oder spitzem Kopf. Letzterer findet sich auf einer jap. Statuette, die durch Brustbetonung eindeutig weibl. Züge trägt: Orejona↗in Südamerika.

Afrika: Nommo↗kam vom Sirius↗u. brachte alle seine Prinzipien mit. Oder: es kam ein riesiger Bogen zur Erde, in dessen Mitte zwei Himmels-Nommo standen. Hier sind es zwei, aber nicht als Paar betrachtet, weil ein Nommo immer ein Zwilling, sprich hermaphrod. ist. - Das in Äthiopien gefundene Henochbuch erzählt in 80 Kapiteln die Gesch. galakt. Wesen, Elohim↗ gen., die nach ihrem ›Fall‹ Töchter der Erde heirateten u. schwarzhäutig wurden. 1 Hen. 15, 5: »Warum verließet ihr den hohen, heiligen und ewigen Himmel,

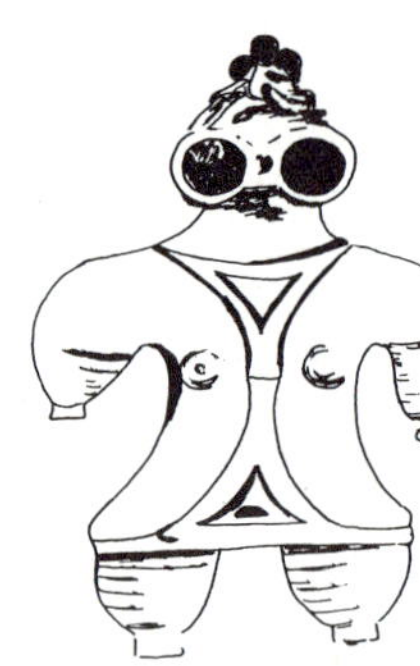

schliefet bei den Weibern, tatet wie die Erdenkinder und zeugtet Riesen ↗!« Und aus Honduras: »vom Himmel kam eine weiße Göttin in dieses Land. Sie landete in der Stadt Cealcoquin. Dort ließ sie einen Palast erbauen, und es wurde ein grüner Stein niedergelegt, der auf 3 Seiten Zeichnungen aufwies, die ebenso geheimnisvoll waren wie jene auf den Mauern des Palastes« (nach Charroux 1967: 60). – Garcilaso de la Vega: »Orejona kam auf einem Luftschiff, das strahlender glänzte als die Sonne« (ebd.).

Astronomie: Lehre vom Aufbau u. der Anordnung der Materie im Kosmos, wie Entfernungen der Planeten ↗ von der Sonne, Umlaufgeschwindigkeit etc. Dauer eines astron. Monats wechselnd, entw. Umlaufzeit des Mondes um die Erde, od. die Zeit, in der von der Erde aus gesehen, die Sonne beim Aufgang ein Z. des Tierkreises ↗ durchläuft. Dazugehören müßte a. die Präzession ↗, sie wird aber heute weitgehend ignoriert. – Größter Fehler der mod. A. ist die Behauptung, erst Kopernikus ↗ habe entdeckt, daß die Sonne im Zentrum des Systems stehe; er hat diese Tatsache wiederentdeckt, nachdem Ptolemäus ↗ die Erde ins Zentrum gerückt hatte. These: der Grund war die Verfälschung des Geschichtskalenders, denn Ptolemäus, der sich Soter nannte, wollte (2000 Jahre zu früh) der erwartete Heiland sein, der ein neues Zeitalter einleitet. – Koppelt *astro* = Stern ↗ u. Nomos ↗.

Asuras: geistige göttl. Wesen (ind.), abgeleitet von *Asu* = Atem, Hauch Gottes; eigtl. Nicht-Götter ggb. *Suras* = Götter, wobei der Übergang fließend bleibt, als verwandle sich das eine in das andere beim ›Sturz‹ in die ird. Ebene. Resultat: die 1. Wurzelrasse ↗, denn die Asuras gelten als Erstgeborene aus Brahmas ↗ Lende. Blavatsky stellt sie mit den Titanen ↗ gleich: Kampf der A. gg. die Devas = Kampf der Titanen gg. die Götter. So ist es wohl a. der Kampf der Asen ↗ gg. die Wanen ↗.

Atargatis: Göttin, symbolisiert als Doppellöwin (Baalbek ↗), a. in Ägypten zu finden, z. B. als Ruti ↗ ›gestern + morgen‹, die Geheimnisse der Unterwelt (Duat ↗) bewachend. These: mögl. Gleichstellung von Atar u. Ruti über Rt/Tr zu Rota u. Troja ↗ u. Taro zu Weltordnung ↗; wenn diese weibl. ist, geht der Bezug immer auf den Kosmos ↗ zurück.

Atea: Gott (polynes.), der als erster aus dem männl. Kern, gen. Te Io Ora, von Io ↗ hervorgeht, der Ewigkeit im Urnichts. These: es handelt sich um den Sonnenkern ↗, äqv.: Atum ↗, Ntu ↗, Manitu ↗. Namen zusammengesetzt aus A (Alpha ↗) = Tea (Gott).

Atharwaweda, Atharveda: 1 Teil des 4gliedrigen Veda ↗ (ind.). Beispiel Hymne XIX, 53:
»Die Zeit trägt vorwärts, ein Roß mit sieben Strahlen, tausend Augen, unvergänglich, voll Fruchtbarkeit. Einsichtsvolle Weise besteigen es; seine Räder sind alle Welten ↗«. – Pralaya ↗-Lehre.

Athene: Göttin (griech.), eine der 12 Bewohner des Olymp ↗. Alle 4 J. wurde ihr zu Ehren die Pan-Athenaia-Prozession abgehalten. Ihre Herkunft ist ungewiß. Als Kriegsgöttin u. Pferdebändigerin (Beiname A. Hippia) läuft sie der Anat ↗ par. Die weitere Def. Tritogeneia ist ohne offiz. Deutung; Wirth ↗ macht ›drittgeboren‹ daraus. Je nach Legende erfolgt die Geburt aus dem Wasser oder dem Kopf:
1) Die Libyer bestanden darauf, daß A. Tochter des Poseidon u. der Tritonis (Nymphe des großen Sees) sei, vom Meeresgott Triton aufgezogen. S. See ↗.
2) Die Griechen behaupten, Zeus ↗ habe seine schwangere Gattin Metis verschlungen, dann sei A. in voller Rüstung seinem Kopf entsprungen, nachdem Hephaistos ↗ ihn mit der Axt ↗ geöffnet hatte.
These: beide Versionen gehen zus., wenn man Metis als Maat ↗, den 8er Kreis der Sonne, versteht u. Zeus wie Odin ↗ samt Olymp (also auch Athene) mit dem 12er Kreis de Sonne verbindet. Der See ist dann wie im Tao ↗ der 8. Sektor (äg. Naunet ↗, das wäre die Mutternymphe), u. ›tritogeneia‹ ist im Element Wasser ↗ der Sitz der Saga ↗ in Asgard ↗ mit dem Unsterblichkeitstrank. Mit ihm wiederum ließe sich decken, daß A. a. Göttin der Weisheit bzw. die Stoicheia ↗, die um die Weltordnung Wissende war, sowie Erfinderin des Alphabets ↗, das im Durchlauf der Evolution a. den 12. Sektor von Asgard anschließt. So muß ihr einerseits der sonnennächste Planet, Olkan ↗ in Teotihuacan ↗, zugeordnet werden, was göttl. *(Ol)* Schlange *(Kan)* heißt, u. mit einer Schlange wurde A. abgebildet – zum andern betrifft ihr Herausgehacktwerden erst die Zukunft als 2. Sonne ↗: Sophie ↗, Braut des Lamms. Möglicherweise symbolisiert ihr Rundschild (Abb.) diese schwarze Sonne mit weißem Kern. Er galt als überzogen mit der Haut von Pallas, äqv.: Pola ↗ im Pazifik, von wo die Pelasger ↗ stammten, die den Griechen vorausgingen. – S. Prometheus ↗.

Äthiopien: griech. Bez. von Nubien ↗ = Goldland, äg. Bez. für das bibl. Kusch nach Hams ↗ Sohn Chus ↗. Aber im Neolithikum gab es weder Nubien noch Ägypten ↗, sondern ein kulturell homogenes Nest, das auch die Zentral-Sahara ↗ umfaßte. Heute: Yaityopya Nigusa Nagast Manguist. Hier wurde das Buch Henoch ↗ gefunden. – Kaisertitel Negus ↗.

Atl: Wasser, z.B. im Namen des 1. Monats *Atlcoulaco* = Wassermangel. S. Verdoppelung Atlatl ↗.

Atlanta: einer der alten Namen für Amerika ↗. Ob der Name generell mit den Atlanten ↗ zusammenhängt, od. mit der in Griechenland legendär überlieferten Atalanta, die lt. Diodor als einzige Frau die Argonautik ↗ mitmachte, ist nicht mehr zu ermitteln. Als Jägerin u. schnellste Läuferin verschwimmt sie im Mythos manchmal mit Artemis ↗ u. Amset, einziges der 4 Horuskinder ↗, das weibl. war u. in der Genesis des AT bei der entspr. Generation von Kain, Abel, Seth fehlt. - Beim Wettlauf mit einem Freier - die Bedingung war, daß sie nur denjenigen heiraten würde, der schneller war als sie - ließ dieser 3 Äpfel (aus dem Garten der Hesperiden ↗) fallen, um ihre unbesiegbare Schnelligkeit durch ihr Aufheben zu verringern. Rechnet man pro Apfel 1 Grundmotiv (statt 1 Zodiaksektor, was auch mögl. wäre), landet man im Archetyp ↗ Meerfahrt, d.h. bei den Argonauten ↗.

Atlanten: die Riesen ↗ der 4. Wurzelrasse ↗. Lt. Mythos gilt als Vater Atlas, ein riesiger Berg, der den Himmel trägt u. im Garten der Hesperiden ↗ angesiedelt wird. Damit landen wir nicht beim heutigen Atlas-Geb. in N-Afrika, sondern auf Mu ↗ (Lemurien) im bibl. Paradies oder ›Garten Eden‹; das Wort dürfte eine Umgestaltung von Aton ↗ sein, was die A. zu Sprößlingen von Atonland, dem Land der Sonne macht, was sich ebf. auf Mu bezieht. ›Himmelsträger‹ ist in Äg. Schu ↗, eine Horus ↗-Form, die a. Chonti gen. wird. Damit landet man auch beim amerik. Kontiki u. pazif. Tiki ↗. S. Koppelung zu Lemuro-Atlanten ↗.

Im griech. Mythos entspringen Atlas u. Gattin Pleione 7 Töchter, als Plejaden ↗ an den Himmel versetzt. Blavatsky: »das sind die 7 Untertassen der Atlanten. Im Ggs. zu den Lemuren ↗, der einheitl. schwarzen 3. Wurzelrasse, aus denen sie hervorgingen, gab es schwarze, rote, gelbe u. weiße Atlanten als 4. Wurzelrasse ↗« (Geheimlehre II, 811). These: es gehörten dazu: Maya ↗, Naga ↗, Uighur ↗, Asen ↗, Wanen ↗, Niflungen ↗, Tamil ↗. Die Linie der Atlantide Maia führte lt. griech. Überlieferung zu Hermes ↗, äg. Thot ↗, germ. Tuisto ↗. Das war die alleinige Erblinie der Osiris ↗-Stellvertretung, unerbittlich bekämpft von Seth ↗. Atlanten waren ›Himmelsträger‹, d.h. sie trugen die Nut ↗, den Kosmos, Nommo ↗, in sich: Erkenntnis ↗ ohne mühselige Initiation, angeboren -bis in den meisten Fällen dieses Erbe degenerierte u. zu schreckl. Mißbräuchen führte, spez. auf Atlantis ↗.

Atlantis: eine Insel im Atlantik, die 11432 v. Z. bis auf die Reste der Azoren u. Kanaris unterging. Die Literatur über A. umfaßt z. Z. an die 3000 Titel, als einzige Quelle auf Passagen des Timaios u. Kritias ↗ von Platon ↗ zurückgreifend, weil alle anderen Überlieferungen von den Christen zerstört wurden. - Die Skizze, in A.-Büchern auftauchend, ist insofern unstimmig, als damals Amerika ↗ kleiner war u. erst nach dem Untergang von A. in dieser Größe aus dem Wasser auftauchte. Auch gab es das Mittelmeer ↗ noch nicht. - In seinem ›Leben des Solon‹ schreibt Platon: »Als Solon Ägypten besuchte (ca. 600 v. Z.) enthüllten ihm ein Priester aus Sais ↗ namens Souchis u. ein Priester von Heliopolis ↗ namens Psenophos, daß vor ca. 9000 Jahren die Beziehungen zwischen Ägypten u. den Ländern des Westens abgebrochen waren, infolge der Zerstörung von Atlantis« u. »jenes anderen Kontinents dort drüben« - womit Mu ↗ gemeint war.

Die Sowjets betrachten die Überlieferung von Platon mit größtem Interesse. Ein äg. Papyrus, der sorgfältig im Museum von Leningrad aufbewahrt wird, bestätigt nämlich dessen Angabe. Die Russen sind überzeugt davon, daß A. unter den Wassern des Atlantik ruht. Ihre Meinung hat durch die Entdeckung von Frau Maria Klianova, Prof. der Mineralogie u. Geologie, an Wert zugenommen, die an Bord des wissenschaftl. Schiffes ›Mikhail Lomonossov‹ im Atl. Ozean einen unbek. Berg unter Wasser lokalisierte.

Ein äg. Papyrus sagt, daß Poseidon der 1. König von A. war, u. daß ihm eine lange Linie von Poseidons folgte. Ihre Krone trug 3 Spitzen, Symbol-Zahl von Mu. Das Zepter war ein Dreizack, was ebf. auf die Oberhoheit

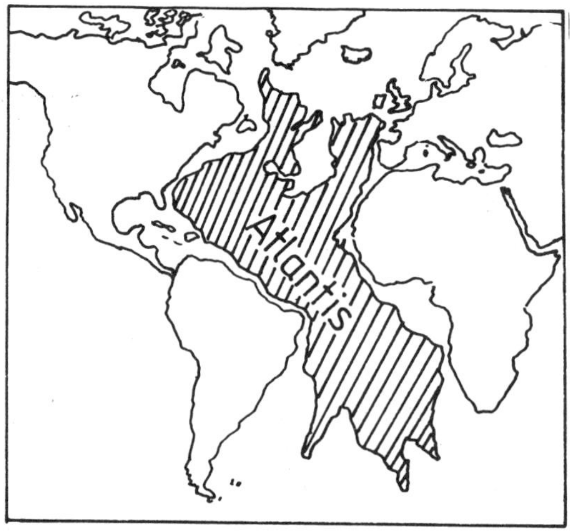

von Mu ↗ hinwies. Vor 20.000 J. war der Dreizack a. das Zepter in Uighur ↗, später der Khmer in Kambodscha. Prof. Le Plongeon hat in Yucatán ↗ Inschriften gefunden, die erklären, daß die ersten Siedler von A. Mayas ↗ waren, die von Mayax ↗ kamen. - Symbol der Kultur von A. soll die Spirale ↗ gewesen sein. - Blavatsky: »3 große Nationen nahmen für sich eine unmittelbare Abstammung vom Reich des Saturn ↗ oder Lemurien ↗ in Anspruch, welches Jt. vor unserer Ära mit der Atlantis vermengt wurde; das waren die Ägypter, Phönizier ↗ u. alten Griechen ↗. Indien ↗ behauptet das gleiche« (Geheimlehre II, 812). - These: der Vertauschungstaktik erlag auch Platon; in seinem Bericht vermischen sich Beschreibungen von A. und Mu. - Der Untergang erfolgt durch Polsprung ↗ u. Ozeanverlagerung im Anschluß an den Weltuntergang ↗, dem lange Kriege zw. Atlantis u. Mu vorausgingen, lt. Hopi ↗ zuletzt unter der Königin von A., die Kaskara ↗ (Mu) erobern wollte.

Atlatl: Speerschleuder (azt.), toltek. Hauptwaffe, abgebildet in der r. Hand der Giganten von Tula ↗; die l.

hält die Speere. Es handelt sich um ein Wurfbrett, das aus einem abgeflachten Holzstab mit Rinne für den

Speerschaft u. einem Zapfen zum Ansetzen des Speerendes bestand. Als eingravierte Verzierung Mixcoatl↗ die Wolkenschlange. Die so ausgerüsteten toltek-Krieger trugen als Schutzschild die Schmetterlingsgöttin↗, u. ihre Statuen werden Atlanten↗genannt.

Atli: Nv. für König Etzel, Attila, in der Edda↗geschildert im Atlilied. Gatte von Gudrun = Krimhild↗.

Atma: Teil der Höheren Dreiheit↗: Atma-Buddhi-Manas (ind.). Auch das ›höhere Selbst‹, von den Vedantisten↗Sutratma = Fadenseele gen., weil sie sich wie ein Faden durch die Prinzipien (Koschas, a. Hüllen) hindurchzieht. These: christl. Äqv.: Gott-Hl. Geist-Menschsohn. Äg. Äqv.: Atum (= Atma)-Mut-Min (od. Minos, Menes). Atma kann dann *at* = Wille↗(der) *Ma*↗= Sonne gelesen werden; es ist der Sonnenkern↗als göttl. Ego↗oder Universalseele. Große Seele = Mahatma↗.

Atman: im Sanskrit der Atem, äqv. Odem bei Moses↗, durch den der aus Lehm gemachte Adam↗zu einer lebendigen Seele↗wird. These: da als esot. Ordnung 4 Atman-Kategorien angegeben werden, dürfte es sich um die 4 Ringe der Sonne↗handeln. Versuch einer Zuordnung:

Paramatman = 4er Kreis↗
Atman = 8er Kreis ohne 8. Sektor↗
Indriyatman = der 3. Kreis (drija) mit den Sefirot↗
Bhutatman = 24er Kreis, von Budh = Wissen↗.

Atom: mikrokosm. Nachbau des Sonnensystems↗: Atomforscher Niels Bohr hatte als Student einen Traum. Er saß auf einer Sonne aus brennendem Gas. Planeten rasten zischend an ihm vorbei. Sie waren durch feine Fäden (äqv.: Fohat↗) mit der Sonne verknüpft u. kreisten um sie. Plötzl. ging das Gas in festen Zustand über, Sonne u. Planeten schrumpften zus. u. verhärteten sich. In diesem Augenblick erwachte Bohr u. wußte, daß er das seit langem gesuchte Atom-Modell entdeckt hatte. Die ›Sonne‹ war der feststehende Mittelpunkt (Atomkern), um den die Elektronen kreisten. Die ganze moderne Atomphysik mitsamt ihren Anwendungen ist aus diesem Traum hervorgegangen. - Blavatsky: Atome und Seelen↗waren in der Sprache der Initiierten gleichbedeutend. - So erstaunt es nicht, daß heute festgestellt wird, Atome könnten sich aneinander erinnern u. seien in gewissem Sinn Individuen. These: dem Atom-Kern (als Sonne) kommt der Stellenwert von 48 kategorischen Bausteinen zu, wahrsch. getrennt in 2 wechselwirkende Kerne à 24, jeweils die 3 Innenkreise 4 + 8 + 12 = Ntu-Philosophie↗als Proton u. der Außenkreis als Neutron mit Sonnenalphabet↗u. der Evolution als Erinnerung. Den Schalen aus Elektronen↗entspr. dann die Bahnen der Planeten↗. These: die A. entstanden am 3. Tag der Primärschöpfung↗mit Wasserstoff als Ur-Atom, s. Periodensystem↗.

Aton: eine äg. Bez. für den sichtbaren Leib der Sonne↗. Formeln wie: Atum↗in seinem Aton, od. des Re↗Leib ist der Aton, verweisen eindeutig auf die weiße Außenkugel. Bilder aus der Echnaton↗-Zeit, die Aton in den relig. Vordergrund stellte, in spez. Feindschaft zu dem Götterpaar Amun↗, Mut↗, zeigen den sog. Strahlen-Aton mit Kobra↗, Anch (Lebenskreuz↗) aufrecht direkt unter der Scheibe sowie umgek. am Ende der Sonnenstrahlen, die in Hände (Hieroglyphe↗ D↗) auslaufen: These: die Schlaufe des Lebenskreuzes ist Aton, das Kreuz die Kobra. Im Sonnenstrahl dreht sich der Sonnenaufbau um, Aton innen als Alphabet oder 3. Natur des Lichts↗, Kobra außen als

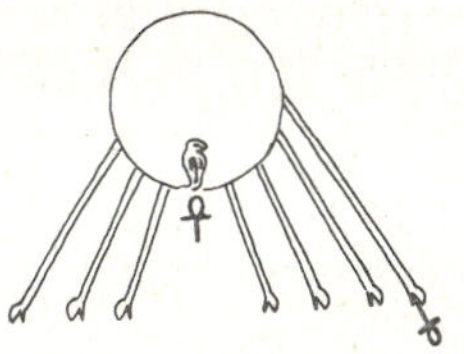

die Regenbogenfarben↗. Echnaton = Moses↗machte daraus den ›Lehm‹-*Aton* = Ton - aus dem Adam↗gemacht wurde; der Odem = Atem ist die Kobra als Atman↗(ind.).

Atonatiuh: ›Wassersonne‹ (indian.), auch Tonatiuh = Sonnengott. Das würde sich zusammensetzen aus Aton↗= Sonnenkugel + Tiuh (afrik. Ntu↗, äg. Atum↗), Sonnenkern. Äg. zus. Re↗.

Att: Himmelsrichtung (germ.), Pl. *attir.* Es gab 8 *attir:* N, NW, W, SW, S, SO, O, NO, zus. die *Eikt* (acht). Sie bildeten den *solarhringr*, Sonnenring - *edr Dege og Noottu samann*, Tag u. Nacht zusammen. 1 *att* hatte 3 Stunden *(hora)*; ½*att* = *stund*, die große Stunde aus 90 Minuten. Die Tageseinteilung ging vom N = *midnaetti* (Mitternacht) aus über *otta* (NO), *midurmorgen* (O), *dagmal* (SO) zu *hadegi* (S) als Mittagshöhe der Sonne; dann *non* (SW), *midur-aptan* (W) zu *nattmal* (NW), Nachtmahl. - These: Att hängt mit der Kobra des äg. Aton↗zus. bzw. entspr. dem ind. Atman↗; s. Nachbau im Thing↗unter München↗.

Atta: Vater (Gott) bei den Goten↗, Verkleinerung Attila od. Atli↗; äqv. Sonnenkern↗(A) der 8 Att↗.

Attar: Venus in Saba↗, woraus wohl Astarte↗wurde. Möglicherweise stand das Wort für Stern allg., *attar* = *astar;* denn im Altarab. taucht das gleiche Wort männl. auf; als Mutter gilt *Umm-Attar* = Mutter des Attar = Schamasch↗, die Sonne. Welcher Planet gemeint ist, wird nicht klar; dem Relief nach könnte es sich um Uranus↗handeln, der sich insofern in der Venus fortsetzt, als diese einer seiner Monde war. Das alte Uranus-Zeichen war ähnlich:

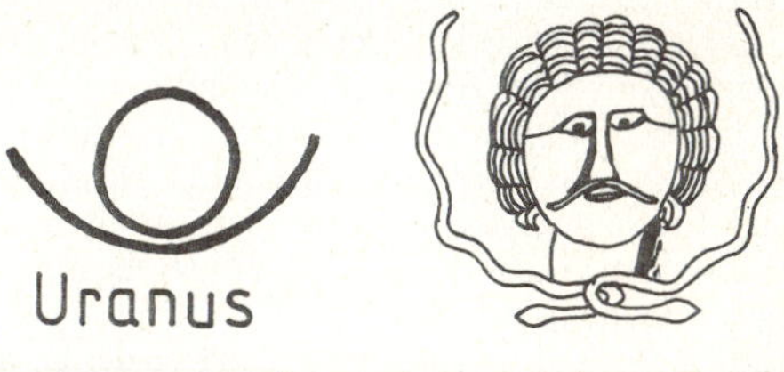

Attis: griech.-röm. Symbolfigur für Selbstentmannung, die im Mysterienkult um die Göttin Kybele↗ eine Rolle spielte. Die entspr. Priester waren Eunuchen, denn Selbstentmannung gehörte zu ihrer Initiation↗. Diese Kastraten hießen Galloi u. trugen an den Festzügen Frauenkleider. In Bithynien hieß Attis ›Papst‹↗. Zur Römerzeit erfolgt die Initiation in die Kybele- und Attis-Msterien durch eine Taufe in Stierblut, das sog. Taurobolium. Einige Teilnehmer betrachteten sich danach als ›wiedergeboren für die Ewigkeit‹, andere wiederholten die Bluttaufe nach 20 J. Dieser Rhythmus ist Teil des afrik. Sigui-Festes↗, astrol. das Treffen von Saturn u. Jupiter. Damit gelangen wir geschichtl. an den Übergang von 3. zur 4. Welt ↗u. der ›Entmannung‹ des Urmenschen zugunsten der Reinkarnation ↗(Wiedergeburt). So ist auch richtig, daß die Griechen die westasiat. Kybele mit Rhea ↗gleichsetzten, denn in der Weltenlehre ↗vertritt sie die 4. Welt.

Atum: äg. Gott, dessen Formel: Atum in seinem Aton ↗, d.h. in der Sonnenkugel, klarmacht, daß es sich um den geistigen Kern der Sonne ↗handelt. Personifizierte Darst. zeigen ihn mit den Symbolen: rote Krone ↗, weiße Krone, Planetenstab ↗ u. Lebenskreuz ↗: zweifellos ein Modell der Gesamtheit des Sonnensystems ↗ inkl. Lichtstrahl ↗ mit A. als Schöpfer. Durch ›Selbstbefruchtung‹ gehen aus ihm die 4 Elemente hervor, das Zwillingspaar Schu ↗ u. Tefnut ↗ (Luft ↗, Feuer ↗), wodurch die Dualität der Welt beginnt u. endgültig auseinanderfällt in Geb ↗ (Erde) u. Nut ↗ (Kosmos), deren Trennung von Schu als Himmelsträger bewirkt wird. Als A. Eltern gelten Nun ↗u. Naunet ↗, zus. eine Vorform der Nut, die Mut ↗. Ein inter. Beiname für A. ist Itmw: »der noch nicht Vollendete, der sich vollenden wird«, ein Hinweis darauf, daß unsere Sonne noch nicht fertig entwickelt ist. Oft wird A. nur Tum bzw. Tm überliefert, was Zwilling ↗entspr., denn er enthält in sich als weibl. Pendant, gen. ›seine Hand‹, die Göttin Hathor ↗, oft ausgefächert in 7 Hathoren. Außerdem steht A. der sog. Götterachtheit ↗als ›Stier‹ vor; s. Himmelsstier ↗.

Das Totenbuch ↗läßt A. dem Osiris ↗gegenüber aussprechen, daß er dermaleinst alles Geschaffene wieder zerstören wolle, um sich dann wieder in eine Schlange (gen. Kematef ↗) zurückzuverwandeln. Woraus deutl. wird, daß A. nicht am Anf. steht, sondern nur am Anf. der Primärschöpfung ↗wie Brahma ↗. A. wurde bei Moses ↗zu Adam ↗, das Gott = Elohim ↗, El ↗, nachgebaute Erscheinungsbild. These: wie A. in seinem Aton, saß dann Adam in Eden ↗. - Mit A. beginnt die äg. Götterneunheit ↗.

Audumla: die ›Kuh‹, von deren Milch sich der Urriese Ymir ↗ernährte (germ.), ein zweigeschlechtl. Wesen, aus dessen Zerstückelung die Welt entstand. Bevor dies geschah, leckte A. an salzigen Eisblöcken u. befreite dadurch aus ihnen die ersten ›Menschen‹ Buri u. Bor. Das alles ereignet sich aber noch im Ginnungagap ↗, Urraum der Ginn ↗= magischen Kräfte (Grundmotive), u. Audum = Atum ↗bzw. La ↗= Land macht aus A. zweifellos die äg. ›Himmelskuh‹ ↗.

Aufklärung: europ. Bewegung des 17. Jh., die Mut zum eigenen Verstand ↗forderte bei gleichzeitiger Ablehnung kirchl. Autorität. Führte zu optimalem Fortschrittsglauben, der heute wieder ins Wanken gerät durch Müdigkeit an Wissenschaft ↗. - Gipfelte in Newton ↗.

Auge: Instrument für Sehen ↗, Ausnahme: Drittes Auge ↗. Einzelheiten s. Pupille ↗, Regenbogenhaut ↗. - Als Symbol ↗: die 2 Horusaugen ↗, äqv. Sonne - Mond. Äg. Bilder zerlegten jedes A. in 6 Teile:
Braue = Anubis ↗,
Pupille = Kem-Ur ↗,
r. + l. Hälfte der Weißen 2 Schminkstriche: Spirale ↗ als Bewegungszeichen u. Flosse von Fisch ↗, sodaß an jene 2 Fische zu denken ist, die das Taichi ↗ zusammensetzen.

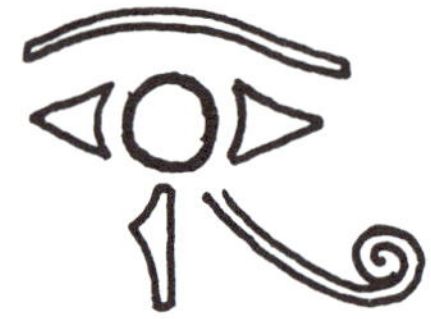

Auch gibt es die Kombination mit dem roten Lotos ↗ (Abb. 1) bei beiden Augen, dessen 8 Blütenblätter man dann für das Tao ↗einsetzen kann, äqv. äg. Götterachtheit ↗. Sie kommen hervor aus 9 Blättern, evtl. äqv. Götterneunheit ↗. Zählt man a. die einrahmenden Kugeln = 30 pro Auge, so kommt man zum alle 30 J. stattfindenden Sedfest ↗, od. bei 2 A. zum afrik. Sigui ↗(alle 60 J.), bei weiteren Verdoppelungen zum Uzat ↗-Auge (4fach) zu Chenti ↗, dem vollkommenen Menschen, der am Ende des Fisch-Sektors über der Horuslinie der Pharaonen ↗als Osiris, afrik. Nommo ↗, wiederkehrt. Äg. Text: »dein rechtes Auge ist die Abendbarke ↗, dein linkes Auge ist die Mor-

Abb. 1

Abb. 2: Schatz des Tutenchamun

genbarke« (Tagesbarke ↗), s. Barken ↗. Diese können wiederum statt Lotos die Augen einrahmen, (Abb. 2), als die Göttinnenschwestern Geier ↗u. Kobra ↗, wie sie a. über der Stirne der Osirismumie ↗angebracht sind. – Auch Osiris ↗heißt nur ›Sitz des Auges‹; Augenstern war der Sirius ↗. Äg. Totenbuch ↗: »Der Herr der Allwelt-Ordnung, dessen zwei Augen Zwei Göttinnen-Schwestern« (Kap. CXXV).

Augustinus: bedeutendster Kirchenlehrer (354–430) des abendländ. Christentums; Afrikaner, seit 395 Bischof von Hippo. Beschreibt in den ›Confessiones‹ ↗ seine Bekehrung, in ›De trinitate‹ die Trinität ↗u. in ›De civitate Dei‹ die Weltgesch. als Heilsgesch. In dem Gespräch mit seiner Mutter werden Grundelemente der afrik. Mystik ↗deutlich. – Wurde heiliggesprochen.
Augustus: 1. röm. Kaiser, regierte 27 v. Z. –14, d.h. z. Z. von Jesu ↗Geburt; nach dem Tod wurde er vom Senat zu den Göttern erhoben. Sein eigtl. Name war Gaius Octavius, Adoptivkind von Caesar u. dessen Erbe. Er besiegte Kleopatra ↗, äg. Königin, mit der die Ptolemäerzeit endet u. die Römerherrschaft in Ägypten beginnt. Eine Statue des A. in Karnak zeigt ihn in der gleichen Pose wie die der äg. Könige. Mythol. Abstammung von Aphrodite ↗.
Australien: größter Rest des untergegangenen Kontinents Mu ↗, heute kleinster Kontinent, der in den 5 Olympia-Ringen die Farbe hellblau behielt, die im Maya-Ideogramm ↗schon die Farbe von ›Reich der Mitte‹ (damalige Weltmitte) war. Von den Europäern im 16. Jh. entdeckt; ab 1788 brit. Strafkolonie. Die auf ca. 40.000 Kopf dezimierten Altaustralier sind in Reservate abgedrängt, z.B. Arnhemland ↗u. Kimberley-Berge ↗, wo sich Darst. der ersten Menschen = Wandschinas ↗in Felsgalerien befinden. Wichtigste Mythen-Themen sind: Traumzeit ↗, Djangawul-Schwestern ↗ und Regenbogenschlange ↗. Die Sozialstruktur beruht auf dem Totemismus ↗. – Seit 1963 gibt es eine messianische, zugleich anti-weiße Bewegung, die von der kommenden Flut (s. Polsprung 1999 ↗) spricht u. die die in das ›alte Gesetz‹ der Schwarzen = Bugari-Gura ↗Eingeweihten zum Zentrum der Welt (Garbadi u. Winba) wandern läßt, in Erwartung einer durch diese Flut gereinigten neuen Welt ohne Sorgen u. Nöte (s. 6. Welt ↗).
Avalokiteshvara: Logos ↗bei den Vedantisten ↗, ind. Entsprechung Brahman ↗, im Schoße des Parabrahman ↗ruhend. In China Kwan-yin ↗, »welche nach Belieben jede Form annimmt, um die Menschheit zu erretten«.
Avatara: jede Inkarnation ↗außerhalb des Kreislaufes der gewöhnl. Wiedergeburten; das Herabkommen einer Gottheit in den Körper eines einfachen Sterblichen (Sanskrit).
Avesta: die hl. Schristen der Zoroastrianer (Pers.) mit Lehren u. liturg. Vorschriften in altiran. Sprache. Eigtl. nur ein Fragment der Lehre von Zoroaster ↗(Zarathustra), gesammelt in Gestalt von Hymnen = Ghatas. – Im A. wird die Erde (als Planet) gleichzeitig als 7teilig und 3teilig betrachtet. These: die 7-Teiligkeit entspr. den 7 Kontinenten der Weltenlehre ↗, u. die 3-Teiligkeit dürfte die inneren Ebenen betreffen, die es a. in der Sonne (ohne Kern) ↗gibt, in Buchstaben, B, C, D. – A. kommt von *Abasta* = Gesetz. S. Zend-Awesta ↗.
Avin: melanes. Eva ↗, Frau von Tortali. Sie lebte in Glück u. Muße in einem paradies. Garten. Wird ihrem Gatten untreu u. paart sich mit Uli; es folgt die Verjagung aus dem Paradies ↗, der Beginn mühseliger Arbeit und die Menstruation.
Axt: aus Ägypten in folg. Formen überliefert: ›die beiden Götteräxte‹ (Abb. 1), Einz. Ntr ↗. Sie kehren wieder in der Formel des Toten-Auferstehungskultes als

Abb. 1

Einrahmung eines von 3 Vertikalen unterlegten Sonnenzeichens ↗. Dazu (Abb. 2) heißt es im Papyrus von Hunefer, daß die eine Axt die Göttin Nechbet ↗, die andere die Göttin Uto ↗darstellt. These: sie entspr. Kosmos ↗und Gegenkosmos ↗, weshalb beide Göttinnen auf anderen Bildern zus. den Rhombus ↗bilden, s. Bundeslade ↗. Man findet sie umschlungen von Ara ↗ u. den 3 Strichen als Z. der Anu ↗. Im Pazifik als Symbol ↗des Kulturbringers Tane ↗, in Afrika verbindet sie sich als Doppelaxt ↗mit Göttin Oya ↗u. deren Gatten Shango ↗, auf Kreta wird sie gar zur Doppel-Doppelaxt, die Europa ↗ersetzen kann. Wir finden sie als Streitaxt ↗bei den Asen-Verehrern, als Bootaxt ↗bei den Wanen-Verehrern. In Lydien ist sie die Labrys ↗, in Sumer Bal (Ag), assyr. Pilakku, Sanskrit Paracu; im Germ. schließl. Perc, Perch, was sowohl zur Percht ↗ Göttin führt wie auch über das frz. *Percer* = durchstoßen zu Percevoil, sprich Parzival ↗. Mit anderen Worten ist die Axt ein Mittel, die Schleier der Erscheinungsbilder zu durchstoßen – bibl. das ›7fach verschlüsselte Buch‹, und das geht nur durch die Grundmotive ↗, die sie als Ntr ↗in sich enthält.

Abb. 2

Aza: erleuchten (hebr.), s. As ↗.
Azazel: gefallener Engel (hebr.), der die Menschen die Kunst der Metallverarbeitung lehrte. In anderen Überlieferungen der von oben gekommene ›Schmied‹ ↗, Nommo ↗in Afrika, Waland ↗(germ.). – These: in jedem Fall ein Wesen, das von einem anderen Sonnensystem stammt, wo die Sonne ↗schon von A bis Z (= Az, Verdoppelung Azaz) voll aktiviert ist, was z.B. im Sirius ↗der Fall ist.
Azteken: ›Leute aus Aztlan‹, einem fernen Land jenseits des Meeres, das sie nach eigener Überlieferung 1168 verließen, um in mehreren Schüben in Mittelamerika einzudringen. Ihre Könige, 1376 mit Aca Mapich beginnend, übernahmen von Toltekenherrscher Ce Acatl ↗den Titel Quetzalcoatl ↗, obwohl ihr eigener Gott dessen Feind Tezcatlipoca ↗war. Der 4. König Itzcoatl (Obsidianschlange) verbrannte die geschichtl. Bilderhandschriften der Zeit vor seiner Regierung. Es beginnen die Eroberungszüge, die zum 100jährigen A.-Reich führen. Die anderen Indianer ↗ lebten in lähmender Furcht vor ihren azt. Unter-

drückern, weshalb sie z.T. Verbündete der 1519 unter Cortez ↗ einfallenden Spanier wurden, die sie dann aber, nach der Machtübernahme, nicht besser behandelten. - Der letzte Herrscher Moctezuma ↗ ließ Cortez gleich nach der Landung in Vera Cruz eine mächtige Krone aus Quetzalfedern überreichen, weil er ihn für den zurückkehrenden Ce Acatl Quetzalcoatl hielt. Das war ein folgenreicher Irrtum, denn lt. Maya-Kalender lag der Sachverhalt genau umgekehrt: 1519 würden unter Tezcatlipoca die Höllenzeiten ↗ beginnen, um erst 1987 zu enden. - Mod. Spekulationen, mit Aztlan sei Atlantis ↗ gemeint, werden von den A. selbst widerlegt. Ihr Ursprungsland lag im W (also im Pazifik, evtl. Japan), wo es mitten im Wasser einen hohen Berg mit nach unten gekrümmter Spitze gäbe (Fudschijama?) u. in ihm die 7 Höhlen, wo ihre Vorfahren hausten. Dort lebe auch noch die Mutter ihres Gottes Huitzilopochtli ↗, evtl. die jap. Sonnengöttin Amaterasu ↗. Denn ihre Hauptstadt Tenochtitlan ↗ war nach dem älteren azt. Stammeshäuptling Tenoch benannt, u. sie selbst nannten sich Tenocha. Dieser Name könnte mit dem jap. Tenno ↗ zusammenhängen. - In ihren Schatzkammern häuften sich die Beutestücke von Mixteken ↗, Zapoteken, Tolteken ↗ u. Mayas ↗. Ein Bruchteil davon wurde von den Spaniern nach Europa gebracht u. 1520 in Brüssel ausgestellt. Dürer: »Ich hab' all mein Lebtag nichts gesehen, das mein Herz also erfreuet hat als diese Ding«. - S. Opfer ↗.

Aztlan: Ursprungsland der Azteken ↗ (Japan?). Der Berg Colhuacan könnte sich zusammensetzen aus *Col* = Berg + *Huacan* (Wakan ↗) = hl. Auch der jap. Fudschijama, dem er evtl. entspr., ist hl. 1160 ergriff in Japan der Taira-Clan die Macht über die Zentralregierung, sodaß Tenno-Anhänger als Tenocha = Azteken vielleicht übers Meer nach Amerika flüchteten. - Aztlan wird ›Land der weißen Farbe‹ übersetzt, was

Bei ihrem Auszug aus Aztlan begegnen die Azteken am Berge Colhuacan anderen Stämmen: In einer Höhle gibt Huitzilopochtli Anweisungen für die Wanderung; links vom Berg das Datum 1 Steinmesser (1168)

insofern sinnig ist, als die Reihenfolge Az der Sonne ↗ deren weiße Außenkugel beinhaltet. daraus wird aber a. ›Land der Urzeit‹, oder, warum nicht, Land der Sonne, denn so hieß Mu ↗, und Japan ist ein Rest davon. Im Maya-Ideogramm ↗ ist die Farbe von Mu blau gewesen; blaue Gewänder trug der azt. König. - Im Berg gibt der Gott Huitzilopochtli ↗ Anweisungen für die Wanderung, deren Richtung von W nach O verläuft wie die symb. Fußspuren zeigen. A. könnte wie Atlantis ↗ u. Atlanta ↗ nur ›Land im Wasser‹ (Atl ↗), sprich Insel bedeuten.

Buchstabe B Beta

Grundmotiv ⊖ 2 = 1 oder Liebestanz

⊖ : Lahun, Alles in Einem oder Zwei in Einem in den Hl. Schriften von Mu↗. Es handelt sich um einen durch eine Linie geteilten Kreis; bei den Naga↗ war die Trennlinie vertikal, bei den Uighur↗ horizontal, aber die Bedeutung war die gleiche (Churchward). Beides findet sich für die 16. Rune↗. — These: durch Aufklappen erhält man die Hieroglyphen↗ der zwei Barken↗ oder das Haus = Beta↗ (= Frau) in Gestalt der Maat↗ für Alpha↗ = Atum↗, den Sonnenkern. Daraus wird durch weitere Ausfächerung das Alphabet↗. — In der Evolution↗ entspricht B dem 4- u. 8er Kreis der Sonne↗. — Der Gott (Kern) in dem B ist Ab↗ (Vater), das B:Ba↗ u. Ib, s. 9facher Mensch↗.

Ba: Seele in Ägypten; während Ba in das Leben nach dem Tod↗ eingeht, bleibt der Ka↗ (Geist) bei der Mumie↗. — Pl. Bau: »Tausend sind ihre Seelen«, (bau) heißt es von der Himmelsgöttin Nut↗ als Sternenmutter, was klarmachen dürfte, daß die Seele ganz richtig als Nachbau der Sonne↗ galt. Die Sirius↗-Sonne galt als Ba des Osiris↗. Und die Seele des Re↗ (unserer Sonne) weilt im ganzen Land. Der äg. Widder↗, 4köpfig wie Brahma↗, hieß überhaupt nur Ba. Damit landen wir auch beim christl. Lamm↗ und der Bez. INRI↗ bei Jesus↗, gleichzusetzen mit den 4 Elementen↗ (Nachtbarke↗). In den Gräbern sieht man oft die Seele in Vogelgestalt den Grabschacht zur Mumie hinunterfliegen. Sie gilt als freibeweglich u. kann jede Gestalt annehmen = Seelenwanderung↗. Der Ba-Vogel ist eine Hieroglyphe↗, die den Lebensatem bez. Die Griechen, die dieses Symbol manipulierten, fügten ihm einen menschl. Kopf mit Bart↗ (sog. Götterbart) hinzu. Dem Typ nach ist es ein Falke↗ (wie Horus), nur der Ba des Osiris nimmt die Gestalt des Reihers (Phönix↗), gen. Zebauti↗, an. — Es gibt aber a. Bilder, auf denen der Vogel etwas trägt was eher der Seele entspr., eine Art Omega-Zeichen, aus dem sich durch Streckung die Kartusche↗ entwikkelt. Dies wäre dann als Schleife des Lebenskreuzes↗ u. damit als Kreis mit dem Alphabet↗ (Sprachschicht) zu verstehen. Kombination Vogel + Kreis ergibt wieder die geflügelte Sonnenscheibe wie bei Assur↗.

Ba: Ei↗, Hode, schließl. Penis-Beutel bei den Bororo-Indianern (Zentralbrasilien). Die Frauen stellen ihn her, die Männer legen ihn an; erst dann dürfen sie heiraten. Das Ba-Anlegen fällt mit dem Ende der Initiation↗ zus. und bed. Loslösung von der weibl. Welt. An die Stelle der mütterl. Hütte tritt das ›Männerhaus‹ im Zentrum einer 8gliedrigen Dorfanlage. Die Gesellschaft der Männer mit Ba verkörpert die ›Gesellschaft der Seelen‹↗.

Baal: wichtigster Gott der kanaan. Religion, verewigt im Namen der Stadt Baalbek↗ u. im Baal-Epos↗. Vater: Dagon↗, Mutter ungen., Schwester: ANAT↗ = Baalat↗. Geläufige Übers.: Herr. These: besser wäre Ba↗-Al↗ = Göttl. Seele. Symboltier: Stier↗. Grundsätzl. werden 2 Baale unterschieden:
1) Baal Samem (von *Sa-Me-Me*) = im Himmel (s. Me↗);
2) Baal Hadad (Adad↗ od. Dada↗) = auf der Erde.
These: die Par. dürfte Adam Kadmon↗ + Adam Rishon↗ sein, äg. Osiris↗ + Horus↗. Dafür spricht a. die Erweiterung zur sog. Baal-Triade durch Hinzufügung von Jarhibol (Sonnenbaal) + Aglibol (Mondbaal). These: bei Horus Sonnenauge↗ + Mondauge↗. — Gegen B. kämpften die Propheten des AT bes. erbittert u. verbanden ihn deshalb mit Teufelsvorstellungen, erhalten als Belzebub↗ od. Belzebuth. These: entstanden aus *Baal* (hier Bel) + *Zebauti*↗ = Phönix, letzterer war das Hauptsymbol der Kanaanäer↗; in Ägypten den Ba des Osiris vertretend. — Erhalten ist der Name aber a. im Germ. als Baldr↗. — Im griech. Mythos taucht ein Belos als König von Ägypten auf, was dem prinzip. Sachverhalt am nächsten kommt.

Baalat: Schwester von Baal↗ = ›Herrin‹. Eigener Name Anat↗.

Baalbek: ehem. Stadt in Kanaan↗ im Libanon-Geb., genau an der Wasserscheide, wo die beiden Flüsse Orontes u. Leontes ihren Ursprung haben. Deshalb beinhaltete der Name *Baal*↗ = Herr der *Biqa* = Doppel (Bi) Quelle (*qa*, ähnl. *Aqua* = Wasser). Ganz in der Nähe liegen heute Damaskus, sowie an der Mittelmeerküste Byblos↗, von dem das Wort Bibel↗ kommt, Sidon↗ u. Tyrus↗,

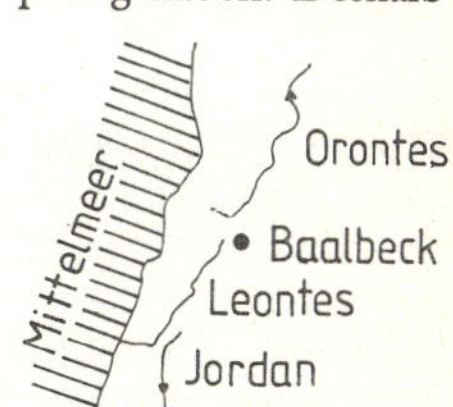

von wo Europa ↗ entführt worden sein soll. — Heute nur noch riesige Ruinenstätte, wo das ›Festival von B.‹ abgehalten wird. — These: hier ist vor dem Weltuntergang ↗ ein irreführendes Pendant zur Großen Pyramide ↗ von Ägypten entstanden, erhalten als ›Palastbau‹ ↗ im Baal-Epos ↗. Möglicherweise versuchte man darin alte Hl. Dokumente zu retten, die fragment. wieder in die Bibel einfließen bzw. bei der Qumran-Sekte ↗ auftauchen.

Baal-Epos: Mythos der Kanaanäer ↗, nur noch fragment. durch die Urkunden von Ras Schamra (Ugarit) direkt erhalten (indirekt sowie stark umgearbeitet im AT), Jt. alten Tontafeln, die im Schutt gefunden wurden (32 insg.). Der Beginn fehlt. Erster Akt ist die Klage von El ↗ ggb. Anat ↗ über die ständigen Kriege im Land. Dann wird das Blutbad geschildert, das diese Göttin, Schwester von Baal ↗, anrichtet:
»Und siehe, Anat kämpft in der Ebene ...
Sie erschlägt das Volk am Ufer des Meeres ...
Sie vernichtet die Menschen beim Aufgang der Sonne«
These: da damals die Sonne im heutigen W aufging (s. Polsprung ↗), müßte es sich um Kämpfe gg. Atlantis ↗ gehandelt haben. Es folgt ihre Erzwingung eines Palastes für Baal, der wegen Jam ↗, seinem Hauptgegner, darin keine Fenster haben will. Man einigt sich auf eine Luke ↗ (die es als einzige Öffnung auch nur in der Großen Pyramide ↗ von Ägypten gibt). Es folgt ein großes Festmahl (Vorbild des Abendmahls ↗), dann verdunkelt sich die Szene. Baal erhält die Botschaft, daß er sterben muß (äqv. Osirismord ↗, Kreuzigung ↗ von Jesus, Opferung von Nommo ↗ etc.). Baal wandert in die Unterwelt, dann erfolgt die Auferstehung. These: dies war nur ein Vorgriff auf die Wiederkehr ↗ in der Endzeit = jetzt. Denn die Grammatik der Tafeln zeigt deutlich, daß es sich weniger um einen Bericht als um das Konzept eines Mysterienspiels ↗ handelte.

Baba: ›Tochter des reinen Himmels‹ od. ›Mutter Gottes‹, ein uraltes kultsprachl. Symbol mit den Nv.: Ba-Ba-A (armen.), Ku-Be-Be (Vorderasien), woraus Kybele ↗ wird, z.B. im Adonis ↗-Kult; *Stara Baba* (sibir.) = Alte Mutter, *Kamennaja-Baba* (russ.) = Steinmütterchen, Berchta ↗-Baba (Kärnten) u. Baba-Ilu, woraus Babylon ↗ wird. (im Mhd. ist Babe od. Bobe = Alte Mutter, sprich Großmutter, bayr. Bäben = altes Mütterchen. Slaw. + poln. Baba = Frau, lit. Boba = alte Frau. Babe = Brot im Schwäb., was in Ägypten als  Hieroglyphe erscheint, Buchstabenwert T (Archetyp Schlüssel ↗). Nun gibt es 2 Schlüssel, vielleicht in der Ba-Verdoppelung ausgedrückt: das Tao ↗, 8er Kreis der Sonne u. die 12 Zodiakzeichen ↗. Hierzu paßt das äg. Baba für jenes Wesen, das in der Duat ↗ (im Jenseits) neben der Waage der Maat ↗ sitzt u. diejenigen ›verzehrt‹, deren Herz schwerer ist als deren Feder ↗. Wahrsch. deutet sich der Zodiakbezug als Mischform Krokodil ↗-Löwe ↗-Nilpferd ↗ an. Text aus dem Totenbuch: »Dämon mit Krokodilfratze, du! Ich weiß: im Westen dein Wohnsitz und mit Tierkreis ↗-Zeichen am liebsten ernährst du dich.«

Die Himmelsrichtung des Wohnsitzes wird 8 mal wiederholt: 2 mal W, 2 mal O, 2 mal S, 2 mal N. Damit kehrt tats. die Koppelung von 8 (Tao) in den 4 Zodiakhäusern ↗ zurück u., das ist der Weg des Karma ↗ = Vergeltungsgesetzes der Reinkarnation ↗. So wundert es nicht, daß die Nilpferdgöttin ↗ a. den Geierkopf tragen konnte bzw. mit der Nut ↗ zusammenfloß. — Sum. Äqv.: Ka ↗ in Ka Dingir = Bab-Ilani ↗.

Baba-Il, Baba-Ilu: Tor Gottes oder der Götter, wird zu Babel ↗.

Babel: hebr. Name für Babylon ↗, seinerseits griech. Umformung von Bab-Ilani ↗.

Bab-Ilani: babyl. Name für das sum. Ka Dingir ↗, Name einer Kultstadt, die a. *Uru-Azag-Ga* = die strahlende Stadt hieß. Azag entsprach a. Ku ↗ = Licht, Feuer. Uru = Stadt, Stätte, Wohnung wie das äg. Earu ↗ oder die Verkürzung Ur, äg. Wr = groß; germ. Name für die 2. Rune ↗, dem Aussehen nach ein Tor  Woraus dann ›Tor der Götter‹ wurde, wobei das Tor Baba ↗ die Göttin ist, sum. Inanna ↗, babyl. Ischtar ↗. So hieß die Kultstadt Babylon ↗ ›Tor Gottes‹ = Mutter Gottes = Gottesmutter ↗.

Babu: Torwächter in Babylon ↗ in Gestalt 24 gehörnter Drachen ↗ als Kurzschreibung der Kombination Schlange-Adler-Hund, begleitet von 12 Stieren, in farbigen Glasursteinen an den Toren von Babylon ↗ angebracht. These: die 4 versch. Tiere Schlange, Adler, Hund u. Stier vertreten die 4 Zodiakhäuser ↗; die 24 Drachen die darin versteckten Grundmotive ↗ des Ur-Alphabets ↗. Bei der Übernahme durch die 4 Evangelisten ↗ werden Engel, Adler, Löwe u. Stier daraus. Den Hund (statt Löwe) findet man bei den 4 Horuskindern ↗. — In frühester Zeit gab es nur 1 Tor ↗, das durch den Rachen eines gewaltigen steinernen Drachen führte, dessen Leib rings um die Stadt geringelt lag.

Babylon: Stadt am Euphrat ↗ mit mehreren Schichten von Aufbau u. Wiederzerstörung. Seit der Zerstörung

Das Ischtar-Tor mit zwölf Drachen auf jeder Seite

von Sumer ↗ um 2000 v. Z. Hauptstadt des babyl. Reiches. 689 von Sanherib, Assyrien, erobert, der ein solches Blutbad anrichtete, daß die Leichen die Straßen versperrten. Alle Häuser wurden zerstört, Turm + Tempel in den Kanal gestürzt, über die Stadt Wasserfluten geleitet, damit jede Spur ihrer Existenz verschwinde. Aber schon 100 Jahre später stand sie wieder. Heute Ruinenfeld. Namensherkunft: Bab-Ilani ↗. Anlage: im N lag das Ischtar ↗-Tor als Anfang einer Prozessionsstraße, die zum Südtor Bab-Ili, Tor des Marduk ↗, führte; hier lag a. der Babyl. Turm ↗ mit dem Hochzeitshaus für Göttin u. Gott. Das Südtor blieb während des ganzen J. vermauert u. wurde nur an Neujahr geöffnet, wenn die Unterwelt = *Kigallu*, Marduk freigab. Sie wurde durch die Basisplatte des Turms (= Saturn ↗) symbolisiert. In dieser Anlage spiegelte sich die ges. Gesch. ↗ der Menschheit ab Paradies bis Wiederkehr in heutiger Zeit. Die Struktur ging in die Bibel ↗ ein, fand sich aber a. in dem Thing ↗ der Germanen bzw. in den Gilgal ↗ Steinkreisen, die ebf. Babylonen genannt wurden. In der Stadt einstmals: 53 Tempel der Großen Götter, 55 Kapellen des Marduk, 300 Kapellen der Erdgötter, 600 Kapellen der Himmelsgötter, 180 Altäre der Ischtar, 180 Altäre von Nergal u. Adad, 12 andere Altäre. Als Symbol ↗: Ul ↗-Baum als Tor ↗ plus 24 Babu ↗ als die Schlange am ›Baum der Erkenntnis ↗‹ vom Paradies ↗.

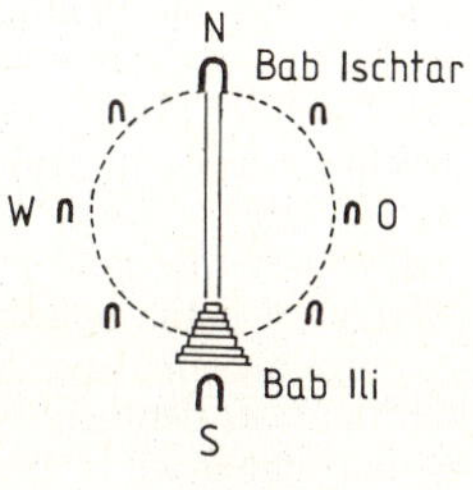

Babylonien: südl. Teil Mesopotamiens ↗, des Landes an den 2 Flüssen Euphrat u. Tigris. Seine wahre Kulturblüte fällt in die Zeit vor Sumer ↗. Nach einheim. Überlieferung zerfällt die Geschichte B. in die Zeit vor der Flut u. nach der Flut. Womit die biblische Sintflut ↗ gemeint ist und nicht die kleinere Flut im 4. Jt. v. Z. Vor ihr regierten zehn Urkönige mit ungeheuer langer Lebensdauer — das wurden die zehn ›Erzväter‹ der Genesis ↗: Adam bis Noah, der hier Utnapischtim ↗ heißt und im Gilgamesch-Epos ↗ auftaucht. Gilgamesch ↗ ist schon der 5. König nach der Flut. — Im AT wird B. Sinear ↗ gen. (1 Mose 10,10) und Nimrod ↗ gegeben, Sohn von Chus, Sohn von Ham ↗, Sohn von Noah. Der Anf. Nimrods Reiches war: Babel ↗, Erech (= Uruk ↗), Acad und Chalne (wohl Chaldäa ↗). Es handelt sich also zunächst um die schwarze Rasse und Vettern der Altägypter und Kanaanäer. Etwa ab 3. Jt. v. Z. dringen sem. Nomaden ein, im 2. Jt. v. Z. dann idg. Hethiter u. a., schließl. Meder ↗, es wird Teil von Persien ↗. Heute Iran. — Die meisten alten Städte sind spurlos verschwunden. Über das ewige Hin und Her der Machtstreitigkeiten herrscht a. heute noch Unklarheit. Geblieben sind Keilschrift ↗, Astrol. ↗, Rollsiegel ↗ und Mythen, die in die Bibel einflossen, spez. die angebl. Sprachverwirrung nach dem Bau des Babyl. Turms ↗ der Hauptstadt Babylon ↗.

Babyl. Turm: Etemenanki, eine Grundfeste *(temen)* zwischen Himmel *(an)* und Erde *(ki)*. Über einem riesigen Unterbau mit je über 90 m Quadratseite erhoben sich 6 weitere Geschosse, die sich unterschiedl. verjüngten. Die Gesamthöhe entsprach wieder der Grundseitenlänge. Die einzelnen Terrassen sollen mit Bäumen u. hängenden Gärten bepflanzt gewesen sein. Jede Stufe war einem Planeten u. seiner Symbolfarbe zugeordnet, allerdings schwanken die Angaben der oberen Stufen. Die erhaltene Äg. Reihe lautet:

9. Mond	grün	9. Welt
8. Sonne	gelb	8. Welt
7. Merkur	blau	7. Welt
6. Venus	violett	6. Welt
5. Mars	rot	5. Welt
4. Jupiter	braun	4. Welt
3. Saturn	schwarz	3. Welt

Babylon: Ein Drache vom Ischtar-Tor

Jedoch schreibt E. Friedell (im Buch ›Kulturgeschichte Ägyptens und des Alten Orients‹) bei richtigem Vergleich mit der Zikkurat ↗: »Die sieben Stockwerke hatten die Farben der Gestirne, und zwar: schwarz (Saturn), erdbraun (Jupiter), rot (Mars), gelb oder gold (Sonne), weiß (Venus), blau (Merkur), grün oder silber (Mond).« Die Sonne ist an falscher Position, Venus nicht weiß. Wahrsch. war sie weder violett noch weiß, sondern hellblau wie ihr altes Symbol, der Fünfstern ↗. Merkur dann wohl dunkelblau. Dafür erwähnt der gleiche Autor die Par. zum Minarett ↗: »Noch heute verkündet an der Stelle von Samarra am Tigris ↗ ... ein fünfzig Meter hoher mohammedanischer Gebetsturm, der in fünf schraubenzieherförmigen Windungen zum Firmament steigt, daß im Zweistromland das Weltgefühl noch nach Jt. dasselbe war.« Richtiger wäre: für den Ablauf der Welten ↗. Der B. T. stand beim Südtor von Babylon ↗; auf der 9. Stufe ein Himmelsbett, lt. Herodot ↗ für die Hl. Hochzeit von Marduk ↗ u. Ischtar ↗, sum. Dumuzi ↗ und Inanna ↗, vertreten durch König u. Hohepriesterin. Vgl. mit dem pazif. Ahu ↗. These: Die Sprachverwirrung als Strafe für den Bau verbindet sich zeitl. nicht mit diesem Turm, sondern dem von Simbabwe ↗. — Alexander der Große, der die Ruinen Babylons 331 v. Z. besetzte, plante einen Wiederaufbau des Turms als Denkmal seines Eroberungszuges; er schätzte aber, daß etwa 10.000 Männer 2 Monate lang zu arbeiten hätten, um zunächst den Schutt der eingestürzten Teile zu beseitigen. Man gab auf u. der Bau zerfiel endgültig.

Bacab: Himmelsträger (Maya); es gab 4 B., in der Kunst als Schildkröten-, Schnecken- u. Spinnenfiguren zu finden, die mit erhobenen Armen den Himmel tragen (Abb. aus Chichen Itza ↗). Nv. Chac ↗. — Dazu gesellte sich noch der Drache ↗. — Jeder B. herrschte jeweils über ¼ des Tzolkin ↗ Kalenders, d.h. der 260tägigen Agrararbeit. Mit dem Tierkreis wie den Babu ↗ haben sie nur dann etwas zu tun, wenn es vor dem Beginn der Gesch. ↗ ein kürzeres Erdjahr gab, weil sich die Erde zu dieser Zeit auf der heutigen Venusbahn befand, während die Venus ↗ noch ein Mond des Uranus war.

Bacchus: röm. Schreibweise des griech. Bakchos = Dionysos ↗, Gott der Ekstase, meist in Gestalt eines Stiers ↗, umringt von tanzenden Frauen, gen. Mänaden ↗ (die Rasenden) oder Bacchanten, die auf dem Höhepunkt irgendein Tier mit den Händen zerrissen u. roh aßen zur myst. Vereinigung, Motiv Zerstückelung ↗. Iakchus in Eleusis ↗ u. Buchis ↗ = Stier von Hermonthis ↗ in Ägypten galt als ›Lebendes Bild des Month‹, d.h. des Muntu ↗-Stiers. Ein ›Bucheum‹ als Heiligtum des Buchis, äqv. Bacheum ↗, konnte aber a. ein ›Haus des Atum ↗‹ sein, übergehend in den Apis ↗-Stier.

Bacheum: a. Osiris-Bacheum, äg. Grabanlagen für mumifizierte Muntu ↗-Stiere (= Bacchus ↗) in monolithen Sarkophagen, in der Nähe der Baquaria ↗, Begräbnisstätte der Stiermütter als der Par. zur Himmelskuh ↗ = Sonnenmutter. Die ›Bacchischen Mysterien‹ waren wie die Eleusinischen ↗ ein Abglanz der äg. Mysterien des Osiris ↗.

Bachue: Göttin der Muisca ↗-Indianer, Kolumbien (Abb.), Interpretation unbek. Die Sonnenz. ⊙ als Kopfbedeckung verweisen in den Sternenhimmel. Da ihr Name wie eine weibl. Form von Bacchus ↗ klingt u. damit zu Baquaria ↗ führt, Begräbnisstätte der Bacchus-Mutter = Himmelskuh ↗, wäre an ein Äqv. der Hathor ↗ zu denken, real die in Tiahuanaco ↗ überlieferte Astronautin Orejona ↗. Dafür sprechen evtl. a. die 7 Pfeile der Kopfbedeckung (= 7 Hathoren).

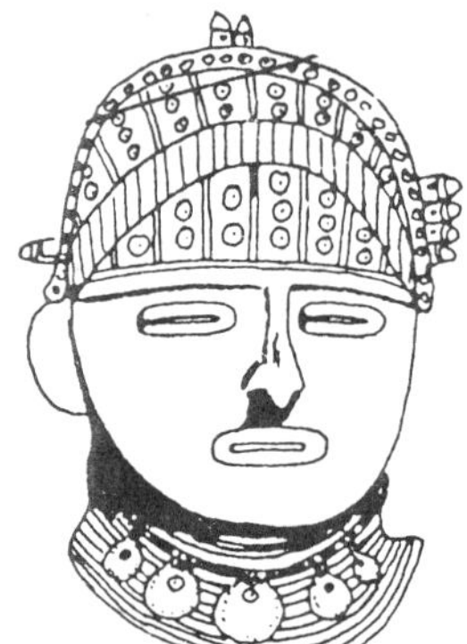

Bakunin: Vater des mod. europ. Anarchismus ↗, Russe, 1814–1876. Schrieb als Emigrant in Paris 1848 ein Manifest, in dem er die ›Geburt einer neuen Welt‹ ankündigte und Rußland angriff. Verurteilung zum Adelsverlust, Verweisung nach Sibirien u. Zwangsarbeit, wovor er sich durch Flucht nach Preußen rettet. 1848: Aufruf an die Slawen ... »Es kommt gegenwärtig darauf an zu zerstören, diese alte Welt ↗ zu zerstören, die unter der Last ihrer eigenen Ungerechtigkeit zusammenbricht. Man muß tabula rasa machen, Platz schaffen für eine neue Welt. Die neue Welt, Brüder! Das ist die vollständige und wirkliche Emanzipation aller Individuen und Nationen; das ist die Erlangung polit. und sozialer Gerechtigkeit, das ist die Herrschaft der Liebe, der Brüderlichkeit, die absolute Herrschaft der Freiheit!« — Er landet 49 in sächs. u. österr. Kerkern u. wurde 50 an Rußland ausgeliefert. 61 gelang die Flucht aus Sibirien nach London, wo er sich mit dem marxist. Sozialismus verband. Es kam aber bald zu Streit mit Marx ↗, der ihn aus der Internationale ausstieß, weil B. alle Regierungen für Wahn u. Illusion hielt u. als einzige ordnende Kraft in der Gesellschaft das Individuum selbst akzeptierte.

Balam: Jaguargottheit, den Sternenhimmel symbolisierend (Olmeken, Maya, Azteken), weshalb der Sonnengott auf einem Jaguarthron sitzen kann; bzw. bei den Olmeken ↗ als Jaguar-Rachen bei Tempelpyramiden nach O u. W orientiert, die Sonne ausspuckend u. wieder schluckend wie die Nut ↗ in Ägypten. — Der Name kommt vor in einer Göttin der Mayas, Ixbalamque ↗ u. im Chilam Balam ↗, den Hl. Büchern der Priester = *Chilam*, des Jaguars = *Balam*, geschichtl. Chroniken aus Yucatán ↗, die aber schon

=

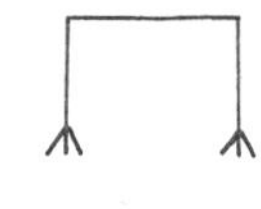

nach dem Zusammenbruch entstanden u. nicht so ergiebig sind wie das Popol Vuh ↗. These: da spez. die Olmeken ↗ von der Jaguar ↗-Idee besessen waren u. aus Kanaan ↗ stammten, könnte es sich um die Baalat (weibl. Form v. Baal ↗) handeln, denn man fand sie in Baalbek ↗ als Atargatis ↗, äqv. der äg. Löwengöttin ↗. Beim Jaguarthron (Abb.) aus Chichen Itza ↗ entspr. die Längsfront genau dem Ka-Zeichen ↗ des Kosmos, das z.B. a. in der germ. Externhöhle zu finden ist.

Baldr: Gottmensch (germ.), der beim Weltuntergang ↗, hier Götterdämmerung od. Ragnarök ↗ gen., getötet u. auf dessen Wiederkehr ↗ gewartet wird; heute z.B. bei den Gruppen der Ariosophie ↗. — Als die Germanen ↗ missioniert wurden u. von Christus ↗ hörten, sagten sie: »den haben wir schon, er heißt Baldr!« These: das Wort ist die Zusammenziehung von Baal ↗ + der (als Artikel, verkürzt auf dr oder dur). Da dies a. der babyl. Marduk ↗ ist, erstaunt nicht, daß Baldrs Gemahlin Nanna heißt, sie entspr. dann Inanna ↗. B. war ein Sohn von Freya ↗ u. Odin ↗. Lt. (Prosa-)Edda ↗ wurde er durch eine üble Machenschaft getötet u. »das war das größte Unglück für die Götter und die Menschen.« Eine bei München ↗ wohnende Seherin sah kurz vor der Endzeit ↗ (1947) visionär B. im Bayr. Wald auftauchen.

Ballspiel: Hulama ↗ od. Ollama (altmex.) als relig. Kultakt, schon im Popol Vuh ↗ der Mayas erwähnt. Auf einem mauerumschlossenen Platz in Doppel-T Form mußte der massive Kautschuk-Ball, der nur mit Knien, Hüften od. Gesäß fortgestoßen werden durfte, im Widerprall der Seitenwände od. direkt durch einen der 2 in die Wände eingefügten Steinringe fliegen, die häufig mit Himmelssymbolen verziert waren. In Chichen Itza ↗ bildete der Ballspielplatz einst mit dem Kukulcan ↗- u. Kriegertempel das Kultzentrum der Stadt. An seinem Ostwall ein Balam ↗ = Jaguartempel (Abb.).

In der Mitte des Platzes soll es eine runde Altarplatte gegeben haben für das Blut der Enthaupteten im Anschluß an das Spiel. Es gibt Überlieferungen, daß urspr. die Sieger getötet wurden. Patronin war eine Göttin Xaratanga ↗ (azt.), was an Kara ↗ im Wort Kasskara ↗ der Hopis (= Mu ↗) erinnert, aber a. an Zara bei Zarathustra und Schara ↗ in Sumer. These: der Ball vertritt nicht, wie allg. angenommen, unsere Sonne, sondern die schwarze Sonne des Sirius ↗, die ›Übersonne‹ ↗ *(Sur-Ra)* od. ›Geistsonne‹ ↗ *(Ka-Ra)* u. das damit verbundene Wissen, das wieder mit dem Kosmos bzw. Jaguar (Balam) zusammenhängt. Es traf als Gral ↗ auf Kasskara (Mu) ein, hier wohl der Jaguartempel (Ost) u. wanderte dann umkämpft Richtung West, nach Ostafrika, wo er kurz vor dem Weltuntergang zerstört wurde, was die Blutschale im Zentrum zu einer Art Gralspokal macht.

Bamum: westafrik. Volk, das zu den 12 Verlorenen Stämmen ↗ zählt; ihre Stadtkultur ist mit der der Bantu ↗ verwandt. In ihrer Hauptstadt Fumban, heute Kamerun ↗, hängen im Museum 16 Totenmasken der letzten B.-Herrscher. Die Schrift besteht aus 510 Z., später auf 83 reduziert.

Bantu: eine Sprachgemeinschaft aus etwa 200 Negerstämmen, heute vornehml. in Ost- u. Südafrika, Kongogebiet u. durch Verschleppung auch in Brasilien, wo sie zus. mit Yoruba ↗ u. Indianern die altafrik. Orischa ↗-Religion zu neuer Blüte treiben. — Der Name B. ist die Mehrz. von *Muntu* ↗ = Mensch, eine der 4 Hauptkategorien ihrer NTU-Philosophie ↗, die besser als AT od. griech. bzw. europ. Philos. den Aufbau der Schöpfung definiert. — Starkes Erbe des Gottkönigtums u. meist mutterrechtl. Bindung mit Teilnahme der Frau am Kult. Ein uralter Stammsitz war Simbabwe ↗ im ehem. To Ntr ↗, Land der Götter. These: von dort gingen viele Elemente Altägyptens aus, u. der Schmied, der bei den B. so hochgeehrt wird, daß er zum sakralen König aufsteigen kann, dürfte auf Thot ↗ zurückgehen, in Ägypten der Große Horus, bei den B. wohl der Große Muntu. — Es gibt Vermutungen, daß die Proto-B. die Antu ↗ sind, was erklären könnte, warum die Frau bzw. der weibl. Geist eine so zentrale Rolle spielt.

Baquaria: Begräbnisstätte der toten Stiermütter nahe dem Bacheum ↗; man fand Mumien ↗ von Kühen.

Bär: 1) der Kleine: Sternbild ↗ im nördl. Kreis des Erdachsenpendels ↗, auch Kleiner Wagen genannt, dessen Deichselende im Polaris-Stern endet, im christl. Volksglauben Stella Maris, der Meeresstern Maria ↗. Wird zur Hälfte vom Drachen ↗ umgeben. In der äg. Zodiakscheibe ↗ ist der Kleine Bär ein Hund ↗, der Große Bär ein Ochsenschenkel u. der Drache die Nilpferdgöttin ↗. Hund = Kleiner B. hat insofern seine Richtigkeit, als er dem Sternbild Zwilling ↗ entspr., das sich am Himmel in einiger Entfernung anschließt (Abb. 1).

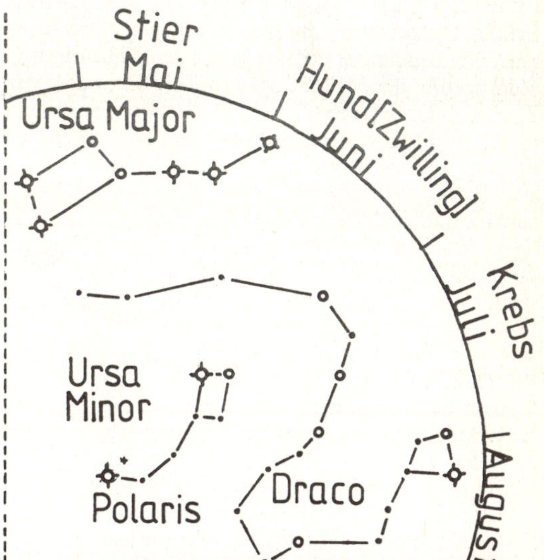

2) Großer B. oder Großer Wagen, dessen Endsterne, wenn man einen Pfeil durchzieht, zur Polaris des Kleinen Bären deuten. In Ägypten stand dafür ein Ochsenschenkel, entspr. dem Stier-Monat im Tierkreis. — Lt. Clemens von Alexandrien repräsentierten bei den Ju-

den ↗ die 2 Cherubim ↗ den Großen u. Kleinen Bär. — In Ägypten jedoch war ersterer Symbol des Seth ↗ u. Instrument der Mundöffnung bei der Mumie ↗, benutzt vom Zwilling Anubis ↗, dem 2. Hund: 

Barabbas: im NT ein gefangener Aufrührer u. Mörder, dessen Freiheit das Volk fordert im Tausch gg. die Kreuzigung von Jesus ↗. Der griech. Kirchenschriftsteller Origenes jedoch versichert, ein altes Manuskript des Evangelisten ↗ Matthäus in Händen gehabt zu haben, wo von einem Jesus-Bar-Aba die Rede ist. R. Ambelain sagt, das könne sowohl Jesus, Sohn *(bar)* von Gott *(Aba)* heißen wie auch Jesus-Sohn-versteckt, und bezieht diesen versteckten 2. Jesus auf Thomas ↗, seinen Zwilling.

Bar-Do: Zwischenzustand nach dem Tod im Totenbuch ↗ des Tibet ↗.

Barke: Schiff ↗; als Symbol können die 2 Barken des Sonnenschiffs ↗ daraus werden = Tagesbarke ↗ u. Abend- (od. Nacht-) Barke ↗, evtl. überwechselnd zu Sonne + Mond, die als Horusaugen ↗ von 2 Göttinnen vertreten werden: Isis ↗ u. Nephtys ↗, mit den Barken als je 1 Halbkreis, zus. Grundmotiv Liebestanz ↗. Man findet aber a. den Aufbau der Sonne ↗ auf der 1 Barke als 4er Kreis ↗ gesetzt (Abb. 1) in Gestalt von Lebenskreuz ↗ u. Planetenstab ↗, hier 2teilig. (Abb. 2): Vgl. mit einem ganz ähnl. Christus ↗-Symbol od. der Bootaxt. Im Äg. Totenbuch ↗ wird im Kap. XCIX unter dem Titel: ›Um ein Boot in der Unterwelt zu steuern‹ der Tote ↗ nach dessen Teilen abgefragt, bevor er die Fahrt nach Earu ↗ antreten kann. These: aus diesem Barken-Kodex kann man die Archetypen ↗ herauslesen, denn prinzip. ist die B. als ›Sitz der Weltordnung‹ gedacht, d.h. der Maat ↗. Man findet aber a. eine Art Zodiak ↗-Barke (Abb. 3) mit je 1 Halbkreis am Ende, die der Brustplatte ↗ nachgeformt sind. Es dürfte sich um die Göttin Neschmet als ›Barke des Osiris ↗‹ handeln, d.h. dessen Totenschiff ↗, das auf Prozessionen ↗ eine große Rolle spielte - sie wurde mit der Hathor ↗ gleichgesetzt, die auf der Zodiakscheibe ↗ von Dendera als Kuh bzw. Sirius ↗ in einer B. sitzt.

Zodiak-Barke

Barock: Stilrichtung der europ. Geistesgesch., benannt nach dem portug. Wort *barocco* = unregelmäßige Perle, sonderbar, zunächst abwertend gemeint. Strebte im Zug der Gegenreformation ↗ eine Überwältigung aller Sinne ↗ an bis hin zur relig. Ekstase, die jedoch hinter der Fassade des schönen Scheins den Zwiespalt zw. Vergänglichkeit u. Ewigkeit nicht lösen kann. Das kommt bes. deutl. in Rembrandts Hell-Dunkel-Malerei zum Ausdruck u. im Simplizissimus ↗, der ersten dt. Literatur von Weltrang. Hier ist die Kulisse jedoch das Schlachtfeld des 30jährigen Krieges zw. Katholizismus ↗ u. Protestantismus ↗ u. endet mit der Hinwendung zu heidn. Geisterstimmen, womit die Brücke zum anschließenden Idealismus ↗ gegeben ist. These:

im B. wiederholt sich Grundmotiv  , während dessen geschichtl. Ablauf überhaupt erst die Bibel ↗ entstand. Weitere Erl.: Wiederholung ↗.

Bart: als Symbol generell für Sonnenbart, d.h. eine Form der Sonnenstrahlen stehend. Maya: *Mexkin* = Sonnenbart. Peru: Hochsommersonne = *Capra*, der Bärtige, mit *Capuchay* = dem Bartfest.

In Ägypten fallen 2 Bartformen auf: ein angeklebter ›Götterbart‹ (Abb. 3), den der Pharao ↗ a. dann trug, wenn er weibl. war. Seine Farbe ist grün + blau wie die Mitte der Regenbogenfarben. Dann der offene B. des Bes ↗, aus einer mittleren Doppelzunge bestehend, jeweils eingerahmt von 3 Seitenzungen, hier zum Vergleich über den Götterbart gesetzt (Abb. 2). These: in beiden Fällen ist die Reihenfolge der Regenbogenfarben ↗ so umgekehrt, daß rot in der Mitte (doppelt) liegt u. die sonstige Mitte, grün + hellblau, außen. Die Tabelle (Abb. 1) zeigt mit Zahlen das System der Lichtöffnung ↗, dessen Beherrschung dann dieser B. symbolisierte: einmal ohne Geheimhaltung (Bes-Sopdu ↗, der Kulturbringer vom Sirius ↗), u. einmal streng ge-

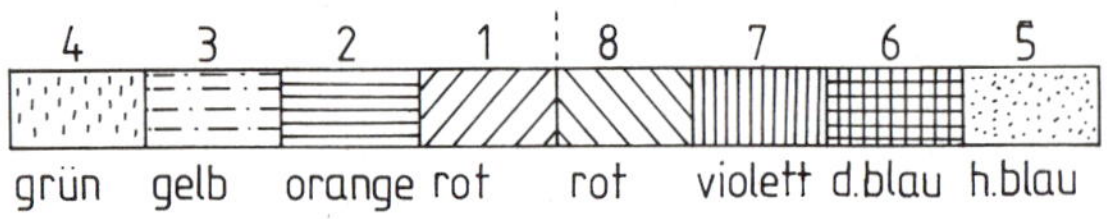

1.

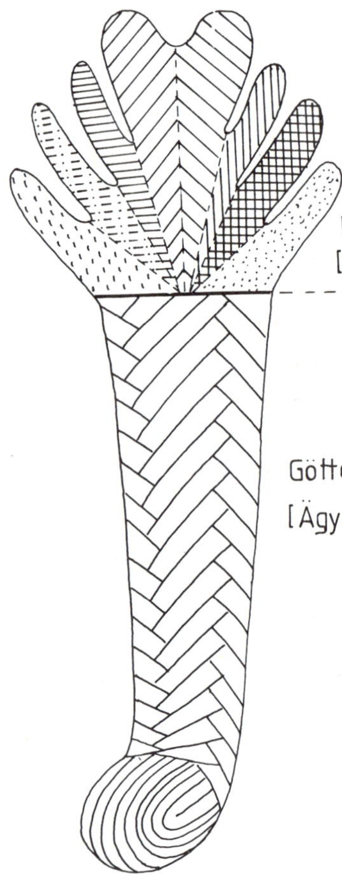

heimgehalten durch die Pharaonen, weil die Kunst der Lichtöffnung einstmals zum Weltuntergang ↗ im Anschluß an den Osirismord ↗ geführt hatte, äqv. Verlust des Gral ↗. — Die ganz anders konzipierte Querstaffelung eines vertikalen ›Stammes‹, der an den äg. Djed ↗ erinnert (sodaß an den Stammbaum der Sonderlinie ↗ zu denken ist, als ›Hals‹ bei Göttinnen-Statuetten eb. zu finden), deutet nicht auf den Aufbau des Lichts,

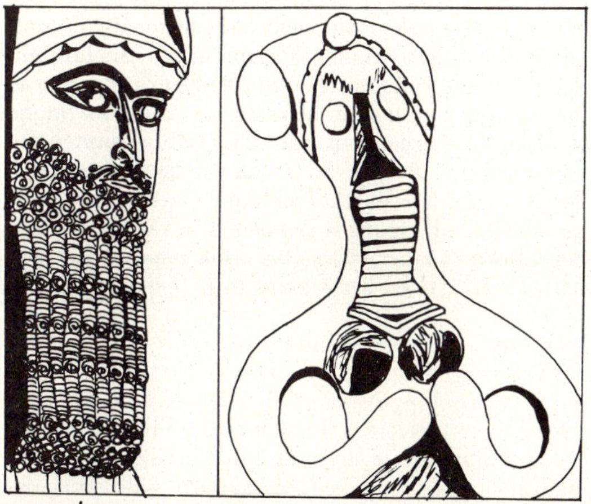

4. 5.

sondern des Zodiaks ↗ wie die quergestaffelte Brustplatte ↗. So zeigt Abb. 4 den Bart eines assyr. Stierkönigs ggb. einer Art Mundvervielfältigung bis zur Brust bei einer Göttin aus dem Industal (Abb. 5). B. = Träger *(bar)* des T (Schlüssel ↗).

Basken: voridg. Volksstamm in den (West-)Pyrenäen ↗, der nach Aussage von Churchward ↗ von Mu ↗ kam, s. 2. Karte beim Stichw. Kolonialisierung ↗. Einige Symbole erinnern an die der Azteken ↗, so die Grab-Steinscheiben (Abb. 1), weshalb sie hier der azt. Tag-Nacht Hieroglyphe (Abb. 2) gegenübergestellt wurde. Vielleicht wurde aus der Baskenmütze die obere dunkle Nachthälfte. In der nichthalbierten Scheibe die 8 Att ↗, quasi als Tao ↗, die sich in den äußeren 8 Kreisen durch 4-Teilung auf 32 steigern, s. Kopf-Chakra ↗ des Tibet. Formal läßt sich Grundmotiv  Archetyp Medizinmann ↗, erkennen, als Zeitangabe der Geburt der Weißen, äg. des Seth ↗, was dadurch bestätigt wird, daß das Tag-Nacht Bild für den azt.

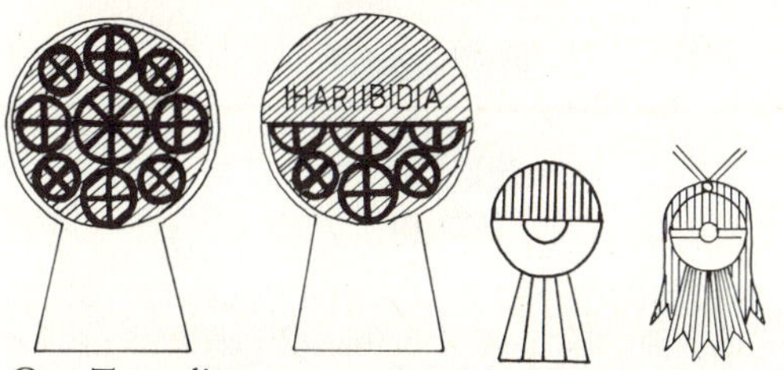

Gott Tezcatlipoca ↗ stand. Bei den Maya ↗ findet sich als Äqv. die Glyphe Bewegung ↗. — Bei den B. mündete der südl. Sternenweg ↗ bei Toja am Atlantik.

Baum: als Symbol ↗ mit folg. Stellenwerten:

1) Baum des Ewigen Lebens
2) Baum der Erkenntnis (äg. Djed ↗)
3) Weltenbaum (germ. Yggdrasil ↗)
4) Mensch, spez. nach der Initiation als Eingeweihter in das Wissen, das Baum 1-3 symbolisiert.

Jung: »Die Alchemie ↗ hat die Vereinigung der Gegensätze unter dem Symbol des Baumes gesehen und es ist daher weiter nicht erstaunlich, daß das Unbewußte des heutigen Menschen, der sich in seiner Welt nicht mehr zu Hause fühlt und sein Dasein weder auf dem nicht mehr seienden Vergangenen noch auf dem noch nicht seienden Zukünftigen begründen kann, wieder auf das Symbol des in dieser Welt wurzelnden und zum Himmelspol emporwachsenden Weltbaumes, welcher auch der Mensch ist, zurückgreift« (1976: 122). Im Ind. wächst jedoch dieser Weltenbaum als Brahman ↗ genau umgek., Wurzeln oben, Äste unten. — In Afrika ist der Baum der ›Weg der Unsichtbaren‹ u. verbindet das Wasser-Nommo ↗ der Tiefe mit dem Kosmos. — Beide Richtungen stimmen, das entspr. Grundmotiv (Buchstabe L) ist ambivalent u. heißt nur  Einheit von Zeit u. Raum. In geschlossener Form taucht es sowohl in Ägypten wie in Sumer und auf Mu als Doppelaltar auf, dem libiert wird (Abb.). Es sind auch die 2 Bäume des bibl. Paradieses ↗, naturalist. Ausführung, s. Stichw. Apfel ↗. Eine kulturelle Fortsetzung ist der Sarg od. Sarkophag ↗ als ›Baumbestattung‹ für Reinkarnation ↗, zusammenhängend mit der Nommo-Linie als weibl. Stammbaum. S. Bo ↗ des Buddhismus. These: *dru-weda* = Baumwissen, erhalten als Drawida ↗ u. Druiden ↗. Letztere besaßen einen Baum-Kalender, abgestimmt auf die Mondmonate. Dru oder Dra ist nichts anderes als Drei, 3 Wurzeln hatte der Brahman-Baum: Vergangenheit, Gegenwart u. Zukunft = die 3 Nornen ↗, wurzelnd im ›Brunnen der Weisheit‹ = Urd ↗, Umdrehung von Dru. — Der Baum ist ein Archetyp ↗.

Behdet: Sonne ↗ mit Falkenflügeln; manchmal im Übertrag auch das Land Ägypten ↗. — These: eigtl. müßte der Name ↗ lauten *Ba-Djed*, etwa Seelenbaum,

von Ba ↗ u. jenem Djed ↗, der das Leben ↗ vertritt als Sonnenalphabet ↗, das sich hier u. U. in den jeweils 24 stumpfen Federn manifestiert. Die jeweils 10 spitzen würden dann den 10 Querstreifen des Djed entspr. Die Verdoppelung, die sich a. in der Kobra ↗ ausdrückt - äg. Ara ↗ - könnte, da Horus ein Zwilling ↗ ist, in dieser Sonne beide Djed-Bäume vereinigen. Offiz. Übers. von B. ist ›Stätte des Thronsitzes‹, s. Thron ↗. Die Nv. Re-Behedti leitet über zu Re ↗, aus dessen Leib Horus als Pharao ↗ gebildet ist. Zeitw. war die ird. B. die Stadt Edfu im Horusthrongau, der an Nubien ↗ anstieß. Die Griechen ↗ machten Apollinopolis daraus,

Stadt = *polis* des Apollon ↗. Mit Osiris ↗ u. Isis ↗ als Eltern u. Hathor ↗ als Braut bildete Horus dort ein hochverehrtes göttl. Doppel-Paar. — Vgl. die B.-Flügelsonne mit Assur ↗.

Bekhrana: einstmalige Hauptstadt von Lemurien ↗ u. Sitz der Schwarzen, wahrsch. der Tamil ↗, irgendwo im heutigen Australien ↗. Nv.: Bakhrana.

Bel: Nv. von Baal ↗, stand mit Ea ↗ u. Anu ↗ an der Spitze der männl. Götter Babyloniens. Die weibl. Form heißt hier statt Baalat ↗ Belita. — Es gab a. die Koppelung Bel-Marduk, was die Identifizierung mit Marduk ↗ erleichtert, sum. Dumuzi ↗, äg. jener Osiris ↗, der ermordet wurde, wie der kanaan. Baal oder Belis ↗ der Edda ↗. — Es besteht wohl a. die Querverbindung zu dem altir. Beltane-Fest ↗ (1. Mai), sodaß man bei Trennung in Bel-Tane bei dem pazif. Tane ↗ landet. — In Armenien gibt es den Gott Bel ebf., sein Gegenspieler ist Hayk, auf den sich die Armenier als legendären Vorfahren beziehen, unter dessen Verknüpfung mit Japhet ↗, Vertreter der Indogermanen nach dem Weltuntergang.

Beli, Belis: Nv. von Bel ↗, Baal ↗, taucht in der Edda ↗ als Riese auf, der ermordet wird, wie bei allen Vergleichsfiguren kurz vor dem Weltuntergang = Ragnarök ↗. In anderen Var. wird Baldr ↗ daraus.

Belisama: kelt. Göttin, die a. *Carmelle* ↗ = Trägerin des Steins hieß u. Gattin des Widder ↗ (frz. bélier) war. Car (Kar ↗) ist hier das Wort für Stein, der dann Gorr ↗ in der kath. Kirche hieß u. der Gral ↗, *Gor-Al*, göttl. Stein, ist. Im Namen B. wäre er durch Sama ausgedrückt, zu finden bei den Sabäern als Sam-Sam, bei den Arabern als Zem-Zem, im Äg. Totenbuch als Khem-Khem als Verdoppelung von Km ↗ = schwarz. Es ist Ka-Ma, die Geist-Sonne od. Schwarze Sonne ↗ = Quelle der Weisheit ↗. — B. ist Baalat ↗, weibl. Form von Baal, Bel, Beli etc., was nur Herrin heißt; hier evtl. a. Herrin des Soma ↗. Im Ind. ist das Wort zu finden als Samaweda ↗.

Beltane-Fest: eines der 4 altir. Jahr-Feste, das in der regelmäßigen Schrägkreuz-Teilung des Steinkreises (s. Thing ↗), den es z. B. noch auf dem Beltany-Hill (Beltane-Hügel) gibt, auf den 1. Mai ↗ fiel (die anderen Feste auf 1. Febr., 1. Aug., 1. Nov.). Das erinnert an das germ. Fest ›Wotan's Hochzeit‹ in der Nacht zum 1. Mai u. legt nahe, Beltane, pazif. Tane ↗, sei mit Wotans Sohn Baldr ↗ über die 1. Silbe Bel ↗ gleichzusetzen.

Belzebub, Belzebuth: im NT bei 3 der 4 Evangelisten ↗ in ähnl. Weise so zitiert: »Die Schriftgelehrten aber, die von Jerusalem waren, sprachen: Er (Jesus) hat den Beelzebub, und durch den Obersten der Teufel treibt er die Teufel aus« (Mk. 3, 22). Diese Verwendung als »Obersten der Teufel ↗« ist eine totale Verteufelung des kanaan. Gottes Baal ↗ Zebauti ↗, obwohl an anderen Stellen ›Herr Zebaoth‹ daraus wird. Denn Baal (Beel, Bel etc.) heißt nur Herr, und Zebauti ist in Ägypten als Reiher (Symbol für Phönix ↗) zu finden, benannt nach dem Ort Zebaut = Geburtsstätte des Horus ↗. — B. taucht aber a. bei Gurdjieff ↗ auf in dem Buch ›Récits de Belzebuth à son petit-fils‹ (Vortrag Belzebuths an seinen Enkel), in dem B. mit Anhang im Raumschiff ↗ Karnak von seinem Heimatplaneten Karataz im Jahre 1921 unser Sonnensystem ↗ anfliegt, in dem er aber schon früher im Exil auf Mars war und mehrmals die Erde besuchte, in die menschl. Entwicklung eingreifend. — Eine höchst phantastische Vorwegnahme heutiger Spekulationen zum Thema prähistor. Astronauten ↗ und deren Wiederkehr ↗.

Ben: Sohn, Ben. T = Tochter, S'Ben = Stamm (Kanaan), hebr. ebf. Ben, arab. Banu, Bana. Verdoppelung Benben ↗.

Benben: ein kegelförmiger Stein (äg.) als Symbol der ersten Erscheinungsform von Atum ↗ als Hügel, der aus dem Ur-Wasser ↗ auftaucht, was später auf die Spitze der Obelisken, das sog. Pyramidion = Schlußstein der Pyramide ↗ übertragen wurde. Es erfolgte aber a. die Aufspaltung in ein Obeliskenpaar, die dann Sonne + Mond als Augen ↗ - Kinder-Paar symbolisierten. Insofern steckt in dem Wort die Verdoppelung von Ben ↗ u. bedeutet eigtl. Zwilling ↗; weibl. Form mit der übl. T-Anhängung = Benben. T = Entstehungsort des Chons ↗, einer Horusform, die aus dem Lotos ↗ hervorgeht. These: der kegelförmige Stein ist eine Lotosknospe, letztl. Grundmotiv (A), Anfang der Sonnengeburt als Sonnenkern ↗ (Atum) wie a. in der Wiederholung Anfang von jedem Kind ↗, das aber nur in einer best. göttl. Linie zum Zwilling wird. Das ist die Phönix-Linie, erhalten im Wort Benu ↗.

Benin: Neger-Königreich im heutigen Südnigeria, das ein Begriff für afrik. Hofprunk, Glanz u. Macht des sa-

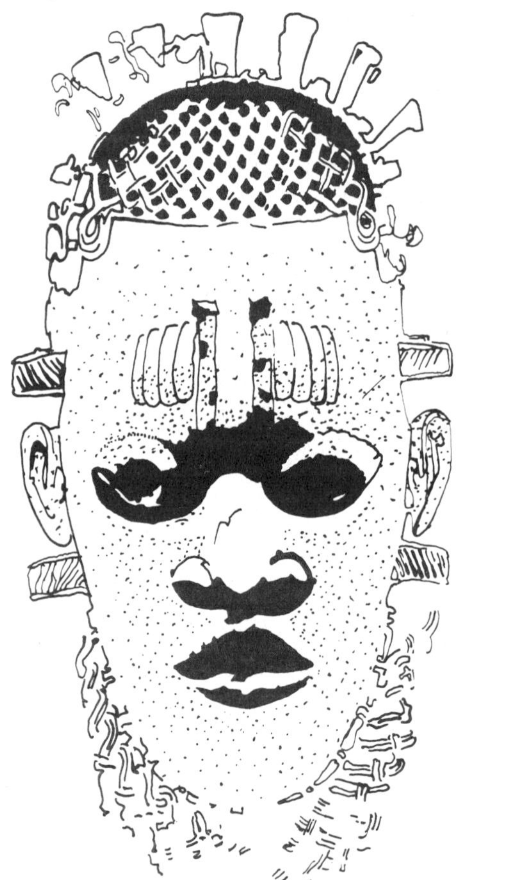

Benin: Zeremonialmaske des Königs (Elfenbein, 16. Jh.)

kralen Königtums war. 1668 veröffentlichte der Holländer Dapper eine ausführl. Schilderung voll Bewunderung für die gleichnamige Stadt mit 3 m hohem Wall. Den Palast des Gottkönigs (Oba ↗) durchquerten damals 30 breite Straßen mit gut gebauten Häusern. Der Staat war glänzend organisiert mit Ministern, Beamten u. einer tadellos funktionierenden Polizei. Der König hatte den Ruf, innerhalb 24 Stunden

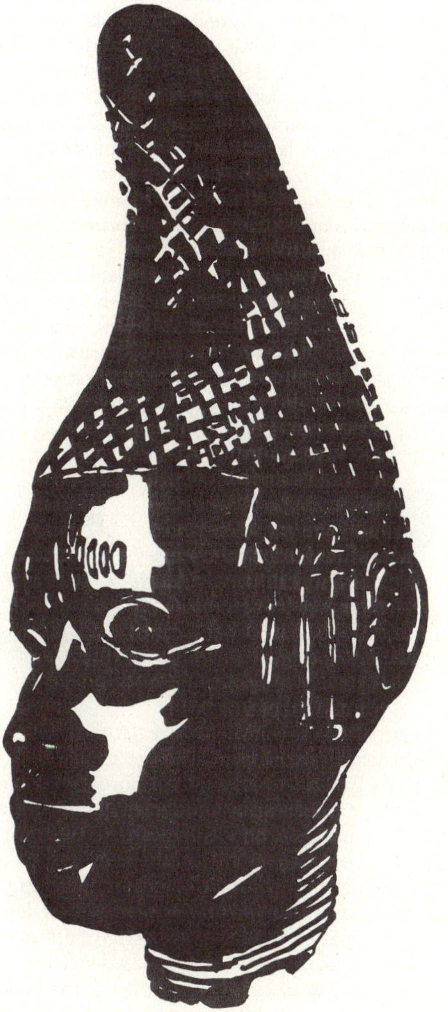

Benin: Königinmutter (Bronze, 16. Jh.)

ein Heer von 100.000 Mann aufbieten zu können. Bis zum Mittelalter soll er auch eine Flotte besessen haben. Seit dem Jahr 1300 war B. von der Hl. Stadt Ile Ife ↗ abhängig, und von ihr leitet sich a. die gegenwärtige Dyn. ab, die schon 37 Könige zählt. Was davor liegt, verliert sich in nicht mehr bek. Vorzeit u. beginnt mit der myth. Ogiso-Dyn. Der herrliche, mit Bronzefriesen voller Schildwachen geschmückte Palast, wurde 1897 von den Engländern in Schutt und Asche gelegt. Durch das Königreich floß der Benue, ein Abluß des Tschadsees ↗, der in den Niger mündet. Dieser Name erinnert an den äg. Benu ↗ u. läßt wundern, ob sein Bett ein Rest des ehem. Nil ↗-Laufs ist, mit dem Stamm der Benin als 1 der 12 abgewanderten altäg. Stämme, der Seele des Osiris ↗ verw., d.h. der Ogdoas ↗ (hier Ogiso?), der Götterachtheit ↗ mit der besonderen Fähigkeit zur Lichtöffnung ↗, die sich in den gezeigten Benin-Köpfen (Abb. 1 + 2) als Stirnsymbol manifestieren könnte (s. Bart ↗) mit Zugang zum kosm. Netz ↗, hier als Kopfbedeckung.

Benu: ausgesprochen in Ägypten wahrsch. Boin (s. a. Bon ↗-Religion), woraus Phönix ↗ wurde. Symbol ist ein zimt- oder purpurfarbener Reiher als Erscheinungsform des Osiris ↗ oder dessen Ba ↗ (Seele), die aus Osiris hervorging, gedacht als Absetzung vom Falken als Ba des Normalmenschen, mit der besonderen Fähigkeit, sich durch den Tod verwandeln zu können bzw. period. wiederzukehren, und zwar ›selbstentstehend‹, d.h. nicht reinkarnativ, sondern als Avatara ↗.

Beowulf-Lied: steht an der Spitze der angelsächs. Volksliteratur; stammt aus der 1. Hälfte des 8. Jh. – wahrsch. Kämpfe des 6. Jh. beschreibend, die von alten Sagen u. Märchen überlagert wurden. Auch hat es antike Epen u. Christentum aufgenommen, denn Beowulf kämpft erst mit Moordämonen, dann siegt er als Greis über einen Drachen u. stirbt an der Verwundung. Motiv: Drachenkampf ↗ als Wiederholung ↗.

Berchta: weibl. Gestalt der germ. Mythol. mit der Nv.: Percht ↗, noch heute im Alpengebiet in dreierlei Gestalten auftretend. Entspr. findet sich eine 3köpfige B. als Form von Weihnachtsgebäck (Abb. 1), auf der sich die Zahl 3 viermal wiederholt: 3 Federn auf dem Kopf, 3 Köpfe, 3stufiger Stamm auf dem Rock u. als Abschluß 3 Querbänder als Rocksaum. Das deutet auf die 12 Sektoren des Zodiak ↗, genau mit Bruch = Ragnarök ↗ in der Mitte (= Taille). Darüber die Zwillinge ↗. Im Namen steckt sowohl Perc ↗ wie Hellebarde ↗. Nv. Frau Holle-Berta. Als ständiger Begleiter der B. galt ein Hund ↗, was aus der Vorsilbe Ber vielleicht auch Bär ↗ macht, u. zwar den Kleinen Bären, äg. äqv. Hund. Der Ort Berchtesgaden bei München ↗ bed. ›Garten der Berchta‹.

Abb. 1

Bei anderen Völkern reduziert sich die Göttin auf die 3 Federn od. Zweige auf dem Kopf: Abb. 2 zeigt die mex. Mayauel ↗. Abb. 3 eine Ahnin aus dem afrik. Urua, Kongo, Abb. 4 eine indones. Priesterin ↗. Dies erscheint wie die 6. Rune ↗, äqv. 6. Grundmotiv ↗, Archetyp Himmelsleiter ↗, die

Umsetzung des ›Baumes der Erkenntnis ↗‹ in Feste ↗.

Abb. 2

Abb. 3

Abb. 4

Berg: 1) 1 der 8 Begriffe des Tao ↗ mit Zeichen

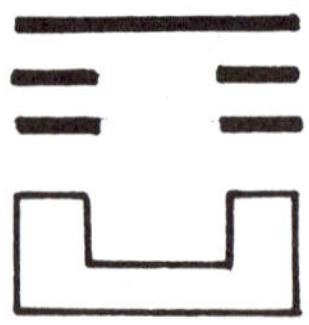

2) in umgek. Form, quasi als Urhügel ↗ mit abgeplatteten Enden u. Schuppen wie beim äg. Thron ↗, die auf einem sum. Rollsiegel ↗ ebf. umgek. sind u. kein Wasser, sondern weitere kleine Berge darstellen. Sie bilden auch Flächen, zus. Erde ↗, umgeben von Planetengeistern ↗ (Abb. 1) in der richtigen Reihenfolge (von l. nach r.) Ninurta ↗ = Mars, Ischtar ↗ als Venus ↗, in der Bergmulde Schamasch ↗, Sonne in der Erde aufgehend, dann Ea ↗ = Merkur u. eine doppelgesichtige Gestalt, die für 2 heute unbek. Planeten stehen würde, in Teotihuacan ↗ Kinan ↗ u. Olkan ↗. Alle tragen als Kopfbedeckung einen spitzen Berg = die Hörnerkrone ↗.

Sollten Ischtar + Schamasch für die 2 Sonnen des Sirius ↗ stehen, bietet sich als Vergleichsbild ein äg. Urhügel od. Achet ↗ an, in dessen Kuhle Hathor ↗ hervorkommt (ebf. Sirius), eingerahmt von 2 Bäumen (Abb. 2), l. mit 9 Ästen = Weltenbaum ↗, r. mit 10 Ästen = Djed ↗ ohne abschließende Krone = Baum der Erkenntnis ↗. – Auch Artemis ↗ steht zw. 2 Bergen; abstrahiert zu Gesetzestafeln ↗ tauchen sie außerdem unter dem Runenkreis ↗ auf u. beziehen sich auf die Hügelleu-

te ↗. – Bei den Griechen war der Olymp ↗ als hl. Berg Versammlungsort der 12 Planeten ↗-Götter. – Moses ↗ erhielt seine Gesetze auf einem Berg in Sinai u. der Tempelberg von Jerusalem wurde zu Zion ↗ erhöht.

Berglmir: ›Bärengebrüll‹, ein Nachkomme von Ymir ↗, der sich u. seine Frau vor der durch Ymirs Blut entstandenen Flut retten konnte. Seine Nachkommen waren die Jöten ↗, ihr Land Jötunheim (s. Asgard ↗) ist 1 der 9 Welten, die der Weltenbaum Yggdrasil ↗ durchwächst. These: es handelt sich um den Tierkreis als Entstehung von Sterngruppen während der Schöpfung ↗. – Sollte B. mit dem Großen Bär ↗ zusammenhängen, deckt er sich evtl. mit Seth ↗.

Beringia: Beringland, eine jetzt unter Wasser liegende Landmasse, die Asien + Amerika verbindet. Sie taucht wechselnd auf, zum letzten Mal während der 4. Welt ↗. These: in der kommenden 6. Welt könnte dies zur neuen Polarzone werden, Polsprung ↗ von 1999 auf 26° NW angesetzt.

Bes: altäg. Gott, der sich in einen Pantheon der Bese aufteilt u. als weibl. Partnerin die Beset ↗ hat, die entw. gleichrangig neben ihm im Naos ↗ steht od. auf seinem Kopf sitzt, während auf Horusstelen ↗ der Kopf des B. allein über der Horusfigur erscheint, deutl. im Alter abgesetzt als Greis, der sich im Kind (Horus)

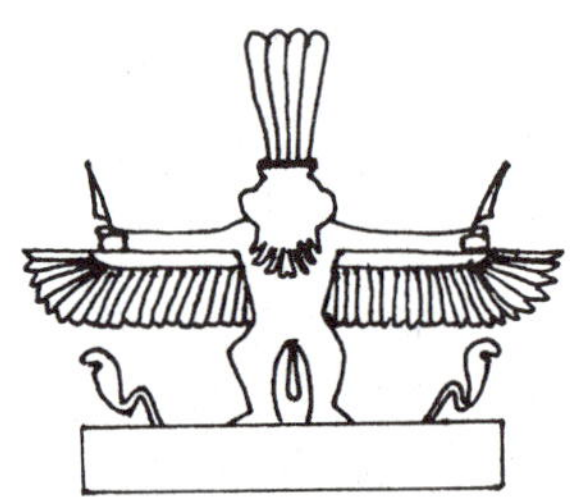

verjüngt. Immer sind Zodiaktiere dabei, sodaß der ganze Pantheon als Tierkreis ↗ aufgefaßt werden muß, mit B. als Erfinder; Nv.: Min ↗-Horus, Bes-Amun ↗, Bes-Sopdu ↗ (d.h. vom Sirius ↗). Die kopt. Literatur setzte ihn mit Christus ↗ gleich. – Aus der umfangreichen Bes-Ikonographie seien 2 Bilder ausgewählt: Bes mit unzähligen ›Horusaugen‹ ↗ (Sonnen = Sternen), ähnl. dem Argus ↗, Tiere strahlenförmig um den Kopf mit Löwenmähne, Doppelflügel + 2 Armpaare auf einem Unterbau, der von einer sich in den Schwanz beißenden Schlange ↗ eingefaßt ist, der Form nach wie die Horusstele, die Mumienwanne im Sarkophag ↗ oder ½ Gesetzestafel ↗. – Daraus wird in Abb. 2 eine Art Truhe ↗, u. hier trägt B. die Bart ↗-Blume. These: prinzip. wären B. + Beset das prähistor. Astronauten ↗-Paar, durch die Jt. immer mehr dämonisiert, spez. während der Fremdbeherrschung von Ägypten. Abstrahiert man die Figur auf die Doppelflügel, wird die 1. Rune ↗, das Doppel-T daraus, wie es sich a. im Wappen aller München ↗-Kardinäle befindet:

Besant, Annie: trat am 21.5.1889 der Londoner *Theosophischen Gesellschaft* ↗ bei u. wurde bald enge Mitarbeiterin von Blavatsky ↗. Später gründete sie die Krischnamurti ↗-Bewegung, die die erfolgte Ankunft des neuen Weltheilands verkünden sollte. Daraufhin spaltete sich nahezu der ges. dt. Zweig der Londoner Theosoph. Gesellschaft ab u. bildete die Gesellschaft der Anthroposophie ↗, wohl Blavatskys Prophezeiung folg., der Wiederkehrende träte erst 1975 in Erscheinung. — Steiner ↗ fand durch B. den Weg zu Blavatsky, wurde aber dann ihr schärfster Gegner, obwohl er zugab, sie habe das innere Herankommen an die geistige Welt besessen. — Gab zw. 1907 u. 1933 (Tod) mehr als 300 Bücher, Broschüren u. Aufsätze in Zeitungen heraus, u.a. über Avatare ↗, Reinkarnation ↗ u. Karma ↗.

Beset: Gattin des Bes ↗, ähnl. gestaltet wie er u. ebf. ausgefächert, mit Tieren u. Federkrone. Im Tempel von Hermonthis ↗ wurde sie neben der Nilpferdgöttin ↗ als Rait ↗ = weibl. Sonne, eigtl. Re.T, verehrt. — Eine Namensbrücke zu finden ist schwer, evtl. kommt Boaz in Frage, Bezeichnung der l. Säule von Salomos Tempel in Jerusalem ↗ = Mond ↗ mit all seinen okkulten Bezügen. Der Mondbezug würde auch für Bes gelten, was bei seiner Nv. Min ↗ zum Ausdruck kommt, bei Beset evtl. durch Sitzen auf einem Auge ↗. Die Nv. Baubo führt zu Bo ↗.

Bes-Sopdu: als weitere Var. der Bes ↗-Kategorien verweist auf Sirius ↗, von wo die Astronauten ↗ kamen. — S. Sopdet ↗ als weibl. Form von Sopdu.

Bestla: Mutter des Odin ↗; der Name bedeutet ›Verknüpferin‹ im Sinne von Eintracht u. Frieden herstellen. Ihrerseits war sie Tochter des Ymir ↗, den die Himmelskuh Audumla ↗ ernährte, bis er zerstückelt u. zur Welt wurde. Ob B. als eines dieser Stücke zu verstehen ist, bleibt unklar. Bei Verknüpferin fällt nur das ›kosmische Netz ↗‹ ein, das die äg. Nut ↗ trägt. Eine Gleichstellung mit dieser wäre insofern denkbar, als sie Mutter des Osiris ↗ ist, der mit Odin zusammenfallen dürfte. — Bestlas Gatte Bör ↗ wäre dann der äg. Erdgott Geb ↗.

Beta: Name des 2. Buchstabens (B) des griech. Alphabets ↗, hebr. Baith. Bedeutung Frau u. Haus, geht über in Bet-El (kanaan.) = Haus von El ↗, eine selbständige Gottheit: Anat ↗-Bet'El u. Esem-Bet'EL wurden von den Juden ↗ in Elephantine (Ägypten) zus. mit Jahwe ↗ verehrt. Wahrsch. wurde daraus Bethlehem ↗ als Form Bet'elohim, letzteres kanaan. nur 'Lm als Mehrz. von 'L = El, die Söhne von Gott *(El)* meinend, zurückgehend auf Göttinnen, Gottesmütter ↗ bzw. Hl. Frauen, die die Barken ↗-Funktion übernehmen.

Bethlehem: heute Beit Lahm, Stadt ca. 10 km südl. Jerusalem ↗ u. 25 km westl. vom Toten Meer ↗, wo sich einst Ruth niederließ, Samuel ihren Enkel David ↗ suchte u. zum König von Juda ↗, später a. Israel ↗, machte. Ca. 4 v. Z. wurde nach David u. Salomo a. Jesus ↗ hier geboren, was aber Legende sein kann, genau wie der Befehl von Herodes ↗, alle Neugeborenen von B. umzubringen, nachdem sich die 3 Könige ↗ in Jerusalem nach dem Weg nach B. erkundigt hatten. — Der Name dürfte auf das kanaan. *Bet* (s. Beta ↗) *'Lm* zurückgehen = Haus des oder der Elohim ↗.

Bewegung: Nr. 17 der 20 Tagesz. des Tzolkin ↗, in mehreren Var. überliefert u. dem Grundmotiv  (M) ähnl., gen. Einheit von Körper u. Geist. These: hierin liegt die grundsätzl. Bewegung des Körpers (der Materie) durch den oder die Befehle des Wortes, frz. Mot, weshalb Motion ↗ treffender ist als das Wort B.

Afrika: Nommo ↗ ist das Treibende (Wort, das am Anfang ist, die Grundmotive ↗). In Indien gilt Parabrahman ↗ als absolute, ewige B. auf dem nichtgeoffenbarten Plan (Ur-X).

Bewußtsein: bei Blavatsky 7fältig, insofern jeder Sinn ↗ sein eigenes B. hat. Bzgl. der Weltformel ↗, die a. die Psyche ↗ ist, wäre dann jeder Kreis eine Bewußtseinsebene, die je nach Natur ↗ oder Kultur ↗ über ihre Praktizierung als immanentes Wissen ↗ sowohl unbewußt bleiben könnte wie durch Erkenntnis ↗ bewußt zu machen wäre. Die Schwierigkeit dazu nimmt in beiden Richtungen zu: sowohl das Zentrum oder Ich ↗, um dessen Erhöhung zum Selbst ↗-B. man ringt, ist undurchdringlich schwarz ↗ u. eine Einheit ↗, wie a. der äußerste Kreis mit den Grundmotiven des Kosmos ↗ aus ganz anderen Gründen - etwa wie die Tiefe des Meeres - unerreichbar bleibt, es sei denn unter Verlust des Lebens; im Falle der Bewußtmachung unter Verlust der Reflektion. Diese ist jedoch für die Bewußtmachung notwendig, weil sie Differenzierung fordert. Philos. Schulbeispiel: ein Tausendfüßler erlangt das B., daß er tausend Füße hat. Prompt setzt die bisher unbewußte Koordination aus, die aber im afrik. Sinn Fremdintelligenz ↗ gewesen wäre = von der Evolution ↗ hineingelegt. Um eine bewußte Koordination zu erreichen, wäre jetzt das Inkrafttreten der eigenen Befehle (Sprache, Wort) notwendig. Folgt die Unsicherheit, ob der eigene Befehl sinnvoller ist als der immanente oder von außen gegebene, was zur Bewußtmachung des Unterschieds zw. ›Gut und Böse‹ drängt — schon ist das Paradies ↗ verloren u. kann nur durch Neuanlage weiterer Bewußtseinsebenen zurückgewonnen werden. Oder: die Gesch. des B. ist auch die Geschichte ↗.

Bhaga: 1 der 7 (8) Adityas ↗. These: Äqv. Himmel im Tao ↗, im Sonnenalphabet ↗ A + B + C, BAC statt BAG.

Bhagavad-Gita: 8 relig.-philos. Gesänge im 6. Buch des Mahabharata ↗; nach einem Gebet zur Göttin Kali ↗ erfolgt eine höchst merkwürdige Rechtfertigung des Tötens im Krieg sowie des ind. Kastenwesens ↗, gedeckt durch das Erscheinen von Krischna ↗. — Die Gita gilt als Quintessenz des ind. Vedantismus ↗, als Bibel der Hindus ↗ mit der von Krischna verkündeten Lehre in Gestalt eines Wagenlenkers im Krieg, der wahrsch. den Einfall der Arier ↗ zusammenfaßt. Das Kernstück entstand vor ca. 3000 J. — die Arier fielen etwa ab 1500 v. Z. in Indien ↗ ein, um 1000 v. Z. dehnten sie ihren Herrschaftsbereich auf Bihar u. Bengalen aus. — Wortdeutung: *Bhaga* ↗ = himmlisch, *Vad* = Veda ↗, Wissen, u. *Gita* etwa Strophe, Gesang. Himml. Wissen in Strophen.

Bhagavan: einer der Namen von Krischna ↗ bzw. Vishnu ↗, angenommen von Bhagwan ↗. Enthält Bhaga ↗, Himmel, u. Van ↗.

Bhagwan: ind. Gründer einer neuen Religion, der 1981 den in Poona ↗ aufgebauten Ashram ↗ aufgab u. nach USA überwechselte. Aussage: im letzten Teil dieses Jh. wird das Schicksal der Menschen für die kommenden Jh. entschieden, und es ist endgültig. Damit spielt er auf das Jüngste Gericht ↗ an, obwohl er es gleichzeitig leugnet: »Jeder Augenblick ist der Augenblick des Jüngsten Gerichts, es gibt keinen jüngsten Tag«. – Zielvorstellung: »ich bemühe mich darum, Schlüssel ↗ zu entwickeln, die für alle brauchbar sind«. These: die vom Muiska-Museum ↗ entwickelte Weltformel ↗ enthält schon diese Schlüssel. – Gefährlichste, aber für Europäer anziehendste Tendenz: »die Antworten, die ich euch gebe, sind nicht dazu da, euren Verstand zu überzeugen, sondern ihn zu zerschmettern.« – Symbolik: Mala ↗-Kette.

Bhod-Yul: alter Name von Tibet ↗.

Bhon: Name der vor-lamaist. Religion Tibets, heute Bon ↗.

Bibel: Hl. Schrift der christl. Religion, bestehend aus Altem (AT) und Neuem (NT) Testament, insg. ein Fragment älterer Überlieferungen mit teils verfälschender Überarbeitung, die trotz vieler Lücken den Grundfaden: Schöpfung-Urmensch, Paradies-Paradies-Verlust ↗ durch Griff nach verbotener Erkenntnis-Weltuntergang-Neuausfächerung der 3 Rassen (Ham ↗, Sem ↗, Japhet ↗) unter zunehmender Erlösungssehnsucht = Apokalypse ↗ aufrechterhält. Die Ursprünge verweisen v. a. auf Ägypten, Kanaan, Saba, Sumer + Babylon, was das AT betrifft, sowie Qumran-Sekte ↗, Ägypten, Indien, Mu, was das NT angeht. AT: bestehend aus 24 Büchern, beginnend mit den 5 Büchern Mose ↗, hebr. Tora ↗, das Gesetz, in der Urschrift zunächst hieroglyphisch u. erst ca. 1000 J. nach dem Exodus ↗ ins Hebr. übersetzt. Bis etwa 200 v. Z. veränderten die Kopierer den Text, dann wurde die Deutung Dogma. Genau gleichzeitig verließen die Essener ↗ Jerusalem unter Mitnahme kanaan. Urtexte, die wieder ins NT einflossen. – These: das Grundschema war in die Große Pyramide ↗ eingebaut. – Blavatsky: »die Genesis ↗ beginnt mit dem 3. Stadium der Schöpfung ↗, indem sie die ersten 2 überspringt... Die Übersetzer der Bibel haben jede Bezugnahme auf die weibl. Form der Gottheit unterdrückt. Sie haben die weibl. Mehrz. Elohim ↗ mit der männl. Einz. Gott übersetzt... Zur Zeit des Moses wurde der Anfangssatz gelesen: *B'rash ithbara elohim* = in der Hauptquelle (oder Mulaprakriti ↗, der wurzellosen Wurzel) entwickelten... die Elohim die Himmel und die Erde. – Heute heißt der Satz: Am Anfang schuf Gott Himmel und Erde« (Esoterik, S. 201, 206, 73). These: damit gingen die 24 Grundmotive ↗ des Kosmos ↗ verloren, ihre Widerspiegelung in der Geschichte ↗ sowie das Erkenntnisvermögen des echten Christus ↗. Sigmund Freud »man mußte die Spuren früherer Religionen verwischen... jede Spur des äg. Einflusses sollte verleugnet werden« (1970: 56). – Literar. Stil: die altäg. Bibel-Literatur wurde beim Sokaris ↗-Fest vorgelesen u. enthielt Parallelismus ↗, gleiche Zeilenlänge u. freien Rhythmus, was teilweise auch in unserer B. erhalten blieb. – Der Name geht auf Byblos ↗ zurück. – Freud ↗: »Der Text aber, wie er uns heute vorliegt, erzählt uns genug auch über seine eigenen Schicksale. Zwei einander entgegengesetzte Behandlungen haben ihre Spuren an ihm zurückgelassen. Einerseits haben sich Bearbeitungen seiner bemächtigt, die ihn im Sinne ihrer geheimen Absichten verfälscht, verstümmelt und erweitert, bis in sein Gegenteil verkehrt haben, andererseits hat eine schonungsvolle Pietät über ihm gewaltet, die alles erhalten wollte, wie sie es vorfand, gleichgültig, ob es zusammenstimmte oder sich selbst aufhob« (Aus: Der Mann Moses, S. 55).

Biene: als Symbol ↗; die prä- u. frühdynast. Könige von Unterägypten trugen den Titel ›Fürst Biene‹ wie die von Oberägypten ›Fürst Binse ↗‹ hießen. Beide Tiere bez. nach der Reichseinigung ↗ ganz Km.T ↗. – Haus der B. hieß aber auch der Tempel der Göttin Neith ↗. These: im Tierkreis ↗ ist B. = Waage ↗, weshalb sie bei 1 der 12 Arbeiten des Herkules ↗ auftaucht. Evtl. bezieht sich sogar der Bienenkorb der Kopfreliquie ↗ des Osiris darauf, denn bei der Osirismumie ↗ wird daraus der 5. Abschnitt = die Schulterpartie. Abb. 1 zeigt eine Goldplakette von Rhodos mit Bienenkönigin, die das äg. Königskopftuch ↗ trägt. Als hl. Tier der Demeter ↗ erschien sie in den Eleusinischen Mysterien ↗. Abb. 2 zeigt die B. als Hieroglyphe ↗.

Abb. 1

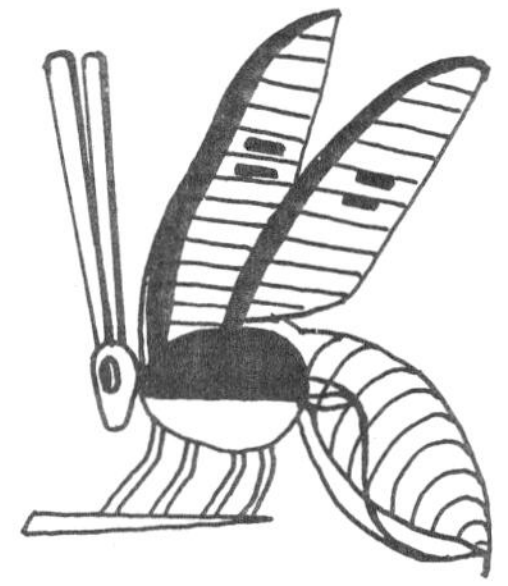

Abb. 2

Bier: wurde schon im alten Ägypten ↗ hergestellt: Brot wurde gebacken, zerkleinert u. in Wasserkrügen 1 Tag lang vergoren.

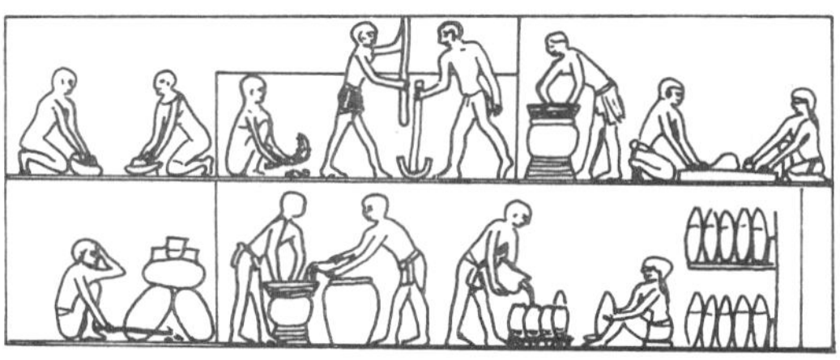

Äg. Wandgemälde

Bifröst: Brücke zw. Asgard ↗ u. Midgard ↗ (germ.), die beim Weltuntergang ↗, Ragnarök ↗ (Götterdämmerung), bricht. Die übl. Interpretation, der Regenbogen sei gemeint, ist lt. Wirth ↗ falsch, es handle sich um die Bandbreite des jährl. Sonnenlaufs zw. kleinstem Bogen zur Wintersonnenwende ↗ u. größtem Bogen bei Sommersonnenwende ↗. Diese ›Brücke‹ verläuft also immer Ost-West u. verbindet das, was wir heute Morgen- u. Abendland nennen, oder ideologisch Kommunismus-Kapitalismus etc. Sogesehen ist sie gerade wieder am Punkt, zu ›brechen‹. Suchen wir nach Vergleichskontinenten u. Parteien vor Ragnarök, kommen nur Mu ↗ als Midgard u. Atlantis ↗-Amerika als ird. Asgard in Frage, ja, es klingt manchmal so, als sei eine Luftbrücke für Flugverkehr gemeint, denn tägl. ritten die Asen ↗ über die B. zu Gerichtsverhandlungen am Urdsbrunnen (s. Yggdrasil ↗), wie vor dem Untergang die Scharen aus Muspelheim ↗ darüberritten, um die Asen anzugreifen. Eben dabei bricht sie, worauf sie über große Wasserströme übersetzen müssen. — In der Projektion auf den Himmel — es scheint die Ekliptik ↗ gemeint zu sein — bewacht Heimdall ↗, manchmal Widder, manchmal Wassermann, die Brücke. Sie kann nur durch Polsprung ↗ ›brechen‹, was beim Weltuntergang, germ. Götterdämmerung ↗, tats. geschah. Schließl. taucht seine ›Himmelsburg‹ = Himinbjörg als 1 der 12 Sitze in Asgard auf.

Biga Vidya: in den Puranen ↗ erw. Erkenntniszweige; meist 4 Vidyas in Ableitung von Veda ↗ (Wissen): *Yajna Vidya* = Rituale ↗, Maha V. = Magie ↗, *Guhya V.* = Wissenschaft von den Mantras ↗ u. *Atma V.* = das Wissen um Atma.

Bild: entw. ›nur‹ Maya ↗ od. Erscheinungsbild ↗ der Natur ↗, das eigtl. Wesen verhüllend, was das Bildverbot ↗ zu respektieren versucht - od. ab Ungehorsam im Paradies ↗ ein Werk der Kunst ↗, bis hin zur Schaffung einer Erkenntnis ↗ fördernden Analogie-Brükke bzw. zum gefürchteten Bild-Zauber ↗. Das 2. Gesetz von Moses ↗, der Islam ↗, Bilderstreit ↗, Bildzerstörung sprechen eine deutl. Sprache. Für Ägypten blieb jedoch jedes Bild nur Gleichnis, im Ggs. zum Namen ↗, der das Wesen selbst enthält. In allen Schöpfungsberichten geht das Sprechen den Erscheinungen voraus, sodaß man das Bild als Realisierung von Namen = Ka ↗ definieren kann. These: beides fließt jedoch im Grundmotiv ↗ zus. als der uranfängl. Einheit von Wort u. Bild. — Sonderfall: Archetypen ↗.

Bilderberg-Kreis: eine 1954 gegr. europ. Tochtergesellschaft des amerik. CFR ↗, a. Insider ↗ gen., ihrerseits zurückgehend über die Liga der Gerechten auf die Illuminaten ↗. — Diesem elitären Zirkel gehören heute rund 100 Politiker, Bankiers u. Wirtschafter an mit dem Ziel kapital. Weltbeherrschung. Der Name ergab sich aus dem 1. Treffen im Bilderberg-Hotel bei Arnheim in Holland.

Bilderstreit: entfacht durch die bilderfeindl. Verordnungen des byzantin. Kaisers Leo III. von 726 u. 730, der auf dem Konzil von Nizäa 787 mit dem Sieg der Bilderfreunde, spez. Karls des Großen ↗, endete. Damit begann das Aufblühen der christl. Kunst Europas. Einen Bildersturm gab es nur noch kurzfristig während der Reformation ↗ durch die Anhänger Zwinglis u. Calvins. — Weitere Erl.: Bildverbot ↗.

Bildverbot: 2. der 10 Moses-Gebote ↗: »Du sollst dir kein Bildnis noch irgendein Gleichnis machen weder deß, das oben im Himmel, noch deß, das unten auf Erden oder deß, das im Wasser unter der Erde ist.« (s. Bild ↗). Wie im Bilderstreit ↗ deutlich wurde, sollte nur die Bundeslade ↗ - da von Gott inspiriert, der angebl. Maße u. Aussehen bestimmte - als verehrungswürdiges Kunst ↗-Werk gelten (Bischof Theodulf), während die Gegenpartei im gleichen Gegenstand ein Zeugnis für Bilderverehrung überhaupt sah. — Daran ist bemerkenswert, daß ein vom Himmel gekommenes Objekt (Gral ↗, Sambo ↗, Korb mit Axt ↗ bei Tane ↗ etc.) tats. Kunstauslöser auf unserem Planeten wurde, u. dies wieder mit dem Biß in den Apfel ↗ vom Baum der Erkenntnis ↗ - ebf. verboten - zusammenfällt. Das Bild bildet = verändert Menschen ↗ nach eigenem Bild.

Bindu: Punkt in der Null ↗-Dimension, auf den sich die Schwingungen des Kosmos ↗ bei Bewegungszunahme verdichten, bzw. aus dem heraus sich bei Bewegungsabnahme Formen differenzieren (Tantrismus ↗). Gilt a. als kleinste Darst. des universellen Bewußtseins oder absoluter Punkt der Kraft, jenseits dessen kein Ding u. keine Energie zusammengezogen oder verdichtet werden kann. Unterscheidung:
1) Mahabindu = Großer Punkt, Ausgangspunkt der Entfaltung des inneren Raumes wie auch letzter Punkt seiner vollkommenen Ausgestaltung
2) Aparabindu = Schöpfungspunkt
3) Manobindu = Geistpunkt, Bereich der Begegnung von Subjekt ↗ (Muntu ↗) und Objekt ↗ (Kintu ↗)
These: 1 = die 2 Kreuzpunkte des Gesamtkosmos ↗
2 = Sonnenkern ↗
3 = sein Äqv. das Ich ↗ in Berührung mit der Welt ↗, über die ebf. Nr. 1 nachgebaute Pupille ↗.
B. erscheint als Punkt im Schriftbild Om ↗.

Binse: als Symbol; die prä- und frühdynast. Könige von Oberägypten trugen den Beinamen Fürst Binse, wie die von Unterägypten Fürst Biene ↗ hießen. Nach der Reichseinigung unter Pharao Menes ↗ hieß die Königstitulatur ›Binse und Biene‹ (Abb.), woraus aber auch Papyrus ↗ und Lilie ↗ als Wappenpflanzen der beiden Landesgöttinnen Geier ↗ + Schlange ↗ wurden. Ein Binsenfeld wurde Earu ↗ = das Gefilde der Seligen oder himml. Paradies ↗ gen. Bei den Tolteken ↗ ist die Par. Tollan (Tula ↗, Thule ↗), gekennzeichnet durch ein Rohrbündel u. so beschrieben:

»wo das blaue Wasser sich ausdehnt
und die weißen Binsen stehen
wo das weiße Rohr sich breitet
und die weißen Weiden stehen
wo der weiße Sand sich hinzieht
u. die farbigen Baumwollflocken hängen
wo die bunten Seerosen schwimmen
und der Zauberballspielplatz liegt.«

Die Azteken ↗ übersetzten Tollan mit Binsenstadt. Weiß galt als Symbol der Urzeit, u. der Platz des Ballspiels ↗ konnte in den Himmel verlegt werden, wie bei anderen Völkern das ird. zum himml. Paradies ↗ geworden ist. These: Thule war das Paradies oder Binsenland = Mu ↗, mit Ägypten als Mu-Nachfolge ↗.
Als Einzelhieroglyphe kann die Binse fast die Form des Hirtenstabs ↗ annehmen; auf einem Relief des Pharaos Muntuhotep ↗ ist direkt unter ihr die Axt ↗ NTR ↗, während unter der Biene die weiße Krone ↗ zus. mit der Axt, in einer Barke ↗ schwimmt. Das ordnet die Binse dem Kosmos zu u. die Biene der Sonne. — Aus Muntuhotep = Muntu ↗ ist zufrieden *(hotep)*, läßt sich folgern: Mu — Ntu, Binse + Biene.

Birnbaum: bei den Zigeunern ↗ einer der 2 Bäume im Paradies ↗ u. den Männern zugeordnet, entspr. der

Apfel ↗-Baum den Frauen. Da letzterer der Baum der Erkenntnis ↗ ist, müßte ersterer dem Baum des Ewigen Lebens ↗ entspr., d. h. dem Prinzip Sonne ↗, Evolution, manifestiert im Kopf ↗, weshalb es richtig ist, zu sagen: »tu deine Birne (= den Kopf) weg«. — S. die 2 Djed ↗-Bäume Ägyptens.

Bitol: eine der 4 Urgottheiten im Popol Vuh ↗ der Mayas, an 2. Stelle (nach Tzakol ↗) gen. u. männl., zusammengesetzt aus *Bit* = bilden, formen, Figuren aus Ton machen u. *Ol* = Pluralpostfix. Eine Mehrz. also, die aber zur Einz. ›der Former‹ wird. *Bit* ist engl. Stückchen. These: gemeint ist das Prinzip der Vielheit ↗, Evolution, Alphabet A bis Z, in seiner kosm. Vorstufe des männl. Dreiecks ↗ im Ur-X ↗. — Text: »Unbeweglich und stumm war die Nacht, die Finsternis. Aber im Wasser, umflossen von Licht, waren diese: Tzakol, die Schöpferin, Bitol der Former...« Im Weltideogramm ↗ einer der 4 Ah Can Tun ↗.

Bitoso: 1 der 9 Krankheitsdämonen der Zigeuner ↗-Heilkunde: verursacht Appetitlosigkeit. B. = der Faster.

Black Panther: afro-amerik. Befreiungsbewegung, die ca. 1966 als Symbol der Black Power (schwarzen Macht) den schwarzen Panther annahm. Stockley Carmichael: »ein schönes schwarzes Tier, das die Stärke und Würde des schwarzen Volkes symbolisiert; ein Tier, das nicht zuschlägt, ehe es nicht so weit gegen eine Wand getrieben wird, daß ihm keine andere Wahl mehr bleibt, als vorzuspringen. Und wenn es springt, gibt es nichts mehr, was es aufhalten könnte«. Als die B. P. mit Prozessen u. Polizeirazzien Anf. der 70er Jahre zerschlagen wurden, ging die Bewegung dazu über, unsichtbare Kleingruppen unterschiedl. Benennung zu bilden, wie ›die schwarzen Juden ↗‹, ›die Altägypter‹ u. a. Ältere Bewegungen sind die Rastafari u. Black Moslems. — Der schwarze Panther ↗ ist auch ein äg. Symbol gewesen. — S. Schwarze Amerikaner ↗.

Blätterkreuz: Symbol der Maya ↗: »Die Blätter sind wie ein Gewand, das man anlegt... das Kreuz ist ein Baum, und deshalb wird es wie ein Baum

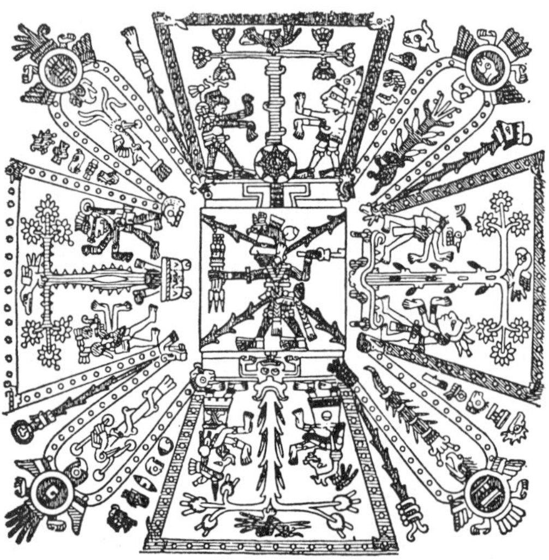

geschmückt«; allerdings während des Kultjahres unterschiedlich: vierfarbig bei der Winteranfangszeremonie, reingrüne Vertikale während der Regenzeit - die Kreuzarme bleiben ohne Blätter - in dieser Form wird es ›gebadet‹, mit weißem Chilate übergossen, aus 2 Gefäßen, mit denen 2 Gruben zu Füßen des Kreuzes korrespondieren, zus. 4 wie im Weltideogramm ↗, das B. ist die Mitte od. Ahpu ↗, aus dem der Maisgott ↗ hervorgeht.

Auf der Titelseite des Codex Fejervary (Abb.) befindet sich im Zentrum ein Gott als Jahr ↗, daraus hervorgehend die 8 Att ↗ mit 4 B. im Hauptkreuz: unten der Mais ↗ mit 2 Göttinnen, Chalchiuhtlique ↗ u. Tlacolteotl ↗, Himmelsrichtung West ↗. Darüber der Vogel Moan ↗. Die 4 schrägen Pfeile im Zentrum sollen auf 4 Welten ↗ deuten, sodaß die Gottheit die 5. Welt symbolisieren dürfte, genau wie auf den Scheiben der Olmeken ↗.

Blau: ein Archetyp ↗, der sich in folg. Redewendungen ausdrückt: blaumachen = sich dem Gewohnten entziehen; ins Blaue fahren = ins Unbekannte fahren (ebf. sich dem Gewohnten entziehen); Blues ↗ (engl. Mehrz. von blau) haben oder singen = unbek. Gefüh-

Abb. 1

le, eine Art Weltschmerz, Depressionen (die aus dem Gewohnten herausreißen); die blaue Blume ↗ suchen (die es real nicht gibt); blaublütig ↗ sein (ohne blaues Blut zu haben); die blaue Stunde (Abenddämmerung, ein Übergang von hell zu dunkel); die Friedenspfeife ↗ oder blaue Kalumet mit blau = Friede, weibl., Nacht, Himmel. In Ägypten fällt der pechschwarze Anubis ↗ (Abb. 1) auf; er hat blaue Haare, die (obwohl es sie nicht gibt) an Personen als Z. ihrer Göttlichkeit erscheint;

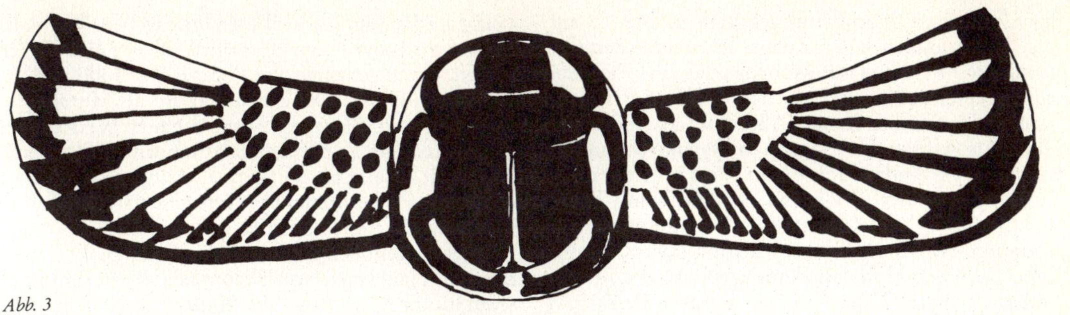

Abb. 3

im Falle von erstrangigen Gottheiten wie Amun ↗, Krischna ↗ (so nicht schwarz dargestellt), Nilpferdgöttin (Abb. 2) ↗ mit blauem Lotos ↗ verschmelzend, der schwarz eingezeichnet ist, wird der ganze Körper blau, immer fällt die Nähe zu schwarz auf. Es handelt sich um eine nichtgreifbare Zwischenzone oder die ›Gleichzeitigkeit ungleicher Zeit‹, wie das entspr. Grundmotiv ↗ (K) heißt. — Die ›Blauen Riesen‹ unter den Sternen ↗, z.B. Iota im Schwert des Orion ↗, haben nicht nur die

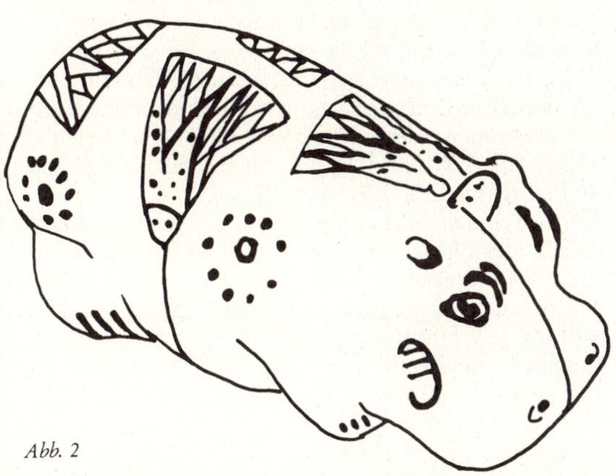

Abb. 2

größte Oberflächentemp., sie sind stark ionisiert, d.h. die Atome haben ein oder mehrere Elektronen verloren, das System ist stark angeregt; gehen alle Elektronen verloren, entsteht eine schwarze Sonne ↗; es ist ein Zwischenzustand Materie ↗-Nichtmaterie (Geist ↗). So dürfte Kara ↗ gebaut sein, symbolisiert mit dem Skarabäus ↗ (Abb. 3), schwarzer Käfer in blauer Flügelsonne, gefunden auf der Brust einer äg. Mumie ↗. — B. od. schwarz ist auch Yin ↗ (in China) bzw. das weibl. Dreieck, das sich bei Umsetzung der Brustplatte ↗ als Sechsstern ↗ ergibt sowie der Fünfstern ↗ als Symbol der Venus ↗.

Blaublütig: Anspruch des Adels, ein Wort, das auf Odil zurückgeht u. das Vorherrschen göttl. Odems im Blut durch Zucht betreibt, die oft Inzest ↗ beinhaltete. So etwa Bruder-Schwester-Heirat bei den ›blaublütigen‹ Inka ↗-Herrschern od. die Bindung des äg. Throns ↗ an die weibl. Linie: um ihn besteigen zu können, mußte ein Pharaonensohn seine Mutter oder Schwester heiraten. Symbol: Geierkrone ↗, Abschluß a. desjenigen der 2 Djed ↗-Bäume, der dem Baum der Erkenntnis ↗ entspricht. Also eine behauptete oder tats. Abstammung von den prähistor. Astronauten ↗, die blauhäutig ↗ gewesen sein sollen. S. Blaut ↗.

Blaue Blume: eine Wunderblume, die in den Texten von Novalis ↗ auftaucht u. zum Symbol der Dt. Romantik ↗ wurde; es taucht der Name Edda ↗ für sie auf. Text im Heinrich von Ofterdingen, 1. Kap: »Er fand sich auf einem weichen Rasen am Rande einer Quelle, die in die Luft hinausquoll und sich darin zu verzehren schien. Dunkelblaue Felsen mit bunten Adern erhoben sich in einiger Entfernung; das Tageslicht, das ihn umgab, war heller und milder als das gewöhnliche, der Himmel war schwarz-blau und völlig rein. Was ihn aber mit voller Macht anzog, war eine hohe lichtblaue Blume, die zunächst an der Quelle stand und ihn mit ihren breiten, glänzenden Blättern berührte... Er sah nichts als die blaue Blume und betrachtete sie lange mit unnennbarer Zärtlichkeit. Endlich wollte er sich ihr nähern, als sie auf einmal sich zu bewegen und zu verändern anfing; die Blätter wurden glänzender, und schmiegten sich an den wachsenden Stengel, die Blume neigte sich nach ihm zu und die Blütenblätter zeigten einen blauen ausgebreiteten Kragen, in welchem ein zartes Gesicht schwebte...« Die weltenschaffende Weiblichkeit, s. Blau ↗.

Blauhäutig: 1960 stellten sowjet. Wissenschaftler die Hypothese auf, daß es sich bei den nichtird. Menschen (s. Astronauten ↗) um blauhäutige Wesen gehandelt habe. Es wird an eine feste, graublaue Nilpferdhaut gedacht. These: das schafft evtl. die Verbindung zur äg. Nilpferdgöttin ↗ (s. Blau ↗) u. zu einigen Negerstämmen, deren Hauttönung tats. blaugrau ist. Blaues Blut, das farblose Haut durchschimmert, scheidet aus, denn dieser Unterschied hätte eine Einkreuzung in die menschl. Rasse ↗ unmögl. gemacht. Umgek. ist wahrsch., daß blaue Hauttönung ganz andere Licht ↗-Frequenzen absorbiert u. auf diese Weise a. die Blutqualität spiritualisiert, was die ird. Erben dann auf andere Weise zu erhalten versuchten, in einem Stammbaum der ›Blaublütigen ↗‹, der mythol. immer eine himml. Herkunft beansprucht.

Blaut: altgerm. Wort für Blut. These: das könnte beinhalten, daß im Blut der Schlüssel ↗ (T) zu Blau ↗, d. h. zum höheren Bewußtsein od. philos. Geist ruht: s. die afrik. Blutseele ↗.

Blavatsky, Helena Petrowna: bedeutendste Okkultistin des 19. Jh., gründete 1875 in New York die *Theosophische Gesellschaft* ↗ mit dem Hinweis, daß 100 Jahre danach, also 1975, der Wiederkehrende in Erscheinung träte, u. die Theosoph. Gesellschaft solle die Menschheit für seine Botschaft vorbereiten: »Es wird eine Ausdrucksform geben, in die er neue Wahrheiten wird kleiden können, eine Organisation, die in einer gewissen Beziehung seine Ankunft erwartet.« 1831 (These: die gleichen 100 Jahre vor dessen Geburt 1931 im

Sigui-Fest↗) in Südrußland geboren, suchte sie auf folg. Reiseroute nach den Resten der archaischen Geheimlehre↗: Kaukasus-Mongolei-Türkei-Griechenland-Ägypten (Lebensfreundschaft mit kopt. Priester)-Paris-London-Indien-Kanada (Studium d. Indianer)-New Orleans (Voodoo↗-Studium)-Mexiko-Südamerika (um in Verbindung mit einem peruan. Priester alte Ruinen zu studieren)-Westind. Inseln-Ceylon-Tibet-London-New York-Chicago-Rocky Mountains-San Francisco-Kaschmir-Sibirien-Burma-Java-Rußland kreuz u. quer-Italien-Balkan-Ägypten-Syrien-Paris-Balkan-Venedig-Tibet-Cypern-Ägypten-Palästina-Bukarest-Paris-New York-Sagus, Calif.-Boston-New York. — Lt. Steiner↗ war sie ein so starkes Medium↗, daß eine okkulte Gruppe in Frankreich schon vor ihrer Geburt die Ankunft spürte, sie dann suchte u. unter okkulten Schutz stellte. Daraus soll sie später ausgebrochen sein, um prompt von einer feindl. Gegengruppe Amerikas okkult gefangengenommen zu werden. Hier scheiterte ihr Ausbruch, u. die 1. Gruppe bot an, sie zu befreien unter der Bedingung, Indien↗ in ihrer Lehre in den Vordergrund zu stellen - was tats. unangenehm auffällt. 1877 erschien ihr Buch *Isis entschleiert* mit dem allerersten Versuch, die alten Religionen gg. die übl. Vorurteile zu verteidigen. Hauptwerk wurde die *Geheimlehre,* mit den Unterabteilungen Kosmogenesis, Anthropogenesis u. Esoterik. Wie man erst 1973 feststellte, haben sich die meisten europ. Künstler der Moderne↗: Beckmann, Kandinsky, Mondrian, Maletwitsch, Stil-Bewegung (Holland), Delauny u. die Kubisten Cézanne, Picasso, Braque etc. mit ihr befaßt.

Bleichfuchs: im Schöpfungsmythos der Dogon↗ als Symbol für Ogo↗, den ewigen Rebellen, eingesetzt.

Blues: afro-amerik. Gesangform für depressive Stimmung, meist 12taktig; *Blues for Mr. Charly* ist der Titel eines Theaterstücks von Baldwin, übers. ›Depressionen für den weißen Mann‹. Eigtl. ist es die Mehrz. von *blue* = blau↗.

Blutseele: schlechte Übers. für das afrik. Wort Abusua↗, eine Par. zum äg. Ka↗ = Geist, also besser ›spirituelle Seele‹, verknüpft mit der weibl. Erbfolge oder Nommo-Linie der Reinkarnation↗. Die Geist-Verbindung mit Blut ergibt sich a. aus dem germ. Blaut↗, entspr. engl. *blood* - Endsilbe Od↗.

Bo: Baum der Erkenntnis↗, unter dem Gautama↗ zum Erleuchteten (Buddha↗) wurde; Ceylon. Aber auch Name des Astronauten↗, auf dessen Wiederkehr↗ gewartet wird bei den Hopi↗, weshalb sie diese Gestalt bei best. Zeremonien tanzend vorführen. These: es könnte sich um eine Konsonantverschiebung von Po↗ handeln, afrik. Name der schwarzen Siriussonne, wie bei Sambo↗ = Sampo. Dann deckt sich mit dem Wort das Symbol in den Hörnern der Geierkrone↗ (s. Achsenamun↗), das a. den Abschluß jenes Djed↗-Baumes bildet, auf dem nicht das Anch-Zeichen ist, sondern eine Art Sonne zw. Doppelfedern = Gesetzestafeln↗ - in Mexiko die Quetzalfedersonne, stellvertretend für die 24 Grundmotive↗ des Kosmos, Pola im Pazifik. Mit der Bo-Silbe fangen viele Begriffe des Buddhismus↗ an, z. B. Bhodismus; aber a. das äg. Boin↗ u. tib. Bon↗.

Bodhi: Erleuchtung nach Vorbild am Bo↗ od. durch Zen↗.

Bodhisattva: wird, wer den Entschluß faßt, sich selbst völlig der Befreiung aller Wesen hinzugeben. Weibl. B. = *Dakinis* (oder Yoginis), männl. B. = *Dakas* (oder Yogis). Damit entsteht die Potenz, ein Buddha↗ zu werden. S. Bodhi↗ als Ziel u. Yoga↗ als Mittel.

Bodhismus: lt. Blavatsky Name der alten Weisheitsreligion, die sie a. die Lemuro-Atlantische↗ nennt. Bruchstücke seien auf Altägypten, Altchina, Hindus u. die Kabala↗ überkommen. - Tats. finden sich auf allen Kontinenten Reste; prinzip. gehen sie auf Bo↗ zurück, den von oben gekommenen Gral↗.

Bogotá: Hauptstadt von Kolumbien↗ mit Goldmuseum für die Kunstwerke der Muisca↗. Vor dem span. Einfall soll es in der Umgebung unter Leitung einer Muisca-Königin eben jene Werkstätten gegeben haben, denen die gefundenen Goldarbeiten entstammten; es wird noch danach gesucht, vor allem nach ihrem Palast aus Gold.

Böhme, Jakob: erster dt. Philosoph (1575–1624), der seine Schriften in dt. Sprache veröffentlichte, deshalb ›Philosophus Teutonicus‹ genannt. Er erhielt den Vorwurf einer ›Vereinigkeitslehre‹, weil erst durch Spiegelung die Trinität↗ sich gewahrt als Weisheit↗, und wurde von den Geistlichen bis übers Grab hinaus verfolgt. Seine Lehre spricht vom ›Rad der unzählbaren Essentien‹, das aus den Gegensätzen Dunkelwort-Lichtwort in Gang gehalten wird u. in dem alle Wunder geboren werden. These: er berührt mit diesen ›2 Willen‹ die 2 Weltordnungen↗ u. das noch ausstehende Friedensziel ihrer Synthese↗.

Bohne: eine der 4 myth. Pflanzen↗, die in Sandmandalas↗ der Navajo-Indianer erscheinen, und zwar auf die 4 Elemente↗ der Weltformel↗ bezogen. B. = Luft (als Himmelsrichtung dort Süd-West). Schema: Das geht insofern auf, als dann der Mais↗ für den Menschen (Muntu↗-Viertel) steht, wofür er a. in allen Mythen eingesetzt wird.

Boin: mögl. Aussprache des äg. Bn (Ben od. Ben Ben↗), eingesetzt für Phönix↗; evtl. hieß es Bon↗.

Bon: präbuddhist. Religion im Tibet↗. Die Anhänger (Bon-Po) glauben, daß die Bon-Lehre aus Ländern westl. des Tibet zu ihnen kam. These: es dürfte sich um die äg. Boin↗-Lehre handeln. Faßbar ist fast nichts mehr, da nach Einführung des Buddhismus↗ eine wechselseitige Beeinflussung bis zur Verschmelzung erfolgte, sodaß man a. von Bon-Buddhismus spricht. Nur der Schöpfungsbeginn ist eigenständig geblieben, insofern der Leere eine weibl. Schlange↗ entschlüpft, aus der alles entsteht: aus dem Scheitel der Himmel, aus den Augen Sonne u. Mond, aus den Zähnen die Planeten, aus der Nase der Wind, Zunge der Blitz, Stimme der Donner, Atem die Wolken, Tränen der Regen, Blut die Ozeane, Adern die Flüsse, Fleisch Erdboden, Knochen Berge etc. These: diese Schlange entspr. der babyl. Tiamat↗, ind. wohl die 100köpf. Ananta↗. In Bon-Po steckt a. das pazif. u. afrik. Po↗, sodaß man übersetzen kann: Bon = Ben↗ (Sohn) des Schwarzen Lichts, od. Schwarzer Gott als Phönix = Krischna↗.

Bootaxt-Kultur: wurde eine alteurop. Kulturform gen., in der bootförmige Äxte vorherrschten, meist im nördl. Gebiet: Skandinavien, Finnland, Norddeutschland. Aus Friesland sind solche Boot-Äxte als Anhänger erhalten (Abb.), Interpretationen fehlen. Formal fällt die pharaon. Brustplatte ↗ ein, wenn man sie um den Hals verlängert. Dann beinhaltet diese Bootaxt die Präzession ↗, was damit übereinstimmt, daß sie auch Ul-Messer hieß, mit Ul ↗ = Baum oder 2. Rune. Aus der Umkehrung der Bootaxt entsteht die Rune Ti bei Tiodiska ↗, woraus Deutsch wurde. Im Unterschied zu den Streitaxt ↗-Leuten also wohl ein Symbol der früher ansässigen Tuatha de Dannan, dem Volk der Göttin Anu ↗, den Wanen ↗ u. nicht den Asen ↗ anhängend. - Die Bootaxt taucht heute wieder als Kettenanhänger auf. Es ist auch der Anker: »mit seiner Spitze packt er die Erde und wendet sich zur Unterwelt - « (Ankerrätsel, Heidreks gatur 6).

Bör: ein Riese ↗ der germ. Mythol., aber kein Mensch von bes. großem Wuchs, denn die Einteilung lautet: Riesen, Menschen, Zwerge. Jedoch gelten sie a. als Göttergeschlecht, das aber vor den Asen ↗ da war u. zu ihnen in Ggs. gestellt wird; man vermutet Naturkräfte. These: Kategorie Erde ↗, denn Bör gilt als Vater von Odin ↗, wie in Ägypten Geb ↗ (Erdgott) Vater von Osiris ↗ ist. Der Name soll nur ›der Geborene‹ bedeuten, ein Wort, in dem sowohl Geb wie Bor (oder bör) drinsteckt. Es gibt a. die Par. zu *Bar* = Sohn in Barabbas ↗.

Boreas: der Nordwind (griech. + lat.) u. Gott dieses Windes. In der Kunst manchmal mit Schlangenschwänzen statt Füßen dargestellt. Als Elternpaar werden Astraios + Eos genannt, auch für Notos = Südwind u. Zephyros = Westwind. Von B. stammt der Name Hyperborea ↗, ein sagenhaftes Land jenseits des Nordwindes. — Mit Schlangenfüßen wurde auf gnost. Gemmen Abraxas, das Jahr als Jahrgott, dargestellt, sodaß man genaugenommen bei den Jetwinden der pendelnden Erdachse am Nordpol u. schließlich am Himmel bei den Zirkumpolarsternen ↗ landet. Die 2 Schlangenfüße, jeweils nach l. + r. in Opposition gestellt, sind dann Erdjahr via Präzession ↗. Nur daraus ergibt sich ein gewisser Sinn, Apollon ↗ verbringe die Winterzeit in Hyperborea: geschichtl. fiel das auf die Sektoren Wassermann, Steinbock, Schütze - Umkehrung im heutigen J. etwa von Ende Nov. bis Mitte Febr.

Böse, das: die Ursache von Tod ↗. Bei den Christen der Abfall von Gott (= gut), übergehend in die Erbsünde ↗. Bei Hegel ↗ Entzweiung schlechthin, d.h. Dualismus ↗, der bei Zarathustra ↗ der Übergang von Zervan ↗ in Ahura Mazdao ↗ (das Gute) u. Ahriman ↗ (das Böse) ist. — S. Tiertanz ↗ als Einheit von Gut + Böse.

Brahma: im Hinduismus ↗ zus. mit Vishnu ↗ u. Schiwa ↗ die oberste männl. Götterdreiheit. Im Schöpfungsmythos entsteigt dem Nabel Vishnus ein langer Stengel mit rosafarbener Lotos ↗-Blüte, aus dem B. geboren wird. Der Name leitet sich von *Brih* = zunehmen, sich ausbreiten, ab. Er ist der Vorfahre des zukünftigen Weltalls, in das er sich ausdehnt als Kombination von Puruscha ↗ und Prakriti ↗. — Geläufig ist seine Darst. als 4köpfiger Schöpfergott. These: B. entspr. dem Sonnenkern ↗, der sich in die 4 Elemente ↗ ausfächert, äg. Atum ↗, afrik. Ntu ↗, indian. Manitu ↗, kanaan. Al, El, Il ↗, der Elohim ↗ des AT, unser eigener Gott, von dem Jesus ↗ ebf. predigte, er sitze im Zentrum der Sonne ↗ u. regiere die 4 Elemente; Übernahme bei Jesus als Heiligenschein mit der Inschrift INRI ↗. In der ved. Zeit wird B. noch Prajapati ↗ gen., 1. zeugende Männlichkeit und ›Gemahl seiner Mutter‹. Blavatsky ↗: »dies gibt den Grundton für alle späteren ›göttlichen Söhne‹ von ›unbefleckten Müttern‹« (I., S. 119). — Nach erfolgter Selbstteilung in (Brahma-) Vach ↗, der weibl. u. Brahma-Viraj, der männl. Hälfte, wird aus letzterem erst der männl. Brahma. These: es ist auch die Trennung des Namens in ram ↗ = Widder ↗, in Ägypten ebf. 4köpfig, sowie Ba ↗; etwa so:

B - RAM - A
\ + /
BA

Daß daraus das Sonnenalphabet ↗ hervorgeht, liest sich dann aus den 4 jeweils 6stufigen Türmen über den 4 Köpfen (Abb.) ab, denn 4 x 6 = 24. Manchmal wird auf Bildern Brahmas Haupt mit 7 Strahlen geschmückt, s. die 7strahlige Sonne ↗ der sum. Astrol ↗. Bei der 4köpf. Darst. dürften die 8 Ohren der Oktave ↗ entsprechen.

Brahman: Urgeist des Alls, frei von den Paaren der Ggs.; ein Begriff, der in den Upanischaden ↗ auftaucht, die aber schon philos. Spekulationen über das Rigweda ↗ u. andere alte Überlieferungen beinhalten. Aus B. leiteten die Hindus ↗ den Gott Brahma ↗ ab, der in der Theorie, aber nicht beim Volk, als höchster aller Götter gilt. Schankara jedoch, der im 9. Jh. den berühmtesten Kommentar zu den Upanischaden schrieb, sagt: »Es gibt nur eine Wirklichkeit = Brahman, eine Wirklichkeit, die wandellos u. zeitlos ist und in allen Dingen existiert. Alle Gottheiten sind nur unvollkommene Manifestationen des allmächtigen Geistes Brahman.« — Im Tantrismus ↗ wiederum heißt es: »das Brahman oder Absolute wird durch eine Krümmung symbolisiert, die das Universum umschließt.« Diese Umschließung ist in Ägypten die Göttin Nut ↗. Dem B. geht der Parabrahman ↗ voraus.

Brahmane: ein Priester der ved. Religion u. damit Mitglied der obersten Kaste der Hindus ↗. Jedoch gab es in der alten Zeit keine Brahmanen als erbl. Kaste, sondern jeder Mensch konnte nach persönl. Verdienst u. Initiation ↗ B. werden. Erst in der späten Stufe der ved. Religion schlich sich Erblichkeit ein u. führte zum Brahmanismus als Übergang zum Hinduismus ↗. — Sie gelten bei Blavatsky als Feinde des Buddhismus ↗ u. Bewahrer des Urtextes der Veden ↗, jedoch spricht sie auch von Fälschungen. Was die Herkunft betrifft, spricht sie von »der Besitzergreifung Indiens durch die Brahmanen, welche auf den Gipfeln des Himalayas Zuflucht gesucht hatten« (II., S. 643), nämlich vor der großen Flut ↗, der Mu ↗ u. Atlantis ↗ zum Opfer fielen. These: dann gehörten sie urspr. der schwarzen Rasse an, Drawida ↗ = Druweda, Baumwissende gen., mit der Ram ↗-Religion, die als 1 Wurzel auch der Kabala ↗ gilt, und erst nach dem Einfall der Arier ↗ wurden die B. Arier, geschützt durch Erbrecht. Dazu paßt Blavatskys Unterscheidung zw. schwarzen Tamil ↗-Veden u. weißen Veden der arischen B., die heute allein gültig sind, was nichts über die Richtigkeit aussagt. — Offiz. Version: 1500–500 v. Z. breiten sich die Arier in Indien aus u. errichten die Sanskrit- oder Brahmanen-Kultur. — Das Überleben der einheim. B. fällt aber schon ins 12. Jt. v. Z.!

Brahmas Ruhetag: der Primärschöpfung ↗ durch Brahma ↗ schließt sich ein Ruhetag an, dessen Dauer mit 4,32 Mrd. J. angegeben wird, eine Zahl, die a. bei dem Yuga ↗ eine Rolle spielt.

Brahmas Stock: Brahmanda, die Wirbelsäule ↗, symbolisiert durch eine Bambusgerte, die von Asketen ↗ getragen wird. These: an Bambus erinnern a. die geriffelten Rohre auf dem Kopf von Brahma ↗.

Bralgu: eine nichtidentifizierbare Insel im Pazifik, von den Altaustraliern ›Reich der Urgeister‹ gen., wo das Boot der Djangawul-Schwestern ↗ eine Zeitlang anhielt, um dann die Ostküste des Arnhemlandes ↗ zu erreichen.

Brasilien: Land in Südamerika ↗, an den Atlantik stoßend, in den a. der Hauptfluß Amazonas ↗ mündet. Im SW stößt ein Zipfel an Peru ↗, im W grenzt es an Kolumbien ↗. Durch Kolonialismus ↗ von 1500–1821 portug. Z. Z. der von Mu ↗ ausgehenden Kolonisierung ↗ nicht vorh., sondern offenes Binnenmeer; später Paititi ↗.

Bretonen: Volksstamm der Kelten ↗ in der frz. Bretagne, wo einst 1 der 3 Sternenwege ↗ mündete sowie bis heute uralte Dolmen ↗ u. Menhire ↗ überdauerten. Lt. Churchward ↗ - s. Karte Stichw. Kolonialisierung ↗ - gehören sie wie Basken ↗ u. Iren ↗ zu den Nachf. der Uighur ↗ Altindiens mit Wurzeln zurück nach Mu ↗. Evtl. kommt das noch im Namen *armorica* zum Ausdruck, heute morbihan, ein Megalithgräber ↗-Gebiet der Bretagne: etwa *morica* = Mu-Reich.

Brihaspati: Jupiter ↗ in den Kommentaren zum *Buch Dzyan* ↗ u. Leiter 1 der 7 Wurzelrassen ↗; als Gattin wird Tara ↗ gen.

Briten: urspr. Bretonen ↗ bzw. Kelten, die ins heutige Britannien = England einwanderten. Über den Ursprung des Namens s. Pwyll ↗.

Brunhild: eine der Walküren ↗, die einst lt. germ. Mythos in einer Schlacht den Sieg anders austeilte, als von Odin ↗ bestimmt. Zur Strafe wurde sie in tiefen Schlaf versetzt (erhalten im Dornröschen u. Schneewittchen) u. in ihrer eigenen Burg von einer wabernden Feuerlohe eingeschlossen, die nur der furchtloseste Mann - Brunhilds Bedingung - durchschreiten konnte, um sie zu wecken u. zur Frau zu machen. Dort lag sie in voller Rüstung u. allwissend, bis Siegfried ↗ kam. Da sich alles vor Ragnarök ↗ (dem Weltuntergang ↗) abspielt, liegt der geschichtl. Kern über 13000 J. zurück u. ist wegen schlechter Überlieferung kaum mehr zu ergründen. Einziger Anhaltspunkt ist evtl. die sog. Schlafdorn-Rune ↗ (da B. mit dem ›Schlafdorn‹ gestochen wird), par. zum 8. Grundmotiv ↗, Sektor Adler (Skorpion), in den tats. die ersten Kriege fallen, Zeit 16410–15330 v. Z. Zum Namen: Brunna (Brünne) steht gewöhnl. für Brustharnisch oder das ganze Panzerhemd, Hiltja bedeutet Kampf. Setzt man aber für Brunna Brunnen, nämlich den myth. Brunnen der Weisheit - die sie ja besaß - ein, steht B. sehr überzeugend für den damaligen Kampf um den Gral ↗, der sich jedoch am Nil ↗ u. nicht am Rhein abspielte. Der Saal ihrer Burg blickte nach S zur Hel ↗ = Unterwelt, die für Ägypten im Nileinzugsgebiet ihr ›Tor‹ hatte: sunnan-verdan, Helreid Brynhilden 10. — Im Edda-Lied »Der Walküre Erweckung« als Teil des späteren Nibelungenlieds ↗, nennt sich B. Sigdrifa = die zum Sieg ↗ treibt, während sie in ›Brynhildens Fahrt zur Hel‹ Weib von Waland ↗ gen. wird. — Die Vorsilbe *brun* bed. Brünne, Brustschild, evtl. äqv. der äg. Brustplatte ↗.

Brustplatte: ein halbkreisförmiger Schmuck mit Einbuchtung am Hals, den äg. Gottheiten u. Herrscher beiderlei Geschlechts auf Bildern tragen, u. der a. Teil der Mumienhüllen ↗ wurde. Die Anzahl der Perlenreihung schwankt u. läßt zunächst an die a. im übrigen Afrika gebräuchliche ›Perlenehre‹ denken. Sie wurde (wie bei uns die Ordensverleihung) bei offiz. Anlässen überreicht, wie eine Darst. der ›Verleihung goldener Halsketten an General Haremhab‹ deutlich macht (Abb.).

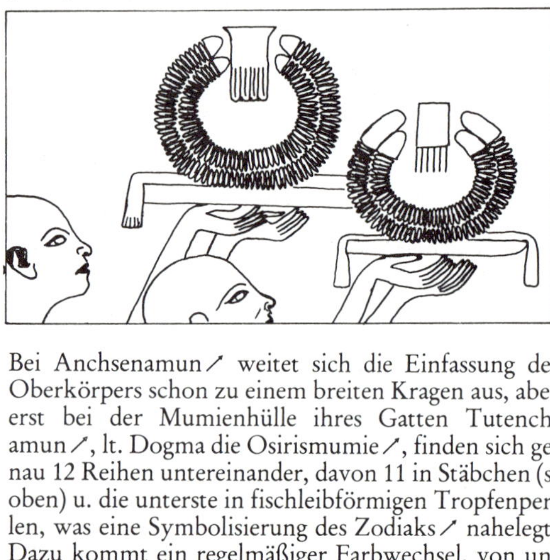

Bei Anchsenamun ↗ weitet sich die Einfassung des Oberkörpers schon zu einem breiten Kragen aus, aber erst bei der Mumienhülle ihres Gatten Tutenchamun ↗, lt. Dogma die Osirismumie ↗, finden sich genau 12 Reihen untereinander, davon 11 in Stäbchen (s. oben) u. die unterste in fischleibförmigen Tropfenperlen, was eine Symbolisierung des Zodiaks ↗ nahelegt. Dazu kommt ein regelmäßiger Farbwechsel, von unten nach oben: hellblau-dunkelblau-rot-dunkelblau - insg. dreimal wiederholt. Auffallend, daß die seitl. Einfassung durch Horus ↗-Falkenköpfe nur die letzten 4 Ringe betrifft, also Zwilling-Stier-Widder-Fisch: und nur so lange gab es Pharaonen ↗. These: diese 12reihige Brustplatte versteckt in sich den kompletten Geschichtskalender, bei Übertrag der Farben in einen Kreis den Sechsstern ↗ aus hellblauem weibl. Dreieck + rotem männl. Dreieck, äqv. schwarz + weiß (im Tempel von Memphis ↗), den 2 Weltordnungen ↗ oder 2 Reihenfolgen der Grundmotive ↗, deren Koppelung zur Psyche ↗ des vollkommenen Menschen eben 1 Zodiakkreis = 25920 J. dauerte. Fügt man der Brustplatte den Hals des Trägers hinzu, ergibt sich formale Ähnlichkeit zur Bootaxt. Evtl. sah so a. die Brünne oder Bruna -

von *runa,* Runen ↗ - der Brunhild ↗ aus.

Buch der Chronik: 13. Buch der Bibel ↗ mit Aufzählung einiger Nachkommen von Adam ↗, teilw. die Genesis ↗ wiederholend, jedoch mit Schwergewicht auf Seth ↗, auf den sich später Lukas ↗ mit der angebl. nicht vorhand. väterl. Ahnenreihe von Jesus ↗ bezieht. Die Brücke nach Noah ↗ bildet Sem ↗.

Buch der Wandlungen: I Ging ↗, a. Buch des Lichts übers., eine Sammlung von Interpretationen zum Tao ↗.

Buch des Dzyan ↗: archaische Aufzeichnungen, aus denen Blavatsky 12 Strophen zum Thema Weltenlehre ↗ in ihrem Buch Geheimlehre ↗ zitiert u. interpretiert. Kurzinhalt: die (hier auf 7 beschränkt) Planeten ↗ kreisen schon um die Sonne, als die Erde ↗ 3 alte Häute abwirft und 7 neue Häute anlegt. Nun erst beginnt die Schöpfung des Menschen u. zwar laut Strophe II: entsteht die 1. Wurzelrasse ↗, gen. ›Wassermenschen‹, aus den Abfällen der abgestoßenen drei alten ›Häute‹, d. h. Erdoberflächengetaltungen. Es folgt der 1. Weltuntergang ↗ u. so fort, bis Strophe IX kurz den Untergang der 4. Wurzelrasse durch die Sintflut ↗ andeutet, u. Strophe XII die wenigen Übriggebliebenen »Einige gelbe, einige braune und schwarze und einige rote« andeutet als Beginn der 5. Welt (die heute zu Ende geht). Das bibl. Äqv. wären ›Noahs Söhne‹. — Einige Begriffe des Buches, wie z.B. LHA ↗, verweisen in die Gebiete des Himalaja ↗, wo es auch Flutüberlebende (s. Brahmanen ↗) gegeben hat. — Ganz ähnl. Untergänge werden im Popul Vuh ↗ der Maya beschrieben.

Buchis: Vokalisierung des äg. Namens BH für den Hl. Stier ↗ von Hermonthis ↗, der a. Muntu ↗ hieß oder Kemur = Großer Schwarzer. Aus B. wurde Bacis, dann Bakchos u. Bacchus ↗. Der lebende B. trug als Symbol auf dem Kopf das steile Federpaar des Min ↗. Meist hatte er einen schwarzen Kopf u. weißen Körper voller Z. These: es handelt sich um die Symbolisierung des Muntu-(Mensch)Viertels der Sonne ↗ mit deren Zentrum - s. Sonnenzeichen ↗ - als schwarzem Kopf od. Sonnenkern ↗, zuvor Teil des Kosmos ↗, was sich in dem Federpaar mit 32 Rippen ausdrücken könnte: 24 (als Ka ↗) u. 8, die Götterachtheit ↗. Auch Amun ↗ trägt diese Krone.

Buchstaben: gewöhnl. eingesetzt für die Z. der Laute einer Sprache, soweit diese nicht Hieroglyphen ↗ oder Ideogramme ↗ sind, sondern abstrakte ›Stäbe‹, Striche, die sich den Sinn einer Sache wiederzugeben bemühen, durch Sichtbarmachung der Akustik ihres Namens ↗. — Inzwischen hat man festgestellt, daß Neugeborene global einheitl. auf gehörte B. mit angeborenen Bewegungsbildern reagieren. Beispiel: K = geringe Kopfdrehung nach r., Abwinkelung des l. Ellbogens, Aufwärtsdrehung der r. Schulter, rasches Auswärtsdrehen d. r. Hüfte u. Heranführen der großen Zehe des linken Fußes (Dauer 0,07 Sekunden). — Natürlich entspr. kein Buchstabe K der Welt diesem komplizierten Naturmuster. Jedoch zeigt der Sachverhalt deutlich, daß die Elemente jeder Sprache unabhängig vom Menschen real existieren. These: es handelt sich um das Sonnenalphabet ↗. Das Wort ergab sich aus Stab, Stäbe, in ein Buch geschrieben, was sich von Buche als Baum ↗ ableitet. — B. sind die Brücke zur Schrift ↗, Buchstabentanz ↗, Buchstaben-Yoga ↗ etc. Blavatsky: »Sanskrit ↗-Alphabet u. a. okkulte Sprachen ↗ haben neben anderen Kräften eine Zahl, Farbe u. eine best. Silbe für jeden Buchstaben, und so hatte es auch das alte Mosaische Hebräisch« (Esoterik, S. 530).

Buchstabentanz: fand sich in Resten wahrsch. in Griechenland, denn in den dramat. Aufführungen des 5. Jh. v. Z. tanzte der Chor, in der Tragödie aus 12, in der Komödie aus 24 Chorleuten bestehend. Jedoch sind die Figuren der einzelnen Tänze nicht mehr bestimmbar. Nur die Zahl 24 (die das griech. Alphabet ↗ umfaßt) deutet noch darauf hin, während die 12 der Tragödie wohl den Zodiak ↗ betraf. — Betrachtet man aufmerksam die Kunst ↗ aller Völker, findet man leicht alle Buchstaben wieder, wie das Muiska-Museum ↗ im Katalog ›Buchstabentanz‹ nachwies. These: der B. dürfte einmal der Kern der Troya-Tänze ↗ gewesen sein.

Buddha: zunächst nur ein Titel, etwa des Inhalts ›Erleuchteter Mensch‹ oder der/die ›Erwachte‹, abgeleitet von *Budh* (Sanskrit) = Wissen, nicht zu verwechseln mit *Budha* = Weisheit, Kenntnis. Ein weiterer Unterschied besteht zu *Bodha* = der angeborene Besitz von göttl. Intellekt oder Einsicht. Ein B. erlangt sie durch persönl. Anstrengungen u. Verdienst, was z. B. der Fall war bei Siddharta Gautama ↗, dem sog. geschichtl. Buddha, der aber nach eigener Aussage noch nicht der vollkommene Endbuddha, gen. Maitreya ↗, war. Als Dhyani-Buddhas ↗ gelten die urspr. Monaden ↗, während Bodhisattvas ↗ sog. ›himml. Selbste‹ sind, die sich zu Beginn eines menschl. Zyklus als sterbl. Menschen inkarnieren, worauf sie als menschl. Buddhas wiedererscheinen können. Sie emanieren aus den Dhyana-Buddhas. — In China gab es jedoch die Sekte der Mo-Diener ↗, für die nur Sonne ↗ u. Mond ↗ die wirkl. Buddhas waren. Blavatsky wiederum behaup-

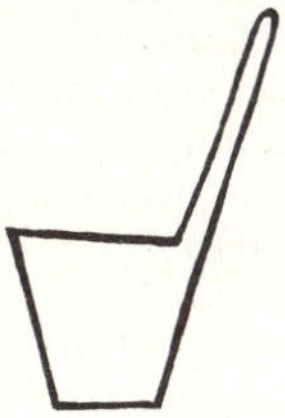

tet, es habe auf dieser Erde schon 7 B. gegeben (mit Gautama als Nr. 7), also prakt. für jeden Aditya ↗ einen, u. der künftige (heute schon lebende) Maitreya sei die Nr. 8. Im Lamaismus ↗ herrscht in dieser Beziehung Inflation, denn jeder, der einem Kloster vorsteht, kann sich Buddha nennen. — Eine Namensverwandtschaft könnte zur äg. Göttin Buto ↗ bestehen, symbolisiert als Kobraschlange, und auf einer solchen sitzend wird B. oft abgebildet. Sie ist 7köpfig. These: mit dem Wissen ↗ landen wir im 8er Kreis ↗ der Sonne bzw.

bei der roten Krone ↗ Ägyptens, die Buto (= Uto ↗) ebf. als Kopfsymbol trug. Der ganze Kobra-Thron Buddhas gleicht dieser Krone (s. Abb.), weshalb nicht unwahrsch. ist, daß Gautama ein vor Kambyses ↗ geflüchteter äg. Priester aus Memphis ↗ war, Zentrum der Götter-Achtheit-(= Tao ↗) Lehre; auch B. ›Rad ↗ der Lehre‹ war 8fach. So hatten die Arioi ↗ 8 Grade u. die äg. Große Loge ↗ 8 Orden für das Mysteriensystem u. die Große Pyramide ↗ 8 Hl. Dreiecke ↗ etc.
Als Mutter aller B. gilt Vajravarahi ↗. Legende: Nachdem Gautama die Erleuchtung erlangte u. damit B. wurde, meditierte er mehrere Wochen. Dabei breitete die große Kobra ↗ Musilinda ihre Haube als Baldachin über seinen Kopf, um ihn vor einem heftigen Sturm zu schützen, ringelte sich unter ihm zusammen u. diente ihm als Sitz. — S. 55 das Vergleichsbild der roten Krone, seitlich gesehen.
Beim Buddha-Bild 4gestaffelt, mit B. als Nr. 4.
Wenn die Lehne den 8er Kreis vertritt, so der Sitz den 4er Kreis, und B. entspr. dem 4. Sektor Muntu ↗ in der afrik. Ntu-Philosophie ↗. Gekoppelt mit der Nr. 8 des 8er Kreises bed. das: Mensch, intelligent und vernünftig.

Buddhi: weibl. definiert: Teil der ind. Trinität ↗, bestehend aus Atma-Buddhi-Manas ↗. These: also dem Hl. Geist ↗ der christl. Trinität entspr., was sich damit deckt, daß der buddhische Sinn als 6. Sinn ↗ gilt, den erst die 6. Wurzelrasse ↗ entwickelt, die ja a. ins 3. Reich ↗ des Hl. Geistes eintritt. Es ist der Sinn dafür, eins mit dem Weltall (sprich Kosmos ↗) zu sein, die Unmöglichkeit, sich getrennt von ihm vorzustellen. — Blavatsky: »Buddhi ist in Wirklichkeit eins und unteilbar (sprich das System der Einheit ↗). Sie ist ein Gefühl im Inneren, das in Worten ganz unausdrückbar ist. Alles Kategorisieren ist nutzlos zu ihrer Erklärung« (Esoterik, S. 567). — These: es sind die 24 Grundmotive ↗ der Reihenfolge X-P, Logos, Nommo ↗, das Wort, das am Anf. ist. — Jedoch gibt es a. den Ausdruck Maha-Buddhi für Mahat ↗ oder Anima Mundi ↗, womit wir bei der Kobra des Buddha ↗ landen, äg. Göttin Uto ↗, einer Isis ↗-Var. Dies ist nun der 8er Kreis der Sonne, a. Maat ↗ gen., in dem sich jedoch der eigtl. Logos nur durch besondere Künste der Lichtöffnung ↗ manifestiert. So ist B. a. der Name eines besonderen Trancezustandes, während dem das Subjekt ↗ den Höhepunkt geistiger Erkenntnis ↗ erreicht.

Buddhismus: offiz. die von Buddha ↗ Gautama ↗ im 6. Jh. v. Z. gegr. Religion, die aber wie das von Jesus ↗ gegr. Christentum ältere Wurzeln hat, in beiden Fällen nach Ägypten ↗ verweisend, das jedoch eine Doppel-Religion ↗ besaß, was die Unterschiede erklären könnte, soweit sie nicht vom ind. Umfeld herrühren. Gemeinsamkeit: Erlösung vom Leid; Unterschied: nicht mit Erbsünde ↗ u. Paradies-Verlust ↗ verbunden, sondern mit Reinkarnation ↗ + Karma ↗ als Konsequenz vom ›Durst‹ nach Dasein ↗, den es zu besiegen gilt, um das Nirvana ↗ zu erreichen, eigtl. Endziel des B. = Ausstieg aus der Reinkarnationskette. These: je nach Deutung läßt sich trotzdem prinzip. Übereinstimmung beider Religionen nachweisen, u. zwar wenn Paradiesverlust u. Beginn der Reinkarnation als gleiches geschichtl. Ereignis erkannt werden, sowie Nirvana u. ›Himml. Jerusalem‹ ↗ als ident. zum äg. Earu ↗ od. griech. Elysium ↗. — Entstanden im 6. Jh. v. Z., trat erst im 4. Jh. v. Z. in Pataliputra ein Rat von Theologen zus., um den buddhist. Kanon zu kodifizieren; dann erfolgte die Ausbreitung über Ceylon ↗ nach Südostasien, zum Tibet ↗, nach China u. Japan. 2 große Zweige werden unterschieden: Hinayana ↗-Buddhismus = das kleine Fahrzeug u. Mahayana ↗-B. = das große Fahrzeug, letzteres gegr. von Nagardschuna, der von den Naga ↗ initiiert worden sein soll. Nur hier erfolgt der Rückgriff auf Adibuddha ↗, einen Ur-Buddha als reine Idee, die sich auf der Ebene spirit. Meditation in 5 weitere Ideen = die Dhyani-Buddhas ↗ projiziert, die sich dann in die mater. Welt hineinprojizieren in der Form von 5 Bodhisattvas ↗. Nach der Theol. der Gelupa-Sekte ↗ wird im tib. Dalai Lama ↗ 1 Aspekt von diesen 5 manifestiert: Avalokiteshvara, der in Tibet Chenrezi heißt. — 1956 wurde das 2500-jährige Jubiläum des B. gefeiert.

Bugari: Urzeit (Australien ↗), best. von Bugari-Gura ↗.

Bugari-Gura: das Urgesetz der Schwarzen. In der 1963 einsetzenden messian. Bewegung der Altaustralier wird eine baldige Flut ↗ vorausgesagt, die alle Abtrünnigen von diesem Gesetz vernichten werde. These: das bezieht sich auf den Polsprung ↗ von 1999, u. mit dem Gesetz müßte dann, in Abwandlung von Gura-Gaur ↗-Gorr ↗-Gral ↗ oder Gura = Kara ↗, das Gesetz der schwarzen Sonne ↗ gemeint sein, hier spezifiziert als Gesetz der Schwarzen. Mit Urzeit wäre die 4. Welt ↗ gemeint = Bugari ↗. S. Bugurum ↗.

Bugurum: Schwirrholz ↗ (altaustral.), ein längl. Holzbrett mit oder ohne Z., das an einer langen Schnur im Kreis durch die Luft geschwungen wird u. einen höchst okkulten Ton von sich gibt, der die ›Regenbogenschlange‹ ↗ nachmacht. Sie erinnern an Gesetzestafeln ↗ u. werden bei Zeremonien a. an einen Kultbaum gehängt, s. Djed ↗-Baum ↗ (äg.) mit Federpaar in Form dieser Tafeln. — B. hängt mit Bugari ↗ = Urzeit zusammen. Deshalb bietet sich als Übers. an: Bo ↗ (Baum) = Bulain ↗ (Schlange) als Guru ↗.

Bulain: einer der Namen der ›Regenbogenschlange‹ ↗ (altaustral.), deren Stimme mit dem Bugurum ↗ nachgemacht wird. Sie spielt im Mythos der Djangawul-Schwestern ↗ u. bei Initiationen ↗ eine Rolle, wo sich die jungen Stammesmitglieder von ihr symb. verschlingen u. wieder ausspucken lassen müssen, zum Übergang von Kindheit in paradies. Unschuld zu den Pflichten der Erkenntnis u. Bewahrung von Mysterien ↗. These: dies spiegelt die uns nur von der Bibel ↗ bek. Nahtstelle zw. Paradies ↗ = Naturzustand u. Paradiesverlust = Kultur ↗ wider; B. ist die Schlange am Baum der Erkenntnis ↗ mit Bugari-Gura ↗ als Gesetz der Geschichte ↗.

Bundeslade: lt. Bibel ↗ eine Truhe ↗ zur Aufnahme der 2 Steintafeln, in die Jahwe ↗ sein Gesetz einritzte, hergestellt nach dessen Angaben in der Wüste Sinai zw. Auszug aus Ägypten ↗ u. Einfall in Kanaan ↗ der von Moses ↗ geleiteten ›Kinder Israels ↗‹. — Beschreibung 2 Mose 25: »Machet eine Lade von Akazienholz, zwei u. ½ Ellen lang, 1 ½ Ellen breit und 1 ½ Ellen hoch. Überziehe sie mit reinem Gold, innen u. außen, u. mache daran einen goldenen Rand ringsum. Gieße dazu 4 goldene Ringe u. setze sie an ihre 4 Ecken.« (Es folgen die Tragestangen zum Durchschieben.) »Und mache einen Deckel von reinem Gold (selbe Größe) u.

mache 2 Cherubim ↗ von Gold poliert, u. setze sie an beide Enden über den Deckel. Sie sollen die Flügel darüber hin ausbreiten, u. ihre Gesichter sollen einander zugewendet, gegen den Deckel zu gerichtet sein. Und dort will ich mich dir stellen, und reden vom Deckel herab, zw. den 2 Cherubim hervor, die auf der Lade der Verordnung sind.«

Schematisch gesehen entsteht eine Kombination von Weltideogramm ↗ der Mayas mit den 4 Ringen als den Ah Can Tun ↗, u. die Stimme dort ›sprechend‹, wo sich als Nr. 5 Ah Can Tzichnal ↗ ergibt - während die 2 geflügelten Cherubim den 2 äg. Göttinnen entsprechen, die den Djed ↗-Baum ↗ mit dem Aton ↗-Zeichen rhombenförmig (= Mittelstück des Gesamtkosmos ↗) einfassen. In der 10er Aufteilung des Djed wären die 10 Gebote von Moses wie später die Sefirot ↗ der Kabala ↗ vorgeprägt. Es handelt sich um die Aton-Religion, die z. Z. von Moses (Pharao Echnaton ↗) in radikale

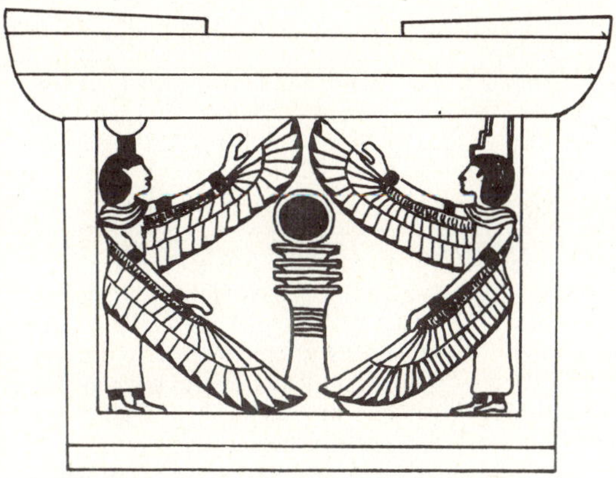

Feindschaft gg. Osiris ↗ geriet, der Christus entspr. Dies legt nahe, in Jahwe dessen Gegenspieler Seth ↗ zu erkennen. Tats. stellt die Genesis ↗ der Bibel diesen Namen auffällig in den Vordergrund. Die ›sprechende Truhe‹ (Äqv. Sambo ↗) landete dann im Tempel von Jerusalem ↗ - u. ward nicht mehr gesehen. Nur im Bilderstreit ↗ wurde sie noch einmal erwähnt. — Ihr Volumen soll dem des Sarkophags ↗ (steinerne Granittruhe der Großen Pyramide ↗) entsprochen haben, in den lt. äg. Mysterien Seth Osiris ›eingesperrt‹ u. ins Wasser geworfen hatte; Isis ↗ fand ihn bei Byblos ↗, umwachsen von einem ›Baum‹ ↗. Charroux: »Es gibt den Mythos ↗ der Truhe, zentrales Objekt aller Mysterien ↗, das die Reste des Osiris enthält. Daraus wird in der christl. Mythol. die Bundeslade, dann der Gral ↗... Eine Frage bleibt offen: befand sich z. Z. der Kreuzzüge ↗ die Bundeslade noch im Tiefbau von Salomos Tempel?« (1969: S. 283). — S. Bilder des Osirisgrabs ↗, einer Truhe, umwachsen von einer Akazie, aus deren Holz ja a. die Bundeslade war.

Buto: äg. Göttin, Nv.: Uto ↗; in Gestalt einer Schlange, genau Kobra ↗, verehrt, die zus. mit dem Papyrus ↗ Unterägypten vertrat u. auf der Stirne des Pharao ↗ l. angebracht war, also über dem Mondauge ↗. In Texten wird sie als eine Gestalt der Isis ↗ angesprochen u. vertritt auch die rote Krone ↗, womit sie einen Teil des inneren Sonnenaufbaus vertritt, nämlich 4er u. 8er Kreis ↗, wie beim Schlangensitz von Buddha ↗ gezeigt wird. In der Summierung zu 12 wird aus ihr der Zodiak ↗ in enger Koppelung zu Horus ↗ als Tierkreis ↗, weshalb auf ihr das ›Horussein‹ ↗ des Pharao gründet. Ein Fries im Grab der Königin Nefertari, 19. Dyn., zeigt r. u. l. der Horusaugen ↗ insg. 11 mal die Buto, mit der Zentralfigur ergäbe sich die Zahl 12 (Abb. unten auf der Seite).

Dazw. 9 mal die Feder der Maat, was ein versteckter Hinweis auf die Weltenlehre ↗ sein könnte: denn die Figur mit den Horusaugen sitzt, von r. nach l. gezählt, genau zw. 4. u. 5. Feder = 4. u. 5. Welt, u. zu diesem Zeitpunkt, in Anschluß an den Osirismord ↗, begann das ›2. Reich ↗ des Sohnes‹, hier Horus gen., wie später jeder Pharao zu Lebzeiten. — Manchmal ist von 2 Buto-Göttinnen die Rede, die dann ganz KM.T ↗ (Ägypten) umfassen, wobei die eine die Geiergöttin Nechbet ↗ vertritt. — Als Zahlenmystik ↗ bietet sich folg. Rechnung an:

Maatfeder = 12 (die 2 Maati ↗), neun mal = (12 x 9) 108, z. B. die Zahl der Mala ↗. Plus 11 Butos + 1 Horus = 12 (als ges. Tierkreis) ergibt 108 + 12 = 120, d. h. Chenti ↗.

Byblos: ehem. kanaan. Hafenstadt am Mittelmeer, im Besitz herrl. Zedernwälder u. Ziel äg. ›Byblosfahrer‹ wegen dieses Holzes. Alter Name Gebal, Geb ↗ = Erde (äg.) u. Al ↗ = göttl. oder heilig.

Warum war diese Erde einstmals heilig? Weil dort lt. äg. Mysterien ↗ der hölzerne Sarkophag mit dem toten Osiris ↗ auf dem Wasser antrieb, was auf Analogie mit der hölzernen Bundeslade ↗ u. Sambo ↗ verweist. Ja, man hat das Gefühl, die Bibel ↗ - deren Name von Byblos abgeleitet ist, zurückgehend auf griech. *biblion* = Schriftrolle im Sinne des äg. Papyrus ↗, das spez. in Byblos gehandelt wurde - selbst so eine Truhe für Zerstückelung ↗ ist. Was nun real vor dem mit Flut

verbundenen Weltuntergang ↗, der sich dem Osirismord anschloß, in Byblos landete, ist eine ganz andere Frage. Irgendwelche Dokumente, die wieder in die Bibel einflossen? Wichtigster Tempel war der Göttin Baalat ↗ geweiht, im kanaan. Mythos auf der Suche nach dem ermordeten Baal ↗, wie Isis u. Nephtys ↗ nach Osiris; ein anderer Tempel war dem Gott Reschef ↗ geweiht = Seth ↗, dem Mörder. — In B. fand man außerdem auf einem Sarkophag der Königsgräber die erste Alphabetschrift. Auf das kanaan. (phöniz.)

Ägypten (Stierkopf)	Byblos (Aleph)	griech. + röm. (Alpha)

Alphabet ↗, um 1500 v. Z. entstanden, gehen mehr oder weniger alle späteren Alphabete zurück. Die Griechen übernahmen es ca. 800 v. Z. — Ist Buchstabenschrift der tote Osiris, da sie doch selbst so oft ›tot‹ genannt wird? Hier ein Bsp., genau dem Weg Ägypten-Byblos-Europa folg., wobei eine totale Umdrehung erfolgt. S. Hieroglyphen ↗.

Byzanz: Stadt an der Meerenge zum Schwarzen Meer ↗, die von einem griech. Kolonisten namens Byzas um 700 v. Z. gegr. wurde, auf Anraten des Orakels von Delphi ↗. Konstantin machte Neu-Rom, Rom ↗ Nr. 2, daraus, später wurde es in Konstantinopel umgetauft. (Rom Nr. 3 wurde Moskau ↗) Es wurde zum Kreuzungspunkt von 3 Kontinenten, was sich in der byzant. Kunst widerspiegelte. Hier fand das Christentum seinen ersten staatl. Halt, nachdem lt. Legende Gott dem Kaiser Konstantin ↗ erschienen war, um zu befehlen, nicht Troja ↗, sondern B. zur neuen Hauptstadt des röm. Reiches zu machen. Von dort wurde Rußland bekehrt u. zwar essen. u. nicht paulin., woraus der russ. Chiliasmus ↗ resultierte. — Ein Bruch zw. Byzanz u. dem Westen ereignete sich unter der byzant. Kaiserin Irene, die Papst Leo III. nicht anerkannte (weil weibl.!), um kurzerhand Karl dem Großen ↗ ihre Kaiserkrone zu verleihen. Allen Byzantinern galt diese Krönung als Verbrechen gg. den Hl. Staat Byzanz. Die Differenzen zw. West- + Ostkirche blieben bis heute betehen, letztere siegte aber im Bilderstreit ↗. — 1453 wurde B. türkisch u. heißt seither Istanbul. — Als Reliquien besaß B. angebl. 3 Nägel der Kreuzigung, Lanze u. Dornenkrone. Vielleicht holte sich Karl der Große dort die Lanze als ›Speer des Schicksals‹ ↗, der dann in Hitlers Hand überging.

Buchstabe C

Grundmotiv  1 = 2 = 3 = Alles

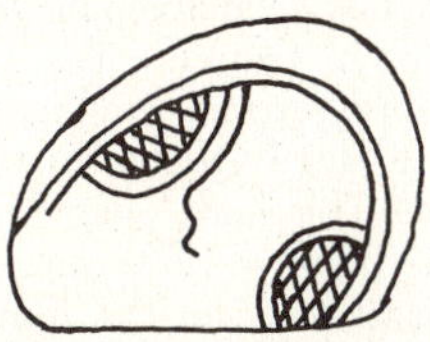

Cab: Erde↗ (Maya), Glyphe s. Bild. Es scheint sich nicht um das Element↗, sondern den Planeten↗ zu handeln, denn das Wort kommt a. in den 4 Bacab↗ (ggb. Chac↗) vor, den Himmelsträgern der Erde, die die Himmelsrichtungen setzen. Im Chilam Balam↗steigt Gott 7 (s. Ahpu↗) auf die Schultern des Itzam-Cab Aim herab, was ebf. Erde bedeutet. Allerdings fällt die Wortähnlichkeit zum äg. Erdgott Geb↗ auf: Cab = Geb?

Cabavil: Herz des Himmels (Maya), auch ›der im Dunklen sieht‹, Nv.: Huracan↗, der ›Einbeinige‹. These: *Cab*↗ (Erde), *Avil* (Beschützer) = Erdbeschützer ist eine direktere Übers., denn Avilix gibt es im Sinne von Hüter, Beschirmer bei den Prowe. Eine weitere Reduzierung ergäbe *A-Vil* = der Wille↗ des A (Sonnenkern↗). Im Schöpfungsbericht des Popol Vuh↗ erscheint er als Nr. 7 nach Tzakol↗, Bitol↗, Alom↗, Caholom↗, Tepeu↗ u. Gucumatz↗ u. bildet die Mitte des erweiterten Weltideogramms↗, Gott 7 = die Sonne. Sobald er Mensch-geworden auf die Erde herabkommt, wechselt der Name zu [Vukup] Hunahpu↗, Herz der Erde. — Die ›Einbeinigkeit‹ dürfte die Achse des Blätterkreuzes↗ sein, das wieder das Kreuz des äg. Lebenskreuzes↗ (Anch) ist. So kann man aus Vil auch Vi = Leben + L = Baum↗ machen.

Cad: heilig, belegt mit der Zahl 24; Vorsilbe von Adam Kadmon↗, dem ›himml.‹ Adam oder Mensch, wie a. von Cadmus = Kadmos↗, dem Bruder der Europa↗, manchmal als Erfinder des (Buchstaben-) Alphabets↗ geltend. Da es immer mit A (Alef, Alpha etc.) anfängt – Stierkopf↗ in Ägypten – muß sich Cad = 24 auf das Sonnenalphabet↗ beziehen, den Geist = Ca (Ka) des D = Erinnerung↗, dem in Ägypten Thot↗, eigtl. Dhwtj geschrieben, äqv. Hermes↗ mit dem Caduceus, Stab mit 2 Schlangen (s. Ara↗), entspr.

Caholom: der große Vater + Kindererzeuger (Maya), im Schöpfungsbericht des Popol Vuh↗ an 4. Stelle gen., nach Tzakol↗, Bitol↗ + Alom↗, wird im Weltideogramm zu 1 der 4 Ah Can Tun↗. Nv.: Cajolom. These: der Übergang von Ol zu Olom dürfte dem des kanaan. 'L zu 'Lm, sprich El zu Elohim, entspr. im Sinne von Gott zu Gottessöhnen, mit der Vorsilbe Cah oder Caj = C (che↗), schaffen, vervielfältigen: der 12er Kreis↗ der Sonne. Evtl. Äqv.: Schalom↗.

Calpulli: eine Einheit verw. Familien mit gemeinsamem Siedlungs- + Ackerland, das zur Nutzung verteilt wurde, aber ohne Eigentumsanspruch (indian.). Tenochtitlan↗ war entspr. den 20 Sippen der Tenocha (= Azteken↗) in 20 Calpullis unterteilt, mit je 1 eigenen Teocalli↗ (Tempel), Schule + Wappen. — Interessanterweise steht in der Kabala↗ das C (Caph) für 20 sowie im Ind. Kal↗ (bei uns Zahl) für Zählen, u. die indian. Zähleinheit ist 20, gleichbed. mit Mensch (10 Finger, 10 Zehen), der auch im 20. Buchstaben des Sonnenalphabets (3. Welt↗) = U schöpfungsmäßig fertig war. S. Uinik↗.

Came: göttl. Kulturheros u. Gegenspieler von Ahpu↗ im Popol Vuh↗ der Mayas, der schwarze Riese; das Wort ist verw. mit dem äg. Km↗, Khem↗, Chem = schwarz, überleitend zu Ham↗ in der Bibel. Es gibt aber auch die Nv. Sume, die zu den Sumerern↗ führt u. Tame zu Tamil↗. Der Clan der Came lädt die ballspielenden Enkel der Göttin Ixmukane↗: Hunahpu↗ u. Ixbalanque↗ nach Xibalba↗ ein, um sie im Ballspiel↗ zu besiegen. Hier steht der Baum↗ als Blätterkreuz↗, u. die Came verbieten allen, sich ihm zu nähern, nachdem der abgeschlagene Kopf von Hunahpu, der zeitweilig a. der Ball war, im Baum als Frucht erscheint. Aber die Came-Tochter, Göttin Ixquic↗, bricht das Verbot u. läßt sich befruchten: es gehen als Sieger ihre Kinder, die Zwillinge↗ hervor, oder die 4. Welt der Long-Count↗-Zählung mit dem Fisch↗-Menschen. — Die Came scheinen eine Auffächerung des Jaguars↗ (s. Balam↗) zu sein, der bei den Olmeken↗ die Hauptrolle spielte. These: evtl. Übereinstimmung mit dem schwarzen Riesen Sutur↗ der Edda↗, der beim Weltuntergang (ebf. Wechsel 4. zur 5. Welt) auftritt.

Can: Synonym für Himmel wie auch Schlange (Maya). Nv.: Chan↗, synonym für die Maya↗ als völk. Eigenbez. Die Glyphe zeigt oben das Z. der Himmelsschlange, gekreuzte Bänder, eigtl. eine Koppelung der Grundmotive X bis P des Kosmos↗, darunter als 3 Kreise Sonne, Mond u. Venus u. unten als Abschluß die Erde als ›grüne Schale‹, gekennzeichnet durch die Zahl 4 (4 vertikale Striche), ruhend auf einem Gegenbogen als Bewegungsbahn. —

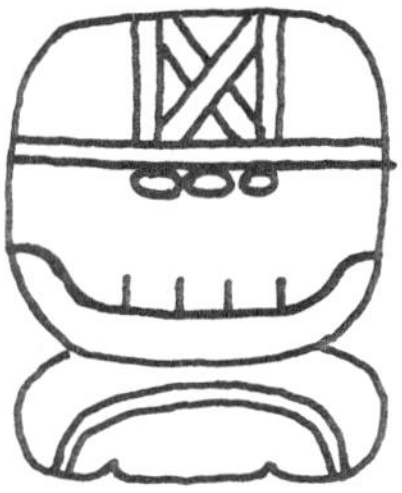

Das Wort findet sich als Kan bei den Kanaanäern ↗, mit denen die Maya über die Olmeken ↗ zusammenhängen, bis hin zu ihrem Ursprungsland Tamoanchan ↗ = Land *(Ta)* der Vogel *(Moan)* Schlange *(Chan)*, wo der Maya-Mensch entstand, mythol. aus Mais ↗, vermischt mit dem Blut der Schlange *(Can)*, die ein Vogel *(Moan)* herbeigetragen hatte. In den 20 Tagesz. des Tzolkin ↗ erscheint diese Schlange als Chichan, woraus Chichen Itza ↗ als Stadt wurde. Chi ↗ ist die griech. (und christl.) Aussprache des X ↗. - S. Kandake ↗ und Kan ↗.

Canicula: Sirius ↗ (röm.).

Canis: Sternbild Hund ↗, *C. major* = Großer Hund, *C. minor* = Kleiner Hund. Sirius ↗ (Canicula) im Großen Hund ist von allen (Fix-)Sternen ↗ (Sonnen) der scheinbar hellste. Im Tierkreis ↗ liegen beide etwa beim Zwilling ↗, weshalb diese auch durch die 2 Hunde ersetzt werden können. In der Nähe liegt außerdem Orion ↗. — S. Darst. bei Viracocha ↗.

Cara: einstmals mächtiger Stamm in Südamerika ↗, der von den Inka ↗ besiegt wurde: bei einem letzten Aufstand wurden 25.000 männl. Angeh. abgeschlachtet u. in einen See geworfen, der seither Blutsee = Jahuar Cocha gen. wird (Cocha ↗ = See). These: der Name könnte mit Kasskara ↗ (= Mu) zusammenhängen sowie mit den Karern ↗, die zu den Pelasgern ↗ gehören. These: es sind die Kara ↗-Maya.

Cargo-Kult: abwertende europ. Bezeichnung der messian. Endzeit ↗-Bewegungen im Pazifik ↗, spez. auf Australien ↗ u. Neu-Guinea ↗, hier schon 1940 durch die Vision des 17jähr. Schulmädchens Filo ausgelöst, dem A'aia, der Schöpfergeist, erschien und das Ende der Arbeit, die Vertreibung der Weißen u. Ankunft von herabfallenden Wolken + Finsternis (s. Dunkelwolke ↗) prophezeite sowie, damit verbunden, Flugzeuge mit benötigten Segnungen mater. Art (Nahrung, Bücher, Waffen etc.) = Cargo, engl. Wort für Schiffsladung. In Australien folgte eine ähnl. Vision erst 1963; seither wandern myth. Gruppen, d. h. die in das Urgesetz = Bugari-Gura ↗ Initiierten zum ›Zentrum der Welt‹, um die große Flut ↗ zu erwarten u. die danach gereinigte neue Welt (s. 6. Welt ↗).

Carmelle: kelt. Göttin, übers. ›Trägerin des Steins‹, wobei Stein (s. Stein der Weisen ↗) dem Car entspr., äqv. Gorr ↗ (der Stein, der Luzifer ↗ aus der Stirne fiel) u. Gor-al = Gral ↗ bzw. Kar in Karis ↗. Die gleiche Silbe steckt in Carnutes ↗ = Hüter des Steins, woraus Chartres ↗ wurde. — Die Göttin hieß a. Belisama ↗ u. war Gattin des Widder ↗-(*bélier* frz.)Gottes; äg. Äqv.: Göttin Hamehit ↗, Gattin des Widdergottes Amun (Ammon ↗), übers. mit Haus *(Hat)* der Göttin Mehit ↗; setzt man statt Haus Trägerin ein, müßte Mehit dem Stein entspr.

Carnutes: Hüter des Steins (kelt., s. Carmelle ↗), woraus Chartres ↗ wurde. Hier ist mit dem Stein ein Dolmen ↗ gemeint, der sich schon in vorkelt. Zeit in unterird. Krypten, sog. Isisgrotten ↗, befand. Genau darüber wurde dann die Kathedrale (s. Gotik ↗) gebaut. Unklar ist, ob die C. Priester oder eine besondere Gruppe von Kriegern waren.

Cäsar: seit Augustus ↗ röm. Kaisertitel, davor nur Beiname im röm. Geschlecht der Julier.

Cäsar (Gaius Julius Caesar): reprublik. Herrscher der röm. Vorkaiser-Zeit. 59 v. Z. Konsul, dann Übernahme des Kommandos in Gallien, nachdem er als Praetor in Spanien ein großes Vermögen angesammelt hatte. Marschierte 49 v. Z. mit seinem Heer gg. Rom ↗ u. folgte den fliehenden Gegnern bis Ägypten, wo er Kleopatra ↗, die seine Geliebte wurde, als Königin einsetzte. Dann röm. Alleinherrscher bis zur Ermordung 44 v. Z. »Heil Caesar! Die dem Tode Geweihten grüßen Dich.«, mußten die Gladiatoren ↗ vor seiner Loge rufen. Eigentext: »Meiner Tante Julia Geschlecht stammt mütterlicherseits von den Königen, väterlicherseits ist es mit den unsterblichen Göttern verbunden, denn von Ancus Marcius stammt die Familie der Marcii Reges, welches der Name der Mutter war, von Venus ↗ stammen die Julier, zu welchem Geschlechte unsere Familie zählt.« — Sein Erbe übernahm der Adoptivsohn, vom Senat zum Augustus ↗ erhöht.

Ce Acatl Quetzalcoatl: ein legendärer Priesterkönig der Tolteken ↗, der 947 - 999 gelebt haben soll, genau 52 Jahre = 1 Tzolkin ↗. Als Eltern gelten Gott Mixcoatl ↗ u. Göttin Chimalman ↗. Der Name setzt sich aus dem Datum seiner Verbrennung *Ce Acatl* = 1 Rohr, was aber a. der Name der Venus ↗ ist, in die sich sein Herz nach diesem Tod verwandelte, sowie dem Titel Quetzalcoatl ↗ zus. Nv.: *Ce Acatl Topiltzin* = 1 Rohr unser Fürst und *Nac Xitl* = Vierfuß. Nachdem er seinen von den feindl. Brüdern getöteten Vater begraben hatte, wurde er 977 von den Tolteken in Tollan ↗ als 5. ihrer insg. 10 Könige eingesetzt, womit ein sehr kurzes ›goldenes Zeitalter‹ begann, denn die Dämonen des Gottes Tezcatlipoca ↗ sollen den weisen u. tugendhaften C. in Sünde (Eitelkeit, Trunksucht etc.) gestürzt haben, worauf er mit seinen Dienern Tollan verließ u. nach Tlillan Tlapallan, dem ›Land der schwarzen u. roten Farbe‹ - Westküste u. ehem. Olmekengebiet - wanderte, um sich dort zu verbrennen. Seither wartet man auf seine Wiederkehr. Ergebnis dieser Legende: man hielt Cortez ↗ dafür u. wurde vernichtend besiegt. — These: es könnte sich um den mit einer Toltekin gezeugten Sohn eines Wikingers ↗ handeln, denn man wartete auf die Wiederkehr eines weißen Gottes. Der eigtl. Quetzalcoatl war jedoch schwarz, u. dessen Rückkehr erfolgte schon 1311 durch Abubakari ↗.

Ceiba: amerik. Baumwollbaum, hl. Baum der Maya ↗, Mittelpunkt des Dorfplatzes, auf dem Märkte u. rituelle Tänze stattfanden; auch der ›1. Baum der Welt‹, Mutterbaum der Menschheit um kosm. Symbol, ins Zentrum des Weltideogramms ↗ verlegt, sodaß der Weltenbaum (germ. Yggdrasil ↗) darunter zu verstehen ist. Aber im Chilam-Balam ↗ heißt es auch: »Die rote Mutter Ceiba steht im Osten... die weiße Mutter Ceiba (Lücke)... die schwarze Mutter Ceiba des Westens... die gelbe Mutter Ceibe (Lücke)«, sodaß wieder das Ideogramm entsteht, nach den Farben der Kontinente (Pferde der Apokalypse ↗); die Mitte ist blau, aber der entspr. Ceiba-Baum grün. Mögl. Par. K„aba ↗, die Koppelung von *Ka* = Geist und *Ba* = Seele zur Psyche ↗ des Menschen.

Cenote: hl. Brunnen in tiefgelegener Seeform, künstl.

angelegt durch Aushöhlen harter Gesteinsschichten u. Durchdringen zum Grundwasser. Der bekannteste ist bei Chichen-Itza ↗, dem Chac ↗ geweiht. Nach Ablassen des Wassers fand man Skelette u. Weihgaben im Schlamm: Goldscheiben mit eingravierten Szenen des Kampfes zw. Maya ↗ u. Tolteken ↗ um diese Stadt; Goldschmuck, Speerschleudern (Atlatl ↗) und sogar goldene Tassen + Untersätze. Die Skelette deuten auf das Hineinspringen hl. Jungfrauen, beladen mit Schmuck, zur Vereinigung mit Chac bzw. Tlaloc ↗. Offensichtl. vertraten sie Chalchiuhtlique ↗.

Cerberus: griech. Kerberos, Hund ↗ des Hades ↗, von den Dorern ↗ mit dem äg. Anubis ↗ gleichgestellt. Urspr. mit 50 Köpfen dargestellt (nach Hesiod), dann nur noch mit 3 oder 2. Dazu kam ein Schlangenschwanz u. ein Schlangenkopf auf dem Rücken (als Mutter galt die Schlangenjungfrau Echidna). Evtl. landet man damit bei der Umlaufzeit der schwarzen Siriussonne = 52 Jahre (Tzolkin ↗), dessen Bahn der äg.

Herakles fängt Cerberus (links Athene)

Anubis vertritt. Ker bzw. Cer gilt als weibl. Todesgeist, im Wort enth.; evtl. = Kar ↗. — Im griech. Mythos gelingt es Orpheus ↗, C. durch seinen Gesang zu bezaubern, u. Herakles ↗ schleppt ihn bei einer seiner 12 (Tierkreis) Aufgaben (Sektor Hund) zur Oberwelt u. bringt ihn wieder zurück.

Ceres: röm. Göttin, gleichgesetzt mit der griech. Demeter ↗, als deren Kult in Rom übernommen wurde. Wortverwandtschaft mit *creare* = schaffen, erschaffen, hervorbringen. Zu ihren Creationen zählen Gesetzgebung, Lehre des Getreidebaus (Symbol Kornähre ↗) u. der Riten ihrer Mysterien, hier Cerealien gen., in Griechenland Eleusinische Mysterien ↗. *Cereal* wurde das engl. Wort für Getreide (Maya-Äqv. Mais ↗), a. in Ägypten Sinnbild für Ewiges Leben ↗ (s. Archetypen ↗), Grundmotiv Reinkarnation ↗, aus dem sich leicht eine Ähre machen läßt. These: das Wort dürfte Karis ↗ entspr.

Ceylon: Insel im Ind. Ozean, früher Lemurien ↗ zugehörig. Urbev.: Wedda ↗, Tamil ↗, + zugewanderte Singhalesen, die Buddhisten sind. Hier befindet sich der Adam,s Peak ↗, u. der Baum, unter dem Gautama ↗ zum Buddha wurde, heißt Bo ↗. — Lt. Blavatsky ist C. ein kleiner Überrest von Lanka, wo die 3. Wurzelrasse ↗ ihre Laufbahn endete. Im Ramayana ↗ findet Hanuman bei der Auskundschaftung des Feindes in Lanka daselbst Riesen ↗. — Heißt seit 1972 Sri Lanka.

CFR: Council on Foreign Relations (Rat für Auswärtige Beziehungen), am 19.5.1919 im Majestic Hotel zu Paris gegründet. Zu den Gründern gehören: Rockefeller, Morgan, Warburg, J.F. Dulles. 1. Initiative war die Einsetzung des Völkerbundes in Genf. Hauptanliegen: Einflußnahme auf die amerik. Außenpolitik. Über die Hälfte der Mitgl. erhielten offiz. Regierungsposten u. waren oder sind noch Berater der US-Regierung. Derzeit umfaßt der CFR etwa 1600 Mitgl., die beherrschend sind auf den Gebieten der Hochfinanz, Wissenschaft, Innen- und Außenpolitik, Handel u. Industrie, Stiftungen, Rundfunk, Fernsehen u. Presse. 47 Mitglieder der USA ↗ bei Begründung der UNO im Febr. 1945 gehörten der CFR an, darunter N. Rockefeller. Von 82 Personen des Präsidentenstabes J.F. Kennedys gehörten ihr 63 an. Fernziel: Weltregierung u. Errichtung einer neuen Weltordnung. Mitgl. Henry Kissinger: »Durch Kontrolle der Lebensmittel können Menschen beherrscht werden, durch die Kontrolle des Öls bzw. der Energie hat man Nationen u. ihre Finanzsysteme im Griff.« Warburg 1950 vor einem US-Senatsausschuß: »Wir werden zu einer Weltregierung ↗ kommen, ob Sie es wollen oder nicht - durch Unterwerfung oder Übereinkunft.« — Die grundsätzl. Ideen gehen auf die Illuminaten ↗ zurück, europ. Zweig wurde 1954 der Bilderberg-Kreis ↗. Als okkulte Zahl ↗ spielt die 33 eine große Rolle: 1847 = Kommun. Manifest ↗ + 33 = 1880: Beginn des Zionismus ↗ + 33 = 1913: Federal Reserve Act, Zentralbanksystem mit Einfluß auf das europ. Staatsfinanzwesen + 33 = 1946: Elbgrenze als Teilung der Welt in Ost u. West u. Zertrümmerung der dt. Mitte + 33 = 1979: Zum Schutz der amerik. Ölinteressen werden Maßnahmen einschl. des Gebrauchs militär. Macht angedroht.

Chac: Gottheit der Maya ↗, die sich unterschiedl. aufteilt. Einmal wie die 4 Bacab ↗ oder Ah Can Tun ↗ in 4:

Chac xib chac = roter Chac des O

Sac xib chac = weißer Chac des N

Ex xib chac = schwarzer Chac des W

Kan xib chac = gelber Chac des S

Aber es gibt auch 24 Darst., gen. ›Diener des Agrarkultes‹, geteilt in 2 x 12 u. als 12stufige Doppeltreppe eingesetzt, sodaß an den Zodiak ↗ u. seine 4 Häuser zu denken ist: Einz. Tlaloc ↗ oder d. Chac mit Schlangenmaul, das im S zum Portal wird wie der Verschlußstein des Thing ↗ oder das Marduk-Tor von Babylon ↗. Während die Bacab sich auf je 2 in O u. W verteilen, liegen die 4 Chac genau im Koordinatenkreuz; im Endeffekt ergibt das die Verschachtelung zweier Systeme od. Weltordnungen ↗, deren Kampf miteinander die Grundlage jeder Kultur ↗ u. Geschichte ↗ schlechthin ist. Hier wird er zum Kampf des Chac gegen Ahpu ↗, wobei sich für ersteren auch die Came ↗ einsetzen lassen. Genausogut kann man auf Ba ↗ (Bacabs) gegen Ka ↗ (Chacs) reduzieren oder Vogel (Adler, Falke als Sonnensystem) gegen Jaguar ↗, äqv. Weiß ↗ gg. Schwarz ↗. — S. Chac-Mool ↗.

Chac-Mool: eine Maya-Bez. für den Jaguar ↗-Gott, der als Skulptur eine Mulde bildet, die nur einem gleicht: dem äg. Achet ↗, in Gestalt des löwenförmigen Aker↗, wobei aus Löwe Balam↗ (Jaguar) wird. Der Name Chac↗ faßt evtl. die 4 Chac zusammen.

Chakra: subtiles Energiezentrum im Körper; entlang der Wirbelsäule↗ werden unterschiedl. viele Chakras angenommen u. mit Bewußtseinsebenen in Relation gebracht. Geläufige Übers.: Rad oder Kreis, oft symbolisiert als unterschiedl. blättrige Lotosblüte. Aus der Blattanzahl läßt sich u. U. die zugeordnete Realitätsebene bzw. deren Gesetzmäßigkeit ablesen. Über die Chakra-Physiologie herrscht keineswegs Einigkeit. Konstante 3-Teilung: Scheitelzentrum *(Sahasrara-chakra)*, Kehlzentrum *(Visuddha-chakra)*, Herzzentrum *(Anahata-chakra)* als Mysterien von Geist, Rede u. Körper. Leadbetter: »Wenn sie noch unterentwickelt sind, sehen sie wie kleine Kreise von einem Durchmesser um fünf Zentimeter aus, wobei sie beim normalen Menschen schwach glühen; doch wenn sie erweckt und belebt werden, sehen sie wie lodernde, funkelnde Strudel, in der Größe stark erweitert, wie Miniatursonnen aus.« Meist schiebt sich zw. Scheitel u. Kehle noch das Ajna-Chakra zw. den Augenbrauen, u. an das Herz schließt sich eine quasi polare Gegendreiheit an mit dem muladhara-Chakra als unterstem Zentrum an der Basis der Wirbelsäule (Steißbein), die Kundalini↗ beherbergend. Lt. Yoga↗-Lehre ist sie die grundlegendste Energie, die in ihrem urspr. Zustand ein Teil des Absoluten ist. Ein sehr schnelles, aber a. sehr gefährl. System des spirit. Fortschritts besteht darin, die Kundalini durch best. Praktiken zu erwecken, sodaß sie die Chakras hinaufsteigt, jedes erweckend bis zur Vereinigung mit dem Scheitelchakra als anderem Teil des Absoluten. — Eine tib. Tabelle mit Aufteilung in 4 Chakras oder Lotosblüten ergibt interessanterweise die Anzahl von insg. 120 Blütenblättern = Chenti↗ in Ägypten u. die Zahl der Kategorien der Weltformel↗:

32	Mahasukhacakra	(Intellekt) Scheitel
16	Sambhogacakra	(verbale Ebene) Kehle
8	Jnanacakra	(spirit. Ebene) Herz
64	Nirmanacakra	(phys. Ebene) Nabel

Das läßt sich genau wie die Weltformel halbieren in:

48 (32+16) Aufbau der Sonne↗
72 (8+64) Zodiak↗ + Archetypen↗ + Geschichte↗,

zus. die Psyche↗, die sich auf teilw. höchst überraschende Weise mit dem Körper u. seinen Organen verbindet. Dieses 4er Schema spielt im Bardo↗ Thödol = tib. Totenbuch↗ eine Rolle. — S. Reinkarnation↗. These: Chakra setzt sich zus. aus Chac↗ (Zodiak u. was darin verschlüsselt ist, zus. 72) plus Ra bzw. Re↗ (äg. Sonne = 48).

Chal: Name für Ägypten↗ bei den Zigeunern↗. Mögl. Äqv. *Schale*, Gefäß, auch Haus (indian. calli) u. Frau (engl. gal, sum. kala = weibl.) als Auferstehungsgefäß = Po*kal* für Osiris↗. Tats. wurde Ägypten = Km.T↗ als zusammengesetzt aus 2 Göttinnen betrachtet, die man a. an der Stirn der Osirismumie↗ findet.

Chalchiuhtlique: Göttin der Azteken↗ u. Regentin des 4. Long Count↗, beendet durch die kleine Flut↗. Der Name bedeutet ›Die mit dem Edelsteinrock‹ od. ›Die mit dem blauen Rock‹. Als Gattin von Tlaloc↗ wird ihre Einordnung als 8. Sektor des Tao↗ = See mögl., äg. Naunet↗ od. Gegennut, Gegenkosmos, der bezogen auf das zukünftige 3. Reich↗ des Hl. Geistes aus 26 Grundmotiven bestehen wird - eben diese Zahl findet sich ganz ausgeprägt auf ihrem toltek. Felsbild unter dem Gipfel des Coatepetl = Schlangenberg bei Tula↗: die Göttin hat 13 Federn auf dem Kopf u. ist von 13 Z. (Mäander, Spiralen, Kreisen, Schneckengehäusen) umgeben. Multipliziert man die 26 mit dem 2er Bündel ihrer l. Hand, entsteht die Zahl 52 des Tzolkin↗ oder der Umlaufszeit der weibl. Sonne (Po↗) des Sirius, mit der sie insofern etwas zu tun hat, als sie im 8. Sektor unserer Sonne entsteht, dem weibl. Urwasser. Es ist die ›Wassersonne‹ oder Quetzalsonne↗, in der Spektralanalyse blau = ihr blauer Rock. In ihm ist groß das weibl. Dreieck↗ zu sehen, darüber ein Kreis = diese Sonne.

Chaldäa: Land südl. der Mündungen von Euphrat u. Tigris, erst Teil von Sumer↗, dann Babylon↗ oder selbständig. Die Chaldäer↗ wurden a. eine Berufsbez.

Chaldäer: zunächst Einwohner von Chaldäa↗, dann Berufsbez. für Sterndeuter, weil hier das astrol. Wissen einen Höchststand erreichte, in einer graduellen Verschmelzung sum., abgewanderter äg. u. schließl. eingefallener sem. Priestergruppen. Der babyl. König Nebukadnezar II.↗ (605–562 v. Z.) wird schließl. a. ›Chaldäer‹ genannt; er zerstörte Jerusalem↗ u. schleppte viele Juden in die Babyl. Gefangenschaft, wodurch sie mit der chaldäischen Überlieferung in Berührung kamen. Vieles davon floß in die Bibel↗ u. Kabala↗ ein. — Die Ch. gehörten wie Ägypter, Sabäer↗ u. Kanaanäer↗ zu den sog. Nabatäern↗.

Chaldäische Planetenreihe: ordnet 5 Planeten↗ plus Sonne + Mond nach ihrer mittleren Geschwindigkeit.

♄	♃	♂	☉	♀	☿	☽
Saturn	Jupiter	Mars	Sonne	Venus	Merkur	Mond

Dann wird diese Reihe in einen Siebenstern umgelegt u. es resultiert die heute noch geläufige Woche↗ aus Tagesplaneten:

Saturn = Samstag
Sonne = Sonntag
Mond = Montag
Mars = Dienstag
Merkur = Mittwoch
Jupiter = Donnerstag
Venus = Freitag

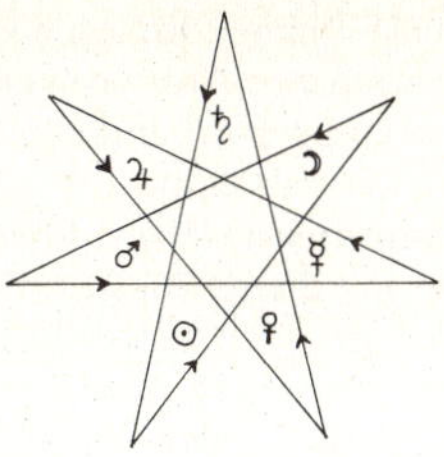

Cham: eine der mögl. Schreibformen für Schwarz ↗, Km ↗ in Ägypten, oder Ham ↗ in der Bibel für schwarze Rasse; Chem-Ur ↗ = der Große Schwarze, symbolisiert als Muntu-Stier ↗ im Äg. Totenbuch ↗, als Kem-Kem tradiert, der Gott, der seine Arme ausstreckt, um den Toten zu beschützen. An anderer Stelle lautet der Name Thekem ›vom Osten nach Westen lenkt er die Schritte‹, womit die Sonne gemeint sein dürfte als 1 der 2 Wohnsitze des Osiris ↗. Chamos od. Schamasch ↗ = Sonnengott u. Schamanismus ↗ sind weitere Übertragungsformen, genau wie Sambo ↗, die ›sprechende Truhe‹ (der Gral ↗) oder Shambe ↗, der Ort im heutigen Südsudan, wo vor Jt. die vielgesuchte Gralsburg ↗ gestanden haben dürfte. In Ägypten Chembis ↗ oder Chemmis ↗. — Geheimlehre: »Das Zeugnis des Berosius macht Cham (Ham) wesensgleich mit dem ersten Zoroaster ↗, dem ersten Urheber aller mag. Künste von Babylonien, dem Chemesenua oder Cham, der schließl. der Gegenstand der Anbetung für Ägypten wurde... Chammeim wurde der Name der Pyramiden ↗, die ihrerseits zu unserem mod. Wort ›Kamin‹ herabgewürdigt wurden« (De Mirrelle, III., S. 210; nach Esoterik, S. 42).

Chan: Nv. von Can ↗ oder Kan ↗, Himmelsschlange, erhalten in Kandake ↗ od. der Han-Dynastie ↗ Altchinas und der alten Hauptstadt Changan ↗. — These: es handelt sich um den Geist (Ka ↗) von N (Archetyp Hirtenstab ↗ = Kosmos ↗), äg. Nuu ↗, dem trägen Urgewässer, das vor der Schöpfung bestand; sucht man nach einer Schlange ↗, die den Himmel ↗ vertritt, bietet sich der Logos ↗ der Gnosis ↗ an.

Changan: altchin. Metropole am Südufer des Flusses Wei, in den etwas östl. der Gelbe Fluß mündet, in dessen Nähe Anyang ↗ lag. Hier endete die berühmte Seidenstraße, beginnend an der Mittelmeer ↗-Küste des wortverw. Kanaan ↗. Der Historiker Pan Ku pries ihren kosm. Plan so:

»Ihr Rahmen und ihr Bild
Entsprachen Himmel und Erde
Die Linien von Kette und Einschlag
entsprachen Yin ↗ und Yang ↗.«

Und sein Zeitgenosse, Astronom Chang Heng, über die Auswahl des rechten Ortes durch den Gründer der Han-Dyn. ↗:

»Für seine Zwecke zog er in Betracht
die Geister des Himmel u. der Erde
Auf daß er angemessen bestimme den Ort
der einst die himmlische Stadt sein sollte.«

Die ›himml. Stadt‹ (s. Chan ↗, Himmelsschlange) galt als Modell des Götterreichs, ein Paradies auf Erden. Sie war ein Rechteck wie das Weltideogramm ↗ der Maya u. erstreckte sich über etwa 10 km von Ost nach West, u. über etwa 8 km von Nord nach Süd, umgeben von einer rund 5 m hohen Mauer mit 4 Toren. Das Haupttor (*yang*, männl., s. Marduktor in Babylon) lag im S – im N (*yin*, weibl., Ischtartor in Babylon) der Palast auf einer 5fachen (die 5 Welten) Terrasse (als zukünftige 6. Welt ↗ = das himml. Paradies oder Jerusalem auf Erden). Man näherte sich dem Palastkomplex auf einer mit blauem Stein gepflasterten Straße, die die Form eines Drachenschweifs hatte, mit dem Palasthügel = ›Drachenhügel‹. Für Chinesen des Mittelalters war eine Reise nach C. eine relig. Pilgerfahrt, der Aufstieg zum Palast eine Vorwegnahme der Reise der Seele nach dem Körper-Tod. Ab Anf. des 10. Jh. begann die Zerstörung... »Die Wagenräder, die Spuren der Pferde – wo sind sie jetzt? Bei den zwölf Türmen aus Jade findet man sie nicht mehr.« Sie hatte also 12 Türme; diese Zahl verbindet sich in der Apokalypse ↗ mit dem quadrat. Himml. Jerusalem ↗, das auf die Erde herniederkommt.

Chaos: der leere Raum ↗, der bei der Entstehung des Universums als erstes auftauchte u. nicht von Anf. an vorh. war (röm.), äqv. dem griech. Abyssus = große Tiefe. Bibel ↗: »Und über dies alles ist zw. uns und euch eine große Kluft (Chaos) gegründet« (Lk. 16,26), nämlich zw. den nach dem Tod ↗ Getrösteten und Gepeinigten. Das äg. Äqv. dürfte Abydos ↗ sein, jetzt nicht als ird. Nekropole ↗ verstanden, sondern in himml. Analogie als Urhügel ↗ = Stätte des Urbeginns‹ (Bonnet). Germ. Äqv. Ginnungagap ↗, hebr. Tohuwabohu ↗, 1 Mose 1/2 übers. mit ›öde und leer‹ (war die Erde. Aber diese ist natürl. noch nicht vorh.). These: die Leere ↗ des sich ausdehnenden Kosmos ↗ bis zum 1. Tag der Primärschöpfung ↗ ist eine solche nur im mater. Sinn. Energetisch ist sie zunehmend gefüllt von den Ausstrahlungen der sich aktivierenden 24 Grundmotive ↗, bis zur Entstehung der Sonnenkerne ↗, in der Abb. als ›Ei ↗ des Brahma ↗‹ gezeichnet, inmitten von Strahlenwirbeln als ›Chaos‹. —

Charisma: griech. = Gabe; eine best. Ausstrahlung, mit der z. B. Kranke geheilt werden können. Das Wort dürfte auf das äg. Karis ↗ zurückgehen u. letztl. den unmittelbar ausstrahlenden Logos ↗ meinen, den alle Kabir ↗ besaßen, spez. die ›Kabira Isis ↗ u. Osiris ↗‹.

Chartres: frz. Stadt mit berühmter got. Kathedrale ↗, die an einem uralten Wallfahrtsort u. esot. Punkt liegt, der Tellurische Kräfte ↗ besitzt. Der Name ergab sich aus Carnute-Is = hl. Ort (is ↗) der Carnutes ↗, Hüter des Steins (= Car, wie in Carmelle ↗), der in diesem Fall ein Dolmen ↗ war, in einer Grotte neben einer gefaßten Quelle für das rituelle Bad der Druiden ↗, heute 33 m unter der Krypta der Kathedrale. Es soll das Zentrum aller Kelten ↗ gewesen sein, bestand aber schon vor ihnen. Das Äqv. dürften die ›Schlangenhöhlen‹ der Tuatha de Dannan ↗ gewesen sein, insg. primitive Nachbildungen der Gralsburg ↗ bzw. der Grube ↗ unter der Großen Pyramide ↗, deren Heilige Maße ↗ die Gotik ↗ übernahm.

Chassidismus: Laienmystik ↗ in Rußland ↗, ausgehend von Juden der Diaspora ↗, die in Opposition zum Talmud ↗ standen.

Chavin-Kultur: blühte Jt. vor dem Imperium der Inka ↗ im heutigen Peru ↗ u. wurde durch diese verschüttet. Es zeigen sich Ähnlichkeiten zu den Olmeken ↗, z. B. im Jaguar ↗-Kult. Disselhoff: »Meiner Überzeugung nach waltete ein noch ungeklärter Einfluß von außen bei der Entstehung der Chavin-Kultur mit. Vielleicht der gleiche, der die Olmeken-Kultur Mesoamerikas prägte« (Alt-Amerika, 1964). — Besonderheit: 2 Kaimane (Krokodil ↗-art), schwarz *(Caiman niger)*, als oberste Gottheit, die sich aufspaltet in den weibl. Himmelskaiman u. den männl. Kaiman der Unterwelt u. des Wassers, der auf einem Obelisken als Spender der Anbaupflanzen u. ›Herr der Fische‹ wiedergegeben ist. — Als Par. fallen die 2 zum X ↗ gekreuzten Krokodile der äg. Horusstele ↗ ein.

Che: schaffen, hervorbringen in Afrika, z. B. enth. in Che Orischa ↗ der Yoruba ↗-Religion. — Das äg. Äqv. ist Chenti ↗, eigtl. *Che Nti* = Götter schaffen. Chin. Äqv.: Chi ↗; eigtl. müßte nur X ↗ geschrieben werden, als Z. enth. in Can ↗, der Himmelsschlange. S. a. Ceres ↗, Chepre ↗ u. Che-Chen ↗.

Che-Chen: eigenständige Umdrehung des äg. Nechech ↗ (= Geißel ↗) im Sinne von Che ↗ (schaffen) + Chen (auflösen), in umgek. Anordnung zu finden in Chenti-Cheti ↗ bei Weglassung der gemeinsamen Silbe Ti ↗. Dieser Koppelung, Schaffen und wieder Auflösen, würde z. B. der äg. Kosmos = Nut ↗, gekoppelt mit Gegenkosmos = Naunet ↗ entspr., zus. die X-Schlange = Chi ↗ + Chan ↗, woraus auch Chichen bei Chichen-Itza ↗ geworden sein dürfte.

Chem: Schreibvar. von Cham ↗ u. Km ↗, z. B. in Chembis ↗.

Chembis: Stätte, an der Isis ↗ den Horus ↗ gebar. Um ihn den Nachstellungen des Seth ↗ zu entziehen, soll Buto ↗ die Insel - man weiß nicht mehr, wo sie lag - beweglich gemacht haben. Sie soll mit einem alten, aus Darst. bek. Heiligtum des Reihergottes Zebauti ↗ ident. sein, gen. Zebaut, ein Hain an einem Wasserlauf oder ein Papyrusdickicht. These: urspr. handelte es sich um Shambe ↗, heute ein unbed. Ort im Südsudan im Einzugsgebiet des Weißen Nil ↗ u. neben dem größten Sumpf der Welt, gen. Sudd ↗ = Hindernis. Es ist anzunehmen, daß dieser Sumpf einmal ein See mit der gesuchten Insel war, und hier lag vor dem Weltuntergang ↗ a. die Gralsburg ↗ mit Sambo ↗ (ähnl. Wort), dem ›Gral‹. Es war die Geburtsstätte jenes Osiris ↗, der von Seth ermordet wurde. So übernahm man dann den Namen a. für seine Wiederkehrlinie ↗, die ab Dynastienzählung in Unterägypten residierte u. verlegte Chembis auf die der dortigen Stadt Buto, Nildelta ↗, benachbarte Insel. Hier spielte sich v. a. das 30-Jahre-Fest (Sedfest ↗) ab u. Teile der osirianischen Begräbniszeremonie (s. Totenkult ↗). Nv.: Chemmis ↗.

Chemie: Zerlegung (Analyse) u. Neuzusammenfügung (Synthese) der stoffl. Welt, von der Keramik bis zur Atomkern-Umwandlung. Die Wurzeln liegen in der Alchemie ↗, jedoch vereinseitigte sich deren Ziel ↗ des Anthropos ↗ hier auf Manipulation der Gene ↗. — Die Tabelle des chem. Periodensystems ↗ umfaßt heute 105 Namen für nach Gewicht (relativer Masse) unterschiedene Atome ↗. Davon gelten nur 22 - s. Zahl ↗ - als reine, die anderen als Mischelemente. — Zweig der Wissenschaft ↗.

Chemmis: 1) Nv. v. Chembis ↗; hier kann man trennen in Chem ↗ u. Mis, dem äg. Msj ↗ = gebären, aus der Unterwelt hervorholen, wie auch Kind oder Sproß (woraus Moshe, Mose etc. wurde). Dieser Sproß war in C. das Kind von Isis ↗, hier statt als ›Horuskind‹ ↗ (woraus unser Christkind wurde) mit Chem ausgedrückt. Aus Mis, Msj oder Mys wurde a. das Wort Mysterien ↗ u. auch Chem Alchemie ↗ bzw. Chem-Ur ↗. 2) Nv. v. Cheops ↗.

Chem Ur: der Große *(ur)* Schwarze *(Chem ↗)*, auch Km wr = Kemur ↗, Name ↗ eines äg. Stiers ↗, der mit Osiris ↗ u. Chenti ↗-Cheti zusammenfließt u. von schwarzer Hautfarbe sein mußte. Manchmal heißt es a. Chemur im ›Auge des Osiris‹, womit die Pupille ↗ gemeint ist. Eine schwarze hat bzgl. der Augensymbolik nur das ›Sonnenauge‹ sprich die Sonne ↗, gemeint ist also letztl. der Sonnenkern ↗, Alpha, Alef, der ›Stierkopf‹ ↗ in der Hieroglyphik, dem äg. Atum ↗ entspr. Es ist aber das ird. Ebenbild gemeint: Adam ↗, Horus ↗ oder afrik. Muntu ↗, der vollkommene Anthropos ↗ mit der Chenti ↗-Psyche ↗.

Chenti: ein Titel des Osiris ↗ sowie eines Jubiläums von 120 J., das noch bei den Dogon ↗ als Koppelung von 2 Sigui-Festen ↗ gefeiert wird, die ihrerseits Halbzeiten von 30 J. = äg. Sedfest ↗ enth. Inhalt dieser Feiern ist die Schöpfung ↗ mit anschließender Geschichte ↗, das Kalender ↗-Datum jedoch ein real sich vollziehendes Treffen zweier Himmelskörper am gleichen Ausgangspunkt eines Orientierungskreises, der immer etwas mit der Bahn der Erde und ihrer nach außen projizierten Erweiterung als Ekliptik ↗ zu tun hat, d. h. dem Tierkreis. In ihm nun treffen sich z. B. Jupiter ↗ + Saturn ↗ alle 20 J. an einer anderen Stelle, was ein Dreieck in diesem Kreis ergibt; alle 60 J. ist der Ausgangspunkt erreicht, versetzt um 0,8333 Grad in rückläufiger Richtung = Präzession ↗. Mit anderen Worten ergeben 216 Chenti-Perioden 25920 J. = die Gesamtgesch. der Fertigstellung unserer Psyche ↗ aus 120 Bausteinen (= die Weltformel ↗), zus. ebf. Chenti. Woran verblüfft, daß eine Anhängung von Null an 216 = 2160 ergibt, die Dauer 1 Sektors dieser Präzession. These: Chenti bed. recht eigtl. Che ↗-Nti, göttl. Menschen schaffen, Osiris nachgebaut. Diesem Nachbau diente das Fest, wie es a. dessen eigene Wiederkehr ↗ vorantrieb genau an dem Punkt des Kreises, an dem die 3. Welt ↗ des Saturn in die 4. Welt des Jupiter übergegangen war: am Wassermann ↗-Beginn vor 25920 J. Dieser Punkt ist erst jetzt wieder erreicht, es ist die Spitze obigen Dreiecks, das man eigtl., da es nur 60 (3 x 20) J. beinhaltet, 432 mal versetzt in den Kreis hineinzeichnen müßte, damit sie durch den Kreis von 25920 J. gewandert ist: afrik. von der Ankunft Nommos ↗ bis zu dessen Auferstehung. Wobei der Kreis a. die 24 Grundmotive ↗

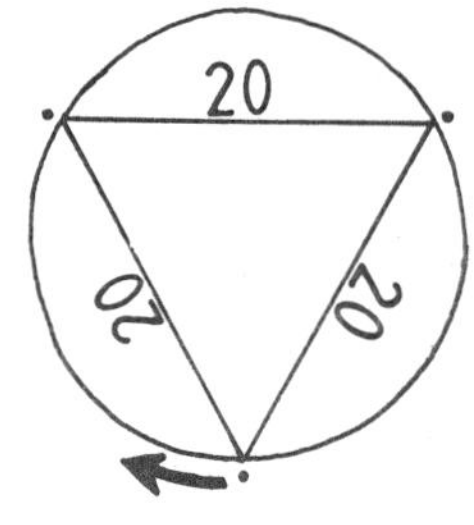

des Kosmos↗ sind, die Göttin Nut↗, geschrieben Nt; die Mehrz. wäre Nti in Chenti. — Das völlig durchgezogene Schema wird ein ›Tausendblättriger Lotos‹, in dessen Mitte man noch das Z. der Sonne setzen kann mit dem Kern als Chem-Ur↗ oder Pupille. — Alle 180 J. = 1 ½ Chenti setzte der Kalender der Tataren↗ = Van↗ einen vergleichbaren Punkt.

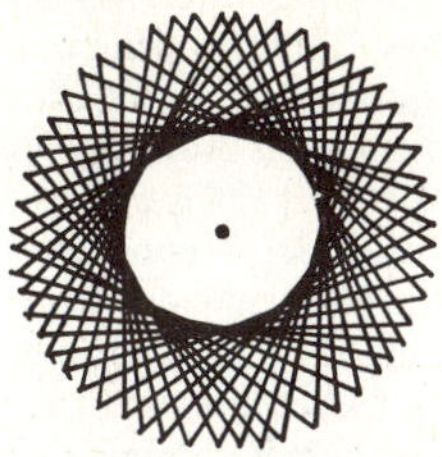

Chenti-Cheti: als Titel mit Osiris↗ u. Horus↗ verbunden; als selbständige Gottheit mit dem Bild eines Krokodils↗ geschrieben. — S. Chenti↗ u. die Umkehrung↗ der Vorsilben zu Nechech↗.

Cheops: 2. Pharao↗ der 4. Dyn.↗ (Abb. 1); aber dieser Name ist schon griech. Ursprungs (Herodot↗); andere Tradierungen lauten: Chemmis↗, was am meisten überzeugt, wenn man nicht diesen Pharao (der den Namen von früher übernahm) meint, sondern jenen König, der die Große Pyramide↗, gemeinhin Cheops-Pyramide genannt, bauen ließ: Chem↗, geboren (msj) in Chemmis 12408 v. Z., jener Osiris↗ (= Surid↗), der von Seth↗ ermordet wurde. Nach ihm wurde dann auch Ägypten Km.T↗, Land des Km, sprich Chem oder Cham, gen. Die Regierungszeit des Cheops der 4. Dyn. wird von A. Pochan↗ auf 4829–4766 v. Z. angesetzt, er listet ihn unter dem Namen Suphis I., der seine Schwester Merittefes heiratete; beider Vater war Soris, 1. Pharao der 4. Dyn. Ein Bruder von Cheops war wahrsch. der oft abgebildete Prinz Rahotep, Hoherpriester von Heliopolis↗ u. Heerführer (Abb. 2). S. Sohn Chephren↗.

Abb. 1: Cheops

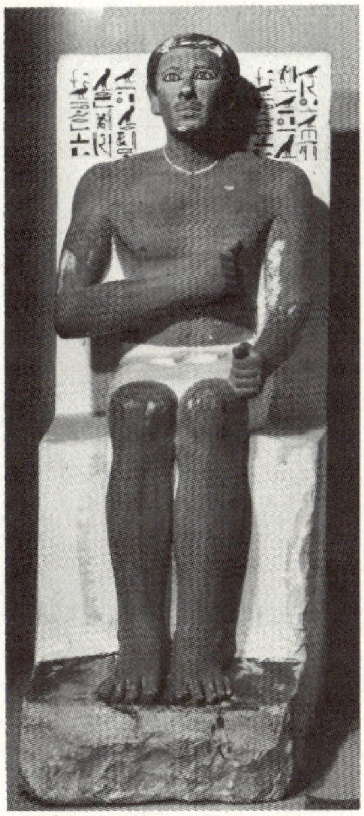

Abb. 2: Rahotep

Che Orischa: Anbetungsformel der afrik. Yoruba↗, die Che↗ = schaffen + Orischa↗ = Gottheit bed., im Sinne universaler Lebenskraft, Zentralthema der Orischa-Religion. Der Begriff fächert sich aus in die Orischas, die einzeln mit einer entspr. Trommel-Schlagformel = Oru↗ (es gibt 24!) gerufen werden können, um den Gläubigen, der einen Orischa tanzt, in diesen zu verwandeln u. schaffend zu verstärken, wobei auch das eigene Wesen analog verstärkt bzw. ›geschaffen‹ wird. Brasil. Var. Makumba↗.

Chephren: 4. Pharao↗ der 4. Dyn.↗ (Ägypten), bei Pochan↗ unter dem Namen Mencheres 4700–4637 v. Z. geführt. An seine der Großen Pyramide↗ benachbarte Chephren-Pyramide schließen sich Totentempel↗ u. Taltempel an, letzterer lag an einem Nilarm. Vor den Pfeilern des Großen Hofes (H) befanden sich 12 Sitzbilder des Königs, ggb. schlossen sich 5 Kapellen (K) an, wohl die kanon. 5 Namen (= Gottheiten) des Horus-Seins↗ beinhaltend. Die Form des Taltempels entspr. dem Nommozeichen↗, das als 18. Grundmotiv (2. Hälfte Hund = Zwilling im Tierkreis↗) während Chephren's Zeit herrschte u. hier als Architektur manifest wurde. Seitl. vom Beginn des Aufwegs zum Totentempel liegt die Sphinx↗. — C. war ein Sohn von Cheops↗. Seine Statuen zeichnen sich dadurch aus, daß ein (Horus-)Falke↗ den Hinterkopf, d. h. das Königskopftuch Nemes↗ (richtiger Nomos = Gesetz), umarmt. S. Horoskop↗.

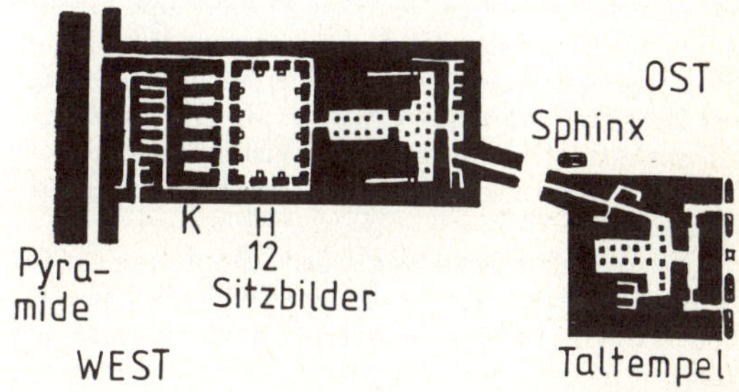

Chepre: im Äg. Totenbuch↗ folgendermaßen beschrieben: »Khepra, der du segelst in deiner himmlischen Barke ↗! Die Götterordnungen, die deinen Körper bewohnen erscheinen vor meinem geblendeten Auge.« — Oder: »Der Gott des ewigen Wandelns, welcher im Schoße der Nut ↗, seiner Mutter, verborgen, selbst seine eigene Form gestaltet und meißelt.« — Oder: »Der Verwandlungen Gott und Meister, fremd fürwahr, und unbekannt ist ihm jede Verwesung.« — Wie der Name ↗ andeutet, verschmilzt C. mit Re ↗, der Sonne, spez. mit ihrem Kern, Atum ↗ in der Formel: »Du (Atum) entstehst in diesem deinem Namen Chepre«; damit greift der Begriff aber a. weit vor die Sonnenentstehung zurück u. meint die Kraft, die sie aus dem Kosmos ↗ (= Nut) als Mutter, äqv. Grundmotiv ↗-Reihenfolge XP, hervorkommen läßt. These: diese schlug sich im Namen nieder als XP-Re, wobei aus XP Chep wurde, s. Chi ↗ als X. Die Dreiheit ↗ Chepre-Atum ↗-Re entspr. dann Vishnu ↗-Brahma ↗-Schiwa ↗ (ind.). Oder: Chepre ist das 20. Grundmotiv

 der XP-Folge, das bei der Schöpfung ↗ in das Alpha ↗ übergeht, in der äg. Symbolik tägl. wiederholt: ab 6 Uhr morgens wandert C. an der Nut entlang von Ost nach West ↗, entspr. der Sonne; darunter gezeichnet die untere Duat ↗ als 12 Sektoren des Zodiak ↗. Hier wird C. aber erst im 10. Sektor = Stier ↗ ›wiedergeboren‹, was eben mit dessen 2. Grundmotiv

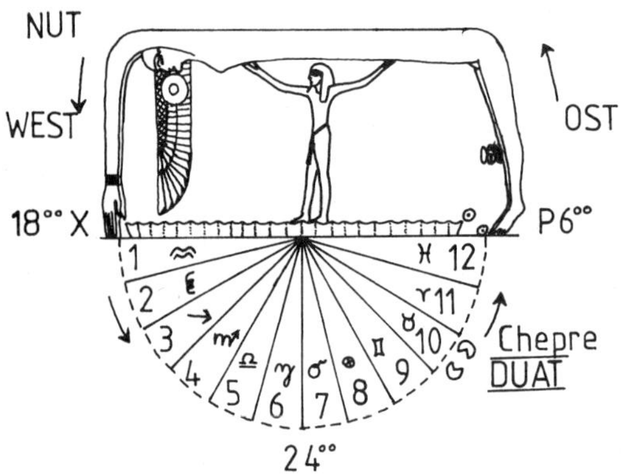

 übereinstimmen würde. Als Symboltier wurde ein schwarzer Mistkäfer eingesetzt, der ›Pillendreher‹, der die Dreckkugel für das Ei rückwärts mit den Hinterbeinen rollt. 2. These: die gleiche Kraft bewirkt a. die Entstehung der Neuen Sonne ↗, äqv. Po ↗, dann bekommt C. Flügel (s. Blau ↗) und rollt seine Kugel innerhalb der Sonne, die wir schon haben. S. Skarabäus ↗.

Cherubim: Pl. von Cherub (hebr.); 2 geflügelte himml. Wesen, die auf der Bundeslade ↗ angebracht wurden. 1 Mose 3/24 erwähnt sie als Wächter des Paradieses ↗ nach der Verjagung von Adam ↗ + Eva ↗: »zu hüten den Weg zum Baum des (ewigen) Lebens«, s. Djed ↗. Bei Ezechiels Beschreibung (Kap. 10) verbindet sich jeder C. mit 2 Rädern u. jedes dieser 4 Räder hat 4 Gesichter: »Das erste Gesicht war das Gesicht eines Cherubs, das zweite das Gesicht eines Menschen, das dritte das Gesicht eines Löwen, das vierte das Gesicht eines Adlers.« Wie bei den 4 Evangelisten ↗ werden die 4 Häuser des Tierkreises ↗ gen., die a. die 4 Horuskinder ↗ von Ägypten sind. Es fehlt der Stier bzw. die Kuh, man darf also annehmen, daß die 2 C. die doppelgesichtige ›Himmelskuh‹ ↗ aufteilen in Kosmos ↗ + Gegenkosmos ↗ oder Nut ↗ u. Naunet ↗, was genau dem Rhombus ↗ (2. Abb. Bundeslade) entspr., hier projiziert auf Isis ↗ + Nephtys ↗. Und wie bei Ez. tragen auch sie den ›Thron‹, hier als Symbol auf dem Kopf, in zweierlei Form, was bestätigt, daß die jüd. + christl. Religion ihre Wurzeln in Ägypten hat. Der Thron ↗ ist Sambo ↗, die ›sprechende Truhe‹, deren Nachbau die Bundeslade ↗ wurde, genau wie lange zuvor der äg. Sarkophag ↗. — Babyl. Name Kuribu. — Lt. Blavatsky ↗ äqv. Yoni ↗.

Cheta: äg. Name der Hethiter ↗, auf Keilinschriften Kleinasiens Chatti gen.

Chi: in der christl. Symbolik das Himmels-›Chi‹, gebildet aus einer Vertikalen = I (l.), Buchstaben AB ↗ (Vater), gleichgesetzt mit Jesus ↗ im Ixthys ↗-Fisch ↗ als dessen 1. Grundmotiv ↗. Folgt als Chi das X, in Ix-thys der 2. Buchstabe, womit das 1. Grundmotiv der Geschichte ↗ zurückkehrt, an Jesus angehängt als Titel Christus ↗. Wie man sieht, ist aber die l. Seite des X vertikal verbunden. Würde man dies an der r. Seite ebf. tun - woran noch das eingeschobene Th in Ixthys hindert, ein Kreis mit H als Welt wie beim Götterballspiel ↗ - ergäbe sich die 24.

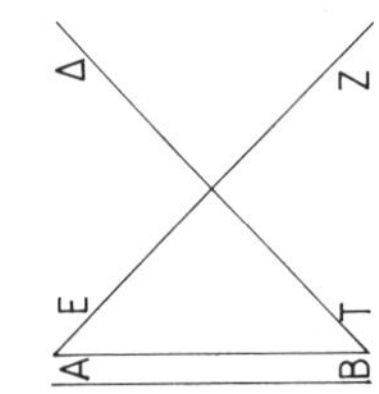

Una Essentia

Rune ↗ ⋈ als Grundmotiv des Fischsektors ↗, d. h. der 2. Fisch, der aber erst kurz vor Beginn der Endzeit ↗ geboren wurde als der Wiederkehrende.

Ch'i: chin. Bez. für ›Lebensenergie‹ als Fluß zw. Yin ↗ u. Yang ↗; im Körper fließt sie entlang einem System von 24 Meridianen ↗, an denen die Akupunktur-Punkte liegen, ausgehend von den Chakras ↗. — Wörtl. bedeutet Ch'i Gas oder Äther u. bezeichnete im alten China ↗ den Lebensatem oder die Energie ↗, die den Kosmos ↗ belebt (s. Akasha ↗). Chang Tsai: »Die große Leere ↗ kann nur aus Ch'i bestehen; dieses Ch'i muß sich verdichten, um alle Dinge zu bilden; und diese Dinge müssen sich wieder auflösen, um wieder die große Leere zu bilden.« Äqv. der mod. Physik: das Quantenfeld ↗. — Die Meridiane heißen Ching ↗, ein Wort, das im I Ging Buch bed. Wer denkt da nicht an das ›7fach versiegelte Buch‹ der Apokalypse ↗, zumal es ja 7 Chakras sind? Ch'i muß also den 24 Grundmotiven ↗ des Kosmos ↗ entspr. u. damit auch Can ↗, der Himmelsschlange, die nicht mit Chicchan ↗ zu verwechseln ist.

Chicchan: der weiße Speichel der Himmelsschlange (Chan ↗ oder Can) = die Milchstraße ↗ (Maya); übertragen auf Chichen-Itza ↗. — Hier ist das Ch'i ↗ enth., das kosm. Quantenfeld, verw. a. mit Che↗ = schaffen; was geschaffen wird (von Chan, der Himmelsschlange) ist im folgenden C ausgedrückt, in der Sonne der 12er Kreis↗, aus dem das ganze Sonnensystem↗ mit den 12 Planeten angelegt wird -und aus Sonnensystemen setzt sich eine Galaxie↗ zus.; unsere eigene wird Milchstraße gen. u. hat, von oben betrachtet, die Form eines X (Aussprache Chi↗). Möglicherweise war Chichen-Itza, das dem Wort Chicchan ähnelt, dieser Form nachgebaut.

Chichen-Itza: toltek. Name einer Stadt der Maya↗ im nördl. Yucatán↗ u. einer ihrer 3 großen Wallfahrtsorte; C. war Sitz des Gottes Chac↗, die Insel Cozumel Sitz der Göttin Ix Chel↗, u. die Stadt Izamal Sitz der Götter Itzamna↗ + Kinich Kakmo = Chac-Mool↗. Die Gesch. von C. beginnt 534, die letzte große Pilgerfahrt fand 1536 statt; dazw. lagen 2 Invasionen der Tolteken↗. Die 1. erfolgte um 900 unter Ce Acatl↗ u. den Itza↗ u. rückt so nahe an das Ende der klass. Maya-Kultur, daß sie ursächl. damit zusammenhängen muß. Die toltek. Itza-Herrschaft währte ca. 1000–1200; kein Bau der unterworfenen Maya wurde zerstört, höchstens überbaut, wobei der mitgebrachte Stil von Tula↗ mit dem der Maya vermischt wurde. — Die 2. Invasion wurde durch Hunac Ceel (um 1200) gelenkt u. sollte dazu dienen, die Herrschaft der Cocom in Mayapan↗ militär. zu stützen.

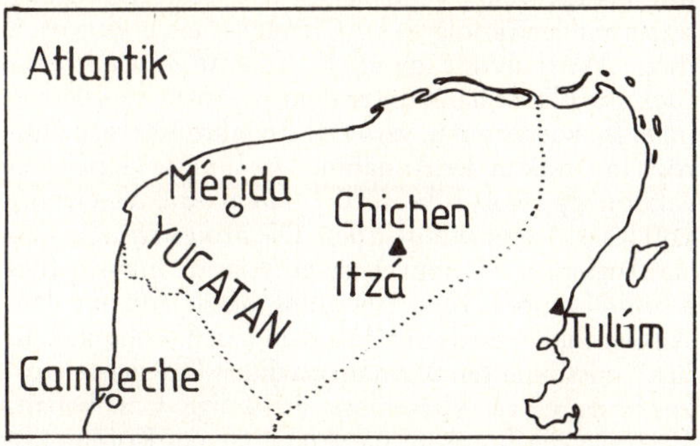

Die Ruinen bedecken eine Fläche von 5,16 qkm. Im S lag ein Cenote für die Trinkwasserversorgung, im N der Hl. Cenote↗ für den Chac-Kult. Hauptgebäude waren: der zentrale Kukulcan↗-Tempel, ein großer Ballspiel↗-Platz mit Zubehör wie Jaguar↗-Tempel, Schädelgerüst↗ u. Opferblutschale im W, ein Krieger- oder Morgenstern↗-Tempel (= Venus) im O u. im S ein Caracol (= Schnecke)-Turm, Tempel der Wandtafeln u. ein Nonnenkloster für die Jungfrauen, die in den Hl. Cenote sprangen. Ein Schema des Querschnitts durch das Obergeschoß des Caracol zeigt den 8er Kreis↗ der Sonne (Tao↗, 8 Att↗ der Germanen, Götterachtheit↗ der Ägypter, Ifa↗-Zelt mit 8 Nommos der Afrikaner etc.) mit den Einbuchtungen für Äquinoktien↗, Solstitium↗ u. anderen Kalenderberechnungen des berühmten Maya-Kalenders, dessen Großeinheiten der Tzolkin↗ u. Long Count↗ waren. Aus dem Wort Caracol läßt sich Kara (s. a. Cara↗) von Kasskara↗ herausholen + Col = Berg wie bei Colhuacan in Aztlan↗. Tats. kann man nur im 8er Kreis Ka↗ (Geist des Kosmos) u. Ra (die Sonne, äg. Re↗) vereinen: Vorbild ist die 8teilige Pyramide↗.

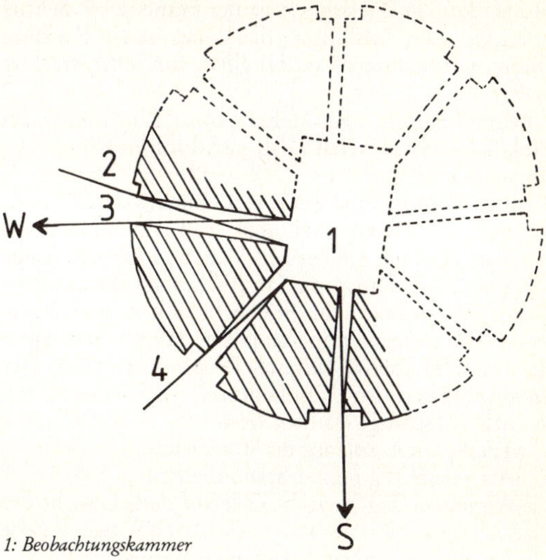

1: Beobachtungskammer

2: Sonnenuntergang 22. Juni (Sommersolstitium)

3: Sonnenuntergang 21. März u. 21. Sept. (Frühlings- u. Herbst-Äquinoktium)

4: Monduntergang 21. März (bei seiner maximalen Deklination)

Chichimeken: ein kulturgeschichtl. Begriff für unstete, in Felle gekleidete Nomaden + Jäger, die immer vom N nach Mittelamerika kamen, um in Tula↗ Kultur zu holen u. damit Tolteken↗ zu werden. Sie galten als ird. Abbilder der nördl. Sterne = Mimixcoa, Pl. von Mixcoatl↗, der als ihr Gott galt. Zu den Ch. gehörten v. a. die Nahua↗-Völker, z. B. die Azteken↗. Die chichimek. (= Barbaren-)Einfälle begannen im 8. Jh. — Es gibt auch Mischformen, indem man die Gruppe um Ce Acatl Quetzalcoatl Tolteken nennt, die anderen aber ›chichimek. Tolteken‹; oder man nennt alle zeitl. auf Teotihuacan↗ folgenden Kunststile bis zum Beginn der azt. Epoche chichimek., also a. die toltek. von Tula. Der Begriff verfließt in etwa zu dem heutiger Einwanderer in die USA.

Chicunahui Ytzcuintli: 9 Hund, ein Datum als Name für 1 der 4 Gottheiten, die von den Indianern↗ Mittelamerikas beim Götterfest der Edelsteinarbeiter verehrt wurden, eben an diesem Datum der Göttin Ch.Y., die a. ›Die Schmetterling-Geschmückte‹ oder ›Die mit dem roten Schmetterling‹↗ hieß. Auf Bildern trägt sie im Nasenknorpel eine Var. des Schmetterlings, den man schon auf Tongefäßen von Teotihuacan↗ findet, später als Brustschild die Tolteken↗-Krieger im Morgenstern-Tempel von Chichen-Itza↗. Es handelt sich um ein Symbol für die Venus↗ als Morgenstern.

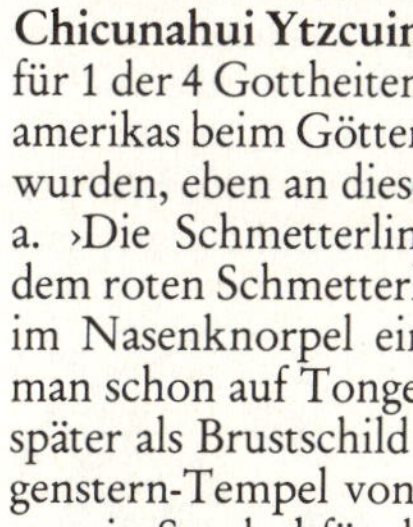

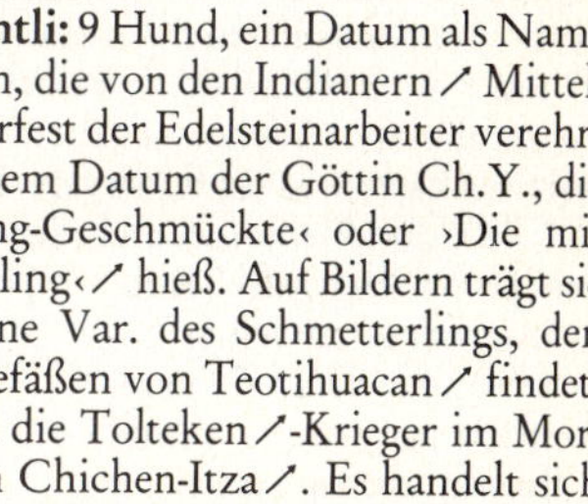

Die Figur zeigt deutl. eine Ambivalenz der Zahlen 5 u. 6 wie bei der Venusdarst. (s. Astrologie↗) bzgl. der Fühler + Flügelteile. Inter. das Datum (= Name) 9

Hund, denn im Tierkreis ↗ ist der Hund der 9. Sektor u. entspr. dem Zwilling ↗; die Venus ist ein Zwilling (Morgen-Abendstern), u. das gilt a. für Schmetterling = Psyche ↗.

Chiim: wahrsch. eine Mehrz. von Ch'i ↗, enth. im bibl.-hebr. Satz Achath ↗-Ruach-Elohim-Chiim, C. übers. mit Leben.

Chilam Balam: Titel eines esot. Buches der Maya ↗, abgefaßt in Mayasprache, aber span. Buchstaben aus der Zeit nach der Eroberung. Zus. von Chilam (siehe Chilan ↗) + Balam ↗, die Hl. Bücher des ›Jaguar-Priesters‹. Nüchterner: die Städtechroniken von Yucatán ↗. Die Unterwerfung im Jahre 1519 war als Beginn der ›Höllenzeiten‹ ↗ lange als Prophezeiung bek. Der entspr. Hinweis im C. B. lautet:

»Iß, iß, solange du Brot hast
Trink, trink, solange du Wasser hast
An jenem Tag besitzt Staub die Erde,
An jenem Tag herrscht Öde auf dem Gesicht der Erde
An jenem Tag erhebt sich eine Wolke
An jenem Tag erhebt sich ein Berg,
An jenem Tag erobert ein starker Mann das Land,
An jenem Tag zerfällt alles in Ruinen
An jenem Tag wird das zarte Blatt zerstört
An jenem Tag werden die sterbenden Augen geschlossen
An jenem Tag sind drei Zeichen am Baum,
An jenem Tag hängen dort drei Generationen
An jenem Tag wird das Banner des Krieges erhoben
Und sie werden zerstreut weit in den Wäldern!«

Vieles im C. B. ist leider widersprüchl. u. verworren, weil die wahre Geschichte aus polit. Gründen gefälscht wurde. Manche Teile haben jedoch Ähnlichkeit mit den 3 Codices ↗, die als einzige von tausenden von Maya-Büchern übrig blieben. Ihr schwer deutbarer Inhalt verweist in Richtung eines Totenbuches ↗.

Chilan: Priester-Wahrsager (Maya), der dem Verstorbenen im Jenseits hilft u. seine Reinkarnation ↗ fördert; insg. Bindeglied zw. Diesseits u. Jenseits. Das erforderl. Hellsehen wird durch Blutentnahme gefördert. Text im Pariser Codex (s. Codices ↗): »Die Toten ↗ im Zustand der Umnachtung befinden sich in der sublunaren Welt.« — Aber sie müssen nicht ewig dort verharren u. umherrirren. Der C. unterhält sich mit ihm durch einen Kanal, der sein Gehirn mit dem des Toten verbindet (Abb. 1) u. arbeitet an seiner Erleuchtung, dem Sehend-Werden im Jenseits, durch Öffnung seines geistigen Auges. Äg. Äqv. ist der Tote, der zum Ach ↗ wird.

Auch das tib. Bar-Do ↗ ist die Existenzebene zw. 2 inkarnierten Leben im erreichten Zustand der Läuterung, für die Maya-Glyphen mehrere Entwicklungsstadien zeigen: vom blinden Toten (geschlossenes Auge in geschlossenem Schädel) über Schädelöffnung u. Augenöffnung bis zur Verwandlung des Auges in ein weißes X auf schwarzem Grund, dann in ein T unter Auflösung des Kopfes in das Rechteck des Weltideogramms ↗; das T steht dann wohl für das Blätterkreuz ↗ in seiner Mitte, wo die Auferstehung erfolgt. Text: »Ihre toten Wesen kehren zurück dank dem Opfer des Jaguars«; d. h. der Blutentnahme des C. oder Chilam Balam ↗, der sich zum Jaguar ↗ macht. Dieser spielte bei den Olmeken ↗ die Hauptrolle. — Weiter geleiten 8 myth. Vögel den Toten dank C. durch den Zwischenzustand. These: damit landen wir im 8er

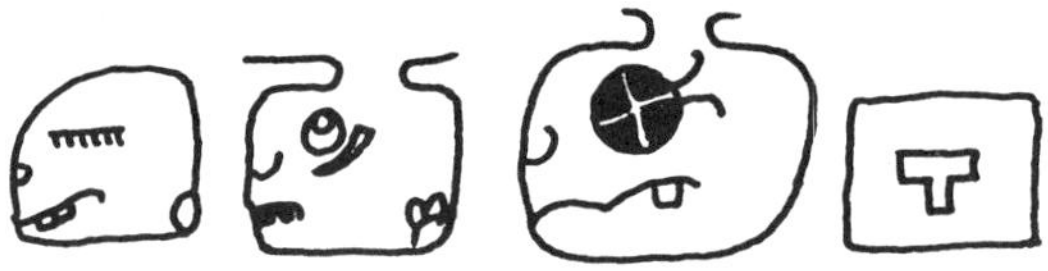

Kreis ↗ der Sonne, mit dem Jaguar im Kosmos ↗ der 24 Grundmotive X-P. Letzteres ist das X im Auge, das T ist das Tao ↗ bzw. das T beim äg. Anch ↗ = Lebenskreuz. Beides zus. ist tats. der Reinkarnationsweg, s. Psychogramm ↗. Der wichtigste der 8 Vögel ist Moan ↗, enth. im Herkunftsland der Maya: Tamoanchan ↗.

Chiliasmus: Lehre von der Erwartung eines Tausendjährigen Friedensreiches nach der Endzeit ↗, verbunden mit Wiederkehr ↗ u. Jüngstem Gericht ↗; von *chilias* = das Tausend (griech.). Die betr. Erwähnung in der Apok. ↗ 20, 1-10, ist allerdings so zweideutig, daß sich die Interpreten nie einig werden konnten, ob diese tausend J. *vor* oder *nach* dem Krieg zw. Gog ↗ u. Magog ↗ anzusiedeln seien bzw. ob ein himml. oder ird. Friedensreich gemeint sei. Die erste Bewegung setzte mit den verfolgten Ur-Christen ↗ ein u. ging nach ihrer Akzeptierung durch Konstantin ↗ wieder zurück. Sie blühte dann unter dem Ansturm des Islam ↗ im 8. Jh. wieder auf u. versetzte im Jahre 1000 ganz Europa in Panik in der Annahme, das Jüngste Gericht sei gekommen, wobei die 1000 J. falsch ab 0 als Geburt von Jesus ↗ angesetzt wurden. Die protestant. Confessio Augustana ↗ nahm Abstand vom C. Inzw. gab es schon eine spez. russ. Bewegung dieser Art mit dem Anspruch, am Ende der Zeit dem falsch = durch Paulus ↗ missionierten Westeuropa dieses Friedensreich ↗ zu bringen, als klassenlose diesseitige Gesellschaft. Eben das machte dann die Annahme des Kommunismus ↗ möglich. Aus der Koppelung des im Gnostischen Manifest ↗ von 1908 angekündigten 3. Reiches ↗ u. dem Tausendjährigen Reich ↗ des C. schoß die Nazi-Religion ↗ hoch. — These: gemeint waren die ersten 1000 Jahre (nach 1999) des 3. Reich des Hl. Geistes ↗, denn danach dreht sich die Richtung der pendelnden Erdachse, d. h. die Präzession ↗ um, u. es kommt zum letzten Mal zu großen Störungen. Die Apok. nennt das den Drachen noch einmal kurz loslassen nach diesen 1000 Jahren.

Chimalman: ›liegender Schild‹, Name der Mutter von Ce Acatl Quetzalcoatl ↗, einer Jungfrau, die ihn ›unbefleckt‹ empfangen haben soll. Chimal = Schild im Sinne des Planeten Erde ↗; ein solcher Schild entspr. haargenau einer Glyphe auf dem unentzifferbaren Diskus ↗ von Knossos, Kreta und vertritt dort ebf. die Erde. Die Symbolzahl 7 dürfte mit der Weltenlehre ↗ zusammenhängen. Mit dem abgebildeten Schild kämpften die Azte-

ken↗ noch gg. die Spanier. Er war ein Symbol ihres Stammgottes Huitzilopochtli↗, mit dessen Mutter C. verschwimmt.

Chimu: Indianer↗-Stamm in Peru↗ mit einstmals reichem Staat, der von den Inka↗ durch Krieg erobert wurde. Die heutige Stadt Trujillo (span.) hieß nach ihnen Chimorr, die Residenz ihres Fürsten Chanchan, was eine Verdoppelung von Chan↗ = Maya ist. Wie diese u. die benachbarten Muisca↗ dürften sie von Mu↗ stammen, was im Namen liegt: Chi = Che↗-geschaffen in Mu. — Pyramidenruinen; Verehrung von Pachamama↗ u. Pachacamac↗.

Ch'in: ein chin. Saiteninstrument mit über 4000 J. langer Gesch., heute rekonstruiert durch Dr. Trüstedt, München. — Die darauf gespielte Musik war den metaphys. Lehren des Taoismus↗, später a. des Buddhismus verbunden. Lt. Überlieferung wurden darauf als Fingerübung Hieroglyphen↗ in Musik umgesetzt, ansonsten gab es keine Festlegung. Peh Ya: »Ich überließ es dem Ch'in sein Thema zu wählen, und wußte in

Wahrheit nicht, ob das Ch'in ich oder ich das Ch'in war.« Die 3-Teilung enthält l. die Ober- und r. die Untertöne von Haupttönen reiner Teilverhältnisse, die später Pythagoras↗ lehrte.

Den gleichen Namen trug auch das alte China↗.

China: besaß in der Urzeit eine dunkelhäutige Bev., geleitet von Schamaninnen↗ u. Orakelpriestern. Den ersteren werden Himmelsflüge zugeschrieben. Text: »Öffnet weit das Himmelstor, auf einer schwarzen Wolke reite ich im Glanz.« Es folgt die Regentschaft der legendären Ur-Kaiser, die sich Söhne des Himmels nannten und Shang-Ti↗ als höchste Gottheit verehrten. These: das Wort könnte mit dem äg. Chenti↗ übereinstimmen, denn es ist überliefert, daß die alte chin. Hauptstadt Anyang↗ ein auf den äg. Null-Meridian↗ ausgerichteter geodät. Punkt war. Auch zeigen die ältesten Schriftz. Verwandtschaft mit äg. Hieroglyphen↗. Die 1. Dyn. (Hsia) soll 2205 v. Z. begonnen u. 1500 v. Z. von der Shang-Dyn. abgelöst worden sein, die noch matriarchal. war u. durch Messianismus↗ geprägt. 1050 v. Z. fielen aus dem W patriarchal. Fremde ein u. setzten Schamaninnen + Orakelpriester ab, wodurch insbes. Schriftkenntnis + Astrol. verloren gingen. So führte das Ende ihrer Chou↗-Dyn. zum Auseinanderfall in viele Kleinstaaten. Es folgte 213 v. Z. eine rigorose Bücherverbrennung, der insbes. die Geschichtsschreibung bis zu diesem Einschnitt zum Opfer fiel; übrig blieb nur das I Ging↗ - und die Große Mauer, die die Ch'in-Dyn.↗ (221-206 v. Z.) als Abgrenzung gg. den N setzte, wie sich fast gleichzeitig in Europa die Römer durch Mauern umgaben. Bis zur Ära des Buddhismus↗ (3.-9. Jh.) wurde der Konfuzianismus↗ die neue Staatsreligion, in Ablösung des uralten Taoismus↗, einer weibl. Philosophie. Nach verheerenden Buddhistenverfolgungen - 40.000 Tempel + 4.600 Klöster wurden zerstört - blühte ab 10. Jh. der Neokonfuzianismus auf, während sich im Untergrund Geheimgesellschaften bildeten, ebf. ähnl. wie in Europa, wo sich zu dieser Zeit nach der Durchchristianisierung wieder Sekten↗ bildeten, auf der Grundlage alter ›heidn.‹↗ Überlieferungen. Folgen Mongolen↗-Einfälle u. Landung der Portugiesen, dann Eroberung der Mongolei u. Tibets (1688-1751). 1644-1911 wird von Fremdherrschaft durch die Mandschus u. Zwangseinführung ihres Zopfes gesprochen. In diese Zeit fallen die Opiumkriege↗ u. der größte Aufstand der chin. Gesch.: die Taiping↗-Rebellion (1850-60) mit 20 Mio Toten. Der Anführer, basierend auf dem uralten Taoismus, hielt sich für den neuen Messias↗ u. rief den ›Himmelsstaat vom Höchsten Frieden‹ aus, mit Nanking als ›Himmelshauptstadt‹ (= Neuem Jerusalem↗). Interessant, daß der von Indien aus gesteuerte Opium-Import Ersatz schaffte für die vom Konfuzianismus unterdrückten ›Flüge ins Paradies↗‹, dem Reich der Hsi-Wang-Mu↗. Die Taiping gelten als Vorläufer der chin. Kommunisten. Eine Brücke bilden anarch. Studenten, in Paris befeuert von Bakunin↗, die 1911 der chin. Regierung den Vorschlag machten, die Ch'ung-Ming-Inseln↗ (mythol. Inseln↗ der Seligen) freizugeben als Experimentiergebiet für den (Welt-) Anarchismus↗. Wurde abgelehnt. Folgt der Große Marsch 1934-37 unter Mao↗, Einmarsch der Japaner, moral. Zusammenbruch u. 1949 die Machtergreifung der Kommunisten. 1956+66 rituelles Schwimmen im Yangtzu, vor dessen Mündung die Inseln der Seligen liegen sollen, als Durchgangsweg zum Neuen Menschen↗. — Von Anf. an stand im Zentrum das Paradies in zweifacher Form: das verlorene im O (die Inseln, Reste von Mu), das zukünftige im W (Hsi-Wang-Mu). These: Grundlage dafür bildete das äg. Amenti↗. — Dem staatl. nie sanktionierten Laotse↗ wird das Buch vom Weltgesetz u. seinem Wirken (Tao↗) = das

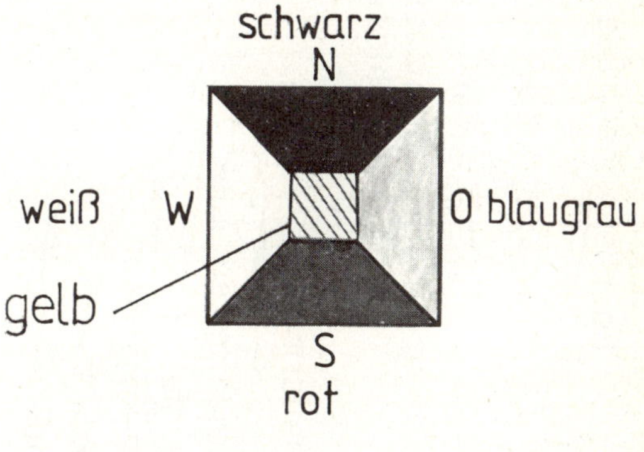

Taoteking↗ zugeschrieben. — In einer verbotenen Zone bei Chensi, 40 km SW von Sian, gibt es eine Pyramide, die lt. amerik. Piloten doppelt so groß wie die Große Pyramide↗ von Ägypten u. ca. 4000 J. alt sein soll. Alte Farbreste legen nahe, daß die Seiten: im N schwarz, im O blaugrau, im S rot, im W weiß waren, mit einem gelben Pyramidion auf der Spitze als Mitte. Ein Vergleich mit dem Weltideogramm↗ der Maya - deren Sprachbau teilw. Ähnlichkeit mit der chin. Sprache zeigt - verweist auf eine Versetzung von Gelb = Asien↗ in die Weltmitte, während blau (ehem. Mu als Weltmitte) richtig nach O (Inseln d. Seligen) rückt, weiß aber (Atlantis, dann Europa) nach W als Zukunftsparadies. Alte Namen: Ch'in↗ u. Yin↗ sowie Gelbe Erde.

Ch'in-Dynastie: 221-206 v. Z. in China↗; begann genau mit dem Fischsektor↗. Vorgänger waren die

Chou-Völker↗, die Ablösung erfolgt durch die Han-Dynastie↗. — Aus Ch'in-Reich wurde Chin-Tan, Chinastan, China.

Ching: Wege der KI-Energie im menschl. Körper, a. Meridiane↗ gen., an denen die Punkte liegen, die bei der chin. Akupunktur benutzt werden. Es handelt sich um die phys. Manifestationen der Nadi↗ ind. Mystik, oder ein Verbindungsglied-System zw. Geist u. Materie in Richtung elektromagnet. Feld, oder besser dessen Entstehung (u. Veränderungsmöglichkeit) durch die Polarität von Yin↗ (weibl.) u. Yang↗ (männl.), die überall diese Ki-Energie erzeugt. Dabei wirken die Chakras↗, von denen die C. ausgehen, transformatorisch, indem sie von außen aufgenommene nichtmeßbare Energiefrequenzen in phys. umwandeln können u. umgek. Die von ihnen ausgehenden Kanäle (Ching) stellen also eine Verbindung zw. Kosmos↗ einerseits sowie Körper u. Seele andererseits dar u. dürften dem äg. Ka↗ entspr., hier Kausalkörper oder äther. Ebenbild genannt. Die Ägypter sprachen von geistigem Doppelgänger und zeichneten deshalb ein entstehendes Wesen doppelt und genau ident. zum sichtbaren Körper. Schiebt man nun diese beiden ›Körper‹ deckungsgleich ineinander, wird verständlich, warum sich die Akupunktur am Körper orientieren kann und warum von 24 C. gesprochen wird. These: statt von Ki↗ sollte man von Ka-Energie reden. 20 Meridiane laufen in die 10 Finger- und 10 Zehenspitzen aus, womit wir bei der Zahl 20 des Menschen↗ vor Beginn der Gesch. landen. Alle Organe, außer dem des Geschlechts, werden dabei berührt.

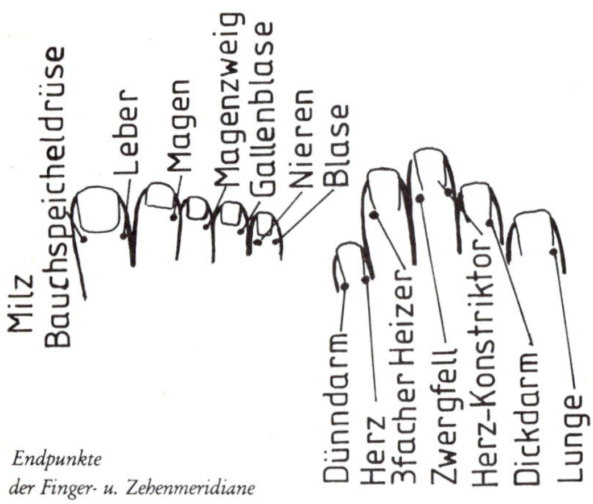

Endpunkte der Finger- u. Zehenmeridiane

Folgen wir der Weltformel↗, hätten wir die Berührungspunkte der 2 Weltordnungen↗ von X bis A und A bis U vor uns, was dem Schema der Wiederholung↗ entspr. — Meridian-Disharmonien führen zu phys. Krankheit↗, was untermauert, daß es erst ab Paradies-Verlust↗ Krankheiten gab, nämlich durch Hinzutreten des Ka = Nommo↗ zu Ba↗, der Seele, die den Körper baut. Die 24 C. sind in Verbindung mit den 7 Chakras das 7fach versiegelte Buch der Apok.↗, d. h. die 24 Grundmotive↗ X bis P, der Geistkörper der Nut↗ (s. Schema Chepre↗) in Verbindung mit der Sonne↗ als Skelett↗. — These: C. entspr. den Djinn↗ (Wortverwandtschaft). — Vgl. mit Chingchinich↗.

Chingchinich: der Gott oder göttl. Kulturbringer, der ›von den Sternen‹ zur Erde kam u. Wissen brachte (Chumash↗-Indianer). Afrik. Äqv. Nommo↗, Astronaut↗ vom Sirius↗. — Es fällt die 1. Silbe Ching↗ auf, die in China↗ für die 24 Meridiane der Chakra-Physiologie steht. These: da diese den 24 Grundmotiven↗ des Kosmos entspr. u. damit den 24 Djinn↗ arab. Überlieferung, deren ›König‹ - hier im Wort Chinich erhalten - Sakr genannt wird, äg. Sokar↗, läßt sich C. übersetzen mit: Ching-König oder Bringer des Hl. Geistes↗ in zweifacher Form: als Ur-Alphabet↗ u. als weibl. Verkörperung, in Südamerika↗ Orejona↗.

Chipi Cakulha: eine im Popol Vuh↗ der Maya↗ erw. Erscheinungsform von Huracan↗ = Herz des Himmels. Text: »seine erste Erscheinung ist der Blitz, Cakulha. Seine zweite der Donner, Chipi Cakulha. Seine dritte der Widerschein Raxa Cakulha. Diese drei bilden das Herz des Himmels.« In der Weltformel↗ ist diese Dreiheit das 2. Viertel (afrik. Kuntu↗) oder die Teilung von Feuer in Licht + Donner. Mit letzterem wird C. gleichgesetzt, äg. Kauket↗, eine Göttin der Götterachtheit↗.

Chnum: äg. Schöpfergott mit dem Kopf eines Widders. Der Name selbst bed. nur Widder↗ u. ist in den

Nv.: Chnumis, Chnubis, Knuphis, lt. Bonnet urspr. Chnumu überliefert. Darin liegt verborgen ›Spender des Wassers‹ = Mu↗ als 4. Element↗, mit dem sich in der afrik. Ntu-Philos.↗ a. Muntu↗ = Mensch verbindet; das ist die 2. Eigenschaft von C. als Former des Menschen auf der ›Töpferscheibe‹. Damit deckt sich seine Gleichstellung mit Nun↗, männl. Urwasser u. Nr. 7 im 8er Kreis↗ = 1. Hälfte von Mu. Der Widder als Symbol dürfte in diesem Fall den 4er Kreis↗ der Sonne umfassen, denn es gab ihn auch 4köpfig. Das interessanteste Bild zeigt ihn auf dem Querbalken-Symbol der Maat↗ thronend, auf der ›Töpferscheibe‹ in T-Form (= das T im Anch↗-Zeichen) ein Königskind samt Ka↗, dem geistigen Doppelgänger, formend, davor die Göttin Hathor↗ mit Geierkrone↗, das Anch = Ewige Leben hinzufügend, s. Lebenskreuz↗. Dies wäre eine perfekte Par. zu der Schöpferin = Tzakol↗ + dem Former = Bitol↗ im Popol Vuh↗ der Mayas↗. Zur 3-Teiligkeit s. 9fältiger Mensch↗ von Ägypten: auf der Scheibe mater. Körper + Ka, dem Hathor das Lebenskreuz reicht, um einen Horus↗ hervorzubringen, erkennbar an der Horuslocke↗ beider Kindfiguren. These: der Maat-Balken steht hier schon für den 8. Sektor der Sonne = Naunet↗ in der äg. Götterachtheit ↗. Dafür spricht a. der Thron ↗ beider Gottheiten.

Chokmah: (Chochma, Hochma): 2. Sefirot ↗ der Kabala ↗, männl., Ratio ↗: Adam ↗ ggb. Bina, Nr. 3, weibl. Eva, Meditation. Die Nr. 1 ist ihre Einheit = Kether ↗. Folgt man dem 12er Kreis der Weltformel ↗ mit den Zahlen ↗ 1–10 (+ unendlich), so fallen im Alphabet ↗ auf C. die Buchstaben C + D, wo tats. die Ratio oder Logik ↗ sitzt; in der Sonne bzw. Seele der 12er + 24er Kreis (Zahl + Alphabet). Afrik. Entsprechung: Hantu ↗, extern (s. Ntu-Philos.). Die äg. Par. wäre Seth ↗ (C) + Thot als Ibis ↗ (D) mit der Koppelung zu Adam Kadmon ↗ (Kabala) äqv. Vishnu ↗ in Indien, der ebf. als 2 Sefirot gilt.

Chons: äg. Gott, Sohn von Amun (Ammon ↗) u. Mut ↗, geht mit Thot ↗ zus. u. trägt dann dessen Ibiskopf, was auf das Vatererbe (s. Chokmah ↗) verweisen würde, in den symb. Zusätzen als Planetenstab ↗ (Seth) + Sonnenscheibe. Diese befindet sich aber in der Mondsichel (bei Hathor ↗-Mut die Kuhhörner), was auf die Koppelung Sonne ↗ + Mond ↗ verweist, d. h. Thot als ›Großer Horus‹ (s. Horusaugen ↗), weshalb die Figur die Horuslocke ↗ trägt. Diese Koppelung wird a. zum Zodiak ↗, hier die Vereinigung von Hirtenstab ↗ + Geißel ↗. Geschichtl. entspr. C. dann dem Kon Tiki ↗ im Pazifik u. Südamerika, mit Gleichsetzung Chons = Kon. Er entspr. a. dem germ. Tuisto ↗, dem ›Doppelten‹, oder Zwilling, der doppelt gerufen werden muß.

Dies drückt sich im Äg. als Benben ↗ aus; Chon's Haupttempel hieß Benben.T. — C. wird ›Durchwanderer‹ übers., Zusatz: Zeitrechner. Was ebf. auf den zodiakalen Kalender verweist. Nv.: Chons-Horus, Chons-Thot, Chons-Re. These: der an der Halsschleife hängende Kegel entspr. der Rune Ti ↗ in Ti-Od ↗ oder Kon-Tiki, und vereinigt in sich die Hieroglyphe für Sirius ↗ als Abstammungserblinie der Astronauten ↗: ein Erdgewordener Chenti ↗, auf dem Balken der Maat ↗ stehend, weshalb er a. als ihr ›Schreiber‹ gilt. Bibl. Nv.: Enoch ↗ = Umkehrung ↗.

Chorti: ein Dialekt der Maya ↗, heute noch in der Gegend von Copan ↗ gesprochen; a. in der früheren Zeit saßen die Chorti v. a. im SO von Yucatán ↗. Insg. sind die Sprachgruppen der Maya a. in den Kulthandlungen sehr verw.

Chou-Völker: aus dem W kommende krieger. Nomaden, die um 1000 v. Z. in China ↗ einfielen, seßhaft wurden u. die Chou-Dyn. errichteten. Sie machten die Hauptstadt der Shang, Anyang ↗, dem Erdboden gleich. Entstehungslegende: die angebetete Mutter des Chou-Clans trat in die Fußspur eines riesigen, göttl. Wesens u. gebar daraufhin den totemist. Vorfahren der Chou-Könige. Ihre Hauptstadt wurde Loyang, im Plan ähnl. wie Changan ↗. In ihre Zeit (bis 221 v. Z.) fallen Höhepunkte der Literatur: I Ging ↗, *Shu Ching* = Buch der Urkunden, *Shih Ching* = Buch der Lieder, *Li Chi* = Buch der Sitte u. die ›Gespräche des Konfuzius ↗‹. Zweifellos hängt ihr Einfall mit der Druckwelle zus., die in Indien einfallende Arier ↗ erzeugten. Abgelöst wurden sie von der Ch'in-Dynastie ↗.

Chrest: ein Neophyt ↗ der äg. Mysterien ↗, der nach der Einweihung auf ein T-Kreuz (das T des Anch ↗) gelegt wurde; griech. Chrestoi als Pl. Das T hieß Tau ↗ u. hatte dann die Gestalt eines Prokrustesbettes für eine Reihe von mentalen u. phys. Qualen, zurückgehend auf Chrestos ↗. Anschließend bekam er die Petroma ↗.

Chrestos: ›Mann der Sorgen u. Prüfungen‹, ein Märtyrer, der die höchste Initiation ↗, in Ägypten den schwarzen Ritus in der Grube ↗ unter der Großen Pyramide ↗, nicht überlebt. Gemeint ist das niedere Ego ↗, das besiegt werden muß. Es gab Chrestianer lange vor der Ära des Christentums, und die Essener ↗ gehörten a. zu ihnen. In 1 Petr. 2, 3 wird Jesus ↗ »der Herr Chrestos« genannt. Zw. den Ausdrücken Chrestos u. Christos bestand ein sehr großer Unterschied. Wahrsch. fiel der Chrestos-Tod in das 33. Lebensjahr eines Initianden (= Chrest ↗); diese Zahl ↗ 33 verbindet sich mit dem äg. Hirtenstab ↗, der bzgl. der Schöpfung ↗ dort aufhört, wo der Naturmensch ↗ durch Erkenntnis ↗ überwunden wird. Deshalb verstand man a. die Menschheit insg. als ›leidenden Chrestos‹, deren Erlösung zum Christos ↗ erst am Ende der Gesch. ↗ erfolgen wird. Wie beim Schamanismus ↗ schob sich zw. die beiden Zustände eine ›Himmelfahrt‹ im Anschluß an den Gang durch die Unterwelt ↗ (s. Chepre ↗). Äg. Namensherleitung: evtl. Hr (Horus ↗) + St (Seth ↗), eine Titelkoppelung der 1.–4. Dyn. ↗, oft als Pharao-Name Cheres überliefert, zum letzten Mal im 5. Jh. v. Z. als Cherites, wobei der Übertrag Hieroglyphe = Buchstabe nie ganz gesichert war. Nach dem Tod wurde ein C. Sokaris ↗ u. nach der Auferstehung Osiris ↗. — Eigtl. müßte man tradieren: Kare (= Leben) Sethos (Tod), mit Überwindung des letzteren, wobei sich Kare aus Ka ↗ + Re ↗ zusammensetzt. Den Namen Kare trug z. B. Semenchkare ↗ (= Aaron ↗); 46 J. später folgte Sethos I. ↗.

Christi Himmelfahrt: christl. Fest; s. Himmelfahrt ↗.

Christkind: Jesus ↗ mit X-Mas ↗ als verfälschter Geburtstag.

Christus, Christos: in Gegenüberstellung zu Chrestos ↗ der höchste Initiationsgrad, äg. Krys ↗ = der alles weiß. Der gnostisch-kabalist. Zahlenwert war angebl. 888, oder 3 x 8 = 24. Nimmt man das Christusmonogramm ↗ zu Hilfe, bezieht sich die 24 auf die Weltordnung des Kosmos ↗ bzw. die Grundmotive ↗ der Reihenfolge X-P: Nommo ↗, Logos ↗, das Wort, das am Anf. war, als Inkarnation (Fleischwerdung), u. so wird der Begriff ja a. bzgl. Jesus ↗ gewertet, dogm. seit dem Logosstreit ↗. Nach äg. Auffassung handelt es sich um ein direktes ›Heraustreten aus der Göttin Nut ↗, als Sohn = Osiris ↗ oder Tochter = Hathor ↗. Der letzte männl. C. dürfte Krischna ↗ gewesen sein; auch Blavatsky setzt den Christuszustand mit dem Krischnazustand gleich. Auf weibl. Seite entspr. die jüd. Schechina ↗ der Zahl. Der Zustand bedeutet: die Geheimnisse des Himmel ↗-Reiches kennen.

Christusmonogramm: Symbol für den Namen Christus ↗, ggb. Jesus ↗-Monogramm = Inri ↗, aus der Verschachtelung von X als griech. Ch + P als griech.

R gebildet. Es erscheint im frühen 4. Jh. auf Grabmälern u. Feldzeichen von Konstantin ↗, schon mit dem Zusatz Alpha (Anf.) u. Omega (Ende). These: da der Christus ↗-Zustand die Zahl 24 beinhaltet in Form der 24 Grundmotive ↗ des Kosmos ↗, sollte man besser das X als Anfang u. das P als Ende dieser Weltordnung ↗ (afrik. Nommo ↗) verstehen, und XP als Chp in Chepre ↗ = die Kraft, die die Sonne (äg. Re) hervorbringt, die eben mit Alpha ↗ als Sonnenkern ↗ beginnt, während das Omega ↗ in Ägypten als Ba ↗ zu finden ist, die spätere Kartusche ↗. – Die Koppelung AP wiederum wurde zu Apis ↗.

Chromosom: aus Genen ↗ zusammengesetzter Faden des Zellkerns ↗; Sitz der Erbanlagen. Jedes Lebewesen besitzt eine unterschiedl. Anzahl von C., in der normalen Zelle doppelt, in der Keimzelle einfach vertreten. Der jetzige Mensch ↗ besitzt 46. These: übertragen auf den Aufbau der Sonne ↗ = 48, fehlen genau 2, um seine noch ausstehende Vollkommenheit ↗ zu bewirken, in Buchstaben Y + Z. Deshalb ist es irreführend, das männl. C. (Pfeil) Y zu nennen. Da Sex ↗ erst mit dem Paradies-Verlust ↗ begann, wäre für die 2 Geschlechtschromosome W + X einzusetzen, zus. der Thron ↗ der Isis = Sitz.

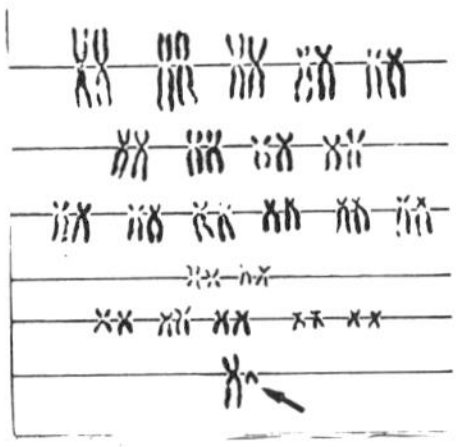

Chrysopeia: Buch der Kleopatra ↗ über Alchemie ↗; im Wort enth. scheint das äg. Krys ↗ u. das griech. Sophia ↗, insg. eine Kombination wie im sog. Christusmonogramm ↗. Im Zentrum der Alchemie stand immer diese Hl. Hochzeit, die in den Z. des Buches als Schlange, die sich in den Schwanz beißt + Achtstern erscheint, alchem. Ouroboros + Ogdoas. In der Bibel ↗ Schlange am Baum der Erkenntnis ↗, Logos ↗ in der Gnosis ↗ in Vereinigung mit der Ogdoas ↗. Setzt man für letztere den ind. Schiwa ↗ (8armig), so handelt es sich um seine Vereinigung mit Kundalini ↗.

Chufu: Übers. der Kartusche ↗, die in der Großen Pyramide ↗ gefunden wurde. Man hat daraus einen Zweitnamen für Chnum ↗, den ›Sonnen-Widder‹ gemacht, der aber den 4er Kreis ↗ der Sonne symbolisiert, während die Pyramide selbst 8 Sektoren im Außenbau hat = 8er Kreis der Sonne, das Tao ↗ oder die Ogdoas der Alchemie (s. Chrysopeia ↗) bzw. äg. Götterachtheit ↗. C. ist also zunächst der Tempel von Chnum, nicht er selbst. Eigtl. seine ›Töpferscheibe‹ für Horuskinder der Kandake ↗ = Pharaonenmutter, die Zwillinge waren. Insofern könnte man sie als die 2 Küken verstehen, wobei eines von der Sonne (l. Zeichen), eines von der Schlange (F = Isis ↗) gebildet wird. Das entspräche ganz dem Bild Chnum mit Hathor ↗ als Isis, u. Chnum als Sonne. Aber es gibt eine zusätzl. Interpretation, die der Eigenschaft der Schlange mit Hörnchen

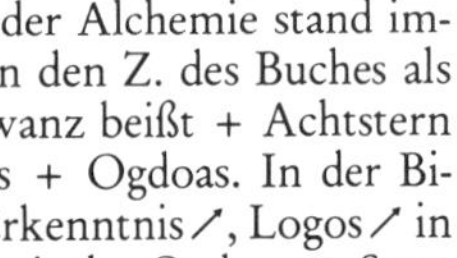

 (F) entgegenkommt, zumal das Symbol Isisblut ↗ ebf. Hörner trägt: Wir übersetzen Chu (wie Ku ↗) mit Licht, dessen Regenbogenfarben im Pyramidenmantel ausgedrückt waren, zus. Sonne + 1 Küken, oder Körper u. Seele von Horus (s. Sonnenauge ↗), verstehen die gehörnte Schlange als jene besondere Lichtöffnung ↗ zw. grün + blau, die unter Stichwort Bart ↗ gezeigt wurde. Das macht das 2. Küken = Hieroglyphe ↗ U, bei den Maya ↗ die Mondhieroglyphe ↗, evtl. a. hier zum Mond ↗ u. damit zu dessen Fähigkeit der Lichtöffnung, übertragen auf die Pyramide bzw. die darin gebildeten göttl. Menschen der Sonderlinie ↗ - s. Gangsystem ↗ - sodaß sie blaublütig ↗ wurden u. den Gral ↗ im Blut trugen. Natürlich entspr. dieses Lichtöffnen a. dem Öffnen des 7fach versiegelten Buches d. Apok. ↗, u. hier finden wir dann a. den Widder (Chufu) als ›Lamm‹ ↗ wieder, dem allein diese Öffnung gelingt - gemeint ist der Wiederkehrende. C. als Kartusche für Cheops ↗ wird a. Suphis ↗ als Nv.; gemeint ist aber Surid ↗, der Erbauer, u. Osiris ↗, der ermordet wurde. In Chuf(u) steckt auch Sufi ↗ u. Sophia ↗.

Chum: alter Name von Simbabwe ↗, heute auf die 1. Silbe (oder Zim) umvokalisiert. Wahrsch. beinhaltet beides Km ↗ (Chem ↗, Cham) = schwarz, bezogen auf Babwe, Babue, Baba ↗, die schwarze Gottesmutter Isis ↗ (unsere schwarze Madonna). So wundert nicht, daß die gefundenen Hauptsymbole das Krokodil ↗ (Isis = Krokodilmutter) u. der Falke ↗ (ihr Sohn Horus ↗) waren.

Chumash: Name eines kaliforn. Indianerstammes, der Chingchinich ↗ als Kulturbringer verehrt. Etwa 10.000 Personen vor dem europ. Einfall (ab 1770) u. zur Südgruppe gehörend, zw. Los Angeles u. San Diego. Schamanismus ↗ mit Toloache-Kult, Trance durch ein narkot. Getränk aus der Stechapfelwurzel, dessen Einführung Chingchinich zugeschrieben wird. Es erzeugt Visionen von Schutzgeistern in Tiergestalt (s. Nagualismus ↗), die als seine Wächter beim Einhalten der gegebenen Gesetze gelten. Der Hauptritus bei der Initiation ↗ spielte sich vor einem großen Sandmandala ↗ ab.

Ch'ung-Ming Inseln: mythol. Inseln der Seligen ggb. der Mündung des Yangtzu-Flusses. Es wird von 3 gesprochen: *P'eng-Lai* = wucherndes Unkraut, *Fang-Chang* = Vierecksklafter u. *Ying-Chou* = Weltmeerkontinent. Es wurde a. von den 3 Urnen = San Hu gesprochen. Seit dem 4. Jh. v. Z. fing man an, Leute aufs Meer hinauszusenden, um nach den 3 ›Geisterbergen‹ (Inseln) zu suchen, die angebl. im Po-Hai Meer (Pazifik ↗) liegen sollten. Aber entw. wurden sie kurz davor vom Wind erfaßt u. weggetrieben, oder die Inseln ›mit den Unsterblichen‹ versanken im Wasser. These: es handelt sich um eine verdunkelte Erinnerung an Mu ↗ bzw. seine Reste nach dem Untergang: das (Ost)Paradies ↗ von China ↗.

Churchward, James: engl. Colonel u. Schriftsteller, der mit Leidenschaft dem verlorenen Kontinent Mu ↗ im Pazifik nachforschte u. ihn Mutterland der Menschheit nannte bzw. 1. Zivilisation. 50 J. lang suchte er nach den Fragmenten, v. a. in Gestalt unentzifferbarer Steintafeln in Asien u. Südamerika bzw. in den Codices↗ der Maya u. äg. Überlieferungen. Ihm ist wohl der erste globale Schriftvergleich zu verdanken sowie der Versuch einer Rekonstruktion der Kolonialisierung↗ (echte Argonautik↗) von Mu zu den restl. 4 Kontinenten. Buchtitel: *The lost continent of Mu, The children of Mu, The sacred symbols of Mu* (London, Neville Spearman). Die Veröffentlichungen fielen in die 30er Jahre, wie die von H. Wirth↗.

Churriter: nachweisbar etwa seit 2250 v. Z. in (Nord-) Mesopotamien↗, tausend J. später in Saba↗ als Mitannireich, in dem Moses↗ sich seine Frau holte. Sie dürften Teil der Völkerwanderung↗ gewesen sein, die im Kaukasusgebiet ihren Ausgang nahm. Nv.: Hurriter. Nachbarn der Hethiter↗, Assyrer u. Kanaanäer↗. Ihre Hauptstadt Wanchukanni wird heute unter Hügeln im syrisch-türk. Grenzland gesucht. Keilschriftl. Texte enth. auffallende Ähnlichkeit zum Mythos vom Titanen↗-Kampf der Griechen↗. — Der Hurritologe Igort Diakonoff, Leningrad, meint, die hurrit. Sprache zeige Verwandtschaft mit heute noch existierenden nordostkaukas. Sprachen, S. Kaukasier↗.

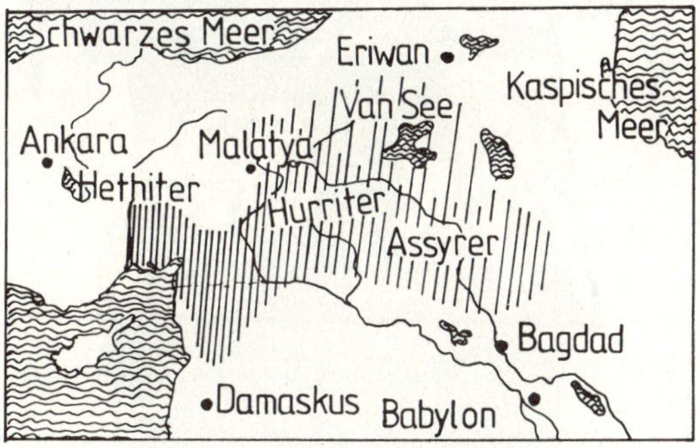

Wortverwandtschaft legt die Kurden als Nachf. nahe, beides evtl. eine Zusammenziehung von Kuh-Hirten, die sie waren bzw. noch sind. Die C. zeichneten sich durch Pferdedressur u. den Streitwagen (Abb. aus Ur↗) aus. Auffällig das Wort Wan↗ in Wanchukanni, Van-See, Eriwan etc., s. Karte.

Chus: Kusch, hebr. Name für Nubien↗ mit den Hauptstädten Napta u. Meroë; Abgrenzung zu Ägypten↗ war Assuan am 1. Nil-Katarakt, nach S Khartum. Der Name findet sich im AT als einer der Söhne von Ham↗. Der äg. Name taucht erst im Mittleren Reich ab 11. Dyn. auf und wird wechselnd Kas, Kaas, Kesch, Kash oder Koush übers., abgeleitet von der Hieroglyphe:

Dieses Königreich wurde im Hochmittelalter zum letzten Ausläufer der altäg. Kultur, nachdem es nach dem Weltuntergang↗ von dort seinen Ausgang genommen hatte, wozu die älteste Bez. To Mam = Mutterland paßt. Als Ägypten (vor dem Einfall des Islam) eine Provinz von Byzanz↗ wurde, kam es 453 zu einem gesonderten Friedensvertrag mit den Nubiern; sie

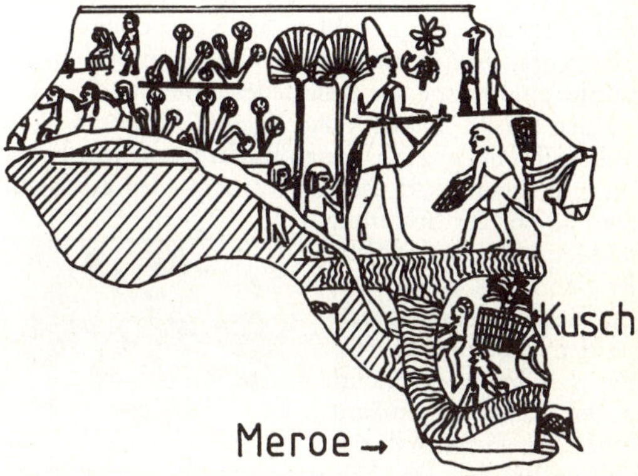

erhielten u. a. das Recht, alljährlich aus dem Isis↗-Tempel von Philae (Nil-Insel beim 1. Katarakt) die dort verehrte Isisstatue nach S zu führen. Die Verfügung stammt aus einer Zeit, als in Philae ein kopt. Bischof residierte u. die meisten Tempel dieser Insel bereits in Kirchen umgebaut worden waren. Dieser rituelle Zug der Göttin nach S, wo sie herstammte, war schon in Altägypten üblich, fing dann aber schon im Nildelta an. — Heute wird nur Obernubien als altes Kusch betrachtet, die archäol. Grabungen sind endl. im Gange. Felszeichnungen datieren zurück bis 7000 v. Z. Königin Teje↗ war Nubierin; Kaschta, ein Herrscher von Napta, gründete im 8. Jh. v. Z. die 25. Dyn.↗ Ägyptens. Die Kuschiten (Nubier) herrschten in Ägypten bis zur Eroberung durch die Assyrer 664 v. Z.; dann erst wurde Kusch ein ganz u. gar selbständiges Königreich. — Man findet den Namen a. als Hindu-Kusch↗.

Eine Zeichnung mit Pharao Menes↗, der die Dynastienzählung einleitet, zeigt Kusch richtig im großen Nilbogen. These: am unteren Knie, wo Meroë lag, begann die Nil-Umleitung↗ vom Atlantik zum Mittelmeer. Die äg. Schreibweise Kas erinnert an die 1. Silbe von Kasskara↗ (= Mu) u. bed. bei den Naga↗ (a. in C. gab es eine Stadt dieses Namens!) 2 u. Doppelgottheit.

Cibola: legendäres Land, das die Spanier auf ihren ›Cibola-Expeditionen‹ nach dem Einfall in Mexiko↗ sowohl in N- wie a. S-Amerika suchten, wobei sie mitgebrachte und einheim. (= azt.) Mythen verschmolzen. Im Kern handelte es sich um 7 goldene Städte, die natürl. nicht gefunden wurden. Es ist denkbar, daß sie sich auf die 7 Höhlen von Aztlan↗ bezogen, dem Ursprungsland der Azteken↗; denn damit landet man bei Überresten von Mu↗, das lt. Churchward↗ beim Weltuntergang↗ 7 ungeheuer reiche Städte besaß, wie er tib. Tafeln entnahm: »mit Türen aus Gold u. Glastempeln«. Zweifellos kam diese Überlieferung schon vorher nach Europa u. wurde schließl. zum Auslöser der Kolumbus↗-Fahrt. These: der Name könnte sich aus Ceiba↗ (dem Weltenbaum) u. La = Land zusammensetzen, mit Verschleifung von Ceiba zu Cibo, worin wieder Bo ↗ enth. ist.

Cihuacoatl: weibl. Schlange (azt.), Titel des ebenbürtigen Priesters neben dem König, der dieser Göttin als ›Friedenshäuptling‹ diente, während der König eigtl. der ›Kriegshäuptling‹ war. Zog er in den Krieg, wurde C. sein Vertreter. Da er in friedl. Zeiten a. Recht sprach, dürfte das äg. Äqv. die Kobra ↗ sein, denn sie hieß a. Ilamatecutli u. bildete die Komponente zum ›Feuergott‹. Außerdem nannte man sie ›Adlerfrau‹ u. gab ihr eine Krone aus Adlerfedern, die den Sonnenstrahlen entspr. These: = 8er Kreis ↗ der Sonne. Das deckt sich mit der Nv.: Tonan als Partnerin von Tonatiu; in beidem steckt das äg. Aton ↗. — Im Bild sieht man sie bei der Schaffung des Menschen; in der Mitte der 8er Kreis als Scheibe mit Pfeilbündel (vergleichbar dem Anch ↗, das Hathor, s. Chnum ↗, reicht), in der Hand des männl. Gottes der Hirtenstab ↗ u. ein 4er Bündel. Der Schöpfungsmythos erzählt, C. habe ›Edelsteinknochen‹ (das Gebilde in der Hand?) zerrieben u. der Partner Blut dazugegeben, als Substanz für die Menschenschaffung. Die fertigen Gebilde fallen in einen Krokodilrachen. These: das könnte die Zeitangabe Wassermann ↗ sein, womit wir bei der Schaffung des Kulturmenschen ↗ landen. Dafür spricht a. der den Kreis enthaltende Pfeil: oben 3 Stäbe äqv. 3. Welt ↗, unten 4 Spitzen äqv. 4. Welt; die Weltenlehre ↗ war den Azteken ↗ durch Übernahme vertraut. Im Namen C. bedeutet Cihua weibl. ↗ u. Coatl ↗ wie bei Coatlique ↗ Schlange, hier für Friede ↗ eingesetzt.

Cihuateteo: weibl. (cihua, s. Cihuacoatl ↗) Göttin (teteo, s. Teteo Innan ↗) bei den Azteken ↗ ohne weitere Zuordnung, d. h. ein genereller Begriff.

Cihuatlampa: das ›Paradies im Westen‹, Wohnsitz der Göttinnen (azt.); von *cihua* = weibl. S. Westen ↗ nach äg. Auffassung.

Coachueye: Gattin des 10. Königs der Tolteken ↗, dämonisiert als eine Coatlique ↗.

Coatepetl: Schlangenberg als Geburtsstätte des Huitzilopochtli ↗; heute der Cerro de la Malinche bei Tula ↗, benannt nach jener indian. Prinzessin Malinche, die dem Cortez ↗ aus Rache an den Azteken ↗ alles verriet.

Coatl: Schlange (azt.); Beispiele: Coatlique ↗, Cihuacoatl ↗ u. Quetzalcoatl ↗ bzw. Coatepetl ↗.

Coatlique: Göttin ›mit dem Schlangenrock‹ (azt.). Ihre Statue (mehr als 2,5 m hoch) stand einst im ›Schwarzen Haus‹ (Tlillancalli), ihrem Tempel im S der Umfassungsmauer der Hauptpyramide von Tenochtitlan ↗, u. wurde 1790 als 1. Monument der Archäol. von Mexiko ↗ ausgegraben. Wie bei der ind. Göttin Kali ↗ ist das Haupt abgeschlagen, u. aus dem Stumpf treten 2 Schlangen als ›Blutströme‹ hervor. Sie hat Jaguar ↗-Pranken anstelle von Händen u. Füßen, einen aus Schlangenleibern geflochtenen Rock, ein Halsband aus Händen u. Herzen u. 2 Menschenschädel als Gürtelschmuck. Sie ist also ein Aspekt des Kosmos ↗ (der Jaguar) = die Unterwelt ↗ als Zodiak ↗ (die 2 Schlangen), s. Chepre ↗ mit dem Gegenkreis zur Nut. Man sollte zu den Schlangen nicht Blutströme sagen, sondern Akua-Ba ↗, die ›Blutseele‹ = der Ka ↗ (Geist), der den Tod im Rahmen der Reinkarnation ↗ überdauert, aber den Gang durch die ›Hölle‹ ↗ antreten muß = den Karmaweg durch die Gesch. ↗. Sie vertritt nicht, wie meist angenommen, die Erde, sondern die Duat ↗ in der Erde, als Par. zum Kosmos. Dafür spricht die Legende, daß ihrem Schoß der azt. Stammesgott Huitzilopochtli ↗ entsprang; er war es a., der den Azteken ↗ befahl, Aztlan ↗ zu verlassen. Es handelt sich um eine symb. Sonnengeburt. — Im Übertrag wird aus C. Coachueye ↗, dämon. Gattin des 10. Toltekenkönigs Huemac (1098–1174), der die schrecklichsten (Menschen-)Opfer ↗ einführte.

Cocha: See (Inka), enth. in Mama Cocha = Titikakasee ↗ u. Viracocha ↗ = Schöpfergott, Kulturheros, u. ein Titel wie Quetzalcoatl ↗. Nv.: Kon Tiki ↗. Ein anderer See im peruan. Gebiet wird inzw. Jahuar Cocha = Blutsee genannt, weil die Inka ↗-Invasoren die Cara ↗ abschlachteten u. hineinwarfen.

Codices: span. Bez. der Maya ↗-Bücher: mit Bildern verzierte hieroglyph. Handschriften, die auf ein großes, doppelt gefaltetes Blatt geschrieben u. dann zw. zwei sorgfältig verzierte Holzbretter gelegt wurden. Man schrieb von beiden Seiten ausgehend in Spalten, in der durch die Faltung vorgegebenen Anordnung. Das Papier wurde aus den Wurzeln eines Baumes gemacht u. weiß angestrichen. Da man mit diesen Schriften sorgfältig umging, überdauerten sie lange Zeiträume. Der erste span. Bischof von Yucatán↗ zerstörte die meisten; nur 3 Originale blieben übrig, genannt: Pariser Codex (Totenbuch↗ der Maya), Dresdner Codex + Madrider Codex. Anders als die Steininschriften handelt es sich ausschließl. um relig. u. esot. Texte. Auf die Entzifferung u. zusammenfassende Interpretation durch Paul Arnold wird gewartet. — Daneben blieben erhalten: 4 C. der Azteken↗ (Codex Borgia) und 8 der Mixteken↗; sie haben mehr profanen Charakter. — Bei den Maya tauchen Grundmotive↗ auf:

Confessio Augustana: Augsburger Bekenntnis, von Melanchthon (dt. Humanist u. Mitarbeiter von Luther↗) 1530 verfaßtes reformat. Glaubensbekenntnis mit 28 Artikeln (s. Reformation↗), bes. den Chiliasmus↗ verwerfend.

Confessiones: Bekenntnisse. Titel des wichtigsten Werkes von Augustinus↗, das er etwa 45jährig, nicht lange nach seiner Wahl zum Bischof der afrik. Hafenstadt Hippo verfaßte (um 400). 3teilig angelegt: Buch 1-9 erzählt die Lebensgeschichte von Augustin bis zum Tod seiner Mutter vor seiner Rückkehr in die afrik. Heimat und setzt dieser darin ein Denkmal, spez. im 9. Buch, Kap. 10 ›Das mystische Gespräch mit der Mutter‹, das Einblick in die afrik. Mystik↗ gewährt. Im umfangreichsten 10. Buch folgt die viel bewunderte Analyse des Gedächtnisses mit Klärung der alten Ideenlehre↗ (Kap. 10-12) ›Geistige Wahrheiten sind nicht bildlich‹. — Buch 11-13 bringt grundlegende Ergebnisse über die Schöpfung, den ersten Versen der Genesis↗ folgend, u. ein Bekenntnis zur Trinität↗.

Copan: alte Stadt der Maya↗ in Honduras, wo um 700 ein Astronomen-Kongreß ihren Kalender↗ reformierte.

Cortez(s): span. Konquistador (1485-1547), der 1519-21 Mexiko↗ eroberte. Seine 4 Kriegsberichte an Kaiser Karl V. hat man oft mit Cäsars↗ ›Kommentarien über den Gallischen Krieg‹ verglichen. — 3 Faktoren ermöglichten den schnellen Sieg: die azt. Einstufung, ihn für den wiederkehrenden Ce Acatl Quetzalcoatl↗ zu halten; der Verrat der versklavten Kaziken-Tochter Tenepal (span. Marina), die Dolmetscherin u. Geliebte von C. wurde u. wie viele unterdrückte Indianer den Sturz des Azteken↗-Reiches herbeisehnte; u. sein Fund azt. Landkarten. — Lt. Maya↗-Prophezeiung begannen jedoch mit C. die Höllenzeiten↗, d. h. die Macht von Tezcatlipoca↗ (= rauchender Spiegel), die 9 Tzolkin↗ dauern würde: von 1519-1987.

Abb. Det. vom Denkmal des letzten azt. Königs, Qua uhtemoc ergibt sich Cortez, dahinter Marina (1521). Er war der 11. König der Azteken, beginnend 1376 mit König Acamapich, Sohn einer Tolteken↗-Prinzessin der Stadt Colhuacan südl. von Tenochtitlan↗, benannt nach dem myth. Berg von Aztlan↗. Alle Aztekenkönige hielten sich für Stellvertreter von (Ce Acatl) Quetzalcoatl, eine Verdrehung der Maya-Überlieferung einer Wiederkehr↗.

Cotzbalam: der eine Jaguar (Balam↗), der das Fleisch der ›hölzernen Menschen‹ fraß; s. Popol Vuh↗.

Creativität: schöpfer. Tun in dem Sinne, wie die Schöpfung↗ entstand: aus dem ›Wort, das am Anfang war‹ = Logos↗, afrik. Nommo↗, d. h. direkt aus den Grundmotiven↗ des Kosmos↗, beim Menschen aus dem Ka↗ (Geist). Deshalb folgen Kunst↗-Stile der Reihenfolge X-P (Weltordnung↗ I), intellektuelle Erfindungen jedoch der Reihenfolge A-Z (Weltordnung II). Das Wort spiegelt sich in der Göttin Ceres↗ u. dürfte auf Karis↗ zurückgehen, ein äg. Wort, das die frühesten griech. Maler noch für Kunst einsetzten. Auch deckt sich die Zahl 9 der Musen↗ perfekt mit den 9 Sektoren, die Chepre↗ bzw. der Sonnengeburt↗ vorausgehen. Das sind auch die 9 ›Tage‹, die Wotan↗ an der Yggdrasil↗ hing, um die Runen↗ zu erlernen, die ebf. der Grundmotivfolge X-P entspr.

Cromagnon-Mensch: nach der Fundstätte in der frz. Dordogne benannte Skelettgruppe etwa 25000 J. alter Höhlenbewohner, denen die Höhlenmalerei↗ dieser Gegend zugeschrieben wird. Inzw. fand man ihn überall in der Welt u. mit allen Rassen-Unterschieden. These: da lt. Weltenlehre↗ Rassenunterschiede überhaupt erst ab 4. Welt beginnen, verbunden mit Astronauten↗-Landung, Beginn von Geschichte↗ u. Kunst↗, sollte man besser von Lemuro-Atlantiern↗ statt von C. sprechen. Entspr. verläuft ihre Ausbreitung von Mu↗ nach Europa↗ bzw. anderswohin, und nicht, wie angenommen, umgek. von Europa nach Australien. — Es

Cromagnon-Frau mit ledernem Lendenschurz

war das 1. Matriarchat ↗, weshalb Frauenfiguren vorherrschen. Seine Ausbreitung dürfte im Rahmen der Kolonialisierung ↗ erfolgt sein.
Gruppenbilder zeigen, daß Frauen die Kult-Zeremonien leiteten (Ostspanien). Die vorherrschenden Farben sind schwarz u. rot. Man fand Schwirrhölzer ↗, die v. a. für Australien u. Afrika bezeugt sind. P. Kaiser (›Die Rückkehr der Gletscher‹) spricht von Verwandtschaft zu Buschmännern, Ur-Australiern, Ur-Japanern u. Indianern ↗ und daß unbek. ist, ob bei uns dunkel- oder hellhäutige C. lebten.

Cucumatz: Schreibvar. von Kukumatz ↗.

Cyclopen: legendäre Riesen ↗, mit Auge in der Mitte der Stirne (griech.) u. halbgöttl., nach den Titanen ↗ geboren. Obwohl es hieß, sie seien mit den Göttern nahe verw., benahmen sie sich in den Erzählungen wie Wilde, ohne sich viel um Götter oder Menschen zu kümmern. Viele monumentale Bauten aus vergangenen Zeiten, wie die Mauern von Mykene ↗, wurden ihnen zugeschrieben. Vergil ↗ lokalisierte ihre ›Blitzschmiede‹ in einer Höhle des Ätna auf Sizilien, weil man auf ihr a. die Heimat der riesigen Hirten in der Odyssee ↗ vermutete. In einem Tempel am Isthmus von Korinth brachte man ihnen Opfer dar. — Blavatsky: »Die ältesten Überreste cyclop. Bauten waren alle die Schöpfung der letzten Unterrasse der Lemurier ↗... Die Druidensteine, die Dolmen, die Tempel Indiens, Ägyptens u. Griechenlands etc. sind alle ihr Werk. Sie verwendeten weder Mörtel noch Zement, noch Stahl od. Eisen, um ihre Steine zu behauen; und doch waren diese so kunstvoll bearbeitet, daß an vielen Stellen die Fugen kaum sichtbar sind, obwohl viele von den Steinen, wie in Peru, 38 Fuß lang, 18 Fuß breit u. 6 Fuß dick sind... der Occultismus nennt sie Initiatoren, welche dadurch, daß sie einige Pelasger ↗ initiierten, den Grundstein zur wahren Maurerei legten« (I., S. 331, 230, II., S. 360). — P. Kolosimo: »man nennt die Massai ↗ Nachfahren der Cyclopen.« — These: der Name leitet sich von Cyclos = Kreis ab, den sie als Z. auf der Stirn trugen, um zu symbolisieren, daß sie noch das Dritte Auge ↗ besaßen, das im Dzyan ↗ in der 4. Welt ↗ verloren ging. In sie fallen a. die griech. Tita-

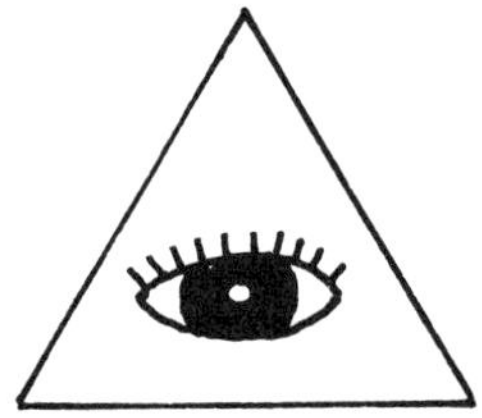

nenkämpfe unter Zeus ↗ (= Jupiter, 4. Welt), der die von Uranus u. Ge (= 3. Welt, Lemuren) gezeugten C. aus dem Tartaros ↗ befreit, um ihm (Zeus) im Kampf zu helfen: sie schmieden seine ›Blitze‹ (Waffen). Die Zeitangaben stimmen also überein. Sollte die bibl. Parabel Kain ↗-tötet-Abel auf diesen Titanenkampf anspielen, wäre das sog. Kainsmal ↗ evtl. dieser Stirnkreis u. die C. Nachf. von Kain. — These: es waren die Wanen ↗ der germ. Edda, ebf. Riesen, die vor den ›Göttern‹, hier Asen, da waren. Auch Osiris ↗ fällt ein, was nur ›Sitz des Auges‹ bed. Zyclop. war zweifellos die Große Pyramide ↗. - Man sollte deshalb C. nicht als Kopf mit 1 Auge darstellen, sondern als Pyramide mit Auge, ein Symbol der Freimaurer ↗ für Osiris.
Im Talmud ↗ bringt Lilith ↗ die Riesen hervor. Vielleicht bed. C. nur *cycle-open* = Kreis-offen = Lichtöffnung ↗. Ein rel. gut erhaltener zyclop. Bau ist Simbabwe ↗.

Buchstabe D

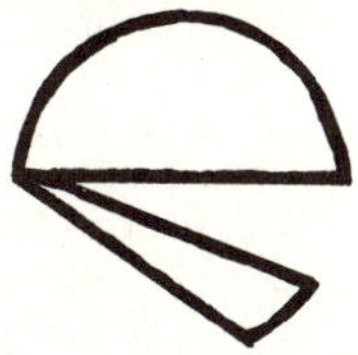

Grundmotiv Erinnerung

Da: erschaffen (afrik.), Verdoppelung Dada ↗.
Dada: Gott der Natur ↗ bzw. die Natur als seine Erschaffung, s. Da ↗: alles was Da ist, in unserem Sprachgebrauch das Dasein ↗, im Unterschied zum Sein ↗ die immerfort vergängl. Existenz ↗, die das Sonnenalphabet ↗ von A bis Z - zus. das D oder der 24er Kreis der Sonne ↗ - durcheilt = Thot ↗ in Ägypten, eine Horusform, dem D. dann evtl. entspricht. Das gilt a. für den kanaan. Baal Hadad, evtl. sogar für den kelt. Dagda ↗, dessen erste Silbe Dag an Tag erinnert, der ja ebf. aus 24 Einheiten (die Stunden ↗) besteht. — D. wurde vom Dadaismus ↗ übernommen.
Dadaismus: Kunst ↗-Bewegung ab 1915–1923, d. h. im 1. Weltkrieg ↗ beginnend, ziemlich gleichzeitig in Rußland, Europa u. New York praktiziert als Anti-Kunst-Bewegung oder ›Flucht aus der Zeit‹, Titel von Emmy Hennings für die Tagebücher von Hugo Ball. Man suchte nach einem Sinn, den man dem Unsinn der Zeit gegenüberstellen konnte. Richter: »Was wir suchten, war ein neues Wissen ↗.« Damit landet man bei Dada ↗, was nicht verwundert, da diese Bewegung wie verrückt nach Negerrhythmen u. Masken war, je-

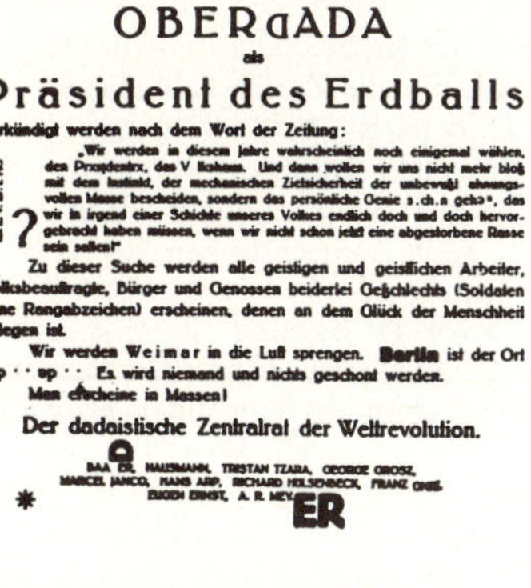

Am Donnerstag, den 6. Februar 1919, abends 7½ Uhr, wird im »Kaisersaal des Rheingold (Bellevuestraße) der

OBERdADA

als

Präsident des Erdballs

verkündigt werden nach dem Wort der Zeitung:

„Wir werden in diesem Jahre wahrscheinlich noch einigemal wählen, den Präsidentrx, das V lkshaus. Und dann wollen wir uns nicht mehr bloß mit dem Instinkt, der mechanischen Zielsicherheit der unbewußt ahnungsvollen Masse bescheiden, sondern das persönliche Genie s.ch.n geh>*, das wir in irgend einer Schichte unseres Volkes endlich doch und doch hervorgebracht haben müssen, wenn wir nicht schon jetzt eine abgestorbene Rasse sein sollen!"

?

Zu dieser Suche werden alle geistigen und geistlichen Arbeiter, Volksbeauftragte, Bürger und Genossen beiderlei Geschlechts (Soldaten ohne Rangabzeichen) erscheinen, denen an dem Glück der Menschheit gelegen ist.

Wir werden Weimar in die Luft sprengen. Berlin ist der Ort . . da . . da . . Es wird niemand und nichts geschont werden.

Man erscheine in Massen!

Der dadaistische Zentralrat der Weltrevolution.

BAA ER, HAUSMANN, TRISTAN TZARA, GEORGE GROSZ, MARCEL JANCO, HANS ARP, RICHARD HÜLSENBECK, FRANZ JUNG, EUGEN ERNST, A. R. MEYER

Flugblatt, Berlin 1920

doch unter der falschen Voraussetzung, es seien Produkte von Naturvölkern ↗. Arp: »Dada ist der Urgrund aller Kunst. Dada ist für ›Ohne-Sinn‹ der Kunst, was nicht Unsinn bedeutet. Dada ist ohne Sinn wie Natur ↗.« Nichts könnte falscher sein. Der Sinn der Natur liegt in der Schöpfung ↗, die treibende Kraft der Kunst ist der Sinn der Geschichte ↗. Richtiger ist, was Ball sagte: Die Maler als »Verkünder der übernatürlichen Zeichensprache« - die allerdings nicht ihnen gelang, sondern Kolawole ↗. Jedoch hatten beide die gleichen Anknüpfungspunkte: Jazz ↗ + Masken ↗ einerseits, russ. Futurismus (Malewitsch ↗) andererseits, eingebettet in die Weltrevolution ↗ u. ›Auflösungszeit‹ (Nietzsche ↗). D. ist Teil der Moderne ↗.
Dagda: Gott der Kelten ↗, übers. mit ›der gute Gott‹ von *dago* = gut u. *devos* = Gott. Doch bed. dago a. ›der Höchste‹, mit der wichtigen Einschränkung, daß er nur der höchste der solaren Götter ist. Nach Ankunft des Lug ↗ steht dieser über ihm. Auf Münzen

sitzt er mit Vogelkopf auf einem Pferd ↗, in der r. Hand die Sonne ↗, l. den Mond ↗ u. auf dem Kopf 3 Hörner als Windharfe. Er ist der ›magische Harfner‹ mit dem Instrument der ›3 Schicksalsweisen‹: der Weise des Lachens (Jugend), des Seufzens (Alter) u. des Schlafs (Tod), allesamt Manifestationen der Seele ↗ (L. Lengyel), womit wir perfekt bei Dada ↗ landen. — Dagdas Tochter ist Dana ↗: Göttin der Tuatha de Dannan ↗ (= Deutschen). Sie heiratet einen Gott der Fomori ↗ (Riesen), denen a. Lug angehört; alle ir. Mythen drehen sich um die Kämpfe zw. Fomori und ›Uraniden‹ (Solargöttern wie Dagda), sagen wir Schwarzen und Weißen, jeweils eine andere Weltordnung ↗ vertretend. Als Par. fallen die Wanen-Asen-Kriege ↗ ein bzw. die 2 Hauptpaare der äg. Doppel-Religion ↗: Osiris + Isis (schwarz) u. Seth + Nephtys (weiß). Der Übertritt letzterer - Nv. Janna ↗ als Nertus - könnte dem von Dagdas Tochter entspr.
Dagon: lt. Bibel ↗ ein Gott der Philister ↗, bezogen auf Kanaan ↗ der Vater von Baal ↗; a. in Babylon zu finden als *Dag-On* = Fisch-Mann, lt. Blavatsky ↗ äqv. zu Vishnu ↗ u. Oannes ↗, der Mann im Fisch, schon in

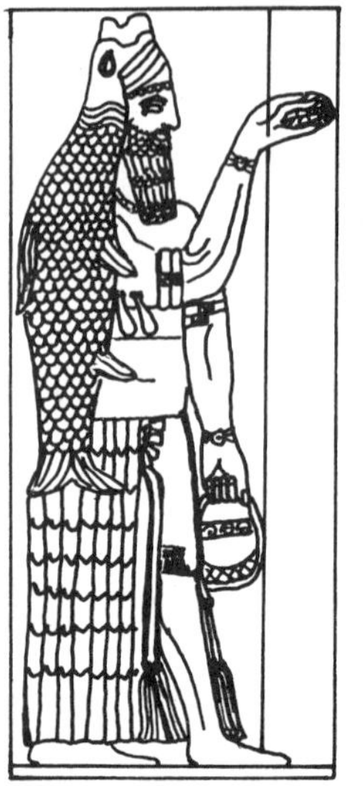

Sumer ↗ als Figur zu sehen, die ein Fisch-Kostüm trägt. Nun stand der Fisch in Ägypten wie bei den Chaldäern als Hieroglyphe für männl. Urwasser, Nun ↗: 7. Sektor der Götterachtheit ↗. These: was daraus hervorgeht ist - im nachfolgenden 8. Sektor Naunet ↗ - der vernünftige u. schließl. unsterbl. Muntu ↗ oder Übermensch ↗. — S. Osirismumie ↗ in Fischform. — Auch die Nommo ↗-Astronauten der afrik. Dogon ↗ werden ›Fischmenschen‹ gen. — Weitere Par.: Der Maisgott ↗ der Maya als Fisch-Mensch u. die äg. Hatmehit ↗.

Dakini: Wesen in weibl. Formen (Sanskrit) mit Lilith ↗ als Urbild, sehr schön, aber ohne Gemüt, siderisch, können in der Luft wandeln wie a. menschl. Körper annehmen. In esot. Berichten heißen sie a. Khado. These: ein Pendant zu Kadmon ↗, selbe Vorsilbe Kad, s. Cad ↗, dann statt *mon* = Mann O = Frau. Ein Kosmos-Ätherwesen (die 24 Grundmotive X-P), aber ohne Ich, Mo ↗ in Afrika, enth. in mon bei Kadmon. Das würde die ›Gemütlosigkeit‹ bedingen, trotz ›größter Freundlichkeit gegen Sterbliche‹. In der Kabala ↗ bilden Adam ↗ Kadmon u. Lilith das himml. Paar ggb. Adam Rishon u. Eva ↗ als ird. Paar, wobei letzter wie besk. aus einem hermaphrod. Ur-Adam der 3. Welt ↗ ›herausgenommen‹ wird u. deshalb dem Mann untertan ist, Lilith (u. jede Dakini) aber selbständig entsteht. Dieser Frauentyp fehlt in der Bibel ↗, obwohl er lt. Kabala Grund des Kain ↗-Abel Streites u. Mordes ist. Zweifellos wurde daraus die ›Schlange‹ am ›Baum der Erkenntnis ↗‹. — Legenden nennen das Haupt ›Buddha Dakini‹. Kanaan. Äqv.: Anat ↗, äqv. Orejona ↗ in Südamerika.

Daksha: eine Form des Brahma ↗, nämlich 1 der 7 (8) Adityas ↗, d. h. 1 Sektor des 8er Kreises ↗ der Sonne (ind.). Da es heißt, D. habe den geschlechtl. Verkehr als Mittel zur Vermehrung eingeführt, muß es sich um den 7. Sektor, äg. Nun ↗ handeln, afrik. Muntu ↗, intelligent, aber unvernünftig. So wird D. tats. ›der Intelligente, der Tüchtige‹ übers. u. gilt als Vorfahre der Menschen, der sich zur Hälfte in ein Weib verwandelte, mit welchem er Töchter zeugte. Bibl. Äqv.: jener Ur-Adam, der sich in Adam Rishon ↗ + Eva ↗ teilte. Gemäß Buchstabenfolge der Evolution A-Z würde D. auf T fallen u. damit in die 2. Welt ↗ bzw. die 2. Wurzelrasse ↗ personifizieren, sein Auseinanderfall die 3.

Dalai Lama: weltl. Oberhaupt des Lamaismus ↗ (Tibet); wird als Wiederverkörperung eines Aspektes des Buddha ↗ angesehen u. gelangt mit 18 J. an die Macht, Regierung u. Kirche in sich vereinend. Der heutige D.L. ist im Exil. — Dalai kommt von *Tale* = Ozean, ein Titel, den ein mongol. Khan ↗ 1578 zum 1. Mal einem tib. Mönch (Lama) verlieh. 1642 fiel ein anderer Khan (Mongolenfürst) in Tibet ein u. setzte den damaligen 5. D.L. als Oberhaupt ein. Gewöhnl. wurde er als Kind einer einfachen Familie ›entdeckt‹, mitgenommen u. ausschl. von Gelehrten, einflußreichen Mönchen u. Lamas erzogen. Ab 1808 versuchten die Chinesen vergebl. zu erzwingen, daß das jeweilige D.L.-Kind per Los bestimmt wurde. — 1728 setzten die mongol. Mandschus ↗ als Rivalen den Panchen Lama ↗ ein, betrachtet als Inkarnation des Dhyani Buddha ↗ Amitabha (tib. Öpame), als dessen Projektion in der mater. Welt der Bodhisattva ↗ Avalokiteshvara - ind. Äqv. Daksha ↗ - gilt, dessen Inkorporation ↗ wiederum der D.L. ist. Dehalb wirkt letzterer in der Welt der Panchen Lama nicht. — 1913 nach dem Sturz der Mandschu-Kaiser u. der Umwandlung Chinas in eine Republik, erklärte der 13. D.L. Tibet für unabhängig (bei ihm befand sich Gurdjieff ↗). 1950 marschierten die Kommunisten unter Mao ↗ ein, 59 explodierte die Volkswut in Lhasa ↗, weil man befürchtete, die Chinesen würden den 14. D.L. nach Peking entführen. Zehntausende umringten seinen Sommerpalast Norbu Lingkha mit dem Goldenen Thron.

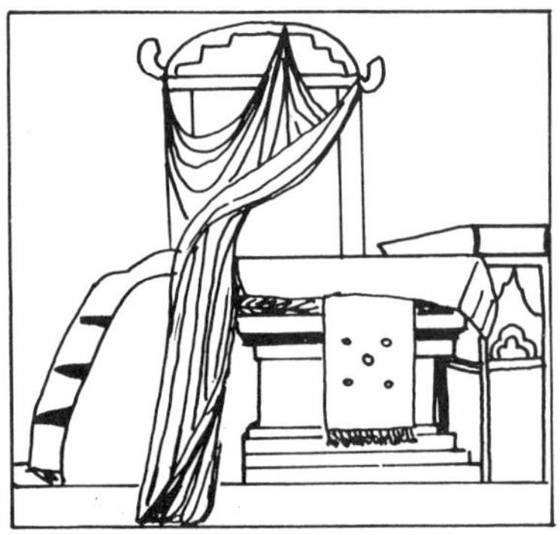

Man beachte die 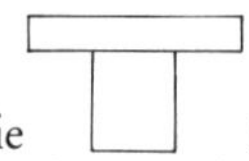 Form, die bei den Maya ↗ dem Sehen im Jenseits entspr. (s. Chilan ↗), u. die Einordnung des Daksha (2. Welt ↗). Die Chinesen drohten mit der Beschießung des Palastes. Um Blutvergießen zu vermeiden, floh der 14. D.L. in der Nacht nach Indien, 50.000 Landsleute folgten ihm sofort ins Exil. Für die Zurückgebliebenen begann eine schreckl. Leidenszeit. 1979+80 wurden Delegationen des D.L. Besuche erlaubt, der Jubel war unbeschreiblich, ebenso die Horrormeldungen: von den rund 3800 Klöstern u. relig. Einrichtungen, die es bis 1959 gab, existierten nur noch 13.

Damoklesschwert: Symbol für eine stets drohende Gefahr in Gestalt eines an einem Faden über jemand (lt. Legende Damokles) hängenden Schwertes.

Dämon, Daimon: griech. Wort für ein Geist-Wesen als Mittler zw. Gottheit u. Mensch. In Ägypten gleichgesetzt mit den Göttern, u. wie sie symbolisiert durch das NTR ↗-Zeichen (s. Axt ↗). Da z. B. die 4 Horuskinder ↗ dazugehörten wie auch Krokodil ↗, Löwe ↗, Schlange ↗ etc., wäre die beste moderne Bez. Archetyp ↗ u. Engel ↗, zusammengefaßt bei Sokrates als *Daimonion* = die innere Stimme, der man gehorchen muß (Gewissen), sprich das kollektive Unbewußte ↗. Es kam erst ab Paradies-Verlust ↗ = Geschichtsbeginn (4. Welt ↗) zum Menschen, was dann a. für die Präsenz von Dämonen auf der Erde gilt. Das Äg. Totenbuch ↗ sagt über sie: »Im Besitz einer Leiter, die den Himmel erreicht, ziehen sie doch den Wohnsitz der Erde vor.« Den Anf. bilden Bes ↗, Beset ↗ u. Thoeris (Nilpferdgöttin ↗) mit den jeweiligen Ausfächerungen, die in der Weltformel ↗ die äußeren Kreise bilden: Verschlüsselung u. Verpackung des Ka ↗ (Geist). Eben deshalb dürfte in Ägypten zw. D., denen man im Diesseits u. D., denen man im Jenseits ↗ begegnet, unterschieden worden sein. — S. Djinn ↗.

Dan: afrik. Stamm, der zu den Mande gehört, die aus der Sahelzone südwärts vorstießen (13.-16. Jh.) u. heute an der Elfenbeinküste ansässig sind. Ihre Masken trafen z. Z. von Picasso ↗ in Paris ein.

Dan: ›sein Selbst durch Meditation und Erkenntnis reformieren‹ oder ›eine zweite innere Geburt‹. Dan, jetzt in mod. chin. u. tib. Phonetik zu Chhan geworden (s. Can ↗), ist die allg. Bez. für esot. Schulen sowie ihre Literatur, Nv.: Janna ↗, Djan, Dzan, Dzyan ↗ u. Dhyana ↗. So werden auch geheimwissenschaftl. Teile der Metaphysik von Gautama ↗ gen.

Dana: Göttin der Kelten ↗, Tochter von Dagda ↗, von der es heißt: »Also ließ sich, von einer großen Wolke getragen, der Stamm der Göttin Dana (Tuatha de Dannan ↗), das Elfenvolk auf die Erde herab« (L. Lengyel, 1976, S. 232). Ihre Symbolisierung als Adler führt zu Anat ↗ als Äqv., bei den Tuatha a. Anu u. Danu ↗; die Gestalt des Geiers ↗ zur äg. Nechbet ↗ u. über sie zu Nephtys, germ. Janna Nertus Salis ↗.

Dante Alighieri: ital. Dichter (1265–1321), 1302 aus seiner Heimatstadt Florenz verbannt. Im Hauptwerk ›Divina Commedia‹ (Göttliche Komödie) läßt er Vergil ↗ seinen Führer durch Hölle u. Fegefeuer sein, während seine geheime Geliebte, Beatrice, der er die Verwirrungen seines Lebens bekennt, die Führung ins Paradies erhält (wie in Augustins Confessiones ↗ dessen Mutter). Im Prolog erfährt man, daß sie ihm a. schon Vergil als Geist schickte. Der Abstieg in die Hölle verläuft in konzentr. Kreisen, wie beim Berg Meru ↗, bis am Grund der ›Rachen des Satan‹ sichtbar wird, der unablässig die größten Frevler zermalmt (in Ägypten übernimmt das die Nilpferdgöttin ↗). Beim Flug mit Beatrice durch die himml. Sphären erreicht er jedoch nur die ›Himmelsrose‹ ↗. Der Versuch, das letzte Geheimnis zu ergründen, scheitert; er verliert sich in der Liebe, die Sonne u. Sterne bewegt: »L'amor che muove il sol e l'altre stelle.« Merkwürdigerweise bestimmte er jeweils 33 Gesänge für Inferno (Hirtenstab ↗), Purgatorio + Paradiso (zusammen 66, die Geißel ↗), mit dem einleitenden Gesang = 100, der Gesamtkosmos ↗ - den er eben nicht erreichte.

Dante u. Beatrice in der Sphäre des Mondes

Danu: heißen 2 Hügel der engl. Grafschaft Kerry oder ›Brüste der (Göttin) Anu ↗‹ oder Dana ↗, Tochter des Dagda ↗, nach der sich die heutigen Deutschen ↗ Tuatha de Dannan = Volk der Göttin Anu nannten. Weitere Nv. Janna ↗ Nertus (äg. Nephtys ↗) Salis: Ihs ↗, übernommen als Jesusmonogramm. Ein Bezug besteht a. zu Dan ↗, Erkenntnis ↗, s. die 2 D.-Hügel unter dem Runenkreis ↗.

Darogo: Kultgeräte der Einheimischen von Australien ↗, um die herum die wichtigsten Zeremonien kreisen. Sie gehen auf die Djangawul-Schwestern ↗ zurück u. werden mit dem Besitz von Wissen assoziiert, betr. Schöpfung ↗, Traumzeit ↗, Totemismus ↗, Regenbogenschlange ↗, Mythen ↗ u. Symbole ↗. — Nv. Ranga ↗.

Darwin: engl. Naturforscher (1809–1882), der die Selektionstheorie = Darwinismus begründete als Erklärung der Evolution ↗, besagend, daß die bestehenden Arten (Pflanze, Tier, Mensch) sich in einem Mio. J. währenden Prozeß natürlicher Auslese zufälliger Mutationen ↗ zu ihrer gegenwärtigen Form entwickelt hätten. Das schloß ein, daß der Mensch ↗ nicht das Ergebnis einer besonderen Schöpfung sei, sondern (evtl.) vom Affen abstammte, u. der ganze Bibel ↗-Bericht unwissenschaftl. Glaube sei. Der Streit Bibel-Darwin blüht heute wieder in den USA auf. — These: beide haben halb recht, siehe Schöpfung ↗ u. Weltenlehre ↗.

Dasamahavidya: die 10 (= *Dasa*) großen (= *maha*) Wissen (= *vidya*, äqv. Veda ↗) bzw. die 10 Aspekte der uranfängl. Göttin Shakti ↗ oder die 10 Objekte des transzendenten Wissens (Tantrismus ↗); Nv. Mahavidya.

1) Kali ↗ = die Macht der Zeit
2) Tara ↗ = das Potential der Neuschöpfung
3) Sodasi = Verkörperung der 16 Modifikationen des Verlangens
4) Bhuvanesvari = die substantiellen Kräfte der mater. Welt (Lotos ↗-Herrin)
5) Bhairavi = die sich selbst in eine Unendlichkeit von Wesen u. Formen vervielfältigt
6) Chinnamasta = die dem Universum die Lebensenergie ↗ verleiht
7) Dhumavati = assoziiert mit unerfülltem Verlangen
8) Bagala = Vernichterin der negativen Kräfte
9) Matangi = die Kraft des Beherrschens
10) Kamala = der Zustand der wiedererr. Einheit ↗.

These: läuft par. zu den 9 Welten, die der Weltenbaum Yggdrasil ↗ (germ.) durchwächst, in der Hel ↗ (= Kali) wurzelnd, mit Wiedererreichung der Einheit als 10. Himmel, Io ↗ im Pazifik = Grundmotiv X als Einheit der 24 Grundmotive ↗ des Kosmos ↗.

Dasein: ind. Rupa-Loka ↗ = Ort *(Loka)* der Formen *(Rupa)*; von Sokrates ↗ als Fülle der vergängl. Formen sehr schön den unvergängl. Ideen als Sein ↗ gegenübergestellt, mit dem philos. Hauptanliegen eines Daseins im Sein als Einbettung der Vergänglichkeit in die Unvergänglichkeit. — Noch konkreter werden die 24 Kategorien des Daseins in der afrik. Ntu-Philosophie ↗ deutlich. — Im Rahmen der Weltformel ↗ gehört alles dazu, was nicht den Nommo ↗-Außenkreis sowie den zentralen Kern Ntu betrifft, also Göttin u. Gott; christl. das ›Wort‹ u. Gott. Genaugenommen beginnt das Dasein mit ihrer Trennung, die a. die Schöpfung ↗ in Gang setzt. — Heute wird fälschlicherweise meist Sein für Dasein eingesetzt und Nichtsein für Sein, was der material. Weltauffassung entspricht. — S. Da ↗.

Dat: Duat ↗ (Jenseits); eines davon = Amduat ↗.

David: Vater von König Salomo ↗, etwa zw. 1040-1030 v. Z. in Bethlehem ↗ im Stamme Juda ↗ geboren, später Löwe gen. In der Bibel ↗ geschildert als ›bräunlich, mit schönen Augen und guter Gestalt.‹ Jerusalem ↗ wurde sein persönl. Besitz, der ihm und seinem Heer nach Eroberungsrecht zugefallen war, ein bäuerl. Stadtstaat der kanaan. Jebusiter ↗. Um seine Stellung über die zur Einheit verschmolzenen Staaten Juda u. Israel ↗ zu festigen, brachte er die Bundeslade ↗ in einer großen Zeremonie nach Jerusalem; den Tempel baute jedoch erst Salomo. — Das vereinigte Königreich mit ihm als 1. König wurde im Verlauf seiner Herrschaft zur stärksten Macht zw. den großen Reichen von Mesopotamien ↗, Syrien ↗ u. Ägypten ↗. In den letzten J. rief er eine Kommission ins Leben zur Veranstaltung einer Volkszählung, die aber großen Widerstand unter der Bevölkerung hervorrief; anschließend wurde das Land von einer Pestepidemie heimgesucht. Dann kaufte er das Gelände für den zukünftigen Tempel: es war die Tenne des Jebusiters Aurana. — Archäol. Untersuchungen haben gezeigt, wie stark kanaan. Einfluß am kulturellen Aufschwung Israels, der mit David begann, beteiligt war (s. Kanaan ↗). Spez. Hiram ↗ von Tyr war sein Freund, u. dessen Tochter heiratete Salomo. Diese Linie läuft angebl. zurück zu Agenor ↗ + Telephassa, Eltern von Europa ↗ + Kadmos ↗. — David hatte 2 Frauen (u. viele Konkubinen): Bathseba (wurde Mutter von Salomo), eine Sabäerin ↗, u. Michal, Sauls Tochter. — D. war a. Dichter u. Musiker (8seitige Harfe), 73 der 150 bibl. Psalmen werden ihm zugeschrieben. Außerdem soll der ›Speer des Schicksals‹ ↗ in seinem Besitz gewesen sein, mit dem später Jesus - der über Maria ↗ auf David zurückging - am Kreuz verwundet wurde. — These: einige der auf ihn übertragenen Taten scheinen der kanaan. Gesch. entnommen zu ein u. spielten sich Jt. früher bei der Gralsburg ↗ ab. — Der Titel Löwe bezieht sich auf seinen Herkunftsstamm Juda, der dem Löwe-Sektor ↗ zugeordnet wurde, 7. Abschnitt des äg. Djedbaumes. Auf ihn beziehen sich heute Erweckungsbewegungen der ›echten schwarzen Juden‹ in Amerika unter Führung des Afroamerikaners ›Rabbi Washington‹.

Davidstern: Sechsstern ↗, Symbol der Juden ↗, aber schon in Ägypten ↗ als Kabira Isis-Osiris zu finden wie in Indien ↗ als Symbol von Vishnu ↗. — Nv.: Salomos Siegel. — Spekulationen der Kabala ↗ versehen die Spitzen des Sterns mit Zahlen, um ohne die 1 (Alef) zum Buchstaben-Zahlenwert von Jahwe ↗ (Yhwy = 26) zu kommen. Setzt man jedoch dieses Spiel mit der nichtgen. 27 fort, indem man von ihr die Quersumme (2 + 7 = 9) abzieht, landet man bei 18 oder dem kosm. Stellenwert des Nommo-Z. ↗, was mehr überzeugt, zumal es dem Buchstaben T entspr., der tats. oft in diesem Stern zu finden war, statt obiger Zahlen u. Buchstaben. Dann setzt sich die Rechnung mit 18 x Chenti ↗ (Titel des Osiris, der Nommo entspr.) fort, u. man landet bei 1 Sektor der Präzession ↗ = 2160 J. x 12 (die 12 Seiten des Sterns als ›12 Stämme Israel ↗‹) = 25920 J. Gesch. ↗ ab Paradies-Verlust ↗ bis Endzeit ↗, u. zwar global für die Gesamtmenschheit, wenn auch mit unterschiedl. Engagement. U. dieser D. verbirgt sich in der Brustplatte ↗.

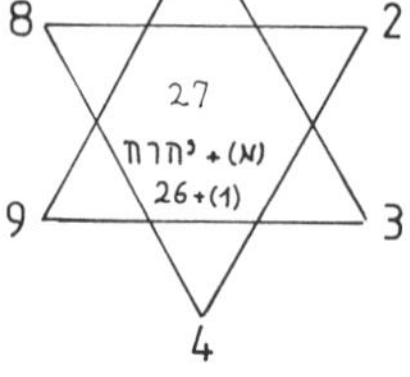

David-Turm: Bez. für Jesu Mutter Maria ↗, weil sie von David ↗ abstammte bzw. seiner Gemahlin Bathseba, Ex-Frau von Uri dem Hethiter ↗. Durch sie hatte Jesus einen realen Anspruch, König von Israel zu werden. Der Ausdruck Turm dürfte sich auf 1 der 2 Pylone ↗ von Ägyptens Tempeln beziehen, die sich als die 2 Säulen vor Salomos Tempel (geplant von David) in Jerusalem wiederfinden, Sonne + Mond vertretend; in Ägypten Isis ↗ + Nephtys ↗. Maria scheint auf letztere zurückzugehen.

Da'wah: eine geheime, aber erlaubte Anrufung des Islam ↗, die sich auf eine symb. Theol. der 25 Buchstaben des arab. Alphabets stützt, wobei jeder Buchstabe 1 Djinn ↗ repräsentiert. These: die Silbe Wah könnte der ind. Göttin Vach ↗, Mutter der Veden ↗ (des Wissens) entspr.

DD: äg. Schreibweise von Djed ↗.

Ded: s. Djed ↗.

De Develeski: Muttergottheit der Zigeuner ↗, die vor Gott da war u. ihn hervorbrachte. Nv.: Amari De. — Äg. Äqv.: Mut ↗, die Atum ↗ hervorbringt.

Deganawida: Name eines Propheten der Irokesen ↗, der diesen vor dem Einfall der Weißen eröffnet hatte, sie würden nun einer großen Leidenszeit entgegengehen. Auf ihn geht das Bild der endzeitl. Schlangen zurück, die sich bekämpfen u. in der Farbfolge weiß-rot-schwarz den Pferden der Apok. ↗ gleichen. Unterschied: die rote Schlange zieht der weißen Schlange ein Haar aus, das vom Wind in die Hände der schwarzen Schlange getragen wird, wo es sich in eine weiße Frau verwandelt, die der schwarzen Schlange Dinge erzählt, die sie zwar schon weiß, aber noch einmal hören will. Daraufhin gerät sie so in Zorn, daß sie sich in den Kampf der beiden anderen Schlangen einmischt u. diese besiegen wird. Den Abschluß bildet das aus O nach W kommende Licht, das die Welt vereinigt. — S. Endzeit ↗.

Dehuti: Thot ↗ (äg.), hierogl. Dhwtj; neubabyl. Tichut. Polynes. Titi, Tiki ↗, germ. Tuisto ↗ od. Ti-Od ↗.

Dekan: Dienerstern in Ägypten, 10 Grade des Himmelskreises vertretend; es gab 36 Dekane = 360 Grad für das J. ↗ aus 360 Tagen (+ 5 Zusatztage, nach Gottheiten benannt), wobei die Kulmination 1 Dekans eine 10tägige Periode einleitete. Diese Einteilung ist schon für das A. R. (ab Menes ↗) bezeugt, aber zweifellos älter. Ihre Zusammenfassung in 12 Dreiergruppen ergab den Zodiak ↗; der Zodiakscheibe ↗ stand die Sothis ↗ als Herrin vor. Bei Darst. konnte jeder 3. Dekan die thronende Löwengöttin ↗, jeder 2. eine Schlange u. jeder 1. ein Gaben bringendes Wesen sein. In Umdrehung der Kreisrichtung war dies der Kalender der Präzession ↗ mit 720 J. pro Dekan, zus. 25920 J., die 1950 abgelaufen sind. These: die jährl. 5 Zusatztage oder Epagomenen ↗ werden dann zu den 50 J. der Endzeit ↗. — Dieses 360-Tage J. hieß bei den Maya Haab ↗, die 5 Zusatztage waren die Uayeb ↗. — Auch für die Duat ↗ (das Jenseits) wurden den Toten Dekanenlisten zur Erleichterung der Orientierung mitgegeben, u. nach solchen Listen wurden die 12 Stunden der Nacht benannt, was den Bezug zur Schöpfung ↗ (s. Abb. Chepre ↗) herstellt. — Zusätzl. sind Bezüge zw. Dekanen u. äg. Hauptstädten der Gaue bek., deren Lokalgottheit dann eben der entspr. Dekan war. Da es 42 Gaue gab, und par. dazu 42 Richter der Duat, dürfte die Rechnung gelautet haben: 36 Dekane + 5 Epagomenen + Sothis.

Delphi: algriech. Kultstätte des Apollon ↗ = Horus ↗, gegr. von einem Neger namen Delphos z. Z. der 25. äg. Dyn., die von Kusch (s. Chus ↗) ausging. Liegt 7 Grad nördl. von Behdet ↗, von wo aus lt. Tompkins (Buch: Cheops) die alten Ägypter ihre Meridiane ↗ zählten, u. war als geodät. ↗ Punkt mit einem Omphalos ↗ (= Nabel) markiert. Bei den relig. Feiern trug man in Prozessionen ein Boot von riesiger Größe umher; es hatte halbmondförm. Gestalt u. hieß ebf. Omphalos oder Umbilicus bzw. symbolisierte das Schiff Argo ↗. Die Jungfrau, deren Aufgabe es war, die Zukunft zu verkünden (s. Orakel ↗), vertrat lt. Blavatsky ↗ die ›himmlische Jungfrau‹, in Ägypten Isis ↗. Ihr griech. Name war Pythia; sie saß in der Nähe des Omphalos, der hier bienenkorbförmig war, auf einem Dreifuß ↗ u. gab in Trance ihre Prophezeiungen, die Priester deuteten u. in Versen niederschrieben. Theorien, ihr Trancezustand sei von Erddämpfen eines unter dem Dreifuß befindl. Spaltes oder durch Kauen von Lorbeerblättern erzeugt worden, sind unbewiesen. These: näherliegend ist die alte Methode, den Steinkreis (Omphalos) als Yantra ↗ zu benutzen. — Abb. kennzeichnen den Tempel von D. mit dem E ↗ (das E Delphicum) = die Zahl 5 (des griech. Alphabets), die im Hl. Dreieck ↗ eben die Hypotenuse Horus (hier Apollon) symbolisiert. Anscheinend vertrat die Pythia die 3, der Omphalos die 4 und das Orakel ergaben zus. als Synthese ↗ die 5. — Äg. Par. war wohl die Sphinx ↗ als Pythia mit Pyramide als Stein. — Auf Anraten des Orakels wurde z. B. Byzanz ↗ gegr., aber a. Ödipus ↗ verwirrt.

Delphin: Fischart; als Symboltier ↗: ein griech. Sternbild ↗ u. wahrsch. ident. mit jenem D., der Amphitrite überredete, Poseidon ↗ zu heiraten. These: dadurch a. als Symbol für Atlantis ↗ eingesetzt, denn der äg. ›Delphingau‹ lag im Nildelta, wo Seth ↗ besiegt wurde.

Demeter: griech. Göttin äqv. Ceres ↗; Schwester von Zeus ↗ u. Mitglied des Olymp ↗. Zentralfigur der Eleusinischen Mysterien ↗, deren Halle 42 Säulen hatte, eine Zahl, die sich in Ägypten im Zusammenhang mit den Dekanen ↗ findet. Sie stellen den Himmelskreis dar, als Jahr ↗ wie als Zodiak ↗ u. Präzession = Gesch. Die merkwürdige Legende, D. sei von Kronos (= Saturn) verschluckt u. nach einem durch Metis ihm eingeflößten Brechmittel wieder befreit worden, legt nahe, sie vertrete einmal unseren Planeten Erde ↗ im Wechsel der Umlaufbahn durch das Eintreffen der Venus (Aphrodite ↗), d. h. die Erweiterung von 260 Tagen (Tzolkin ↗) auf 365 Tage (Haab ↗ + Uayeb) u. damit bzgl. Mensch den Wechsel von Sterblichkeit ↗ zu Reinkarnation ↗. Darauf bezog sich der Raub ihrer Tochter Kore ↗ durch Pluto als Vertreter der Unterwelt ↗, wo sie in einen Granat-Apfel ↗ biß (wie Eva ↗ im Paradies) u. deshalb nicht für immer zu D. zurückkehren konnte. Mit dem Wechsel Unterwelt-Oberwelt, d. h. dem Leben zw. 2 Reinkarnationen (s. Chilan ↗), befaßten sich Demeters Mysterien. — Ihr hl. Tier war die Biene ↗ = Archetyp Schatz + Quelle ↗ oder Religion ↗ + Mythols ↗.

Dendera: oberäg. Metropole u. ältestes Kultzentrum der Göttin Hathor ↗, am Westufer des Nils zw. Abydos ↗ u. Luxor ↗, die hier bereits von den Horusdienern ↗ prädynast. Zeit verehrt wurde. Äg. Name:

= Junu ↗ oder Junet. Im halb unter Sand begrabenen Hathortempel fand ein General Napoleons die berühmte Zodiakscheibe ↗ von Dendera, heute im Louvre.

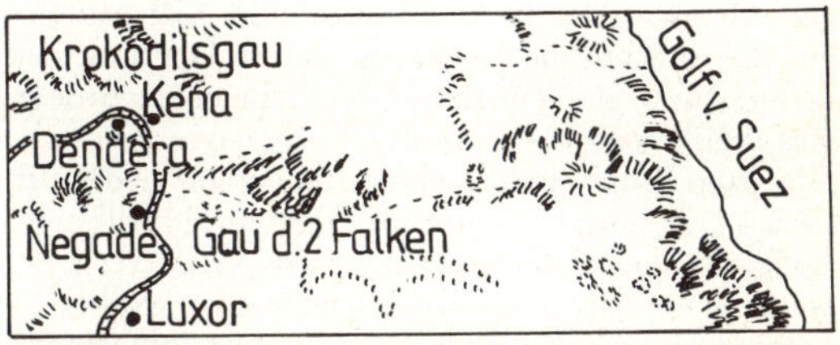

Hinter der Junu (+ T = Stadt, als Kreis mit X) das Gauzeichen Falke als Horus ↗, hier Gemahl der Hathor, der alljährl. am Neujahrstag in einer feierl. Prozession die Göttin besuchte, höchstes Fest von D., das ›Pfeilerstadt‹ übers. wird, nach einer Darst. der Hathor als doppelgesichtiger Stab ↗, was aus Junu die Jana ↗ macht (weibl. Janus). Der Glanz der Stadt überdauerte die Römerzeit, erst die Christen zerstörten systematisch alle Darst. von Gottheiten u. Personen. — Lt. Legende erhielt Hathor D. als Ersatz für On ↗ (äg. ebf. Junu). These: das geschah nach dem Weltuntergang ↗ beim Übergang von Sektor Hase (Jungfrau) zu Löwe der Präzession ↗, was im Jahr auf Juni fällt, ein Name, der damit in Zusammenhang stehen dürfte. Enth. sind die Grundmotive ↗ Y, U, N der geschichtl. Reihenfolge, d. h. Geburt + Tod des Osiris ↗ (Y + U), der in D. ein Grab hatte sowie Systemwechsel (N, Archetyp Hirtenstab ↗ als Hathor) auf das 2. Reich ↗ des Sohnes (Horus), das in D. begonnen wurde.

Derwisch: Bettler (pers.), Mitglied eines Bettelordens des Islam ↗, v. a. im 12.-16. Jh. Ihre Wirbeltänze werden mit waagrechten Armen im Doppelkreis, Uhrzeigerrichtung ausgeführt, einer wandelt dagegen = Planeten ↗ u. die gegenläufige Präzession ↗.

Tanz der Derwische

Deutsch: wurden die Nachfahren der Tuatha de Dannan ↗ gen., in Reduktion dieses Begriffes auf Tuatha = Volk, altir. Tu-Ath, altfries. Thi-Ude, altsächs.

Thi-Oda, altniederfränk. Thi-At, altnord. Thi-Odh, got. Thi-Uda, ahd. Di-Ota, lit. Ta-Uta, altpreuß. Ta-Uto etc., woraus urkundl. 920 Regnum Teutonicum für das Ostreich der Karolinger wird u. 962 das ›Heilige römische Reich deutscher Nation‹. Die älteste Sprachwurzel ist Ti-Od ↗ als Übers. von 2 Runen ↗. Noch z. Z. von Zar Alexej (17. Jh.) bezeichneten die Russen alle germ. Festlandeuropäer als Deutsche. — These: eine noch ältere Ahnenrückbeziehung rückt Thot ↗ in den Mittelpunkt, äg. Dehuti ↗, germ. Tuisto ↗, auf den sich alle germ. Stämme als ›erdgeborenen Gott‹ bezogen. Das ist deshalb inter., weil er die Schrift ↗-Sprache erfand u. die D. eine Sprachgemeinschaft sind, viel mehr als ein Volk oder eine Nation. These: Thots Tochter Nemanus ↗ wurde die Mutter von Manus ↗, der als Stammvater aller Germanen ↗ gilt. Sie brachte die Runen, an deren Deutung sich dt. Sprache u. dt. Geist entwickelten. Beidem wurde etwas prophezeit:
Giordano Bruno (ital. Renaissance) verabschiedet sich nach 2 J. Zuflucht in Wittenberg mit einer berühmten Rede, die den D. einen ›göttlichen‹ Geist verheißt, wenn sie nur die eigenen Kräfte gebrauchen wollten. — Leibniz ↗ verheißt der dt. Sprache eine ›philosophische Sendung‹ u. rät, sie rein zu halten. — Hitler ↗: »die Deutschen schlafen seit Ragnarök ↗ (Weltuntergang von 11432 v. Z.), ich muß sie aufwecken.« — These: zu jener Zeit waren sie noch auf Midgard ↗ (= Mu im Pazifik) u. flohen von dort sowohl zum Himalaja ↗ wie in die Anden ↗ bei Tiahuanaco ↗, um später Paititi ↗ (das alte amazon. Reich) fortzusetzen. Von dort holten sich die Altägypter Amazonen ↗, gen. Raub des Mondauges ↗ oder Übertritt der Nephtys ↗ auf die Seite der Isis ↗. Aus ihnen rekrutierten sich im 8. Jt. v. Z. jene Tuatha de Dannan, die in England landeten u. die Fomori ↗ bekämpften bzw. durch Dana ↗, Tochter des Dagda ↗, dynast. banden. Die Himalaja-Überlebenden könnten zu den Brahmanen ↗ gehört haben. — Ihre Nibelungen ↗-Sage jedoch scheint sich lange vor dem Weltuntergang zw. Simbabwe ↗ und Gralsburg ↗ in Ostafrika abgespielt zu haben, u. die einzige Überlebende, Krimhild ↗ Wurde 2. Stammutter der Indianer ↗. S. Steiner ↗.

Devaki: Mutter des Krischna ↗ in den ind. Puranen ↗ folgendermaßen verherrlicht: »Du bis jene Prakriti ↗ (Wesenheit), unendlich und zart, welche früher Brahma ↗ in ihrem Schoße trug. Du ewiges Wesen, die du in deiner Substanz die Wesenheit aller erschaffenen Dinge umfaßt, warst wesensgleich mit der Schöpfung ↗. Als Aditi ↗ bist du die Mutter der Götter. Du bist die Mutter der Weisheit ↗, du bist die königliche Politik, die Mutter der Ordnung. Du bist die Mutter der Erkenntnis ↗.« — S. Deva Matri ↗.

Deva Matri: Mutter *(matri)* der Götter *(deva)*, Titel der Devaki ↗. — Äg. Äqv. Mut ↗.

Dharma: Pflicht im Hinduismus ↗: dadurch, daß der Mensch in jedem seiner Leben sein persönl. D. redlich erfüllt, kann er sein Karma ↗ beeinflussen, sodaß er bei der nächsten Reinkarnation ↗ in ein besseres Leben geboren wird. Diese richtige Vorstellung entartete zur Entschuldigung sozialer Mißstände des Kastenwesens ↗, s. Gesetze des Manu ↗ in den Suras. — Bhagavad-Gita ↗: »Es ist besser, seine eigene Pflicht schlecht als die eines anderen gut zu tun.«

Dharmakaya: ein Nirvani ↗ ohne Überrest (ggb. Nirmanakaya ↗ = ein Nirvani mit Überrest), dessen geistiges Ego ↗ nicht zurückkehren kann, um sich auf Erden zu reinkarnieren. Nur wer den Dharmakaya-Körper erlangt hat, gelangt zum Paranirvana bzw. kann vor dem körperl. Tod die Wirklichkeit (sprich das Wesen) der Dinge wahrnehmen. Er kann als astraler Doppelgänger (äg. Ka ↗) an einem anderen, oft sehr entfernten Ort erscheinen u. wirken, während der Körper an seinem Ort mechanisch handelt oder ruht (= Körper-Geist-Trennung ↗). Übersetzungsmöglichkeit: Dharma ↗ (Pflicht erfüllen) durch Ka (Geist) Ya ↗ (gehen), d. h. als wandelnder Geist. — Auch die Dhyani Buddhas ↗ gelten als D.-Zustand. — Im Körper gilt als Ebene der spirit. Verwirklichung im D. der 8blättrige Herz-Lotos = Jnanacakra des tib. Chakra ↗-Systems. These: es handelt sich um die 8 (individ. unterschiedl.) Grundmotive ↗ des Kosmos ↗, während deren Ablauf in der Gesch. ↗ ein Mensch seine Reinkarnation ↗ erfüllt. S. Psychogramm ↗. — Jnana könnte Inanna ↗ entspr.

Dhisanas: Die 3: altind. Par. zu den 3 Disen ↗ bzw. Nornen ↗ = Vergangenheit, Gegenwart, Zukunft des Weltenbaums, germ. Yggdrasil ↗ oder die weibl. Dreiheit ↗.

Dhitr: 1 der 7 (8) Adityas ↗, äqv. Daksha ↗.

Dhyana: Meditation, Yoga ↗ abstrakt, durch welche z. B. die Dhyani-Buddhas ↗ die Dhyani Bodhisattvas ↗ erschaffen. — Aber a. Äqv. zu Dan ↗, Janna ↗, Dzyan ↗, einer allg. Bez. für esot. Schulen sowie deren Literatur (Indien, Tibet), wahrsch. wurde a. Zen ↗ daraus.

Dhyan Chohans: Planetengeister ↗ (ind.), reduziert auf 7 u. mit den 7 Wurzelrassen ↗ verbunden, als jeweiliger Vorfahre des entspr. Manu ↗ bzw. Schöpfer der entspr. Welt im Zusammenspiel mit den 7 Häuten (= Oberflächen-Veränderungen) der Erde ↗; dies findet sich in der griech. Weltenlehre ↗ wieder. Auch die 7 letzten der 10 Sefirot ↗ der Kabala ↗ scheinen ein Äqv. zu sein oder die Stufen des babyl. Turms ↗ bzw. der 7armige Leuchter ↗ der Juden. — Außerdem gilt Fohat ↗ als dhyanchohanische Energie. These: es sind die Fäden, mit denen sich die Planeten nach ihrem Ausstoß aus der Sonne ↗ mit dieser rückverbanden.

Dhyani Buddhas: die 5: basieren auf den 4 Himmelsrichtungen + Zentrum der Welt u. tauchen in versch. ind. Texten auf. Im tantrischen Buddhismus (s. Abb.) rahmen sie ein schwarz-weißes Paar ein und heißen: Ratnasambhava. Vairocana, Amitabha (oben), Akshobhya u. Amoghasiddhi (unten). Dabei erinnern die 4 ersten Farben: gelb, weiß, rot (oben), schwarz (unten links) direkt an die Ah Can Tun ↗ des Weltideogramms ↗ der Maya ↗. These: da diese a. den 4 Kontinenten Asien (gelb), Atlantis (weiß), Amerika (rot), Afrika (schwarz) entspr., könnte der Zusatz grün (rechts unten) das nach dem Weltuntergang ↗ hinzugetretene Europa vertreten. Dann wäre im Zentrum statt Mu (blau) das himml. Paar (s. Astronauten ↗), in der Kabala ↗ Adam Kadmon ↗ + Lilith ↗ gen. Als christl. Wiederkehr ↗-Figuren Christus ↗ + Sophia ↗. Äqv. der Mayas: Ah Kantenal ↗ + Ixpucyola ↗. Kanaan: Baal ↗ + Baalat ↗ und schließl. Maitreya ↗ + Lakschmi ↗ in Indien.
Setzt man im übrigen für jeden der 6 Lotosblüten (als

Sitze) die Zahl 24 ein (12 große + 12 kleine Blätter), ergeben die 5 D. B. 120 (Elemente der Weltformel ↗ bzw. Chenti ↗ in Ägypten), u. das zentrale Paar steigert auf 144 = das ›Himmlische Jerusalem‹ ↗, was ebf. in die Zukunft verweist, s. Apok. ↗. Oder: das Zentrum vertritt die kommende 6. + 7. Welt ↗, zus. das 3. Reich des Hl. Geistes ↗, was aus den 5 D. B. die 5 vergangenen Welten macht, s. Weltenlehre ↗. Es gibt a. Tier-Zuordnungen: gelb = Pferd, weiß = Drache, rot = Pfau, grün = Adler u. schwarz (oder blau) = Elefant. — Sucht man den Planeten ↗-Bezug, worauf die

unter das Zentralpaar gelegte Pyramide aus 12 Kugeln verweisen könnte, so wird die Weltenlehre - s. Babyl. Turm ↗ - gegenwärtig. These: es ließen sich dann die 5 D. B. als die ersten 5 Welten verstehen u. das Paar als 6. + 7. Welt mit der großen Vereinigung aller Gegensätze, die Frieden bringt: das Friedensreich ↗.

Di: afrik. Ggs. zu Da ↗, entspr. dem frz. De und dt. Von = edel, adlig sein, nicht nur ird. Da-Sein (s. Dasein ↗), sondern den Bezug zum Himmel bzw. Jenseits pflegen, am Sein ↗ teilhaben bzw. am göttl. oder unvergängl. Geist ↗, germ.: Träger des Od ↗. — Verdoppelung Didi, z. B. im Namen Adiditi ↗. — Eine Koppelung von Di und Da findet sich in Didache = Apostellehre des Christentums, sodaß Apostel ↗ zu verstehen wären als göttlich (Di) + irdisch (Da). — Die 3 Disen ↗ wiederum wären nur Di-Wesen, genau wie Dis ↗ = Pluto oder Diana ↗ usw.

Diana: urspr. sabinische, dann röm. Göttin, äqv. der griech. Artemis ↗. Sie besaß 3 Gestalten u. wurde deshalb *Triformis* gen.: sie war *Luna*, der Mond ↗ im Himmel, *Trivia* = Beherrscherin der Kreuzwege auf der Erde u. *Hekate* ↗ = Göttin der Unterwelt ↗. Im Symbolismus ↗ entspräche sie jenem Dreifuß ↗, auf dem das Orakel von Delphi ↗ saß u. damit dem Kosmos ↗ bzw. dem Wort, das am Anf. war = Logos ↗ in 3fachem Aspekt. Dafür spricht a. das ind. Wort *Dianoia* = Logos. — Im alten Italien ↗ war ihre älteste u. berühmteste Kultstätte bei Aricia nahe dem heutigen Nemi. Hier befindet sich ein Kratersee, gen. ›Spiegel der Diana‹. In histor. Zeit galt die Priesterschaft der D. bei Nemi als etwas ganz besonderes. Ihr dortiger ›König des Hains‹ war stets ein entlaufener Sklave, der von einem best. Baum einen Zweig abreißen u. den amtierenden König in einen einzigen u. tödl. Zweikampf verwickeln mußte. Der Sieger lebte dann in ständiger Erwartung von Herausforderern. — Es gibt eine Sage, derzufolge sie in einem ›Reisigbündel‹ nach Italien gebracht wurde, was sehr nach den Faszes ↗ der Etrusker ↗ klingt.

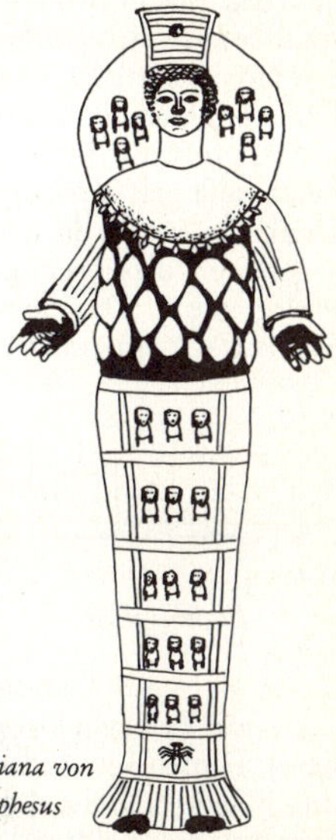

Diana von Ephesus

Ihre Statue von Ephesos, wo ihr die Amazonen ↗ einen Tempel gebaut hatten, zeigt auf dem Kopf der Göttin einen Schrein, in dem sich ein kleiner Stein ↗ befunden haben soll, heiligster Gegenstand des Tempels. War sie also eine ›Carmelle‹ ↗ = Steinträgerin wie die kelt. Belisama ↗?

Ihre merkwürdige Kleidschnürung erinnert an äg. Mumienhüllen ↗ u. die Gesamtfigur wie diese an einen Fisch ↗, nämlich den ›ersten der Fische‹, äg. Hatmehit ↗, Haus (= *Hat*) der Me ↗ = 100 göttl. Kräfte in Sumer ↗, wo die Wortverwandtschaft auf Inanna ↗ als Äqv. verweist. Dianas Aufteilung in 3 Aspekte käme dann auch den 3 Ebenen bei Dantes ↗ Göttl. Komödie gleich: Unterwelt-Hekate = Hölle, Fegefeuer = Kreuzweg-Trivia u. Paradies = Luna (Mond). Das wiederum paßt zur D. als Göttin der ›3 Berge‹, die *in natura* den Kratersee von Nemi umgaben; an der 4. offenen Seeseite lag ihr Hain mit Tempel, den sie hier auf dem Kopf trägt, als Behälter des Steins, des Grals ↗, wahrsch. ein schwarzer Meteorit, äqv. der K'aba ↗ von Mekka. — So ist sie a. die Kabala ↗ oder Kubaba = Kybele ↗. Im Namen enth. ist außerdem Di ↗-Ana, die göttl. Jungfrau Anat ↗ oder Baalat ↗, Schwester von Baal ↗ wie D. Schwester von Apollo ↗ ist.

Didyme: Zwilling (griech.); kommt vor im NT bei Joh. 11, 16 für Thomas ↗. These: als Zwilling von Jesus ↗. — Hebr. = *Taoma* (wohl benutzt für die Namensbildung Thomas), zurückgehend auf das äg. TM, heute vokalisiert als Tum oder Atum ↗. Par. Tammuz ↗. Aus Atum wurde Adam ↗, ein Zwilling insofern, als er vor Abtrennung der Eva harmaphrod. gewesen sein muß. Das Motiv Zwilling ↗ kommt bei allen Völkern vor.

Dilly Beutel: Symbol des Schoßes der Djangawul-

Schwestern ↗, die den Menschen schufen (Australien), aber a. ihre Taschen mit den Ranga ↗ = Kultobjekten (a. Darogo ↗ gen.), die ihnen eines Tages von den Männern gestohlen wurden, wodurch diese in den Besitz der relig. Macht kamen. Noch heute wird dieser Diebstahl bei den Initiationen gespielt.

Dimension(en): lat. Begriff für Ausdehnung, Ausmaß, Bereich. Dabei setzt man den Punkt als O-Dimension u. fährt fort mit Linie, Fläche, Raum als D. 1, 2 u. 3. Beim heutigen Verlangen nach ›multidimensionalem Denken‹ - wobei die Zahl für *multi* = viel offen bleibt - genügen diese rein geometrischen D. nicht. Vorschlag, die 4. Dimension als Sprache ↗ u. die 5. als Symbolik ↗ einzusetzen in folgender Reihe:

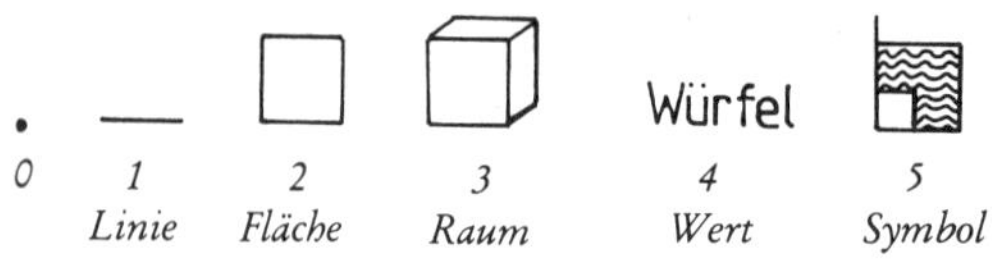

wobei als Symbol der äg. Thron ↗ eingesetzt wird, bedeckt mit Zeichen. Dabei landet man unweigerlich mit der 4. Dimension in der 4. Welt ↗, in der der Mensch durch *Mens* = Geist ↗ mental = denkend wurde u. ein Sprachwesen, während in der 5. Welt ↗ tats. die Symbolik begann. Gleichlaufend entwickelten sich die bisherigen 5 Sinne ↗. Fahren wir in der Koppelung Dimensionen-Welten fort, wären in der alten Weltenlehre ↗, wonach der Weltenbaum (germ. Yggdrasil ↗) 9 Welten durchwächst, 9 Dimensionen enth., unter Hinzurechnung der Null-Dimension quasi 10, womit man evtl. bei den Dasamahavidya ↗, den 10 großen Wissen landet; ebenso wie bei den 10 Himmeln des Pazifik, s. Io ↗.

These: Kali ↗ wäre als Zeit schon die 1. Dimension = Linie, während die Null-Dimension Kamala der Zustand wiedererrichteter Einheit, der Punkt, im Ur-X ↗ sein müßte.

Dinc: Ausdruck W. von Eschenbachs im Parzival ↗ für den Gral ↗; erinnert an Ding ↗ = Thing ↗ bzw. Dingir ↗.

Ding: ahd. + niederl. Nv. für Ting und Thing ↗, die germ. Steinkreise. These: läßt sich aufgliedern in Di ↗ + Ing ↗, ein hl. od. göttl. Ort. Wobei ing mit einer Rune ↗ ausgedrückt wurde:  , die a. dem Gesamtkosmos ↗ entspr. Im gleichen Moment ist ein solcher Ort auch das Dinc ↗ oder der Gral als ›Wunsch nach dem Paradies‹, wie es z. B. von den Katharern ↗ ausgedrückt wurde.

Dingir: Wort für das sum. Zeichen  , wozu a. An ↗ = Himmel gesagt wurde. Enth. in der Zus. Ka-Dingir als Äqv. für Bab-Ilu, woraus Babylon ↗ wurde mit seinen 8 Toren, analog Himmelsrose ↗ als die 8 Att ↗ des Ding ↗ bzw. Thing. In Ägypten die Götterachtheit ↗, in China das Tao ↗. — Auf Rollsiegeln ↗ symbolisiert jedoch dieser 8-Stern nicht unsere Sonne ↗, sondern die schon vollendete Sonne des Sirius ↗ (s. Astrologie ↗) und entspr. damit dem Gott Anu, Gemahl der Göttin Antu ↗, äqv. für Ka wie Anu für Dingir. Als dessen Ausfächerung gelten folgerichtig die 4 Element-Paare: beginnend mit Enlil ↗, endend mit Inanna ↗ (s. dortige Abb.), Nv. Lachamu, weibl. Wasser (Mu), äg. Naunet ↗. Über allen die Göttin Nammu ↗, afrik. Nommo ↗. Der Kreis schließt sich durch die Dogon ↗-Überlieferung, daß Nommo vom Sirius kam.

Dionysos: griech. Äqv. für Osiris ↗ (äg.), a. als Bakchos, röm. Bacchus ↗ überliefert. Bonnet: »Nach Herodot II.48 feierten die äg. Frauen zu Ehren des Dionysos, d. h. des Osiris, ein Fest, bei dem sie unter Flötenspiel und Gesang Bilder des Gottes mit großem bewegl. Glied mit sich führten« (1952, S. 580). — In Griechenland findet man sie als Mänaden ↗ in seiner Gefolgschaft.

Das legt nahe, in seinem Namen die ind. Yoni ↗ als Symbol des weibl. Geschlechts zu entdecken u. ihn zu übersetzen als: der göttl. (Di ↗) Yoni Gott = Os ↗, was sich perfekt mit der Verherrlichung seines Gliedes (Lingham ↗) deckt und alten Riten, die eine myst. Vereinigung (s. Hl. Hochzeit ↗) mit ihm einschlossen, mit Hilfe relig. Raserei, die von Wein, Tanz u. Musik genährt wurde. Auch seine ›Zerstückelung‹ ist eine Par. zur Zerstückelung ↗ des Osiris vor dem Weltuntergang ↗. Damit landet man bei Y + U + N als den Grundmotiven ↗, erhalten im Namen von Dendera ↗ als Kultstätte der Göttin Hathor oder Junu ↗ als Nv. von Yoni oder Jana ↗, dem kosm. Kreis, der 2geteilt wird, wodurch aus Osiris Horus wird. Auch D. aufersteht, was Nietzsche ↗ ihn dem Jesus ↗ vorziehen ließ: »Der Gott am Kreuz ist ein Fluch auf das Leben - der in Stücke geschnittene D. ist eine Verheißung des Lebens: es wird ewig wiedergeboren und aus der Zerstörung heimkommen... Ich glaube, ich habe einiges aus

Dionysos und Mänaden

der Seele des höchsten Menschen erraten; vielleicht geht jeder zugrunde, der ihn errät: aber wer ihn gesehen hat, muß helfen, ihn zu ermöglichen.« Und: »Es ist eine unanfechtbare Überlieferung, daß die griechische Tragödie in ihrer ältesten Gestalt nur die Leiden des D. zum Gegenstand hatte und daß der längere Zeit hindurch einzig vorhandene Bühnenheld eben D. war. Aber mit der gleichen Sicherheit darf behauptet werden, daß niemals bis auf Euripides D. aufgehört hat, der tragische Held zu sein, sondern daß alle die berühmten Figuren der griechischen Bühne, Prometheus, Ödipus usw. nur Masken jenes ursprünglichen Helden D. sind.« Der tanzende Chor der griech. Tragödie bestand aus 12 Mitgliedern, d. h. wir landen beim Tierkreis ↗, und so erstaunt es nicht, daß die Mänaden in der Ekstase Tiere mit den Händen zerrissen u. aßen zur Vereinigung mit D. Dieser soll außerdem den Widder ↗ als Sternbild an den Himmel gesetzt haben; in Visionen jedoch erschien er seinen Anhängerinnen meist als Stier ↗, was evtl. den Zeitpunkt des D.-Festes ↗ erklärt.

Dionysos-Fest: jährl. Fest ↗ für Dionysos ↗ u. seine Mänaden; in Griechenland in den Monaten März-April gefeiert, d. h. im Tierkreis ↗ während Widder + Stier, seinen Symboltieren. Es gab Theaterfestspiele u. orgiastische Jagd durch die Wälder mit Zügen der Argonautik ↗, wobei aus Schiffsrudern Stäbe mit Schlangen od. umwickeltem Weinlaub wurden. Auch verkleidete man sich in Tierfelle. Möglicherweise ist durch Verschiebung der Präzession ↗ das heutige Äqv. Karneval ↗.

Dis: röm. Name für Pluto ↗, der dem Hades ↗ vorstand.

Disen: Die 3 = das Schicksal von Menschen + Göttern bestimmende weibl. Wesen, a. *Margs Vitandi* = großwissend oder *Filu-Deisi* = viel wissend genannt, von *Dheia* od. *Dhaia* = sehen, schauen. Germ.-amtliche Bez.: Ainbede, Warbede u. Willbede (?). Anscheinend ein Äqv. für die bekannteren Namen *Urd* = Vergangenheit, *Werdanda* = Gegenwart u. *Skuld* = Zukunft; zus. ›Riesentöchter‹ gen. oder Nornen ↗. Mit ihrem Erscheinen beginnt die Geschichte ↗, gg. deren Ablauf die Götter machtlos sind. Sie wohnen unter der 1 der 3 Wurzeln der Yggdrasil ↗ (Weltenesche) an Urds Brunnen. These: Urd ↗ sollte mit Wort übers. werden im Sinne von ›Wort, das am Anfang war‹ = Logos ↗, afrik. Nommo = die 24 Grundmotive ↗ des Kosmos ↗. Dann ist im Übertrag auf die Weltformel ↗ Urd der Außenkreis, Werdanda die geschichtl. Archetypen ↗-Bildung als Werden u. der Kreis mit den Zodiakzeichen Skuld, besser mit Schuld denn Zukunft gleichzusetzen u. mit Karma ↗ = Vergeltungsgesetz zu verbinden, das ja a. immer die Zukunft belastet. Text der Edda ↗:

»Eine Esche weiß ich, heißt Yggdrasil
Den hohen Baum netzt weißer Nebel
Davon kommt der Tau, der in die Tiefe fällt
Immer grün steht er über Urds Brunnen.
Davon kommen Frauen, vielwissende
Drei aus dem See, dort unterm Wipfel
Urd heißt die eine, die andre Werdandi
Sie schnitten's auf ein Scheit -
Skuld die dritte.
Sie legten Lose, das Leben sie bestimmten
Den Geschlechtern der Menschen, das
Schicksal verkündend.«

Ihre ird. Vertreterinnen waren die von Tacitus ↗ so eindrucksvoll geschilderten germ. Seherinnen, die lt. Wirth ↗ in den Frauentürmen ↗ das Runen ↗-Wissen hüteten, was insofern paßt, als die 24 Runen Fragmente der 24 kosm. Grundmotive sind. Die 25. Rune, gen. Od ↗, war ihre Zusammenfassung u. *od* hielten die 3 ›Mütter der Germanen‹ auf Abb. in der Hand, so wie sie a. die Schlußsilbe von Ti-Od ↗ = Deutsch bildet. Wie sich aber Ti zu Di (s. Deutsch ↗, Thi-Oda = Di-Ota) verschob, so darf man wohl die Di-sen zu Ti-sen zurückführen, mit Ti ↗ = Schlüssel. Sie hielten die Schlüsselgewalt, die im Christentum Petrus ↗ zugesprochen wurde, während es die 3. D. als die ›3 Marien‹ ↗ übernahm, dito das Datum ihres Hauptfestes, der Mütternacht ↗ (24. auf 25. Dezember) zu Weihnachten ↗ machte. Ein weiteres Fest, Disablot, Ende Oktober, wurde Allerheiligen u. Allerseelen (1. + 2. Nov.). Denn sie hießen a. die Saligen (Seligen), die die Seelen der Verstorbenen ebenso leiteten, wie der Chilan ↗ der Maya. — Als Jenseitige sollen sie in den Farben: schwarz, schwarz-weiß u. weiß erscheinen, evtl. in Begleitung eines Hundes, womit wir fraglos in der Unterwelt ↗ landen, in Ägypten mit Anubis ↗ u. 3 Göttinnen bestückt, die wohl das gleiche aussagen: Isis ↗, Thoeris ↗ u. Nephtys ↗, die als germ. Nertus ↗ oft deren Zusammenfassung wird, wie die griech. Diana ↗. — Ind. Äqv.: die 3 Dhisanas ↗ (Rigveda). — Nv.: Disir, Idisi. Heiligtum: Disensaal. — Bei Novalis ↗ werden in der Endzeit die 3 Nornen getötet u. durch Saga ↗ ersetzt, was bed., daß der Karmaweg abgeschlossen ist u. ab 6. Welt ↗ eine andere Zeitdimension herrschen wird, die nicht mehr in Vergangenheit, Gegenwart u. Zukunft zerfällt. In Schweden wurde Anf. Febr. ein Disting abgehalten, s. Ding ↗ u. Thing ↗, hier Thing der Disen, eine Volksversammlung mit Jahrmarkt. — 2. Wortdeutung: Di ↗ (göttl.) Zen ↗ (statt sen).

Diskus von Phaistos: eine frühminoische Tonscheibe von 16,5 cm Durchmesser mit 241 spiralig eingestempelten Hieroglyphen - bisher unentziffert -, die im Nordostteil des alten Palastes von Phaistos, Kreta ↗, gefunden wurde. Die Hieroglyphen ähneln weder der minoischen Schrift noch denen von Ägypten; dort gab es jedoch in größerem Format eine ähnl. Spirale als Tisch für das Schlangenspiel, d. h. die Reise durch die Duat ↗ (Unterwelt). So muß zumindest erlaubt sein, den Zodiak ↗ an den Außenkreis anzulegen (Abb.), was auf zweifache Weise aufgeht: es sind 12 Unterteilungen, und 2 Tiere passen ins Schema: Fisch ↗ und Adler ↗ (= Skorpion). Damit fällt die Einschnittmarkierung etwa auf die Zeit 8850 v. Z. These: hier begann die echte Odyssee ↗ u. das ›Heimholen des Mondauges ↗‹ = der Amazonen ↗, mit denen möglicherweise die älteste Kultur von Kreta beginnt, lange vor der durch Europa ↗ begr. Minoischen. Dafür spricht 1 Hieroglyphe, die sich auch bei den Indianern findet: Chimalman ↗ = Erde, ein Kreis mit 7 Kleinkreisen für die 7 Welten der alten Weltenlehre ↗. Gegenstück ist die 8blättrige Blume auf dem Kopf der Schlange, im Zentrum der Scheibe, die dadurch zur austral. Regenbogenschlange ↗ werden könnte, zu verstehen als Karma-Weg ↗, äqv. dem 8blättrigen Herzlotos = Jnanacakra ↗ im Tibet. Oder: wir landen bei der germ. Janna Nertus Salis, äg. Nephtys ↗, mit der Scheibe als ihrem Psychogramm ↗ ab Ankunft vom Sirius ↗, mit dem sich der zentrale Stern (s. Astrol. ↗) decken könnte, bis zur Rückkehr nach dem Weltuntergang ↗ und schließl. Wiederkehr ↗ im Fisch: die Frauenfigur zw. Fisch und Erdz., einen männl. Widerpart - Kopf mit Strahlenbürste - besiegend (der Kopf kippt nach unten): Seth ↗, mit 1. Reinkarnation im Steinbock, weil dorthin die Spitze des Schlangenkopfes zeigt, verstärkt durch eine Linie quer durch die 2 ersten Windungen, zweimal die gleiche Hieroglyphe anpeilend, die sonst nicht wiederholt wird, auch nicht auf der Rückseite: Die Trennung von je 4

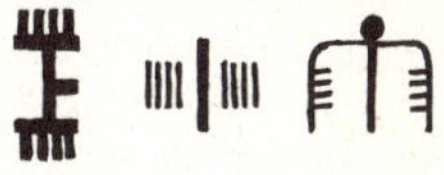

Kreta Benin Nevada

Strichen findet sich in ähnl. Form sowohl in Benin ↗ wie in Nevada ↗ und dürfte auf die Fähigkeit der Lichtöffnung ↗ verweisen. Eine Eigenschaft, die auch der Mond ↗ besitzt u. der Gral ↗ besaß, dessen Nachbau die Große Pyramide ↗ ist.

Diyari-Wesen: myth. Gruppen, die aus Diyari im fernen Osten von Australien ↗ lt. Prophezeiung ab 1963 unterirdisch zurückkommen u. mit ihren menschl. Nachf., die in das alte Gesetz = Bugari - Gura ↗ Initiierten, zum ›Zentrum der Welt‹ wandern, um die große Flut (der Endzeit ↗) zu erwarten. Sie führen (in der Vorstellung) Kamele mit sich, die ihre Darogo ↗ (Kultgeräte) tragen; am Ziel sollen sie ›niedergelegt‹ werden - übl. Umschreibung für die Aufgabe des damit verknüpften, bisherigen relig. Lebens.

Djalu: schöpfer. Kraft der Geister, die von ihnen nach Ende der Schöpfung ↗ in Felsen, Bäumen, Menschen, Geräten, Bildern etc. zurückgelassen wurde, sog. Geistkräfte. Durch Initiation ↗ kann man tatkräftig an letzteren Anteil nehmen (Australien); Nv.: Djala, Talu, Tal, Tulu. These: ein Äqv. könnte Dalai ↗ sein, das auf *Tale* = Meer zurückgeht. Zweifellos ist das Ur-Wasser ↗ gemeint, aus dem die Schöpfung hervorgeht: aufzugliedern in die göttlichen (Di ↗) Elohim ↗ (hier Alu).

Djangawan: kult. Tanzstäbe, die in Australien ↗ zu den Kultobjekten außerird. Ursprungs zählen und mit den Djangawul-Schwestern ↗ u. der Regenbogenschlange ↗ in Verbindung stehen. Sie tauchen a. auf Rinden-Tafelbildern auf u. zeigen da nur lange Stangen mit kolbenartig verdickten Enden, die ausstrahlen, einseitig, wie Kämme. Es könnte sich um eine Var. der Schwirrhölzer ↗ handeln, die nicht an Schnüren, sondern festen Stangen bewegt werden, denn sie heißen auch ›Gerät des großen Sonntags‹, d. h. der Feier der Geistmutter Gunabibi ↗ (od. Kunapipi), einer der Namen für die Regenbogenschlange, deren Stimme eben die Schwirrhölzer nachahmten. These: die Endsilbe

Wan↗ erinnert sowohl an die Wanen↗, die für Tanzekstase berühmt waren, wie den tatar. Begriff Van↗, der mit der Präzession↗ zusammenhängt (genau wie die gen. Schlange). — Die D. werden auch einfach nur Wana gen. u. zählen mit den Ranga↗ u. Tschuringa↗ zu den geheiligten Objekten, die die 2 Schwestern in ihren Dilly-Beuteln↗ brachten, u. die ihnen dann geraubt wurden.

Djangawul-Schwestern, Die 2: Hauptpersonen des Djangawul-Zyklus↗ (Australien). Sie gelten als Töchter der Sonne↗ u. dürften damit den 2 Maati↗ Ägyptens entspr., die mit den Barken↗ in Verbindung stehen. So kommen a. die D. S. mit Booten nach Australien↗ (das ein Rest von Mu↗ ist, wo die 3. Wurzelrasse↗ der Lemuren↗ angesiedelt wird, die erste, die körperl. fest war) und schaffen die Vorfahren der versch. Menschenarten, verleihen der Landschaft Gestalt u. Vegetation u. hinterlassen an vorher best. Orten jene geheiligten Objekte: Djangawan↗, Ranga↗ u. Tschuringa↗, um die herum noch heute die wichtigsten Zeremonien kreisen. Sie bestimmen auch die Regeln des Totemismus↗ u. geben allen Dingen ihre Namen. Text: »Zunächst waren die Schwestern die alleinigen Bewahrer der relig. Objekte u. der damit assoziierten Zeremonien. Die Männer besaßen zu dieser Zeit nichts. So raubten sie eines Tages diese Embleme u. bekamen dadurch all das damit verbundene Wissen, aber auch die Verantwortung zur Durchführung der Rituale.« Ende des Dramas: die D. S. werden von der Regenbogenschlange↗ verschluckt. These: das bibl. Äqv. dürfte der Rausschmiß aus dem Paradies↗ sein, der sich ja auch mit einer Schlange verbindet. Bilder des Verschlucktwerdens rollen diese Schlange so um die D. S., daß sie fast zu der Blüte im Zentrum des Diskus↗ von Phaistos werden, die ja wieder der Maat↗ (Mehrz. Maati) entspricht. Unterschied: sie beziehen sich auf unsere Sonne, die sie lt. Zyklus nach der Ankunft ›entlassen‹ = durch Menschenschaffung erfahrbar machen.

Djangawul-Zyklus: wichtigstes u. größtes literar. Werk der Altaustralier, aus tausenden von Versen bestehend, die aus dem Gedächtnis rezitiert werden; es ist neuerdings der Vergleich mit dem Nibelungenring gefallen. Inhaltlich ist jedoch der Rahmen weiter gespannt, denn der D. Z. beginnt mit der Schöpfung der

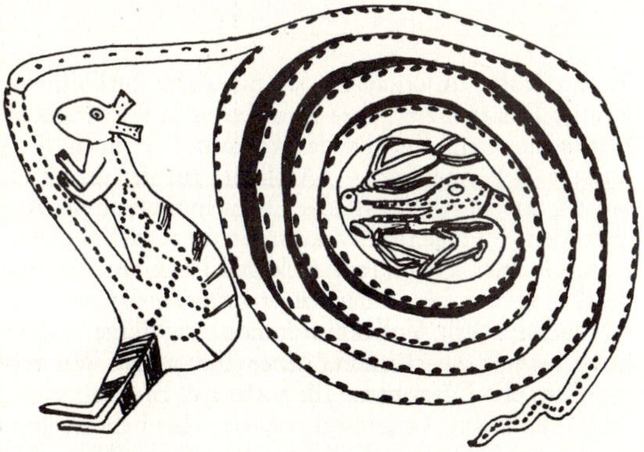

Menschen durch die 2 Djangawul-Schwestern↗, bevor das Drama einsetzt als Kampf um geheiligte, zauberkräftige Objekte (s. Nibelungenhort↗), spez. durch Raub von Frauenhand (s. Brunhild↗) in Männerhand (s. Siegfried↗) übergehend bis zur Katastrophe: statt Weltenbrand↗ verbrennt hier die Regenbogenschlange↗ am Ende der Traumzeit↗. Dazw. schiebt sich ihr Verschlucken der die Objekte bringenden Schwestern. Dieses Verschlucktwerden bildet noch heute den Abschluß der Initiation↗ junger Männer zur Wiedergeburt in einen neuen Wissensstand, der praktisch Schöpfung↗ (die 2 Schwestern) + Geschichte↗ (die Schlange) koppelt. — Leider ist der Zyklus nicht komplett zugänglich, was z.T. daran liegt, daß es in jedem Stamm von Australien↗ relig. Logen (Kultgesellschaften) gibt, die jeweils nur einen best. Abschnitt der geheiligten totemist. Stammesmythol. bewahren und tradieren, vorbestimmt in der Vergangenheit. Die gleiche Aufteilung ist von den Hopi↗-Indianern bek., was nicht wundert, da sie ebf. von Mu↗ kommen, von dem Australien ein Rest ist. Dadurch wird aber a., nach vielen Wanderungen, die ebf. Teil der Mythen↗ sind, in der Endzeit↗ zwangsläufig die Wiedervereinigung der Menschen (bzw. Stämme) bewirkt, u. damit des im Zyklus↗ verborgenen Wissens. — Da Djanga nur Geist heißt, bleibt die inter. Silbe Wul übrig, in der sich Ul↗ = Baum verbirgt, Name auch der 2. Rune↗, erhalten als Jul↗, was wieder mit *Wheel* (engl.) = Rad zusammenhängt, auch Kreis u. eben Zyklus, nämlich vom Jahr↗ einerseits u. der Präzession↗ andererseits: Inhalt fast aller Mythenzyklen.

Djed, Ded: wird der äg. Begriff DD vokalisiert u. mit Dauer übers. Symbol wie a. Hieroglyphe ist ein astloser Baumpfeiler mit 4 Querbalken (1). Weitere Ausgestaltungen fügen darunter eine enge Reihe von Stri-

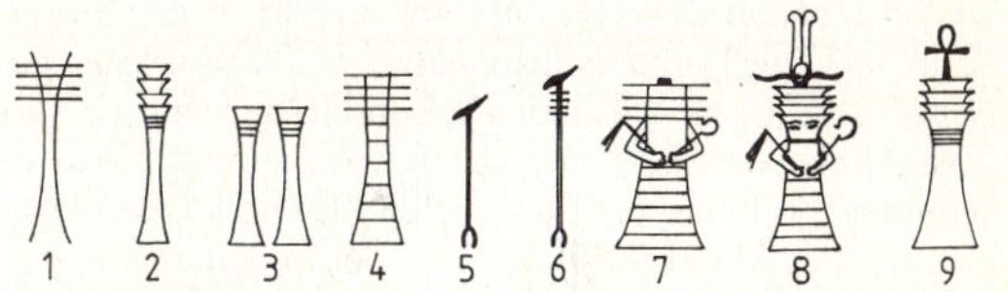

chen hinzu (2), die a. auf einem Djed-Paar erscheint, dem die 4 Balkenzusätze fehlen (3). Bei der Hieroglyphe (4) erweitert sich die Querteilung des Stammes u. der Balken gewöhnl. auf 6, sodaß die Zahl 10 entsteht. Daneben kann der Planetenstab↗, Symbol des Seth↗, erscheinen (5), wie vorzugsweise in der Hand des Gottes Ptah↗ eine Verschachtelung beider (6). Weiterer Zusatz können Arme sein, die Hirtenstab↗ u. Geißel↗ halten (7); es folgen Augen u. statt Mund die erw. Querlinien, sowie der Aufsatz von Widderhörnern, die Geierkrone↗ tragend, die sonst in Kuhhörner gebettet jede Pharaonenmutter (= Kandake↗) krönt, s. Anchsenamun↗. Dieser DD nennt sich ›Rückgrat des Osiris↗‹ u. wurde a. oft auf den Boden eines Sarges gemalt, denn jeder Tote↗ starb in Ägypten ›in Osiris‹, wie im Christentum jeder Tote ›in Christus‹ stirbt (8). Es kann aber a. das Anch↗-Zeichen folgen, dann (9) fehlen Arme, Widderhörner + Doppelfeder:

Eine Deutung seitens Ägyptologie↗ ist nie erfolgt, dabei ist sie eigtl. recht einfach, wenn man willens ist, die äg. Wurzel der Bibel↗ zu akzeptieren: es sind die beiden Bäume im Paradies↗ (s. Baum↗):

9 = Baum des Ewigen Lebens = DD mit Anch-Zeichen;

8 = Baum der Erkenntnis = DD mit Geierkrone;

Planetenstab, Widderhörner u. durchgängige Querteilung erleichtern die weitere Klärung, ebenso die Binden (s. Bildhinweis) u. das Djed-Fest ↗ der Wiederaufrichtung des gestürzten DD als ›Weltachse‹ – denn damit landen wir lt. Dynastienliste ↗ beim Weltuntergang ↗ 11432 v. Z., kurz vor Ende des 6. Sektors im Tierkreis ↗ der Gesch. ↗. Eindeutig fallen dann die Widderhörner in den 11. Sektor Widder ↗, u. die Geierkrone bildet den Abschluß: Fisch ↗ + Endzeit ↗. Entspr. ist der DD mit dem Anch-Zeichen in den 12er Kreis ↗ der Sonne einzuordnen, dem auch die 10 Sefirot ↗, hier also die Unterteilung der Nr. 8 in 10 Abschnitte, entspr. wie a. die Planeten ↗. Dann bezieht sich der Bruch auf die Stelle unseres Sonnensystems ↗, die heute den Planetoidengürtel ↗ kennzeichnet = ein zerstörter Planet namens Ogo ↗ in Afrika u. Siebenpapagei ↗ im Popol Vuh ↗ der Maya ↗. Dabei wurde u. a. ein Uranus-Mond als Venus (= Aphrodite ↗) abgetrieben, was wiederum Planet Erde ↗ einen Stoß versetzte = Paradies-Verlust ↗. So zeigen also die beiden DD 2 Katastrophen an, als Übergänge von 3. zu 4. und 4. zu 5. Welt, s. Weltenlehre ↗. Und den Baum des Ewigen Lebens hüten noch immer die Cherubim ↗, während wir in Fortsetzung des Djedfestes Weihnachten ↗ einen abgehackten, umgelegten u. wiederaufgerichteten Baum der Erkenntnis (eine Tanne = Tane ↗) mit den Äpfeln der Hesperiden ↗ schmücken – ohne uns dessen bewußt zu sein. — Weibl. Var. Djedet ↗.

Djedet: weibl. Djed ↗, der mit der Göttin Tefnut ↗ gleichgesetzt wird; in diesem Fall wird aus dem männl. Djed ihr Zwillingsbruder Schu ↗ u. sie bilden ein Djed-Paar, allerdings nur in alten Texten, Bilder fehlen. Sie sind die ersten 2 Viertel des 4er Kreises ↗ der Sonne (Luft + Feuer), und es liegt nahe, daß jene ›Feste‹ gemeint ist, die am 2. Tag der Sekundärschöpfung ↗ (als Van-Allen-Gürtel ↗) die unteren u. oberen Wasser scheidet. Da in diesen Tag die Buchstaben L (Archetyp Baum ↗) u. M (Mond) fallen, u. Tefnut nicht nur mit Sonne, sondern a. mit dem Mond verbunden ist, der entscheidend am Erdachsenpendel ↗ mitwirkt, muß D. prinzip. jene Koppelung (Nr. 6 der Djedbilder) von Planeten u. Zodiak sein, die sich sonst nur im Weltenbaum ↗ spiegelt, und erst ihr Auseinanderfall ergäbe die 2 als Paradiesbäume eingestuften Djed. — Den gleichen Namen trägt ein Ort im Nil-Delta ↗:

These: hier tobte die letzte Schlacht vor dem Weltuntergang ↗, in dem Osiris als Djed von Seth ›auf die Seite‹ gelegt wurde = Osirismord ↗. Danach begann das Königreich der Tefnut, d. h. es begann die Wiedervereinigung der 2 getrennten Djed. Die Hieroglyphe aus D = Hand u. T = weiblich (Teil auch der Isis ↗-Hieroglyphe) neben einem Djed als Glyphe für Dauer sagt aus, daß nach der Katastrophe Frauen für den Fortgang der Geschichte ↗ sorgten = 2. Matriarchat ↗. — S. Djed-Fest ↗.

Djed-Fest: hieß in Ägypten ↗ eine Zeremonie, die am Vorabend jeder Krönung ↗ sowie eines Sedfestes ↗ (alle 30 Jahre) in Memphis ↗ gefeiert wurde. Sie gipfelte darin, daß der Pharao ↗ unter Beihilfe von Priestern einen Djed ↗ an Stricken in die Höhe zog, bis er aufrecht stand, während Kampfspiele abliefen. Es handelte sich um die Wiederholung des Übergangs von 4. Welt zu 5. Welt (s. Weltenlehre ↗), äg. vom Reich des Osiris zum Reich des Horus. Unsere mod. Geschichtsphilos. spricht vom 1. Reich des Vaters u. 2. Reich des Sohnes (dem nun das 3. Reich ↗ des Hl. Geistes folgen wird); dazw. lag der Osirismord ↗ mit den Kampfspielen als letzter Schlacht bei Djedet ↗ 11432 v. Z. Die christl. Religion hat – als ›heidnischen‹ Brauch – das Fällen u. Wiederaufrichten eines Baumes für Weihnachten ↗ übernommen. In der germ. Edda ↗ bricht als Äqv. die Yggdrasil ↗, sodaß dieser äg. Djed wohl Djedet ↗ ist.

Djinn: in esot. Kreisen des Islam ↗ gilt König Salomo ↗ als Muhyi-D-Din = Beherrscher der Djinn; im arab. Märchen ›Tausend und eine Nacht‹ ↗ heißt es: »Wisse, oh Beloukia, daß wir die Söhne des Feuers sind, erklärte Sakr, der oberste König der Djinn.« Sakr ist die Arabisierung des äg. Skr = Sokar ↗, einer Erscheinungsform des Osiris ↗. — Man findet die D. a.

im Da'Wah ↗ u. erhält die kanon. Zahl: 24 Djinn + König. Das reduziert ihre Zuordnung auf 3 Möglichkeiten: die Grundmotive des Kosmos ↗ = die äg. Ka-Geister ↗; Sonnenkern + Alphabet (in der Apok. ↗ Gott + die 24 Ältesten) oder Osiris in Gestalt der Archetypen ↗. Folgende Nv. könnten weiterhelfen: Din, Jinn, Genn u. Genni, was sich den lat. Genien ↗ nähert, Einz. Genius; in der Kunst geflügelt dargestellt – wie auch im türk. Volkstheater die Djinn Flügel tragen (Abb.) sowie die Hörner ↗ einer Tiergestalt. Wir nähern uns den Dämonen ↗, d. h. der ird. Erscheinungsform der kosm. Grundmotive; wer sie ›beherrscht‹, wird zum Genie. — Auch der altamerik. Chingchinich ↗ kann als König = Chinich der Djinn = Ching betrachtet werden, u. der Ginnunggagap ↗ oder Urraum der Edda ↗ ist der Herkunftsort der Ginn =

Djinn, später der Runen ↗ als Versuch einer Sichtbarmachung.

Djoser: 2. Pharao ↗ der 3. Dyn., die sein älterer Bruder Sanacht gegr. hatte; regierte 5037–5008 v. Z. u. damit im Nommozeichen ↗, 2. Hälfte Sektor Zwilling, Ende des 2. Matriarchats ↗. Seine Grabanlage in Sakkara ↗ enthält die 1. Steinpyramide; aus unbek. Gründen nie vollendet, wurde sie merkwürdigerweise 6stufig über der 4stufigen Mastaba ↗ seines Bruder err. Das ergibt genau das Schema des Djed ↗ (6 + 4), wobei D. das 1. Reich ↗ vertritt, sein Bruder die Horusdiener ↗, welche D. sich dadurch ›einverleibt‹ zur Stabilisierung der Wiederkehr ↗-Linie. Seine lebensgroße Statue (Abb.) zeigt ihn im Ornat des Sedfestes ↗, für dessen Abhaltung in seiner Grabanlage Gebäude err. waren. D. hat das wildeste, ein geradezu strahlenverseuchtes Gesicht im Vergleich mit anderen äg. Statuen u. muß eine ganz entscheidende Wende nach dem Weltuntergang ↗ herbeigeführt haben: dessen Überwindung. Das manifestierte sich darin, daß er in On ↗ das 1. (?) Heiligtum für die Götterneunheit ↗ errichten ließ als Zusatz zur Götterachtheit ↗ von Memphis, seiner ›irdischen‹ Residenz. Die äg. Doppel-Religion ↗ war damit besiegelt.

Sein Kanzler u. Architekt war Imhotep, dem a. ein (bis jetzt nicht auffindbares) Weisheitsbuch zugeschrieben wird. Die Pharaonen dieser Frühzeit wiederum waren zu groß, um die Auswirkung ihres Geistes zu belegen, sie brannten; wurden ›Feuer‹ gen., oder: rote Flamme, die schwarz wird = die sich vollendet: Km ↗ wird. — Alte Schreibweise von D. = Tosor, evtl. T (= Nommozeichen)-Osor = Osiris: Nommo ↗-Osiris. — Das Schema seiner Zwillingspyramide findet sich unter Stichw. Imhotep ↗.

Djugura: Geist (Australien), zurückgehend auf Gura = Gesetz, z. B. in Bugari-Gura ↗ = Gesetz der Urzeit. Es könnte sich um ein Äqv. zu Gor in Gor-Al = Gral ↗ handeln, wobei Al = göttl. vorgeschoben wird als Dju, äqv. Di ↗ (göttl.) oder *Dieu*, frz. Gott.

Do: steht bei Blavatsky prinzip. für 1; erhalten beim Singen der Oktave ↗: do-re-mi etc., wiederkehrend als Nr. 8 oder Nr. 1 der nächsthöheren Oktave. Gleiches Bild beim Regenbogen ↗ oder 8er Kreis ↗ der Sonne mit Rot = Do, den Kreis beginnend u. schließend. Daraus wurde Domareringar ↗. Die Umdrehung ist Od ↗. — Auch das griech. Dodeka = 12 könnte auf diese Weise entstanden sein, indem Do zweimal Deka = 10 einrahmt. Engl. *Dozen*, Dutzend, Do + Zehn.

Dobeiba: Göttin von Kolumbien ↗, wo die Muisca ↗ ansässig sind. In einer sagenumwobenen Landschaft Dabeiba soll sie einen goldbedeckten Tempel gehabt haben, das Zentrum berühmter Goldarbeit war, mit Werkstätten, die ständig 100 Goldarbeiter beschäftigt haben sollen. Nach den Ruinen wird heute noch gesucht. Als die einfallenden Spanier Cibola ↗ im N nicht finden konnten, suchten sie es als Dorado ↗ = Goldland hier im S, speziell im Hochtal des heutigen Bogotá ↗; die meisten gefundenen Goldkunstwerke wurden zu Barren eingeschmolzen, nach Spanien verschifft und dort zu Münzen umgearbeitet, bis zur Mitte des 19. Jh. — Dabeiba selbst besaß keine Goldadern, die Muisca führten Gold als Rohmetall ein u. die fertigen Kunstwerke wieder aus.

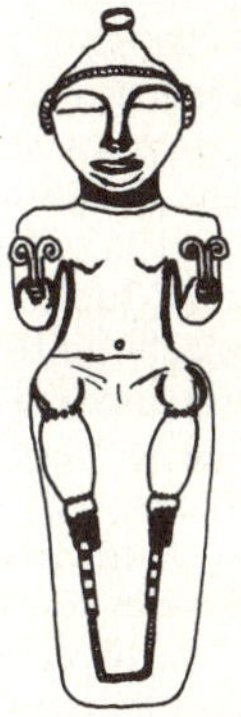

Wahrsch. ist die Göttin in diesem gegossenen Fläschchen dargestellt, denn sie hält ein für den Muisca-Stil sehr typ. Symbol in beiden Händen, das sich a. in Ägypten als Kopfsymbol der Göttin Meschenet ↗ findet, die sowohl das werdende Kind bildet wie ihm den Ka ↗ (Geist) vermittelt. Die Vorsilbe Me ↗ entspr. den 100 göttl. Kräften, die sich bei D. in den 100 Goldarbeitern zu spiegeln scheint. Rechnen wir 1 Hälfte jeder Doppelspirale als Hirtenstab ↗ = 25, kehrt die Zahl 100 ebf. zurück – es handelt sich um den Gesamtkosmos ↗ oder die Do ↗-Baba ↗ = Urgöttin, s. Gold ↗. Männl. Muisca-Figürchen tragen die beiden

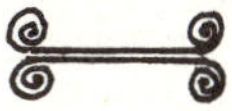

Doppelspiralen vereint, aber horizontal:
These: es handelt sich um den Reiseplan der Argonautik ↗ oder den Übertrag des Weltideogramms ↗ des Kosmos auf die Erde.

Dodona: neben Delphi ↗ wichtigste Orakelstätte von Alt-Griechenland ↗ u. ebf. ein auf Ägypten ausgerichteter Geodätischer Punkt ↗. Hier wurde die Göttin Dione, ein weibl. Zeus ↗, verehrt; bei Homer ↗ Mutter der Aphrodite↗. These: Dione = Diana↗ als jene Astronautin↗, die beim Abschuß von Ogo↗ beteiligt war.

Dogon: heute im Niger↗-Bogen ansässige afrik. Volksgruppe, die sich schon lange vor dem arab. Sklaven↗-Handel in immer unwegsamere Gebiete zurückzieht; urspr. in Altägypten zu Hause. Die Nackenstützen des äg. Grabmobiliars werden noch von ihnen unter den Kopf der Toten gelegt. Bis Ende des 14. Jh. gehörten sie zum Königreich Mali↗, also noch z. Z., als Abubakari↗ nach Mexiko segelte u. als wiederkehrender Quetzalcoatl↗ gefeiert wurde. Bei den D. heißt diese Figur Nommo↗. Als Nommo's Plazenta↗ - womit ein Sonnensystem↗ gemeint ist - gilt das Sirius↗-System. 1950 veröffentlichte Germaine Dieterlen (frz.) ihre erste Arbeit über das von den D. gehütete Wissen, quasi pünktlich zum Beginn der Endzeit↗. Es wurde aber schon 1931 beim letzten Sigui-Fest↗ preisgegeben. These: das war das Geburtsjahr des wiederkehrenden Nommo. Man erzählt, es werde ein Objekt am Himmel sein, wie ein Stern, um seine Auferstehung zu überwachen u. zu bezeugen. These: es ist ein wieder vom Sirius kommendes Raumschiff↗, kreist schon zw. Jupiter, Saturn + Uranus um die Sonne u. schickt die gesichteten Ufo↗s aus. — In der sozialen Organisation stellt die väterl. Linie Amma↗ dar, den Ursprung aller Dinge, während die mütterl. Linie Nommo darstellt, die ›zusammengefaßte Schöpfung‹; in diesem Fall steht der Begriff wie bei den Bantu↗ für den Logos↗ = Hl. Geist↗, ebf. weibl. — Die D. kennen 4 Kalender: 3 davon dienen liturg. Zwecken = Sonnen-, Venus- u. Siriuskalender; der 4., ein Mondkalender, dient der Landwirtschaft. Er hat 12 Kreissektoren als ›der Raum, darin sich die Erde bewegt‹; es dürfte sich um den Tierkreis↗ handeln. Die anderen Kalender sind ungeheuer kompliziert u. zeigen äg. Vergangenheit: größte Einheit sind 1440 J. (in Ägypten genau 12 Chenti↗), in denen sich 24 Sigui-Feste = Konjunktion↗ Jupiter-Saturn u. ca. 28 Umläufe der Po↗-Sonne des Sirius treffen. Ein Umlauf = 52 J. als Koppelung von Sonne + Venus (Tzolkin↗ der Mayas). Als Gegenspieler von Nommo gilt der ›verstümmelte Bleichfuchs‹ Ogo↗, dessen Plazetaa unser Sonnensystem ist; seine Beschreibung ähnelt der des äg. Seth↗, Gegenspieler von Osiris↗ (= Nommo). — Sämtl. Planeten↗ in unserem Sonnensystem seien aus der Sonnen-Plazenta hervorgegangen u. die Sonne selbst das Überbleibsel von Ogos Plazenta u. Mittelpunkt unseres Systems. Alles, was sich sichtbar am Himmel bewegt (Sterne, Planeten, Satelliten), ist ›zirkulierendes Blut‹ oder ›Wasser‹, das klare Blut (wie die Milchstraße↗), geschaffen von dem ›tanzenden Amma‹, der in diesem Fall an Schiwa↗ erinnert. Dessen 4 Armpaare kehren wieder als 4 Nommo-Paare, die sich in den 4 Himmelsrichtungen aufstellten u. Vorfahren des Menschen wurden; entspr. betrachten sich die D. als ein aus 4 Stämmen gebildetes Volk, u. das große Haus jeder Familie hat 4 Türme etc. Vor diesem Heiligtum liegt die Nachbildung einer Riesenschlange als der Lichtbahn, auf der die 2 Nommo kamen (s. Regenbogenschlange↗ der Australier) = die 2 Astronauten↗. — Für die äg. Herkunft zeugt Dogon-La am Nil↗, einstmals wohl Dogon-Land. — S. Verlorene Stämme↗.

Dolmen: ein tischartiges Steininstrument, um tellurische↗ Erdströmungen zu verstärken. Ein monolithischer Querstein ruht auf senkrechten Steinen, lädt sich auf und beginnt wie eine Klavierseite zu vibrieren, bes. dann, wenn sich sein Gewicht in Spannung befindet. Es ist eine Altarform der Megalithkultur; Wirth↗ spricht von Ur-Ka↗ u. führt sie auf Kanaan↗ zurück, dessen Name sich eben darauf beziehe. — Dann landen wir bei Kan↗, der Schlange des An↗ = Himmels oder

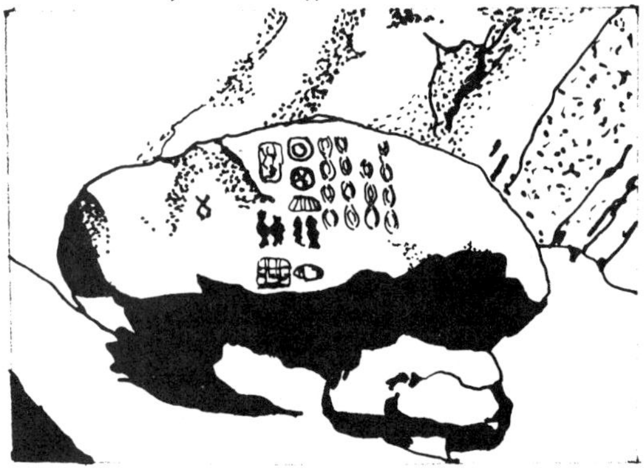

ihrer ›Stimme‹ u. haben eine Par. zum Schwirrholz↗ vor uns, das ihre (der Regenbogenschlange↗) Stimme nachahmt. Übersetzungsversuch: Do↗ (Nr. 1, am Anf. stehend) + Lm, kanaan. Schreibweise der Elohim↗ (weibl. Mehrz.); wir landen tats. beim Ur-Ka, Urgeist, den Grundmotiven↗ des Kosmos bzw. ihrer Vibrationssprache↗ (afrik. Ausdruck), mit dem D. als Nachformung der äg. Himmel↗-Hieroglyphe, äqv. umgek. Ka↗-Zeichen wie in den Externsteinen↗, indian. Balam↗. Auf einem D. im Amazonas↗-Gebiet (Abb.) fand man aufgemalte Z., inbes. den Rhombus↗. Unter Chartres↗ befand sich in einer Grotte ebf. ein D.; aber a. Stonehenge↗ ist vergleichbar.

Domareringar: Steinkreis oder Ding↗ bzw. Thing↗ aus 8 Markierungen für die Att↗; hier wurde Recht gesprochen (Maat↗ in Ägypten), oder es fanden Kulttänze statt, so im D. bei Hjortsberga, gen. Lekebacken = Spielberg. Es ist an die 8 Grade der pazif. Arioi↗ zu denken. Übers.: Do↗-Mare (Mutter, Meer, oder Ma = Mutte, des Re↗, der Sonne)-Ringar (Kreis, Ring) = die Sonnenbarke, der 8er Kreis der Sonne mit den Mora (od. Mare)-Gesetzessteinen, äqv. dem Tao↗. — Als Regenbogenfarben des Lichtstrahls↗ waren sie evtl. a. wie Ophiten↗, Gral↗ u. Große Pyramide↗ für Lichtöffnung↗ geeignet. Auf jeden Fall hießen die 8 Steine a. ›Candle-Stones‹ = Kerzensteine. Im Ggs. zu dem 12-Steine-Thing oder Gilgal↗ gab es im Zentrum keine Domstenare↗, die 8 D.-Steine konnten aber wie ein (Licht-)Strahl zu ihnen hinführen. — These: ein D. muß eigtl. der Sitz (Kreis) der Walküren↗ gewesen sein. — Wenn man mit dem Caracol (Schneckenturm) von Chichen-Itza↗ vergleicht, ist zusätzl. die Benutzung als astrol. Anlage denkbar.

Irland

Dominikaner: 1215 von dem Spanier Dominikus gegr. christl. Predigerorden, der v. a. für die Inquisition↗ = Ketzer- (spez. Katharer↗-)Verfolgung eingesetzt wurde. Berühmt ist die Schrift des D. Thomas von Aquin ›Summa contra gentiles‹ = Gegen die Heiden↗; er gilt nach Augustinus↗ als wichtigster Kirchenlehrer. D. setzten den Disput über die Ideenlehre↗ fort: sie existieren ›ante res‹ = vor den Dingen, ›in rebus‹ = in den Dingen u. ›post res‹ = nach den Dingen, als abstrakte Begriffe; d. h., D. waren auch Erkenntnistheoretiker↗. Z. Z. rund 10.000 Mitgl. 2. Orden: Dominikanerinnen.

Domstenare: Urteilssteine, hießen die Umfassungen eines Thing↗ (s. dortige Abb.) aus 12 Steinen im Kreis u. 8 wie beim Domareringar↗, die hier den Zugang bildeten. Diese Kombination erinnert sehr an die äg. Seelenwägung↗: 12 Sektoren der Duat↗ u. die Maat↗ auf der Waage, den 8er Kreis (Gerechtigkeit) vertretend. Im Zentrum der D. ein Doppelsitz, der an die Sirius-Hieroglyphe↗ erinnert, genau wie bei den Externsteinen↗. — Die besprochene Anlage stammt vom Anf. des 19. Jh. u. liegt genau auf O-W Achse, mit Eingang im Westen↗; formal wie eine 1kreisige Odil-Rune↗. — In solche Zentren setzte sich später die Kirche↗.

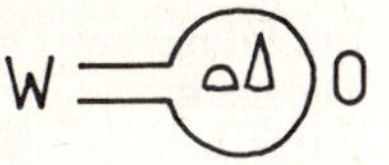

Domus Daedali: übersetzten lat. gebildete Mönche u. Priester des Christentums das alte Labyrinth↗ oder Haus des Waland↗, nach Dädalus (Daidalos), dem angebl. Erbauer des Labyrinths von Kreta↗, das König Minos↗ für Minotauros↗ bestellte (griech. Mythos).

Donner: als Planetenbezug in Donnerstag erhalten, nach Chaldäischer Planetenreihe↗ dem Jupiter (griech. Zeus↗) zugeordnet. These: das dürfte daran liegen, daß Jupiter im 12er Kreis↗ der Sonne in Nachbarschaft zum 4. Sektor des 8er Kreises↗ liegt, im Tao↗ Donner = Dschen↗  , das Erregende gen. In der afrik. Ntu-Philosophie↗ ist das Kuntu↗, animiert, u. in der äg. Götter-Achtheit die Göttin Kauket↗. — Das Wort selbst geht zurück auf Thonar↗ (ahd.) u. Tanarus (altkelt.), sollte aber wohl richtiger Tonara = Ton der Ara↗ heißen, d. h. der Sonnen-Kobra. Es ist nicht der Ton der Schwirrhölzer↗, sondern der Trommel↗ als ›Schamanenroß‹ = 8füßig (s. Sleipnir↗), d. h. der Lichtstrahl↗; u. mit Licht verbindet sich a. im 8er Kreis der Donner, sie bilden zus. ein Paar, als Aufspaltung von Element Feuer↗. Christl. Version: »Die Stimme seines Donners, der Gott im Rade, ist Johannes, der Evangelist, durch den Kreislauf des Weltalls, kündigend das Licht vom Himmel.« Dieser ›Gott im Rad‹, lat. *Deus in Rota* - s. Rad↗ - ist bei fast allen Völkern der Sonnenkern↗, germ. Wotan↗.

Doppel-Axt: Labrys↗ (lyd.), woher Labyrinth↗ stammt, lt. Wirth↗ eigtl. lab-uru als Umdrehung↗ von bal-uru. Da uru (sum.) nur Stätte heißt, im Äg. aber als Earu↗ die Gefilde der Seligen meint, erhalten in Jerusalem↗ = Stätte des Friedens, dürfte sich die Doppelaxt auf den Frieden beziehen, d. h. ein Symbol des Hl. Geistes sein, den wir inzw. als Taube↗ darstellen. So waren auf Kreta↗, berühmt für das *Domus Daedali*↗ (Labyrinth als Versteck des Minotaurus↗), D. u. Taube so eng mit der Göttin Europa↗ verbunden, daß tats. das Gefühl einer Austauschbarkeit entsteht (Abb.). Da aber der Friede noch nicht eingetroffen ist, wird eine Runen↗-Aussage interessant: die D., gen. Barte, ist die letzte, 24. Rune u. fällt damit im Jahr↗ auf die Julzeit (heute Advent↗ + Weihnachten↗), im Zodiak↗ der Gesch.↗ auf die 2. Hälfte Fisch mit dem 24. Grundmotiv 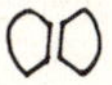 , äqv. Buchstabe P. Besser als Barte ist deshalb ein Wort für D., das mit P anfängt, nämlich: Pelekys (griech. = Doppelaxt) von Pilakku (assyr.), äqv. Balag, sum., u. Pola pazif., womit wir wieder im Land (La) von Po↗, dem Zustand vor der Schöpfung, d. h. im rein Geistigen landen bzw. in jenem ›himmlischen Jerusalem‹, das lt. Apok.↗ am Ende auf die Erde herunterkommen soll: wie die Taube, wie die Doppelaxt als dessen Symbol. Sanskrit↗-Name ist Paracu, zu finden als Perc in: Perceval = Parzival↗ u. Percht↗ als weibl. Form, die Perchta, Bertha, Perchta-Baba. Darin liegen begraben: *percer* (frz.) = durchstoßen (als Funktion der Axt) und noch wichtiger *Per se* = das ›an sich‹ (bei Jung↗ benutzt für die Archetypen↗ per se = die nicht zu assimilierenden Fremdkörper der Psyche↗) oder Para-Ku = das, was para (tiefer ist, vorweggeht) Ku↗ (Licht) ist, dem Licht der Sonne (Sterne) vorausgeht. Das aber sind die 24 Grundmotive des Kosmos oder

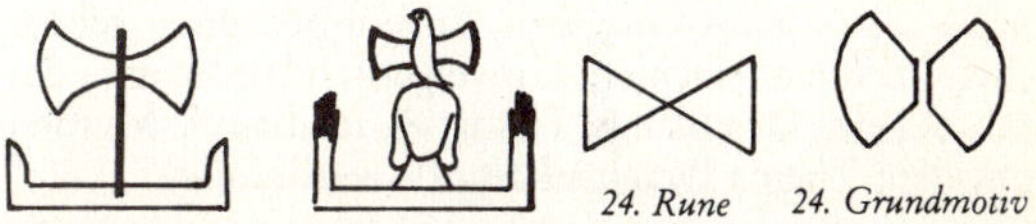

24. Rune 24. Grundmotiv

Präexistenten Ideen↗, wobei sich Präexistenz wieder auf Prx = Perc reduzieren läßt. Dieser Friedenszustand wird jedoch 2 mal erreicht: nach Vollausdehnung des Kosmos↗ = 1. Paradies↗ mit Rückgewinnung jetzt als Abschluß der Endzeit↗. These: daraus wurde die Doppel-Doppelaxt, zu finden auf einem Sarkophag von Kreta, ganz richtig den Zodiak↗ einrahmend, d. h. die Geschichte↗ als Weg zw. Paradies-Verlust↗ u. (Paradies-)Wiederkehr↗. Oder: die D. ist der Tempel (Pr↗ in Ägypten) des Ka↗ (Geist), schließl. der Schmetterling↗ = Psyche↗ u. das ›Buch‹, das am Ende geöffnet wird. In Afrika findet sich die D. als Kopfaufsatz weibl. Figuren, manchmal mit Augen verziert. Sie wird mit der Göttin Oya↗ verbunden. — Beim Hineinlegen der Odil-Rune↗ in den Runen↗-Kreis entsteht ebf. die Doppelaxt als dessen Öffnung in der Mütternacht↗.

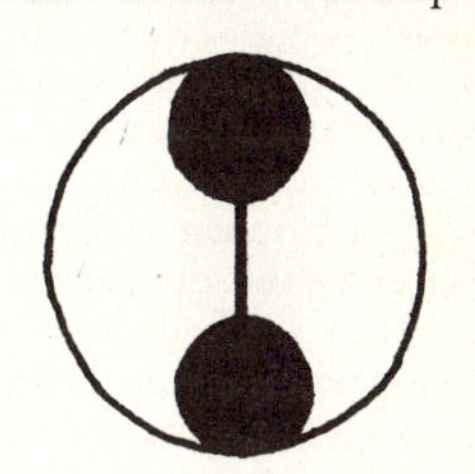

Doppel-Feder: als Symbol: in Ägypten als Horuskrone↗, Amunkrone + Geierkrone↗ zu finden, s. Kronen↗. Da die einfache Feder↗ (z. B. Symbol der Maat↗) den Lichtstrahl↗ vertritt, muß die D. einen aufgeklappten Lichtstrahl darstellen, d. h. sein Inneres: das Sonnenalphabet↗ (A bis Z) oder, bei spez. Lichtöffnung↗, den Rückfall in die kosm. Ordnung der Grundmotive↗. — So gleicht sie den Gesetzestafeln↗ u. kommt zweimal bei den Zodiakzeichen↗ vor.

Doppel-Religion, Altägyptische: das Nebeneinander von Götterachtheit↗ und Götterneunheit↗, reduzierbar auf die Paare Atum↗ + Maat↗ und Nut↗ + Osiris↗, vereint durch Mut↗. Nr. 1 verschmolz bei Echnaton↗ zur Sonnen- oder Aton↗-Religion u.

wurde später zum jüd. Monotheismus↗, während Osiris als Christus↗ u. Nut als Hl. Geist↗ erst durch Jesus↗ wieder zurückkehrten. Afrik. Äqv.: Ntu-Philosophie↗ (bzw. Religion) + Orischa↗-Kult. — Symbol der Koppelung war die Große Pyramide↗.

Doppel-Schlange = globales Symbol in vielen Variationen: als 2 Uräen (s. Ara↗) mit der Sonne verknüpft; hier wäre an die 2 weibl. Grundelemente Feuer↗ + Wasser↗ zu denken, übertragbar auf Tag/Nacht-Barke (die 2 Maati↗). Als 2 Schlangen rechts + links des ›Baums der Erkenntnis‹ (s. Apfel↗), was einer Zweiteilung der 1 Schlange gleichkommt, die Eva↗ verführte; damit landet man bei der Gegenläufigkeit von Jahr↗ u. Präzession↗; innerhalb des gleichen Kreises jedoch zusätzl. bei seiner Zweiteilung in Sommer u. Winter bzw. 1. + 2. Reich↗, getrennt durch den Weltuntergang↗. Weiter finden sich 2 Schlangen verflochten zu einer Art Hakenkreuz↗ auf einer Vase (Abb. 1), dessen Kugelzentrum die Erde↗ sein kann im Widerstreit der 2 Weltordnungen↗, zurückgehend auf den Beginn der Schöpfung↗, wenn 2 Schlangen (Abb. 2) um das zerbrochene Ei↗ zu streiten scheinen, das am Uranfang gleichwohl nur von einer Schlange umrollt war - als es selbst noch heil, ungeöffnet, unaufgebrochen im Raum erschien. Unweigerlich landet man damit bei der Urschlange Tiamat↗, im babyl. Mythos mit dem Thema Drachenkampf↗ verbunden.

1: Schottland

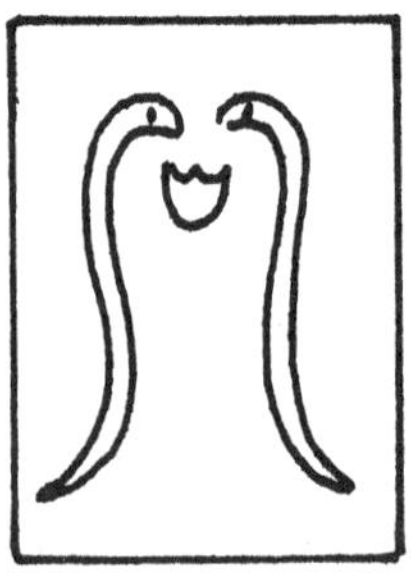

2: Indianisch

These: mit 2 gegensätzl. Schlangen wird auch der Diskus↗ von Kreta angesprochen, denn jede Seite enthielt eine, wie es im Labyrinth↗ 2 Richtungen gibt: von außen nach innen = Entmaterialisierung = Tod↗ als Wiedergeburt des Geistes u. von innen nach außen = Leben↗ als Tod des Geistes: in Farben schwarz u. weiß, genau wie im Taichi↗, dessen 2 ›Fische‹ ebf. als Doppelschlange aufgefaßt werden können = Yin↗ und Yang↗.

Dorado: Goldland (span.), im übertrag. Sinn Traumland, Paradies↗; a. El-Dorado↗ = der Traum vom Gold↗ oder der ›Vergoldete‹ (in Südamerika der Musica↗-Fürst). Es wurde von den Spaniern zuerst als Cibola↗, dann als Land der Göttin Dobeiba↗ gesucht. — Für Ägypten war das Goldland Nb.T = Nubien↗, was die ird. Goldschätze betraf, die Göttin Hathor↗ aber das Himmelsgold (gemeinsame Silbe Or, frz. Gold; *Doré* = vergoldet). Übers.: Dore (vergoldetes)-To (Land; z. B. To-Mam↗, afrik. Name für Nubien = Mutterland): dore-to = Dorado.

Dorer: einer der Hauptstämme der Hellenen↗. Nach der Legende stammen sie von Doros ab, 1 der 3 Söhne des Hellen↗; ihre tats. Herkunft ist ungewiß. Sie fielen als letzte Welle 1100-900 v. Z. in Griechenland↗ ein u. machten *tabula rasa* mit der vorgefundenen Kultur der Pelasger↗ + Karer↗, spez. im Gebiet um den Parnaß↗. — Sie sollen alle männl. Karer ermordet u. ihre Frauen zwangsgeheiratet haben. — Herodot↗ benutzte den Ausdruck D. für alle Hellenen. These: so könnte es ein Analogiewort für die ›Hellen‹ (Hellenen) u. ›Blonden‹ (von *doré* = vergoldet wie bei Dorado↗) Goldhaarigen sein. Es dürfte sich um Kaukasier↗ handeln, die nach Indien zogen u. wieder zurückkehrten (s. Arier↗), mit Einfall in Troja↗ vor der Invasion in Griechenland. Thukydides setzte ihre Invasion 80 J. nach der Eroberung von Troja an. — Sie plünderten u. zerstörten die mykenischen Städte u. unterwarfen a. Kreta↗. Mit ihnen beginnt das ›dunkle Mittelalter‹ Griechenlands, aus dem fast nichts überliefert ist. Hauptgründung: Sparta↗. Das ältere Athen der Jonier↗ blieb ihr Widerpart u. nahm die myken. Flüchtlinge auf.

Dornenkrone: der Kranz aus Zweigen vom ›Christusdornbaum‹, den Jesus↗ zur Verhöhnung seines Anspruchs, ›König der Juden‹ zu sein, aufgedrückt bekam. Der gleiche Baum spielte schon in der Doppel-Religion↗ Ägyptens eine Rolle, genannt Nbs, enth. a. als Name für Kultstätten; dabei verschwimmt er mit der Sykomore↗, auf deren Zweige die Osiris-Kornmumie↗ im Ritual gebettet wurde, was auf jeden Fall einen symb. Bezug herstellt, wenn die Begriffe Osiris↗ u. Christus↗ gleichgestellt werden u. Jesus dessen Ermordung durch den eigenen Opfertod sühnen wollte. Da die Sykomore die Göttin Nut↗ darstellt, wird man unter der Kranzformung wohl ihren Übertrag als Kreis der Geschichte↗ verstehen dürfen, evtl. in Gestalt der Dämonen↗ = Archetypen, die als Ausfächerung von Bes↗ u. Beset↗ immer mit Messern = Dornen ausgestattet waren. Sie setzen sich als Zacken im Davidstern↗ fort, mit dem sie als Tierkreis die 12 Stämme von Israel↗ symbolisieren, wie auch im Übertrag die 12 Apostel↗ oder die 4 Evangelisten↗.

Drabarni: Zauberin bzw. Hexe↗ bei den Zigeunern↗, was jedoch als ganz besondere Begünstigung gilt. Nicht zu verwechseln mit der Pura Dai↗, dem weibl. Häuptling. Letztere dürfte der 4. Taro↗-Karte (gen. Herrscherin) entspr., erstere der 2., gen. Hohepriesterin. Sie hält 2 Schlüssel↗ in einer u. eine Schriftrolle in der anderen Hand. — Dra (barni) verweist auf Drawida↗.

Drache: globales Symbol, spez. in Kombination mit dem Drachenkampf↗. Lt. Wirth↗ eine Kombination von Hund (oder Wolf) + Schlange, evtl. gehörnt u. mit Flügeln. Also fast so etwas wie eine Tierkreis↗-Kombination, weshalb Blavatsky prinzip. recht hat, wenn sie sagt, der D. sei das *Symbol des Zyklus*↗ oder der »Söhne der manvantarischen Ewigkeit«. Ein Manvantara↗ ist die Zeit zwischen (= antara, frz. entre) 2 Manu↗s = Anf. u. Ende einer Wurzelrasse↗, d. h. es ist eine Welt der Weltenlehre↗. Sogesehen wären Drachentöter Beender einer Welt oder Sieger über die Partei, die sie trotz Verrottung erhalten will. Dazu paßt a. das Bild, daß der D. die Schätze jeder dieser Welten an sich rafft, hütet u. nicht mehr hergeben will. Daß er, z. B. als Midgardschlange↗ ganz Midgard↗ umgibt, oder im Weltenmeer den ganzen Planeten Erde. Das läßt sich jedoch auf zweierlei Weise übertragen: es sind die Bahnen der restl. Planeten gemeint: das wäre der D. mit den 7 Köpfen der Apok.↗ = Seth↗, Satan↗ - oder es sind die 2 Zyklen von Jahr↗ u. Präzession↗ gemeint sowie im Übertrag ihre Anhänger auf der Erde: Ost- + Westdrache bei den Kriegen bis zum Weltuntergang↗ sowie jetzt im Endkrieg↗. Der Zodiakdrache wäre z. B. die äg. Nilpferdgöttin↗ oder das Sternbild Drache zw. großem u. kleinem Bären↗. Beide Zyklen (Drachen) hängen in der Weltenlehre eng zus., vertreten aber unterschiedl. Wissen; so bewirkt das Drachenblut des Lindwurms↗ bei Siegfried↗ neben Unverwundbarkeit das Verstehen der Vogelstimmen = Mantik↗, wäre also ein ›Drache der Weisheit‹, während Nidhögg = der Drache voller Neid (nid) an der Yggdrasil↗ nagt, bis sie umfällt. — Am interessantesten ist die Form des Drachens, den Kinder steigen lassen: ein verschobener Rhombus↗, der wie die schwarze Sonne des Sirius↗ wirkt mit ihrer Bahn - s. Neue Sonne↗ - als ›Schwanz‹ (in Ägypten Anubis↗); entspr. ist der geistige Inhalt dieser Sonne die Schlange↗ am Baum der Erkenntnis = Logos↗ in der Gnosis; als Babu↗ (Drachen als Wächter) aufgeschlüsselt in 24. So wurde D. zum Symbol des Messias↗ = Quetzalcoatl↗ bei den Indianern; Osiris als Krokodil↗ etc. — Lt. Blavatsky↗ konnte jede Welt, sogar jede Sterngruppe oder jeder Stern ein ›Drachenhaupt‹ gen. werden, u. das ›Zerbrechen dieser Häupter‹ konnte sich nur auf die Prüfungen der Initiation↗ beziehen. Auch bei ihr ist der eine ›große Drache‹ die Präzession, er läuft mit ›360‹ Sprüngen (wie das Jahr in Tagen); dann umfaßt 1 Sprung 72 J. = 1 Grad (denn das Jahr wurde mit 360 Tagen berechnet = Haab↗ bei den Mayas + 5 Zusatztage äqv. der Endzeit↗ nach der Präzession).

Drachenkampf: globaler Mythos↗ in 3 Varianten:
1) Als Kampf des Lichts gg. die Finsternis, wenn die Primärschöpfung↗ übergeht in die Sekundärschöpfung↗ u. der Lichtstrahl↗ entsteht; in Ägypten Kampf des Re↗ gg. Apophis↗, tägl. wiederholt beim Durchgang des Sonnenschiffs↗ durch die Duat↗ als die 12 Stunden der Nacht (s. Chepre↗), wobei aber schon der Übertrag auf den Zodiak↗ der Geschichte↗ erfolgt.
2) Als Kampf des Horus↗ gg. Seth↗, der ihm das Mekes↗-Erbrecht streitig macht; das ist der Kampf des Zyklus der Präzession↗ gg. die Macht der Planeten↗ im Übertrag auf das Jahr bzw. den Festkalender. Die babyl. + assyrische Überlieferung kannte den D. als Neujahrsritus Marduk↗ gg. Tiamat↗ (Abb.). Der König übrernahm die Rolle des Marduk, denn wer die Tiamat ›besiegt‹, erhält die Weltherrschaft↗. Waffe ist *mulmul*, der Speer des Schicksals↗, Symbol der großen Göttin Belit, einem Äqv. der kanaan. Baalat↗; daneben die Hathor-Locke↗ (s. Astrologie↗), am Himmel die geflügelte Sonne (s. Assur↗); der Speer hat Tiamat festgemacht, chaldäisch Tamte = Ur-Wasser↗, eigtl. der weibl. (= T) Zwilling↗ = Tam, der nach der Teilung

in Himmel + Erde zerfällt. In der Bibel↗ wird diese Teilung Gott↗ zugeschrieben, wenn es heißt »Am Anfang schuf Gott Himmel und Erde« (1 Mose↗ 1,1).
3) Ab Biß in den Apfel↗, der verursacht, daß Eva↗ + Adam↗ jetzt den Unterschied zw. Gut↗ + Böse↗ kennen, stellt sich der D. als Kampf zw. ihren Nachkommen ein, die sich in Rassen↗ spalten gemäß dem Weltideogramm↗ u. unterschiedl. Götter↗ verehren (= fördern) u. damit Denksysteme bzw. Weltordnungen↗ od. Zyklen (s. Drache↗), um deren Leitung sich a. die Kontinente↗ streiten. D. der 4. Welt↗: Atlantis↗ gg. Mu↗; im Endkrieg↗ der 5. Welt↗ verschoben auf Amerika gg. Rußland, als Kampf des Irdischen, Individuellen gg. das Göttliche, Kollektive. — Im Endeffekt ist der D. a. der Kampf um den Gral↗ als Wunch nach dem himml. statt ird. Paradies↗.

Drachenkrone: in China↗ vom Kaiser getragen (ggb. der Phönix↗-Krone für die Kaiserin, die ein Äqv. für die äg. Geierkrone↗ sein dürfte), der sich als ›Himmelssohn‹ bezeichnet, genauer als Kreuzungsprodukt zw. Himmel + Erde (s. Heilige Hochzeit↗). Deren Einheit aber war vor der Schöpfung z. B. in Sumer die Tiamat↗, der weibl. Urdrache (s. Abb. Drachenkampf↗). Ergo versucht ein solcher Sohn die Wiedervereinigung↗ ihrer Teile auf neue Weise: durch Kultur↗. — Mögl. Äqv.: die Dornenkrone↗.

Drachenschiff: Schiffe der Wikinger↗ mit abnehmbarem Steven in Gestalt eines Drachenkopfes, um die ›Meerdämonen‹ zu verjagen. Damit die ›Landgeister‹ nicht beunruhigt würden, schrieb das alte isländ. Gesetz jedem Schiffer vor, der sich dem Lande näherte, diese Köpfe von den Steven zu entfernen. Im Meer hausten nach nord. Überlieferung ›die 9 Töchter‹ von Ägir u. Ran↗, deren Sitz oft mit Noatun in Asgard↗ angegeben wird. — Auf Runengedenksteinen↗ wird das gleiche D. zum Totenschiff↗.

Drachenzahn: im griech. Mythos erlegt Kadmos↗ einen Drachen; Athene erscheint u. befiehlt ihm, die Hälfte seiner Zähne zu ›säen‹. Er tut es u. heraus kommen Krieger. D. h. Drachenzahn = Krieger, s. Drachenkampf↗.

Drawida: Sprach- u. Völkergruppe von Indien↗, über 80 Mio.: dunkelhäutig, schon in ›vorgeschichtlicher‹ Zeit (nach heutiger Def.) hier ansässig u. verw. mit den Begründern der sog. Induskultur↗. Sie wurden durch die einfallenden Arier↗ zurückgedrängt, aber nie ganz besiegt. Ihr größter Guru↗, dem es gelang, Brahmanismus u. Buddhismus↗ zu verschmelzen, soll danach in einer Höhle des Himalaja↗ verschwunden sein u. seither als geistige Wesenheit in Schamballa wohnen. — Zu den D. zählen z. B. die Tamil↗, Gond↗, Wedda↗, evtl. Zigeuner↗. These: stammen urspr. aus Mu↗ u. sind Dru-Weda, Baum-Wissende (woher die Kelten↗ das Wort Druide↗ ableiteten), d. h. im Besitz der echten Veden↗, schwarze Veden oder Tamil-Veden genannt; heute unentzifferbar. — Eine Wurzel der Kabala↗ scheint bei ihnen zu münden. Papus spricht vom »Esoterismus der schwarzen Rasse, der im alten Indien seinen Sitz hatte, bevor dieses von den Weißen überschwemmt wurde« (1979, S. 42), und nennt ihn die Kirche von Ram↗. S. Drabarni↗.

Dreieck: als Symbol △ männl. u. ▽ weibl., jeweils die Dreiheit↗ von Gott bzw. Göttin ausdrückend. Ihre Verschlingung wurde zum Sechsstern ↗. Als Einheit geht das Urpaar ↗ voraus, in Gestalt des Ur-X ↗ oder Gesamtkosmos ↗. – S. Dreieck, Tantra ↗.

Dreieck, heiliges: in Ägypten ↗ das Baumaß der Großen Pyramide ↗, gebildet aus der Relation 3 (Basis) u. 4 (Höhe), was als Hypotenuse immer zu 5 führt sowie zum ›Goldenen Schnitt‹ eines Winkels von 51,51 Grad oder dem math. Wert Phi ↗ = 1,618. Bei figürl. Darst. sind Basis + Pharao ↗, dem Titel nach Horus ↗. Da dieser der Hl. Hochzeit ↗ von Osiris ↗ + Isis ↗ entspringt, stellen diese die Schenkel des D. dar (s. Schema), u. die Schlange ist die Dauer ihrer Verbindung = die Präzession ↗ oder Geschichte ↗ bzw. die Genesis ↗, die sich im Gangsystem ↗ der Pyramide ausdrückte; verstärkt man die Linien, ergibt sich Buchstabe L, äqv. Archetyp Baum ↗, nämlich der Baum der Erkenntnis ↗ mit der verführenden Schlange (lt. Bibel). Im Naos ↗ der äg. Tempel dreht sich das Hl. Dreieck um: die Basis wird die Maat ↗ u. die Vertikale ein Djed ↗ als Achse der jeweiligen Gottheit. Nun hat die Pyramide 8 Hl. Dreiecke, die zus. die Götterachtheit ↗ bilden. So gab es 8 Möglichkeiten für die Symbolik, damit irgendeinen Abschnitt der Gesamtschöpfung auszudrücken. Weshalb es stimmt, daß nach Ansicht Schwallers de Lubicz die Ägypter z. Z. der Pharaonen Phi als ein Symbol des schöpferischen Vermögens betrachten bzw. als den Logos ↗ oder Schlüssel zum Bau des Kosmos.

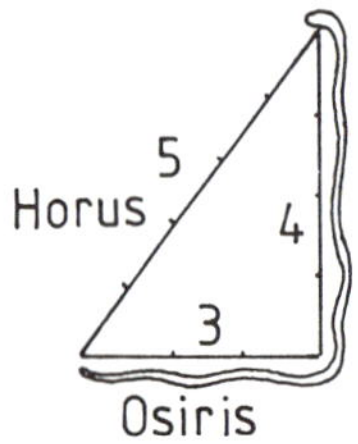

Dreieck, Tantra ↗: weibl. ▽ = Sitz der Shakti ↗ oder weibl. Energie ↗, männl. △ = Sitz des Shiva ↗ oder männl. Energie. Ihre Kombination Shakti-Shiva ist

1) Damaru ⧖, die ›Sanduhr-Trommel‹: Zeit u. Raum hören zu bestehen auf. Vgl. Grundmotiv Energiekonzentration ↗ als absoluter Kosmosbeginn.
2) Rajas ↗, die sich drehende oder kinetische Tendenz, symbolisiert als Sechsstern ↗.
3) der Fünfstern ↗ als Verschlingung der 5 Elemente ↗: Vooman bzw. Akasha ↗
   Marut = Luft
   Tejas = Energie, sprich Feuer
   Ksiti = Erde
   Ap = Wasser (s. Apsu ↗)
   Ihre Harmonie führt zum vollkommenen Menschen.

Dreifuß: ein Sitz od. eine Schale mit 3 Füßen; z. B. in Delphi ↗ Sitz des Orakels. In der griech. Kunst das Streitobjekt zw. Apollo ↗ u Herakles ↗; letzterer versuchte ihn zu stehlen, weil Xenokleia, die damals Pythia (Orakelpriesterin) war, auf die Frage, wie er seine Krankheit (die nach Ableistung der 12 Arbeiten eintrat) heilen könne, nicht antworten wollte. Apollo versuchte ihn am Diebstahl zu hindern u. sie kämpften, bis Zeus ↗ einen Blitz dazw. schleuderte. Nun antwortete das Orakel, er müsse sich 3 Jahre lang in die Sklaverei verkaufen lassen (er landete bei Omphale ↗). These: der D. ist Schlüssel = Ti ↗ für die Rückverbindung zum Od ↗ (zus. Tiod ↗) u. möglicherweise ein Äqv. für die Dolmen ↗. In Byzanz ↗ stand eine bronzene Säule aus 3 ineinander verschlungenen Schlangen ↗, deren Köpfe einen goldenen D. trugen. – In Mexiko ↗ hatte die Jaguar ↗-Schale 3 Füße; prinzip. dürfte der D. als für den Kosmos ↗ stehen; u. so wurde die Zahl 3 a. beim Hl. Dreieck ↗ eingesetzt: als Osiris ↗, äqv. Nut ↗, oder der 8. Sektor der Maat ↗ = Naunet ↗ (Gegenkosmos). – Die griech. Bez. *tripos* geht auf eine Zusammenziehung der 3 minoischen Silben Ti-Ri-Po zurück, mit Po ↗ = Hirtenstab ↗ , der eben den Kosmos darstellte.

Dreiheit: Auffächerung von Göttin oder Gott in 3 Namen (= Aspekte); nicht zu verwechseln mit Trinität ↗. Also eine textl. Umwandlung der 3 Seiten des weibl. oder männl. Dreiecks ↗. Beispiele:

Ägypten: Chepre ↗-Atum ↗-Re ↗ oder
Amun ↗-Atum-Re oder
Osiris ↗-Atum-Re
Indien: Vishnu ↗-Brahma ↗-Shiva ↗

Im letzten Beispiel ist Vishnu 12seitig (Symbol Sechsstern ↗), Brahma 4köpfig u. Shiva 8armig = zus. 24, das Sonnenalphabet ↗ oder die Weltordnung der Evolution ↗: A bis Z. Das gilt auch für die äg. Bsp. u. die männl. Gottheit schlechthin.

Kanaan: Anat ↗-Allat ↗-Schechina ↗
Germ.: Janna ↗-Nertus ↗-Salis ↗
Griech.: Pallas ↗-Athene ↗-Nike ↗

Hier wird der Stellenwert 24 nur bei Schechina deutlich; es sind die 24 Grundmotive der Reihenfolge X bis P = Geschichte ↗. – Gewöhnl. entspr. die 3 Aspekte: Schöpfen-Erhalten-Zerstören. – S. Gunas ↗.

Drei-Könige: lt. NT (s. Bibel ↗) überhaupt nur von Matthäus erw. ›Weise‹ (ohne Zahl), die von Herodes ↗ heimlich gerufen u. dann nach Bethlehem ↗ geschickt werden, um den angekündigten Stern (oder Kometen) u. das Kind (Jesus ↗) zu finden. Es handelte sich also zunächst nur um Sternkundige u. nicht Könige. Die mythol. Umgestaltung könnte in Griechenland erfolgt sein, wo am 6. Jan. - inzw. Dreikönigstag - die Geburt des Osiris ↗ gefeiert wurde, auf den ja die Christusbezüge immer zurückgehen; wie Legendäres um Buddha ↗, bei dessen Geburt 4 Könige erschienen sein sollen. Sie finden sich in der ›Anbetung der 4 Könige‹ im Bonner Münster wieder (Abb.); es gibt sie a. in Rom. These: dann müßte man die legendären Namen: Kaspar (Mohr), Melchior, Balthasar um den Mohr ↗ erweitern, d. h. die Klammer weglassen. Merkwürdigerweise hat der 4. jenen Schlüssel ↗ in der Hand, den Jesus später Petrus ↗ gibt als Fundament der Kirche ↗. Frage: war es ein äg. Eingeweihter, bei dem Jesus in Hirtenstab ↗ u. Geißel ↗ (Schlüssel) initiiert wurde? Bericht von Sergius Golowin: »Die unter Dschingis-Khan ↗ nach Rußland eingefallenen Tataren waren auf einem Pilgerzug nach der Kaiserstadt Köln, um die dort aufbewahrten Leiber ihrer 3 Magierkönige (ident. mit den Drei-Königen) heimzuholen.« Sie sollen als Reliquien ↗ aus Byzanz ↗ dorthin verschleppt worden sein. Heutige Stoffproben decken sich mit der Zeit von Jesu Geburt. – These: als Motiv sind die 4 ›Könige‹ die

4 Kontinente des Weltideogramms ↗ u. das ›Kind‹ die jeweilige Weltmitte ↗.

Drittes Auge: im Mythos den Cyclopen ↗ zugeschrieben. Aber lt. Dzyan ↗ der 3. Wurzelrasse ↗ eigen und dann während der 4. verkümmernd; lt. Blavatsky ↗ ist diese Verkümmerung heute die Zirbeldrüse, die in Zusammenhang mit dem ›Gehirnanhang‹ steht u. zum Hinterkopf gerichtet ist. These: es handelte sich nicht um ein Auge auf der Stirn, sondern ein ›geistiges Auge‹, das wie der Gral ↗ die Lichtöffnung ↗ vollziehen konnte. Nur die erhaltenen Informationen kamen wohl im Zentrum der Stirne an. Es war der Kontakt zum Kosmos ↗, den noch altäg. Figuren von Gottheiten od. Gottmenschen dadurch aufweisen, daß entlang ihrem Rücken eine Art Hirtenstab ↗ läuft u. in die Rote Krone ↗ einmündet, in der Mitte des Hinterkopfes. — Indien spricht vom Schiwa ↗-Auge. — Es hatte visionelle Wahrnehmungskraft bis zum Weltuntergang ↗. — Zweifellos stammt a. der Name Osiris ↗ daher, denn er bedeutet nur ›Sitz des Auges‹. Freimaurer ↗ drückten diesen Begriff als Pyramide mit Auge aus. Verlegt man es an die Südseite der Großen Pyramide ↗, landet man ebf. an der Stelle der Lichtöffnung bzw. am Hinterkopf, s. Übertrag der Weltformel ↗ auf das menschl. Skelett ↗.

Drittes Reich: beim Gnostischen Manifest ↗ von 1908 das zukünftige ›Reich des Heiligen Geistes‹ (weibl.), das dem (1.) ›Reich des Vaters‹ und (2.) ›Reich des Sohnes‹ folgt (s. Reich ↗). Der Ausdruck wurde von Hitler ↗ übernommen. — These: Nr. 1 umfaßte die 4. Welt ↗ u. war in Ägypten das Reich des Osiris ↗, im Übertrag auf das Land westl. vom Nil ↗ angesiedelt als Totenreich oder Duat ↗. Nr. 2 umfaßte ab Weltuntergang ↗ die 5. Welt, äg. Reich des Horus ↗ u. das Land östl. des Nil mit den Lebenden. Es geht jetzt zu Ende. Nr. 3 wird 6. u. 7. Welt ohne Bruch umfassen u. der Göttin Naunet ↗ entspr. bzw. dem Progamm der Neuen Sonne ↗ folgen.

Druiden: die Priester u. Priesterinnen der Kelten ↗ vorchristl. Zeit. Lt. Blavatsky ↗ besteht »Verwandtschaft zwischen den Druiden und den Brahmanen ↗ von Indien ↗, den Magiern von Persien ↗ und der orphischen Priesterschaft von Thrakien... Gleich den initiierten Ägyptern, Hindus, Chaldäern, Griechen und Römern glaubten sie an die Lehre von einem Aufeinanderfolgen von Welten« (II, S. 799; s. Weltenlehre ↗). These: sie kamen im Vollzug der Völkerwanderung ↗ in die gen. Gebiete u. der Name geht zurück auf Drawida ↗. Bedeutung: Dru (Baum), Veda ↗ (Wissen); lt. Wirth ↗: dru (Baum)-uid (wissend). Mit diesem Baum ↗ wäre dann der Weltenbaum ↗, germ. Yggdrasil ↗ gemeint, den a. der Babylonische Turm ↗ enthielt. Ihr Hauptkultort war da, wo heute die Kathedrale von Chartres ↗ steht. — Die Römer vertrieben sie nach England, wo sie wahrsch. die letzten Benutzer von Stonehenge ↗ wurden. — Die druid. Lehren wurden nur mündlich oder bildlich vermittelt; Schrift lehnten sie ab. Einiges floß in die Gesänge der Troubadoure ↗ ein; sie übernahmen aber a. Vorhandenes früherer Einwohner Europas ↗, z. B. die Dolmen ↗. Ein wichtiges Kultgerät war der ›Kessel ↗ der Auferstehung‹ der Zaubergöttin Keridwen ↗. — Dru = Urd ↗.

Drusen: v. a. im Libanon ↗ beheimatete Sekte der Schiiten ↗ mit Einfluß der Gnosis ↗.

Dschainismus: ›Religion des Siegers‹ (ind.); führte zus. mit dem gleichzeitig entstehenden Buddhismus ↗ u. den älteren Lehren der Brahmanen ↗ zur Entfaltung des Hinduismus ↗. — Begründet durch einen jungen Mann namens Wardhamana, um 540 v. Z. in einer Umwelt des Reichtums, Adels u. Stolzes geboren. Lt. Legende verzichtete er erst nach dem Tod der Eltern 30jährig auf alles u. zog als Bettler umher, zuerst in einem einzigen dünnen Gewand, dann für immer nackt, nur ›vom Himmel‹ gekleidet. Nach 12 Jahren Askese ↗ erlebte er einen Augenblick, in dem er den Sinn des Lebens u. Todes begriff. Von da an wurde er zum Dschina ↗ = Sieger u. fand rasch Jünger, denen er seine Erkenntnisse vermittelte: 1) daß alles eine Seele ↗ besaß (aler Animismus ↗), 2) u. daher jedes Handeln Unreinheiten der urspr. reinen Seele des Menschen hervorrief, da es immer Leben verletze; 3) Erlösung verlange deshalb Nicht-Tun u. Sterben durch Fasten. — Vgl. Sigui-Fest ↗ ↗ = Sieg mit Nommo als Sieger.

Dschen: das Erregende, das Erschüttern, der Donner ↗; Name eines der 8 Z. des Tao ↗: ☳ hier ›Sohn‹ gen., aber in der äg. Götterachtheit ↗ weibl.: Kauket ↗. Die Koppelung Li ↗ + Dschen führt zur Blüte der Kultur ↗. Äqv. der afrik. Ntu-Philosophie ↗ ist Kuntu ↗ (Modalität oder Wie-Dasein), animiert, die qualitative spez. relative Modalität. Im Regenbogen ↗ äqv. Grün ↗, das im Babyl. Turm dem Mond ↗ entspr. u. in der kath. Farbsymbolik ↗ dem Hl. Geist ↗. So dürfte Dschen den Djinn ↗ nahekommen u. den Ginnregin = Runen ↗, Zauber ↗-Kräften, die bei Lichtöffnung ↗ freiwerden.

Dschina: ›Sieger‹; benutzt für den Gründer des Dschainismus ↗. — Äqv. ›Meister der Djinn ↗‹, z. B. angewandt für König Salomo ↗, der diese Meisterschaft aber nicht durch Askese errang. Das Wort findet sich a. bei den Hopi ↗ als Katschina ↗, Geistwesen, das ein Anhänger des Dschina im Endeffekt werden will. Verborgen im Namen sind: Yin ↗, Ginn ↗, Ch'in ↗ u. Dschen ↗, und letztl. a. Schechina ↗.

Dschingis-Khan: eigtl. Temu-dschin, Temuchin (1155–1227); mongol. Herrscher (Khan ↗). Begr. eines Großreiches durch Unterwerfung von Südsibirien, China ↗, Nordpersien, Armenien, Georgien u. Südrußland. Das Endziel, die Kaiserstadt Köln, wo man die Leichen der Drei-Könige ↗ holen wollte, verhinderten die Russen. Seine Krieger wurden ›Goldene

Horde‹ gen., ihre brutale Herrschaft über Rußland ↗ dauerte 250 Jahre u. schmiedete eigtl. dieses Land erst zu einer Nation zus. unter Iwan ↗ dem Großen. — Den Namen D. nahm Temuchin 1206 an, nach Vereinigung aller mongol. Stämme. These: da Khan Herrscher bedeutet, könnte man aus dem Begriff D. Dsching (Djinn ↗) Is ↗ (heilig) machen, zus. Beherrscher der hl. Geistwesen, äqv. Muhyi-D-Din bei König Salomo. Neben die gemeinsame Silbe Din = Dschin tritt Mu ↗ als Temu bzw. Muhyi. These: im Hut des D. (Abb.) kann man beide Bezüge entdecken, indem aus dem Urhügel (mu) eine Pyramide herausragt = der Berg Kaf ↗ als ›Wohnung der Djinn‹. Da dieser auf die Große Pyramide ↗ zurückgeht, ist als weiterer Bezug auf Ägypten - bzw. die nächste Mu-Nachfolge ↗ - der Halskragen zu vermerken, eine Art Brustplatte ↗ mit Schuppen wie beim äg. Thron ↗.

Dualismus: ein Problem des Menschen, seit dem Auseinanderfall des hermaphrod. Adam ↗ in Adam u. Eva ↗, äqv. Yin-Yang ↗ Polarität. Sie verstärkte sich durch Griff nach dem Baum der Erkenntnis ↗, wodurch ein Dualismus zw. 2 Weltordnungen ↗ in Gang gesetzt wurde sowie ein Dualismus der Rassen ↗, der sich in der Bibel ↗ als Kain ↗-erschlägt-Abel ↗ manifestiert haben dürfte. — Zurückverlagert in die Schöpfung ↗ beginnt der Dualismus mit der Trennung von Himmel u. Erde, babyl. als Zweiteilung der Tiamat ↗, gespiegelt im Drachenkampf ↗. Es ist die Trennung von Sein ↗ u. Dasein ↗, deren Wiederversöhnung bei Sokrates ↗ die Existentialphilosophie ↗ in Gang setzt mit dem Ziel eines ›Daseins im Sein‹. — In Ägypten gipfelte der D. als Kampf zw. Horus ↗ u. Seth ↗. Mex. Äqv.: Quetzalcoatl ↗ gg. Tezcatlipoca ↗. Pers. Äqv.: Ohrmuzd ↗ gg. Ahriman ↗ etc. Die Pole sind hier immer männl. u. im 4er Kreis ↗ der Sonne als die 2 männl. Elemente ↗ zu finden: Luft + Erde, das Durchsichtige u. das Undurchsichtige etc.

Duat, Dat: Jenseits (äg.), oft mit den Elementen ↗ als ein Stück des Weltbaus zusammengestellt, etwa in der Formel: Himmel, Erde, Duat, Wasser u. Berge - was für die Duat entw. das Feuer ↗ oder Akasha ↗ übrigläßt. Tats. wurden 2 D. unterschieden, eine unter der Erde, als Unterwelt, beschrieben im Amduat ↗, und eine als Nachthimmel oder ›himmlische Duat‹; sie berühren sich an den Horizonten (Hieroglyphe der 2 Berge ↗) in O u. W. Immer ist aber die Dunkelheit ↗ gemeint, als ›Mutter der Toten‹. In der äg. Grabanlage (Abb.) ist die ges. Struktur vorgegeben:

1) Als Verschachtelung von 1 Grabhaus, 4 Schreinen, 1 Sargwanne, 3 Mumienhüllen u. 1 Mumie = Schema des Djed ↗ als den ersten 10 Sektoren des Zodiak ↗; er wiederholt sich komplett als Bild im Inneren des Sarkophagdeckels als Tierkreisbilder, die Nut ↗ umringend = himml. Duat, die nach Durchgang der Unterwelt (s. Abb. Chepre ↗) erreicht wird. Sie wiederum wiederholt sich in der westl. Hälfte von Ägypten ↗, wo alle Nekropolen ↗ lagen.

2) In die Mumienhüllen, Särge, Wände der Grabkammern eingemalt die Archetypen ↗, für deren Umgang das Totenbuch ↗ da ist.

3) Den Toten umschlingend die Göttin Mut ↗, beide Duats oder rückläufigen + vorläufigen Zodiak als Grundmotive ↗ X-P u. P-X = Rhombus der Cherubim, s. Abb. Bundeslade ↗. Damit sind alle Schichten des kollektiven Unbewußten ↗ berührt, d. h. des geistigen Doppelgängers Ka ↗. Die D. hat also nichts mit der Seele zu tun - diese fliegt direkt zur Sonne, s. Ba ↗. Und deshalb tritt als Führer durch die D. Anubis ↗ auf, während sie selbst als gezeugt von der Göttin Nut ↗ gilt. Nv. Totenreich ↗.

Die 12 Stationen der unterird. Duat:

1) Schlange Meresger ↗ (Gesamtdurchlauf) + Krokodil ↗ = Wassermann, 1. Zodiaktier. Den Eingang bewacht ein Drache ↗ = der Zyklus.
2) in ihren Windungen die 4 Horuskinder ↗
3) Hinzutreten des Thot ↗
4) Falkengott (4. Tier: Adler ↗, Skorpion)
5) Höhle des Sokaris ↗
6) Apophis ↗ füllt die Region aus (= Drachenkampf ↗, geschichtl. Endschlacht gg. Seth ↗; Osiris ↗ als Leiche)
7) zornige Isis ↗; die Feinde werden gefesselt. Text:

»die Toten schauen die Feinde des Osiris, die von löwenköpfigen Gottheiten enthauptet werden.« (7. Tier: Löwe ↗)

8) die Toten hören den ›Lärm‹ der Auferstandenen, die aus ihren ›Häusern unter der Erde‹ hervortreten (8. Tier: Krebs ↗, Symbol der Auferstehung)

9) das Durchschreiten von Wasser + Feuer beginnt (Sektor Zwilling ↗)

10) Chepre ↗-Geburt; Hathor ↗-Kuh (10. Tier: Stier ↗)

11) der Skarabäus ↗ mit Widderhörnern läßt sich neben (besser in) der Sonne nieder (11. Tier: Widder ↗)

12) die Toten werden die Neue Sonne ↗ schauen oder das neue Licht; Augen ↗-Symbolik (die 2 Fische ↗)

Dies ist nur ein Gerüst, das übrige Gewimmel läßt sich kaum beschreiben wegen schlechter Überlieferung. Genaugenommen müßte sich die ganze Gesch. ↗ in Koppelung mit der Schöpfung ↗ bis zum Geschichtsbeginn wiederfinden lassen. — Die Hieroglyphe für Duat war nur ein Stern ✳, der nie für unsere Sonne, wohl aber für Sirius ↗ eingesetzt wurde, dessen Analogie die D. letztl. sein dürfte. — Im übrigen beinhaltet der D.-Durchlauf das Jenseitsleben zw. Tod + Reinkarnation ↗ genau wie der äg. Schlangentisch oder der Diskus ↗ von Phaistos, Kreta. Bei den Maya ↗ galten ihm die Bemühungen des Chilan ↗. Die christl. Entsprechung verkam zur ›Hölle‹, als Wort übernommen vom germ. Helheim ↗, griech. Tartaros ↗ (Torturenland). Wenn auf Bildern geograph. Angaben der Wege gemacht werden, gleicht die D. sehr dem Gangsystem ↗ der Großen Pyramide, s. Schlange ↗; Zweiwegebuch ↗.

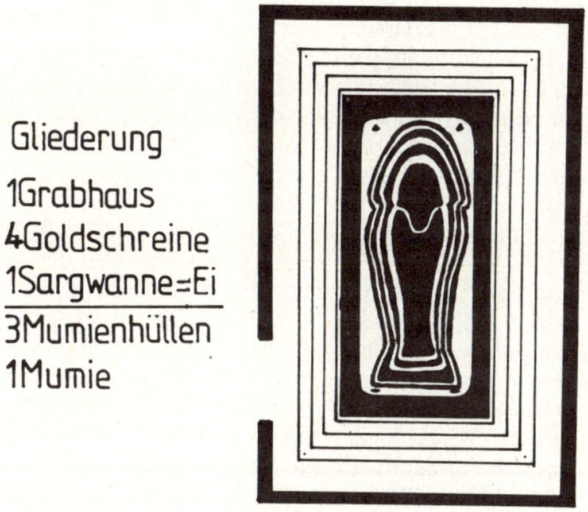

Duduwa: höchste Göttin der Yoruba, Nv. Oduduwa ↗, die als Inkarnation übergehen kann in den 1. Herrscher der Königslisten von Ife ↗, der ihr folgt. Als Nr. 2 dann Oba ↗ Lufon. Ihr Bild (Stichwort Orissa ↗) zeigt 2 Vögel ↗ als Einrahmung, sodaß ihre Einordnung als Ruach ↗ deutl. wird; als äg. Äqv. kommt nur die Mut ↗ in Frage. Ein 2. Schema (Abb.) macht aus den Vögeln 2 Drachen ↗, sodaß a. die sum. Tiamat ↗ angesprochen wird. Ob in Gestalt verschlungener Schwänze oder Duduwa's Ohren, gemeinsam ist eine Art quergelegte Odil-Rune ↗ O–O, wie auch die Endsilbe Wa ↗ den Kosmos anspricht. Auf dieser bronzenen Armspange sind die Ohren wie die Doppel-Axt ↗ mit Duduwa's Kopf als eingeschobener Mitte.

Dukkha: das, was Gautama ↗, bevor er zum Buddha ↗ wurde, als erstes erkannte: das Aus-dem-Gefüge-sein des Lebens bzw. der Welt ↗, weshalb der Mensch ↗ zum Leiden verurteilt ist. Gewöhnl. wird D. direkt mit Leiden übers. Aber in der Pali ↗-Sprache bedeutet es die Achse, die sich vom Rad lösen läßt. These: wir landen sowohl bei der gefällten Weltachse Osiris als Djed ↗ wie a. bei der gestörten Achse der Planeten ↗-Reihe (s. Ogo ↗), wodurch die Venus (Aphrodite ↗) die Erde verschob = Paradies-Verlust ↗. Auch die Erdachse selbst ist seit der Götterdämmerung ↗ aus dem Lot und erreicht erst beim Polsprung ↗ von 1999 wieder die richtige Lage, womit das Leid aufhören dürfte. Alle Erlösungsmodelle galten diesen Störungen, die damit die ganze Gesch. ↗ durchziehen.

Dumuzi: Gottmensch in Sumer ↗, offiz. von Du-Mu-Zu = der wahre Sohn. In der sum. Königsliste erscheint der Name zweimal: ganz am Anfang als D. von Badtibira mit einem Alter von 36000 J. u. dann als 4. König von Uruk ↗ nach der Flut ↗; ihm folgt Gilgamesch ↗. Der Mythos von Inanna ↗ + Dumuzi befaßt sich mit der Nr. 1 u. rückt D. in auffällige Nähe zu Abel, den Kain ↗ tötet; nur fehlt das Streitobjekt Inanna – das ist die Lilith ↗ der Kabala; während es den männl. Gegenspieler Kain als Enkimdu ↗ gibt. D. ist Hirte, Enkimdu Bauer. Beide preisen Inanna ihre Vorzüge, sie zieht erst Enkimdu vor, heiratet aber dann D. Es folgt ihre Ermordung (die Gründe fehlen) u. der ›Gang in die Unterwelt‹; als sie zurückkehrt, beklagt sie sich darüber, D. habe sie nicht genügend betrauert u. schickt nun ihn in die Unterwelt. Auch dabei bleibt es nicht, Inanna schlägt den Kompromiß vor: »Du, Dumuzi das halbe Jahr! Deine Schwester Geschtinanna das halbe Jahr!« Daraus wurde die Anlage von Babylon ↗ mit den 2 Toren, babyl. Marduk ↗ + Ischtar ↗. Sum. Hauptfest: Neujahr ↗, wenn D. zurückkehrt u. die Hl. Hochzeit ↗ mit Inanna vollzieht, um bis zur Sommersonnenwende ↗ zu herrschen. Sein Tod wiederholt geschichtl. 2 Fakten: den Osirismord ↗ u. das Ende der 4. Welt ↗ (weshalb Marduk mit Jupiter ↗ gleichgesetzt wurde). So würde die Rückkehr mit der Wiederkehr ↗ heute zusammenfallen u. Christus + Braut der Apok. ↗ entspr. Noch Herodot ↗ weiß aus dem späten Babylon von der Vereinigung zu berichten, die in einem goldenen Bett unter freiem Himmel auf der Spitze des Babyl. Turms ↗ zelebriert wurde, seinerzeit zw. König u. Hohepriesterin, nach einer Prozession von N nach S quer durch die Stadt. — Der Sumerologe Kramer: »enge Beziehungen zw. Dumuzi und dem ägyptischen Osiriskult sind erwiesen.« These: im AT wurde die Genesis ↗ verfälscht, um durch Verschiebung von D. (= Osiris) den echten Christus sowie die Göttin u. ihre Gesetze loszuwerden; damit a. die Weltenlehre ↗ u. Reinkarnation ↗. — Nv.: Tammuz ↗ mit der Silbe tam = Zwilling ↗. Dann Marduk = Bel, äqv. Baal ↗. These: Du = 2 (wie bei dual) + Muzi = Msj ↗, Kind.

Dunkelelfen: wohnen unter der Erde u. werden mit dem Totenkult ↗ in Verbindung gebracht; sie benötigen zum Schutz gg. Licht eine Tarnkappe, sonst werden sie zu Stein. Die Sage schreibt ihnen das Schmieden von Odin's Gungnir ↗ u. Siegfried's Schwert zu sowie Thor's Hammer ↗, das goldene Haar Sif der u. Freyr ↗s Schiff. — Die Prosa-Edda ↗ unterscheidet 2 Gattungen von Elfen = Elben, Alfen, Alben ↗, Alfar etc.: D. + Lichtelfen (erstere wohnten in Alfheim, s. Asgard ↗, wie die D. in Schwarzalfheim). Eine entmythologisierte Einordnung ist schwierig, am ehesten ist an die Ka-Geister ↗ der Verstorbenen zu denken ggb. den Lichtelfen als ihren Seelen. Denn obwohl zwergenhaft, spiegelten sie die menschl. Welt, hatten Könige, hielten Gericht u. benötigten oft Menschen, um Streitigkeiten zu schlichten. Für diese Deutung spricht, daß König Olaf von Norwegen trotz christl. Taufe nach dem Tod als ›Alf von Geirstad‹ (nach dem Ort, wo sich sein Grabhügel erhob) göttl. Verehrung bei den Untertanen genoß. — S. Dunkelheit ↗.

Dunkelheit: lt. Blavatsky ↗ nach den Lehren des östl. Okkultismus ↗ »die eine wahre Wirklichkeit, die Grundlage und Wurzel des Lichts, ohne welche das letztere sich niemals hätte offenbaren können, ja nicht einmal existieren. Licht ist Stoff und Dunkelheit reiner Geist ↗«. »Das eine universale Licht, welches für den Menschen Finsternis ist, ist immer existierend«, sagt das chaldäische Buch der Zahlen (Sefirot ↗). These: es handelt sich um die 24 Grundmotive ↗ des Kosmos = Nommo ↗ (Logos), das ›Wort, das am Anfang ist‹ als schwarzes Licht. Auf dieses wahre Licht bezieht sich a. der Ausdruck der Qumran-Texte ↗, der Endkrieg ↗ spiele sich zw. den Kindern des Lichts u. denen der Finsternis ab; letztere sind dann diejenigen, die im Materialismus ↗ verhaftet sind und nur für real halten, was zu sehen ist: weißes Licht ↗ ist sichtbar, schwarzes Licht nicht. Auch der Sonnenkern ↗ gehört dazu u. die 2. Sonne des Sirius ↗.

Dunkelwolke: a. Globule ↗ gen. u. sonnenbildend. — Eine solche bewegt sich seit einiger Zeit auf die Erde zu, etwa aus Richtung Orion ↗; geschätzte Geschwindigkeit doppelt so schnell wie der Erdumlauf. Die span. Nonne Ajello ↗ sah sie schon 1954 in einer Vision. Prof. H. Th. Brik meint, sie sei kugelförmig u. verdichte sich ständig auf dem Weg zu uns. Sie wird dann noch so groß sein, daß es 3 volle Tage (72 Stunden) dauert, bis die Erde wieder aus ihr auftaucht; solange wird die Menschheit in totaler Finsternis sein, wahrsch. bedroht von Steinregen u. giftigen Gasen. Ajello: »Aus feurigen Wolken werden Blitze niederfahren, und ein furchtbarer Orkan, geschwängert mit feuriger Lohe, wird über die Welt hinwegbrausen. Allenthalben wird ein verheerender Steinregen weite Gebiete verwüsten. Diese Geißel wird die furchtbarste sein, welche die Menschheit je erlebt hat.« These: sie deckt sich mit der Öffnung des 4. Siegels ↗, wird Weihnachten 1984 eintreffen und die Geburt der Neuen Sonne ↗ provozieren. Sie ist aber nicht nur mater. Art, sondern bringt Karma ↗-Aussteiger von Amenti ↗ mit.

Durga: ind. Göttin mit 3 Augen (s. Drittes Auge ↗), die im Hinduismus ↗ so wichtig ist wie für uns Weihnachten ↗. Für ihr Fest ↗ sind Schulen u. Hochschulen 1 Monat, Büros 1 Woche geschlossen. Es handelt sich um eine Inkarnation der Shakti ↗, die Götter u. Menschen von der Tyrannei des Bösen befreit. Sie hält 10 göttl. Waffen in ihren 10 Armen, das sind die Dasamahavidya ↗. Kalkutta, nach ihrem Kali ↗-Aspekt ›Tempel der Kali‹ genannt, wird einmal pro Jahr ihr Sitz, um die Welt zu reinigen. Am letzten Tag des Festes werden ihre Statuen in den Hoogly (Nebenfluß des Ganges ↗) geworfen, dann nimmt sie wieder ihren Thron auf dem Himalaja ↗ ein. Nv. Maha-Maya ↗. These: der Name wird durch Umdrehung ↗ der 2 Ursilben Ur-Ga zu Gaur ↗.

Dvapara Yuga: 3. *(dvapara)* Zeitalter *(yuga ↗)* innerhalb der ›Zyklen der Maya‹ ↗ (ind.), an dessen Beginn die 5. Wurzelrasse ↗ beginnt, u. Vishnu ↗ das eine Veda ↗ in 4 sowie hunderte von Zweigen zerteilt. Die Angaben der Puranen ↗ sind jedoch widersprüchlich; Blavatsky ↗ überliefert dafür 864000 J., was keinerlei Sinn ergibt. Streicht man 2 Nullen ab, bleiben 8640 Jahre übrig, genau 4 Sektoren (je 2160 J.) der letzten Präzession ↗ ab Weltuntergang ↗, nach dem die 5. Welt begann. Auf dem äg. Djed ↗ mit der Geierkrone ↗ sind das genau die 4 Querstriche nach den Binden oder die Tiere Löwe, Krebs, Zwilling, Stier; s. Tierkreis ↗ u. äg. Dynastienliste ↗.

Dynastie: Herrscherhaus oder Herrschergeschlecht (griech.) von Dynast = Herrscher. D. h., eine Abfolge von Throninhabern, die der gleichen Linie entstammen. — Die Anfangssilbe Dyn wurde zum Formelz. für eine (physikal.) Einheit der Kraft, die der Masse die Beschleunigung erteilt. Da dies a. im übertragenen Sinn die Aufgabe jedes Herrschers war, kann man Dynast als Ast der Djinn ↗ (statt Dyn) verstehen,d. h. der Grundmotive ↗ der Geschichte ↗, zus. Ka ↗ in Ägypten ↗. Deshalb spielte spez. in den äg. Dyn. der Ka-Transfer ↗, der immer über die weibl. Linie = die Kandake ↗ lief, eine wesentl. Rolle, was sich in der äg. Dynastienliste ↗ so spiegelt, daß Dyn. par. zum Tierkreis ↗ laufen. S. Königtum ↗ und Thron ↗.

Dynastienliste (od. Zählung), Ägyptische: Streitobjekt der Ägyptologie ↗ schlechthin, die alles wegläßt, was sich vor dem 1. Pharao Menes ↗ abspielte und diesen ab 3100 v. Z. ansetzt, rund 2500 Jahre später als Pochan ↗, der 5619 v. Z. angibt. These: wahrsch. wurden die D. schon in Ägypten selbst gefälscht, z. Z. der Ramessiden ↗-Fremdherrscher, spez. von Sethos I. ↗, dessen Name sich auf Seth ↗ bezieht, den ewigen Feind von Horus ↗ als wahrem Erb-Dynast, weil den Tierkreis ↗ vertretend (s. Dynastie ↗) u. nicht die Planeten ↗ wie Seth. — Daß die äg. D. weit über Menes hinausreichte, erfuhr schon Herodot ↗: »Die Priester von Ägypten zeigten Herodeot Statuen der Herrscher vor Menes, ihrem ersten menschlichen König. Diese Statuen, sagt er, waren ungeheuere Kolosse aus Holz, 345 an Zahl, von denen jeder seinen Namen, seine Geschichte und seine Annalen hatte. Sie versicherten auch dem Herodot, daß kein Geschichtsschreiber jemals einen Bericht über diese übermenschlichen Könige schreiben könne, wenn er nicht die Geschichte der 3 Dynastien studiert und gelernt habe, welche der menschlichen vorangingen – nämlich die der Dynastien der Götter, der Halbgötter und der Heroen oder Riesen ↗« (Blavatsky ↗). Pochans Vermittlung wird nachfolgend mit dem Tierkreis gekoppelt, obwohl er nicht auf ihn verweist. Es geschieht zur Verdeutlichung der erw. Par. (passende Daten sind unterstrichen), u. weil Horus bei Darst. als Falke ↗ erscheint, mit dem im Adlersektor die D. der Halbgötter beginnen, wenn er nicht als Person mitten in den Tierkreis als dessen Personifizierung gestellt wird, s. Horusstele ↗. Seine Eltern, Isis ↗ + Osiris ↗, erscheinen im Hl. Dreieck ↗ als Schlange oder Gesamtdurchlauf, d. h. als Verkörperung der Djinn ↗, denen die echten Dynasten entspringen.

Tierkreis + Grundmotive Dynastien ab 30544

♒	23970–22890		1) der Götter	
	22890–21810			
♑	21810–20730			
	20730–19650			
♐	19650–18570			
	18570–17490			
♏	17490–16410		bis 16644	
	16410–15330		2) der Halbgötter – 15389	
♎	15330–14250		3) der Riesen ab 15389	
	14250–13170			
♍	13170–12090			
	12090–11010		bis Weltuntergang ↗ 9.–13. Mai 11432	
	(die Binden des Djed)			Stufen:
♌	11010– 9930		ab 11432	I
	9930– 8850		Zeit der	
♋	8850– 7770		Geister	II
	7770– 6690		der Toten	
♊	6690– 5610		bis 5619	III
	5610– 4530		1.– 4. Dyn.: 5619–4574	
♉	4530– 3450		5.–10. Dyn.: 4574–3378	IV
	3450– 2370		11.–15. Dyn.: 3378–2372	
	Abbruch des Djed, es folgen die Widderhörner			
♈	2370– 1290		16.–18. Dyn.: 2372–1308 (Moses ↗)	
	1290– 210		(der Gleichlauf hört auf)	
	(es folgt die Krone)			
♓	210– 870		(Geburt Jesu ↗)	
	870– 1950		(Geburt Doppelfisch = Nommo ↗)	

These: ab Abbruch des Djed ↗ ziehen sich die altäg. Dynastienträger aus dem Land zurück, die Wiederkehrlinie ↗ wird unsichtbar, das Kali Yuga ↗ oder Finstere Zeitalter beginnt u. läuft erst jetzt aus bzw. geht in die Endzeit ↗ über. Vor ihm lag das Dvapara Yuga ↗, mit dem Weltuntergang beginnend. Seinen Abschluß bildete die Geburt von Pharao Muntuhotep ↗ = Krischna ↗.
Die Herodot ggb. erw. Statuen standen einst in der Großen Galerie ↗ des Gangsystems der Großen Pyramide. Sie begannen mit Teilen der Götterneunheit ↗, denn Blavatsky schreibt a.: »Champollion fand, von Staunen betroffen, daß er vor seinen Augen die Überreste einer Liste von Dynastien hatte, welche die entferntesten mythischen Zeiten, oder die Reiche der Götter und Heroen umfaßte. Wir sehen in denselben als Könige die Götter Geb ↗, Osiris ↗, Horus ↗, Seth ↗ Thot ↗-Hermes und die Göttin Ma...« (II, S. 386). Leider bleibt offen, ob es sich bei Ma um eine Inkarnation der Maat ↗ oder, wahrscheinlicher, um die Nemanus ↗ handelte.

Dzyan, Dzan: Name eines altind. Buches, aus dem Blavatsky ↗ in ihrer Geheimlehre ↗ Strophen u. dazugehörige Kommentare zitiert, um selbst wieder Interpretationen zu versuchen. Denn die eigtl. Strophen sind uralt u. absolut dunkel. Es scheint sich um Fragmente einer Schöpfungsgesch. zu handeln, wie sie a. dem Popol Vuh ↗ der Maya, der altäg. Doppel-Religion ↗ u. ihrem Totenbuch ↗, der Bibel ↗, germ. Edda ↗, der afrik. Ntu-Philosophie ↗ dem Dogon-Mythos, gespielt im Sigui-Fest ↗ u. ähnl. Überlieferungen zugrunde liegen. Strophe I setzt allerdings nicht beim Urbeginn ein, sondern mit der Entstehung der 1. Wurzelrasse ↗ bzw. 1. Welt; es gibt schon das Sonnensystem, in dem die Planeten ↗ (es werden nur 7 gen.) um die Sonne als Herrn oder Auge ↗ kreisen. D. h., das Buch D. behandelt die alte Weltenlehre ↗. Und so beginnt es:
I,1: »Der Lha, welcher die Vierte dreht, ist ein Diener des (der) Lha(s) der Sieben, welche kreisen, ihre Wagen lenkend um ihren Herrn, das Eine Auge unserer Welt. Sein Atem gab Leben den Sieben. Er gab Leben der Ersten.«
Ungefähre Übers.: Das Wesen, welches die 4. Kugel, d. h. unsere Erde ↗ dreht, ist ein Diener der 7 Planetengeister ↗ (Dhyan Chohans ↗), welche ihre Kugeln ebf. um den Gott ↗ im Zentrum der Sonne kreisen lassen, der ihnen (aber nicht der Erde) Leben gab wie a. Leben

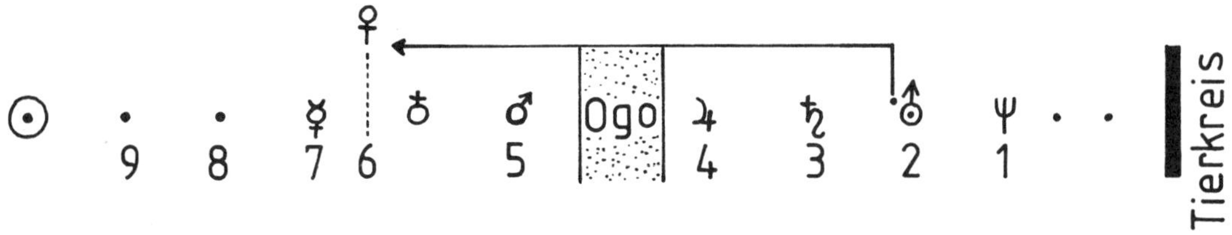

der 1. Wurzelrasse. Blavatsky: diese 7 schlossen urspr. nicht Sonne + Mond ein, wie später z. B. in der chaldäischen Planetenreihe ↗. Es wird aber nicht gesagt, um welche Planeten es sich dann handelte. Deutungsversuch oben.
Da zu dieser Zeit Venus ↗ noch ein Uranus-Mond war (s. Aphrodite ↗), muß sie in der Ur-Reihe wegbleiben. Damit die Erde in damaliger Stellung zur 4. Kugel nach der nichtgezählten Sonne wird, müssen vor Merkur 2 Planeten angesetzt werden, was die Stadt der Olmeken ↗ Teotihuacan ↗ bestätigt. Da jedoch die Zählung der Welten von außen nach innen verläuft u. beim Babyl. Turm Saturn ♄ schon die 3. Welt (oder Wurzelrasse) regiert, muß bei den 7 mit Neptun ♆ begonnen werden. Es folgt Uranus für die 2. Welt. Während der 3. passiert die Zerstörung von Ogo ↗, Venus schiebt sich zw. Merkur u. Erde, die nach außen gedrückt wird. Die 4. Welt wird von Jupiter ♃ regiert u. damit wiederholt sich der in den Dynastienlisten ↗ notierte Weltuntergang ↗ genau an der Stelle des heutigen Planetoidengürtels. Es folgt als Regent der 5. Welt, die jetzt zu Ende geht, ♂ Mars ↗. Dann die eingeschobene Venus ♀ für die kommende 6. Welt, Merkur für die 7., und die Welten der Wiederauflösung 8 + 9 betreffen nun die 2 unbek. inneren (statt Sonne + Mond), was zweifellos besser aufgeht als alle anderen Deutungen.
Der Bericht geht nun sehr merkwürdig weiter: der ›Herr des strahlenden Angesichts‹ (Sonne ↗) weigert sich, das leere Haus der Erde zu bevölkern und sagt: »Wende dich an deinen Vater, den Herrn des Lotos«, worunter lt. Kommentar der Mond verstanden wird. Nun besteht aber diese ›Vaterschaft‹ nicht darin, daß der Mond die Erde hervorbringt, sondern ihre Oberflächengestaltung bewirkt, indem er – nach seinem eigenen Entstehen – ihre Wasser ›hochhebt‹ u. damit vom Festen trennt (heute nur noch als Flut-Ebbe spürbar). Wohl beginnt mit ihm a. die Präzession ↗, denn schon in Strophe II erfährt man, daß sich die Erde umdreht: »Sie lag auf ihrem Rücken; auf ihrer Seite«. Und nun schafft sie, gewissermaßen eigensinnig, aus ihrem eigenen Schoß ›Wassermenschen ↗, schrecklich und böse.‹ Die 2. Wurzelrasse (die 1. scheint sich im Himmel aufzuhalten) oder ersten ird. Geschöpfe, geschlechtslos, noch nicht fest. Das sind in Australiens ↗ Felsgalerien die Knospungen an den liegenden Wandschinas ↗ und im Popol Vuh die ›zu weichen Menschen‹; ihr Fleisch »schwand dahin, es war zu weich, es bewegte nicht den Kopf, das Haupt hing zu einer Seite, der Blick war verschleiert... Bald weichten es die Wasser auf, und es sank dahin.« Auf sum. Rollsiegeln ↗ findet man als evtl. Äqv. Menschen mit Tierköpfen. Anscheinend landet man bei der heute so vergeblich (weil knochenlos?) gesuchten Vorform des Urmenschen ↗ u. dem hermaphrod. Adam der Bibel.
Strophe VIII erwähnt kurz die 3. Wurzelrasse in Zusammenhang mit ihrer Tierwelt: »Die Tiere trennten sich zuerst. Sie begannen sich zu begatten. Die zweifältige Mensch trennte sich auch...« Wir sind in der Bibel bei der Legende gelandet, Eva ↗ sei aus Adam ↗ herausgenommen worden. Dzyan: ›Eine stumme Rasse‹ – das deckt sich mit heutigen Ermittlungen, der Neandertaler ↗ habe noch keine Sprechorgane entwickelt. — Der entscheidende Einschnitt mit Evas Versuchung durch die Schlange am Baum der Erkenntnis ↗ bzw. Afrikas Überlieferung von Nommo ↗s Landung (s. Astronaut ↗) wird reichlich verschleiert so geschildert: Strophe IX: »Als sie dies sahen (nämlich die Vereinigung der Geschlechter, was im D. als Sünde oder Schande empfunden wird), da trauerten die Lhas, welche nicht Menschen gebildet hatten und sagten: Die Amanasa haben unsere zukünftigen Wohnungen verunreinigt. Dies ist Karma. Laßt uns in den anderen wohnen. Laßt uns sie besser belehren, damit nicht Schlimmeres geschehe. — Sie taten es... Da wurden alle Menschen mit Manas ↗ begabt... Die 4. Rasse entwickelte Sprache ↗... Sie bauten große Städte.« — Hier müßte nun die äg. Dynastienliste ↗ einsetzen. Aber es wird nur kurz die nächste Flut (s. Weltuntergang ↗) erwähnt.
Strophe XII: »Wenige blieben übrig. Einige gelbe, einige braune und schwarze und einige rote blieben übrig« = daraus machte die Bibel Noah ↗.
Nv.: Dan ↗ als höheres Selbst; vielleicht a. Zen ↗ und Zion ↗. — Das Buch D. soll zum Geheimkode der Thule-Gesellschaft ↗ geworden sein, sodaß seine Herkunft aus Thule ↗ naheliegt.

Buchstabe E

Grundmotiv  Waffentanz

E: Buchstabe Nr. 5 schon im Griechischen Alphabet ↗ sowie im Zentrum des Apollon ↗-Tempels zu Delphi ↗ angebracht. Da Apollo dem äg. Horus ↗ entspr., wundert kaum, daß neben der 5 a. die anderen Zahlen ↗ des Hl. Dreiecks ↗ im Apollon-Tempel zu finden sind: die 4 in den 4 Säulen u. die 3 im Dreieck des Daches. Beides kehrt wieder im Oberbau der späteren Kathedra Petri ↗. Das zum E gehörige Grundmotiv ↗ findet sich außerdem in den (Horus-)Falken ↗-Flügeln von Behdet ↗.

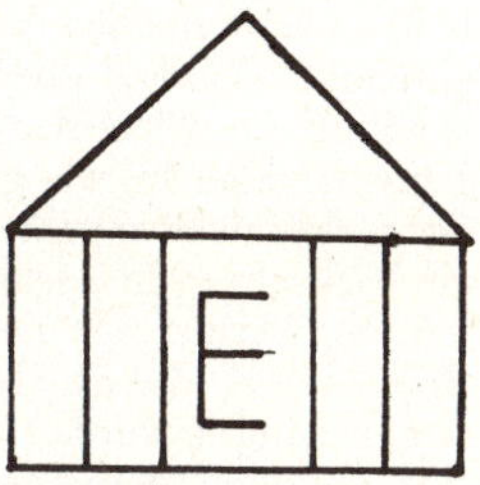

Ea: hermaphrod. Gott der Weisheit ↗ (babyl.), auf Rollsiegeln (s. Astrologie ↗) für Merkur ↗ eingesetzt u. mit Wasserströmen + Fischen verbunden. Im Sintflut ↗-Bericht, der sich schon im sum. Gilgamesch-Epos ↗ findet u. von dort in die Bibel ↗ wanderte, verrät er den Flutplan dem König Ziusudra ↗ (= Utnapischtim ↗ = Noah ↗) u. empfiehlt ihm, ein Schiff zu bauen, um sich mit Familie, Vorräten, Gold + Silber und einigen Tieren zu retten. E. gibt a. Anweisungen, wie das Schiff zu bauen sei (im AT wird das Jahwe ↗ zugeschrieben). Sein sum. Name war Enki ↗, eigtl. Anki ↗ = Himmel + Erde, für deren Koppelung es viele Bsp. gibt. Wirth ↗ meint, E. sei a. mit babyl. Kasusendung *Eau* geschrieben worden. These: das aber heißt frz. nur Wasser; u. die Verbindung von Merkur zu Wasser ist insofern eng, als er im 12er Kreis ↗ der Sonne tats. in den Anf. des Elements Wasser ↗ fällt, das wiederum dem Menschen allg. (s. Muntu ↗) entspr. So wundert es nicht, daß E. genau wie Enki bei der Erschaffung des Menschen eine Rolle spielt. — Hauptverehrungsstadt war Eridu ↗ an der Mündung der beiden Flüsse Euphrat ↗ + Tigris ↗. Text: »In Eridu wächst ein schwarzer Kiskanu-Baum, am heiligen Ort ist er geschaffen worden; sein Aussehen gleicht dem reinen Lasurstein, der sich über den Ozean erstreckt. Ea's Wandel ist in Eridu voll Üppigkeit, seine Wohnung ist da, wo die Unterwelt ist.« Letztere wurde Apsu ↗ gen., a. Haus der Tiefe oder Weisheit. Wirth ordnet den schwarzen Kiskanu-Baum als Weltenbaum ↗ ein, u. als Planet hat E. mit ihm sehr viel zu tun: als Regent der zukünftigen 7. Wurzelrasse ↗. Der Mythos macht aus dem janusköpfigen *usumu,* sum. Isimu ↗, seinen ›Boten‹; daraus wurde Ismu ↗ (Jesus). Auf einem Rollsiegel ↗ sieht man E. im Apsu mit der typ. Hörnerkrone ↗. 2 einrahmende Gestalten halten Stäbe mit Halbkreis, die wie eine verlängerte Ger ↗-Rune 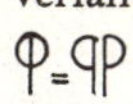 wirken, was als Zeitangabe die Sintflut beinhaltet.

Earu: die himml. Gefilde (äg.), ein paradies. Gebiet am östl. Himmel, ›welches von den Erwählten bebaut wird‹, a. ›das Ägypten ↗ der Toten‹ und Stätte des Osiris ↗ (die andere war die Duat ↗ der Unterwelt westl. des Nil). Dieser östl. Himmel war benachbart ›dem mittleren Tor, aus dem Re (die Sonne) hervorgeht‹. Das läßt für E. Ort 2 Einordnungen zu: 1) den einstmaligen Kontinent Mu ↗ im Pazifik, 2) seinen himml.

Herkunftsort Sirius ↗; oder einen kosm. Bezirk in seiner Nähe, s. Dunkelwolke ↗. Auf Bildern werden Kanäle gezeigt als ›die Fluten der Nut ↗‹; dazw. eingebaut 2 Inseln, evtl. als Andeutung der beiden Siriussonnen. Denn merkwürdigerweise entspr. das Gebilde, vor dem die von Anubis ↗ gehaltene Mumie ↗ hergerichtet wird, im oberen Aufsatz genau der Sirius-Hieroglyphe ↗, und das Tor unten wäre das oben erw. Tor (Abb. 1).
Die Doppelgänger (= Ka ↗) der Verstorbenen müssen aber zuerst in die untere Duat zur ›Wägung der Herzen‹ ↗. Nur wer diese Prüfung besteht, kann die Reise fortsetzen u. nach E. gelangen, jetzt in einer ›Barke ohne Fährmann‹ als Symbol der jenseitigen Auferstehung. In ihr befindet sich eine 7stufige Treppe ↗, äqv. Babylonischer Turm ↗, (Abb. 2) für die ›Hochhebung in himmlische Sphären‹. L. davor ein Benu ↗-Paar, das die Reise antritt, darüber als Ziel 2 Inseln der Seligen ↗ mit den 2 Hügeln der Julnacht ↗ od. äg. dem Abschluß des Djed ↗ = .

Eber: in der Bibel ↗ ist Sem ↗ ›Vater aller Kinder von Eber‹ (1 Mose 10, 21); daraus wurde Hebräer ↗.
Eber: altäg. Symboltier ↗ für Seth ↗ in seiner Funktion als ›Verschlinger von Millionen Jahren‹ oder ›zerstörendes Schwein‹. Symbolik: das Schwein frißt seine eigenen Kinder - dies wird in der griech. Mythol. dem Kronos = Saturn ↗ zugeschrieben, der für Zeit + Tod steht sowie im Babyl. Turm ↗ als schwarze Fundamentstufe die 3. Welt ↗ regiert, in der es den sterbl.,

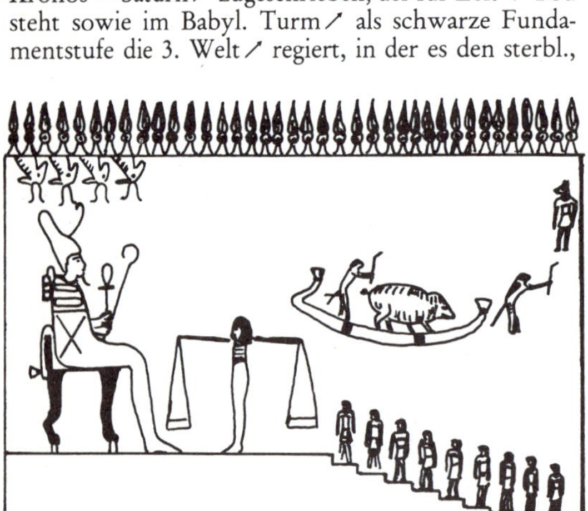

aber noch nicht reinkarnativen Menschen (s. Muntu ↗) gab. So findet man auf äg. Bildern der ›Wägung der Herzen‹ ↗ manchmal im Hintergrund Seth als schwarzen E. in einer Barke auf die ›Verworfenen‹ wartend, die neben ihm Platz nehmen müssen: »Begleitet von je 12 Folterknechten lernen sie dann jene unreine Region von Amenti ↗ kennen, wo alles vertrocknet und dahinschwindet.« Diese Zahl 12 führt in die äußere Region des Sonnensystems ↗, denn es wird auch von der ›Region der Nacht des Auai-Feuers‹ gesprochen; und Seth steht für Planetengott; sein Tierkopf ziert den Planetenstab ↗, d. h. er vertritt die Planeten ↗ insg. — Plutarch erzählt von der äg. Überlieferung, daß sich das Schwein bei abnehmendem Mond begatte, d. h. auflebe und sich am wohlsten fühle, wenn der Mond ↗ seine Kraft verliert. Deshalb wurde dort dieses verpönte Tier bei Mondfesten geschlachtet u. Mondgottheiten als Opfer dargebracht, bezeugt für Horus ↗ als Herrn des Mondauges ↗ sowie Osiris ↗ + Isis ↗. Im Mythos verletzt Seth als E. das Mondauge des Horus. Dazu gibt es folg. ind. Par.: »Der Brahmanismus des Eber- oder Varaha-Kalpa hat die Religion des Buddha ↗ in Indien gemordet und von der Oberfläche getilgt. Daher heißt es von Buddha (s. Gautama ↗), welcher mit seiner Philosophie identifiziert wird, daß er an den Folgen des Genusses des Fleisches von einem wilden Schwein gestorben sei« (Blavatsky, II., S. 386). Schon altäg. Priester wären lieber gestorben, als Schweinefleisch zu essen; diese relig. Abscheu ging in den Islam ↗ über. Germ. Par.: Gullinborsti ↗, der Jul-E., als Opfertier des Freyr ↗ in Uppsala alle 9 Jahre dargebracht, was gut zu den 9 Stufen (Abb.) vor der Barke mit Eber paßt. Es konnte lt. R. Derolez auch ein Vielfaches von 9 sein. Setzt man für die den 9 Stufen folg. Maat ↗ = 8 ein, ergibt sich 72 = 1 Grad der Präzession ↗, die als Geschichte ↗ vom Eber (Seth) tats. bekämpft wurde. Auf dem Löwenstuhl der von Seth kurz vor Beginn des Zodiaksektors Löwe ermordete Osiris ↗ - eine Szene des Jenseitsgerichts ↗ der Seelenwägung. — Geschichtsverfälschung drückt a. die Bibel ↗ der Hebräer ↗ aus.
Eccestan: Mutter (= *ecce*)-Stein *(stan)*, Name teuton. ↗ Zentralheiligtümer; z. B. der Disen ↗-Berg mit Felszeichnungen oder Od ↗-Rune u. der Extern- (od. Eggstern) Steine ↗. Das Wort *ecce* geht über *acca* in *acca larentina* (lat.) = Seelenmutter, afrik. Äqv. Akua-Ba ↗ zu Akasha ↗ u. letztl. Ka ↗ (Geist), verbunden mit Ak, sodaß wir bei Gott ↗ + Göttin ↗ als Ak-Ka landen. Die äg. Ka-Hieroglyphe ↗ entsprach in umgek. Form der Göttin Nut ↗ (Himmel) u. findet sich genau so in den Externsteinen eingraviert. Zweifellos hängt a. Escha in Eschatologie ↗ damit zus. u. ist nichts anderes als Is ↗-Ka,

der Hl. Geist ↗ od. Eka ↗ = 1 = das Erste, der Uranfang. Als unterschlagene Göttin in der Bibel ↗ ist es Achath ↗ u. ›steingewordenʼ‹ Achet ↗.
Echnaton: 10. Pharao ↗ der 18. Dyn. von Ägypten. Ging als ›Ketzerkönig‹ in die Gesch. ein, weil er alle Glieder der Götter-Neunheit ↗ furios bekämpfte u. nur Aton ↗ als sichtbaren Sonnenglobus einer unsichtbaren Gottheit gelten ließ, deren Bestimmung fehlt. Nichts über seine Person ist geklärt, kein Dokument gestattet es bis heute, den Bereich der Hypothesen zu verlassen. Lt. Ägyptologie ↗ regierte er 1379–1362 v. Z., die letzten 2 Jahre in Doppelregentschaft mit seinem jüngeren Bruder Semenchkare ↗. Das merkwürdige ist, daß *Beide* im gleichen Jahr gestorben sein sol-

len u. noch vor Ende dieses Jahres das Kind von Teje ↗, Tutenchamun ↗, auf dem Thron bestätigt wurde. Jedoch fehlten beider Leichen. Offiz. erklärte E. bei der Grundlegung seiner Stadt *Achetaton* = Horizont des Aton, heute Tell El-Amarna ↗, er werde sich an diesem Ort mit seiner Gemahlin Nofretete ↗ u. der älteren Prinzessin Meritaton bestatten lassen. Es geschah aber nicht. Obwohl er letztere, nachdem Nofretete ihn verlassen hatte, seinem Bruder als Frau gab, der ebf. in Achetaton lebte: u. sie auf einigen Bildern sogar neben E. an Stelle seiner Gattin Nofretete erscheint. Andere jedoch zeigen die beiden Brüder wie ein Paar. Der einzige Sarkophag ↗ in Achetaton ist weibl., beherbergte aber eine männl. Mumie ↗ in weibl. Armhaltung, was die Verwirrung komplett macht. — These: Echnaton war Moses ↗ u. der Bruder Aaron ↗; sie starben nicht in Ägypten, sondern unterwegs nach Kanaan ↗ als Anführer der ›Kinder Israel‹ ↗.

Echnatons Häresie ↗ ging so weit, daß, wenn er von seiner Mutter (es wird Teje gen., was nicht stimmen muß, s. Moses-Legende) sprach, das Wort Mwt = Mutter in Buchstaben ausgeschrieben werden mußte statt mit dem hieroglyph. Bild des Geier ↗, da es a. für die Göttin Mut ↗ stand. Er griff übrigens nur den Kampf auf, der schon gg. die Pharaonin Hatschepsut ↗ geführt worden war. Sein einflußreicher Kanzler Haremhab, mit dem die 18. Dyn. endete, radierte dann Tutenchamun, beider Widerpart, aus. — Alles bietet sich dar wie ein konkret faßbarer Akt des Kampfes von Seth ↗ gg. Horus ↗, der die ges. Doppel-Religion ↗ von Ägypten durchzieht, wobei E. als Seth-Vertreter einzustufen wäre, als Eber ↗. — S. Traum ↗.

Echse: gehört zu den Reptilien ↗; als Symbol ↗ bei den Maya ↗ zu finden 1) als 1 der 20 Tagesz. im Haab ↗, deutl. unterschieden von Krokodil u. Schlange, die ebf. Tagesz. sind, 2) als Urmutter, die zus. mit der Schlange als Urvater den Fisch = Mais ↗, äqv. Mensch, hervorbringt. Echse-Schlange-Fisch sind eine gefeierte Trinität ↗, die sich als Elternpaar z. B. im Namen Chichen- Itza ↗ - ausdrückt, denn *Chichen* = Schlange u. *Itza* ↗ = Echse, vorkommend a. im Gott Itzamna ↗ = Eidechsenhaus: Stammvater der Itza-Maya. — These: da sich bei den 4 hl. Pflanzen ↗ der Mais mit dem 4. Sektor des 4er Kreises ↗ der Sonne deckt, der a. das Element ↗ Wasser wie Muntu ↗ = Mensch ist, darf man als Eltern die entspr. Paarbildung im 8er Kreis ↗ ansetzen, im Tao ↗ Regen - hier als Schlange - + See - hier als Echse. Damit landen wir in der äg. Götter-Achtheit ↗ bei Nun ↗ + Naunet ↗, sodaß die E. als Gegenkosmos einzusetzen wäre, d. h. als bek. Ka-Hieroglyphe ↗:  Und auf ein ganz ähnl. Z.  wurde in einem Bild mit Itzamna die Echse gelegt. Offensichtl. vertritt sie dann den Kontinent Mu ↗, hier Tamoanchan ↗ gen., Land *(Ta)*, wohin der Vogel *(Moan* ↗*)* die Schlange (*Chan* ↗) brachte, u. wo die Itza-Maya herstammen.

Edda: Urmutter; Titel einer Sammlung germ. Lieder, deren Entstehungszeit umstritten bleibt. Der Inhalt ist jedenfalls uralt u. enthält die germ. Glaubenslehre, meist in Form von Rede und Gegenrede. Allerdings ist durch den Einbruch des Christentums alles nur noch sehr fragment. Die Aufzeichnung erfolgte erst im 13. Jh.; öffentl. Interesse erfolgte jedoch erst in der Romantik ↗; dann floß einiges in die Opern von Richard Wagner ↗ ein. — Die sog. Götterlieder beginnen mit der Seherin ↗ (= Wölwa ↗) Gesicht. Sie wendet sich an ›Heimdalls ↗ Geschlecht‹ um ›Walvaters ↗ Wirken‹ zu künden: »die ältesten Mären, die ich wohl weiß.« Heimdall steht bei den heutigen Armanen ↗ für Wassermann ↗, sodaß mit seinem Geschlecht schlichtweg die Menschheit zu verstehen wäre, die am Anf. der 4. Welt ↗ im 1. Sektor des Zodiaks ↗ (= Wassermann) entstand; nach ind. Überlieferung der 4. Wurzelrasse ↗. Und schon in der 2. Strophe wird Bezug auf die Weltenlehre ↗ genommen:

»Riesen acht ich die Urgeborenen
Die mich vor Zeiten erzogen haben
Neun Welten kenn ich, neun Äste weiß ich
An dem starken Stamm, der der Hel ↗ entsteigt.«

Man erfährt a., daß die Riesen ↗ zuerst da waren und sie, die Wölwa, erzogen haben. Bleibt man im ird. Bereich, landet man bei den Bewohnern von Muspelheim ↗ = den Lemuren ↗. — Erst die 3. Strophe macht einen Rückgriff auf die Schöpfung ↗:

»Einst war das Alter, da Ymir ↗ lebte:
Da war nicht Land, nicht See, nicht salzige Wellen
Nicht Erde fand sich noch oben Himmel
Gähnender Abgrund (Ginnungagap ↗) und Gras
nirgends.«

Letzterer ist der Kosmos ↗ mit den Ginn ↗ = mag. Kräften. These: sie entspr. den Djinn ↗, 24 wie die kosm. Grundmotive ↗. Diese Zahl kehrt dann wieder in den Runen ↗ als graph. Abb. Man ist deshalb versucht, in Edda die ind. Adi ↗ zu erkennen. Novalis machte im Ofterdingen ↗ die blaue Blume daraus; die Par. der Bibel wäre der Logos ↗. Schon an diesem Bsp. wird wohl ersichtlich, daß das angebl. Heidentum prinzip. das gleiche berichtet wie z. B. die auf Jesus ↗ gegr. Religion ↗, u. der Hauptunterschied nur darin besteht, die schaffenden Kräfte von Schöpfung, Evolution ↗ u. Gesch. ↗ durch Personifizierung ↗ der Erkenntnis ↗ zugänglich zu machen, und damit Wissende zu schaffen. Strophe 14:

»Davon kommen Frauen, vielwissende«

nämlich von der Weltenesche Yggdrasil ↗. Zusatz in Strophe 15:

»Da kam zuerst Krieg in die Welt«

wir landen beim Paradies-Verlust ↗ durch verbotenes Wissen, dessen gefährlichster Aspekt in Strophe 16 Heid ↗ genannt wird: Ursilbe für Heidentum. Das Lied endet mit Ragnarök ↗ = Götterdämmerung. Es ist v. a. der Untergang der Asen ↗. — Die anderen Lieder sind ungeordnete Episoden sowohl aus dieser Zeit, wie a. aus der Zeit der Völkerwanderung ↗ lange danach; dazu Runenweisheit, Zauberlieder und Sittengedichte. Es fehlte den Einsammlern, die männl. waren, das echte Runen-Wissen, immer in weibl. Hand, nämlich der Disen ↗. Ihre Einweihungsstufen waren der Thrudenring ↗, wodurch sich wie im Hl. Dreieck ↗ die Zahlen 3 (Disen) und 4 (Thrudenring) zur 5 (Trudenfuß ↗, Fünfstern) verbanden. These: Edda heißt Veda ↗ = Wissen. — Selbst Odin muß, um mehr zu erfahren als er selbst weiß, zur Wala ↗, besungen im Lied ›Odins Helfahrt‹:

»Schweige nicht, Wala, ich will dich fragen
Bis alles ich weiß. Noch wüßt' ich gerne:
Welcher der Männer wird der Mörder Baldurs ↗
Wird Odins Sohn das Ende bereiten?«

Sie sagt es ihm, nennt auf weiteres Bitten a. den Rächer. — Deshalb wurden die Disen dann so verfolgt; sie kannten Vergangenheit, Gegenwart u. Zukunft.

Edem: in der Gnosis ↗ des Justinus zeugt Elohim ↗ mit E., die halb Frau halb Schlange ↗ war, 12 väterl. Engel ↗ und sie gebiert außer diesen 12 mütterl. Engel, die sich in 4 Kategorien zu je 3 teilen. Die Engel bewegen sich wie tanzend im Kreis ↗. Unter den 4 Kategorien werden die 4 Ströme im Paradies = Eden ↗ verstanden, während der 3. väterl. Engel Baruch mit dem Baum des Lebens gleichgestellt wird u. entspr. Naas, der Schlangenteil der E., mit dem Baum der Erkenntnis (s. Baum ↗ u. Djed ↗). Im weiteren Verlauf dieser Spekulation verfolgt die E. das Pneuma des im Menschen zurückgelassenen ›Vaters‹ u. läßt es durch Naas quälen, der Eva schändet u. auch Adam als Lustknaben benützt. — Für E. wird der griech. Begriff Psyche ↗ eingesetzt, für Elohim Pneuma ↗, in der Bibel wiedergegeben mit Odem, Atem. Nachdem Gott (Elohim) die Menschen aus Erde geschaffen hat, bläst er dieses Pneuma ein: dann hatten sie eine ›lebendige Seele‹. Das ist Ba ↗ in Ägypten, evtl. in Ba-rouach (Baruch) enthalten, s. Rouach ↗. Die eigtl. Problematik wird nicht gelöst, da sich die Psyche aus Ba + Ka ↗ zusammensetzt; letzterer dem germ. Od ↗ entspr., was wieder in die Nähe von Odem oder Edem rückt. These: die 2 mal 12 Engel entspr. dem Tierkreis ↗ (12 väterl. Tiere) in Kombination mit den mütterl. Zodiakzeichen ↗, evtl. mit Koppelung ersterer zu den 12 Planeten ↗, wodurch der Djed mit dem Anch ↗ = Lebensz. berührt wird. Dies würde gestatten, das Paar nicht mit Adam Rischon + Eva (die ja verführt werden) gleichzusetzen, sondern mit Adam Kadmon ↗ + Lilith ↗ der Kabala ↗. Wie nahe die Justin-Gnosis an den Tierkreis heranrückt, zeigt die These, Elohim habe Herakles ↗ den Auftrag gegeben, den ›Vater‹ (das Pneuma) aus der Macht der 12 bösen Engel zu befreien. Das seien nämlich seine 12 Werke (als Tierkreis-Durchlauf).

Eden: einer der Namen für das Paradies ↗, benutzt in der Bibel ↗: »Und Gott der Herr pflanzte einen Garten in Eden, gen Morgen, und setzte den Menschen drein, den er gemacht hatte... (er) ließ aufwachsen aus der Erde allerlei Bäume, lustig anzusehen, und gut zu essen, und den Baum ↗ des Lebens mitten im Garten, und den Baum des Erkenntnisses Gutes und Böses. Und es ging aus von Eden ein Strom zu wässern den Garten, und teilte sich daselbst in vier Hauptwasser.« — Bis zu dieser Angabe ist der Mensch ↗ hermaphrod.: ›ein Männlein und Fräulein‹; die Teilung in Adam und Eva ↗ ist noch nicht erfolgt. Lt. Weltenlehre ↗ ereignet sie sich am Ende der 3. Welt ↗ der Lemuren ↗, d. h. Eden ist Lemurien ↗, und der Strom mit den 4 Hauptwassern ist symbolisch zu verstehen als liegende Gestalt (Schema); so wurde in Afrika ein Ort angelegt; a. Altägypten als Land folgt dem Muster (s. Km. T ↗). Man kann es aber a. auf die ganze Erde ausdehnen, dann wird das Weltideogramm ↗ daraus mit den 4 Hauptwassern als den 4 Kontinenten um Lemurien als Mitte. These: E. könnte auf das äg. Aton ↗ zurückgehen, der Sonnenkugel mit dem Zentralkontinent im Pazifik als Spiegelbild. Wie Atum ↗ in seinem Aton saß dann Adam ↗ in Eden. — Bezogen auf Edem ↗ ist

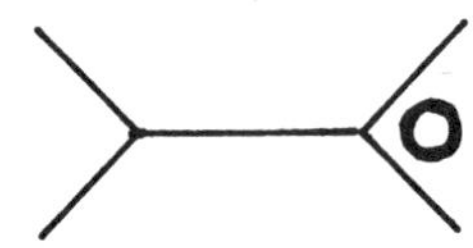

der liegende Baum, Grundmotiv)(, der Zodiak ↗. Churchward ↗: »der Kontinent Mu ↗ war nichts anderes als der Garten Eden der Bibel. Dort entstand die erste große Zivilisation« (1970: S. 6). — Germ. Äqv.: Midgard ↗, der Garten der Mitte: hier mit dem Weltenbaum ↗ verbunden.

Ego: Selbst (lat.); das, was den Menschen befähigt, Ich ↗ zu denken und zu sein. Die Einzel-Seele ↗, bewußt geworden in ihrer Zählschicht = dem 12er Kreis ↗, sodaß richtig ist, wenn Paracelsus ↗ das Ego die Verstandesseele nennt. Blavatsky tut das a. und setzt E. mit Manas ↗ gleich. Die esot. Philos. lehrt jedoch die Existenz von 2 Egos im Menschen, einem niedrigen, persönl. und einem höheren, unpersönl., göttl. These: letzteres muß dann dem Seelenkern, äqv. Sonnenkern ↗, im Zentrum der Weltformel ↗ entspr., denn hier allein besteht Verbindung zur Nommo-Schicht als Kosmos, in dem sich die Vielheit ↗ des Individuellen mit der Einheit ↗ des Kollektiven verbinden kann. Der frz. Unterschied wäre *Je* = ich ggb. *Moi* = ich-selbst. Afrik. Äqv.: Mo ↗, enth. in Nommo ↗. — Ind. Äqv. Atma, (äg. Atum ↗) übergehend in Brahman ↗ (äg. Ka ↗), das zu Ach ↗ wird. Nun ist erwiesen, daß ein Kind 3 J. nach der Geburt ↗ zum 1. Mal ich sagt; beim Lebensweg ↗ als Wiederholung des Sonnenalphabets ↗ fällt also das niedere Ego-Bewußtsein auf Alpha ↗ u. ist noch nicht der Kern der Psyche ↗. Seiner Überwindung als Chrestos ↗ galten alle Initiationen ↗. Man kann also folgern, daß das höhere Ego der Hochzeit von Christus ↗ u. Sophia ↗ entspr., Ziel der Apok. ↗.

Ei: als Symbol: »Das Ei war als ein heiliges Z. der Kosmogenese ↗ eines jeden Volkes der Erde einverleibt und wurde sowohl wegen seiner Form als auch wegen seines inneren Geheimnisses verehrt... die 1. Offenbarung des Kosmos ↗ in der Form eines Eies war der am weitesten verbreitete Glaube des Altertums... Im Anfang hatte die ›erste Ursache‹ keinen Namen. Später wurde sie in der Phantasie der Denker als ein immer unsichtbarer, geheimnisvoller Vogel ↗ abgebildet, welcher ein Ei in das Chaos legte, welches Ei zum Weltall wurde.« Soweit Blavatsky ↗. Ebenso oft war es jedoch kein Vogel, sondern eine Schlange ↗ (Abb.), die ein oder viele Eier umringelt.

Schließl. gibt es a. die Kombination der ›Vogelschlange‹ (Gucumatz ↗), da fehlt jedoch der Bezug zur Ei-Symbolik. Im chin. Schöpfungsmythos wird berichtet, daß aus dem eiförmigen Chaos ↗ der Urriese Pan-Ku entstand; aus seinen Gliedern wurden dann die Elemente + Wesen gemacht, wie beim germ. Ymir ↗ oder der babyl. Tiamat ↗; sie ist die geteilte Doppel-Schlange ↗, aus der sich Himmel + Erde ergibt. In anderen Berichten entstehen diese aus dem Zerbrechen eines Eies, dessen Herkunft offen bleibt. Im Äg. Totenbuch gilt das ›Weltenei‹ ↗ als Horusauge ↗ u. ist dann offensichtl. die Sonne ↗, ebf. Vogel (Falke), Schlange (Kobra ↗) u. Ei (Aton ↗), s. Behdet ↗. These: das Ei enthält als weiße Schale A-Z = das Sonnenalphabet ↗. als klare Masse das Gläserne Meer ↗ u. im Dotter Elemente ↗ + Tao ↗ sowie einen unsichtbaren Kern: »Neun Stunden lang lieferte das Ei Kurven, die dem Rhythmus der Herzschläge eines Hühnerembryos entsprachen. Die Frequenz betrug zwischen 160 und 170 Schläge pro Minute, was für einen drei oder vier Tage bebrüteten Embryo angemessen gewesen wäre; nur hatte er (Bakster) das Ei im Laden gekauft und es war nicht befruchtet. Später, als Bakster das Ei aufschlug, stellte er erstaunt fest, daß es überhaupt keine Blutgefäße irgendwelcher Art besaß, die für die Pulsationen verantwortlich hätten sein können. Er schien da auf eine Art Kraftfeld gestoßen zu sein, für das die konventionelle Wissenschaft bisher keine Erklärung und kein Verständnis hatte« (P. Tompkins + Chr. Bird in ›Das geheime Leben der Pflanzen‹, S. 32). Ägypten: der erste Gott war aus einem Ei entstanden; es kam aus dem Urwasser ↗. Gleiches wird vom ind. Brahma ↗ erzählt, manchmal wird sein Ei dem (roten) Lotos ↗ gleichgesetzt. Im griech. Mythos schließl. ist Phanes vom Tierkreis ↗ umgeben, der sein Ei umgibt; auf einer Darst. des 2. Jh. mit Vogel auf dem Kopf sowie umwickelt von der Schlange, die auf Abb. 2 direkt das Ei umringelt. In diesem Fall ist das Ei der Welt ↗, d. h. das Sonnensystem, umgeben von den Sternbildern des Zodiaks ↗, u. Phanes entspr. Phönix ↗.

Einheit: im strengsten Sinn das, was jedem Dualismus ↗ vorausgeht, wofür es in unserer Sprache jedoch kein Wort gibt. Deshalb wird im Johannes-Evangelium dieses Unbenennbare so umschrieben, daß *im Anfang* das Wort (sprich der Logos ↗) u. Gott ↗ beieinander sind, d. h. eine Einheit bilden. Sie sind ›im Anfang‹ drin, aber was das ist, bleibt offen. Noch vager bleibt Moses ↗ mit dem 1. Satz: »Am Anfang schuf Gott Himmel und Erde« — denn das ist schon der Anfang der Schöpfung ↗ und berührt nicht, was ihr vorausgeht. Lt. Blavatsky ↗ handelt es sich aber um eine falsche Übers. des Satzes: Achath ↗-Ruach ↗-Elohim ↗-Chiim = Eine ist sie - der Geist - der Elohim - des Lebens. D. h., statt einer männl. Einheit Elohim = Gott, wird eine weibl. Mehrz. Elohim gesetzt, deren Einheit Achath, die eine Göttin ↗ auf der unerreichbaren Ebene der Absolutheit und Unendlichkeit ist. Das Äqv. bei Joh. wäre der Logos. Aber diese Übers. befriedigt a. nicht, denn es fehlt dann wieder die Einheit mit Gott. Niemals kann die uranfängliche Einheit nur Gott oder nur Göttin sein. Es wird ein Neutrum verlangt, das beide Geschlechter in sich aufhebt. In Ägypten gibt es als Lösung Ntr ↗ und im Pazifik Io ↗, wärend das ind. Parabrahman ↗ nur eine Umschreibung ist, daß Brahman ↗ etwas vorausgeht (para ist). Beste Lösung: das Ur-X ↗ u. seine Ausfächerung in die 24 Grundmotive ↗ des Kosmos, denn dieser ist als einziges nur 1 mal vorhanden - im Ggs. zu den von ihm hervorgebrachten Sonnen = Sternen ↗ als System der Vielheit ↗. — S. Eka ↗ = eins. — These: das kommt vom äg. Heka ↗ = Hirtenstab, der wieder den Kosmos vertritt, s. Schöpfung ↗. In ihn - als Schlange od. Schlangenstab - eingebettet das Ei als Sonne.

Einherier: ›Schreckenskämpfer‹ (germ.), die auf der Walstatt (= Schlachtfeld) gefallenen, bes. tapferen Krieger. Sie wurden von den Walküren ↗ ausgewählt u. nach Walhall ↗ gebracht. Dort saßen sie mit Odin ↗ an einem Tisch, aßen und tranken und pflegten täglich Kampfspiele, deren Wunden sofort wieder heilten. Einmal im Jahr brausten sie dann als ›Wotans Wilde Jage‹ ↗ von N nach S, um den Endkrieg ↗ zu proben: ab Nov. (wie Karneval ↗-Beginn), über die Julzeit hinweg, um im Febr. (Karneval-Ende) wieder nach Walhall zurückzukehren. Dort befanden sich a. der ermordete Baldr ↗ sowie sein Mörder Hödur. Wahrsch. sind die 2 Krieger mit dem Eber ↗ auf dem Helm ihre Wiedergabe, denn dessen Opfer u. Jagd fiel ebf. in die Julzeit. Um E. zu werden, so heißt es, u. dadurch nicht in der Hel ↗ zu landen, stürzte sich mancher Germane kurz vor dem ›Strohtod‹ (= im Bett) in ein Schwert.

Einsjäger: im Popol Vuh ↗ der Maya ein Glied des Götterstammbaumes:

IXMUKANE ↗ x Ixpiyacoc ↗

(Ixbaquiyalo +)Einsjäger(+Ixquic) u. Siebenjäger

In der Maya-Sprache heißt E. = *Hun* (eins) Hunahpu ↗ = 1 Blasrohrjäger; er gehört zum Geschlecht der

Ahpu ↗. Während Siebenjäger Junggeselle bleibt, verbindet sich E. mit 2 Göttinnen. Wichtig im Mythos wird nur die Verbindung mit Ixquic ↗, die danach die Zwillinge Hunahpu + Ixbalanque ↗ zur Welt bringt. Diese schießen mit dem Blasrohr Siebenpapagei ↗ ab – wie der afrik. Nommo ↗ beim 1. Besuch Ogo ↗ – und werden dann als Venus ↗ an den Himmel versetzt. Inwieweit E. dem Uranus ↗ entspricht, ist nicht ersichtlich, denn die astrol. Ereignisse verknüpfen sich total mit der in diesem Augenblick einsetzenden Geschichte ↗ und dem Ballspiel ↗. Sprich: von Kunst ↗ + Religion ↗. Das macht das Popol Vuh so klar: die beiden Söhne von Ixbaquiyalo u. E. hatten von Geburt viel Verstand u. Weisheit mitbekommen. Sie waren Wahrsager hier auf der Erde, guten Sinnes u. guter Taten. Alle Künste wurden ihnen (Einsaffe + Einsmeister) gelehrt; sie waren Flötenspieler, Sänger, Blasrohrschützen, Maler, Bildhauer, Gemmenschneider, Silberschmiede... Nachdem ihre Mutter stirbt, begibt sich E. in Begleitung seines Bruders Siebenjäger zu den Came ↗ nach Xibalba ↗ zum Ballspiel. Dort erfolgt sein Opfertod, E. verwandelt sich in ein Blätterkreuz ↗ bzw. dessen Früchte, von denen die Came-Tochter Ixquic trotz Verbot kostet u. davon schwanger wird. Verjagt, kehrt sie zu Einsjägers Mutter Ixmukane zurück u. gebiert die Zwillinge. — Manches an E. erinnert an Abel, der Kain ↗ tötet.

Einweihung: das graduelle Heranführen an Geheimlehren ↗. Äg. Totenbuch:

»Umgeben von den Eingeweihten der Hathor ↗-Göttin
verbleib ich in ihres Tempels ehrwürdigem Schatten.«

Die Auffächerung dieser Göttin in ›7 Hathoren‹ gibt die Grade der Einweihung preis: 7/1, d. h. der 8. war gewöhnl. abgesetzt, genau wie bei den Arioi ↗. Sie folgte also dem 8er Kreis ↗ der Sonne, u. so war die große Loge ↗ Ägyptens eingeteilt. — Nicht zu verwechseln mit Initiation ↗.

Eisheilige: im christl. Kalender 11.–13. Mai, evtl. Anhängung von 14. + 15., nach den Heiligen: Mamertus, Pankratius, Servatius, Bonifatius u. Sophie benannt u. gefürchtet für späte Frosteinbrüche. Älteres Datum 9.–13. Mai im alten Rom als ›Fest der Lemuren ↗‹: lt. Pochan ↗ das Datum des Weltuntergangs ↗ 9.–13. Mai 11432 v. Z., was sich a. aus dem Wort Lemuren ablesen läßt, denn das waren die Einwohner von Lemurien = Mu ↗, dem pazif. Kontinent, der damals unterging. Es handelte sich um eine kurzfristige Vereisung, verursacht durch Sonnenabdunkelung, s. Eiszeit ↗, technisch.

Eiszeit, normal: eine ungewöhnl. Vergletscherung riesiger Gebiete der Erde. Sie folgt gewöhnl. tropischem Superwachstum, das sich über den ges. Globus ausbreitet u. der Luft zuviel Kohlendioxyd entzieht, das als Wärmebinder wirkt. Durch die Vereisung der Wasser sinken dann a. die Ozeane 100 m und mehr ab. Außerdem durchwandert unser Sonnensystem Materie-Wolken (Rotation der Galaxie ↗), die die Lichtstrahlung vermindert, während die Sonnenflecken ↗ zunehmen. Die Kombination dieser Faktoren ergibt einen Eiszeit-Rhythmus von 60–100.000 J. Erhöhte Vulkantätigkeit ersetzt dann wieder das Kohlendioxyd. Die letzte E. bestand aus 3 Kältevorstößen mit jeweils Wärmeperioden dazw. In Europa ↗, das sich zu dieser Zeit in Polnähe befand (s. Polsprung ↗), während Sibirien ↗ eine blühende Landschaft war, herrschten Mammut + Höhlenbär vor, mit Neandertalern ↗. Der letzte Kältevorstoß wird Würm III-Eiszeit genannt; sie erlosch um 8000 v. Z. These: vorausgegangen war eine Technische Eiszeit ↗ nach Weltenbrand ↗, verursacht durch den Weltuntergang ↗ von 11432 v. Z. Dabei verschoben sich die Pole um 26 Grad, eingezeichnet im Gangsystem ↗ der Großen Pyramide. Europa taute auf, Sibirien vereiste: Übergang von 4. zu 5. Welt ↗.

Eiszeit, technisch: in den sibir. Tundren existieren riesige Hügel gefrorener Tierkadaver: Mammuts, Pferde, Antilopen, Bisons, Wölfe, Großkatzen etc., alles durcheinander u. wie von einer gigant. Kraft zerfetzt u. hingeschleudert. Das Alter wird auf ca. 13000 J. geschätzt. Lange hielt man diese ›Friedhöfe‹ für Auswirkungen der letzten Eiszeit ↗ (normal), bis 1901 ein intakter Mammutkadaver gefunden u. untersucht wurde: in seinem Magen befanden sich u. a. frische Gänseblümchen! Befund: das Tier mußte mitten im Frühsommer einen Plötzlichen Kältetod erlitten haben. These: um eine natürl. Eiszeit kann es sich also nicht handeln, sondern um die Folgen des Weltuntergangs ↗ von 11432 v. Z., beginnend mit einem globalen Weltenbrand ↗, vor dem die Herden flüchteten, um durch den Stoß des folg. Polsprungs ↗ wie in Lawinenkugeln irgendwo zerknäult zu landen, während die Asche des Brandes die Sonne abdunkelte, was zur plötzl., 5-tägigen (s. Eisheilige ↗) Vereisung führte. Es folgte die Sintflut ↗, u. als sie wieder verlief, war Sibirien ↗ durch die Polverschiebung so kalt geworden, daß die Kadaverhaufen konserviert blieben. Die Einwohner dort kennen ihre Existenz seit langem u. beliefern den asiat. Handel mit ausgegrabenen Mammutstoßzähnen. Allein zw. 1880–1900 10.000 Paar.

Eka: eins im Buch Dzyan ↗; wohl äqv. ecce in Eccestan ↗ u. heißt viell. nur der (eine) Ka ↗ = Heka ↗, äg.

Ek Chuah: der schwarze Gott, einer der 4 Chac ↗; auch *Ex Xib Chac* = schwarzer Chac des W. Bei ihm tritt der Chilan ↗ für die Reinkarnation ↗ der Menschen ein; oder es heißt, er sei der schaffende Gott, der sich für die Wiedergeburt opfert, weshalb auf dem Bild der Moan ↗-Vogel sein Blut trinkt, um es den Toten einzuflößen. Sollte ein Zodiak ↗-Geschichtsviertel gemeint sein, ist es wohl das 2. mit dem geopferten Osiris ↗ in Ägypten, ebf. ein schwarzer Gott, ebf. in den W (als Duat ↗) verlagert. Dieser hier ist androgyn, über der Hand ein Busen. Auf anderen Bildern wird er mit der sog. Spindel ↗-Göttin kombiniert, einer Art Urd ↗.

Ekliptik: der Großkreis im Sternenhimmel, der sich als gedachte Erweiterung der Erdbahn um die Sonne ergibt = ekliptikale Ebene. Von der Erde aus ergibt sich der Eindruck, als bewege sich in einem Jahr die

Sonne durch diesen Kreis aus Sterngruppen, deren Benennung der Tierkreis ↗ ist. In Relation zum Himmelsäquator beträgt die Schiefe der E. 23° 27". Die beiden Schnittpunkte dieser Kreise sind die Äquinoktien ↗. Infolge des Erdachsenpendels ↗ wandern sie alle 72 Jahre 1° rückläufig durch die Ekliptik, das ist die Präzession ↗. Je nach Volk ↗ wurde der E.-Kreis in 10, 12, 18, 24 oder 36 (äg. Dekane ↗) Sektoren eingeteilt und zur Grundlage der Kalender ↗ gemacht. Die Schnittpunkte der Mondbahn ↗, die um 5° 9" gg. die E. versetzt ist, nennt man Mondknoten ↗. Der Pol der E. befindet sich heute in den nördl. Zirkumpolarsternen ↗ im Deichselende des kleinen Bärs ↗. — Siehe Apsiden ↗.

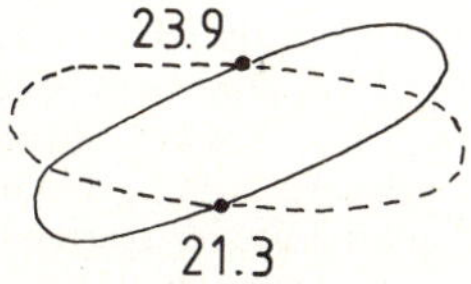

Eko: Venus ↗ (Kreta); auf dem Diskus ↗ mit 3 Zeichen (Abb.) ausgedrückt. Da sie Teil einer größeren Zeichenkombination sind, die als 1 von 12 im äußersten Kreis nach Meinung der Verf. den Tierkreis ↗ darstellen, wäre Venus (E.) in ihr Taghaus Waage ↗ eingebaut: Schreibt man E-QO, ist Venus der Planet (= E), der bei den Grundmotiven ↗ der Geschichte -jetzt die Reihenfolge von r. nach l. - Religion ↗ (= O) u. Mythos ↗ (= Q) unterstützt u. als Waage in Balance bringt mit dem Baum ↗ des Ewigen Lebens. Das wären das Bäumchen + Y:

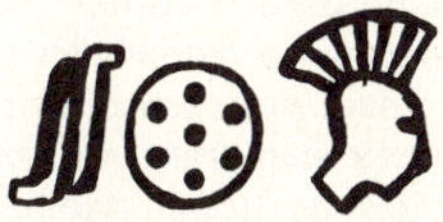

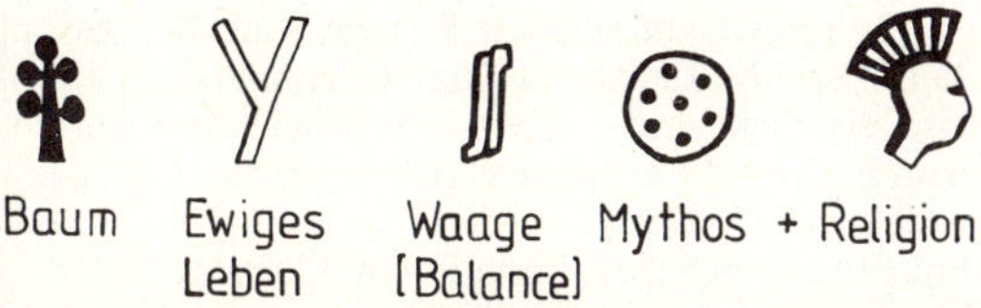

Oder: die Venus (Eko) wird die Synthese von Kultur ↗ (Mythos, Religion etc.) und Natur bzw. Leben ↗ - sprich die 2 äg. Djed ↗ herstellen, u. das tut sie als Regentin der kommenden 6. Welt ↗ auf jeden Fall. Sie bringt also eine Art Eka ↗ = Einheit zurück u. steht ganz im Z. des Y, Archetyp ↗ Ewiges Leben, äg. das Lebenskreuz ↗ , das astrol. ihr Z. wurde.

El: Nv. von Al ↗ bzw. Il ↗; weibl Elat: = Allat ↗. — Mehrz. Elohim ↗.

Elben: Alben ↗; übersetzbar als El ↗-Kinder (Ben ↗). Wahrsch. stammt a. der Name des Flusses Elbe daher, denn ahd. u. mhd. hießen sie *elbi* u. *elbe.* An Menge unzählbar (wie die jap. Kami ↗) füllten sie die Erde, den Himmel u. das Wasser, hausten in Berghöhlen, im Dickicht der Wälder wie a. in den Blumenkelchen etc. = Naturgeister + Seelen der Verstorbenen; sie sind nur Menschen mit besonderer Begabung sichtbar. Bei den Wasser-E. unterschied man männl. = Neck oder Mummel u. weibl. = Nixe bzw. Mühmchen.

El Dorado: der legendäre Muisca ↗-Fürst: von Dorado ↗, übers. ›der Vergoldete‹, dessen Riten sich am Guatavita-See abspielten, als Einführung eines neuen Herrschers. Man baute ein Floß aus Schilf u. schmückte es mit den schönsten Dingen. Dann zog man den Erben nackt aus, rieb ihn mit klebriger Erde ein u. puderte ihn gänzlich mit Goldstaub. Er wurde aufs Floß gebracht, blieb dort bewegungslos stehen u. man häufte zu seinen Füßen einen Berg Gold + Smaragde auf. Dann fuhr man ihn zur Mitte des Sees, wo er alles hineinwarf u. badete, sodaß auch der Goldstaub versank. Kam er zum Ufer zurück, warfen die Wartenden ebf. ihre Gaben in den See; Musik: er war zum König gekrönt. Über den Grund s. Ausführungen Stichw. Guatavita-See ↗. — Dieser Mythos führte zur Benennung des Muiska-Museums ↗.

Elefant: als Symbol: das Reittier von Indra ↗, gen. Wolken-Elefant = *Airavata* (klingt wie: air = Luft + vata = Wasser, was genau einer Wolke entspr.). Auch Kama ↗ reitet manchmal auf einem E., der auf Bildern aus 9 Göttinnen zusammengesetzt ist, was zunächst an die 9 Musen ↗ erinnert u. Museion ↗ = Erinnerungsstätte (heute Museum ↗). Das paßt zum Elefanten, der die beste Erinnerungsfähigkeit besitzt. Nimmt man Grundmotiv Erinnerung ↗ = Gegenwart als Zukunft

von Vergangenheit zu Hilfe, fallen die entspr. 3 Disen ↗ (Nornen, Parzen, Moira ↗) ein u. damit der Weltenbaum ↗, der durch 9 Welten wächst = die gleiche Zahl. Dann stünde u. U. der E. für ihre Gesamtheit u. es wäre verständlich, warum die Legende erzählt, Gautamas ↗ Mutter, Königin Maya ↗, sei im Traum von einem E. besucht worden, der im Rüssel einen Lotos ↗ hielt, mit dem er sie berührte, woraufhin sie mit dem zukünftigen Buddha ↗ schwanger ging (Abb.). Bzw. warum im Altind. der E. auch Naga ↗ = Schlange heißt, was sich rein äußerlich auf seinen Schlangenrüssel bezieht, im übertrag. Sinn aber auf Weisheit ↗, womit wir immer im Urwasser (Mu ↗) landen, wofür die

Wolke ↗ ein Symbol sein dürfte. In der Bibel ist lt. Blavatsky ↗ Behemoth der E., u. Hiob schreibt über ihn, er sei ›der Anfang‹ der Wege Gottes. Dieser Anfang ist das Wort = Logos ↗, die kosm. Grundmotive ↗ als Hirtenstab ↗ = Schöpfung. Betrachtet man einen Elefantenrüssel, hat er genau diese Form, u. der Lotos darin ist schon die daraus hervorgehende Sonne. So wird er a. zum ›Lichtträger‹ (= Reittier von Indra), äqv. der äg. Hathor ↗, mit deren Hathorlocke sein Rüssel verglichen werden kann. So entsteht die Gleichung Himmelskuh = Himmelselefant, Wolkenkühe = Wolkenelefanten. — These: wie der Lotos könnte a. der E. ein Symbol von Mu, dem Kontinent im Pazifik gewesen sein, da es dort riesige Elefantenherden gab (bei Plato ↗ Atlantis ↗ zugeschrieben, wo es viel zu kalt war).

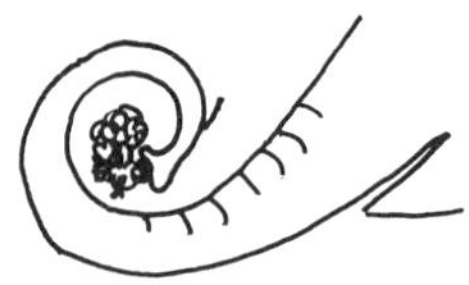

Elektron: negativ geladenes Elementarteilchen, das sich in einem Spin ↗ dreht u. um den Atomkern eine Bahn zieht, genau wie ein Planet ↗ um die Sonne ↗, was aus dem Atom ↗ ein Mikro-Sonnensystem macht. Umlauf u. Spin erzeugen ein Magnetfeld. Die Elektronenanzahl bestimmt die chem. Eigenschaft der Materie ↗ u. somit die Ordnung des Periodensystems ↗ der chem. Elemente, beginnend mit Wasserstoff als Grund-Atom: 1 Kern + 1 Elektron. These: als kleinste Masse entspr. das E. der kleinsten Bindung von Grundmotiven ↗: 2, d. h. der Ursilbe ↗, im Tantrismus Mantra ↗ genannt. These: besser ist die Vorstellung, das E. schiebe sich als Ur-X ↗ zw. 2 Atomkerne, zumal

die mod. Wissenschaft behauptet, alle E. seien wesensgleich u. hätten aber, wie eine Medaille, 2 unterschiedl. Seiten. Das kommt Gedanken der Esoterik entgegen, sie seien Informationsträger (auch) für Reinkarnation ↗, auf 1 Seite aufnehmend, auf der anderen ›ablesbar‹. Auch der Begriff ›Kollektives Elektron‹ ist schon eingeführt worden. Bei der Psyche ↗ das kollektive Unbewußte ↗, von Jung mit Wasser gleichgesetzt, sodaß man vergleichsweise beim E. evtl. im Urwasser ↗ landet, einem Vernetzungselement, das das kosm. Netz ↗ auf die Mikrowelt überträgt. Bemerkenswert ist a., daß die E. nur 7 (Bahn-)Schalen bilden u. nicht 12 wie die Planeten. Sollte eine 8. noch fehlen u. die Materie noch nicht fertig sein - ebenso wenig wie die bisher nur 7strahlige Sonne, s. Astrologie ↗ - so ist es eine Art Einheit der Regenbogenfarben ↗ od. deren Urzustand: das Bild der Erde ↗, Materie *per se*, die als Chimalman ↗ ja a. 7 Zustände aufweist. Dann entspr. das E. Mulaprakriti ↗.

Elemente: gewöhnl. sind es 4: Luft ↗, Feuer ↗, Erde ↗, Wasser ↗. Die ind. Geheimlehre zählt 5, vereint in der Silbe Om ↗, u. setzt Akasha ↗ als ihre Einheit dazu. Über die Reihenfolge herrscht Unstimmigkeit; sie läßt sich aber an 2 Überlieferungen klar ablesen:

1) die äg. Götterneunheit ↗:

Schu	Tefnut	Geb
Luft	Feuer	Erde

2) die afrik. Ntu-Philosophie ↗:

	Hantu	Kuntu	Kintu	Muntu
=	Ha	Ku	Ki	Mu
	Luft	Feuer	Erde	Wasser

Nur das christl. Inri ↗ fällt aus der Reihe:

Jam	Nour	Rouach	Jabeschah
Wasser	Feuer	Luft	Erde

S. Übertrag auf die 4 Platten vom Kopf ↗.

Eleusinische Mysterien: vorchristl. Verheißung eines Lebens nach dem Tod + Wiederkehr, über 1000 v. Z. hinaus belegt, mit Zentrum in Eleusis ↗, wo im 5. Jh. v. Z. eine riesige Halle mit 42 Säulen dafür gebaut wurde, eine Zahl, die aus Ägypten stammen dürfte (s. Dekane ↗). Die Mysterien ↗ zu verraten, galt als todeswürdiges Verbrechen. Das Geheimnis wurde so gut bewahrt, daß man heute noch nicht genau weiß, was sich abspielte. Die Verheißung bestand darin, daß der/die Eingeweihte - gleich Kore ↗ - zwar in den Hades ↗ hinabsteigen, aber danach zu einem besseren Dasein wiedererwachen werde. Es handelte sich praktisch um die rituelle Vergegenwärtigung des Mythos ↗ (wie bei allen Mysterien), hier um Demeter ↗ u. deren Tochter Kore kreisend. Auf die Natur ↗ übertr., war letztere das Korn, das im Herbst - Zeitpunkt der Großen Mysterien - in der Erde verschwand, um im Frühjahr - Zeitpunkt eines kleinen sakralen Festes - als Pflanze neu zu erscheinen. In den äg. Mysterien war dieses Korn Osiris ↗, mit Isis ↗ als ›Kornmutter‹ (äqv. Demeter) und Nut ↗ als Hades, äqv. Duat ↗. Die Festpunkte sind natürl. die Äquinoktien ↗ der Ekliptik ↗ oder Schnittpunkte von Himmel + Erde, was sich in griech. Wechselgesängen an Himmel + Erde ausdrückt; äg. Äqv.: Hl. Hochzeit ↗ (oder Dreieck, Heiliges ↗). Inter., daß die großen Mysterien 9 Tage dauerten (s. Zahlensymbolik ↗): 9 Tage hing der germ. Odin ↗ am Weltenbaum ↗, um die Runen ↗ zu erlernen, und diese sind ein (verstümmeltes) Äqv. der 24 Grundmotive ↗ des Kosmos oder Nommo ↗ als Auferstehungsleib. Das Korn der Maya war Mais ↗ mit ähnl. Ritual. — S. Kornmumie ↗ u. Ceres ↗.

Eleusis: griech. Stadt im NW von Athen, im Altertum wichtigster Mittelpunkt des Demeter ↗-Kultes = der eleusinischen Mysterien ↗; heute Industrieort.

Elohim: uspr. eine weibl. Mehrz.: die Heerschaar der schöpfer. Kräfte (das wären die Grundmotive ↗ des Kosmos ↗) und die weibl. Gottheit der Gewässer, äg. Äqv. Mut ↗ od. Nut ↗. — E. wird jedoch in unserer Bibel ↗ als männl. Einz. Gott ↗ übers., obwohl dies El ↗ wäre, hebr. Eloah. Textbeispiel: »Gott (Elohim) steht da in der Gottesversammlung (Adat El) inmitten der Götter (Elohim) hält er Gericht.« Das erklärt viell. auch die seltsame Stelle der Genesis: »Und Gott sprach, laßt uns Menschen machen, ein Bild, das uns gleich sei« (1 Mose 1, 26). Also wieder eine Koppelung von Einz. u. Mehrz. These: das ist die Koppelung von Gott u. Wort ↗ (sprich Göttin). — Blavatsky ↗: »Die ägyptischen Ntr ↗, die von Champollion mit ›die anderen Götter‹ übersetzt werden, sind die Elohim der biblischen Schriftsteller« (Esoterik, S. 202). — These: das Wort stammt aus Kanaan ↗ u. findet sich dort richtig in 2 Schreibweisen: 'L = *El* (männl. Einz.) u. 'L'M = *Elohim*, Mehrz. Übrigens taucht ein ähnl. Problem in Afrika auf: Nommo ↗, Mehrz., Logos ↗ u. Nommo, Einz., Astronaut ↗. Auf letzteren dürfte sich dann der E. beziehen, der mit Edem ↗ den Zodiak schafft. — Auch die Alom ↗ der Maya fällt ein.

Elysium: a. elysische Gefilde (griech.), Aufenthaltsort der Sterblichen, die durch die Gunst der Götter unsterblich geworden waren, äg. Äqv.: Earu ↗. Sie wurden irgendwo in der Nähe des Okeanos ↗ vermutet. Hesiod spricht von ›Inseln der Seligen‹; im alten China ↗ die Ch'ung-Ming ↗. In der griech. Mythol. von R. von Ranke-Graves findet sich die Deutung als ›Apfel ↗-Land‹, was in den Garten der Hesperiden ↗ verweist. Äg. Totenbuch ↗:

»Ihr, Geister des Lichtes ↗, erfahret!
Wahrlich, ich kenne
Die geheimen Wege des Reiches der Toten ↗
Und der Elysischen Felder Pfade sind mir
bekannt.«

Emanation: keine Wesenheit, sondern ein Hervorgehen aus dem Absoluten, Einen (Achath ↗) u. deshalb von diesem untrennbar. So gilt z. B. Adam Kadmon ↗ als E., nicht aber Adam Rishon ↗; oder das Sonnenfluidum in Gestalt von 7 (bzw. 8 in großen Sonnen wie der des Sirius ↗) Flammenzungen, symbolisiert im äg. Nemes ↗-Kopftuch, verbunden mit dem Sonnenkern ↗ u. über diesen wieder mit dem Kosmos ↗; in der Apok. ↗ gen. die 7 ›Geister Gottes‹, zusammengefaßt in der äg. Kobra ↗ oder im Begriff Mana ↗, enth. im Wort E. Auch die 10 Sefirot ↗ werden E. gen.

Emu: ein großer, flugunfähiger Laufvogel Australiens ↗, dem Strauß ↗ ähnl., aber kleiner; weitgehend ausgerottet. — Im altaustral. Mythos ↗ vertritt er den Orion ↗ u. verwandelt sich in die Regenbogenschlange ↗. Besonderheit des Vogels: 3 Zehen (s. Zahlensymbolik ↗) u. Doppelfeder ↗ in 1 Kiel. — These: das ergibt evtl. als Stellenwert das 1. Reich ↗ des Osiris, der mit Orion verbunden wurde, bestehend aus 6 Sektoren des Zodiaks ↗ = die 2 x 3 Zehen: Landung ↗ bis Weltenbrand ↗, denn a. die Regenbogenschlange (= Emu) verbrannte. Und er hätte Mu ↗ vertreten, das dabei unterging, enth. in seiner Endsilbe. Die Doppelfeder findet sich auf Osiris' Kopfreliquie ↗ sowie der Djed ↗, der den Zodiak vertritt.

En: sum. Titel der ›En-Würde‹, bedeutet Herr oder Gott: z. B. Enlil ↗ = Gott Luft oder Enki ↗ = Gott Erde etc. Weibl. Pendant = Nin ↗. Wurde auch in Königsnamen eingebaut, z. B. Enmerkar = 2. König der 1. Dyn. von Uruk ↗. Andere Titel waren Ensi u. Lugal ↗, Stadtfürst u. überregionaler Fürst. Nach Trennung sakraler u. weltl. Ämter wurde En Titel des Oberpriesters. Enmesarra ↗ (u. Ninmesarra ↗) = Herr (bzw. Herrin) der 100 Me ↗. — Äqv. in der Kabala Ens od. Ain, s. Soph ↗.

Endkrieg: Ausdruck der Qumran-Texte ↗ für den letzten großen Krieg, der a. in der Apokalypse ↗ beschrieben wird, beginnend mit der Öffnung der 7 Siegel ↗. Text: »Der Endkrieg wird erkenntlich, wenn die Verdammten ↗, die zu den Kindern des Lichts ↗ gehören, die Wüsten der Heiden verlassen u. im Staub vor Jerusalem ↗ lagern.« Genau hier setzte schon Kanaan ↗ das ›Weltgericht‹ an. Bibel ↗: Gog ↗ - d. h. als Gegenpartei der Kinder der Finsternis ↗ - »wird kommen über das Land Israel« (Ez. 38, 18), u. zwar aus dem ›Land gen Mitternacht‹ = Magog ↗. These: prinzip. handelt es sich um eine Wiederholung des Drachenkampfes ↗ als Sieg über den Antichrist ↗ äqv. Anti-Osiris = Seth ↗ Bzw. Apophis ↗ als Trümmer des Ogo ↗, worin Gog begraben liegt. Dessen Land dürfte einstmals Atlantis ↗ gewesen sein, mit heutiger Nachfolge spez. in den USA ↗, wo nun a. die Verdammten = Schwarze Amerikaner ↗ leben, als ehem. Ostdrache, seit dem letzten Polsprung ↗ Westdrache. Auf ihre Rückkehr hat sich Martin Luther King ↗ bezogen. Die Mu-Nachfolge ↗ haben inzw. wohl Europa + Rußland ↗ für diesen E. übernommen. Geblieben als Streitpunkt ist der Gral ↗ für die zukünftige Weltmitte ↗, mit E. als letztem Krieg vor dem Friedensreich ↗ der 6. Welt ↗; oder: es geht um den Standort von Zion ↗. — Der E. ist Teil der Endzeit ↗, die außerdem Wiederkehr ↗ u. Jüngstes Gericht ↗ bringt. Sein Ende fällt mit dem Ende der Höllenzeiten ↗ des Maya-Kalenders zusammen = 1987. Rechnet man pro Siegel 1 Jahr, begann er 1981, bei der letzten Wiederholung ↗ von Grundmotiv ↗ Explosion ↗, bzgl. der Feste ↗ im Nov. als Wiederholung von Wotans Wilder Jagd = Karneval ↗. — Ein E. verlangt nach einem Erstkrieg ↗.

Endzeit: Ende der Zeit ↗ (3 Nornen ↗), die unsere Geschichte ↗ umfaßt, von Paradiesverlust ↗ bis (Paradies-)Wiederkehr ↗. Mit ihr befaßt sich fast ausschl. die Apokalypse ↗. These: eine Berechnung muß die E. mit dem Beginn des Wassermann-Zeitalters ↗ = 1950 in Par. setzen u. die Odil-Rune ↗ (Abb.) in Jahre umsetzen: 1 Kreis = 24 (Runen ↗) = die Grundmotive ↗ des Kosmos ↗ + Vertikale (= 1 als ihre Einheit) sowie das gleiche als Wiederholung ↗ der Gesch., zus. 50 Jahre. D. h., sie endet 1999 mit dem nächsten Polsprung ↗ als Übergang von 5. zur 6. Welt ↗. Sinn ist eine Reaktivierung der entspr. Schichten der Psyche ↗ = dem Ka ↗ als Voraussetzung für den 6. Sinn, gen. Buddhi ↗. Eine detaillierte Aufschlüsselung bringt die Vorausschau ↗. Auf 1999 bezog sich schon Nostradamus ↗, sprach aber nicht von E. sondern Ende des Mars ↗. These: die 50 Jahre - also 1950–1999 - entspr. im Festkalender den 50 Tagen ab Ostern bis Pfingsten ↗, das also erst am Ende der E. für alle Wirklichkeit wird. Auch die 5 Tage Uayeb ↗ bei den Maya, äqv. die äg. Epagomenen ↗, dürften darauf anspielen, denn gerade letztere schließen sich an die Dekane ↗ u. damit an den kompletten Zodiak ↗ an, der eben die Zeit der Gesch. = 25920 Jahre umfaßt. Wiederum ergaben bei den Olmeken ↗ 5 Long Counts ↗ insg. Geschichte + Endzeit. Ihre Nachfolger, die Maya, konnten zweifellos nur anhand dieses phänomenalen Kalenders die Höllenzeiten ↗ ausrechnen: sie enden 1987, genau wie der Endkrieg ↗, der ein wichtiges Ereignis der E. darstellt. Abschluß bildet das vielgefürchtete Jüngste Gericht ↗, das ein Polsprung ↗ sein wird. — Ganz unabhängig vom Christentum verkündete schon Gautama ↗ den vollkommenen Buddha Maitreya ↗ 2500 Jahre nach ihm, was in die E. fällt - ebenso wie das letzte Sigui-Fest ↗.

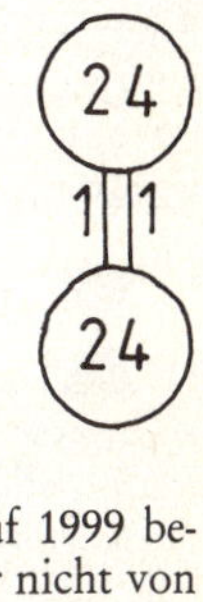

Energie: die im Wollen, Denken, Fühlen u. Handeln sich offenbarende urspr. Antriebskraft, die sich insg.

erhält, weder erzeugt noch vermindert, sondern bei jedem Prozeß nur verwandelt. These: das gleichbleibende Urpotential ist im Grundmotiv Energiekonzentration ↗ als ›unverusachte Ursache‹ ↗ enthalten. Bei jeder Verwandlung nimmt die E. eine andere Frequenz ↗ an; Blavatsky ↗ unterscheidet 7, davon 3 nicht meßbar. Die Tabelle (Abb.) versucht, sie in das postulierte Ur-X ↗ einzutragen, da in Indien das Dreieck ↗ ganz grundsätzlich mit E. in Verbindung gebracht wird. Natürlich ist die Teilung in Schichten rein theoret. Natur, da am Anf. totale Einheit besteht. Und doch unterscheidet a. das Popol Vuh ↗ in diesem Uranfang 7 Götter, 3 weibl., 4 männl., u. statt Weltideogramm ↗ kann man ebf. ein X ziehen:

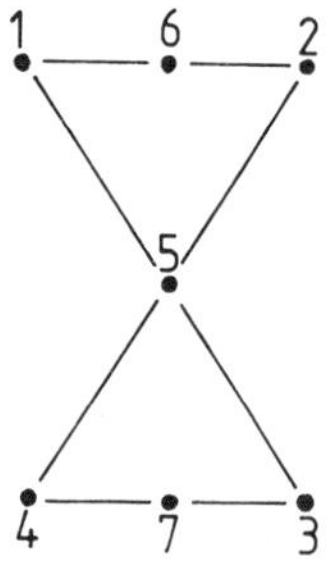

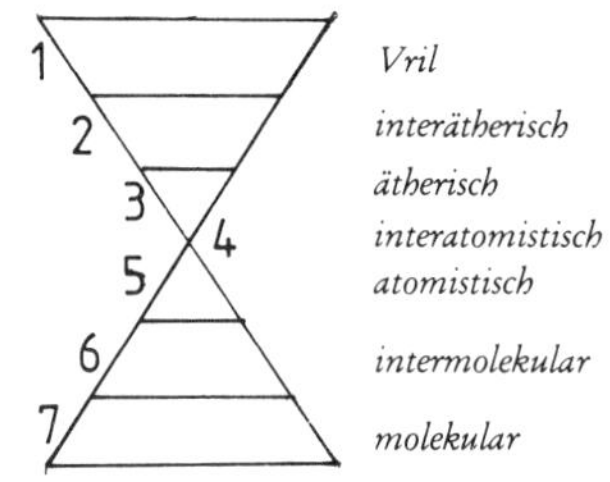

Dabei könnten die 3 weibl. den Gunas ↗ entspr. u. die 4 männl. den 4 Elementen ↗, sich später zu den 7 Regenbogenfarben ↗ od. dem Elektron ↗ verwandelnd.

Energiekonzentration: Name des 1. Grundmotivs ↗ im kosm. Uralphabet ↗, äqv. Buchstabe X, das zweimal auftritt (genau wie das 1. Grundmotiv des Sonnenalphabets ↗, Buchstabe A):

1)  als Einheit der 24 Grundmotive des Kosmos ↗ u. ›unverursachte Ursache‹ ↗ oder Konzentration aller Energie ↗ bei totaler Zusammenziehung des Kosmos = Parabrahman ↗ bzw. Io ↗ oder der Einheit von Göttin (Wort, Logos, Nommo ↗ etc.) u. Gott. Erstere wäre dann im oberen, weibl. Dreieck ↗ zu suchen u. letzterer im unteren, männlichen. S. Ur-X ↗;

2)  als 1. Grundmotiv der 24 Grundmotive des Kosmos, das sich in der Geschichte ↗ als Hl. Hochzeit ↗ manifestierte, Archetyp ↗ Urmutter ↗, womit jene ird. Frau gemeint ist, die sich mit Nommo ↗ verband u. dadurch der Seele ↗ des Urmenschen oder den Energie ↗-Frequenzen 4-7 den Geist ↗ als Energie-Frequenz 1-3 hinzufügte = Koppelung von Erde u. Himmel zur Psyche ↗. — Dieses Grundmotiv wiederholt sich in jedem Sex ↗-Akt, wenn weibl. + männl. Energie in einem Brennpunkt vereinigt werden. Kommt es zur Befruchtung, ist es das Grundmotiv, das der Schwangerschaft ↗ vorausgeht. — Inter., daß alle Göttinnen ↗ der Maya ↗ mit X anfangen, d. h. der ausgesprochenen Vorsilbe Ix ↗ ggb. Ah ↗ für Götter. Dies spiegelt sich in den Chromosomen ↗ der Geschlechtsbestimmung rein visuell 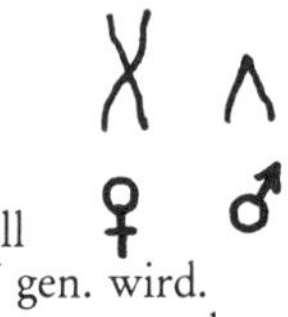 als X u. A, was heute leider X u. Y gen. wird.

Engel: von griech. *Angelos* = Bote, verstanden als körperlose Wesen. Die röm. Kirche hat folg. Engel-Hierarchie entwickelt:
1) Angeloi = göttliche Boten
2) Archangeloi (Erzengel ↗) = Feuergeister
3) Archai = Zeitgeister
4) Exusiai = Formgeister oder Gewalten
5) Dynamis = Mächte
6) Kyriothes = Herrschaften
7) Throne = Geister des Willens
8) Cherubim ↗ = Geister der Harmonie
9) Seraphim ↗ = Geister der Liebe

In diese 9 Ränge fügen sich insg. 266.613.336 E. Sollte es sich um eine kabalistische Verschlüsselung alter (bekämpfter) Ordnungen handeln, kämen in Anbetracht der Zahl 9 Sendboten von Io ↗ für die 9 Himmel äqv. den 9 Welten ↗ od. einfach der 9schichtigen Weltformel ↗ in Frage. Im Polytheismus wurde nicht von E., sondern von Göttern ↗ gesprochen. Symbol: Flügel ↗.

Engels, Friedrich: dtsch. Theoretiker (1820–1895) des Sozialismus ↗, Zusammenarbeit mit Marx ↗. An dessen Grab verkündete er: so wie Darwin ↗ das Gesetz der Evolution in der organ. Natur entdecke, habe Marx das Gesetz der Evolution in der menschl. Gesch. ↗ entdeckt.

Enki: sum. Gott, der in der Schöpfung ↗ folg. Rolle spielt: seine Mutter, die Göttin Nammu ↗, formt aus Lehm die ersten Menschen, 8 Göttinnen treten als Geburtshelferinnen auf. Die mächtigste von ihnen, Ninmah ↗ fühlt sich dabei zurückgesetzt und um Enki, den ›Herrn der Erde‹ (En ↗ = Herr oder Gott, Ki ↗ = Erde) u. seine allmächtige Mutter zu treffen, formt sie aus übriggebliebenem Lehm Krüppel. Interpretation des Sumerologen H. Uhlig, dies sei die sum. Par. zum bibl. Paradiesverlust ↗. These: im Vergleich mit der Weltformel ↗ wäre E. zus. mit Gattin Ninki ↗ als Ausfächerung der Erde (Ki) zu verstehen, im Tao ↗ flache Erde + Berg. Da damit der 8er Kreis der Sonne ↗ besetzt ist, müßten die 8 helfenden Göttinnen die 8 Walküren ↗ sein, jedoch als äußerer Ring des Lichtstrahls ↗. Als Erde stimmt allerdings Enkis Gleichsetzung mit Ea ↗ nicht; od. E. hatte 2 Formen: Enki u. Anki ↗. — Eine inter. Erweiterung des Namens findet sich bei Enkidu ↗ als Urmensch od. Bild des E. bis zum Paradiesverlust. Bezogen auf Muntu ↗, Mensch, sowie das Sonnenalphabet ↗ wäre die Endung Du besser Tu, s. Schema. Die Szene des Götterpaares mit geschaffenem Menschen findet sich auf einem Rollsiegel ↗, Stichw. Ninki. — Als besondere Pointe berichtet der Mythos, die Göttin Inanna ↗ habe dem betrunkenen Enki die Me ↗ geraubt. All das spielte sich aber nicht in Sumer ↗ ab, sondern im Paradies Til-

mun ↗. — E. ist a. in Enkimdu ↗ enth., das Äqv. für Kain.

Enkidu: Naturmensch ↗ im Gilgamesch-Epos ↗; Text:

»Bedeckt mit Haar an seinem ganzen Leibe,
Mit einem Schopf, der dem der Frauen gleicht...
Mit den Gazellen nährt er sich von Gras
Zieht hin zur Tränke mit den Steppentieren
Und freut sich mitten unterm Wild am Wasser.«

These: von Enki ↗ als Du = Ebenbild, Buchstabe T + U der Evolution ↗, gemacht, aber schon der 3. Welt ↗ angehörig, da rein männlich. Bibel: Adam nach der Herausnahme von Eva ↗. Erst durch Beischlaf mit einer ›Tempeldirne‹ ↗ bricht der Kontakt mit den Tieren ab, sie bringt ihn in die Metropole ↗ (Pol der matres = Mütter, die Kultur ↗ pflegen) u. schließl. zu Gilgamesch, selbst schon Kulturprodukt, der mit ihm die Kräfte messen soll. Es wird Gleichwertigkeit (von Natur u. Kultur) statuiert u. es kommt zur Freundschaft. E. wird Kulturmensch, Gilgamesch verliert die Arroganz der Halbgöttlichkeit. Höhepunkt: E. stirbt, Gilgamesch besucht ihn in der Unterwelt, erschrickt u. sucht nach dem Kraut der Unsterblichkeit ↗. — Eine anschaul. Parabel vom Übergang des sterbl. zum reinkarnativen (aber noch nicht unsterblichen) Muntu ↗ (afrik.), hier im Königsnamen Lugal ↗-anne-mundu als Mundu zu finden, in Enkimdu ↗ wohl reduziert auf mdu.

Enkimdu: im sum. Mythos ↗ Typ des Bauern: »ein Mann des Deiches, des Grabens und des Pfluges«, in Ggs. gestellt zu Dumuzi ↗, dem Hirten-Nomaden. Bibl. Äqv.: »Und Habel ward ein Schäfer, Kain aber ward ein Ackermann« (1 Mose 4, 2). Auslassung der Bibel ↗, aber erhalten in der Kabala ↗: die beiden streiten sich um die Gunst der Göttin Inanna ↗ (Lilith ↗), die lange hin- und herschwankt, während ihr Bruder Partei ergreift:

Utu ↗:

»O meine Schwester, laß den Hirten dich heiraten«

Inanna:

»Mich soll der Hirte nicht heiraten...
Mich, die Jungfrau, soll der Ackersmann heiraten«

Soweit die Übers. der schwer beschädigten Keilschrift ↗-Tafeln stimmt, heiratet Inanna dann doch Dumuzi u. E. kommt zur Hochzeit. Der Kain-Abel-Mord fehlt - dafür verschwindet plötzlich Inanna in der Unterwelt, als sei in Wahrheit sie es gewesen, die ermordet wurde, aber von wem? (Textlücke) E. kommt nicht mehr vor. Wenn er Kain entspr., verläßt er das Paradies (hier Tilmun ↗) u. geht in ein anderes Land, um zu heiraten. These: statt Enki ↗ müßte es dann Anki ↗ bei der Vorsilbe heißen u. die Verkürzung Mdu wäre Muntu ↗ (Mensch), zus. ein himmlisch-irdischer Mensch, äg. ein Horus ↗-Kind, weil An ↗ Himmel u. Ki ↗ Erde bedeutet.

Enlil: sum. Gott, der die Trennung zwischen Himmel u. Erde bewirkte (wie Schu ↗ in Ägypten); das Wort setzt sich zus. aus En ↗ = Gott oder Herr + Lil ↗ = Luft. Also das 1. der 4 Elemente ↗. Es kommt aber a. zur Auffächerung in Enlil (männl.) + Ninlil ↗ (weibl.) als Paar, im Tao ↗ Himmel + Wind, in Ägypten Hu ↗, Hauhet ↗, die ersten der Götterachtheit ↗. — Zu E.'s Vorfahren zählen Gott Enmesarra + Göttin Ninmesarra ↗, Herr + Herrin der Me ↗ oder 100 Ordnungskräfte des Universums (= Gesamtkosmos ↗), auch Schicksalstafeln gen. Sie gehen lt. Mythos in E.s Besitz über, er verliert sie an Enki ↗ u. dieser an Inanna ↗. Eine Wanderung, die zunächst nur der Schöpfung ↗ folgt, dann aber in die Geschichte ↗ übergeht, als Evas Griff nach Erkenntnis ↗, die eine Par. zu den Me zu sein scheint. — Die Frage, ob E. (wie Enki als Ea ↗ = Merkur) a. einen Planeten vertritt, ist schwer zu beantworten. Die Luftigen (Gasförmigen) sind ja im äußersten Viertel; es wäre also an Pluto ↗ zu denken, der im griech. Mythos der Unterwelt ↗ vorstand, und dies wird a. E. zugeschrieben, er gilt als deren Torhüter.

Enmesarra: Partner von Ninmesarra ↗; der Name setzt sich zus. aus En ↗ (Herr) Me ↗ (100 Kräfte) u. Sarra ↗, wahrsch. wie Zara ↗ = Sirius. Hat Enlil ↗ Zepter u. Herrschaft gegeben.

Enoch: ›inneres Auge‹ oder ›Seher‹, ein Begriff, der in der Bibel ↗ dreimal auftaucht: als Sohn von Kain ↗ gen. Hanoch, als Sohn von Seth ↗, gen. Enos u. als Sohn von Jared ↗, gen. Henoch ↗. Blavatsky: »... zwei von ihnen werden zum Zwecke der Irreführung erwähnt...« (III, S. 90), aber welche? Da sie außerdem schreibt, E. sei das Sonnenjahr (gemeint ist die Präzession ↗) wie Thot ↗, dürfte letzterer der echte E. sein, zumal sich dieser Begriff als Zweitname des Thot = Chons ↗ findet (äqv. Kon Tiki ↗), allerdings umgedreht, was in Ägypten für relig. Namen üblich war. Ergo (E)noch = Chon(s) mit Nv. des ersteren als Nok ↗ in Afrika und des letzteren als Chan ↗, Kan ↗ bei Maya u. Kanaanäern. Das wiederum heißt Schlange, u. so wird man aus Noch, Nok auch Naga ↗ machen dürfen: Schlange der Weisheit, beim Negus ↗ übergehend in König, sodaß a. die Par. zu Chingchinich ↗ gegeben ist, mit Chinich = Enoch (Henoch, Kanoch, Chanoch etc.). Es handelt sich um einen ›König‹ (oder Meister) der Gin, Chin, Djinn ↗, d. h. der Grundmotive ↗ des Kosmos ↗, die sich im Sonnenjahr verbergen. Und nur ihre Kenntnis macht ›sehend‹ oder fähig zu einer Offenbarung. Eben diese wird Thot zugeschrieben, gen. ›Füllen des Mondauges ↗‹, woraus das Enoch-Buch ↗ entstand, in der geheimen Stadt Enoichion ↗. — Die bibl. Irreführung betrifft natürlich die Abstammungslinie: Kain oder Seth; E. wird hier Seth zugeschrieben, was niemals stimmt. Seth füllt nicht das Mondauge, er verletzt es. S. Enoia ↗.

Enoch, Buch des: »... das hohe Alter dieses Buches verliert sich in der Nacht der Zeit. Es war auf losen Blättern geschrieben, die zuerst aus feinem Gold u. kostbaren Metallen bestanden...« (Blavatsky, III., S. 93). Vielleicht hatte der hl. Augustinus ↗ recht, wenn er sagte, daß die Kirche es wegen seines allzuhohen Alters *(ob nimiam antiquitatem)* aus ihrem Kanon verwarf. Fragment. Abschriften wurden in Äthiopien ↗ gefunden, nach Europa gebracht, übersetzt u. für apokryph erklärt, d. h. als bibl. Schrift, die keine offizielle Anerkennung findet. Dabei sind genau umgek. die Lehren des AT u. die Evangelisten ↗ ganz u. gar (wenn a. mit Auslassungen) diesem Buch entnommen. Das scheint sogar für die Qumran-Texte ↗ zuzutreffen. Es bezieht sich vornehmlich auf das Zeitalter der Riesen ↗ und hat eine starke Ähnlichkeit mit der Apok. ↗. — Blavatsky: das Buch ist Enochs ↗ Rad ↗ = Rota =

Taro ↗. Auch die sum. Rollsiegel ↗ hängen damit zus. Und das Yul ↗-Rad der Germanen, d. h. der Runen ↗-Kreis. E. fällt in der Genesis ↗ in die 3. Generation (Enkel von Adam + Eva). These: damit wird a. die Zeit gegeben. 3. Sektor des Tierkreises ↗ = Schütze bzw. Affe ↗ = das Buch wurde vor rund 23000 J. geschrieben, mit der 1. Schrift ↗ überhaupt u. enthielt eine komplette Vorausschau der weiteren Geschichte ↗ bis zur Endzeit ↗ inkl., die später in die Große Pyramide ↗ (= Henoch) eingebaut wurde. Nach Court de Gebelin soll das Buch a. die Urquelle der Kabala ↗ sein sowie in Form der Taro-Karten überlebt haben. Der Zyklus selbst ist Enoia ↗.

Enoia, Ennoia: weibl. Form von Enoch ↗, Enoichion ↗ und für jenen Zyklus ↗ stehend, den Seher(innen) offenbaren können. E. + Ophis waren die Logoi der Ophiten ↗ oder die Einheit als Logos ↗, der sich selbst als ein doppeltes Prinzip von ›Gut + Böse‹ offenbart (Blavatsky ↗). Ergo die Schlange ↗ am Baum der Erkenntnis ↗ = Inanna ↗.

Enoichion: das Buch von Enoch ↗ sowie die geheime ›Stadt der Buchstaben‹, in der es verfaßt worden sein soll. These: Simbabwe ↗.

Epa-Fest: von den Yoruba ↗ mit folg. Maske ↗ (Abb.) gefeiert:

Epa ist der Kopf, der unterschiedl. Aufsätze tragen kann, immer rund angeordnet. Er erinnert an den äg. Bes ↗, wenn er als großer Kopf auf der Horusstele ↗ erscheint, oder an den mex. Chingchinich ↗ bzw. pazif. Kon Tiki u. wäre dann dem Astronauten ↗ als Vater = Pa (s. germ. Pa-Rune ↗) der Geschichte ↗ gleichzustellen. Da sich diese im Rahmen des Zodiak ↗ abspielte, in Ägypten - aus dem die Yoruba abstammen - in 36 Dekane ↗ unterteilt, könnte sich der Aufsatzkreis mit den 5 Figuren auf die dortigen 5 Epagomenen ↗ beziehen, denn diese beginnen mit der gleichen Silbe Epa. Das beließe für die große Göttin über ihnen Sothis ↗, u. Epa ist ein Äqv. des ebf. mit dieser Silbe beginnenden Epaphos ↗, wie Bes Christus ↗ gleichgestellt. — Die Epa-Masken sind auffallend groß, bis 2 m, u. wiegen ca. 60 kg. Tänzer des Epa-Geheimbundes mußten sie bei lebhaften Sprüngen u. Drehungen auf dem Kopf balancieren. Fallenlassen wurde strengstens bestraft. — Weibl. Äqv. ist evtl. Epona ↗.

Epagomenen: die 5 Zusatztage im Jahr ↗, wenn es als Kreis der Ekliptik ↗ in 360 Grade eingeteilt wird, s. Haab ↗ bei den Maya u. die 36 Dekane in Ägypten. Soweit ersichtl., wurden die E. mit den 5 letzten Göttern der Götterneunheit ↗ gleichgesetzt: Osiris, Isis, Nephtys, Seth u. Horus. Als Nr. 42 (36 + 5 + 1) u. Herrin des Kalenders dann dessen ›Braut‹ = Hathor ↗, Sothis = Sirius ↗, s. als Äqv. die Maske des Epa-Festes ↗. These: Die E. vertreten die 50 Jahre Endzeit ↗, in der diese Figuren wiederkehren, da sie a. am Anf. der Geschichte ↗ standen u. sie samt Zodiak ↗ in Gang setzten. Dann wird verständl., warum man die Geburt von Jesus ↗ - obwohl in Realität wahrsch. in den Juni = Osirismord ↗ fallend - in die röm. Saturnalien ↗ (äqv. E.) verlegte. — In der unteren Duat ↗ (äqv. Zodiak) wurden 42 Totenrichter angenommen.

Epaphos: kommt im Drama des Äschylus vom ›Gefesselten Prometheus ↗‹ vor, wenn er zu Io ↗ sagt:

»Und nur mit leichter Hand dich sanft berührend
Zeugt er mit dir den schwarzen Epaphos.«

Auslegung (De Mirville): Io sei die Mutter Gottes u. E. Christus ↗. Prometheus = die leidende Menschheit, weiß, daß er erst durch das Kommen dieses Io = Isis-Sohnes von seinen Leiden befreit wird u. weist Io in weiteren Versen den Weg: sie landet am Nil ↗. These: in der Gralsburg ↗ für die Geburt Osiris ↗ = E., äqv. Dionysos ↗, der später ›zerstückelt‹ wird mit heutiger Wiederkehr ↗, worauf sich die Epagomenen ↗ beziehen dürften.

Epistemologie: Episteln ohne Schrift ↗, eingebaut ins tägl. Leben durch Kunst ↗-Formen im Handwerk, Ackerbau, Ritualen außerhalb relig. Handlungen. Jedes Glied der Gesellschaft schreibt bewußt od. unbewußt Episteln (Briefe) in die Umgebung u. hält dadurch altes Wissen lebendig.

Epona: kelt. ›Pferdegöttin‹, von *Epos* = Pferd. In der Mythol. ist sie die Mutter von Pryderi, einem schlangenförmigen Füllen, das als Stammvater der Briten gilt über die Wortwandlung Pryderi–Priteni–Pritani–Britanni–Bretonen ↗. Als Vater gilt Pwyll ↗ = Cerberus ↗. — Epos = Pferd dürfte mit dem griech. Hippo = Pferd zusammenhängen. Das führt evtl. zur Hippe, einem sichelförmigen Messer, womit wir entw. beim Hirtenstab ↗ = Kosmos ↗ landen oder beim Mond ↗, der ihn ebf. vertritt. Darauf würde a. die Silbe Po ↗ verweisen. Sowie der oft über E. eingezeichnete Sternenhimmel (Abb.: kelt. Münze) im Rhombenmuster, das z. B. die äg. Göttin Nut ↗ charakterisiert, allerdings direkt, während E. einen indirekten Bezug vorzeigt; sie wirkt wie ein Schiff mit dem Kosmos als Segel. Zieht man nun die Verbindung Pferd = Mähre = Mare = Meer = Wasser ↗, das es als Urwasser ↗ wie Element ↗ gibt, erklären sich die 5 Beine der E., wiederholt als Kreis aus 5 Kugeln unter ihrem Bauch als die 5 Elemente, u. die Komb. Schiff + Wasser + Kosmos als Nachthimmel ergibt die äg. Nachtbarke ↗ = Nephtys, Mutter des Anubis ↗. Auf den Elementkreis verweist a. die ind. Prana ↗, die ebf. als Pferd erscheinen kann. Der heutige Zusatz: Britannia, Beherrscherin der Meere, würde den Pferd = Mare = Meer-Bezug bestätigen.

Epos: eine Gattung der Literatur ↗, die in Großformat u. lyrischer Prosa Ereignisse der Halbgötter ↗- u. Riesen ↗-Zeit (s. Dynastienliste ↗, 2. Viertel) idealisiert:

Gilgamesch-Epos↗, Mahabharata↗, Ilias↗ + Odyssee↗, Kalewala-Epos↗, Nibelungen↗, Beowulf↗, Parzival↗ u.a. sind in Ablauf u. Inhalt so ähnlich, daß man ein nichtauffindbares Ur-Epos↗ ansetzt, dessen Äste sie sind.

Erbfolge der Dynastien↗: bei den Altägyptern (s. Km.T↗) herrschte weibl. Erbfolge. Jedes Erbe, a. der Thron↗, ging auf die Nachkommen der weibl. Linie über. Ein Prinz wurde nicht Pharao↗, weil sein Vater Pharao war, sondern in seiner Eigenschaft als Prinzgemahl. In jedem Pharaonenharem gab es eine Große Königliche Gemahlin = Kandake↗. Sie war es, durch die das Königtum↗ weitergegeben wurde. Um den Thron zu bekommen, mußte der Sohn Mutter, Schwester oder sogar Tochter heiraten. S. Inzest↗. — Grund: die weibl. Linie ist lt. Dogon↗ die Nommo↗-Linie. Das spielte a. bei der Buddha-Geburt durch Maya↗ u. Jesus-Geburt durch Maria↗ eine Rolle. Der ird. Vater wurde ausgeschaltet u. der Hl. Geist (= Nommo) trat an seine Stelle. In letzterem Fall lt. Dogma zur Verhinderung des Übertrags der Erbsünde↗. — S. a. Mekes↗-Etui.

Erbsünde: nach christl. Lehre der durch den ›Sündenfall‹ im Paradies↗ = das Essen vom verbotenen Baum↗ der Erkenntnis↗, allen Menschen angeborene Mangel an heilig↗machender Gnade, verbunden mit dem Verlust der leibl. Unsterblichkeit↗ u. Schwächung der natürl. Fähigkeit zum Guten↗. — Obwohl jedoch Eva↗ das Verbot als erste brach, gilt Adam↗ (Rishon↗) als schuldig u. offensichtl. a. als Erbträger, sonst gäbe es nicht das Dogma der ›unbefleckten Empfängnis‹, das nur Maria↗ u. durch sie Jesus↗ als frei von dieser Erbsünde postuliert, indem statt eines Vaters (Adam-Nachfolge) der Hl. Geist↗ (afrik. Nommo↗) die Befruchtung vollzieht. Gleiches findet sich schon in Ägypten↗, das eine Empfängnis der Königinmutter (Kandake↗) durch die Lichtstrahlen↗ statuierte, wie a. die ganze Erbfolge↗ der Dynastien auf die Mutterlinie stellt. — Bei den Dogon↗ heißt letztere Nommo-Linie.

Erdachsenpendel: Präzession↗.

Erdbahn: das Kreisen der Erde↗ um die Sonne; Dauer 1 Jahr↗. Die Erweiterung der E. wird Ekliptik↗ genannt.

Erde: 1) ein Element↗ wie Luft↗, Feuer↗ u. Wasser↗, in Ägypten männlich: Geb↗; in der afrik. Ntu-Philosophie↗ Kintu↗ = unintelligentes Dasein↗ oder Ding; es enthält die sum. Silbe Ki↗ = Erde + Ntu↗ = Gott; der entspr. Gott ist Enki↗ in Sumer↗. — Eine wesentl. Eigenschaft drückt sich im alten Z. ⊞ (auch Feld) aus: Verpackung, Verschnürung, eine Art ›Paket‹ oder Raumgitter, starr; Verschleierung↗ per se, Quadrat↗, Würfel↗; 2) ein Planet↗, der durch seinen Abstand von der Sonne Leben entwickeln konnte, nachdem diese Licht↗ entwickelte (1. Tag der Sekundärschöpfung↗). Wichtigster Schritt: eine ›Feste‹ zw. oben und unten (2. Tag) - das ist der sog. Van-Allen-Gürtel↗ (Abb. oben rechts), ein Magnetfeld, an dem die harte Strahlung wie an einer Mauer abprallt, während die mittlere es ständig neu auflädt u. die restl. es durchdringt, um Licht, Wärme etc. zu bringen. An den Polen↗ ist es ganz dünn u. befestigt. Kommt es zu einem Polsprung↗, bricht es zus. u. baut sich wieder neu auf, was ziemlich regelmäßig geschieht u. die Evolution↗ weitertreibt. Z. Z. bahnt sich dieses Ereignis wieder an, denn in den letzten J. ist der magnet. Gürtel um 15 % schwächer geworden. Im Verlauf der letzten 50 J. gelangte unser Pla-

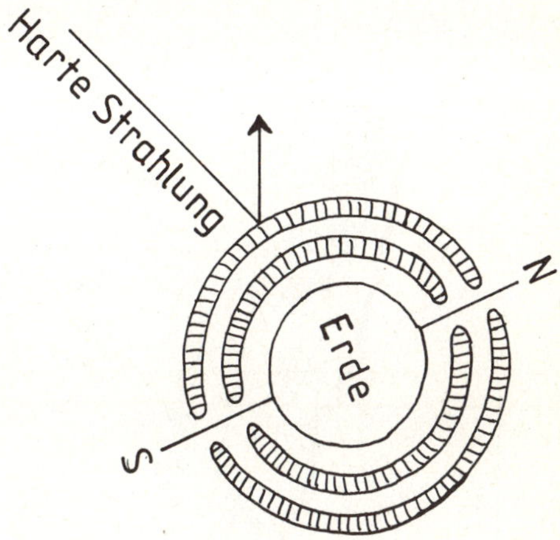

net von einer Emissionsintensität, die in den Radio-Frequenzen gleich null war, a. zu einer Intensität gleich der Sonne in ruhigen Perioden. Sie geht also einer besonderen Umwälzung entgegen. These: dem Wechsel von 5. zu 6. Welt. Die Weltenlehre↗ gibt 7 an, ein altes Symbol zeigt dies als Kreis mit 7 Kleinkreisen, sowohl auf dem Diskus↗ (Kreta) wie bei der Göttin Chimalman↗ der Indianer. Das Z. steht für den Planeten Erde, äqv. dem astrol. Z. Kreis + Kreuz, wobei das Kreuz↗ die 7 vertritt, Vertikale = 4, Horizontale = 3. Die Angabe betrifft 7 versch. Oberflächengestaltungen, 7 Welten, 7 Wurzelrassen↗, 7 Kontinente↗ u. 7 Sinne↗. — Ihre Bewegung besteht aus Eigenumdrehung = 24 Stunden↗, Erdbahn = 1 Jahr↗ u. Präzession↗.

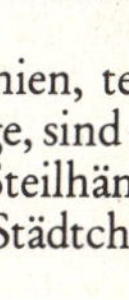

Erdzeichen von Peru↗: Hunderte von Linien, teils gerade, teils figurativ, von 4 m bis 10 km Länge, sind etwa 30 cm tief in die Wüstenflächen oder auf Steilhänge im Gebiet zw. Nazca u. Palpa, 2 südperuan. Städtchen

Abb. 1

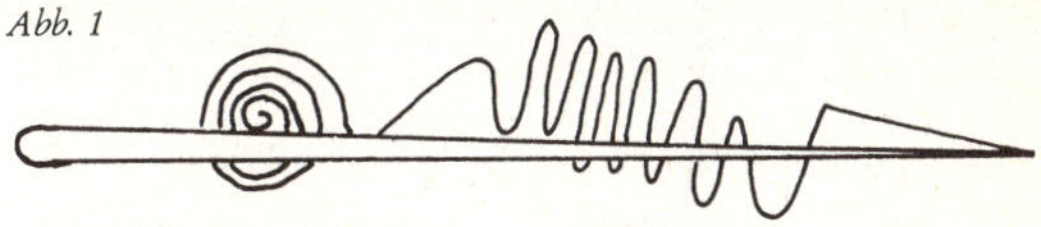

eingegraben u. nur vom Flugzeug aus überblickbar. Die Figuren (Spiralen, Vögel, Fische, ein Hund, eine Eidechse, eine Spinne, Blumen, Menschen etc.) sind mit einer durchgehenden Spur angelegt u. laufen dann in gerade astrol. Linien über: den nach unten projizierten Bahnen best. Sterne sowie von Mond + Sonne. Zus. eine Himmelskarte, die älter ist als die Inka↗-Präsenz. Da die Linien meist ca. 60 cm breit sind, konnten sie begangen werden, quasi als Vorübung auf die Wanderung der Toten↗ nach Earu↗. These: die Uranlage dürfte als Ferngrafik per Laserstrahl o. ä. von oben (Raumschiff, s. Argo↗) erfolgt sein, mit späterer Aufhäufung von Steinen an den Linienrändern; dafür spricht, daß man Spuren von Verglasung durch große

Abb. 2

Hitze findet sowie eine Figur, die wie ein gelenkter Strahl-Zeichenstift wirkt (Abb. 1):
Die größte Anlage (Abb. 2) zeigt als Strahlenbild mit 1 Mitte die Position der Erde↗, wie sie a. von der NASA zus. mit figürl. Botschaften als Plakette aus dem Sonnensystem↗ herausgeschickt wurde (l. Seite). Ggb. evtl. das Zweisonnensystem Sirius↗, denn die Mitte der Strahlen ist bohnenförmig (+ 2 Raumkörper). Von dort kamen die Astronauten↗, auf die evtl. der Ursprung der E. zurückgeht.

Eridanus: lt. Blavatsky ↗ der alte Name des Nil ↗, hebr. Iardan, woraus Jordan ↗ wurde mit Übertrag auf diesen Fluß; ind.: Ardhanari ↗, die Göttin, die in Ägypten Isis ↗ hieß. Andere Mythen haben versucht, aus dem E. den ital. Fluß Po ↗ zu machen, ein Wort, das im Pazifik Kosmos bedeutet; mit Po = E. landet man beim ›himmlischen Nil‹, als dessen ird. Analogie ↗ der Nil nur betrachtet wurde. Es ist das ›Geburtswasser‹, die ›Quelle des Herabsteigens‹ 1) als Kosmos ↗, der die Sonne ↗ hervorbringt; 2) als Schwangerschaft ↗, die den vollkommenen Menschen (Muntu ↗) anstrebt. Es ist a. der Himmel, sum. An ↗, dem Jared ↗ (hier Erid), 6. Figur der Genesis ↗, entstieg, und das war jener Osiris ↗ oder Christus ↗ bzw. Nommo ↗, der ermordet (geopfert) wurde, kurz vor dem Weltuntergang ↗. Seine Geburt erfolgte konkret im Quellgebiet des Nil = Eridanus, wo einstmals die Gralsburg ↗ stand.

Eridu: sum. Tempelstadt, heute unter 19 Grabungsschichten eines von Wüste umgebenen Sandhügels verschwunden, im Mythos ↗ aber eine wichtige Rolle einnehmend. »Als das himmlische Königtum auf die Erde kam, entfaltete es sich in Eridu...« behaupten die sum. Dynastienlisten ↗ (s. zum Vergleich die äg.), u. im Mythos war E. der Sitz des Gottes Enki ↗, der hier die Me ↗ verwaltete, bis die Göttin Inanna ↗ sie ihm entriß u. nach Uruk ↗ brachte, womit der Verfall von E. begann. Das würde E. in die Zeit vor dem Paradiesverlust ↗ verlegen; das sum. Wort für Paradies war jedoch Tilmun ↗ u. befand sich ganz woanders. So dürfte es sich um einen Übertrag handeln, was beim Mythos die Regel war. Wahrsch. wurde E. gg. Ende der 4. Welt ↗ angelegt, beim Weltuntergang ↗ zerstört u. danach entstand wohl Uruk. — Auf jeden Fall ist die Stadt sehr alt, denn man fand Süßwassermuscheln eines nicht mehr vorhandenen Sees. — S. Einzeichnung auf der Karte von Sumer ↗.

Erinnerung: textl. Def. des Grundmotivs  (äqv. Buchstabe D), auch: Gegenwart als Zukunft von Vergangenheit. Was folgerichtig den Inhalt jeder E. auf die Vergangenheit verweist; das ist die 1 der 3 Disen ↗, gen. Urd ↗, was sich als Ur-D (Ur-Erinnerung) lesen läßt, wie a. als ›Wort, das am Anfang war‹ = Logos ↗, äqv. Kosmos ↗. Dies löst nicht die Frage, nach dem ›Sitz‹ der E., wonach z. B. die Pharmazie sucht. Das Gehirn ↗ wurde schon aufgegeben bzw. ledigl. als ein

Schaltmechanismus eingestuft. Der Zytologe Dr. H. Miller, USA, schließt, »... daß eine Art von ›zellularem Bewußtsein‹ allen Lebensformen gemeinsam sein müsse... daß eine Art totalen Gedächtnisses bis zur einzelnen Zelle ↗ hinunter vorhanden sein könne« (nach Tompkins-Bird, S. 27). Aber warum bleibt man bei der Zelle oder beim Zellkern ↗ stehen, wenn inzw. die Physik ↗ a. dem Atom ↗ Erinnerungsfähigkeit nachweist? Die äg. Hieroglyphe ↗ D ist eine Hand, DD = Djed ↗ drückt Dauer aus, im Sinne mündlicher (nicht schriftlicher) Überlieferung, ganz so als wären best. Frequenzen ↗ in der Lage, wie ein ›Stift‹ in jede Leiblichkeit Eingravierungen zu machen, etwa so wie im Erdzeichen ↗ von Nazca angegeben. Das Grundmotiv (Abb.) läßt sich in diesem Sinn tats. auseinandernehmen in einen Stift, der wie eine Schallplattennadel den gewölbten 2. Motivteil ›beschriftet‹.

Ebenso leicht läßt sich aus dem Grundmotiv die Sirius-Hieroglyphe ↗ machen, indem die beiden Elemente nebeneinander gestellt werden. Dann wird aus dem Stift die schwarze Sonne äqv. Kosmos u. aus dem Halbkreis als Schallplatte die weiße Sonne, der unser Leib ebenso nachgebaut ist wie der Atom-Kern. Hier käme als Stift das Elektron ↗ in Frage. Stifte, die in den Baum ↗ des Ewigen Lebens Ereignisse eintragen können, tragen in Ägypten Atum ↗, Thot ↗ als Ibis u. Sechat ↗, äqv. Hathor ↗ (Sirius) als Nephtys ↗, Sirus' schwarze Sonne. Da staunt man schon, daß die Griechen die E. rel. richtig als 1 der Moiren ↗ verstanden u. zur Klio = Geschichte ↗ machten, die tats. mit dem Zahn ↗ des Sirius zusammenhängt. Und kommt *moire* nicht a. im frz. *memoire* = Erinnerung vor? Den Moiren wurden übrigens die gleichen Opfer dargebracht wie den Erinnyen ↗, ein Wort, das sehr an E. anklingt.

Erinnyen: 3 weibl. Wesen: Alekto, Tisiphone u. Megaira, Göttinnen der Vergeltung, ind. Karma ↗. S. Erinnerung ↗. — Sie können in der Nemesis ↗ zusammenfließen. Nach griech. Mythos entstanden sie aus dem Blut des kastrierten Uranus ↗, d. h. als Aphrodite ↗ entstand, am Ende der 3. Welt ↗ wie die Nornen ↗, mit denen sie wohl gleichzustellen sind.

Erkenntnis: das Erfassen der Wahrheit ↗ einer Sache, die vom Erfassenden unabhängig besteht. Jeder Erkenntnisakt besteht darin, daß der Erkennende (als Subjekt) vom zu Erkennenden (als Objekt) ein möglichst genaues ›Abbild‹ als Anschauung oder Begriff hervorbringen soll, ohne im subjektiven Vorurteil oder Erscheinungsbild ↗ des Gegenübers stecken zu bleiben. Der Begriff spielt eine sehr wesentl. Rolle in der Bibel ↗, wenn im Paradies ↗ 2 ›Bäume‹ mit Verbot belegt werden, näml. der des Ewigen Lebens ↗ u. der von Inana ↗ (ind.). Nachdem Eva ↗, u. durch sie a. Adam, von letzterem (s. Apfel ↗) gegessen haben, »da wurden ihrer beider Augen aufgetan« (1. Mose 3, 7). Man muß also als 1. Schritt der E. eine Veränderung des Sehprozesses ansetzen. Jedes Baby, a. jeder Erblindete, der wieder sehend wird, durchläuft diesen Wechsel: statt Motion-Perception ↗ (Bewegungswahrnehmung, expressive Wellen als Vorformen ↗, wie sie als Stil der abstrakte Expressionismus ↗ wiedergab) Shape-Perception ↗ = Formwahrnehmung ↗. Dann erst wird verständlich, warum der bibl. Text als 1. Konsequenz angibt: »und wurden gewahr, daß sie nackend waren«. D. h., sie sahen sich als Körper = figurativ ↗. Folgt die Ankleidung, Paradiesverlust ↗, u. dann heißt es bemerkenswerterweise: »Und Adam erkannte sein Weib Heva, und sie ward schwanger...« (1 Mose 4, 1). Hier steht plötzlich Erkennen für den ersten Sex ↗ oder: Erkenntnis beginnt mit Grundmotiv

 wie Geschichte ↗, in der die *Heilige Hochzeit* ↗ daraus wurde, u. sie strebt als Ziel der Doppelaxt ↗ zu, d. h. der Psyche als ›geöffnetem Buch‹, wodurch alles erkannt wird, was die Weltformel ↗ enthält, mit den

24 Grundmotiven des Logos ↗ als Erkenntnisorgane. Und das sind die Präexistenten Ideen ↗ der Erkenntnistheorie ↗. Nur mit ihrer Hilfe kann das Erscheinungsbild durchdrungen u. das Wesen der Dinge erkannt werden. Allerdings begleitet von einem Umweg: dem Sehen der Vorformen folgt das Sehen der

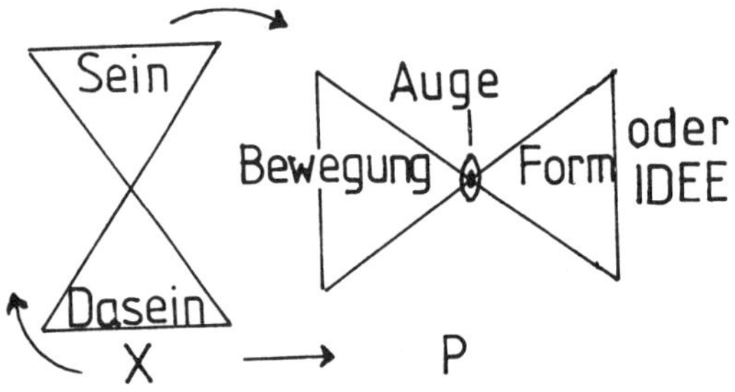

Formen u. erst lange danach der 6. Sinn ↗. Ein Schema versucht diesen langwierigen Prozeß zu demonstrieren. Das bibl. Urpaar ›erkannte‹ näml. a. den Unterschied zw. Gut ↗ und Böse ↗ nach dem Akt des Ungehorsams. Böse wäre durch reines Formsehen der Sturz in den Materialismus ↗, Gut in letzter Konsequenz das Erreichen von Sophia ↗.

Erkenntnistheorie: befaßt sich als ein Zweig der Philosophie ↗ mit der Frage, ob der Mensch überhaupt das Vermögen zu Erkenntnis ↗ besitzt. Sie endet immer bei der Ideenlehre ↗, was richtig ist, läßt aber außer acht, daß lt. Bibel ↗ schon Adam u. Eva Erkenntnisvermögen erwarben u. nach dem Biß in den Apfel ↗ vom Baum der Erkenntnis a. besaßen. Die erkenntnistheoret. Frage sollte deshalb nicht das Vermögen an sich bezweifeln, sondern sich der Berechnung widmen, wie lange es dauerte, bis alle (24) Ideen = Erkenntnisorgane in der Psyche ↗ der Menschen eingelagert waren u. was kulturell unternommen werden muß, um sie wach (aktiv) zu halten. These: von der Sonderlinie ↗ abgesehen, dauerte dieser Prozeß 24 x 1080 = 25090 Jahre u. war die Geschichte ↗: ab Paradiesverlust ↗ bis Endzeit ↗, die durch Geschichtswiederholung der Reaktivierung der Erkenntnis dient. Das gleiche Ziel hatten die Mysterienspiele ↗ aller Völker, während die Kunst ↗ den Prozeß registrierte, um am Ende das ›Alphabet‹ zu suchen, s. Moderne ↗.

Erlöser: in der christl. Religion Jesus ↗ (u. Maria ↗, s. Erlöserin ↗) nach der Kreuzigung ↗, durch die er alle Schuld = Erbsünde ↗ auf sich nimmt, um die Menschheit davon zu befreien = erlösen. Äqv. Soter ↗ (weibl. Soteira ↗).

Erlöserin: der Vatikan ↗ spricht neuerdings Maria ↗ eine gleichwichtige Erlöser ↗-Rolle zu wie Jesus ↗. Im Tibet ↗ gilt Tara ↗ (Abb.), die Universalgöttin des Buddhismus ↗, als E.; sie hat 2 Erscheinungsformen: Höchste Weisheit ↗ = Prajna ↗ u. Mutter aller Buddhas ↗. Zählt man die 22 Flammen ihrer Umfassung hinzu, ergäbe sich die Zahl 24, u. man darf annehmen, daß prinzip. der Logos ↗ oder eine Verkörpe rung desselben gemeint ist, wofür die bekannteste Symbolisierung als Grüne Tare spricht. Grün gilt a. in der kath. Farbsymbolik ↗ als Hl. Geist (Logos). Bleibt man bei 22, landet man im Sonnenalphabet ↗ am Ende der 5. Welt ↗ mit Endzeit ↗ u. Wiederkehr ↗ = Erlösung.

Erminonen: 1 der 2 von Manus ↗ abstammenden Hauptzweige (Geschlechter) der Germanen ↗. Nv.: Herminonen. Zugrunde liegt der Gott Irmin ↗, den z. B. die Sachsen in Gestalt der Irminsäule ↗ verehrten, die Karl der Große ↗ bei der Missionierung zerstören ließ. These: das Wort dürfte Her-Min bedeuten u. auf den äg. Gott Min ↗ zurückgehen. — Es gab a. den Ausdruck Irmin-Thiod, die Irmin-Deutschen, s. Tiod ↗ u. Tiodiska ↗. Nv. Armanen ↗.

Erscheinungsbild: »Würde sich das Erscheinungsbild mit dem Wesen ↗ einer Sache decken, wäre jede Wissenschaft ↗ überflüssig« (Marx ↗).

Erstkrieg: in Anbetracht der Qumrantexte ↗, die von einem Endkrieg ↗ sprechen, muß es logischerweise auch einen 1. Krieg gegeben haben. Diesen erwähnt die Edda ↗ schon im 1. Gesang ›Der Seherin Gesicht‹ nach Beschreibung der Yggdrasil ↗ (dem Weltenbaum ↗), die am Urdbrunnen steht u. von dem die 3 Disen ↗ kommen:

»Lose lenkten sie, Leben koren sie
Den Geschlechtern der Menschen
Das Schicksal verkündend.
Da kam zuerst Krieg in die Welt
als Götter (Asen ↗) Gullweig ↗ mit Waffen
stießen.»

Letztere stammt von den Wanen ↗ u. wird von den Asen gefoltert, weil sie sehr weise ist, Heid ↗ kann = Zauberkünste beherrscht (Alchemie ↗, Verwandlung der Materie etc.) u. die Zukunft sehen kann. Mit dieser Folterung - anscheinend verrät sie nicht alles - sind ›alle Verträge und Eide gebrochen‹, mehr gibt der Text nicht her. Es folgt der 1. Krieg zw. Asen und Wanen, eine kurze Versöhnung, u. dann steuert eine weitere Fehde auf die Götterdämmerung ↗ zu.

Polynes. Äqv. sind die ständigen Kriege zw. Atlantis ↗ u. Mu ↗ bis zu beider Untergang. Gleiches bei den Hopi ↗, die Atlantis ↗ als Aggressor hinstellen, sodaß ihr Göttergeschlecht, von dem auch Plato ↗ spricht, daß es schließlich degenerierte, mit den Asen gleichzusetzen wäre. Auch in der germ. Überlieferung galten die Wanen als friedlich. Genaugenommen hört die ›Goldene Zeit‹ (ohne Kriege) mit der Ankunft der Schicksalsgöttinnen auf; man darf das mit den Auswirkungen des Karma ↗ durch Reinkarnation ↗ gleichsetzen, mit der damit verbundenen Auflehnung gg. Prädestination ↗, was in der Bibel ↗ schon bei Kain ↗ u. Abel durchschimmert. Es ist der undurchschaubare Gnade-Verlust, der sich mit der Erbsünde ↗ verbindet. Soweit ersichtl., war den Asen vorbestimmt, in der großen Auseinandersetzung im Himmel und auf Erden zu verlieren, was sie zweifellos aggressiv machte. — In Ägypten tobt der Kamf bis zum Weltuntergang zw. 2 Einzelgöttern: Seth ↗ samt Anhang u. Osiris ↗ samt Anhang. Ein 1. Grund ist hier nicht mehr zu finden. — These: der E. begann im Grundmotiv Waffentanz ↗ irgendwann zw. 16410-15330 v. Z., als lt. Dynastienliste ↗ auf Erden schon keine Götter od. Halbgötter, sondern nur noch Riesen ↗ herrschten.

Erytheia: lt. Herodot ↗ eine Insel jenseits der Säulen des Herkules = Gibraltar, also im Atlantik, von wo Herkules ↗ stammte. Es muß sich um eine der kleinen Inseln handeln, die Atlantis ↗ vorgelagert waren, s. Phantasiezeichnung des Griechen I. Kampanakis (Abb.).

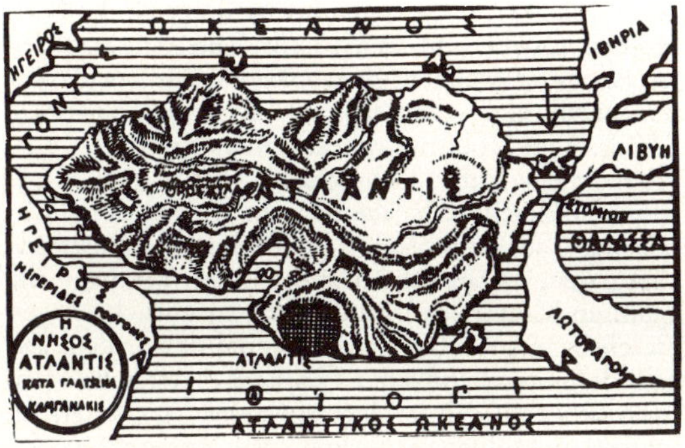

Erzengel: in der röm. Hierarchie der Engel ↗ die 7 Feuergeister oder Geister Gottes oder »sieben Fackeln mit Feuer‹ (Joh.-Offenbarung ↗ 4/5), die vor dem ›Stuhl mit Gott ↗‹, der von 4 Tieren umgeben ist, brennen. Ihnen folgt das ›Gläserne Meer‹ ↗ u. der Kreis mit den 24 Ältesten. These: es handelt sich um den Aufbau der Sonne ↗, die E. entspr. dem 8er Kreis ↗, 1 E. (Nr. 8) fehlt, genau wie bei den ind. Adityas ↗. Später werden die E. mit den 7 Hörnern + 7 Augen des Lamms ↗ identifiziert (Kap. 5/6), was aus letzterem entw. den 14teiligen Osiris ↗ macht als zusammengefaßte Schöpfung ↗ aus 2 mal 7 ›Tagen‹ bis zum Jüngsten Gericht ↗ inklusive; der fehlende 8. würde das zukünftige Friedensreich ↗ als 8. Tag enthalten. Oder sie vertreten, da sie auch *Archangeloi* heißen, die Arche ↗, in diesem Fall den Regenbogen ↗ als *Arc*, Bogen. Die äg. Arche war die Große Pyramide ↗, umgesetzt in das Königskopftuch Nomos ↗, was den 7 E. auf die 7 Strahlen unserer Sonne zurückführt, s. Astrologie ↗. — An Namen werden genannt: Michael, Gabriel, Raphael, Uriel, Samuel, Zadechiel und Raphziel; in der Kabala ↗ den Planeten der Woche ↗ gleichgestellt.

Eschatologie: die Lehre von den Letzten Dingen, von Es-Cha (griech.), äqv. Is ↗-Ka ↗ = Heiliger Geist ↗, Nommo ↗. In der christl. Theol. die endgültige Errichtung des ›Reich Gottes‹ (in der Gnosis ↗ des 3. Reichs ↗) durch den Wiederkehrenden Christus ↗. Weiteres Äqv. zu es-cha ist Acca, in Eccestan ↗; evtl. a. Esche ↗.

Esche: Ölbaumart; evtl. vom äg. Isched-Baum als Name herstammend. Da dieser mit der Sykomore ↗ vertauscht werden kann, wird die E. als Yggdrasil ↗ = Weltenbaum verständlich sowie die Beziehung zur Eschatologie ↗.

Eschenbach, Wolfram von: bayr. Dichter (ca. um 1170–1220), angebl. Analphabet; Verf. von Minneliedern ↗ (er soll beim Sängerkrieg auf der Wartburg Sieger geworden sein) u. freie Bearbeitung des Parzival ↗, dessen Vorlage von Kyot (Guiot von Provins) stammt:

»Die Mär, die ich erneue
Meldet von großer Treue
Von Weibes rechter Weiblichkeit
Von echten Mannes Mannheit...«

Inhalt ist die Gralssage, die sich schon bei den Katharern ↗ fand, weshalb sie von den Dominikanern ↗ ausgerottet wurden. Noch weiter zurück findet sie sich bei den Goten ↗, die ihn in Rom suchten, sodaß es nicht wundert, daß bei E. a. altröm. Elemente auftauchen, schließl. afrik. in Gestalt einer ›Mohrenkönigin‹, Mutter von Parzivals Halbbruder Firefiz. — Man ist versucht, an die schwarze Göttin Diana ↗ zu denken, denn sie war Trägerin eines ›Steins‹ (Gral ↗), wie die frz. Carmelle ↗.

Esel: als Symbol: in den äg. Mysterienspielen ↗ von Isis ↗ + Osiris ↗ eine der vielen Tiergestalten des Seth ↗, u. zwar wenn er die Rolle des gestraften u. gedemütigten Bösewichts spielt. Er muß den zerstückelten Osiris (s. Osirismord ↗) in dieser Gestalt als Sack voller Getreidekörner (Symbol der Zerstückelung ↗) unter Stockhieben zum Acker tragen u. wird anschließend vom Pharao ↗, der den Horus ↗ als Rächer seines Vaters spielt, mit der Lanze = Speer ↗ erstochen. — Das geht irgendwie über in das christl. Bild eines Esels, der die schwangere Maria ↗ trägt u. später Jesus ↗ beim Einzug nach Jerusalem ↗. These: da der Esel bei der Jesusgeburt im Stall neben dem Ochsen (= Stier) steht, wäre er als Var. des Stiersektors ↗ im Tierkreis ↗ anzusehen, Grundmotiv ♉ (C) 4530–3450 v. Z., als gezwungener Ausbreiter der äg. Kultur in andere Länder, was eben einer unfreiwilligen Unterstützung der Wiederkehr ↗ des Osiris gleichkam sowie seiner selbst bis zur endgültigen Besiegung (= des Anti-Christen ↗ 1997). Real dürften die Makedonier ↗ gemeint sein, die als Wepwawet ↗ (= Japhet ↗-Nachfahren) nach Ägypten geholt wurden, u. zwar schon im Sektor davor (Zwilling, Hund ↗) = Seth als Hund. Es gibt also einen Tierkreis als Horus mit den bek. Tieren, u. anscheinend a. einen oppositionellen mit unbekannteren Tieren, die für den Gegenspieler Seth stehen (s. Nilpferd ↗). — Zu Beginn des 16. Jh. wieder verboten, taucht in der Wiederholung ↗ der Geschichte ↗ im gleichen Grundmotiv in Frankreich das Festum Asinorum, Eselsfest mit Eselsprozession auf, als Nachspiel der Flucht Marias auf dem Esel nach Ägypten. — Merkwürdigerweise hieß fast in der gleichen Zeit das 1. Sklavenschiff, das Afrikaner nach Amerika verschleppte, Jesus – war es der ›Esel‹, der damit die 12 Verlorenen Stämme ↗ nach Amerika rettete?

Eskimo: Volk im arktischen N-Amerika, von Ostgrönland bis zum Beringmeer (über das einstmalige Beringland), über dessen Herkunft gerätselt wird. Sie selbst haben Erzählungen voller Geheimnisse; es kommen darin ›Metallvögel‹ (sprich Flugzeuge) vor, die vor Tausenden von J. Eskimostämme hierher transportierten; woher wird nicht gesagt. Wahrsch. aus Sibirien ↗ im Vollzuge einer Massenevakuierung vor dem Weltuntergang ↗ vor rund 13000 J.; damals war Sibirien blühend. So gleicht z. B. die Frauentätowierung der sibir. u. a. der des Schamanismus ↗. In dessen Zentrum steht die durch Ekstase ermöglichte Reise unters Meer zur Göttin Sedna ↗. Abstammungsmythe: Eine Urfrau, die a. als ›weiße Frau‹ *(qo uluna)* bez.

wird, wechselt ihre Gatten stets u. ist schließl. mit einem Hund verheiratet. Ihre Kinder wurden ein brauner u. weißer Bär; von diesen stammen die Rassen der Eskimo, Weißen u. Rothäute ab (Wirth ↗). Ein merkwürdiger Faden, der über Totemtiere ganz offensichtl. die E. mit der weißen Rasse ↗ verbindet. Wie bei den Germanen ↗ die Runen ↗, lag das Ritzen von Z. ausschließl. in Hand der E.-Frauen.

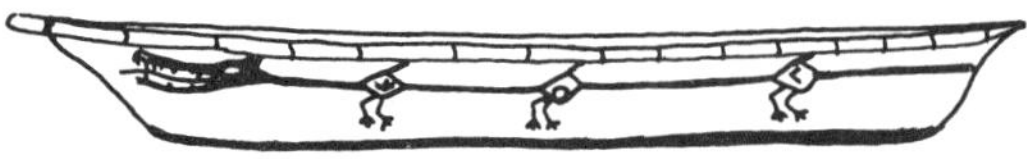

Die Abb. zeigt ein Umiak = Frauenboot, beidseitig die Schlange ↗ Palrai-yuk mit insg. 12 Beinen, was sich wohl auf den Zodiak ↗ bezieht. Evtl. Jul ↗ statt Yuk. Bei Umdrehung ↗ wird aber a. Ka-Im-U daraus, der Geist (Ka ↗) im U ↗, d. h. im Mond ↗ od. Monat ↗ (Maya-Wort), was auf das gleiche hinausläuft. U. die Frau Uluna war dann die Anu ↗ im Ul ↗. — Eigenbez.: Inuit, auf der sibir. Halbinsel Yuit, von Tiu ↗?

Esoterik: die meist von der Öffentlichkeit abgeschirmte Lehre von oder geisteswissenschaftl. Beschäftigung mit den verborgenen Dingen der wahren Erkenntnis ↗; heute a. mit noch nicht akzeptierten Randgebieten der Wissenschaft ↗. Das Wort geht zurück auf das Griech. *esotericos* = innen, verborgen. Esot. steht im Ggs. zu exoter. = nach außen gerichtet, öffentlich. Diese Unterscheidung prägte alle Kulturen, seit Erkenntnis alle Erfahrungen in außen (Erscheinungsbild ↗) und inneres Wesen ↗ spaltete, wozu noch 2 Zwänge der Geheimhaltung ↗ traten. In der afrik. Ntu-Philosophie ↗ werden unter dem Begriff Hantu ↗ sogar 3 Unterscheidungen getroffen: intern, extern, physikalisch. Intern betrifft hier ausschl. das Immaterielle ↗. Auch bei der Initiation ↗ wird den exoter. u. esot. Lehren noch das ›sehr ferne‹ hinzugefügt; eine ähnl. 3-Teilung charakterisierte die äg. Tempel ↗: Hof für die Öffentlichkeit, Halle der Erscheinungen u. Naos ↗ für das Allergeheimste. — Entspr. hatten die Mysterienspiele ↗ ein der Öffentlichkeit gezeigtes Erscheinungsbild als exoter. Mitteilung u. einen wohlbehüteten, nur durch Einweihung ↗ zugängl. esot. Kern. — Sehr gut läßt sich der Unterschied an der Esot. Geographie ↗ ablesen. — E. = Titel von Blavatskys Band 3 der Geheimlehre ↗.

Esoterische Geographie: besitzen z. B. die Hopi ↗ in Gestalt einer ›seelischen Landkarte‹ für ganz Nord-Amerika. Die heiligen Stätten (wie der San-Franzisko-Berg) sind analoge Punkte ihrer Kosmogenese ↗ u. Geschichte ↗. Ähnliches gibt es noch in Australien ↗ u. gab es in allen alten Kulturen: das ganze Land Km.T ↗ (Ägypten) gehörte dazu, a. sein geodätisches ↗ Weltnetz; die alteurop. Sternenwege ↗, Erdz. ↗ von Nazca u. Teile des Totemismus ↗. Viele alte Punkte sind unwillentlich vom Christentum übernommen worden, weil man zur Zerstörung des ›Heidentums‹ Kirchen mit Vorliebe ins Zentrum eines Things ↗ setzte, od. wie im Fall der Gotik ↗ über Isisgrotten ↗ errichtete. These: es handelte sich dabei meist um den Übertrag von Sternbildern ↗ auf die Oberfläche (Geographie) der Erde ↗, die wieder dem (›aus Erde‹) gemachten menschl. Körper ↗ entsprach. Da beides, Erde + Körper, der Sonne ↗ nachgebaut ist, kann man per Analogie durch E. Mensch u. Sonne erreichen u. beiden den Ka ↗ (Geist) hinzufügen, par. zur Erweiterung der Psyche ↗. Übertragsorientierung war der Null-Meridian ↗ u. die Ekliptik ↗, deren sich verschiebenden Punkten z. B. die äg. Tempel ↗-Achsen durch Umbau folgten, wobei ihr Standort schon (quasi als Drehpunkt) einen Omphalos ↗ beinhaltete. Wo Tempelbau abgelehnt wurde, traten heilige Berge, Menhire ↗, Höhlen, Quellen etc. an die Stelle. These: die ermittelten (nicht erfundenen) Erdpunkte könnten den Akupunktur-Punkten der Chakra ↗-Physiologie entspr., s. Ching ↗: im Übertrag als Tellurische Kräfte ↗.

Essener: eine jüd. ↗ Geheimsekte von ca. 4000 Mitgl. beiderlei Geschlechts, die sich am Anfang des Fischsektors ↗ aus Jerusalem ↗ in die jordan. Wüste zurückzogen, um in der Nähe des Toten Meeres ↗ das Qumran-Kloster ↗ zu bauen u. streng zurückgezogen zu leben, insbes. aber alte Texte, die sie vor dem Zugriff der ihnen feindlichen Pharisäer ↗ retten wollten, mitnahmen u. dort überarbeiteten, kopierten u. schließl. in Höhlen versteckten: das sind die sog. Qumran-Texte ↗. Teils wörtlich sind hier schon Sätze zu finden, die angebl. erst die Evangelisten ↗ schrieben. — Die E. erwarteten das baldige Ende der Welt ↗ u. riefen daher zu Buße u. Umkehr auf; den Tempeldienst von Jerusalem hielten sie für völlig verdorben. — Wer nach 3jährigen harten Prüfungen in die Sekte aufgenommen wurde, mußte einen furchtbaren Eid schwören, keines der Geheimnisse zu offenbaren. — Blavatsky: »Sie waren die Abkömmlinge der ägyptischen Hierophanten ↗« (III, S. 273). These: auch Maria ↗ war Essenerin und auf der ›Flucht nach Ägypten‹ setzte sie das Kind Jesus ↗ im Qumran-Kloster ab zur einweihenden Erziehung, während der Zwilling Thomas ↗ seine Rolle in ihrem Haushalt übernahm, denn dessen Existenz mußte ja verdeckt werden. Bekannt ist heute auf jeden Fall, daß sich das Abendmahl ↗ streng nach den essen. Regeln abspielte; wann sonst, als in der Kindheit, hätte Jesus sie kennenlernen sollen, da er schon mit 13 nach Ägypten u. anschließend bis zum 28. Lebensjahr nach Asien verschwand? Zweifellos beinhaltete das tödl. Schweigegebot v. a. den Aufbau von Jesus als Christus ↗, während der afrik. Zweig der Essener möglicherweise die wahre Christuslinie deckte, bis zum Verkauf in die Sklaverei nach Amerika ↗. Denn: die E. hielten sich für das wahre, auserwählte Volk ↗ u. ihre Todfeinde, die Hebräer ↗, nannten die E. Juda ↗. — Wichtigster Anführer war Menahem ↗. — Im Unterschied zur paulinischen Missionierung ↗ Westeuropas wurde Rußland ↗ essenisch missioniert, was dort den Chiliasmus ↗ auslöste. — Die E. gehörten zu den Chrestianern, s. Chrestos ↗. In der Bibel ↗ werden sie merkwürdigerweise mit keinem Wort erw., obwohl a. vieles, was Jesus später predigte, schon in ihren Aufzeichnungen zu finden ist (ebenso im Äg. Totenbuch ↗), sogar der Beginn des Joh.-Evangeliums: »Am Anfang war das Wort« (afrik. Nommo ↗). Da die E. a. Essäer gen. wurden, gibt es vielleicht eine Brücke zu Es-Cha in Eschatologie ↗ (äg. Is-Ka), was bedeuten würde, daß sie sich - was ja stimmt - mit den Letzten Dingen (z. B. Endkrieg ↗) befaßten, insbes. mit dem Hl. Geist (= das Wort, das am Anfang war). Natürl. findet sich in ihrem Namen a. Esse = Sein ↗.

Etemen-Anki: alter Name des Babylonischen Turms↗, zusammengesetzt aus: *Temen* = Grundfeste (s. die Feste zw. oben u. unten am 2. Tag der Sekundärschöpfung↗) von *An* (Himmel) u. *Ki* (Erde).

Eteokreter: die echten Kreter (Urbewohner von Kreta↗), die vor den Pelasgern↗ u. später einwandernden Dorern↗ die Insel besiedelten, Träger der minoischen↗ Kultur. In der Bibel↗ sind es die Caphtorim, ein Zweig von Mizraim↗ = Ägypten↗, zugehörig zu Ham↗, der schwarzen Rasse nach dem Weltuntergang↗. Äg. Bilder zeigen ›minoische Gabenträger‹ schwarz, mit geflochtenen langen Zöpfchen, wie man sie von den Massai↗ u. Rastafari kennt, aber a. in Form altäg. Perücken.

Ethnologie: Völkerkunde; ethnisch = volksmäßig, s. Volk↗. Evtl. Zusammenhang zu eta (griech.) = H, zurückgehend auf H.T↗ (äg.) = Hütte, Haus, Tempel↗ als Einigungsfaktor von Menschen zu einer größeren kulturellen Einheit.

Etrusker: ein aus Kleinasien↗ stammendes Volk↗, das den Römern↗ in Italien↗ vorausging u. etwa im Gebiet zw. Po↗ (Stadt Manuva, heute Mantua) u. Bucht von Neapel (Stadt Capeva, heute Capua) die erste ital. Stadtkultur einführten: »Etrurien (in Abb. 1 das umrandete Rechteck) füllte Italien der Länge nach mit dem Getöse seines Namens...« (Titus Livius); sie verschmolzen mit einer bäuerl. Urbevölkerung afrik. Herkunft, wie später die Römer mit ihnen verschmolzen. Äg. Zeugnisse nennen sie Teresch (tyrisch), woraus die Griechen Tyrsenoi machten. — These: so stammten sie wohl aus Tyrus↗ u. flohen, als die ›Kinder Israel‹↗ nach ihrem Auszug aus Ägypten in Kanaan↗ einfielen, ca. 13. Jh. v. Z. Wichtigstes Machtsymbol: die Faszes↗, ein Rutenbündel mit Doppel-Axt↗, wovon Mussolini das Wort Faschismus↗ ableitete. — Ihre Sprache ist nicht indogermanisch↗ u. teilt mit dem Sumerischen die Besonderheit eines Syllabars↗; das Alphabet ist jedoch nicht keilschriftlich↗, sondern zeigt eine Mischung phönizischer↗ Zeichen, griech. Buchstaben + Runen↗, was sie als Mischvolk erscheinen läßt. Die Aufzeichnung ihrer Geschichte ging verloren (bzw. wurde zerstört). Interessantester Fund: eine äg. Frauenmumie, deren Mumien↗-Binden mit ca. 1300 etrusk. Wörtern beschrieben waren. Wie die Ägypter u. Kreter besaßen sie riesige Nekropolen↗, gefüllt mit großem Luxus. — Berühmteste Etruskerin: Tanaquil, die ihren Gatten, der zwar eine etrusk. Mutter, aber *nur* einen griech. Vater besaß, zum 1. etrusk. Herrscher von Rom↗ durchboxte. — Ein Kunstmotiv ist die Medusa↗, umgeben von 4 Mänaden↗ (Abb. 2 zeigt eine), die Hathorlocken↗ tragen u. von je 19 Lotos-↗Blättern umgeben sind. Rechnet man die Gesichter mit, ergibt sich 5 x 20 = 100 = Me↗: Me-naden statt Mänaden. — Überliefert ist die etrusk. Einteilung des individ. Lebenswegs↗ in 7 x 12 Jahre (= 84), was genau dem bekannten 7-Jahre Rhythmus entspricht. These: es handelt sich um die Wiederholung des Sonnenalphabets↗ ab Geburt↗ mit 2 Buchstaben pro 7 Jahre, bei Steiner↗ pro Planet. — Beim Wechsel zum Sektor Fisch↗ wurden die E. von den Römern (Scipio Africanus) für immer vertrieben; einige flüchteten nach Südamerika. — Hauptgottheiten: Göttin Uni↗ + Gott Tinia↗. Aus ihrer Orakel↗-Stelle wurde der Vatikan↗.

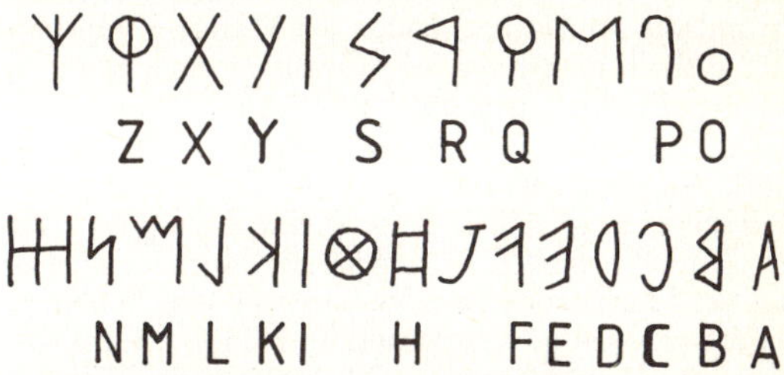

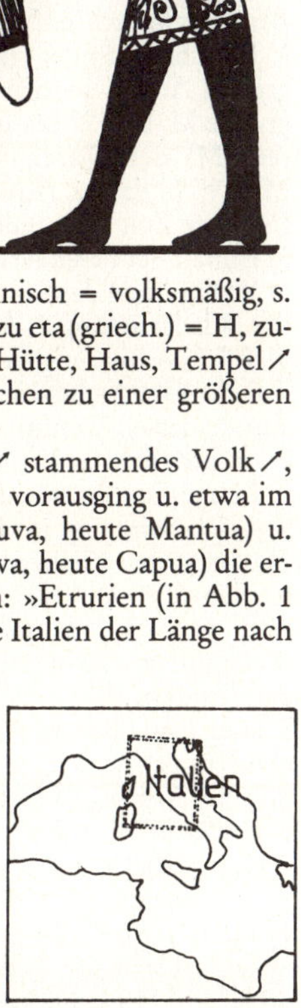

Abb. 1

Abb. 2

Eule: als Symboltier: äg. Hieroglyphe↗ M, z. B. im Wort Km.T↗ = Ägypten↗; evtl. in Form der ausgeprägten Augenbrauen zu sehen, die ihre berühmten Ohren stilisieren, die wieder die bes. Augen als Zuträger umrahmen. Deren Netzhaut enthält den Sehpurpur, der schon den geringsten Lichtschimmer in ein kräftiges elektr. Signal verwandelt. Diese Begabung, in der Dunkelheit↗ Wort + Bild (Akustik + Optik) wahrzunehmen, macht sie zum Symbol für Weisheit↗, weshalb sie zum hl. Tier der Athene↗

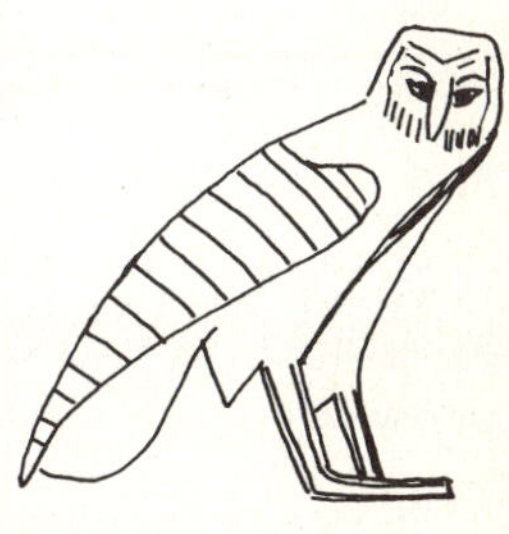

wurde u. zur Muttergöttin in Europa↗.

Euphrat: beginnt mit 2 Quellflüssen im ›inneren Taurus‹ (heute Türkei) u. mündet nach der Vereinigung mit dem Tigris↗ beim ehem. Ur↗ in den Persischen Golf. Nach den beiden Flüssen hieß Sumer↗ a. Zweistromland. Am E. entstanden die Mithras↗-Mysterien, weshalb manchmal jede Quelle in einer Mithras-Grotte ›Euphrat‹ genannt wurde. Alter Name: *furat.* — An ihm lagen auch Uruk↗, Babylon↗, Mari↗. — Evtl. Wortdeutung: Furt↗.

Euridike: lt. griech. Mythos↗ eine Nymphe↗, die Orpheus↗ heiratete. Kurz nach der Hochzeit trat sie auf der Flucht vor einem Verehrer auf eine Schlange, wurde gebissen u. verschwand im Hades↗. Orpheus' Versuch, sie zurückzuholen, scheiterte an der Nichtbeachtung des Verbots, sich nach ihr umzudrehen bis zur Erreichung der Heimat. Angebl. tat er es, weil er nicht sicher war, daß sie ihm folge, was ihren Nymphen-Charakter unterstreicht. Anschließend wurde Orpheus von Mänaden↗ in Stücke gerissen, was den Mythos in die Nähe von Dionysos↗ = Osiris↗ rückt. Manche sehen in E. nur eine Personifizierung der menschl. Psyche↗. These: es wäre aber eher an die Ermordung der Lilith↗ zu denken bzw. die Schechina↗ im Exil. Sum. Äqv. wäre Inanna↗.

Europa, als Göttin: eine Prinzessin aus Kanaan↗, die lt. Mythos↗ von Zeus↗ als Stier - das wäre die Zeitangabe Stiersektor↗ - nach Kreta↗ entführt wurde u. dort das minoische Geschlecht gründete. Endsatz: »... unsterblich wird dein Name werden; denn der fremde Weltteil, der dich aufgenommen hat, heißt hinfort Europa.« These: konkret spielte sich dieser Beginn der nach ihrem Sohn Minos↗ benannten minoischen Kultur im Grundmotiv  (A, Alpha, Anfang), 2. Stierhälfte zw. 3450–2370 v. Z. ab, u. ihr Name bed. wie Yoruba↗ Erblinie (Rba oder Rpa) von Io↗, d. h. der Sonderlinie↗ für die endzeitl. Wiederkehr↗. Dafür spricht, daß jap. Karten den Kontinent E. nur Yo↗ (Io) nennen, sowie ihre Darst. auf Kreta, wo sie als Göttin verehrt wurde, mit Armhaltung als Ka-Zeichen↗, auf dem Kopf die Taube↗ tragend, später christl. Symbol des Hl. Geistes↗ (afrik. Nommo). Schließl. spricht a. ihr Bruder Kadmos↗ dafür, der sie auf Wunsch ihres Vaters Agenor↗ sucht, nicht findet, dafür Theben↗ gründet. These: er beginnt die 11. Dyn.↗ von Ägypten↗ (s. Dynastienliste↗), die zu Pharao Muntuhotep↗ = Krischna↗ führt, mit dem E. dann verwandt ist:

Stammbaum

Telephasse x Agenor

Europa — Kadmos — Thassos — Cilix — Phönix↗

Minos (unter Europa) — Muntuhotep (unter Kadmos)

Europa, als Kontinent: erhielt diesen Namen↗ durch die kanaan. Prinzessin Europa↗; ein anderer Name war Japetia↗ und Yo↗. Entwicklung:

1) Neandertaler↗ + Eiszeit↗.

2) Cromagnon↗ + Höhlenmalerei↗.

3) Ein merkwürdiges Vakuum ohne Bewohner: »Zwischen etwa 14000–12000 v. Z. u. danach wieder zw. etwa 9000–8000 v. Z. wurde die baumarme Tundra nördl. der Mittelgebirgszone Mittel- u. Nordwesteuropas im Sommer von jagenden Gruppen des Südens durchstreift.« These: in die Vakuumzeit fällt der Weltuntergang↗, was die Spuren ungeheurer Waldbrände als Kohleschichten des norddeutsch-niederländisch-nordbelgischen Gebiets erklärt.

4) ab ca. 8000 v. Z. Beginn der Megalithkultur↗ mit äg.-nordafrik. Kulturdrift, veranlaßt durch die Anu↗, Horusdiener↗ sowie Fomori↗, denen die Tiodiska↗ folgten. These: 2. Matriarchat↗, in dessen Zentrum hier eine Muttergottheit steht, die als Anhänger (Abb.) getragen wurde u. den Kalender↗ der Geschichte↗ darstellt, mit deutl. Eintragung des Weltuntergangs im 6. Sektor des Zodiaks↗ = Jungfrau↗, äg. Junu↗, germ. Janna↗ oder Anu↗ bzw. Dan↗, Danu↗ etc., griech. Diana↗, sum. Inanna↗, kanaan. Anat↗, kelt. Carmelle↗ = Trägerin des ›Steins‹ = Gral↗. Die Abb. zeigt sie in Gestalt der Gesetzestafeln↗  oder Doppel-Feder↗ (Geierkrone↗), die 1 der 2 Djed↗-Bäume schmückte: der Baum der Erkenntnis↗. — Der V-Einschnitt findet sich a. bei den Olmeken↗. Die großen Augen werden der Eule↗ zugeordnet, Hieroglyphe M. Das W der unteren Linien zu den Eulenohren (M) des oberen Teils hinzugerechnet, entsteht MW, d. h. das äg. Äqv. ist die Göttin Mu T↗ (Mwt). In dieser Zeit entstanden a. die Frauentürme↗.

5) Einfall der Streitaxtleute↗, s. Völkerwanderung↗.

6) Verlagerung des Schwerpunkts nach S durch Beginn der Wiederholung↗ der Geschichte ab 6. Jh. v. Z.

7) Rückverlagerung des Schwerpunkts nach N ab 2. Teil der Geschichtswiederholung durch Karl den Großen↗, dessen Traum von einem vereinigten Europa bis heute nicht in Erfüllung gegangen ist.

8) Letzte Epoche vor der Endzeit↗: Hitler↗.

9) Eigtl. Sendung: im Namen der Göttin Europa die Taube = den Heiligen Geist↗ aufzunehmen, s. Nostradamus↗ + Ariosophie↗; d. h., in Mu-Nachfolge↗ zum Friedensreich↗ od. dessen Weltzentrum zu werden, bekämpft von den Insidern↗.

These: bzgl. der mit Europa verbundenen Doppel-Axt↗, kann man bei Reduktion des Anhängers (Schema) a. Oyo lesen u. landet beim afrik. Äqv. Oja↗.

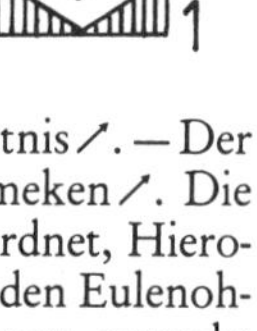

Eva: lt. Bibel↗ das 1. weibl. Wesen überhaupt, aus einem hermaphrod. Menschen↗ als Rippe↗ herausgenommen; nach der Weltenlehre↗ am Ende der 3. Welt↗. Der hebr. Name lautet Hawwa (s. Hawa↗), Abk. von M'Hawwa = ›die Belebende‹, verw. mit *Hiwia* = Schlange + *Haiat* = Leben. Äg. Äqv. ist die Kobra↗, s. Ara↗. These: es handelt sich um den 8er Kreis↗ der Sonne, in dem allein der Rückgriff auf den Kosmos↗ u. damit auf Schwangerschaft↗ begraben liegt. — Es folgt die berühmte Versuchung durch diese

Schlange, in den Apfel ↗ vom Baum ↗ der Erkenntnis ↗ zu beißen. Ein sum. ↗ Rollsiegel ↗ aus dem 3. Jt. v. Z. zeigt die Schlange nicht am Baum, sondern hinter Eva, während der Baum eher dem Weltenbaum ↗ gleicht, denn er hat 9 Äste (= Welten). Lt. Wirth ↗ steht im altniederfränk. Ewa für Ewigkeit ↗, äqv. Hevane = Himmel im Hildebrandslied. Hierin liegt begraben vanen = Wanen ↗, in der Edda ↗ mit dem Paar

Freya ↗ + Freyr ↗ beginnend. Sollte die Gleichstellung Eva = Freya stimmen, landet man über Freya = Freitag ↗ bei der Venus ↗, dem vom Uranus ↗ abgespalteten Uranusmond (Urania ↗). Oder: das Äqv. am Himmel für den gespaltenen Hermaphroditen wäre Uranus + Mond, die Spaltung ereignete sich ebf. am Ende der 3. Welt, durch den 1. Besuch von Nommo ↗. Dabei setzte sich Venus an die bisherige Position der Erde ↗ u. diese wurde von der Sonne weggerückt auf die heutige Erdbahn ↗ = Paradies-Verlust ↗. — Was die Bibel verschweigt, ist die Verbindung von Eva mit 2 versch. Adam ↗, wodurch sich die Genesis ↗ gabelt in 2 sich bekämpfende Linien: Kain ↗ (äg. Horus ↗) + Seth ↗, wobei der Mord an Abel ↗ wahrsch. der Ermordung der Lilith ↗ entspr. weibl. Gegenstück zu Eva, wie die äg. Nephtys ↗ zu Isis ↗, die der Eva entspräche. — Pazif. Äqv.: Hina ↗, abgeleitet von Io-Wahine ↗ mit Par. Wahine = Hevane. — Von Evas Tat leitet sich die Erbsünde ↗, aber a. der Wechsel von Naturmensch ↗ zu Kulturmensch ↗ ab. Eine weitere Par. zeigt die melanes. Avin ↗ u. die Now'Utset der Indianer ↗.

Evangelisten, die 4: offiz. Hauptquelle der Beschreibung des Lebens von Jesus ↗, enth. im NT der Bibel ↗ als die 4 Evangelien, zus. das Evangelium ↗. Jedoch muß man sich vor Augen halten, daß 1) diese Berichte erst nach Jesu Kreuzigung ↗ entstanden u. in 1. Linie den Glauben verkündeten, er sei Christus ↗ gewesen; 2) ihre Urtexte von der Kirche ↗ weiter redigiert wurden u. 3) die 1947 gefundenen Qumran-Texte ↗ der Essener ↗ zeigen, daß viele Inhalte wesentl. älter, also übernommen sind. Merkwürdigerweise enthält das Wort den Namen Eva ↗, u. einen solchen Bezug zeigt a. die Abb., genannt: Erschaffung Evas – (=) Erschaffung der Kirche; sie wird aus Jesus herausgenommen, was diesen mit dem hermaphrod. Menschen gleichsetzen würde, aber nicht mit dem von oben gekommenen Nommo ↗. Die Szene enthält die 4 E., deren Symboltiere, was man meist übersieht, den 4

Zodiakvierteln entspr. These: dabei wurde 1 Position vertauscht.
Offiz. Zuordnung:
Engel = Matthäus
Löwe = Markus
Stier = Lukas
Adler = Johannes
Eigene Berichtigung mit Engel = Wassermann (s. Kreis):
Engel = Johannes
Adler = Matthäus
Löwe = Markus
Stier = Lukas

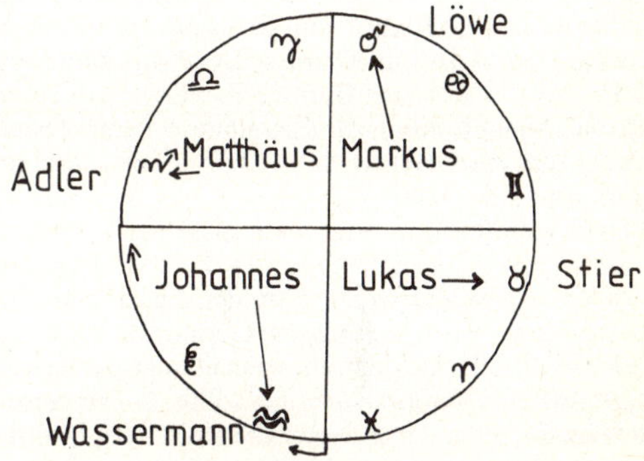

Sie vertreten die Geschichte ↗. Dazu fügt sich, daß Johannes ↗ zweimal erscheint, als E. mit dem 1. Satz: »Am Anfang war das Wort« (Logos, Nommo), das a. am Anfang der Geschichte eintrifft, d. h., den Wassermann ↗ vor 25920 Jahren einleitet; und als Berichterstatter der Apokalypse ↗ als Endzeit, die im Wassermann ab 1950 einsetzt. — In der Zodiakscheibe ↗ von Dendera bildet die gleiche 4-Teilung 4 Göttinnen, die man weibl. E. od. Eva-Engel nennen kann, d. h. Engel (angeli) = Boten der Kirche als 2. Eva (Frau), in Ägypten Nephtys ↗ mit dem Symbol wie im Bild.

Evangelium: nannte Jesus ↗ seine Botschaft vom kommenden Friedensreich ↗, aufgezeichnet von den Evangelisten ↗.

Evolution: Entwicklung des Lebens ↗ bzw. der Natur ↗ vom Einfachen zum Komplizierten, etwa von der 1. Zelle ↗ zum Menschen, oder beim Einzelindividuum vom Ei ↗ über die Geburt ↗, Kindheit u. Jugend

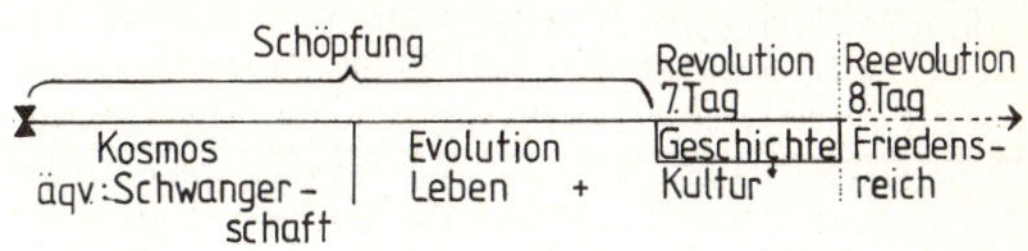

zum Erwachsensein. Lange Zeit war E. an die Bibel ↗ gebunden, die nicht von E. sondern Schöpfung ↗ spricht, was meist (zu Unrecht) als einmalige Erschaffung der fertigen Arten verstanden wird, die sich dann nicht mehr verändern. So versuchte die Wissenschaft ↗, eigene E.s = Modelle zu konstruieren, die den ständigen Wandel betonen, jedoch einen präexistenten Plan (s. Weltordnung ↗), der die E. zielstrebig lenkt, negieren. Speziell bei Darwin ↗ ist die Rede von

blinder Artenstreuung, die sich dann durch Auslese an der Umwelt korrigiert. These:
1) Die Evolution setzt innerhalb der Schöpfung erst ein, wenn ›Himmel + Erde‹ getrennt werden (s. Tiamat ↗ bzw. Doppel-Schlange ↗ + Ei), d. h. wenn die Sonnenkerne ↗ entstehen = Kern des Lebens, pazif. Te Io Ora ↗ wird Atea ↗, äg. Atum ↗. Es ist die Trennung von Grundmotiv  (A), das in sich als Einheit die Reihenfolge der Evolution, das Sonnenalphabet ↗ A-Z, enthält, aus dem Ur-Alphabet ↗ des Kosmos (X-P) heraus. Der E. geht also ein großer Teil der Ausdehnung des Kosmos ↗ voraus, gefüllt mit Chaos ↗. Ird. Par. ist die Schwangerschaft ↗. Die Schöfpung wiederum überlappt die E., hört aber nach dem 5. Tag der Sekundärschöpfung ↗ auf, d. h. mit Trennung des hermaphrod. Adam in Adam + Eva ↗ im Paradies ↗ (= Eden ↗). — Indessen läuft die E. weiter, jedoch hat sich der Mensch durch die Erbsünde ↗ herausgestellt u. folgt nun der Geschichte ↗ = 7. Tag, mit Abschluß durch die Endzeit ↗.
2) Die Evolution ist a. jetzt noch nicht abgeschlossen, es fehlen noch 2 Buchstaben: Y + Z, = 8. Tag. Dies wird a. das Friedensreich ↗ sein, denn nach dem Polsprung von 1999 = Jüngstes Gericht ↗, wird der Mensch zur E. zurückkehren, weshalb man die weitere Zukunft Re-Evolution ↗ nennen sollte. — Ein perfektes Grundschema der E. bietet die afrik. Ntu-Philosophie ↗.
3) Bis zum Paradies-Verlust ↗ umfaßt die E. 20 Buchstaben des Alphabets ↗ = A bis U, mit jeweiliger Zeitdauer von 360 Mio., zus. 7,2 Mrd. J. Danach war a. die Kosmosausdehnung (insg. 36 Mrd. Jahre) abgeschlossen, was die anschließende Zeitverkürzung erklärt: es folgen die 25920 Jahre der Gesch. (7. Tag), während denen die Buchstaben W + X der E. ablaufen. Der 8. Tag wird 28080 Jahre dauern, abzüglich der 50 Jahre Endzeit. Gesamtevolution: 7,2 Milliarden + 54000 Jahre. Dann löst sich alles, was die E. hervorgebracht hat, wieder auf, in der Weltenlehre ↗ während 8. + 9. Welt = Pralaya ↗.
4) Die E. wird durch Polsprünge ↗ vorangetrieben, s. Erde ↗ u. das Buch Dzyan ↗.

Ewiges Leben: zunächst ein Begriff, der im Äg. Totenbuch ↗ vorkommt:

> »Die Wege des Himmels seien für mich bereitet!
> Eindringen will ich dort, anbeten Osiris,
> Den Herrn des ewigen Lebens.«
>
> (Kap. XIII)

Die Verbindung mit Osiris ↗ führt zum Archetyp ↗ E., in dessen Regentschaft die Geburt jenes Osiris fiel, den die Bibel Jared ↗ nennt; das dazugehörige Grundmotiv heißt Reinkarnation ↗. Letztere ist insofern eine Art E., als dem Tod ↗ eine Wiedergeburt folgt; jedoch spielt sich das E. nicht auf der Erde ab, jedenfalls noch nicht. Nun kommt der äqv. Buchstabe Y a. im Sonnenalphabet ↗ vor, das dem Leben entspricht: die Evolution ↗ wie auf individ. Ebene der Lebensweg ↗. These: nur durch erfolgreiche Absolvierung des ges. Karma ↗-Weges von 4. + 5. Welt ↗ kann ein körperl. E. als Unsterblichkeit ↗ erreicht werden, wozu sich insbes. das 47. Chromosom ↗ ausbilden muß.

Ewigkeit: im Ggs. zum Ewigen Leben ↗ nicht an Leben ↗ gebunden u. ggb. Unendlichkeit a. nicht an Raum. Als ›ewig und unveränderlich‹, was sich bedingt, galten in Ägypten ↗ nur die Ka-Geister ↗. These: sie entspr. den Grundmotiven ↗ u. sie allein stellen die E. dar. Das Gegenteil wäre Zeit ↗ als Faktor der Veränderung, Zahl ↗ od. Zählen beinhaltend inklusive der Unendlichkeitschleife ↗.

Existentialismus: von Sartre ↗ begr. atheistischer Zweig der Existentialphilosophie ↗, der den Menschen ins ›Nichts‹ ↗ gestellt u. zur Freiheit ↗ verurteilt sieht, sich zu einer Tat bindungslos selbstermächtigen zu können, bis hin zum Verzicht auf jeden Glauben an irgendeinen Sinn ↗ als Konsequenz des Nihilismus ↗. These: E. war die termingerechte Brücke zur Endzeit ↗ mit Auflösung des bisherigen Wertsystems ↗, ohne schon etwas anderes anzubieten als den Mut, trotzdem weiterzumachen - wie Sisyphus ↗. — Abgeleitet von Existenz ↗.

Existentialphilosophie: ein Zweig der Philosophie ↗, der in Europa mit Sokrates ↗ begann, um nach 2500 Jahren - quasi als Plattform der ges. Wiederholung ↗ von Gesch. - im Existentialismus ↗ auszulaufen. These: das führt zur Vermutung, daß global gesehen die ganze Geschichte ↗ eine E. war, d. h. als das Bemühen einer Einbettung der Existenz ↗ in die kosm. Grundmotive ↗ als Essenz od. Sein ↗.

Existenz: von *existentia* (lat.) = Dasein ↗ ggb. *essentia* = Wesenheit, abgeleitet von esse = Sein ↗. Letzteres basiert auf den Präexistenten Ideen ↗. — Abgeleitete Begriffe: Existentialismus ↗ u. Existentialphilosophie ↗. These: eine vorbildl. Aufschlüsselung der E.-Kategorien bietet die afrik. Ntu-Philosophie ↗.

Exodus: in der Vulgata ↗ das 2. Buch Mose bzw. der darin geschilderte Auszug der ›Kinder Israel ↗‹.

Explosion: Grundmotiv ↗  (Buchstabe W), Zweitdefinition Kräfteverwandlung; z. B. die Kernfusion der Sonne ↗, durch die Licht ↗ entsteht u. stetig abgestrahlt wird, weshalb sie meist mit Strahlenkranz gezeichnet wird, der dem Grundmotiv E entspricht. Äqv. Archteyp ↗ Gott ↗ wegen dessen Plazierung im Zentrum der Sonne. — Wenn sich der Mensch archetypisch als ›Gott‹ (wesensgleich oder wesensähnlich) versteht, so wegen der Ausstrahlkraft seiner Seele ↗, oft gefördert durch explosive Tänze oder Ekstase. In bildl. Darst. wird die Ausstrahlkraft durch Heiligenschein, Strahlenkranz oder spez. in Indien ↗ durch viele Arme (s. Schiwa ↗) ausgedrückt. In Sumer ↗ stand 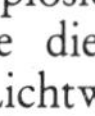 für Gott (s. Antu ↗). Den Ggs. bildet die Implosion. — These: in der Geschichte ↗ vermittelte dieses Grundmotiv Zugang zur Alchemie ↗ oder Lichtwissenschaft, 1. Hälfte des Sektors Adler ↗ (s. Tierkreis ↗) 17490–16410 v. Z. Kurz darauf ›explodierte‹ der Erstkrieg ↗. — S. Kraft = Lebensenergie ↗.

Expressionismus: eine europ. Kunst ↗-Richtung, der der Dadaismus ↗ vorausging u. die spez. Jazz ↗-Einflüsse + afrik. Masken ↗ weiterverarbeitete. Bei Gauguin ↗, einem der Wegbereiter, wirkte sich der pazif. Tiki ↗ aus, bei Kandinsky ↗ u. a. die Geheimlehre ↗ von Helena Blavatsky ↗. Den Existentialismus ↗ vorwegnehmend, ging es a. hier um die Entbindung von alten (europ.) Werten, spez. des traditionellen Form ↗-Wahrnehmens (s. Shape-Perception ↗) durch ›wilde‹

(Mißverständnis der dunklen Völker als Wilde ↗) oder ungezügelt expressive Bewegungslinien, s. Motion-Perception ↗ (Bewegungswahrnehmung). Amerik. Var. war Action-Painting spez. von Pollok ↗, der nur bei Anhörung von Jazz malte. Abzweigung: Motion-Art ↗. – Als Beispiel ein Stuhl von Kirchner (Abb. 1) u. dazu (Abb. 2) ein Häuptlingsstuhl als Vorbild aus Kamerun ↗. Was hier übersehen wurde, ist das eingebaute Z. des Gesamtkosmos ↗, ausgedrückt (die ›Expression‹) mit Hilfe der gewinkelten Arme u. Beine; a. im Pazifik als ›Hocker‹ zu finden, sowie rudimentiert zur Pa-Rune ↗ bei den Germanen. These: äg. Äqv. wäre die Osirismumie ↗ mit hochgestellten Z. aus gekreuzten Armen + Hirtenstab u. Geißel. Daraus wird hier das einrahmende Paar: l. immer weiblich = Yin ↗, r. immer männl. = Yang ↗.

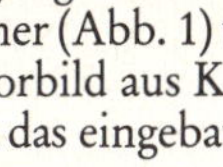

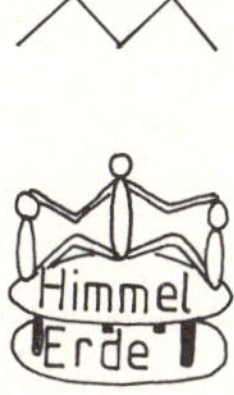

Die 2 Leoparden wären äqv. Balam ↗ (Jaguar) = Sternenhimmel, mit Scheibe als Sitzfläche über der Erde. Durch die seitl. Schließung wird aus den Zeichen die doppelte Doppel-Axt ↗ u. entspricht dann genau den letzten 103 Jahren (1847–1950), s. Wiederholung ↗. Und in diese Zeit fällt die Moderne ↗, mit E. als Teilaspekt.

Externsteine: oder Eccestan ↗, Zentralheiligtum der Tiodiska ↗ (Deutschen) während der Megalith ↗-Zeit, lt. Wirth ↗ auch zentral-europ. Wallfahrtsort. Es handelt sich um eine Gruppe großer Naturfelsen mit Höhlen im Teutoburger Wald. Wo heute eine Straße durchfährt, soll damals ein hl. See gewesen sein; die Öffnung hat schon Karl der Große ↗ bei der Heidenbekämpfung schlagen lassen. Auf einem Felsen eine Art Kanzel (natürl. Vorsprung), von wo die Seherinnen ↗ (in Stellvertretung der 3 Disen ↗, die wieder nur die 3 Gesichter der Urgöttin Ecce, Acca – wonach die Steine benannt sind – waren) im Kultdienst ›redesangen‹; der Seherin Gesicht der Edda ↗ ist der gleiche Redesang. Diese ›Kanzel‹ wurde später Thular Stol = Kultsprechers Gestühl gen. u. dürfte mit dem Wort Thule ↗ zusammenhängen. Innen verwitterte Zeichen, z. B. das (äg.) Ka-Zeichen ↗ = Nut ↗ als Kosmos ↗ sowie das Grundmotiv ⧗ n. d. ᛖ-Rune, gelesen Moldan Acca. Ein Äqv. dieser Rune ist Grundmotiv ♡ (C), sodaß man in Archetypen ↗ ›Gottessohn-Mutter‹ lesen kann. So lautet a. die Deutung, bezogen auf Tuisto ↗, Stammgott der Germanen. Das beläßt das

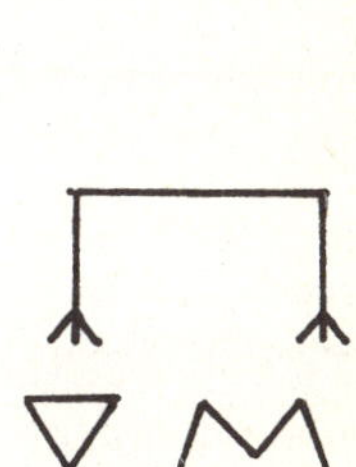

Acca *Moldan*

 (X) für Acca, Archetyp Urmutter ↗. — Das Schema der Felsen erinnert an den Mu ↗-Hügel (Mu =

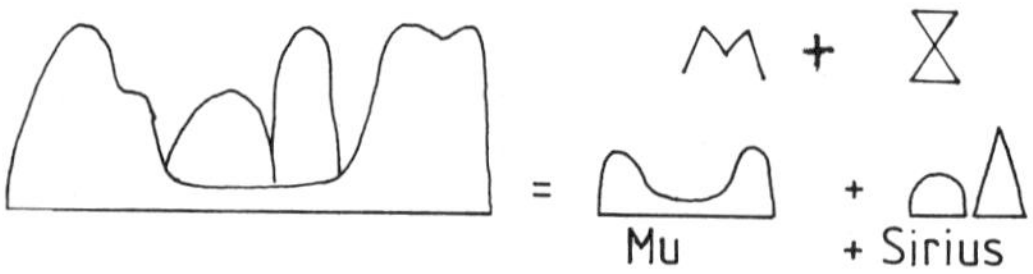

Thule), in dessen Kuhle als mittlerer Doppelfels unterschiedl. Höhe die äg. Sirius-Hieroglyphe ↗ erscheint = Göttin Hathor ↗, germ. Janna ↗.

These: im Vergleich der Felsen u. des Zeichens kann das  auch für Mu als Erde eingesetzt werden und das  für die 2 Siriussonnen. — S. Ariosophie ↗.

Buchstabe F

Grundmotiv

Kommunikationstanz

Fa: Gesetzmäßigkeit (China↗): »Der Mensch hat als Fa den Himmel, der Himmel hat als Fa den Weg (= Tao↗) und der Weg (das Tao) hat als Fa das *von-selbst-so-Seiende.*« Fa = Vorsilbe von Fatalismus↗.

Fafnir: in der Edda↗ Bruder des Regin↗, beide sind Söhne des Riesen↗ Hreidmar. Als eines Abends Odin↗ mit Loki↗ u. Hönir vorbeikommen u. ihre Jagdbeute zeigen, werden sie von allen 3 festgenommen und zum Zahlen eines Lösegoldes aufgefordert. Loki besorgt sich von der Göttin Ran↗ ein Netz u. fängt damit den Zwerg Andwari in Fischgestalt, nimmt ihm seinen Schatz ab u. gibt ihn - schon mit Andwaris Fluch behaftet - Hreidmar. Nun durchbohrt F. seinen Vater im Schlaf, der das Rachegebot an seine Töchter Lyngheid und Lofnheid weitergibt. Anschließend jagt F. a. den Bruder weg, nimmt alles Gold an sich, verwandelt sich in einen Lindwurm↗, gräbt eine Höhle für den Schatz u. legt sich darauf. Später wird daraus der sog. Nibelungenhort↗, aus Sigurd↗ der Fafnerstöter.

Fagra Hvael: das ›schöne Rad‹ = die Sonne↗ mit Fagra = Sonne, Hvael (engl. wheel) = Rad↗. Dieses altgerm. Wort *fagra* enthält das äg. Ra = Re↗, ebf. Sonne bzw. Sonnengott. — Hvael wiederum ist wie Wa↗ (Kosmos) plus El↗ (Gott), woraus Wal-Halla↗ entstand.

Fahne: Blavatsky↗: »Kein Volk↗ hat je gesagt, was es wirklich will, das wurde immer im Symbol↗ seiner Fahne versteckt.« — Über die Funktion eines Symbolträgers hinaus ist die Fahne aber auch ein Kommunikationstanz, der bes. wirksam wird, wenn die auf dem Fahnentuch befindliche ›Geheiminformation‹ (Farben↗ + Zeichen↗) im Wind flattert, d. h. Tanz↗

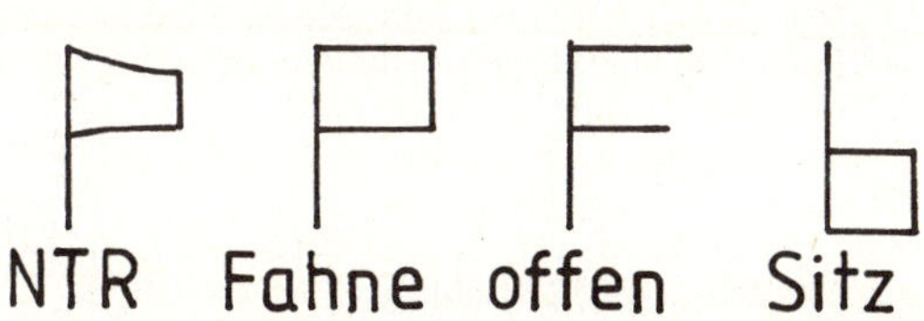

wird. Dann löst sich das Erscheinungsbild↗ auf u. wird ›graphische Akustik‹↗, ein unhörbarer Befehl, als wäre die Fahne eine (umgekehrte) Truhe↗, die sich öffnet: ein Sitz des Wortes im Sinne des äg. Ntr↗, das die gleiche Form zeigt, sowohl als Fahne wie Axt↗ definiert.

Falke: als Symboltier: in Ägypten↗ schon in den Pyramidentexten↗ als allg. Erkennungsbild für Göttlichkeit verwendet, z. B. bei Isis↗ + Osiris↗ + Horus↗, Muntu↗, Sokar↗, Hathor↗, Re↗, zurückgehend auf die Falkengestalt des Ba↗ (der Seele↗). Auch der Tote konnte als F. bez. werden, männl. Pachom, von Pahor, Pa↗ (Vater) ist Hor = Horus↗; u. weibl. Tachom↗ (schnell), äqv. Tao↗. Das Reich des F. ist der ›Himmel‹, nicht im Sinne der Nut↗, sondern als Sonnensystem↗ + Tierkreis↗. So konnte die Sonne Falkenflügel erhalten, s. Behdet↗. Die ›Falkenkrone des Horus‹ = Horuskrone↗ zeigt deutl. die Form von Gesetzestafeln. Bei den Indianern ist F. = Adler↗, ebf. als Sonne. — Zum Tierkreisbezug s. die Horuskinder↗, von denen 1 ein F. ist. S. Chephren↗.

Farben: sind das Erscheinungbild↗ der Wellen↗-Natur von Licht↗; jede Farbe hat eine best. Wellenlänge. Unser menschl. Auge spricht nur auf den kleinen Bereich zw. 400–700 nm (millionstel Millimeter) an; zuständig dafür sind die Zapfen der Netzhaut↗, während ihre Stäbchen nur auf hell–dunkel reagieren. Man muß unterscheiden:

1) Lichtfarben als F. eines Selbstleuchters: die Sonne↗, sprich Sterne↗ u. künstl. Glühlampen.
2) Körperfarben als F. eines nicht-selbstleuchtenden Körpers wie Planeten↗, Monde↗, Materie schlechthin. Hier entsteht F. dadurch, daß der Lichtstrahl↗ artspezifisch teils geschluckt, teils reflektiert wird. Typ. Beispiel: der Himmel wirkt blau, weil blau beim Eintritt des weißen Sonnenlichts in den Van-Allen-Gürtel↗ von dessen Feld reflektiert wird, während alle anderen F. ›geschluckt‹ werden, d. h. bei uns ankommen. Oder: Körper haben die F., die sie nicht schlucken. Schwarz↗ schluckt alles, weiß↗ gar nichts. Oder: schwarz ist die Einheit↗ aller F. (= Yin↗), weiß die durch ein Prisma↗ trennbare Summe (Yang↗): beides keine F., sondern Farbzustände, die man schon mit den 3 Grundfarben der Regenbogenfarben↗ = rot + gelb + blau erreicht od. beim Farbfernsehen durch rot + grün + blau. Nur letztere 3 sind bei den Netzhautzäpfchen vertreten, gelb ergibt sich hier aus rot + grün.

Bei den Sternen informieren die F. über deren Oberflä-

chentemperaturen: bläuliche Sterne sind über 15000 Grad Celsius heiß, rote dagegen nur 4000 u. gelbliche 4000-8000 Grad. Das steht völlig im Ggs. zum psychol. Effekt von F.: da gilt rot als heiß und blau als kühl. Aber natürl. handelt es sich um Körperfarben. Bei augenlosem Empfinden von F. mit der Hand ergibt sich folg. warm-kalt Skala:
rot: brennt
orange: wärmt
gelb: wärmt kaum
grün: ist neutral
hellblau: kühlt
dunkelblau: läßt frieren
violett: kühlt, kneift aber gleichzeitig

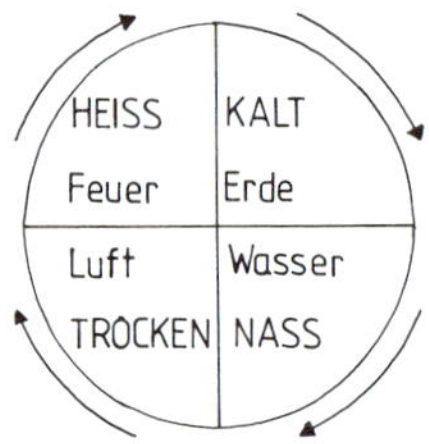

These: dieser Ablauf von heiß nach kühl findet sich a. in der Reihenfolge des Tao ↗ (Schema), das deshalb mit der wahren Natur der F. identisch sein dürfte. Weitere Eigenschaften der F. bei Handannäherung:
rot: klebrig, zieht an den Fingern
orange: hart + sehr rauh, erweckt ein bremsendes Gefühl
gelb: sehr schlüpfrig, aber nicht ganz glatt
grün: klebriger als rot, aber nicht so grob
hellblau: sehr glatt
dunkelblau: am klebrigsten, aber noch härter als rot und grün
violett: noch rauher u. bremsender als orange
(Ergebnisse der russischen Psi ↗-Forschung)
Bei der Farbsymbolik ↗, die bei den Völkern recht unterschiedlich ist, dürften 2 Faktoren eine Rolle spielen: was genommen (geschluckt) und was gegeben (ausgestrahlt) wird. Denn F. sind immer Selektion aus dem Gesamtangebot, mit Rückgabe des vorhandenen Eigenen. S. Frequenz ↗.

Farbsymbolik: Einsatz von Farben ↗ im Symbol ↗ als Teil einer verschlüsselten Information:

Rot:
Blut (indian.), Sonne, Unruhe, Aufstand (China), Asketen (Byzanz), Sonne (Tantrismus), Mars ↗ (Babyl. Turm ↗), rote Krone ↗ (Ägypten), Liebe (Europa), Rotwein = Blut Christi (Abendmahl), roter Lotos ↗ (Teil der Sonne ↗), roter Kontinent (Amerika ↗), als Element: Feuer ↗. — Formunterschiede: rote Scheibe = Sonne, rotes Dreieck = Mars (beides Tantrismus; rote Vertikale = Feuer (Mahikari ↗); rotes Kreuz (Blut); roter Fünfstern ↗ (Kommunismus ↗) = Weltrevolution; Herz ↗ = Liebe, s. Liebestanz ↗. — Wortpar.: Rota = Rad ↗, rotieren.

Gelb:
Nahrung (Mais; indian.), Erde, konservatives Beharren, Kaiserfarbe (China), Jupiter ↗ (Tantrismus), gelber Kontinent (Asien), Fels (Sioux-Indianer), das höhere Licht (Indien), was sich auf die Kategorie Li ↗ beziehen dürfte. Dann Neid im heutigen Europa, evtl. zurückgehend auf Nidhögg, den Neiddrachen, der mit dem Gelben Drachen ↗ von China zusammenhängen könnte. — Wortpar.: Geld, Gold: im Taro ↗ die Münze, Element Erde ↗.

Grün:
Hl. Geist ↗ (Vatikan); Merkur ↗ (grüner Tropfen, Tantrismus), Mond ↗ (Babyl. Turm), Quetzal ↗ Federn (indian.), Hoffnung (Europa), Tierseele (Indien), was dem Tierkreis ↗ der Weltformel ↗ entspr. Kalumet ↗, männlich.

Blau:
Opfer (indian.), Priester (Maya), Ärzte (Byzanz), Venus ↗ als blauer Fünfstern ↗ (Tantrismus), Depressionen, Weltschmerz (blues ↗, Afro-Amerika), blaue Horizontale als Wasser (Mahikari), Krischna ↗ blau oder schwarz (Indien), Osiris ↗ blau, grün oder schwarz (Ägypten) — gleiche Kombination bei Gucumatz ↗ als Vogelschlange ↗ am Anf. der Schöpfung (Popol Vuh). Zentrum des Weltideogramms ↗ u. Kontinent Mu ↗. Kalumet, weiblich = Friede.

Schwarz:
Auferstehung (äg. + indian.); Yin ↗ (weibl.).

Weiß:
Tod (äg. + indian.); Yang ↗ (männl.).

Faschismus: zunächst die unter dem Symbol der Faszes ↗ von Mussolini ↗ geführte ital. rechtsradikale Bewegung ab 1919. Im gleichen Jahr trug sich Hitler ↗ als hl. Zahl 7 in die Deutsche Arbeiterpartei (DAP) ein, die schon mit der Thule-Gesellschaft ↗ verkettet war u. zur NSDAP ↗ wurde. R. lag bei der äg. Osirismumie ↗ die Geißel ↗, jedoch war sie mit dem Hirtenstab ↗ (l. Seite) gekreuzt, auf den sich inzw. der Papst ↗ vereinseitigt hat. Nur F. u. Religion zus. hätten also das Ziel der vollkommenen Menschen erreichen können; stattdessen erfolgte ein Sturz in Kriminalität. — S. Präfaschistische Sekten ↗ u. Neofaschismus ↗.

Faszes: Rutenbündel, ein etrusk. Symbol, evtl. zurückgehend auf die äg. Geißel ↗ wie a. auf Facies = Dekane ↗. In ihm wurde lt. Mythos ↗ die Göttin Diana ↗ gebracht. In den königl. Machtinsignien war in das Rutenbündel eine Doppel-Axt ↗ hineingesteckt. Aus dem Wort leitet sich der Begriff Faschismus ↗ ab. — These: das Bündel symbolisiert die Zusammenfassung aller Einzelmotive der Geschichte ↗ (= Runen ↗) od. Sektoren des Zodiaks ↗ (Dekane),

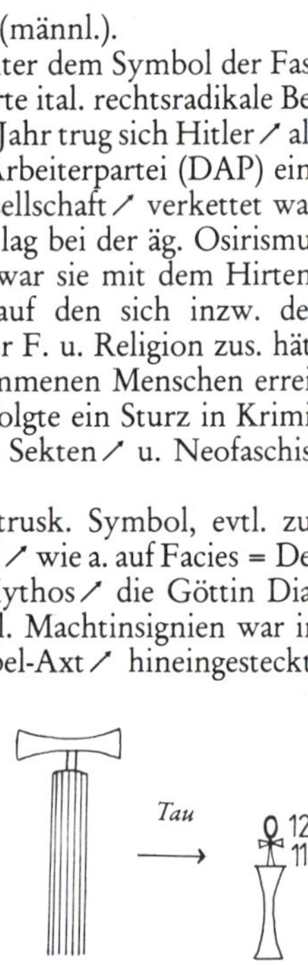

Faszes *Djed*

um die Nr. 24 ⋈ als komplette Erkenntnis ↗ zu erreichen. Wiederum entspr. dem Gesamtbild a. das Tau auf dem Djed ↗ mit dem Lebenskreuz, das als 11. Sektor den gleichen Zeitabschnitt umfaßt u. dann zum Friedensreich ↗ führt.

Fatalismus: Ergebenheit in die Unabänderlichkeit des Schicksals ↗ (= engl. *fate*).

Fatima: jüngste Tochter von Mohammed ↗ 632), deren Nachkommen allein von den Schiiten ↗ als Nachfolger ihres Vaters akzeptiert werden. — Ihre Hand ↗ (Abb.) wurde zum Hauptsymbol des Islam ↗. Hier zeigt sie um den 8er Kreis ↗ der Sonne 12 Kreise als die 12 Nachfolger (= 12er Schiiten). Lt. Legende verschwand der 12. - u. kehrte in unserer Zeit als Khomeini ↗ wieder. — Auf der Hand ist manchmal auch der Fünfstern ↗. Die von ihr begr. mohammedan. Dyn. der Fatimiden (909-1169) hatte ihren Sitz in Kairo ↗ mit Ägypten ↗ als Herrschaftsge-

biet. Evtl. ist ihr Vater selbst ein Ägypter gewesen. – Nach ihr wurde auch der portug. Wallfahrtsort benannt, wo 1917 drei Kinder Marien-Erscheinungen hatten, die die letzten 3 Kriege ankündigten; 1. Weltkrieg, 2. Weltkrieg + Endkrieg ↗. – Merkwürdigerweise hört der islam. Kalender mit letzterem auf: 1987. – Abb.: Hand der F. als Bekrönung einer türk. Standarte aus dem 18. Jh. (Victoria u. Albert Museum London). Vergleiche zeigen, daß es schon in Ägypten (3. Jh.) Hand-Anhänger gab (l.); daneben eine weitere F.-Hand, ebf. als Anhänger. – F. läßt sich trennen in Fate u. Ma ↗, zus. Schicksalsmutter.

Faust: als histor. Person um 1480–1536 lebend: ein ›Zauberer und Schwarzkünstler‹, der eigene Schriften hinterlassen haben soll. Bald vom Volk mythologisiert, wuchs sich diese Figur über literar. Vorläufer bei Goethe ↗ zum Mysterium des nach Erkenntnis ↗ strebenden Menschen schlechthin aus. Und so stellte ihn auch Rembrand dar (Abb.); im Hintergrund ein imaginärer ›Stein der Weisen‹ ↗, der wie der Gral ↗ gesucht wird, um zu enträtseln »was die Welt im Innersten zusammenhält«, uralte Suchkrankheit ↗ spez. der Deutschen (s. Tiodiska ↗). Goethe konzentrierte das Problem auf 4 Akteure: F.-Gretchen ↗-Mephisto ↗-Helena ↗. Als Erlösungssymbol der Fünfstern ↗ (das Pen-

Der Name Dr. Faustus ist mit der Erkenntnis verbunden: Der »Stein der Weisen« führt nicht zum Gold, sondern zur Enträtselung der Welt

tagramm), genau wie z. B. über der Hand der Fatima ↗ oder germ. Julhand ↗. – Faustisches Urbild ist eigtl. Eva ↗, die aus Erkenntnisdrang sündigte u. damit die ganze Menschheit aus dem Paradies ↗ vertrieb. Auch sie ließ sich vom ›Teufel‹ dabei helfen, u. zwar in Gestalt einer Schlange ↗, während Mephisto zunächst als Pudel erscheint. S. Symboltiere ↗.

Feder: 1) real: die F. der Vögel ↗ verhalten sich wie ein Mikrofon u. verwandeln Triller in einen Strom elektromagnet. Wellen, die sich mit Lichtgeschwindigkeit ↗ fortpflanzen, also schneller als der Schall ↗ (des Trillers) sind u. dessen Emissionsradius weit übertreffen, theoretisch steht ihnen der ges. kosm. Raum offen. Bei anderen Tieren + beim Menschen übernehmen die Haare (Fell, Kopfhaar, Bart ↗) diese Rolle, deshalb trugen Magier Tierfelle oder noch häufiger Federn. These: insofern sind sie F, Grundmotiv Kommunikationstanz ↗. – 2) als Symbol ↗: Feder der Maat ↗; Federkleid der Walküren ↗; Federkronen waren in Ägypten ↗ bes. häufig, z. B. als Horuskrone ↗ + Geierkrone ↗. These: da vertreten sie Gesetzestafeln ↗ (Weltordnungen ↗), d. h. die Kategorien des Lichts ↗, was a. für die Indianer ↗ zutrifft, die u. a. die Strahlen der Sonne ↗ ›unseres Vaters Federn‹ nennen. Eine mex. Sonderform bildet die Federschlange ↗. – Federröcke trugen v. a. sum. Priester u. Priesterinnen - als Z. der Erleuchtung?

Churchward ↗: »Der alte Name für Feder war Ku ↗, Kuk oder Kukum...« (1960, S. 143); bei den Maya erhalten als Kukulcan ↗, die mit Federn bedeckte Schlange, die Federschlange wie a. Vogelschlange ↗. Zusätzl. schreibt er, daß 3 F. die Krone von Mu ↗ zierten, s. Federkrone ↗. Man findet sie als Var. bei Berchta ↗.

Federkrone: lt. Churchward ↗ einstmaliges Symbol von Mu ↗ (Abb.), bestehend aus 5 Zacken + 3 Federn ↗, zus. 8. Elemente = 8er Kreis ↗ der Sonne ↗. These: bezogen auf diesen Kreis kann man mit den 3 Federn den Sektor Ku ↗ = Feuer (afrik. Kuntu ↗) einrahmen, die 5 Zacken ergeben die restl. Sektoren (s. Kreisschema). Im Tao ↗ ergibt sich daraus Li ↗ + Dschen ↗ = Hochkultur. Und auf Mu fing Kultur ↗ an. Auf dem Bild der Landung ↗ sind die 3 F. 3 Äxte.

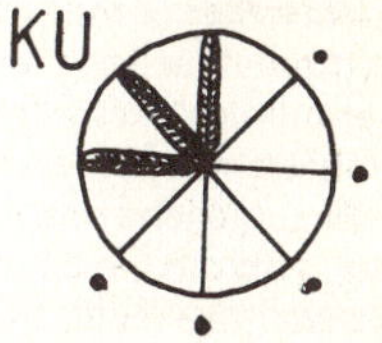

Federschlange: gefiederte Schlange oder mit Federn ↗ bedeckte bzw. in Federn gehüllte Schlange (Mexiko ↗), bei den Maya ↗ Kukulcan ↗, bei den Azteken ↗ Quetzalcoatl ↗, die Schlange mit den Quetzal ↗-Federn, vornehmlich Grün (s. Farben ↗), im Popol Vuh ↗ aber grün + blau, eine Zusammenfassung der uranfängl. Kräfte der Schöpfung, symbolisiert in den 4 Ah Can Tun ↗. Im Weltideogramm ↗ die Mitte = Mu ↗, wo die ›Federschlange‹ als Kulturbringer ↗ landete, afrik. Nommo ↗ (s. Astronaut ↗). Man darf a. an die Schlange am ›Baum der Erkenntnis‹ des Paradieses ↗ der Bibel ↗ denken, die merkwürdigerweise plötzlich verdammt wird, auf dem Bauch zu kriechen, was bed. müßte, daß sie vorher laufen oder fliegen konnte, d. h. im Himmel beheimatet war. Altmex.

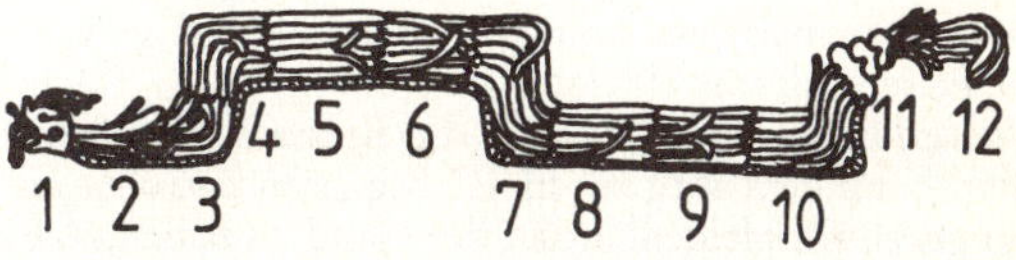

Darst. zeigen sie ähnl. Mäander ↗-artig gewellt wie die äg. Mehen ↗. Zunächst ist also nur das Rhythmusbild innerhalb des Zodiaks ↗ gemeint. F. wurde aber a. ein

Titel, den sich z. B. Ce Acatl ↗ aneignete, mit dem Itzamna ↗ belegt wurde, dann Abubakari ↗; jedoch steht er erst wieder den 2 Wiederkehrenden ↗ zu, auf die heute gewartet wird. Insofern ist die F. a. ein Äqv. für die Sonderlinie ↗ der Genesis ↗, zu der die äg. Pharaonen ↗ zeitw. gehörten, getragen von der Kandake ↗ = Isisschlange mit der Geier-(Feder-)Krone ↗, was die gleiche Kombination von Schlange + Feder enthält. — In Teotihuacan ↗ findet sich die F. sowohl als Fries wie als Säule, dann liegt der geöffnete Rachen auf dem Boden auf. Austral. Äqv.: die Regenbogenschlange ↗.
F. als Fries des Jaguar ↗ Tempels von Chichen-Itza ↗. These: 12 Abschnitte x 6 Querteilungen = 72: das Uralphabet ↗.
Fegefeuer: lt. Vatikan ↗ Ort der Reinigung (lat. *purgatorium*) für jene Verstorbenen, die noch ›läßliche‹ (leichte) u. schon bereute u. vergebene Sünden abzubüßen haben. Nimmt in der 3-Teilung des Jenseits ↗ zw. Hölle ↗ u. himml. Paradies ↗ die Mitte ein u. dürfte der unteren Duat ↗ Ägyptens entspr. Hat bei Dante ↗ die Form des Berges Meru ↗.
Feindbild, Feindschaft: lt. Psychol. ↗ führt eine Störung nicht nur zu einem Fehlen, sondern zu einer aktiven Feindschaft gegen das Fehlende. Beispiel: Störung der Freude = Fehlen der Freude = Feindschaft gg. Fröhliche, die keineswegs die Störer zu sein brauchen. So entstehen dann scheinbar grundlose Feindbilder nichtindividueller = kollektiver Art, die sich auf äußere Symbole ↗ des Fehlenden konzentrieren, schließl. Erbmasse werden: entw. verankert im Zellkern ↗ und damit ausgehend von der Evolution ↗; oder als Erinnerung ↗ an die Geschichte ↗, wobei die Archetypen ↗ eine wichtige Rolle spielen dürften. These: die 2 konfliktreichsten F. sind Geschlechterkampf ↗ und Rassismus ↗, zurückgehend auf den Beginn von Dualismus ↗ überhaupt. Hier wird das Fehlende als verlorene Einheit bekämpft bis zur Wiedergewinnung als endzeitl. Synthese ↗, womit das ersehnte Friedensreich ↗ beginnt - od. die Erlösung von F.
Feinstofflich: räuml. nicht begrenzte Stofflichkeit od. sehr feine Materie ohne Form ↗. Meist gilt die Seele ↗ als feinstoffl., während der Ka ↗ (Geist) zwar nichtstoffl. ist, aber doch eine Form hat.
Fels: lt. Evangelisten hat Jesus auf Petrus ↗ als ›Fels‹ seine Kirche gebaut. — Mikronesien ↗ denkt sich den schon vor jedem natürl. und übernatürl. Wesen ↗ existierenden F. als Gebärmutter ↗ des Universums, umgeben von einem Urmeer. Er bringt die ersten Götter hervor, die sich dem Aufbau der Welt zuwenden: Göttin Latmikaik und Gott Tpereakl. — Persisch: Felsgeburt des Mithra ↗. — These: zweifellos identisch mit Eccestan ↗ u. Achath ↗, das Eine, Unveränderliche, Ewige. — Bei den Germanen ↗ galten Felsen + Steine als Knochen des erschlagenen Urriesen Blaim; entspr. waren die ›Felswale‹ oder das Felsenvolk die Riesen ↗. S. Felsenweib ↗.
Felsenweib: in der Edda ↗ die Riesin ↗, der Brunhild ↗ auf dem Weg zur Hel ↗ begegnet, u. die sie anklagt, zuviel Heldenblut an der Hand zu haben, z. B. durch ihren Ungehorsam, gg. Wotans ↗ Willen König Agnar siegen zu lassen (weshalb sie mit dem Schlafdorn ↗ gestochen wurde). Bei der Verteidigung erfährt man die Anzahl der Walküren ↗.

Riesin:
»Nimmer darfst du dreist betreten
die steingestützten Stätten mein...
Was wanderst du vom Wallande,
heilloses Haupt, zur Halle mein?
Du wischtest, Weib, willst dus hören
oft von der Hand dir Heldenblut.«

Brünhild:
»Nicht wirf mir vor, du Felsenweib
daß ich weiland war auf Wikingsfahrt
bin die bessre von uns beiden
wo unsre Abkunft auf Erden man kennt...
Den Heerschild hoben zwei Herrscher einst
der Heergott ↗ verhieß Helmgunnar Sieg
der andre war Agnar, Audas Bruder
dem keiner zu Hilfe kommen wollte.
Der kühne Fürst nahm die Flughemden
unter der Eiche uns acht Schwestern...«

Kann man folgern, daß hier Gerechtigkeit (äg. Maat ↗) in Gestalt von Brunhild als 1 der 8 Walküren gegen Karma ↗ als Fels = Petroma ↗ anredet?
Fenja: im ›Mühlenlied‹ der Edda ↗ eine der zwei Riesinnen ↗, die mit Grotti ↗, der ›Wünschelmühle‹ (äqv. Sambo ↗) alles herbeizaubern, was man sich wünscht; hier bei einem König Frodi (der sie gekauft hat u. unterdrückt) Gold. Er gönnt keine Ruhe, will immer mehr, bis Menja rasten will, während F. auf Weitermahlen besteht mit dem Endeffekt, daß der Palast zu brennen beginnt u. zusammenbricht, die Riesinnen befreiend. Dabei mahlt F. der Feinde Schar heran.

Menja: »Die Hand soll rasten, ruhen der Stein
ich mahlte meinen Teil; die Müh muß enden!«
Fenja: »Noch will ich der Rechten Ruh nicht gönnen
Bis Frodis Neide genug wir mahlten!«
....
Die Mädchen mahlten mit mächtiger Kraft
Die Jungfrauen im Jötenzorne!
Die Stangen brachen, die Balken stürzten,
der starke Stein in Stücke sprang.
Da rief die Maid aus Riesenstamm:
»Wir mahlten, Frodi, zur Freude für uns;
am längsten die Maid an der Mühle stand.«

These: eine Variante zum Kalewala-Epos ↗, wo am Ende eine ›Tochter mit Sonnenerbe‹ ebf. Sambo (Mühle, Truhe ↗, Gral ↗) zerbricht; sie wird Louhi ↗ genannt.
Fenrir: a. Fenris-Wolf ↗.
Fenris-Wolf: der von Angrboda ↗ u. Loki ↗ gezeugte wolfsgestaltige Nachkomme - Bruder der Midgardschlange ↗ - der beim Weltuntergang ↗ (Ragnarök ↗, Götterdämmerung ↗) von seinen Fesseln befreit wird, um gg. die Asen ↗ zu kämpfen. Während er noch mit den Fesseln Gelgja ↗ an der Steinplatte Gjöll ↗ angebunden ist, fließt aus einem Maul der Fluß Wan ↗ (These: die Präzession ↗, s. Van ↗ bei den Tataren). So wird verständl., daß er bei der Entfesselung die Sonne ›verschlingt‹ sowie Odin ↗. Als Rache reißt ihm dafür Odins Sohn Widar ↗ den Rachen entzwei. These: das ist die Zweiteilung der Geschichte ↗ (als Runenkreis ↗), ausgedrückt in der 12. Rune ↗. Äg. Äqv. Anubis ↗, weshalb seine germ. Wechselform der Helhund Garm ↗ ist, griech. Äqv. Cerberus ↗. Nach dem Entzweireißen seines Rachens verbrennt die Welt (= 4. Welt ↗). — Auf ›Wölfen‹ ritten in der germ. Mythol. die Riesinnen ↗; s. a. Werwölfe ↗. — Lt. Wirth ↗

wird er an der tief in der Erde versenkten Thwiti angebunden, was sowohl Stein *(thwiti)* wie Axt *(thweita)* bedeutet. Als ›Steinaxt‹ handelt es sich wohl um die Doppelaxt ↗ oder 24. Rune ↗.

Fest(e): in den Kalender ↗ eingebaute gefeierte Tage, die entw. ein feststehendes Datum im Jahr ↗ haben oder einer anderen Zählung folgen, die sich auf den Mond oder Planetenkonstellationen ↗ etc. beziehen. Ihr Inhalt ist ein Ritual ↗ u. bezieht sich immer auf die Erinnerung an Ereignisse der Geschichte ↗ oder Schöpfung ↗, verbunden mit der Evolution ↗. Insofern dienen sie a. der Synthese ↗ von Natur ↗ + Kultur ↗ u. helfen dadurch der Herbeiführung des Friedensreiches ↗. Im Äg. Totenbuch ↗ findet sich als Bestätigung, daß sie dem Sieg des Horus ↗ dienen:

»Alle Regionen, alle Götter und Göttinnen
– Die des Himmels und die der Erde –
Sind opferwillig, um Horus' Sieg zu bewirken«
»Siehe nun, Horus, Osiris' und Isis' Sohn
Wird überall in Millionen von Festen gefeiert«

Und über ihre Anzahl:

»stehe ich den Festen vor,
am Anfang und in der Mitte des Monats«

Das würde für Ägypten ↗ 24 Feste belegen, entspr. den im Tierkreis ↗ (= Horus) verborgenen 24 Grundmotiven ↗ od. Archetypen ↗. Man darf annehmen, daß alle F. der Welt auf diese Grundzahl – die wohl schon in Mu – praktiziert worden ist – zurückgehen, im Laufe der Jt. aber unterschiedl. Reduktionen erfuhren: auf 12, 8 od. 4, wobei man Motive koppelte, etwa wie bei uns Ostern ↗, dem äg. Sokarisfest ↗ (Tod + Auferstehung) nicht unähnl. Nicht zuletzt spricht dafür die Julnacht ↗, eingebettet in 12 Vorjul- u. 12 Nachjultage = 24; s. Germanische Feste ↗. Das Jul-Ende gibt es noch als Fest der Drei Könige ↗, im alten Griechenland als Geburt des Osiris gefeiert. Ähnl. Übernahmen sind: Himmelfahrt ↗, Eisheilige ↗ und Karneval ↗ = Wotans Wilde Jagd, Neujahr ↗ überlagernd. Einmalig an Zeitfrequenz ist das afrik. Sigui-Fest ↗ (alle 60 Jahre), halbiert als äg. Sedfest ↗ zu finden. Bei den Maya ↗ spielte in dieser Größenordnung der Abschluß 1 Tzolkins ↗ von 52 J. eine vergleichbare Rolle, gekoppelt mit dem ebf. globalen Feuerbohren ↗. — S. a. Katschina ↗.

Feuer: 2. der 4 Elemente ↗, in Ägypten ↗ weiblich, die Göttin Tefnut ↗. Das Ewige Feuer hüteten in Rom die Vestalinnen ↗. — S. Feuerbohren ↗ u. Parsen ↗.

Feuerbohren: ein ritueller Akt bei Germanen ↗, Hindus ↗ + Indianern ↗, spez. den Maya ↗: im Unterschied zum ›Küchenfeuer‹ des brennenden Holzscheits handelt es sich um ›kulturelles Feuer‹. Bei den Wiyot-Indianern gilt der Hund ↗ als ›Herr des Feuerbohrers ↗‹. — In Indien ↗ wird der Akt durch Reibung der Yoni ↗ (weibl.) mit dem Lingham ↗ (männl.) symbolisiert.

Feuerbohrer: bei den Maya ↗ ein hölzernes Gerät aus 2 Teilen zum rituellen Feuerbohren ↗:

1) rechteckige Platte mit fünf runden Vertiefungen von je 2 cm Durchmesser auf der Oberfläche, von denen Rillen bis zu den Plattenrändern laufen. Sie wird mit den Füßen gehalten.

2) Holzstab gleichen Durchmessers, ca. 70 cm lang, der mit den Händen in den Löchern gequirlt wird.

Die starke Reibung erhitzt nach u. nach das Brett, von dem sich schwärzl. Holzmehl löst, das in die Rillen gerieben wird u. später Rauch entwickelt. Dann hält man Zunder (Rinde des Papillo-Strauchs) daran, der sich entzündet, Gesamtdauer etwa 10–15 Minuten. — Bei der Neufeuerzeremonie am Ende des Tzolkins ↗ aus 52 Jahren, löschte man die Feuer in allen Häusern + Tempeln, zerstörte alle Kultgeräte etc., u. nach einer Prozession auf den Gipfel eines Berges wurde (bei den Azteken ↗ über der Brust eines Geopferten) danach das neue Feuer ↗ in der geschilderten Weise gebohrt: das war der Beginn des nächsten Tzolkins, oft begleitet vom Anlegen eines neuen Mantels an den Pyramiden. These: da sich die Tzolkins bei den Olmeken ↗ auf 5 Long Counts ↗ erweiterten, dürften die 5 Löcher deren 5 Anfänge innerhalb der menschl. Kultur ↗ symbolisieren, in Par. zu den 2 Welten (4. + 5., s. Weltenlehre ↗) der Geschichte ↗ stehen. Dann ist das Feuerbohren ↗ das Bohren nach Erkenntnis ↗ u. das 1. Gerät unser Weg zu deren Ziel = Weisheit ↗.

Figurativ: Ausdruck der Kunst ↗ für Formen bzw. Erscheinungsbilder, die figürl. Körper ↗ wiedergeben, statt Vorformen ↗ od. Ideen ↗, ohne sich auf Naturalismus (Figuren der Natur) od. Realität ↗ einzuengen. Wie beim Surrealismus ↗ können sie a. Traum ↗ od. Phantasie ↗ entspringen.

Filo: Name des 17jährigen Schulmädchens von Neuguinea ↗, das 1940 eine Vision hatte zur Veränderung der Gesellschaft durch Vertreibung der christl. Missionen u. Weißen, Erwartung der wiederkehrenden ↗ Ahnen sowie einer Dunkelwolke ↗ + ›Cargo‹. — These: eine Vorausschau der Endzeit ↗, die den pazif. Cargo-Kult ↗ einleitete u. archetypisch an der einstmaligen Landung von Astronauten ↗ auf Mu ↗ anknüpfte, von dem Neuguinea ein Rest ist.

Fisch: als Symbol ↗ in allen Kulturen gebräuchlich.

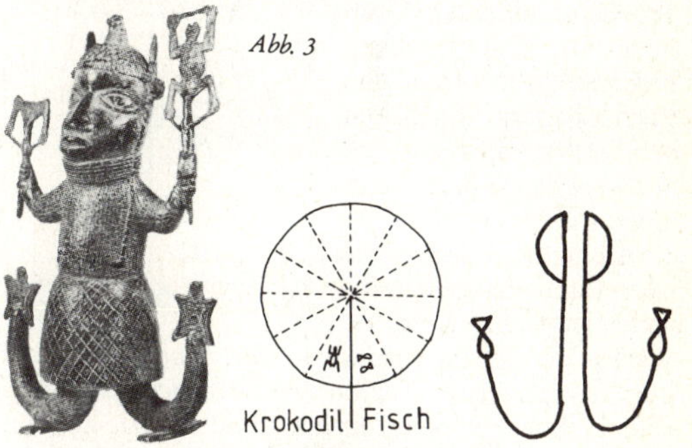

Abb. 3

Abb. 1

1) Ägypten: der ›große Abdu‹ ↗ (Abb. 1) = Osirismu-

mie ↗ u. die Göttin Hatmehit ↗ = erste der Fische u. Fischsektor ↗.
2) Sumer: Dagon ↗.
3) Indien: Vishnu ↗; Äqv. Dagon, beide Götter nehmen Fischgestalt an, um Manu ↗ zu retten.
4) Christl. Äqv. zu Osiris (s. Nr. 1) ist Ixthys ↗ (Abb. 2), den die ersten Christen als Erkennungszeichen am Hals trugen. These: das bezieht sich aber auf den Fischsektor mit Jesus als 1. seiner 2 gegensätzl. Fische, der 2. wurde am Ende des gleichen Sektors geboren u. war der wiederkehrende Nommo ↗, s. Nr. 5.

Abb. 2

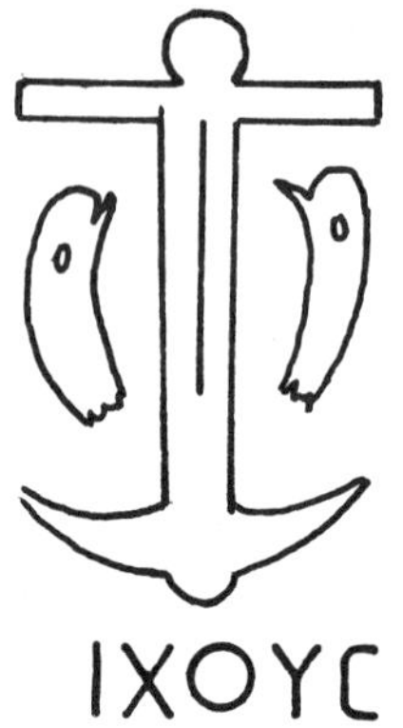

5) Bei den afrik. Dogon ↗ kamen Nommo als Astronauten ↗ vom Sirius ↗ u. waren ›Fischmenschen‹; s. Wiederkehr ↗. — In Benin ↗ findet sich als Äqv. Olokun ↗ mit Fischbeinen, in einer Hand das Krokodil ↗, was den Tierkreis ↗ mit Anfangs- u. Endsektor umfaßt (Abb. + Schema 3). Der Vergleich mit einer Var. des Ixthys aus 2 Kreishälften mit Fischen auf den zusammenführenden Bögen unten bestätigt ein globales Symbol für die Geschichte ↗ oder 1. + 2. Reich ↗.
6) Im chin. Taoismus ↗ besteht das Taichi ↗ aus 2 Fischen.
7) Griech. Artemis ↗ mit Fisch im Leib, was nahelegt, es gäbe insg. 3 Fische, 2 männl. u. 1 weiblichen. Tats. findet sich die christl. Trinität ↗ auf einem Grabstein von Tintern-Abbey, England (Abb. 4), l. eine Verschlingung von 3 kleinen Fischen, die r. zu 1 großen F. wird, als deren uranfängl. Einheit.

Abb. 4

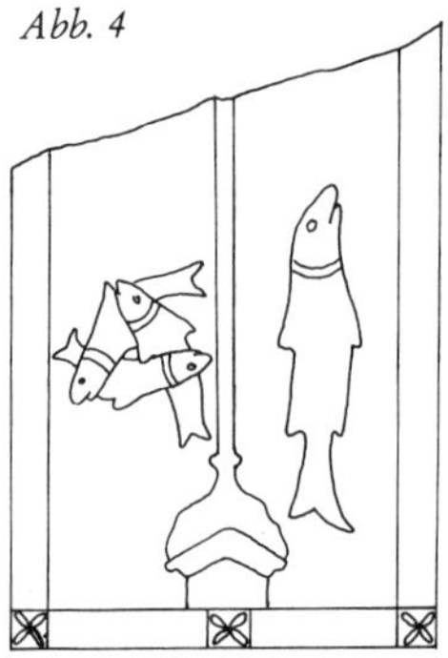

8) Alchemie ↗: in ihr ist »der Fisch die geheimnisvolle Ausgangsmaterie des Werks, der ›piscis rotundus‹, der runde Fisch... Er trägt nach gewissen Texten den ›Drachenstein‹ in seinem Leibe, den viele suchen, ohne ihn zu kennen« (Marie-Louise von Franz). These: es dürfte sich um den Eccestan ↗ (Mutterstein) handeln.
9) Bei den Maya ↗ lautet die Analogie: Mais ↗ = Fisch, womit man beim Muntu ↗-Viertel der afrik. Ntu-Philosophie ↗ landet.
Bleibt zu vermerken, daß Ixthys mit der indian. Silbe Ix ↗ beginnt, Umdrehung ↗ ist Chi ↗.

Fischsektor: 12. und letzter Sektor des Tierkreises ↗ der Geschichte ↗, von 210 v. Z. bis 1950. Er wurde von den Essenern ↗ eingeleitet als ›Zeit der Bosheit‹. Was insofern stimmt, als es die 2. Hälfte des Kali Yuga ↗ oder finsteren Zeitalters war. Positive Aufgabe: in dieser Verfinsterung sollten die Menschen zu ›Fischen‹ werden, d. h. im Finsteren sehen lernen, den 6. Sinn ↗ ausbilden. Es war recht eigtl. die Aufgabe der von Jesus ↗ auf Petrus ↗ gegründeten Kirche, weshalb sie wohl u. a. a. so viele vorhandene Religionen ↗, Traditionen ↗, Kalender ↗, Texte, Bilder u. Feste ↗ bekämpfte bzw. durch ›Christianisierung‹ in sich aufnahm. Alles äußere Wissen ↗ sollte untergehen, um inneres Wissen zu provozieren, dito die Erkenntnis ↗ (beides ebf. als die 2 Fische ↗ einzusetzen), zur Erreichung des uralten Ziels der Weisheit ↗ = Sophia ↗. — Der F. umfaßte a. den größten Teil der Wiederholung ↗ der Geschichte ↗, wobei die Geburt von Jesus das Grundmotiv ↗ Erinnerung ↗ wiederholte; tats. wiederholte Jesus Osiris ↗ (Nommo ↗), u. zwar in seiner Thot ↗-Form, germ. Tuisto ↗, weshalb die Deutschen ↗ (Tiodiska ↗) bes. ansprangen. Die Macht ihrer Kaiser basierte auf dem Speer ↗, mit dem Jesus nach der Kreuzigung ↗ verwundet wurde. Das gilt a. für Hitler ↗, der ihn aus Wien ↗ - wohin man ihn vor Napoleon ↗ in Sicherheit gebracht hatte - nach Nürnberg zu den restl. Kaiserinsignien zurückbrachte. So kann man sagen, daß dieser Speer den ganzen F. beeinflußte. Als Par. zum germ. Ger ↗ ergeben sich noch größere Zusammenhänge. — Alle Päpste ↗ trugen einen Fisch ↗-Ring. Äg. Repr. des F. = Hathmehit ↗.

Fixsterne: alte Bez. für die ›feststehenden‹ Sterne ↗ (Sonnen) im Unterschied zu den ›Wandelsternen‹ = Planeten ↗. Sie stehen aber nur scheinbar fest, tats. bewegen sie sich mit einer Durchschnittsgeschwindigkeit von 20 km/s im Raum ↗, sowohl bedingt durch die Rotation in der jeweiligen Galaxie ↗ wie der Ausdehnung des Kosmos ↗. Dabei verändern sich über lange Zeiträume ihre gedachten Sternbilder ↗. — Der hellste F. für unsere Himmelsschicht ist der Sirius ↗.

Fliegerspiel: mex. Fest ↗, das eine Szene aus dem großen Kultdrama von der Geburt des Mais ↗ darstellt. Da dieser die 4. der 4 hl. Pflanzen ↗ war, entspricht ihm im 4er Kreis Muntu ↗, der Mensch: ein hoher Mast wird aufgestellt und mit Seilen umwickelt, oben befindet sich eine Tanz-Plattform. Die Spieler verkleiden sich als Vögel ↗ oder Frauen (Göttinnen), klettern nach oben, befestigen sich an je einem Seil und fliegen dann als ›Kulturbringer‹ ↗ mit Gaben in den Hängen in Spiralen zur Erde, Kombination: Vogel = fliegen, gewundenes Seil = Schlange, am ›Baum der Erkenntnis‹ ↗ als Mast - dies jedoch ohne Bibel ↗-Einfluß. Zus.: Ankunft (Landung ↗) der Vogelschlange ↗. Auf der Abb. (Codex Fernandez Leal, altmex. Kulturen, S. 244) entspricht die Stange mit der 2stöckigen Abflugplatte der 1. Rune ↗, damit dem 1. Grundmotiv der Geschichte X = Hl. Hochzeit ↗; es ist der Kulturbeginn durch Astronauten ↗, a. Beginn der 4. Welt ↗, evtl. symbolisiert durch die 4 Vögel. Das Gerüst findet sich als Z. im Wappen jedes Kardinals von München ↗. — Unten l. stilisiert der Mais, gegliedert in 20 Bestandteile, indian. Grundzahl für Uinic ↗ (Mensch): 10 Blät-

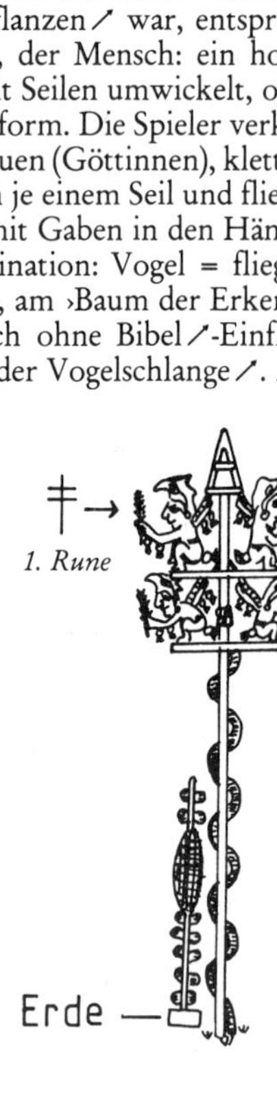

ter, 6 Körner im Kolben u. 4 Blätter darüber. Mit dem Zusatz der 4 Vögel wird daraus 24 = der Übermensch ↗, den die Landung in Gang setzt. Dann lassen sich a. die 4 Elemente erkennen: Vögel = Luft ↗, Schlange = Feuer ↗, unten die Erde □ u. Mais = Wasser ↗ (Fischsymbol). Ort der Verbindung bei den Maya: Tamoanchan ↗ = Land *(Ta)* der Vogel-*(Moan ↗)* Schlange *(Chan ↗)* In Ägypten sind Vogel + Schlange weiblich u. an der Stirn der Osirismumie ↗ angebracht, die zum Fisch ↗ wird od. zur Kornmumie ↗, hier mit Getreidekorn = Mais. Dann wird Vogel = Göttin zur Nephtys ↗ (als Geier).

Flügel: als Symbol verweisen ins Reich der Seele ↗ u. des Geistes ↗, wie a. der Psyche ↗ als beider Kombination. So bed. Psyche nur Schmetterling ↗, der äg. Ba ↗-Vogel war der Falke ↗ äqv. Behdet ↗ mit Falkenflügeln, während der Kosmos ↗ oder Geist die Flügel des Geiers ↗ hatte; christl. Äqv. die Taube ↗. Immer mit F. dargestellt: die Engel ↗. — Prinzip. sind Flügel eine Erweiterung der Feder ↗ u. damit die Omnipräsenz durch Ausstrahlung, Herabsteigen (Fliegerspiel ↗) u. ä. In weiterem Verständnis sind es Genien ↗ = Djinn ↗. Soweit nichtfliegende Tiere F. erhalten, z. B. Löwe, Stier etc., dürfte es sich um den Tierkreis ↗ handeln, oft kombiniert in der Sphinx ↗ oder Nemesis ↗ ebenso wie in den geflügelten Drachen ↗ mit Übergang in die Kräfte der Planeten ↗. — Geflügelte Pferde ↗ gehen in den Wirkungsbereich der Elemente ↗, die Walküren ↗ in den des Lichts ↗.

Flut: von allen Völkern mehrfach überliefert als globale Katastrophe, die eine Welt ↗ beendete. Ägypten ↗ belächelte die Griechen ↗, sie seien ein junges Volk ohne Erinnerung, das nur 1 Flut überlieferte, während es doch schon 4 gegeben habe. These: davon waren 3 global und beendeten jeweils die 2., 3. u. 4. Welt (s. Weltenlehre ↗), letzteres war die Sintflut ↗ der Bibel ↗. Dann folgte noch eine auf Sumer ↗ beschränkte F., die das Kali Yuga ↗ einleitete, mit vulkan. Störungen bis ins Mittelmeer ↗, wo gerade die Minoische ↗ Kultur aufblühte. Auch das Popol Vuh ↗ enthält die 3 großen Fluten.

Fohat: tib. Name für den ›Geist der Elektrizität‹; a. dhyanchoanische Energie ↗ gen. Lt. Blavatsky ↗ Fäden, die von den Planeten ↗ als Verbindung zur Sonne ↗ ausgesandt werden bzw. »die lebengebende elektrische Kraft, welche den Körper beim Tode verläßt« (I., S. 737), äqv. dem Atem des äg. Atum ↗, wie sie meint (evtl. Nomos ↗), bestehend aus den ›7 magischen Kräften‹. These: es sind natürl. die 7 Regenbogenfarben ↗ oder das, was im 8er Kreis ↗ in den ersten 7 Sektoren an Kategorien dahintersteht, d. h. die äg. Götterachtheit ↗ ohne Nr. 8 = Naunet ↗. Auch die Auffächerung von Ahpu ↗ in die 7 Ahpus bei den Maya ist eine Entsprechung; im Mythos spielen sie ›Ball‹, d. h. mit der Sonne, was darauf schließen läßt, daß F. a. die Kraft ist, die die Sonne u. rückwirkend die Planeten bewegt. Als Zeitangabe der Entstehung kommt Buchstabe F im Sonnenalphabet in Frage = 4. Tag der Primärschöpfung ↗. Das entspr. Grundmotiv ↗ 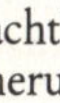 erinnert an einen vom Prisma ↗ ausgefächerten Lichtstrahl. Da zu dieser Zeit noch kein Licht existierte, fallen die Elektronen ↗ ein, da es heißt, F. härtete die Atome ↗. S. dazu F als Fahne ↗.

Folkwang: ein Sitz in Asgard ↗, Wohnung der Freya ↗, die in dem Saale Sessrymnir = viele Sitze habend, die ihr zukommende Hälfte der in Schlachten Gefallenen aufnimmt; die andere Hälfte gehört Odin ↗ u. landet, ausgewählt von den ihr unterstehenden Walküren ↗, in Walhall ↗. Deshalb F. = Volksgefilde (im Jenseits ↗). Da das relig. System der Germanen nur bruchstückhaft erhalten ist, bleibt unklar, ob mit F. ein Sektor des 12er Kreises ↗ der Sonne ↗ – oder Planet Venus ↗ gemeint ist, mit dem sich Freya über Freitag ↗ verbindet. These: ersteres klingt wahrscheinlicher. Trotzdem gibt es diesen Querbezug, denn im Grimnirlied der Edda ↗ ist F. der 9. Göttersaal – Venus ist der 9. Planet ↗ von außen gerechnet.

Fomori: lt. Überlieferung der Kelten ↗ die riesenhaften Ureinwohner von England (anscheinend ist a. die dt. Insel Fehmarn danach benannt), evtl. übersetzbar mit Volk (folk, Fo) der Mohren (mori) oder Lemuren ↗. Die Frau des Tethra, eines F.-Königs, wird so beschrieben:

»Wonach verlangt es dem Weibe des Tethra?
Nach dem Feuer des Kampfes,
Nach Reihen von Kriegern, vom Schwert zerrissen
Nach Blut, und nach Leichnamen unter Leichen
Nach Augen in Todesstarre
Nach Köpfen, vom Rumpf abgetrennt
Solcherlei Worte vernimmt sie mit Freude.«

Tethra wird in der sog. ›ersten Schlacht von Mag Tured‹ getötet, die Invasoren sind das Volk der Göttin Dana ↗, die Tuatha de Dannan ↗ (späteren Deutschen ↗). Dana heiratet den fomor. Gott Bress. Das bed. zunächst nur, daß 2 Religionen ↗ vereinigt werden, was dauernde Quelle von Konflikt bleibt, bis Lug ↗ die Herrschaft übernimmt. Er kämpft mit dem F. Balor, tötet diesen u. das Heer der F., flüchtet u. wird vernichtet. Die nächste Invasion scheint die Kelten zu bringen, sie besiegen die Stämme der Dana, die in ›unterirdische Schlösser‹ flüchten u. zu Geistern werden. Im Sagenkreis des Roten Zweiges tauchen die F. wieder als Connaughter auf (von Conn = Oberhaupt) unter ihrem König Ailill und Königin Medb. Sie streiten mit den ebf. zurückkehrenden Stämmen der Dana, jetzt Leute von Ulster, um einen Hund Ailbe, Hüter des Totenreichs (= Cerberus ↗ = Anubis ↗); letztere gewinnen ihn, aber er stirbt. These: dieses Sagengewirr könnte sich schattenhaft auf die Kämpfe am Übergang von 4. zu 5. Welt ↗ beziehen. Dann sind die Fomori die 4. Wurzelrasse ↗ der Lemuro-Atlanten u. ihr Balor entspricht Baal ↗, germ. Baldr ↗. Der Mythos ↗ überträgt dies auf andere Zeiten.

Form: der äußere Umriß oder die Gestalt eines Wesens ↗, d. h. sein Erscheinungsbild ↗ in der jeweiligen Gegenwart ↗. These: es lassen sich 3 Wahrnehmungen ↗ unterscheiden: die Idee ↗, die Vorform ↗ u. die Form, mit der Vorform als Prozeß der Bewegung von der Idee zur endgültigen Realisierung ↗. — S. Formwahrnehmung ↗.

Formwahrnehmung: begann beim Menschen wahrsch. erst vor rund 26000 J. am Ende der 3. Welt ↗, deren Wurzelrasse ↗ die Lemuren ↗ waren. Sie besaßen das Dritte Auge ↗ u. sahen damit den Astralkörper od. das Wesen ↗ eines Dinges oder Menschen, nicht seine Form. Die Ureinwohner von Australien ↗ als ihre letzten degenerierten Nachf. sehen noch heute anders als wir. Das gilt aber a. für Babies u. Erblindete, die wieder sehend werden bzw. Menschen unter Einfluß best. Drogen. Die starren Umrisse = die Form, geraten in Bewegung, als taue die Eisdecke eines Sees auf u. zeige wieder wogende Wellen. F. wird Bewegungssprich Motion-Wahrnehmung ↗. Es handelt sich um unterschiedl. Umsetzungen der mit dem optischen Sinn ↗ über Auge ↗-Gehirn ↗ wahrgenommenen Eindrücke, lt. Symbolik um Vorherrschen des Sonnenauges für Form oder des Mondauges für Idee, Name ↗. Bsp.: F. bei einem Vogel wäre sein Vogelkörper, Bewegungswahrnehmung das Flugbild, das er damit ausführt u. worin er sein Wesen ausdrückt. Ein geschultes Auge müßte letzteres direkt aus den Grundmotiven ↗ von Flugbahn od. Körperform herauslesen können.

Franken: erst ab 3. Jh. Stammesbez. für Germanen ↗, die frank = frei von der Besetzung durch Römer ↗ blieben.

Franziskaner: Mitglieder des von Franz von Assisi 1223 begr. Ordens, auch Bettel- u. Barfüßerorden gen., im Anschluß an den Minnedienst ↗. Lobpreis der Schöpfung ↗ durch Franziskus:

»Gelobt seist du, mein Herr,
Samt all Deinen Kindern
Und der Schwester Sonne ↗ besonders...«

Wohingeg. in späteren Zeilen der Mond ↗ als Bruder gilt. Eine eigenartige Umdrehung des Geschlechts dieser beiden Himmelskörper, da doch im offiz. Christentum Jesus ↗ die Sonne u. Maria ↗ den Mond vertritt. Wiederum zeigt genau diese Umdrehung die innere Einstellung von Männern, die wie der männl. gedachte Mond besitzlos u. abhängig von Gaben (der Sonne) werden wollten. Wie die kurz zuvor entstandenen Dominikaner ↗ bekämpften sie den Gral ↗. — Franz von Assisi wird als 1. Träger von Stigmatisation genannt, d. h. hysterisch-magischen Gewebsveränderungen; bei ihm in Form der Wundmale Jesu durch die Nägel der Kreuzigung ↗. — Weibl. F. = Klarissen-Orden. Beider Aufgaben: Unterricht, Seelsorge, Krankenpflege.

Frau: »Die Frau ist das von Anfang an Gegebene, der Mann das Gewordene...« (Fester, u.a., Weib u. Macht, 1979, S. 35). These: das stimmt insofern, als am Anfang das Wort (der Logos ↗, weibl.) war, die unverursachte Ursache, ewig, unveränderlich, im Popol Vuh ↗ die Schöpferin Tzakol ↗; in Ägypten die Mut ↗, im Pazifik Io Wahine ↗. — Es ist das X ↗, weshalb bei den Maya ↗ alle Göttinnen mit Ix ↗ anfangen, die Götter mit AH ↗. Sie vertritt also die primäre Weltordnung ↗ X-P, der Mann ↗ die sekundäre Weltordnung A-Z. — Warum dann Frauenhaß ↗?

Frauenhaß: »Nach den Lehren der christlichen Kirchenväter waren die Frauen der Ursprung alles Übels - schon seit den Tagen der Eva ↗. Tertullian hatte geschrieben: ›Weib - du solltest stets in Trauer und Lumpen gehen, deine Augen voll Tränen. Du hast das Menschengeschlecht zugrunde gerichtet!‹ Hieronymus nannte das Weib ›die Pforte des Teufels‹, den Weg des Unrechts...« (P. M. 12/1979, S. 63). Luther ↗: »Werk und Wort Gottes lehren uns deutlich, daß das Weib für die Ehe oder Hurerei benutzt werden muß...« u. »Laßt sie leben, solange sie gebären, dafür sind sie da.« Ein ungeheuerliches Feindbild ↗, das sich nur auf die Angaben der Bibel ↗ über Eva u. deren angebl. Erbsünde ↗ stützt. Berücksichtigt man jedoch, daß die Juden ↗ während ihrer Babyl. Gefangenschaft Quellen von Babylon ↗ u. damit Sumer ↗ benutzten, wird ihre totale Umdrehung deutlich: dort war die Frau ↗ nicht ›Tor des Teufels‹ sondern *Bab-Ilu* = Tor der Götter, sum. Ka-Dingir ↗. Man vgl. mit der Vorstellung vom Teufel ↗.

Frauenturm: lt. Wirth ↗ gab es Jt. vor der Völkerwanderung ↗ in Europa ↗ auf den Bergen Frauentürme aus Holz (Abb.), etwa 20 m hoch, 7stöckig, in denen die Seherinnen ↗ der Germanen ↗ die Runen ↗ hüteten u. manchmal a. auf der Spitze ›zu heiligen Zeiten‹ (wann ist leider nicht überliefert) eine brennende Turmlampe ↗ hielten. These: ihr X verweist auf die ›Mütternacht‹ ↗ im Zentrum der Jul- ↗Zeit, in der Frau Gaur ↗ mit den 24 schwarzen Hunden aus der Unterwelt erschien. Übertr. auf die Geschichte ↗, landet man damit in der Endzeit ↗, weil seit 1950 wieder das X aktiv ist; oder die 1. Rune †

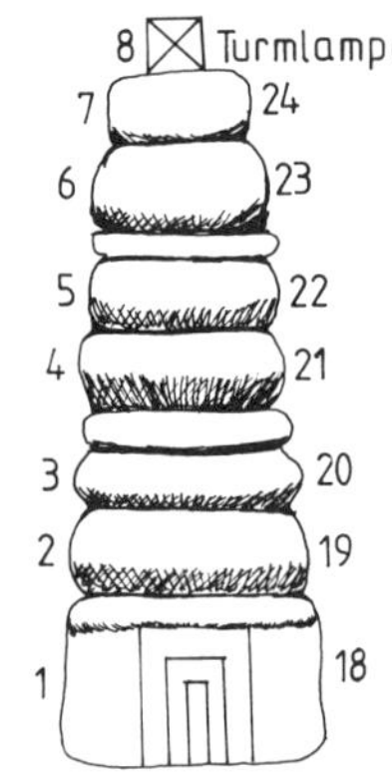

Dann deckt sich das Fundament des Turms, immer quadratisch, mit der 18. Rune, selbst ein Quadrat □, als Var. aber a. Ti ↗ bei Tiodiska ↗ (= Deutsche). Übertragen auf die Evolution ↗ landet man im 8. Sektor des 8er Kreises ↗ der Sonne ↗ u. beim entspr. Sonnenalphabet ↗ mit dem X in der ges. 5. Welt ↗ (ab Ragnarök ↗), in der an der 2. Sonne gearbeitet wurde, mit Geburt 1984 = das ›Neue Licht‹, mit dem gewinkt wurde. »Unfaßbar wird es immer bleiben, daß Jacob Grimm in seiner ›Deutschen Mythologie‹ (1. Auflage 1835) mit keinem Wort die Frauenberge erwähnt« (Wirth, 1972, S. 1). Waren die Frauenberge Disen ↗-Berge?

Freiheit: im Artikel 2 des GG (Grundgesetzes) der BRD (Bundesrepublik Deutschland) die grundsätzl. Entscheidungsbefugnis über eigene Angelegenheiten, v. a. als Glaubens-, Gewissens-, Meinungs- Presse-, Versammlungs- u. Koalitionsfreiheit. — These: im weiteren Sinn die Freiheit des Willens ↗ ggb. der Unterwerfung unter den Willen Gottes - diese F. wurde von Eva ↗ im Paradies durchgesetzt, worauf sich der Frauenhaß ↗ gründet. Natürlich ging im gleichen Moment der Friede ↗ verloren, sodaß sich seither Frieden ohne Freiheit mit Freiheit ohne Frieden abwechselten. Der Endanspruch ›Friede in Freiheit‹ ist noch nirgendwo verwirklicht, dürfte aber das Wesen des zukünftigen Friedensreiches ↗ ausmachen. Dem muß vorausgehen der Wiederabbau der Feindbilder ↗ sowie die Synthese ↗ von Wissen ↗ u. Erkenntnis ↗, wobei sich ersteres mit Frieden u. letzteres mit Freiheit deckt. Bei den Germanen drückte sich das Wort frei in den Gottheiten Freya ↗ u. Freyr ↗ aus: die Freie, der Freie.

Freimaurer: bildeten sich allmähl. aus den Dom-Bauhütten der Gotik ↗ heraus, die engl. *lodges* hießen, woraus dt. Loge ↗ wurde. Als im 17. Jh. die Zeit der großen Dombauten ausklang, wurden die *lodges* der Maurer + Steinmetzen zunehmend von Intellektuellen unterwandert, die die Glaubenskämpfe der Kirche ↗ satt hatten. 1717 schlossen sich in London 4 Maurerlogen zur 1. F.-Großloge zus. mit dem Ziel, die Menschheit in den paradies. Zustand vor dem ›Sündenfall‹ ↗ zurückzuversetzen, insbes. durch Anwendung alter Symbole ↗. Bei der Einweihung eines neuen Mitglieds, die den bisherigen Alltagsmenschen sterben u. einen Neuen Menschen erstehen lassen soll, wird oft ›O Isis und Osiris‹ gespielt, was wie die Baupläne der Gotik auf Ägypten ↗ verweist, d. h. auf die Hl. Hochzeit ↗. Allerdings deutet die Einteilung in 33 Grade beim AASR (Abk. für ›Alter und Angenommener Schottischer Ritus‹ der F.) einseitig auf den äg. Hirtenstab ↗ mit seinen 33 Ringen, damit auf das Alter von Jesus ↗ bei der Kreuzigung ↗ u. in der Endzeit ↗ auf den 1964 in Jerusalem geb. Antichristen ↗, der 33 Jahre später (1997) sterben, d. h. besiegt werden wird. Ob die geheime F.-Arbeit dieser Besiegung gilt, ist offen. — Äqv. Zahl 33 beim CFR ↗.

Freitag: benannt nach Freya ↗ = Venus ↗, entspr. *Vendredi* im Frz.; das erfolgte unter röm. Einfluß unter Benutzung der Chaldäischen Planetenreihe ↗ für die Einteilung der Woche ↗. Da der Tag bei den Christen zum Karfreitag = Tag der Kreuzigung ↗ von Jesus ↗ wurde, erhebt sich die Frage, ob - da Venus (Aphrodite ↗) erst nach Zerstörung von Ogo ↗ entstand, in der 3. Welt ↗ = 6. Tag der Sekundärschöpfung ↗ u. Beginn der Sabbat ↗-ruhe - der F. urspr. Uranus ↗ war, von dem ja Venus als Mond dabei abgetrennt wurde. Das paßt insofern, als dann Samstag *(Saturday)* als Saturn ↗ folgt. In diesem Augenblick begann aber a. die menschl. Freiheit ↗, was sich dann im F. ebf. spiegelt. Er feiert damit den Urmenschen ↗ ohne Arbeit, betrauert den Paradiesverlust ↗ u. gibt als 3. Hoffnung auf die Paradies-Wiederkehr in der 6. Welt ↗, gleichgestellt mit Venus. — S. Karfreitag ↗.

Freki: einer der 2 Wölfe, die, zus. mit 2 Raben, Wotan ↗ begleiten; der andere hieß Geri ↗. Als 1 der 4 Elemente ↗, die diese 4 Tiere symbolisieren dürften, fällt F. mit der Nachsilbe Ki ↗ zweifellos der Erde zu. Gewöhnl. wird der Name mit ›Fresser‹ übersetzt. Im Mythos verzehren beide Wölfe alle Speisen, die Wotan in Walhall ↗ vorgesetzt werden, während dieser nur den Wein genießt. Da nun Walhall zur Asgard ↗ gehört u. Wotan - erhalten im Mittwoch (Wednesday, Wotanstag), s. Woche ↗ - a. Merkur ↗ vertreten kann, als Z. die Koppelung von Sonne + Mond, versteht man vielleicht folg. Zweitdeutung: ein Wolf jage die Sonne, der andere den Mond. Astrol. kann sich das nur auf Sonnen- bzw. Mondfinsternis beziehen. Letztere geht von der Erde als Planet aus, was wieder Freki nahe kommt, während Geri dann der Mond wäre, der die Sonne abdeckt. Im Sprachgebrauch ist F. als ›Wolfshunger‹ erhalten = alles auffressen. Ja, vielleicht auch im engl. freak, freakisch in der Eindeutschung; etwa Monstrum, zügellos. — Afrik. Äqv. Kintu ↗ bzw. unintelligent, Fremdintelligenz ↗.

Fremdintelligenz: Ausdruck der afrik. Ntu-Philosophie ↗ für die Kategorie Kintu ↗, Ding oder Unintelligentes Dasein, worunter nicht das Fehlen von Intelligenz ↗ verstanden wird, sondern deren Einlagerung durch fremde (statt eigene) Kräfte. Man rechnet Stein, Pflanze, Tier dazu, aber nie Muntu ↗, den Menschen. — Äqv. Freki ↗.

Frequenz: Anzahl der Schwingungen ↗ in einer best. Zeiteinheit. Für Energie ↗-F. gibt Blavatsky folg. Tabelle:

1) molekulare	ca. 100000000 Schw./sec.
2) intermolekulare	300000000 Schw./sec.
3) atomistische	900000000 Schw./sec.
4) interatomistische	2700000000 Schw./sec.
5) ätherische	8100000000 Schw./sec.
6) interätherische	24300000000 Schw./sec.
7) Vril ↗, nicht geschätzt	

Alles sind nur Schätzwerte, ab 4) gilt die F. als nichtmeßbar. Das Verfahren ist eine Verdreifachung. Die Sichtbarkeit als Farbe ↗ beginnt für unser Auge in der intermolekularen F.; davor liegt Wärmewahrnehmung.

Aber natürl. sind alles auch Töne ↗ für uns unhörbarer Oktaven ↗, s. Tabelle:

rot	= 168000000	
orange	= 210000000	
gelb	= 252000000	sog. 2. Oktave der
grün	= 294000000	Wärmewahrnehmung
hellblau	= 336000000	
dunkelblau	= 378000000	
violett	= 420000000	
rot	= 462000000	
orange	= 504000000	
gelb	= 546000000	sog. 3. Oktave der psych.
grün	= 588000000	Farbwahrnehmung
hellblau	= 630000000	
dunkelblau	= 672000000	
violett	= 714000000	

Hier beträgt die Steigerung je 42 Einheiten.

Freud, Sigmund: Begr. der analyt. Psychologie ↗ u. psychol. Traum ↗-Deutung (1856–1939), Österreicher. Lehnte das Vorhandensein von Archetypen ↗ ab u. führte alle psych. Störungen auf Sexualprobleme zurück, möglicherweise gelenkt vom Studium des Buddhismus ↗ sowie der Mißinterpretation des Ödipus ↗-Mythos. — Im Buch ›Der Mann Moses ↗‹ wird dieser als Ägypter eingestuft, der der von den Juden kurz vor Einfall nach Kanaan ↗ umgebracht wurde (s. Exodus ↗). Daher rühre a. die Verfälschung der Bibel ↗.

Freya: Göttin der Germanen ↗, direkte Übers. Herrin. Gehört den Wanen ↗ an, daher a. ›Wanen-Dise‹, abgeleitet vom Begriff der Disen ↗. War zuerst mit ihrem Bruder Freyr ↗ vermählt, was an eine Par. zur Baalat ↗ denken läßt, Geliebte ihres Bruders Baal ↗. Im Wanen-Asen-Krieg ↗ werden nach Darst. von Snorri ↗, die nicht stimmen muß, F., Freyr u. ihr gemeinsamer Vater Njörd Geiseln der Asen ↗. Ob dabei die Verbindung von F. mit Odin ↗ erfolgt, bleibt unklar. Denn sie gab sich versch. Namen, als sie unter unbek. Völkern diesen, nachdem man ihn für tot hielt, suchen ging, z. B. Mardöll, Horn, Gefn ↗, Syr. Das wiederum ergibt das Äqv. zur babyl. Ischtar ↗, die Marduk ↗ suchen geht, und leitet über zu ihrer Gleichstellung mit Venus ↗, erhalten in Freitag ↗ = *dies veneris* (lat.), Tag der Venus. Es entsteht eine Tochter Hnoss u. ein Sohn Baldr ↗. Ihr Wagen, mit dem sie zu Baldrs Trauerfeier fährt bzw. in der Julnacht ↗ erscheint, wird von 2 Katzen ↗ gezogen, äqv. Kybele ↗, deren Wagen von 2 Löwinnen gezogen wurde. Das ist wohl nur die Zeitangabe Sektor Löwe ↗, der ja Baldrs Tod bzw. dem Weltuntergang ↗ (Ragnarök ↗) folgte. — Ihr ureigenes Symbol ist jedoch das Falkengewand (s. Falke ↗), das Loki ↗ einmal ausleiht. In Ägypten verbindet es sich mit der Sonne (Behdet ↗); aber gilt nicht a. in der Astrol. Venus als ›die andere Sonne‹ und hat als Planetenzeichen ♀ deren Lebenskreuz ↗? Selbst auf sum. Rollsiegeln ↗ (s. Berg ↗) hat Ischtar (Venus, Freya) als einzige eigene Flügel ↗. Das deutet auf eine freibewegl., nicht an die Erde oder Sonne gebundene Seele ↗ = Ba ↗ in Ägypten, mit Falke als Ba-Vogel oder außerird. Ursprung. Dazu paßt, daß ihr eine Dienerin namens Fulla zugeschrieben wird, die die Truhe ↗ der Göttin trägt. Hierin dürfte ihre berühmte Halskette Brisingamen gelegen haben, die bei F.-Darst. (Abb.) ein

so großer Kreis ist, daß sie selbst darin stehen kann. Dabei entsteht in Grundmotiven ↗ die Kombination Bab wie bei Babylon ↗ oder Ku-Baba bei Kybele oder Berchta ↗-Baba. These: dabei läßt sich das B des Kopfes als Symbol der Nut ↗ verstehen u. das A als Motiv Geburt ↗, noch eingebaut in die Weltordnung ↗ des Kosmos XP ↗, s. Schöpfung ↗,  = ›Tor der Götter‹, in Sumer Ka-Dingir ↗. Evtl. Veränderung dieses Namens ↗ in Gamen = Ka ↗ (Ga) des Min ↗ (Men, statt Menes ↗ = Minos ↗), was aus den von ihr geborenen Göttern göttl. Menschen macht, s. Dynastienliste ↗. Ist sie beim Vergleich mit Ägypten Isis ↗ oder Nephtys ↗ bzw. deren Vereinigung in Hathor ↗? Vielleicht entspr. deren Auffächerung in 7 Hathoren ihrer Stellung als Anführerin der 7 Walküren ↗, mit F. als Nr. 8. Wiederum läßt ihre Betonung als ›freie Frau‹ eher an Lilith ↗ (= Nephtys) denn an Eva ↗ denken. — Ihr Sitz in Asgard ↗ war Folkwang ↗. — Mutter: Ingun ↗.

Gehänge aus der Wikingerzeit

Freyr: Bruder der Freya ↗, der Name bed. nur Herr; in der Edda ↗-Überlieferung wird er a. Ingunar-Freyr genannt, d. h. Sohn einer myth. nicht mehr bek. Mutter Ingun ↗. Nv.: *Frea ingvina* bzw. Yngvi-Freir. Davon abgeleitet sind die Ynglinge, ein Geschlecht nord. Könige. Sein Sitz in Asgard ↗ hieß Alben ↗-Heim; galt als Träger von Tag ↗, als Sonnengott ↗ u. Herr der Lichtelfen. Sein Schiff ↗, geschnitzt von den Dunkelelfen ↗, war angebl. so groß, daß alle Götter ↗ darin Platz fanden; zusammengefaltet konnte es jedoch in die Tasche gesteckt werden. — Er gehört den Wanen ↗ an. Bronzefigürchen (Abb.) aus Södermanland, Schweden, zeigen ihn mit einer Kopfbedeckung, die an die Weiße Krone ↗ von Ägypten ↗ erinnert, aber a. an die des kanaan. Baal ↗ (wie Freya an dessen Schwester Baalat ↗ erinnert). Die südl. Germanen ↗ verehrten ihn unter dem Namen Fro, u. so findet man ihn noch in Ortsnamen Franeker u. Vroonlo, als Fros = Acker bzw. Wald. Bei letzterem liegt nahe, über Vroon an Uran(us) ↗ als Planet zu denken, mit Freya als Urania ↗. In dieser Folge wäre wohl der Vater Njörd = Neptun ↗, oder das, was sich im 12er Kreis ↗ mit diesem Sektor verbindet. — Das ›Fröblod‹ oder Freyr-Opfer wurde alle 9 Jahre in der Jul ↗-Zeit begangen mit dem Eber Gullinborsti ↗ als seinem Opfertier. Gleiche Zahl 9 beim Eber ↗ in Ägypten. Das rückt F. an Osiris ↗ heran, evtl. über die Umdrehung ↗ Fro = Orf, Orpheus ↗. Natürl. erinnern die gewinkelten Arme a. an die Pa ↗-Rune: 

Friede: völkerrechtlich der Zustand ungebrochener Rechtsordnung zw. Staaten, bei dem Waffengewalt zur Durchsetzung von Interessen ausgeschaltet ist. These: da aber diese Rechtsordnung keineswegs auf Gerechtigkeit, äg. Maat ↗ beruht, ist dies ein ständig gebrochener Scheinfriede, geprägt von Feindbildern ↗, willkürlichen Grenzen ↗ u. Waffentanz ↗. Echter Friede müßte auf Waffen verzichten können, was vor Beginn des Friedensreiches ↗ unmöglich ist. Insofern hat die Menschheit bisher nur Friede ohne Freiheit ↗ (im Paradies ↗) u. Freiheit ohne Friede (während der Geschichte ↗) gehabt. Symbole ↗: Friedenspfeife ↗ u. Friedenstaube ↗.

Friedenspfeife: die blaue Kalumet ↗ (indian.), weiblich, verkörpert den Himmel, den Frieden, die Nacht, den Mond ↗ u. den Norden; ihr steht die grüne Kalumet entgegen, männlich, die Erde verkörpernd, den Krieg, den Tag, die Sonne ↗ u. den Süden. Im Zusammenwirken beider gestaltet sich die Welt. Die Farbsymbolik erinnert an die blauen + grünen Federn, in die lt. Popol Vuh ↗ die Schöpferin Tzakol ↗ + der Former Bitol ↗ gehüllt waren. Der Sioux ↗ ›Schwarzer Hirsch‹ schreibt im Buch ›Die Heilige Pfeife‹, diese sei von der ›Weißen Büffelkuh-Frau ↗‹ gebracht worden, mit den Worten: »Betrachte diese Pfeife! Denke stets daran, wie heilig sie ist und handle danach, denn sie soll euch bis zum Ende des Zeitalters mitnehmen... Ich gehe jetzt... und am Ende will ich wiederkommen.« These: sie müßte der weibl. Astronaut ↗ gewesen sein, mit Wiederkehr ↗ jetzt. Die ›Pfeife‹ symbolisierte das kosm. Uralphabet ↗, das zur Geschichte ↗ wurde, d. h. Nommo ↗, den Hl. Geist = die Friedenstaube ↗; aber erst im zukünftigen Friedensreich ↗ wird sie alleine (ohne grüne Kalumet) wirksam sein. S. Abb. Pfeife ↗.

Friedensreich: in der Apokalypse↗ das ›Himmlische Jerusalem‹↗, das nach der Endzeit↗ auf die Erde kommt: alle Tränen werden dann von den Augen gewischt, »... der Tod↗ wird nicht mehr sein, noch Leid, noch Geschrei, noch Schmerzen...« (Joh. Offenbarung 21, 4). Bis dahin ist es »nicht von dieser Welt« (Jesus↗), sondern im Himmel. Äg. Äqv.: Earu↗. Im Gnostischen Manifest↗ wurde es 1908 als ›3. Reich↗ des Heiligen Geistes‹ (Symbol Friedenstaube↗) vorausgesagt; diesen Ausdruck übernahm Hitler↗, was die Feindschaft zum damals aufblühenden Zionismus↗ mitbegründete, denn für diesen sollte das ›Neue Jerusalem‹ (Äqv.) im alten Jerusalem err. werden als Zion↗, während Hitler an München↗ dachte, nachdem Rienzi↗ vergeblich Rom↗ dazu ausersehen hatte. Inzw. versucht Rußland↗ aus Moskau↗ als bisherigem 3. Rom das Zentrum der ›Ersten religiösen Internationalen‹ zu machen, was in die gleiche Richtung läuft. Einen ähnl. Anspruch erheben die Mormonen↗ auf Salt Lake City. These: das F. beginnt erst nach dem Jüngsten Gericht↗ (1999), umfaßt die ganze 6. + 7. Welt↗ u. wird sein Zentrum dort haben, wo der Hl. Geist↗ herabsteigt. Prophezeiungen der Ariosophie↗ wie a. von Nostradamus↗ geben dafür den 48. Breitengrad an, an dem z.B. München liegt, nicht aber Rom, Jerusalem, Moskau etc. Wesentl. Merkmal müßte eine neue Weltordnung↗ sein, die das Gesetz der Neuen Sonne↗ (PX, Umkehr von XP↗, mit PX äqv. Pax, lat. Friede) mit den 2 letzten Buchstaben des Sonnenalphabets↗ = Y + Z (Umdrehung ZY als Zion?) verbindet. Eine Art Re-Evolution↗, Rückkehr zur Evolution mit Zugang zum bis dahin von den Cherubim↗ gehüteten ›Baum des ewigen Lebens‹.

Friedenstaube: die Taube↗ war ein Attribut der Göttin Ischtar↗, Europa↗ sowie Opfergabe im AT wie NT↗ als Symbol des Hl. Geistes↗, hebr. wohl Rouach↗ (s. Achath), was sowohl Vogel wie a. Geist bed., nämlich der Elohim↗ als weibl. Mehrz. Es sind die 24 Grundmotive↗; jetzt aber nicht mehr Reihenfolge XP↗, sondern umgekehrt PX = Pax, Friede (lat.). Zunächst vertritt die F. als Symboltier↗ ggb. dem Falken↗ als krieger. Vogel den Frieden↗ schlechthin. Jedoch ist bei ihrem Einsatz als Z. der Ausgießung des Hl. Geistes v. a. an Pfingsten↗ gedacht, das global noch nicht eingetroffen ist. So wird sie, als Teil der christl. Trinität↗, eine Zukunftshoffnung: durch ihr Herabsteigen soll das Friedensreich↗ mögl. werden. — Äg. Par. dürfte der Geier↗ sein, bei den Tiodiska↗ einstmals für Dana↗ eingesetzt.

Friedrich der Große: gen. der ›Alte Fritz‹ (1712–1786), seit 1740 König von Preußen, das er zur Großmacht erhob. Bezeichnungen wie: »Philosoph von Sanssouci« (?), »Ungeheuer« (Maria Theresia), »Direktor eines seelenlosen Maschinenstaates« (Novalis↗) u. »Schinder der Völker« (Winckelmann↗), spiegeln seine Widersprüchlichkeiten, die den mißglückten Fluchtversuch als 18jähriger Kronprinz, der Freiheit u. Muse liebte, zum Ausgangspunkt haben. Nach dem Prozeß, der ihn zum Dienst am Staat zwang, übertrug er diesen Zwang zur Pflichterfüllung auf alle Untertanen; dafür floß die Freiheitsliebe in relig. u. wissenschaftl. Toleranz ein. Insbes. bewunderte er Swedenborg↗, der den Plan hatte, die ganze Menschheit unter dem Z. des Stein der Weisen↗ (Symbol der Alchemie↗) zu vereinen. Im Schema einer Wiederholung↗ von Geschichte↗, bei F. Vorsehung gen., leitet er den dt. Idealismus↗ ein, a. Rückwendung zum Philosophus Teutonicus genannt.

Friedrich II. von Staufen: erbte Sizilien↗; seit 1220 Deutscher Kaiser, erhielt nach dem 5. Kreuzzug↗ Jerusalem↗. Lt. Legende 1. Wiederkehrkaiser↗ nach Karl dem Großen↗, dessen Nachfolge Hitler↗ antrat. F. versammelte wie Karl der Gr. einen riesigen Kreis von Wissenden aller Länder um sich u. ließ in einem Oktogon↗-Bau Experimente mit Kindern durchführen, um das ›verlorene Wissen‹↗ zurückzugewinnen; im Unterschied zu Hitler ohne Verengung auf nur eine Rasse↗. — Im Schema der Wiederholung↗ von Geschichte↗ steht er im Archetyp↗ Versteck = Gotik↗.

Frigg: Freya↗ als Gemahlin von Odin↗; möglicherweise setzt sich dieser Name aus Frau (= Fru) des Ygg↗ zusammen. Auf Runengrabsteinen wird sie mit dem Odebaar verbunden, einem schwarzen Vogel, übers. mit Od↗-Träger, was sie mit der Odil-Rune↗ verbindet. Bestimmend im Mythos↗ ist ihre Od-Suche↗. — Weitere Nv.: Freke (wahrsch. Frau Ka↗), Har = die Hoho u. Herka entspr. Har = hoch, Ka = Geist: Hochgeist, Heiliger Geist↗ mit Koppelung zu Nertus↗, äg. Nephtys↗. — Manchmal klingt in den rudimentären Überlieferungen eine Dreiheit↗: Nertus-Freya-Frigg durch, entspr. der Dreiteilung der Runen↗, Disen↗ oder Stämme der Germanen↗ sowie der Janna-Nertus-Salis↗. Snorri↗ macht a. Saga↗ zu einer Var. von F.; bei Novalis↗ wird Saga zum Zukunftsaspekt schlechthin.

Frobenius, Leo: dt. Ethnologe↗ (1873–1938), spez. Afrika↗ bereisend im Anschluß an den Höhepunkt des Kolonialismus↗. Fand in Ile Ife↗ u. a. die Krone des Olokun↗, den er für Poseidon↗ hielt wie Ife für eine Atlantis↗-Kolonie.

Froheim: Sitz in Asgard↗, wo sich Walhall↗ befindet; benannt nach fro = Freyr↗.

Fru Gaur: (Frau) Gaur↗.

Fulla: Göttin der Fülle, hütet die Truhe von Freya↗.

Fünfstern: Pentagramm↗ od. Trudenfuß↗; über der Julhand↗ od. der Hand von Fatima↗ abgebildet. Wird den Sechsstern↗ ablösen, weshalb Venus↗, deren Symbol er ist, zw. beide Sterne gestellt ist, s. Astrologie↗.

Furt: altes Wort für Fluß, s. Euphrat↗. Evtl. zu verstehen als F = Ast  des Brunnen der Urd↗; alte Nv. *furat.* — Heute enge Stelle, an der man den Fluß überqueren kann.

Fuß: beim Übertrag des Tierkreises↗ auf den menschl. Körper dem Fisch↗ zugeordnet. Noch deutlicher findet man ihn in Peru↗ als Cayan Cachi, im Kalender verbunden mit Wintersonnenwende↗ u. Huauque = dem Monat davor u. danach. Das führt z. B. im Runen↗-Kreis zur 2. Rune des 1. Monats = 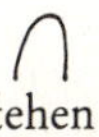, gen. Ul↗, die man leicht als 1 Fußsohle verstehen kann. Die Verdoppelung findet sich dann am Kreisende, s. Jul↗. Das Gleiche ausdrücken dürfte eine Felszeichnung vom Kalenderkreis mit 2 Fußabdrücken daneben (Abb. 2), zw. sich eine Scheibe, zweifellos die Neue Sonne↗, vertreten durch Frau Gaur↗, die in der Mütternacht ↗ – fast Wintersonnenwende – erscheint. Das wieder erinnert an die Priester des

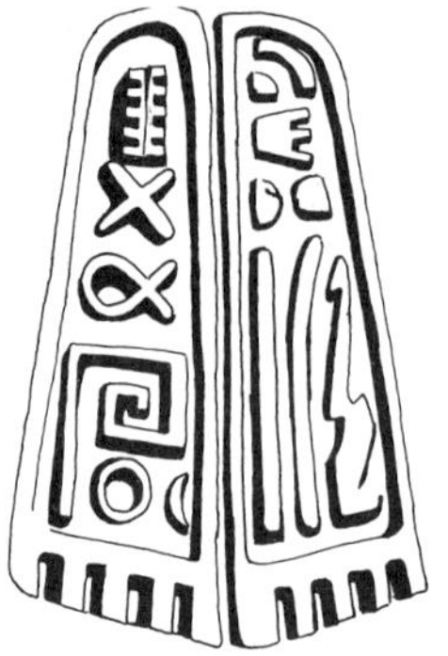

Abb. 1

Baal ↗, die einfüßig um den Altar hüpften und erst nach vollzogenem Kreis beide Füße aufsetzten. These: sie entsprächen dann der Doppelfeder der Geierkro-

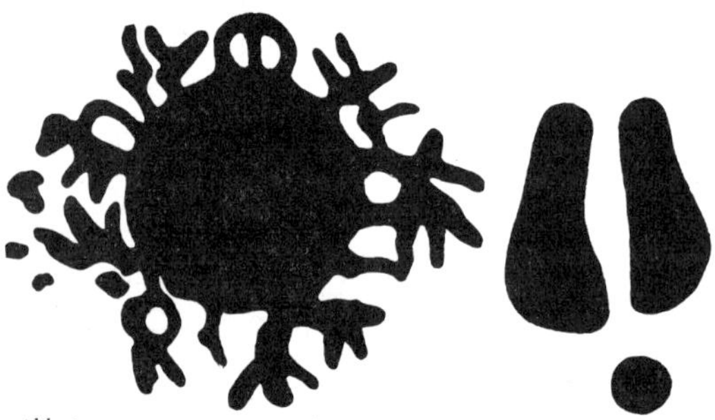

Abb. 2

ne ↗ am Ende des Djed ↗ = Fischsektor ↗. Auch zw. ihnen sitzt ein Kreis. Bzgl. der Osirismumie ↗ landen wir bei deren Füßen, die wie Gesetzestafeln ↗ wirken; und das tun a. die sog. ›Füße von Buddha‹ (Abb. 1), mit denen wohl der vollkommene Endbuddha Maitreya ↗ gemeint ist. In diesem Fall handelt es sich um das ›Neue Gesetz‹, das von Zion ↗ ausgehen wird u. Friede bzw. das Friedensreich ↗ bringt. Man beachte in den Buddha-Füßen das X, mit dem 1950 die Endzeit ↗ begonnen hat, sowie Grundmotiv Tiertanz ↗

 = Z, letzter Buchstabe des Sonnenalphabets ↗, Ende der Evolution, bei Abb. 2.

Fu-Ti: Glücksland oder Höhlenparadies (China ↗); die Zählung des Taoismus ↗ spricht von 72 Futis. In der Weltformel ↗ enthält der Ka ↗ genau 72 Kategorien, vielleicht sind sie damit gemeint; darauf würde a. die Silbe Ti ↗ weisen. S. Paradies ↗.

Fylgakona: die Fylga- oder Fylgia ↗-Frau (Kona ↗), die jemandem erschien, wenn ein Verwandter gestorben war.

Fylgia: Sippenschicksal (germ.), Mehrz. Fylgien, die ›Schutzengel‹ ↗ der Menschen, die sie von Geburt ↗ an begleiten, aber nur in Erscheinung treten, wenn sie von ihnen scheiden, d. h. beim Tod ↗. Meist tiergestaltig, d. h. wohl als zugeordnetes Tier des Tierkreises ↗, in dem die (12) Stämme ↗ (Sippen) angesiedelt sind. Es handelt sich nicht, wie oft angenommen, um die Seele ↗, sondern den Ka ↗ (Doppelgänger), indian. Nagual ↗. — Es kann sich aber a. um weibliche, nichttiergestaltige Engel ↗ handeln, dann ist die Edem ↗ mit dem Zodiakzeichen ↗ gemeint; s. Fylgakona ↗. — F. konnte beeinflußt werden, Orlog ↗ nicht. Noch willensfreier scheint Fylgr ↗ aufgefaßt worden zu sein. Fyl-gia evtl. die Fülle (fyl) des Ka (gia).

Fylgr, Fylgur: wahrsch. männl. Form von Fylgia ↗, das persönl. Schicksal ↗ einer Seele ↗ (germ.), deren Freiheit ↗ den Germanen ↗ bes. wichtig war, obwohl sie a. Fylgia, das Sippenschicksal und noch viel mehr Orlog ↗ respektierten.

Buchstabe G

Grundmotiv  Labyrinth

Gäa: griech. Göttin, gebar ohne männl. Partner den Himmel ↗, das Meer ↗ u. die Berge ↗. Dann heiratete sie den Himmel u. gebar die Titanen ↗, womit offensichtlich die Planeten ↗ gemeint sind, z.B. Kronos ↗ (= Saturn ↗), der sich in einer Version jedoch zwischen Gäa u. Gatten zur Trennung schiebt, wie in Ägypten Schu ↗ zwischen Nut ↗ und Geb ↗. Allerdings drehten die Griechen (als Patriarchat ↗) die Zuteilung um u. machten aus G. die Erde, ohne zu bedenken, daß es unmöglich ist, daß die Erde zuerst da ist u. dann den Himmel hervorbringt. Es empfiehlt sich, ihren Namen als Ka-A zu verstehen, d.h. den Ka ↗ (Geist), der das A = Alpha ↗ hervorbringt. Äg. Äqv. wäre dann die Mut ↗, die Atum ↗ hervorbringt, woran sich die Elemente ↗ anschließen sowie deren Ausfächerung als Tao ↗, worin sich Himmel, See, Berg u.a. finden.

Gabriel: Erzengel ↗, der sowohl Maria ↗ wie a. Mohammed ↗ erschien.

Gajomart: bei Zarathustra ↗ der zweigeschlechtl. Urmensch ↗, dessen ›Same‹ die Erde befruchtet, woraus eine Pflanze entsteht, die sich in 2 menschl. Wesen spaltet: Maschya + Maschina. Offensichtl. landet man damit bei Adam + Eva ↗. Als Gajomarts Hervorbringer gilt Ahura ↗.

Galater: ein Stamm der Kelten ↗, der im 3. Jh. v. Z. aus Mitteleuropa nach Kleinasien, Galatien, wanderte. Im 1. Jh. Söldner der röm. Garnison von Hu in Ägypten. Rückwanderung als Gallier ↗. — Paulus ↗ wandte sich an sie im Galaterbrief.

Galaxie: eine Organisation von Sonnensystemen ↗ im Kosmos ↗, die eine klarbegrenzte Form bildet u. als ganzes rotiert. Die (materielle) Leere zw. den G. wird intergalaktischer Raum gen., entspr. ist das Innere der G. der galaktische Raum. — Neben den im Bild gezeig-

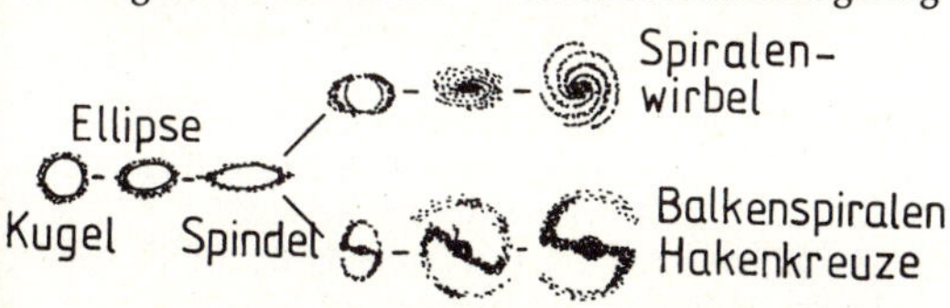

ten Formen gibt es andere, die noch nicht formal eingeordnet wurden. These: möglicherweise handelt es sich a. hier um die Grundmotive ↗. Unsere eigene Galaxie wird Milchstraße ↗ gen. und ist seitlich ein 2-geteilter ›Diskus‹, von oben jedoch eine 4armige Balkenspirale = Hakenkreuz ↗ od. ein sich drehendes (= gala) X, Xie, Chi ↗.

Der Durchmesser beträgt 80000 Lichtjahre ↗, die Dicke des Zentrums, in dem sich die Sonnensysteme ↗ häufen, 16000. Im Wort G. steckt das arab. *Gala* =

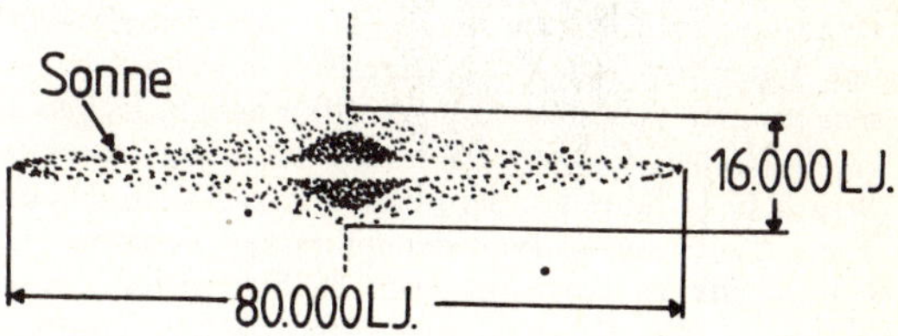

kreisendes Drehen, erhalten in Gala-Abend, aber auch Gilgal ↗, Steinkreis für das Tanzen der Weltordnung ↗. — Die Entstehung ist noch umstritten. These: am 5. Tag der Primärschöpfung ↗ im Grundmotiv G (Labyrinth ↗) des Sonnenalphabets ↗, was zum Alter von ca. 5 Mrd. J. führt. — Unsere Sonne braucht ca. 230 Mio. Jahre für einen G.-Umlauf, mit einer Geschwindigkeit von 220 km/sec. Als Gesamtmasse werden 160 Mrd. Sonnen angesetzt. — Die galakt. Rotation scheint Eiszeiten ↗ mitzuverursachen. Indianisch: Speichel des Chicchan ↗.

Galla: Name des Moslems ↗ in Äthiopien ↗.

Gallien: einstmaliges Land der Gallier ↗, umfaßte Oberitalien (191 v. Z. von Rom ↗ unterworfen) u. das heutige Frankreich + Belgien (51 v. Z. von Cäsar ↗ erobert). Dann folgten die Einfälle der Germanen ↗ bis zur Beseitigung der röm. Herrschaft 486. Anschließend Kern des Reiches von Karl dem Großen ↗.

Gallier: ein Stamm der Kelten ↗, a. Galater ↗ genannt. Nach ihnen wurde Gallien ↗ benannt. — Nichts von ihren Mythen ↗ hat die Zeiten überdauert, da die Überlieferung nicht nur mündlich, sondern auch bildlos blieb. Bis 1905 interessierte man sich in Frankreich nur für die röm. Vorgeschichte, negierte sogar die Liste der gall. Könige, die angebl. bis Noah ↗ zurückreichten über Gomer, einen der Söhne von Japhet ↗, der darin sowohl als Stammvater der Kelten wie auch der Kimbern ↗ gilt. — Im Unterschied zu den Römern war ihr Kalender ↗ strikt auf den Mond ↗ aufgebaut, sowie auf Nacht ↗ statt Tag ↗. Entspr.

stark waren Göttinnen ↗ vertreten u. die Doppelspirale (= Hathorlocke ↗), s. Abb. einer gall. Göttin.

Gamala: ein Berg im O des ehem. Sees von Genezareth ↗, der wie ein einhöckriges Kamel wirkt, daher der Name G. oder Kamil. Zufluchtsort des jüd. Widerstands gg. die Römer unter Juda ↗ von Gamala, dem tats. Vater von Jesus ↗. Letzterer soll sich dort mit seinen Jüngern (s. Apostel ↗) getroffen haben. Es gab a. ein Städtchen G., woraus man Nazareth ↗ machte. Wurde 67 (3 Jahre vor dem Fall von Jerusalem ↗) von Titus ↗ zerstört, als Nest der militanten Zeloten.

Gandersheim, Roswitha von: dt. Schriftstellerin u. Nonne ↗, die 930–1000 die ersten christl. Dramen schuf, um die anstößigen röm. Komödien zu verdrängen. Sie offenbarten eine Wandlung des europ. Weltgefühls: aus der Statik einer sicheren Einbettung in gottgefügte Ordnung wird die Dynamik des Dualismus ↗, der bald darauf durch die Inquisition ↗ bekämpft wird. Sie nahm deren Wahn, aus Frauenhaß ↗ Hexen ↗ zu verbrennen, in Dramen vorweg. Gilt als 1. Gestalterin des Faust ↗-Motivs u. Vorläuferin von Shakespeare ↗. — These: als Frauentyp vertrat sie nicht Eva ↗ (Gretchen ↗) bis hin zur Gottesmutter ↗, sondern Lilith ↗ (Helena ↗), die Lilie ↗; entsprechend fällt sie bei der Wiederholung ↗ in die Ilix ↗-Rune.

Ganges, Ganga: Fluß in Indien ↗, der im Himalaja ↗ entspringt u. als Göttin Ganga-Ma verehrt wird. Gangesgebet: »Ich bin aller Dinge Anfang und Ende.« — Alle gläubigen Hindus ↗ haben nur einen Wunsch: nach ihrem Tod bei Benare am G. verbrannt u. als Asche in diesen Fluß geworfen zu werden - als beste Chance, unverzügl. ins paradies. Nirvana ↗ einzugehen. Das jährl. Baden darin reinigt die Seele, das Trinken des (unendl. verschmutzten) Wassers, Nektar ↗ genannt, ebf. Alle 12 Jahre wird in Allahabad das ›Fest der Nektarschale‹ gefeiert, dann baden über 10 Mio. Hindus gleichzeitig im mondbeschienenen Fluß. These: die Zahl 12 verweist auf den Zodiak ↗ als Karmaweg ↗, mit *Mata Ganga* (Mutter G.), oft auf einem Krokodil ↗ abgebildet, als Sektor 1 = Wassermann ↗ = Anfang u. Ende.

Gangsystem: die Gänge in der Großen Pyramide ↗, die von der geheimen Eingangsluke im N zu 3 Kammern nahe der Mittelachse führen. Sowohl der aufsteigende wie absteigende Gang haben einen Winkel von 26 Grad, was mit dem Polsprung ↗ zusammenzuhängen scheint. Die Gesamtstruktur erinnert sowohl an das Zweiwegebuch ↗ der Duat wie an die Genesis ↗, äqv. Dynastienliste ↗. Da diese dem Zodiak ↗ par. läuft, durch den sich als unsichtbaren Kreis in der Pyramide die Gänge ziehen, ist auch der Weg der Reinkarnation ↗ für jeden Menschen enthalten bis zur Wiederkehr ↗ oder Endzeit ↗.:
These: da in der obersten Kammer ein leerer Sarkophag ↗ steht, kann man dort den Osirismord ↗ ansetzen. Die sog. Große Galerie ↗, einstmals gefüllt mit Statuen, könnte die Dynastien ↗ der Könige repräsentieren, die zu Osiris führten. Der Anfangspunkt wird dann durch einen Verbindungskanal mit den Pharaonen ab Menes ↗ u. den Horusdienern ↗ ab Isis als Witwe ↗ zum Rotationspunkt, an dem Pharao Muntuhotep ↗ = Krischna ↗ anzusetzen wäre. Die nächste Vereinigung könnte Jesus ↗ beinhalten, die Seth ↗-Linie, die ihn als Antichrist ↗ in Christus ↗ einbringt, mit dem endgültigen Resultat eines Nommo ↗-Zwillings ↗ erst an der Luke ↗, während

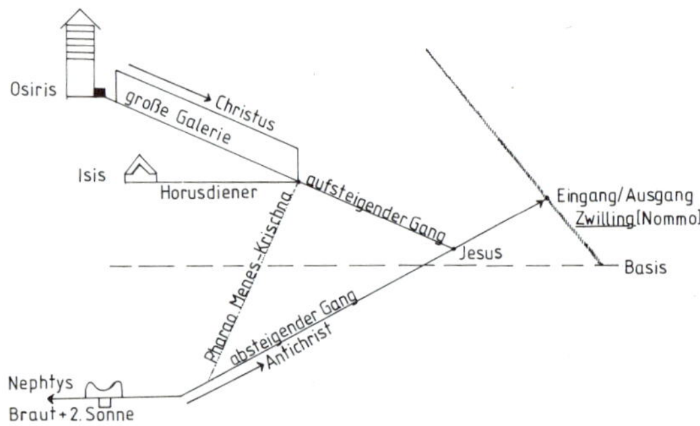

am anderen Ende der unterird. Grube ↗ die ›Braut‹ (christl. Sophia ↗) entsteht (s. Apokalypse ↗), am Himmel als Neue Sonne ↗ zu erwarten. Da die Pyramide selbst die 1. Sonne ↗ verkörpert, liegt die Grube außerhalb, d.h. unter dem Fundament. Hier die Verschiebungen der Erdachse u. Umpolung von Nord (N) + Süd (S):

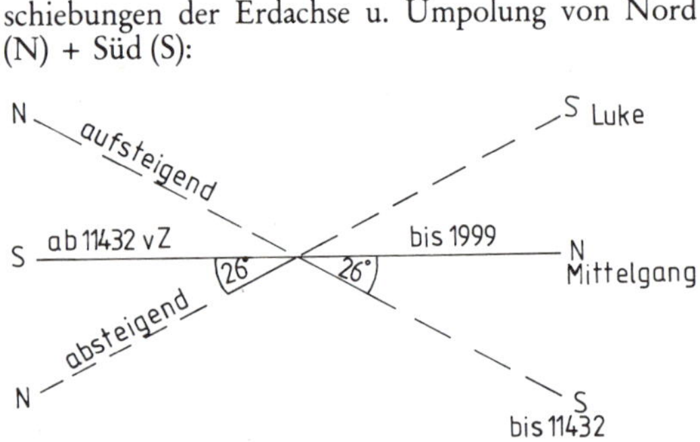

Garm: der Hel ↗-Hund (germ.), äqv. Cerberus ↗, Anubis ↗. Beim Weltuntergang ↗(Ragnarök ↗, Götterdämmerung ↗) heißt es in der Edda ↗:

»Gräßlich heult Garm vor der Gnipahöhle ↗ die
Fessel reißt, der Gefräßige rennt.
Fern seh ich voraus, vieles kann ich sagen:
Der Welt Untergang, der Asen ↗ Vernichtung.«

Er fällt im Kampf mit Tyr ↗ (Tierkreis) u. vertritt wohl den Kalender ↗, der sich auf die schwarze Sonne des Sirius ↗ bezieht, enth. in seiner Vorsilbe Gar = Gorr ↗ od. Car in Carmelle ↗.

Garten Eden: Ausdruck der Bibel für Paradies ↗, s. Eden ↗.

Garuda: ein myth. Geier ↗ (Indien), Reittier des Vishnu ↗. Lt. Blavatsky ↗ der Zyklus des Manvantara ↗ oder das Maha Kalpa, äqv. Phönix ↗. Als Mutter gilt Vinata, Tochter des Prajapati ↗. Bei der Geburt wurde er wegen seines ›strahlenden Glanzes‹ fälschlich für Agni ↗ gehalten u. deshalb Gaganeshvara, ›Herr des Himmels‹ genannt. — Gilt a. als ›Schlangenfresser‹, wobei sich die Schlange mit Ananta ↗ od. Wasser ↗ verbindet u. G. mit Sonnenlicht, das Wasser austrocknet. Bleibt man beim Symbol für Zeitzyklen, ›frißt‹ das Maha Kalpa als Präzession ↗ die Jahresschlangen (das Jahr) auf.

Gauguin, Paul: frz. Maler des Expressionismus ↗ (1848 -1903). Von Beruf wohlhabender Börsenmakler, hatte er 35jährig das Jagen nach materiellem Gewinn so satt, daß er den Beruf aufgab, Frau u. 4 Kinder verließ und sich zuerst in die Bretagne, dann nach Tahiti ↗ zurückzog, um zu malen. Im Ggs. zu den gleichzeitig nach Afrika u. Asien strömenden Europäern, die den angeblich primitiven Völkern ihre Lebensform u. Religion aufzwingen wollten, kam G., um zu lernen; studierte Tahitis Sprachen u. Mythen ↗. Übernahm auch Zeichen + Symbole ↗, um mit deren Hilfe zu allgemein gültigen Wahrheiten zu gelangen. Titel seines dort gemalten Hauptbildes: ›Woher kommen wir? Wer sind wir? Wohin gehen wir?‹ Er stellte nur die Fragen, fand noch keine Antwort. — Oft abgemalt: Tiki ↗.

Gaur, Fru: Frau Gaur, eine germ. Göttin, die jeweils in der Mütternacht ↗ (24.-25. Dez.) aus der Unterwelt ↗ auftaucht, begleitet von 24 schwarzen Hunden: Einz. Anubis ↗. Damit hört die Überlieferung schon auf. These: spricht man Gaur = Gor (wie Gauten = Goten ↗), entsteht die Verbindung zu Gor-al = Gral ↗. Wortverwandtschaft besteht aber a. zum austral. Gura ↗ (Gesetz) u. Gorr ↗ der kath. Kirche. Ja, sogar zu Geier ↗, in Ägypten als Göttin eingesetzt wie als Geierkrone ↗ am Ende des zodiakalen Djed ↗ äqv. Jul ↗. Wahrsch. steht der Gaur + 24 Hunde-Komplex sowohl für das neue Gesetz, das von Zion ↗ ausgehen soll, wie für die Neue Sonne ↗, geboren in der Endzeit ↗ als himml. Äqv.

Gautama: Familienname des histor. Buddha ↗.

Gayomart: s. Gajomart ↗.

Gazelle: eine Gattung der Antilopen, in Afrika u. Asien zu Hause. Als Symboltier erscheint sie auf der äg. Horusstele ↗ u. gehört damit dem alten Tierkreis ↗ an. These: äqv. Steinbock ↗; speziell Archetyp ↗ Meerfahrt ↗ (geschichtl. Argonautik ↗), da sie nach einer Inschrift der 11. Dynastie ↗ einer Expedition den Weg weist. Galt als hl. Tier der Göttin Anuket ↗.

Geb: äg. Gott, der das Element Erde ↗ vertritt; Teil der Götterneunheit ↗. Er birgt die kostbaren Steine, die Toten treten in ihn ein. — Afrik. Äqv. Kintu ↗, teilbar in Ki ↗ = Erde + Ntu = Gott, äg. Atum ↗, von dem er lt. Mythen ↗ die Herrschaft über die Götter ↗ als Erbe erhält, samt Titel ›Erbfürst‹. In Gestalt des Mekes ↗ (Etui für die Erburkunde) übergibt er die weltl. Herrschaft seinem Sohn Osiris ↗, dann dessen Sohn Horus ↗ - Seth ↗ wird übergangen, obwohl ebf. ein Sohn des Geb. Die ganze äg. Gesch. leidet unter dem permanenten Erbstreit des Seth, was darauf zurückzuführen ist, daß dieser ganz der Erde angehört (nur dem Vater nachschlägt?) statt dem Himmel (der Mutter, Gebs Gattin Nut ↗). — Äqv.: Bör ↗ (+ Bestla, germ.) u. Cab ↗ (indian.), was als Wort fast gleich ist.

Gebärmutter: ein muskulöses Hohlorgan weibl. Säugetiere u. Menschen zur Aufnahme des befruchteten Eies, seiner Beherbergung während der Entwicklung (s. Schwangerschaft ↗) u. Ausstoßung bei der Geburt ↗. These: die Form (Schema) ähnelt Grundmotiv ↗ A  Alpha, Anfang (Triumphtanz ↗) u. wäre damit ganz auf Geburt eingestellt, als Nr. 20 der kosm. Weltordnung, s. Schöpfung ↗ und Fels ↗.

Geburt: Ende der Schwangerschaft ↗ und Beginn des Lebenswegs ↗. Die das Kind ↗ ausstoßende Gebärmutter ↗ hat genau die Form des Grundmotivs ↗ , das zweimal vorkommt: als 20. Grundmotiv der Nut ↗ (äqv. G.) u. als Nr. 1 des Sonnenalphabets ↗ (äqv. Geburt ↗); a. bei den äg. Hieroglyphen ↗ findet sich das A =  zweimal. — Das Wort läßt sich trennen in Geb ↗ (Erde) und Urt = Urd ↗ (Wort, Himmel Nut). Oder die G. des Menschen entspricht der G. der Sonne ↗.

Gefjun, Gefnun, Gefn: ein Beiname der Freya ↗, von Geben abgeleitet. Bericht von Snorri ↗: »Als die Asen ↗ aus Byzanz ↗ nach Norden (= Schweden) zogen, sandte Odin ↗ Gefjun voraus um Land zu suchen.« — Loki ↗ wirft ihr Beziehungen zu einem ›weißen Knaben‹ vor, was bedeuten müßte, daß sie selbst nicht weiß (eine Schwarze, d.h. eine Wanin ↗) war. These: da gleiches von der äg. Nemanus ↗ überliefert ist, könnte sie deren Äqv. sein; mit Nord = Süd, s. Polsprung ↗.

Gegen-Nut: Gegenkosmos, a. Naunet ↗, Teil der äg. Götterachtheit ↗.

Gegenreformation: eine Gegenbewegung des Katholizismus ↗, um den durch die Reformation ↗ ausgelösten Protestantismus ↗ zurückzudrängen. Führte zum Barock ↗, um nicht theoretisch (theologisch), sondern sinnlich zu überwältigen. Die Anfänge der G. lagen in Spanien u. gingen von Teresa von Avila aus, die später Schutzheilige des Landes wurde. Dann von Ignatius v. Loyola, der 1540 die Gesellschaft Jesu gründete, die späteren Jesuiten ↗. Roms Antwort war das Konzil von Trient 1545-63 zur Neudefinition des Kirchendogmas. Das Ergebnis war allerdings eine eindeutige Bestätigung fast aller Lehrsätze, die von den Protestanten angegriffen u. in Frage gestellt worden waren. Insbes. das ausschl. Recht der Kirche auf Auslegung der Bibel ↗ (statt Freigabe ans Laientum ↗). Zusätzl. schuf das Konzil den Index ↗ der für Katholiken verbotenen Bücher. — Danach wurden Missionare ↗ nach Afrika, Amerika u. Asien gesandt, u. die Inquisition ↗ erlebte einen Höhepunkt. Papst ↗ Paul IV.: »Und wäre mein eigener Vater ein Ketzer ↗, würde ich Holz sammeln, auch ihn zu verbrennen.«

Gegensektor: bei Aufteilung eines Kreises in (4, 8, 12 oder 24) Sektoren (s. Weltformel ↗) entstehen Gegensektoren, die bei Aktivität des einen jeweils mitwirken. Dieses Gesetz ist bes. beim Tierkreis ↗ bekannt u. wird sogar von der christl. Kirche berücksichtigt: Fisch ↗ + Jungfrau ↗ als Jesus + Maria. Entsprechend in der Apokalypse ↗: Wassermann ↗ + Löwe ↗ als Endzeit ↗ + Wiederkehrender ↗.

Gegenwart: 1 der 3 Disen ↗ oder Nornen (germ.), genannt Werdandi ↗ = das Werdende. Im Grundmotiv ↗ Erinnerung ↗ ist G. die Zukunft von Vergangenheit ↗, im Sinne der Disen-Einteilung eigentlich die Schuld (Skuld ↗) von Wort (Urd ↗), sprich Idee ↗, besser das notwendige sich ›schuldig‹ Machen durch Verwirklichung eigener Ideen. Oder: G. als Werden ist der ständige Übergang von Sein ↗ in Dasein ↗, von Idee in Form ↗, mit G. als Vorform ↗. So ließe sich G. = Werdandi auch als Wort-Ende auslegen.

Geheimhaltung: unterliegt 2 Zwängen: 1) die Hergabe ist zu gefährlich, 2) der freie Zugang bedingt Verlust. These: Nr. 1 führte zur Geheimlehre ↗, Nr. 2 zur Symbolik ↗. Ein Sonderfall sind die Zodiakzeichen ↗ u. die Spirituals ↗.

Geheimlehre: Titel des Hauptwerkes von Blavatsky ↗, an dem sie 1885 zu schreiben begann. Es handelt sich jedoch nicht um ihre eigene G., sondern den Versuch, eine ›archaische‹ G. der Menschheit zu rekonstruieren, die sie a. Weisheitsreligion ↗ nennt, oder ›lemuro-atlantische Weisheit‹ als Mutter aller Religionen ↗, Philosophien ↗ u. Wissenschaften ↗. Deshalb der Untertitel der G.: *Die Vereinigung von Wissenschaft, Religion und Philosophie.* Richtiger wäre, von Wiedervereinigung zu sprechen. — Die G. ist unterteilt in eine Kosmogenese ↗ oder Entwicklung des Kosmos ↗, eine Anthropogenesis oder Entwicklung des Menschen ↗, die sich vornehmlich auf ein ›Buch Dzyan ↗‹ stützt, das niemand kennt, in keiner europ. Bibliothek zu finden ist, in geheimnisvollen Bibliotheken von Tibet ↗ existieren soll, von manchen aber als persönl. Werk von Blavatsky aufgefaßt wird; u. als 3. Band eine Esoterik ↗. — Es werden 3 Lehrsätze aufgestellt:

1) gleichzeitige Entwicklung von 7 menschl. Gruppen auf 7 versch. Teilen (Kontinenten ↗) der Erde = Wurzelrassen ↗-Lehre.

2) Hervorbringung des astralen vor dem phys. Körper ↗, indem ersterer Modell für letzteren ist.

3) Daß der Mensch allen Säugetieren, einschl. den menschenähnl. Affen, vorausging. — Letzteres widerspricht jedoch allen Überlieferungen, z.B. Popol Vuh ↗, Bibel u. Ntu-Philosophie ↗.

Daß die 1. Lehre ↗ geheim blieb bzw. beschränkt auf einen kleinen Kreis von Wissenden, lag am Zustand der Menschheit z. Z. des Eintreffens des Grals ↗ am Übergang von 3. zu 4. Welt ↗. Befähigt mit der Erkenntnis ↗ umzugehen, waren zunächst nur die Nachkommen der Astronauten ↗ = ›Götter‹ ↗ u. Riesen ↗. These: die 1. Freigabe erfolgte durch Thot ↗ u. führte prompt Jahrtausende danach zum Weltuntergang ↗. Seither sind von der urspr. Geheimlehre nur noch Fragmente u. deren Neuinterpretation zu finden, wozu auch Blavatskys G. gehört, wie alle sog. Heiligen Bücher.

Gehirn: eine chronolog. Schichtung unterschiedlich alter Teile unter der Schädel ↗-Decke. zeitl. Folge:

1) Stammhirn für vegetative Prozesse, ausgebildet ab erstem Mehrzeller ↗, geschätztes Alter ca. 1,5 Mrd. J.

(These: ab Grundmotiv , s. Abb., Buchstabe R = 5. Tag der Sekundärschöpfung ↗, das Tier ↗), mit getrennten Zentren für Temperatur, Blutdruck, Flüssigkeitsbilanz etc., insbes. für die Erhaltung des ›inneren Meeres ↗‹.

2) Zwischenhirn mit Hirnanhangdrüse für nach außen gerichtete Programme.

3) Kleinhirn als Zentrum für alle Bewegungsabläufe.

4) Großhirn, das vor ca. 500 Mio. Jahren (These: im Buchstaben T der Evolution = 6. Tag, Mensch ↗) als Knospung begann u. inzw. das Zwischenhirn völlig überwuchert hat: für Bewußtsein, individ. Lernvermö-

gen u. Wahrnehmung objektiver Außenwelt. Es allein ist eine ›Wachstafel‹, die selbst für Informationen benutzt werden kann, während bei den anderen Teilen das Abbild (die Information) früher existiert als das begegnete Original. Die afrik. Ntu-Philos. unterscheidet noch klarer zw. Kintu ↗ (Fremdintelligenz äqv. G. 1-3) u. Muntu ↗ = Mensch mit wucherndem Großhirn für Eigenintelligenz.

Geier: adlerartiger Greifvogel, der sich von Aas (Tierkadaver) ernährt. — Als Symbol ↗: Garuda ↗ (Indien) u. Göttin Mut ↗ (Ägypten) wie insg. das weibliche ↗ Prinzip, weshalb er zum Attribut weibl. Gottheiten wie der äg. Königin als Geierhaube ↗ od. Geierkro-

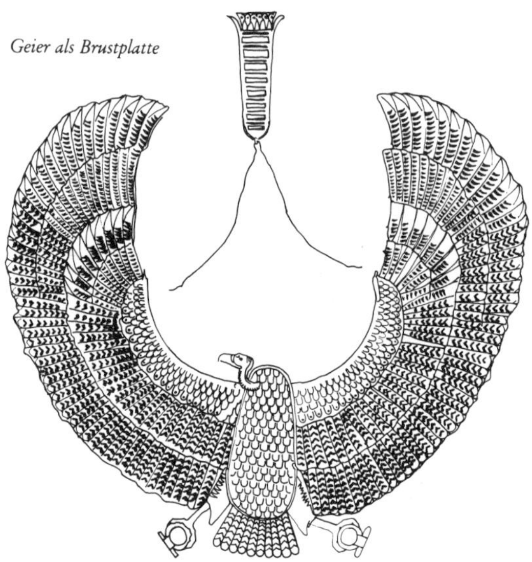

Geier als Brustplatte

ne ↗ wurde. These: da der Geier kein Leben (= Dasein ↗) frißt, dürfte es sich um eine Analogie zum Gesamtkosmos ↗ bzw. Sein ↗ oder eine Par. zu Null ↗ handeln, die sich auf dem Anhänger (Abb.) als stilisierter Leib bes. deutl. zeigt. Deshalb schwebt der G. gewöhnl. über dem Pharao ↗, der Sonne + Zodiak vertritt, od. umhüllt die Osirismumie ↗. Vergleichsweise wurden im Tibet ↗ die Toten direkt den Geiern zum Fraß vorgeworfen. Eine inter. Kombination mit der Schlange ↗ findet sich - quasi als Vogelschlange ↗ -auf der Stirn der Osirismumie wie als Cherubim ↗, s. Bundeslade ↗, bis der G. zu Nechbet ↗ u. schließl. zu Nephtys ↗ wird, äqv. zu Dana ↗ (germ.) u. Inanna ↗, s. Urhügel ↗. Das leitet evtl. über zu Gaur ↗, sodaß der G. als Äqv. zur Taube ↗ erscheint.

Geierhaube: eine Kopfbedeckung äg. Göttinnen ↗, die aus dem Balg eines Geiers ↗ bestand. Auf der Abb. der Mut ↗ selbst mit G., darüber die rote + weiße Krone ↗, über dem Geierkopf die Schlange, ebf. mit Doppelkrone. Die Göttin sitzt auf dem äg. Thron ↗ u. umärmt Sethos I. ↗, um ihn zu ›säugen‹.

Geierkrone mit Federn. Sie wurde von der Pharaonenmutter getragen

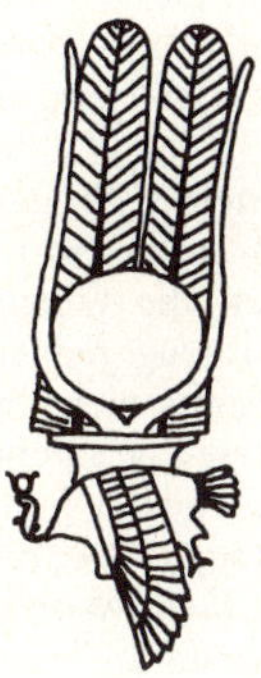

Geierkrone: im Schema (Abb.) mit der Geierhaube ↗ verbunden, deren Kopf jedoch durch die Kobra ↗ ersetzt ist, die in ähnlichen Hörnern ↗ die Sonne ↗ trägt, sodaß die Scheibe zw. der Doppelfeder ↗ einer anderen, 2. Sonne, entspr. muß. Man findet die G. deshalb a. als Abschluß des zodiakalen Djed ↗, den Fisch-Sektor ↗ seit Endzeit ↗ vertretend. Ansonsten bleibt die G. der Pharaonenmutter = Kandake ↗ vorbehalten, s. Anchsenamun ↗. Äqv. dürften die germ. Gaur ↗ u. die Quetzalsonne ↗ der Indianer sein.

Geißel: ein äg. Symbol ↗ namens Nechech ↗, bestehend aus einem Stab, der sowohl an die Ntr ↗-Axt erinnert wie an die indian. Friedenspfeife ↗ (manchmal aber a. den Bogen über dem Naos ↗ bilden kann) und 3 Schnüre mit unterschiedl. Perlen. Meist ist der Stab in 18 Ringe unterteilt u. das Gehänge in 48 Perlen - Summe 66 od. das Doppelte vom Hirtenstab ↗, mit dem sie oft gekreuzt wird, spez. vor der Osirismumie ↗. Allein findet man sie als Symbol des Min ↗, Anubis ↗ u.

Königin Amenerdas

Löwengottes ↗. Bei der aus Nubien ↗ stammenden äg. Königin Amenerdas verwandelt sie sich in eine Lilie ↗ (Abb.). Wahrsch. entspricht auch das Z. der Anu ↗ ihren Bestandteilen: im Thron ↗ eingeschobene Truhe ↗ = Stab, die 3 Längsstriche = 3 Perlenschnüre (Schema).

These: sie symbolisieren alles, was mit der Landung ↗ von Astronauten einsetzt: Schwangerschaft ↗ (18 Grundmotive, als Stab), Tierkreis ↗ (12) + Zodiakzeichen ↗ (12) sowie die Archetypen ↗ (24), zus. die 48 Perlen als Geschichte ↗. — Etrusk. Übernahme als Faszes ↗.

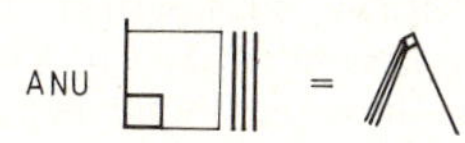

Geist: äg. Ka ↗ u. unter diesem Stichwort definiert.

Geistseele: Buddhi ↗ (ind.), Ebene der Glückseligkeit u. Einweihung ↗.

Geistsonne: die schwarze Sonne des Sirius ↗, wechselweise Zara ↗ (bei Zarathustra), Sarra bei Ninmesarra ↗ od. Kara bei Kasskara ↗; letzeres ist insofern stimmig, als sich G. dann aus Ka ↗ (Geist) u. Ra od. Re ↗ (Sonne) zusammensetzt.

Gelb: als Farbe ↗ oft mit Gold ↗ gleichgesetzt, so auf dem Babylonischen Turm ↗ als Äqv. für Sonne (Stern).

Gelbmützen: Gelupa-Sekte ↗.

Gelgja: die Fessel, mit der der Fenriswolf ↗ gehalten wird, bis er sich bei der Götterdämmerung ↗ losreißt. Beim äg. Anubis ↗ als langgestreckter Bogen zu finden, äqv. Ul-Rune ↗.

Gelupa-Sekte: Sekte der Gelbmützen od. Gelbturbane, die auf den Taoismus ↗ zurückgriff. Bei ihrem von Hsien ↗ (weibl. Engeln) geleiteten Aufstand z. Z. der Han-Dynastie ↗ (184) sprach man deshalb von Gelbturban-Taoismus. Kleinere Aufstände folgten 301 (unter Sun T'ai) u. 399–402 (unt. Sun En); nach der Besiegung sprangen weibl. + männl. Anhänger ins Wasser, um zu den Inseln der Seligen ↗ zurückzukehren.

Gene: in den Chromosomen ↗ lokalisierbare Erbfaktoren.

Genesis: Entstehung, Entwicklung (griech.): die Geheimlehre ↗ unterscheidet Kosmogenese u. Anthropogenese, während in der Vulgata ↗ das 1. Buch von Moses ↗ ununterschieden G. genannt wird. Lt. Blavatsky ↗ ist letztere eine wenig veränderte Version der Chaldäer ↗, wie man auf assyr. Tontafeln feststellen konnte. Sie enthält jedoch nur die Sekundärschöpfung ↗ als Entwicklung der Evolution ↗, berührt sehr versteckt 2. u. 3. Wurzelrasse ↗ bis zur Trennung in Geschlechter u. reduziert dann die 4. Welt ↗ auf Gestalten, die vor allem an ägyptische erinnern, s. Vergleichstabelle:

Adam	Horus
Kain, Abel, Seth	4 Horuskinder ↗
Enoch ↗	Thot ↗
Kenan	
Mahalaleel	
Jared ↗	Osiris ↗
(Sintflut ↗)	(Osirismord ↗)

These: jede ›Generation‹ steht für 1 der 6 ersten Abschnitte jenes Djed ↗ - bibl. Baum der Erkenntnis ↗ -, der dem Zodiak ↗ folgt. Leider berührt der Rest der bibl. G. nur die Linie des Sem ↗, reduziert auf Abraham ↗ bis Joseph ↗. Die äg. G. hat sich bzgl. der Schöpfung in der Götterneunheit ↗ erhalten, während die menschl. Sonderlinie ↗ im Gangsystem ↗ manifestiert erscheint. Eine neutrale, aber perfekte G. bietet die afrik. Ntu-Philosophie ↗, total auf Kategorien beschränkt, während die G. des Popol Vuh ↗ durch Anschaulichkeit besticht.

Genezareth: 1) See, in den der Jordan ↗ mündet, kanaan. See Kinnereth, von Israel ↗ bei der Landnahme ↗ erobert; auch Galiläisches Meer oder Tiberiassee. Zu Jesu ↗ Zeiten war die umliegende Ebene dicht besiedelt; im O lag Magdala ↗, 25 km weiter Gamala ↗, am Westufer östlich Nazareth ↗.

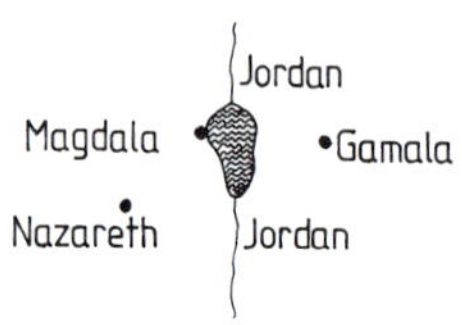

2) Name der Ebene im NW des Sees.
Heute wieder Teil von Israel, im Grenzeck zu Jordanien ↗ u. Syrien ↗.

Genien: Wesen der röm. Religion ↗, die Personen u. Dingen innewohnten; Einz. *genius.* Auch ein Gebäude oder Denkmal hatte seinen *genius loci.* In der Kunst mit Flügeln ↗ dargestellt. In der Gnosis ↗ sowie Kabala ↗ Bez. für Engel ↗. Philos. a. moral. Kräfte bzw. personifizierte Tugenden etc. Ein anderes Schema teilt jeder Stunde je 7 G. zu; Beispiel 1. Stunde: G. der Medizin, der Richter, der Nekromantie, des Streites, des Schnees, der Amulette u. der Würde. — Mögl. Äqv.: die Kami ↗ in Japan. — Mit den Djinn ↗, die auf 24 begrenzt sind, nur dann zu verbinden (was die Wortähnlichkeit nahelegt), wenn sie als unterschiedl. Koppelungen zu Namen ↗ werden; denn die G. sind von unbegrenzter Zahl.

Geodätische Punkte: im Rahmen der esot. Geographie von Ägypten ↗ ein Netz von ausgezeichneten Standorten für Tempel ↗ u. Orakelstätten. Die Vermessung = Geodäsie (heute nur Feldmessung) erfolgte vom äg. Nullmeridian ↗ aus. An jedem ermittelten Punkt, der sich wohl a. an Sternbildern ↗ u. a. orientierte, wurde ein Omphalos ↗ oder steinerner Nabel errichtet, der manchmal wie eine Sonne (= Stern ↗) oder a. Sonnenuhr gebaut war, eingebettet in den Zodiak ↗. — Soweit noch auffindbar, reichte dieses Netz bis zur altchin. Hauptstadt Anyang ↗, über das sum. Nimrud ↗, im W bis Delphi ↗, im N möglicherweise bis zum heutigen Moskau ↗. Es könnten aber auch die Isisgrotten ↗ dazugehören, über denen später die gotischen Kathedralen (s. Chartres ↗) errichtet wurden. Warum nicht auch Mekka ↗, wo Mohammed ↗ schon einen Stein (s. Kaba ↗) vorfand? Der G.P., der die Lage von Memphis ↗ bestimmte, wurde nach dem ›Gott der Orientierung‹ Sokar ↗ genannt. Ob a. die Things ↗ der Germanen ↗ geodät. Punkte waren, ist nicht mehr bekannt.

Ger: Speer ↗ (germ.), lat. Runa ↗ = Lanze. Lt. Wirth ↗ in der Hand der Hvita Quina ↗ oder Trägerin der Weisheit ↗. In einem Runenlied auch als Jahr ↗ eingesetzt u. als Rhombus ↗ mit Stab gezeichnet:

› (ger) byp gumena hiht...‹
(gesegnetes) Jahr ist der Menschen Hoffnung...

Daraus wurde später die 12. Rune ↗ 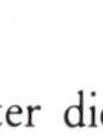 oder Janna ↗. — Anscheinend handelt es sich um die Vorsilbe von Germanen ↗. Sonderform: Gungnir ↗. — Äqv. dürfte Tschuringa ↗ u. der Speer vor Osiris ↗ sein, an dem Anubis ↗ hängt.

Gerechtigkeit: z.B. benutzt von Menahem ↗ für den kommenden ›Lehrer der Gerechtigkeit‹, mit dem Jesus ↗ gemeint sein dürfte. In Ägypten die Göttin Maat ↗, deren Bild jeder Richter am Hals trug. Jedoch war schon damals klar, daß G. im Diesseits nicht zu verwirklichen ist, u. die Erwartung richtete sich auf die Seelenwägung ↗ im Jenseits, übernommen von Jesus als Hinweis: »Die Lehre, die ich vorgetragen habe, die wird ihn am letzten Tag richten« (Joh. 12, 48). Womit über den letzten Lebenstag = Tod ↗ hinaus auch auf das Jüngste Gericht ↗ als endgültige Durchsetzung von G. angespielt wird. Und da Ungerechtigkeit ↗ - im Paradies ↗ zweifellos nichtexistent - überhaupt erst durch Erkenntnis ↗ von Gut + Böse möglich wurde, aber a. bis heute Streitfrage schlechthin blieb, kann man folgern, daß nur die 4. + 5. Welt ↗ G. als Problematik kannte: deckungsgleich mit Karma ↗ als regulierendem Vergeltungsgesetz. Als ›natürliche‹ G. störende Faktoren kamen hinzu: Trennung in Geschlechter ↗ u. Rassen ↗; Neid auf die bevorzugte Sonderlinie ↗ u. der Besitz des Grals ↗ wie insg. zunehmendes Besitzdenken durch Kultur ↗. Wertsysteme ↗ verhindern zusätzl. Gleichberechtigung ↗. Bes. interessant, daß nur Ägypten G. u. Wahrheit ↗ koppelte.

Gereh: männl. Glied der äg. Götterachtheit ↗, heute vage mit Mangel übersetzt. Mit Gerhet ↗ ein Paar bildend. These: afrik. Äqv. Kintu ↗ (unintelligentes Dasein, hier wohl Mangel an Intelligenz), unsensitiv: Mineralien u. Urpflanze umfassend; im Tao ↗ ›flache Erde‹, Äqv. Enki ↗.

Gerhet: weibl. Glied der äg. Götterachtheit ↗, mit Gereh ↗ ein Paar bildend. In der afrik. Ntu-Philosophie ↗ Kintu ↗, sensitiv: insbes. höhere Pflanzen + Tiere. Äqv. Ninki ↗.

Geri: der ›Gierige‹; 1 der 2 Wölfe von Wotan. Der andere heißt Freki ↗. Auf einem schwedischen Taufbekken sind beide einander gegenübergestellt. Genau so liegen sie a. als 2 der 4 Elemente ↗ gegenüber: Geri =

Feuer, Freki = Erde. Über ihnen als himml. Ornament die Luft u. im Becken Nr. 4, das Wasser - zus. die 2 Raben von Wotan, Hugin ∕ u. Munin. - Als ›Sonnenverschlinger‹ wird G. zum Mond ∕.

Germanen: Gesamtbez. der Gallier ∕ für ihre Nachbarn im O zw. Rhein, Donau u. Weichsel, die von den Römern ∕ übernommen wurde. Tacitus ∕ nannte dann das von ihnen besiedelte Gebiet Germania, die G. selbst sprachen von Thiudisca Liudi ∕ = Land der Thiuda ∕ = Tiodiska ∕, die von Ti-Od ∕ Abstammenden, was einer Runenformel entspricht. Daraus wurde auch Tuatha ∕ = das Volk (später die Deutschen ∕), in Sagen der Kelten ∕ Tuatha de Dannan = das Volk der Göttin Dana ∕, germ. Janna ∕. Letztere ergibt Deckungsgleichheit mit Ger ∕ bei Germanen. Es waren Manen (Menschen), die sich als Kultgemeinschaft auf den Ger = Speer als Runen ∕-Jahr bezogen. Da Dana a. Anu gen. wurde, verbinden sich die G. mit dem Anu ∕-Stamm u. von da über den Rhombus ∕ (als Ger) mit der Bahn der schwarzen Sonne des Sirius ∕ = Anubis ∕. Jedoch berichtet Tacitus nur von Tuisto ∕ und Manus ∕, von dem sich 3 germanische Linien aufgabelten: die Ingäwonen ∕, Istävonen ∕ u. Herminonen oder Irminonen ∕. Ihre sprachliche Abtrennung von den Indogermanen ∕ scheint auf ihrer Verschmelzung mit einer Urbevölkerung des alten Europa ∕ z. Z. der Megalithkultur ∕ zu beruhen, die eine nichtidg., unbekannte Sprache redete. Im Ggs. zu den Kelten gab es keine (männl.) Priester, sondern (weibl.) Seherinnen, genannt Wölwa ∕ mit Initiation im Thrudenring ∕. Sie hüteten die Runen im sog. Frauenturm ∕, hielten pro Jahr einen Disen ∕-Thing ∕ ab, redesangen auf den Externsteinen ∕ u. hielten das

Landrecht sakral. Einige Fragmente der germ. Religion ∕ u. Gesch., die nie schriftl. fixiert wurden, finden sich in der Edda ∕, später auf Wotanismus ∕ verengt. Weitere Vermischungen erfolgten mit den Streitaxtleuten ∕ der Völkerwanderung ∕, Kelten ∕, Römern ∕. Die Frage der Herkunft ist ungeklärt. These: die G. überlebten den Weltuntergang ∕ (Ragnarök ∕ der Edda) nicht auf dem Kaukasus ∕, sondern in den Anden ∕ bei Tiahuanaco ∕, später im Amazonas ∕-Gebiet ein Reich bildend (wo Hitler ∕ nach ihnen suchen ließ). Dann Wechsel nach Km.T ∕ (Ägypten) u. Kanaan ∕, von wo sie ca. 8000 v. Z. nach Europa kamen. Die Entstehung aber verlagert sich über Tuisto (= Thot ∕) u. Nemanus ∕ (Mutter des Manus) nach Rhodesien (heute Simbabwe ∕), wo Hitler ebf. suchen ließ u. schließl. nach Niflheim ∕ auf Midgard ∕ (Mu ∕). D.h., sie waren die Niflungen ∕. — Zu den 24 Runen als Geschichte ∕ kam der Zodiak ∕, bei der Tafelrunde ∕ durch 12 fürstl. Paare vertreten, einer religiös-polit. Einrichtung ohne Staat: die Summe 48 erinnert an die Perlen der äg. Geißel ∕. Außerdem gab es Tänze auf Schiffsbühnen wie bei den Arioi ∕; die Götterachtheit ∕ ist als Kessel ∕ erhalten oder als Zahl der Grabsteinplatten eines Königsgrabes bei Nirvik - 8-sektorig war die Große Pyramide ∕. Auf 1 der 8 Platten der Kessel mit 9 weibl. Gestalten (vorangeg. Spalte). 9 Arten Holz nahm man zum Brandstoß der Toten ∕ — alle 9 Jahre war das große Opfer des Ebers ∕ (Gullinborsti ∕); 9 Welten durchwächst die Yggdrasil ∕. — S. Germ. Feste ∕.

Germanische Feste: im Ggs. zu anderen Völkern waren die Feste ∕ der Germanen ∕ auffällig auf Göttinnen bezogen. Man hat das Gefühl, daß sich wie bei Osiris ∕ ab Landung ∕ bis Wiederkehr ∕ ein 5teiliges Inkarnationsmuster ergibt, s. Schema:

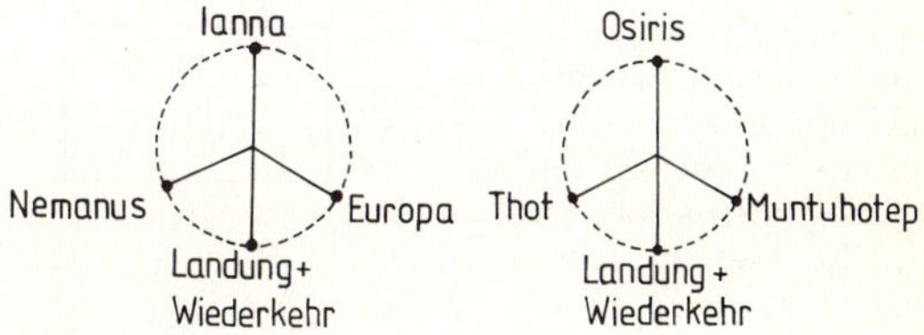

Die entspr. Fest-Folge wäre:
1) Erscheinen der Frau Gaur ∕ (als Gral ∕) = Mütternacht ∕
2) Wotans Hochzeit nach der Walpurgisnacht ∕
3) Johannisfeuer ∕ äqv. Götterdämmerung ∕
4) namentl. nicht mehr greifbares Oktoberfest (für Europa ∕?)
5) Erscheinen der Lucia ∕ + Julzeit ∕.

Gesamtkosmos: Erweiterung des jetzigen Kosmos ∕, der nur 1 Phase der Ausdehnung beinhaltet (= 36 Mrd. Jahre) auf ein altes Zeichen, das 4 Phasen zeigt = 144 Mrd. Jahre insgesamt. Diese Zahl 144 ist überliefert als ›Maß der Engel‹ oder Maß des ›Himmlischen Jerusalem‹ ∕. These: jede Phase besteht aus den 24 Grundmotiven ∕ der Reihenfolge XP ∕ bzw. in Umkehr PX als Ausfächerung oder Wiedervereinigung des Ur-X ∕, was als Summe 100 ergibt, ebf. erhalten als die Me ∕ oder die 100 Namen des Osiris. So fin-

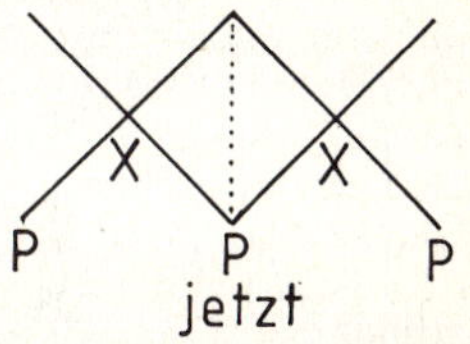

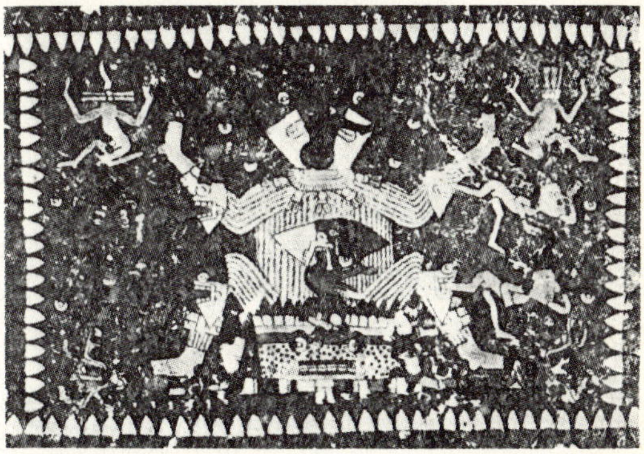

det sich auf dessen Osirismumie ∕ das gleiche Z. in vertikaler Stellung, gebildet aus Hirtenstab (33), Geißel ∕ (66) u. X der Arme (1) = 100. Auch von Allah ∕ wird

behauptet, er habe 99 Namen u. 1 unbekannten. – Umgesetzt in die Urgöttin ist das Z. bei den Azteken ↗ zu finden (Abb. vorherg. Seite).
Ihre Arme formen ein W, die Beine - mit Krallen des Jaguars ↗ - ein M, was als Koppelung WM oder MW ergibt. Beides existiert: MW.T ist eine Schreibweise der äg. Mut ↗, die ebf. den G. zu vertreten scheint; u. Whm ↗ steht für Wiederholung von Evolution u. Geschichte, die ja aus dem G. hervorgehen, was das azt. Bild als Sterne ↗ u. Menschen einsetzt, die aus der Göttin herausspringen. Ihre Einrahmung mit Federn legt eine Übernahme aus dem Popol Vuh ↗ nahe, wo vor Schöpfungsbeginn alles in Federn gehüllt ist. Hier sind sie so abgezählt, daß ein Zufall ausgeschlossen ist: je oben u. unten 36 = 72 wie die 72 Fu-Tis ↗ des Taoismus oder die unteren Chakras ↗ im Tibet; je r. u. l. 20, zus. 40. Um nun

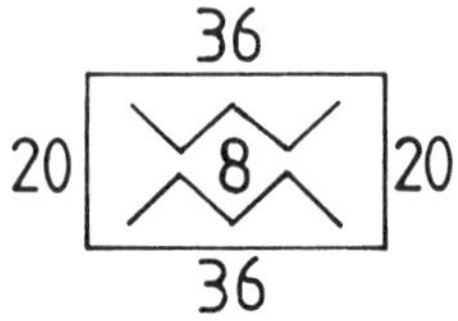

Chenti ↗ zu erreichen, fehlen 8 Einheiten, das ist die Göttin selbst, wenn man das Z. des G. in 8 Einzelstriche auflöst, evtl. das uranfängl. Tao ↗.
Geschichte: nach offizieller Version das vergangene u. gegenwärtige Geschehen u. die schriftliche Kunde davon, vermittelt durch Geschichtswissenschaft. These: das ist Historie ↗, die der G. kein präexistentes ↗ Gesetz zubilligt, sondern rückblickend dem Zufall ↗ überläßt (Kriege, große Personen etc.). Die Religionen ↗ andererseits präsentieren G. als ›Heilsgeschichte‹ ↗, wobei der entspr. Heiland ↗ der Weg ↗, aber nicht das Ziel ↗ ist, im Buddhismus ↗ als Prajna ↗, in der Apokalypse ↗ als ›Neues Jerusalem‹ (Sion, Zion ↗) angegeben. Der ›Historische Materialismus ↗‹ wiederum nennt als zwangsläufiges Ziel die Überwindung des Klassenkampfes ↗, während die Nommologie ↗ nach afrik. Vorbild Nommo ↗ als Weg *und* Ziel vertritt. Als Weg = Geschichtsablauf, handelt es sich um das kosmische Uralphabet der 24 Grundmotive ↗, reduziert auf 1080 Jahre pro Motiv als Zeitspanne für

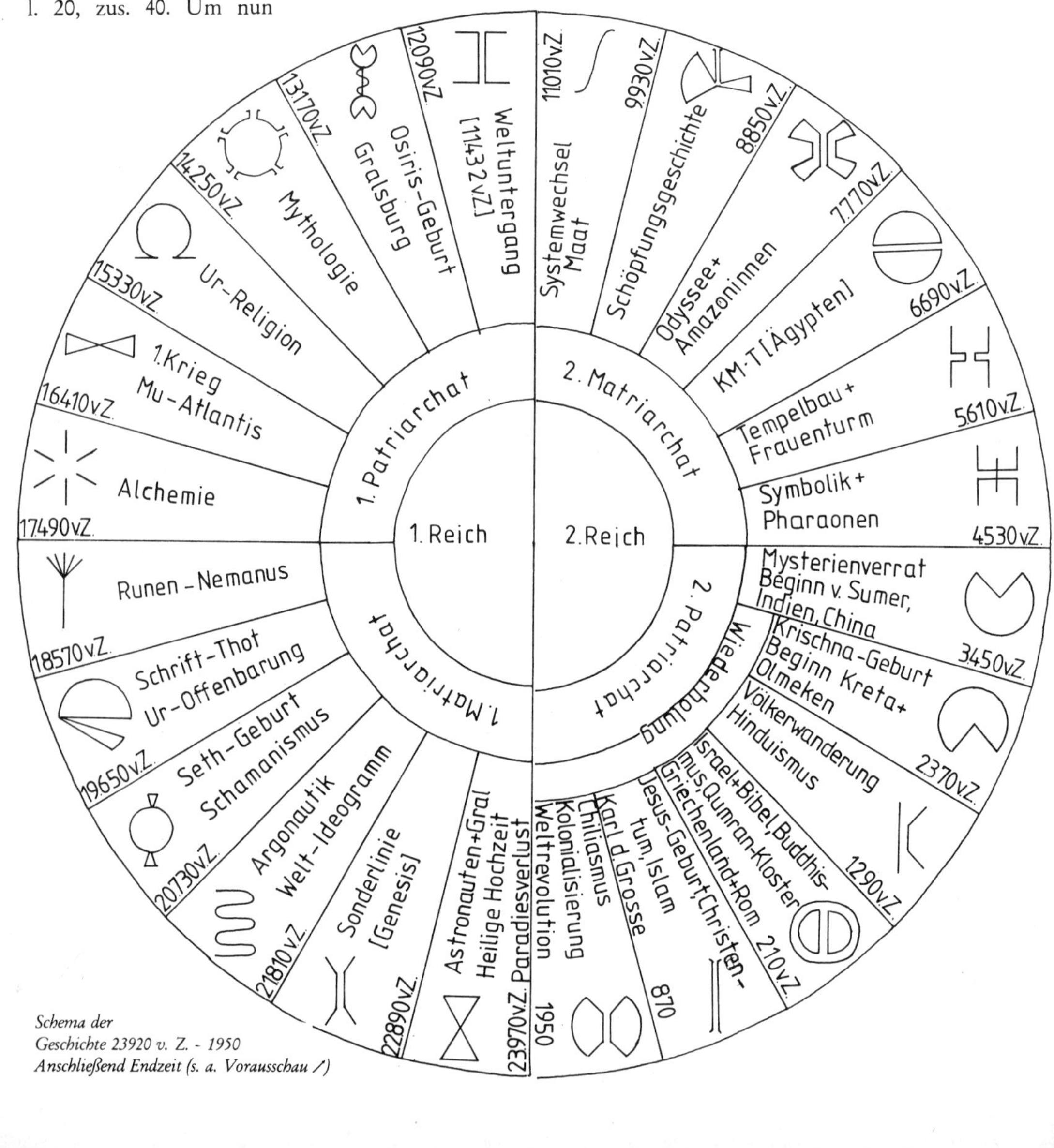

Schema der Geschichte 23920 v. Z. - 1950
Anschließend Endzeit (s. a. Vorausschau ↗)

dessen Einlagerung in die menschl. Psyche ↗ wie a. gleichzeitig für kollektive Umsetzung in einen Geschichtsabschnitt. Das ergibt als Gesamtdauer der (bisherigen) Geschichte 25920 Jahre = 1 Präzession ↗, zu Ende gegangen 1950 mit dem Beginn der sog. Endzeit ↗. Dabei diente als Kalender ↗ der Zodiak ↗, doppelt angelegt 1) als Tierkreis ↗ (mit den Tieren als Lehrmeister für die einzelnen Geschichtsabschnitte), 2) als Kreis der Zodiakzeichen ↗, in denen die ganze G. als Plan verborgen liegt, sie sind der eigtl. Schlüssel ↗ der G. — Vom Wort her läßt sich sagen, G. sei das Hinzufügen neuer (psych.) Schichten gewesen, insg. das kollektive Unbewußte ↗. Die Analogie ihrer zeitl. Sektoren findet man als Kulturschichten ↗ in der Erde wie als Archetypen ↗ in Kunst u. Mythen. — Ein 24-Sektoren-Kreis (Schema) zeigt die wichtigsten Stichworte zum Nachschlagen. These: ab 5. Jh. v. Z. setzte die 1. Wiederholung ↗ der G. ein.

Geschlecht: Differenzierung von Wesen ↗ bzw. Lebewesen (Pflanze ↗, Tier ↗, Mensch ↗) in weiblich ↗ + männlich ↗, im Ggs. zu geschlechtslos ↗ oder hermaphroditisch ↗. Lt. Buch Dzyan ↗ (Strophe VIII/31) »trennten sich die Tiere zuerst. Sie begannen sich zu begatten. Die zweifältige Mensch trennte sich auch. Er sagt: Laßt uns wie sie; laßt uns vereinigen und Geschöpfe zeugen. Sie taten es...« (Blavatsky, II., S. 22). Und zwar lt. Blavatsky ↗ ca. 8 Millionen Jahre vor Ende der 3. Welt ↗. Auch die Bibel ↗ kennt diese Trennung im Paradies ↗, womit es sehr bald aufhört, nennt jedoch das vorausgehende Zweifältige nicht ›die Mensch‹ sondern ›den Adam ↗‹ mit zusätzl. Diskriminierung der Eva ↗, sie sei aus seiner (4.?) Rippe ↗ gemacht u. ihm deshalb untertan. Hier findet die 1. Vereinigung (s. Sex ↗) der getrennten G. erst nach Paradiesverlust ↗ statt, wenn Kain ↗ als 1. Kind ↗ entsteht. Konsequenz: es bilden sich Geschlechter im Sinne von Stamm ↗, Stammbaum. — Im übrigen hängen Gatte u. Gattin eng mit Gott ↗ und Göttin ↗ zusammen, vor Beginn der Schöpfung ebf. eine Einheit bildend, s. Ntr ↗ in Ägypten. Im Wort G. steckt seltsamerweise das Adjektiv schlecht, u. so wurde die irdische Trennung als Sündenfall ↗ empfunden u. nach Erlösung durch Wiedervereinigung ↗ gestrebt. Bis dahin wird der Geschlechterkampf ↗ nicht aufhören. In-

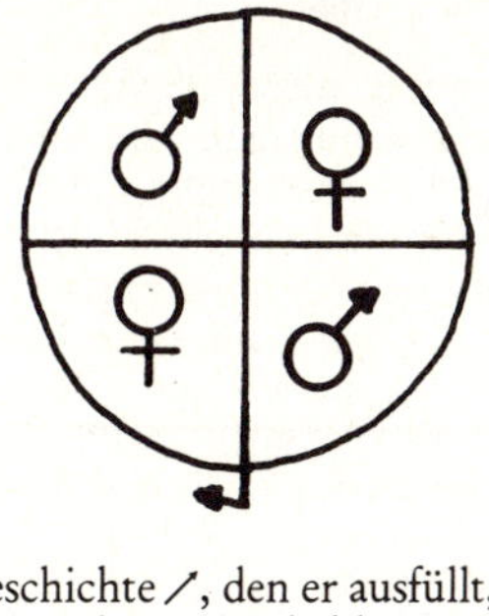

nerhalb der Geschichte ↗, den er ausfüllt, scheint man sich im Rahmen der 4 Zodiakhäuser ↗ um einen Wechsel von Matriarchat ↗ u. Patriarchat ↗ bemüht zu haben, überlagert vom Klassensystem ↗.

Geschlechterkampf: seit Paradiesverlust ↗ andauernder Kampf zw. weibl. + männl. Geschlecht ↗ (Frau ↗ + Mann ↗) um Vorherrschaft im sozialen und kulturellen Bereich. Im ersteren ist die Frau von Natur aus (kleinere Statur, Gebundenheit an Schwangerschaft ↗ u. Kind ↗-Betreuung) im Nachteil, kulturell dagegen durch die Geschichte ↗ im Vorteil, da im Besitz von Thron ↗ u. Gral ↗. Deshalb setzte hier gewöhnl. die männl. Manipulation ↗ ein: Raub der Kultgeräte ↗ u. Rituale ↗, wovon der Zyklus der Djangawul-Schwestern ↗ erzählt. Mysterienverrat ↗, Initiation ↗ unter Frauenausschluß bis hin zu Verfälschung von Texten, z.B. I Ging ↗, mit Höhepunkt im Kali Yuga ↗ (= Finsteren Zeitalter ab 2370 v. Z.) und Ende ab Friedensreich ↗. — Speziell die Indianer ↗ überliefern a. umgekehrte Verhältnisse, einen Aufstand der Männer gg. die Frauen, weil diese regierten u. auf die Jagd gingen, während sie selbst kochten u. Kinder hüteten (s. 1. Matriarchat ↗ im Übergang zum 1. Patriarchat ↗). Weiteres Gegenbeispiel: die Amazonen ↗. — Bestrebungen zur Überwindung des G. setzten als Kampf um Gleichberechtigung ↗ zus. mit der Weltrevolution ↗ ein. — Feindseligste Unterschlagung der Bibel ↗: der 2. Frauentyp Lilith ↗ sowie das weibl. Geschlecht des Logos ↗.

Geschlechtslos: war die 1. u. 2. Wurzelrasse ↗; am Ende der 3. Wurzelrasse erst Trennung in Geschlechter ↗.

Gesellschaft: eine offenere Bindung von Menschen als in Stamm ↗ oder Volk ↗, abgesichert durch einen Staat. Die Zugehörigkeit ist eine angeborene oder zu erwerbende Staatszugehörigkeit, die wieder aufgegeben werden kann.

Gesetz: 1) immanentes Prinzip einer Weltordnung ↗, 2) gesetztes, mit öffentl. Autorität versehenes Recht, 3) durch Religion ↗ gestiftete, meist als göttlich deklarierte Gebote.

Zu 1) zählen die Naturgesetze ↗ u. präexistenten Ideen ↗;

zu 2) mündl. tradierte Stammesgesetze u. schriftl. fixierte Gesetzesbücher;

zu 3) Totemismus ↗; die 10 Gebote Mose ↗ (= das alte Gesetz); Gesetze des Korans ↗, des Manu ↗; die 24 Kategorien der Veden ↗ sowie der afrik. Ntu-Philosophie ↗ u.a.

Dabei blieb als Streitfrage immer offen, ob der Mensch ↗ überhaupt in der Lage sei, von ihm selbst nicht geschaffene, also immanente oder präexistente G. - falls sie tats. vorhanden sind - objektiv zu erkennen. Seltsamerweise wurden in fast allen Kulturen solche ›göttlichen‹ G. als Gesetzestafeln ↗ dargestellt, die immer die gleiche symbolische Form hatten: einen langgezogenen Bogen: einfach wie die Ul-Rune ↗ 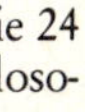

oder doppelt 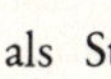 wie die Zodiakzeichen ↗ Skorpion oder Jungfrau. In Ägypten ↗ findet man sie als Schlangensteine ↗, Kronen ↗ u. Fesseln, s. Pentagramm ↗; schließl. als Feder ↗, einfach bei der Maat ↗, doppelt bei Horus ↗, Amun ↗, Mut ↗, womit schon die wesentl. Gesetze angedeutet sind: Tierkreis ↗, Sonne ↗, Kosmos ↗ - zusammengestellt in der Weltformel ↗. — Bei den Etruskern ↗ findet sich außerdem ein individ. G. als Lebensweg ↗, durchlaufen in 12 x 7 = 84 Jahren. These: es handelt sich um den Durchlauf jedes Menschen ab Geburt ↗ durch das Sonnenalphabet ↗. Das G. der Geschichte ↗ jedoch ist kein Naturgesetz, sondern wurde durch Astronauten ↗ (Kulturbringer ↗) ›künstlich‹ = durch Kunst ↗

gesetzt, u. zwar als zeitverkürzte Analogie zum G. des Kosmos, s. Wiederholung ↗. — These: da im Wort Gesetz ›Sitz‹ steckt, geht man nicht fehl, alle G. auf jenen Sitz zurückzuführen, den Isis ↗ auf dem Kopf trägt = Truhe ↗, Bundeslade ↗ u.ä. — Das ›Neue Gesetz‹ soll von Zion ↗ ausgehen. — G. = Nomos ↗ u. Gura ↗.

Gesetzestafeln: lt. Bibel ↗ 2 steinerne Tafeln ›geschrieben durch den Finger Gottes‹, die Jehova ↗ dem Moses reichte, auf dem Berg Sinai ↗, ›auf beiden Seiten beschrieben‹. Sie werden später zerbrochen, neugemacht u. dann nur noch mit ›zehn Worten‹ (des Bundes mit Israel ↗) gefüllt. These: möglicherweise identisch mit den 10 Sefirot ↗ der Kabala ↗. Da Moses vom letzten schwarzen Priester von Ägypten ↗ eingeweiht wurde, wundert die Form der G. nicht: sie deckt sich mit dortigen Formen (s. Gesetz ↗), allerdings nicht verbunden mit der Zahl 10, sondern 24 = Horuskrone ↗ oder 32 (Amunkrone). Dafür findet sich die 10 (als Gesetz) zweimal: als Djed ↗ mit dem Anch ↗ (Lebenskreuz ↗), was zu den 10 Mosesgeboten passen würde u. als Djed mit Widderhörnern + Geierkrone (Mut ↗), u. dafür hatten die Hebräer ↗ nicht einmal ein Wort. - Bilder mit symbolischen G. finden sich unter den Stichworten: Moses ↗, Krone ↗, Fuß ↗, Europa ↗ u. Taube ↗. — Von Hitler ↗ wird berichtet, er habe ›bessere Gesetzestafeln‹ als die von Moses in Gestalt des Grals ↗ gesucht. Sie werden in der Edda ↗ als goldene Tafeln erwähnt, die verloren gingen, aber wieder gefunden werden.

Giganten: Riesen ↗ der 4. Welt ↗, die den Titanen ↗ nach deren Besiegung folgen (griech. Mythos), aber wie diese, die Götter ↗ bekämpfen. These: verglichen mit den äg. Dynastienlisten ↗, fallen sie wohl in die Zeit der Könige (den Halbgöttern = Titanen folgend) u. sind z. B. mit Platos ↗ Riesen von Atlantis ↗ identisch, deren göttl. Erbe degeneriert war. Deutsches Beispiel: Rübezahl ↗. Nach indian. Aussagen verschwinden sie alle mit dem Weltuntergang ↗. Die griech. Silbe *Giga* dient heute als Vorsatz von physikal. Einheiten (das 10^9-fache einer Einheit). Frz. *Geant* soll zurückgehen auf *Jaunak* u. *Jaun-Gori* (baskisch). Hier wäre evtl. das Bindeglied zu finden, daß es sich um Nachfahren der Janna ↗, Gaur ↗ handelt (bzw. Gäa ↗, griech.), einem germ. Äqv. der indian. Orejona ↗ (Astronautin ↗). — Wahrsch. mit den Atlanten ↗ ident. u. z. B. auf der Osterinsel ↗ dargestellt oder ganz ähnlich im Gebiet um Tiahuanaco ↗. Auffallendes Kennzeichen: große Ohren. — Die bask. Anhängung Gori zeigt zusätzlich Verbindung zur ind. Gauri, einer Erscheinungsform der Göttin Kali ↗, sowie zu Gorr ↗ u. Ger ↗. — Und Gean (frz. géant) läßt sich in Ki ↗-An ↗ trennen und als Anki ↗ in Sumer ↗ finden, was die G. zu Kreuzungsprodukten zwischen Erde (Ki, Ge etc.) u. Himmel (An, Anu, Antu etc.) macht. Bekanntes Bsp.: Gilgamesch ↗. — Weiterer Zusammenhang: Gigan = Chicchan ↗.

Gilgal: kultischer Steinkreis ↗ (Thing ↗, Dinc ↗), a. galgal von *gala* (arab.) = herumkurven; das Wort taucht in der Bibel ↗ auf. Hieronymus, der die Vulgata ↗ (Bibelübersetzung) schrieb, übersetzte G. mit Rota ↗ (Rad): *›deus in rota‹* (der Gott im Rade) wurde auch ein Äqv. zu Labyrinth ↗, das dann aus mehreren ineinandergelegten G. besteht. Von gal zu Kal ↗ (ind. Kala, Zeit) führt das Wort zu Kalender ↗, was z.B. für den Gilgal Stonehenge ↗ zutrifft. In solchen Kreisen, gesetzt aus Mora-Steinen ↗, wurde die Weltordnung ↗ (Rta, siehe Troya-Tanz ↗) getanzt. Germ. Nv.: Domareringar ↗. Die Urform geht auf 8 (Tao ↗) oder 12 (Zodiak ↗) Steine zurück, d.h. auf die 2 Schlüssel ↗ der Psyche ↗ bzw. Weltformel ↗. These: Zeit der ersten Entstehung = im Anschluß an die Argonautik ↗ als Instrument der Vermittlung der Weisheitsreligion ↗. S. Giuli ↗.

Gilgamesch: neben Inanna ↗ + Dumuzi ↗ Zentralfigur von Sumer ↗, die wahrsch. dem Nimrod ↗ der Bibel entspricht. Denn: »von der Sintflut Vorzeit brachte er Kunde«, wie es im Gilgamesch-Epos ↗ heißt. Dazu paßt, daß er als 5. König der 1. sum. Dyn. geführt wird, sowie seine häufigste Darst. als ›Bezwinger‹ des Löwen, denn der Löwesektor ↗ folgt der Sintflut ↗ = dem Weltuntergang ↗. So dürfte Noah ↗ seinem Vorfahren Utnapischtim ↗ nachgestaltet worden sein, von dem a. die Flutbeschreibung stammt, die die Bibel verkürzt übernahm. Als Mutter gilt Ninsun ↗, Göttin von Uruk ↗; aber diesen Anspruch auf himml. Herkunft (über Ninsun) erhoben auch andere sum. Köni-

ge, z.B. Urnammu. Realer dürfte G.s irdischer Vater Lugal (= König) banda sein. Aber ein Riese ↗ war der Sohn G. zweifellos nicht mehr, obwohl das Epos sagt, 11 Ellen (= über 5 m) sei sein Wuchs gewesen - denn die starben alle beim Weltuntergang. So ist anzunehmen, daß alte Mythen ↗ auf diesen König - dessen ›ruheloses Herz‹ Ninsun beklagt - übertragen wurden. Hauptmotiv: vergebl. Suche nach dem Unsterblichkeitskraut ↗. Er starb 126-jährig. Seinen Löwenkampf zeigt das Detail eines sum. Rollsiegels ↗.

Gilgamesch-Epos: Var. eines nicht mehr auffindbaren Ur-Mythos, die fragmentarisch in Gestalt des Gilgamesch ↗ die ›Menschwerdung der Halbgötter ↗‹ (Sumerologe H. Uhlig) beschreibt, begleitet vom Verlust der Unsterblichkeit ↗. Urspr. sum., fand man babyl., akkad., assyr., kanaan., hethit. u.a. Übertragungen, jeweils leicht verändert. Ja, man nimmt sogar an, daß Inhalte in die ›Homerischen Gesänge ↗‹ einflossen oder zur Herakles↗-Sage wurden. Die Bibel↗ übernahm z. B. den Sintflut↗-Bericht. – These: da es sich prinzipiell um eine 12-Tafel-Struktur handelt u. die 12. Tafel die Unterwelt↗ beschreibt, ist in Relation zum 12. Grundmotiv der Geschichte↗ (= Todestanz↗) an eine Urfassung zu denken, die die 1. Geschichtshälfte bis zum Weltuntergang↗ (Sintflut etc.) beschrieb, wie sie für die längste Zeit wohl nur mündlich bei relig. Festen rezitiert wurde, ähnl. der Edda↗ durch die Wölwa↗ (germ.). Am Anfang steht eine Konfrontation von Natur↗, personifiziert als Enkidu↗, u. Kultur↗ (Gilgamesch, ⅔ göttlich, ⅓ irdisch), die zur Freundschaft wird, gefördert von Ninsun↗, die Gilgameschs Hochmut u. Tyrannei bändigen will. Nach Enkidus Tod verwandelt sie sich in Verzweiflung u. es folgt die Suche nach dem Unsterblichkeitskraut↗. Neben Kämpfen gg. Fabelwesen (Naturkräfte) schiebt sich als Feindbild↗ die Göttin Inanna↗ ein, Liebe u. Ehe personifizierend:

»Komm her, o Gilgamesch, sei mein Gemahl!«

Gilgamesch:

»Wie ging's mir wohl, wenn ich zur Frau dich nähme!
Ein Ofen bist du, der nicht wärmt bei Kälte,
Ein gegen Zug und Wind untauglich Tor...«

Einen weiteren Dämpfer für seine hochfliegenden (unirdischen) Wünsche versetzt ihm eine weise Frau, die ›fern am Rande des Meeres‹ wohnt:

»O Gilgamesch, wohin noch willst du laufen?
Das Leben, das du suchst, wirst du nicht finden!«

Inzw. sind Jt. vergangen, der im G. angedeutete Weltschmerz↗ ist geblieben. These: er umfaßt praktisch 4. + 5. Welt↗ oder den Weg vom Tod↗ über die Reinkarnation↗ zur Unsterblichkeit, versprochen für die 6. Welt↗. Deshalb bezieht sich wohl die Vorsilbe Gilga auf Gilgal↗ u. die Nachsilbe mesch auf Msj↗.

Ginerva: Königin der kelt. Arthur↗-Sage, die mit ihrem Gemahl, König Artus, oft Ritter des Landes zu Gast hatte. Eines Tages riet dessen Helfer, der Zauberer Merlin, daraus eine feste Tafelrunde↗ aus jeweils 12 auserwählten Rittern zu machen, die mit dem königl. Paar gleichberechtigt speisen und diskutieren durften. Dabei kam es dann dazu, daß der Ritter Lancelot in große Liebe zu G. verfiel u. ihr einen Kuß abverlangte (Abb.). Bald darauf wurde G. von einem ande-

ren Liebhaber entführt. Lancelot benutzte sein Schwert als Brücke über einen Graben, kämpfte gg. 2 Löwen u. stellte den Rivalen, um die Geliebte zurückzuerobern. Angebl. verlor er dadurch die Anwartschaft, den Gral↗ zu finden. Seine Minne↗ hätte unerfüllt bleiben müssen. – These: Ginerva, die kinderlos bleibt wie die äg. Nephtys↗, ist die typ. Gralsträgerin↗ u. deshalb unentbehrlich für die sonst rein männl. Runde, der auch Parzival↗ kurzfristig angehörte. In alten walis. Texten heißt G. = Gwenhwyfar, was soviel wie ›weißes Schemen‹ bedeutet u. an die Lilith↗ der Kabala erinnert.

Ginn: magische Kräfte; a. direkt Magie, Zauber↗ (germ.); davon abgeleitet Ginnung↗. Äqv. dürften Yin↗ und Djinn↗ sein.

Ginnistan: bei Novalis↗ eine Mond↗-Tochter, die sich in Sophia↗ verwandeln kann; s. Klingsor↗-Märchen.

Ginnung: Verzauberung (durch die Ginn↗), aber a. Täuschung. Die Ginnregin sind die Wanen↗, die im Ggs. zu den Asen↗ sich mit Seid↗ (Prophezeiung) befaßten. Vorsilbe von Ginnungagap↗.

Ginnungagap: Raum der magischen Kräfte = Ginn↗, in der Edda↗ schlecht mit ›gähnender Abgrund‹ übersetzt, als das, was war, bevor weder Himmel, noch Erde, noch Gras, noch See etc. existierten. These: es ist der Kosmos↗ vor Beginn der Evolution↗, gefüllt mit den Grundmotiven↗ (ginn) als ›Wort, das am Anfang war‹, afrik. Nommo↗. – Als Erstes bringt der G. Ymir↗ hervor.

Gisa, Giza, Gize: Stadt von Ägypten im SW von Kairo↗; in ihrer Nähe befinden sich die 3 Pyramiden↗ (genannt Große Pyramide od. Pyramide des Cheops↗, Pyramide des Chephren↗ u. Pyramide des Mykerinos) sowie die Sphinx↗. In der 4. Dynastie↗ hieß die Nekropole↗ von G.  = Er-ges (statt gise)-her. Es gab auch ein kleines Heiligtum der Isis↗ als ›Herrin der Pyramiden‹. Die ersten Grabungen begannen 1815, bald nach Napoleons↗ Feldzug hierher. – Ab Mittlerem Reich hörte das Bauen auf u. der Wüstensand deckte vieles zu; die Pharaonen↗ des Neuen Reiches kamen in G.s Umgebung nur noch zum Jagen. Neben vielen Mastabas↗ fand man ältere Ruinen, interpretiert als Arbeiterquartiere od. Lagerschuppen für Baumaterial.

Giselemukaong: höchstes Wesen im höchsten Himmel (nordamerik. Indianer), äg. Ntr↗, pazif. Io↗. These: im Wort sind Is↗, Mu↗, Ka↗ enthalten (in Umdrehung Muiska↗), übersetzbar als Heiliges (Is) Urwasser (Mu) des Geistes (Ka).

Giuli: altgerm. Wort für Rad↗, von dem das spätere Jul↗ abstammt. These: äqv. Gil in Gilgal↗, dem Steinkreis↗ (Rad), in dem man sich dreht (= gala). Wortverwandt ist Gjöll↗.

Gjöll: die Steinplatte, an die der Fenriswolf↗ mit der Fessel Gelgja↗ angebunden ist. Da letztere – s. Pentagramm↗ mit Anubis – der Ul-Rune↗ gleicht, dürfte G. mit Giuli↗ zusammenhängen u. schließl. mit Jul↗; es ist der Stein der Weisen↗.

Gla: größte Burg der Mykenischen Kultur↗, gebaut im Stil der Cyclopen↗; nördl. des Peloponnes zw. Delphi↗ u. Theben↗. Sie wurde von den Dorern↗ zerstört. Bei Grabungen fand man Rollsiegel↗ aus Babylon↗.

Gladiatoren: in harten Fechterschulen vorbereitete Kriegsgefangene, Sklaven oder Verbrecher, die im alten Rom↗ Kaiser u. Volksmassen brutal-blutige Schaukämpfe unter sich oder mit ausgehungerten wilden Tieren liefern mußten. Gegen Feiglinge war die brüllende Masse im Amphitheater oder Circus (der größte faßte 260.000) unnachsichtig u. forderte ihren Tod; dann senkte der röm. Kaiser den Daumen u. ihr

Schicksal war besiegelt. Siegreiche Fechter jedoch konnten damit ihre Freiheit zurückgewinnen. Unter den G. waren a. viele Germanen ↗.

Gläsernes Meer: symb. Ausdruck in der Apokalypse ↗, Kap. 4; in anderen Übersetzungen »ein Glaskrystall ähnliches Meer, das vor dem Thron Gottes strömt.« Es schiebt sich zw. die 24 Ältesten u. die 7 Geister (= Erzengel ↗), denen noch 4 Tiere folgen. These: das ganze ist ein Bild für den inneren Aufbau der Sonne ↗ u. das G. steht für den 12er Kreis ↗ der Zahlen od. Sefirot ↗ der Kabala bzw. Zahl und Maß = Satan ↗, das ›Tier‹ in der 2. Erwähnung Kap. 15: »... ein gläsern Meer mit Feuer gemengt; und die den Sieg behalten hatten an dem Tier und seinem Bilde, und seinem Malzeichen, und seines Namens Zahl...«

Glaube: im Ggs. zu Wissen ↗ u. Erkenntnis ↗ das Fürwahrhalten des Unbekannten, gestützt auf innere Erfahrung, Tradition ↗ oder Dogmen der Religion ↗ wie die Hoffnung (Wunschdenken ↗), etwas möge so sein, wie man glaubt, es sei. Dabei werden aktive Kräfte frei (Glaube versetzt Berge, als Sprichwort), die wie Magie ↗ arbeiten, jedoch gehen sie nicht von individuellen, sondern kollektiven Schichten der Psyche ↗ aus, vom sog. Unbewußten ↗. Bei Trennung von G. in G-Laube entsteht eine vom G, Grundmotiv  , als Meresger ↗ umringelte ›Laube‹.

Gleichberechtigung: rechtl. Gleichstellung 1) der Geschlechter ↗, 2) der Rassen ↗ innerhalb einer Gesellschaft ↗, Erziehung, Ausbildung, Wahl, Arbeit u. Lohn, Aufrücken in der Hierarchie ↗, Erbschaft u.a. betreffend. In der Praxis noch nirgendwo in der Welt vorhanden, seit der Weltrevolution ↗ theoretisch zumindest ansatzweise in einigen Ländern festgelegt. These: ihr steht bis jetzt noch ganz grundsätzl. das von den Religionen ↗ erstellte Wertsystem ↗ im Wege, daß dem männlichen ↗ Prinzip - das a. das weiße ↗ Prinzip ist - der Vorrang gebühre. Dies stimmt insofern mit unserem Sonnensystem ↗ überein, als es bis jetzt nur 1 weiße u. männl. Sonne ↗ hat, die ›den Ton angibt‹, d.h. im Zentrum steht. Nach der bek. Analogie: wie oben, so unten, wird es zur Umwertung ↗ erst kommen, wenn daraus ein Zweisonnensystem ↗ gworden ist, durch Geburt einer weiblichen = schwarzen (2.) Sonne während der Endzeit ↗. Sie wird die bisherige Sonne aus dem Zentrum rücken u. damit das mit ihr verbundene System einer Theokratie ↗. S. Geschlechterkampf ↗ u. Rassismus ↗.

Globule: Dunkelwolke ↗ oder sternenloser Nebelhaufen aus interstellarem Gas + Staub, am Sternenhimmel dunkle Flecken in den Galaxien ↗ bildend. Die Wissenschaft ↗ nimmt an, eine G. sei sonnenbildend, d.h. ein Frühstadium des Sterns ↗. These: das ist sie so wenig, wie eine irdische Wolke ↗ wasserbildend ist. Dieser analog, nimmt sie wohl nur Ausscheidungen der Sonnensysteme auf, immateriell gesehen die Psyche ↗ solcher Menschen, die keine Reinkarnation ↗ mehr benötigen u. den Umschlag des Kosmos ↗ erwarten. D. h., es sind ›Inseln der Seligen‹, äg. himmlische Duat ↗. Seit einigen Jahren ist eine G. aus Richtung Orion ↗ direkt zur Erde unterwegs; lt. Vision der Nonne Ajello ↗ wird sie nach Ankunft unseren Planeten 3 Tage + Nächte einhüllen u. verfinstern (s. Endzeit ↗: nach eigener Rechnung Weihnachten 1984), danach sei 1/4 der Erde zerstört - was in der Apokalypse ↗ nach Öffnung des 4. Siegels ↗ geschieht. Und heißt es nicht dort, Kap. 1, 5 + 7, der »Erstgeborene von den Todten... kommt mit den Wolken;« (bei der Wiederkehr ↗) - was sich sicher nicht auf Regenwolken bezieht!

Gnipahöhle: Nv. für Helheim ↗ oder Unterwelt ↗, äg. Duat ↗, vor der Garm ↗ (äg. Anubis ↗) Wache steht. These: der geschichtl. Zodiak ↗. Wortdeutung: Ing ↗ (gni) des Pa ↗.

Gnosis: die »verborgene Erkenntnis« ↗ (Blavatsky); eine frühchristl. relig. Bewegung, die sich an den Hermetischen Schriften ↗ orientierte. Im Ggs. zur Bibel ↗ wird die Schlange ↗ (im Paradies ↗, am Baum der Erkenntnis ↗) dem Logos ↗ gleichgesetzt, weshalb die G. für die christl. Kirche ↗ zur gefährlichsten Herausforderung wurde. Sie blühte v. a. in Europa immer wieder auf. Ohne ihren Einfluß kann insbes. die Nazi-Religion ↗ nicht verstanden werden, weil sie an das Gnostische Manifest ↗ anknüpfte. — Gnost. Sekten, als Mysterien ↗-Vereine organisiert, waren im 2. + 3. Jh. weit verbreitet. Sie betrachteten den geschichtl. Jesus ↗ nur als Scheinleib (Gefäß), in dem sich der himml. Erlöser (Christus ↗, hier sehr auf Osiris ↗ hin konzipiert) verbergen kann, u. den er nach Ausrichtung seiner Botschaft wieder verläßt. Papyrusfunde aus Ägypten ↗ haben gnost. Schriften zu Tage gebracht, z. T. in der Sprache der Kopten ↗ (bei Nag-Hammadi, Oberägypten). Weitere Lehren: 1) Die Menschheit habe den Schlüssel ↗ zum Wissen verloren. 2) Ursache jeder Erleuchtung sei ein übermenschliches Ur-Buch und diese Tradition des großen Buches sei a. diejenige des Grals ↗. 3) In der kopt. Handschrift Pistis Sophia ↗ wird in dunklen Worten von 24 Mysterien in 24 Äonen gsprochen. These: wahrsch. ein Fragment über die 24 Grundmotive ↗ des Kosmos. 4) Man läßt in ihr a. Jesus den Einfluß des Tierkreises ↗ auf die menschl. Seele erklären. 5) Die Schöpfung ↗ sei das Werk des Demiurgs Iadalbaoth ↗ (in Rußland Satan), und da er damit unzufrieden war, wollte er sein Werk durch Eva ↗ zerstören. Aber Sophia sandte die Schlange (= den Logos) zur Verführung, die Frucht (den Apfel ↗) vom Baum der Erkenntnis zu essen, über den Iadalbaoth ein Verbot verhängt hatte in der Hoffnung, der Mensch würde so im Zustand der Unwissenheit bleiben. Die Nichtbeachtung des Verbots (s. Erbsünde ↗) befähigte die Menschen, Krieg gg. Iadalbaoth zu führen. 6) Die Erlösung komme durch Horos (äg. Horus ↗) u. dessen Hochzeit mit Sophia (›Braut‹ in der Apokalypse ↗), äg. Hathor ↗. Blavatsky: »Die Gnosis war nur ein Widerhall der archaischen Geheimlehre ↗« (I., S. 299).

Gnostiker: Anhänger der Gnosis ↗; z.B. Valentius (gestorben 161), nach dem sich 1 gnost. Zweig ›Valentinianer‹ nannte. Als Hauptsakrament praktizierten sie die himml. Hochzeit zw. Sophia ↗ + Horos (äg. Horus ↗), welche die Gläubigen in einer ›bräutlichen Kammer‹ schauen durften. - Ähnl. findet sich in der Alchemie ↗ u. im Tantrismus ↗.

Gnostisches Manifest: verlesen 1908 von dem Gnostiker ↗ Synesius auf einem von der Theosophie ↗ organisierten Kongreß in Großbritannien: »Es ist eines unserer Dogmen, auf dem ich bestehen will. Das ist das Dogma der Erlösung durch das Weibliche. Das Werk des Vaters ist vollendet, das des Sohnes ebenfalls. Bleibt übrig das des Heiligen Geistes, welcher allein das endgültige Heil der irdischen Menschheit bewirken kann und damit die Rekonstitution des Heiligen Geistes. Mit anderen Worten entspricht dieser Heilige Geist – der Paraclet, wie ihn die Katharer ↗ nennen – dem weiblichen Prinzip der Gottheit...« Allg. Grundkonsens, man erwarte nach einem 1. Reich (des Vaters) u. 2. Reich (des Sohnes) jetzt die baldige Ankunft des 3. Reichs ↗ des weibl. Heiligen Geistes. An diese Ankündigung soll Hitler ↗ angeknüpft haben. – Synesius ist ein Pseudonym für Fabre des Essart, 2. Patriarch der Gnostischen Kirche der Neuzeit (gegr. 1890), die sich 1893 mit den Martinisten ↗ zusammengeschlossen hatte.

Gobi: von Gebirgen umgebene, 1000 m hoch gelegene Wüste mit teilw. Steppenlandschaft in Asien ↗, heute zugehörig zur Mongolischen Volksrepublik u. Nordchina. — Blavatsky ↗: »An keine andere Gegend knüpfen sich so viele Überlieferungen wie an die Wüste Gobi. Wenn diese die Wahrheit sagen, war diese entsetzliche Flugsandwüste einstmals der Sitz eines der reichsten Kaisertümer, die die Welt jemals gesehen hat... Der Sand der Gobi bewegt sich regelmäßig vor schrecklichen Stürmen, die beständig wehen, von Ost nach West. Gelegentlich werden einige der verborgenen Schätze aufgedeckt, aber kein Eingeborener wagt sie zu berühren, denn die ganze Gegend steht unter dem Banne eines mächtigen Zaubers« (III., S. 18). Im 19. Jh. sollen Archäologen hier Tafeln entdeckt haben, auf denen die Geschichte ↗ der Menschheit aufgezeichnet war, in einer unbekannten Sprache, aus der später das Zend ↗ entstand u. daraus dann das Sanskrit ↗. — Inhalt der Gobi-Tafeln: Anläßl. der Sintflut ↗ hinterließ ein Herrscher von Mu ↗ in Asien seiner Gemahlin, die als einzige überlebte, die Tafeln, die einst Anahita ↗ geschrieben hatte, u. a. berichtend, daß ›Götter‹ vom Himmel herabgestiegen waren. Es wird ausdrück. gesagt, daß es sich um Astronauten ↗ von Sirius ↗ (u. Venus ↗) handelte. Anahitas Stamm habe die Zendsprache erfunden. — Chin. Name für Gobi: Sha-Mo (Mu). These: G. war eine Kolonie von Mu ↗, gegründet von den Naga ↗, dann übernommen von den Uighur ↗, zu denen Teile des Weltarchivs ↗ von Mu kurz vor dem Weltuntergang ↗ verlagert wurden. Zu der Zeit gab es in der Gobi anscheinend einen See. In einem uralten Grab namens Kara Kota fand man eine 18000-jährige Zeichnung (Abb.), die sehr an das Weltideogramm ↗ der Maya erinnert.

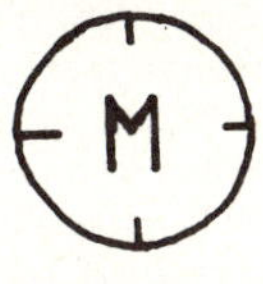

Goethe, Johann Wolfgang von: Schriftsteller der dt. Hochklassik ↗ (1749–1832), der an seinem Hauptwerk Faust ↗ fast 60 Jahre (1772–1831) arbeitete. Als Natur-Erforscher suchte er die Urphänomene ↗, wies aber technische Hilfsmittel (Mikroskop, Teleskop) dafür zurück. Verbot Novalis' *Rede an das christl. Europa* ↗ zu veröffentlichen. — Für Steiner ↗ wurde G. zum Begründer der Organik ↗, auf der er seine Anthroposophie ↗ aufbaute. Er betrieb eigenständige G.-Forschung, entdeckte, daß G. 1824 das Bhagavadgita ↗ gelesen hat u. widmete ihm das Goetheanum ↗; sprach vom Goetheanismus ↗ als einer Weltanschauung, die noch kaum verstanden sei.

Goetheanismus: von Steiner ↗ 1884 zum 1. Mal in einem Aufsatz gebrauchter Ausdruck für die Weltanschauung von Goethe ↗. Vortrag 1918: »Goetheanismus könnte walten in jedem wissenschaftlichen Zweige, könnte walten in sozialen Ausgestaltungen des menschlichen Zusammenlebens, Goetheanismus könnte walten im politischen Leben, überall könnte der Goetheanismus walten« (in: Symptomatologie, S. 173). Schließlich 1923: »Die Goethesche Weltanschauung läuft ohne Künstelei in die Anthroposophie ↗ ein« (Goetheanum, S. 337). Er verstand darunter die Organik ↗, das ganzheitliche Schauen auf Grundlage der intuitiv geahnten (nicht als Lehre ↗ analytisch vorgesetzten) Ideen oder Urphänomene ↗. These: da es zu der Zeit die Ideen oder Grundmotive ↗ als anschauliche Zeichen noch gar nicht (wieder) gab, war als Alternative zu der materialistischen (analyt.) Suche per Naturwissenschaft ↗, die Faust ↗ so frustrierte, nur ein G. möglich. Die heutige Alternative ist die Nommologie ↗. — Eine bleibende Stätte fand der G. im Goetheanum ↗.

Goetheanum: als Tempel (Haus des Wortes) gedachtes Veranstaltungszentrum für Goetheanismus ↗ + Anthroposophie ↗, bis in alle Einzelheiten von Steiner ↗ entworfen. Urspr. für München ↗ gedacht, entstand es dann in Dornach bei Basel, Schweiz, zunächst in Holz. 2 Jahre nach der Eröffnung (1920) brannte es (wahrsch. durch Brandstiftung) ab u. entstand neu in Beton (1925-28). — Als Grundstein wurde 1913 als ›Sinnbild der menschlichen Seele‹ ein doppelter Dodekaeder aus Kupfer versenkt, darüber befand sich dann das Rednerpult. — Ein Dodekaeder enthält 12 Fünfekken; mal 2 ergibt als Symbolzahl 120 ↗, Chenti ↗ in Ägypten = die komplette Psyche ↗, nicht Seele, und Weltformel ↗ der Nommologie ↗. Die Koppelung in 60 + 60 findet sich in Afrika als Sigui-Fest ↗. — Im übrigen wiederholte Steiner in der Eröffnungsrede die Forderung von Blavatsky ↗ nach Wiedervereinigung von Religion ↗, Kunst ↗ u. Wissenschaft ↗ u. nannte das G. ein Wahrzeichen für den Fortgang der Menschheitsrevolution.

Gog: lt. Tradition ↗ der ›König der Endzeit ↗‹; lt. Bibel ↗ (Hesekiel 38) im Lande Magog ↗ ansässig u. »zur letzten Zeit« über das Land Israel ↗ kommend, mit einer großen Armee, die es »wie eine Wolke bedecken« wird. Dann wird »großes Zittern sein im Lande Israel«. Zittern sollen dann auch »... die Fische im Meer, die Vögel unter dem Himmel, das Vieh auf dem Felde, und alles, was sich regt und bewegt auf dem Lande, und alle Menschen, die auf der Erde sind; und sollen die Berge umgekehrt werden, und die Wände und alle Mauern zu Boden fallen...« (was ebf. nach Endkrieg ↗ klingt). Als Symbol ↗ ist eine doppelte Spirale ↗ mit Zwischenbogen überliefert. Daraus läßt sich leicht das Wort G. machen (Abb.). Welchen urzeitl. Geist vertritt er? Bzgl. eines himml. u. irdischen Dauerkrieges gibt es in der Geschichte ↗ 2 Parteien: Mu ↗ u. Atlantis ↗ als Kontinente bzw. Wanen ↗ und Asen ↗ als relig. Gruppen. Da nun bei Moses ↗ als Nachfahre von Ja-

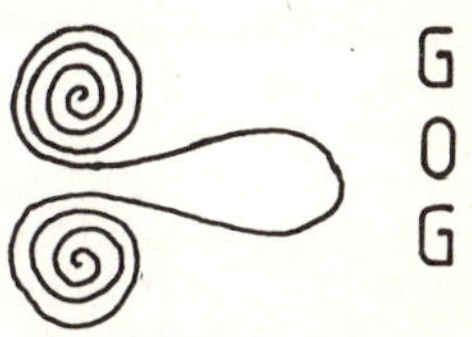

phet ↗ nur Magog genannt wird, dürfte letzteres zu Amerika als ›Land gen Mitternacht‹ geworden sein. Von ›Mitternacht‹ kommt aber a. ›der Bräutigam‹, d.h. Christus bei der Wiederkehr ↗. Kommt dieser aus den Schwarzen Amerikanern ↗ hervor, so werden die Qumran-Texte ↗ verständl., die nicht von Gog, sondern den Verdammten ↗ sprechen, die im Endkrieg ↗ die Wüsten der Heiden verlassen u. gen Jerusalem ↗ ziehen.

Gohei: Symbol ↗ des Schintoismus ↗ (Japan) für die Präsenz der Kami ↗: ein Ständer mit gefaltetem Papier, das aber a. an Schnüre (Shimenawa ↗) oder in Bäume (Tamagushi ↗) gehängt wird. Dabei wird die Zahl 4 konstant beibehalten, mal einzeln, mal doppelt wie bei G., oder mehrfach. These: es könnte sich um die 4 ersten (sichtbaren) Stufen des Babylonischen Turmes ↗ handeln, also den Teil der alten Weltenlehre ↗, der 3., 4., 5. u. zukünftige 6. Welt ↗ symbolisiert, mit Genesis des Jimmu ↗.

Gold: in Ägypten ›metaphorische Benennung der Himmelsgöttin Hathor ↗‹ (Bonnet, 1952: S. 217). Entspr. war bei den Muisca ↗ Dobeiba ↗ Herrin des Goldes. Als äg. Schriftbild findet sich die umgek. Ka-Hieroglyphe ↗ mit Bogen, an dem 9 ›Tropfen‹ hängen, als sei er der Euter der Himmelskuh ↗. Diese Zahl 9 erinnert an die 9 Welten ↗.

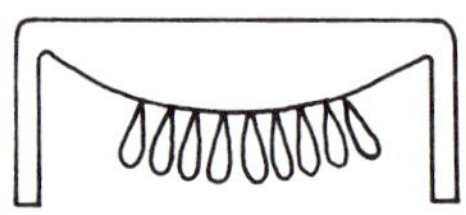

Golden Dawn: Goldenes Morgengrauen, 1889 in England gegr. auf Anweisung der Anna Sprengel, Nürnberg (hohe Eingeweihte der Rosenkreuzer ↗): Orden mit 9 Graden, s. Gold ↗.

Goldenes Kalb: lt. Bibel ↗ ein Kultbild, das die Kinder Israel ↗ beim Exodus von Aaron ↗ verlangen, nachdem sie nicht mehr wissen, was in Moses ↗ gefahren ist. Aaron läßt sie ihre goldenen Ohrringe bringen u. gießt es daraus; es folgt ein Kulttanz. Psalm 106/19 spricht nicht von einem Kalb, sondern einem Ochsen, sprich Stier ↗. Von Ägypten kommend, handelt es sich wohl um den Kult des Muntu ↗ oder Apis ↗, verbunden mit Osiris; in Kanaan, wohin sie zogen, Baal ↗. Als Moses mit den ersten Gesetzestafeln kommt u. dies sieht, zerbricht er die Tafeln, zermalmt das ›Kalb‹ zu Pulver, stäubt es in Wasser u. läßt das von Jahwe ↗ abtrünnige Volk den Sud trinken.

Goldenes Vlies: das Fell eines goldenen Widders ↗, der angebl. fliegen u. sprechen konnte. Nach seiner Opferung (die er lt. Mythos selbst erbeten hatte) wurde der Widder zum Sternbild ↗, während sein Fell an eine Eiche gehängt wurde: Ziel der (griech.) Argonautensage ↗. Den Drachen, der es dann hütete, schläferte Medea ↗ ein, sodaß Jason ↗ es stehlen konnte. Sie war ebenso zauberkundig wie das Fell, dessen Mythos ↗ auch in Georgien zu finden ist, wo es als Symbol ↗ für den Reichtum der kaukas. Region Kolchis ↗, d.h. dessen Goldminen eingesetzt wurde. — Oder beherrschte Medea die Alchemie ↗? Sie erinnert an Gullweig ↗ der Edda ↗, bei der es a. um Gold u. Zauber ging. Vielleicht ist der Widder dann nur ein Zeichen für jene Wiederholung ↗ von Geschichte, die sich mit dem Beginn der griech. Antike deckt, denn im Rahmen der Weltformel ↗ umfaßt der Widdersektor tats. die ganze Geschichte ↗. Im 15. Jh. entstand in Burgund ein Orden dieses Namens.

Gomer: lt. Bibel ↗ einer der ›Söhne‹ (oder Stämme) von Japhet ↗; auf ihn beziehen sich die Gallier ↗. Der nächstgenannte Bruder heißt merkwürdigerweise Magog ↗.

Gomukh: ›Kuhmaul‹ (ind.), Name der Himalaja ↗-Höhle, in der Ganga entspringt. Ein Hindu ↗-Heiligtum.

Gond: Stamm in Zentralasien, spricht die Drawida ↗-Sprache; lange vor dem Einfall der Arier ↗ ansässig u. von diesen unterdrückt. These: wahrsch. zurückgehend auf Gondwana ↗ (Land), was aus den G. Lemuren ↗ macht.

Gondwana, Gondwania, Gondwanaland: Lemurien ↗, ein nur noch in Resten vorh. alter Kontinent im Pazifik ↗, Teile von Afrika ↗ u. Indien ↗ umfassend. Ob über die Oster-Insel ↗ a. Südamerika berührt wurde, ist offen. Dem Namen nach waren hier die Gond ↗ u. Wanen ↗ her, Urvölker der 3. Welt (Lemuren ↗) = Schwarze ↗. — Beim Übergang zur 4. Welt ↗ dürfte sich G. ganz wesentlich reduziert haben, es wurde Mu ↗, d.h. Teile sanken unter Wasser. Das war z. Z. des Paradiesverlustes ↗ mit G. = Eden ↗. — S. Südpol ↗.

Gor-Al: göttlicher (Al ↗) Stein (Gorr ↗), verkürzt zu Gral ↗.

Gorgonen: von Gäa ↗ abstammende weibl. Wesen mit Haaren ↗, die Schlangen ↗ waren (Abb.). Es werden 3 genannt: Stheno, Euryale u. Medusa ↗; nur letztere galt als sterblich. Ihre Hände waren aus Messing u. die Flügel ↗ aus Gold. Ihr Anblick soll Menschen versteinert haben, was im Namen ↗ verborgen liegt: *Gor* wie bei Gor-Al ↗ bed. Stein, *gonen* sind Gunas ↗, Frauen. Die Zahl 3 läßt natürl. an die ind. Gunas ↗ denken. — Sie wohnten im äußersten Westen ↗ der Erde, in Nachbarschaft zu Nyx ↗ u. den Hesperiden ↗, als deren Schwestern sie gelten; dito als Schwestern der (3) Graien (Grauen) u. (3) Sirenen. Da Nyx (die ›Nacht‹) wiederum als Tochter des Chaos ↗ gilt, sind die gen. vier weibl. Dreiheiten zweifellos nur Aspekte des Kosmos ↗, am Anfang als Eccestan ↗ selbst wie ›Stein‹ gedacht, deshalb die ›versteinernde‹ Wirkung. Medusa war schon ein Motiv der Etrusker ↗ u. erscheint dort in Begleitung der Mänaden ↗. Im Existentialismus ↗ wurde sie zum Anhänger u. Zeichen, daß man ins Nichts ↗ starrte.

Gorr: nennt der Vatikan ↗ den Stein, der Luzifer ↗ aus der Stirne fiel, als er mit schönen Erdentöchtern schlief; kommt jedoch in der Bibel ↗ nicht vor. Offensichtl. handelt es sich um eine Verdammung des Grals ↗ = Gor-Al ↗. S. Manichäismus ↗.

Goseigenshu: Buch der Offenbarungen, geschrieben

von Sukuinushisama, Gründer der Mahikari /-Bewegung.
Goten: gewöhnl. Ostgermanen / genannt; im 2. Jt. v. Z. in Götaland (Gotenland), Südschweden, ansässig. Wann u. von wo sie dorthin gelangten, ist unbekannt. Da ein Teil plötzlich sehr zielsicher die Ostsee überquerte, zunächst im Weichseldelta u. Masurengebiet blieb, dann aber ohne Stop an beiden Uferseiten den Dnjepr entlangzog u. 220-230 im südl. Rußland am Nordrand des Schwarzen Meeres / ankam, wo die Skythen / saßen, ist anzunehmen, daß sie einstmals dort im Rahmen der Völkerwanderung / ihren Ausgangspunkt genommen hatten und nur zurückkehrten, d.h. Urverwandte der Skythen waren oder insg. Kaukausier /. Am Schwarzen Meer erhielt ihr bis dahin barbar. Leben einen außerordentl. geistigen Aufschwung, denn von ihren Raubzügen, die a. ins Mittelmeer führten, brachten sie immer wieder Menschen mit, die sie versklavten u. die ihre Lehrer wurden. »... hatten Menschen weggeführt wie Vieh, nur äußerlich taxierend, hatten den Philosophen die Muskeln gefühlt, ob sie auch würden arbeiten können und Dichterinnen oder Sängerinnen in den Hintern gekniffen, ob sich auch tauglich seien für ein gotisches Lager« (H. Schreiber, Auf den Spuren der Goten, S. 119). Beispiele: König Geiserich hatte eine afrikanische Mutter, Theoderich / eine karische (s. Karer /). 408 steht Alarich / zum 1. Mal vor Rom /, schließt den Belagerungsring u. hungert die Stadt aus. 410 zieht er ein u. wird oberster Feldherr des röm. Reiches. Gotenprinzessinnen verteilte man auf alle Throne Europas. Angebl. wurde der Gral / von Rom in die Pyrenäen / verschleppt. Wie die Germanen / hingen auch die G. dem Arianismus / an. Ein Teil herrschte als Westgoten in Spanien / bis zur Vernichtung durch die Araber 711. Ihr Einfluß auf die Gotik / ist noch offen. Sollten sie das Geld zu deren Bau aus Silberminen von Südamerika / beschafft haben, hängen sie evtl. mit den Amazonen / zus. u. dem alten Amazonasreich Paiatiti /. Namensbezug evtl. Jätin, u. Jöten /. — Die got. Schrift wurde durch Verschmelzung der Runen / mit griech. Buchstaben von Ulfilas / geschaffen. Das ›Reich der Ostgoten‹ umfaßte zeitw. Italien / mit Sizilien / sowie Jugoslawien, wo in Makedonien / die einstmals in Ägypten eingesetzten Wepwawet / saßen; Verwandtschaft nicht ausgeschlossen.
Gotik: europ. Stil (s. Wiederholung /), der nach dem 1. Kreuzzug / plötzlich 1130 unter Leitung der Templer / (od. ›Kinder von Salomo /‹) begann u. ebenso abrupt gute 100 Jahre später abbrach, weil sie von der Kirche / verfolgt wurden. Denn sie machten einen Unterschied zw. Christus / u. Kreuzigung /, die in keiner Kathedrale / dargestellt worden ist. — Für die Namensdeutung gibt es den Bezug zu Goetie = Magie / u. Argotik, zusammenhängend sowohl mit der Argo / wie mit einer uralten, argotischen Geheimsprache der Alchemie / u. Kabala /. Wie die Große Pyramide / (deren hl. Maße über Salomos Tempel von Jerusalem / in die Gotik eingeflossen sind), sollte das Hauptwerk von Chartres / ein Gral / (Gefäß *und* Stein *und* Buch) sein zur Transmutation / des Menschen, a. ein ›Himmlisches Jerusalem‹ / = Gesamtkosmos /, weshalb man so häufig auf dessen Symbol im got. Netz /- u. Sterngewölbe stößt. Absicht war, ein Instrument der Lichtöffnung / zu konstruieren durch Kombination von Mosaikfenstern / aus alchem. Glas u. einem leeren Stein-Resonanzraum, der wie ein Menhir / bei der erzeugten Frequenz / vibrierte. Das Erstaunliche ist, daß Kolawole / in einer Bar direkt bei Notre-Dame / die Grundmotive / zeichnete. — Wiederum deutet die got. Rosette / schon die Weltformel / an. — Das 2-Turm-Prinzip der Westfassade dürfte eine Par. zu den äg. Pylonen / sein, die Isis / + Nephtys / verkörperten, die Schutzgöttinnen (und Schwestern) des Osiris / (= Christus), dessen Mumienhülle /, äqv. Runengedenkstein /, zum Grundriß der got. Kathedrale wurde (Abb.).

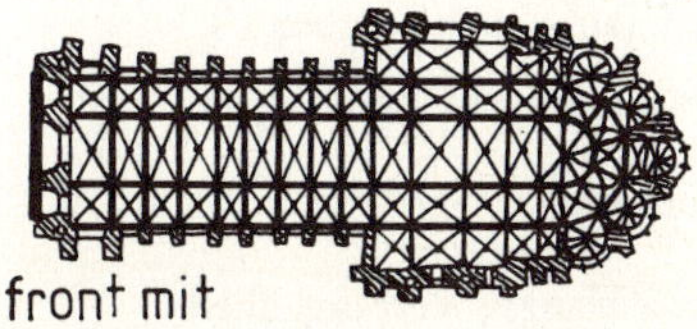

Reims (Grundriß)

Es gibt Vermutungen, die Goten / hätten das Geld besorgt. Unter dem Fundament meist eine sehr alte Isisgrotte /. Aus den Bauhütten gingen später die Freimaurer / hervor.
Gott: als Wort aus dem Altnordischen *goth, guth* entstanden, wobei das th (auch d) mit der 3. Rune / geschrieben wurde, die als Grundmotiv / aber dem G / entspricht: ergäbe Gog /. — Bis zur Missionierung / ›das Gott‹, ein Neutrum ohne Geschlecht /; s. Gottheit /. Dann vermännlicht zu Vater, im Vater-Unser des Ulfilas / als Atta eingesetzt. Das begibt sich in die Nähe zu Adad / (das Einzige) wie a. Atum /, der äg. Gott im Zentrum der Sonne. Von ihm predigte a. Jesus / in Kaschmir, setzte aber den Namen El / ein. Von El führt der Weg zu Elohim / der Bibel, wofür nun - obwohl eine weibl. Mehrz. - die Übersetzung Gott eingeführt wurde. — Nahe an Atta ist auch der pazif. Atea /. — Die christl. Kirche / besteht auf einer Trinität /, zusammengesetzt aus Gott (Vater), Gottessohn / u. Heiligem Geist /, der die Göttin / ersetzte. — Mehrz.: Götter /.
Götter: »Was als Götter bezeichnet wird, sind nur die ersten Prinzipien« (Aristoteles, Schüler von Plato /; letzterer wurde lange in Äg. eingeweiht). In Ägypten gruppierte man in Götterneunheit / u. Götterachtheit /, wobei erstere lehrt, daß alle Götter aus der Göttin / Mut / hervorgegangen sind. Das deckt sich insofern mit dem zitierten Spruch, als diese die Urprinzipien = *ideae principales* bei Augustin /, Grundmotive / bei Kolawole / vertritt, äg. Ka-Geister /. Dabei ist das Geschlecht der Götter in völliger Balance zw. männl. + weibl., in unserer Grammatik wären letztere Göttinnen /. Viele G. sind jedoch nur Aspekte der Urprinzipien u. verbildlichte Namen /; das kann in die Millionen gehen (wie die Engel / der kath. Kirche), ist aber weniger Polytheismus als die einzige Möglichkeit der Erkenntnis / einer sonst nicht faßlichen Gottheit /, äg. Ntr /. — Bei den Germanen / gab es 2 sich befehdende G.-Geschlechter: die Wanen / (in der Edda / Ginn /-Regenten) u. Asen /. Als Schwierigkeit kommt hinzu, daß in fast allen Kul-

turen a. die Astronauten ↗ G. genannt wurden, ja z.T. noch ihre ird. Nachfahren bis zum Übergang in Halbgötter ↗ (s. Dynastienliste ↗). Dann sind G. im heutigen Sinne Übermenschen ↗. — Weitere Äqv.: die Orischa ↗ (Afrika) u. Kami ↗ (Japan); abstrakter, die 24 Kategorien der Ntu-Philosophie ↗ (Afrika), in Ägypten zu fassen als Ntw ↗, Gotteskräfte. — In der Literatur ↗ treten G. direkt nur in Mythen ↗ auf; in der Kunst ↗ werden sie durch Symbole ↗ best. — Gefeiert in Festen ↗, verehrt in der Religion ↗, ›behaust‹ im Sakralbau. S. Götterballspiel ↗, Tempel ↗ u. Urgötter ↗.

Götterachtheit: neben der Götterneunheit ↗ wichtigstes Götter ↗-System der äg. Doppel-Religion ↗. Die 4 Paare heißen (auf einem Sargtext ↗):

Huh Hauhet	etwa räumliche Endlosigkeit, Luft
Kuk Kauket	Finsternis
Gereh Gerhet	etwa Mangel, Verborgenheit
Nun Naunet	Urwasser

Die Übers. sind natürl. von heute u. nichtssagend, wenn nicht verkehrt. Auch für Bonnet muten die Namen wie ›Decknamen‹ an. Er schreibt: »Als Ganzes verkörpern die Glieder der Achtheit die urzeitlichen Erscheinungen und Kräfte, die schon vor der Weltordnung vorhanden waren. In ihnen stellt sich demnach der Urzustand dar, aus dem die Urstätte auftaucht, auf der der Lichtgott entsteht. Die Götter der Achtheit werden damit zu seinen Vätern und Müttern« (1952, S. 6). Mit dem Lichtgott ist Re ↗, die Sonne gemeint. Es liegt also nahe, daß die G. den 8er Kreis ↗ der Sonne darstellt = das Tao ↗, sodaß sich in ihnen schlichtweg die 4 Elemente ↗ zu Elementpaaren ausfächern. Jedoch wesentl. abstrakter, etwa im Sinne der 8 Unterkategorien der afrik. Ntu-Philosophie ↗. These: sie stellen Nomos ↗ dar, wie auch die 8 Sektoren der Großen Pyramide ↗. Ganz verkehrt ist das 2. Paar (Finsternis), denn in Kuk stecken sowohl Kuku ↗ = schwarz wie Ku ↗ = Licht.

Götterballspiel: ein Ballspiel ↗ der Maya, das schon im Popol Vuh ↗ beschrieben wird. Als Götter ↗ oder deren Vertreter spielen 2 Parteien: die Ahpu ↗ u. Ka-

Abb. 1: Steinring mit dem Relief zweier gefiederter Schlangen. Großer Ballspielplatz von Chichen Itza

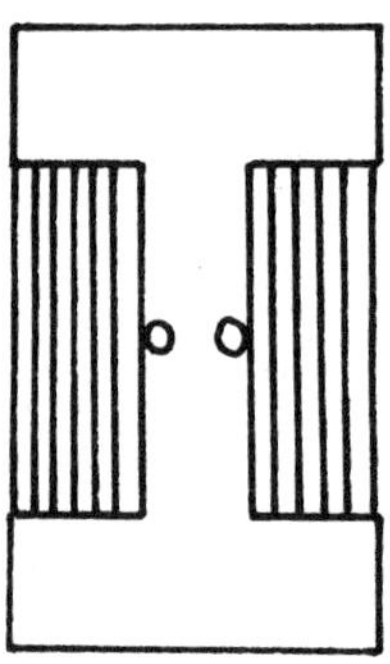

Abb. 2:

me ↗. Der Ball ist der Kopf von Ahpu (Einzahl), der Sakralbau als Ballspielplatz eine Var. des Weltideogramms ↗, oft eingerahmt von Pyramiden u. Tempeln, v. a. des Jaguars ↗ u. im Kultzentrum der Stadt (z.B. Tula ↗, Chichen Itza ↗) gelegen. Überlieferte Namen: Hulama oder Ollama; Patronin ist die Göttin Xaratanga ↗. Beides, *Hula* (heilige) *Ma* (Sonne) u. Xara (Zara ↗) als Geistsonne ↗, verlegt den Kern des Spiels in Richtung Kampf um den Gral ↗ = Drachenkampf ↗. Dabei finden sich die 2 kämpfenden Drachen (Parteien) hier als 2 zusammenhängende Federschlangen ↗ wieder, z.B. auf 1 der 2 Steinringe (Abb. 1), durch die als ›Tore‹ der Ball mit dem Gesäß hindurchgejagt werden muß. Sie sind r. u. l. der Platzmitte angebracht (Abb. 2); der Platz selbst wirkt wie ein Doppel-T , in das Treppen eingelagert sind. Es gibt Vermutungen, daß das Spiel auf die Olmeken ↗ zurückgeht. Bis zum span. Einfall unter Cortes ↗ wurde es sogar von den Azteken ↗ imitiert. Sollten, wie bei der Stadt Tula, die ritualisierten Vorgänge auf Thule ↗ Bezug nehmen, ist an Wortverwandtschaft mit Hula ↗ zu denken. — These: statt Doppel-T kann man in der Platzform a. das Zodiakzeichen ↗ Zwilling  sehen, u. um die göttl. Zwillinge ↗ dreht sich der Inhalt des Popol Vuhs.

Götterdämmerung: Ragnarök ↗ (germ.), ein in der Edda ↗ geschilderter Weltuntergang ↗, bei dem, wie in Ägypten beim Osirismord ↗, die männl. Götter ↗ ›sterben‹ bzw. mumienhaft erstarren. Hier z. B. Odin ↗ (wird verschlungen vom Fenriswolf ↗), Thor ↗ (im Kampf gg. die Midgardschlange ↗ getötet), Freyr ↗ (unterliegt gg. Sutur ↗), Loki ↗ + Heimdall ↗ töten sich gegenseitig, dito Tyr ↗ (und Garm ↗). Vorspiel ist der Wanen-Asen-Krieg ↗, die eigtl. Tragödie aber die Ermordung von Baldr ↗, mit Ankündigung einer Wiederkehr ↗. Schließl. bricht die Yggdrasil ↗ u. das Finale lautet:

»Die Menschen all müssen Midgard ↗ räumen
Die Sonne wird schwarz, es sinkt die Erde ins Meer
(s. Sintflut ↗)
Vom Himmel schwinden die heiteren Sterne.
Glutwirbel umwühlen den allnährenden Weltbaum ↗
Die heiße Lohe leckt zum Himmel
(s. Weltenbrand ↗)
Da seh ich aufsteigen zum andernmale
Aus dem Wasser die Erde ↗ und wieder grünen
Die Fluten fallen, drüberhin fliegt der Aar
Der auf den Felsen nach Fischen weidet.«

These: es ist der Übergang von 4. zu 5. Welt ↗, u. das Datum der globalen Katastrophe findet sich in der äg. Dynastienliste ↗: 11432 v. Z. — Wagner ↗ griff das Thema im ›Ring der Nibelungen‹ auf, ohne die konkrete Geschichte ↗ in diesem Mythos zu erkennen. — Im Kreis der Runen ↗ vollzieht die 12. Rune  als Janna ↗, die zweigesichtige Göttin, die Halbierung. Äg. Äqv.: Junu ↗. Bei den Germanischen Festen ↗ hat er sich als Sprung übers Johannisfeuer ↗ erhalten; das andere Ende der Vertikale, die Jul ↗ halbiert, ist die Mütternacht ↗.

Götterneunheit: neben der Götterachtheit ↗ wichtigstes Götter ↗-System der äg. Doppel-Religion ↗. Merkwürdigerweise bleiben 3 Gestalten ungezählt, u.

zwar Anfang u. Ende:

Mut ↗
↓
Atum ↗
Schu ↗ und Tefnut ↗
Geb ↗ und Nut ↗
Osiris ↗ Isis ↗ Nephtys ↗ Seth ↗
Horus ↗ Hathor ↗

Eigene Interpretation: aus dem Gesamtkosmos ↗ (Mut) geht zunächst Gott ↗ (Atum) hervor, der durch Selbstbegattung die Zwillinge zeugt, d.h. die ersten 2 Elemente ↗ Luft u. Feuer (Schu u. Tefnut). Deren Kinder führen zur endgültigen Trennung von Erde (Geb) u. Himmel (Nut), wobei nur die Erde ein drittes Element darstellt. Bleibt im 4er Kreis ↗ der 4. Sektor übrig, in der afrik. Ntu-Philosophie ↗ die Kategorie Mensch = Muntu ↗. Und so fährt a. die äg. G. mit versch. Menschentypen fort, die sich - genau wie in der Kabala ↗ - aus 2 Paaren zusammensetzen: einem himmlischen = Astronauten ↗-Paar, Osiris + Nephtys, u. einem irdischen Paar, das jedoch nicht zusammengehört, Isis u. Seth. Der Kampf beginnt, nachdem aus der Heiligen Hochzeit ↗ zw. Isis + Osiris Horus hervorgeht, der zur G. gehört, aber nicht gezählt wird, sowenig wie seine ›Braut‹ Hathor. So handelt es sich ganz offensichtl. um ein Paar, das ›konkret‹ erst die Wiederkehr ↗ in der Endzeit beinhaltet, genau wie in der Apokalypse ↗ Christus u. Sophia.

Möglicherweise beinhaltet ein Schiff (Abb.), in dem 9 Gestalten sitzen, während als Nr. 10 Horus als Falke ↗ davor steht, diese G. Es handelt sich um eine Vignette zu Kap. CXXXIV des Äg. Totenbuchs ↗. Ganz r. als Ankömmling der Tote ↗. Er sagt in diesem Kap. u.a.: ›Der Göttin Hathor Zepter‹ ist meines linken Fußes Name. Der Fuß ↗ ist ein altes Symbol; im Tierkreis ↗ stehen beide Füße für die Fische ↗. — Ganz l. vor der Sonne ↗, Nephtys + Isis mit dem Thron ↗.

Gottesmutter: in Ägypten a) die Mut ↗, a. Sonnenmutter ↗ oder Mutter der Götterneunheit ↗ genannt, die mit Atum ↗ (= Gott ↗) beginnt, der wiederum zu Re ↗ (= Sonne ↗) wird. Das Interessante ist, daß Atum a. Tum ↗ tradiert wird u. dann die genaue Umdrehung ↗ von Mut ist. In der Bibel ↗ findet sich dann eine Par., wenn zum Logos ↗ oder ›Wort, das am Anfang war‹, nicht Gotteswort ↗ sondern Gottesmutter gesagt wird; b) die Nut ↗ (Tochter der Mut = Göttintochter) als Mutter des Osiris ↗; eine wesensgleiche Verschiebung von a) als Akasha-Ebene auf die Astralebene und c) Isis ↗ (Tochter der Nut) als Mutter des Horus ↗ sowie Gottesweib ↗ = Gattin des Osiris. Hier wäre als Par. Maria ↗ anzusetzen. Es ist die wesensgleiche Verschiebung von b) auf die irdische Ebene. Hier war auch jede Kandake ↗ (Pharaonenmutter) G. — Babyl. Wort für G.: Bab-Ilani ↗. — Bei anderen Völkern findet sich der Gesamtkosmos ↗ als G. personifiziert u. bringt sowohl die Götter ↗ wie a. Menschen hervor, erstere als Sterne dargestellt. — Archetyp Urmutter ↗.

Gottessohn: in Ägypten ↗ Horus ↗ und in dessen Nachfolge jeder Pharao ↗; für den Vatikan ↗ nur Jesus ↗. Ein Archetyp ↗.

Gottestochter: in Ägypten ↗ die Maat ↗, während andere Göttinnen ↗ Göttin-Tochter sind.

Gottesweib: in Ägypten ↗ 1) Isis ↗ als Gattin des Osiris ↗, wodurch diese zur Gottesmutter ↗ = Mutter des Horus ↗ wird. In der Nachfolge jede Kandake ↗ (Pharaonenmutter), da sie sich statt vom Gatten (Pharao) von Re ↗ (Sonne ↗, Sonnengott) befruchten läßt; 2) spätere Pallakide ↗, die jungfräulich blieb u. dem Gott ↗ durch Tempelschlaf ↗ beiwohnte (sog. Hierogamus ↗), um Wissen zu erlangen. — Im Übertrag jede Nonne ↗.

Gotteswort, Wort Gottes: 1) das »Wort, das am Anfang war« (Johannesevangelium), auch Logos ↗ oder Hl. Geist ↗ genannt, Teil der christl. Trinität ↗. Afrik. Äqv.: Nommo ↗ (weiblich), äg. Umkehrung ↗ Ammon ↗. In diesem Fall wäre es richtiger, von Gottesmutter ↗ zu sprechen; 2) das Wort, nach dem Gott ↗ die Evolution ↗ ablaufen läßt: das Sonnenalphabet ↗. These: dieses entspricht aber nicht dem Logos, sondern der Logik ↗ u. findet seine äg. Entsprechung im Königskopftuch Nemes ↗ (eigtl. Nomos = Gesetz), in Ägypten a. die Gottestochter ↗ Maat ↗. D. h., man muß einen Unterschied machen zw. dem Wort, aus dem Gott ↗ hervorgeht und dem Wort, das aus Gott hervorgeht. Ersteres ist die Göttin ↗, letzteres kann, da es das System der Vielheit ↗ vertritt, ganz unterschiedlich manifest werden: Lebenskreuz ↗, Naturgesetz ↗, Tao ↗, Lebensweg ↗, Genesis ↗, 10 Gebote Moses ↗ etc. Beim Evangelium ↗ jedoch ist es schon eine Verbindung mit dem Wort der Göttin, d.h. dem Logos eingegangen. Diese Verbindung ist der Tierkreis ↗, eigtl. zu verstehen als Nichteinhaltung des G. Nr. 2, verdammt als Erbsünde ↗.

Gottheit: im Ggs. zu Göttin ↗ u. Gott ↗ deren uranfängliche, neutrale Einheit, äg. Ntr ↗. Die Bibel ↗ kennt dafür kein Wort bzw. umschreibt diesen vor der Schöpfung ↗ liegenden Zustand als »Im Anfang war das Wort (= Logos ↗) und das Wort war bei Gott und Gott war das Wort«. Im Kausalitätsgesetz ↗ ist das die einzige »unverursachte Ursache«, ind. Parabrahman ↗, pazifisch Io ↗, einen weibl. + männl. Kern enthaltend. Als Grundmotiv ↗ das Ur-X ↗. Es liegt vor dem sog. Urknall, mit dem die Ausdehnung des Kosmos ↗ beginnt.

Göttin: weibl. Aspekt der neutralen Gottheit ↗, vom Wort her (u. nach den meisten Überlieferungen) aber das Wesen, das ›Gott ↗ in‹ sich trägt u. hervorbringt, deshalb a. Gottesmutter ↗ bzw. Göttermutter, Muttergöttin, Allmutter, Himmelsgöttin, Urmutter ↗ etc. genannt. Symbolisierung z. B. als Himmelskuh ↗, Schlange ↗, Geier ↗, Kröte ↗, Jaguar ↗; aber a. ›Stein‹, s. Eccestan ↗, u. Achath ↗, evtl. a. als jener grüne Kristallstein zu verstehen, der im altmex. Sagenkreis 1) Quetzalcoatl ↗ hervorbrachte, 2) den Toten ↗ zur postmortalen Belebung in den Mund gelegt wurde. Grün ist im kath. Dogma die Farbe ↗ des Heiligen Geistes ↗, u. ihm entspr. die im Christentum bzw.

schon in der Bibel verdrängte G. Unzählige Namen ↗ geben, wie bei allen Göttern ↗, nur ihre Aspekte wieder, die vom Gesamtkosmos ↗ über die Cherubim ↗ und Elemente: Akasha ↗, Feuer ↗ u. Wasser ↗ zur Maat ↗ (Wahrheit, Gerechtigkeit) und 6 der 12 Planeten ↗ reichen. Sie beinhalten den Mond ↗ als weibl. Buddha ↗ u. bilden zur Vollendung eine kosm. Geistsonne, gen. Po ↗ od. Gaur ↗, in der Apokalypse ↗ Sophia ↗, die ›Braut‹ von Christus (der ausgereiften 1. Sonne). Als beste Namensbildung darf das äg. Mw.T ↗ gelten, heute Mut ↗ tradiert, was dann allg. für Mutter eingesetzt wurde, weil sich in jeder Schwangerschaft ↗ das Muster ihrer Schöpfung ↗ in Gestalt der Nut ↗ wiederholt. — In Indien ist jede G. Lakschmi ↗. — Weitere wichtige G. sind: Tzakol ↗ (Maya), Duduwa ↗ (afrik.), Nammu ↗ (sum.) u. Janna ↗ (germ.). Die ägyptischen sind in Götterachtheit ↗ und Götterneunheit ↗ enth.

Graal: Gral ↗.

Grab: die Wohnstätte des Toten ↗, a. ›schönes Haus der Ewigkeit‹, ›Haus in der Nekropole‹ ↗ oder Ka-Haus ↗ (Ägypten). In manchen Kulturen direkt unter dem Familienhaus mit den Lebenden angelegt, als direktes Spiegelbild u. in Erwartung einer Reinkarnation ↗ am gleichen Ort (in der gleichen Familie); beim Megalithgrab ↗ versammelten sich ganze Sippen unter einem künstlichen Berg außerhalb des Wohnbezirks; dann gab es spiegelbildlich zu den Städten der Lebenden Städte der Toten (Nekropolen), wo dem einzelnen das ehem. Haus reproduziert wurde, mit allen Objekten, in natura oder gemalt, während die eigtl. Grabkammer wieder darunter lag, hier aber mit Szenen der Duat ↗, evtl. mit realem Totenschiff ↗. Dieses wiederum war z.B. bei den Wikingern ↗ ein irreales Steinschiff u. selbst Grab. Bei Leichenverbrennung konnte die Urne ↗ sog. Urnengräber die Form eines Minihauses annehmen oder die Asche wurde (ohne Schiff) einem Fluß anvertraut (s. Ganges ↗). Schließl. gab es die ›Türme des Schweigens, Mastabas ↗, Steinkreise ↗ als G. Die Frage, seit wann der Mensch ↗ überhaupt G. anlegt, läßt sich nur vom Begriff Ka-Haus ableiten: seit er einen Ka ↗ (Geist oder geistigen Doppelgänger) hat, d.h. seit Beginn der Geschichte ↗ oder dem Eintreffen des Grals ↗. Weitere Erl.: Totenkult ↗ u. Duat ↗.

Grad: 1) im Kreis ↗ der Präzession ↗ entspricht 1 Grad 72 Jahren u. annähernd 4 Sonnenfinsternissen ↗; 2) im Haab ↗ als Kreis des Erdumlaufs ist 1 Grad 1 Tag ↗; 3) im Kreis 1 Tages ist 1 Grad 1 Stunde ↗. Denn der Kreis wird hier immer in 360 Grade unterteilt. — 4) bei der Initiation ↗ jedoch gibt es keine Übereinstimmung, in wieviele G. die jeweilige Einweihung eingeteilt wird oder wurde. Beim Thrudenring ↗ z.B. waren es 4, bei den Arioi ↗ 8, im Mithraskult ↗ 7, in der Großen Landesloge der Freimaurer ↗ 24 u. im Schottischen Ritus = Aasr 33, s. Zahlen ↗. — Das Wort kommt von *gradus* (lat.) = Stufe. Stufen (= Grade) bestimmten a. Pyramide ↗ u. Babyl. Turm ↗ u. sind insg. Fortschritt in Wissen ↗ + Erkenntnis ↗ auf dem Weg der Transmutation ↗ des Menschen (s. Muntu ↗).

Gral: die Manichäer, ausgehend von Persien ↗, assoziierten das Wort Gorr ↗ = kostbarer Stein mit dem Wort al = göttlich, woraus G. wurde. Die weitere Wort-Vorgeschichte ist nicht mehr bekannt. These: da die Perser (unter Kambyses ↗) in Ägypten ↗ einfielen u. selbst über Sumer ↗ saßen, kann eine Verbindung von Gor(r) zu Kar bei Sokaris ↗ (äg.) sowie Sarra ↗ (sum.) angenommen werden. Auf sum. Rollsiegeln ist es das Karo = die Übersonne ↗ (*Sar* = über und *Ra* = Sonne) des Sirius ↗, afrik. Po ↗. Aus Sarra, enth. im sum. Götterpaar En-Me-Sarra ↗ u. Nin-Me-Sarra ↗ wurde zweifellos auch Zara bei Zarathustra ↗ (bzw. Zoro bei Zoroaster ↗). Weitere Äqv. dürften sein: Ger ↗ und Gaur ↗ bei den Germanen ↗. — Von den Manichäern wanderte der Mythos ↗ vom G. u. a. zu den Katharern ↗, wo ihn Hitler ↗ aufgriff. Vom kathar. Troubadour ↗ Guyot de Provence nahm ihn dann Wolfram von Eschenbach ↗ samt Sage von Parzival ↗ auf. Lange davor suchten die Goten ↗ nach dem G. Bei den Kelten ist Carmelle ↗ ›Trägerin des Steins‹ (des G., hier Car geschrieben); sie heißt auch Belisama ↗, was zur kanaan. Göttin Baalat ↗ führt, Zweitname Anat ↗; der Kreis schließt sich mit Anu ↗ u. Antu ↗. — Mythos: der Gral wurde von ›Engeln‹ (sprich Astronauten ↗) auf die Erde gebracht bzw. kam ›von oben‹ zum Königreich Thule ↗ (= Mu ↗). Die Defini-

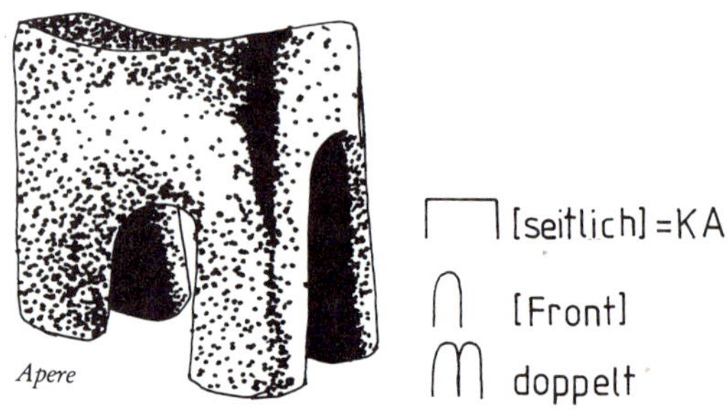

Apere

tionen, worum es sich wirklich handelte, schwanken zwischen Stein, Gefäß und Buch. Es fällt a. der Ausdruck Tafeln. These: das Gefäß war Sambo ↗, der Stein ein Lichtöffner ↗ u. Buch bzw. Tafeln das Gesetz der Zodiakzeichen ↗. — Von Thule wanderte der G. zur Gralsburg ↗ u. blieb dort bis zur Zerstörung kurz vor dem Weltuntergang ↗. Es gab viele Versuche eines Nachbaus: z. B. Sarkophag ↗ + Große Pyramide ↗ (Ägypten), Bundeslade ↗ u. Kathedrale der Gotik ↗, Teotihuacan ↗ (Olmeken ↗) u. Thing ↗ (Germanen), denn Eschenbach nennt den G. = Dinc. Schließl. läßt sich über *Kathedra Petri* ↗ die Verbindung zum Kopfsymbol der Isis ↗ herstellen, einem leeren Stuhl (= Lehrstuhl, truhenartig), der a. im äg. Thron ↗, Symbol der Nephtys ↗ u. Anu ↗, auftaucht u. direkt als Hieroglyphe bei Isis u. Osiris ↗ eingesetzt wurde. In Ile Ife ↗ (Afrika) findet sich als Äqv. noch Apere ↗, eine hölzerne Lade, die zum steinernen Schemel werden kann (Abb.), der Ka-Hieroglyphe ↗ entsprechend. Auf ihm saß im Apere-Oro-Hain von Ife der Schwirrholzschwinger (das Schwirrholz ↗ hat a. auf Australien ↗ die Form einer Gesetzestafel ↗). Fügt man dem Ka (= Geist, Kosmos ↗) diese Tafel als Auge (äg. Hieroglyphe R ⬭) hinzu, wird aus dem G. ›Sitz des Auges‹ (nämlich des Dritten Auges ↗) oder die Fähigkeit, den Ka-Ur ↗ = Urgeist (äqv. Gaur, Gorr etc.) zu ›sehen‹: Nommo ↗, die 24 Grundmotive ↗ als Gesamtkosmos ↗ oder ›Himmlisches Jerusalem‹, weshalb der G. a. ›Wunsch nach Pardis‹ (Eschenbach) gen. wurde, sprich Erwecker des Wunsches nach dem himmlischen Paradies ↗, äg. Earu ↗. — Weitere Eigenschaften: Durch die Kraft des Grals verbrennt der Phönix ↗ und ersteht aus der Asche zu seiner früheren Schönheit. — Bewußtem Suchen bleibt er verborgen. — Von Zeit zu Zeit erscheint auf ihm eine Schrift, die von selbst zergeht, nachdem sie gelesen worden ist; sie macht besondere Mitteilungen. These: dazu gehört das Auftauchen des Wortes Sion ↗ über München ↗ 1974.

Gralsburg: im Mythos ↗ vom Gral ↗ eine Burg, in der folgende Figuren auftreten: Gralskönig ↗ mit ›ewiger Wunde‹, Gralsträgerin ↗, Ritter, denen die Gralshütung ↗ obliegt, Jungfrauen, die der Gralspflege ↗ geweiht sind. Das ganze wird als Tafelrunde ↗ vorgestellt u. ist manchmal bedroht durch einen von Blut tropfenden Speer ↗. — These: die geschichtl. G. befand sich in Shambe ↗, äg. Chemmis ↗ oder Chembis u. war a. der Geburtsort des Osiris ↗, der umgebracht wurde (hier als Gralskönig mit Wunde symbolisiert). Deshalb dürften äg. Bilder des in der Unterwelt thronenden toten Osiris (= Sokaris ↗) als Vorbild für spätere Nachahmungen auf irgendwelchen Burgen gedient haben. Hier findet man a. den tropfenden Speer (s. Osiris) sowie den Gral als Schale ↗ auf dem Kopf der Nephtys ↗. Fortsetzungen waren z.B. die sog. Isisgrotten ↗.

Gralshüter, -Hütung: im Mythos ↗ vom Gral ↗ eine männliche ↗ Aufgabe, zuletzt greifbar als Carnutes ↗. Evtl. gehören a. die Ritter der Kreuzzüge ↗ dazu. Sie verteidigen oder erobern zurück jeden angenommenen Ort, an dem sich der Gral befinden könnte. Beginnt im Zodiakzeichen ↗ ♏

Gralskönig: prakt. jeder König, der dem erbl. Isisblut ↗ entspringt, in den Dynastienlisten ↗ alle Könige, die ab 15389 v. Z. (als Riesen ↗) zu Osiris ↗ führen; dann bricht die Linie durch den Weltuntergang ↗ ab u. setzt neu an mit den Pharaonen ↗. Ab Muntuhotep ↗ wird die Nachfolge unübersichtlich. Ein Faden läuft über David ↗ u. Salomo zu Jesus ↗, wo zumindest die Schüssel (s. Gralsburg ↗) bei den Evangelisten ↗ genannt wird: Jesus u. Judas ↗ ›tauchen in sie ein‹. Eine 1928 in Tirol gegr. Gralsgemeinschaft feiert jedoch jährl. am 7.9. den Geburtstag einer (Grals-)Urkönigin, hier Irmingard ↗ genannt, oder Lilie ↗. — Bei Wolfram von Eschenbach ↗ wird am Ende Parzival ↗ Gralskönig.

Gralspflege: im Mythos ↗ vom Gral ↗ eine weibliche ↗ Aufgabe, die von Jungfrauen ↗ erfüllt wird. Insofern hat sie nichts mit dem Gralskönigtum zu tun u. damit nichts mit dem Isisblut ↗ (äqv. Osiris ↗ + Isis ↗ in Ägypten). Eher ist an eine Nachfolge der Nephtys ↗ zu denken, u. die Pflege ist als eine eigene Reinhaltung zu verstehen, die das besondere Sehen ↗ der vom Gral hervorgebrachten Botschaften bedingt, wahrsch. sogar die Hervorbringung selbst. D. h., sie pflegen dessen Funktionsfähigkeit mit sich als Medium.

Gralsritter: sind Ritter, die den Gral ↗ suchen, an einer Tafelrunde ↗ teilnehmen u. darauf hoffen, eines Tages Gralskönig ↗ zu werden; s. a. Gralssuche ↗.

Gralsträgerin: in kelt. Sagen z. B. Carmelle ↗. These: konkret ein weibl. Wesen, das den Gral ↗ *in sich* trägt, d.h. ein Medium ↗ ist für die Zuordnung der Grundmotive ↗ (oder Runen ↗) zu den Zodiakzeichen ↗ einerseits, u. Buchstaben des Sonnenalphabets ↗ andererseits, wobei das Gewicht auf dem Erbe der Astronautin ↗ liegt, Graphische Akustik ↗ zu ›hören‹, weshalb sie auch Orejona ↗ = die Großohrige hieß. — S. Pokal ↗ (Gral) mit Ohren.

Gralssuche: oder Suche nach dem Gral ↗ dürfte als Thema so alt wie 4. + 5. Welt ↗ sein, zus. die Geschichte ↗, da diese mit einer Landung ↗ beginnt. Obwohl inzw. niemand mehr weiß, wie das mysteriöse Dinc ↗ eigtl. aussieht - heutige Lästerer sprechen vom ›metaphysischen Osterei ↗‹ - sind irgendwie alle hinter ihm her, als hinge auf unergründbare Weise aller Gedeih u. Verderben davon ab. Speziell bei den Deutschen ↗ wird von Suchkrankheit ↗ gesprochen. — These: das Osterei, das jährl. versteckt und gesucht wird, hängt tats. - wenn a. nur symbolisch - damit zus. Im heutigen Verständnis wäre von Sinnsuche ↗ zu reden. In europ. Tafelrunde ↗-Geschichten scheitern fast alle, die auf G. auszogen, jämmerlich. Und nur ein einziger Gralsritter ↗ hat ihn angebl. je selbst erblickt, worauf er vor Entzücken tot umgefallen sein soll: Galahad, der Sohn von Königin Ginervas ↗ Fastliebhaber Lancelot. — Auch Hitler ↗ verfiel der G., verstand aber darunter die Suche nach einer ganz konkreten Mitteilung in Runen ↗-Schrift, die von Thule ↗ stammen sollte. Sie sei über Tibet ↗ - Wüste Gobi ↗ - Persien ↗ (sprich Sumer ↗) - Jerusalem ↗ (sprich Jebus ↗, Kanaan ↗) nach Rom ↗ gewandert, von wo sie Alarich ↗ (König der Goten ↗) in die Pyrenäen ↗ verschleppt haben soll. Dort suchte Otto Rahn ↗ danach - mit welchem Erfolg ist umstritten. These: es handelte sich natürlich nicht um den Gral selbst, sondern um die Weltformel ↗, die man mit seiner Hilfe ermitteln konnte.

Graphische Akustik: zunächst ein Ausdruck von Kolawole ↗ für seine Motion-Art ↗ (Kunst), die Grundmotive ↗ zu einer Zeichensprache gestaltet, die über reine Graphik hinausgeht u. nichthörbare Akustik wird. Aus eigener Erfahrung (von-Frankenberg ↗) kann sich bei besonderen Medien diese G.A. im unteren Chakra ↗ transformieren u. hörbar werden = eine umgek. Wort-Bild-Brücke ↗.

Gregor der Große: der Papst ↗ (590–604), unter dem die Missionierung ↗ der Germanen ↗ begann. Lieblingsthema: das Besessensein des Menschen vom Teufel ↗, für das er in seinen ›Dialogen‹ das absurde Beispiel einer sittsamen Magd bringt, die beim Essen einiger Salatblätter aus dem Klostergarten deutlich fühlte, dabei den Teufel mitverschluckt zu haben (!). Es folgt eine Teufelsaustreibung ↗. Gregors Wahn verursachte später entsetzliche Massenerscheinungen gleicher Art. — Bis zu ihm ist die Begründung der christl. Religion ↗ auf die Kreuzigung ↗ von Jesus ↗ nicht vorhanden, er verschenkt als Erster ein Kruzifix ↗ *mit* Gestalt (an Königin Theolinde ↗), davor existierte es nur ohne. Aus beiden Punkten resultierend seine Veränderung der Liturgie ↗ u. eine Gregorianismus ↗ genannte Assimilationstheologie.

Gregorianismus: die von Gregor dem Großen ↗ in Gang gesetzte Aufnahme von Bräuchen sog. Heiden ↗ in die christl. Kirche ↗; z.B. Reliquien ↗, Feste ↗ u.a.

Greif: ein nichtexistentes Symboltier ↗, das sich aus Flügeln ↗, Adler ↗-Kopf u. Leib der Löwengöttin ↗ zusammensetzt. In Ägypten auf einer Kultaxt (s. Ntr ↗) der 18. Dynastie ↗ zu finden. Der Ort der Ein-

gravierung erleichtert die Deutung: es ist die Göttin Nemesis ↗; oft erweitert sich die Kombination auf 5 (s. Synthese ↗), indem die Ohren Fischflossen sind, der Löwenschwanz eine Schlange u. das Auge das eines Menschen. Seit A. R. (ab Menes ↗) läßt sich der Pharao ↗ gern als G. darstellen = als siegreich. Auf dem Axt-Ende (Abb.) z.B. über die Hyksos ↗.

Grenze(n): werden 1) von Natur ↗ aus um ein Territorium ↗ gezogen: von Tieren oft tägl. mit Duftspuren markiert, während der Mensch permanentere Grenzsteine, Zäune, Mauern etc. setzt; 2) dieses Verhalten überträgt sich leider immer noch auf Kultur ↗, indem die Wissenschaft ↗ Fakultäten (Wissensgebiete) voneinander abgrenzt u. Religion ↗, Kulte ↗ und Sekten ↗; 3) Erkenntnis ↗ (Gnosis ↗) jedoch basiert auf dem Prinzip der Einheit u. teilt sich nicht in Gebiete auf. Ihre Abgrenzung ist ein Kreis nach außen, weshalb sie eine ganzheitl. Geheimlehre ↗ war u. bleibt. Sektorenhafte G. gehören zum System der Vielheit ↗.

Gretchen: 1 der 2 weibl. Hauptfiguren im Faust ↗, typologisch Eva ↗ zuzuordnen, der Menschhälfte, die sich dem Mann unterordnend hingibt u. dabei ihre Tragödie erleidet: das Schlafmittel für die Mutter, die nichts hören soll, wirkt tödlich; Bruder Valentin, der ihre Entehrung rächen will, fällt im Kampf mit Faust; sie tötet ihr Kind u. endet im Kerker.

Griechen: 1) Ureinwohner: Karer ↗, Pelasger ↗; sie nannten das Land Kharu ↗. — 2) Invasoren der Völkerwanderung ↗ ab ca. 1450 v. Z. in 3 Wellen einfallend: Achäer ↗, Jonier ↗, Dorer ↗ = Hellenen ↗. Dazw. die Mykener, die möglicherweise von Kreta ↗ kamen. Das Wort selbst soll auf *grek (creek)* = Bucht zurückgehen, u. an einer ›Bucht voller Buchten‹, d.h. der Ägäis des Mittelmeeres ↗ ließen sie sich ja nieder. Genausogut kann es mit Krieg zusammenhängen, u. Krieger waren sie, wie alle Indogermanen ↗ - im Ggs. zu den nichtidg. Pelasgern u. Karern, die wie die Kreter friedlich waren. Nach Texten der Hethiter ↗ wurde die Küste Kleinasiens ↗ Mitte des 13. Jh. v. Z. von Banden plündernder Achäer heimgesucht, das war der ›Trojanische Krieg‹ ↗, den die Ilias ↗ mythologisiert. Ein Jh. später folgte die Verwüstung der myken. Städte durch die Dorer. Damit nicht zufrieden, unterwarfen sie a. Kreta. Das ›dunkle Mittelalter‹ von Griechenland ↗ brach an: Barbarei, Armut, Schriftlosigkeit. Den Impuls für einen neuen Kulturaufschwung brachten dann die Phönizier ↗ u. holten sich die G. schließlich selbst in Ägypten ↗. Denn spätestens ab Pythagoras ↗ war für die griech. Philosophen die Initiation ↗ an äg. Tempeln obligatorisch. Ausnahme: Sokrates ↗; er war jedoch kein G., sondern stammte selbst aus Ägypten. — Die völk. Zugehörigkeit der Bewohner von Messenien ↗ ist umstritten. Sie wurden völlig versklavt u. hießen als Staatssklaven Heloten ↗. These: sie könnten mit den Zeloten ↗ zusammenhängen, denn in der Bibel (Joel 3, 11) heißt es: (die ihr) »... die Kinder Juda ↗ u. die Kinder Jerusalem verkauft habt den Griechen...« In Griechenland war es lange üblich, für jeden G., 50 Sklaven ↗ zu besitzen. — Die eingewanderten G. besaßen keine Erinnerung an die eigene Frühzeit vor der Einwanderung. Wenn sie überhaupt in die Vergangenheit blickten, sahen sie dort ein mythol. ›Goldenes Zeitalter‹, von dem aus es ständig abwärts gegangen war. Erinnerungslos zu sein, bestätigte ihnen a. Ägypten, wie in Platos ↗ Atlantisbericht nachzulesen ist. Man deutete aber ihre vergessene große Vergangenheit auf Atlantis ↗ an (vor dem Weltuntergang ↗) u. die damalige Existenz einer Atlantiskolonie ›Urgriechenland‹. These: dorthin waren sie unwissentlich, nach Überleben der Sintflut ↗ auf dem Kaukasus ↗, Wanderung nach Indien ↗ u. zurück, heimgekehrt.

Trojan. Prinzessin Andromache:

»O Griechen, Teufel,
In allen Martern Meister, ungeheure.«

Griechenland: gliedert sich ab Einfall der idg. Griechen ↗ in folgende Epochen:

1200–750 v. Z.	›Dunkle Zeit‹ mit unbedeutenden Kunsterzeugnissen.
750–550 v. Z.	Expansion rund ums Mittelmeer nach Vorbild der Phönizier ↗, deren Alphabet sie im 8. Jh. übernehmen u. deren Schiffahrt sie nach Homers Odyssee ↗-Angaben zu folgen scheinen.
im 7. Jh. v. Z.	Löst sich die griech. Malerei vom geometr. Stil u. wird naturalistisch.
im 6. Jh. v. Z.	Beginn der Bildhauerei. Suche nach einer ›ursprünglichen Substanz‹, aus der alle anderen Dinge hervorgegangen seien. Antworten: Thales: eine klare Flüssigkeit Anaximenes: ein farbloses Gas; Heraklit: ein Fließen; Pythagoras: ein Zahlensystem; Demokritios: unteilbare Atome.
im 5. Jh. v. Z.	Einfall in Ägypten, Bau des Parthenon ↗; Sokrates ↗ beendet den griech. Materialismus u. stellt an den Anfang die ›präexistenten Ideen‹ ↗. Einer seiner Schüler wird Plato ↗. Beginn der Klassik ↗, s. Wiederholung ↗.
im 4. Jh. v. Z.	Aristoteles rechtfertigt die Sklavenhalterei (1/3 der griech. Bevölkerung!); sein Schüler Alexander der Große träumt davon, die ganze Welt zu einem Bund zusammenzuschließen (als Hellenismus ↗ natürlich) u. wird wahnsinnig. Sein Heerführer Ptolemäus I. ↗ nennt sich Soter ↗.

Griechisches Alphabet: ab 8. Jh. v. Z. aus dem der Phönizier ↗ entwickelt; galt später den Römern als Vorlage:

A	B	Γ	Δ	E	Z
Alpha	Beta	Gamma	Delta	Epsilon	Zeta
a	b	g	d	e	z

Η	Θ	Ι	Κ	Λ	Μ
Eta	Theta	Iota	Kappa	Lambda	My
e	th	i	c, k	l	m
Ν	Ξ	Ο	Π	Ρ	Σ
Ny	Xi	Omikron	Pi	Rho	Sigma
n	x	o	p	r, rh	s
			Τ	Υ	Φ
			Tau	Ypsilon	Phi
			t	y, u	ph
			Χ	Ψ	Ω
			Chi	Psi	Omega
			ch	ps	o

Griechische Mythologie: aus dem Durcheinander wahllos übernommener Mythen ↗ anderer Völker, mit denen die idg. Griechen ↗ in Berührung gekommen waren, versuchte Hesiod ↗ (um 700 v. Z.) eine Systematisierung mit folgendem Resultat: Gäa ↗ bringt den sternenbesäten Himmel, Ozeane u. Berge hervor sowie als älteste Götter-Generation die Titanen ↗ (= Planeten ↗), die sich zu bekämpfen beginnen (Titanenkampf). Dabei entsteht als Abspaltung von Uranus ↗ Aphrodite ↗ (Venus). Als ›Kulturbringer ↗‹ tritt Prometheus ↗ auf, als 1. Frau ↗ Pandora ↗, tausendfaches Weh bringend. Denn davor gab es wie im Paradies ↗ der Bibel ↗ kein Übel, keine Krankheit, keine Arbeit etc. (allerdings auch keine Erkenntnis ↗, was hier fehlt). Es folgen Bruchstücke der Weltenlehre ↗. Hesiod rechnet sich voll Jammer (sehr richtig) der 5. Welt ↗ zu. Etwa im 5. Jh. v. Z. schälte sich als Zwölfergruppe der Olymp ↗ mit 6 Götterpaaren heraus, mit Altar in Athen. Ihnen galten die Olympischen Spiele ↗. Hinzu tritt jetzt auch Dionysos ↗ (nach Einfall in Ägypten, als Umarbeitung des Osiris ↗) sowie die Mysterien ↗-Initiation von Eleusis ↗ u. Isis ↗ als Mystis = Göttin aller Mysterien. — Göttin der erstrebten Weisheit ↗ war Athena ↗; ihr war der Parthenon ↗ geweiht, der während Sokrates' ↗ Kindheit entstand. Letzterer akzeptierte jedoch nur Apollo ↗, Anführer der 9 Musen ↗, evtl. Grund für den Giftmord.

Große Galerie: Teil des Gangsystems ↗ der Großen Pyramide ↗; schließt sich an den niedrigen aufsteigenden Gang an, in dem man nur kriechen kann, bis ihn die G. abrupt erhöht, weit über Menschenhöhe hinaus: 8,5 m hoch. Unten an jeder Seite Rampen u. Kerben, Funktion unbekannt.

These: hier waren die Statuen jener Königslinie aufgestellt, die in den Dynastienlisten ↗ ab 15330 v. Z. (aufwärts) zu Osiris ↗ führten sowie nach seiner Ermordung zum Weltuntergang ↗ (weshalb im anschließenden Vorraum ein leerer Sarkophag ↗ stand), während die ›Zeit der Geister der Toten‹ (abwärts) Statuen der

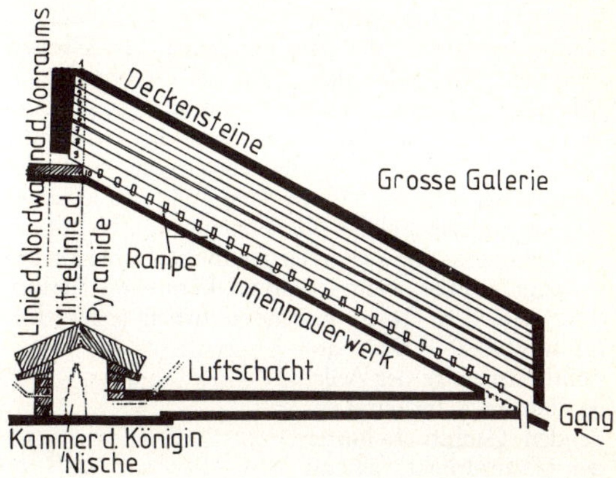

Horusdiener ↗ repräsentierten: beides verbunden mit dem waagrechten Gang, der zur Königinkammer ↗ führt, als Nabelschnur des Isisbluts ↗. Die Götterneunheit ↗ könnte sich in der 9fachen Verengungsstaffelung der ges. Galerie ausgedrückt haben, mit den Deckensteinen als Nut ↗ u. der Rampe als der meist ungezählten Nr. 10 = Horus ↗.

Dann ergibt sich aus dem Gesamtschema ein umgelegtes Hl. Dreieck ↗, nicht in den Proportionen, aber dem Sinn nach: Isis + Osiris + Horus. Dazu als Pyramidenfundament die Götterachtheit ↗, u. der Kern der äg. Doppel-Religion ↗ ist beieinander. Es fehlt nur noch die Grube ↗ unter dem Fundament.

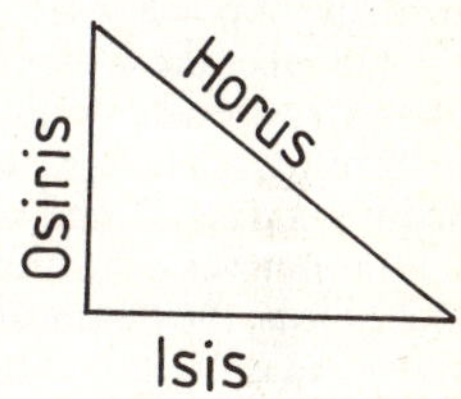

Grotti: Name einer Wunschmühle (Edda ↗), die alles mahlt, was der jeweilige Besitzer verlangt. Jedoch waren die Mühlsteine so groß u. schwer, daß Menschenkraft nicht ausreichte, sie zu drehen. Am Ende des ›Goldenen Zeitalters‹ steht sie in der Burg eines golddurstigen Königs u. wird auf seinen Befehl von Fenja ↗ u. Menja ↗, 2 Mädchen mit übernatürl. Kräften, die a. über Krieg u. Frieden geboten, im Zorn gedreht, bis die Mühlsteine barsten. Das war das Ende sowohl von Grotti wie a. des ›Goldenen Zeitalters‹...

»Ein Feuer flammt auf
im Osten der Burg
– Heeruf erwacht –
Die Warte heißt man's
Der Feinde Schar
Zieht schnell heran
Bald ist verbrannt
Die Burg des Fürsten.«

Zusätzl. wird ein ›Seekönig Mysing‹ erwähnt, der im Dunkel der Nacht diese Burg überfällt. — These: das erinnert an die per Schiff kommenden Räuber der ›Gottesmühle‹ Sambo ↗ im Kalewala-Epos ↗ u. G. ist eine Allegorie auf den Gral ↗, der ja in manchen Legenden ebf. zur ›Tischlein-deck-dich‹ Kraft wird. Das

Symbol einer Mühle dürfte sich auf die geflügelte Sonne beziehen (s. Behdet ⁄), mit den 2 Kobraschlangen

 (Göttinnen ⁄, Ara ⁄) als Riesinnen ⁄ am Ende der 4. Welt ⁄, eingesetzt für die Gralspflege ⁄ in der Gralsburg ⁄.

Grube: ca. 50 m unter dem Fundament der Großen Pyramide ⁄ befindet sich, quasi als Gegenpol zum Vorraum der Großen Galerie ⁄, eine aus dem gewachsenen Felsen herausgehauene, unverkleidete Grube oder Höhle. Zu ihr führt der absteigende Gang des Gangsystems ⁄, ca. 115 m lang, und als einziger schnurgerade ab Luke ⁄ (Geheimeingang), bis auf das letzte horizontale Stück in Grubenhöhe. Funktion unbekannt. — Hier, wenn irgendwo, könnte die Verbindung mit dem Nil ⁄ bestanden haben (oder dem Grundwasser). Das absichtl. Unfertige der Anlage, das sich a. im blind endenden Gangstück hinter der G. ausdrückt, läßt an die Zukunft denken, oder im äg. Sinn an die Zeit *nach* Horus ⁄, Sohn von Isis ⁄ und Osiris ⁄; denn diese Trinität drückt sich in der Großen Pyramide aus. These: da sie in der Geschichte ⁄ a. für 4. + 5. Welt ⁄ stehen, wäre hier der Sprung in die 6. Welt ⁄ anzusetzen: 1) als Polsprung ⁄ von 1999 = Jüngstes Gericht ⁄ = das in die Grube fahren, zur ewigen Verdammnis im Sinne der Apokalypse ⁄; 2) als Passage der ›Auserwählten‹ über die Grube hinweg; 3) Initiation ⁄ einer ird. Inkarnation der weibl. Kosmossonne ⁄ = Schwarzer Ritus ⁄; s. Hexagramm ⁄.

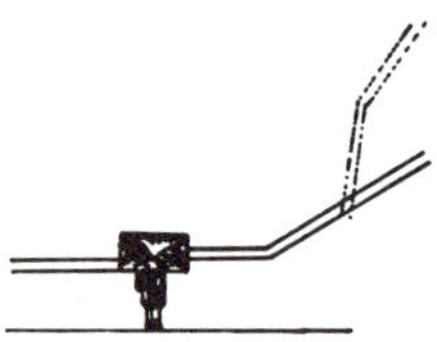

Grün: s. Farben ⁄ und Gründonnerstag ⁄.

Grundmotive: nennt Kolawole ⁄ eine Auswahl von 24 Z., die er 1969 nach jahrelangem Grübeln plötzlich in sein Adreßbuch malte, in einer Bar nahe der Kathedrale ⁄ von Notre-Dame, Paris. Am Ende des gleichen Jahres führte er sie mit Zirkel u. Lineal in 20 cm Größe auf den Seiten eines Blockes aus. Ab 1970 flossen sie in seine Kunst, genannt Motion-Art ein. Die 1. Holzskulptur (Abb. 1) nannte er ›Die 24 Grundmotive‹. — Im gleichen Jahr begann die Schriftstellerin von-Frankenberg ⁄, sie zu studieren u. in textl. Definitionen umzusetzen. Ab 1971 fielen ihr gewisse Ähnlichkeiten mit Kunstformen alter Kulturvölker, aber a. mit Formen der Natur auf, u. es entstand eine Photosammlung, die alles, was überhaupt in der Welt existierte, nach diesen G. zu ordnen versuchte. 1973, geschult durch dieses neue Sehen ⁄, erfolgte in spontaner Eingebung die Zuordnung der 24 G. zu den 12 Zodiakzeichen ⁄ in der Relation 2:1, wodurch sich die 1. Reihenfolge von Kosmos ⁄, Geschichte ⁄ u. Archetypen ⁄ ergab, letztere mit Wirkdauer von je 1 G. = 1080 Jahre. Im gleichen Jahr gelang ihr die Gleichstellung von 1 G. zu je 1 Buchstaben des röm. Alphabets (Abb. 2), womit der Grundstein zur Wort-Bild-Brücke ⁄ gelegt war. Es folgte 1975 die 1. Ausstellung des Muiska-Museums ⁄ (auf Basis der 1. Reihenfolge), während der evident wurde, daß ihre Verhakung von Anfang u. Ende in Buchstaben dem Christusmonogramm ⁄ entspricht, Christus ⁄ aber dem afrik. Nommo ⁄. Damit war die Gleichstellung der 24 G. mit dem Logos ⁄ gegeben oder mit dem ›Wort, das am Anfang war‹ (Johannes-Evangelium ⁄) u. durch das alles gemacht ist. Ca. 1976 wurde klar, daß die 24 G. das sind, was Sokrates ⁄ die Präexistenten Ideen ⁄ (ohne Zahlenangabe) nannte, Augustin ⁄ die *ideae principales* (s. Ideenlehre ⁄) oder Möglichkeitskeime u. Jung ⁄ die Archetypen ⁄ per se. Die gleiche Zahl 24 tauchte in Afrika beim Alphabet der Vibrationssprache ⁄ auf, dann bei den ›24 Kategorien des Seins‹ der Veden ⁄ u. bei den Djinn ⁄. Als klar wurde, daß die Griechen ⁄ obligatorisch nach Ägypten ⁄ zur Initiation ⁄ gehen mußten, begann die Suche nach einer äg. Par. - das waren die Ka-Geister ⁄. 1978 erwies sich durch Studium der afrik. Ntu-Philosophie ⁄, die von ›24 Kategorien des Daseins‹ spricht, daß es 2 Reihenfolgen (= Weltordnungen ⁄) geben müsse, die unvergängl. des Seins ⁄ u. die vergängliche

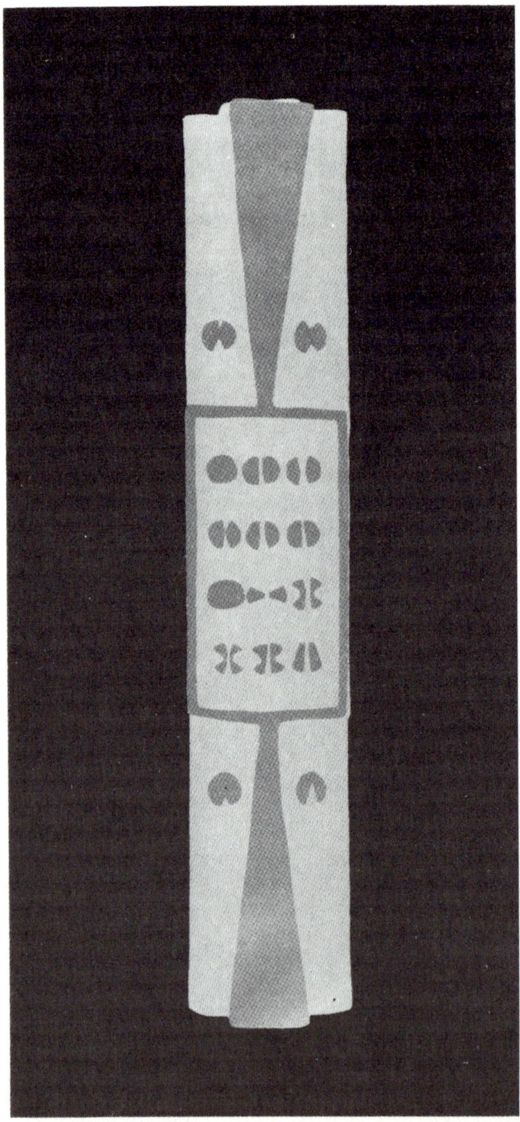

Holzskulptur ›Die 24 Grundmotive‹ von Kolawole

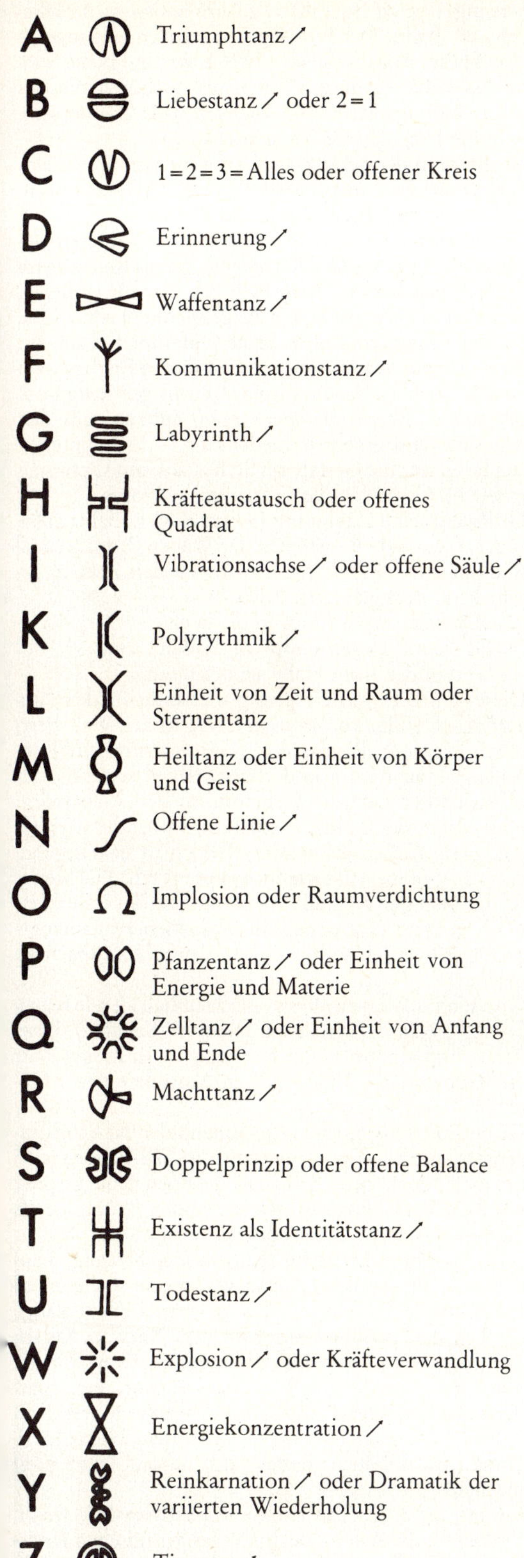

des Daseins ↗. Für die 2. kamen die gleichen 24 Grundmotive in der Anordnung in Frage, die sich ergab, wenn man sie den Buchstaben zuordnete (Abb. 2). Wieder fielen Par. auf: die 24 Ältesten der Apokalypse ↗, die 8 mal 3 Tao ↗-Z., deren Definitionen als Elementpaare zur äg. Götterachtheit ↗ führten u. schließl. zu Nemes ↗ (griech. nomos ↗), dem Gesetz der Sonne ↗. Im gleichen Jahr war die Weltformel ↗ fertig. Letzte Überraschung: a. die 24 Runen ↗ fügten sich ein, aber in die 1. Reihenfolge; einige Runen waren noch genau wie die Grundmotive u. an gleicher Stelle! Oder: die Grundmotive sind die ›Erstlinge des Geistes‹ (Augustin), d.h. die Ausfächerung des Ka ↗ (Geist) in ewig wirksame Ur-Ideen. These: ihr Eintreffen auf der Erde als sichtbares Uralphabet ↗ verbindet sich mit der Ankunft des Grals ↗ sowie in der Bibel ↗ mit Schlange (lt. Gnosis ↗ der Logos) u. Baum der Erkenntnis ↗, zus. das Kulturbringer ↗- oder Nommo (Astronauten ↗)-Paar. Sie dirigierten den Ablauf der Gesch. (4. + 5. Welt ↗), wurden eine zusätzl. Schicht der Psyche ↗ u. tauchten programmgemäß in der Endzeit ↗ als ›Stein der Weisen‹ (besser Weisheit = Sophia ↗) wieder auf. — S. Codices ↗.

Grundmotivkoppelung: die Koppelung von 2 oder mehr Grundmotiven ↗. These: sie allein führt zur Bildung eines Namens ↗, damit eines Wesens ↗ u. damit zur Möglichkeit der Materie-Bildung bzw. Inkarnation ↗. Deshalb beginnt z. B. die Primärschöpfung ↗ erst, nachdem sich innerhalb des Sonnenalphabets ↗ A + B gekoppelt haben, es ist die 1. G. überhaupt, bekannt als Ab ↗ = Vater bzw. Ba ↗ = Seele. — Künstliche G. sind 1) die Zodiakzeichen ↗ und 2) Werke der Kunst ↗. — Erklärung: 1 Grundmotiv allein kann kein Kausalitätsgesetz ↗ bilden u. bleibt für immer u. ewig eine Idee ↗; quasi passiv auf der Ebene der mater. Verwirklichung aus sich selbst heraus, aber hochaktiv (= treibend) als spirit. Ausstrahlung auf schon vorhandene Körper, diese als Instrument benutzend.

Gründonnerstag: seit dem 12. Jh. in Deutschland übliche Bez. für den Donnerstag (vor Karfreitag ↗), an dem Jesus ↗ mit den 12 Jüngern eine Tafelrunde ↗ zum Abschied hält u. zus. mit Judas ↗ die Hand in die Schale ↗ taucht, bevor dieser ihn auf dem Ölberg ↗ verrät. Zum Abendmahl ↗ gab es Lamm ↗, gebrochenes Brot u. Wein aus einem Pokal ↗. Die 2 letzteren

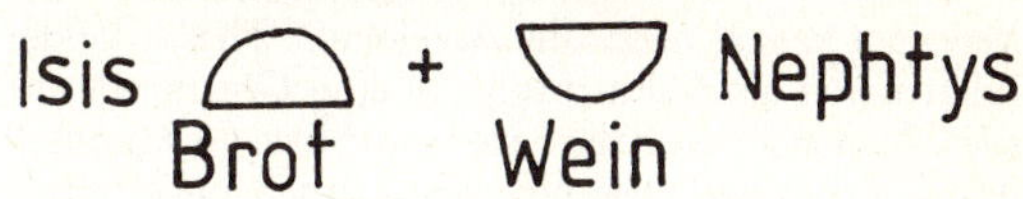

Rituale waren schon in Ägypten gebräuchlich, symbolisiert durch die Hieroglyphen ↗ der Osiris (= Christus)-Schwestern Isis ↗ u. Nephtys ↗, zus. Grundmotiv Liebestanz ↗  : 4er u. 8er Kreis der Sonne ↗, hier gen. Blut + Leib. — Sollte a. der Donnerstag symb. eingesetzt worden sein, so ist der Bezug zu Jupiter ↗ gegeben (s. Chaldäische Planetenreihe ↗) und damit zur 4. Welt ↗, an deren Ende Osiris getötet wurde, oft in grüner Farbe ↗ gemalt. Es ist an die grünen Federn des Quetzalcoatl ↗ (Gucumatz ↗) zu denken.

Guatavita-See: ein See im einstmaligen Muisca ↗-Land, an dem die Zeremonien des ›El Dorado‹ ↗ stattfanden, jeweils bei Einführung eines neuen Muisca-Fürsten. Eine erste Zeichnung erschien 1810 in Humboldts ↗ Buch ›Vue des Cordillères‹ (Abb.). Von 1545–1965 hörten die Versuche der europ. Invasoren nicht auf, sein Wasser abzulassen, um die seit Jh. hineingeworfenen Goldschätze zu finden; mit wenig Erfolg, denn die große Schlammschicht des Seegrundes trocknete in der Hitze sofort zu einer Art Zement. Seit 1965 steht der See unter dem Schutz der Regierung von Kolumbien ↗.

Der See liegt 3000 m hoch an den Ostausläufern der Anden ↗ u. ist salzig. These: ein Rest des Atlantikwassers, als hier noch die Amazonas ↗-Bucht war. — Die älteste Überlieferung setzt einen Fürsten von Guatavita an, dessen Lieblingsfrau ihn eines Tages betrog. Er ließ den Liebhaber hinrichten. Daraufhin floh die Fürstin u. stürzte sich mit ihrer kleinen Tochter in den See. In höchster Reue schickte der Fürst den größten Zauberer hinterher, um sie zurückzuholen. Der fand sie am Seegrund in einem schönen Palast mit ›Drachendämon‹, wo sie nach eigener Aussage glücklicher lebte als oben bei ihrem Gemahl. Nach ihrer Weigerung zurückzukehren, begannen die Goldopfer an sie.

Gucumatz: im Popol Vuh ↗ zus. mit Tepeu ↗ die ›Zwillinge‹, die zus. vom Himmel zur Erde kamen u. aus dem Weltideogramm ↗ mit bisher 5 Gottheiten 7 machten: die 7 Ahpus ↗. Am Anfang der Schöpfung sind sie es, die gemeinsam sagen: »Es werde Licht!« Später sagten sie »Erde!«, und im Augenblick war sie geschaffen. Es wird hier also eine Dualität gesetzt, wo bei Moses ↗ in der Bibel ↗ Elohim ↗ steht. — Die heutige Übers. lautet: *gukum* (oder kukum) = Feder ↗ = *Cumatz* = Schlange. Es ist der Kukulcan ↗ der Maya u. Quetzalcoatl ↗ der Azteken ↗. These: vor der Inkarnation als Kulturbringer ↗ eine Göttin wie die sum. Tiamat ↗, denn die Federn sind blau (= Himmel) + grün (= Erde), also eine urspr. noch ungetrennte Einheit von Himmel + Erde. Setzt man statt Federschlange ↗ Vogelschlange ↗ ein, ergibt sich als Par. das äg. Göttinnenpaar Geier + Schlange, die Cherubim ↗ der Bundeslade ↗, angebracht a. auf der Stirne der Osirismumie ↗. Tats. ist der Quetzalvogel ↗, dessen Federn hier gemeint sind, eine Art Geier ↗. — Mit dem Herabkommen von G. + Tepeu beginnt das ›Götterballspiel ↗‹, weshalb an das Astronauten ↗-Paar (Nommo ↗ in Afrika) zu denken ist, später an deren Nachfahren, denn aus G. wurde a. ein Titel. — Zukunftsvision: »Die indianischen Völker erwarten die Ankunft der Gefiederten Schlange in allernächster Zeit; und es wird erzählt, daß die sechste Sonne (sprich 6. Welt ↗) dann aufgehen wird, wenn die Gefiederte Schlange (sprich Gucumatz) gelernt haben wird zu fliegen« (P. Balin, Der Flug der Gefiederten Schlange, S. 29). These: dann ist sie die 1984 erwartete Neue Sonne ↗ (s. Gaur ↗), die z.B. der Sirius ↗ schon hat, u. das urspr. Wort müßte *Kuku* (= schwarz) *Ma* (Sonne) sein. — S. die Hieroglyphe Tamoanchan ↗.

Gudrun: in der Edda ↗ spez. in ›Gudruns Sterbelied‹ vorgestellt. Eine der großen Figuren des Nibelungenlieds ↗; besser bek. als Krimhild ↗.

Gullinborsti: ein schwarzer Eber ↗ mit Goldborsten (G. heißt eigtl. nur Goldborstiger), der als Reittier von Freyr ↗ galt (germ.). Man hielt das Tier für so heilig, daß man in allen wichtigen Angelegenheiten auf seine Borsten schwören mußte. Seine Opferung fiel auf den Jul ↗-Abend. Späte Spuren finden sich in England, wo man a. noch zu Weihnachten ↗ einen gekochten od. gebratenen Eberkopf *(boar's head)* auftrug, um den man sich versammelte u. Lieder sang. — In Ägypten ↗ taucht G. als eine Gestalt des Seth ↗ auf, mit Opferung an die hl. Götterfamilie Osiris, Isis + Horus.

Gullweig: eine Zaubering (= Heid ↗) u. Seherin (= Wala ↗) aus dem Geschlecht der Wanen ↗, manchmal ›Goldmacht‹ übersetzt. Sie wird zu den Asen ↗ geschickt u. dort gefoltert. Edda ↗:

»Da kam zuerst Krieg in die Welt
Da sie mit Geren Gullweig stießen
Und in der Asen Halle sie brannten.«

Dieses Unrecht war Ursprung aller anderen, denn unaufhörlich sollte von nun an Krieg in der Welt herrschen, bis sie in Ragnarök ↗ (Götterdämmerung) unterging. Hier wird also der Erstkrieg ↗ erwähnt, der offensichtlich um die Geheimnisse der Alchemie ↗ oder Macht des Goldes ↗ entsteht, wobei die Asen als goldgierig dargestellt werden. Jedoch ist naheliegend, daß der Goldbegriff (wie in Ägypten) sehr viel weiter reicht: über gull zu giuli ↗ u. damit zum Kalenderkreis u. G. in ihrer Eigenschaft als Wala (Seherin) auch gezwungen werden sollte, Zukunftsprophezeiungen zu machen.

Guna: altes Wort für Frau oder weiblich ↗, wie Kuna, Gyne ↗, Kan ↗ (wird engl. *queen* = Königin), bzw. Yin ↗ und ginnun in Ginnungagap ↗. In Indien ↗ ist die Rede von den 3 Gunas ↗, in Australien von 1 Gunabibi ↗ u. 2 Gunawaras.

Gunabibi: Geistmutter (Australien), der das kaum zugängl. Gunabibi-Epos gewidmet ist. Es handelt sich um die Regenbogenschlange ↗, die noch heute gespielt wird als Verschlingerin der Initianden ↗, um sie als Geweihte (in eine Geheimlehre ↗ eingeführte) neu zu gebären. These: es dürfte sich um jene Schlange handeln, die in der Bibel ↗ zur verbotenen (geheimen) Erkenntnis ↗ (= Gnosis ↗, dort vertritt die Schlange den Logos ↗) verführt. Nv.: Kunapipi, Karwati, Kulaitj Mutjinga, Wauwelag und Yulungur ↗. Hier fällt die Silbe Yul (germ. Jul ↗) auf sowie Gur, evtl. par. Gorr ↗ bzw. Ger ↗ u. Gaur ↗, hinüberführend zu Guru ↗ u. Gura ↗. — Aus G. kann man zweifellos a. Guna (Muttergöttin) Baba ↗ od. Babu ↗ (statt bibi) machen.

Gunas, die 3: im Tantrismus ↗ 3 substantielle weibl. Einheiten, die sich zu Beginn eines kosmischen Kreislaufs in vollkommenem Gleichgewicht gegenseitig durchdringen als unendliches Sein ↗, gen. Prakriti ↗. Der Kreislauf (die Schöpfung ↗) beginnt mit der Störung ihres urspr. Gleichgewichts durch Puruscha ↗, wodurch die 3 G. in einen Zustand gedrängt werden, in dem 1 oder 2 den anderen relativ überlegen sind: ihre schöpferische Verwandlung bzw. Bewegung wird angeregt. Die Vielfalt der Phänomene ergibt sich nun aus der jeweiligen besonderen Kombination der 3 G., die sich ständig vereinigen und trennen. Obwohl sie immer zusammenwirken, um die Welt der Bedingtheiten hervorzubringen, verschmelzen sie nicht miteinander (sonst würde ja alles wieder aufhören). D.h., alle 3 G. sind in jeder Manifestation in einer potent-latenten oder sublatenten Form gemeinsam gegenwärtig. Beispiel: im mater. System, in welchem Tamas (Guna Nr. 3) vorherrscht, ist die Masse (Tamas) potent, die Energie (Rajas, Guna Nr. 2) latent u. die Intelligenz (Sattva, Guna Nr. 1) sublatent. Die Gesamtheit der 3 G., ob im verwirklichten oder potentiellen Zustand, bleibt immer gleich, da sie weder erschaffen noch zerstört werden können. These: ergo sind sie die ›unverursachte Ursache‹ ↗ (Achath ↗, Eccestan ↗ etc.) oder das ›Wort, das am Anfang war‹ = Nommo ↗ (Logos), verstanden als weibl. Dreieck ↗ mit je 1 Seite als 1 Guna. Die Namen:

1) Sattva = Essenz oder Substanz der Intelligenz, das Prinzip der Manifestation des Bewußtseins
2) Rajas = Substanz der Energie, die Bewegung, Kraft, Menge u. Ausweitung hervorbringt u. den Widerstand überwindet
3) Tamas = Substanz der Materie, die als Masse oder Trägheit den gegensätzlichen Kräften Widerstand bietet

Die Differenzierung in diese Kategorien läuft innerhalb eines geordneten Ganzen ab. Dieser Zustand hält an, bis das instabile Gleichgewicht dazu neigt, den Lauf des Geschehens u. die Anordnung der Abfolge umzudrehen, um zum urspr. stabilen Gleichgewicht der Prakriti zurückzukehren, in dem alle Gunas die gleiche Durchdringung aufweisen. Dies entspricht einem Zustand, in dem sich Energie + Masse in völliger Auflösung befinden. — These: die gen. Umdrehung ist der Kosmosumschlag u. führt zu Mahapralaya ↗.

Gungnir: Speer oder Ger ↗, der nie sein Ziel verfehlt,

Abb. 2

Abb. 1

hergestellt von den Dunkelelfen ↗ (germ.). Nordische Felsbilder zeigen ihn entweder (Abb. 1) in der Hand von Odin als Heergott ↗ oder in Verbindung mit einer Sonne aus konzentr. Kreisen, die Kopf + Beine besitzt (Abb. 2). These: dies wäre die germ. Formel für Sirius ↗, der Speer allein dessen 2. Sonne (afrik. Po ↗), d. h. der spitze Zahn der äg. Siriushieroglyphe ↗. Das weibl. Prinzip des Speers (als Runen ↗) dürfte sich in der Vorsilbe Gun, s. Guna ↗, ausdrücken.

Gunnlöd: schöne Tochter des Riesen ↗ Surt, die den Zaubertrank Kwasir ↗ hütete, bis Odin ↗ ihn durch List austrank u. nach Asgard ↗ brachte (germ.), weshalb er dann ›Odins Beute‹ genannt wurde. Gunnlöds Burg wird Hnitbjörg genannt, der Kessel ↗ des ›Göttertrankes‹ (Soma ↗) Odrögir, Vorsilbe Od ↗; der Mythos ↗ könnte etwas mit dem Gral ↗ zu tun haben, denn Kwasir war eigtl. Blut, s. Blaublütig ↗.
Da Odin in Gestalt eines Adlers mit der Beute wegfliegt u. Surt ihn als Adler verfolgt, wäre als geschichtl. Zeit der Adlersektor (s. Tierkreis ↗) anzusetzen, und genau da begann der Kampf um den Gral, äqv. Götterballspiel ↗. Der Wechsel G.-Odin ist dann der zum 1. Patriarchat ↗.

Gura: Gesetz, Bugari-Gura ↗ = Urzeitgesetz (Australien ↗). Weitere Zus.: Bugurum = Schwirrholz ↗ u. Djugura = Geist ↗, aber auch Yulungur ↗ = Regenbogenschlange (Nv. Gunabibi ↗) mit Vorsilbe Jul ↗, womit man über den Runen ↗-Kreis beim Gesetz der 24 Grundmotive ↗ des Kosmos landet, u. das ist das Urgesetz. Sehr richtig bez. Altaustralier es als Gesetz der Schwarzen Rasse ↗, das ihnen von ›Christus ↗‹ in der Urzeit überreicht wurde. Afrik. Äqv.: Nommo ↗; in der Gnosis ↗ Sophia ↗, die den Logos ↗ als Schlange ins Paradies ↗ schickt. Letzteres war Mu ↗, und Australien ist ein Rest. Gura ist a. Gorr ↗, Gral ↗ u. Gaur ↗, schließl. Kara ↗, die schwarze ›Geistsonne‹.

Gurdjieff, Georg Iwanowitsch: ein russ. ›Meister‹ ↗ (1868–1949), der sich ›mit ganzem Herzen auf die Suche nach der uralten Weisheit stürzte‹ (Bennett, 1976, S. 27). Er konzentrierte diese Suche auf die Gebiete Zentralasiens, wo Blavatsky ↗ legendäre ›Meister‹ ansetzte, denen sie selbst begegnet sei. Sein Biograph Bennett: »Ich habe wenig Zweifel, daß Gurdjieff in seiner Jugend von diesen Meistern gehört hatte und daß es eines der Hauptziele seiner Reisen in Turkestan, Afghanistan und Tibet war, Spuren ihrer Tätigkeit zu entdecken, um ihre Lehre zu rekonstruieren« (1976, S. 31; gemeint ist die ›Geheimlehre‹ ↗). Von 1890–1914 Aufenthalt an alten Weisheitsschulen des Tibet ↗. In einer stieß er auf »Tänze ↗ zur Vermittlung von Wahrheiten«, ausgeführt von Priesterinnen, die Figuren + Zeichen von sehr alten ›Apparaten‹ übertrugen. Diese waren aus afrik. Ebenholz, besaßen 1 senkrechte Säule mit 7 bewegl. Armen, die jeweils 7 Gelenke hatten. Jedes der 49 Gelenke sowie die 7 Enden trugen 1 Zeichen. G. stellte diese Übermittlung aus Büchern gleich (s. Wort-Bild-Brücke ↗) u. tippte auf Sumer ↗ als Ursprung. Am Ende seines Lebens nannte er Äthiopien ↗ ›seine zweite Heimat‹. — Rückkehr nach Rußland 1916, gewinnt 12 Anhänger, die die Russische Revolution ↗ kurz darauf in alle Winde zerstreut (darunter Ouspensky ↗, der den starken Verdacht hegte, daß »zu irgendeiner Zeit etwas mit Gurdjieffs Suche fehlging«). Versuche, ein eigenes Institut zu gründen, schlagen fehl in: Konstantinopel, London, Berlin, wo es Kontakte zu Hitler ↗ gegeben haben soll. Sie verwirklichen sich 1922 in Fontainebleau-Paris als Institut für die harmonische Entwicklung des Menschen. Diesem Titel steht gegenüber, daß er einen Geheimbefehl gehabt haben soll, die europ. Elite zu zerstören. 1933 (!, Berufung Hitlers zum Reichskanzler) kündigt G. in einem 1. Appell der Menschheit ›Das Gute, das kommen wird‹ an. 1934 Institutaufgabe, zieht nach Paris. Von dort wird sein Einfluß in den Jahren 1939–49 wahrhaft global, überall bilden sich Anhängergruppen. Sprach jedoch immer wieder von Einem, der kommen würde, um G.s Werk zu vollenden. These: das ist Kolawole ↗. – G. suchte das Verlorene Wissen ↗ für den Aufbau einer neuen Welt. These: für 6. + 7. Welt ↗, als Vollendung des 7ästigen Apparats, der offensichtl. die den 7 Wurzelrassen ↗ gleichgestellten 7 Welten vertrat, denn erstere werden gewöhnl. in je 7 Untertassen unterteilt; das wären die 7 Gelenke jeden Astes. – Buch seiner Lehre: ›Belzebubs Erzählungen für seinen Enkel‹. Belzebub ↗ gebraucht für Logos ↗ (Nommo ↗) den Ausdruck Theomertmalogos. Die von oben verwirklichten ›Heiligen Individuen‹ seien dessen Offenbarung. Er nennt sie Aschiata Schiämasch (was sich aus Achath ↗ u. Schamasch ↗ zusammensetzen dürfte). So nannte er den Messias ↗ des Neuen Zeitalters, sagte aber auch mehrmals: »Ich bin Aschiata Schiämasch.«

Gürtel: als Symbol:

»... Der leuchtende Gürtel
Erstrahlend auf der Göttin Nut ↗ Busen
Seht, wie er das Nachtdunkel verdrängt.«
(Äg. Totenbuch ↗)

Hier wohl als Milchstraße ↗ eingesetzt, im Unterschied zum Brisingamen ↗ der Göttin Freya ↗.

Guru: Unterweiser/in (Indien ↗) bzw. spirituelle/r Lehrer/in, der/die den angestrebten Weg schon gegangen ist u. die Initiation ↗ der Adepten (Schüler) leitet. Evtl. ist immer nur 1 Guru für jeden der 4 Grade ↗ zuständig:

1) Verleihung eines Mantras ↗. In best. Fällen wird das Horoskop ↗ des Adepten mit dem des G. verglichen, um die günstigste Zeit für die Verleihung zu bestimmen. Dabei sitzt der G. nach O gewandt u. der Adept im Lotossitz ↗ vor ihm. Zur Reinigung rezitiert der G. als erstes sein eigenes Basis-Mantra u. ruft seine eigene erwählte Gottheit (Gott oder Göttin) an. Danach flüstert er 3 mal das verliehene Mantra in das rechte Ohr des Schülers. Dieses muß geheimgehalten werden. Es folgt die Festlegung des Schülers auf die Ista-Devata ↗ (den göttl. Aspekt), die mit seiner Persönlichkeit übereinstimmt. – Dieser Grad heißt Pasyacara. These: evtl. Übers. als Passage ↗ (= pasya) zu Kara ↗ (zur Geistsonne).

2) Viracara, zu Rajas (2. Guna ↗) gehörig; verbindet sich mit dem Symbol des Sechssterns ↗. These: evtl. das Sehen (vira) der Geistsonne ↗ (kara) im Zodiak ↗.

3) Mahavidya = höhere Erkenntnis ↗, zusammengesetzt aus *maha* = groß u. *vidya* = Veda ↗, d.h. Einführung in die Veden ↗.

4) Brahmayoga = Erkenntnis des Absoluten, hier von Brahma ↗ durch Yoga ↗. – Im Buddhismus ↗ wird ein G. mit einem nichthistorischen Buddha ↗ gleichgestellt. – Tibet: ehe man Erleuchtung erlangt, hängt die ges. religiöse Entwicklung vom Guru ab. Die Tatsache, daß bei allen großen Bodhisattvas ↗ ein G. auf dem Scheitelpunkt ihres Kopfes sitzt, zeigt, daß selbst Bodhisattvas noch immer auf ihre G. vertrauen. – In der Weltformel ↗ entspricht der Kopf ↗-Punkt ihrem Zentrum. Indien fordert einen G. für alle Mystiker, weil er die relig. Autorität in ihrer traditionellen Verfassung repräsentiert u. deshalb in etablierte Kanäle lenkt. Er richtet sich also gg. ›Laienmystik‹ ↗, a. Häresie ↗ genannt. Der russ. Chassidismus ↗ z. B. entsprang Laienmystik. – In der Symbolik sitzt ein G. im Roten Lotos ↗. – Das Wort G. findet sich in Sumer ↗ als Guru-um-kur-ra ↗. – S. Brihaspati ↗ als Guru u. Hara-Krischna-Sekte ↗.

Gu-ru-um-kur-ra: Sproß der Berge (Sumer ↗), als Hieroglyphe ein doppelter Berg ↗, über dem die 1. Rune ↗ schwebt. Ein ganz ähnl. Zeichen besitzt jeder Kardinal von München ↗. Bedeutet: Guru ↗ des Gura ↗.

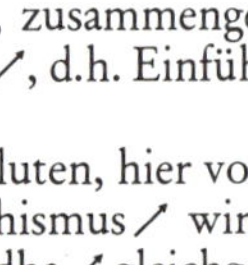

Gut: s. Tiertanz ↗ als Einheit von Gut + Böse ↗ u. Drachenkampf ↗.

Gyne: weiblich wie Guna ↗; erhalten in Gynäkologie.

Buchstabe H

Grundmotiv 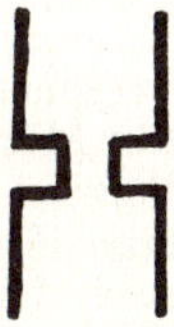 Offenes Quadrat

'H: = als äg. Hieroglyphe ↗ *Einfangen* im myth. Kurztext, was zum Archetyp ↗ Versteck paßt. Das Grundmotiv ↗ wurde zur Urform der Tempel ↗, geschrieben H.T ↗, z.B. in Hathor ↗ als Erstsilbe enthalten.
Ha: das Element Luft ↗ in Ägypten; enth. in Hantu ↗ (afrik. Ntu-Philosophie ↗).
Haab: das normale Jahr ↗ im Kalender der Maya ↗, bestehend aus 18 Monaten zu je 20 Tagen = 360 Tage, die restl. 5 Tage wurden als Uyaeb ↗ (Unglückstage) abgesetzt. Der H. rotierte gg. ein anderes Jahr aus 260 Tagen und führte nach 52 J. zu 1 Tzolkin ↗ als nächstgrößerer Einheit. Der 1. Monat des H. hieß Pop ↗.
Haar: als Symbol: in Ägypten ↗ entsprach die Haartracht von jedem Gott ↗ u. jeder Göttin ↗ einer spezifischen Aura, die in der Kabala ↗ als Teil von Rouach ↗ verstanden wird. Beispiel: Hathorlocken ↗ + Horuslocke ↗.
Hades: Unterwelt ↗ (griech.), wie die äg. Duat ↗ im W angesiedelt, mit vorgelagertem Fluß Okeanos ↗. Mythol. galt Pluto ↗ als Herrscher bzw. Türhüter. These: wie in Teotihuacan ↗ könnte der Fluß den Planetoidengürtel ↗ symbolisieren u. mit Hades die Bereiche außerhalb der Planeten ↗, d.h. des Sonnensystems ↗ gemeint sein als Region völliger Dunkelheit. Wörtl. Übers.: ›das Unsichtbare‹ oder Land der Schatten ↗, deshalb der Toten ↗, soweit sie nicht ins Elysium ↗ (äg. Earu ↗) durften. Im H. verschwanden z. B. Euridike ↗ u. Sisyphos ↗. – Germ. Äqv.: Helheim ↗.
Hagal: 9. Rune ↗, a. Hag-all, das All hegend; geht über in die Hagedise ↗ oder den Hag-alu ↗ (Hag-Gott) u. verbindet sich mit der Hagal Att ↗.
Hagal Att: eine der 8 Att ↗ (Himmelsrichtungen) der Germanen ↗, verbunden mit der Hagal ↗-Rune; äqv. Ost ↗ = Sonnenaufgang. Bei der Einteilung in 3 Att als Jahreszeiten wird aus H.A. der Sommer mit den Monaten Mai, Juni, Juli, August. Mit dem Hag ist dann wohl das Gehäuse von Gott (Al ↗) gemeint. Oder Religion ↗ als ›Maria im Rosenhag‹.
Hag-Alu: Nv. für Tiu ↗ + Tyr ↗, d.h. den Tierkreis ↗ als Hagal ↗.
Hagedise: 1 der 3 Disen ↗, verbunden mit Hagal ↗; wohl die Urt ↗ = Hexe ↗.
Hahaiwügti: Mutter aller Katschinas ↗ (Hopi ↗); sie weilt in der Unterwelt ↗, im Ritualkalender ident. mit der Wintersonnenwende ↗, germ. Julnacht ↗. These: dann wohl ident. mit Frau Gaur ↗ (Umdrehung Rouach ↗ = Geist, äg. Ka ↗, womit sie die Mutter der Ka-Geister ↗, hier Ka-Tschinas wäre). Afrik. Äqv.: Yemaya ↗, Mutter aller Orischas ↗.
Hakenkreuz: lt. Churchward ↗ war es sowohl das Symbol ↗ von Mu ↗ wie a. von Atlantis ↗; muß also älter als 13000 J. sein, denn da gingen beide Kontinente unter. Im Sanskrit ↗ heißt H. Swastika ↗, von *su* (bzw. sw) = wohl und *asti* = sein. Dazu offensichtlich das äg. Ka ↗ = Geist, zus. ›Wohlsein-Geist‹. Blavatsky: »So wie es mit dem Henkelkreuz (Anch ↗) in Ägypten geschah, wird (in Indien ↗) der Svastika immer auf die Brust verstorbener Mystiker gesetzt. Er findet sich auf dem Herzen der Bilder u. Statuen des Buddha ↗ in Tibet ↗ und der Mongolei ↗... Viele Exemplare desselben sind von Schliemann ↗ an der Stelle der alten Stadt Troja ↗ gefunden worden. Man findet ihn bei den alten Peruanern, den Assyrern, Chaldäern ↗, sowie auch auf den Wällen der cyclopischen ↗ Gebäude der alten Welt, in den Katakomben der neuen Welt und in jenen zu Rom ↗, wo er Crux Dissimulata genannt wird« (II., S. 619). Ein Swastika-Kreuz in den Katakomben ↗ ist das Zeichen einer Inschrift, welche lautet: Zotiko Zotikh/Vitalis Vitalie/Leben des Lebens. These: in diesem Fall ist das Kreuz ↗ gerade u. bezieht sich auf den 8er Kreis ↗ der Sonne ↗, mit den 2 Varianten (Abb. 1):

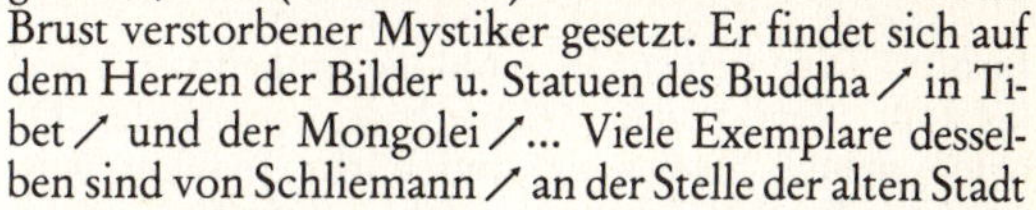

1) rechtsdrehend: yang ↗ (männlich), steht für Geschlossenheit und Härte, Aggression, Gewalt u. Zerstörung wie die grüne Kalumet ↗ der Indianer. Dieses Symbol redete angebl. Gurdjieff ↗ Hitler ↗ ein;
2) linksdrehend: yin ↗ (weiblich), steht für Liebe und Kreativität, Offenheit u. Weichheit, wie die blaue Kalumet.
Es gibt aber a. schräge Hakenkreuze in beiden Drehrichtungen; hier dreht sich das Geschlecht um (Abb. 2):

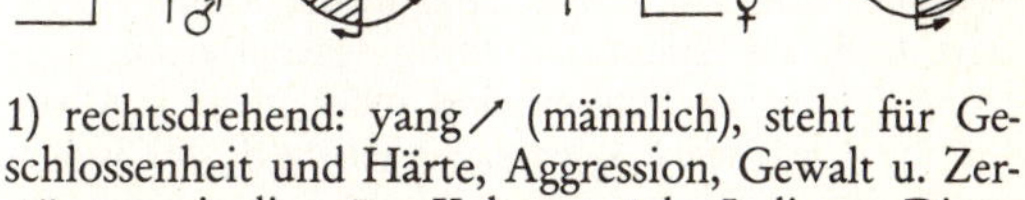

3) schräg-rechtsdrehend (weiblich) = Präzession ↗
4) schräg-linksdrehend (männlich) = Jahr ↗ + Planeten ↗
5) bei den Jaina gibt es eine 5. Form, die der Nr. 1 Schweife in umgek. Richtung hinzufügt und das Endergebnis wieder weiblich nennt. Damit könnte die Galaxie ↗ unserer Erde gemeint sein. S. Abb. Artemis ↗ und Wotan ↗.

Hakini: ein Sakti ↗-Aspekt als Teil des Yantra ↗ für die Silbe Om ↗; der männl. Teil heißt Sambhu ↗. — H. zählt zu den 7 Yoginis, die den feinstoffl. Körper beherrschen, und bei deren 3-Teilung (als weibl. Dreieck ↗) zur Erhaltung oder Energie des Wissens (ggb. Schöpfung + Auflösung). Für die Mystiker des Tantrismus ↗ ist die spirit. Erfahrung der Einheit ↗ Sakti.

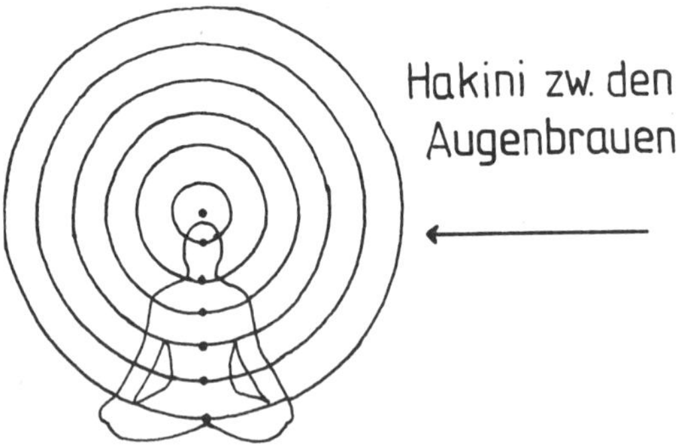

Insofern ließe sich aus H. wohl die Einheit von Ha ↗ (äg. Luft, Leere) und Ki ↗ (sum. Erde) herausholen. Da beides männl. Elemente ↗ sind, dürfte sie selbst Wasser (N) u. Feuer (I) sein = Ni; Hakini = 4er Kreis ↗ der Sonne oder innerster Kreis des Yantra, als Chakra ↗ zw. den Augenbrauen markiert (die Chakras sind anders verteilt als im Tibet). Auf dem entspr. Schema vertritt jede Yogini 1 Kreis der Psyche ↗ als dessen jeweilige Energie ↗ (Abb.).

Halbgötter: im griech. Mythos ↗ die Titanen ↗. In den äg. Dynastienlisten ↗ regierten sie von 16644–15389 v. Z. = 2. Hälfte des Zodiaksektors Skorpion ↗ (a. Adler). Es war die Zeit, als der Kampf um den Gral ↗ begann, äqv. Götterballspiel ↗ bei den Maya. — These: genetisch gesehen handelte es sich um Nachf. der Astronauten ↗, deren göttl. Erbgut durch zu wenig Inzest ↗ = zu viel Vermischung mit rein irdischen Menschen abnahm, übergehend in die Riesen ↗, die teilw. (z.B. auf Atlantis ↗) völlig degenerierten. Eindeutig geschichtl. Figuren sind nicht mehr greifbar, nur noch legendäre Übertragungen, z.B. auf Gilgamesch ↗ (⅔ göttlich, ⅓ menschlich).

Ham: 1 der 3 ›Söhne‹ von Noah ↗, die Schwarze Rasse ↗ personifizierend; frz. Schreibweise Cham ↗, äg. Km ↗ (Kham, Khem etc. eingesetzt als Km.T ↗ = Ägypten ↗). Der Name findet sich a. in Kem-Ur ↗ = Muntu ↗. — Lt. Bibel: »Die Kinder von Ham sind diese: Chus, Mizraim, Put und Canaan.« Nach ihnen wurden ihre Länder benannt. Chus ↗ heißt heute Äthiopien, Mizraim ↗ wurde Ägypten, Put dürfte Punt ↗ entsprechen und Canaan ist Kanaan ↗. Im Buch ›Vom Paradies bis Golgatha‹ (Keyes) wird allerdings Libyen mit Put gleichgestellt, das damals ganz Nordafrika (u. die spätere Sahara ↗) umfaßte, später übergehend in Punien ↗. — »Chus aber zeugte den Nimrod ↗... Und der Anfang seines Reiches war Babel ↗, Erech (das sum. Uruk ↗), Acad und Chalne im Lande Sinear ↗. Von dem Land ist darnach kommen der Assur ↗ und baute Ninive ↗...« Wie man sieht, sind die großen Kulturen nach der Sintflut ↗ wie Ägypten u. Zweistromland Produkte der Schwarzen, ja, Ägypten, das tats. Km.T. hieß, war nach H. = Km (Schwarz) benannt. Auch Saba ↗ gehört über eine Zweiglinie von Chus, bibl. Seba, dazu sowie Kreta ↗ über Mizraims Nachf. Kaphtorim ↗ u. das Land der Philister ↗. — Bei Blavatsky ↗ finden sich weitere Zusätze: »Das Zeugnis des Berosius macht Ham wesensgleich mit dem ersten Zoroaster ↗« (III., S. 42) und »De Bourbourg deutet an, daß die Oberhäupter des Namens von Votan und Quetzalcoatl ↗ die Abkömmlinge von Ham und Kanaan sind« (III., S. 397).

Hamiten: abgeleitet, aber a. abgesetzt von Ham ↗, heute nur eine Sprachgruppe in Nord- u. Ostafrika, zu denen Kuschiten u. Berber, darunter die Tuareg ↗ gehören.

Hammer: als Symbol: Mjöllnir ↗ (germ.).

Han: Rasse der Chinesen; Eintreffen in China ↗ unbek. Hauptzeit unter der Han-Dynastie ↗. — These: evtl. Zusammenhang mit den Chan ↗ = Maya ↗, denn der Sitz der H. war Changan ↗. Es könnten Hunnen ↗ gewesen sein.

Hand: als Symbol ↗: 1) Julhand ↗ (germ.), 2) Hand von Jahwe ↗ (jüd.), 3) Hand der Fatima ↗ (islam.), 4) im alten Babylon ↗ war die r. Hand der Venus ↗ zugeordnet. In diesem Fall ist der Fünfstern ↗ gemeint; er erscheint a. über 1 + 3 und erweitert die Symbolzahl dann auf 10 (5 Finger + Fünfstern), zu lesen Io ↗, im Pazifik der 10. Himmel. Bei Jahwe jedoch mit den 10 Sefirot ↗ zu verbinden (oder 10 Geboten Moses ↗). — In Ägypten ↗ mündete jeder Lichtstrahl ↗ der Sonne in eine Hand, das Anch ↗ überreichend. Diese ›Hand Gottes‹ ↗ war eine Göttin.

Hand der Mutter Anna: christl. Reliquie ↗ (Abb.): eine Hand ↗ mit 8er Kreis ↗ aus Perlen der Mutter von Maria ↗ (= Anna), auf die er sich dann beziehen würde. Äqv. Domareringar ↗ der Germanen (8 Steine im Kreis).

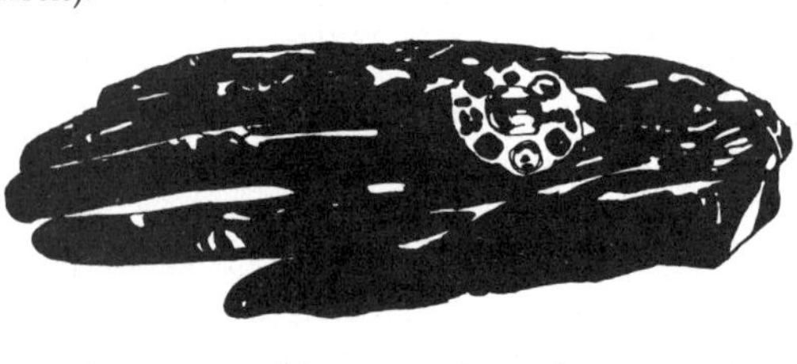

Hand Gottes: in Ägypten ↗ als Titel von Königinnen u. Prinzessinnen geführt, äqv. Gottesweib ↗, Hand ↗ des Aton ↗. Als Hieroglyphe ↗ steht H. für Buchstabe D, Grundmotiv Erinnerung ↗; verdoppelt zu DD = Djed ↗. These: im Endeffekt dürfte das gemeint sein, was im Evangelium des Johannes ↗ zum Gotteswort ↗ wurde. Denn rechnet man pro Hand - wie in der Astrologie ↗ üblich - nur je 4 Finger, bestehend aus je 3 Gliedern, ergibt sich pro Hand die Zahl 12: l. als Zodiak ↗, r. als Planeten ↗, je eine Weltordnung ↗ beinhaltend. Setzt man beide als weiblich (Gottesweib, Gotteshand als Gottesmutter ↗ etc.) ein, wird einmal die

Mut ↗ daraus, zum anderen der Rhombus der 2 Cherubim ↗ über der Bundeslade ↗, äg. Vogelschlange ↗. Als Vereinigung evtl. das Tao ↗, erhalten als Hand der Mutter Anna ↗.

Han-Dynastie: entstand 206 v. Z. unter einem Han aus dem einfachen Volk, der die Macht ergriff, als die vorausgehende Ch'in-Dynastie ↗ zerfiel. Imperialist. Ausdehnung u. 1. Reichseinigung. Konfuzius ↗ wurde zum Dogma verfestigt, Schriften gegner. Schulen zensiert oder verbrannt. Nach dem Zerfall um 220 Wiedererstarken des Taoismus ↗ und Eindringen des Buddhismus ↗. — An der Spitze der Han-Götter stand Nü Kua ↗ = die Erbauerin des Himmels. — 1. Aufstand der Gelupa-Sekte ↗ führt zum Sturz.

Hantu: 1. der 4 Hauptkategorien der afrik. Ntu-Philosophie ↗, übers. mit Lokalität oder das Wo-Wann Dasein. Ort (wo) und Zeit (wann) sind untrennbar, wofür es in unserer Sprache leider kein Wort gibt. — H. setzt sich zusammen aus Ha ↗ (Luft, Leere) und Ntu ↗ (Gott) u. entspr. der präexistenten Kategorie des äg. Schu ↗. — Die Umsetzung kann immateriell u. materiell sein, desweiteren intern, extern u. physikalisch, letzteres wäre z.B. das Sonnensystem ↗, aber a. ein Zimmer, eine Stadt; extern z.B. die Haut des Menschen; intern seine Psyche ↗.

Hara, Hare, Hari: Nv. für Vishnu, in der männl. Dreiheit ↗ Brahma ↗, Vishnu ↗, Shiva ↗ (= Schöpfer, Erhalter, Zerstörer) als Erhalter eingesetzt (Indien). Statt Vishnu taucht a. Krischna ↗ auf, s. Hara-Krischna-Sekte ↗. These: die äg. Par. dürfte Horus ↗ sein, der a. Har geschrieben wurde, z.B. in Harachte ↗, oder Hare in Haresnuphis ↗. Die nächste Verbindung ist Hiero in Hieroglyphen ↗ oder Hera ↗ = Göttin. D. h., es bed. nur göttlich, wie Ara ↗. Daraus wurde schließl. Herr/Herrin und im Sanskrit ↗ Arier ↗ = Herren.

Harachte: eine Nv. von Horus ↗ (Ägypten) als ›Herr‹ (hier Har, s. Hara ↗) des Horizonts (Achet ↗, hier achte), d.h. die aufgehende Sonne als Teilaspekt des Re ↗, gekoppelt zu Re-Harachte.

Hara-Krischna-Sekte: 1966 gegr.; eigtl. Isckon = Internationale Gesellschaft für Krischna ↗-Bewußtsein, mit inzw. über hundert Tempeln, Instituten u. Farmgemeinschaften; spez. Neuverbreitung der Veden ↗ und Chanten (Singen) des Hare-Krischna-Mantra:

Hare Krischna Hare Krischna
Krischna Krischna Hare Hare
Hare Rama Hare Rama
Rama Rama Hare Hare

»Chante diese Namen Gottes und dein Leben wird erhaben sein!« — Aber a.: »Der Guru ↗ ist die äußere Manifestation Krischnas... der Guru ist Gottes Stellvertreter... der Guru ist der Stellvertreter Krischnas... Er allein (Krischna) ist es, der zuerst das vedische Wissen in das Herz Brahmas ↗, des ersterschaffenen Lebewesens, eingab. Deshalb ist Er der ursprüngliche Guru. Alsdann ist Sein Schüler Brahma ein Guru; dann ist dessen Schüler Vyasa ein Guru - auf diese Weise gibt es eine Schülernachfolge von Gurus... Krischnas unmittelbare Unterweisung ist in der Bhagvad-gita ↗« (Srila Prabhupada). Behauptung u. Ziel: bei vollkommenem Krischna-Bewußtsein nicht mehr Reinkarnation ↗ zu erleben. — S. Vorsilbe Hara ↗.

Haremhab: letzter Pharao ↗ der 18. Dyn., der unter Echnaton ↗ noch General war u. krieger. Unternehmungen gg. Palästina ↗ führte. Ein höchst zwielichtiger Usurpator des äg. Throns ↗, der schon während Tutenchamuns ↗ Regierung zum Diktator wurde. Um ihn nicht heiraten zu müssen, wandte sich Anchsenamun ↗ als letzte gesetzliche Erbin der 18. Dyn. an die Hethiter ↗ um einen Prinzen als Gemahl. Er wurde von H. unterwegs ermordet. Später ließ er Tutenchamun aus den Dynastienlisten ↗ verschwinden.

Häresie: eine von der offiz. Lehre der jeweiligen Religion ↗ abweichende Glaubensüberzeugung. Z. B. wird die von Echnaton ↗ als Aton ↗-Häresie bezeichnet. Auch die Gnosis ↗ galt als H., deutsch Ketzerei; dito Laienmystik ↗.

Haresnuphis, Arsnuphis: in Tempeln von Nubien ↗ ein Beiname des Schu ↗ (Zwillingsbruder der Tefnut ↗ = Feuer) als Element Luft ↗. Äg. Schreibweise irj-hms-nfr (nfr = schön) = der schöne Genosse: »Du wirfst alle Feinde deines Vaters Osiris ↗ und deiner Mutter Isis ↗ nieder...« Es handelt sich also um eine Nv. des Horus ↗. Interessant, daß hier statt Hor Hare ↗ oder Irj eingesetzt wird, denn letzteres verkürzt sich bei Os-Ir (= Osiris ↗) auf Ir u. steht für Auge ↗.

Harlekin: Hellequine ↗.-

Hase: als Symbol: im Tierkreis ↗ an Stelle des Jungfrau-Sektors (13170–11010 v. Z.), deshalb versteckt ein H. zu Ostern ↗ das ›Ei‹ (obwohl er selbst keine Eier legt), und wir suchen es. Eine Par. zur Suchkrankheit ↗ mit dem Ei als Gral ↗, der zerstört u. kurz vor dem Weltuntergang (11432 v. Z.) als Testament der Geheimlehre ↗ zur Großen Pyramide ↗ wurde, also am Ende des Hase-Sektors. Das Fundament dieser Pyramide war die Götterachtheit ↗, danach hieß Junu ↗ (griech. Hermopolis) sowohl ›Stadt der 8‹ wie a. Hasenstadt u. lag im Hasengau, der eine Hasengöttin Junut verehrte. Ihr wiederum entspr. die germ. Janna ↗ mit der 12. Rune ↗, die den Gesamtkreis der Geschichte ↗ halbiert, wie es die Götterdämmerung ↗ tat. — In Alt-Mexiko findet sich die Darst. eines hockenden Kaninchens (aus Jade), über dessen Rücken sich ein breiter Gürtel aus Totenschädeln u. gekreuzten Knochen zieht; aus den Hinterbeinen erscheint wie zur Geburt Tonatiu ↗. Das deutet auf die Koppelung der 2 Grundmotive Reinkarnation ↗ + Todestanz ↗ im Zodiakzeichen ↗ ♍ = Y + U der Weltordnung des Kosmos ↗ = der Göttin Nut ↗, deren Symbol (ein Kugelgefäß mit Horizontalstrich) im Namen der Stadt Junu erscheint (Abb.). So könnte Junut wohl a. Yu-Nut gelesen werden. — S. Mondkaninchen ↗.

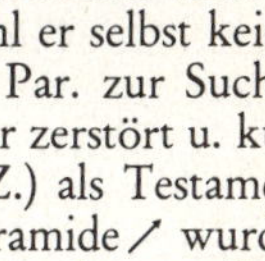

Hathor: äg. Göttin ↗, deren Tempel ↗ auf den ihr hl. Sirius ↗ gerichtet waren. Auf astrol. Bildern stellt sie dieses Zweisonnensystem selbst dar, als Kuh ↗ im Boot, mit Stern zw. den Hörnern (Abb. 1). Daraus wird bei Einzeldarst. eine Scheibe mit Doppelfeder ↗. These: dies ist nicht die helle, sondern die dunkle Siriussonne (Po ↗ in Afrika),

Abb. 1

weshalb sie wohl a. ›Herrin des Malachits‹ gen. wurde, einem schwärzlich-grünlichen Mineral = die Quetzalsonne ↗ Mexikos. Dafür spricht folgende Rechnung: Hathorsäulen haben einen runden Schaft und am oberen Ende 4 Hathor-Köpfe. Die Siriusperiode der alten Ägypter umfaßte 4 x 365 Jahre = 1460, nach deren Ablauf der heliakische (= kurz vor Sonnenaufgang) Aufgang des Sirius wieder auf Neujahr ↗ fiel. Rechnet man für 1 Hathorkopf = 365 Jahre u. teilt durch die Umlaufzeit der schwarzen um die weiße Siriussonne = 52 Jahre (1 Tzolkin bei den Maya), ergeben sich 7 solcher Umläufe. Möglicherweise die ›7 Hathoren‹ als Schicksalsgöttinnen. H. gilt als Tochter der Nut ↗ (Symbol: Himmelskuh Hesat ↗) u. hat deshalb die gleiche Kuhgestalt. Tats. besteht zw. Nut = Kosmos u. schwarzer Sonne Wesensgleichheit, basierend auf den 24 Grundmotiven ↗ der Reihenfolge X-P (Weltordnung I ↗), die zur Geschichte ↗ wurde. Das erklärt die 2gesichtige H., als Stab in einen Stufenbau gesteckt, der mit der Weltenlehre ↗ zusammenzuhängen scheint, denn 1 Seite zeigt 4, die andere 5 Stufen (Abb. 2): 9 Welten insg. (wie bei der germ. Yggdrasil ↗), u. am Übergang von 4. zur 5. Welt ↗ wurde ihr Gesamtkreis durch den Weltuntergang ↗ zweigeteilt = sie bekam 2 Gesichter, wurde Janna ↗ (ein weibl. Janus), u. zwar im Sektor Hase ↗ mit H. als Hasengöttin Junut. Im Äg. Totenbuch ↗ heißt es über sie: »Diese Gewaltige schüttet den Kelch der Verwüstung...« wohl die Sintflut ↗, denn H. hieß a. die Große Flut (äg. Mehet-uret). Als Ersatz für (das dabei zerstörte?) Junu ↗ bekam sie Dendera ↗. — Problematischer ist ihre Definition als Gemahlin oder ›Braut‹ des Horus ↗; beide fehlen in der Götterneunheit ↗ u. bilden doch deren in die Zukunft verlagerten Abschluß. In der Apokalypse ↗ dürfte daraus der wiederkehrende Christus + Braut = Sophia ↗ geworden sein. In Ägypten gab es als Vorgriff das ›Fest der Trunkenheit der Herrin von Dendera‹ (= Hathor), bei dem der jeweilige Pharao ↗ (als Horus) tanzend den Weinkrug zur Göttin trägt. Das verlangt jedoch eine Par. am Anfang der Gesch., möglichst in Deckung mit Bibel ↗, Kabala ↗ od. Gnosis ↗. Da fällt auf, daß ein Symbol der H. ein Baum ↗ ist (Abb. 3): er hat 7 Äste, darüber ein Bogen mit der Doppelfeder = den Gesetzestafeln ↗, die auch 1 der 2 äg. Djed ↗ schmückt. These: er wäre jedoch nicht der Baum der Erkenntnis ↗, sondern der Weltenbaum ↗ (7 Äste = 7 Welten + 2 Federn ↗ (Tafeln) als die immer abgesetzten 2 Welten der Wiederauflösung, auf dem Babyl.

Abb. 2

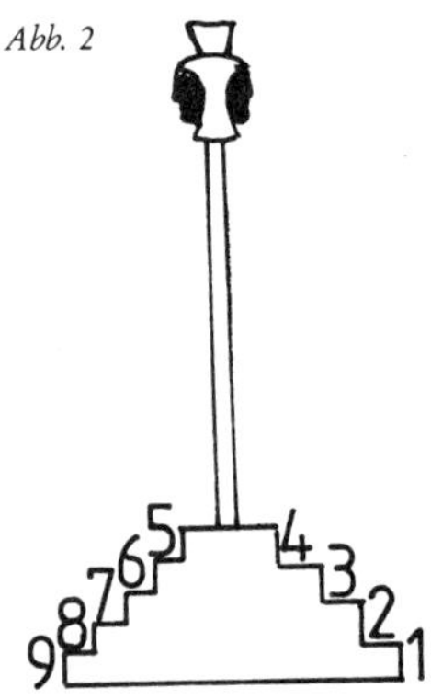

Abb. 3

Turm ↗ die Vereinigung von Sonne + Mond). So wundert es nicht, daß H. Sonnen- und Mondauge gen. wird = die 2 Horusaugen ↗, die einzeln auf der Osirismumie ↗ als Isis ↗ = Schlange u. Nephtys ↗ = Geier, zus. die Cherubim ↗, erscheinen. Das würde H. als Rhombus ↗ = Mittelstück des Gesamtkosmos ↗ bestimmen in der Erscheinungsform der gen. 2. Sonne, sum. Schara ↗, mit der Variante der 2 Hathorlocken ↗ (s. Abb. Astrologie ↗). Letztere umfassen wieder alle Welten. Und ihr Titel ›Herrin des Tanzes ↗‹ bringt unweigerlich jenen 7ästigen Baum der tanzenden Priesterinnen in Erinnerung, von dem Gurdjieff ↗ berichtet. — Namensdeutungen:

1) H.T ↗ = Tempel + Hor ↗ = Horus, zus. ›Kosmisches Haus des Horus‹, d.h. Himmel oder Kosmos, lt. Blavatsky ↗ Aither ↗.

2) Hat = Schoß + Hor = Horus, zus. Mutter des Horus = Isis.

3) Hat = Gefäß, Trägerin + Hor = Hara ↗, Kara, Gaur ↗ u. Gorr ↗, zus. Gralsträgerin ↗ als Nephtys, Nertus ↗.

4) Hat = Haus + Hor = Gold ↗, zus. ›Goldhaus‹ (einer ihrer äg. Namen) oder die himmlische Gralsburg ↗. Dazu paßt ein Bild, das sie in den Himmel stellt u. Sterne umfassen läßt; 1 Stern ist ihr Kopf: die Kosmossonne (Abb. 4; vgl. mit Abb. 1, Kuh), die uns die Endzeit ↗ bringt. Diese Figur wird später zur Tannit ↗. Zählt man die Zacken der 5 Sterne, erhält man die Zahl 26 (4 x 5 Zacken, einmal 6 als Kopfstern); so viele Grundmotive hat die Gesch. der Zukunft, das Friedensreich ↗. Verdoppelung 52 = Tzolkin ↗.

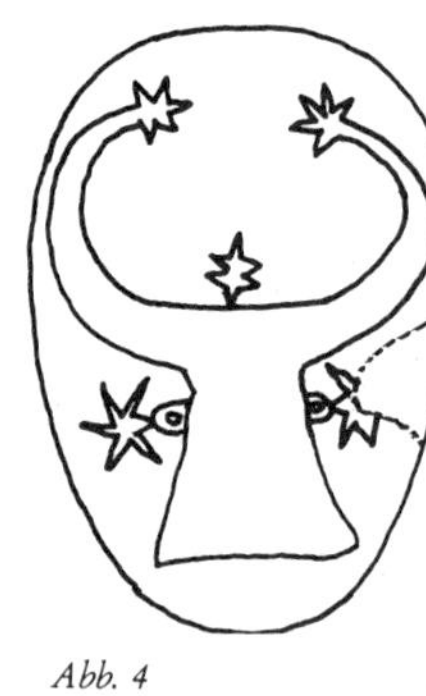

Abb. 4

Hathor-Locken: das Haar ↗ der Göttin Hathor ↗ (äg.), angeordnet in 2 Hirtenstab ↗-förmigen Spirallocken rechts + links des Gesichtes. Horus ↗, als dessen Gemahlin sie gilt, trägt nur 1 auf der r. Seite. Die Symbolik der H. findet sich in vielen Kulturen: s. Astrologie ↗ (Sumer), Gallier ↗, Etrusker ↗, Duduwa ↗ (Afrika), Drachenkampf ↗ (Babylon), Dobeiba ↗ (Muisca), Berg ↗ (äg.), Astarte ↗ (Kanaan). Als Var. sind es wohl a. die Spiralen unter den Augen ↗ (in Ägypten) als Bewegungen von Sonne + Mond oder Kalender ↗-Abläufe. Heute werden sie als Mondknoten ↗ eingesetzt. These: im höchsten Niveau handelt es sich um Schöpfung ↗ + Mahapralaya ↗, äg. Nut ↗ und Naunet ↗ (Gegen-Nut). Nv. der Hathor = Hatmehit ↗.

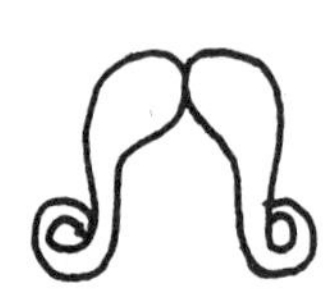

Hati: Nv. von Geri ↗; evtl. Hat (äg. H.T. ↗) = Haus des Lichts (I).

Hatmehit: äg. Göttin ↗, überliefert als ›Erste der Fische‹; trägt als Symbol einen Fisch ↗ auf dem Kopf. Die Direktübers. lautet: Hat (wie bei Hathor ↗, als deren Form sie gilt) = Tempel oder kosm. Haus der Göttin Mehit ↗. Einmaliger Fall eines weibl. Zwillings ↗ afrik. Nommo ↗. – Hilft im Mythos ↗ beim Aufsuchen der Glieder des ›zerstückelten Osiris‹ ↗ u. gilt als Gattin des Widdergottes, sprich Widdersektors ↗, mit dem sie dann als Fischsektor ↗ zus. das Kali Yuga ↗ bildet. Eine ähnl. Kombination findet sich bei den Kelten als Belisama ↗ + Bélier. – Da der Widder als Ba ↗ des Osiris gilt und 4köpfig erscheint wie z.B. Brahma ↗, darf H. als Ka ↗ gelten oder Gralsträgerin ↗. – Als weitere Namenslesung bietet sich Hat-Me-Hat an, etwa Doppeltempel (= Mittelstück des Kosmos ↗, wie ausgedrückt in den 2 Hathorlocken ↗) für die Me ↗, in Sumer die 100 göttl. Kräfte, in Ägypten dann wohl die im Totenbuch ↗ erwähnten 100 Namen ↗ (Glieder) des Osiris, hier als Gesamtkosmos ↗ zu verstehen. Oder: Akasha-Chronik ↗, die H. wieder zusammensucht u. in sich trägt.

Hatschepsut: äg. Pharaonin 1503–1482, 18. Dynastie ↗; ein weibl. Horus ↗ mit Zuname Maakare ↗. Ihr Totentempel ↗ wurde dem von Muntuhotep ↗ nachgebildet, was auf Verwandtschaft schließen läßt; sie stehen Seite an Seite (Abb. 1): In der r. Säulenhalle ist der

Abb. 1: Tempel der Königin Hatschepsut in Theben. Dahinter der Totentempel des Königs Muntuhotep

Mythos ihrer Empfängnis u. Geburt abgebildet: wie Amun ↗, geführt von Thot ↗, sich ihrer Mutter, Königin Ahmes naht, die das göttl. Kind von ihm empfängt, auf dem Kopf die Geierhaube ↗. Nach der Geburt gibt Hathor ↗ das Kind an Amun zurück. In ihrem Tempel in Theben ↗ findet sich die Darst., wie sie am Euter der Hathor-Kuh trinkt. These: eine Verdeutlichung ihres Zusatznamens Maakare zeigt die Kartusche ↗ (Abb. 2), die Kare, besser

Abb. 2

Kara ↗ enthält, die Geistsonne des Sirius ↗, an deren Entstehung in unserer Sonne sie dann beteiligt war. Und zwar im Teil, Maat ↗ genannt, die die Mitte der Kartusche ziert. Darüber Re ↗ (Sonne), darunter ihr eingebrachter Ka ↗. – Abb. stellen sie eindeutig als Negerin dar und feiern ihre berühmte Expedition nach (dem Heimatland?) Punt ↗, als dessen Herrin sie galt. Im Tempel neben der Geburtshalle die ›Punthalle‹. Im Anschluß eine Kapelle von Hathor u. Anubis ↗, was den Bezug zur Neuen Sonne ↗ bekräftigt. – Echnaton ↗ bekämpfte H.

Hatti: Reich der Hethiter ↗. Überliefert sind z.B. die ›1000 Götter des Hatti-Landes‹ mit 1 Paar als höchster Reichsgottheit. Dabei fällt Ähnlichkeit mit Kanaan ↗ auf: der Reichsgott wurde mit 2 Stieren des Namens Scheri + Hurri abgebildet (wie Baal ↗), die Reichsgöttin mit 2 Löwinnen (wie Baalat ↗). Den H. (Luther-Übers.) entsprechen in der Bibel ↗ die Chittim. Von ihnen kauft z.B. Abraham ↗ einen Acker, um seine Frau Sara zu begraben. Sie müssen also damals in Palästina ↗ ihr Reich gehabt haben und waren wohl im Verlauf der Völkerwanderung ↗ von N (Kaukasus ↗) in den Libanon eingedrungen. Äg. Bilder zeigen Gestalten mit griech. Profil u. langen Haaren. Inzw. konnte ihre Sprache, in Keilschrift ↗ auf Tontafeln geschrieben, als idg. ↗ entziffert werden. Das deckt sich mit ihrer bibl. Aufführung als Linie des Japhet ↗ über Javan, gen. Kittim. – Untergang um 1200 v. Z., Beginn wahrsch. 1000 Jahre davor, womit H. die 1. Hälfte des Widdersektors ↗ ausfüllt. Vgl. mit Griechen ↗. – Die Baalat hat als Anat ↗ sicher Anatolien den Namen gegeben, kleinasiatischer Teil der Türkei ↗, wo heute nach H. gegraben wird.

Hauhet: weibl. Glied der äg. Götterachtheit ↗, mit Hu ↗ zus. das Element Luft; im Tao ↗ ergo Wind ↗, in der afrik. Ntu-Philosophie ↗ das mater. Hantu ↗.

Haus des Waland: alter Ausdruck für Labyrinth ↗; a. *domus daedali* oder Walandschmiede, Troyaburg ↗, Babylone. – Nv.: Völandar-hus, wayland-smith, sogar als Grab erhalten (Abb.). Der Sargraum selbst ist ein Kreuz ↗ (T), eingelagert in einen Steinkreis, lt. Wirth ↗ mit Eingang im Süden ↗: im Thing ↗ die Mütternacht ↗. Der engl. Ort Ashburg (Berkshire), bei dem das Grab gefunden wurde, könnte von Axt-Burg kommen, wie a. Labyrinth auf Labrys ↗ = Axt zurückgeht. Afrik.

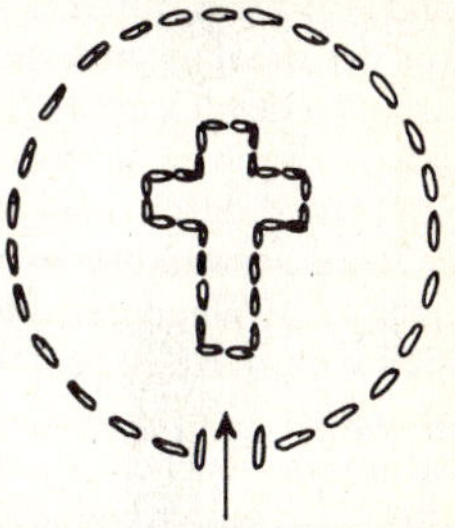

Akua-Bas ↗ zeigen ebf. die gleiche Kombination von Kreis (als Gesicht) u. Axt (als Augenbrauen + Nase), die man dann z.B. in der Hand von Patschakamak ↗ (Kolumbien) findet, Nv. Irma ↗, germ. Äqv. Irmin ↗ = Waland ↗.

Haut: beim Menschen ↗ nach Angaben der Mahikari ↗-Bewegung 7schichtig wie die Erde ↗. These: dann enthält sie die Wurzelrassenlehre ↗, u. es nimmt nicht Wunder, daß sich in der H.-Farbe die Rassen ↗ unterscheiden (eigtl. die Wurzelrassen), u. H. a. der Babylonische Turm ↗ ist. Nur wäre er wohl umzudrehen, schwarz ↗ zu oberst (Urrasse der Lemuren ↗), da im Buch Dzyan ↗ die Häute der Erde bei jeder neuen Welt ↗ ›abgeworfen‹ werden; das ältere also oben liegt. Die vor den 7 abgeworfenen 3 wären wohl noch als Aura = Haar ↗ zu werten. Versuch eines Schemas: dabei ergibt sich im oberen Teil das Farbmuster der Eintönung bei Weißen ↗ durch Sonnenlicht. Blauhäutig ↗ zu sein

0			3
1			
2			
3	schwarz	♄	7
4	braun	♃	
5	rot	♂	
6	hellblau	♀	
7	weiss	☿	
8	gelb	⊙	
9	grün	♉	

wäre erst in der 6. Welt erreicht.

Hawa: Nv. der Eva ↗ bei den Mandäern ↗; dort wird sie aber nicht, wie in der Bibel ↗, aus Adam geschaffen, sondern ist ein selbständiges Geschöpf, eine Gabe der Lichtwelt. Ihr geistiges Pendant wird *Anana Duhura* = Lichtwolke genannt.

Hawaii: Hauptinsel der Hawaii-Inseln im Parzifik ↗, Polynesien ↗ zugerechnet, heute Staat der USA ↗. Vulkanischer Ursprung u. Gipfel einer untermeerischen Gebirgskette. Nach der Legende zog Maui ↗ sie beim Fischfang aus dem Wasser, weshalb 1 der 8 H.-Inseln noch Maui heißt. These: nördl. Rest von Mu ↗ (= Paradies ↗), weshalb die heutige Bez. von H. = ›Paradies des Pazifiks‹ so stimmig ist. Letzte Dyn. hieß Kamehameha, residierte im Königspalast Jolani = Falkengott wie Horus ↗ in Ägypten, das als Ur-Ägypten ↗ ebf. mit Mu identisch sein dürfte. H. darf nicht mit Hawaiki ↗ verwechselt werden.

Hawaiki: im Mythos ↗ von Polynesien ↗ das Paradies ↗, in dem das ›Haus der Lehre‹ (s. Geheimlehre ↗) stand. Dort setzte Tane ↗ 3 ›Körbe‹ zur Wahl vor. Wichtig war der 1. mit der Lehre, daß es nur einen Quell aller Erscheinungsformen gäbe: Io ↗. — H. müßte sich auf Mu ↗ beziehen; Hawaii ↗ wurde nur davon abgeleitet und ist evtl. ein Rest.

Hayyat: ›Weisheit des Lebens‹, eine schwarze Schlange ↗ (Sufismus ↗). These: möglicherweise die von Sophia ↗ (= Weisheit) geschickte, s. Gnosis ↗.

Hebräer: lt. Bibel ↗ als Zweig Eber ↗, der zu Abraham ↗ führt u. auf Sem ↗ zurückgeht. — Lt. dtv-Lexikon der Bibel »wandernde Kriegerhorden«, die an den Grenzen der aufständischen Städte von Syrien ↗ u. Kanaan ↗ lagerten u. Vorteile aus der Auflösung von Ägypten ↗ durch den Einfall der Hyksos ↗, mit denen sie wohl verwandt waren, zogen. Babyl. Nv.: Habiru, Chabiri = Wanderer, Nomaden, dort v. a. zw. 1700–1300 v. Z. in Keilschrift ↗-Urkunden erwähnt, also genau in der Zeit, in der 1 der 4 Hauptzweige der H., die Israeliten ↗ (neben Moabitern, Edomitern u. Ammonitern) bis zum Exodus ↗ in Ägypten waren. — Sie sollen (lt. ›Die Wege der Kultur‹ von Time & Life) den Babyloniern, Assyrern, Hethitern ↗ u. Churriten Söldnerdienste geleistet haben u. schon um 1500 v. Z. mit der Eroberung von Palästina ↗ begonnen haben. Dort kamen sie in Kontakt mit den Kanaanäern ↗, die vieles mit den Mesopotamiern gemeinsam hatten. Mit letzteren kamen die H. jedoch erst 586 v. Z. in unmittelbare Berührung, als Nebukadnezar ↗ Jerusalem ↗ zerstörte u. dessen Bev. in die Babyl. Gefangenschaft führte. Dort drangen babyl. (und zurückliegend sum.) Lehren in die hebr. Gedankenwelt ein, damit in die Bibel. Nach Rückkehr aus diesem Exil schufen sie den Jüdischen Staat bis zur Diaspora ↗. — Heute ist H. eine nicht offiz. Bez. für das Volk Israel ↗, in dessen neuer Staatsgründung Hebräisch seit 1948 Amtssprache ist.

Hebräische Schrift: Schriftform der Juden ↗, lt. Mythos von Jahwe ↗ selbst gegeben u. mit seinem Finger auf die Tafeln geschrieben, die Moses ↗ auf dem Berg Horeb erhielt. Die 22 Z. symbolisieren die 22 Werke Gottes an den 6 Schöpfungstagen u. werden eingeteilt in: 3 Mütter, 7 Wandelsterne + 12 Tierkreiszeichen. Die 7 entspr. den Stufen des Babyl. Turms ↗. Allerdings ist innerhalb des Alphabets alles durcheinander geworfen, s. Tabelle, die zur besseren Übersicht die 3 Mütter (Disen ↗) u. Planeten zusammenstellt, verbunden mit den Zahlen ihrer offiz. Reihenfolge, die in der Kabala ↗ zahlenmystisch mit den Buchstaben gleich sind, sodaß Namen numerische Werte erhalten. — Einschiebungen weggelassen, folgt die Reihenfolge dem Sonnenalphabet ↗, hört aber schon mit T, äqv. 2. Wurzelrasse ↗ auf, s. Sekundärschöpfung ↗. Weltenlehre ↗ u. Tierkreis ↗ (= die 12 jüd. Stämme) sind dann versteckt eingeschachtelt.

א	A (Aleph: Herz, Leben, Licht)	1	3 Mütter
מ	M (Mem: Wasser)	13	
ש	S, SH (Sin, Schin: Zahn, Haß)	1	
ב	B (Beth: Haus, Weib) Mond	2	7 Wandelsterne in Reihenfolge des Babyl. Turms
כ	C, CH (Caph: Kraft) Sonne	11	
ג	G (Gimel: Macht) Merkur	3	
ד	D (Daleth: Tür, Geburt) Venus	4	
פ	P, PH (Pe, Phe: Mund, Wort) Mars	17	
ר	R (Resh: Vernunft) Jupiter	20	
ת	T, TH (Taw: Vollendung) Saturn	22	

א	1	Aleph ↗	A	- - -	1
בּ	2	Beth	B	B	2
ב		Vaith		V	- -
ג	3	Gimel	C	G	3
ד	4	Daleth	D	D	4
ה	5	Hay	E	H	5
ו	6	Wav	F	W	6
ז	7	Zayin	G	Z	7
ח	8	Cheth	H	Ch	8
ט	9	Teth		T	9
י	10	Yood	I	Y	10
כּ	11	Caph	K	C	20
כ		Chaph		Ch	- -
ל	12	Lamed	L	L	30
מ	13	Mem	M	M	40
נ	14	Noon	N	N	50
ס	15	Samech		S	60
ע	16	Ayin	O	- - -	70
פּ	17	Pay	P	P	80
פ		Phay		Ph	- -
צ	18	Tzade		Tz	90
ק	19	Koof	Q	K	100
ר	20	Raish	R	R	200
שׁ	21	Schin		Sh	300
שׂ		Sin	S	S	- -
תּ	22	Taw	T	T	400
ת		Thav		Th	- -

These: Noon, äg. Nun ↗, zeigt den Bezug zu den Hieroglyphen ↗.

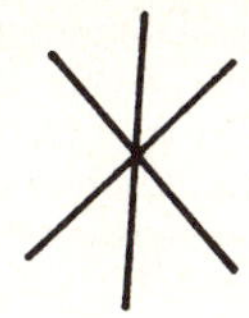

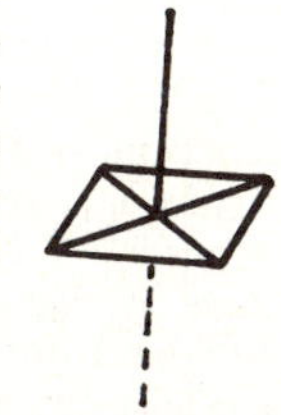

Hechsa: 1 der 4 Einweihungsgrade im Thrudenring ↗ (germ.). Daraus scheint das Wort Hexe ↗ entstanden zu sein. Verbindet sich mit der 7. Rune ↗ (Abb.), einem Sechsstern ↗, der für den Tierkreis ↗ steht. Bezogen auf die Große Pyramide ↗ läßt sich die Rune mit deren Diagonalen im Fundament, in Maßrelationen der Dauer der Präzession ↗ (25920) plus Achse des Gangsystems ↗ verstehen, an der allein die Königinkammer ↗ (für Isis ↗) liegt.

These: H. = Grundmotiv  = Alchemie ↗ als Hexerei.

Heergott: Odin ↗ (germ.), auch »der Gere (Waffen) Fürst« (Edda ↗). Eigtl. der Gott, der über das Kriegsglück entscheidet, jene Helden beschützt, an denen er Wohlgefallen hat, Kriegslisten lehrt, Zauberwaffen verschenkt, zuweilen sogar Gungnir ↗ ausleiht. Oft genug wird seine Ungerechtigkeit, sogar Untreue beklagt. Z. B.:

»Ich stand mich gut mit der Gere Fürst (Wotan)
Und ich vertraute in Treue ihm
Bis der Freund des frohen Siegs (Wotan)
Mich trog und mir die Treue brach.«

Mehr noch, man machte ihn für alle ausbrechenden Streitereien verantwortlich, weshalb er auch Bölwerkr = Unheilstifter hieß. In Bezug auf Gungnir dann Speergott ↗ bzw. Ygg ↗ = der Schreckliche. Sein Gefolge waren die Walküren ↗. Kriegerparadies nach dem Tod auf Schlachtfeldern ist Walhalla ↗. Seine Anhänger wurden eine besondere Kaste, die ›Berserker‹, die sich beim Kämpfen in einen Wolf verwandelt glaubten oder in einen Bären. Es waren auch die Werwölfe ↗ (resultierend aus den 24 schwarzen Hunden der Frau Gaur ↗). Zum Mythos paßt, daß Odin selbst erst zum Runen ↗-Wissen gelangt, nachdem er sich opferte, d.h. an die Yggdrasil ↗ hängte. So hängten a. die Germanen ↗ Kriegsgefangene an einen Baum. — S. dazu Heerschar ↗, himmlische.

Heerschar, himmlische: in der Bibel ↗ z.B. 1 Könige 22, 19 erwähnt, wenn ein König von Israel ↗ sagt: »Ich sah den Herrn sitzen auf seinem Stuhl und alles himmlische Heer neben ihm stehen zu seiner Rechten und Linken.« Lt. Blavatsky ↗ sind die »Heerschar der schöpferischen Kräfte« die Elohim ↗; sie sind »glänzender als die Flammen, rascher als das Licht« (III., S. 207) (S. Lichtgeschwindigkeit ↗). Es kann sich nur um die Grundmotive ↗ handeln, die beim Heergott ↗ ein Äqv. der Runen ↗ oder des Gers ↗ sind.

Hegel, Georg Wilhelm Friedrich: dtsch. Philosoph (1770–1831) auf dem Höhepunkt des Idealismus ↗. In seinem 1. Werk ›Phänomenologie des Geistes‹ (1806) ersetzt er die lineare Logik ↗ (Prämisse ↗-Resultat) durch die Forderung nach einem Denken im Kreis, der die allein adäquate Bewegungsform für die Totalität der Wahrheit ↗ (äg. Maat ↗) sei: »Das Wahre ist das Ganze...«, d.h. das Resultat der Fortentwicklung der Gedanken muß zu sich selbst zurückkehren, da schon in der Prämisse wie auch im Gesamtkreis der dialekt. Gedankenbewegung zw. Subjekt + Objekt vorhanden als deren Einheit, die es wieder herstellt. Die Kreisbewegung (das Ganze) soll dabei aber das präexistente ↗ Absolute als vollendetes Wesen realisieren. These: diese Kreisbewegung als System der Philosophie ↗, die H. mit ›Liebe zum Wissen‹ übers., entspricht der Ntu-Philosophie ↗, die vielleicht wirksam wurde über seine Beeinflussung durch Sokrates ↗. — Nach dem Tod zerfiel seine Schule in Rechts- und Linkshegelianer (z.B. Engels ↗, Marx ↗). In einer Vorlesung über die Philos. der Religion ↗ sprach er a. über die absolute, ewige Idee ↗ als göttl. Selbstoffenbarung in 3 Bestimmungen: als Reich des Vaters, dann des Sohnes, dann des Geistes (s. 1., 2. u. 3. Reich ↗). Letzteres bringe für den Menschen die Versöhnung ↗ u. der Prozeß der Versöhnung sei im Kultus (Kult ↗) enthalten. — Wie man sieht, wird hier uraltes, globales Gedankengut so exzellent wie revolutionär aufgearbeitet u. mündet schließl. in die Weltrevolution ↗ ein.

Heid: germ. Name für Zauberin ↗. In der Edda ↗ z.B. die Gullweig ↗.

»Heid hieß man sie, wo zum Hause sie kam
Wohlredende Wala ↗, zähmte sie Wölfe ↗
Sudkunst sie kannte, Sudkunst sie wußte.«

In der letzten Zeile handelt es sich um Zaubertränke; heute würde man von Rauschgift ↗ sprechen. Von H. abgeleitet die Heiden ↗. — Auch äqv. die 24 Runen ↗, s. Heidrun ↗.

Heiden: bei den Juden ↗ alle Nichtjuden; nach Übergang von Judenchristen ↗ zu Heidenchristen ↗ nur noch Nicht-Juden und Nicht-Christen; sogar Moslems ↗ galten lange als H. (z.B. während der Kreuzzüge ↗), heute nicht mehr. Dafür herrscht die Unsitte, Kinder ohne Taufe ↗ H. zu nennen, a. wenn sie keine Atheisten sind. Andererseits galten sogar Katharer ↗ trotz Taufe als Heiden. — Der Name selbst dürfte auf Heid ↗ zurückgehen.

Heidenchristen: im Unterschied zu Judenchristen ↗ Heiden ↗, die ohne Beachtung der Moses-Gebote ↗ die Lehre von Jesus ↗ annahmen, stark bekämpft von ersteren. Auf dem Apostelkonvent zu Jerusalem ↗ (um 43/44) erlangte Paulus ↗ von den (Ur-)Aposteln ↗ die Anerkennung der bes. von ihm vorangetriebenen ›Heidenmission‹. Nach dem Jüdisch-Römischen Krieg (66–70 bzw. 73) verlagerte sich die Entwicklung der neuen Religion ↗ ganz auf die H. Wahrsch. kam es erst jetzt zur Abfassung der Evangelien. — Der 1. Heidenchrist war ein Äthiopier.

Heidrun: Name der Ziege ↗, die sich, auf dem Dach von Walhalla ↗ stehend, von den Blättern des Baumes Lärad nährt. Aus ihren Zitzen kommt der Met ↗, den die Einherier ↗ trinken. Nach anderer Überlieferung nährt sie sich vom Laub der Weltesche Yggdrasil ↗ (germ.). Ihr Name enthält Heid ↗ = Zauber, aber a. Run, Rune ↗. Sollte sie wie der Ziegenfisch ↗ dem Steinbock entsprechen, ist sie Archetyp Medizinmann ↗ mit Lärad als Rad ↗ der Lehre.

Heiland: der od. die Heilende; äqv. Soter ↗ u. Soteira ↗. Die Hoffnung auf Erlösung von Unheil ist bei allen Religionen vorhanden. Als ›End-Heiland‹ gelten z.B. Kalki-Avatara ↗, äqv. Buddha Maitreya ↗ (ind.); Nommo ↗ (Dogon ↗, Afrika), 12. Imam ↗ bei den Schiiten, Ah Kantenal ↗ + Ix Pucyola ↗ bei den Maya ↗ (ein Paar). Für die Kirche ↗ dann Jesus ↗.

Heilig: im Islam ↗ definiert als ›immanentes Wissen‹, das nicht von außen erlernt werden muß; s. Heiligkeit ↗. — Sakral ↗ im Ggs. zu profan ↗; in Afrika nicht getrennt. Ältestes Wort für H. dürfte Is ↗ sein.

Heilige Bücher: sind Bücher, deren Inhalt angeb. auf ein ›Diktat von oben‹ zurückgeht, d.h. auf eine Offenbarung ↗, mit dem Empfangenden als Medium ↗. Spätere Manipulationen verfälschen jedoch meist die Überlieferung. Beispiele: Bibel ↗, Koran ↗, Popol Vuh ↗, Thora ↗, Veden ↗.

Heilige Hochzeit: die im Hl. Dreieck ↗ ausgedrückte Verbindung von Osiris ↗ + Isis ↗, mit der die Geschichte ↗ beginnt, Grundmotiv X, Archetyp ↗ Urmutter. Es ist auch die Rückkoppelung des durch die Schöpfung ↗ getrennten Ur-X ↗ aus weibl. + männl. Dreieck ↗, mit dem zusätzl. Symbol des Sechssterns ↗. Dabei drehen sich die Stellvertreterwerte um: Isis (Eva ↗) vertritt Geb ↗, die Erde, Osiris (Adam Kadmon ↗) den Himmel = Göttin Nut ↗. Die Bibel ↗ unterschlägt diesen Akt u. macht aus den 2 Paaren der Kabala ↗ eines. — Marie-Louise von Franz in ihrem Buch ›C.G. Jung‹, (S. 203): »Das Erscheinen des Antichrist ↗ am Ende des zweiten christlichen Jahrtausends bringt zunächst eine unbeschreibliche Weltkatastrophe, die die Offenbarung Johannis in dunkelsten Farben darstellt. Dann aber - unvermittelt und inmitten der größten Zerstörung - erscheint am Himmel das Sonnenweib, das den Mond unter den Füßen und einen Kranz von zwölf Sternen auf seinem Haupte trägt, jene weibliche Anthroposgestalt bedeutet die heilige Hochzeit der Gegensätze und versöhnt die Natur mit dem Geist.« Besser: Seele u. Geist, s. Psyche ↗.

Heilige Maße: uralte, gehütete Baumaße, die von Maßen der Erdkugel bzw. ihrer Stellung im Sonnensystem abgeleitet waren. Äg. Pyramidenzoll = $^1/_{500000000}$ des Erddurchmessers von Pol zu Pol; Pyramidenelle = $^1/_{100000000}$ des polaren Erdradius; Pyramidenhöhe drückt den Abstand Sonne-Erde aus als 1 Milliardstel davon, in Pyramidenzoll; die Summe der Basisdiagonalen im Fundament der Großen Pyramide ↗ ergibt in Pyramidenzoll die Jahre der Präzession ↗ = 25920; $^1/_{100}$ des Grundrißumfangs mißt in Pyramidenzoll genausoviel wie das tropische Jahr = 365, 242 etc. Die Anwendung solcher Maße soll sich fördernd auf die Vergöttlichung ↗ des Menschen auswirken. — Sie wurden auch für die Gotik ↗ gesucht.

Heiliger Geist: weibl. Glied der Trinität ↗, auch Logos ↗ genannt u. als Taube ↗ symbolisiert. Blavatsky ↗: »Petrus ↗ wurde der Lästerung gegen den Heiligen Geist angeklagt, nur weil er als den ›Heiligen Spiritus‹ ›die Mutter von allem‹ einführte. Im Kodex der Nazarener ↗ und im Zohar ↗ sowie in den Büchern des Hermes ↗ wird derselbe Ausdruck benutzt; und selbst im apokryphen Evangelium der Hebräer lesen wir, daß Jesus ↗ das weibliche Geschlecht des Heiligen Geistes zugab, indem er sich des Ausdruckes: Meine Mutter, das Heilige Pneuma ↗ bediente« (II., S. 117). — Äqv. Begriffe sind: Iska ↗, Nommo ↗, Od ↗.

Heiliges Dreieck: in Ägypten 1) als Hl. Hochzeit ↗ verstanden, wobei die Basis als Osiris ↗, die Vertikale als Isis ↗ u. die Hypotenuse als beider Sohn Horus ↗ verstanden wird, mit dem Pharao ↗ als Stellvertreter. 2) Dabei kommen a. Heilige Maße ↗ zum Ausdruck, die in der Großen Pyramide ↗ verwirklicht wurden, Relation 3 x 4 = 5. Dieses System brachte Pythagoras ↗ nach Griechenland ↗ mit, um mit seiner Hilfe die geheimnisvolle Ordnung des Kosmos zu erklären wie nach ihm auch Plato ↗, der im Timaios Phi ↗, die Proportion des Goldenen Schnitts (im Pyramidendreieck Seitenhöhe, Isis, geteilt durch halbe Seite des Grundflächenquadrats, Osiris, in Ellen 356 : 220 = 1,618) als zwingendste aller math. Beziehungen ansah. In der Renaissance ↗ wieder von Leonardo da Vinci ↗ aufgegriffen. — Es gibt äg. Bilder, die aus 3 + 4 eine durchgehende Schlange ↗ machen. These: äg. Meresger ↗, äqv. Hayyat ↗ im Sufismus.

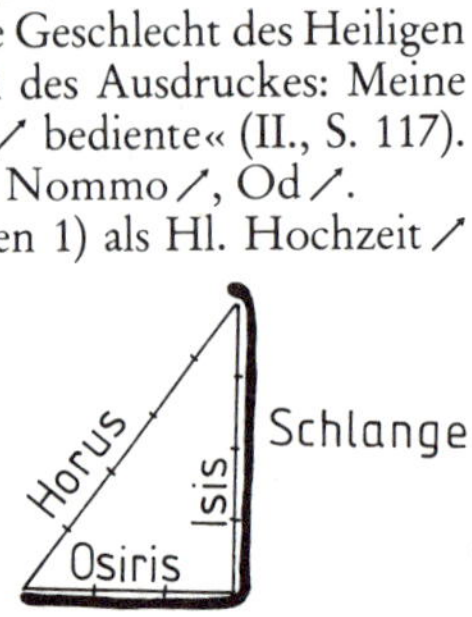

Heiliges Römisches Reich deutscher Nation: seit dem Spätmittelalter (ca. 13. Jh.) übl. gewordene Bez. für das (Deutsche) Reich ↗. Als 1806 Franz II. die Kaiserkrone ↗ des H. niederlegte, um als Franz I. Kaiser von Österreich zu werden, hörte es zu bestehen auf. Das provozierte 1871 die deutsche Kaiserproklamation in Versailles ↗.

Heilige Stadt: lt. Blavatsky ↗ Ma Quom, der geheime Platz oder Schrein auf Erden in Gestalt der menschl. Gebärmutter ↗ als mikrokosmische Kopie und Widerschein der Himmlischen Matrix, des weibl. Raums (Akasha ↗). These: Quom könnte als Qum im Namen Qumran ↗ nachgebildet sein, in Anspielung auf Maria ↗ als Gottesmutter ↗. Sie war Essenerin ↗ wie alle Qumranleute. — Quom und Qum dürften auf das äg. Km ↗ = schwarz zurückgehen, denn schwarz ist die Farbe von weiblich im Taichi ↗.

Heiligkeit: lt. Islam ↗ beruht das Wesen der H. auf 3 bes. Eigenschaften:

»1) daß das, was dem gewöhnl. Menschen im Traum ↗ offenbart wird, im Wachen offenbart wird;

2) daß die Seele der gewöhnl. Menschen nur auf ihren eigenen Körper, die Seele des Heiligen aber a. auf die Körper außerhalb seines eigenen Leibes wirkt in einer Weise, daß es den Menschen zum Heil gereicht;

3) daß das Wissen, das die gewöhnl. Menschen sich auf dem Wege der Erlernung aneignen, ihm ohne Erlernung aus dem eigenen Innern zuteil wird. Dieses Wissen nennt man das ›unmittelbare‹ Wissen nach dem Wort Allahs ↗« (Koran, Sure 18, 64).

Heilsgeschichte: Geschichte ↗, verstanden als ein Prozeß, der gesetzlich ab Paradiesverlust ↗ als Verlust einer heilen 3. Welt ↗ über unendliche Konflikte zw. Natur ↗ u. Kultur ↗ deren Versöhnung zustrebt u. damit einer höheren neuen ›Heilen Welt‹ als Friedensreich ↗. Dabei ist z.B. im Buddhismus ↗ Buddha ↗ der Weg ↗ und Prajna ↗ das Ziel: letztere »überbrückt die Kluft zwischen dem Objektiven und Subjektiven und weist auf den geheimnisvollen Kreislauf, durch welchen die Ideenbildung hindurchgeht« (Blavatsky ↗, II., S. 673). Das trifft sich mit Hegel ↗ wie a. dem ›Sonnenweib‹ der Hl. Hochzeit ↗ in der Apokalypse ↗.

Heimdall: ›Wipfel der Yggdrasil ↗‹, d.h. des Baumes, der durch 9 Welten wächst, weshalb er als von ›9 Schwestern‹ geboren gilt. Die Frage, in welcher Reihenfolge die Yggdrasil im Vergleich zum Babyl. Turm ↗ wächst, löst sich durch den Zusatz, daß Heimdalls Horn Gjallar, mit dem er die Götter ↗ zum letzten Kampf vor Ragnarök ↗ ruft, *unter* dem Weltenbaum (wie die Disen ↗) verborgen liegt. Formal entspricht es dem Mond (Mondsichel) als oberster Stufe des Babyl. Turms. D.h., der Wipfel befindet sich beim germ. Baum *unten* (wie im ind. Rigveda ↗ der Baum des Brahman ↗), wo jedoch beim Babyl. Turm die weitere Planetenangabe (nach Saturn als 3. Welt) fehlt. Es heißt aber a., daß H. sich im ›Weltenbrunnen‹ befindet, in dem der Weltenbaum wurzelt, genannt ›Quell der Weisheit‹ ↗. These: wir landen in der 1. Welt ↗ im Z. des Neptuns ↗, der im Lebensweg ↗ auf den Widder des Tierkreises ↗ fällt. Deckt sich mit Heimdali = Widder bzw. ›widderstark‹ und mit seiner Def. als ›Vater aller Menschengeschlechter‹. Edda ↗:

»Geboren ward einer am Anfang der Tage
der Widderstarke, göttlichen Stammes,
neun gebaren ihn, den nagel-verehrten Mann
der Riesentöchter am Erdenrand.«

Natürlich handelt es sich nicht um einen Mann, sondern das total geschlechtslose Astralwesen der 1. Wurzelrasse ↗. Der ›Rand der Erde‹ als Geburtsort würde auf Hyperborea ↗ verweisen. Ein anderer Mythos setzt ihn an den Zenit von Bifröst ↗; man denkt an den Widder ↗ im Sonnenschiff ↗.

Heka: Name des Hirtenstabs ↗ in Ägypten. Als Göttin wird durch Anhängung eines T (= weiblich) Hekat ↗ daraus. H. hat man als Verb für ›herrschen‹ eingesetzt. Evtl. = Eka ↗.

Hekat, Heket: äg. Göttin, symbolisiert als Frosch oder Kröte ↗, auf Mumien ↗ gelegt als ›Göttin der Auferstehung‹ (sowohl kosm. Wiederauferstehung ↗ wie menschl. Reinkarnation ↗) u. 1 Aspekt der Nut ↗ vertretend. Der Name geht auf Heka ↗ zurück u. wird a. ›Herrscherin des Himmels‹ bzw. ›Fürstin der Götter‹ übers. Kann statt Nut in der Götterneunheit ↗ erscheinen. Späte Bilder zeigen sie tätig bei der Wiederbelebung des ermordeten Osiris ↗ sowie bei der posthumen Zeugung des Horus ↗ durch die Witwe ↗. — Geht über in die Hekate ↗.

Hekate: griech. Göttin (lat. *Hecate*), die ›im Himmel, auf der Erde und in der Unterwelt wirkt‹, weshalb sie 3köpfig, 3gestaltig oder als 1 Gestalt mit 3 Armpaaren dargestellt wurde (Abb.), die 6 Attribute halten: Fackel, Schwert, Dolch, Strick, Schlüssel, Schlange. Sum. Rollsiegel ↗ galten als ›rollende Kugeln‹ oder Rhomben der H. = Ursprung des Taro ↗. Symbolisierung als Froschgöttin auf dem Lotos zeigt die Par. zur äg. Hekat ↗. Lt. Blavatsky ↗ erwiesen sich in Babylon ↗ ausgegrabene Rhomben (s. Rhombus ↗) als ihr Symbol ↗. C.G. Jung ↗ erwähnt im Buch ›Symbole der Wandlung‹, Diokletian habe in Antiochia der H. eine Krypta ↗ geweiht, zu der man auf 365 Stufen hinabsteigt, was den Tagen von 1 Jahr ↗ entspricht. Sie ist nicht das Jahr, es führt zu ihr hin - wie der Jahreskreis der Runen ↗ zur Mütternacht ↗ führt. Häufig wird erwähnt, sie habe Demeter ↗ bei der Suche von Kore geholfen.

Heklumadr: Mantelmann, ein Name des Wotan ↗ (germ.), wenn er den blauen Mantel trug. Da *madr* Mensch heißt, bleibt für den Mantel Heklu übrig u. hat evtl. einen Bezug zu Heka ↗ (Himmel, Kosmos als mantelartige Umhüllung).

Hel: germ. Herrin des Totenreichs, nach ihr Helheim ↗ gen. Sprachl. Verbindung zu Halja, mhd. Helle (wie bei Hellebarde ↗), woraus mhd. Hölle ↗ wurde. — H. gilt als Tochter der Riesin Angrboda ↗ + Loki ↗, im Aussehen halb schwarz, halb weiß (wie z.B. das Symbol der Nut ↗). 9 Nächte mußte man nach dem Tod wandern, bis man zum Strom Gjöll gelangte, der ihr Reich umschloß (äqv. Okeanos ↗ vor dem Hades ↗); so lange hing z.B. Wotan ↗ an der Yggdrasil ↗, dem Baum, der durch 9 Welten wuchs. Da über die ›größten Sünder‹ der Drache Nidhögg herfiel, der unter dem gleichen Baum angesiedelt wird, darf man annehmen, daß man vergleichsweise weit unter den Babyl. Turm ↗ hinunter muß, d. h. über die Planeten hinaus in den Kosmos ↗ zw. Sonnensystem ↗ u. Sterngruppen des Zodiaks ↗. Letzterer wird in Hels großem Saal zur ›Decke aus Schlangenleibern‹. Dazu die Edda ↗:

»Einen Saal seh ich der Sonne fern
Am Totenstrand, nordwärts die Tür
Gifttropfen fallen durch die Fenster nieder
Mit Schlangenrücken ist der Saal gedeckt.«

Bei der ›Nordtür‹ wäre in der Weltformel ↗ an Grundmotiv Todestanz ↗ zu denken, astrol. Zirkumpolarsterne ↗ des Nordpols, s. Bär ↗ mit Drache als äg. Nilpferdgöttin ↗. H. könnte wie Höhle auf hohl, leerer Raum zurückgehen. In ihm, personifiziert als Hel, wurzelt die Yggdrasil mit den 3 Disen ↗, sodaß diese wohl deren Einheit darstellt.

Helena: tritt sowohl in der Ilias ↗ (Buch 3) wie in der Odyssee ↗ (Buch 4 u. 15) auf u. wird gewöhnl. als Grund des Trojanischen Kriegs ↗ angegeben. Mythol. gilt sie als Tochter der Nemesis ↗, was nahelegt, sie stamme aus Ägypten ↗; geschichtl. als Königin von Sparta ↗ mit Gatte Menelaos. Manchen gilt Iphigenie ↗ als ihre Tochter, die sie jedoch in Pflege weggab. 10 Jahre nach der Heirat soll H. mit Gast Paris ↗ u. einem großen Teil der Palastschätze nach Troja ↗ geflüchtet sein, per Schiff u. mit Zwischenaufenthalt in Ägypten. Das löste den Trojan. Krieg seitens der Griechen ↗ aus. Manche sagen, H. habe Odysseus ↗ geholfen, das Palladion ↗ vom Ehrenplatz der trojan. Burg Pergamon zu stehlen, womit sie Trojas Fall besiegelte, denn es gab eine Prophezeiung, Troja stehe u. falle mit diesem Bild der Pallas ↗. — So gilt H. als Typ der unabhängigen, treulosen Frau himml. Herkunft, wie z. B. Lilith ↗. Im Faust ↗ erscheint sie aus dem ›Reich der Mütter‹ (s. germ. Mütternacht ↗) wie eine Verherrlichung des Heidentums, das auf Heid ↗ zurückgeht. C.G. Jung ↗ definiert H. als ›Leben jenseits aller Kategorien‹ und ›Himmelskönigin‹, schillernd vom Tiefsten (Hel ↗) bis zum Höchsten (An ↗) reichend.

Helheim: Reich der Hel ↗, äqv. Unterwelt ↗; hier landet bei Ragnarök ↗ (Weltuntergang) z.B. auch Baldr ↗ bis zur Wiederkehr ↗. — Als Wachhund wird Garm ↗ genannt, äqv. Cerberus ↗ u. Anubis ↗. — Auf Runengedenksteinen ↗ sieht man im untersten Teil H. als Wellen, über die das Totenschiff ↗ fährt, vergleichbar dem Mäander ↗. Daraus werden dann im Saal der Hel Schlangen, die oben hängen, denn für Tote ↗ dreht sich oben u. unten um. — Rein formal-symbolisch ist an eine nach unten geschwungene Kreishälfte zu denken, das U z. B. als Schiff ↗, Bootaxt ↗ u. Wappen der Kardinäle von München ↗ als U in Mu ↗ (Schema). Siehe die Muisca ↗-Figürchen u. die Hieroglyphe der Nephtys ↗.

Helhund: Garm ↗ (germ.).

Heliopolis: griech. Umbenennung von 1) Baalbek ↗, 2) On ↗ (Bibel), äg. Junu ↗; hier soll lt. Strabon Platon ↗ gewohnt haben. Seit Augustus ↗ systematisch seiner Kunstschätze beraubt; die Araber schließl. verwendeten Steinblöcke aus H. bei der Errichtung von Kairo ↗. — Der Name setzt sich zus. aus *helio* = Sonne (s. Helios ↗) u. *polis* = Metropole ↗. Jedoch wurde in beiden Städten nicht die Sonne verehrt, sondern in Baalbek Baal ↗ u. in On die Götterneunheit ↗. — In der Nähe des letzteren Gisa ↗ mit den großen Pyramiden.

Helios: Sonne + Sonnengott (griech.). Äg. Äqv.: Re ↗, röm. Äqv.: *Sol.* — Nach allg. Vorstellung fuhr H. in seinem 4spännigen Wagen während des Tages über den Himmel, bei Nacht kehrte er von W nach O in einer riesigen goldenen Schale über den Okeanos ↗ zurück. Äg. Äqv. Sonnenbarke ↗, am Tag an der Nut ↗ entlang, nachts durch die Duat ↗ fahrend. Ovid setzte Apollo ↗ für H. ein.

Hellebarde: Waffe des Ma, bestehend aus einer Stange mit scharfer Stoßspitze u. einer *helle* = halben Barde = Perc ↗, peord, Axt ↗, d.h. einer halben Doppelaxt ↗. Helle könnte mit Hel ↗ (Hölle) zusammenhängen, denn die H. ist die Streitaxt ↗.

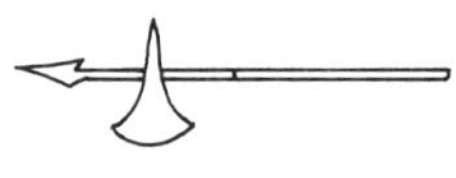

Hellen: 1 der 5 Kinder von Pyrrha + Deukalion, die lt. griech. Mythos ↗ die Sintflut ↗ überlebten. Galt als Stammvater der Hellenen ↗. Seine Nachf. mit der Nymphe Orseis gaben ihre Namen den 4 Stämmen der Hellenen.

Hellenen: ‹ Griechen ↗ im Unterschied zu den Pelasgern ↗ als vorgriech. Einwohnern von Griechenland ↗. Der Name geht zurück auf Hellen ↗ u. umfaßt 4 Stämme: Achäer ↗, Aiolier, Dorer ↗ u. Jonier ↗. Herodot ↗ jedoch verengte die H. ganz auf die Dorer. — S. Hellenismus ↗.

Hellenismus: Bez. für die griech. Kultur ab 4. Jh. v. Z., abgeleitet von den Hellenen ↗. Die Verbreitung des H. war z. T. Ergebnis bewußter Politik. Alexander der Große ↗ u. Diadochen (= Nachfolger) übersäten den ganzen Orient mit griech. Kolonien, um ihn der hellenist. Kultur zu unterwerfen. In Ägypten jedoch wurde in der Ptolemäer ↗-Zeit eine Hellenisierung des Landes unter gleichzeitiger Beibehaltung der äg. Tradition angestrebt; diese Synthese scheiterte. S. Wiederholung ↗ Grundmotiv G. — Die Römer ↗, deren polit. Herrschaft seit dem 2. Jh. v. Z. im O die der Griechen ablöste, haben diese Arbeit nur fortgesetzt, u. zwar mehr hellenisierend als romanisierend. — Genaugenommen ergriff der H. in Ägypten nur die eingewanderten Griechen u. Diaspora ↗-Juden, nicht die Kopten ↗. — In Europa ↗ erlagen dem H. v. a. die Kelten ↗ in Spanien, Gallien u. Britannien; es wurde aber ein Synkretismus ↗ daraus.

Hellequine: Harlekine, Jarle, ›Kerle‹, ›Freibauern‹. Begleitfiguren der Wilden Jagd ↗. — Im Vergleich zu Hellebarde ↗ vielleicht: halbe (helle) Könige (quine, kings).

Helmont, Johann Baptist von: niederl. Naturphilosoph (1577–1644), Schüler von Paracelsus ↗. Setzte eine ›blas‹ genannte Fernkraft (s. Fohat ↗) für die Verbürgung eines Weltzusammenhangs ein.

Heloten: Staatssklaven in Sparta ↗, die das Land der Eroberer (Dorer ↗), d.h. Griechenland ↗, bebauen mußten. Sie gehörten nach der Unterwerfung dem Staat, waren kein Privatbesitz wie z.B. die Sklaven ↗ in den USA ↗ u. wurden wahrsch. ausgeliehen. — These: sie könnten mit den Zeloten ↗ zusammenhängen.

Heng O: im chin. Mythos ↗ Gemahlin von Houi ↗, dem sie das Unsterblichkeitskraut ↗ stiehlt, um damit zum Mond ↗ zu flüchten. These: evtl. Par. zur äg. Nemanus ↗. — Es gibt a. den Zusatz, das Getränk habe Heng O dort in eine (unsterbliche) Kröte ↗ verwandelt. Oder sie gilt als Mondgöttin, während der bestohlene Houi im ›Palast der Sonne‹ angesiedelt wird. Dann bezieht sich der Mythos auf die Lichtöffnung ↗.

Henoch: lt. Genesis ↗ ›Sohn‹ von Jared ↗, der 365 Jahre alt wurde und dann »nicht mehr gesehen ward« (1 Mose 5, 24). Der Name wird oft mit Enoch ↗ verwechselt. These: er könnte als H (Haus) des Enoch u. damit als die Große Pyramide ↗ verstanden werden, deren Basisumfang (s. Heilige Maße ↗) 365 Tagen (1 Jahr) entspricht. D.h., Henochs Alter, das völlig aus dem Rahmen fällt, wäre die verschlüsselte Angabe dieses Fundaments. Denn H. als äg. Hieroglyphe ↗ bedeutet im relig. Sinn ›einfangen‹. Daß die Bibel ↗ viel äg. Wissen verschlüsselt oder verfälscht hat, gibt selbst Freud ↗ im Buch ›Der Mann Moses‹ ↗ zu. — Enoch wiederum dürfte auf das äg. Lebenskreuz ↗ Ench, Anch zurückgehen; es vertritt die Sonne ↗ u. das Jahr ist das Kreisen der Erde um sie. Oder: H. bedeutet Haus der Sonne bzw. des Ewigen Lebens (ench).

Hephaistos: Mitglied des griech. Olymps ↗, d.h. ein Planet ↗. Das lat. Äqv. Vulcanus ↗ legt den heute nicht mehr bek. innersten nahe, Nr. 2, Kinan ↗ benachbart. Im Mythos ↗ erscheint er als ›hinkender Schmied‹, der Zeus ↗ das Haupt spaltet für die Geburt der Athene ↗, wobei er die Labrys ↗ benutzt (Abb.).

— Olmek. Äqv.: Olkan ↗, nicht unähnl. Vulkan(us). Ob dies konkret bedeutet, daß dieser Planet bei der Geburt der Neuen Sonne ↗ (= Athena) in der Endzeit ↗ mitwirkt, muß offen bleiben. Im Vollzug mythol. Verschiebung könnte dieser ›Schmied‹ a.

Nommo ↗ darstellen, äqv. Tane ↗, der mit Äxten kam. Denn als Gattin des H. galt Aphrodite ↗, d.h. Planet Venus, der beim Besuch des außerirdischen Schmiedes erst entstand.

Hera: griech. Göttin, a. ›Himmelskönigin‹; die Milchstraße ↗ gilt als ihre ›verspritzte Milch‹, was sie in die Nähe der äg. Nut ↗ oder Hathor ↗ rückt. Die Heraia ↗ = Spiele für Hera waren älter als die Olympischen Spiele ↗. Da sie als Schwester + Gattin des Zeus ↗ gilt u. zum Olymp ↗ und zum Olymp ↗ gehört, müsste sie jed. eigentlich ein Planet ↗ sein. Das trifft nicht zu. Andererseits fehlt Kronos ↗ im Olymp, sodaß: sie evtl. dessen Stelle einnimmt, als ›weiblicher Horus ↗‹ ein anderes Sonnensystem ↗ vertretend (wie Hathor Sirius ↗), das sich am Ende der 3. Welt ↗, die von Saturn regiert wird (s. Babyl. Turm ↗), bei uns meldet, diesen absetzt (im Titanenkampf verschwindet er im Tartaros ↗) u. die von Jupiter ↗ (sprich Zeus) regierte 4. Welt ↗ einleitet, die a. Hera (= Sirius) untersteht. — Auf sie beziehen sich Herakles ↗ u. die Herakliden ↗. Der Name könnte mit Hara ↗, Ara ↗ wie auch Kara ↗ zusammenhängen. Röm. Äqv. Juno ↗. Ihre Symbole sind Apfel ↗ und Pfau ↗, sowie ein Gürtel mit 100 Quasten, der an die von ihr im Garten der Hesperiden ↗ eingesetzte 100köpfige Schlange Ladon ↗ erinnert. — S. Herakles.

Heraia: athletische Festspiele von Frauen für Hera ↗, die alle 4 Jahre in Olympia veranstaltet wurden; sie sollen älter als die Olympischen Spiele ↗ gewesen sein, evtl. auf die Pelasger ↗ zurückgehen, die urspr. auf Samothrake, einer Insel der nördl. Ägäis wohnten, dem wichtigsten Kultzentrum der Hera. Dort galt der Hesperidengarten ↗ als ihr Hochzeitsgeschenkt. Die auf Pherekydes zurückgehende Version besagt, sie habe dort die Schlange ↗ als Wächter eingesetzt - d.h. wir landen im bibl. Paradies ↗. Im Verlgeich zur Gnosis ↗ wäre Hera dann Sophia ↗. — Herodot ↗: »Die Pelasger wußten auch eine heilige Sage über den Brauch zu erzählen, was in den in Samothrake gefeierten Mysterien geoffenbart worden ist.« Leider ist nichts mehr bekannt. — Die Siegerinnen der H. bekamen einen Anteil von der Kuh ↗, die Hera geopfert wurde (s. Hathor ↗ als Kuh, eingesetzt für Sirius ↗). These: evtl. ahmten die Läuferinnen, die Priesterinnen waren, den Lauf der schwarzen Siriussonne (afrik. Po ↗) nach, u. die schnellste hatte dann das Recht, den nächsten König (als Zeus ↗) einzusetzen bzw. den alten König (als Kronos = Saturn ↗) abzusetzen, als Wiederholung der Ereignisse am Übergang von 3. zu 4. Welt ↗. Es gibt vage Erinnerungen, daß sie dabei nicht an einheimische Thronanwärter, nicht einmal an die oberste Klasse gebunden waren; die Wahl konnte jeden Fremden mit einbeziehen. Den einfallenden Griechen ↗ paßte dieses System nicht u. sie sollen alle Colleges dieser Herapriesterinnen geschlossen haben.

Herakles: myth. ›Halbgott‹ der Rasse (= Kula) von Hera ↗. Herodot ↗: »Herakles ist ein uralter ägyptischer Gott. Bis zur Regierungszeit des Amasis waren nämlich, nach eigener Angabe der Ägypter, siebzehntausend Jahre seit der Zeit verflossen, wo der Götterkreis von acht auf zwölf erweitert und Herakles in ihn aufgenommen wurde.« Eigene Rechnung: Amasis = Ahmose, 18. Dynastie ↗, ein Pharao ↗, der 1570–1546 regiert. 1570 + 17000 = 18570 v. Z., exakter Beginn der 2. Hälfte des Schütze ↗-Sektors der Geschichte ↗. Innerhalb der äg. Dynastienliste ↗ noch den Dyn. der Götter (nicht Halbgötter) angehörig. Da dem Schütze der Affe ↗ entspricht, rückt H. in zeitl. Nähe zu Thot ↗ (Hermes ↗). Ebf. lt. Herodot stammte er von einer Insel Erytheia ↗ jenseits der ›Säulen des Herakles‹. d.h. von Gibraltar u. damit aus dem Atlantik, wo Atlantis ↗ lag, das aus mehreren Inseln bestand. Daß er ein Riese ↗ war, berichten die Skythen ↗, die sich auf ihn als Nachkommen beziehen. — Das Grundmotiv ↗ der 2. Schütze-Hälfte  verwandelt sich auf der entspr. 6. Taro ↗-Karte in ›Herkules am Scheideweg‹ (Abb.): er soll zw. 2 Frauen, Tugend (Priesterin) u. Laster (nackte Verführerin) wählen u. entscheidet sich für erstere, die ihm aber einen dornigen Weg vorzeichnet: er mußte die bekannten 12 Arbeiten (des Tierkreises ↗) verrichten, zu verstehen als Initiation ↗. Dazu Jung ↗: »Der Heraklesmythos hat die Charakteristika eines Individuationsprozesses. ... die Unterwerfung an das Weibliche (s. Yin ↗), welches das Unbewußte ↗ symbolisiert« (1976: 342). Diese Unterwerfung der Seele ↗ an den Geist ↗ setzt sich im Anschluß an die 12 Arbeiten fort, indem H. für 3 Jahre als Sklave + Gatte in Frauenkleidern bei Omphale ↗ arbeiten muß. Zuletzt verbrennt er im Nesselhemd u. erringt Vergöttlichung ↗. — Da die griech. Reihenfolge der 12 Arbeiten nicht mehr stimmt, folgt nun als These eine Berichtung:

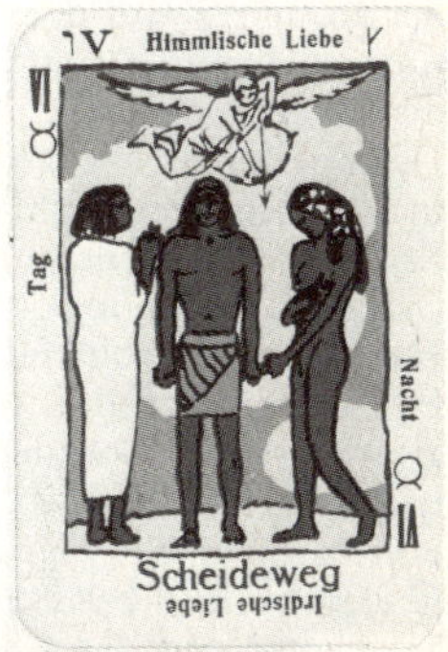

1) Stall ausmisten, was durch das Hindurchlenken von 2 gegenläufigen Flüssen gelingt = Fisch
2) Stuten bändigen, Widderfell (= das Goldene Vlies ↗) holen = Widder
3) Stier bändigen = Stier
4) Cerberus ↗, den Höllenhund aus dem Hades holen = Hund (heute Zwilling)
5) Hydraschlange u. Riesenkrebs erlegen = Krebs
6) Fell des nemeischen Löwen bringen = Löwe
7) Amazonen ↗-Gürtel gewinnen u. Jungfrau retten = Jungfrau (einstmals Hase)
8) Kampf mit dem dreileibigen Riesen, bei dem eine Biene auftaucht, die H. abschießt = Biene (heute Waage)
9) Verscheuchung großer Raubvögel = Adler (Skorpion)
10) Kentaurenkampf + Eberfang = Schütze (äg. Affe); Kentauren sind Roßmenschen mit Pfeil + Bogen
11) Hirschkuh lebendig fangen = Steinbock (Hindin ↗)
12) Hesperidenäpfel stehlen = Wassermann (Krokodil oder Schlange im Paradies = Hesperidengarten ↗)

Diese Reihenfolge läuft wie im Labyrinth ↗ gegenläufig zur Geschichte ↗ u. bringt den Kandidaten zu deren Ursprung zurück. Er hat dabei ›die Milch der Hera‹ als Sternbilder ↗ des Zodiaks ↗ getrunken. Erreicht er Nr. 12, kommt der Sprung in den Wassermann ↗, der 1950 begann, u. die Psyche ↗ (Individuation) ist komplett. — Manchen gilt da Gilgamesch-Epos ↗ als Par. —

Herakliden: der Einfall der Dorer ↗ in Griechenland ↗ wurde a. ›Rückkehr der Herakliden‹ gen., weil sie behaupteten, von Herakles ↗ abzustammen.

Heraklit: Philosoph (um 540–480 v. Z.) in Griechenland ↗, den schon die Antike nicht mehr sicher einordnen konnte. Er wurde a. Der Dunkle genannt. These: ein vor Kambyses ↗ aus Memphis ↗ geflüchteter äg. Priester, denn seine Lehre verkündete den Logos ↗ als Sinn des Weltganzen (s. Hl. Dreieck ↗), als Gesetz, nach dem sich alles vollzieht. Immer wieder entfalte sich der Kosmos ↗ aus dem urspr., Vernunft ↗-begabten ›Feuer‹ (Nommo ↗ in Afrika) und werde wieder in dieses verschlungen. Es ist natürl. nicht das Element ↗ Feuer gemeint, hängt aber insofern mit diesem zus., als in Ägypten dafür die Tefnut ↗ stand, die Nut ↗ (= Kosmos) in sich enthaltend. Möglicherweise regte H. Pythagoras ↗ an, in Ägypten eingeweiht zu werden.

Herkules: Nv. von Herakles ↗.

Hermaphrodit: göttl. Wesen beiderlei Geschlechts ↗, als Wort eine Koppelung von Hermes ↗ und Aphrodite ↗. Für die Menschen erst ab 6. Welt ↗ erreichbar.

Hermes: wurde lt. Herodot ↗ durch die Pelasger ↗ in Griechenland ↗ bekannt gemacht u. entspricht dem äg. Thot ↗ oder Großen Horus ↗, hier als Her statt Hor ↗ eingesetzt. Die Nachsilbe Mes dürfte das äg. Msj ↗ (Kind, wie bei Moses ↗) sein. Es handelt sich um ein Horuskind, u. zwar von einem der 4 Horuskinder ↗ als 2. Generation. Bei den Griechen wurde H. zum Schriftstellernamen, der von einer Reihe von Generationen von Mystikern jedweder Schattierung gebraucht wurde (Blavatsky ↗), um ›Hermetische Schriften‹ ↗ zu produzieren. Der eigtl. Thot-Hermes soll 36525 Bücher geschrieben haben (s. Große Loge ↗); Jamblichos (griech. Philosoph um 250–330) reduzierte die Zahl auf 20000, bei Clemens von Alexandrien (um 200) waren es nur 42, die er in einer Prozession umhergetragen gesehen haben will. These: nichts davon stimmt, die 1. Zahl ist aber ein Schlüssel zum Inhalt:

1)		365	+	25		
	=	Henoch ↗	+	Kosmos		
				(Nut ↗)		
		(Pyramide)	+	(Runen ↗)		
2)	=	36	+	52	+	5
		Uralphabet ↗	+	Tzolkin ↗	+	Horus ↗

3) = 36 + 5 + 2 + 5 = 48 (= die Anzahl der Kategorien der vollkommenen Sonne ↗) u. Bücher der Großen äg. Loge

4)	=	9 (3 + 6)	12 (5 + 2 + 5)
		Götterneunheit ↗	+ Planeten ↗

Und so fort, nach der alten Zahlenmystik ↗ der Kabala. Tats. sind schriftl. Hinterlassenschaften höchstens noch das Buch Enoch ↗, alles andere wurde in die Große Pyramide ↗ eingebaut. Dann nach dem Weltuntergang ↗ wieder neu ausgearbeitet u. im Per Ankh ↗ gehütet, bis es zum Tempelwissen wurde u. schließlich verloren ging. S. Verlorenes Wissen ↗. Im ›Hermetischen Kreis‹ ↗ sind jämmerl. Reste angedeutet. S. Horoskop ↗ u. Ohrmuzd ↗.

Hermetischer Kreis: ein auf Hermes ↗ bezogenes Schema von 1749, das die Chaldäische Planetenreihe ↗ auf den Kopf stellt, aber eine umstrittene Sache klarmacht: Die Seele ↗ (hier anima) entspricht der männlichen Sonne ↗, der Geist (hier spiritus) dem weiblichen Mond ↗, in der Psyche ↗ vereint durch die 7 Welten der Weltenlehre ↗, beginnend mit Saturn ↗ = nach unten zeigender schwarzer Strahl, auf den *corpus* (Körper) deutend u. eine geheimnisvolle Truhe ↗, umgeben von Sternen, d.h. außerird. Herkunft. Man könnte a. einen Stein darin sehen = den gor-al, göttl. Stein = Gral ↗. Das hängt mit Hermes insofern zusammen, als er dem ›bösen Waland‹ ↗ entspricht, der so kunstreich war wie der von oben gekommene ›gute Waland‹ oder Schmied: Nommo ↗ in Afrika. — In der Abb. versteckt das Hexagramm ↗ ✡, männl. Dreieck nur durch Beine angedeutet.

Hermetische Schriften: s. Hermes ↗; philosophisch-okkultistische Schriften, die zieml. gleichzeitig mit dem Wiederaufblühen der Alchemie ↗ im 2. + 3. Jh. im Mittelmeerraum verfaßt wurden. Auf ihnen baute z. B. a. die Gnosis ↗ auf.

Hermin: einer der 3 ›Söhne‹ des Manus ↗ oder Stammvaters der Germanen ↗; von ihm leiteten sich die Herminonen oder Irminonen ab (lt. Tacitus ↗). These: die richtige Schreibweise dürfte Irmin ↗ sein, erhalten als Irminsul ↗ (Irminsäule). Nv.: Armanen ↗. Nach deren heutiger Interpretation ist H. die Umdrehung von Menhir ↗, einem bis zu 20 m hohen Monolith, dessen Verehrung global war. These: er symbolisiert die Rune ti von Tiod ↗, äqv. Thot ↗, einer Form des Min ↗ als Horus-Min. Hor ↗-Min, Hermin. Auf Thot bezogen sich die Germanen als Tiodiska ↗. In diesem Fall wäre H. a. Hermes ↗. Da Min als Löwengott ↗ über der l. Hand die Geißel ↗ trägt, kann man in deren abstrahierter Form ebf. den Menhir erkennen, schließl. den Zahn der Siriushieroglyphe ↗.

Hermonthis: gräzisierter Name der äg. ›Stadt des Gottes Muntu ↗‹ (griech. Month), am Westufer des Nil ↗

in Oberägypten gelegen. Hier gab es schon große prädynastische ↗ Nekropolen ↗. Als Pharao Muntuhotep ↗ Theben ↗ gründete, blühte H. ebf. wieder auf mit neuen Tempeln spez. für Muntu u. seine Gattin Rait ↗-Taui. In der Nähe des Bucheums ↗, bei der heutigen Ortschaft Baquaria, wurde eine Nekropole heiliger Kühe gefunden (s. die Muisca-Göttin Bachue ↗). — Heutiger Name Armant (T = Stadt), was als Name Arman übrig läßt, statt Hermon; es fällt die Ähnlichkeit zu Hermin ↗ auf. Die Araber machten H. zum Geburtsort des Moses ↗. Heute ist fast alles zerstört.

Herodes der Große: Römer (73–4 v. Z.), der 40 v. Z. von Oktavian (später Kaiser Augustus ↗) zum ›König der Juden‹ gemacht wurde. Aber erst 37 v. Z. konnte Jerusalem ↗ nach einem Blutbad eingenommen werden. H. heiratete die Prinzessin Mariamne ↗ u. bestieg den Thron, gehaßt von Kleopatra ↗ und Mariamnes Schwester Salome (nicht zu verwechseln mit Herodes Schwester Salome u. Herodes Enkelin Salome ↗, die nach einem berückenden Tanz den Kopf von Johannes dem Täufer gefordert haben soll), die einmal seinen Mundschenk zur Aussage bestach, Mariamne habe ihn vergiften wollen. 29 v. Z. unterschrieb er das Todesurteil gg. seine Frau, rasend vor Liebe, Eifersucht u. Verfolgungswahn. Etwa 4 v. Z. erreichte ihn, der schon von einer schweren u. tödl. Krankheit befallen war, eine höchst beunruhigende Nachricht. Es hieß, ein Sohn aus dem Hause David ↗ werde ihm auf dem Thron folgen u. die von ihm gegründete Dyn. beiseite geschoben werden. Für den sterbenden König soll diese Prophezeiung so unerträglich gewesen sein, daß er den Kindermord in Bethlehem ↗ anordnete. Das überschnitt sich dann, falls nicht Legende vorliegt, mit der von ihm angeordneten Volkszählung, der zufolge viele Familien in ihre Heimatorte reisen mußten, um sich dort einschreiben zu lassen. Dazu soll Joseph ↗ gehört haben, dessen Frau Maria ↗ ein Kind erwartete: Jesus ↗. Von Nazareth ↗ kommend, machten sie in Jerusalem Halt, um sich am Hof des Herodes nach dem Weg zu erkundigen. Lt. Matthäus ↗ habe das dessen Verdacht erregt u. den Befehl für den Kindermord ausgelöst. Gewarnt durch einen ›Engel‹ (manche meinen durch ein Mitglied der Qumransekte ↗) flohen Joseph + Maria nach der Geburt nach Ägypten. These: Jesus wuchs im Qumran-Kloster ↗ auf u. das Kind, mit dem sie flohen u. zurückkehrten, war sein Zwilling Thomas ↗. — 20–10 v. Z. ließ H. auf dem Berg Moria ↗ einen neuen Tempel bauen, unter Nachahmung des Grundrisses von Salomo ↗, nur viel höher (bis 40 m hoch). Wurde von den Römern ↗ nach dem Aufstand der Zeloten ↗ 70 zerstört. Die Klagemauer ↗ ist ein Rest von Herodes' Westmauer, die die erhöhte Plattform begrenzte, auf der der Tempel (von Jerusalem) stand, mit dem Allerheiligsten ebf. im W (wie in Ägypten).

Herodot: griech. Geschichtsschreiber (um 484–424 v. Z.), der 9 Bücher, ›Historien‹, hinterließ, jeweils mit dem Namen einer der 9 Musen ↗ benannt. Unternahm ausgedehnte Reisen, um sich an Ort u. Stelle zu unterrichten. Thema ist insbesondere die Auseinandersetzung zw. Hellenismus ↗ u. Ägypten + Orient.

Herz: zentrales Organ des Blutgefäßsystems. In Ägypten ↗ wurde zw. 2 Herzen unterschieden. Äg. Totenbuch ↗: »Von der himmlischen Mutter kommt mir das Ib-Herz, vom irdischen Leben kommt mir das Hati-Herz.«

1) Ib-Herz: zukünftiges Schicksal, Summe der reinen unverwirklichten Möglichkeiten, Wurzel des prophetischen Hellsehens; gilt als mütterl. Prinzip u. nichtmateriell. »Es ist ein Schoß, wo die Keime des Zukünftigen schwärmen...« (Kolpaktchy, 1975: 306); Teil des 9fältigen Menschen ↗.

2) Hati-Herz: verwirklichtes Schicksal, das Ganze der Vergangenheit. Bedeutete urspr. ›Vorderteil‹ und ›Brust‹, dann direkt das physische Herz als Sitz des instinktiven Lebens u. »Frucht einer unermeßlichen Vergangenheit« (Kolpaktchy, 1975: 305) (zweifellos der Evolution ↗), deshalb begabt für Magie ↗ (aber nicht Zauber ↗ wie das Ib-Herz). Daß es väterlich eingestuft wurde, beweist sein Ersatz durch den immer als männl. geltenden Skarabäus bei der Mumie ↗. Hati war bei der Seelenwägung ↗ gefürchtet, Aussagen über Missetaten des Besitzers zu machen. These: als Grundmotiv gehören beide als Y, Ewiges Leben, Reinkarnation ↗ zus., mit dem oberen Teil als körperl. Herz Hati u. dem unteren Teil als Nut ↗ (Kosmos), verknüpft mit der Gebärmutter ↗, die Schwangerschaft ↗ leitend. Die verbindende Achse ist schräg u. hat den Achsenwinkel der Erde ↗, gegeben durch die Stellung des Hatiherzes. Mit ihm »dachte Ptah ↗ die Schöpfung aus, u. wie es sich ihm als Schöpferorgan bewies, so leitet es mit seinen Gedanken auch das Handeln des Menschen« (Bonnet, 1952: 305). Es ist »Sitz der Gefühle und des Verstandes« (Bonnet, 1952: 297). Ib wiederum hängt mit dem Ka ↗ (Geist) zusammen.

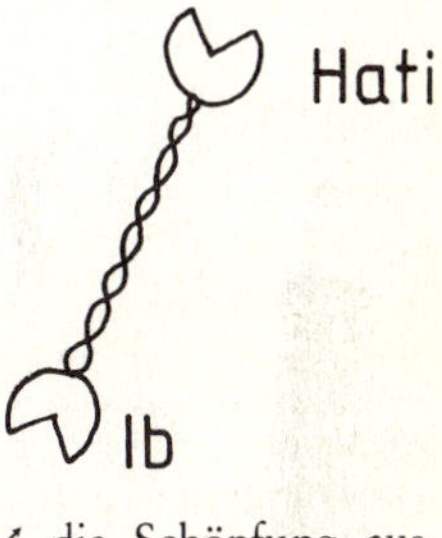

Hesat: weiße Himmelskuh ↗: ›des Toten Mutter und Helferin‹. Symbol der Hathor ↗, auf Bildern in 7 Himmelskühe aufgespalten, Nr. 8 ist ein Himmelsstier ↗. Vor jedem der insg. 8 Tiere ein Bündel mit je 3 Symbolen, was zur Zahl 24 führt; das Detail gehört zu Earu ↗, den Inseln der Seligen. H. dürfte Achath ↗ entsprechen. Das nachfolg. Schema der 24 Grundmotive ↗ ist als eigene These mit einem offiz. Bild aus dem Äg. Totenbuch ↗ gekoppelt: Je nach Ebene, ist der Stier ↗ die ab Sekundärschöpfung (Buchstabe I) in vollem Licht erstrahlende Sonne Re ↗, die deshalb aus den Hörnern der H. verschwindet - oder er ist Muntu ↗ (die Buchstaben T + U), der astrale Urmensch der 2. u. 3. Welt ↗ = Paradies ↗, hier zum Himmlischen Paradies erhoben, da es das irdische nicht mehr gibt. Schließlich ist er Osiris ↗ u. jeder Tote ↗, der ›in Osiris‹ stirbt u. nun von H. wie er gespeist wird mit dem Logos ↗ = die 24 Grundmotive in obiger Reihenfolge. Ihre Gliederung in 8 x 3 ist umgekehrt zu 3 x 8 die der Runen ↗ geworden. In der Wiederholung ↗ - äg. Whm ↗ - wird dann der Stier zu Apis ↗. — Im Wort Hesat steckt als Schlußsilbe Sat ↗, das Sein ↗. Siehe Abb. nächste Seite.

Hesiod: griech. Schriftsteller des 8. Jh. v. Z., der in seinem Werk *Erga* kurz die alte Weltenlehre ↗ berührt u. sich beklagt, in der 5. Welt ↗ zu leben, statt früher oder später: »Denn dieses (5.) Menschengeschlecht ist

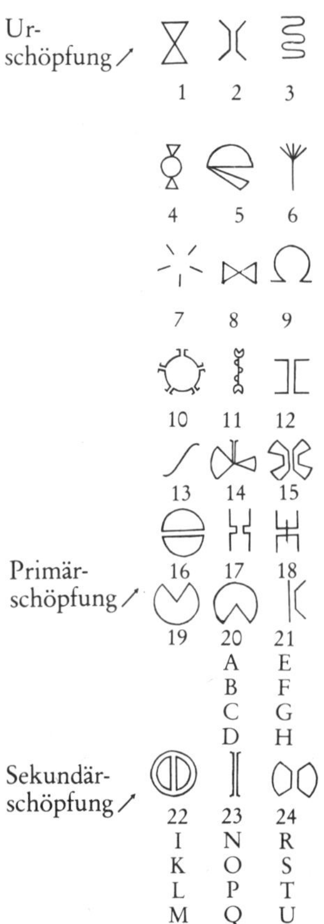

ein eisernes! Gänzlich verderbt, ruhen diese Menschen weder bei Tag noch bei Nacht von Kümmernissen und Beschwerden, immer neue nagende Sorgen schicken ihnen die Götter. Sie selbst aber sind sich die größte Plage... Überall gilt nur das Faustrecht; auf Städteverwüstung sinnen sie gegeneinander.« Lt. Babyl. Turm ↗ ist es die Welt, die vom Mars ↗ regiert wird. These: nach Ablauf der Endzeit ↗ hört sie 1999 (Datum von Nostradamus ↗) auf.

Hesperia, Hesperien: ›Land des Abends‹; offensichtl. ein Stück Abendland ↗, in dem lt. Homer ↗ die Phaiaken wohnten, bevor sie von den Cyclopen ↗ verjagt wurden. Die Griechen ↗ machten Italien ↗ daraus. Es könnte sich aber a. um einen alten Ausdruck der Kanaanäer ↗ = Hmr ↗, Homer, f. Europa ↗ handeln, um die zukünftige Nachfolge des Hesperidengartens ↗ prophetisch voranzulegen. S. Sternenwege ↗.

Hesperiden: Nymphen ↗, die die Goldenen Äpfel im Hesperidengarten ↗ hüten. Ihre Zahl schwankt zw. 3, 4 u. 7. Neben den Namen Hespere, Hespereia u. Hesperusa taucht manchmal a. Hestia ↗ auf. Als Mutter gilt Nyx ↗ oder Hesperis ↗. Sie wurden von Hera ↗ eingesetzt u. von der unsterbl. Schlange Ladon ↗ bei der Bewachung unterstützt. Da es sich um 12 Äpfel ↗ handelt als Symbolisierung der 12 Sterngruppen des Zodiaks, darf man sie wohl mit den 4 weibl. Trägerinnen der Zodiakscheibe ↗ von Dendera gleichstellen, als deren ›Evangelisten‹ ↗ sie erscheinen. Wenn sie nicht nur als Vierteilung der Nyx = Nacht als Duat ↗ (äg.) gedacht waren, so wäre an Priesterinnen zu denken, wie sie später in Rom als Vestalinnen ↗ erschienen.

Hesperidengarten: ein Garten mit Bäumen, auf denen Goldene Äpfel wuchsen; Hochzeitsgeschenk der Gäa ↗ an Hera ↗, die Ladon ↗ + die Hesperiden ↗ zum Hüten einsetzte. Das entspr. Land wurde von den Griechen ↗ irgendwo westlich oder östlich von Afrika gedacht. These: es handelt sich um eine von den Pelasgern ↗ überlieferte Erinnerung an das Paradies ↗, von wo letztere selbst herzustammen angaben: Mu ↗ im Pazifik. Als es beim Weltuntergang ↗ versank, ging die Nachfolge an Ägypten ↗ über, nach dessen Zerfall an Hesperia ↗, mit den Stadien der Gesch. vom 1., 2. u. 3. Reich ↗, wobei sich West + Ost durch jeweilige Polsprünge ↗ umdrehten. — S. Herakles ↗.

Hesperis: gilt manchmal als Mutter der Hesperiden ↗. Der Name klingt nach (He)Speer ↗(Is ↗), germ. Ger ↗, u. Hoffnung, frz. *espoir,* was unbedingt zusammenhängt, da im Ger als Runen ↗-Kreis der Gesch. die Hoffnung auf das Erscheinen der Frau Gaur ↗ begraben liegt, mit der H. identisch sein könnte.

Hesperos: Hesperis ↗.

Hestia: griech. Äqv. der röm. Vesta ↗, eine Göttin, die das ›Feuer‹ hütet, zu dessen profaner ↗ Nachbildung das Herdfeuer in jedem Haus wurde. Das Ewige Feuer in ihrem Tempel hüteten die Vestalinnen ↗. — Gehört zum Olymp ↗ u. müßte deshalb ein Planet ↗ sein. These: der heute nicht mehr bek. zweitnächste Planet zur Sonne (deren Feuer sie hütet), in Teotihuacan ↗ = Kinan ↗ (Sonnengeist).

Hethiter: Hatti ↗, in Keilschriften Chatti, äg. Cheta, bibl. Chittim. Geschichtl. faßbar am Schwarzen Meer ↗, wo die Goten ↗ in ihr dortiges Reich einfielen. Heutige archäolog. Grabungen stoßen a. am Nebenfluß des Euphrat ↗ = Chabur auf sie, dann in Syrien ↗ u. auf großen Teilen der Balkanhalbinsel. Als Hauptstadt gilt Chattuschasch, eine einstmals riesige Festung ca. 150 km östl. von Angora, heute Ankara, Türkei ↗. 1758 v. Z. führte sie ein Siegeszug bis Babylon ↗, das erobert u. geplündert wurde. Sie waren ungewöhnl. kurzköpfig. Die Königin hatte besonderen Einfluß, nicht selten folgte ihre Tochter als Alleinherrscherin auf dem Thron. These: sie spielte die Rolle der Hauptgöttin, die auf Bildern die Mauerkrone trägt, wie z.B. Diana ↗. — Im 14. Jh. v. Z. schlossen sie einen Vertrag mit dem Nachbarstamm der Mittani ↗. Manche meinen, nicht erst Anchsenamun ↗, sondern schon Nofretete ↗ habe um die Hand eines Hethiterprinzen angehalten u. sei aufgrund dieses Hochverrats umgebracht worden (Lissner: So habt ihr gelebt, S. 64). Ihr Zusammenbruch unter dem Ansturm sog. Seevölker, Philister ↗, gg. Ende des 13. Jh. v. Z. fällt mit dem Trojanischen Krieg ↗ zusammen. Es sind Briefe überliefert, in denen ein Gouverneur von Byblos ↗ Echnaton ↗ um Hilfe bittet gg. Libanon ↗, das mit den H. gg. Ägypten ↗ konspiriere. — Manchen gelten sie als erste Indoeuropäer ↗, die (um 2000 v. Z.) auf der Weltbühne erscheinen. — S. Griechen ↗.

Hexagramm: Sechsstern ↗, nach Hexa = 6 (griech.). Das Wort könnte mit Hechsa ↗ u. Hexe ↗ zusammenhängen. Wie das Pentagramm (Fünfstern ↗) ist es in vielen Kulturen zu finden: in Ägypten ↗ als Symbol der Kabira ↗ Isis + Osiris, was es in Beziehung zum

Hl. Dreieck ↗ stellt. In Indien ↗ als Symbol von Vishnu ↗, bei den Juden ↗ als Davidstern ↗ oder ›Siegel Salomons‹, dem ›Meister aller (24) Djinn ↗‹, der angebl. über die ›direkte Macht des Wortes‹ gebot. These: damit landet man bei einer Sonderform des Logos ↗, u. das wäre bei den 12 Seiten dieses Sterns der Tierkreis ↗

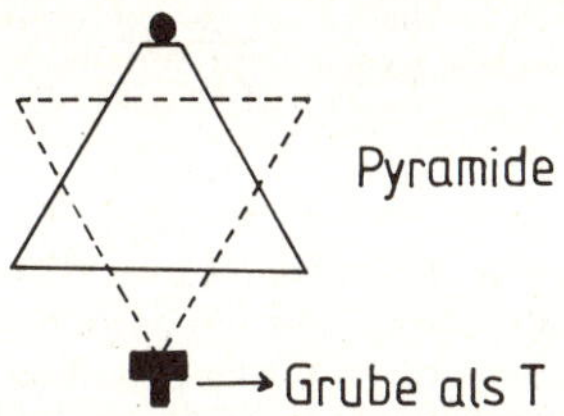

als seine Verschlüsselung. Es sind auch die 12 Arbeiten (z.B. des Herakles ↗), die wieder ins Paradies ↗ = den Hesperidengarten ↗ führen, oder ins Himmlische Jerusalem ↗ = Earu ↗. Lt. Apokalypse ↗ hat es 12 Tore mit den Namen der 12 ›verlorenen Stämme‹ ↗, die sich wieder mit den 12 Tieren des Zodiaks treffen. Es gibt aber noch zwei Möglichkeiten, es als Architektur

zu entdecken: 1) als Große Pyramide ↗ (Abb. 1), die zwar nur das eine Dreieck sichtbar macht, während das unsichtbare 2. mit der Spitze nach unten zur Grube ↗ deutet, was an die Hochzeit Osiris-Nephtys (statt Osiris-Isis) denken läßt, äqv. Christus-Sophia, wobei letztere der jüd. Schechina ↗ entsprechen dürfte. 2) könnte im Übertrag auch das Tempelgelände von Jerusalem ↗ (Abb. 3) urspr. einem H. entsprochen ha-

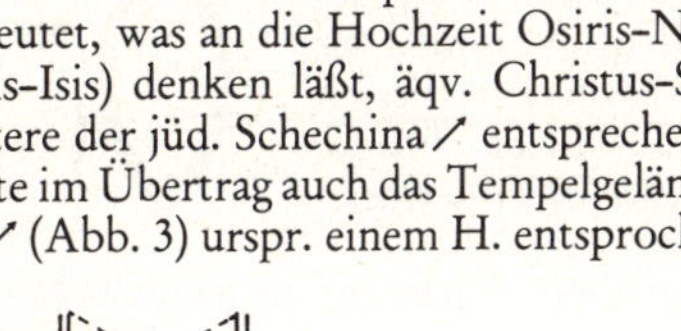

ben, da der Tempel selbst auffällig einem T entspricht, das man manchmal im H. findet. Die Westmauer mit heutigem Rest als Klagemauer ↗ (auf Herodes ↗ zurückgehend) wäre dann die Basis des Pyramidendreiecks gewesen, deren unsichtbare Spitze nach O zum Ölberg ↗ zeigt, wo Jesus ↗ gefangen wurde, während die Ostmauer die Basis des Gegendreiecks gewesen wäre, deren unsichtbare Spitze zum Grab (heute Grabeskirche) deutet wie a. nach Westen ↗, von wo die Schechina erwartet wird. These: Abb. 2 kombiniert deutlich den Rhombus ↗ mit dem quergelegten Mekes ↗-Etui 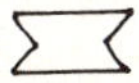

Hexe: germ. Hagedise ↗, nach Hagal ↗ + Dise ↗, d.h. eine der 3 Disen bzw. deren Vertreterinnen, wobei nicht mehr überliefert ist, welche gemeint war. Vermutlich Urd ↗, äg. Urt-Hekau ↗. Während der Inquisition ↗ wurde sie beschuldigt, ihren Leib mit Bilsenkraut (Rauschgift ↗) einzureiben u. mit der Schnelligkeit des Windes hinwegzufliegen - zum sog. Hexensabbat ↗. Der berechtigte od. unberechtigte Vorwurf dürfte sich auf den Schamanismus ↗ beziehen. Nach einer wissenschaftl. Untersuchung ›Erotik und Hexenwahn‹ von Friedrich Barnheim wurden in Europa in 250 Jahren 9 Millionen Frauen als angebl. Hexen liquidiert. These: tats. handelte es sich um den Kampf der Kirche ↗ gegen Revolution durch Ketzer ↗, wobei es bei den Hexenprozessen, Folterungen u. Verbrennungen schließl. so zuging, wie man es zu Unrecht dem Hexensabbat nachsagte; in England wurden im 17. Jh. (!) Frauen als H. sogar lebend im Kessel gesotten. Jedoch hielt das die ›Häresie‹ ↗ nicht auf, im Gegenteil, sie führte schließl. zur europ. Wissenschaft ↗. Der Pakt des Faust ↗ mit Mephisto ↗ ist ein Schatten der Verbindung der Hexe mit dem ›Teufel‹ ↗, in der Alchemie ↗ als ›alchymische Hochzeit‹ gesucht. Wortverwandt: Hechsa ↗ u. Hexagramm ↗.

Hexensabbat: eine Versammlung, zu der angebl. die Hexen ↗ flogen. Da auch Kirche ↗ = *ecclesia* nur Versammlung bedeutet, darf an eine Gegenkirche gedacht werden. Lt. Kurt Seligmann handelte es sich um Wiederaufnahme der Feste der Diana ↗ (Das Weltreich der Magie, S. 204) wie auch des Bacchus ↗ mit seinen Bacchantinnen, als Gegengewicht an Lebenslust ggb. der alles unterdrückenden Erbsünde ↗ oder Verdammung von Erkenntnis ↗.

Hierarchie: Rangstufung (griech.) oder Gesellschaftspyramide nach dem Bild des männl. Dreiecks ↗ mit Spitze als Gott ↗, Papst ↗, Pharao ↗ oder Oba ↗ (König). Meist führt die Staffelung zum (4-)Klassen-System ↗, da dieses Symbol

für Sonne ↗ = Seele (Natur) steht. Deshalb a. bei den Tieren üblich u. Hackordnung genannt. Bes. stark ausgeprägt im ind. Kastenwesen ↗ u. dort mit Körperteilen in Parallele gesetzt. Im Vatikan ↗ heißt die Stufung: Papst, Bischöfe, Priester u. Diakone. — Das Wort setzt sich zusammen aus *hiero* = göttl. u. *arc* = Bogen (wie im Triumphtanz ↗) od. Arche ↗ (Noah) = Große Pyramide ↗. Das Gegenteil ist Anarchie ↗, ein Zusammenleben ohne Autorität. Hier gibt es keinen (= An, nicht) Bogen, bzw. An ↗, der Himmel, gibt den Zusammenhalt: das wäre das umgekehrte Dreieck, weiblich, als Logos ↗ oder Hl. Geist, der erst im zukünft. 3. Reich ↗ die bisherige H. ablöst. Wird fälschl. Gottesstaat genannt, z. B. bei Plato ↗, dessen diesbzgl. Vorstellung ebf. 4 Klassen staffelt u. nur Patriarchat ↗ ist (Schema).

Hiera Techne: göttliche Technik als Kunst ↗ (griech.).

Hierogamus: Beischlaf (*gamus* wie in Monogamie oder Polygamie) mit dem Göttlichen (*hiero* wie in Hieroglyphen ↗), d.h. eine Hl. Hochzeit ↗ entweder zw. einem Gott ↗ u. einer ird. Frau oder umgek. zw. einer Göttin ↗ u. einem ird. Mann. Ein ausfühl. Thema der Mythen ↗ wie Religionen ↗. Sonderfall Maria ↗. — Im Tantrismus ↗ wiederum wird versucht, jeden Beischlaf zu einem H. zu transzendieren. — Dem H. liegt der Wunsch zugrunde, Himmel + Erde, die am Anf. der Schöpfung ↗ getrennt wurden, wieder zu vereinen. S. Babyl. Turm ↗, auf dem ein Goldenes Bett für den H. stand.

Hieroglyphen: Ägypten ↗ hat im Laufe der Jt. 4 Schriftsysteme entwickelt: die *hieroglyphische*, dann *hieratische* seit Mittlerem Reich (11. Dynastie ↗), u. an dessen Ende die *demotische* als Volksschrift für Verträge u. Protokolle. Unter griech.-christl. Einfluß kam schließl. noch die *koptische* hinzu. — H. geht auf *Hieroglyphika Grammata* (griech.) zurück u. drückt aus, daß man die Z. (Glyphen) als heilig (hiero), wenn nicht von den Göttern ↗ abstammend, betrachtete. *Gluphein* (woraus glyphe wurde) bedeutet im griech. Eingravieren, d.h. die H. sind in unendl. mühsamer Steinmetzarbeit als Reliefs aus dem Stein herausgeholt; sie sind immer Teil der Hiera Techne ↗ = Kunst ↗. Kein Bild, keine Skulptur, keine Architektur ohne H., deren Texte oft doppelt erscheinen, von l. nach r. u. von r. nach l. Für die Ägyptologie ↗ sieht das nach dekorativer Komposition aus, aber es ist überliefert, daß eine Umkehrung ↗ in andere Ebenen führte. So beginnt schon die Götterneunheit ↗ mit der ungezählten Göttin Mut ↗, aus der als Nr. 1 Tum ↗ (heute Atum ↗) wird. Auf ganz ähnl. Weise drehte sich die H. eines Stierkopfes:

in den röm. Buchstaben A um, dem er entspricht. Äg. Bilder lassen Tote ↗ im Jenseits ↗ mit dem Kopf nach unten laufen etc. Jede H. sei eine Wissenschaft gewesen, überlieferten die Griechen ↗, u. das soll nachfolg. Beispiel nach eigener These beweisen (Abb.):

Über dem Relief einer Lilie ↗ befindet sich die Kartusche ↗ von Tutmosis III., 18. Dyn., Zusatzname Mencheperre (heutige Schreibweise). Die Lesung geht von r. nach l., wo sich Chepre ↗ (hier cheperre) als Skarabäus ↗ befindet. In der Mitte die H. für Msj ↗ (heute Mosis, wie Moses ↗) = Kind bzw. Geburt, geboren von. In einfacher Form ist diese H.,

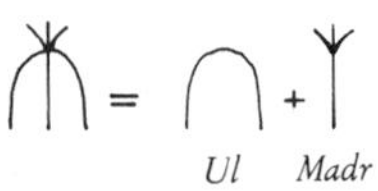

was noch niemand gemerkt hat, eine Koppelung von 2 Runen ↗: Ul ↗ (Baum, Unterwelt, Kette der Geschlechter) + Madr (Mensch, Sproß). Sie kehrt als Ilix ↗ (Lilie, s. Abb.) in Rune Nr. 15 wieder. Nun findet sich diese Zahl tats. in der erweiterten H. Msj, wenn man ihre Einzelteile zählt, Doppelblättchen einfach gerechnet. Zählt man sie doppelt, wird 24 daraus (Gesamtzahl der Runen wie a. des Hieroglyphenalphabets); zählt man nur die Doppelblättchen, ergibt sich die Zahl 18 = die 18 Grundmotive einer Schwangerschaft ↗. Die Aussage ist kompliziert,

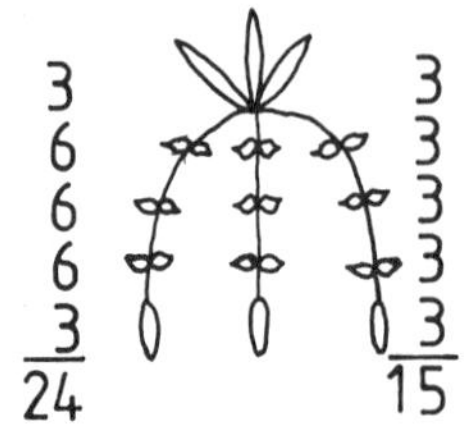

weil am Anfang der Kartusche noch ein stehender Hund ↗ eingesetzt ist, der Wepwawet ↗ (= Japhet ↗) entspricht, während die Lilie ein Symbol der Nephtys ↗ ist. Damit wären evtl. die Elternteile gegeben, dem der Anspruch folgt, wie Chepre direkt aus der Nut ↗ hervorzugehen, oder insg. ein Kind wie Thot ↗ (= Thot-mosis) zu sein, der die Schrift u. damit wohl die älteste Form der H. erdacht haben soll. Thots Partnerin Nemanus ↗ wiederum dürfte sich mit den Runen verbinden, deren Reihenfolge Nommo ↗ entspricht, während die H. dem Sonnenalphabet ↗ folgen. Oder, Tutmosis (der Hatschepsut ↗ folgte) erhebt wie Thot (Tuisto ↗) den Anspruch, die 2 Weltordnungen zu koppeln. Aber nicht nur das: zw. Msj u. Chepre schiebt sich eine weitere merkwürdige H. ein, die auffällig an das Mittelstück des Wappens der Kardinäle von München ↗ erinnert, hier mit Men übers., was mit Min ↗, Imn u. Ammon ↗ zusammenhängt. Oder: die Umdrehung des letzteren ist Nommo, der Wiederkehrende ↗, dessen Genesis ↗ dieser Pharao (wie jeder andere) zu tragen u. fördern versuchte. —

Wie man sieht, waren die H. zwar lesbar, aber den eigtl. Sinn gaben sie damit noch nicht her, weshalb Kolpaktchy ↗ so recht hat, wenn er schreibt: »Man hat Wunder erwartet, unerhörte Offenbarungen in

Die 24 Grundhieroglyphen:

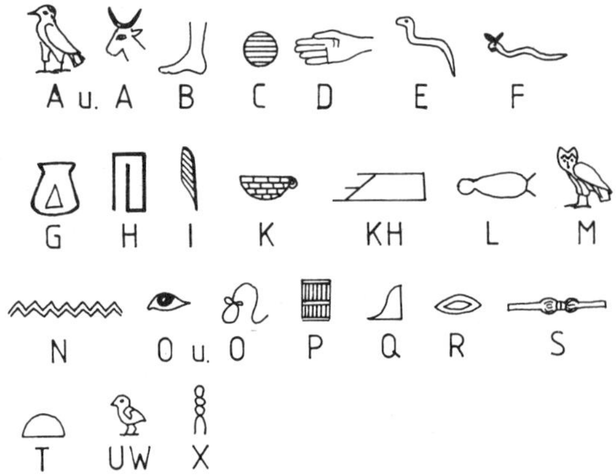

Aussicht gestellt, als die Hieroglyphen zum ersten Mal entziffert wurden (v. Champollion). Das war nur eine Sackgasse, eine Selbsttäuschung. Jener Weg führte nir-

gendhin. Der Geist, der das historische Phänomen ›Ägypten‹ beseelt, blieb unbekannt, mißverstanden, verneint, verhöhnt. Um Ägypten, und gar seine Texte zu verstehen, horche man zuerst auf sein Schweigen. Aus jenem Schweigen wird eine esoterische Ägyptologie entstehen können« (1975, S. 54). Die Nommo-Logie ↗ bemüht sich darum.
These: das durch den Geier ↗ vertretene erste A gehört nicht zu diesem Sonnenalphabet, sondern zum Kosmos (Göttin Mut ↗), der es hervorbringt in Gestalt des Stierkopf-A als Sonnenkern ↗ (Atum). — Neben dieser Grundordnung gab es unendlich viele Ideogramme ↗ wie Ka ↗ 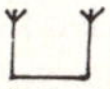 und Ba ↗  ; manche finden sich vergrößert als Symbole der Götter in deren Hand oder auf dem Kopf, sie können sogar zu einer Architektur werden wie z.B. die Siriushieroglyphe ↗. In Afrika ist diese H.-Schrift überhaupt nur eingebaut u. nicht abgesetzt. Der Totentempel ↗ enthält sogardas afrik. Nommo-Zeichen ↗.
Hieronymus: lat. Kirchenlehrer (um 347–420), der die Vulgata ↗ verfaßte.
Hierophant: Oberpriester(in), bes. bei den Eleusinischen Mysterien ↗ (griech.); äqv. Eingeweihte(r). In Ägypten ↗ nahmen sie oft den Namen ↗ eines der Götter ↗ an; oder sie nannten sich ›Schlangen‹, In Indien ↗ Naga ↗, bei den Maya ↗ Kopf der Schlange = Hor Chan ↗. Ähnl. bei den Druiden ↗: »Ich bin eine Schlange, ich bin ein Druide!« (Blavatsky, II., 799) riefen sie aus. Ganz offensichtl. ist die Schlange des Hl. Dreiecks ↗ gemeint, in der Gnosis ↗ = Logos ↗, geschickt von Sophia ↗ (= Weisheit), weshalb sie sich a. ›Kind (oben *phant,* wie bei *infant*) der Weisheit‹ (sprich der Göttlichen, hiero) nannten. So waren z.B. die Essener ↗ H.
Himalaja: relativ junges Faltengebirge zw. Tibet ↗ u. Indien ↗ mit den höchsten Gipfeln der Welt (zahlr. Achttausender); im NW die Ketten des Hindukusch ↗ u. Karakorum-Geb. An den Schneeabhängen des H. entspringen Ganges ↗ + Indus ↗. Die endgültige Hochschiebung setzte erst nach dem Weltuntergang ↗ von 11432 v. Z. ein, lt. Churchward ↗ gerettete Tafeln des Weltarchivs ↗ begrabend. Der H. war einer der 5 Überlebensorte für Flüchtlinge der Sintflut ↗, wie von den Brahmanen ↗ berichtet, so der Naga ↗ + Tamil ↗. — In der höchsten Zone leben die schwarzen Lolo ↗. — Der Okkultismus ↗ setzt hier unsichtbare ›Meister‹ an, nach denen z.B. Gurdjieff ↗ suchte. — Nv.: Himavat, a. »Gürtel, der, einerlei ob unter oder über Wasser, die Erdkugel umkreist...« (Blavatsky ↗).
Himariten: ein alter Name der Kanaanäer ↗, gebildet aus deren Abk. Hmr ↗; in der Bibel ↗ wird als Äqv. ein Zweig von Kanaan ↗ = Emori gen. Bei Wirth ↗ sind es die Amuri (Amoriter), wonach Kanaan a. Amuru hieß. Als Umdrehung wird bei ihm aus Am-uri = Ma-uri. These: dann fehlt als letzter Schritt nur die Verbindung zu den Maori ↗ auf Neuseeland ↗ (Polynesien), um z.B. nachvollziehen zu können, wie der dortige Begriff Io ↗ über die H. zu den Juden wanderte, um dort Jahwe ↗ zu werden. — Die H. waren Schwarze, ›Mohren‹, Lemuren ↗.
Himmel: nach einer indian. Lehrmeinung besteht der H. aus 9 Stockwerken, ausgedrückt z. B. in den 9 Stufen ihrer Stufenpyramiden ↗. In Polynesien ↗ ist die Krönung Io ↗, der 10. Himmel. — Äg. Darst. setzen als H. die Göttin Nut ↗ ein oder abstrahieren folgendermaßen:

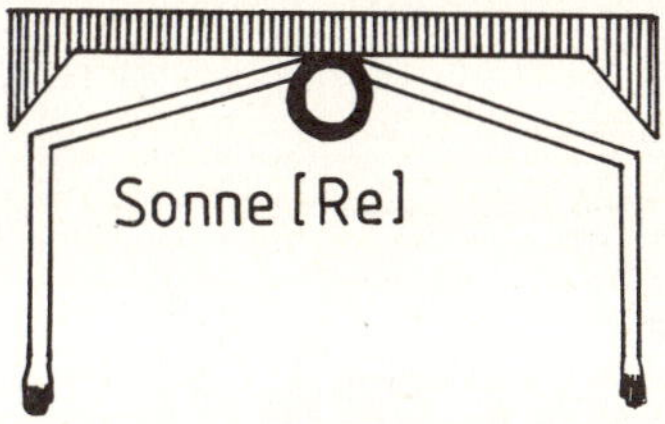

Der H. wird zur umgek. Ka-Hieroglyphe ↗, an der die Sonne hängt u. Lichtarme aussendet, genannt Re ↗. Die engste Verschmelzung von Nut (Himmel) + Re (Sonne) ist Ntr ↗, das würde dem polynes. Io entspr. Die 9 ›Stockwerke‹ finden sich in Ägypten als Götterneunheit ↗. Realisiert werden daraus die 9 Welten ↗, durch die die germ. Yggdrasil ↗ wächst. These: u. natürlich werden a. die Kreise der menschl. Psyche ↗ daraus, d.h. wir tragen den (die) Himmel a. in uns. Deshalb findet sich im Zuge der Umkehrung ↗ das gleiche Himmel-Z. a. als Erd-Z. wieder. Vereinzelt wird auf äg. Bildern die Nut a. 3 mal übereinandergestellt, was an die 3 Disen ↗ oder Gunas ↗ erinnert. Als Symboltier ↗ des H. erscheint die Himmelskuh ↗.

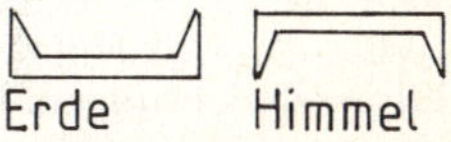

Himmelfahrt: in Ägypten ↗ gab es ein Fest, gen. H. der Göttin Neith ↗. Im Schamanismus ↗ des alten China ↗ flogen Schamaninnen (wohl nach Körper-Geist-Trennung ↗) in den Himmel ↗ ›auf einer schwarzen Wolke‹. Eine leibliche Himmelfahrt des Jesus ↗ beanspruchten die Apostel ↗ gesehen zu haben; 1950 (Beginn der Endzeit ↗) gestand der Vatikan ↗ a. Maria ↗ eine H. zu. — Dauerthema des Äg. Totenbuchs ↗ ist die ersehnte H. nach dem Tod ↗:

> »Geist ↗ bin ich geworden, geläutert, geheiligt
> Mit machtvollen Sprüchen gepanzert...
> Götter des unermeßlichen Himmels!
> Göttliche Geister!
> Ihr alle, schauet mich an!
> Nun hab ich vollbracht meine Reise
> Und erscheine vor euch.« (Kap. IX)

Dies nach Durchlauf von Totentempel ↗ od. unterer Duat ↗, wie a. Jesus vor seiner H. 3 Tage in der Unterwelt ↗ geweilt haben soll. — Der Aufstieg der Seele ↗ zum Himmel erfolgt nach äg. Überlieferung (s. Ba ↗) per ›Falkenkraft‹, oft aber a. über die Himmelsleiter ↗.
Himmelskuh: Symbolisierung des Himmels ↗ als Kuh ↗ (Abb.), die Göttin Nut ↗ darstellend, nicht zu verwechseln mit Hathor ↗ als Kuh im Boot = Sirius ↗. — Am Leib Sterne u. die 2 Barken ↗. Als Stütze in der Mitte Schu ↗ (Luft). — Bei den Osiris ↗-Mysterien wird die Kornmumie ↗ in eine hölzerne H. gelegt u. diese 7 mal um den Tempel geführt, bevor die Mumie im Osirisgrab ↗ verschwindet. Das soll für die 7 Monate stehen, die Nut bis zur Osirisgeburt schwanger ging. Als ihr Sohn wird Osiris zum Himmels-

stier ↗. Bei Hesat ↗ scheinen Nut u. Hathor zu verschmelzen.

Himmelsleiter: nach einem Vorstellungskreis der äg. Pyramidentexte ↗, erfolgt die Himmelfahrt ↗ des Toten durch Aufstieg auf einer H. Sie ist ein ›Werk des Re‹, d.h. der Sonne ↗ u. meint den Lichtstrahl ↗. Als Archetyp ↗ wird sie entw. als vom Himmel ↗ herabhängende Strickleiter gezeichnet, aber a. direkt als Leiter ins Grab ↗ gemalt bzw. sogar materiell hineingestellt. Bei Festen ↗ wiederum wird daraus ein Klettergerüst, der Maibaum ↗.

Himmelsrichtungen: bei den Germanen ↗ als die 4 Zwerge Vester (= W), Oster (= O), Norder (= N) u. Suder (= S) vorgestellt. Altäg. Äqv.: die 4 Horuskinder ↗, in Indien ↗ die 4 Lokapalas ↗. In letztem Fall werden die 4 Elemente ↗ damit verbunden, in Ägypten 4 Haupttiere des Tierkreises ↗. Bei den Evangelisten ↗ wird beides verbunden, ihre Symboltiere bilden bei der verschlüsselten Beschreibung des Aufbaus der Sonne ↗ in der Apokalypse ↗ den 4er Kreis ↗. — S. Weltideogramm ↗ der Maya u. gerades Kreuz im Kreis als Heiligenschein von Jesus ↗ = Inri ↗, ebf. die 4 Elemente. — Bei den Germanen war Süd immer die ›Mutterstelle‹, im Runenkreis die Mütternacht ↗. Entspr. war a. in Ägypten Süd = Amset weiblich, in Indien Yama ↗ = Feuer. — Ägypten war ganz nach S ausgerichtet, weshalb der Orient Y'Bt, die Linke hieß u. der Okzident ↗ Ymnt, die Rechte. Das stimmt insofern mit heute überein, als l. = Kommunismus ↗ im O und r. = Individualismus ↗ im W verankert ist. Bei den Horusaugen ↗ äqv. l. = Mond ↗, in der Psyche das kollektive Unbewußte ↗; r. = Sonne ↗, der individuelle Lebensweg ↗.

Himmelsrose: meist 8blättrig als die 8 Att ↗, Auffächerung der 4 Himmelsrichtungen ↗. Dann ist der 8er Kreis ↗ der Sonne ↗ gemeint, z. B. auf der *Hand der Mutter Anna* ↗ zu finden, oder im Zentrum der gotischen Rosette ↗ oder im Zentrum des Diskus ↗ (Kreta). Da aber unsere Sonne lt. sum. Rollsiegeln ↗ (s. Astrologie ↗) bis jetzt nur 7strahlig ist, kommt als echte H. eigtl. nur Sirius ↗ in Frage. — Äg. Äqv. = Lotos ↗. Die H. wird bei Dante ↗ erwähnt. Die Alchemie ↗ vergleicht das Mandala ↗ mit einem ›rosarium‹ (Rosengarten), in das bei den Christen (als Rosenhag) Maria ↗ gesetzt wird, weil sie selbst die H. ist, wie gesungen in einer europ. Litanei: »O Rosenkranz, Dein Blühen macht die Menschen frohe weinen - O Rosensonne, dein Glühen macht die Menschen lieben - O Sonnensohn, du Rosenkind, O Strahlensonne. Kreuzesblume, über allem Blüh'n und Glüh'n - erblühter reiner Schoß, heilige Rose, Maria« (von Jung ↗ zitiert). Mit dem Kind der Rose (Rosenkind) ist Jesus ↗ gemeint. — Die H. wurde a. zum Symbol der Rosenkreuzer ↗.

Himmelsstier: Sohn der Himmelskuh ↗. Z. B. Sonne, Mond, a. Sterne (also andere Sonnen) u. natürl. das Sternbild ↗ Stier ↗. Als Sonderfall Kem-Ur ↗, der Große Schwarze = Osiris ↗, a. als Muntu ↗-Stier u. Apis ↗-Stier geführt (Ägypten). — Die Griechen ↗ übernahmen in einigen Fällen den H. für Zeus ↗. — In Kanaan ↗ war Baal ↗ sowohl H. wie ird. Stier, ein gutes Beispiel für die allg. Verwendung dieses Tiersymbols ↗ für Adam ↗ (in diesem Fall ist Kadmon ↗ der H.). Er steht ganz einfach für das Sonnenalphabet ↗, weshalb dessen 1. Zeichen ein Stierkopf (s. Hieroglyphen ↗) = Alpha ↗, Buchstabe A war. Auf Kreta ↗ findet man den H. auf der Stirn mit der Himmelsrose ↗ geschmückt.

Hina, Hine: in Mythen des Pazifiks ↗ die 1. leibliche Frau, a. *Hine-hau-one* = erdgeformte Jungfrau gen. Nach Version der Maori ↗ formt sie Tane ↗ aus weichem, rotem Sand der Küste von Hawaiki ↗, um eine ebenbürtige Gattin zu haben. Ihr erstes Kind war *Hina-titama* = Jungfrau der Morgendämmerung. Als sie herangewachsen war, nahm Tane sie ebf. zur Frau, ohne ihr zu sagen, daß er a. ihr Vater war. Als sie es herausfand, floh sie in die Unterwelt Po ↗ u. wurde Hina-nui-te-Po ↗, die Große Göttin des Totenreiches. Dies war der Ursprung des Todes. These: es handelt sich um ein Äqv. der bibl. Eva ↗ u. H. entspricht Gyne ↗ u. Yin ↗ = Frau, weiblich. Die angedeutete Zweigesichtigkeit: Leben hervorbringen + Tod ↗ verursachen (Schöpferin + Zerstörerin) ist schon die Trennung des in Io ↗ enthaltenen weibl. Kerns der Ewigkeit, genannt Io Wahine ↗, womit offensichtl. die 3 Gunas ↗ od. 3 Seiten des weibl. Dreiecks ↗ zurückkehren. — Auf Tahiti ↗ heißt es, daß Tangaroaa ↗ Ti'I schuf, den 1. Mann der Welt, als Gatten für Hina, die Göttin, die 1. Frau der Welt. Sie hieß auch ›Hina, die vom Vorher und Nachher aß‹, denn sie hatte 2 Gesichter. Bei diesem ›Essen‹ von Vergangenheit + Zukunft fällt der bibl. Apfel ↗ ein. — Auf Hawaii ↗ ist Pele ↗ in ihrer menschl. Gestalt Hina-aimalama = ›Hina, die den Mond ↗ ißt‹. Die Bewohner des Tuamotu-Archipels sahen in Hina Tochter u. Frau von Tiki ↗. Als dieser erkrankte, nutzte sie ihre Zauberkraft nicht, um ihn wieder zum Leben zu erwecken und brachte so der Menschheit den Tod. Später wurde sie die Geliebte von Tuna, Fisch u. Mensch zugleich wie Dagon ↗. Da hat sie schon von Tiki einen Sohn namens Maui ↗.

Hinagata: in der Mahikari ↗-Bewegung gibt es eine Var. der alten Weltenlehre ↗, nach der in der 2. Welt ↗ das menschl. Hinagata gebildet u. verkörpert wird. Danach »zieht sich der Sonnengott zurück.« In der Weltformel ↗ entspricht dies dem Nommo-Zeichen ↗ des Sonnenalphabets (äqv. Buchstabe T). Im Buch Dzyan ↗ der 2. Wurzelrasse ↗, mit schattenhaften hermaphrod. Menschen. Mahikari-Interpret: die Vorstufe des Materiellen in der geistigen Welt. Interessanterweise steckt in H. Hina ↗, also Eva ↗, noch ungetrennt von

Adam (hier gata?). Und: die Mittelsilbe ist Naga ↗ (Schlange).

Hina-Nui-Te-Po: das andere Gesicht von Hina ↗ (= Leben): Zerstörerin (= Tod ↗) wie die ind. Göttin Kali ↗. Sie herrscht in der Unterwelt = Po ↗, im Namen enthalten.

Hinayana: das ›kleine Fahrzeug‹, Bez. für die frühen Schulen des Buddhismus ↗, deren Texte meist in Pali ↗ geschrieben sind. H. herrscht heute in SO-Asien vor, weil man dort den Glauben an Bodhisattvas ↗ ablehnt. Dem H. entspricht im Taro ↗ das ›kleine Arcanum‹ ↗ = Sonne + Tierkreis. Im Namen steckt Hina ↗, Leben, u. Ya ↗, gehen: Lebensweg ↗.

Hindi: die wichtigste Sprache von Indien ↗, zählt zur indo-germanischen ↗ Sprachfamilie. Das Wort selbst ist persisch. Als Schriftz. werden Buchstaben benutzt, die aus dem Sanskrit ↗ abgeleitet sind.

Hindin: Hirschkuh (wie Hindebeere = Hirschbeere). H. bzw. Hirsch ↗ könnten im Tierkreis ein Äqv. für Steinbock ↗, wie Gazelle ↗ u. Antilope ↗ gewesen sein, s. Herakles ↗. — Bei den Kelten ↗ findet sich auf

einem Kessel ↗ (der Auferstehung) die Göttin Kernunnos ↗ mit Hirschgeweih als Schamanin. Schamanismus ↗ ist im Sektor Steinbock = Hirsch entstanden, weshalb man bei Felsmalerei oft auf schamanistische Tänzer mit Hirschgeweih stößt. These: durch Geweih u. Beinhaltung drückt Kernunnos als H. Grundmotiv

 = Archetyp Medizinmann (-frau) ↗ aus.

Hindu: ein in das Kastenwesen ↗ von Indien ↗ eingebundener Mensch, aber nicht notwendigerweise ein Hinduist, d. h. gläubiger Anhänger des Hinduismus ↗; jedoch Hindi ↗ sprechend. Insofern sind z. B. alle Drawiden ↗ keine Hindus. Nur den H. ist der Ganges ↗ heilig. — Älter als die Hindu-Kultur ist die Induskultur ↗, zentriert um den Fluß Indus ↗ statt Ganges. Sie brach um 1500 v. Z. zusammen unter dem Ansturm der Arier ↗, mit denen sich dann die anschließend aufblühende Hindu-Kultur verbindet. Als Bibel der H. gilt die Bhagavadgita ↗.

Hinduismus: eine Verschmelzung der uralten vedischen Religion ↗ mit Brahmanentum ↗, Buddhismus ↗ u. Dschainismus ↗, mit Sonderzweig Tantrismus ↗. Charakteristisch für den H. ist, daß es ihm seit seiner Entstehung vor rund 3500 J. (= Einfall der Arier ↗) gelang, alle Gedanken in sich aufzunehmen nach dem Ideal von religiösem Frieden u. menschl. Ausgeglichenheit. Begriffe, die nie aufgegeben wurden, sind:

1) Dharma ↗ = Leben nach vorgeschriebener *Pflicht*, die aus
2) Karma ↗ resultiert, dem Gesetz der *Vergeltung*, das
3) *Reinkarnation* ↗ beherrscht.

Der H. betrachtet Veda ↗, das hl. Wissen, eine Sammlung von Hymnen, Sprüchen u. Opferliedern, als Offenbarung nichtmenschl. Ursprungs. Jedoch gingen von den ursprünglichen 100000 Versen immer mehr verloren oder verwirrten sich. Der Rest wurde schließl. in 4 Bücher eingeteilt (Rigveda ↗, Sama-Veda, Jadschur-Veda u. Atharwa-Veda), an die sich Opfertexte (Brahmanas) u. um 700 v. Z. die Upanischaden ↗ anschlossen. Die 2 größten Sekten des H. sind die Schaiwiten = Anhänger von Schiwa ↗ mit 4 horizontalen Linien auf der Stirn u. die Waischnawiten = Anhänger von Vishnu ↗ mit 3 vertikalen Linien auf der Stirn (s. Schema). Zu Schiwa gehört die Göttin Kali ↗, zu Vishnu Lakschmi ↗. Als 1 Inkarnation von Vishnu gilt Krischna ↗. Darüber der alles durchdringende ›Weltengeist‹ Brahman ↗, aus dem Brahma ↗ hervorgeht. —

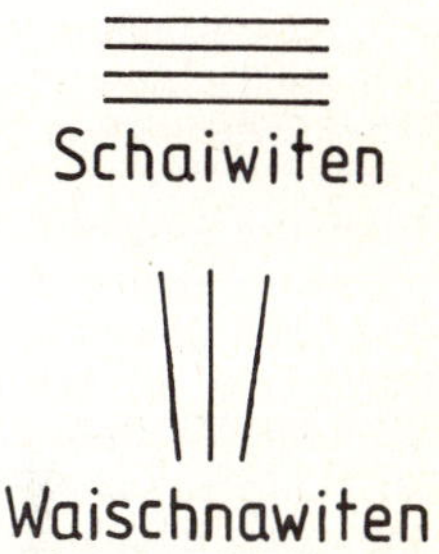

Gautama ↗ erhob schwerwiegende Proteste gg. den H., spez. sein Kastenwesen ↗, konnte jedoch an der von den Ariern geförderten u. durch die Priester (Brahmanen) bestimmten Lebensweise nicht rütteln, sie überdauerte die wechselhafte Geschichte von Indien ↗ bis heute. — Unter den anderen Schriften des H. ragen 2 Epen hervor: das Mahabharata ↗ u. das Ramayana ↗. — Ansonsten gehen die verehrten Götter ↗ in die Millionen, werden aber nur als Aspekte der genannten 5 betrachtet u. fließen ihrerseits in der Einheit von Brahman zusammen. — Für einige Sekten des H. offenbart sich das Göttliche nur im weiblichen ↗ Prinzip, da sie glauben, daß ein männl. Gott nur durch weibl. Kraft wirken kann. Im Shaktismus heißt diese Kraft Shakti ↗, bei anderen Durga ↗. — Mahatma Gandhi hat erklärt, daß das eigtl. Wesen des H. in der Beschützung der Kuh ↗ bestehe (weshalb ein frommer Hindu ↗ eher verhungert, als ihr ein Leid anzutun). Man sucht vergebl. nach Gründen. These: im Rahmen des Maha Yuga ↗ ist sie der äg. Himmelskuh ↗ äqv., im Rahmen der 4 Yuga ↗ (Zeitalter der Gesch.) Hathor ↗, hier direkt je Yuga 1 Bein der Kuh gerechnet. Am Ende des Kali Yuga ↗ wird als letzter Avatar ↗ der Vishnu Kalkin ↗ erscheinen, um ein neues Weltalter (s. Weltenlehre ↗) einzuleiten. In der Partnerin verkörpert sich wieder Lakschmi.

Hindukusch: Faltengebirge mit 7000 m hohen Gipfeln westl. des Himalaja ↗, an der Grenze des heutigen Afghanistan. Durch seine Paßstraßen zogen einst die Arier ↗ u. fielen dann in Indien ↗ ein; a. Alexander der Große ↗ zog 329 v. Z. durch eine H.-Schlucht. Es ist NW-Grenze u. Einfallstor von Indien zugleich. An den südl. Ausläufern fließt der Indus ↗ vorbei, an dem einst die Induskultur ↗ blühte. H. könnte evtl. als

Chus ↗ am Indus (Hindu) verstanden werden. Ab Zeitwende bis 3. Jh. bildete sich hier das Kuschan-Reich. Unter seinem Einfluß wurde Gautama ↗ zum 1. Mal als oberste Gottheit Buddha ↗ dargestellt. u. das Mahayana ↗ ausgearbeitet, was ebf. auf Bezüge zu Kusch + Ägypten verweist. Nach dem Zerfall nahm in Indien wieder der Brahmanismus überhand.

Hiob: eine Figur der Bibel ↗, beschrieben im Buch H.: Gott erlaubt Satan ↗, Hiob alles nehmen zu lassen, weil dieser meint, dann schwände auch H.s gerühmtes Gottvertrauen. So treffen die ›Hiobsbotschaften‹ ein u. H. wird tats. schwankend.

Hiram: 1) König von Tyr ↗ (970–936 v. Z.), dessen Tochter Gattin von Salomo ↗ wurde. Diese Linie geht auf Europas Bruder Kadmos ↗ zurück. — 2) Baumeister des Tempels von Jerusalem ↗, der dafür von Salomo 20 Städte in Galiläa erhielt. In der Bibel (1 Könige 9, 11) verschwimmt er jedoch mit Nr. 1.–3) Name einer Stadt am Tschadsee ↗, auch Hiram-der-Säulen ↗, im Auftrag Salomos von Nr. 2 gebaut und nach ihm benannt.

Hiram-der-Säulen: eine legendäre Stadt am Tschadsee ↗, von Hiram ↗ (Nr. 2) im Auftrag von Salomo ↗ gebaut. Fast alles soll aus Kupfer gewesen sein, auch die Bäume, spez. die Außenmauer, mit dem Effekt, daß heranrückende Invasoren wie bei mod. Lachgas vor Lachkrämpfen kampfunfähig wurden. Die Legende erzählt weiter, diese Stadt sei als Empfang für die wiederkehrenden Astronauten ↗ (Nommo ↗ in Afrika) gebaut worden. Wer sie zerstörte, ist unbekannt. Im gleichen Gebiet waren die Sao ↗ ansässig, ebf. mit Kupferkult.

Hirsch: als Symboltier ↗ äqv. der Hindin ↗. Auf fast allen Kontinenten als Schamane ↗ u. Schamanin auf Fels eingraviert zu finden, meist in Tanzhaltung. Auch hl. Tier der Artemis ↗ u. bei Höhlenmalerei ↗ u. U. vorherrschend.

Australien

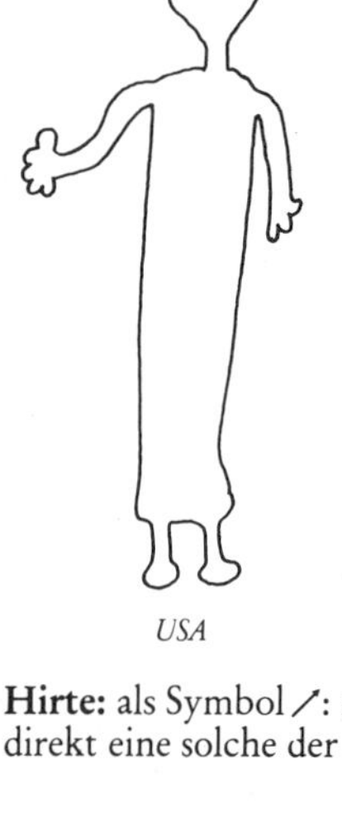

USA

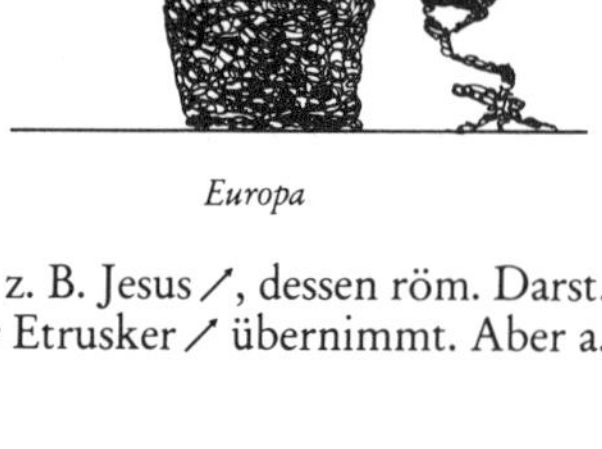

Europa

Hirte: als Symbol ↗: z. B. Jesus ↗, dessen röm. Darst. direkt eine solche der Etrusker ↗ übernimmt. Aber a. Krischna ↗ wurde schon ›göttlicher Hirte‹ genannt. Im allg. findet sich beim H. kein Hirtenstab ↗, sondern das beschützte Schaf oder Lamm ↗ bzw. der Widder ↗. Noch heute ist es üblich, die Christen als Schafe zu bezeichnen u. die Priester als Hirten, mit dem

Römischer Jesus

Etruskisches Vorbild

Papst ↗ als Oberhirten, der wiederum Jesus bis zur Wiederkehr ↗ vertritt. Die Symbolik läßt sich reduzieren auf eine Weg ↗-Weisung. Sie kippt um, wenn Jesus a. der Menschenfischer ist mit den Christen als Fischen. Und da findet sich im alten Ägypten ↗ ein sonderbares Lied, das beide Aspekte verknüpft: »Der Hirte ist in den Wassern - bei den Fischen. Er unterhält sich mit dem Wels - und er grüßt den Oxyrhynchos-Fisch. — Westen! Wo ist der Hirte? Der Hirte ist in den Westen ↗ gegangen.« Damit ist einmal die Duat ↗ gemeint, wo der ermorderte Osiris ↗ Totengericht hält, in den Händen die 2 ›Hirtensymbole‹ Hirtenstab + Geißel ↗; zum andern dürfte aber a. Amerika ↗ gemeint sein, von wo er wiederkehrt. Auch der Maitreya ↗ oder vollkommene Buddha wird aus dem W erwartet. Merkwürdigerweise sind beide gen. Fischarten Göttinnen: Wels = Hatmehit ↗, Oxyrhynchos = Hathor ↗. Oder: der H. ist der Weg (sowohl der Schöpfung ↗ = Hirtenstab wie der Gesch. = Geißel) u. unterhält sich mit dem Ziel ↗ (die 2 Fische). Widder + Fisch bilden aber a. das Kali Yuga ↗, und erst in dessen Finsternis wurden Hirten notwendig, da Weg u. Ziel der Geschichte ↗ zur sinnlosen Historie ↗ verkamen.

Hirtenstab: als Symbol ↗ v. a. aus Ägypten ↗ bek. und Heka ↗ gen. Man findet ihn in der Hand der Löwengöttin ↗ wie bei Osiris ↗ u. den Pharaonen ↗, dann jedoch gekreuzt mit der Geißel ↗. Die Anzahl seiner Ringe, im Wechsel gold u. blau, also die Farben von Sonne ↗ bzw. Stern (= gold) u. Himmel, sprich Kosmos ↗ = blau, ist konstant 33. Die einfachste Aufgliederung wäre Nut ↗ (Kosmos) = 25 + Götterachtheit ↗ = 8, zus. 33. Dann vertritt der H. keine Geschichte ↗, sondern nur Schöpfung bis zur 3.

Welt ↗ inklusive, ein Paradies ↗ ohne Kultur ↗, d.h. mit Menschen auf der Ebene von ›Hirten‹: Abel in der Bibel, der dann von Kain ↗ umgebracht wurde. Im heutigen Sinn Nomaden ohne festen Wohnsitz, d. h. ohne Städte, ohne Ackerbau, ohne Schulen, ohne Schrift etc. Nach gängiger Historie ↗ lebte die Menschheit die längste Zeit in diesem Natur-Zustand u. einige Stämme täten es immer noch. Jedoch trügt dieses Bild; warum sonst ist das Alter von Jesus ↗ bei der Kreuzigung ↗ äqv. der Zahl der Hirtenstabringe u. wird er selbst Hirte ↗ genannt? Nicht zu vergessen, bezieht ihn die Genesis auf Seth ↗, der eben den Hirten Abel ersetzte. Die Symbolik muß also tiefer gehen, zumal auch der H. (= Bischofsstab) des Papstes ↗ dessen ›Hirtenamt‹ symbolisiert. Wenn der Hirte im äg. Lied nach W geht, geht der *mit* der Sonne. So kann man folgern, daß der H. innerhalb der äg. Doppelreligion ↗ Atum ↗ vertritt, bei Echnaton ↗ zur sog. Aton ↗-Häresie gesteigert. Der H. als Schema der Schöpfung ↗ zeigt, daß sein Umschlagbogen das Ende der 3. Welt berührt, d.h. nicht den Paradiesverlust ↗ bzw. die ›Erbsünde ↗‹ umfaßt. Er richtet sich also *gegen* Erkenntnis ↗. Ist für Frieden durch Unterwerfung, wie ausgedrückt im Vaterunser: »dein Wille ↗ geschehe«. Innerhalb der menschl. Psyche ↗ ist a. die Vorherrschaft der Seele ↗ damit gemeint, weshalb Jesus die ›geistlich Armen‹ propagiert, also die, die den Geist ↗ durch Erkenntnis nicht bewußt machen. Im H. drückt sich a. ein Zeitfaktor aus: langsam, fast Zeitlosigkeit = das Goldene Zeitalter vor Inkrafttreten der 3 Disen ↗ (Zeitteilung in Vergangenheit, Gegenwart u. Zukunft). — Der H. wurde a. ein Archetyp ↗ und zwar gleich nach dem Weltuntergang ↗ als Regent der 1. Hälfte des Löwe ↗-Sektors, als ein radikaler Systemwechsel ↗ vollzogen wurde im myth. Königreich der Löwengöttin Tefnut ↗. Das war a. der Beginn von Ägypten u. der Wechsel von 1. zu 2. Reich ↗, vorgegeben durch die Große Pyramide ↗, deren Fundament wieder die in den H. als Kosmos eingebettete Götterachtheit ist, denn sie hatte 8 Sektoren. In der Vorausschau ↗, die Endzeit ↗ betreffend, wird das Prinzip des H. als Antichrist eingesetzt, als Anti-These von Krys ↗ (krystalline Klarheit, Gnosis ↗) bzw. Chrestos ↗ via Christus ↗. Nv. Krummstab ↗. — S. Hui ↗.

Historie: Geschichte, Geschichtswissenschaft. Geht von der Prämisse ↗ aus, nur das als Geschichte ↗ zu betrachten, was durch Schrift ↗-Dokumente belegt ist. Dringt deshalb nicht über ca. 6000 Jahre hinaus u. bleibt in der Aufzählung von Kriegen stecken. Überlieferungen aller Völker über Weltuntergang ↗, Weltenlehre ↗, Astronauten ↗-Landung u.a. werden als Mythos ↗ abgetan, selbst die äg. Dynastienzählung ↗ findet keine Beachtung. Bibel ↗ u. andere Heilige Bücher ↗ scheiden als Glaube ↗ aus, Völker, die nicht unsere Art von Schrift benutzen, gelten als geschichtslose ›Naturvölker‹ ↗. These: diese Prämisse ist falsch u. wird von diesem Lexikon widerlegt.

Historischer Materialismus: von Engels ↗ + Marx ↗ entwickelte Lehre, Geschichte ↗ entwickle sich durch Impulse der materiellen Existenz, spez. der Produktionsverhältnisse (Boden, Arbeit, Kapital, etc.), während Kultur ↗ nur ein geistiger Überbau bleibe. Die angenommenen histor. Gesellschaftsperioden des Marxismus ↗ ergeben folg. Evolution: einem paradies. Urkommunismus folgen Sklavenhaltergesellschaft, Feudalgesellschaft, Bürgertum, Kapitalismus, Sozialismus u. schließl. ein ebf. paradies. Endkommunismus ohne Klassen ↗ u. ohne Privateigentum. These: an diesem Schema stimmt nur der a. in der Bibel ↗ gegebene Rahmen Paradies ↗-wiederkehrendes Paradies, in der Apokalypse ↗ geschildert als Himmlisches Jerusalem, das auf die Erde herabkommt. Der Klassenwechsel jedoch, den es (s. Klassensystem ↗) tats. gab, hatte eine andere Struktur, beeinflußt durch den hier nicht berücksichtigten Wechsel von Matriarchat ↗ + Patriarchat ↗.

Hitler, Adolf: in Österreich geborenes Medium ↗ (1889-1945) mit wahrsch. jüdischem Großvater. Als auslösende Impulse für seinen politischen Wahn können gelten:

1) der Speer des Schicksals ↗, bei dessen Betrachtung er (15jährig) vorübergehend in Trance ↗ fiel;
2) die Oper Rienzi ↗ von Wagner ↗, nach der er (1906, 17jährig) zu seinem Begleitfreund Kubizek von seiner Mission sprach. Was Rienzi in Rom ↗ nicht geglückt war - das lang prophezeite (3.) Reich des Heiligen Geistes dort beginnen zu lassen - wollte H. in Deutschland realisieren. 2 Jahre später erschien das Gnostische Manifest ↗, das H. lt. J.-M. Angebert's Buch ›Hitler u. die Tradition der Katharer‹ ↗ gekannt haben muß.

Es folgen Kontakte zu esot. Gruppen, noch völlig unbemerkt von der Öffentlichkeit Europas: Theosophie ↗, Thule-Gesellschaft ↗, Neu-Templer mit Zeitschrift *Ostra* ↗ u. Armanenschaft, von deren Gründer G. von List ↗ H. die Prophezeiungen der Ariosophie ↗ erfährt. Das führte zur Auswahl von München ↗ (liegt am 48. Breitengrad) als Nabel des 3. Reiches ↗. — Bhagwan ↗: »Das ganze Konzept, das hinter Hitlers Weltanschauung stand, entstammt verborgenen Schulen (der alten Geheimlehre ↗). Sie benutzten Hitler... das ist der Grund, warum Hitler, bis zu einem gewissen Punkt, immer gewann... Hitler wurde von den 9 Ashoka benutzt (um der Menschheit eine bestimmte Lehre zu vermitteln). Aber H. machte sich genau wie Krischnamurti ↗ irgendwann selbständig, und damit begann sein Abstieg und Fall« (1979, S. 207-208). Daß in jedem Jh. 9 Yogi ↗ von Tibet ↗ ein Medium suchen, um Einfluß auf die Welt zu nehmen, erwähnt schon Blavatsky ↗. — Unüberprüfbar bleiben bis jetzt Hinweise, Gurdjieff ↗ habe H. zum Hakenkreuz ↗ mit falscher Drehrichtung inspiriert (Pauwels), u. in den Nazi-Ordensburgen ↗ seien Mitglieder der Thule-Gesellschaft nach den Lehren von Gurdjieff geschult worden (Charroux); a. soll das Buch von Otto Rahn ↗ ›Kreuzzug gegen den Gral‹ Pflichtlektüre der obersten Nazis gewesen sein. 3 Geheimexpeditionen: in den Tibet, nach Rhodesien (Simbabwe ↗) u. Montsegur ↗ zur Gralssuche ↗ könnten letzteres belegen, ebenso wie H.-Aussprüche: »Die politischen Konsequenzen haben wir gezogen, keine Gleichheit, keine Demokratie! Aber soll man nun die Masse des Volkes ihren Weg gehen lassen, oder soll man sie aufhalten? Soll man nur eine erlesene Schar von wirklich Wissenden bilden? Einen Orden, die Brüderschaft der Templeisen um den heiligen Gral des reinen Blutes?« »Ich will Ihnen ein Geheimnis sagen. Ich gründe einen Orden.« »In meinen Ordensburgen wird der schöne, sich selbst gebietende Gottmensch als kultisches Bild stehen.« (Rauschning ↗) Diesen neuen Gottmenschen (Nietzsches Äqv.: der Übermensch ↗) will H. in schreckl. Visionen schon gesehen haben: »Hitler stand aufrecht in seinem Zimmer, schwankte und sah mit einem Ausdruck des Entsetzens um sich. Das ist er! Das ist er! Er ist gekommen! stammelte er. Seine Lippen waren bleich...« (›Aufbruch ins 3. Jahrtausend‹) S. Wiederkehr ↗. — Der Rest ist bekannt: Machtübernahme 1933, Provozierung des 2. Weltkriegs ↗, Judenvergasung ↗, Selbstmord. Zum letzten Punkt: »Über die höheren Stufen der Schulung (in seinen Ordensburgen) dürfe er aber noch nicht sprechen, auch er nicht. Und im übrigen denke er dies erst als sein Geheimnis weiterzureichen, wenn er nicht mehr am Leben sei. Etwas ganz Großes werde dann erfolgen. Eine überwältigende Offenbarung. Um seine Mission ganz erfüllen zu können, müsse er den Opfertod gestorben sein« (M. Ach + C. Pentrop, Hitlers Religion, 1977, S. 34).

Hludana: einer der Namen von Percht ↗ (Berchta, Freya); als germ. Göttin noch in fries. Votivsteinen als *dea Hludana* erhalten, von *hlada* = häufen, aufladen und *hlod* = Erdhaufen. Gemeint sind mit ihr die Berge der Mütternacht ↗, mit Zeichen  ganz ähnl. den Gesetzestafeln ↗. Nv.: Hlodyn. Zieht man *hlud* ab, bleibt als Rest Dana ↗, die bestimmende Göttin der Tuatha de Dannan ↗. Nach Wirth ↗ ist H. a. Frau Gaur ↗.

Hmr: Abk. für die Kanaanäer ↗ als Himariten; von den Griechen vokalisiert zu Homer ↗. — Die Vorsilbe Hm allein könnte Ham ↗ beinhalten, mit R als Artikel-Anhängung wie bei Baldr ↗. Oder R = Re ↗, zus. Schwarze Sonne, auf die sich a. die Tuatha de Dannan ↗ bezogen.

Hochklassik: in der dt. Literatur wird die Klassik (1786–1832) gewöhnl. ab Winckelmann ↗ angesetzt. Kant ↗, mit dem eigtl. der Idealismus ↗ beginnt, fällt unter Vorklassik, u. Goethe ↗ leitet die H. ein, in die dann a. Hegel ↗ fällt. Parallel dazu die Romantik ↗.

Hodmimir: Nv. der Weltenesche Yggdrasil ↗, weil aus 1 der 3 Quellen, die bei ihren Wurzeln entspringen, Mimir ↗ trinkt = 2. Teil des Namens; zus. etwa Mimirs Od ↗.

Hödr, Hödur: blinder Bruder von Baldr ↗ (Baldur), der diesen vor Ragnarök ↗ (Götterdämmerung, Weltuntergang) tötete, angebl. getäuscht durch Loki ↗ (germ.). Wird als spätere Einschiebung empfunden, weil der Name H. nur ›Streit, Kampf‹ bedeutet. These: er müßte dem äg. Osirismörder Seth ↗ entspr., u. die Namen sind recht ähnlich, wenn man die Artikelendung (r, er, ur) wegläßt: Höd = Seth. Edda ↗:

»Schweige nicht, Wala ↗, ich will dich fragen,
Bis ich alles weiß. Noch wüßt' ich gerne:
Wer wird uns Rache gewinnen an Hödur
Und bringen zum Holzstoß Baldurs Mörder?«

Dies fragt Odin ↗. Es war germ. Sitte, die verstorbenen Seherinnen in ihrer Gruft zu besuchen u. durch ein Wecklied heraufzubeschwören, um Antworten zu erhalten. Zwei Strophen früher prophezeit die Wala schon den Mord, er ist also bei der Befragung noch nicht geschehen.

Hogan: Oktogon ↗-Kulthäuser der Navajo ↗-Indianer. In ihnen werden Sandbilder ↗ gemacht, als wichtigster Teil der Krankenheilung. Meist stellen sie Ereignisse aus dem Leben der ›Heiligen Leute‹ dar, die nach der ›großen Flut‹ (s. Sintflut ↗) im Untergrund durch 12 unterird. Welten zur Erdoberfläche aufgestiegen waren, um wieder Menschen zu schaffen. Unter ihnen ›Die Frau, die sich verändert‹. Sie war es auch, die den Mais ↗ brachte, 1 der 4 heiligen Pflanzen ↗. Mit diesen Zahlen: 4, 8 (das Hogan) + 12 (unterird. Welten) ergibt sich das Muster der afrik. Ntu-Philosophie ↗, mit dem H. als 8er Kreis ↗ der Sonne wie Fundament der Großen Pyramide ↗, weshalb es nicht erstaunt, daß H. statt Oktogon a. ein Kegel sein konnte. — H. erinnert an Hogon ↗.

Höggunott, Höku-Nott, Hauk-Nott: Hügelnacht; mit Hügel sind die großen Megalithgräber ↗ gemeint, die sich nach dem Glauben der Tuatha de Dannan ↗ in der Mütternacht ↗ oder Julnacht ↗ öffneten.

Hogon: als Nommo ↗ vom Sirius ↗ eingetroffen war (s. Astronauten ↗), setzte er den 1. Hogon als ›Schmied‹ ↗ ein. Dogon ↗ als Stammesbez. ist eine Abwandlung davon. These: das Wort erinnert an Hogan ↗ u. es handelt sich vielleicht um das 1. Kulthaus für die neue Lehre, äqv. Whare ↗.

Höhlenmalerei: nach Datierungstests mit der Radiokarbonmethode ↗ zw. 30000 u. 10000 J. alt. Meist wird, wie in äg. Tempeln ↗, zw. 3 Zonen unterschieden: Eingangszone, Zwischenbezirk, Endzone. Dazu gesellt sich manchmal ein weiteres Muster (Abb.): A: nur männl. Tiere, hier einzeln als Hirsch ↗; B: nur weibl. Tiere, hier Hirschkühe (Hindin ↗) und C: nur Z., die aber schon vorher mit den Tieren gekoppelt waren. These: entspricht dem Aufbau der Seele, u. zwar reduziert auf die 3 Schichten der afrik. Ntu-Philosophie ↗, die a. den Omphalos ↗ bestimmt. Es folgt ein Vergleich mit dem Muntu ↗ = Menschensektor:

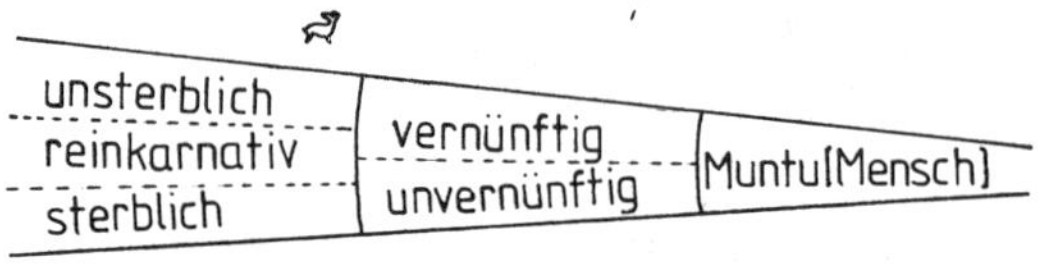

Covalanas, Ramales (Santander). Die Höhle wurde 1903 durch Breuil entdeckt

Dabei verblüfft zumindest, daß sich im hinstersten Allerheiligsten als 4er Kreis ↗ 4 Z. befinden, im Mittelteil als 8er Kreis ↗ 8 weibl. Tiere, während die Eingangszone als 12er Kreis ↗ nur 1 Hirsch beherrscht, was sehr häufig vorkommen soll. Setzt man hier den Tierkreis ↗ an, gibt er die Zeit der Entstehung der H. an: nicht vor 30000, sondern vor ca. 24000 Jahren = Steinbock ↗-Sektor, im Anschluß an die Argonautik ↗. Auffällig genug liegen gerade die europ. H. in Atlantiknähe (die Kulturbringer kamen vom Meer). Man kann sie als Labyrinth ↗-Schulen, äqv. Gilgal ↗ u. Troyaburg ↗ auffassen, Vorläufer der Waland ↗-

Schmiede.

Holla: eine Nv. der Freya↗, in Märchen erhalten als ›Frau Holle‹, die die Wolken schüttelt, sodaß Schnee fällt. In diesem Fall ist der Wind↗ gemeint, als 1 Kategorie des 8er Kreises der Sonne, äg. Hauhet↗, mit Odin↗ als Gatte zus. das Element Luft↗ bildend, mythol. der Jul↗-Sturm. Bei letzterem wird aus H. die Percht↗. Die Abb. zeigt Frau H. in einem Wagen, dessen Räder 8-speichig sind (s. Rad↗ als Symbol), darin ein Baum↗. Es könnte sich insg. um eine Var. des Babylonischen Turms↗ handeln, da oben der Mond↗ durch 2 Hörner angedeutet ist. Läßt man die Sonne mit H. als Teil folgen, schließt sich in Gestalt des Querornaments Merkur↗ = Wotan↗ an, u. die 4 seitl. Ornamentzacken sind Venus↗, Mars↗, Jupiter↗ u. Saturn↗. Ja, das Abschlußdreieck oben über dem ›Dach‹ des Wagens kann dann zu Io↗, dem 10. Himmel werden. Den Wagen↗ als Symbol gibt es a. im Buddhismus, s. Hinayana↗. Die Basis wäre Neptun↗ als Regent der 2. Welt↗, in der der Mensch↗ begann, jedoch noch unkörperlich. Der Topf des Baumes (es gibt ihn a. beim indian. Blätterkreuz↗) markiert den Sturz in die Körperlichkeit (3. Welt↗), der Baum selbst umfaßt 4.–7. Welt oder besser: 1., 2. u. 3. Reich↗. — Schließl. läßt sich das Dach a. als Ul-Rune↗  verstehen, dann löst sich der Weltenbaum↗ (Gesamtwagen) auf in: Baum des Lebens im Topf, und Baum der Erkenntnis↗, Holla umrahmend, denn der Dachbogen hat ebf. Blättchen. So sitzt a. die Ninlil↗ auf sum. Rollsiegeln↗ wie eingeschlossen im gleichen Blätter-Ul-Bogen. Das Äqv. für beide ist Lilith↗.

Hölle: ein vom germ. Begriff Hel↗ abgeleiteter Name für 1 der insg. 3 Orte im Jenseits↗, die es nach christl. Auffassung für die Toten↗ als Warteplatz bis zum Jüngsten Gericht↗ gibt: Hölle als Ort der Verdammnis - Fegefeuer↗ als Ort der Läuterung - Himmlisches Paradies↗ als Ort der Seligen, äg. Amenti↗. Man dachte sich die H. als Kerker des Feuers u. der Folter, tief im Innern der Erde, wo die unrettbaren Sünder in Kesseln gesiedet wie a. mit Eis bearbeitet werden, bis sie vor Kälte erstarrten. Man wirft sie in kotige Pfützen; Glied um Glied werden sie in Stücke gerissen, von Ungeheuern verschlungen u. wieder ausgespieen, von Schlangen gebissen, Skorpionen gestochen, zerfleischt, ausgepeitscht, bei vollem Bewußtsein gehäutet u. aufgehängt. Dieser Mythos↗ der Höllenqualen durchzieht schon das ges. Äg. Totenbuch↗, dort wird jedoch klargemacht, daß es sich um Bewußtseinsqualen handelt:

»Er (Osiris↗) sagt: Auf dem Blutgerüst vor dir
Siehst du hier auf die Folter gespannt
Deine Missetaten... Du erkennest sie wohl!
Jetzt werde ich dieser Taten Andenken
Erwecken in dir« (Kap. XLII)

Dabei herrscht das Gesetz der Umkehrung↗: was sich während des Lebens im Innern befand, umgibt nun die Toten von außen, worauf eine spätere Zeile des gleichen Kap. verweist:

»Seht, umgewendet sind jetzt meine Formen!«

Diese Vorstellung ist realistisch, denn die Kategorien der Psyche↗ wie a. des Körpers↗ waren schon vor jeder Existenz↗ ›außen‹ da. — S. Duat↗ u. Unterwelt↗. — Natürl. gibt es die Präsenz der H. a. im Leben, auf der Erde, s. Höllenzeiten↗.

Höllenzeiten: »Es ist kein Zufall, daß die erste größere Woge der weltweiten Expansion Europas 1519 begann, als Cortez↗, unter dem Kreuzesbanner, an den östl. Küsten Mexikos landete. Seine Landung fällt genau mit dem Tag aus den alten mex. Prophezeiungen zusammen, die erklärten, daß 1519 der Zeitpunkt gekommen sei, wo die Kräfte des Lichts - Quetzalcoatl↗, die gefiederte Schlange - verdrängt würden von den Kräften der Finsternis - Tezcatlipoca↗, was bezeichnenderweise genug *Rauchender Spiegel* bedeutet. Von diesem Datum an würde ein Zeitraum von neun zweiundfünfzig Jahre lang (s. Tzolkin↗) währenden Höllenzeiten folgen, der bis 1987 andauern würde« (J. u. M. Arguelles, Das große Mandala-Buch, S. 46, 1974). These: die 2 Kontrahenten entspr. in Ägypten Osiris↗ (= Quetzalcoatl) u. Seth↗ (= Satan↗ = Tezcatlipoca); letzterer regierte also auf der Erde von 1519–1987. Das entspricht zieml. genau europ. Kolonialismus↗, der trotz Weltrevolution↗ a. heute noch nicht überwunden ist. Bemerkenswert: das Ende der H. 1987 fällt in der Vorausschau↗ auf das letzte Jahr des Endkriegs↗. Erwähnt werden die H. im Chilam Balam↗.

Homer: lt. mod. Wissenschaft ein Sänger des 8. Jh. v. Z., der vermutl. weder lesen noch schreiben konnte u. Geschichten aus grauer Vorzeit weitergab, die er von anderen Sänger(inne)n übernommen hatte, sich einprägte u. seinem eigenen Geschmack anpaßte. Die berichteten Ereignisse waren aber schon vor ihm ausgeschmückt u. verzerrt worden; deshalb kann man sich auf H. als histor. Quelle nur sehr bedingt verlassen. Die Charaktere seiner Epen, Ilias↗ u. Odyssee↗, sind myth. Geschöpfe, Enkel von Göttern, Liebhaber von Göttinnen etc. Sie bewegen sich in einer Welt, die bevölkert ist von Riesen↗, Quellnymphen u. Zauberinnen. — These: H. ist die Vokalisierung der Abk. Hmr↗ für Himariten = Kanaanäer↗, den legendären Dichter hat es nie gegeben, die Gesänge wurden auf Veranlassung des Tyrannen Peisistratos zusammengefügt zur Bildung eines griech. Nationalgefühls. ›Homerische‹ Vokabeln waren schon z. Z. dieser Ausformung unverständlich u. mußten in der Schule gelehrt werden; die benutzte Form (Hexameter) widersetzt sich den indg. Sprachen u. scheint vorgriech. Kultur entlehnt: Evtl. den Cyclopen↗, im alten Griechenland↗ als Massai↗ (äg. Matoi↗) zu finden, woher H.s Zweitname Musaios stammen könnte. — Blavatsky↗: »Zahlreiche Stellen (der ›homerischen Gesänge‹↗) waren unleugbar aus den Orphischen Hymnen entlehnt« (III., S. 38). S. Orphik↗.

Homerische Gesänge: Gemisch aus Epos↗ + Mythos↗, evtl. zu Unrecht Homer↗ zugeschrieben. Die Ilias↗ beginnt erst im 9. Jahr des Troyanischen Kriegs↗, den es zwar gegeben hat, als sich die Dorer↗ vom Balkan in den minoischen↗ Kulturraum verlagerten, in den aber a. ältere Motive einflossen: die

Wiederentdeckung ⁄ von Amerika ⁄ im 9. Jt. v. Z. betreffend, was sich v. a. in der Odyssee ⁄ spiegelt. Troja ⁄ ist nämlich ein uralter Begriff, wie z.B. die Trojatänze ⁄ der Indianer ⁄ zeigen. — Ähnl. umgearbeitet sind u.a. Nibelungenlied ⁄, Gilgamesch-Epos ⁄ und Kalewala-Epos ⁄. Auch findet sich im Ossian ⁄ eine weitere Übernahme der Mythen aller Völker.

Homo: Mensch ⁄ (lat.) mit Aufspaltung in Homo erectus = der aufgerichtete, aufrecht gehende Urmensch ⁄ u. Homo sapiens ⁄, der heutige Mensch.

Homo Sapiens: wissenschaftl. Bez. für den heutigen Homo ⁄ (Mensch ⁄). Der Zusatz sapiens soll seine Begabung für Vernunft ⁄ ausdrücken, von Kant ⁄ als das ›obere Erkenntnisvermögen‹ definiert. Über das Wann u. Wo gibt es etwa so viele Thesen, wie es Experten der Paläanthropologie gibt, bis zum angesetzten Alter von ca. 300000 J. unter Hinzurechnung des Neandertalers ⁄. Nichts überzeugt (s. angeführte Tabellen), weil trotz Bibel ⁄ das Hinzutreten von Vernunft als langsame Evolution ⁄ gesehen wird und nicht als plötzl. u. verbotener Griff nach Erkenntnis ⁄, die außerhalb des Homo erectus lag u. nicht innerhalb, s. Paradies ⁄ u. Baum ⁄ der Erkenntnis. Und nur bei Teilhard de Chardin ⁄ klingt diese Plötzlichkeit durch sowie die Konnektion zu Kunst ⁄; a. er findet jedoch keinen Grund. Dabei sind sich die Mythen ⁄ aller Völker einig: es kamen Kulturbringer ⁄ (Astronauten ⁄) von einem anderen Stern (lt. Dogon ⁄ vom Sirius ⁄) zur Erde u. setzten diese Höherentwicklung in Gang. These: das beste Schema ist die afrik. Ntu-Philosophie ⁄ in ihrer 4. Kategorie Muntu ⁄ (= Mensch), verwertet im eigenen Schema unter den offiz. Tabellen. Darin umfaßt der H. nur die Dauer der Geschichte ⁄, denn Vernunft entspricht a. dem afrik. Nommo ⁄, der vor ca. 25000 J. zur Erde kam.

Homunkulus: ein künstlich geschaffener Mensch; tritt im Faust ⁄ (II) auf. Die Erschaffung erfolgt auf chem. Weg, nach der Schrift des Paracelsus ⁄ ›De generatione ratione rerum naturalium‹, worin eine aus-

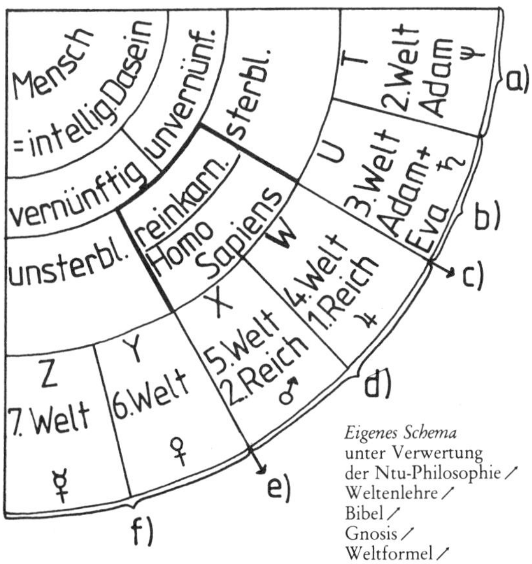

Eigenes Schema
unter Verwertung
der Ntu-Philosophie ⁄
Weltenlehre ⁄
Bibel ⁄
Gnosis ⁄
Weltformel ⁄
Wurzelrassen ⁄
Apokalypse ⁄

a) 360 Millionen Jahre:
2. Wurzelrasse, unkörperlich, geschlechtslos
b) 360 Millionen Jahre:
3. Wurzelrasse = Lemuren ⁄; vor 8 Millionen Jahren Trennung in Geschlechter, Zunahme der damit einsetzenden Körperlichkeit
c) Landung ⁄ von Astronauten, Paradiesverlust ⁄
d) Geschichte ⁄, Dauer 25920 Jahre (bis 1950)
e) Jetzt = Endzeit ⁄
f) Zukunft: das 3. Reich ⁄.

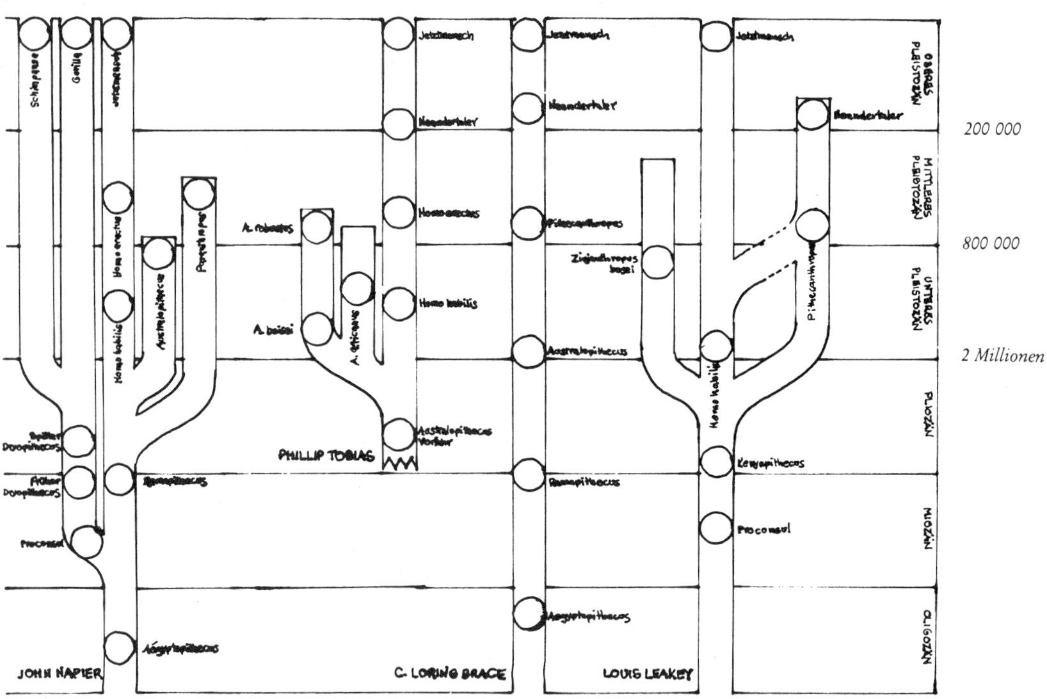

führl. Anleitung gegeben ist. Es gibt aber a. die Legende, der Oberrabbiner Löw ben Bezaleel habe 1580 einen ›Golem‹ (= H.) geschaffen, den er dadurch zum Leben erwecken konnte, daß er ihm einen Pergamentstreifen mit dem *richtigen* Namen von Jahwe / in den Mund steckte. Sobald er die Streifen wieder entfernte, fiel der H. in Todesstarre zurück. Das soll in Prag geschehen sein, hängt aber weniger mit Paracelsus zus., als mit dem Glauben der alten Juden /, die Kenntnis der richtigen Aussprache ihres Gottes könne Wunder bewirken, weshalb der Name geheim blieb. — These: die Idee geht zurück auf die Bibel /, wo ›Gott der Herr‹ den Menschen aus einem ›Erdenkloß‹ macht u. diesem dann ›den lebendigen Odem‹ einbläst, verwandt mit dem Od / der Germanen /. Ähnl. Bild in Ägypten, wenn Chnum / auf einer ›Töpferscheibe‹ Körper (+ Ka) bildet u. Hathor das Anch / reicht. Noch hat kein Mensch diesen Prozeß nachmachen können, weil natürlich Symbolik vorliegt u. nicht direkte Angaben zum Thema Inkarnation /.

Hönir: ein Aspekt (im Mythos / ein ›Bruder‹) von Odin /, der in der Edda / zweimal in Erscheinung tritt: 1) Bei der Schaffung des 1. Menschenpaars (äqv. Adam + Eva der Bibel / = 3. Welt /) heißt es:

»Seele gab Odin, Hönir gab Sinn
Blut gab Lodur... (äqv. Loki /)«

Mit Sinn wird z. B. Tao / übers., äqv. dem 8er Kreis / der Sonne /, dessen 8. Sektor bei uns aber noch inaktiv ist. Im Vergleich Odin = Merkur / wären dessen 3 Aspekte im Merkur-Symbol so aufzuteilen, daß Blut der Mondsichel entspricht (Loki), Seele dem Kreis des Anch (Odin) u. H. dessen T, in Ägypten der Kobra /, was dazu passen würde, daß H. a. Aur-Konung = Schlangenkönig genannt wird; 2) erfolgt beim Wanen-Asen-Krieg / kurzfristig ein Friede mit Geiselaustausch: die Wanen / bekommen von den Asen / Hönir + Mimir /; angebl. wird ersterer als ihr König eingesetzt, bis sich herausstellt, daß er sein Wissen nur von Mimir bezieht, worauf letzterer getötet wird. Der geschichtl. Kern ist unergründbar.

Hopi: zugehörig zu den Pueblo-Indianern /. Im Buch ›Kasskara / und die sieben Welten‹ (J.F. Blumerich, Econ-Verlag) geben sie an, von Kasskara = Mu / zu stammen u. kurz vor dessen Untergang nach dem dann erst auftauchenden Amerika / geflüchtet zu sein, zunächst nach Taotooma = Tiahuanaco /, damals noch Lagune u. auf Meereshöhe. Für sie begann damit die 4. Welt, die jetzt zu Ende geht; nach der alten Weltenlehre / ist es aber die 5. Welt /. Bald nach ihrer Ankunft ›kippte‹ das Land durch Polsprung /, aus der Lagune entstand der Titicacasee /, die Stadt wurde vernichtet. Es begann ihre Wanderung nach N in getrennten Clans; bei Wiederbegegnungen kam es zu schreckl. Kriegen, Vernichtungen u. weiteren Zersplitterungen der H., bis Oraibi ein neues Vereinigungszentrum wurde. Dort erwarteten sie, nach Anweisung der Katschinas /, ›fremde Brüder‹ unter Pahana / - was aber kam, waren die Spanier, die Cibola / suchten. Heute wird im Kiwa / die Lage so diskutiert: »Wir sehen jetzt dieselben Dinge geschehen wie kurz vor der Zerstörung der Dritten Welt... Wir sprachen auch von Kasskara und der Königin von Atlantis / und von der Dritten Welt und wie sie zerstört wurde. Ich mußte an meine Großmutter denken, die mir gesagt hat, daß uns das gleiche geschehen wird, was vor langer Zeit geschah« (Weißer Bär). These: es handelt sich um den Wanen-Asen-(bzw. Mu-Atlantis)Krieg / der 4. Welt, endend mit Ragnarök / (Edda); die Wiederholung / erfolgt als Endkrieg / 1981-87. — Die H. geben die Schuld Atlantis u. seiner letzten Königin: »Sie gebrauchten ihr Wissen, um andere Völker zu unterwerfen... Dann wendeten sie sich gegen Kasskara. Sie wußten, daß wir geistig und moralisch viel stärker waren, und das machte sie neidisch. Deshalb wollte ihre Königin auch unser Land erobern... Sie drohte unserem Herrscher, sie würde alle Raumschiffe über unserem Erdteil versammeln und uns von dort oben vernichten. Aber er weigerte sich, ihr nachzugeben. Es kam eine lange Zeit der Gespräche...« These: darauf bezieht sich a. der Geiselaustausch mit Hönir /.

Hor: eine der mögl. Vokalisierungen des äg. Hr = Horus /, enth. z.B. in Hathor /. Dem Sinn nach dürfte es nur göttlich bedeuten, wie Hiero in Hierogamus / oder Hieroglyphen /, das sich ebf. in *hr* auflöst, wenn man die Vokale wegläßt. Ägyptisch war eine Konsonantenschrift. Var. sind Har in Harachte / oder Hara / sowie Her in Hermes /, äg. Her-Ur, der Große Horus = Thot /. — S. Hor-Chan /.

Hor-Chan: Kopf (Hor /) der Schlange (Chan /), Ausdruck der Maya / für Hierophant /. Diese Schlange wird a. ›Herrin des Wassers‹ genannt u. soll in sich das Weltideogramm / vereinen. Ihr Ideogramm (Abb.) drückt den Titel Hor Chan aus u. zeigt einen menschl. Kopf mit gewundenem Schlangenleib, in dem sich 9 mal das Zeichen Kin /

befindet, äqv. den 9 ›Göttern der Nacht‹, die der Kopf als Nr. 10 anführt. These: es könnte sich um eine Par. zur äg. Götterneunheit / handeln, da diese ebf. mit Horus /, hier Hor als Kopf, abschließt. Dazu kommt, daß der Hor Chan immer ein Paar (Oberpriester + Oberpriesterin) sein muß (9 weitere Hierophanten anführend), wie Horus mit Hathor / zusammengehört. Die Par. vervollständigt sich mit der Göttin Ixmukane / = Mut / in Ägypten als Hervorbringerin. — Im Kalender regiert jedes der 9 Kin 40 Tage, was zus. den Haab / ergibt als 1 der 2 Räder des Tzolkins / = 52 Jahre, Umlaufzeit der schwarzen Siriussonne = Anubis / in Ägypten. Oder: Hor ist der Erdumlauf als Tierkreis /, gekoppelt mit der schwarzen Sonne zur Schlange (Chan) im Hl. Dreieck /, die schließl. die Präzession / der Geschichte / umfaßt.

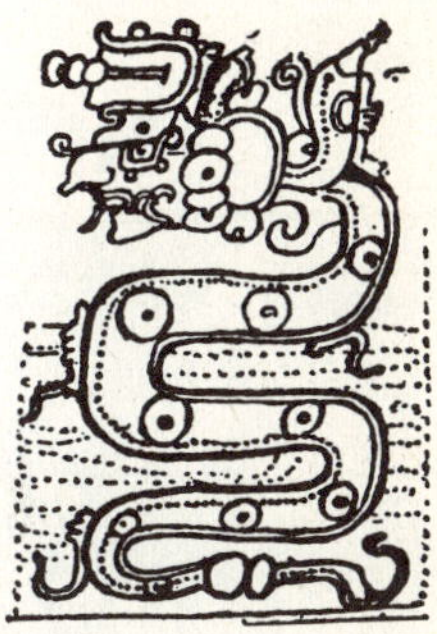

Hor dati: der zur Duat / gehörige Horus / (äg.), zuweilen als Gegenstück zu Harachte / an den Westen / versetzt u. von der Duat (Unterwelt) auf Grab /-Stätten sowie dunkle, verborgene Räume der Tempel / übertragen; a. auf den Morgenstern / (Bonnet). —

These: etwa ›Licht in der Dunkelheit‹ zu übersetzen.

Horn: als Symbol ↗: in Griechenland ↗ ist das ›Füllhorn‹ ein Boot, in dem die Nymphen ↗ den mutterlosen Dionysos ↗ aufziehen. Und eine Bootform haben zumindest die Hörner von Kuh ↗ u. Stier ↗. Sie wiederholt sich 1) auf einer afrik. (Abb. 1) Darst. der Sonne, sodaß an die äg. Tagesbarke ↗ zu denken ist u. deren Äqv., die Oktave ↗, was das H. zum Musikinstrument macht od. zum umgedrehten Regenbogen ↗, schließl. zur Hülle des Lichtstrahls ↗, aus dem sich die Fülle als dessen Inneres (= das Sonnenalphabet ↗) ergießt = Fortuna als 1 der 3 Moiren ↗, immer mit dem Füllhorn gekoppelt; 2) vielleicht ist sie die berühmte Göttin von Tassili ↗, die ebf. Hörner trägt (Abb. 2); 3) sie steht auch auf einem z. Fisch gestalteten Trinkhorn, dessen Kopf mit Oannes ↗ abschraubbar ist (Abb. 3). Mit Fisch ↗ u. Barke ↗

Abb. 1

(immer doppelt) verweist das H. zweifellos auf zwei-

Abb. 2

erlei Licht ↗-Qualitäten, die sich spez. mit dem Mond ↗ verbinden, das Horn (als Sichel) schlechthin (Abb. 4). Die Ambivalenz (z.B. ausgedrückt im Volksmund: Jemandem Hörner aufsetzen = ihn ›hinters Licht‹ führen) setzt sich fort mit der Hörnerkrone ↗ sowie mit Satan ↗, der in der Apokalypse ↗ ein Tier mit 7 Köpfen u. 10 Hörnern ist. Die Planetengötter tragen auf sum. Rollsiegeln ebf. 10 Hörner (s. Berg ↗). — Nicht zu vergessen, tragen nur diejenigen Tiere Hörner, die keine Fangzähne haben. Die anderen bilden mit den kleinen Zähnen der beiden Kieferpartien

Abb. 4

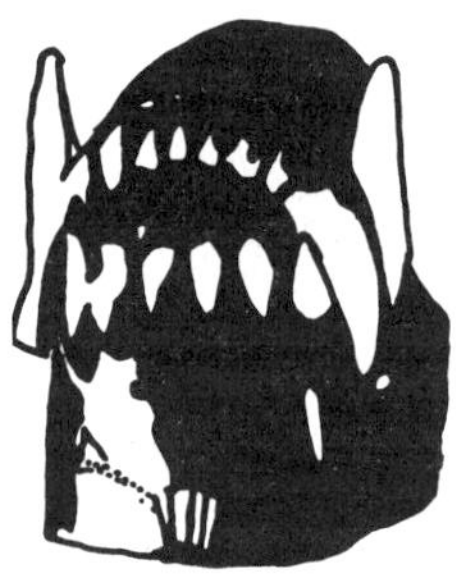
Abb. 5

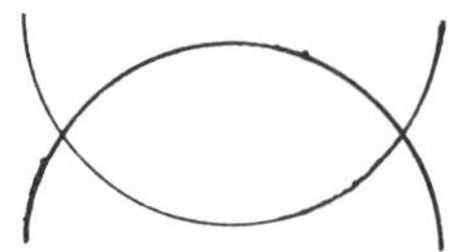
22. Rune

direkt eine Rune ↗ (s. Abb. 5, Fuchsgebiß), die wieder wie die Verschränkung von 2 Booten, Hörnern, Bögen wirkt. Oder wie der Gesamtkosmos ↗  in abgerundeter Form. Diese Verschränkung von 2 H. = Booten, sind die 2 Lichtformen der ›gehörnten Schlan-

Abb. 3

ge‹, Mutter aller Katschinas ↗ (Hopi). Beachtenswert, daß das Isisblut ↗ immer gehörnt ist. Simbabwe ↗: »Das wunderbare Ngona-Horn kann zaubern.« Oder: das H. verbindet sich mit Zauber ↗-Kraft = das Zauberhorn. Horntragende Wesen sind Doppelwesen.

Astrol. Beispiel: das Z. für Merkur ↗, das Sonne (Anch ↗-Zeichen) + Mond (die Hörner) koppelt. — Aus dem Horn der Gemse (äqv. Steinbock ↗) wurde das Julhorn ↗ gemacht.

Hörnerkrone: ein symb. Gebilde, das auf sum. Rollsiegeln (s. Berg ↗) alle Planeten ↗, personifiziert als Götter tragen, was bedeuten würde, daß sie diese dadurch kennzeichnet u. von anderen Göttern unterscheidet. Vom

Prinzip her erinnert sie an den siebenarmigen Leuchter ↗, der jedoch nur mit 7 Himmelskörpern arbeitet, u. zwar denen des Babyl. Turm ↗. Die sum. H. ist vollständiger u. umfaßt das ganze Sonnensystem ↗ = 13 (Sonne + 12 Planeten). Man darf annehmen, daß sich die 4 Transsaturnier (wie bei den Rippen ↗) unten absetzen als tragendes ›Boot‹ + eingelagerte Horizontale. Der spitze Berg wäre die Sonne, seine 8 Hörner die restl. 8 Planeten.

Horoskop: Darst. des Himmels z. Z. der Geburt einer Person, eines Volkes, einer Nation, einer Stadt etc. zur Ergründung des Schicksals. Das Wort könnte eine Kombination von Horos = Horus ↗ + kop = Kopie sein, denn seine Erfindung wird Hermes ↗ zugeschrieben, äg. Thot ↗, der ›Große Horus‹. Abb. 1 zeigt das ältere Schema, auf die Große Pyramide ↗ zugeschnitten; es war lt. Tompkins (Buch Cheops) oben auf der Plattform eingezeichnet. Was fehlt, wird eigenständig ergänzt: das Auslaufen der Eckpunkte in die 8 Linien

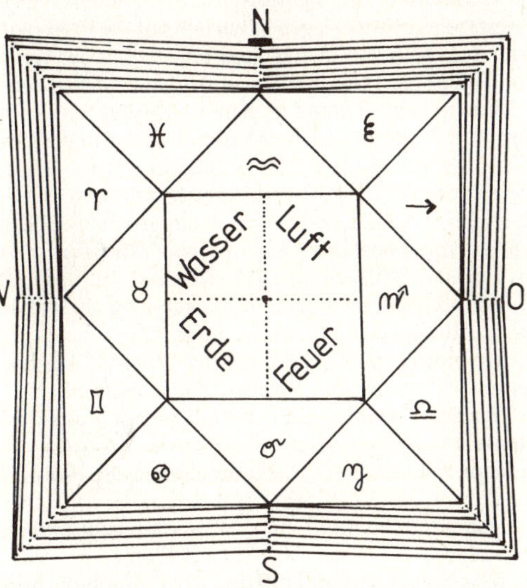

Abb. 1

der Pyramide selbst. Nun wird ersichtlich, daß sich das Schema der 12 Felder für Tierkreis ↗ + Planeten ↗ aus der Verschachtelung von 4 (die 4 Elemente ↗ im Innenquadrat) + 8 (Pyramidensektoren als Tao ↗) ergibt. Wollte man im Anschluß an die sum. Hörnerkrone ↗ die 4 Transsaturnier ↗ absetzen, wären sie mit dem Elementquadrat zu verbinden, das außerdem Bezug zu den 4 Haupttieren des Zodiaks erhält, wie übernommen von den Evangelisten ↗. Es folgt ein Versuch, das verloren gegangene Urschema des H. zu rekonstruieren, wobei die Eingangsluke der Pyramide im N (Fortsetzung Gangsystem ↗) genau zw. Saturn ♄ = 3. Welt ↗ u. Jupiter ♃ = 4. Welt, d.h. in den Beginn der Geschichte ↗ fällt. Es paßt Schütze → als Haus des Mars ♂ sowie Widder ♈ = Sonne ☉ u. Mond ☽ = Zwilling ♊. An Saturn im Fisch ♓ schließt sich innen Wassermann ♒ als Koppelung von Luft = ♅ Uranus u. Wasser = ♆ Neptun an, Pluto ♇ wird in Verbindung mit Erde ab ♌ = Löwe zur Unterwelt (Motiv Pluto + Kore ↗). Und Feuer = ☯, 12. Planet Isis. Zwilling im Haus des Mondes wäre eigtl. äqv. Kinan ↗, dem innersten Planeten mit der Sonne zus. Hor Dati ↗ (im W), in den das Stierzeichen ♉ als Hesat ↗-Kuh blickt. Olkan (Äqv. Vulcanus ↗), heute unberücksichtigt, hat als Haus Krebs ♋, Merkur ☿ Jungfrau. Schließl. würde der Löwe nach S deuten zum Osirisgrab ↗ oder zu Osiris ↗ auf der Löwenbahre. — Blickt der Pharao ↗ als Horus nach W, werden die 2 Horusaugen ↗ richtig gesetzt: Sonne r., Mond l. Auch stimmt dann, daß sein Königskopftuch Nemes ↗ von hinten (= Adler bzw. Skorpionsektor) vom Falken umarmt wird (Koppelung Mars = 5. Welt + Venus = 6. Welt, auf die er hinzielt), s. Chephren ↗.

Dann kann man Geißel ↗ u. Hirtenstab ↗ einfügen in der übl. Kreuzung beider Arme (im Schema das untere X); schnell wird deutlich, daß erstere das 1. Reich ↗ des Vaters (= Osiris) leitete u. letzterer das 2. Reich ↗ des Sohnes (= Horus), wenn man den Zodiak als Präzession ↗ der Geschichte ↗ versteht. Im gleichen Moment vertritt die Westfront mit Mond + Sonne bzw. Zwilling-Stier-Widder die Dauer der pharaon. Dynastien ↗. So gesehen ist dies ein Geschichtshoroskop. Jedoch liegt in Ägypten als Land der Zodiakhälfte ♒ bis ♏ im W (hier Ost). Bei Geburtshoroskopen verändert sich natürlich die Planetenstellung u. je nach Land a. die Anlegung der Himmelsrichtungen; s.

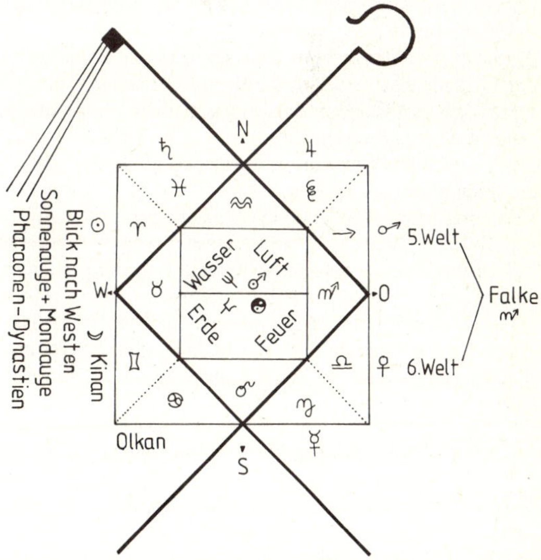

Abb. 2

Thing ↗. Und es gibt unterschiedl. Tabellen, was man den 12 Feldern zuordnet (Anlagen, Besitz, Reisen etc.).

Heutige H. werden als Kreis angelegt. — Horoskopie zählt zur Astrologie ↗.

Horus: 1) Die Ägypter berichten: »In den sogenannten Büchern des Hermes ↗ steht über heilige Namen ↗ zu lesen, daß sie die Kraft, der man zuschreibt, daß sie die Umdrehung der Sonne ↗ bewirkt, Horus nennen« (Plutarch). Physikal. gesehen dreht sie sich in 25 Tagen 1 mal um sich selbst - aber wo sitzt diese Rotationskraft, in der Sonne oder außerhalb? Die äg. Symbolik spricht für außerhalb, sonst könnten z. B. die Horusaugen ↗ nicht Sonne + Mond sein. Zudem ist H. mehr als andere Götter ↗ mit Symbolen ↗ überladen, um sein Wesen ↗ deutl. zu machen: Falke ↗, Hirtenstab ↗, Geißel ↗, Anch ↗ (Lebenskreuz als Licht ↗, denn die Sonne selbst wird oft auf dem Falkenkopf getragen), Planetenstab ↗, Tierschwanz ↗ als Tierkreis ↗, wie er in der Horusstele ↗ zum Ausdruck kommt. Dazu schwarze Hautfarbe wie bei Osiris ↗ (der als Vater gilt) u. Isis ↗ (seiner Mutter).

These: Horus = Muntu ↗, die 4. Hauptkategorie der afrik. Ntu-Philosophie ↗. Muntu wurde im alten Ägypten urspr. als Falke verehrt. Nach Pyramidentext 1378 »... steigt der tote König als ein Mntw ↗-Vogel zum Himmel auf« (Bonnet, 1952, S. 476). Es ist der Mensch ↗ als Idee ↗ u. Welt ↗, weshalb Horus ›Weltengott‹ gen. wurde. Man denkt a. an den Gesamtkosmos, wie er sich im Horoskop ↗ ergibt als ›Himmelskopie‹. Die Kraft der Bewegung ist die Idee Mensch, die nach Vollendung strebt.

2) Die Ägypter berichten weiterhin, H. sei am Beginn der Geschichte ↗ ein Gottkönig aus Fleisch u. Blut gewesen, dh. ein Glied in der Dynastienliste ↗, die uranfängl. Götterdynastien betreffend. Ihm gehen in gleicher Titulatur schon voraus Geb ↗ als Erbfürst, Nut ↗ als ›König der Götter‹ u. Osiris ↗, Sohn der beiden Erstgenannten, von denen er den Thron ↗ erbt als ältester Sohn ggb. Seth ↗, der dieses Erbrecht vehement bekämpft. Die Genesis ↗ geht weiter, indem H. mit seiner Mutter Isis ↗ die 4 Horuskinder ↗ zeugt. Hier wäre nun nach einer Deckung mit der Bibel ↗ zu fragen, u. zwar mit Hilfe der Kabala ↗, die 2 Urpaare kennt, genau wie die äg. Götterneunheit ↗. Gegenüberstellung:

Irdisches Paar — Himmlisches Paar

Kabala: Adam Rischon + Eva — Adam Kadmon + Lilith

Ägypten: Seth — Isis x Osiris — Nephtys

Horus

Bibel: Baum des Lebens — Eva — Adam — Baum der Erkenntnis — + Schlange (Logos)

Das himml. Paar wären die Astronauten ↗, von der Bibel unterschlagen bzw. zum Baum der Erkenntnis + Schlange umgewandelt. Im kath. Mythos wird daraus Luzifer, der mit schönen Erdentöchtern schläft u. Gorr ↗ verliert; das wäre die Hl. Hochzeit ↗ zw. Osiris + Isis. Das Produkt, Horus, wird in der Bibel zu Adam unter Weglassung der Vorgeschichte, denn man kann ja nicht gut den Sohn mit der Mutter (in Ägypten Horus mit Isis) schlafen lassen. Das 1. Kind wird Kain ↗, gehört in Ägypten aber schon zu den 4 Horuskindern ↗, symbolisiert als Affe: daraus wird die Linie, die zu Thot ↗ führt, dem Großen Horus. — Interessant vielleicht noch, daß das als Falke symbolisierte Horuskind bei den Kanopen Schai ↗ vertritt, das Schicksal, was dem Horusfalken direkt entspräche. Weitere Symbole: Horuslocke ↗, Horuskrone ↗, Horusstele ↗.

Horusaugen: Sonne + Mond als Augen ↗ des Horus ↗: 2 Göttinnen.

Horusdiener: äg. Sḥemsu-Hor ↗, ›Diener‹, sprich Priester des Horus ↗, gehen zurück auf die Prädynastische ↗ Zeit, in den Dynastienlisten ↗ ›Zeit der Geister der Toten‹ genannt. Sie kamen aus ganz Afrika, um 1-3 Monate relig. Dienst in Km.T ↗ (Ägypten) zu leisten. Oft pilgerten sie anschließend weiter in die ganze Welt, als ›Missionare‹ des 2. Reichs ↗ (des Sohnes, sprich Horus). Lt. P. Carnac erreichten sie ca. 8000 v. Z. Irland, England, die Bretagne, einige vielleicht a. die Küsten von Yucatán ↗, Kolumbien ↗, Brasilien ↗ etc. In Europa ↗ führte das zur Megalithkultur ↗. Ihr Dienst blüht heute wieder in Brasilien auf als Makumba ↗, Abglanz der großen äg. Loge ↗.

Horuskinder: als die 4 Kinder des Horus ↗ mit Isis ↗ gelten:

1) Amset, weibl., Ka ↗, Himmelsrichtung Süd, Mensch

2) Hapi, männl., Herz ↗, Himmelsrichtung Nord, Affe

2) Duamutef, männl., Ba ↗, Himmelsrichtung Ost, Seth-Hund

4) Kebehsenuf, männl., Schai ↗, Himmelsrichtung West, Falke

These: es ist gut mögl., daß die spätere Sitte, ihre Na-

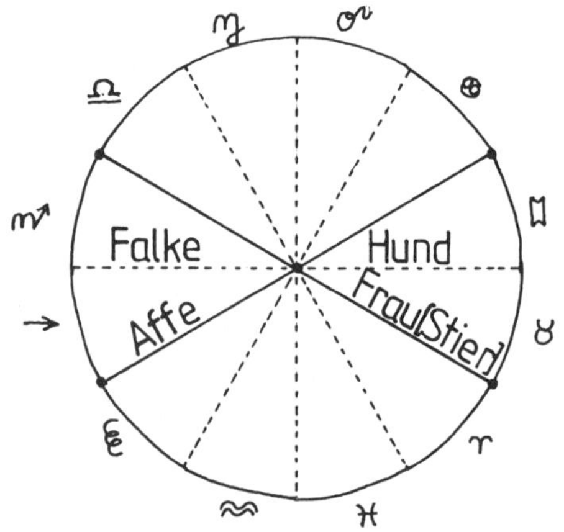

men an den 4 Ecken des Sarges ↗ anzubringen, was den Himmelsrichtungen nicht mehr direkt entspricht, ein richtigeres Bild ergibt, par. zum Weltideogramm ↗

der Maya. Denn auffällig genug entspr. die 3 männl. Tiere Tierkreis ↗-Sektoren, deren Eckpunkte ebf. zu einem sargförmigen Rechteck führen, wie das Schema auf Seite 190 zeigt.

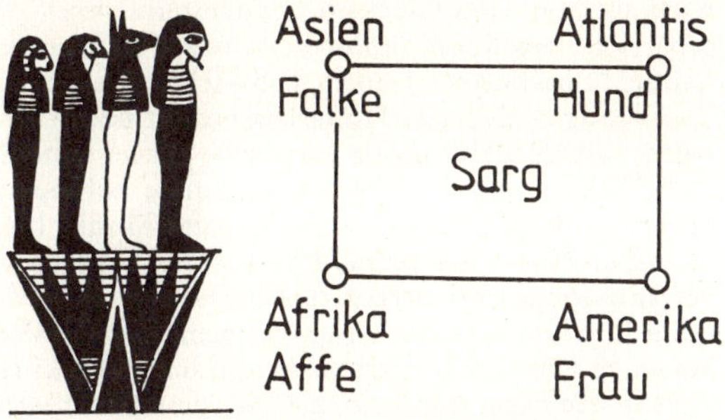

Das weibl. Horuskind wäre in den Stiersektor einzutragen. Verbindet sich des weiteren diese Aussage mit der Argonautik ↗, wäre als nächstes zu fragen, welches H. welchen Kontinent als Welthüter u. Unterweiser bekam, ausgechickt vom Isis-Horus Paar auf Mu ↗ im Zentrum. Die Schwierigkeit liegt beim einstmaligen Polsprung ↗, der alle Himmelsrichtungen umdrehte. Da Hapi a. der Name des Nil ↗ wurde, schicken wir den Affen nach Afrika, der Rest ergibt sich fast zwangsläufig: Falke-Asien, Sethhund-Atlantis und Amset als Weiße Büffelkuhfrau ↗ nach Amerika.

Horuskrone: eine Krone ↗, die den Horus ↗ als Falken ↗ ziert oder auf der Horusstele ↗ über dem Lotos ↗ angebracht ist. Es handelt sich um eine Doppelfeder ↗ mit exakt 24 Rippen. These: es handelt sich um eine Verbildlichung des Zodiakzeichens ↗ Skorpion ↗ (= Adler ↗, Falke) u. betrifft die Lichtöffnung ↗, weshalb sich unter der Krone die Kobra ↗ befindet.

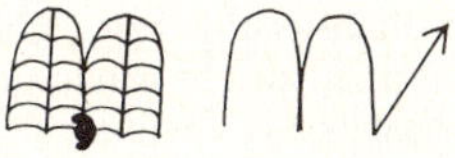

Horuslocke: eine besondere Haar ↗-Form des Horus ↗, wie sie z.B. auf der Horusstele ↗ sichtbar wird. Lt. Kolpaktchy ↗ ein Symbol der »geistigen Evolution«. These: da sie nur das Isiskind kennzeichnet, nicht aber Horus als Weltengott (Falke), u. die Locke ½ der Hathor ↗-Locke ist, betrifft diese geistige Entwicklung den Weg durch den Geist der Geschichte ↗ als Wiederholung des Kosmos ↗, eingebettet in den Tierkreis ↗ der Präzession ↗. Insbes. kann die Locke a. als Zodiakzeichen ↗ Löwe ↗ in Umkehrung ↗ erkannt werden u. steht dann für den Beginn des 2. Reichs ↗ des Sohnes = Horus im Löwesektor, anschließend an den Osirismord ↗ u. Weltuntergang, s. Kanopen ↗.

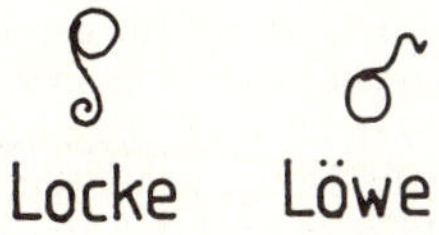

Horussein des Pharaos: das äg. Königsdogma versteht den Pharao ↗ zu Lebzeiten als Horus ↗ (nach dem Tod als Osiris ↗), d. h. als Gottessohn (bzw. Gottestochter, z.B. bei Hatschepsut ↗ als weibl. Horus), in Unbefleckter Empfängnis von der Kandake ↗ (Pharaonenmutter) ausgetragen. Symbolisiert wurde diese Göttlichkeit durch die 5 Horusnamen, verliehen bei der Krönung ↗; sie drücken mit der Zahl 5 die Horussynthese ↗ aus. Entspr. fanden sich z. B. bei Chephren ↗ 5 Kapellen. Vgl. mit der Hsia-Dynastie ↗.

Horusstele: äg. Denksteine, die in Tempeln, Privathäusern u. am Wegesrand aufgestellt wurden (Abb.). Oben schwebend der Kopf des Bes ↗, darunter das Isiskind mit der Horuslocke ↗, umgeben vom Tierkreis ↗; es steht auf 2 zu X ↗ gekreuzten Krokodilen, ein Bsp. für Archetyp ↗ Ur-Mutter ↗, in diesem Fall Isis ↗ als Krokodilmutter ↗. These: aus diesem Bild wurde das Christusmonogramm ↗ entwickelt, u. es erlaubt a. eine Ablesung der Zeit bis zur Wiederkehr ↗: von Wassermann ↗ (= Krokodil ↗) bis Wassermann als Endzeit ↗ (zus. die 2 Krokodile). Die Form der Stele entspr. der Ul-Rune ↗.

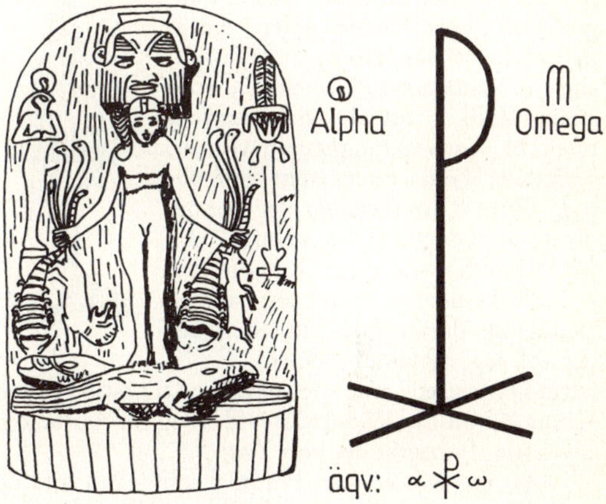

Horussynthese: im Hl. Dreieck ↗ das Kreuzungsprodukt der Hl. Hochzeit ↗ von Isis ↗ + Osiris ↗. Dabei vertritt Isis mit der Zahl 4 Planet Erde, Mensch; Osiris = 3 den Himmel oder die Anu ↗. So kann man a. von einer Mensch-Gott Synthese reden, die zum Übermenschen ↗ führen soll; oder von einer Synthese von Wissen + Erkenntnis, die zur Weisheit ↗ führen soll = der Fünfstern ↗. Aber Horus selbst ist nur der Weg ↗ dorthin, weshalb er manchmal als 1. Philosoph ↗ gilt. Das Ziel ↗ dürfte sich mit seiner ›Braut‹ Hathor ↗ verbinden, äqv. Sophia ↗ (Weisheit). — S. Synthese ↗.

Hotoke: Name eines Abschnitts der 3. Welt ↗ in der Weltenlehre der Mahikari ↗-Bewegung. Er steht unter dem Einfluß von Mond ↗ + Yin ↗-Licht: betrifft offensichtlich die 3. Wurzelrasse ↗ *vor* Trennung in Geschlechter.

Hottentotten: Khoi ↗ zählen mit den Buschmännern (San ↗) zu den ersten Bewohnern von Südafrika, a. Khoisaniden genannt: Viehzüchter. Unter dem Druck der eindringenden Bantu ↗ flüchteten sie ca. Ende des 16. Jh. ans Kap ↗. Ihre Unwilligkeit, Vieh an die 1652 dort gegr. Niederlassung des europ. Kolonialismus ↗ zu verkaufen, veranlaßte den Zuzug der Buren (holländ. Bauern), die sich z. T. mit Hottentottenfrauen vermischten. — Skelette von H. wurden aber a. schon im alten Europa ↗ gefunden. — Heute sind nur noch 34000 übrig, völlig verarmt. — Es gibt die Annahme, daß sie früher in der Sahara ↗ ansässig waren.

Hotua Matua: Häuptling, der im 3. Jh. auf der Osterinsel ↗ ankam u. mit seinem Anhang zu den späteren Langohren ↗ wurde.

Houi: der ›Bogenschütze‹, dem Hsi-wang-mu ↗ das Unsterblichkeitskraut ↗ schenkte. Es wurde ihm jedoch von seiner Gattin Heng-O ↗ wieder weggenommen, u. sie flüchtete damit zum Mond (chin. Mythos ↗). Mögl. Zeitangabe: Schütze ↗ (= Affe ↗), 3. Sektor der Geschichte ↗ als Tierkreis, u. zwar dessen 2. Hälfte, Grundmotiv  (das ›Kraut‹), Archetyp ↗ Himmelsleiter. These: Houi könnte ein Äqv. zu Herakles ↗ sein, berührt aber a. das Gilgamesch-Epos ↗.

Hraiguschi: eine Art ›Reinigungswand‹ im Schrein ↗ des jap. Schintoismus ↗ (Abb.), opt. fast wie ein Sonnenschirm, mit dem der amtierende Priester Besucher durch Wedeln symb. reinigt. In 4 Reihen übereinander hängen viele jener Papierstreifen, die a. den Gohei ↗ kennzeichnen, Tamagushi ↗ u. Shimenawa ↗. These: die konstante Zahl 4 bezieht sich auf die menschl. Entwicklungsstufen von 3., 4., 5. u. 6. Welt, letztere steht beim Babyl. Turm ↗ im Zeichen der Sonne, die als Sonnengöttin Amaterasu ↗ das wichtigste Kami ↗ dieser Religion ist. — S. Weltenlehre ↗ u. die angestrebte Reinigung durch Handaufheben bei der ebf. jap. Mahikari ↗-Sekte.

Hsia-Dynastie: eine legendäre Dynastie ↗ von China ↗ von ca. 2205–1500 v. Z. (Beginn der Shang-Dynastie ↗), begründet von Yao:

> »Als die Wasser zum Himmel schwollen und die Schlangen und Drachen Unheil anrichteten, sandte Yao den Yü, auf daß er die Fluten beherrsche und die Drachen und Schlangen vertreibe. Die Fluten unterwarfen sich und flossen nach Osten...«

Das klingt mehr nach einem Wiederbeginn nach der Sintflut ↗ in Anlehnung an den pazifischen Io ↗ (= Yao) oder 10. Himmel, denn im Mythos ↗ galt Yü als Kreuzungsprodukt von Yao und einer ird. Jungfrau (s. Hl. Hochzeit ↗) u. legte 9 Regionen (äqv. den 9 Welten der alten Weltenlehre ↗) in China trocken, später schematisiert als 9-Felder-Quadrat, in das die 9 Zahlen so eingeordnet sind, daß die Summe jeweils gleich ist. Die mittlere (5 = Horussynthese ↗) war der Bereich des ›Himmelsohnes‹, also Yü als 1. legendärem Kaiser von China. Die 8 mögl. Quer-, Längs- u. Diagonalsummen ergeben Chenti ↗ als Summe von 8 x 15 = 120.

4	9	2
3	5	7
8	1	6

Hsien: die ›fliegenden Unsterblichen‹ oder ›Gefiederten‹, auf die sich die Gelbmützen ↗ von China bezogen: »Es sind göttliche Geschöpfe... deren Fleisch und Haut an Eis und Schnee erinnert, sanft und zart gleich abgesonderten Mädchen-Kindern... sie saugen den Wind und trinken den Tau; sie besteigen Wolken und Dunst und reiten auf fliegenden Drachen - so ziehen sie jenseits der vier Meere dahin.« Es war Ziel des Taoismus ↗, diesen transzendentalen Zustand zu erreichen. Das Wort erinnert an Djinn ↗ u. Katschinas ↗; dem Wesen nach decken sie sich mit letzteren.

Hsi Wang Mu: ›Königliche Mutter des Westens‹, die im K'un-Lun Gebirge an Tibets Grenze über ein Feenreich als ›Stätte des Glücks u. der Unsterblichkeit ↗‹ geherrscht haben soll. In ihm verschwand lt. Legende Laotse ↗, nachdem er einem Paßwächter sein Buch Taote-King ↗ als letzte Hinterlassenschaft übergeben hatte. — Ihre Palastanlage hatte eine Mauer mit 12 Jade-Türmen u. innen 9stöckige dunkle Schlösser; überall erklang von alleine zauberhafte Musik. Das K'un-Lun Massiv wurde im Mythos ↗ zu 3 übereinander emporragenden Bergen, von denen jeder jeweils doppelt so hoch wie der vorige war, genannt 1) Kühler Wind, 2) Hängender Garten, 3) umzäunter Park: er ragte in den Himmel hinein, hier war die Palastanlage, im Park die ›Pfirsiche der Unsterblichkeit‹. Hier soll Hsi Wang Mu dem Houi ↗ das Unsterblichkeitskraut, das ihm Heng O ↗ wieder stahl, gegeben haben. Der Buddhismus ↗ setzte an die Stelle dieses Paradieses ↗ das Land Sukhavati ↗. — Sollte es eine solche Stätte des Glücks je gegeben haben, so fällt sie in die Zeit vor dem Weltuntergang (Sintflut ↗, s. Hsia-Dynastie ↗) u. nach der Argonautik ↗, als von Mu ↗ aus (im Namen enth.) Kolonien gebildet wurden. Evtl. ident. mit dem alten Naga ↗-Reich. — Es dürfte a. das Gebiet sein, in dem man die sog. Meister ↗ ansetzt. Im 9. Jh. startete der Konfuzianismus ↗ einen Angriff auf diese Vorstellung zur Wiedereroberung der chin. Bildungsschicht. — Das Bild erinnert sehr an das Himmlische Jerusalem ↗, dem die Apokalypse ↗ ebf. die Zahl 12 zuordnet. Die 9stöck. Schlösser bei Hsi Wang Mu würden dann wohl die 9 Himmel (Io ↗) als Weltenlehre ↗ symbolisieren.

H.T: äg. Wort für Tempel ↗, z.B. enth. in Hathor ↗, Vokalisierung Hat. These: die Buchstabenkombination entspricht genau den 2 Grundmotiven ↗ des Zodiaksektors Zwilling ↗ (= Hund ↗), u. in ihm errichtete Ägypten spezielle Tempel zur Hervorbringung des Zwillings Horus-Seth, weshalb die Pharaonen ↗ der 1.–4. Dyn. diesen Titel trugen, dann nicht mehr. Es begann mit Menes ↗.

Hu: 1. Glied der äg. Götterachtheit ↗, Partnerin Hauhet ↗, zus. das Element Luft ↗. Im Vergleich mit dem Tao ↗ könnte es mit Himmel übers. werden. Die Ägyptologie ↗ übersetzt mit ›Ausspruch‹, ›Befehl‹, die schöpferische Kraft, die dem Wort des Re ↗ (= Sonne) innewohnt. Im Äg. Totenbuch ↗ wird der Nektar ↗ daraus. Der Tote ↗ sagt:

> »Und während im Frieden ich weile
> Im Frieden schreite voran
> Schreitet hinter mir meine Seele... seht meine Arme tragen vor mir den Nektar der Götter!«

Kolpaktchy ↗: »... jener Nektar ist der Gott Hu, gleich dem indischen Soma ↗ und dem iranischen Haoma; Hu ist der Urquell der göttl. Unsterblichkeit« (1975, S. 310). S. Hantu ↗, immateriell.

Huacan: span. Schreibweise des indian. Wakan ↗; kommt im Namen der Stadt Teotihuacan ↗ vor.

Huari: nach Aussage der Huanca (Indianer ↗) im Amazonas ↗-Gebiet Oberhaupt von Riesen ↗, die einstmals Patiti ↗ mit einem Untergrund-Tunnelsystem durchzogen.

Hügelleute: *fir side;* a. Grabhügelleute, lt. Wirth ↗ die Tuatha de Dannan ↗ der europ. Megalithkultur ↗. Bei den Lappen ↗ steht *sid* für Totenheim, das ja die alten Megalithgräber ↗ darstellten. Es darf aber angezweifelt werden, daß sie sich nur mit den Tuatha, späteren Deutschen, verbanden, denn in jener Zeit waren a. nichtindogecmt Völker in Europa ↗, z. B. Lemovier ↗ u. Fomori ↗, sowie Indianertypen als Cromagnon ↗. So wundert es nicht, daß man das angesetzte ›Forsite‹-Land (äqv. fir-side) als Forsyth-County bei Georgia, USA, findet. Da Wirth ↗ außerdem von Thule-Kultur ↗ spricht, kann angenommen werden, daß die künstl. aufgeworfenen Hügel - später von den Christen als ›Teufelsbetten‹ zerstört - Nachahmungen der alten verlorenen Heimat Thule ↗ (= Mu ↗) waren, da es als ›Land der Hügel‹ überliefert ist. — Hauptfest der H. war die Hügelnacht ↗. — These: side = Seid ↗.

Hügelnacht: Höggunott ↗ wie a. Mütternacht ↗ bzw. Julfest, das die Hügelleute ↗ in der Nacht vom 24./25.12. feierten, lange bevor daraus Weihnachten ↗ wurde. Mit den Hügeln sind einmal die Megalithgräber ↗ gemeint, in denen man mit den Toten ↗ kommunizierte; zum anderen die 2 Berge des Schriftbildes Mu ↗, das unter dem Runen ↗-Kreis gezeichnet wurde als ›Verschlußstein‹ des Thing ↗ = Jul ↗. Das betraf die Wiederkehr ↗ best. göttl. Personen, für die man kult. Handlungen vornahm unter Leitung der Seherinnen ↗, stellvertretend für die ›3 Mütter der Germanen‹ = die Disen ↗. Manchmal wurden die 2 Hügel a. ohne Querverbindung gedacht, dann entsprachen sie einer Verdoppelung der Ul-Rune ↗ äqv. der Doppelfeder in der Horusstele ↗, das Ende (Omega) als Endzeit ↗ symbolisierend: = die Mu-Nachfolge ↗.

Hugin: 1 der 2 Raben von Wotan ↗, übers. mit ›Denker‹ abgeleitet von hugjan ↗ = denken. Der Name setzt sich zus. aus Hu ↗ u. Ginn ↗. Bei Gleichstellung von Hu mit Schu ↗ wird H. zum Element Luft, der 2. Rabe Munin ↗ zu Wasser u. die 2 Wölfe Geri ↗ u. Freki ↗, die Wotan ebf. begleiten, vertreten Feuer u. Erde.

Hugjan: denken (germ.); daraus entstand Hugin ↗, Name eines der 2 Odin-Raben. Im Engl. *Thought* (Gedanke) finden sich die gleichen Wortelemente Hug vergraben. Sie erinnern aber a. an das indian. ›Hug, ich habe gesprochen‹, was zu Hu ↗ = Ausspruch führt.

Hui: ›umdrehen‹ im archaischen China ↗. Dafür steht ein Z., das Grundmotiv 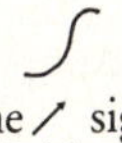 (Buchstabe N, Rune ↗ sig) entspricht; a. in Nubien gibt es ein äqv. Zeichen. Huitzilopochtli ↗ hält etwas ähnliches als Schlangenstab in der Hand. Es ist der dem N zugeordnete Archetyp ↗ Hirtenstab ↗.

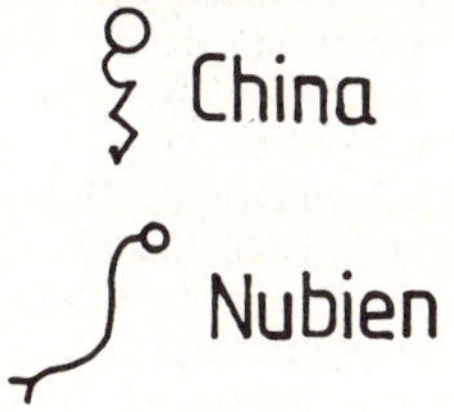

Huitzilopochtli: Stammesgott der Azteken ↗, mit hellblauer Gesichtsbemalung. Der König ist sein Abbild. Er trug a. den Namen ↗ ›Tageshimmel‹ (der hellblau ist), was zum äg. Hu ↗ = Himmel deutet. Dann wäre seine Schwester, die als große Zauberin gilt, die mit Hu gekoppelte Hauhet ↗. Lt. Mythos ↗ wurde sie von ihm ›zerstückelt‹ = Wind ↗ als zerstückelte Luft ↗? Lt. Geburtslegende geht er aus dem Leib der Göttin Coatlique ↗ hervor, die sich wohl in seinem Hirtenstab ↗ als Schlange spiegelt (s. Hui ↗), während er selbst zum Adler ↗ (= Tageshimmel wie a. Sonne) wird. Die Schlange ↗ gilt als Nachthimmel + Sternengürtel des Tierkreises ↗. Schon verschiebt sich der Akzent zum äg. Falken = Horus ↗, im Hl. Dreieck ↗ ebf. einer Schlange entspringend. Auch die Zahl 5 findet sich wieder als 5 Daunenfederbälle auf seinem Schild, den a. die höchsten Würdenträger von Mexiko ↗ trugen. Schlange + Adler wurden zum Symbol von Mexiko-City ↗ u. bilden noch heute das Wappen des ganzen Landes. H. soll es gewesen sein, der den azt. Stämmen befahl, Aztlan ↗ zu verlassen. — Als Gegengott, mit dem er oft gemeinsam auftritt, wird Tezcatlipoca ↗ genannt, was noch stärker auf die äg. Par. Horus-Seth ↗ verweist, während Quetzalcoatl ↗ beide in sich vereint. — Manchmal wird H. auch mit dem Schild Chimalman ↗ verbunden, d.h. mit den 7 Welten der Weltenlehre ↗.

Hula: ein Tanz auf Hawaii ↗; es wird aber a. von Hula-Dichtung gesprochen, als deren Patronin die Göttin Laka ↗ gilt, der zusätzl. der Ahu ↗-Altar auf dem Kultplatz Marae ↗ unterstand, wo sich die Hula-Tänze abspielten. Ein Hula-Hula Reifen ist heute ein großer Kreis aus Holz, den man um seinen Körper als Achse zu drehen versucht. Es wäre an des Julrad ↗ zu denken mit Äqv. Hula = Jul: der Kreis der Runen ↗, der den 24 Grundmotiven ↗ des Kosmos ↗ entspricht, wiederholt als Geschichte ↗. Sie sind a. der Kreis (das O) im Wort Io ↗, dem 10. Himmel; und der Ahu hatte 10 Stufen. — Entspr. könnte sich Hula mit Holla ↗ verbinden lassen; schließl. a. mit dem Hulama ↗.

Hulama: Ballspiel ↗ mit relig. Hintergrund (Maya ↗). Da der Ball eine (welche?) Sonne ↗ vertritt u. Ma ↗ im indianischen oft Sonne bedeutet, wäre die Vorsilbe Hula ↗. Dann würde der Ball nicht unsere Sonne vertreten, sondern die noch nicht real existente Kosmos- (= Hula) Sonne, um die als Gral ↗ tats. ständig gekämpft wurde. Es ist die schwarze Sonne (afrik. Po ↗), die der Sirius ↗ schon hat. Der Ball war aus Kautschuk, indian. *oli*, was zum Namen der Olmeken ↗ geführt haben soll. Aber eine Nv. von H. ist Olama, was dann Kautschuksonne bedeuten müßte, und als eine solche wurde der Ball tats. aufgefaßt. Verarbeiteter Kautschuk ist schwarz (s. Autoreifen) u. schwarz waren a. die Olmeken. Man kann also formulieren, das H. sei das Spiel (der Kampf) um die schwarze Sonne. — Eine brennende Kautschukkugel findet sich auf Bildern der Mixteken als Abschluß sog. Feueraltäre (Abb.); auch hier schwarz, wie aufgespießt von einem weißen Stab, der durch insg. 11 Querschichten geht. Das erinnert an den äg. Djed ↗ mit 10 Sektoren + Widderhörnern = 11 u. als Abschluß ebf. eine ›Kugel‹, eingehüllt in Federn (hier Flammen). Die Abb. ist ein

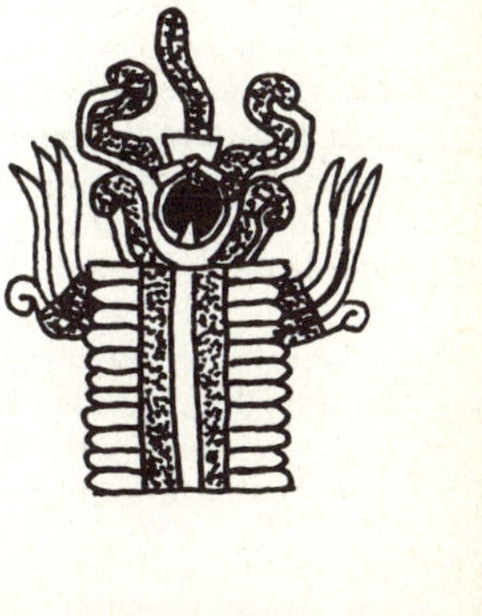

Detail aus dem Codex Nuttall (Altmex. Kulturen, S. 238).

Hum: ein Mantra ↗ (= hl. Ursilbe) wie Om ↗, zu dem es sich wie ein Kontrapunkt verhält. Man muß durch das Erlebnis Om (das Unendliche) hindurchgegangen sein, um das noch tiefere Erlebnis des Hum (das Unendliche im Endlichen) zu erfahren: »... die Verwirklichung des Geistes in dieser unserer Welt individueller Existenz in der Tiefe des menschlichen Herzens« (Lama ↗ A. Govinda). In der Bon ↗-Religion verbindet sich H., Farbe blauschwarz oder schwarz, mit den Fuß ↗-Sohlen. — S. Om-Ah-Hum ↗ als die 3 großen Mysterien des Vajrayana ↗, einer myst. Schule des ind. + tib. Buddhismus ↗.

Humanismus: 19. Stil der europ. Wiederholung ↗ von Gesch., der Renaissance ↗ (als Nr. 20) vorausgehend. Begann in Italien als eine Lebensauffassung, die sich wieder der heidn. Welt der Antike zuwandte; man forschte nach alten Manuskripten u. begann in der Erde zu wühlen, ca. ab Mitte des 14. Jh. Der Grund war Überdruß an der jenseits bezogenen Kultur des Mittelalters ↗. Man gab Vermögen aus, um große Werke zu entdecken u. abschreiben zu lassen; schließl. erwuchs daraus ein neues Erziehungsprogramm u. ein neuer Malstil, die sakrale Starre wurde aufgegeben zugunsten eines menschlichen (humanen) Realismus, gestützt auf Mathematik (Grundmotiv ↗  = C); die Perspektive erschien im 15. Jh., Brunelleschi legte als erster wissenschftl. ihre Gesetze fest. Zu ihrem Meister wurde Leonardo da Vinci ↗. — Ital. Philologen entwickelten im Zusammenhang mit der Erschließung alter griech. + röm. Texte textkritische Methoden, die später Luther ↗ ermöglichten, bei seiner Bibelübers. nicht auf die Vulgata ↗, sondern deren Vorlage zurückzugreifen (u. bei ersterer Fehler zu entdecken). — These: der H. läßt sich mit dem äg. Mysterienverrat ↗ vergleichen, als z. B. das uralte Totenbuch ↗ ›vermenschlicht‹ wurde, wie a. mit Ägyptens Kulturimperialismus ↗ der gleichen Zeit (1. Hälfte Stier ↗-Sektor), denn am Ende des H. begann der europ. Kolonialismus ↗.

Humboldt, Alexander, Frh. von: dt. Naturforscher u. Geograph, der 1799–1804 eine große Mittel- u. Südamerika Reise unternahm u. als ›Wiederentdecker Amerikas‹ gilt, weil er die Aufmerksamkeit auf die vorspan. Kultur lenkte, spez. der Azteken ↗ u. Muisca ↗ am Guatavita-See ↗.

Humis Katschina: s. Katschina ↗.

Hunab: ›vereinheitlichtes Maß‹ (Maya) = 1,059 m, angewandt beim Bau von Teotihuacan ↗. Es ist 1/6 der äg. Pyramidenelle (0,6356 m) mal 10. Diese Zahl taucht a. in der modernen Mathematik immer wieder auf als 12. Wurzel von 2. Das Wort bestimmt z. B. den Begriff Hunab Ku ↗.

Hunab Ku: eine Gottheit namens ›einziger Verteiler von Maß und Bewegung‹, der die Maya ↗ den math. Aufbau des Universums zuschrieben. Symbolisiert wurde sie als Quadrat ↗ im Kreis ↗. Eine andere Schreibweise und Übers. lautet Huun Ab Ku einer ist Gott von Maß und Bewegung‹, der die Maya ↗ den math.

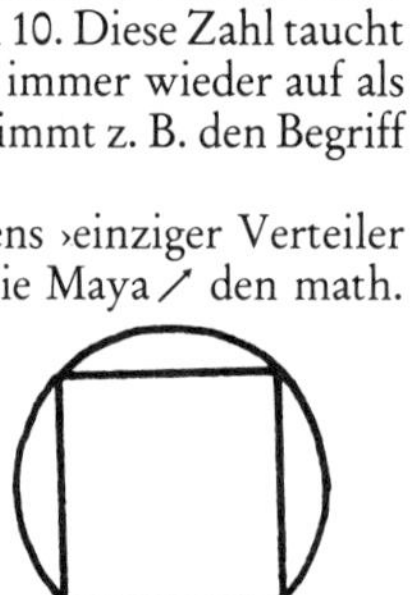

Er heißt a. Itzamna ↗ u. gilt als ›Schlange des Ostens‹ u. Erfinder der Schrift. In Ägypten war das Thot ↗, der Große Horus ↗. Die Verbindung ist erlaubt, weil Hunab ↗ mit der äg. Elle zusammenhängt. Die Koppelung von Kreis u. u. Quadrat ist dort ausgedrückt im Hl. Dreieck ↗ der Großen Pyramide ↗, die in ihrer Relation zur Hemisphäre von P. Tompkins (Buch Cheops) ganz ähnlich gezeichnet wird (Abb.). Diese Hl. Maße ↗ wurden in der Gotik ↗ benutzt. — Im Namen Khufu ↗ taucht das Ku ↗ von Hunab Ku auf, sum. Licht. Man könnte also a.: die Einheit (Hunab) ist das Licht (Ku) übersetzen. These: es könnte den Abstand der Planeten ↗ von der Sonne regeln, denn deren Tempel ergaben, in Hunab gemessen, in Teotihuacan ↗ eine höchst exakte Relationsreihe. Die Erbauer waren jedoch nicht die Maya, sondern die Olmeken ↗, geflüchtete Kanaanäer, Nachbarn der Ägypter, evtl. sogar Nachf. des Thot.

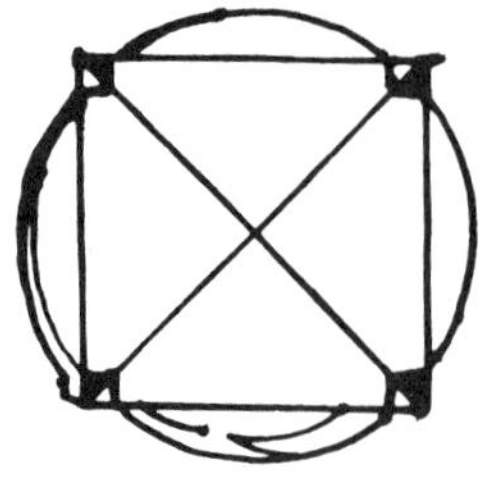

Hunahpu + Ixbalanque ↗: bilden im Mythos des Popol Vuh ↗ (Maya) ein scheinbar getrennt auftretendes, aber immer zusammengehöriges Zwillingspaar, das in der Genesis ↗ der 3. Generation angehört. Ihre herausragende Tat ist die Zerstörung des Sonnentrabanten Siebenpapagei ↗. These: es handelt sich um ein Äqv. des Dogon ↗-Berichtes, daß (Astronaut) Nommo ↗ beim 1. Besuch den Planeten Ogo ↗ zerstörte. Denn auf der Grabplatte von Palenque ↗ erfolgt dieser Abschuß eindeutig durch eine bemannte Raumschiffrakete und nicht durch ›Blasrohre‹. Es handelt sich also um den Besuch von Astronauten ↗ vor Einsetzen der Geschichte ↗, was aus der 3. Generation das Ende der 3. Welt ↗ macht. Nach den Regeln des Mythos verschmelzen jedoch die 3 ersten Welten (s. Weltenlehre ↗) = Generationen mit den 3 ersten Zodiaksektoren ↗, was durch ein Nagual ↗ (alter ego) der Nr. 1, Göttin Ixmukane ↗ deutl. wird, dem Krokodil ↗. Ebenso passend Hun Batz ↗ als Affe ↗ und 3. Generation (Nr. 3), älterer Bruder der Zwillinge, die dadurch auch zu Nr. 4 weiterrücken als 4. Welt ↗ ab 4. Sektor (Adler ↗ od. Skorpion) bis Hase ↗ (Jungfrau), ausgefüllt vom Wanen-Asen-Krieg ↗ (Edda), der hier zum Ballspiel ↗ wird. Es endet mit der ›Zerstückelung‹ von H. + I. (= Osirismord ↗) in Xibalba ↗: »Ihre Leiber wurden zermahlen und in fließendes Wasser gestreut.« Bald darauf erheben sie sich zum Himmel: »Zur Sonne wurde der eine, zum Mond der (die) andere«, d.h. zu Seele u. Geist, s. Hermetischer Kreis ↗, denn sie hatten als Erste Menschen (Halbgötter ↗, wie sie a. genannt werden) eine komplette Psyche ↗. Auf Seite 195 als These der um Zeit erweiterte ›Stammbaum der Götter und Heroen‹ des Popol Vuh.

Zu Nr. 2 gehört noch ein ›Siebenjäger‹ ohne Nachkommenschaft, womit auch das äg. Muster der Horuskinder ↗ (4) gegeben ist. Einsaffe + Einsmeister betätigen sich schon kulturell als Kunsthandwerker, sinken aber später zu Affen herab. Man ist versucht, an jene Neandertaler ↗ zu denken, die den Beginn der Kunst ↗ noch mitmachten, aber nicht den Sprung in die Reinkarnation ↗ schafften, die bei H. + L. bes. hervorgehoben wird, denn trotz Tod sie »dennoch nicht starben«. Nach jeder Besiegung, a. nach der Zerstückelung, erschienen sie »in neuer Gestalt«. Der Bezug zu den Ahpu ↗ ist gegeben, indem Einsjäger (Hun-Hunahpu) u. Siebenjäger genau übersetzt Ahpu (1) und die 7 Ahpus sind, als Systeme Einheit ↗ + Vielheit ↗.

1. Welt — Ixmukane — 4. Welt: Krokodil

2. Welt: Ixbaquiyalo Hun-Hunahpu Ixquic — Steinbock

3. Welt: Einsaffe + Einsmeister — Affe

4. Welt: (werden zu Affen) Hunahpu + Ixbalanque (obiges + Adler bis Jungfrau)

Weltuntergang
(11432 v. Z.)

Hun Batz: ›Einsaffe‹, älterer Halbbruder von Hunahpu ↗. Die Namen der Maya ergaben sich aus Daten ihres Kalenders (s. Tzolkin ↗), in dem der Affe 1 von 18 Glyphen des Haab ↗ ist. Astrol. galten alle Affentage als günstig für Handwerksarbeiten sowie Lernen u. Lehren ganz allg. Deshalb begann der ›Lehrgang der Zauberlehrlinge‹ an einem Tag 8 oder 13 Affe und dauerte 260 Tage (1 Tzolkin-Umlauf). These: das war das einstmalige Jahr der Erde ↗, bevor Venus ↗ ihren Platz einnahm, als ehem. Uranusmond weggeschleudert beim Abschuß des Planeten Siebenpapagei ↗ (Ogo ↗ in Afrika) durch die Zwillinge ↗. Das passierte am Ende der 3. Welt ↗, als die Kulturbringer ↗ kamen. Ihre Künste verbinden sich deshalb zunächst mit Hun Batz, der als 3. Generation der Genesis des Popol Vuh ↗ mit dieser Welt identisch ist, wie a. mit Schmied (Silberschmied, Metallschmied, Bildhauerei etc.) oder dem Hogon ↗ der Dogon, Schmied u. Priester zugleich. Auch aus dem erwähnten Lehrgang gingen die neuen Priester-Zauberer hervor. Damit landet man zugleich im 3. Zodiaksektor Affe ↗, in dem lt. Klassensystem ↗ das erste Priestertum die Führung übernahm.

Hund: als Symbol ↗: 1) Reittier der Isis ↗, stellvertretend für Canis ↗, Sternbild des Sirius ↗, auf dem ›ihre Seele wohnt‹. Die Abb. stammt schon aus der Ptolemäer ↗-Zeit von Ägypten, genannt Isis-Sothis ↗, wonach die Griechen ↗ den Sirius Hundsstern nannten. 2) Anubis ↗ als Bahn der schwarzen Siriussonne, d.h. ein Teilaspekt von Nr. 1. Ihm steht gegenüber 3) Wepwawet ↗ (= Japhet ↗). Zus. bilden sie den Zodiaksektor ↗ Hund = Zwilling ↗. 4) Kojote ↗ als Kulturbringer ↗; das Nagual ↗ (verhüllende alter ego) von Hunahpu ↗, der Zwilling, äqv. Anubis + Nephtys ↗ in Ägypten. 5) Zwilling übersetzt sich der azt. H.Xolotl ↗, der die Toten ↗ über den 9fachen Strom zur Unterwelt ↗ bringt, genau wie der Hund der germ. Hel ↗ oder der griech. Cerberus ↗; a. Anubis ist Totenführer. 6) Wirth ↗: »Die altindische Überlieferung kannte 4äugige Hunde des Totengottes. Das Zauberkraut, das geistersichtig macht, wird im Atharvaveda IV, 20, 7 Das Auge der Vieräugigen Hündin genannt... Der Viererwurf ist das Grabhaus-Ideogramm (17. Rune im Sektor Zwilling). Entsprechend sind die Groß-Steingräber Hunebed ↗ = Hundsbett, Stelle der Wiedergeburt ↗... Der Mensch kommt auf den Hund, wird Mensch-Hund, Mensch-Wolf, Werwolf ↗ und hat seine Abkunft dann wieder vom Hund« (Die Heilige Urschrift der Menschheit, S. 750). 7) Diese ›Werwölfe‹ sind a. die 24 schwarzen Hunde der Frau Gaur ↗, die in der Hügelnacht ↗ bzw. Mütternacht ↗ erscheinen, u. die Hügel sind die Hundsbetten oder Hünengräber ↗. — Betrachtet man den Hund selbst, so hat er 2 Ursprünge, was ihn direkt zum Zwilling macht: schon in Ägypten wurde zw. Schakal (Hund) = Anubis als Einzelgänger u. Wolf (Hund) = Wepwawet als Rudeltier unterschieden. Damit wären die Systeme Einheit ↗ + Vielheit ↗ berührt oder 2 versch. Sonnen ↗, vereint im Zweisonnensystem Sirius. 8) Sonderfall Seth ↗, symbolisiert als Planetenstab ↗ mit Hundekopf; das ist Ogo ↗, der ›Bleichfuchs‹ (Fuchs-Hund), 9) Hund = Ur-Ka ↗ (sum.).

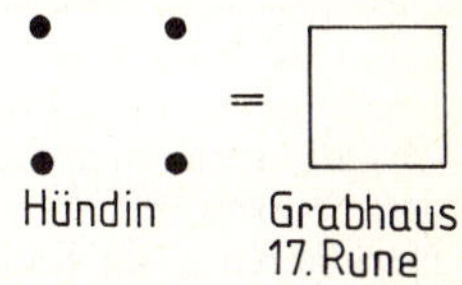

Hunebed: Hundsbett, s. Hund ↗ u. Hünengrab ↗.

Hünengrab: Megalithgrab ↗ der Hügelleute ↗; weil sie so groß waren (künstl. aufgeschüttete Hügel über Grabkammern), dachte man später, es seien Hünen = Riesen in ihnen begraben worden; es handelte sich aber um Sippengräber der Hügelleute. Nv. Hünebed, spät. Teufelsbett ↗.

Hunnen: ostasiat. Nomadenvolk; bildete um 200 v. Z. (= Beginn des Fischsektors ↗) ein Großreich in der Mongolei ↗, das nach dem Tod von Attila ↗ (453) wieder zerfiel. Sie besiegten die Goten ↗ (375) u. stießen bis Italien u. Frankreich vor; Erinnerungen flossen ins Nibelungenlied ↗ ein. — Beschrieben werden sie als

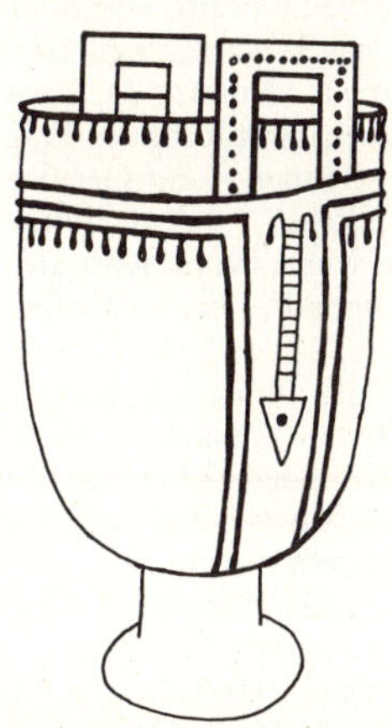

klein, breitschultrig, aber mit kurzen, steckengleichen Beinen, dunkelhäutig u. Augen wie Nadelöhren. Sie lebten, aßen u. schliefen auf dem Rücken ihrer Pferde. Gehen über in die Mongolen ↗. — Da um die gleiche Zeit die Han-Dynastie ↗ in China entstand, könnten die Han ↗ die Hunnen sein. Die Abb. zeigt ein hunn. Blutopfergefäß (Eremitage, St. Petersburg) mit einem Z., das Wirth ↗ auf Sumer ↗ zurückführt. Aus dem weibl. Dreieck ↗ mit Punkt  , im Tantrismus ↗ *Mula trikona* = der Mutterschoß des Kosmos ↗, erhebt sich eine 12-sprossige Leiter. These: zus. Nut ↗ + Duat ↗ in Ägypten. Das bedeutet, daß die H. Reinkarnation ↗ kannten u. damit die Präzession = Van ↗ bei den Tataren ↗; so waren sie wohl Wanen ↗-Nachfahren u. ihr Kampf galt wieder den Asen ↗ in Fortsetzung des uralten Wanen-Asen-Kriegs ↗. Die Silbe Hun kommt im chin. Hun-T'un ↗ vor.

Hun-T'un: dunkles Chaos als Ursprung des Weltalls, das in Millionen Ichs ↗ zersprang (China), äqv. Ginnungagap ↗ in der Edda ↗. Bei den Maya ↗ entspricht Hun = 1, s. Hunab-Ku ↗ als Einheit von Kreis + Quadrat = Himmel + Erde. Die Bibel ↗ beginnt mit deren Trennung, äg. Trennung von Nut ↗ + Geb ↗. — Die Vorsilbe Hun = dunkel könnte zum Wort Hunnen ↗ geführt haben, da sie als dunkelhäutig geschildert werden.

Huracan: ›Einbein‹, eine schöpfer. Kraft im Popol Vuh ↗, die 3 Erscheinungsformen hat: Cakulha = Blitz, Chipicakulha = Donner + Raxa Cakulha = Widerschein. These: das entspr. dem Element ↗ Feuer, sum. Ku ↗ (Licht) - die Silbe kommt in allen 3 Namen vor - (äqv. Kuntu ↗ in Afrika), äg. Tefnut ↗ samt Ausfächerung in Kuk ↗ + Kauket ↗ (Götterachtheit ↗), äqv. Licht + Donner im Tao ↗. — Der Kolonialismus ↗ machte nicht sonderlich richtig den Hurrikan = Wirbelsturm daraus. — Besser der Bezug über Ra (= Re ↗, Sonne) Can (Chan ↗) Schlange (s. Ara ↗ u. Kobra ↗), Sonnenschlange (evtl. Aracan statt Huracan) mit Rückführung auf das G des Sonnenalphabets ↗, mit dem der Lichtsektor beginnt; als Grundmotiv Labyrinth ↗ (Wendespiralen, Wirbel), einer Schlange ähnlich.

Hvita Quina: ›weiße Frau‹, von *hvita* = weiß (wohl weiß u. blond wie Weizen, engl. *wheat)* + *Quina* = Frau, äqv. Gyne ↗, Kuna ↗ (a. *queen* = Königin), Yin ↗ etc. Gemeint ist mit ihr die Trägerin des Ger ↗, konkret die Seherinnen ↗ der Germanen, die das Runen ↗-Wissen hüteten. — Aus Hvita, im Buch Dzyan ↗ = Shveta, wurde wohl Schwede. Es kommt vor als Shveta Dvipa ↗, die ›Weiße Insel‹ als 1. Kontinent ↗.

Hwergelmir: ›der brodelnde Kessel‹, ein Brunnen mitten in Niflheim ↗. Aus ihm ergießen sich 12 eisige Ströme, die sich mit den 12 Feuerströmen von Muspelheim ↗ zu einer lauwarmen Zone vermischen, in der das Leben entsteht: zunächst als Audumla ↗ + Ymir ↗. Erstere leckt an dem Eis, zu dem die H.-Ströme gerannen, u. hervor kam Buri. Ströme u. Ureis scheinen die Erde (äg. Geb ↗) zu symbolisieren (nicht den Planeten, sondern die Kategorie), sodaß man die Zahl 12 auf die Planeten ↗ als Vorform (sie sind ohne Sonne auch vereist, ihre Bahnen also Eisströme) beziehen kann; dann entspräche H. dem Gläsernen Meer ↗ als Gurgel (statt hwergel)-Meer (mir) mit gurgeln statt brodeln, heute auch ›werkeln‹, von Werk, arbeiten, wirken. Die Überlieferung ist fast verloren, aber ein Übertrag zu den 12 Asen ↗ denkbar. — Das alles spielt sich noch z. Z. des Ginnungagap ↗ ab, selbst gepolt in Nord = Rauhreif u. Süd = Glut. Das spätere Abbild wurde Midgard ↗.

Hyksos: ließen sich gg. Ende des Mittleren Reiches von Ägypten im Nil-Delta ↗ nieder; 15. + 16. Dynastie ↗ trugen Namen von Hyksosherrschern. Sie zerstörten nicht, sondern usurpierten die Monumente u. versahen sie mit ihren (Namens-) Kartuschen ↗. Als Hauptgott wurde Seth ↗ verehrt, u. der letzte H.-Herrscher hieß Apophis ↗, was die H. deutl. als uralte geschichtl. Feinde ausweist. Es wird von Religionskriegen gesprochen. Die Bez. ›Hyksos-Zeit‹ bedeutet Zeit der ›Herrscher der Fremdländer‹ u. beinhaltet asiatische Häuptlinge bzw. wandernde ›Hirtenkönige‹. Sie werden den Semiten ↗ zugerechnet u. fallen in die Zeit von Abraham ↗ u. Jakob, die bekanntl. Hungersnot nach Km.T ↗ trieb. Eine gleiche H.-Welle zerschlug Sumer ↗ um 2000 v. Z.: »Der erstaunlichste dieser (Hyksos-)Namen, den man auf Skarabäen aus jener Zeit fand, ist Jakubher; man kann ihn wohl mit dem Namen des Patriarchen Jakob identifizieren. In Ägypten war etwas Außerordentliches geschehen. Zwar hatte es schon Bürgerkriege und Grenzstreitigkeiten gegeben, aber noch nie während seiner ganzen langen Geschichte hatte Ägypten die Schmach fremder Besetzung und ausländischer Anwärter auf den Thron ↗ des Pharao ↗ erfahren« (L. Cottrell: Jahrtausende blicken Euch an, 1963: S. 89). Bei ihrer Vertreibung fällt noch ein Name: »Ich zog mit Macht flußabwärts, um die Asiaten auf Befehl von Amun ↗ zu überwinden; vor mir mein tapferes Heer wie ein Feueratem, Truppen von Nubiern hoch oben auf unseren Hütten, um die Setiu zu erspähen und ihre Stätten zu zerstören.« Setiu, das sind die H. als Sethianer ↗. — Sie brachten Pferd und Streitwagen u. damit eine völlig neue Art der Kriegsführung ins Niltal. — Jakob = Israel ↗.

Hymir: je nach Überlieferung ›Meergott‹ oder ›Wasserriese‹ (germ.), sehr ähnl. wie der Name Ymir ↗, aber nicht identisch, eher dessen Fortsetzung nach der Zerstückelung. Da H. als ›Vater‹ von Tyr ↗ gilt (= Mars), verschwimmt er mit Hwergelmir ↗ u. ist vielleicht dessen ›Geist‹. Lt. Mythos ↗ befindet sich bei ihm der Kessel ↗; a. Hwergelmir wird Kessel genannt. Man brauchte ihn, um Met ↗ zu brauen. — In der Edda ↗ wird H. in einem Boot vorgestellt, in Begleitung von Thor ↗, der fast die Midgardschlange ↗ aus dem Meer zieht. Thor = Donnar (s. Donnerstag) = Jupiter ↗, dem Mars benachbart, u. zw. ihnen liegt als Midgardschlange der Planetoidengürtel ↗.

Hypatia: griech. Philosophin in Alexandria (Ägypten), unterrichtete u. a. Bischof Synesius und war eine Zierde der alten äg. Weisheitsschule. 414 wurde sie unter Anstiftung des Bischofs von Alexandria vom christl. Pöbel, der ihr mit Muscheln das Fleisch von den Knochen schabte, ermordet. Damit endete die Tradition weibl. Philosophen u. beginnt erst jetzt wieder aufzublühen. S. Philosophie ↗.

Hyperborea: ein Land ›jenseits (hyper) des Nordwinds (Boreas)‹, wo die Griechen die Hyperboreer ↗

ansiedelten. Lt. Herodot ↗ handelt es sich nicht, wie heute oft vermutet, um Nordeuropa, sondern Nordasien. Lt. Blavatsky ↗ war es der Kontinent ↗ der 2. Wurzelrasse ↗: »... ein Vorgebirge südwärts und westwärts von dem Nordpole...«, das damals keinen Winter kannte, weshalb jenseits Boreas eigtl. jenseits von Winter und Sturm heißt. Sie meint, es handelte sich um Grönland, ohne Eis, mit Palmen u. trop. Klima. Dann müssen die Pole anders gelegen haben, s. Polsprung ↗, u. entspr. a. die Meere.

Hyperboreer: Bewohner von Hyperborea ↗, Vorfahren der Lemuren ↗; als 2. Wurzelrasse ↗ noch nicht materiell u. ungeschlechtlich. Lt. Blavatsky ↗ setzten sie sich aus den verschiedenartigsten, riesigen halbmenschlichen Ungeheuern zusammen. These: es sind die ›Wassermenschen‹ des Popol Vuh ↗: »Darauf geschah die Schöpfung und Formung. Aus Erde, aus Lehm machten sie (Tzakol ↗ + Bitol ↗) des Menschen Fleisch. Aber sie sahen, daß es nicht gut war. Denn es schwand dahin, es war zu weich...« (Popol Vuh, 1980, S. 33). Und es sind a. die Wandschina ↗ der Ureinwohner von Australien ↗.

Buchstabe I

Grundmotiv I Vibrationsachse

I: die primäre Bed. des Wortes I beim chin. I Ging ↗ ist ›Wandel‹ (s. Archetyp ↗ Verwandlung für obiges Grundmotiv ↗); aber in der Kombination *Ming-I* = Verfinsterung des Lichts wird Licht ↗ dafür eingesetzt, erweitert zu Li ↗ im Tao.
IA: gehen, z. B. in Troia, Troya ↗ (hier Ya), idg.
IA: Jahwe ↗, so in Abia ↗. Kanaan. Iaw ↗.
Iadalbaoth: Demiurg der mater. Schöpfung (Satan ↗ in Rußland), der im Paradies ↗ das Verbot verhängt, vom Baum ↗ der Erkenntnis ↗ zu essen (Gnosis ↗). Verschwimmt in der Bibel ↗ mit ›Gott der Herr‹ = Jahwe ↗ (a. Ia ↗), der von ›Gott‹ = Elohim ↗ unterschieden wird.
Iakhu: Übersetzungsvar. für Ach, Achu ↗ (äg.).
Iana, Yana: Priesterin (afrik.); zusammengesetzt Amma-Iana = Priesterin des Amma ↗. Erinnert an Janna ↗.
Iardan: hebr. Schreibweise für Eridanus ↗ = Nil, u. ›Tor‹ für das hebr. Wort Jared ↗ u. Jordan ↗.
Iaw: griech. Schreibweise der höchsten Gottheit der Kanaanäer, deren Name geheim war; dieser sehr alte myst. Name taucht a. in einer alten Religion der Chaldäer ↗ auf, deren Überreste sich im Neuplatonismus finden lassen. Dort thronte sie über den ›7 Himmeln‹, die sich offensichtlich auf die 7 Stufen des Babylon. Turms ↗ bezogen. These: da dieser aber schon mit der 3. Welt ↗ beginnt, sind es eigtl. 9, u. Iaw bezieht sich auf das im Pazifik als 10. Himmel vorgestellte Io ↗, wobei das O als Au oder Aw vokalisiert wird. Die Juden machten daraus den Jahwe ↗.
Ibbisin: letzter König von Sumer ↗; er wurde als Gefangener ca. 1950 v. Z. von eingefallenen Semiten ↗ verschleppt, seine Stadt Ur ↗ völlig zerstört. Die sum. Dichtung hat dieses Ende ausführlich beklagt:

»Man trieb die Menschen aus der Heimat fort
Und führt' sie in der Feinde Länder weg,
Gen Abend höhnt der Subaräer sie,
Elam im Osten deckt mit Schmach sie zu.
Weh, Sumers König schied von dem Palaste,
Ins Elamiterland ging Ibbisin,
In ferne Zonen hin zu Anschans Grenze
Und glich dem Vogel, dessen Nest man störte,
Dem Fremden, der die Heimat nie mehr sieht.
Des Euphrat und des Tigris öder Ufer,
Die lassen wachsen nur noch böses Kraut.«

Jh. später drangen die Hebräer ↗ (wieder) westwärts und eroberten Kanaan ↗. Das ganze hängt mit der Völkerwanderung ↗ zusammen. Hauptstadt des zitierten Elam war Susa ↗.
Ibibio: afrik. Stamm südöstl. der Ibo ↗, im heutigen Nigeria ↗. Es sind ›Semi-Bantu‹ (s. Bantu ↗), die sich nie zu größeren Staaten zusammenfanden, sondern vom mächtigen Ekpo-Geheimbund regieren ließen, der dem großen Juju ↗-Geist unterstand. Nv. für Ekpo: Egba, Epa ↗. — Sie waren Nachbarn der Yoruba ↗.
Ibis: als Symboltier ↗ dem äg. Thot ↗ zugeordnet, dem aber a. der Affe ↗ (als Zodiaksektor ↗ äqv. Schütze ↗) heilig war. These: so handelt es sich nicht um eine Zeitangabe, sondern Thots Wesen ↗; mit dem Ibisbild wurde sein Name ↗ geschrieben. Und als ›Zunft des Thot, die zum Ibis gehörige Mannschaft‹ widmen die äg. Schreiber ihm eine Spende aus dem Wassernapf ihres Schreibzeugs, ehe sie mit ihrer Arbeit beginnen. So bezieht sich die Symbolik auf Schrift, ›das zauberkräftige Wort‹ der Schöpfung ↗, d. h. das Sonnenalphabet ↗, weshalb er a. ›Schreiber des Re ↗‹ hieß oder ›Gehilfe in der Ausübung des Weltregiments‹ = der Maat ↗. In Amuletten der äg. Spätzeit wurde deshalb der Ibis mit der Feder der Maat verbunden, oder sie steht vor dem ibisköpfigen Thot bei der Seelenwägung ↗, wenn dieser die Taten des Toten ↗ ins ›Lebensbuch‹ einträgt. Das interessanteste Bild (Abb.) zeigt ihn als ›Besitzer der Hieroglyphen ↗‹, in der Hand den kompletten Aufbau der Sonne ↗.

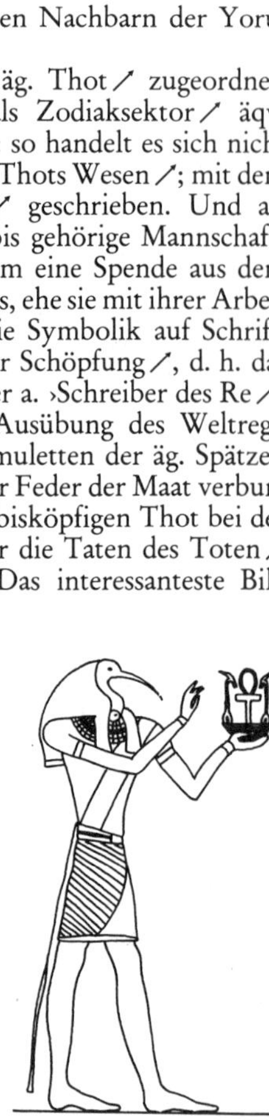

Der I. ist ein storchähnl. Vogel, den es in Ägypten in 2 Arten gab: mit u. ohne Schopf; der mit Schopf symbolisierte den verklärten Toten, gen. Ach ↗. Außerdem den Benu ↗ (Phönix) als Seele des Osiris, die dem Ba ↗ des Re äqv. ist. So kann der I. als Verwandlungsform des falkenartigen Ba-Vogels verstanden werden, sprich Ibis als ›großer Falke‹ wie Thot der ›Große Horus‹ ist. Übrig geblieben ist für uns der

Storch, der aus dem Seerosen- (= Lotos ↗) Teich ein Baby bringt, d. h. seine Seele (Ba). Man ist versucht, im äg. Bild diesen Akt zu erkennen. — Der Ibis ist in Afrika heimisch, lebt in Wassernähe u. hat als Charakteristikum einen sehr großen, oft mit der Mondsichel verglichenen Schnabel und schwarz-weißes Gefieder. Letzteres verweist auf Thots Doppelcharakter (schwarz-weiß ↗) als germ. Tuisto ↗, u. den Schnabel kann man mit Thots Eigenschaft verbinden, das Mondauge ↗ zu füllen.

Ibo: afrik. Stamm, der weite Regionen östl. des unteren Niger ↗ bewohnt u. fast 8 Millionen zählt. Sie lieferten das größte Kontingent an Sklaven ↗ u. sollen überhaupt erst an die afrik. Westküste gezogen sein, um sich an diesem einträgl. Handel zu beteiligen. Unsicher ist, woher sie kamen. Ihre Sprache enthält chin. Elemente. These: es wäre deshalb an Nachf. jenes Neger-Empires zu denken, das sich einst im S von China ↗ befand. Ihre gesellsch. Organisation entspricht nicht dem in Afrika ↗ so übl. sakralen Königtum, eher einer Ur-Demokratie, wie sie a. der chin. Taoismus ↗ vertritt.

Ibri: hebr. Äqv. für Eber ↗, Stammvater der Hebräer ↗.

Ich: im Psychogramm ↗ von Jung ↗ dessen schwarze Spitze; er macht jedoch deutlich, daß - obwohl Einheit der Fragmente einer Persönlichkeit, d. h. Persönlichkeitszentrum - es nicht die Totalität der Psyche ↗ ausdrückt; seine Macht, den eigenen Willen ↗ durchzusetzen, reicht nicht in die Bezirke des Unbewußten ↗, d. h. der Archetypen ↗. These: I. entspricht dem Sonnenkern ↗ u. damit der Einheit der Kategorien der Sonne ↗, individuell den Schichten der Seele ↗. Seine Macht versagt vor dem Geist der Geschichte ↗. Es entspricht a. Buchstabe Alpha ↗ als Nr. 1 des Sonnenalphabets ↗, das im individ. Lebensweg ↗ die ersten 3 ½ Jahre ab Geburt ↗ regiert. Entspr. sagt ein Kind ca. 3jährig zum 1. Mal Ich. Es wird nun lange dauern, bis es gewillt ist, sich dem ›höheren Selbst‹ ↗ oder geistigen Doppelgänger, äg. Ka ↗, unterzuordnen. Denn ›ich bin ich‹ ist das Gegenteil von Saham ↗ (ich bin sie, die Göttin) oder Soham ↗ (ich bin er, der Gott). Wie am Anfang Hun-T'un ↗ in Millionen Ichs zersprang, überliefert China.

Ichamna: ›Himmelsschlange‹ bei den Olmeken, woraus die Maya Kukulcan ↗ u. die Azteken Quetzalcoatl ↗ machten; seine Gemahlin war Ixmukane ↗. These: im Wort verborgen Cham ↗ = Osiris ↗. Nv.: Itzamna ↗.

Ichthys: Ixthys ↗.

Ida: im Rigveda ↗ die Unterrichterin des Vaivasvata ↗, in den Puranen ↗ das Weib von Buddha ↗. Nv.: Ila, evtl. äqv. Ilat ↗. — Im Hinduismus ↗ ist Ida Mania ↗, der weibl. Manu ↗ des Ramayana ↗, lt. Blavatsky ↗ äqv. der Gattin von Noah ↗, d.h. das Gefäß der 5. Wurzelrasse ↗ u. nur eine Inkarnation der Göttin Vach ↗, als solche aber als Wurzel am Anfang u. Ende jeder Welt ↗ (wie Manu als männl. Gegenstück) erscheinend. Das gleicht sie Eva ↗ bzw. Isis ↗ an, u. die Idaischen Mysterien galten schlichtweg der ›Großen Muttergöttin‹. S. Idaberg ↗ u. Idafeld ↗. — These: aus I. wurde bei den Germanen ↗ wahrsch. Edda ↗ wie a. Ista ↗. S. Idakulthöhle ↗ + Idakanal ↗.

Idaberg: nach Ida ↗ benannter Berg bei Troja bzw. Ilion ↗. Darauf befand sich ein Heiligtum der Ida, die Wirth ↗ mit der Kybele ↗ gleichsetzt.

Idafeld: in der Edda ↗ das myth. ›Feld‹, wo Asgard ↗ stand, das wie der Olymp ↗ auf einem Berg (Idaberg ↗) 12 Sitze hatte oder wie das Thing ↗ 12 Steine, sodaß a. dessen dadurch eingekreistes Feld ein ›Idafeld‹ gewesen sein müßte. Aber was stellt es konkret dar? Offensichtlich das Sonnensystem ↗, oder eine analoge Stätte auf der Erde wie z. B. Teotihuacan ↗. Unbeantwortbar, ob es das a. auf Atlantis ↗ gegeben hat, oder wo immer die Asen ↗ nicht als Planeten ↗, sondern als menschl. Götter oder Halbgötter ↗ wohnten:

»Die Asen einten sich auf dem Idafelde
Hof und Heiligtum hoch sich zu wölben
Erbauten Essen und schmiedeten Erz
Schufen Zangen und schönes Zeug.«

Auf Ida ↗ bezieht sich im Thing der Idavallsbord ↗.

Idakanal: 1 der 2 psych. Kanäle zu beiden Seiten der Susumna ↗; der andere heißt Pingala ↗ (Tantrismus ↗). I. wird a. Mondkanal (ggb. Sonnenkanal) genannt u. gehört zu den Nadi ↗.

Idakulthöhle: eine Höhle auf Kreta ↗, in der lt. Mythos ↗ Zeus ↗ geboren worden sein soll. Rechnet man ihn als Planetengeist ↗ (Jupiter ↗) zu den Adityas ↗, was naheliegt, da a. der Name Zeus aus dem Indischen stammt, wird aus der schwer einzuordnenden Ida ↗ die ind. Aditi ↗.

Idavallsbord: Name des größeren der 2 Mittelsteine einer altskand. Thing ↗-Stätte vom Anfang des 19. Jh. Im Wort enth. Ida ↗, hier als Idavall = Idafeld ↗; *bord* ist in diesem Fall der hohe Stein als ›Sitz‹ einer Gottheit. Nv.: Jarlsäten ↗.

Idealismus: philos. Lehre, die die wahre Wirklichkeit ↗ nur in der Idee ↗ sieht; geht in Europa zurück auf die Ideenlehre ↗ von Sokrates ↗ u. blühte als Zeitepoche durch Kant ↗ auf. Fällt in die Wiederholung ↗ der Gesch. auf 1745–1847 par. zur Romantik ↗. Ggs.: Materialismus ↗.

Idee: nach Plutarch ein unkörperliches Wesen ↗, welches an sich selbst kein Dasein ↗ hat, aber dem gestaltlosen Stoff Figur und Form ↗ gibt und die Ursache der Offenbarung wird. — Das geht zurück auf Plato ↗, für den die I. das sinnlich nicht faßbare, ewig seiende Urbild ↗ eines Dinges war. — Das geht zurück auf Sokrates' Präexistenten Ideen ↗ als Sein ↗, u. beides geht zurück auf die ewigen Ka-Geister ↗ der Ägypter. These: es sind die Grundmotive ↗, d. h. jede Idee ist 1 Grundmotiv, und es gibt prinzip. nur 24, in den Veden ↗ die ›24 Kategorien des Seins‹ genannt. Wenn Plutarch von Wesen spricht, müßte schon eine Grundmotiv-Koppelung zum Ka ↗ = Namen ↗ gemeint sein, mit der Tendenz, zur Form zu werden. — Von einer einzigen Ur-Idee sprach Hegel ↗. — Die Sichtbarmachung von Ideen führte in allen Kulturen zu Ideogrammen ↗. Ideenlehre ↗ reinster Form ist Kolawoles Motion-Art ↗.

Ideenlehre: jede Lehre oder Philosophie ↗, die sich um Erkenntnis ↗ unvergänglicher Ideen ↗ bemüht bzw. solche (richtig oder falsch) lehrt. These: als stimmige Ideenlehren können gelten:

1) die afrik. Ntu-Philosophie ↗ mit den 24 Kategorien (= Ideen) des Daseins ↗ (ohne Ideogramme ↗)
2) äg. Götterachtheit ↗ + chin. Tao ↗ (8 Ideogramme)
3) Taro ↗ (kleines + großes Arcanum ↗)

4) Kabala in Gestalt der 10 Sefirot ↗
5) äg. Götterneunheit ↗ + Weltenlehre ↗
6) Große Pyramide ↗
7) Runen ↗
8) Kolawoles 24 Grundmotive ↗ (neu)
9) Weltformel ↗ (neu)
Die Ideenlehren von Sokrates ↗, Plato ↗ u. Augustinus ↗ liefern kein vergleichbares Schema. Dies trifft jedoch (ohne Lehre) für
10) die Zodiakzeichen ↗ (unbekannter Herkunft) zu. Generell können a. die Religionen ↗ als I. betrachtet werden, jedoch verpacken sie diese im Mythos ↗, sodaß keine Erkenntnis ↗, sondern Glaube ↗ gefordert wird, und zwar zur Durchsetzung von Moral, die jedoch mit einer echten I. insofern nichts zu tun haben, als Ideen moralfrei sind: sie vertreten immer nur sich selbst, sind vor der Umsetzung in Realität ↗ eine Einheit von Gut + Böse. Lt. Bibel ↗ wurde diese zerstört durch Evas berühmten Griff nach dem Apfel ↗ vom ›Baum der Erkenntnis‹. Eben das war a. der eigtl. Beginn von Ideenlehre durch Nommo ↗ (im Pazifik Tane ↗).

Identität: gemeinhin die Wesensgleichheit bzw. völlige Übereinstimmung von etwas mit etwas. Umstrittenstes Beispiel ist die zum Dogma erhobene Wesensgleichheit (u. nicht nur Wesensähnlichkeit) oder Identität von Jesus ↗ u. Gott ↗. Älteres Beispiel aus Ägypten: der Pharao ↗ ist identisch mit Horus ↗, seine Mutter, die Kandake ↗, ist identisch mit Isis ↗ etc. Spez. das Äg. Totenbuch ↗ ist angefüllt mit I.-Ansprüchen des Toten ↗, die sich schließlich steigern zum Ausruf:

»Osiris ↗ bis ich wahrhaftig« (Kap. LXIX)

Oder noch neutraler:

»... Wenn jene Geister gedeihen
Gedeihe auch ich; denn gleich sind einander
Mein Ka ↗ und der ihrige« (Kap. CV)

These: das reduziert I. auf Grundmotiv Identitätstanz ↗ als Nommo-Zeichen ↗, bestehend aus 2 Ka-Hieroglyphen ↗.

Identitätstanz: 1 der 24 Grundmotive ↗, bezogen auf Identität ↗, u. zwar des Menschen, denn Tier oder Pflanze haben keine Identitätsprobleme oder -verluste. Interessanterweise beginnt innerhalb der (Weltordnung) Evolution ↗ in diesem Grundmotiv 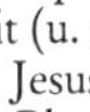, äqv. Buchstabe T im Sonnenalphabet ↗, Muntu ↗, der Mensch, als körperloser Hermaphrodit ↗. Er wird zerstört u. kehrt erst durch den Besuch von Nommo ↗ real zur Erde zurück. Noch heute von den Dogon ↗ als Nommo-Zeichen ↗ beim Sigui-Fest ↗ auf dem Kopf getragen, koppelt er 2 spiegelbildlich versetzte Ka-Hieroglyphen ↗. These: die untere entspricht der Nut ↗ (= Kosmos) u. die Identität od. Wesensgleichheit, damit wäre für den Homo sapiens ↗ deren Umkehrung ↗ (= das obere Ka-Zeichen) in Geschichte ↗. Alle anderen Identitätsversuche, z. B. zu einer Gruppe, Held oder Heldin, einem einzelnen Archetyp ↗ (Jung ↗ meint, daß eine solche Identität nur erlitten wird) oder einer einzelnen Idee ↗ (woraus nur Ideologie wird) bzw. 1 der Götter ↗ (vom Guru ↗ vermittelt) hatten nicht vor, weil nur der Kosmos bzw. Nommo als Logos ↗ unvergänglich ist.

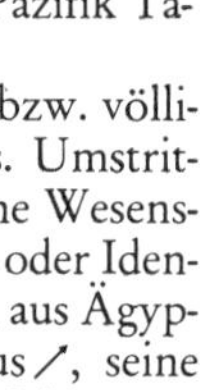

Ideogramm: jede graph. Sichtbarmachung eines Begriffs, a. dann, wenn er nur als Buchstabe eingesetzt wird, aber nicht ein Buchstabe im direkten Sinn. Es zählen dazu die Hieroglyphen ↗, Elemente der Maya-Schrift, s. Chilan ↗; mit Vorbehalt die Runen ↗ u. Petroglyphen ↗, nicht aber die Grundmotive ↗, weil sie streng genommen Ideen ↗ u. nicht Begriffe wiedergeben, a. wenn die Nommo-Logie ↗ zur Erleichterung des Verständnisses solche dafür entwickelt hat. These: I. erleichtern die Wort-Bild-Brücke ↗, erschweren jedoch Schrift ↗. — S. Weltideogramm ↗.

Idun: im germ. Mythos Besitzerin der Äpfel ↗, die den Göttern ↗ ewige Jugend spenden. Evtl. gleichzusetzen den Hesperiden ↗, wenn nicht der Ähnlichkeit des namens wegen der Ladon ↗ = Schlange im Hesperidengarten, die, 100köpfig, die Ideen ↗ (u. a. das könnte das Wort Idun sein), den Gesamtkosmos ↗ vertritt. Er allein ist ja das ewig Erneuernde, u. mit ›Die Erneuernde‹ wird I. übersetzt. Nach ihrem kurzfristigen ›Raub‹ werden lt. Edda ↗ die Asen ↗ samt Odin ↗ ›grau + alt‹.

Ifa: das ›Gesetz der Ordnung‹ u. eine der Orischas ↗ (Afrika); in Ile-Ife ↗ gab es Ifa-Tempel sowie das Ifa-Orakel. Leider ist wenig bekannt; jedoch muß das Wort sehr wichtig sein, denn es bildet den Kern von Iffie ↗ u. Ifrikias ↗ = Königsland = Afrika, das berühmt für sakrales Königtum ist, wie a. Ife die sakrale Metropole war. Da die hier ansässigen Yoruba ↗ von Altägypten stammen u. dort die sakrale Ordnung Maat ↗ hieß, darf eine Par. angenommen werden. Dem kommt entgegen, daß Ifa = Recht unter einem von 8 Stangen getragenen, offenen Zeltdach gesprochen wurde, u. (auf Kunstauktionen) diese Stangen immer weibl. geschnitzte Figuren sind. Offensichtl. landen wir im 8er Kreis der Sonne, dem Tao ↗, hinter dem ja a. Fa ↗ (äqv. Ifa) steht, wir landen auf dem Fundament der Großen Pyramide ↗, wie bei Domareringar ↗: Ifa = Licht ↗ *(I)* Gesetz *(Fa)*.

Ife: Abk. von Ile-Ife ↗ u. Nv. von Ifa ↗.

Iffie: lt. Überlieferung der Yoruba ↗ von Ile-Ife ↗ u. Umgebung ein Land, wo ihre ältesten Vorfahren erschaffen worden seien, die von dort aus ganz Afrika ↗ bevölkert hätten. Die Frage, wie weit das zurückreicht,

ist offiz. völlig ungeklärt. Wenn es ein uraltes Land um Ife ↗ herum war, auf das es sich vom Namen her bezieht sowie auf Ifa ↗ - u. Ife hatte tats. 8 Zufahrtsstraßen - so könnte sich die Gründung auf die von Mu ↗ ausgehende Argonautik ↗ beziehen, mit einem Gilgal ↗ als Ausgangspunkt. Die Yoruba wären evtl.

›Maya‹ ↗ gewesen, worauf sich Yemaya ↗ = die Mutter aller Orischas ↗ ebenso bezieht wie das Ifa-Orakelbrett (Abb.) als einer Erweiterung des Welt-Ideogramms ↗ der Maya. Hier hat jede Sonne die 4 Ecken (äqv. den Ah Can Tun ↗) = Ma ↗ (Sonne wie a. Kolonie) 12 Kaurimuscheln ↗: 4 x 12 = 48, die Kategorien der Sonne ↗ oder die 2 oberen Chakras ↗. Da als restl. Z. Schlangen, Vögel u. Unendlichkeitsschleifen ↗ zu finden sind, die als Vogelschlange ↗ zum zentralen Gesicht mit 2 riesigen Augen ↗ wird, darf darin das unterste Chakra (64 Einheiten) vermutet werden, u. das 3. Chakra mit der Zahl 8 = Ifa, wäre als Verbindungskreuz der Ecken u. Rahmen-Mitten hinzuzudenken:

Das ergibt insg. Chenti ↗, äqv. Psyche für Orakel ↗.

Ifing: Grenzfluß zw. Riesen ↗ + Göttern ↗ (germ.); zu letzteren gehörten die meist verfeindeten Asen ↗ + Wanen ↗, als geschichtl. Parteien Atlantis ↗ + Mu ↗. Da im Wanenkrieg, der zur Götterdämmerung ↗ führte, die Riesen als größte Feinde der Asen galten (s. Sutur ↗, der schließl. die Welt anzündet), wäre u. U. an den ehem. Nil ↗ in Afrika zu denken, der bei Ile Ife ↗ im alten Iffie ↗ in den Atlantik mündete, wo Atlantis lag; das legen die gemeinsamen Silben If nahe. — I. wird im Wafthrudnirlied der Edda ↗ erw., das als Lehrgedicht für myth. Himmels- und Erdkunde gilt:

»Ifing heißt der Fluß, der wider das Volk der Riesen
das Götterland begrenzt;
offen eilen soll er in Ewigkeit
kein Eis setzt er an.«

Was in Äquatornähe, wo I. dann floß, absolut zuträfe.

Ifrikias: alter Name von Afrika ↗, abgeleitet von Ifrikos ↗, König. Das gibt I. die Bed. von Königsland oder Kontinent, wo das sakrale Königtum ↗ begann.

Ifrikos: König, s. Ifrikias ↗. Im Wort enth. Rikos, äqv. *rex*, König - bei Umdrehung ↗ noch überzeugender Sokar ↗. Dazu als Vorsilbe If, äqv. Ifa ↗, in Ägypten ↗ das Königskopftuch Nomos ↗. Dem Pharao, der es trug, entspricht z. B. der Oni ↗ von Ile Ife. Die Hauptkonsonanten von I., Frk, finden sich außerdem bei Faruk, dem letzten äg. König (1936–52).

I Ging: Buch *(Ging)* der Wandlung *(I)* bzw. des Lichts *(I)*, Grundlage des chin. Taoismus ↗. In der Ch'in-Dynastie ↗ (221–209 v. Z.) soll es als fast einzige alte Schrift einer umfassenden Bücherverbrennung entgangen sein. Nach einer Theorie war es urspr. ein Wörterbuch mit den Trigrammen (8) u. Hexagrammen (64) als Rudimenten einer sehr alten Schrift, die mit den frühesten chin. Schriftformen verwandt ist. Seine Benutzung als Wahrsagebuch sei sekundär. Hu Shih, ein mod. Vertreter der Wörterbuchtheorie, versuchte nachzuweisen, daß die ›Bilder‹ des I Ging mit dem Begriff der Ideen ↗ identisch seien, während Jung ↗ in ihnen seine Archetypen ↗ bestätigt sah.

These: die 8 Trigramme = Bilder mit 3 Linien, entsprechen der äg. Götterachtheit ↗, wobei allerdings 1 der 4 Element ↗-Paare über Kreuz vertauscht wurde, wie a. die Abfolge des Geschlechts nicht mehr stimmt, zweifellos zur Abstützung des Patriarchats ↗ bzw. Unterdrückung des Matriarchats ↗, das aber den Taoismus hervorgebracht hat, denn er gilt als weibl. Philoso-

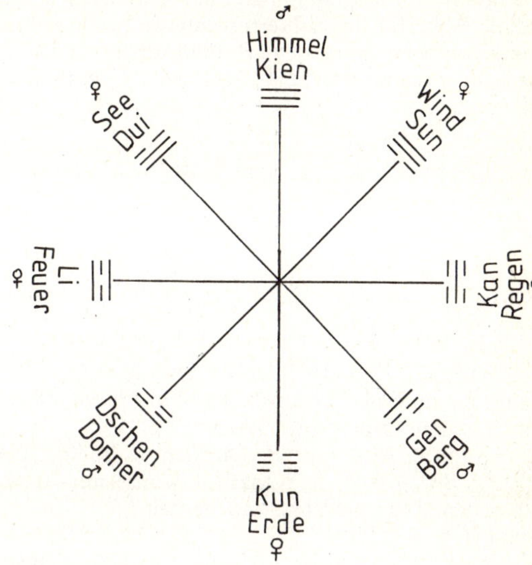

nach dem I Ging

phie ↗. Es folgt das Schema des heutigen I Ging u. seine Berichtigung durch die Nommo-Logie ↗:

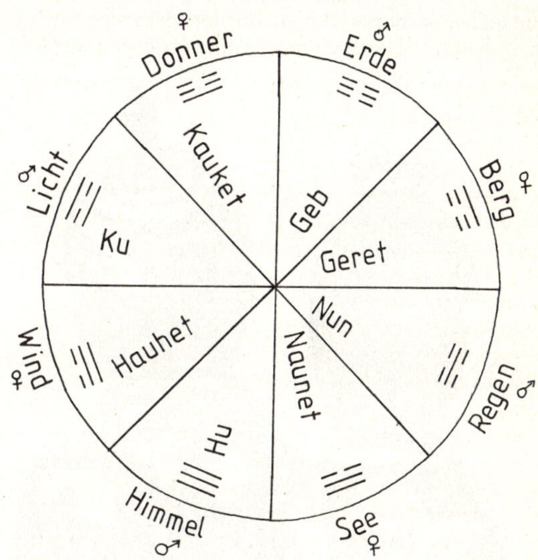

laut Nommologie (innen die äg. Götterachtheit)

Im I Ging Modell stehen zwar noch Erde + Berg (zus. Element Erde), Himmel + Wind (zus. Element Luft) u. Feuer + Donner, besser Licht + Donner (zus. Element Feuer) als Paare zus., aber Regen + See (zus. Element Wasser) sind auseinandergerissen, was keinen Sinn ergibt. — Das spielt jedoch keine Rolle mehr beim Auflösen dieses Kreises in 64 Hexagramme, die dadurch entstehen, daß jeweils 2 Trigramme verbunden werden; das I Ging besteht v. a. aus deren Ausdeutung. Fast alle chin. Dyn. haben sich damit beschäftigt, a. Laotse ↗ u. Mao ↗; in Europa v. a. Leibniz ↗. — Die

Nommologie benutzt das I Ging bei der Weltformel ↗ als zweitinnersten Kreis = Tao ↗.

Ihs: Jesus ↗-Monogramm (lat.), davor lt. Wirth ↗ die germ. Abk. für Janna-Nertus-Salis ↗ (Lautverschiebung von N bei Nertus zu H). Bildformeln tendieren dazu, die Runen ↗ Nr. 12 (I), 9 (H) + 25 (Odil als S) so zu verkürzen:

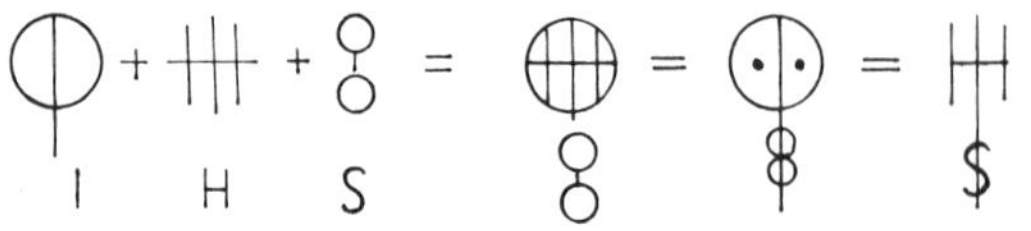

These: die Entsprechung der Geschichte ↗ wäre Stiftung der Urreligion ↗, Osiris- (= Christus) Mord ↗ u. Endzeit ↗, hier bezogen auf Janna ↗ als 2geteilter Geschichtskreis (der a. der Runenkreis ist bzw. Ger ↗ = Jahr), die am Ende (gefeiert in der Mütternacht ↗) ›geheilt‹ als Fru Gaur ↗ zurückkehrt.

Il: äqv. El ↗, Al ↗, Gott ↗. Dürfte a. in Ile Ife ↗ die gleiche Bed. haben. In Kanaan ↗ wurde nur 'L geschrieben, daher die Vokalunsicherheit.

Ila: Ida ↗.

Ile Ife: die hl. Stadt der Afrikaner, meist Ife ↗ abgekürzt. Die zwei Namen spielen insofern eine Rolle, als sie noch zum Ausdruck bringen, daß einst bei der Gründung ein König u. eine Königin (die nicht seine Gattin war) um ihren Besitz stritten, ohne daß 1 Partei siegte. So soll man sich darauf geeinigt haben, daß jeder einen Teil bekam u. ihn entspr. mit dem eigenen Namen belegte. These: da hier immer (oder seither?) ein

sakrales Paar, u. nicht nur der Oni ↗, das relig. Zentrum von Afrika ↗ bildete, kann man annehmen, daß hier die Urreligion ↗ entstand, zu einer Zeit, als das Land um Ile Ife noch Iffie ↗ hieß. Vom Namen her dürfte der König Il ↗ vertreten haben u. die Königin Ifa ↗, äqv. Atum ↗ + Maat ↗ in Ägypten, zu dem starke Bindungen über die dort ansässigen Yoruba ↗ bestehen. Die Kronen ihrer alten Skulpturen (Abb.) gehen jedoch darüber hinaus u. demonstrieren als Identität ↗ des Oni (Gottkönigs) die Sonne ↗ u. die der Partnerin (Göttin-Königin) = Kosmos ↗ (äg. Nut ↗), vereinigt in den zum Ur-X ↗ gekreuzten Beinen. Bibl. Äqv. Gott + Wort, bei anderen afrik. Stämmen Amma ↗ + Nommo ↗, äg. Re ↗ + Nut ↗, verschmolzen zu Ntr ↗, erhalten in To-Ntr ↗ = Simbabwe ↗. — Vom Oni-Paar wurden die afrik. Könige = Oba ↗ bestätigt u. sie erhielten in einer Apere ↗ ›Gaben aus Ife‹. — Ile Ife war selbst fast wie die Sonne angelegt: im Zentrum der Palast (als Sonnenkern ↗), 3 Stadt-Mauern + 8 Zufahrtsstraßen, heute durch Luftaufnahmen u. Bodenerforschung leidlich gut rekonstruiert. Vielleicht war es sogar das Schema der afrik. Ntu-Philosophie ↗ mit den entspr. Hainen (Götterkultstätten) in den 24 Sektoren verteilt. — Vgl. mit der Benin ↗-Dynastie.

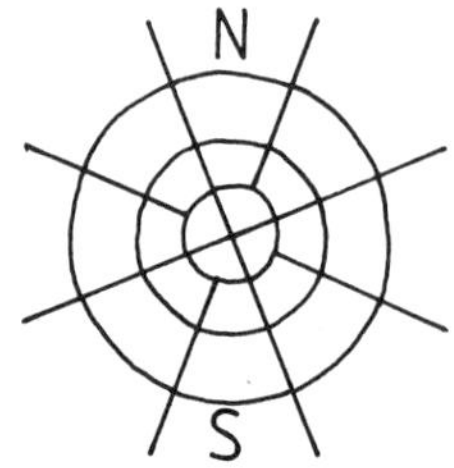

Iliados: ein von Paracelsus ↗ nach Studium hermetischer Schriften (s. Hermes ↗) benutzter Ausdruck für Chaos ↗; Nv. Ideos oder *Mysterium Magnum* = das Große Geheimnis. These: es sind die Ginnregin des Ginnungagaps ↗ (germ.) gemeint, die Ausstrahlungen der 24 Grundmotive ↗ des Kosmos. Oder vom Wort her die Ideen ↗ der Ili = Ilix ↗ = Lilie ↗ = Lilith ↗, den Logos ↗ vertretend als noch ungetrennte Einheit von Himmel + Erde.

Ilias: jener Teil der ›Homerischen Gesänge ↗‹, der den Trojanischen Krieg ↗ beschreibt, jedoch erst gg. Ende, als sich Hektor, an der Spitze der Trojer, und Achill, der die schon geschwächten Hellenen ↗ führt, gegenüberstehen. Es kommt zum Zweikampf, Achill tötet Hektor u. schändet in rasender Wut dessen Leichnam. Später kommt es a. zum Kampf um die Leiche des Achills (Vasenbild). Die 2 Parteien unterscheiden sich vornehmlich durch den Helmaufsatz:

Vasenbild 6. Jh. v. Z.

der trojan. wirkt wie die Krone der Anuket ↗, der hellenische wie der Hirtenstab ↗ (dem in Ägypten die Geißel ↗ gegenübersteht). So setzt sich hier ganz offensichtl. der alte Titanen ↗-Kampf fort, in den deshalb die Götter eingreifen: Hera ↗, die die Hellenen begünstigte, benutzte ihr feinstes Parfüm, um Zeus ↗ einzuschläfern, der versucht hatte, die streitende Götterfamilie (des Olymps ↗) aus der Schlacht herauszuhalten. Als er wieder aufwachte u. auf das Schlachtfeld blickte, hatten die Trojaner bereits schwere Verluste erlitten. Nach der Einnahme von Ilion ↗ (Troja) wurden deren Männer erschlagen, Frauen + Kinder versklavt. Die zerstörten Mauern stehen heute noch; um 1870 entdeckte sie Schliemann ↗. — Hera ist wahrsch. die Gestalt l. im Schlangengewand mit dem Speer = Ger ↗. — These: nach dem Prinzip des Mythos ↗ dürfte der Kampf um Troja (ca. 13. Jh. v. Z.) gleichzeitig Kämpfe der Altägypter in Südamerika widerspiegeln, genannt: Seth ↗ wird das Mondauge ↗ geraubt (hier äqv. Helena ↗) bzw. Übertritt der Nephtys ↗ auf die Seite der Isis ↗, hier wohl der Hera auf die Seite der Herakliden ↗.

Ilion: Nv. für Troja ↗, woraus sich das Wort Ilias ↗ ergab. Bezieht sich auf Ilione, ältere Tochter des Priamos (u. Schwester von Hektor), der z. Z. des Trojanischen Kriegs ↗ König von Troja war. Auch Paris, der Helena ↗ raubte, war ihr Bruder. Als Mutter gilt Hecuba, die nach der Eroberung von Troja dem Odysseus ↗ als Sklavin zugeteilt wurde. Sie gilt a. als Äqv. für Hekate ↗.

Ilix: Name der 15. Rune ↗, a. *eolhx, eolh(x)secg* = Elchsegge, Lilie ↗, Binse ↗, Ilge, Wasserschwertlilie, die ›Jahresblume‹, der nach dem angelsächs. Runenlied ›in der Tiefe‹ wurzelt u. das ›eiserne Tor‹ öffent. These: Tor entspricht der Ul-Rune ↗ ᚢ = Zodiak ↗ wie a. der Unterwelt, äg. Duat ↗; s. die Ähnlichkeit zur Hieroglyphe Msj ↗ u. die heutige Lilie auf Gräbern bzw. in der Hand des Engels, der Maria ↗ als Sproß Jesus ankündigt. — Nv. Tvemaghr (altschwed.) bzw. Tvimadr (altnord.) = 2 Menschen (von Madr = Mensch ↗). Das nähert sich dem Grundmotiv  = Doppelprinzip, Archetyp ↗ feindliche Brüder, die in der Geschichte ↗ durch Nephtys ↗ = Liliensymbol in Balance gebracht wurden. These: ihr Übertritt (vom Mörder zur Witwe ↗ des Ermordeten) klingt a. in der Ilias ↗ an.

Ilix *MSJ*

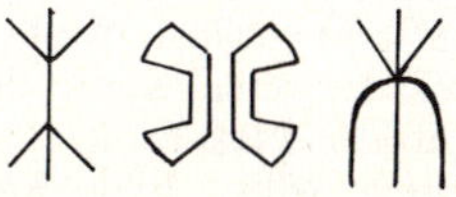

Illa Tiki: ›Ursprung des Lichts‹ (indian.), Nv.: Irma ↗ u. Patschakamak ↗, der ›Gott, der mehr Anbetung verdient als die Sonne‹. — Äqv. dürfte Kontiki ↗, der Chenti ↗ aus Erde (Ki ↗) sein, ein körperl. Übermensch ↗ = Nommo ↗ = Ilmarinen ↗.

Illuminaten: ein Orden, der am 1. Mai 1779 von Adam + Eva Weishaupt ↗ gegr. wurde (in Bayern). Programm: »Das eigentliche Ziel unserer Gesellschaft ist nichts anderes, als Macht und Reichtum zu gewinnen, die weltlichen und religiösen Regierungen zu unterminieren und die Herrschaft der Welt zu erlangen. Ziel der Illuminaten ist es, aus den Menschen mittels einer langsamen und graduierten Erziehung ganz neue Wesen zu machen: sie gehorsam zu machen bis zum Wahnsinn, bis zum Tod, gehorsam unsichtbaren und unbekannten Oberen gegenüber.« Die Anhänger (damals aus Bayern verbannt) fanden sich später in der *Liga der Gerechten* ↗ wieder zus., die a. mit Marx in Verbindung stand. Weitere Fortsetzung wurden die Insider ↗. — I. bedeutet ›die Erleuchteten‹. Auf sie soll das Kommunistische Manifest ↗ zurückgehen.

Ilmarinen: im Kalewala-Epos ↗ (finn.) der ›Schmied ↗ von oben‹ oder ›himmlische Schmiedegott‹. These: die eigtl. Übers. müßte lauten ›göttlicher (Il ↗) Seefahrer‹ (heute Marine = Seestreitkraft), womit der Astronaut ↗ (statt Wasserschiff Raumschiff) gemeint sein dürfte, afrik. Nommo ↗, ebf. ›Schmied‹ von oben. Im Text wird I., was Forscher verwirrt, von einer Frau *über* dem Wasser besucht, sie erklettert sein ›Schiff‹ auf einer Art ›fliegender Treppe‹. S. Waland ↗, Illa Tiki ↗ und Landung ↗.

Ilt: weibl. Form von Il ↗ u. dessen Gattin; spielt im kanaan. Mythos vom *Palastbau des Baal* eine Rolle: Baal ↗ + seine Schwester Baalat ↗ besuchen sie mit Geschenken, um den Palastbau für ersteren durchzusetzen; sie soll bei Il vermitteln. Obwohl als Gegnerin von Baal hingestellt, tut sie es erfolgreich aus Angst vor Baalat. Es wird a. eine ›Burg der Mutter der Götter‹ (= der Ilt) erw., es fällt die Zahl 70, was sie als Göttin ausweist u. nicht als ird. göttl. Frau. Ihre 70 Kinder sind dann Sterne oder - ohne Null - die 7 Adityas ↗. — Nv. Allat ↗.

Imam: im Islam ↗ der erwartete Messias ↗ (Heiland) bei den danach benannten Imamiten. Arab. nur Prophet, dann Vorbeter in der Moschee ↗; a. Titel der Kalifen, des türk. Sultans u. Herrscher des Jemen etc. — Heute (s. Endzeit ↗) heißt es bei der konservativen Geistlichkeit im Iran, Khomeini ↗ verhindere mit seinem Kampf um eine Islamische Republik geradezu die heiß ersehnte Wiederkehr ↗ des ›12. Imam‹, da er ja erst dann erscheine, um den Gottesstaat auf Erden zu errichten, wenn die Welt in Unglauben, Verderbnis und Aufruhr versinkt. — Bei den Schiiten ↗ geht jeder der insg. 12 I. auf die Fatima ↗-Linie zurück.

Imhotep: Baumeister des Pharaos Djoser ↗, der die Stufenpyramide von Sakkara ↗ baute. Die Abb. zeigt

den heutigen Zustand mit 6 Stufen. Neueste Untersuchungen zeigen, daß I. sie über der Mastaba ↗ von Djosers älterem Bruder Sanacht errichtete, dem Gründer der 3. Dynastie ↗. Diese hatte 4 Stufen. These: ergibt zus. exakt das Muster des Djed ↗ als Tierkreis ↗ der Geschichte ↗, der a. bei den Mumienhüllen ↗ wiederkehrt. Entspr. muß die Grabkammer unter dem Zentrum der Mastaba dem ›Kali Yuga‹ ↗ (Widder + Fisch) entsprochen haben. Man fand 2 Sarkophage ↗. Vielleicht entspricht dies dem Sektor Zwilling ↗, in den der Bau fällt, wenn nicht die Brüder selbst Zwillinge waren u. die Pyramide ein Zwillingsbau. Sie wurde jedoch nie vollendet. — I. wurde bis in die Ptolemäer ↗-Zeit als Halbgott verehrt, selbst die Griechen brachten Weihegeschenke zu seinem Grab. — Da er a. ›Schreiber des Gottesbuches‹ gen. wurde, wird vermutet, er habe ein Weisheitsbuch geschrieben, nach dem bisher vergeblich gegraben wird.

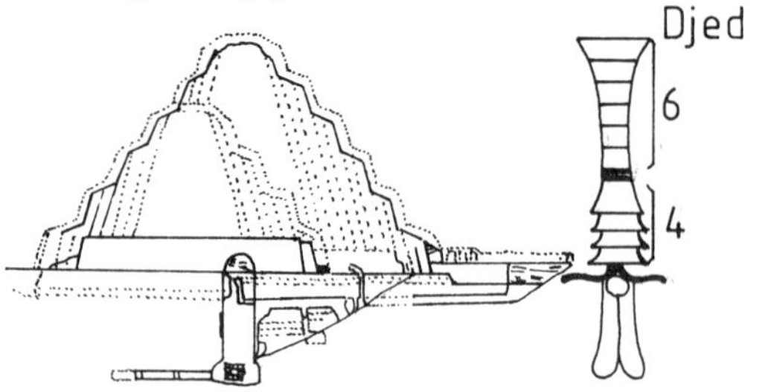

Längsschnitt durch die Stufenpyramide in Richtung Süd-Nord

Dem Längsschnitt (Abb. 2) wird der Djed angefügt: seine abschließende Doppelfeder ↗ wäre dann äqv. dem 28 m tiefen Schacht.

Immanent: innewohnend, in etwas enthalten, eingeboren. So wird z. B. nur immanentes Wissen für Heilig ↗ gehalten, nicht aber erworbenes.

Immateriell: nicht materiell, d. h. geistig: der Geist ↗, das Wesen ↗, der Ka ↗-Teil der Psyche ↗. Die Ideen ↗, alle Götter ↗ (soweit keine Übermenschen ↗ damit gemeint sind) und Toten ↗. In der afrik. Ntu-Philosophie ↗ taucht diese Kategorie als 1. Hälfte von Hantu ↗ auf, was Himmel im Tao ↗ entspricht. Aber natürl. gehört spez. Ntu ↗ dazu u. Nommo ↗, d. h. der Sonnenkern ↗ (äqv. Ich ↗) = Gott u. das ›Wort‹ des Anfangs = Logos ↗, die Göttin Nut ↗ in Ägypten als immaterielle Begrenzung des Kosmos ↗.

Imn: sich verstecken, unsichtbar werden (äg.); benutzt, um den Widder ↗ auszudrücken, z.B. in Form des Amun ↗. These: im Widdersektor ↗ der Gesch., mit dem das Kali Yuga ↗ = Finstere Zeitalter beginnt, zogen sich die Altägypter kampflos aus Km.T ↗ (Ägypten) zurück u. wurden zu den 12 ›Verlorenen Stämmen‹ ↗ im afrik. ›Busch‹ (als Versteck). Sie nahmen die alte Geheimlehre ↗ mit u. versteckten sie auf neue Weise, äqv. der Technik des Witwenvogels ↗, d. h. machten sie ganz u. gar unsichtbar, genau wie a. unter dem Widderfell alles verschwindet. Deshalb bricht der Djed ↗ nach dem 10. Sektor (= Stier ↗) ab u. geht in Widderhörner über; gleiches Bild bei der Irminsul ↗ (germ.) = Säule *(sul)* des Irmin ↗, wo sich in Min ↗ ebf. Imn wiederfindet, Nv.: Hermin ↗ = der sich versteckende Horus ↗ (Her).

Imperialismus: jede Tendenz, einen Staat über seine Grenzen hinaus auf Kosten anderer Völker auszudehnen; entw. durch direkte Eroberungspolitik, Kolonialismus ↗ oder Kulturimperialismus ↗. These: dem liegt wieder zugrunde das Reich ↗ (hier als Imperium eingesetzt) in der alten Weltenlehre ↗, weshalb I. vornehml. am Ende einer Welt ↗ auftritt, als Endphase des jeweiligen Patriarchats ↗ mit Umkippen in Weltuntergang ↗. I. beinhaltet dann den Kampf um den Nabel der nächsten Welt. Klimax des I. am Ende der 4. Welt wird von den Hopi ↗ Atlantis ↗ angekreidet; der jetzige (Ende 5. Welt u. Endzeit ↗) ist ein Ringen zw. Kapitalismus u. Kommunismus ↗ oder Form u. Zentrum des wiederkehrenden Paradieses als Friedensreich ↗.

Impressionismus: Stilrichtung der europ. Moderne ↗. Beginn 1860 nach offiz. Deutung, obwohl die eigtl. Wende um 1848 lag, d. h. beim Beginn des 24. Grundmotivs ↗ der Wiederholung ↗, Archetyp ↗ Aufgabe. These: es begann die Aufgabe der Form ↗ = eine Formauflösung, vorangelegt in der Romantik ↗ mit ihrem Rückgriff auf Mythos ↗ + Zeichendeutung ↗. Man verließ die Ateliers u. malte im Freien; noch sind die Gegenstände erkenntlich, aber sie setzen sich zunehmend aus flimmernden Einzelstrichen (statt Flächen) u. farbigen Lichtpünktchen zus., aus einem gefühlsmäßigen Eindruck *(impression)* der Psyche ↗ heraus, die dem gleichen Grundmotiv entspricht. Motto könnte gewesen sein ›Isis entschleiert‹ ↗.

Impuls: jedes Atom ↗, Molekül od. Lebewesen hat einen Grundzustand. Für jede Anregung (I.) ist ein best. Energiebetrag notwendig, der geschluckt u. wieder abgegeben wird, wobei jedes System seine spezif. Empfänglichkeit hat u. nur auf best. Anregungen reagiert (etwa wie ein Automat auf Münzen). Die Anregung – der Impuls – darf a. weder zu klein noch zu groß sein. Allerdings sind angeregte Zustände aus dem gleichen Grund unbeständig. — These: beim Menschen ↗ sind neben Zeichensignalen, Farben + Tönen, auf die a. Pflanzen u. Tiere reagieren (zus. die Kategorien der Sonne ↗) bes. Archetypen ↗ u. Symbole ↗ impulsgebend, z.T. auf sehr gefährl. Weise, da das Ich ↗ in diesen Bereichen ohne Kontrolle ist. Beispiel: Hakenkreuz auf der Nazi-Fahne ↗, Speer des Schicksals ↗ bei Hitler selbst. Evtl. Archetyp Urmutter ↗ bei der Hexen ↗-Verfolgung. Jede Fahne ↗.

Inana: ›Unsterbliche Erkenntnis‹ (Blavatsky ↗ nach Zitat aus den Puranen ↗), an anderer Stelle Inanashakti ↗ genannt.

Inanashakti: 1 der 6 Shakti ↗-Kräfte, bezogen auf Inana ↗, wörtlich übers. (lt. Blavatsky ↗): ›die Kraft des Intellekts, der wirklichen Weisheit oder Erkenntnis‹. Ihre Unterteilungen lauten:

a) Kraft des Gemütes im Auslegen der Empfindungen
b) Kraft im Zurückrufen vergangener Ideen u. im Hervorrufen zukünftiger Erwartung
c) Kraft der Assoziation, sodaß Begriff od. Idee ↗ eines äußeren Gegenstandes erzeugt werden kann
d) Kraft der Ideenverbindung zur Erzeugung des Begriffes Selbst ↗.

Eine andere Shakti-Kraft ist z. B. die Kundalini ↗. — These: äqv. der germ. Janna ↗ u. sum. Inanna ↗. Zum Inana-Yoga s. Yoga ↗.

Inanna: Göttin u. zentrale Gestalt des Pantheons ↗ von Sumer ↗; Nv.: Innin, Ninsianna. In einem Lied singt sie von sich selbst:

»Mein Vater hat mir den Himmel gegeben
hat mir die Erde gegeben
Die Himmelsherrin bin ich.
Mißt sich einer, ein Gott, mit mir?«

Durch unterschiedl. Übersetzungen sind als Vater angeboten worden: An ↗, Enki ↗, Enlil ↗, während sie an anderer Stelle als Antu ↗ die Gattin von An bzw. Anu ↗ ist. Es folgt als These eine Schematisierung der sum. Götter nach Vorbild der äg. Elemente ↗ + Götterachtheit ↗ auf der folgenden Seite.

Zu Hilfe kommen dabei die Vorsilben En = Herr u. Nin = Herrin. Lil ist überrliefert als Luft, Ki als Erde. Der seltsame Zu wäre eine Nv. von Ku ↗ u. in der urspr. Göttin Nammu ↗ wäre Mu ↗ enthalten = die äg. Mut ↗. Das beließe für I., deren Hauptheiligtum in Uruk ↗ Eanna hieß, eine Paarbildung mit Ea, der im Apsu ↗ wohnt. Lt. Mythos ↗ besucht sie ihn dort, um in den Besitz der Me ↗ zu gelangen, was gelingt. Sie bringt diese 100 göttl. Kräfte - »die vielleicht auf Tafeln eingeritzt oder in symbolischen Formen dargestellt waren« (H. Uhlig, Die Sumerer, 1976) - nach Uruk, das dadurch zur führenden Stadt Sumers wird. Uruk ist das Erech ↗ der Bibel ↗, die starke Übernahmen aus Sumer aufweist. Z. B. eine Verfälschung der Kain ↗-Abel-Geschichte, die hier Enkimdu ↗ + Dumuzi ↗ heißen. Ihr Streit betrifft nicht den ungerecht verteilten Segen beim Opfer, sondern Inanna, die beide zur Gattin begehren. Sie kann also nicht Eva ↗ sein, was a. dadurch gegeben ist, daß sie als ind. Inana ↗ selbst die Erkenntnis ↗ ist, während ja Eva danach greift. Das würde sie in Par. zur Lilith ↗ der Kabala ↗ stellen, jedoch bringt das Gilgamesch-Epos ↗ folg. Var.: I. fand am Euphrat ↗ den kostbaren Baum Chuluppu u. pflanzte ihn in ihren Garten in Uruk, um ihn zu pflegen u. später aus seinem Holz einen Diwan u. Thron ↗ für sich zimmern zu lassen. Doch obwohl der Baum wuchs, trug er nie Blätter, denn die ›Schlange, die kein Zauber schreckt‹, hatte sich um den Stamm gewunden, der »Vogel Anzu (bzw. Zu) lebte in seiner Krone u. in seiner Mitte hatte Lilith ihr Domizil aufgeschlagen.« Sie flehte um Hilfe, Gilgamesch ↗ hörte sie, erschlug die Schlange (wie Marduk ↗ die Tiamat ↗), vertrieb Lilith u. den Vogel, fällte den Baum und »gab ihn der heiligen Inanna für ihren Thron«. — Nun befand sich das ihr geweihte Eanna-Heiligtum nicht auf einem Zikkurat ↗, sondern hinter dem Stadtwall auf

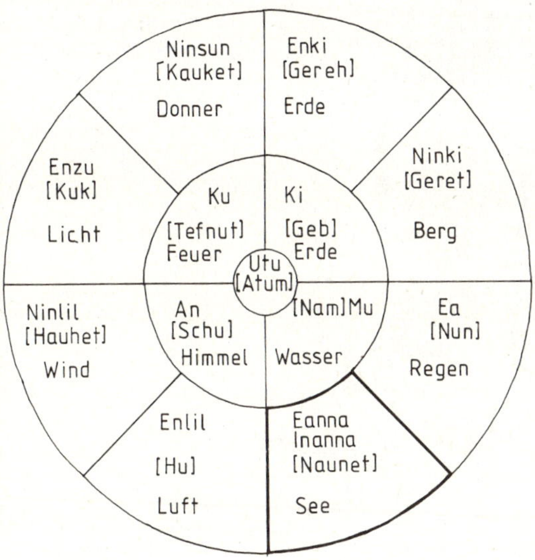

dem Boden. Setzt man wie in Babylon ↗ den 8er Kreis ↗ voraus, so zweifellos in seinem 8. Sektor. Bilder zeigen einen merkwürdigen Thron mit 16 Feldern auf 1 der 6 Würfelseiten. Multipliziert man sie mit 6 = 96 u. setzt I. darauf, so bliebe für sie, um die 120 der Weltformel ↗ zu vervollständigen, die Zahl 24 übrig. Oder: I. vertritt die 24 Grundmotive ↗ des Kosmos, aber in umgek. Reihenfolge, d. h. als Naunet ↗ = Gegenkosmos. U. der wäre eben der 8. Sektor u. das Gesetz der schwarzen Sirius ↗-Sonne Antu, germ. die Göttin Anu, auf die die Tuatha ↗ (später Deutschen) bezogen waren. Es wird das zukünftige ›3. Reich‹ ↗ bestimmen u. war davor nur der Umlauf durchs Jahr ↗. Insofern ist ihre Gleichstellung mit Istar ↗, Astarte ↗ = Venus ↗ gegeben: im Babyl. Turm ↗ Regentin der 6. Welt ↗, die erst kommt. Als 8. Sektor der Sonne jedoch umfaßt sie 5., 6. u. 7. Welt, u. mit der 5. Welt landen wir in Sumer z. B. bei Gilgamesch als 5. Herrscher nach der Sintflut ↗. — S. *Janna Nertus Salis* ↗ u. Kamu ↗.

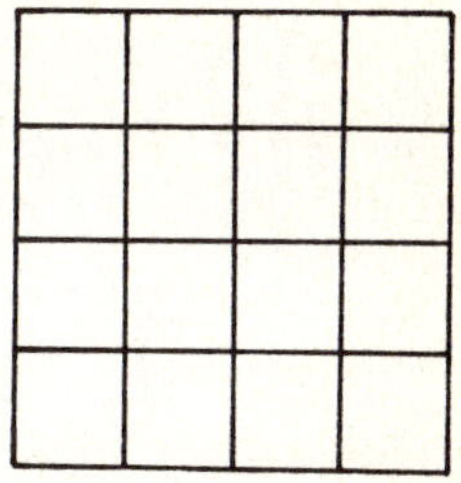

Index: Verzeichnis allg., aber a. Liste der von Staat od. Kirche verbotenen Bücher, Filme. Ein I. wurde von der Gegenreformation ↗ 1559 aufgestellt u. erst 1965 wieder aufgehoben.

Indianer: irrtüml. Bez. der Bev. von Amerika ↗ durch die einfallenden Europäer als ›Inder‹ (engl. *Indians*), weil Kolumbus ↗ glaubte, in Asien oder eben Indien gelandet zu sein; er hatte sogar einen Brief a. den Kaiser von China dabei. — Frühe span. Berichte sprechen von schwarzen, roten u. weißen Indianern; meist blieb es aber später dabei, sie ›Rothäute‹ zu nennen. Da jedoch die Existenz ›rothäutiger‹ Menschen aus der Bibel ↗ nicht erklärt werden konnte - da gab es nur Ham ↗, Sem ↗ + Japhet ↗ (schwarz, gelb, weiß) - wurde anfangs daran gezweifelt, ob es überhaupt Menschen seien. Resultat: Völkermord. Las Casas schreibt in seinem ›Äußerst kurzen Bericht von der Verwüstung der indianischen Länder‹ (1. deutsche Übersetzung 1598): »Die Christen machten breite Galgen und hängten daran zur Verherrlichung Christi und der zwölf Apostel ↗ je 13 Indianer auf.« Wieviele Millionen zugrunde gingen, ist noch kaum geschätzt worden. Der gleiche span. Mönch, der selbst I. versklavte, um auf Kuba Goldgruben auszubeuten, machte dann am span. Hof den fatalen Vorschlag, die Indianersklaven doch wenigstens bei den grausamsten Arbeiten durch Neger ↗ zu ersetzen, denn die seien ›nicht so zart‹. Ob es damals dort noch Olmeken ↗ gab, ist unbekannt; das wären jedenfalls ›indianische Schwarze‹ gewesen. Andere dortige ›Neger‹ wären 200 Jahre früher unter Abubakari II ↗ angekommen; was immer schon da war, lang-

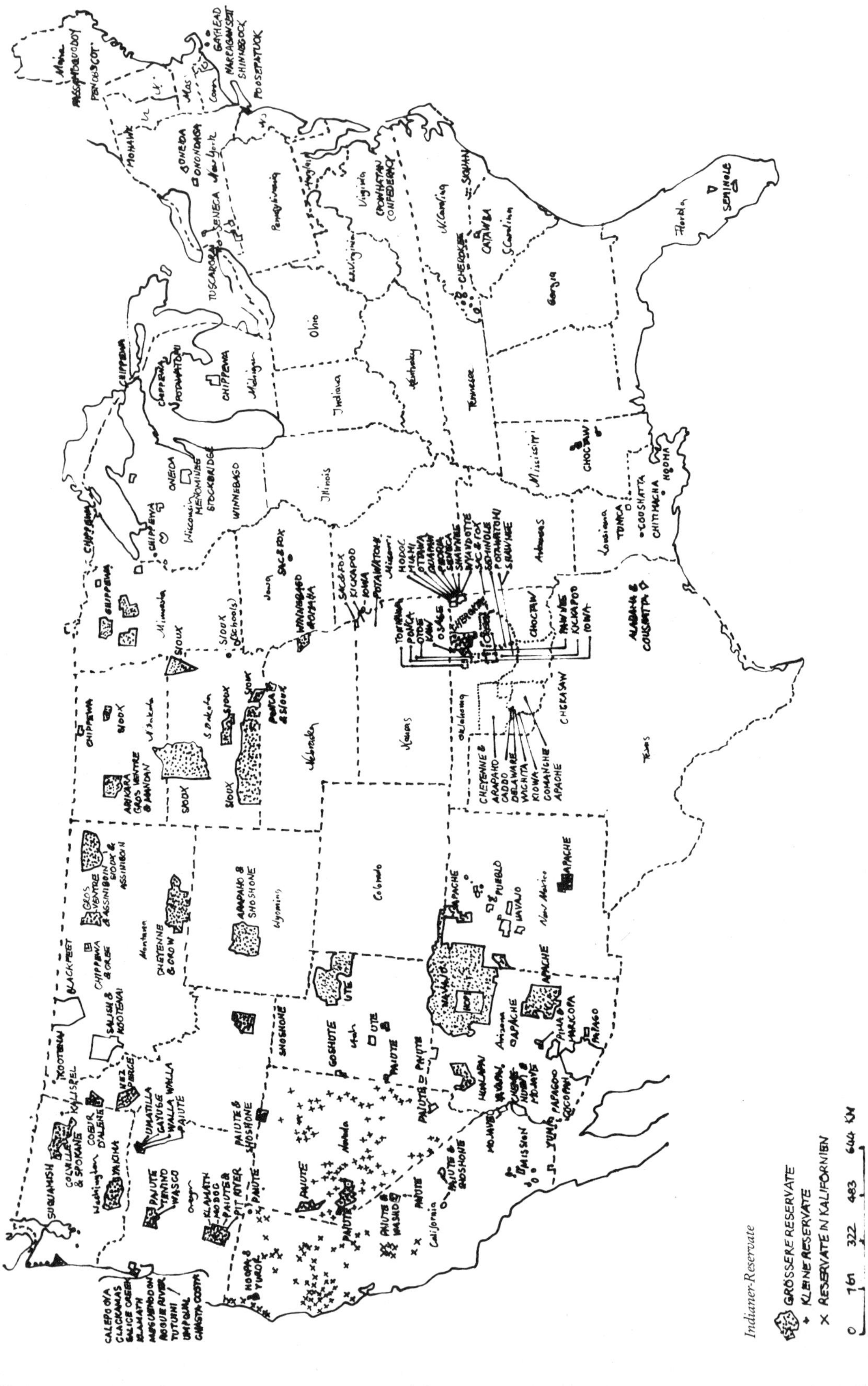

Indianer-Reservate

te aber nicht, u. der Sklaven ↗-Handel mit Afrika begann.
Die I. selbst überliefern 2 Ur-Mütter:
1) Ut'Set = Stammesmutter der Indianer
2) Now'Utset = Stammesmutter aller anderen Völker. These: für Utset gibt es die äg. Par. Uzat ↗ = das Mondauge, das lt. Mythos ↗ geraubt u. verschleppt wurde bzw. entfloh u. sich über einen Wasserlauf rettete. Damit könnte jener Teil des Pazifik ↗ gemeint sein, der einstmals Mu ↗ + Amerika trennte; zumindest die Hopi ↗-Indianer berichten von diesem Fluchtweg. Sollten sich die 2 Stammesmütter mit den Horusaugen ↗ decken, die göttl. Schwestern genannt werden, so wären die I. insofern abgesetzt, als sie nicht von der Isis ↗ (Eva) abstammten wie alle anderen, sondern von der Nephtys ↗, a. ›Nachtbarke‹ (= Mondauge) genannt. Und eben diese 2. Stammesmutter fehlt in der Bibel u. ist nur noch in der Kabala ↗ als Lilith ↗ zu finden. — Abschnitt 8, Vers 15 der ›Glaubensartikel des Buches Mormon ↗‹ offenbart den Glauben, daß Amerika durch die Jarediten ↗ bevölkert wurde. Diese seien unmittelbar nach der großen Völkerzerstreuung, die durch den Zusammenbruch des Babyl. Turmes ↗ (u. das heißt doch entsymbolisiert des Weltenbaums ↗) verursacht wurde, nach der ›neuen Welt‹ gekommen. Aber natürl. umfassen die Jarediten nicht alle I., s. Berichte der Maya ↗, als wohl älteste Einwanderern u. Azteken ↗ als eine der letzten Wellen; dann die Cara ↗ = Karer ↗, Muisca ↗, Inka ↗. — Viele I. wurden durch den Kolonialismus ↗ in Reservate ↗ abgedrängt (Abb.), wo sie auf das Ende der Höllenzeiten ↗ bzw. auf die Wiederkehr der Weißen Büffelkuhfrau ↗ warten.

Indien: ein Name, der erst von den Engländern während des Kolonialismus ↗ geprägt worden ist, in Ableitung vom Fluß Indus ↗, der die Westflanke dieser riesigen asiat. Halbinsel bildet. Sie ist von der übrigen Welt durch die Gebirge Hindukusch ↗ + Himalaya ↗ fast abgeschlossen u. dadurch eine natürl. Einheit. In älterer Zeit in die Reiche der Naga ↗, Tamil ↗ u. Uighur ↗ unterteilt, bildete sich nach dem Weltuntergang ↗ als erstes die Induskultur ↗ aus. Dann fielen ab ca. 1500 v. Z. die Arier ↗ ein, u. aus der Verschmelzung entstand der Hinduismus ↗, der noch heute das Völkergemisch aus immer neuen Einwanderern zusammenhält. Die Zeit von 1500–500 v. Z. wird a. das Vedische Zeitalter genannt, obwohl die Tamil-Veden wesentlich älter sind als die von den Ariern fixierten ›Weißen Veden‹, die ab ihrem Einfall bis heute bestimmend wurden. Die ältesten archäol. Spuren stammen von ›Negriden‹ mit Matriarchat ↗, das sich dem eingebrachten Patriarchat ↗ der Arier lange widersetzte. Ihre ›schwarze Esoterik‹, a. Ram ↗-Religion genannt, wurde 1 der 2 Wurzeln der Kabala ↗. — Im 6. Jh. entstand der Buddhismus ↗, der jedoch das Kastenwesen ↗ nicht überwinden konnte. — Moderne, von I. ausgehende Erneuerungen sind die Hara-Krischna-Sekte ↗ u. die namenlose Religion von Bhagwan ↗. Sein ind. Standort Poona ↗ war schon für Jesus ↗ die 1. Etappe seines Einweihungsweges durch Asien ↗, Endziel war Kaschmir ↗, Streitobjekt von ›Britisch-Indien‹ bei dessen Teilung 1947. — Es fällt auf, daß heutige ind. Historiker die kulturelle Rolle des Tamil völlig ausklammern. Ungeschichtlich bleiben a. die (weißen) Veden, die kein Datum, keine Dyn., keinen Krieg u. keinen Friedensschluß anführen, d. h. keine Ereignisreihe, die chronologisch einzuordnen wäre. — Dafür sind stark vertreten Rita ↗ (äqv. Rta ↗, Rota ↗, Troja ↗ etc.), das Gesetz; Weltenlehre ↗ u. Wurzelrassen ↗, von Blavatsky ↗ nach Europa gebracht. Bis zu ihrer ›Geheimlehre‹ ↗ galten hier die Inder als ›Wilde‹. — Die moderne Nationalsprache von I., Hindi ↗, wird mit Buchstaben geschrieben, die aus den Z. des Sanskrit ↗ abgeleitet sind.

Individualismus: betonte Eigenständigkeit, wenn nicht Einzigartigkeit eines Menschen innerhalb Gruppe, Gesellschaft od. Menschheit. Bildet den Gegensatz zum Kollektivismus ↗ u. steht v. a. im Westen (s. Himmelsrichtungen ↗) im Vordergrund. These: entspringt bezogen auf die Psyche ↗ der Seele, gefördert durch Individuation ↗.

Individuation: der Prozeß jedes einzelnen Menschen, sich aus dem System der Einheit ↗, das der Schöpfung ↗ vorausgeht, herauszulösen. These: normalerweise enthält der Lebensweg ↗ als Wiederholung des Sonnenalphabets ↗ diesen Prozeß u. umfaßt die Grundmotive  (A) bis (T), letzteres wird in der Evolution zum Urmenschen ↗. Eine Behinderung erfolgt durch das kollektive Unbewußte ↗ der Psyche ↗. Bei Übertreibung der I. erfolgt Individualismus ↗, bei erfolgloser I. Kollektivismus ↗. Ziel sollte eigtl. die Synthese ↗ von Einheit (Geist ↗) u. Vielheit ↗ (Seele ↗) sein. — Als Symbol ↗ der I. könnte die ›Felsgeburt des Mitra‹ gelten, weil die Initiation ↗ im Miträum ↗ Männern vorbehalten blieb. D.h., das Individuelle ist das männliche = Yang ↗.

Indoeuropäer: jene Indogermanen ↗, die in Europa ↗ seßhaft wurden; ein Begriff, der nicht in Deutschland, nur in England u. Frankreich gebräuchlich ist. Vielleicht, weil die Deutschen ↗ eben keine I. sind (nie in Indien waren).

Indogermanen: aus den Namen der Inder (s. Indien ↗) u. Germanen ↗ zusammengesetzte Bez. für alle Völker, deren Sprache zu den idg. Sprachen ↗ gehört. Obwohl dadurch als Sprachgemeinschaft ↗ verstanden, ist doch ein Verständnis von Rasse ↗ daraus entstanden, was insofern falsch ist, als z. B. die Schwarzen-Amerikaner ↗ als ehemalige Sklaven ↗ von Afrika gezwungen wurden, diese fremde Sprache zu übernehmen. I. sind sie dadurch natürlich nicht. Wiederum sind mit Indern nur die in Indien eingefallenen Arier ↗ gemeint; u. inwieweit das Sanskrit ↗ als heute angenommene Wurzel der I. überhaupt idg. ist, bleibt noch völlig offen; es zeigt nämlich a. zur Sprache der Olmeken ↗ Ähnlichkeit.

Indogermanische Sprachen: Hindi ↗, Iranisch, Armenisch, Hethiisch, Makedonisch, Griechisch, Albanisch, Italisch, Keltisch, Germanisch, Baltisch, Slawisch als bekannteste. Auf ihnen baut sich der Begriff der Indogermanen ↗ auf. Da die Bibel ↗ vor der sog. Babylonischen Sprachverwirrung ↗ eine globale Ursprache ansetzt, können sie nicht eigenständig entstanden sein. These: die Abspaltung erfolgte unter der Auswirkung von Schrift ↗, die lt. äg. Aussage durch Thot ↗ uranfänglich doppelt angelegt war.

Indra: ein Gott im Hinduismus ↗, der lt. Schöpfungsmythos des Rigveda ↗ Himmel und Erde trennt – wie der babyl. Marduk ↗ die Tiamat ↗ in 2 Stücke zerteilt, die zu Himmel + Erde werden. Da Marduk Jupiter ↗ entspricht, wäre I. der gleiche Planetengeist, wozu paßt, daß er ein Aditya ↗ ist. Passend ebf. sein ›Donnerkeil‹, s. Jupiter als Donnerer im Donnerstag der Woche ↗. Als Haupttat gilt die Besiegung der Schlange Vritra, was bei den Germanen dem Kampf von Thor ↗ (= Jupiter) mit der Midgardschlange entspr. könnte. »Auch zukünftig muß er (Indra) immer wieder gegen Vritra kämpfen« (H. Gottschalk, 1978, S. 198). Als Deutung des Namens bietet sich an: In-Dra = im Baum, s. dra bei Drawiden ↗. Es dürfte der Weltenbaum ↗ gemeint sein, der als Babylonischer Turm ↗ Jupiter als Regenten für die 4. Welt ↗ enthält. — Im übrigen ist er berühmt-berüchtigt für das übermäßige Trinken von Soma ↗.

Indus: Fluß an der Westflanke von Indien ↗ (Abb.), wo einst die Induskultur ↗ blühte. Hier beginnt neben dem Hindukusch ↗-Gebirge mit Haupteinfallstor für Invasionen die Indus-Ganges-Ebene, wo sich die Arier ↗ zuerst ausbreiteten. Im Industal erfolgte um 700 a. die Invasion des Islams ↗, nachdem es 518 v. Z. von den Persern ↗ erobert worden war; die Vorherrschaft letzterer brach 327 v. Z. Alexander der Große. — Im Flußeinzugsgebiet liegt Kaschmir ↗ mit dem umstrittenen Grab von Jesus ↗; das Delta mündet ins Arabische Meer und nach O schließt sich Wüste (Thar) an. Der S schließl. wird a. Sind genannt, was an Sindbad ↗ den Seefahrer erinnert, der hier aufgekreuzt sein soll. Ob sich die Sinti genannten Zigeuner ↗ ebf. darauf beziehen, ist ungewiß.

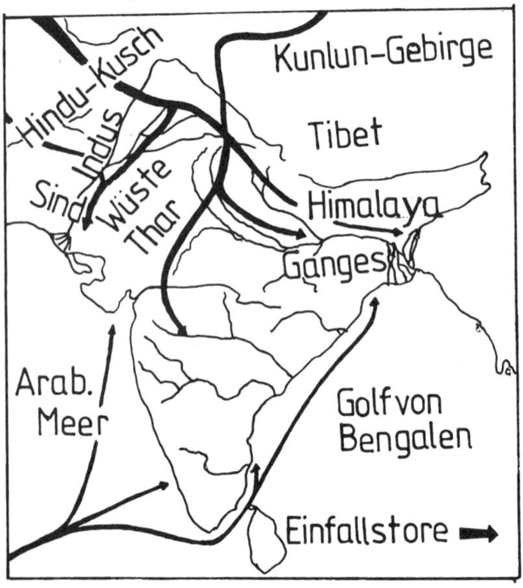

Induskultur: hochentwickelte Stadtkultur am Indus ↗ ca. ab Mitte des 3. Jt. v. Z. bis zur Zerstörung durch die einfallenden Arier ↗ um 1500 v. Z. Die 2 Hauptstädte hießen Mohendscho-Daro u. Harappa, mit jeweils einer Hohen Burg, Pur ↗ genannt, weshalb die Arier ihren Kriegsgott Puramdara, Burgenbrecher, nannten. These: Pur stimmt mit dem äg. Per ↗ überein, heute ›Hohes Haus‹ übers. u. Teil des Begriffes Pyramide ↗. Da die Arier in ihren frühesten Schriften von Sturmangriffen auf dunkelhäutige Völker erzählen, die in Purs lebten, muß diese Kultur den Nachkommen von Ham ↗ zugerechnet werden: Ägyptern, Kanaanäern + Sumerern. Ausgrabungen stießen auf

Yantra ↗-ähnliche Siegel, entstanden um 3000 v. Z., sowie auf vedische Altäre mit abstrakten Symbolen. Im Tantrismus ↗ lebte die I. wieder auf. Heute wird sie v. a. durch Tamil-Siddhas ↗ weitergegeben. — In den Wohnhäusern gab es Bad u. Toilette mit tadelloser Kanalisation. Die Religion war von Göttinnen bestimmt, die in den Hinduismus ↗ einflossen, der Indien ↗ bis heute zusammenhält. Man fand aber a. schon einen 3-gesichtigen Gott (s. Dreiheit ↗) in Yoga ↗-Haltung. —

Als Zeitpunkt des Beginns könnte Grundmotiv  gelten, das sich auf einem 4000 Jahre alten Speckstein findet, zus. mit dem Stier ↗, als Stiersektor, in dessen 1. Hälfte das Motiv fällt = 4530–3450 v. Z.; u. das war der von Ägypten ausgehende Kulturexport, verbunden mit Geodätischen Punkten ↗. Der Stier zeigt im

Bauchteil a. schon das folgende Grundmotiv , sodaß der einmalige Fall eines Beweises für den Kode der Zodiakzeichen ↗ vorliegt. Unter dem Stierkopf eine Art Totenschiff ↗ mit ›Segel der Nut‹ ↗ u. Barke ↗ der Nephtys ↗. — Ein weiteres Kunstwerk der I. ist unter Stichwort Bart ↗ abgebildet.

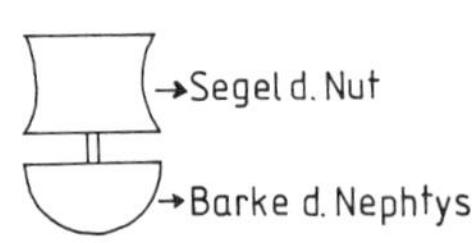

Ing: 22. Rune ↗  = Himmel + Erde (Wirth ↗); These: Gesamtkosmos ↗. — Im Germ. a. eingesetzt für Abstammung u. Ort, z. B. in Ortsnamen wie Ismaning ↗. Auf I. bezogen sich die Ingäwonen ↗ u. meinten die Abstammung von Ingun ↗, äqv. dem Julfisch ↗, äg. Hatmehit ↗. — Bildet die Endsilbe von Thing ↗, Nv. Ding + Dinc; da die Ingäwonen a. Ingas hießen, wäre ein Äqv. zu den Inka ↗ denkbar.

Ingas: Nv. für Ingäwonen ↗ u. evtl. den Inka ↗ gleichzusetzen.

Ingäwonen, Ingwäonen: 1 der 3 Stämme der Germanen ↗, die Ende des 3. Jt. v. Z. den Nordseekreis als Fluchtgebiet vor den Streitaxtleuten ↗ wählten. Wi der Name zeigt, waren sie Wanen ↗ (hier *wonen* bzw. *wäonen*), die sich als Kultgemeinschaft auf die Gottheit Ing ↗ bezogen. — Nv. Ingas ↗.

Ingun: Mutter der Freya ↗ u. des Freyr ↗; wahrsch. ident. mit Skadi ↗, kurzfristig Gattin des Njörd, der jedoch bei Tacitus die Göttin Nertus ↗ ist, sonst der Skadi als Gattin des Njörd vorausgehend. Die Überlieferung ist durcheinander. These: da ähnl. durcheinander die der Lilith ↗ ist, symbolisiert fast wie die Ing ↗-Rune, liegt ein Äqv. nahe. Auch ergibt sich als Buchstabenumstellung Ginun wie bei Ginnungagap ↗. Die Ingäwonen ↗ bezogen sich auf sie oder auf ihren Sohn Freyr, nach ihr Ingunar-Freyr genannt. — Aus dem Wort läßt sich An ↗ (statt In) Guna ↗ (Gyne, Frau, Göttin etc.) machen, d. h. Himmelsgöttin, die sich mit Njörd als Erde verbindet, wie z. B. Nut ↗ mit Geb ↗ (äg.); man kann aber den Namen a. anders übersetzen: stammt ab (ing ↗) von Hunen (un), Hünen, Riesen ↗.

Initiand: Absolvent einer Initiation ↗, z. B. Hierophant ↗ od. Guru ↗ genannt; weibl. Form bei den Germanen Thruden im Thrudenring ↗. — Deutsch: Eingeweihter, äg. Sohn der Witwe ↗.

Initiation: Einweihung in Geheimwissen, mit unterschiedl. Einteilung in Grade ↗.

4 Einweihungsgrade:
Dogon ↗:
1) Giri So = Wort von Gesichtswert
2) Benne So = Wort von der Seite
3) Bolo So = Wort von hinten
4) So Dayi = Klares Wort: es umfaßt das gesamte Wissensgebäude
Griechen ↗:
1) Initiation Teleute
2) Myesis
3) Initiation Epopteia (Aufnahme)
4) Apokalypse (Offenbarung)
Germanen ↗: Thrudenring ↗ (nur f. Frauen)

8 Einweihungsgrade:
Pazifik ↗: s. Arioi ↗
Ägypten ↗: s. Loge ↗, die Große mit 8 Orden, die urspr. wohl auf die 8 Sektoren der Großen Pyramide ↗ zurückgehen
Global ↗: Durchlauf durchs Labyrinth ↗

12 Einweihungstaten:
Herkules ↗ als Weg durch den Tierkreis.
These: generell entspricht jede I. dem Aufbau der Psyche ↗ (= der Weltformel ↗) u. kann deshalb auf ihren 4er Kreis ↗ reduziert werden. Aus diesem Grund gliedert sich a. die Individuation ↗ lt. Jung ↗ in 4 Phasen, u. lt. Lexikon des Geheimwissens (Horst E. Miers, S. 208) sind sie »Inhalt aller Mysterien ↗, Sinn aller Initiation«. F. Lekve zählt auf:
1. Phase: unbewußtes Wesen hinter der Maske
2. Phase: Auseinandersetzung mit den Archetypen ↗
3. Phase: reales Ich-Bewußtsein bis zur Überbetonung des Ichs ↗, das nun sterben muß, damit das Selbst ↗ geboren werden kann
4. Phase: Bewußtwerdung des Selbst (s. Inana ↗)
Den Übergang von 3 zu 4 findet man z. B. bei Jesus ↗ im Alter von 33 Jahren als Kreuzigung ↗. Die 4 Phasen lassen sich ganz ins Muntu ↗-Viertel verlegen (Schema):

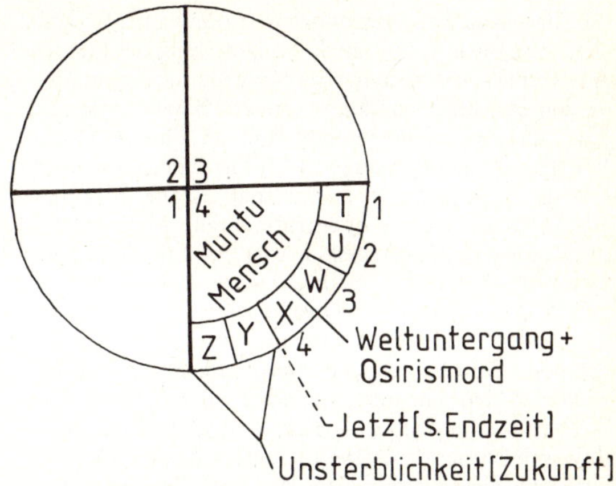

Als dieser 4er Kreis war Jesu Heiligenschein angelegt, Überschrift Inri ↗ (= die 4 Elemente). Bei der griech. I. fällt nun die Aufnahme genau mit dem Paradiesverlust ↗ zus.; die Kreuzigung ist dem Weltuntergang + Osirismord ↗ par., u. die Apokalypse ↗ beendet richtig die 2. Hälfte der Geschichte ↗ u. leitet über in den unsterblichen Muntu, der sich an die jetzige Endzeit ↗ anschließen soll. Die I. war also in allen Fällen eine Vorbereitung dazu. In Asien wurden die Kandidaten der I. 3 Tage + 3 Nächte in Türme eingeschlossen – das erinnert an die Dunkelwolke ↗. Blavatsky ↗: »Der Kandidat muß entweder siegen oder sterben, wenn er nicht, was noch schlimmer ist, seine Vernunft verliert... Hauptziel: Wiedervereinigung ↗ des Teils mit dem All« (III., S. 311). In Australien ↗ entspricht das dem Durchlauf durch die Regenbogenschlange ↗. — In Ägypten wurde der Kandidat ›Sohn der Witwe‹ (= Isis ↗) genannt, d. h. er wurde Horus ↗ gleichgestellt ab Osirismord (Weltuntergang) u. ging damit aus der Großen Pyramide hervor, s. Gangsystem ↗. — In Afrika schließt sich generell an die 1. Phase die Passage ↗ an.

Inka: eine hellhäutige Herrenschicht in Peru ↗, die kurzfristig zw. 1200–1532 die Indianer ↗ unterwarf u. ein mächtiges Reich eroberte, das sich schließl. von nördl. Ecuador über ganz Peru u. Bolivien bis zum mittleren Chile erstreckte. Die aus 13 Herrschern bestehende Dyn. beginnt mit Manco Capac ↗ u. endet mit dem von den Spaniern hingerichteten Atahualpa. »Der gesamte Adel wurde von den Spaniern Orejekes ↗ genannt, wegen der schweren Ohrpflöcke. Unwillkürlich erinnern sie an die Steinfiguren auf der Osterinsel ↗« (Lissner, So habt ihr gelebt, S. 275). These: sie versuchten durch Pflöcke ihre Ohren zu strecken, um Langohren ↗ zu sein, d. h. die Abstammung von der Astronautin Orejona ↗ sichtbar zu machen, deren Rakete auf dem Sonnentor von Tiahuanaco ↗ abgebildet war. Und nördlich davon, in Cuzco, begann die 1. Dyn. mit Expansion zum Titicacasee ↗. Woher die Inka kamen, ist noch offen. Vermutl. waren es Ingas ↗, die aus dem Nordseegebiet zurückkehrten; mit Vorspiel unter Ce Acatl ↗ in Tollan ↗. Oder sie gehörten umgek. zu deren Vorfahren, die im Amazonas ↗ überlebt hatten, nach Flucht von Mu ↗ (Rest Osterinsel) hierher, erwähnt von den Hopi ↗. — Sie brachten wenig Kunst hervor, dafür eine strenge politische Struktur. Das unterworfene Volk war in Kolchosen ↗ organisiert, mit jährl. Neuzuteilung des Landes. Aus Furcht vor Revolutionen wurden eroberte Provinzen entvölkert und umgesiedelt, Staatsverräter in eine unterird. Höhle voller Jaguare, Pumas, Bären, Füchse, giftigen Schlangen u. Skorpionen geworfen. Für den Tempeldienst suchte man 10jähr. Mädchen aus u. erzog sie in Staatsinternaten; Männer verschwanden im Bau-Arbeitsdienst. Der Inka-König leitete seine Herkunft von Inti ↗, dem ›Sonnengott‹ ab (afrik. Äqv. Ntu ↗), während seine Hauptfrau ab Topa-Inka immer seine Schwester war, genannt Königin oder ›Mutter‹, was an Ägypten erinnert, wo der Pharao ↗ den Thron ↗ nur erbte über Heirat seiner Schwester oder Mutter. — Erst in unseren Tagen wurde durch Flieger die letzte, nie unterworfene Inkastadt entdeckt. Sie war völlig intakt. Das Ende kam durch Inzucht ↗, die letzten Skelette sind die von jungen Mädchen. — Inka war eigtl. nur der Titel ›Sohn der Sonne‹; das unterworfene Volk waren die Quechuas ↗. — Die Prä-Inka Kultur wird Chavin-Kultur ↗ genannt.

Inkarnation: im Ggs. zu Reinkarnation ↗ eine direkte Fleisch- *(carne)* bzw. Menschwerdung des Logos ↗; im christl. Dogma (Logosstreit ↗) nur Jesus ↗ zugesprochen, in anderen Religionen jedoch häufiger anzutreffen, z. B. als I. des Vishnu ↗ od. Osiris ↗. Voraussetzung ist eine Gottesmutter ↗, äg. Kandake ↗. — Es gab aber a. Versuche, ohne weibl. Medium ↗ I. zu erzwingen, ob erfolgreich, ist umstritten. Das Produkt wäre ein Homunkulus ↗. — Nicht zu verwechseln mit Inkorporation ↗.

Inklination: Neigung bzw. Winkel zw. der Bahn eines Himmelskörpers (Planet, Komet etc.), gedacht als Bahnebene, u. der Ekliptik ↗. Bei der Bestimmung wird a. der Himmelsäquator zu Hilfe genommen (Abb.):

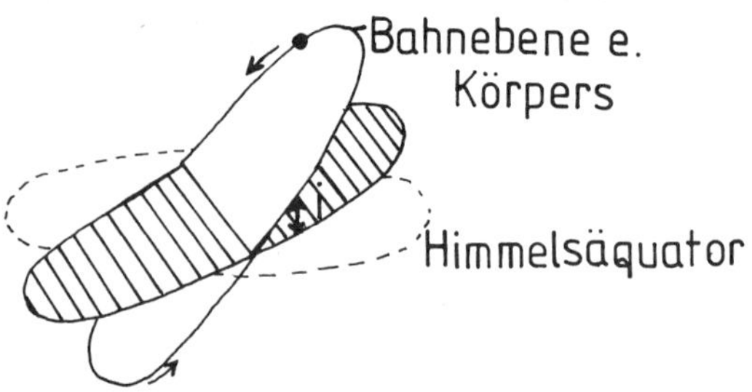

Inkorporation: im Ggs. zu Inkarnation ↗ u. Reinkarnation ↗ übernimmt der Geist ↗ einen vorhandenen, fremden Körper ↗ u. bedient sich seiner als Medium ↗, um zu sprechen und/oder zu handeln. In Ägypten dürfte der Ka-Transfer ↗ der I. gedient haben: Sonderfall ist der Dalai Lama ↗ im Tibet als I.-Kette. Voodoo ↗-Kult u. Makumba ↗ ermöglichen nur eine kurzfristige I.

Inquisition: 1233 durch Papst ↗ Gregor IX. begründet als ein Sondergericht von Dominikanern ↗, das alle Ketzer ↗ bekämpfen sollte. 1274 fand die 1. inquisitorische Verbrennung einer Hexe ↗ statt: sie wurde in Toulouse, dem Mittelpunkt der Katharer ↗-Bewegung verbrannt. 1318, 1320, 1331 u. 1337 wurden weitere päpstl. Edikte gg. ›Hexerei und Ketzerei‹ erlassen. Dem Bsp. der Kirche folgten später die weltl. Gewalten, aber Massenverfolgungen fanden erst im 16. u. 17. Jh. statt, also nicht im Mittelalter ↗, sondern mit Beginn der Renaissance ↗, als sich wirtschaftl. Interessen in den Vordergrund schoben. Die Abschaffung der Folterverhöre hätte eine wirtschaftl. Krise heraufbeschworen. Der Jesuit F. von Spee (1591-1635) nannte insbes. die Hexenprozesse eine neue Art von Alchemie, die aus Menschenblut Silber u. Gold machte. Denn die Folterknechte hatten ein unfehlbares Mittel gefunden, das Geschäft in Blüte zu halten: die Hexe wurde so lange gefoltert, bis sie angebliche Mitschuldige nannte. So führte ein Prozeß zu unzähligen anderen. Als die moderne Wissenschaft ↗ aufblühte, war kein Erfinder mehr sicher. Auch die stark verschlüsselte Sprache von Nostradamus ↗ war eine Vorsichtsmaßnahme. — In Spanien wurde die I. erst durch Napoleon ↗ beendet.

Inri: Inschrift für Jesus ↗ auf dem Kreuz, gewöhnl. als Abk. für Jesus (I) Nazarenus (N) Rex (R) Judaeorum (I), d.h. Jesus, der Nazarener ↗, König der Juden ↗ eingesetzt. Die gleichen Initialen stehen aber a. für die 4 Elemente ↗:

I = Jam ↗ = Wasser	äqv. weiß
N = Nour = Feuer	rot
R = Rouach ↗ = Luft	schwarz
I = Jabeschah = Erde	gelb

Sie kehren wieder als 4geteilter Heiligenschein von Jesus, symb. Zeichen seiner Initiation ↗. Lt. Blavatsky ↗ ist es a. das ›Adam-Quadrat‹. These: Äqv. Weltideogramm ↗ (Maya) mit den 4 Rassen ↗ in Reihenfolge jener Farben, die die Apokalypse ↗ für die Pferde der 4 Reiter ↗ angibt.

Inseln der Seligen: von den Gelbmützen ↗ wohl als Reste von Mu ↗ im Pazif. Ozean angesetzt. Spielte in China ↗ als ›Paradies ↗ im Osten‹ eine durchgängige Rolle. Der gleiche Ausdruck findet sich aber a. im Gilgamesch-Epos ↗ bei der Suche nach dem Kraut der Unsterblichkeit.

Insider, die: Titel eines Buches von Gary Allen, USA. Gemeint sind Drahtzieher hinter den Kulissen, die verschwörerisch in Wirtschaft, Politik u. Kultur zusammenarbeiten, um das Programm der Illuminaten ↗ zu verwirklichen: Weltdiktatur der Geldelite bis 1984, unter Assistenz skrupelloser Wissenschaftler. — These: es handelt sich um eine Wiederkehr von Atlantis ↗ (s. Bericht der Hop ↗) in USA ↗, unter starker Beteiligung des Zionismus ↗. Allen wirft den I. u. a. Entfachung des 1. Weltkriegs, Finanzierung von Lenin ↗ + Hitler ↗ u. dadurch von Kommunismus ↗ u. 2. Weltkrieg vor. — Europ. Zweig wurde der Bilderbergkreis ↗.

Instinkt: unfreie Verhaltensweise, die als Fremdintelligenz (s. Kintu ↗) vererbt wird. Versuche am Stammhirn ↗ zeigen, daß durch künstl. Reize automatische Antworten beliebig oft ausgelöst werden können, a. wenn ein sichtbarer Grund fehlt. Diese Mechanismen sind artspezifisch u. zweckmäßig, unterliegen jedoch nicht dem Willen; insofern kann hier Manipulation ↗ einsetzen. Eine ähnl. unterwerfende Kraft besitzen die Archetypen ↗, sie sind aber nicht (wie z. B. Jung ↗ meint) dem I. zuzurechnen, da sie nur in der Psyche ↗ verankert sind u. in Schichten, die nicht von der Natur ↗ geliefert wurden.

Intellekt: im Ggs. zu Intelligenz ↗ eine Denkform, die wie ein Schwert Zusammenhänge zerschneidet bzw.

zertrümmert, um die Sinnenwelt zu durchdringen. Artet meist in Ersetzung der Wirklichkeit ↗ durch Theorie ↗ aus. These: entspricht Grundmotiv ↗

 (C), im Aufbau des 9fältigen Menschen ↗ der 12er Kreis mit den Zahlen ↗. Mythol. Satan ↗ = Zahl u. Maß, Nährboden für Nihilismus ↗. — Im Sonnenaubau der Bibel ↗ das ›Gläserne Meer‹ ↗.

Intelligenz: in der afrik. Ntu-Philosophie ↗ nur Muntu ↗, dem Menschen eigen, jedoch in unvernünftig u. vernünftig geschieden, d. h. deutlich von Vernunft ↗ abgesetzt. These: wenn Jamblichos (griech. Philosoph, 3. Jh., begr. Neuplatonismus ↗) die Sonne ↗ »das Bild der göttlichen Intelligenz« nennt, so dürfte das über Plato ↗ auf Ägypten zurückgehen u. Thot ↗ als Ibis ↗ meinen. In der Bibel ↗ stehen dafür die ›24 Ältesten‹, d. h. das Sonnenalphabet ↗: Adam Kadmon ↗ in der Kabala ↗, mit Vorsilbe Kad ↗ als Stellenwert 24. I. ist prinzip. männlich u. entspricht a. dem Wissen ↗, aber noch nicht der Weisheit ↗, die erst durch Hinzutreten von Inana ↗ = Erkenntnis als weibl. Prinzip entsteht. Letzteres ist der Logos ↗ (Vernunft), I. die Logik ↗.

Inti: ›Sonne‹, als Stammvater der Inka ↗ betrachtet. S. Inti-Pampa ↗, Inti-Raymifest ↗ u. Intiwatana ↗. — These: das Wort ist ein Äqv. zum afrik. Ntu ↗, indian. Manitu ↗, germ. Wotan ↗, äg. Atum ↗ u. meint wohl nur den Sonnenkern ↗ = Gott, in der Bibel Elohim ↗.

Inti-Pampa: ›Sonnenfeld‹ bei den Inka ↗ mit Quelle in der Mitte, umgeben von Tempeln, deren Außenwände mit Goldplatten verkleidet waren. These: die Quelle entspricht Inti ↗, dem Sonnenkern; Pampa, das Feld, dem weiteren Aufbau der Sonne ↗. — S. Inti-Raymifest ↗.

Inti-Raymifest: ›Fest der Sonne‹ bei den Inka ↗; es wurde im Juni als Wintersonnenwende ↗ (der Jahresbeginn im Dezember war die Sommersonnenwende ↗) gefeiert: man entzündete Feuer durch den Brennpunkt eines Konkavspiegels aus poliertem Metall auf einem Ballen getrockneter Wolle (bei schlechtem Wetter durch Reibung); die entstehende heilige Flamme, die 1 Jahr ↗ brennen mußte, wurde den Sonnenjungfrauen (röm. Vestalinnen ↗) anvertraut. Der Sonnentempel von Cuzco (s. Peru ↗) war so gebaut, daß zu diesem Zeitpunkt die Strahlen der aufgehenden Sonne (= Inti ↗) durch ein Tor genau auf die goldene Scheibe fielen, die wohl ein Kalender für Viracochas ↗ Wiederkehr war - äqv. der Wiederkehr von Nommo ↗, dem Astronauten ↗ bei den Dogon ↗. — S. Inti-Pampa ↗ u. Intiwatana ↗.

Intiwatana: indian. Bez. der alten Steinkreise ↗. Der Eingang ist fast immer nach Ost ausgerichtet. In der Mitte 2 Steine, Merkmal spez. Südamerikas. Die 1. Silbe Inti ↗ heißt ›Sonne‹, *watana* etwa ›einfangen‹. Sie dienten u. a. als Schattenuhr für Sonnenbeobachtung, d. h. als Kalender ↗. Aber darunter gab es a. Gräber. Manchmal waren die I. eingewallt u. der Eingang keine Öffnung, sondern eine 3stufige Treppe. These: dann waren die Kalendersteine 4. + 5. Niveau = 4. + 5. Welt ↗ wie beim Yul ↗.

Inuas: Eskimo-Ausdruck für die 8 Elementargeister, d. h. für den 8er Kreis ↗. Die entspr. Kultmaske ist ein Kreis mit 8 Punkten, in den außen Federn ↗ gesteckt sind = zus. die Sonne ↗, was sich aus der Umdrehung ↗ I. = sauni = Sonne ergibt. Vergleichbares findet sich als Walküren ↗ mit Federkleid. Da die Eskimo ↗ aus Asien stammen, kommt als Umdrehung natürl. a. Hsien ↗ in Frage.

Inzest: Heirat zw. Schwester - Bruder, Mutter - Sohn od. Tochter - Vater; bei den Wanen ↗ gebräuchlich, bei den Asen ↗ verpönt. In den äg. Dynastien ↗ erforderlich zur Vererbung des Throns ↗, da er an die weibl. Linie als Isisblut ↗ gebunden war. These: dies hing mit der Reinhaltung der Hl. Hochzeit ↗ bis zur Wiederkehr ↗ zus. Der Gefahr von Inzucht ↗ stand bei Vermischung mit gewöhnl. Sterblichen eine Degeneration des Astronauten ↗-Erbes ggb., wie z. B. im Falle der Riesen ↗. — Zeitweilig praktizierten a. die Inka ↗ I. Den 1. I. beging Isis ↗ mit ihrem Sohn.

Inzucht: Fortpflanzung zw. verwandten Lebewesen, aber nicht so eng wie beim Inzest ↗. Beschleunigt bei Pflanzen u. Tieren Art- bzw. Rasse ↗-Bildung, gefährdet jedoch den Menschen durch Auftreten von rezessiven (Rückfall bedingenden) Erbkrankheiten.

Io: oberste Gottheit ↗ (polynes.), ein unpersönl. 1. Wesen, das in sich einen weibl. Kern Io Wahine ↗ u. einen männl. Kern Te Io Ora ↗ enthält. Letzterer ist a. der Lebenskern, äqv. Sonnenkern ↗; ergo wird ersteres zum Kosmos ↗. Es folgen Par. zu anderen Religionen:

Io	Ntr ↗
Io Wahine + Te Io Ora	Nut ↗ + Re ↗ (äg.)
Parabrahman ↗	Einheit
Brahman ↗ + Brahma ↗ (ind.)	Logos ↗ + Gott ↗ (christl.)

Io ist a. der ›10. Himmel‹, in den Tane ↗ hinaufsteigt, um die ›3 Körbe der Lehre‹ zu erbitten: er bringt sie zu Hina ↗ nach Hawaiki ↗. These: Io entspricht bei den Grundmotiven ↗ dem Ur-X ↗ vor Beginn der Schöpfung ↗. Als Yo ↗ bestimmt es die Yoruba ↗ u. den jap. Namen für Europa ↗, in beiden Fällen Io-Rpa = Sonderlinie ↗ von Io od. Erblinie der Götter (Ntr) bis zur Wiederkehr ↗. — Möglicherweise wurde von Io Jahwe ↗ abgeleitet. — Im Mythos von Herakles ↗ ist Io ↗ Isis, die Epaphos ↗ (äqv. Christus) hervorbringt. These: so könnte Juda ↗ auf Io-Da zurückgehen u. zum Wort Juden ↗ geführt haben, schließl. zu Yood ↗, Stellenwert 10 im hebr. Alphabet ↗, zu verstehen als Od ↗ von Io. In Indien dürfte der 1. Buchstabe dem Lingham ↗ u. das nachfolgende O als Null ↗ oder Kreis der Yoni ↗ entspr. — Nv. Kio ↗. — These: der 10. Himmel (Io) findet sich als Abschlußtempel auf indian. Stufenpyramiden ↗.

Io: Isis ↗ (Lexikon der antiken Mythologie, S. 266; Reclam).

Ionier: 1. der 3 in Griechenland ↗ einfallenden Stämme, die die Pelasger ↗ unterwarfen u. den ganzen Peloponnes ↗ besetzten. Der pelasg. König Selinus gab Ion seine Tochter Helike zur Frau u. nach seinem Tod wurde Ion, nach dem sich das Volk dann Ionier nannte, König. Viele Generationen später wurden die I. von den Achäern ↗ vertrieben u. gründeten an der Westküste von Kleinasien ↗ Ionien, wobei sie die Karer ↗ vertrieben bzw. lt. Herodot ↗, soweit männlich, töteten, soweit weiblich, zwangsheirateten. — Entspr. enthält der ionische Mythos ↗ einen Kampf zw. 2 Göttern od. Riesen: dem dunklen Melanthos ↗ u. dem hellen Xanthos ↗. These: dies spiegelt den Kampf zw. der dunklen Urbevölkerung u. den Invasoren wieder, mit Rückgriff auf Mu + Atlantis ↗.

Io Wahine: der weibl. Kern von Io ↗ (polynes.); ihm entspringt später Hina ↗ (Hine) = Isis ↗, bei Herakles ↗ als Nv. Io zu finden. Bei Abzug von Hine bleibt die Silbe Wa ↗ übrig, die zum Begriff der Wanen ↗ geführt haben könnte. — These: es handelt sich um den Kosmos ↗ oder im Ur-X ↗ das weibl. Dreieck ↗, aus dem er hervorgeht. Da Io a. als Kio ↗ überliefert ist, ergibt sich folg. Schema: unten Ki ↗ = Erde, oben O (Null ↗) als Himmel.

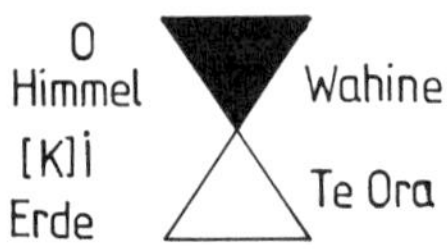

Iphigenie: Tochter der Helena ↗ nach deren Entführung; wurde Priesterin der Artemis ↗ u. mußte menschl. Opfer auf den Tod vorbereiten, unter denen eines Tages a. ihr Bruder Orest ↗ war.

Ir: Auge in Ägypten, als Hieroglyphe ↗ reduziert auf

= R. Letzte Silbe von Osiris ↗ = Os-Ir, übers. Sitz (Os) des Auges (Ir). These: wurde bei uns zur Iris ↗ = Regenbogenhaut. Steht deshalb für den 8er Kreis ↗ der Sonne (= Regenbogen ↗) u. die Besonderheit der Lichtöffnung ↗. — Bestimmt der Namen Irma ↗, Irmin ↗ u. Irmingard ↗. — S. Iris als Schwertlilie.

Irak: früher Südteil von Mesopotamien ↗, dann von Assur ↗.

Iran: Land der Perser ↗, heute unter Führung von Khomeini ↗.

Iren: Kelten ↗, wie die Bretonen ↗; nach letzteren formte sich der Name Britannien für die Britischen Inseln, von denen Irland nur eine ist. Herkunft s. Karte bei Kolonialisierung ↗.

Iris: griech. Göttin des Regenbogens ↗; heute Name für Regenbogenhaut ↗.

Irma: Nv. für Illa Tiki ↗ oder Patschakamak ↗. Enthält als 1. Silbe Ir, beim äg. Osiris ↗ für Auge eingesetzt. Ma ↗ steht oft für Sonne: ergibt ›Augensonne‹ u. bezieht sich wahrsch. auf den Sirius ↗, von wo I. gekommen sein muß.

Irmin: Gott der Germanen ↗, nach dem sich 1 der 3 Stämme des Manus ↗ Irminonen nannte, heute überliefert als Armanen ↗. Nach ihm ist die Irminsul ↗ = Irminsäule benannt. These: äqv. Irma ↗, mit der Säule als Djed ↗ (Baum) des Osiris ↗ = der Tierkreis ↗ der Geschichte ↗, die mit seinem Eintreffen begann. Partnerin dürfte Irmingard ↗ sein. Im Wort steckt Min ↗.

Irmingard: Urkönigin, im Zusammenhang mit dem Gral ↗ genannt und deshalb wohl Partnerin des Irmin ↗. Da sie a. Lilie ↗ heißt, bietet sich als Äqv. die äg. Nephtys ↗ an, in Europa als Nertus ↗ zu finden, Nv. Janna ↗, von Inana ↗, jene Erkenntnis, die sich am Baum der Erkenntnis, Irminsul, verbirgt. — Nun klingt die Endsilbe gard wie bei Midgard ↗ nach Garten - was wenig Sinn ergibt; man kann aber a. Gerte - d.h. Min's Geißel ↗ daraus machen, die tats. als Lilie dargestellt werden konnte.

Irminonen: auf Irmin ↗ bezogener Stamm; heute die Armanen ↗.

Irminsäule: Irminsul ↗.

Irminsul: die ›Säule‹ *(sul)* des Irmin ↗, einstmals ein ästeloser Baumstamm wie der äg. Djed ↗, den speziell die Irminonen ↗ verehrten. Karl der Große ↗ ließ bei der Christianisierung der Germanen ↗ die I. der Sachsen zerstören. Heute wird sie in Kleinformat (Abb.) nachgeschnitzt, mit 3 x 3 Kerben, Hörnern als Abschluß u. einem eingeschobenen Symbol, das einem Rhombus ↗ ähnelt. These: es handelt sich um den Tierkreis ↗ der Geschichte ↗ mit den Hörnern als Widder ↗ u. der Speer-Spitze als Fisch ↗, zus. das Kali Yuga ↗, aber a. Amun (hier als Min ↗) + Hatmehit ↗ in Ägypten, äqv. Belisama ↗ (Carmelle) bei den Kelten ↗, Partnerin des Widdergottes. Oder: es ist der Baum ↗ der Erkenntnis ↗ im Paradies ↗ der Bibel ↗, von dem zu ›essen‹ verboten war. Vgl. mit dem Anhänger Stichwort Europa ↗.

Irokesen: Indianer ↗-Stämme im NO der USA ↗, heute in Reservate verbannt. Bildeten im 16. Jh. die Irokesische Liga ↗, denen die Seneca, Cayuga, Tuscarora (seit 1722), Onondaga, Oneiga + Mohawk angehörten. Im westl. u. zentralen Teil des heutigen Staates New York haben sie den Weißen lange Zeit erbitterten Widerstand geleistet. Die Verfassung ihrer Liga wurde Grundlage der amerik. Verfassung. — Interessant der Pfeifentomahawk der Seneca (Abb.), dessen Axt ↗

(Tomahawk ↗) an die äg. Hieroglyphe für Ntr ↗ erinnert. Bei anderen Indianern wurde die Pfeife ↗ von der ›Weißen Büffelkuhfrau‹ ↗ gebracht, u. sie versprach ihre Wiederkehr ↗. In der Religion spielen eine wichtige Rolle: Orenda, eine wunderbare Kraft, ohne die man nicht Schamane ↗ werden kann; ein ›Himmelshäuptling + Frau‹ (s. Urpaar ↗), die ein männl. Zwillingspaar (etwa gut + böse) gebiert, das sich ständig bekämpft, sowie ›3 göttliche Schwestern‹, die wohl den 3 Disen ↗ gleichzustellen sind, denn sie ›hausen in den Sternen‹. Zu Neujahr ↗ wurde ein erdrosselter weißer Hund ↗ (s. Seth ↗) im jährlich erneuerten Feuer verbrannt, um die Sünden der Gemeinde auf sich zu nehmen. — S. Prophezeiungen von Deganawida ↗ u. das Symbol Fuß ↗.

Irokesische Liga: Zusammenschluß der Irokesen ↗ um 1575; ein polit. Verband, der formal a. heute noch existiert. Den Rat bildeten 50 Sachems (Friedenshäuptlinge), die bei Neuwahl von alten Frauen für den Wampum-Kreis ↗ bestimmt werden.

Irrationalität: Verhaltensweise, die sich nicht vom Verstand, der Ratio ↗, lenken läßt, über die das Ich ↗ Kontrolle hat, sondern den kollektiven Archetypen ↗ unterwirft. Vorherrschend in der Kultur ↗; mißbrauchbar durch Symbole ↗. Aber: ohne I. wäre der Durchlauf durch die Geschichte ↗ unmöglich gewesen.

Is: Ursilbe für heilig, indian. Äqv. Wakan ↗. »Is ist nicht lateinisch und auch nicht gallisch. Is ist das Geheiligte, die heilige Sache, der heilige Ort. Man findet es in heiligen Flüssen wie die Is-Aar, oder die Is-Ere, Wasser, die ein Tabu ↗ besitzen... Chartres ↗ ist nicht die Stadt der Carnutiis, es ist Carnut-Is: der geheiligte Ort der Carnutes (Steinhüter)... und Paris ↗ ist die Stadt (eigentl. Pr ↗) des Is, des Heiligen, die Heilige Stadt« (L. Charpentier: Die Geheimnisse der Kathedrale ↗ von Chartres, S. 28). Verdoppelung ↗ = Isis ↗. Ein heiliges Wasser = Is-Ar (s. Ar ↗) ist die Isar, an der München ↗ liegt. Weitere Is-Koppelungen sind Isa ↗, Ismu ↗ (beides Namen von Jesus) und Iska ↗ (heiliger Geist). — Bei den Maya ist das Äqv. wohl Ix ↗, Präfix für Göttinnen.

Isa: Jesus ↗ im Islam ↗ (arab.); evtl. Teil von Isaak ↗. Es verbindet sich die Ursilbe Is ↗ (heilig) mit A, Alpha ↗, Anfang; später wiederkehrend im Christusmonogramm ↗. Jedoch wird I. nicht als Christus akzeptiert. Die Verwandtschaft der Araber mit Israel ↗ läuft über Ismael.

Isaak: Sohn von Abraham ↗, als dieser 100jährig ist, mit Sara, 90jährig. Ihm geht voraus Ismael, gezeugt mit einer Magd. I.s Frau Rebekka wird von Mesopotamien geholt, weil aus Rasse ↗-Gründen eine aus Kanaan ↗ abgelehnt wird. Sie bringt Zwillinge zur Welt, Jakob ↗ u. Esau, von denen es in der Bibel ↗ heißt: »Zwei Völker sind in deinem (Rebekkas) Leib und zweierlei Leute werden sich scheiden aus deinem Leib; und ein Volk wird dem anderen überlegen sein und der Größere wird dem Kleineren dienen.« Es handelt sich um Herausstellung der Linie, die zu David ↗ führt. Aber es geschieht durch List, d. h. Vertauschung der Kinder beim Erbsegen durch den blinden I. Jakob nimmt später den Namen Israel ↗ an. — Der Name enthält Isa ↗ u. Ak ↗, Jesus-Schöpfer.

Isc, Isca, Iscus, Isch: abstammen von. Z. B. bei Nordisca = nordisch, vom Norden stammend. Tiodiska ↗ = von Tiod ↗ stammend. Muisca ↗ = von Mu ↗ stammend etc.

Ischtar: Istar ↗, babyl. Göttin; Nv. für Astarte ↗. Evtl. Zus. von Is ↗ (heilig) + Star, Stern. Gemeint ist die Venus ↗ mit den 2 Gesichtern: Kampf = Morgenstern, Liebe = Abendstern. Eine Darst. (Abb.) zeigt sie mit folg. Symbolen: Fünfstern ↗ in der Hand, 6 Pfeile auf den Schultern (beim Astartebild Sechsstern ↗), 12fach gestaffelter Rock = Zodiak ↗ der Geschichte ↗ oder Dauer des Sechssterns bis zum Erreichen des Fünfsterns, in der Weltenlehre ↗ 4. + 5. Welt bis zum Erreichen der 6. Welt ↗; u. auf dem Kopf eine Variation der Hörnerkrone ↗ als Hinweis: Planet ↗. — Der Stern der I. findet sich in Ägypten mit Nephtys ↗ verbunden, als Hieroglyphe ↗ über ihrem Symbol der Lilie ↗ mit der Ilix ↗-Rune gleichzustellen; hier eine Var. (Abb.), die noch eindeutiger den Stellenwert 15 verdeutlicht, indem aus dem Sechsstern 9 Lichttropfen herauskommen. Das Wort MSJ ↗ wird bei Umkehrung ↗ (bei relig. Sinn gebräuchlich) in ISM verwandelt, was zu Ismu ↗ u. Ixmukane ↗ führt, evtl. sogar zu X-Mas ↗. — Das Bild der I. von Ninive ↗ soll wundertätig gewesen sein. Als der Vater von Echnaton ↗, Pharao Amenophis III. erkrankte, wurde es ihm 2 mal zugesandt. — S. Ischtar-Tor in der Stadt Babylon ↗, wo sie mit Marduk ↗ verbunden wurde, sowie ihr Bild Stichw. Berg ↗. — R. Charroux (›Das Buch der vergessenen Welten‹, S. 177) nennt das ehem. Südamerika mit Tiahuanaco ↗ »das Land der Ischtar« u. setzt ihre Par. zu Orejona ↗, der Astronautin ↗. These: daß sie, wie er meint, von der Venus kam, dürfte jedoch nicht stimmen; sie wurde nur mit ihr verbunden, weil dieser Planet erst beim ›1. Besuch von Nommo ↗‹, wie die Dogon ↗ sagen, entstand — als abgetrennter Uranus-Mond, weshalb die Griechen sie a. Urania ↗ nannten, was von Orejona nicht allzu weit entfernt ist.

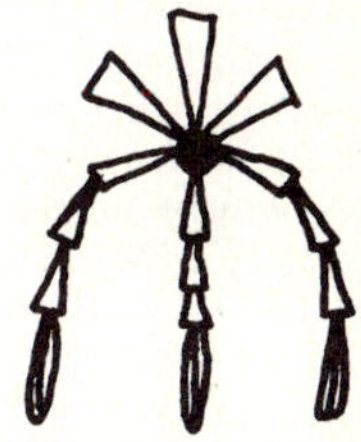

Ise: jap. Nationalschrein der Amaterasu ↗, auf die sich der legendäre 1. Tenno ↗ (Kaiser) von Japan, Jimmu ↗ als Enkel bezieht. Nach I. reiste 740 der buddhist. Mönch Gyogi, um von der Göttin herauszufinden, ob es sich für den Kaiser schicke, eine große Buddhastatue errichten zu lassen. 7 Tage u. 7 Nächte betete er an der Türe des Heiligtums. Endlich antwortete die Göttin: die beiden Religionen (Schintoismus ↗ u. Buddhismus ↗) seien lediglich versch. Formen des gleichen Glaubens u. folglich spreche nichts gegen den Bau. — An der Meeresbucht vor I. sind a. die 2 Felsen durch ein Seil verbunden worden, die Izanagi-No-Kami ↗ u. Izanami-No-Kami ↗ symbolisieren.

Ishvara: Kausalseele ↗ (ind.) im Vedantismus ↗ als das Reale ggb. Parabrahman ↗ als das Ideale. Durch I. wird das Licht ↗ manifestiert. Äqv. Brahma ↗ lt. Blavatsky ↗.

Isimu: sum. Bez. für den janusköpf. ›Boten‹ des Ea ↗;

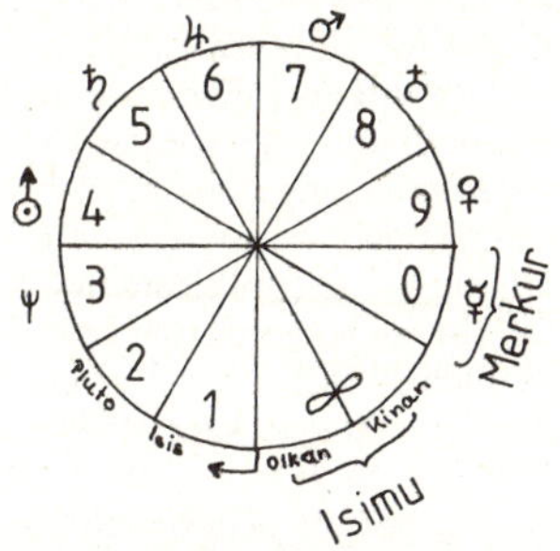

babyl. Usumu: ist abgebildet unter Stichwort Berg ↗ als die 2 Planeten zw. Sonne u. Merkur, in Teotihuacan ↗ genannt Kinan ↗ + Olkan ↗; griech. Vesta ↗ + Hephaistos ↗ (s. die 12 Götter des Olymp ↗). Legt man im Entstehungsplan der Planeten in der Sonne = 12er Kreis ↗, diese 3 innersten so an, daß sie ins 4. Viertel Mu ↗ (Wasser ↗) fallen, so vertritt I. die Unendlichkeitsschleife ↗ bzw. wenn durchgezogen auf das Sonnenalphabet ↗ 1., 2. u. 3. Reich ↗, was evtl. im Namen Ismu ↗ für Jesus ↗ übertragen wurde. S. Weltformel ↗ und Sefirotischer Baum ↗.

Isis: äg. Göttin ↗ mit 10.000 Namen ↗, was die Fülle ihres Wesens unterstreicht, aber die Zuordnung erschwert. Das Wort selbst ist nur die Verdoppelung ↗ von Is ↗, heilig. Ihr prinzipiell unlüftbares Geheimnis drückt sich in der Inschrift auf dem Sockel ihres Standbildes von Sais ↗ aus: ›Ich bin alles, was war, was ist und was sein wird... kein Sterblicher hat je erfahren, was unter meinem Schleier sich verbirgt.‹ Das wäre eine Zusammenfassung der 3 Disen ↗, oder umgek. wären diese ihre Ausfächerung. Dazu paßt, daß I. ›Uranfang der Zeiten‹ genannt wird – aber welche Zeiten sind gemeint? Wie die Nut ↗ gilt sie als ›Mutter der Götter‹, aber es sind nicht die Götter der Schöpfung ↗ gemeint, sondern ganz offensichtl. die der ersten Dynastien, in der äg. Dynastienliste ↗ ›Götterdynastien‹ genannt. Der Mythos ↗ konkretisiert den Beginn als Hl. Hochzeit ↗ sowie 1. Inzest:

Isis x Osiris ↗

Horus ↗

4 Horuskinder ↗

These: das entspricht den ersten 2 Sektoren der Geschichte ↗ als Zodiak ↗, u. die 4 Horuskinder werden als Welthüterquadrat ↗ eingesetzt, dem die Argonautik ↗ vorausgeht, was I. als ›Stifterin der Schiffahrt‹ erklärt sowie die Gazelle ↗ (= Steinbock) als ihr Symboltier, während sie selbst Krokodilmutter ↗ gen. wird (= Wassermann ↗). Das stimmt a. mit der Aussage der Edda ↗ überein, daß mit dem Inkrafttreten der Disen das ›Goldene Zeitalter‹, äqv. Paradies ↗ beendet ist. Die 1. Dise, Urd ↗ (Vergangenheit), findet sich im Namen der I. als Urt-Hekau ↗ = die Zauberreiche wieder. Aus ihr wurde, unter merkl. Abstrichen, Eva ↗ gestaltet, wobei deren Gatte Adam ↗ schon als Sohn Horus zu werten ist, während sich Osiris hinter dem ›Baum der Erkenntnis‹ verbirgt, äg. Djed ↗ als Osiris. — »Ihr Kult verbreitete sich über ganz Europa und das westliche Asien und mündete zuletzt in das aufkommende Christentum ein. Viele Attribute der Isis wurden auf die Heilige Jungfrau (Maria ↗) übertragen« (K. Seligmann, Das Weltreich der Magie, S. 62). Dabei vergißt man folg. Unterschied: Isis als Witwe ↗ trauert nicht um einen ermordeten Sohn (wie Maria um Jesus ↗), sondern um den ermordeten Gatten, Osiris, dem der Weltuntergang ↗ folgt, während sie den danach (erneut) von der Osirismumie ↗ empfangenen Horussohn ständig vor den Nachstellungen des Mörders Seth ↗ beschützt u. versteckt; eine Tötung des Sohnes erfolgt nicht. Über den Sohn bemüht sich I. um Auferstehung = Wiederkehr ↗ des ermordeten Gatten. Mit anderen Worten umfaßt I. den ges. Geschichtsablauf, was sie als Anima Mundi ↗ erklärt; statt Weltseele wäre richter: Seele der 4. + 5. Welt ↗, die a. das 1. Reich des Vaters (Osiris) u. 2. Reich des Sohnes (Horus) sind, abhängig von ihr als Isisblut ↗ in jeder Kandake ↗. In dieser Funktion wird sie zur Schlange ↗, angebracht an der Stirn jedes Pharaos ↗: es ist der Durchlauf durch den Zodiak (25920 J., s. Präzession ↗), genau wie im Hl. Dreieck ↗, als Durchlauf durch das Wort ↗ (Nommo ↗) = Urt, d. h. die 24 Grundmotive ↗, Einz. Ka ↗ (Geist). Dafür spricht a. ihre Symbolisierung in den Eleusinischen Mysterien ↗ als Korb, den eine Schlange hütet. Es ist jener Korb (von 3 Körben), den im Pazifik Tane ↗ zu Hina ↗ bringt, mit der sie ebf. identisch ist. Sein Inhalt betrifft die Geheimlehre ↗, nur wurde der Behälter in Ägypten nicht als Korb dargestellt, sondern als jener ›Sitz‹, den I. immer auf dem Kopf trägt: wie ein leerer Stuhl oder Thron ↗ wirkend, dürfte es sich um die echte Bundeslade ↗ handeln, finn. Sambo ↗, äqv. dem Gral ↗. Ihre Namenshieroglyphe enthält ihn ebenfalls, gekoppelt mit jenem Halbkreis 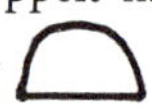, den a. die Hieroglyphe für Sirius ↗ enthält. Dieser Bezug drückt sich in ihrem Namen Sothis ↗ aus oder im Zusatz, daß Isis' Seele ›auf dem Sirius wohnt.‹ Warum sie das tut, wird nicht gesagt. These: aus Sehnsucht, denn ihr Gatte war, äqv. Nommo ↗ bei den Dogon, als Astronaut ↗ von Sirius zur Erde gekommen u. leiblich dorthin zurückgekehrt. Statt wie normale Seelen, äg. Ba ↗, nach dem Tod ↗ des Körpers zur Sonne zu fliegen, wäre demnach die der I. zur Sonne des Siriu geflogen. — Es folgt eine Reduktion ihrer Gestalt (Schema) im Vergleich mit der Namenshieroglyphe samt Versuch, sie neu zu übersetzen in Gegenüberstellung zum Namen des Osiris:

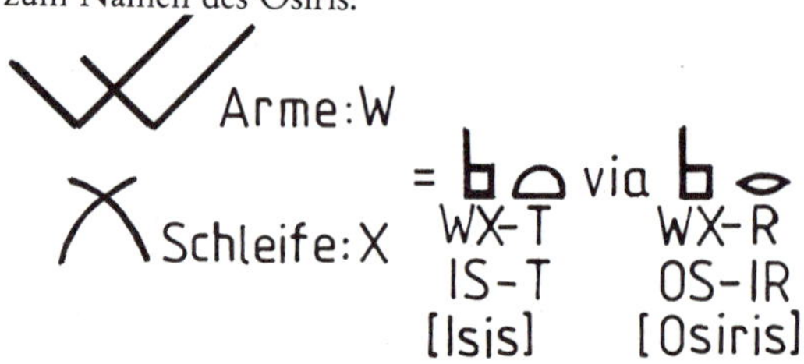

Mit anderen Worten steht der ›Thron‹ für die Buchstaben W + X, u. das ist im Sonnenalphabet ↗ genau die Epoche der Geschichte! Die Ägyptologie ↗ hat aus ihm unterschiedl. Is, Es, bei Isis u. Os oder Us (auch Ws, weil äg. W + U austauschbar sind) bei Osiris gemacht. Die Lösung WX erscheint sinnvoller, zumal sich als weitere Herauslösung aus der Isisgestalt die 1. Rune ↗ ergibt, gleichzustellen mit Grundmotiv X, Archetyp ↗ Urmutter ↗:

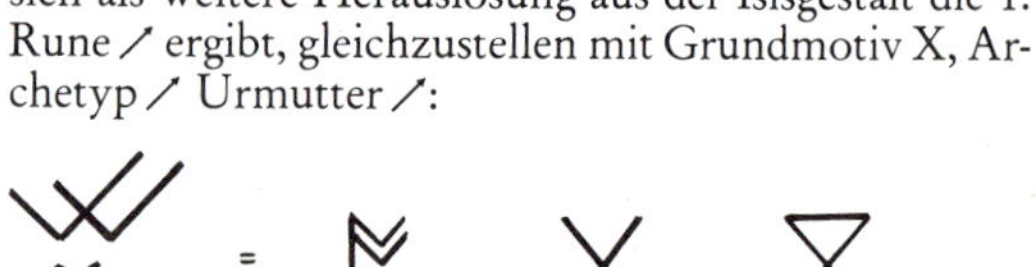

Schließl. ist die Isis-Hieroglyphe a. aus dem Kopfbild herauszuholen, indem die Haare durch eine Bandschleife zum Halbkreis werden; besieht man wiederum dieses Band von oben, ist der ›Thron‹ davon eingekreist, u. die offenen Bänder wären die Andeutung eines noch zu folg. 2. Kreises, der daraus die Unendlichkeitsschleife ↗ macht. Auch das ginge in der Weltformel ↗ wieder mit den entspr. Buchstaben u. Welten auf:

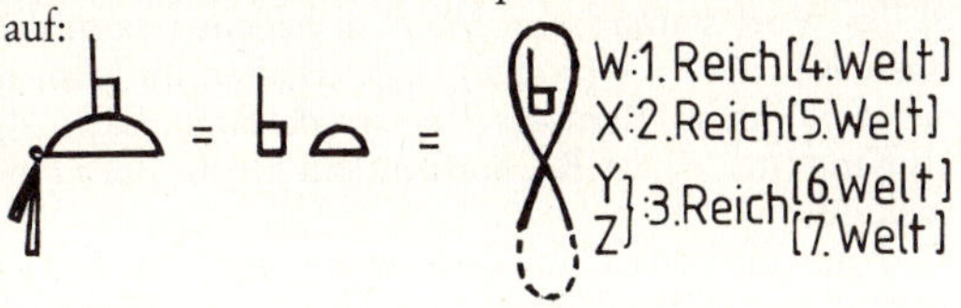

Die Schleife ist sowohl die Sa-Schleife ↗ wie eine Var. des Isisbluts; bezieht I. sich aber auf die Weltenlehre ↗, so könnte ihr ›Schleier‹, oft als 7 Schleier angegeben, die 7 Welten umfassen. Vergleicht man nun mit dem Babyl. Turm ↗ oder dem germ. Weltenbaum Yggdrasil ↗, an dessen Wurzeln ja die Disen hausen, u. zieht die 7 Welten als ihre Schleier ab, fällt I. auf Nr. 8 als Sonne ↗ u. ihre Schwester Nephtys ↗ auf Nr. 9 = Mond, und sie sind zus., wie ebf. angegeben, die 2 ›Horusaugen‹ ↗, was Isis als ›Auge des Re‹ (= der Sonne) erklärt. Es ist ihre Anbringung als Kobra ↗ an der Behdet ↗ (Flügelsonne). — 49–48 v. Z. wurden ihre Heiligtümer in Rom ↗ verboten u. zerstört, Augustus ↗ erweiterte das Verbot auf alle äg. Götter. Aber die Horusdiener ↗ hatten vorgesorgt: über den Isisgrotten ↗ entstanden später die Kathedralen der Gotik ↗ u. als Schwarze Madonna ↗ wirkt sie noch heute, so wie sie als *Isis entschleiert* ↗ die Französ. Revolution ↗ beeinflußte u. in die Theosophie ↗ einging. — S. I., Herrin der Pyramiden ↗ und I., reitend auf dem Hund ↗.

Isisblut: äg. Symbol ↗, das sowohl der Isis ↗, Nephtys ↗ wie Nut ↗ gehört; der Tote ↗ trug es am Hals. Dazu die Rezitation des Äg. Totenbuchs ↗ (Kap. 156):

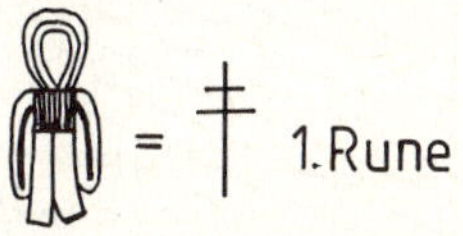

»O Isis!
Möge dein Blut seine Wirksamkeit offenbaren!
Deine Ausstrahlung ihre Wirksamkeit offenbaren!
Möge deine magische Macht ihre Wirksamkeit offenbaren!«

Zusätzl. der Vermerk, ihr Sohn Horus ↗ würde sich freuen, wenn er sieht, daß sich der Verstorbene auf dem Pfad der Einweihung ↗ befindet. In einem Pyramidentext ↗ heißt es: Jeder Tote »ist das Blut, das aus Isis hervorgeht«; es handelt sich also nicht um das Blut selbst, sondern das, was es an Unvergänglichkeit für die Reinkarnation ↗ während des Lebens trägt u. nach dem Tod wieder freigibt: Abusua ↗. Da die äg. Schreibweise des I. Tet (T.T) lautete, dürfte es sich um ein Doppel-T handeln wie bei der 1. Rune ↗, s. Gegenüberstellung in der Abb. — These: das I. koppelt die 2 Schlüssel ↗ (= T) der Psyche ↗: Tao ↗ + Zodiakzeichen ↗. In ihnen sind verschlüsselt enth.: Nephtys als 4er Kreis ↗ im Tao und Nut als Kosmos in dem Zodiakzeichen. — Das I. war aus einem roten Halbedelstein gearbeitet. Es handelt sich um ›Blaublütigkeit‹ ↗, versteckt im roten Blut, denn in der Weltformel ↗ ist der 8er Kreis = Tao rot u. der 12er Kreis mit dem Zodiakzeichen hellblau. — Das I. scheint formal der Osirismumie ↗ wie dem Grundriß der got. Kathedralen zugrunde zu liegen, unter denen sich alte Isisgrotten ↗ befinden.

Isis entschleiert: Titel des 1. Buches von Blavatsky ↗, Gründerin der Theosophie ↗; später durch die Geheimlehre ↗ ersetzt. Erschien 1877 u. sollte zeigen, daß »alle Religionen«, einschließlich Judentum, Gnostizismus, Christentum und Freimauerei auf identischen, kosmischen Mythen ↗, Symbolen ↗ und Allegorien« beruhen. — These: ganz entschleiert wurde Isis ↗ darin noch nicht, da Blavatsky an anderer Stelle selbst schrieb, es könnten noch nicht alle Schlüssel ↗ hergegeben werden. Der Einfluß auf die Moderne ↗ war jedoch erheblich. — Den Versuch der Entschleierung unternahm symb. schon Robespierre bei der Französischen Revolution ↗: er entzündete in Erinnerung an die Isis-Inschrift von Sais ↗ mit einer Fackel einen Schleier, der das riesige Standbild einer Frau verhüllte, Isis jetzt als treibende Kraft des Fortschritts, der Vernunft ↗ gedeutet.

Isisgrotten: scheinen ident. mit den Schlangenhöhlen ↗ zu sein, die sich z.b. in Europa ↗ immer in Nähe der Frauentürme ↗ befanden. Später Wallfahrtsziel der Druiden ↗ für Initiation ↗. Es gab darin eine Quelle, eine Isis-Statuette u. einen Dolmen ↗. Während jedoch die Achse der Kathedralen ↗ Ost-West verlief, befanden sich Ein- u. Ausgang der I. auf Nord-Süd-achse, genau wie der Gang zur Königinkammer ↗ in der Großen Pyramide ↗, die für Isis ↗, d. h. für die Gottesmutter ↗ reserviert war. These: die I. entsprechen wie die Pyramidenkammer letztendlich der Gralsburg ↗ im Nil-Einzugsgebiet, wo später ebf. eine Grotte verehrt wurde. Bilder stellen über sie 2 Vögel, evtl. Isis als Falkenweibchen u. Nephtys ↗ als Geier; das setzte sich in den Pylonen ↗ der äg. Tempel ↗ u. in den 2 Frauentürmen der Gotik ↗ fort. — Umrandung der äg. Grotte (Abb.) ist eine Schlange, die die schon lange nicht mehr existierende Quelle des Nil ↗ umschließt.

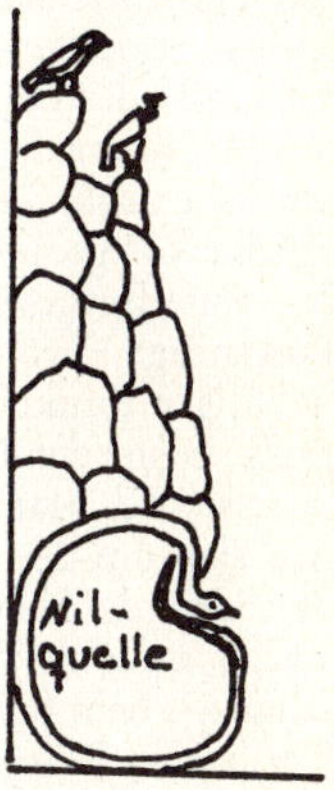

Isis, Herrin der Pyramiden: Titel der Isis ↗; da die Achse der Großen Pyramide ↗ im Hl. Dreieck ↗ Isis gen. wird, wäre u. U. die Pyramide selbst ihr ›Schleier‹ als Ummantelung eines Systems, das völlig unsichtbar in die Pyramide hineingebaut ist: der Zodiak ↗, dem als Weg alle Reinkarnationen ↗ folgen. In Übereinstimmung mit dem Gangsystem ↗ der Pyramide könnte man Isis statt Herrin der Pyramiden a. Herrin der Wiederkehr ↗ nennen; denn die Pyramiden waren keine Luxusgräber, sondern Auferstehungsgräber, s. Totentempel ↗.

Iska: äqv. Escha in Eschatologie ↗; Teil von Muiska-Museum ↗ mit der Bed. Heiliger (Is ↗) Geist (ka ↗).

Islam: von Mohammed ↗ gestiftete Religion, basierend auf dem Koran ↗, mit Wurzeln in der Bibel ↗. Jedoch wird Jesus ↗ nicht als Christus ↗ akzeptiert. Hauptsymbol: die Hand der Fatima ↗. — Nach dem Islamischen Blitzkrieg ↗ kam es zur Aufspaltung in

Schiiten ↗ + Sunniten ↗ wegen Nachfolgerstreit. Der islam. Kalender beginnt 622 mit dem Zug der ersten Moslems ↗ nach Medina, wo Mohammed sein Haus als Versammlungsort baut, Modell späterer Moscheen ↗, u. wird, wie die Höllenzeiten ↗ der Maya, 1987 enden (Aussage eines Sufi ↗). Die zentrale eine Gottheit, Allah ↗, die nicht Vater gen. werden darf, weil das Geschlecht unbestimmt ist, wird im schwarzen K'aba ↗-Stein verehrt. — Das Verbot figürl. Darst. (äqv. Moses ↗ 2. Gebot, s. Kunst ↗) soll von Mohammed selbst ausgegangen sein, als er zu seiner Frau sagte: »Weißt du nicht, daß sich die Engel weigern, ein Haus zu betreten, in dem sich ein Bild befindet? Am Jüngsten Tag ↗ werden alle, die Bilder fertigten, bestraft werden...« Ein Ausweg wurde die Kalligraphie ↗.

Islamischer Blitzkrieg: beginnt 633 mit der Eroberung von Syrien ↗ u. Irak ↗ durch die Moslems ↗; 639 beginnt die Eroberung von Ägypten ↗; 711 Einfall in Spanien ↗ u. im Indus ↗-Tal, Islamisierung ganz Nordafrikas. Genau nach 100 Jahren kam die ungeheure Dynamik 732 bei Poitiers ↗ zum Stehen. Zeitl. fällt sie in die Wiederholung ↗ von Grundmotiv Todestanz ↗, das einstmals das Jahrtausend vor dem Weltuntergang ↗ regierte. — Jerusalem ↗ wurde 637 eingenommen, 691 der Felsendom err. an einer Stelle, von der aus Mohammed ↗ angebl. seine Himmelfahrt angetreten haben soll; für die Juden ↗ war es jedoch die Stelle, wo Isaak ↗ geopfert werden sollte. Der Streit hat sich bis heute fortgesetzt.

Ismaning: Vorort von München ↗, der einstmals ein wichtiger Punkt dessen astrol. Anlage gewesen sein muß. Denn der Name läßt sich in Is ↗ (heilig) Man (Mensch od. Mann) Ing ↗ (Ort) zerlegen, d. h. es handelt sich um den Ort eines Heiligen Mannes. These: den Gründer der Münchner Anlage, die ein Ting ↗ war, u. zwar als Voranlage des künftigen ›Neuen Jerusalem‹ ↗. Sein Bild findet sich sowohl im Wappen von I. wie a. im Wappen jedes Kardinals von München: es ist ein gekröntes Negerhaupt. Sollte die Anlage um die gleiche Zeit wie Stonehenge ↗ entstanden sein (um 2000 v. Z.), wäre als Ursprungsort an Kanaan ↗ zu denken mit Bezug Baal ↗, germ. Baldr ↗ bzw. dessen Wiederkehr ↗ u. In-Erscheinung-Treten an diesem Ort I., der innerhalb der Gesamtanlage natürlich a. eine Zeitangabe war.

Ismu: aus Kaschmir ↗ überlieferter Name für Jesus ↗, nach dem ein Feld (= quam), auf dem er predigte, Ismuquam genannt wurde. Nach Ursilben ↗ übers., läßt sich heiliges (= Is ↗) Wasser (= Mu ↗) daraus machen, was I. in die Nähe von Jam ↗ = Wasser in INRI ↗ rückt. — Direkt verw. klingt das sum. Isimu ↗.

Israel: lt. Bibel ↗ zunächst Name, in den Jahwe Jakob ↗ umbenennt. Dann Bez. des Teils von Kanaan ↗, in dem Jakobs 12 Söhne (von 4 Frauen) siedeln. Nach dem Tod von König Salomo ↗ nur noch das nördl. der 2 aus seinem Reich entstehenden Teilreiche, das südl. war Juda ↗. Nach Diaspora ↗ u. teilw. Rückkehr, Wiederausrufung des Staates I. am 15.5.1948 nach Beendung des brit. Mandats über Palästina ↗. Seither anhaltende Expansion zu umstrittenen, ehem. Grenzen. — Die Einwohner des neuen I. heißten Israeli; die Angehörigen des Volkes I. als Nachf. der 12 Jakobsöhne (Stämme) Israeliten ↗. — Über Sinn u. Herkunft des Wortes wird gestritten. Es folgen einige Thesen:

1) Zus. des Wortes El ↗ mit der semitischen Vokabel für streiten = Isra (streiten für) El (Gott).

2) Übernahme u. Vokalisierung der kanaan. Gottheit Ysrl ↗

3) das Wort stammt von Mu ↗ u. bedeutet ›von der Rasse Ra‹, äg. Re ↗ (Sonne), z. B. erhalten im Namen des sem. Pharaos Ramoses (Ramses, die Ramessiden ↗) als Kind (msj ↗) des Ra, u. damit ein Horus oder Horuskind ↗,

4) dann wird aus I. in Verbindung mit dem Sechsstern ↗ eine Var. zur Hl. Hochzeit ↗: Isis x Horus = Seth ↗ (Schema),

Isis — Osiris ↘ ↙ Horus (Ra)

Is(is) — Ra (Horus) ↘ ↙ El (Seth)

u. auf letzteren bezieht sich tats. über Abraham ↗ die Genesis der Israeliten bzw. die von Jesus ↗.

Israeliten: Nachf. von Israel ↗ (= Jakob) u. 1 der 4 Hauptzweige der Hebräer ↗. Die Archäologie stellt in zunehmendem Maße sicher, daß die (12) israelit. Stämme sich nicht vor der Mitte des 13. Jh. v. Z. in Palästina ↗ niedergelassen haben, nach 40 Jahren Wanderung durch die Wüste Sinai ↗ unter Leitung von Moses ↗ +

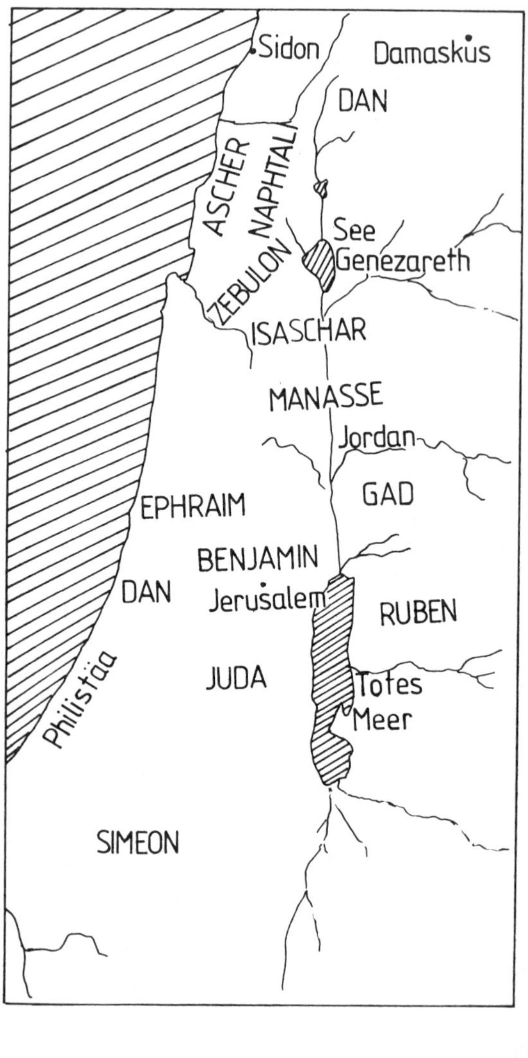

Aaron ↗. Die Ausgräber von versch. Tells in Palästina datieren die Zerstörung der letzten kanaan. Siedlung durch die I. auf kurz vor 1200 v. Z. Lt. Bibel stürmten u. eroberten die I. nach Überquerung des Jordan ↗ zuerst Jericho ↗ u. dann noch 31 weitere kanaan. Stadtstaaten. Danach zogen die einzelnen Stämme Lose mit Landzuweisung u. trennten sich, um die betr. Gebiete in Besitz zu nehmen, zw. denen anfänglich noch nichtisraelit. Gebiete lagen (s. Karte). Aus Nomaden, die nach Joseph ↗ ca. 400 Jahre in Ägypten ↗ als Sklaven arbeiteten, wurden nun Bauern + Städter. Um die Mitte des 11. Jh. standen die zerstreut lebenden Stämme plötzl. einem gemeinsamen Feind ggb.: den Philistern ↗, was zur 1. Monarchie unter David ↗ führte, nach einem mißglückten 1. König namens Saul ↗. Der 3. König, Salomo ↗, teilte das Land in 12 Distrikte ein, die jeweils 1 Monat seinen Hof mit Nahrungsmitteln versorgen mußten. Dazu Frondienst wie einst in Ägypten, eine tragische Par., die das Reich bald wieder zerbrach. An seine Stelle trat als einigendes Band die Arbeit am AT der Bibel ↗ mit Neuinterpretation der relig. Grundsätze; Führer wurden Propheten ↗ ca. ab 900 v. Z. bis ins 6. Jh. v. Z.: 722 v. Z. fiel der N an die Assyrer (z. Z. von Prophet Hosea), der letzte Schlag folgte 587 v. Z., als die Babylonier alle wichtigen Bürger von Jerusalem u. Juda nach Babylon ↗ in Gefangenschaft verschleppten (z. Z. von Prophet Jeremia, der wahrsch. Augenzeuge der 1. Zerstörung des Tempels von Jerusalem ↗ wurde). — Das relig. Vermächtnis der I. lebt im Judentum ↗, Christentum u. Islam ↗ fort.

Ista: Nv. für Ida ↗, führte zum Stamm der Istävonen ↗ (germ.) u. zu heute noch gebräuchl. Namen wie Istenberg (äqv. Idaberg). In Indien ↗ zu finden als Ista-Devata ↗.

Ista-Devata: ein best. Guru ↗, der sich auf Ista ↗ als Devata = göttl. Wesen bezieht.

Istävonen: 1 der 3 germ. Stämme, die auf Manus ↗ zurückgehen u. als Kultgemeinschaft auf Ista ↗ bezogen waren. — Nv. Istwäonen mit Istwas ↗ statt Ista.

Istwas: gilt als Sohn des Manus, von dem die Istwäonen abstammten, die sich a. Istävonen ↗ nannten.

Italien: zu Europa ↗ gehörige Halbinsel im Mittelmeer ↗, auf der um 800 v. Z. die Etrusker ↗ landeten. Ihnen folgten die Römer ↗. Wer die Urbev. war, ist ungewiß, es werden gen. Ligurer ↗ u. Italiker ↗. - S. Hesperia ↗.

Italiker: Stämme der Indogermanen ↗, wenn nicht (lt. Wirth ↗) der Germanen ↗, die im 2. Jt. v. Z. in Italien ↗ einwanderten, damals ein fast ungebrochener Wald voller Wölfe. Vor ihnen ansässig waren die nichtidg. Ligurer ↗.

Itza: nach Eigenaussage der Tolteken ↗-Stamm, den Ce Acatl ↗ in die anschließend nach ihnen benannte Maya-Stadt Chichen-Itza ↗ führte. Die Maya ↗ fühlten sich durch ihre relig. Praktiken um Quetzalcoatl ↗ so abgestoßen, daß sie berichteten: »Ihre Herzen sind in Sünde getaucht... sie sind zügellose Lüstlinge bei Tag und Nacht, die Schurken der Welt...« Ihre Herrschaft währte ca. 200 Jahre (1000–1200) u. gehört in den Rahmen der toltek. Invasionen. Manche nennen sie Itza-Maya (s. Echse ↗), aber sie sprachen die Mayasprache nur sehr gebrochen. Evtl. hängt der Name mit Itzam ↗ u. Itzamna ↗ zusammen.

Itzam: Echse ↗ (Eidechse bis Krokodil ↗), in der relig. Trinität ↗ der Maya ↗ die Stelle der Mutter einnehmend:

Echse —— Schlange
(Mutter) (Vater)
↘ = ↙
Fisch
(Sohn)

Letzteres ist a. der Maisgott ↗ mit Itzam (Echse) als Maismutter ↗. Fortsetzung ist Itzamna ↗.

Itzamna: übers. sich ›Eidechsen (itzam ↗) haus (na)‹ u. bez. bei den Maya ↗ einen erdgeborenen Gott od. Übermenschen, der als Erfinder der Schrift ↗ gilt. Es müßte sich um den äg. Thot ↗, germ. Tuisto ↗ handeln, entspr. bei Itzamnas Gattin Ix Chel ↗ um Nemanus ↗. — Bilder zeigen ihn als ›Schlange des Ostens‹ per Boot Richtung W fahren. These: es handelt sich um den Wechsel der Sonderlinie ↗ von Mu ↗ nach Ostafrika, heute Simbabwe ↗, einstmals die ›Walandschmiede‹ od. geheime Stadt des bibl. Enoch ↗, ebf. äqv. Itzamna. — Der Ausdruck Schlange meint in diesem Fall Naga ↗ = Schlange der Weisheit, Eingeweihter. Eine solche Schlange Eidechsenhaus zu nennen ist nur dann sinnvoll, wenn die behauste Eidechse Itzam für Weisheit ↗ steht. — Nv.: Ichamna ↗.

Itzcoatl: Obsidianschlange; Name des 4. Königs der Azteken ↗ von Tenochtitlan ↗; regierte ca. 1428–1440. Mit seinem Nachfolger Moctezuma ↗ beginnt der steile politische Aufstieg der Azteken, den I. schon einleitet, spez. durch Vernichtung des Reichs der Tepaneken. Außerdem vernichtete er alle histor. Berichte seiner Vorzeit, weshalb die azt. Berichte fragwürdig geworden sind. — Im Wort bedeuten *itz* = Obsidian ↗ u. *coatl* = Schlange.

Iunu: Junu ↗.

Iwan I.: auch Iwan Kalita, der Geldsack; wird 1328 Großfürst von Moskau u. unternimmt die ersten Schritte, Moskau die Oberherrschaft über ganz Rußland ↗ zu sichern. Jedoch kämpfte er für die Mongolen ↗, die unter Dschingis Khan ↗ eingedrungen waren u. half ihnen bei der Eintreibung von Steuern (als ›Geldsack‹). Eine Miniatur (Abb.) zeigt ihn im Zentrum eines 8er Kreises, den z. B. Babylon ↗ darstellte, wie a. Moskau ↗ an dessen Tor erinnert. Im Namen I. steckt das tatarische Van ↗.

Iwan der Große (III.): Großfürst von Moskau (1472 – 1505); zerbricht 1480 die Macht der eingefallenen Mongolen, denen Iwan I. ↗ geholfen hatte u. nennt sich ›Herrscher von ganz Rußland‹. Heiratet die Nichte des letzten Kaisers von Byzanz ↗, Konstantin XI., u. zwar auf Betreiben der Kirche, wodurch Moskau zum 3. Rom ↗ werden konnte. Zusätzl. wurde ein Stammbaum erfunden, der I. den Gr. auf einen Bruder des Cäsar Augustus ↗ zurückführte. — Sein Enkel war Iwan IV. ↗.

Iwan IV.: der Schreckliche; wurde 1533 mit 3 Jahren Zar ↗; in Wirklichkeit regierte seine Mutter Helena, bis sie wahrsch. vergiftet starb u. 1547 Iwans offiz.

Krönung folgte. Verdoppelung Rußlands. Es wurden so viele Menschen enteignet oder umgebracht, daß sogar I. die Übersicht verlor u. erklärte: »Gott allein kennt ihre Namen.«

Iwanaga Hime: 1 der 2 Töchter des Kami ↗, der sich mit dem Berg Takachiho als ›Berggott‹ verbindet, zw. denen Ningi, Enkel der Göttin Amaterasu ↗ wählen mußte. Er wählte nicht diese, übers. mit ›Unwandelbarer Felsen‹, sondern Kono-hana-sakuya-hime ↗, was sich als falsch erwies, denn lt. Mythos ↗ wurde das der Grund für die relativ kurze Lebensdauer aller folg. jap. Kaiser = Tenno ↗: sie wurden keine unwandelbaren Felsen.

Ix: Präfix für weiblich bzw. Göttin bei den Maya ↗, ggb. dem männl. Ah ↗. These: besser wäre X (ohne I), denn es ist als Grundmotiv ↗  der Anfang der weibl. Weltordnung ↗ (= Kosmos ↗), wie A (ohne H) der Anfang der männl. Weltordnung (der Sonne ↗) ist. S. Ix Ceel ↗. Ixmukane ↗ u.a.

Ixbalanque: zus. mit Hunahpu ↗ die ›göttlichen Zwillinge‹, die lt. Popol Vuh ↗ (Maya) Ixquic ↗ von Ahpu ↗ empfängt. Wörtl. Übers. ›dem Jaguar ↗ ähnlich‹. — Wird nach den Abenteuern in Xibalba ↗ zum Mond ↗ u. damit aus einem ›Jüngling‹ zu einer Göttin, was im Ix ↗ vorgegeben ist.

Ix Chel: Medizingöttin bzw. Regenbogengöttin, zu deren Kultstätte auf der Insel Cozumel Pilger aus dem ganzen nördl. Gebiet von Yucatán ↗ anreisten. Als Gatte gilt Itzamna ↗. — Diese Wallfahrten der Maya ↗ wurden von den Itza ↗ sehr begünstigt, weil sie die Einnahmen dieser Usurpatoren so erhöhten, daß ihre Herrschaft jahrhundertelang Bestand hatte. — Zusätzlich als Mondgöttin eingestuft wie fast alle Göttinnen mit dem Präfix IX ↗, dürfte Ix Chel eine besondere Eigenschaft des Mondes ↗ darstellen: dessen Lichtöffnung ↗; denn es gab a. die Herstellung von Medizinwasser ↗ über einen bes. geschliffenen Kristall, durch den Sonnelicht - zusammengesetzt aus den Regenbogenfarben ↗ - geschickt wurde, nach dem Prinzip des Grals ↗. — Chel bedeutet hochheilig; I. evtl. Salis ↗ (Silbenumstellung).

Ixiliton: azt. Tanzgott, a. ›Kleiner Schwarzer‹ genannt u. Vertreter von West + Süd. Viele Tonschalen wurden vor seinem Tempel aufgestellt, darin befand sich, bedeckt, ›sein schwarzes Wasser‹. Wenn ein Kind krank wurde, ließ man es trinken, und so genas es. Es wirkte also nicht, wie Medizinwasser ↗ (s. Ix Chel ↗), auf alle. Dies u. die Himmelsrichtungen führen zur These, es könne sich im 4er Kreis ↗ um das 1. Viertel handeln, afrik. Hantu ↗, das man beim Lebensweg ↗ zuerst wiederholt. Äg. Äqv. wäre Schu ↗, der Himmel + Erde verbindet. Kann man diese Bestandteile durch Tanz ↗ in Urwasser ↗ zurückverwandeln, zur Kindheilung?

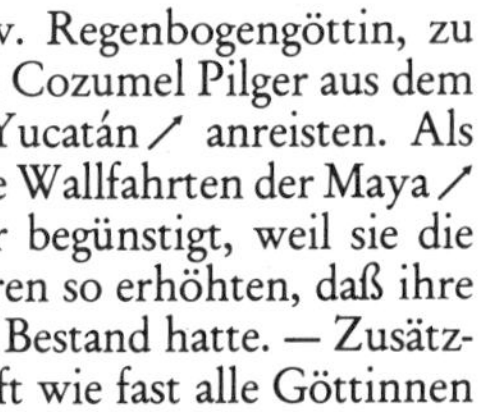

Ixmukane: als Urgöttin der Maya ›die Verhüllende‹; im Popol Vuh ↗ bei der Schöpfung spez. genannt ›Zauberin‹ und ›Dämmerungsahnin‹, zus. mit Ixpiyacoc ↗ die 2. + 3. Wurzelrasse ↗ hervorbringend. In der Genesis ↗ direkt Mutter von Einsjäger + Siebenjäger, der ›Väter‹ von Hunahpu ↗ + Ixbalanque ↗, die jene in Xibalba ↗ rächen. In den Codices ↗ bringt sie Kukulcan ↗ das ›Weben‹ (von Schicksalsfäden) bei (Abb.) u. wird gekennzeichnet durch die Unendlichkeitsschleife ↗ als Kopfsymbol. Im Haab ↗-Kalender vertritt ∞ das abgelaufene Jahr mit I. als Patronin der 5 ungezählten Tage = Uayeb ↗. Erst beim Zählsystem wird die Zuordnung leichter: I. schafft aus dem Nichts = der Null ↗ u. vollendet den Uinik ↗ = Mensch mit der Zahl 20 (10 Finger, 10 Zehen) - so ist sie im Sefirotischen Baum ↗ das allen Zahlen vorausgehende (En) Soph ↗, eine schwarz-weiße Null mit Unendlichkeitsschleife darunter. Daraus wird auch ihr rundes Wassergefäß, das in Ägypten die Göttin Nut ↗ symbolisiert, ird. Isis ↗ als Urmutter ↗. Der Mensch 20 fällt auf den 20. Buchstaben U des Sonnenalphabets ↗ = 3. Wurzelrasse ↗. — Der Name läßt sich übersetzen als Ix ↗ (weibl.) Mu ↗ (Wasser) Kane ↗ (Gefäß): I.s Nagual ↗ sind weißer Dachs + schwarzer Kojote ↗: schwarz-weiß ↗.

Ixpiyacoc: Gatte der Ixmukane ↗, im Popol Vuh ↗ ganz hinter ihr verschwindend, weil beim Urmenschen ↗ der Mann noch keine Rolle spielt. Als Tagahne u. Doppelvater hat er wie sie 2 Nagual ↗ (Symboltiere): Opossum + Eber.

Ixpucyola: lt. Chilam Balam ↗ eine weibl. Figur, die wie Christus ↗ am Ende der Geschichte ↗ wiederkehrt, genannt ›Zerstörerin des Wasserherzens‹. Mit letzterem müßte Satan ↗ als Herz des ›Gläsernen Meeres‹ ↗ gemeint sein, mit dem ja a. in der Apokalypse ↗ die ›Braut Christi‹, Sophia ↗, kämpft, die dann ihr Äqv. wäre. — Ihr Wiederkehr ↗-Partner heißt bei den Maya Ah Kantenal ↗.

Ixquic: lt. Popol Vuh ↗ die aus dem Came ↗-Clan stammende Frau (oder Göttin, s. Ix ↗), die sich dem verbotenen Te ↗-Baum nähert u. die Hand nach einer seiner Früchte ausstreckt. Dabei wird diese zum Haupt der ermordeten Ahpu, spricht, spuckt in ihre Hand u. macht sie schwanger mit den Zwillingen Hunahpu ↗ u. Ixbalanque ↗. Verstoßen vom Vater, der die Geschichte nicht glaubt, kommt sie ins Haus der Ixmukane ↗. — Im Kalenderritual wird der Baum zum Blätterkreuz ↗.

Ixthys: Fisch ↗, eingesetzt für Jesus ↗; auf einem Anhänger aus rotem Stein, 4. Jh. (Ägypten), findet sich um das Lebenskreuz ↗ (Anch) schon die Inschrift IHC (heute IHS ↗) u. später ΙΧΘΥΕ dann Ichthys. Das verbindet Jesus als 1 der 2 Fische des Fischsektors ↗ mit der Sonne ↗ als Baum des Lebens; während Osiris, äqv. dem Abdu ↗-Fisch, der Baum der Erkenntnis (s.

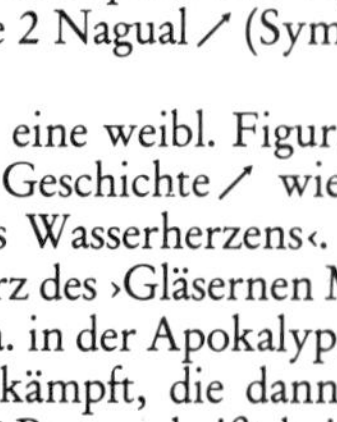

εἷς θεός
ΙΧΘΥΕ

die 2 äg. Djed ↗) u. den darin verborgenen Kosmos als Geschichte ↗, verschlüsselt im Tierkreis ↗ repräsentiert. IHS als Janna-Nertus-Salis ↗ vereinigt in sich die Fische.

Izanagi: Vater von Amaterasu ↗; seine Schwester ist Izanami ↗, beide wichtige Kami ↗ des jap. Schintoismus ↗. Ihre durch Seile verbundenen 2 Felsen liegen vor Ise ↗.

Izanami: Schwester von Izanagi ↗; ihre Vereinigung brachte lt. Schöpfungsmythos die jap. Inseln u. zahlr. Gottheiten hervor. Dabei starb I. u. verschwand in der Unterwelt ↗. Wie Orpheus ↗ darf sich Izanagi, der I. zurückholen will, nicht umdrehen, bricht aber das Verbot. Es erfolgt die Scheidungsformel. Dann kündigt I. an: »Ich werde jeden Tag 1000 Menschen deines Reiches erwürgen.« Antwort des Bruders: »Dann werde ich dafür sorgen, daß täglich 1500 geboren werden.« Was als Beginn der Bevölkerungszunahme gedeutet wird. — These: im System der Kami ↗ vertreten diese Geschwister - auf Abb. 1 beim Rühren des Urmeeres, um Festland zu schaffen - Sektor 11 + 12 im 12er Kreis ↗; dazu paßt Abb. 2., die ihre 2 Felsen vor Ise ↗ zeigt, verbunden durch eine Art Unendlichkeitsschleife ↗ od. besser Odil-Rune ↗.

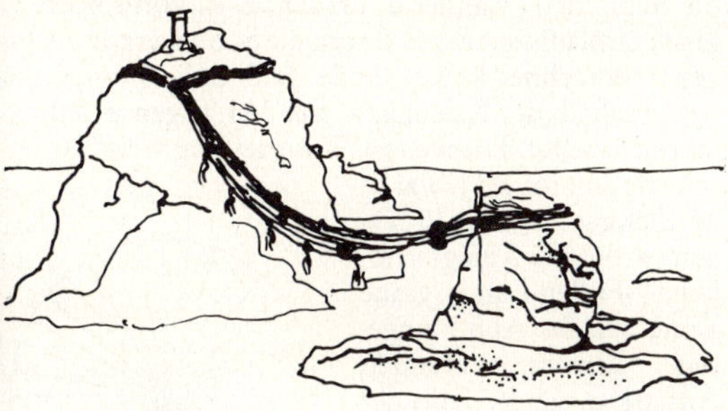

Abb. 2

Abb. 1

Buchstabe J Äqv. Y oder I

Jabeschah: Erde bei INRI ↗; äqv. Cab ↗ und Geb ↗ (statt yab).

Jadschurveda: 1 der 4 Bücher der Veda ↗; enthält v. a. techn. Anweisungen für Priester sowie rituelle u. magische Beschwörungsformeln. Allein im Ritual ↗ sahen die Verfasser eine unmittelbare Verbindung zw. Göttern u. Menschen (ind.).

Jaguar: als Symboltier ↗ wegen seines gefleckten Felles der Nacht ↗-Himmel bzw. die Sonne in ihrem nächtl. Aspekt, genannt Jaguarsonne. Auch das Auge, das in der Nacht sieht wie die Sterne. Insofern v. a. ein weibl. Symbol = die Jaguargöttin ↗, äqv. der Löwengöttin ↗ in Ägypten. Daß der Kosmos ↗ gemeint ist, geht v. a. aus dem Jaguarthron des Jaguartempels von Chichen Itza ↗ hervor, auf dem der Sonnengott ↗ thront (Abb.). Er kann ersetzt werden durch eine

Schale für Opferblut auf dem Rücken des J. (azt.). In manchen Gräbern fand sich ein Paar J.-Tatzen als Symbol der Herrschergewalt unter den Maya ↗, wie es ein Gemälde gibt, auf dem Tolteken ↗-Führer auf J.-Thronen u. Maya-Adlige (= Almehen ↗) auf Jaguarfell-Hockern sitzen. – Im Amazonas-Gebiet von Brasilien benutzen best. Stämme für Schamane ↗ + Jaguar dasselbe Grundwort, wie es eine Gilde der Jaguar-Schamanen in Bolivien gibt; s. dazu Chilam Balam ↗. In Mythen kann der J. Riesenschwingen haben u. mit jemanden in eine andere Welt fliegen. – Insbes. stellten sich die Olmeken ↗ mit J.-Gesichtern dar, wie ihre ganze Religion von der Jaguaridee besessen war. Eine J.-Skulptur zeigt Stichw. Balam ↗.

Jaguargöttin: tritt bei den Maya ↗ als Begleiterin des Maisgottes ↗ auf; s. Jaguar ↗ als Symboltier u. Coatlique ↗. »Ixbalanque ↗ verwandelt sich in die Jaguargöttin« (W. Cordan).

Jah: der männl. Aspekt von Jahwe ↗ als Jah (Herr, erinnert an Ah ↗)-hovah (Schöpfung ↗; wird Eva ↗) = Herr der Schöpfung. So nannten sich lt. Blavatsky ↗ a. die Menschen (Männer u. Frauen) z. Z. von Enoch ↗.

Jahr: Umlaufszeit der Erde um die Sonne; ergibt in Tagen ↗ berechnet keine gerade Zahl: 365,25 aufgerundet, weshalb der Kalender ↗ mit 365 Tagen + Schaltjahren arbeitet. Die weitere Unterteilung weist Unterschiede auf: das äg. J. war in 36 Dekane ↗ zu je 10 Tagen (= 360) u. 5 eingeschobene ›Füller-Tage‹ (graue Zone auf der Abb.) eingeteilt; letztere verbanden Anfang u. Ende. Jede der 10-Tage-Wochen begann mit der ›Wiedergeburt‹ (Wiederkehr) eines best. Sterns; die des Sirius ↗ war am wichtigsten. Die gleiche Kreiseinteilung mit anderen Orientierungssternen galt der Präzession ↗. – Das Maya-Jahr Haab ↗ unterteilte die gleiche Einheit von 360 Tagen in 18 Monate à 20 Tage, mit den restl. 5 als Uayeb ↗. – Julius Cäsar ↗ setzte unter Aufhebung des alteurop. Mondkalenders ↗ (mit Mond-Jahr) 12 Monate ↗ u. die 7tägige Woche ↗ durch, die jedoch mit den Monaten oder dem Jahr nicht korrespondiert. – Jahresbeginn = Neujahr ↗ ist ebf. unterschiedlich bei den versch. Kulturen. Im germ. Ger ↗ (Jahr) schoben sich sog. 25 Jul ↗-Tage ein, was ein Restjahr von 240 Tagen zu 48 5-Tage Wochen beließ. Die Yoruba ↗ teilten die 360 in 45 8-Tage Wochen u. der übl. 5-Tage-Rest galt der kult. Erneuerung der Schöpfung ↗. – S. Tzolkin ↗ als 260-Tage-Jahr.

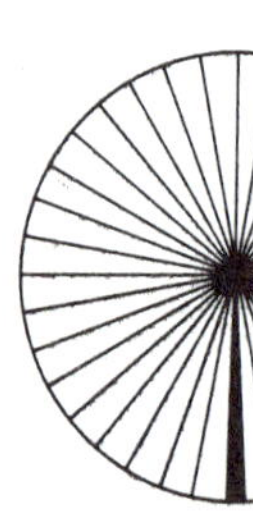

Jahreskreis: das Jahr ↗ als Kreis, oft gesetzt als Steinkreis ↗, Gilgal ↗, germ. Thing ↗, in dessen Zentrum sich die spätere Kirche ↗ setzte: über die dort befindlichen Mittelsteine Idavallsbord ↗ u. Thiodute ↗. Als Bsp. s. München ↗.

Jahwe: von Moses ↗ über seine Frau Zippora übernommener Gott, der an einigen Stellen als einer der Söhne von El ↗ + Elat ↗ aufgefaßt wird, später aber mit El verschmilzt. Das AT polemisiert nie gg. El, nur gg. Baal ↗, ebf. Sohn von El. Offensichtlich ist J. ein Äqv. zu Jam ↗, in Kanaan ↗ Baals Bruderfeind. Psalm 80,2: »Der du auf den Cherubim ↗ thronst, leuchte auf...« setzt ihn mit einem Himmelskörper gleich: Sonne, Mond, Stern od. Planet bleibt zunächst offen. Auch seine Eintragung in den Davidstern ↗ hilft nicht weiter, wenn man die Zahlenmystik J. = 26 nicht versteht. Nun gab es in einer jüd. Militärkolonie von Ägypten die Schreibweise Jahu, woraus man Jah ↗ = Herr des U machen kann, im Sonnenalphabet ↗ für den 6. Tag der Sekundärschöpfung ↗ stehend. D. h., die 3. Wurzelrasse ↗, regiert von Saturn ↗ als Äqv. von Jahwe, im siebenarmigen Leuchter ↗ der Juden immerhin Trägerachse. — Nach Deut. 32,8 erhält J. Israel ↗ als ›Erbbesitz‹, wie es früher übl. war, ein Volk ↗ mit einem Planeten ↗ zu verbinden. In der Kabala ↗ haben die 4 Buchstaben Jod, He, Waw, He (= JHWH, hebr. Schreibweise von J.) den erw. Zahlenwert 26, was insofern paßt, als die Erde z. Z. des Paradieses ↗ (= 3. Welt ↗) ein Jahr von 260 Tagen hatte = Tzolkin ↗ bei den Maya - es ›streitet‹ dort gg. den Haab ↗, evtl. als Jahr zu verstehen, das sich mit dem Feind Baal verbindet, dort Kukulcan ↗. — Wiederum gilt a. die Gleichsetzung J. = 10, dann ist er die Summe der 10 Sefirot ↗ = das Gläserne Meer ↗. — Nv.: Jehova ↗. — Die alte wahre Aussprache von J. ist unbek. These: der Anspruch, die einzige, männl.-weibl. Gottheit ↗ schlechthin zu sein, wäre nur erfüllt, wenn Jahwe Io ↗ wäre, der 10. Himmel, worauf nur das kanaan. Iaw ↗ hindeutet.

Jakob: 2. Sohn von Isaak ↗, der seinem eigenen Zwillingsbruder Esau Erstgeburtsrecht u. väterl. Segen durch List abnimmt. Erhält später den Namen Israel ↗.

Jakobus: einer der Apostel ↗ u. Bruder von Jesus ↗; führte die Urgemeinde der Judenchristen ↗ von Jerusalem ↗.

Jam: im kanaan. Mythos ↗ vom ›Palastbau des Baal ↗‹ dessen Gegenspieler. Stellt immer größere Tributforderungen u. beansprucht die Herrschaft über die Erde. Gewöhnl. übers. mit Meer, Meeresgott, steht er z. B. in INRI ↗ für das Element Wasser ↗, das jedoch weibl. ist. Geschichtlich ist an Atlantis ↗ zu denken, einstmals die Meere beherrschend wie Poseidon ↗, dessen Namen die Atlantikkönige annahmen. In einem fragment. kult. Text wird eine ›Kriegsschar des Gottes Jam‹ erw. Baal u. Baalat ↗ vernichten ihn schließlich. Im Schöpfungsmythos gleicht J. jedoch der Tannin ↗. Dann wieder gilt er als ›Liebling des Il ↗‹, dem dieser einen Palast bauen will, woran sich dann der Streit mit Baal entzündet. Dessen Palast, den Baalat = Anat ↗ durchsetzte, war die Große Pyramide ↗; so wäre bei Jams Palast an jene Pyramide zu denken, die unter dem Westatlantik als Atlantis-Rest vermutet wird. These: sein äg. Äqv. war Seth ↗ (mit Baal = Osiris ↗).

Jana: Iana ↗ u. Janna ↗.

Janna: oberste Göttin der Germanen ↗ mit Hauptheiligtum auf einer Ostseeinsel. Von dort wurde einmal jährlich ihre verhüllte Statue durch die Lande gefahren, dann mußten die Waffen schweigen. Das drückte sich wohl im kompletten Namen Janna-Nertus-Salis ↗ aus. Als Janna Gaur war sie a. ›Fru Gaur‹ ↗, deren Wiederkehr ↗ aus der Unterwelt man in der Mütternacht ↗ erwartete; und sie war Ger ↗, die 12. Rune, die Jul ↗ in 2 Hälften teilt als den 2 Gesichtern eines weibl. Janus. In diesem Sinn ist sie der äg. Junu ↗ od. Hathor ↗ gleich. Spez. die Deutschen ↗ bezogen sich auf sie als Tuatha de Dannan, Volk der Göttin Dannan = Dan ↗ statt Janna, in Kanaan äqv. Anat ↗.

Janna Nertus Salis: kompletter Name der Janna ↗; lt. Wirth ↗ in alten Kulthöhlen (Isisgrotten ↗) reduziert auf IHS ↗ unter Konsonantverschiebung von N auf H. These: Nertus ↗ ist äqv. der äg. Nephtys ↗ u. Salis steht für Erlöserin ↗, Heilspenderin, griech. Soteira ↗.

Japan: einstmals Teil von Mu ↗, besteht es seit Untergang dieses Kontinents aus 4 großen u. 3409 kleinen Inseln, die im Mythos von Izanagi ↗ u. Izanami ↗ von diesen 2 Kami ↗ durch Rühren des Urmeeres fest geworden u. bevölkert worden sind. Als erster Name taucht dann Wa ↗ auf, das Reich der Zauberköniginnen ↗. Nach Einfall von Mongolen etabliert sich eine Kriegerkaste mit Tenno ↗ an der Spitze. Ausdehnung des Reiches bis Korea u. Übernahme koreanischer Kultur. Im 6. Jh. folgt die Annahme des (chin.) Buddhismus ↗, der aber den bodenständigen Schintoismus ↗ nicht verdrängt. Es dominiert jetzt der Einfluß von China ↗, spez. der Beamtenstaat des Konfuzianismus ↗. Er bricht erst im 12. Jh. zusammen - in dieser Zeit treffen die Azteken ↗ in Amerika ein. Vieles spricht dafür, daß sie aus J. stammen, wo allmählich die Zentralgewalt verfällt u. Bürgerkriege ausbrechen. Ihnen folgt die Absperrung gegen kulturelle Einflüsse von außen, bis 1854 die USA mehrere Häfen ›öffnet‹. Krieg gg. China 1894–95, Rußland 1904–05, Annexion von Korea, Besetzung der Mandschurei (Land der Mandschu ↗) u. wieder Krieg mit China 1937, der in den 2. Weltkrieg ↗ überging. Pakt mit Hitler ↗. Trotz Kapitulationstelegramm wurden 1945 noch 2 Atombomben von den USA auf J. geworfen. Unter amerik. Druck verzichtet der Tenno auf seinen Göttlichkeitsanspruch. Korea u. Mandschurei werden von den Russen besetzt. — Eigenbez.: Nippon.

Japetia: Europa ↗ bei Homer ↗; offensichtl. von Japhet ↗ abgeleitet.

Japhet: 1 der 3 ›Söhne‹ von Noah ↗; personifiziert die Indogermanen ↗ oder weiße Rasse ↗ nach der Sintflut ↗ mit dem Kaukasus ↗ als Hochgebirge des Überlebens. Die weitere Nachkommenschaft wird in der Bibel mit: Gomer, Magog ↗, Madai ↗, Javan, Thubal, Mesech u. Thiras angegeben. »Von diesen sind ausgebreitet die Inseln der Heiden...« u. mehr erfährt man nicht. — These: eine äg. Nv. dürfte Upuaut oder Wepwawet ↗ sein, die Schreibweise ist nicht mehr sicher.

Jared: im ›Buch von des Menschen Geschlecht‹ (1 Moses ↗ 5) die 5. Generation nach Adam + Eva ↗. Wird 962 Jahre alt. Auf ihn bezogen sich die Jarediten ↗. — These: es handelt sich um jenen Osiris ↗, der an der Nil ↗-Quelle wunderbarerweise ›herabsteigt‹ (Quelle u. Herabsteigen sind im hebr. Wort J. enthalten), um 12408 v. Z. geboren, um 962 Jahre später von Seth ↗ ermordet zu werden, 14 Jahre vor dem Weltuntergang ↗, der deshalb erfolgte. Hinter seinem ›Sohn‹ Henoch ↗ verbirgt sich dann die Große Pyramide ↗.

Jarediten: die Menschen, die lt. Abschnitt 8, Vers 15 der ›Glaubensartikel des Buches Mormon ↗‹ Amerika ↗ bevölkerten, und zwar unmittelbar nach der großen Völkerzerstreuung, die durch den Zusammenbruch des Babylonischen Turmes ↗ als Strafe folgte. Ihre Gesch. wurde als ›Geschichte der Indianer ↗‹ in äg. Hieroglyphen ↗ auf goldene Tafeln geschrieben, aufbewahrt u. lange danach von Mormon vergraben. Um 1830 fand sie Joseph Smith, übersetzte sie u. schrieb daraus das genannte Buch. Soweit die Legende. — Sind die J. Anhänger von Jared ↗ - wie Anhänger von Christus Christen sind -, so handelt es sich eigtl. um Osiris-Diener ↗. Jedoch setzt Mormon, Moses ↗ folgend, die Völkerzerstreuung nach der Sintflut ↗ an, was zwangsläufig aus J. Horusdiener ↗ machen würde, d. h. Anhänger von Jared (Osiris), die dessen Wiederkehr ↗ vorbereiteten. Und die erfolgt z. B. a. bei Nostradamus ↗ in Amerika. Keineswegs sind alle Indianer J., u. die Bev. von Amerika ist natürlich wesentlich älter, s. Maya ↗ und Hopi ↗ etc.

Jarlsäten: Runenmeister-Sitz, äqv. Idavallsbord ↗, der größere der 2 Mittelsteine im germ. Thing ↗, auf dem jedoch niemand sitzen konnte; dafür war er viel zu hoch. These: da die 2 Steine der äg. Sirius-Hieroglyphe ↗ gleich sind, ist der J. der ›Sitz der Runen ↗‹, äqv. der Bahn der schwarzen Siriussonne = Anubis ↗, der oft diese Form als langgestreckten Bogen am Hals hängen hat - dann ist sie die Verschlüsselung der Runen = der Tierkreis = Ul ↗, mit Odin ↗ als Meister (Jarl), der, um die Meisterschaft zu erringen, 9 Tage ›am Baum‹ hing, der wieder dieser Sitz oder Stein ist. Im Wort *Jarl* könnte Jar = Jahr u. L = Archetyp ↗ Baum stecken. — Mit einiger Phantasie ist der J. a. der ›Wotanspeer‹ od. Ger ↗ mit der unteren Spitze im Boden. Odin (Wotan) als der ›Gere Fürst‹ überlebt als engl. Earl (statt Jarl) = Edelmann, was edel = Odil ↗ enthält.

Jason: lt. griech. Mythos ↗ Anführer der Argonauten, denen als einzige Frau Medea ↗ zugerechnet wird, die ihm a. half, das Goldene Vlies ↗ zu rauben. S. Argo ↗ u. Argonautik ↗.

Jaw: Nv. für Jahwe ↗ bzw. Iaw ↗.

Jazz: zunächst nur ein Schimpfwort (etwa Lärm, Durcheinander, unverständl. Zeug) der weißen Amerikaner für die Musik der schwarzen Amerikaner ↗, das sie aber a. den Petroglyphen der Indianer ↗ ggb. gebrauchten. Eine prinzip. Verwandtschaft ist insofern gegeben, als J. a. eine versteckte Form von Schrift ↗ ist, genau wie z. B. afrik. Kunst ↗ u. schließl. Motion-Art ↗. ›Do the Motion‹ war ein Titel von L. Armstrongs New Orleans Jazz, mit dem die Popularität begann. Das fremde Element war die Polyrhythmik u. Motion-Perception ↗. — Starker Einfluß auf den Expressionismus ↗; politisch auf die Weltrevolution ↗.

Jebus: Name von Jerusalem ↗ vor der Eroberung durch David ↗. Gehörte zu Kanaan ↗ und war schon damals auf mehreren Hügeln angelegt. Östlich war der Bach Kidron ↗, der ins Tote Meer ↗ mündete, gen. ›Stätte des künftigen Weltgerichts‹. Die Eroberung, erschwert durch feste Mauern, geschah durch List: es gab einen in den Fels geschlagenen Schacht, der aus dem Innern der Stadt zu der nie versiegenden Quelle Gihon führte - durch ihn soll David mit seinen Soldaten geklettert sein. — These: der Name geht auf Jebusi ↗ zurück.

Jebusi: 1 der Nachkommen von Kanaan ↗ (1 Moses ↗ 10, 16), woraus sich die Jebusiter ↗ mit Hauptstadt Jebus ↗ bildeten.

Jebusiter: ein kanaan. Stamm, dem Jebus ↗ gehörte. These: geht auf Jebusi ↗ zurück. Wurden von David ↗ nach äußerst langem u. hartnäckigem Widerstand besiegt.

Jehova: Nv. von Jahwe ↗. Lt. Blavatsky ↗ (Esoterik, S. 181) »... ist Seth ↗ der männliche Jehovah.« Luther ↗ übersetzte Herr, nicht Gott wie bei Elohim ↗.

Jenseits: allg. Ausdruck für nichtirdische Dimensionen. Lt. Ägypten wird der Verstorbene in das J. *geboren* nach dem Prinzip: Geburt im Diesseits ist der Tod des Geistes - Tod des Körpers ist die Wiedergeburt des Geistes. Dabei stülpt sich alles um: was sich bisher als Psyche ↗ innen befand, umgibt nun den Toten ↗ als neue Außenwelt im Jenseits, und mit seinem Eintritt beginnt der Tote, um Orientierung kämpfend, seine Reise im »Land meines Ursprungs« (Äg. Totenbuch ↗). Es gliedert sich in untere und obere Duat ↗, sprich Unterwelt u. Überwelt. Deshalb heißt der entspr. Wegweiser Zweiwegebuch ↗. Orientiert an der Weltformel ↗ bezieht sich der erstrebte Übergang der Toten in eine Wesensgemeinschaft mit Re ↗ auf das Teilhaben an den Funktionen der Sonne ↗ = die inneren 48 Kategorien, z. B. als Mitfahrt im Sonnenschiff ↗, während gleichzeitig sein Ka ↗ die 72 Kategorien der Geschichte ↗ durchwandert, denn: am Toten wiederholt sich Osiris ↗, der im Leben unterlag, aber im Jenseits gerechtfertigt wurde, weil das Jenseits (allein) die Taten des Erdenlebens vergilt, ind. Karma ↗. Insof. ist es selbstverursachte Seligkeit ↗ od. Verdammung. — Die christl. Kirche siedelt im J. Hölle ↗, Fegefeuer ↗ und himml. Paradies ↗ an. — Bei den Maya ↗ waren für Kontakte mit dem J. die Chilam Balam ↗ = Priester des Jaguar ↗ zuständig; vorbereitend sind alle sog. Totenbücher ↗.

Jenseitsgericht: in einem Teil des Jenseits ↗ befindet sich nach äg. Version die ›Halle der beiden Wahrheitsgöttinnen‹, d. h. der Maati ↗ zur Wägung der Herzen ↗ = Seelenwägung ↗. Ankläger ist Thot als Ibis ↗, d. h. der Lebensweg ↗ innerhalb des Sonnenalphabets.

Jericho: älteste Stadt, die bisher auf der ganzen Welt entdeckt wurde: über 10000 Jahre lang besiedelt, von wenigstens 10 versch. Kulturen. Es besaß viele Stadtmauern, die älteste datiert von 8000 v. Z. u. war cyclopisch ↗. Oft angegriffen u. wieder erneuert, ließ lt. Bibel schließl. Josua die Stadtmauern durch die Israeliten ↗ zum Einsturz bringen, angebl. durch Posaunenblasen, was oft gemalt wurde. Der archäolog. Befund

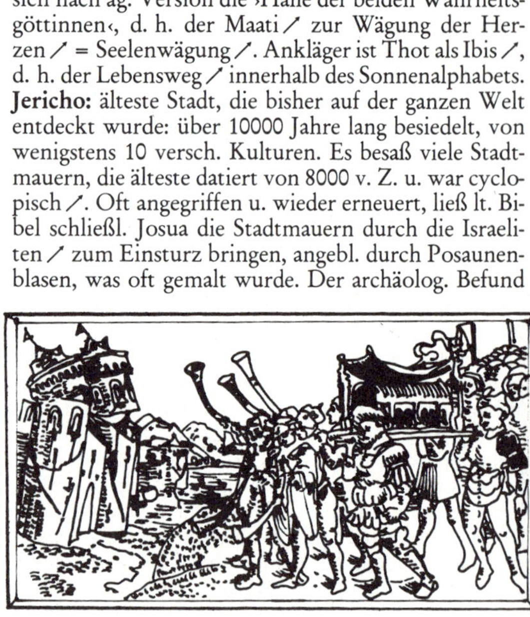

schließt jedoch auf Erdbeben. — J. liegt gleich nördl. vom Toten Meer ↗ u. gehört heute zu Israel ↗. Wie in Kanaan ↗ allg., z. B. Baalbek ↗, hatte J.s Hauptgöttin als Symboltier ↗ einen Leoparden (äqv. Löwin ↗, Jaguar ↗) u. der Hauptgott den Stier ↗, sie vertraten also

Baal ↗ u. Baalat ↗, die Kulturbringer ↗ (Astronauten ↗). — In der untersten Schicht wird ein Gebäude als Heiligtum für Totempfähle ↗ gedeutet; dazu außerhalb der Mauern Rundhäuser. Lebten im ältesten J. Jarediten ↗? J. bedeutet Jarih = Mond.

Jerusalem: Name für Jebus ↗ nach Eroberung durch David ↗. Übersetzbar: Stadt (Ur ↗) od. Stätte (Earu ↗) des Friedens (Salem ↗), auf ein kanaan. *Uru Schalimu* zurückgehend, das um 2000 v. Z. in äg. Texten erw. wird. Schalimu ↗ gilt als Tochter des Gottes Il ↗ u. übers. sich ›Göttin der untergehenden Sonne‹ od. ›Abendröte‹, äg. Abendbarke ↗. Daraus wurde später der Name Salomo ↗. Dessen größte Bauunternehmen wurden sein Palast u. der Tempel ↗, der im Prinzip dem äg. Tempel glich (Abb.). Im Naos ↗ die Bundeslade ↗. — 1. Zerstörung 587 v. Z. durch Nebukadnezar ↗, Wiederaufbau durch den Perserkönig Kyros II. von 520–515 v. Z. 63 v. Z. wurde J. römisch und von Herodes ↗ ausgebaut; 2. Zerstörung durch Titus ↗ im Jahr 70. 637 durch den Islamischen Blitzkrieg ↗ erobert, dann kurzfristig im 1. Kreuzzug ↗ durch Christen. 1244 fiel es wieder an die Mohammedaner, danach, 1517, an die Türkei ↗. Ab Ende des 1. Weltkriegs ↗ (1917) Teil des brit. Mandatsgebiet Palästina ↗; Rückeroberung durch das neue Israel ↗ u. seither Streitpunkt der 3 Religionen Judentum ↗, Christentum, Islam. — Für den Zionismus ist es Zion ↗, der Nabel des künftigen Friedensreiches ↗, von dem das neue Gesetz ausgeht bzw. wo das Himmlische Jerusalem ↗ herabkommt. — S. Rom ↗ u. München ↗ als Konkurrenz.

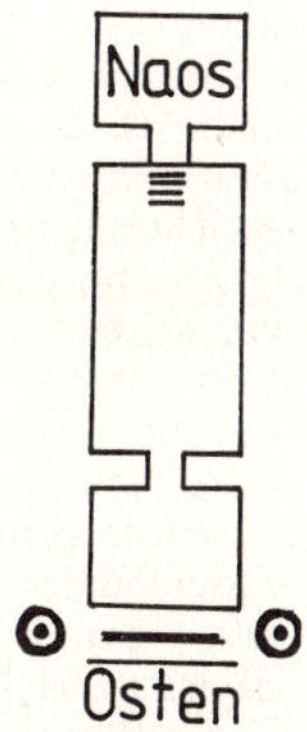

Jerusalem, himmlisches: im Galaterbrief 4/26 erwähnt: »Das Jerusalem droben aber ist eine Freie, und das ist unsere Mutter.« These: da sein Maß mit 144 angegeben wird, handelt es sich um den Gesamtkosmos ↗, erhalten im Namen Salome ↗ = die heiligen (salo) Me ↗, beim ird. Jerusalem ↗ = Uru Schalimu als Mu ↗ eingesetzt, das a. Jesus ↗ als Ismu ↗ annahm. — Lt. Apokalypse ↗ kommt es in der Endzeit ↗ auf die Erde nieder; wo, ist ein Streitpunkt. These: Hitler ↗, in Konkurrenz zum Zionismus ↗, setzte München ↗ dafür an. Seit das Muiska-Museum ↗ dort die 120 Bausteine der Weltformel ↗ gefunden hat, fehlt nur noch das neue Gesetz als Pflanzenkreis mit 24 Motiven, um die Zahl 144 zu erreichen. — In der Vision des Johannes hat J. »... große und hohe Mauern u. 12 Tore, nach jeder Himmelsrichtung 3... Und die Stadt liegt viereckig, ihre Länge ist so groß als die Breite... Und ihre Tore werden nicht verschlossen, denn da wird keine Nacht sein. Und man wird die Herrlichkeit und die Ehre der Heiden ↗ (!) in sie bringen. Und wird nicht hinein gehen irgend ein Gemeines, und das da Greuel tut und Lügen, sondern die geschrieben sind in dem lebendigen Buch des Lammes ↗.« — Diese Stadt wird a. ›Braut von Christus‹ gen., was der Sophia ↗ entspricht.

Jesuiten: Mitgl. der 1534 im Rahmen der Gegenreformation ↗ gegr. ›Gesellschaft Jesu‹, ohne Ordenstracht. Zunächst für Krankenpflege u. Missionierung ↗; dann für Wissenschaft eingesetzt. Nach heftigen Angriffen 1773 aufgehoben, dann 1814 wiederhergestellt u. noch einmal in Deutschland 1872–1917 verboten. Heute rund 32000 Mitgl.; Streit mit dem Vatikan ↗.

Jesus: 1. Sohn der Maria ↗ mit Zwillingsbruder Thomas ↗; wahrsch. nicht in Bethlehem ↗ sondern Qumran ↗ geboren, im Todesjahr von Herodes ↗ 4 v. Z. Als Geburt ist nicht immer die Nacht vom 24.*25. Dez. (germ. Mütternacht ↗) gefeiert worden; im Verlauf von fast 400 Jahren wechselten sich die Daten 6. Januar (griech. Osirisgeburt), 28. März, 19. April u. 20. Mai ab. Ein in Pali ↗ geschriebenes Dokument, das sich im Kloster Hemis in Leh, Kaschmir ↗ befindet, erklärt: »Als Jeses (= Ismu ↗) sein Heimatland verließ, begab er sich zunächst nach Ägypten, um zwei Jahre lang die alte Osiris ↗-Religion zu studieren. Von Ägypten aus reiste er nach Indien und besuchte zahlreiche Städte, darunter Benares und Lahore, um die Lehren des Gautama ↗ Buddha zu studieren. Dann blieb er 12 Jahre in einem Himalaya-Kloster und studierte die Heiligen Schriften von Mu ↗.« These: das sind die bei den Evangelisten ↗ fehlenden 15 Jahre zw. 13–28, als er am Jordan ↗ von Johannes dem Täufer ↗ getauft u. zum Christus ↗ erklärt wird. Es folgen 5 Jahre Verkündung seiner Lehre, genannt Evangelium ↗, die er schon dem damaligen König von Kaschmir so erklärt hatte: »Sie lehrt den Menschen dem einen wahren Gott zu dienen, der im Zentrum der Sonne sitzt

und die Elemente bewegt...« — in der äg. Doppel-Religion ↗ Atum ↗ in seinem Aton ↗, kanaan. Il ↗, auf den sich J. bei der Kreuzigung ↗ als El, Eli (Vater) bezog. Auf dem ältesten Großbildwerk, gen. Gerokruzifix, die Inschrift INRI ↗ (Abb.).

Offensichtl. starb er aber nicht, sondern wurde

schwerverwundet im Grab von David ↗ gepflegt, um dann mit Maria zurück nach Kaschmir zu fliehen (sie starb unterwegs). Dort gründete er eine Familie; die Nachf. pflegen noch heute sein dortiges Grab: Todesjahr 107. Seine den Aposteln ↗ angekündigte Wiederkehr ↗ in der Endzeit ↗ verband sich mit den Bemühungen, die Rückkehr des Paradieses ↗ einzuleiten, pünktlich am Anf. des Fischsektors ↗ als Ixthys ↗ (Fisch); verursachte den Chiliasmus ↗. — Petrus ↗ machte er zum ›Fels‹ seiner Kirche ↗.
Untertitel der sog. Johannes-Offenbarung ↗ war urspr. ›Die Einweihung des gesalbten Jesus‹, was aus der Apokalypse ↗ nicht nur eine Vorausschau auf die Endzeit, sondern a. eine alte Einweihung ↗ macht. J. begann sie mit 13, nachdem er wie jeder Jude ↗ an diesem Punkt des Lebensweges ↗ ein ›Sohn des Gesetzes‹ (von Moses ↗) geworden war, u. er begann folgerichtig in Ägypten, woher Moses stammte. — Nv. Jezeus ↗.

Jezeus: eine Nv. von Jesus ↗, die lt. Blavatsky ↗ zeigt, wohin der Anspruch auf Wesensgleichheit ging: Je (Ich) Zeus ↗ (Gott).

Jimmeken: himmlischer (jim statt him) Mensch (meken), in der altdeutschen (märk.) Überlieferung für das Giebelzeichen ᛘ eingesetzt, das der 6. Rune entsprach und a. Runenhand ↗ genannt wurde. — S. meken bei Olmeken ↗.

Jimmu: legendärer 1. Kaiser von Japan ↗, Enkel von Yamasachi u. der sich in ein Krokodil verwandelnden Toyotoma. Weiter zurück führt der myth. Stammbaum zu Ningi u. schließlich zu Amaterasu ↗. Bezogen auf die Gohei ↗ läßt sich vielleicht folg. ableiten: die himmlische Seite (Schema rechts) führt von oben (Amaterasu) nach unten zum Urmenschen, die irdische Seite (links) wieder von unten nach oben.

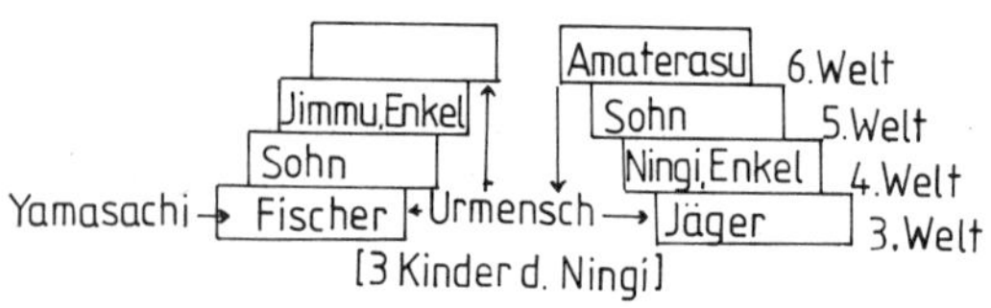

Dann fiele die Krokodilmutter ↗ als Isis ans Ende der 3. Welt, Jimmus ›Vater‹ auf die 4. Welt u. Jimmu selbst stände für die 5. Welt ↗, genau: für jene Invasion aus Asien, die in Japan das ›Reich der Zauberköniginnen‹ ↗ beendete.

Jiva: ein Zentrum potentieller Lebenskraft mit darin verborgener Intelligenz (ind.). Lt. Blavatsky ↗ der Monade ↗ entsprechend; äqv. Seele: in der Sprache der Initiierten gleichbedeutend im Atom ↗, seinerseits ein Nachbau des Sonnensystems ↗, was dann a. für Jiva gilt. Als Wort ist J. Jah ↗, Jahwe, *Jehova* nicht unähnlich u. könnte wie dort nur Schöpfung bedeuten.

Jnanacakra: 8blättriger Herzlotos; s. Lotos ↗ als Symbol des Chakra ↗-Systems von Indien u. Tibet. — J. (s. Inana ↗) gilt als Ebene der spirit. Verwirklichung u. Ort der höchsten Erfahrung. These: es handelt sich um das 8. Leben (davon 7 Reinkarnationen ↗) im Geschichtskreis, s. Psychogramm ↗.

Johannes: 1 der 4 Evangelisten ↗, als einziger a. Apostel ↗ u. jüngster Bruder von Jesus ↗, der in der sog. Johannes-Apokalypse ↗ dessen Einweihungsweg verschlüsselt mitlieferte. Insofern kommt ihm eine besondere Aussagekraft zu, die schon im Satz des J.-Evangeliums manifest wird: »Im Anfang war das Wort« (= Logos ↗, afrik. Nommo ↗); im Moses ↗-Bericht fehlt diese Erwähnung. Vielleicht zeigt das den Unterschied zw. Essenern ↗ u. anderen Richtungen des Judentums sowie die Nähe der Ersteren zur Gnosis ↗, wie a. J. durch jüngste, Aufsehen erregende Handschriftenfunde von Nag Hamadi (Ägypten) große Nähe zu gnostischer Denk- u. Redeweise bestätigt wurde. In seiner vorliegenden Form weist jedoch das J.-Evangelium »mancherlei Spuren einer langen Entstehungs- und Redaktionsgeschichte auf« (dtv-Lexikon. Die Bibel ↗ und ihre Welt), d. h. es wurde leider umgeschrieben.

Johannes-Apokalypse: die Apokalypse ↗ oder Johannes-Offenbarung ↗; urspr. ›Die Einweihung des gesalbten Jesus‹ ↗.

Johannes der Täufer: wahrsch. Mitglied der Qumran-Sekte ↗ (Essener ↗), der z. Z., als Pontius Pilatus in Judäa ↗ sein Amt antrat, zur Buße aufrief u. Leute, die gebeichtet hatten, im Jordan ↗ (gleich östl. von Jericho ↗ u. nördl. vm Ende des Toten Meeres ↗) taufte, zum Zeichen, daß sie nun von Sünde rein seien. Wie schon vor ihm Menahem ↗ wies er auf das nahende Weltende ↗ hin, mit dem Zusatz, er sei die Stimme eines Predigers in der Wüste (wohl psychisch gemeint in der Wüste menschl. Bosheit), taufe jedoch nur mit Wasser, bis derjenige komme, der mit dem Hl. Geist ↗ taufe, womit er schon Jesus ↗ ankündigte. Als dieser sich ebf. taufen ließ, soll er lt. Johannes ↗ gesagt haben: »Siehe, da ist Gottes Lamm ↗, welches der Welt Sünde trägt.« — Bald darauf wurde J. von Herodes ↗ enthauptet, weil dessen Frau seinen Tod verlangte u. ihre Tochter Salome ↗ ihn dazu brachte, dem stattzugeben. These: dies kann aber a. eine Legende sein u. der Tod eine Tat der Qumran-Sekte, die jedes Mitglied umbrachte, das ein Geheimnis preisgab, wozu die Jesus-Enthüllung gerechnet werden kann.

Johannes-Offenbarung: die Apokalypse ↗, die dem Johannes ↗ zugeschrieben wird, aber a. von Jesus ↗ selbst stammen kann, da sich die Sprache auffällig vom Johannes-Evangelium unterscheidet u. in der Symbolik äg. wirkt (Jesus war 2 Jahre in Ägypten). Bildet den Abschluß der Bibel ↗.

Johannisfeuer: urspr. nach der 13. Rune ↗ Sieg (oder Sig) genanntes germ. Fest ↗, das im 9. Jh. durch Umbenennung in Johannes (welchen?) christianisiert wurde. Der Sprung über ein Feuer verbindet sich zwar mit dem Datum der Sommersonnenwende ↗, meint aber im Runenkreis als Geschichte ↗ den einstmaligen Sprung über den Weltuntergang ↗ (= Götterdämmerung ↗), konkret: vom brennenden Kontinent Midgard ↗ (= Mu ↗) nach Amerika (s. Amazonas ↗), sowie zukunftsbezogen die Wiederholung ↗ in der Endzeit ↗, wofür als letzte Schlacht die Einherier ↗ trainieren. — Am J. schlossen sich schon vor Hitlers ↗ Machtergreifung präfaschistische Jugendbünde und junge Nazis zus. — These: sollte je mit Johannis die Johannes-Apokalypse ↗ gemeint gewesen sein, würde die Umbenennung stimmen.

Jonier: Ionier ↗.

Jörd: germ. Wort für Erde, engl. *Earth* (was eine direkte Fortsetzung des Wortes ist), im Sinne des Planeten ↗, deshalb eine Göttin. Lt. Mythos bringt sie zus. mit Odin Thor ↗ hervor. — Nv. Jardar, evtl. der ›Garten‹

(franz. *jardin*, engl. *yard*) = Eden ↗, als die Erde ↗ noch eine andere Bahn hatte.

Jordan: am Berg Hermon, Syrien, beginnender Fluß, der den See Genezareth ↗ durchquert u. ins Tote Meer ↗ mündet. Hier wurde Jesus ↗ von Johannes dem Täufer ↗ zu Christus erklärt, was vielleicht mit dem alten Namen von J. = Eridanus ↗ zusammenhängt.

Jordanien: vom Jordan ↗ durchflossenes Wüstengebiet, das nach dem 1. Weltkrieg ein eigenes Königreich wurde. Seit 1967 hat Israel ↗ seine westl. Teile, inkl. Jerusalem ↗, besetzt.

Joseph: lt. Bibel ↗ jener Sohn (oder Stamm) von Jakob ↗ = Israel ↗, der in die Sklaverei verkauft wurde u. in Ägypten landete, wo er zu einem hohen Staatsposten aufgestiegen sein soll. Tats. findet sich in der 2. Zwischenzeit, als Hyksos ↗-Könige pharaon. Titel annahmen u. im Nil-Delta ↗ regierten, auf Skarabäus ↗-Inschriftten der Name Jakubher (Jakob). J. hatte also keine Schwierigkeit, denn es bestand Verwandtschaft. Das hörte erst bei seinen Nachkommen auf, als wieder äg. Dynastien ↗ regierten. In J.s Zeit brachen außerhalb Ägyptens große Hungersnöte aus, worauf sich seine Traumdeutung der 7 fetten u. 7 mageren Jahre bezieht u. der Rat, rechtzeitig durch Kornspeicherung vorzubeugen. Eine Elfenbeinschnitzerei aus dem 6. Jh. zeigt J., wie er die Getreideverteilung (a. an bettelnde Ausländer, z. B. seine Brüder) beaufsichtigt (Abb. Mit-

te; l. auf dem Stuhl ein äg. Schreiber). Vor seinem Tod im Alter von 110 Jahren sah er voraus, daß Gott die in Ägypten bleibenden Israeliten ↗ mit viel Leid heimsuchen - dann aber nach Kanaan ↗ zurückführen werde, was 400 Jahre später unter Moses ↗ geschah.

Joseph: amtlicher, aber nicht leiblicher Vater von Jeses ↗ durch Heirat der schwangeren Maria ↗. Sein Stammbaum wird über Salomo ↗ + David ↗ auf Juda ↗ zurückgeführt. Vermutl. war er ein Essener ↗.

Jöten: Riesinnen ↗; sie waren vor den Asen ↗ da u. werden von ihnen bekämpft. Lt. Edda ↗ sind es die Urgeborenen, die z. B. jene Seherin ↗ des 1. Edda-Liedes ›erzogen haben‹, die um die Yggdrasil ↗ mit ihren 9 Welten ↗ Bescheid weiß, zu denen a. Jötunheim ↗ gehört. Nv. Jötunen, Jatin. Jetten.

Jötunheim: Heim der Jöten ↗ oder Jötunen = Stein- und Bergriesinnen wie der Reif- und Frostriesen = Thursen ↗ u. 1 der 9 Welten die Yggdrasil ↗. These: es könnte sich um jene noch unkörperl. Astralmenschen der 2. Welt ↗ handeln, die in Australien Wandschinas ↗ genannt werden. Die Verknüpfung mit Stein ↗ od. Fels ↗ bezöge sich dann auf kosmische Urwesen, s. Eccestan ↗. Später in der Geschichte ↗ wohl auf Nachf. der Lilith ↗ u. schließl. auf Überlebende der Sintflut ↗ übertr., die wieder in Höhlen lebten u. Jöten = die Guten waren.

Juda: 1 der 12 Söhne (Stämme) von Israel ↗; bei der Reichseinigung durch David ↗ das Südland, das sich später wieder isolierte u. offensichtl. eine andere Glaubensrichtung einschlug, evtl. durch Einfluß der hier verbliebenen Kanaanäer ↗. Denn aus Manuskripten der Qumran-Sekte ↗ erfährt man, daß die Essener ↗ von ihren Todfeinden, den Hebräern ↗, Juda genannt wurden. Es könnte sich um ›schwarze Juden‹ handeln, d. h. einen Rasseunterschied, der heute wieder bei den schwarzen Amerikanern ↗ eine Rolle spielt, wenn sie sich als die echten Juden ↗ bezeichnen. David (lt. Bibel dunkel) u. Salomo ↗ (lt. Bibel ↗ schwarz) gehörten dazu; Maria ↗ (s. Schwarze Madonna ↗), durch sie Petrus ↗, Judas ↗, evtl. Juda von Gamala ↗. — S. Judäa ↗.

Judäa: späterer Name des Stammesgebietes von Juda ↗, das Gebiet westl. des Toten Meeres ↗ umfassend, mit Jerusalem ↗, Jericho ↗ u. Qumran ↗. Kam 63 v. Z. unter röm. Herrschaft; bald darauf wurde Herodes ↗ König über J. — Ab ca. 140 nannten es die Römer ›Syria Palästina‹. Heute gehört es wieder zu Israel ↗.

Judas: 1 der 12 Apostel ↗; Sohn von Petrus ↗ u. damit Neffe von Jesus ↗, den er lt. R. Charroux als Initiierter Nr. 1 verriet, um die Kreuzigung ↗ herbeizuführen. Und zwar brachte er eine große Schar von Juden ↗, Hohepriester u. Älteste, mit Schwertern u. Stangen zusammen (keine Römer), die in Jesus nicht den Römerrebellen, sondern die ›Gotteslästerung‹ bekämpften, er sei Christus ↗. — Daß sich J. anschließend erhenkte, schiebt die Bibel ↗ auf sein schlechtes Gewissen: »Ich habe übel getan, daß ich unschuldig Blut verraten habe.« Wie bei Johannes dem Täufer ↗ kann aber wieder die Qumran-Sekte ↗ dahinter stehen, bei der J. wohl a. aufwuchs u. initiiert wurde, zugehörig zum Stamm Juda ↗. — Auf J. u. Folgen baut sich der Judenhaß ↗ auf.

Juda von Gamala: auch ›Judas der Galiläer‹, denn sein Wirkort Gamala ↗ liegt am Galiläischen Meer oder See von Genezareth ↗ im N des alten Israel ↗. Als Anführer der Zeloten ↗ versuchte er 7 v. Z. einen Aufstand gg. die Römer ↗ und wurde von ihnen umgebracht. — These: Vater von Jesus ↗ (lt. R. Ambelain, Großmeister der frz. Freimaurerei), der dessen polit. Rebellion in verwandelter Form fortsetzte. Mit Gamala als eigtl. Nazareth ↗ hätten hier J., Maria ↗ u. dann a. Joseph ↗ zeitweilig Seite an Seite gelebt.

Juden: Angehörige 1) des jüd. Volkes, das sich nach Auszug aus Ägypten unter Moses ↗ aus den Israeliten ↗ bildete, mehr noch unter David ↗ vom Stamm Juda ↗, worauf sich der Name wohl bezieht. 2) Anhänger der jüd. Religion bzw. des Judentums ↗, das v. a. nach dem Verlust der Nation Israel ↗ + Judäa ↗ mit Jerusalem ↗ in der folgenden Zerstreuung (Diaspora) — die Abb. zeigt verschiedene Wanderwege — zum einigenden Band wurde. Merkwürdigerweise taucht in der Bibel ↗ der Satz auf: »Hütet euch vor den falschen Juden...«, was sich sowohl auf die Religionszweige der Essener ↗, Pharisäer ↗, Sadduzäer ↗ od. Zeloten ↗ beziehen kann wie auf das völkische Moment unterschiedl. Rassezugehörigkeit weißer (von Sem) u. schwarzer (von Ham ↗) Juden. Letzteren wird

Die Wanderung der Juden

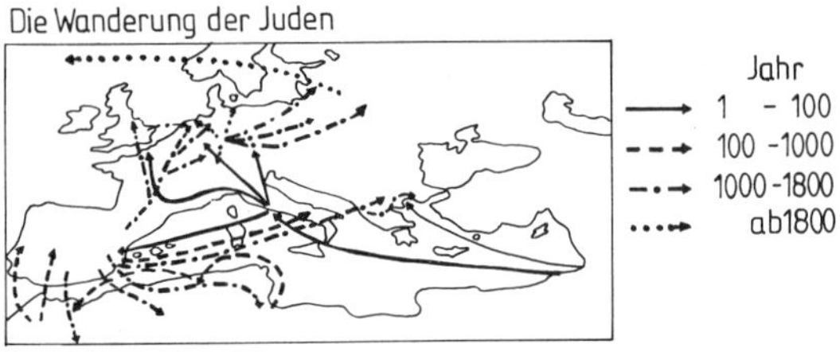

z. B. im neuentstandenen Israel die Rückkehr verweigert; wiederum bezogen sich auf sie die Qumran-Texte ↗ u. Martin Luther King ↗, erstere mit dem Ausdruck ›Die Verdammten ↗‹, die zu den ›Kindern des Lichts‹ ↗ gehören. Offiziell verdammt die Bibel nur Kanaan ↗ (Sohn von Ham), d.h. die schwarzen Juden. Seit dem Verrat von Judas ↗ samt Konsequenz der Kreuzigung ↗, verdammen die Christen aber alle auf Sem ↗ zurückgehenden Juden als ›Gottesmörder‹, weshalb aus dem Judenhaß ↗ ein ›Antisemitismus‹ wurde. Dazu gesellte sich während der Diaspora eine charakterl. Veränderung durch die Auseinandersetzung mit dem jeweiligen Wirtsvolk, das zum Judentum führte. Die ins wiederentstandene Israel Zurückkehrenden legen es meist schnell wieder ab. — Religiöse Symbole: Menora ↗ (7armiger Leuchter) u. Davidstern ↗; als hl. Bücher: Tora ↗, Mischna ↗ u. Talmud ↗. Nichtorthodoxer Zusatz: die Kabala ↗. — S. Traum ↗.

Judenchristen: Juden ↗, die vor den Heidenchristen ↗ die Lehre von Jesus ↗ annahmen, insbes. seine Jünger = Apostel ↗, also die Ur-Christen ↗ schlechthin. — Heute jedoch junge Juden in den USA ↗, die plötzlich Jesus als Christus ↗ annehmen, ohne den Glauben zu wechseln, d. h. ohne Christen zu werden (Einzelfälle).

Judenhaß: überall, wohin die Juden ↗ in der Diaspora einwanderten, wurden sie unterdrückt, verfolgt, ver-

Auf dem Holzschnitt von 1531 (links) ein Bauer bei einem jüdischen Geldverleiher. Aus einfachen Geldverleihern wurden später reiche und mächtige Bankkaufleute wie beispielsweise die Familie Rothschild, die Anfang des 19. Jahrhunderts in den wichtigsten Städten Europas Filialen unterhielt. Rechts der Firmengründer Amschel Rothschild, 1743-1812.

trieben von Christen, für die sie schuldig an der Kreuzigung ↗ von Jesus ↗ (s. Judas ↗) waren. Im frühen Mittelalter ↗ kam es zu mannigfachen Berufsverboten: sie durften kein Handwerk ausüben u. keine Bauern sein; Erwerb von Grund u. Boden war ebenso verwehrt wie Mitgliedschaft in Zünften u. Gilden. Als einzige Lücke blieb ihnen das Geldverleihen, weil Christen lt. Lukas-Evangelium (»Leihet, daß ihr nichts dafür hoffet...«) zwar leihen, aber keine Zinsen nehmen durften. Über diese Verschuldung gewannen sie Einfluß auf Politik u. Wirtschaft (s. Insider ↗), der in Hitlers ↗ Augen so bedrohlich wurde, daß er die Judenvergasung ↗ anordnete.

Judentum: wie Christentum ein allg. Begriff für die Praxis der entspr. Religion ↗, in diesem Fall der der Juden ↗, gen. jüdische od. mosaische, d. h. von Moses ↗ gestiftete = ein auf Jahwe ↗ gegründeter Monotheismus ↗. Hauptrichtungen:
1) Sadduzäer ↗: kein Schicksal ↗, keine Auferstehung = kein Jenseits ↗, keine Engel ↗, keine Reinkarnation, keine mündliche Lehre, nur die Tora ↗ als schriftl. Beleg.
2) Pharisäer ↗: Schicksal u. Freier Wille, Auferstehung, Engel, Wichtigkeit der mündl. Lehre u. Auslegung in neuen Schriften neben der Tora wie Mischna ↗ u. Talmud ↗.
3) Essener ↗: Dualismus der ›Söhne des Lichts‹ u. ›Söhne der Finsternis‹ bis zu einem Endkrieg ↗; Apokalyptik, die den ›Plan‹ enthüllt. Hier, u. nicht bei 1 u. 2, ist die Brücke zu Christentum, Gnosis ↗ u. Manichäismus ↗.
4) Zeloten ↗.
Unter J. werden aber a. Eigenschaften verstanden, die sich spez. in der Diaspora ↗ unter dem Druck von Judenhaß ↗ bildeten, wie internationaler Zusammenhalt u. U. gg. die nationalen Interessen der Wirtsvölker, Glaube, das ›Auserwählte Volk‹ zu sein, Ziel von diesseitigem (statt jenseitigem) Paradies u. Weltregierung im Sinne z. B. der Illuminaten ↗.

Judenvergasung: aus Judenhaß ↗ von Hitler ↗ angeordnete Massenvernichtung von Juden ↗ aus ganz Europa in spez. dafür errichteten Konzentrationslagern (KZ) wie Auschwitz in Polen. Insg. 6 Mill. sollen dabei durch Gas od. Verhungern umgekommen sein. Trotz rechtzeitiger Information blieben Engländer u. Amerikaner auffälig untätig, dies zu verhindern; ein Vorwurf, der sogar gg. den Zionismus ↗ erhoben wird.

Jugendstil: etwa 1895-1910 herrschende Richtung der europ. Kunst ↗, die sich stark an chin. u. jap. Motiven orientierte, nachdem diese gg. Fremde abgeriegelten Länder gewaltsam dem europ. Handel erschlossen worden waren. These: innerhalb des Schemas der Widerholung ↗ vermischte sich Grundmotiv Pflanzentanz ↗ (1847-1900) mit S (1875-1900, 2. Tier) u. T (1900-1925, 1. Mensch), das ergab diese aufregende Turbulenz von astralen Menschzwittern inmitten paradies. Wellen von Blütenstengeln u. Biodynamik. — Es wurde daraus aber a. die Brandung präfaschistischer Sekten ↗, die nahende Weltwende ↗ erahnend.

Juju: persönl. Zauber ↗-Kraft in Afrika, die a. in rivalisierenden Wettbewerben getestet wird wie z. B. im legendären Kampf äg. Magier gg. Aaron ↗: »Und Aaron warf seinen Stab vor Pharao und vor seinen Knechten; und er ward zur Schlange. Da forderte Pharao die Weisen und Zauberer. Und die ägyptischen Zauberer taten auch also mit ihrem Beschwören. Ein jeglicher warf seinen Stab von sich, da wurden Schlangen draus; aber Aarons Stab verschlang ihre Stäbe« (2. Mose 7, 10-12). D. h., hier war Aarons Juju stärker. — Die Ibibio ↗ ließen sich ganz vom ›großen Juju-Geist‹ regieren: in ihrem Namen stecken Ib (Herz ↗) u. Io ↗. Ist J. = Ioio? —

Jul: 1) *Rad* ↗: nach dem Wortwandel houl-hjol-jol-jul-hiaul-hweol-wheel (heute im Engl. = Rad), s. Julrad ↗. — 2) *Jahr* ↗: »Vor Jahrtausenden wünschte man sich schon ein gutes neues Jul in Germanien...« (Wirth ↗), wobei dieses Jahr (Nv. Ger ↗) a. der Durchlauf durchs Rad ist. Anfang u. Ende fielen in der Julnacht ↗ zusammen. 3) *Gesetz,* nach der Umkehrung ↗ yol = loy (im Engl. *law,* frz. *loi*), ausgedrückt im Julbaum ↗. — Insg. lassen sich 12 Julsymbole finden: Julbaum, Julbock ↗, Juleber ↗, Julfisch ↗, Julhand ↗, Julhorn ↗, Juljäger ↗, Julkind ↗, Julnacht, Julrad, Julschiff u. Julthing. These: diese Zahl steht direkt für das Julgesetz als Zodiak ↗ (Ul ↗) u. erweitert sich durch 12 Vor- u. 12 Nachjultage in der darin eingebetteten Julnacht zu 24 = zum Gesetz der Runen ↗, die in eben dieser Nacht kurzfristig aus der Unterwelt auftauchen als 24 schwarze Hunde (= Werwölfe ↗), Frau Gaur ↗ begleitend, die als Rune 12 das Jahr (jul) ›doppelgesichtig‹ macht. So läßt sich folg. Prozeß herausholen:

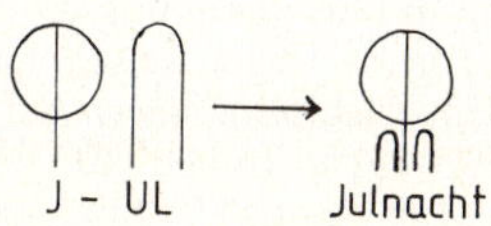

Ger-Rune + Ul-Rune = Jahr als Geschichte *Ger + Ul-Doppel + Mütternacht als Endzeit*

Julbaum: 1 der 12 Symbole des germ. Jul ↗; auf einem Fund aus Pfahlbauten des Genfer Sees, Bronzezeit (Abb. 1) in eine Ul-Rune ↗ aus Kugeln zw. die Berge der Mütternacht ↗ gestellt. Eine Felszeichnung aus Schweden (Abb. 2) läßt das Julschiff den J. bringen,

Abb. 1

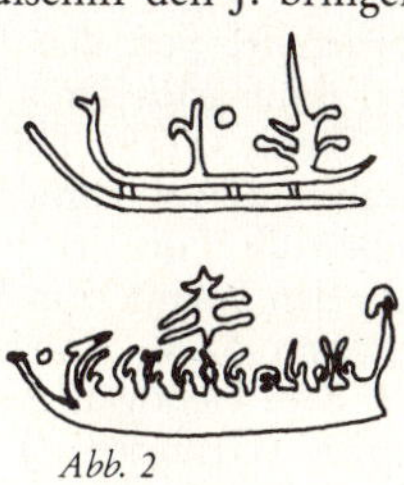

Abb. 2

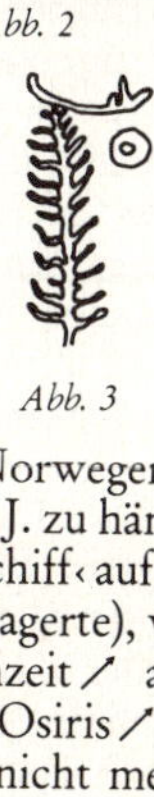

Abb. 3

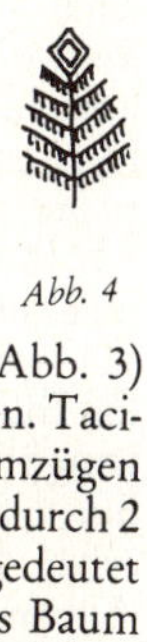

Abb. 4

während es bei den Lappen von Norwegen (Abb. 3) üblich war, das gleiche Schiff *in* den J. zu hängen. Tacitus ↗ berichtet aus Ulm vom ›Isis-Schiff‹ auf Umzügen des Karneval ↗ (das die Julzeit überlagerte), wodurch 2 wesentl. Elemente der Hl. Hochzeit ↗ angedeutet sind: Isis ↗ als Schiff (Barke ↗) u. Osiris ↗ als Baum (äg. Djed ↗). Die germ. Äqv. sind nicht mehr sicher; Percht ↗ und Juljäger ↗ haben trotz zeitl. gleichem Auftreten keine direkte Beührung. Dafgür zeigt ein Rhombus ↗ als Krönung des J. (Abb. 4) die Neue Sonne ↗; wenn man jedes Astpaar als Welt rechnet, sogar richtig am Ende der 5. Welt ↗. Nach der Christianisierung wurde aus dem J. der Weihnachtsbaum.

Julbock: Steinbock ↗ als Zodiaktier (im Jahr = Jul ↗ 21.12. bis 20.1.) der Julnacht ↗. Seine Hörner wurden zum Julhorn ↗.

Juleber: der Eber ↗ als Opfertier der Julnacht ↗; Nv. Gullinborsti ↗ oder sonar-goltr = Sühneeber. Sein Fleisch wurde verzehrt.

Julfisch: wie der Julbock ↗ ein Zodiaktier, aber nicht auf das Jahr, sondern die Geschichte ↗ bezogen = der Fischsektor ↗, auf den die 2 letzten Runen ↗ fallen, spez.  = Julfisch, lt. Wirth ↗ sum. Ku ↗ = Licht, d. h. für den Lichtstrahl ↗ eingesetzt, der in der Julnacht ↗ (fast Wintersonnenwende ↗) ›wiederkehrt‹. Ob er a. (wie heute zu Weihnachten ↗) gegessen wurde, ist ungewiß. — S. seine Form Stichw. Julbaum ↗; äg. Äqv. Sa-Schleife ↗.

Julhand: Hand ↗ mit Fünfstern ↗, als 1 der 12 Symbole des Jul ↗, fast ident. mit der Hand der Fatima ↗.

Julhorn: das Horn ↗ als Sinnbild der Mütternacht ↗ (Abb.) = Julnacht ist eines der ältesten uns bekannten Kultsymbole (Wirth ↗); aus ihm wurde getrunken, als sakrale Handlung, der Krafttrunk für das neue Jahr (Jul ↗), u. es wurde a. geblasen, um an die näherrückende Weltwende ↗ in Par. zur Jahreswende zu erinnern; der Übergang der bisherigen 5 Welten (= Julhand ↗) zur 6. Welt ↗ des Fünfsterns ↗. — Es gibt Zeichnungen, da hängt das J. am 2geteilten Jahr wie am Julfisch ↗. Es wurde über einem Brunnen oder

vom Turm geblasen u. geht als Mittwinterhorn oder Lurenpaar wohl auf den Julbock ↗ zurück; schließl. auf das Gjallarhorn, mit dem einst Heimdall die Götterdämmerung ↗ ankündigte.

Juljäger: Wotan im Rahmen der Wilden Jagd ↗, die quer durch das Jul ↗ als Jahreskreis von Nord = Ragnarök ↗ nach Süd = Julnacht ↗ angebraust kam u. die ganze heutige Zeit des Karnevals ↗ dauerte. Ob damit ein Ausschauhalten nach dem Julkind ↗ als wiederkehrendem Baldr ↗, dessen Vater der J. urspr. war, verbunden wurde, ist ungewiß, aber denkbar. Überliefert ist nur sein Ausschauhalten nach dem ›Moosweib‹ (?), evtl. als Baldr's Mutter.

Julkind: ein Symbol der Julnacht ↗; Zeichnungen zeigen es manchmal als Wickelkind mit Strahlenkopf wie eine frischgeborene Sonne neben 2 Julhörnern ↗, wobei die Wicklung das X der Mütternacht zum kosmischen Netz ↗ macht. Evtl. ist

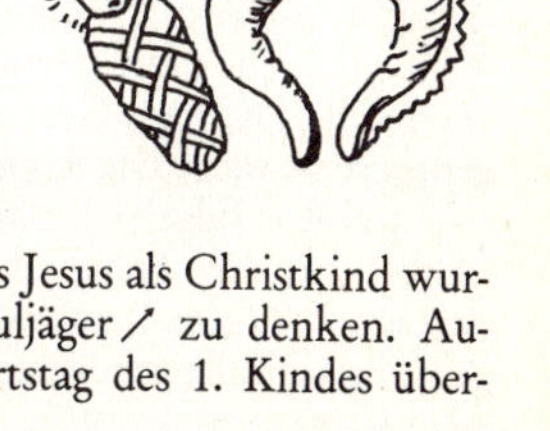

beim J. als Baldr ↗ - woraus Jesus als Christkind wurde - in Konnektion zu Juljäger ↗ zu denken. Außerdem kommt der Geburtstag des 1. Kindes überhaupt in Frage (Kain ↗ in der Bibel), denn damit fing ja das Jul als Geschichte ↗ an: äqv. Horus ↗ in Ägypten.

Julnacht: bei den Germanen ↗ die Nacht vom 24. auf 25. Dezember, auch Höggunott ↗ od. Mütternacht ↗ genannt; von den Christen als Weihnachten ↗ übernommen. Der J. gingen ab. 13. Dez. - in Schweden noch heute Fest der Lucia ↗ - die 12 Vorjultage voraus u. die 12 Nachjultage bis 6. Januar - heute Drei-Könige ↗, griech. einst Geburt des Osiris ↗ - folgten nach, was insg. 25 Jultage ergibt od. die Zahl der Odil-Rune ↗, die in der J. ›auftauchte‹. Bilder zeigen sie immer in der Hand von Frauen (auf der im Prov. Museum Bonn befindl. Votivstele, Nr. A 1099, hängt sie über dem unteren Gewandteil), denen allein die Leitung dieser höchsten Kultfeier des Jahres (= Jul ↗) unterstand, als priesterl. Seherinnen ↗ die 3 Disen ↗ vertretend. Ein Brauch bestand darin, vor dem Haustor, das nach S (die sog. Mutterstelle) ging, 2 Fichten kreuzweise X zu errichten. These: das X als Archetyp Urmutter ↗, engl. erhalten als X-Mas ↗. Wirth: »Es ist die Nacht der Wiedergeburt und Auferstehung der Toten, des Gottessohnes wie der Menschen...« (Die heilige Urschrift der Menschheit, S. 59), was nicht zu verwundern braucht, denn an dieser Stelle der Geschichte ↗ fing vor rund 25000 Jahren Reinkarnation ↗ an, und heute ereignet sich nach 1950 (Beginn Endzeit ↗) an der gleichen Stelle die Wiederkehr ↗. Die Tänze der Percht ↗ sind Reste der J.; in älterer Zeit wurde auf den Frauentürmen ↗ die Lampe mit dem X entzündet. Später das Julhorn ↗ geblasen u. das Julrad ↗ in Bewegung gesetzt. Die Hauptfeier dürfte sich in den Megalithgräbern ↗ abgespielt haben.

Julrad: das Jul ↗ als Rad ↗ = Wiel (heute engl. *wheel*), das in der Julnacht ↗ (a. Wiel-Nacht) entweder brennend den Berg hinunter gerollt wurde (wahrsch. Vorgänger des Adventskranzes ↗) als Gesetz (Weltordnung ↗), das vom Himmel auf die Erde u. schließl. in die Unterwelt ›gerollt‹ war, von wo es wieder auftauchen soll (äqv. dem Gral ↗); oder als Radkuchen, die geopfert wurden. Die Römer sagten Summanalia dazu. Es gab aber a. Julgebäck, das sich auf einem ostfries. Bild (Abb.) in der Hand der Percht ↗ befindet, der Berchta ↗, Holda-Berchta, wie sie a. hieß. Von Holda gehts über Holla ↗ zur pazif. Hula ↗ mit dem heute so beliebten Reif: als J. 6speichig, eine Var. des Sechssterns ↗, als 7. Rune ↗ in den Kreis gelegt. Runen-Kreis = Kosmos ↗ = Julrad: das Rad der Lehre bzw. Leere, von der eine Vision der Schwester Hadewych zeugt: »Ich lag einmal in einer Weihenacht (= Julnacht) und ward in den Geist entrückt. Da sah ich ein abgrundtiefes, weites und ganz dunkles Rad (wiel). In dem Rade, das so weit war, darin waren alle Dinge so fest und nah beschlossen. Das Dunkel aber durchleuchtete und durchschaute alle Dinge...« (Wirth ↗, Textband S. 83).

Jul-Thing: eine spez. Versammlung im Thing ↗ in den Tagen vor oder nach der Julnacht ↗; das genaue Datum ist nicht mehr bekannt.

Jun: Junu ↗; die äg. Stadt, die die Bibel On ↗ nannte.

Junet: äg. Göttin Junu ↗ = Hathor von Dendera ↗.

Jung, C.G. = schweizer Psychologe (1875–1961; zunächst Schüler von Freud ↗, dann zu ihm in Widerspruch tretend mit der Betonung des Vorhandenseins von Archetypen ↗. Dazu Reisen nach Nordafrika (1921), zu den Pueblo-Indianern ↗ (1924–25), nach Ostafrika (1925–26) u. Indien (1937) sowie Studium der Alchemie ↗ u. Gnosis ↗. Quintessenz: »Es ist keine Anmaßung, die mich treibt, sondern mein ärztliches Gewissen, das mir rät, meine Pflicht zu erfüllen, um die wenigen, denen ich mich vernehmbar machen kann, vorzubereiten, daß der Menschheit Ereignisse warten, welche dem Ende eines Äons entsprechen... Es sind, wie es scheint, Veränderungen in der Konstellation der psychischen Dominanten, der Archetypen, der ›Götter‹, welche säkulare Wandlungen der kollektiven Psyche verursachen oder begleiten... Ich bin, aufrichtig gesagt, bekümmert um das Los derer, die unvorbereitet von den Ereignissen überrascht werden und ahnungslos deren Unfaßbarkeit ausgeliefert sind« (G. Wehr, S. 119). These: in seinem 1950 entstandenen Grabstein (Abb.) drückte J. unbewußt im richtigen Jahr den Beginn von Wassermann ↗ u. Endzeit ↗ mit dem richtigen Archetyp X (Urmutter ↗) aus, obwohl er nur vom Ende eines Äons (= der 5. Welt ↗) geredet hatte. Wie übl. in der Alchemie, s. Hermetischer Kreis ↗, ist r. der zentralen Figur die Sonne ↗, l. der Mond ↗. Als Produkt ihrer Kreuzung = das X aus Zackenlinien, im Innenkreis ein Kabir ↗ mit Lampe, womit er sich wohl selbst darstellen wollte als einer, der Licht ins Dunkel des Unbewußten ↗ wirft.

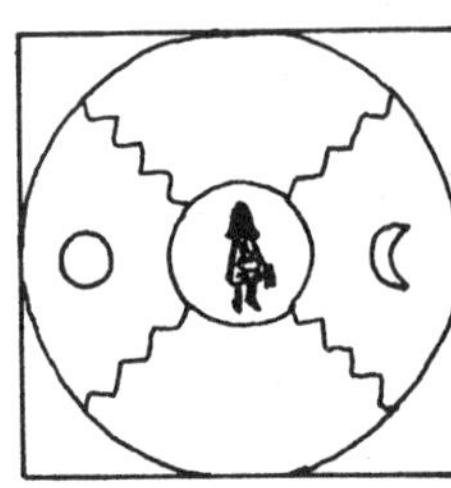

Jungbrunnen: im Mythos ↗ ein Brunnen (s. Julhorn ↗-Blasen über den Brunnen) mit Wasser, der jung erhält, wieder verjüngt od. gar unsterblich macht, der ›Lebensquell‹ (s. Abb. Apokalypse ↗) u. somit wohl eine Var. des Archetyps Quelle ↗, unter dessen Auswirkung der Mythos selbst entstand; und in der Wirkung ist Mythos ein J.; bestes Beispiel: Brunnen der Urd ↗.

Jungfrau (I): 1 der 12 Sternbilder des Zodiak ↗; der Hauptstern Spica (= Kornähre) leuchtet 2300 mal heller als unsere Sonne und ist ca. 275 Lichtjahre ↗ von der Erde entfernt. Das Tier des Tierkreises ist bei uns verloren gegangen, war aber in Altägypten der Hase ↗: als Tier der Göttin Unut, Junet, Junu ↗, einer Löwin mit Hasenohren, was schon den Hasen (die J.) mit dem folg. Sektor Löwe ↗ verbindet. — Für die Benennung des 6. Sektors der Geschichte ↗, Dauer 13170–11010 v. Z., als Jungfrau im Sinne einer jungfräul. Mutter wie Maria ↗, gibt es nur einen Grund: Isis ↗ brachte ohne Vater jenen Osiris ↗ hervor, der später ermordet wurde, s. Jungfrau ↗ (II).

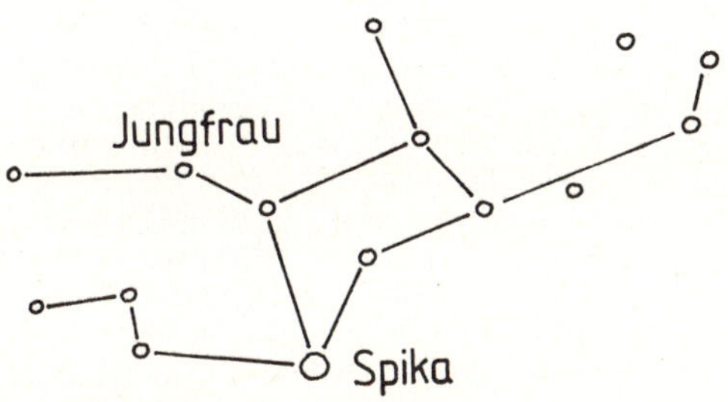

Jungfrau (II): eine geschlechtlich unberührte Frau. Im christl. Dogma Maria ↗ trotz Geburt von Jesus ↗. In der äg. Überlieferung, auf die sich diese ›jungfräuliche Geburt‹ beziehen dürfte, jede Kandake ↗; in Indien Maya ↗, Buddahs Mutter; im Popol Vuh Ixquic ↗; schließl. die Mutter von Quetzalcoatl ↗. Die Frage, ob denn diese fast allen Religionen gemeinsamen Mythen wenigstens 1 geschichtl. Realität zugrunde liegt, ist unbeantwortbar. These: sie wäre, vom Namen her urteilend, im Zodiaksektor Jungfrau (I) ↗ als Mutter jenes Osiris ↗ anzusetzen, der ermordet wurde. — Jungfrauen (ohne wundersame Geburt) spielten aber a. als Pflegerinnen des Grals ↗ eine große Rolle.

Jüngster Tag: im Islam ↗ äqv. dem christl. Jüngsten Gericht ↗.

Jüngstes Gericht: a. Weltgericht, *Finis Mundi* (Weltende) bzw. *vespera mundi* (Weltenabend), ein Thema, von dem Jesus ↗ häufig, wenn a. verschlüsselt sprach. V. a. sein Hinweis, es werde sein wie zu Noahs ↗ Zeit, zeigt seine Einweihung ↗ in die alte Weltenlehre ↗. These: mit Noah spielte er auf das Ende der 4. Welt ↗ an, mit dem J.G. auf das kommende Ende der 5. Welt ↗. Als die Apostel ↗ wissen wollten, wann das sei, wich er aus u. beließ sie in der Annahme, es könne sich schon bald ereignen, weshalb die Ur-Christen ↗ zunächst in kleinen zurückgezogenen Gruppen darauf warteten. Da jedoch nichts geschah, bildete sich der Chiliasmus ↗ u. im Jahr 1000 wartete ganz Europa in großen Ängsten wieder vergebens. — Ausführl. beschrieben wird es in der Apokalypse ↗. These: das richtige Datum findet sich bei Nostradamus ↗ als Juli 1999 (s. Endzeit ↗ u. Vorausschau ↗ des Muiska-Museums). Es handelt sich um den gleichen Polsprung ↗ wie den, der die Sintflut ↗ verursachte, nur in Gegenrichtung, schon eingebaut im Gangsystem ↗ der Großen Pyramide ↗.

Juni: 1 der 12 Monate ↗; in ihn fällt die Sommersonnenwende ↗ mit dem Johannisfeuer ↗; nach der röm. Göttin Juno ↗ benannt.

Juno: röm. Göttin, ›himmlische Mutter‹, Gattin von Jupiter ↗, äqv. der griech. Hera ↗ (Gattin von Zeus ↗ = Jupiter) u. damit die 4. Welt ↗ beherrschend, deren Ende im Jahreskreis auf den Juni ↗ fällt, der deshalb ihren Namen trägt, äqv. der äg. Junu ↗. — Blavatsky ↗: »Junos Hochzeitsgabe an Jupiter, ein Baum mit goldener Frucht, ist eine andere Form der Darbietung des Apfels vom Baume der Erkenntnis von Seite Evas an Adam« (Bd. I, S. 153). S. die Äpfel der Hesperiden ↗ u. Eva ↗.

Junu: Stadt des Pfeilers, nach dessen Bez. ›jun‹ sie benannt war; kopt. On ↗, griech. Heliopolis ↗. Der Pfeiler ist die 1. Hieroglyphe ↗ des Namens (Abb.) u. trägt merkwürdigerweise ein Kreuz. Das gleiche Schriftbild findet sich a. für Dendera ↗, das Hathor ↗ als Ersatz für On bekam; beides tradiert sich J. oder Junet u. bezieht sich sowohl auf diese Göttin wie a. auf Osiris ↗. These: wahrsch. auf seine Ermordung mit anschließendem Weltuntergang ↗, durch den die Göttin, germ. Janna ↗, zweigeteilt wurde, 2 Gesichter bekam, was sich darstellen läßt, wenn man sie als den Kreis der Geschichte ↗ versteht und dann den Pfeiler durchzieht, sodaß das Kreuz zur echten Kreuzigung ↗ von Osiris = Christus ↗ wird, im Schnitt von 4. zu 5. Welt ↗. Den Kreis kann man aus dem Kugelgefäß des Namens ableiten als Symbol der Nut ↗, deren Weltordnung ↗ in Hathor zum Geschichtskreis wurde. Im Schema ein Vergleich mit der 12. Rune Ger ↗. These: die richtige Schreibweise wäre Yun, wobei Yu den Zodiaksektor Jungfrau (I) ↗ umfaßt, das N schon den Beginn des Zodiaksektors Löwe ↗. D. h., die Stadt überbrückte den Weltuntergang; so fand man hier einen künstlich aufgeschütteten Sandhügel als Abbild des aus dem Wasser (der Sintflut ↗) auftauchenden Urhügels, der a. zum Beginn der Schöpfung ↗ in Par. gesetzt wurde, als Atum ↗, der in der Götterneunheit ↗ von J. als erster aus der Mut ↗ auftaucht. In J. wurde v. a. Benu ↗, der Phönix, verehrt; aus dem Pfeiler wurde später der Djed ↗. Junu wiederum ist als Löwengöttin ↗ mit Hasenohren überliefert, was die Deutung untermauert, sie vertrete sowohl Sektor Hase ↗ (im Schema Y + U) u. Löwe ↗ (im Schema N).

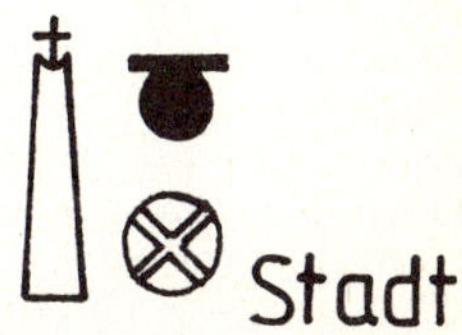

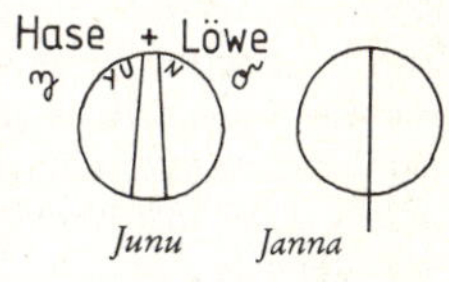

12. Rune

Jupiter: größter der 12 Planeten ↗, dreht sich in weniger als 10 Stunden um seine Achse u. braucht fast 12 Jahre für einen Sonnenumlauf. 15 Monde, davon 1-2 nach Aussage der Dogon ↗ abgesprengte Teile von Ogo ↗, dem beim 1. Besuch von Nommo ↗ zerstörten Planten, dessen Reste den Planetoidengürtel ↗ bilden. J. ist der 1. Planet außerhalb dieses Gürtels. Lt. Weltenlehre (s. Babyl. Turm ↗) stand die 4. Welt ↗ unter seinem Einfluß; lt. R. Steiner ↗ beeinflußt er auf dem menschl. Lebensweg ↗ die Jahre 49–56 des bekannten Sieben-Jahre-Rhythmus. Röm. Hauptgott (mit Gattin Juno ↗), äqv. dem griech. Zeus ↗. Ind. Name: Brihaspati ↗. — Die große Konjunktion ↗ (Begegnung) Jupiter-Saturn alle 60 Jahre ist Basis des afrik. Sigui-Festes ↗. Seinem Wesen und Einfluß nach: ♃

Symbol des Optimismus, des Bestmöglichen, der Lebensreife. Vollendungsdrang. Selbstverwirklichung in einer Mission, einem überpersönl. Auftrag. ›Guru der Planeten‹, sinnfindend. Einsicht, Verklärung. Reifesymbol. Steigerung der Expansion des Wollens. Synthese. Maßhaltend. Rechtsempfinden. ›Die schreibende Hand‹. — Bei den germ. Göttern scheint ihm Thor ↗ zu entsprechen.

Buchstabe K

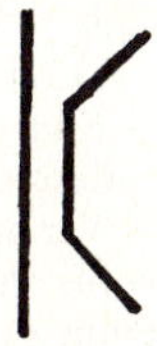

Grundmotiv — Polyrhythmik

Ka: lt. Ägypten ↗ besitzen Götter ↗ u. Menschen ↗ einen Ka, ohne ihn gibt es kein ›seiner selbst bewußtes Leben‹; mod. Interpretationen schwanken zw. Lebenskraft ↗ (die in Afrika noch heute die Hauptrolle spielt) u. Wesen ↗; Blavatsky ↗ gibt als Äqv. Brahman ↗; Wirth ↗ spricht vom Geist ↗ bzw. geistigen Doppelgänger, der auf äg. Bildern im Ggs. zu Ba ↗ (Seele) der Körpergestalt identisch ist. ›Gemacht‹ wird der Ka von der Göttin Meschenet ↗ während der Schwangerschaft ↗, begleitet ab Geburt den Menschen durchs Leben u. lebt fort nach dessen Tod, wobei das Grab zum Ka-Haus ↗ wird. Diesem Einzel-Ka, mit dem sich a. die Namen ↗ verbinden, stehen die ewigen Ka-Geister ↗ ggb. These: letzteres sind die Grundmotive ↗, komplett als Nommo ↗ (das uranfängl. Wort), ersteres ein daraus gebildeter Aspekt, der eng mit dem durch Reinkarnation ↗ gewonnenen Schicksal zusammenhängt. Die Ka-Hieroglyphe ↗ ist beim Sigui-Fest ↗ als oberer Teil = 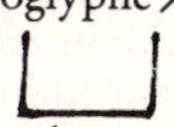 des Nommo-Zeichens ↗ zu finden; entspricht aber a. einer Umkehrung der Nut ↗ = 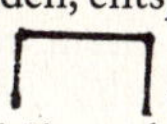 wie einer Verdoppelung der Runenhand bei Jimmeken ↗, was erleichtert, den Ka als ›himmlischen Menschen‹ zu verstehen: in der Kabala ↗ z. B. nur Adam Kadmon ↗ und Lilith ↗. These: ihnen verdankt man die Erweiterung der menschl. Seele zur Psyche ↗ durch Hinzufügung ihres eigenen Ka, = Ka-Transfer ↗.

K'aba, Kaaba: ein schon vor Mohammed ↗ in Mekka ↗ gebauter Tempel in Würfelform (Abb.), der in ihm im Dunkel des Raumes verborgene Stein wurde lt. Legende Abraham ↗ als ein weißer Stein von Engeln aus dem Paradies ↗ herbeigebracht. Durch die Küsse der sündig gewordenen Menschen soll er schwarz geworden sein; gilt zugleich als Abbild des Adam ↗. These: d. h. der 3. Wurzelrasse ↗, die schwarz war (s. Lemuren ↗) u. durch Evas ↗ Griff nach Erkenntnis ↗ zur Seele = Ba ↗ den Ka ↗ hinzufügte als Kombination von Kreis ↗ + Quadrat ↗, weshalb der urspr. Kaba-Stein oben viereckig u. unten rund war; er wurde von Mohammed zerstört. These: der heutige Tempel erinnert an den äg. Thron ↗-Würfel. — Er wird jedes Jahr von neuem mit den Teppichen ganz verhängt, die von den Pilgern des Islam ↗ mitgebracht werden. — Das Wort selbst entspricht etwa Geistseele ↗ u. hängt wohl mit Gral ↗ zusammen.

Kabala, Kabbala: eine auf prähistor. Zeiten zurückgehende Geheimlehre ↗, die zunächst nur auf mündl. Überlieferung beruhte, deshalb Chalchelet Ha-Kabala = Kette der Tradition ↗. Ihre Wurzeln liegen in Ägypten + Chaldäa einerseits, von wo sie Moses ↗ den Israeliten ↗ brachte, u. bei der Ram ↗-Religion Altindiens andererseits. Schriftl. Aufzeichnungen erfolgten bei den Juden ↗ wohl erst in der Diaspora ↗, so im Buch Sepher Jesira u. im Zohar ↗. Dann finden sich Anklänge im Taro ↗. — Das System der K. setzt sich zusammen aus (En) Soph ↗ (das unbegreifliche ›Nichts‹ ↗), den 10 Sefirot ↗ u. den 22 Buchstaben der hebr. Schrift ↗, was merkwürdigerweise die Grundzahl 33 des äg. Hirtenstabs ↗ ergibt. Grundidee: »Alle Seelen (Äqv. Monaden ↗) sind seit dem Ursprung der Welt geschaffen, und wenn alle im Zustand der Vollkommenheit sein werden, wird der Messias ↗ erscheinen. Der Zohar berechnet sogar, wie auch andere hebräische Literaturwerke, das Datum seiner Erscheinung.« These: dieses nicht erhältl. Datum spielte im Zionismus ↗ eine Rolle. — Es gibt a. Anklänge an die Weltenlehre ↗, da die K. lehrt, daß vor der weißen Rasse ↗ 3 andere Rassen auf der Erde erschienen waren, indem immer eine Vernichtung durch Wasser od. Feuer den Fall der einen u. das Aufkommen der folgenden bezeichnete. Zwei dieser Rassen (s. Wurzelrassen ↗) hatten auf Kontinenten gelebt, die heute verschwunden sind u. da gelegen waren, wo sich jetzt der Pazif. u. der Atl. Ozean ausdehnen (Papus, Die Kabbala, S. 42) = Mu ↗ + Atlantis ↗. Parallelen zeigen sich a. zur afrik. Ntu-Philosophie ↗ in einer Tabelle, die aber nicht mehr ganz stimmt:

10	das Allgemeine	das Besondere	das Konkrete
Neschama	Jechidad 9	Chaija 8	Erkenntnis 7
Ruach	das Qualitative 6	das Äußere 5	das Quantitative 4
Nephesch	das Prinzip 3	die gestaltende Kraft 2	die gestaltete Materie 1

Die 10 Sefirot (Zahlen) laufen hier rückwärts, d. h. Nephesch ↗ entspricht Hantu ↗, Rouach ↗, Kuntu ↗, Neschama Kintu ↗, u. ab 10 wäre das 4. Viertel Muntu ↗ (= Mensch) erreicht, der diese 3 Kategorien a. als Ka ↗, Ba ↗ u. La (Körper, Natur) enthält u. in dieser Reihenfolge beim Tod wieder abgibt. Bei Ruach müßte die Reihenfolge: quantitativ, qualitativ, relativ (hier das Äußere) lauten. Es folgt die Berichtigung:

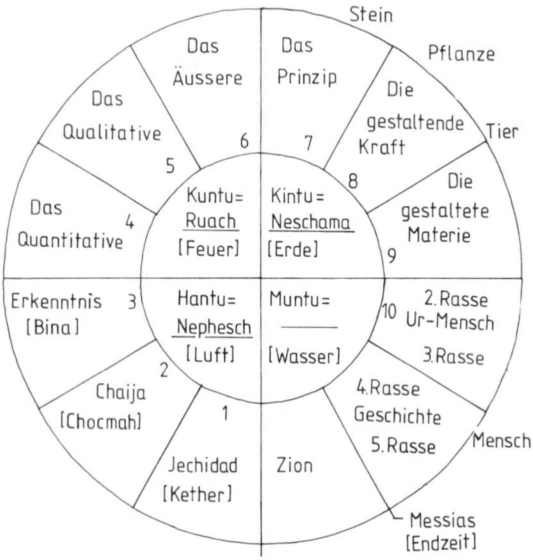

In Ägypten entspricht das dem Djed ↗, der mit dem Lebenskreuz ↗ abschließt. — Papus, S. 64: »Ebenso wie die hebräische Sprache hat möglicherweise auch diese Lehre (d.h. die Kabala) verschiedene Veränderungen erfahren, wie es eben der Verlauf vieler Zeitalter mit sich bringt.« Das Muiska-Museum ↗ bemüht sich um Entfälschung durch Vergleich mit den Systemen anderer Kulturen. — Die K. (= Tradition) sagt einen *›arc dans la nue‹* (etwa Bogen in der Wolke) voraus für die Menschen, die ihre ›Kette‹ aufrecht erhalten haben. Das war die unerklärte Licht-Wolken-Bahn ↗ von 1974. Als Datum wurde gesagt »... wenn die Entwicklung sie befähigen wird, die Handlungen zu erneuern, von denen am Anfang der Genesis ↗ berichtet wird.« Das ist der Griff nach Erkenntnis ↗ u. müßte in der Wiederholung ↗ (Handlungserneuerung) das Auftauchen und Verarbeiten der Grundmotive ↗ beinhalten. Und da ist doch überaus erstaunlich, daß deren Ausrichtung auf die Reihenfolge XP ↗ mit Hilfe der Zodiakzeichen ↗ im Jahr 1973 gelang, also kurz vor der Lichtbahn - und dieser Impuls 1975 an die Öffentlichkeit weitergegeben wurde, wie von Blavatsky ↗ und Steiner ↗ für 1975 vorausgesagt, also 1 Jahr nach der Lichtbahn im Jahr der letzten Wiederholung des X, am Anfang der Geschichte ↗ die Hl. Hochzeit ↗ zwischen Himmel und Erde. Sie sollte nach dieser langen ›Kette‹ zur Weisheit ↗ führen. Für die K. ist sie als Schechina ↗ so lange ›im Exil‹ gewesen. Als Name klingt K. wie Kybele ↗. — Im übrigen hat die K. neben Adam u. Eva ein 2. Paar überliefert: Adam Kadmon ↗ und Lilith ↗.

Kabir: griech. Bez. für ›göttlicher Mensch mit unmittelbar ausstrahlendem Logos‹, der dem äg. Ka ↗ entspricht; also direkter: Kabir = Ka-Träger. Als ›Große Kabira‹ gelten das Paar der Hl. Hochzeit ↗, Isis + Osiris. Also müssen a. die Figuren der Wiederkehr ↗ Kabiren sein. C.G. Jung ↗ setzte sich einen K. auf den eigenen Grabstein.

Ka-Cina: Katschina ↗.

Kad: 1) Vorsilbe von Kadmon ↗ mit Stellenwert 24; äqv. Cad ↗. Im Hebräischen a. Krug ↗. 2) Vorsilbe der äg. Kadesch ↗.

Kadesch: 1) äg. Göttin: gilt als Variante der Hathor ↗, wofür ihr Symbol, das Sistrum ↗, spricht. Auf einer Löwin ↗ stehend verweist sie a. auf die kanaan. Baalat ↗, u. in Kanaan ↗ war 2) der Ort K. nach ihr benannt, etwas nördl. von Baalbek ↗; es wurde zum Einfallstor der Israeliten bei der Landnahme ↗. Evtl. wurde hier Moses ↗ getötet. Unter den Füßen der Göttin das X (Archetyp Urmutter ↗) der Hl. Hochzeit ↗, die sie dann wohl insg. als Schlange ↗ vertritt, in der Gnosis ↗ der Logos, im Namen K. als Ka ↗ od. Kad (24) enthalten. Als Namensdeutung kommt Kad ↗-Is ↗ in Frage = die heiligen 24 Grundmotive ↗ des Kosmos. Namensverwandt mit Kadmon ↗ ist sie evtl. dessen Partnerin Lilith ↗.

Ka Dingir: in Sumer ↗ ›Tor der Götter‹, woraus später bab-ilani u. schließl. Babylon ↗ wurde. Offensichtlich entspricht hier Ka ↗, der Geist, dem Tor ↗, und die Götter setzen sich als dingir zusammen aus den Djinn ↗ (din) des Ger ↗ (gir). Der genau gleiche Sinn läßt sich herausholen, wenn dingir als Ding ↗ verstanden wird, wie im Germ. mit Artikel-Anhängung (s. Baldr ↗). — Lt. Wirth ↗ ist das Tor = Ka a. im alten Stadt-Zeichen ⊗ gegeben, d. h. als X ↗ im Kreis; mit dem X beginnt die Weltordnung ↗ des Ka.

Kadmon: der ›himmlische Mensch‹: Adam ↗ Kadmon mit Partnerin Lilith ↗, in der Kabala ↗ dem ird. Paar Adam Rischon ↗ + Eva ↗ gegenübergestellt (fehlt in der Bibel ↗). Durch den Zahlenwert 24 für Kad ↗ kann der Wert ›himmlisch‹ auf zweierlei Weise ausgedrückt sein: als kompletter Ka ↗ aus den 24 Grundmotiven ↗ oder als komplettes Sonnenalphabet ↗ aus den 24 Buchstaben; nur im letzten Fall wäre der unsterbliche Muntu ↗ erreicht. S. Kadmos ↗, evtl. als griech. Äqv. Für Blavatsky ↗ ist K. Vater des Kain ↗.

Kadmos: lt. griech. Mythos ↗ Bruder der Europa ↗, die er nach der Entführung durch Zeus ↗ suchen u. zurückbringen sollte. Das Orakel von Delphi ↗ legte ihm jedoch nahe, die Suche einzustellen u. stattdessen dort eine Stadt zu gründen, wo sich eine Kuh niederlegen würde. Daraus wurde Theben ↗. These: jedoch nicht das griech., sondern das äg. Theben mit K. als Gründer der 11. Dynastie ↗, die Pharao Muntuhotep ↗ = Krischna ↗ hervorbrachte. Vielleicht spielt darauf dunkel die Version an, K.s Tochter Semele habe Dionysos / hervorgebracht. — Zeitlich völlig verschoben ist die Überlieferung, K. habe das Alphabet der Phönizier / in Griechenland / eingeführt, was etwa im 9. Jh. v. Z. geschah, während sein Neffe Minos / ins 3. Jt. v. Z. fällt. These: evtl. wurden Kadmos + Europa auf Kadmon / + Lilith / aufgebaut, mit Anspielung auf das Ur-Alphabet /.

Kaf: ein myth. Berg im Islam /, zu dem der Koran / eine Abb. (Schema) liefert, wo er auf einem Kreis als Erde steht, getragen von einem Fisch. Er gilt als ›Wohnung der Djinn /‹, während für die Sufi / der Vogel Rokh / darin wohnt, äqv. dem Phönix /. These: sein ird. Abbild ist die Große Pyramide /, die wiederum die eigtl. ›Arche‹ des Noah / ist, und letzteren kann man als Namen aus dem Schema herausholen, mit Fisch = N (beim äg. Gott Nun /), Kreis = O u. Berg Kaf = A.

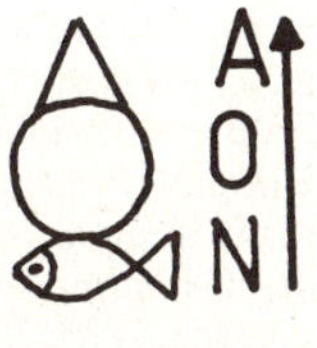

Ka-Geister: ggb. dem Ka / des Einzelmenschen die ›ewigen Mächte‹, die nicht an das Einzelleben gebunden sind. »Sie bestehen in sich, sind unvergänglich und ewig... absolutes, zeitloses Sein /... Sie wecken und stärken die Lebenskraft (= Einzel-Ka), die in dem Kind in die zeitgebundene Körperwelt eingeht. So steht hinter Einzelka und Kageistern die gleiche Erfahrung.« — These: es handelt sich um die Grundmotive / des Kosmos /, bei Sokrates / die präexistenten Ideen /. Germ. wohl die Ginn im Ginnungagap /.

Ka-Haus: äg. H.T / Ka /; in Ägypten jede Stätte, an der ein Einzel-Ka ›wohnt‹. Dazu zählt jedes Grab /, aber a. die Statue / der Toten /, schließl. eine ganze Stadt, wenn sie 1 der Götter / geweiht war. So hieß z. B. Memphis / ›Haus des Ka des Ptha /‹, sprich der Götterachtheit /.

Ka-Hieroglyphe: Hieroglyphe / für den Ka / (Abb. 1), im heutigen Afrika noch als Tanz /-Geste erhalten (Abb. 2). Die Umkehrung / findet sich in einer Höhle der germ. Externsteine /; beide Z. bilden zus. das Nommo-Zeichen /  beim Sigui-Fest / der Dogon, als Koppelung von Einzel-Ka u. Nut / (Kosmos).

Abb. 1

Abb. 2

Kailasa: eine Gebirgskette im Himalaya /, für die Brahmanen / ein myth. Himmelsberg als Wohnung der Götter. Blavatsky / meint, hier hätten sich einstmals Kämpfe zw. 4. + 5. Wurzelrasse / abgespielt, was ihn, wie den Berg Kaf /, in die Zeit von Noah / verlegt. Mit Göttern wären dann wohl die Riesen / gemeint.

Kain: lt. Bibel / 1. Sohn von Eva /; angebl. begeht er durch Tötung seines Bruders Abel / den 1. Mord u. wird verdammt, »unstet und flüchtig zu sein auf Erden«. Er bekommt ein Z., das sog. Kainsmal /, verläßt Eden / ›gen Morgen‹ und wohnt im ›Land Nod‹, wo er sich verheiratet, ohne daß man erfährt, wo plötzlich diese 2. Frau (neben Eva) herkommt. Hier setzt die Kabala / ein u. behauptet, K. u. Abel hätten sich um Lilith / gestritten. Als Äqv. kommt in Sumer / der Streit um Inanna / in Frage. Aber auf welchen Kontinent wechselte Kain dann über, um die lt. Bibel nach seinem Sohn ›Hanoch‹ benannte Stadt zu bauen. Bei der Namensgleichheit zu Enoch / kommt eigtl. nur das Enoichion in Frage, was in Simbabwe / anzusetzen ist, im ehem. Land To Ntr /, woraus Nod geworden sein muß. Von Eden = Mu / aus, war das ›gen Morgen‹ (= Sonnenaufgang), weil damals die Pole / u. damit Sonnenaufgänge umgek. wie heute waren. Innerhalb der Argonautik / kommt für den Wechsel die Fahrt der Tamil / über Süd-Indien nach Afrika in Frage. Südindien würde den Anspruch der Zigeuner / unterstützen, von Kain abzustammen; To Ntr der Linie entsprechen, die zu den Kanaanäern / führt u. von da zu den Olmeken /, deren göttl. Urpaar Ichamna / + Ixmukane / im Popol Vuh der Maya / wieder auftaucht. Es besteht die Möglichkeit, Hunahpu's / Vater Hun-Hunahpu mit K. zu identifizieren, sodaß dessen eine Frau Ixquic / vom Stamm der Came / die gesuchte Frau von K. sein könnte, anzusiedeln in Xibalba /. — Lt. Blavatsky / steht in althebr. Texten: »Kin (= Kain) war der Sohn von Eva durch Samael /, welcher die Stelle von Adam einnahm.« Sie selbst nennt Adam Kadmon / als Kain's Vater (statt Adam Rischon /). Hierin wäre der Unterschied zur Seth /-Linie zu sehen, der in Ägypten zum Erbstreit Horus /-Seth wird. Es besteht Wortverwandtschaft zu Kane /.

Kainsmal: lt. Bibel / eine Kennzeichnung von Kain /, die nicht näher beschrieben wird. Esot. Spekulationen machen ein T daraus. Da nun die Zigeuner / als angebl. Kain-Nachfahren eine ausgeprägte Nagel /-Phobie haben, wäre eher an ein T mit leicht gerundetem Abschluß zu denken (Schema), wie es in der Hand von Pachacamac auftaucht, wiederzufinden als 1. Rune von Tiod / u. in Umkehrung als Bootaxt /. Mit T = Archetyp Schlüssel / wäre Kain determiniert als Schlüssel-Träger (wie später Petrus /).

Ka'Ioi: Nv. für Arioi / auf den Marquesa-Inseln, Polynesien /. Aus diesem Namen / könnte man Ka / (Geist) des Io / machen, mit 2. I als Mehrzahl, also Eingeweihte in jenes Wissen, das Kane / von Io zum Paradies / (hier Kahiki) brachte.

Kairo: seit 972 Hauptstadt des 640 im Islamischen Blitzkrieg / eroberten Ägypten /, gen. El Kahirah = die Siegreiche, erbaut mit den kostbaren Kalksteinplatten des Mantels der Großen Pyramide /, der es gegenüberliegt, sowie des Materials von Memphis /. 2 Brücken waren allein zu dem Zweck gebaut worden, die geplünderten Steine mit Kamelen über den Nil / nach K. zu schleppen. Als Napoleon / hier eintraf, stellten seine Wissenschaftler mit Verblüffung fest, daß die durchgezogenen Diagonalen der Großen Pyramide genau das Nildelta ↗ umschlossen (Abb.). – Ein neues

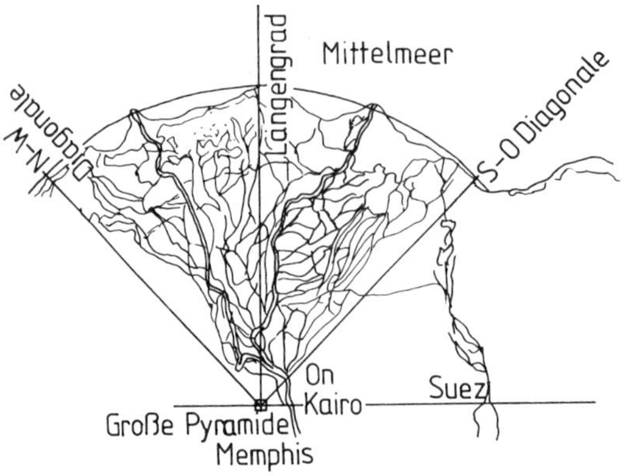

Stadtviertel von K. überlagert heute On ↗. – 1977–1979 soll sich in K. der wiederkehrende Antichrist ↗ (Seth ↗ in Ägypten) aufgehalten haben, s. Endzeit ↗.

Kaiserkrone: des Heiligen Römischen Reiches Deutscher Nation ↗, a. Reichskrone; wahrsch. schon für Otto den Gr. ↗ 962 angefertigt. Zus. mit dem ›Speer des Schicksals‹ ↗ wichtigstes Symbol für das Reich ↗. Sie enthält 8 Bögen wie Babylon ↗ 8 Tore hatte od. die Germanen 8 Att ↗ (das Kreuz wurde erst später hinzugefügt). Im Frontbogen als Ul-Rune ↗ (s. Julbaum ↗) 12 große Steine = der Zodiak ↗; er kehrte inzw. wieder auf die Europa-Fahne mit 12 Sternen. – Abb. 1 zeigt das Schema, Abb. 2 das Original der K.

Abb. 1

Abb. 2

Kaka: Nv. für Katschina ↗ bei den Zuni ↗; prakt. eine Verdoppelung ↗ von Ka ↗ zu göttl. Geistwesen.

Kako: männl. Häuptling bei den Zigeunern ↗ ggb. Pura Dai ↗, dem weibl. Häuptling, bei der ersterer bei schwierigen Angelegenheiten Rat holt.

Kal: zählen (ind.); wird zu Kala ↗ (Zeit) u. Akala = Nichtzeit. In unserem Wort ›kalkulieren‹ enth., in Zahl ↗ u. dem Kalender ↗. Indian. Äqv. dürfte der Calpulli ↗ als Zähleinheit sein.

Kala: Zeit (ind.), von Kal ↗ = zählen: »Fürwahr es gibt 2 Formen des Brahman ↗, die Zeit (Kala) und die Nichtzeit (Akala). Nämlich was vor der Sonne da war, das ist Nichtzeit, das Nichtteilbare und was mit der Sonne (Aditya ↗) anfing, das ist die Zeit, ist das Teilbare. Die Erscheinungsform des Teilbaren ist das Jahr (Samvatsara) und aus dem Jahr entspringen diese Geschöpfe (Prajah).« These: das stimmt und stimmt nicht, denn a. vor der Entstehung der Sonne ↗ haben die Grundmotive ↗ des Kosmos ↗ eine Wirkdauer von je 1,44 Mrd. J.; nur sind diese dann in sich ›unteilbar‹. Außerdem gibt es die Zahlen ↗ erst als Sonnenkreis, worauf sich Kal wohl im Endeffekt bezieht; als Umdrehung ↗ bietet sich lak (frz. *lac* = See) an, womit wir beim Gläsernen Meer ↗ landen als Zusammenfassung der Zahlen. – K. gilt a. als Nv. von Vishnu ↗.

Kaldi: Chaldäa ↗ bei den Zigeunern ↗, wo Kal ↗ = das Zählen bes. ausgeprägt war. Kaldi = Land der Zahlen?

Kalender: System der Zeiteinteilung (s. Kala ↗) u. Basis jegl. Kultur ↗. Kleinste Einheit ist das Jahr ↗, das ganz unterschiedl. aufgeteilt wurde, z. B. in 36 Dekane ↗ od. 18 Uinik ↗, bei uns in 12 Monate ↗. Für größere Jahr-Zusammenfassungen wurden Koppelungen mehrerer Himmelskörper benutzt. So von den Maya ↗ Erde + Venus ↗: 8 Erdjahre = 13 Venusumläufe, um die gleiche Zahl 13 erweitert auf 2 Tzolkin ↗ als ›Treffen von Sonne, Mond + Venus‹ (alle 104 Jahre); das ganze mal 50 ergab 1 Longcount ↗ bei den Olmeken ↗, u. dessen Dauer mal 5 ergab schließlich die Präzession ↗, d. h. 1 Erdachsenpendel. – Eine größere Einheit war in Ägypten die Chenti ↗-Periode von 120 J. = 2 Konjunktionen ↗ von Jupiter + Saturn. Das geht in 1 Präzession 216 mal, eine Zahl, die leicht zu merken ist, weil unter Anhängung von Null 1 ihrer 12 Sektoren (s. Tierkreis ↗) entsteht: 2160 Jahre. Bei den Dogon ↗ gibt es noch 4 ineinandergreifende K.: Sonne, Mond, Venus u. Sirius ↗, gekoppelt auf 1440 Jahre, was genau 18 mal in der Präzession geht. Aus dem Tamil ↗-K. stammen wahrsch. die Yugas ↗ mit anderer Aufteilung der Präzession, aber a. weit darüber hinausreichend. – Ein kurz angelegter K. ist der des Islam ↗, beginnend 622, endend 1987 (wie die Höllenzeiten ↗ der Maya). Der K. der Juden ↗ beginnt 3761 v. Z., weshalb das Jahr 1983 bei ihnen das Jahr 5744 ist. Es bedeutet zahlenmystisch (durch Umwandlung von Zahlen in Buchstaben) zerstöre, in Befehlsform, weshalb es umbenannt werden soll. Mit ihrem seltsamen Anfangsjahr verbinden sie den Beginn der Welt, d. h. die Schaffung von Adam + Eva ↗ am 6. Tag (der Sekundärschöpfung ↗). Hier liegt ganz offensichtlich eine Verwechslung vor, denn im 4. Jt. v. Z. begann der 5. und letzte Longcount und nicht die getrennte 3. Wurzelrasse ↗. – These: der Kalender begann mit der Ankunft der Kulturbringer ↗; er war Teil des Ur-Alphabets ↗. Die in ihn eingebauten Feste ↗ übertrugen Stationen des Weges ↗ auf das Jahr. Deshalb kann man Kultur als Kult-Uhr vertehen mit dem Fuß ↗ als Symbol des Durchlaufs. — S. Runen ↗-Kalender.

Kalewala: Land des Riesen Kalewa; nach ihm ist das Kalewala-Epos ↗ benannt. These: es handelt sich um To Ntr ↗.

Kalewala-Epos: uralte karelische Gesänge, die von dem Finnen Lönnrot (1802–84) gesammelt u. aufgezeichnet wurden, einem Karelier ↗ zuvorkommend, der die gleiche Absicht hatte. Fragl. bleibt, ob Lönnrots Reihenfolge u. Sinn-Kontext stimmen. — Ein Sänger (wie Orpheus ↗, Homer ↗, die Wala der Edda ↗ u. Ossian ↗) namens Wäinämöinen berichtet zunächst, seine Mutter, ›Tochter der Lüfte‹, habe ihn 700 Jahre im Schoß getragen - man denkt an Lilith ↗, zumal im Zentrum des Geschehens Sambo ↗, die ›sprechende Truhe‹ steht, die ›von oben‹ kam = der Gral ↗, in der Edda die Zaubermühle Grotti ↗. Statt Fenja ↗ zerbricht hier die ›böse Louhi‹ als letzte Besitzerin die in einem Felsenberg (statt Königspalast) versteckte Sambo, nachdem sie von Gralsräubern gestohlen u. von ihr zurückgeholt wurde. Dieser letzte Kampf spielt sich in Schiffen auf dem Wasser ab. Ende: »Die Kalewiden ↗ siegten, aber Sambo zerbrach...« d. h. wurde zerbrochen u. von Louhi ins Wasser geworfen. These: dieser Akt spiegelt sich im äg. Thron ↗ (Truhe im Wasser, darüber ein Boot). Letztere ist die germ. Nertus ↗, auch Janna ↗ oder Anu ↗, sodaß die siegende Partei der Kalewiden oder Schwarzen (Kali ↗) Wissenden (widen von Veda ↗) der Stamm der Anu sein dürfte. Entspr. ist Kalewa der Schwarze Waland ↗, äg. Thot ↗, germ. Tuisto ↗, griech. Hermes ↗.

Kalewiden: im Kalewala-Epos ↗ die siegreiche Partei beim letzten Weltuntergang ↗ (germ. Götterdämmerung): die Anu ↗ oder Wanen ↗. Im Wort stecken a. die Schwarzen (Kali ↗) Veden ↗ (Widen), die den Tamil ↗ zugeschrieben werden.

Kali: ind. Göttin, übers.: die Schwarze bzw. die Unzugängliche, mit der geometr. Formel: weibl. Dreieck ↗ im Kreis ↗. »So wie alle Farben in Schwarz ↗ verschwinden, so verschwinden alle Namen und Formen in ihr.« Die Dichte der Schwärze wird a. mit dem starken, ungeteilten, unvermischten reinen Bewußtsein ↗ identifiziert. Sie gilt als eine der wichtigsten Dasamahavidya ↗ (= 10 großen Wissen) u. eine Erscheinungsform der Sakti ↗, die aktive kosmische Kraft (s. Kosmos ↗). Ihre Symbole (s. Abb.) sind:

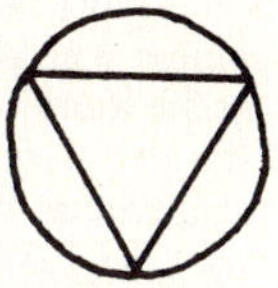

1) Girlande aus 50 menschl. Köpfen, von denen jeder 1 der 50 Buchstaben des Sanskrit ↗-Alphabets repräsentiert, als Speicher von Kraft u. Wissen, Elemente des Urklangs u. der Kraft der Mantras ↗ (Ursilben).

2) Gürtel aus menschl. Händen = das Karma ↗, d.h. die angesammelten Taten, die im folg. Leben ihre Wirkung zeigen.

3) 3 Augen = die 3 Kräfte Schöpfung, Erhaltung, Zerstörung beherrschend (das sind a. die 3 Seiten des Dreiecks).

4) 4 Arme (ihr Gatte Schiwa ↗ hat 8), aus denen sich das Schema des Gesamtkosmos ↗ herauslösen läßt, wobei ganz richtig ihr Körper mit den 50 Köpfen (Buchstaben) zum Mittelstück (Rhombus ↗) wird. Der Gesamtwert 100 ↗ spiegelt sich vielleicht in der Summe von 50 Köpfen u. 50 Fingern der 10 Hände am Gürtel. In Ägypten ergibt sich die Zahl 100 der ihr äqv. Göttin Mut ↗ aus der Kreuzung von Hirtenstab ↗ u.

Geißel ↗ vor der Osiris-Mumie ↗, die Mut als Geier umhüllt.

5) Blutrote Zunge = Kraft der GUNA ↗ von Rajas, die Kinetik, die allen Aktivitäten Antrieb verleiht.

Kali auf Kama stehend

6) Opferschwert + abgetrennter Kopf symbolisieren Kalis Führung beim Abwerfen des Ich ↗-Bewußtseins.- Bei den Zigeunern ↗ bedeutet *kali* noch heute: schwarz, weise u. schön. — Nach K. benannt ist Kalkutta als Kali-Tempel der Durga ↗.

Kaliya: der von Krischna ↗ ›getötete Drache‹; s. Mythos vom Drachenkampf ↗, der hier jedoch nicht mehr die Zeit des Weltuntergangs (11432 v. Z.) betrifft, da Krischnas Tod das Kali Yuga ↗ (ab 2370 v. Z.) beginnen ließ.

Kali Yuga: das ›Finstere (Kali ↗) Zeitalter (Yuga ↗)‹; es begann nach Krischnas ↗ Tod und umfaßte die 2 letzten Sektoren des Zodiak ↗: Widder + Fisch = 2370 v. Z. - 1950. In Ägypten wie Indien ist es das 4. Zeitalter (Yuga) der Erde, darf aber nicht mit der Weltenlehre ↗ verwechselt werden. Äg. Totenbuch ↗:

»Und nun ergläntzt das göttliche Auge
Während der langen Nacht
Während des Vierten Zeitalters der Erde
Bis ans Ende des zweiten Teils des Zeitalters«
(Kap. CXL)

»Zu dieser Zeit werden Monarchen sein, die über die

Erde herrschen, Könige von rohem Geiste, heftigem Temperament, und immer der Falschheit und Bosheit ergeben. Sie werden Frauen, Kinder und Kühe töten; sie werden das Eigentum ihrer Untertanen wegnehmen... Wohlstand und Frömmigkeit werden Tag für Tag abnehmen, bis die Welt gänzlich verkommen ist... Besitz allein wird Würde verleihen; Reichtum wird die einzige Quelle der Anhänglichkeit sein... Falschheit das einzige Mittel zum Erfolg im Rechtsstreit; und die Weiber werden bloße Gegenstände sinnlichen Genusses sein... Derjenige, der der Stärkste ist, wird herrschen... So wird im Kalizeitalter der Verfall beständig fortschreiten, bis das Menschengeschlecht sich seiner Vernichtung nähert. Wenn der Schluß des Kalizeitalters nahe sein wird, wird ein Teil des göttlichen Wesens, welches existiert, aus seiner eigenen geistigen Natur (Kalku; Avatara ↗) auf die Erde herabsteigen... und die Gemüter jener, welche am Ende des Kali Yuga leben, werden erweckt werden, und werden so durchsichtig sein wie Kristall...« (Vishnu Purana). Mit anderen Worten: es läuft in die Endzeit ↗ aus. Für die Verfinsterung sorgte v. a. die Völkerwanderung ↗, als deren letzte Welle der Kolonialismus ↗ zu betrachten ist. — These: positiv gesehen war das K.Y. eine Provokation zur Entwicklung des 6. Sinnes ↗ für die anschließende 6. Welt ↗.

Kalki: ein symb. Pferd: »Vishnu ↗ wird auf Kalki, dem weißen Rosse, als der letzten Avatara ↗ inmitten von Feuer und Flammen wiederkehren.« Eine merkwürdige Par. zum weißen Pferd des 1. Apokalyptischen Reiters ↗. — Nach K. wird von dieser letzten Inkarnation des Vishnu = Maitreya ↗ a. als Kalki Avatara ↗ (= Heiland) gesprochen oder von Kalkin ↗ mit Lakschmi ↗ als Partnerin.

Kalki Avatara: der auf Kalki ↗ am Ende des Kali Yuga ↗ erscheinende letzte Avatara ↗. »Begabt mit 8 übermenschlichen Fähigkeiten... Er wird Rechtschaffenheit auf Erden wiederherstellen« (Vishnu Puran). Im Buddhismus ↗ wurde daraus Maitreya ↗. Afrik. Äqv.: Nommo ↗, christl. Äqv. Christus ↗. S. Wiederkehr ↗. — Nv. Kalkin ↗.

Kalkin: Nv. für Kalki Avatara ↗. These: da Kin ↗ bei den Maya für Sonne steht, wäre bei Einsatz von Kal = Kali ↗, schwarz, die Schwarze Sonne ↗ gemeint u. die Nähe zum Tzolkin ↗ von 52 Jahren gegeben, was dem Umlauf der schwarzen Siriussonne entspricht od. Anubis ↗ in Ägypten u. den 24 schwarzen Hunden, die in der Julnacht Frau Gaur ↗ begleiten, die dann Lakschmi ↗ entspräche, Partnerin des Kalkin: zus. sind sie das ird. Abbild dieser Neuen Sonne ↗.

Kalligraphie: Schönschrift; zusammengesetzt aus Kalli, äqv. der Göttin Kali ↗ (= schwarz, schön u. weise) u. Graphie, von gravieren, aufzeichnen, d. h.

Schrift ↗, die zu Kunst ↗ wird, was insofern immer naheliegt, da umgek. Schrift aus Kunst hervorging. — Bes. ausgeprägt im Islam ↗ durch Kunstverbot ↗. Man schätzte schließl. die K. so hoch, daß islam. Architekten bei ihren Bauwerken Schriftformen als reines Ornament verwendeten (Abb.: Säulenkapitell), zus. mit geometrischen u. floralen Motiven.

Kalpa: Zeitalter bei den Brahmanen ↗; a. ›1 Tag des Brahma ↗‹ gen. = 4,32 Mrd. Jahre, als Zusammenfassung von 100 Maha Yuga, jedoch wird lt. Blavatsky ↗ das genaue Zählsystem nicht oder nur exoter. hergegeben. — In der Weltformel ↗ dauert die Sekundarschöpfung ↗ 1 Kalpa. Würde man weiterrechnen, umfassen 100 Kalpas = 3 Gesamtkosmos ↗-Zeitspannen, d.h. 432 Mrd. = 3 x 144 Mrd.

Kalumet: Pfeife ↗ bei den Indianern ↗ im SO von Nordamerika:

1) das blaue Kalumet verkörpert den Himmel, den Frieden, die Nacht, den Mond, den N und das weibl. Prinzip;

2) das grüne Kalumet verkörpert Erde, Krieg, Tag, Sonne, S und das männl. Prinzip.

Sie werden immer paarweise benutzt. S. Yin + Yang ↗ in China, wo die äqv. Farben schwarz + weiß od. blau + rot statt blau + grün sind.

Kam: Ham ↗, Kem ↗, Cham ↗ etc. = schwarz ↗. S. Kama ↗ u. Kame ↗.

Kama: die 1. Bewegung, welche das Eine, nach seiner Offenbarung aus dem rein abstrakten Prinzip, anregte zu erschaffen – a. Liebesbegierde gen. Figurativ: Kama-Deva = Gottheit der Liebe u. Begierde. Nv.: Atma Bhu (ind.). — These: das hier gen. Eine ist A, angeregt durch B = Liebestanz ↗, 2. Grundmotiv ↗ des Sonnenalphabets ↗. Da A + B aber noch außerhalb der Primärschöpfung ↗ stehen (= Sonnenkern ↗ + Barken ↗), kann man noch von Ka ↗ (Geist) der Sonne = Ma ↗, zus. Kama, sprechen. Das ›rein abstrakte Prinzip‹, aus dem das Eine offenbart wird, ist der Kosmos; s. Kali ↗, auf der Begierde in Gestalt eines Liebespaares stehend.

Kambyses II.: König von Persien ↗ 529–22 v. Z., der 525 Ägypten eroberte. Als er in den Tempel von Sais ↗ geführt wurde, sagte der leitende Priester zu ihm: »Ich mache kund seiner Majestät die Würde von Sais, welches der Aufenthalt von Nut ↗, der großen Hervorbringerin ist, der Gebärerin des Sonnengottes, welcher da ist der Erstgeborene und welcher nicht erzeugt ist, sondern hervorgebracht (und somit die Frucht einer unbefleckten Mutter, lt. Blavatsky) ist.« — Den Zugang zum allerheiligsten Tempel von Memphis ↗ soll er sich mit dem Schwert erzwungen haben, um die sagenumwobene Kabira Isis ↗ u. Osiris ↗ zu sehen. Herodot ↗ berichtet, er habe sich dann beim Anblick eines schwarz-weißen Sechssterns ↗ aus Stein halbtot gelacht, weil er ganz etwas anderes zu sehen glaubte: einen weißen Mann mit gespreizten Beinen, vor dem eine schwarze Frau auf dem Kopf stand, ebfl. die Beine spreizend. These: aus diesem Bericht ist zu schließen, daß die Israeliten ↗ den sog. Davidstern ↗ aus Ägypten mitnahmen. — K. zerstörte das äg. Kulturzentrum, das dort Tausende von Jahren bestanden hatte, nahm alle Techniker u. Künstler in Gefangenschaft, die von Nutzen sein konnten, um Babylon ↗ zu bereichern u. zu verschönern. Er nahm a. die Priester u. Wissenschaftler mit – in jener Zeit waren die beiden identisch –, die Gurdjieff ↗ in dem Kapitel XXIV u. XXX von

›Beelzebubs Erzählungen‹ beschreibt (J.G. Bennett). These: andere Wissende flohen vor ihm, so der spätere Buddha ↗, Zarathustra ↗ u. Heraklit ↗, wodurch merkwürdigerweise 1975 (s. Endzeit ↗) genau 2500 Jahre seit 525 v. Z. verstrichen sind als jenem Impuls, der zur Wiederholung ↗ der Geschichte ↗ bzw. der Hl. Hochzeit ↗ bzw. des Sechssterns führte.

Kame: Schreibvar. von Came ↗; bed. wohl nur die Schwarzen, von Kam ↗, schwarz. Im Popol Vuh ↗ ein Geschlecht von Göttern, das gg. die Ahpu ↗ kämpft. Evtl. zusammenhängend mit Kamephis ↗.

Kamephis: Horus ↗ als ›Stier seiner Mutter‹ Isis ↗, was auf den 1. Inzest ↗ verweist. Mögl. Übers.: schwarzer (Kam ↗) Sohn (Phis, frz. *fils*) od. Sohn der Kame ↗, verw. mit Kemur ↗ (der Große Schwarze). Wird oft in 3 Generationen aufgespalten. Nv. Kamutef ↗.

Kamerun: Nachbarland von Nigeria ↗; der Name stammt von ›Rio dos Camaraos‹, Fluß der Garnelen (portug.). Afrik. hieß es Ndyouya. Im S sind schon Bantu ↗-ähnl. Völker wie die Bamileke u. Bamum ↗. Bei ersteren gelangte der (absolute) König, Fo, erst nach einer Initiations ↗-Probezeit auf den Thron. Die Königinmutter, Mafo = Mutter (Ma ↗) des Fo, genoß jedoch ein relig. Ansehen, das das des Königs übertraf. Letzter Herrscher der Bamum vor Einbruch des Kolonialismus ↗ war Njoya, 1883 der Regentschaft seiner Mutter Nzabndunke folgend; er erfand eine neue Schrift aus 510 Zeichen u. damit schrieb er seine berühmte ›Geschichte der Gesetze und Sitten der Bamum‹. Er wurde von den Franzosen abgesetzt u. verbannt, nachdem diese die Deutschen vertrieben hatten. — Nach Erfolg des Unabhängigkeitskampfes fiel N-Kamerun an Nigeria, S.-K. wurde selbständige Republik (1957). Religion: Monotheismus ↗ + Ahnenkult. These: der alte Name könnte Ntu ↗ (= Ndyou) Gehen (= Ya ↗) bed. haben, d. h. eingebettet sein in die Ntu-Philosophie ↗. — Die Bamum gehören zu den ›12 verlorenen Stämmen‹ ↗ von Altägypten.

Kami: im jap. Schintoismus ↗, urspr. Kami-Weg ↗ gen., Myriaden göttl. Kräfte. Die Elemente ↗ gehören dazu, aber a. Himmelskörper, Berge, Flüsse, gewisse Tiere und hervorragende Ahnen. An ihrer Spitze stehen 2 weibl. Kami, verknüpft mit Sonne ↗ + Mond ↗. Nur erstere, Amaterasu ↗, spielt eine wichtige Rolle. — Das Wort gilt als jap., wird jedoch mit chin. Schriftbildern geschrieben (Abb.) u. liest sich dann Shin ↗. — Jedes K. hat eine spez. Eigenschaft, Fähigkeit u. Mission u. bekommt einen Schrein ↗. Kaum systematisiert, kann man mit Hilfe der Weltformel ↗ doch erkennen, daß sich in den ersten K. die

Kategorien des Daseins ↗ verbergen, zumal die Koto-Amatsu-Kami (5 bes. himml. Gottheiten od. Kami) von allen anderen K. abgetrennt werden, aber erst nach der Schöpfung ↗ auftreten. These: sie vertreten den Sonnenkern ↗ + die 4 Elemente. Folgerichtig schließt sich Kamiyo-Nanayo an, das Zeitalter der 7 Götter (Kami) Generationen = der 8er Kreis ↗ der Sonne (ohne 8. Sektor, äqv. den 7 Erzengeln ↗ od. Adityas ↗), u. dann werden 12 Gottheiten (Kami) erschaffen = der 12er Kreis ↗. Als letzte (11 + 12) Izanagi ↗-No-Kami u. Itzanami ↗-No-Kami. Damit wären gewissermaßen die 24 Kategorien der afrik. Ntu-Philosophie ↗ gegeben, denn 5 + 7 + 12 = 24. — S. Kan Nigiwai ↗.

Kamikaze: göttl. Wind, von Kami ↗ + Kaze (Wind). Er kam Japan ↗ zu Hilfe, als im 13. Jh. die Mongolen ↗ einfielen; als plötzl. Taifun machte er der Invasion (rund 150000 Mann mit mehr als tausend Schiffen) in wenigen St. ein Ende. K. wurde zum ›Sieger des Krieges‹. Bis in die jüngste Zeit hat das Ereignis den Mythos getragen, Japan sei unverletzlich. - K. nannten sich im 2. Weltkrieg dann Flieger, die in Ein-Mann-Raketen - als Selbstmordkandidaten - auf Schiffe stürzten.

Kami-Weg: Schinto ↗ bzw. Schintoismus ↗: bis zum Import des Buddhismus ↗ durch Koreaner die alleinige Religion ↗ von Japan ↗, ohne daß ihre Herkunft bek. ist. These: geht wohl auf das Reich der Zauberköniginnen ↗ zurück, da im Zentrum eine Göttin (Amaterasu ↗) steht, wichtigste aller Kami ↗. — Alles im tägl. Leben, im Ritual ↗ u. in der Verehrung des Tenno ↗ war (u. ist teilw. noch) durchdrungen, in Übereinstimmung mit den Kami vollzogen zu werden. Es ist eine lebendige, nicht gelehrte oder kanonisierte Kommunikation mit dem Jenseits ↗, die der Harmonie u. Gerechtigkeit dient, keine Bilder, nur Schreine ↗ benutzt. Alle Menschen gelten als Kinder der Kami, können bzw. sollen wie Kami verehrt werden, werden aber nicht Kami genannt. Höchstens nach dem Tod ↗, wenn sie zum Wohl der Gemeinschaft beigetragen haben. Es gibt keinen Theorie-Streit.

Kamu: eine ›fliegende Himmelskammer‹ der Inanna ↗:

»Herrin des Himmels:
Sie legt das Himmelsgewand an
steigt kühn zum Himmel auf
über alle bevölkerten Länder
fliegt sie in ihrem Kamu.«

Ein schwer interpretierbarer Text aus Sumer ↗. Wenn damit kein prähistor. Raumschiff ↗ gemeint ist (z. B. wie die Rakete der Orejona ↗), kommt nur ein Stern als Schiff ↗ in Frage, in diesem Fall die Schwarze (Kam ↗) Sonne ↗ des Sirius - äqv. schwarzer Mond (= U ↗), auf sum. Rollsiegeln ↗ ein Rhombus ↗. Man findet die Göttin aber a. auf 2 Löwen, die das Schriftbild Mu ↗ formen; dann wäre zu lesen: Geist (Ka ↗) Erde (Aker ↗ statt Mu) und eine solche ›Geisterde‹ könne z. B. die Venus ↗ sein, als Haus od. ›Kammer‹ = Aufenthaltsort der Göttin. — Als äg. Vorsilbe findet sich K. in Kamutef ↗.

Kamutef: Nv. von Kamephis ↗; zusammengesetzt aus Kamu ↗ + Tef (= Tefnut ↗). Hier wäre Horus ↗ als ›Kammer‹ (Kamu) des Feuers zu verstehen; tats. gilt K. nach Heraiscus als Sonne (Bonnet).

Kan: Schlange (s. Chan ↗) + Frau, übergehend in Kana ↗, Gefäß, bei fast allen Völkern in Var. erhalten: indian. *Lakan* (Frau); etrusk. *Cana* (Großmutter); finn. *Kanen* (Mädchen); Buschmann *Khuana* (Mädchen); indian. *Cona* (Frau), norweg. *Kona* (Frau), südchin. *Kun* (Frau), geht über in engl. *Queen* (Königin), griech. *Gyne* ↗ (Frau), um bei Gin in Djinn ↗ u. Ginnungagap ↗ u. schließl. bei Yin ↗ (weibl.) zu landen. Äg. Bsp.: Kandake ↗. — Das Wort könnte eine Zusammenziehung von Ka ↗ (Geist) u. An ↗ (Himmel) sein. s. a. die Göttin Ixmukane ↗ u. die austral. Regenbogenschlange ↗. – Prinzip. dürfte der Kreis ↗ als Schlange = Zyklus ↗ gemeint sein, u. das Weiche, Sanfte: Mtun'*Kan* = sanft, tib. *Can'*oodle = liebkosen, engl.

Kana: Behälter, Herkunftsstelle, Sammelort (mandäisch); als ein best. Gefäß wurde es unsere Kanne od. Dose = *can,* engl. – Da die Mandäer ↗ Nachbarn der Kanaanäer ↗ waren, darf man annehmen, daß Kanaan ↗ die gleiche Bed. enthält.

Kanaan: nach 1 Sohn (Stamm) von Ham ↗ benanntes Land in Kleinasien ↗, lt. Bibel ↗ mit den einstmaligen Grenzen von: Sidon ↗ (im späteren Phönizien, heute Libanon ↗) bis Gaza auf der Sinai ↗-Halbinsel (später von den Philistern ↗ eingenommen, heute Israel ↗ als ehem. Juda ↗). – Aufteilung in Unterstämme s. Kanaanäer ↗. Älteste Spuren sind bis 8000 v. Z. datierbare Menhire ↗, Dolmen ↗ u. Steinkreise ↗ (Gilgal ↗) einer Megalithkultur ↗ u. Städte wie Jericho ↗, Baalbek ↗, Byblos ↗ u. Jebus ↗; dann Sodom ↗ + Gomorrha. 1. Siedlungszerstörung um 2100–1600 im Rahmen der Völkerwanderung ↗ durch Semiten ↗ (Hebräer ↗ wahrsch.). Um 1200 v. Z. gewaltige Umwälzungen durch Einfall der Philister, die Palästina ↗ gründen sowie die Rückkehr der Israeliten ↗. Ein Synonym für K. war der Phönix ↗, sodaß man K. wohl mit Kana ↗ (Gefäß) An ↗ (des Himmels) übersetzen kann, womit evtl. a. jener ›Korb‹ gemeint ist, den Kane ↗ - hier Baal ↗ - vom Himmel brachte = der Gral ↗, bei den späteren Juden ↗ in die Bundeslade ↗ verwandelt wie Io ↗ in Jahwe ↗. – Nv.: »Land Morija« (1 Mose 22, 2) = Ha'e Mori (lt. Wirth ↗) nach Emori, einem Sohn von K.; daraus wurde z. B. a. Hmr ↗ (u. Homer ↗) u. bed. wohl nur Land der Mohren ↗ (mori) = Lemuren ↗ wie Land des Moria ↗ (Tempelberg), der Mora-Steine ↗ sprich des Gesetzes u. Land der Marae ↗ = Kultstätten. – Aus dem Land Morias oder Murias kamen einst a. die *Tuatha de Dannan* ↗ mit ihrer Flotte nach Irland. Und aus K. stammte Europa ↗. These: ebenso die Olmeken ↗.

Kanaanäer: Nachf. u. Einwohner von Kanaan ↗, lt. Bibel ↗ zusammengesetzt aus: Sidon ↗, Heth (evtl. zu Hethitern ↗ führend), Jebusi (bekamen Jebus ↗), Emori (Himariten ↗, später Amoriter), Girgosi, Hivi, Arki, Sini ↗, Arvadi, Zemari u. Hamathi. »Daher sind ausgebreitet die Geschlechter der Cananiter...« (Mose 10, 15-18). Die meisten (hebr.) Namen sind nicht mehr identifizierbar. – Merkwürdigerweise wurde Kanaan als Stammvater dieses Volkes folgendermaßen verflucht: »Verflucht sei Canaan, und sei ein Knecht aller Knechte unter seinen Brüdern...« (1 Mos. 9,25), worauf die Puritaner ↗ der USA ↗ ihren Rassismus ↗ gg. alle schwarzen Amerikaner ↗ gründeten sowie die angebl. nichtaufhebbare Versklavung ↗. Da diese ca. 400 Jahre dauerte, meint der afrik. Wissenschaftler Diop, Senegal, es handle sich um eine Einschiebung der Juden ↗ als mag. Rache für die 400 Jahre Versklavung der Israeliten ↗ in Ägypten, die sich dann erstaunlich genau ausgewirkt hat - aber wieso wird Kanaan statt Mizraim ↗ (Ägypten) verdammt? Und dies, obwohl lt. Bibeltext Ham ↗ sich einer Lächerlichkeit wegen schuldig macht? These: hierin versteckt sich der Archetyp ↗ Schuldhafte Tat, nämlich der schwarze Riese Sutur ↗, der die Welt anzündet, kurz vor der Sintflut ↗. Erinnerungen an all diese Schrecken waren in Kanaan so stark, daß man, wie Schrifttafeln erzählen, nie sicher war, ob man dem Frühling einen weiteren Winter folgen sah. Es war wohl a. der Grund dafür, daß die K. ihre Städte direkt ans Mittelmeer ↗ bauten u. überhaupt mehr auf Schiffen als auf dem Land zuhause waren, genau wie die späteren Phönizier ↗, was

seinen Niederschlag in der Odyssee ↗ u. bei Sindbad ↗ dem Seefahrer fand. Allein im brasil. Dschungel (s. Amazonas ↗) fand man 250 kanaan. Inschriften in 20 Grotten; kanaan. Geld in Tennessee, USA; Zeugnisse einer Handelsniederlassung in China etc. – Wichtigster Mythos ↗: Der Palastbau des Baal ↗. Aus dem Baal-Jam Kampf wurde der Zion ↗-Mythos, wie die Bibel überhaupt starke kanaan. (u. äg.) Züge aufweist. – Hauptgöttin: Anat ↗, äqv. Schechina ↗ bei den Juden. Es erhebt sich die Frage, ob nicht Maria ↗ über ihre Mutter Ana (s. Hand ↗) K. war. – In Europa ↗ legten die K. 3 sog. Sternenwege ↗ an.

Kandake: Mutter des äg. Pharaos ↗, was soviel wie Gottesmutter ↗ bed.; sie rückt dabei an die Stelle der 2 Göttinnen Isis ↗ + Nephtys ↗, mit Symboltier Schlange ↗ (hier wohl Kan ↗) + Geier ↗ (dann Dake, mit Umdrehung ↗ Ekad = Achath ↗), erhalten in der Geierkrone ↗ (mit Schlangenkopf), aber a. in den gleichen Tieren an der Stirne der Osirismumie ↗, die sich fortsetzen im X (Archetyp Urmutter ↗) aus Hirtenstab = Schlange = Papyrus ↗ u. Geißel = Geier = Lilie ↗, zus. die Mut ↗, mit der K. als ird. Ebenbild. – Lt. relig. Dogma wurde sie nicht von ihrem Gatten, sondern von Re ↗ (der Sonne) bzw. den Strahlen des Aton ↗ befruchtet, blieb also Jungfrau (II) ↗. – Ihre Aufgabe war der Ka-Transfer ↗ u. die Weitergabe des Throns ↗, den ihr Sohn als Horus ↗ nur erben konnte, wenn er seine Mutter (= die K.) od. Schwester heiratete, s. Inzest ↗. These: Kandake könnte Vogelschlange ↗ bedeuten.

Kandinsky, Wassily: russ. Maler (1866–1944); gab in München ↗ zus. mit Franz Marc ↗ 1912 den Kunst ↗-Almanach *Der blaue Reiter* heraus: »... Merkmale einer neuen geistigen Epoche (die prophezeit wurde und heute in einem der ersten Anfangsstadien sich kundgibt) sehen wir in der gegenwärtigen Kunst. Und zwar:
1. eine große Freiheit, die manchem grenzenlos erscheint und die
2. den Geist hörbar macht...« (s. Graphische Akustik ↗

bei Kolawole ↗). Und am Ende des gleichen Artikels: »Nur durch Freiheit kann *das Kommende* empfangen werden.« Was er darunter verstand, zitiert er in seinem Buch ›Über das Geistige in der Kunst‹ von Blavatsky ↗: »Ein neuer Sendbote der Wahrheit wird von der theosophischen Gesellschaft die Menschheit für seine Botschaft vorbereitet finden: es wird eine Ausdrucksform geben, in die er die neuen Wahrheiten wird kleiden können, eine Organisation, die in einer gwissen Beziehung seine Ankunft erwartet, um dann die mater. Hindernisse und Schwierigkeiten von seinem Wege hinwegzuheben.« Kandinsky: Und da nimmt Blavatsky an, »daß im einundzwanzigsten Jahrhundert die Erde ein Himmel sein werde im Vergleich zu dem, was sie gegenwärtig ist...« (These: womit sie die 6. Welt ↗ meinte, die sich an die Endzeit ↗ anschließen wird). So wundert es nicht, daß K. seinen Almanach folgendermaßen einleitete: »Es beginnt und hat schon begonnen eine große Zeit: das geistige ›Erwachen‹, die entstehende Neigung zum Neugewinnen des ›verlorenen Gleichgewichtes‹...« So kann man wohl sagen, daß K. nicht nur die Moderne ↗ mit eingeleitet hat, sondern a. Aufgaben der Theosophie ↗ verwirklichen half, durch die zitierten Ausdrucksformen (s. Abb.).

Der blaue Reiter

»Die Kunst geht heute Wege, von denen unsere Väter sich nichts träumen ließen; man steht vor den neuen Werken wie im Traum und hört die Apokalyptischen Reiter ↗ in den Lüften; man fühlt eine künstlerische Spannung über ganz Europa, überall winken neue Künstler sich zu: ein Blick, ein Händedruck genügt, um sich zu verstehen! Wir wissen, daß die Grundideen von dem, was heute gefühlt und geschaffen wird, schon vor uns bestanden haben...«

Darauf sollen ins Buch eingestreute Kunstwerke aus Afrika u. anderen Kulturen verweisen. Man suchte den Inhalt (Geist) hinter der Form (Materie), u. löste deshalb letztere auf. Der sich anschließende Expressionismus ↗ ging andere Wege, Dada ↗ auch. Und doch ging es ums gleiche, als Sehnsucht schon in der Romantik ↗, ja Gotik ↗ (K. erwähnt Verbindungsfäden zu ihr) vorangelegt, um den Gral ↗, das Gemeinsame, die Paradiessprache, eben ›das Geistige in der Kunst‹ — These: und das sind letztl. hinter allen Abstraktionen, Zeichen, Masken ↗ etc. die Grundmotive ↗, aus denen Kunst einmal entstand, wie a. die Schöpfung ↗, u. aus denen heraus allein das Denken jetzt wieder erneuert werden kann. S. den bei K. erw. Kunstkritiker Worringer ↗.

Kane: Nv. von Tane ↗ (polynes.), wohl ident. mit Kana ↗; a. in Ixmukane ↗ enthalten; evtl. Übertrag auf Kain ↗. — Umdrehung ↗ Enak wird zu Enoch ↗ geführt haben. K. ist dann a. Kon Tiki ↗ (Kon Ti wird Chenti ↗), äg. Chons ↗. — Er brachte das Wissen ins Paradies ↗ zu Hina ↗ (gefolgt von seiner Gattin), gefeiert im Marae ↗ als Kultstätte mit Ahu ↗ (Altar). Erstere scheint sich in Kanaan ↗ fortgesetzt zu haben, das dann nach K. benannt war, mit dessen Nachf. als so umstrittenem ›auserwähltem Volk‹, das seine Wiederkehr ↗ bewerkstelligt. So ist er zweifellos auch Kukulcan ↗ bei den Maya bzw. Nommo ↗ in Afrika.

Känguruh: ein Tier, das nur auf Australien ↗ u. benachbarten Inseln zu finden ist u. in prähistor. Zeiten zurückreicht; denn die Einheimischen erzählen z. B., daß ein Riese ↗ einige Tage lang ein großes K. verfolgte »... und zwar in jener Zeit, als an Stelle des Meeres sich trockenes Land befand...«; das war also z. Z. als Australien noch Teil von Mu ↗ war. Im Mythos von den Djangawul-Schwestern ↗ wird es manchmal neben die Regenbogenschlange ↗ gezeichnet. Galt es als Guru ↗ dieser Schlange = Kan ↗, Kan-Guru = Schlangen-Unterweiser?

Kan Nigiwai: göttl. (= kan ↗) Amüsement, das die Kami ↗ erfreuen soll, durch Noh ↗-Stücke (Theater). Es fällt auf, daß das Schriftbild für Kan das gleiche ist wie für Kami u. Shin ↗ bei Shin Boku = hl. Baum. Kan (gött., hl.) wurde a. die jap. Frauenschrift der Heian-Zeit gen., s. Kaiserin Koken.

Kanopen: 4 Krüge zur Aufnahme der Eingeweide bei der Mumifizierung ↗ (Abb. 1), zus. Genup = Goldenes Gefilde, Sternbild Argo als ›Schiff des Osiris‹ ↗. Die Krüge bezogen sich auf je 1 Göttin, die Deckel ent-

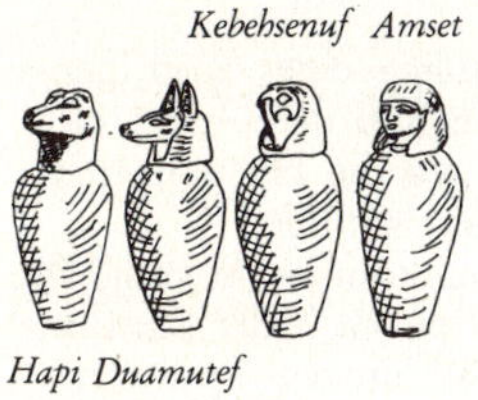

Abb. 1

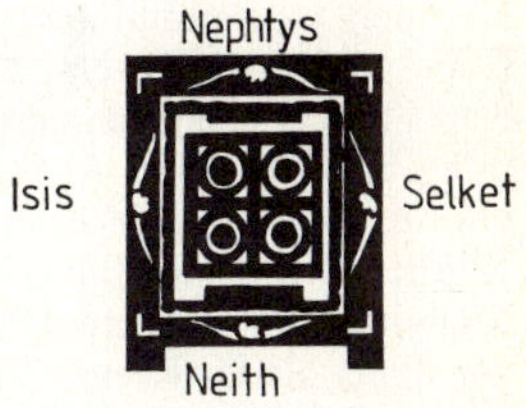

Abb. 2

sprachen den 4 Horuskindern ↗, das Schema der Zuteilung (Abb. 2) schwankt in der Überlieferung; es erfolgt ein eigener Versuch, basierend auf der Zodiakscheibe ↗ (Abb. 3). Denn es fällt auf, daß der Kanopenkasten als Quadrat in den Kreis der Göttinnen-Arme gelegt ist. U. eben diese Hl. Hochzeit ↗ (von Himmel = Kreis u. Erde = Quadrat) ergab den Zodiak ↗ als Kalender der Reinkarnation ↗, für die ja die Mumifizierung gedacht war. Da die 4 Göttinnen andere Zodiaktiere vertreten als die 4 Horuskinder, könnte jede Kanope, Innerei mitgerechnet, ein ganzes Zodiakviertel vertreten.

Die Verschachtelung betrifft a. den Kreis der Archetypen ↗, das Fundament der Großen Pyramide ↗ als Quadrat umgebend - eine Kombination, die exakt dem Hunab Ku ↗ der Maya gleicht. Man vgl. das Schema mit dem des Horoskops ↗.

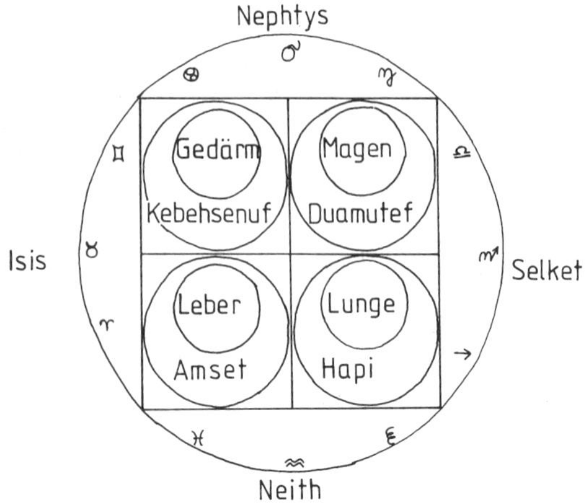

Kant, Immanuel: dt. Erkenntnistheoretiker (1724–1804), dessen Philosophie ↗ als Antwort auf die Französische Revolution ↗ einen revolutionären Umbruch *ohne* Revolution begünstigte, einmündend in den dt. Idealismus ↗. Wurde ›Alleszermalmer‹ der Aufklärung ↗ gen., wegen seiner krit. Übelregungen über Quellen, Umfang u. Grenzen der erkennenden, wollenden u. beurteilenden Vernunft (1781 *Kritik der reinen Vernunft*). Jedoch befreite er die empir. Wissenschaften zu Einzel- und Detailforschung durch Entbindung von letzten Aussagen über Gott u. Welt, was den naturwissenschaftl. Erfolg im 19. + 20. Jh. begründete. Rückwurf der Ethik auf den kategorischen Imperatif, nur nach der Maxime zu handeln, von der man wollen kann, daß sie ein allg. Gesetz werde. — Nahm einen *Naturplan der Geschichte* ↗ an. These: das war ein Irrtum. — Engels u. Lenin warfen ihm Agnostizismus vor, d. h. das Leugnen menschl. Fähigkeit zu Gnosis ↗ über den Verstand hinaus.

Kap: gebirgige Küsten-Endspitze eines Kontinents: Kap Hoorn von Südamerika; Kap der Guten Hoffnung am Ende von Afrika, wo die Hottentotten ↗ vom Kolonialismus ↗ dezimiert wurden.

Kaphtorim: in der Bibel Nachkomme (Stamm) von Mizraim ↗ (= Ägypten); lebten nach der Sintflut ↗ auf Kreta als Ur-Kreter, verw. mit den Philistern ↗, evtl. a. Pelasgern ↗. Bed. der Name Berg (Kaf ↗) der Stiere (torim, Einz. taur)?

Kar: wannenartige Hohlform an ehem. vergletscherten Gebirgshängen; also eigtl. Leere, Nicht-Dasein, a. Loch (wie bei Karies = Löcher im Zahn). Bei Karfreitag ↗ = fleischlos. Entspr. Sokar ↗ wohl Sonnenloch, Sonnenkern ↗. — S. Karal ↗.

Kara: ein Maya ↗-Dialekt; Kara-Worte finden sich aber a. in den Pueblos ↗, was nicht zu wundern braucht, da Hopi ↗ wie Maya von Kasskara ↗ stammen, das K. als Schlußsilbe enthält. Zusammenhang ist a. gegeben zu den Cara ↗ u. dem Kara-Empire ↗. These: das Wort setzt sich zus. aus Ka ↗ (Geist) u. Ra ↗ (Sonne) = Geistsonne, womit der Sirius ↗ gemeint sein dürfte, woher die auf Kasskara = Mu ↗ landenden Astronauten ↗ stammten. Aus K. wurde zweifellos a. Zara bei Zarathustra ↗ sowie Schara ↗ in Sumer als Übersonne, enthalten in Nin-Me-Sarra ↗. — These: die Kara-Maya sind auch die Karer ↗. — Evtl. Anführer: Kari ↗.

Kara-Empire: im S des Amazonas ↗-Meeres; der Name ging über auf die Karibik ↗. Eine Siedlung der Kara ↗ war an einem Fluß, der in dieses Meer mündete, Hauptstadt Manoa. Dort kam es vor ca. 16000 Jahren beim Tod eines Königs zum Kampf zw. seinen 2 Söhnen; der Besiegte zog Richtung Titicaca u. gründete dort das Reich der Chanka. — Lt. Churchward ↗ kamen die Kara (= Karer ↗) von dem Mu ↗-Teil, der heute die Osterinsel ↗ ist u. bauten, genau ggb., einen Kanal bei Tiahuanaco ↗; man fände ihre Nachkommen aber a. in Venezuela, als Stamm Godjiro, u. in Kolumbien ↗.

Karal: eine mögl. Urform vom Gral ↗, zu verstehen als Kar ↗ (Wanne, hier wohl Gefäß) Al ↗ (göttl.). Ebenso überzeugend wäre Kara'L = göttl. ('L) Übersonne (Kara ↗), die der Gral ja vermittelte. These: auf diesen Begriff könnten sich die Karelier ↗ beziehen.

Karelier: dunkle kleine Ureinwohner von Finnland, deren uralte Gesänge im Kalewala-Epos ↗ gesammelt wurden. Da dieses um den Gral ↗ (hier Sambo ↗) kreist, könnte ihr Name auf Karal ↗ zurückgehen. — Evtl. hängen sie mit den Karern ↗ zus.

Karer: lt. Homer ↗ die ersten Einwohner von Griechenland ↗ + Kleinasien ↗. Lt. Herodot ↗ bildeten sie die Besatzung der minoischen Flotte, weil Minos ↗ sie von den Kykladen ↗ vertrieben hatte, wo sie offensichtl. zuerst ansässig waren. Sie gelten als verw. mit den Pelasgern ↗; der Name dürfte auf die Kara ↗ zurückgehen. Als die Ionier ↗ einfielen, töteten sie alle kar. Männer u. zwangsheirateten die kar. Frauen, die daraufhin beschlossen haben sollen, niemals mit ihren ion. Gatten zus. zu essen u. sie niemals beim Namen zu nennen, was sie a. auf alle weibl. Nachkommen vererbten. Flüchtende K. könnten zu den Kareliern ↗ geworden sein. — Nach ihnen benannt ist Karu ↗.

Karfreitag: Tag der Kreuzigung ↗ von Jesus, ein Freitag, an dem bei den Juden ↗ abends Sabbat ↗ beginnt. Deshalb erfolgte die Kreuzabnahme vorzeitig - u. Jesus starb nicht. — Im Wort enth. Kar ↗, woraus der Sitte nach ein fleischloser Freitag wurde, an dem man den Ixthys ↗ (Fisch) aß - er war a. das Erkennungszeichen der Ur-Christen ↗. — Voraus geht Gründonnerstag ↗, und 2 Tage nach K. beginnt Ostern ↗.

Kari: soll der Anführer geheißen haben, der mit seinem Volk aus Chile zum Titicacasee ↗ kam, um dort die Weißen ↗ in einem Krieg zu töten. Zusammenhang mit den Kara ↗ wahrscheinlich.

Karibik: die von Yucatán ↗, Kuba, Haiti, Antillen, Kolumbien ↗ fast eingeschlossene Bucht des Atlantiks, nach den Kara ↗ benannt. Manche meinen, hier habe früher Atlantis ↗ Amerika berührt.

Karis: als Wort für Kunst ↗ nur im Zusammenhang mit dem griech. Maler Apelles (Blüte um 332 v. Z.) erhalten. Die griech.

Schreibweise (Abb.) setzt für K ein X u. für R ein P; mit der Anhängung Is ↗ (heilig) fände man hier zurück zu der Tatsache, daß Kunst sich aus den Grundmotiven ↗ des Kosmos, Reihenfolge X bis P, ergeben hat = Nommo ↗ in Afrika. Das äg. Vorbild dürfte Krys ↗ gewesen sein, woraus a. der Name Christus ↗ entstand, was Kunst (Karis) von Anf. an zu einer ›Christologie‹ (Nachfolge Nommologie ↗) macht. 2. Verbindung: Sokaris ↗, Mumienform des Osiris ↗. Oder: Kunst (Karis) ist die wahre Osirismumie ↗ bis zur Wiederkehr ↗. 3. Verbindung: Apis ↗ als Kunst (Karis) -Wiederholung. Abgeleitet: Charisma = Ausstrahlung. — Das Werk von Apelles umfaßte bes. Götterdarst., es sind aber nur Titel erhalten, wie Charis (Nv. von Karis); von ihm wurden Tizian, Dürer, Raphael u. Botticelli angeregt.

Karl der Große: 1. europ. Herrscher von intern. Bed. nach Untergang des Römischen Reiches ↗. Die um 742 angesetzte Geburt ist in Legenden gehüllt, da er seinen Biographen verbot, sie od. die Kindheit zu beschreiben. Offiz. Enkel von Karl Martell ↗ ist jedoch

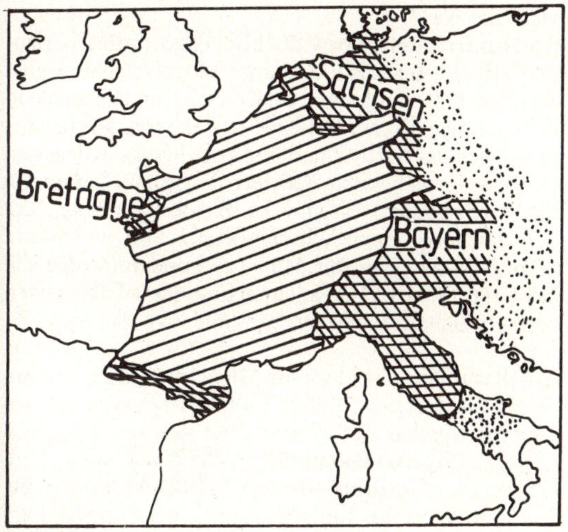

Frankreich beim Tode König Pippins (768)

Eroberungen Karls des Großen (768-814)

In loser Abhängigkeit vom Frankenreich

nur seine Mutter, ›die Percht‹ ↗, sicher. Zunächst König des Frankenreichs (Karte), führte er in ca. 30 Jahren an versch. Fronten 60 größere Feldzüge, von denen er etwa die Hälfte selbst befehligte, bis in seiner Hand fast ganz Europa ↗ vereinigt war. Wie später Iwan der Große ↗, holte er sich durch Heirat einer byzant. Prinzession das Recht auf Rom II-Nachfolge u. wurde 800 ›römischer Kaiser‹, d. h. 1. Kaiser des *Heiligen römischen Reiches Deutscher Nation* ↗. Jedoch zielte sein Anspruch weit über Rom hinaus, indem er sich ›David‹ ↗ nennen ließ u. mit 12 Paladinen umgab (wie Jesus + die 12 Jünger), eine Art Vorgriff auf den wiederkehrenden Christus im Himmlischen Jerusalem ↗, worauf sich dann die Legende vom Wiederkehrkaiser ↗ aufbaute. Auf seinen Ritten unterhielt er sich über die Analogie von Weltenbau u. Trinität ↗ (d.h. von 1., 2. u. 3. Reich ↗). Als er starb, hinterließ er eine unverwirklichte Idee, die als Mythos bis ins 20. Jh. (s. Hitler ↗) ein Politikum blieb, sowie den *Speer des Schicksals* ↗. — Kunst: *Karolingische Renaissance* ↗.

Karma: Gesetz der Wiedervergeltung (ind.), äg. Äqv. Nemesis ↗, griech. Moira ↗. — »Karma-Nemesis schützt die Guten und wacht über sie in diesem, sowie im zukünftigen Leben. Und sie bestraft den Übeltäter - ja bis zu seiner 7. Wiedergeburt - so lange in der Tat, als nicht die Wirkung davon, daß er auch nur das kleinste Atom in der unendlichen Welt der Harmonie in Störung versetzt hat, schließlich wieder in Ordnung gebracht ist... Bis zur 4. Wurzelrasse ↗ waren die Menschen sündelos, daher karmalos« (Blavatsky ↗). These: K. begann also mit Evas ↗ Griff nach Erkenntnis ↗ = Paradies-Verlust ↗ u. liegt damit in Par. zur christl. Erbsünde ↗. Die ganze Geschichte ↗ durchdringend, d. h. 4. u. 5. Welt ↗ bzw. Wurzelrasse umfassend, dürfte K. wesensgleich mit Nomo ↗, dem Wort ident. sein = Außenkreis der Psyche ↗, diese aber so durchdringend, daß eine enge Koppelung zum 8er Kreis ↗ (= Maat ↗, Gerechtigkeit) entsteht: die 8 Mora-Steine ↗ u. von dort zum Lebensweg = Sonnenalphabet ↗ mit Bindung zum Zodiak ↗ (Nemesis als Greif ↗). Im Buch ›Geheimkode Cheops‹ liest man S. 207: »Ivimy zufolge handelte Osiris in seiner Rolle als Totenrichter lediglich als Sprachrohr der Gesetzmäßigkeit des Karma... symbolisiert durch die über der Brust gekreuzten Insignien Geißel und Krummstab...«, womit wir a. bei Isis ↗ + Nephtys ↗ landen, die beim äg. Totengericht ↗ (Wägung der Herzen) immer gemeinsam hinter Osiris ↗ stehen, während die Maat auf der Waage sitzt. Ja, es waren immer 3 Moiren, u. die sind a. die 3 Disen ↗ der Germanen, zus. Orlog ↗ (= Karma). Übersetzbar ist K. als Kar ↗-Ma ↗, etwa: nicht körperl. vorh. ›Geist-Mutter‹ = Kali ↗. — Lt. Steiner ↗ hören die Karma-Auswirkungen des Vorlebens im Jetztleben erst im Alter von 33 auf: das ist die Anzahl der Ringe auf dem Hirtenstab ↗. Beim Lebensweg ↗ wiederholt sich offenbar der Paradiesverlust, denn als Planet ist Venus ↗ dem Alter zw. 28-35 J. zugeordnet, d. h. Urania ↗, u. sie galt den Griechen als wichtigste Moira. — These: Karma endet mit dem Jüngsten Gericht ↗ als End-Abrechnung über alle Reinkarnationen ↗.

Karma-Weg: eigtl. der Reinkarnationsweg, geregelt durch Karma ↗. Er begann vor rund 26000 Jahren (s. letzte Präzession ↗) u. wird 1999 (s. Endzeit ↗) am Ziel angekommen sein. Es gab jedoch a. ›Aussteiger‹, s. Dunkelwolke ↗, d. h. Menschen, die so vorbildl. lebten, daß Karma + Reinkarnation ↗ vor Ablauf der Geschichte ↗ endeten, u. sie ins Nirwana ↗ einkehren konnten. — These: der Diskus ↗ (Kreta) stellt das Schema eines solchen Weges dar.

Karneval: beginnend am 11.11. 11 Uhr u. 6 Wochen vor Gründonnerstag ↗ mit Aschermittwoch ins Fasten übergehend, wird K. in Deutschland zum 1. Mal 1341 in Köln erwähnt. Es gibt 2 Wortableitungen:

1) Carne Vale = Fleisch leb wohl
2) Carrus Navalis = Schiffswagen

Ersteres bezieht sich auf die folg. Fastenzeit, vor der noch einmal in Saus u. Braus gelebt werden soll, letzteres auf die Schiffswagen, die beim Karnevalsumzug mitgeführt werden. Jedoch ist das noch keine wirkl. Erklärung, denn die Wurzeln des K. sind vorchristlich. These: röm. aus dem Bacchus ↗-Fest entspringend, germ. aus *Wotans Wilder Jagd* ↗, spiegelt sich längst unbewußt die Zeit vor dem letzten Weltuntergang ↗ darin, aber übertr. auf dessen Wiederholung im Endkrieg ↗, weshalb jahreszeitl. K. dem Johannisfeuer ↗ ggb. liegt. Tats. hat nach 1950 (s. Endzeit ↗) eine unbeschreibl. Freß- u. Vergnügungswelle a. außerhalb von K. eingesetzt, u. die Flucht spez. aus Westdeutschland per Schiff (wie zu Noahs ↗ Zeiten) hat schon begonnen.

Karolingische Renaissance: Renovation (Erneuerung) ist ein europ. Kunststil, der ab Krönung von Karl dem Großen ↗ (800) angesetzt wird, in Verbindung mit den Karolingern, einem nach ihm benannten fränk. Geschlecht einerseits u. seiner Siegelinschrift *Renovatio Romani Imperii* andererseits. Es war ein Rückgriff auf spätantike + frühchristl. Kultstätten + Kunstformen, verwandelt durch den byzant. Einfluß von Karls Gattin. Kennzeichnend ist an Gebäuden u.a. das Zickzack-Fries = äg. Hieroglyphe ↗ f. N, zeitl. genau in die Wiederholung ↗ des N (717–820) fallend, s. Kunst ↗ + Kunststil ↗. — In diese Zeit fiel a. der Bilderstreit ↗. Nur wenige Denkmäler sind erhalten, so die Pfalzkapelle von Aachen, ein Oktogon ↗. Trotzdem kann man sagen, daß auf der K. die europ. Kunst des Mittelalters ↗ erblühte, mit relig.-polit. Impakt: die noch von der Völkerwanderung ↗ herrührende Unruhe der germ. Stämme ebbte ab, s. Suchkrankheit ↗. Literar. Produkt: das Rolandslied ↗.

Karthago: von der Königin Dido, Herrscherin über Tyr ↗ um 878 v. Z. in Nordafrika gegr. Handelsstadt mit Hochhäusern u. einem rechtwinkl. Straßennetz wie das von New York heute. Bei der totalen Zerstörung durch die Römer im Punischen Krieg ↗ 146 v. Z.

Abb. 1

Abb. 2

lebten hier 700000 Menschen; Hauptgöttin Tanit ↗, die kanaan. Anat ↗. — In Gräbern gefundene Köpfe zeigen bes. große Ohren (Abb. 1 u. 2) u. manchmal aufgesetzt das Dritte Auge ↗, was die Karthager = Punier ↗ als Lemuren ↗ ausweist wie die Pelasger ↗. — Größter Feldherr: Hannibal. S. Langohren ↗.

Kartusche: seit Menes ↗ (1. Dynastie) übl. Einringung des Geburtsnamens eines Pharaos ↗: ca. ab 5. Dyn. wird a. der bei der Krönung ↗ gegebene Name so eingerahmt: Doppel-K. äqv. Kasskara ↗. Anfänglich ein Omega ↗ Ω, zieht sich die K. durch den langen Namen allmählich in die Länge. Dem äg. Wortstamm entspr. Umkreisen, u. die K. - alleine a. Z. für Ba ↗ (Seele) - meint den König als Herr all dessen, was die Sonne (Re ↗) umkreist. Äg. Schreibweise Sn, Mns, wahrsch. aber Nms = Nomos ↗, Gesetz. In der Abb. der Name Neb-Chepre-Re.

Karu, Kharu: alte Bez. für Griechenland ↗ als Land der Karer ↗. — Wird erw. im Äg. Totenbuch ↗, Kap. CIX, betitelt: Um die Seelen des Westens kennenzulernen:

> »Heil dir, du, Pforte des nördlichen Himmels!
> Wahrlich, ich kenne dich! Dein südlicher Teil
> Ist im Lande Kharu zu sehen…«

Kas: bei den Naga ↗ Zahl od. die duale Gottheit, lt. Churchward ↗ geschrieben . Mit dieser Silbe beginnt Kasskara ↗. — Bildet im Sanskrit ↗ als *Kas* = leuchten die Wurzel von Akasha ↗.

Ka-Schlüssel: die Zodiakzeichen ↗; wahrsch. das Kainsmal ↗, später umgedreht zur Bootaxt ↗. — 1 der 2 Schlüssel ↗ der Erkenntnis bzw. zum Geheimwissen: zum Ka ↗.

Kaschmir: Land im NW des Himalaya ↗ am Oberlauf des Indus ↗; seit 1586 dem ind. Mogulreich angegliedert, seit 1756 afghanisch; im Kolonialismus ↗ von den Briten aufgeteilt zw. Indien ↗ u. Pakistan. — Hier befindet sich das Ismu-Quam, Feld des Jesus ↗ sowie sein Grab. — In geheimen Klöstern leben aus Indien geflüchtete buddhist. Naga ↗. Lt. Blavatsky ↗ erstreckte sich das vorgeschichtl. Indien von K. bis zur Wüste Gobi ↗ u. war eng mit Mu ↗ verbunden (woher die Naga stammten). Hier soll man besondere Fähigkeiten besessen haben, die Mantras ↗ mit mag. Wirkung zu singen.

Kasskara: Bez. der Hopi für Mu ↗, den untergegangenen Kontinent im Pazifik; wahrsch. erhalten im Namen Madagaskar ↗. — These: setzt sich zus. aus Kas ↗ u. Kara ↗, übersetzbar mit Doppelgottheit Sirius ↗ od. leuchtende Übersonne; das aus 2 Kreisen (Sonnen) bestehende Wort *kas* findet sich auf dem Bild der Landung ↗ als Herkunftsort der Astronauten. Sie strecken sich später zur doppelten Kartusche ↗ u. das äg. K. ist Sakkara ↗.

Kastenwesen: von den Ariern ↗ in den Hinduismus ↗ eingebracht u. später als Gesetze des Manu ↗ formuliert. Danach bestand die menschl. Gesellschaft z. Z. der Erschaffung der Welt aus 4 Klassen ↗, entspr. den Gliedmaßen des Urmenschen; eine vedische Hymne erklärt das so:

> »Als sie (die Götter) den Menschen teilten,
> in wie viele Teile teilten sie ihn?
> …
> Zum Brahmanen (Priester) wurde sein Mund;
> aus den Armen wurde der Krieger,
> aus den Schenkeln wurde der Waischja (Bauer, Kaufmann)
> aus seinen Füßen der Schudra (Diener) geboren.«

Die Perversion dieses tats. von Anf. der Geschichte ↗ (4. Welt ↗) an existierenden zeitl. Wechsels im Klassensystem ↗ bestand darin, das Hineingeborenwerden in eine der 4 Kasten (Klassen) als unumstößl. Karma ↗, d. h. Vergeltung für das Vorleben zu betrachten. Außerdem wurden zu Schudras die von den einfallenden Ariern besiegten Ureinwohner gemacht - u. nur sie durften die Veden ↗ nicht studieren, ja nicht einmal lesen od hören; falls dies doch geschah, goß man ihnen flüssiges Blei in die Ohren. Das ind. Wort für Kaste im ideellen

Bereich heißt *Warna* = Farbe u. bezieht sich möglicherweise auf die Farben der ersten 4 Wurzelrassen ↗; im konkreten Bereich heißt es *Dschati* = Geburt. — Inzw. haben sich die urspr. 4 Kasten über tausend ausgefächert u. bestimmen sogar, wer das Essen kochen darf, das die Kastenmitglieder zu sich nehmen, und wem erlaubt ist, ihnen das Wasser zu reichen. Wer wen heiraten darf od. nicht, wer welchen Beruf ausüben darf od. muß. — Gautama ↗ jedoch bestand auf völliger Gleichheit: »Niemand ist Paria ↗ durch Geburt, ebensowenig ist jemand durch Geburt Brahmane ↗, Brahmane wird man durch sein Handeln.«

Katakomben: unterird. Grabstätten der Ur-Christen ↗, v. a. in Rom ↗ u. Neapel, die ihnen a. als Zuflucht vor der röm. Verfolgung dienten. Die frühsten u. berühmtesten waren auf den Grundstücken der

San Gennaro (bei Rom)

Christin Domitilla, einer Verwandten des röm. Kaisers Domitian, der deshalb verbannt wurde. — Die Wandmalereien der K. sind die wichtigste Quelle frühchristl. Kunst; man fand hier sogar das Hakenkreuz ↗. Fast kann man sagen, daß diese Höhlengänge (die Grabnischen waren in den Wänden, Abb.) die 1. Kirchen ↗ waren, abgestützt durch die Bogenform der Petroma ↗ (Gesetzestafeln).

Kategorien des Daseins: 24, in der Ntu-Philosophie ↗ gelistet. These: es sind die immater. Bestimmungskräfte der Sonne ↗ ohne Sonnenalphabet ↗, die jedem mater. Dasein vorausgehen. Germ. Wotan ↗ als 4 Tiere, 8 Walküren + Asgard (12 Sitze).

Kategorien des Seins: 24, in den altind. Veden ↗ erwähnt, aber nicht definiert: = 24 Runen ↗; bei Sokrates ↗ (ohne Zahl) die Präexistenten Ideen ↗ = Nommo ↗, das Wort des Anfangs.

Katharer: die Reinen; Selbstbez. der größten Sekte, die sich im 12. Jh. vom Christentum abspaltete u. auf die Gnosis ↗ zurückgriff. Verfolgt u. ausgerottet durch die Dominikaner ↗, wurde Montsegur ↗ ihr letzter Zufluchtsort, wo sie angebl. den Gral ↗ versteckten. Die ird. Welt ablehnend, verstanden sie ihn als: Wunsch nach dem himml. Paradies ↗ erzeugend. Ihre Kleidung war schwarz ↗ als Farbe der Reinheit, übernommen von Hitler ↗, der sich über Otto Rahn ↗ an den K. orientierte, für die SS ↗. — Da all ihre Schriften verbrannt wurden, ist wenig überliefert. Sie aßen rein vegetar., lehnten die Sakramente ↗ u. das Kreuz ↗ (von Jesus) ab, erlaubten aber Selbstmord u. praktizieren ihn mit einem zum Kreis ↗ geformten Körper. Ihre Religionsform wird Katharismus ↗ genannt.

Katharismus: Religionsform der Katharer ↗, als deren ›Experte‹ Otto Rahn ↗ gilt mit dem Buch ›Kreuzzug gegen den Gral‹.

Kathedrale: die von der Gotik ↗ gebaute Kirchenform, a. Dom od. Münster. Geht evtl. auf Kathedra zurück mit Artikelanhängung (le), also Kirche als Lehrstuhl, was insofern passend ist, als ja die K. immer über Isisgrotten ↗ err. wurden u. Isis ↗ als Symbol einen Lehrstuhl auf dem Kopf trägt: u. zwar für die alte Geheimlehre od. Weisheitsreligion ↗, weshalb sie a. als Stifterin der Mysterien ↗ gilt. Oft wurden die K. nach Isis od. ihrer Nachbildung Maria ↗ Notredame (Unsere Dame) od. Frauenkirche genannt. Auch die äg. Tempel ↗ waren Lehrstühle. So hießen die Erbauer der K. Templer ↗, mit Fortsetzung in den Freimaurern ↗, die an einer nichtmater. K. arbeiteten. Wahrsch. waren die Standorte der K. a. Geodätische Punkte ↗ wobei einer geheimgehalten wurde für den zukünftigen Welttempel ↗, auf den sich z. B. die Neutempler ↗ konzentrierten. Als Instrumente der Lichtöffnung ↗ dürften die K. a. der Herabholung des Heiligen Geistes ↗ gedient haben, denn er war die eigtl. Lehre, ausgefächert in die Rosette ↗ als symb. Weltformel ↗.

Kathedra Petri: Lehrstuhl des Petrus ↗, den ihm ein röm. Senator geschenkt haben u. auf dem er gesessen u. gelehrt haben soll. Das Original ist seit längerem im Petersdom ↗ überbaut, aber eine Kopie befindet sich im Röm. germ. Zentralmuseum von Mainz (Abb.).

These: die Symbolik erinnert an eine Truhe ↗, auf der in Form der Rückenlehne die Urkirche (E ↗) steht. Da sich unter den 18 Bildern der Front die 12 Zodiakbilder befinden, könnte man folg. kabalist. Rechnung aufstellen: 3 (die Kreise) mal 4 (die Bögen) mal 18 (die Bilder) = 216, unter Anhängung von Null = 2160 od. die Zeit 1 Zodiaksektors ↗. In diesem Fall des Fisch-Sektors (210 v. Z. - 1950), u., das sollte a. die Dauer der von Jesus ↗ über Petrus gestifteten Kirche ↗ sein, also bis zum Beginn der Endzeit ↗ mit einem letzten Papst ↗ als Petrus II. — Die Seitenfront entspr. dem Thron ↗, den die äg. Isis ↗ immer auf dem Kopf trägt.

Katholizismus: tritt gg. den Protestantismus ↗ mit dem Anspruch auf, ›katholisch‹ = allumfassend (griech. Wort) und deshalb allein seligmachend zu sein. Oberhaupt ist der Papst ↗, der symb. die Kathedra Petri ↗ weiterführt; jedoch vertritt die ›katholische‹ Kirche ↗ inzw. ›Wahrheiten‹, die nicht in der Bibel ↗ enth. sind u. trotzdem mit ›unfehlbarer Autorität‹ vertreten werden. Dagegen wandte sich die Reformation ↗.

Ka-Transfer: ein Transfer (Überwechseln) des Ka ↗ außerhalb des normalen Prozesses durch die Kandake ↗; etwa vom Toten ↗ zu seiner Statue ↗ (= Ka-Träger gen.) od. von der Osirismumie = Tempel ↗ od. der Großen Pyramide ↗ auf die Witwe ↗. Und als

›Sohn der Witwe‹ wurde jeder Eingeweihte verstanden: er mußte sich dazu in den dort befindl. leeren Sarkophag ↗ legen. Schließl. von einer Isis-Statue (als Ka-Träger) auf den Gläubigen beim Tempelschlaf ↗. Offensichtl. ging daraus die Taufe ↗ mit dem Hl. Geist ↗ hervor. – Anklänge finden sich a. bei der Inkorporation ↗. – These: ein Satz im Äg. Totenbuch ↗ könnte sich auf den K. beziehen:

»von Isis empfangen
von Nephtys geboren«

was den besser bek. Begriff des Zweimalgeboren ↗ Seins berührt; s. Nephtys ↗.

Katschina: bei den Pueblo-Indianern ↗ kult. dargestellte Kami ↗ (göttl. Kräfte, Engel, Geister etc.), aber a. Ka-Geister ↗ u. Archetypen ↗, schließl. Geister der Ahnen; afrik. Äqv.: Orischa ↗. In allen Pueblos ↗ spielten die K.-Kultgemeinschaften eine große Rolle, dem Typ nach meist reine Männerbünde, die dann a. die weibl. K. darstellten. Im Alter von 10–12 Jahren wurden alle Knaben in einen K.-Bund initiiert u. damit in die Gemeinschaft der Erwachsenen aufgenommen. Die Anzahl der K.-Bünde richtete sich pro Pueblo nach der Zahl der Kiwas ↗. K.-Masken sind immer Privatbesitz u. haben sakralen (relig.) Charakter. nach dem Tod ihres Besitzers werden sie verbrannt. Kinder bekommen K.-Puppen für die relig. Unterrichtung. An ihnen lernen sie die versch. ›Geister‹ (sprich Kategorien des Seins ↗ u. Daseins ↗ sowie geschichtl. Figuren) unterscheiden. Bei best. Zeremonien werden mit den K. a. Phasen der Schöpfung ↗ geschildert. – Allg. wird geglaubt, daß die K. auf den San-Franzisko ↗-Bergen beheimatet sind, jedoch im Winter in die Hopidörfer kommen u. im Mitsommer nach Hause zurückkehren. In Wirklichkeit kommen sie aber von viel weiter her, von benachbarten Sternen, aus Sternbildern, die zu weit entfernt liegen, als daß man sie sehen könnte. Wenn ein Mensch vollkommen mit dem Schöpfungsplan übereinstimmt, wird er nach dem Tod selbst ein K. u. hilft den anderen Menschen bei der langen Reise durch die 9 Welten ↗ bzw. erfüllt sie mit Geist (Ka ↗). Man sagt, daß in (Alt-)Oraibi früher nahezu 300 K. zusammengetroffen sind, von denen jeder anders gekleidet u. maskiert war, seinen eigenen einmaligen Schrei ausstieß u. seinen eigenen Tanzschritt ausführte. – Die Katschina-Rassel (Abb.) zeigt vom Aufbau her klar die Bezüge: Hakenkreuz ↗ linksdrehend als Drehung der Erde um die Sonne (= das Jahr ↗), gegenläufig die Strahlen der Sonne (2. Kreis), äqv. der Präzession ↗, auf die die vertikale Stange als Erdachse verweist u. im Außenkreis Sternbilder ↗. – Als Mutter aller K. gilt Palülükonti ↗, die gehörnte weibl. Urschlange, in deren Name lülü = Lilith ↗ u. konti = Chenti ↗ stecken; evtl. r. mit dem X ↗ ausgedrückt. – Die Hopi ↗ wissen, daß die K. sie vor dem Untergang von Kasskara ↗ warnten u. ihre Fluchtwanderung nach Amerika ↗ leiteten. – Äqv. der Zuni ↗: Kaka ↗ od. Koko.

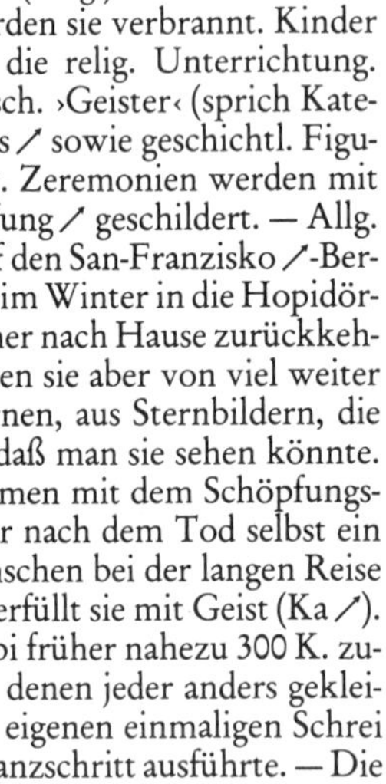

Katun: Zeiteinheit; 1 Katun = 20 Jahre (Maya ↗), äqv. der Unterteilung des Sigui-Fest ↗ der Dogon in 3 x 20 Jahre. Am Ende eines K. errichteten die Maya eine Stele ↗ mit hieroglyph. Angaben, die um Figuren angeordnet waren, gen. ›Meilenstein der Zeit‹. Oft wurde damit ein Machtwechsel verbunden. Bei der Zählung ihres Haab ↗ (Jahr) mit 360 Tagen (Uayeb ↗ blieb ungezählt) waren 1 K. = 7200 Tage; s. die myst. Zahlen ↗: 20 = Uinic ↗ (Mensch), 72 = was hinzutrat, s. Zohar ↗.

Katze: als Symboltier ↗ äg. Mau = Seherin ↗: der Mond ↗ als K. war das Auge der Sonne, weil er das Sonnenlicht auf bes. Weise reflektiert (s. Lichtöffnung ↗); in Form der Göttin Pachet hält die K. Wacht für die Sonne. Sie erscheint a. als Verkleinerungsform der Löwengöttin ↗. – Bei den Germanen ↗ ist sie das Begleittier der Freya ↗.

Kaukasier: von den schwarzen Amerikanern ↗ gebrauchter Ausdruck für die Weißen ↗ od. Indogermanen ↗, obwohl die heute im Kaukasus ↗-Gebiet lebenden Stämme keine idg. Sprachen sprechen. Möglicherweise haben sich uralte Erinnerungen wie bei den Hopi ↗ erhalten ‚daß vor dem letzten Weltuntergang Einwohner von Atlantis ↗ nach O, d. h. zum Kaukasus flüchteten u. sich lange danach (= Parzival ↗) durch die Völkerwanderung ↗ wieder ausbreiteten, in merkwürdiger Unruhe, als suchten sie etwas Verlorenes, hätten die Suchkrankheit ↗.

Kaukasus: stark vulkan. Faltengebirge zw. Schwarzem + Kaspischem Meer, z. T. über 5000 m hoch. Der Gipfel Ararat gilt als Überlebenspunkt bei der Sintflut ↗, spez. der Weißen, weshalb Hitler auf ihm die Nazi-Fahne ↗ einpflanzen ließ mit dem Motto: hier sind wir her. Das deckt sich mit der Bez. aller Weißen als Kaukasier ↗ durch die Schwarzen Amerikaner ↗. Wahrsch. sind hier als Nachf. von Noah Sem ↗ u. Japhet ↗ anzusiedeln, aber nicht alle Weißen, da a. welche in Südamerikas Anden überlebten (Aussage der Kara ↗) und als Amazonen ↗ geholt wurden. – Heute lebt um den K. ein Völkergemisch, jedoch fällt die Präsenz von Mythen auf, die an die Mythen der Griechen ↗ u. Germanen ↗ erinnern. – Der Paß von Darial gilt als Einfallstor der Arier ↗ in den Iran (Persien ↗). Das Wort hat sich erhalten im heutigen Armenien (im S des K.), den ehem. Armanen ↗ sowie als Weiß (Albino) in Albanien. – Direkt am Fuß des K., an der Ostküste des Schwarzen Meeres ↗ lag Kolchis ↗, wo die Argonauten nach dem Goldenen Vlies ↗ gesucht haben sollen. These: hier nahm die Völkerwanderung ↗ ihren Ausgang. – Heute verläuft hier die Grenze zw. Türkei, Rußland u. Iran. – S. a.: Churriter ↗, Dorer ↗, Goten ↗, Kelten ↗ u. die Asen ↗.

Kauket: eine Göttin der äg. Götterachtheit ↗ = das weibl. Licht, Kuk ↗, zugeordnet, weshalb sie woh Kuk.T (T = weibl.) hieß. Im Tao ↗ der Donner ↗, in dian. Chipi Cakulha ↗. – Äqv. in der afrik. Ntu-Philosophie ↗: Kuntu ↗, animiert.

Ka-Ur: Nv. für Gaur ↗ (Gorr ↗, Gral ↗), zu verstehen als Ur-Geist (Ka ↗), mit Ur (od. Wr) äg. a. groß, z. B. in Kemur ↗. – Was damit gemeint ist, könnte sich in de Kauri-Muschel ↗ ausdrücken.

Kauri-Muschel: ein Schneckengehäuse vom Ind. Oze

an, den im W Ostafrika begrenzt, weshalb man es in ganz Afrika in der Kunst findet. Als Augen der Masken ↗, genau wie Grundmotiv Liebestanz ↗ aussehend, od. in vertikaler Reihung zu Trägern u. ganzen Gewändern verarbeitet; dann wirkt eine Kauri-Verdoppelung wie die Symbolik der Yemaya ↗ bzw. einzeln wie die Zahl 10 ineinanderverschachtelt; K. wurden a. als Zahlungsmittel benutzt u. als solches sogar in Europa in Höhlen des Cromagnon ↗ gefunden. — These: die vertikale Einzelmuschel ist a. Io ↗, der Urgeist (= Ka-Ur ↗) u. noch

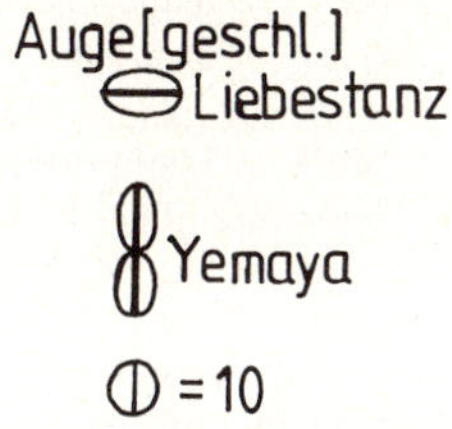

deutl. Ger ↗  , die 12. Rune u. Zweiteilung des Yul ↗, dodaß der Name Kauri a. Gaur ↗ beinhalten dürfte.

Kausalitätsgesetz: »Alles, was geschieht, setzt etwas voraus, worauf es nach einer Regel folgt...« (Kant ↗); solche Verkettungen von Ursache-Wirkung sucht die Logik ↗ zu ergründen, wobei es sehr von der Prämisse ↗ abhängt, ob die Folgerungen richtig od. falsch sind. Es treten dabei sowohl Naturgesetze ↗ wie Regeln der Wahrscheinlichkeit ↗ auf; der unlösbare Rest rangiert gewöhnl. unter Zufall ↗, obwohl es diesen lt. Esoterik ↗ nicht geben kann. — Die Religionen ↗ wiederum lassen alle K. in einer *unverursachten Ursache* ↗ einmünden u. unterwerfen sich Gesetzen, sog. Offenbarungen ↗. — These: K. sind Grundmotivkoppelungen ↗, selbst im Fall von Karma ↗. — S. Kausalseele ↗.

Kausalseele: ind. Karana (= kausal, Ursache von) Atma ↗ (Seele ↗), der Prototyp der Monade ↗, a. Ishvara ↗ = Gott genannt. Mit ihr ist lt. Blavatsky ↗ jeder Sterbliche in jeder seiner Inkarnation u. für die Dauer des Zyklus der Geburten (= Reinkarnationen ↗) als seinem ›unsterblichen Widerpart‹ od. Urtypus im Himmel unauflöslich verbunden. — These: genauso gut kann man von Kausalitätsgesetz ↗ sprechen, mit dem Sonnenkern ↗ sowohl als Ursache der Sonne ↗ wie a. - dieser nachgebaut - der Seele.

Ka-Zeichen: s. Ka-Hieroglyphe ↗.

Keijusama: gesegneter Juwel; eine der Bez. für die spirit. Führerin von Mahikari ↗: Sachiko ↗.

Keilschrift: von den Sumerern ↗ aus ihrer Bilderschrift als eine Art Kurzschrift entwickelt, die sich aus einzelnen Keilzeichen  und Winkelhaken  zusammensetzte. Man schrieb die K.-Texte in Zeilen von r. nach l., schnitt sie in Stein od.

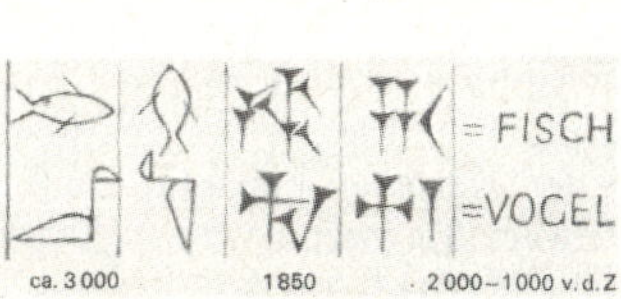

schrieb sie mit kantigen Griffeln in feuchte Tontafeln od. Tonzylinder (s. Rollsiegel ↗), die danach gebrannt wurden. — Übernommen von den Babyloniern und Assyrern wurde sie schließl. zur intern. Verkehrsschrift. Man fand große Bibliotheken wie in Ninive ↗ mit 1000 Tontafeln voller K.-Texten; darunter das Gilgamesch-Epos ↗. Ein K.-Alphabet wurde bei Ugarit ↗ gefunden (Abb.): 30 Z. auf einem 5 cm großen Tonriegel (ca. 14. Jh. v. Z.) geritzt.

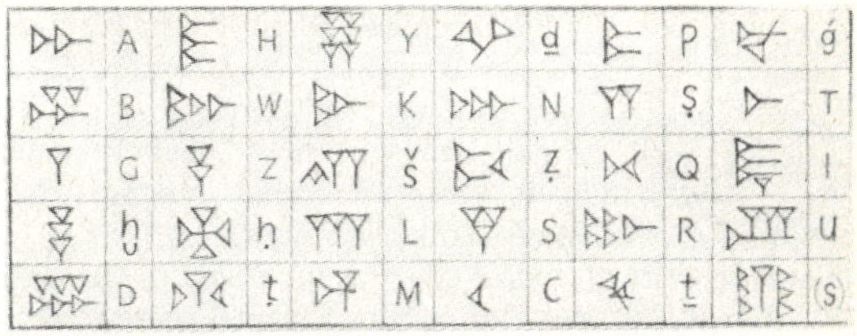

Kelten: griech. *Keltoi*, röm. *Galli*, bibl. Galater, woraus die Gallier ↗ abgeleitet sind. Nach Cäsar ↗ waren sie groß, blond u. blauäugig. Tacitus ↗ hatte Mühe, sie von den Germanen ↗ zu unterscheiden. In Frankreich (Teil des ehem. Gallien ↗) unterwarfen sie eine dunkle Urbevölkerung, mit denen sie sich vermischten. Gegenseitige Feindseligkeiten unter den gall. Stämmen ermutigten Cäsar zum Gallischen Krieg, der mit der Niederlage der Gallier 52 v. Z. endete. Damit hatte die kelt. Welt ihre Unabhängigkeit eingebüßt. Es gibt keine schriftl. Überlieferung, dafür unendl. viele Münzen, die kelt. Mythen symbolisieren. Hier (Abb.) als Hauptmotiv das Pferd ↗ u. darunter der Kessel von Keridwen ↗. Sonne + Mond sind als gegensätzl. Zonen mit unüberwindl. antagonist. Kräften besetzt, die in Gestalt von 2 sich ständig bekämpfenden Heeren Personifizierung finden. Jedoch gehen alle Schlachten stets unentschieden aus. Dieser Dualismus trifft sich in Dagda ↗ (afrik. Dada ↗, Natur), der nach Ankunft des Lug ↗ (Kulturbringers) diesem unterstellt wird; er gehört zu den Fomori ↗ = Fo (König in Kamerun ↗) der Mohren, Lemuren ↗. Die K. treten aber erst nach deren Besiegung durch die Tuatha de Dannan ↗ auf. Sie hatten 3 bes. geehrte Stände:

1) die *Barden* = Sänger u. Dichter
2) Die *Fili* = Seher u. Dichter, die sich als Opferpriester u. Naturdeuter betätigten
3) die *Druiden* = zuständig für Naturwissenschaft u. Moral-Philos.; Hersteller der Münzen.

Aufzeichnungen des kelt. Sagenguts durch christl. Mönche unter Abschwächung der Bezugnahme auf ›Heidnische‹ Götter, etwa 1000 Handschriften, wurden in folg. Bücher zusammengefaßt:

Das Buch von Leinster
Das Buch von Ulster
Das Buch der dunkelfarbigen Kuh (irländisch)
Das Buch von Ballymote
Das gelbe Buch von Lecan
Das schwarze Buch von Camarthen
Das Buch des Aneurin
Das Buch des Taliesin (walis.)
Das rote Buch von Hergest

Leider gibt es nur fragwürdige oder keine Übersetzungen. Klar wird aber, daß im Ggs. zur Bibel ↗, nach der das Weibliche aus dem Männlichen hervorgeht, in der kelt. Mythol. das Männliche dem Weiblichen entspringt. These: das verlegt die Trennung der Einheit vom Urmenschen ↗ auf den äg. Ntr ↗-Begriff, mit der dunkelfarbigen Kuh (s. Himmelskuh ↗) als Kosmos, dem die Sonne mit anschließendem Kontrahenten Mond entspringen. — S. Bretonen ↗ + Belisama ↗. — Der frz. Schriftsteller R. Charroux schreibt: »Wir präzisieren noch einmal, daß wir unter ›Kelten‹ jene Arier ↗ verstehen, die vom Iranischen Hochplateau gekommen waren.« S. Völkerwanderung ↗.

Kem: Schreibvar. für Khem ↗, Kam ↗, Ham ↗ etc. = Schwarz ↗. Äg. nur Km in Km.T ↗ = Ägypten. Verdoppelung: Gott Kem Kem ↗; Vorsilbe a. von Kematef ↗ u. Kemur ↗.

Kematef: ein seltsamer Text des Äg. Totenbuches ↗ (Kap. 175, Kees, Lesebuch Nr. 40) läßt Atum ↗ dem Osiris ↗ ggb. aussprechen, daß er alles Geschaffene wieder zerstören wolle und sich dann, wenn die Welt wieder in ihrem urzeitl. Zustand als Wasserflut sei, wieder in eine Schlange verwandeln wolle. Der Name K. fällt nicht. Er fällt aber beim umgek. Prozeß der Schöpfung ↗, wenn Atum, manchmal a. Ammon ↗, als Schlange K. aus dem Ur-Wasser ↗, sprich Kosmos hervorgeht bzw. diese seine Urform ist. These: man geht wohl nicht fehl, in ihr die Schlange des Diskus ↗ wiederzuerkennen, mit der Götterachtheit ↗ als ›Auge‹ aus 8 Blättern. Es ist nichts anderes als der Logos ↗, der lt. Gnosis ↗ auch im Paradies als Schlange erscheint. Denn bei der Wiederzusammenziehung des Kosmos ↗ gliedert sich Atum tats. wieder in die kosmischen Grundmotive ↗ ein, die dann a. K. entsprechen.

Kem Kem: äg. Gott, dessen Name ↗ - eine Verdoppelung von Kem ↗ (= schwarz) - nur im Totenbuch ↗ erwähnt wird:

»Dann werd ich zugelassen
zum Gebiet der heil'gen Weihen
Und erscheine vor dem Gott Kemkem.
Ausstreckend seine Arme beschützt er mich;«
(Kap. LXXV)

Interpretationen fehlen. These: er ist äqv. mit Kemur ↗, sowie dem Make Make ↗ (als Umdrehung ↗) der Osterinsel ↗. — S. Vril ↗.

Kemur: der Große (= Ur) Schwarze (Kem ↗) »... im Auge des Osiris, der die Augen öffnet und den Schlafenden rettet, der wacht und frei von Schlaf ist...«, gedeutet als Pupille ↗ dieses Auges; verehrt als schwarzer Stier ↗ (Ägypten), kann es sich eigtl. nur um den Sonnenkern ↗ handeln, d. h. die Kausalseele ↗:

»Im Frieden bin ich auf Seen im Jenseits ↗
gesegelt und habe den glorreichen Körper
des Kam-Ur betrachtet.«
(Totenbuch ↗, Kap. CXXV)

S. Gleichheit von Kem u. Kam ↗. — Äqv. Kem Kem ↗. S. a. Osiris ↗ als ›Sitz des Auges‹ sowie die Hieroglyphe ↗ A = Stier.

Kene: Nv. der Kame ↗, was an das Kenan der Bibel für Kanaan ↗ erinnert, aber a. an Kane ↗. These: es handelt sich um die schwarze Sonderlinie ↗.

Kenning: ein umschreibender od. geheimgehaltener Ausdruck bei den Germanen ↗, z. B.

Brünneneichbaum = Held
Segelroß = Schiff
Ymir's Schädel = Himmel
Wolf im Heiligtum = Friedensbrecher
Schwanenhügel = Meer

Man mußte ihn kennen (daher kenning), sonst verstand man Gesang od. Erzählung nicht.

Kenotaph: eine symb. Grabstätte, z. B. bei Uruk ↗ (Sumer) als monumentales, unterird. Steingebäude zu finden, die wahrsch. die Unterwelt ↗ repräsentierte für Kulthandlungen um Dumuzi ↗ u. Inanna ↗; bei der Hl. Hochzeit trafen sie sich auf dem Zikkurat ↗, der in der Nähe lag.

Kensho: im Zen ↗ transzendentale Erkenntnis als Tiefblick in die eigene Natur, auch Satori ↗ gen.: »Indem wir unsere eigene Natur (durch Kensho) erkennen, realisieren wir, daß sie sich nicht unterscheidet von der innersten Natur aller lebendigen Wesen. Dies ist die ›gleichmachende Weisheit‹ oder die ›Weisheit der Wesensgleichheit‹.« Letztere ist a. die Grundlage des Taoismus ↗.

Kepler, Johannes: Hofastronom u. Mathematiker von Kaiser Rudolf II. (dt.), 1571-1630, wurde durch die (Wieder-)Entdeckung, daß die Erde um die Sonne kreist und nicht umgekehrt sowie die Berechnung der Planetenbahnen zum ›Vater der mod. Astronomie ↗‹. S. das alte Wissen um die Planeten ↗.

Keridwen: kelt. Zaubergöttin mit dem ›Kessel ↗ der Auferstehung‹, der das allmächtige Elixier der Intelligenz enthielt. In ihn wurden im Mythos ↗ z. B. die gefallenen Krieger hineingeworfen, um am nächsten Tag wieder aufzuerstehen. Auf Münzen der Kelten ↗ erscheint der Kessel oft unter dem Pferd ↗, als jener nach unten gebogene Halbkreis, der in Ägypten das Symbol der Nephtys ↗ war, das mögl. Äqv. der K.

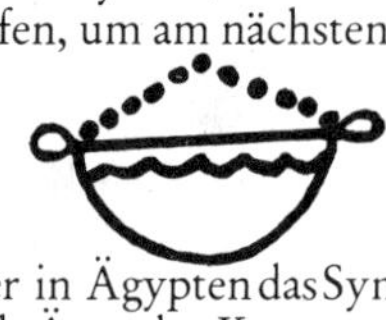

Kerka: Mitte (Grönland, Eskimos); hängt mit Kirk ↗ zusammen.

Kernunnos: die Gehörnte, kelt. Göttin, tiergestaltig od. mit Geweih als Hindin ↗ auf dem Kessel ↗ von Gundestrup, umgeben von Tieren des Zodiaks ↗ od. Schamanismus ↗. Manchmal a. männl. als Kernunnus vorgestellt u. als Vorbild des Teufels ↗ empfunden. — Am Hals u. in der r. Hand den sog. Torques ↗, Sinnbild der Göttlichkeit, das die Kelten ↗ oft in Bäume hängten (Abb.). — These: es ist eine zum Kreis gebogene Odil-Rune ↗ 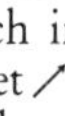, inhaltl. das, was sich in K. bzw. dem Tierkreis verbirgt, s. Ur-Alphabet ↗. — Evtl. Äqv. Artemis ↗.

Kerpa: Kopfbedeckung der karpatischen Frauen; wohl nach den Karpaten benannt: ein Trapez ↗ mit dem Stellenwert 9, wozu paßt, daß diese ›Kerpa-Krone‹ von jeder Frau am Tag nach der Hochzeit, einem Montag ↗, aufgesetzt wurde - auf dem Babyloni-

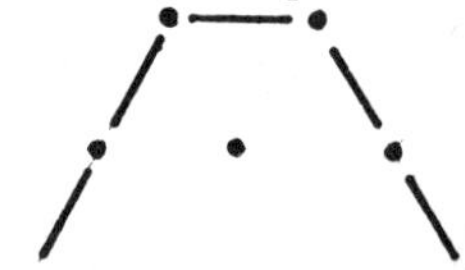

schen Turm ↗ vertrat der Mond die 9. Welt ↗. U. auf der 9. Stufe wurde die Hl. Hochzeit ↗ zw. Inanna ↗ + Dumuzi ↗ vollzogen.

Keshalyi: ›gute Feen‹ unter einer Königin namens Ana, im Hochgebirge lebend. Ihnen standen die Locolico ↗ ggb., ›Erdgeister‹, die eines Tages die K. überfielen u. viele von ihnen verschlangen. Um den Rest zu retten, heiratete Ana den König der Locolico, obwohl sie ihn zutiefst verabscheute. Aus dieser Verbindung entstanden lt. Zigeuner ↗ alle Krankheiten ↗ sowie Zaubermittel zu ihrer Bekämpfung; ein Mythos, der die Medizin der Zigeuner spiegelt.

Kessel: prinzip. weibl. Symbol wie jedes Gefäß; am bek. der K. von Gundestrup (Abb. 1) aus 8 getriebenen Silberplatten (1 fehlt) mit zus. 4 Paaren, was der Götterachtheit ↗ entspricht. Innen Kernunnos ↗ mit Tieren. Es ist der Kessel der Auferstehung = Reinkarnation ↗ von Keridwen ↗, wobei umgek. wie beim Gral ↗ der Tierkreis ↗ innen u. das Tao ↗ (= 8) außen liegt, sodaß symb. fast ein Querschnitt durch den Lichtstrahl ↗ angedeutet ist.

Abb. 1

Ein bronzener Kesselwagen fand sich in einem Urnengrab bei Strettweg, Steiermark: eine riesige Göttin steht im Zentrum des in den Wagen eingearbeiteten Sonnenrads u. hält mit Armen als Ka-Hieroglyphe ↗

Abb. 2

den relativ flachen K., der den Abschluß von 2 X bildet, die zus. den Gesamtkosmos ↗ gleichen. Auf dem Wagen vorne der Juleber ↗ u. hinten ein Hirsch ↗-Opfer, evtl. als Julbock ↗. Oder: die Kesselträgerin ist Frau Gaur ↗ mit dem K. als Runenkreis, stellvertretend für ihre 24 Hunde = 4 x 6 Radspeichen. Ähnliche Kessel sind die Becken der Taufe ↗. Auf einem Sarkophag von Kreta ↗ fand sich ein K. zw. 2 Stangen, die jeweils von der doppelten Labrys ↗ gekrönt sind, u. zwar genau im Schnitt Fisch-Wassermann als Ende u. (Wieder-)Anf. des um den Sarkophag in Form einer Prozession laufenden Tierkreises. Es ist im Kalender der Gesch. die Modur Att ↗ u. Julnacht ↗, heutige Endzeit ↗ mit Wiederkehr ↗ (sprich Auferstehung). — S. a. den K. Hwergelmir ↗.

Kether: 1. der 10 Sefirot ↗ (Kabala), gen. Krone ↗, od. Kether-Corona, der unvergängl. Wesenskern des absoluten Seins, lt. Papus äqv. Brahma ↗. These: wenn man die Sefirot als Zahlen im 12er Kreis ↗ der Sonne versteht u. diese wieder als Verkoppelung von je 2 Buchstaben des Sonnenalphabets ↗, ist K. auch A + B, oder Ab ↗, woraus in der Trinität ↗ Gott-Vater wurde, was sich mit der Interpretat. perfekt deckt. Übertragen auf die Planeten ↗, ist Pluto ↗ gemeint, wenn man die überlieferte Tabelle der Kabala durchzieht.

Ketzer: von Katharer ↗ abgeleitete Diffamierung von Gläubigen, die von der offiz. Dogmatik der Kirche ↗ abweichen; sie wurden von der Inquisition ↗ verfolgt; a. die Hexen ↗ rechnen dazu.

Khan: Herrschertitel bei den Mongolen ↗, s. Dalai-Lama ↗ u. Dschingis-Khan ↗. Wohl mit Chan ↗ (Kan) ident. = Schlange.

Kharu: Schreibvar. für Karu ↗.

Khem: Schreibvar. für Kem ↗, Kam u. Km ↗.

Khetchae: Quechua ↗, Sprache der Inka ↗, die den Unterworfenen als Einigungsmittel aufgezwungen wurde. Etwa die Hälfte der ca. 12 Mio. Einwohner von Peru ↗ spricht noch heute K., das bei den Navajo ↗ für Hund ↗ steht, der wiederum bei den peruan. Indianern als ›Schöpfer‹ gilt -ist Sirius ↗, der Hundsstern gemeint? Dann ist a. der Bezug zu Quetza(l) gegeben, der sich als Quetzalcoatl ↗ mit Viracocha ↗ decken dürfte, wo K. = Cocha ↗ ist; od. K. bezieht sich auf die Paradiessprache. — Abb.: peruan. Trinkgefäß mit dem Hund als Schöpfer, sprich Kulturbringer ↗; bei anderen Indianern ↗ Kojote ↗.

Khoi: Hottentotten ↗.

Khomeini, Ajatollah: nach dem Sturz des letzten Schah von Persien ↗ (Iran) zurückgekehrter ›12. Imam ↗‹, der ein strikt auf den Koran ↗ aufgebautes Schreckensregiment führt u. zum Marsch auf Jerusalem ↗ aufgerufen hat. Absicht: die (Wieder-)Errichtung einer Islamischen Republik in den vom Islamischen Blitzkrieg ↗ zuerst eroberten Gebieten.

Khor Lo: Chakra ↗, tib.: Lotoszentrum. Evtl. zu verstehen als Kara ↗ (a. Schara od. Zoro + Zara) Loka ↗: denn wie es 7 Loka bzw. 4 Lokapala ↗ gibt, so werden die Chakras in 7 od. 4 aufgeteilt - als Kategorien der Geistsonne, sprich Weltformel ↗, die sich natürl. a. in der Horussynthese ↗ (mit Khor statt Hor ↗ od. Horus ↗) vereinen.

Khufu: Name ↗, der in einer Kartusche ↗ als einzige Bez. in der Großen Pyramide ↗ gefunden wurde. Mod. Interpret. machen daraus eine Nv. von Chnum ↗ u. übersetzen: »Er beschützt mich«, was keinen Sinn ergibt. Durch Analogie von Hieroglyphen ↗ u. Grundmotiven ↗ (Abb.) fügt sich zur

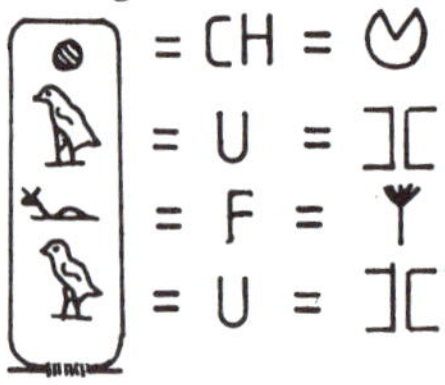

1. Silbe Chu = Ku ↗, Feuer als  die Ausfächerung des Lichtstrahls ↗ sowie durch  = Todestanz ↗ dessen Halbierung. Das Endergebnis wäre: Khufu bed. Lichtöffnung ↗, u. eben diese Eigenschaft scheint die Große Pyramide besessen zu haben. — Nv. Chufu ↗.

Ki: Erde (sum.) im Sinne von Element ↗, nicht des Planeten. Enth. im Kintu ↗ der afrik. Ntu-Philosophie ↗. Verbindungen sind Anki ↗ (Himmel-Erde), Enki ↗ (Herr der Erde) + Ninki ↗ (Herrin der Erde) sowie Kigal = Totenreich ↗ (in der Erde).

Kidron: einstmaliger Bach bei Jebus ↗ (Jerusalem), von den Kanaanäern ↗ als zukünftiger Ort des ›Weltgerichts‹, d. h. des Endkriegs ↗ vorausgesehen, was in den Qumran-Texten ↗ wieder auftaucht. K. floß ins Tote Meer ↗; evtl. gab es ihn noch, als in dieser Gegend das Qumran-Kloster ↗ gebaut wurde, od. dieses setzte sich an die vorausgeschaute Stelle, K. ersetzend.

Kikkar: Umkreis (aramäisch, eine Sprache, die a. Jesus ↗ sprach); hängt zus. mit Kikkura ↗, Kerka ↗, Kirk (Kreis) u. führte schließl. zu Kirche ↗.

Kikkura: Ring (finn.); hängt zus. mit Kikkar ↗ (Umkreis) u. evtl. a. Zikkurat ↗ (Türme wie der Babyl. Turm ↗ als Residenz der Götter od. Weltenkreise), was auf die Verbindung der Karelier ↗ (Finnen) über die Karer ↗ zu den Sumerern ↗ hinweist.

Kimberley-Berge: im NO von Australien ↗, 900 m hoch; hier befinden sich Darst. der Wandschina ↗, astraler Urmenschen, die sich durch Knospung vermehrten = 2. Wurzelrasse ↗. Seit östl. der Stadt Darwin beim Brockman-Berg = Heimat der Regenbogenschlange ↗, Uran gefunden wurde, breitet sich eine messian. Stimmung aus, mit Sammelbewegung der Stämme für die nächste Sintflut ↗ (= Polsprung ↗ von 1999).

Kimbern, Zimbern, Cimbern: Volk der Germanen ↗; verließen um 120 v. Z. Jütland, Land der Jüten = Jöten ↗ (heute dän. Halbinsel) u. zogen mit den Teutonen ↗ südwärts. — S. Gallier ↗ u. Gomer ↗.

Kin: Sonne ↗ bei den Maya ↗ (s. Hieroglyphe), mit dem Priester-Titel Ah ↗-Kin = Der der Sonne zugehört. Enth. als Nachsilbe des Tzolkin ↗ (Kalender), der mit dem ind.

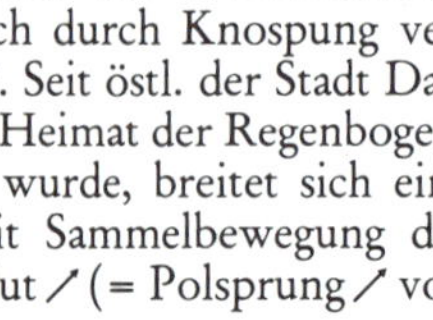

Kalkin ↗ zusammenzuhängen scheint. Bei den Olmeken heißt der zweitinnerste Planet Kinan ↗ (in Teotihuacan ↗). — These: im Innern der Glyphe Sonnenkern ↗ u. 4er Kreis ↗, eingezackt. Dann 8er u. 12er Kreis ohne Unterteilung. — Kin plus Sonnenalphabet ↗ (äqv. D) = Kind ↗.

Kinan: 2. der 12 Planeten ↗ von der Sonne aus gerechnet u. im Namen K. = Sonnen- (Kin) Geist (An ↗, sum. Himmel) auf sie bezogen. In Teotihuacan ↗ wird sein Abstand vom sonnennächsten Planeten Olkan ↗ als doppelt so groß wie dessen Abstand von der Sonne angegeben; beide zus. sind Isimu ↗. K.s Nachbar nach außen ist Merkur ↗, der heute als sonnennächster gilt. Aber Physiker, Philosophen u. Parapsychologen haben Daten dafür geliefert, daß es vor dem Merkur (u. jenseits des Pluto ↗, in Teotihuacan Xochitl ↗) Planeten gibt, jedoch sind diese Behauptungen von der Astronomie ↗ noch nicht bestätigt worden. These: das griech. Äqv. war Hestia ↗.

Kind: der durch eine leibl. Mutter geb. Mensch ↗ ab Geburt bis 14 J. (Pubertät), s. Lebensweg ↗; in Buchstaben A/B/C/D = Aufbau der Sonne ↗, sodaß sich ein Kind als Sonnen (Kin ↗) Erinnerung ↗ (D, Grundmotiv  , Erinnerung) interpretieren läßt. Das 1. Kind war lt. Bibel Kain ↗. — In den Qumran-Texten wird zw. Kindern des Lichts ↗ + Kindern der Finsternis ↗ unterschieden; erstere werden a. im Popol Vuh ↗ genannt. — S. Julkind ↗.

Kinder der Finsternis: in den Qumran-Texten ↗ den Kindern des Lichts ↗ gegenübergestellt; mit letzteren meinten sich die Qumran-Leute = Essener ↗ offensichtlich selbst, mit ersteren aber die sie verfolgenden Pharisäer ↗. Hier geht es anscheinend zunächst nur um Verfälscher od. Reinhalter relig. Offenbarungen ↗ bzw. der Wahrheit ↗, da in Qumran die Hauptbeschäftigung das Kopieren u. Verstecken uralter, aus Jerusalem ↗ geretteter Texte war. Was aus den K. d. F. Verfolger + Zerstörer von echtem Wissen macht; od. dem Satan ↗ Unterworfene. Äg. Äqv.: Menschen, die Seth ↗ als Gott in sich tragen. Mex. Äqv.: die Tezcatlipoca ↗, den ›Rauchenden Spiegel‹ realisieren, d. h. alles in Rauch = Finsternis hüllen.

Kinder des Lichts: in den Qumran-Texten ↗ den Kindern der Finsternis ↗ gegenübergestellt; zu ihnen gehören a. die Verdammten ↗. - Im Popol Vuh heißt es: »Vier Weltecken, vier Weltseiten machten Tzakol ↗ und Bitol ↗, wie man sagt, die Mutter und der Vater von Leben und Schöpfung: die den Atem schufen und das Herz, Gebärerin und Hüter des erleuchteten Geschlechts, der Lichttöchter, der Lichtsöhne...« Hier gehen sie aus dem Weltideogramm ↗ hervor u. halten sich an dessen Bestimmung, anstatt es zu bekämpfen. Nun decken sich dessen 4 Weltecken (im Kult als Ah Kan Tun ↗ gelegt) farbl. genau mit den 4 Rassen ↗ u. Kontinenten ↗: schwarz, weiß, rot, gelb. Im Zentrum aber ist Blau ↗ u. darauf, als besonderes ›Licht‹, dürfte sich der Ausdruck beziehen - od. das, was in Mu ↗ gelehrt worden war. Evtl. sollte es sogar Kinder der Lichtöffnung ↗ heißen.

Kinder Israel: Nachtf. von Jakob ↗, der später den Namen Israel ↗ annimmt. Als ›Auszug der Kinder Israel‹ wird ihr Exodus ↗ aus Ägypten unter Moses ↗ bez., mit anschließender Landnahme ↗.

King, Martin Luther: schwarzer Amerikaner ↗ (1929-68), der als protestant. Geistlicher zum letzten friedl. Führer im Kampf gg. Rassismus ↗ wurde. Bemerkenswert 2 kurz vor der Ermordung öffentl. geäußerte Prophezeiungen:

1) »Vietnam war der letzte Krieg, in dem wir gezwungenermaßen für die Freiheit anderer Völker kämpften; nächstes Mal kämpfen wir für unsere eigene Freiheit.«

2) »Ich sehe Jerusalem ↗ und unsere Heimkehr ins Gelobte Land...« - bei dieser Vision fielen die Schüsse. — Sie deckt sich erstaunl. mit den Qumran-Texten ↗, wenn von den Verdammten ↗, die zu den Kindern des Lichts ↗ gehören, prophezeit wird, sie kehrten aus den Wüsten der Heiden zurück, um im Staub vor Jerusalem zu lagern. These: es sind die 12 Verlorenen Stämme ↗ der Schwarzen Juden, aus denen der wiederkehrende Osiris ↗ (äg.), sprich Baal ↗ (kanaan.), hervorgeht, afrik. Nommo ↗, ind. Maitreya ↗. — Der erw. nächste Krieg betrifft den Endkrieg ↗, in dem die Schwarzen Amerikaner nicht mehr auf der Seite der weißen Amerikaner kämpfen werden, wenn K. recht hat; u. der soll ja bei Kidron ↗ beginnen.

Kintu: 3. der 4 Hauptkategorien der afrik. Ntu-Philosophie ↗, gen. Unintelligentes Dasein u. bezogen auf alle Dinge (Stein, Pflanze, Tier). Das Wort setzt sich zus. aus Ki ↗ = Erde u. Ntu ↗ = Gott. Gemeint sind Dinge mit Fremdintelligenz ↗; in der weiteren Unterteilung: unsensitiv od. sensitiv.

Kio: Nv. von Io ↗; evtl. unter Veränderung von K auf Z Ursilbe für Zion ↗. Bzgl. der Weltformel ↗ mit dem Ur-X ↗ als Ausgangspunkt der Schöpfung ↗, wäre X-Io zu lesen, mit X statt K, weil dann das X in I (a. Ki ↗, Erde im Urzustand) u. O (Null ↗, od. Kosmos ↗ im Urzustand) aufzuteilen wäre, was Zion als Himmlischem Jerusalem ↗ entspricht. Beim ird. Jerusalem ist es der Berg Moria ↗ (= I) im Stadtkreis (= O); daraus läßt sich dann der Übergang von Kio zu Kirche ↗ finden.

Kirche: griech. *Kyriake* = Gemeinde. Erscheint zuerst bei Jesus ↗: »Du bist Petrus ↗, und auf diesem Felsen will ich meine Kirche bauen« (Mat. 16, 18). Als konkrete Einrichtung begann sie im Haus der Maria, Mutter von Markus ↗, der das früheste Evangelium ↗ schrieb. Das deutsche Wort K. hängt aber a. zus. mit: Kirka = Herz (Kir) Kraft (Ka); besser: Ger ↗-Ka ↗.

Kerka ↗ = Mitte
Kirk ↗ = Kreis
Kikkar ↗ = Umkreis
Kikkura ↗ = Ring

Was damit übereinstimmt, daß sich die K. als Gebäude, spez. bei den Germanen ↗ immer in die Mitte der vorh. Steinkreise ↗ = Thing ↗ hineinsetzte, d. h. an die Stelle der Thing-Mitte-Steine = Idavallsbord ↗ + Königsitz *(drottsätet)*, deren Aussehen sie prakt. nur vergrößerte. So kann man a. sagen, daß sie der altgewordenen Ur-Kirche ↗ ein verjüngtes ›Herz‹ gab. Und so lassen sich a. Darst. deuten, auf denen die K. aus Jesus herauskommt wie einstmals Eva ↗ aus dem hermaphrod. Adam. Und mit deren Biß in den Apfel ↗ fing die Urkirche als Kreis der Geschichte ↗ an, dessen Mitte das vom Sirius ↗ gekommene Nommo ↗-Paar war. Die christl. K. machte daraus Christus ↗ + Sophia ↗, vertreten durch Jesus + Maria ↗, manchmal dargestellt mit dem Apfel in der Hand, den sie dem Jesuskind reicht (wie damals Eva Adam). S. das Bild unter Evangelisten ↗. Trotz (od. wegen?) z. T. todbringender Missionierung ↗ wurde bis jetzt keine Ökumene ↗ aus der Kirche, was z. T. an Schisma ↗ u. Bibel ↗-Verfälschungen liegen dürfte. — Weitere Einzelheiten: Katakomben ↗, Kathedra Petri ↗ + Kathedrale ↗ sowie Ur-Christen ↗ + Religion ↗. — Inter. a. die Bez. Schiff ↗ für Kirche, aufgeteilt in Längs- u. Querschiff.

Kirchenstaat: s. Vatikan ↗.

Kirk: wie *circle* (engl.) Kreis ↗, Wurzel für Kirche ↗.

Kiul: Schreibv. für Jul ↗, Kweol, *Wheel* = Rad.

Kiwa: Kultraum auf dem Innenplatz der Pueblo ↗-(Hopi ↗ u. Zuni ↗) Indianer. Immer rund im Ggs. zu den viereckigen Wohnräumen, ist er mit der unteren Hälfte in der Erde versenkt u. nach oben verschlossen, bis auf Frischluftkanäle u. eine zugedeckte Öffnung für den Ab- u. Aufstieg per Leiter. Letztere wird in best. Zeremonien benutzt, um als Aufstieg der 1., 2., 3., 4. Menschheit (s. Wurzelrassen ↗) in ihre jeweilige 1., 2., 3., 4. Welt (s. Weltenlehre ↗) zu dienen, was meist von einem Frauenbund u. nicht von männl. Katschina ↗-Bünden gespielt wird. Im Zentrum der Feuerstelle, irgendwo im Außenkreis Sipapu ↗, symb. Eingang zur Geisterwelt. Große Pueblos haben über 20 K., jeder dient als Versammlungsraum eines Klans. Man kann wohl von Kirche ↗ (= Kreis) sprechen. Heute wird darin v. a. vom letzten Weltuntergang ↗ - als die Hopi Kasskara ↗ verließen u. nach Amerika ↗ flüchteten -gesprochen u. davon, daß sich der nächste (s. Endzeit ↗) nähert. Durch die Leiter-Öffnung werden a. die Sternbilder ↗ beobachtet, deren Stand für alle Rituale ↗ den Zeitablauf festsetzen. Die K. sind fast das ganze Jahr ↗ hindurch ununterbrochen in Gebrauch u. werden als Symbol von Erde + Kosmos betrachtet. These: das ergibt sich sogar aus dem Namen: Ki ↗ (Erde, sum.) Wa ↗ (Kosmos, in Wala ↗, Waland ↗ u. Io-Wahine ↗). — Hier wird a. die Initiation ↗ abgehalten: Wenn die 7 Plejaden ↗ als Symbol der 7 Welten über der Leiteröffnung sichtbar werden, erzählt ein Priester den Initianden von der Reise der Menschen durch die 7 Welten. Es kann passieren, daß gg. Ende maskierte Tänzer die Leiter herabstürzen u. die Feuerstelle mit einer Steinplatte zuwerfen, um zu demonstrieren, wie das Böse plötzlich die Welt überfällt. Dann gibt es ein wüstes Geschrei u. Durcheinander, weil alles zur Leiter stürzt, um sich vor dem angedeuteten Weltuntergang nach oben zu retten. Dort, auf dem K.-Dach, werden sie aus Eimern mit Wasser übergossen = Sintflut ↗ u. Reinigung vom Bösen. — Die folg. Abb. zeigt die Rekonstruktion der

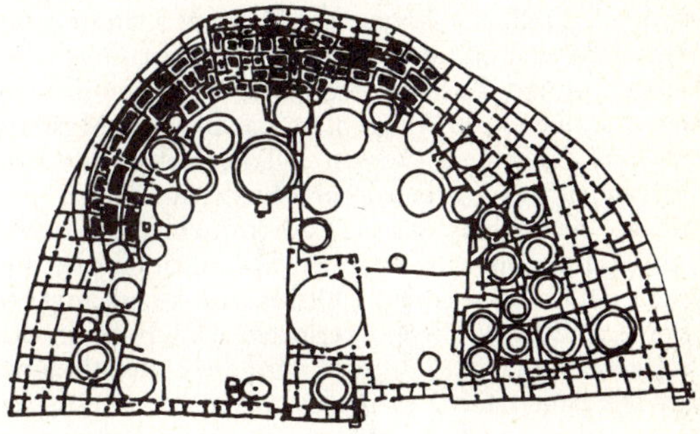

Pueblo Bonito in Neu-Mexiko (130 m Durchmesser)

Pueblo *Bonito Ruine,* ca. 130 m Durchmesser, 4-5-stöckig mit 800 Räumen u. 36 Kiwas.

Klagemauer: Rest des von Herodes ↗ gebauten Tempels von Jerusalem ↗ in Form der Westwand des Tempelplatzes; hier klagen jeden Freitagabend (= Sabbat ↗-Beginn) die Juden über die Zerstörung dieses Tempels, den sie vor Erscheinen des Messias ↗ a. nicht wieder aufbauen dürfen.

Klassen: Menschengruppen mit gemeinsamen sozialen Merkmalen wie Ausbildung, Beruf, Stammbaum, Geld etc. Seit Trennung von Staat u. Kirche ↗ zählt man in Europa nur 3 K., im Hinduismus ↗ sind es noch 4 (Haupt-)Kasten. Der Marxismus will das 3-Klassen-System (Aristokraten, Bürger, Arbeiter) durch Klassenkampf ↗ (reduziert auf Kapitalisten + Proletarier) in den paradies. Endzustand einer klassenlosen Gesellschaft überführen. These: ab Paradiesverlust ↗ herrschte, zwangsläufig mit Geschichte ↗ verbunden, ein Klassensystem ↗, das aber nicht, wie das Kastenwesen ↗ festgefahren war, sondern die 4 K. regelmäßig in der Machtausübung wechseln ließ. Spez. seit dem Kali Yuga ↗ ist diese Eigengesetzlichkeit vehement unterlaufen worden. Das wiederkehrende Paradies = Himmlische Jerusalem ↗ wird ebenso eigengesetzl. u. ohne Historischen Materialismus ↗ die Gleichheit des Menschen zurückbringen. — Soweit bek., war der älteste Klassenkampf in Ägypten, überliefert als Mysterienverrat ↗.

Klassenkampf: basiert meist auf der Ausbeutung einer niederen durch eine höhere der (3 od. 4) Klassen ↗ im mater. Bereich od. im Versperren geistiger Güter. So durften im ind. Kastenwesen ↗ nur 3 Klassen die Veden ↗ studieren; in Altägypten war bis zum Mysterienverrat ↗ Tempel ↗-Wissen + Totenkult ↗ nur dem Pharaonenhaus vorbehalten. Wiederum brach die Maya ↗-Kultur zus., als die Bauern nicht mehr unbezahlt Tempel bauen wollten. Afrika wurde eine leichte Beute des Kolonialismus ↗, weil es seine zu mächtig gewordene Elite (s. die 12 Verlorenen Stämme) in die Sklaverei verkaufte. Luther ↗ wird die Unterstützung der Dt. Bauernaufstände vorgeworfen. Die Russische Revolution ↗ rottete Zarenhaus + Aristokraten aus; davor bekämpfte Marx ↗ sogar Sozialreformen, um das Proletariat besser in die Weltrevolution ↗ treiben zu können, u. im Tibet ↗ zerstörten die chin. Kommunisten fast alle Klöster, um die (ungefragte) Bevölkerung von ausufernder Lama ↗-Herrschaft zu ›befreien‹. — These: wäre man dem uralten, eigengesetzl. Klassensystem ↗ gefolgt, hätte man sich den K. wohl sparen können.

Klassensystem: ein uraltes, überliefertes System, wie sich im Rahmen des Zodiaks ↗ die 4 Klassen ↗: Volk, Priester, Aristokraten + Bürger (in dieser Reihenfolge) mit jeweils rd. 3200 J. Einflußfrist insg. 8 mal abwechseln sollen (s. Schema); die Höhepunkte werden durch die Ecken von 2 ineinander geschobenen Quadraten gesetzt, wodurch a. deutl. wird, daß je 2 Klassen - verbunden durch 2 der 2 Quadrate - bes. eng zusammenhängen: Volk + Priester einerseits, Aristokraten + Bürger andererseits, was zweifellos der Realität entspricht. Legt man nun an den Tierkreis die Ereignisse der Geschichte ↗ an, läßt sich folg. Zusatz ablesen: am Anf. der 4. (23970 v. Z.) und 5. Welt (11432 v. Z.) setzt das Volk unter Matriarchat ↗ die Grundsteine - an ihrem jeweiligen Ende führt das Bürgertum unter Patriarchat ↗ zum Weltuntergang. An diesem Punkt sind wir seit Wiederbeginn des Wassermanns ↗ (1950) erneut angelangt: die technokratisierten Bürger verwüsten durch ungebremsten Raubbau (= Kapitalismus) den Globus, während sich im Volk eine sog. Zweitkultur ↗ anbahnt. Gleichzeitig sind Priester + Aristokraten ohne Bedeutung.

Das Schema aus den 2 Quadraten der Klassen, eingebettet in den Zodiak als Präzession ↗ ist dem von Paul Poesson im Buch ›Le Testament de Noé‹ nachgezeichnet u. mit Daten der Gesch. durch von Frankenberg versehen. Es zeigt dadurch, wie z. B. Jesus ↗ die Wiedererstarkung des Volkes (damals die Unterdrückten von Rom ↗) fördert.

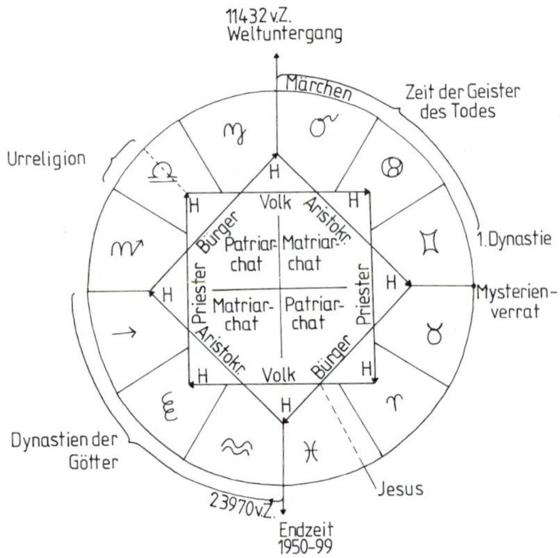

Klassik: als Wertbegriff eine klass., d. h. zeitlos gültig gewordene Ausgestaltung der Künste; z.B. die griech. K. im 5. Jh. v. Z.; die dt. K. unter Goethe ↗; die altäg. K. ab Menes ↗ als pharaonischer Symbol ↗-Kanon.-K. wird oft mit Apollo ↗ (Sonne) gleichgesetzt, Antiklassik wie z. B. die Romantik ↗ mit Dionysos ↗ als dem chaotischen (Kosmos, das Unbewußte ↗), das Abgründe aufreißt, aber a. neu befruchtet.

Klaubaufe: 12 Begleiter des Nikolo ↗, gekleidet in zerfetzte Frauenkleider u. Tiermasken mit Hörnern; in den Händen rasselnde Ketten. Sie erscheinen in den 12 Nach-Jul ↗-Tagen, um die Leute zu packen, zu schütteln u. die bösen Geister aus ihnen herauszutreiben. Nv. Kehraus bzw. Nikol-Aus (woraus der heutige Nikolaus wurde): Eine Art Reinigung der Leute u. Häuser zum Jahresende. These: sie vertreten den Tierkreis ↗ u. deuten a. schon die große Reinigung (s. Mahikari ↗) der Endzeit ↗ an, als Vorspiel zum Jüngsten Gericht ↗.

Kleinasien: westl. Halbinsel von Asien zw. Schwarzem Meer ↗ + Mittelmeer ↗ mit heutiger Türkei ↗ u. ehem. Kanaan ↗, etwa bis Euphrat ↗ + Sinai ↗; die nördl. Grenze bildet der Kaukasus ↗. — Ein immer sehr unruhiger Treffpunkt der 3 Kontinente Afrika, Asien u. Europa u. deren wechselnde Oberhoheit, wie a. Durchzugsgebiet der Völkerwanderung ↗.

Kleito: einzige Tochter der Leukippe von Atlantis ↗,

die von Poseidon ↗ geehelicht wurde. Der Verbindung entsprangen lt. Plato ↗ (erzählt im Kritias ↗) 5 Zwillingssöhne, unter die Atlantis in 10 Teile aufgeteilt wurde, die die jeweiligen Namen dieser ersten Nachkommen trugen, während die zentrale Königsburg auf dem Wohnort der Göttin K. lag, aus der eine Insel gemacht worden war, umgeben von einem Wasserring mit Brücken. In dieser Burg ein K. + Poseidon geweihter Tempel, der nicht betreten werden durfte. — These: K.s Gatte könnte der wahrsch. in Tiahuanaco ↗ geb. Seth ↗ gewesen sein als 1 der 4 Horuskinder ↗ zum Rama ↗ von Atlantis werdend.

Kleopatra: äg. Königin seit 51 v. Z.; mit ihr endet die Dynastienliste ↗ wie a. die Ptolemäer ↗-Zeit. Sie soll in einer von Frauen getragenen Untergrundbewegung altäg. Geheimtexte nach Griechenland geschmuggelt haben. Nach Kriegsniederlage Selbstmord; danach wurde Ägypten Besitz von Rom ↗. — Das von ihr selbst gechriebene Buch über Alchemie ↗ hieß Chrysopeia ↗.

Klingsor: ein von Novalis ↗ erfundener ›Meister‹ ↗, der im 9. Kap. dem Heinrich von Ofterdingen ↗ (Roman) das Märchen von Arctur u. Freya, Fabel, Eros u. Sophie erzählt, a. K.-Märchen gen.; ein Kunstmärchen der Romantik ↗. — Der Name stammt von dem ›meyster der hyes Klingeßor‹, einem ungar. Zauberer, der im ›Wartburger Sängerkrieg des Minnelieds ↗‹ Ofterdingen zu Hilfe gekommen sein soll. — Die Schlüssel dazu hat Novalis in einem Brief vom 18.6.1800 an F. Schlegel gegeben: »Die Antipathie gegen Licht und Schatten, die Sehnsucht nach kalten, heißen, durchdringenden Aether, das Unbekanntheilige, die Vesta ↗ in Sofieen, die Vermischung des Romantischen aller Zeiten, der petrificirende und petrificirte Verstand, Arctur, der Zufall, der Geist des Lebens, Einzelne Züge bloß, als Arabesken - so betrachtet nun mein Märchen.« Mod. Interpretationen haben folg. Struktur aufgestellt:

1.) Astralwelt — Arctur (Leben ↗) ╲ ╱ Sophie (Weisheit ↗)
Freya (Friede)

Zwischenreich — Mond

2.) Menschenwelt
Mutter (Herz) ╲ ╱ Vater (Sinn) ╲ ╱ Ginnistan ↗ (Phantasie)
Eros (Liebe) — Fabel (Poesie)

Zwischenreich — Schreiber (Verstand)

3.) Unterwelt
3 Parzen ↗ — Sphinx ↗

Das Erlösungsmotiv drückt sich in dem Schlußvers aus:

»Gegründet ist das Reich der Ewigkeit
In Lieb und Frieden endigt sich der Streit
Vorüber ging der lange Traum der Schmerzen
Sophie ist ewig Priesterin der Herzen.«

K. erscheint a. im Parzival ↗ von W. von Eschenbach. — These: mit der Priesterschaft der Sophie (Weisheit) wird der kommende 6. Sinn ↗ angedeutet, mit Freya die 6. Welt ↗ der Venus. Ihr geht die Absetzung der 3 Parzen = Disen ↗ durch Fabel = Saga ↗ voraus. Arctur geht auf Arthur ↗ zurück.

Klio: 1 der 9 Musen ↗ = Geschichte ↗, im Lexikon des Geheimwissens dem ind. Vishnu ↗ gleichgesetzt.

Klopstock, Friedrich Gottlieb: dt. Dichter (1724–1803), der 1748 mit dem Erstdruck: ›Der Messias‹ den Auftakt zu einer neuen Dichtung gab, a. ›Einzug der Deutschen in die Weltliteratur‹ gen., ausgelöst durch Winckelmann ↗. Unter Aufgabe des Reimes näherte er sich dem urtümlichen germ. Sprachgeist an (ohne Stabreim ↗) u. unternahm schon vor Novalis ↗ Wiederherstellungsversuche der Mythol. der Germanen ↗, par. zur Ossian ↗-Begeisterung. »Klopstock opfert wohl seine Kunst der Religion, doch zugleich ist ihm seine Kunst Religion!« (Knaurs Geschichte der Weltliteratur). S. Wiederholung ↗ der Gesch.: ab 1745 I = Idealismus ↗.

Km: äg. Schreibweise für Schwarz ↗, enth. in Km.T ↗, heutige Vokalisierung Kam od. Kem ↗.

Km.T: Ägypten ↗, in Hieroglyphen ↗ =

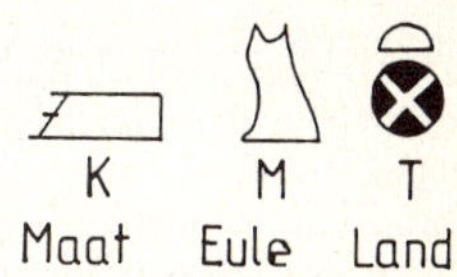

was mehrere Deutungen zuläßt:
1) Km ↗ = schwarz, T = Land, zus. Land der Schwarzen, Land des Ham ↗, in der Bibel ↗ von dessen Sohn (Stamm) Mizraim ↗.
2) Land (T) des Gottes Kem, im Äg. Totenbuch ↗ verdoppelt auf Kem. Kem ↗, also ein ›Gottesreich‹, s. 1. u. 2. Reich ↗.
3) Land (T) der Maat ↗ (K als Balken) = Wahrheit u. Gerechtigkeit, zur Hervorbringung von Weisheit ↗ (M als Eule ↗), die als Schwarz (schwarzes Feuer im Zohar ↗) bez. wird.

Tats. kann man alle Punkte zusammenholen, wenn man die esot. Geographie ↗ dieses Landes schematisiert:

Doppelter Nil ↗-Gott als Osiris ↗ u. Djed ↗ = 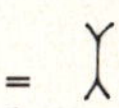 Motiv berühren im Zentrum Km als Sonnenkern ↗;

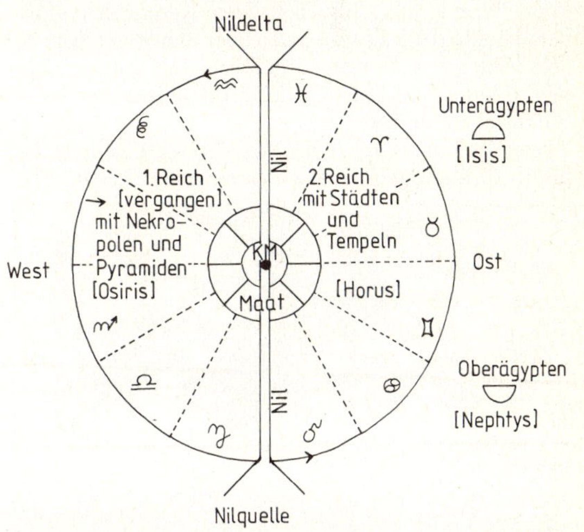

der innere Kreis ist a. das Fundament der Großen Pyramide ↗ = der 8er Kreis (Götterachtheit ↗) u. im Außenkreis die Geschichte ↗ als Zodiak ↗, der a. zur Duat ↗ wurde. S. Junu ↗ als Umkehrung dieser Anlage. Die Eule wäre als äqv. zur Taube ↗ der unsichtbare Außenkreis in umgek. Richtung = 3. Reich ↗.

Knossos: wichtigste Stadt des alten Kreta ↗ mit den Resten eines mehrfach zerstörten Palastes, der evtl. auf Europa ↗ u. Sohn Minos ↗ zurückgeht. Im 16. Jh. v. Z. Erdbeben, Neu-Aufbau, dann Brand u. Übernahme durch die Griechen ↗. Im ehem. Thronsaal, flankiert von einem doppelten Greif ↗ zw. Lilien ↗ der steinerne Thronstuhl (Abb. 2), von dem Forscher meinen, er sei der symb. Sitz der Göttin gewesen, die hier an der Spitze der Religion stand. Ihr war außerdem der hinterste u. höchste Teil des Palastheiligtums vorbehalten, der sog. ›Schrein der Doppeläxte‹, beherrscht von 2

Abb. 1

Paar Urhügel ↗-ähnl. Kuhhörnern, in deren Sattelsenke sich jeweils ein Loch befand zum Hineinstecken der Doppelaxt ↗, wie man annimmt (s. Abb. 1 u. 1a); dazu Tongestalten: Diener mit Taube als Opfer, 3 Priesterinnen u. die Göttin mit Taube ↗ auf dem Kopf, die Arme als Ka-Hieroglyphe ↗. Da im kretischen die Kultaxt Labrys ↗ hieß, nimmt man an, daß der ›Palast‹ u. U. das berühmte Labyrinth ↗ des Minotaurus ↗ war.

Abb. 1 a

Als Verzierung der königl. Gemächer die gleiche Rosette ↗ wie im Innern des Diskus ↗, 8blättrig, od. 12-blättrig als Zodiak ↗, was der Kombination von Km.T ↗ (Ägypten) entspricht. Genau wie der Stierkopf ↗ von K. aus schwarzem Stein Kemur ↗. Auf einem Fresko der kultische Salto über den Stier (Abb. 3) von Männern + Frauen ausgeführt, wahrsch. im offenen Innenhof des Palastes, der über u. über mit Stierhörnern geschmückt war.

These: das Vorherrschen des Stieres ist eine Zeitangabe für die Gründung im Stiersektor einerseits, genau: des-

Abb. 3

sen 2. Hälfte, Grundmotiv ↗  (A), der äg. Hieroglyphe ↗ A = Stierkopf entspr. - im Stierkult ↗ (Abb. 3) könnte aber a. der Apis ↗-Stier gemeint sein, der für Wiederholung ↗ steht, zeitl. auf den gleichen Punkt fallen, quasi mit Salto 3000 Jahre überspringend, um die Taube = den Frieden zu erreichen. Es fällt jedenfalls auf, daß es in K. keinerlei Waffen od. Befestigungen gab u. das weibl. Element dominierte = Vorgriff auf Europa als 6. Welt ↗?

Abb. 2

Kobra: Schlange ↗, die in der Erregung die Halsrippen spreizt u. sehr giftig ist. Als Symboltier: Uräus ↗ od. Ara ↗ (= Göttin), als Stirnschlange bei Pharao ↗ angebracht. Immer wird die Blähung als vertikal halbierter Kreis dargestellt, das ein Schema ergibt wie das von Km.T ↗ (Ägypten); daran schließt sich der Leib als Unendlichkeitsschleife ↗ an, s. Isis ↗. Offen muß bleiben, ob mit der Blähung Grund-

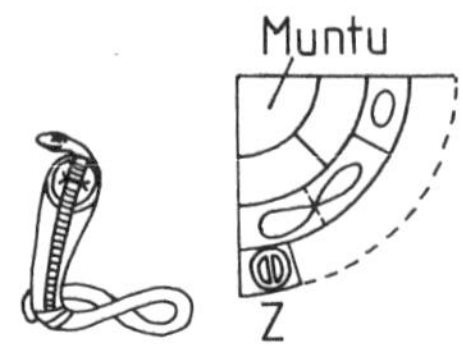

S. Weltformel

motiv  als Ende (= Z) des Sonnenalphabets ↗ gemeint war. — Die Abb. stammt aus einer Szene in der Duat ↗. — Beim Menschen entspr. die (7) Halswirbel (s. Skelett ↗) dem 8er Kreis ↗ der Sonne = Tao ↗, weshalb a. die Maat ↗ die Kobra-Form annehmen konnte.

Kojiki: älteste jap. Aufzeichnung (712); sie zählt u.a. die Kami ↗ auf. Fällt in die Zeit der Kaiserin Koken ↗.

Kojote: s. Koyote ↗.

Koken: jap. Kaiserin (710-770), die Kami-Weg ↗ + Buddhismus ↗ versöhnte u. evtl. Kojiki ↗ veranlaßte. Dieser Impuls führte wohl a. zur Frauenschrift Kan ↗ u. zum Noh ↗-Theater, das als Kan Nigiwai ↗ gedacht war.

Koko: Nv. für Ka-Ka ↗ (Zuni) u. Katschina ↗ (Hopi).

Kolawole, Lawrence Compton: schwarzer Amerikaner ↗, mit dessen Motion-Art ↗ die sog. Moderne ↗ den Kreis zum Beginn von Kunst ↗ schließt. 1931 (letztes Sigui-Fest ↗) in Beaumont, Texas, geb., besuchte er 49-52 die Akademie von San Franzisko. Nach Abdienen der Wehrpflicht im Koreakrieg, schwerer Rückgratverletzung u. 1 Jahr Gipsbett, versuchte er ab 56 in New York ↗ eine Künstlergruppe zur Wiederbelebung der schwarzen Kultur aufzubauen, was an der schleichenden Amerikanisierung der Schwarzen, über die sich a. Malcolm X ↗ so beklagte, scheiterte. Seit 63 Partnerschaft mit von Frankenberg ↗, die später auf seinen 24 Grundmotiven ↗ das Muiska-Museum ↗ u. den Lehrstuhl Nommologie ↗ aufbaute. 1966 Wechsel nach München ↗, wo ihm Yoruba ↗-Studenten den

Namen Kolawole gaben, was Ko-Ola-Wo-Ile bed. = ›Einer, der von weit her übers Wasser kommt und Reichtum ins Haus bringt‹; der amerik. Name wurde nun auf L.C. reduziert. Die 1967 versuchte Heimkehr nach Afrika (Yorubaland) scheiterte am afrik. u. amerik. Widerstand; Rückkehr nach München. 1969–74 Aufenthalt in Paris, dann Rückkehr (Juni 74, nach Auftreten der Licht-Wolken-Bahn ↗, s. Endzeit ↗) nach San Franzisko. — Es bestehen Vermutungen, daß K. Maitreya ↗ sein könnte.

Kolchis: lt. Argonauten ↗-Sage Heimat der Medea ↗, am Ostrand des Schwarzen Meeres in der Nähe des Kaukasus ↗ gelegen. Herodot ↗ war überzeugt, daß K. von einem Teil der Armee des äg. Pharaos Ramses ↗ II besiedelt worden war. Heute ist das einstmalige Land (Königreich) nur noch eine Landschaft.

Kolchose: landwirtschaftl. Kollektiv ↗-Wirtschaft; von den Inka ↗ überliefert, heute in der UDSSR ↗ gebräuchlich.

Kolibri: Vogelart von Amerika, die im Schwirrflug (50–200 Flügelschläge pro Sekunde) vor Blüten schwebt u. mit langer Zunge Nektar u. Insekten heraussaugt. Als Symboltier ↗ das Nagual ↗ von Huitzilopochtli ↗, dessen Name nur ›Kolibri links‹, d. h. des S, weil sich die Mexikaner nach W orientierten, bedeutet. Süd ↗ macht den K. zum Sonnenwesen, möglicherweise wegen der hohen Schwingfrequenz der Schwarzen Sonne ↗, die vermenschlichte K. auf dem Kopf zu tragen scheinen (Abb.). A. gibt es ein Bild des Quetzalcoatl ↗, an dessen Blut (statt Nektar) ein K. saugt. Die ›Blüte‹ hat 8 ›Blätter‹, was bed. würde, daß sich die entstehende schwarze Sonne vom 8er Kreis ↗ der Sonne ›nährt‹ bzw. in deren 8. Sektor heranreift: äg. Naunet ↗.

Kolla: ein Indianer ↗-Stamm am Titicacasee ↗, der als Totem ↗ ein weißes Lama ↗ verehrt u. meint, vom Vulkan Kollagate abzustammen. Sie benutzen im Kampf Kupferäxte (was an die Streitaxtleute ↗ erinnert), bauen Totentürme ↗, die es sonst nur in Indien gibt u. werden mit den Ariern ↗ in Verbindung gebracht. Nach ihrem Lama hieß Tiahuanaco ↗ ›Sitz des weißen Lama‹, während der See nach Titi ↗ benannt war, in ihrer Sprache = Puma ↗, Silberlöwe. These: hier vollzog sich die Geburt der weißen Rasse ↗ u. die K. sind Urreste, sprich weiße Indianer. Darauf verweist a. der symb. Vulkan mit Tezcatlipoca ↗ als Äqv.

Kollektiv: Gruppe, in der das Individuum (Persönlichkeit des einzelnen) von untergeordneter Bed. ist, u. an die Stelle persönl. Verantwortung kollektive Verantwortung tritt. These: die prinzip. Erfolglosigkeit auf dem Gebiet der Wirtschaft (z. B. als Kolchose ↗) hängt damit zus., daß beim Menschen nur das kollektive Unbewußte ↗ kollektiv positiv arbeitet, weil der (Einzel-) Wille ↗ hier nicht zum Tragen kommt. Stammt von Kollektivum (lat.) = Herde.

Kollektives Unbewußtes: nach Jung ↗ Tiefenschicht der Psyche ↗, welche nicht der persönl. Erfahrung entstammt, sondern ›angeboren‹ ist. Es hat Inhalte, welche überall in der Welt in allen Menschen die gleichen sind – benannt als Archetypen ↗ u. Archetypen per se. These: a. der Zodiak ↗ gehört dazu, sodaß es insg. 72 Prinzipien enthät, s. Zohar ↗ u. Ur-Alphabet ↗. Jung spricht a. von *dunkler* Psyche u. meint, das Wasser ↗ sei ihr geläufigstes Symbol. Rituale ↗ wiederum bez. er als seit Urzeiten err. Mauern gg. das K.U., »... welche später zu den Fundamenten der Kirche ↗ wurden. Es sind darum auch diese Mauern, die einstürzen, wenn die Symbole ↗ altersschwach werden. Dann steigen die Wasser höher und uferlose Katastrophen brechen über die Menschheit herein...«, denn im K.U. ist der Mensch Objekt, nicht Subjekt. Positiver Aspekt: in diesem Urwasser allein wird er ein Zweimalgeborener ↗ (Initiierter), was z. B. bei Jesus ↗ neben Maria ↗ als ird. Mutter (durch die Geburt) Sophia ↗ als seine himml. (geistige) Mutter treten ließ, nach der Taufe ↗ im Jordan ↗, symbolisiert durch das Niederlassen der Taube ↗ auf ihm.

Kollektivismus: Handeln als Kollektiv ↗; Ggs. zum Individualismus ↗. Wird vom Kommunismus ↗ angestrebt.

Kollwitz, Käthe: dt. Malerin (1867–1945) von Themen der Weltrevolution ↗, geb. aus Hunger u. Erschöpfung, die sie ebf. eindringl. darstellte. Ihr Leben lang, so schrieb sie, habe sie eine Unterhaltung mit dem Tod geführt als ständigem Begleiter der Massen, die in Europas Industriestädten fast wie Sklaven behandelt wurden. Kinder wurden selten alt (Abb.) u. wenn, stand ihnen Kinderarbeit bis zu 16 St. pro Tag bevor.

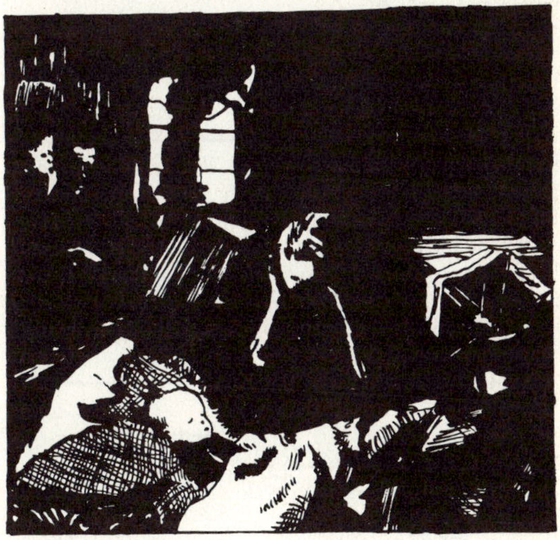

Kolonialisierung: friedl. od. krieger. Bildung von Kolonien in fremden Ländern durch ein Mutterland, das seine Kultur ↗ od. Wirtschaftsweise exportieren bzw. überschüssige Menschen loswerden will:

1) älteste K. durch Mu ↗ von allen 4 restl. Kontinenten per Argonautik ↗; die Kolonien wurden überall Ma ↗ gen., die Auswanderer Maya ↗, d. h. zur Kolonie (Ma) gehen (Ya ↗). Sie waren friedl. Kulturbringer u. gründeten das Weltideogramm ↗. Churchward ↗ liefert dafür 2 angebl. im Tibet ↗ gefundene Karten u. schreibt: »Im Verlauf meiner letzten Reise nach Tibet entdeckte ich in einem Kloster große Tafeln, die sich nach Überprüfung als Karten verschiedener Teile der Welt enthüllten... Ihr Datum war durch die Positionen

der Präzessionssterne wiedergegeben. Astronomen brachten mir bei, daß die Sterne Positionen von vor 25000 Jahren einnahmen... Diesen Karten zufolge überquerten 2 große Kolonisationsströme vor ca. 25000 Jahren das Zentrum des Kontinents Amerika ↗ per Schiff. Sie begannen im Mutterland Mu...« (s. die 2 folg. Karten). 1. Karte:

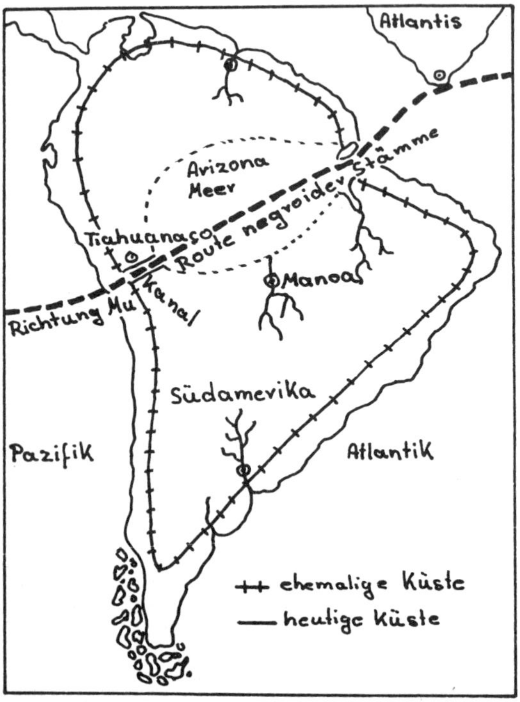

Durch einen künstl. Kanal bei Tiahuanaco ↗ fahren ›negroide Immigranten‹ durch das ehem. Amazonas ↗-Meer u. weiter an Atlantis vorbei nach Afrika. Als Kolonie (Ma) wird *Manoa* genannt. These: es handelt sich um die *Muisca* ↗ und *Kara* ↗, sog. Lemuro-Atlantier ↗. In Tiahuanaco entstand die weiße Rasse ↗, deren Reste sich als *Kolla* ↗ erhalten haben. Übernahme von Atlantis ↗. 2. Karte:

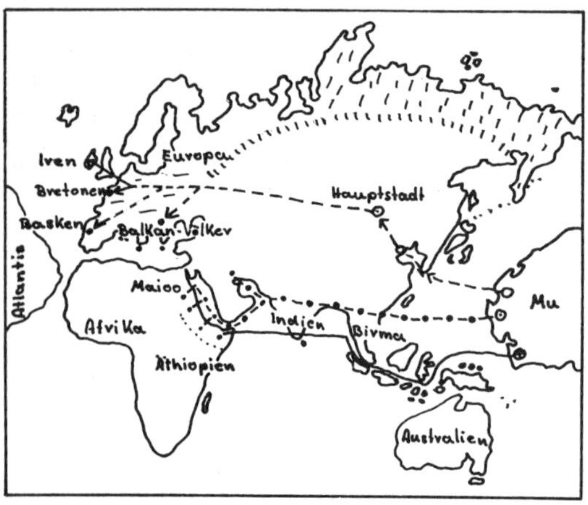

Die Tamil ↗ streifen Süd-Indien u. gründen die Kolonie Maioo im späteren Ägypten. Die Naga ↗ gründen das Naga-Reich. Ihre Nachbarn werden die Uighur ↗. These: deren Wanderweg könnte a. umgek. verlaufen sein: von Atlantis über das vereiste Europa nach Asien u. dann nach Mu, als spätere Niflungen ↗.
2) In die Wiederholung ↗ des Archetyp Meerfahrt fällt die K. der Griechen, gen. Hellenismus ↗.
3) Jüngste K. ist der europ. Kolonialismus ↗.

Kolonialismus: letzte u. tödlichste Kolonialisierung ↗ der Geschichte ↗: »Es ist kein Zufall, daß die erste größere Woge der weltweiten Expansion Europas begann, als Cortes ↗, unter dem Kreuzesbanner, an den östlichen Küsten Mexikos landete. Seine Landung fällt genau mit dem Tag aus den alten mexikanischen Prophezeiungen zusammen, die erklärten, daß 1519 der Zeitpunkt gekommen sei, wo die Kräfte des Lichts - Quetzalcoatl ↗, die gefiederte Schlange - verdrängt würden von den Kräften der Finsternis - Tezcatlipoca ↗, was bezeichnenderweise genug ›rauchender Spiegel‹ bedeutet. Von diesem Datum an würde ein Zeitraum von neun zweiundfünfzig Jahre lang währenden Höllenzeiten ↗ folgen, der bis 1987 andauern würde.« Diese Prophezeiung ist dem Chilam Balam ↗ entnommen. — Fazit: Völkermord größten Stils, verbunden mit Kunst- u. Textzerstörung, Missionierung ↗ unter Zwang u. Versklavung ↗ der nicht-weißen Rassen ↗. These: rechnet man nicht mit dem Tzolkin (von jeweils 52 Jahren), sondern der 2. Wiederholung ↗ der Evolution, in der 2 Buchstaben des Sonnenalphabets ↗ 50 Jahre ausmachen, ergibt sich folg. Schema des Kolonialismus:

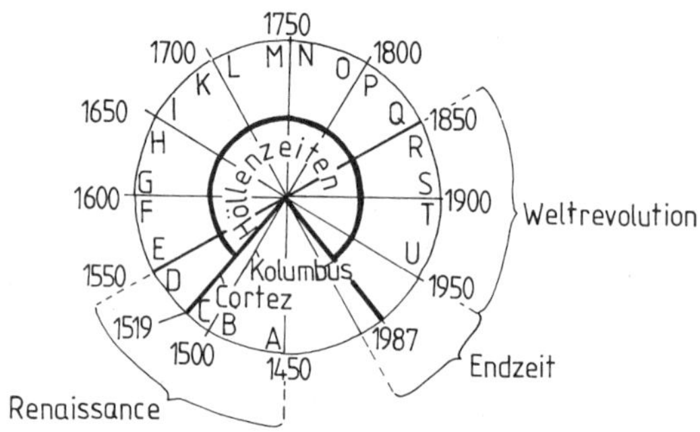

Er beginnt mit der Renaissance ↗ u. läuft in die Endzeit ↗ aus. So kann man ihn als Instrument der Schöpfung verstehen, der die 5. Welt ↗ zerschmettert u. dem Impuls für die 6. Welt den Boden vorbereitet: 1975, 12 Jahre vor Ende der Höllenzeiten, traf er ein, repräsentiert durch das Muiska-Museum ↗, 100 Jahre im voraus angekündigt bei der Gründung der Theosophie ↗.

Koloowisi: im Mythos der Zuni ↗ eine Schlange, die lt. Wirth Quetzalcoatl ↗ entspricht. Hier erscheint K. zunächst in Gestalt eines Kindes, das von einem Mädchen an einer heißen Quelle in der Nähe eines Sees (woraus später die Kiwa ↗ wird) gefunden u. nach Hause gebracht wird. In der Nacht verwandelt es sich in die Schlange; das Mädchen folgt ihm in die Quelle u. wird seine Frau. Dieser Verbindung entspringen die Koko ↗.

Kolpaktchy, Grégoire: brachte 1953 in Paris eine vorbildl. Übers. u. Kommentierung des Äg. Totenbuch ↗

heraus, die mit den Sätzen endet: »Man hat Wunder erwartet, unerhörte Offenbarungen in Aussicht gestellt, als die Hieroglyphen ⁄ zum ersten Mal entziffert wurden. Das war nur eine Sackgasse, eine Selbsttäuschung. Jener Weg führte nirgendhin. Der Geist, der das historische Phänomen ›Ägypten‹ beseelt, blieb unbekannt, mißverstanden, verneint, verhöhnt. Um Ägypten, und gar seine Texte, zu verstehen, horche man zuerst auf sein Schweigen. Aus jenem Schweigen wird eine esoterische Ägyptologie entstehen können.« Eine wichtige Ablehnung der bisherigen Ägyptologie ⁄.

Kolumbien: im 16. Jh. von Spanien unterworfenes Land der Muisca ⁄ mit hl. Guatavita ⁄-See; benannt nach Kolumbus ⁄. — Hier führten uralte Handelsstraßen durch, die K. mit Mexiko ⁄ u. Peru ⁄ verbanden u. seine berühmten Gold ⁄-Arbeiten (s. Bogotá ⁄) ausführten. Auf der folg. Karte sind die sog. Goldländer dunkel eingezeichnet (Abb.).

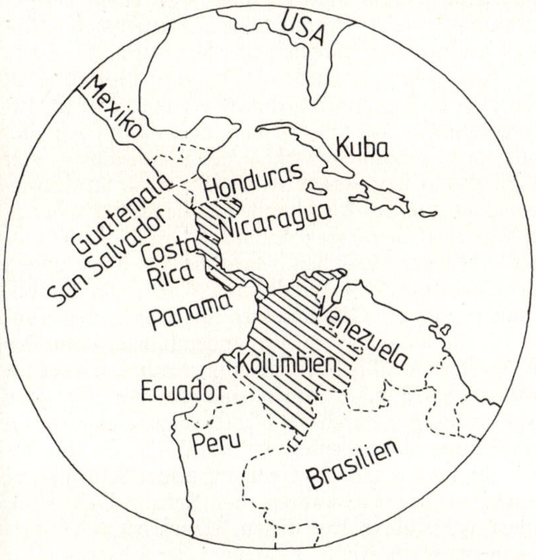

These: einstmals grenzte K. an das Amazonas ⁄-Meer (heute Brasilien) an, u. die von Mu ⁄ kommenden Muisca blieben im Vollzug der ältesten Kolonialisierung ⁄ hier hängen. Überall anzutreffen sind riesige Steinmonumente, die Pachacamac ⁄ darstellen; Nv. Irma ⁄ u. Illa Ticci, was zu Kon Tiki ⁄ führt, Nv. Titi ⁄ wie bei Titicacasee ⁄, wo das Wort Puma ⁄ bed., olmek. Var. Jaguar ⁄. Und Raubtierzähne haben diese Monumente der Kulturbringer ⁄ sowie in jeder Hand 1 Symbol, nebeneinandergesetzt lesbar als Ti ⁄, sum. Schlüssel ⁄. Offiz. Deutungen sprechen von Hammer + Meißel u. vergleichen die Figur mit dem chin. Panku (Pan? ⁄); näher liegt Kon Tiki.

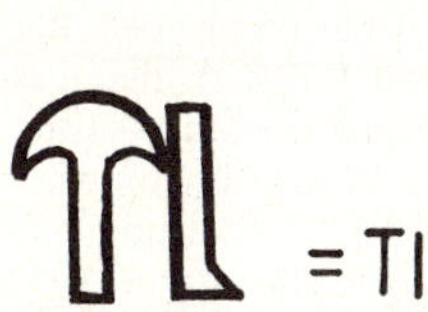

Kolumbus, Christoph: ital. Seefahrer, der wegen der Rundheit der Erdkugel glaubte, von Spanien aus mit Westkurs in Indien zu landen u. fast 10 Jahre lang die Höfe von Portugal u. Spanien wegen Finanzierung seines ›indischen Unternehmens‹ belagert. Überzeugt wurde schließl. die span. Königin Isabella, die ihm sogar einen Brief an den Kaiser von China mitgab - aber K. landete nicht in Asien, sondern in der Karibik ⁄ (1492) u. gilt seither als Entdecker von Amerika ⁄. Es

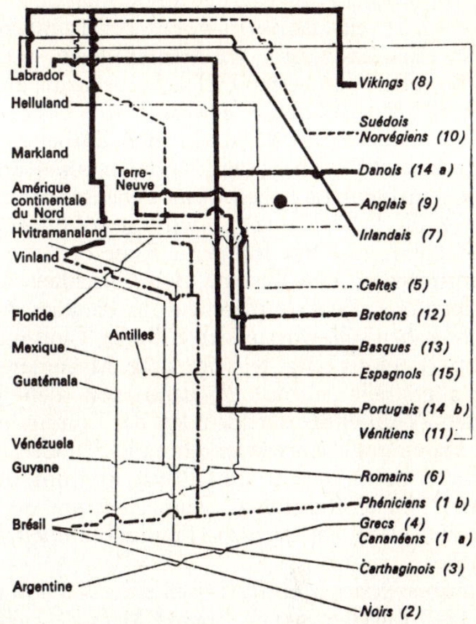

1a: Kanaanäer, 1b: Phönizier, 2: Afrikaner, 3: Karthager, 4: Griechen, 5: Kelten, 6: Römer, 7: Iren, 8: Wikinger, 9: Engländer, 10: Schweden u. Norweger, 11: Venezier, 12: Bretonen, 13: Basken, 14a: Dänen, 14b: Portugiesen, 15: Spanier

war aber schon die 17. Entdeckung seit Auftauchen dieses Kontinents beim letzten Weltuntergang ⁄ (s. Schema von P. Carnac), beginnend mit den Kanaanäern ⁄; nicht erw. ist hier zw. Wikingern ⁄ u. K. die Ankunft des Königs von Mali, Abubakari II. ⁄ 1311 sowie im 12. Jh. die der Azteken ⁄ (aus Japan). — Auch die Etrusker ⁄ sind nicht erw. bzw. an ihrer Stelle fälschlicherweise die Römer. Mit Griechen wiederum sind wohl Karer ⁄ u. Pelasger ⁄ gemeint.

Der persönl. Titel des zurückkehrenden ›Entdeckers‹ lautete: ›Don Cristobal Colon... Admiral des Ozeans und Gouverneur der Inseln, die er in Indien entdeckt hat‹. In seinem Buch *Alles über Atlantis* schreibt Otto Muck über ihn: »Züge gravitätischer Flamingos hielt er für Prozessionen buddhistischer Priester.« — Nach K. wurde Kolumbien ⁄ benannt. S. Kolonialismus ⁄ und Odyssee ⁄.

Kommunikation: Verbindung durch Mitteilung; das kann über das Medium Sprache, Schrift, Kunst, Musik, Tanz, Ritual geschehen, aber a. direkt durch Strahlen, z. B. Telepathie etc., womit sich die Psi ⁄-Forschung auseinandersetzt. Das Grundmotiv heißt Kommunikationstanz ⁄.

Kommunikationstanz: 1 der 24 Grundmotive ⁄, das eine gerade Vertikale oben ausfächert, etwa wie ein Arm in Finger od. ein Ast in Ästchen ausläuft. Hier ergibt sich die Kommunikation ⁄ durch Schrift

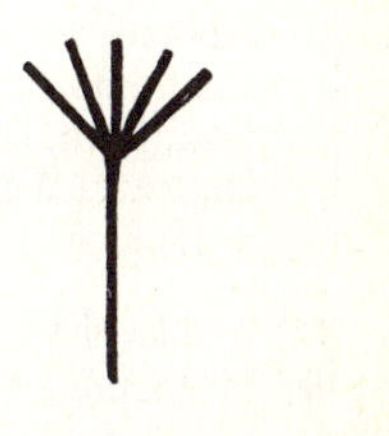

(Finger) od. Farben u. Duft bei Blüten, die nur an Ästchen entstehen. Noch stärker läßt sich das Prinzip an der Feder ↗ ablesen u. am Lichtstrahl ↗, als dessen Symbol sie eingesetzt wurde -vornehmlich, wenn er durch ein Prisma ↗ in die Regenbogenfarben ↗ gestreut wird. Er zeigt dann erst, woraus er zusammengesetzt ist. Eben das zeigt a. ein Mensch, wenn er sich durch K. mitteilt; im besten Fall fächert er seine diversen, in Reinkarnationen ↗ gewonnenen ›Gesichter‹ aus, was keineswegs bewußt sein muß. Dabei ergibt sich die beste Möglichkeit, mit anderen etwas kommun = gemeinsam zu haben. Beim Lebensweg ↗ fällt der K. in die J. 17 ½ - 21 u. wird gewöhnl. durch Tanz ↗ realisiert. — Vgl. mit der 6. Rune ↗.

Kommunismus: ein Zustand der Gleichheit aller Menschen, der 1) ohne Ideologie im Paradies ↗ geherrscht haben soll, worauf sich z. B. der Taoismus ↗ bezieht; 2) der als relig. K. vom altäg. Mysterienverrat ↗ angestrebt wurde, 3) dann von den Ur-Christen ↗, um 4) mit der Ideologie des Kommunistischen Manifestes ↗ ein wiederkehrendes Paradies rein mater. Art zu verlangen: ohne Privateigentum, ohne Klassen ↗, ohne Religion ↗. Zum Zentrum des K. wurde die UdSSR ↗ - als vorbestimmte Himmelsrichtung ↗?

Kommunistisches Manifest: nach einer Version forderte 1847 Engels ↗ seinen Freund Marx ↗ brieflich auf, ein ›Glaubensbekenntnis‹ zu verfassen, woraus 1848 das K.M. wurde, als Flugschrift für den ›Bund der Kommunisten‹ (s. Kommunismus ↗) verfaßt. Nach anderer Version stand hinter dem Auftrag die *Liga der Gerechten* ↗ als Fortsetzung der Illuminaten ↗, deren Programm Marx dann nur variiert haben soll. 1847 war ein okkultes Datum des CFR ↗. — Das Manifest gab vor, einen wissenschaftlichen Sozialismus ↗ zu begründen. Aber das war nur der Köder, um eine Diktatur zu etablieren, die 1984 in die Weltregierung ↗ übergehen sollte. Gary Allen in seinem Buch *Die Insider* ↗ (S. 32):

> »Marx wurde von einer mysteriösen Gruppe angeheuert, die sich ›Liga der Menschen‹ nannte, um das ›Kommunistische Manifest‹ als demagogischen Köder für die Massen zu schreiben. Tatsächlich war das ›K.M.‹ schon viele Jahre zuvor im Umlauf, bevor der Name Marx soweit anerkannt war, um ihn für die Autorenschaft dieses revolutionären Handbuches gebrauchen zu können. Alles, was Marx wirklich tat, war, daß er dieselben revolutionären Pläne und Prinzipien modernisierte und kodifizierte, die siebzig Jahre zuvor von Adam Weishaupt, dem Gründer der Illuminaten in Bayern niedergeschrieben wurden. Sachverständige bestätigen, daß die ›Liga der Menschen‹ nur eine Ausweitung der Illuminaten war, die in den Untergrund gingen, als sie im Jahre 1786 durch die bayerischen Behörden verboten wurden. (Siehe auch Payne, Robert, *Marx*, Simon & Schuster, New York, 1968 und Robison, John, *Proofs of a Conspiracy*, 1. Aufl. 1798; Neudruck: Western Islands, Boston und Los Angeles, 1968).«

Punkt 5 des K.M. lautet: »Zentralisation des Kredits in den Händen des Staates durch eine Nationalbank mit Staatskapital und ausschließlichem Monopol.« Zentralbank + progressive Einkommenssteuer sind 2 der 10 Programmpunkte des K.

Kona: weibl. ↗ Wesen (germ., s. Fylgakona ↗), äqv. Cona, Frau bei den Quechua ↗, zurückgehend auf Kan ↗. Bei den Inka ↗ wird der Staatsrat hoher Frauen Mamacuna gen.; von Kuna läuft wohl a. eine Linie zu Kuntu ↗, sprich Ku ↗ (Licht) sowie zur Kondo-Linie ↗ u. Kundalini ↗.

Kondo-Linie: Nachkommen einer weibl. Linie mit besonderer Plazenta ↗ = *Kondo* in Swahili (Ostafrika), die im äg. Pharaonen ↗-Haus wie afrik. Königshäusern eine so große Rolle spielte, daß sie auf Prozessionen mitgetragen wurde, s. Chons ↗. Über Kona ↗ u. Kan ↗, Kana ↗ u. Kandake ↗ geht der Begriff wohl über Kuntu ↗ - in der Kabala ↗ äqv. Rouach ↗ - zur Kundalini ↗. — Äqv. Isisblut ↗.

Konfuzianismus: ein auf Konfuzius ↗ aufgebauter Kult des patriarchalischen Gesellschaftssystems, der den alten Traum vom Paradies ↗ gg. einen perfekt funktionierenden Beamtenstaat austauschte (s. China ↗). Unter Verdrängung aller jenseitigen + religiösen Anschauungen wurde alle Energie u. Hoffnung auf das Hier u. Jetzt konzentriert. Gedanken über die Erschaffung des Kosmos ↗ fehlen, man dachte sich alles aus dem Zusammenwirken des Dualismus ↗ von Ch'I ↗ und Li ↗ (etwas Äther-Urstoff u. Strukturierung) entstanden. Als Morallehre, die die herrschende Klasse legitimierte, spez. durch den Grundsatz der Ungleichheit des Menschen, zogen ihn alle Regierungen dem Taoismus ↗ + Buddhismus ↗ vor, was zur Bildung unzähliger Geheimsekten mit Schattenregierungen u. immer wieder zu Aufständen führte, wofür der K. insofern anfällig blieb, als er grundsätzl. schwaches Militär bevorzugte; jedoch sind alle Berichte über Volksaufstände durch die Hand redigierender konfuzian. Historiker gelaufen. Als im 17.-19. Jh. eine Befreiung vom K. durch Abtragung seiner Schichten u. Suche nach seinem wahren alten Kern in Gang kam, blieb nichts übrig. Von diesem Schock hat sich China bis heute nicht erholt. Zitat aus 1 der 5 kanonischen Bücher des K.:

»Wenn erste Anzeichen von Fehlern im Staat zu erscheinen beginnen, sendet der Himmel drohende Vorzeichen und unheilvolle Ereignisse, um die Menschen zu warnen und auf die Tatsache (von Fehlern) hinzuweisen. Wenn trotz dieser Ankündigungen und Warnungen die Menschen noch nicht einsehen, daß sie Unrecht getan haben, dann sendet der Himmel Wunder, um sie zu erschrecken. Wenn auch nach diesen Schrecknissen die Menschen noch nicht Scheu und Furcht empfinden, dann werden sie von Mißgeschick und Unglück heimgesucht werden...« Die Vergöttlichung des Staates (die oft zu Säuberungen u. Massenprozessen führte) war eng mit Ahnenkult verbunden, dessen Einhaltung jedem bis ins winzigste Det. vorgeschrieben war. Die alten Wahrsage-Bücher wie I Ging ↗ und Zyklus ↗-Lehren waren verboten, weil Konfuzius eine 500jährige Staatserneuerung gelehrt hatte.

Konfuzius: chin. Philosoph (551-479 v. Z.), der nichts Schriftliches hinterließ, sondern nur über Schüler wirkte; als einzige authent. Quelle gilt das ›Buch der Gespräche‹ (mit K.), chin. *Lun Yü*. Danach sagte K.

über sich: »Mit 15 wandte ich mich dem Lernen zu, mit 30 hatte ich festen Grund. Mit 40 hatte ich keine Zweifel mehr. Mit 50 kannte ich den Willen des Himmels. Mit 60 war ich bereit, auf ihn zu hören...« K. glaubte fest an seine vom Himmel empfangene Mission, die auf Prophezeiungen der Shang-Priester beruhte, das Reich würde alle 500 Jahre von einem wahren geistigen Herrscher erneuert u. gerettet. Er selbst fiel zeitl. in einen solchen Wechsel, war aber in den letzten J. seines Lebens tief enttäuscht über seine polit. Wirkungslosigkeit u. klagte, der Himmel habe ihn verlassen. Erst sein Nachfolger Menzius (372–289 v. Z.), der trotz Zeitdiskrepanz die Wiederkehr eines Erneuerers auf sich bezog, verlieh dem Konfuzianismus ↗ polit. Gepräge. Seine Lehren wurden dann im 11. Jh. kanonisiert.

Legende: »Als Konfuzius geboren wurde, kam ein Kilin und spuckte einen Nephritstein aus, auf dem geschrieben stand: Sohn des Wasserkristalls, du wirst einst ein ungekrönter König werden. — Konfuzius wuchs schnell und wurde neun Fuß hoch. Im Gesicht war er schwarz und häßlich, hatte vorstehende Augen und eine aufgestülpte Nase, kurze Lippen, die die Zähne nicht bedeckten, und große Öffnungen in den Ohren. Da er aber fleißig lernte und alles begriff, wurde er schließlich zum Heiligen.«

Könige, Drei: s. Drei-Könige ↗.

Königinkammer: zentraler Raum der Großen Pyramide ↗, durch den deren Mittelachse geht, die im Hl. Dreieck ↗ der Isis ↗ entspricht. Die äußere Form wirkt wie das Urbild der Weihnachtskrippe. Hierher führte der einzige gerade Gang des Gangsystems ↗. These: hier zeugte Isis mit dem toten Osiris ↗ jenen Horus ↗, der als Idee dem ganzen 2. Reich ↗ vorstand u. schließl. ersteren wiederkehren ließ, mit Krischna ↗ als Zwischenstufe. Da sich einige Interpreten die Achse als auf die 7 Plejaden ↗ bezogen denken, wäre a. der Bezug zur Weltenlehre ↗ gegeben; tats. findet sich in einer Mauer der K. das Schema des Babylonischen Turms ↗ als eine Tief-Form ohne Öffnung (Abb.). Die 5 Stufen scheinen sich als 5 Säulen in der Kammer wiederholt zu haben, man fand im Boden 5 runde Einlassungen. Die K. lag unter der Königskammer ↗.

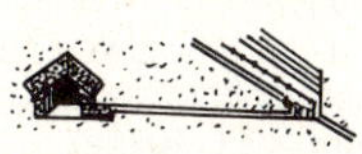

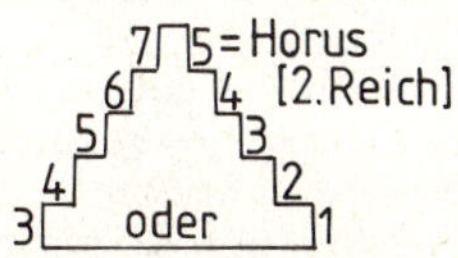

Königskammer: oberster Raum der Großen Pyramide ↗, zu dem der aufsteigende Gang mit Galerie (s. Gangsystem ↗) führte. Im Vorraum befand sich ein leerer Sarkophag ↗. Die K. selbst wiederholte in gewissem Sinn die Königinkammer ↗, schob aber zw. Raum u. Dach 5 Granitplatten mit jeweiligem Zwischenraum; zählt man hier die Weltenlehre ↗ ab, mit Sarkophag = Ende der 4. Welt ↗, so erreicht das Dach Ntr ↗ (Nr. 10). Als Petrie die K. eingehend un-

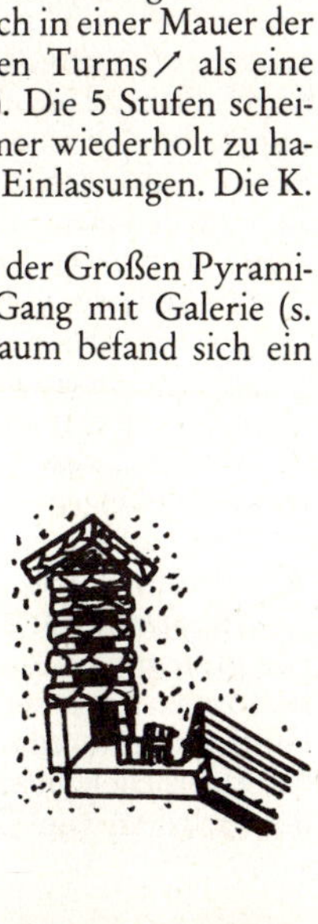

Nische in der Königinkammer

tersuchte, entdeckte er, daß sie heftig erschüttert worden sein mußte, vermutl. durch ein Erdbeben. Jede einzelne Deckplatte war auf ihrer südl. Auflagerung mehr od. weniger losgerissen u. in ihrer ganzen Länge gespalten worden. Die ganze ca. 4000 Tonnen schwere Decke wurde nur noch durch Schub u. Druck in ihrer Lage gehalten. — These: das war der Ruck des letzten Polsprungs ↗ mit der Pyramide als Auslöser. Es ist a. ein Beweis dafür, daß sie *vor* dem letzten Weltuntergang ↗ gebaut worden ist.

Königskopftuch: Nemes ↗, wahrsch. Nomos ↗. — S. a. Kopf ↗.

Königtum: begann lt. Dynastienliste ↗ 15389 v. Z., den sog. Dyn. der Götter + Halbgötter folg. u. endete abrupt 11432 v. Z. mit dem letzten Weltuntergang ↗. Ob es sakral od. priesterlich, erblich od. gewählt war, ist mangels Überlieferung unbek. Vermuten läßt sich nur eines: es basierte auf, bzw. kämpfte um den Besitz des Grals ↗ als Legitimation; u. der war a. der 1. Thron ↗, von Isis ↗ als Symbol auf dem Kopf getragen. Denn K. ist ganz grundsätzl. ein Amt, das mit der Thron-Besteigung beginnt u. dem Thron-Verlust (durch Tod od. Rivalen) endet. Halten wir also fest: das 1. K. war ein Gralskönigtum u. seine Funktion die 1. Wiederkehr jenes Osiris ↗, der den Gral (= Thron) vom Himmel (Sirius ↗) zur Erde gebracht hatte. Nach seiner Ermordung dauerte es über 5000 Jahre, bis sich das 2. K. etablierte, mit einem 2. Thron, dem eine andere Göttin vorstand: Nephtys ↗. Noch bei der jüd. Bundeslade ↗ tauchen beide als die 2 Cherubim ↗ auf, die nach dem Paradiesverlust ↗ den Baum des Ewigen Lebens hüten. Hüten sie damit a. das K. als dessen Stellvertretung, so ist es prinzip. durch die Geschichte ↗ hindurch nichts anderes als die Sonne ↗. Das drückt sich im Königskopftuch ↗ des äg. Pharaos ↗ ebenso aus wie im Inka ↗, Oba ↗ od. frz. ›Sonnenkönig‹ Ludwig XIV. ›Du bist Re ↗ an Leib‹ sagen die äg. Texte zum König ganz eindeutig. Vielleicht entstand daraus das lat. *Rex* (König), während das germ. Kuning auf Ku ↗, Licht zurückgehen dürfte.

Konjunktion: in der Astrol. eine Planetenkonstellation ↗ der Wiederbegegnung, evtl. am gleichen Ort. Am bekanntesten die K. von Jupiter ↗-Saturn ↗ alle 60 J. = Sigui-Fest ↗. Diese Zeit braucht Jupiter für 5, Saturn für 2 Bahnen um die Sonne. Bei jeder K. gibt es, bezogen auf den Gesamtkreis, der a. der Zodiak ↗ ist, eine rückläufige Verschiebung des Begegnungspunktes in Richtung Präzession ↗. In deren Gesamtdauer von 25920 J. fallen demnach 432 Konjunktionen, dann ist der Ausgangspunkt wieder erreicht. Diese Zahl 432 spielt a. in anderen Zyklen eine große Rolle, z. B. Kali Yuga ↗ = 4320 J., Brahmas Ruhetag = 4,32 Mrd. J. etc. Eine doppelte K. (= 120 J.) wurde in Ägypten als Chenti ↗ gefeiert. — Eine K. besonderer Art ist die Sonnenfinsternis ↗ ca. alle 18 Jahre, was in den gleichen Zeitraum 1440 mal paßt, ebf. eine myst. Zahl ↗ insofern 144 das ›Maß der Engel‹ (s. Gesamtkosmos ↗) od. des Himmlischen Jerusalem ↗ ist.

Konkav: hohl, nach innen gewölbt ggb. konvex = nach außen gewölbt; für Spiegel u. Linsen gebräuchlich. S. das Inti Raymifest ↗.

Kono-Hana-Sakuya-Hime: Prinzessin ›Blütenpracht‹, die von Ningi geheiratet wurde (jap.). Der Verbindung entsprangen 3 Kinder, darunter der Fischer Umisachi Hiko ↗ und der Jäger Yamasachi Hiko ↗; letzterer spielt in der Genesis des Jimmu ↗ (1. jap. Kaiser) eine Rolle. — S. Gohei ↗.

Konsonant: ggb. dem Vokal kein reiner Ton ↗, weshalb er beim Echo nicht zurückkehrt. Er ist das eigtl. graphische Element der Schrift ↗, gebildet durch Hemmung, Einengung u. Strukturierung der ausströmenden Atemluft; eine Art Modulation ↗ der Frequenz. Im Sanskrit ↗ männl. — Manche Schriften (äg., kanaan., hebräisch u.a.) waren reine K.-Schriften, als Tonalsprachen ↗ daher mehrdeutig.

Konstantin I.: röm. Kaiser (285–337), der 330 die Hauptstadt des Reiches von Rom ↗ nach Byzanz ↗ (= Rom II) verlegte, nach ihm Konstantinopel benannt. Seine Mutter, Helena, später hl. gesprochen, soll das Kreuz ↗ von Jesus in Palästina ↗ gefunden u. ausgegraben haben; es wurde eine Reliquie ↗ von Byzanz. Er selbst brachte aus Rom das Palladium ↗ dorthin, ansonsten ließ er überall in seiner neuen Stadt christl. Embleme anbringen, nachdem er 313 durch das Edikt von Mailand die christl. Religion ↗ anerkannt hatte (die eigene Taufe soll erst auf dem Totenbett erfolgt sein). Im gleichen J. 330 berief er das Konzil von Nizäa für den Logosstreit ↗ ein; danach war der Arianismus ↗ besiegt. K. gilt als 1. christl. Herrscher. Die nach ihm benannte Konstantinische Schenkung ↗ war jedoch eine Fälschung. — S. Chiliasmus ↗.

Konstantinische Schenkung: eine Fälschung aus dem 8. Jh., derzufolge Konstantin I. ↗ dem Papst ↗ Silvester I. Rom u. die Westhälfte des Röm. Reiches als Kirchenstaat geschenkt haben soll. Der Rest ist der Vatikan ↗.

Kon Tiki: Gott der Indianer ↗ von Südamerika aus der Zeit vor den Inka ↗, die ihn als Kon Tiki Viracocha ↗ übernahmen. In den Mythen der Maori ↗ (Polynesien) heißt er nur Tiki ↗; bei den Maya ↗ Ti-Ku ↗. These: das äg. Äqv. ist Chenti ↗, was hier zu Konti (unter Weglassung von Ki) geworden wäre. Mit Tiki stimmt das insofern überein, als er der von Himmel + Erde geschaffene 1. Mensch (a. Gottmensch) gen. wird; äg. Äqv. Nut ↗ (Himmel) u. Geb ↗ (Erde) schaffen als erstes Osiris ↗ (= Chenti), s. Götterneunheit ↗. Das Äqv. von Kolumbien ↗ ist Illa Ticci, Nv. Pachacamac ↗. Es handelt sich um den Kulturbringer ↗, in unserem Verständnis nicht Gott, sondern göttl. Übermensch ↗.

Kon Tiki Virakocha: s. Kon Tiki ↗ und Viracocha ↗.

Kontinente: Festländer zw. den Meeren; Erdteile. Man zählt heute – s. Olympische Ringe ↗ – 5 K.: Afrika, Amerika, Asien, Australien, Europa. Die gleiche Zahl findet sich im Weltideogramm ↗ der Maya, nur in anderer Anordnung. Noch älter u. verknüpft mit den 7 Wurzelrassen ↗ ist die Einteilung in 7 Kontinente nach Angaben der Geheimlehre ↗:

1) Ultima Thule ↗ = heute nördl. Polarzone (1. Wurzelrasse)
2) Hyperborea ↗ = ält. Teil von Asien (2. Wurzelrasse)
3) Lemurien ↗ = untergegangen; Nachfolge Mu ↗ u. Afrika ↗ (3. Rasse)
4) Atlantis ↗ = untergegangen; Nachfolge Amerika ↗ (4. Rasse)
5) Asien ↗ = aufgetauchter Teil (5. Rasse)
6) Europa ↗ = zukünftiger Nabel der 6. Welt ↗ (6. Rasse)
7) zukünftiger Kontinent, kein Name (7. Rasse)

»Die alten Kontinente – ausgenommen den ersten – wurden von Ozeanen verschlungen, andere Länder tauchten auf, und gewaltige Bergketten erhoben sich, wo zuvor keine gewesen waren. Die Oberfläche der Kugel (Planet Erde ↗) wurde jedesmal vollständig verändert; das ›Überleben der tauglichsten‹ Nationen und Rassen wurde durch rechtzeitige Hilfe gesichert; und die Untauglichen – die Mißerfolge – wurden abgetan, indem sie von der Erde weggefegt wurden.« (Blavatsky ↗) These: durch Polsprung ↗. — Ein Blick auf den Globus zeigt aber a., daß in noch früherer Zeit alle K. einmal zusammenhingen, denn sie passen recht genau ineinander u. driften außerdem immer noch weg von Afrika. Das dürfte mit der Ausdehnung des Planeten ↗ zusammenhängen. - 7 K. od. Welten als Erdoberflächengestaltungen enthält Chimalman ↗.

Kopernikus, Nikolaus: dt. Astronom (1473–1543), geht Kepler ↗ mit der Ersetzung des Sonnensystems von Ptolemäus ↗, das a. die Kirche ↗ vertrat, durch die heliozentrische Planetentheorie (Sonne als Zentrum) voraus, konnte jedoch seine Schrift erst im Todesjahr veröffentlichen. Seine Auffassung setzte sich erst nach den Arbeiten von Galilei u. Kepler durch; trotzdem wurde u. wird noch vom Kopernikanischen Weltsystem gesprochen. Mit ihm beginnt recht eigtl. die Renaissance ↗ der Wissenschaft ↗ eine Revolution zu werden, od. wie es offiz. heißt, er symbolisiert die Wende vom Mittelalter ↗ zur Neuzeit. Zitat: »In der Mitte von allem aber residiert die Sonne. Denn wer könnte in dem wunderschönen Tempel der Welt diese Leuchte an einen anderen oder besseren Platz setzen als dorthin, von wo sie das Ganze gleichermaßen erleuchten kann?... Hermes Trismegistos nennt sie den sichtbaren Gott.« Auf dem päpstl. Index ↗ stand seine Lehre bis 1757! Offensichtl. kam die Einsicht a. aus den Hermetischen Schriften ↗. S. Planet ↗ nach äg. Text.

Kopf: als Zentrum des menschl. Skeletts ↗ genau dem Zentrum der Sonne ↗ nachgebaut mit einem Loch in der Mitte, das später zuwächst u. 4 Knochenplatten, die den 4 Elementen ↗ entspr. (Schema). Da die 2 vorderen Platten - s. Schädel ↗ - ebf. zusammenwachsen, u. in der äg. Götterneunheit ↗ nur Schu ↗ (Luft) u. Tefnut ↗ (Feuer) als ›Zwillinge‹ eng verbunden sind, darf man annehmen, daß sie über der Stirne liegen: als Geier ↗ = Luft u. Kobra ↗ = Feuer, s. Osirismumie ↗. — Im Anschluß die Halswirbel als sonst dem 4er Kreis folg. 8er Kreis, s. Weltformel ↗. — Beim Übertrag vom Tierkreis ↗ fällt gewöhnl. der Widder ↗ auf den Kopf, in Ägypten 4köpfig wie der ind. Brahma ↗. Das äg. Königskopftuch fügt dem Kopf die Große Pyramide ↗ als Tuch hinzu, äqv. dem 8er Kreis der Sonne. - Auf alten Bildern wurde der zentrale Punkt (Bindu ↗) oft bes. hervorgehoben, z. B. durch ›Duftkegel‹ (äg.) s. Abb. 1, die genau dem A als männl. Dreieck ↗ entspr., äqv. Atum ↗, von dem das Sonnenalphabet ↗ ausgeht bzw. im Übertrag der menschl. Wille ↗. Dieses Dreieck setzt sich in der Pyramide nur fort. — Bei Krischna ↗ wird daraus das Grundmotiv  (Triumphtanz ↗); in der ind. Chakra-Symbolik erblüht über dem Punkt der 1000-blättrige Lotos ↗ als Bereich der Glückseligkeit, was schon auf die Verbindung mit dem Kosmos ↗ hinweist. — Manche nennen ihn den statischen Schiwa ↗-Punkt (Abb. 2), mit dem sich Kundalini ↗ vereinigen soll. Immer u. überall wird der Punkt von der Krone ↗ eingerahmt, als der Kreis, der ihn wie im alten Sonnenzeichen  umgibt.

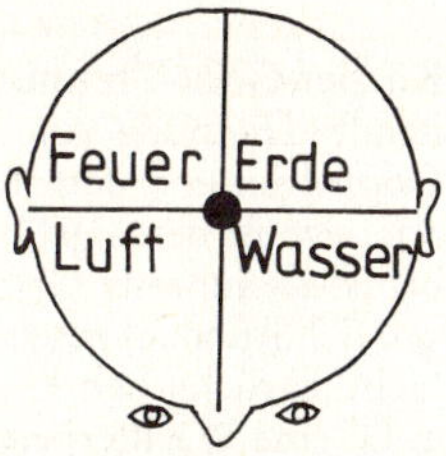

Abb. 1

Abb. 2

Kopfreliquie des Osiris: lt. Mythos ↗ wurde Osiris ↗ von Seth ↗ in 14 Teile ›zerstückelt‹; jedes dieser Teile wurde lange Zeit in einem äg. Gau als Reliquie ↗ verehrt, so der Kopf an seiner offiz. Mordstätte Abydos ↗, u. zwar in Gestalt eines bienenkorbartigen Gebildes mit Krone, das auf einer Stange im Urhügel ↗ ruht. These: da die Osirismumie ↗ Ähnlichkeit zeigt u. auf andere Art als der entspr. Djed ↗ auf den Tierkreis ↗ verweist, kann angenommen werden, daß der Bienenkorb für Biene ↗ steht u. die Krone für Jungfrau, dem Sektor, in dem Osiris ermordet wurde, und zwar 14 Jahre vor dem Weltuntergang ↗, woraus wohl die Teile der Zerstückelung ↗ wurden. Das Schema zeigt die Par. zu den Zodiakzeichen ↗. Auf der Zodiakscheibe ↗ von Dendera (heute Louvre, Paris) kehrt das Symbol zurück u. steht a. dort für die 1. Hälfte, d. h. für das 1. Reich ↗ des Vaters (= Osiris), s. Geschichte ↗. Beim sog. Barkenwechsel des Sonnengottes ziert es 1 der 2 ›Barkengöttinnen‹. Im Ggs. zum Kopf ↗ als Atum ↗, steht hier der Kopf (als Bienenkorb) für den Beginn der Urreligion ↗.

Kopten: Bez. für die christl. Minderheit im heutigen Ägypten. Diese äg. Christen gingen von Anf. an eigene Wege; so ist das kopt. Kreuz ↗, das a. zum Fundament kopt. Kirchen wurde, kein T, sondern gleichschenklig wie die Sonne des Sirius ↗ auf sum. Rollsiegeln, s. Astrologie ↗ u. bezieht sich damit nicht auf Jesus ↗, sondern Osiris ↗ als Christus ↗ (afrik. Nommo ↗), der eben diese und nicht unsere Sonne vertritt. Der Einfall des Islamischen Blitzkriegs ↗ setzte der kopt. Kunst, die sich a. gg. Hellenismus ↗ gewehrt hatte als spätestem Ausläufer der alt-äg. Kunst, ein Ende. Aufgeblüht war sie v. a. unter der

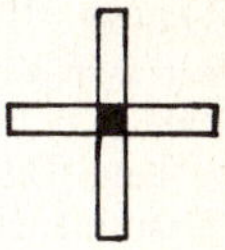

Besetzung von Byzanz ↗. Kopt. Kalksteinrelief (Kopt. Museum, Kairo) mit Christkind als Horus ↗ (Kind) im Lotos ↗, umgeben von Rosetten ↗; über ihm bes. groß ein typ. afrik. Kamm für Afrolöckchen. — Die kopt.

Kirche hat heute rd. 2,3 Mio. Anhänger u. war bis 1946 eng mit der Kirche von Äthiopien ↗ verbunden.

Koran: Hl. Buch des Islam ↗, mit einer Sammlung der Lehren von Mohammed ↗, die aber erst nach seinem Tod zusammengestellt wurde, wahrsch. redigiert. Einteilung in 114 Suren (Kap.) aus Versen. Vieles ist nur eine Var. der Bibel ↗:

Koran LVII: »Er (arab. Allah ↗) ist es, der die Himmel und die Erde in sechs Tagen schuf und sich dann auf dem Thron niederließ...« (s. Sekundärschöpfung ↗ bei Moses). Zusatz beim Jüngsten Gericht ↗: alle, die Bilder machten, werden verdammt; s. Kunstverbot ↗.

Kore: im griech. Mythos Tochter der Demeter ↗, die zur Göttin des Hades ↗ (Unterwelt) wird, nachgespielt in den Eleusinischen Mysterien ↗. Die Römer nannten sie Prosperina ↗. K. symbolisiert sowohl die Toten ↗ wie das jährl. Korn, d. h. Tod + Auferstehung. Ähnl. gelagert ist die äg. Kornmumie ↗ od. der Maisgott ↗ bei den Maya.

Kornähre: Symbol des Ceres ↗ = Ewiges Leben. S. Kornmumie ↗.

Kornmumie: Symbol des toten u. wiederkehrenden Osiris ↗, eine ›Mumie‹, die jährl. ausgewechselt wurde, als Teil der Mysterien ↗ (äg.): Isis ↗ erscheint frühmorgens auf dem Feld, setzt sich nieder, u. man stellt eine Waage vor ihr auf. Darin werden 2 gleiche Teile Getreidekörner (s. Kore ↗) abgemessen u. mit Sand u. Nilwasser vermischt in 2 Hälften einer Osirisfigur geschüttet. Diese Formen legt man auf Sykomore ↗-Zweige u. begießt sie 9 Tage lang. Dann werden die zusammengebackenen Inhalte zusammengebunden u. in feierl. Wasserfahrt auf

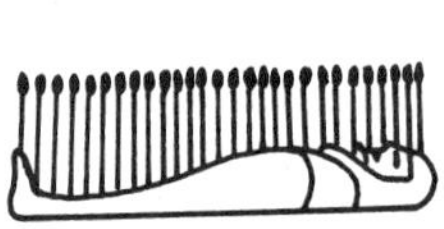

einer Barke mit 365 Lampen (1 Jahr ↗) zum Osirisgrab ↗ gebracht, wo sie auf den gleichen Zweigen, die Nut ↗ als Mutter des Osiris darstellen, 7 Tage ruht, wobei sie zu grünen beginnt. Die verwelkte K. des vergangenen J. wird nun durch die neu ergrünte ersetzt. — Schon beim Schöpfen des Nilwassers ertönte unter den Teilnehmern der Ruf: »Osiris ist gefunden!« Denn lt. Mythos hatte ihn Seth ↗ nach der Zerstückelung ↗ in den Nil ↗ geworfen. — These: das ist das Vorbild des Oster ↗-Festes.

Körper: nach uralter Tradition besteht der Mensch ↗ aus Körper, Seele ↗ + Geist ↗, wobei sich v. a. der Aufbau der Sonne ↗ im körperl. Erscheinungsbild spiegelt. Am leichtesten ist das am Skelett ↗ + Kopf ↗ abzulesen, schwieriger in den Chakras ↗ (Energiezentren). Manche Dreiteilungen sprechen vom Astralkörper (äqv. Seele), der zuerst da war u. nicht vom Tier abstammt (s. 1.-3. Wurzelrasse ↗), vom phys. Körper (Körper im heutigen Sinn), der sich erst am Ende der 3. Wurzelrasse bildete (u. vom Tier abstammt) u. vom Ätherleib, äg. Ka ↗ als ›geistigem Doppelgänger‹ des phys. Körpers, der zuletzt hinzukam, weshalb er die Toten a. zuerst verläßt. Er allein kann sich bei der Körper-Geist-Trennung ↗ a. schon im Leben verselbständigen. Äg. Totenbuch:

»... wenn Re ↗ (die Sonne) einen Blick auf den Leib und auf die Glieder des Verstorbenen wirft, sieht er das Folgende: er sieht den Leib wie ein ungeheueres Panorama der göttlichen Hierarchien; groß ist der Schrecken, groß ist die Angst, welche jene Schau bei Menschen, Göttern, geheiligten Geistern und Verdammten hervorruft.« — Was genau auf die Analogie von K. u. Psyche ↗ verweist, u. damit v. a., was ›oben‹ ist: Sonne, Sterne (als Zodiak) u. Kosmos, hier göttl. Hierarchien genannt. Vgl. das Schema des Tantrismus ↗ (Abb.) mit der Weltformel ↗, die hier im Text zum ›feinstofflichen Körper‹ wird: »Die sieben Chakras des feinstofflichen Körpers, in Beziehung zu den sieben Kreisformen des Yantra ↗ gesetzt, deren feinstoffliche Energieformen in Ritual und Meditation nach innen projiziert werden« (Das Große Yantra-Buch, S. 123).

Körper-Geist-Trennung: eine nicht auf Tod ↗ beruhende Trennung von Körper ↗ u. seinem ›geistigen Doppelgänger‹, dem Ka ↗, unbewußt im Traum ↗, od. bewußt herbeigeführt durch best. Techniken. Dabei ist als äußerste Grenze eine Trenndauer von 3 Tagen (72 Stunden) gesetzt; wenn der Ka (Geist ↗) dann nicht zurückgekehrt ist, stirbt der Körper, weshalb u. U. eine Wächterperson zum Zurückrufen notwendig ist. Das Ziel ist gewöhnl. eine Reise ins Jenseits ↗ zur Gewinnung von direkter Information ohne Maya ↗ (Illusion), wie praktiziert in der Großen Pyramide ↗ u. beim Schamanismus ↗. Ein vorübergehend freigewordener Geist kann sich aber a. kurzfristig in einen fremden Körper begeben u. diesen zu Handlungen zwingen, s. Inkorporation ↗.

Kosmisches Ei: Ausdruck des Äg. Totenbuchs ↗ für die Sonne ↗:

»Siehe, schwebend inmitten des himmlischen Meeres (= die Nut ↗)... halte ich Wache vor dem kosmischen Ei. Wenn ich erblühe, es blüht auch das Ei ↗...«

An anderer Stelle heißt es Weltenei ↗.

Kosmogenese, Kosmologie: die Wissenschaft ↗ von der Entwicklung (Genesis ↗) des Kosmos ↗, die, weil gebunden an sichtbare Phänomene, über die Theorie eines Urknalls ↗ nicht hinauskommt. Anders die Religionen ↗, die sich auf Offenbarung ↗ des unsichtbaren Beginns des Kosmos stützen, d.h. auf den Logos ↗, dem die ›unverursachte Ursache‹ ↗ vorausgeht: äg. Ntr ↗, ind. Parabrahman ↗ u. andere. Nv. — Für das alte China ↗ beginnt die K. mit der Trennung von Yin ↗ + Yang ↗ (weibl. + männl.), was dem Tatbestand am nächsten kommt. S. Schöpfung ↗.

1) Heutiges Denkmodell der Physik (Abb. 1):

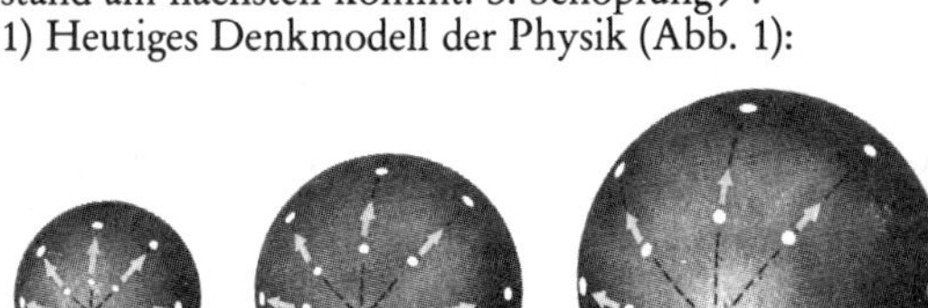

Abb. 1

2) Um zum alten Denkmodell (s. Gesamtkosmos ↗) z
kommen, braucht man nur die sich ausdehnenden Ku

gelformen wegzulassen u. allein die Fluchtlinien darzustellen, die in diesem Bsp. allerdings nur 1 Phase herausgreifen: die Expansion zu jenem Umschlag, in dem der ›Übermensch‹ ↗ entsteht - nämlich jetzt. In Ägypten (Abb. 2) wurden Expansion *und* Wiederzusammenziehung als Rhombus ↗ aus den Flügeln von Schlange ↗ und Geier ↗ gebildet. Aus diesen 2 Göttinnen läßt sich a. die ›Vogelschlange‹ ↗ von Mexiko = Quetzalcoatl ↗ ableiten. Sie entspr. sowohl den beiden Kosmosphasen wie dem im Zentrum als Inkarnation her-

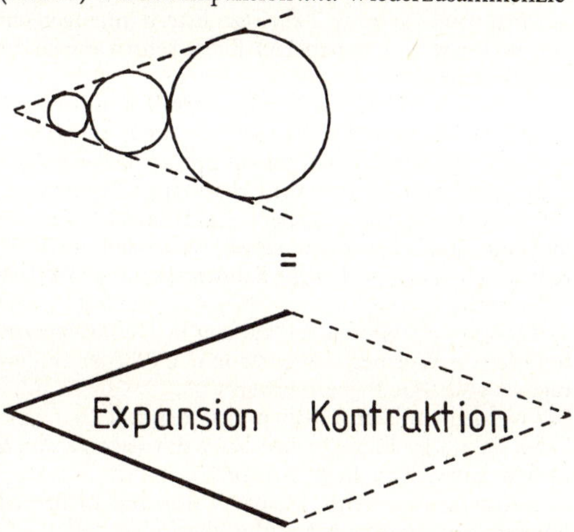

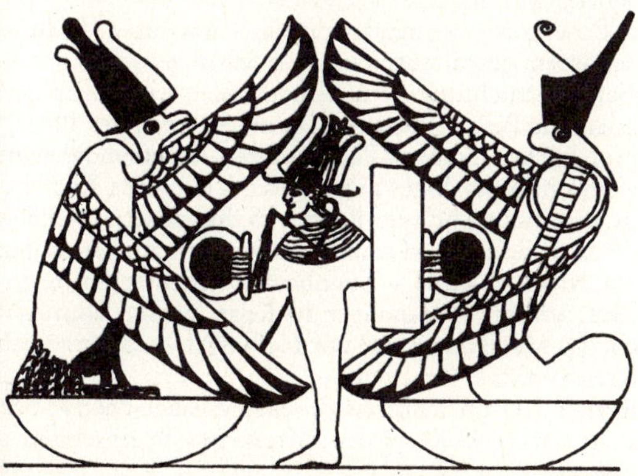

vorgebrachten Osiris ↗. »Das ist das eine Leben, ewig, unsichtbar, doch allgegenwärtig, ohne Anfang und Ende, doch periodisch in seinen regelmäßigen Manifestationen - zwischen welchen das dunkle Geheimnis des Nichtseins herrscht; unbewußt doch absolutes Bewußtsein; unrealisierbar doch die eine selbstexistierende Realität; fürwahr *ein Chaos ↗ für den Sinn ↗, ein Kosmos für die Vernunft ↗*. Sein einziges absolutes Attribut, welches es selbst ist, ewige unaufhörliche Bewegung, wird in esoterischer Sprache der große Atem genannt.« (Blavatsky ↗) These: dieser ›große Atem‹ wurde bei den Germanen Od ↗ gen. u. zur Odil-Rune ↗. — Im Ggs. zum Sonnenzeichen ☉ (Kreis mit Punkt) war das Z. für Kosmos ein Kreis ohne Punkt, weil er kein Zentrum hat; dieser Kreis (die ›Leere‹ ↗) ist auch Aditi ↗ in Tat, äqv. der Göttin Nut ↗ in Ägypten.

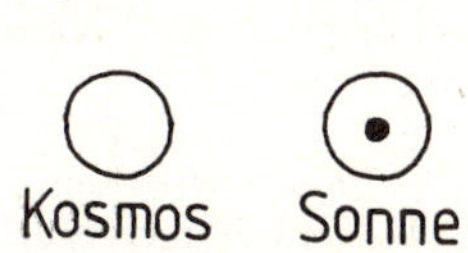

3) Kosmische Evolution im Dzyan ↗:

»Die ewige Mutter, gehüllt in ihre immer
unsichtbaren Gewande, hatte wieder einmal
während 7 Ewigkeiten geschlummert.
Es gab keine Zeit, denn sie lag schlafend
in dem unendlichen Schoße der Dauer...
Die Mutter schwillt und breitet sich aus
von innen nach außen wie die Knospe des
Lotos ↗.«

These: diese Schwellung, Ausbreitung, Expansion wiederholt sich in jeder Schwangerschaft ↗. — S. Netz ↗.

Kosmos: griech. Wort für Weltall, Weltordnung ↗; in Ägypten die Göttin Nut ↗. Im Wort enth. Km ↗ = schwarz, wie Yin ↗. Ähnl. gebaut die Kosmossonne ↗.

Kosmossonne: im Ggs. zu den weißen Sonnen = Sternen schwarz wie der Kosmos ↗, mit weißem Kern: germ. Frau Gaur ↗ mit den 24 schwarzen Hunden, die den 24 Grundmotiven ↗ entsprechen. Die K. des Sirius ↗ heißt in Afrika Po ↗, anderswo Kara ↗, Zara ↗ etc.

Koyote: in der Natur ein wilder Hund von schwarzer Farbe, der gern im Dachsbau seine Jungen wirft. Als Symbol von den Navajo ↗ (Indianer in USA, W) in der Weltenlehre ↗ eingesetzt als Begleiter von 1. Frau u. 1. Mann; diese 3 Urwesen lebten in der 1. Welt ↗ ganz allein, in völliger Dunkelheit. Sie bleiben auch in der 2., 3., 4. u. 5. (jetzigen) Welt präsent u. greifen immer wieder in das Geschehen am Himmel od. auf der Erde ein. So soll z. B. K. das ›Feuer‹ od. die ›Medizin‹ ↗ gebracht u. vor der letzten Flut (s. Sintflut ↗) gewarnt haben. Auf einem Sandbild ↗ wird sein langer Weg durch den Himmel gezeigt, den a. Sternbilder ↗ zieren, unten wahrsch. der Kleine Bär ↗, durch dessen Deichsel die vertikale Achse der Sonne (im Zentrum) geht = Nord. R. oben die Erde schwarz, mit Sektoren, u. als blauer Fünfstern die Venus ↗. Das beläßt für den Herkunftsort der Kultur ↗ (Feuer, Medizin) l. oben den Sirius ↗,

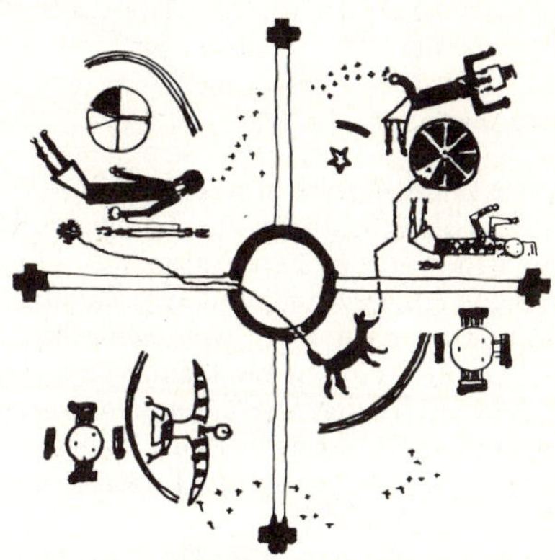

mit dem sich der ebf. schwarze Anubis ↗ von Ägypten verbindet. Sollte r. oben das Urpaar dargestellt sein, entspr. die Figur l. oben wohl der Maismutter ↗, die ebf. mit Koyote verbunden wird - wie Nephtys ↗ mit Anubis.

Beachtenswert, daß bei Drehung der Erde im Sinn der beigegebenen 2 Figuren (Schema) jener Sektor, in den K. das schwarze Kreuz (die Kosmossonne ↗) von Sirius trägt, genau der Sektor der Gesch. ist, bezogen auf die Weltformel ↗, bzw. das Muntu ↗-Viertel der afrik. Ntu-Philosophie.

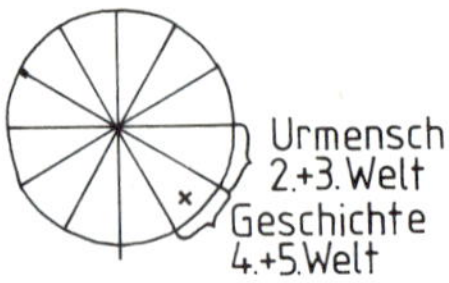

Kra: ggb. Abusua ↗ ein Attribut auf Zeit u. wie Sunsum ↗ vom Vater übermittelt; etwa das beseelte Leben. Da man durch Buchstaben-Umstellung Kar ↗ aus K. machen kann, ist an das Ich ↗ - äqv. Sonnenkern - zu denken, männl. Attribut der Seele ↗, äg. Akh ↗, s. 9fältiger Mensch ↗. — Endsilbe von K. ist Ra ↗ (Sonne).

Kraft: Prana ↗ als Lebenskraft (ind.).

Kral: afrik. Runddorf, in Altägypten durch das Z. eines Kreises + Kreuz als Grundplan hinter jeden Ortsnamen gesetzt, s. Junu ↗. Möglicherweise geht das Wort auf Kra ↗ zurück, was die Anlage zu einem Hort des beseelten Lebens einer Gemeinschaft machte. Und nicht nur das: da man sich a. die Geister der Verstorbenen u. Zukünftigen als präsent dachte, kann im K. prinzip., wie im

Gral ↗, der Lotos ↗ gesehen werden, mit je 1 Häuptling in jedem Blatt (Sektor) u. der König als Oba ↗ im Zentrum, falls es eine größere Anlage war. Es gab aber a. ganz kleine Anlagen für nur 1 Großfamilie (Abb.), deren Mitglieder nach Alter u. Geschlecht getrennt wurden, hier in 5 Hütten für Männer, Frauen, Knaben, Mädchen u. Kinder. Die 6. mit dem Eingang ist a. Gästehütte (Sudan: Nuba ↗). Ähnl. Anlagen fanden sich im alten Griechenland ↗ als Kunstwerke aus Silber (Glyptothek München).

Krankheit: »Die ersten Menschen kannten keine Krankheit. Niemand wurde an Körper oder Kopf krank, bevor das Übel die Welt betrat« (F. Waters, Das Buch der Hopi ↗, S. 27). These: Man kann also annehmen, daß K. erst nach dem bibl. Paradiesverlust ↗ begann, d. h. nach Hinzutreten des Ka ↗ zum Ba ↗ u. daher jede K. ihren primären Ursprung in der Psyche ↗ hat, als Konflikt zw. diesen beiden Weltordnungen ↗, u. das sichtbare Krankheitsbild nur die stoffl. Seite dieser Unordnung ist. Lt. Zigeuner ↗ entstanden aus der Zwangsverbindung Himmel (weibl.) - Erde (männl.) 10 K. verursachende Dämonen, wenn man die letzten, Hermaphrodit gen., als 2 einsetzt. Eltern hinzugerechnet, verlagert K. in einen 12er Kreis: sehr wahrsch. in den Tierkreis ↗:

1) Melalo, Vogel mit 2 Köpfen, der Wutausbrüche, Tobsucht, Wahnsinn u. Vergewaltigung hervorruft
2) Lilyi, Fischleib mit Menschenkopf, an dessen beiden Seiten je 9 Fäden hängen, die Erkältungen hervorrufen
(sie werden ein Paar u. haben viele Kinder)
3) Tculo, stachelige kleine Kugel, die in den menschl. Körper eindringt u. heftige Schmerzen im Unterleib hervorruft
4) Tcaridyi ›die Glühende‹, hat den Leib eines behaarten kleinen Wurmes; dringt sie in den Körper ein, erregt sie glühende Fieberschauer
(sie werden ein Paar u. haben viele Kinder)
5) Schilalyi ›der Kalte‹, weiße Maus mit vielen kleinen Füßen, ruft Schüttelfrost hervor
6) Bitoso ›die Fasterin‹, kleiner Wurm mit mehreren Köpfen, Ursache für Appetitlosigkeit
(sie werden ein Paar, ihre zahlr. Kinder erregen Koliken, Ohrensausen, Zahnschmerzen u. Krämpfe)
7) Lolmischo, rote Maus..., Hautausschlag
8) Minceskro (?), Erreger von Blutkrankheiten
(sie werden ein Paar, ihre Kinder verursachen Blattern, Scharlach u. Masern)
9) Poreskoro, Hermaphrodit mit 4 Katzen- u. 4 Hundeköpfen, gespaltener Zunge + Schlangenschweif
(Selbstbefruchtung: er u. seine Kinder erregen Epidemien wie Pest, Cholera etc. u. die Seuchen des Viehs)

Eine höchst anschaul. Palette, deren Tiersymbole man vielleicht eines Tages mit unseren Tieren des Zodiaks in Verbindung bringen kann. — S. Keshalyi ↗. — These: das Elternpaar wäre dann als Wassermann (Ana, die zur Kröte ↗ wird) + Steinbock ↗ einzusetzen, u. in letzterem fingen dann erst die K. an, gefolgt vom Archetyp Medizinmann ↗ zur Heilung.

Kreativität: s. Creativität ↗.

Krebs: Tier im Tierkreis ↗; sein Zodiakzeichen ↗ besteht aus einem Kreis, der 2 Kreise in sich einschließt.

Das legt jene Symbiose ↗ nahe, die man vom Einsiedlerkrebs kennt, der sich eine Seerose zulegt; beide profitieren von dem ungewöhnl. Bündnis: die unbewegl. Seerose wird mitbewegt u. schützt den sie bewegenden Krebs durch Giftwolken vor Feinden; nach einiger Zeit ist der K. außerdem giftimmun. These: in der Geschichte ↗ wurde daraus der Übertritt der Nephtys ↗ auf die Seite der Isis ↗, d. h. ein Frauenbündnis zw. der Partei des Mörders (Seth ↗) u. dem Ermordeten (Osiris ↗) im 2. Matriarchat ↗. Ergebnis: die äg. Doppel-Religion ↗.

Kreis: ggb. dem Quadrat ↗ als Erde ein Symbol des Himmels u. der Vollkommenheit, das in 2 Var. vorliegt:

Kosmos *Sonne* *Zodiak*

Yin ↗ = weibl. Himmel (Kosmos ↗), Kreis ohne Zen-

trum, a. die Schlange, die sich in den Schwanz beißt als Z. der Unsterblichkeit ↗ = das Sein ↗: die Göttin ↗, Zen ↗.
Yang ↗ = männl. Himmel (Sonne ↗), Kreis mit Zentrum, das Gott ↗ darstellt, äg. Atum ↗ in seinem Aton ↗. Das Äqv. im Konfuzianismus wäre Chi ↗ + Li ↗. In der äg. Trinität ↗ werden 3 K. vorgestellt - der 3. ist der Tierkreis ↗, im obigen Schema der Ring als Doppelkreis (Tierkreis + Zodiak ↗), zu verstehen als ›Sohn‹ von Gott + Göttin, der beide nach der Trennung rückverbindet. Diese 3 Kreise (mit jeweiligen Unterteilungen) machen die Grundstruktur der Psyche ↗ aus. Baut man die Erde mit ein, wird das typ. Mandala ↗ daraus - arab. Al-Mandal = der mag. Kreis. — S. Kirk ↗, Kikkura ↗ u. a. Kirche ↗. — Eine Sonderform ist der K. als Landung ↗ des Kulturbringers ↗ auf Mu ↗; verheerend das Hakenkreuz im Kreis als Nazi-Fahne ↗; eine Tanzuniversität der Steinkreis ↗. — Als Koppelung von K. + Quadrat kann der Mäander ↗ gelten. — Bes. geläufig der K. als Rad ↗, Krone ↗, Kartusche ↗ u. Null ↗.

Kreiseinteilung:

1) 4er Kreis: d. Elemente ↗	2) 8er Kreis: Göttin, Tao ↗	3) 12er Kreis: die Zahlen ↗

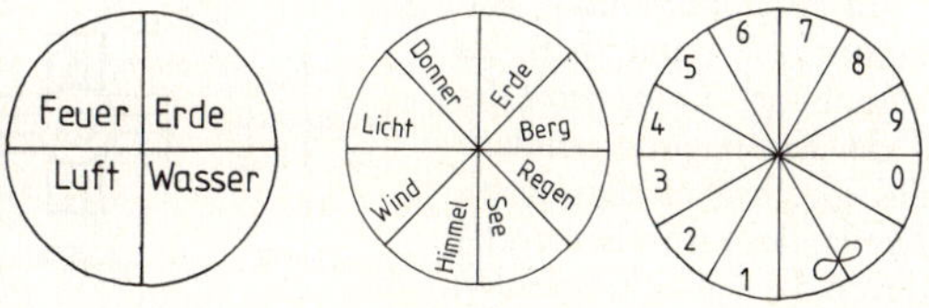

Elemente + Zentrum ergibt Om ↗	Götterachtheit ↗ Regenbogen-farben ↗	äqv. Planeten ↗

Aus diesen 3 Grundeinteilungen 4, 8 u. 12, z.B. Strukturierung der afrik. Ntu-Philosophie ↗, ergibt sich wieder die eigtl. Ur-Zahl 24, in der Natur vorgegeben als Stunden ↗. Die Apokalypse ↗ präsentiert sie als die 24 Ältesten, d. h. als Sonnenalphabet ↗, die bisherigen 3 Kreise der Sonne = Kin ↗ einrahmend. Hier ist, theoret. wie empir. faßbar, das von Hegel ↗ geforderte Denken im Kreis vorangelegt; es erweitert sich in den Kreisen von Geschichte ↗, im Yul ↗ auf das Jahr ↗ übertragen u. selbst eine Analogie zum kosm. Kreis.

Kreml: befestigter Kern der russ. Stadt ↗ im Mittelalter, mit dem K. von Moskau ↗ als ›Herz der Nation‹ u. russ. Geschichte. Im 12. Jh. nicht mehr als eine Palisa-

de aus Kiefernholz, wurden schon im 14. Jh. diese Bauten durch Mauern aus Eichenholz ersetzt und die 1. steinerne Kirche errichtet, zur Krönung des Zaren u. Bestattung des Patriarchen. Im 17. Jh. wurde dieser K. dem Vatikan ↗ gleichgesetzt; aus der Zeit stammt die vorgehende Abb.
Heute Sitz des Obersten Sowjet der UDSSR ↗; vor dem K. befindet sich der Rote Platz (russ. rot = schön) mit tägl. Besucherschlangen (toter Lenin ↗, Museen etc.).

Kreta: Insel im Mittelmeer ↗ mit 1. Königin Europa ↗ im 3. Jt. v. Z. — Homer ↗ besingt sie so:

»Kreta ist ein Land inmitten des wogenden Meeres
schön u. fruchtbar u. rings umflossen.
Es wohnen der Menschen viele, unzählige dort
und ihrer Städte sind neunzig.
Dort sind Völker und Sprachen gemischt...«

Aufgezählt werden: die Altkreter (bibl. Kaphtorim ↗, äg. Keftiu), die ›edlen Pelasger ↗‹, dann Achäer ↗ + Dorer ↗, die als letzte einfielen; da war aber das Minoische ↗ Reich mit der Labrys ↗ als kult. Wahrzeichen schon untergegangen. Einigen gilt die Minotaurus ↗-Sage als Symbol für die Überwindung des Stiers (s. Knossos ↗) durch die Griechen, die mit Bocktänzen dem Widder ↗ huldigten, den sie als Goldenes Vlies ↗ suchten. Man hat das Gefühl, daß hier Rassismus ↗ (die Kreter waren dunkel, die Griechen hell) u. Religionskrieg ↗ bes. eng verbunden waren; das spiegelt sich deutl. auf einem hier gefundenen Sarkophag ↗ (Abb.),

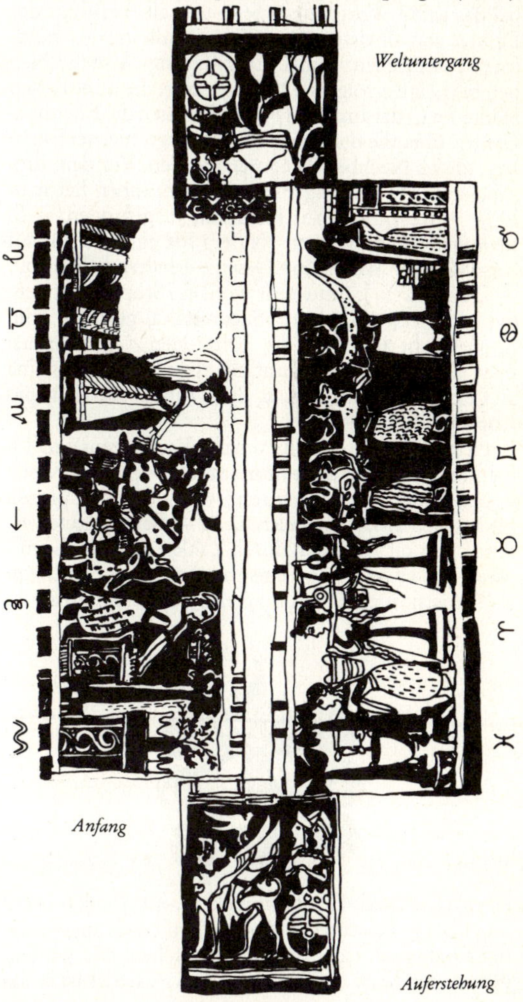

um den als gemalter Fries eine relig. Szene läuft, die als Menschen (od. Priesterschaft) nur dunkle Männer, dunkle Frauen u. helle Frauen - aber keine hellen Männer zeigt. Dazu als Anbetungsobjekt ein dunkler Gott ohne Arme (als Osirismumie ↗) mit Afrolöckchen hinter einem 4-Stufen-Bau - nicht unähnl. der inneren Mastaba von Djoser ↗ - der, wenn man das Fries als

Tierkreis ↗ versteht, den 4 Balken des äg. Djed ↗ = Löwe, Krebs, Hund (Zwilling) + Stier entspricht. Das ist aber a. die Spanne vom Osirismord ↗ bis Krischna ↗, mit dem Europa verw. war; u. Krischna fällt in den Stier, dem auf Kreta, bes. in der Stadt Knossos, so gehuldigt wurde. Wie, wenn hier Krischnas eigtl. Nekropole ↗ war? Sein Kaf ↗ = myth. Berg, der auf Kreta immerhin Nomos-Gebirge heißt, genau wie das Königskopftuch ↗, das die Große Pyramide ↗ symbolisiert; so wären die Kaphtorim eher die Kaf-Torim, wobei das letzte Wort taur = Stier enthält. Berühmt der Diskus von Phaistos ↗ aus Ton, beidseitig in Spiralform beschrieben. Sämtl. Entzifferungsversuche bleiben bis heute erfolglos. Die Karte zeigt die minoischen Städte im O der Insel. Im N von Knossos die Eileithya-Grotte, über die der griech Mythos sagt, hier sei Eileithya, die äg. Nechbet ↗ geboren worden. Vor dem Eingang steht ein mächtiger Feigenbaum; innen hat man Idole + Keramiken aus mehreren Jt. gefunden. — S. Idakulthöhle ↗, hier nur als Berg Ida eingetragen, auf dem Minos ↗ alle 9 Jahre Gesetze erhalten haben soll. — These: Kreta könnte sehr wohl ein Stop bei der echten Odyssee ↗ (Kanaan ↗-Südamerika) gewesen sein, ja, vielleicht ließ man die Amazonen ↗ erst einmal hier, u. eine bekam als Kind Eileithya, die röm. Lucina = Lucia ↗, woraus evtl. a. die Taube ↗ auf Europas Kopf wurde.

Kreuz: uraltes Z., das in versch. Var. gegensätzl. Linien kreuzt: vertikale + horizontale = gerades Kreuz u. diagonale = schräges Kreuz = X ↗. Beide Formen finden sich a. als Hakenkreuz ↗. — Beim geraden K. lassen sich oft Aussagen durch Zahlen ablesen, die mit denen vom Kreis ↗ übereinstimmen, sodaß es prinzip. als Herauslösung dessen innerer Struktur gelten kann.

Abb. 1

Abb. 1) schwed. Brautschmuck 17.–19. Jh. (Nr. H82 Stockholm. Nordisches Museum); mit dem angedeuteten Kopf erhält jeder Balken 4 Näpfchen, d.h. wir landen im 8er Kreis als Tao ↗ od. Tau ↗, u. das ist a. das K. der Kreuzigung ↗. — Abb. 2) sog. Pestkreuz mit Beschwörungsformeln; es fand sich im Stadtarchiv von Bludenz neben folg. Protokoll von 1560: »... dieweil

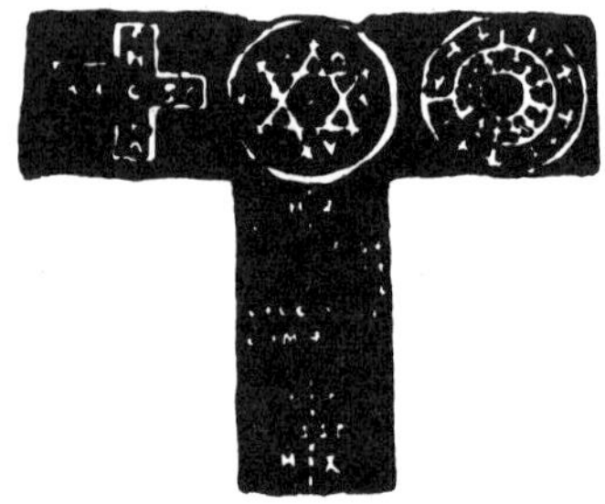

Abb. 2

die Pest im Lande gar übel grassiert wird den Torwärtern aufgetragen, die Pestkreuze unverzüglich an die Tore zu hängen bei hoher Strafe.« In das z.T. reduzierte Kreuz, Stellenwert 8, sind hineingezeichnet das gleichschenklige Kreuz (s. Kopten ↗) = 4, der Sechsstern ↗ = 12 u. 1 Kreis aus 24 Kreuzen; ergibt zus. den Stellenwert der Sonne ↗ = 48. Wie a. das äg. Lebenskreuz ↗ der Sonne vertrat. — In einer neapolitan. Katakombe ↗ fand sich als frühchristl. Kreuz *nicht* das T der Kreuzigung, sondern das gleichschenklige kopt. Kreuz, dessen Stellenwert 4 durch die 8 griech. Initialen IC (Jesus) XC (Christus) NIKA (siege) auf 12 erweitert wird (Abb. 3) - genau wie ein altindian. Kreuz (Abb. 4)

Abb. 3

Abb. 4

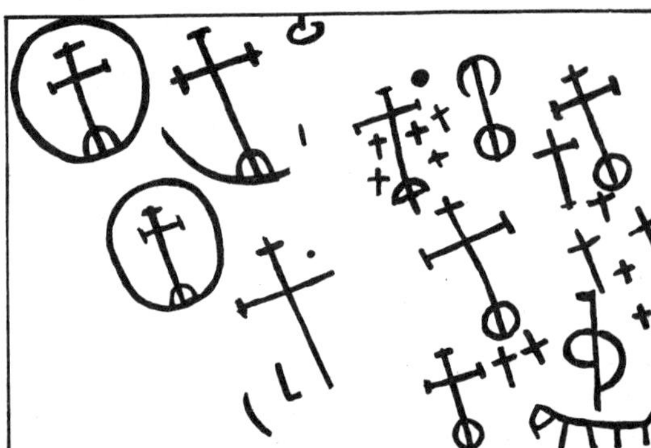

Abb. 5

12 Strahlen aussendet; u. Nika = Sieg verbindet sich mit der älteren Nike ↗. Uralte Felszeichen aus Europa ↗ schließlich (Abb. 5) zeigen unzählige Kreuzvarianten, manchmal in den halbierten Kreis gestellt - ins Jul ↗ - als gäbe es einen Bezug zur Götterdämmerung ↗, äqv. Junu ↗ in Ägypten.

Kreuzesbanner: christl. Fahne aus rotem Kreuz auf weißem Grund, symb. Blut + Körper von Jesus, sprich die Sonne ↗ mit roter + weißer Krone ↗ in Ägypten. In seinem Namen erlaubte man sich Kreuzzüge ↗ + Kolonialismus ↗ = das von den Weißen ↗ vergossene Blut der Nicht-Weißen, s. Rassismus ↗.

Kreuzigung: 33jährig, am Karfreitag ↗, wurde Jesus ↗ an ein Kreuz ↗ geschlagen, von dem nicht

mehr sicher ist, ob es T-Form hatte od. das heute übl. Kruzifix ↗ war, bei dem die Vertikale etwas über die Horizontale hinausreicht.
Ein Holzschnitt aus dem 15. Jh. schiebt beides ineinander (Abb.). Lt. Evangelisten ↗-Bericht kam gg. Abend ein reicher Mann namens Josef, der sich traute, Pilatus um den angebl. toten Leib zu bitten. Er bekam ihn, wickelte ihn in ein Leintuch u. »legte ihn in sein eigen neu Grab, welches er hatte lassen in einen Fels hauen, und wälzte einen großen Stein vor die Tür des Grabes und ging davon.« Was nun gespielt wurde, blieb bis heute geheim: Jesus, schwer verwundet, wurde hier gepflegt, bis er mit seiner Mutter Maria ↗ flüchten konnte. Sein Grab ist in Kaschmir ↗. Das Leintuch (4,36 x 1,10 m) gelangte von Byzanz ↗ über Frankreich Ostern 1578 in den Dom zu Turin, wo es seither Streit + Sensationen verursacht. An der Echtheit besteht kaum mehr Zweifel, seit der Schweizer Kriminologe Max Frey 1972 darin Blütenpollen von Pflanzen gefunden hat, die vor 2000 Jahren in Palästina ↗ wuchsen, u. zwar *nur* dort. Jedoch will die ›Internationale Kulturelle Stiftung für das Grablinnen Jesu‹ in Zürich beweisen können, daß Jesu Herz darin noch schlug, seine Wunden darin weiterbluteten, u. es a. den Abdruck eines Fußstapfens von Jesu im Leintuch gibt, als sei er irgendwann wieder aufgestanden. Weitere Abdrücke zeigen, daß die Lanze (Speer des Schicksals ↗) seine Lunge, u. nicht das Herz durchbohrt hatte.

Kreuzzüge: insg. 7 Kriegszüge unter dem Kreuzesbanner ↗ gg. ›Feinde der christl. Religion‹ (Heiden ↗); anfängl. zur Eroberung des Grabes von Jesus ↗ bzw. von ganz Jerusalem ↗ gedacht, arteten sie bald in expansive, blutige Missionierung ↗ aus.
1. K.) 1096–99: Erstürmung von Jerusalem, G. von Bouillon wird ›Vogt des Heiligen Grabes‹ (1130 Beginn der Gotik ↗)
2. K.) 1147–49: scheitert bereits auf dem Marsch durch Kleinasien ↗.
3. K.) 1189–92: als Antwort auf die Eroberung von Jerusalem durch Sultan Saladin (der a. den Mantel der Großen Pyramide ↗ zerstörte). Der Waffenstillstand bringt freien Zugang für friedl. Pilger nach Jerusalem.
4. K.) 1202–04: Eroberung u. Plünderung von Konstantinopel (d.h. des von Konstantin ↗ in Rom II ↗ verwandelten Byzanz ↗) u. vorübergehende Errichtung eines lat. Kaisertums. Folgte 1212 der Kinder-Kreuzzug dt. + frz. Kinder, der total aufgerieben wurde.
5. K.) Kaiser Friedrich II. (Stauferkönig ↗ u. Wiederkehrkaiser ↗), in einem Oktogon ↗-Bau auf Sizilien Kinderexperimente betreibend, die Hitler ↗ auf andere Weise fortsetzte, erhält durch Vertrag ganz Jerusalem.
6. K.) 1248–54: frz. König Ludwig IX. erobert in Ägypten die Hafenstadt Damiette, östl. Nildelta, gerät aber dann mit ges. Heer in Gefangenschaft. Beginnt dann den
7. K.) 1270 mit Fahrt ins nordafrik. Tunis, wo er stirbt.
Bis 1291 haben die Mohammedaner die letzten christl. Besitzungen in Palästina ↗ erobert.
Nach 200 Jahren Null-Ergebnis muß man sich mit L. Charpentier fragen: »... ob die Kreuzzüge nicht spez. zur Eroberung des Gral ↗ lanziert wurden...«, ohne jedoch zu vergessen, daß sie a. einen *Kreuzzug gegen den Gral* ↗ enthielten (Buchtitel).

Kreuzzug gegen den Gral: Buch von Otto Rahn ↗ über die Tragödie der Katharer ↗, erschienen im Jahr 1933 (Hitlers Machtübernahme); soll später zur Pflichtlektüre der obersten Nazis ↗ erklärt worden sein. Es spielt in der Zeit der Kreuzzüge ↗ u. erwähnt diese a. immer wieder, bes. die 3. gg. Saladin; Text »Saladins Sieg versetzte das Abendland in Wut und Schrecken. Rom ließ einen neuen Kreuzzug predigen. Die Predigten der Priester wurden von den Harfenklängen der Troubadoure ↗ begleitet; u. sie spielen fast die wichtigste Rolle, waren sie doch a. Gast an der Burg von Geralda, der Oberketzerin u. Gralshüterin von Montsegur ↗.« Rahn zitiert auch Wolfram von Eschenbach, dessen Parzival ↗ zw. 3. u. 4. Kreuzzug entstanden war, u. dessen Gesch. war ja die Gralssuche ↗ schlechthin.

Krimhild: Nv. f. Gudrun ↗; Nibelungenlied ↗.

Krischna: heißt auf dt. nur ›Schwarzer Mann‹ u. wird a. in einem Gedicht als dunkel geschildert:

»Gelbgewandig, dunklen Leibes
Glänzt an Schönheit unerreichbar
Krischna, einem lichtbestrahlten
Hehren Saphirberg vergleichbar«

Zur Verschleierung seiner wahren Herkunft wird folg. Legende erzählt: im Verlies eines Palastes, wo man seine Mutter in Haft hielt, quasi wie Jesus in einer Krippe geboren, entkommen Mutter + Kind, u. der König, jetzt ein Ebenbild des Herodes ↗, befiehlt, überall im Reich alle Kinder männl. Geschlechts zu töten. Wieder geht der Anschlag fehl, das Kind findet auf dem Land Zuflucht wo es wie Ödipus ↗ von einem Hirtenpaar aufgezogen wird, u. selbst Hirte ↗ wird. »Wenn er nachts auf der Flöte spielte, fühlten sich alle Frauen – selbst achtbare Ehefrauen – so stark zu ihm hingezogen, daß sie seinem Ruf folgen mußten. Manche ließen das Abendessen stehen, andere brachen ihr Bad ab, und wieder andere gingen fort, ohne das Haar fertiggeflochten zu haben.« Was an den Kult um Dionysos ↗ erinnert. Aber wer war er nun wirklich? Blavatsky ↗: »Krischna war die letzte Inkarnation von Vishnu ↗, gehört der 5. Wurzelrasse ↗ an, sein Tod eröffnet das Kali Yuga ↗.« — These: dann fällt er in die 2. Hälfte des Stier ↗-Sektors, Grundmotiv , das sich als Zeichen über seinem Kopf befindet (Abb.) und: er war der äg. Pharao Muntuhotep ↗ (11. Dynastie); die Griechen sollen noch gewußt haben, daß K. in Theben ↗ geb. wurde. Inzw. gilt er als ind. König u. Begr. des Hinduismus ↗, der jedoch wesentl. später begann. Man muß also an-

nehmen, daß die Kunde von der Induskultur ↗ stark verändert übernommen wurde, u. die hatte es wohl über Sumerer ↗ von Ägypten. — Heute Wiederbelebung des K.-Kultes durch die Hara-Krischna-Sekte ↗, weil er seine Wiederkehr ↗ versprach, die man heute erwartet. — S. Krischnamurti ↗.

Krischnamurti: Pseudonym eines von Annie Besant ↗ adoptierten ind. Jungen, den die Theosophie ↗ unter ihrem Einfluß als wiederkehrenden Krischna ↗ propagierte. Er bekam die entspr. Erziehung u. wurde in Europa als wiedergekommener Christus ↗, in Asien als Lord Maitreya ↗ ausgegeben, zus. mit einer Artikelserie über das angebl. frühere Leben des Jungen (Juddu Nariahna, geb. 1895), bis zurück zum J. 21000 v. Z. Ab etwa 1928 (These: also 3 J. vor Geburt des echten!) trat K. dann selbständig in der Öffentlichkeit auf, verkündete jedoch überhaupt nichts Neues, sodaß seine große Anhängerschaft mehr und mehr enttäuscht wurde.

Kritias: Mutterbruder von Platon ↗, dem ein Dialog gewidmet ist; er schließt dessen 10bändiges Werk über Politeia (Staatskunde) ab, mit den von seinem Lehrer Sokrates aufgestellten Forderungen an einen Idealstaat, für den K. als vergangenes Bsp. Atlantis ↗ anführt. Darüber will er von seinem Onkel (Kritias der Ältere) gehört haben, der es wieder von Solon hatte, dem darüber an äg. Priesterkollegien erzählt worden sein soll. Solons von Plutarch bezeugte Notizen über Atlantis sind jedoch verloren gegangen. Es gibt also keine Vergleichsmöglichkeit mehr für die von Platon evtl. vollzogene, absichtl. täuschende Veränderung. Der fingierte Dialog, an dem a. Sokrates teilnimmt, dauert mehrere Tage u. schließt mit dem Untergang von Atlantis, der merkwürdigerweise nicht mehr ausgeführt wird; der Dialog bricht mitten im Satz ab: »... und nachdem er (Zeus ↗) sie (die anderen Götter von Olymp ↗) versammelt hatte, sprach er...« Ende. Bibel: »Und sprach: Ich will die Menschen ,die ich geschaffen habe, vertilgen...«; es folgt die Sintflut ↗. Über sie berichtet Platon im Dialog des Timaios.

Kritias: »Es ist also zu prüfen, ob dieser Stoff dem Sinne nach uns entspricht oder ob wir statt seiner noch nach einem anderen suchen müssen.«

Sokrates: »Doch welchen, o Kritias, nähmen wir wohl lieber an Stelle dieses auf, der sich ebensowohl für das heutige Opfer der Göttin (Diana ↗) der Verwandtschaft wegen am meisten eignen dürfte und zudem den großen Vorzug hat, daß er nicht ein erdichteter Mythos, sondern eine wahre Geschichte ist!«

Auf diese ›wahre Geschichte‹ beziehen sich inzwischen rd. 25000 Bücher über Atlantis.

Kriya Rupa: Funktionsprinzip des myst. Yantra ↗; beim Kriya Yoga (Yoga ↗ des Handelns) wird Kriya nicht mit Funktion, sondern Handeln übers., während Rupa ↗ meist Form bed., was ›Handlungsform‹ ergäbe. — These: als Bestandteil der Seele dürfte Kriya = Kra ↗ (afrik.) sein.

Krokodil: als Tier eine Echse ↗ mit Panzer; evolutionär die Brücke vom Wasser- zum Landtier, kann deshalb a. Inseln besiedeln. — Als Symboltier ↗ im Tierkreis ↗ als Nr. 1 eingesetzt = Wassermann ↗. So bei Quetzalcoatl ↗, dessen Position im mex. Tierkreis (13-gliedrig, weil die Raupe ↗ des Schmetterlings ↗ 13-gliedrig ist) mit dem K. *(cipactli)* ident. ist. So bei Osiris ↗ (Ägypten), den lt. Mythos ↗ ein K. an Land zog, während seine ird. Gattin Isis ↗ zur Krokodilmutter ↗ wird u. als solche das untere Ende der Horusstele ↗ ziert. Auch im heutigen Afrika findet sich noch die Koppelung von K. + Astronauten ↗, die vom Sirius ↗ kommen, was die Zeitangabe von deren Landung ↗ ergäbe, näml. 1950 vor 25920 Jahren (= 1 Präzession ↗). — Als Übertrag auf Km.T ↗ (Ägypten als Land) findet sich ein von Menes ↗ im Nil-Delta ↗ gegr. Krokodil-Gau, was bestätigen würde, daß der Tierkreis im Delta begann, ident. mit der Luke ↗ der Großen Pyramide ↗. Man vgl. außerdem Quetzalcoatls Krokodilkopf mit dem äg. ›Gott‹ Suchos (= Krokodil), der über dem Krokodilkopf jene Krone ↗ trägt, die sonst den Djed ↗ als Tierkreis ziert. Der Name ↗ verschmilzt mit Ammon ↗ = Widder zu *Suchammon,* was Krokodil-Widder hieße (Abb. 1: Krokodilkopf mit Widderhörnern). Es gab aber a. die Mischform ›Falkenkrokodil‹ auf Lotos ↗-Blüten, was der 1. Hälfte der Geschichte ↗ bzw. den ersten 2 Zodiakhäusern ↗ entspräche, a. bei den späteren Evangelisten ↗ Wassermann ↗ (= Krokodil) und Adler ↗ (= Falke). S. Nilpferdgöttin ↗. Blavatsky ↗: »In den alten Papyris (von Ägypten) wird das Krokodil Sebekh = Siebentes gen... Gerald Massey zeigt, daß das Krokodil die ›siebente Seele, die höchste von sieben - der unsichtbare Seher‹ war« (I. S, 241). These: da das afrik. K. (s. Abb. 2 die Landung ↗ auf einer Holztüre eingeschnitzt) statt Leib eine Scheibe mit 7 Linien aufweist, kann man sie mit der Weltformel ↗ vergleichen u. folgern, das K. - spez., als Osiris - stünde für deren 7 Kreise, Archetypen ↗ inkl. Der fehlende Außenkreis, Nommo ↗, wäre durch die 2 Ka-Hieroglyphen ↗ der Beine vertreten, mal in gleicher Richtung, mal in entgegengesetzter Richtung (Hieroglyphe von Suchos) gesetzt:

Abb. 1

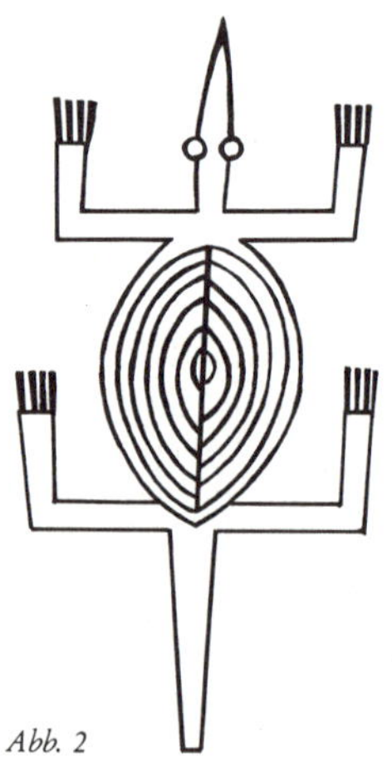
Abb. 2

Krokodilmutter: Isis ↗ als Mutter des Horus ↗ in Gestalt eines Krokodils ↗, das lebend in Ägypten mit Ohrringen u. Armreifen geschmückt wurde, nach dem Tod mumiziert u. begraben in einer Krokodil-Nekropole (Totenstadt). Auf Bildern wieder auftauchend als das Tor zur Duat ↗ od. eine seiner ›Schwellen‹ hütend. Beachtenswert die Schlange Mehen ↗ (Ringlerin) darüber, mit genau 12 Windungen (= Zodiak ↗); die Zahl kehrt wieder als Vertikale im Rücken der K., bestehend aus 12 freien und 12 gestrichelten Feldern = 24, äqv. Nommo ↗, den im Zodiak versteckten 24 Grundmotiven ↗. Die K. sitzt auf dem Balken der Maat ↗ u. trägt zusätzl. deren Feder doppelt auf dem Kopf (Abb.). Als K. ist a. das X aus 2 Krokodilen auf der Horusstele ↗ zu deuten.

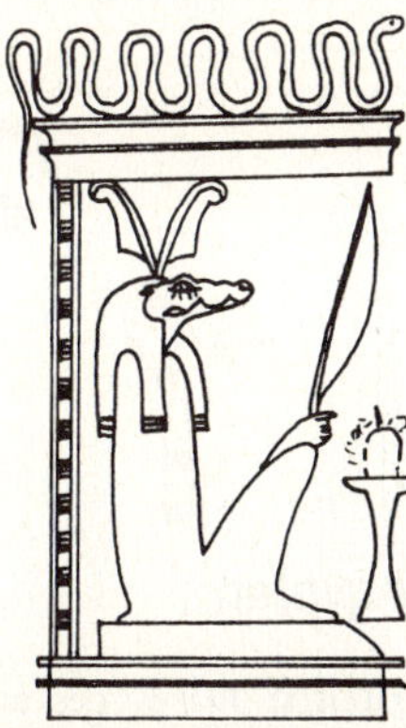

Krone: Symbol des Königtums ↗, bei der Krönung ↗ aufgesetzt, womit die Einsetzung des Gekrönten beginnt. — In Ägypten trugen a. die Götter ↗ eine Fülle verschiedenartiger K., die ihren Charakter ausdrückten od. das Wesen ihrer Kraft. Deshalb läßt z.B. ein alter Text den Pharao ↗ die 2 Kronen (rote + weiße, s. Abb. 1) verschlingen, um sich ihre Kräfte anzueignen, was farbl. an das christl. Abendmahl ↗ (rot = Blut, weiß = Oblate als Körper) erinnert. Um wessen ›Blut + Fleisch‹ handelt es sich aber hier? These: um das der Sonne ↗, äg. Re ↗, genauer deren weibl. Teil, weshalb

Abb. 1

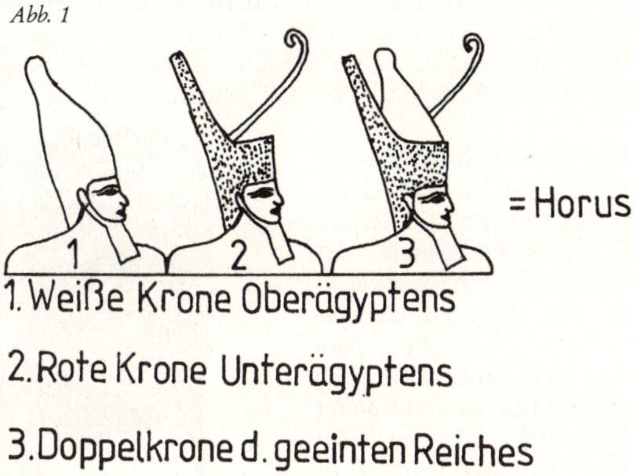

die 2 Kronen mit 2 Kronengöttinnen verbunden sind: Nechbet ↗ + Uto ↗. Aber das sind wieder nur Nv. für die 2 Maati ↗, zus. Maat ↗ = Wahrheit-Gerechtigkeit, die jeder Herrscher durchsetzen soll. Das Wort K. kommt also von Korona, Sonnenausstrahlung als Sonnen-›Hörner‹ (s. Horn ↗, Korn, Kern) im Kreis ↗, die die Krone ›aufrichtet‹, das Königskopftuch = Nemes ↗ aber ›senkt‹. Man kann also obige Doppelkrone 8 mal in einen Sonnenkreis einzeichnen mit dem Kopf (schwarz) als Sonnenkern ↗, roter Krone = 4er Kreis (die Elemente), gekoppelt über dem Hirtenstab ↗  zurück zum Kosmos; u. weißer Krone als 8er Kreis, schon die Regenbogenfarben ↗ als Summe (weiß) zeigend. Der äg. Tempel ↗ war nur 1 Sektor dieses Kreises, die alten Steinkreise ↗ aber die Gesamtkrone (aus allen 8 Sektoren) vor jedem menschl. Königtum ↗. War der 8. Sektor, Naunet ↗, der Tempel – u. gehört die merkwürdige Atef-K. (Abb. 4 + 5) im Schema (Abb. 2 u. 2a) ebf. in diesen letzten Sonnensektor? Dann stellt sie das Heranwachsen der Schwarzen Sonne ↗ dar, die bei der Geierkrone ↗ (Abb. 3, hier auf dem Kopf der Isis) direkt über die Unendlichkeitsschleife ↗ gelegt ist. Abb. 5 zeigt Nechbet mit geschlossener Atef, d.h. man kann nicht hineinsehen wie bei Abb. 4 (Osiris). Bis dahin bleibt alles These, weil symb. Zahlen fehlen. Sie tauchen erst bei der K. des Ammon ↗ (Abb. 6) in Gestalt von Rippen einer sehr langen Doppelfeder auf: 36. Sie wäre dann die genaue Ergänzung zur roten + weißen Krone (4 + 8) mit 12 + 24, um den Aufbau der Gesamtsonne auszudrücken: 48. Die Falkenfeder = Horuskrone ↗ ist ebenso präzise: 24 (Rippen). — Kurioserweise taucht bei der Krönung die Zahl 46 auf – also 48 minus 2. These: minus Y u. Z des Sonnenalphabets ↗, die noch fehlen, weshalb sie wohl a. nicht bei den 46 abrollenden Bildern des Krönungsfestspiels aufgeführt wurden.

Die deutsche Kaiserkrone ↗ drückte übrigens a. die Zahl 8 (der weißen Krone) aus; ja, man findet sie sogar als 8 Federn der Quetzalcoatl-Krone (Abb. 7).

In Ile Ife ↗ (Afrika) fällt bes. die schwarze Krone der Gattin des Gottkönigs (Oba ↗) auf, die den Kosmos ↗ darstellt, wie das die Krone der äg. Mut ↗, Gattin des Ammon tut, als Kuh-Hörner, die die Sonne tragen, s. Kuhhörner-Krone ↗.

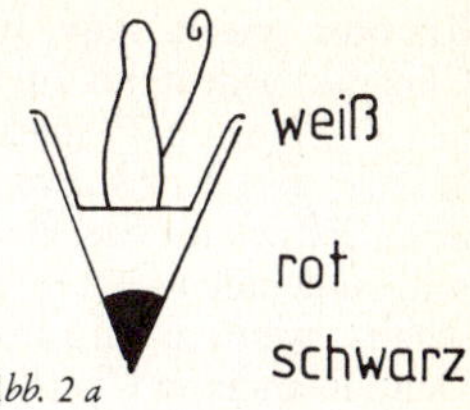

Abb. 2 a

Abb. 3

Abb. 4

Abb. 5

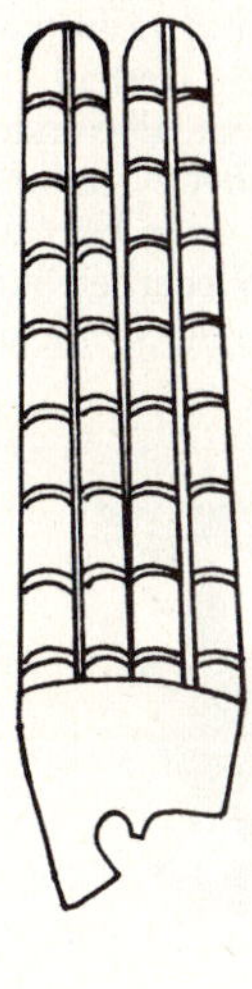

Abb. 6

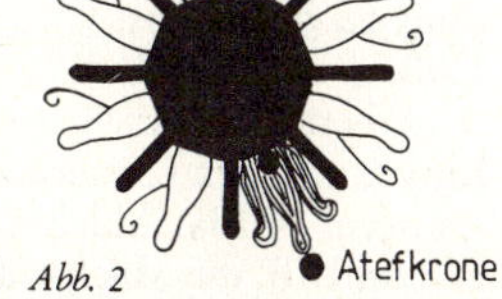

Abb. 2

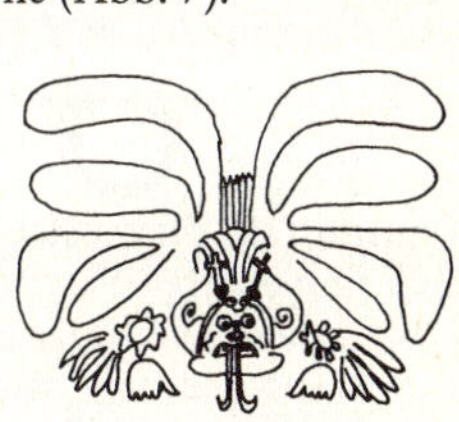

Abb. 7

Kronos: griech. Äqv. für Saturn ↗, etwa Zeit (wie Chronik) bedeutend. Im Mythos vom Kampf der Titanen ↗ (Planeten ↗) spielt er folg. Rolle: Gäa ↗, seine Mutter, gibt K. als dem kühnsten u. verschlagensten ihrer Söhne eine Sichel aus Kieselsteinen, um den sie mißhandelnden Gatten Uranos zu kastrieren, was geschah... wenn a. auf ganz andere Weise, s. Uranus ↗. Denn in anderen Überlieferungen war K. »Herrschaft ein Goldenes Zeitalter, in dem die Menschen wie die Götter lebten und der Tod nur so etwas wie der Schlaf war...« (s. 3. Welt ↗).

Krönung: das Aufsetzen der Krone ↗, gewöhnl. mit sakralen Ritualen ↗ verbunden. Ein altäg. Text enthält ein solches Ritual: »Es hat die Form eines Festspieles, das in 46 Bildern abrollt. In ihrem Mittelpunkt steht im wesentlichen der tote, Osiris ↗ gewordene Herrscher, sein Ableben, sowie die Feiern, die sich an seine Beisetzung knüpfen und den ersten Regierungsakt des neuen Königs darstellen« (Bonnet 1952, S. 400). Und der ist ja Horus ↗ (nicht Osiris), sein Horussein ↗ drückt sich in 5 Namen aus, den Krönungsnamen, s. Kartusche ↗. »Die Widerkehr des Krönungstages wurde alljährlich festlich begangen. An seine Stelle trat später das Jubiläum des Dreißigjahrfestes...« (ebd.) gen. Sed ↗. Zeitl. ist es ¼ Chenti ↗ od. ½ Sigui-Fest ↗, u. bei letzterem können wir noch erahnen, was wirkl. aufgeführt wurde: Schöpfung ↗, Landung ↗ u. Geschichte ↗ bis hin zum neuen Pharao. — Von Sumer ↗ ist ähnl. zu berichten; alle frühen Herrscher waren hier ›König von Inanas Gnaden‹ u. wurden deshalb bei der K. zu Dumuzi ↗ (babyl. Marduk ↗).

Kröte: Feuchtigkeit liebendes Nachttier, das bei anhaltender Trockenheit zu einer Art Mumie ↗ verhutzeln kann, um sich jederzeit wiederzubeleben. Deshalb findet man sie auf äg. Gräbern eingezeichnet, als Sondersymbol der Göttinnen Nut ↗ u. Nechbet ↗. Im antiken Christentum auf äg. Boden wurde sie in Fortführung des altäg. Bildsinnes Symbol der Wiederbelebung u. dann der Auferstehung. Was im Vergleich mit der Krokodilmutter ↗ auffällt, ist die Rhombos ↗-Form der Hinterbeine (Abb.: Krötenanhänger vom Kaukasus, 18.-19. Jh.). — Hekat ↗: »Schon in Totengebeten des Mittleren Reiches wird sie als Glied der Götterneunheit ↗ genannt; späte Bilder lassen sie der Wiederbelebung des Osiris ↗ sowie der posthumen Zeugung des Horus ↗ beiwohnen.«

Krug: Kad ↗, Zahlenwert 24. Als Symbol mit der Nut ↗ verbunden = die 24 Grundmotive ↗, ein umgek. Omega ↗ 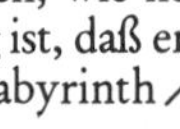

Krummstab: Hirtenstab ↗, ein Stock mit gebogenem Ende in mehreren Var., a. die Hieroglyphe für Heka ↗ = herrschen. Die Länge geht von Armlänge zur Länge eines Menschen, wie heute z.B. beim christl. Bischofstab. Auffällig ist, daß er überall in der Welt die zentrale Form im Labyrinth ↗ bildet, das jedoch seinen Namen von der Labrys ↗ = Axt bezieht, u. nicht vom K. Wiederum finden sich als Petroglyphen Kombinationen von K. u. Axt ↗; Aussage: aus NTR ↗ (der Axt) geht die Schöpfung ↗ (K.) hervor.

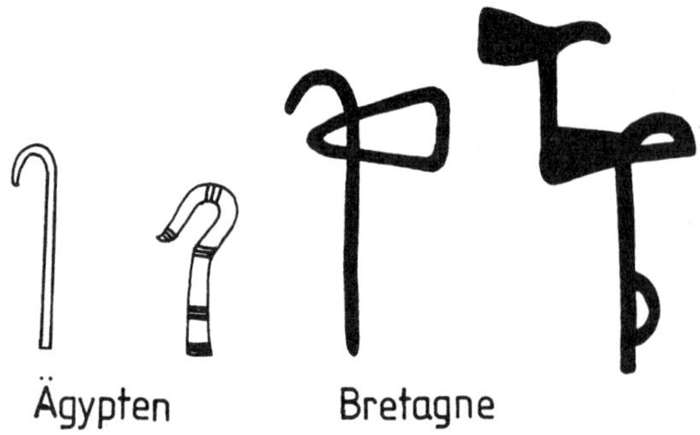

Kruzifix: Darst. des ans Kreuz ↗ geschlagenen Jesus ↗; steht nicht am Anf. der christl. Kunst (u. wurde von der Gotik ↗ überhaupt abgelehnt); Papst Gregor ↗ soll das 1. K. bestellt u. verschenkt haben.

Krypta: urspr. geheimer Grabraum in den Katakomben ↗, später halbunterird. Kultraum unter dem Chor der romanischen Kirche ↗ zur Aufbewahrung von Reliquien ↗ u. Särgen. Eine K. bes. Art findet sich im Petersdom ↗ für die Päpste ↗. — Schon die äg. Tempel ↗ wiesen geheime Gänge und Kammern auf, »... deren Inhalt niemand kennt, und deren Tore verborgen sind« (Bonnet 1952, S. 401) (*krypto* = griech. geheim, verborgen).

Krys: äg. Wort für ein Wesen, das alles weiß; sagen wir für das alles *kris*tallklar ist. Die Hieroglyphen ↗ der äg. Konsonantenschrift sind KRS - heute Karis ↗ - oder Skr - heute Sokar ↗, verbunden zu Sokaris ↗. Aus Krys wurde Krischna ↗ wie a. Christus ↗.

Ku: Feuer als Element ↗ (sum.), findet sich eingebaut in Kuntu ↗, einer der 4 Hauptkategorien der afrik. Ntu-Philosophie ↗. A. mit Ägypten ist Verwandtschaft gegeben, insofern sich Tefnut ↗ (Feuer) in Kuk (Licht) und Kauket (Donner) aufgabelt. Ku bzw. Kuk erscheint a. in Mexiko bei Kukumatz ↗ bzw. Kukulcan ↗, im 1. Fall abgeleitet von Kukum = Feder ↗, die bei den Indianern generell den Lichtstrahl symbolisiert. Verdoppelung Kuku ↗. In Hawai schließl. ist Ku ein ›Kriegsgott‹ (Abb.), was mit Feuer leicht in Verbindung zu bringen ist.

Kuh: s. Himmelskuh ↗; in Indien Surabhi, die ›Kuh des Überflusses‹, die hervorbringende Kraft, in der Allegorie von den Göttern aus dem ›Milchmeer‹ herausgezogen. — Das Milchmeer ist natürl. das Meer der Sterne, z. B. die Milchstraße ↗ (unserer Galaxie), weshalb die äg. Kühe mit Sternen am Leib geschmückt wurden u. evtl. unsere Sonne zw. den Hörnern tragen. Blavatsky ↗: »Der Logos ↗ wird zur Kuh, d. h. zur Mutter, die schwanger ist mit den Göttern.« — Das bezieht sich eindeutig auf die Nut ↗, während die germ. K. Audumla ↗ etwas schwächl. angelegt ist als ›Ernährerin des Riesen Ymir ↗‹, aus dem später durch Zerstückelung die Welt entsteht. — S. Kuhhörnerkrone ↗ u. Himmelskuh ↗.

Kuhhörnerkrone: hier mit Hathor ↗ als Kuh (Abb.); findet sich jedoch in gleicher Form direkt auf Frauenköpfen. Eingebettet in die Kuhhörner eine Sonnenscheibe mit Doppelfeder wie bei der Geierkrone, s. Anchsenamun ↗. — Sie erinnert an die mex. Quetzal (Feder) Sonne ↗.

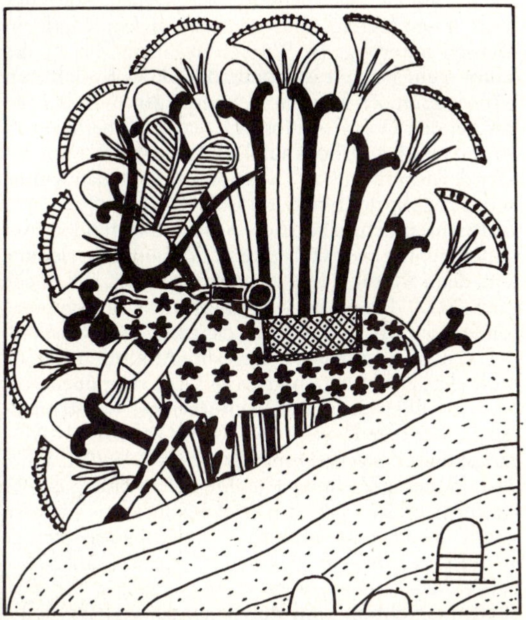

Kuk: Teil der äg. Götterachtheit ↗. These: mit Ku ↗ als Vorsilbe zum Element Feuer gehörend = Licht ↗, im 8er Kreis des Tao gen. Li ↗. — Kuks Gattin ist Kauket ↗.

Ku-Klux-Klan: rassistischer Geheimbund der USA ↗, nach dem Bürgerkrieg (1861–64), der die Sklaverei verbot, gegr. zur Bekämpfung der Gleichberechtigung der schwarzen Amerikaner ↗, die mit brennenden Kreuzen u. Lynchmord terrorisiert wurden. Standen Anf. des 20. Jh. a. mit den Präfaschistischen Sekten ↗ von Europa in Verbindung. — Der Name könnte eine schlecht übernommene Form des indian. Kukulcan ↗ sein.

Kuku: schwarz ↗ (sum.) als Verdoppelung ↗ von Ku ↗, Element Feuer. Enth. in Kukumatz ↗ (mex.).

Kukulcan: Vogelschlange ↗, ein Titel bei den Maya ↗, zusammengesetzt aus:

Kuk	-	Ul	-	Can
Quetzal		Feder		Schlange

Der Kuk = Quetzal ↗ ist eine Art Geier ↗, genau wie der Moan (Vogel) in Tamoanchan ↗, dem ›Land der Vogelschlange‹, womit aber nicht das Mayaland in Amerika, sondern ihr Herkunftsland im Pazifik gemeint ist. Wiederum wird K. schon im Schöpfungsmythos des Popol Vuh ↗ als eine Mehrzahl von Kräften erwähnt, darunter die Schöpferin Tzakol ↗ u. der Former Bitol ↗:

> »Unter grünen und blauen Federn waren sie verborgen, darum sagt man Grünfederschlange«

Das sind a. die 2 Farben der indian. Kalumet ↗ od. die Kombination von weibl. (Himmel, blau) u. männl. (Erde, grün), zus. Logos ↗ (Schlange); als menschl. Aspekt gilt Tlaloc ↗; jedoch sprechen die histor. Quellen der Maya a. von der Ankunft eines Mannes, der sich K. nannte, in einem Katun 4 Ahau, der 987 endete. Er entriß Yucatán ↗ den rechtmäßigen Herrschern u. machte Chichen Itza ↗ zu seiner Hauptstadt. Leider sind die Berichte mit der Gesch. eines späteren Volkes, das sich Itza ↗ nannte, durcheinandergeraten, u. es besteht Uneinigkeit, ob dieser K. ident. mit Ce Acatl ↗ ist od. nicht. Auf jeden Fall schreiben die Maya K. u. seinem Gefolge die Einführung des Götzendienstes zu, was dafür spricht, daß er ein Fremdling war, der nicht die eigene Tlaloc-Religion fortsetzte. — Manchmal wird sogar von einem listenreichen Kukulcan II gesprochen, der, K. I nachahmend, die vertriebenen Itza wegführte u. Mayapan ↗ zu seiner Stadt machte, die dortigen Maya unterdrückend. — Nv. Kukumatz ↗.

Kukumatz: Nv. für Kukulcan ↗, gebildet aus *Kukum* = Feder u. *Cumatz* = Schlange, also wieder gefiederte Schlange od. Vogelschlange ↗, die jedoch bei Darst. a. Tatzen u. Jaguar ↗- od. Krokodil ↗-Maul erhalten kann. Hier verschlingt sie das ›Mondkaninchen‹ ↗ (Abb.: Codex Borgia), was evtl. die Sintflut ↗ darstellt. Denn der K.-Tempel, eine klass. mex. Stufenpyramide ↗, besitzt 9 Absätze = die 9 Welten der Weltenlehre ↗ (als Himmel) sowie auf allen 4 Seiten Treppen mit insg. 365 Stufen = die Erde als Jahr ↗. Insofern ist K. nichts anderes als das Ergebnis der Hl. Hochzeit ↗: ein erbl. Horus ↗ od. ein Naga ↗ durch Initiation.

Kult: die sichtbare Form einer Verehrung; urspr. nur für Götter ↗, inzw. aber a. für Menschen = Personenkult. — Die Kult-Inhalte wirkten sich oft auf die Teilnehmer aus. So gab es im alten Griechenland ↗ 3 Kulte:

1) Bona Dea - kein Mann zugelassen
2) Mithras - keine Frau zugelassen
3) Eleusis, Kybele, Isis, Dionysos - beide Geschlechter.

Ein K. kann, muß aber nicht, zum Ritual ↗ werden, d. h. zu einer festgelegten, ritualisierten Verehrung. — These: jeder menschl. Kult ist Teil der Kultur ↗, nicht Natur ↗.

Kultaxt: Labrys ↗.

Kultur: jeder menschl. Eingriff in das innere Gefüge

der Natur ↗ (s. Kulturpflanzen ↗) zum Zwecke der künstl. (d.h. unnatürl.) Höher- oder Weiterentwicklung von Pflanze, Tier, spez. aber Mensch ↗. Meist streiten die Experten, wann K. begann u. mit was, ob schon Feuermachen beim Neandertaler ↗ dazugehörte od. erst Kunst ↗. Natürl. ist Feuer keine K., da es a. ohne Menschen existiert. Hier wäre K. erst der Schritt, auf Feuer rohe in gekochte Nahrung zu verwandeln, was sich wiederum ungeheuer verändernd auf den Menschen auswirkt, weshalb Kulturmüde Rohkostler werden. — Klar ist, daß es im Paradies ↗ der Bibel noch keine K. gab, nur Natur. Alles war u. blieb, wie von Gott geschaffen. An Nahrung war vorgeschrieben »... Kraut, das sich besamt, fruchtbare Bäume u. Bäume, die sich besamen...« (1 Mose 1, 29), also eine rein vegetar. Rohkost, die zudem vorhanden war u. keinen Ackerbau erforderte, schon gar nicht Tierzucht. Auch Kleidung gab es noch nicht am 6. Tag der Schöpfung, s. Urmensch ↗. Hier fing K. mit dem Paradiesverlust ↗ an, der aber schon dem Griff nach Erkenntnis ↗ (s. Eva ↗) folgte; od.: keine Kultur ohne Erkenntnistrieb. — Im Popol Vuh ↗ stellt sich Kulturlosigkeit ganz anders dar, näml. als ein Nicht-Verehren der Götter, d. h. hier ist Kultur = Kult ↗:

»Die Schöpferin (Tzakol ↗), der Former (Bitol ↗) und die Erzeuger (Alom ↗ + Caholom ↗) sagten: Auf ein neues! Schon naht die Morgenröte. Schaffen wir jene, die uns erhalten und ernähren. Was ist zu tun, daß man uns anrufe und erinnere auf der Erde? Schon schufen wir unsere ersten Werke, unsere ersten Wesen. Aber sie konnten uns nicht preisen und verehren. Laßt uns denn ein Wesen schaffen, das gehorsam sei und ergeben und uns nährt und erhält.« Das geschieht, bringt aber keinen Erfolg: »Aber da sie nicht dachten, da sie nicht mit der Schöpferin und dem Former sprachen, die sie geschaffen und geformt hatten, darum wurden sie getötet, wurden sie ertränkt.« These: das ist die 2. Flut, sie beendet die 3. Welt ↗ u. fällt zus. mit der Landung ↗ der Kulturbringer ↗, u. erst mit ihnen beginnt K. — Es bleibt aber in allen Überlieferungen offen, ob K. von den Kräften der Schöpfung ↗ wirklich so gewünscht worden ist, wie sie sich inzw. manifestiert hat; die Geheimlehre ↗ z. B. spricht vom Umweg ↗, die christl. Religion von Erbsünde ↗ u. Erlösung, während für den Historischen Materialismus ↗ K. nur ein sekundärer Überbau von Wirtschaft ist. Im I Ging ↗ des chines. Taoismus ↗ blüht K. durch das Zusammentreffen von Li ↗ + Dschen ↗ auf, was zus. das Element Feuer = Ku ↗ ergibt, Grundsilbe von Kultur u. Kulturbringer dann, wenn letztere das Licht (als Luzifer ↗) od. das Feuer (als Kojote ↗, Prometheus etc.) bringen, obwohl eigtl. Erkenntnis gemeint ist. Chronolog. läßt sich K. am besten an den Kulturgeschichten ↗ ablesen, ideell aber an den Religionen ↗, während Kunst ↗ + Kalender ↗ als die Motorik gelten können, den Kulturmenschen ↗ zu schaffen. — S. Laotse ↗ und Weltkultur ↗.

Kulturbringer: 1) Astronauten ↗, die von einem anderen Stern kamen u. Prinzipien vermittelten, die auf der Erde zum Beginn von Kultur ↗ führten. In Afrika Nommo ↗, im Pazifik Tane ↗, in Amerika die Zwillinge Hunahpu ↗ u. Ixbalanque - »deren Ursprung lassen wir im Schatten« heißt es im Popol Vuh ↗. — 2) Teilnehmer der echten Argonautik ↗, die von Mu ↗ Kultur nach den anderen Kontinenten brachten, nachdem dort die K. gelandet waren u. schließl. 3) jeder Teilnehmer von Kulturimperialismus ↗, der Kultur vorfindet, aber auslöscht u. durch die eigene ersetzt.

Kulturimperialismus: Tendenz, die eigene Kultur expansiv u. unter polit., wirtschaftl. u. militär. Druck auf andere Länder zu übertragen, bis sie zur Weltkultur ↗ wird. Bes. erfolgreich waren damit Altägypten nach dem Mysterienverrat ↗, das Römische Reich ↗ u. heute die USA ↗. Der Hellenismus ↗ versuchte, erfolglos, die Kultur-Symbiose.

Kulturmensch: im Ggs. zum Naturmensch ↗ (den es längst nicht mehr gibt) ein Mensch mit Kultur ↗, d. h. dem Bedürfnis die Natur ↗ zu ›verbessern‹, statt ihre(n) Schöpfer dafür zu loben, um schließl. selbst ›Gott‹, sprich Übermensch ↗ zu werden, statt nur nach dessen (deren) ›Bild‹ gemacht zu sein. Eigtl. ein Mensch unterwegs (s. Weg ↗) zu einem Ziel ↗, das kaum mehr bewußt ist, sondern Teil des Kollektiven Unbewußten ↗: Weisheit ↗ zu erringen. — Als 1. K. gilt bei den Dogon ↗ Hogon ↗, in der Bibel Kain ↗. Soweit ersichtl., gäbe es auf der Erde keine K. ohne außerird. Kulturbringer ↗, was unterstreicht, daß Kultur kein Produkt der Evolution ist.

Kulturpflanzen: sind nach Ausgrabungsfunden von Unterägypten ca. 17000 Jahre alt. Tats. müssen sie älter sein, denn Kultur ↗ fing vor 1 Präzession ↗, d.h. nicht ganz 26000 Jahren an; allerdings nicht in Ägypten, sondern auf Mu ↗ im Pazifik, das nicht mehr existiert. — Das mex. Fliegerspiel ↗ zeigt ihre Ankunft: nicht als mühselige Züchtung, sondern als Gabe ›von oben‹, offensichtl. überreicht durch Kulturbringer = Astronauten ↗. — Einer K. steht die Wild ↗-Pflanze als Ausgangspunkt des genet. Eingriffs ggb., was natürl. a. für Tier (Wildtier-Zuchttier) u. Mensch (Naturmensch-Kulturmensch ↗) gilt. Am erfolgreichsten als Züchter von K. scheinen die Indianer ↗ gewesen zu sein, relig. verankert als die 4 hl. Pflanzen ↗ (Bohne, Kürbis, Tabak + Mais).

Kulturschichten: sind durch jahrtausendelange Besiedlung eines gleichen Ortes in Form von Abfällen, Werkzeugen, Kunstwerken, Schriftzeichen u. a. mehr, begraben unter Trümmern, entstanden. Im folg. Bsp. aus dem heutigen Irak, ehemals Assur ↗, ehemals Bakkadien, ehem. Sumer ↗, haben die Ausgräber 14 unterscheidbare Schichten im Zeitraum der letzten 5000 Jahre festgestellt. Sie sagen wohl mehr über die Konsequenzen der Völkerwanderung ↗ aus als generell über Kultur ↗, weil sie zu wenig Zeit umfassen. Viele andere Bsp. sind noch unergiebiger, weil die Ausgräber meist die Fehler machen, nur nach einer best. Schicht zu suchen u. deshalb die restl. Schichten zerstören.

Erst 1947 (Ende Fischsektor ↗) gelang im gleichen Land, d. h. im Süd-Irak, die erste saubere Probegrabung, die 13000 Jahre in die Tiefe führte. Wie erwartet folgte der Stadtkultur die Dorfkultur, die Bauernkultur u. schließl. die Hirtenkultur, d. h. die Kultur wurde immer ›primitiver‹ u. hätte nach den letzten Keramikscherben aufhören müssen. Dann kam der Schock: »Noch tiefer unten, am Grund aller Schichten, wurde ein Boden von geschmolzenem Glas aufgedeckt, der nur einem glich: dem Wüstenboden in New Mexiko nach den Explosionen, die unser gegenwärtiges Atomzeitalter einleiteten.« Die Konsequenz, es müsse dann vor 13000 Jahren schon einmal ein Atomzeitalter gegeben haben, wurde, zumindest öffentl., nicht vollzogen. Denn es würde ja bed., daß sich die Menschheit damals in die ›Steinzeit‹ ↗ - die sonst am Ende der K. zu finden ist - zurückgebombt hat, womit alle Theorien u. Geschichtsbücher hinfällig werden. S. Geschichte ↗ + Weltuntergang ↗.

Kumada-Pati: Mond ↗ im Buch Dzyan ↗, definiert als ›Herr (bzw. Herrin) des Lotos‹ ↗ sowie Vater (Mutter) des Planeten Erde, was schwer vorstellbar ist. — In anderen puran. Legenden ist der Mond Soma ↗, was dem Wesen von K. evtl. näherkommt; a. seinen ›Kindern‹, den Pitris ↗ od. Mondvorfahren den Menschen, gen. 1. Wurzelrasse ↗.

Kumara, die 7: äqv. den Dhyanis od. Adityas ↗, zusammengefaßt in der Hervorbringerin Kumari ↗ äqv. Aditi ↗. — Sie leben so lange wie Brahma ↗; da sie sich weigerten, Nachkommenschaft zu erzeugen, blieben sie immer ›rein und unschuldig‹ u. ihre Schöpfung wird die Kaumara genannt. These: vielleicht die Primärschöpfung ↗? Ihre Namen: Sanaka, Sananda, Sanatana, Sanatkumara, Sana, Kapila u. Sanatsujata müßten denen der 7 Erzengel ↗ entsprechen.

Kumari: ind. Göttin, von Mio. Hindus ↗ angebetet; soll die Geschicke der Könige beeinflussen. Verläßt nur einmal im J. zum Jatrafest im Sept. ihren Tempel u. fährt im Triumphwagen, begleitet von Soldaten, durch die Stadt. Die restl. Zeit können Hindus sie im Tempel aufsuchen, Ungläubige jedoch nur von einem Innenhof aus ihr Erscheinen auf dem Balkon miterleben. — K. wird von einem ausgesuchten Mädchen gespielt, das 4jähr. der Familie weggenommen u. 14jährig wieder zugeführt wird. Solange residiert es im Tempel. — These: dürfte mit den Kumara ↗ zusammenhängen, also Aditi ↗ sein.

Kundalini: die Energie der Sakti ↗, symbolisiert als Schlange ↗, die nach Auffassung des Tantrismus ↗ an der Basis der Wirbelsäule ↗ ›schläft‹, od. im mythol. Bild mit ihrem Gebiß die Öffnung des inneren Rückenmarkstranges, die zum Gehirn hochführt, umgreift u. verschließt. Der Prozeß, durch welchen die Schlange geweckt u. durch die Wirbelsäule geführt wird, heißt Kundalini Yoga u. führt zur Erleuchtung, ist aber sehr gefährlich. Beim Aufsteigen löst K. die längs der Wirbel befindl. Chakras ↗ od. ›Knoten‹, mit denen die Psyche ↗ an den Körper gebunden ist; lt. W.I. Thompson (Am Tor der Zukunft) sind sie mit den 7 Siegeln ↗ der Apokalypse ↗ identisch. These: anschaulicher ist das Schema vom feinstoffl. Körper ↗ als Äqv. zur Weltformel ↗, die nun nicht statisch, sondern als Labyrinth ↗ aufzufassen wäre, dessen Tänze evtl. dem K.-Yoga vorausgingen. S. Diskus ↗ (= Schlangenspiel) u. a. Skelett ↗. — Dr. H. Motoyama: »Entsprechend der Yoga ↗-Lehre ist Kundalini die grundlegendste Lebensenergie, die in ihrem ursprünglichen Zustand ein Teil des Absoluten ist.« Sehen wir in diesem Absoluten das Ur-X ↗, ist K. über die Vorsilbe Kun, was wie Kan ↗ weibl. od. Schlange heißt, das weibl. Dreieck ↗; urspr. Kosmos ↗, ab Ende der 3. Wurzelrasse ↗ ›in die Erde gefallen‹, weshalb K. im Wurzelchakra (Abb.) zum weibl. Dreieck im Quadrat wird, äqv. Sex ↗.

Kunst: »Die banalen Nachahmungstheorien, von denen unsere Ästhetik dank der sklavischen Abhängigkeit unseres gesamten Bildungsgehaltes von aristotelischen Begriffen nie loskam, haben uns blind gemacht für die eigentlichen psychischen Werte, die Ausgangspunkt und Ziel aller künstlerischen Produktion sind. Im besten Fall sprechen wir von einer Metaphysik des Schönen. Aber neben dieser Metaphysik des Schönen gibt es eine höhere Metaphysik, daß alle künstlerische Produktion nichts anderes ist als eine fortlaufende Registrierung des großen Auseinandersetzungsprozesses...« (von Mensch und Außenwelt; W. Worringer ↗, 1908). Auf dieser immer noch nicht zur Kenntnis genommenen eigentlichen Funktion von Kunst beruht die Arbeit des Muiska-Museums ↗, jedes Kunstwerk als die Seite eines kollektiv ›geschriebenen‹ Geschichts- u. Weisheitsbuches aufzufassen, d. h. als eine andere Art von Schrift ↗, die übers. werden muß. Wie sie entstanden ist, zeigt das Typologische Gesetz ↗ der afrikanischen Kunst. Die zeitl. Abfolge ihres ›Alphabets‹ wiederum läßt sich am leichtesten an den Stilen der europ. Kunst ablesen, s. Wiederholung ↗ der Geschichte ↗ (518 v. Z. - 1950). These: Kunst treibt einer Synthese ↗ von Natur ↗ + Geist ↗ zu, weil sie zwar Geist (das Unsichtbare) ausdrücken will, dies aber nicht ohne Natur (= Sichtbarkeit, Erscheinungsbild ↗) kann. S. Kunstverbot ↗.

Kunstverbot: soweit faßbar erst seit Moses ↗ im 2. seiner 10 Gebote formuliert, ohne daß die eigtl. Absicht klar wird. Da aber die Gebote angebl. von Jahwe ↗ stammen, der a. im Paradies das Verbot der Erkenntnis ↗ aussprach, kann eine ursächl. Verbindung angenommen werden: daß Kunst ↗ Erkenntnis ermöglicht u. sie a. für andere registriert od. zugänglicher macht, z. B. für die Wissenschaft ↗, die normalerweise keinen Zugang zum Kollektiven Unbewußten ↗ als Kunstquelle haben. — Übernommen u. verschärft im Koran ↗ kam es unter islam. Einfluß auf den span. Bischof Theodulf a. in Europa zu einem Bilderstreit ↗. — Von Afrika sind K. aus Prestigegründen bek.: nur Häuptlinge durften geschnitzte Figuren am Haus haben, Untergebene nicht etc. — Ein K. bes. Art sprachen die Nazis ↗ gg. die Moderne ↗ aus, weil sie in ihren Augen ›entartet‹, d. h. von Afrika beeinflußt war.

Kuntu: 2. der 4 Hauptkategorien der afrik. Ntu-Philosophie ↗, etwa Modalität od. Wie-Dasein; das Wort setzt sich zus. aus Ku ↗ (Feuer) + Ntu ↗ (Gott). Äg. Äqv. Tefnut ↗ + Atum ↗. Indian. wahrsch. Chipi Cakulha ↗.

Kusha: einer der alten Namen für Amerika ↗ im Vishnu Purana.

Kwakiutl: Indianer ↗ der Nordwestküste, bes. bek. für den Potlatch, das Geschenkverteilungsfest bei allen mögl. Anlässen wie Namensgebung, Errichtung eines Totempfahls ↗, Aufnahme in einen Geheimbund, Heirat etc. Die bei dem Fest an alle Geladenen verteilten Geschenke waren oft Prestigegüter ohne Gebrauchswert: Decken, geschnitzte Gefäße u. das sog. Kupfer: spez. für diesen Zweck hergestellte, aus rohem Kupfer gehämmerte Platten in Schildform, die mit Wappen u. Symbolen (Abb.) bemalt waren. Der Wert stieg nach jeder Weiterverschenkung, bis er mehrere tausend Dollar betrug (od. mehrere tausend Decken), was aber nicht mehr eingefordert werden konnte. Meist endete ein solcher Zyklus damit, daß bei einem Potlatch-Kampf zw. rivalisierenden Häuptlingen der eine vor den Augen des anderen solche wertvollen Kupferplatten zerbrach. Häufigstes Motiv der Habicht (äqv. Adler, Falke ↗), hier wohl über einer Robbe als Symboltier jedes Eingeweihten. Spielt v. a. in der Sonnenmaske eine Rolle, die 8 Zapfen wie das Nomos ↗-Schema hat - beim gezeigten Habicht evtl. die 8 Zehen als 8 Grade der Einweihung, äqv. Arioi ↗ od. äg. Loge ↗. Eine weitere Maske der K. ist die Sisiutl ↗.

Kupferplatte mit Habichtdarstellung

Kwan: Khw-An = Yin ↗, prakt. verdoppelt enth. in Kwan-Yin ↗ und Kwan-Shi-Yin, die lt. Blavatsky ↗ wieder vollkommen gleichwertige Bez. sind.

Kwan-Yin: weibl. Gottheit der Gnade, gen. die ›Göttliche Stimme‹ (Altchina). Sie kann nach Belieben jede Form annehmen, um die Menschheit zu erretten. Lt. Blavatsky ist unser Äqv. der Logos ↗: »Kwan-Shi-Yin und Kwan-Yin sind die zwei Aspekte, der männliche und weibliche, eines und desselben Prinzipes im Kosmos, in der Natur und im Menschen, das der göttlichen Weisheit und Intelligenz...« (Sophia ↗ + Christus ↗) und gehen zurück auf Yin ↗. In China wird der Dalai Lama ↗ für eine Inkarnation gehalten. In einer anderen Umwandlung ist Kwan-Yin ›der beseelende Geist oder Genius des Wassers‹, s. Wasser ↗.

Kwasir: im germ. Mythos ein ›allwissendes Wesen‹, das die Wanen ↗ + Asen ↗ bei einem Versöhnungstreffen aus ihrem eigenen Speichel bilden; es wird später von Zwergen ›getötet‹ u. aus seinem Blut machten sie Met ↗, durch dessen Genuß jeder Mensch zum Dichter wurde. Odin ↗ kam durch Überlistung der Gunnlöd ↗ in dessen Besitz. — Offensichtl. ein verstecktes Rezept für Bier + Bilsenkraut, einem alten Rauschgetränk, für Sprachmystik. Alte Texte reden von einem ›begeisternden Trank‹ oder vom ›Dichtermet‹. Es kann natürl. auch Soma ↗ gemeint sein (ind.).

Kweol: Nv. für Jul ↗ u. über *wheel* (engl.) für Rad ↗.

Kwiniwi: Untergangspunkt der Sonne z. Z. der Sommersonnenwende ↗ bei den Hopi ↗.

Kybalion: Buch der altäg. Magie; das Wort scheint mit Kybele ↗ verw. zu sein.

Kybele: Göttin (Kleinasien ↗), die zur Geliebten ihres Sohnes Adonis ↗ wird. Auf dem Relief eines kleinasiat. K.-Altars (Abb. 1) wird ihr Wagen von 2 Löwen gezogen; auf dem Kopf die Mauerkrone (s. Diana ↗), hier mit insg. 8 Torbögen, wie sie Babylon ↗ hatte, in dessen Name sie als *bab(ilu)*, äqv. Baba ↗ = Tor ↗ (der Götter) auftaucht, Zwischenglied Ku-Baba, woraus dann K. wurde. Sum. Äqv. ist Ka-Dingir ↗. Es gibt Darst., wo die gleiche Mauerkrone nur 4 Tore aufweist, die Zahl 8 dann in einer Art Heiligenschein durch 2 x 4 Tiere (Löwen?) ausgedrückt wird (Abb. 2). In der Weltformel ↗ sind das 4er u. 8er Kreis der Sonne ↗ (die äg. Maati ↗ od. Barken), evtl. zu verstehen als Ku ↗ (= Feuer) Baba (= Doppel-Seele, äg. Ba ↗). Es folgt aber dann als Körper ein ›Rock‹, der wie eine äg. Mumie ↗ gestaffelt ist u. an den Zodiak ↗ erinnert. — Die Römer setzten K. mit Rhea ↗ gleich, was die im Mythos verborgene konkrete Gesch. in die 4. Welt ↗ verweist. Warum soll man nicht Eva ↗ (bzw. Isis ↗) in ihr sehen, Mutter der ersten Söhne (Kain, Abel, Seth), von denen jeder Inzest ↗ betrieben haben muß, da ja angebl. keine andere Frau da war. Blavatsky schreibt dazu: »Das ganze Pantheon der lunaren Götter und Göttinnen, Nephtys oder Neith, Prosperina, Melitta, Kybele, Isis, Astarte, Venus und Hekate auf der einen Seite, und Apollo, Dionysos, Adonis, Bacchus, Osiris, Tammuz etc. auf der anderen, zeigen alle auf der Stirne ihrer Namen und Titel - nämlich von ›Söhnen‹ und ›Gatten‹ ihrer ›Mütter‹ ihre Wesensgleichheit mit der christlichen Dreieinigkeit« (I, S. 425). D. h., mit der Trinität ↗, was K. dem Logos ↗ gleichsetzt. S. Labrys ↗.

Abb. 2

Abb. 1

Kykladen: Gruppe von über 200 Inseln im Mittelmeer ↗ mit sehr afrik. anmutender alter Kunst. Die Karer ↗ wurden von ihnen durch die Minoer ↗ vertrieben u. diese dann durch die Griechen ↗. — These: die sehr gebirgigen K. sind aus dem Wasser herausragende Gipfel eines vor der Sintflut ↗ von den Pyrenäen ↗ + Atlas über Kaukasus ↗ bis Himalaya ↗ durchgängigen Gebirges. Das K.-Teilstück wird Memos genannt.

Kynfylgioa: Clan- (Kyn, von Gyne ↗, Gene, Genesis, Stammbaum etc.) Schicksal (Fylgur ↗); tritt in weibl. Gestalt auf. Und zwar offenbart sie sich in dem Augenblick, da ein Sippenhaupt stirbt u. sich die Fylgia ↗ (dieser Person) ein anderes Sippenmitglied als Aufenthalt suchen muß (germ.). Diese ›Ahnenseele‹ wurde zw. Einzelschicksal u. Orlog ↗, Weltenschicksal, angesiedelt, war daher ›halbfrei‹, d. h. man konnte eine wechselnde Fylgia abweisen u. dem nächsten Sippenglied überlassen; sie stand aber für das Schicksal der ganzen Sippe. – Wo sich Klane zu Völkern erweitert haben, entsteht eine ›Volksseele‹, die aber meist von einem Planetengeist ↗ (s. Volk ↗) best. wird. These: billigt man den 12 Stämmen der Israeliten ↗ zu, einem alten globalen Muster zu folgen, gehört die K. in den Zodiak ↗ u. vertritt pro Sippe 1 Tier (od. Zeichen), was sich sogar heute noch belegen läßt: die Bayern = der Löwe, die Preußen = der Adler u. so fort.

Buchstabe L

Grundmotiv 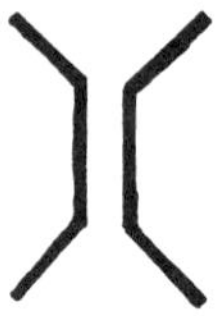 Sternentanz

La: Land, z. B. in Kalewala↗, Manala↗ u. Odla↗ (Landrecht).

Labrys: Bez. der Karer↗ für die kult. Doppel-Axt↗, wonach der Palast von Knossos↗, in dem sie das Hauptsymbol der Göttin war, Labyrinthos, s. Labyrinth↗ = Haus der Doppelaxt, *labrys*, Göttin gen. wurde. Aber welche Göttin war wirklich damit gemeint? Wirth↗ gibt als Äqv. *kybelis* = die mantische od. wahrsagende Axt u. meint, die Kybele↗ enthielte in ihrer Nv. Kybeleis = die von der Axt, statt labrys Pelekys, reduziert zu Beleis; die Griechen hätten Rhea↗ daraus gemacht. Kybele würde außerdem über Kybebe auf Khvabi = Grotte, Höhle zurückgehen, mit dem Sinnbild Khuva, K'aba↗, Kivi = Stein↗. Und das geht über in die Kivik, eine Steinkiste als Grab zw. 2 L.-Äxten, wie sie auf dem Sarkophag von Kreta↗ neben dem Kessel↗ erscheinen. Tats. war ein Grab bei Knossos als Doppelaxt aus dem Felsen herausgehauen. Da trifft sich gut, daß im Pazifik, von wo auf jeden Fall die Pelasger↗ von Kreta stammten, Pele↗ als das andere Gesicht von Io Wahine↗ (od. Hina↗) den Tod darstellt. A. die Germanen↗ ließen sich ›unter der Axt‹ begraben; u. bei ihnen war sie die 24. Rune↗ = das Ende des Runenjahrs od. dessen Vollendung. Eigenartig ein taschenähnl. Keramikgefäß mit 4 Ornamentbändern aus L.-Äxten zw. Bergen od. Grabhügeln:

Nicht seltsamer als ein heutiger Friedhof voller Kreuze, die das Kreuz der Kreuzigung↗ wiederholen. Ist es denkbar, daß man hier nicht ›in Osiris‹↗ (wie in Altägypten) od. ›in Christus‹ (als sein Äqv.), sondern ›in der Göttin‹ starb, und was war der Unterschied – die Wiederkehr↗ der Göttin – afrik. Oja↗ – zu wünschen?

Labyrinth: vom Wort her zunächst nur eine Anlage zur Aufbewahrung der Labrys↗, z. B. im Palast von Knossos↗, der so wirr gebaut war, daß man ihn für ein L. im Sinne von ›Irrgarten‹ hielt. Aber wie die folg. Bilder zeigen, war die Struktur festgelegt u. nicht willkürlich, sonst gäbe es nicht die verblüffende Übereinstimmung zw. Europa + Amerika (die altäg. sind leider zerstört): in insg. 7 Kreiswegen, die sich jeweils in Gegenrichtung umwenden, aber nicht wie eine Spirale regelmäßig enger oder weiter werden, sondern damit ebf. abwechseln, landet man schließl. im Bogen eines Hirtenstabs↗ od. Mäanders (die viereckige Form, indian.) od. noch wahrscheinlicher im Zentrum des Kreuzes, wo alle Ggs. aufhören: durch Opfertod, das ist die Minotaurus↗-Legende od. durch ›Tod im Leben‹ als letzte Stufe der Initiation↗. Lt. Wirth↗ wurde in Rußland↗ der Name Babylone für Labyrinthe gebraucht, die sich dort überall nachweisen lassen, bis hinauf in die von Lappen + Finnen bewohnten Gebiete. — Ein L. war aber a. Simbabwe↗, Afrika. Lt. Blavatsky↗ fand sich die symb. Aufzeichnung der ersten 5 Wurzelrassen↗ »... in der Verteilung der Stockwerke und Gänge des ägyptischen Labyrinths...« (II, S. 454–455). These: da diese gewöhnl. durch Weltuntergänge↗ beendet wur-

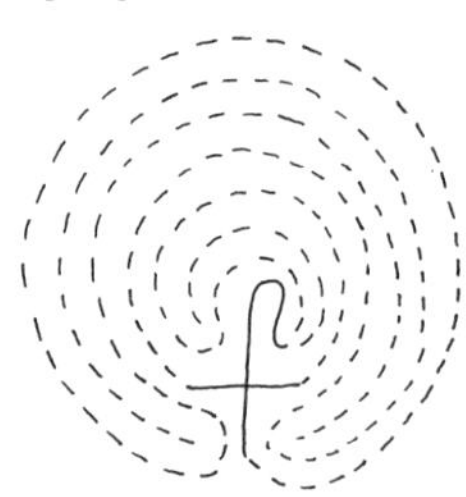

Kreta [Münze]

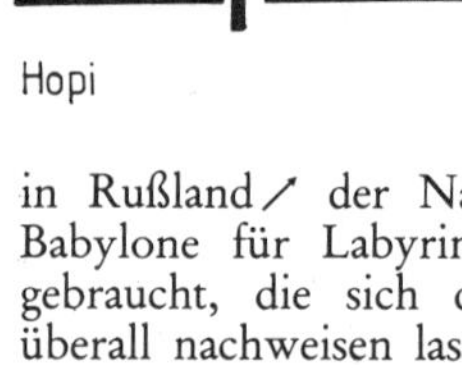

Hopi

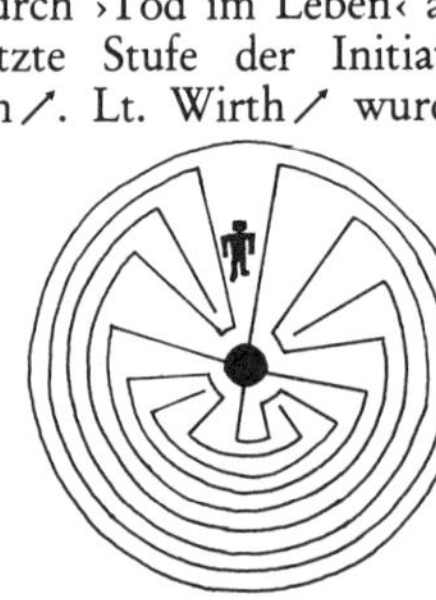

Pima-Indianer [geflochtene Schale]

den, die wiederum mit Polsprüngen / zusammenhängen, darf man das L. wohl a. als Erdachsenpendel / od. Kreisen der Erdachse durch den Zodiak / verstehen mit der Vermutung, daß sich nach 1 Präzession / das Kreisen wendet u. dies mit den Wendekreisen des L. ausgedrückt wurde. Zumindest ist das der Apokalypse / für den nächsten Wechsel (von 5. zu 6. Welt /) zu entnehmen, wenn es heißt, daß nach dem Jüngsten Gericht / die alte Schlange tausend Jahre gebunden, danach aber noch einmal kurz losgelassen werde (20/2-3). Interpretation: nach Endzeit / + Tausendjährigem Reich / wendet sich das Achsenpendel in entgegengesetzte Richtung, wozu ca. 30 Jahre anzusetzen wären (als kurzes ›Loswerden der Schlange‹), um die Hälfte des 1950 beginnenden Wassermanns / vollzumachen: 50 + 1000 + 30 = 1080 (= 1 Grundmotiv der Geschichte / od. ½ Zodiaksektor /). Danach ist die ›Schlange‹ wieder fest, worunter man nun einmal den Teufel / (bibl. Wort) = den Tierkreis / verstehen kann - er läuft im neuen Labyrinthkreis dann wieder rückwärts: 2. Wassermannhälfte-Fisch-Widder etc. - od. die neue Geschichtsordnung der Naunet / (Gegenkosmos). Natürl. kann man sie a. als das ges. L. im Weg von außen nach innen verstehen = Entmaterialisierung, während die Nut / (Kosmos) den Weg von innen nach außen = Materialisierung wäre, die Muttermatrize (s. Schwangerschaft /) für das Kind, wie die Indianer sagen. — Das Grundmotiv / Labyrinth heißt a. Wechsel der Dimensionen /. — These: Labyrinthschulen waren Tanzuniversitäten, äqv. Troyaburg / u. Haus des Waland /. Die durch das L. aktivierte Energie könnte ident. mit der Kundalini / sein. — S. a. Höhlenmalerei /, deren Kulthöhlen manchmal an L. erinnern.

Ladon: Schlange / mit 100 Köpfen; half den Hesperiden / beim Hüten der Goldenen Äpfel. Obwohl unsterbl., läßt die griech. Legende Herakles / sie ›töten‹, was offensichtl. bei der Initiation / der Bezwingung des Gesamtkosmos / gleichkommt. Ind. Äqv. Ananta /, Vishnu / + Lakschmi / tragend. Es sind a. die 100 Me / in Sumer.

Laienmystik: ohne Ausbildung od. Führung betriebene Mystik /; z. B. vom Guru / bekämpft, wie das Laientum / von der Gegenreformation. Bsp. für L.: die Sprachmystik der Tiodiska /.

Laientum: von Luther / freigegebenes Studium, Interpretieren + Predigen der Bibel / an alle christl. Männer + Frauen, die Laien, d. h. keine ausgebildeten Theologen od. Prediger. Wurde von der Gegenreformation / bekämpft. Die Folgen waren u. sind noch im positiven wie negativen Sinn erheblich. Denn bis dahin war die Bibel ein prakt. unantastbares, d. h. Hl. Buch; jetzt wurde sie zum Spielball endloser Diskussionen, worüber sich Shakespeare / in ›Hamlet‹ lustig macht. These: das L. förderte aber a. das Aufblühen der dt. Philosophie /, in der die Tiodiska / gewissermaßen ihre alte Laienmystik / der Deutung fortsetzen konnten; Leibniz / machte den Auftakt.

Laka: Göttin des Ahu / (Altar) u. Patronin der Hula /-Tänze u. -Dichtung, von den Priestern des Hula-Bundes verehrt (polynes.); als Ahnin gilt Hina /, die Mutter von Maui /, mit dem sie dann ebf. verw. ist. Außerdem hat sie einen Bruder namens Lono, der in Hula-Gesängen als Reisebegleiter von Pele / auftaucht, ihrerseits verbunden mit dem Kulturbringer Tane /, der Hina heiratete u. damit L.s himml. Ahne ist. — Evtl. Wortverwandtschaft zu Lakschmi /.

Lakschmi: alles, was weiblich / ist im Weltall (ind.); spezifischer das Weib von Vishnu /, wie Gauri die Braut des Schiwa u. Sarasvati das Weib des Brahma ist. In Wirklichkeit sind die 3 Göttinnen eine, wie a. die 3 Götter nur einer sind, s. Dreiheit /. Blavatsky stellt sie als ›weiße Seite der Kali /‹ mit Venus / in Par., bzw. nennt sie: ›Padma /, der Lotos /‹. Das ist insofern unlogisch, als L. + Vishnu auf Ananta / als Urpaar / gezeigt werden, während aus Vishnus Nabel der Lotos hervorgeht, aus dem wieder Brahma hervorgeht etc. — Ihre heutige Inkarnation / wird in Verbindung mit Maitreya / erwartet. These: sie ist die Himml. Frau, in der Kabala Lilith /. — In der Devi-Upanischad 1-3 wird sie gefragt: »Große Göttin, wer bist du?« Sie erwiderte: »Ich bin meinem Wesen nach Brahman /. Aus mir ist die Welt hervorgegangen, die Prakriti / (Mater. Substanz) u. Puruscha / (kosm. Bewußtsein), das leere und das Volle umfaßt... Ich bin die fünf Elemente (= Om /)... ich bin der Veda / genauso wie das, was von ihm unterschieden ist.«

Lama: 1) kleines, höckerloses Steppen- u. Hochgebirgskamel im W von Südamerika, wo es Guanako od. Huanaco gen. wird, u. wonach Tiahuanaco / = Sitz des weißen Lamas heißt. 2) Priester od. Mönch des Lamaismus /, mit den Oberhäuptern Dalai Lama / u. Panchen Lama /; von Bla-Ma = Guru /.

Lamaismus: Sonderform des Buddhismus / im Tibet / u. in der Mongolei /, der aber in sich gespalten ist; einige Lama / vereinigten sich mit Bon / gg. den reformierten L. Prinzip. brachte der L. eine Inflation von Mönchen hervor, bis zu 45 % der männl. Bevölkerung verschwanden in den Lamaserien = Klöstern des L., denen jeweils ein (angebl.) ›lebender Buddha‹ vorstand. Ein Anspruch war, durch Telepathie / einmal in jedem Jh. über ein polit. Medium in die Weltgesch. einzugreifen; das letzte soll lt. Bhagwan / Hitler / gewesen sein. Als Beschützer des L. gilt Maha Kala /, der große schwarze Gott.

Lamed: Stachelstock (hebr.), als äg. Hieroglyphe / (Abb.) = L u. auf Bildern freischwebend wie ein Geist oder eine Rakete ehem. Astronauten / eingezeichnet, so auf der Schminkpalette desMenes /.

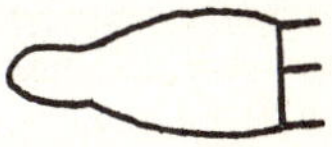

Lamm: Babyform von Schaf + Widder /; als Symboltier / in der Apokalypse / für die Kraft eingesetzt, die die 7 Siegel / öffnet. Erscheint in der Sonne /: 5/6 »Und ich sah, und siehe, mitten im Stuhl und den vier Tieren, und mitten unter den (24) Ältesten stund ein Lamm, wie es erwürget wäre, und hatte sieben Hörner, und sieben Augen, welches sind die sieben Geister Gottes, gesandt in alle Lande.« Nun ergibt 7 + 7 = 14, die kanon. Zahl des ermordeten Osiris /, dem das ›erwürgte Lamm‹ in Gestalt des ›gekreuzigten Jesus‹ / nachgebaut ist. Da die 7 Hörner a. die ›7 Geister‹ = Fackeln, Erzengel etc. im Sonnenaufbau sind, werden sie a. mit der weißen Krone / von Ägypten gleichstellbar. Ja, man kann sich fragen, ob die 7 Augen nicht zus. der 8. Sektor des 8er Kreises / sind, gemäß der Oktave /, deren 8. Ton schon wieder die nächsten 7 Töne einleitet. Hier leitet der letzte Weltuntergang ↗, der dem Osirismord (der Erwürgung des Lammes) folgt, das 2. Reich ↗ des Sohnes ein = des Lammes, das andererseits, da wesensgleich mit dem Vater (1. Reich ↗) a. der Geschichte ↗ insges. ist, was obiges Kreisschema deutl. macht, wenn man

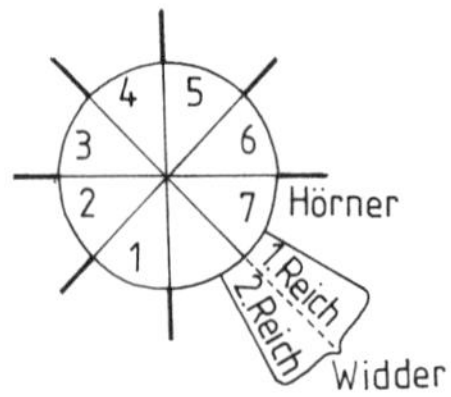

den Tierkreis ↗ anlegt. Am Ende der Apok. (= Endzeit ↗) heißt es dann:
19/7 »Lasset uns freuen und fröhlich sein... denn die Hochzeit des Lammes ist kommen, und sein Weib hat sich bereitet.« Unter letzterem wird gewöhnl. die Kirche ↗ verstanden. In Kirchen findet man das L. auf ei-

Abb. 1

Abb. 2

ner dunklen Kugel ruhend (Abb. 2). Vergleicht man mit Ägypten (Abb. 1), so wird die Par. zum Chepre ↗, dem Skarabäus ↗ (oft mit Widderkopf) deutl., hier im Sonnenschiff ↗ (auf Nun ↗) zus. mit 7 Göttern ↗. Die dunkle Kugel, die er rollt - a. auf dem christl. Bild ist sie schwarzblau - wäre die zu erwartende Schwarze Sonne ↗ als ›Braut‹ der nun zu 8 Strahlen herangereiften schon vorh. Sonne; an ihrer r. Seite Osiris + Nut ↗. Auf der christl. Kugel die Schlange ↗ mit dem Apfel ↗.

Landnahme: Besetzung von Kanaan ↗ durch die Israeliten ↗ nach dem Exodus aus Ägypten unter Moses ↗.

Landrecht: war bei den Germanen ↗ sakral u. lag in den Händen best. Frauen, die als Volksmütter auf dem Thing ↗ lebenslängl. gewählt wurden. Es besagt, daß die ›einierde‹ (eigene Erde) edel = Odil ist, keine Kauferde für das Individuum, sondern kollektives Gut, beseelt, durchgeistigt; heute noch heißt in Schweden Land-bestellen Odla, d. h. Od ↗ (Geist) ins La ↗ (Land) bringen.

Landung: das Eintreffen außerird. Astronauten ↗ wird auf Bildern meist mit der Landung eines kugelförmigen Raumschiffes in Verbindung gesetzt, das sehr klein war, etwa wie ein heutiges Ufo ↗. Die afrik. Darst. (Abb. 1) deutet Fliegen durch die 2 Vögel r. + l. der Kugel an, aus der eine Art Leiter-Treppe herausgelassen wird. Sie berührt ein Krokodil ↗ als Zeitangabe (Abb. 4): vor ca. 25000 J., im Wassermann ↗. R. oben folgen die Köpfe (gehörnt) von 2 Astronauten (das Nommo ↗-Paar), darunter das Z. des Herkunftsterns  = Sirius ↗. — Das indian. Bild zeigt eine gekrümmt sitzende Figur in der schwebenden Kugel (Abb. 2); eine Vignette des Äg. Totenbuchs ↗ läßt die Kugel im Z. Mu ↗  (Landekontinent) eintreffen u. schmückt sie u. die 2 Berge mit den NTR ↗-

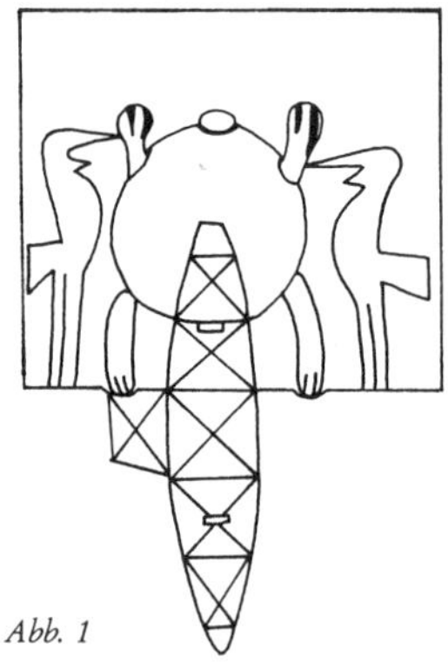

Abb. 1

Abb. 2

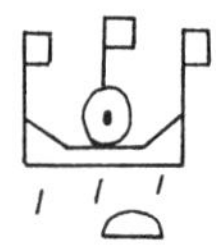

Abb. 3

Fahnen (Abb. 3); davor Wasser (die 3 schrägen Striche, der Pazifik) u. als kleiner Halbkreis evtl. eine Insel. — Auf Australien ↗ wird überliefert, man habe damals Feuer entzündet, um die L. zu erleichtern; u. dort fand man vor einigen J. a. ein versteinertes Ufo, von dem man erst annahm, es handle sich um eine riesige versteinerte Muschel.

Abb. 4

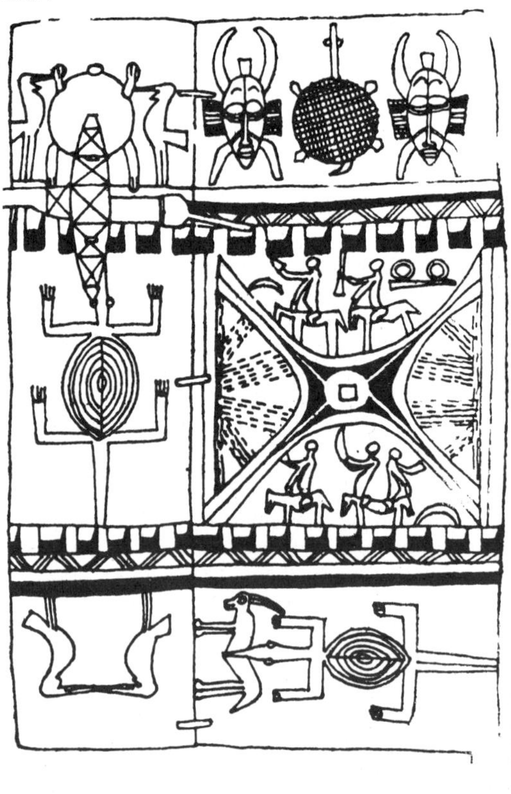

Langohren: Bewohner der Osterinsel ↗ mit bes. langen Ohren, die sich den anderen, sog. Kurzohren, ggb. als Herren aufspielten, bis diese revoltierten u. die L. in der ›Schlacht am Poikegraben‹ vernichteten (um 1680) bis auf 1, der dann als Gefangener fast verhungerte. Er wurde seither immer wieder geschnitzt (Abb.) als feststehender Typ mit Spitzbart, Hakennase u. Haardutt, den a. die Steingiganten der Insel trugen. Man nimmt an, daß diese von den L. err. worden waren, denn bald nach ihrer Besiegung wurden sie von den Kurzohren umgestürzt. Soweit nachprüfbar, sind die L. von Südamerika gekommen - und dort gibt es die Überlieferung von Orejona ↗, der ›langohrigen Astronautin‹, deren Rakete das Tor von Tiahuanaco ↗ einst zierte, einer Stadt, die Sitz des weißen Lamas ↗ heißt - u. die Langohren waren hellhäutig, mit roten Haaren, nicht unähnl. den Wikingern ↗: »Die Überlieferung berichtet, daß die ersten Ankömmlinge auf der Insel rotes Haar und weiße Haut hatten; in den Aufzeichnungen der Inkas von Peru gibt es Geschichten über weißhäutige, rothaarige, langohrige Menschen, Erbauer großer Steinstatuen, die vor langer, langer Zeit im Pazifik verschwanden - sie waren mit Schilfbooten mitten in die untergehende Sonne davongesegelt.« Der Überlebende wird übrigens Ororoina gen., was der Orejona sehr verw. klingt.

Laotse: ›altes Kind‹, weil die Legende erzählt, seine Mutter habe ihn auf übernatürliche Weise (von einem Pflaumenbaum, weshalb man ihn a. Li = Pflaume nannte) ohne Mann empfangen (s. Jungfrau (II) ↗) u. 72 Jahre lang getragen bevor er aus ihrer linken Achselhöhle herauskam, von Anf. an mit weißen Haaren wie ein Greis. Geschichtl. war er wahrsch. ein Vorgänger von Konfuzius ↗ u. lebte wie dieser im 6. Jh. v. Z., jedoch propagierte er eine Rückkehr zum mutterrechtl. Urzustand, d.h. dem Paradies des Taoismus ↗, den er sehr förderte. Obwohl man sagt, er habe 930 Bücher über Ethik u. Religion, und 70 Bücher über Magie geschrieben (zus. 1000, zweifellos rein symb. zu werten), ist doch nur eine sehr dünne Schrift, der Taoteking ↗ als Herz seiner Lehre erhältlich. Und dies soll er dem Paßwächter diktiert haben, bevor er bei Hsi-Wang-Mu ↗ verschwand. — Fürst Lao, nannte ihn das Volk u. verehrte ihn als großen Zauberer, der ›im 3. Himmel‹ regiert. Vielleicht hängt dies mit der 3. Welt ↗ zus., denn in ihr gab es, was L. propagierte: ›weder Staat noch Kultur‹, nur kleine Gemeinschaften, die glücklich so dahinlebten. — In den Mönchsorden, die sich auf seine Lehre stützten, wurde jedoch viel entstellt u. verfälscht u. der Gedanke an die Verlängerung des Lebens wurde Hauptinhalt. Wie man ihm ja a. nachsagte, er habe dem Paßwächter ›die Kunst des ewigen Lebens‹ verraten. — Zum Thema Kultur ↗: »In alter Zeit machte die Natur den Menschen und das Leben einfach und friedfertig, und die ganze Welt war glücklich. Aber dann erlangte der Mensch Kenntnisse, und das Leben wurde kompliziert. Die Menschheit machte Erfindungen und verlor ihre Unschuld. Die Menschheit zog von den Feldern in die Städte und begann, Bücher zu schreiben. Da entstand alles Elend...«

Lappen: Volk im N von Norwegen, Schweden, Finnland + Rußland, das zur gelben Rasse ↗ gezählt wird. Schamanismus ↗ mit sog. runebomme ↗. — S. Hügelleute ↗.

Lärad: der Baum über Walhall ↗ mit der Ziege Heidrun ↗.

La Toja: einstmaliges Ziel des südlichsten Sternenweges ↗, der über die Pyrenäen ↗ führte; heute Nordportugal, Atlantikküste. Könnte urspr. Troja ↗ geheißen haben.

Latona: Nv. von Leto ↗ (röm.).

La Venta: Ruinenstadt der Olmeken ↗ im heutigen Mexiko, nordwestl. von Palenque ↗, wo sich auf einer Grabplatte die berühmte ›bemannte Rakete‹ befindet, die Siebenpapagei ↗ abschießt. In L. dazu passend ein zum Himmel schauender Urmensch ↗ aus vulkan. Gestein geschnitten (Abb.), mit hinter dem Hals verschränkten Händen. — Man fand Königsgräber, riesige Porträtköpfe, eine große Pyramide ↗ aus Erde, an de-

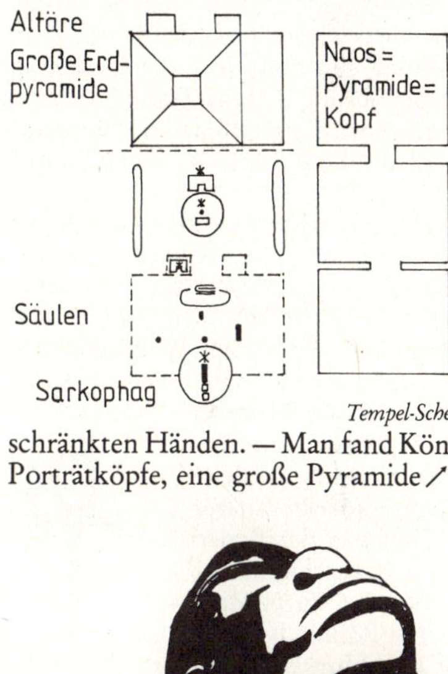

Tempel-Schema

ren Westfuß sich eine breite Terrasse lehnt. Basaltsäulen bilden im N eine Einfriedung; insg. wirkt die Anlage ebenso 3teilig wie der äg. Tempel ↗ od. der von Kanaan ↗, wo die Olmeken herstammten = Jerusalem ↗. Die Abb. stellt die Anlage von La Venta dem Tempelschema u. einer olmek. Jaguarfigur gleich, insbes. Pyramide = Naos ↗ = Kopf ↗. — These: hier setzte sich wohl die Wiederkehrlinie ↗ fort.

Leben: in Altägypten durch das Lebenskreuz ↗ symbolisiert, was eindeutig klarmacht, daß man den Begriff nicht wie die heutige Wissenschaft auf die Zelle ↗ od. noch radikaler wie die afrik. Ntu-Philosophie ↗ auf das Tier reduzieren kann, sondern daß die Sonne ↗ - für uns ein toter Himmelskörper - das Leben schlechthin darstellt. These: damit war prinzip. Wissen ↗ gemeint, weshalb der Aufbewahrungstempel für Wissen Lebenshaus ↗ hieß, gebunden an Lebenskraft, äg. die göttl. Kräfte = NTW ↗. Das Lebensgesetz ↗ war im Königskopftuch = Nemes ↗ ausgedrückt.

Lebensenergie: in China der Strom zwischen Yin ↗ und Yang ↗ (weibl. + männl.); in Afrika eher die Spannung zw. den kleinen Schwingungen des Menschen u. den großen Schwingungen des Kosmos. Versteht man darunter jedoch Erde-Himmel, kann man wieder auf die polaren yang-yin Ströme reduzieren (äg. Geb ↗ Nut ↗). Es würde aber a. bed., daß Leben ↗ im Moment der Trennung von Himmel u. Erde einsetzt, also am Anf. der Schöpfung ↗. Um Tod ↗ als Ende von L. zu unterbinden, wäre eigtl. Religion ↗ aufzuheben, da sie generell die Erde unter- u. den Himmel überbewertet.

Lebensgesetz: das Sonnenalphabet ↗, eingebunden in das Gesetz, griech. Nomos ↗, äg. Nemes ↗, chines. das Tao ↗, als Göttin wohl der Maat ↗ äqv., von der es heißt, sie erfülle Re ↗ (die Sonne) mit Lebenskraft ↗ bzw. sie sei die Richtschnur des göttl. Weltregiments.

Lebenshaus: Per Anch, als Hieroglyphe das Lebenskreuz ↗ am Himmel (= die Nut ↗); als Architektur ein zentraler Raum, um den sich an jeder der 4 Seiten je ein schmaler korridorartiger Raum anschloß. Und wie der Boden dem Erdgott Geb ↗ u. die Decke der Himmelsgöttin Nut ↗ zugeordnet war, so die 4 äußeren Räume Isis ↗ + Nephtys ↗, Thot ↗ u. Horus ↗, während der zentrale Raum Osiris ↗ repräsentierte. Hier wurde alles Wissen von Ägypten bewahrt, tradiert u. in frühster Zeit wohl auch gelehrt, mit der Schriftgöttin Seschat ↗, ›die zuerst geschrieben hat‹ als Herrin od. Vorsteherin des L. Ihre Symbolisierung durch ein Pantherfell verweist sie u. den Bau der ersten L. in den Löwe-Sektor ↗. In keiner Zeit waren sie Teil des Tempels; vieles von dem, was äg. Tempel ↗-Wissen gen. wurde, war vielmehr Lebenshaus-Wissen. Hier wurden die ›geheimen Schriftrollen‹ verwahrt und die ›Annalen aller Götter und Göttinnen‹ geführt. Alles relig. Wissen war in ihm versammelt, »ja, alles Wissen überhaupt« (Bonnet, S. 417). A. die Pflege der Heilkunst, teils Medizin, teils Magie, lag »in den Händen des Lebenshauses; sie war sogar einer besonderen Abteilung desselben vertraut« (Bonnet, ebd.).

Lebenskraft: s. Lebensenergie ↗.

Lebenskreuz: a. Lebensschleife od. Henkelkreuz, äg. Anch ↗ bzw. Ankh, z. B. enth. in Per Anch = Lebenshaus ↗. Lt. Blavatsky ↗ bed. Anch Seele ↗, Leben ↗ u. Blut. G. Tarade geht weiter u. meint mit Hilfe der phonet. Kabala der Eingeweihten von On ↗ dieses Z. so interpretieren zu können: »Das T oder Tau ↗ repräsentiert die absolute Meisterschaft und der Kreis die Sonne oder Ra ↗. Tau und Ra verbinden heißt die Kenntnis der Sonnenwissenschaft besitzen bzw. der Magie des Lichts ↗ »(G. Tarade 1972). — These: das läßt sich von Bildern ablesen, die das L. einmal direkt unter die Sonne u. dann in umgek. Richtung ans Ende der Sonnenstrahlen zeichneten, als ganz konkrete physikal. Formel (Abb.). Sie besagt, daß das, was bei der Sonne außen ist = der Kreis als Sonnenalphabet ↗, im Lichtstrahl ↗ innen ist, u. das T darunter als dessen Verschlüsselung beim Lichtstrahl außen ist = die Regenbogenfarben ↗, bei der Sonne aber innen = der 8er Kreis ↗, das Tau als Tao ↗. Wollte man dies äg. ausdrücken, wäre der Kreis als die 24 Hieroglyphen ↗ zu verstehen u. das Kreuz od. T als Götterachtheit ↗. — Es gibt eine eigenartige Par. zur 23. Rune ↗ der Germanen, die allerdings nur eine Schleife ohne Querbalken zeigt; sie findet sich jedoch a. im prädynast. Ägypten (s. Zeichenreihe).

Dies sind einige Var.; sie gehen über in den ›Baum des ewigen Lebens‹, s. Djed ↗, den wir von der Bibel ↗ kennen. These: die 10 tragenden Sektoren bis zum L. sind die 10 Sefirot ↗ der Kabala ↗, was nicht zu erstaunen braucht, denn Moses ↗ kannte dieses Symbol u. a. das Wissen, das es vertrat. — In Afrika findet sich das L.

als Akua Ba ↗; es taucht aber a. bei den Indianern ↗ u. in Australien ↗ auf, ein wahrhaft globales Symbol ↗. — Die Abb. wird ›Manifest‹ des Aton ↗-Kultes gen.: man sieht Echnaton ↗ + Nofretete ↗ mit ihren 3 ältesten Prinzessinnen; unter der Sonnenscheibe das L. sowie je 2 r. u. l. von den Strahlen, direkt wie Odem unter die Nase des Herrscherpaares gehalten, was seine Göttlichkeit betont.

Lebensweg: der Weg des menschl. Individuums ab Geburt ↗ folgt einem recht ausgeprägten 7-J.-Rhythmus, den z. B. die Etrusker ↗ als 12 x 7 = 84 J. überlieferten; Einzelheiten sind leider nicht mehr bekannt. Jedoch taucht das Muster ansatzweise wieder bei R. Steiner ↗ auf, der jeder siebenjährigen Periode 1 Planeten zuordnete. Nicht über die Chaldäische Planetenreihe ↗ (u. Anzahl) hinausgehend, ergibt sich ein Recht unlogisches Gebilde, das erst ab Mitte des L. richtig zu werden scheint u. deshalb von Frankenbergs ↗ neues Schema mitbestimmte:

Schema 1

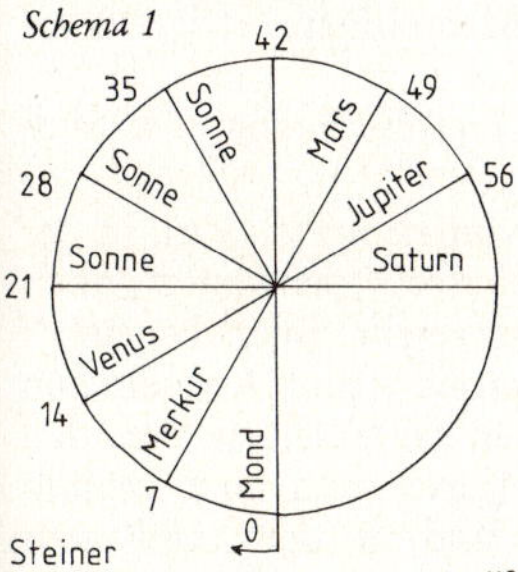

Steiner

Schema 2

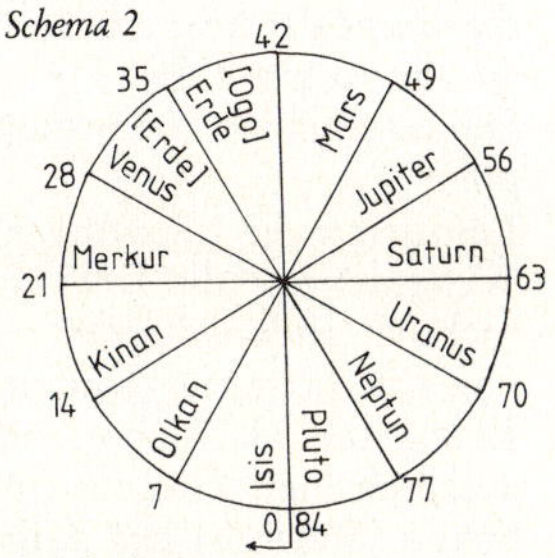

von Frankenberg

Gleich sind nur Mars, Jupiter + Saturn für die J. 42–63. Das 2. Schema fährt mit dieser Reihe einfach fort, wodurch es eine inter. Verrutschung gibt: Isis, der äußerste, 12. Planet, wird zur Nr. 1 u. bestimmt die ersten 7 J., statt dem von Steiner eingesetzten Mond, der ja kein Planet ist. Zweifellos hängt diese Verrutschung mit dem Abschuß von Ogo ↗ zus., heute der Planetoidengürtel. Damals gab es die Venus ↗ noch nicht u. Erde war an ihrer Stelle, weshalb Schema 2 in Klammern die frühere Situation andeutet. Nun wird klar, daß das schwierige Alter von 33, in dem statistisch die meisten Selbstmorde passieren u. das a. das Alter von Jesus ↗ bei der Kreuzigung ↗ war, jeden Menschen, ohne daß er bewußt davon weiß, diesen Wegstoß unseres Planeten auf die heutige Position wiederholen läßt, d. h. den Paradiesverlust ↗. These: der L. durchwandert nicht nur die Einflüsse der 12 Planeten, sondern a. das Sonnenalphabet ↗ mit je 2 Buchstaben pro 7 J.:

Schema 3

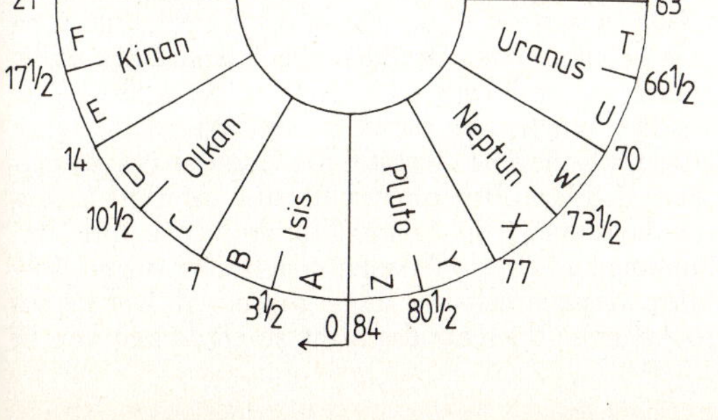

Es ist erstaunl., wie Nachprüfungen diesen Durchlauf immer wieder bestätigen, wozu man allerdings mit den entspr. Grundmotiven ↗ vertraut sein muß. So fällt auf das Ende des A, das a. der Sonnenkern ↗ bzw. das Ego ↗ ist, daß Kinder zum 1. Mal Ich sagen; auf das Ende des B = Liebestanz ↗ die 1. Pubertät (7jährig) etc. Unter Berücksichtigung der alten Dreiteilung Körper – Seele – Geist (s. 9fältiger Mensch ↗) läßt sich wohl sagen, daß:

1) während der Schwangerschaft ↗ der Fötus die Grundmotive der Schöpfung ↗ durchläuft, genau bis zur Bildung des Ich-Kerns; d. h., der Körper wird vom Ka ↗ als geistigem Doppelgänger gebildet;

2) ab Geburt erfolgt der Durchlauf durch die Evolution ↗ u. gilt der Ausbildung der Seele, dem sog. Astralkörper.

Vergleicht man nun mit der Entwicklung der Wurzelrassen ↗, so scheint das Gesetz der Umkehrung ↗ zu herrschen: zuerst Ausbildung des Astralkörpers, dann des Körpers u. zuletzt Hinzutreten des Ka.

Lebu: altäg. Bez. der Einwohner von Libyen ↗; helle Rasse, kriegerisch. Wurden als Söldner im Kampf gg. die Asiaten benutzt u. z. T. im Nil-Delta ↗ angesiedelt.

Leere: als Ggs. von Fülle = Füllhorn = Horn ↗ = Lichtstrahl, kann nur als Abwesenheit von Licht, d. h. von Licht produzierenden Himmelskörpern = Sonnen (Sternen ↗) gedacht werden u. ist damit der Kosmos ↗ vor deren Entstehung, das Sein ↗ ohne Dasein ↗. Die Null ↗ vor Existenz von Zahlen ↗. In China Chi ↗. — Zen ↗ bemüht sich, dem lebenden Menschen das Gefühl der absoluten L. zu vermitteln, als Vorbedingung für Glückseligkeit. A. Nirwana ↗ zielt darauf hin. S. Lakschmi ↗ als ›Leere u. Fülle‹ u. Vollkommenheit ↗.

Lehre: das Weitervermitteln eigener Fähigkeiten od. eigener bzw. fremder Forschungsergebnisse, Verhältnis Meister-Lehrling, Lehrer-Schüler etc. Als 1. Lehre gilt die Lemuro-Atlantische Weisheitsreligion, kurz Geheimlehre ↗, deren Ursprung auf außerird. Wesen zurückgeht, die sie ausschließl. Frauen mitteilten. Das deckt sich sowohl mit der Bibel ↗, die Eva ↗ zuerst nach Erkenntnis ↗ greifen läßt, um diese dann an Adam weiterzugeben (Symbol Apfel) wie mit dem Mysterium des äg. Tempelwissens, das aus jedem Schüler Horus ↗ (äqv. Eva) machte, der bei Isis ›in Lehre‹ ging. These: diese Ur-lehre wurde im Taro ↗ festgehalten. 1. Haus der L.: das pazif. Whare ↗.

Leibniz, Gottfried Wilhelm: dt. Philosoph (1646–1716), der in seiner ›Monadologie‹ die alte Monaden ↗-Lehre neu formulierte, indem er als Grundbestandteil der Welt unendlich viele individ. seelische Kraftzentren, die Monaden, annahm (in Indien ist ihre Zahl begrenzt), die nicht von sich aus ineinanderwirken, sondern nur von Gott her miteinander verbunden sind (ind. über Atma ↗). Er vollendete den von Frankreich ausgehenden Rationalismus ↗ des Barock ↗.

Lemovier: nicht-idg. Stamm, auf den die Goten ↗ an der Ostsee stießen; von Plinius erwähnt. Der Name könnte verw. mit dem der Lemurier ↗ sein.

Lemuren: 1) meist nächtl. lebende Halbaffen auf Madagaskar ↗, das einstmals Teil von Lemurien ↗ war, worauf sich der Name beziehen dürfte; 2) für die Römer beim ›Fest der Lemuren‹, heute Eisheilige ↗, die

Geister von nicht begrabenen Toten, vor denen man sich durch verschlossene Haustüren u. schwarze Bohnen zu schützen suchte. Diese Tage, 9.–13. Mai, hießen auch Fest der ›Geister der Toten‹, ein Ausdruck, der in den äg. Dynastienlisten ↗ nach dem Weltuntergang ↗ auftaucht, in dem Lemurien, äqv. Mu ↗, unterging. Offensichtl. wußten die Römer nicht mehr, was sie da feierten u. wohl auf die Pelasger ↗ zurückging: die nicht zur Ruhe kommenden Geister der Lemurier ↗, Nv. von L.

Lemurien: 1 der 7 Kontinente ↗: »Der Name ist eine Erfindung oder Idee des Herrn P.L. Sclater, welcher zwischen 1850 und 1860 aus zoologischen Gründen die tatsächliche Existenz, in vorgeschichtlichen Zeiten, eines Kontinentes behauptete, welcher sich, wie er zeigte, von Madagaskar ↗ bis Ceylon ↗ und Sumatra erstreckte. Er schloß in sich einige Teile des heutigen Afrika; aber im übrigen ist dieses ungeheuere Festland, welches sich vom indischen Ozean bis Australien ↗ erstreckte, jetzt gänzlich unter den Wassern der Südsee verschwunden, und hat nur hier und da einige von seinen Hochlandspitzen überiggelassen, welche jetzt Inseln sind« (Blavatsky, I, 7). Die hier zitierte Blavatsky ↗ übernahm den Namen »... für das Festland, auf dem die ersten Androgynen, die dritte Wurzelrasse ↗, sich trennten...», womit wir im Paradies ↗ der Bibel landen. L. Jacolliot: »Eine der ältesten Legenden von Indien, die in den Tempeln durch mündliche und schriftliche Überlieferung bewahrt wurde, erzählt, daß vor verschiedenen hunderttausend Jahren im Stillen Ozean (Pazifik ↗) ein ungeheurer Kontinent existierte... Nach den Brahmanen ↗ hatte dieses Land eine hohe Zivilisation erreicht und die indische Halbinsel, die durch die Lagenveränderung der Gewässer zur Zeit der großen Umwälzung (Sintflut ↗) vergrößert worden war, hat die Kette der an dieser Stelle geborenen ursprünglichen Überlieferung (Tradition ↗) bloß fort-

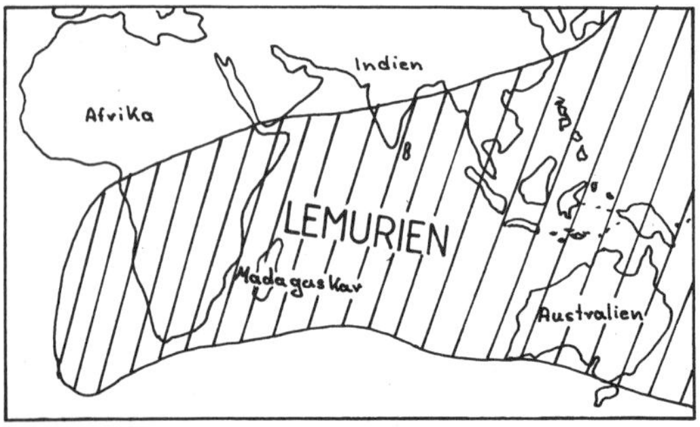

W-Lemurien nach japanischem Schema; O-Lemurien s. Mu

gesetzt. Diese Überlieferungen geben den Namen Rutas den Völkern, welche diesen ungeheuer großen Kontinent bewohnten, und von deren Sprachen das Sanskrit ↗ herstammte« (II, S. 233). Lt. Geheimbuddhismus soll L. ungefähr 700000 J. vor Beginn des jetzt so genannten Tertiärzeitalters zugrunde gegangen sein, also vor 60 Mio. J., u. zwar durch Vulkanismus, der im Tertiär sehr stark war. Das hat also noch nichts mit dem Untergang von Mu ↗ vor 13000 J. zu tun, das in dieser Auffassung nur ein Rest von L. war. — »Es bedeckte die ganze Gegend vom Fuße des Himalaya ↗, die es von dem Inlandmeere trennten, welches seine Wellen über das hinrollte, was jetzt Tibet, Mongolei und die große Wüste Gobi ↗ ist... südwärts quer über das, was uns jetzt als Südindien, Ceylon und Sumatra bekannt ist; dann umfaßte es unterwegs... Madagaskar zu seiner rechten Hand und Australien und Tasmanien zu seiner linken, es lief abwärts bis innerhalb einiger Grade des antarktischen Kreises; und von Australien, einer Inlandregion auf dem Mutterkontinent in jenen Tagen, erstreckte es sich weit in den Stillen Ozean, über Rapa-nui (Teapy oder die Osterinsel ↗) hinaus« (Blavatsky). Nach L. wurden seine Bewohner Lemurier ↗ gen.; Kontinent u. Einwohner hatten aber a. andere Namen, z.B. Kasskara ↗ + Kara ↗; Tamoanchan ↗ + Tamil ↗ etc. — Blavatsky: »Lemurien war die Wiege der körperlichen Menschheit...« (II, 338) ergo von Adam + Eva ↗.

Die einstmalige Hauptstadt hieß Bekhrana ↗. S. Südpol ↗.

Lemurier: die Einwohner von Lemurien ↗ u. in der Weltenlehre ↗ die 3. Wurzelrasse ↗, schwarz ↗, noch nicht in andere Rassen ↗ aufgeteilt. Buch Dzyan ↗: »Sie (die Lemurier) bauten große Städte. Aus seltenen Erden und Metallen erbauten sie dieselben. Aus den ausgespieenen Glutmassen (Lava) und dem weißen Steine (Marmor) der Berge und aus dem schwarzen Steine (der unterirdischen Feuer) verfertigten sie ihre eigenen Bilder, in ihrer Größe und Gestalt, und verehrten sie« (Blavatsky, II, 330). Wir stoßen ganz offensichtl. auf den Beginn von Kunst ↗; u. für die Architektur gilt: »Die ältesten Überreste cyclopischer ↗ Bauten waren alle die Schöpfung der letzten... Lemurier« (II, 331). Die Entwicklung des Lemuriers, des ersten körperl. Menschen, fand vor 8 Mio. J. statt, so Blavatsky ↗, s. Urmensch ↗. Am Ende ihrer Zeit (der 3. Welt) inkarnierten sich in einigen von ihnen ›Kinder des Lichts‹, was in der Dynastienliste ↗ mit den Göttern äg. Aufzeichnung übereinstimmen dürfte. Wieder Blavatsky: »Die Lemurier und auch die frühen Atlantier waren in zwei getrennte Klassen geteilt: die Kinder der Finsternis ↗ und die Kinder des Lichts ↗. Die alten Bücher erzählen uns von schrecklichen Schlachten zwischen den Beiden« (II, 816). Die gleichen Ausdrücke tauchen in den Qumran-Texten ↗ wie im Popol Vuh ↗ auf. — Eine recht sonderbare Begriffsbildung sind dann die Lemuro-Atlantier ↗.

Lemuro-Atlantier: ein von der Theosophie ↗ eingeführter Begriff für die schwarzen u. hellen Riesen ↗ der 4. Welt ↗: »Der Lemuro-Atlantier war eine hoch zivilisierte Rasse, und wenn man die Tradition ↗ gelten läßt... so stand er höher als wir jetzt stehen...» (Blavatsky, I, 213). Sie gelten als eine Mischung von Lemuriern ↗ + Atlantiern, d. h. 3. u. 4. Wurzelrasse ↗, wobei die Atlantier aus den besten der Lemurier hervorgegangen sein sollen. Wann u. wie bleibt leider offen. »Kurz gesagt, sie waren die in den Popol Vuh ↗ erwähnte vierte Rasse der Menschen, deren Blick unbegrenzt war und welche alle Dinge sofort wußte«. Mit anderen Worten, sie waren die Lemuro-Atlantier, die ersten, welche eine Dynastie von Geister-Königen hatten« (II, 232). Ganz offensichtl. sind dann die Lemurier die Kame ↗, die Atlantier die Ahpu ↗ u. ihre Verbindung zu Lemuro-Atlantiern läuft über Ixquic ↗. — »Ihre Wissenschaft war ihnen angeboren. Der Lemuro-Atlantier brauchte das nicht zu entdecken und in seinem Gedächtnis zu befestigen, was sein beseelendes Prinzip im Augenblick seiner Inkarnation wußte... Jene Kinder des Himmels und der Erde waren bei ihrer Geburt mit den Herrscherkräften begabt... mit außerordentlichen Fähigkeiten sowohl moralischer als auch physischer Art. Sie befahlen den Elementen, kannten die Geheimnisse des Himmels und der Erde, des Meeres und der ganzen Welt, und lasen die Zukunft in den Sternen... Es hat in der Tat den Anschein, als ob man, wenn man von ihnen liest, nicht mit Menschen, so wie wir sind, zu tun hat, sondern mit Geistern der Elemente, die aus dem Schoße der Natur entsprungen sind und volle Gewalt über dieselbe haben... Alle diese Wesen sind durch ein Merkmal von Magie und Zauberei ausgezeichnet« (II, 298). Der Okkultismus ↗ wirft ihnen aber a. vor, durch Degeneration die Affen hervorgebracht zu haben. — These: im Vergleich mit der Bibel ↗ müßten die Nephilim ↗ gemeint sein; heutige Interpreten sprechen von Atlanten ↗ statt Riesen. In griech. Erinnerungen wurden wohl Titanen ↗ u. Cyclopen ↗ sowie der Typ Herakles ↗ daraus. Als germ. Äqv. fällt die Koppelung von Wanen ↗ und Asen ↗ in Gestalt von Freya ↗ und Odin ↗ ein; offensichtl. wurde diese lemuro-atlantische Kreuzung im späteren Ägypten wiederholt, als ab Menes ↗ 4–5 Dynastien lang Horus ↗ und Seth ↗ im Pharao verbunden wurden.

Lenin: eigtl. Wladimir Iljitsch Uljanow (1870–1924), Gründer der UdSSR ↗. Seinen Einzug im Moskauer Kreml ↗ schildert M. Harden so: »In staubigen Stiefeln, vertragener Arbeitsjacke, weichem Hemdkragen schritt der kleine Mann durch das Erlösertor, entblößte vor dem wunderwirkenden Heiligenbild nicht das Haupt und richtete sich in der Wallfahrtsstätte wie in

irgendeinem Geschäftshaus ein.« Trotz adliger Herkunft ein atheistischer Verfechter der Weltrevolution ↗; ließ von dem Tscheka (Geheimdienst) skrupellos alle ›Konterrevolutionäre und Klassenfeinde‹ liquidieren u. machte aus dem Marxismus ↗ einen Leninismus. Während es ringsum brannte, arbeitete der studierte Jurist an der Verfassung eines Staates, der eines Tages alle jetzt noch auseinandertreibenden Kräfte, Völker und Kulturen vereinen sollte: der Russischen Sozialistischen Föderativen Sowjetrepublik = RSFSR, seit 1922 UdSSR = Union der sozialistischen Sowjetrepubliken. Die Vorstellung, daß die Bauern, begeistert von den Idealen der ›Klassenlosen Gesellschaft‹ (s. Klassen ↗ u. Klassensystem ↗), in die Städte eilen würden, um da freudig ihre Ernten abzuliefern, erwies sich als Illusion. — 1918 scheiterte sowohl ein Aufstand unter Leitung der Terroristin Maria Spiridonowa wie das Attentat der Jüdin Fanija Kaplan, das L. nur verwundete. — Zitat kurz vor seinem Tod: »Ich habe die bolschewistische Partei geschaffen, ich war das Hirn der Oktoberrevolution. Oft, wenn unsere Macht zusammenzubrechen drohte, rettete ich sie durch kühne Improvisationen...« Er schrieb aber a.: »Menschen, die sich von der Geschichte ↗ unabhängig machen, gibt es nicht.« Was bedeutet, daß er trotz Atheismus an eine Weltordnung ↗ glaubte.

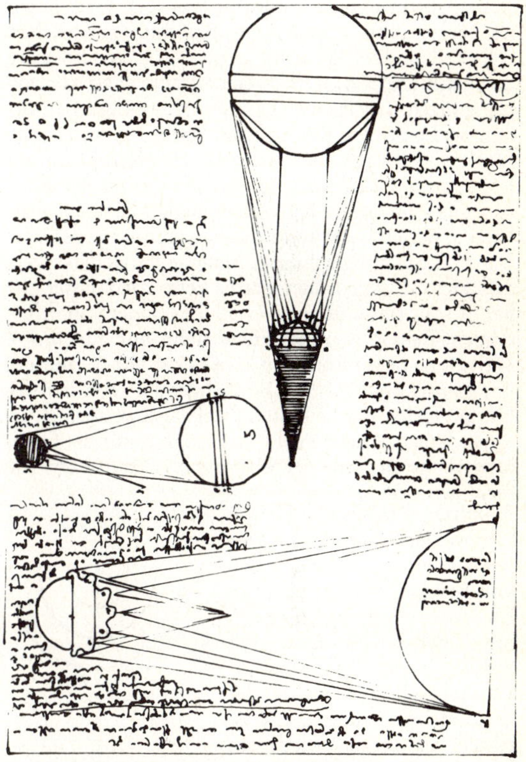

Leonardo da Vinci: ital. Maler, Bildhauer, Baumeister u. Wissenschaftler (1452–1519) des Humanismus ↗. Er befaßte sich mit so vielen Dingen, daß er, obwohl einer der größten Künstler, kaum Zeit zum Malen fand. Als er starb, hatte er nur wenige Bilder vollendet. Seine Wißbegier galt der Natur, v. a. der Anatomie, Botanik, Geologie, Mechanik u. Astronomie (Grundmotiv C in der Wiederholung ↗), s. die Zeichnungen zur Berechnung der Größen von Sonne und Mond (Abb.). Seine gründliche Kenntnis des menschl. Körperbaus gewann er aus der Sektion von mehr als 30 Leichen – bis schließl. Papst Leo X. ihm den Zutritt zu der Leichenhalle in Rom untersagte. Eine Sammlung seiner Skizzen unterschrieb er: ›Leonardo da Vinci, Schüler der Erfahrung.‹

Lepenski Vir: älteste Stadt von Europa, südl. der Donau, lt. C-14 Werten 6800–5500 v. Z. Kennzeichnend für die Bauten ist ihr ungewöhnl. Grundriß, der einem Trapez ↗ gleicht; es findet sich noch heute als Kerpa ↗.

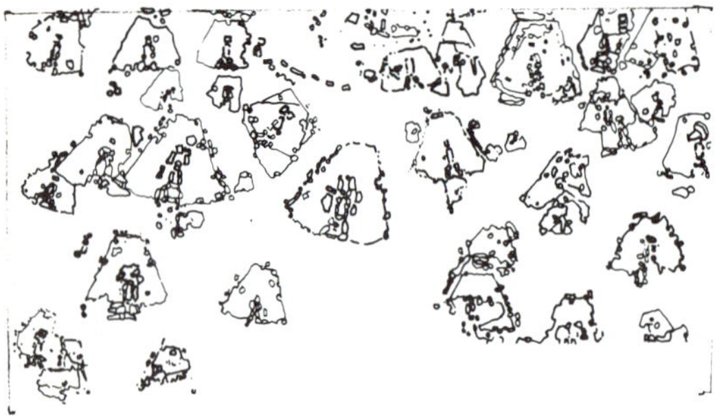

Leto: Göttin unbek. Herkunft, von den Griechen ↗ als Mutter von Apollo ↗ + Artemis ↗ überliefert, während sie für Blavatsky Lemurien ↗ symbolisiert, mit Licht (Apollo) u. Weisheit (Artemis) als Hervorbringungen. Der Kampf gg. die sie beleidigende Niobe ↗ sei Lemuriens Kampf gg. Atlantis ↗ gewesen. Der Mythos ↗ spiegelt aber viel mehr den Kampf um die Fortsetzung dieses Kontinents, denn die mit Apollo + Artemis schwangere Leto wird in allen Ländern abgewiesen, nirgends durfte sie rasten, geschweige gebären. Das ist die Hauptgeschichte. Manche Versionen sagen, daß Hera ↗ angeordnet hatte, kein Land unter der Sonne solle sie aufnehmen (weil die Kinder von ihrem Gatten Zeus ↗ waren); Hera steht nur für die 4. Welt ↗, an deren Ende Mu ↗ (als Rest von Lemurien) + Atlantis untergehen. Die Geburt soll sich schließlich auf Delos, der heiligsten Insel der Kykladen ↗, ereignet haben. These: vielleicht ist damit nur die Errettung wichtiger Teile des Weltarchivs ↗ durch die Karer ↗ gemeint.

Leuchter, 7armiger = Hauptsymbol der Juden ↗, gen. Menora. Heute im Staatswappen von Israel ↗. Vertritt im Dogma die 7 Schöpfungstage ↗, mit der Vertikalen als Sabbat ↗, geht aber höchstwahrsch. auf die 7 Welten der Weltenlehre ↗ zurück, mit Saturn ↗ als Träger, wiederum Sabbat (= Saturday, Samstag). Das liegt nahe, weil die 7 Planeten der Weltenlehre Teil der Hebräischen Schrift ↗ bilden.

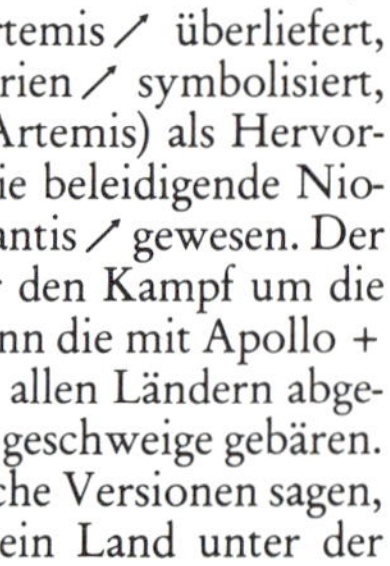

Lévi-Strauß: frz. Ethnologe; filterte aus dem Geistesgut brasil. Indianer einen Strukturalismus ↗ als mod. Naturphilosophie heraus.

Lha: ind. Wort für Geist im Sinne von Wesen ↗; Im Buch Dzyan ↗ v. a. für Planetengeister ↗. — S. Lhamayin ↗.

Lhamayin: im Ggs. zu den Lha ↗ = Geister von oben ›Geister von unten‹. Buch Dzyan ↗ 2. Strophe: »Die Lhas von oben und die Lhamayin von unten kamen. Sie erschlugen die Formen, welche zwei- und viergesichtig waren...« (Blavatsky II, 17), womit wohl die ›Wassermenschen‹ ↗ gemeint sind; von ihnen ist auch im Popol Vuh ↗ der Maya die Rede. Übersetzbar als Wesen (Lha) der Erscheinungswelt (Maya ↗).

Lhasa: eigtl. Lha-Ssa, Hauptstadt von Tibet ↗ u. hl. Stadt des Lamaismus ↗, benannt nach den Lha ↗, Geistern der höchsten Sphären. Hier war die Palastburg des Dalai Lama ↗. Heute übers. man ›Ort der Götter‹; äqv. La ↗ (Land) Sa ↗ (alle Götter, äg.).

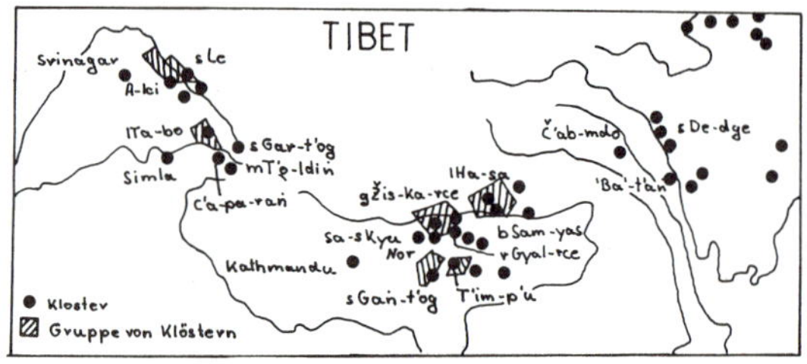

Li: schwerübersetzbarer chin. Begriff; etwa: das Ordnungsprinzip, die ›zahllosen Muster, die wie Adern das Tao ↗ durchziehen, das Muster in den Dingen, etwa wie die Maserung in einem Stein, die Fasern eines Muskels, also die innere Struktur ↗ als einem Gesetz, dem die Teile von Ganzheiten gehorchen müssen, eben weil sie Teile eines ganzen sind; nähert sich dem Begriff Naturgesetz ↗, das für die Gesamtübereinstimmung sorgt. Da Li a. 1 der 8 Grundbegriffe des Tao ist, kann man das Äqv. der afrik. Ntu-Philosophie ↗ dafür suchen: Li ist Kuntu ↗, unanimiert, d. h. das nichterregbare Wie-Dasein (Modalität), äg. Kuk ↗, Licht ↗, das die Silbe Li ja enthält, u. als Lichtstrahl ↗ genau wie das Li-Zeichen gebaut ist, außen starr wie eine Röhre, innen bewegl. wie etwas, das durchfließt. Auf Li u. Chi ↗ beruht der Konfuzianismus ↗. Wenn aber Li u. Dschen ↗ zusammentreffen, entsteht (Hoch-) Kultur ↗. — Manchmal wird Li mit Ritual ↗ gleichgesetzt.

Libanon: ehem. Teil von Kanaan ↗, dann Phönizien, dessen Hafen Sidon ↗ heute die Ölleitung vom Persischen Golf aufnimmt. Zuletzt türk. u. dann frz., erfolgte 1941 die Unabhängigkeitserklärung. Seither hören die inneren u. äußeren Kämpfe nicht mehr auf, v. a. gg. das expandierende Israel ↗ u. die als Terroristen einsickernden Palästinenser ↗. Neben Christen + Moslems ca. 350000 Drusen ↗.

Liber: italischer Gott, äqv. Bacchus ↗; heißt im Lat. nur Buch; wird aber in Liberal zu einer Freiheitlichkeit, die sich für die Rechte des Individuums einsetzt. These: der Zusammenhang läuft über Ba ↗ (bei Bacchus) = Seele zum Gesetz (Li ↗) des Ib, mütterl. Herzens ↗ (Li + Ib = Lib), zus. mit Ba Grundmotiv Liebestanz ↗, weshalb man in Liber a. das Wort Liebe ansiedeln kann. In Li = Licht ↗ sind schließl. die 7 Siegel ↗ des endzeitl. ›Buches‹ enthalten, wenn man darunter die 7 Regenbogenfarben ↗ versteht. Ein Regenbogen war ja z. Z. von Noah ↗ als neuer Bund gesetzt worden; er geht während der Apokalypse ↗ (als Ende der 5. Welt ↗) zu Ende.

Libyen: arab. Republik in Nordafrika, größtenteils Wüste = Sahara ↗. Der Name geht zurück auf die Lebu ↗.

Licht: heute jede Wellen ↗-Länge od. Frequenz ↗, für die das menschl. Auge empfindl. ist, Bereich 380 bis 780 nm, was über die Regenbogenfarben ↗ hinausgeht. Neben dieser Wellennatur wird noch eine Partikelna-

tur ↗ erkannt, aber nicht seine 3. Natur der Grundmotive ↗, deren Reihenfolge den Unterschied ausmacht zw. weißem bzw. farbigem – und schwarzem Licht, welches lt. Zohar ↗ unbedingtes Licht = Weisheit ↗ ist. — Die 3 Naturen finden sich in Altägypten als Säule, die den Lichtstrahl ↗ der Sonne darstellt; sie werden aber a. textl. vom Zohar so überliefert:
1) die Lichtkräfte = Hajaschar (Grundmotive?)
2) die reflektierten Lichter = die Hachoser (Wellen?)
3) u. die einfache phänomenale Exteriorität ihrer geistigen Typen (Partikel?)
Neben dieser 3-Naturigkeit in sich selbst spricht das Äg. Totenbuch ↗ von 4 Arten des Lichts:
a) das Anubische Licht, wahrsch. hellblau wie die Haare des Anubis ↗; dieses hellblaue Licht spielt im tib. Totenbuch ↗ die Hauptrolle
b) das Sethische Licht, müßte, da auf Seth ↗ bezogen, das Licht der Planeten ↗ betreffen = Fohat ↗ sein
c) das Licht der Finsternis, d. h. der Schatten ↗
d) das Licht des Beginns der Weltschöpfung, od. a. das ›unerschaffene Licht‹, verbreitet von den ›Geistern die Amenti ↗ bewohnen‹. These: das Schwarze Licht ↗.
Der Lichtstrahl der Sonne ist insofern nur eine Kombination, da es von der Art der Lichtöffnung ↗ abhängt, zu welchem Licht er wird. — S. a. Adi ↗ als 1. Licht.
Lichtgeschwindigkeit: heute mit rd. 300000 km pro Sec. angegeben, woraus 1 Lichtjahr ↗ als Entfernungsmesser für Sterne abgeleitet wird. Sie bezieht sich aber nur auf die Wellennatur des Lichts ↗, weshalb es unsinnig ist zu behaupten, es gäbe nichts, was schneller als Licht (sprich Lichtwellen) sein könnte. Die Psi ↗-Forschung hat dies längst widerlegt.
Lichtjahr: die Strecke, die im Vollzug der Lichtgeschwindigkeit ↗ in 1 J. zurückgelegt wird = etwa 9,461 Billionen km. Das gibt z. B. Sirius ↗ eine Entfernung von 8,8 Lichtjahren etc.
Lichtöffnung: betrifft, soweit erkennbar, nur die Öffnung des Lichtstrahls ↗ der Sonne, weil allein dieses Licht ↗ 3naturig u. veränderbar ist. These: wenn seine Wellennatur in Gestalt der Regenbogenfarben ↗ bei Brechung durch ein Prisma ↗ od. Wassertröpfchen (s. Regenbogen ↗) nur vom Kreis zu einem Band aufgerollt wird, das die bekannte Reihenfolge rot-orange-gelb-grün-hellblau-dunkelblau-violett zeigt, passiert nichts: die innere 3. Natur der 24 Grundmotive bleibt, festgehalten durch den Farbschlüssel, in der Reihenfolge A-Z u. damit Sonnenalphabet ↗, zu dem es aber keinen Zugang gibt. Es bleibt wie in einer ›Röhre‹, s. Li ↗, eingesperrt. Öffnet man aber, was in der Natur nur der Mond ↗ u. die Pflanze ↗ kann, nicht beim Anf. u. Ende des Kreises, sondern in seiner Mitte zw. grün + hellblau, wird das Innere von der Regenbogen-Ordnung ›befreit‹ u. fällt zurück in den Urzustand des Quetzalcoatl ↗, der schwarzen Schlange mit den grünen + blauen Federn = des schwarzen Lichts ↗. Hier gilt nun wohl, was die Veda ↗ über Susumna ↗, den höchsten Strahl aussagt: in ihm wohnen die Gandharven, d. h. Wesen, welche die Geheimnisse des Himmels kennen u. den Sterblichen enthüllen – die Lichtwesen ↗ des Äg. Totenbuchs? Ein Khu Fu ↗ = Lichtöffner waren: der Gral ↗ und die Große Pyramide ↗. Und der Bart ↗ des Pharaos ↗ (den a. Frauen anklebten) war ein Symbol der unter Geheimhaltung stehenden L. Die Kathedrale ↗ der Gotik ↗ dagegen erreichte sie nur in Ansätzen. Evtl. waren aber die schwarzen Mora-Steine ↗ dazu in der Lage. Und: die ›Kinder des Lichts‹ ↗, die dann eigtl. Kinder der Lichtöffnung u. dadurch der Weisheit ↗ waren.
Lichtstrahl der Sonne: im Aufbau genau umgek. wie die Sonne ↗ selbst; das war zumindest in Altägypten bek., wie die Umkehrung des Lebenskreuzes ↗ zeigt, aber a. eine Säule (Abb.) aus Oberägypten: sie besteht aus 24 Rillen – das sind die 24 Grundmotive als Sonnenalphabet ↗, hier ganz innen (bei der Sonne ganz außen) u. völlig unzugänglich gehalten durch die oben übergelagerten 8 ›Finger‹, die den 7 Regenbogenfarben ↗ entsprechen (es sind eigtl. 8, aber die 8. ist ultraviolett u. für das menschl. Auge unsichtbar); sie wurden wichtig bei der Lichtöffnung ↗. Dann als 8 x 6 = 48 Blätter der Partikelnatur ↗ (atomar). Überträgt man die 8 Finger auf das Quadrat des Säulenendes u. versteht die Erde darunter, erhält man das Grundmuster der 8 Mora-Steine ↗ (= Gesetz), germ. Domareringar ↗, als 1 der 2 Grundtypen von Steinkreis ↗ od. Thing ↗.

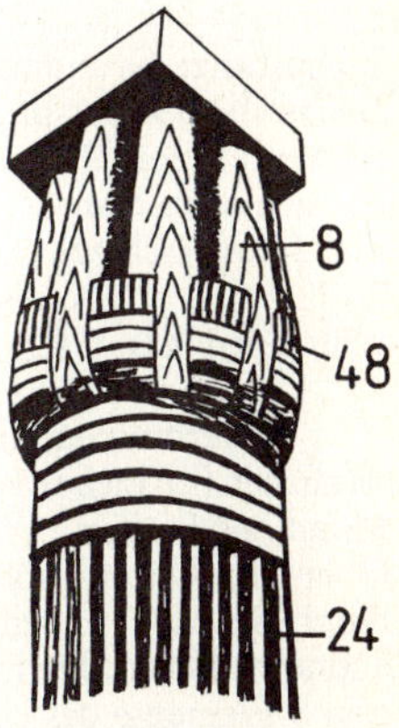

Luxor

Lichtwesen: ein Ausdruck des Äg. Totenbuchs ↗:
»Sei gepriesen, o Re ↗, der du waltest im Himmel
Deine Flammen läutern die Wesen des Lichts«
(Kapitel CXXX)

»Ihr Sterngeister von Junu
Und ihr, Lichtwesen von Kher-Aha (heute Altkairo)
Seht, ein Gott wurde eben geboren!«

Letzteres bezieht sich auf den Toten ↗ (Tod als Geburt), die Sternengeister von Junu ↗ wohl auf den Sirius ↗. Wesen des Lichts ↗ bei einer Stadt in der Nähe der Großen Pyramide ↗ haben zweifellos etwas mit Lichtöffnung ↗ zu tun als ›Schwelle‹ für Ka-Geister ↗, äqv. Katschinas ↗; wir würden wohl Engel ↗ dazu sagen. Es sind Wesen (Götter ↗), die auf die Wände der Nekropolen ↗ gemalt wurden.
Licht-Wolken-Bahn: am 24. Januar 1974 schlug, nachdem sie über Städten wie München ↗ gesehen worden war, eine helle Wolkenbahn oder wolkige Lichtbahn in England ein, ohne die geringste Spur auf der Einschlagstelle zu hinterlassen, kein Loch, kein verbranntes Gras; nur das Getöse war enorm. Bisher gab es dazu keine Erklärung. These: die myst. Zahlen ↗ des Datums können allein Auskunft geben
a) 24.1. = die 24 Grundmotive als Summe (24) u. Einheit (1), der Odil-Rune ↗, Stellenwert 25 (24 + 1) entsprechend
b) 1974 = 25. J. nach Beginn des Wassermanns ↗ (1950), im Rahmen der Endzeit ↗ eine Art Schaltjahr od. Halbzeit. Diesen Bogen, frz. Arc Dans la Nue, sollten all diejenigen sehen, die die echte Kabala od. Kette der Tradition ↗ gebildet haben.
D. h., die Bahn war a. das sichtbare Zeichen des Endes

der Tradition, wiederholt in ihrem einstmaligen Anfang: der Landung ↗ von Nommo; nun nicht als Astronauten in der Raumkapsel, sondern als Wiedersichtbarwerden der damaligen Bahn vom Sirius ↗ zur Erde.

Liebestanz: Grundmotiv ↗ , das Buchstabe B ↗ entspr., dessen 2 Halbkreise aber horizontal übereinanderliegen; findet sich a. als Rune ↗. In Altägypten sind die 2 unterschiedl. Halbkreise mit den

Göttinnen Isis ↗  u. Nephtys ↗ 

verbunden, die in vielen Variationen Gegensätzliches (in Liebe) vereinen: als Augen ↗ Sonne + Mond, als Barken ↗ Tag + Nacht und die 2 Länder Ober- u. Unterägypten als Km.T ↗, symbolisiert durch die rote + weiße Krone ↗, die ins Innere der Sonne ↗ führen. Da ist nun merkwürdig, daß die ersten 8 Elemente des chem. Periodensystems ↗, wenn eingetragen in den 8er Kreis der Sonne (äg. Götterachtheit ↗), genau das Grundmotiv ergeben als nichtfeste + feste Hälfte; u. eben das drückt sich a. in den Kreishälften als Hieroglyphen aus:

 = Brot (fest)

 = Getränk (nichtfest)

Wie übernommen im Abendmahl ↗ als Fest der Liebe, wo Brot für den Leib u. Wein für das Blut von Jesus ↗

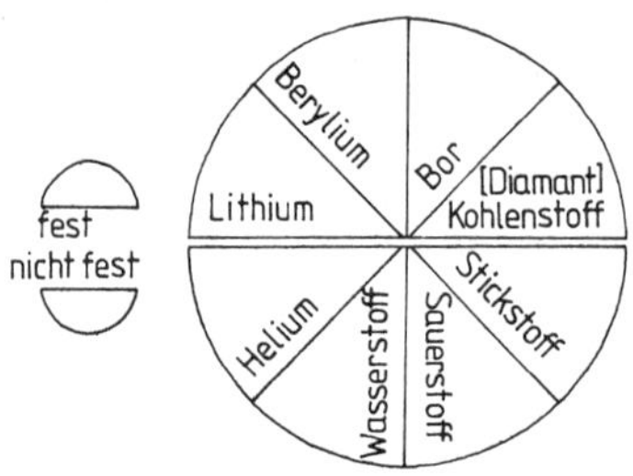

stehen soll. Nehmen wir seine Einstufung als Lehrer der Gerechtigkeit ↗ durch Menahem ↗ an, landen wir bei der äg. Maat ↗, u. die 2 gen. Göttinnen sind ihre Aufspaltung in die 2 Maati = Barken ↗. Od.: Liebe ist Wahrheit + Gerechtigkeit. — S. das Motiv bei den Ligurern ↗.

Liga der Gerechten: a. Liga der Menschen, Fortsetzung der Illuminaten ↗ in England; soll Marx den Auftrag zum Kommunistischen Manifest ↗ gegeben haben. Setzte sich ihrerseits als Insider ↗ fort. »Diese gottlose Gesellschaft operiert in einer außergewöhnlich wirkungsvollen Art und Weise, wenigstens in den höheren Führungsebenen. Sie macht Gebrauch von allen ihr zur Verfügung stehenden Mitteln, seien sie nun wissenschaftlicher, technischer, sozialer oder wirtschaftlicher Art« (G. Allen 1980, S. 18).

Ligurer: nicht-idg. Volk in Südfrankreich u. Oberitalien, das schließl. in die Gebiete um Genua bzw. ganz verdrängt wurde; wahrsch. afrikanisch. Die Felszeichnung von Laghi delle Meraviglie, (Abb.) ist lt. Wirth ↗ wahrsch. ligurisch, entstanden etwa 2000 v. Z. Im 8er Kreis ↗ als Rad ↗ (der Lehre) Grundmotiv Liebestanz ↗, daneben ein unvollständiges Nommozeichen ↗

, das man häufig in den ligur. Alpen findet. — Gingen den Etruskern ↗ voraus. Als Hauptgott ist Lug ↗ überliefert.

Lil: Element Luft ↗ in Sumer ↗, bzw. die Materie zw. An ↗ + Ki ↗, Himmel + Erde; wird im 8er Kreis ↗ zum Paar Enlil ↗ u. Ninlil ↗. Äg. Äqv. Hu ↗ + Hauhet ↗, im Tao ↗ Himmel + Wind.

Lilie: in der Natur mit fast 3000 versch. Arten weltweit verbreitet. Als Symbol in Ägypten mit der Göttin Nephtys ↗ verbunden, wie der Papyrus ↗ mit Isis ↗; beide Pflanzen ↗ werden manchmal als Stützen des Himmels (d. h. der Nut ↗) gezeichnet u. sind ihr als Nut-Töchter wesensverwandt, was sie in Bezug zum Wort ↗ (Logos) setzt. Das reicht sogar ins Christentum herüber, wenn der Erzengel ↗ bei der Verkündigung (Offenbarung) der Maria ↗ eine L. in der Hand hält. Vielleicht gibt es a. den Berührungspunkt zum Himmel, der immer in Schalen gedacht wurde, über die Zwiebel der Liliengewächse, gleichfalls schalenförmig. These: die beiden Pflanzen waren Gleichnisse für 2 Arten von Wortbau: Lilie = Wortzwiebeln, Papyrus = Ursilbenketten. — Bei den germ. Runen ↗ ist die Ilix ↗ die Lilie.

Lilith: in der Kabala ↗ ein weibl. Wesen, das vor Eva ↗ existierte u. unabhängig von Adam geschaffen wurde. Um ihren Besitz sollen sich Kain ↗ + Abel ↗ gestritten haben; sie waren aber nicht mit ihr verwandt. Diese Angaben fehlen in der Bibel ↗, in der jedoch Kain in ein anderes Land geht, um dort zu heiraten. Wo diese Gemahlin herkommt, erfährt man nicht. Eine Übernahme der Lilitu ↗ ist anzunehmen. Blavatsky nennt L. einen ›ätherischen Schatten‹ u. stellt sie mit der ind. Pramlocha gleich = eine Nymphe ↗. Der jüd. Talmud ↗ beschreibt sie als ein bezauberndes Weib mit langem, welligen Haar, das weibl. Widerschein von Samael ↗ gen. wird. »Diese Wesen in weiblichen Formen – Lilith ist das Urbild derselben in den jüdischen Überlieferungen – werden in den esoterischen Berichten Khado (Dakini ↗ im Sanskrit) genannt... mit Buddha Dakini als Haupt« (Blavatsky II, 298). Bei einem weibl. Buddha ist natürl. an Orejona ↗ zu denken, von der dann die großen Ohren als Symbol des Gautama (Buddha) übernommen wurden. These: ein weibl. Nommo ↗.

Lilitu: eine babyl. Göttin (Abb.), von der Lilith ↗ abstammt. Ihre Füße sind meist die eines Geiers ↗, Armhaltung + Flügel od. Umhang erinnern an das Schema des Gesamtkosmos ↗. Möglicherweise heißt der Name eigtl. Illitu, woraus sich Il (göttlich) Litu (heute Litho) = Stein machen läßt, d.h. ein Äqv. zum Gral ↗ (gor-al, göttl. Stein) u. damit zu Fru Gaur ↗ u. ihren Nv. — Würde man Li ↗-Litu lesen, käme noch überzeugender Gesetzesstein dabei heraus – aber welches Gesetz ist gemeint? Sondert man den Federumhang ab, so wird ganz auffällig die Kerpa ↗, das Trapez daraus u.

das, was Babylon bestimmte: der Babylonische Turm ↗; zu Füßen des Steinbock ↗ als Urhügel ↗.

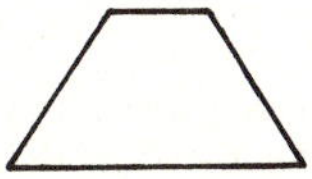

Lindwurm: der Drache fafnir ↗ (germ.), a. Linnrormr mit altnord. Linnr, ahd. Lint, niederl. Lind = Schlange, auf den Runengrabsteinen als Ul ↗-Rune dargestellt ᚢ, was den L. prinzip. zum Tierkreis ↗ macht. Er konnte aber a. zum Kreis (Schlange, die sich in den Schwanz beißt, aber Füße hat u. evtl. Hörner) werden u. geht dann zus. mit dem Steinkreis ↗ als Lindenkreis. Ein Äqv. dürfte die Midgardschlange ↗ sowie jeder Drache im Drachenkampf ↗ sein.

Die sog. Sigurdszeichnung (Abb.) von Ramsundsberget zeigt die obere Rückenhälfte des L. mit Mäander ↗-artigen Schuppen, die untere Bauchhälfte aber, in die Sigurd ↗ einsticht, mit Runen ↗. Hier also tropft das Blut, das sich Sigurd dann vom Daumen leckt (die Figur hinter dem Pferd), um plötzl. die Sprache der Vögel zu verstehen, die auf dem Baum sitzen, an dem sein Pferd angebunden ist.

Linear: rational: »Rationales Wissen ist ein System abstrakter Begriffe und Symbole, charakterisiert durch die lineare, folgerichtige Struktur... In den meisten Sprachen wird diese lineare Struktur erkennbar durch den Gebrauch von Alphabeten, welche zur Übermittlung von Erfahrungen und Gedanken in Form von langen Reihen von Buchstaben dienen« (F. Capra 1977, S. 24–25). L. = männl. = Lingham ↗.

Lingham: im Hinduismus ↗ der männl. Aspekt der Gottheit, symbolisiert als aufgerichteter Phallus in Stein, jedoch immer eingebettet in die Yoni ↗, den Kreis ↗ als weibl. Aspekt. Im Yantra ↗ stellt der L. Schiwa ↗ u. die Yoni Sakti ↗ dar. Im Mahabharata ↗ wird der Mythos vom Ursprung der L.-Verehrung im Sinne eines Heilmittels für Schiwas unabhlässiges sexuelles Verlangen beschrieben: »Die Weisen verdammten Sivas Linga dazu, auf die Erde zu fallen, und er verbrannte alles vor sich wie Feuer. Niemals ruhend, begab er sich zur Unterwelt, in den Himmel und überallhin auf Erden. Alle Geschöpfe gerieten in Unruhe, und die Weisen gingen verzweifelt zu Brahma ↗, der zu ihnen sagte: Solange wie der linga nicht zur Ruhe kommt, wird es kein Glück mehr im Universum geben. Ihr müßt die Devi (Göttin) dazu geneigt machen, daß sie die Form der Yoni annehmen wird, und dann wird der Linga zur Ruhe kommen...« Sachlicher wäre darin die ganze Unruhe zu sehen, die nach Trennung von Io ↗ (pazif.) bis zur Wiedervereinigung od. Synthese ↗ von Yin-Yang ↗ beginnt, wodurch es überhaupt nur zur Schöpfung kommt. Natürl. sind es a. die Zahlen 0 (Yoni) u. 1 = Lingham, s. die Sefirot ↗. Und es ist der Steinkreis ↗ mit dem Menhir ↗. — These: die 1. Trennung ist die des Ur-X ↗; die 1. Wiedervereinigung der androgyne Urmensch ↗; die 2. Trennung der Auseinanderfall der 3. Wurzelrasse ↗ (Adam + Eva), die 2. Wiedervereinigung ist genaugenommen Thema der Apokalypse ↗ u. vereinigt nicht das ird. sondern himml. Urpaar ↗ (äqv. Christus + Sophia). Statt L. könnte man sicher a. Li ↗ einsetzen, in der Umdrehung Il ↗, den Jesus als Vater (-gott) anrief. — In den exoter. Lehren der Radscha Joga wird Jiva, die Seele ↗ (Monade), Lingadeha gen.; prinzip. ist sie Linear ↗, wie der Geist ↗ (als Yoni) rd., der Kreis od. Zyklus ↗ ist.

Li-Ssu: chin. Minister, der Kaiser Shi Huang-ti zur Bücherverbrennung überredete; s. China ↗ zu Beginn des Fischsektors ↗. In seiner histor. Rede sagte er u. a.: »Ich schlage daher vor, daß alle Geschichtsbücher mit Ausnahme der ›Aufzeichnungen vom Staate Ch'in‹ verbrannt werden... Wer es wagen sollte, über das Shi-ching oder das Shu-ching (Bücher; das I-Ging ↗ blieb übrig) zu reden oder Kommentare zu verbreiten, soll hingerichtet und sein Leichnam auf dem Marktplatz zur Schau gestellt werden... Wer seine Bücher nicht innerhalb von dreißig Tagen nach Inkrafttreten dieser Verordnung vernichtet hat, wird gebrandmarkt und zur Zwangsarbeit an die Große Mauer geschickt...«

List, Guido von: ein Wiener Journalist (1848–1919), der versuchte, das germ. Heidentum wiederzubeleben, d. h. den Wotanismus ↗. Schon 14jährig schwor er sich vor dem Stephansdom zu Wien, eines Tages einen Wotantempel zu erbauen. Es bildete sich eine Gruppe um ihn, die 1875 (im Gründungsjahr der Theosophie ↗) eine Sommersonnenwende ↗ feierte, bei der die Sonne als sichtbarer Leib des wiedergeborenen Baldr ↗ angebetet wurde. Dabei vergrub man a. 8 Weinflaschen in Form eines Hakenkreuzes ↗ - linksdrehend. Sein Schüler Friedrich Krohn entwarf es für Hitler ↗, ebf. linksdrehend, doch bestand dieser darauf, es müsse sich rechts drehen. Das hat ihm dann, wie man häufig sagte, kein Glück gebracht. — Bücher: ›Das Geheimnis der Runen‹ u. ›Die Riten der Arier‹. Sie fanden viele Bewunderer u. man gründete schließl. eine Guido-von-List-Gesellschaft, die unter den Präfaschistischen Sekten ↗ als wichtig rangiert. List nannte seine Lehre Arminianismus nach den von Tacitus ↗ erw. Herminonen (heute Armanen ↗). Sein Schüler Alfred Schuler hielt nach seinem Tod Vorträge in München ↗, im Haus einer Frau Bruckmann, wo Hitler häufig Gast war.

Literatur: die hohe Kunst des Wortes (statt Bildes), von lat. *Litterae* = die Lettern = die Buchstaben, aus denen

Sprache ↗ gebildet wird, u. die setzt sich immer aus Namen ↗ zusammen. Keineswegs ist L. an schriftl. Fixierung gebunden, diese zeigt jedoch, daß sie ein lineares ↗ System ist, d. h. Li ↗ = Lingham ↗, Seele ↗, das Prinzip der Vielheit ↗. Trotzdem folgt L. genau wie Kunst ↗ der Auseinandersetzung Mensch-Welt, u. man kann den Kreis der Geschichte ↗ gemäß den 4 Zodiakhäusern ↗ a. in 4 Literatur-Typen einteilen, nicht ihre Entstehung sondern ihren Inhalt betr., der dann die Form best. u. Grundereignisse od. Einstellungen des betr. Geschichtsviertels spiegelt:

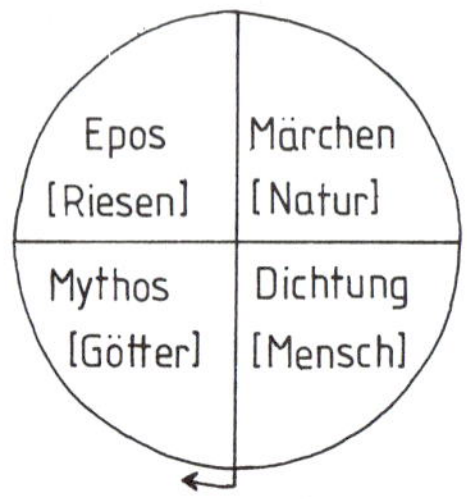

1) Mythen ↗ berichten von der Präsenz der Götter ↗ auf Erden, a. in den Dynastienlisten ↗ mit der gleichen Zeitdauer angesetzt; sie sind friedlich.

2) Epen (s. Epos ↗) behandeln die darauf folg. Kämpfe von Titanen, Riesen, evtl. noch Halbgöttern etc. bis zum Weltuntergang ↗; s. Erstkrieg ↗.

3) Märchen ↗ stellen die Natur ↗ in den Vordergrund und dringen auf Gerechtigkeit (Maat ↗), genau in Anschluß an die Überwindung des Weltuntergangs, der natürl. nicht erw. wird, wie überhaupt vieles mysteriös, geheim, versteckt, verzaubert bleibt.

4) Und dann folgt, was man psychol. Dichtung nennen könnte, die Beschäftigung des Menschen mit sich selbst, bis zur Fertigstellung der Psyche ↗ am Ende dieses Kreises. — Vgl. mit der Ntu-Philosophie ↗.

Liturgie: die streng geregelte Form des Dienstes an einer Gottheit, s. Religion ↗. Für den Katholizismus ↗ ist der Mittelpunkt der L. das ›Meßopfer‹ als Vergegenwärtigung der Kreuzigung ↗ von Jesus. Es gibt a. Liturgische Farben ↗.

Liturgische Farben: von Papst ↗ Pius V. (1570) für die Liturgie ↗ festgelegt, Gewänder + Geräte betr.:

weiß - Reinheit, Heiligkeit, Freude: für Herren- u. Marienfeste

rot - Blut, Feuer: für Apostel-, Märtyrer- u. Pfingstfeste

violett - Buße: für Advents- und Fastenzeit

schwarz - Trauer: für Begräbnisse + Totenmessen

Andere Völker behandeln die Farben ↗ wieder anders.

Locolico: Volk der Dämonen od. Erdgeister (Zigeuner ↗). Sie waren zuerst Menschen, wurden aber dann vom Teufel ↗ in furchtbare Wesen verwandelt, die tief in der Erde wohnten u. eines Tages die Keshalyi ↗ überfielen. Um sie zu retten, heiratete deren Königin den König der L. u. dieser Zwangsehe entsprangen die Krankheiten ↗. Man wundert sich, ob eine Verbindung zur Zwangsehe zw. Pluto ↗ u. Kore ↗ besteht, mit ersterem als König od. Torhüter der Unterwelt ↗, die ja in allen Mythen von Dämonen, also L. bevölkert ist; u. das wären zweifellos unerlöste Tote ↗.

Lofnheid: 1 der 2 Töchter des Riesen Hreidmar, der von Fafnir ↗ getötet wird. Übernimmt die Blutrache, was bei den Germanen ↗ immer Sache der Frauen war. — Im Namen steckt die Göttin Lofn, heute engl. *Love* = Liebe (s. Liebestanz ↗) u. Heid ↗ = Zauberin, d.h. sie war eine Liebeszauberin. Was innerhalb der ganzen Blutrache-Kette im Nibelungenlied ↗ daran erinnert, daß Sigurd ↗ (Siegfried) durch einen von Krimhild ↗ gereichten Liebeszauber (Getränk) untreu wird. Lofnheids Zauber wirkt offensichtl. per Telepathie ↗.

Loge, große von Ägypten: war Teil des Mysterien ↗-Systems u. enth. 8 Orden, die wahrsch. mit dem Fundament der Großen Pyramide ↗, d. h. der Götterachtheit ↗ zusammenhingen:

1. Orden: Odus (Sänger), Symbol Musikinstrument. Jedes Mitglied muß 2 Bücher auswendig lernen, eines mit den Götterhymnen u. eines über des Königs Leben.

2. Orden: Horoskopus (Stundenbeobachter), muß 4 Bücher beherrschen, alle über Astronomie. Symbol Sonnenuhr und Palmenzweig.

3. Orden: Hierogrammat (Schriftgelehrter), Symbol Kopffedern, Buch in der Hand u. Schreibmaterial. Zahl der zu beherrschenden Bücher 9. Sie behandelten Hieroglyphik, Kosmographie, Geographie, Astronomie, Ägyptens Topographie, hl. Werkzeuge u. Maße, Tempelmobiliar u. Land.

4. Orden: Stolist (Gottesbild-Pfleger), muß die 11 Bücher über das Schlachten der Opfertiere u. Mumifizierung kennen. Symbol Libiergefäß u. Maatfeder.

5. Orden: Propheten, Symbol Wasserkessel; müssen die 10 hieratischen Bücher über die Gesetze u. Doktrinen der Götter kennen, gen. Geheim-Theologie, sowie über die Erziehung der Priester.

6. Orden: Pastophori (Träger von Schreinen mit Götterbildern bei Prozessionen ↗, deren Türen sie öffneten, weshalb ihre äg. Bez. Wn-Pr = Haus-Öffner war). Sie mußten 6 Bücher über Physiologie, menschl. Krankheiten, Anatomie, Drogen u. medizin. Instrumente kennen.

7. Orden: Uab (Reine) für die 7 Künste: Grammatik, Arithmetik, Rhetorik, Dialektik, Geometrie, Astrologie u. Musik, dazu die Wissenschaft der Monumente mit Architektur, Skulptur u. Malerei.

8. Orden: It-Ntr (Gottesväter) bzw. H-Ntr (Gottesmütter) für die Geheimwissenschaft über Symbolik ↗, Zahlenmystik ↗ u. Mythen ↗. Im allg. nur Verwandte des Pharaonen-Hauses, genau wie beim 8. Grad der Arioi ↗. — S. Ntr ↗.

Hier holten sich Leute wie Moses ↗, Pythagoras ↗ u. Plato ↗ ihre Einweihung ↗, ohne jedoch zu allen Graden zugelassen zu werden. These: vieles ging auf das Lebenshaus ↗ zurück, war aber jetzt vornehml. in männl. Hand - schon als Resultat des Mysterienverrats ↗. — Ein berühmter Fall von ›Gottesvater‹ (8. Orden) war der Vater von Nofretete ↗, der schließl. seine Enkelin Anchsenamun ↗ heiratete u. damit Tutenchamun ↗ als Pharao ↗ folgen konnte. Die überhandnehmende Priestermacht war Altägyptens größtes Problem.

Logik: im Unterschied zum Logos ↗ das schrittweise u. Lineare ↗ Folgern, sodaß man ausgehend von einer Prämisse ↗ od. vorgegebenen Aussagen zu weiteren Aussagen kommt. Ob diese dann stimmen od. trotz absolut logischer Denkarbeit falsch sind, hängt notabene vom Ausgangspunkt ab.

1. Beispiel: weil die Funde in den Kulturschichten ↗ nach unten immer primitiver werden, muß angenommen werden, daß der Mensch primitiv anfing u. heute höher entwickelt ist als je zuvor. Eine schlüssige (logi-

sche) Folgerung, die aber kein stimmiges Ergebnis bringt, weil man nicht tief genug gegraben hat.
2. Beispiel: weil das Licht der Sterne deren Auseinanderstreben meßbar macht, muß angenommen werden, daß sich der Kosmos ↗ ständig weiter ausdehnt; wenn dies so ist, muß angenommen werden, daß am Anf. ein Urknall ↗ steht. A. das ist logisch und trotzdem falsch, weil die Sterne nicht der Kosmos sind, d. h. von etwas Sichtbarem auf etwas Unsichtbares geschlossen wird, was ganz anderen Gesetzen folgt, nämlich dem Logos. — These: die L. als intellektueller Scharfsinn der Beweisführung beruht auf der Einsicht in die Evolution ↗, nicht aber auf Offenbarungen ↗ der Schöpfung. Sie kann die Realitäten der Materie und der Seele, insg. der Natur ↗ erfassen, nicht aber die des Geistes u. der Archetypen ↗, insg. die der Kultur ↗. Sie ist die Sonne ↗ u. führt zu Wissenschaft ↗, aber nicht Erkenntnis ↗, weshalb Hegel ↗ das Denken im Kreis einzuführen versuchte.

Logoi: bei Blavatsky ↗ werden als Mehrz. von Logos ↗ die ›weiblichen Logoi‹ als eine Göttin namens Kwan-Yin ↗ gen.; aus ihr hätten die Hebräer ↗ ihre Schechina ↗ gemacht. Das stimmt zweifellos, denn sie wird mit der Zahl 24 verbunden, d. h. die L. sind die 24 Grundmotive ↗ des Kosmos ↗.

Logos: im Johannes ↗-Evangelium das ›Wort, das im Anfang war‹, afrik. Nommo ↗. »Der älteste manifestierte Logos war überall weiblich ↗...« (Blavatsky I, 101). »Der Logos wird zur Kuh ↗, d. h. zur Mutter, die schwanger ist mit den Göttern. Die Verwandlung des Logos in die Mutter hat insofern nichts Wunderbares an sich, als in den Thomasakten ↗ der Heilige Geist ↗ als Mutter angerufen wird... Mit den Thomasakten stimmt die ophitische Meinung, daß der Heilige Geist das ›erste Wort‹, die ›Mutter alles Lebendigen‹, und die valentinische Idee, daß er das ›Wort der Mutter von oben‹ sei, überein« (C.G. Jung ↗ in: Symbole der Wandlung, 1952, S. 625). »Die gnostische Sophia ↗ (Weisheit) ist der heilige Geist und der Schöpfer von allem...« (Blavatsky I, 101). Der »Logos ist keine Emanation, sondern eine Energie, die dem Parabrahman ↗ oder Einen innewohnend und mit ihm gleichwertig ist« (Blavatsky III, 208). Hier würden wir beim Ur-X ↗, Grundmotiv Energiekonzentration ↗ landen, als Einheit der Logoi ↗, die dann Brahman ↗ sind als Ausfächerung (Manifestation) des Parabrahman, äg. Ntr ↗. Im Logosstreit ↗ wurde diskutiert, ob Jesus ↗ Christus ↗ sei, d. h. der ›Fleisch gewordene Logos‹ u. in der christl. Trinität ↗ wurde der L. schließl. als Taube ↗ symbolisiert, möglicherweise eine Verkleinerungsform des universelleren Geiers ↗. — Die Nommo-Logie ↗ versucht eine Synthese ↗ von Logos + Logik ↗, um im Sinne der afrik. Ntu-Philosophie ↗ den Menschen, Muntu ↗, intelligent (durch Logik) und vernünftig (durch Logos) zu machen.

Logosstreit: nach staatl. Akzeptierung der Christen als Religion durch Konstantin I. ↗, berief dieser das Konzil von Nizäa (330) ein, denn die Kirche ↗ wurde gerade durch eine schwere innere Kontroverse erschüttert. Der Streit hatte sich an der Behauptung des Arianismus ↗ entzündet, Jesus ↗ sei urspr. nicht der ›Fleisch gewordene Logos ↗‹, d. h. Christus ↗ gewesen, sondern habe diesen Rang erst auf Grund seiner sittl. Größe empfangen. Um diese Frage zu bereinigen, ergingen Einladungen an Diözesen u. Kirchen im ganzen Römischen Reich; anwesend waren dann über 320 Bischöfe, dazu zahlr. Priester, Diakone u. Laien. Es fanden stürm. Sitzungen statt, bis sich aus der Heftigkeit der Auseinandersetzungen das Glaubensbekenntnis von Nizäa gestaltete mit dem seither aufrecht erhaltenen Dogma der Logosnatur von Jesus.

Loka: im Hinduismus ↗ sowohl Bewußtseinsebene wie Ort od. Sphäre, z. B. Kamaloka = Erdsphäre; u. Welt ↗, z. B. in Loka-Chakschu ↗ (Weltauge) u. Lokapala ↗ (Welthüter). Exoter. rechnen die Brahmanen ↗ mit 14 Lokas, 7 himml. u. 7 ird., die sich analog entsprechen. Es bleibt also wie in der Weltenlehre ↗ bei 7 Welten (lokas), die jeder Mensch durchlaufen muß: als Monade ↗, was hier nicht zur Sprache kommt, u. durch Initiation ↗ als Bewußtseinssteigerung; dann gehen die L. wohl a. mit den Chakras ↗ konform. Blavatsky: »Diese 14 Lokas oder Sphären bilden den Umfang des ganzen Brahmanda...« (III, S. 569); in Mandalas ↗ werden sie mit entspr. Wesen als Loka-Bewohner gleicher Rangordnung gefüllt; natürl. wohnen die Nirvani ↗ im 7. Loka, bei den Vedântisten Brahma-Loka = Ort des Brahma ↗ genannt. — Es folgt 1 der mögl. Namenslisten, die meist verschlüsselt sind:

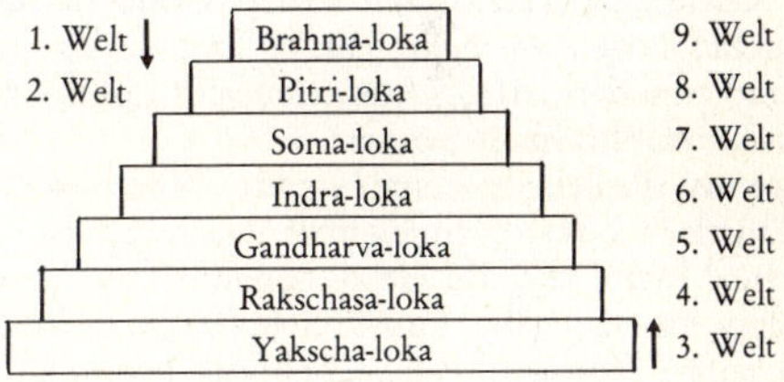

Man vgl. mit dem Babylonischen Turm ↗ u. den 7 Sinnen ↗. Ganz offensichtl. ist die Zählung ›verrutscht‹, denn Soma ↗ = Mond, der dort die 9. Welt ↗ best., wird hier als Soma-Loka zu Nr. 5. Das eigene Schema macht versuchsweise die 7. Welt daraus u. läßt Pitri-Loka als 2. (und 8. Welt) anschließen, s. Pitris ↗ als astrale Urmenschen.

Loka-Chakschu: Welt-(=Loka ↗)Auge; ind. Titel nach erfolgreicher Initiation ↗, äqv. dem äg. Begriff Sohn der Witwe ↗ = Horus ↗ im Mysterien ↗-System, das allerdings aus 2 Augen ↗ besteht: Sonnenauge + Mondauge. Das Weltauge müßte eigtl. als deren Synthese ↗ gelten, u. die ergibt sich wohl beim Dritten Auge ↗.

Lokapala, die 4 = die 4 Stützen od. Hüter der Welt (= Loka ↗) als die Himmelsrichtungen ↗; mit ihren Gattinnen u. Elefanten aber a. die 8 Punkte des Kompass, äqv. den 8 Att ↗ der Germanen (Hinduismus ↗). Zus. a. Ashtadisha = die 8 Flächen, welche den Raum begrenzen. Dabei ist das gerade Kreuz mit männl. Göttern besetzt (s. Schema) wie die Zodiakscheibe ↗ von Dendera ↗, sodaß sie evtl. mit ihren Elefanten zus. Falkenzwillingen von Ägypten ent-

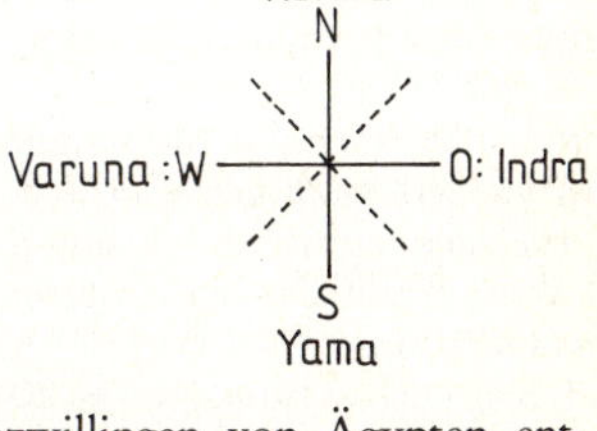

spr. bzw. dem indian. Chac ↗, während die Göttinnen (Gattinnen) das schräge Kreuz bilden, das a. das Weltideogramm ↗ ist.

Loki: germ. Gott, von *logi* = Feuer. Blavatsky ↗: »Der Name Loko ist hergeleitet worden von dem alten Wort Liuhan ›erleuchten‹. Er hat daher denselben Ursprung wie das lateinische lux = Licht« (II, S. 296). Das paßt zur Aussage des Mythos ↗, L. habe Sleipnir ↗, das 8füßige Roß geb., u. das ist der Lichtstrahl ↗ in seiner 8teiligen Wellennatur. Insofern ist L. wohl als dessen Ursprung der Sektor Licht = Li ↗ im 8er Kreis ↗; jedenfalls gehört er nicht zu den Asen ↗ (12er Kreis, Planeten), wird aber quasi in ihrem Kreis aufgenommen, weil er in uralter Zeit mit Odin ↗ ›Blutsbrüderschaft‹ getrunken haben soll, wobei man nicht weiß, ob nun eine analoge ird. Person gemeint ist. Das auffälligste Äqv. ist der griech. Prometheus ↗, denn wie dieser gilt L. als Bringer der Kunst ↗, indem er die kostbarsten Schätze herstellen läßt: das Schiff des Freyr ↗, den Hammer des Thor ↗ u. a. (s. Dunkelelfen ↗) u. nach Verursachung der Ermordung von Baldr ↗ gefesselt u. in einer Höhle an einen Felsen geschmiedet wird, wo von einer Schlange unaufhörl. Gift in sein Gesicht tropft. — Mit der Riesin Angrboda ↗ hatte er 3 Kinder: die Hel ↗, den Fenris-Wolf ↗ u. die Midgardschlange ↗. — Kelt. Var. ist Lug ↗, der sich Luzifer ↗ annähert. Afrik. Äqv. vielleicht Lokun ↗. — Lokis Gemahlin heißt Sigyn ↗.

Lokun: ›Perlengott‹, eine Nv. für Oduduwa ↗, den ›1. Künstler‹, Loki ↗ vergleichbar. Nach ihm ist der Olokun ↗-Hain von Ile Ife ↗ benannt, wo man u. a. Glasschmelztiegel u. künstl. Schmuckperlen fand, also Lokuns ›Trommel‹ ↗ (s. a. Schiwas Trommel), in der die Perlen ↗ des Perlengottes entstanden.

Lolo: urspr. Ureinwohner von China ↗, schwarz u. sehr groß; heute in unzugängl. Hochzonen des Tibet ↗, 2 Kasten bildend: die schwarzen Lolo, die das Land regieren u. die weißen Lolo, die ihre Leibeigenen u. Sklaven sind. Erstere sind die einzigen, über die, seit dem Einfall 1950, die chin. Regierung keine Gewalt hat. »Könnten«, schreibt Blavatsky ↗, »... die höchst alten Handschriften in der Lolosprache (jener der Ureinwohner von China) erlangt und richtig übersetzt werden, so würde manches unschätzbare Beweisstück gefunden werden...« (II, 293), wohl a. für ihre Angabe, die Lolo gehörten dem höchsten und letzten Zweig der 4. Wurzelrasse ↗ an, was sie zu schwarzen Lemuro-Atlantiern ↗ macht. S. Himalaya ↗.

Long Count: Lange Zählung, die größte Einheit im Kalender ↗ der Maya, übernommen von den Olmeken ↗. M.D. Coe in seinem Buch ›Die Maya‹: »Man ist sich im allgemeinen darüber einig, daß der ›Long Count‹ lange nach der ›Calender Round‹ (womit die 52 Jahre des Tzolkin ↗ gemeint sind) entwickelt worden sein muß, aber man weiß nicht, wieviele Jahrhunderte oder Jahrtausende später. Wie dem auch sei, die ältesten ›Long Count‹-Daten fallen in den Baktun 7 und erscheinen auf Monumenten, die außerhalb des Maya-Gebietes liegen« (1977, S. 70). Wie nachfolg. Tabelle zeigt, setzt sich 1 L. aus 13 Baktun zus., der erw. Baktun 7 fällt also in die letzten 400 Jahre v. Z. Kin ↗ ist hier 1 Tag:

20 Kin = 1 uinal = 20 Tage Tzolkin)
18 uinal = 1 tun = 360 Tage (1 Haab ↗ bei
20 tun = 1 katun = 7200 Tage
20 katun = 1 baktun = 144000 Tage (nicht ganz 400 Jahre)
13 baktun = 1 Long Count (nicht ganz 5200 Jahre)

Eine Datumsangabe lautet dann z.B. so:

9.10.19.5.11 ergibt:	9 baktun	=	1296000 Tage
	10 katun	=	72000 Tage
	19 tun	=	6840 Tage
	5 uinal	=	100 Tage
	11 kin	=	11 Tage

Das ergibt 1374951 Tage seit Ende des letzten Long Counts u. eine entspr. Position im Tzolkin. Inzw. gibt es zieml. Debatten, wann der nächste (5.) L. aufhören soll: 2011 sagt Coe; u. das wäre der nächste Untergang, weil der L. als Ausdruck eines Vervollkommnungsprozesses der Menschheit gilt u. nicht fortschreiten kann ohne Vernichtung jener, die die Schritte dieser Epochen nicht mitmachen können. These: der 5. L. endet 1999 beim nächsten Polsprung ↗, denn, was noch kein Forscher gemerkt zu haben scheint, ergeben 5 L. ziemlich genau 1 Präzession ↗; rechnet man die Endzeit ↗ hinzu, entsteht folg. Rechnung:

25920 Jahre + 50 Jahre : 5 = 5194 pro Long Count

Dagegen Coe: »Die genaue Korrelation zwischen Long Count u. christlichem Kalender ist unglaublich schwierig und noch immer umstritten, denn er ist ein absoluter Kalender, der jeden Tag zählt und wie eine große Uhr von einem Zeitpunkt der fernen Vergangenheit aus abgelaufen ist.«; u. an anderer Stelle: »Möglicherweise dauerte ein jeder solcher Abschnitt 13 Baktun, also etwas weniger als 5200 Jahre.«; Bei der obigen, sehr einfachen Rechnung sind es gerade 6 Jahre weniger als 5200 od. 100 Tzolkins. — Noch ein bisher unbeachteter Punkt ist inter.: die großen Untergänge der Weltenlehre ↗, beschrieben im Popol Vuh ↗, wurden auf die kleinen Untergänge nach jedem L. übertr., was eine geschichtl. Richtigkeit haben könnte.

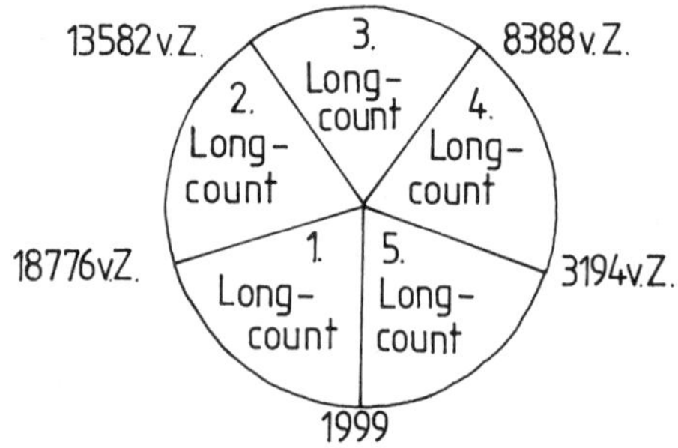

Bei diesem eigenen Schema fällt dann das Ende der 5. Welt ↗ mit dem Ende des 5. Long Counts zus. u. das Ende des 4. Long Counts deckt sich evtl. mit der kleinen Flut, die auf den Tod von Krischna ↗ folgte.

Lot, Lot's Frau: verließen als einzige mit ihren 2 Töchtern Sodom ↗, kurz bevor ›Schwefel u. Feuer‹ auf es herabregneten. Trotz Warnung durch ›Engel‹ ↗ drehte sich die Frau um ›und ward zur Salzsäule‹, was auf eine atomare Katastrophe verweist; auf letztere bezieht sich wieder Jesus ↗, wenn er sagt: »An dem Tag aber, da Lot aus Sodoma ging, da regnete es Feuer und Schwefel vom Himmel und brachte sie (die Menschen) alle um. Auf diese Weise wirds auch gehen an dem Tage, wenn des Menschen Sohn soll offenbart werden... wer auf dem Felde ist, der wende nicht um nach dem, das hinter ihm ist. Gedenket an des Lots Weib« (Lk 17/29-32). These: es ist ein Hinweis auf die Wiederholung des Weltuntergangs ↗ in der Endzeit ↗.

Lotan: im Mythos von Kanaan ↗ die ›böse Schlange‹, die ›gewundene Schlange, mächtig durch 7 Häupter‹; daraus machten dann die Juden ihren Leviatan u. die Christen Satan ↗, in der Apokalypse mit 7 Häuptern + 10 Hörnern vorgestellt. Im Mythos von Ugarit ↗ heißt sie Tannin od. Batin u. wird von Anat ↗ + Baal ↗ bekämpft. Erstere sagt zum Boten ihres Bruders:

»Fürwahr, ich kneble Tannin, ich kneble ihn
ich habe geschlagen die gewundene Schlange
Mächtig durch 7 Häupter«

Od. es sagt der Tod zu Baal in Zusammenhang mit dessen Palastbau ↗:

»Sicher werde ich dich durchbohren, wie du schlägst Ltn (Lotan), die böse Schlange...«

Woraus die Bibel ↗ folg. machte:

»Du hast zerschmettert die Häupter des Liwjatan«
(Psalm 74/14)

Od. bei Jesaja, verlegt in die Endzeit ↗:

»An jenem Tage wird der Herr heimsuchen mit seinem harten, großen und starken Schwert, beide den Leviathan, der eine schlechte Schlange, und den Leviathan, der eine krumme Schlange ist; und wird die Drachen im Meer erwürgen.«
(Jesaja 27/1)

Es ist a. Jam ↗, wie Anton Jirku schreibt, auf Hiob ↗ verweisend:

»Bin ich Jam oder Tannin
Daß du eine Wache gegen mich aufstellst?«
(Hiob 7/12)

Bei ›Drachen im Meer‹ fallen natürl. Apophis ↗ u. Midgardschlange ↗ ein, der Drachenkampf ↗ allg.

Lotos: Seerose (Abb. 1); soll die 1. Blume auf der Erde gewesen sein, weshalb er zum Symbol von Mu ↗ wurde, weil dort der 1. Mensch ↗ erschien. Von Mu wurde er lt. Churchward ↗ bei der Kolonialisierung ↗ zu den anderen Kontinenten exportiert u. spez. in Altägypten u. Indien ein symb. Entstehungsort für göttl. Kinder: Horus ↗ entsteht im L. (Abb. 2), Buddha ↗ entsteht im L.; a. die 4 Horuskinder ↗ werden auf den L. gezeichnet. Warum? Er ist die einzige Pflanze, die schon

1.

2.

3.

6.
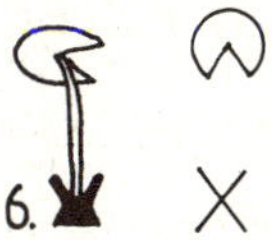

im Samen das fertige Lotosbild enthählt, was sie irgendwie mit 2 Realitätsebenen auf einmal verbindet, den präexistenten Urbildern (Ideen ↗) u. dem konkreten Endprodukt Welt ↗. Nimmt man Abb. 2, so erhält man als Umsetzung folg. Analogie:

Horus = Sonnensystem ↗
Lotos = Zodiak ↗
Wasser = Kosmos ↗ (Schriftbild Mu ↗),

4.

5.
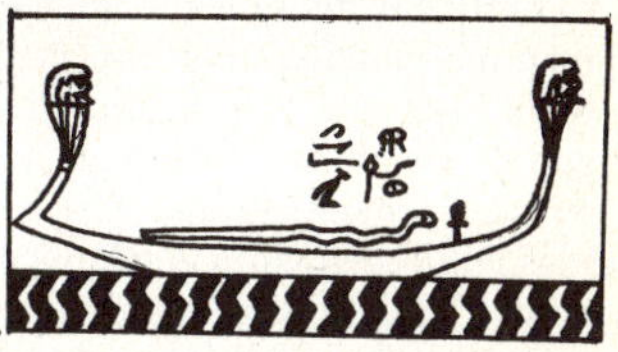

d. h. man erhält die (120teilige) Weltformel ↗ od. Psyche ↗, von außen nach innen. Das deckt sich mit den Lotoszentren od. Chakras ↗ in Tibet mit insg. 120 Lotosblättern. Übrigens wuchs der gewöhnl. zuerst weiß, dann rot blühende Lotos in Ägypten in solchem Überfluß, daß Brot daraus gemacht wurde. Ihn sehen wir

7.
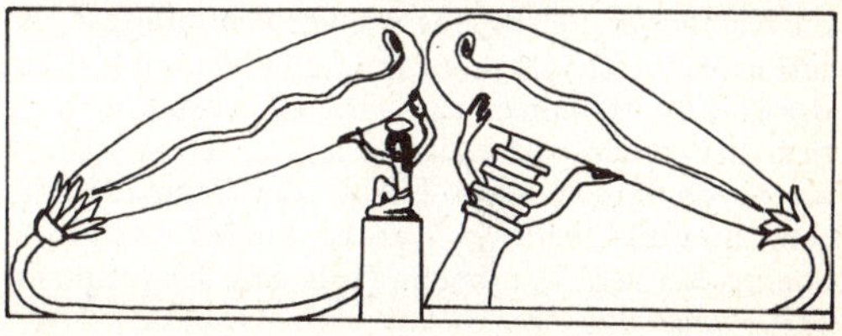

Dendera (Krypta des Hathortempels)

auf Abb. 3 wie eine Schlange um ein rotes Gebilde mit schwarzer Spitze gewickelt, das wohl einen vergrößerten Samen als Sonnensektor (rote Sonne, schwarzer Sonnenkern ↗) darstellt. Dieser Bezug dürfte a. auf Abb. 4 berührt werden, wo im Duftkegel (s. Kopf ↗) eine weiße Lotosblüte steckt. Tats. blüht dieser L. am 1. Tag weiß, am 2. Tag rot u. dann sinkt die Blüte unter Wasser u. wird schwarz, was a. die Farben der Alchemie ↗ sind. Abb. 2 variiert sich in Bild 5: aus dem L. wird die Lotosbarke = das Sonnenschiff ↗; jetzt sind die 2 Köpfe über den halboffenen Blüten an jedem Bootsende wohl die Seele ↗ schlechthin. Innen das Lebenskreuz ↗, davor eine Schlange, prakt. im Lotos. Das wiederholt sich dann in Abb. 7 mit ♀ den 2. Schlangensteinen ↗; das sind sehr lange Lotosknospen, durch die sich jeweils die gleiche Schlange zieht. Aber zunächst Abb. 6, der L. als Hieroglyphe ↗: hier stoßen wir auf die tiefsinnigste Aussage, denn es werden X ↗ als Samenwurzel u. A als Blatt gekoppelt, was 2 Einheiten miteinander verbindet, das X als Einheit des Kosmos ↗ u. das A als Einheit der Sonne ↗. Man geht wohl nicht fehl, die Schlange im Boot als Gesamtzodiak einzustufen, wie beim Hl. Dreieck ↗ u. wenn doppelt auftretend, als Tierkreis + Kreis der Zodiakz., u. eben das sind letztl. a. die 2 Farben des Lotos rot + blau = Sonne u. Himmel (Kosmos). Abb. 8 zeigt 2 blaue L.-Blüten mit rotem u. 1 rote L.-Blüte mit blauem Stengel. Diese beiden ineinander verschlungenen Farben wiederholt der Sechsstern ↗, verborgen in der äg. Brustplatte ↗, die

8.

manchmal in Lotosblüten od. Horusfalkenköpfe ausläuft. Nicht zu vergessen, wird im Buddhismus ↗ das X der Lotoswurzel zum Lotossitz ↗ u. das A des Blattes (Abb. 8 zeigt es überdeutl. als Grundmotiv A = ) wäre das Dreieck ↗ des übrigen Körpers, eine Pyramide ↗ mit bogenförmiger Ausstrahlung. Nimmt man die Handhaltung im Zen ↗ als Grundmotiv P ↗ beim Lotossitz hinzu, sind wieder die 2 Weltordnungen ↗ X-P u. A-Z vereinigt; die erste ist weibl. u. die zweite ist männl. (s. Yin ↗ + Yang ↗), was den ›im Lotos Geborenen‹ zum göttl. oder menschl. Hermaphroditen ↗ macht, d. h. zum Übermenschen ↗ am Anf. u. Ende der Welten ↗, einmal abstrakt, einmal konkret, weshalb der L. a. für das ›abstrakte u. konkrete Weltall‹ steht bzw. Emblem seiner hervorbringenden Kräfte ist. C.G. Jung ↗: Lotos = Mutterarchetyp, Geburtsstätte, Mandala ↗. These: dem 1. Begriff entspr. der Archetyp Urmutter ↗ (das X), dem 2. als Geburt der Übergang von Schwangerschaft ↗ zu Lebensweg ↗ (das A). Im Mandala finden sich bildhaft ausgestaltet die Kategorien der Psyche wieder: Schöpfung ↗, Evolution ↗, Geschichte ↗ u. im Äg. Totenbuch ↗ heißt das 81. Kap. ›Um in eine geheiligte Lotosblüte verwandelt zu werden‹, nämlich nach dem Tod ↗. Blavatsky ↗ von Indien: »Der Lotos oder Padma ↗ ist ein sehr altes und beliebtes Symbol für den Kosmos und ebenso für den Menschen« (I, S. 88). Lotosherrin = Dasamahavidya ↗.

Lotosherrin: Dasamahavidya ↗.

Lotossitz: eine nach dem Lotos ↗ ben. Sitzhaltung, die lt. Jung ↗ die Betreffenden ›zur unsterblichen Gestalt‹ verwandelt, warum wird nicht gesagt. Es fallen jedoch Z. auf, die in eigener These gedeutet werden.
1) die Unterbeine werden ganz eindeutig zum X gekreuzt, wobei die Fußsohlen - s. Fuß ↗ als Symbol - nach oben gedreht werden (Abb. 1)

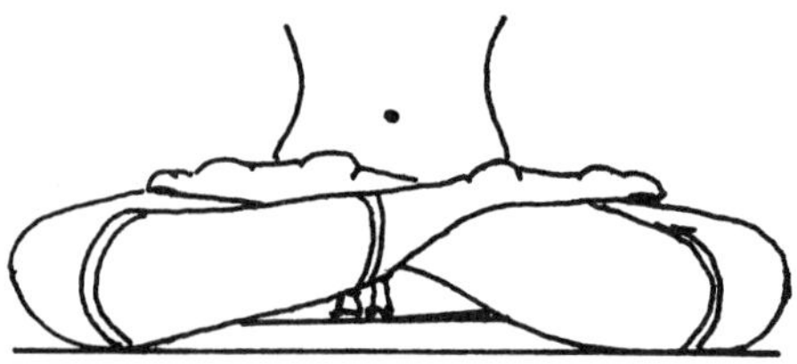

Abb. 1

Setzt man letztere - beim Tierkreis ↗ dem Fisch zugeordnet - mit dessen 2. Grundmotiv, äqv. Buchstabe P ↗ gleich, so wäre auf andere Weise wie beim Christusmonogramm ↗ die Weltordnung der Geschichte ↗ ausgedrückt = XP ↗. Zum Buddhismus ↗, der diesen Sitz praktiziert, paßt das insofern vorzüglich, als die Geburt des geschichtl. Buddha ↗ ins X der Wiederholung ↗ fällt u. die Geburt des prophezeiten vollkommenen Endbuddha Maitreya ↗ ins P.

Abb. 2

2) Die bevorzugte Handhaltung (Abb. 2) stimmt total mit jenem Grundmotiv  überein, das als Buchstabe Z ↗ das Sonnenalphabet ↗ beendet u. Teil der Kategorie Muntu ↗ (Mensch) unsterblich bildet. Würde man jetzt noch den Beginn dieser 2. Weltordnung, das A (Alpha ↗) finden, wäre im L. tats. der vollkommene Mensch (als Ziel ↗) ausgedrückt. Und dieses A ist dann wohl die Pyramide der Gesamthaltung, eine Art Dreieck.

Lotosstab: äg. Herrschaftssymbol, bes. von Göttinnen, war ein langer Stab mit halboffener Lotos ↗-Blüte, s. Bild der Löwengöttin ↗.

Lotosteich: taucht in Verbindung mit dem äg. Symboltier Ibis ↗ auf, der dort Seelen ↗ für neue Menschenkinder zu holen scheint wie in Europa der Storch die Babies im Seerosenteich. Im übrigen hatte jeder äg. Tempel ↗ einen obligatorischen Teich ↗, in dem u. a. a. der Lotos ↗ gezüchtet wurde - schon in Mu ↗ gleichgesetzt mit Mensch.

Louhi: in Wagners Oper Parzival ↗ eine zieml. unklar bleibende ›Teufelin‹, gen. ›böse Louhi‹, die sich in der Gralsburg ↗ aufhält. These: es könnte sich um ein Äqv. für Fenja ↗ handeln, da Wagner ↗ vieles aus der Edda ↗ übernahm. Sie müßte a. ident. sein mit der letzten Hüterin der Sambo ↗ im Kalewala-Epos ↗.

Löwe: »An vielen Orten sehen wir den Löwen, wie sein Schweif über seinen Rücken emporgerichtet ist und in ein Schlangenhaupt endet; wodurch gezeigt wird, daß der Löwe umgekehrt worden ist: was in der Tat mit dem ganzen Tierkreis ↗ und mit jeder anderen Konstellation der Fall gewesen sein muß, als der Pol umgekehrt worden ist« (II, S. 451). These: der letzte Polsprung ↗, auf den sich diese Bemerkung beziehen muß, ereignete sich 11432 v. Z., d. h. kurz vor Beginn des Löwe-Sektors, dem allerdings Löwinnen ↗ (als Göttinnen) vorstehen, weil der Löwengott ↗ umgebracht wurde. Die Osirismumie ↗ liegt deshalb a. als Fisch ↗ (Zeit der Wiederkehr ↗) auf der Löwen-Bahre.

Löwengott: Min ↗ mit Zodiak ↗-Schlange auf dem Kopf, in der l. Hand die Geißel ↗; daneben über einem Opfertisch der Lotos ↗. Das Äg. Totenbuch ↗ redet im 162. Kap. so von ihm:

»Heil dir, Löwengott, du, mächtiger Herrscher! Sieh, dein Haupt ist geschmückt mit der doppelten Feder (s. Doppel-Feder ↗); In der Hand hältst du die schreckhafte Peitsche (d.h. die Geißel), des Befehlshabers Zeichen. Du, mannhaftes, mutiges Wesen, dessen strahlender Glanz den Himmel erfüllt! Im Augenblick deiner Geburt sind deine vielfachen Formen im Sonnenauge ↗ verborgen... Komm denn mir nahe, o Gott! Mach daß ich lebe inmitten deines göttlichen Hofstaats. Denn siehe: Ich bin Du.« Der Tote ↗ kann aber a. sagen: »Ich bin der den Himmel durchfährt, ich bin Re ↗ (die Sonne), ich bin der Löwe.« Und da der Tote als Osiris ↗ spricht, ist der Löwengott die Verschmelzung der Seelen des Re (eigtl. Vater + Sohn) u. des Osiris (= die Nut ↗), d. h. ein Erscheinungsbild der Trinität ↗, deren Archetyp ↗ in Sektor Löwe ↗ fällt. — A. Christus ↗ wird bei der Wiederkehr ↗ Löwe gen. (Apokalypse ↗).

Löwengöttin: »Eigen genug sind die meisten dieser Löwe-Gottheiten weiblich...« (Bonnet, S. 427), so die Matit, eine Isis ↗-Form, die Mehit ↗, Tefnut ↗, Sachmet ↗ u. eine Mentit ↗ als weibl. Form (das T) von Mentu = Muntu ↗. Alle aber, so Bonnets ›Reallexikon der äg. Religionsgeschichte‹, gehen zurück auf die ›Herrin des Himmels‹, Urt-Hekau ↗, womit wir a. bei der germ. Urd ↗, d. h. dem Wort = Logos ↗ landen od. wie bei Löwe ↗ allg. bei der Trinität ↗, die a. zur Sphinx ↗ wurde. - In einem Mythos ↗ zieht die Himmelskuh ↗ als Löwin aus, um ›das sündige Menschengeschlecht‹ zu vernichten, nach Mord am Löwen-

Abb. 1

Abb. 2

gott ↗. Das Thema taucht in den äg. Märchen ↗ auf. These: damit ist einmal der Weltenbrand ↗ als L. Tefnut = Element Feuer ↗ gemeint, aber a. der Einbruch kosm. Strahlen durch Polsprung ↗, weshalb es a. eine Mischform Mut ↗-Sachmet als L. gab. Indian. Äqv. ist der Jaguar ↗.

Abb. 1: Sachmet, so wie sie 12 mal unter den Dekanen ↗ erscheint, d.h. pro Zodiaksektor ↗ einmal.

Abb. 2: Sachmet mit Krone aus Kobras, als Kandake ↗.

Löwe-Sektor: 7. Sektor im Zodiak ↗ (11010–8850 v. Z.), fast direkt an den Weltuntergang ↗ (11432 v. Z.) anschließend. Beginn des 2. Reiches ↗ u. 2. Matriarchats ↗.

Löwin: auf der Abb. 1 die kanaan. Göttin Kadesch ↗ tragend (Det.) u. mit einem großen X ↗ gekennzeich-

Abb. 1

net, Archetyp Urmutter ↗. Als Mehit ↗ (Abb. 2) ist die L. auf einer Vignette des Äg. Totenbuches ↗ unter dem Lotos ↗ zu finden. Der Tote ↗ sagt: »Bei der doppelten Himmelslöwin, ich habe kein Korn gestohlen...«, was die Frage aufwirft, worauf sich diese Doppelheit der L. beziehen könnte. These: auf den Ge-

Abb. 2

samtkosmos ↗ einerseits, enth. in der Vorsilbe Me ↗ - u. Element Feuer ↗ andererseits, im Bild die Kobra ↗ als Feuerauge Tefnut ↗. — S. a. die Verwandlung der Katze ↗ in die L.

Lu: Aufzeichnung (chin.); z. B. in: Ming-i Tai-fang lu = Aufzeichnungen über das Warten auf eine Wegauskunft in einer Zeit der Verfinsterung des Lichts (enth. im I Ging ↗).

Lucia: Lichtbringerin in Schweden; läutet nach alter germ. Sitte am 13. Dez. die Jul ↗-Zeit ein; heute meist mit Adventskranz ↗ geschmückt. Müßte zus. mit dem wortverw. Lucifer ↗ jenes Astronauten ↗-Paar darstellen, das Erkenntnis ↗ als ›Licht‹ brachte; Nv. Lutzelfrau ↗.

Lucifer: Lichtträger; Schreibvar. Luzifer ↗. In der ersten Form verw. mit Lucia ↗, aber a. mit Lug ↗ (G statt C).

Ludwig XIII.: König von Frankreich (1601–1643), der aus dem 30jährigen Religionskrieg ↗ einen Nationalitätenkrieg machte, aus dem sein Land als Sieger u. Deutschland als Verlierer hervorging. Ihm folgte Ludwig XIV. ↗.

Ludwig XIV.: König von Frankreich, der sich Sonnenkönig ↗ nannte u. den Absolutismus ↗ einführte: »Ein König steht über allen anderen Menschen... er nimmt sozusagen den Platz Gottes ein...« s. Königtum ↗. Er sagte a.: »Der Staat bin ich.« Bestieg den Thron 5jährig, 1643, nach dem Tod von Ludwig XIII ↗, 5 Jahre vor dem Westfäl. Frieden, der den 30jährigen Religionskrieg ↗ (1618–48) beendete. Zum Mittelpunkt von Europa wurde Versailles ↗. L. liebte den Krieg so sehr, daß er Miniaturbilder von Schlachtszenen an den hohen Absätzen seiner Schuhe trug. Spielte er in Theateraufführungen mit, so am liebsten als Sonne. Entspr. nannte er den Versailler Thronsaal Apollo ↗-Saal. Rebellierende Adlige wurden vernichtet, Protestanten gezwungen, Katholiken zu werden od. ins Exil getrieben, Künstler u. Intellektuelle, Diener, Bauern u. Kaufleute mußten sich detailliertesten Bestimmungen unterwerfen. Nach einer ungeheuren Kulturblüte, imitiert von allen europ. Höfen, zerstörte sich diese Politik selbst.

Kunststil: Barock ↗, der lt. Wiederholung ↗ genau mit seiner Thronbesteigung begann.

Luft: 1 der 4 Elemente ↗, äg. Gott Schu ↗, der auf vielen Bildern Himmel (Nut ↗) + Erde (Geb ↗) sowohl voneinander trennt, wie er a. erstere hochhebt u. stützt, was in der Tat eine Eigenschaft der Luft ist. Nv. Ha ↗, Teil der afrik. Kategorie Hantu ↗. — Luft im heutigen Sinn: ein Gasgemisch aus 78,08 % Stickstoff u. 20,95 % Sauerstoff (sowie winzigen Teilen anderer Zutaten), das unseren Planeten bis zu etwa 250 km Höhe umgibt u. absolut lebensnotwendig für Pflanzen, Tiere + Mensch ist. — Aus Tutenchamuns ↗ Grab stammt diese elfenbeinerne Kopfstütze (Abb.); sie macht Luft

= Schu zur Stütze des Pharao-Kopfes, unten Aker ↗ als Erde, mit den 2 Sonnenpunkten O-Aufgang, W-Untergang. D. h., der Kopf ↗ wird Chepre ↗. Ein gutes Beispiel für ganz Afrikas Sitte, Wissen zu Gebrauchsobjekten zu machen, zu einer Schrift ↗, die nicht verloren geht.

Lug: eine mythol. Gestalt der Kelten ↗, die in der Auseinandersetzung zw. Fomori ↗ + Tuatha de Dannan ↗ eine entscheidende Rolle spielt. In Spanien eine Gottheit der Ligurer ↗. Lug-Orte wurden durch eine Spirale ↗ gekennzeichnet u. führten zu Namen wie: Luco, Luquiano, Luyano, Luganes, Lugo etc. Ja, offensichtl. bezieht sich a. der alte Name von Portugal ↗ = Lusitania darauf, u. es handelt sich um den Lucifer ↗ (= Lug) Tania = Tane ↗ im Pazifik. Dafür spricht a., daß in Irland die Milchstraße ↗ ›Schleuder des Lug‹ gen. wurde. These: auf sie bezieht sich die Spirale, denn alle Galaxien entstanden im Grundmotiv ↗, das dem G entspr. Außerdem befindet sich an einem ›Ende‹ dieser ›Schleuder‹ das Sternbild Hund ↗ (= Sirius ↗), u. Lug verband sich mit einer Göttin Louve = Wölfin, die z. B. als Königin in der Provinz Lugo regierte. L. Charpentier: »Aus dem ›Kessel des Lug‹ wurde der Gral ↗« (1971, S. 20). — Der ganze Sternenweg ↗ von Compostelle (Spanien) führt von Lug zu Lug, quer durch Spiralen, um in der Bretagne zu enden. — Vgl. mit Lugal ↗ u. Luk ↗.

Lugal: sum. Königstitel ›Großer Mann‹, als Vertreter einer männl. od. weibl. Gottheit; Voraussetzung war, von einer Göttin ↗ geb. + ernährt worden zu sein. These: wie die Sonne ↗ von der Himmelskuh ↗; s. Königtum ↗. — Im Wort stecken Lug ↗ (Licht) u. Al ↗ (göttlich). — S. Luk ↗.

Luk: die Bewohner des Ulithi-Atolls, Karolinen, Pazifik ↗, erzählen, wie Luk vom Himmel zur Erde herabkam, um ein sterbl. Weib zu freien. Seine himml. Gattin suchte die Verbindung zu verhindern u. folgte ihm. These: es handelt sich um eine Nv. für Nommo ↗, Tane ↗, Lug ↗, Luzifer ↗, Bes ↗, Baal ↗, Osiris ↗ etc.

Lukas: 1 der 4 Evangelisten ↗, symbolisiert als Stier ↗, d. h. 1 der 4 Zodiakhäuser ↗ vertretend, die zurückgehen auf die 4 Elemente ↗, wie sie a. als INRI ↗ zu finden sind. War außerdem Begleiter von Paulus ↗. — Es folgt als Modell eine Koppelung Elemente-Tierkreis ↗, wobei ersichtl. wird, daß zumindest 4 der 12 Tiere - tats. tauchen sie in der Apokalypse ↗, Kap. 4, bei der symb. Beschreibung des Inneren der Sonne als Elemente auf - die Elemente auf ihre Weise vertreten; s. z. B. den äg. Aker ↗ (Erde) als Löwenpaar und den Muntu-Stier ↗ als den Wassern entstiegener Mensch. — L. allein (Wasser vertretend = Jam ↗ in INRI) verbindet Jesus (Lk. 3/23-38) über Joseph ↗, David ↗, Abraham ↗, Sem ↗ mit Seth ↗, dem in Kanaan ↗ eben Jam (ggb. Baal ↗) entspr., übernommen aus dem Buch der Chronik ↗. Außerdem stammt die Apostel-Gesch. der Bibel von ihm. In ihr wird für die Endzeit ↗ Pfingsten ↗ prophezeit (2/17).

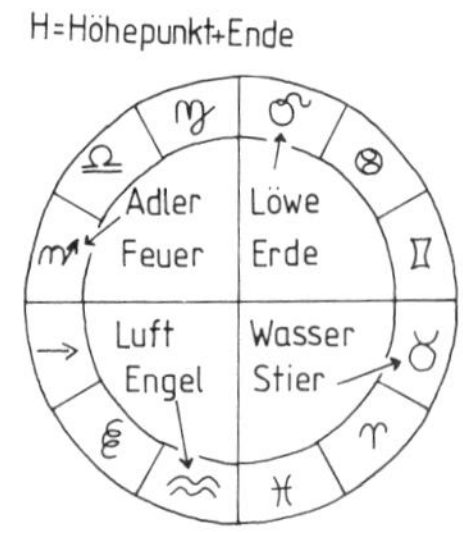

Evangeliar aus Fulda (9. Jh.)

Luke: als einzige Öffnung der Großen Pyramide ↗ wurde (bisher) an der Nordseite in 15,25 m Höhe über dem Fundament eine völlig luftdicht schließende L. gefunden, von der man annimmt, sie sei der Geheimeingang gewesen, weil hier das Gangsystem ↗ beginnt.

Abb. 1

Nachdem der Pyramidenmantel für den Bau von Kairo ↗ abgenommen worden war, sieht die L. heute so aus wie auf dem Photo (Abb. 1): die Klappvorrichtung

Abb. 2

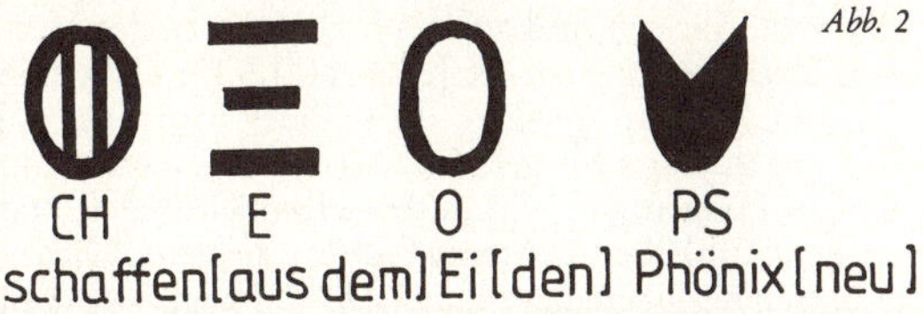

fehlt (wurde aber im Schutt gefunden), das Dreieck war nur deren Befestigung, wird aber Pupille od. Auge der Pyramide gen., weil sich eine Eingravierung darin befindet, die dem Urhügel ↗ nahekommt, u. darin 6 cm kleine Z. enth., die nach M. Adams den ›göttlichen Namen‹ der Pyramide enth.; eine Übersetzung fehlt jedoch. Sie könnte Cheops ↗ lauten (Abb. 2). These:

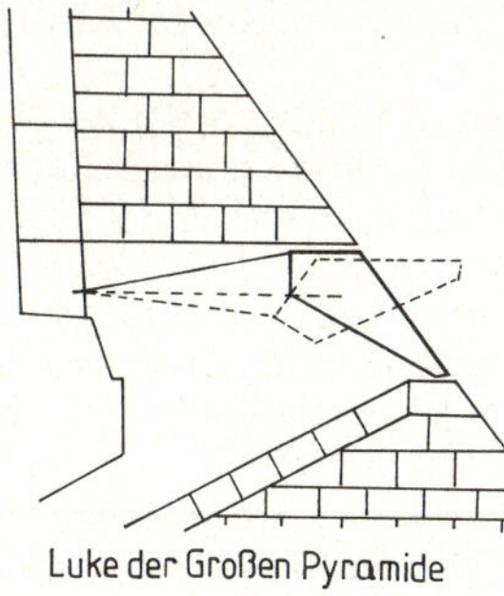

Abb. 3

diese Luke könnte das eine Fenster sein, das beim Palastbau des Baal ↗ durchgesetzt wird; sie könnte a. das Fenster der Arche Noah ↗ sein, in beiden Fällen vor allem wasserdicht (wegen Jam ↗ bzw. wegen der Sintflut ↗). Was ihre Position 7.30 m östl. der Hauptachse (= N) betrifft, so fällt sie je nach Drehrichtung eines angelegten Zodiaks entweder in den Anf. des Wassermanns ↗ (Krokodil ↗) od. ins Ende des Fischsektors ↗ als Geburtsdatum der Wiederkehr ↗, hier des Phönix ↗ aus dem Ei = der Pyramide. – Abb. 3 zeigt die raffinierte Klappvorrichtung der L. nach Pochan ↗, der dahinter einen Kommandoraum (= Antichambre de Commande), Buchstabe A, vermutet.

Lussi Bruden: die Lucia ↗-Braut, zusammenhängend mit Lussi Faerden ↗ u. wohl a. Lutzelfrau ↗.

Lussi Faerden: das Wilde Heer = Wotans Wilde Jagd ↗, ben. nach seinem regelmäßigen Auftreten in der Lucien-Nacht nach Lucia ↗, der Lussi Bruden ↗. Sollte Wotan ↗ für Merkur ↗ u. Lussi für Venus ↗ stehen, so entspr. ihre Vereinigung dem zukünftigen 3. Reich ↗, auf das als Friedensreich ↗ a. der christl. Advent ↗ hinweist, der in die gleiche Jul ↗-Zeit fällt.

Luther, Martin: dt. Theologe (1483–1546), der viele, z. T. sehr alte Beanstandungen sozialer, polit. u. relig. Art aufgriff u. bündelte, sodaß sie zündend wurden: 1) in der Reformation ↗ u. 2) in Bauernaufständen, die er wahrsch. so wenig gewollt hat wie den Protestantismus ↗ u. danach als beider Konglomerat der 30jährige Religionskrieg ↗, den man teilw. wohl als 1. Revolution ↗ der Deutschen betrachten kann. 500 Jahre später, 1983, im Lutherjahr, bahnt sich eine 2. Revolution der Deutschen an, prinzip. wieder auf seinem Affront gg. das (im Katholizismus ↗ noch heute gültige) Kirchenrecht beruhend, die Kirche ↗ bestehe ›aufgrund göttlicher Anweisung‹ aus 2 Sorten von Menschen: Klerikern und Laien od. Pastores (Hirten) u. Christifideles (Gläubigen, Schafen), wobei die ersteren ›heilig‹ (unantastbar) sind u. die letzteren ihnen als Führern gehorchen müssen. Dagegen setzte L. das Laientum ↗, was dem Ungehorsam u. jeder Art von Revolution die Tü-

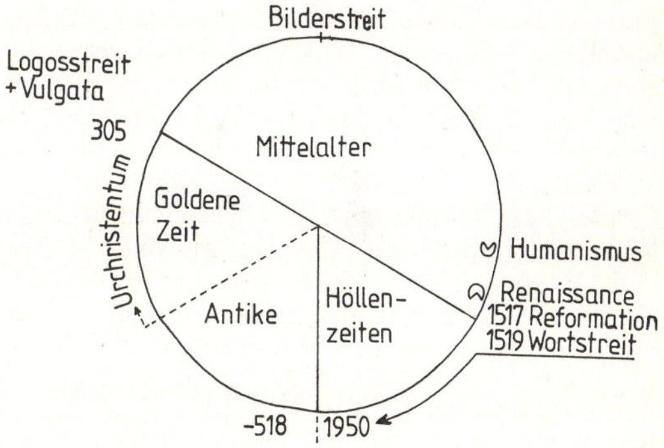

re öffnete. Dagegen sind seine am 31. Okt. 1517 an der Türe der Wittenberger Schloßkirche angeschlagenen 95 Thesen gg. den Ablaß (wenn sie nicht nur eine Legende sind), spez. den zur Finanzierung des Petersdoms ↗, eigtl. nur der Auslöser für die fällige Gegenreformation ↗ gewesen, d. h. für die Überwindung kirchl. Korruption. Das Laientum wurde v. a. durch Übers. der Bibel ↗ in die dt. Sprache ermöglicht, wobei sich Unterschiede zur Vulgata ↗ ergaben, weil inzw. griech. Urtexte gefunden worden waren, die Textverfälschungen offenlegten. Und schließl. stellte er a. fest, nur 3 der 7 Sakramente ↗ seien echt, d. h. von Jesus ↗ gestiftet: Taufe ↗, Buße + Abendmahl – 4 aber seien unecht, d. h. von Päpsten ↗ hinzugefügt worden: Firmung, Priesterweihe, kirchl. Eheschließung + letzte Ölung; wobei die Priesterweihe natürl.

wieder aufs Laientum zielte. Od.: auf die ›Freiheit eines Christenmenschen‹, wie der Titel einer seiner Reformschriften lautet. Frauenhaß ↗ wurde jedoch nur halbherzig abgebaut, z. B. durch Einführung der Priesterehe, die er a. selbst schloß. — »Vor der Reformation lasen nur wenige Laien die Heilige Schrift, Luther selbst sah mit 20 Jahren zum 1. Mal eine vollständige Bibel. Jetzt aber war sie jedermann zugänglich. Seine Übersetzung erschien 1522, mit Bildern des Papstes als Antichrist ↗, und wurde das meistgelesene Buch. Bald konnten die Lutheraner behaupten, daß der durchschnittliche Kirchgänger besser in der Bibel Bescheid wisse als zuvor der Priester. Die Trennung in Geistliche und Laien wurde aufgehoben.« Es folgt ein Schema der Wiederholung ↗ von Geschichte ↗ ab 518 v. Z. (Antike) bis 1950 (Endzeit ↗-Beginn), das L. ziemlich genau dem Logosstreit ↗ gegenübersetzt. Es läßt ihn das Mittelalter ↗ abschließen u. gleichzeitig die Höllenzeiten ↗ beginnen. Der einsetzende Wortstreit (Streit um das Wort der Bibel) geht am Kreisende über in den Religionsstreit von Sokrates ↗ gg. Athen als Kreisbeginn im 6. Jh. v. Z. sowie in die nach 1950 einsetzende Wissenschaftliche Revolution ↗. — S. Lutherjahr ↗.

Lutherjahr: 500jähriges Jubiläum der Geburt von Luther ↗ 1983, genau im J. der letzten Wiederholung ↗ von Grundmotiv Ω, Implosion, in dem einstmals (vor ca. 17000 J.) die Urreligion ↗ entstand. Tats. war 83 eine starke ›Basiskirche‹ zu bemerken, die sich von der dogm. Amtskirche nichts mehr sagen ließ, wie allg. relig. Erwachen + wissenschaftl. Revolution ↗.

Lutzelfrau: tritt in der Steiermark am 13. Dez. = Beginn der alten Jul ↗-Zeit auf, um Gaben zu bringen, äqv. Lucia ↗. Hier gilt sie als 1 der 3 Formen der Percht ↗. Stellt man sie in Verbindung zur Gattin des Lug ↗, einer Wölfin, so kann es sich nur um Percht als ›Pudelmutter‹ handeln, was an die Nephtys ↗ als Mutter des Anubis ↗ erinnert.

Luxor: altäg. Tempelbezirk bei Theben ↗ (heute einer dessen Vororte), v. a. mit Tempel ↗ für Mut ↗ + Ammon ↗, ersterer mit Granitstatuen der Löwengöttin Sachmet ↗ geschmückt. Zw. beiden Tempeln als Verbindung eine Sphinx-Allee ↗ (Abb. 1), datiert in die

Abb. 1

Regierungszeit von Tutenchamuns Nachfolger Haremhab ↗, 18. Dyn. Durch Hinzufügung seiner Kartuschen ↗ usurpierte er Säulenreliefs seines Vorgängers, eine Praxis, die z. B. a. die Annexion der Großen Pyramide ↗ durch Cheops ↗ denkbarer macht. Hier läßt sich aber a. bes. deutl. die Verschiebung der äg. Tempelachsen studieren, wie sie z. B. in der Zodiakscheibe ↗ von Dendera verzeichnet sind. Das Schema (Abb. 2) zeigt 4 Wechsel.

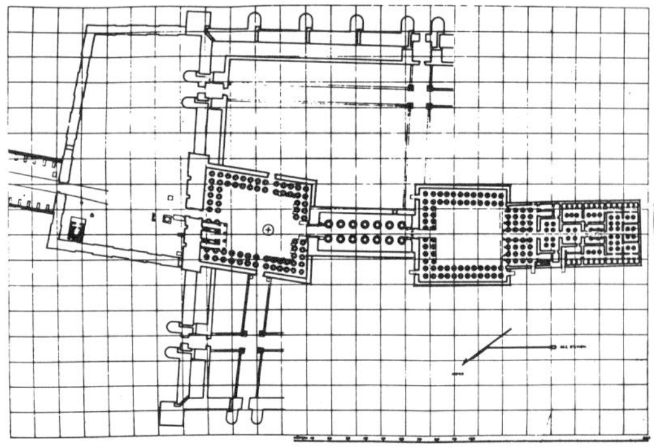

Abb. 2

Luzifer: der ›Lichtträger‹ (Blavatsky ↗), Nv. Lucifer ↗, von *lux* = Licht; heute luzid = hell, durchsichtig. Stand lt. rororo Lexikon urspr. nur für Morgenstern ↗, was offen läßt, ob Venus ↗ od. Sirius ↗ gemeint ist, die sich im Lauf des J. als 1. Stern des Morgens abwechseln. Prophet Jesaja 14/12–13: »Wie bist du vom Himmel gefallen, du schöner Morgenstern! Wie bist du zur Erde gefället... Gedachtest du doch in deinem Herzen: ich will in den Himmel steigen und meinen Stuhl über die Sterne Gottes erhöhen.« Die Interpreten beziehen dies auf den Babyl. Turm ↗ od. den Geist, der ihn bauen ließ. Die bibl. Legende schickt daraufhin die babyl. Sprachverwirrung ↗ als Strafe, behauptend, davor hätten alle Menschen die gleiche Sprache gesprochen. Sieht man sich in Ägypten ↗ um, in das starke Wurzeln der Bibel ↗ zurückreichen, so schafft hier Thot ↗ Sprachuneinigkeit, aber a. alle Heiligen Maße ↗ von Monumentalbauten u. kann wohl als Äqv. für L. gesetzt werden. Und zwar nicht in Form des Ibis ↗, sondern des Affen ↗ als Zeitangabe im Tierkreis ↗, heute Schütze ↗, der nun am Sternenhimmel tats. die hellste Stelle der Milchstraße ↗ einnimmt, u. in dieser Richtung befindet sich a. ihr Zentrum. Der Sage nach schießt der Schütze auf den Skorpion ↗, weil dieser den Jäger Orion ↗ totgebissen hat, was umgesetzt zunächst nur bed., daß man Orion nicht sehen kann, wenn Skorpion + Schütze am Himmel stehen. Orion verbindet sich aber mit Osiris ↗, dem Urgroßvater von Thot = Luzifer = Großer Horus, germ. Tuisto ↗, der ›erdgeborene Gott‹ od. der ›Böse Waland‹ ↗, der ›Schwarze Meister‹, später der Teufel ↗, nicht zu verwechseln mit Satan ↗. Osiris ist aber Sirius u. zerstört als von dort kommender Astronaut (afrik. Nommo ↗) beim 1. Besuch den Planeten Ogo ↗, wodurch ein Uranusmond abgetrennt u. zur Venus wird. Damit wäre der unsichere Morgenstern geklärt. Sein Eintreffen fällt mit dem Paradiesverlust ↗ zus. u. so wird verständl., warum (z.B. bei Jung ↗) folg. als luziferisch gilt:

1) Erregung von Konflikt
2) Emanzipation des Ich-Bewußtseins

These:
Nr. 1 wäre mit der Schlange ↗ am Baum der Erkenntnis ↗ gleichzusetzen, od. was Blavatsky nennt: ›Luzifer ist das Verbum ↗‹.
Nr. 2 bezieht sich auf Enochs ↗ Zeit, als die Menschen anfingen, sich wie Gott vorzukommen; wahrsch., weil jetzt Schrift ↗ entstand.
Er ist, wie Dionysos ↗ bei Euripides, der Erzeuger der Tragödie. — Im kath. Dogma wird behauptet, L. sei beim sexuellen Verkehr mit schönen Erdtöchtern ein Stein aus der Stirne gefallen, Gorr ↗ genannt. Blavatsky: »Angetrieben von dem Gesetz der ewigen Entwicklung und des Karma inkarnierte sich der Engel auf Erden im Menschen; und da seine Weisheit und Erkenntnis noch immer göttlich sind, obwohl sein Körper irdisch ist, so wird er (allegorisch) angeklagt, die Geheimnisse des Himmels zu enthüllen«. Dieses Wegnehmen der Schleier ↗ od. Öffnen der Siegel ↗ dürfte seine Haupteigenschaft sein u. dies konnte z. B. per Gral durch Lichtöffnung ↗ geschehen. Insofern ist L. wohl kein Lichtträger od. Lichtbringer, sondern ein Lichtöffner, d. h. jemand, der den Menschen Zutritt zu den Mysterien ↗ verschafft. Inter. ist a. folg. Bemerkung: »Von den ›sieben Palästen der Sonne‹ ist der von Lucifer-Venus der dritte nach der christlichen und jüdischen Kabbala und der Zohar macht aus ihm die Wohnung des Samael« (Blavatsky, II, S. 34). Im Zohar ↗ benutzt Samael ↗ die Schlange, um Eva ↗ zu verführen u. L.s weibl. Aspekt ist Lilith ↗ (die Schlange als Logos ↗, Verbum), äqv. Lucia ↗.

M

Buchstabe

Grundmotiv  Heiltanz

Ma: lt. Churchward ↗ gab es in der Sprache von Mu ↗ die Reihe *Mu* = Mutterland, *Ma* = Kolonie u. *Mehen* ↗ = Mensch. Hatten diese Mu-Ableger durch Kolonialisierung ↗ sich soweit entwickelt, daß sie sich unter einem Rama ↗ selbst regieren konnten, bekamen sie als Symbol an den bisherigen Halbkreis einer aufgehenden Sonne Strahlen:  wird . Äqv. dazu findet sich indian. *Ma* = Sonne ↗ u. afrik. *Ma* = Gott ↗ (bei den Bambara in Mali ↗), mit Maat ↗ (äg.) als weibl. Partner. Man kann noch einen Schritt weiter gehen u. die zitierte Wortreihe mit der Schöpfung vergleichen:

Mu wird Ma wird Mehen
Kosmos wird Sonne wird Mensch
äqv. Mutterland + Kolonien = Weltideogramm ↗
= Kontinente ↗
od. Mu + Ntu ↗ (Gott) = Muntu ↗ (Mensch)
äqv. Mut ↗ äqv. Manitu ↗

Global findet sich Ma aber a. für Mutter, Verdoppelung Mama ↗ u. Mam ↗. Kombinationen sind Amma ↗ u. Foma in Kamerun ↗.
These: solche ersten Ur-Kolonien waren
1) Madras ↗ für Asien (Südindien)
2) Ma Noa ↗ für Amerika (Amazonas-Delta)
3) Mao ↗ für Afrika (zw. Tschadsee + Nil, a. Maioo) u. nur das Ma von Atlantis ↗ wäre nicht mehr bek., da dieser Kontinent unterging.

Maakare: 1 der 5 Horusnamen der Hatschepsut ↗; die Teile dieses Namens finden sich bei anderen Pharaonen ↗ sonst nur alleine, dann aber sehr oft: als Maare u. kare. — Evtl. läßt sich übers. Mutter (= Ma ↗) Geist (= Ka ↗) der Sonne (= Re ↗) od. Mutter der Geistsonne (Kara ↗); Nv. Mahikari ↗.

Mäander: globales Symbol ↗; im Pazifik ↗ heißt die M.-Linie *Yol.* These: das ist ein Äqv. von Yul ↗ = Rad u. macht aus dem M. eine Rhythmuslinie für den Kreis (das Rad) der Geschichte ↗; eine Art Wellengang mit Vorwärts- und Rückwärtsbewegungen, wobei unterschiedl. Zeiteinteilungen der einzelnen Mäanderabschnitte errechnet wurden. Aus Frankreich (Paul Poesson ›Le Testament de Noé‹) stammt das 1. Schema. Vom Muiska-Museum ↗ das 2., das für die Aufwärtsbewegung nur rd. 600 statt 800 J. ansetzt, dafür Sturz, Rückgriff + Auslaufen auf rd. 1000 statt wieder 800

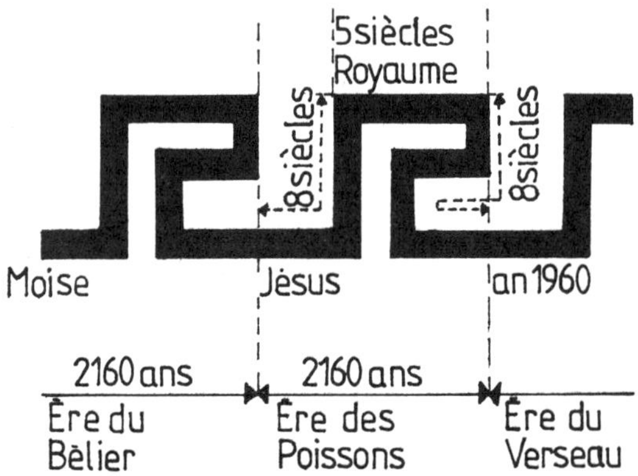

Schema 1

verlängert. Dieses Schema hat sich v. a. bei der Wiederholung ↗ bewährt, aber a. beim Vergleich der Rückgriffdaten mit der Gesch.:

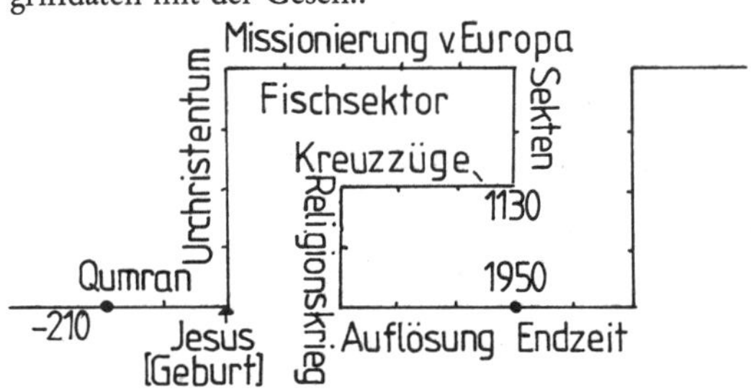

Schema 2

Bei ca. 103 J. pro Abschnitt bleibt z. B. im Fischsektor ↗ (210 v. Z. - 1950) der von der Qumran-Sekte ↗ gegebene Impuls 2 Abschnitte lang ›am Boden‹ u. erhält dann genau am 1. Eckpunkt des M. (4 v. Z.) durch die Geburt von Jesus ↗ einen steilen Auftrieb, der erst nach weiteren 4 Abschnitten, die von den Ur-Christen ↗ getragen werden, um 409 aufhört, als Auswirkung der von Konstantin ↗ durchgesetzten Verstaatlichung der Kirche. Von nun an bis um 925 hält sich das Christentum auf dieser Höhe, durch staatl. Druck, wobei ganz Europa missioniert wird. Am nächsten Eckpunkt beginnt der Absturz, es bilden sich Sekten ↗; folgt der Rückgriff nach Jerusalem (Jesu Grab) durch die Kreuzzüge ↗ mit dem Einsetzen der Gotik ↗ genau am 4. Eckpunkt (1130) u. der 2. Teil des Sturzes ab

Renaissance ↗, der die Reformation ↗ folgt u. der Religionskrieg ↗; dann ist der Boden wieder erreicht u. die Mäanderwelle läuft aus in Auflösung (s. Nietzsche ↗: »Ich bin ein Mensch der Auflösungszeit«) u. Endzeit ↗, in der es zum nächsten Impuls kommt. D.h., die Impulse für 1 Mäanderrhythmus liegen immer am Anf. eines Zodiaksektors ↗.

Maat: = Wahrheit-Gerechtigkeit, personifiziert als Göttin, die auf dem Kopf eine Straußenfeder trägt. Ihr ältestes Schriftz. ist die Hälfte des Fundaments der Großen Pyramide ↗, Teil des Namens von Ägypten = KM.T ↗. Je nachdem Mutter + Tochter des Re ↗, um den sie als Ka ↗ ihre Arme legt, um ihn mit Lebenskraft ↗ zu füllen, ist sie auf jeden Fall ein Teil der Sonne ↗ (äg. Re); das zeigt a. ihre Einsetzung als Gattin des Thot ↗, der quasi die Weltordnung, die sie darstellt, hütet. Daß sie doppelt ist, zeigt sowohl ihre Ausfächerung in die 2 Maati ↗ wie folg. Kultlied: »Du (Re = Sonne) durchwandelst den Himmel und leitest die Erde, indem Maat bei dir ist, und wenn du in der Unterwelt ↗ ruhst, ist Maat bei dir... So lange du bestehst, besteht Maat; so lange Maat besteht, bestehst du; sie ist vereint mit deinem Haupt (als Uräus ↗); sie ist ewig bei dir... Dein rechtes Auge ist Maat, dein linkes Auge ist Maat...« (Bonnet, S. 430), d. h. sie ist den beiden Augen ↗ Sonne + Mond gleichgesetzt wie a. den Göttinnenschwestern Isis + Nephtys. So findet man die M. auf Bildern sowohl mit 2 Federn (Abb. 2) wie mit 1 (Abb. 1) bzw. 1 und Flügeln in ½ Rhombus ↗-Form wie Schlange od. Geier ↗ (Abb. 3).

Abb. 1

Abb. 2

Abb. 3

These: ihr Äqv. ist die Göttin Tao ↗, d.h. sie ist der 8er Kreis ↗ der Sonne (das Fundament) bzw. des Lichts (die Feder ↗), der wieder mit dem Liebestanz ↗ zusammenhängt, weshalb es im gleichen Kultlied a. heißt: »... dein Brot ist Maat, dein Bier ist Maat...« äqv.  + 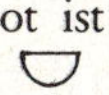. Und da der 8er Kreis eng mit dem 4er Kreis ↗ gekoppelt ist, kann man vielleicht so zuordnen

1) Maat = Wahrheit = *truth* (engl.) = Thrudenring ↗ (4er Kreis)

2) Maat = Gerechtigkeit mit der Feder, gg. die das Herz des Toten bei der Seelenwägung ↗ gewogen wird = 8; im Tibet übergreifend auf das Herz-Chakra ↗.

A. beim Tao (8er Kreis) findet sich die Verengung auf 4, getaltet als 2 Fische mit je 1 Auge = Taichi ↗, was äqv. wäre, daß die Maat den Fischen gleich dem Re als Nahrung dient, schließl. sein Wort ↗ ist, bzw. ›Richtschnur und Ziel des göttlichen Weltregiments‹ – sagen wir: Weg ↗ + Ziel ↗. — Äg. Totenbuch ↗: »Sie segelt im himmlischen Boot«.

Maati: häufig ist von 2 Maat ↗-Göttinnen die Rede, die dann dualist. als ›die beiden Maati‹ bez. werden. Grund: »Im letzten mag die Paarbildung auf eine Gleichsetzung der Maati mit den beiden Sonnenschiffen ↗ zurückgehen, die gleichfalls Maati genannt werden« (Bonnet). These: damit landet man bei den 2 Barken ↗, Augen ↗ u. zuletzt beim Liebestanz ↗, Buchstabe B; unter seiner Auswirkung entstanden 4er + 8er Kreis der Sonne ↗ vor dem 1. Tag der Primärschöpfung ↗; in der Geschichte ↗ wird daraus nach Übertritt der Nephtys ↗ auf die Seite der Isis ↗ der Archetyp ↗ Madonna: Isis mit Kind wie Maria ↗, Nephtys ohne Kind wie die Nonne ↗.

Machttanz: 1 der 24 Grundmotive ↗, äqv. Buchstabe R, Archetyp Trinität ↗. Sollte also Macht so angelegt sein wie die Idee ↗ von Macht, so müßte sie ein dreifaches sein, weil sich das Z. aus den Hälften von 3 anderen Grundmotiven zusammensetzt; im Übertrag: Butter (= Pflanzentanz ↗, in der Abb. 1) + Kanonen (≂ Waffentanz ↗, in der Abb. 2) + Licht, Erleuchtung (= Vibrationsachse ↗, in der Abb. 3); meist fehlt letzteres. — S. Mafdet ↗.

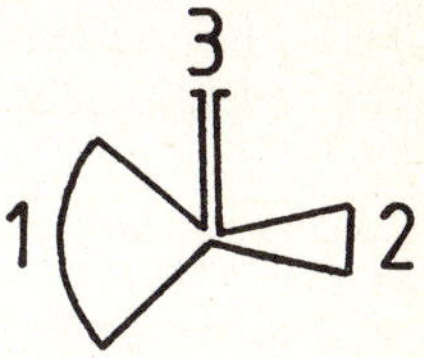

Macuil: Gott 5 bei den Azteken ↗; z.B. als Macuilxochitl ↗.

Macuilxochitl: Gott 5 Blume, azt. Äqv. von Xochipilli = Maisgott ↗ in der Sonderform eines Kalendergottes der Blumen, Tänze, Gesänge, Spiele, z.B. des Patolli ↗-Spiels (s. die Abb. unter diesem Stichw.).

Madagaskar: viertgrößte Insel der Erde, vor der südostafrik. Küste u. Rest von Lemurien ↗ = Kasskara ↗, das im Namen noch enth. ist. 1506 von den Portugiesen ›entdeckt‹, nachdem im 9. Jh. schon die Araber dagewesen waren. Folgte Unterwerfung durch frz. Kolonialismus ↗ ab 1896, Aufstände, Wiedererreichung der Unabhängigkeit seit 1960. — Mischbevölkerung mit indones. Sprache. — Hier allein finden sich die Lemuren ↗ (Halbaffen).

Madai: bibl. Ausdruck für die Meder ↗, Nachf. von Japhet ↗.

Madonna: ein Archetyp ↗; bed. im Ital. ›meine Herrin‹ u. bezieht sich auf Maria ↗. Da diese aber schon eine Nachbildung der äg. Isis ↗ ist, die ihrerseits eng mit Nephtys ↗ zusammenhängt, kann man zwei M.-Typen postulieren: eine mit Kind u. eine ohne Kind als Vorbild der Nonne ↗. Gerade letz-

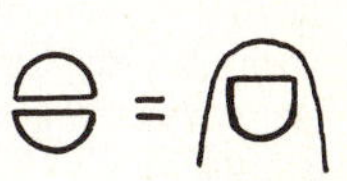

tere zeigt in ihrer Ordenstracht deutl. das Grundmotiv ↗  des Archetyps, gen. Liebestanz ↗: indem sich über das Gesicht als nach unten gebogener Kreishälfte (Barke ↗) die Haube als nach oben gebogene Kreishälfte schiebt, etwas vergrößert u. verlängert (Schema). These: als Sektor der Geschichte ↗, 2. Hälfte Krebs ↗ beim Zodiak ↗ (7770–6690 v. Z.) beinhaltet der Archetyp M. die Versöhnung von Isis + Nephtys nach dem Übertritt letzterer als Amazone ↗; es folgt die Verbindung ihrer Partner im Sektor Zwilling ↗ zum 1. Pharao Menes ↗.

Madr: Mensch (germ.), verbunden mit der Ilix ↗-Rune. Hakt man wie bei Baldr ↗ den Art. dr am Ende des Wortes ab, bleibt Ma ↗ übrig. Heklumadr = Mantelmensch od. Mantelmann war eine Bez. für Wotan ↗.

Madras: südind. Stadt (Abb. 1), heute mit ca. 25000

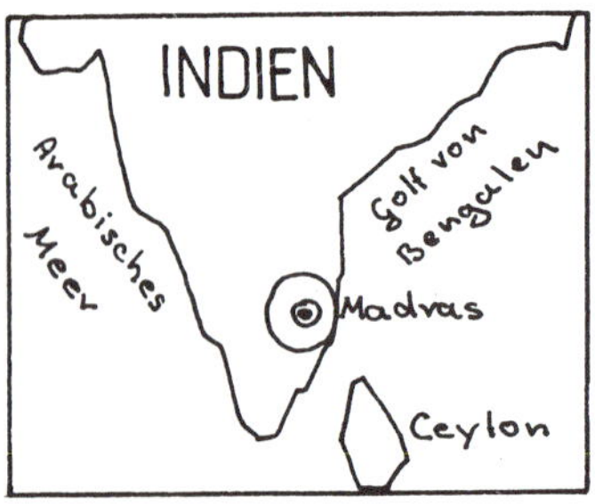

Abb. 1

durch Eiweißmangel erblindeten Kindern; in alter Zeit evtl. 1 der 4 Ma ↗-Kolonien von Mu ↗; so wundert es nicht, daß hier wieder ein großer Ashram ↗, Auroville, in Form einer Spirale ↗ (Abb. 2) entsteht, denn im

Abb. 2

Z. der Spirale ereignete sich die Argonautik ↗ u. das Anlegen der ersten Gilgals ↗ (Tanzuniversitäten). — Ganz in der Nähe der Insel Ceylon ↗. — Es erhebt sich die Frage, ob die Vorsilbe mit Madr ↗ zusammenhängt u. mit As (äqv. Os ↗, Is ↗ etc.) = Gott (s. a. Asen ↗) zu Menschgott ↗ gekoppelt wurde: M. = Ort von Gottmenschen.

Mafdet: äg. Göttin, symbolisiert als Löwin ↗ u. auf Darst. am Hirtenstab ↗ hochlaufend, an dem aber ein Messer angebracht ist (Abb.). Das verbildlicht wahrsch. Grundmotiv Machttanz ↗, das in den Löwe-Sektor ↗ fällt. Wie jede Löwengöttin ↗ bezieht sie sich letztl. auf das Jenseits ↗, hier in der 2. Silbe Det = Duat ↗ ausgedrückt. Und so wundert es nicht, daß sie ›Strafgewalt‹ ausübt od. als ›rächende Gottheit‹ geschildert wird, die ihre Kraft gg. Sünder richtet. — These: sie könnte a. die Unzugänglichkeit der Großen Pyramide ↗ nach dem Weltuntergang ↗ personifizieren.

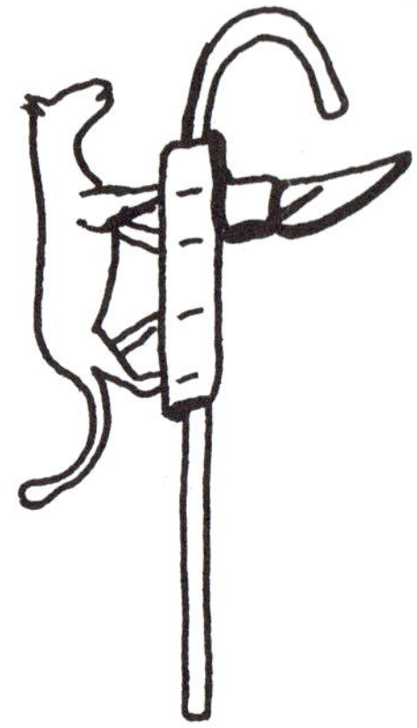

Magdala: wahrsch. das älteste Wort für Magdalena als Beiname der Maria ↗; arab. Magdal, hebr. Migdal, im Talmud ↗ Migdal Nounaya. Vom Wort her könnte man ›der Turm mit dem Fisch‹ daraus machen: hebr. *migedol* = Turm u. äg. Nun ↗ = Fisch. Wobei man an Maria, Mutter von Jesus, dem Fisch ↗, denkt, während die Bibel so tut, als sei eine andere Maria gemeint, z.B. Matthäus ↗ 27, 61: »Es war aber allda Maria Magdalena und die andere Maria, die setzten sich gegen das Grab« (von Jesus, nach der Kreuzigung ↗). Es gibt jedoch Stimmen, die den Satz umgek. verstehen, weil diese ›andere Maria‹ bei Johannes ↗ 19, 25 als Schwester von Jesu Mutter gen. wird; trotzdem bleibt die Schwierigkeit, denn hier sind es plötzl. 3 Marien ↗: »Es stund aber bei dem Kreuze Jesu seine Mutter, und seiner Mutter Schwester, Maria, Cleophas Weib, und Maria Magdalena«. — S. Turm ↗ als Symbol.

Magie: nach Psellus, einem Philosophen von Byzanz ↗: »... die Erforschung des Wesens und der Kraft aller Dinge.« Nach Blavatsky ↗ bed. *Magia* in ihrem geistigen, geheimen Sinn das ›Große Leben‹ od. das göttl. Leben im Geist; die Wurzel, schreibt sie, ist *Magh,* wie im Sanskrit Mahat ↗, im Zend Maz ↗, griech. *megas* u. lat. *magnus* erkennbar, die alle Groß bed. Im Äg. Totenbuch ↗ kommt die mag. Kraft vom väterl. Hati-Herz u. der Zauber ↗ vom mütterl. Ibherz; s. Herz ↗ u. Magier ↗.

Magier: ein Mensch, der Magie ↗ betreibt. Im Pers. ein *Magu* = jemand, der an den Gaben = *Maga* der offenbarten Lehre (hier von Ahura Mazdao ↗) teilhat, wobei Zarathustra ↗ als 1. Magier gilt, weil ihm Mazdao angebl. seine Lehre offenbarte, u. zwar auf einem flammenden Berg (s. Moses ↗-Par.). Mit der Zeit ging die Bez. M. a. an die Priester ↗ über. Cicero sagt, niemand habe Perserkönig werden können, der nicht durch den Unterricht dieser Magu gegangen sei (so allein wird verständl., warum die Drei-Könige ↗ a. die Drei Magier sind). These: es handelt sich um ein Wissen u. Beherrschen der Kräfte der Sonne = Ma ↗, quasi eine esot. Naturwissenschaft ↗ bis hin zur Mana ↗-Persönlichkeit.

Magog: lt. Bibel wohnt der 2. Sohn (Stamm) von Japhet = Gog ↗ in einem Lande namens Magog. Darüber ist viel spekuliert worden, zumal der Prophet Hesekiel bzgl. der Endzeit ↗ (hier letzten Zeit) noch einmal darauf hinzuweisen scheint: »So wirst du (Gog) kommen aus deinem Ort, nämlich von den Enden gegen Mitternacht; du und ein großes Volk mit dir... und wirst heraufziehen über Israel ↗, wie eine Wolke, das Land zu bedecken. Solches wird zur letzten Zeit geschehen... und ich will Feuer werfen über Magog und über die, so in den Inseln sicher wohnen« (Hesekiel 38/39). Die einen machen daraus Rußland ↗, die anderen Persien ↗ - aber was haben diese Länder mit der Mitternacht zu tun, wenn doch Asien das Morgenland u. Europa das Abendland ist; wäre dann nicht logischerweise Amerika das Land gen Mitternacht? Zumal es dort Inseln gibt, nämlich in der Karibik ↗.

Maha: große (ind.); s. Mahabharata ↗, Mahakala ↗ etc.

Mahabharata: der Große (= Maha ↗) Krieg, Titel eines ind. Epos ↗, in das a. die Bhagavadgita ↗ eingeschoben ist. Soweit ersichtl., spiegelt sich darin auf einer Ebene der Krieg der einfallenden Arier ↗ gg. die Ureinwohner von Indien ↗; zum andern aber a. der Wanen-Asen-Krieg ↗, mit den Asen äqv. Ariern. Hier heißen die Parteien Kauravas, zurückgehend auf Bharata (2. Wort im M., das dann a. der Große Bharata heißt) u. Pandavas; die ersteren wurden nahezu ausgerottet in einer Schlacht, die angebl. 18 Tage dauerte. Aber 18 ist für die Hindu ↗ eine hl. Zahl, weshalb das M. aus 18 Büchern besteht, genau wie die Puranen ↗ u. Upanischaden ↗. These: es ist die Zahl der Ringe der äg. Geißel ↗ (ohne Perlen), die sich mit Min ↗ verbindet. Daraus wurde wohl der ind. Manu ↗ mit folg. Genesis am Anf. des 1. Buches: »Am Morgen der Schöpfung regierte ein mächtiger Herrscher über die Welt. Er hieß Pururava. Seine Mutter war Ila (Äqv. Ida ↗, germ.), die Tochter Manus, des Ahnherrn des Menschengeschlechtes. Pururava heiratete die himmlische Kurtisane Urbashi...« und nach weiteren Generationen entsteht aus dieser Linie Bharata, nachdem sogar Indien Bharatavarsha gen. wurde. Vergleichen wir mit der Genesis der Bibel ↗, so wäre Manu = Adam ↗, Ila = Eva ↗, Pururava aber ganz offensichtl. Kain ↗, der Lilith ↗ heiratet. Da das M. als mündl. Fassung mit ca. 5000 J. Alter angesetzt wird (wie die Bibel!), wäre als gemeinsame Quelle über die Indus-Kultur ↗ Sumer ↗ anzusetzen, wo Manu Anu ↗ ist u. Urbashi Inanna ↗ usw. Eingebaut in das M. ist die Weltenlehre ↗, u. danach beginnt das M. (= der Große Krieg) am Anf. des Kali Yuga ↗, was nun zum Einfall der Arier im Anschluß an die Völkerwanderung ↗ paßt.

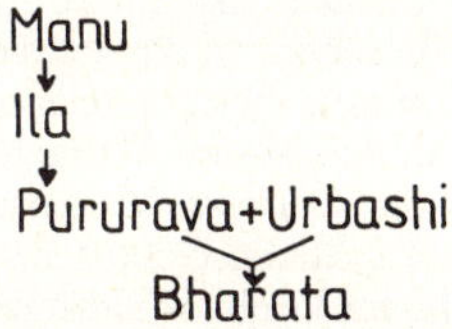

Mahakala: der Große (Maha) Schwarze (Kala, wie Kali ↗), ein ind. Gott mit 6 Armen, der ›alle Hindernisse beseitigt‹ u. als Beschützer des Lamaismus ↗ gilt. Tib. Nv. Ye-Ses Mgon-Po. was zumindest in der letzten Silbe Po ↗ an die schwarze Sonne des Sirius (afrik.) erinnert (Abb. nächste Spalte).

Maha-Maya: die Große *(Maha)* Maya ↗ = die Mutter von Gautama ↗, des histor. Buddha ↗. Lt. Legende wird ihre Befruchtung (s. Jungfrau) durch einen Elefanten vollzogen, der im Traum erscheint u. sie mit einem weißen Lotos ↗ berührt. Da Maya Illusion bed. u. Buddha gar nicht aus Indien stammt, ist diese ›Mutter‹ als Gleichnis wohl nur die Große Illusion, ein echter Mythos ↗.

Der Schützer der Lehre Mahakala

Mahapralaya: die große *(Maha)* Auflösung (Pralaya ↗), die »... jedes differenzierte Ding aus dem Raum hinausfegt, Götter so gut wie Atome« (Blavatsky, I, 175). These: sie tritt für unseren Bereich erst in ca. 28000 J. in Kraft, u. umfaßt bzgl. der Weltenlehre ↗ 8. + 9. Welt ↗ im Anschluß an das 3. Reich ↗, das 6. + 7. Welt umfaßt. Daraus wurde in den Puranen ↗ wohl das M. ›nach der 7. Periode‹: »Seltsame Geräusche werden gehört, die von einem jeden Punkte ausgehen ... Diese sind die Vorläufer der Nacht des Brahma; Dämmerung erhebt sich am Horizont... Allmählich verblaßt das Licht, die Wärme vermindert sich, die unbewohnten Orte vermehren sich auf der Erde, die Luft wird dünner und dünner; die Wasserquellen vertrocknen, die großen Flüsse sehen ihre Wellen erschöpft, der Ozean zeigt seinen sandigen Grund und die Pflanzen sterben. Menschen und Tiere nehmen täglich an Größe ab. Leben und Bewegung verlieren ihre Kraft, die Planeten können kaum mehr im Raum gravitieren; sie erlöschen einer nach dem andern, wie eine Lampe, die wieder zu füllen die Hand des Chokra (Dieners) vernachlässigt. Surya (die Sonne) flackert und geht aus, der Stoff verfällt der Auflösung (dem Pralaya) und Brahma ↗ taucht wieder unter...« (These: d.h., der Sonnenkern ↗ als Grundmotiv  vereinigt sich wieder mit dem Kosmos ↗, der aber bei M. ein Gegenkosmos ist, äg. Naunet ↗.

Mahat: die Maha (große) Buddhi ↗, weibl., hervorgebracht von Brahma ↗ u. zweifellos äqv. mit der äg. Maat ↗, zu lesen Ma ↗ + Hat (äg. Schreibweise H.T ↗) = Sonnenhaus, Gottestempel. »Mahat einschließlich der unmanifestierten großen Elemente bildete ein Ei und der Herr des Weltalls wohnte selbst darinnen in der Eigenschaft des Brahma. Und in diesem Eie... waren die Kontinente und Meere und Berge, die Planeten und die Einteilungen der Planeten, die Götter, Dämonen und die Menschheit« (Blavatsky, I, 385). Bzw. »Mahat, oder Maha-Buddhi, die große Seele, die Trägerin des Geistes, die erste ursprüngliche Wiederspiegelung der formlosen Ursache« (ebd., 453). Bzw. das ›Ausübende Gesetz‹, chin. Tao ↗.

Mahatma: grosse (maha) Seele (Atma ↗), Titel von Gandhi, gen. Mahatma Gandhi ↗. —

Mahatma Gandhi: Mohandas Karamchand Gandhi (1869–1948), belegt mit dem Titel Mahatma ↗ = Große Seele, weil er ohne jede Waffengewalt die Engländer zum Abzug aus Indien ↗ zwang, das Beute ihres Kolonialismus ↗ geworden war. Zu gewaltfreiem Widerstand inspirierte ihn das Studium des Neuen Testaments ↗, spez. die Bergpredigt von Jesus. — Warnte schon 1946 vor einem Atomkrieg u. nannte Frauen ↗ ›die unterdrückte Hälfte der Menschheit‹. Seine Methoden wurden z.T. von Martin Luther King ↗ angewandt; beide inspirieren den heutigen Pazifismus ↗.

Mahavidya: großes *(Maha)* Wissen (*Vidya*, äqv. Veda ↗) bzw. höhere Erkenntnis, 3. Grad einer Initiation ↗ per Guru ↗, der sich um ›transzendentale Erkenntnis der Natur‹ bemüht, bzw. um ›Transformationen der Sakti ↗‹, deren 10 Aspekte: Kali, Tara, Sodasi, Bhuvanesvari, Bhairavi, Chinnamasta, Dhumavati, Bagala, Matangi u. Kamala alle Ebenen des Wissens verkörpern. Nv. Dasamahavidya ↗.

Mahayana: Großes *(Maha)* Yana ↗ (Fahrzeug), eine Form des Buddhismus ↗, spez. im Hindukusch ↗; entstand erst nach dem Tod von Gautama ↗ als ein Lehrsystem, dessen Anhänger oft als ›verkleidete Vedantisten ↗‹ verhöhnt werden. Der Hauptstreit geht um Nirwana ↗ (Rückkehr od. nicht).

Maha Yuga: Großes *(Maha)* Zeitalter (Yuga ↗); umfaßt 4,32 Mrd. J. These: das war die Dauer der Sekundärschöpfung ↗, a. Brahmas Ruhetag gen. Es gibt aber a. kleinere Relationen wie 43200 oder 4,32 Mio. J., immer bleibt die Vorzahl 432, wie sie a. das Kali Yuga ↗ mit 4320 J. bestimmt. Meist lautet die Rechnung, Brahmas Ruhetag setze sich aus 1000 Maya Yugas zus. u. 1 Maha Yuga aus den 4 Yugas. Irgendwie läuft aber die Reihe nicht kontinuierl. weiter, wie alles nur Interpretationen folg. alter Interpretation sind: Die Zahlen 1, 2, 3, 4 sind die aufeinanderfolgenden Emanationen aus der Mutter (dem Raume ↗) wie sie in ihrem abwärts gerichteten Laufe ihr Gewand bildet und es über die sieben Stufen der Schöpfung ausbreitet. Die Rolle kehrt in sich selbst zurück, da ein Ende sich mit dem andern in der Unendlichkeit vereinigt, und die Zahlen 4, 3, 2 sind offenbart, da es die einzige Seite des Schleiers ist, die wir wahrnehmen können, wenn die erste Zahl (Achath ↗, eins?) in ihrer unzugänglichen Einsamkeit verloren ist... wenn, wie es heißt, die 1, 2, 3, 4 herabsteigen und in der Welt des Unsichtbaren verweilen, während die 4, 3, 2 die Grenzen in der sichtbaren Welt werden, um sich mit den Offenbarungen des Vaters (der Zeit ↗) zu befassen« (Blavatsky). Das bezieht sich auf die M.Y., die in Ziffern 432 werden, und mit der Hinzufügung von Nullen 4320000.

Mahikari: jap. Wort für ›Wahres Licht‹, eine spirit. od. kosm. Energie, die Körper, Seele + Geist reinigt, u. durch die ›M. no waza Methode‹ von den Händen ausgestrahlt wird (Abb.), was angebl. jeder lernen kann, der nach *kenshu*, einer 3tägigen Unterrichtung, Omitama ↗ als Anhänger empfängt. Nun kann man selbst *okiyome* = Reinigung praktizieren. — M. begann am 27.2.1959 um 5 Uhr morgens, als Yoshikazu Okada eine Offenbarung ↗ erhielt. Ihm wurde mitgeteilt, alle Religionen ↗ hätten bisher nur Fragmente der göttl. Wahrheit erhalten u. mitgeteilt, ihm jedoch würde nun die größte Wahrheit zugängl. – worauf der hl. Geist in ihn eintrat u. ihm befohlen wurde, auszusprechen, was er hörte. Bald darauf nannte man ihn Sukuinushisama ↗, etwa Retter, Heiland. Bis zu seinem Tod 1974 erhielt er weitere Mitteilungen, woraus 2 Bücher entstanden: Goseigenshu u. Norigotoshu. Unter dem Namen Sekai Mahikari Bunmei Kyodan = Weltorganisation der Mahikari-Zivilisation entstand eine Bewegung, die seit 1975 von Okadas Tochter Sachiko geleitet wird, Titel: Oshienushisama ↗ = Großer Lehrer od. Keijusama = gesegneter Juwel (Abb.). Eile für Reinigung durch M. sei geboten, weil ein Zeitalter (s. Weltenlehre ↗) zu Ende gehe u. man große Umwälzungen in Kürze erwarte; ein schon im Bau befindl. Welttempel soll bis 1984 (s. Endzeit ↗) fertig sein zur Rettung der Menschheit. — M. hat starke Wurzeln im Kamiweg ↗ u. Buddhismus ↗. These: M. entspr. dem Licht der Neuen Sonne ↗, deren Geburt Ende 84 zu erwarten ist, weshalb in der Vorausschau ↗ des Muiska-Museums der Beginn

von M. 1959 auf das gleiche Grundmotiv  fällt wie das sich 1984 wiederholende. — Der Name erinnert an Maakare ↗ (äg.) u. man könnte daraus folg. Übers. machen: Große (Mahi, äqv. Maha ↗) Geistsonne (Ka ↗-Re ↗), a. Kara ↗ u. Zara ↗, z. B. bei Zarathustra ↗. Da Japan ein Rest von Kasskara ↗ ist, könnte dessen Endsilbe (Kara) benutzt worden sein, denn die M.-Bewegung spricht von Lemurien ↗ u. Mu ↗ u. zeigt auf schemat. Zeichnungen deren urspr. Umfang. Dort wurde das gebildet, was sie Hinagata ↗ nennen.

Mahlschatz: in der Edda ↗ der Hort, den Fafnir ↗ in Drachengestalt (als Lindwurm ↗) hütete, bis Sigurd (Siegfried) ihn erschlug. Nach dessen Lecken von Fafnirs Blut, kann er der Vögel Sprache verstehen; sie sagen: »Raff die roten Ringe zusammen... weiß eine Maid, die du, König, kannst kaufen um Mahlschatz...« d.h. diesen später Nibelungenhort ↗ gen. Schatz; mit der Maid ist die Walküre Brunhild ↗ gemeint. Der M. ist a. ›Menjas Gut‹, weil urspr. von der Grotti ↗ (Zaubermühle) stammend. Was die Vögel sagen, geht auf eine Bedingung von Brunhild selbst zurück, nur der dürfe unverletzt das Feuer ihrer Burg durchreiten, ›der mir Fafnirs Gold‹, d.h. den Mahlschatz brächte. An ihm hängt aber ein Fluch.

Mähre: Pferd ↗, zusammenhängend mit *mare* = Meer ↗ u. Do*mare*ringar ↗.

Mai: 5. Monat ↗; in der Nacht zum 1. Mai wurde früher die Walpurgisnacht ↗ gefeiert, ihrerseits auf Wotans Hochzeit ↗ zurückgehend. Ob da schon der Maibaum ↗ eine Rolle spielte, ist ungewiß.

Maibaum: ein in der Nacht zum 1. Mai ↗ aufgestellter Baumstamm, der lt. Wirth ↗ in altgerm. Zeit a. ein ›Hagelkreuz‹, d.h. eine Irminsul ↗ gg. ᚺ ᚾ = Hagelnot gewesen sein soll, mit Bezug auf die Eisheiligen ↗. Über diesen Bezug würde man bei den Kletterbäumen des Min ↗ (äg.) landen, denn a. hier wurde gerne auf den M. geklettert. Mancher M. steht allerdings das ganze Jahr ↗ hindurch, wie der aus Ismaning ↗ gezeigte (Abb.). Man hat keine Mühe, darin tats. einen Weltenbaum ↗ zu sehen, d. h. einen Abglanz der alten Weltenlehre ↗, der mit den Eisheiligen den letzten Weltuntergang ↗ gemeinsam hätte u. mit der Walpurgisnacht das ›Fliegen der Hexe ↗ zum Teufel ↗‹, unter Wirths

Gleichstellung der Hagel-notrune mit ᚼ ᚾ, als 1. die ᚼ Hexa-Rune als Var. den Sechsstern enthaltend. So läßt sich der Maibaum als hochkletterndes männl. Dreieck ↗ △ vertehen, das den immer an der Spitze angebrachten weibl. Kreis ↗ anstrebt, zur Hl. Hochzeit wie auf dem Babylonischen Turm ↗. Was hier nun bes. auffällt, ist das gekrönte Neger ↗-Haupt unter den 5 hochstrebenden Dreiecken od. Welten – es entspr. nämlich genau den 2 gekrönten Negerhäupterтn im Wappen jedes Kardinals von München ↗ u. wäre als derjenige zu interpretieren, der am Ende der 5. Welt wiederkehrt: germ. Baldr ↗, Sohn von Wotan u. Freya, deren Hochzeit in der Walpurgisnacht gefeiert wurde.

Mais: 1 der 4 hl. Pflanzen ↗; gilt als die Urmaterie, aus der der Leib des Menschen hervorging. These: als 4. Pflanze kann er mit dem 4. Viertel Muntu ↗ (Mensch) gedeckt werden, das wiederum dem 4. Element Wasser ↗ entspr., woraus dann im Mythos die Mutter des Maisgottes ↗ wird, der seinerseits mit dem Fisch ↗ gleichgestellt wird. Die Formel lautet:

Echse ↗ X Schlange
= Mutter x Vater
= Wasser x Licht
= Nacht x Tag

wird zum Mais = Fisch = Sohn, äqv. der äg. Trinität ↗ Kosmos x Sonne = Horus ↗. Das inter. am M. der Indianer ↗, die als seine Züchter gelten, ist, daß dessen Körner die Farben aller menschl. Rassen ↗ annehmen. Bei Darst. als ›Maisleute‹ gibt es manchmal sogar Regeln, wieviele Blätter bei einer Farbe gezeichnet werden: z.B. 24 bei schwarz, 12 bei blau, 7 (statt 8) bei gelb u. 4 bei weiß, was z.B. die Zahlen des 4er Kreises des Sonnenaufbaus ergäbe; aber sie können auch gleichförmig mit je 7 ausgestattet sein (Abb. 1), erweitert zur 8 durch 4 große u. 4 kleine Leute (Maispflanzen), die den 4er Kreis ↗ in der Hand halten. Dazu auf jedem Kopf die Zahl 3 ausgedrückt, was zur Formel der äg. Heiligen Hochzeit ↗ (3 x 4) führt, äqv. X (Archetyp Urmutter ↗), das hier zw. den Armen (oberste Blätter) angebracht ist. Umfaßt ist das Sandbild ↗ (Navajo) von der Maismutter ↗, hier genau wie die äg. Ka-Hieroglyphe ↗ gebaut. Das geht dann ins Weltideogramm ↗ der Maya über (Maiszüchter per se), genau wie die Pyramide (Abb. 2) aus Erde, die zum Schutz um die reale Maispflanze gehäufelt wird u. dem Altar gleichgesetzt wird (dieser wieder dem Weltideogramm); u. damit findet man zum berühmten Blätterkreuz ↗ über dem Altar wie dem Mais über der Pyramide. Unter dem Altar übrigens eine Grube ↗ genau wie unter der äg. Großen Pyramide ↗; ihr Wasser in der Erde = Mu ↗, im afrik. Muntu ↗ (Mensch) = Mais.

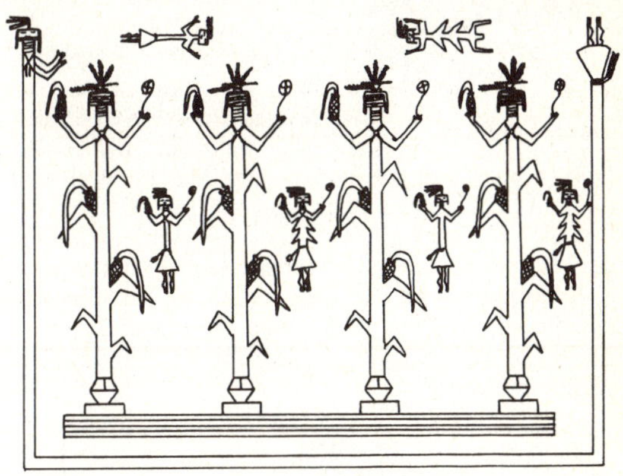

Abb. 1

Die Zahl 5 (äg. Horussynthese ↗) als Kreuzungsprodukt von 3 + 4 ist das ritualisierte Auslegen von 5 Maiskörnern in eine Furche (Grube). In der Vorstellung fällt dann jedes Maiskorn ›vom Himmel‹ = Altar = Weltideogramm; u. in dem Boot unter dem Altar, das Zentrum der Unterwelt ↗ repräsentierend, setzt der Priester = Hor Chan ↗ 5 Fische als Äqv. aus. Dieses Boot entspr. dem Mittelkreis des Weltideogramms. Aber der M. zeigt tats. a. am 5. Tag sein erstes zartes Blatt!

Abb. 2

Maisgott: bei den Maya ↗ Hunahpu ↗, als Mais ↗ = göttl. Mensch, vom Himmel in die Erde bzw. Unterwelt fallend. Tod + Auferstehung als Fisch ↗ u. schließl. wieder im Himmel landend, meist als Auflösung seiner Zwillingsnatur in Sonne + Mond. Es ist die Gesch. vom Menschen ↗ schlechthin. Auf Abb. 1 der herabfallende M. mit der Glyphe (Abb. 1a) für Maiskorn = Kan ↗ in der Hand. Bei den Chorti-Maya heißt er ›Engel Cume‹, im Popol Vuh ↗ a. Kame ↗; mex. Nv.: Cinteotl, wahrsch. bed.: der Gott (= *teotl)* Cin = Kin ↗. Bei den Maya spiegelt sich dieser Kalenderbezug darin, daß für den Maisgott od. den Mais als Analogie sowohl die 18 Monate (Götter) des Haab ↗ wie a. die 13 Monate (Götter) des 260-Tage-J. zuständig sind, zus. der Tzolkin ↗, die Silbe Kin enthaltend. So gibt es a. eine ›Bruderschaft vom Tun ↗‹, deren Tätigkeit sich auf folg. Zeichnung wiederfindet (Abb. 2):

Abb. 1

Abb. 2

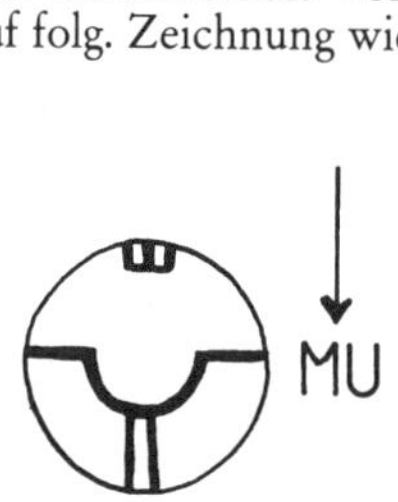

Abb. 1a: Mais-Glyphe Kan

Abb. 3

Vor dem ›Altar des Maisgottes‹ eine tanzende u. musizierende Vierergruppe, was zus. wieder wie das Weltideogramm ↗ wirkt. In seinem Zentrum statt dem 1. Baum = Ceiba ↗ ein Stufengebilde wie der Babylonische Turm ↗, aber mit den 3 (statt 7) Stufen zweifellos nur die ersten 3 Welten ↗ wiedergebend. Darauf als 4. + 5. Welt Maiskorn + Kopf von Hunahpu; sein Zwilling Ixbalanque ↗ evtl. r. oben mit der Sonaja = Rassel mit insg. 7 Löchern (die 7 Welten?), von denen die oberen 5 als Weltideogramm abgesetzt sind. Daneben der Vogel Moan ↗. Unten l. die Großmutter des M.,

Abb. 4

Ixmukane ↗, mit einer Trommel, unten r. seine Mutter Ixquic ↗, schwarz wie alle Kame ↗, Flöte spielend. — In Copán steht ein Steinmonument des figürl. M. vor einer Treppe mit 52 Stufen (Abb. 3), was den Bezug zum Tzolkin unterstreicht. Eine Vergrößerung des Kopfes vom M. (Abb. 4) verdeutlicht sein ›flammenartiges göttliches Haar ↗, das zu beiden Seiten in sechs par. angeordneten Kugeln endet‹; eine Deutung fehlt. Man denkt natürl. an die 12 Stationen (Zodiaksektoren ↗) der Geschichte ↗, die beim Fisch - alter ego des M. (Abb. 5) - endet. Auf Abb. 3 u. 6 geht M. aus dem Rachen des Jaguars ↗ hervor. Diese Koppelung Fisch-Jaguar erinnert unbedingt an die äg. Hatmehit ↗, gen. 1. der Fische, im Namen enthaltend Mehit ↗, die Löwin ↗. R. Girard: »Das Motiv Mutter-Sohn wird gewöhnl. durch die Büste eines Kindes, das aus dem Schlund eines Jaguars hervorkommt, gestaltet« (Die ewigen Mayas, S. 421). Zwilling des M. ist die Maisgöttin ↗.

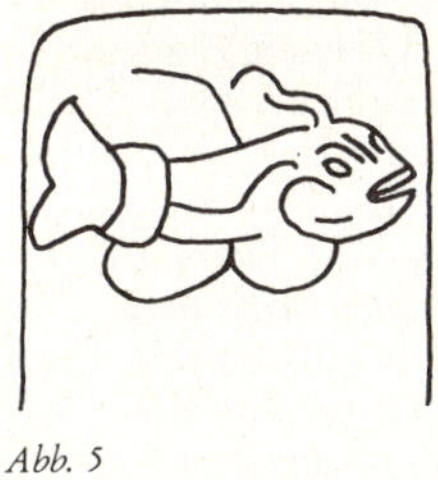

Abb. 5

Abb. 6

Maisgöttin: Ixbalanque ↗ als Zwilling des Maisgottes ↗; manchmal. aber a. Paxil ↗. Beide gehen auf die Maismutter ↗ als Hervorbringerin zurück.

Maismutter: Ixquic ↗ als Mutter von Maisgott ↗ u. Maisgöttin ↗. Man findet ihre Darst. nicht nur bei den Maya, sonder a. bei den Hopi ↗ u. so weit südl. wie in Peru ↗, von wo die Abb. stammt. Die Herstellung wird den Mochia-Indianern zugeschrieben. Sollte eine Par. zum Popol Vuh ↗ bestehen, so sind die Maiszwillinge r. u. l. der M. Hunahpu ↗ u. Ixbalanque. Die hervorstehenden Reißzähne lassen die M. mit dem Jaguar ↗ verschmelzen, genau wie auf Darst. des Maisgottes.

Maitreya: »... ist der geheime Name des fünften Buddha ↗, und der Kalki ↗ Avatara der Brahmanen ↗, der letzte Messias ↗, welcher im Höhepunkt des großen Cyklus erscheinen wird« (Blavatsky I, 412). Als Schüler von Brahma ↗ erfährt er: »Auf diese Art, Maitreya, sind Morgendämmerung, Nacht, Tag und Abenddämmerung die vier Körper des Brahma« (Vishnu Purana). D. h., Brahma u. M. sind nicht ident., so wenig wie Atum ↗ und Osiris ↗ in Ägypten, mit denen sie in Par. zu setzen sind u. die sich ähnl. vertraut unterhalten. These: M. entspr. dem Wiederkehrenden Osiris, afrik. Nommo ↗, u. die 4. Erscheinung war nicht Gautama ↗ (gen. Buddha, aber nach eigener Aussage kein vollkommener), sondern Krischna ↗. Die 2. Erscheinung, äg. Thot ↗, ist im gleichen Buch Parashara, lt. Blavatsky der ›arische Hermes‹, der M. unterrichtet; z. B. darüber, wie die Erde aussieht, wie Mahapralaya ↗ vor sich geht etc. Offensichtl. findet die Belehrung in der Sonne ↗ statt, mit Atum (Brahma) als Kern u. Thot (Parashara) als Außenkreis (Sonnenalphabet). Aus der Sonne heraus müßte dann a. das letzte Herabsteigen erfolgt sein (1931), enth. als Vorsilbe Ma ↗, lt. Blavatsky = 5. In der Apokalypse ↗ entspräche er dem wiederkehrenden Christus ↗, Heiland etc., a. Lamm ↗ od. Löwe ↗ gen. Er entspräche mit der Zahl 5 natürl. a. der Maisgott ↗-Wiederkehr, der Wiederkehr des ›Himmlischen Menschen‹. M. ist a. die letzte Inkarnation von Vishnu ↗. Tibet: »Wenn er im Westen gesehen wird, in westlicher Mode gekleidet Gespräche führend... werden sich die Bewohner der Drei Welten (Körer, Seele, Geist) freuen, denn sie wissen, daß nun die Emanzipation aller empfindenden Wesen unmittelbar bevorsteht.« These: das ist bei Öffnung des 1. Siegels ↗ 1981 geschehen.

Makedonien: Gebirgslandschaft auf der Balkanhalbinsel, heute halb serb. halb griech. Der Name ist als Makedon schon in Altägypten zu finden u. zwar in Verbindung mit Japhet ↗, hier der stehende Hund Wepwawet ↗, gen. Madekon: »... von Osiris zum König Makedoniens bestellt, diesem seinen Namen gebend« (Bonnet, S. 844). — S. Goten ↗.

Make Make: eine Gottheit der Osterinsel ↗, die im Buch Ozeanische Mythol. als Äqv. von Tane ↗ gilt: »Die großäugigen Felsbilder oder Steinfiguren im Dorf Orongo ↗ sollen ihn darstellen.« These: die Wortumdrehung führt zum äg. Got Kem Kem ↗, eine Verdoppelung von schwarz ↗, das hier insofern paßt, als dem M. schwarze Seeschwalben zugeordnet waren; wer ihr 1. Ei ergatterte, wurde für 1 J. Vogelmensch ↗, von dem A. Métraux, der die Kultur der Osterinsel studierte, annimmt, daß er den Bewohnern als ›Vertreter Makemakes auf Erden galt.‹

Makumba: Überbegriff für alle afrik. Kulte im heutigen Brasilien; urspr. nur Name des Ortes, an dem die schwarzen Sklaven ↗ ihre Riten ausübten. Allein die Stadt Salvador besitzt fast 4000 M., d. h. afro-brasil. Kulten geweihte Stätten. Wird sie Candomble gen., handelt es sich spez. um die Stätte der Yoruba ↗, die als Basis des M. die Orischa ↗-Religion einbrachten. Wie dort geht es bei M. generell darum, die afrik. ›Götter und Geister‹ in Medien ↗ herabzurufen, mit Hilfe von Trommeln (wahrsch. Oru ↗-Schlagformeln), Gesängen, Tanz ↗, barfuß auf der Erde u. in die Erde eingeritzte Z., die den jeweiligen Orischa symbolisieren u. dadurch anziehen. 2 Bsp.:

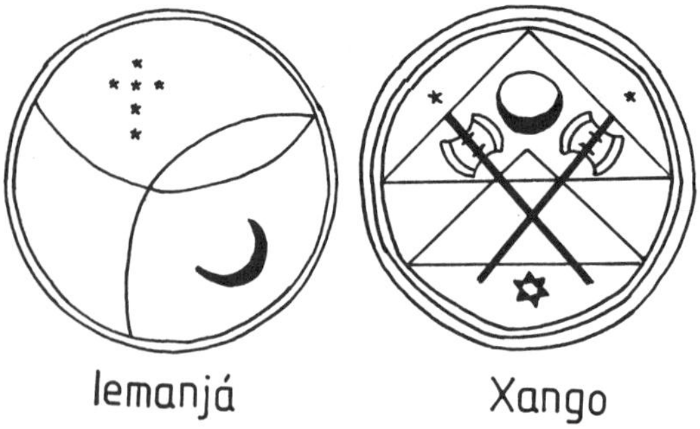

Iemanjá
Ich bin die Tochter des Meeres,
Tochter der Wellen,
Tochter des Meerschaums.
Oh, meine Mutter Iemanjá,
Königin des Salzwassers,
Oh, meine Mutter Iemanjá,
Komm, steige herab
Und rate mir gut.

Xangô
Xangô ist schnell!
Er ist aus dem Blitz geboren.
Er lebt in einem Stein
und erhebt sich in der Morgenröte.
(...) Seine kleine Axt ist aus Gold.
Seine kleine Axt ist aus Gold.
Mit seiner kleinen Axt aus Gold
Vertreibt er alles Böse.

Wie in Afrika vor dem Kolonialismus ↗ sind die 2 wichtigsten Yemaya ↗ (hier Iemanja) u. Schango ↗ (hier Xango), bei dessen Z. sich die Labrys ↗ (Axt) kreuzt. Sind die Medien, Pferde ↗ gen., in Trance (durch die vorübergehende Inkorporation ↗ des gerufenen Wesens), sind sie bereit, Rat od. Heilung suchende Menschen zu empfangen. Die bewirkte Psychotherapie ↗ ist erstaunl. 30 Mio. Anhänger soll es schon geben, quer durch alle Rassen. Geleitet werden die Zusammenkünfte durch eine ›Mutter der Götter‹ od. einen ›Vater der Götter‹, ein Ausdruck, der von Altägyptens Großer Loge ↗ übermittelt ist für den 8. Grad einer Einweihung, die auf die Große Pyramide ↗ zurückgeht u. für die M.-Medien ›Aufs Schiff gehen‹ heißt. Eine Pyramide findet sich in vielen Zeichnungen (s. Schango). M. bed. »seine Mitseele finden‹.

Mala: eine Kette mit 108 Holzperlen, die zus. mit einem orangenen Gewand z. Z. der Entsagung (Sannyas) getragen wird (ind.). Bei Bhagwan ↗ ist die M. »... ein Hilfsmittel für die Meditation. Sie ist ein Schlüssel ... benutzt die Mala mit dem Bild, und ihr werdet vieles erfahren«; d. h., bei Bhagwans Anhängern hängt an der M. noch dessen Bild, über das die Sannyassi ↗ angeblich mit ihm kommunizieren können »... sobald das Bild leer ist.« Da von ihm Sannyas verstanden wird als »von Moment zu Moment leben, ohne Bindung an die Vergangenheit«, in der Praxis abgelöst durch die Bindung an ihn über sein Bild an der M., darf angenommen werden, daß a. letzteres einen geheimen Zahlenwert hat, der zu den 108 Perlen paßt. These: wie bei der Weltformel ↗ ist der Gesamtwert 120, ergo die Position von Bhagwan, der sich Gott nennt, 120–108 = 12. Dafür ließe sich Vishnu ↗ einsetzen u. würde u. U. die M. ganz auf den Urzustand zurückführen, mit 100 = Ananta ↗ + 8 = Lakschmi ↗. Dann ließe sich der Name übersetzen mit Ma ↗ (= Mutter) + La ↗ (= Land) = Mutterland im Himmel. Nirwana ↗. (Bhagwans Frau heißt Lakschmi).

Malcom X: Führer der schwarzen Amerikaner ↗, wahrsch. von den Schwarzen Moslem ↗ umgebracht, deren Hauptforderung nach Ablegung des engl. Nachnamens, der immer auf einen Sklavenkäufer zurückging, er ganz radikal durch Austausch gg. ein X (als Name ↗) realisierte. Während z.B. Kolawole ↗ wieder einen afrik. Namen einsetzte. M. radikaler Haß gg. alle Weißen ↗ legte sich etwas, als ihm klar wurde, daß 90 % der Schwarzen deren Leben- u. Denkweise anzunehmen begannen, während umgek. v. a. Weiße sich für die Schwarze Kultur zu interessieren begannen.

Malewitsch, Kasimir: russ. Maler (1878–1935), Begr. des Suprematismus ↗, den er 1918 mit dem Bild ›Weißes Quadrat auf weißem Grund‹ als geistiger, vom Irdischen gelöster Energie erreicht zu haben glaubte. Es folgten Gipsmodelle von ›Planiten‹, Zukunftsstädten, wie seine Bilder aus Würfeln, Balken u. Stäben zusammengesetzt, für eine ›freie egalitäre Gesellschaft‹; sie trugen Namen von Sternen od. Raumschiffen u. erinnerten etwas an Zikkurate ↗ u. Pueblos ↗ sowie heutige Wohntürme. Ab 1928 malte er dann völlig gegenständl. Figuren.

Mali: heute Republik, wo z.B. die Dogon ↗ ansässig sind; einstmals großes Königreich mit Blüte im 13.–14. Jh. Aus dieser Zeit stammt die folg., von Portugiesen gezeichnete Karte, die ihren 1. Besuch (Kamelreiter) festhält (Ab. 1). Der damalige Mansa ↗ hieß Mussa II.

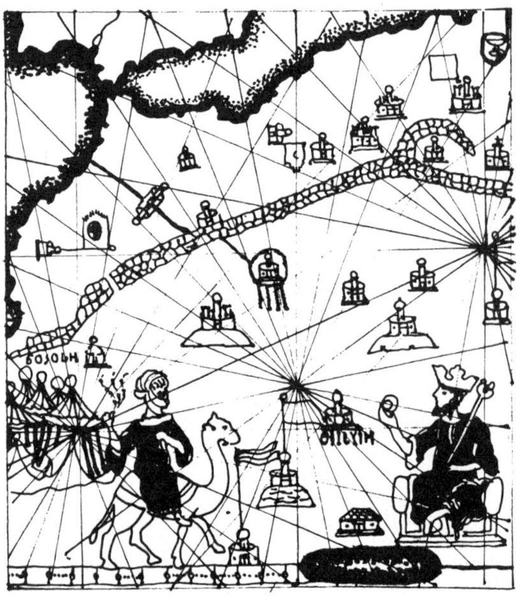

Abb. 1: Die Goldkugel in der Hand Mansa Musas ist Symbol für den Wohlstand seines Königreiches

(1374–87); berühmter ist Mussa I. (1312–1332), nach seiner Mutter Kankan (s. Kan ↗ + Kandake ↗) der Kankan Mussa gen., der mit 60000 Bedienten eine Wallfahrt nach Mekka ↗ unternahm, 2 Tonnen Gold mitführend. Er machte M. in der ganzen arab. Welt bek. u. lockte damit wohl später die golddurstigen Europäer an. — Vor ihm bestieg 1303 Abubakari II. ↗ den Thron, 8 J. später mit 2000 Schiffen nach Amerika segelnd. Im Zentrum von Abb. 2 Timbuktu ⁄, für das schon Musa I. eine Moschee ⁄ bauen ließ. Bericht: »Wer sich nicht zu früher Stunde zur Moschee begibt, findet keinen Platz mehr zum Beten, so groß ist die Menschenmenge. Jeden Freitag legen die Schwarzen schöne weiße Kleider an. Um die Kinder zum Lernen

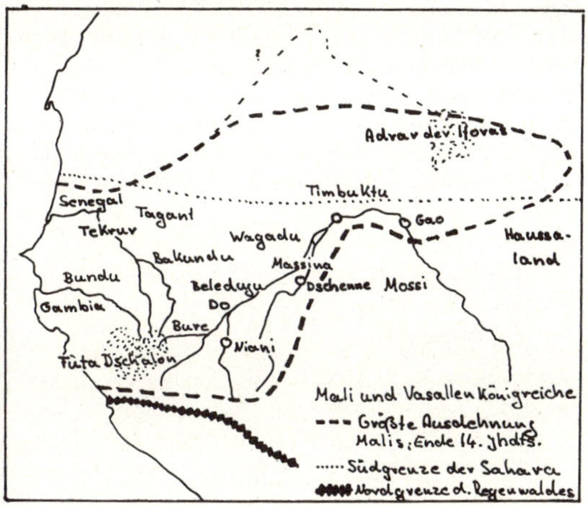

Abb. 2

des Koran ⁄ zu zwingen, legt man sie sogar in Ketten. Dennoch aßen die Malier gern das vom Islam ⁄ als unrein angesehene Fleisch. Dyeli (Priester) mit Vogelmasken übten animistische Riten am Hof aus, und man sah dort auch zwei Widder ⁄, die Unheil abwehren sollten« (Ki-Zerbo, 131-132). Vor dem Zerfall zählte M. 400 Städte u. glich ›einer Mangofrucht‹ mit hartem Kern u. Fruchtfleisch, dessen (eroberte) Königreiche in strenger Abhängigkeit gehalten wurden; zuletzt einer Schale aus Randgebieten, deren Könige dem König von M. nur regelmäßig Geschenke sandten u. seine Oberhoheit anerkannten, ohne beständig mit dem Zentrum (Kern) verbunden zu sein. In diesem organisierten Gebiet brauchte man keine Karawanen, jeder bewegte sich in Sicherheit u. freiem Verkehr. Die dynast. Nachfolge war bald weibl. bald männl. (in Harmonie).

Mallku Condor: Geier ⁄ als Symboltier am Titicacasee ⁄ verehrt, zus. mit Mallku Renard ⁄.

Mallku Renard: Fuchs als Symboltier am Titicacasee ⁄ verehrt, zus. mit Mallku Condor ⁄. Daran ist merkwürdig, daß a. in Ägypten Fuchs u. Geier zusammengehörten, weil sie das Götterpaar Seth ⁄ u. Nephtys ⁄ symbolisierten. Die Par. verstärkt sich durch die Überlieferung, in der Titicacasee-Gegend sei einmal in uralter Zeit ein blonder, blauäugiger Riese ›Chef‹ gewesen; möglicherweise Seth, dessen Geburt sich dann hierher verlagern läßt. Bei den Dogon ⁄ ist der ewig aufsässige Bleichfuchs Ogo ⁄.

Mam: afrik. Mutter, z. B. in To-Mam ⁄ = Mutterland. Indian. Urmutter (bzw. Ahnin), die das Rad des Tzolkins ⁄ dreht u. dem Haab ⁄ über den Abgrund, d. h. die 5 Tage des Uayeb ⁄ hilft.

Mama: Mutter, eine Verdoppelung ⁄ von Ma ⁄, wie Mam ⁄.

Mamacocha: Mutter *(Mama)* See *(cocha);* dieser Muttersee war für die Inka ⁄ der Titicacasee ⁄, der die Worte Puma ⁄ (= Titi) u. Katschina ⁄ (= Kaka ⁄, Caca) enthält. Der Puma ist ein Silberlöwe, d. h. mit der Mutter, Urmutter, landet man bei der Löwin ⁄ bzw. Löwengöttin ⁄, im Kosmos, im Urwasser ⁄. Gemahl: Viracocha ⁄.

Mama Ocllo: Schwester + Frau von Manco Capac ⁄. Dieses Inka ⁄-Paar hat Cuzco gegr., wo sich ein Tempel mit eigenartiger Zeichnung am Hochaltar befand, Viracocha ⁄ als am Orion ⁄ hängendes Oval darstellend, darunter das Paar u. an ihrer Seite Mamacocha ⁄, ganz so als seien sie deren Analogie auf Erden.

Mamula: Mutter; Bez. für die Megalithgräber ⁄ an der atl. Küste von Portugal + Spanien. M. enthält: Mam ⁄ (Mutter, afrik. + indian.) + Ul ⁄, die 2. Rune, die tats. die Form eines solchen Grabhügels hat. In genau gleicher Form fanden sich in dieser Gegend Anhänger aus Schiefer, als Muttergöttin gestaltet u. den Zodiak ⁄ enthaltend wie der äg. Djed ⁄ mit der Geierkrone ⁄, s. Stichw. Europa ⁄.

Man: denken (ind., s. Manu ⁄)
= Mensch (engl. *man*), ideell Manu u. Manus ⁄, Manas ⁄, übergehend in Menes ⁄ u. Minos ⁄
ein nichtchin. Stamm in Chinas Süden, Nv. Min ⁄, Miao, Mao ⁄ u. Mang, Bed. Hund-Mensch, weil die Legende erzählt, sie seien aus der Verbindung einer Prinzessin mit einem Hund (namens P'an-hu) hervorgegangen. Noch heute wird der große Hunde-Ahne von den Man-Stämmen in Nordvietnam bes. verehrt.

Mana: polynes. Wort für die geheimnisvolle Kraft od. Zauber ⁄-Macht in manchen Dingen, Tieren, Geistern u. Menschen. Für Jung ⁄ stellt M. eine wesentl. Eigenschaft des Unbewußten ⁄ dar u. unter einer M.-Persönlichkeit versteht er den Archetyp Medizinmann ⁄, während man im Pazifik dieses ›Außergewöhnlich Wirksame‹ bes. stark bei Nachkommen der Götter, d. h. der dortigen Adelsschicht vorfindet. Als Sitz des M. gelten spez. die Haare ⁄ weibl. Angeh. des Häuptlings, weshalb sie zu Schnüren verarbeitet u. umgehängt wurden; a. meinte man, M. könne durch Menschenfresserei, spez. des Auges gestärkt werden. Wiederum überliefert die Bibel von Jesus ⁄, selbst M.-Persönlichkeit: »Wer überwindet, dem will ich zu essen geben von dem verborgenen Mana...«; manche meinen, es sei a. das von Moses ⁄ herbeigezauberte Himmelsbrot. Damit landet man über die Isis-Hieroglyphe  Brot (s. Liebestanz ⁄) bei Isis ⁄ (selbst 1 der 2 Augen ⁄), u. aus M. ließe sich die weibl. Form von Man ⁄ machen, schließl. weiblich ⁄ an sich = Yin ⁄. Das würde sich mit der polynes. Auffassung decken, daß mit dem M.-Glauben die Vorstellung zusammenhängt, daß für alles, was auf Erden bes. wirksam ist, ein Urbild ⁄ im Jenseits erschaffen wurde. Es ist letztl. die ›direkte Macht des Wortes‹, d. h. der Djinn ⁄ über die Archetypen ⁄. — S. Manahune ⁄ + Mänaden ⁄.

Mänaden: schwärmerische, berauschte Frauen im Kult des Dionysos ⁄, Nv. Bacchantinnen. Der Name suggeriert, daß sie von Mana ⁄ erfaßt sind. S. Abb. Stichw. Etrusker ⁄.

Manahune: Bez. der frühen Polynesier, wahrsch. zusammengesetzt aus Mana ⁄ + Hina ⁄, also Menschen mit der Zauberkraft von Tanes ⁄ Weib.

Manala: ein Land (= La ⁄), in das im Kalewala ⁄-Epos die Gralssucher reisen, um Zauber ⁄-Kraft zu lernen = Mana ↗. In diesem Fall ist wohl Afrika gemeint, von wo a. Kalewa, der Schwarze Riese, stammte; dann ist M. Simbabwe ↗, einstmals To Ntr ↗, Land der Götter (= Manabesitzer).

Manas: schwer übersetzbarer ind. Begriff, der in der Wurzelrassen ↗-Lehre bzgl. der menschl. Psyche ↗ 2 mal auftaucht, genau wie Atma ↗ + Buddhi ↗, mit denen M. oft eine Art Dreiheit bildet; interessanterweise besaßen als Erste die Lemuren ↗ = 3. Wurzelrasse M., u. in Polynesien ↗, als Rest ihres Kontinents Lemurien ↗, findet man noch das auffallend ähnl. Wort Mana ↗; mit Logos ↗ gleichgesetzt gewinnt die Aussage von Blavatsky ↗, Manas sei Sophia ↗ (Weisheit), an Gewicht. Da sie a. von ›höherem Ego‹ spricht, ließe sich wohl a. Selbst ↗ dafür einsetzen, d.h. eine Einbettung des Ego ↗ (ich) in die kosm. Grundmotive ↗. Das gab es in der sog. Traumzeit ↗ u. dann erst jetzt wieder am Ende der 5. Wurzelrasse, nachdem der Logos als neue Schicht komplett eingebaut ist. Atma wäre dann das göttl. Ego u. Buddhi die vollendete Seele ↗.

Manco Capac: Gatte von Mama Ocllo ↗ u. 1. Inka ↗-Fürst. Capac bedeutete in dem zur Reichssprache erhobenen Quechua ↗ einfach der Mächtige, der Erlauchte, ein Würdetitel, der später jedem Inka zukam, während Manco dem Aymara-Wort *Malcu* = Ahne entnommen scheint. Die Sage erzählt, daß Mama Ocllo a. seine Schwester war (s. Inzest ↗) u. beide als einzige von 7 Geschwistern übrig geblieben waren. Bei der Unterwerfung des Hochtals von Cuzco soll diese Schwester-Gattin die Eingeborenen dadurch in Flucht geschlagen haben, daß sie in einer Hand die herausgerissene Lunge eines Familienmitglieds hielt u. aufblies.

Mandäer: eine Laien-Sekte in Palästina ↗, deren Religion älter als die jüd. + christl. ist; benannt nach ihrem Mande = Heiligtum, das aus einer Hütte sowie einem (Tauf-)Teich ↗ mit 2 Kanälen bestand. Die Kulthütte

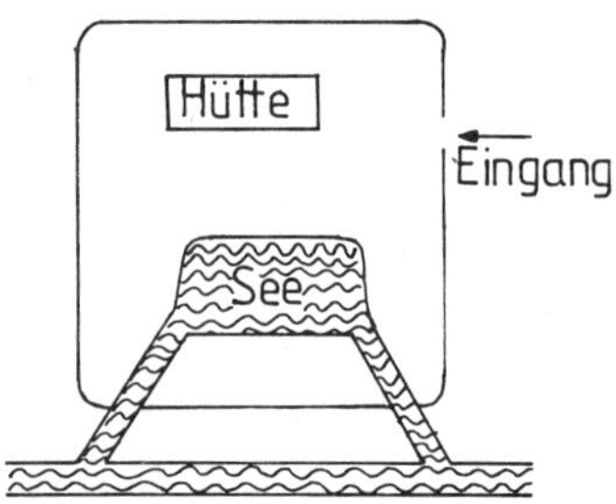

hieß Bit Manda, Bimanda, Manda, Mande od. Mandi ↗ u. das Wasser Jardua, Himml. Jordan ↗. Jede Taufe ↗ wurde verstanden als eine Wiederholung der in der Urzeit erstmalig an Adam ↗ vollzogenen gleichen Handlung, die zugleich ihr himml. Vorbild hat. Nur hier heißt dann der Täufer nicht Sabia ↗ sondern Manda. These: das Wort ist eine Nv. für Muntu ↗ (Mensch), ein Wort, das sich wie das Heiligtum in Mu ↗ (Urwasser, Meer, der Taufteich) u. Ntu ↗ = Gott teilen läßt. Letzterem entspr. in der Hütte Abatur (äqv. Ab ↗), Vater der Uhras (Lichtwesen ↗) u. aufgestiegenen Seelen, die im himml. Mande (a. 4. Sektor der Sonne ↗) hausen. Es fällt auf, daß der Tote zus. mit 60 Bisquits begraben wurde, die seine Seele ↗ symbolisierten (a. in der Weltformel ↗ hat sie 60 Teile!). Das sollte die Wiedergeburt (Reinkarnation ↗) bewirken, zus. mit dem Geist Ruha (zweifellos = Rouach ↗), in einem Körper = Estuna. — Die M. standen in scharfem Ggs. zu Jesus ↗, den sie Lügenprophet nannten. — Einen Stamm Mande gab es a. in Mali ↗; er hängt mit den Bambara zus. u. gehört dann zu den 12 ›Verlorenen Stämmen‹ ↗. — Heute gibt es a. am unteren Euphrat + Tigris (ehem. Sumer ↗) noch M. Die Verbindungslinie setzt sich fort bis zum Hindukusch ↗, wo eine oberste Gottheit Mandi verehrt wird.

Mandala: im weiteren Sinn allumfassender Raum, der die an sich existierende kosm. Struktur dazu befähigt, versch. Energieformen auszustrahlen: Beruhigung, Magnetisierung, Ausdehnung, Zerstörung. Im engeren

Abb. 1

Abb. 2

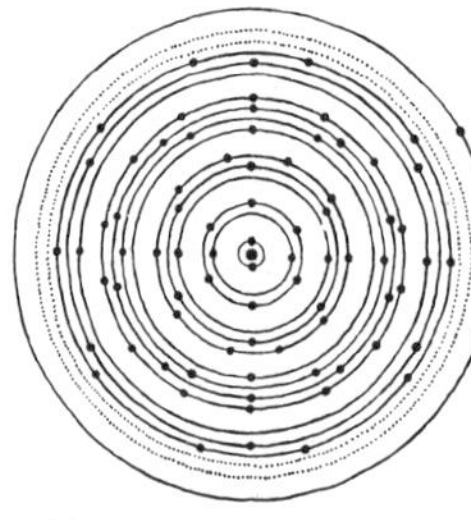

Abb. 3

Abb. 4

Sinn eine Zeichnung, die um ein Zentrum konzentriert Formen u. Figuren anordnet, Kreise + Quadrate. These: eine intuitive, nichtwissenschaftl. Weltformel ↗. — Im Sanskrit ↗ bed. M. wörtl. sowohl Kreis wie Zentrum. — Nach J. + M. Arguelles (Das Große Mandala-Buch) bietet der Vorgang der Sandbilder ↗ bei den Navajo ↗ zahlr. Par. zum M.-Ritual des Tibet ↗ u. zum Yantra ↗. Immer geht es dabei um den Versuch des Menschen, sich selbst zu finden. These: deshalb läßt sich das Wort als Manda ↗ La ↗ = Muntu ↗-Land, Land des himml. Menschen verstehen, weshalb das Malen eines M. die Psyche ↗ heilen (wiederordnen) kann; a. Jung ↗ bediente sich dieser Methode bei seinen Patienten. In Afrika ist der Kral ↗ ein gelebtes M., u. Ägypten ↗ insg. war als Land eines. A. der berühmte Kalenderstein mit Tonatiu ↗ u. Weltenlehre ↗ ist f. Arguelles eines: »Die Theorie von den Weltzeitaltern ist ein Mandala, das die gesamte menschliche Kultur gemeinsam hat« (Arguelles 1974: 36). Das gilt natürl. a. für die Rosette ↗, den Lotos ↗ u. das Tao ↗: »Das I Ging ↗ ist eine grundlegende Hilfe, um Tiefe und Ausmaß des Mandala als Schlüssel ↗ zu Symbolsystemen zu bestimmen« (ebd., 78). Es folgen

Bsp. aus der Natur: Eiskristall (Abb. 1), Gold ↗ (Abb. 3) sowie der Kunst: Sri Yantra ↗ (Abb. 2), Abb. 4 Om ↗ u. ein Mandala, das Mahakala ↗ umfaßt (Abb. 5).
Letzter Aspekt: das Rasa-Mandala »Ein Tanz, der von den Gopis oder Schäferinnen Krischnas ↗ getanzt wurde, wird bis zum heutigen Tag in Rajputana in Indien aufgeführt und ist unleugbar derselbe theo-astronomische und symbolische Tanz der Planeten und der Tierkreiszeichen, der schon Jahrtausende vor unserer Zeitrechnung getanzt wurde« (Blavatsky III, 317). Das

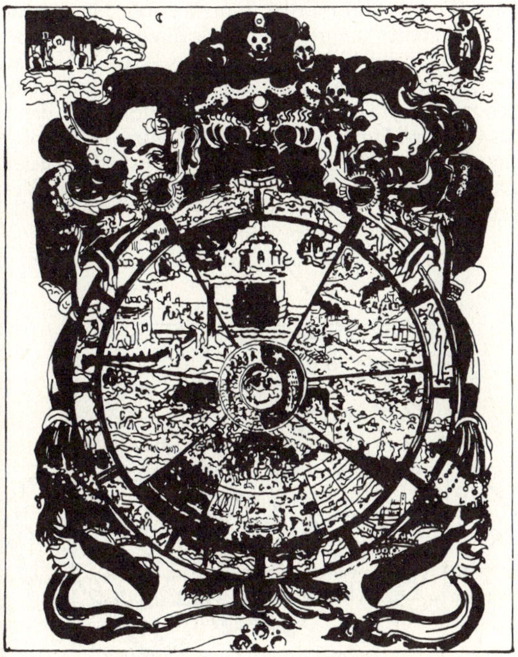

Abb. 5

bed. u. U., daß das älteste M. der Steinkreis ↗ war, in dem die Weltordnung ↗ getanzt = in den Sand gezeichnet wurde durch Tanz ↗, wie man es heute noch in Afrika beobachten kann.
Mandi: Gottheit im obersten Himmel bei den Kafiren im Hindukusch ↗; evtl. Muntu ↗ wie bei den Mandäern ↗, übersetzbar als Man ↗ (Mensch) Di ↗ (göttl.) = der Himml. Mensch, der Übermensch ↗ als Idee.
Mandschu: Stamm der Mongolen ↗, der 1644–1912 a. in China ↗ herrschte, nachdem er in Tibet ↗ eingefallen u. 1642 den damaligen 5. Dalai Lama ↗ als Oberhaupt eingesetzt hatte. Die Mandschurei, urspr. Teil der Mongolei ↗, gehört nach kurzem Zwischenspiel der Russen + Japaner seit 45 zu China.
Manetho: äg. Priester + Historiker, der die Dynastienlisten ↗ aufzeichnete (4.–3. Jh. v. Z.), wahrsch. für Ptolemäus I. ↗. Das Problem ist der Übertrag in unsere Zeitrechnung, da die Ägypter 3 unterschiedl. Kalender ↗ besaßen. Zw. dem Mathematiker Pochan ↗ u. Ägyptologie ↗ besteht eine Diskrepanz von Jahrtausenden.
Manezet: Tagesbarke ↗ (äg.) ggb. Mesektet ↗ = Nachtbarke; in der ›Barkenwechsel‹ gen. Abb. reichen sich die beiden Göttinnen den Widder ↗ zu. Ihre Symbole sind auf der Zodiakscheibe ↗ von Dendera eingetragen.

Mangala-Ghata: zeremonieller Wasserkrug des Tantrismus ↗, der als Symbol der Sakti ↗ während des kult. Rituals manchmal an die Stelle eins Yantras ↗ tritt. Text: »Erhebe dich, o Krug, der du Brahman selbst bist.« Brahman ↗ = Logos, u. das M. entspr. dem Krug-Symbol der äg. Nut ↗.
Mangarkunjerkunja: Gottheit ›Fliegenfängereidechse‹, die im Totemismus ↗ der Aranda von Australien ↗ die urspr. göttl. Wesen, die unförmig, gliederlos und zusammengeschmolzen waren, voneinander trennte u. individ. gestaltete. Gleichzeitig lehrte sie die Künste der Zivilisation u. das totemist. System der Sektionen u. Untersektionen, womit alles ›territorialisiert‹ wurde (seinen Platz im Wasser od. auf der Erde erhielt). – S. Echse ↗ bei den Indianern.
Mani: 1) weibl.: Symbol des Buddhismus ↗ für den Hl. Geist ↗ u. ein kostbarer Stein des Lichts, wie der Gral ↗ vom Himmel gefallen. Erscheint in der Anrufung Om-Mani, der Padme-Hum hinzugefügt werden kann (Padme ↗ = aufgeblühter Lotos ↗) zu Om Mani Padme Hum ↗, populär ›O der Juwel im Lotos‹. 2) männl.: in der Tracht des Mithras ↗-Priesters auftretender Prophet (216–276), der mit einer Bruderschaft (Sarman) aus dem Gebiet des alten Nimrods ↗ in Verbindung stand u. aus überliefertem Wissen den Manichäismus ↗ gründete. Seine Manuskripte, gefunden in der Wüste Gobi ↗, sollen Gurdjieff ↗ bek. gewesen sein.
Manichäismus: von dem Perser Mani ↗ gegr. Religion, die im 4. Jh. zur Blüte kam; u. zwar in O (bis nach Indien u. China) u. W (Ägypten, Nordafrika, Rom), in Konkurrenz zur gerade erst sanktionierten christl. Kirche ↗, deren Kreuzigung ↗ von Jesus eine Kreuzigung von Mani entgegengehalten wurde. Lehrte wie Zarathustra ↗ die uranfängl. Existenz zweier einander schroff gegenüberstehender Prinzipien, gen. Gott + Materie (Hyle), in der Natur manifestiert als Bereiche von Licht + Finsternis. Durch eine von der Materie (od. den Dämonen der Finsternis) schuldhaft eingeleitete Vermischung beider Prinzipien sei der ges. Weltprozeß bedingt, ziele aber auf Wiederherstellung des urspr. Zustandes, bei dem dann keine neue Vermischung zugelassen u. das ›böse‹ Prinzip dem ›guten‹ machtlos gegenüberstehen wird. Dem Menschen, der wie alles eine Vermischung darstellt, kommt bei diesem Erlösungsprozeß eine hervorragende Rolle zu. Was aber erlöst wird, ist letztl. Gott selbst – dagegen wandte sich z. B. Augustinus ↗, der vorübergehend dem M. angehörte, am heftigsten; a. gg. die vom M. verkündete substantielle Gleichheit der menschl. Seele mit Gott. Im übrigen galten ›Befleckungen‹ mit Materie als ›graduell‹, a. bei Pflanzen; so galt es z.B. als ›verdienstvoll‹, v. a. Gurke + Melone zu essen, weil sie einen bes. hohen Anteil an Lichtsubstanz hätten. Seine Endzeit ↗ war der Apokalypse ↗ verw., jedoch wurde

behauptet, nach dem Jüngsten Gericht ↗ stürze die Erde in sich zus. u. brenne dann noch 1468 Jahre als letztem Reinigungsakt. — Übernahmen erfolgten a. von Gnosis ↗ u. Mandäern ↗, Essenern ↗ + Buddhismus ↗, bei letzterem in Gestalt der Seelenwanderung ↗, vom M. ›Umgießung‹ gen. — Der M. soll es gewesen sein, der Gorr ↗ (kostbarer Stein, der Luzifer aus der Stirne fiel) mit Al ↗ kombinierte, woraus Gral ↗ wurde. — Mohammed ↗ knüpfte u. a. beim M. an.

Manierismus: die europ. Kunst zw. Renaissance ↗ + Barock ↗, Spiegelung einer Krisenzeit (durch Reformation ↗ + Religionskrieg ↗), weshalb den Figuren Standfestigkeit fehlt gen. *figura serpentinata.* Fällt in der Wiederholung ↗ auf Grundmotiv  , was sich in der Komposition als Vorherrschen der Hyperbel od. Parabel ↗ äußert.

Manipulation: ein Unterlaufen des freien Wettbewerbs durch möglichst nichtnachweisbare Einflußnahmen, bes. hartnäckig praktiziert im Geschlechterkampf ↗ + Rassismus ↗, z. B. durch M. Heiliger Bücher ↗ = Textverfälschung. Ganz unbeweisbar ist die M. der Psyche ↗ durch Symbole ↗, etwa bei Werbung, Fahnen ↗ etc.

Manitu: indian. Wort für den Schöpfer ↗: er »wohnt in einem goldenen Boot, das wir Sonne nennen« (Wirth, S. 76) u. ist »der Große Geist im Zentrum der Welt«. These: das Wort setzt sich zus. aus Ma ↗ = Sonne + Ntu ↗ (statt Nitu) = Gott, ergibt den Sonnenkern ↗. Äg. Äqv. Atum ↗, ind. Brahma ↗, germ. Wotan ↗, toltek. Teo (in Teotihuacan ↗), bei uns Theo (in Theologie ↗), azt. Tonatiu ↗ usw. Text: »Die Schlange Wau-Kau-Thee, die große Regen- bzw. Wasserschlange, war ursprünglich ein Teil des Weltenschöpfers Manito-Ah, der in einem goldenen Sonnenschiff ↗ über den Himmel fährt« (ebd., 77). Genau umgek. wird sich der äg. Atum bei der Weltauflösung wieder in die Schlange Kematef ↗ zurückverwandeln. Christl. Äqv.: das Wort (Logos ↗ als Schlange, z. B. in der Gnosis ↗) u. Gott.

Mann: durch Geschlechterkampf ↗, wenn nicht Frauenhaß ↗ gekennzeichneter Mensch ↗, dessen Bestimmung männl. zum einen der Lingham ↗, zum andern die Pyramide ↗ als Dreieck ↗ der Hierarchie ↗ ist. Die brennende Frage, wer zuerst da war, M. od. Frau ↗, wird höchst unterschiedl. beantwortet, dürfte aber auf den versch. Realitätsebenen tats. unterschiedl. gewesen sein, während am absoluten Anf. ein unvergängl. Urpaar ↗ zu stehen scheint, dessen Trennung u. Wiedervereinigung sich durch die ganze Schöpfungsgeschichte hindurchzieht. S. männl. Prinzip ↗.

Männlich: s. Yang ↗ u. Männliches Prinzip ↗.

Männliches Prinzip: chin. Yang ↗; als Farbe Weiß ↗ mit schwarzem Kern im Tao ↗, d. h. im wesentl. wie die weiße Sonne ↗, äg. Re ↗ (Umdrehung ↗ = Er!) aufgebaut. — S. weiblich ↗.

Ma Noa: 1 der 4 ersten Ma ↗ gen. Kolonien von Mu ↗; wahrsch. eine Tiahuanaco ↗ vorgelagerte Insel am Beginn des künstl. Kanals, der zum einstmaligen Amazonas ↗-See führte.

Mansa: König in Mali ↗, evtl. vergleichbar mit Manas ↗, dem höheren Selbst, wenn nicht eine Nv. für Menes ↗.

Mantik: Zeichendeutung, Wahrsagen aus Naturerscheinungen, übergehend in Semantik ↗ u. Astrologie ↗ sowie Traum ↗-Deutung. Bed. griech. nur ›Seherblick‹.

Mantra: Direktübers.: »Das, was durch Nachdenken befreit...« Im Tantrismus ↗ eine Keimsilbe, die durch fortwährende Wiederholung eine Art Wellenmuster (Japa) erzeugt. Es wird gesagt, daß diese Klangschwingungen Manifestationen der Sakti ↗ sind u. in Klangbilder (Yantra ↗) umgesetzt werden können. Wichtigstes M. ist Om ↗, quasi ein ›Gott 5‹, der sich wieder aus 5 M. zusammensetzt: Plim (Akasha), Dhlim (Luft), Klim (Feuer), Hlim (Erde), Slim (Wasser), d.h. aus den 4 Elementen ↗ u. ihrer Einheit als Bindu ↗. Vishnu ↗ z. B. besteht aus 12 M.: Om, Na, Mo, Bha, Ga, Va, Te, Va, Su, De, Va, Ya. Damit scheint eine Par. zu bestehen zw. Mantra u. 1 Kategorie der Weltformel ↗, denn das Gayatri-Mantra besteht aus 24 Mantras in Entsprechung zu den 24 kosm. Prinzipien = Tattvas ↗. These: das dürften a. die 24 Kategorien des Seins ↗ in den Veden ↗ sein.

Mantras des Dharana-Yantra

Im abgebildeten Aspekt der Kali ↗ 120 M., davon 60 in den 12 Lotos ↗-Blättern, was die Zweiteilung der menschl. Psyche ↗ in 60 + 60 (= Seele + Geist) entspricht. Meist vergibt ein Guru ↗ an seinen Schüler ein M. — S. Syllabar ↗.

Manu: bed. nicht ein Mensch, sondern die zusammengefaßte Menschheit u. kommt von der Wurzel Man ↗ = denken (ind.). Jedes Manvantara ↗ (eigtl. Manu-antara) als Periode einer Wurzelrasse ↗ beginnt mit einem sog. Wurzel-Manu als Ausgang u. endet mit einem Samen-Manu als den überlebenden Tauglichsten (Bsp. Noah ↗ + Familie). Bei 7 Welten ↗ bzw. Wurzelrassen wird deshalb von insg. 14 M. gesprochen. Die ind. Namen lauten:

1. Runde:	Svayam Bhuva	(Wurzel-M.)
	Svarochisha	(Samen-M.)
2. Runde:	Auttami	(Wurzel-M.)
	Tamasa	(Samen-M.)

3. Runde:	Raivata	(Wurzel-M.)
	Chakshusha	(Samen-M.)
4. Runde:	Vaivasvata	(Wurzel-M., äqv. Adam + Eva ↗)
	Savarna	(Samen-M., äqv. Noah + Frau)
5. Runde:	Daksha-Savarna	(Wurzel-M., äqv. Ham ↗, Sem, Japhet)
	Brahma-Savarna	(Samen-M., schält sich heute heraus)
6. Runde:	Dharma-Savarna	(Wurzel-M.)
	Rudra-Savarna	(Samen-M.)
7. Runde:	Rauchya	(Wurzel-M.)
	Bhautya	(Samen-M.)

Menschen als Einzelindividuen heißen Manushyas. – Im Mahabharata ↗ wird ein solcher Manu als genet. Anknüpfungspunkt für den Helden der Gesch. angesetzt u. wenn von den Gesetzen des Kastenwesens ↗ die Rede ist, so heißen sie a. die ›Gesetze des Manu‹, was letztl. den Bedeutungsspielraum ebenso ungenau macht wie den von Adam ↗. – S. a. Manushi ↗ + Manus ↗.

Manus: Stammvater aller Germanen ↗, von dem 3 relig. Kultgemeinschaften als ›Söhne‹ ausgehen:
1) die Ingäwonen ↗, benannt nach Ingun ↗
2) die Herminonen, benannt nach Hermin (= Irmin ↗)
3) die Istävonen, benannt nach Istvas (evtl. Seth ↗)
Von einer Mutter od. Gattin erfährt man leider nichts, nur von einem ›der Erde entsprossenen Gott‹ namens Tuisto ↗, der als mythol. Vater von M. angesetzt wird, aber a. ein Onkel sein kann, was allein einsichtig machen könnte, warum er nicht selbst der Stammvater ist. These: Tuisto entspr. dem äg. Thot ↗, u. dessen Schwester od. Tochter Nemanus ↗ wurde die Mutter von M. – Die Unterschlagung wäre dann ein Akt des Rassismus ↗, da sie eine Schwarze war, die mit einem weißen Jüngling wegrannte, wie von Nemanus überliefert. Ob letzterer Herkules ↗ war, ist nur zu vermuten. Ebenso, ob Hitlers ↗ Rassen-Ideologie an dieser Ur-Kreuzung ansetzte.

Manushi: ind. Ausdruck für menschl. ›Buddhas‹ od. Wiedererscheinungen inkarnierter Bodhisattvas ↗; bei Bhagwan ↗ sind alle seine Sanyassi ↗ solche menschl. Buddhas = Entsagende. – Im Wort steckt Manu ↗, was insofern paßt, als Bhagwan zu denen gehört, die für den Übergang von 5. zu 6. Welt ↗ Taugliche aussuchen u. um sich scharen: »Nur Sanyassi werden den Weltuntergang ↗ überleben; alle anderen verwandeln sich in Affen oder begehen Selbstmord« (Bhagwan).

Manvantara: die Zeit zw. (= antara) 2 Manu ↗, d. h. 1 Wurzel- und 1 Samen-Manu. Nach ind. Überlieferung immer gleichbleibend 4,32 Mrd. J., was der Weltenlehre ↗ anderer Kulturen total widerspricht. In Anbetracht einer Geheimlehre ↗ kann man annehmen, daß es sich um ›exoter.‹ Angaben handelt, die nicht wirkl., sondern nur symb. stimmen, was schon die Zahl 432 nahelegt, s. Maha Yuga ↗. Rechnet man trotzdem u. versuchsweise 7 x 4,32 = 30,24 Mrd. J., (für die 7 Welten = 7 M.), fehlen bis zu den vom Muiska-Museum ↗ errechneten 36 Mrd. J. einer Kosmos ↗-Phase (= 25 Grundmotive à 1,44 Mrd. J. genau 5,76 Mrd. J. od. 4 Grundmotive à 1,44 Mrd. J.) Zieht man diese also von den 25 (eigtl. 1 + 24) Grundmotiven des Kosmos' ab, landet man beim Archetyp ↗ Medizinmann ↗ als Äqv. für Manu überhaupt, was evtl. die ›esot.‹ Angabe wäre, die geheimgehalten wird, ebenso wie die tats. M., die sehr unterschiedl. sind:

1. Welt (1. M.) = 4,32 Mrd. J. minus 2. + 3. Welt
2. Welt (2. M.) = 360 Mio. J.
3. Welt (3. M.) = 360 Mio. J.
Sprung in die Geschichte ↗
4. Welt (4. M.) = 12960 J.
5. Welt (5. M.) = 12960 J.
Sprung ins Friedensreich ↗
6. Welt (6. M.) = 14040 J.
7. Welt (7. M.) = 14040 J.
Sprung ins Mahapralaya ↗

S. Mensch ↗ u. Wurzelrassen ↗ sowie Welten ↗ u. Drache ↗.

Mao: 1) Erdmacher, äqv. Wakanda ↗ (indian.); 2) 1 der 4 ersten Ma ↗-Kolonien, im späteren Ägypten ↗; 3) Familienname von Mao Tse-Tung ↗; 4) Nv. für Man ↗.

Maori: Polynesiern zugerechneter Stamm in Neuseeland ↗, ca. ab 1000 dort ansässig. In ihrer Kunst herrscht die Spirale ↗ vor, s. nachfolg. 1 m hohen Bug eines Schiffes (Abb. 1):

Abb. 1

Ähnl. Doppelspiralen kehren als Gesichtstätowierung von Mann und Frau wieder, bes. stark ausgeprägt bei Maui ↗ Tikitiki (Abb. 2), dem gemeinsamen Mythenheld aller Polynesier. Möglicherweise läßt sich seine Tätowierung im Ggs. zu dem der Arioi ↗ als ein Grundmuster für Mu ↗ + die 4 Ma ↗ (Kolonien) ansehen, wobei Mu a. Lemurien ↗ ist, das Land der Mohren od. M. = Lemuren. Spez. die M. machten nämlich nach Einbruch des Kolonialismus ↗ den Versuch, die Reste ihrer Geheimlehre ↗ aufzuzeichnen; S. Percy Smith übersetzte sie als ›The Lore of the Whare Wananga‹ (Die Hl. Lehre des Whare ↗ Wananga = Haus der Lehre), wobei der diktierende Tohunga (Maori-

Abb. 2

Maori-Schnitzerei
äqv. Weltideogramm

Priester) sagte: »Auch zu euch sage ich, daß all diese Dinge, die ihr von meiner Rede aufzeichnet, nichts sind als die letzten Abschnitte, Bruchstücke der alten Wahrheiten, denn die einstmals bestehende Lehre wurde ausgelöscht...«; wie er meinte a. durch Verlust des Mana ↗. — Es ist die Lehre gemeint, die auf Tane ↗ zurückgeht. Durch Kolonialisierung ↗ wurde sie vor über 20000 J. von hier in die restl. Welt getragen.

Mao Tse-Tung: letztes großes Staatsoberhaupt von China ↗ (1893–1976), führte den Kommunismus ↗ als ›Maoismus‹ ein. Seine theoret. Schrift ›Über den Widerspruch‹ basiert auf dem I Ging ↗. Hier fand er die Dynamik wider den ›Dämon der Erstarrung‹, mit der er die große proletar. Kulturrevolution in Gang setzte, die wohl v. a. den Konfuzianismus ↗ ablöste. — Im Namen ist Mao ↗ Familienname, Tse der Generationsname u. Tung bed. O. — Wegen seines Einmarsches in Tibet ↗ flüchtete der Dalai Lama ↗.

Marae: Kultplatz in Polynesien ↗, wo der Stufenaltar Ahu ↗ steht; immer ummauert u. rechteckig.

Marc, Franz: dt. Maler (1880–1916), der zus. mit Kandinsky ↗ den Blauen Reiter gründete u. dessen Almanach herausgab, worin er u.a. schrieb: »In unserer Epoche des großen Kampfes um die neue Kunst (= Die Moderne ↗) streiten wir als ›Wilde‹ ↗, nicht Organisierte gegen eine alte, organisierte Macht. Der Kampf scheint ungleich, aber in geistigen Dingen siegt nie die Zahl, sondern die Stärke der Ideen... es war ein gemeinsamer Wetteifer, wer die Ideen am besten begriffen hatte. Man hörte wohl manchmal zu oft das Wort Synthese ↗... man begriff, daß die Erneuerung nicht formal sein darf, sondern eine Neugeburt des Denkens ist. Die Mystik ↗ erwachte in den Seelen und mit ihr uralte Elemente der Kunst ↗...«

These: das waren 50 J. später die 24 Grundmotive ↗ von Kolawole, u. deshalb stand wohl schon das Pferd (des Blauen Reiters), ind. Kalki ↗ im Vordergrund (Abb.), denn es bringt den Messias.

Märchen: spez. Form der Literatur ↗, im Kern mindestens 10000 J. alt u. ein Matriarchat ↗ (These: das 2.) spiegelnd. Das äg. M. ›Heimholung des Sonnenauges‹ erzählt, wie u. warum die M. überhaupt entstanden sind: zur Beruhigung der Tefnut ↗, besagtes Sonnenauge ↗ wie a. Löwengöttin ↗, was die genaue Zeit gibt: Sektor Löwe im Zodiak der Gesch. = 11010–8850 v. Z., gleich in Anschluß an den Weltuntergang ↗ von 11432 v. Z. Im Unterschied zu Mythen + Epos ist von Göttern nicht mehr die Rede, Naturgeister kommen zu Wort, um etwas in die Natur eingebautes zu spiegeln u. den M.-Hörern zu lehren: Gerechtigkeit, äg. Maat ↗ als Zusammenfassung der 2 Maati (Augen), von denen das Sonnenauge eines ist. Das Mondauge ↗ (Wahrheit) fehlt gewissermaßen, weil das M. nichts wirkl. enthüllt, sondern alles eher verhüllt, durch die Schleier ↗ der Isis nur zeigt; das sind die vielen Geheimgänge, Zauberhecken u. dergl.

Marduk: babyl. Gottessohn, a. ›Herz der 50 Anunaki‹ ↗ gen. u. deshalb der 50-Namige (quasi ½ Osiris ↗, der 100-Namige, äg.); ältere Nv. sind Ma-Ri Ilu od. Samsu Ilu = Sonnenkind (im ersten Wort ist Ma ↗ = Sonne enth.). Sonnenkinder sind Planeten ↗, u. so findet sich für M. = Jupiter ↗. In der Stadt Babylon ↗ gab es sowohl ein M.-Tor wie ein Ischtar ↗-Tor an den jeweiligen Enden der N-S-Achse in Form einer Prozessionsstraße, die den Stadtkreis zweiteilte. Man ist versucht zu fragen, ob dies M. größter Heldentat entsprach, seine Mutter Tiamat ↗ in 2 Hälften gespalten zu haben, woraus oben + unten, Himmel + ird. Ozean wurde, dem er wiederum selbst entsteigt mit einem Z. in der Hand, das wie ½ Kreis wirkt (s. Abb. 1); in der anderen Hand der Hirtenstab ↗, hier Krummholz genannt. In Abb. 2 kehrt er in M. gleicher (r. Hand) wieder, während seine l. Hand einen Vogel Strauß ↗ packt, über dem ein 8strahliger Stern schwebt. 8torig war Babylon insg. angelegt, was an die 8 Sektoren der äg. Großen Pyramide ↗ erinnert, deren Fundament die Maat ↗ war, geschmückt mit einer

Abb. 1

Abb. 2

Straußenfeder, u. enthält der Name von M. Mutter – die a. als Mutter anderer Urgötter gilt – nicht das gleiche Wort Maat, nur mit 1 A? Während wiederum Babylon selbst als Baba-Ilu = Tor (o. Mutter) der Götter dieser Tiamat zu entspr. scheint, genau wie Km.T ↗ (Ägypten) der Maat entsprach? Dann ist natürl. Jupiter nur eine Zeitangabe für die 4. Welt ↗ bzw. 4. Stufe des Babyl. Turms ↗, während der eigtl. jener ›Vater‹ regierte, nach dem die 4. Welt a. 1. Reich ↗ des Vaters hieß. Das war in Sumer ↗ Dumuzi ↗, im nachfolg. Babylon M. bzw. Bel (= Herr) gen., äqv. Baal ↗ in Kanaan, äqv. Osiris ↗ in Ägypten, alle nach der 1. Geschichtshälfte in der Unterwelt verschwindend. S. a. 1. Hälfte Jul ↗ als Äqv. für den Halbkreisstab.

Mari: alte Stadt am Euphrat ↗, die seit 1933 ausgegraben wird. Liegt so nördl., daß es urspr. wohl zu Kanaan ↗ gehörte, auf der Karte als Amurru eingetragen (Abb. 1, nächste Spalte).
Abb. 2 zeigt eine Luftaufnahme des Ischtar ↗-Tempels sowie Palast des Königs, der wie in Babylon ↗ dann Ischtars Gatten Marduk ↗ vertrat. Im Empfangssaal des Palastes riesige Wandgemälde (Abb. 3, Ausschnitt), deren Priester

Abb. 3

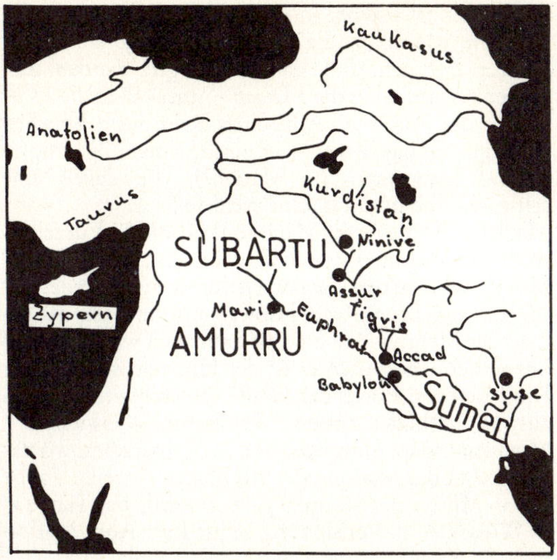

Abb. 1

+ Priesterinnen die gleichen gestaffelten Röcke anhaben, wie letztere auf Kreta ↗, wo a. Kanaanäer ↗ waren, nicht zuletzt Europa ↗. Aus Marduk ist dort Zeus ↗ geworden. U. da wohl a. die Essener ↗ Kanaanäer waren, aus Mari die Gottesmutter Maria ↗, mit Rückbezug zu Marae ↗.

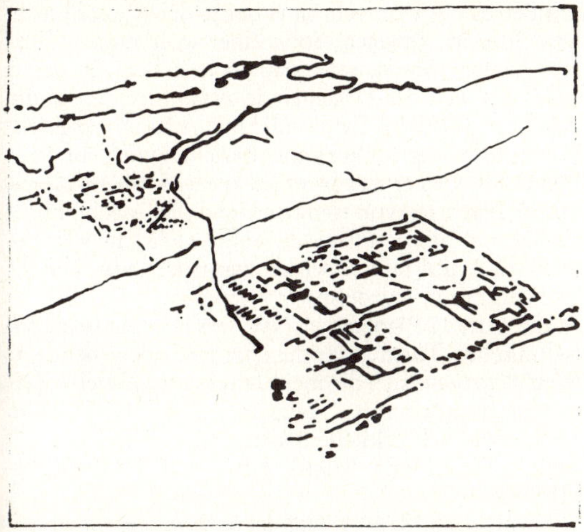

Abb. 2

Maria: Mutter von Jesus ↗ (u. 6 weiteren Kindern) u. königl. Geblüts, da auf David ↗ + dessen 2. Frau Bethsabee zurückgehend; durch sie hatte Jesus Erbansprüche, König von Israel ↗ zu werden. Sie bekam den Übernamen David-Turm, wobei sich das Symbol Turm ↗ auf den 7stöckigen Babyl. Turm ↗ od. germ. Frauenturm ↗ beziehen kann - od. ihre 7 Kinder. Ihr Geburtstag wurde auf Karpathos, Griechenland, am 8. Sept. gefeiert. Als Eltern finden sich ein Vater Joachim u. eine Mutter Anna (s. Hand ↗). Uneinsichtig ist noch ihre Rolle bei der Verwirklichung u. Geheimhaltung des Erlösungsplanes, durch Verstecken des Zwillings Thomas ↗ aus Jesus Christus ↗ zu machen. Früh schon wurde sie auf jeden Fall mit einem Legendenkranz umgeben, bes. nachdem Hippolyt + Origenes (letzterer lebte um 185–254) sie mit dem Titel *Theotokos* (Gottesgebärerin) der hellenist. Isis ↗ belegt hatten, die sie nun mit allen anderen Var. einer Muttergöttin in sich aufnahm: »Alte Muttergöttinnenfeste wurden zu Marienfesten...« (F. Heiler, Die Religionen der Menschheit) u. dadurch kam es zu einer gewissen Synthese von Heidentum + Judentum = Christentum, denn das Judentum ↗ war absolut einseitig männl. gewesen. Das für den Marienkult u. die bildl. Schilderungen der Mariengeschichte grundlegende, Mitte des 2. Jh. entstandene sog. ›Protoevangelium des Jakobus‹ berichtet umständl., wie die 3jährige Maria in den Tempel gebracht wurde, dort im Kreise anderer Tempeljungfrauen lebte, mit 12 J. Joseph ↗ anvertraut wurde u. »... 16 Jahre alt war, als alle diese geheimnisvollen Dinge geschahen«. Diese Zahl findet sich später wieder als 16 Treppenstufen bei marianischen Kirchen; es gab sie schon als Tempeltreppe von Jerusalem ↗. These: die Zahl bezieht sich auf das 16. Grundmotiv der Geschichte ↗, Archetyp Madonna ↗, zu der sie ja

Abb. 1

(a.) wurde, aufgespalten in die 3 Marien ↗ od. 3 Madonnen. Obwohl erst 1950 durch den Vatikan ↗ zum Dogma der leibl. Aufnahme der Maria im Himmel gemacht (= Beginn der Endzeit ↗), findet sich schon sehr früh die Erzählung, bei ihrem Hinscheiden (histor. auf der Flucht nach Kaschmir ↗ unterwegs in Afghanistan) seien die Apostel ↗ herbeigeeilt u. ihr Leichnam sei ins Paradies entrückt worden (Abb. 1: Det. einer geschnitzten Elfenbeintafel von St. Gallen, um 900; Überschrift Ascensio sancte Marie = Mariens Himmelfahrt). Die Theol. des Mittelalters ↗ lehrte M. als ›Thron Christi‹, was der Isis-Hieroglyphe (s. Thron ↗) recht genau entspr. (a. der Übers. ihres Kopfsymbols als ›Wohnung der Sonne‹); auf dem Elfenbeinrelief der ›Thronenden Madonna‹ (Abb. 2, um 1000; Rheinisches Landesmuseum Mainz) sind beide Elemente umgesetzt: sie sitzt auf dem Thron, der sie a. ist, während der Halbkreis zur Kappe wird. Ende des 10. Jh. entstand die 1. freiplast. Madonna (die zugleich Reliquienbehälter ↗ war), gen. Goldmadonna (Abb. 3). M. hält einen Apfel ↗ u. wird theol. als die ›Neue Eva ↗‹ angedeutet, was ihr Kind eigtl. zum Neuen Kain, Abel od. Seth ↗ macht. — Unter dem Einfluß des Minnesangs ↗ wurde die Marienverehrung erotisch gefärbt u. die heutige Zeit wird geradezu das *Maria-*

nische Zeitalter gen., nicht zuletzt der zahlr. Marienerscheinungen wegen, bei denen sie, wie v. a. in Fatima ↗, vor dem Endkrieg ↗ warnte.

Abb. 2

Abb. 3

Das sog. Änigmatische Axiom der M.: »Aus dem Dritten wird das Eine als Viertes« heißt nach C. G. Jung ↗ wohl: »Wenn aus dem Dritten das Vierte kommt, so entsteht damit zugleich die Einheit. Das eine, verloren gegangene Stück, das sich im Besitz der Wölfe der großen Mutter befindet, ist zwar nur ein Viertel, macht aber mit den drei zusammen jene Ganzheit aus, welche die Trennung und den Konflikt aufhebt« (Jung 1976, 253). Wer denkt dabei nicht an die germ. Gaur ↗ mit den 24 Hunden (Werwölfen)? Tats. wird aus der christl. Trinität + M. genau die gleiche Situation = 3

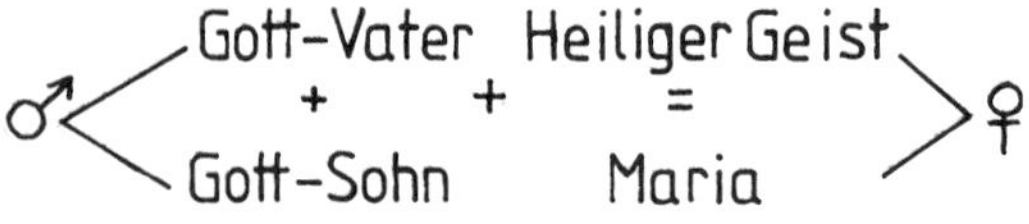

+ 1, u. die Verteilung nach Geschlecht müßte lauten: Ist sie aber dem Hl. Geist ↗ wesensgleich u. außerdem als Viertes die Einheit der Trinität ↗, kommt als Grundmotiv ↗ für sie nur das Ur-X ↗ in Frage, in der Bibel ↗ Achath ↗. — Das Dogma von der ›Unbefleckten Empfängnis‹ (s. Jungfrau (II) ↗) wurde erst 1854 verkündet.

Maria Magdalena: 1 der 3 Marien ↗; s. Magdala ↗.

Mariamne: außergewöhnl. schönes Mitgl. des königl. Hauses von Judäa ↗ (wie Maria ↗), durch deren Heirat Herodes ↗, der sie abgöttisch liebte, König von Israel ↗ wurde. Machtbewußt, machte sie ihn fast wahnsinnig vor Eifersucht, bis er ihr Todesurteil unterschrieb. A. ihre 2 beim jüd. Volk sehr beliebten Söhne ließ er bald danach, schon von Verfolgungswahn befallen, hinrichten.

Marib: Hauptstadt des Königreichs Saba ↗; Funde hoher Kultur.

Marien, die 3: Johannes ↗ (s. Magdala ↗) erw. 3 Frauen mit Namen Maria ↗, die manchmal so ineinander übergehen, daß man nur eine in Geheimnis gehüllte wahre Maria vermutet. Das Prinzip von 3 Müttern od. Madonnen ist sowohl in Ägypten beim Pharao ↗ übl. gewesen, wie sich a. die Germanen ↗ insg. auf ihre ›3 Mütter‹ bezogen, ohne daß Namen gen. werden; hier gingen sie einmal in die 3 Disen ↗ über od. in die 3 Gesichter der Percht ↗. Auf seiner Reise nach Brasilien sprach der jetzige Papst ↗, er mache einen Pilgerzug zu den ›3 Madonnen‹ (= Marien?), von denen eine schwarz, eine braun u. eine weiß sei.

Marisha: lt. Blavatsky ↗ Symbol für die 2. Wurzelrasse ↗; im Vishnu Purana wird erzählt, Soma ↗ (der Mond) habe sie den Zauberern des ›rechten Pfades‹ als ›Braut‹ angeboten, was insofern unsinnig ist, als damals der Mensch ↗ noch total androgyn war sowie unkörperlich. Interessanter ist der Hinweis, sie habe ihr Kind ›aus den Poren der Haut‹ ausgeschwitzt, was an austral. Felsbilder mit den Wandschina ↗ erinnert.

Marisma: span. Sumpfgebiet u. Vogelparadies, wo das Pfingstfest der Madonna Palma Blanca = weiße Taube od. a. ›Mutter der Sümpfe‹ gefeiert wird, was Taube ↗ + Wasser ↗ in Verbindung setzt. Evt. Äqv. Maritamah ↗.

Maritamah: ›die mütterlichsten‹, Ausdruck der Veden ↗ für die Gewässer; erinnert an Marisma ↗. Äg. Äqv. Mu ↗ (Meer) als Mu.T ↗ = Geier statt Taube, die sich mit Marisma verbindet. Heute: maritim = das Meer betreffend.

Markus: Evangelist ↗, Symboltier Löwe (= 3. Zodiakhaus ↗). Gilt bei Papias (um 140) als ›Dolmetscher des Petrus ↗‹. Wahrsch. ist er der in der Apostelgesch. erw. Joh. M. gewesen, Sohn einer wohltätigen Christin namens Maria, wohnhaft in Jerusalem, in deren Haus ein Teil der Urgemeinde zusammenkam u. die Kirche ↗ gründete. Bei ihm fehlt eine Kindheitsgesch. von Jesus, u. der Schluß seines Berichtes wirft ebf. Probleme auf, weil er zu abrupt ist. Spez. M. 16/19–20 gelten als Nachtrag von fremder Hand (die angebl. Himmelfahrt ↗ betr.). These: er wußte vielleicht von Petrus, wie es mit Jesus ↗ wirkl. zugegangen war, berichtete darüber u. wurde später korrigiert.

Mars: 1 der 12 Planeten ↗, Nv. Ares ↗. Steht beim Babylonischen Turm ↗ für die jetzt zu Ende gehende 5. Welt ↗, worauf sich die meist falsch interpretierte Zeile von Nostradamus ↗ bezieht, im Juli 1999 müsse noch etwas Schreckliches passieren...

»AVANT APRES MARS REGNER PAR BONHEUR«

= bevor, nach M. = Ablauf der 5. Welt, das Glück regiere. Man hat bisher aus M. immer den Krieg gemacht, was sich wohl auf den aggressiven Pfeil in seinem Z. ♂ bezieht. Aber er steht beim Horoskop ↗ a. für Erzengel Michael ↗ (die ›Stärke Gottes‹), Imperialismus, Reisetrieb, Weltanschauliches, affektive Erschütterung, Anlaufenergie, Tätigkeitsdrang, jähe Schwenkung, Unruhestiftung (Revolution?), Dynamik, Wandlung. Weiter gilt er als Herr des Pflügens, Bauens, Steineschneidens, der Architektur u. Skulptur; als männl. Triebsymbol und als erdhaft. — In unserer Biologie wird sein Z. schlechthin für männl. eingesetzt. Die Römer ↗ benannten nach ihm den Dienstag, noch heute in frz. Mardi. Diese Wochenstellung nimmt er jedoch schon in der Chaldäischen Planetenreihe ↗ ein, s. Woche ↗.

Martanda: die ›verworfene‹ Nr. 8 der Adityas ↗. These: See ↗ im Tao ↗ (hier durch Mar = Meer ↗ ausgedrückt), d. h. der 8. Sektor im 8er Kreis ↗ der Sonne, weibl. Wasser, äg. Naunet ↗. — Originaltext ohne Interpretation: »Acht Söhne wurden geboren aus dem Körper der Aditi ↗; sie nahte den Göttern mit sieben, aber stieß hinweg den achten, Martanda« (Blavatsky, I, 126). Nv. in einem Kommentar: Bal-I-Lu. — Blavatsky macht aus M. die ganze Sonne u. aus den anderen 7 Planeten.

Martell, Karl: noch titelloser ›König‹ der Franken (um 688–741); wehrte 732 den Islamischen Blitzkrieg ↗ in Südfrankreich ab, verherrlicht im Rolandslied ↗. Offiz. Großvater von Karl dem Großen ↗. Im Namen enth. sein Beiname ›der Hammer‹ *(martel),* wahrsch. bezogen auf den Hammer des Thor ↗. Um seine Krieger zu bestechen od. zu belohnen, wagte er es sogar, einen Teil des Kirchenbesitzes zu konfiszieren. Sein Sieg über die Moslems, die schließl. ganz in das Gebiet südl. der Pyrenäen ↗ zurückgeworfen wurden, machte ihn zum ›Held der Christenheit‹. Den Königstitel konnte er nicht erwerben, weil er kein Merowinger, sondern ein Karolinger war. Manche meinen, er habe den europ. Feudalismus in Gang gesetzt, weil seine Schlacht ein Reitersieg war, dem ein schnelles Anwachsen der Reiterei folgte. Konnte nämlich von nun an ein Landbesitzer sich kein Pferd leisten, sank er auf die Ebene des bloßen Bauern hinab, während aus den anderen Ritter wurden.

Martinisten: europ. Bewegung des 18. Jh., die auf den frz. Rosenkreuzer ↗ Saint-Martin zurückging, dessen Vorstellungen u. Ziele denen von Swedenborg ↗ ähnelten: Wiederversöhnung Mensch-Universum, äg. Riten zur Verbindung mit der Geisterwelt, das neue Jerusalem ↗ etc. Verbreitung bes. stark in Rußland ↗. Zitat: »Jede physische Tatsache wohnt neben einer geistigen Wahrheit.« Verbindung zur Alchemie ↗ + Gnosis ↗.

Marx, Karl: dt. Theoretiker des Sozialismus ↗ u. Begr. des Marxismus ↗ (1818–1883). Übertrug die Tatsache, daß sein schlimmes, sein eigtl. unerträgl. Dasein (manchmal war der halbe Hausstand im Pfandhaus) sein Bewußtsein bestimmte, kurzerhand auf alle Menschen, wobei er die Dialektik von Hegel ↗ (das Bewußtsein bedinge das gesellsch. Dasein) total auf den Kopf stellte. Konsequenz: er wollte die Gesellschaft, die ihn so verludern ließ, umkrempeln - Befreier der Proletarier werden, ohne selbst aufhören zu können, sich an die ›Schimäre bürgerlicher Wohlordnung‹ anzuklammern. »Grau, teurer Freund, ist alle Theorie«, schrieb er 1862 an den immer mit Geld aushelfenden Engels »... und nur das Business ist grün. Ich bin leider zu spät zu dieser Ansicht gekommen...« u. versuchte vergebl. ein Unternehmer (d.h. ein Kapitalist) zu werden. Im Kommunistischen Manifest ↗ frischte er wahrsch. nur das Programm der Familie Weishaupt ↗ auf, während insg. seine Lehre als verweltlichte Fassung des alttestamtentar. jüd. Königtums Gottes (d. h. von Jahwe ↗) auf Erden gilt.

Marxismus: von Marx ↗ begr. Lehre, die einen gesetzmäßigen Ablauf folg. Gesellschaftsperioden sieht:
1) Urkommunismus (äqv. dem Paradies ↗ der Bibel)
2) Sklavenhaltergesellschaft
3) Feudalgesellschaft
4) Bürgertum
5) Kapitalismus
6) Sozialismus
7) Endkommunismus (äqv. Paradies-Wiederkehr ↗)
wobei Nr. 1 u. 7 als Zustände ohne Klassen ↗ gelten. Aufspaltungstendenzen gab es Ende des 19. Jh. über der Frage, ob das Ende des Kapitalismus (da gesetzmäßig) von allein käme, od. durch gewaltsamen Umsturz (worauf z. B. Lenin ↗ setzte) herbeigeführt werden müsse. Der M. kann als Teil der Weltrevolution ↗ betrachtet werden; seine Einseitigkeit war, sie ganz dem Proletariat (= den Arbeitern) anzuvertrauen. — S. Historischer Materialismus ↗.

Marzana: Göttin der Slawen ↗; wurde an manchen Orten rituell ›zersägt‹, was Babu Rezati = die Alte zersägen hieß. Lt. Wirth ↗ ist sie ein Äqv. der (Mumu) Tiamat ↗, die beim babyl. Schöpfungsbeginn halbiert wird.

Mash Mak: Siderische ↗ Kraft bei den Atlanten ↗, womit lt. Blavatsky der Geist von Luft, Feuer, Erde, Wasser u. Akasha gemeint ist, d. h. das, was in Indien mit Om ↗ ausgedrückt wird. Wir würden heute Kernkräfte dazu sagen.

Maske: v. a. in Afrika als Kunstwerk geschnitztes ›Nicht-Gesicht‹, das immer, selbst als Tiermaske, einen Muntu ↗ = Mensch darstellt, ohne, wie die Plastik, ein Muntu-Gesicht zu haben. Sie kann das nicht, weil sie sich bewegt und spricht (mit Hilfe des Maskenträgers) u. dadurch manifestiert, ob sich durch sie ein lebender (= Muzima) od. toter (= Muzimu) Muntu (Mensch) äußert. Nur die Plastik kann die Einheit von

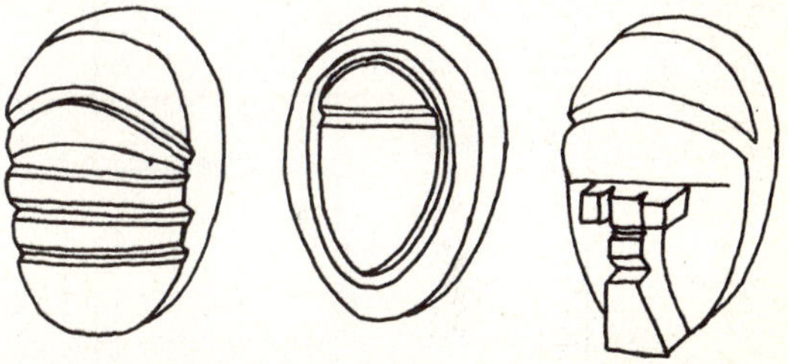

beidem verwirklichen u. ist dann ein ›Gesicht‹, weil in Afrika Muntu eben als Kategorie immer sowohl diesseitig wie jenseitig ist. Aus dem gleichen Grund können nur Maskierte die Weltordnung ↗ tanzen. — Die Abb. zeigt die Stadien des Schnitzens einer Ngede-Maske der Dan ↗.

Massai: afrik. Stamm, v. a. in Kenia; wie die Luo den Bahima zugerechnet. Zieht man Ba wie bei Bantu ↗ ab, bleibt Hima übrig, Vorsilbe der Himariten ↗, was sie mit den Kanaanäern ↗ in Verbindung bringt, die später zu den mex. Olmeken ↗ wurden. U. da findet sich noch ein gemeinsames Wort: die M. nennen ihre Zauberer (sie werden gewählt) Orkoyotes, worin Kojote ↗ steckt. — In Ägypten nannte man die M. Matoi ↗. — Frz. Autoren betrachten sie der Übergröße wegen als Reste der Cyclopen ↗.

Mastaba: ›Bank‹ (arab.); Graboberbauten in Form eines längl. rechteckigen Blockes, spez. in der Frühzeit von Ägypten gebräuchl. (Abb. 1). Wirkt wie ein abgesägtes Megalithgrab ↗ (Hügelform), denn immer sind die Wände schräg; u. da dies wieder nur eine Pyramide ↗ aus Erde war, wenn a. langgestreckt, statt quadrat., landet man evtl. bei einer Stufe der Ahu ↗. —

Abb. 1

Die Nische der M. ist eine Scheintüre ↗. In Gisa ↗ sind neben der Großen Pyramiden ganze M.-Felder, alle in der Längsachse N-S wie das Gangsystem ↗, aber quer zur Sphynx ↗, sodaß beim Vergleich die Scheintüre zw. ihre Pfoten zu liegen kommt, wo einst das Ho-

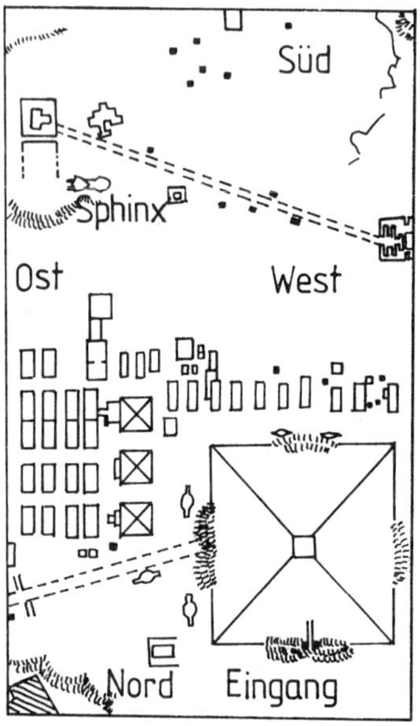

Abb. 2

rus ↗-Figürchen war bzw. wo der Totentempel ↗ lag. Auf Abb. 2 oben r. die Große Pyramide ↗ u. unten l. die Sphinx. — Aus solchen M.-Feldern dürften sich die Nekropolen ↗ entwickelt haben.

Materialismus: generell die Anschauung, alles (Sein, Dasein, Seele etc.) sei vom Körperl. = Materiellen abhängig, was die Materie ↗ dem Geist ↗ überordnet. Bei Marx ↗, Begr. des ›Historischen Materialismus‹ ↗, entspr. gesellsch. Dasein der Materie u. Bewußtsein ↗ Geist.

Materialismus, Historischer = Sonderform des Materialismus ↗, von Marx ↗ + Engels entwickelt als Teil des Marxismus ↗, wo sich die Gesellschaft - äqv. Materie ↗ - in Etappen = histor. entwickelt u. dabei a. Bewußtsein ↗ - äqv. Geist - bedingt (u. nicht umgek.). Steht in totalem Ggs. zum Idealismus ↗, während der Okkultismus ↗ eher ambivalent ist, insofern er an den Uranfang ↗ die Gleichzeitigkeit von Geist + Materie stellt.

Materie: in Altindien in 2 Aspekten definiert als

Pradhana (ungeoffenbart) — Prakriti ↗ (geoffenbart)

wobei ersteres der Anf. die endlose Ursache ist u. letzteres die Wirkung. Blavatsky: »Die Materie ist ewig und wird nur periodisch atomistisch.« Was das Atom ↗ nur zu einem Aspekt der M. macht. Entspr. ist Energie ↗ ein anderer, u. die Zusammenholung ist das Grundmotiv 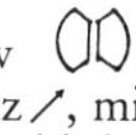 = Einheit von M. + Energie od. Pflanzentanz ↗, mit dem der Kosmos ↗ (die Muttergöttin, hier wohl als Mater = Mutter enth.) sein eingebautes Ziel erreicht hat, alles Verborgene zu entfalten bzw. zu offenbaren. — Die Kabala ↗ jedoch betrachtet M. »... als eine Hülle, die nachträglich infolge des Falles Adams nach der Erschaffung aller Wesen diesen beigegeben wurde...« (Papus 1979, 139). Das ist insofern Unsinn, als lt. Bibel Adam ↗ ja schon aus einem ›Erdenkloß‹ gemacht war u. auf der Erde schon Pflanzen u. Tiere vorhanden waren, die Sonne schien u. dergl. mehr. Sollte das alles keine M. gewesen sein? Od. wurde sie nur vor dem verbotenen Griff nach Erkenntnis ↗ als solche nicht wahrgenommen, s. Wahrnehmung ↗ u. Sinne ↗. Dann versteht man besser die Verzweiflung mod. Physiker, bei der unnachgiebigen Untersuchung von M. - mater. gesehen - im Nichts ↗ zu landen. Od. M. als Maya ↗ = Illusion zu entlarven. Der Materialismus ↗ hält sich von solchen Erkenntnissen frei. — Pradhana entspr. der Unverursachten Ursache ↗.

Matoi: Nv. des äg. Gottes Min ↗, gen. »... schöner Matoi der östl. Wüste, der die Kostbarkeiten von Punt ↗ bringt« od. »... reich an Duft, wenn er aus dem Matoilande herabsteigt...«; wie a. die Leute von Punt vor ihm tanzen. Der Begriff verweist also in den S von Ägypten, zw. das damalige To-Mam ↗ (Nubien) u. To Ntr ↗ (Simbabwe), u. da sind heute die Massai ↗ zu Hause, deren Name zweifellos ident. mit M. ist.

Matriarchat: »In Ägypten enthielten in alter Zeit die Trauformeln einen Abschnitt, daß das Weib die ›Herrin des Herrn‹ und wirklicher Herr über ihn sein solle, während der Mann sich verpflichtete, ›seinem Weib gehorsam‹ zu sein... Das Weib wurde für höher u. geistiger gehalten als der Mann...« (Blavatsky III, 449). Ohne eine solche Einstellung wäre ein M., in dem die Matres = Mütter die Gesetze u. Geschicke von einem Volk ↗ bestimmen, undenkbar. Unter welchen Bedingungen jedoch diese Einstellung u. dadurch das M. entstand bzw. wieder verschwand, ist völlig umstritten u. läßt sich a. nicht nachprüfen, da es heute u. schon lange keine M. mehr gibt. Letzter Rest sind Kreta ↗ (3. + 2. Jt. v. Z.) u. Japan ↗ (vor Einfall der Mongolen) unter ›Zauberköniginnen‹ ↗ (bis 500). Dann gibt es Überlieferungen der Indianer ↗, daß in alter Zeit die Frauen regierten u. auf die Jagd gingen, während die Männer kochten u. Kinder hüteten, bis letztere rebellierten u. die Frauen umbrachten; Zeitangabe fehlt od. ist symb. gegeben durch den Adler, der ihnen daraufhin neue Frauen besorgt. Etwa ab Adlersektor (Äqv. Skorpion ↗) im 18. Jt. v. Z. hätte das 1. Patriarchat ↗ begonnen, was das 1. M. ins 1. Viertel der Geschichte ↗ legt. Der pazif. Djangawul-Zyklus ↗ bestätigt, daß die Männer am Anf. der Kultur ↗ ›nichts‹ besaßen u. sich die Kultobjekte = Ranga ↗ erst von den Frauen stehlen mußten. Rechnet man das Königtum der Tefnut ↗ u. den Mysterienverrat ↗ hinzu, ergibt sich als Schema eine Vierteilung des Geschichtskreises (Abb.): 1. M. = 1.

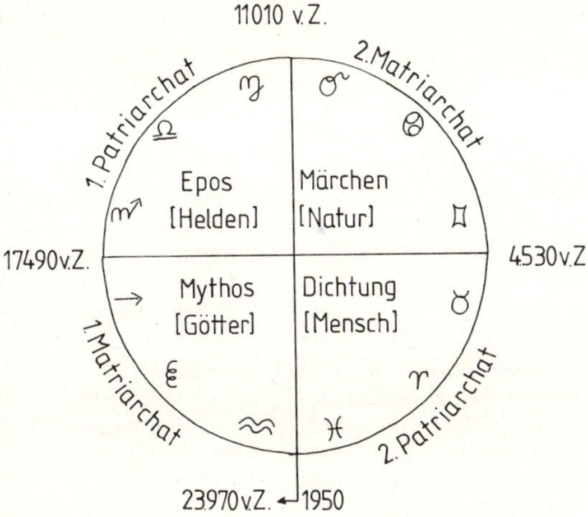

Viertel, etwa Landung ↗ von Astronauten bis zur Erfindung der Runen ↗. 2. M. = 3. Viertel: Isis als Witwe ↗ bis 1. Pharao ↗. Koppelt man mit dem Schema die Literatur ↗, wird einsichtig, warum in Mythen u. Märchen Göttinnen bzw. Feen vorherrschen - in Epos u. Dichtung dagegen männl. Helden wie Riesen + Ritter, denn es sind a. die krieger. Zeiten, während die M. friedl. Zeiten spiegeln, s. die 2 Kalumet ↗-Pfeifen der Indianer. — Beim Vergleich mit dem Klassensystem ↗ sind die M. a. an Volk u. Priestertum als vorherrschende Klassen gekoppelt, wie bei den Germanen ↗ die Volksmütter a. die Seherinnen ↗ waren. — Die beste Übereinstimmung mit obigem Schema ergibt sich aus der Zodiakscheibe ↗ von Dendera, Oberägypten. — S. Maui ↗.

Matrika Shakti: die uranfängl. Energie ↗, die in den Mantras ↗ latent vorhanden ist. Bezieht sich auf die Shakti ↗ (Urgöttin od. das weibl. an sich). These: das 1. Wort läßt sich in *matri* = Mutter u. Ka ↗ = Geist auflösen. Dieser ›Muttergeist‹ ist a. die Matrix ↗ der Indianer.

Matrilinear: wenn sich der Stammbaum auf die Mutter statt den Vater bezieht, Namen, Erbe von Besitz etc. betr.; so hieß in Altägypten der Nachwuchs nicht ›gezeugt von‹ (mit patrilinearer Namensgebung), sondern ›geboren von‹ (mit m. Namensgebung). Bei den afrik. Dogon ↗ ist die Mutterlinie die Nommo ↗-Linie.

Matrix: Keimschicht, Wertschema, ›Bett‹ (Nagelbett bei Wirbeltieren); bei den Indianern das Labyrinth ↗ als mütterl. Prägemuster für die Menschen während der Schwangerschaft ↗.

Matthäus: 1 der 4 Evangelisten ↗; es wird vermutet, seine messian. Beweistexte stammten »... aus einer besonderen Quelle, und der Fund einer Testimonien-Sammlung unter den Handschriften von Qumran ↗ hat die Möglichkeit einer solchen Quelle überzeugend dargetan« (dtv-Lexikon: Die Bibel und ihre Welt). Der Rückbezug auf Texte, die in der Zeit vor Jesu ↗ Geburt hineinreichen, braucht nicht zu wundern, denn M. ist, wie sonst nur Joh., a. Apostel ↗ u. hängt dann direkt mit der Qumran-Sekte ↗ zusammen. Merkwürdig ist, daß sein Symboltier, das eigtl. der Adler sein müßte, mit dem von Joh. (= Engel, Wassermann) vertauscht wurde, s. das Zodiakschema bei Lukas ↗. Vielleicht verdeckt die Vertauschung, daß es ihn gar nicht gab u. sein Text ›gemacht‹ wurde. Er beginnt nämlich mit dem angebl. Stammbaum von Jesus über Joseph ↗, obwohl dieser gar nicht sein Vater gewesen sein soll.

Maui: Beiname des Tiki ↗ (od. Potiki ↗), im pazif. Schöpfungsmythos 8köpfig u. dann Maui-Tupua-Tupua, der ›Übermensch‹ ↗. — Bei der Geburt soll er so mißgestaltet gewesen sein, daß ihn seine Mutter (Tikitiki-A-) Taranga ↗ ins Meer warf. Götter retteten u. erzogen ihn, dann kehrte er zurück u. die mag. Abenteuer begannen: mit dem Zauberkiefer seiner Großmutter fischte er Inseln aus dem Meer; mit einer Schlinge aus dem Haar seiner Mutter fing er die Sonne ein, um ihren Lauf zu verlangsamen etc. Als letztes kroch er in den Mund der Göttin Hina Nui-Te-Po ↗ (seine Urahnin), um für die alternde Mutter Unsterblichkeit zu gewinnen. Durch das Gelächter der ihn begleitenden Vögel wachte sie aber auf, biß zu u. M. war tot. Als er danach in den Himmel sprang, zerbrach das Land (Mu ↗?) zu Inseln. Ein echter Mythos ↗, der im

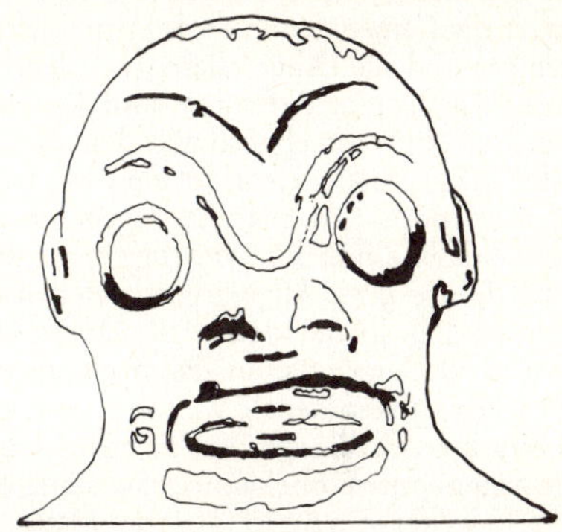

ganzen Pazifik ↗ Teil der Geheimlehre ↗ ist, insofern soll geheim bleiben, was ›dahinter‹ steckt. These: die ganze 1. Hälfte der Geschichte ↗, ab Landung von Astronauten ↗ bis Weltuntergang ↗ (sein Sprung in den Himmel), d.h. ein Mensch, der von Göttern erzogen wird, was in der äg. Dynastienliste ↗ spez. auf die Dyn. der Götter = 1. Matriarchat ↗ verweist, weshalb wohl a. Zaubergeräte weibl. Vorfahren vorherrschen. Die 8-Köpfigkeit dürfte auf den frühzeitig aktivierten 8er Kreis ↗ der Sonne (Seele) verweisen, wo in der afrik. Ntu-Philosophie ↗ allein der Mensch (Muntu ↗) im 8. Sektor (ind. Martanda ↗, mit der Verwerfung evtl. Äqv. Maui, der ja zunächst a. verworfen wird) zum Übermenschen wird. — In Darst. ist er jedoch meist nur ein Janus (1 Kopf mit 2 Gesichtern), bei dem die Überbetonung von Augen u. Mund auffällt (Abb.). Als Typ ererinnert das Gesicht an den bei fast allen Völkern auftauchenden ›Fischmenschen‹, s. Dagon ↗, Maisgott ↗ + Nommo ↗. M. gilt als verw. mit Laka ↗. — S. Maori ↗.

Mauren: nordafrik.-arab. Mischvolk, das sich in der

Sahara ↗ gebildet hat u. im Islamischen Blitzkrieg ↗ Spanien unterwarf. Das heutige Mauretanien mit den ihnen nicht unähnl. Tuareg ↗ trägt ihren Namen, der ›Mohren‹ enthält. Eine Mohren = Maurenkönigin kommt im Parzival ↗ vor.

Maya: 1) das Weltall mit allem, was darin ist (ind.), mit der Bed. von Illusion, weil alles darinnen vergängl. ist vom kurzdauernden Leben eines Leuchtkäfers bis zu dem der Sonne; 2) Mutter von Buddha ↗, a. Mahamaya ↗, die Große Maya; 3) eine Wunderkraft od. Wirkweise wie Zauber ↗, quasi Betörung durch Illusion, sowie Phantasie, was mit 1) zusammenhängt. 4) Indianergruppe.

zu 1) Lt. Blavatsky ↗ betrachtet der Okkultist die direkte Emanation von Mulaprakriti ↗, der ewigen Wurzel *(mula)* des Tat ↗ - a. Adi-Shakti = 1. Shakti ↗ gen., philos. als eine M. u. Ursache der menschl. M. = Illusion durch Unkenntnis, die wiederum die Unfähigkeit ist, die ›Schleier der Maya‹ - äqv. den 7 Schleiern ↗ der Isis - zu durchstoßen, die für viele die 7 Welten ↗ sind. »Maya oder Illusion ist ein Element, das in alle endlichen Dinge eintritt, denn alles, was existiert, hat nur eine relative, keine absolute Realität, da die Erscheinung, die das verborgene Ding an sich für irgend einen Beobachter annimmt, von dessen Erkenntniskraft abhängt... Die Existenzen einer jeden Daseinsebene, bis hinauf zu den höchsten Dhyan-Chohans, sind gewissermaßen nur Schatten, wie sie eine magische Laterne auf einen farblosen Schirm wirft; nichts destoweniger sind alle Dinge relativ real, denn der Erkennende ist selbst eine Reflexion, und die erkannten Dinge sind daher für ihn ebenso wirklich als er selbst« (Blavatsky I, 71). These: dann ist alles M. außer den Präexistenten Ideen ↗, u. man kann generell Erscheinungsbild ↗ dafür einsetzen, wie umgek. auf die »Wesenheit der Dinge keine Maya irgendwelchen Einfluß haben kann«, d. h. auf die Ideen ↗ der Dinge. »Der Leser muß sich vor Augen halten, daß nach unserer Lehre, welche dieses phänomenale Weltall als eine große Illusion betrachtet, ein Körper um so mehr Realität erreicht, je näher er der Unbekannten Substanz ist, da er damit um so weiter von dieser Welt der Maya entfernt ist« (Blavatsky I, 169).

zu 4) Churchward ↗: »Die Mayas waren Auswanderer von Mu ↗ (1970, S. 10). Charroux: »Die Azteken ↗ u. Inkas ↗ waren Erben des alten Maya-Empires, und dieses Maya-Empire war eine Kolonie von Mu...« (1971, S. 180), d. h. Ma ↗. Und deshalb kann man die M. als Ma-Ya = nach einer Kolonie (Ma) Gehende (= Ya ↗), d. h. als Auswanderer von Mu bezeichnen. Bei ihnen hieß dieser Ursprungskontinent Tamoanchan ↗ (Land der Vogelschlange) u. sie selbst waren die Chan ↗, was eine Verbindung zu den Naga ↗ (ebf. Schlangen) in Asien herstellt. — Neue archäol. Entdeckungen auf Yucatan ↗ werfen die bisherige M.-Chronologie unserer Wissenschaft völlig über den Haufen. Danach sind sie nicht 2500 v. Z. sondern schon 9000 v. Z. in Mittelamerika ansässig, u. das ist a. noch nicht das letzte Wort, da Mu schließl. schon vor 13000 J. unterging, u. ihre Auswanderung eher in die Argonautik ↗ fällt, als daß sie eine Flucht gewesen wäre wie z. B. bei den Hopi ↗. Vorhandensein von Elefant + Lotosblume in ihren Reliefs, beides in Amerika nicht existent, deuten ebenso nach Mu (Lemurien ↗, Kasskara ↗ etc.), während die Überlieferung des Besuchs einer M.-Königin namens Moo ↗ in Ägypten, mit Zwischenstop in Atlantis ↗, wieder in die Zeit vor dem Weltuntergang ↗ verweist, der sie zweifellos auf ein Jägerniveau zurückwarf, aus dem sie erst die Olmeken ↗ wieder erlösten. Mit deren Eintreffen beginnt ihre sog. ›Mittlere Vorklassik‹ u. der Tzolkin ↗:

Neueste Chronologie

10.000 v. Z. (u. früher) - 7000 v. Z.: Jäger wie Hunahpu ↗
7000–6000 v. Z.: Anbau erster Pflanzen
um 3500 v. Z.: Mais ↗ + Mondkalender ↗
seit ca. 1500 v. Z.: mittlere Vorklassik u. Beginn Tzolkin
seit 613 v. Z. - 6. Jh.: Long Count ↗, ein Tausendjähriges Reich, gen. M.-Klassik
Zusammenbruch durch Pipil ↗-Invasion
Ende 7. Jh.: Renaissance, Gründung von Uxmal ↗
Ende 10. Jh.: Gründung der Liga von Mayapan ↗, Ankunft der Tolteken unter Ce Acatl ↗
Anfang 13. Jh.: Auflösung dieser Liga
1441: Fall von Mayapan
1527–46: span. Conquista von Yucatán, 8 J. nach Eintreffen von Cortes ↗ beginnend. Ermordung vornehml. der Almehen ↗ (M.-Aristokraten)
1847: wie ein Auftakt zur Weltrevolution ↗ größter M.-Aufstand auf Yucatán, der auf den Hinauswurf aller mex. Weißen zielte; er konnte nur teilw. niedergeworfen werden, denn zehntausende entzogen sich den Regierungstruppen durch einen langen Marsch in den Urwald, wo sie eigene Kleinstaaten aufbauten. Bis 1915 wurden jedoch die meisten dem mex. Staat wieder eingegliedert.

M.-Vorausschau

»Nur wegen der Zeit des Wahnsinns, nur wegen des Wahnsinns der Priester ist die Traurigkeit über uns gekommen, ist das Christentum über uns gekommen... das war der Beginn unseres Elends, der Beginn der Abgaben, der Beginn der Almosen, der Grund des Elends, aus dem gemeine Zwietracht entstand, der Beginn der Kämpfe mit Feuerwaffen, der Beginn der Beleidigungen, der Ausbeutung, der Versklavung... das Werk der Spanier und Padres... Doch der Tag wird kommen... (da) Ah Kantenal, der mit dem gelben Altar und Ix Pucyola, die Zerstörerin des Wasserherzens, wiederkehren und sie von der Erdoberfläche tilgen« (Chilam Balam ↗). S. Wiederkehr ↗. — Von den tausenden von Codices ↗, in denen ihre Gelehrsamkeit u. Rituale aufgezeichnet waren, sind uns nur 3 erhalten, alles andere wurde von Christen verbrannt. Als M.-Bibel gilt das Popol-Vuh ↗, das ganz in den Urzustand vor der Schöpfung zurückreicht. Darin vergraben das Weltideogramm ↗ u. die Weltenlehre ↗. Geradezu besessen vom Kalender ↗, errichteten sie in ihren Städten alle 5, 10 u. 20 J. Steinsäulen, in die sie die wichtigsten Ereignisse meißelten. An ihrer Schrift rätseln schon Generationen von Sprachforschern. Im Zentrum ihrer Religion steht die Reinkarnation ↗, die vom Moan ↗ - einer Art Geier ↗ - geleitet wird, genau wie in Ägypten. Im sog. Dresdener Codex (Abb. 1) sitzt er auf dem

Kopf eines Chilan = Jaguarpriesters. Es ist derjenige der Codices, in dem Paul Arnold ›Das Totenbuch der Maya‹ (Titel seines Buches) in Resten zu finden meint. Er schreibt: »Das wenige, was wir über Wirken und Schulung des Chilan ↗ andeutungsweise wissen, ähnelt dem, was ich über die Lebensweise der weiblichen Schamanen ↗ (Itako) in Erfahrung bringen konnte, mit denen ich in Japan ↗ zusammentraf« (1978, 92). Japan ist ein Rest von Mu (s. Karte dort). In der Mayasprache wiederum findet er phonet. Ähnlichkeit mit Tibet u. grammatikal. mit China.

Abb. 1

Kontinuierl. Komplexe bei allen M. (heute leben noch ca. 2 Mio.) sind im Schema (Abb. 2) verzeichnet:

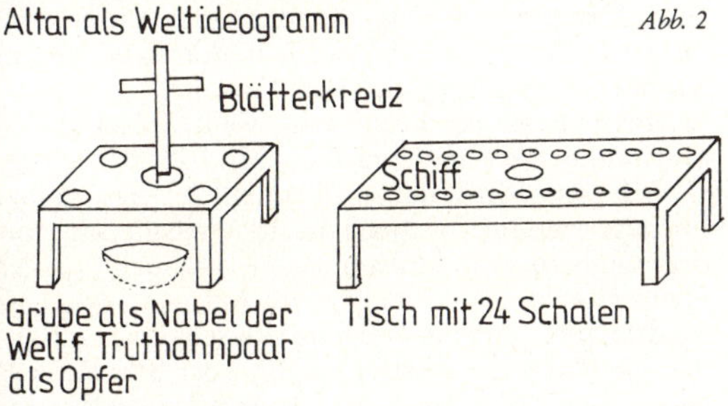

Abb. 2

These: die Kombination r. ist mit 1 + 24 eine Phase des Kosmos ↗, gespiegelt l. als Geschichte ↗, hervorgehend aus dem Blätterkreuz ↗ im Zentrum des Weltideogramms.

Mayapan: polit. Zentrum von Yucatán ↗ nach dem Fall von Chichen Itza ↗, ca. 1200–1440: erst seit kurzem werden die Ruinen untersucht. Übers.: Maya ↗-Hauptstadt. Soll von Kukulcan ↗ erbaut worden sein. Tempel u. Steinmetzarbeit sind aber im Vergleich zu anderen Mayatempelstädten stümperhaft.

Mayauel: Göttin der Azteken ↗, die Quetzalcoatl ↗ ›vom Himmel raubte‹ u. aus deren Knochen er, nachdem sie von Tzitzimime (Übers.: Dunkelheitsdämonen fragwürdig) zerstückelt worden war (s. Zerstückelung ↗), die ersten Agavepflanzen entstehen ließ. Aus der Agave wurde der Rauschtrank Pulque ↗ gewonnen, den sie verkörperte. Inter. der Bezug zur Schildkröte ↗ u. evtl. zur Maya ↗ als Illusion (hier Rausch). Da Pulquegötter immer a. Mondgötter waren, könnte a. ein Bezug zu Soma ↗ gegeben sein. — Die Farbe der Göttin ist weiß wie der Agavesaft, der nach der Gärung wie ›schlechte Milch‹ aussieht. Evtl. geht die myth. Analogie a. in die Milchstraße ↗ u. schließl. in Zauber ↗, denn aus Agavefasern wurde Papier für mag. Zwecke gewonnen; weniger für Codices ↗ als für Mumienbündel ↗. Das Wort läßt sich vielleicht als Maya-Huel, Maya-Hülle verstehen.

Vor der Agavepflanze auf einer Schildkröte

Mayax: in Yucatán ↗ wurden Schriften gefunden, die erklären, daß die ersten Siedler von Atlantis ↗ Maya ↗ waren, die von Mayax kamen. Leider bleibt offen, ob damit Amerika ↗ od. Mu ↗ gemeint ist.

Maz: Vorsilbe des Gottes Mazdao ↗; bed. im Zend Awesta ↗ nur ›groß‹, wie *mag* in Magie ↗.

Mazdaismus: die von Zarathustra ↗ gegr. u. auf Mazdao ↗ basierende Lehre mit dem Rind als hl. Tier. Lt. Legende erschien ein Stier vor Ahura Mazda u. klagte sein Leid über die Roheit u. den Mordrausch spez. der Mithra ↗-Priester gg. ihn u. bittet um einen Beschützer: »So gebt mir ein gutes Hirtentum...« u. das wird Zarathustra, der den Kampf gg. das blutige Unwesen aufnimmt u. für die Erhaltung der (iran.) Herden eintritt. Die Anhänger beteten vor Feueraltären unter freiem Himmel im Ggs. zu den Mithra-Anhängern, die ihren Kult in dunklen Höhlen ausübten. Wie in jeder Religion ↗ steht im Mittelpunkt des M. der Kampf der guten + bösen Mächte um die Macht in der Welt, weil sich Welt + Mensch noch in einem unvollendeten Zustand befinden, d. h. nach Vollendung streben. These: in der Vorsilbe Maz ↗ kann man bei Trennung in MAZ die Weltordnung des Sonnenalphabets ↗ A-Z herauslesen; noch deutlicher wird das Ziel bei Ma. Z = die Sonne (Ma ↗) strebt dem Z zu. Der Dualismus ↗ ist hier doppelt angesetzt als Geist gut od. böse + Materie gut od. böse. Das künftige Schicksal der Menschen wird best. von ihrer Wahl auf Erden, ob sie sich für den hl. od. für den bösen Geist = Ahriman ↗ entscheiden.

Mazdao: pers. Gott, a. Ahura ↗ Mazdao; weihte Zarathustra ↗ auf einem flammenden Berg in seine Lehre ein (wie davor Jahwe Moses ↗). Gilt als Sohn von Atar = Feuer. Od. es bilden seinen Körper: Himmel, Atmosphäre + Erde. Die Sterne waren seine Späher, sein Mantel, mit dem er sich umhüllte, der sternenbedeckte Himmel. Sein Wesen umfaßte den Dualismus von Gut + Böse. These: da Ahura über Asura zu Assur ↗ führt, landet man bei einer Var. des äg. Osiris ↗ als Atar, Vater des Sohnes Horus ↗. Insg. bilden aber Atar, M. u. ein ›Gott der Atmosphäre‹ Vayu zu. eine Dreiheit ↗, woraus sich, als genanntem ›flammenden Berg‹, wie in Indien das männl. Dreieck ↗ od. die äg. Pyramide ↗ machen läßt. Die weibl. Dreiheit od. ›Diana Persica‹ ist Anahita, wohl äqv.

Anat ↗, die schon unter dem Perserkönig Xerxes (486–65) zus. mit Mithra ↗ wieder gefeiert wurde. – Verehrer des M. durften sich Magu (Magier ↗) nennen.

Mbosi: afrik. Stamm, dessen Sprache dem Altäg. am nächsten geblieben ist.

Me: die 100 göttl. Kräfte (Sumer ↗), um die ständig gestritten wird. Urspr. ist Ninmesarra ↗ Herrin aller M. u. Enmesarra ↗ Herr aller M. Ihr Sohn ist An, seinerseits Vater von Inanna ↗, finale Besitzerin. Aber ganz am Anf. waren die M. bei Tiamat ↗ als ›Schicksalstafeln mit Vorzeichnung des Weltenlaufs‹. These: sie *ist* die Me = Himmel + Erde (in die sie später geteilt wird) = Gesamtkosmos ↗ mit 100 Grundmotiven. Wozu paßt, daß sie a. ›Ordnungskräfte des Universums‹ gen. werden, buchstäbliche Übers.: ›in himmlischen Gewässern schwimmend‹ u. symb. dargestellt als jenes Gewand aus Federn u. Stufen, das man bei sum. Priesterinnen u. Priestern findet, s. Mari ↗. Man muß fragen, ob nicht a. die Quetzal ↗ (Federn) des Quetzalcoatl (gefiederten Schlange) das gleiche Gewand sind, u. ergo a. die Flügel der Mut ↗, in die die Osirismumie ↗ gehüllt war bzw. ob die Flügel der Cherubim ↗ im Judentum ein Äqv. sind. – Sum. Fortsetzung: »Jeder Aspekt der Welt hatte sein eigenes Me. Besondere Me galten den Gottheiten, den Menschen, den Ländern und Städten, den Palästen und Tempeln, der Liebe und dem Gesetz, Wahrheit und Lüge, Krieg und Frieden, Musik und Kunst, Kult und Ritus, sowie jedem Handwerk und Beruf... Es gab auch negative Me wie Falschheit, Zwist, Furcht, Klage, Betrübtes Herz, Überschwemmung, Zerstörung etc.« Damit rückt man in große Nähe zu den Kami ↗ (Japan), die Urzahl 100 wird aber aufgegeben. In Europa ↗ findet sich das Wort sogar als Felszeichnung (Abb.), wobei der sum. Einfluß nicht vergessen werden darf. Für Wirth ↗ handelt es sich um die Muttergöttin. Die 4 Striche neben Me (manchmal sind es 4 Punkte) könnten den 4 Phasen des Gesamtkosmos (als Me) entspr.; Wirth setzt sie in Verbindung mit folg. X-Reihe:

X X X X u. definiert die 3 kleinen X als die 3 Disen ↗, die das große X (Ur-X ↗) ausfächern. – S. Megin ↗.

Medb: Göttin der Kelten ↗, die das ›lunare Heer‹ befehligt. These: die durch Lichtöffnung ↗ auf dem Mond ↗ entstehenden Me ↗.

Medea: od. Medeia, Zauberin von Kolchis ↗ u. Priesterin der Hekate ↗. Spielt in der Argonautensage ↗ eine Rolle, geht aber als einzige Mitfahrerin in der Argo ↗ zweifellos auf ältere Mythen zurück, denn sie vernichtet durch Zauberei u.a. den Riesen Talos, u. Riesen ↗ gab es damals z. Z. der Griechen ↗ schon lange nicht mehr. Glaubt man ihrem Namen ↗, so war sie eine Göttin (Dea) der Me ↗. Ihre Verbindung mit Jason endete nach 10 glückl. Jahren in Verrat u. Mord. Manche Versionen meinen, sie habe davor Herakles ↗ vom Wahnsinn geheilt, was sie ebf. in die 1. Hälfte der Geschichte ↗ rückt. Von ihrem Tod ist nichts zu finden; dagegen soll sie nach der grausigen Rache an Jason in einem ›Schlangenwagen‹ entkommen sein (Abb.), wobei sie die Leichen ihrer Kinder mitnahm, damit Jason sie nicht begraben könne. Sie ging dann ins Elysium ↗ ein, hatte also mit der Rache recht gehabt.

Meder: bibl. Madai ↗, Nachf. von Japhet ↗ u. damit Indogermanen. Zuerst 836 v. Z. in assyr. Inschriften erw. als Nachbarn im (heutigen) Westiran. 2 Jh. später zerstörten sie Assyrien. Ab 550 v. Z. Teil von Persien ↗. Hängt evtl. zus. mit altind. Madhu, altiran. Madu, germ. Met ↗ = göttl. Kraft u. Sonne od. jenem Sonnenteil, den Ägypten Maat ↗ nannte.

Medina: ›Stadt des Propheten‹, weil Mohammed ↗ dorthin flüchtete; davor hieß es Jathrib. Später a. Bez. für jede islam. Stadt od. alte Stadtteile im Ggs. zu den Europäervierteln. – Noch heute Wallfahrtsort mit den Gräbern von Mohammed + Fatima ↗ in der Hauptmoschee.

Meditation: sinnende od. relig. Versenkung nach innen als Mittel der Erkenntnis ↗; in der Scholastik ↗ deren zweithöchste Stufe. Man kann dabei ein Objekt, z. B. ein Symbol ↗ od. Mandala ↗ als Medium ↗ benützen od. sich selbst (allein od. in Gruppen) = Yoga ↗ in Indien.

Medium: neutraler Empfänger, Träger od. Mittelsperson (bzw. Objekt) für Okkultismus ↗ = Unsichtbares, bis zum vorübergehenden Verlust des eigenen Willens, der Erinnerung u. Persönlichkeit. Bei Makumba ↗ unter Kontrolle ausgebildet u. eingesetzt. Während Blavatsky ↗ vom eigenen Wesen her ein so starkes M. war, daß die Ankunft vor ihrer Geburt von anderen M. ›gespürt‹ wurde. Hitler ↗ dagegen wurde zum M. nur period.; der Beginn dürfte seine spontane Meditation ↗ über dem *Speer des Schicksals* ↗ gewesen sein. – Physikal. ist z. B. Luft ein M., da Träger von Schallwellen. Das macht den Einsatz des Pferdes ↗ als Symbolisierung eines M. deutl.: es trägt u. befördert etwas, od., wenn willenlos, ›wird geritten‹.

Medizin: Heilkunde bzw. Heilmittel gg. Krankheit ↗. Lt. indian. Aussage wurde die erste M. vom Kojote ↗ gebracht, womit das Medizinrad ↗ gemeint ist. Das Medizinbündel ↗ trägt jedoch seinen Namen eher vorbeugend (Krankheit verhindernd), während Medizinmann ↗ bzw. Schamanin ↗ (eigtl. Medizinfrau, jedoch anders arbeitend) als älteste Heiler noch heute eine ganzheitl. Alternative zur rein chem. + operativen M. als Reparatur des Körpers anbieten u. wieder beachtet werden. S. Medizinwasser ↗.

Medizinbündel: od. hl. Bündel: eine Matte aus Pflanzenfasern, dem Weltideogramm ↗ entspr., in die Kultgegenstände (pazif. Ranga ↗) gewickelt werden, denen eine Art vorbeugender Medizin ↗ zugesprochen wird, weil sie die kulturelle Identität sichtbar machen: ein Z. der Vorfahren geben. Sie werden vererbt. Auch im Popol Vuh ↗ erw.: »Ihre Väter hielten sie in Ehren und groß war der Ruhm des Bündels. Sie öffneten es nie, sondern verhüllt bargen sie es. Verhüllte Kraft nannten sie ihren Besitz und Geheimes Erbe...« Die Matte ist Pop ↗ u. ›Herr der Matte‹ Ah Pop ↗, eine Kalenderangabe.

Medizinmann: eine Art Mana ↗-Persönlichkeit, deren Medizin ↗ weniger die Krankheit ↗ als den Kranken behandelt, d. h. den gestörten Menschen ↗ u. nicht die mater. Manifestation der Störung. In Afrika ist der M. Künstler, Sänger, Musiker, Tänzer, Poet u. Historiker auf einmal, um bei dem Patienten Erfolg zu haben, geht also über reine Musik-Therapie ↗ weit hinaus u. bleibt doch auf der Basis ihrer Wirksamkeit, insofern mit Archetypen ↗ geheilt wird. Wahrsch. geht das, weil der M. selbst ein Archetyp ist u. dadurch leichter Zugang zu dieser Schicht der Psyche ↗ findet. Neben ihr ist nur noch der Zodiak ↗, auf dessen Tierkreis sich wohl die heilenden ›Krafttiere‹ des Schamanismus ↗ beziehen, ein vermittelndes Feld, wo sich die 2 Weltordnungen ↗ - auf deren Konflikt jede Krankheit zurückgeht - vorgeprägt friedl. vereint haben; u. weiß nicht jede alte od. neue Aztrol., daß bei Menschen, die im gleichen Zodiaksektor geb. sind, a. ähnl. Körperteile bevorzugt erkranken? Aber das sind schon die Manifestationen im Körper, hinter denen als ›Zuleitungen‹ die 24 Meridiane ↗ stehen, ausgehend von den Chakras ↗, die wieder energet. Spiegelbilder der Psyche (innen) u. Weltformel ↗ (außen) sind. Eben deshalb sind bei dieser Art Medizin (Heilung) alle Kreisgebilde wichtig: Mandala ↗ u. Medizin-Rad ↗ z.B.; a. das Grundmotiv ↗ des Archetyps M., gen. Heiltanz od. Einheit von Körper u. Geist (Abb. 1) zeigt den Kreis. Er verbindet auf Abstand das weibl. (oben) u. männl. Dreieck ↗ (unten). Ganz ähnlich verbindet der M. aus Kamerun (Abb. 2) 2 riesige Kreisohren mit Sternen (statt Dreiecken).

Abb. 1

Abb. 2

Medizin-Rad: die nordamerik. Prärien sind voll von Steinkreisen ↗ mit unregelmäßigen Speichen, deren Ausrichtungen astrol. Bed. haben. Man nennt sie Tipi od. M.; Alter bis zu 5000 J. Das M. am Bighorn, Kanada (Abb.), liegt in 3000 m Höhe, mißt 28 m Durchmesser u. hat 28 Speichen, eine Zahl, die auffällt u. auf ei-

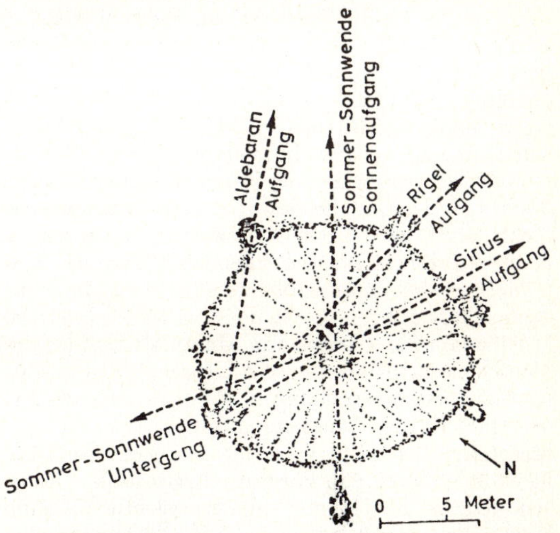

nen Mondkalender ↗ verweist. Im Zentrum u. an 6 Punkten der Peripherie ringförmige Steinhaufen zum Anpeilen der Sommersonnenwende ↗ u. der Sterne Aldebaran (im Stier ↗), Rigel (im Orion ↗) u. Sirius ↗. Inter., daß der afrik. Medizinmann ↗ auf der Frontbahn a. mit Rädern geschmückt ist, während die ›Ohren‹ Sterne sind. S. Rad ↗ als Symbol u. das äg. Kalenderrad mit 36 Speichen (Dekane ↗). 50 hat der Wampum-Kreis ↗, für die 50 Häuptlinge des Irokesenbundes, dazu 2 Oberhäuptlinge ergibt als Endzahl 52 - die Umlaufbahn der schwarzen Siriussonne (od. der Tzolkin ↗) in J., u. von dort kam Kojote ↗ u. brachte die Medizin ↗; od. den Kalender ↗ als Me ↗ vom (= di) Zen ↗ (= zin)?

Medizin-Wasser: normales Wasser, das auf folg. Weise von Indianern in Medizin ↗ verwandelt wurde: man füllte es in ein rundes Gefäß, stellte dieses auf einen kleinen Erdhügel, bildete einen (mag.) Menschenkreis darum, u. dann hielt jemand einen bes. geschliffenen Stein darüber u. ließ etwa ½ Stunde lang die Strahlen der Sonne (Licht) durch den Stein ins Wasser eindringen. These: es muß sich um Lichtöffnung ↗ gehandelt haben, wodurch aus dem Wasser Wasser-Nommo ↗ wurde. — S. Ix Chel ↗.

Medusa: im griech. Mythos 1 der 3 Gorgonen, s. Abb. der Etrusker ↗. Urspr. wunderschön, soll Athena ↗ sie aus Eifersucht häßlich gemacht u. die Haare in Schlangen verwandelt haben; in manchen Versionen schlägt sie ihr sogar den Kopf ab u. trägt ihn als Medaillon, um Feinde zu versteinern, denn diese Fähigkeit wurde M. nachgesagt.

Meer: die zusammenhängenden Wassermassen der Erde, geteilt in die 3 Ozeane: Atlantik, Pazifik ↗ u. Ind. Ozean. Das Mittelmeer ↗ ist ein Nebenmeer des Atlantiks. All dies ist aber nur das ird. u. äußere Meer. Es kehrt im Menschen ↗ wieder als Inneres Meer mit ab-

solut gleicher Zus., was im afrik. Wort Muntu ↗ (Mensch) in der 1. Silbe Mu ↗ ausgedrückt ist, äg. Hieroglyphe (Abb.) für Wasser ↗ im Sinne von Meer od. einfach tief. Die Analogie im nichtird. Bereich ist das kosm. Urwasser, in Ägypten Mu.T ↗ od. Nun ↗ + Naunet ↗, aus dem am Uranf. Atum ↗ hervorgeht, wie später die Erde aus dem ird. Meer. A. die Bibel ↗ kennt dieses erste Gewässer u. läßt ›Gottes Geist‹ darüber schweben (1 Mose 1/2). Im Popol Vuh ↗ ist am Anf. »des Himmels Raum leer... Nur das sanfte Meer war da und des Himmels weiter Raum... Nichts gab Laut, nichts bewegte, nichts erschütterte, nichts brach des Himmels Schweigen. Noch gab es nichts Aufrechtes. Nur die ruhenden Wasser, das sanfte Meer, einsam und still. Nichts anderes...« These: für diesen Zustand kann man a. die sum. Me ↗ einsetzen, 1. Silbe von M. u. man kann Muntu als Ur-Idee des Menschen daraus machen, ein Urpaar ↗ im Ur-Wasser ↗ als seine Ausstrahlungen. — Entspr. ist a. der Archetyp Meerfahrt ↗ diesseitig u. jenseitig.

Meerfahrt: als Archetyp ↗ auf eine ganz konkrete Fahrt übers Meer ↗ in Form der Argonautik ↗ bezogen. Jedoch im Traum ↗ immer ›nächtlich‹, ohne Licht vollzogen u. lt. Jung ↗ am Anf. von Traumserien stehend. These: es könnte sich um eine Verlegung der echten Argonautik, mit deren Kolonialisierung ↗ + Anlage von Labyrinthen ↗ das Kollektive Unbewußte ↗ überhaupt erst entsteht, zurück in die Nachtbarke ↗ handeln (äg. Ausdruck), wo gewissermaßen das, was die Arioi ↗ nur als Theater spielten (a. nächtl. auf Schiffsbühnen), direkt passiert (im Traum), aufgeweckt durch das Grundmotiv  (Buchstabe G), einer Wellenlinie od. Spirale ↗, zu der jede Unruhe od. Erregung werden kann.

Megalithgrab: ein Groß *(Mega)*-stein *(Litho)*-grab der Megalithkultur ↗, aus riesigen Steinblöcken err., die von einem Erdhügel überworfen wurden. Die Innenwände waren meist mit Bildern graviert u. z. T. Rot ↗

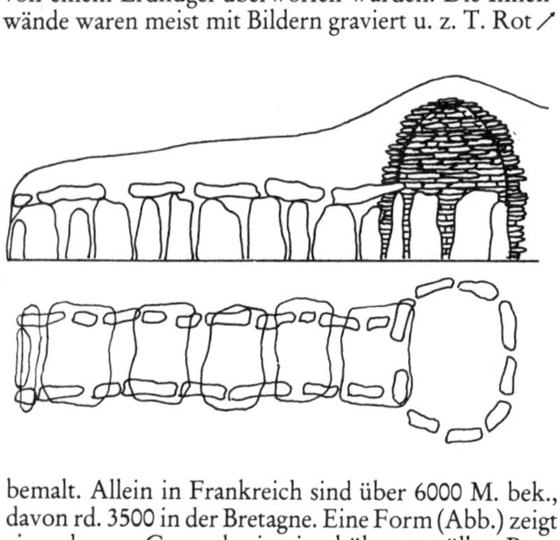

bemalt. Allein in Frankreich sind über 6000 M. bek., davon rd. 3500 in der Bretagne. Eine Form (Abb.) zeigt einen langen Gang, der in eine höher gewölbte Rundung als eigtl. Grabkammer führt. Nv.: Hünengräber ↗. Sie spielten a. in der Höggunott ↗ (Hügelnacht) = Julnacht ↗ od. Mütternacht ↗ eine Rolle, weshalb die Gravierungen vornehml. die Muttergöttin zeigen od. den Kessel ↗, s. Germanen ↗.
Solche Heiligtümer konnten 50 u. mehr Tote einer Sippe aufnehmen. Bei der Missionierung ↗ wurden viele als ›Teufelsbetten‹ zerstört. — Man findet sie in Europa vornehml. in der Nähe vom Meer; aber a. in Rußland ↗ u. Sumer ↗. Eine Spielart ist sicher die äg. Mastaba ↗; das eigtl. Vorbild die Pyramide, v. a. in der längl. Form als Ahu ↗, was, wenn man das M. in Par. dazu als Weltenbaum ↗ bzw. Ul-Rune ↗ ᚢ versteht, den Toten in die Wurzeln der Yggdrasil ↗ zu den 3 Disen ↗ legt, u. in Verbindung zur Odil-Rune ↗ ᛟ a. schon auf die Wiederkehr ↗ vorbereitet. — Als Errichter können die Pelasger ↗ u. Tuatha de Dannan ↗ gelten, also 2 unterschiedl. Zweige vom ›Hügelland‹ Mu ↗, auf das sich die M. evtl. bezogen; so hießen sie beide ›Hügelleute‹ ↗.

Megalithkultur: die ›Kultur der Großen Steine‹ mit Megalithgrab ↗, Dolmen ↗, Menhir ↗ u. Steinkreis ↗ als wesentl. Kultbauten. Auf allen Kontinenten ↗ sind Reste zu finden, Alter unbestimmbar; sie klingt um 1500 v. Z. ab, in Europa ↗ also mit Einfall der Streitaxtleute ↗. — Das älteste Überbleibsel ist evtl. die Megalithkunst ↗, das jüngste die Riesenköpfe der Osterinsel ↗. — S. Stonehenge ↗.

Megalithkunst: z. Z. der Megalithkultur ↗ od. noch früher künstlerisch bearbeitete ›Große Steine‹ (= Megalith), d. h. Felsen. In Europa ↗ ausnahmslos Gesichter riesigen Formats, aus denen Menschen hervorgehen, nicht unähnl. dem pazif. Tangaroa ↗. Da weibl. Gesichter dabei sind, könnte es sich um das Felsenweib ↗, äqv. Riesinnen + Riesen (statt Götter) handeln, d.h. Mythengestalten, auf die sich a. die Seherin der Edda ↗ bezieht. Da erst neuerdings entdeckt, sind Alter + Herkunft noch umstritten. — Auf anderen Kontinenten sind uralte Monumentalplastiken freistehend u. nicht wie in Europa Teil eines Bergmassivs.

Megin: göttl. Macht (germ.); Opferblut machte die Runen ↗ zu Meginrunar ↗ = Machtrunen. These: setzt sich zus. aus Me ↗ + Ginn ↗, etwa göttl. Kräfte-Magie. Wortverw. mit Mehen ↗.

Meginrunar: die Runen (Runar) wurden Megin ↗ (mit göttl. Macht beladen), wenn man sie in Holzstäbchen ritzte u. mit Opferblut färbte. Das Opfer führte den Kontakt mit den Göttern (Regin ↗) herbei u. die M. = Machtrunen konnten ihren Willen zum Ausdruck bringen.

Mehen: lt. Churchward ↗ ein Mu ↗-Wort für Menschen. These: daraus wurde Meken bei Chichimeken u. Olmeken ↗, die außerdem Almehen ↗ = göttl. Menschen waren; nicht nur, weil sie wie die Aristokraten der Maya eine matrilineare u. patrilineare Ahnenkette vorweisen konnten, sondern weil sie Schlangen waren, äg. ebf. Mehen, übers. als ›Ringler‹ od. ›Weltumringler‹, wie der Mäander ↗ letztl. für Nommo ↗ stehend. Im Äg. Totenbuch ↗ sagt Atum ↗ zum Toten ↗:

> »Willst du eintreten? Denn der Mehen-Göttin
> Dauer ist eine Jahrmillion; ja, millionenfach eine Million!
> Sie weilet in Urt ↗, neben dem See der Jahrmillionen.«

Übersetzungsvorschlag: Me↗-Kan↗, Schlange der 100 göttl. Kräfte, äqv. Ananta↗, der hundertköpfigen Urschlange, die den Gesamtkosmos↗ vertritt. Daür spricht a. die Nv. Meresger↗; s. das Bild unter diesem Stichwort. Oft kann man in der Anzahl ihrer Bögen (nie mehr als 24) den Zeitabschnitt der Geschichte↗ ablesen.

Mehit: äg. Göttin, wechselnd Löwin↗ od. Uräus↗ als Symboltier. Par. sind Tefnut↗ u. Hathor↗. Über einen äg. Wortstamm ›packen‹ (zupacken, schlagen), der sich im heutigen Hit (engl.) wiederfindet, wäre an die Kombination von Me↗-Hit zu denken = die zuschlagenden göttl. Kräfte des Kosmos'. — M. ist im Namen der Göttin Hatmehit↗ enthalten.

Mehrzeller: alle Lebewesen, die mehr als 1 Zelle↗ besitzen; solche Zellkolonien gehen sehr bald zu Arbeitsteilung über u. brauchen dann ein Gehirn↗ zur Koordination bzw. werden zum Organismus↗.

Meister: ein spez. von der Theosophie↗ eingeführter Begriff für das, was Indien Mahatma↗ = Große Seele nennt, jedoch verstand v. a. Blavatsky↗ darunter mehr od. weniger überird. Wesen, normalerweise ohne den Körper eines Menschen. Sie können angebl. »... die Gedanken aller Menschen lesen und sie in jeder beliebigen Entfernung beeinflussen... Naturerscheinungen willkürlich hervorrufen...« (Miers 1970, 277). Annie Besant↗ definiert sie so: »Meister ist ein von den Theosophen angewandter Ausdruck, der gewisse menschliche Wesen bezeichnet, die ihre menschliche Entwicklung vollendet und menschliche Vollkommenheit erlangt haben« (ebd.). Einige nehmen ird. Menschen als Schüler(innen) an, andere nicht. Diese verrichten dann unbemerkt von der Öffentlichkeit die ihnen angewiesenen Arbeiten. Gurdjieff↗ suchte (vergebl.?) nach den M.-These: Orischas↗ + Katschinas↗ sind ähnl. Wesen. — Es ist anzunehmen, daß am Ende der 7. Welt↗ jeder diesen Zustand erreicht hat = ein unsterbl. Muntu↗ ist.

Meken: Nachsilbe von Olmeken↗ u. Jimmeken↗, äqv. Mehen↗ (Mensch).

Mekes: ein ›schwalbenschwanzförmiges‹ Symbol↗, das den Pharao↗ als erbberechtigten Horus↗ kennzeichnet. Man spricht a. von Erburkunde, die der äg. König auf Bildern v. a. beim Sedfest↗ (alle 30 J.) in der Hand hält. These: es ist das Zodiakzeichen↗ Zwilling (Abb.), im Tierkreis↗ der Hund↗, den man entspr. als Sed findet: er ist schwarz↗ wie Anubis, die Erblinie der Nachkommen von Isis↗ + Osiris↗ symbolisierend: ein Zwilling, der den Erbfeind Seth↗ in sich trägt, was erst ab Menes↗ gelungen war. — Die Umdrehung↗ ist äqv. Sechem↗, Z. des Anubis↗, den M. auf einer Stange tragend. S. Erbfolge der Dynastien↗.

Mekka: Geburtsort von Mohammed↗, aber schon vor ihm hl. Ort durch die K'Aba↗. Ab 613 fing er hier zu predigen an, mußte die Stadt aber 622 heimlich verlassen, weil sich Widerstand bildete u. entkam nach Medina↗. In der Folge kam es immer wieder zu Schlachten zw. beiden Städten, bis er 630 mit einer Streitmacht siegreich in M. einmarschierte u. es zum geistigen Mittelpunkt des Islam↗ machte. Seither ist es Pflicht jedes Moslem↗, sich beim Gebet nach M. zu wenden u. einmal im Leben eine Pilgerfahrt dorthin zu unternehmen. Es liegt fast am Roten Meer (Abb.), ggb. der Wüste von Nubien↗; möglicherweise war Mohammed selbst Nubier.

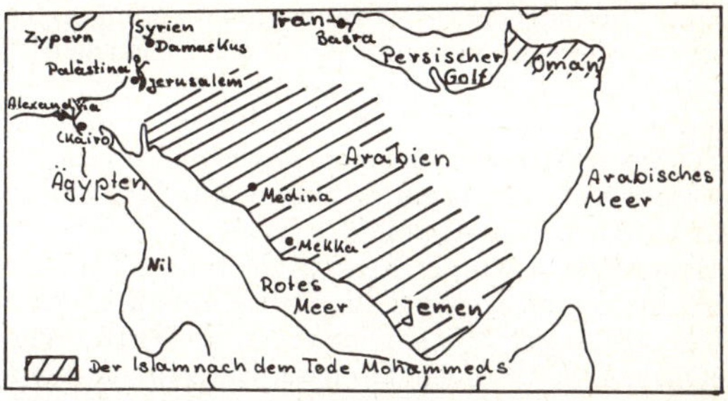

Die Mittlerstelle zw. Sumer↗ (hier Irak) u. Ägypten, die M. schon früh als Handelsknotenpunkt zugute kam, könnte den Namen als Me↗-Ka↗ entschlüsseln, äqv. Earu↗ = Himml. Jerusalem. Denn die Pilgerfahrt nach M. gilt als Vorbedingung für den Einlaß in den Himmel. Eine berühmte war die des Königs Kankan Mussa von Mali↗. — Die Moschee↗ hat gewöhnl. 3 Hofseiten mit nur schmalen Arkaden, während die M. zugewandte Seite oft mehrere Säulenreihen tief ist. Hier betet die Gemeinde. — M. könnte ein Geodätischer Punkt↗ gewesen sein.

Melanesien: Inselgruppe im W des Pazifik↗, urspr. Teil von Lemurien↗. Benannt nach den mindestens 20000 J. hier siedelnden Schwarzen = *Melan*, griech. schwarz; a. für Melanin↗ u. Melanthos↗ benutzt. Also: Inseln der Schwarzen, die mit den Tamil↗ zusammenhängen. Bekannteste Insel: Neuguinea↗ im N von Australien↗. Abgesehen von den Atollen sind die einzelnen Inseln meist wesentl. größer als die von Polynesien↗. Der europ. Kolonialismus↗ hat hier z. T. entsetzlich gewütet u. viele Bewohner als Sklaven↗ verschleppt. Über Religion, Mythen u. Initiation ist wenig bekannt. Die Entstehung der Rassen↗ gilt als Zerstückelung eines Krokodils↗, was eine Zeitangabe zu sein scheint = Wassermann↗ u. Beginn der 4. Welt↗. »Die Männer glauben, daß die Frauen durch ihre Natur mit geheimnisvollen schöpferischen Kräften begabt sind, die sie selbst nur durch Ausübung von Ritualen↗ und lästigen Tabus↗ erlangen können« (Bild der Völker I, S. 74). Übereinstimmend ist in melanes. Mythenzyklen die weibl. ›Ahnenschlange‹, s. Schlange↗, u. manches in ihnen erinnert an die Mythen der Naga↗ (›Schlangen der Weisheit‹) von Indien, deren Ursprung ebf. hier liegt. Im Bild einer Malang-

gan-Schnitzerei sitzend das Astronauten↗-Paar in einem Fisch (als Raumschiff), begleitet von einem ›Fliegenden Fisch und einer Schlange‹. An der Spitze (zum Abschießen wie Siebenpapagei ↗?) Gott Lemesisi.

Melanin: dunkler Farbstoff, dessen Präsenz in der Haut die menschl. Rassen ↗ unterscheidet. Wird durch Ultraviolettbestrahlung fluoreszierend, was allein die so umstrittene Rassezugehörigkeit altäg. Mumien ↗ ermöglicht. — Von *melano* = dunkel od. schwarz (griech.) kommen Worte wie Melanesien ↗, Melanthos ↗ u. Melancholie (dunkle Stimmung). — A. in der grauen Rindenschicht vom Gehirn ↗ sind M.-Körnchen, jedes ein Schwarzes Loch ↗ nach neuester wissenschaftl. Interpretation. These: vom Wort her eine Verbindung zu den Me ↗.

Melanthos: schwarzer Riese (s. Melanin ↗), der im Mythos der Ionier ↗ vom ›blonden‹ Riesen Xanthos ↗ bekämpft wurde, aber am Ende siegt. Bei Wirth ↗ sind es nicht Riesen, sondern Götter u. sie entspr. in Ägypten Horus ↗ (= M.) u. Seth ↗. Er meint außerdem, M. sei ein Zuname des ›Gottes in den Wassern‹ od. ›in der Unterwelt‹; das ist in Ägypten nicht Horus, sondern Osiris ↗ (ebf. ein schwarzer Gott), den Seth primär bekämpft; Horus ist nur der rächende u. verfolgte Sohn. Ergo M. = Osiris. — Den Namen trägt aber a. ein Pelasger ↗ od. Karer ↗, der aus seiner Heimat Messenien ↗ von den einfallenden Dorern ↗ vertrieben wird u. sich daraufhin zum König von Athen macht. Evtl. führt sein weiterer Stammbaum zu Sokrates ↗.

Memphis: vom 1. Pharao Menes ↗ gegr. äg. Hauptstadt des A. R., deren Name lt. Plutarch ›Grab des Osiris‹ (s. Osirisgrab ↗) bed. soll. Andere sagen, M. hieße ›Weiße Mauer‹ nach der diese Stadt umgebenden Mauer, die 4 Tore hatte u. bei jeder Thron ↗-Besteigung Zeuge einer Prozession ↗, gen. ›Umlauf um die Mauer‹, wurde. Im N der Mauer lag ein Tempel der Neith ↗, im S das Apieion ↗, d. h. M. war genau wie die Große Pyramide ↗ seiner Nekropole Gisa ↗ angelegt. S. Schema: der Beginn der Geschichte ↗ lag bei der Göttin im N (wie die Luke ↗ der Pyramide), Osirismord + Weltuntergang ↗ im S, beim ›Haus des Osiris-Apis‹. — Hauptgott von M. war Ptah ↗ als Zusammenfassung der Götterachtheit ↗, die hier vorrangig verehrt wurde, mit Löwengöttin Sachmet ↗ als Partnerin. In M. brach am Ende des A. R. eine Revolution aus u. führte zum Mysterienverrat ↗. Danach spielte M., von dem die Geodätischen Punkte ↗ ausgegangen waren, nicht mehr die Hauptrolle; die übernahm dann Theben ↗, während M., günstig am Nildelta ↗ gelegen, v. a. Sitz der diversen Fremdherrscher u. Fremden überhaupt wurde. Aber vielleicht war das beabsichtigt für die Wiederholung ↗, äg. Whm ↗. — Schließl. vollständig zerstört (s. Kairo ↗), ist eine Rekonstruktion heute nicht mehr möglich. — Im S von M. liegt Sakkara ↗, dessen Name an Kasskara ↗ anklingt. Diese Tatsache könnte erklären, warum die memphitische Theol. behauptete, in M. habe Osiris ↗ die Weltherrschaft angetreten, obwohl dies doch in Kasskara (Mu ↗) geschehen war, während M. sein Grab darstellte. Diese merkwürdige Stadt, ausradiert von den Feinden, war wirkl. eine Wiederholung uralter Zeiten. Deshalb fand Kambyses ↗ hier den Sechsstern ↗, u. Buddha ↗ stammte von hier: M., so könnte man sagen, war seine eigtl. Mutter, in Namen ↗ enth. als Mem, 1 der 3 Mütter in der Hebräischen Schrift ↗ (afrik. Äqv. Mam), a. Wasser. Betrachtet man die Hieroglyphen ↗ des äg. Namens von M., so ist die Wasserlinie darin enth. als

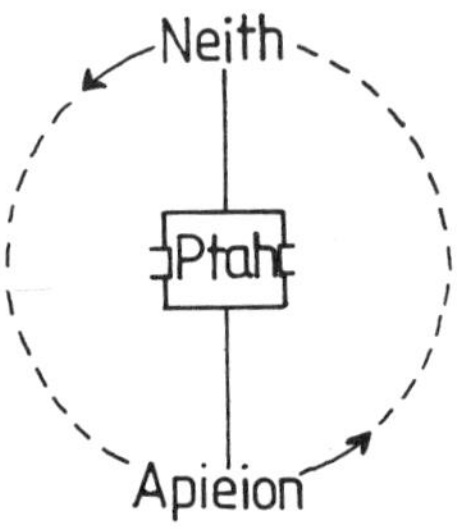

Memphis als palmenbewachsenes Trümmerfeld

N 

Nil ↗ u. nicht als Meer ↗ (Mittelmeer). Er fließt unter einem Gebilde, das wie die Kornmumie ↗ wirkt. Legende: in M. fischte man die Leiche des Osiris aus dem Wasser. Daneben ein Gefäß mit Doppelkreuz = 1. Rune ↗. Die Abb. zeigt M. als palmenbewachsenes Trümmerfeld.

Menahem: bekanntestes Oberhaupt der Qumran-Sekte ↗, lebte wahrsch. um 100 v. Z.; sein Schicksal: Lehre, Verfolgung u. Märtyrertod wird mit dem von Sokrates ↗ + Jesus ↗ verglichen. Seine Prophezeiung, nach ihm kämen noch 1 Lehrer der Gerechtigkeit ↗ (= Jesus), 1 Prophet (= Mohammed ↗) u. 2 Messias ↗-Personen (s. Maya ↗-Prophezeiung der Wiederkehr ↗) haben sich inzw. erfüllt. Wie alle Qumranleute war M. Essener ↗.

Menes: 1. äg. Pharao ↗; mit ihm beginnt in der Dynastienliste ↗ 5619 v. Z. die 1. Dyn. jener Könige, die lt. Dogma Zwilling ↗ (Horus + Seth) waren, was sich im Mekes ↗-Etui ausdrückte. Aber a. in der Zeit, denn 9 J. später begann die 2. Hälfte des Zodiaksektors ↗ Zwilling bzw. das Nommo-Zeichen ↗. M. regierte 62 J. (5619–5557) in der von ihm gegr. Königsresidenz Memphis ↗. Sie besiegelte die von ihm bewerkstelligte Reichseinigung ↗ von Biene ↗ + Binse ↗ = Unter- + Oberägypten. Auf seiner Schminkpalette trägt er entspr. auf der 1. Seite (Abb. 1) die rote Krone ↗ (l. oben), wobei er einer Prozession ↗ folgt, die in Memphis um die Stadtmauern erfolgte, sodaß dieses Bild

Abb. 1

wohl seine Thron ↗-Besteigung darstellt. Darunter als Reichseinigung die Verschlingung der verlängerten Hälse von 2 Löwinnen = Ruti ↗ gen. (= Gestern + Morgen). Auf dem Thron ist diese Verschlingung diejenige von Papyrus ↗ = Schlange = Isis ↗ = Lilie ↗ = Geier = Nephtys ↗. Entspr. ist er selbst die Koppelung der männl. Partner dieser Göttinnen: Horus ↗ (Isis-Sohn) + Seth (Nephtys-Gatte), der a. von Thot ↗ abgelöst wird. Dessen weiße Krone trägt M. auf der anderen Seite der Palette (Abb. 2) im Kampf gg. Feinde, die ihm der Falke ↗ (r. oben) in Tausenden (1 Lotosblüte = 1000) zuführt; sie stammen aus dem ›Papyrusland‹ = Unterägypten, das M., der selbst von Oberägypten stammte, eroberte. Auf Abb. 1 unten, äqv. Abb. 3 wirft er als Stier ↗ (äqv. zu den Hathor ↗-Kühen ganz oben), 4gesichtig »... mit seinem Gehörn die Mauer einer Stadt ein und wirft mit seinen Hufen deren Verteidiger zu Boden...« (Götter + Symbole der alten Ägypter, S. 168). Auf der ersten Standarte der Prozession das Z. Chons ↗ (als Plazenta ↗ des Königs), dann auf der 2. (von l.) der stehende Hund Wepwawet ↗, Kampfhilfe des Königs Makedon ↗ symbolisierend; auf der 3. der Ibis ↗ + zum Abschluß des Falke, zus. wieder eine Var. der Reichseinigung (Thot + Horus), die Km.T ↗ (Ägypten) feste Grenzen gab u. zudem das 2. Patriarchat ↗ einleitete. — Der Name M. ist wahrsch. nur ein Titel wie Minos ↗ u. bezieht sich auf Min ↗. Er wurde aber a. ›König Skorpion‹ gen., was im Tierkreis ↗ den Gegensektor zum Stier bildet, in den Muntuhotep ↗

Abb. 3

als Klimax fällt. Im Skorpion ↗ (äqv. Adler ↗) begann ja einst das Königtum ↗, auf das er zweifellos als Beginner des Pharaonentums Bezug nahm. Deshalb schwebt wohl vor ihm auf Abb. 1 Lamed ↗, der Wurzelstock, der er ist.

Abb. 2

Menhir: kelt. Bez. für einen vertikal stehenden langen Stein (Abb. aus England). Er kann hunderte von Tonnen wiegen u. 20 m hoch sein; einzeln stehen od. im Zentrum eines Steinkreises ↗, der sich selbst aus M. zusammensetzt. Er ist Teil der Megalithkultur ↗ u. niemand kann mehr sagen, wie er hertransportiert u. aufgerichtet wurde bzw. was seine Funktion war. Das nächstliegende wäre, an eine Par. zum Lingham ↗ zu denken. Aber es gab Eingravierungen, die unübersehbar ein göttl. Wesen daraus machten, indem oben statt Gesicht ein T gesetzt wurde u. in halber Höhe so etwas wie Armlinien. Göttin? Gott? Riesen ↗, die etwas plötzlich ›versteinert‹ hatte (diese Legende gibt es) od. nur

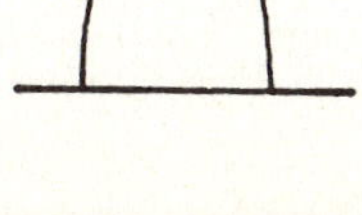

Gedenksteine für normale Tote ↗? Man wird es kaum mehr erfahren. Es können, par. zu den Dolmen ↗, die tellur. Strahlen verstärkten, Vibrationsachsen ↗ gewesen sein, äqv. den Säulen ↗ in äg. Tempeln, od. Schlangensteine ↗. Silbentausch führt zu Irmin ↗.

Menora: der siebenarmige Leuchter ↗ der Juden ↗.

Mensch: bei allen Völkern als Lebewesen deutl. abgesetzt vom Rest der Schöpfung ↗ u. als deren ›Krone‹ od. Abschluß empfunden, ohne jedoch schon vollendet zu sein. Dabei tritt ein scheinbarer Widerspruch zutage: daß seine ›wahre Natur‹ nicht durch Natur ↗, sondern Kultur ↗ gefördert werde, weshalb so strikt zw. Naturmensch ↗ bzw. Naturvolk u. Kulturmensch ↗ bzw. Kulturvolk (s. Volk ↗) unterschieden wird, wenn a. nach anzweifelbaren Kriterien. Es folgen nach Kontinenten ↗ geordnete Hinweise:

1) Afrika: Mensch = Muntu ↗, sehr überzeugend definiert in der Ntu-Philosophie ↗ als

Intelligentes Dasein
↙ ↘
unvernünftig-vernünftig
↙ ↘ ↙ ↘
sterblich-reinkarnativ-unsterblich

Die Dominanz, von der Natur gegeben, ist Intelligenz ↗, die a. der frühste Urmensch (z.B. Neandertaler ↗) besaß. Was aber nur zögernd hinzukommt, durch Kultur, ist die Vernunft ↗, afrik. Nommo ↗.

2) Asien: fällt auf durch die Wurzelrassen ↗-Lehre mit Manu ↗ = Mensch, von der Silbe man = denken; in Par. zu setzen mit Intelligenz (s. 1); od. Rationalismus ↗, die Selbstbegründung aller Handlungen, der freie Wille ↗. Eine Dominanz a. des männl. Prinzips ↗, wie das engl. *man* = Mensch = Mann zeigt. Vernunft als weibl. Prinzip käme a. hier erst spät als Buddhi ↗ hinzu.

3) Amerika: spricht im Popol Vuh ↗ von mißglückten Versuchen der Mensch-Schaffung u. läßt die Weltenlehre ↗ überwiegen. Inter. ist die Verknüpfung von M. mit der Zahl 20 = Uinic ↗ (10 Finger + Zehen), bildl. z. B. als Teile des Mais ↗ (= M.) beim Fliegerspiel ↗ zu finden. Außerdem landet man mit 20 im Sonnenalphabet ↗ tats. beim körperl. Urmenschen der 3. Welt ↗. Äqv. der jüd. Kabala ist die Nr. 10 der Sefirot ↗, Melqart (König).

4) Europa: wechselte von Edda ↗ über die Bibel ↗ zu Darwins ↗ Lehre u. erleidet, reflektiert von der Moderne ↗, eine totale Auflösung od. Deformierung des Menschenbildes, weil natürl. nicht gleichzeitig stimmen kann, daß der M. von Gott u. vom Affen abstammt.

5) Altägypten: hielt konstant daran fest, der M. setze sich aus 9 Teilen zus., im Rahmen der übl. Dreiteilung Seele-Körper-Geist. Ein eigenes Schema versucht die Zuteilung der schwer übersetzbaren äg. Begriffe anhand der Weltformel ↗, nächste Spalte.

Die Stimmigkeit ist nicht gesichert, da die Übers. der äg. Begriffe problemat. bleibt. Eines zeigt diese Reihenfolge jedoch u. kann bestätigt werden: zuerst war der M. nur eine Seele, ein ›Astralmensch‹, gg. Ende der 3. Welt ↗ wurde er körperl. u. dann kam als letztes u. verbotenerweise der Geist hinzu, in der Bibel symbolisiert als Griff nach dem ›Apfel‹ ↗ vom ›Baum der Erkenntnis‹. A. hier gehen 2 Dinge voraus, Gottes ›Odem‹ (Äqv. Seele) u. der geformte ›Erdenkloß‹ (äqv. Körper). — Inzw. behaupten 2 engl. Wissenschaftler, J. Cherfas + J. Gribbin, der Affe ↗ stamme vom M. ab. Das behaupten seit langer Zeit aber a. schon die Indianer ↗ + Altinder. U. zwar scheint diese Degeneration sowohl am Anf. der 4. Welt ↗ (s. Hunahpu ↗) wie am Anf. der 5. Welt ↗ (s. Weltuntergang ↗) passiert zu sein. S. Anthropos ↗, Homo ↗, Genesis ↗ u. Identität ↗.

Der 9-fältige Mensch

Menschenopfer: ein aus relig. Gründen getöteter Mensch, dessen Opfer ↗-Tod Götter ↗ günstig stimmen soll; a. von Hochkulturen wie Ägypten überliefert. Bes. opferwütig in diesem Sinn waren die Azteken ↗, die mit dem noch zuckenden Herzen ›die Sonne fütterten‹. Schließl. ist a. die Kreuzigung ↗ als M. zu verstehen, ebenso wie der Opfertod von Hunahpu ↗ od. Nommo ↗. These: ohne konkrete Vorstellung von handlungsfähigen Toten ↗ wäre jedes M. unlogisch u. sinnlos; aber natürl. a. ohne Gewißheit, daß ein Opfertod die Seele ↗ läutert, sodaß sie im Jenseits ↗ leichter Zugang u. Gehör findet, weil sie den Göttern ›analog‹ geworden. — S. Coatlique ↗.

Menschensohn: Bez. für Jesus ↗, die kaum mehr verstanden wird, da sie schlecht übers. ist aus dem Hebr., wo von Ben Adam = Sohn von Adam gesprochen wird. Wie der Evangelist Matthäus ↗ wiederholt, ist mit diesem Sohn aber nur Seth ↗ u. nicht Kain ↗ gemeint.

Menschgott, Gottmensch: seit Nietzsche ↗ gebräuchlicher als Übermensch ↗; evtl. Äqv. Madras ↗ (Indien), was sich in die germ. Worte Madr (Mensch) u. As (Gott) trennen läßt. Die Umkehrung von As wäre Sa ↗ = alle Götter. Legt man As an das Sonnenalphabet ↗ an, umfaßt in diesem Zusammenhang Gott die ersten 3 Viertel des Kreises u. Mensch = Muntu ↗ das 4. Viertel, bzw. ein M. wäre über den jetzigen Entwicklungsstand hinaus der Gesamtkreis als Vollkommenheit ↗ (Schema).

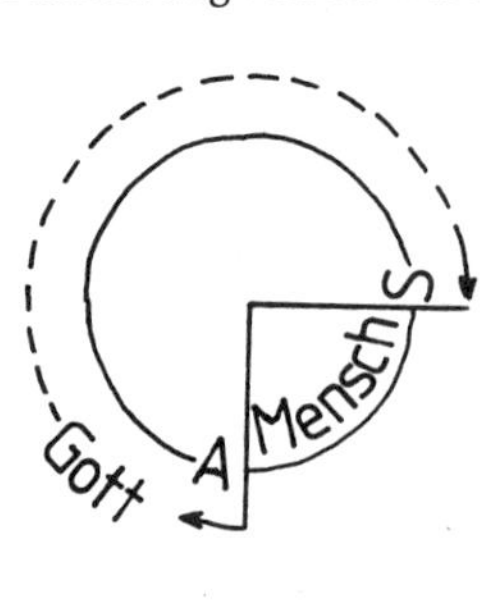

Menschheit: Manu ↗ (ind.); über Rassen ↗, Geschlecht ↗ u. Klassen ↗ hinweg nur deshalb eine Schicksalsgemeinschaft, da sie dem Weltenbaum ↗ unterworfen. — Goethe ↗ z. B. bestritt diese (geistige)

Einheit: »Menschheit? Ich kenne nur Menschen.« — Die afrik. Veränderung des Wortes Muntu ↗ = Mensch, Einz., in Bantu ↗ = eine spez. Sprachgemeinschaft von 200 Stämmen (Mehrz., aber nicht alle Menschen) zeigt, daß die M. im Einzelmenschen (Muntu) begraben liegt, Silbe Mu ↗, während die Vervielfältigung das Gewicht auf Ba ↗ = die Seele ↗ verschiebt, in der das System der Vielheit ↗ u. Trennung verankert ist.

Menschliche Ernährung: nach 1 Mose 1, 29 empfiehlt der Schöpfer ↗ dem Urmenschen ↗ als adäquate Speise »... Kraut, das sich besamt, fruchtbare Bäume und Bäume, die sich besamen...«, d.h. Körner, Früchte u. Nüsse. Mod. Rohkosttherapeuten wie E. Günter beziehen sich so darauf: »Diese Nahrung entspricht demnach einem Naturgesetz...«, was richtig ist. Nur wird vergessen, daß der Mensch ↗ seit dem Paradies-Verlust ↗ kein reiner Naturmensch ↗ mehr ist u. zus. mit dem Gesetz der Natur a. dem Gesetz des Tierkreises ↗ folgte, was offensichtl. tierische Nahrung notwendig machte. Unumgängl. Konsequenz scheint Krankheit ↗ gewesen zu sein.

Mentit: äg. Löwengöttin ↗, deren Name urspr. Mehit ↗ lautete. »Die späte Schreibung Mentit soll vielleicht eine Beziehung zu Month begründen...« (Bonnet, S. 455). Month ist aber schon die griech. Schreibweise von Muntu ↗, sodaß die übl. Anhängung von T = weibl. zu Muntu.T u. dann M. führt. D. h., M. ist ein weibl. Muntu = Gesamtkosmos ↗, was sich perfekt mit Me ↗ in Mehit deckt. - Die Nv. Ment wäre dann Mint, die weibl. Form von Min ↗, dem Löwengott.

Mephisto: der Teufel in Goethes Faust ↗, schon im Prolog als Gegenspieler Gottes vorgestellt, der ihm eine Seele ↗ abwerben will. Es müßte sich also um die Personifizierung einer seelischen Komponente beim Menschen ↗ handeln. In der äg. Gliederung kann das nur Chai-bit = der Schatten ↗ sein. U. genau so wird M. a. von Jung ↗ eingestuft sowie als das persönliche Unbewußte, s. Psyche ↗. Im Sinne der Weltformel ↗ ist es der Planeten- + Zahlenkreis od. Satan ↗ = Zahl + Maß, äg. Seth ↗, der Planetengott. Es ist die Basis des Materialismus ↗, der hier zu Maya ↗ (Illusion) wird: M. verjüngt Faust u. läßt ihn das Leben genießen, damit er die faustische Suchkrankheit ↗ vergißt.

Meresger: äg. Göttin, die die Nekropole ↗ personifiziert u. in ihrer Schlangengestalt der Mehen ↗ gleich ist. Die Übers. des Namens lautet angebl. ›sie liebt das Schweigen‹, was wenig aussagt. Über ihre Endsilbe Ger ↗, germ. J., läßt sie sich dagegen leicht mit dem Mäander ↗ in Verbindung setzen; es wird sogar die Lesung Meeresspeer mögl., da Ger a. Speer bedeutete. Dann ist sie Frau Gaur ↗, in der Untwerwelt - äg. Duat ↗, wo die Nekropolen lagen - bis zum Auftauchen in der Endzeit ↗ als Urt ↗ (Wort), u. das war ihr Beiwort: Urt-hekau, die Zauberreiche, genau wie Amentet ↗, Herrin des Westens od. weibl. Amenti ↗ = Nommo ↗, das nichtgesprochene Wort des Anf.: Schlange ↗ per se.

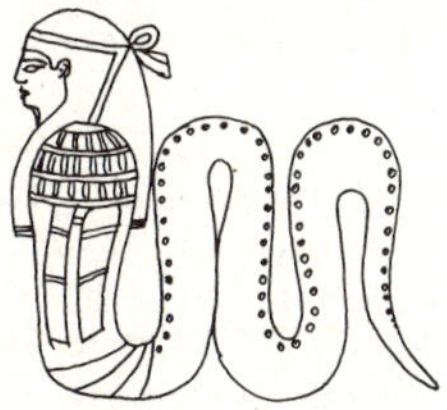

Meri: zentrale Gottheit der Bon ↗-Religion, gewöhnl. mit 9 Köpfen u. 16 Armen dargestellt, was die Zahl ↗ 25 ergibt. Da aber zu seinem Gefolge 4 x 4 Personen gehören: 4 weibl. Generäle, 4 Schützerinnen der 4 Seen, 4 Schützerinnen der 4 Flüsse u. 4 Athleten, die Schützer der 4 Tore, was zus. die Zahl 16 der Arme ergibt, wäre die Symbolik wohl auf die 9 Köpfe als die 9 Welten ↗ zu reduzieren, zumal M. in einer Hand den Berg Meru ↗ hält u. der oberste Kopf vom Garuda ↗ (äqv. Phönix ↗) als Nr. 10 (Io ↗) überflogen wird. — Inter. das gleiche Wort in Meribaal ↗.

Meribaal: Name eines Sohnes von Saul (König von Israel vor David ↗); er enthält erstaunlicherweise den von der jüd. Religion so bekämpften Baal ↗ u. vorgesetzt der tib. Meri ↗, der aber mit Baal ident. sein dürfte. Die alte Weltenlehre ↗ war bei den Juden ↗ am Anf. zweifellos noch aus fremden Quellen verankert, wurde aber dann im Symbol des 7armigen Leuchters ↗ uminterpretiert.

Meridian: die über Nord- + Südpol gezogenen Längskreise der Erdkugel, nach äg. Dekan ↗-Muster 36, d.h. alle 10 Grad. Früher ging der Null-M. durch Ägypten u. wurde benutzt zum Fixieren der Geodätischen Punkte ↗; heute ist er um rd. 30 Grad nach W versetzt u. geht durch England. — In der Chakra ↗-Lehre werden a. im Körper ↗ des Menschen M. angesetzt, u. zwar 24 unsichtbare Nadi ↗ im ind. u. 12 Ching ↗, Hauptmeridiane im chin., die man dann wohl als sichtbar einstufen kann, weil an ihnen die Akupunktur-Punkte liegen, was zus. 36 ergäbe. Es sind Energiekanäle, genau wie auf dem Globus. — Der Herzm. z.B. ist verantwortlich für den ges. Prozeß der Blutzirkulation, von der Arbeit des Herzmuskels bis zur Verteilung des Sauerstoffes. Man glaubt, daß die M. in Paaren vorkommen, was bed., daß ein Energieüberschuß in dem einen zu Energiemangel im anderen führt. 1 Paar läuft entlang der Wirbelsäule ↗, gen. Pingala + Ida; u. zwar r. + l. von Shushumna ↗, dem nichtphys. M., der die Chakras verbindet u. in dem die Kundalini ↗ hochsteigt. Zw. den M. besteht Vernetzung, v. a. in der Haut, wie eine Art bioelektr. Nervensystem, das wahrsch. mit dem sichtbaren Nervensystem verbunden ist. Man denkt an das kosm. Netz ↗, für das es in Ägypten sogar einen Tempel gab.

Merire: 3. Pharao ↗ der 6. Dyn., a. Pepi I.; fällt in den Anf. des Stier-Sektors ↗ u. residierte in Memphis ↗, in dessen Nekropole a. sein Pyramidengrab steht. Darin inter. Texte, die bestätigen, daß wesentl. Bestandteile der äg. Kultur auf die Prädynastische ↗ Zeit zurückgehen.

Merkantillismus: ein spez. Kaufmannsgeist z. B. des Absolutismus ↗ zur Vergrößerung der Macht des eigenen Staates u. Reichtums der eigenen Nation; ohne Kolonialismus ↗ kaum praktizierbar. Führte aber a. zum europ. Militarismus. — Von frz. *marchant* = Kaufmann. Den Anreiz gab der ungeheure Pomp von Ludwig XIV ↗ wie a. der dadurch drohende Staatsbankrott den M. förderte.

Merkur: 1 der 12 Planeten ↗; symbolisiert durch eine Kombination von Sonne + Mond, hier Sonne als Lebenskreuz ↗ ♀. Die gleiche Kombination findet sich in Ägypten für Thot ↗, griech. Her-

☿

mes ↗, u. daraus wurde der röm. Mercurius, ›Herold und Sprecher der Götter‹, in der Woche ↗ mit Mittwoch = *mercredi,* Tag des M. eingesetzt. Engl. *wednesday* = Wotanstag, d.h. zum germ. Äqv. erklärten die Römer Wotan ↗, was wahrsch. nicht stimmt. Für die Alchemisten galt M. als eine ›philosophische Substanz‹, weil er das ›natürliche Licht‹ ist, ›welches den himmlischen Geist in sich trägt‹. These: das natürl. Licht ist wieder das Lebenskreuz als Licht ↗ der Sonne, u. der darin verborgene ›himmlische Geist‹ ist der Heilige Geist ↗, ausgedrückt durch die Mondsichel, weil der Mond ↗ ihn durch Lichtöffnung ↗ aus dem Sonnenlicht befreit. Ob dies der M. als Planet ebf. kann, ist offen. Aber seine Bez. ›benedicta viriditas‹ = Gesegnete Grüne spricht dafür ebenso wie seine Farbe blau auf dem Babylonischen Turm ↗, wo er die 7. Welt ↗ vertritt: die Lichtöffnung ist zw. grün + blau. Man nennt ihn a. den mannweibl. Anthropos ↗, u. der ist eben erst am Ende der 7. Welt fertig. — Weiterer Name: Naba ↗. Eigenschaften als Planetengeister: Diener der Isis ↗, Gott der verborgenen Weisheit, philos., prophetisch. Steht für Verstand, Wissenschaft u. Logik ↗ einerseits (der männl. Aspekt, das Licht der Sonne) u. Seherblick andererseits (der weibl. Aspekt, Mond), was zus. eben Weisheit ↗ gibt, Sophia ↗ in der Philosophie ↗. Deshalb heißt es a., er heile die Blinden u. stelle das geistige u. körperl. Gesicht wieder her.

Meroë: heute Ruinenstadt, am oberen Nil ↗. Diodor, ein griech. Geschichtsschreiber des 1. Jh. v. Z. berichtet, daß man jedes J. eine Statue des Ammon ↗ von Theben ↗, Oberägypten, einige Tage lang Richtung Nubien ↗ trug u. wieder zurück, um zu zeigen, daß der Gott noch einmal von Nubien nach Ägypten kam. Dem gleichen Autor zufolge stammte die äg. Kultur von der nubischen ab, deren Zentrum Meroë war. Nach den Angaben von Diodor u. Herodot ↗ hat Caillaud 1820 M.-Ruinen entdeckt, darunter 80 Pyramiden ↗. — Noch konkreter ist die ›Heimholung der Sonnenkatze‹, d. h. der Löwengöttin Tefnut ↗, ebf. aus Nubien = To Mam ↗ nach Ägypten. — M. fiel 350, was a. das nach ihm benannte Meroitische Reich (295–350) von Chus ↗ beendete. Da als Einwohner die schwarzen ›Noba‹ gen. werden, sind die Nachf. wohl die heutigen Nuba ↗.

Meru: myth. Berg, über den es sehr widersprüchl. Angaben gibt. In den ›arischen‹ (= weißen) Veden ↗, wie Blavatsky ↗ betont, ist er der Sitz der 33 Götter (dieses Buches); es ist die Zahl der Ringe am äg. Hirtenstab ↗. Dann heißt es, der Nordpol ↗ sei das ›Land des Meru‹ bzw. der M. sei der ›nördliche Himmelspol mit dem Polarstern‹. Da M. bei Darst. immer mit der Spitze nach unten zeigt, kann man ihn zunächst mit dem nördl. Pendel der Präzession ↗ verbinden, den Bär ↗ u. a. Sternbilder umkreisend. Er ist dann das weibl. Dreieck ↗, wozu folg. Mythos ↗ paßt: Der Berg M. stand bis zur Hüfte in einem Milchmeer, in dem Schlangen wohnten, die viele tausend Kilometer lang waren. Wasuki, der

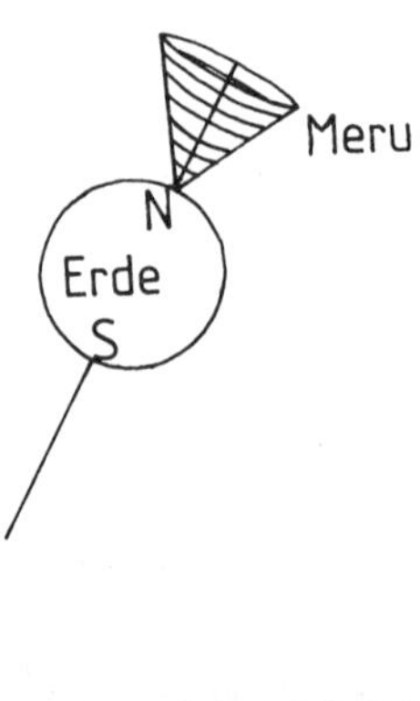

König der Schlangen, ringelte sich gewöhnl. um den Berg M. u. schlief dort mit dem Kopf auf dem schneebedeckten Gipfel. Eines Tages packten die Götter Wasuki - zunächst nur zum Spaß - u. zogen an ihm mit aller Kraft. Die ebenso verspielten Asura-Dämonen ergriffen das andere Ende u. zogen ebenfalls. In den immer enger werdenden Schlingen drehte sich der Berg M. wie ein Quirl hin und her, sodaß der Milchozean wie Milch in einem Butterfaß gerann. 7 kostbare Dinge sollen aus der geronnenen Milch u. dem Gift, das Wasuki dabei ausspie, entstanden sein, insbes. Lakschmi ↗ - u. sie ist ja das weibl. per se. Es fällt aber a. die Zahl 7 auf, zumal der M. Weltenberg gen. wird u. an die Umkehrung ↗ des Babylonischen Turms ↗ zu denken ist. Tats. findet sich auf einer Stupa ↗, die in einem buddhist. Felsheiligtum steht, genau dieses vermutete Gebilde aus 7 sich nach unten statt oben verjüngenden Stufenplatten (Abb.). Der Tempel entstand etwa um 200 in den abgelegenen Bergen von Adschanta in Haiderabad, Zentralindien. Im Tantrismus ↗ verkörpern Stupa u. das Sri Yantra ↗ den Berg M. — Nv. Sumeru ↗. — S. Dante ↗.

Meschenet: äg. Göttin, die dem entstehenden Kind noch im Leib der Mutter den Ka ↗ bereitet, s. Schwangerschaft ↗. Als Symbol ↗ trägt sie auf dem Kopf eine ähnl. Doppel-Spirale wie die indian. Göttin Dobeiba ↗ in jeder Hand. These: eine bessere Schreibweise wäre Mehen ↗-Nut ↗, der Kosmos im Menschen, reduziert auf 18 Grundmotive (= 9 Monate).

Mesektet: das Sonnenschiff als Nachtbarke ↗ (äg.) ggb. Manezet ↗ als Tagesbarke. Die Symbole der beiden Göttinnen, die diese Barken ↗ od. Tag + Nacht bzw. Sonne + Mond repräsentieren, sind in ihrem Wesenskern den beiden Elementen der Siriushieroglyphe  gleich, die 2 versch. Sonnen repräsentiert, eine weiße u. eine schwarze, äqv. Isis ↗ + Nephtys ↗; letztere ist M. Im Namen enth. Me ↗, bei Nephtys' germ. Äqv. Nertus ↗ als Runen ↗ vertreten. — Beide Symbole (Abb.) finden sich a. auf der Zodiakscheibe ↗ von Dendera.

Mesoamerika: Mittelamerika mit Mexiko ↗ ohne seine nördl. an die USA ↗ grenzenden Gebiete, ferner Guatemala, Honduras, El Salvador, Nicaragua u. Costa Rica. Bis ca. 7000 v. Z. gab es hier neben Mammut + Bison das Kamel u. das Pferd. Letzteres wurde erst wieder von den Europäern ab

Cortes ↗ eingeführt, obwohl es hier seine Urheimat hat. — Wichtigste Völker: Maya ↗, Olmeken ↗, Tolteken ↗, Azteken ↗.

Mesopotamien: ›Land zwischen den Strömen‹, a. Zweistromland ↗, das Gebiet um Euphrat ↗ u. Tigris ↗ mit Sumer ↗ als ältester Kultur. Es folgten Babylon ↗ u. die Chaldäer ↗ im S. plus Assyrer im N u.a. Daß M. so lange in Vergessenheit geriet, lag v. a. daran, daß nicht mit Stein (wie in Ägypten) sondern mit Lehmziegeln gebaut worden war. — Die Bibel ↗ nennt M. Sinear ↗, das der Ham ↗-Nachf. Nimrod ↗ bekommt. — S. Churriter ↗ u. Sargon ↗.

Messenien: SW-Peloponnes ↗, Kultur-Blüte 14.–13. Jh. v. Z. wie Mykene ↗. Ab ca. 700 v. Z. Unterwerfung, die Bev. wurde zu Zeloten ↗ gemacht. Letzter Aufstand unter Aristomenes, Stammvater derer Von Frankenberg ↗.

Messianismus: jede Religion ↗, Sekte ↗ od. Bewegung, die an das Kommen eines Messias ↗ glaubt.

Messias: zunächst nur hebr. Maschiach = der Gesalbte, in der Bibel ↗ eingesetzt für Hohepriester, dann David ↗ als verherrlichter König. Von ihm über Maria übertr. auf Jesus ↗ u. zuletzt nur noch für den Begriff Christus ↗ gebräuchlich. Landet man damit eigtl. bei dem äg. Osiris ↗, so wird das Salben im äg. Ritual inter., da es 7 bzw. 9 Salben ↗ gab wie es 7 bzw. 9 Welten ↗ gibt. U. das trifft sich mit unserer eigenen Vorstellung, daß der M. (Gesalbte) ein neues Reich ↗ aufrichtet, d. h. eine Weltwende ↗ bringt, äqv. dem griech. Begriff Soter ↗, den z. B. Ptolemäus I. ↗ grundlos für sich in Anspruch nahm. Dieses Wort findet sich in Ägypten als Thot ↗ (Aussprache Sot od. Taut), der heilte, wie Soter Heiland ↗ bed. bzw. Salbe heilt, näml. in Ägypten: die Wunden, die Seth ↗ schlägt. Die heilt a. Thot. U. da er, als Ibis ↗, das Sonnenalphabet ↗ darstellt u. für Ägypten die Salbe ein ›Ausfluß‹ des Re ↗ (der Sonne) ist, die den Gesalbten glänzen läßt etc., muß darauf verwiesen werden, daß sich die Welten in der Weltformel ↗ als Buchstaben des Muntu ↗ (= Mensch ↗)-Viertels manifestieren, wo man a. die bisherigen echten M. (Welt-wechsler) eintragen kann. U. wie von Menahem ↗ für die Endzeit ↗ vorausgesagt, sind es immer 2 auf einmal, d.h. ein Paar:

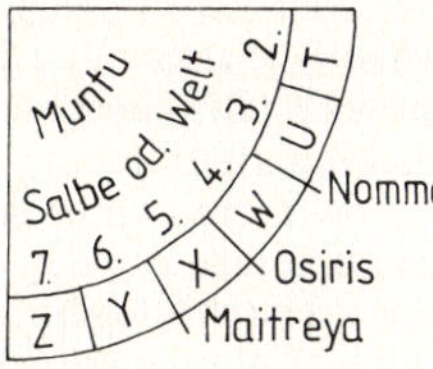

Wechsel 3./4. Welt = Nommo ↗ (2)
Wechsel 4./5. Welt = Osiris ↗ + Junu ↗
Wechsel 5./6. Welt = Maitreya ↗ + Lakschmi ↗
Äqv. Christus + Sophia ↗
(Apokalypse ↗)

A. der hebr. Maschiach enthält Ma ↗ = Sonne.

Met: ein in der Edda ↗ erwähnter Süßtrank, man nimmt an Honigwein (zu Wein vergorener Honig), der a. Od ↗-Getränk gen. wurde. Am letzten Jul-Tag brachte die Madmodern = Metmutter eine Schale mit M., setzte sich damit vor den Herd u. trank ›des Feuers Heil‹. Er wurde in der Julnacht ↗ aus dem Julhorn ↗ getrunken u. bis in dieses Jh. gab es den ›Johannis-Met‹ zum Johannisfeuer ↗, das zus. mit der Julnacht die 2 Kleinkreise der durch den Runenkreis gezogenen Odil-Rune ↗ bildet (Abb. 1). Die Restfigur wird zum Pflanzentanz ↗  , den man dann wohl als Idee des M. verstehen kann. Edda:

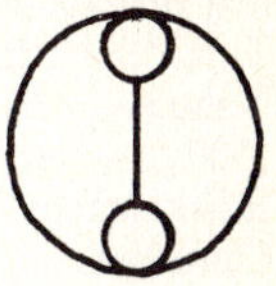

Abb. 1

»Heidrun ↗ heißt die Ziege vor Heervaters Saal
Die von Lärads ↗ Laube frißt
Die Schale soll sie füllen mit schäumendem Met
der beseligende Trank nie versiegt.«

Wirth ↗ bringt als Par. eine äg. Hieroglyphe (Abb. 2), da stehen 3 Nut ↗-Gefäße auf dem Himmelsbalken, daneben Mu ↗ , was als Aussage zu einem kosm. Getränk Munut (= M.) führt. — Das ind. Soma ↗ könnte ein Äqv. sein, s. Mettrinker Mimir ↗.

Abb. 2

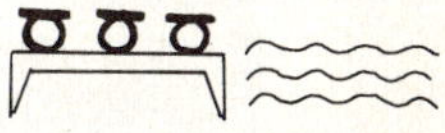

Metropole: urspr. Mutterstadt, d.h. Pol der Mütter u. Sitz des Matriarchats ↗ ggb. den männl. bestimmten Nomaden, die aber immer in die M. einfielen, um sich dort die Kultur ↗ zu holen. S. Tula ↗ bzw. Enkidu ↗. — Es ist a. das ›Ummauerte‹ (die Geborgenheit etc.), symbolisiert als Mauerkrone, s. Diana ↗ u. Babylon ↗, jeweils mit 4 bzw. 8 Toren = 4er + 8er Kreis ↗, zus. die Maati ↗ als Mütter.

Mexica: Mexikaner, urspr. Name der Azteken ↗, wonach der nördl. Teil von Mesoamerika Mexiko ↗ gen. wurde, obwohl es doch eigtl. Maya ↗-Land war.

Mexiko: Land der Mexica ↗, in das 1519 Cortes ↗ einfiel. Seine Geschichte wird in 4 Epochen gegliedert:
1) die Indianerreiche bis 1519 (od. 1521)
2) span. Kolonialreich (1521–1810)
3) Unabhängigkeitskrieg (1810–1821) u. nationale Vereinigungen der Einzelgebiete (bis 1910)
4) gegenwärtige Epoche, eingeleitet durch die Sozialrevolution (1911–22)

Hauptstadt Mexiko-City ↗. Ehem. Teotihuacan ↗, dann Tula ↗.

Mexiko-City: Hauptstadt von Mexiko ↗, erbaut im 16. Jh. auf den Ruinen von Tenochtitlan ↗, das 1521 auf Befehl von Cortes ↗ mit einem Schlag vom Erdboden verschwand. Wohnhäuser, Tempel, Paläste u. Kunstschätze wurden am Ende eines 75tägigen erbarmungslosen Ringens dem Erdboden gleichgemacht, um auf dem planierten Schutt eine span. Stadt zu errichten, die aber dann bis auf geringe Reste ebf. wieder verschwand, als sich M. im 19. + 20. Jh. in eine mod. Großstadt nordamerik. Gepräges verwandelte. Neben der 1573 im Barockstil erbauten Kathedrale öffnet sich heute ein 5 m-Schacht in die Tiefe zu alten Mauerresten mit steinernem Schlangenkopf, ungefiedert. Es ist also nicht Quetzalcoatl ↗, sondern Xiuhcoatl ↗ (*coatl* = Schlange). Das Stadtsymbol ist ein Adler, der eine Schlange frißt, was sich auf die Gründung von Tenochtitlan bezieht.

Michael: 1 der 7 Erzengel ↗; wird mit Mars ↗ gleichgestellt u. gilt deshalb schon im AT als Helfer der kämpfenden Heere (statt ›Kriegsgott‹). Das Wort ist hebr. u. bed. ›wer ist wie El ↗‹ (Gott). Als Kämpfer gg. Satan ↗ wird er zum Sieger im Drachenkampf ↗.

Michoancan: Staat im westl. Mexiko ↗, von wo einmal Maya ↗ ohne Frauen losmarschierten, um im N Tula ↗ zu gründen. Sie nahmen Frauen der dortigen Nahua ↗ = Barbaren u. wurden zu Tolteken ↗, die rd. 1500 J. später wieder als Kupferschmiede nach M. zurückkehrten. — Noch ältere Funde verweisen auf die Olmeken ↗.

Mictecaciuatl: Herrin der Bewohner des Totenreiches Mictlan ↗, das im Codex Vaticanus B 41 (Abb.) ei-

ne umgek. Ka-Hieroglyphe ↗ ist, wie man sie a. bei den Germanen ↗ in der Höhle der Externsteine ↗ fand. L. die Göttin M., schwarz wie die ind. Kali ↗, r. Cihuacoatl ↗, die ihr als ›Erdgöttin‹ (Wirth ↗) ein Band aus dem Mund zieht als ›neue Nahrung‹. These:

da sich das ›Band‹ oben am Ka-Z. wiederholt, etwa da, wo bei der Nut ↗ das ähnl. aussehende Grundmotiv ∫ (= Buchstabe N) ist, äqv. 13. Rune Sig ↗, wäre an Erneuerungskräfte schlechthin zu denken, mit der Farbe schwarz ↗ = Auferstehung (Azteken).

Mictlan: Totenreich ↗ sowie alle vom Menschen geschaffenen unterird. Anlagen (azt.), d.h. Unterwelt ↗. Die ›Herrin‹ war Mictecaciuatl ↗; es findet sich aber a. ein Mictlantecutli = Herr der Unterwelt. — M. wird so schreckl. geschildert wie die untere Duat ↗ od. unsere Hölle ↗: »Es herrscht eisige Kälte, Obsidiansplitter wirbeln durch die Luft, als Nahrung dienen Giftpflanzen oder was sonst noch auf Erden als ungenießbar gilt...« (Altmex. Kulturen, S. 197). Es ist aber a. das Xibalba ↗ im Popol vuh sowie Gegenpol zu Tamoanchan ↗.

Midgard: wahrsch. als ›Garten der Mitte‹ übersetzbar; in der Edda ↗ geschilderter Urkontinent, dem bibl. Paradies ↗ vergleichbar, d. h. Lemurien ↗:

»Einst war das Alter, da Ymir ↗ lebte
Da war nicht Land, nicht See, nicht salzige Wellen
Nicht Erde fand sich noch oben Himmel
Gähnender Abgrund (Ginnungagap ↗) u. Gras nirgends
Bis Bör ↗'s Söhne den Boden erhoben
Sie, die den mächtigen Midgard schufen.
Die Sonne von Süden schien auf die Felsen
Und dem Grund entgrünte grünes Kraut.«

Es folgt die Erschaffung der Menschen (3. Wurzelrasse ↗) u. dann steht in der Mitte von M. Yggdrasil ↗, der Weltenbaum. Außerdem ist M. von der Midgardschlange ↗ umschlossen sowie gg. den Einbruch des Meeres (Pazifik ↗) u. die Einfälle der Riesen ↗ durch einen Wall geschützt; das könnten küstennahe Hügel gewesen sein, die später an anderen Stellen der Erde als künstl. Megalithgräber ↗ nachgeahmt wurden. Denn bei der Götterdämmerung ↗ ging M. (genau wie Mu ↗ als schon reduziertes Lemurien) unter, samt Yggdrasil, die es in Muspelheim ↗ + Niflheim ↗ teilte:

»Die Menschen all müssen Midgard räumen
Die Sonne wird schwarz
Es sinkt die Erde ins Meer...«
(Edda)

Midgardschlange: eine mythol. Schlange ↗, die Midgard ↗ umgibt; als Mutter gilt Angrboda. Die M. wurde einst von den Asen ↗ ins Weltmeer geschleudert u. wuchs darin zu ungeheurer Größe. Beim Weltuntergang, germ. Ragnarök ↗ (Götterdämmerung ↗), steigt sie empor u. speit Gift über Himmel u. Meer. Thor ↗, der schon früher mit ihr kämpfte, erschlägt sie, stirbt aber selbst durch das Gift, das sie ihm entgegenspeit. Als Äqv. kommt die Regenbogenschlange ↗ von Australien ↗ in Frage, weil a. sie - am Ende der Traumzeit ↗ - verbrennt u. diese Insel ein Rest von Midgard ist.

Mikronesien: Zusammenfassender Begriff der kleinen (= *mikro*) Inseln im Pazifik ↗, teils von Polynesiern, teils Melanesiern od. ihnen ähnl. Stämmen bewohnt. Im O in die Osterinsel ↗ auslaufend, im W mit den Karolinen- u. Marianen-Inseln fast Japan ↗ berührend, was sie zu einer kulturellen Brücke zw. Amerika + Asien macht. Urspr. wie alle anderen Inseln Teil von Lemurien ↗ bzw. Mu ↗. Heute meist unter Verwaltung von USA. — Die Bewohner der Gilbert- u. Ellice-Inselkette haben einen Sonnenklan, der sich mit der Schlange ↗ als Symbol der Gemahlin des Sonnengottes tätowiert. Bei einer blutsverwandten Gruppe auf der Insel Butaritari kommt die wichtigste Familie aus Mone, ›dem Land unter dem Meer‹; beides verweist auf das ›verlorene Paradies ↗‹, nach dem v. a. die frz. Unterwasserarchäologie ↗ sucht.

Milchstraße: unsere Galaxie ↗. Vom strahlend hellen Zentrum, wo die Sterne ↗ am dichtesten sind, gehen

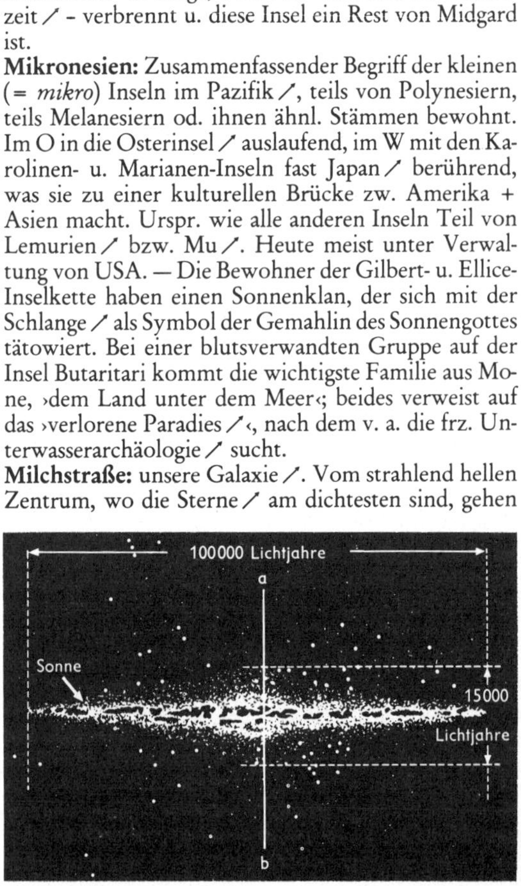

Milchstraßensystem

schwächer leuchtende Spiralarme aus wie bei einem Feuerrad. Am Rand eines solchen Spiralarmes befindet sich unser Sonnensystem ↗, ca. 32000 Lichtjahre ↗ vom M.-Zentrum entfernt. Das matt schimmernde Band, das man nachts am Himmel beobachtet u. M. nennt, ist ledigl. dieser 1 Spiralarm, dessen Sterne uns

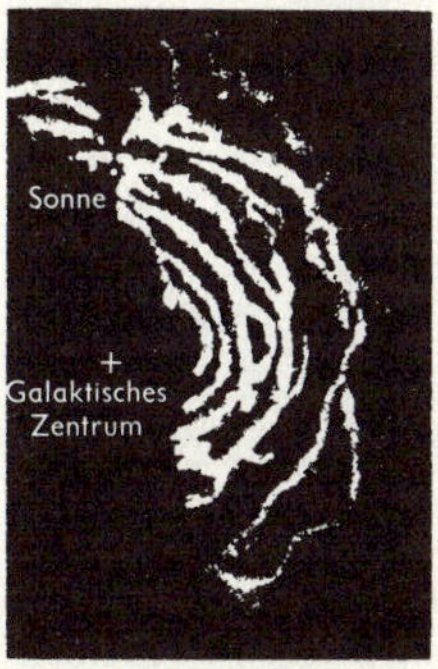

Radioastronomisch erschlossene Spiralarme

fast wie ein Ring umgeben. Dabei ist das Band die ›Straße‹ u. das Sternenlicht die ›Milch‹, in Ägypten von der Himmelskuh ↗ stammend. Indian. Äqv. Chicchan ↗.

Mimameid: ein zusätzl. Name der Yggdrasil ↗ od. Weltenesche als ›Baum des Mimir ↗‹, weil ihm 1 der 3 Brunnen od. Quellen zugeordnet ist, die an den Wurzeln des Baumes entspringen.

Mimir: unter der 1. Wurzel des Weltenbaumes Yggdrasil ↗ wohnen die 3 Nornen ↗, unter der zweiten der ›Urriese des Meeres und der Weisheit‹ M., unter der 3. der ›Quellriese‹. Die Nornen hüten den Brunnen der Urd ↗, M. den der Weisheit ↗, woraus er tägl. trinkt. Für einen Trunk daraus opferte Odin ↗ ein Auge. Der Quellriese hütet Hwergelmir ↗. In anderen Versionen wohnt unter der 1. Wurzel die Hel ↗, statt M. die Riesen ↗ allg. u. an der 3. die Menschen. M. aber trinkt in der Edda ↗ Met ↗, wie die Seherin ↗ berichtet:

»Was fragt ihr mich? was erforscht ihr mich?
Alles weiß ich, Odin: wo du dein Auge bargst.
Met trinkt Mimir allmorgendlich
Aus Walvaters Pfand. Wißt ihr die Deutung?«

These: da Walvater ↗ Odin ist u. dessen ›Pfand‹ das für einen Trunk geopferte Auge, trinkt M. aus diesem Auge, das zweifellos das Mondauge ↗ ist, wie Met = Soma ↗ = Mond ↗. Nun gehört M. zu den Asen ↗, müßte also eigtl. ein Planet sein – warum nicht der Mond selbst, da dieser so oft zu den Planeten gerechnet wurde (s. Chaldäische Planetenreihe ↗) u. außerdem zum Weltenbaum (s. Babylonischer Turm ↗) gehörte? Beim Wanen-Asen-Krieg ↗ wird eine Person daraus, denn die Wanen ↗ erhalten als Geisel u. a. M., dem sie aber dann den Kopf abschlagen u. zurückschicken. Danach wird der Mythos ↗ wieder jenseitig, denn beim Weltuntergang = Ragnarök ↗ berät sich Odin mit dem Kopf, der mit Kräutern präpariert war u. ›sprechen‹ konnte.

Min: 1) äg. Gott, der jedoch MNW geschrieben wurde; gefeiert im ›Fest der Treppe‹, bei der seine Statue aus dem Tempel ↗ in einer Prozession ↗ zu einer Treppe ↗ geführt wurde, um sich auf ihr niederzulassen. Das erinnert auffällig an polynes. Rituale auf dem Marae ↗ mit dem Ahu ↗ als Treppe (Stufenpyramide). Die Frage lautet, ist M. Tane ↗ od. Io ↗? Vom Namen her, der ganz ähnl. ist wie Mntw ↗ (= Muntu ↗, Mensch, Adam) ist er wohl beides u. dafür spricht a. seine ambivalente Gleichsetzung sowohl mit Osiris ↗ wie dessen Sohn Horus ↗, mit dem mythol. Zusatz ›der seinen Vater erzeugt‹, offensichtl. indem er ›mit seiner Mutter Isis ↗‹ schläft, a. ›schwarze Kuh des Min‹ genannt. Dieser 1. Inzest ↗ führte zu den 4 Horuskindern ↗, u. sie kommen im Treppenfest bei der Schlußzeremonie als 4 Vögel vor, die der betr. Pharao ↗ in die 4 Himmelsrichtungen fliegen läßt. Vielleicht sind sie in seinem Z., das die Ägyptologen nicht deuten können, ausgedrückt (Abb.). Bonnet: »Völlig abwegig ist die Erklärung von Budge (From Fetish to God 63), der in dem Symbol eine Vereinigung des männlichen und des weiblichen Geschlechtsorganes sehen möchte« (Bonnet, S. 461). These:

geht man vom tats. abwegigen Organ weg ins Abstraktum, so könnte man darin zunächst ein Blätterkreuz ↗ erblicken. Als Zahl ↗ ergibt sich die 5 od. Horussynthese ↗, wenn man die ›Haken‹ der Horizontalen als 4 Seiten der Pyramide ↗ rechnet u. die Vertikale als deren Achse bzw. Zahl 1 od. 5. Element Akasha ↗, in dem sich männl. + weibl. = je 2 Elemente od. 1 Seite der Horizontalen zusammenfinden. Sieht man aber in der Vertikalen den Lingham ↗, was zweifellos mögl. ist, zumal M.-Bilder den Phallus überbetonen, dann sind die 4 Dreiecke notabene die Yoni ↗ u.

man muß sie zum Gesamtkosmos ↗  zusammensetzen, was zu einer Var. von Io führt, den man evtl. im ›Käfer‹ unter dem l. Teil der Horizontalen ineinandergeschachtelt sehen kann (Abb. u. Schema 1). Die Verbindung Io-Muntu-Min bleibt natürl. spekulativ. Beim 2. Symbol des M., der Geißel ↗ (immer ohne Hirtenstab ↗), taucht als 2. Zahl 66 auf, quasi $^2/_3$ von Osiris, der 100 (Namen) hat. Wie Gilgamesch ↗ könnte sich M. beklagen, $^2/_3$ Gott u. $^1/_3$ Mensch zu sein. Beim Übertrag auf Muntu ↗ ergibt sich die inter. Möglichkeit, das $^1/_3$ als Tu (Schema 2) abzuhaken, was Mun = Min übrigläßt. Als ›Treppe‹ 4., 5., 6. u. 7. Welt ↗ od. 1., 2. + 3. Reich ↗, also das, was durch die Geißel initiiert wurde, die zudem das Eintreffen von Nommo ↗ bzw. des Grals ↗ markiert od. das Einsetzen von Kultur ↗. Er ist a. der Löwengott ↗. – Germ. Nv.: Irmin ↗. – Erstaunl. die Ähnlichkeit von Minarett ↗, das seinen Namen als Vorsilbe enthält, u. den ihm zugeordneten »vorislam. Sakralbauten des

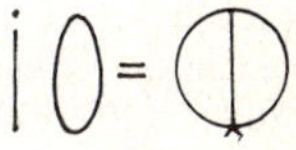

Schema 1

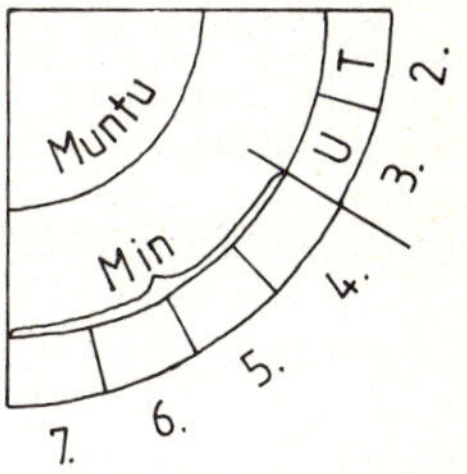

Schema 2

Sudan« (Bonnet, S. 462), wo M. ›ein schöner Matoi ↗‹ war. — 2) Volk in China, äqv. Man ↗.

Minarett: arab. Wort für den Turm ↗ der islam. Moschee ↗, von dem der Muezzin ↗ zum Gebet ruft. These: könnte auf die Sakralbauten für Min ↗ im Sudan ↗ zurückgehen, wie die folg. Gegenüberstellung zeigt (Abb.).

Zudem ist das M. 4stufig, wie Min für 4 Welten ↗ (4.–7.) steht; d. h., ein M. ist ein Stück Babyl. Turm ↗. U. da dieser mit dem Mond ↗ aufhörte, wurde daraus wohl die Mondsichel des Islam ↗, über der Spitze des M. angebracht.

Minerva: röm. Göttin mit Beiname Tritogeneya = Dreigesichtige, also letztl. das weibl. Dreieck ↗ od. weibl. schlechthin, Gyne ↗ statt Geneya. Wie Athene ↗ Göttin der Weisheit, Künste + Krieg - aber auf die Etrusker ↗ zurückgehend u. vielleicht die weibl. Var. des äg. Min ↗ (prakt. eine Min-Eva).

Minne: urspr. Gedenken: ein Minnetrunk wurde bei den Germanen ↗ zum Abschluß eines rituellen Festmahls in Gedenken an Odin ↗, Freya ↗ u. Thor ↗ getrunken. Nach der Missionierung ↗ von der Kirche ↗ zunächst als Teufelsminne verketzert, erblühte die M. neu in der Wiederholung ↗ von Grundmotiv Liebestanz ↗ (1027–1130) mit M. = Liebe beim Minnedienst ↗ u. seiner Liebeslyrik = Minnelied ↗. Schließl. geht die ›Hohe Minne‹ als eine Unerreichbarkeit über in die Verpflichtung zur Teilnahme an den Kreuzzügen ↗, während in der Renaissance ↗ M. personifiziert als Frau Minne zur Venus ↗ (äqv. der urspr. Freya) wird.

Minnedienst: ein an der verheirateten Frau praktizierter Marienkult (s. Maria ↗), in dem sich der anbetende Mann der Herrin (s. Matriarchat ↗) ganz unterwirft, ohne Lohn für sein Dienen + Werben, seine Minne ↗ zu erwarten - denn die in Minneliedern ↗ verherrlichte Frau ist eben nicht seine eigene; sie muß - wie Ginerva ↗ für Lancelot - unerreichbar bleiben, wie bei den Germanen reines Gedenken sein, eine myst. Freundin od. Rose ↗, die sich als Rosette ↗ in der Gotik ↗ direkt anschloß.

Minnelied, Minnesang: die europ. Troubadoure ↗ + Skalden ↗ wurden ab 12. Jh. abgelöst durch Minnesänger, deren bekanntester Walther von der Vogelweide ist. Thema der Ritter, die zugleich Dichter, Komponisten u. Sänger waren, ist die Minne ↗. Ihr Minnedienst ↗ geht anschließend über in Kreuzzüge ↗ u. Gralssuche ↗. — Auf einer Illustration solcher M. (Abb.) spielt eine Gruppe unter Heinrich Frauenlob (1250–1318) - der seinen Nachnamen wohl angenom-

Heidelberger-Handschrift (14. Jh.)

men hat - für einen (Dichter?-) Fürst, der seinerseits auf die quasi im Himmel schwebende Adressatin zeigt. — Auch Klingsor ↗ war ein Minnesänger, wie in höchstem Maße sein Dichter Novalis ↗ selbst.

Minoer: Träger der minoischen ↗ Kultur waren lt. H.G. Wunderlich (Buch: Wohin der Stier Europa trug, S. 75) »braunhäutige, dunkelhaarige Volksstämme«, s. Kreta ↗: »Gemessen an jenen dunkelhäutigen alten Kretern erscheinen die eigentlich griechischen Einwanderer als Barbaren, die vandalisch verwüsten und zerstören, was Kunt und Kultur der Minoer in friedlichem Wettstreit der Künstler aus nah und fern geschaffen hatten.« Die Ägypter, die über die Eteokreter ↗ ihre Vettern sind, nannten sie Keftiu (Abb.). Wie der gleiche Autor meint, hatten sie sogar eigene Niederlassungen in Ägypten, Kanaan ↗ u. auf den Kykladen ↗. Ihre Bev. auf Kreta enthielt umgek. aber a. Kanaanäer, Ägypter u. Pelasger ↗.

Keftiu-Prozession

Minoisch: heißt die Kultur von Kreta ↗ nach Minos ↗, Sohn der Europa ↗. Sie fing also etwa zur selben Zeit wie die 11. Dynastie ↗ von Ägypten an, die von ihrem Bruder Kadmos ↗ gegr. worden war, lt. Pochan 3378 v. Z., d. h. kurz nach Beginn der 2. Hälfte des Stiersektors ↗ (ab 3450 v. Z.). Deshalb spielte wohl der Stier die Hauptrolle: als Minotaurus ↗, als Gehörn, in das man die Kultaxt ↗ steckte u. beim Doppelsalto über den Stier, Stichw. Stierkult ↗. Der Palast von Knossos ↗ war geradezu übersät von Stierhörnern. Der Zusammenbruch kam rd. 2000 J. später: »Da wurde ihr (der Minoer ↗) einst mächtiges Reich zunächst durch Erdbeben geschwächt. Vulkanausbrüche, insbesondere die gewaltige Explosion des Vulkans der Insel Santorin ↗ um 1450 v. Chr., ließen die festgefügte Macht der Minoer erzittern... Mit dem kümmerlichen Rest der Überlebenden, die allenfalls dem Erdbeben und Vulkanausbruch, der seismischen Woge und den zwangsläufig ausbrechenden Krankheitsepidemien entkommen waren, hatten die einbrechenden Barbaren (Griechen) leichtes Spiel. Wer auch diese letzte der ›ägypten Plagen‹ überstand, floh ins Gebirge, wo ihm für alle Zeit die Lust verging, Wasserleitungen, Badewannen und Spülklosetts zu bauen, so daß alle diese Zivilisationsgüter so total in Vergessenheit gerieten, daß sie erst Jahrtausende später mühsam wiedererfunden werden mußten.« Nicht nur das, es ging a. die Zahl 24 verloren, die sich so eindeutig mit der Kultaxt als 24. Rune ↗ = 24. Grundmotiv Pflanzentanz ↗ verbindet: 4 x 6 = 24 stilisierte Lilienblüten zieren eine minoische Doppelaxt aus Zakro (Abb.).

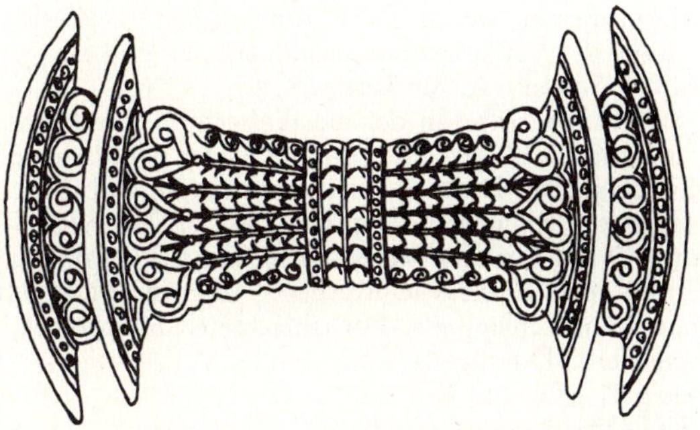

Minos: Sohn von Europa ↗ u. 1. König der nach ihm benannten Minoischen ↗ Kultur. Der Name scheint wie der äg. Menes ↗ ein Titel zu sein, der sich auf den Gott Min ↗ bezieht. Offensichtl. sollte er als ein Horus ↗ verstanden werden, mit den Eltern Europa = Isis u. Zeus ↗ = Osiris. Er selbst heiratete lt. Mythos ↗ die Sonnentochter Pasiphae, die ihm 7 Kinder gebar, darunter Ariadne ↗ u. Minotaurus ↗.

Minotaurus: 1 der 7 Kinder von Minos ↗ + Pasiphae, dessen Vater aber nicht Minos war, sondern ein Stier, in den sich seine Frau verliebte. Resultat war ein Mensch- (Min ↗) Stier *(taurus)*, für den nun Minos ein Labyrinth ↗ errichten ließ – als Gefängnis – »und zwar nach ägyptischem Vorbild« (Wunderlich 1972, S. 55). Alle 9 J. sollen ihm dann 7 Jungfrauen + 7

Jünglinge zum Fraß vorgeworfen worden sein, bis seine Schwester Ariadne ↗ eingriff. Die Abb. zeigt einen Ausschnitt des Wandgemäldes von Piero di Cosimo (Renaissance); vor dem Labyrinth, in dem ein Grieche (Theseus gen.) den M. erschlägt, Adriane mit Amme, leider ganz ohne Ähnlichkeit mit den Minoern ↗. Wahrsch. verbirgt der Mythos ↗, der griech. u. nicht minoisch ist, den aus Eifersucht geborenen Haß der Griechen ↗ auf alles Minoische u. die Erfindung eines Grundes zum Einmarsch. »Nach der Überlieferung der Athener, die Kreta haßten, war Minos ein grausamer Monarch. Alle anderen Überlieferungen stellen ihn jedoch als großen und gerechten König dar, der allgemein bewundert wurde« (Reclams Lexikon der antiken Mythologie).

Mischna: Teil des Talmud ↗ mit Gesetzen, die von orthodoxen Juden ↗ ebenso verehrt werden wie der Pentateuch ↗ (5 Bücher Mose). Umfaßt 6 Abteilungen *(sedarim)*, die in 60 Paragraphen (M'sachot) eingeteilt sind, jeweils wieder versch. Kap. (Perakim) umfassend. Nach Papus (Die Kabbala) ein starres System von Vorschriften, das für Überlegung u. Freiheit nicht den geringsten Spielraum läßt. Bsp. Abt. VI/§ 10: »Derjenige, der ein Bad genommen hat, ist noch unrein bis Sonnenuntergang...«

Misra: hethit. Name für Ägypten, bibl. Mizraim ↗.

Missionar: Priester ↗ mit dem Auftrag (= der Mission), seine Religion ↗ außerhalb des eigenen Landes zu verbreiten. Die frühsten noch nachweisbaren M. dürften die Horusdiener ↗ gewesen sein. Bes. aggressiv ist der röm. Katholizismus ↗, da er sich für alleinseligmachend hält; seine 1. großangelegte Missionierung ↗ galt den Germanen ↗; dann folgte er fördernd dem Kolonialismus ↗ u. ist heute zwar nicht allumfassend, hat aber doch mit über 600 Mio. Anhängern od. 17 % der Weltbev. den größten Missionsanteil erkämpft.

Missionierung: exterritoriale Religionsausbreitung durch Missionare ↗; für die christl. Kirche ↗ wurde die M. der Germanen ↗ eine absolute Überlebensfrage, bedingt durch den Zusammenbruch des Römischen Reichs ↗; sie machte dabei so viele Zugeständnisse an die sog. Heiden ↗, daß sie schon im 7. Jh. ›germanisiert‹ war. 787 erklärte ein kirchl. Konzil: »Wenn von nun an ein Bischof dabei ertappt wird, eine Kirche ohne heilige Reliquien ↗ zu weihen, so soll er wegen Verstoßes gegen die christliche Tradition abgesetzt werden.« Reliquien waren aber keine christl, sondern eine altäg. u. germ. Tradition. Damit wurde wohl a. die anfängl. Bilderfeindlichkeit – eine frühchristl. Kunst existiert nicht – überwunden, s. Bilderstreit ↗. Eine reine Zwangsmissionierung wurde an den von Afrika nach Amerika verschleppten Sklaven ↗ praktiziert, wobei ein hochinter. Ergebnis die Spirituals ↗ waren.

Mitanni, Mittani: langjährige Feinde der Hethiter ↗ (= Hatti ↗). Sie schlossen mit ihnen im 14. Jh. einen Vertrag unter Anrufung von Mitra, Name eines Gottes, der nur Vertrag bedeutet. Man kennt ihn sowohl von Persien ↗ (Iran) wie Indien ↗, was dazu paßt, daß das M.-Reich ca. 1550–1350 von einer ›indo-iranischen‹ Dyn. geleitet wurde; zeitw. umfaßte es NW-Mesopotamien ↗, Syrien + Palästina, evtl. Nordarabien z. Z. von Moses ↗, dessen Schwiegervater ein M. gewesen sein soll. Ihr Hauptverbündeter war a. immer Ägypten, von Feinden Misra ↗ gen., gewesen. Offensichtl. besteht ein Zusammenhang zw. Misra + Mitra bzw. Mithras ↗.

Mithra, Mithras: Gottheit, die lt. Blavatsky ↗ in 2

Aspekte zerfällt: Mithra, weibl., Feuergöttin, sowohl Mutter wie Gattin von Mithras, männl. Weltenfeuer; das Wort hängt zus. mit neupers. Mihr, was Sonne ↗ u. Liebe bedeutet. Das könnte zum Grundmotiv Liebestanz ↗ als Mitte (Mith) der Sonne (Ra ↗) führen, zumal ein Miträum ↗ 8 Bögen (äqv. 8er Kreis ↗) hatte u. im Mithraskult ↗ 7 Symbole bzw. 7 Einweihungsgrade (mit einem 8. geheimen) praktiziert wurden od. die Mithraskrone 7 Strahlen hatte, wie die Sonne in der Astrologie ↗. Leider ist alles, was an urspr. Literatur über M. existiert hat, verloren. Apuleius (XII 15) berichtet, daß in den Isis ↗-Mysterien der Oberpriester den Namen Mithras trug. Letzter röm. Kaiser, der sich zu M. bekannte, war Julian (gestorben 363), dann zerschlug man die M.-Bilder in den Grotten (Mithräen) u. das Christentum begann. Erstaunl., das gemeinsame Datum: am 25. Dez. wurde angebl. Mithras ›aus einem Felsen‹ geb. wie in der Nacht vom 24.–25. Dez. angebl. Jesus ↗ aus einer ›Jungfrau‹ (II) ↗, wobei Maria ↗ immer mehr Isis angeglichen wurde, während Mithras' Mutter + Gattin mit der Zeit überhaupt nicht mehr existierte, od. der Felsen - vielleicht Eccestan ↗ - wurde. Wie Athena ↗ kam M. schon bewaffnet zur Welt, u. zwar mit einem Dolch ›für die Tötung des Stiers‹, von dem absolut unklar bleibt, was er darstellen soll. Gen. ›Stier der Aphrodite‹ in Rom, machten die einen das Sternbild Stier ↗ daraus, weil es als Wohnsitz des Planeten Venus = Aphrodite ↗ galt; für andere war er der Mond. Beides überzeugt nicht, weil immerhin beim Kultmahl Fleisch + Blut eines von dem Gläubigen getöteten Stiers verzehrt wurde, äqv. Brot + Wein beim späteren Abendmahl ↗ der Christen, das es aber schon im Qumran-Kloster ↗ gab. Schließl. heißt es, als ›Stiertöter‹ stünde M. für die Zerschlagung der Soma-Stengel u. den dabei gewonnenen Soma ↗-Saft (der angebl. die Kraft der Unsterblichkeit ↗ verlieh), iran. Haoma, mit dem man sich in Trance versetzte. M.-Darst. zeigen ihn mit roter Mütze + rotem Gewand, was wieder - wie die Rote Krone ↗ - in die Mitte der Sonne führt. U. wenn in den ind. Veden ↗ wie im altiran. Avesta ↗ M. als Beschützer der Verträge u. der Wahrheit ↗ angerufen wird, so braucht man statt Vertrag nur noch Gerechtigkeit ↗ einzusetzen, um wieder bei einer männl. Personifizierung der beiden Maati ↗ (= Wahrheit u. Gerechtigkeit) zu landen.

Mithraskult: ein strikter Männergeheimbund mit 7 Einweihungsgraden, die den 7 Strahlen des Mithras ↗

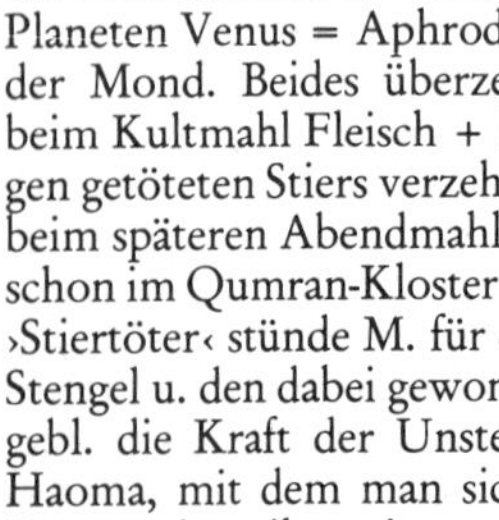

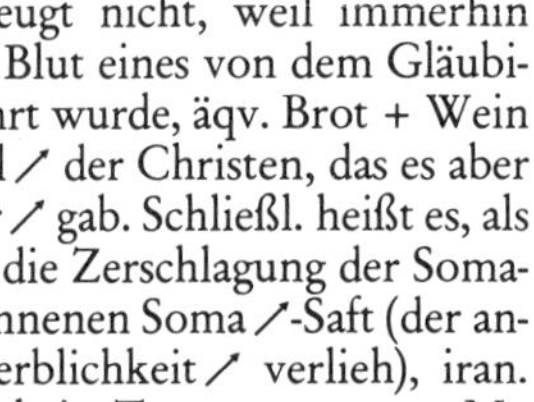

(Abb.) entspr. dürften. Die ›Väter‹, *patres,* später in den Papst als Pontifex ↗ übergehend (also der 7. Grad) weihten die Mitgl. in best. Grade ein. In Rom ↗ tauchten diesbzgl. 2 sonderbare Texte auf, die von 2 solcher ›Väter‹ als Ostenderunt Cryfios u. Tradiderunt Chryfios sprechen. Über diese ›Cryfii‹ ist viel gerätselt worden, angefangen bei der Vermutung, in einem den 8. Weihegrad ›Geier‹ ↗ = YPVΨ zu sehen, als ›Zukunftshoffnung‹ u. spez. für Kinder. These: das würde als Nr. 8 perfekt mit der äg. Naunet ↗ = Gegenkosmos aufgehen, die in Ägypten, ggb. der Isis als Schlange, im Rhombus ↗ Geierflügel hat. Der M. wurde im Miträum ↗ gefeiert.

Mitimacuna: Wort der Inka ↗ für ihre Politik der Entwurzelung durch Zwangsumsiedlung u. Auslöschung der Vergangenheit unterworfener Völker.

Mitra: Schreibvar. für Mithra ↗.

Miträum: Grotte, in der die ›Felsgeburt‹ des Mithras ↗ am 25.12. gefeiert wurde, d. h. sie galt als seine Geburtsstätte. Diese Geburt wurde in einer Nische dargestellt, die sich im W befand (Abb.). Davor Richtung O r. u. l. je eine Liegebank für das kult. Mahl des Stieres, den Mithras lt. Mythos ↗ fing, in seine Geburtshöhle schleppte u. dort schlachtete. Das ganze M. war dem ›Durchgang der Seele ↗‹ geweiht. Wer die Weihehandlungen durchlaufen hat, ist dann, genau wie in den Isis ↗-Mysterien ›... durch die Elemente gefahren‹ (M.J. Vermaseren, Mithras, S. 33). These: wie in Ägypten waren die 4 Elemente ↗ aufgefächert in eine Achtheit (s. Götterachtheit ↗), die sich im M. in den 8 Nischenbögen bei den Bänken manifestierte wie im Mithraskult ↗ in den Einweihungsgraden, die sich in der Loge ↗ von Ägypten finden, wie ja dieses Land selbst Mizraim ↗ hieß, d. h. insg. selbst ein M. war, mit der Duat ↗ im Westen. Ein Äqv. dürften die Isisgrotten ↗ gewesen sein. A. die germ. Höhle in den Externsteinen ↗ fällt ein, mit dem Nut-Z. ⊓ als Geburtsnische, die natürl. a. das Thema Wiedergeburt ↗ bis zur Erreichung der Unsterblichkeit ↗ berührt. Die Grade ↗ hatten folg. Symbole:

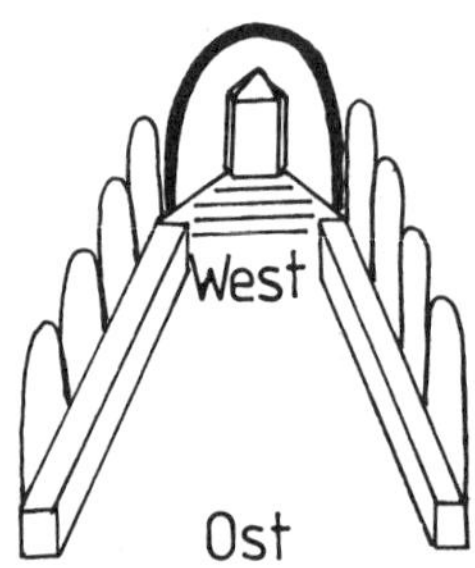

1) Rabe: der Götterbote mit dem Befehl zur Stiertötung

2) Braut: Schleier, Fackel, Lampe, Krone. Aktivität, v. a. Gesang u. Velum = Handschlag mit der Rechten

3) Soldat: Sack. Lanze, Helm, ein Brandmal als Siegel auf der Stirne. Dann einmalig ein Kranz, der den Mitgl. auf die Spitze des Schwertes gereicht, aber wieder abgeworfen wird als ›allein Mithras‹ zugehörig. Auf Fresken sieht man den Soldaten als Schleppenträger des Löwen.

4) Löwe: roter Mantel mit Schleppe, Feuerschaufel, Sistrum ↗ + Blitzbündel. Erhält die ›Feuertaufe‹ mit Anspielung auf den Weltenbrand - d.h., es handelt sich um die äg. Löwengöttin ↗ Tefnut ↗, die als Element Feuer ↗ prakt. 3 + 4 vertritt, weshalb Nr. 3 wohl die Schleppe von Nr. 4 trägt. Anschließend wurde auf den Weltenbrand ↗ angespielt mit Feuerstrom, der die Erde überfluten soll u. nur die Bösen trifft, für die Ge-

rechten aber zum ›läuternden Bad‹ wird.
5) Perser: Sichel od. Sense, Zweigbündel, ›Wasser des Mondes‹ (Honig); gilt als Hervorbringer + Erhalter der Früchte, die er a. einsammelt. U. nun ist kein Zweifel mehr mögl., daß der 5. Sektor der Sonne = Evolution erreicht ist, in dem die Pflanzen entstehen, s. Schöpfung ↗.
6) Sonnenläufer: gelber Gürtel, blaue Erdkugel in der Hand u. die Peitsche, was offensichtl. im 6. Sektor zu den Tieren ↗ führt
7) Vater: Stellvertreter des Mithras, mit Strahlenkrone u. Dolch zum Töten des Stieres.
Jetzt ist man also in der 1. Hälfte von Muntu ↗ = Mensch gelandet. These: der getötete Stier ist der Urmensch ↗ mit den Buchstaben T + U, die ›Väter‹ = Pitris ↗ in der Wurzelrassenlehre. Denn bei Anlegung des Tierkreises ↗, den Mithras manchmal um die Mütze geschlungen hatte, ist dies der Stiersektor. Es folgt Buchstabe W ↗ als Strahlenkrone =

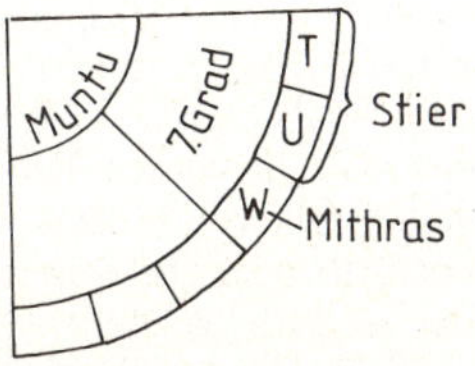

Grundmotiv ↗  = Geburt des Kulturmensch ↗, d. h. a. des reinkarnativen Muntu. Od.: Mithras ist a. Nun ↗, männl. Urwasser. — Über die Nr. 8 ist nichts bekannt. In der Mithrasliturgie traten 7 Jungfrauen mit Schlangengesichtern + 7 Götter mit Gesichtern schwarzer Stiere auf, womit man wohl bei den 14 Teilen des Osiris ↗ nach der Zerstückelung ↗ landet, im Schema als Osirismord ↗ am Ende des 7. Sektors (Grades) anzusetzen. — Man vergleiche die Grade mit denen der pazif. Arioi ↗.

Mittelalter: als Epoche von Europa ↗ in die Mitte zw. Antike (Altertum) u. Neuzeit ↗ gesetzt, wobei die Zeitangaben bei den einzelnen Forschern schwanken. Übl. ist meist 476–1492, d. h. man läßt es mit der Absetzung des letzzten w.-röm. Kaiser Romulus Augustinus durch den germ. Heerführer Odoaker beginnen, der von Theoderich dem Großen ↗ ermordet wurde, od. mit dem Ende des (West) Römischen Reiches ↗. Das Ende des M. wird dann durch die (14.) Entdeckung von Amerika ↗ durch Kolumbus ↗ gesetzt. Im Mäander ↗ des Fischsektors reicht es damit zieml. genau vom 2.–5. Eckpunkt u. umfaßt die Missionierung ↗, spez. der Germanen, Skalden ↗ + Minnedienst ↗, Kreuzzüge ↗ u. Humanismus ↗; nicht zu vergessen Gotik ↗ + Sektenbildung, als Reaktion darauf die Inquisition ↗. Eine andere Möglichkeit des auffallend geschlossenen Weltbildes im M. ist seine Eingrenzung ab Logosstreit ↗ u. Vulgata ↗ bis zur Reformation ↗ (Luther ↗): d.h., auf der Basis einer redigierten Bibel ↗, die fast 1000 J. lang als unantastbar galt u. das mittelalterl. Weltbild prägte. Nebenprodukt: Judenhaß ↗.

Mittelmeer: Nebenmeer des Atlantik zw. Afrika + Europa; wurde nach neuen Untersuchungen erst vor ca. 15 Mio. J. vom Atl. Ozean abgetrennt u. begann dann auszutrocknen, bis es vor 5,5 Mio. J. verschwunden war. In den dazw. liegenden 10 Mio. J. sehr langsamer Austrocknung bildete sich eine bis zu 1 km dicke Salzablagerung od. Salzwüste; man findet sie bei Bohrungen unter der Sedimentschicht am Grund des heutigen M., das eine Wiedererfüllung ist. Man weiß aber nicht, wann sie geschah. These: 11432 v. Z. beim letzten Polsprung ↗, überliefert als bibl. Sintflut ↗. Alle Flüsse, die heute hier einmünden, flossen davor in anderer Richtung, s. Nil ↗; u. die Kykladen ↗ sind Gebirgsgipfel.

Mix: Wolke bei der Mixcoatl ↗. — Engl. = ein Gemisch.

Mixcoatl: Wolkenschlange; Gott der Chichimeken ↗ u. myth. Vater von Ce Acatl ↗, abgebildet auf der Atlatl ↗ (Speerschleuder). Hat seinen Sitz am Himmelspol u. entspr. wahrsch. unserem Sternbild Drache beim Bär ↗ od. überhaupt nur dem nördl. Polarstern, um den sich von der Erde aus gesehen alles dreht. M. galt als ›Stammvater‹ aller Völker, die noch ›wild‹ waren u. im N als Jägerstämme lebten. Wiederum galt er a. als eine Verwandlung des Tezcatlipoca ↗, wozu paßt, daß sein Nagual ↗ der Hirsch ↗ war, auf Bildern ein Hirschfuß als Ohrschmuck. Auf der Stele eine azt. Darst. (Abb.).

Teayo, Staat Veracruz

Mixteken: indian. Stamm in Mexiko ↗, von den Azteken ↗ unterworfen; kulturell u. wahrsch. a. sprachl. nahe verw. mit den Olmeken ↗. In ihren Fürstenhäusern waren Geschwisterehen ebenso übl. wie bei den Pharaonen ↗, u. die Fürsten-Namen ↗ ergaben sich aus dem Kalendertag. So hieß ein berühmter mixtek. Fürst ›8 Hirsch-Jaguarkralle‹ u. eine Prinzessin aus dem gleichen Haus ›13 Eidechse-Türkisschmetterling‹; den 2. Namen bekam man im 7. Lebensjahr. Dreimal spricht die ›Geschichte der Königreiche‹ in der alten Stadt Quauhtitlan von Frauen, die die Herrscherwürde erbten, u. wie in Ägypten galt für die M., daß das königl. Blut durch die Mutter übertragen wurde (s. Kandake ↗). Berühmt waren ihre Kunstwerke aus Goldfiligran, nicht unähnl. denen der Muisca ↗. 8 große mixtek. Handschriften (s. Codices ↗) blieben übrig, an denen noch gerätselt wird. Sie übertreffen die der Azteken an Inhalt u. Schönheit weit. Hier rührt ein mixtek. Priester Pulque ↗ vor einem Mumienbündel ↗, mit Prunkmantel u. blauer Maske (Abb.).

Mizraim: Name der Bibel ↗ für Km.T ↗ (Ägypten) als Übertrag des Namens von einem der Söhne (Stämme) von Ham ↗. Daraus wurde bei den Hethitern ↗ Misra ↗, was mit Mithra ↗ zusammenhängen könnte als äg. Koppelung Maat ↗ + Re ↗.

Mjölnir: der Hammer des Thor ↗, der stets sein Ziel trifft u. nach jedem Wurf in die Hand des Werfers zurückkehrt, etwa wie der Tomahawk ↗ der Indianer. Nun ist Thor a. Donar, erhalten in der Woche ↗ als Donnerstag, äqv. Jupiter (griech. Zeus), der als Planet im Kreisen um die Sonne vielleicht eine Var. vom Hakenkreuz ↗ vertritt, das dann M. entspricht. Davon ist a. Blavatsky ↗ überzeugt: »Der Svastika ↗ ... ist Thors Hammer, die magische Waffe, von den Zwergen geschmiedet gegen die Riesen oder die präkosmischen Kräfte... Der Svastika ist der Mjölnir, der ›Sturmhammer‹; und daher wird gesagt, daß, wenn die Asen ↗, die heiligen Götter, nachdem sie gereinigt sind durch das Feuer (der Leidenschaften und Leiden in ihren Lebensinkarnationen) geeignet werden, auf Ida ↗ in ewigem Frieden zu wohnen, der Mjölnir sodann nutzlos werden wird« (Blavatsky II, 104). Die Abb. zeigt einen Thorshammer des 10. Jh. aus Schonen, Schweden. Z. Z. der Wikinger ↗ näherten sich die a. als Amulett getragenen Thorshämmer dem christl. Kreuz ↗ an u. wurden (als ›Antonius-Signum‹) von der Kirche ↗ toleriert.

Mntw: hieroglyph. Schreibweise des heute unterschiedl. vokalisierten Month (griech.), Montu, Mentu. These: es handelt sich um den afrik. Muntu ↗, bei Min ↗ reduziert auf MNW, enth. a. im Namen des Pharao Muntuhotep ↗. Nach dem Pyramidentext ↗ 1378 steigt der tote König als ein Mntw-Vogel zum Himmel auf, d. h. als (Horus-)Falke ↗; es gibt aber a. die Verschmelzung Mntw-Re, d. h. den Bezug zu Re ↗ = Sonne, von der Muntu 1 Viertel ist. Schließl. ist M. als Vereinigung der 4 männl. Glieder der Götterachtheit ↗ überliefert, mit Partnerin Rait-Taui als Vereinigung deren 4 weibl. Glieder. Dabei wurde er zum Muntu-Stier ↗ od. zum Urgott Ammon ↗, der ›auf seinen Vieren geht‹. Dessen Gesicht war schwarz, der Körper weiß, woraus man leicht einen Sonnensektor machen kann (Schema) mit Gesicht = Sonnenkern ↗ (schwarz) u. Körper = Sonnenalphabet ↗ (weiß). Beim Übertrag auf das Wort ergäbe sich Mu ↗ = Wasser = weiß u. Ntu ↗ als Gott = schwarz; etwa so war der äg. Tempel ↗ aufgebaut. (Grammatikalisch wäre W als Doppel-U auf M u. Nt verteilt.) M. rückte aber a. als ›herrliches Kind der Acht‹ (= der 8er Kreis ↗) an die Stelle von Horus ↗ = Adam ↗. Im gleichen Moment läßt sich die Koppelung Falke + Stier als Himmel + Erde verstehen (sum. Anki ↗) u. wie beim weibl. Pendant Mentet ↗ in den Gesamtkosmos ↗ zurückverlegen als männl. Prinzip, chin. Yang ↗, das ein weißer Körper mit schwarzem Auge ist.

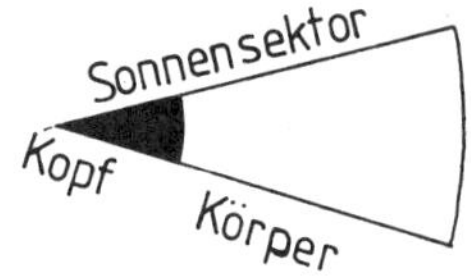

Mo: ich ↗ bei den Yoruba ↗, aber mehr im Sinne von Selbst ↗ wie beim frz. Moi in *moi-même*, ich-selbst. Kann als Umdrehung ↗ von Om ↗ verstanden werden, d. h. als ein Zustand, der alles umfaßt. Enth. in Nommo ↗ u. Salomo ↗, vielleicht a. in Moan ↗ u. den Mo-Dienern ↗.

Moan: 1 der 8 myth. Vögel bei den Maya ↗, enth. in ihrer Urheimat Tamoanchan ↗. P. Arnold: »Der Pariser Codex gibt einigermaßen Aufschluß über Rolle, Aussehen, Wesensart und Macht des Moan; danach ist er fast ein wenig mit dem Heiligen Geist vergleichbar« (Das Totenbuch der Maya, S. 95). Das Wort setzt sich zus. aus Mo ↗ u. An ↗, etwa das höhere Selbst des Himmels, u. das ist der Hl. Geist ↗

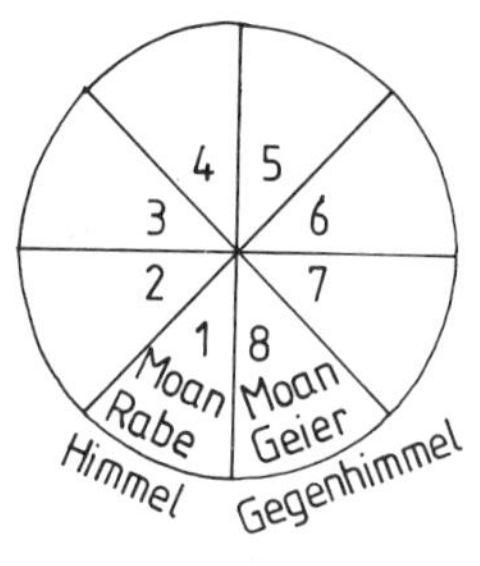

(Taube ↗ im Christentum, a. ein Vogel!), afrik. Nommo ↗. These: sollten die 8 Vögel dem 8er Kreis ↗ (Tao ↗) entspr., so wäre der M. der 1. Sektor der Sonne = Himmel, im Mithraskult ↗ der Rabe ↗ als Götterbote u. 1. Grad. Bei den Germanen ↗ begleitet er in doppelter Form Wotan ↗. Äqv. dazu findet sich im Madrider Codex der schwarze Vogel zu beiden Seiten eines Gottes, lt. Arnold ist es der M.! Man findet ihn oft auf dem Blätterkreuz ↗ sitzend, der Chilan ↗ ruft ihn von der Erde aus an u. identifiziert sich dann mit ihm: »Unter der doppelten Beihilfe des Moan einerseits, der sie führt, und des Chilan andererseits, der das Licht schaut, ›sieht die Seele‹ ihren Weg der Reinkarnation ↗« (ebd., S. 100). U. der ist u.a. mit dem 8er Kreis verbunden, den der M. ›eröffnet‹ od. anführt, zum 8. Sektor = Geier ↗ führend, in den er sich als Quetzal ↗ ebf. verwandeln kann. — Auf der folg. Bildreihe fliegt ›die Göttin‹ mit den 8 Vögeln der ›Wiedererzeugung‹; einer davon ist der M. (Abb.).

Moctezuma II.: Aztekenfürst, der Cortes ↗ fälschlicherweise für den zurückkehrenden Quetzalcoatl ↗ hielt. 9. Herrscher seines Geschlechts u. Enkel von Moctezuma I. Regierte 1503–1520. 371 Städte in Mexiko ↗ waren ihm tributpflichtig (zweimal pro J.), u. diese Tribute stapelten sich im königl. Lagerhaus von Tenochtitlan ↗. Der Name übers. sich: Mo-Tecuh-Zoma = der zürnende Fürst.

Moderne: Kunst ↗ der ca. letzten 100 J. mit dem Impressionismus ↗ beginnend u. insg. als eine Auflösung der Form ↗ zu verstehen od. Isis entschleiert ↗. Wichtige Anstöße waren: Weltrevolution ↗, Blavatsky ↗ u. der durch den Kolonialismus ↗ bedingte Zusammenprall zw. europ. u. nichteurop. Kunst. These: in der Wiederholung ↗ fällt die M. ziemlich genau in das letzte, 24. Grundmotiv, äqv. Buchstabe P = Pflanzentanz ↗ od. Kultaxt ↗, die eben die Schleier ↗ od. Siegel ↗ zu öffnen versucht: die der Erscheinungsbilder ↗ wie a. der Archetypen ↗ u. Masken ↗ od. der Projektionen der Psyche ↗ u. schließl. des Menschen ↗, dessen Bild - als Menschenbild - die M. ebf. auflöste od. deformierte. Es wurden in dieser Zeit unendlich viele Manifeste geschrieben, mit folg. Schlagzeilen:
Futurismus: »Die Dinge existieren nicht mehr! Denn von nun an hat die äußere Wirklichkeit keinen Einfluß mehr auf unseren bildnerischen Ausdruck.«
Suprematismus ↗: »Die Kunst ist Auflösung im Nichts...«
Konstruktivismus: »Die Kunst ist tot! Die Künstler sind durch Ingenieure zu ersetzen!«
Purismus: »Der Kern unserer alten Städte mit ihren Domen und Münstern muß zerschlagen und durch Wolkenkratzer ersetzt werden!«
De Stijl: »Das Tragische abschaffen: damit wird die Kunst verschwinden: das Leben wird sich der neuen Gegen-Natur total konformieren und sich in die Gegen-Natur auflösen.«
Dadaismus ↗: »Dada ist für den Ohne-Sinn! Dada ist gegen die Kunst! Die Kunst ist tot!«
Surrealismus ↗: »Völlige Verachtung aller ästhetischen Grundsätze... Der wahre surrealistische Akt besteht darin, auf die Straße zu gehen und blind in die Menge zu schießen!«
Eine kritische Analyse der M. von R. Ederer (Die Grenzen der Kunst) nennt diese Künstler Untergangsmacher. Ihr Anspruch »... daß erst aus der Zerstörung des Alten, aller Tabus und Normen, die Neue Welt als ein Phönix der Asche entsteigen werde...« wird von ihm so widerlegt: »Nun hat sich in rasenden ›Wachstumsraten‹ die Asche so angehäuft, daß die ganze Kraft allmählich aufgebraucht werden muß, diese ›neue‹ Flut einzudämmen; doch: der Phönix ist längst unter ihr erstickt.« These: genau das stimmt nicht. Denn neben den Neo-Dadaismus der Pop-Art »... eine diffuse und banale Auflösung in Müll, Blechdosen und Schutt - und alles mit synthetisch grellen Farben bemalt -, in Neon-Flut-Licht getaucht und als Show verkauft...« treten 1972 u. 1976 2 Manifeste des Muiska-Museums, als Phönix ↗ die 24 Grundmotive ↗ = Nommo ↗ vorstellend. 1981 erscheint das gleichnamige Buch, u. als 3. Manifest wird auf einer Pressekonferenz der damaligen Basler Kunstmesse ein Report über die M. verlesen. Er macht u. a. klar, daß sie nicht nur auflöste, sondern a. ein Neues Wissen suchte, evtl. sogar durch die Auflösung ermöglichte: »Ja, die alte Welt löst sich auf, genau wie die Formen in unserer Kunst aufgelöst wurden. Und vielleicht war dies die eigentliche Aufgabe der Modernen, vehement mitzuwirken am notwendigen Zerfall eines zuende gehenden Zyklus. Dann soll sie jetzt aber auch Platz machen für den Geist, der allein den nächsten Zyklus in Gang setzen kann.« Womit eben Nommo, der Hl. Geist ↗ gemeint ist, von dem eine Schlüsselfigur der M., Kandinsky ↗, prophetisch sagte: »Ich sehe das Reich des Geistes im Licht heraufziehen, welches ich verkünde: Der Heilige Geist ist nicht gegenständlich zu fassen...« Dieses 3. Reich ↗ des Hl. Geistes (als nächster Zyklus) war aber schon vor ihm 1908 vom Gnostischen Manifest ↗ verkündet worden. — S. Nietzsche ↗ (1844–1900), der sich ebf. als ›Mensch der Auflösungszeit‹ verstand. — U. pünktl. 1950 ging dann die M., par. zur Endzeit ↗, einerseits in den Tachismus ↗ u. andererseits in Motion-Art ↗ über.

Mo-Diener: eine Sekte in China ↗, für die Sonne ↗ + Mond ↗ die wirkl. Buddhas ↗ waren. Sie entstand Ende des 11. Jh. u. inszenierte Aufstände gg. korrupte Beamte, überhaupt gg. die Unterdrückung der Freiheit durch den Staat, den der Konfuzianismus ↗ so nachhaltig legitimierte. Die Übers. lautet ›Teufelsdiener‹, die sich wiederum in Teufelsmütter u. Teufelsväter teilen als Helfer des jeweiligen Anführers, der Teufelskönig gen. wird. Das würde Mo ↗ mit Teufel ↗ gleichsetzen, seinerseits Teil von Nommo ↗. Waren es eigtl. Diener des Selbst ↗?

Modulation: im Sinne von Fm = Frequenzmodulation ist es die Änderung (nicht Veränderung) einer Frequenz ↗, die als Träger dient, durch eine zweite, überlagerte, die anders schwingt u. dabei Nr. 1 ›moduliert‹, u. U. bis hin zu einer, allerdings nur vorübergehenden, Gestaltung zur Skulptur od. Graphik, sodaß Graphische Akustik ↗ entsteht; der Empfänger muß prakt. ›demodulieren‹, s. Gesangstechnik des afrik. Witwenvogels ↗ u. der Spirituals ↗.

Modur Att: die Himmelsrichtung od. Att ↗ der ›Mutter‹ bzw. ›Mütter‹ (Modur) wurde bei den Germanen ↗ immer mit dem S verwunden, u. zwar lt. Wirth ↗ als Jahresrechnung (= Runen ↗-Kreis) u. nicht Stundenrechnung, deren Wende im N als Vater-Himmelsrichtung lag, s. Schema:

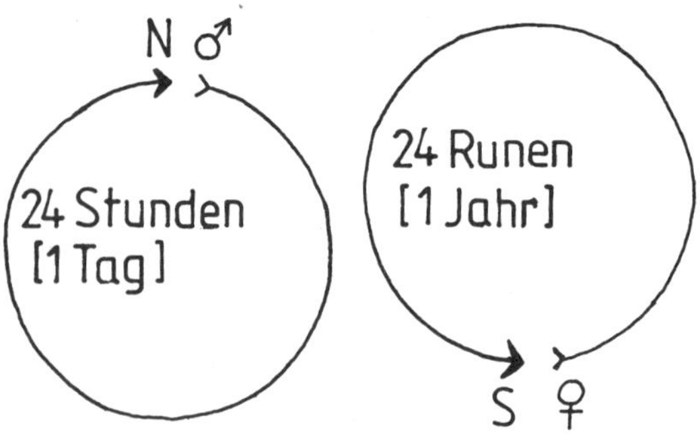

Die mütterl. Wende war die zu Tod ↗ + Wiederkehr ↗; sterben hieß ›falla in modur-att‹. Deshalb lag im Thing ↗ an dieser Stelle der Verschlußstein ↗ bzw. im Kalender der Julzeit die Mütternacht ↗. U. das obige Jahr ↗ war in umgek. Richtung natürl. die Präzession ↗ mit M. A. äqv. Endzeit ↗ als Weltwende ↗.

Möglichkeitskeime: Ausdruck des Äg. Totenbuchs ↗:

»Wahrlich, ich bin die smaragdäugige Göttin!
In der Macht meines Armes ruhn die erschaffenen Dinge;
Aber die künftigen Dinge, die Möglichkeitskeime,
Sind in meinem Busen verschlossen.«

Die zitierte Göttin wird Selket ↗ genannt.

Mohammed: Gründer des Islam ↗, nach dem sich dessen Anhänger Mohammedaner nennen. Die an Jesus ↗ angeglichene Geburtslegende läßt seiner Mutter Amina Engel ↗ erscheinen, die verkünden, sie würden bald den Propheten ↗ bringen, sie möchte ihn M. = der Gepriesene nennen. Als die Geburtsstunde (J. 570) naht, sollen sie wieder herbeigeeilt sein, um dem Ereignis beizuwohnen. Sie brachten eine Matratze u. eine Decke, damit seine Mutter, obwohl sie arm war, bequem ruhen konnte (Abb. 1; im Hintergrund die

Abb. 2

schon vorh. K'Aba ↗ seiner Geburtsstadt Mekka ↗). Als Kind besuchten sie ihn mehrmals u. brachten Krug, Schale u. Handtuch mit, um die rituelle Waschung einzuführen, der sich seither jeder Moslem ↗ vor dem Gebet unterzieht (Abb. 2: Gesicht von M. + Mutter bleiben unausgeführt). Mit 25 heiratete M. eine wesentl. ältere, vermögende Witwe namens Chadidscha, die ihn von allen finanziellen Sorgen befreite. Sie gebar ihm 3 Söhne, die schon im Kindesalter starben, u. 4 Töchter (myst. Zahl 7 wie bei Maria, s. Magdala ↗), von denen ihn nur Fatima ↗ überlebte. Im J. 610 soll ihm dann in einer Höhle des nahen Berges Hira der Erzengel Gabriel ↗ erschienen sein, worüber es sehr unterschiedl. Überlieferungen gibt. Befürchtend, ein Dämon habe von ihm Besitz ergriffen,

Abb. 1

eilte er zu seiner Frau, die ihrerseits einen Verwandten konsultierte. Dieser soll ohne Zögern das Urteil gefällt haben, M. habe die gleiche himml. Inspiration gehabt wie Moses ↗ u. werde der Prophet seines Volkes sein. 613 sei eine 2. Offenbarung erfolgt mit der Aufforderung, die Menschen ›zu erwecken und zu warnen‹ (wie schon durch Menahem ↗ geschehen, der M. wahrsch. voraussagte). Im gleichen J. begann M. in Mekka öffentl. zu predigen, bis zur Flucht nach Medina ↗, insbes., daß Allah ↗ die einzige Gottheit sei u. einst der Jüngste Tag ↗ über alle Menschen kommen werde, während seine Anhänger ihm ins himml. Paradies (äg. Earu ↗) folgen würden. 632 erschien ihm der ›Engel des Todes‹ (jüd. Samael ↗) u. stellte ihm zur Wahl, ewig auf Erden zu leben od. zu Füßen Allahs im Paradies. M. wählte das letztere. Seine Himmelfahrt ↗ wurde nach Jerusalem ↗ verlegt, u. zwar an die Stelle, wo Abraham seinen Sohn Isaak ↗ opfern wollte. Die später dort errichtete Moschee ↗, a. Felsendom gen., steht heute noch. — Im Koran ↗ wurden nach seinem Tod die islam. Lehren aufgezeichnet. — S. Manichäismus ↗.

Mohanastra: der ›Pfeil der Bewußtlosigkeit‹; eine im Mahabharata ↗ erwähnte Wunderwaffe, die feindl. Armeen ›lahmlegen‹ konnte. These: im Wort stecken Moan ↗ + Astra, Stern ↗. Es könnte sich um Schwarzes Licht ↗ handeln.

Mohr: von Mauren ↗ abgewandelte Nv. für Neger ↗, d. h. Schwarze. These: dürfte sich noch direkter auf die schwarzen Mora-Steine ↗ beziehen, die man in Kanaan ↗ fand, dem Ha Mori mit dem Moria ↗-Tempelberg. A. Maori ↗ könnte ein Bezug sein.

Moira: Schicksal ↗ bei Homer ↗, im griech. Mythos aufgeteilt in die 3 Moiren ↗.

Moiren, 3: griech. Nv. der 3 Disen ↗, Nornen ↗ od. Parzen ↗. Vom Namen her eine Ausfächerung von Moira ↗, deshalb Schicksalsgöttinnen genannt. in der ›Theogonie‹, dem frühsten überlieferten Werk, in dem sie individ. Namen haben, nennt Hesiod ›3 Töchter der Nyx ↗‹: Klotho, Lachesis u. Atropos. Sie »spinnen den Lebensfaden, messen ihn und schneiden ihn ab«. So erscheinen sie nach der Geburt, um die Zukunft vorauszusagen, u. sie erscheinen beim Tod. Direkt übers. heißt Klotho = Spinnerin, Lachesis = Lose-Zuteilerin; Atropos als Älteste könnte die Urt ↗ sein. Nicht nur die Menschen, a. die Götter waren ihnen unterworfen.

Moiroloja: Totenklage, von Moira ↗ = Schicksal u. Logos ↗ = Wort, ist eine sehr alte, noch heute in Mai, Griechenland ↗, im Todesfall praktizierte formelle u. rituelle Klage, gedichtet u. vorgetragen von den Moirolojistra, einer hochangesehenen ›Totenklage-Frau‹, in deren Vortrag allmähl. die Mittrauernden einfallen, übergehend in rhythm. Bewegungen des ganzen Körpers. Mod. Forscher meinen, daß diese Art Trauerarbeit bei den Teilnehmern den Willen zum Weiterleben stärkt.

Monade: Seele ↗, äg. Ba ↗; von griech. *monas* = Einheit. Lt. Seligmann die Zahl ↗ 1 bei Hesiod (8. Jh. v. Z.), der dies wohl von der 1. Sefira der Kabala ↗ ableitete. Legt man nämlich den Zahlenkreis an das Alphabet an, fallen auf die 1 die Buchstaben A + B, zu lesen Ab ↗ (quasi die Vater-M.) od. Ba (die individ. M. als deren Abbild). Bei Blavatsky ↗ findet sich eben dieser Unterschied ähnl. ausgedrückt: »Jene, welche nicht im Stande sind, den Unterschied zwischen der Monade – der universalen Einheit – und den Monaden oder der geoffenbarten Einheit... zu begreifen, sollten niemals sich mit Philosophie befassen« (Blavatsky I, 673). These: die ›universale Einheit‹ ist Grundmotiv  als Nr. 20 des Kosmos ↗, während die M. als geoffenbarte Einheit das gleiche Grundmotiv als Nr. 1 des Sonnenalphabets ↗ sind, wie das Schema der Schöpfung ↗ zeigt. »Die Monade an sich kann nicht Geist genannt werden; sie ist ein Strahl, ein Atem der Absolutheit... Die Monade oder Jiva ↗ schießt vor allem nach dem Gesetz der Evolution ↗ in die niedrigste Form der Materie herab, in das Mineral. Nachdem sie für einen 7-fachen Kreislauf in dem Stein eingeschlossen war, kriecht sie daraus hervor als, sagen wir, eine Flechte. Indem sie von hier aus, alle Formen des vegetabilen Stoffes durchlaufend, zur sog. tierischen Materie überging, hat sie nunmehr den Punkt erreicht, an welchem sie sozusagen zum Keime des Tieres geworden ist, das zum physischen Menschen werden wird...« (ebd., 267). Und »Die Monaden (Jivas) sind die Seelen der Atome ↗...« (Blavatsky I, 679). Diese Seelen- (od. M.-) Wanderung ↗ wiederholen wir im Lebensweg ↗. Einzige ›Duale Monade‹ ist lt. Blavatsky Mulaprakriti ↗.

Monadenlehre: Lehre von der Monade ↗, zweifellos uralt u. Teil der einstmaligen Geheimlehre ↗, die mit der Argonautik ↗ zu allen Kontinenten getragen wurde. These: da wurde der Menhir ↗ im Zentrum des Steinkreises ↗ zum Bild der Monade. Wurde von Leibniz ↗ neu gestaltet, der in den Monaden die letzten, in sich geschlossenen, einheitlichen Wesen sah, aus denen die Weltsubstanz zusammengesetzt ist. Er nannte die M. ›Monadologie‹ (veröffentlicht 1714). — These: sie ist a. in der afrik. Ntu-Philosophie ↗ eingebaut mit Ntu ↗ äqv. Monade.

Monat: als Unterteilung von Jahr ↗ entw. 1 Erdumlauf des Mondes ↗ od. eine auf andere Weise systematisierte Kalender ↗-Einheit mit 18 M. im Haab ↗ (Maya) u. 12, wie a. heute bei uns, in Altägypten, jedoch in 36 Dekane ↗ unterteilt statt 56 Wochen ↗. Mit dem Tierkreis ↗ stimmen unsere M. aber längst nicht mehr überein. These: eigtl. müßte Neujahr ↗ als Anf. der Monatszählung wie bei einem Teil der Indianer u. bei den Chinesen z. Z. etwa auf den 20. Febr. fallen, weil da der Fisch ↗ beginnt, in der umgek. drehenden Präzession ↗ das Ende der Geschichte ↗. — Die M.-Namen sind bei uns entw. Götter wie Juni ↗ von Juno ↗ od. röm. Kaiser wie August von Augustus ↗ etc. Bei den Druiden ↗ war jeder M. ein Baum, was zu einem Baumkalender führte. Die Monatshieroglyphen der Maya s. Tzolkin ↗. Die äg. M. waren die 12 Gestalten der Thoeris ↗.

Mond: allg. ein Himmelskörper, der sich um einen Planeten ↗ bewegt. Soweit ergründet, haben die Planeten zw. Erde + Sonne keinen M., die Erde 1 (meist als Luna spezifiziert), Mars 2, Jupiter 12, von denen 1 od.

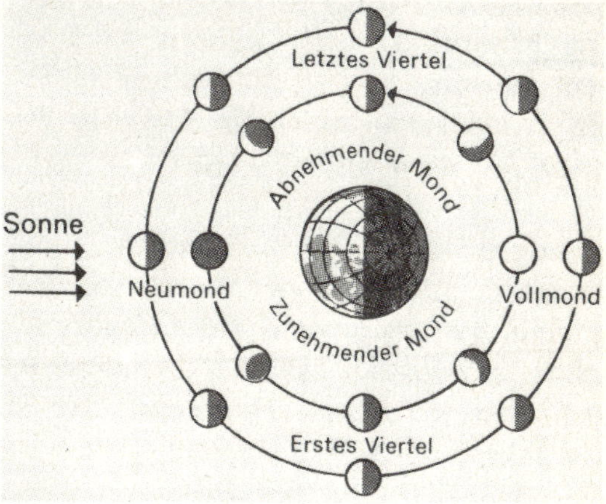

Abb. 1

2 nach Aussage der Dogon ↗ abgeschleuderte Brocken des zerstörten Ogo ↗ sind; Saturn 9, Uranus 5 (+ 1, der zur Venus ↗ wurde), Neptun 2 u. danach hören sie wohl wieder auf. — Im folg. Text soll nur vom Erdm.

gesprochen wereden: im Ggs. zur Erde hat er keine Atmosphäre + keinen Strahlungsgürtel, kaum Magnetismus, kein Wasser u. Temperaturschwankungen von −170 bis + 110 Grad Celsius. Als Körper ist er etwa 1000 mal starrer als die Erde. Alle diese für Leben ↗ ungeeigneten Seiten machen ihn, als Positivum, dem Kosmos ↗ ähnl., was sich z. B. auf der äg. Osiris-Mumie ↗ manifestierte: als Übereinanderlagerung von Hirtenstab ↗-Mondauge-Uräus ↗ auf der l. Seite, die in der relig. Dogmatik global der M. od. einfach weiblich ↗ ist. Sogar im mod. Astrol. Lexikon heißt es: M. = alles, was Links ist, äqv. Nacht ↗-Seite, wie ja der M. tats. die Nacht beherrscht, weil er, genau umgek. wie die Sonne ↗, abends aufgeht u. morgens untergeht. Dabei reflektiert er die Lichtstrahlen ↗ der inzw. ›untergegangenen‹ Sonne zur Nachtseite der Erde, u. zwar von ihr aus gesehen in wechselnder Form + Stärke. Das folg. Schema setzt dafür die bek. 4 Viertel, aber a. 8 Phasen und 2 Zustände: zunehmend + abnehmend ein, Summe = 14. Diese Zahl wurde merkwürdigerweise schon in Altägypten mit dem M. verbunden, dem folg. Feste galten:

1. Monatstag: Neumond = Geburt
15. Monatstag: Vollmond = Sieg

Den Sieg stellte man in einem Bilde dar, das die Mondscheibe auf einer Papyrusstaude ruhend zeigt. Götter

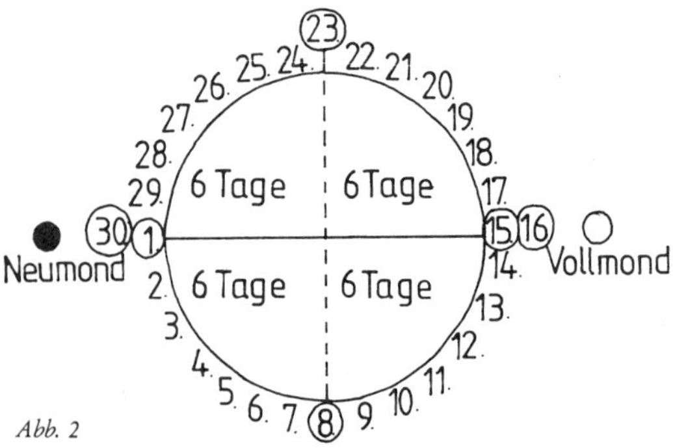

Abb. 2

huldigen ihr. Auf einer Treppe steigen sie − 14 an Zahl − zu ihr auf, darunter die sog. Götterneunheit ↗. Jeder von ihnen verkündet, a. die Bewohner der Erde zum Jubel aufrufend, daß das Mondauge ↗ gefüllt sei (Bonnet). Das Füllen selbst umfaßte aber schon den 2.−7. Tag (Abb. 2), indem an jedem dieser 6 Tage dem symb. 6-teiligen Auge ↗ 1 Teil hinzugefügt wurde: Braue, Pupille, r. u. l. Hälfte des Weißen u. die 2 Schminkstriche. Nun zeigen überlieferte Uzat ↗-Amulette das Auge vier-mal, was als Endzahl 24 ergibt, geviertelt (als 4 x 6) wie z.B. die Minoische ↗ Kultaxt od. die Große Pyramide ↗ (Abb. 3), wenn man die Basis 3 des Hl. Dreiecks ↗ als 1/8 Umfang auf 1 volle Seite (3 + 3) umlegt. In der Hl. Hochzeit ↗ steht die 3 für Osiris ↗ als Sonne ↗, die sich mit Isis ↗ als M. (die

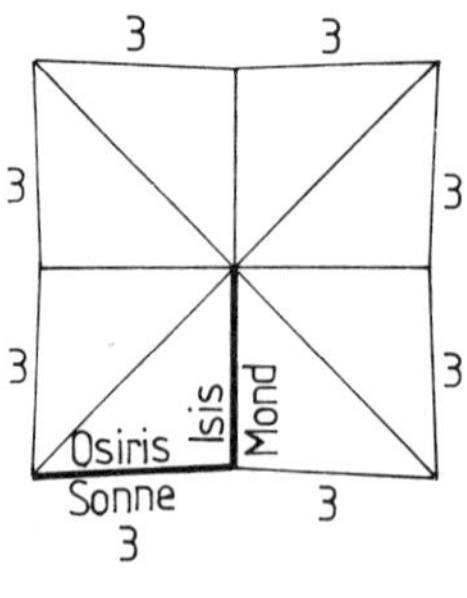

Abb. 3

Vertikale, Zahl 4) kreuzt. Diese Vertikale ist aber a. der berühmte Knick, den nur die Große Pyramide hat. So läßt sich die These aufstellen, der M. sei wie sie zur Lichtöffnung ↗ fähig. Evtl. paßt dazu die sonst unverständl. Aussage Altägyptens »... der Mond öffnet dem Toten den Weg auf die Erde.«

Heute würde man sagen, er fördert die Schwangerschaft ↗ u. den Rest weglassen: Reinkarnation ↗ (= Rückkehr der Toten ↗) u. Weltenlehre ↗, die 14 Manu kennt u. wie auf dem Babylonischen Turm ↗ den M. auf die Spitze setzt. Ist nicht eigenartig, daß man auf

Abb. 4

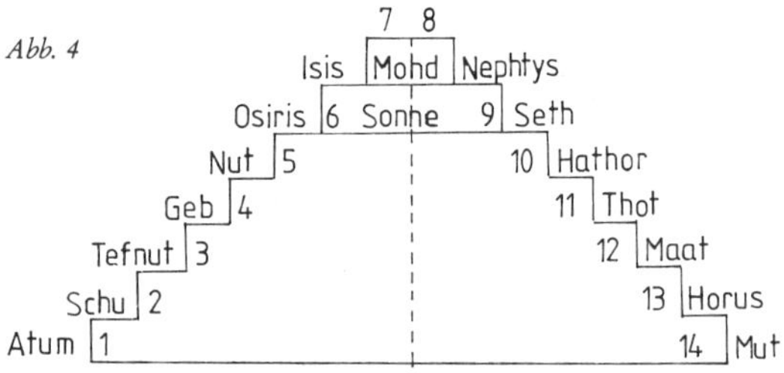

dessen 7 Stufen die Mondtagezählung von Abb. 2 übertr. wie a. 14 Götter stellen kann? Daß dabei die ersten 7 Glieder der Götterneunheit (Abb. 4, r. Seite) genau an die richtige Stelle Osiris + Isis enthalten? Schwieriger ist es, die Analogie der l. Seite zu finden, weil die Überlieferungen bzgl. der Zusatzgötter schwanken; die obige Eintragung ist nur ein Versuch. — S. Mondgöttin ↗.

Mondauge: das l. Auge ↗ im äg. Kanon, s. Mond ↗ + Uzat ↗. Im Mythos ist oft vom Suchen u. Finden des M. die Rede: weil es »aus Furcht vor Seth ↗ entfloh« u. sich über einen Wasserlauf rettete; andere Version, weil es »geraubt und verschleppt« worden war; od. »das von Seth geraubt und ihm dann wieder von Horus entrissen wird«. These: gemeint ist die ›Nachtbarke‹ Nephtys ↗ als Frauenlinie mit Seherblick.

Mondbahn: Bahn vom Mond ↗ um die Erde; ist um 5 Grad 9' gg. die Ekliptik ↗ geneigt, weshalb Mondfinsternisse ↗ nur in Nähe der Mondknoten ↗ mögl. sind. 1 M. dauert heute ca. 27,32 Tage, gemessen zw. 2 Konjunktionen mit dem gleichen Fixstern ↗ = 1 siderischer Monat. Beim Mondkalender ↗ wird jedoch meist die Lunation von Neumond zu Neumond (29,5 Tage) berechnet. — Weil die M. ebenso lang dauert wie die Rotation des Mondes, dreht dieser der Erde immer die gleiche Seite zu.

Mondfest: s. Mond ↗; im chin. Mondj., das mit dem Frühling beginnt u. hinsichtl. seines Anf. bis zu 1 Monat schwanken kann, wird das M. am 15. Tag des 8. Monats (= Ende Sept. − Anf. Okt.) gefeiert, also nicht wie in Altägypten an jedem 15. U. zwar verbindet in der dortigen mag. Vorstellung allein der 8. Monat Himmel + Meer od. Meer + Milchstraße. In unserem Tierkreis ↗ äqv. Waage ↗.

Mondfinsternis: ereignet sich, wenn der Mond ↗ in den Kernschatten der Erde tritt, der fast 1 ½ Mio. km weit in den Raum reicht, u. Vollmond ist. Das kann bis zu 3 mal im J., aber a. kein mal passieren, denn es gibt Schwankungen zw. Erdrotation u. Mondbahn ↗.

Mondfüllung: s. Mond ↗; mythol. das ›Füllen des Mondauges durch Thot ↗‹.

Mondgöttin: »Wo er von seiner Macht spricht, nennt der Mond ↗ sich selbst wiederholt ›das Licht, welches in der Dunkelheit scheint‹, das ›weibliche Licht‹« (Blavatsky I, 433). »So wurde er das angenommene Symbol aller jungfräulich-mütterlichen Göttinnen... (und ist) das verborgene Geheimnis der Geheimnisse... Als der personifizierte Mond, dessen Erscheinungen 3faltig sind, ist Diana-Hekate-Luna, die drei in einem... die Diva Triformis...« (Blavatsky I, 416), s. Diana ↗. 3 Kleinkreise finden sich a. in der Mondhieroglyphe ↗ der Maya, wie sie beim rituellen Umsetzen des Popol Vuh ↗ 3 M. auftreten lassen, die in einer 1. (od. 4.) zusammengefaßt werden: Ixmukane ↗, Ixquik ↗, Ixbalanque ↗ u. Ix Chel ↗. Sie fangen immer mit Ix ↗ an (wie die Sonnengötter mit Ah ↗), was die M. (od. den Mond) auf den Kosmos ↗ zurückführt, d.h. den Hl. Geist ↗; u. deshalb steht wohl auf dem Grabstein (Abb.) aus Palmyra, ca. 225: »Und nicht die apotropäischen Lunulae, welche von den Frauen getragen werden, schützen vor den Dämonen unter dem Mond, sondern der Christ denkt auch beim Tragen des Schmucks an die Kirche ↗, welche der wahre Mond ist.« Man vergleiche den Anhänger (die Lunulae od. Möndchen) mit der Mondhieroglyphe sowie mit Modur Att ↗ u. kelt. Aussagen über den alten Mondkult ↗.

Mondhieroglyphe: bei den Maya ↗ ein fast geschlossener Kreisbogen, der für den Vokal U ↗ eingesetzt wird. Man braucht die Glyphe (Abb. 1) nur umzudrehen u. landet bei den so weit verbreiteten Mondanhängern, s. Mondgöttin ↗ u. Abb. 2. In Ägypten fand man einen solchen Mond ↗ mit Kreuz der Kopten ↗ (Abb. 3). In germ. Königsgräbern (Abb. 4) hängt die Bootaxt ↗ daran, u. in der erneuten Rückdrehung entsteht das christl. Kreuz ↗ (Abb. 5). Von da ist es nur noch ein kleiner Schritt, dieses neu-alte Kreuz (s. Blätterkreuz ↗ der Indianer) direkt in die Bootaxt zu stellen u. die 2 Fische ↗ hinzuzufügen, die im Popol Vuh ↗ schon Verwandlungsformen der Zwillinge ↗ sind, aus denen letztendl. wieder Sonne + Mond werden, bei

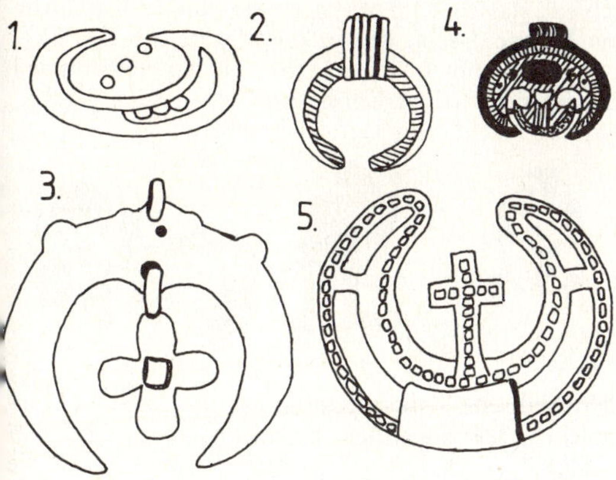

den Mo-Dienern ↗ die einzigen echten Buddhas. S. Sefirotischer Baum ↗.

Mondkalender: Kalender ↗, der sich auf den Mond ↗ bezieht, der während eines ›siderischen Monats‹ in 27,32166 Tagen bei seinem Gang um die Erde an den 12 Sternbildern ↗ des Zodiak ↗ vorbeizieht; dabei kommt es für die heutige Wissenschaft ↗ zu unerklärlichen Wirkungen auf die Pflanzen ↗: steht der Mond in
1) Steinbock, Jungfrau od. Stier, wirkt sich das günstig auf die Wurzelbildung aus. In
2) Wassermann, Waage od. Zwilling wird die Blüte gefördert, in
3) Fisch, Skorpion od. Krebs das Blattwachstum und in
4) Widder, Schütze od. Löwe die Fruchtentwicklung.
So steht's in alten Bauernkalendern u. so wird es in mod. biolog.-dynam. Methoden wiederverwertet. Experimente erhöhten Möhrenerträge um 20 %, wenn der Saatzeitpunkt so gewählt war, daß der Mond in 1 der 3 Sternbilder des ›Wurzeltrigons‹ stand; Gerste + Hafer-Erträge um 10 %, wenn ihre Aussaat in 1 der 3 Sternbilder des ›Fruchttrigons‹ fiel etc. Stimmt die These der Lichtöffnung ↗ des Mondes, ergäbe sich folg. Grundmotiveinfluß:

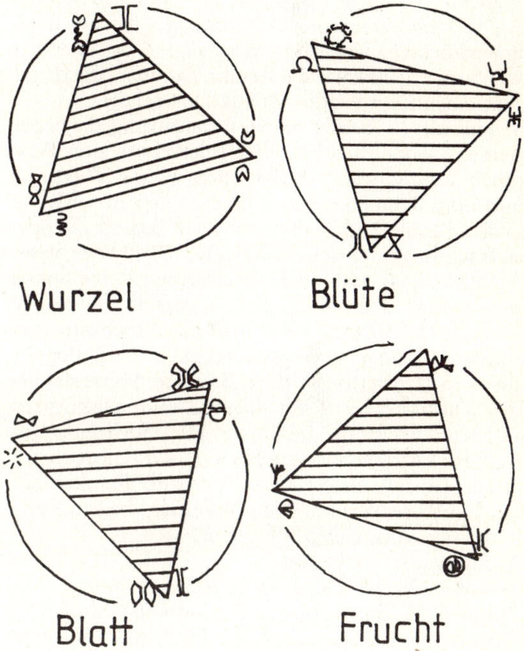

Die sog. Lunation od. der synodische Mondmonat beträgt 29,53 Tage als Mondphasenwechsel zw. 2 Neumonden. Mit der Erdbahn um die Sonne geht das nur alle 19 J. auf, s. das X ↗ aus 19 Punkten.

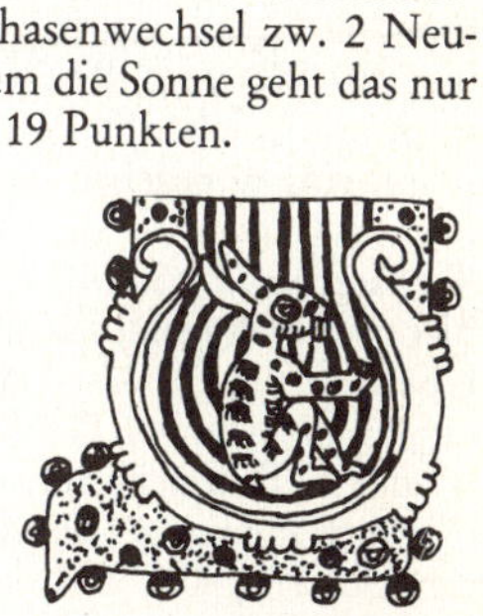

Mondkaninchen: bei den Azteken ↗ findet sich die Mondhieroglyphe ↗ als rundere Var. mit einem Kaninchen darin, gen. M. An der Abb. aus dem Codex Borgia sind 2 Dinge bemerkenswert: die 5 x 4 Blättchen am U-Bogen = 20 sind im Maya-Kalender U ↗ = 1 Monat u. Uinic ↗ (Mensch), der im 20. Buchstaben des Sonnenalphabets ↗ = U körperl. u. sterbl. wurde. U ist Grundmotiv Todestanz ↗ u. fällt in dieser Reihenfolge ins 4. Element Wasser ↗, in dem nun a. hier das Kaninchen sitzt (die Streifen). Wagt man die Par. zum Zodiaksektor Hase ↗, kombiniert dieses Tier in sich 2 Grundmotive: das U (Tod) u. das Y Reinkarnation, womit im Mondkult ↗ tats. der Mond verbunden wird. — S. Kukumatz ↗.

Mondknoten: ›Knotenpunkte‹ od. Schnittpunkte der Mondbahn ↗ mit der Ekliptik ↗, gezeichnet wie die Hathorlocken ↗; heutige Bez. meist Drachen (a) u. Drachenschwanz (b), je nachdem, ob der Mond ↗ von S kommt u. die Ekliptik nach N überschreitet (= a, gilt als glückbringend) oder umgekehrt. — Sowohl Mondfinsternisse ↗ wie Sonnenfinsternisse ↗ ereignen sich in engster Nähe zu diesen M. These: das wurde auf die Parteien im Drachenkampf ↗ übertr., die a. immer mehr Matriarchat ↗ = Mond (wie die Wanen ↗) od. mehr Patriarchat ↗ = Sonne ↗ (wie die Asen ↗) mit der entspr. Weltordnung ↗ förderten od. unterdrückten, wobei das Mondauge ↗ bes. verfolgt worden ist, genau wie die Reinkarnation ↗, die damit zusammenhängt u. zum Mondkult ↗ gehört.

a. b.

Mondkult: »... beruht auf der Offenbarung, die in der Reihung Tod-Fruchtbarkeit-Wiedergeburt zum Ausdruck kommt, wobei die Betonung auf der Wiedergeburt liegt. Beim Sonnenkult dagegen liegt in der Kette Leben-Agonie-Tod die Betonung auf Tod« (L. Lengyel: Das geheime Wissen der Kelten, S. 78). These: dieser Ansatz ist gut, aber noch zu einseitig. A. die Sonne steht natürl. für Fruchtbarkeit, u. da kein Teil alleine fruchtbar sein kann, sollte man die ›Hochzeit‹ von Sonne + Mond nicht vergessen, die aber zweifellos vor allem im M. gefeiert wurde, z. B. auf der Spitze des Babyl. Turms ↗, der ja mit diesen 2 Himmelskörpern aufhörte. Es ist die berühmte Hl. Hochzeit ↗, in Ägypten Osiris = Sonne u. Isis = Mond ↗, jedoch mit beiden Göttern in der Duat ↗, wo die Reinkarnation ↗ vorbereitet wird. Die Verkettung beider Kulte findet sich in den alten Mysterien ↗.

Mongolei: Heute gegliedert in
1) Äußere M. od. Mongolische Volksrepublik ↗
2) Innere M. eine autonome Region von China ↗.
Gehörte einmal zum Reich der Hunnen ↗, was eine Brücke schlägt zum Nibelungenlied ↗. Tats. erinnert die in Versform gehaltene lückenlose Tradition der mongol. Gesch. stellenweise an die skand. Sagas. Da hier 730–840 a. ein ›Reich der Uiguren ↗‹ entstand, das es an fast gleicher Stelle vor der Götterdämmerung ↗ schon einmal gegeben hatte (s. Kolonialisierung ↗) u. das zur Rettung vor dem Weltuntergang einen Teil des Weltarchivs ↗ von Mu ↗ übernommen hatte, müssen hier, wie in der südöstl. anschließenden Gobi ↗, uralte Überlieferungen sein. Das machte sich v. a. bemerkbar, als das Mongol. Großreich von Dschingis Khan ↗ wieder in Teilreiche zerfiel u. Ende des 16. Jh. der Lamaismus ↗ einzog. Die M. überzog sich mit unzählbaren Klöstern, 40 % der männl. Bev. verschwanden darin, weil jede Familie einen Sohn mit 8 J. od. noch jünger ans Kloster verschenkte, wo er einem älterem Mönch als Schüler zugeteilt wurde. Weil aber die Kirchensprache tib. war u. es a. hartnäckigen Widerstand gg. die mongol. Schrift gab (äqv. dem Zwang zu lat. Kirchensprache bei der Missionierung ↗ der Germanen ↗, spez. der Tiodiska ↗ od. Deutschen), kam es zu Entfremdung zw. Klerus + Volk, das a. wirtschaftl. ausgepumpt wurde. Viele Mongolen ↗ flohen nach Sibirien ↗ u. ab 20. Jh. wurde das Verhältnis zu Rußland ↗ immer enger. Schließl. wurde die Kirche vom Marxismus ↗ liquidiert. Heute gibt es nur noch 2 Klöster; die Lamas ↗ wurden wieder Hirten. Inzw. ist ein neues, dem Russ. entlehntes Alphabet eingeführt worden; im 8. Jh. gab es hier eine Runen ↗-Schrift! — Die Zugehörigkeit zu China seit dem 17. Jh. bis 1912 für Nr. 1 u. noch immer für Nr. 2 ist kulturell nicht greifbar. Dafür immer wieder etwas ›Germanisches‹: z. B. die Heilighaltung weißer Pferde ↗. Der heiligste Tag soll das Weiße Fest am 9. Mai gewesen sein, an dem man 10000 Stuten u. Hengste zusammentrieb, die alle schneeweiß waren. Sie wurden dann in den königl. Ställen untergebracht u. konnten frei in den königl. Ländereien herumstreifen. Nur der Khan ↗ u. seine Familie sowie ein paar bes. ausgewählte Personen durften die Milch der weißen Stuten trinken. Am 28. Aug. schüttete der Khan große Mengen dieser Milch »als Opfergabe an die göttlichen Geister in alle vier Winde aus« - man ist versucht, Kalki ↗ dahinter zu vermuten, das 1. der 4 Pferde der apok. Reiter ↗, u. wie solche benahmen sich die Einwohner der M. meist.

Mongolen: Hauptbev. der Mongolei ↗, die nach ihnen benannt wurde. Wo sie jedoch herkommen, liegt noch völlig im Dunkel: »Niemand kann mit Sicherheit sagen, wo sie lebten, bevor sie in der Mongolei zur Großmacht wurden, und niemand ahnt auch nur im geringsten, wer ihre kulturellen Ahnen waren... Einer Legende zufolge stammen sie von einem blauen Wolf ab...« (Tripett 1974, S. 135), s. Wolf ↗ als Symboltier. Das folg. Det. eines Gemäldes vom 14. Jh. zeigt unterschiedl. Rassen ↗ im M.-Lager; der dunkle Typ dürfte ein Hunne ↗ sein, der andere könnte mit den Skythen ↗ zusammenhängen (ganz r.) u. der erste mit den Chinesen. Offiz. werden sie zur Gelben Rasse gezählt, d. h. als Nachf. von Sem ↗ betrachtet.

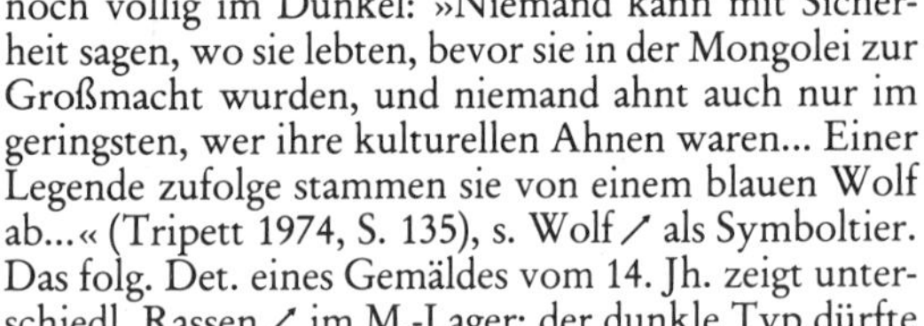

Mongolische Volksrepublik: von der Äußeren Mongolei ↗ 1924 ausgerufen, nachdem sie sich 1912 von China ↗ gelöst hatte. Von hier stammten einst die Mandschu ↗-Kaiser. Heute herrscht der Marxismus ↗ u. eine enge Bindung zu Rußland ↗.

Monomotapa: ein schwarzes Königreich im heutigen Simbabwe ↗, das durch die Portugiesen sehr früh in Europa bek. war. Aufgebaut nach dem übl. Muster der sakralen Neger-Empire, sah z. B. die Audienzgemeinschaft »... den König nicht, sondern vernahm nur seine Stimme; die winzigste seiner Äußerungen, wenn er

z. B. hustete, wurde vom gesamten Hof nachgeahmt... Die Königinmutter und die neun offiziellen Frauen des Königs hatten jede für sich ihren Hofstaat. Dreitausend Frauen wurden für ihre Bedienung eingesetzt. Ein königliches Feuer im Palast symbolisierte das Leben des Königs. Jedes Jahr entzündeten Boten am Schluß der Mai-Zeremonien Fackeln an dieser Feuerstätte und trugen sie zu den Häuptlingen. Dadurch, daß sie sie annahmen, zeigten sie ihre Unterwerfung an. Beim Tod des Königs löschte man das Feuer, und anläßlich der feierlichen Einsetzung des Nachfolgers wurde es wieder entzündet und verteilt. Auch der heilige Königsmord wurde hier geübt. Welche erstaunliche Übereinstimmung der Riten im gesamten Schwarzen Kontinent. Auch das Symbol des Vogels fehlte hier nicht, der in feierlicher und rätselhafter Pose auf den Zinnen von Simbabwe wie über dem Thron von Mali ↗ Wache hielt...« (Ki-Zerbo 1979, 196). These: es handelt sich um den (Horus-) Falken ↗, Königssymbol a. von Altägypten = Km.T ↗. — Ursprung des Wortes M. ist Mwene (= König) Mutapa. Letzteres ist aber schon die Verkürzung seines eigtl. Namens Muntoba Shuru Chamutapa, der Muntu ↗ + Oba enthält, was bed., daß er wie die Bewohner seines Reiches ein Bantu ↗ war (Einz. Muntu) mit westafrik. Einflüssen (Oba), die im zitierten Buch bestätigt werden: »Man deckte übrigens in diesen Ruinen (von Simbabwe) Elemente auf, die auf einen westafrikanischen Einfluß schließen lassen« (J. Ki-Zerbo, Die Geschichte Schwarz-Afrikas). Shuru könnte äqv. Zoro ↗ (= Sirius) sein.

Monotheismus: Religion ↗ mit nur 1 Gottheit ↗, die im Polytheismus ↗ die Ausfächerung ihres Wesens erfährt u. der Erkenntnis ↗ zugängl. macht, sodaß M. im negativen Effekt zur Wissensbehinderung führen kann. Wirkl. konsequent ist der M. nur im Islam ↗. Schon im Judentum, dem seine Erfindung meist zugeschrieben wird, ist eine sehr versteckte Trinität ↗ enth., die dann im Christentum offiz. wird. Es folgt die Gegenüberstellung:

Elohim ↗	El ↗	Jahwe ↗
Heiliger Geist ↗	Gott ↗	Gottessohn
(Hand Fatima ↗)	Allah ↗	(Mohammed)

Die verhinderte Weiter-Ausfächerung wird hier durch Engel ↗ kompensiert, die a. Mohammed ↗ erschienen, od. durch zusätzl. Namen ↗ der 1. Gottheit wie bei der Sefirot ↗.

Montag: 1. Tag der Woche ↗, nach dem Mond ↗ benannt, deshalb frz. Lundi nach Luna. S. Chaldäische Planetenreihe ↗ u. die am M. aufgesetzte Kerpa ↗.

Montségur: Berg (Mont) in Südfrankreich mit Gralsburg ↗ (heute Ruinen), in die sich die Katharer ↗ zurückzogen. Nach ihrer Verbrennung durch die Dominikaner ↗ wurde der Platz davor ›Scheiterhaufenacker‹ genannt. Die folg. Karte zeigt Städte, Burgen u. Höhlen sowie einen Druidensee (Abb. 1) als »Landschaft des Pyrenäischen Gralsmythos« (O. Rahn). Gebaut wurde die Burg evtl. von den (West) Goten ↗, denn hier herrschten die mächtigen Grafen von Toulouse, deren Ahnherr Hursio ein Gotenfürst gewesen war. Als der Westgotenkönig Alarich II. 507 seine Residenz Toulouse an den Frankenkönig Chlodwig verlor, soll er in der Stadt geblieben sein. Auf dem 1. Kreuzzug ↗ führte der 14. Hursiosohn ein großes Pilgerheer nach Jerusalem. Er blieb u. gründete im Libanon ↗ das Fürstentum Tripolis, dem die alten Tempelruinen von Baalbek ↗ zugehörten. These: u. das war vor Jt. ein Pendant zur echten Gralsburg gewesen. Aber a. sie ging wahrsch. noch weiter zurück, genau wie die Hl. Maße ↗, denn der Grundriß (Abb. 2) erinnert an einen Baum ↗; es dürfte die Weltesche Yggdrasil ↗ gemeint sein, denn sie ist als Äsche im Wort Salväsche od. Munschalväsche enth., das Otto Rahn ↗, den

Städte:	*Höhlen:*
1 Foix	11 »Las Gleysos«
2 Tarascon	12 Die »Kathedrale« von Lombrives
3 Castellum Verdunum	13 Höhle des Eremiten
4 Ax	14 Höhle von Fontanet
Burgen:	15 »Spulga« v. Ornolac
5 Montségur	16 »Spulga« von Bouan
6 Miramont	
7 Calamès	17 Pic du Saint-Barthelemy
8 Soudour	
9 Sankt Peter	18 Wald von Serralunga
10 Lordat	19 Druidensee

Abb. 1

Abb. 2: Ruine von Montségur

Parzival ↗ zitierend, Montségur gleichsetzt:

Munsalväsche und Montségur
Nur eine Burg ragt ganz allein
Des Erdenwunsches höchster Preis
Wer sie mit Vorbedacht und Fleiß
Will suchen, findet sie leider nie,
Und dennoch werben viel um sie.
Die ist euch, Herr, noch unbekannt,
Munsalväsch' ist sie genannt.

1 Seite später im Buch »Kreuzzug gegen den Gral« (bei Hitler ↗ Pflichtlektüre der obersten Nazis) schreibt er: »Montsegur war in uralten Zeiten ein Heiligtum der Göttin Belissana...« (Rahn 1964, 126), Nv. Belisama ↗.

Moo: Königin der Maya ↗; soll auf ihrer Flucht von Mexiko ↗ nach Ägypten ↗ Atlantis ↗ besucht haben, was ihre legendär gewordene Existenz in die 4. Welt ↗ zurückverlegt. An ihrem Namen ↗ ist inter., daß er dem der äg. Muu-Tänzer ↗ gleicht.

Moon-Sekte: benannt nach dem korean. ›Messias‹ ↗ od. ›3. Adam‹ M. + Ehefrau Han Hak Ja (3. Eva), der sich a. ›Herr der Wiederkunft‹ nennt u. unmißverständl. sagt: »Ich werde die Welt erobern und unterwerfen.« 1920 in Nordkorea geb., soll ihm am Ostersonntag 1936 Jesus ↗ erschienen sein mit dem Auftrag »... jene Mission zu Ende zu bringen, die er selbst nicht vollendet hatte.« Wichtigstes Datum 1950 (Beginn der Endzeit ↗): bringt seine Befreiung durch Soldaten des UN-Generals MacArthur aus dem Arbeitslager Tong Nee in Nordkorea (kommun.), worauf er nach Südkorea (amerik.) ging u. die ›Göttlichen Prinzipien‹ niederschrieb. 1954 folgte die Gründung der ›Holy Spirit Association For The Unification of World Christianity‹, kurz Vereinigungskirche. Alle Menschen sollten sich unter dem ›reinen und vollkommenen Sohn Gottes‹ (= Moon) gg. ›die Mächte der Finsternis‹ = den Weltkommunismus = Satans Werk vereinigen u. in einem dritten Weltkrieg ↗ besiegen.

Mora-Steine: *mora-sten,* alte Bez. für den Steinkreis ↗ bei Uppsala, der als altschwed. Krönungsstätte diente. Lt. Wirth ↗ hieß Mora = Kultstätte bei den Tuatha ↗, die aus einem Land Morias ↗ od. Murias per Flotte nach Irland gekommen waren, worunter Kanaan ↗ zu verstehen ist, s. Moria ↗. Es sind die Gesetzessteine des Domareringar ↗, einem Wort, in dem *mora* zu *mare* wurde. Zweifellos ist a. der Bezug zu Moira ↗ = Schicksal gegeben sowie zu Thing ↗. Die Anzahl der Steine war 8 od. 12, in letztem Fall war in der Mitte ein zentraler Zusatzstein (bei 8 nicht). Beide Zahlen finden sich als Anzahl der Walküren ↗. — Das Wort dürfte heute zu Moral geworden sein, dem zweifelhaft gewordenen ›Sittengesetz‹, das eigtl. eine Ideenlehre ↗ sein müßte. A. der Ausdruck ›Mores lehren‹ geht noch auf *mora* zurück. — Als Kultstätte ist Morea ↗ wortverw., wenn a. nicht rund, sondern rechteckig.

Morea: polynes. Kultstätte für den Ahu ↗. Im Ggs. zum runden Steinkreis mit den Mora-Steinen ↗ rechteckig u. mit einer Mauer umgeben. Es war also nicht der Lichtstrahl ↗ od. Kreis des Zodiaks ↗ gemeint u. überhaupt keine Analogie zu einem Gesetz, sondern zum verlorenen Kontinent Lemuria (Lemurien ↗) als La ↗ (Land) Morea od. Land des 1. Moria ↗. Denn dort waren ja die Astronauten ↗ angekommen, s. Landung ↗, die man auf dem M. kult. nachspielt. — Nv. Marae.

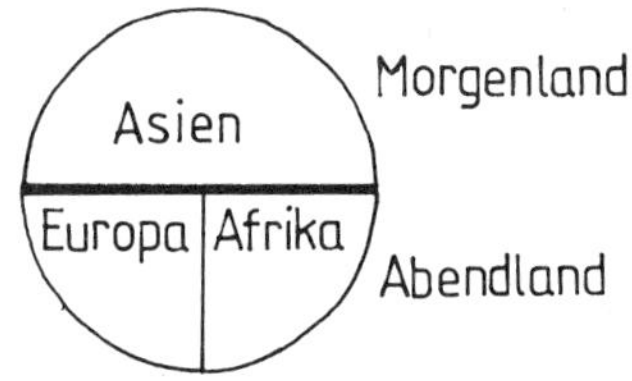

Morgenland: alte Bez. für den Kontinent im O, Asien ↗, weil dort nach dem äg. Null-Meridian ↗ die Sonne aufgeht, d. h. der Morgen ist. Entspr. waren Europa + Afrika W u. Abendland ↗ bzw. Amerika Land gen Mitternacht. These: mit der Verlegung des Nullmeridians nach England ist Mitteleuropa eigtl. schon im Begriff, die Mu-Nachfolge ↗ anzutreten. Z. Z. von Mu ↗ dürfte Amerika Morgenland gewesen sein. Landkarten des Mittelalters ↗ scheinen Morgenland + Abendland wie die Barken ↗ von Ägypten verstanden zu haben, d. h. als Morgen- u. Abendbarke bzw. Tag- u. Nachtbarke, wobei man letztere als Abendland (Europa + Afrika a. hier) mit Mond ↗ + Kirche gleichsetzen kann u. erstere als M. mit Jesus ↗, der gewöhnl. a. oben thront, da vom M. hervorgebracht.

Morgenstern: heute nur noch Venus ↗, wenn sie vor der Sonne am Morgenhimmel erscheint, was aber nur in einem Teil des J. geschieht, im Wechsel mit ihrem Erscheinen als Abendstern. Man vergißt, daß a. der Sirius ↗ mal M., mal Abendstern ist, was in Ägypten die Hauptrolle spielte, während die Venus bei den Indianern im Vordergrund stand. Da nun der M. a. als Luzifer ↗ verstanden wird, ist seine Einstufung als ›Venus‹ anfechtbar.

Moria: hieß in Kanaan ↗ der Tempelberg von Jebus ↗ (dem späteren Jerusalem), was wahrsch. nur Kultstätte hieß wie Marae ↗ od. Mora-Steine ↗. Wenn nicht eher die Gegend um den Berg M. war u. der Berg selbst schon ein Ahu ↗ = Tempel (ungebaut), wo man auf der Spitze als 10. Himmel Io ↗ besuchen konnte, woraus später wohl Jahwe ↗ gemacht wurde. Um den Berg M. schmiegten sich einst kleine Häuschen an, die im Stil den Pueblos ↗ der Hopi ↗ glichen, von denen bek. ist, daß sie von Kasskara ↗ = Mu ↗ bzw. Lemurien, Lemuria kamen, worin das Wort M. steckt. Od. kam der Pueblo-Stil mit anderen Indianern ↗ zu ihnen, z. B. mit den Olmeken ↗ (die Kanaanäer waren) od. den im Buch Mormon ↗ geschilderten Jarediten ↗, die mit Jerusalem in Verbindung gebracht werden? Dann wäre der Berg eine Sonderform der Kiwa ↗ gewesen, die ja a. wieder nur die Weltenlehre ↗ (wie der Ahu als Stufenpyramide) vertrat. U. es muß im Berg ein Ab- + Aufstieg gewesen sein, denn David ↗ benutzte ihn. — Heute heißt M. Zion ↗.

Morias: das Land, aus dem lt. Wirth ↗ die Tuatha De Dannan ↗ (späteren Deutschen) per Flotte nach Europa ↗ kamen. Bei 1 Mose ↗ 22, 2 wird Abraham ↗ zum

Land Morija geschickt, um Isaak ↗ zu opfern. Es ist in beiden Fällen das Land, wo der Berg Moria ↗ stand.

Mormon: eine mysteriöse Person, die ›leuchtende goldene Tafeln‹ in Amerika ↗ vergraben haben soll, auf denen in äg. Hieroglyphen ↗ die Gesch. der Indianer ↗ geschildert wurde, die sich Jarediten ↗ nannten. Joseph Smith grub sie über 2 Jt. danach wieder aus u. übersetzte den Text, woraus das Buch Mormon wurde ›Die Heilige Schrift der Ureinwohner Amerikas‹ mit den Mormonen ↗ als darauf basierender Religionsgemeinschaft.

Mormonen: Anhänger des Mormon ↗, gen. ›Kirche Jesu Christi der Heiligen der letzten Tage‹, die an eine baldige Endzeit ↗ glauben, in der Christus ↗ den ›Heiligen der letzten Tage‹ erscheint, um das Tausendjährige Reich ↗ folgen zu lassen. Die urspr. Vielehe ist seit 1890 aufgehoben. Ihre Bibel ↗ ist stellenweise etwas anders als unsere. — Hauptsitz Salt Lake City ↗.

Mosaikfenster der Gotik ↗: soll es im Original nicht mehr geben, weshalb die These, es habe sich um ›alchemistisches Glas‹ gehandelt, dessen Herstellungstechnik verloren ging, nicht nachprüfbar ist. Es müßte die Wirkung einer Diffusion des Lichts ↗ durch unterschiedl. farbige Mosaikstücke erhöht haben, um den ›Unterwassereffekt‹ der äg. Tempel ↗ zu erreichen; deren Mittelteile hießen ›Halle der Erscheinungen‹, was vermuten läßt, daß es zu Offenbarung ↗ kam, provoziert durch Lichtöffnung ↗ mit Hilfe totaler Diffusion. Überträgt man das auf das M., so ist anzunehmen, daß ihre Darst. (Abb. von Notre-Dame de la Belle Verrière mit M. aus dem 12. Jh., die Schwarze Madonna ↗ zeigend) den erhofften Visionen u. Erscheinungen entsprachen. — S. Kathedrale ↗.

Moschee: arab. Wort für den Versammlungsort der Moslems ↗ zum gemeinsamen Gebet in Richtung Mekka ↗, zu dem vom Minarett ↗ aus gerufen wird. Die 1. wurde von Mohammed ↗ in Medina ↗ errichtet. Die M. gilt als bedeutendste Errungenschaft des Islam ↗: »Meist waren die Mauerflächen dieser Gebäude mit einem reichen Muster wirbelnder, ineinander verwobener Linien verziert; sie wurden viel kopiert, und man nannte sie Arabesken«, s. Kalligraphie ↗. »Die frühe Moschee war ein typisches Wohnhaus der Wüste, in gewaltigem Maßstab erbaut und religiösen Zwecken geweiht. Vorbild des weiten Innenhofs war der Hof von Mohammeds palmgedecktem Haus in Medina, in dem die Gläubigen einst den Predigten des Propheten gelauscht hatten« (Stewart 1979, 42). »Die Bogengänge der Moschee, die üblicherweise den Hof zu allen vier Seiten umgaben, boten Schutz vor der glühenden Sonne. Im Schatten der Arkaden - rund, spitzbogig und hufeisenförmig - durfte jeder Moslem schlafen, sich unterhalten, lesen oder schreiben, kurz alles tun, was

die anderen nicht störte.« Statt Mosaikfenster ↗ wie in der späteren Gotik ↗, durchbrochene Fenster aus feinem Stuck, feucht geschnitten, mit kleinen Rosetten ↗, hier eindeutig auf die Zahl 25 der Djinn ↗ ausgerichtet, verteilt auf 2 Kreise à 12 u. 1 Zentralpunkt (Abb. der Ibn Tulun-Moschee in Kairo ↗, Gebetshallenfenster). Die Zahl 9 der Rosetten könnte auf die Weltenlehre ↗ (9 Welten) anspielen, die sich im Minarett auf 4 reduziert. M. bed. »Ort des Niederwerfens« (ebd., 46), nämlich vor Allah ↗. Da man sich dabei klein macht (vor ihm), könnte in dem Wort aber a. das äg. Mose ↗ (Kind) stecken. — Die Zahl 24 ohne Zentrum kehrt in der Gebetsnische = Mihrab wieder, die ab 8. Jh. in der M. eingeführt wurde, genau in Richtung Mekka weisend. Das Schema ist aus der Großen M. von Kairuan, 9. Jh. Die 24 Rechtecke sind mit unterschiedl. abstrakten Mustern verziert. Mit 4 Niveaus fühlt man sich an das Minarett erinnert.

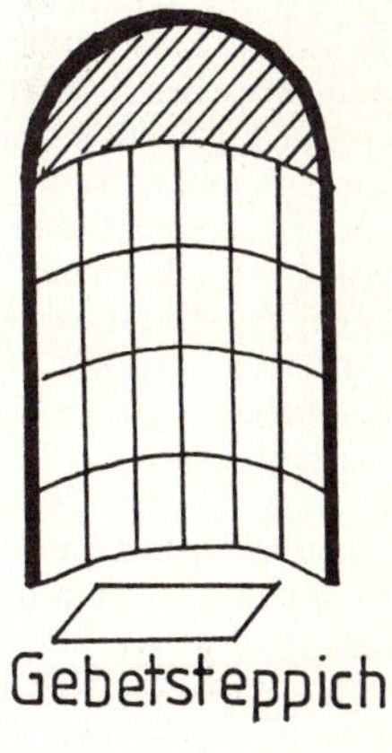

Mose: Kind in Altägypten, v. MSJ ↗ = Geburt, Sproß etc. Man findet M. in den Namen einiger Pharaonen wie Amasis ↗, Tutmoses ↗ u. a., wobei an M. Is ↗ = hl. gehängt wird, wie wohl a. bei Moses ↗ u. den Ramessiden ↗ (von Ramoses). Evtl. leitet sich a. die Moschee ↗ (wie das hebr. Moshe = Kind) davon ab.

Moses: Befreier, Gesetzgeber u. Religionsstifter der Kinder Israel ↗; lt. Legende von einer Frau aus dem Stamm Levi geb. u. in einem Körbchen auf dem Nil ↗

ausgesetzt, wo er von einer äg. Prinzessin gerettet wurde, die ihm a. den Namen Mose ↗ = Kind gab. Da sich die gleiche Legende schon bei Sargon ↗ findet, verbergen sich dahinter zweifellos Geheimnisse, die man nicht kennen soll. Levi, bei den 12 Stämmen astrol. dem Zwilling ↗ zugeordnet, könnte eben nur Zwilling bed. (was bei Jesus ↗ a. geheim blieb), sodaß sein Bruder Aaron ↗ wohl ein Zwillingsbruder war. Zeitl. wäre an Echnaton ↗ + Semenchkare ↗ zu denken; ersterer hieß bei der Geburt Amenophis IV, nach seinem Vater Amenophis III, dessen Gattin die nubische Teje ↗ war - aber wohl nicht Echnatons Mutter. D.h., man könnte auf einen illegalen Zwillingssohn stoßen, der gewissermaßen in die 18. Dyn. eingeschmuggelt wurde. M. empfing dann lt. Papus (Die Kabbala, S. 42) »... in den Tempeln Jethros, des letzten schwarzen Priester, die Mysterien dieser Rasse. So umfaßte die mündliche Überlieferung, die der Führer der Hebräer 70 Auserwählten hinterließ, die gesamten geheimen Traditionen, die es jemals gegeben hatte«. Der gleiche Autor schreibt, zu dieser Zeit hätten die Tempel von Theben ↗ »die Priesterarchive der Atlanten ↗ und die der Kirche von Ram ↗ umschlossen. Die letzteren waren der Ausdruck des Esoterismus der schwarzen Rasse, der im alten Indien ↗ seinen Sitz hatte, bevor dieses von den Weißen überschwemmt wurde« (d.h. von den Ariern ↗). Nun wird inter., daß die Stammesgottheit von Levi eine Schlange ↗ war, die lt. Meek noch in der ›ehernen Schlange Nehuschtan‹ durchscheint, die M. anfertigte. Sie soll später noch im Tempel Salomo ↗ aufgestellt gewesen sein. Welche Schlange ist gemeint? Sie dürte sich in der Endsilbe Tan ↗ erhalten haben. Reduziert man auf Konsonanten (hebr. war wie äg. Konsonantenschrift), läßt sich ohne große Mühe Nehuschtan u. Echnaton als äqv. erkennen u. mit der Kobra ↗ am Aton ↗ in Verbindung setzen, dem 8er Kreis der Sonne, den M. dann in der Loge ↗ komplett durchlief, sodaß er Mose-Is = ein Kind der Isis ↗, sprich der Mysterien ↗ wurde, eine ›Schlange der Weisheit‹. Er heiratete die Zippora gen. Tochter eines midianitischen Priesters; Midian wird in NW-Arabien angesiedelt u. dürfte mit Mitanni ↗ zusammenhängen. Zippora müßte dann Nofretete ↗ gewesen sein. Nach dem Exodus ↗ kommt ihm dieser Schwiegervater entgegen. Viele Forscher haben den Schluß gezogen, daß er ein Priester Jahwes war u. M. durch ihn bzw. dessen Tochter diesen Gott kennengelernt habe. Resultat: der Pentateuch ↗, die 5 Bücher Mose, dessen Autorschaft umstritten ist. — Lt. Sigmund Freud ↗ wurde M. unterwegs, vor der Landnahme ↗, von den eigenen Leuten umgebracht; Aaron evtl. auch. Als Geburtsort von M. kommt Hermonthis ↗ in Frage. — S. die 10 Moses-Gebote ↗ u. den Traum ↗ des Amenophis.

Moses-Gebote, 10: etwa 3 Monde (Monate) nach dem Exodus ↗ aus Ägypten u. schon nach der Begegnung mit seinem Schwiegervater soll Moses ↗ auf einem Berg in der Wüste Sinai ↗ die in der Bibel ↗ unter 2 Mose 20, 1-17 angeführten 10 Gebote empfangen haben. Da der Berg dabei raucht u. bebt, nimmt man an, dies habe sich nicht auf der heutigen Halbinsel Sinai zugetragen, sondern in Midani, SW-Arabien, wo allein es Vulkane gab. Die Offenbarung ↗ beginnt: »Ich bin der Herr dein Gott« mit Anochi = Ich; d. h., sie beginnt mit Aleph ↗, dem A in diesem 1. Wort, Stierkopf bei den äg. Hieroglyphen ↗. Für die jüd. Kabbalisten ist Aleph die geistige Wurzel aller anderen Buchstaben, weshalb für manche die Offenbarung überhaupt nur dieses Aleph beinhaltet (griech. Alpha ↗). 1. Gebot: Du sollst keine anderen Götter neben mir haben. Nämlich nicht neben Jahwe ↗. 2. Gebot: Du sollst dir kein Bildniß noch irgendein Gleichniß machen, weder deß, das oben im Himmel, noch deß, das unten auf Erden, oder deß, das im Wasser unter der Erde ist. Dieses Kunstverbot gibt es sonst nur im Islam ↗, während die Christen es nach dem Bilderstreit ↗ abschüttelten... Da die Zahl 10 in der Kabala ↗ bei den 10 Sefirot ↗ wiederkehrt, kann man diese evtl. als Äqv. der 10 Gebot sehen. — Das Christentum hat aus Nr. 2 gemacht: Du sollst den Namen Gottes nicht verunehren. — Auf Bildern (Abb.) werden die Moses-Tafeln ↗ genau wie die äg. Horuskrone ↗, Geierkrone ↗ od. 2 der Zodiakzeichen ↗ geformt.

Moses-Tafeln: die Moses-Gebote ↗ wurden angebl. direkt von Jahwe ↗ in Steintafeln ›eingeritzt‹, deren überlieferte Form (s. Abb. Moses-Gebote) aber schon in Ägypten existierte, u. zwar nicht nur als Doppelfeder bei den Kronen ↗, sondern a. direkt als Petroma ↗ gen. Täfelchen für Eingeweihte. U. ein solcher war a. Moses ↗. — S. Hebräische Schrift ↗, Gesetztestafeln ↗ u. Heiden ↗.

Moshe: Kind (hebr.), s. Mose ↗ u. Msj ↗ (äg.).

Moskau: wuchs im Mittelalter ↗ (Abb. 1) vom befestigten Kreml ↗ in Ringen nach außen. 1591 wurde der äußerste Ring von einer hölzernen Mauer umgeben, u. danach hießen die breiten Außenbezirke, wo v. a. die ärmeren Handwerker + Arbeiter lebten, Hölzerne Stadt. Es folgte, abgetrennt durch eine weiße Steinmauer, die Weiße Stadt für Kaufleute u. Bojaren (etwa Kriegshelden u. landbesitzender Adel + Würdenträger), während die Edelleute hinter der starken Kremlmauer auf dem Roten Platz wohnten, wo sich a. der Markt abspielte u. als Nabel od. polit. Mittelpunkt eine steinerne Kanzel stand, das Lohnoe Mesto. Von hier zog jährl. eine Prozession ↗ durch das Spasski-Tor der Kremlmauer in den Zarenpalast ein, deren Abschluß (nach einer Ansprache) der jeweilige Zar ↗ bildete, der zu Fuß ging u. den berittenen Patriarch = Kirchenobersten führte, Sinnbild des Einzugs von Jesus ↗ in Jerusalem am Palmsonntag. Diese Abb. 3 er-

Abb. 2

innert an das Ischtar-Tor von Babylon ↗ für den Einzug des Königs als Marduk ↗.
Zu der Zeit war M. durch Iwan III. ↗ schon zum 3. Rom ↗ geworden u. die Basilius-Kathedrale mit den 9 Kuppeln, von denen jede eine andere Form + Farbe hat, war M.s Wahrzeichen u. ist es bis heute geblieben (Abb. 2). Ob die Zahl 9 einstmals die Weltenlehre ↗ ausdrückte, ist unbek., aber vorstellbar, weil Rußland ↗ heute aus M. das 1. relig. Weltzentrum ↗ (od. Neue Jerusalem) machen will. Zweifellos hat a. das Himmlische Jerusalem ↗ die Außen- u. Innenarchitektur der Paläste u. Kirchen des Kreml beeinflußt, denn oft genug wurde seinerzeit von Besuchern ausgerufen ›wir schauen den Himmel!‹, wenn sie die Pracht des Moskauer Zentrums kennenlernten. Wie einst in Ägypten, das M. evtl. als Geodätischen Punkt ↗ anleg-

Abb. 3

te, sind selbst die Säulen ↗ voller Heiligenfiguren im Ikonenstil, der auf die äg. Mumie ↗ zurückgehen soll.

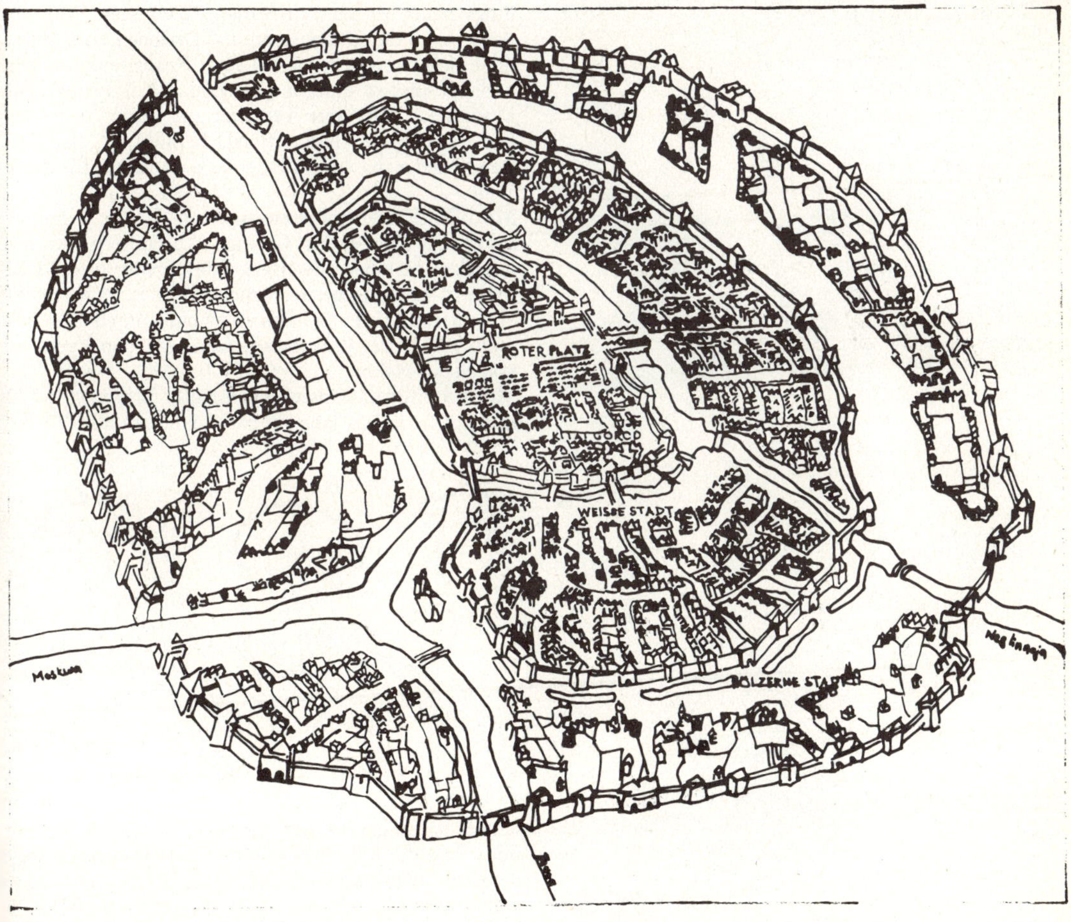

Abb. 1

Das Band zu Afrika wurde a. durch Puschkin ↗ wieder aufgefrischt, dem hier ein Museum gewidmet ist.

Moslem: ›der in den Stand des Heils Eintretende‹, arab. Eigenbez. für Gläubige des Islam ↗; heute fast 1 Mrd., davon 60 Mio. in Rußland. Spaltung in Sunniten (meist Araber) u. Schiiten ↗ (meist Perser). Das Wort enthält evtl. Mo ↗ + Salem ↗ = ein Ich (Selbst) im Frieden.

Motion: Bewegung ↗ (engl.); z. B. *motion-picture* = Film (Bild in Bewegung); die Bewegung eines Autos jedoch wäre nie m., sondern *movement* (dt. ebf. Bewegung). Der Unterschied wird am deutlichsten in Motion-Perception ↗ od. Motion-Art ↗, wo M. an Motiv im Sinne von Grundmotiv ↗ (d. h. Idee ↗) heranreicht wie a. an *mot* = Wort (frz.).

Motion-Art: von Kolawole ↗ seit 1964 benutzter Ausdruck für seine Kunst, die auf Motion-Perception ↗ beruht, etwa Bewegungswahrnehmung statt Formwahrnehmung. Für Von Frankenberg ↗ handelt es sich um eine mod. Var. der einstmals vom afrik. Oba ↗ getanzten Schrift ↗, auf die Gurdjieff ↗ a. in tib. Geheimklöstern stieß. Möglicherweise ist a. Jazz ↗ M., nur akustisch statt optisch manifestiert. Deshalb spricht Kolawole a. von ›grafischer Akustik‹ bei seinen Bildern u. Skulpturen u. meint, man könne Musik daraus machen. Die folg. Reproduktion zeigt das 1. Bild dieser Art, eine Radierung aus dem J. 1949. Die Signatur r. unten ist ebf. M. u. nicht Buchstabenschrift (Abb.).

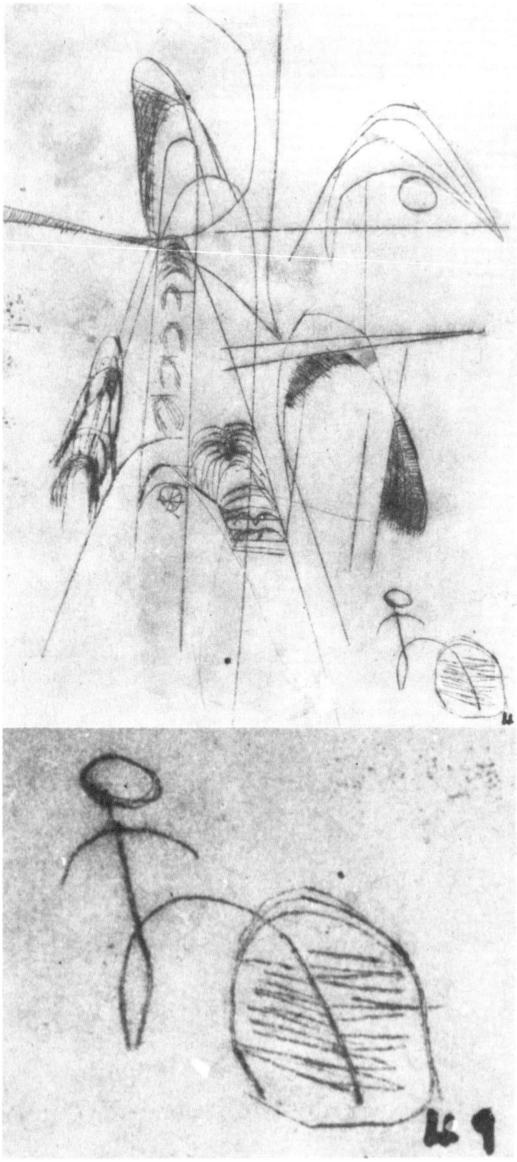

Motion-Perception: Bewegungs- (*motion* ↗) wahrnehmung *(perception)*; Bsp.: statt einen Vogel als Vogelkörper, d. h. Form ↗ wahrzunehmen, verschwindet er für die Sinnesorgane ↗ hinter seiner Funktion, ein Fluginstrument zu sein, u. gesehen wird stattdessen die Aussage der Figur des Fluges, die Semantik ↗, die Bed. der wie Schrift ↗ in den Himmel gezeichneten Inhalte des Wesens ↗ dieses Vogels. Man weiß heute (wieder), daß der Mensch nur 1/3 seiner Erfahrungen durch Sprache ↗ ausdrücken kann, 2/3 bleiben Bewegung *(motion)*. M. ist zweifellos die ältere Wahrnehmungsform, die vom Paradies ↗, u. sie wurde erst durch Erkenntnis ↗ verändert. Dafür spricht die Tatsache, daß ein Erblindeter, der wieder sehend wird, etwa 2 Wochen lang keine Formen, sondern Bewegungen sieht, u. zwar a. bei starren Formen wie Tisch u. Stuhl. Allerdings bleibt es bei Vorformen ↗, während Motion-Art ↗ a. zu den präexistenten ↗ Ur-Ideen vorstößt u. diese sichtbar machen kann samt Realisierung ↗. Das verlangt insbes. eine andere Zeit ↗-Auffassung. Die Moderne ↗ mit ihrer Tendenz zur Form-Auflösung war unausgesprochen um M. bemüht; u. dahinter stand wieder die Ausbildung des 6. Sinnes ↗ für die 6. Welt ↗.

Motu-Nui: kleine Felseninsel vor der Osterinsel ↗, auf die das Klippendorf Orongo ↗ herunterblickt, um die schwarzen Seeschwalben, Symbolvögel von Make Make ↗ zu beobachten. Sie nisten dort, u. im Kult geht es darum, das 1. Ei an Land zu bringen, um den Vogelmenschen ↗ des J. zu bestimmen, d.h. den Vertreter von Make Make.

Mound: künstl.-kunstvoll geformter Erdhügel bis 30 m hoch u. 100 m lang, in ganz Amerika als Teil der

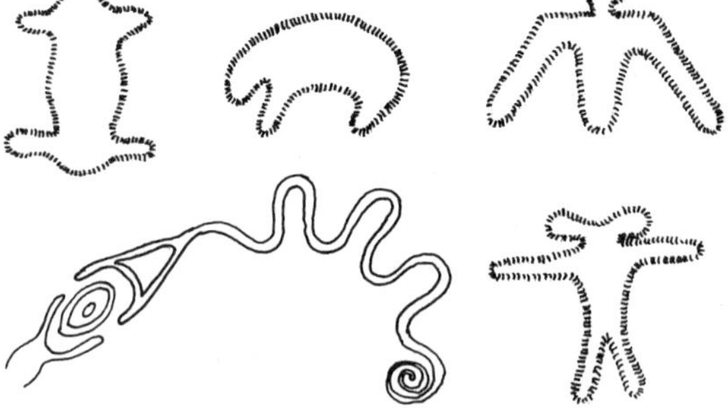

Kultur der Indianer ↗ zu finden; z. T. als Grabhügel benutzt wie die Megalithgräber ↗, jedoch ohne Steine, dafür zu Bildern geformt wie Hund, Bär, Vogel u. doppelköpfiger Mensch; der berühmte Schlangen-Mound in Ohio, USA ↗, scheint nur eine Kultstätte gewesen

zu sein. Im Prinzip erinnern die M. an die peruan. Erdzeichen ↗, nur daß diese eingegraben u. nicht aufgeworfen, also Tief- u. nicht Hochrelief waren: beides erlebbare Schrift ↗, die Kunst ↗ war, durch das Ausmaß u. die Nichterkennbarkeit von der Erde aus geheimer

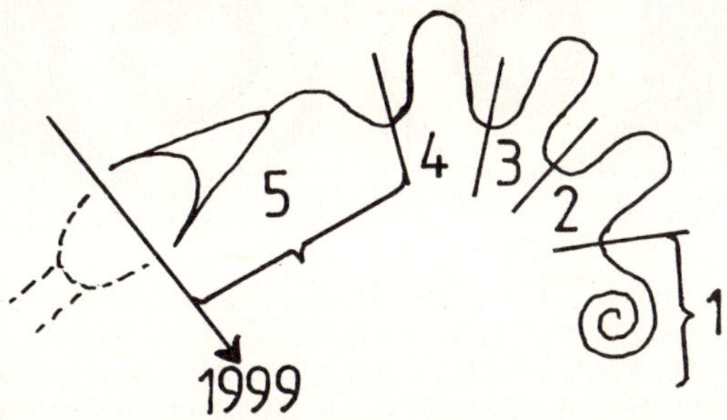

als transportable Objekte. Manche M. hatten eine größere Grundfläche als die Große Pyramide ↗ von Ägypten, die a. nur scheinbar ein ›Grabhügel‹ war. Die Schlangengestalt ihres Hl. Dreiecks ↗ läßt wundern, ob der Schlangen-M. als ihre Var. zu betrachten ist. Dann wäre die Spanne der Reinkarnation ↗ darin

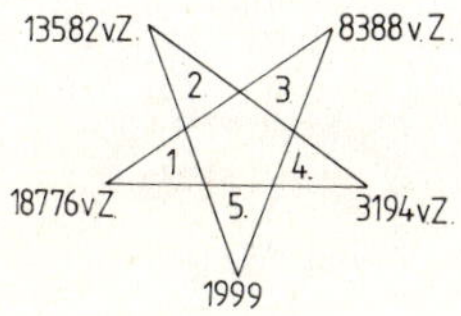

eingefangen, u. man könnte auf die Windungen u. den die Neue Sonne ↗ ausspuckenden Kopf die 5 Long Counts ↗ übertr.; das folg. Schema zeigt den Versuch: Zum Datum 1999 s. Endzeit ↗ bzw. Höggunott ↗ (Hügelnacht).

MSJ: Schriftwert der äg. Hieroglyphe ↗ ›gebären‹, Sproß aus der Unterwelt (Duat ↗) od. Mose ↗ = Kind. Sie findet sich zum Bild ausgestaltet als Venus ↗-Stern sowie verbunden mit der Ischtar ↗ u. Nephtys ↗ als

Lilie ↗, germ. Ilix ↗  , die fast gleiche Rune ↗, die sich aus 2 anderen Runen zusammensetzt, die a. die Hieroglyphe ausmachen:

Das Wort könnte a. zu Mys bei Mysterien ↗ geführt haben, Bed.: ›Kind der Witwe‹ ↗. — S. Chemmis ↗.

Mu: 1) ehem. Kontinent im Pazifik ↗, nach jap. Version schon ein Rest von Lemurien ↗, zu dem noch Japan u. die Osterinsel ↗, aber schon nicht mehr Australien ↗ gehörte (die Karte stammt von der Mahikari ↗-Bewegung). Als Nationale Blume gilt wie bei Churchward ↗ der Lotos ↗; weitere Symbole sollen Hakenkreuz ↗ u. Sechsstern ↗ gewesen sein. Eingetragen ist a., daß von M. die Maya ↗-Rasse stammte, aber nicht, daß sie das Land Tamoanchan ↗ nannte. U. es

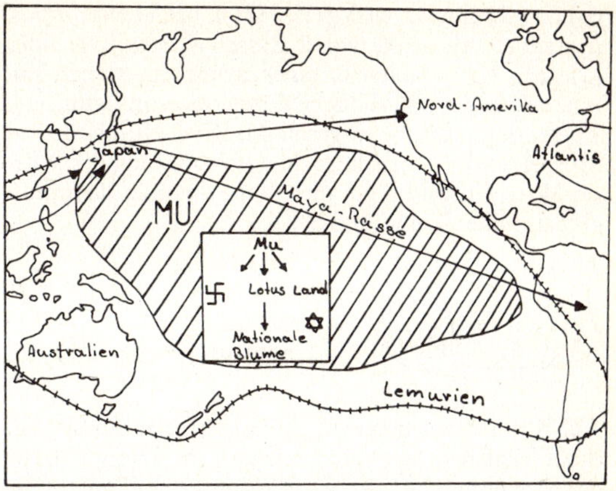

fehlt, daß sich vor M.s Untergang die Hopi ↗ nach dem auftauchenden Amerika retteten. Schliemann-Übers. dieses Untergangs: »Im Jahre 6 Kaan, am 11. Muluk des Monats Zak begannen schreckliche Erdbeben, die ohne Unterbrechung bis zum 13. Chuen dauerten, die Länder der Berge aus Lehm, oder Land Mu, waren die Opfer. Nachdem es zweimal aufgehoben wurde, ist Mu in der Nacht versunken, nachdem es ununterbrochen von unterirdischen Vulkanen untergraben worden war. Der Kontinent wurde mehrmals aufgehoben und niedergesenkt« (Charroux, Die Meister der Welt, 1974, S. 130). Als Maya-Glyphe für die ›aufgehobene Erde‹ findet sich in rechteckiger Einrahmung unten das Schriftbild für M., d.h. ein von Hügeln eingerahmtes Landbecken, der äg. Urhügel ↗ ohne Landung ↗ (des Grals), mit Versetzung der 3 Mittellinien nach oben als Andeutung des Hochhebens.

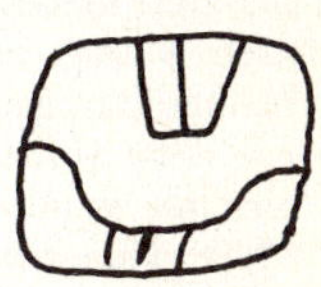

These: im Weltideogramm ↗ der Maya bildete M. das Zentrum mit den Farben blau + grün, Farbe a. von Moanchan = der Vogelschlange ↗. — Weitere Textstelle des erw. Buches: »Im 19. Jahrhundert entdeckten Archäologen in der Wüste Gobi ↗ Tafeln aus Gold, auf denen die Geschichte ↗ der Menschheit aufgezeichnet war. Sie waren in einer unbekannten Sprache verfaßt, aus der später das Zend entstand... Folgendes wissen wir über ihren Inhalt: Anläßlich der Sintflut ↗ hinterließ ein Herrscher des Landes Mu in Asien seiner Gemahlin... (diese) Tafeln aus Gold, auf denen die Geschichte der Menschheit vor der Katastrophe aufgeschrieben war. Aus diesen Tafeln ging hervor, daß einst ›Götter‹ vom Himmel herabgestiegen waren. Es wurde ausdrücklich gesagt, daß es sich um Astronauten ↗ handelte, die vom Planeten Venus ↗ und vom Sirius ↗ stammten« (ebd., 157). These: der Sirius stimmt, nicht aber die Venus, da sie bei diesem Besuch überhaupt erst entstand. — »Im Einweihungsplan war immer bekannt, daß auf unserem Erdball zwei große Kontinente - oder Mächte - existieren, die sich in ewiger Opposition befinden, einer im Osten, einer im Westen. Vor ca. 12000 Jahren waren es Mu und Atlantis ↗« (Charroux 1971, 178). These: u. heute im Endkrieg ↗ sind es Rußland ↗ + USA ↗. — »Die alleraltesten Sanskrit ↗- u. Tamil ↗-Werke sind überreich an Bezugnahmen auf beide Kontinente (Mu + Atlantis)...« schreibt Blavatsky (II, 388) u. bei Theopompus, den sie zitiert, ist M. von 2 Rassen ↗ bewohnt: einer krieger., kämpfenden u. einer frommen, sinnenden, »die nördliche und südliche Abteilung von Lemuria«. These: dem entspr. im germ. Midgard Niflheim ↗ + Muspelheim ↗. — Es folgt die Umwandlung des Wortes M. in ein Bild samt allen Var., die man daraufhin global finden kann (Abb.):

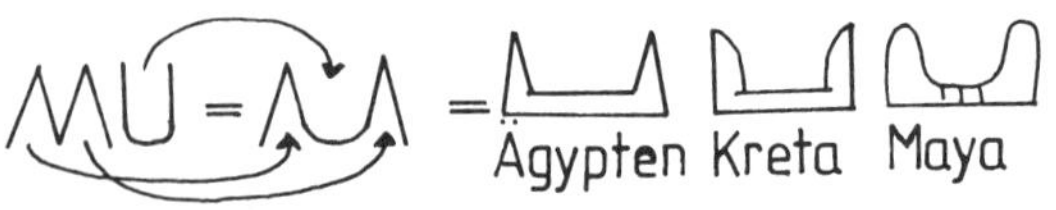

Auf Kreta ↗ wurden evtl. die Stierhörner daraus, bei den Germanen der Verschlußstein im Thing ↗ bzw. das Megalithgrab ↗. — Nv. Kasskara ↗ u. Thule ↗. — S. Muisca ↗.

Mu: 2) Wasser ↗ als 4. Element ↗, in Ägypten eine Hieroglyphe ↗ (Abb.), die nur N  mehrfach übereinandergelegt; a. eingebaut in dem afrik. Muntu ↗. Eine N-Verdoppelung findet sich aber a. in Nun ↗ + Naunet ↗, die in der äg. Götterachtheit ↗ zus. das Wasser bilden; so könnte ihre Zusammenfassung a. die Göttin Mut ↗ sein. S. Muir ↗.

Mudang: Schamaninnen ↗ in Korea.

Muezzin: Moslem ↗, der 5 mal tägl. vom Minarett ↗ aus zum Gebet ruft: kurz nach Tagesanbruch, kurz nach Mittag, am Spätnachmittag, unmittelbar nach Sonnenuntergang u. am späten Abend. Der 1. M. noch z. Z. von Mohammed ↗ war Bilal, ein bekehrter Nubier mit wunderbar klingender Stimme.

Muir: Meer bei den Kelten ↗; s. Mu ↗ = Wasser od. Meer, äg.

Muisca: Indianer ↗ im heutigen Kolumbien ↗, ehem. M.-Land mit Hochkultur, umringt von feindl. Barbaren. Z. Z. der europ. Eroberung existierten 9 voneinander unabhängige M.-Staaten, aber kein zusammengefaßtes Reich; dafür zwischenstaatl. Heiligtümer für Wallfahrten. An Gottheiten gab es: Chia = Mondgöttin, Sua = Sonnengott, Chibchachum = Erdgott u. Bachue ↗ = Wassergöttin; ihr opferte der M.-Fürst auf dem hl. Guatavita-See ↗. These: daraus läßt sich evtl. der 4er Kreis ↗ machen mit Sua äqv. Schu ↗ (äg.); denn sonst tauchen nur noch ein Kulturheros Bochica auf, dessen Fußspuren auf Felsen gezeigt werden (s. Riesen ↗) sowie die M.-Königin der Goldkunst bei Bogotá ↗, beide zus. vielleicht die Kulturbringer ↗-Variante. Denn man spricht heute vom ›Goldkönigtum‹ der M., das tödl. Ausstrahlung gehabt haben soll. Es war in 2 feindl. Dyn. gespalten, die jeweils Sonne ↗ + Mond ↗ vertraten, in Ägypten – mit dem die M. den Inzest ↗ (Schwesternheirat) im Königshaus gemeinsam haben – die 2 Augen ↗ u. beide weibl. ↗, sodaß die Analogie der Genesis ↗ 2 Urmütter ↗ sein dürften, auf die sich a. andere Indianer sowie die Kabala ↗ beziehen. In der Kunst ↗ könnte sich das in diesem 2farbigen Anhänger ausdrücken, den man a. umdrehen kann, um die Augenpartie der geläufigsten Figur zu erhalten, wobei aus den Bögen Hörner werden, ihrerseits Teil der insg. 12 Kopfstrahlen, für die es in der Weltformel ↗ 2 Zuteilungen gibt: 12er Kreis ↗ der Sonne od. Zodiak ↗. Da die Figur auffallend an das afrik. Nommozeichen ↗ vom Sigui-Fest ↗ erinnert, kann letzteres angenommen werden; die scharfe Trennung zw. den Hörnern wäre dann der letzte Weltuntergang ↗, ausgedrückt im 12. Grundmotiv Todestanz ↗ , dessen obere Hälfte dann die ›Hörner‹ sind. Zieht man also wie in der 12. Rune ↗, die den Runenkreis teilt, die M.-Figur durch den Geschichtskreis als Zodiak, wird der untere Teil zu Mu ↗, von wo die M. abstammen (= isca, wie

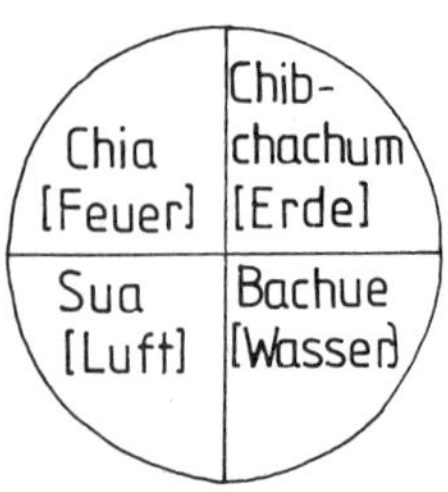

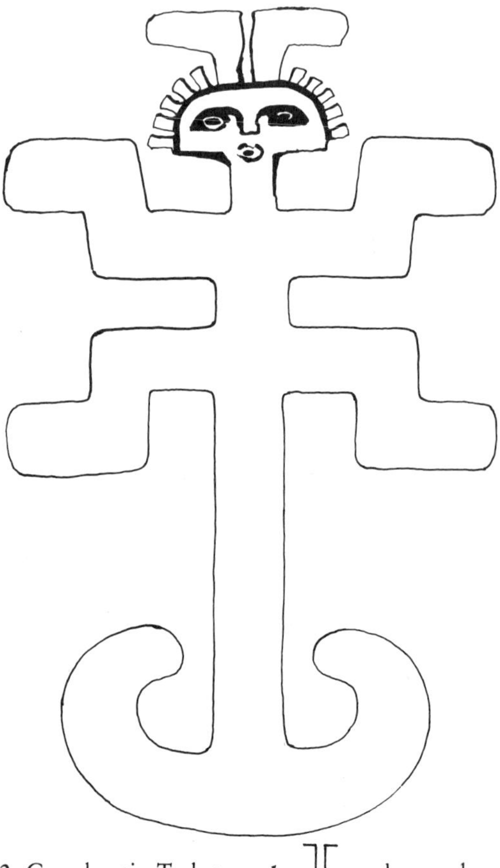

bei nordiska od. tiodiska ↗), d.h. die Landung ↗ wird hier nicht als Kugel (= Raumschiff ↗ od. Gral ↗), sondern Nommo-Figur (Äqv. Astronaut ↗) ausgedrückt. Sie wächst prakt. durch die Gesch. hindurch, wird wie Nommo in Afrika geopfert (= Osirismord ↗) u. ist weitere 13000 J. später – nämlich jetzt in der Endzeit ↗ – der Wiederkehrende; a. im germ. Runenkreis ↗ sind unten die Hügel der Jul ↗-Nacht.
Es folgen 2 Einordnungsversuche, 1) in den Zodiakkreis (Schema 1) 2) in das Muntu ↗-Viertel, wo der gleiche Geschichtszodiak die Buchstaben W + X des Sonnenalphabets ↗ überlagert (Schema 2):

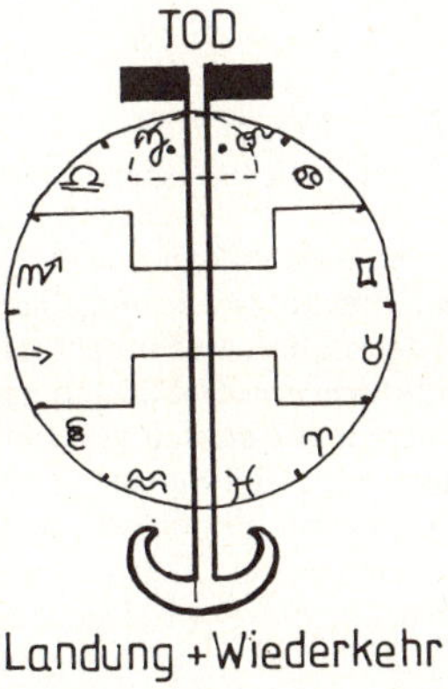

Schema 1

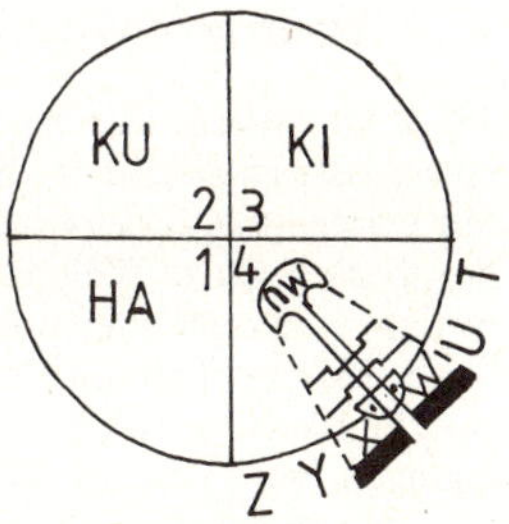

Schema 2

Nr. 2) als 4er Kreis, nur statt Mu = Wasser, Mu als Kontinent od. noch genereller als Urhügel ↗ für den Heiligen (= Is ↗) Geist (= Ka ↗), zus. Mu-Is-Ka, dessen Aufnahme a. in 2 Formen geschah: als Person, hier das Figürchen, od. als Ur-Alphabet ↗ = der Kreis von Schema 1. Beide Einordnungen gelten a. für die Osirismumie ↗. — Nach den M. hat sich das Muiska-Museum ↗ benannt.

Muiska-Museum: ein nach den Muisca ↗ benanntes Museum ↗ in München ↗, das sich 1975 mit der Ausstellung:

25000 Jahre Wissen als Kunst

vorstellte, in einem Rundzelt, das ebenso eingeteilt war wie der Zodiakkreis mit der Muisca-Figur (s. Muisca ↗, Schema 1); als Halbierungsbruch ein Bild der Großen Pyramide ↗. In der Süddeutschen Zeitung hieß es dazu: »Wer in diesen Wochen über den Mariahilfplatz kommt, könnte annehmen, daß da eine geheimnisvolle Sekte ihr Zelt aufgeschlagen habe; links vom Zugang zu dem blauweißen Rundzelt steht das rätselhafte Wort ›Muiska‹, rechts das mehr Vertrauen erweckende ›Museum‹. Im Innern des Zeltes findet man in 12 Kojen Großphotos von altägyptischen und Neger-Plastiken sowie zeitgenössische abstrakte Bilder. Mit dem unbefangenen Anschauen ist es dann allerdings noch nicht getan; denn die hier vergegenwärtigten Kunstwerke sollen die Geschichte des Homo Sapiens ↗ erzählen. Diese Geschichte, so heißt es in einem der handgeschriebenen Katalog-Bände... ist eine Heilsgeschichte, die ihrer vorausgesagten Erfüllung zustrebt. Sie beginnt 23970 v. Z. mit der Ankunft von Cham ↗ und endet mit seiner Wiedererscheinung als Impuls für den Beginn einer neuen Zeit mit einer neuen Geschichte... die sich im Aufbrechen eines lange verschlossenen und allein im Yoruba ↗-Stamm weitervererbten Ur-Wissens in der Malerei des afroamerikanischen Malers L. Compton Kolawole ↗ anzeigt...« Die Gründerin Von Frankenberg ↗ richtete das Datum nach einer Ende 1971 im Readers Digest veröffentlichten Prophezeiung einer Frau aus Chicago, der Wiederkehrende (Messias ↗) lebe schon, sei 1932 geb., stamme aus Afrika und träte 1975 zum 1. Mal in Erscheinung. Erst 1977 ergab sich aus ihrer eigenen Vorausschau ↗, daß 1975 tats. ein besonderes Datum war: die letzte Wiederholung ↗ des X, äqv. der 1. germ. Rune ↗ ( ), die sich in der Variation eines Doppel-Kreuzes merkwürdigerweise im Wappen jedes Münchner Kardinals fand, u. zwar aus deren Wappen sprießend, das 2 Negerköpfe mit Krone enthielt. Ganz so, als sei München vorangelegt worden als ›kleines Mu‹ = Mu-Nic od. Urhügel ↗, wo sich in der Endzeit ↗ wiederholen würde, was am Anf. der Geschichte ↗ passiert war. Wahrzeichen des M. wurde aber inzw. die Aufnahme des (Mu) Iska = Heiligen Geistes ↗ (hier in Gestalt der neuen Schwarzen Sonne ↗), da sich diese Deutung nicht nur aus dem Wort Muiska ergibt, sondern a. aus uralten Prophezeiungen der Ariosophie ↗, bestätigt durch Nostradamus ↗, der Hl. Geist (afrik. Nommo ↗) werde in der Endzeit am 48. Breitengrad herabsteigen u. München liegt an ihm. Theoret. waren das schon die 24 Grundmotive ↗, sobald ihre Reihenfolge ↗ X-P (= Kosmos) gefunden war: 1973, im J. der Gründung des M.-Vereins u. Erstellung der ersten Kataloge in dieser Reihenfolge, die als X-P das Christusmonogramm ↗ ist u. in der Umdrehung des zukünftigen 3. Reiches ↗ zu P-X = Pax ↗ (Friede) wird. Neben der Entschlüsselung von Kunst ↗ aller Zeiten u. Völker durch die inzw. gewonnene Weltformel ↗ (s. Archetyp Schlüssel ↗) tritt als weitere Aufgabe des M.s die Von Frankenberg-Universität ↗, eingegliedert samt Museum in eine Art Welttempel ↗, der letztendl. aus München das Neue Jerusalem ↗ machen soll, sprich Zion ↗. Als Idee entstand sie schon 1975 im Zelt durch Gründung des Lehrstuhls Nommo-Logie ↗. — Themen der ersten 4. Kataloge:

1) Die 12 Zivilisationen
2) Buchstabentanz
3) Kolawole's Motion-Art
4) Wiedergeburt des Lichts

MU IS KA MUSEUM

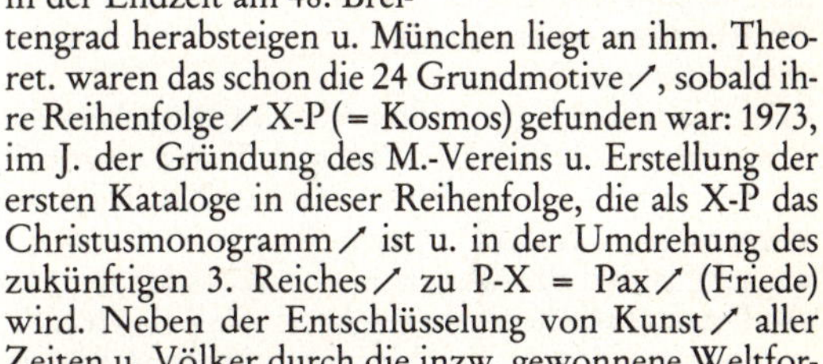

Altägypten | Kamerun | europ. Steinzeit | Kolawole

1972 und 1978 wurden außerdem Manifeste verschickt; sie bilden inzw. einen Gegenpol zu den Manifesten der Moderne ↗ (Abb. 1 + 2). Seit Mai 1984 ist das M. vorübergehend umgewandelt in ein Kolawole-Museum u. ein Muiska-Zentrum ↗.

An alle Nationen
(1. Manifest 1972)

In seiner schon berühmt gewordenen Eröffnungsrede anläßlich der Salzburger Festspiele 1972 schockierte Eugène Ionesco die Öffentlichkeit mit der Feststellung, daß ¾ der Menschheit an Hunger leide, aber die ganze Welt an kulturellem Zerfall.
Hinsichtlich Hunger mag er recht haben, nicht aber hinsichtlich Kultur.
Nur die europäische Kultur zerfällt, allerdings mit überdimensionalen Konsequenzen, da sie zu lange zu vielen anderen Kulturen ihren Einfluß aufgezwungen hat.
Aber während das Konzept des Humanismus endlich an den Folgen eingeht, inhuman gewesen zu sein anstatt human, erhebt sich wieder diejenige Kultur, die durch seinen Aufstieg zu langsamem Tod verdammt schien, in voller Stärke aus der Asche. Ich meine die Schwarze Kultur, wobei ich die Definition Schwarz so breit wie möglich anlege.
Die Zeit hat nur die Situation umgekehrt: Vor 3500 Jahren zerfiel Ägypten aus anderen Gründen mit ähnlich weltweiter Auswirkung, während sich Europa auf seinen Ruinen entfaltete. Die Zeit hat die Situation wieder umgekehrt und das ist der Rhythmus des Lebens als Teil des Sonnen-Rhythmus.
Ich rufe alle Nationen auf, die Renaissance der Schwarzen Kunst zu feiern als eine Wiederauferstehung des sog. Verlorenen Wissens.
Es ist geplant, 1975 im größten Museum Münchens die Ausstellung: ›25000 Jahre Wissen als Kunst‹ abzuhalten mit anschließender Welttour. Das Ziel ist zu demonstrieren, daß das Verlorene Wissen nur zerstreut war und daß ein afro-amerikanischer Künstler es in seiner Totalität wiedergeschaffen hat: L.C. Kolawole.
Dies ist das Konzept: Das Museum wird in 24 Räume unterteilt. In Übereinstimmung mit den 24 Grundmotiven des Universums oder der afrikanischen Sprache der Vibrationen. Jeder Raum repräsentiert ein Motiv mit Beispielen aus allen Epochen Schwarzer Kultur:
I. Mu 25000 BC – 1975 (pazif. Inseln)
II. Pre-America 20000 BC – 1975
III. Kemt 11000 BC – 1500 BC (Altägypten)
IV. Mittelmeerraum 1000 BC – 500 BC
V. Africa durchgehend
VI. Afro-America 1950–1975
in Verbindung mit wissenschaftlichen Photos zur Interpretation der Semantik.
Bitte partizipieren Sie! Mit Ihrer Hilfe könnte diese Ausstellung das interessanteste Ereignis des Jahrhunderts sein und alle Menschen geistig inspirieren. Nur kann München die Ausgaben nicht alleine tragen. Die Bedingung ist, daß jedes Land bis Ende 1973 schriftlich garantiert, die Transport- und Versicherungskosten der 3 oder 4 Kunstobjekte zu übernehmen, die von ihm benötigt werden.
Bitte Antworten Sie, geben Sie Ratschläge, nennen Sie Experten, senden Sie Adressen und Kataloge von Museen, jeder Hinweis ist willkommen, informieren Sie Ihre kulturellen Organisationen, Ihre Industrie, ja sogar Ihre Wissenschaftler, wir brauchen Unterstützung!
Auf dem Bildprospekt sehen Sie 3 von 24 Motiven:
Das Offene Quadrat oder Kräfte-Austausch
Der Offene Kreis oder 1 - 2 - 3 - alles
Die Offene Säule oder Vibrationsachse
Senden Sie Antworten oder Fragen an:

Gisela von Frankenberg (P.E.N.)
74 rue de la tour, Studio 1
F 75016 Paris

**2. Manifest zum Thema:
Wiedergefundenes ›Verlorenes Wissen‹**

1972 schockierte Eugene Ionesco die Salzburger Festspiel-Gäste mit einer in die Eröffnungsrede eingebauten Festtellung, daß ¾ der Menschheit an Hunger leide, aber die ganze Welt an kulturellem Zerfall. Ich habe dem widersprochen und in einem weltweit versandten 1. Manifest darauf hingewiesen, daß nur die europäische Kultur zerfällt, allerdings mit globalen Konsequenzen, weil sie zu lange allen anderen Kulturen ihren Einfluß aufgezwungen hat. Dann rief ich dazu auf, an der Zusammenstellung einer Kunst-Ausstellung zu partizipieren, die inmitten des endzeitlich anmutenden Zerfalls die Wiedergeburt der Schwarzen als Wiederkehr des sogenannten Verlorenen Wissens feiern sollte. Quantitativ etwas kleiner als geplant, ist diese Ausstellung inzwischen geglückt und hat auch ein permanentes eigenes Museum in München gefunden. Qualitativ ist sogar fast ein Wunder geschehen: nicht nur konnte anhand von genau 24 Zeichen moderner afro-amerikanischer Malerei durch Rück-Koppelung mit den 12 Zodiakzeichen, die seit Jahrtausenden bestehen, die gesamte Menschheitsgeschichte bis zurück zu Adam (= Osiris bzw. Muntu oder Nommo in der afrikanischen Philosophie) neu und sehr zu Gunsten der schwarzen Rasse interpretiert werden – die gleichen Zeichen haben sich auch als universell einheitliches Ur-Alphabet analysieren lassen, mit dessen Hilfe unsere menschliche Zukunft bis zum ›Jüngsten Gericht‹ im Jahre 1999 vorausschaubar wird. Wissenschaftlich nachweisbar sind sie Selbst das Verlorene Wissen + der Sonnen-Kern + das Lichtstrahl-Innere + die Archetypen per se unserer Psyche, die alle Projektionen und Verhaltensweisen bestimmen. Die Wiederkehr des Verlorenen Wissens ist also auch die Geburtsstunde der Psyche jedes Menschen in das Licht der Sichtbarkeit, Bewußtheit und in die Nacktheit hinein. Deshalb können – und müssen – diese 24 Zeichen das Fundament jener zukünftigen Weltkultur werden, von deren Notwendigkeit Leopold Senghor, 5 Jahre nach Eugene Ionesco, in diesem Jahr 1977 sprach:
›Mit einer Ansprache des senegalesischen Staatschefs Leopold Senghor wurden am Sonntagvormittag die Salzburger Festspiele offiziell eröffnet. Senghor appellierte an die Welt, der kulturellen Entwicklung den Vorrang vor wirtschaftlichen Überlegungen zu geben. Wohl sei er sich darüber im klaren, daß die ganze Welt anderer Meinung sei. Wenn jedoch die höherent-

wickelten Völker weiterhin das Trugspiel der nur scheinbar freien Marktwirtschaft zu ungleichen Tauschgeschäften mit den Völkern der Dritten Welt auf deren Kosten ausnützten, so geschehe das vor allem aus kultureller Verachtung heraus. Deshalb sei eine Angleichung der unterschiedlichen Kulturen erforderlich. Senghor meinte, dadurch könne eine Weltkultur entstehen, zu der alle Kontinente, Rassen und Nationen beitragen könnten.‹ (Süddeutsche Zeitung 25.7.1977)

Das am 1.4.77 in München eröffnete Muiska-Museum wird ab 1978 in einer Reihe von Büchern wissenschaftlich nachweisen, daß kulturelle Verachtung allein auf falschen Informationen beruht. Seit 25000 Jahren haben alle Völker dieser Erde die zentralen Elemente der schwarzen Kultur als gemeinsame Mitte (die ergo nicht fehlt) benutzt, wenn auch bis zur Stunde geheim und verschlüsselt und uninteressiert an einer Entdeckung. Letztenendes ist der weltweite Zerfall nur der Zerfall einer riesigen esoterischen ›Lotosblüte‹ mit den 24 Zeichen als immanenter ewiger Wahrheit, die der Zerfall des Gefäßes endlich freigibt.

Muiska-Museum
D-8000 München 80
Metzstraße 31
Tel.: 453280

Auf der Buchmesse 1978 in Frankfurt anläßlich des Sonderthemas Afrika unter der Leitung der Schriftstellerin Gisela von Frankenberg repräsentiert.

Muiska-Zentrum: Fortsetzung des wissenschaftl. Teils des Muiska-Museums ↗. Hier wird seit 1983 eine

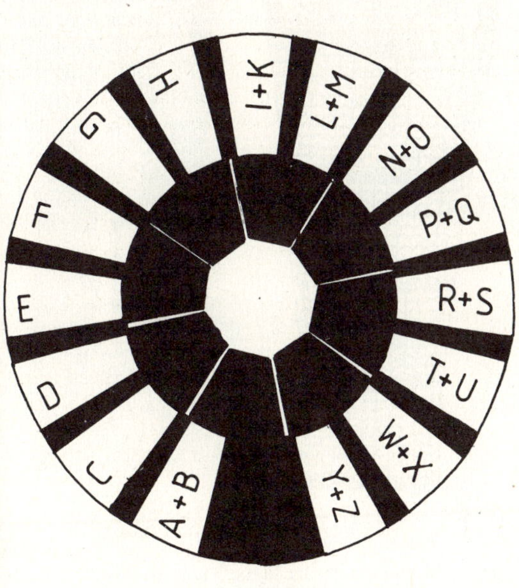

Fortsetzungsreihe von 15 Semestern Nommo-Logie ↗ abgehalten, die in sich schon die geplante Struktur der Von Frankenberg-Universität ↗ enthält. Sobald letztere 1991, im J. des letzten Sigui-Festes ↗ gebaut ist, hat sich die Funktion des M. erfüllt.

Mul: Pyramide ↗ + Erdhügel der Mais ↗-Pflanze, sowie Grabhügel des Menschen (Maya); Nv. Muhr. Als gemeinsame Silbe bleibt Mu ↗; evtl. Zusammenhang mit Mula ↗.

Mula: Wurzel, Ursprung (ind.). Blavatsky ↗: »... so wurde z. B. das 1. Mondhaus in der 28teiligen Einteilung Mula genannt...« (III, 355), u. das bed. in Indien das Frühjahrstagundnachtgleiche (21.3.), d.h. der Widder ↗ (christl. das Lamm ↗). Hier wäre M. der Anf. des Jahreszodiak. Bei Mulaprakriti ↗ ist der Anf. der Schöpfung ↗ gemeint.

Mulaprakriti: der ungeoffenbarte urspr. Stoff, bei den Vedantisten ↗ Parabrahman ↗; von Mula ↗ = Ursprung od. Wurzel + Prakriti ↗ = Stoff. »Die Materie ist zweifach nach der religiösen Metaphysik und siebenfach nach den esoterischen Lehren... Als Mulaprakriti ist sie undifferenziert und ewig« (Blavatsky I, 39). These: das ergibt als Zahlensystem genau die alte Weltenlehre ↗ aus 7 Welten + 2 abgesetzten Welten + dem 10. Himmel = Io ↗, äqv. M. U. natürl. besteht dann M. aus den 2 Dreiecken des Ur-X ↗ (Schema),

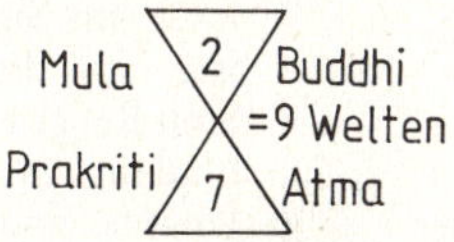

teilbar in die oberen 2 Welten = Sonne + Mond im Babylonischen Turm ↗, in Ägypten die Augen ↗ u. göttl. Schwestern. Weitere Texte: »Mulaprakriti ist die eine Realität, das Absolute mit den 2 Aspekten Geist (Bewußtsein) = Subjekt u. Materie (Unbewußtsein) = Objekt, weshalb das geoffenbarte Universum von Dualität durchdrungen ist. Im geoffenbarten Universum wird die Verknüpfung der Mulaprakriti-Aspekte Tat ↗ genannt« (Blavatsky I, 44). Vishnupurana: »Dieses Brahma ↗ in seiner Totalität hat wesentlich den Aspekt der Prakriti, sowohl der entfalteten als der unentfalteten...« (ebd., 47), was insofern gegeben ist, als Brahma Grundmotiv 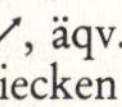 (A) ist, das als einziges sowohl zum entfalteten Kosmos ↗ (Reihenfolge X-P) gehört wie a. den Anf. des im A nichtentfalteten Sonnenalphabets ↗ bildet. — Im folg. Zitat aus dem Buch Dzyan ↗ wird M. die ›ewige Mutter‹ gen., äqv. Archetyp Urmutter ↗:

»Die ewige Mutter, gehüllt in ihre immer unsichtbaren Gewande, hatte wieder einmal während sieben Ewigkeiten geschlummert« (ebd., 55; 1. Strophe). These: es sind die 1,4 Mrd. J. des Ur-X, die der Ausdehnung des Kosmos, d. h. der Schöpfung ↗ vorausgehen. Blavatsky-Kommentar: »Die Inder nennen sie (diese ewige Mutter) Mulaprakriti und sagen, sie sei die uranfängliche Substanz, welche die Basis des Upadhi oder Vehikels eines jeden Phänomens sei, sei es physisch, psychisch oder geistig. Sie ist die Quelle, aus welcher Akasha ↗ ausstrahlt... Die ›Mutter‹, der Raum, ist die ewige, allgegenwärtige Ursache von allem - die unbegreifliche Gottheit ↗, deren ›unsichtbare Gewande‹ die mystische Wurzel aller Materie und des Weltalls sind«. Äg. Äqv.: Ntr ↗. Denn an anderer Stelle spricht Blavatsky a. von der Dualen Monade Atma ↗-Buddhi ↗, der auf der höheren Ebene M. entspräche; ebenso kann man aus Ntr Nut (Kosmos) u. Re (Sonne) machen. Zu M. als Zustand höchster Wonne will der Tote mit Hilfe der Mumienhüllen ↗ zurückkehren, die M.s Gewändern entspr. dürften. — Evtl. Äqv. ist a. Mumu Tiamat ↗.

Mumie: der vor Verwesung geschützte Körper eines Toten ↗ durch Mumifizierung ↗ zum einfachen Mumienbündel ↗ bis hin zur Osirismumie ↗ in goldenen Mumienhüllen ↗: »Gehen wir die Bestattungsriten bei den Völkern durch, so verbrannte der Grieche, der Perser begrub, der Inder überzog seine Leichen mit Hyalos (Steinsalz, Marienglas?), der Skythe verspeiste sie, der Ägypter aber machte sie zu Mumien« (Lukianos aus Samosata, ca. 120–180). Äg. Wort für M. ist Sah ↗. — Nur pharaon. M., so stellt sich heute heraus, besitzen noch lebende Zellkerne ↗; würde man, so heißt es, 60 davon zusammenfügen, könnte man die Toten ident. auferstehen lassen. Aber diese künstl. Reinkarnation ↗ hatte man mit den M. natürl. nicht im Sinn. These: sie war im ursprünglichsten Sinn Religio ↗ = Rückverbindung zw. Diesseits + Jenseits, eine Art Nahtstelle ohne Priester- od. Schamanenhilfe. Prof. J. Mbiti von der Universität Kampala hat in seinem Buch über afrik. Religion ↗ u. Todesvorstellung den Begriff des ›Lebenden Toten‹ geprägt. Aus dem Sasa, der diesseitigen Gegenwart, gelangt er in das Zamani, die Vergangenheit od. Ewigkeit. Um für den Angeh. lebendig zu bleiben, müssen diese tägl. ›Totennahrung‹ zum Grab bringen; das hat sich a. in den äg. Nekropolen ↗ abgespielt. »Erst die Seelen lange verstorbener Menschen ohne noch lebende Angehörige werden zu Geistern, neben den von Göttern unmittelbar erschaffenen Geistern.« Tats. gibt es eine direkte Analogie von Zellkern zur Seele ↗, um deren Erhalt u. Benutzung zur Fürbitte (drüben) es dann ging. Der Geist ist dazu nicht mehr in der Lage. A. bei den Germanen ↗ gab es nach Verlassen von Helheim ↗ einen 2. Tod ↗, mit dem man in Niflheim ↗ landete.

Australische Trockenmumie

Mumienbündel: eine Mumie ↗, die in gebündelter Hockstellung zur Austrocknung gebracht wird, was nur in entspr. heißen u. trockenen Gegenden wie Australien od. anderen Wüsten geht bzw. durch Räucherung in Vulkanhöhlen, was sich bei Indianern findet. Ggb. der nassen Mumifizierung ↗ genügen dabei 14 Tage; das Innere wird vorher durch Säureeinlauf aufgelöst u. abgeleitet. Das Bündel kann gekleidet werden u. eine Mumienmaske aufgesetzt bekommen (s. Bild Mixteken ↗) zum Gespräch.

Mumienhülle: bis jetzt nur in Ägypten ↗ gefundene Hüllen für die Mumie ↗, soweit sie, was unglaubl. kostspielig war, als ›Osiris‹ ↗ zubereitet wurde, d.h. im Endeffekt als Großer Abdu ↗-Fisch. Unübersehbar ist jede der 3 M. u. die Mumie selbst in Fischform gebracht u. ›schwimmt‹ nun, wie das Schema von Tutenchamun ↗ zeigt (Abb. 1), in 6 aquariumartigen Rechteck-Hüllen: dem Grabhaus (ganz außen), 4 Goldschreinen u. dem Äußeren der Sargwanne ↗. Als erstes

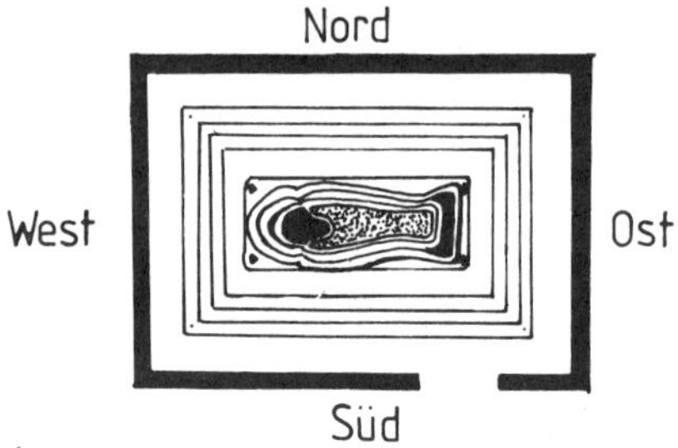

Abb. 1

fällt auf, daß die Ineinanderschachtelung von Hüllen dem Muster beider Djed ↗-Bäume entspr., 6 + 4, wobei der Bruch in beiden Fällen den Weltuntergang mit Osirismord ↗ meint, der a. der Bruch zw. Jupiter (4. Welt ↗) u. Mars (5. Welt ↗) in Gestalt des Planetoidengürtels ↗ ist. Bezogen auf die Planeten ↗ (Djed 1) stün-

Abb. 2

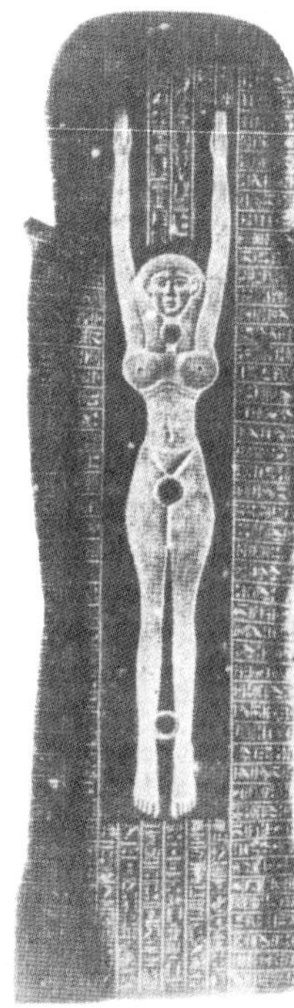

Abb. 3: Nut in einem Sarg (26. Dynastie)

den die M. demnach für: Mars, Venus (6. Welt) u. Merkur (7. Welt), u. die Mumie selbst wäre in die Auflösung von 8. + 9. Welt (beim Babylonischen Turm ↗ Sonne + Mond) u. damit ins zukünftige Ur-X ↗ plaziert, das auf Tutenchamuns M. auf dem Rücken von je 1 Flügel der Geiergöttin Mut ↗ gebildet wird, die hier doppelt auftritt (Abb. 2). Bezogen auf den Tierkreis ↗ (2. Djed) wären die 3 M. jedoch gleichzeitig a. Löwe, Krebs + Zwilling, in der Dynastienliste ↗ die

Zeit der ›Geister des Todes‹, u. die Mumie wäre der Stier /, von dem man annehmen kann, er begebe sich wie die Kornmumie / zurück in die Nut /, die nun innen in die M. hineingezeichnet wurde (Abb. 3). Nimmt man schließl. die Fischform zur Kenntnis, so diente die Gesamtanlage offensichtl. der Wiederkehr / des Osiris im Fischsektor /.

Mumifizierung: die Überführung des Körpers in eine Mumie / wurde trocken (s. Mumienbündel /) od. naß praktiziert: nachdem die Leiche an der l. Hüftseite aufgeschnitten u. vom Bauchhöhleninhalt befreit worden war, u. das Gehirn per Eisenhaken durch die Nasenlöcher entfernt (Herz u. Nieren blieben als einzige Organe innen), wurde sie mit zerriebener Myrrhe, Kassia u. anderen aromatischen Substanzen gefüllt, zugenäht u. 70 Tage an einem dunklen Ort in Natriumkarbonat-Lauge gelegt. Es folgte eine Waschung u. dann die Umwicklung mit Baumwoll-, Hanf- od. Flachsbinden von bis zu 2500 m Länge. Den Abschluß bildete eine Bestreichung mit schwarzem Mumienharz. Während dieser Zeit bestellten die Anverwandten 8 + 9 Prozessionen, über die außer der Zahl / nichts zu erfahren ist. Man denkt unwillkürl. an die Götterachtheit / + Götterneunheit /, die ja zus. die äg. Doppel-Religion / bildeten. — Die fertige Mumie wurde dann den Verwandten übergeben, die sie auf irgendeine Weise wie einen Schatz aufbewahrte. Gewöhnl. in der Nekropole / als ›Ort der Mumie‹.

Mumu Tiamat: die Mumie / od. der Urzustand der Tiamat /, die in sich Himmel + Erde vereint wie Mulaprakriti / u. Marzana /. Das könnte sich in der Verdoppelung / von Mu / (= Mumu) ausdrücken, da Mu sowohl einen Kontinent, also Erde, wie a. das Element Wasser, äqv. Urwasser = Himmel, die Mut / darstellt.

Mu-Nachfolge: »Drei große Nationen im Altertume nahmen für sich eine unmittelbare Abstammung von dem Reiche des Saturn / oder von Lemurien / in Anspruch... und dies waren die Ägypter, die Phönizier und die alten Griechen« (Blavatsky II, 812). These: lt. Babylonischem Turm / war das Reich des Saturn die 3. Welt / Lemurien, das einstmalige Paradies / (Garten Eden /). Das nach dem Paradies-Verlust / übrigbleibende Mu / dagegen war die Wiege der Kultur /. Als es 11432 v. Z. bis auf wenige Reste im Pazifik / unterging, war in Km.T / (Ägypten) schon die Nachfolge entstanden, gekoppelt an Afrika, weshalb das Land immer ein Doppelland blieb, s. Reichseinigung /, gekennzeichnet z. B. durch Binse / + Biene / (= Mu + Afrika), wobei ersteres (als Unterägypten, spez. Nil-Delta /) a. immer mit Kanaan / eng verbunden war, dessen Nachfolge Blavatsky ›phönizisch‹ nennt. Binsenkronen findet man im äg. Totenritual bei den Muu-Tänzern /. Diese 1. M. betraf die 5. Welt / (Mu selbst samt Ma /-Kolonien die 4. Welt) mit Altägypten als neuer Kultur-Wiege, gesichert durch die Große Pyramide / als Testament. Was die von Blavatsky erwähnten ›alten Griechen /‹ betrifft, so dürften die Pelasger / gemeint sein. Sie könnten jene Megalithgräber / in Alteuropa spez. für die 2. M. angelegt haben; ihnen folgten die äg. Horusdiener / in gleicher Absicht, dann die Kanaanäer /, die wahrsch. die Mora-Steine / anlegten = Stein-Kreise, unter denen München / herausragt. Zus. wirkt all das wie eine gemeinsame Anstrengung der 1. M., für die 2. zu sorgen, die 6. + 7. Welt = das 3. Reich / umfassen wird, d. h. das Friedensreich / od. wiederkehrende Paradies als Krönung der Weltenlehre /: in Europa /, mit München als Nabel. Symbol müßte immer eine Var. der Landung / von Nommo sein. Das findet sich für Ägypten in Verbindung mit den Ruti / = 2 Löwinnen (u. dessen Nachfolge fing im Löwe-Sektor an), u. es findet sich für München in Verbindung mit dem Wappen von dessen Kardinälen (s. Abb. München), samt 1. Rune / als (richtiger) Zeitangabe.

München: seit 150 J. süddt. Kulturmittelpunkt, über dessen Entstehungsgesch. als Ort + Stadt die Meinungen noch weit auseinandergehen. Heutige Version:
1) wurde 1157/58 von Heinrich dem Löwen als Marktstadt in der Nähe einer älteren Siedlung Munichen gegr. u. ab 1255 Residenz der Wittelsbacher;
2) in die Zeit um 2000 v. Z. reicht M. als ».. .ein uralter astronomischer Mittelpunkt. Der Durchmesser der Gesamtanlage dürfte etwa 140 km betragen haben. Manches deutet darauf hin, daß die Münchner Anlage von Freising ausging, das anscheinend schon in vorchristlicher Zeit ein uralter Priester(innen?) Sitz war« (samt Abb. aus der Zeitschrift ›Nordische Welt‹ 1935,

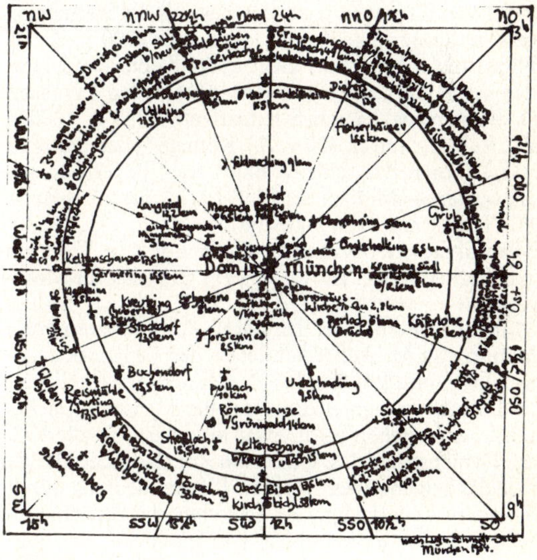

Abb. 1

Heft 4). These: das Wort Freising könnte sich ergeben haben aus Freyas / Ing / (= Ort), was auf einen Venus-Tempel / schließen lassen würde. Da Venus / (= Freya, s. Freitag /) auf dem Babylonischen Turm / schon für die zukünftige 6. Welt / steht, wäre dies evtl. auf M. zu übertr., vom Wort her Mu-Nichen = kleines (nichen, neken wie bei Mann, Männeken) Mu /, d. h. es käme die 2. Mu-Nachfolge / in Frage. Darauf deutet a. das Wappen aller Münchner Kardinäle (Abb. 2): statt Urhügel / (Mu) bilden 2 spitze Ber-

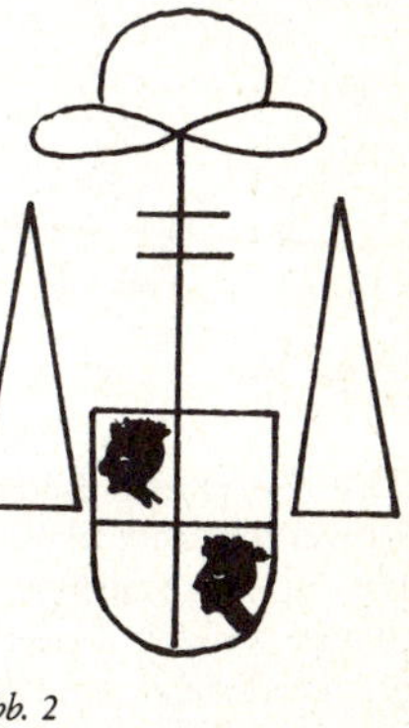
Abb. 2

ge ↗ die Einrahmung des Wappens, das die übl. Mulde zw. den Bergen ersetzt, sowie das, was darin aufgenommen wird, s. Landung ↗. Das ist hier aber keine Kugel, d. h. kein Raumschiff ↗ mit Astronauten ↗, sondern eher das, was die Dogon ↗ Nommos Auferstehung nennen, s. Wiederkehr ↗: denn der gleiche gekrönte Negerkopf ist im Wappen einmal unten u. einmal oben. Die vertikale Trennlinie setzt sich nach oben fort als Doppel-Kreuz od. 1. Rune ↗, was als Datum der für M. vorausgesagten Ereignisse den Wiederbeginn des Wassermanns ↗ ab 1950 signalisieren würde, also Endzeit ↗ + Tausendjähriges Reich ↗ (1 Rune = 1080 J.). Hitler ↗, der aus M. die ›Stadt der Bewegung‹ machte, hat das mit Sicherheit gewußt. — Über der Rune der Kardinalshut, der auf Münzen schon der Hut von Wotan ↗ war u. letztl. die Unendlichkeitsschleife ↗ ist, im Muntu ↗-Viertel genau der Übergang (1999) von bisheriger Geschichte ↗ (4. + 5. Welt) zu zukünftiger Gesch. (6. + 7. Welt), die a. das 3. Reich ↗ ist. Sein Beginn, so möchte man formulieren, wird in M. gestaltet. Das Muiska-Museum ↗ machte Anstrengungen in dieser Richtung. Seine Deutung des Negerkopfes (der a. im Maibaum ↗ von Ismaning ↗ vorkommt) lautet Baldr ↗. Dann stammt die M.-Anlage wohl von Kanaanäern aus der Zeit, als die Sternenwege ↗ u. Stonehenge ↗ entstanden, um 2000 v. Z. Da blühte in der Münchner Gegend der Kupferhandel mit den sog. Glockenbecherleuten, die aus den Pyrenäen (1. Sternenweg) kamen. Streitaxtleute ↗ (ab ca. 1600 v. Z.), Kelten ↗ (ab ca. 400 v. Z.), Römer ↗ (Besetzung 15 v. Z.), Goten ↗ u. schließl. Bajuwaren (Bayern) folgen alle später. — M. liegt am Fluß Isar ↗, das als Is-Ar = Hl. Wasser ein Tabu ↗ besitzt.

Munsalvaesche: Name der Gralsburg ↗ in Wolfram von Eschenbachs Parzival ↗, steht zunächst für Montségur ↗.

Muntu: Mensch ↗ bei den Bantu ↗, mit letzterem als Mehrz. von M. Außerdem letzte der 4 Hauptkategorien ihrer Ntu-Philosophie ↗, definiert als ›Intelligentes Dasein‹, worunter dann nur der Mensch u. nichts sonst zu verstehen ist, u. zwar bis zurück in alle Var. des Urmenschen ↗, s. Evolution ↗ u. Neandertaler ↗. Wie das Schema zeigt, wird die Unterscheidung durch 5 weitere Unterkategorien getroffen, die zunächst intelligent, aber unvernünftig von intelligent *und* ver-

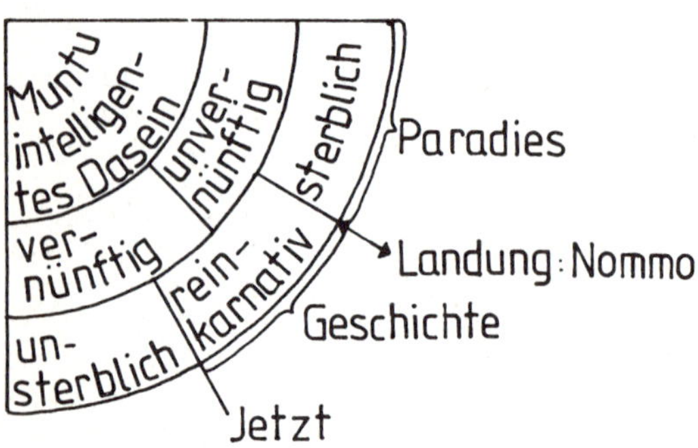

nünftig trennen. Letzteres ist Muntu + Nommo ↗. Schwerverständl. Aussage: »Seit es den großen Muntu gibt, ist Nommo beim Muntu.« Die zusätzl. Eintragungen außerhalb der Kreislinie stammen von Von Frankenberg ↗, die 1967 auf das Buch Muntu von Jan-

Why MUNTU?
Its time has come.

In the most literal sense, MUNTU means »soul« or »essence of humankind« in Swahili, a major African language.

MUNTU is the first true symbol of a unified new people: Black Americans with an African heritage. More than a mere symbol of common ancestry, however, MUNTU marks the awakening of a new consciousness, a new oneness... a new pride in being! Neither political nor religious in nature, MUNTU clearly symbolizes the creation of a Black America, carved out of the African continent.

The beauty of MUNTU as jewelry is totally secondary to its purpose and message. The men, women, and children who wear MUNTU are saying »I am Black. I am American. I am of African ancestry.«

»And I am proud of them all!«

MUNTU: Its time has come.

Why Every Black American Will Say, MUNTU!...

heinz Jahn stieß, aber erst 10 J. danach den Begriff a. in Altägypten als Pharao Muntuhotep ↗ bzw. den Muntu-Stier ↗ entdecken konnte, weil er inzw. von der Ägyptologie ↗ falsch vokalisiert wurde: als Mentu

MUNTU™

“A Black American from Africa”

»Join me in celebrating the birth of a new national symbol. And in telling the world who you are!«

Louis Gossett, Jr. Star of Roots

od. Month, trotz Schreibweise Mntw ↗, die das U nahelegt, da W u. U bei den Hieroglyphen ↗ gleich waren, u. unser W schließl. ein Doppel-U ist. Ähnl. Entdeckung von Ntu ↗ als Ntw ↗. — 1978 wurde M. dann von den Schwarzen Amerikanern ↗ entdeckt u. von einem Hauptdarsteller im Film Roots ↗ zu einem Symbol ↗ gemacht, das aus dem Kontinent Afrika als Neuschöpfung Schwarz-Amerika ↗ herausnimmt. — Die Schwierigkeit liegt darin, daß M. heute nicht mehr nur alle Bantu, sondern alle Schwarzen umfassen soll, obwohl es urspr. eben nur Mensch allg. bedeutete. — Anklänge finden sich in Min ↗, Manu ↗, Manda bei den Mandäern ↗; Monomotapa ↗ enthält eine Abk. von M.

Muntuhotep: 4 Pharaonen ↗ der 11. Dyn. trugen diesen Namen, der sich aus Muntu ↗ u. Hotep (wie bei Imhotep ↗) zusammensetzt, was etwa ›Muntu ist zufrieden‹ bed.:

1) Muntuhotep Tepia	
(Antef I. Sehertaui)	nach Pochan
(Antef II. Wah-anch)	(s. Dynastienliste ↗)
(Antef III. Nachtnebtepnefer)	dauerte diese Dyn.
2) Muntuhotep I. Nebhepetre	3378–3336 v. Z.
3) Muntuhotep II. Sanchkare	
4) Muntuhotep III. Nebtauire	

Diese 42 J. fallen ins 1. Jh. der 2. Hälfte des Stiersektors ↗ (die 3450–2370 v. Z. dauert), weshalb a. der Muntu-Stier ↗ dazugehört. Als Grundmotiv ↗ der Geschichte ↗ herrscht , Buchstabe A; als Hieroglyphe ↗ der Stierkopf. A = Alpha ↗: etwas Neues, so scheint es, fängt mit der 11. Dyn. an – aber was? Wichtig genug muß es gewesen sein, wenn der Mensch (= Muntu) allg. darüber zufrieden war. Geschichtl. Tatsache ist nur die Wiedervereinigung des äg. Reiches nach dem staatl. Zusammenbruch etwa am Ende der 6. Dyn. als Nachfolge des Mysterienverrats ↗, als die 1. Zwischenzeit (7.–10. Dyn. umfassend) Ägypten als Mu-Nachfolge ↗ fast auslöschte. Man darf nicht vergessen, daß es a. eine Karma ↗-Fortsetzung von Atlantis ↗ gab u. der alte Kampf auf neuen Kontinenten wieder aufflammte. These: dabei ging es weniger um Länder od. Kulturgüter, nicht einmal um Weltherrschaft: es ging um die Auferstehung des von Seth ↗ ermordeten Osiris ↗, es ging um die im Gangsystem ↗ der Großen Pyramide ↗ manifestierte Sonderlinie ↗: sie erreichte bei M. I. – der Krischna ↗ war – den letzten entscheidenden Punkt vor der endzeitl. Wiederkehr ↗. So wie Krischna nur ›schwarzer Mann‹ heißt, so fällt M. I. durch seine pechschwarze Farbe auf, sein 1,83 m hohes massiges Sitzbild aus bemaltem Sandstein wurde völlig unbeschädigt in einer Kammer des Schachtes gefunden, der zu seinem Totentempel (Nähe Hatschepsut ↗) führt u. total aus der Reihe fällt. Ebenso ungewöhnl. ist, daß die Statue wie eine Mumie ↗ mit Binden umwickelt war. Wo stammten die Leute mit den neuen Sitten her? Offiz. Version: aus der Umgebung von Theben ↗, weil sie diese berühmte Stadt gründeten u. zu ihrer Residenz machten. Eigene These: der Gründer war Kadmos ↗, der Bruder von Europa ↗; die Helfer bei der 2. Reichseinigung ↗ waren Kanaanäer ↗, die später über Nubien ↗ nach Simbabwe ↗ zurückkehrten. Evtl. geht Teje ↗ aus dieser Linie hervor.

Muntu-Stier: spez. unter den Pharaonen ↗ der 11. Dyn. (s. Muntuhotep ↗) als ›Königsgott‹ verehrter Stier ↗ von Theben ↗ u. Hermonthis ↗ (nach ihm benannt) mit schwarzem Kopf + weißem Körper (d.h. von Apis ↗ unterschieden). These: es handelt sich einmal um das Muntu ↗ gen. Viertel der Sonne = Re ↗ in Ägypten, der als sein Vater gilt, mit Kopf als schwarzem Sonnenkern ↗ u. Körper als weiße Sonne – u. als Re-Sohn geht er natürl. über in Horus ↗, den jeder Pharao darstellte, wobei die frühere Form des M. der Falke ↗ war. Verstanden als Tierkreis ↗-Sektoren stehen dann Falke + Stier generell für Königtum ↗. — Den Namen dürfte Muntuhotep eingeführt haben. Als Kadmos ↗ aus Kanaan stammend, wäre das dortige Äqv. der Stier des Baal ↗ (a. dort sind es 2 Stiere).

Muotesheer: das Wotansheer der Wilden Jagd ↗.

Musaios: Nv. für Homer ↗.

Museion: Erinnerungsstätte (griech.), heute Museum ↗. Das Wort wurde zum 1. Mal für einen Gebäudekomplex in Alexandrien – das anstelle des äg. Ra-Kedet ↗ entstand – verwandt, den manche zu Unrecht a. als älteste Universität ↗ der Welt betrachen. Ein Teil des M. war die Bibliothek, die zum Zeitpunkt ihrer Zerstörung durch Julius Cäsar ↗ 7000000 Papyrusrollen umfaßte. These: Urbild dürfte das Lebenshaus ↗ gewesen sein.

Musen, die 9: griech. Göttinnen, über deren Zuständigkeit keine einheitl. Überlieferung besteht:
1) Kleio od. Klio: Geschichtsschreibung
2) Erato: Lyrik
3) Euterpe: Dichtung u. Gesang
4) Kalliope: Epos
5) Melpomene: Tragödie
6) Polyhymnia: Hymnen
7) Terpsichore: Tanz
8) Thalia: Komödie
9) Urania: Astronomie

Daß Kunst u. Instrumentalmusik so völlig fehlen, ist erstaunl.; nach Pausanias gab es überhaupt nur 3 M., die aber andere Namen hatten: Melete, Mneme u. Aoide. Evtl. ist die Gesamtzahl 12 gewesen, da Kultur ↗

Die neun Musen

mit dem Zodiak ↗ (12teilig) begann. Ihre Bez. Museia führte zu. Museion ↗. Auch Urania ↗ (Nr. 9) deutet mit ihrer Entstehung als Planet durch den Besuch außerird. Kulturbringer auf die gleiche Zeit als M.-Beginn od. Beginn von Kultur ↗. U. deshalb läßt sich denken, es handle sich um eine sehr alte Einrichtung (s. Griechische Mythologie ↗, die von anderen Völkern übernommen war) mit 4 Musen für Literatur ↗ u. 8 in Übereinstimmung mit der Loge ↗. Die weitere Ausfächerung zur Sonne ↗ wäre durch 12 + 24 des griech. Theaterchors gegeben.

Museum: auf Museion ↗ zurückgehender Begriff einer Stätte, die Erinnerungsstücke sammelt u. zugängl. macht, ob auf dem Gebiet der Kunst ↗, Wissenschaft ↗ od. Technik. Die Sammlungen der berühmten M. von Europa sind z. T. umstritten, weil gar manches eine Beute des Kolonialismus ↗ war u. von den entspr. Völkern zurückverlangt wird (meist noch vergebl.). Das wirft die Frage auf, ob Projektionen ↗ des projizierenden Individuums dem Volk ↗ seiner Zugehörigkeit od. der ganzen Welt gehören, weil sie sich aus dem kollektiven Unbewußten ↗ speisen: aus einer Erinnerung ↗ (M. = Erinnerungsstätte), die, wie das Grundmotiv ↗ aussagt, durch Gegenwart (hier Gegenwärtigkeit im M.) aus Vergangenheit (germ .Urd ↗) Zukunft macht – für alle. — S. Muiska-Museum ↗ u. Nekropole ↗ (Totenstadt als M.).

Musik: Ton ↗-Kunst; lt. Blavatsky ↗ erfunden durch

Isis ↗ u. Osiris ↗, was sie an den Anf. der Kultur ↗ verlegt. Lag lt. Friedell (Kulturgeschichte, S. 333) in Ägypten ↗ vorwiegend in den Händen weibl. Kräfte (ebenso wie Tanz ↗) u. basierte auf einer nicht mehr bek. Musik-Philosophie. Die heute wieder aufblühende Musik-Therapie ↗ dürfte 1 Aspekt gewesen sein, Religion ↗ als Tempelmusik (verkörpert in der Göttin

Musikantinnen mit Harfe, Laute und Tamburin

Mert, äqv. Meresger ↗) u. die Mysterien ↗ begleitend, ein anderer. ›Größte der Musikantinnen‹ war in Heliopolis ↗ Titel der M.-Vorsteherin; in Theben ↗ wurde sie dem ›Haus des Gottesweibs ↗‹ zugerechnet. Noch seltsamer mutet an, daß die Sängerinnen des Atum ↗-Tempels ›Hathoren‹ gen. wurden, u. Musikantinnen geradezu in der Maske der Göttin Hathor ↗ auftraten, deren symb. Musik-Instrument ↗ das Sistrum ↗ war, dessen eine Form Ib gen. wurde = mütterl. Herz ↗. Genau damit erhält man Anschluß an Aussagen über die afrik. M.:

J.-B. Obama: »Wir wissen, daß die Blutzirkulation über die 3fache rhythmische Bewegung des Herzschlags entscheidet:
- in systole I. movement of the auricles
- in systole II. movement of the ventricles
- in diastole III. general repose of the cardiac System« (1968, 211).

Dieses phys. Tempo des Herzschlags, so meint er weiter, könne als I + II od. I + II + III Rhythmus empfangen werden. Die raffinierte Unterteilung dieser Zeiten wiederum habe zu dem berühmten Phänomen der afrik. ›syncopated rhythms‹ geführt, wofür man wohl am besten das Grundmotiv ↗ Polyrhythmik = Gleichzeitigkeit ungleicher Zeit setzt. M. allein könnte demnach ungleiche Zeiten synchronisieren u. bei gegebener Raum-Zeit-Einheit a. ungleiche Räume, z.B. Himmel-Erde, Jenseits-Diesseits etc.: »Unsere traditionelle afrikanische Musik muß als eine Kunst der Bewegung in der Zeit und als eine Kunst des plastischen Rhythmus im Raum betrachtet werden« (ebd., 191). Also ist sie doch Bild (Raum) in Bewegung (Zeit) = Motion-Art ↗ als akustische Grafik statt graph. Akustik; u. alle Musen ↗ auf einmal, weshalb das Wort M. urspr. für alle schönen Künste stand u. erst ab frühem Mittelalter ↗ auf tonale Kunst eingeengt wurde. Pythagoras ↗ brachte noch die äg. (od. afrik.) Musikauffassung nach Griechenland.

Wie Skulpturen geformte Musikinstrumente

Abb. 1

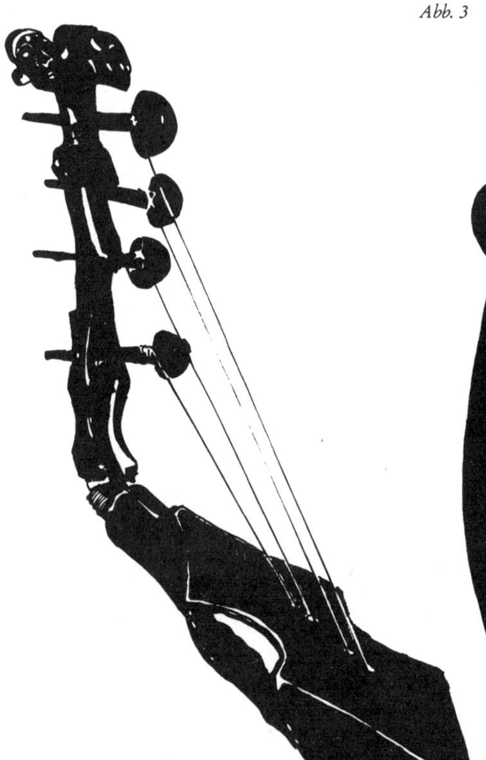

Abb. 2

Abb. 3

Musik-Instrumente: »Die alten Griechen haben nicht ein einziges Musikinstrument selbst erfunden und entwickelt, sie haben sie alle von anderen Völkern übernommen.« (H. Helfritz, Amerika, Verlag Überreuter 1979: 153) These: das meiste wohl über Ägypten aus Afrika u. Saba ↗, deren berühmte Königin bei ihrem Besuch von König Salomo ↗ 1000 M. mitgebracht haben soll. Diese Fülle der Möglichkeiten, Musik ↗ zu produzieren, orientierte sich wie die Musik selbst nicht nur an Bewegung (zupfen, streichen, blasen, schütteln, schlagen etc.), sondern a. an der plastischen Räumlichkeit (Form), die spez. in Afrika aus M. Hieroglyphen ↗ od. Grundmotive ↗ machte, ja sogar Archetypen ↗, Mythenteile, Symbole etc. Die Abb. auf Seite 356 zeigen: Ein Blashorn (1), eine Harfe (2) u. eine Schlitztrommel (3).

Musik-Therapie: »Der musiktherapeutische Heilungsvorgang - das heilende Musikerlebnis - besteht aus einer akustischen Darstellung harmonikaler Ur-Formen ↗, die auf dem Wege über das Gehörorgan vermittelt, der Ganzheit Körper-Seele die Gesetze des eigenen Gleichgewichts wiederum bewußt zu machen. Mithin wäre Musiktherapie, im Grunde genommen, der Vorgang einer Anrufung der Uridee ↗ im kollektiven Unbewußten ↗ vermittels ›Spiegelung‹ ihrer selbst im Sinnbild einer klanglich-akustischen Entsprechung« (A. Pontvik, Grundgedanken zur psychischen Heilwirkung der Musik, Rascher-Verlag, 1948: 47). These: das entspr. ganz den afrik. Musik-Instrumenten ↗, die dieser Anrufung durch Analogie a. noch optisch nachhelfen. Nur sollte die Ganzheit Körper-Seele-Geist (s. 9fältiger Mensch ↗) u. nicht allein Körper-Seele umfassen. M. spielt beim Medizinmann ↗ eine Rolle.

Muslim: äqv. Moslem ↗; ein Sonderzweig wurden die Schwarzen Moslem ↗ in USA.

Muspelheim: Ausdruck der Edda ↗; unterschiedl. übers. mit: Reich des Urfeuers (Jens, Mythol. Lexikon), Weltenwende, makrokosm. Jul ↗ (Wirth ↗) od. Weltbrand, Erdvernichtung (R. Derolez) u. 1 der 9 Welten, die die Weltesche ↗ durchwächst, a. Weltreich der Feuerriesen od. von Surt ↗, immer von schwarzer Farbe (Edda-Interpret Dr. O. Uebel). In der Mythol. von R. Cavendish heißt es

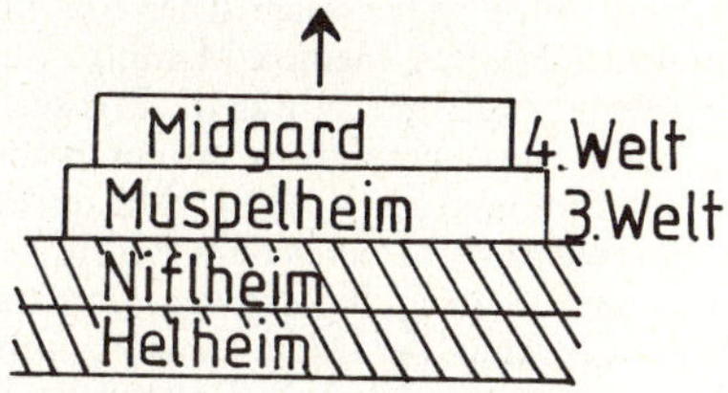

schließl.: »Am Anfang gab es nichts als einen unendlichen Abgrund (Ginnungagap ↗), südlich davon befand sich Muspelheim mit Vulkanen, aus denen sich ein Feuerregen über den leeren Raum hinweg bis in das eisige und neblige Tal Niflheim ↗ im Norden des Abgrunds ergoß. Wo die Hitze des Südens auf die Kälte des Nordens traf, da entstand das Leben...« (Cavendish/Ling 1981, 179-180), nämlich Audumla ↗ + Ymir ↗. Es wird also alles ins Jenseits verlegt, die ird. Analogie fehlt. These:

1) äqv. zum Babylonischen Turm ↗ ist M. die 3. Welt ↗ (das Reich des Saturn, schwarze Stufe), d. h. konkret Lemurien ↗ (Schema)

2) nach dem ›Muspelli‹ = Untergang, bleibt Mu ↗ übrig u. wird Midgard ↗, auf dem sich aber M. + Niflheim wieder einfinden als Länder der Schwarzen u. Weißen, a. heute noch orientiert nach heiß = S u. kalt = Nord. — Im Altsächs. findet sich als Nv. Mutspelli, mit der Vorsilbe Mut ↗, in Ägypten - das ein Nachbau war - der Gesamtkosmos.

Mussolini, Benito: Begr. + Führer *(duce)* des ital. Faschismus ↗ (1883-1945) gleich nach Ende des 1. Weltkriegs ↗ 1919, genau wie bei Hitler ↗, mit dem er sich aber erst 1939 für den 2. Weltkrieg verbündete, mit Kriegseintritt 1940.

Mut: äg. Göttin, aus der die Götterneunheit ↗ hervorging, äg. Schreibweise MW.T, Symboltier Geier ↗. Neben ›Herrin des Himmels‹ u. Sonnenmutter ↗ wird sie zu einer Urgottheit, die ›gebar, ohne daß sie geboren wurde‹, was eine Par. zu Mulaprakriti ↗ nahelegt od. zu Io ↗ bzw. Parabrahman ↗. Bei Blavatsky ↗ findet sich das Wort M. als ein sonst unbek. Z. mit Fünfstern u. Sonnenzeichen ↗ gekoppelt, kopt. Ioh. An dieser Schreibweise verblüfft v. a. der Fünfstern, weil abstrahiert M.s Darst. als schwebender Geier ebf. das Pentagramm ↗ ist. Verbunden mit dem Sonnenzeichen u. ihrer Bez.

Abb. 1: Mut, Tutenchamun, Amun

als Rait ↗ = weibl. Sonne, wird die Frage laut, ob sie gar nicht (wie die Nut ↗) als Mutter der Re ↗ gen. Sonne gemeint ist, sondern der Neuen Sonne ↗, die wir in unserem System noch erwarten, u. deren Entstehungsstelle das X in der Re-Sonne sein dürfte. Das wäre a. eine Erklärung für den Geier neben der Schlange am Kopf der Osirismumie ↗ sowie für die fanatische Auskratzung des M.-Namens u. Gesichtes durch Echnaton ↗ u. Nachfolger, außer Tutenchamun ↗, der auf folg. Relief zw. M. u. Amun ↗ als deren ›Kind‹ gezeigt wird (Abb. 1). Deutl. wird dabei seine Symbolisierung als jener Djed ↗, der über den Widderhörnern die Geierkrone ↗ trägt, die sich aus den Elementen der Eltern zusammensetzt: Kugel von M., Federn von Amun. Letzterer ist aber schon der Sohn der M. u. im 1. Inzest ↗ deren Gatte. Aus den verschränkten Armen läßt sich ganz deutl. das Schema des Gesamtkosmos ↗ herauslösen, mit M. + Amun als weibl. Dreieck ↗ (Nommo ↗) u. ihrem ›Sohn‹ als männl. Dreieck ↗ (Nemes ↗), das sich im Königskopftuch als Pyramide ↗ manifestiert. Darüber die Quetzalsonne ↗. Natürl. ist im Rahmen einer Trinität ↗ jeder der 3 Figuren a. das Ganze, was als Umsetzung des Namens MW.T (Mut) so aussieht:

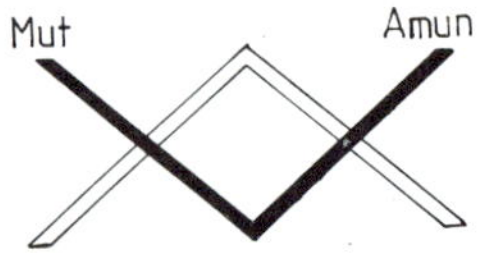

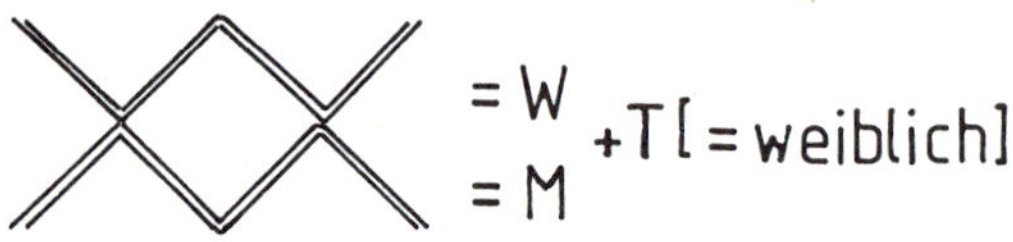

Für die 100 Grundmotive dieses Gesamtkosmos (sum. die 100 Me ↗) wäre wohl a. folgende Aufteilung möglich:

Abb. 2: Armreif

Abb. 3: Halskette mit Geieranhänger (18. Dynastie)

Nicht nur findet sich die Göttin als X auf einem Armreif (Abb. 2), äqv. dem X ihrer gekreuzten Flügel auf der Mumienhülle ↗, eine Halskette mit der M. als ›Geieranhänger‹ läuft erstaunlicherweise am Verschluß in 2 Fische ↗ aus, korrespondierend zu den 2 Omega ↗-Z. in den Geierkrallen: D. h. M. = Mehit ↗, 1. der Fische, der in Christ + Antichrist als die 2 Fische zerfällt (Abb. 3). Man darf annehmen, daß mit den fehlenden letzten Steinchen am Verschlußende 100 Kettenglieder existierten, wieder schön unterteilt in 50 schwarze + 50 weiße als die beiden Dreiecke des Gesamtkosmos. Versteht man die 2 Omegas unten als 2-Sonnen-System, wäre die Aufteilung aber nicht 50 + 50, sondern wohl 48 (Kategorien der weißen Sonne ↗) + 52 (Tzolkin ↗, Umlaufjahre der schwarzen Sonne), wenn man auf Sirius ↗ bezieht, den Hathor ↗ vertritt, die mit M. verschmelzen kann.

Mutation: Änderung (nach mutatio, lat.) im Erbgefüge eines Lebewesens bzw. in 1 Gen ↗, die plötzl. eintritt. Darwin ↗ baute seine Lehre darauf auf. Eine nicht berücksichtigte M. ist die Transmutation ↗.

Mutter: eine Frau ↗, die geboren hat - ohne unbedingt selbst geb. worden zu sein. Erste ird. M. ist Eva ↗, die erste himml. M. Mut ↗, woher das Wort kommen dürfte. Es bezieht sich dann nicht wirkl. auf die Geburt ↗ (Grundmotiv A), sondern das X ↗, das der Schwangerschaft ↗ vorausgeht, s. Archetyp Urmutter ↗ (Muttergöttin) + Mütternacht ↗. Die versch. Worte ähneln sich global außerordentl.:
Ma (ind.)
Mam ↗ (afrik.)
Mama (bei uns)
Matar (Sanskrit + altpers.)
Meter (griech.), himml. Demeter (göttl. Mutter)
Mater (lat.)
Match (russ.)
Mother (engl.)
Mère (frz.)
Mutter (dt.)
Mut (altäg.)
Konstant pendeln die Worte zw. Ma ↗ = Sonne, Me ↗ = hundert göttl. Kräfte, Mo ↗ = höheres Selbst u. Mu ↗ = Wasser + Kontinent. In Ägypten wurde der Uterus ↗ Mwt Rmt gen., die M. der Menschen, dt. ›Gebärmutter‹, mit der Plazenta ↗ als ›Mutterkuchen‹, äg. Chons ↗.

Mutter- od. Mütternacht: *modraneht* (germ.), gefeiert in der Julnacht ↗ vom 24.-25. Dez., a. Höggunott ↗ (Hügelnacht). Wirth ↗: »Es ist die Nacht, in der die Grabhügel sich öffnen, die Toten auferstehen. Diese Überlieferung stammt aus der Zeit der Megalithkultur ↗, der großen Steingräberhügel... der Hügelleute, wie die Grabhügelbewohner in der eddischen Überlieferung ›die alten Menschen in den Hügeln der Heimat‹ genannt werden. Darum heißt der Grabkammerhügel an der atlantischen Küste der Pyrenäeninsel auch Mamua, Mamoa, Mamula ↗, ursprünglich ›Mutter‹ ↗ in Erinnerung an die Priesterin, die an dem großen Sippengrab ihres Amtes waltete. Ban Tuath, ›Mütterchen des Volkes‹, ›Mütter der Deutschen‹ (s. Tuatha ↗) hießen sie im Altirischen... Entsprechend heißen zwei Hügel in der Grafschaft Kerry ›die Brüste der Anu‹, der Danu, Dana ↗, nach der sich die Nordeuropäer Tuatha De Dannan ↗ ›Volk der Göttin Anu‹ nannten« (Wirth, S. 57).

Muu-Tänzer: erwarteten als ›Geister der verstorbenen Könige‹ am Eingang der Nekropole ↗ (od. des Grabes) den Toten ↗ nach seiner Mumifizierung ↗, falls er ein ›osirianisches Begräbnis‹ bestellt hatte, d.h. zur Osirismumie ↗ = zu Osiris ↗ gemacht worden war. Unter ihrem getanzten Geleit zog er dann in die Duat ↗ ein. Merkwürdigerweise trugen sie Schilfkronen u. begrüßten den ›Osiris‹ Gewordenen wie jubelnde Untertanen seines einstmaligen realen Reiches. Der Name könnte auf Mu ↗ verweisen u. die äg. Mu-Nachfolge ↗, mit den Kronen aus Binse ↗ als Symbol.

Mykene: Burganlage auf dem Peloponnes, Griechenland ↗, nach der man für den Zeitraum von ca. 1700–1100 v. Z. von Mykenischer Kultur ↗ spricht. Im Ggs. zum Palast von Knossos ↗ der Minoischen ↗ Kultur, zu der sich starke Verwandtschaft zeigt, gab es hier 6 m dicke Befestigungsmauern im Stil der Zyklopen ↗. Wie in Ägypten lagen die Toten ↗ im W, in einem Steinkreis nahe der Nekropole ↗ früherer Siedler, s.

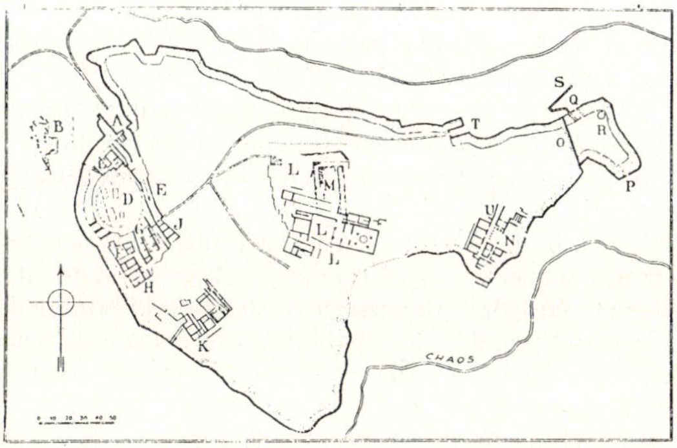

A: Löwentor; D: Gräberrund; F: ›Haus der Kriegervase‹; H: Südhaus; J: Hausreste aus hellenistischer Zeit; L: Palast der Oberburg; M: Tempelfundamente aus griechischer Zeit; N: ›Haus der Säulen‹; T: Nordtor; P: Not-Tor; R: Zisterne aus hellenistischer Zeit; B: Prähistorische Nekropole

Text unter der Karte. Homer ↗ nannte die Mykener Achäer ↗. — These: die Umfassungsmauer gleicht Montségur ↗ = der Weltenbaum ↗ = Babylonischer Turm ↗; letzteres findet Bestätigung durch die Ausgrabung von babyl. Rollsiegeln ↗ sowie einer Göttin (Abb. 1) aus gehämmertem Gold, mit dem für Sumer ↗ + Kreta ↗ typ. Stufenrock (wahrsch. den Zodiak ↗ symbolisierend, äg. Djed ↗), umrahmt von 9 Blüten (= 9 Welten?): 3 oben, 3 l., 3 r. Die Zahl 9 kehrt wieder auf einem überlebensgroßen Diadem (Abb. 2), nur symb. auf weibl. Leichname der myken. Gräber gelegt, in Verbindung mit 7 Zacken à je 7 Kreisen = 49, die Glieder des Baumes, auf den Gurdjieff ↗ in Asien stieß.

Abb. 1

Zählt man nun alles zus., a. die insg. 8 Teile, erhält

Abb. 2

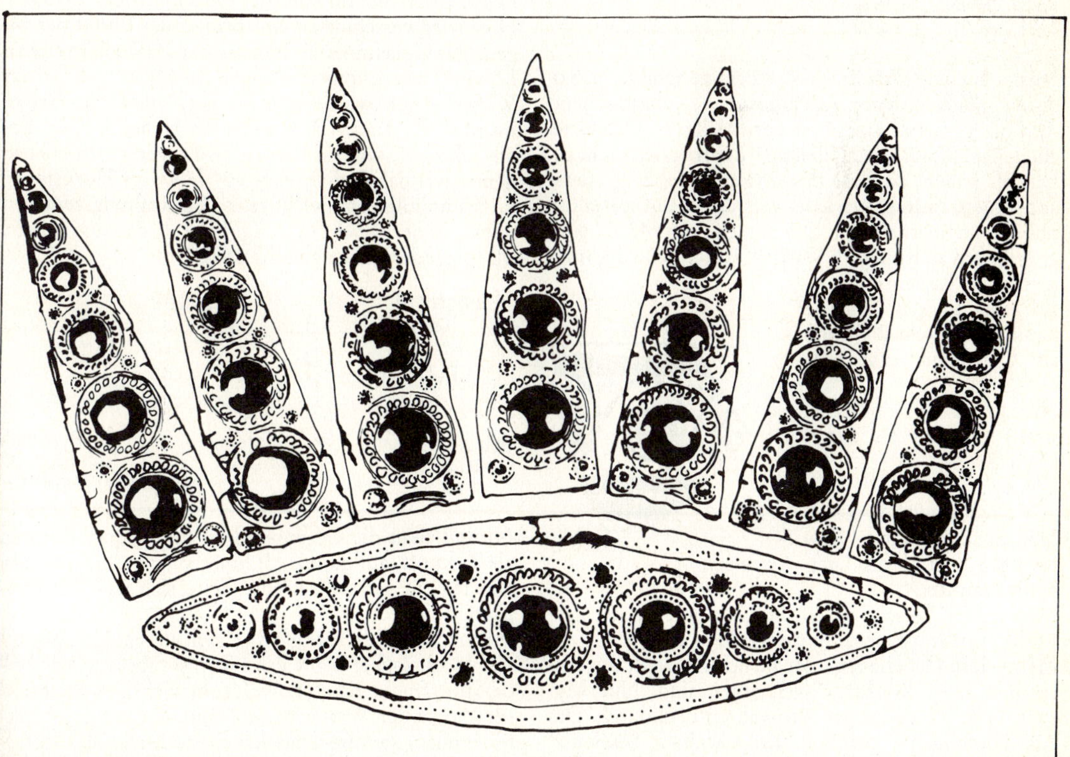

man: 9 + 49 + 8 = 66 ↗, die Zahl der äg. Geißel ↗, die mit der Lilie ↗ zusammenhängt. Od.: die Göttin ist die babyl. Lilitu ↗ (man fand in den Gräbern a. eine goldgehämmerte Lilie). Weiter ist aufschlußreich, daß der Titel der myken. Königin Wanassa u. der des Königs Wanax war, was an die Wanen ↗ der Edda ↗ erinnert, mit dem göttl. Geschwisterpaar Freya ↗ + Freyr ↗. Letzterem wurde der Eber ↗ geopfert (als Juleber) - die myken. Krieger trugen Helme, die aus Eberzähnen zusammengesetzt waren! — M. wurde von den Dorern ↗ zerstört.

Mykenische Kultur: nach Mykene ↗ benannt. Eine Allianz myken. Könige kämpfte im Trojanischen Krieg ↗, beschrieben in der Ilias ↗. Mykene war damals Sitz von Agamemnon, Pylos (Abb. 1) Sitz von

Abb. 1: Thronsaal von Pylos

Nestor etc. Die Wandfresken, 8förmige Schilder u. Rosetten, gleichen denen von Knossos ↗ - überraschend sind die Hakenkreuze ↗ an der Decke. — Um Griechen ↗ im Sinne von Hellenen ↗ kann es sich nicht gehandelt haben, da diese das myken. Alphabet zuerst annahmen, dann aber wieder verwarfen, um später das phöniz. zu übernehmen. Das myken. hatte 48 Z., einige erinnern an Runen ↗; Wirth ↗ spricht von der ›mykenischen Runenreihe‹, u. auf einer myken. Scherbe kann man direkt 2 Runen als Ornament erkennen: Nr. 7, Anu ✳ (Sechsstern) u. Nr. 22, Ing ↗ (Abb. 2) ᛝ Gesamtkosmos ↗. Man denkt bei dieser Kultur unbedingt an die Tuatha de Dannan ↗.

Abb. 2

Myste: eine Person, die in die Geheimlehre ↗ eingeweiht worden ist, spez. in die äg. Mysterien ↗.

Mysterien: Geheimnisse der Geheimlehre ↗, die hinter den relig. Mythen ↗ verborgen sind. Nur Mysten ↗ od. Weise dringen zur wahren Bed. durch. Das Äg. Totenbuch ↗ nennt lt. Kolpaktchy ↗ Seschat ↗ als ›Göttin des Geheimwissens‹ u. er schreibt außerdem: »Die Einweihung in der antiken Welt hatte zum Gegenstand:

a) entweder die Mysterien der äußeren Welt (Sonne, Mond, Planeten, athmosphärische Erscheinungen, Reiche der Natur); das waren Einweihungen, die in Persien und in Babylonien gepflegt wurden.

b) oder die Mysterien der inneren Welt, die sich auf dasjenige bezogen, was im Inneren des Menschen vor sich geht; jedes Organ entspricht einem kosmischen Kräftefeld... Diesem Typus gehörten die ägyptischen Mysterien und die von ihnen beeinflußten eleusinischen Weihen an« (Kolpaktchy 1975, 307-8). Kap. des Äg. Totenbuches heißen

CXII: Um die Mysterien der Buto-Region zu erkennen

CXIII: Um die Mysterien von Nekhen zu erkennen

CXIV: Um die Mysterien von Khemenu kennenzulernen

CXV: Um die Mysterien von Helipolis ↗ kennenzulernen, wobei das äg. Wort für M. Baw (od. Bau) ist, Mehrz. von Ba ↗, eingesetzt a. für die vollkommen Eingeweihten, die dann ›vollkommene Seelen‹ waren.

CXV (s. oben): »... Ihr, vollkommene Seelen (Baw), ihr wißt

Daß auch ich zu eurem Bunde gehöre,
Denn ich kenne Heliopolis' göttliche Geister;
Mein geheimes Wissen wird selbst von dem Wissen
Des Sehers, des großen (= des Leiters der Mysterien) nicht übertroffen...
Habe ich die Sperren (= Einweihungsprüfungen) nicht überwunden? Das Wort nicht
gesandt zu den Göttern ↗?
Wohlan! Nicht werden sie, die Dämonen über mich siegen, über mich, den Erben der Heliopolis-Götter!
Denn ich kenne fürwahr das Geheimnis der Locke.«

Hier wird verschlüsselt ein springender Punkt der M. gen.: das Geheimnis der Horuslocke ↗ (Zodiakzeichen Löwe ↗) zu ergründen, weshalb der Myste a. ›Kind der Witwe‹ ↗ gen. wurde, d. h. der Isis ↗ nach dem Osirismord ↗. U. danach fingen erst die M. an, d. h. im Löwe-Sektor ↗, worauf Seschat als Löwengöttin ebenso deutet wie das Zodiakzeichen ↗ Löwe als Horuslocke u. Heliopolis als wichtigstes Einweihungszentrum selbst, in der Bibel On ↗, äg. Junu ↗, das sich für die M. folgendermaßen aufschlüsseln läßt:

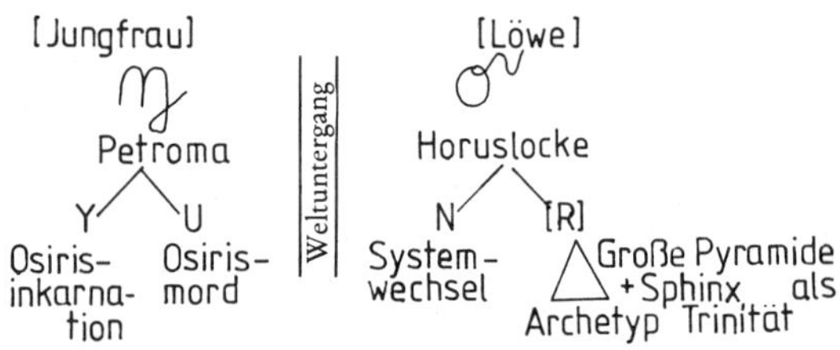

Nimmt man die Gegensektoren des Zodiak ↗ hinzu als Zukunft, auf die die M. hinarbeiteten, entsteht ein Schema, für das, siehe nächste Seite, sich a. ein äg. Symbolbild findet.

Im Arm der Schicksalsgöttin (Hemsut) ein Königskind mit Horuslocke; das X ihres Kopfsymbols würde beide, ›Jungfrau + Kind (Löwe)‹ zum wichtigen Fischsektor ↗ u. in den Wassermann ↗ führen; die 4 Zeitpunkte vereinen sich im Duplikat dieses Bildes als Gottesmutter Maria ↗ + ›Christkind‹ sowie in der Apokalypse ↗ als das, was Jesus ↗ in den M. (als Einweihungsplan) erfuhr. — Zweifellos war die Große Pyra-

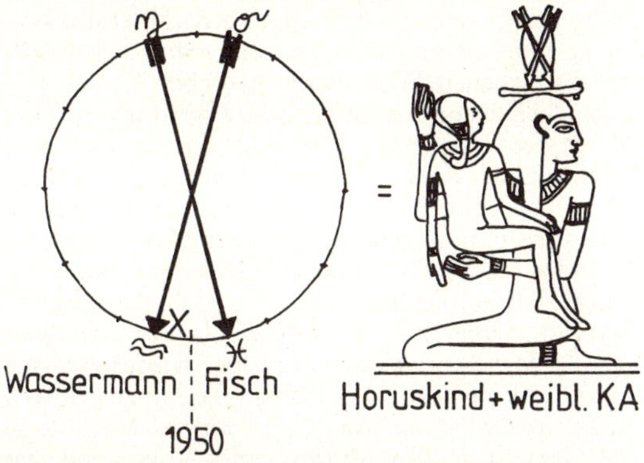

mide ↗ das 1. Mysterienzentrum, da in sie die ›Heliopolis-Götter‹ eingebaut waren:
1) außen als die zur Loge ↗ führende Götterachtheit ↗ u.
2) innen als die zu den M. führende Götterneunheit ↗, die schließl. in Horus ↗ + Hathor ↗ einmündet. Papus (im Buch Kabbala, S. 153): »Was hatten denn all die griechischen Philosophen in Ägypten zu tun und was lernten sie bei ihrer Einweihung in die Mysterien der Isis?« These: das, was a. schon Moses ↗ dort gelernt hatte. Die durch Todesandrohung untermauerte Schweigepflicht hinderte jedoch ihn wie Pythagoras ↗, Plato ↗ u. a. daran, das Erfahrene unverschlüsselt weiterzugeben, s. Schleier ↗ der Isis u. Mysterienverrat ↗. Die Mysterienspiele ↗ dagegen waren exoterisch (= für alle).

Mysterienspiele: sind im Ggs. zu den Mysterien ↗ öffentl. u. finden unter Mitwirkung von Laien statt. Ob nun im Zentrum Osiris ↗, Kore ↗, Inanna ↗ od. Jesus ↗ steht, immer wird das Geheimnis (Mysterieum) von Tod u. Wiederkehr der Götter, Natur u.

Sonne ↗ Mond ↗

Geburt - Leben - Tod - Unterwelt - Wiederkehr der Götter u. Menschen symbolisiert od. an einer geschichtl. Einzelperson aufgezeigt; u. U. mit Übertrag des Unsichtbaren auf Sichtbarkeit = Wesen der Kunst ↗, die im M. kollektiv praktiziert wird. Global unterschiedl. ist v. a., wie weit in die Vergangenheit zurück bzw. wie weit in die Zukunft voraus das gemeinsame Sich-Erinnern gehen soll. Träger (Schauspieler) waren Eingeweihte. Blavatsky ↗: »Mysterienspiele waren praktische Proben des Wissens, das in der Initiation ↗ vermittelt wurde« (III, 266). These: u. damit waren sie letztl. eine rituelle Umsetzung des Mythos ↗. Echte M. sind heute wohl nur noch das Sigui-Fest ↗, das alle 60 J. gefeiert wird u. jeweils 7 J. dauert. - Die M. von Eleusis ↗ wurden alle 5 J. gefeiert; die des Sokaris ↗ alle 6, der Isis ↗ jährl. (s. Kornmumie ↗), Sed ↗ alle 30 J. u. Chenti ↗ alle 120 Jahre. Die Umsetzung des Popol Vuh ↗ erfolgte a. jährl., mit besonderen M. alle 52 J., wenn 1 Tzolkin ↗ zu Ende ging. Bei den Hopi ↗ spielten sie sich in der Kiwa ↗ ab, in Ägypten wie bei den Dogon ↗ im ganzen Land.

Mysterienverrat: »Gegen Ende des Alten Reiches (d. h. der 6. Dynastie ↗ von Ägypten) wurden die religiösen Mysterien ↗ ›verraten‹. Eine Revolution, die wir geneigt wären als eine Art religiösen Kommunismus zu betrachten, brach aus. Von nun an besaß jedermann das Recht an den Mysterien teilzunehmen und der jenseitigen Güter teilhaftig zu werden...« (Kolpaktchy 1975, S. 11). Ergebnisse waren u.a. Totenbuch ↗, große Loge ↗ u. die Käuflichkeit eines ›osirianischen Begräbnisses‹ = einer Osirismumie ↗. Reellere Folgen waren der einsetzende Kulturimperialismus ↗; Grund: zweifellos der erste Klassenkampf ↗. Der M. soll in Memphis ↗ begonnen haben mit Ausraubung der Pyramiden ↗, Nekropolen ↗ allgemein. Der Umsturz fiel auf die 1. Hälfte des Stiersektors ↗, Grundmotiv

 u. entspr. als 1 = 2 = 3 alles ganz dem Vervielfältigungseffekt, daß nun Jeder u. nicht nur Einer, nämlich der Pharao ↗, in der Duat ↗ - u. über ihr als W von Km.T ↗ spielten sich die Schlachten ab - ›König‹ u. ›Osiris‹ werden konnte. In dieser turbulenten Zeit ca. 4530–3450 v. Z. blühten aber a. (dadurch) andere Kulturen auf - rechtzeitig vor der 2. Stierhälfte, die Whm ↗ = die Wiederholung ↗ brachte.

Mysterium: Geheimnis, a. Geheimlehre ↗, Mehrz. Mysterien ↗. Im Katholizismus ↗ die Sakramente ↗. — Das in dieser Form griech. Wort dürfte auf das äg. MSJ ↗ zurückgehen, was dann a. in Mystik ↗ enth. ist.

Mystik: die innere, wesenhafte Vereinigung des Menschen mit dem Göttlichen, entw. über dessen Personifizierung: Schiwa-Buddha-Christus-Mystik u. a., od. wunderschön beschrieben von Augustinus ↗ ohne jede Personifizierung als Reise ins ›Himmlische Jerusalem‹ zur Verschmelzung mit dem Sein ↗: Nommo ↗ in Afrika, Brahman ↗ im Hinduismus ↗. Es gibt a. eine ›nihilistische Mystik‹, die ins Nihil ↗ (Nichts) führt, verstanden als Abgrund, in dem alle Formen ↗ aufgelöst werden, sodaß die Beschreibung der Erfahrung nicht mehr bildhaft sein kann. Da dem Mystiker Bindungen an eine best. Religion ↗ nach der erreichten Unio Mystica ↗ meist bedeutungslos werden, ist v. a. Laienmystik ↗ sehr umstritten. Im Tantrismus ↗ beinhaltet die M. das Erwecken der Kundalini ↗ zur Wiedervereinigung des Urpaares ↗, hier gen. Lakschmi ↗ + Schiwa ↗. Christl. Äqv. (bei anderer Praxis) Sophia ↗ + Christus ↗ (s. Apokalypse ↗), äg. Hathor ↗ + Horus ↗, d. h. in allen Fällen a.: Wiedervereinigung von Sonnensystem + Kosmos im Urzustand *vor* der Schöpfung ↗.

Mythen: Mehrz. von Mythos ↗; M.-Bildung ist generell als Wiederherstellung der Ganzheit einer vergangenen Epoche gedacht. Als Sinngebung bzw. Sinnfindung, wobei die Gefahr der Überhöhung besteht. M. sind der Aufbewahrungsort der allerältesten Wissenschaft des Menschen, u. man kann unmöglich die Menschen verstehen, wenn man ihre M. nicht kennt, denn nur was ihnen wichtig erscheint, findet Niederschlag als Überlieferung, wenn a. phantasievoll verpackt. D. h., die Wahrheit liegt bei M. nicht an der Oberfläche, die gewissermaßen nie stimmt, dafür dem Wahrheitskern Schutz bietet. Es gibt M. über:
1) die Entstehung des Kosmos
2) Trennung von Himmel u. Erde
3) die Geburt der Sonne
4) die Entstehung des Lichts

5) den Kampf gg. die Finsternis
6) Entstehung von Pflanzen u. Tieren
7) Entstehung des 1. Menschenpaares
8) Ankunft von Kulturbringern ↗
9) Kampf um Erkenntnis, Wissen, Weisheit etc. u. die damit verbundenen Objekte od. Symbole
10) Weltuntergang ↗ - Zerstückelung ↗
11) Trauer u. Suche ↗ der Überlebenden
12) Arbeit an der Wiederkehr ↗

Die afrik. M.-Einteilung kennt 4 Haupttypen:
1) Schöpfung ↗
2) Entfernung von Gott
3) Tod ↗
4) unüberlegter Tod od. blinder Tod als Erklärung des heutigen Zustands. D. h., der Tod selbst als myth. Wesen (Person) ist blind u. schlägt zu.

Kanaan. M. schildern sogar den Tod des Todesgottes, was evtl. dem gleichen Thema entspr.: daß der Mensch zunehmend für sein Schicksal ↗ selbst verantwortlich wird.

Mythos: Auslegung eines Symbols ↗ »... die Worte mögen wechseln, das Symbolzeichen bewahrt die Wahrheit...« u.: »Der Mythos ist aus der Wissenschaft hervorgegangen und die Wissenschaft allein wird ihn erklären können« (J. Sendy: Ära des Wassermanns, S. 146). These: er ist aus der Geheimlehre ↗ als ältester Wissenschaft hervorgegangen, u. zwar nach Entstehung der Urreligion ↗: einmal zu deren Aufbewahrung, zum anderen als Testament ↗ für den damals vorausgesehenen Weltuntergang ↗ (Nr. 10 der Mythen ↗-Themen). Als Gattung der Literatur ↗ hält der M. an der Präsenz von Göttern ↗ auf der Erde fest, während über die Regel seines Ablaufs gesagt werden kann, daß er den Archetypen ↗ folgt, vorwärts od. rückwärts u. mit einem mögl. Einstieg (Anf.) an jeder beliebigen Stelle ohne Verlust des Gesamtzusammenhangs, d. h. er folgt dem Logos ↗ u. nicht der Logik ↗, was ihn so unersetzlich macht u. v. a. bei Überhandnahme von Rationalismus ↗ immer wieder auferstehen läßt. Eine neue Wissenschaft, die ihn zu erklären sucht, ist die Nommo-Logie ↗; während Mythologie die Gesamtheit aller Mythen eines Volkes (od. der Welt) ist, oft fixiert in Heiligen Büchern ↗. Umgek. nahmen Maler u. Dichter häufig ihre Themen aus der Mythol.: röm. aus der griech., christl. aus der Bibel ↗ etc. U. aus der Struktur des M. entwickelte sich der Strukturalismus ↗. — These: Grundmotiv ↗ der Entstehung war der Zelltanz ↗.

Buchstabe N

Grundmotiv  Offene Linie

Na: einfaches Haus aus Flechtwerk, mit Abode-Steinen verkleidet u. mit Palmblättern gedeckt (Maya ↗).

Naacal: Nv. für Naga ↗.

Naba: Merkur ↗; Nv. Nebo + Nebu od. Nabu ↗, abgeleitet von Nb ↗. Galt als ›Aufseher‹ unter den 7 Planetengöttern, u. als die Personifizierung der geheimen Weisheit war er Nabin ↗, ein Seher u. Prophet. – Nach N. wurden die Nabatäer ↗ benannt.

Nabatäer: 1) eine okkulte Kaste, der lt. Blavatsky ↗ die Ägypter, Chaldäer ↗, Kanaanäer ↗ + Sabäer ↗ angehörten. Eine der Schriften vom Glauben u. den Satzungen der Sabäer hieß: ›Die Agrikultur der Nabatäer‹, gerühmt im Altertum u. noch von den Griechen erwähnt. Sie waren Naba ↗-Verehrer.
2) N., die ›arabische Beduinen‹ waren, was nach Saba ↗ verweist, gründeten etwa im 6. Jh. (s. Beginn der Wiederholung ↗ der Gesch.) das Königreich der N. in Jordanien ↗ mit der Felsenstadt Petra ↗ als Zentrum. Bibl. Quellen berichten von dem N.-König Aretas I. (ca. 170 v. Z.). Paulus ↗ berichtet: »Die Häscher des Königs Aretas (Nr. IV) versuchten, mich gefangenzunehmen, jedoch wurde ich in einem Korb durch ein Fenster die Stadtmauer (von Damaskus) hinabgelassen und konnte so entkommen« (2. Korinther, 11, 32). Nach dem Fall des N.-Reiches überlebte nur die Schrift u. wurde zur Mutter der arab. Schrift. Z. Z. des Aretas IV. wurden als nabatäische Hauptgottheiten Dushara + Allat ↗ verehrt. Man darf annehmen, daß Dushara dem späteren Alla ↗ entspricht.

Nabin: »... ein Seher und ein Prophet. Moses ↗ ließ man auf dem dem Nebo geweihten Berge sterben und verschwinden« (Blavatsky II, S. 477). Das Wort bezieht sich auf Naba ↗.

Nabu: ›Sohn‹ von Marduk ↗ (= Jupiter), es dürfte Naba ↗, der Merkur gemeint sein (babyl.); Nv. Nabo, enth. im Namen des babyl. Königs Nabonidus. Hier gilt N. als Sohn der Zarpanitu (= Mond ↗) u. des Merodach (= Jupiter). Ihm zu Ehren soll der Planetenturm von Borsippa gebaut worden sein.

Nacal: Nv. für Naga ↗.

Nacht: der Kosmos ↗ ohne Sonne, beherrscht vom Mond ↗, deshalb als weiblich ↗ betrachtet, z. B. als blaue Kalumet ↗ od. in Ägypten als Nachtbarke ↗. Die Gallier ↗ berechneten nach Nächten statt Tagen. Symbol des Nachthimmels ist z. B. der Jaguar ↗ od. die griech. Göttin Nyx ↗. Frz. = *Nuit*, erinnert an Nut ↗ (äg.). Evtl. ist die äg. Nechmet-Barke (s. Schiff ↗) damit in Beziehung zu setzen.

Nachtbarke: Mesektet ↗; die Barke ↗ der Nacht ↗, in der Re ↗ u. andere Götter u. Tote ↗ durch die Duat ↗ fahren; man rechnete 12 Stationen äqv. 12 Stunden.

Nacxitl: Vierfuß; Nv. von Ce Acatl ↗, der in einem Mayabericht gebraucht wird, u. zwar sehr negativ, sodaß die Bed. vielleicht nur ›Tier‹ ist, denn es heißt: »Die Hauptpersonen, die die Sünde verbreiten: Nacxitl Xocitl in der fleischlichen Versündigung seiner Genossen...«, was den offiz. Verherrlichungen von Ce Acatl widerspricht.

Nadi: ind. Bez. der Meridiane ↗ im menschl. Körper. Die 3 wichtigsten heißen Suschumna ↗, Ida ↗ u. Pingala ↗, wobei Suschumna als Zentrallinie in die mittlere Röhre des Rückenmarks verlegt wird u.a. Brahmanda gen. wird; Ida läuft l. u. Pingala r. davon. Sie »spielen entlang der bogenförmigen Wand des Markes, worin Suschumna sich befindet. Sie sind halbmateriell, positiv und negativ, Sonne und Mond, und treiben den freien und geistigen Strom der Suschumna zur Tätigkeit an. Sie haben ihre eigenen bestimmten Pfade, sonst würden sie über den ganzen Körper ausstrahlen. Durch Konzentration auf Ida und Pingala wird das ›Heilige Feuer‹ erzeugt« (Blavatsky III, S. 547). Die Taraka Radscha Yogis sprechen von 6 N. u. wollen ›die heilige siebente‹ nicht erwähnen. These: sind es aber 7 u. Mond + Sonne gehören dazu, so haben sich die N. (des Rückenmarks) im Babylonischen Turm ↗ ausgedrückt u. sind die 7 Planetengeister ↗, was insofern mit dem Rückgrat ↗ zusammenhängt, als es mit 7 Halswirbeln beginnt, äqv. der Oktave ↗ - wortverw. ist Nada = Ton.

Naga: 1) im Sanskrit ↗ ein ›Schlangendämon‹; 2) Blavatsky ↗: »In der Geheimlehre ↗ sind die ersten Nagas – Wesen klüger als die Schlangen – die Kinder von ›Wille ↗ und Yoga‹ ↗, geboren vor der vollständigen Trennung der Geschlechter, gereift in den menschentragenden Eiern, die hervorgebracht sind durch die Kriyashakti-Kraft der frühen 3. Wurzelrasse ↗... Einige von den Abkömmlingen der ursprünglichen Nagas, der Schlangen der Weisheit, bevölkerten Amerika (s. Kolonialisierung ↗)« (IKI, S. 192). Und: »Das erste Volk Indiens ↗ waren die Mayas ↗, die vom Mutterland (Mu ↗) gekommen waren; sie ließen sich zuerst in Birma nieder, wo sie den Namen Naga annahmen«

(Churchward 1970: 194). Der gleiche Schriftsteller meint, das heute noch hl. Mantra Om ↗, ausgesprochen A-U-M, stamme von ihnen; als sie aber von den Brahmanen ↗ aus Indien verjagt wurden, sei der wahre Sinn verloren gegangen. Die Bed. sei:
A = Ahau, männl. = Vater (äqv. A als Sonnenkern ↗)
U = Mu, weibl. = Mutter (äqv. Element Wasser ↗)
M = Mehen ↗, das Resultat: die Menschen (afrik. Muntu ↗)
Die Aussage des ind. Buches von Manu ↗ würde damit übereinstimmen, denn es heißt: Aum bed. Paradies (= Mu), Himmel (= Gott) u. Erde (= Mensch). Eine andere Fortsetzung ist das Nagual ↗ der Indianer (als N.-Zweig), wo ersichtl. wird, daß N. Schlange als Logos meint, genau wie in der Gnosis. Im Titel des äthiop. Kaisers, Negusa Nagast, wurde Könige der Könige = Kaiser daraus, äqv. Khan ↗, Hor Chan ↗ etc. Einstmals ein riesiges Königreich, ist das N.-Land heute nur noch ein kleiner ind. Bundesstaat im Länderdreieck China, Indien u. Burma. — Lt. Diop sind sie die urspr. Schwarze Rasse ↗ mit glatten Haaren. In der Nv. Nacal ist das wohl als *cal* = Kali ↗, schwarz enth., wie a. Neger ↗ nur schwarz bed. u. verw. zu N. erscheint. — Buddhist. N. flüchteten nach Kaschmir ↗.

Nagel: spielt als Symbol ↗ bei den Zigeunern ↗ eine Rolle, das evtl. auf ihre Abstammung von Kain ↗ zurückgeht, denn es gibt Vermutungen, daß das Kainsmal ↗ das Tau ↗ war (= T), u. der N. hat die Form eines T. In ihrer Legende war es ein Zigeuner, der die 4 N. für die Kreuzigung ↗ von Jesus auf Bestellung schmiedete. Als 3 fertig waren, flohen die röm. Soldaten mit ihnen, weil sie Geisterstimmen gehört hatten.

Abb. links: Hufnagel als Anhänger (Süddeutsch); Mitte: Glücksnagel (Rom, modern); rechts: Fingerring oder Stockring aus einem Hufnagel (Deutsch, 19./20. Jh.)

Der Zigeuner beendete danach die Arbeit am 4. N. allein: »Dann wartete er, daß er auskühle. Er goß Wasser auf das glühende Eisen, aber das Wasser verdampfte, und das Eisen glühte wie zuvor.« Nach weiteren vergebl. Versuchen, ihn abzukühlen, flieht er, aber der glühende N. folgt ihm. Das soll seither immer wieder passiert sein: »Wenn der Nagel erscheint, fliehen die Zigeuner. Darum ziehen sie ruhelos von Ort zu Ort.« — Volksmund: Du bist der Nagel zu meinem Sarg. Was an eine uralte Vorstellung erinnert, das Totenschiff als Nagelfar ↗ zu bezeichnen. — »Schon in der Antike wird auf magischem Weg einer Person Schmerz zugefügt, indem ein Nagel oder mehrere Nägel eingeschlagen werden, während intensiv an die zu schädigende Person zu denken ist« (Clébert, Das Volk der Zigeuner, S. 8-9). Neben dem N.-Schadenzauber gab es aber a. den N.-Glückszauber; N.-Umbiegungen (Abb.) legen Verwandtschaft mit Naga ↗, der Schlange nahe.

Nagelfar: Totenschiff ↗ bei den Germanen ↗: »Entweder wurde der Tote in seinem Schiff unter einem Grabhügel beigesetzt, oder er wurde mitsamt seinem Boot verbrannt (in diesem Fall findet man die Nägel des Bootes in der Asche).« Äg. Totenbuch: beim Aufzählen der Teile des Totenschiffs heißt es »Meinen Namen sollst du erraten, sprechen die Nägel der Ruder. Der Unterwelt ↗ Pfeiler, so ist euer Name.« Nun finden sich an diesen Rudern auf Bildern (Abb. 1) oft die Ara ↗ gen. Schlangen = Göttinnen, mit denen man wieder bei Naga ↗ Nagel ↗ landet. Beim Ara-Bild sind sie dann mit dem Symbol Ntr ↗ verbunden, das dem Ur-X ↗ entspr.; auf dem gezeigten Boot bilden Ruder + Boot dieses X, was die Kombination Ntr als Nut u. Re, sprich Kosmos ↗ + Sonne ↗ verbildlicht. Das verweist die Nägel

Abb. 1: Details aus dem Papyrus Amenemsaf

Abb. 2: Sarkophag des Haremheb

der N. od. Nagel-Fähre, da das Boot den Re trägt, zu Nut, u. wir erkennen auf einem äg. Sarkophag ↗ ihre Aufteilung in 4 ›Pfeiler der Duat‹ (Abb. 2) = die 4 Zodiakhäuser ↗. Diese ›Nägel‹ sind die Schlüssel ↗ (bzw. die Verschlüsselung) zum ›Kosmischen Haus‹ (Kosmos), u. die ältesten Schlüssel, z. B. bei den Dogon ↗, waren ganz ähnl. gebaut, nämlich wie ein Ruder mit

Abb. 3

Stiften. Der (doppelte) Hund zw. den Göttinnen (l. Skorpion = Selket ↗, r. Nephtys ↗, die den Anubishund gebiert) ist Anubis ↗. Die gezeigte Szene erhellt den afrik. ›Nagelfetisch‹ in Gestalt eines Hundes (Abb. 3) als ›Beschwörer magischer Kräfte‹ – für jeden Wunsch wurde ein Nagel eingeschlagen (wie Christen dafür Maria eine Kerze anzünden). Anubis bewegt sich zw. Diesseits u. Jenseits.

Nagual: Symbol ↗, Alter Ego (geistiger Doppelgänger = Ka ↗) u. Mutterlinie (indian.), äqv. Nommo ↗-Linie in Afrika. So ist z. B. das N. der Ixmukane ↗ (s. Hunah-

Adler- und Jaguarkrieger (Sahagún)

pu ↗) das Krokodil ↗. These: man kann das Wort als Naga ↗-Hülle (Schlangenhaut) verstehen, eine Verkleidung, die abgeworfen werden kann. Den altmex. Nagualismus ↗ gibt es noch heute. Beim Ritualtanz wurde das N. (azt. Nahualli) direkt angezogen (Abb.), die so gekleideten Krieger kämpften entspr. für (bzw. als od. mit Hilfe von) Adler ↗ u. Jaguar ↗ (Sonne + Kosmos in diesem Fall). Bei den Germanen ↗ war die Verwandlung in den Werwolf ↗ bevorzugt, ein schwarzer Hund, den man bei den Indianern als Kojote ↗ bzw. ›Coyotl inahual‹ = das ›Heulwolf-Zauberwesen‹ antrifft. Man huckte ihm aufrecht auf den Rücken den Behälter mit Quetzal ↗-Federn u. gab kund, daß in Wirklichkeit er der echte Einwanderer in Amerika war, ein Chichimeke ↗.

Nagualismus: heutige Bez. der v. a. in Mexiko ↗ vorgefundenen Sitte, Götter + Menschen mit einem Nagual ↗ zu verkleiden, im allg. eine Tier ↗-Gestalt wie in Altägypten. Bei den Chumash ↗ wurde sie durch Visionen erfahren. These: N. ist prinzip. eine Erweiterung des Tierkreises ↗, spielt in den Totemismus ↗ über. Äqv. Nahuatl ↗ in Nordamerika.

Nahua: indian. Sprachgruppe, deren Sprache Nahuatl ↗ der Maya-Sprache gegenübersteht. Als N.-Völker gelten: Azteken ↗, Tolteken ↗, Pipil, Tepaneken, Acolhua, Chinampaneken, Chalca, Tlatepotzca, Tlalhuica, zus. a. die Chichimeken ↗ od. unzivilisierten Einwanderer vom N nach Mexiko ↗ für die, die alteingesessen waren. Umgek. verstanden die Azteken unter N. alle Stämme, die Nahuatl, d. h. eine ihnen verständl. Sprache redeten, während sie alle Fremdsprachlichen (z. B. die Maya ↗) als Popoloca = Stammler zusammenfaßten. Der Druck der N. hat wahrsch. mehr als alles andere zum Zusammenbruch des alten Reiches der Maya beigetragen. — Unter den N.-Chichimeken war es übl., die Namen fremder Dyn. in ihre eigene Sprache zu übersetzen. Ihre verworrenen, zuweilen wiedersprüchl. u. a. tendenziösen Chroniken haben die Geschehnisse der Vergangenheit verschleiert. Sie betrieben ›Nahuatisierung‹ der unterworfenen Kulturvölker, einmal durch Einführung von N. als erzwungene Amtssprache, zum anderen durch Verschwägerung aus Prestigegründen, um als Kulturerben zu gelten, was z. B. die Unterscheidung von N. u. echten Tolteken erschwert.

Nahuatl: das Wort ↗ bei den Nahua ↗.

Nama: Name ↗, Idee ↗ u. Form ↗ als Kunst-Ausübung (Tantra ↗). Im Pers. kult. Grußformel für ›Heil‹, ›Gegrüßt‹. Sum. Namma, Nammu ↗. Afrik. Nommo ↗.

Name: nach altäg. Auffassung hat alles, was ist, seinen Namen, der aber schon vorher existiert u. dadurch, daß er erdacht u. ausgesprochen wird, die entspr. Erscheinung hervorlockt. »Der sprach und die Götter entstanden...« heißt es etwa von Re ↗ (der Sonne); wir kennen das vom Schöpfungsbericht des Moses ↗: »Gott (hebr. Elohim ↗) sprach, es werde Licht, und es ward Licht.« Ägypten: Durch das Wort, das vom Herzen gedacht ist und durch die Zunge hervorkommt, ruft Ptah ↗ (= die Götterachtheit ↗) die Dinge ins Dasein.« Wobei sich die Dinge ohne den weiteren Willen der aussprechenden Götter ↗ von selbst realisieren. Denn der N. gilt als das Wesen ↗ (des Namensträgers). Bzgl. Mensch ↗ gilt, daß schon bei der Zeugung ↗ der N. »... mit dem entstehenden Leben als dessen Urgrund in den werdenden Körper gelegt...« wird. »Dein Ba ↗ lebt im Himmel bei Re, dein Ka ↗ hat Anteil vor den Göttern, dein Name dauert auf Erden bei Geb ↗...« heißt es, was den N. dem Körper zurechnet u. nicht der Seele (Ba) od. Geist (Ka); od. zur Erde, für die Geb. steht. So hat er einen mater. Aspekt, ist die ›Realisation einer Eigenschaft‹. Je mehr Eigenschaften etwas besitzt, desto mehr N. braucht es. Sie müssen aber gen. werden, damit sich die immanente Kraft des N. »immer neu entfaltet«. »Ehe die Namen genannt waren, herrschte das Nichts ↗.« Von Osiris ↗ gab man dem Toten im 142. Kap. des Totenbuchs ↗ dessen 100 N. zu wissen. Isis ↗ hatte gar tausend. Ein Pharao ↗ erhielt als Krönungsn. 5, die ihn den entspr. Göttern, die in diesen neuen N. ausgedrückt waren (als Eigenschaften), wesensgleich machen sollten. Was den N. a. mit dem Schicksal ↗ verbindet. Rom: »Nomen est omen.« Über das lat. *nomen* gelangt man zum frz. *Nom* (= Name) u. von da zum afrik. Nom ↗ = Sonne (äg. Re) als namengebender Kraft, äg. wohl Nomos ↗. These: da N. immer Buchstaben koppeln, handelt es sich um eine Grundmotivkoppelung ↗ bzgl. des Sonnenalphabets ↗, mit den Bindekräften der restl. Sonnenkreise. Bsp. einer positiven u. negativen N.-Beschwörung; die Göttin Nut ↗ betr.: »Nut schirmt (hnm) dich gemäß ihrem Namen: Große Schirmerin (hnm.t)...« u. »Sei nicht fern (hr) von NN (Name der Beschwörenden) in deinem Namen Ferne (hr.t). »Wollte man solche Beeinflussungen unterbinden, mußte der N. geheim bleiben – wie später der echte N. von Jahwe ↗ od. der 100. N. von Allah ↗. — Weil der N. die Identität ↗ stärker berührte als das Bild ↗, findet man in ganz Ägypten ausgekratzte Namen. Jeder Unterdrücker kennt unbewußt diese Magie, s. Malcolm X ↗ od. a. die übl. gewordene Vertauschung der N. der Frau mit dem N. des Mannes bei der Ehe. — Die Einheit von N. + Bild ist im Begriff Nommo ↗ gegeben. Entspr. beschäftigt sich die Nommo-Logie ↗ mit der Wort-Bild-Brücke ↗, u. das Psychogramm ↗ versucht, aus dem Rufn. die Reinkarnationen u. aus dem Familienn. den Charakter zu enträtseln. — S. Namensvarianten ↗.

Namenskartusche: äg. Kartusche ↗ für die 5 Namen ↗ des Pharao.

Namensvarianten: in diesem Lexikon abgekürzt als Nv., kommen v. a. bei Göttern ↗ vor, da der Name ↗ eine Eigenschaft realisiert u. diese eine Fülle von Eigenschaften besitzen. Da sie nie von einer Religion ↗ wie Bild = Kunst ↗ verboten worden sind, kann man annehmen, daß sie das Wissen ↗ fördern, aber nicht die Erkenntnis ↗.

Nammu: die »Göttin, die Himmel und Erde geboren hat« (Sumer ↗); stand an 1. Stelle. Mythos: Sie formt aus einem Klumpen Lehm die Menschen, wobei 8 Göttinnen als Helferinnen bei diesem Schöpfungsakt auftreten. Die mächtigste von ihnen, Ninmah, fühlt sich dabei zurückgesetzt und bringt deshalb - aus übriggebliebenem Lehm - Häßlichkeit und Gebrechen in Gestalt von 7 Wesen in die Welt. N.s Sohn Enki ↗ gleicht dies wieder aus durch den vollkommenen Menschen Umu'ul. N. als der eigtl. Schöpferin ↗ fällt nun die schwere Aufgabe zu, das Schicksal ↗ zu bestimmen u. die ungleich gewordenen Chancen so gerecht wie mögl. zu verteilen. These: N. ist Nommo ↗ in Afrika u. jene weibl. Mehrz. Elohim der Bibel ↗, die die Urmenschen ↗ nach ihrem Bild schaffen. — In N.s Besitz finden sich urspr. die Me ↗, was sie als Gesamtkosmos ↗ ausweist wie die äg. Mut ↗, zusammengefaßt im Ur-X ↗, weshalb sie a. als Archetyp ↗ Urmutter ↗ aufgefaßt wird. Die Zahl 1 + 8 (N. + 8 Göttinnen) = 9 läßt wundern, ob sie alle zus. a. die 9 Welten ↗ darstellen.

Nana Pola: Kopfputz der 5 Priesterinnen mit blauen Röcken, die in den 100 Tagen am Ende des Haab ↗ auftreten. Er besteht aus einer auf der Stirn verknoteten Schlange ↗ aus Tuch (Maya ↗). These: sie vertreten Pola ↗ (pazif. Wort) u. ihre Zahl 5 dürfte mit den 5 Tagen des Uayeb ↗ zusammenhängen. — Diese 100 Tage beginnen in der Nacht vom 24./25. Okt. im Anschluß an die 260 Tage des Agrar-Tzolkin ↗, der Übergangsritus von Arbeit zu Nichtarbeit heißt Schlußzeremonie u. beinhaltet die Anrufung der Neuen Sonne = Yaxkin ↗. These: es ist Po ↗ bei den Dogon ↗, im Wort Pola enthalten. Yax = blau, was in Zusammenhang mit den blauen Gewändern stehen dürfte. R. Girard: »Ihr Zeremonialgewand weist eine unverkennbare Ähnlichkeit mit der Kleidung der Göttinnen des Codex Dresdensis auf, die einen langen, weit über den Gürtel fallenden Umhang tragen und als Kopfputz eine auf der Stirn verknotete Schlange« (Die Ewigen Mayas, S. 310). Als Bsp. bringt er ein Bild der Ixmukane ↗ (Abb.), die sonst die Unendlichkeitsschleife trägt. Sie gießt hier aus einem Gefäß, das an das Symbol der äg. Nut ↗ erinnert, Wasser auf die Erde. — Daß die 5 Priesterinnen (als Göttinnen) gerade 100 Tage amtieren, um dann im Uayeb ins Ur-Chaos überzugehen, erinnert zusätzl. an die 100 Me ↗ von Sumer.

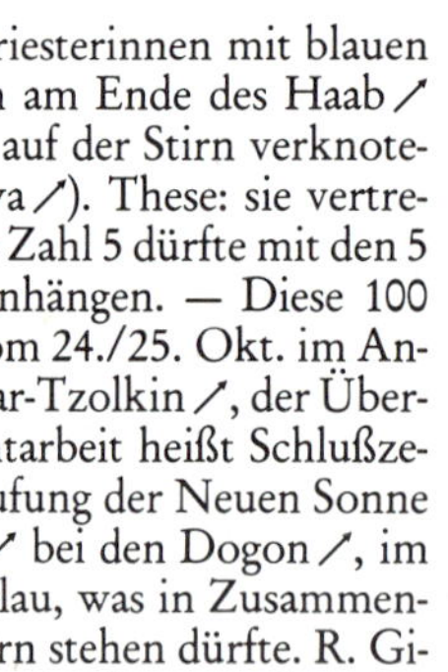

Naos: das Allerheiligste im äg. Tempel ↗, verschlossen durch eine ›Himmelspforte‹ gen. Türe, die nur zu Kulthandlungen geöffnet wurde. Innen stand entw. nur ein hl. Symbol ↗, dann erinnert es an den Schrein ↗ der jap. Kami ↗; od. es stand auf dem Sockelsymbol der Maat ↗ eine Götterstatue, im Bild (Abb. 1) Ammon ↗. Soweit ersichtl., kam als Symbol Ntr ↗ in Frage, Hathor ↗ als Kuh od. das Symbol der Nephtys ↗ als Würfel mit Barke. Das jeweils darin aufbewahrte Kultbild konnte für eine Prozession ↗ herausgeholt u. umhergeführt werden. Es gab den N. aber a. insg. transportabel, er wurde dann auf Schlitten gestellt. Beim Totentempel ↗ war im N. die Statue des Toten, oft aus massivem Gold: als Ka ↗. — Es wurde aber a. die Truhe ↗ N. gen., auf der Anubis ↗ als Wächter lag. U. wie die folg. Szene zeigt, ging der N. a. in den Behälter der wie Osiris auf die Löwenbahre gelegten Mumie ↗ über, hier ebf. auf Schlittenkufen gezogen (Abb. 2).

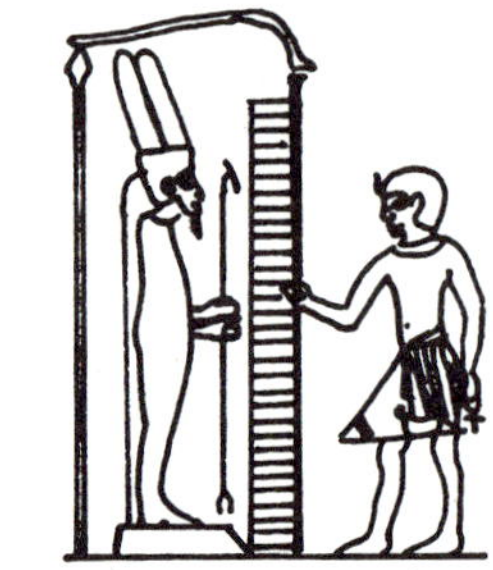

Abb. 1: Der König beim Öffnen der Tür eines Götterschreins

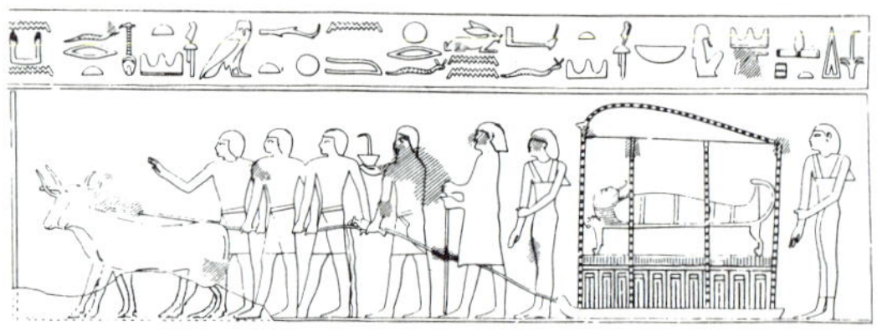

Abb. 2: Der Tote wird zu Grab geleitet

Das eigenartig geschwungene Dach mit dem Hundekopf dürfte ein stilisierter Anubis sein, ganz richtig aus dem Rhombus ↗ der schwarzen Siriussonne herauskommend, deren Bahn er vertritt. Die ges. Rückwand ist dann der Ger ↗ bei den Germanen ↗. Evtl. Übers.: Na ↗ (Hütte) des Os, bei Osiris ↗ nur ›Sitz‹ bed., also Hütte des Sitzes (einer Gottheit). S. Bes ↗ u. Beset ↗.

Napa: weißes Lama, Totem ↗-Tier der Kolla ↗-Indianer vom Titicacasee ↗. Nach ihm wurde Tiahuanaco ↗ = Sitz des Lamas gen. mit *Tia* = Sitz u. *Huanaco* = Lama. Simone Waisbard, von der die Zeichnung eines Steinkopfes von N. stammt (Abb. 1), nennt ihn a. den ›Gott Titi-Huanaco‹ mit Titi = Jaguar ↗. Das ergibt 2 Möglichkeiten: es handelt sich um ein Sternbild des Tierkreises ↗ mit Jaguar = Sternenhimmel; darauf würde evtl. (Abb. 2) das im dortigen Umkreis gefunde-

Abb. 1

ne Felsbild eines Rades mit Lama hindeuten, denn es gab in ganz Amerika kein Rad ↗ als Wagenrad. Waisbard vermutet das Sternbild ↗ Lyra. These: es ist in einer Linie mit Steinbock ↗ u. deutet auf die Entstehung der Weißen Rasse ↗ im Steinbocksektor durch Seth ↗ (äg.), dessen Ohren genau so abgeplattet sind wie die Ohren des Napa. Od. N. ist ein Sohn der Jaguargöttin, äqv. Nut ↗, u. das ist Seth ebf. Man darf annehmen, daß dieser Göttin hier die Astronautin Orejona ↗ entspr., auf dem gleichen Felsbild die große Gestalt in der Mitte.

Abb. 2

Napoleon: selbstgekrönter frz. Kaiser (1769-1821) im Anschluß an die frz. Revolution ↗ von 1789-99, deren Ende er - mit Ossian ↗ unter dem Kopfkissen, wie es heißt, - als nicht erfolgreicher Feldherr in Ägypten erlebte, wo durch seine Mitnahme von Gelehrten die Ägyptologie ↗ begann. Nach der Rückkehr (1799) durch Staatsstreich zunächst 1. Konsul, dann 1804 Krönung u. Kriege mit halb Europa bis zum Zusammenbruch seiner Armee in Rußland ↗ (1812). Die Nachwirkungen gingen über in die Weltrevolution ↗. — S. Kairo ↗ u. Speer des Schicksals ↗, der vor ihm versteckt wurde.

Nara: Wasser der Weisheit ↗ (ind.), das den Akasha ↗-Raum ausfüllt. Aus ihm taucht Brahma ↗ am Beginn der Schöpfung ↗ auf, weshalb er a. Narayana heißt = N. (Wasser) Yana (Vehikel wie bei Mahayana ↗), äg. Sonnenschiff ↗.

Narmer: 1 der 5 Namen ↗ des Menes ↗, der wahrsch. Horus Aha... (?) Narmer Menes hieß. An die gepunktete Stelle muß wohl Seth ↗ gesetzt werden, da die Pharaonen ↗ der 1.-4. Dyn. ›beiden Herren‹, d. h. Horus + Seth dienten, s. Zwilling ↗. Auf seiner Schminkpalette (s. Abb. bei Menes) sind oben deutl. 2 Thron ↗-Stühle zu sehen, dazw. Lamed ↗, der ›Wurzelstock‹, über einer Art Pokal (Gral ↗). In Lamed dürfte die in der Apokalypse ↗ erwähnte ›Wurzel David ↗‹ zu sehen sein, die zum wiederkehrenden Christus ↗ führt.

Natur: ein verschwommener Begriff für alles, was die Schöpfung ↗ hervorgebracht hat, Naturmensch ↗ inklusive. Sie umfaßt nicht (ihren Gegenpol) Kultur ↗, deren eines Ziel aber war, die Naturgesetze ↗ zu ergründen, was den berühmten Griff nach Erkenntnis ↗ beinhaltet. Die afrik. Bez. Dada ↗ hilft einen Schritt weiter als jenes Da-Sein ↗, das dem D als Sonnenalphabet ↗ ein eigenständiges A als Anf. von Leben ↗ entspringen läßt. Dada kann man aber a. zu Dad (als Hervorbringung von Leben) zusammenziehen, was zu 2 altäg. Begriffen führt:

1) zur ›oberen Duat‹ ↗ (die untere setzt erst durch Reinkarnation ↗ ein) als Jenseits, womit Kosmos ↗ + Sonne (die Duat od. Dat wird nur mit einem Stern ↗ geschrieben) gemeint sind od. Himmelsgöttin Nut ↗ + Sonnengott Re ↗; ihre Zusammenfassung als Ntr ↗ könnte zur Vokalisierung N. geführt haben: N. = Tätigkeitsprodukt der Götter (Ntr).

2) Das Sonnenalphabet allein ist aber a. Thot ↗, dessen heutige Aussprache natürl. nicht mehr stimmt (meist Taut wie bei Tautologie); eine Nv. lautet Dehuti, was sich leicht als D-Hütte verstehen läßt. Das entspr. dem Sachverhalt, denn H.T ↗ = Haus, Tempel ↗, in diesem Fall von D od. äg. DD = Djed ↗ als Baum des Lebens, symbolisiert durch das Lebenskreuz ↗ (s. a. Ibis ↗): N. = Lebensweg ↗.

These: da sich N. nicht allein auf das Sonnenalphabet beschränken läßt, ist die Ableitung von Ntr vorzuziehen.

Naturgesetze: »Der Begriff von fundamentalen Naturgesetzen ist vom Glauben an einen göttlichen Gesetzgeber abgeleitet, der in der jüdisch-christlichen Tradition tief verwurzelt war. Mit den Worten von Thomas von Aquin: ›Es gibt ein bestimmtes ewiges Gesetz, nämlich die Ratio ↗, die im Verstand Gottes existiert und das ganze Universum lenkt.‹ Dieser Begriff eines ewigen göttlichen Naturgesetzes übte einen nachhaltigen Einfluß auf die westliche Philosophie ↗ u. Wissenschaft ↗ aus. Descartes schrieb über die ›Gesetze, die Gott in die Natur ↗ hineingelegt hat‹, u. Newton ↗ glaubte, daß es das höchste Ziel wissenschaftlicher Arbeit sei, die ›der Natur von Gott auferlegten Gesetze‹ nachzuweisen. Für drei Jahrhunderte nach Newton blieb es das Ziel der Naturwissenschaftler, die letzten fundamentalen Naturgesetze zu entdecken. In der modernen Physik ↗ hat sich eine sehr unterschiedliche Einstellung entwickelt. Die Physiker erkannten, daß alle ihre Theorien über Naturerscheinungen, einschließlich der durch sie beschriebenen ›Gesetze‹ Schöpfungen des menschlichen Verstandes sind; Eigenschaften unserer begrifflichen Landkarte der Wirklichkeit, nicht die Wirklichkeit selbst. Dieses begriffliche Schema ist notwendigerweise begrenzt u. nur annähernd richtig, u. dies gilt auch für alle wissenschaftlichen Theorien ↗ u. sogenannten ›Naturgesetze‹, die es enthält. Alle Naturerscheinungen hängen letztlich miteinander zusammen, u. um eine zu erklären, müssen wir alle anderen verstehen, was offensichtlich unmöglich ist« (F. Capra 1977, S. 287).

These: es ist durch die Weltformel ↗ mögl. geworden, weil sie nicht nur die Wissenschaft, sondern a. die Kunst ↗ befragte, u. dies auf allen Kontinenten ↗ u. bzgl. der Ergebnisse aller Zeiten, weil es einmal eine Geheimlehre ↗ gab, in der die Gesetze ↗ schon erkannt worden waren. Heutiger Hauptirrtum: sie entstammen nicht nur der Ratio von Gott ↗, sondern a. dem Logos ↗ der Göttin ↗. - Chin. Äqv. dürfte Li ↗ (+Chi ↗) sein. -

Naturmensch: nach heutiger Auffassung ein

Mensch ↗ ohne techn. Mittel der Naturbeherrschung sowie ohne ausgebildete Schrift ↗. Ersteres basiert ganz offensichtl. auf der Bibel ↗, die behauptet, Gott habe gesagt: »Laßt uns Menschen machen, ein Bild, das uns gleich sei, die da herrschen über die Fische im Meer, und über die Vögel im Himmel, und über das Vieh, und über die ganze Erde, und über alles Gewürm, das auf Erden kreucht« (1 Mose ↗ 1, 26). Von einer Vorschrift, welche Technik ↗ dabei verwendet werden soll, ist keine Rede; man vergißt, daß a. der Totemismus ↗ eine solche Technik ist. Seit es ihn gibt, kann von N. keine Rede mehr sein, was bed., daß es N. schon lange nicht mehr gibt. A. der Mangel unserer Art von Schrift ist kein Kriterium, da sie schließl. nur der Aufbewahrung von Wissen ↗ + Erkenntnis ↗ dient, die a. anders projiziert werden kann u. sogar weniger leicht verloren geht: durch Kunst ↗, Ritus ↗, Mysterien ↗, Symbole ↗ etc. These: einen N. gab es nur in der 2. + 3. Welt ↗, d. h. im Paradies ↗ u. bis zum Paradiesverlust ↗, verursacht durch Kulturbringer ↗, wodurch aus dem N. ein Kulturmensch ↗ wurde. Bisher setzte sich die Weltkultur ↗ aus 12 Zivilisationen ↗ zus., deren Unterschiede allerdings bis heute erkenntl. geblieben sind. Im übrigen hörte mit dem N. die Schöpfung ↗ zwar auf, aber nicht die von ihr ›verbotene‹ Weiterführung der Evolution ↗ durch Rebellion, Revolution ↗ u. Transmutation ↗, woraus die Geschichte ↗ wurde.

Naturvolk: ein Volk ↗, das sich angebl. aus Naturmenschen ↗ zusammensetzt, was es absolut nicht mehr gibt. Hinter dieser Abwertung verbirgt sich Rassismus ↗ als Wertsystem ↗, das jedoch weder Natur ↗ noch Kultur ↗ noch Volk klar definieren kann. Noch vor hundert J. waren z. B. die Inder für die Europäer ›Wilde‹ ↗ - heute überschätzt man ihre alte Weisheit. Indianer ↗ wurden vom europ. Kolonialismus ↗ nicht einmal als Menschen anerkannt - heute kommt man bei den Ausgrabungen ihrer einstmaligen Hochkultur nicht mehr aus dem Staunen heraus. Als N. gelten aber immer noch die Afrikaner - man wird sich bald wundern, wie perfekt ihre Ntu-Philosophie ↗ ist. Die Bsp. ließen sich beliebig erweitern. — Oft genug, wie z.B. bei den Ariern ↗, Azteken ↗ u. Hyksos ↗ wurde zur Legitimation des Überfalls Hochkultur zerstört bzw. annektiert u. das Volk, das sie hervorgebracht hatte, in den scheinbaren ›Naturzustand‹ zurückgeworfen, bes. im Kali Yuga ↗, das die Weltrevolution ↗ zu beenden sucht. S. Dadaismus ↗.

Naturwissenschaft: von der Wissenschaft ↗ abgetrenntes Teilgebiet, das sich mit Natur ↗ + Naturgesetzen ↗ befaßt; ausgehend von der nicht sonderlich überzeugenden Gegenüberstellung von Natur + Geist ↗ gibt es daneben Geisteswissenschaft, zus. die sog. Realwissenschaften. Ihnen stehen dann noch die sog. Idealwissenschaften (Mathematik + Logik) ggb., u. eine Sonderstellung nehmen Theologie ↗ + Philosophie ↗ ein. Man kann mit gutem Recht behaupten, daß diese Teilung, die zu vielen Theorien ↗ u. Det. führte, als System ↗ bei den Weißen vorherrscht, während bei den Schwarzen als System die Unteilbarkeit der Phänomene respektiert wird (z. B. als Einheit von Geist + Materie etc.), weshalb nur hier in Gestalt der Ntu-Philosophie ↗ - die aber nicht nur Philos., sondern a. N. u. a. ist - ein Theorie-Ganzes entstand. Altägypten koppelte beide Systeme schon im Lebenshaus ↗. Goethe ↗ versuchte deren Wiederbelebung; dann Blavatsky ↗, Steiner ↗ u. heute die Nommo-Logie ↗. — These: die Abtrennung erfolgte durch den Beginn der Wiederholung ↗ 2370 v. Z. u. sie intensivierte sich in der 2. Wiederholung ab Renaissance ↗.

Nauacatl: eine Rauschgift ↗-haltige Pflanze in Mexiko ↗, die von Medizinmännern ↗ u. Zauberinnen gegessen wurde, um Visionen zu erzeugen.

Naunet: äg. Göttin, a. Gegenhimmel, Gegen-Nut ↗ (hier mit Net wiedergegeben), d. h. die Reihenfolge der Grundmotive ↗ des Kosmos' ↗ in umgek. Reihenfolge ↗: vom P als volle Entfaltung dem X ↗ wieder zustrebend. Dieses X findet sich im Sonnenalphabet ↗ als Beginn des 8. Sektors im 8er Kreis ↗ der äg. Götterachtheit ↗, der sie angehört, mit Nun ↗ als Partner. Sie sind a. die Aufteilung des Elements Wasser ↗ in männl. Wasser = Regen u. weibl. Wasser = See ↗ im Tao ↗. Als Determinativ wird N.s Namen ↗ ein umgek. Himmelsz.  beigefügt. Mythol. steigen zu ihr als Gegenhimmel Sonne u. Sterne bei ihrem ›Verlöschen‹ hinab, sodaß N. zur unteren Duat ↗ wird. These: eine Nv. dürfte Renenet ↗ sein, als Koppelung von Re ↗ (Sonne) = N. (Gegenhimmel), hier zu Nenet verkürzt. Bei ihr findet man den wichtigen Zusatz, daß sie der Mumie ↗ die Binden anlegt u. durch ihr Löwenhaupt mit der Sachmet ↗ verschmilzt. Das bestätigt, daß N im Löwe-Sektor ↗, d. h. ab 5. Welt ↗ aktiv wurde, u. das gilt a. für die Unterwelt ↗ (untere Duat) als Folge des Weltuntergangs ↗; ihr Haupteinfluß wird aber erst das 3. Reich ↗ sein (= 6. + 7. Welt), in dem die Geschichte ↗ ebf. umgedreht wird. 2. These: in ihrem Sektor entsteht die neue Sonne ↗. U. schließl. wird sie a. die Wiederzusammenziehung des Kosmos' bewirken.

Navajo: Indianer ↗, die urspr. im Innern von Alaska u. NW von Kanada lebten u. aus noch unbek. Gründen im 12. Jh. in den SW von USA ↗ wanderten, wo sie teilw. die Pueblos ↗ annektierten. Im Ggs. zu den friedl. Pueblo-Indianern Hopi ↗ u. Zuni ↗ waren sie schreckl. Krieger. Noch heute schüchtern Zuni-

Mütter ungezogene Kinder ein, indem sie ihnen erzählen, ein N. würde kommen u. sie holen. Berühmt wurden sie durch die Sandbilder ↗, in einem Hogan ↗ angefertigt u. begleitet von Gesängen, die die Mythen ↗ enthalten. Mädchen wie Knaben wurden im Alter von 7-13 durch Pubertätszeremonien in das zeremonielle Leben der Erwachsenen aufgenommen; das letzte Ritual ↗ war der Nachtgesang: 2 maskierte Figuren erschienen, den ›Großvater der Ungeheuer‹ u. eine Göttin darstellend. Wichtigstes Symboltier: Kojote ↗. — Heute sind sie eine eigene Nation, ihr Gebiet in Arizona, Utah u. Neu-Mexiko ist fast so groß wie Bayern. Der letzte Häuptling (Abb.) ließ sich jedoch von Washington korrumpieren, das Land ist zerpflügt von Bergbaugesellschaften für Kohle, Uran u. Öl. Verbrüdert mit Medizinmännern wie Konzernchefs, wurde er zum Multimillionär u. bekam von seinem Volk den verächtlichen Spitznamen Navajo Nixon.

Nazarener: Jesus ↗ u. seine Anhänger, d. h. die Ur-Christen ↗, nach Nazareth ↗ benannt. Das N in INRI ↗ gilt als Abkürzung. In ihrem Kodex wurde der Hl. Geist ↗ weibl. definiert.

Nazareth: Umbenennung von Gamala ↗ u. Übertrag auf die Nazarener ↗. Als Jesus ↗ hier zu predigen versuchte, wurde er von den Einwohnern abgelehnt. Wahrsch. ist nur sein Zwillingsbruder Thomas ↗ hier aufgewachsen, er aber im Qumran-Kloster ↗. — Die heutige Stadt gleichen Namens ist etwas südl. der alten u. ein Wallfahrtsort. — R. Ambelain: »Diese Stadt Nazaret, Nazara, Nazareth gibt es in keinem alten Text. Das Alte Testament, sonst so redselig was die Geographie betrifft, erwähnt es so wenig wie Flavius Josephus, der Talmud ↗ oder die Texte vom Toten Meer ↗. Sie erscheint erst mit den Manuskripten des offiziellen Evangeliums, d. h. im 4. Jh.« (1970, S. 127). U. er meint, daß sie geschaffen wurde, weil Pilger sie - vergebl. - suchten.

Nazi: Abk. für Anhänger des von Hitler ↗ geformten National-Sozialismus', im folg. Nazi-Ideologie ↗ gen., obwohl a. von einer Nazi-Religion ↗ gesprochen werden kann. S. Nazi-Fahne ↗ + (Nazi-) Ordensburgen ↗.

Nazi-Fahne: die Fahne ↗ der Nazis ↗ war ein schwarzes Hakenkreuz ↗, schräg- u. rechtsdrehend, im weißen Kreis ↗ auf rotem Quadrat- od. Rechteckgrund. Dieses Symbol ↗ läßt sich auf 2fache Weise deuten:

1) als Formel Quadrat x Kreis od. Wiederholung ↗ der Heiligen Hochzeit ↗, wozu paßt, daß Hitler die ›Ankunft der Götter‹ erwartete, s. Landung ↗ u. Wiederkehr ↗.

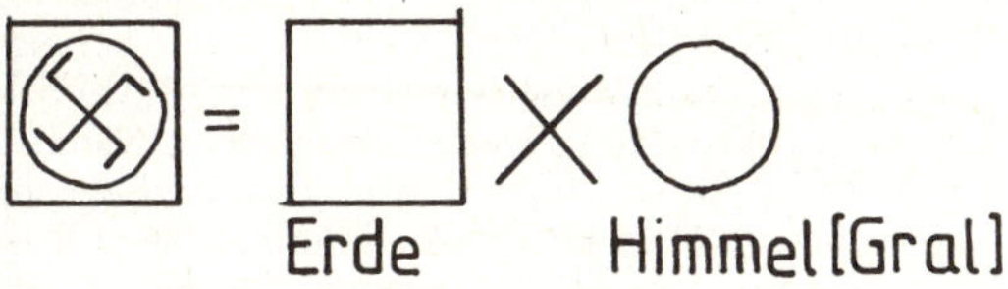

2) die Darst. der Präzession ↗ wäre im Hakenkreuz alleine ausgedrückt u. würde dem Wunsch nach Beginn des 3. Reiches ↗ entspr., ohne berücksichtigt zu haben, daß ihm die Zerstörung der 5. Welt ↗ u. die Endzeit ↗ vorausgehen mußten. So wurde nur Zerstörung daraus, d. h. der 2. Weltkrieg ↗.

Nazi-Ideologie: die Nazis ↗ gingen in ihrer ideologischen Weltanschauung ↗ von 3 hochgespielten Themen aus:

1) dem Verlust des ›Ahnenerbes‹ od. Germanentums, den ein angestrebter Pangermanismus ↗ beheben sollte. Vorarbeit hatten die Präfaschistischen Sekten ↗ geleistet.

2) Damit eng verbunden war die Klage über die ›Römische Zwangsjacke‹, spez. seit Missionierung ↗ der Ger-

manen ↗; hier spaltete sich der Affront auf in a) den durch die Bibel ↗ bedingten Einfluß des Judentums ↗, der schließl. zur Judenvergasung ↗ führte u. b) den Kampf gg. das christl. Kreuz ↗, an dessen Stelle das Hakenkreuz der Nazi-Fahne ↗ trat.

3) Damit wieder eng verbunden, sollten an die Stelle der Moses-Gebote ↗ die Gesetze des Grals ↗ treten, weshalb das Buch *Kreuzzug gegen den Gral* ↗ Pflichtlektüre der obersten Nazis wurde. Die gesuchten Tafeln, die in der Edda ↗ erw. werden, wurden aber nicht gefunden:

»Da werden sich wieder die wundersamen
Goldenen Tafeln im Grase finden
Die in Urzeiten die Asen ↗ hatten.
Da werden unbesät Äcker tragen
Alles Böse sich bessert, Baldr ↗ kehrt wieder.«

Da Hitler ↗ sich für den letzten Avatara ↗ der Sonne hielt, liegt nahe, man könne in ihm den wiederkehrenden Baldur vermutet haben; das manifestierte sich in der geheimen Zusammenkunft von 12 Obernazis auf einer (Nazi)-Ordensburg ↗, in Par. zu den 12 Aposteln ↗ bzw. 12 Sitzen von Asgard ↗. Spätestens hier kann a. von Nazi-Religion ↗ gesprochen werden. C.G. Jung ↗ vermerkte: »Erleben wir nicht eben mit, wie eine ganze, große Nation ein archaisches Symbol wiederbelebt, ja sogar archaische Religionsformen - und wie diese neue Emotion den Einzelnen in einer revolutionären und umwandelnden Weise beeinflußt?« (1976, S. 60). Womit er Hakenkreuz ↗ u. Wotanismus ↗ meint. Letzterer habe, so schreibt er an anderer Stelle, »... dem Nationalsozialismus psychologisch zu Gevatter gestanden« (1976, S. 267). »Während die verrückten Nazis ihr bestialisches Gift des Hasses auf die Juden ↗ träufelten, sollte die alte Philosophie des Pangermanismus, auf die Hitler seine ›Endlösung‹ der Weltherrschaft ↗ gründete, jeden beseitigen, der ihnen in den Weg trat« (Moshe Menuhin im Buch ›Der Niedergang des Judaismus in unserer Zeit‹). Hier wird ein Punkt vergessen:

»Es existierte, was nicht überraschen kann, eine enge Kumpanei und Zusammenarbeit zwischen führenden Zionisten und der SS ↗... Der Verbindungsmann zwischen den Zionisten und der SS war ironischerweise niemand anders als Adolf Eichmann! Von Anfang an waren sich alle Organe der national-sozialistischen Partei in ihren anti-semitischen Gefühlen einig, aber sie konnten keine Übereinstimmung darüber erzielen, wie die sog. ›Judenfrage‹ gelöst werden sollte. Sie waren einig über das Endziel, nämlich die Vertreibung der Juden aus Deutschland, aber stimmten nicht im Bezug auf die anzuwendenden Mittel überein. Bis 1941 lauteten die Befehle des Führers, den Juden zu erlauben, das Land ungestört zu verlassen und ihre Habe mit sich zu nehmen... Die jungen Intellektuellen der SS und des Sicherheitsdienstes... standen Goebbels und der rohen anti-semitischen Propaganda der Partei kritisch gegenüber. Sie waren überzeugt davon, daß solche Methoden nur das Bild des ›neuen Deutschland‹ beschmutzen würden« (Neue Politik Nr. VI, 24. Jg., 15. Juni 1979). Unumstritten ist der Einfluß von Nietzsche ↗ u. Wagner ↗. These: daß aber die N. selbst ein Zionismus ↗ war, ist nie bemerkt oder zugegeben worden. — Die Abb. zeigt einen Wagen mit ›germanischem Sinnbild‹ (s. 8strahlige Sonne ↗) beim Umzug zum ›Tag der deutschen Kunst‹, München ↗ 1936, der 2000 J. ›germanischer Kultur‹ zum Thema hatte.

Nazi-Religion: die Nazi-Ideologie ↗ war durchtränkt vom Wotanismus ↗ als archaischer Religion ↗ der Germanen ↗. Auf den folg. Abb., dem Buch ›Der Mensch und seine Symbole‹ von C.G. Jung ↗ entnommen, einmal die ›Hitlerjugend‹ bei der Sonnenwendfeier ↗ u. r. Hitler ↗ auf einem Propagandabild zum ›Kreuzfahrer‹ (s. Kreuzzüge ↗) stilisiert; auf der Fahne

nicht das christl. Kreuz, sondern das Hakenkreuz ↗ (s. Nazi-Fahne ↗). These: hier klingt das Parzival ↗-Motiv an.

NB: äg. Gold; bezogen auf konkretes Gold wurde NB.T ↗ daraus, Gold als Symbol vokalisierte sich in Naba ↗, Nabu ↗ u. Nuba ↗, übersetzbar mit ›Lichtträger‹. Die Reihe setzt sich fort mit Nbt-Ht, woraus Nephtys ↗ wurde u. Nubti ↗ = Seth.

Nb.T: äg. Name für ›Goldland‹ = Nubien ↗; aus Nb ↗ + To ↗.

Neandertaler: ausgestorbene Seitenlinie im menschl. Entwicklungsschema von Teilhard ↗ de Chardin kurz vor Übergang von Naturmensch ↗ in den Kulturmensch ↗. »Neuere Untersuchungen der Anatomie des Stimmechanismus beim Menschen und beim Affen weisen nach, daß der Neandertaler nicht die Skala von Lauten beherrschte, die für die Sprache ↗, wie wir sie heute kennen, nötig sind« (Bennet ›Gurdjieff‹ S. 30). »Er ist das recht späte Produkt menschlicher Entwicklung, das in verschiedene Rassen zerfällt, die alle mehr oder weniger deutlich die fliehende Stirn, die vorspringenden Augenüberbogen und das grobe Gesicht der allgemein bekannten Rekonstruktionsversuche zeigen. Sein nach technischer Mannigfaltigkeit schon beachtliches Kulturniveau zeigt sich in der Anfertigung von Feuersteingeräten...« (Prähistorische Kunst, S. 43). »Man nimmt an, daß die Neandertaler oder Paläanthropiden (etwa Urmenschen) seit 400000 Jahren in Afrika gelebt haben... Diese Neandertaler haben bereits mit der Herstellung von spezialisierten Werkzeugen begonnen« (Cornevin, Geschichte Afrikas, S. 10). These: mit Feuer u. Werkzeugen, aber ohne Sprache u. Kunst, gehören sie eindeutig in die Kategorie Muntu ↗ = Intelligentes Dasein, aber unvernünftig. — Das 1. Skelett fand man 1856 in der Feldhofer Grotte im Neandertal bei Düsseldorf, wonach dieser Typ benannt wurde. Wohnstätten des N. fanden sich inzw. in Belgien, Frankreich, Deutschland, Gibraltar, Italien, Rußland (Krim), Jugoslawien, Israel, Irak, China, Java u. Sambia (Afrika). 1908 »... lieferte dann die Höhle von La Chapelle-aux-Saints den kaum zu übersehenden Beweis für einen Begräbnisritus der Neandertaler. Bei den Ausgrabungen fand man einen Jäger, der sorgsam in eine flache Grube gelegt worden war. Auf seine Brust hatte man das Bein eines Wisents gelegt, und der Graben war angefüllt mit zerbrochenen Tierknochen und Flintwerkzeugen.« 1951 schließl. entdeckte man im Irak eine der größten Ansammlungen von N.-Skeletten - ein Jahr danach sollte eine Analyse ergeben, daß sie beim Tod u. Begräbnis mit Blumen bedeckt worden waren. Beweis für das Bewußtsein der Sterblichkeit ↗ an der Schwelle zur Reinkarnation ↗. These: letztere schied den N. aus, weil er diesen Entwicklungsschritt nicht mehr schaffte.

Nebukadnezar II.: König von Babylon ↗ (605–562 v. Z.), der u. a. Jerusalem ↗ eroberte (597) u. zerstörte (587) u. die Juden ↗ in die ›Babylonische Gefangenschaft‹ verschleppte. Über seinen Ausbau der Stadt schreibt er: »Ich gab dem neuen Palast ein festes Fundament und erbaute ihn hoch wie einen Berg aus Erdpech und Backsteinen. Aus riesigen Zedern ließ ich sein Dach machen, die Türen aus Zedernholz ließ ich mit Kupfer beschlagen, und Schwellen und Angeln aus Bronze ließ ich an den Toren anbringen. Silber, Gold, Edelstein, alles was kostbar und prachtvoll ist, Reichtum und Güter, Zierat für meine Erhabenheit, lagerte ich darin, eine ungeheuere Fülle königlicher Schätze häufte ich darin auf...« »Ich baute Babylon, die schönste der Städte. Auf die Schwelle ihrer Tore stellte ich riesige Stiere und Schlangen mit Füßen, wie sie noch kein König vor mir erdacht hatte.« Ein Abglanz davon findet sich in der Bibel ↗. — Der letzte Nachfolger Nabonid regiert 555–539; die Namen enth. in beiden Fällen Nb ↗, vokalisiert als Nebu bzw. Nabo, s. Naba ↗.

Nechbet: äg. Geier ↗-Göttin, hier (Abb.) auf der ihr zugeordneten Wappenpflanze Lilie ↗, die Oberägypten vertrat (s. Reichseinigung ↗), aber a. die Geißel = Nechech ↗, ähnl. in der Worbildung. Ihre Partnerin heißt in diesem Bezug Uto ↗ (Schlangengöttin) mit anderer Pflanze ↗, aber sonst den gleichen Symbolen: Halbkreis als Sitz (Barke ↗), Planetenstab ↗ + Omega ↗. Ihre Gesamtform ist die Geiergöttin Mut ↗, die beide Omegas hält. Hieroglyphen ↗ aus der königl. Titulatur des Pharaos ↗ zei-

gen deutl. die Zuordnung der N. zur Binse ↗, was bed. würde, daß sie, geschichtl. betrachtet, nicht Afrika, sondern Mu ↗ vertritt; wahrsch. in seiner Verlagerung nach Amerika ↗. Da N. a. Nephtys ↗ ist, darf an eine Vertretung der Weißen Rasse ↗ gedacht werden; sie wird a. mit der Weißen Krone ↗ in Par. gesetzt (bzw. mit der weißen Lilie), was im Namen ↗: ›Die Weiße von Nechen...‹ zum Ausdruck kommt; Nechen, auf der Westseite des Nils ↗, bildete zus. mit Necheb, das ggb. auf der Ostseite lag u. zum Namen Necheb.T = die von Necheb = Nechbet führte, die Metropole des prädynastischen ↗ Reiches Oberägypten. These: dorthin müßten die Amazonen ↗ mit Zwischenstop auf Kreta ↗ gebracht worden sein, Teil der echten Odyssee ↗. — Beide Göttinnen waren am Königskopftuch Nemes ↗ angebracht. Namensdeutung: Nech etwa Nacht ↗, Bet eigtl. Ba.T = weibl. Seele ↗, d.h. Nachtbarke ↗ od. Mondauge ↗: »Bereits in den Pyramidentexten ↗ wird Nechbet als das ›unversehrte Horusauge ↗‹, d. h. als Mond ↗ angeredet. Weiter wurde sie nach einer Inschrift des Neuen Reiches nach Sonnenuntergang verehrt. Noch Porphyrius weiß um den Charakter der N. als Mondgöttin« (Bonnet, S. 508).

Nechech: äg. Name der Geißel ↗, bei der Osirismumie ↗ mit dem Hirtenstab ↗ = Heka ↗ gekreuzt. Manchmal ist der Stab, aus dem die auf 3 Schnüre verteilten 48 Perlen kommen, eine Lilie ↗, was den Bezug zu Nechbet ↗ herstellt u. damit zum Mond ↗. These: das empfiehlt die in Ägypten übl. Umdrehung ↗ des Wortes zu Che ↗ (schaffen, hervorbringen = die 18 Ringe od. Grundmotive ↗ des Stabes als Schwangerschaft ↗) = Chen - das müßte die Verwandlung nach dem Tod ↗ sein; od.: N. steht für Reinkarnation ↗.

Nechmetaui, Nechmet Awaj: äg. Göttin, die in Bezug zum ›Ort der Schöpfung ↗‹ gesetzt wird, bzw. zu den Urgöttern ↗ gehört. Symbol ↗ war ein kapellenförmiges Sistrum ↗ wie bei der Hathor ↗, mit der sie oft verschmolz. Dümischen (Bauurkunde von Dendera 26) setzt sie mit der Nemanus ↗ gleich. Als Sohn wird Nefertem ↗ angeführt.

Nedit: heißt der Ort »... an dem Osiris ↗ dem Anschlag des Seth ↗ erlag und auf dessen ›Gewässer‹ der Vergeltungskampf gegen die Feinde des Gottes (Osiris) stattfand. Man zeigte ihn in der Nähe von Abydos ↗... Wahrscheinlich hängt der Name ↗ mit dem Verbum ndj = niederstrecken zusammen... er würde dann lediglich ›Mordstätte‹ bedeuten« (Bonnet, S. 508).

Nefertem: Sohn der Nechmetaui ↗; der Name ↗ setzt sich aus *nefer* = schön u. *tm* = tum, Atum ↗ zus., was die Übers. ›schöner Gott‹ mögl. macht. Es gab aber a. die Nv. Nefer-hor, schöner Horus ↗. These: geschichtl. könnte Manus ↗ damit gemeint sein, denn die Überlieferung erzählt a., daß N. einmal über die Menschen herrschte wie Re ↗ über die Götter ↗. Auf dem Kopf ein auffallendes Symbol ↗: geschlossener Lotos ↗ u. geschlossene Doppel-Feder ↗ darüber. These: das verweist auf den Zodiak ↗, aber wie andere Horusformen, s. Horusstele ↗, den Tierkreis ↗ vertreten, so dürfte es sich hier um eine Vertretung der Zodiakzeichen ↗ handeln. Man beachte das Z. an der Seite des Lotos, es entspr. fast der Bootaxt ↗ u. bei Umkehrung der Rune Ti ↑ = ↟ bei Ti-Od ↗. »Die Griechen geben seinen Namen, der babylonisch in der Form Niptemu erscheint, mit Nephthemis... wieder. Es scheint demnach eine Nebenform gegeben zu haben, die etwa Efteme lautete. Wahrscheinlich dürfen wir denn auch in dem Gott Iphthimis, der in einem saitischen Festkalender genannt und dem Prometheus gleichgesetzt wird, den N. wiedererkennen« (Bonnet, S. 508-509). Ja, Prometheus ↗ ist das Äqv.

Neger: Schwarze, von portug. *negro* = schwarz ↗; äg. Äqv. Km ↗, bibl. Ham ↗, griech. Melanthos ↗. Seit dem Kolonialismus ↗ u. seinem Rassismus ↗ Ausdruck für Elend u. Unterdrückung, vermittelte das Bild des N. urspr. »... die Verheißung seligen Lebens... Nach alter griechischer Tradition, mit denen die Etrusker (s. etrusk. Negerkopf ↗) gut vertraut waren, ist der Neger ein frommer Bewohner eines Sonnenlandes an der Grenze der Welt, wo nach griechischer Auffassung auch die Gefilde der Seligen liegen« (Badisches Landesmuseum). These: damit war Lemurien ↗ bzw. Mu ↗ gemeint, das Paradies ↗, dann 1. Ort der Mysterien ↗. Nv. Mohr ↗.

Negerkopf: 1) bei den Etruskern ↗ als Weinkanne (Abb.) gestaltet. Dazu das Badische Landesmuseum, das vor einiger Zeit das Werk erwarb (7 Exemplare dieser Art waren bisher in den Museen von Berlin, Boston, New York u. Rom bek.): »Der ausdrucksstarke, sehr prägnant geformte Kopf ist mit einem Myrtenkranz, dem Zeichen der Mysterieneinweihung, geschmückt. Das krause Haar, das nur im Nacken hervortritt, ist von einer Kappe bzw. einem reich ornamentierten Tuch zusammengehalten. Lauf-

spiralen, Mäander ↗, Strahlenbänder und Sterne fassen aus dem Stoff Streifen mit Schwänen und Greifen ein, hyperboreische Tiere, die auf ein Jenseitsland weisen.« S. Neger ↗ u. Moses ↗, der vom letzten schwarzen (Neger-) Priester eingeweiht worden war.
2) ein gekrönter N. taucht seltsamerweise auf jedem Wappen der Kardinäle von München ↗ auf. Hier geht der Begriff Neger über in Negus ↗ = König. Das Königtum stammt aus Afrika ↗.

Negus: äthiop. Bez. für König, s. Königtum ↗. Negus Negesti od. Negusa Nagast = König der Könige = Kaiser. Die sich so auszeichnende dynast. Linie geht auf den Sohn von König Salomo ↗ u. die Königin von Saba ↗, Menelik, zurück. Er soll die Bundeslade ↗ mitgenommen haben; sie taucht als Ngoma ↗ in Simbabwe ↗ auf. Das läßt vermuten, daß N. mit Neger ↗ u. Naga ↗ zusammenhängt, d. h. mit der schwarzen Schlange ↗ der Weisheit ↗. — Man darf annehmen, daß der Titel dem äg. Titel Pharao ↗ äqv. war. Die 25. Dynastie ↗ Ägyptens war rein äthiop., d. h. von Nubien ↗, ehem. To-Mam (Mutterland).

Neith: äg. Göttin ↗; noch in der Frühzeit wird ihr Name ↗ häufiger als der anderer Götter ↗ genannt. In Memphis ↗ besaß sie ›nördlich der Mauer‹ ein Heiligtum, an dem vornehme Frauen Priesterinnen ↗ waren. Als Kriegsgöttin galt sie als ›Lehrmeisterin des Kampfes‹ u. wird (Abb.) mit Pfeil + Bogen gezeigt. These: diese bilden die 7. Rune ↗ ᛡ (äqv. Grundmotiv ↗ Explosion), mit dem das 2. Zodiakhaus ↗ beginnt, das sie dann repräsentiert mit den Tieren Skorpion ↗, Biene ↗ + Hase ↗: In Sais ↗ stand sie einem ›Haus der Biene‹ vor; sie wird zur ›Mutter des Osiris ↗‹ u. sie wird an die ›große Flut‹ (s. Sintflut ↗) herangerückt, beide Ereignisse fallen in den Hase-Sektor. Geschrieben wird sie nur N.T, genau wie Nut ↗. Äqv. dürfte Anat ↗ gewesen sein, a. nur Nt geschrieben. Bonnet meint, bei den Griechen sei Athena ↗ daraus geworden, mit Athen als Kolonie von Sais. Dann wundert es nicht, daß sie auf Bildern a. ein Krokodilpaar säugen kann, d. h. als Ur-X ↗ vor den Zodiak od. Kosmos ↗ gestellt wird. »Im Neuen Reich ist die Stellung der Neith als Urgöttin schon unbestritten...« (Bonnet, S. 514). »In ihr, die den Samen der Götter und Menschen schuf, sind die männlichen und die weiblichen Kräfte noch ungetrennt gesammelt... (sie ist) Vater der Väter und Mutter der Mütter« (Bonnet, S. 515). Darauf dürfte a. ihre Nv. Nrt, sprich Ntr ↗ verweisen. — Ein bes. Fest war ihre Himmelfahrt ↗, erw. im Äg. Totenbuch:

Kap. CXIV
(Um die Mysterien ↗ von Khemenu kennenzulernen)
»Seht, auf Armen getragen
Zur Zeit der Himmelfahrtsfeste von Neith, in Mahit
Rückt langsam vorwärts das Standbild der Göttin Maat.«

Offensichtl. ist von einer Prozession ↗ die Rede. Nach 6 weiteren Zeilen heißt es:

»Denn ich komme hierher, gesandt von Re ↗ selbst
Um das Standbild der Göttin zur Zeit der Neith-Himmelfahrtsfeste auf dem Aufzugsweg zu errichten.«

Es könnte das von Novalis ↗ besungene Standbild der Isis ↗ zu Sais gemeint sein; mit ihr, Nephtys ↗ u. Selket ↗ umschlang sie den Kanopen ↗-Kasten. Diese Himmelfahrt könnte sich auf N. als Astronautin ↗ beziehen; a. Anat fliegt im kanaan. Mythos vom Palastbau ↗ des Baal ›... höher als alle Vögel‹.

Nekropole: Totenstadt; es war eine Eigenart von Ägypten ↗, par. zu den Städten der Lebenden (östl. des Nils) Städte der Toten ↗ (westl. vom Nil) zu errichten, über der dort angenommenen Duat ↗. Dem Haus stand das Totenhaus, dem Tempel ↗ der Totentempel ↗ ggb., schließl. dem Priester ↗ der Totenpriester ↗, gen. ›Diener des Ka‹, was deutl. macht, wer in den N. wohnte: der Ka ↗ od. geistige Doppelgänger – bis zur Reinkarnation ↗. Hier befand sich a. die Mastaba ↗ u. Pyramide ↗. — »Aber für den Ägypter beginnt das große Leben ja erst nach dem Tode, und daher war der Westen ↗ die Totenstadt. Es gab dort Avenuen, Wohntürme, Häuserfluchten; und ein Heer von Totenpriestern, Grabwächtern und Tempeldienern, Steinmetzen, Malern und Maurern, Sargtischlern, Einbalsamierern (s. Mumifizierung ↗) und Amuletterzeugern, das wiederum eine Menge von Bäckern, Bierbrauern, Viehzüchtern ernährte, hatte dort sein Lager aufgeschlagen. Aber die größere Siedlung lag im Felsen oder unter der Erde: Myriaden von Schlafzimmern und Kunstkammern« (E. Friedell, Kulturgesch. Ägyp-

tens... S. 319). Das meiste, was an altäg. Kunst ↗ erhalten ist, kommt aus diesen N. – A. das war ein Dienst am Ka, jetzt unpersönl. als die ewigen Ka-Geister ↗ verstanden. Fast kann man die N. als die älteste Form des Museums ↗ verstehen. Es gibt Anzeichen, daß a. die Etrusker ↗ + Kreta ↗ N. besaßen. — Personifiziert wurde die N. in der Göttin Meresger ↗. Die Begrüßung der Toten übernahmen die Muu-Tänzer ↗.
In der Abb. die N. von Theben ↗, gesehen vom Totentempel des Königs Ramses ↗ (II.) aus; r. Felsengräber.

Nektar: zuckerhaltige Absonderung von Pflanzen↗-Blüten. Symbol↗ für den ewige Jugend spendenden ›Göttertrank‹, äqv. Soma↗, Hu↗, Ganges↗, Met↗ (griech.).

Nemanus: Nv. für Nechmetaui↗; gilt als Partnerin des Thot↗. These: da der Name Manus↗ enthält, ist anzunehmen, daß sie dessen Mutter war. Das würde den Bezug der Germanen↗ zu Tuisto↗ (= Thot) erklären. Bleibt zu fragen, wo die Geburtsstätte war. Da N. a. in Byblos↗ verehrt wurde, gibt es sowohl einen Bezug zu Kanaan↗ wie zu den Tiodiska↗ (Deutschen), deren Vergangenheit im Nibelungenlied↗ verankert ist. Da die Nibelungen a. Niflungen hießen, landet man wohl in Niflheim↗ als Teil von Midgard↗ = Mu, mit Ägypten als 1. Mu-Nachfolge↗, während N. wie Thot über die Linie der Kanaanäer zurück auf Muspelheim↗ (der andere Teil von Midgard) zurückzuführen ist. N. müßte dann von Simbabwe↗ aus zurück nach Niflheim gegangen sein, als Isisblut↗ (Schwarze Rasse↗) mit einem weißen Partner Thot verlassend. Evtl. kommt dafür Herkules↗ in Frage. Es ist anzunehmen, daß auf N. die Runen↗ zurückgehen. Nv. könnten Sechat↗ u. Gefjun↗ sein.

Nemes: äg. Name des Königskopftuchs↗, wahrsch. falsch vokalisiert; es muß Nomos↗ heißen. Im Äg. Totenbuch↗ ist die Rede von einer Nemes-Krone als »Kennzeichen des Gottes, der weilet im verborgenen Schrein«, d. h. im Naos↗. Die Erweiterung ist Nemesis↗.

Nemesis: griech. Übernahme des äg. Greifs↗ als ›Göttin der Vergeltung‹, d. h. wohl Karma↗. Symbol: Rad↗. Eine Ableitung ist die Sphinx↗, gekrönt von Nemes↗. Als die Römer↗ in Ägypten waren, fügten sie ihren Sphinxfiguren a. den Greif der N. als Attribut hinzu. — These: als hl. (= Is↗) Gesetz (nemes bzw. Nomos↗) ist den Bildern der N. entspr. an den Tierkreis↗ zu denken.

Nemi: äußere Begrenzungslinie des Yantra↗.

Neofaschismus: Wiederaufblühen des Faschismus↗ nach dem 2. Weltkrieg↗, wobei sich die in der Nazi-Ideologie↗ u. Nazi-Religion↗ gebündelten Ideen der Präfaschistischen Sekten↗ neu ausfächern u. vereinzeln: nur Rassismus od. nur Judenhaß od. nur Wiederbelegung des Ahnenerbes durch Armanen↗ od. nur Sonnenwende↗, gekoppelt mit geheimen, paramilitär. Übungen zur Gewinnung des 3. Weltkriegs↗ (äqv. Endkrieg↗) sowie, unbekannter, Forcierung der Transmutation in den Übermenschen↗.

Neophyt: Neugetaufter bei den Ur-Christen↗; davor Überwindung des Chrest↗-Zustandes durch Initiation↗, wobei die Taufe↗ ein uraltes Element der ›passage‹ zu sein scheint. Das griech. Wort bed. zunächst nur Neubürger, Neueinbürgerung in einem fremden Gebiet.

Nephesch: etwa Körper in der Kabala↗: »Der 4. Adam war bekleidet mit Haut, Fleisch, Nerven usw. Dies entspricht dem niederen Nephesch und Guff, d. h. Körper, vereinigt. Er hat die tierische Kraft der Fortpflanzung und der Erhaltung der Art« (Blavatsky II, S. 479). Als ›Sitz‹ wird die Leber angenommen. — These: mit dem ›4. Adam‹ (= 4. Menschheit) ist die 4. Welt↗ od. 4. Wurzelrasse↗ gemeint; beim 9fältigen Menschen↗ äg. Auffassung wäre innerhalb des Körpers spez. an den Tierkreis↗ zu denken. — Kabalist. Tabellen der Sefirot↗ legen nahe, N. mit Kintu↗ gleichzusetzen, denn die 3fache Unterteilung lautet:

Nephesch =
1) die gestaltete Materie (= Kintu, starr)
2) die gestaltende Kraft (= Kintu, assimilativ)
3) das Prinzip, der Urgrund (= Kintu, lebend)

womit man bei Stein, Pflanze + Tier landet. Inter., daß die Leber als ›Sitz‹ dem Jupiter↗ zugeordnet wird, mit dem tats. die 4. Welt begann.

Nephilim, Nefilim: in Texten des Zweistromlandes↗ erw.:

»Die Nefilim waren auf der Erde
in jener Zeit und auch später
als die Söhne der Götter
den Töchtern Adams beiwohnten
und sie gebaren ihnen Kinder
Sie waren die Mächtigen der Ewigkeit
das Volk des Schem↗.«

Der Name↗ leitet sich von sem. Nfl = heruntergefallen ab. Offensichtl. sind es die vom Christentum übernommenen ›gefallenen Engel‹, die Riesen↗ zeugten. Assyr. Übers. babyl. Schöpfungsberichte sind schon negativer:

»In den ersten Tagen die bösen Götter
die Engel, die in Aufruhr waren
welche in dem niedrigeren Teil des Himmels
geschaffen worden waren
sie verursachten ihr böses Werk...
Es waren ihrer sieben...«

Es folgt die von Blavatsky↗ nicht wiedergegebene Beschreibung der N. u. als 15. Zeile:

»Sie, ihrer sieben, Sendboten des Gottes Anu↗,
ihres Königs...«

Dies klingt, als lande man bei ›mißratenen‹ Nachf. der Astronauten↗. Sollten die Niflungen↗ etwa davon abstammen?

Nephtys: äg. Göttin bzw. ›Götterschwester des Osiris↗‹, was bei dessen Gleichstellung mit Baal↗ N. zur Baalat↗ bzw. Anat↗ macht u. damit zur Astronautin↗, indian. Orejona↗ genannt. Der äg. Mythos↗ äußert sich darüber nicht. Als Besonderheit erklärt er sie als kinderlos, läßt sie dafür Anubis↗ hervorbringen. Ihre Hieroglyphe ist ebenso geheimnisvoll: ein Quadrat wie der äg. Thron↗ u. darüber ein Halbkreis wie eine Schale↗. Bei Bonnet wird daraus Schloßherrin, abgeleitet von der äg. Schreibweise Nb.T (Herrin) + HT (Haus, Tempel, hier Schloß). Das ergibt nur dann einen Sinn, wenn sie Herrin der Gralsburg↗ war: der himml. (ihre Verschmelzung mit Hathor↗) u. der ird. (ihre Verschmelzung mit Seschat↗). Auf jeden Fall enthält ihr Z. 3 wesentl. Eigenschaften des Grals↗: Stein (der Würfel), Truhe (der eingebaute Sitz, Teil der Hieroglyphe von Isis↗ + Osiris) + Schale. Man könnte also den ›Stein‹ (= Würfel) a. als Steinburg deuten, in der sich einstmals Sambo↗ befand. Darüber vielleicht das Raumschiff↗, mit dem N. samt Truhe gekommen war (es war a. in Tiahuanaco↗ bzgl. Orejona abgebildet gewesen). Obwohl Seth↗ mit N. verbunden wird, sind sie nie zus. abgebildet worden; immer ist N. mit Isis u. Osiris (auf der Abb. als Djed↗) verbunden. Der Mythos erklärt, sie sei nach der Ermordung des Osiris durch Seth auf die Seite seiner Wit-

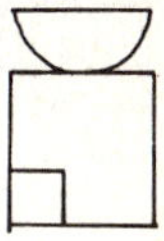

we Isis ›übergetreten‹, um bei der Suche ↗ nach dessen ›zerstückelten‹ Teilen zu helfen, sowie dem Mörder nachzustellen, um ihn »wie einen Mastvogel im Netze

Abb. 1

zu fangen«, bzw. bei der Vernichtung des Apophis ↗ mitzuwirken. Von griech. Autoren ist die Gleichstellung mit Nike ↗ (= Sieg) überliefert, was zu den gen. Zügen passen würde. A. Sigui beim Sigui-Fest ↗ heißt Sieg u. ergäbe über Anubis als Kalender die in der Esoterik übl. Verschmelzung der N. mit Po ↗. Welche Rolle aber spielt N. am Beginn des Weges, der bei Isis so klar durch die Hl. Hochzeit ↗ gegeben ist? Das Äg. Totenbuch ↗ gibt eine erstaunl. Antwort, wenn der Tote ↗ sagt:

»Ich fühle mich, wie von Isis empfangen
Und von Nephtys geboren.«

(Kap. XVII)

Nimmt man einen konkreten Untergrund an, kommt nur eine Konsequenz in Frage: das 1. Kreuzungsprodukt Astronaut-Erdfrau, der sog. Alte Horus ↗, mit dem die Genesis ↗ od. Sonderlinie ↗ für die Wiederkehr ↗ beginnt, hatte 2 Mütter: Isis für die Empfängnis od. Einkreuzung himml. Erbmasse in die ird. Erbmasse - da aber die Astronauten Riesen ↗ waren (s. Nephilim ↗), mußte das Produkt von der Astronautin ausgetragen werden. Solche ›Leihmütter‹ gibt es heute auch. Das Zweimütter ↗-Motiv findet sich in Ägypten oft dargestellt, so bei der Reichseinigung ↗ od. als sog. Triade. Die ›Triade des Mykerinos‹ (Abb. 2), 4. Dyn., stammt aus Gisa ↗; wie im Anbetungsbild des Djed (Abb. 1) r. N., darüber der Hund. In der Barken ↗-Symbolik die Nachtbarke. — Germ. Äqv. wahrsch. Nertus ↗.

Neptun: 1 der 12 Planeten ↗; als ›Meeresgott‹ der Römer ↗ dem griech. Poseidon ↗ gleichgesetzt. — Eigenschaften im Horoskop ↗:

›Neptun-Methode‹ = experimentelles Bearbeiten der Persönlichkeit mit Drogen; stärkt das Visionäre, die transparente Schau. Gefahr des Ausfließens im Unendlichkeitsmotiv der Strudelung von Wasser + Wolken; Umschlagen von Vision in Illusion. Seherische Komponente, die patholog. werden kann.

Nero: röm. Kaiser (37-68); als Rom ↗ 9 Tage lang brannte, lenkte er den gg. ihn gerichteten Verdacht auf die Ur-Christen ↗ u. veranlaßte deren 1. Verfolgung (64). Außer dem übl. Tempelbau in Ägypten, wo er

Abb. 2

sich abbilden ließ, ist eine Expedition nach Meroë ↗ u. bis in die Sümpfe des Weißen Nil ↗ überliefert. Vielleicht wurde Shambe ↗ gesucht - denn 2 J. nach seinem Tod folgte der Überfall auf Jerusalem ↗; was dabei aus dem Tempel nach Rom verschleppt wurde, suchten dort dann die Goten ↗. — 1. europ. Sonnenkönig ↗ (Abb.).

Nertus: germ. Göttin, a. Janna ↗ Nertus Salis. Sie ist ebenso eng mit Freya ↗ verbunden wie die äg. Nephtys ↗ mit Isis ↗, sodaß an ein Äqv. gedacht werden kann, was die Ähnlichkeit des Namens nahelegt, mit Konsonantverschiebung P zu R. Tacitus ↗ berichtet, die Germanen ↗ würden glauben »... sie kümmere sich um die Angelegenheiten der Menschen und komme zu den Völkern gefahren. Auf einer Insel des Ozeans (d.h. der Ostsee) ist ein heiliger Hain, in ihm ein geweihter Wagen, der mit einem Tuch überdeckt ist. Nur dem Priester ist es erlaubt, ihn zu berühren. Er merkt es, wenn die Göttin im Heiligtum anwesend ist, spannt dann die Kühe an den Wagen und geleitet die Göttin mit großer Ehrfurcht. Freudig sind jetzt die Tage, festlich geschmückt all die Orte, welche die Göttin ihrer Ankunft und ihres Besuches würdigt. Man zieht nicht in den Krieg, greift nicht zu den Waffen; weggeschlossen ist alles Eisen. Ruhe und Friede ist jetzt nur bekannt, jetzt nur geliebt, bis derselbe Priester die Göttin, die des Verkehrs mit den Menschen müde ist, in das Heiligtum zurückbringt. Dann werden Fahrzeug und Decken und, wenn man es glauben will, die Gottheit selbst in einem verborgenen See abgewaschen. Dabei dienen Sklaven, die sofort derselbe See verschlingt. Daher herrscht ein geheimes Grauen, ein heiliges Dunkel, was das für ein Wesen sei, das nur Todgeweihte sehen« (Germania, 40. Kap.). Neben N. kennt Tacitus nur eine Isis (!) u. eine Tamfana, die beide zu seiner Zeit offenbar keine besonderen Figuren waren. — These: das Feiern einer Ankunft vom Meer könnte sehr verschwommen die Astronautin ↗, indian. Orejona ↗, beinhalten. Leider sind die Überlieferungen verloren gegangen.

Neru-Jungfrauen: auf der Osterinsel ↗ gab es eine Ana O Keke gen. ›Höhle zur Inklination der Sonne‹, d. h. den Sonnenaufgang anvisierend. Unter dem Eingang stürzte die Felswand senkrecht in die Tiefe. Die Höhle selbst verzweigte sich 400 m tief in den Fels. Hier wurden ausgewählte junge Mädchen so lange eingesperrt, bis sie für best. relig. Feste weißgebleicht waren. Frauen schoben ihnen das tägl. Essen durch die Öffnung zu. Innen fanden sich seltsame Z. an den Wänden. Mehr ist nicht mehr bekannt. These: der Name ↗ Neru läßt sich so leicht in Rune ↗ (Silbentausch) umwandeln, daß angenommen werden kann, man habe diese N. in Z.-Deuterinnen für die Rongo Rongo ↗ Tafeln der Langohren ↗ verwandeln wollen.

Netz: als Symbol ↗: soweit die Göttin Nut ↗ bekleidet abgebildet wird, trägt sie ein Netzwerk, das prakt. nur das X ↗ od. a. das Z. des Gesamtkosmos ↗ vervielfältigt. A. die germ. Seherinnen ↗ trugen solche Netzgewänder. These: es ist Ausdruck der unsichtbaren Vernetzung, Verknotung od. Verflechtung aller Dinge u. Wesen durch den Geist ↗. In der Edda ↗ ›spinnen u. flechten‹ an diesen Fäden die 3 Nornen ↗ (Disen ↗). »Zauberisches Knüpfen und Flechten galt im Mittelalter ↗ als abscheuliches Verbrechen; im 16. und 17. Jahrhundert wurden diesem Zweig menschlichen Irreseins ernsthafte juristische und medizinisch-psychologische Untersuchungen gewidmet« (Amulett und Talismann, S. 237). Heute gilt Vernetzung als bes. alternativ. — Netzauge ↗ u. Netzhaut ↗ unterstreichen die Funktion des N. für neuartiges Sehen als 6. Sinn ↗.

Netzauge: das Facettenauge der Insekten; die Oberfläche setzt sich wie ein geschliffener Kristall aus einem Netz ↗ von Einzelsehflächen mit unterschiedl. Winkel zusammen. Man ist versucht, an gebogene Mosoikfenster ↗ zu denken u. deren Effekt, das Sehen ↗ durch Lichtöffnung ↗ zu erweitern.

Netzhaut: Retina ↗.

Neuer Mensch: Dauerthema spez. des 20. Jh., was insofern seine Richtigkeit hat, als nach Ablauf der Geschichte ↗ a. der reinkarnative Mensch ↗ (Muntu ↗) abgelaufen ist u. sich der Übergang zur Unsterblichkeit ↗ bzw. zum ›Übermensch‹ ↗ anbahnt. In China ↗ soll sich unter Mao ↗ der N.M. durch rituelles Schwimmen im Yangtzu, vor dessen Mündung die Inseln der Seligen ↗ gedacht wurden, ergeben. Damit nahm man Bezug auf das einstmalige Paradies ↗ mit dem darin entstandenen damaligen ›Neuen Menschen‹ (Typ reinkarnativ) mit Par. zum N.M. des wiederkehrenden Paradieses, das im Marxismus ↗ eine so große Rolle spielt. In christl. Version, übernommen von der Moon-Sekte ↗, wurde daraus der ›3. Adam‹ mit der Reihenfolge: 1. Adam = Chrest ↗, 2. Adam = Christus ↗, 3. Adam = Wiederkehr ↗. — Auch Hitler ↗ sprach vom N.M., der Nike ↗ (= Sieg) beinhaltet.

Neue Sonne: Yaxkin ↗ bei den Maya ↗; Yax bed. blau (od. grün), kin ↗ = Sonne. Wenn sie zeremoniell ›ausgerufen‹ wurde, begann die Tätigkeit von 5 Priesterinnen in blauen Gewändern mit dem Kopfputz Nana Pola ↗. These: Da die bei den Dogon ↗ Po ↗ gen. 2. Sonne des Sirius ↗, als schwarz u. weibl. angegeben, in der Spektralanalyse blau erscheint u. einen Umlauf um die 1. (weiße, männl.) Sonne von 52 J. (= Dauer des

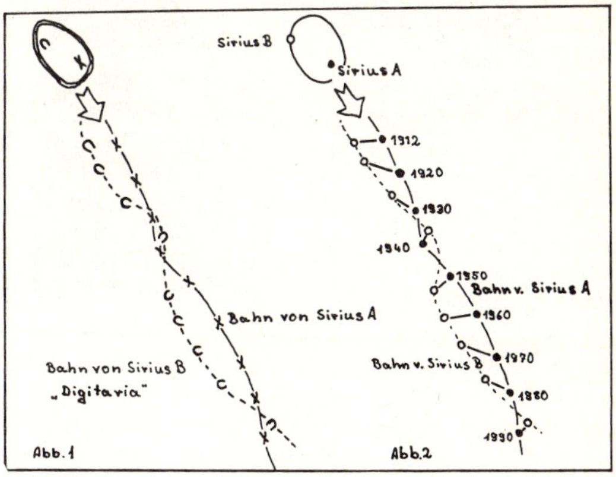

Tzolkin ↗) hat, darf angenommen werden, daß sich der Ausdruck N.S. auf die Entstehung ihres Äqv. in unserem Sonnensystem ↗ bezieht. Es ist a. die Quetzalsonne ↗, in Ägypten die von Chepre ↗ gerollte ›Neue Sonne‹ u. die bei den Germanen ↗ aus der Unterwelt auftauchende ›Fru Gaur ↗ mit den 24 schwarzen Hunden‹, deren Einzahl der äg. Anubis ↗ sein dürfte, als Bahn der schwarzen Siriussonne. Äg. Bilder legen nahe, daß die N.S. in unserer jetzigen Sonne,

quasi als Baby, heranreift u. ihre Geburt bald bevorsteht, evtl. 1984 (s. Endzeit ↗), wenn das 4. Siegel ↗ geöffnet worden ist u. die Dunkelwolke ↗ ankommt. Die Konsequenzen dürften sein:
1) durch andere Schwingungen ↗ Förderung des Neuen Menschen ↗ u. Auflösung der Strukturen der 5. Welt ↗
2) evtl. Veränderung von Planetenbahnen, spez. der Erde ↗, da sie eine Umlaufbahn braucht; sowie dadurch bedingt Beendung der zentralen Stelle der bisherigen Sonne, die durch die starke Anziehungskraft der N.S. von dieser mitgezogen wird, wie Bilder der Dogon (Abb. 1) u. westl. Astronomie (Abb. 2) zeigen:
3) sie enthält (u. strahlt aus) das Programm für die letzten 2 Welten, zus. das 3. Reich ↗ des Hl. Geistes, d. h. sie ist eine Geistsonne ↗. — S. Naunet ↗.
Weitere These: die äg. Geierkrone ↗, Kreis + Doppelfeder, ist eine Darst., weshalb sie a. zum Abschluß jenes Djed ↗ (Baumes) wurde, der den Zodiak ↗ der Geschichte ↗ enthält. D. h., seit Landung ↗ von Sirius-Astronauten strebt alles darauf hin, daß wir ein Zweisonnensystem ↗ werden. Ist nicht a. der Sinn von Weihnachten ↗, ehem. Julnacht ↗, die Vorfeier der kommenden ›Geburt des Neuen Lichts‹? — S. (Schlangen-) Mound ↗.
Neues Testament: die Erweiterung der Bibel ↗ als ›Altem Testament‹ durch die Schriften der Evangelisten ↗, diverse Briefe (Epistel) von Paulus ↗ u. die Apokalypse ↗. S. Testament ↗.
Neu-Guinea: riesige Insel (2. größte der Erde) nördl. von Australien ↗, einstmals Teil von Mu ↗ bzw. Lemurien ↗. Gehört zu Melanesien ↗; Hauptstamm Papua ↗. Als Nachfolge des Kolonialismus ↗ blühen neuerdings messian. Bewegungen auf, ausgelöst durch das Schulmädchen Filo ↗.
Die Kunst ↗ zeigt universelle Motive wie Urmutter ↗ mit Netz ↗ am Körper (Abb. 1), Initiation ↗ vor (od. zeitl. ab) dem Krokodil ↗ (Abb. 2) u. einen Vogel-Fisch-Mensch ↗ (Abb. 3) als Maske ↗; da es 2 Fische ↗ sind, ist in Verbindung mit dem Krokodil an den geschichtl. Rahmen des Zodiak ↗ zu denken, zumal dieser in sich als wahren Inhalt das Ur-Alphabet ↗ als ›Vogel‹ verbirgt, bei uns zur Taube ↗ geworden. These: hier begann Kunst u. hat sich durch alle Wirrnisse recht rein, d. h. Primär ↗ erhalten. Man vergleiche mit der melanes. Maske Schmetterling-Fisch ↗.

Abb. 1

Neujahr: der bei allen Völkern mit unterschiedl. Ritual ↗ gefeierte Beginn vom Jahr ↗. In Altägypten z. B. am 19. Juni als Frühaufgang der Sothis ↗ (= des Sirius), die als Göttin direkt ›Herrin des Neujahrs‹ gen. wurde einerseits, u. als Einsetzen der Nil-Überschwemmung ↗ zum gleichen Zeitpunkt andererseits. Allerdings stimmen diese 2 Punkte nur alle 1460 J. überein, zum letzten mal 139 v. Z. — Bei den Maya ↗ ist N. am 8. Jan. im Anschluß an die Uayeb ↗ gen. 5

Abb. 2

Abb. 3

Untergangstage am Ende des Haab ↗. Hier bringt der N.-Ritus die Schöpfung ↗ in Erinnerung durch Neu-Legung des Weltideogramms ↗ auf dem Altar, verbunden mit Erneuerung aller Kultgeräte (die vom ausgelaufenen Vorjahr werden zerstört) u. Neugestaltung des Kalenders. — In Griechenland ↗ begann das J. mit dem Neumond, der der Sommersonnenwende ↗ am nächsten lag, also wie in Ägyten mitten im Sommer. In Rom ↗ dagegen begann das J. am 15. März als Dienstanfang aller Beamten. Als 153 v. Z. der Konsul Fulvius Nobilior wegen eines Krieges sein neues Amt am 15.3. nicht anfangen konnte, wurde N. kurzerhand auf den Tag verlegt, an dem er ihn beginnen konnte - am darauffolgenden 1. Januar. Dieses völlig willkürliche Datum ist heute zieml. verbreitet. — In Sumer ↗ wurde die Wiederkehr von Dumuzi ↗ als N. gefeiert; oben auf dem Zikkurat ↗, wo ein goldenes Bett stand, vollzog Inanna ↗ mit ihm die Hl. Hochzeit ↗ - 1. Mai ↗? Jedenfalls schloß sich ein Stieropfer an, u. im Jahreszodiak fällt der Stier auf 21. April - 20. Mai. Hier allein scheint mit Wiederkehr ↗ ein Endzeit ↗-Thema vorausgefeiert worden zu sein.
Neuplatonismus: Wiederbelebung der Philos. von Plato ↗ im 3. + 4. Jh., floß durch Augustinus ↗ ins Christentum ein. Das 7. Buch seiner Bekenntnisse nennt sich ›Befreiung durch Plato‹ mit Sonderabsatz: ›Die neuplatonischen Schriften, ihr Wahrheitsgehalt und was ihnen fehlt‹. U. dann: »Platonismus macht hochmütig, führt nicht zum Ziel.« — S. Intelligenz ↗.
Neuseeland: Insel süd-östl. von Australien ↗, Teil des untergegangenen Mu ↗; Hauptstamm Maori ↗. Seit des Kolonialismus ↗ über 70 Maoriaufstände = Teil der Weltrevolution ↗.
Neutempler: Ordo Novi Templi, abgekürzt ONT; eine von A.J. Lanz (1874–1954) gegr. Präfaschistische Sekte ↗, die die Zeitschrift Ostara ↗ herausgab u. für die Endzeit ↗ eine ›neue Menschenrasse‹ prophezeite »... die wieder mit denselben elektro-magnetisch-radiologischen Organen ausgestattet sein soll wie sie die ur-alt-Rasse auch schon hatte« (M. Ach u. C. Pentrop 1977: S. 12).
Neuzeit: das, was sich bis heute ans Mittelalter ↗ anschließt; meist mit der Renaissance ↗ od. Reformation ↗ beginnend. These: der eigtl. Beginn fällt mit dem

Beginn der 2. Wiederholung ↗ der Evolution zus., was sich v. a. als ›Moderne Wissenschaft ↗‹ manifestierte. Das Ende ist heute erreicht u. man könnte schon fast von ›Nach-Neuzeit‹ sprechen, die aber eine Endzeit ↗ ist.

Nevaneva: ekstatischer Zustand (Tahiti ↗); wichtig für die männl. + weibl. Mitgl. der Arioi ↗. Im Wort eingebaut, was zum Begriff der Wanen ↗ (die a. ekstatisch waren) führte: Silbenumstellung Neva = Vane.

New-Age-Bewegung: Bewegung für eine Zeitwende ↗.

Newton, Isaac: engl. Physiker, Mathematiker + Astronom (1643–1727); (Wieder-) Entdeckung der Zerlegung des Lichts ↗ in die Regenbogenfarben ↗ u. Systematisierung seiner Teilchennatur: »Es würde hier der Ort sein, etwas über die geistige Substanz hinzuzufügen, welche alle festen Körper durchdringt und in ihnen enthalten ist. Durch die Kraft und Tätigkeit dieser geistigen Substanz ziehen sich die Teilchen der Körper wechselseitig in den kleinsten Entfernungen an und haften aneinander, wenn sie sich berühren. Durch sie wirken die elektrischen Körper in den größten Entfernungen, sowohl um die nächsten Körperchen anzuziehen, als auch sie abzustoßen. Mittels dieses geistigen Wesens strömt das Licht aus, wird zurückgeworfen, gebeugt, gebrochen und erwärmt die Körper...« Die von ihm mitbegr. mod. Physik ↗ hat später die Wellennatur daraus gemacht u. mit seiner Partikelnatur verknüpft – zur angedeuteten geistigen Natur od. 3. Natur des Lichts – (s. Lebenskreuz ↗) – ist man noch immer nicht durchgedrungen. — N. fällt in die 2. Wiederholung ↗ der Evolution ins I (Entstehung des Lichts).

New York: größte Stadt der USA ↗, deren Kern die den Indianern ↗ abgekaufte Flußinsel Manhattan bildet; im N-Teil Harlem. In Reservate verbannt die Irokesen ↗. Die Insel ist inzw. so mit Wolkenkratzern überlastet, daß bei jedem Neubau ebensoviel Gewicht wegtransportiert werden muß, wie neu aufgelastet wird. Bei der New Yorker Weltausstellung ↗ von 1964 begann hier die letzte Etappe der Weltrevolution ↗.

Ngoma: der ostafrik. Stamm Mbire Shoko, nahe Verwandte des königl. Hauses des Monomotapa ↗ u. ansässig in der Simbabwe ↗-Region, besaß (od. besitzt noch?) ein N. gen. ›Wanderheiligtum‹, das a. als Thron ↗ diente u. sogar den König ersetzen konnte; es ist eine als Trommel ↗ verstandene ›göttliche Lade‹, die überraschende Par. zur Bundeslade ↗ zeigt, ganz ohne bibl. Einfluß. Ja, die Überlieferungen lassen eher vermuten, daß sie direkt auf das Original Sambo ↗ zurückgeht. Denn es heißt u.a., die urspr. N. habe sich in einem Haus von gewaltigem Ausmaß befunden, sei aber vernichtet worden (was Sambo a. widerfuhr). Sie enthielt im Innern einen sakralen Gegenstand als ›Sitz‹ der Gottheit, gen. Sonne, Großer Berg, schwarzer Urahne Mwari-Sekuru od. Munumutapa, dessen Stimme od. eigtl. Mund die Trommel N. war (Sambo heißt nur ›schwarzer Mund‹). Als Partnerin gehörte eine ›Frau-Trommel‹ dazu, die Urahnin Mwari-Mbuya. Man legte sie manchmal rituell nebeneinander auf ein Bett. Schlangen bewachten alle Eingänge zum Heiligtum u. außen waren Löwen als des göttl. Paares ›Hunde‹. Am aufschlußreichsten der Name des Stammes: Mbire heißt ›die Berühmten‹ u. Shoko = Affe bzw. Priester; der Affe ↗ ist a. ihr Totem ↗-Tier. Der Bezug zu Thot ↗ als geschichtl. Figur des Affe-Sektors ist unübersehbar, zumal H. Baumann (im Buch Ngoma Lungundu von H. von Sicard, 1952) gerade ›Südrhodesien mit den Simbabweruinen‹ als den Ausgangspunkt der ›Turmbausagen‹ erachtet. Motiv sei hier nicht, wie beim Babylonischen Turm ↗, das Anstoßen an den Himmel, sondern die Erlangung des Mondes (als Königsschmuck) – wobei der Autor vergißt, daß auf ihm der Mond ↗ den Abschluß bildete u. auf diesem Turmabschluß ein goldenes Bett stand, während die Babu ↗ (Wächter) des Heiligtums nur noch auf dem Ischtar-Tor abgebildete Löwen u. Schlangen mit Füssen sind. Nun ist ja die echte Lade (von oben) auf Mu ↗ gelandet – so erstaunt es kaum, daß hier der 1. Mensch Mu-Ngoma heißt (Mu-Trommel od. Mu's Mund); von dort muß sie nach Ostafrika gewandert sein bis zur Gralsburg ↗, um dann zerstört zu werden, viele spätere Versuche auslösend, sie nachzubilden. — Hier war sie jedoch kein Sarkophag ↗-ähnl. Kasten, sondern wie jenes ›Boot‹ auf dem Symbol der Nephtys ↗ eine Art Halbkugel.

Nibelungen: zunächst die Anhänger einer sagenhaften Gestalt namens Nibelung, die im Besitz des Nibelungenhorts ↗ war. Es könnte Regin ↗ damit gemeint gewesen sein. Nach Übergang des Hortes an dessen Bruder Fafnir ↗ u. dessen Tötung durch Siegfried ↗ geht der Name an letzteren samt Anhang über. Alle N. gehen in der Götterdämmerung ↗ unter, was bed., daß sie nicht, wie im Nibelungenlied ↗ suggeriert, vor 1500, sondern vor über 15000 J. lebten. Solche Zeit- u. Ortverschiebungen sind jedem Mythos ↗ eigen. Da statt N. a. Niflungen gesagt wurde, darf ein Zusammenhang mit den Nephilim ↗ angenommen werden.

Nibelungenhort: ein unermeßlicher Schatz, von dem nie klar wird, was er außer Gold alles enthielt – evtl. a. die in der Edda ↗ erw. ›goldenen Tafeln ↗‹, in Sumer Me ↗ genannt? (Hitler ↗ suchte nach ihnen.) Im Besitz der Nibelungen ↗, versanken sie lt. Nibelungenlied ↗ schließl. im Wasser; These: das war aber der Nil ↗ u. nicht der Rhein.

> »Der Wolf wird des Erbes der Nibelungen
> walten...«
> (Edda)

heißt es zum Schluß. Die Bed. ist vielleicht: der N. bleibt verborgen bis zur nächsten Wolfszeit ↗.

Nibelungenlied: handschriftl. Fassungen, variiert u. redigiert, eines uralten Epos ↗ der Tiodiska ↗ (Deutschen) über die Nibelungen ↗. Die Originalschrift stammt von einer Nonne des Frauenklosters Niedernburg bei Passau, die das Schicksal einer bayr. Prinzessin hineinverwob, die 995–1045 in Ungarn lebte, 1000–1038 als Königin, später als Äbtissin des gleichen Klosters, wo sie alte Sagen u. ihr eigenes Schicksal erzählte. Genau wie Krimhild ↗ hatte sie 3 Brüder u. ihr Geliebter wurde Opfer eines Unfalls. Kern der alten Sage sind wie in der äg. Doppel-Religion ↗ zwei Paare, deren Frauen eine überraschend gewaltige Rolle spielen: Brunhild ↗ + Krimhild – zw. ihnen Siegfried ↗.

Das N. beginnt mit Krimhilds Traum

> »Sie zög einen Falken, stark, schön und wilden
> Den griffen ihr zwei Aare (Adler)...«

Ihre Mutter gibt die Deutung:

> »Der Falke, den du ziehst, das ist ein edler Mann:

Ihn wolle Gott behüten,
Sonst ist es bald um ihn getan.«

1. Hinweis auf Siegfried. These: mit Falke ↗ ist eine Horus ↗-Gestalt gemeint, die Aare geben als Zeit den Adler ↗-Sektor an, in dem geschichtl. die Kriege um den Gral ↗ begannen – hier um den Nibelungenhort ↗. Der Wotanismus ↗ bleibt im Hintergrund, Wotan ↗ taucht selbst nicht auf, nur die von ihm mit dem ›Schlafdorn‹ ↗ gestochene Walküre ↗ Brunhild. Nach dem Drachenkampf ↗ wird sie von Siegfried ›erweckt‹ u. gibt ihm das Runen ↗-Wissen, wofür Siegfried ihr einen Ring aus dem Hort ansteckt als Z. der Bindung. Er wird, wie der Hort von einem Fluch beladen, Zeuge eines unglaubl. Treuebruchs: als Siegfried zurückkehrt, ist er schon mit Krimhild verheiratet u. spielt per Tarnkappe deren Bruder Gunther, um Brunhild für ihn zu erobern; nimmt den Ring zurück u. gibt ihn später seiner Frau. In der Hochzeitsnacht mit König Gunther ahnt Brunhild schon etwas; er darf Brunhild im Bett nicht berühren, sondern wird von ihr besiegt:

»Die Füß und die Hände sie ihm zusammenband
Zu einem Nagel trug sie ihn u. hing ihn an die Wand
Als er im Schlaf sie störte, sein Minnen sie verbot,
Von ihrer Stärke hätt' er beinahe gewonnen den Tod.«

Um die Blamage zu überwinden, spielt in der nächsten Nacht Siegfried noch einmal Gunther, der sich derweil hinterm Bettvorhang verbirgt. Im Bett entbrennt nun ein furchtbarer Kampf:

»Auch litt König Gunther Sorgen und Beschwer:
Er mußte manchmal flüchten vor ihnen hin und her.
Sie rangen so gewaltig, daß es wunder nahm,
Wie eins vor dem andern mit dem Leben noch entkam.«

These: vielleicht spiegelt sich darin a. der Übergang vom 1. Matriarchat ↗ zum 1. Patriarchat ↗ (was zeitl. stimmen würde). Der erzwungenen weibl. Niederlage folgt später eine blutige Rache. — Wagner ↗ griff das Thema wieder auf. — Die Urfassung war übrigens kein Endreim, sondern Stabreim ↗.

Nichts: Nihil ↗, Kennwort des Nihilismus ↗ bzw. Existentialismus ↗. In Ägypten ein Urzustand, in dem noch kein Name ↗ (äqv. Wesen) gebildet worden ist. Die Kabala ↗ sagt En Soph dazu, die Nommo-Logie ↗ spricht von Ur-X ↗.

Nietzsche, Friedrich Wilhelm: dt. Philosoph (1844–1900); empfand sich als ›Mensch der Auflösungszeit‹ (s. Moderne ↗ u. Dadaismus ↗) u. propagierte eine ›Umwertung ↗ aller Werte‹, wobei er v. a. eine Befreiung von den christl. Werten im Auge hatte. Schwankend zw. Romantik ↗ (äqv. Dionysos ↗) u. Klassik ↗ (äqv. Apollo ↗) sowie sich mit Marx ↗ (u. Bakunin ↗) auseinandersetzend, forderte er schließl. die Herrschaft des (vom privaten wie staatl. Kapitalismus wahrhaft befreiten) ›erlösten‹ Individuums, d. h. des im Buch ›Also sprach Zarathustra ↗‹ zu Wort kommenden Übermenschen ↗; während der Freundschaft mit Wagner ↗, die wieder zu Bruch ging, hielt er diesen für den ersehnten Kulturerneuerer (Umwerter der Werte?). Kurz vor der Umnachtung unterzeichnete er jedoch mit ›der Gekreuzigte‹, was seinen Nihilismus ↗ in Frage stellt.

Niflheim: ›Nebelland‹ (germ.); im N von Midgard ↗ gelegen. Hier entstand lt. Mythos ↗ das Eis aus den 12 Strömen, die dem Brunnen Hwergelmir ↗ entsprangen. Aus dem Eis entstand dann durch Lecken der Kuh Audumla ↗ der 1. Mensch. These: da N. 1 der 9 Welten ↗ ist, durch die der Weltenbaum Yggdrasil ↗ wächst, könnte es der Kontinent ↗ sein, auf dem die 1. Wurzelrasse ↗ entstand: Ultima Thule ↗ in Indien. Denn Thule war Lemurien ↗ wie Midgard. Im Übertrag bezogen sich dann wohl a. die Niflungen = Nibelungen ↗ darauf. Merkwürdig genug, daß eine weitere Verbindung Niflhel ↗ ist.

Niflhel: germ. ›Reich der Toten‹, Wirkungsstätte der Göttin Hel ↗ u. Gegenpol zu Walhalla ↗, äg. Äqv. die untere Duat ↗. Es war die Stätte, vor der sich die Germanen ↗ am meisten fürchteten. Wer nicht die Gelegenheit zum Heldentod hatte, zog es sogar vor, sich noch im Alter – um nicht den ›Strohtod‹, d. h. im Bett zu sterben – in die Luft werfen zu lassen, um in einen senkrecht stehenden Speer ↗ zu fallen; denn sie glaubten, a. das werde mit Walhalla belohnt. — Das Wort müßte ›Nebelhölle‹ übers. werden, mit Gleichsetzung von Nebel = Nifl u. N wie bei Niflheim ↗. Dazu paßt, daß ›Wotans Wilde Jagd‹ ↗ a. immer von N angebraust kam u. das germ. Totenschiff ↗ (nagelfar ↗) N-S-Stellung hatte. Im Endeffekt landet man wohl bei der 12. Rune ↗ (Grundmotiv Todestanz) als einem N-S-Schnitt durch den Runen-Kreis.

Niflungen: äqv. Nibelungen ↗. Hier bezieht sich die Abstammung wohl weniger auf die Nibelungen Regin ↗ als auf Niflheim ↗, das Nebel- (od. einstmaliges N-) Heim Ultima Thule ↗.

Nigama: Texte des Tantrismus ↗, in denen Parvati ↗ das Wort an Schiwa ↗ richtet. These: das Wort könnte mit Ngoma ↗ verw. sein u. letztl. Niga (= schwarz wie Neger ↗) Ma ↗ (Sonne, Mutter), d. h. Schwarze Sonne ↗ bed., womit eben Parvati gemeint wäre, äqv. Kali ↗ (die schwarze Göttin). Ihr Gatte Schiwa vertritt die weiße Sonne. Das Gespräch ist als Einweihung in die Geheimnisse weibl.-männl. (s. Yin-Yang ↗) gedacht, wobei der Tantrismus das Weibl. als Brahman ↗ an den Anf. stellt.

Niger: Fluß in Afrika; bed. nur schwarz (wie Neger ↗) u. wie schwarz seine Wasser sind, kann man gut vom Flugzeug aus sehen, wenn er sich im Gebiet der Ibo ↗ in den Atlanktik ergießt. An seinem nördl. Bogen wohnen die Dogon ↗ u. befand sich das berühmte Timbuktu ↗. Nigeria ↗ ist danach benannt.

Nigeria: Staat an der afrik. Westküste, benannt nach dem Fluß Niger ↗, der es in einem großen Bogen fast umschließt. Herzstück ist das Yoruba ↗-Land, durch das auf Abb. 1 die Nordgrenze des Regenwalds ↗ läuft. Von der Hl. Stadt Ile Ife ↗ (hier Ibadan Ife) lief eine alte Handelsstrecke über Kano am Tschadsee ↗ vorbei direkt zum unteräg. Nil ↗ mit Abzweigung nach Oberägypten u. schließl. zum Vereinigungspunkt von Blauem + Weissem Nil (Soba). These: irgendwo auf dieser Strecke muß der Nil vor dem Weltuntergang ↗ (11432 v. Z.) geflossen u. in N. in den Atlantik gemündet sein. Hier lag z.Z. des Kolonialismus ↗ die Sklaven ↗-Küste mit Lagos als Hafen. Südl. anschließend das Königreich Benin ↗. Der Nigerian. Bürgerkrieg (1967) explodierte über beider Köpfe hinweg zw. den Ibo ↗ (im Nigerdelta) u. den Haussa im N, deren Staaten zw. Niger u. Tschadsee liegen. Hier sind allein 10 Königinnen überliefert (die letzte hieß Daurama) »... von der Art der Kandaken ↗ in Nubien ↗... De facto sind die Haussa oder ihr führender Stand Schwarze, die viel weiter im Norden und im Osten lebten als heute... Die Haussastädte waren zunächst Festungen in den riesigen Weiten des mittleren Sudan ↗. Sie waren jedem feindlichen Überfall ausgesetzt. Wie in den Burgen des hohen europäischen Mittelalters, so fanden die Bauern hier Zuflucht im Alarmfall« (J. Ki-Zerbo, 1979, S. 154).

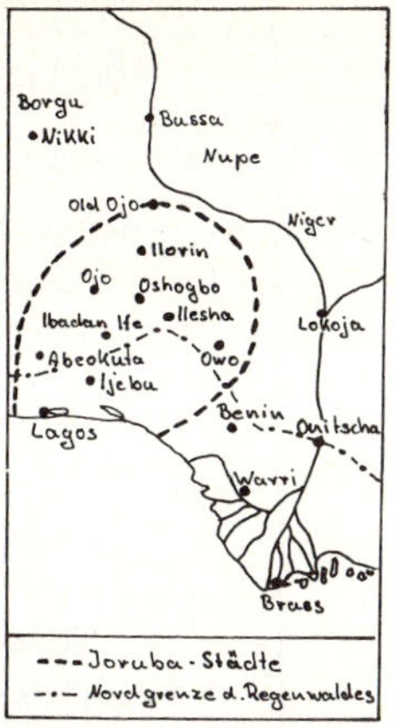

Abb. 1

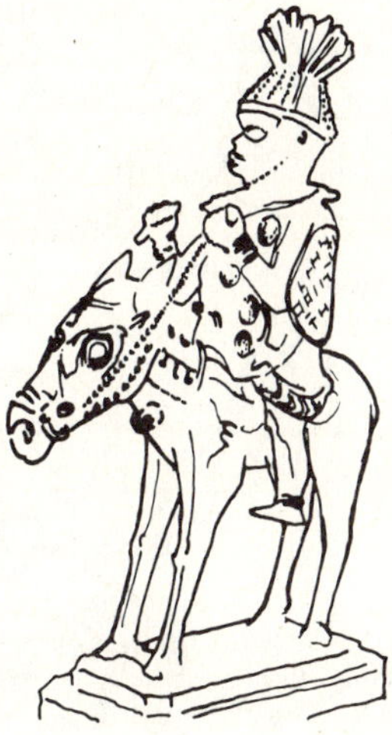

Abb. 2

Abb. 3

Ritter (Abb. 2: Beninreiter) u. Hofleben (Abb. 4: Staatstrommler) a. in Benin, wo außerdem die bronzene Reliefplatte (Abb. 3) mit dem Krokodil ↗ entstand, das einen Fisch ↗ hält. These: das ist Anf. u. Ende der Geschichte ↗ als Tierkreis ↗, genau wie in Km.T ↗ (Altägypten). Beim Staatstrommler, der nach 10jähriger Ausbildung die komplette Liste des Königtums ↗ trommeln konnte, fällt neben der Rosette ↗ auf der Stirn die Hohlform der Trommel ↗ auf 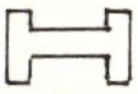 sie entspr. genau dem altmex., sakralen Ballspiel ↗-Platz, s. Quetzalcoatl ↗, der ebf. für den geschichtl. Tierkreis steht. — Dann gibt es in N. noch die Ojo; ein Sohn des Stamm-Gründers (gen. Oranjan) soll der überall gefeierte Schango ↗ gewesen sein. An der Spitze des Ojo-Königreichs stand ein ›Alafing‹ (König) als ›Gefährte der Götter‹; seine Regierungszeit war auf 14 J. beschränkt. These: das sind die 14 J. zw. Osirismord ↗ u. Weltuntergang. Zus. mit seinem 7köpfigen Staatsrat bildete er die Große Pyramide ↗ (mit 8 Sektoren). A. der Oba ↗ von Benin hatte einen 7gliedrigen

Abb. 4

Kronrat. Wenn er stirbt »... gräbt man in seinem Palast ein Grab, das so tief ist, daß die Arbeiter letztendlich ins Wasser fallen und ertrinken...« (J. Zi-Kerbo 1979, S. 168), was wie beim König der Ojo den einstmaligen Weltuntergang, s. Sintflut ↗, unterstreicht. — Wiedergewinnung der Unabhängigkeit 1960. — S. Stamm der Nok ↗.

Nihil: Nichts ↗; s. Nihilismus ↗ u. Mystik ↗. Bzw. Null ↗.

Nihilismus: taucht als Begriff zum 1. Mal 1799 in einem Sendschreiben von Jacobi an Fichte auf als Verneinung von Werten: nichts (Nihil ↗) ist wahr. Geht über in die Weltrevolution ↗ u. die Forderung von Nietzsche ↗ nach Umwertung aller Werte. Noch weiter geht die nihilistische Mystik ↗. N. ist recht eigtl. eine Grundfrage der Philosophie ↗: was bleibt übrig, wenn alle Erscheinungsbilder ↗ bzw. wenn Maya ↗ aufgelöst wird? Unterschwellig wäre ›praktischer Nihilismus‹ das ständige Gefühl der Unwirklichkeit ↗.

Nike: Sieg ↗, personifiziert als Göttin (griech.); wurde a. mit Athena ↗ zu Athena-Nike verbunden. Als Mutter gilt der 9fache Fluß Styx im Hades ↗, was noch keine Aussage ermöglicht. Zum Glück treten neben die nichtssagenden Bilder einer Göttin mit Flügeln germ. Münzen, wo sie Teil einer Dreiheit ↗ ist. Ihre Vergrößerung (Abb. 2) läßt Symbole ↗ erkennen: 9 kleine Kreise, fast wie ein abstrakter Fluß, was an den 9fachen Styx erinnert, u. daraus ›entspringend‹ ein größerer Kreis, in den der Buchstabe Y gesetzt ist, gehalten von der r. Hand der Nike. R. = Sonnenalphabet ↗: ganz richtig würde N. für den Sieg der Unsterblichkeit ↗ am Übergang von 5. zu 6. Welt ↗ stehen – insofern ist sie a., wie unter Begriff Min ↗ gezeigt, ein ›Teil‹ von Athena (röm. Minerva ↗). Die Abb. stammen von Wirth ↗, betitelt ›Germanische Dreifaltigkeitsdarstellungen‹. Da über den 2 männl. Siegern der Rabe ↗

fliegt, ist an Wotan ↗ + Baldr ↗ zu denken u. N. vielleicht als Walküre ↗ Sigdrifa (Sieg-Gebende) einzustufen. — S. München ↗ (als Mu-Nike) u. Kreuz ↗. — Die

Abb. 1

Abb. 2

frz. Stadt Nizza = Nice ist nach ihr benannt; evtl. a. die sum. Nikkal ↗ u. unsere Nikolo ↗.

Nikkal: sum. Mond ↗-Göttin; heißt a. Ib (mütterl. Herz ↗), kombiniert zu Ibnkl (Ibnikkal). Es bietet sich die Par. zur Nike ↗ an.

Nikolo: dem männl. Nikolaus der christl. Weihnacht ↗ ging bei den Germanen ↗ die weibl. N. voraus, als Urform der Turmpercht ↗. Man findet noch heute in den Alpen N.-Umzüge, wo sie von den 12 Klaubaufen ↗ begleitet wird. These: als 1 der 3 (Dreiheit ↗) Erscheinungsformen der Percht ↗ wäre an die Nike ↗ zu denken (u. bei Nikolaus an den ›Sieg des Guten über das Böse‹ durch Belohnung bzw. Bestrafung der Kinder, was in dem Zusammenhang fast wie ein Vorgeschmack auf das Jüngste Gericht ↗ wirkt).

Nil: längster Fluß der Erde: 6671 km, mit über 2,8 Mio. km^2 Einzugsgebiet in Ostafrika, dem der Sudd ↗ folgt u. das Aufnehmen von 2 Nebenflüssen. Von da ab wird vom Weißen N. gesprochen. Er vereinigt sich bei Khartum mit dem Blauen Nil. Es folgen 6 Katarakte in Nubien ↗ u. das N.-Tal von Ägypten (= Km.T ↗), bis er nach dem Nil-Delta ↗ ins Mittelmeer ↗ mündet (Abb. 1). Aber das war nicht immer so: »Das Niltal ist nur etwa 12000 Jahre alt; offensichtlich mündete der Fluß (vor der Sintflut ↗) nicht in das Mittelmeer« (R. Charroux 1967, S. 81). These: das paßt zum äg. Mythos ↗, seine Wasser seien die Tränen der Isis ↗ nach dem Osirismord ↗. Blavatsky ↗: »Die Zahl des Sonnenjahres, in Tagen 365, ist der Zahlenwert des Wortes Neilos (Nil)... Der Nil war der Fluß der Zeit mit der Zahl eines Jahres ↗... Er war eine Darstellung des Geburtswassers der Isis... Der alte Name dieses Flusses war Eridanus ↗ oder der hebräische Iardan (Jordan ↗)... Tor des hebräischen Wortes Jared ↗« (II, S. 616). P. Poesson wiederum fällt auf, daß die afrik. Flüsse im allg. par. zum Äquator fließen u. folgert: »Der alte Lauf des Nil folgte übrigens dieser Orientierung u. den Gazellen-See passierend bewässerte er die Region des Tschad ↗« (1972, S. 110). Entspr. wurde in Altägypten als myth. Quelle der Punkt der Nilumleitung ↗ gefeiert, zugleich Geburts- u. Ermordungsstätte des Osiris. Der Gegenpunkt lagt bei On = Junu ↗ (Heliopolis) mit der Großen Pyramide ↗ als Grab u. Auferstehungsort. Per Kanal war sie mit dem N. verbunden. Neujahr ↗ fiel entspr. der gezeigten Tabelle - die als Wasserstand des N. in m selbst eine Pyramide ergibt - auf das Einsetzen der Nil-Überschwemmung ↗, im Kalender gekoppelt mit dem Frühaufgang

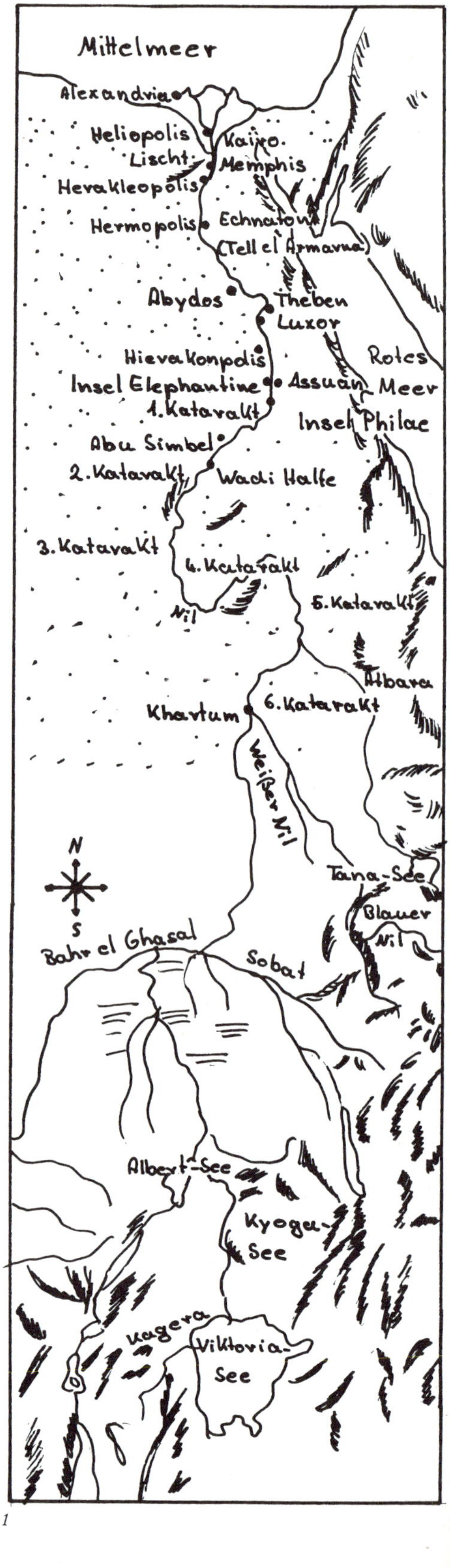

Abb. 1

des Sirius ↗ (von wo Osiris einstmals gekommen war). Auf 1 der 4 Horuskinder ↗ bezieht sich der N. (was sum. nur Kanal bed.) in seinem Namen Hapi, wobei man in einen N- u. S-Hapi (N.), d. h. 2 androgyne (doppelgeschlechtl.) Götter ↗ aufteilte, was in sich die Zweiteilung des J. u. des Landes in Duat ↗ (Land der Toten) u. Land der Lebenden birgt. Entspr. galt der

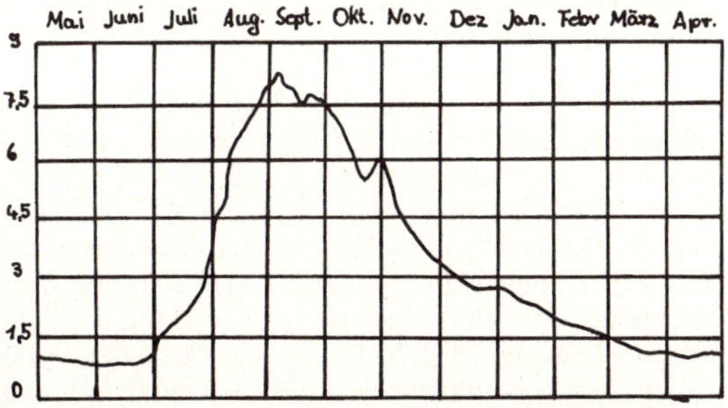

Abb. 2

Tod im N. als ein beseligender, nicht unähnl. dem Ganges ↗. So kann man ihn a. als eine Synthese ↗ von Leben + Tod (plus Wiedergeburt) od. Sonne + Mond ↗ betrachten, weshalb die N.-Götter Blau ↗ angemalt wurden. Sie vereinigten in sich Isis + Osiris, genau wie die Sphinx ↗, u. es muß in diesem Zusammenhang beachtet werden, daß die Spitze der N.-Pyramide im Tierkreis ↗ in den Löwe-Sektor fällt (Abb. 2 Anf. Sept). S. Nilpferd ↗ u. Nilpferdgöttin ↗.

Nil-Delta: bei Heliopolis ↗ teilt sich der Nil ↗ in 2 Mündungsarme (die später zu 7 aufgefächert sind, heute 8, da ein Kanal zum Suezkanal hinzukam), die ein fruchtbares Delta = griech. Buchstabe D als Dreieck

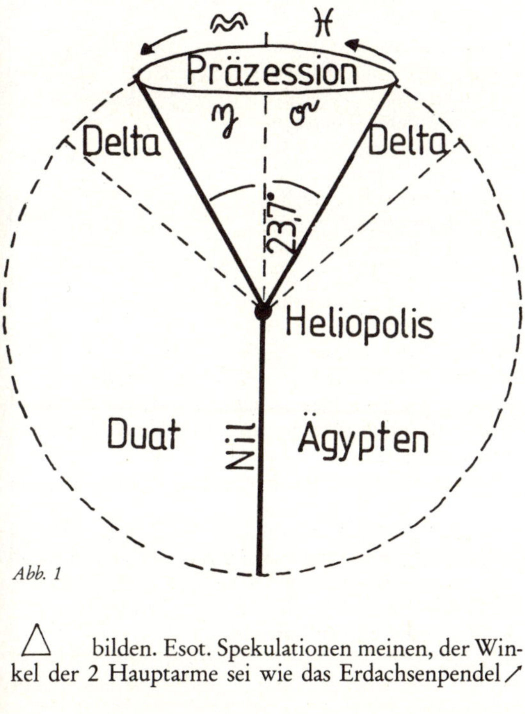

Abb. 1

△ bilden. Esot. Spekulationen meinen, der Winkel der 2 Hauptarme sei wie das Erdachsenpendel ↗ angelegt worden mit dem entstandenen Kegel als Präzession ↗, eingelegt in das Delta als durchgezogenes N-Dreieck der Großen Pyramide ↗, wo a. die Luke ↗ war. Schematisch ergäbe sich folg. Bild (Abb. 1): Dafür, daß der gedachte äg. Kreis westl. vom N. mit dem Krokodil ↗ (= Wassermann ↗ ♒ begann, spricht die in Abb. 2 eingetragene ›Krokodil-Stadt‹ im Faijum. Versteht man den Tierkreis als J., dann ist a. der Nil als Zahl 365 erreicht od. darin erhalten die 36 Dekane ↗ + 5 Zusatztage. Schließl. erinnert das Schema von Kreis + Fluß + Delta a. an das Z. der Nike ↗, der restl. Fluß wäre dort mit den 9 Kleinkreisen ausgedrückt. Dazu paßt wieder, daß der Nil a. als Unter-

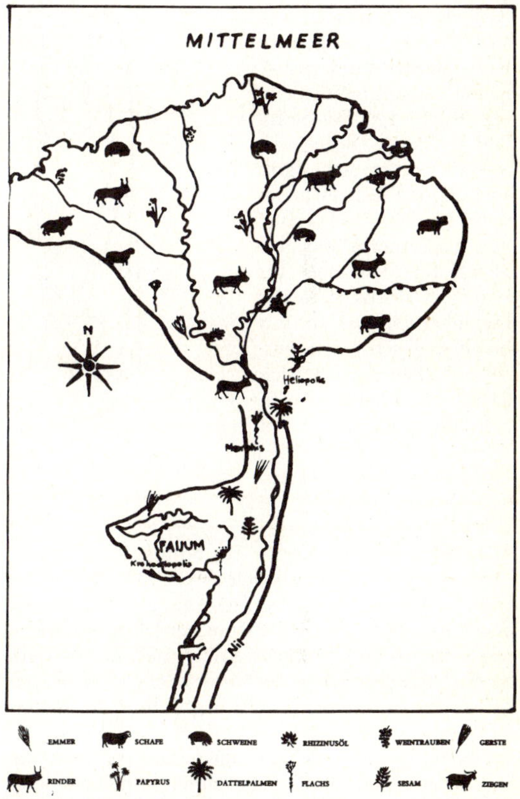

Abb. 2

weltfluß (griech. Hadesfluß) bei jedem Begräbnis vom Totenschiff ↗ überquert wurde sowie im Äg. Totenbuch ↗ immer wieder vom Sieg ↗ über Seth ↗ gesprochen wird, der, wen wundert's noch, im Mythos a. zum Nilpferd ↗ wurde.

Nilopolis: das äg. Babylon (griech. ›Haus des Nil ↗‹), wo der Kampf zw. Horus + Seth ↗ stattgefunden haben soll; hieß a. Chere-ohe = Kampfplatz. Lag in der Nähe von On ↗.

Nilpferd: »Bereits im Alten Reich (von Ägypten) gab es in Unterägypten (zu dem das Nil-Delta ↗ gehört) ein Nilpferd-Fest, bei dem der König (Pharao ↗) ein weißes Nilpferd erlegte. Der König galt dabei als Horus ↗, der den Seth ↗ tötet... So erzählt es die Kultlegende von Edfu; so schildert es auch eine Bilderfolge des Tempels, in der mehrfach dargestellt wird, wie Horus ›den Elenden in Nilpferd-Gestalt‹ mit einer Lanze ersticht. Sie illustriert ein Ritual, das neben der Harpunierung auch die Zerstückelung des Nilpferds umgriff und an dem ›Feste des Sieges‹ im ganzen Land gefeiert werden sollte« (Bonnet, S. 529). S. Nil + Nike ↗ (Sieg); es wird a. der Beistand der Neith ↗ erw., was in diesem Fall 2 Zeitangaben enthielte: den Sieg über Seth kurz vor dem Weltuntergang ↗ im Sektor Hase ↗ (Jungfrau) u. den noch ausstehenden End-Sieg im wiederkehrenden Wassermann ↗ (Neith als Krokodilmutter) am Ende der Endzeit ↗: Sieg über weiß ↗ = Tod ↗.

Nilpferdgöttin: äg. Mischgestalt aus Krokodil ↗-Rücken + Schwanz, Löwe ↗-Beinen, manchmal Kuh ↗-Gehörn u. Geier ↗-Kopf, zusammenfließend im Nilpferd ↗ (= Seth)-Leib. Dieser Bezug zu Seth ↗ drückt sich darin aus, daß die Göttin in ihrem Namen ↗ Toeris ↗ dessen Partnerin war, bei seinen Kämpfen aber ins Lager des Horus (bzw. der Isis) überlief, was sie mit Nephtys gleichstellen würde. In Zahlen ↗ drückt sich das als 4 + 12 aus:

1) Nephtys = 4er Kreis ↗ der Sonne (die 4 Elemente)
2) Seth = 12er Kreis ↗ der Sonne (die 12 Planeten)

Dem entspr. 12 N. u. eine Tierkreisgestalt, die 4teilig gemischt ist. Od.: die 4 Elemente werden zu Zodiaktieren – wie bei den Evangelisten ↗ später, nur daß hier an die Stelle des Adlers der Geier tritt – u. vereinigen sich in der Gestalt der N. Dafür spricht a. ihr Symbol der Sa-Schleife ↗  = alle Götter. Bonnet: »Sie soll zu der Geburt des Toten ↗ zum Himmel behilflich sein« (S. 531), wozu ihre Nv. Duat ↗ paßt. Ein Naos ↗ mit ihrem Bild ist in Karnak gefunden worden; in der Nähe ein ihr geweihter Denkstein, auf dem es heißt: »Die die Neunheit gebar, Herrin des Himmels, Herrscherin von Ober- und Unterägypten.« Mutter der Götterneunheit ↗ ist sonst die Mut ↗, mit der sie hier verschmilzt (deshalb der Geier-Bezug). Trotzdem zeigt sich ein Unterschied, indem zum Duat-Durchlauf (Reihenfolge des Kosmos ↗ rückwärts) a. die Schwangerschaft ↗ (Reihenfolge des Kosmos vorwärts) tritt, weshalb sie a. schlechthin die ›Amme‹ ist: nämlich für die Geburt im Diesseits wie a. für die Geburt im Jenseits, s. Mond ↗. – Die Griechen setzten sie der Athena ↗ gleich.

Nil-Quelle: die Quelle des Nil ↗ ist im Mythos eine Isisgrotte ↗ für das Herabsteigen des Jared ↗.

Nil-Überschwemmung: angezeigt durch das äg. Neujahr ↗, beginnt alljährl. Ende Juni. Der Nil ↗ steigt, bis er alle Felder überschwemmt u. nur die Städte wie Inseln herausragen. Fällt die Flut wieder, bleibt eine äußerst fruchtbare Schlammschicht zurück, die Km.T ↗ (Ägypten) zu einem der fruchtbarsten Länder machte. Entspr. wurde der Kalender ↗ in 3 Jahreszeiten eingeteilt:

1) Überschwemmung = die Zeit der Flut, etwa Juni bis Ende Sept.
2) das Auftauchen der Felder aus dem Wasser = ab Okt. bis in den Febr. hinein
3) Trockenheit = die Zeit bis zum Juni

»Während der Zeit, da die Flut sich vom Lande zurückzog, wurde an dem ausgeklügelten Bewässerungssystem gearbeitet und gleichzeitig gesät (u. die Kornmumie ↗ erneuert). In der Trockenzeit wurde geerntet und gedroschen. Während der Überschwemmung arbeitete das Volk an den gewaltigen Projekten der Pharaonen« (Casson, 1977, S. 31). D. h., v. a. an den Pyramiden ↗, was bestätigt (im myth. Nachvollzug), daß die Große Pyramide ↗ kurz vor der Sintflut ↗ gebaut worden war. – Heute verhindern Staudämme die Überschwemmung, was man schon zu bedauern beginnt, da der Schlamm (als Düngung) ausbleibt.

Nil-Umleitung: der Nil ↗ floß nicht immer ins Mittelmeer ↗, sondern bis zum letzten Weltuntergang ↗ in den Atlantik, wahrsch. im heutigen Nigeria ↗, mit Umleitungspunkt in Chus ↗ bei Meroë. Er passierte den Tschadsee ↗, der seither keinen Abfluß mehr hat u. langsam vermodert. Der Benue in Benin ↗ könnte seinen ehem. Namen tragen. – These: die Umleitung erfolgte gleich nach der Sintflut ↗, die sich seither jedes J. in Ägypten als Nil-Überschwemmung ↗ manifestiert.

Nimba: afrik. Göttin (Guinea, Stamm der Baga) des Simo-Geheimbundes. Auf der Abb. als gewaltige Schultermaske, die bis zu 60 kg schwer sein kann. Gleicht dem äg. ›Falkenweibchen‹ Isis ↗, weil der Kopf wie deren Hieroglyphe ein Halbkreis ist u. die Nase eine Vogelnase. Das Grundmotiv X (Archetyp ↗ Urmutter ↗) ist in der Brust eingraviert. Der äg. Zusammenhang ergibt sich aus der Zweitsilbe Ba ↗ = Seele, hier etwa Nimbus ↗ (hl., erhöhte)-Seele.

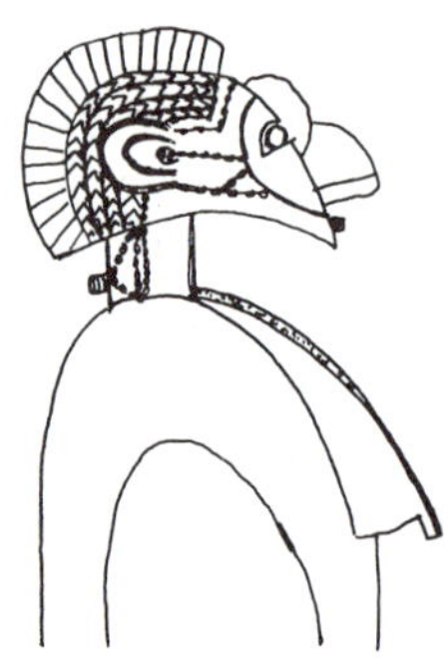

Nimbus: Heiligenschein (lat.) od. Kopf-Aura; in Ägypten mit dem Haar ↗ ausgedrückt, bei Nimba ↗ wird der Kopf selbst zum vergrößerten Halbkreis mit Strahlen (Federn ↗).

Nimrod: lt. Bibel ↗ Nachf. des Ham ↗ über die Linie Chus ↗: »Chus aber zeugte den Nimrod. Der fing an ein gewaltiger Herr zu sein auf Erden... Und der Anfang seines Reiches war Babel, Erech, Acad und Chalne im Lande Sinear ↗« (1 Mose 10, 8 + 10). Babel = Babylon ↗, Erech = Uruk ↗, d. h. er gründet Sumer ↗. – Nach ihm benannt Nimrud ↗.

Nimrud: Stadt am Tigris ↗ etwas südl. von Ninive ↗; soll ein Geodätischer Punkt ↗ gewesen sein. Benannt nach Nimrod ↗; unter den Assyrern hieß es Kalah. Die Ausgrabungen sind noch nicht abgeschlossen.

Nin: Göttin bzw. Herrin in Sumer ↗, ggb. En ↗ = Gott bzw. Herr. S. Ninlil ↗ (weibl. Luft), Ninku, Ninkurra (weibl. Feuer), Ninki ↗ (weibl. Erde), Ninmu (weibl. Wasser). u. a. Diese 4 gehören zum 8er Kreis ↗ der Elementpaare, s. Ku ↗, Ki ↗ u. Mu ↗, nur Lil = Luft ist unbekannter, findet sich aber in der Lilith ↗. — Eine weitere Zus. ist Ninmesarra ↗, evtl. a. Ninive ↗.

Ninive: in der Bibel ↗ erw. Stadt am Tigris ↗, die nicht von Nimrod ↗, sondern Assur ↗ erbaut wurde; ob damit der Gott Assur od. eine Person dieses Namens gemeint ist, bleibt unklar. Sie wurde vom Meder ↗-König Mossul 606 v. Z. total zerstört. 1873 fand man bei den ersten Ausgrabungen Keilschrift ↗-Tafeln mit dem Bericht der Sintflut ↗; Noah ↗ heißt hier Utnapischtim ↗, myth. Figur im Gilgamesch ↗-Epos. — Inschriften rühmen einen Sohn von Sargon ↗ als den Begr. des Ischtar ↗-Tempels in Ninive. Das läßt vermuten, daß der Name nur Nin ↗ (Herrin) Ive (Eva ↗) heißt.

Ninki: Göttin (Nin ↗) der Erde (Ki ↗), Gemahlin von Enki ↗. Auf einem sum. Rollsiegel ↗ reicht sie den geschaffenen Urmensch ↗, den ein sum. Text so beschreibt:

»Als die Menschen erschaffen wurden
kannten sie Brot als Nahrung nicht
und kannten keine Gewänder
Sie aßen Pflanzen mit dem Mund wie Schafe
tranken Wasser aus einem Graben.«

Hinter N. ein Baum mit 9 Blättern, was nahelegt, darin den Weltenbaum ↗ zu sehen. Aber welcher Welt bzw. Wurzelrasse ↗ gehört dieses Produkt an? Da es körperl. ist, wohl der 3., denn die Astralwesen gehen auf Nammu ↗ zurück. Statt Adam + Eva wird hier von Adapa u. Amama gesprochen, etwa Urvater u. Urmutter. Die Beschreibung paßt zu der von Enkidu ↗ im Gilgamesch-Epos ↗.

Ninlil: Göttin (Nin ↗) bzw. Herrin der Luft (Lil), Partnerin von Enlil ↗. Sie bringen Sin ↗ hervor, den Mond (sum.).

Ninmah: große (Mah, bzw. Maha ↗) Göttin od. Herrin (Nin ↗), 1 der 8 ›Geburtshelferinnen‹ beim Schöpfungsakt von Nammu ↗. Im Mythos ↗ fühlt sie sich dabei als Mächtigste (Größte) zurückgesetzt, weil sie nur helfen u. nicht selbst schaffen darf. Blind vor Zorn formt sie 7 mit körperl. Gebrechen behaftete Wesen, was von H. Uhlig als Var. zum bibl. Paradies-Verlust ↗ interpretiert wird (in Sumer ↗).

Ninmesarra: Herrin (Nin ↗) aller Me ↗ (100 göttl. Kräfte, d. h. des Gesamtkosmos ↗); der letzte Begriff Sarra ↗ dürfte dem Himmelsobjekt Schara ↗ entspr. = Sirius, bei Zarathustra in Zara ↗ verwandelt; urspr. Schreibweise wohl Kára (in Kasskara ↗). Partner: Enmesarra ↗. Nv. Ninti ↗.

Ninsun: Mutter von Gilgamesch ↗ u. Göttin von Uruk ↗; auf sie führte Urnammu, Begr. der 3. Dyn. von Sumer ↗, seine (myth.) Herkunft zurück, in seinem Namen außerdem enth. Nammu ↗, was eine Par. mit N. nahelegt. Dann wäre zu übersetzen Nin ↗ (Göttin, Herrin) des Sun - vielleicht Zen ↗?

Ninti: Herrin (Nin ↗) des Ti ↗, äqv. Ninmesarra ↗. Für Ti gibt es folg. Deutungen: Rippe, Leben, Heilung, Schlüssel u. Kulturkörper. — Im sum. Mythos ↗ erkrankt Enki ↗, worauf ihn die Göttin Ninhursanga fragt: »Mein Bruder, was tut dir weh?« Er antwortet: »Meine Rippe (Ti) tut mir weh.« Die Göttin antwortet: »Die Göttin Ninti habe ich für dich geboren.« Wodurch er geheilt wird. H. Uhlig zu dieser Stelle: »Wenn wir die zahlreichen Parallelen zwischen sumerischem Mythos und Altem Testament (s. Bibel ↗) betrachten, so ist der Gedanke nicht abwegig, daß hinter der biblischen Überlieferung von der Erschaffung Evas aus Adams Rippe nichts anderes steht als die sumerische Sinngleichheit von Rippe und Leben in dem vieldeutigen Zeichen ti« (1976: 85–86). These: da die Rippen ↗ den Planeten ↗ (in beiden Fällen 12, davon 4 nur lose verbunden) entspr., ist entmythologisiert ganz etwas anderes gemeint - nämlich die Heilung des durch die Zerstörung von Ogo ↗ in Unordnung geratenen Sonnensystems ↗ bzw. der Erde (Enki), durch Schaffung der Venus ↗, deren ird. Äqv. Eva ↗ wird, während das himml. Äqv. Ninmesarra zu sein scheint. — Wortverw. evtl. Niti ↗.

Ninurta: Mars ↗ (sum.); s. Berg ↗. Die Namensbildung ist eigtl. weibl., da mit Nin ↗ beginnend. Vielleicht bed. der Name ›Partnerin (Nin) ist die Erde (Urta)‹, was ja innerhalb der Reihenfolge der Planeten ↗ zutrifft.

Niobe: rühmte sich, mehr u. bessere Kinder als Leto ↗ zu haben, nämlich 7 Töchter + Söhne. A. verweigerte sie die Teilnahme an deren Kultfeier, was zur Ermordung all ihrer Kinder führte. Vor Kummer wurde sie zu einem Stein, der ständig Tränen verströmte. Lt. Blavatsky ↗ verbirgt sich in diesem griech. Mythos ↗ das Schicksal von Atlantis ↗ (= N.) u. Lemurien ↗ (Leto). Tats. gibt es nur eine Mu-Nachfolge ↗, aber keine von Atlantis.

Nirmanakaya: bei Blavatsky ↗ ist Samadhi ↗ der höchste Zustand auf Erden, der im Körper erreicht werden kann. Über ihn hinaus muß der Initiierte ein N. werden, etwa eine ätherische Persönlichkeit (ohne Körper). An anderer Stelle sind N. aber a. die ›Überreste‹ eines Nirvani ↗ bzw. unsichtbare ›Wächter‹ der jetzigen Menschheit. Im Tibet ↗ ist das Zentrum der N.-Ausstrahlung der 64blättrige Lotos (Chakra ↗) im Solarplexus ↗ (Nabelgegend). Bzgl. der Weltformel ↗ verbindet sich N. mit dem Geist, äg. Ka ↗, im Wort enthalten. — Dharmakaya ↗ ist ein Nirvani ohne Überrest.

Nirvana: s. Nirwana ↗.

Nirvani: der Geist (ka ↗) eines Menschen, der nicht mehr zurückkehrt, d. h. ins Nirwana ↗ eingekehrt ist (Vedantismus ↗) u. Ruhe (die Wonne des Paradieses ↗ im Himmel) genießt, d. h. Sein ↗. In manchen Texten wird unterschieden zw. einem N. ›ohne Überreste‹ = Dharmakaya ↗ u. einem N. ›mit Überresten‹ = Nirmanakaya ↗. Im letzten Fall ist eine freiwillige, ohne Karma ↗ bedingte Wiederkehr ↗ mögl., weil die Vorstellung von seinem Ego ↗ nicht gänzlich aufgehört hat. Beim N. ohne Reste hört alles auf, a. ein Er, eine Sie od. selbst ein Es zu sein. — Yoga ↗ gilt als Vorbereitung.

Nirwana: das »... individuelle Pralaya ↗... nach dessen Erreichung keine weitere Existenz oder Wiedergeburt ↗ möglich ist vor dem Schlusse des Mahapralaya ↗...« (Blavatsky I, S. 398), d. h. vor der Großen *(maha)* Auflösung *(Pralaya)* od. Wiederzusammenziehung des Kosmos. Diesen N.-Zustand od. ›in Laya ruhen‹ gab es vor der 3. Wurzelrasse ↗ nicht, sagt sie. These: dann hängt es mit dem voll ausgedehnten Kosmos ↗ zus., dem Eintreffen von Nommo ↗ + Einsetzen von Reinkarnation ↗ + Karma ↗, weshalb N. a. als Befreiung von Karma verstanden wird. Im Vedantismus ↗ wird dieses ›Aussteigen‹ so beschrieben: wenn der Körper stirbt, geht Jiva, die Seele, mit ihrem traumartigen Körper vom Herzen zum Scheitel des Kopfes, indem sie Suschumna ↗ durchwandert. Dann durchstößt sie den Scheitel u. geht durch die Sonnenstrahlen ↗ in die Region der Sonne ↗, von dort ›durch einen dunklen Fleck in der Sonne‹ - d. h. durch den Sonnenkern ↗ - zum Paramapadma = immaterielle Welt. Damit von den Netzen der Maya ↗ (Illusion des Materiellen) befreit, ist für den ›Nirvani ↗ ohne Überreste‹ N. nirgends u. überall, nachdem sich Jiva (od. die Monade ↗) aufgelöst hat ›im Nirvana‹ bzw. in dieses übergegangen ist. In Laya ruhen heißt a. im ›Nullpunkt‹ ruhen, s. Null ↗. — Unterschieden von N. ist das Paranirvana ↗, wesensgleich mit dem Parabrahman ↗. Das setzt N. eigtl. mit Brahman ↗ gleich.

Niti: einer der Namen ↗ für Prakriti ↗, übers. ›die Mutter der Harmonie‹ od. ›die königliche Politik, die Mutter der Ordnung‹; s. Aditi ↗. Im Wort enth. ti ↗; evtl. ist N. die gleiche Göttin wie Ninti ↗.

Niv: Göttin der Kelten ↗: der tote Ossian ↗ kriecht nicht in die Erde zurück, er folgt der N. zu Pferde in das Land der ewigen Jugend, sprich Land der Seligkeit ↗.

Noah: lt. Bibel ↗ ein ›frommer Mann‹, der kurz vor der Sintflut ↗ gewarnt wird u. nach göttl. Anweisung einen ›Kasten‹ baut, um seine Frau (s. Nuah ↗), hier namenlos, die 3 Söhne Ham ↗, Sem ↗ + Japhet ↗ samt Frauen sowie je ein Paar aller Tierarten zu retten. Angebl. war er da schon 600 J. alt. Nachdem alles in dem Kasten war, »... kam der Herr und schloß hinter ihnen zu«. Folgt die Flut, alles, was nicht im Kasten ist, geht unter; dann nimmt die Flut langsam ab u. der Kasten »läßt sich auf dem Gebirge Ararat nieder«. N. öffnet das (einzige) Fenster u. läßt erst einen Raben, dann eine Taube etc. fliegen, bis klar wird, daß die Erde wieder trocken ist. Als er daraufhin »das Dach von dem Kasten« abnimmt, damit der gerettete Inhalt heraus kann, ist er 601. Als ›Neuer Bund‹ wird der Regenbogen ↗ gesetzt. Mit 950 stirbt N.

An diesem Bericht (od. Mythos ↗) ist folg. merkwürdig:

1) »In der babylonischen Legende ist es Istar, welche in die Arche eingeschlossen ist und eine Taube aussendet, um trockenes Land zu suchen...« (Blavatsky II, S. 154), s. Ischtar ↗.

2) im (älteren) Sintflutbericht von Ninive ↗ trägt ›Noah‹ den Namen Utnapischtim ↗, äqv. Ziusudra ↗ in Sumer. Hier erfolgt die Warnung durch Enki ↗, der rät, ein riesiges Boot zu bauen, um das Menschengeschlecht zu retten. Sucht man weiter, finden sich auf allen Kontinenten, unabhängig von der Bibel, ähnl. Berichte. Mal rettet sich nur ein Paar, mal nur eine Frau, mal ein Grüppchen. In den Puranen ↗ ist das Äqv. Shista (verdächtig ähnl. mit Istar, s. Ista ↗) der »... Menschensamen, der zur Bevölkerung der Erde aus einer früheren Schöpfung oder Manvantara ↗ übrig gelassen ist« (Blavatsky II, 630). Zunächst drückt also der N.-Bericht nur aus, daß alle 3 Rassen ↗ Überlebende hatten.

3) der ›Kasten‹ od. die Arche ↗ ist 300 Ellen lang. Die Länge der Großen Pyramide ↗ - die dieser Kasten sein könnte - ist 230 m, was etwa gleich ist. Beim ›Kasten‹ nur 1 Fenster, in der Pyramide nur 1 Luke ↗. U.: im Palastbau des Baal ↗ (Kanaan) a. nur 1 Fenster, wegen Jam ↗. Im sum. Bericht ist das ›Schiff‹ sogar quadrat. wie das Pyramidenfundament. — These: Karneval ↗ ist ein Ritual ↗, das diese Gesch. jährl. nachspielt.

Nofretete: Gemahlin des Pharao Echnaton ↗. Nach

neuesten Ergebnissen stammte sie aus dem Mitanni ↗-Reich u. wurde (im Tausch gg. Gold) schon als Kind die 318. Nebenfrau von Echnatons offiz. Vater Amenophis III., der zu der Zeit 43 J. u. sehr krank war. Als dieser 2 J. später starb, machte der 13jähr. Echnaton die 17jähr. N. zur ›Großen königlichen Gemahlin‹, was sehr ungewöhnl. war (s. Kandake ↗). Karin Haglund in P.M.: »Nofretete stand hinter allen politischen Entscheidungen Echnatons. Schon nach vier Jahren hatte sie seine Mutter Teje ↗, die zuerst regierte, ausgebootet. Und Nofretete war es wohl, die in Wirklichkeit das durchführte, was Echnaton in die Geschichte eingehen ließ: Abschaffung der alten Amun ↗-Staatsreligion und aller anderen Götter, Einsetzung des Gottes Aton ↗ (die Sonnenscheibe) als einzigen Gott und Gründung der neuen Hauptstadt Achetaton, ›Horizont des Aton‹ (heute Tell Amarna ↗)... Sie war knapp 30 Jahre alt, als ihr Stern 1352 v. Z. zu sinken begann. Ab diesem Jahr trat sie nicht mehr offiziell in Erscheinung, wurde sie nicht mehr abgebildet oder genannt... Darstellungen von Semenchkare ↗ und Echnaton in zärtlicher Umarmung und händchenhaltend und Semenchkares Beiname ›Echnatons Geliebte‹ deuten auf homosexuelle Beziehungen... Nofretetes Sturz war vollkommen. Aber... sie blieb in der Hauptstadt – weil sie wahrscheinlich einen Staatsstreich plante... Neueste Funde beweisen, daß Nofretete sich heimlich mit dem Hethiter ↗-König in Verbindung setzte, dem ärgsten Feind Ägyptens. Noch während dieser heimlichen Verhandlungen starb 1347 erst Semenchkare und kurz nach ihm Echnaton... Gegen Ende ihres Lebens war sie eine Verbannte, eine Verachtete, von der man besser nicht sprach. Und wurde ihr Name doch genannt, dann nur mit dem Beinamen ›Ketzerin‹. In Achetaton soll sie 1344 v. Z. gestorben sein. Ihr Grab und ihre Mumie ↗ wurden bis heute nicht gefunden« (12/79: S. 38). These: Was hier nicht stimmt, ist der Tod von Semenchkare + Echnaton – sie verließen (aus Angst vor dem Staatsstreich?) das Land – als Aaron ↗ u. Moses ↗. Mit anderen Worten: N. war die Frau von Moses. Ihr urspr. Name soll Taduchepa gewesen sein. Sie hatte helle Haut u. verbarg ihr langes Haar unter einer blauen Kappe, wie sie nur asiat. Königinnen trugen (Abb.). N. bed. nur ›die Schöne, die da kommt‹.

Noh: jap. Dramenform. Lt. Mythos ↗ verzog sich während der Schöpfung die ›Sonnengöttin‹ Ama-Terasu-O-Mikami einmal in eine Himmelshöhle. Himmel u. Erde verfinsterten sich, sodaß die anderen Kami ↗ (Götter), erstaunt durch diese Wende, herbeieilten, um zu tanzen u. andere Unterhaltungen darzubieten, bis sie wieder aus der Höhle hervorkam u. das Licht zurückkehrte. Im Nachvollzug wurde daraus das N.-Spiel entwickelt, als Kan Nigiwai ↗, göttl. Amüsement (für die Kami). Es ging von den Schreinen ↗ aus u. erhielt unter den Shogunen den letzten Schliff. Auf einer einfachen Bühne ohne Dekoration dargestellt, war das Spiel gewöhnl. (wie noch heute) eine histor. Romanze, in der sich die Musik von Trommel + Flöte mit Tanz, phantastischen Kostümen, poetischem Dialog u. symb. Pantomime verband. Die Masken ↗ stellten nicht nur menschl., sondern a. übernatürl. Charaktere dar. Zum besonderen Hoffest erhoben, dauerte im J. 1464 ein solches N.-Fest, bei dem an jedem zweiten Tag mehrere Stücke gegeben wurden, eine volle Woche. — Das gleiche Wort taucht bei Noh Chin Chan ↗ auf.

Noh Chin Chan: die gehörnte Schlange ↗ (Maya) am Grund der hl. Quelle (od. Grube, Höhle s. Noh ↗), die durch ein Opfer – Truthühner ↗, nachdem sie sich ge-

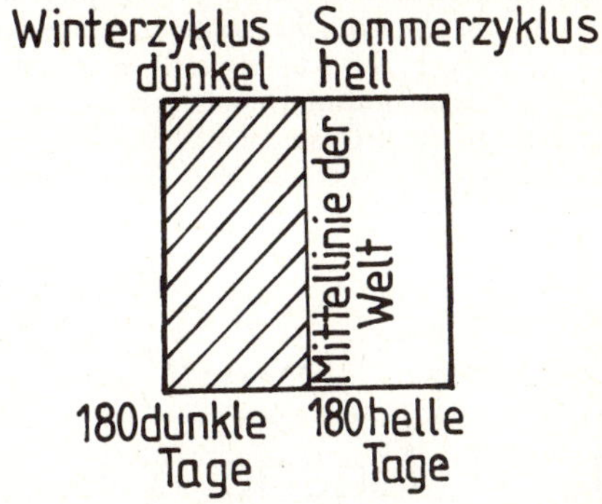

Abb. 1

paart haben – aufgeweckt wird beim danach benannten Chan ↗-Fest, das (s. Abb. 1) den Winterzyklus (½ Haab ↗ = 180 Tage), dort die Regenzeit, einleitet bzw. die ›Wiedergeburt der Plejaden ↗‹ (25. April). Da diese bei den Hopi (s. Kiwa ↗) die alte Weltenlehre ↗ berühren, darf man annehmen, dies sei a. bei den Maya ↗ der Fall. Werden doch schon 9 Tage (s. 9 Welten ↗) vor Beginn des N.C.C.-Rituals ↗ die priesterl. Teilnehmer gerufen. Ein Vergl. von Winter- u. Sommerzyklus mit der 12. Rune ↗ u. Junu ↗ legt eine Analogie zw. N.C.C. u. Sintflut, bzw. hier Regenzeit nahe. Dafür spricht a. das Erweitern des Weltideogramms ↗ auf ein Schema, das der Großen Pyramide ↗ ähnelt, die kurz vor der Flut gebaut wurde (Abb. 2).

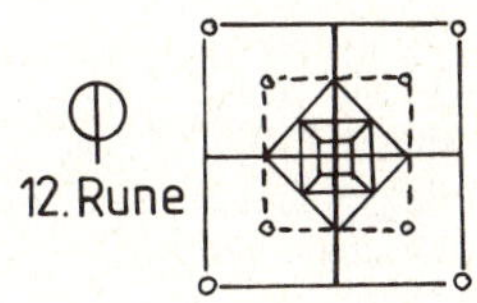

Abb. 2

R. Girard: »Denkt man sich das Diagramm auf dem Tempelboden mit dem auf dem Altar durch Linien verbunden, so erhält man die Figur eines Pyramidenstumpfes, der seine Spitze durch das Idol (gemeint ist das Blätterkreuz ↗) erhält. Auf diese Weise wird der Altar einer Pyramide ähnlich, deren Grundfläche auf der Erde ruht. Projiziert man das aus konzentrischen

Abb. 3

Quadraten bestehende Diagramm in vertikaler Perspektive, erhält man eine aus verschiedenen Teilen zusammengesetzte Stufenpyramide ↗ (bei den Maya 9stöckig!)« (Die Ewigen Mayas, S. 103). Wie beim Palastbau des Baal ↗ schließt sich ein Festessen an. Hier interessanterweise mit 24 Trinkschalen u. einer großen, ›Zentralschiff‹ gen. Schale in der Mitte des Tisches. Wenn ihr Inhalt ausgeteilt ist, wird sie mit Blut gefüllt. Man ist wieder an Pyramide = Schiff (s.

Noah ↗ statt Noh?) u. Weltuntergang (das Blut) erinnert. — A. heute finden sich noch Anbetungshäuser mit 9stufiger Fassade (Abb. 3).

Nok: afrik. Stamm (u. Dorf) im N von Nigeria ↗, berühmt für sehr alte, rötliche Tonfiguren, alle vor über 2000 J. entstanden. Zur Kunst von Ile Ife ↗ gibt es einige zum Verwechseln ähnl. Details. J. Ki-Zerbo: »Quer durch den ganzen afrikanischen Westen haben sporadische Ausgrabungen Spuren alter Ansiedlungen auf-

gedeckt. Was bedeutet die im Westen von Timbuktu ↗ gelegene ausgedehnte Anlage phallischer Megalithen (gemeint sind Menhire ↗), die manchmal mit geheimnisvollen Figuren geschmückt sind? Muß man sie mit den phallischen Steinen vergleichen, die in Südäthiopien (s. To-Mam ↗) aufgerichtet wurden? Und die Grabstätten vom Dogon ↗-Plateau... Soll man sie mit den alten Stätten von Nok und Sao ↗ vergleichen? In der Tat kamen... schwarze Einwanderergruppen von den Oasen des Nordens... Sie waren, erzählt die Legende, außerordentliche Riesen ↗. Mit einer Hand sperrten sie Wasserläufe ab. Sie forderten eine Stadt nach der anderen heraus, und selbst die Erde ertrug ihr Gewicht nur schwer.« Sie gehören jedoch nicht zu den 12 Verlorenen Stämmen ↗ Altägyptens; evtl. erfolgte ihre Abwanderung wesentl. früher, denn der Name erinnert sehr an Enoch ↗, mit Noch = Nok. — Typ: Knollenfrisur (Abb.).

Nom: Name ↗ (frz.); enth. in Nomos ↗ u. Nommo ↗. In Afrika hat es die Bed. Sonne ↗ (die die Namen schafft).

Nommo: 1) bei den afrik. Bantu ↗ der Logos ↗ od. das ›treibende Wort des Anfangs‹, das ›Treibende, das allen Kräften Leben und Wirksamkeit gibt‹, die ›geistige Lebenskraft, welche alle schlafenden Kräfte weckt‹; es

Abb. 1

›zeugt sogar Götter‹, s. N. als Verkörperung. — These: N. setzt sich aus den 24 Grundmotiven ↗ (präexistenten Ideen) des Kosmos ↗ zus.; die Einheit ist Ntr ↗, woraus dann das Wort ›Götter‹ wurde. Äg. Äqv. sind die Ka-Geister ↗. Daß N. weiblich ↗ ist, findet sich bei den Dogon ↗, die sagen, daß die mütterl. Linie die N.-Linie ist mit N. als ›zusammengefaßter Schöpfung ↗‹, u. die väterl. Linie stellt Amma ↗ dar, den Ursprung aller Dinge - äqv. Ntu ↗, bzw. Atum ↗ + Nomos ↗ als Gesetz. 2) N. als Verkörperung findet sich bei den Dogon für die vom Sirius ↗ gekommenen 2 Kulturbringer ↗ (ein Paar). Beim Sigui-Fest ↗ wird folg. Tanzaufsatz getragen (Abb. 1).

Es ist ein figürl. Nommozeichen ↗  . Hier ergibt sich der Zusammenhang mit dem Kosmos aus den 2 konträren Ka-Hieroglyphen ↗, zusammengehalten durch eine breite Vertikale mit ›Hörnchen‹, nicht unähnl. den Lappen von Nomos ↗. Am unteren Ende der entscheidende Rhombus ↗ als Mittelstück des Gesamtkosmos ↗. Daß es sich bei einer N.-Verkörperung immer um einen Zwilling ↗ handelt, ist geradezu dogm. Überlieferung. Die weibl.-männl. Koppelung ist aber innen; es handelt sich nicht um einen Hermaphroditen ↗. Außen ist N. entw. weibl. od. männlich. These: das verlegt den Zwilling in die Psyche ↗ als zusammengesetzt aus den Urbildern von 2 menschl. Wesen als geistigem Urpaar ↗. Vom Wort her könnte man Sonne ↗ (Nom ↗) u.

Abb. 2

NOM - MO

Sonne + Mond

Mond ↗ (Mo ↗ als höheres Selbst) daraus machen, in einer ungetrennten Vereinigung wie auf der N.-Skulptur (Abb. 2) aus Mali ↗: Arme + Beine sind X ↗-förmig gestaltet, während den Kopf nicht wie beim Tanzaufsatz ›Hörnchen‹ zieren, sondern eine Pyramide ↗. Klappt man die Figur auf, entsteht als Schema Abb. 3, also wieder der Rhombus, od. das unter dem Stichw. Bundeslade ↗ geführte äg. Bild von den 2 Göttinnen, die den Lebensbaum (Djed ↗), hier der stilisierte Rücken mit Kopf + Pyramide, umfassen. Man braucht nur noch die Glieder gerade zu machen, um wieder beim Nommo-Z. zu landen. Da die 2 Göttinnen Isis ↗ u. Nephtys ↗ sind, die je 1 der 2 Sonnen des Sirius' vertreten, ist a. das Äqv. N. = Osiris ↗ hergestellt, denn Osiris ist Sirius.

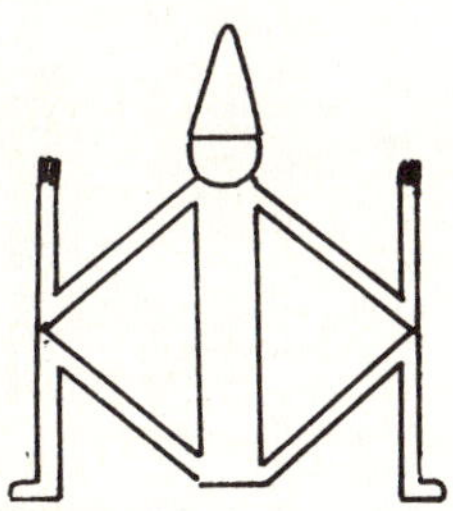

Abb. 3

Nommo-Logie: eine während der 1. Ausstellung des Muiska-Museums ↗ (1975) von G. von Frankenberg ↗ gegr. neue Wissenschaft, die, wie das Wort zeigt, Nommo ↗ (Logos) u. Logik ↗ (hier Logie) verbinden will als jene Synthese ↗, die a. Weisheit ↗ gen. wird. Da Wissenschaft ↗ Ordnen bed., bzw. das »Einordnen eines Phänomens in ein bekanntes System« (Biologe Nachtigal, 1974), ist das grundsätzl. Neue die Weltformel ↗ als Einordnungssystem. Sie enthält im Außenkreis Nommo (Logos) als die 24 Grundmotive, die a. der Mond ↗ durch Lichtöffnung ↗ freigibt sowie in den Innenkreisen die Logik als Aufbau der Sonne ↗. Insg. ist sie aber a. die Psyche ↗ des verkörperten Nommo, was sich aus den 120 Kategorien der der Weltformel ergibt - 120 = Chenti ↗, ein Titel des Osiris ↗. Wie der Aufbau der geplanten Von Frankenberg-Universität ↗ zeigt, umfaßt N. alle bisherigen Sachgebiete od. Einzel-Wissenschaften; sie ist ganzheitlich. Als Methode der Erkenntnis ↗ von Wissen ↗ werden Experimente am lebenden Objekt abgelehnt; an ihre Stelle tritt die Weltformel als Schlüssel ↗, der das Erscheinungsbild ↗ von Natur ↗ u. Kultur ↗ (Kunst ↗, Mythologie ↗, Namen ↗, Symbole ↗ etc.) öffnet.

Nommozeichen: 1 der 24 Grundmotive ↗ (Abb.), benannt nach Nommo ↗; gehört im Kode der Zodiakzeichen ↗ zum Zwilling. Aber a. der äqv. Buchstabe T im Sonnenalphabet ↗ vertritt in Gestalt des unkörperl. Urmenschen ↗ einen Zwilling, s. 2. Wurzelrasse ↗. — Als Kopfaufsatz wird es beim Sigui-Fest ↗ getragen.

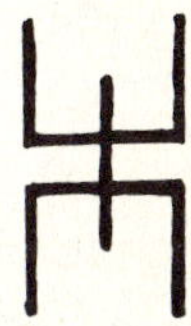

Nomos: Gesetz, Ordnung (griech.). These: übernommen von Ägypten ↗, wo es inzw. falsch vokalisiert als Nemes ↗ für das Königskopftuch ↗ steht. Daß dieses das Gesetz der Sonne ↗, äg. Re ↗ (als dessen Sohn sich der Pharao ↗ empfand, weshalb er als König das Kopftuch trug), symbolisierte, ist nicht mehr bekannt. Im Wort steckt aber das afrik. Nom ↗ (Sonne) mit Anhängung des germ. Os ↗ = Gott. Ergibt Sonnengott (Re), danach Sonnenkönig ↗. Die 3 Abb. zeigen:

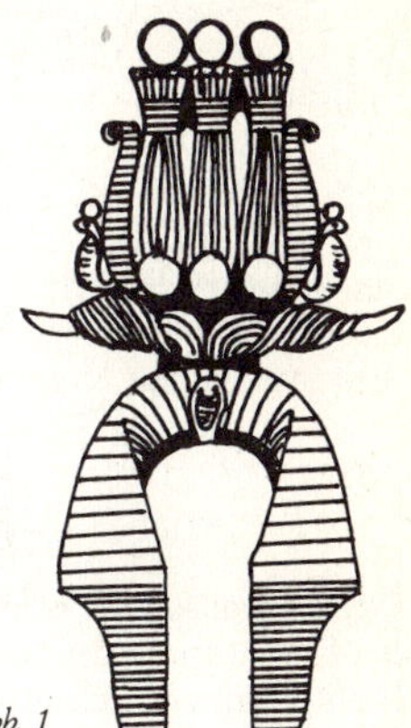

Abb. 1

Abb. 2

1) N. mit ›Hemhemet-Krone‹, an der 8 Kreise (›Sonnen‹) auffallen. These: N. ist der 8er Kreis ↗ der Sonne, deshalb im Zentrum des N. meist die Kobra ↗-Schlange. Die 2 herabhängenden Lappen, außen geschwungen, innen gerade, sind nur 1 der 8 Sektoren (Fackeln der Sonne), allerdings ›zerschnitten‹ bzw. geöffnet.

2) N. als Kopftuch der Pha-

raonin Hatschepsut ↗
3) N. als Teil der Osirismumie ↗ von Tutenchamun ↗. Hier kann man erkennen, daß – würde man das Kopfende (mit Kobra + Geier ↗) aufrichten (u. die Lappen wegdenken) – die Große Pyramide ↗ entstanden wäre; a. sie hat 8 Sektoren bzw. ist, außen, N. (äqv. Tao ↗). Wahrsch. waren urspr. sogar die Regenbogenfarben ↗ aufgemalt.

Abb. 3

Es folgt das Gesamtschema mit Einzeichnung jener 2 Strahlenhälften (Lappen), die den angeklebten Bart ↗ einrahmen (Abb. 4):

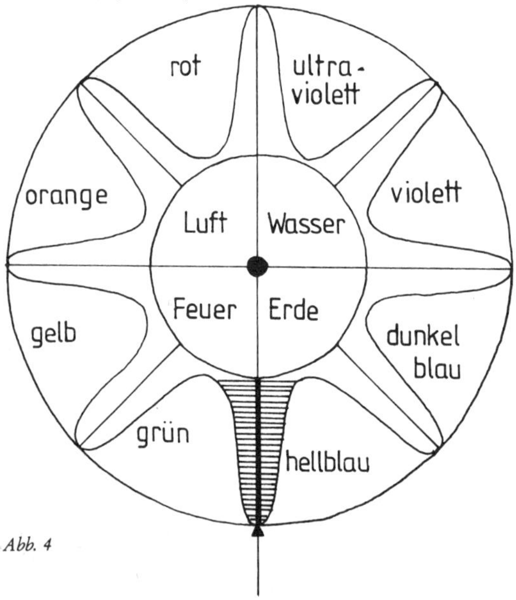

Abb. 4

Der Lappenschnitt ist die Stelle der Lichtöffnung ↗ u. bei Erweiterung des Schemas auf die Weltformel ↗ a. die Stelle des Einschnitts durch Osirismord ↗, Weltenbrand ↗ + Sintflut ↗ (s. Junu ↗), nach der N. zum ›Neuen Bund‹ wurde (s. Noah ↗), symbolisiert durch den Regenbogen. Zu dieser Interpretation paßt die Farbe Türkis = Grün + blau des Kopftuches, durchzogen von Goldstreifen (= Lichtstrahlen ↗). Die Fortsetzung im Zodiak ↗ findet sich dann in der Brustplatte ↗, über der die Lappen hängen. Schließl. ist der Einschnitt zw. Hase ↗ + Löwe ↗ (im Tierkreis ↗) gelegen, als das 1. Reich ↗ des Vaters (Osiris ↗) in das 2. Reich ↗ des Sohnes (Horus ↗) überging. Diesen Wechsel vollzog jeder Pharao beim Tod: lebend vertrat er Horus, nach dem Tod wurde er Osiris, was sich in der Mumienhülle ↗ ausdrückte. — N. ist also a. die äg. Götterachtheit ↗, gekoppelt mit den 4 Elementen ↗ + Atum ↗ (Kern), u. ist damit Teil der afrik. Ntu-Philosophie ↗ sowie das T (Tau) im Lebenskreuz ↗.

Nonne: in der christl. Kirche ↗ ein weibl. Wesen, das – statt einen ird. Mann zu ehelichen u. Kinder zu gebären – per Gelöbnis u. Ring am Finger eine ›Braut‹ von Christus ↗ wird, bis zu dessen Wiederkehr ↗. Zur Absicherung gg. die Welt unterstellt sie sich einem Orden. These: da die Apokalypse ↗ unter der ›Braut Christi‹ Sophia ↗ versteht, müßte sie deren Äqv. zu realisieren versuchen. Als Deutung des Namens ↗ bietet sich an: Non (nicht, nichts, lat.) Ne (im frz. né = geb.), also eine Nicht-Gebärende. Dafür gibt es in Ägypten, in dem das Christentum wurzelt, nur 1 Vorbild: Nephtys ↗, in deren Nachfolge dort immer eine Schwester des Pharaos ↗ ›Gottesweib ↗ des Amun ↗‹ wurde. Unverheiratet (auf der Erde) mit Gefolge in einem Palast wohnend, lag in ihrer Hand die oberste Leitung u. Verwaltung ›des großen Tempelbesitzes‹, d. h. sie war Hohe-Priesterin ↗. N.-Klöster fanden sich a. in Mexiko ↗, spez. bei den Tolteken ↗. In Chichen-Itza ↗ sprangen die darin lebenden Jungfrauen bei einem best. Fest in den Hl. See, um sich mit Tlaloc ↗ zu vereinen. — Evtl. gehören a. die Neru-Jungfrauen ↗ der Osterinsel dazu. — S. die N. Gandersheim ↗ u. die Schriftstellerin des Nibelungenlieds ↗. Man kommt nicht umhin, ihre Funktion in der Schriftstellerei u. Z.-Deutung zu suchen, wobei die Verbindung mit dem Jenseits ›geheimes Wissen‹ förderte od. eben Weisheit (Sophia).

Noosphäre: »Das die Erde umgebende Energie- und Bewußtseinsfeld. Wird diese Energie, wenn sie in den individuellen Intellekt einbricht, in Bildern erfaßt, dann läßt sich das ätherische Gewebe als mit Jung's kollektivem Unbewußten ↗ verbunden denken« (Tompson, Am Tor der Zukunft, S. 170). Äg. Äqv. Nuu ↗. — Bei Teilhard ↗ eine ›denkende Schicht‹, die sich durch die Ausstrahlung des Homo Sapiens ↗ wie ein Film um den Globus gelegt hat. — These: es sind die Archetypen ↗.

Nordpol: 1) am Himmel als Verlängerung der Achse der Erde ↗, heute etwa 1 Grad vom Polarstern ↗ = Polaris entfernt, der das Schwanzende des Kleinen Bären ↗ markiert. Für einen Beobachter am geograph. N. (2) der Erde gehen die Zirkumpolar-Sterne ↗ (um den Himmelspol kreisenden Sterne) weder auf noch

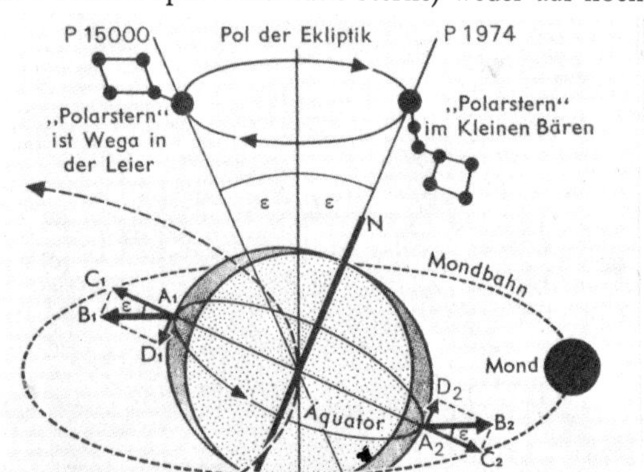

unter, sondern sie laufen par. zum Horizont (gleiches gilt natürl. für den Südpol ↗). Bei Verschiebung der Pole ↗ der Erde ändert sich der Himmelspol nicht; dafür wandert letzterer mit der Präzession ↗, was der Erdpol nicht tut.
2) auf Planet Erde als geograph. N. der nördl. Schnitt-

punkt der Erdachse mit der Erdoberfläche, heute im nördl. Eismeer gelegen (Arktis). Bedingt durch die Drehung der Erde um sich selbst (Nacht ↗, Tag ↗), bildet sich hier eine Abplattung od. Kuhle, während der Äquator zum ›Wulst‹ wird, auf dem Schema die seitl. Grauzonen. Eingetragen der Himmelspol vom J. 1974 (ca. 13000 J. später ist er ggb. beim Stern Wega, Leier). Deutl. ist der Pol der Ekliptik ↗ unterschieden (Lexikon der Astrologie, S. 228). Als Ursache der Präzessionsbewegung der Erde die Gravitationskraft A1B1 u. A2B2 von Sonne + Mond. — In der Geheimlehre ↗ steht für N Wasser (S. Niflheim ↗, Nebel, Eis etc.) u. für S Feuer. Beim N. wurde der myth. Berg Meru ↗ angesetzt. Dazu paßt die N-Orientierung der Großen Pyramide ↗.

Norigotoshu: ›Buch der Gebete‹, aufgeschrieben vom Gründer der Mahikari ↗-Bewegung.

Nornen, 3: germ. ›Mächte des Schicksals‹, äqv. Disen ↗ u. griech. Moiren ↗. Im Gylfag. 15 heißt es: »Am Fuß der Weltesche ↗ steht ein schöner Saalbau; aus dem kommen die drei Maiden, deren Namen sind Urd ↗, Werdandi ↗ und Skuld ↗; diese Maiden bescheren den Menschen das Leben; wir nennen sie Nornen.« In den Veden ↗ (Taittyria Samhita IV, 3) heißt es: »Die 3 Maiden sind auf dem Wege des Rta ↗ gekommen; die 3 Feuer mit Licht sind gefolgt: eine beschützt die Nachkommenschaft, eine die Zeugungskraft und eine die Satzung der Frommen.« Da man bei ihnen als Symbol ↗ nicht nur die Odil-Rune ↗, sondern a. die Speer-Rune Ti ↗ findet, darf angenommen werden, daß sie insg. a. Tiod ↗ vertreten, worauf sich die Tiodiska ↗ (Deutschen) beziehen, denn die N. werden a. ›die 3 Mütter der Germanen‹ genannt. — Mythol. Lexikon: »Die Nornen waren göttlicher Abkunft und bei den Riesen aufgewachsen. Sie waren älter als die Asen ↗, die auch dem Schicksal ↗ unterworfen waren. Mit ihrem Erscheinen ging das Goldene Zeitalter zu Ende.« D. h., das Paradies ↗. Im Klingsor ↗-Märchen von Novalis ↗ werden sie am Ende unserer Zeit getötet, so vertreten sie die Geschichte ↗ bzw. Karma ↗. Ihr Schicksalsfaden heißt Orlogs ↗ Thatr.

Nostradamus: frz. Astrologe (1503–1566), eigtl. Nostredame, das bed. ›unsere 3 Damen‹ (Nornen ↗), was dazu paßt, daß er sich intensiv mit dem Schicksal befaßte. Die Sammlung seiner Prophezeiungen sind die Centuries, 1566 zum 1. Mal veröffentlicht. Die Zeilen waren wegen der Inquisition ↗ so verschlüsselt, daß sie zu allen Zeiten verschieden ausgelegt wurden. Bek. ist, daß er 1538 vor die ›Heilige Inquisition in Toulouse‹ geladen wurde, u. anschl. nach Italien entfloh.
Bsp.:

»Und wenn in den letzten Zeiten
Dann Gelb und Rot sich streiten
Und sie sich überrennen –
Dran wird die Welt verbrennen.«

Daraus hat man im 18. Jh. den Krieg zw. Habsburgern + Bourbonen gemacht. These: es ist aber der Endkrieg ↗ zw. Asien u. Amerika (im Weltideogramm ↗ gelb + rot) gemeint. Er besaß ja eine riesige, okkulte Bibliothek u. hatte damit Zugang zu alten Vorausschauen; H.J. Andersen meint sogar, seinen Rechnungen habe der Tzolkin ↗ zugrunde gelegen. U. N.s Mitteilungen würden den Zeitraum zw. letztem Polsprung ↗ u. nächstem Polsprung umfassen. Das wäre die ganze 5. Welt ↗, die unter der Herrschaft des Mars ↗ stand. N. spricht von ›Marszyklus‹. Nach dessen Ende »... werden die himmlischen Sternbilder ↗ rückläufig werden...«, äqv. 3. Reich ↗. Die große Wende liest sich so:

»L'an mil neuf cent nonante neuf sept mois
Du ciel viendra le Grand Roy d'effrayeur
Ressusciter le grand Roy d'Angoulmois
Avant apres Mars régner par bonheur.«
(Centurie X, 72. Strophe)

These: das ist das Jüngste Gericht ↗ als Polsprung – bevor (avant) nach Mars (apres Mars, d.h. Ablauf der 5. Welt) das Glück (bonheur) regiert (régner) = das Friedensreich ↗. Als Erweiterung der Apokalypse ↗ lesen sich schließl. folg. Zeilen: »In einer unabsehbar großen Zahl werden die Anhänger des Antichrist ↗ herabsteigen, so daß das Kommen des heiligen Geistes, der auf dem 48. Breitengrad heraufsteigt, Auswanderung machen wird.« Der 48. Breitengrad berührt Wien ↗ + München ↗, s. Ariosophie ↗.

Notre-Dame: Name der Kathedrale ↗ von Paris (Gotik ↗) sowie von anderen Kirchen, die ›unserer Dame‹ Maria ↗ geweiht sind. Da es 3 Marien ↗ gibt, in Anlehnung an die 3 Nornen ↗, läßt sich aus dem Namen ↗ als verstecktes Wortspiel a. No(S)Tredame(S), unsere 3 Damen machen, wie bei Nostradamus ↗. Zwei sind jedenfalls in den 2 Türmen verborgen, äqv. den äg. Pylonen ↗; die 3. vielleicht in der Rosette ↗ als Hathor ↗, äqv. Taro ↗ (Weltformel). Baubeginn 1163. — Wie bei Chartres ↗ befindet sich unter dem Bau wahrsch. eine Isisgrotte ↗.

Novalis: Künstlername des Freiherrn von Hardenberg (1772–1801), Dichter, der die Romantik ↗ einleitete, Symbol: Die Blaue Blume ↗. Der Tod seiner 15jährigen Verlobten Sophie von Kühn 1797 wird zum entscheidenden Ereignis... »Das Blütenblatt ist nun in die andere Welt hinübergeweht«; N. folgte in Gedanken, ja, er datierte sein Tagebuch nach den Tagen seit ihrem Tod u. den Hauptinhalt bildet der Entschluß, der Geliebten nachzusterben. »Ohne meine Sophie bin ich gar nichts, mit ihr alles.« Sie wurde in dieser Mystik zur Sophia ↗ u. er zum echten Philosophen: ›Nach Innen geht der geheimnisvolle Weg. In uns, oder nirgends ist die Ewigkeit mit ihren Welten, die Vergangenheit und Zukunft. Die Außenwelt ist die Schattenwelt...‹ An anderer Stelle ist sie aber a. »... ein Universaltropus des Geistes ↗, ein symbolisches Bild desselben.« Das erst macht sein Fragment *Die Lehrlinge zu Sais* ↗ (Ägypten) verständlich. Es beginnt: »Mannigfache Wege gehen die Menschen. Wer sie verfolgt und vergleicht, wird wunderliche Figuren entstehen sehn; Figuren, die zu jener großen Chiffrenschrift zu gehören scheinen, die man überall, auf Flügeln, Eierschalen, in Wolken, im Schnee, in Kristallen und in Steinbildungen, auf gefrierenden Wassern, im Innern und Äußern der Gebirge, der Pflanzen, der Tiere, der Menschen, in den Lichtern des Himmels... erblickt. In ihnen ahndet man den Schlüssel ↗ dieser Wunderschrift, die Sprachlehre derselben... (Unser Lehrer) versteht die Züge zu sammeln, die überall zerstreut sind. Ein eigenes Licht entzündet sich in seinen Blicken, wenn vor uns nun die hohe Rune ↗ liegt, und er in unsern Augen späht, ob auch in uns aufgegangen ist das Gestirn, das die Figur sichtbar und verständlich macht.« These: dies ist der Rückgriff auf das Runen- (bzw. Z.-) Deuten der Tiodiska ↗ (Deutschen). Am Ende des 1. Kap. dann: »Auch ich will also meine Figur beschreiben, und wenn kein Sterblicher, nach jener Inschrift dort (der Isis ↗ auf dem Standbild zu Sais) den Schleier hebt, so müssen wir Unsterbliche zu werden suchen; wer ihn nicht heben will, ist kein echter Lehrling zu Sais.« S. Klingsor ↗-Märchen u. seine von Goethe ↗ blockierte *Rede an das Christliche Europa* ↗.

NSDAP: Abk. für Nationalsozialistische (noch kürzer NAZI ↗) Deutsche Arbeiterpartei; sie ging aus der DAP hervor, als Hitler ↗ zum 55. Mitgl. wurde u. NS hinzufügte (1919). Auflösung nach dem mißglückten Novemberputsch in München (1923), Wiedergründung 1925. — Schon vor Hitlers Eintritt hatte die Thule-Gesellschaft ↗ Agenten in die DAP eingeschleust. Sebottendorf ↗ veröffentlichte in seinem Buch ›Bevor Hitler kam‹ ihre Namensliste. — Regionale Gliederung in Gaue mit Gauleitern, Kreise mit Kreisleitern, Ortsgruppen mit Ortsgruppenleitern bis hinunter zu Block- u. Zellenleitern, sodaß eine Kontrolle jedes Haushalts gewährleistet war.

NTR: äg. Begriff für ›unbegrenzte göttliche Kraft‹, erhaben über alle sichtbaren Formen, universell wie a. ohne Namen ↗, nur gekennzeichnet durch eine Axt ↗-ähnl. Hieroglyphe (Abb. 1), die als Attribut die Götter ↗ kennzeichnet. Für die Ägyptologie ↗ ist die Deutung ›völlig unsicher‹ (Bonnet), obwohl sie eigtl. ganz einfach ist. Da alle Götter aus Nut ↗ hervorgehen, muß sie in den ersten 2 Konsonanten Nt enth. sein. Bleibt R. Macht man daraus Re ↗, heißt das Wort Kosmos (Nut) + Sonne, zweifellos im Urzustand vor der Schöpfung ↗ (denn a. die Sonne geht lt. Überlieferung aus Nut hervor). These: daraus wurde, wofür die Bibel ↗ kein Wort hat, die Einheit ↗ von Wort ↗ + Gott ↗: Parabrahman ↗ in Indien. Es ist der

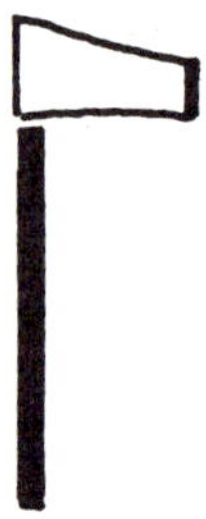

Abb. 1

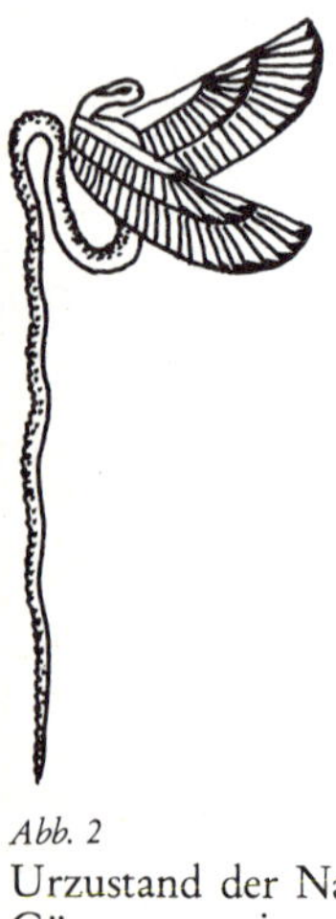

Abb. 2

Abb. 3

Urzustand der Natur ↗ (vokalisiertes Ntr). Daß alle Götter nur eine Aufspaltung (zum Zwecke der Erkenntnis ↗) waren, ergibt sich a. aus dem Zitat: »Re, der Sonnengott, ward zum Atum ↗, Chepre ↗, Harachte u.a.m.; die Himmelsgöttin Nut ward zur Hathor ↗, Bast, Sachmet ↗ oder Nut« (Bonnet, S. 231). Hier braucht man nur noch Re u. Nut zusammenzuführen, als Urpaar ↗. — Was das Z. (Abb. 1) betrifft, so wirkt es wie die Umkehrung ↗ jenes Throns den Isis ↗ auf dem Kopf trägt. — S. Bild der Landung ↗.

An figürl. Bildern kommt dem Z. die Schlange Ara ↗ von Abb. 2 recht nahe; man denkt an die Quetzalcoatl ↗ (Federschlange). Auf Abb. 3 die Göttin Seschat ↗; neben der Namenshieroglyphe das Ntr.-Z. als Hinweis, daß sie eine Göttin ist. — S. To Ntr ↗, das ›Land (To) der Götter (Ntr)‹.

Ntu: Gott ↗ in der afrik. Ntu-Philosophie ↗, bzw. das universelle Wesen, in dem Sein ↗ + Dasein ↗ - od. Kraft + Materie - niemals geschieden worden sind. Getrennt von den Erscheinungsformen kommt es nicht vor. Es drückt a. nicht das Wirken seiner Kraft od. deren Kräfte aus, sondern nur das Vorhandensein. Das Treibende ist Nommo ↗. These: das äg. Äqv. ist Ntw ↗ als Mehrz. (Gotteskräfte) u. Atum ↗ als Einz. Gott. Germ. Äqv. Wotan ↗. — S. Onto ↗.

Ntu-Philosophie: die afrik. Philosophie ↗ von Ntu ↗ od. dem ›totalen Zusammenhang aller Wesen und Dinge‹. Sie gliedert sich in insg. 24 Kategorien des Daseins ↗, unterteilt in 4 Hauptkategorien, zu denen je 2 (insg. 8) u. 3 (insg. 12) Unterkategorien in Beziehung stehen. Im Buch des Philosophie-Professors Alexis Kagame, Rwanda ↗, ›La Philosophie Bantu ↗ comparée‹ (Verlag Présence Africaine, 1976) werden sie linear aufgezählt u. in entspr. Kap. erläutert als:

Hantu ↗ = Lokalität od. das Wo-Wann-Dasein
Kuntu ↗ = Modalität od. das Wie-Dasein
Kintu ↗ = das Unintelligente Dasein
Muntu ↗ = das Intelligente Dasein

	Unterkategorien	
Hantu	immateriell materiell	intern extern physikal.
Kuntu	unanimiert animiert	quantitativ qualitiv relativ
Kintu	unsensitiv sensitiv	starr assimilativ lebend
Muntu	unvernünftig vernünftig	sterbl. reinkarnativ unsterbl.

Daraus hat G. von Frankenberg ↗ 1978 das Kreisschema auf Seite 392 gemacht.

Dabei war die Trennung der Namen der 4 Hauptkategorien vorgegeben, aber nur, um die gemeinsame Silbe (die es allein nicht gibt, weil es a. das betr. Wesen allein nicht gibt) Ntu zu demonstrieren. Über die Vorsilben als evtl. alleinexistierend wurde nichts gesagt. G. von Frankenberg fand sie aber in alten Kulturen, die über Ham ↗ mit der afrik. Kultur zusammenhängen:

Ha ↗ = Luft in Ägypten
Ku ↗ = Licht (besser Feuer) in Sumer
Ki ↗ = Erde in Sumer
Mu ↗ = Wasser in Ägypten

Mit anderen Worten, ergaben sich durch Abtrennung plötzl. die 4 Elemente ↗. Nun war es leicht, den folg. 8er Kreis ↗ mit dem Tao ↗ in Verbindung zu bringen, da seine 8 Z. für die Element-Paare stehen, was a. für die äg. Götterachtheit ↗ zutrifft. Es wurde also mögl., die N. als Mittelstück der 1978 fertig gewordenen Weltformel ↗ einzusetzen, wobei sich als nächster Kreis das Sonnenalphabet ↗ anschloß. Erst diese Koppelung der Systeme 3er Kontinente (Afrika, Asien, Europa) ließ das Muster der Schöpfungstage ↗ hervortreten, rückwärts rechnend von den bei Kagame erläuterten Unterkategorien:

Kintu, lebend = Tier ↗	(5. Tag)
Kintu, assimilativ = Pflanze ↗	(4. Tag)
Kintu, starr = Stein ↗	(3. Tag)
Entspr. war:	
Muntu, sterbl. = der Urmensch ↗ u.	(6. Tag)
Kuntu, relativ = die ›Feste‹ (1 Mose 1, 7)	(2. Tag)
Kuntu, qualitativ = das Licht	(1. Tag)

Es wurde klar, daß Moses ↗ (eingeweiht vom letzten schwarzen Priester in Ägypten) nur die Sekundärschöpfung ↗ beschrieb, denn es blieben ja noch Kategorien übrig. Die Rekonstruktion der fehlenden Pri-

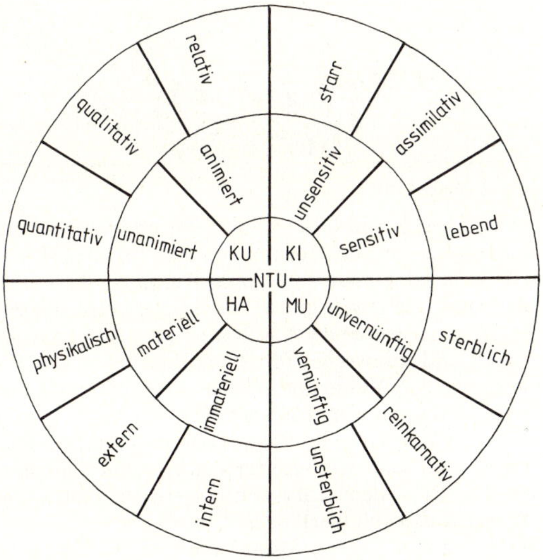

märschöpfung ↗ ergab sich, rückwärts rechnend, aus den Buchstaben des Sonnenalphabets ↗:

Kuntu, quantitativ =	H	(6. Tag)
	G	(5. Tag)
Hantu, physikal. =	F	(4. Tag)
	E	(3. Tag)
Hantu, extern =	D	(2. Tag)
	C	(1. Tag)

entspr. blieb übrig:
Hantu, intern, in Buchstaben AB ↗ (Vater) od. Ba ↗ (Seele), als Var. des Zentrums (Ntu), wovon die Evolution ↗ ausging. Unwiderlegbar ist die Bibel ↗ u. das Christentum aus der N. hervorgegangen, wenn sie nicht überhaupt Kernstück der Geheimlehre ↗ war. Daß sie trotz Mysterienverrat ↗ nicht verloren ging, liegt daran, daß sie in die Bantu-Sprache eingebaut – u. nicht in Büchern aufgeschrieben worden ist. Über den Begriff Nommo (Logos wie a. Kulturbringer) läßt sich über die afrik. Dogon ↗ a. die restl. Gesch. des Muntu (Mensch) anschließen u. damit der bibl. Paradies-Verlust ↗ besser verstehen:

Muntu, reinkarnativ =	Geschichte ↗ ab Eintreffen von Nommo (s. Reinkarnation ↗) lt. Weltenlehre ↗ 4. + 5. Welt
(ergo Muntu, sterbl.) =	2. + 3. Welt u.
Muntu, unsterbl. =	6. + 7. Welt

(der zukünftige Übermensch ↗)
These: man kann mit der N. a. die Kabala ↗ verbessern sowie Makumba ↗ u. die Mysterien ↗ erschließen.

Ntw: äg. Begriff für die ›Kräfte‹ od. einz. ›Gotteskraft‹. Da die Hieroglyphe ↗ W a. U entspr., wäre spez. für die Einz. Ntu ↗ zu lesen. Lt. Bonnet entfaltet sich das Wesen dieser Kräfte »... am deutlichsten an einer Stelle der Geschichten des Seton Chamwese. Thot ↗ erbittet da die Hilfe des Re ↗ zur Wiederbeschaffung eines geraubten Zauberbuches. Re willfahrt seinem Wunsche, indem er eine Gotteskraft mit entsprechendem Auftrage herabsendet. Die Gotteskräfte nehmen danach die Stelle dämonen- oder engelartiger Zwischenwesen ein. Trotzdem wird man sie schwerlich aus dem Dämonen ↗-Glauben ableiten dürfen. Vielmehr wird man sie als aus der Gottheit emanierende Kräfte anzusprechen haben, die persönlich gedacht sind« (Bonnet, S. 254). S. Engel ↗ bzw. die Kategorien der Ntu-Philosophie ↗ als Potenzen der Sonne ↗ (Re). Die Umkehrung ↗ Ntw = Wtn führte zu Wotan ↗ als Äqv.

Nuah: lt. Blavatsky ↗ bei den Chaldäern ↗ der weibl. Noah ↗, die Universale Mutter, als eins mit der Arche ↗ betrachtet. Äqv. Arka, Arcanum ↗. Im ind. neben Manu ↗ als Mania gesetzt.

Nuba: afrik. Stamm mit über 100 versch. Sprachen, teilw. in den Sudan ↗ integriert, teilw. im Rückzugsgebiet der N.-Berge (Abb. 1), ehem. wohl zu Nubien ↗ (= To-Mam ↗) gehörig u. nicht allzu weit entfernt vom Sudd ↗, wo die ehem. Gralsburg ↗ gestanden haben muß. Jeweils 5–6 burgähnl. Rundhäuser bilden ei-

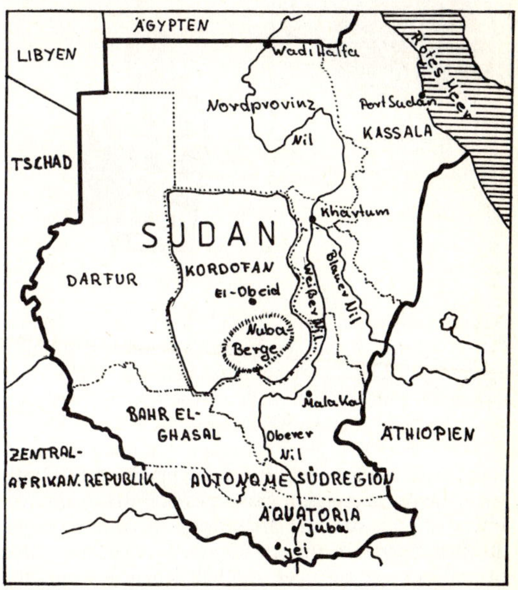

Abb. 1

nen Kral ↗ mit nur 1 Eingangstür, die wie ein Schlüsselloch wirkt. Blauglasierte Innenwände voller Z., die a. auf den Körpern als geschwollene Ritztätowierung u. in der Frisur wiederkehren. Mak (evtl. wie Make Make ↗) heißt der Häuptling, Kudjur der Medizinmann ↗. Die Frauen genießen volle Gleichberechtigung. Es gibt Initiation ↗, wozu der 8-Stern von Abb. 2 als Code paßt (s. Arioi ↗) sowie Labyrinth ↗ als Haarschnitt (Abb. 5). In Abb. 2 kann man fast die ersten 4 Grundmotive ↗ der Geschichte ↗ wiederfinden: 1. Arm: , Brusttuch: , Kopf: , r. Brust:  (als 8steiniges Gilgal ↗ für den Medizinmann). — Das sich Einreiben mit weißer Asche beim Totenfest u. anderen Ritualen fördert die Verbindung der Lebenden mit den Toten. Als Kombination schwarz-weiß eine Rückenzeichnung mit 8 Feldern (Abb. 4), dazu der Kopf wie die 12. Rune ↗ , passend darüber der Speer (Ger ↗). Daneben 3 fensterlose Rundburgen eines Krals. Pro Schwangerschaft bei Frauen bzw. pro bestandener Mutprobe bei Männern darf dem Körper 1 Z. hinzugefügt werden. Man findet sogar das Weltideogramm ↗ (Abb. 3). — S. Nil ↗.

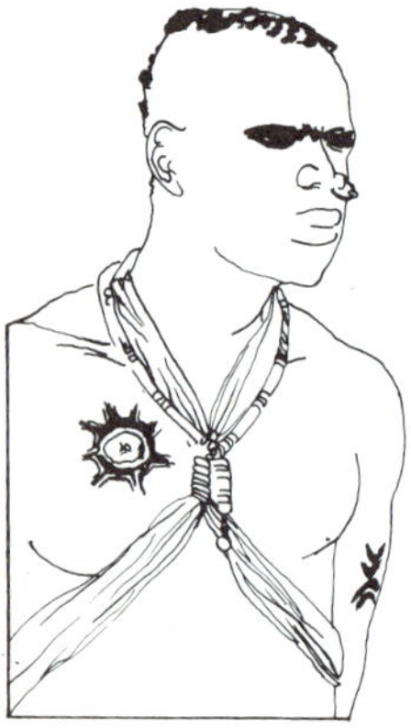

Abb. 2

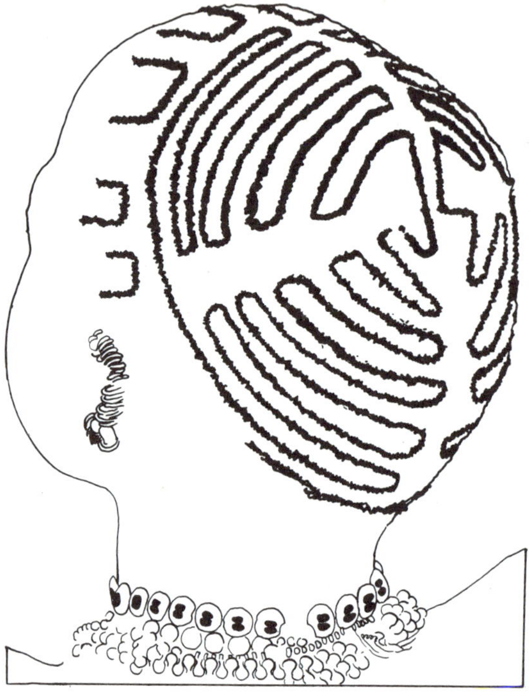

Abb. 5: Manga-Frisur

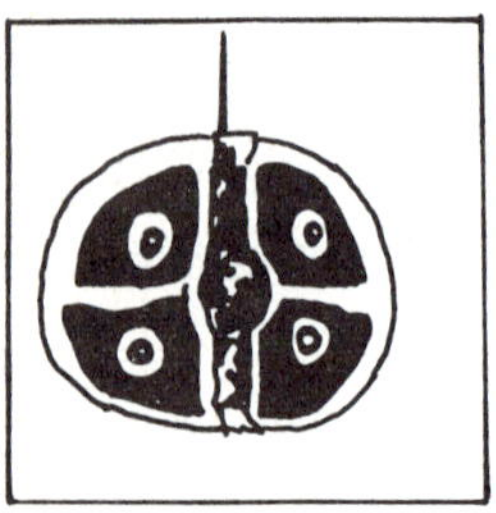

Abb. 3

Abb. 4

Nubien: Nordteil von Chus ↗, heute im N des Sudan ↗; ältester Name To-Mam ↗ = Mutterland aller Schwarzen. Der Name bildete sich aus Nb.T ↗ = Goldland, wahrsch. schon gleich nach der Abtrennung von Ägypten ↗ bei der Reichseinigung ↗ unter Menes, mit dem die Dyn. der Pharaonen beginnen. Denn J. Ki-Zerbo schreibt: »Seit den ersten ägyptischen Dynastien, davon zeugen ein graviertes Steinfragment von Hierakonpolis und der Stein von Palermo, scheinen die Pharaonen sich mit den Waffen durchgesetzt zu haben, bevor sie sich der geschäftlichen Ausnutzung Kuschs widmeten... Die umfangreiche Herstellung von Schmuck und Dekorationsgegenständen übertraf diejenige der größten ägyptischen Zentren...« (1979, S. 64). V. a. holte man »... Gold in Ringen, Barren oder als Staub. Gewisse kulturelle nubische Züge folgten übrigens der Route der Karawanen stromabwärts (des Nil ↗) und zahlreiche Götter und Göttinnen des Südens, wie der Widdergott Khnun (äg. Chnum ↗), der dem Menschen die Töpferscheibe schenkte, fügten sich in das ägyptische Pantheon ein« (ebd., 65-66). These: eigtl. kamen die Götter ↗ noch weiter südl. her, aus To Ntr ↗, dem ›Land der Götter‹. Die Abb. ›Zug der fürstlichen Nubierkinder‹ stammt aus der Zeit der nub. Königin Teje ↗, Mutter des Pharaos Tutenchamun ↗, als N.s Einfluß in Ägypten am größten war (Abb.). — Restvölker der urspr. Nubier dürften die Nuba ↗ sein. — S. Meroë ↗ u. die Verbindung mit Ile Ife ↗.

Nubti: einer der Namen ↗ des Seth ↗ (äg.); Übers. fehlt. These: da Erz aus Seth hervorgeht u. Eisen als

›Knochen des Seth‹ bez. wurde, bietet sich Nub (= Nb ↗) = Gold als 1. Silbe an, also N. = Goldhervorbringer. Das sind aber a. schon 3 Metalle, die man den Planeten ↗ der Weltenlehre ↗ zuordnete, u. Seth war Planetengott u. Erde, wohl im Sinne der Steine, als Kategorie der Ntu-Philosophie ↗ unintelligent + starr – u. so wird a. sein Charakter beschrieben.

Nü Kua: chin. Göttin (Han-Dynastie ↗), ›die Erbauerin des Himmels‹ genannt. Die 1. Silbe könnte Nu bei Nut ↗ sein (weil hier T nur für weibl. steht), ebf. Himmel; u. die 2. Silbe Kua deckt sich evtl. mit Kuan Yin, s. Yin ↗.

Null: Beginn der Zahlen ↗, a. bei den Maya ↗, die sie als Muschel zeichnen. »In der Geheimlehre ↗ findet sich die verborgene Einheit – ob sie nun Parabrahman ↗ repräsentiert, oder das ›Große Extrem‹ des Konfuzius... – immer symbolisiert durch einen Kreis ↗ oder die ›Null‹ (das Absolute Nichtding oder Nichts ↗, weil es unendlich und das All ist); während der durch seine Werke geoffenbarte Gott als der Durchmesser jenes Kreises erwähnt wird« (Blavatsky II, 583–584). Dieser ›Durchmesser‹ ist schon die 1 im Zahlenkreis der Weltformel ↗, im Schema der Sefirot ↗ u. bei Io ↗. Interessanterweise ist bei der Stunden ↗-Zählung 24 u. N. ident., was die N. zur Einheit von Nommo ↗ macht als unmanifestiertem Logos bzw. zum Zen ↗-Kreis.

Null-Meridian: wie bei den Dekanen ↗ war (u. ist noch) die Erdkugel in 36 Meridiane ↗ à 10 Grad eingeteilt; wie die Stundenzählung (24°° = 0°°) geht der 36. über in den Null ↗-Meridian. Er war von Ägypten ↗ so gelegt worden »... daß er ihr Land in der Längsrichtung genau halbierte. Er verlief von Behdet mitten durch eine Insel im Nil ↗ unmittelbar nordöstlich von der Großen Pyramide ↗ und schnitt den Nil wieder beim zweiten Katarakt (auf der Abb. großer Wasserfall gen.). Um die Ausdehnung des nördlichen

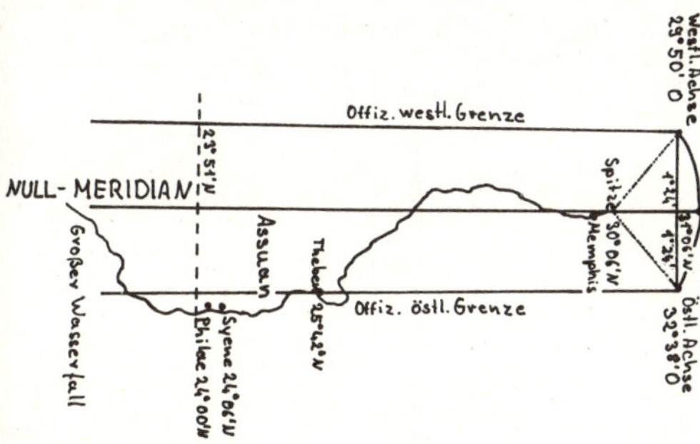

Ägyptens schematisch zu vereinfachen, markierten es die ägyptischen Geographen wirklichkeitsgetreu als ein Dreieck, dessen Höhe genau die Größe eines geographischen Breitengrades hatte. Sein Scheitelpunkt lag an der Stelle, wo sich der Nil auffächert, das heißt unmittelbar nördlich der Cheopspyramide, während seine Grundlinie von den Mündungen der beiden äußersten Nilarme begrenzt wird. So ergab sich für das Nildelta ↗ die Form eines gleichseitigen Dreiecks, dessen Winkel durch den von den Nordost- und Nordwestkanten der Großen Pyramide geworfenen Schatten bestimmt wurden (je 1° 24' nach Osten und Westen)... Memphis ↗, die erste Hauptstadt des vereinigten Ägyptens, wurde wiederum auf dem Nullmeridian... erbaut« (Tompkins 1975, S. 197–198). S. Esoterische Geographie ↗ + Geodätische Punkte ↗.
These: dann ist der N. durch die Große Pyramide gesetzt worden, als Ausgangslinie für die 5. Welt ↗.

Nun: bildet mit der Naunet ↗ 1 Paar der äg. Götterachtheit ↗ u. konnte manchmal mit Ptah ↗ (deren Personifizierung) zu einem Ptah-Nun verschmelzen. Als ›männliches Wasser‹ sieht man ihn die Erde od. die Sonnenbarke tragen (Abb.), hier mit einer 7gliedrigen Besatzung. »Der Regen ↗ ist nur ein Nun, der zum Himmel erhoben ist...« (Bonnet, S. 536), womit man zur Kategorie Regen im Tao ↗ findet. Es wird ein Zusammenhang mit dem Wort Nuu ↗ vermutet, sodaß sich der Name ↗ evtl. aus Nuu (Urgewässer)-En ↗ (Gott, Herr) zusammenzog. — Äqv. Apsu ↗ (Süßwas-

ser). — These: die Einordnung in die Weltformel ↗ ergibt sich aus folg. Satz: »Ja man konstruiert eine wirkliche Vaterschaft und läßt ihn mit Naunet den Atum ↗ hervorbringen, den Weltschöpfer, der nach alter Lehre aus dem kosmischen Urwasser ↗ aufgestiegen war, wie es noch alltäglich die Sonne tut« (Bonnet, S. 536). Da nun in der äg. Götterneunheit Atum aus der Mut ↗ hervorgeht, worin Mu ↗ (Wasser als 4. Element ↗) steckt, a. in seinem Namen Chumu vorkommend, ist er doppelt zu finden:
1) als männl. Hälfte der Mut od. des Mittelstücks vom Gesamtkosmos ↗;
2) als 7. Sektor im 8er Kreis; s. a. das Miträum ↗.
Germ. Äqv. könnte Ägyr ↗ sein, das mex. Tlaloc ↗.

Nut: äg. Göttin des Himmels, s. Kosmos ↗. Sie »... nimmt die Götter mit ihren Barken zu sich und läßt sie wieder sinken, damit sie nicht von ihr weichen als Sterne« (Bonnet, S. 536–537). U. weil sie über das ›Heer der Gestirne‹ waltet, wird sie a. ›Eine mit tausend Seelen‹ (Ba ↗) gen., was die Gleichstellung Seele ↗ = Sonne (Stern) beinhaltet. »Damit der Mensch (d. h. seine Seele nach dem Tod ↗) am Himmel weiterleben konnte, brachte man im Innern des Sarges ein Bild der Nut an und erklärte den Sarg ↗ zum Himmel, zur ›Nut‹, so daß der Verstorbene sich in der Nut befand und die Gewißheit der Wiedergeburt haben konnt.« Abb. 5 zeigt die Göttin im Innern des Deckels eines Sarges aus Theben ↗, 2. Jh., also schon aus der Zeit der Ptolemäer ↗. Zw. ihren Füßen Chepre ↗, l. vom Netz ↗-Rock die Zodiaktiere Steinbock ↗ bis Löwe ↗ u. auf der r. Seite Krebs ↗ bis Wassermann ↗, eine Reihenfolge, die eher griech. als äg. ist. Die Zahl 12 des Zodiaks ↗ wiederholt sich auf jedem Deckelrand mit je 12 Gestalten, die über dem Kopf einen Stern tragen. These: in ihrer Gesamtzahl 24 wären dann die 24 Grundmotive ↗ des Kosmos versteckt, für die die N. steht. — Abb. 1 zeigt

Abb. 1

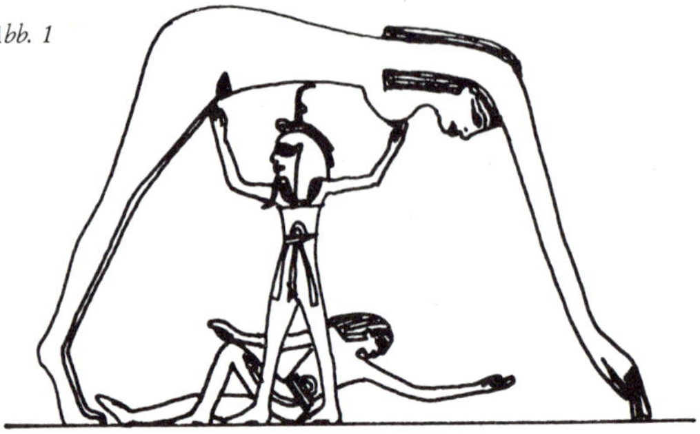

als Teil der Schöpfung die Trennung von Geb ↗ (Erde) u. N. durch Schu ↗ (Luft), in dieser Kombination alle 3 Teile der Götterneunheit ↗.
Beim Verteilen der 4 Elemente ↗ im 4er Kreis der Weltformel ↗ ergab sich an dieser Stelle altäg. Überlieferung die Frage (Abb. 2), ob N. als 4. Sektor einzuordnen wäre. Abb. 3, auf der sie außer der Welt a. Nun ↗ (die Figur unter der Scheibe) u. Naunet ↗ (der Kopf über der Scheibe) umfaßt, könnte dies nahelegen. Ein von Wirth ↗ zitierter Text jedoch macht eine zum Kosmos hin sich auswirkende Abspaltung plausibler: »Die große Kuh (siehe Himmelskuh ↗), welche die Sonne gebar, welche den Samen von Göttern und Menschen machte, Mutter des Re ↗, die Atum ↗ in Urzeiten emporbrachte, die seiend war, als nichts anderes da war, und die schuf, was besteht, nachdem sie geworden war... Nut, welche das Licht ↗ aus ihrem dunklen Schoß gebar und den ersten Akt der Weltschöpfung einleitete« (1931, S. 146). Als weitere Hilfe gibt es 2 Schreibweisen ihres Namens in Hieroglyphen ↗:

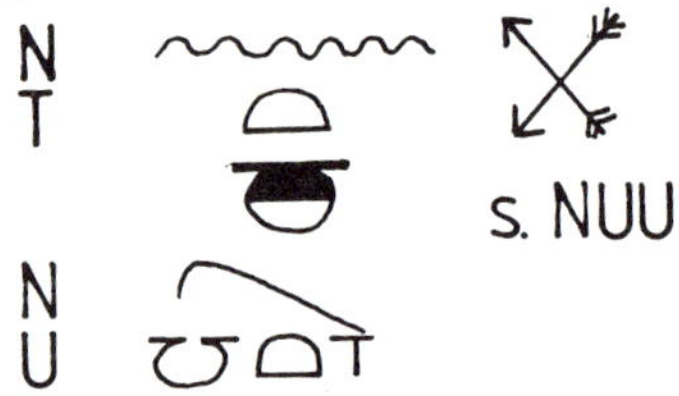

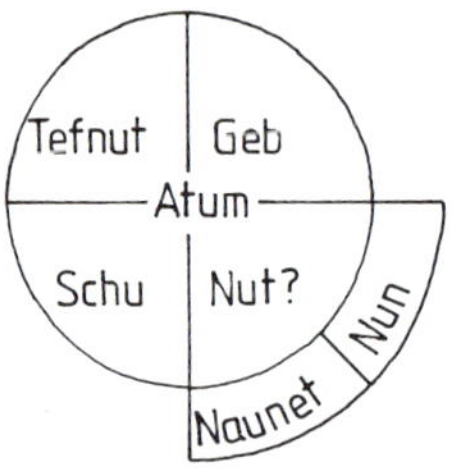

Abb. 2

1) N.T, verbunden mit einem X aus gekreuzten Pfeilen
2) Nut, wobei das N keine Wasserlinie ist, sondern ein

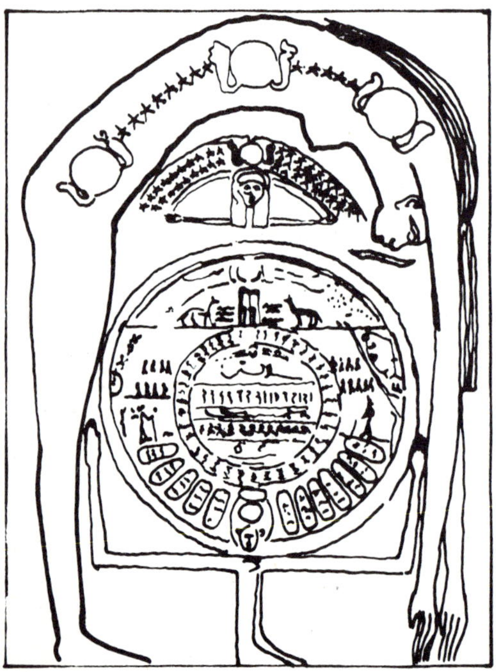

Abb. 3

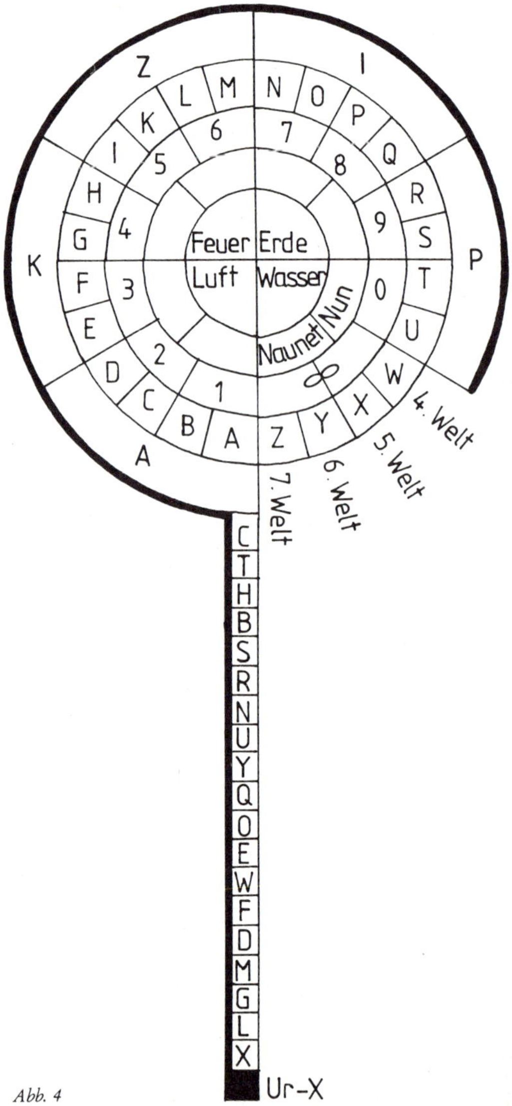

Abb. 4

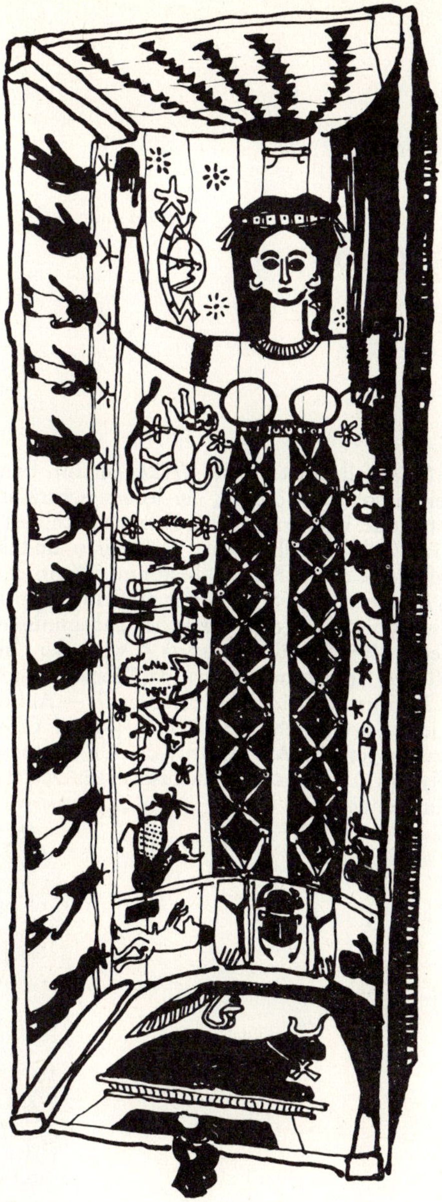

Abb. 5

Gebilde, das dem Hirtenstab ↗ gleicht; darunter ihr Symbol eines schwarz-weißen Kruges ( = T ist nur weibl.).

Der Hirtenstab - mit dem X beginnend - wird in Abb. 4 (Abb. 3 als deren Umsetzung gegenübergestellt) zur entpersonifizierten N., ausführl. erläutert unter Stichw. Schöpfung ↗. Eingebaut in den Hirtenstab (als N.) die 48 Kategorien der Sonne, zus. Nut-Re ↗.

Nut-Re: eine Kombination von Nut ↗ (Himmel) u. Re ↗ (Sonne), die in der ungetrennten Einheit Ntr ↗ ergibt.

Nuu: das kosm. Ur-Wasser ↗ (äg.), in Hieroglyphen ↗ zusammengesetzt aus N (der Wasserlinie wie bei Nut ↗), darunter 3 mal das Kugelgefäß der Nut; N. allein entspr. wohl dem Nun ↗. Lt. Wirth ↗ bed. N. Zeit ↗. These: aber wohl vor der Schöpfung ↗; besser wäre wie bei Noosphäre ↗ von Denken od. den Archetypen ↗ zu sprechen in ihrem präexistenten ↗ Zustand.

Nymphe: Braut, Verlobte (entspr. Nymphus = Verlobter, im Kult ›männliche Braut‹); ein Titel im Mithraskult ↗. A. ein weibl. himml. Wesen, das nur verführerische Reize ausstrahlt, aber das geweckte Verlangen nicht stillt. - Bei den Insekten Zwischenzustand einer Larve mit halbausgebildeten Flügeln. D. h., insg. für Transmutation ↗ stehend. Steht unter dem Schutz der Venus ↗.

Nyx: Nacht ↗ u. Göttin der Nacht (griech.); allein brachte sie den Tod ↗, die 3 Moiren ↗ u. Nemesis ↗ hervor.

Buchstabe O

Grundmotiv Ω Implosion

O: 1) als Buchstabe: »Die moderne Tonoskopie hat herausgefunden, daß die Form der Frequenz des O-Lautes eine Kugel ist« (Stein-Vorträge S. 51); 2) als Grundmotiv ↗ entspr. das O dem Omega ↗ sowie der Kartusche ↗; 3) es kann als Null ↗ eingesetzt werden 4) u. als Kugel, Kreis ↗, dann ist es ›alles‹ = 24, z. B. bei der Stunden ↗-Zählung.

Oannes: ›Mensch-Fisch‹ (babyl.), äqv. Dagon ↗; auf Rollsiegeln ↗ (Abb.) trägt der Mensch ein symb. Fisch ↗-Kostüm, in Legenden wird er von einem Fisch verschluckt u. wieder ausgespuckt. Da a. afrik. Nommo ↗ manchmal als Fischmenschen beschrieben werden, ist über die Astronauten ↗ - die wie ›Fische‹ das ›Wasser‹ des Kosmos' durchqueren - an den Übermensch ↗ zu denken. Denn bzgl. der Weltformel ↗ liegt er im Fischsektor. Als Großen Abdu ↗ findet man Osiris ↗ in Fischgestalt, als Ichtys ↗ Jesus (als Fisch). — Blavatsky ↗: »Dagon oder Oannes ist der chaldäische Mann-Fisch, der aus den Wassern auftaucht, um Weisheit ↗ zu lehren« (II, S. 520).

Oba: sakraler König in Benin ↗, der als All- (= O ↗) Seele (Ba ↗) alle Seelen seines Volkes vertritt. Er war »... ein absoluter Monarch, der jedoch scharf überwacht wurde. Ein gottähnlicher König, unzähligen Riten verpflichtet. Selbst seine Mahlzeiten und sein Schlaf waren durch Bräuche bestimmt. Wenn er bei ganz seltenen Gelegenheiten mit großem Pomp auftrat, so als höchster Träger magischer Geheimnisse« (J. Ki-Zerbo 1979, S. 166). S. Nigeria ↗, wo a. der Oni ↗ von Ile Ife ↗ in seinem Namen ↗ das Wort enth. konnte, z. B. beim 3. Oni, gen. Obalufons II. — Auf dem Det. eines Bronzegehänges (Abb.) wird der O. von Trabanten gestützt. Auf der Brust das X ↗-Zeichen. — Im Mythos ↗ tritt zus. mit Oduduwa ↗ ein Obatala als 1. Künstler auf.

Obelisk: quadrat. Säulen, oft voller Hieroglyphen ↗, die in Ägypten ↗ der Zeitmessung dienten. Gekrönt von einer kleinen Pyramide = Pyramidon aus kostbarem Metall, das die Sonne reflektierte, warfen sie im Lauf von Tag + J. wechselnde Schatten auf ihr großes Fundament, das wohl Markierungen enthielt. Man kann sie Sonnenuhr ↗ nennen. — Mehrere O. wurden von röm. Kaisern nach Rom ↗ verschleppt u. dort aufgestellt. — These: er ist aber a. eine Vibrationsachse ↗.

Objekt: in der afrik. Ntu-Philosophie ↗: Kintu ↗ steht dem Subjekt ↗ ggb., immer Muntu ↗ = Mensch Davon abgeleitet objektiv = sachlich, unbeeinfluß von eigenen (menschl.) Gefühlen. Die Frage, ob der Mensch überhaupt in der Lage ist, eine objektive Wahrheit ↗ zu ermitteln, ist Zentralproblem der Wissenschaft ↗.

Obsidian: vulkan. Gesteinsglas, durchsichtig, meist grün od. schwarz. O.-Messer waren in Mexiko ↗ beliebt, wo es a. den Titel Itzcoatl ↗ = O.-Schlange gibt. Beim Tempelbau wurden in die Augenhöhlen der Schlangenköpfe funkelnde O.-Scheiben eingelegt.

Ochsenschenkel: äqv. großer Bär ↗ in Ägypten.

Ocna: ›Tempelerneuerung zu Ehren der 4 Chac ↗‹ an Neujahr ↗, in Kombination mit der Erneuerung des Weltideogramms ↗ (Maya ↗).

Od: 2. Silbe von Ti-Od ↗ (germ.) u. der Odil-Rune ↗ äqv. Mit dieser Silbe beginnt a. Odin ↗. Der Od-Monat war lt. Wirth ↗ der Monat der Julzeit, d.h. der Jul ↗-Monat.

Odil-Rune: die von den 24 Runen ↗ abgesetzte Nr. 25, bestehend aus 2 vertikal verbundenen Kreisen, die dann jeweils als Gesamt-Runenkreis (24 + 1) zu verstehen sind, in der Doppelheit der Endzeit ↗ 2 x 25 = 50 Jahre. Die 5 Uayeb ↗-Tage der Maya sind ein Äqv. — Als Übers. von Odil bietet sich an: Od ↗ u. Il ↗, göttl. Odem od. besser göttl., sprich Heiliger Geist ↗. Aus *odil* wurde edel u. Adel im Sinne von Blaublütig ↗. Im Jul ↗ od. Runenkreis (Jahr) tauchte die O. - immer in Frauenhand - in der Mütternacht ↗ des Od-Monats = Dez. auf. — Beim Landrecht ↗ galt die Erde als *odil.*

Odin: wichtigster Gott der Germanen ↗, a. Wodan, Wotan ↗ u. romanisiert Godan geschrieben. Danach wurde die germ. Religion später Wotanismus ↗ genannt. Der reichlich wirr überlieferte Gott läßt sich nur über die ihm beigegebenen Zahlen ↗ einordnen: er wird begleitet von

Abb. 1

1) 4 Tieren - die 2 Raben Hugin ↗ u. Munin + die 2 Wölfe Freki ↗ u. Geri;
2) 8 Walküren ↗; die Zahl wiederholt sich in seinem 8beinigen Pferd Sleipnir ↗;
3) O. steht in Beziehung zu den 12 Sitzen von Asgard ↗, wo er 1 einnimmt, aber a. den Zentralsitz in der Mitte.

These: ergibt zus. den Aufbau der afrik. Ntu-Philosophie ↗ od. 24 Kategorien des Daseins, u. O. wäre Ntu ↗, was sich leicht durch Umdrehung ↗ herausholen läßt:

NTU↔UTN [Utan, Wodan, Odin]

Da Ntu in Ägypten Atum ↗ entspr., gibt es eine weitere Kontrolle: Atum kann sich in die Schlange Kematef ↗ zurückverwandeln, aus der er a. hervorging - gleiches ist von O. erhalten, der auf Anhänger-Münzen diese Schlange als Kopfbedeckung tragen kann (Abb. 1), wo sie fast zur Unendlichkeitsschleife ↗ wird. Über u. unter dem Pferd Sterne, vor ihm das linksdrehende Hakenkreuz ↗. Die 2. Münze setzt ihn ins Zentrum von 4 Kreisen, was dem Aufbau der Sonne ↗ mit ihm als Sonnenkern ↗ entspr. würde, darüber das weibl. Dreieck ↗ mit der Odil-Rune ↗ (quergelegt) als Häng-

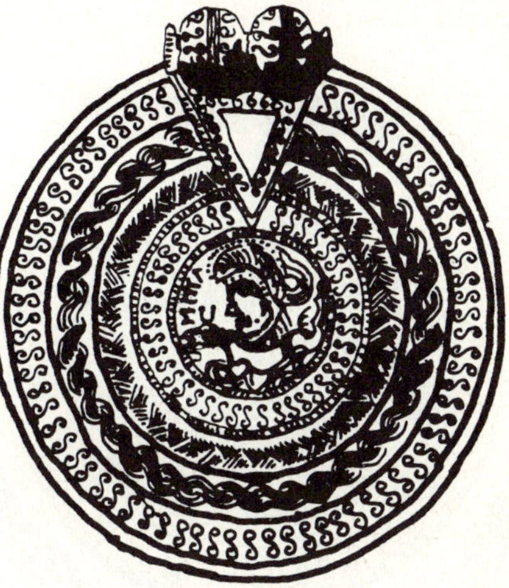

Abb. 2

öse (Abb. 2). Die 3. Münze (Abb. 3) zeigt 1 Raben vor dem Kopf, den 2. Raben als Haarfrisur; O. ist von Runen ↗ umgeben, die ihrerseits von der Schlange eingefaßt werden, an der wieder das weibl. Dreieck u., in dieses (vertikal) eingebaut, die Odil-Rune hängen. Von dieser Darst. findet man zum zusätzl. Einsatz des O. als Merkur ↗, erhalten in der Woche ↗ als *Wednesday* = Wotanstag = Mittwoch. Man braucht nur das Pferd + O.-Kopf als Anch ↗ ♀ zu verstehen u. das Dreieck + Odil-Rune als Mond (Merkur). ◡ = ☿

Als Mutter gilt einmal die Riesin Bestla ↗; man findet aber a., daß er an der Weltesche Yggdrasil ↗ hing, »der Mutter, seinem Schreckroß« (C.G. Jung ↗); da hing er 9 Tage + 9 Nächte, um in die Runen eingeweiht zu werden (Edda ↗). Diese Zahl 9 könnte sich auf die 9 Welten ↗ beziehen, durch die die Yggdrasil wächst. Ein paar der den Welten zugeordneten Planeten ↗ (s. Babylonischer Turm ↗) sind als germ. Götter erhalten:

Nertus		Mond	9. Welt
Tuisto		Sonne	8. Welt
Odin	(Paar)	Merkur	7. Welt
Freya		Venus	6. Welt
Tiu		Mars	5. Welt
Thor		Jupiter	4. Welt
Tyr		Saturn	3. Welt
(germ.)		(babyl.)	

Diese Par. ist bisher noch nie gesehen worden. — In der Edda trägt O. viele Namen ↗:

»Grimnir hieß ich und Gangleri
Heerkönig und Helmträger
Siegvater, Walvater ↗, Wunschkönig, Graubart
Der Hohe und der Heere Vernichter.
Odin heiß ich nun, Ygg ↗ hieß ich einst,
Thund in alten Tagen...«

Als Walvater saß er in Walhalla ↗ u. trank mit Saga ↗ »... glücklich aus goldenen Schalen«.

Der Bezug zum Nibelungenlied ↗ stellt die von ihm

gestrafte Walküre Brunhild ↗ her; den zur Geschichte ↗ sein ›Sohn‹ Baldr ↗. Dessen Äqv. ist Baal ↗ mit ›Vater‹ El ↗, der dann wieder O. entspricht. Es ist das, was wir inzw. Gott ↗ nennen, engl. *God*, entnommen

Abb. 3

Godan (Wotan). — Auf einem Runen-Gedenkstein (Abb. 4) sieht man O. r. oben auf dem 8füßigen Roß; unten das Totenschiff ↗. Der Gesamtumriß des Steines erinnert an die Osirismumie ↗.

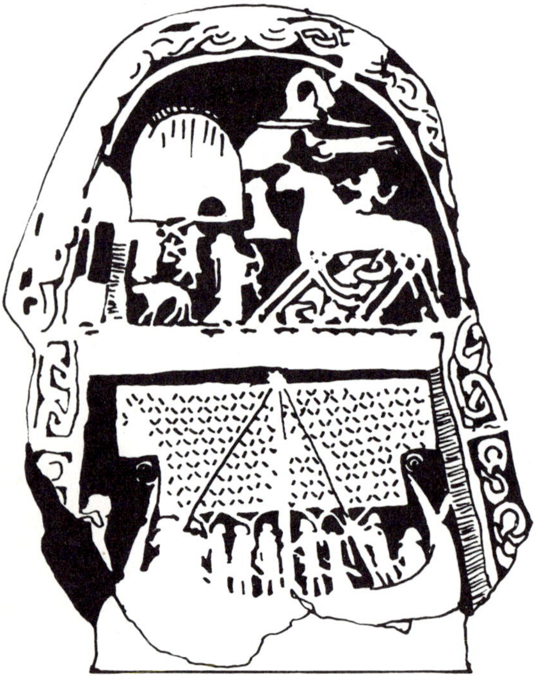

Abb. 4: Bildstein aus Alskog (8.-9. Jh.)

Ödipus: wurde als Kind wie Sargon ↗ + Moses ↗ in einen Kasten gelegt u. ins Wasser geworfen; hier, weil sein Vater, König von Theben ↗, gewarnt worden war, daß, falls er mit Iokaste einen Sohn zeugen werde, dieser ihn töten würde. O. wuchs also bei Pflegeeltern auf. Als er dies herausfand, ging er nach Delphi ↗, um das Orakel danach zu befragen. Die Priesterin vertrieb ihn, weil sie voraussah, daß er seinen Vater töten u. seine Mutter heiraten werde. Er ging weiter nach Theben, wo er die Stadt in Aufruhr fand, weil sich ein weibl. Ungeheuer, die Sphinx ↗ gen., dort niedergelassen hatte u. die Einwohner, einen nach dem andern, auffraß. Sie gab ihm ein Rätsel auf: »Was ist es, das am Morgen auf vier Füßen geht, am Mittag auf zwei und am Abend auf drei?« (Abb.). Er fand die Antwort: »Der Mensch, der als Kind krabbelt, als Erwachsener aufrecht geht und sich als Greis auf einen Stock stützt.« Damit hatte er die Stadt erlöst u. wurde zum König gemacht, weil der frühere, sein Vater, auf einer Ausfahrt getötet worden war. Er heiratete die Witwe (seine Mutter) u. sie bekamen 2 Söhne u. 2 Töchter, darunter Antigone. 20 J. später wurde Theben von einer großen Seuche heimgesucht. Das Orakel von Delphi verkündete, der Grund sei, daß der Mörder des alten Königs ungestraft in der Stadt lebe. Ö. ließ nach

ihm suchen u. fand schließl. heraus, daß er es (unwissentlich) selbst gewesen war. Iokaste erhängte sich u. Ö. stach sich mit einer ihrer Spangen die Augen aus. Blind, bleibt ihm nur die Tochter treu. — Freud ↗ baute darauf die Theorie vom ›Ödipus-Komplex‹ auf, daß unbewußt jeder Sohn in Gedanken den Vater töten wolle, um die Mutter besitzen zu können. — These: durch Einschiebung der äg. Sphinx darf angenommen werden, daß der Legende der Ka-Transfer ↗ zugrunde liegt, auf dem das Königtum ↗ beruhte.

Odla: Landrecht ↗ (germ.); mit La ↗ = Land, Od ↗ = Recht.

Od-Suche: s. Frigg ↗ u. Suchkrankheit ↗.

Oduduwa: bei den afrik. Yoruba ↗ (im heutigen Nigeria ↗) stellen O. u. Obatala (s. Oba ↗) das Urpaar ↗ dar, das am Anf. der Dinge in Vereinigung lag, zw. sich eng gepreßt eine Kalebasse od. ein riesenhaftes Ei ↗ (Weltenei). Nach ihrer Trennung sei die Kalebasse (ein Flaschenkürbis) gesprungen u. aus ihrer oberen Hälfte wurde der Himmel, aus der unteren die Erde, s. Tiamat ↗ in Sumer. These: O. entspr. der äg. Nut ↗, Obatala Re ↗, zus. NTR ↗. Dem Namen nach ist O. a. Od ↗ (germ. Wort für den Hl. Geist). Auf O. dürften sich in ihrer letzten Silbe Wa ↗ die Wanen ↗ beziehen. Manchmal ist O. nur Duduwa ↗; u. O. ist ein männl.

›Perlengott‹, auf den sich die Yoruba-Dyn. bezogen, Nv. Olokun ↗.

Odyssee: 2. Teil der sog. Homerischen Gesänge ↗, der die Irrfahrten des Odysseus ↗ schildert.

Odysseus: myth. Held der Odyssee ↗: nahm am Trojanischen Krieg ↗ teil (mit 12 Schiffen), der um Helena ↗ entbrannt war. Die anschließende Irrfahrt führte von Troja nach Libyen ↗, zu einer nichtidentifizierbaren

›Insel der Cyclopen ↗‹ u. zu weiteren Inseln, um bei der Zauberin-Göttin Kirke Station zu machen, wo es Löwen u. Wölfe gibt. Mit Kirkes Land hinter den Inseln im Atlantik als Reste von Atlantis ↗ ist evtl. schon Südamerika ↗ gemeint. Dann wird der Hades ↗ erreicht u. ein Nebenarm des Styx ↗ überquert; daran schließt sich die Rückkehr (über Kreta ↗) an. Es gibt den Verdacht, es handle sich um eine Verschleierung der Schiffsroute der Kanaanäer ↗ (später Phönizier ↗) mit Zeitangabe ihrer echten Odyssee im Einschnitt des Diskus ↗. — Die Abb. zeigt Kirke u. O. auf einer Vase aus Theben (um 430 v. Z.). Erstere ist eindeutig als Schwarze dargestellt, was ebf. für Südamerika spricht.

Offenbarung: die sog. Johannes-O. od. Apokalypse ↗ beginnt mit den Worten: »Dies ist die Offenbarung Jesu Christi, die ihm Gott gegeben hat, seinen Knechten zu zeigen, was in der Kürze geschehen soll; und hat sie gedeutet und gesandt durch seinen Engel ↗ zu seinem Knecht Johannes ↗.« Dem steht ggb., daß man »... die Offenbarung Ereignis um Ereignis auf andere und viel ältere Visionen zurückführen...« muß (Blavatsky, II., S. 522). Sie ist eine »... andere Leseart des Buches Enoch ↗ und der Drachenlegenden des heidnischen Altertums...« bzw. eine »... neu aufgelegte Version des Buches Enoch...« fügt die gleiche Autorin hinzu. Da Enoch dem äg. Thot ↗ entspr., findet sich dort die Fortsetzung: der »geheime Offenbarungen empfängt« heißt es, od. »Alles Geheime, was Himmel und Erde umschließen, ist vor ihm ausgebreitet...« (Bonnet S. 808). Das sagte aber Tacitus ↗ a. den germ. Seherinnen ↗ nach. U. noch jedes Hl. Buch galt als Aufzeichnung einer O., als ›geoffenbarter Logos‹ od. ›geoffenbarter Kosmos ↗‹, was das gleiche ist. Veda ↗ gilt als ›mündliche göttliche Offenbarung‹, Pentateuch ↗, Popol Vuh ↗, Koran ↗... bis hin zu Mahikari ↗ ebenfalls. Nun findet sich der Name Johannes als Joh in Kombination mit Thot als Joh-Thot u. steht für Mond ↗, sodaß anzunehmen ist, daß dieser durch Lichtöffnung ↗ (= Öffnung als O., Offenmachen) einem Medium Zugang zum Weltenplan gewährt.

Offene Linie: 13. Grundmotiv ↗ bei beiden Weltordnungen ↗, Buchstabe N zugeordnet, Archetyp ↗ Hirtenstab bzw. Sig ↗-Rune, die von der SS ↗ übernommen wurde. In allen Fällen bewegt sich die Linie von einem unteren zu einem oberen Punkt (u. umgek.) mit einem unterschiedl. gestalteten Schwung. Man kann direkt von Umdrehung ↗ sprechen, vom Öffnen einer fixierten Situation, etwa im Sinne von Revolution ↗. ›Existenz in der Lücke‹ heißt die Zweitdef.: man findet diese Lücke od. schafft sie durch Erfindung einer Neuheit, Umwertung ↗, Systemwechsel.

Ofterdingen, Heinrich von: Titel eines Romanfragments von Novalis ↗, das a. das Klingsor ↗-Märchen enthält. Gleich zu Beginn sagt der unruhig im Bett liegende Jüngling »die blaue Blume ↗ sehn' ich mich zu erblicken« (sie wurde zum Symbol der Romantik ↗). Im anschließenden Traum findet er sich in einer seltsamen Landschaft am Rande einer Quelle ↗ (ein Archetyp ↗) »... die in die Luft hinausquoll und sich darin zu verzehren schien. Dunkelblaue Felsen mit bunten Adern erhoben sich in einiger Entfernung... der Himmel war schwarzblau und völlig rein. Was ihn aber mit voller Macht anzog, war eine hohe lichtblaue Blume, die zunächst an der Quelle stand... Endlich wollte er sich ihr nähern, als sie auf einmal sich zu bewegen und zu verändern anfing; die Blätter wurden glänzender und schmiegten sich an den wachsenden Stengel, die Blume neigte sich nach ihm zu, und die Blütenblätter zeigten einen blauen, ausgebreiteten Kragen, in welchem ein zartes Gesicht schwebte.« Folgt das Erwachen u. die Suche ↗. Höhlen werden besucht; in einer findet sich ein Einsiedler mit einem merkwürdigen Buch, in dem Heinrich in zukünftigen Bildern (aber a. bei diesem Höhlenbesuch) vorkommt: »Er sah sein Ebenbild in verschiedenen Lagen. Gegen das Ende kam er sich größer und edler vor... Die letzten Bilder waren dunkel und unverständlich... der Schluß des Buches schien zu fehlen...«, was die Unruhe (od. Suchkrankheit ↗) verstärkt. Schlüsselsatz: »Heinrich war von Natur zum Dichter geboren...«, d. h. er steht für Novalis. Andeutung des Sänger-Wettstreits zw. Klingsor u. Ofterdingen: »In bacchischer Trunkenheit wetten die Dichter aus Enthusiasmus um den Tod.« Unausgeführte Fortsetzung: Er findet die blaue Blume, es ist Mathilde, die schläft u. den Karfunkel hat, ein kleines Mädchen, sein u. Mathildens Kind, sitzt bei einem Sarg u. verjüngt ihn: »Dieses Kind ist die Urwelt, die goldene Zeit am Ende« (s. 3. Reich ↗) In ihr »... ist die christliche Religion mit der heidnischen ausgesöhnt.« Wobei Heinrich (als Novalis) die christl. Religion vertritt u. Mathilde, an einer Stelle Edda ↗ gen. bzw. Blaue Blume, die der Heiden ↗. Verblüffendes Ende: »Heinrich zerstört das Sonnenreich.«

Ogboni Geheimbund: herrscht im Yoruba ↗-Land von Nigeria ↗ in jeder Ortschaft als polit.-soziologische Instanz u. Gegenmacht zu König (Oba ↗) u. Priesterschaft. Seine Mitgl. bewahren im Verborgenen best. Ritualobjekte auf u. berufen sich auf die Macht der Orischas ↗. Diese Kultgeräte sind nicht Masken ↗ od. Ahnenfiguren, sondern große Trommeln = Agba

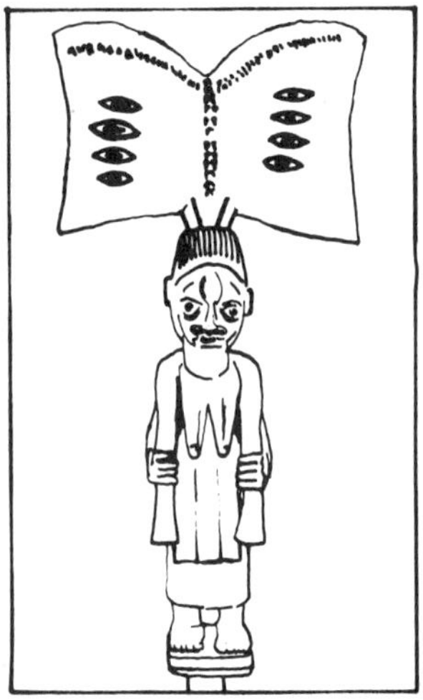
Abb. 3

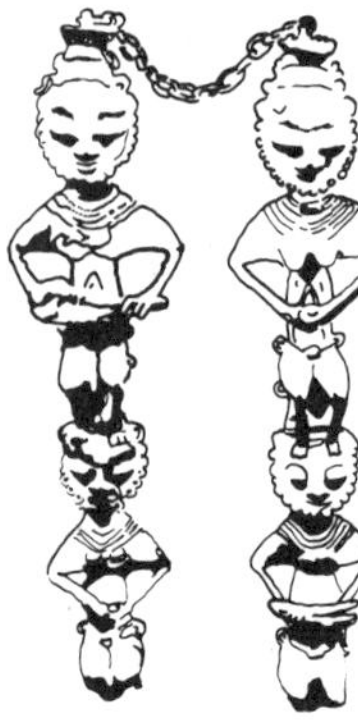
Abb. 2

bei Leuzinger (Abb. 1, od. eher Ogbo wie der Bund?) u. kleinere Statuetten wie die der Yemaya ↗. Agba ertönt, um die Mitgl. zusammenzurufen, was mit Angst verbunden ist, »... denn der Appell bedeutet stets, daß ein Todesurteil gefällt werden mußte, meist als Bestra-

Abb. 1

fung wegen Verrats des Bundesgeheimnisses. Das Blut des Opfers wurde über die Trommel gegossen. Bei der Einweihung eines Ogboni-Mitgliedes wird ihm, mit der Ermahnung zur Verschwiegenheit... ein ›Edan‹ in die Hand gelegt.« Das ist ein männl.-weibl. Doppelpaar (Abb. 2) aus Messing, oben mit Kettchen verbunden. Da noch beim männl. Doppel + weibl. Doppel je 2 horizontal gehaltene Stabfigürchen dazu kommen, ist als Übers. von Ag (8) Ba ↗ (Seele) an den 8er Kreis, die Ogdoas ↗ zu denken, zumal sich die Zahl 8 in den 8 Spannhölzern der Trommel wiederholt, darunter als Zusammenfassung die äg. Maat ↗ = Gerechtigkeit (u. 8heit), mit je 4 Fingern (wieder 8) 2 Sünder packend. Die Yoruba waren ein altäg. Stamm. Die 8-heit kehrt wieder auf einer Ritualkeule (Abb. 3), die mit Schango ↗ zusammenhängt u. wie ein aufgeklapptes Buch wirkt, od. mit der Trägerin Oja ↗ zus. als T ↗, äqv. Tao ↗. D. h., man landet bei den Mysterien der großen Loge ↗.

Ogdoas: griech. Bez. der äg. Götterachtheit ↗, von *octo* = 8. S. Oktave ↗ u. Oktogon ↗. Äqv. *ogbo* (agba) im Ogboni Geheimbund ↗.

Ogo: der ›aufsässige Bleichfuchs‹ bei den Dogon ↗, als ›böser Geist der Schöpfung‹ für den Tod ↗ verantwortlich; nach allg. Meinung erinnert dieser Fuchs an den äg. Seth ↗. Auf Felszeichnungen fällt er als die einzige Weiße ↗ Figur auf. These: da sich das Wort im afrik. Ogowe-Fluß wiederfindet, ist als Äqv. an den Okeanos ↗ des griech. Mythos zu denken, einen ringförmigen Fluß (›Ozean‹, jedoch abgesetzt von *pontos* = Meer) um die Erde, den es konkret nur als Planetoidengürtel ↗ gibt, in Teotihuacan ↗ als Fluß angelegt. Das sind aber wieder nur die Reste eines zerstörten Planeten, der dann O. war als urspr. 6. Planet, was zu folg. Schema führt:

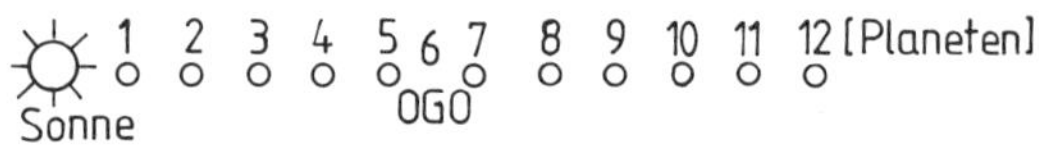

Hieraus ergibt sich das Wort ganz von selbst. Die Zerstörung ereignete sich lt. Dogon ›beim 1. Besuch von Nommo ↗‹, was wundern läßt, ob dabei der entspr. Planetengeist ↗ auf die Erde herabfiel als das, was die Bibel ↗ ›Satan ↗, die alte Schlange‹ nennt. Im Sigui-Fest ↗ der Dogon jedenfalls spielt O. a. die Rolle des Geistes, durch den »... das Wort und damit die Kultur in die Welt kamen...« (G. Metken), was man der Schlange im Paradies ↗ als verführender Stimme ja a. zuschreibt.

Ohrmuzd: mittelpers. Nv. für Ahura Mazdao ↗, Hauptgott bei Zarathustra ↗; könnte sich von Hermes ↗ = Thot ↗ ableiten, mit Verschiebung von Her (äg. Hor, Horus ↗) zu Ohr u. Mes zu Muzd.

Oja: Gattin von Schango ↗ (Yoruba), im Ogboni Geheimbund ↗, immer mit einer Art Doppel-Axt ↗ auf dem Kopf. Bei der Skulptur (Abb.) sind die 8 Striche (s. Abb. 3 Stichw. Ogboni Geheimbund) nicht auf der Axt, sondern auf den Wangen (je 4), wie sie in Benin ↗ die Königinmutter auf der Stirn trägt. These: das Z. der Fähigkeit zu Lichtöffnung ↗. Dazu auf dem Leib ein geflochtenes

Schachbrettmuster mit 20 Feldern, Grundzahl des Menschen bei den Maya ↗. Offensichtl. ist sie keine Göttin, zählt aber zu den Orischas ↗, was dann eine berühmte Urahnin nahelegt, einen eingeweihten (die 8) Menschen (die 20). Schreibt man Oya, erweitert sich die Aussage, daß sie die Weltordnung (O, Kreis ↗) gehen (Ya) bzw. tanzen konnte: den Troya-Tanz ↗.

Okeanos: in der griech. Mythol. ein in der Unterwelt entspringender Fluß, der als Kreisstrom die Erde umfließt; als Gott O. personifiziert, den Titanen ↗ zugerechnet (= Planeten ↗), nahm aber nicht an den Versammlungen im Olymp ↗ teil. Im Götterstammbaum *nach* Aphrodite ↗ (= Venus ↗) ›geboren‹, gibt es nur eine Erklärungsmöglichkeit: er ist der Planetoidengürtel ↗ (ein Strom von Steinen), der sich bildete, nachdem Ogo ↗ zerstört worden war u. dadurch die Venus als Uranusmond ablöste; ihn muß man ›überqueren‹, wenn man zum Hades ↗ (Pluto) will. Ein ähnl. Name ↗ findet sich bei den Algonkin-Indianern von Virginia, USA: Okeus od. Oki (fast wie Ogo), ein ›... böser Geist, Ursache allen Übels‹. Man kann ihn vielleicht zum Gläsernen Meer ↗ zurückführen sowie in der weiteren Auswirkung evtl. mit der Noosphäre ↗ verbinden, die die Erde direkt umgibt. Aus O. wurde das Wort Ozean, äqv. Jam ↗ in Kanaan. In Verbindung mit der Lage vom Elysium ↗ wurde wohl a. der Pazifik ↗ daraus, entstanden durch den Untergang von Lemurien ↗, was mit der Planetenzerstörung zusammenhängt, s. Paradies-Verlust ↗.

Okipa-Zeremonie: ein rituelles Öffnen der Medizinbündel ↗ bei den Mandan-Indianern der Nordamerik. Prärie. Im Namen ↗ enth. Oki, s. Okeanus ↗, der Ogo ↗ der afrik. Dogon. Man gab während der Zeremonie dramat. Darst. über die Entstehung der Erde ↗ u. die Geschichte ↗ in einer archaischen Sprache ↗, die nur von Eingeweihten verstanden wurde.

Okkultismus: von *occultus* = verborgen (lat.); Gesamtheit der Beschäftigung mit dem Unsichtbaren od. Geheimwissen. Das Lexikon des Geheimwissens zählt auf: »Theosophie ↗, Mystik ↗, Magie ↗, Alchemie ↗, Spiritismus, Od ↗-Forschung, Einweihungs- und Geheimlogenwesen (s. Loge ↗, Initiation ↗, Mysterien ↗), experimentelle parapsychologische Forschung (s. Parapsychologie ↗) und einiges mehr...« wie etwa: Telepathie ↗, Traum ↗-Deutung, Yoga ↗ etc. Ihm steht der Materialismus ↗ gegenüber.

Oktave: zunächst der 8. Ton einer Tonleiter mit dem Schwingungsverhältnis 2:1 zum Grundton:

1	9/8	5/4	4/3	3/2	5/3	15/8	2
C	D	E	F	G	A	H	C'

Blavatsky ↗: »Bringen wir die Verhältnisse der 7 Noten zu C (Grundton) auf ganze Zahlen, so erhalten wir für eine Oktave:

Do	Re	Mi	Fa	Sol	La	Si	Do
24	27	30	32	36	40	45	48
C	D	E	F	G	A	H	C'

(Zitatende, III., S. 534)

These: diese Relationen zeigen gewissermaßen die Erweiterung der 24 Kategorien des Inneren der Sonne ↗ (wie in der Ntu-Philosophie ↗ ausgeführt) auf ihr äußeres Sonnenalphabet ↗ (+ 24), das in Ägypten als Abstraktum a. Aton ↗ gen. wurde, Hauptsilbe Ton. Statt den Regenbogenfarben ↗ direkt mit den Tönen des ›Oktaveraums‹ gleichzusetzen, wäre eher an eine Parallelverbindung zum Sonnenalphabet zu denken (Schema):

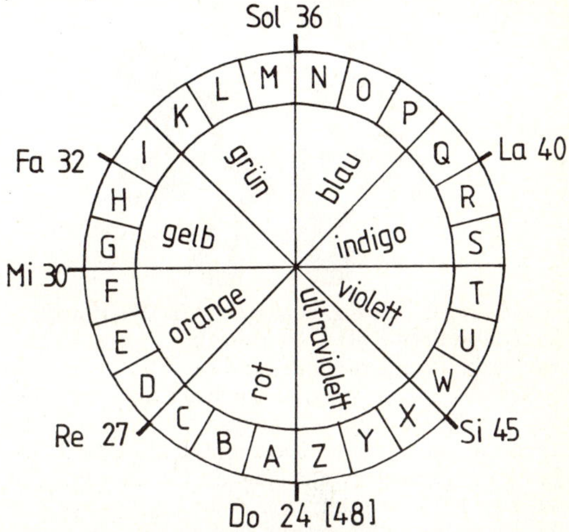

Im gleichen Augenblick ergibt sich unsere (noch) 7-strahlige Sonne (s. Astrologie ↗) ganz von selbst u. es schimmert vielleicht etwas von der altäg. Musikphilos. durch, deren Reste Pythagoras ↗ nach Griechenland brachte; er sprach u.a. von der Einheit von Farbe, Zahl, Ton, Buchstabe (+ Kalender ↗). — Natürl. ist die Unterteilung dieses O.-Raums bei jedem Volk ↗ etwas anders (empfehlenswert die Muiska-O., eine bei Von Frankenberg ↗ erhältliche Studie von M. Winkler).

Oktober-Revolution: die große russ. Revolution ↗ unter Lenin ↗, die im Okt. 1917 begann. Ihr war eine kleinere 1905 vorausgegangen; die Wurzeln beider liegen im 19. Jh., als sich unter der russ. Intelligenzia eine ungeheure Enttäuschung über die mißglückte dt. Romantik ↗ u. dt. Revolution von 1848 breitmachte. — S. Ausspruch von Ouspensky ↗.

Oktogon: Achteck (griech.); eine sich aus der Ogdoas ↗ od. Götterachtheit ↗ ergebende Bauform, die in der Großen Pyramide ↗ 4 Ecken nach außen, 4 nach innen legte, während ein indian. Mound ↗ alle 8 Ecken nach außen richtet (Abb. 1 aus Newark) u. durch kleine Erdhügel (in 2 Ringen) an den 8 Ecken zur Zahl 24 kommt. Ein Mound aus Louisiana wiederum (Abb. 2), 1200 m breit, ist rund u. unterteilt die 8 Sektoren in je 6 Reihen niedriger Erdwälle (man ver-

Abb. 1

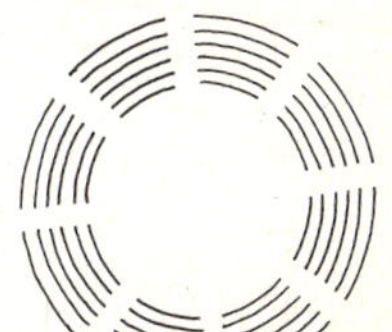

Abb. 2

mutet Grabhügel), woraus sich die Endzahl der Sonne ↗ = 48 ergibt (s. Oktave ↗) mit dem O. als Nomos ↗, Gesetz u. Basis der Seele ↗. In gewisser Weise entspr. es a. der Glyphe Ollin ↗ = Bewegung. Ein direktes O. war die Pfalzkapelle von Karl dem Großen ↗ in Aachen, im ›Castel del Monte‹ des Stauferkönigs ↗ (mythol. 1. Wiederkehrkaiser) zu folg. Anlage verselbständigt (Abb. 3):

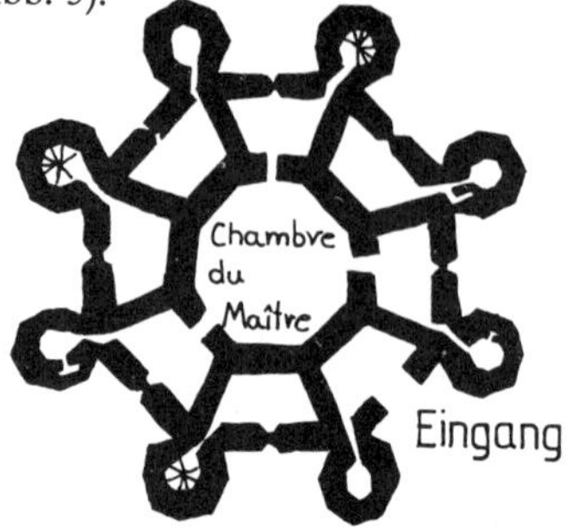

Abb. 3

Hier liegt der Eingang, bezogen auf die Weltformel ↗ im Y, dem Beginn der Unsterblichkeit ↗, mit der hier wohl experimentiert wurde für die 6. Welt ↗ bzw. das 3. Reich ↗, indem man in diesem Bau Kinder aufwachsen ließ. Von Erfolgen ist nichts überliefert. - A. die Trommel des Ogboni Geheimbunds ↗ u. die kleine Rosette ↗ gehören zum Prinzip des O., das zweifellos auf Gilgal ↗ + Domareringar ↗ zurückgeht u. zuletzt auf die 8strahlige Übersonne des Sirius ↗.

Ökumene: die bewohnte Erde als Gesamtheit; zum 1. Mal angewandt auf das byzant. Imperium (s. Byzanz ↗, 2. Rom ↗). Als Herr der Ö. galt Jesus ↗, gen. Pantokrator, mit dem 4er Kreis ↗ als Symbol wie beim Namen INRI ↗; beim Z. für Planet Erde

rückt das innere gerade Kreuz nach außen auf den Kreis. Anspruch des Katholizismus ↗, ökumenisch = erdumfassend zu sein. Die Abb. mit dem Zeichenvergleich stellt dem noch als drittes die Maya-Glyphe Kin ↗ (Sonne) gegenüber.

Okute: Kopfstäbe verstorbener Könige u. Königinnen (Nigeria ↗); das Bsp. hat eine kammartige Frisur, Mund u. Schmucknarben sowie in der Mitte Ringe zum Befestigen der Bekleidung. Einmal im J., so die Überlieferung, wurden sie alle einzeln in kleine Erdpyramiden gesteckt, dazw. Palmwedel, die bei Einbruch der Nacht angezündet wurden. Dann ›tanzten‹ die Träger die sakralen Dynastien ↗ in Gestalt ihrer Schatten, der lebende König (der sonst nie den Palast verließ) mischte sich darunter u. tanzte die Geschichte ↗. A. in Ägypten ↗ gab es solche Kopfstäbe (s. Hathor ↗); evtl. ist das Urbild NTR ↗ gewesen; d. h., es handelt sich um Stäbe der NTR = Götter (göttl. Menschen).

Okzident: Abendland, W (lat.), spez. Europa ↗; fing in Ägypten westl. des Null-Meridians ↗ an, s. Himmelsrichtungen ↗. Der Ausdruck könnte auf die äg. Barken ↗ zurückgehen, geschieden in Morgen- u. Abendbarke. Im Vergleich zur Anlage des Landes Ägypten (Km.T ↗) hat sich auf europ. Weltkarten des Mittelalters ↗, ebf. symb. angelegt, die Querteilung der 1 Welthälfte verschoben:

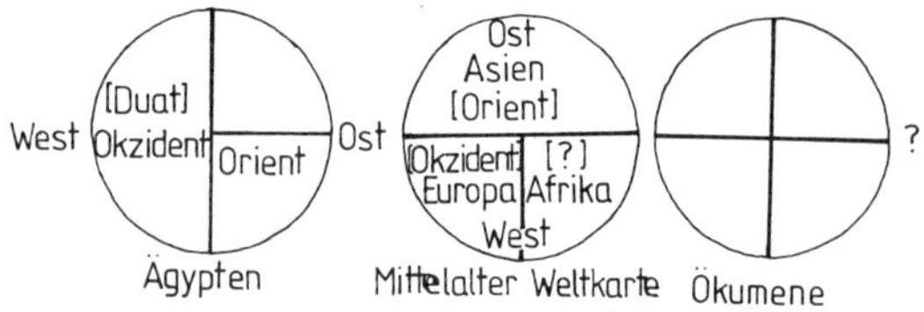

Das Weltideogramm ↗ der Maya beinhaltet auf seine Weise ebf. 2 Welthälften; das gilt sogar für Ollin ↗. — S. das ähnl. Muster der Schädel ↗-Decke.

Ölbaum: Olivenbaum; danach benannt der Ölberg ↗.

Ölberg: in der Bibel ↗ erw. Berg östl. von Jerusalem ↗; gilt als Stätte der Himmelfahrt ↗ von Jesus ↗; s. Hexagramm ↗. Der Name könnte sich auf die dort wachsenden Olivenbäume = Ölbaum ↗ beziehen.

Olkan: in Teotihuacan ↗ der 1. Planet ↗ nach der Sonne, kaum bek., aber wohl ident. mit dem gesuchten Vulcanus ↗, dem im röm. Olymp ↗ Hephaistos entspr. dürfte.

Ollin: Bewegung ↗ (azt.), als Gylphe angelegt um das Sonnenauge ↗ im Zentrum od., wie bei den Maya, ohne dieses. Als Ableitung bietet Wirth ↗ die Verschlingung einer blauen (Himmel) u. roten (Erde) Schlange an (Abb. 2), was sowohl an den Babyl. Turm = Etemen-Anki ↗ erinnert, als Verbindung von An (Himmel) u. Ki (Erde) wie an den Sechsstern ↗, der sich aus der altäg. Brustplatte ↗ herauslösen läßt als Verschachtelung von rotem u. blauem Dreieck. Die sich daraus ergebende Bewegung hat immer etwas mit der Weltenlehre ↗ zu tun u. zwar sitzt bei O. - einem Z. (Abb. 1), das über die Maya ↗ auf die Olmeken ↗ zurückzugehen scheint - die 5. Welt im Zentrum. Abb. 3 zeigt 10 Var. von O. — S. Tonatiu ↗.

Abb. 1

Abb. 2

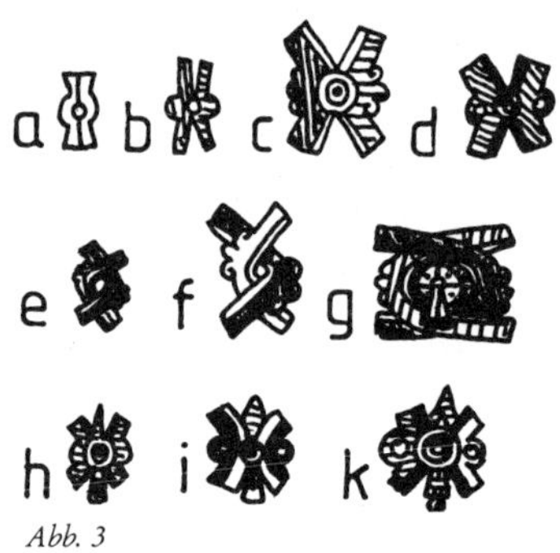

Abb. 3

Olmeken: Indianer ↗ von Mexiko ↗, die nicht ins übl. Bild passen, weil sie auf Skulpturen als Neger ↗ dargestellt sind (Abb. 2). Lt. Überlieferung waren sie aus dem O gekommen, was 2 Möglichkeiten beinhaltet:

1) es waren Afrikaner wie Abubakari II. ↗ od.

2) Kanaanäer ↗, wofür mehr spricht, bes. der zeitl. Beginn ihrer Hochkultur-Blüte (1200 - 400 v. Z.), etwa um 1200 v. Z. angesetzt. Denn: im 13. Jh. v. Z. fielen in Kanaan ↗ die unter Moses ↗ aus Ägypten geführten ›Kinder Israel‹ (= Nachf. von Jakob ↗) ein, was nahelegt, eine Elite sei geflüchtet. Denn O. setzt sich zus. aus *Ol* (äqv. Al ↗, El, Il = göttl.) u. *Meken* = Menschen; bei den Maya Almehen ↗. Es könnte sich also um die kanaan. Königslinie handeln, aus der a. Europa ↗ u. Kadmos ↗ stammten, wobei letzterer zur 11. Dyn. mit Muntuhotep ↗ = Krischna ↗ führte, dem Zwischenglied vom ermordeten Osiris ↗ (Baal ↗ in Kanaan, der als Endsilbe ebf. Al enthält) u. endzeitl. Wiederkehr ↗, für die als Geburtsort Amerika vorgesehen war. Olmek. ›Zeremonialbeile‹ (Abb. 1) zeigen,

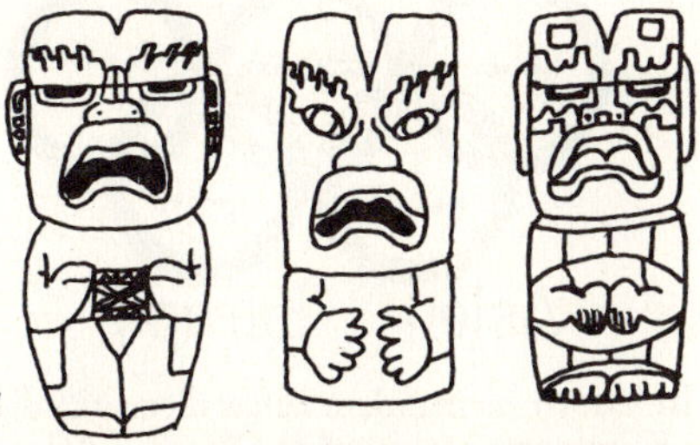

Abb. 1

was Forscher stutzig macht, den O.-Kopf wie von einem Axthieb gespalten, was eben den ermordeten Baal ins Gedächtnis ruft; aber a. den danach erfolgten Weltenbrand ↗, da die Augenbrauen wie Flammen konzipiert sind. Die unverständl. Verdammung von Kanaan (als 1 Sohn von Ham ↗) in der Bibel ↗, auf der z. B. der ganze Rassismus ↗ in USA ↗ aufgebaut wird, legt nämlich nahe, daß es die Kanaanäer = O. waren, die damals die Welt anzündeten, äqv. dem schwarzen Riesen Sutur ↗ in der Edda ↗. U. als Riesen sind zumindest die Steinkolosse der O. angelegt. Unübersehbar sind die O.-Köpfe = Beil, Axt ↗, außerdem als Jaguar ↗ angelegt, u. das war a. die Hauptgottheit der O., in ihrem Zentrum Teotihuacan ↗ oft dargestellt. W. Krickeberg meint, der Jaguar habe die ganze olmek. Religion in einem Maße beherrscht »... daß man geradezu von einer ›Besessenheit‹ durch die Jaguaridee sprechen kann« (S. 536). Manchmal klingt durch, als habe es einen weltanschaul. Kampf zw. den adlernasigen Indianern u. jaguarlippigen O., d. h. zw. Adler ↗ u. Jaguar, sprich Sonne ↗ u. Kosmos ↗ gegeben, der Dualismus ↗ schlechthin.

»Da die frühesten mesoamerikanischen Inschriften und Daten aus dem olmekischen Gebiet stammen, wird man annehmen dürfen, daß auch Schrift und Kalender ↗ der mexikanischen Völker und Maya ↗ ihre Wurzeln bei den Olmeken hatten... Es gibt keinen bedeutenden Kulturort Mittelamerikas, der nicht in seinen ältesten Schichten Olmeka-Stücke hervorbrächte. In der Maya-Bibel werden die negroiden Olmeken in die Schöpfung selbst und in das Paradies Paxil ↗ am Pazifik versetzt. Sie bauten die riesigen Rundpyramiden... Im Zentrum der Religion stand die braune Madonna Ixmukane ↗, Gemahlin der Himmelsschlange Ichamna - Itzamna in der heutigen Schreibweise. Daraus wurde bei den sehr viel später aus dem Norden zugewanderten Azteken ↗ der ›Quetzalcoatl‹ ↗ als

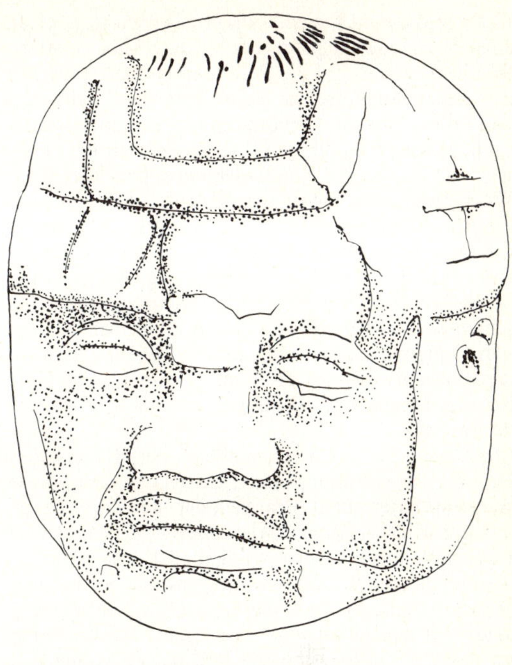

Abb. 2: Kolossalkopf aus Basalt (La Venta)

Übersetzung von Vogelschlange ↗... Sahagun-Kapiteln ist zu entnehmen, daß die Olmeken im Besitz geheimer Wissenschaften waren« (ebd., S. 542).
These: eine weitere Namensdeutung wäre:

OL - ME - KEN
OLLIN - ME - KAN

die bewegende (Ollin) hundert-Kräfte (Me) Schlange (Kan), was sich sowohl mit dem Gesamtkosmos als Quetzalcoatl im Schöpfungsbericht des Popol Vuh ↗ wie a. mit seiner Verkörperung als Osiris decken würde. S. Mixteken ↗, La Venta ↗ u. evtl. Olokun ↗.

Olokun: ›Perlengott‹ in Ile Ife ↗; die Perlenehre ↗ spielte in Afrika wie Altägypten eine große Rolle, v. a.

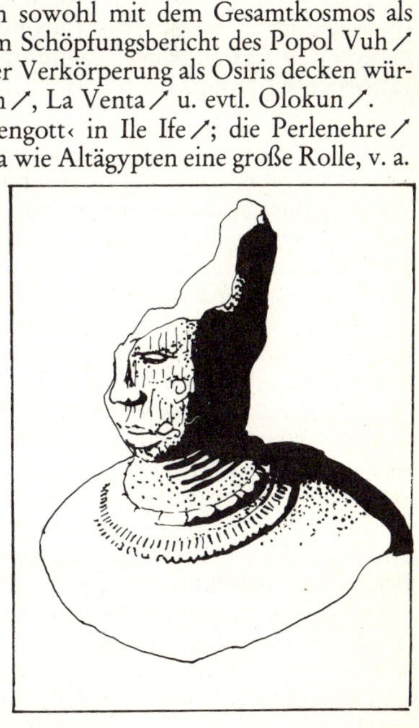

als Brustplatte ↗ (Kragen), wie ein Terrakottakopf aus dem O.-Hain (Heiligtum) noch zeigt (Abb., S. 403). Wie in Ägypten sind die Perlenreihen blau + rot, sodaß anzunehmen ist, sie stehen wie die 2 Schlangen von Ollin ↗ für die Verbindung von Himmel u. Erde; s. Hl. Hochzeit ↗, die im Hl. Dreieck ↗ zu 1 Schlange wird als Tierkreis ↗ der Geschichte. Das könnte im Wort enth. sein, wenn man es mit Olmeken ↗ als Ol-(Me) Kan vergleicht u. Me wegläßt: *ollin-kan* = Olokun. Im gleichen Moment ist der Perlengott der Kulturbringer ↗ mit der Geißel ↗, aus der ja Perlen hervorkommen. Mit ihrem Eintreffen begann die Geschichte ↗. Färbetiegel für Perlen fand man im Hain von Oduduwa ↗; sie gelten als ›Trommel‹ ↗ von O., die Perlen als ›Kinder des Wassers‹ mit O. als »Gottheit des Meeres« (F. Willet), äqv. Urwasser des Gesamtkosmos ↗.

Olymp: Berg ↗ in Griechenland ↗, der als Versammlungsort der ›12 olympischen Götter‹ verehrt wurde, wie es in Athen einen Altar gab, der ›den Zwölfen‹ geweiht war. Da a. Berge in Kleinasien ↗ so gen. worden sind, darf angenommen werden, daß der Kern des Wortes die kanaan. Mehrz. *'LM* enthält = Elohim ↗ (Kinder von El ↗), die in diesem Fall die 12 Planeten ↗ sind. Daß die Kanaanäer ↗ mit ihnen vertraut waren, beweist ihre Fortsetzung als Olmeken ↗, die alle 12 in Teotihuacan ↗ als Tempel + Pyramiden bauten. These: dies wäre die bereinigte Reihenfolge ab Sonne:

1) Hephaistos	(äqv. Olkan ↗)
2) Hestia (Vesta ↗)	(äqv. Kinan ↗)
3) Hermes ↗	(Merkur ↗)
4) Aphrodite ↗	(Venus ↗)
5) Demeter ↗	(Erde ↗)
6) Ares	(Mars ↗)
(Okeanos ↗ als Planetoidengürtel)	
7) Zeus ↗	(Jupiter ↗)
8) Athena ↗ (statt Kronos ↗)	(Saturn ↗)
9) Hera ↗	(Uranus ↗)
10) Poseidon	(Neptun ↗)
11) Apollo ↗ (wird Sonne)	(Pluto ↗)
12) Artemis ↗ (wird Mond)	(äqv. Xiknalkan ↗)

Natürl. wurden sie von den Griechen nicht mehr so verstanden, sondern zu Göttern umfunktioniert, die nützl. Gebieten ihres Lebens vorstanden; eingeflossen sind sie aus den Homerischen Gesängen ↗. Es sieht aber so aus, als seien aus ihrem ›Wettlauf‹ am Himmel die Olympischen Spiele ↗ entstanden. — Mythos: »Auf dem Olymp tranken die genuß- und streitsüchtigen griechischen Götter ihren Nektar ↗ bei Tag und bei Nacht...« Von den Königen Griechenlands z. Z. von Homer ↗ heißt es, daß sie »... zechten wie die Götter«. Wenn Sirius ↗ eine best. Stellung über dem O. einnahm (am 29. Juli), begannen die Wettkämpfe (s. Neujahr ↗), was nahelegt, sie hingen urspr. mit der Wiederordnung des Sonnensystems ↗ nach dem Weltuntergang ↗ zusammen, denn der 29. Juli fällt in den Beginn des Löwe-Sektors (23. Juli - 23. Aug.):

»Seht, Horus und Seth ↗ kämpften!
Das göttliche Auge (Horusauge: Sonne) war beinahe erloschen;
Dann gab ich ihm seine frühere Kraft zurück;
Und nach dem großen Welteneinsturz
Ordnete ich wieder
Des Himmels kreisförmige Bahnen.«
(Äg. Totenbuch ↗, XVII)

U. letzteres sind die Planetenbahnen.

Olympische Ringe, 5: symbolisieren »... die fünf in der olympischen Bewegung verbundenen Kontinente... Eine Flagge nach diesem Muster wurde erstmals im Jahre 1914 anläßlich des zwanzigsten Jahrestages der Gründung des Internationalen Olympischen Komitees in Paris in der Öffentlichkeit gezeigt. Sie wehte über den Olympischen Spielen ↗ in Antwerpen 1920 und seitdem über allen bisher abgehaltenen Olympiaden« (dtv-Lex. polit. Symbole).

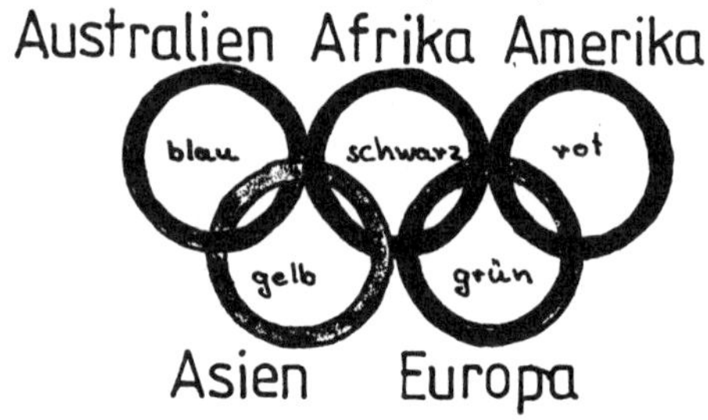

Noch ist jedoch niemandem aufgefallen, daß die Farben der Kontinente ↗ (bis auf den Wechsel Atlantis ↗ - Europa ↗) denen des Weltideogramms ↗ der Maya ↗ entsprechen. Ganz richtig hat sich dabei a. das Weltzentrum verschoben: nämlich von Mu ↗ (blau, u. bei Australien als Rest immer noch blau) nach Afrika, s. Null-Meridian ↗.

Olympische Spiele: begannen in Griechenland ↗ ›historisch‹ im J. 776 v. Z., weil von da an die Namen der Sieger aufgezeichnet wurden. Aber: »Die Spiele waren lange vor dieser Zeit veranstaltet worden, und man glaubte, daß ihr Vorgänger die Heräischen Spiele (s. Heraia ↗) waren, die an gleicher Stelle stattfanden...« (Reclams Lexikon der antiken Mythologie), nämlich in Olympia, einer Stadt an der Westküste des Peloponnes ↗, über die sich der sog. Kronoshügel erhebt, nicht der Olymp ↗, unter dessen 12 Göttern Kronos merkwürdigerweise fehlt. Einer Überlieferung nach »... war Kronos Herrschaft ein Goldenes Zeitalter, in dem die

Menschen wie die Götter lebten und der Tod ↗ nur so etwas wie Schlaf war.« Kein Zweifel, es ist das einstmalige Paradies ↗ gemeint, jene 3. Welt ↗, die als 1. Stufe

des Babyl. Turms ↗ mit Saturn (Kronos) in Verbindung gebracht wird. Da gab es noch keinen Krieg, was erklären würde, warum während der O.S. alle Kriege aussetzen mußten. Waren sie also das Rudiment eines Mysterienspiels, das die Weltenlehre ↗ zum Inhalt hatte? Eine merkwürdige Sitte spricht ebf. dafür: in einer den Spielen vorausgehenden Zeremonie wurde ein Schwein geopfert (Abb.): »Danach schworen die Athleten, daß sie sich zehn Monate lang sehr gründlich auf die Spiele vorbereitet hatten.« S. Abb. unter Stichw. Eber ↗, mit dem man am Ende der 4. Welt ↗ landet, u. die stand unter der Herrschaft von Jupiter = Zeus, der die Spiele begründet haben soll »... weil er in Olympia seinen Vater Kronos im Ringkampf besiegte und die Oberherrschaft über die Götter gewann« (Lexikon der antiken Mythologie). Das zeitl. Muster: 3 J. nichts, dann 10 Monate Vorbereitung + die Spiele als 4. J., ginge dann mit den ersten 4 Welten auf. Abschluß: wie in der Bibel ↗ die ausgesandte Taube Noah ↗ ein Ölblatt (s. Ölbaum ↗) brachte, so bekam der Sieger den Zweig eines wilden Olivenbaums als Kranz aufs Haupt gesetzt. Die ältere Sitte war ein Apfel aus dem Garten der Hesperiden ↗. In mod. Zeit wurden die O.S. erst wieder 1896 eingeführt, es entstanden die Olympischen Ringe ↗ als Symbol.

Om: wichtigstes Mantra ↗ (Keimsilbe), dessen Klang als Basis der Entfaltung des Kosmos angesehen wird. These: nicht des Kosmos ↗, sondern der Sonne ↗ (Sterne), denn Om wird im Schriftbild in die 4 Elemente ↗ u. ein Äther gen. 5. Element als deren Einheit zerlegt (Abb.):

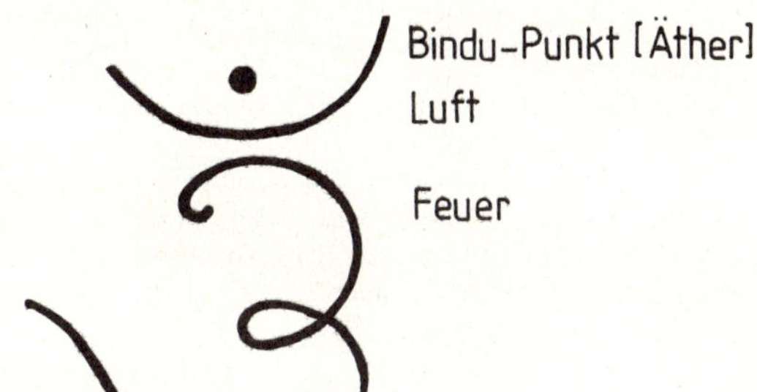

Meist wird Om wie A-U-M ausgesprochen. These: bzgl. der 4 Hauptkategorien der afrik. Ntu-Philosophie ↗ wäre diese Kombination erreicht mit dem A von Hantu ↗, dem U von Kuntu ↗ u. unter Weglassung des I von Kintu ↗ wäre noch das M von Muntu ↗ anzuschließen. Insg. wäre a. der 4köpfige Brahma ↗ darunter zu verstehen od. eben Sonnenkern ↗ (als Bindu-Punkt) + 4er Kreis ↗ der Sonne. Da nimmt es nicht wunder, daß Om mit Mahat ↗ gleichgestellt wird, äg. Maat ↗, in 2 Maati ausgefächert. Es wäre die

Nachtbarke gemeint, mit dem Halbkreis , der sich hier als direkter Träger des Bindu-Punktes vorstellt. — Das Wort ist in Omega ↗ u. Omphalos ↗ enthalten. S. a. Omitama ↗ u. Om-Ah-Hum ↗.

Om-Ah-Hum: verbindet das Mantra Om ↗ mit dem Mantra Hum ↗ u. entspr. dem Dasein ↗ im Sein ↗. Siehe Om Mani Padme Hum ↗.

Omega: letzter Buchstabe des griech. Alphabets, deshalb bed. Alpha ↗ u. O. = Anf. u. Ende, was zur Benutzung beider Buchstaben im Christusmonogramm ↗ führte. Aber das Z. findet sich schon in

Ägypten in den Klauen der Geiergöttin Mut ↗ sowie als urspr. Kartusche ↗ mit der Bed. ›alles, was die Sonne umkreist‹. Im Wort steckt O-Mega = das große *(mega)* O od. der große Kreis = Sonnenkreis als Sonnenalphabet ↗, vorangelegt im Om ↗ (als Sonnen-Innerstem). Da das griech. Alphabet 24 Buchstaben hat, entspr. O. a. dem Zahlenwert 24 = alles wie a. Null ↗. — S. Ba ↗.

Omitama: Symbol ↗ u. Talisman der Mahikari ↗-Bewegung, das jeder nach Beendung einer Kenshu genannten Einweihung erhält u. am Hals tragen soll. O. besteht aus einer roten Vertikalen, gen. geistige Kraft des Feuers (männl. gedacht) u. einer blauen Horizontalen = geistige Kraft des Wassers (weibl. gedacht). In ihrem Schnittpunkt befindet sich ein kleiner weißer Kreis mit schwarzem ›Zeichen Gottes im Zentrum des Weltalls‹, jap. Su ↗. These: die Anfangssilbe Om ↗ legt nahe, es handle sich wieder um den Sonnenkern ↗ mit den 4 Elementen ↗, ersteres ist Amma ↗ in Afrika u. das ist a. die Endsilbe. Als Nv. wird Naamo statt Nomos ↗ angeboten. Seit 1975 (s. Endzeit ↗) stellt Oshienushisama ↗ diese O. in Tokio her.

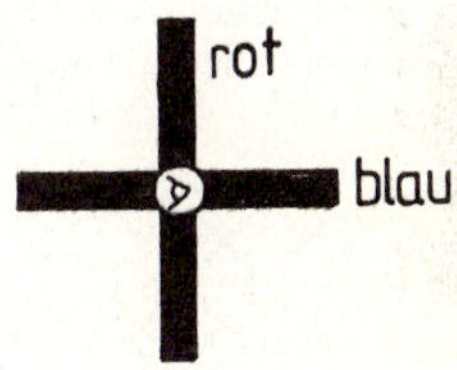

Om Mani Padme Hum: ind. Anrufung, volkstümlich nicht ganz richtig übers. mit: ›O du Juwel im Lotos‹, wobei eigtl. nur die Worte Mani ↗ (als Juwel) u. Padme ↗ (als Lotos) vorkommen, während sich Om ↗ auf O reduziert, u. Hum ↗ als das hinzugedacht werden muß, worin der Lotos ↗ wächst u. schwimmt. Blavatsky ↗ überträgt die Formel auf den Menschen, der damit meint: O meine Gottheit (mein geistiger Mensch) in mir. »Der Satz weist auf die unauflösliche Vereinigung zwischen dem Menschen und dem Weltall hin« (III., S. 475).

Omphale: im griech. Mythos eine Königin, die Herakles ↗ auf dem Sklavenmarkt kauft. »Einige römische Schriftsteller behaupten, O. habe Herakles veranlaßt, während seiner Knechtschaft Frauenkleider zu tragen und sogar zu spinnen. Nach drei Jahren ließ sie ihn frei und heiratete ihn vielleicht« (Reclam's Lex. der antiken Mythologie, 1975, S. 391).

Omphalos: Nabel (griech.); ein Geodätischer Punkt ↗, der unterschiedl. markiert wurde. Die 2 abgebildeten wurden im Amun-Tempel des äg. Theen ↗ gefunden (nächste Seite).

Sie waren mit Meridianen ↗ u. Breitengraden markiert, die a. Richtung u. Entfernung zu anderen O. angaben. P. Tompkins meint, daß sie Punkte gewesen sein könnten, an denen sich die Längs- + Breitengrade schneiden. These: das ergäbe ein Schema innerhalb der Esoterischen Geographie ↗, das ein Netz ↗ (Abb. 2) wäre wie das der Göttin Nut ↗, das eigtl. Sterne (=

Sonnen) verbindet. U. im Schema von Abb. 1 ist annähernd der Aufbau einer (weißen) Sonne ↗ wiedergegeben: 8 Steine innen (statt im 2. Kreis) – folgen 4 Steine, sonst als 4er Kreis ↗ innen – dann 24 Steine, sonst ganz

Abb. 1

außen als Sonnenalphabet ↗ u. als Abschluß 12 Steine, sonst der 3. Kreis mit den Planeten ↗, hier vielleicht schon der Zodiak ↗, denn Planeten haben als Standorte Zodiakhäuser. — Abb. 3 zeigt nur Kartuschen ↗ über einem Kreis von Lotos ↗-Blüten. Evtl. stammt

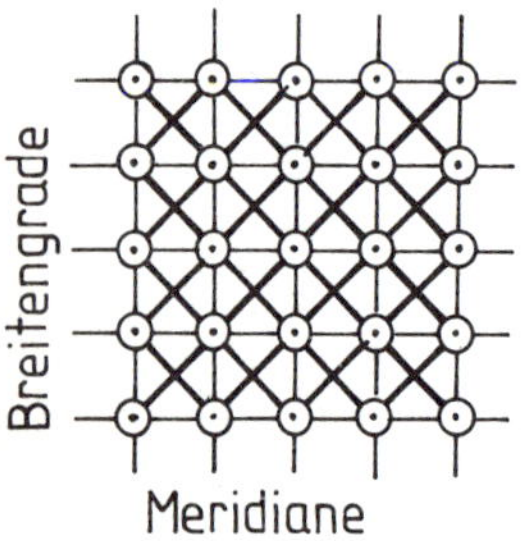

Abb. 2

Abb. 3

davon sogar der Adventskranz ↗. Auf ein Vorbild für die Roulettscheibe tippt man, weil auf dem O. von Delphi ↗ ein Objekt angebracht war, das ihr ähnl. ist; ein rollender Ball erteilte Antworten; jede der Radspeichen entsprach einem Buchstaben ↗-Symbol.

On: bibl. Nv. für das äg. Junu ↗; für die Griechen ↗, die daraus Heliopolis ↗ machten, war es der Mittelpunkt äg. Weisheit. Viele Denkmäler sind nach Alexandria u. z. T. von dort nach Rom ↗ verschleppt worden. Heute steht nur noch ein Obelisk ↗ dort aufrecht. 1 Mose 41, 45: der Pharao ↗ gab Joseph ↗ »... ein Weib, Asnath, die Tochter Potiphera, des Priesters zu On.« Imhotep ↗ war dort Hoherpriester gewesen. — Einstmals Heiligtum der Göttin Hathor ↗, bekam sie später Dendera ↗ ›als Ersatz‹.

Oni: Beiname des Osiris ↗ u. dann Titel des geistigen Oberhaupts in Ile Ife ↗, der die anderen Könige (Oba ↗) im Amt bestätigte, indem er ihnen Geschenke in der Truhe Apere ↗ zukommen ließ. Er trug eine rote Krone mit 3 Ringen, wodurch 4 Teile entstanden, genau wie im Aufbau der Sonne ↗. Über der Stirn die Kobra ↗. Eine Bronzeskulptur (Abb. 2) zeigt ihn eng mit der Gattin verbunden, wobei der um ihren Fuß gehakte Fuß ein X ↗ bildet = Hl. Hochzeit ↗, was sie zur Isis ↗ (wie den O. zum Osiris) macht. Ihre Krone ist jedoch in Ägypten unbek.: schwarz u. sich verjüngend wie in runden Treppenstufen bis zum Ausklang in einer Art Rolle. Bei Querlegung (Abb. 1) kann an das Prinzip des sich ausdehenden Kosmos ↗ gedacht werden. Versteht man O. als Nv. von Anu ↗, geht dieses sakrale Paar noch weiter zurück: wie in On ↗ aus Hathor ↗ als Sirius ↗, bestehend aus roter + schwarzer Sonne (die 2 Kronen), Anu u. Antu ↗ in Sumer.

Abb. 1

Abb. 2

Onophris: griech. Wiedergabe des äg. Wnn-nfrw = ›der gut ist‹, beliebter Beiname des Osiris ↗. — S. Jung ↗.

Onto: in Ontologie ↗ das Sein ↗. These: könnte sich zusammensetzen aus O (Null ↗ im Sinne von Alles = Nommo ↗ od. dem Kosmos, Logos ↗ etc.) + Ntu ↗ (afrik. Gott), also Wort ↗ + Gott ↗.

Ontologie: Seinskunde, s. Onto ↗. Bei Aristoteles die Lehre von den ersten Ursachen des Wirklichen: »Zur Zeit des Parmenides (540–480 v. Z.) war in Griechenland der Begriff einer nichtstofflichen Wirklichkeit noch nicht erarbeitet worden. Auch die Suche der Vorsokratiker (Denker vor Sokrates ↗) zur Begründung der Weltordnung ↗ eine Ursache anderer Art als die mechanischen Ursachen heranzuziehen u. diese Ursache mit dem Geist ↗ zu identifizieren, scheiterte. Die Suche nach den Ursprüngen hatte sich als unzugänglich erwiesen. Sokrates suchte daher die wirkliche Natur der Dinge nicht mehr auf seiten der Materie, sondern auf seiten ihrer Form, d. h. in den gemeinsamen Zügen, in der einen gleichen Eigenschaft an einer Menge verschiedener und einander ablösender Einzelwesen. Diese Einheit ⁄ ist dann nicht einfach materielle Identität eines oder mehrerer Elemente, sondern steht über der Vielheit ⁄ der Einzelwesen und ist nur geistig erkennbar« (dtv Lexikon der Antike, Philosophie-Band). Über Sokrates ging die Ideenlehre ⁄ über Plato ⁄ an Aristoteles. — These: a. ohne den Begriff O. gab es innerhalb Europas eine noch ältere O. bei den Germanen, wo für Onto Od ⁄ stand. — Nv. Metaphysik, über die Physik ⁄ hinausgehend.

Opfer: Ritual ⁄, bei dem eine Sache od. ein Lebewesen (Tier, Mensch) einem höheren Wesen dargebracht wird, um es günstig zu stimmen od. schon als Dank; zum 1. Motiv gehören a. Sühne- bzw. Versöhnungsopfer. Im alten Europa, errechnete eine Art Archäologie-Statistik, wurde jeweils etwa 1/10 der Jagdbeute, aber a. der Waffen u. Werkzeuge dem Opferteich übergeben. Im Äg. Totenbuch ⁄ heißt es bei Kap. 145:

Abb. 1: Der Sonnengott trinkt das Blut aus den Herzen der Geopferten

»Dieses Kapitel wird über einem Bild hergesagt, welches die Götter ⁄-Hierarchien darstellt und in gelber Farbe auf eine Sonnenbarke gemalt ist. Die Opfergaben werden ihnen gebracht... dank diesem Verfahren wird der Verstorbene aufleben... große Fortschritte im Himmel machen, ebenso wie auf Erden und in der Unterwelt.« In der Bibel ⁄ wird das 1. O. von Kain ⁄ + Abel ⁄ gebracht, im 1. Fall abgelehnt (obwohl es Erstlinge der Herde, also geschlachtete Jungtiere waren), was zum 1. Totschlag geführt haben soll. Interessanter ist die Tatsache, daß O. offensichtl. erst nach dem Paradies-Verlust ⁄ anfingen, was als Hauptmotiv die Versöhnung nahelegt. Weit darüber hinausgehend ist die afrik. Aussage: Nommo ⁄ wurde geopfert, was dem äg. Osirismord ⁄ entspräche u. schließl. die Aussage der Kirche ⁄: Jesus ⁄ (als Christus ⁄ verstanden) hat sich selbst als O. dargebracht als Sühne für die Schuld der Menschen. Das findet sich merkwürdigerweise schon in der Edda ⁄, bezogen auf Wotan ⁄. Grausigstes Bsp. lieferten die Azteken ⁄, die mit den zuckenden Herzen ihrer O. die Sonne fütterten. »Aber schon die Tolteken ⁄ hatten denselben Glauben, denn auf einer Goldscheibe aus Chichen Itza ⁄ sieht man, wie sich der Sonnengott aus dem Rachen der Himmelsschlange herab zur Erde neigt, um das Herz des soeben Geopferten zu empfangen. Aus anderen toltekischen Darstellungen schließt J.E.S. Thompson, daß die Azteken mit den Menschenopfern an die Sonne denselben Zweck verfolgten wie Odysseus, als er im Hades die Schattenseelen der toten Gefährten aus dem Krieg um Troja vom Blut der Opfertiere trinken ließ, um sie wiederzubeleben« (Altmex. Kulturen, Abb. 1). Zumindest auf dem Bild eines zum O. geschmückten Kriegsgefangenen legen die Symbole ⁄ eine ›Wiederbelebung der Sonne‹ nahe, die wesentl. tiefer geht (Abb. 2):

Abb. 2: Ein zum Opfer geschmückter Kriegsgefangener

1) Rundschild mit 5 Kreisen (= 5 Welten ⁄) verweist auf die Weltenlehre ⁄, spez. die 5. Welt ⁄, die
2) im Sonnenalphabet ⁄ das X umfaßt; es findet sich auf dem O., das
3) in der Hand die sog. ›Opferfahne‹ hält; sie erinnert an die Fahnen-Hieroglyphe für NTR ⁄ (Einheit von Kosmos + Sonne) vor der Schöpfung.

These: das ›Füttern der Sonne‹ mit Blut (Blutseele ⁄) sollte unsere Sonne, deren 8. Sektor im 8er Kreis ⁄ (s. die 8 Strahlen über dem Sonnengott auf Abb. 1) von der Evolution her lahmgelegt war, aktivieren u. damit das X, in dem die 2. Sonne (Quetzalsonne ⁄, deshalb evtl. das Symbol des Geiers ⁄) entsteht.

Ophiten: 1) ›Schlangenverehrer‹; Zweig der Gnosis ⁄. Sie behaupten, daß man die Schlange ⁄ (im Paradies, am Baum der Erkenntnis ⁄) beständig anrufen u. ihr danken müsse für den außerordentl. Dienst, den sie der Menschheit erwiesen habe. Bzw., weil sie die ersten Menschen (s. Eva ⁄) die Mysterien ⁄ lehrte. Die Wortableitung erfolgte von Ophis, göttl. Weisheit ⁄ (Rudiment von Sophia ⁄, d. h. ohne S am Anf.). Blavatsky ⁄: »Die Ophiten, gelehrte ägyptische Gnostiker der ›Brüderschaft der Schlange‹, verehrten eine lebendige Schlange in ihren Zeremonien als das Emblem der Weisheit, der göttl. Sophia« (II., S. 404). A. landen wir mit den O. bei den Schlangensteinen ⁄,
2) denn bestimmte schwarze Steine wurden O. gen., im Unterschied zu den hellen Sideriten ⁄. Die O. hießen a. ›sprechende Steine‹, weil Z. auf ihnen erschienen. Blavatsky ⁄: »Der Ophites ist rauh, hart, schwer, schwarz und hat die Gabe der Sprache... Mit Hilfe dieses Steines sagte Helenus den Untergang von Troja ⁄, seinem Vaterland voraus« (II., S. 357).

Opium: Medikament u. Rauschgift ⁄, aus dem getrockneten Milchsaft des Schlafmohns gewonnen. In China ⁄ erging 1729 das 1. Verbot, obwohl bis dahin O. nur in rel. bescheidenen Mengen ins Land gesickert war. 1796 belief sich der Import aus Indien, gefördert vom engl. Kolonialismus ⁄, bereits auf 4000 Kisten u.

ab 1834 auf 30.000 Kisten jährl.: »Es scheint als hätte die Mehrzahl der Opiumraucher einen Ersatz für die Flüge ins Paradies ↗ gesucht, die ihr vom nüchternen Konfuzianismus ↗ nach Überwindung des Taoismus ↗ und Buddhismus ↗ abgeschnitten worden waren« (W. Bauer, 1971). O. erzeugt im Anfangsstadium: Dahinschweben, buddhaartige Ruhe, Verschiebung des Zeitgefühls u. das Gefühl, im Besitz aller Geheimnisse zu sein. S. Opiumkrieg ↗.

Opiumkrieg: Krieg zw. China ↗ + England (1840–42) wegen der Vernichtung von 20000 Kisten Opium ↗ u. des chin. Verbots weiterer Opiumeinfuhr; Beginn des chin. Mißtrauens gg. alle weiteren Annäherungen aus dem Westen.

Optik: Lehre vom Licht ↗; Sehen von Form ↗ + Farbe ↗. Betrifft den 3. Sinn ↗. Optisch = den Augensinn betreffend.

Or: Gold ↗ (frz.); 'Or = Mysterium des Nichts ↗ (hebr.).

Orakel: ein Sich-Auskunft-Holen bei den Göttern ↗. In Ägypten z. B. bei Isis ↗ od. Amun ↗: im 1. Fall als Traum-O., direkte Offenbarung ↗ in Bildern, provoziert durch Inkubation = Tempelschlaf ↗. Im 2. Fall durch Beobachtung der Sonnenbarke bei Prozessionen ↗. Kallisthenes, der als Augenzeuge von dem O. berichtet, das Amun Alexander dem Großen erteilte, legt nahe, die Schritte der Barkenträger, die sich nach gewissen geregelten Symbolen der Lautsprache bewegten, seien von dem Gott selbst gelenkt worden, u. so hätte der Oberpriester aus den Bewegungen der Barke u. ihrer Träger seinen Willen ablesen können. — In Delphi ↗ gab die Pythia das O.; im alten China ↗ warf man Knochen ins Feuer u. deutete die entstehenden Risse etc. Die Fragen betrafen Vergangenheit, Gegenwart od. Zukunft (d. h. die 3 Nornen ↗). Bei Umdrehung ↗ ergibt sie Le Karo, das Karo = der Rhombus ↗. — S. Ödipus ↗.

Ordensburg: Burg mit einer nach best. Regeln lebenden Gemeinschaft (einem Orden), z.B. Montségur ↗; Vorbild war zweifellos der Mythos von der Gralsburg ↗. Nazi ↗ wie schon die präfaschist. Neutempler ↗ (Burg ›Werfenstein am Nibelungenstrom‹, sprich am Rhein ↗) hatten solche Burgen, für »... die neue Menschenrasse, die wieder mit denselben elektromagnetisch-radiologischen Organen ausgestattet sein soll, wie sie die Uralt-Rasse auch schon hatte« (Ach/Pentrop, 1977, S. 12). Vielleicht dachte man an Wotanstempel (Guido von List sprach davon), d. h. an Asgard ↗, denn von einer Nazi-O. ist überliefert, daß die Zusammenkunft 12 Mitgl. umfaßte (inkl. Himmler).

Ordo: Ordnung (germ.); wahrsch. verw. mit Rta ↗ (*rota* = Rad) u. Taro ↗ u. auffallend nahe dem Wort Erde, deren Ordnung im Jahr ↗ abläuft: man braucht sie bloß als Rad ↗ (= Ökumene ↗) einzusetzen, das um die Sonne im Zentrum u. am Außenkreis des Zodiak ↗ vorbeiläuft. Schon sind die wesentl. Teile der Ordnung (4, 8, 12) vorgegeben. Wirth ↗ spricht von ›Wanderung der Allmutter‹; kultureller Zusatz: die 24 Runen als Jul ↗, Weltordnung ↗ (ordo) per se.

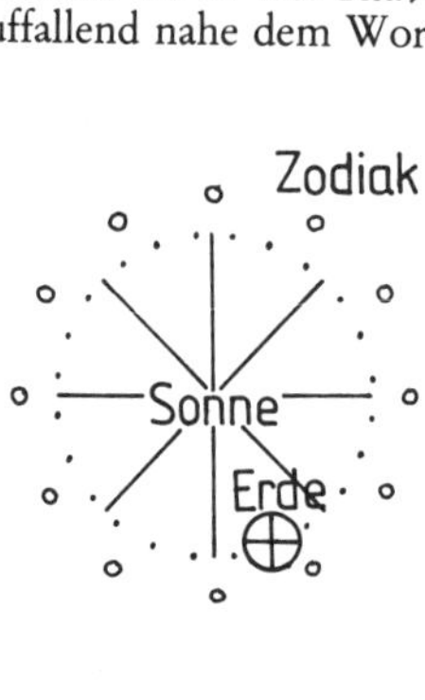

Orejekes: nannten die Spanier den ges. Adel der Inka ↗ = Großohren, wegen der schweren Ohrpflöcke, die sie trugen. Die Inka selbst nannten nur die Leibgarde des Königs Langohren ↗. — Pflöcke od. Scheiben zur Verlängerung der Ohren finden sich jedoch in ganz Amerika, im Pazifik ↗, spez. auf der Osterinsel ↗. Als Vorbild kann Orejona ↗ gelten. Abb. 1 zeigt einen Olmeken ↗, Abb. 2 einen Inka mit Ohrpflöcken.

Orejona: ›die mit den großen Ohren‹; weibl. Astronaut ↗. Kam auf einem Luftschiff, das »... strahlender glänzte als die Sonne...« schrieb der Chronist Garcilaso de la Vega. Es soll auf dem ›Sonnentor‹ von Tiahuanaco ↗ abgebildet gewesen sein. Charroux: »Die Legenden wissen zu berichten, daß einst eine junge Frau weißer Hautfarbe und von unbeschreiblicher Schönheit vom Himmel in dieses Land kam. Sie landete in der Stadt Cealcoquin. Dort ließ sie einen Palast erbauen...« (1967, S. 136). These: Dieser Stadtname ist nicht unähnl. der Göttin Chalchiuhtlique ↗, die lt. Azteken die 4. Welt ↗ regierte, die ja mit Eintreffen des Kulturbringers ↗ begann. Wieder ähnl. ist das Chalchaqui-Tal im heutigen Argentinien, das Einflüsse von Tiahuanaco u. Amazonas ↗ zeigt, spez. in Behältern für Trancemittel (hier Schnupfpulver), die dem Schamanismus ↗ dienten. Etwa mit einem Jaguar ↗-Paar als Griff, in dem man dann evtl. das Astronautenpaar sehen kann, mit O. äqv. Anat ↗, Janna ↗, Lilith ↗ etc. A. als Schlange ↗ findet sich dieses schamanistische Ritual ↗-Gerät - was an die Schlange im Paradies ↗ erinnert - od. als Krokodil ↗, gen. weibl. Himmels-Kaiman, was sowohl eine Zeitangabe sein könnte wie ein Äqv. zur äg. Neith ↗ (Krokodilmutter). (L') Oreille (frz.) = Ohr (hier Orej) + An ↗ = Himmel (hier ona, s. die Anu ↗). ›Himmels-Ohren‹ wollten a. die Orejekes ↗ u. andere Langohren ↗ haben. In Ägypten wurden sie direkt in den Himmel (= Nut ↗) gezeichnet (Abb.), der außerdem oben die Sonne als Behdet ↗ u. das Mondauge ↗ enthält, darunter Amun ↗ (fast wie Min ↗) u. ein Anbeter. Da Amun a. als Widder ↗ symbolisiert wurde, findet man zum Widdergott der Kelten ↗, dessen Gattin Belisama ↗ war, die wieder als Äqv. der O. gelten kann. Ihr äg. Pendant ist die Geiergöttin Mut ↗, sodaß man sich plötzl. wundert, ob ihre 2 Omega ↗ mit den durchgesteckten Federn, die denen von Amun glei-

Abb. 1

chen, zum Vorbild wurden (Abb. 2). Es sind wohl a. die Schlangensteine ↗ (Gesetzestafeln), wie O. im Tempel ihres Palastes einen Grünen Stein niederlegte, der »Zeichnungen aufwies, die ebenso geheimnisvoll wie jene auf den Mauern des Palastes waren. Es war ein

Abb. 2

Zauberstein... der dem Reich der weißen Göttin die Macht verlieh, alle Feinde zu besiegen.«

Orest: tötete seine Mutter, die seinen Vater ermordet hatte u. wurde daraufhin von deren Erinnyen (weibl. Bluträcherinnen) in den Wahnsinn getrieben. Beim Orakel von Delphi ↗ Rat holend, wird ihm zur Gesundung die Aufgabe gestellt, im Land der Taurer die vom Himmel gefallene Statue der Artemis ↗ zu stehlen. Dort wird er aber gefangen genommen u. soll geopfert werden; die Rettung samt Entführung der Statue gelingt durch seine Schwester Iphigenie. Nach der Rückkehr wurde O. König von Mykene ↗.

Organ: Stimme wie a. Körperteil, das einer einheitl. Aufgabe dient (z. B. Auge) u. entspr. organisiert ist. *Organon* = logische Schrift, Werkzeug für das Erkennen von Wahrheit. Organische Chemie beginnt erst ab Pflanze ↗ bzw. Zelle ↗ bzw. Verbindungen mit mehr als 1 Atom Kohlenstoff. Bzgl. der Ntu-Philosophie ↗ ab Kintu ↗, Sensitiv = 6. Sektor im 8er Kreis (Schema), wo im Periodensystem ↗ a. Kohlenstoff liegt. Bezogen auf das Sonnenalphabet ↗ beginnt der 6. Sektor mit dem Zelltanz ↗ als Grundmotiv. — S. Organik ↗.

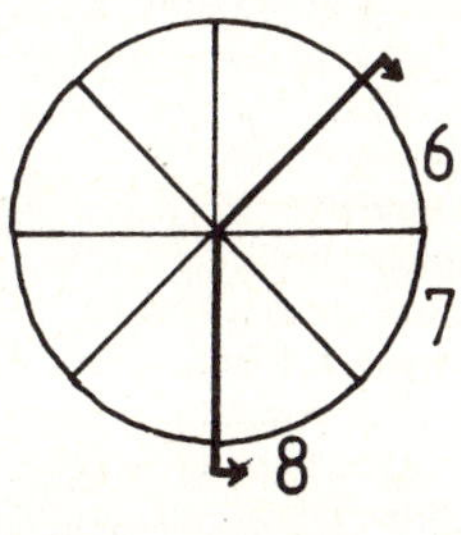

Organik: von Steiner ↗ eingeführter Begriff für das ganzheitl. (organ., s. Organismus ↗) Schauen + Denken von Goethe ↗. Wieland beschrieb Goethe als einen

»Der, unzerdrückt von ihrer Last
So mächtig alle Natur umfaßt
So tief in jedes Wesen sich gräbt
Und doch so innig im Ganzen lebt!«

Organismus: mehrzelliges Lebewesen, s. Zelle ↗; bzw. lebendige Ganzheit mit 1-vielen Organen ↗ als Gliederung od. Organisation.

Orion: Sternbild ↗ im O der gezeigten Himmelskarte (Abb. 1), eingebettet zw. Plejaden ↗ u. Großem Hund mit Sirius ↗ wie unter dem Zwilling ↗ u. über dem Hasen ↗. Für Ägypten, die O. Sah ↗ (Mumie) nannten »... kehrt der an der Mordstätte von Nedit ↗ gefallene Osiris ↗ als Orion wieder...« (Bonnet, S. 567). Direkt an Rigel knüpft Eridanus (s. Jordan ↗) an. Äg. Totenbuch:

»Orion bin ich, der vorüberzieht an
Sternenscharen
Im Himmelsschoß hat Nut ↗, meine Mutter,

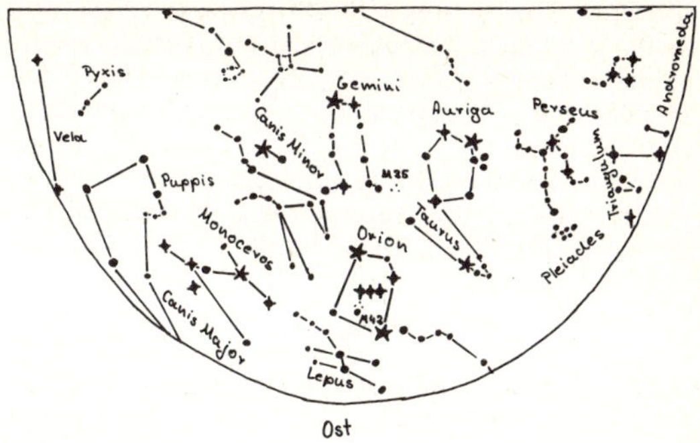

Abb. 1

Empfangen mich und geboren;
Am Tag, da er zu Sepa wird, bin ich Anubis ↗«

Sepa = Sop (Sirius). — Bezogen auf den Tierkreis ↗ liegt O. im Zwischenraum hinter Zwilling + Stier. These: das verführt zur Annahme, O. könnte mit dem 2. Grundmotiv des Zwillings = Nommozeichen ↗ ident. sein, mit dem auffälligen O.-Gürtel als Querlinie (Abb. 2). Nommo ↗ ist ja äqv. Osiris bzw. kam vom Sirius. Im griech. Mythos ist O. der ›Jäger‹ mit den 2 Hunden (wieder Kleiner + Großer Hund mit Sirius), der von Artemis ↗ mit dem Pfeil getroffen u. als Sternbild an den Himmel versetzt wurde. Als seine Urgroßmutter gilt Pleione, Mutter der Plejaden, die O. nun verfolgt. Nach O. u. Hase folgt merkwürdigerweise die Taube ↗ (Columba in Abb. 3).

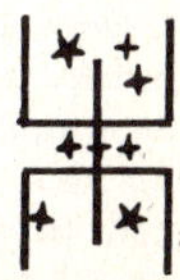

Abb. 2

Auf äg. Bildern wird das Sternbild O. manchmal auf 8 Kreise schematisiert; darunter liegt der Tote ↗ aufgebahrt: »Zu Orion zu gelangen« ist sein Wunsch (Bonnet), dem toten Osiris nachfolgend. — Aus der O.-Richtung ist eine Dunkelwolke ↗ unterwegs zur Erde. — Bei den Aimara-Indianern wird O. Orcora gen. = Lamaherde; s. Darst. bei Viracocha ↗.

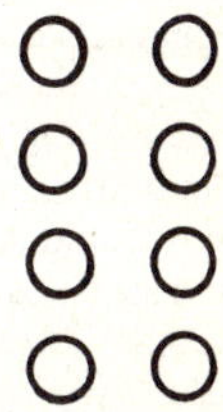

Abb. 3

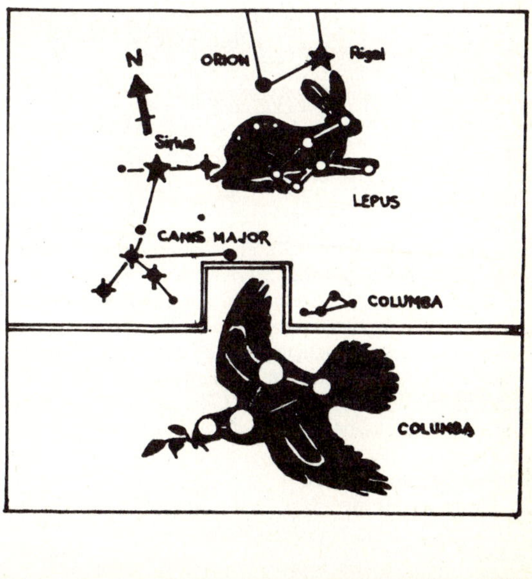

Orischa, Orixa: waren im Yorubaland (Nigeria ↗) urspr. Menschen, bedeutende Ahnen, von denen das Volk der Yoruba ↗ abstammt; Nv. Orissa ↗ bzw. Orizama für die 1. Yoruba-Dyn., von der niemand sagen kann, wie weit sie in die Gesch. zurückreicht. These: das Wort könnte sich zusammensetzen aus Or-Iska, von Horus ↗ (Hor, Or) abstammend (Iska wie bei Tiodiska ↗ u. Muisca ↗). Dann ist die ›Mutter aller Orischa‹ = Yemaya ↗ äqv. Isis ↗ (Mutter des Horus). Die Zahl dieser göttl. Ahnengeister ist sehr groß, jeder wird mit der ihm gemäßen Schlagformel (Oru ↗) gerufen u. von einem Gläubigen getanzt, bis dieser selbst für die Zeit seiner ›Besessenheit‹ zum O. wird: »Wer die Orischas verehrt und ihnen dient, indem er sie in sich verkörpern läßt, empfängt nicht nur Lebenskräfte, sondern stärkt auch seinerseits die Orischas« (Jahn, 1958, S. 66). Er kommuniziert mit diesen übermenschl. Kräften u. erlebt seine Bindung (Religio) an diese Kräfte. Die wichtisten sind: Oduduwa ↗, Gemahlin des 1. Künstlers Obatala (s. Oba ↗), Oja ↗, Gemahlin von Schango ↗, u. Ifa ↗. — Im brasil. Makumba ↗ setzte sich diese Tradition fort. — S. Ogboni Geheimbund ↗.

Orissa, Orizama: 1. Dyn. der Yoruba, s. Orischa ↗. Sollte sie mit der 1. Dyn. der äg. Dynastienliste ↗ übereinstimmen, was naheliegt, da sich die Yoruba als Altägypter bez., ist Obatala, der 1. Künstler, a. Orishanla gen. u. ›Erschaffer der Menschheit‹, ident. mit Osiris ↗ bzw. Nommo ↗; denn a. er kam ›vom Himmel‹ zur Erde. Bei seinem Fest allein pflegte der Oni ↗ in der Öffentlichkeit zu erscheinen. ›1. Künstler‹ bed. dann, daß mit ihm die Kunst ↗ begann. Mythos ↗: »Auf dem Weg vom Himmel zur Erde trank Orishanla jedoch Palmwein, der ihn in tiefen Schlaf versetzte. Dies gab Oduduwa ↗ Gelegenheit, zuerst herabzusteigen... Die übrigen Götter folgten mit Hilfe einer Kette« (Willett, S. 178). Sie wurde noch bis vor einigen J. in Ile Ife ↗ gezeigt. Wenn Vögel Fliegen symbolisieren - s. Landung ↗ - so könnte die folg. Abb. mit einer weibl. Figur, gekennzeichnet durch lange Ohren, Orejona ↗ (Astronautin) darstellen, hier Aduduwa od Duduwa ↗, Orishanlas ›weiblicher Teil‹.

Che ↗ Orischa heißt ›Götter schaffen‹, was a. Nommo zugeschrieben wird. Merkwürdigerweise sind in den Ohren insg. 25 ›Steinchen‹ eingebaut = Nommo als 1 + 24 Grundmotive ↗. In den Beinen 18, Stellenwert des Nommozeichens ↗. — 25 ist a. Od ↗ (im Namen enth.) als 25. Rune der Germanen.

Orlog: Schicksal ↗ bei den Germanen, als Orlogs Thatr = Schicksalstafeln von den 3 Nornen ↗ ›gesponnen‹:

»goldenes Gespinst
spannen sie aus
festend es mitten
im Mondessaal«

s. Mond ↗. Es war vom Sippenschicksal Fylgia ↗ unterschieden, aber a. nicht die Norne Urd ↗ (Vergangenheit) allein, deshalb wohl Karma ↗ (Vergeltung). Der westgerm. wie ahd. Name ist Urlac, was sich trennen läßt in Ur ↗ (groß, äg.) u. *Lac,* frz. See, zus. Urwasser, großer See, Kosmos ↗ äqv. Logos ↗.

Oro: Schwirrholz ↗ in Ile Ife ↗ bzw. Schwirrholz-Kult-Priester, der a. als Schamane ↗ wirksam ist. Evtl. besteht ein Zusammenhang mit Orongo ↗.

Orongo: Kultzentrum der Osterinsel ↗ für den Vogelmensch ↗; im Namen enth. Rongo ↗, lange hölzerne Tafeln voller Z., die an Schwirrhölzer (s. Oro ↗) erinnern. Sie produzieren in kurzen Phasen ablaufende, engräumige Bewegungen (Wellen ↗) wie Ondulation, griech. Orogenese, was dem Wort O. nicht unähnl. ist. A. ein Vogel produziert beim Fliegen dieses ›Schwirren‹; beim Vogelmenschen ist es die eigene psych. Energie. Die Langohren ↗, die O. benutzten, kamen von Südamerika; ihr letzter Überlebender hieß Ororoina ↗.

Ororoina: einziges Langohr ↗, das beim Masaker von 1680 auf der Osterinsel ↗ übrigblieb. Er wird heute noch geschnitzt, hohlwangig, hakennasig, mit Ziegenbärtchen u. hängenden Ohrlappen. Er soll helle Haut u. rotes Haar gehabt haben, was ihn in Zusammenhang mit den umgestürzten Steinstatuen der Insel bringt. Da diese urspr. aufs Meer u. zum Himmel schauten, als erwarteten sie eine Wiederkehr ↗ (wie heutige Ufologen), liegt nahe, ihre Linie ginge auf Orejona ↗ zurück, im ähnl. Namen O. enthalten. Ihr Kultzentrum war Orongo ↗.

Orpheus: im griech. Mythos ↗ Sohn der Muse ↗ Kalliope (zuständig f. Epos ↗), der so wunderbar singen u. Leier spielen konnte, daß Tiere verzaubert wurden u. Steine u. Bäume ihm folgten. Kurz nach der Hochzeit starb Euridike ↗ u. verschwand im Hades ↗. O. folgte u. sein Gesang + Spiel ließ die dortigen Geister in Scharen kommen, um zu lauschen, selbst das unerbittliche Herz der Kore ↗ schmolz. Er bekam die Erlaubnis, Euridike mit zurückzunehmen unter der Bedingung, nicht zu ihr zurückzublicken, was er dann am Unterwelt-Ausgang doch tat, weil er fürchtete, sie sei ihm nicht gefolgt. Nach diesem Scheitern zerrissen ihn die Mänaden ↗ in Stücke, die 9 Musen sammelten die Stücke ein u. begruben sie, nur Kopf u. Leier trieben auf einem Fluß; letztere wurde dann von ihnen als Lyra-Sternbild an den Himmel versetzt. These: Bezogen auf den Tierkreis ↗ liegt die Lyra über dem Steinbock ↗, in dessen Geschichtssektor die 4 Horuskinder ↗ fallen - genau wie Dumuzi ↗ + Inanna ↗ in Sumer, die evtl. das Vorbild für O. + Euridike ab-

Abb. 1

gaben. Denn: »Einige der Apokryphen des mythischen Orpheus sind Wort für Wort in den Hieroglyphen ↗ gewisser Inschriften aus der 4. Dynastie

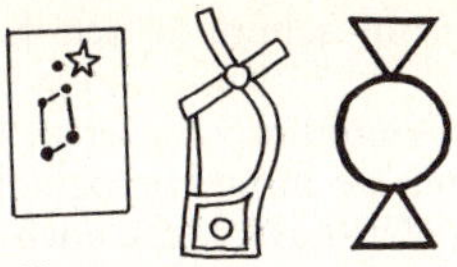

Abb. 2

(Altägyptens) kopiert gefunden worden« (Blavatsky, III., S. 38). A. die Angabe, Apollo ↗ sei sein Vater gewesen (= Horus), deutet auf O. als Horuskind, genau wie die Ähnlichkeit seiner Stele (s. Abb. 1) mit der Horusstele ↗. Dann soll er an der Argonautik ↗ teilgenommen haben, 1. Grundmotiv im Steinbock. Aber die Form der Lyra u. Leier (Abb. 2) sind eher ident. mit dem 2. Steinbock-Motiv, Archetyp Medizinmann ↗, der er a. dem Typ nach ist. — Wieder aufgegriffen wurde O. als Ossian ↗. — Aus dem O.-Kult entstand die Orphik ↗. — Manche meinen, das Wort käme von Orfe = Fisch ↗ + Os ↗, Gott. Aber in Sumer gab es den astrol. Ziegenfisch ↗, äqv. Steinbock.

Orphik: soll von Orpheus ↗ begr. worden sein; wird als Kult der Griechen ↗ etwa im 6. Jh. v. Z. bez. u. beeinflußte stark die Lehren des Pythagoras ↗, was nahelegt, er sei deshalb nach Ägypten gegangen, um dort 22 J. in die Mysterien ↗ eingeweiht zu werden. Zur O. »... gehörten verschiedene Mysterien, die offensichtlich etwa denen des Dionysos ↗ ähnelten...« (Recl. Lex. der antik. Mythologie, S. 398), was die O. mit dem Osiris ↗-Kult verbindet. »Es war die Aufgabe der Menschen, die sich der O. anschlossen, sich von den bösen Teilen ihrer Natur zu befreien und nur den göttlichen Teil zu bewahren... Für diejenigen, die es fertigbrachten, untadelig zu leben, wurde der Hades eine Art von Fegefeuer, in dem die Seele gereinigt wurde, bevor sie in einen anderen Körper einging. Wenn der orphische Gläubige dreimal hintereinander ein Leben in standhafter Tugend verbracht hatte, konnte er erwarten, von Persephone Befreiung aus dem ›Rad der Geburt‹ und die Erlaubnis zu erhalten, die Ewigkeit im Elysium ↗ zu verbringen« (ebd.). Im 6. Jh. v. Z. fing a. der Buddhismus ↗ an, der ähnl. Befreiung versprach. — S. Orphisches Ei ↗.

Orphisches Ei: Ei ↗ mit spiralig umwindender Schlange; von der Orphik ↗ aus älteren Schöpfungsmythen übernommen.

Oru: 24 skarale Schlagformeln ↗ für die Trommel ↗ (afrik.). Es besteht Grund zur Annahme, es handle sich um die in Rhythmus ↗ umgesetzte Graphik der 24 Grundmotive ↗ als Teil der afrik. Vibrationssprache ↗.

Os: Name der 1. Rune ↗; lt. K. Spiesberger (Runenmagie) in der Tarot ↗-Entsprechung die ›Osiris-Kraft‹, s. Osiris ↗, dessen Name mit der gleichen Silbe beginnt. These: es ist die Abstraktion einer Person mit nach oben gewinkelten Armen, auf die Herkunft

1. Rune

vom Himmel verweisend. Auf sum. Rollsiegeln ↗ ist die 1. Rune figürl. dargestellt (Abb.), schon von der 2. Rune Ul ↗, dem Bogen gefolgt, hier über eine 2. Person gestülpt. Darüber die Flügelsonne (Behdet ↗). Runengedicht:

»  (os) byd ordfruma aelcre spraece
Gott ist Anfang jeglicher Sprache ↗ «

Das stimmt zeitl. perfekt mit der 1. Rune überein, äqv. 1. Grundmotiv ↗ der Geschichte ↗. — Nv. Pa wie bei Pachacamac ↗, der diesem Os-Gott ebf. entspricht.

Oshienushisama: ›Großer Lehrer‹, Bez. von Sachiko ↗, der spirit. Führerin von Mahikari ↗ seit 1975 (s. Endzeit ↗). Daran ist inter., daß sich 1975 zum letzten Mal das 1. Grundmotiv der Gesch. wiederholte, bei den Runen Os ↗. Nicht nur fängt mit dieser Silbe ihr Titel an, sie hält a. die Arme hoch wie in der Rune vorgegeben. — O. bereitet das Kreuz Omitama ↗ in Tokio vor, lehrt u. hält Vorträge.

Osir: Osiris ↗; eigtl. WSJR.

Osiris: gräzisierte Form des kopt. Usire, äg. WSJR, was a. noch nicht zu stimmen braucht, denn in Hieroglyphen ↗ wurde nur R als 2. Silbe gesetzt. Die Übers. lautet gewöhnl. Stätte od. ›Sitz des Auges‹, obwohl Os ↗ im Äg. a. ›viel‹ bedeutete, genau wie die entspr. germ. Rune.

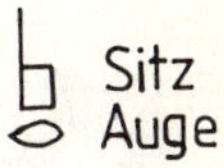

Bonnet: »Eine überzeugende Deutung des Namens läßt sich vorerst schwerlich geben« (S. 568). Nun ist das R als hieroglyph. Bild gar kein Auge, sondern ein Mund (das Auge = O), u. der ›Sitz‹ (den Isis ↗ auf dem Kopf trägt) ist, perspektivisch gesehen, eine Truhe. Als richtige Übers. bietet sich deshalb ›Sprechende Truhe‹ an, als das Objekt, das O. zur Erde brachte, wie im Kalewala-Epos der ›Gute Waland‹ Sambo ↗. Davon ist im Mythos ↗ zunächst nicht

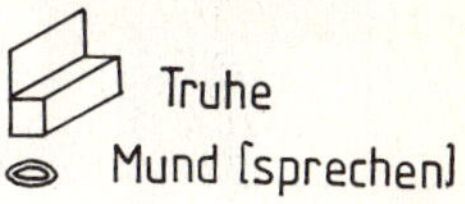

die Rede. Am Anf. steht gewöhnl. das ›irdische Königtum‹ von O.: »Auf den Segen seiner Herrschaft wird mannigfach angespielt; die spätere Überlieferung schil-

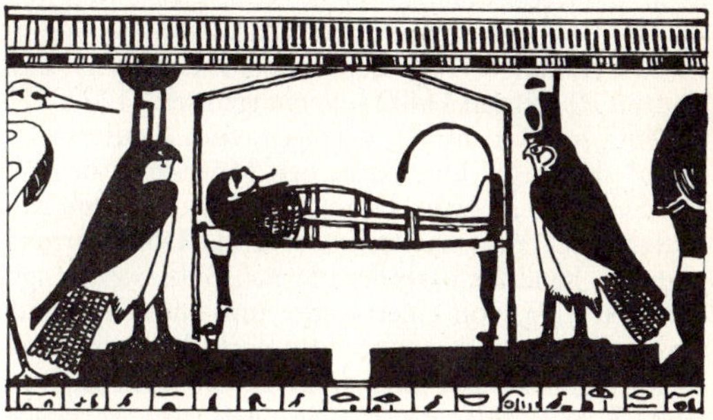

Abb. 1

dert O. geradezu als einen Kulturheros (s. Kulturbringer ↗), der Acker- und Weinbau lehrt, Gesetze und Gottesdienst feststellt und damit die Menschen aus urtümlicher Wildheit zu Wohlstand und Gesittung führt« (Bonnet, ebd.). S. Naturmensch ↗, Kulturmensch ↗. Nach einer Version »... sollte ein Krokodil ↗ den ›Gottesleib‹ des O. aus dem Wasser getragen haben« (ebd.). These: das wäre die Zeitangabe der Landung ↗. An Bindungen werden vorgestellt: Nephtys ↗ (Schwester), Isis ↗ (Gattin), mit der er Horus ↗ als Sohn zeugt (s. Hl. Hochzeit ↗) u. Seth ↗ als ewiger Feind. Erst als dieser O. ermordet, taucht eine Art

Truhe ↗ auf: »Nach Plutarch lockte Seth den Osiris in einen Kasten, den er verschloß und ins Wasser warf. Die äg. Texte umgehen die Beschreibung des Endes« (Bonnet, S. 570). These: hier fehlt, daß dieser ermordete O. schon eine 1. Wiederkehr fast 12000 J. später war, hervorgehend aus dem 1. menschl. Königtum ↗, wozu der Text paßt: »In Chemmis (Nv. Chembis ↗) wird er geboren. Hier wächst er, von Nachstellungen des Seth umdroht, unter Obhut der Mutter und schützender Götter heran... Horus nennt man ihn...« (diesen O.). Die Berechnung des Geburtsdatums ergibt sich aus dem des Weltuntergangs ↗ (der dem Osirismord folgt) minus 14 J. (die 14 Glieder seiner Zerstükkelung ↗), minus Alter des bibl. Jared ↗ = 11432 v. Z. (der O. entspr.).

- 14
- 962
12408 v. Z.

Abb. 2

D. h., die Geburt fällt ans Ende der 1. Hälfte Jungfrau (I) ↗ (Hase ↗), Grundmotiv Reinkarnation ↗. Bis zum ›In-Erscheinung-Treten‹ bei der 2. Wiederkehr 1992 (s. Endzeit ↗) werden 14400 J. vergangen sein: 120 x 120 (Chenti mal Chenti ↗), getragen vom Sigui-Fest ↗, Fest ↗ des Sieges über Seth, den Mörder: es begann mit dem »... Suchen und Finden der Leiche durch Isis. Plutarch schildert beweglich, wie die Göttin irrend und forschend bis nach dem fernen Byblos ↗ dringt, hier den Sarg, von einer Ceder umschlossen, findet und nach manchen Abenteuern nach Ägypten ↗ zurückbringt. Die alte Zeit weiß davon noch nichts« (ebd., S. 569). Hier merkt man deutl. den Ausbruch von Spekulationen, weil die eigtl. Vorgänge geheim blieben. Die Verbindung mit Kanaan ↗ (über Byblos) dürfte einen ganz anderen Grund haben: unauffällige Rücklenkung auf die Große Pyramide ↗, die ja als ›Grab des Osiris‹ gilt, obwohl sie nur einen leeren Sarkophag ↗ enthielt. In ihr begann die Auferstehungsarbeit, an der sich Nephtys ↗ nach dem ›Übertritt‹ auf die Seite der Isis beteiligte. Deshalb findet man auf Bildern den toten O. gemeinsam von Isis + Nephtys beweint od. auf Abb. 1 beschützt in Gestalt von Falkinnen. Die Osirismumie ↗ ist 6fach unterteilt (die 6 Sektoren der 1. Geschichtshälfte) u. liegt auf einer Löwenbahre = 7. Sektor Löwe ↗, was die beiden Göttinnen wohl schon in den Krebssektor verlegt, 2. Hälfte Grundmotiv Liebetanz  ↗, den die 2 Kreishälften bei ihren Hieroglyphen über dem Kopf markieren (7770–6690 v. Z.), noch ›Zeit der Geister der Toten‹ in der Dynastienliste ↗.

Hinter Nephtys der Phönix ↗. Jetzt bringt lt. Mythos Isis mit dem toten O. Horus hervor u. Nephtys Anubis ↗. Schon im folg. Sektor Zwilling ↗ (Hund ↗) beginnt als Resultat mit Menes ↗ die Zeit der Pharaonen ↗, die im Leben Horus, nach dem Tod aber O. sind. — Teil der um das Thema Tod (als Opfer ↗) u. Auferstehung des O. kreisenden Mysterien ↗ waren u.a. die Kornmumie ↗ u. die Aufrichtung des Djed ↗-Baumes. Für jeden Toten ↗ aber thront der Ermordete nun in der Duat ↗ u. empfängt bei der Wägung der Herzen ↗ dessen Urteil: als Spruch der beiden Wahrheitsgöttinnen Maati ↗. Lt. Äg. Totenbuch ↗ muß er a. die ›100 Namen des Osiris‹ kennen, eine Zahl, die sich in dessen gekreuzten Herrschaftssymbolen Geißel ↗ + Hirtenstab ↗ spiegelt, aber auf andere Weise wohl a. im Sirius ↗, der ›Osiris ist‹. Wichtigster Schlußstein: die Seele ↗ des ermordeten O. verschmilzt mit der Seele des Re ↗ (der Sonne) zu einer Doppelseele, während sein Geist als Orion ↗ erscheint. — Nv. sind u. a.: Bes ↗, Kemur ↗, Min ↗ u. als Wiederholung ↗ (Whm) Apis ↗. Dazu gesellen sich in Fremdländern Assur ↗, Baal ↗, Baldr ↗ u. schließl. Christus ↗. In Übers.: Gütiges Wesen, Göttl. Vater, Herr des Ewigen Lebens, Fürst der Totenreiche, Große Gottheit von einst, Gott mit stillgestandemen Herz, Weltachse, der ›Alte der Tage‹, welchen die Erde in ihrem Schoß bewahrt, Weltenherrscher, des Kosmos Gebieter, Sohn der Nut ↗, Stier von Amenti ↗, Erstgeborener der Götterneunheit ↗, Vollkommenes Wesen (Übermensch ↗). Das Bild des O. als Totenrichter (Abb. 2, aus dem Äg. Totenbuch) kann in folg. Zahlen aufgelöst werden, die zus. 144 = Gesamtkosmos ↗ in Mrd. J. ergeben:

Osiris	=	100
Maat ↗	=	8
Seth	=	12
Speer ↗	=	24
		144

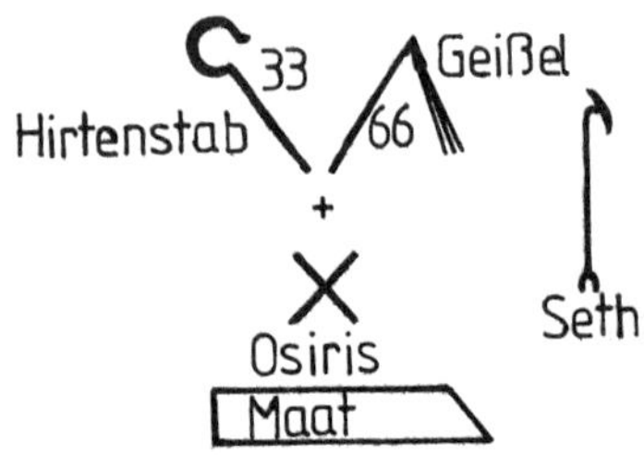

Der Thron ↗ ist das Z. der Nephtys, eingebaut die Truhe. — Zieht man von O. Geißel u. Hirtenstab ab (zus. 99), bleibt für ihn selbst das X ↗ übrig, mit dem sie sonst gekreuzt werden, u. er entspr. wieder der 1. Rune Os. S. Osirismumie ↗ als Kalender.

Osiris-Diener: Begriff im Äg. Totenbuch ↗:

»Erlöse mich auch von jenen wachsamen Geistern,
mit langen Messern bewaffnet,
deren Finger geübt sind zu quälen und martern;
Freude macht ihnen, fürwahr,
der Osiris-Diener Gemetzel.«

Nach dem Osirismord ↗ werden die Diener des Osiris ↗, zu denen die Jarediten ↗ gehört haben dürften, von den Horusdienern ↗ abgelöst.

Osirisgrab: versch. Eingeweihte haben die Große Pyramide ↗ als Grab des Osiris ↗ bezeichnet. Es gab aber a. an anderen Stellen von Ägypten O. gen. Kultstellen; immer lagen sie am Wasser, entw. auf einer Insel od. am Ufer des Nil ↗. An dem Grabbau selbst wird eine obere u. eine untere Duat ↗ unterschieden, s. Kornmumie ↗. »Rings um das Grab waren Opfertafeln aufgestellt, 365 an Zahl« (Bonnet, 577). Diese Zahl taucht beim bibl. Henoch ↗ auf. »Alle zehn Tage (d. h. in jedem Dekan ↗) wurden größere Feiern gehalten, bei denen Isis ↗ mit ihren Priestern zu Klage und Totenopfer zu der Insel fuhr. Die Hauptfeier bildete die Beisetzung des Gottes, die alljährlich bei den Mysterien ↗ stattfand.«

Osirismord: die Ermordung des Osiris ↗ durch Seth ↗, wahrsch. 14 J. vor dem letzten Weltuntergang ↗ (11432 v. Z.), also 11418 v. Z., am Ende des Zodiaksektors Hase ↗ (Jungfrau), Grundmotiv Todestanz ↗, Archetyp ↗ Schuldhafte Tat. Ägypten schweigt über die genauen Umstände. Da von Zerstükkelung ↗ geredet wird, ist innerhalb der Kriege zw. Mu ↗ u. Mu-Nachfolge ↗ in Afrika einerseits u. Atlantis ↗ (verbündet mit Amerika + Asien?) andererseits an einen Raketenangriff auf die Gralsburg ↗ beim heutigen Shambe ↗ (äg. Chembis, Chemmis) zu denken, mit dem Resultat des Sudd ↗ (größter Sumpf der Welt). S. die Osirismumie ↗.

Osirismumie: vor der Mumifizierung ↗, die normalerweise den Körper unversehrt läßt, wurden die Gliedmaßen der Toten ↗, der eine O. bestellt hatte,

Abb. 1: Mumie mit Maske

abgetrennt, das Fleisch wurde abgelöst u. schließl. alles wieder neu rekonstruiert, gen. das ›Zurechtrücken der Gebeine‹. Offensichtl. in Nachahmung der Zerstückelung ↗ des Osiris, s. Osirismord ↗. Es folgte die Einbalsamierung u. Bandagierung, wobei die Mumienbinden ›Seths unseliges Erbgut‹ gen. werden (Äg. Totenbuch ↗) u. eine Mumienmaske, die wohl schon dem Osiriskopf angeglichen war.

Des weiteren 3 Mumienhüllen ↗, die immer mehr die Fisch-Form des Großen Abdu ↗ annahmen. These: zus. mit Grabhaus, 4 ineinander geschachtelten Schreinen + Sargwanne ergibt sich gemäß dem Zodiak ↗ eine 12teilige Schichtung (Abb. 2):

♒	♑	→	♏	♎	♍	♌	♋	♊	♉	♈	♓
Grabhaus	Schrein	Schrein	Schrein	Schrein	Sargwanne	Mumienhülle 3	Mumienhülle 2	Mumienhülle 1	Binden	Symbolschmuck	Körper

Landung — Mord — Wiederkehr

Abb. 2

Jede Mumienhülle war, wie die 1. Sargwanne, ein Sarkophag ↗, aber nicht truhen- sondern mumien- (= fisch-) förmig. Auf der Stirn der äußeren Hülle sitzt die ›Krone der Rechtfertigung‹ aus Geier ↗ + Schlange ↗, umgeben von einem Blütenkranz (Abb. 3); die Hände

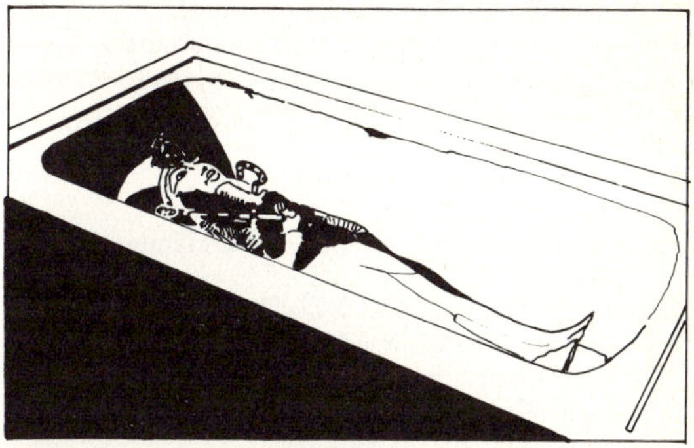

Abb. 3: Sargwanne und 1. Sarkophag

sind über der Brust gekreuzt u. halten Geißel ↗ u. Hirtenstab ↗, was sich a. in den nächsten Schichten wiederholt. Die 2. Hülle war mit einem großen Kranz aus Olivenblättern (s. Olympische Spiele ↗) u. blauem

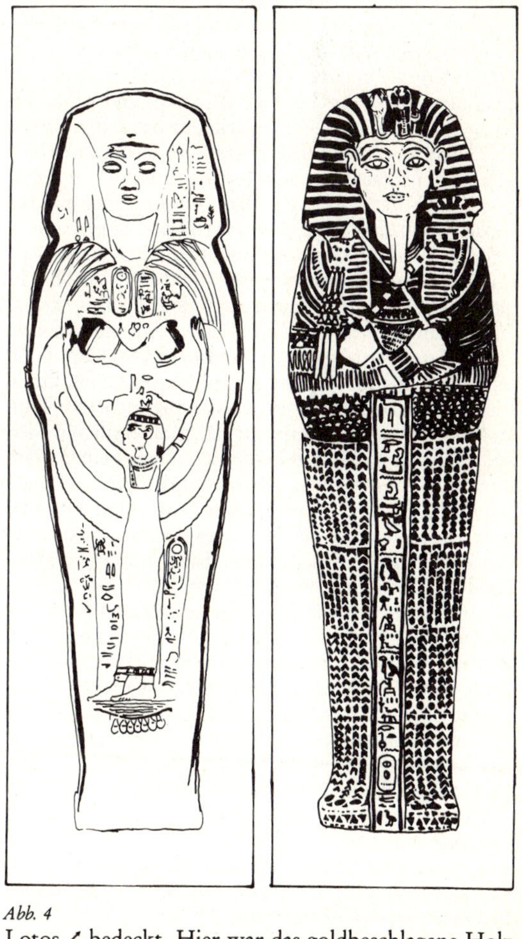

Abb. 4

Lotos ↗ bedeckt. Hier war das goldbeschlagene Holz überall mit vielfarbigen Glaseinlagen wie mit Schuppen bedeckt, die umhüllenden Flügel der Mut ↗ reduzierten sich auf die Schulterpartie (Abb. 4), dazu Brustplatte ↗ u. Nomos ↗-Kopftuch. Nr. 1 war aus massivem Gold, bedeckt mit einem roten Leinentuch. Dies ist der Löwesektor mit der wahrsch. roten Pyramide ↗. — Bei Tutenchamun ↗ lagen ›mehr als 143 goldene Schmuckstücke‹ in Hüllen u. Binden - vielleicht 144? (s. Bild des Osiris ↗ als Totenrichter). Diese Zahl ↗ ergibt sich aus dem in der Unterwelt thronenden Osiris. Aus Hülle Nr. 2 läßt sich Chenti ↗, die Zahl 120 rekonstruieren:

Königskopftuch Nomos ↗ als 8	8
Brustplatte ↗ als Zodiak	12
Hirtenstab (33) + Geißel (66) u. X der Hände (1)	100
	120

Chenti mal Chenti = 14400, die Dauer von Geburt des ermordeten Osiris bis Wiederkehr (1992). Sollten diese ›Toten in Osiris‹ jene 144000 Gerechtfertigten sein, die lt. bibl. Apokalypse ↗ bei Öffnung des 6. Siegels ↗ ›versiegelt‹ werden, für Sion ↗?

Ossian: myth. Sänger der Kelten ↗, alt u. blind geworden, der die dahingesunkenen Helden der Vorzeit besingt. Kam im 18. Jh. als Fälschung od. Neu-Aufarbeitung auf u. begeisterte vor allem Herder + Goethe ↗:

»Gehen sie die Gedichte Ossians durch: bei allen Gelegenheiten des Bardengesanges sind sie einem anderen Volk so ähnlich, das noch jetzt auf der Erde lebt, singet und Taten tut, in deren Geschichte ich also ohne Vorurteil und Wahn die Geschichte Ossians und seiner Väter mehr als einmal lebendig erkannt habe. Es sind die fünf Nationen in Nordamerika: Sterbelied und Kriegsgesang, Schlacht- und Grablied, historische Lobgesänge auf die Väter und an die Väter - alles ist den Barden Ossians und den Wilden in Nordamerika gemein...« (Herder-Brief). Gemeint sind wohl die Irokesen ↗, deren Pfeifentomahawk dem äg. NTR ↗-Z. so ähnelt, daß über Orpheus ↗ an ein Äqv. des O. mit Osiris ↗ zu denken ist, was dann mögl. ist, wenn die Irokesen zu den Jarediten ↗ gehören. Napoleon ↗ schleppte O. unter dem Kopfkissen mit nach Memphis ↗; u. Goethe schwärmte, daß »... uns Ossian bis ans letzte Thule ↗ gelockt, wo wir denn auf grauer unendlicher Heide, unter vorstarrenden bemoosten Grabsteinen wandelnd, das durch einen schauerlichen Wind bewegte Gras um uns und einen schwer bewölkten Himmel über uns erblickten. Bei Mondenschein ward dann erst die kaledonische Nacht zum Tage, untergegangene Helden, verblühte Mädchen umschwebten uns...«. Umsetzungen in Kunst führten zur Malerei der Romantik ↗. — Als Mutter des O. gilt eine Hindin ↗; das Pferd der Niv ↗ führt ihn nach dem Tod unter den Wogen des Ozeans in das Land der Seligen (äg. Amenti ↗, s. Osirismumie, Zahl 144 bei Osiris, äqv. Himml. Jerusalem der Apokalypse ↗). — S. die Harfe des Dagda ↗ u. Lug ↗, den einige Prof. für ident. mit O.s Vater Finn halten. Sollte Finn eine Umdrehung ↗ von Niv (Nif) sein, sind Verbindungen zu den Niflungen ↗ denkbar.

Ostara: germ. Göttin, nach der Ostern ↗ benannt wurde, urspr. gelegt auf den Vollmond z. Z. der Tag- u. Nachtgleiche im Frühjahr. O.-Heiligtum waren z. B. die Externsteine ↗, Nv. Eggstern, worin wie bei O. das Wort Stern ↗ enth. ist (als *stara*). Was für ein Stern ist gemeint? Od. was ist ein Egg-Stern, wenn *egg* engl. Ei heißt, mit dem sich ja Ostern verbindet? Nicht nur das, Sinnbild des alten O.-Festes war der Kuckuck, ein Vogel, der sein Ei in ein fremdes Nest legt (wie der afrik. Witwenvogel ↗). Das Fest wurde (z. B. von den Nazis ↗) als ›Weltgeburtstag‹ gefeiert. Geburt welcher der bisherigen 5 Welten ↗? Od. feierte man schon die zukünftige 6. Welt unter der Leitung von Venus ↗, die einstmals wie ein Kuckusei ins Nest unseres Sonnensystems ›eingeschoben‹ wurde? O. hieß a. die Zeitschrift der präfaschist. Neutempler ↗; s. Ariosophie ↗ u. Hitler ↗. — Nv.: Astarte ↗, Istar, Ischtar. Im Runen ↗-Kreis als Kalender in Kombination mit dem Mond ↗ fiel das O.-Fest auf die 7. Rune Anu ↗, ein sternartiges Gebilde aus 6 Strahlen, obwohl die 4. Rune O.-Rune hieß = ein Rhombus ↗, wie in Sumer die Schwarze Sonne ↗ des Sirius od. des germ. Ger ↗.

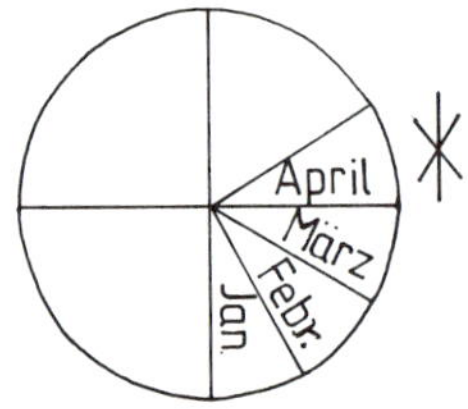

Osterei: Versteck u. Suche des Symbols Ei ↗ zu Ostern ↗, benannt nach Ostara ↗. Vorbild: Landung ↗ des Grals.

Osterinsel: Rapanui ↗, Pazifik. So benannt, weil sie im Rahmen des Kolonialismus ↗ Ostern (1722) entdeckt wurde. Die angetroffene polynes. Bev. von ca. 4000 Menschen wurde im 19. Jh. durch Verschleppung als Arbeitssklaven nach Peru ↗ u. durch importierte Seuchen auf wenige hundert dezimiert. Eine der Schrifttafeln, Rono Rongo ↗, sagt, daß die Insel früher Teil eines großen Kontinents war. These: von Mu ↗, denn die Hopi ↗ berichten, daß sie als einziges Landstück noch herausragte, als sie von Mu = Kasskara ↗ nach Amerika flüchteten. — Vorgeschichte s. Rapanui.

Ostern: nach Ostara ↗ benanntes Fest, das zum ältesten Fest ↗ der christl. Kirche ↗ wurde; nach vielen Auseinandersetzungen auf dem Konzil von Nizäa (s. Logosstreit ↗) auf den 1. Sonntag nach dem Frühlingsvollmond festgelegt u. mit der (angebl.) Auferstehung von Jesus ↗, 3 Tage nach der Kreuzigung ↗, verbunden. 50 Tage nach O. schließt sich Pfingsten ↗ an. These: das sind die 50 J. Endzeit ↗ im Anschluß an die 5. Welt ↗, die sich an den Osirismord (statt Jesus-Kreuzigung) anschloß: im Sektor Hase ↗ (der Osterhase), der etwas versteckt.

Ostgermanen: man hat versucht, die von Manus ↗ abgeleiteten 3 Germanen ↗-Gruppen »... mit historischen oder sprachlichen Einteilungen zusammenfallen zu lassen (Elbegermanen, Weser-Rhein-Germanen, Nordseegermanen oder Nord-, Ost- und Westgermanen). Diese Versuche können aber nicht als erfolgreich betrachtet werden« (R. Derolez, 1976, S. 13). Mit O. sind also die ›Elbegermanen‹ gemeint, u. an die Elbemündung waren die Goten ↗ gezogen.

Otto I., der Große: erneuerte das Kaisertum von Karl dem Großen ↗ (912–973, Kaiserkrönung 962); erhob das dt. Königtum zur Ordensmacht im W u. S u. dehnte das Reich weit nach N u. O aus (Karte, Abb. 2). Auf einer Elfenbeinplatte aus dem

Abb. .

Magdeburger Dom (Abb. 1) empfängt der als Christus thronende Jesus ↗ vom Kaiser Otto I. das Modell des Magdeburger Domes. Den Kaiser begleiten der hl. Mauritius als Patron und ein Engel, wohl Michael. Auf der anderen Seite Petrus ↗, ebf. Patron des Domes, u. 2 Heilige.

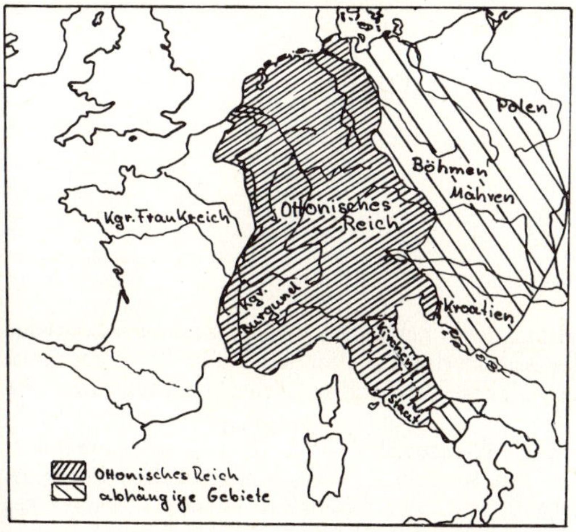

Abb. 2

Die Ottonen waren Sachsen. — S. Kaiserkrone ↗.

Ouspensky, Peter Damian: hielt in Moskau u. Petersburg Vorträge mit Titeln wie z. B. ›Auf der Suche nach dem Wunderbaren‹ u. ›Das Problem des Todes‹; wurde im April 1915 der am meisten geschätzte Schüler u. Helfer von Gurdjieff ↗. Im Juni 1917 machte Gurdjieff ein Experiment; er versammelte 12 Menschen in Essentuki am nördl. Abhang des Kaukasus ↗, um mit ihnen 6 Wochen intensiv zu arbeiten. O. schreibt, daß Gurdjieff ihnen während dieser Zeit den Plan der ges. Arbeit enthüllte: »... sahen den Anfang aller Methoden, den Anfang aller Ideen, ihre Glieder, ihre Verbindungen und Richtungen...« Im folg. J. machte Gurdjieff ein 2. Experiment in der Nähe von Tuapse am Ufer des Schwarzen Meeres ↗. O. kam von Petersburg, das er am Vorabend der Oktober-Revolution ↗ verlassen hatte, u. bemerkte bald, daß etwas nicht stimmte. Tief beunruhigt von der Richtung, die die Arbeit nahm, sagte er dennoch, sie allein mache es mögl., den Schrecken des Zusammenbruchs des zaristischen Rußlands ↗ zu überleben. Denn die Russ. Revolution ↗ sei nur ein frühes Symptom eines vollständigen Zusammenbruchs der menschl. Gesellschaft (vom Ende der 5. Welt ↗ wurde nicht gesprochen, nur bei Blavatsky ↗), man müsse deshalb nach einer neuen Lebensweise suchen. Den Plan von Gurdjieff, ein Institut zu gründen, nahm O. aber nicht ernst: »Diese äußere Form war eher eine Karikatur.« Die meisten seiner eigenen Gruppe hatten nun Zweifel an Gurdjieff, akzeptierten aber O.s Formel, das System der Gurdjieff-Lehre von der Person Gurdjieff zu trennen. Sein Buch ›Tertium Organum‹ erregte die Aufmerksamkeit der Engländerin Rothermere, die ihn 1921 nach London holte, wo er Vorträge hielt. 1922–1940 bildete er dort die eigene Lehre u. eigene Gruppen aus, finanzierte aber trotz Bruch Gurdjieffs Institut in Fontainebleau bei Paris.

Ovid: Publius Ovidius Naso, röm. Dichter (43 v. Z. – ca. 18). Bat nach der Verbannung durch Augustus ↗ vergebl. um Begnadigung. Hauptwerk: die Metamorphosen (Verwandlungen), zu denen 1558 der folg. Holzschnitt von Clémont Marot entstand, gen. Raub der Europa ↗ (Abb.).

Oxomoco: Nv. für Ixmukane ↗, die zus. mit Gatte Cipactonal (äqv. Ixpiyacoc) Rechnung u. Astronomie erfand (toltek.).

Oya: Oja ↗, Gattin von Schango ↗, der myth. mit einem frühen König Oyo identifiziert wird (Yoruba ↗).

Ozean: von Okeanos ↗ abstammender Begriff für Weltmeer; im strengen Sinn nur der Pazifik ↗, in dem a. Ozeanien ↗ liegt.

Ozeanien: Gesamtheit der Inseln des Pazifik ↗ (= Ozean), bestehend aus Australien ↗, Melanesien ↗, Mikronesien ↗ u. Polynesien ↗ + Osterinsel ↗. These: die auffällige Einheitlichkeit der Kultur, die bis

Amerika im O u. Asien im W ausstrahlt, unterstreicht die Aussage der einheim. Bev., all diese Inseln seien einmal Teil eines riesigen Kontinents gewesen: Lemurien ↗, dann Mu ↗. Hier landete Nommo ↗; als Nommozeichen ↗ in Felsgavierungen der Marquesa-Inseln zu finden (Abb.).

Buchstabe **P**

Grundmotiv 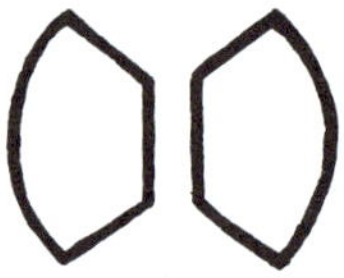 Pflanzentanz

P: Buchstabe P als altir. Buchinitiale. Sie erinnert sehr an das Schema der Göttin Nut ↗, nur ist hier die Umfassung des 8er Kreises ↗ geschlossen u. nicht offen wie beim Hirtenstab. Dafür stimmt die 5-Teiligkeit der äußeren Umfassung als Grundmotiv ↗ A bis P, s. Schöpfung ↗.

Pa: heißt der 1. Monat des Kalenders der Hopi ↗, an die Wintersonnenwende ↗ anschließend; entspr. heißt bei den Germanen ↗ die 1. Rune ↗ (1. Hälfte des Jan.) Pa od. Os ↗. Eine Erweiterung dürften Pachacamac ↗ u. Pachamama ↗ sein.

Pachacamac: ›Weltenschöpfer‹ (Kolumbien ↗ + Peru ↗), in der Quechua ↗-Sprache zusammengesetzt aus Pacha (od. Patscha) = Zeit, Raum, Welt + Camac (od. Kamac, Kamax), abgeleitet von *Kama* = schaffen, beleben. Nv. Illa Tiki ↗ od. Irma ↗, der ›Gott, der mehr Anbetung verdient als die Sonne‹. Riesige Steinmonumente (Abb.) finden sich überall im Urwald. Wirth ↗ meint: »Für die Kultstätten des Irma-Patschacamax oder Pachacamac ist es bezeichnend, daß sie immer auf hohen Felsen, Erhöhungen oder künstlichen Erhöhungen gebaut waren« (Wirth, S. 731). Merkwürdigerweise ist er a.: ›Der Hund, der den Schlüssel zur Erde bringt‹; das würde die Symbolik der hundeartigen Eckzähne erklären u. den Bezug zum Sirius ↗ als

›Hundsstern‹ herstellen, von wo nach afrik. Aussage das Kulturbringer ↗-Paar kam, hier P. + Pachamama ↗. These: den Schlüssel ↗ (ein Archetyp ↗) hält die gezeigte P.-Figur als Ti ↗  in den Händen, Nv. Titi, Kontiki ↗. Was genau geschaffen wurde, ist die 4. Welt ↗, nach diesem Pa ↗ (Vater) ›1. Reich ↗ des Vaters‹ genannt. S. Patolli ↗.

Pachamama: bei den Indianern ↗ der Anden ↗ höchste Göttin, mit der nur die ranghöchsten Priester sprechen dürfen. In Anlehnung an Pachacamac ↗ bietet sich als Übers. ›Weltenmutter‹ an; hier dürften alle Welten ↗ gemeint sein wie bei der germ. Yggdrasil ↗. Da in Peru der gleiche Name a. für Mu ↗ stand, wäre das Äqv. wohl die äg. Göttin Mut ↗.

Pachisi: Ballspiel in Birma, das dem Ballspiel ↗ der Maya ↗ äqv. sein soll, das Pok Ta Pok ↗ heißt.

Padma, Padme: erblühter Lotos ↗ (ind.); auf der Abb. als Rosette ↗ mit 8 Blättern, d. h. der 8er Kreis der Sonne ↗, das Tao ↗ od. die äg. Götterachtheit ↗. Die Gebetsformel lautet Om Mani Padme Hum ↗. P. steht als Symbol ↗ für Lakschmi ↗, s. Hand ↗ (der Anna, Mutter von Maria) u. Zentrum des Diskus ↗ (Kreta). Lt. ind. Wurzelrassenlehre war die 4. Wurzelrasse ↗ ›Kinder des Padmanpani‹ od. Lotosträger, womit der indian. Pachacamac ↗ gemeint sein dürfte; dem Lotos (Padma) entspr. dann das T in Ti ↗.

Pahana: bei den Hopi ↗ eine Figur, deren Wiederkehr ↗ erwartet wird; wie den Azteken ↗ mit Quetzalcoatl ↗, passierte ihnen beim Einfall der Europäer der Fehler, unter diesen ›fremden Brüdern‹ P. zu suchen. Der Name könnte sich zusammensetzen aus Pa ↗ (Vater) u. Anu ↗ (Himmel, göttl.).

Paho: Gebetsstab bei den Hopi ↗, benutzt von den Schlangen- u. Flötengenossenschaften ab Sommersonnenwende ↗, wenn keine Katschina ↗ mehr auftreten. Lt. Wirth ↗ ist das folg. ein ›Schlangen-Paho‹ (Abb.), gefunden in einer Kulthöhle in Eagle Creek, Arizona. Der Kopf fehlt. — These: Die Form entspr. dem 13. Grundmotiv der Geschichte ↗ u. das Wort P. enthält dann den Wechsel von Pa ↗ od. 1. Reich ↗ des Vaters zum Ho (Horus ↗) = 2. Reich des Sohnes. Unter dem Schlangen-P. das entspr. Grundmotiv N ↗ = Sig-Rune ↗ u. Archetyp Hirtenstab ↗.

Paititi: Amazonas ↗-Reich (indian.); Übersetzungsmöglichkeit evtl.: Land (pai, frz. *pays*) des Titi ↗, der wieder ident. ist mit Pachacamac ↗; konkreter saßen hier einmal die Tiodiska ↗, was sich leicht über Tiodi auf titi reduzieren läßt. Aber a. Teoti von Teotihuacan ↗ ist enthalten. Die dortigen Huanca-Indianer sprechen von Riesen und deren Oberhaupt Huari ↗.

Paläontologie: Wissenschaft von den Lebewesen im Verlauf der Erdgesch., als Teil der Evolution ↗.

Palastbau des Baal: Kernstück des Mythos ↗ der Kanaanäer ↗: in 32 Keilschrift ↗-Tafeln in alphabet. Ugarit ↗-Schrift überliefert, aber nur teilw. erhalten. Voraus geht ein krieger. Blutbad, das Anat ↗ (Schwester des Baal ↗) anrichtet; dann verkündet diese Göttin, daß sie von Il ↗ die Erlaubnis zum Bau eines Palastes für Baal erzwingen will, wenn es sein muß unter Anwendung von Gewalt:

»Nicht hat einen Palast Baal gleich dem der Götter
Ein Heiligtum, gleich dem der Söhne der Ascherat,
Eine Wohnung gleich der des Il.«

Il fügt sich erstmals den Drohungen der Anat, die nicht nur den Palast für Baal fordert, sondern a. die Herrschaft über die anderen Götter. Auch die übrigen Götter stimmen, aus Furcht vor Anat, in die Forderung nach einem Palastbau für Baal ein... Nachdem der Palast im Rohbau vollendet ist, wird er durch ein 7tägiges Feuer durchglüht u. vollendet. Ein großes Festmahl aller Götter beschließt den Bau, von dem es heißt:

»Man legt Feuer an den Palast,
Brand an den Tempel.
Siehe, einen Tag, einen zweiten frißt
das Feuer am Palast, der Brand
am Tempel; einen dritten, einen vierten Tag
frißt das Feuer am Palast
Der Brand am Tempel;
einen fünften, einen sechsten gar frißt
das Feuer am Palast, der Brand
am Tempel. Siehe
am siebenten Tag erlischt das Feuer
am Palast, der Brand am Tempel.«

Der Architekt wird Kuscharu-Chasiu gen.; er sorgte dafür, daß der Palast wenigstens 1 Luke ↗ erhält, während Baal wegen Jam ↗ überhaupt kein Fenster wollte. Gleich nach dem Festmahl (Prototyp des Abendmahls der Qumran-Sekte ↗) verdunkelt sich die Situation, Boten künden Baals Tod an u. bald darauf verschwindet dieser in der Unterwelt ↗, Anat sinnt auf Rache. Es kommt zu einer dramat. Auseinandersetzung zw. ihr u. dem ›Todesgott‹, den sie schließl. tötet, was die Wiederkehr ↗ von Baal zur Folge hat. — These: entmythologisiert handelt es sich um den Bau der Großen Pyramide ↗.

Palästina: lange vor der israelit. Landnahme ↗ war P. Teil von Kanaan ↗; dann fielen nach ihrer Abwehr durch Pharao Ramses III. die Philister ↗ in Kanaan ein u. eroberten das heute P. gen. Gebiet; der Name geht auf das äg. Palestiou (Philister) zurück. Seine nördlichste Stadt war Dan, am Fuß des Berges Hermon, die südlichste Gaza. Im O reichte das neue Land bis zum Jordan ↗, wurde aber unter König David ↗ auf einen schmalen Küstenstreifen zurückgedrängt, der prakt. die Fortsetzung von Phönizien war. Heute größtenteils von Israel ↗ annektiert, wobei seit 1948 ca. ½ Mio Palästinenser ↗ flohen od. vertrieben wurden. Der Rest gehört zu Jordanien ↗.

Palästinenser: ehem. Palästina ↗ bewohnend u. Nachf. der Philister ↗. Inzw. wächst die 3. Flüchtlingsgeneration in Lagern heran u. hält am Anspruch auf eigenen Staat fest.

Palenque: Ruinenstätte der Maya ↗; der berühmteste ›Tempel der Inschriften‹ stand auf einer 8stufigen Pyramide als Nr. 9, was an die Weltenlehre ↗ erinnert (Abb. 2). Von ihm führten 66 Treppen zu einer Grabkammer, 2 m unter der Pyramidenbasis. Die Steinplatte des Sarkophags (Abb. 1) zeigt den im Popol Vuh ↗

Abb. 1

gen. Zwilling (Astronaut ↗) beim Abschuß des Siebenpapagei ↗ (l.), was dem 1. Besuch von Nommo ↗

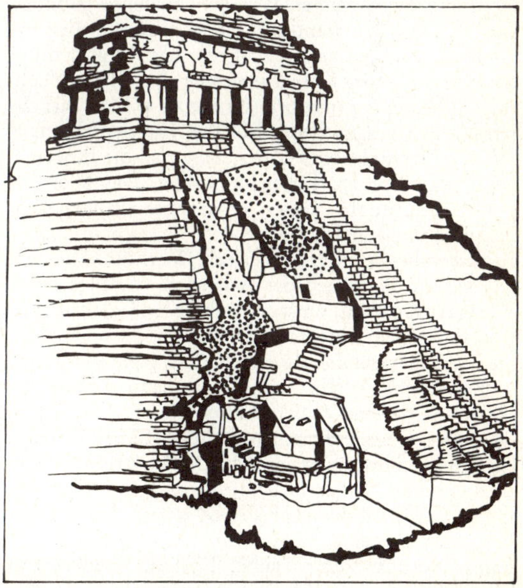

Abb. 2

entspr., der Ogo ↗ zerstört. A. die Leiche im Grab bezog sich offensichtl. auf die Landung ↗, denn in ihrer

r. Hand befand sich eine große quadrat., in der l. eine runde Perle. An den Wänden gemalt die Prozession von 9 Priestern, wohl die ›9 Herren der Nacht‹, die eigtl. 9 Paare sind u. damit die 18 Monate zu 20 Tagen, d. h. den Haab ↗ repräsentieren, das neue J. nach Verschiebung des Planeten Erde ↗ durch die Planetzerstörung 7-Papagei. — Erbaut im 6. Jh., als Teotihuacan ↗ zerstört wurde. Liegt am Innenrand der Halbinsel Yucatán ↗, ehem. Gebiet der Olmeken ↗.

Pali: Sprache in Indien ↗, die a. Gautama ↗ gesprochen haben soll; in ihr wurden seine Lehren zunächst festgehalten. Spätere Berichte über Jesus ↗ wurden ebf. in P. übertragen.

Paliau Bewegung: in Melanesien ↗; benannt nach Paliau, der 1947 zum 1. Mal u. 1950 zum 2. Mal verhaftet wurde wegen Verkündigung der baldigen Abschüttelung des Kolonialismus ↗ im Rahmen der Endzeit ↗, den Prophezeiungen von Filo ↗ (ab 1940) folgend.

Palladion, Palladium: im Mythos die vom Himmel gefallene Holzstatue der Pallas Athene ↗, die angebl. von Äneas ↗ aus Troja ↗ nach Italien getragen worden war. Vor dem Raub schützte sie die Stadt Troja, danach galt sie als Voraussetzung für den Sieg der Griechen über Troja. Kaiser Konstantin ↗ nahm sie als hl. Talisman des Röm. Imperiums aus Rom nach Byzanz ↗ mit. — Beim erwähnten Raub soll Helena ↗ geholfen haben, jedoch behaupten die Römer, es sei nur eine Kopie gewesen. — Apollodor gab die Größe mit etwa 1,40 m an. Der Name hängt mit Pallas ↗ zusammen.

Pallakide: Gottesweib ↗ des prädynastischen ↗ Ägyptens; wurde vom Königtum ↗ verdrängt, war also für das 2. Matriarchat ↗ typ. u. danach nur noch eine kult. Einrichtung, die in der Spätzeit zur Tempelprostitution verkam. In der äg.-griech. Offenbarungsliteratur stößt man auf »... die Anschauung, daß sich in der geschlechtlichen Vereinigung mit dem Gott eine Übermittlung geheimen Wissens vollziehe« (Bonnet, S. 579). These: das war das Mysterium der Großen Pyramide ↗ als Hierogamus ↗: 1) der Isis ↗ mit dem toten Osiris ↗ in der Königinkammer ↗ u. 2) der Nephtys ↗ desgl. in der unterird. Grube ↗. — Man darf das mit Maria ↗ vergleichen (Nr. 1) od. mit der Nonne ↗ (Nr. 2). Noch Herodot ↗ berichtet, daß die P. wenigstens zeitweilig im Tempel ↗ schlief. Das Wort ist griech. u. dürfte auf Pallas ↗ = Mädchen zurückgehen, im Sinne von Jungfrau (II) ↗.

Pallas: wahrsch. ein frühes griech. Wort für Mädchen; wurde zum Beinamen der Athene ↗, s. Palladion ↗. Wie es dazu kam, ist umstritten: Manche Gelehrte meinen, P. sei vielleicht der Name einer Göttin gewesen, die die eindringenden Griechen ↗ im Land vorfanden u. mit Athene gleichsetzten. These: dann war dies die ›Pallakide ↗‹ Anat ↗, deren Umdrehung ↗ fast Athena ergibt. — Andere meinen, Athene habe unabsichtl. eine Spielgefährtin namens P. getötet u. dann zur Erinnerung deren Namen übernommen. — Der Name erinnert aber a. an die pazif. Pele ↗ wie an die Vorsilbe Pelas bei Pelasger ↗.

Palma Blanca: weiße Taube, Titel der Madonna in Südspanien, die beim Pfingstfest im Vogelparadies Marisma ↗ gefeiert wird. S. Taube ↗ als Symbol.

Palme: in Ägypten der Hl. Baum der Hathor ↗ u. Symbol der Astrologie ↗. Die Stilisierung als Säule ↗ (Abb.) rückt die Palmblätter in auffallende Nähe der Doppel-Feder ↗, sodaß P. a. leicht zu Palma = Taube ↗ wird. Es gibt Vermutungen, daß urspr. der Baum ↗ der Erkenntnis ↗ eine Dattel-P. (wie bei Hathor) u. kein Apfel ↗-Baum war. — Die Kombination von 7 Palm-Zweigen oben u. 5 Querbinden darunter läßt an die endzeitl. Verbindung von Horus ↗ (5) u. Hathor als ›Braut‹ (7, die 7 Hathoren) denken – als Voraussetzung des Friedensreiches ↗ im Z. der Taube (P.).

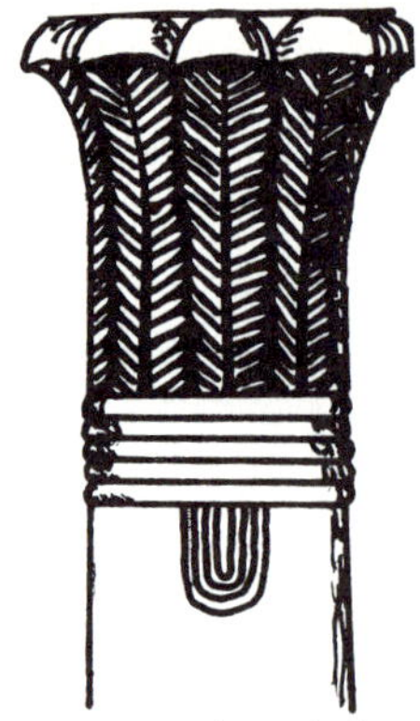

Palülükonti: die ›gehörnte u. gefiederte Schlange‹ bei den Hopi ↗; sie weilt, wie die Mutter der Katschina ↗, in der Unterwelt ↗ u. wird durch dramat. Tänze in der Kiwa ↗ ›versöhnt‹. Ihr Altar (›Haus‹) besteht aus einer gewebten Baumwollwand mit 6 runden Öffnungen, durch die 6 Schlangen gesteckt werden, lt. Wirth ↗ als ›Jahres- und Weltsymbol‹; die größte, sog. Mutterschlange, heißt *Palülükonuh yüamu.* Das Symbol ist sehr verbreitet: im Codex Borgia sieht man sie als Hirtenstab ↗ (Abb.), ähnl. bekämpft wie auf sum. Rollsiegeln die Tiamat ↗. Seltsamerweise tauchen aber neben der ungehörnten Quetzalcoatl ↗ a. Bilder einer gehörten Quetzalcoatl auf. Da die sum. Hörnerkrone ↗ für Planeten stand, könnte die Zahl 6 des P.-Altars auf Ogo ↗ verweisen. Die Kultfeiern beginnen im Pa ↗-Monat nach Neujahr, setzen sich fort im 2. Monat (Geburt des Seth ↗?), u. dann wird aus P. Ankwati ↗ (März) mit Palülükonu ↗.

Palülükonu(h): weibl. Form von Palülükonti ↗: blaugrün gefiedert, mit Brüsten u. ›büffelgehörnt‹ lt. Wirth, was an ein Nagual ↗ der Weißen Büffelkuhfrau ↗ denken läßt. Als Diener erscheint ein Hund ↗.

Pan: griech. Gott mit Ziegenbeinen u. -hörnern, die seine Mutter bei der Geburt so erschreckt haben sollen, daß sie weglief. These: mit Ziege ↗ landet man im Steinbock ↗-Sektor u. bei der Geburt des Seth ↗, Satan, wozu paßt, daß lt. Jung ↗ P. die Vorlage zur traditionellen Teufelsfigur wurde. — Nach Aristoteles war es gestattet, Hund ↗ durch P. zu umschreiben, denn Pindar bez. ihn als ›seine Gestalt wechselnden Hund der großen Göttin Gaia‹; als Hund wurde a. der äg. Seth symbolisiert. Sein plötzl. Erscheinen löst die nach ihm benannte Panik od. panischen Schrecken aus. Die von ihm erfundene Syrinx od. Pansflöte entstand im Mythos ↗ so: er verfolgte die keusche Nymphe ↗ Syrinx, die sich an einem nicht mehr überquerbaren Fluß in Schilfrohr verwandeln ließ. P. kam zu spät, riß die Rohre aus, schnitt sie zu versch. Länge u. klebte sie mit Wachs zusammen. Die Abb. zeigt 7 Rohre, eingefügt in 7 Kreise mit den Planeten fast in der Reihenfolge des Babylonischen Turms ↗, von außen nach innen: Saturn, Jupiter, Mars, Erde, Venus, Merkur u. Mond. D. h., die Erde ist eingeschoben u. die Sonne weggelassen, was auszudrücken scheint, daß die Erde (die a. den äg. Seth vertritt) ins Zentrum gerückt wird; P. hält sie zusätzl. als Kugel in der gleichen Hand, dorthin gerückt, wo die Sonne sein müßte. In der r. Hand der Hirtenstab ↗, man vergl. mit der ›gehörnten, gefiederten (hier mit Flügeln versehenen) Schlange‹ Palülükonti ↗. Namensableitung von P. = groß, alles od. ›der, der füttert‹.

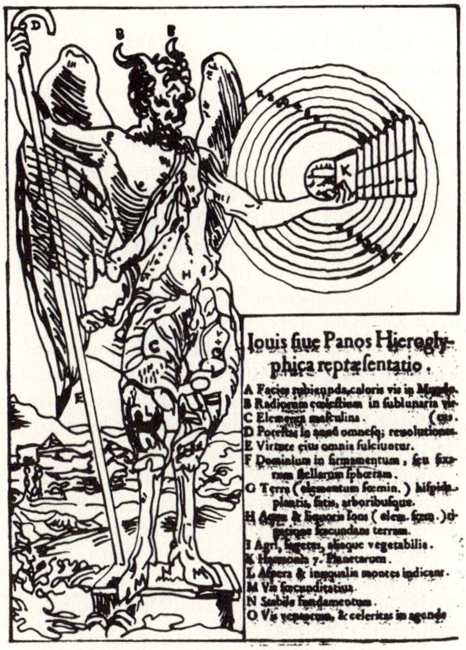

Panca Jana: Nv. für Aditi ↗, die Jana ↗ enthält, sodaß man Panca als Pan (groß) u. Ca (Ka ↗ = Geist) verstehen könnte, also P.J. = ›Großer Geist der Doppelgesichtigen‹.

Panchen Lama: 2. Großlama der Gelupa ↗-Kirche; ab 1728 von den mongol. Mandschu ↗ als Rivale des Dalai Lama ↗ eingesetzt u. als Inkarnation des Dhyani-Buddha Amitabha (tib. Öpame) verstanden. Er kann seiner Natur nur treu bleiben, wenn er in geistl. Beschaulichkeit verharrt u. sich von jedem Kontakt mit der säkularen Welt fernhält. Besitzt geistl. Vorrang über den Dalai Lama, kann aber nie als Herrscher amtieren. Sitz war das Kloster von Tashilhunpo (beim Dalai Lama Lhasa).

Pandit: im Sanskrit ↗ Titel von Gelehrten des Brahmanismus. Am bekanntesten Pandit Vijaya Lakshmi, ind. Chefdelegierte bei der UN ↗, a. den Namen Lakschmi ↗ (Göttin) tragend.

Pandora: nach griech. Mythos die 1. Frau; der Name bed. Alle (= Pan) Geschenke; jedoch war ihr Krug mit allen Arten von Übeln angefüllt = Büchse der Pandora. Diesen Leidensinhalt hatte Zeus ↗ mitgegeben als ›Rache‹ am Menschengeschlecht, nachdem Prometheus ↗ dessen Los verbessert hatte. Eine Var. vom Paradies-Verlust ↗.

Pangermanismus: polit. Schlagwort für Bestrebungen, alle Völker germ. Herkunft zu vereinen; Teil der Nazi-Ideologie ↗, aber als Begriff älter.

P'an Hu: myth. Hund eines chin. Königs: der hatte demjenigen seine Tochter zur Frau versprochen, der ihm den Kopf seines Feindes bringen würde. Der Hund erfüllte die Aufgabe, verschleppte die Tochter in eine Höhle weit im S u. dort brachte sie ihm 12 Söhne u. Töchter zur Welt. Sie gelten als Vorfahren aller Rassen des Südens, die keine Chinesen waren: die Man, Mao, Min od. Mang. P.H. wird bes. in Nordvietnam verehrt. Vielleicht ein Äqv. des Pan ↗.

Pantheon: Gesamtheit aller (= Pan) Götter ↗ eines Volkes.

Panther: Leopard; das Fell ist eine Art Lichtnetz über dunklem Grund (s. Netz ↗ als Symbol), was die Tarnung fast absolut macht. Klüger als der Tiger u. wilder als der Löwe ↗, Var. des Jaguars ↗. Symbol der Black-panther ↗.

Papa: Vater (lat.), Verdoppelung von Pa ↗. Kirchl. Bez. vom Papst ↗.

Papagei: wegen der Farbigkeit des Gefieders u. der Fähigkeit, die menschl. Sprache nachzuahmen, manchmal ›sprechender Regenbogen‹ gen. (so im Großen Reader's Digest Tierbuch); als Symbol im Popol Vuh ↗ der Siebenpapagie ↗, s. Abb. Palenque ↗.

Papst: lat. Papa ↗, Oberhaupt der röm.-kath. Kirche ↗ seit Petrus ↗ u. Stellvertreter von Jesus ↗ bis zur Wiederkehr ↗. Zeitw. trugen die P. wie Osiris ↗ Hirtenstab ↗ + Geißel ↗, sonst wie heute nur Hirtenstab. Im 16. Jh. tauchte eine prophetische Papstliste auf (anonym), die von 1143 bis zum ›Ende der Welt‹ (These: der 5. Welt ↗) 112 Päpste esot. verschlüsselt aufführte. Danach heißen die letzten 5:

108 – Flos florum (Blume der Blumen) = Paul VI., 1962–79
109 – De medietate lunae (vom Halbmond) = Johannes Paul I., 1979
110 – De labore solis (von der Sonnenfinsternis) = Johannes Paul II., 1979 –
111 – Gloria olivae (Ruhm des Ölbaumes)
112 – Petrus II.

Da das, was ab Nr. 110 kommen soll, keine guten Aussichten für die Menschheit eröffnet, werden die geheimnisvollen Weissagungen von einem Teil der Gelehrten als haltlose Phantasterien bezeichnet (DNZ); der Vatikan ↗ selbst dürfte aber insgeheim von der Richtigkeit überzeugt sein, denn Nr. 110 sagte öffentl., wenn a. sehr vorsichtig: »In gewisser Weise leben wir wieder in einem Advent...« u. d. h. doch nichts anderes, als in der Zeit kurz vor dem echten Weihnachten ↗. — Äthiopien ↗ behauptet, Petrus sei ein Schwarzer gewesen; dann wäre nach 3 weiteren afrik. P. der Frühzeit: Viktor I. (189–199), Melchiades (311–314) u. Gelasius (492–496) der letzte P., der wieder Petrus heißen soll, a. wieder ein Schwarzer: tats. stand bei der Wahl des jetzigen P. (Nr. 110) ein Afrikaner in engster Auswahl. Zum P. ›von der Sonnenfinsternis‹ wäre zu vermerken, daß er im J. der Sonnenfinsternis ↗ 1981 (31.7.) von einem Attentäter angeschossen u. schwer verwundet wurde, zudem auf den Tag genau 50 J. nach der Marienerscheinung von Fatima ↗. Zieht man außerdem den regelmäßigen Zyklus von Sonnenfinsternissen = 18 J. hinzu, landet man beim Ende der 5. Welt 1999, s. Endzeit ↗.

Papua: Ureinwohner von Neuguinea ↗: keine Häuptlingswürde, kein erbl. Rang. Es besteht ein gewisses Ideal der Gleichheit, das sich in einem aggressiven Individualismus ausdrückt. Neben fast permanentem Kriegszustand dient a. der Güteraustausch der Rivalität, hat selten eine wirtschaftl. Funktion. – Über den ›Clangeistern‹ nimmt ein weibl. Wesen die Spitze der riesigen pyramidenförmigen Zeremonialhäuser ein (Abb.), was zus. mit der Gleichheit an eine Form des frühen Taoismus ↗ denken läßt.

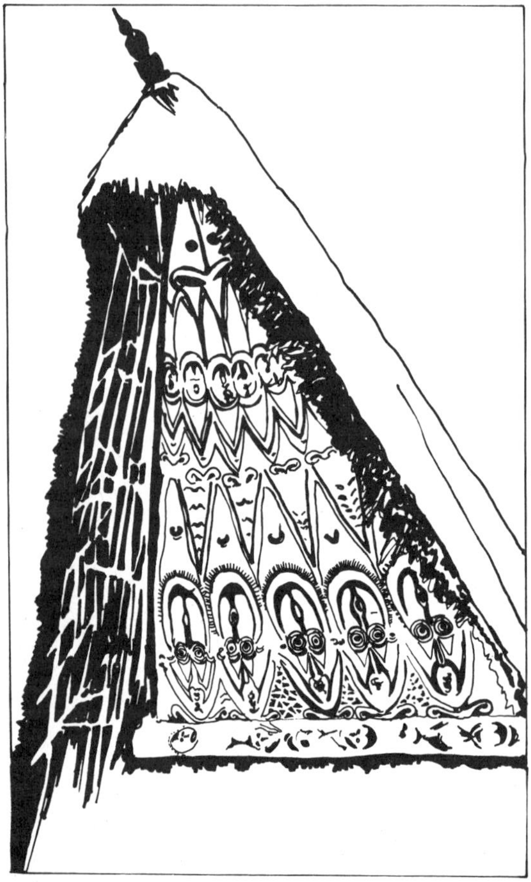

Papyrus: äg. Uaz ↗, a. als Schriftbild für Grün eingesetzt (s. Farben ↗) u. als Symbol ausschließlich Zepter der Göttinnen, ein ›heilbringendes Zeichen‹. Vielleicht tritt zur Farbe grün noch die Dreieck ↗-Form ▽ des Stengels. P. wurde a. zur Wappenpflanze von Unterägypten (s. Km.T ↗), das direkt P.-Land hieß (Abb.), gekoppelt mit Isis ↗ als Uto ↗ (Uräusschlange). – Aus P. stellte Ägypten Schreibmaterial in Blatt- u. Rollenform her, zum Beschreiben dienten Tinte u. Rohrhalm. A. als Säule ↗ wurde P. stilisiert. – Früher bedeckten ganze P.-Wälder das Nil ↗-Tal, so wurde er a. zum ›Sinnbild der entstehenden Welt‹ (= der 5. Welt ↗).

Parabel: als geometr. Figur (Abb.) besteht sie aus einer vertikalen Leitlinie, die von der 2. gekrümmten Linie nicht berührt wird. Bevorzugtes Kompositionsmodell im Manierismus ↗ u. dem Grundmotiv ↗ ähnl., das Buchstabe K zugeordnet ist.

Parabrahman: das, was Brahman ↗ vorausgeht. Blavatsky ↗: »Parabrahman ist der Para (Jenseits des Dinges an sich aller Dinge an sich) Aspekt der Vach ↗ (Aditi ↗), des weiblichen Logos ↗« (I, S. 466). Und: »Das Weltall wurde nach seinem idealen Plan entwickelt, welcher von Ewigkeit in dem Unbewußtsein dessen, was die Vedantisten ↗ Parabrahman nennen, enthalten war. Dies ist praktisch identisch mit den eingeborenen, ewigen und selbstexistierenden Ideen des Plato ↗« (ebd., S. 302). D. h., mit den Präexistenten Ideen des Sokrates ↗, s. Ideenlehre ↗. These: aber a. dies nicht ausgebreitet in die 24 Grundmotive ↗ des Kosmos, sondern als ihre Einheit, aus Ur-X ↗. Dazu paßt Blavatskys Satz, daß der Logos im Schoße des P. schläft. »Die beste metaphysische Definition der ursprünglichen Theogonie im Geiste der Vedantisten ist in den ›Bemerkungen zur Bhagavad Gita‹ von T. Subba Row zu finden. Der Vortragende sagt seiner Zuhörerschaft über Parabrahman, das Unbekannte und Unerkennbare: Es ist nicht Ich, es ist nicht Nicht-Ich, noch ist es Bewußtsein... es ist nicht einmal Atma ↗... aber, obwohl nicht selbst ein Gegenstand der Erkenntnis, ist es doch im stande, jede Art von Objekt und jede Art von Dasein, welche Gegenstand der Erkenntnis wird, zu tragen und hervorzurufen... (Es ist) die eine Wesenheit, aus welcher ein Energiezentrum ins Dasein tritt... (welches er den Logos nennt)« (ebd., S. 461). – Äg. Äqv. ist Ntr ↗.

Paracelsus: Name, den sich Theophrast Bombast von Hohenheim (1493–1541) selbst gab. In der Schweiz als Sohn eines schwäb. Arztes geb., wird er nach unstetem Wanderleben durch ganz Europa in Basel Stadtarzt u. Professor. Gab allem bloßen Buchwissen den Abschied u. suchte die wirkl. Natur zu erfahren, weshalb er a. Naturphilosoph gen. wird. Steht zus. mit Luther ↗ am Anf. der Deutschen Philosophie ↗. Suchte hinter der ›ultima materia‹ die ›prima materia‹ = Iliados ↗. In seinem Namen ↗ ist Para wie bei Parabrahman ↗ ausgedrückt, nur daß P. nicht über Brahman, sondern Celsus hinausgehen will: womit entw. der Römer A. C. Celsus (1. Jh.) gemeint ist, der 8 Bücher über Medizin schrieb, od. der griech Philosoph Celsus (2. Jh.), der als Anhänger von Plato ↗ gg. das Christentum schrieb. Standpunkt: »Nun ist die Philosophie so beschaffen, daß der Krankheiten Art, Materie und Eigenschaft mit all ihrem Wesen aus ihr allein verstanden werden, aus ihr und nicht aus einer anderen Kunst, allein aus der Philosophie. Und wenn eine Grundlage von etwas anderem hergenommen wird als von dieser Philosophie, so ist das ein Betrug...« Anleitungen zum Homunkulus ↗. Schüler: Helmont. – Philosophie-Verständnis: »Philosophie ist die unsichtbare Natur.«

Paradies: als Wort von Pairidaez (Avesta ↗) stammend, das eine Festung od. einen umschlossenen Ort meint, mit Pairi, einer Lebensform, die mit dem Kosmos ↗ in Einklang steht. Globale Überlieferungen: 1) Himml. Paradies, nur ›im Flug‹ zu erreichen, Ziel des Schamanismus ↗. Äqv. Earu ↗ (äg.) u. davon abge-

leitet das Himmlische Jerusalem ↗.
2) ird. P., das verloren geht, s. Paradies-Verlust ↗. Immer im O gedacht. These: = Lemurien ↗. Steht im Zentrum des Taoismus ↗ als ein Leben in Naturnähe, ermöglicht durch das Fehlen des Dualismus Yin ↗-Yang ↗; als Ch'Ung-Ming Inseln ↗ erhalten. Moses ↗: »Und Gott der Herr pflanzte einen Garten in Eden ↗, gen Morgen, und setzte den Menschen drein, den er gemacht hatte.« Dies ist der hermaphrod. Mensch der 3. Wurzelrasse ↗ vor Trennung in Adam + Eva (männl. + weibl.). »Und es ging aus von Eden ein Strom zu

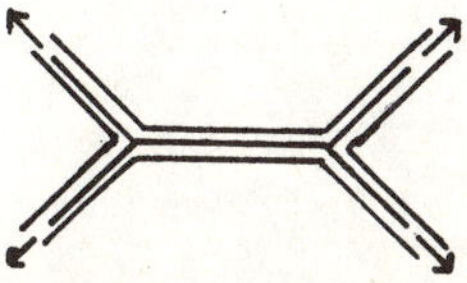
Schema 1

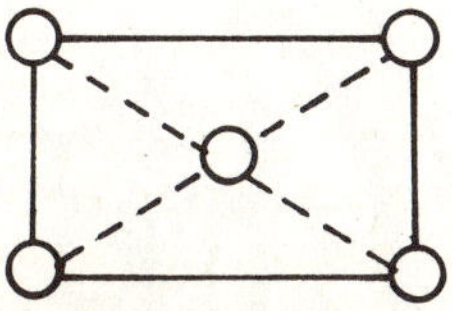
Schema 2

wässern den Garten, und teilte sich daselbst in 4 Hauptwasser.« Daraus machte die Symbolik das Schema eines liegenden Menschen (Schema 1), od. eher umgek. machte die Bibel ↗ aus diesem Grundmotiv ↗)((das schon so lange Dorfstrukturen in Afrika bestimmte, a. die Struktur von Km.T ↗ = Ägypten) ihren Text, dessen Fluß- u. Ländernamen teilw. irreführend sein dürften: Gihon, umfließt ganz Mohrenland (äqv. Afrika), Phrat (wohl Euphrat ↗) verweist nach Mesopotamien ↗ (äqv. Asien), Pison »... fließt um das ganze Land Hevila und daselbst findet man Gold...« (das müßte nun Amerika ↗ sein, an das Lemurien ebf. anstieß) u. Hiddekel, »das fließt vor Assyrien«: größte Unstimmigkeit; denn nun fehlt noch Atlantis ↗ (Europa), weshalb das Weltideogramm ↗ der Maya (Schema 2) besser ist. — »Mitten im Garten« aber wachsen plötzl. 2 Bäume, von denen nicht gegessen werden soll: der Baum ↗ des Lebens u. der Baum der Erkenntnis ↗ von Gut + Böse. Man findet sie in Ägypten als die 2 Djed ↗. Vom Weltenbaum ↗, der lt. Edda ↗ im Midgard ↗ stand, keine Spur: er ist die Gesamtstruktur vom P.
3) wiederkehrendes P. als Zukunftshoffnung, nach W verlagert, z. B. als Hsi Wang Mu ↗. These: übernommen als Zion ↗ mit Variation der ersten 2 Silben: Hsi (wird Zi) Wang (wird On) unter Weglassung von Mu ↗, d. h. der Mu-Nachfolge ↗.
Der Wunsch nach dem P. entspr. bei den Katharern ↗ dem Gral ↗. In der ›Pistis Sophia‹ (Buch der Gnosis ↗) wird in dunklen Worten von 24 Mysterien in 24 Äonen, gesprochen; a. gibt es darin 5 Z., 7 Vokale, 5 Bäume u. 7 Amen, die der Pilger auf seinem Weg zum P. kennen muß (Seligmann). Das führt, aus der Zahlenmystik ↗ entlassen, zur Summe 72: 72 Fu-Ti ↗ od. kleine Höhlenp. bzw. Glücksländer kannte der Taoismus; 72 Einheiten bilden die äußere Hälfte der Weltformel ↗ (wie hier 12 + 12 + 24 + 24), u. im Rahmen des Gesamtkosmos ↗ bilden 72 Mrd. J. das Mittelstück, den Rhombus ↗, gebildet aus den 2 Cherubim ↗ (Hüterinnen des P.). — S. Hawaiki ↗ + Ciuatlampa ↗.

Paradies-Verlust: in der Bibel ↗ begr. Moses ↗ den Verlust des ird. Paradieses ↗, Eden ↗ gen., durch den Griff von Eva ↗ nach dem verbotenen ›Baum der Erkenntnis‹, verführt durch die Schlange ↗, wie sie ihrerseits Adam verführt, das Verbot ebf. zu brechen. Als Strafe folgt zunächst die Verdammung zu Schwangerschaft ↗ u. Unterwerfung unter den Mann für Eva, Verdammung des Ackers u. Arbeit im Schweiß des Angesichts für Adam, dann heißt es:
»Nun aber, daß er nicht ausstrecke seine Hand, und breche auch von dem Baum des Lebens, und esse, und lebe ewiglich; ... Und trieb Adam aus, und lagerte vor den Garten Eden den Cherub mit einem bloßen hauenden Schwert, zu bewahren den Weg zu dem Baum des Lebens.«
1.These: es muß heißen Baum des Ewigen Lebens ↗; letzteres ist a. ein Archetyp ↗ u. wird ab 6. Welt ↗ zugänglich. Inter., daß schon in diesem Satz die Diskriminierung der Frau ↗ beginnt, es wird nur noch von Adam gesprochen. Was sich aber wirkl. ereignet hat, wird aus dem Text nicht klar. 2. These: es ist der Wechsel von 3. zu 4. Welt ↗, der 1) die Stellung des Planeten Erde ↗ veränderte, was zweifellos a. ein bis dahin paradies. Klima beendete, Lemurien ↗ verkleinerte u. die Verbindung mit anderen Kontinenten unterbrach, 2) erfolgte die Kreuzung (s. Hl. Hochzeit ↗) mit Astronauten ↗, die als Paar hier wohl durch den Baum der Erkenntnis + die Schlange symbolisiert wurden, in der Kabala ↗ Adam Kadmon + Lilith ↗. Da Kinder (Kain ↗ + Abel ↗, dann Seth ↗) erst nach dem P. entstehen, muß die Landung ↗ nach der Erd-Verschiebung erfolgt sein, die evtl. durch Mutation die Anzahl der menschl. Chromosomen ↗ erweiterte, was in der Evolution ↗ offensichtl. nicht vorgesehen war. Denn mit dem 6. Tag (der Sekundärschöpfung ↗), d. h. mit dem Urmenschen ↗ als Krönung, sollte das Werk abgeschlossen sein u. ein ird. Paradies bleiben. Stattdessen begann Geschichte ↗ bzw. Kultur ↗ u. das Opfer ↗. A. außerhalb der Bibel findet sich vergleichbares: das Eintreffen von Nommo ↗ (afrik.), äqv. Tane ↗ (pazif.), äqv. Kojote ↗ od. Pachacamac ↗ (indian.).

Parallelismus: ein Stilmittel der Literatur, durch Wiederholung des Gleichen, eine Par. zum schon Gesagten, die Aussage zu variieren. Grundmotiv ↗ Dramatik der variierten Wiederholung (Y), überliefert von Ägypten, Sumer (Gilgamesch-Epos ↗), Bibel ↗, sehr stark in Afrika, aber a. bei den Germanen ↗ u. dann wieder bei Shakespeare ↗ zu finden. Bsp.:
Äg. Totenbuch ↗:
»Mache kräftig mein Herz!
Könnt ich mächtig werden, mit der Macht aller Götter,
Mit der Kraft aller Toten und aller geheiligten Geister
Wohlan, nun bin ich kräftig im Übermaß aller Kräfte!«
Sumer:
»Wer da sagt: Ich möchte in dieser Stadt wohnen,
findet dort keine gute Wohnung.
Wer da sagt: ich möchte mich in Akkad zur Ruhe legen,
findet dort keine gute Schlafstätte.«
Bibel, Hohelied des Salomo ↗:
»Ich bin eine Blume zu Saron,
und eine Rose im Tal
Wie eine Rose unter den Dornen
so ist meine Freundin unter den Töchtern.«

Edda ↗:
»Die Sonne nicht wußte, wo sie Sitz hätte
Der Mond nicht wußte, was er Macht hätte,
Die Sterne nicht wußten, wo sie Stätte hätten...«

Parapsychologie: jenseits (= para) der Psychologie ↗ angesiedelte Wissenschaft ↗ für Phänomene des Okkultismus ↗.

Paria: jenseits (para) des Kastenwesens ↗ angesiedelte Inder, sog. Kastenlose, von der Gemeinschaft ausgestoßene Entrechtete, denen es oft sogar verboten war (ist), die öffentl. Straßen zu benutzen, damit ihr Schatten ↗ nicht die ihnen übergeordneten Zweimalgeborenen ↗ besudelt - sie gelten als nur Einmal-Geborene u. rechnen damit nicht zur menschl. Gesellschaft, s. Wiedergeburt ↗ allgemein.

Paris: im griech. Mythos ↗ Prinz von Troja ↗: Kassandra hatte seiner Mutter Hecuba schon während der Schwangerschaft vorausgesagt, das Kind werde Troja vernichten, weshalb es nach der Geburt auf dem Berg Ida ↗ ausgesetzt wurde. Gesäugt von einer Bärin, dann aufgewachsen bei Hirten, kehrte er schließl. zurück; man vergaß die Warnung. Als bei einer Hochzeit eine nichteingeladene Göttin einen goldenen Apfel aus Rache unter die Gäste warf, auf dem ›Für die Schönste‹ stand, entbrannte heftiger Streit unter den Göttinnen Hera ↗, Athena ↗ u. Aphrodite ↗. Man bat deshalb P., die Wahl zu treffen. Die Göttinnen versuchten ihn zu bestechen: mit Herrschaft über die Welt (Hera), mit ewigem Sieg in allen Kriegen (Athene) u. mit der schönsten Frau der Welt, Helena ↗ (Aphrodite); P. entschied sich für letzteres u. gab Aphrodite den Apfel. Bald darauf entbrannte der Trojanische Krieg ↗.

Paris: frz. Hauptstadt; gehörte im 7. + 6. Jh. v. Z. zum Kernland der Kelten ↗ (s. Karte), war aber wohl schon

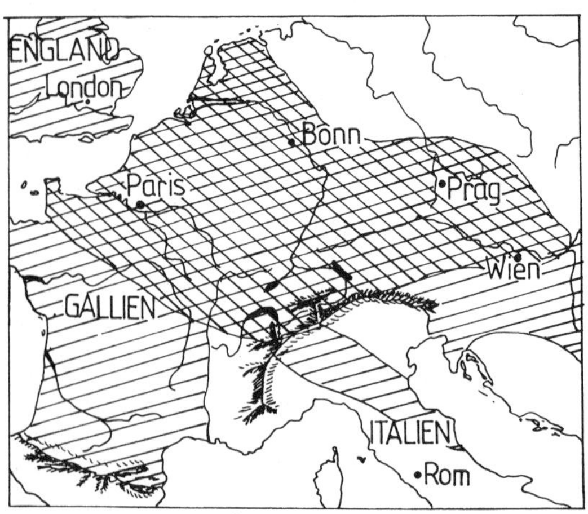

Doppelt schraffierte Fläche = kelt. Herzland; einfach schraffierte Fläche = die weitere Ausdehnung bis 250 v. Z.

davor eine phöniz. Handelsstation, weil so bequem an der Seine liegend u. leicht vom Atlantik zu erreichen. Die Seine-Quelle war Heiligtum der kelt. Göttin Sequana. Noch älter dürfte die unter Notre-Dame ↗ gelegene Isisgrotte ↗ sein. Cäsar ↗ erw. P. als Lutetia Parisiorum. Evtl. stammt der Name von Per ↗ (Tempel der) Isis ↗.

Parnaß: Berg in Griechenland ↗; bes. berühmt, weil Delphi ↗ an seinem steilen Abhang liegt. Wurde als Lieblingsplatz der 9 Musen ↗ u. des Apollo ↗ angesehen. Als sich die Sintflut ↗ verlief, soll hier das Boot des einzig überlebenden Paares Pyrrha + Deukalion gestrandet sein. S. Dorer ↗.

Parsen: Anhänger der Spätform von Zoroasters ↗ Lehre, die Persien ↗ verließen u. heute v. a. in Indien ↗ zu finden sind. Die pars. Mythol. kennt 7 Himmel ↗; ihr hl. Buch ist das Avesta ↗. Die Toten ↗ wer-

den auf den ›Türmen des Schweigens‹ ausgesetzt. Da sie die Ehe mit Menschen anderer Religion ablehnen u. a. keine Gläubigen neu aufnehmen, geht ihre Zahl ständig zurück: heute nur noch 85000. — Im Zentrum der Feuer ↗-Altar, auf einem Doppelbildnis des Sassaniden-Königs Schapur I. hat er insg. 7 Absätze wie der Babylonische Turm ↗, wenn a. in anderen Proportionen (Abb. Münze). Ähnl. Wiedergaben sind als Relief zu finden. Im Hof eines an der Grenze zw. Iran + Afghanistan ausgegrabenen Turmes fand man 3 Feueraltäre, nach Ansicht der Archäologen Ahura Masda (Ohrmuzd ↗), Anahita + Mithras ↗ geweiht.

Parthenon: einstmals schönster Tempel von Griechenland ↗, heute Ruine (Abb.), auf der Akropolis von Athen gelegen u. der Athene ↗ geweiht. Im Innern stand ihre Statue, 12 m hoch u. ganz aus Gold u. Elfenbein, gekleidet in ein Gewand aus purpurnem Gewebe, bestickt mit ihren Mythen. Der Bau begann 447 v. Z., 12 (od. 13) J. nach der Einnahme von Memphis ↗ u. war 432 v. Z. fertig (da war Sokrates ↗ 38 J. alt). Die Säulen enth. die Zahlen der 2 oberen Chakras ↗ des Tibet: 2 Längsseiten à 16 = 32
2 Querseiten à 8 = 16
48

was den Aufbau der Sonne ↗ ergibt. Der das Bauwerk umgebende Fries stellte die Prozession der alle 4 J. abgehaltenen Panathenaia = Festspiele zu Ehren der Athena dar; die Teilnehmer tragen runde Wasserkrüge. Der Ostgiebel zeigt ihre Geburt, der Westgiebel ihren Sieg (Nike ↗) über den ›Meergott Poseidon‹. Ersteres ist die 1. Darst. einer griech. Göttergeburt, was damit übereinstimmt, daß in dieser Zeit die Wiederholung ↗ der 24 Grundmotive der Geschichte ↗ begann. Die Ausrichtung des P. auf Ost-West läßt in Bezug auf

Athenes Geburt u. Sieg an die Wanderung des Paradieses ↗ bzw. der Mu-Nachfolge ↗ denken.

Partikelnatur des Lichts: 1 der 3 Naturen des Lichts ↗, a. Teilchen-Natur gen.; heute spricht man von Quanten ↗.

Parvati: Gefährtin, Gemahlin; allg. Sati ↗, P. des Schiwa ↗. Im Nigama ↗ richtet sie unter diesem Namen das Wort an ihn.

Parzen: röm. Name der Moiren ↗ (Schicksalsgöttinnen).

Parzival: myth. Figur der Gral ↗-Legende, kelt. Perceval; von W. von Eschenbach ↗ beschrieben u. dann wieder von Wagner ↗. Die Deutung des Namens lautet meist ›Walddurchdringer‹ von *percer* = durchdringen, durchstoßen u. *wal, val* = Wald. Das stützt sich auf den Anf. seines Aufwachsens im Wald, behütet von der Mutter, bis er mit Landsknechten davonzieht

(den Wald verläßt). These: besser ist aus val *voile* (frz.) = Schleier ↗ zu machen u. aus P. einen, der die ›7 Schleier der Isis‹ durchstoßen will, ein Motiv, das uralt ist u. a. Novalis ↗ beschäftigte, genau wie Blavatsky ↗, ja sogar die Frz. Revolution ↗. Nur durch diesen Durchstoß, der a. der Lichtöffnung ↗ entspr., dringt man zum Geheimnis des Grals durch. — P. findet auf seinen Wanderzügen die Gralsburg ↗, wird aber, weil er kein Mitleid mit der ›ewigen Wunde‹ des Gralskönigs ↗ (hier Amfortas gen.) zeigt, wieder verjagt. Der Rest ist seine Suche ↗ der Gralsburg, die sich quasi in Luft aufgelöst hat, wobei er immer weltvergessener wird, ganz im Kontrast zum deftigen Ritterleben um ihn herum. Ganz am Ende erscheint plötzl. auf dem Gral die Schrift, er werde jetzt rechtmäßiger Gralskönig. These: dies könnte die Symbolisierung der Gesch. der Kaukasier ↗ ab Weltuntergang ↗ sein, die lange im Wald lebten, dann am Beginn des Kali Yuga ↗ ihre Völkerwanderung ↗ begannen, die a. einer Gralssuche glich, mit Höhepunkt unter Hitler ↗. Das Ende des Mythos steht noch aus. Eine Münchner Handschrift des P. von Eschenbach, Anf. 13. Jh., zeigt die Ankunft P.s bei König Arthur ↗. — S. Troubadoure ↗, Kreuzzug ↗ gg. den Gral u. Nazi-Religion ↗.

Passage: wird in Afrika der Abschluß der normalen Initiation ↗ gen.; im Pazifik ↗ ist sie direkt ein Durchgang durch die Regenbogenschlange ↗. Man ist anschließend Zweimalgeboren ↗, einmal körperl., einmal geistig. S. Patala ↗.

Passah: Fest der Juden ↗ beim 1. Frühlingsvollmond (wie bei Ostara ↗), zur Erinnerung an den Exodus ↗, dem lt. Moses ↗ eine schreckl. Gesch. vorausgeht, gen. Stiftung des Osterlammes; jedes Häuflein Israeliten soll in besagter Nacht ein Lamm schlachten: »Und sollt seines Bluts nehmen und beide Pfosten an der Tür, und die oberste Schwelle damit bestreichen, an den Häusern, da sie es innen essen. Und sollt also Fleisch essen in derselben Nacht, am Feuer gebraten, und ungesäuert Brod, und sollt es mit bitteren Kräutern essen. Ihr sollt es nicht roh essen, noch mit Wasser gesotten, sondern am Feuer gebraten, sein Haupt mit seinen Schenkeln und Eingeweide... Um eure Lenden sollt ihr gegürtet sein, und eure Schuhe an euren Füßen haben, und Stäbe in euren Händen... Denn ich will in derselbigen Nacht durch Egyptenland gehen und alle Erstgeburt schlagen... Und das Blut soll euer Zeichen sein an den Häusern, darin ihr seid, daß wenn ich das Blut sehe, vor euch vorübergehe, und euch nicht die Plage widerfahre, die euch verderbe, wenn ich Egyptenland schlage« (2 Mose 12 ab 7). Wird seither so wiederholt.

Patala: der Abgrund: im nicht-myst. Sinn wird in Indien Amerika ↗ P. gen., im myst. Sinn ist es der ›Abgrund inmitten der Dornen‹, in dem man im opfermäßigen Chrest ↗-Zustand zu wandeln hatte. Man dachte sich dort die große Naga ↗ (Schlange), die Vishnu ↗ + Lakschmi ↗ als Lager dient, d. h. die 100köpfige Ananta ↗. Das dürfte der pazif. Regenbogenschlange ↗ u. der Passage ↗ äqv. sein. — Lt. Blavatsky der Unterwelt ↗ entsprechend. In einem altind. Mysterienspiel »... mußte die Sonne – die von einem initiationsbereiten Neophyt ↗ dargestellt wurde – nach Patala, in die niederen Regionen, zu einer Tantalusprobe hinabsteigen. Triumphierend aus ihr hervorgehend, tauchte er aus dieser Region der Lust und Verruchtheit empor, um zum Zeugen des Karma ↗ der Menschen zu werden« (II, S. 589). A. die Ägypter verlegten ihre ›untere Duat ↗‹ nach W, u. es gibt Schwarze Amerikaner ↗, die ihre Leidenszeit in Amerika (P.) als 3. u. letzte Initiation interpretieren. Sowohl Gautama ↗ wie Nostradamus ↗ verlegten die Geburt des wiederkehrenden Christus ↗ (vollkommener Buddha) nach W (Amerika). — In Texten an Maitreya ↗ sind *patalas* = Höhlen. — Evtl. Zusammenhang mit Patolli ↗.

Patolli: Würfelspiel der Azteken ↗ auf einem kreuzförmigen Brett, welches 52 Felder hatte = die Anzahl der J. des Tzolkin ↗, in Afrika des Umlaufs der schwarzen Sirius-Sonne Po ↗, deren Bahn in Ägypten Anubis ↗ symbolisierte, Führer a. in die Unterwelt

(Duat ↗), weshalb die Ähnlichkeit des Wortes zu Patala ↗ auffällt. — In Indien soll es aber a. ein P.-Spiel gegeben haben, das dem Ballspiel ↗ der Maya ähnelte, wo offensichtl. der Ball (als Kautschuksonne) die gleiche Sonne vertritt. Wie beim Ballspiel gab es beim P.-Würfelspiel nur 2 Parteien u. je 6 Steine, die alle Felder passieren mußten. Zuschauer: die Gottheit Macuilxochitl ↗, auf der Abb. links.

Patriarchat: im Ggs. zum Matriarchat ↗ Vater-Herrschaft. These:
1. P. im Zodiak ↗ der Gesch. Adler ↗-Sektor bis Weltuntergang ↗ umfassend, in der äg. Dynastienliste ↗ die Dyn. der Könige; verherrlicht im Epos ↗.
2. P. durch den Mysterienverrat ↗ erzwungen u. in der Endzeit ↗ auslaufend. Nach neuen Thesen waren z. B. die Kämpfe der Amazonen ↗ Kämpfe gg. das einsetzende P. — Ganz offensichtl. zerstört sich das P. immer selbst, durch die Götterdämmerung ↗ beim 1. Mal, durch den Endkrieg ↗ jetzt. Hauptmerkmale: Hierarchie ↗ als männl. Dreieck ↗ u. Verherrlichung des Staates, s. Konfuzianismus ↗. In Afrika ist die Vaterlinie die Amma ↗-Linie (die Mutterlinie die Nommo ↗-Linie). Statt Logos ↗ (Vernunft) herrscht Logik ↗ (Intelligenz) vor, was bzgl. Muntu ↗ (Mensch) alles bed. kann: Rückschritt, Stillstand od. Fortschritt. - These: das P. materialisiert die vom Matriarchat gewonnenen primären Erkenntnisse, macht sie nutzbar. Heutige Negativ-Beurteilung: das Mackertum, von Macker = Macher.

Patschakamak: Pachacamac ↗.

Pauah: die 4 Götter od. Elemente ↗, die die 4 Ecken der Welt begrenzen: der schwarze, rote, gelbe u. weiße P., erw. im Chilam Balam ↗; im Popol Vuh entspr. ihnen Tzakol ↗, Bitol ↗, Alom ↗ u. Caholom ↗, s. Weltideogramm ↗. These: nimmt man statt den 4 Kontinenten die 4 Elemente, so wäre die Farbsymbolik wohl: schwarz = Luft, rot = Feuer, gelb = Erde u. weiß = Wasser.

Paulus: Pharisäer ↗ u. Verfolger der Ur-Christen ↗, jüd. Name Saul u. dem Stamm Benjamin (s. Israeliten ↗) zugehörig. Apostelgeschichte 8/3: »Saulus aber zerstörte die Gemeinde, ging hin und her in die Häuser und zog hervor Männer und Weiber, und überantwortete sie ins Gefängnis.« 9/1 u. 2: »Saulus aber schnaubte noch mit Dräuen und Morden wider die Jünger des Herrn und ging zum Hohepriester, und bat ihn um Briefe gen Damaskus an die Schulen, auf daß, so er etliche dieses Weges fände, Männer und Weiber er sie gebunden führete gen Jerusalem ↗.« Auf diesem Weg nun soll ihm Jesus ↗ erschienen sein, was ihn bekehrte. Er »... trieb die Juden ein, die zu Damaskus wohnten, und bewährte es, daß dieser (Jesus) ist der Christus ↗. Und nach vielen Tagen hielten die Juden einen Rat zusammen, daß sie ihn töteten.« Die Stadttore werden versperrt u. bewacht, aber die Jünger lassen ihn bei Nacht in einem Korb die Mauer herab (ca. 30), er wird zu einem Apostel ↗. — Prof. Anton Mayer hat die 27 neutestamentl. Schriften über 10 J. lang analysiert u. hält P. für einen Meister der Manipulation ↗. Gehorsam z. B., bei den Evangelisten ↗ unbek., tauche bei P. 15 mal auf. Unterwerfung kommt bei Jesus nie, aber bei P. so häufig vor, daß er ihn einen ›Systematiker der Unterwürfigkeit‹ nennt: des Kindes unter die Eltern, der Frau unter den Mann, des Mannes unter Christus, des Untergebenen unter die Obrigkeit, des Sklaven unter den Herrn. Nicht weniger als 252 mal ermahne P. die Sklaven, nur 46 mal jedoch deren Herren. Während sich im ges. NT kein einziges Wort von Jesus gegen die Sexualität findet, steht bei P. ›Im Fleisch wohnt nichts Gutes‹, ›Nicht heiraten ist besser‹, darüber kein einziges positives Wort. In paulinischen Schriften gibt es nach Mayers Zählung 267 Mahnworte an Frauen (z. B. ›die Frau schmücke sich mit Scham und Zucht‹), aber nur 90 an Männer. Konformistische Spezialitäten des P.: Just als in Rom der Bruder- u. Muttermörder Nero ↗ herrschte, empfahl P. den Christen in Rom: »Willst du ohne Furcht vor der staatlichen Gewalt leben, dann tue das Gute, so daß du ihre Anerkennung findest.« Ähnl. wie die Nazis ↗ schreibt P. den Juden wachsende Schuld u. verdiente Strafe, ja Gottes ›End-Zorn‹ zu. Wer ›ihnen ein Ende macht‹, steht im Dienste Gottes. — Wenn also Rußland ↗ sagt, Westeuropa sei falsch, nämlich paulinisch missioniert u. darauf seinen Chiliasmus ↗ aufbaute, so ist das wohl richtig. — P.s Loslösung vom Judentum ↗ drückte sich a. in der Lehre aus, der Tod von Jesus sei das Ende der Moses-Gebote ↗. U. seine Missionierung ↗ galt v. a. den Heiden ↗, weshalb er Heidenapostel gen. wurde. — War a. Nabatäer ↗.

Pavian: afrik.-arab. Affe ↗ mit hundeähnl. Kopf, als Symbol ↗ für den äg. Gott Thot ↗ eingesetzt, aber a. eigenständig, dann in Mehrz. Bilder schmückend, die entw. seinen Bezug zum Tierkreis ↗ od. zum Mond ↗ betonen. Man findet ihn z.B. im 3. Sektor der unteren

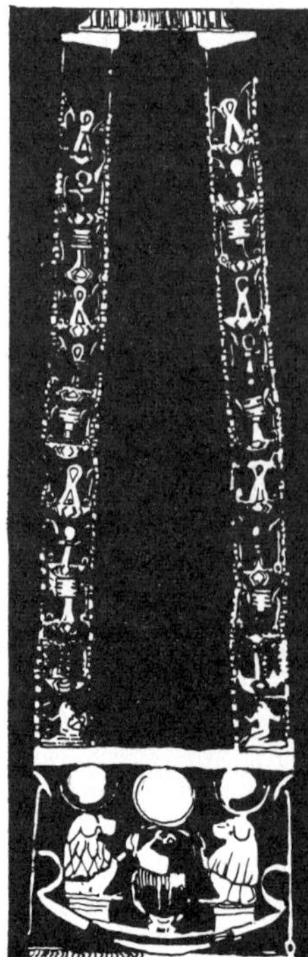

Abb. 3

Duat ↗ (Abb. 1) sowie als 1 der 4 Horuskinder ↗, die jeweils 1 Zodiakviertel ↗ vertreten, was den Tierkreisbezug unterstreicht. Abb. 2 wiederholt die Unterweltszene, jetzt nicht für den Toten ↗, sondern für das Passieren der Sonnenbarke mit Chepre ↗; unter dem (l.) Mondauge ein P.-Paar. Am interessantesten Abb. 3, ein Halsschmuck (18. Dyn.) mit Zahlensymbolik: nach jeweils 11 Kettengliedern mit Sternen-Querbalken als Himmel (Nut ↗), gestützt durch die 2 Planetenstäbe ↗ folgt je 1 P. mit Mond auf dem Kopf, was zunächst die Zahl 24 ergibt, die sich a. im Zodiak ↗ verbirgt als die 24 Grundmotive ↗ der Geschichte, in denen der P. dann 2 vertritt, zus. Affe-Sektor. Dazw. Chepre mit der neuen Sonne, äqv. der Odil ↗-Rune als Nr. 25. In den Kettengliedern wiederholen sich Sa-Schleife ↗, Anch ↗ (Lebenskreuz ↗) u. Djed ↗. Bonnet: »Der Pavian kann selbst in die Stelle des Gottes (Osiris ↗) rücken, insofern er als Insasse des Mondschiffes, dem Osiris gleich, zum Partner und Gegenstück des Sonnengottes (s. Re ↗) wird« (S. 8). Hier wird die Par. Waland ↗ von oben (Osiris) u. Waland von unten (Thot) bes. deutl., äqv. Tuisto ↗, der ›getuistete‹, erdgeborene Gott, der doppelt gerufen werden muß, weil er selbst ›doppelt‹ ist, was sich hier sowohl in den 2 P. ausdrückt wie im P. selbst, gen. ›Hundskopfaffe‹ (eigtl. Affe + Hund), d. h. wohl Horus ↗ + Seth ↗ zus. (die ewig feindl. Parteien).

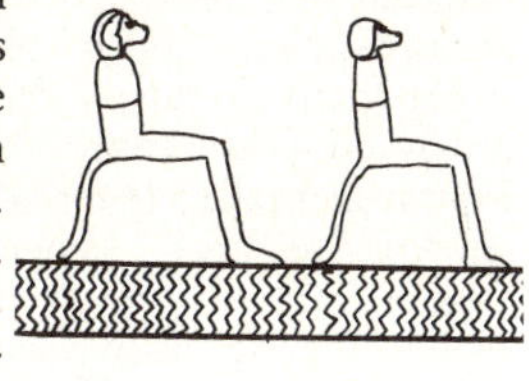
Abb. 1

Abb. 2

Pawnee: Indianer ↗ (USA ↗) westl. des Missouri-Flusses u. nordöstl. der Pueblo ↗; sprachl. verw. mit den Irokesen ↗. Scheren wie die Sioux ↗ den Kopf bis auf einen Mittelstreifen kahl. Besitzen Medizinbündel ↗, Schamanismus ↗, Männer- und Frauenbünde; einer der letzteren heißt Weiße Büffelkuh-Bund. Praxis individ. Rauchopfer (an die Pfeifenbringerin = Weiße Büffelkuhfrau ↗).

Pax: lat. Friede ↗, aber a. röm. Friedensgöttin. These: als Koppelung von P + X die zukünftige Grundmotiv-Reihenfolge der Naunet ↗ beinhaltend (Gegenkosmos). Davon abgeleitet Pazifismus ↗. A. Paxil ↗, das Paradies der Olmeken ↗, beinhaltet das Wort. — S. Hesat ↗ u. Muiska-Museum ↗.

Paxil: das ›Maisparadies‹ der Olmeken ↗ am Pazifik ↗; die Überlieferung läßt offen, ob es sich um ihr Wohngebiet in Mexiko ↗ handelt, od. um dessen Gleichsetzung mit dem einstmaligen Paradies ↗ im Pazifik, Mu ↗, dessen Wiederkehr ihre Phantasie beflügelte. A. verschmilzt P. mit der Maisgöttin ↗, die dann evtl. der Pax ↗ (Friedensgöttin) entspräche. — S. Mais ↗.

Pazifik: der Große od. Stille Ozean ↗ zw. Amerika im O, Asien + Australien ↗ im W, Beringia ↗ (unter Wasser) im N u. Antarktis mit Südpol ↗. Reichte früher bis zum Himalaja ↗, wo lt. Blavatsky ↗ der Ozean (vor der Ganges ↗-Mündung) noch Sagara gen. wird, was dem im P. versunkenen Kontinent Kasskara ↗ höchst ähnl. ist. A. die Pelasger ↗ bezogen sich auf den P., der heute von Inseln übersät ist, eingeteilt in die Gruppen: Melanesien ↗, Mikronesien ↗, Polynesien ↗; dazu, allein gen., Japan ↗ + Osterinsel ↗. — Frz. Unterwasserarchäologie ↗ will Insel-verbindende Tunnel voller Hieroglyphen wie a. eine Pyramide, größer als die von Ägypten, entdeckt haben. — Das Bild der unzähligen Inseln ist nicht unähnl. dem Planetoidengürtel ↗ u. scheint mit dessen Entstehung zusammenzuhängen (nach dem alten Spruch: wie oben so unten), d. h. eine Par. zum Okeanos ↗ zu sein. Fast global wird hier das verlorene, ird. Paradies ↗ angesiedelt, s. China ↗, Paxil ↗, Hawaiki ↗, oft als ›Inseln der Seligen‹.

Pazifismus: von Pax ↗, Friede: die absolute Ablehnung von Krieg, bis ins 16. Jh. zurückverfolgbar zu den ›Taufgesinnten‹ (Mennoniten), s. Taufe ↗. Verstärkt durch Mahatma Gandhi ↗ + Martin Luther King ↗ hat sich heute die sog. Friedensbewegung daraus entwickelt, im Schatten des Endkriegs ↗ v. a. auf Europa ↗ konzentriert, dem droht, zum Schlachtfeld zw. Amerika + Rußland zu werden als einer Wiederholung ↗ des zum letzten Weltuntergang führenden Kriegs zw. Atlantis ↗ + Mu ↗ mit Schwerpunkt Pazifik ↗. Mit dessen Name hat der P. eine auffallende Ähnlichkeit, vielleicht als unbewußte Erinnerung an die dortigen Ereignisse, als Mahnung auch?

Peisistratos: seit 560 v. Z. Tyrann von Athen, Griechenland ↗. Machte aus Hmr ↗ (Abk. Himariten) einen nationalen Homer ↗.

Pelasger: ›die vom Großen Meer‹ *(pelagos)*, d. h. vom Pazifik ↗ stammenden Ureinwohner von Griechenland ↗; Homer ↗ siedelt die ›edlen Pelasger‹ a. auf Kreta ↗ an. Wo sie die Sintflut ↗ überlebten, ist ungewiß, wahrsch. auf dem Äthiop. Hochgeb., da Schädelabmessungen altäg. Mumien ↗ a. ›pelasgisch‹ waren; dem Typ nach sehen sie wie die Anu ↗ aus. Die P. Griechenlands nannten sich selbst Danaer, nach Danaos, Zwillingsbruder von Aigyptos, nach dem die Griechen Km.T Ägypten ↗ nannten. Als deren gemeinsamer Vater gilt: »... Belos, der das riesige Gebiet des Nil-Königreichs regierte...« (Reclam-Lexikon der antiken Mythologie); entmythologisiert ist wohl Baal ↗ gemeint. Als Mutter des Danaos wird Io ↗ angegeben. — Nach Einfall der Dorer ↗ lebten die P. (Danaer) - die im Trojanischen Krieg ↗ auf Seiten der Trojaner gg. die Griechen gekämpft hatten - nur noch auf dem Peloponnes ↗. In ihren Mythen ist die Existenz eines paradies. verlorenen Vaterlandes aufgezeichnet. These: das einstige Paradies ↗; ob sie es Mu ↗ od. Paxil ↗ (Wortvar. von Pelas) nannten, ist nicht überliefert; es ist aber letzteres anzunehmen, denn sie hingen a. mit den Kanaanäern ↗ (aus denen die Olmeken ↗ resultierten, die von Paxil sprachen) zus., od., wie es offiz. heißt, die Phönizier ↗ gingen aus ihnen hervor. Als Unterstämme gehörten zu ihnen die Karer ↗. — Lt. Blavatsky ↗ gab es Cyclopische Überreste (Bauten) der P. in Griechenland u. Italien (sie zitiert aus Creuzer: Pelasger und Cyclopen ↗). Es »... wird einem mit Nachdruck gesagt, daß die Hügel (Mounds ↗ in Amerika), und die Hügel- (Megalithgräber ↗) oder Dolmenerbauer in Europa ↗ alle pelasgisch sind« (II, S. 795). These: der etrusk. Negerkopf ↗ könnte noch einen P. darstellen. Evtl. Bezug zur pazif. Göttin Pele ↗

möglich. – S. Heraia↗.

Pele: auf Hawaii↗ Göttin des Feuers↗, a. Pele-Ula ›die Prophetin‹: »Obwohl sie nur von jenen angebetet wurde, die sie als Ahnin betrachteten, errichtete man ihr doch viele Altäre... Sie hatte ihre eigenen Priester« (Poignant, Ozian. Mythol., S. 45). Ein Hula↗-Gesang erzählt:

»Aus Kahiki kam Pele
Aus dem Lande Pola Pola↗ ...
Das Boot zimmerte sie
Dein Boot, o Kamohoali'i
Die Arbeit ist schnell vollendet
Die Schläge sind getan an des Gottes Boot
Dem Boot von Kane↗ ...«

Kamohoali'i gilt als P.s Bruder u. verschmilzt mit Kane (a. Tane↗). Es fragt sich, ob mit dem Boot urspr. das Raumschiff gemeint war, mit dem das Nommo↗-Paar (afrik.) zur Erde kam, hier P. + Kane. Denn sie gilt manchen als ›das andere Gesicht‹ der Hina↗ (Frau, die sich mit Kane verband, was zum bekannten Motiv der 2 Urmütter↗ führt), u. ihr Boot wird a. ›Geisterkanu‹ gen., entspr. also keinem realen Boot, es kommt ›aus den wolkenflammenden Himmeln‹. Dann wäre Pola, woher sie kam, das Land (= La↗) der Po↗-Sonne (s. Sirius↗). – Evtl. bezogen sich auf sie die Pelasger↗, die dann von P.s Ger↗ abstammten (was zus. a. Pelasger ergibt), s. Pelekys↗.

Pelekys: ist eine alte Bez. der Göttin Kybeleis mit der Bed. ›Die von der Axt↗‹, woraus Kybele↗ wurde, die Ku↗ (Feuer) Pele↗ (Göttin aus Pola↗); diese Äxte spielen a. bei ihrem Bruder-Partner eine Rolle. Aus Pele ließe sich vom Wort her die kanaan. Balaat↗ machen, wobei das angehängte T nur weibl. bedeutet. Mit der Axt landet man a. bei der germ. Percht↗.

Peloponnes: Insel im Mittelmeer↗, die über die Landenge von Korinth mit dem Festland Griechenlands↗ zusammenhängt. Rückzugsgebiet der Pelasger↗, deshalb im Wort evtl. Pele↗ enthaltend. An der Westküste Messenien↗ u. Olympia, im O Mykene↗. Im S nicht allzu weit entfernt Kreta↗. – Wurde von den Ioniern↗ besetzt.

Pelzbock: Bez. von Wotan↗, wenn er im ›zottigen Pelzmantel‹ erscheint, als Grimnir = Vermummter, was an den äg. Widder↗-Gott denken läßt, der sich als Amun ableitet von *imn* (im Wort Gr*imn*ir) = sich verstecken.

Pentagramm: Fünfstern, von *pente*↗ = 5. Wie das Hexagramm↗ (Sechsstern) ein uraltes Symbol↗, z.B. bei der äg. Göttin Mut↗ zu finden, über der Hand der Fatima↗ (Islam) wie über der germ. Julhand; als ›Drudenfuß‹ oft in die altdt. Truhe↗ geschnitzt; heute auf vielen Fahnen, z.B. der kommunistischen von Rußland↗.

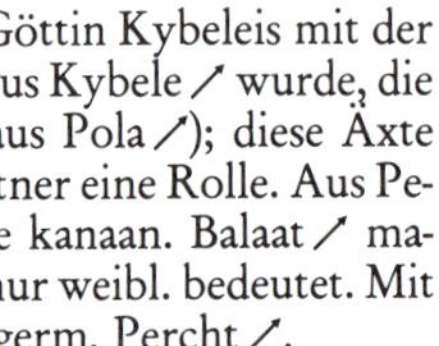

Was dem Symbol zugrunde liegt, geht vielleicht am besten aus einem äg. Bild hervor, auf dem Anubis↗ (doppelt, jeweils ½ der Gesetzestafeln↗ am Hals) ein Gebilde einrahmt, das, läßt man die 2 Kreise auf der Querstange sowie die Trägerstange weg, wie eine Art Fünfstern wirkt. These: gemeint wäre wohl die Synthese↗ der 2 Sirius↗-Sonnen, auf die unser eigenes Sonnensystem↗ noch zustrebt (dank Venus↗, deren Symbol das P. war): im Bild die 2 Kreise.

Pentateuch: die 5 (pente↗) Bücher von Moses↗, die am Anf. der Bibel↗ stehen.

Pente: 5 (griech.), enth. in Pentagramm↗ + Pentateuch↗. Hängt lt. Blavatsky↗ mit *pancha* = 5 (Sanskrit↗) zusammen. These: darin wieder enth. Pan↗ = groß od. alles + Cha äqv. Ka↗ (Geist), etwa der Geist, der alles umfaßt.

Penthesileia: eine Königin der Amazonen↗, die als wertvollste Verbündete von Troja↗ viele Griechen↗ tötete, aber schließl. von Achill getötet wurde, der sich unsterbl. in ihren Leichnam verliebt haben soll. – Wird manchmal als letzter Schlag gg. das Patriarchat↗ gewertet.

Pepi I.: Pharao↗ der 6. Dyn., regiert 4296–4243 v. Z.; ließ den Palast neben seiner Pyramide↗ in der Nekropole↗ von Sakkara↗, in der man die ersten Pyramidentexte↗ fand, bauen. In einer Truhe seines Palastes Berichte aus der Zeit der Horusdiener↗ auf einer Lederrolle.

Per: ›Großes Haus‹ (äg.), gewöhnl. nur Pr geschrieben. Anfangssilbe von Pyramide↗ u. wahrsch. a. von Pharao↗. Das Äqv. der Induskultur↗ ist Pur↗ (Burg). A. Paris↗ dürfte aus Per-Isis entstanden sein. – S. Per Ankh↗ u. Per Ur↗.

Per Ankh: Lebenshaus↗, gebildet aus Per↗ + Ankh↗.

Perc: Axt↗; dürfte zusammenhängen mit *percer*, durchstoßen wie bei Parzival↗. Weibl. Form Percht↗.

Percht: eine sagenumwobene mächtige Göttin der

Abb. 3 *Abb. 2* *Abb. 1*

Germanen ↗, Nv. Perchta, Berchta ↗. In 3 Gestalten:
1) Turm-P.
2) Jagd-P.
3) Tafel-P.
in der Jul ↗-Zeit zw. 13.12.–6.1. auftretend. Entspr. sind ihre 3 Symbole ein Turm (Abb. 1), ein Steinbock ↗ (Abb. 2) u. als ›Tafel‹ ein Rhombus ↗ (Abb. 3): Sie werden als Kopfaufsatz getragen, heute nur noch im Rückzugsgebiet der Alpen, wo es a. noch die Perchtentänze (in der Julnacht ↗) gibt. These: da die Turmp. a. Pudelmutter gen. wurde u. der ›Turm‹ auffällig dem spitzen ›Zahn‹ der Sirius ↗-Hieroglyphe gleicht, der die Bahn der schwarzen Siriussonne wiedergibt = Anubis ↗, der schwarze Hund (hier als Pudel eingesetzt), ist das Äqv. die Nephtys ↗ (Mutter des Anubis), germ. Janna Nertus ↗. Dann wäre die durch den Steinbock vertretene Jagd-P. der Tierkreis ↗ u. die Tafelp. das Ergebnis des Tierkreisdurchlaufs: die Neue Sonne ↗ in Gestalt des Rhombus ↗. Zieht man die Odil-Rune ↗ durch den Runenkreis, entsteht eine Doppel-Axt ↗,  , d.h. die P. mit den 3 Gesichtern (Abb. 4). Eine Hälfte wurde zur Hellebarde ↗. – Es gab a. Kostümierungen als Vogel- od. Schnabelp., wobei man den Turm als die ›lange Nase‹ der P. verstand; sie ergibt sich durch Halbierung des Runenkreises durch die Rune Ger ↗ (s. Junu ↗). Inter., das X im Rhombus der Tafelp., das 1950 mit dem Wiedereintritt in den Wassermann ↗ begann, s. Endzeit ↗. Volkstüml. Sitten ließen 12 Klaubaufe ↗ die P. begleiten, was wohl die Jagdp. in den Tierkreis auffächert. P. hieß a. Berahta, die Glänzende, was zur Lucia ↗ od. Lutzelfrau überleitet; außerdem gibt es Gleichstellungen mit Freya ↗, Hludana ↗ u. Holla ↗. In den Sagen erscheint sie oft als Ahnin berühmter Geschlechter, z. B. der Karolinger, weshalb a. die Mutter von Karl dem Großen ↗ ihren Namen annahm.

Abb. 4

Perchtababa: Nv. der Percht ↗ (slowenisch), Abk. Baba ↗.

Periodensystem: Systematik der chem. Elemente, die so angeordnet werden, daß Zeilen (Perioden) u. Spalten (Gruppen) entstehen, weil sich ihre Eigenschaften

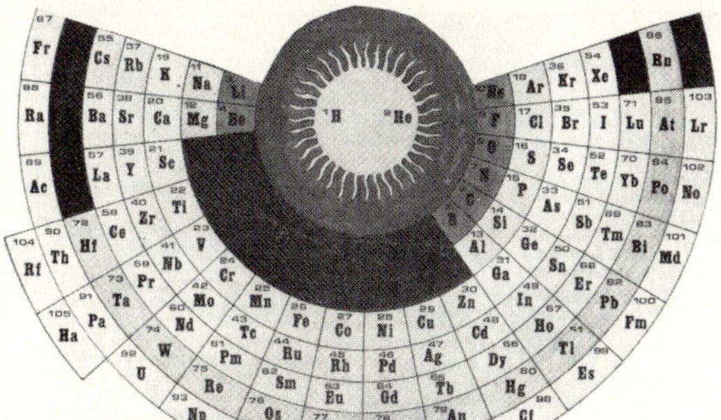
Abb. 1

von Element zu Element gesetzmäßig verändern u. dabei period. wiederkehren. Diese Eigenschaften berühren nicht den Atomkern, sie werden nur von den Elektronen ↗ best., aus deren ›Schalen‹ die Periodik resultiert. S. Grundmotiv Liebestanz ↗ für die ersten 8 der Gruppe 1, die in einem ungewöhnlichen Mandala der Schweizer Zeitschrift Sphinx (Abb. 1) so aufgeteilt werden, daß H (1) = Wasserstoff u. He (2) Helium allein in der Sonne ↗ zu liegen kommen. Kommentar: »Im Zentrum die Sonne, der Zentralstern unseres hiesigen Sonnensystems ↗ mit den Zeichen H und He, den beiden in der Sonne und im Universum am häufig-

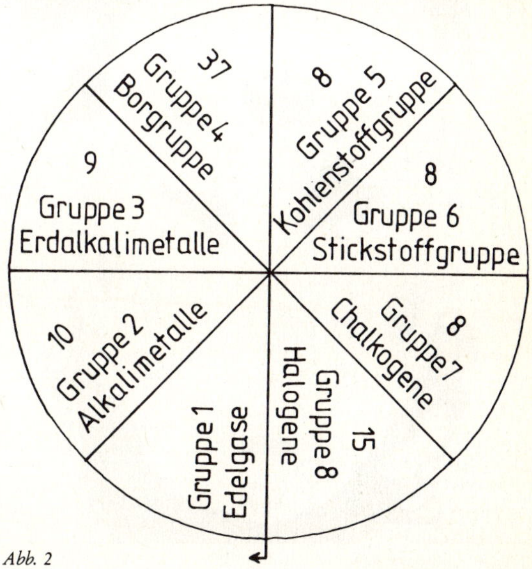

Abb. 2

sten vorkommenden Elementen. Darunter in einem Halbkreis das Periodische System der chemischen Elemente von den Ordnungszahlen 3–105« (Nr. 21, Sommer 83). Abb. 2 faßt die Gruppen in Sektoren zus. statt Schalen.

Perle: ideale kleine Kugel (Kreis ↗), die in der Muschel als harte Schale um einen eingedrungenen Fremdkörper gebildet wird; bei Zuchtperlen künstl. Anregung. – Uraltes Symbol: im Hinduismus ↗ z. B. stellen Perlenschnüre ›das ewig fließende Wasser ↗‹ dar, wie man ja a. bei uns sagt: das Wasser ›perlt‹. Nun steht der Mensch als Muntu ↗ ganz im Z. von Wasser, u. wenn man sein Kreisviertel (Abb.) mit dem Zahlen ↗-Kreis in Verbindung setzt, bleiben übrig: Null, bei den Maya eine Muschel, u. dann folgt, quasi wie die aus der Muschel (= Perlmutter) entstandene Perle die Unendlichkeitsschleife ↗, der außerdem die Geißel ↗ mit den Perlenschnüren zuzuordnen ist, während der Hirtenstab ↗ noch die Null umfaßt. – Die ›Perlenehre‹ ↗ war bes. in Afrika gebräuchlich.

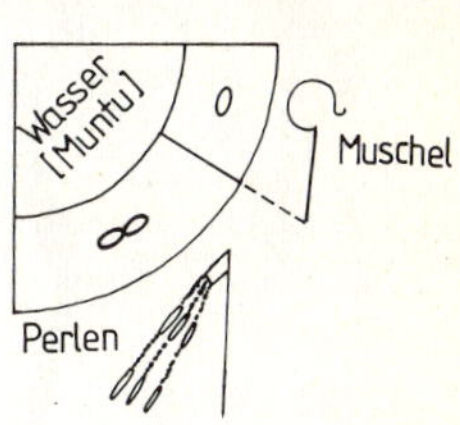

Perlenehre: statt Orden wie bei uns drückten in Afrika Perlen ↗ die Ehre einer Auszeichnung für bes. Verdienste aus, umgehängt als Perlenschnüre, die der altäg. Brustplatte ↗ ähneln. In Tanzania (nördl. Simbabwe ↗) gibt es Masken ↗ (Abb.), auf denen Perlen als Spirale ↗ angeordnet sind, die insg. über dem Gesicht einen Rhombus ↗ andeuten, was die Aussage Vollkommenheit ↗ enthält. Als ›Perlengott‹ wird in Nigeria Olokun ↗ verehrt.

Persepolis: in Persien ↗ von Darius I. erbaute Stadt, die Alexander der Große wieder zerstörte. Berühmt ist das ausgegrabene Relief einer Prozession ↗ (Abb. 1) mit den 18 ›Unsterblichen‹ (Wächtern), dahinter der Thronsaal, in dem es 100 Säulen (die Me ↗) gab. Vorherrschend der Stier ↗; da P. ein Geodätischer Punkt ↗ war, liegt nahe, es sei im Stiersektor gegr.

Abb. 3

Abb. 1

worden, mit dem Stier-Doppel als Urhügel ↗ (Abb. 2). Darius folgte Kambyses ↗, bei dessen Einfall in Ägypten er die Elitetruppen führte. Wahrsch. ist das festgehalten auf Abb. 3 als Kampf mit einem Löwen, der Adlerflügel u. einen Skorpionschwanz besitzt. Denn: wie der Stier das 4. Zodiakhaus ↗ vertritt, so Adler ↗ (od. Skorpion ↗) das 2. u. Löwe ↗ das 3. Evtl. besitzt sogar die geriffelte Kopflinie dieses Mischwesens die Qualität des Krokodils ↗ als Vertretung des 1. Zodiakhauses - alles zus. Ägypten als Horus ↗ (Zodiak). — P. hieß urspr. Parsa = Sitz der Parsen ↗.

Abb. 2

Perser: »Es kann heute praktisch als gesichert gelten, daß die Perser zum Stammesverband der Iranier und diese wiederum zur übergeordneten Gruppe der Arier ↗ gehörten... Auf ihrem Vormarsch verdrängten oder assimilierten die Iranier eine Reihe einheimischer Stämme... Zu den wichtigsten Stämmen dieser Einwanderungswelle (um 1400 v. Z. angesetzt) gehörten außer den Persern auch die Meder ↗... Im wechelvollen Spiel der Geschichte übernahmen die Perser das

Großreich, das die Meder aufgebaut und in dem sie als Untertanen gelebt hatten, und machten die Meder im 6. Jh. v. Z. zu ihren wichtigsten Vasallen« (Hicks, 1975, S. 11-12). Es schließt sich Kambyses ↗ an, während dessen Abwesenheit in Ägypten die Magier ↗

durch Palastrevolution die Lehren des Zarathustra ↗ verbreiteten. Bis dahin herrschte der Mithraskult ↗ vor. Während der größten Expansion reichte P. mit 8 eigenen u. 20 untergebenen Provinzen vom Indus ↗ im O u. Kaukasus ↗, Schwarzes Meer ↗ + Mittelmeer ↗ im W, wo Griechenland ↗ im 5. Jh. v. Z. die ›Perserkriege‹ führte. »Mit den Eroberungen Alexanders ↗ überschwemmte eine Welle griechischer Einflüsse das Land... Zu Beginn der christlichen Ära folgte wachsender Druck aus Rom ↗.« 651 Unterwerfung durch die Araber im Islamischen Blitzkrieg ↗ bis zum Einmarsch der Mongolen (13. Jh.). Heutiger Rest Iran unter Khomeini ↗, der den letzten Schah ↗ stürzte.

Persien: seit dem 6. Jh. v. Z. Land der Perser ↗, die Babylon ↗, das Land der Meder ↗ u. Lydien eroberten. Seit 1935 Iran ↗ genannt.

Person: der (9fältige) Mensch ↗ als Einheit im Bewußtsein ↗.

Personifizierung: Darst. von Göttern ↗ u. Kategorien bzw. Ideen ↗ als Person ↗ in der Kunst ↗. These: dient der Erkenntnis ↗ des Unsichtbaren.

Peru: Land an der Pazifikküste von Südamerika ↗; ca. um 2000 v. Z. erschienen die ersten Tempel, gen. Chavin-Kultur ↗ (der Cara ↗) mit Skulpturen als Flachreliefs an den Platten der Gebäude u. an Stelen ↗, die wie bei den Olmeken ↗ negroide Züge zeigen. U. wie bei ihnen stehen im Mittelpunkt Jaguar ↗, Schlange ↗, Falke ↗ + Geier ↗. Chroniken berichten von einem märchenhaften ›Garten der Sonne‹, in dem alles aus Gold war. Dieses ›Königreich des Goldes‹ gehörte

wohl schon den Inka ↗; es wurde in dem Augenblick ›entdeckt‹, als die Vernichtung des Maya ↗-Staates kurz vor dem Abschluß stand: am 16. Mai 1532 setzte sich der span. Francisco Pizarro mit 130 Fußsoldaten u. 40 Berittenen in Marsch, um der ›Königstraße‹ der Inka zu folgen u. ihre Hauptstadt zu suchen. Sie lief quer durch die Pampa mit den Erdzeichen ↗, ohne diese zu schonen. P. wurde span. Vizekönigreich. Ab 1821 setzten die Unabhängigkeits- u. Bürgerkriege gg. den Kolonialismus ↗ ein, die Unruhen dauern an. — Die folg. bemalte Tonschüssel (Abb.) wurde in der südl. Küstenregion von P. gefunden u. zeigt neben einem stilisierten Puma ↗ einen rotbraunen Herrscher, der hellere u. dunklere Indianer ↗ unterwirft. Der Stil gleich dem Tiahuanaco ↗:
Heutige Hauptbev. sind die Quechua ↗.

Per Ur: Großes (= Ur ↗) Haus (= Per ↗) od. ›Residenz‹ der äg. Mut ↗ (Geiergöttin); als ›Herrin des Himmels‹ dürfte wohl ein Tempel ↗ in Analogie zum Himmel gemeint sein.

Petersdom: zum Vatikan ↗ gehörige, wichtigste Kirche ↗ von Europa, die über dem Grab von Petrus ↗ stehen soll. In der heutigen Form ab 1506 erbaut, mit Hilfe eines besonderen Ablasses, der mit zur Reformation ↗ führte. Die Kuppel wurde von Michelangelo entworfen u. ausgemalt. R. vom Haupteingang die Porta Sancta (Hl. Pforte) mit 16 Motiven des Kreuzganges von Jesus ↗; dahinter die Halle mit Michelangelos Pieta ↗. Die Pforte ist gewöhnl. verschlossen u. wird nur alle 25 J. zu einem dazu erklärten Hl. Jahr vom Papst ↗ geöffnet, wie 1950 u. 1975. Aus unbek. Gründen wurden aber a. 1933 (d.h. im J. der Machtergreifung von Hitler ↗) u. genau 50 J. danach, 1983, zu einem außergewöhnl. Hl. J. erklärt. 1984 verschlossen, soll die nächste Öffnung ausgerechnet an dem von Nostradamus ↗ gegebenen Endzeit-Datum 1999 stattfinden. — Im Dom außerdem hinter einem barocken Überbau die Kathedra Petri ↗.

Petra: Felsenstadt der Nabatäer ↗, im heutigen Jordanien ↗. Das einzige Gebäude, das aus dem Altertum noch aufrecht steht, ist der Tempel Quasr Bint Fira'un = Schloß der Tochter Pharaos. Im Umkreis etwa 800 Felsgräber. — Blütezeit etwa 310 v. Z. - 130. — Der Name kommt vom griech. *petra* = Fels.

Petre Chepre Ret: wahrsch. richtige Tradierung des Zusatznamens von Pharao Muntuhotep ↗ (Chepetre), anspielend auf das, was später Petroma ↗ gen. wurde, etwa im Sinne von: steinerner Sitz *(petre)* des Chepre ↗, der die Neue Sonne ↗ (Re.t) schafft. Tats. hatte nur dieser Pharao einen Schacht im Fels als Felsengrab (Sitz).

Petroma: ein »... Paar Steintäfelchen, die von den Hierophanten ↗ während des Schlußmysteriums gebraucht wurden. Darin liegt das Geheimnis des Vatikanischen Anspruches auf die (Kathedra) Petri ↗... während in dem Stuhle Petri wir nicht umhin können, einen Zusammenhang mit Petroma, der doppelten Reihe von Steintäfelchen zu sehen, die von den Hierophanten bei der höchsten Initiation ↗ während des Schlußmysteriums (s. äg. Mysterien ↗) benützt wurde, wie bereits gesagt worden ist, und auch mit dem Pithasthane (Sitz oder Sitzplatz), einem in den Mysterien der Tantrikas (s. Tantrismus ↗) in Indien gebrauchten Ausdruck, einem Sitze, auf dem die Glieder der Sati ↗ verstreut und dann wieder zusammengesetzt werden, wie die des Osiris ↗ durch die Isis ↗. Pitha ist ein Sanskrit ↗-wort und wird auch verwendet um den Sitz eines initiierenden Lamas ↗ zu bezeichnen« (Blavatsky, III, S. 126-127). Bes. inter. die Par. Fels = Sitz = Truhe ↗ = Symbol, das die Isis auf dem Kopf trägt. These: P. als Gesetzestafeln ↗ wären der Inhalt, zu dem z. B. Petrus angebl. die Schlüssel ↗ erhielt, wie jeder Eingeweihte in Ägypten.

Petrus: 1 der 12 Apostel ↗, der urspr. nur Simon hieß. Lt. Matthäus ↗ sagte Jesus ↗ zu ihm: »Du bist Petrus (aramäisch Kephas, griech. Petros = Fels), und auf diesen Fels will ich bauen meine Gemeine (Gemeinde, Kirche ↗), und die Pforten der Hölle ↗ sollen sie nicht überwältigen. Und ich will dir des Himmelreichs Schlüssel ↗ geben.« Obwohl es sich nicht um konkrete Schlüssel handelte, werden sie doch als solche abgebildet, z. B. als ›Schlüssel Petri‹ auf dem Wappen des Vatikan ↗: einer gold äqv. Sonne ↗. der andere silber äqv. Mond ↗; sie sind gekreuzt - genau wie auf der Osirismumie ↗ unter den Augen ↗ (symb. Sonnen- u. Mondauge) Hirtenstab ↗ + Geißel ↗ gekreuzt waren, die nach P. zeitweilig a. der Papst ↗ trug. These: diese Ähnlichkeit wie a. die des Namens, s. Petroma ↗, legt nahe, mit den ominösen Schlüsseln seien diese Herrschaftssymbole des Osiris gemeint bzw. das, was sich dahinter verbirgt. Das bestätigt sich weiter durch das 12-Speichen-Rad, das die Figur des P. im Petersdom ↗ auf dem Kopf trägt = der Zodiak ↗, in Ägypten die Brustplatte ↗ (über der sich die Symbole kreuzen). »Kann Christus ↗ - so argumentiert die katholische Kirche - gemeint und gewollt haben, diese ungeheuere Macht und Autorität solle diesem einen, nicht mehr jungen Manne gegeben sein und nur von ihm während seines eigenen, verhältnismäßig kurzen Erdenlebens ausgeübt werden? Eine so kurz befristete Machtübertragung wäre nach Ansicht der Kirche so gut wie sinnlos gewesen. Wenn also Petrus Christi Stellvertreter auf Erden sein sollte, so mußten nach ihm andere, mit derselben Befugnis ausgestattete Männer kommen - in lückenloser Folge bis zum Jüngsten Gericht ↗. Auf diese, nach ihrem Dafürhalten göttliche Offenbarung gründet die katholische Kirche das gewaltige Gebäude der apostolischen Sukzession und die Lehre, daß die Weitergabe des Amtes Petri gottgewollt sei... Die protestantischen Theologen sind überzeugt, daß Christi Worte keineswegs auf eine geistige petrinische Dynastie hinweisen oder irgendwelche übertragbare Eigenschaften und Befugnisse andeuten...« (J. Lees-Milne, Sankt Peter, Deutscher Bücherbund 1967, S. 26). Petri Frau hieß Perpetua u. begleitete ihn auf vielen Reisen. lt. Blavatsky ↗ wurde er der Lästerung gegen den Heiligen Geist ↗ angeklagt »... nur weil er als den Heiligen Spiritus ›die Mutter von allem‹ einführte« (III, S. 117). Im Buch *Der Vatikan* ist über sein Ende folg. zu erfahren: »Konstanter Überlieferung gemäß - die sich u.a. auf das Zeugnis von Origenes (185-254) stützt - wurde der Hl. Petrus als Opfer der Neronianischen Christenverfolgung (s. Nero ↗) im Zirkus gekreuzigt, den Kaiser Caligula in seiner vatikanischen Privatliegenschaft hatte anlegen lassen. Die weitere Annahme, sein Leib sei in der Nähe der Richtstätte begraben worden, findet ihre zuverlässigste Bestätigung in einem Brief des Klerikers Caius, worin er sich um das Jahr 200 rühmt, das Tropaion (Siegesmal) Petri beim Vatikan besucht zu haben.« Darüber entstand dann unter Konstantin ↗ eine Basilika (326 geweiht) u. im 16. Jh. der Petersdom ↗. — S. Bild der Drei Könige ↗.

Pfau: blaubrüstiger (Indien, Ceylon) od. grünbrüstiger (Java, Burma) Vogel ↗, dessen Männchen nach 2 J. die sog. Pfauenschleppe entwickelt haben, mit der sie ein ›Rad‹ als Triumphtanz ↗ schlagen. Z. Z. von König Salomo ↗ wurde er in Judäa gezähmt u. dann von Alexander dem Großen nach Griechenland gebracht, von wo er sich weiter nach W ausbreitete. Symbol der Hera ↗; lt. röm. Sage hat Juno ↗ die 100 Augen des Argus ↗ auf den Pfauenschwanz gezaubert. Zu Beginn des christl. Zeitalters galt er als Symbol der Wiederauferstehung, so auf christl. Gräbern in Ravenna. These: da sich in jedem ›Pfauenauge‹ (am Ende der Schwanzfedern) Grundmotiv ↗

Abb. 1

 (A) befindet, schwarz auf blauem Grund, ist das Äqv. zum Sonnenkern ↗ gegeben mit Pfauenauge äqv. Sonnenauge ↗ u. Gesamtfächer als Himmel; wohl Taghimmel ggb.

Nachthimmel, Symbol Jaguar ↗. Merkwürdigerweise erstarrt der P. wie hypnotisiert vor gefleckten Raubkatzen, weshalb in Indien deren Felle beim Pfauenfang umgehängt werden. Eine Kombination Raubtier + Pfauenschwanz war das bevorzugte Motiv auf dem Gewand des pers. Schah ↗. Im übrigen erinnert die Farbzusammenstellung grün-blau + schwarz an den im Popol Vuh ↗ beschriebenen Urzustand vor der Schöpfung ↗. — S. P. als Symbol der Renaissance ↗.

Pfeife: bei den Indianern ↗ ein hl. (= Wakan ↗) Kultgerät zum Rauchen des ebf. hl. Tabaks ↗. Oft kam das Material zu ihrer Herstellung von geheimgehaltenen Orten u. wurde über hunderte von Meilen herbeigeschafft. Als ›Pfeifenbringerin‹ gilt die Weiße Büffelkuhfrau ↗. Betrachtet man die P.-Form der Sioux ↗ (Abb. 1), so werden 2 Par. evident: zum Z. für Ntr ↗ u. zum Griff der Geißel ↗ (beides äg.), die manchmal a. zur Lilie ↗ wird. — Ein P.-Kopf aus Sandstein, gefunden in einem Mound ↗ in Kentucky, USA »... stellt Altmutter Frosch dar, die eine wichtige Rolle in den Schöpfungsmythen des (nordamerik.) Südens spielte...« (Abb. 2, London, British Museum); Froschsymbol äqv. Kröte ↗. Leicht läßt sich unter dem Gesamtbild (Abb. 3) die Grundmotiv-Reihenfolge des Kosmos ↗ verstehen, die als Ur-Alphabet ↗ vom Himmel zur Erde kam u. die Kultur ↗ (bzw. Geschichte ↗) bestimmte. — Es wurde nur bei feierl. Anlässen ge-

raucht; dabei wurde die P. zur Sonne emporgehoben, dann zur Erde gesenkt u. schließl. der Rauch in die 4 Himmelsrichtungen ↗ geblasen u. die P. im Kreis von r. nach l. herumgereicht. – In der Pfeilerhalle des Kriegertempels von Chichen Itza ↗ kam unter dem Fußboden ein ›Räucherlöffel‹ aus rotem, glänzend poliertem Ton zum Vorschein, dessen Schale in einen flachen Fortsatz mit Vogel ↗-Kopf ausläuft. Merkwürdigerweise ähnelt dieses Stück nicht so sehr den späteren azt. Räucherlöffeln wie einem prähistor. Typ der nordamerik. Tabaksp., den man im Staate Arkansas ausgegraben hat. Vom Symbol des Vogels ist der Weg nicht weit zum Fliegen u. Schamanismus ↗, zu dem hier das zeremonielle Pfeifenrauchen ebenso gehörte: es stellt die Gemeinschaft zw. den Menschen u. der übernatürl. Welt her. Sonderformen sind die 2 Kalumet ↗ u. der Pfeifen-Tomahawk ↗, der die Axt verstärkt u. den Pfeifenkopf auf sie aufsetzt. Lt. Wirth ↗ trägt eine P. aus Dakota auf dem Kopf den Sechsstern ↗ ⊛ , was unterstreichen würde, daß sie mit der Hl. Hochzeit ↗ (bzw. Landung ↗) zusammenhängt, d. h. 4. + 5. Welt ↗ begleitete. Deshalb wird jetzt auf die Wiederkehr ↗ der Pfeifenbringerin gewartet. – Od.: Tabak = Erde (s. Hl. Pflanzen ↗), P. = Himmel u. Rauchen = Verbindung Erde-Himmel.

Abb. 3

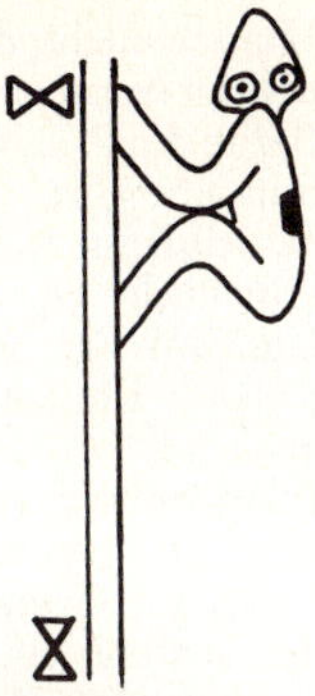

Abb. 2

Pferd: als Symbol ↗: in allen Schriften der Brahmanen ↗ u. des Buddhismus ↗ für die Sinne ↗ eingesetzt. In den Veden ↗ heißt es Ashva, von *ashu* = schnell, u. steht für Lebenskraft = Prana ↗. Griech. Darst. (Abb. 1): Helios äqv. El ↗ wird von 4 P. gezogen, was nahelegt, die P. stünden für die 4 Elemente ↗, d.h. den 4er Kreis ↗ der Sonne. Darauf verweist a. die Abstrahierung des Pferdeleibes auf Münzen der Kelten ↗, die Dagda ↗ auf ein P. setzten u. von Epona ↗ als Pferdegöttin sprechen: spez. Abb. 2 zeigt Grundmotiv (A, Sonnenkern ↗) als Hinterfront, dazu 4 Kreise, was zur gleichen Kombination führt. Od. der Körper reduziert sich auf einen liegenden Halbmond, Halbkreis wie die untere Hälfte von Grundmotiv Liebestanz ↗ (Abb. 3); darunter wieder die Zahl 4, pflanzlich. In diesem Fall landet man bei der äg. Nachtbarke ↗. Wie eng die Beziehung zur Odil-Rune ↗ gegeben ist, zeigt die Stilisierung des Pferdekopfes (Abb. 4). Dann erscheint auf einer kelt. Münze vor dem P. (Abb. 5) ein »... Viereck, das einem Briefumschlag mit vier Siegeln gleicht« (L. Lengyel, Das geheime Wissen der Kelten). Damit landet man aber a. bei den 4 Pferden der ›apokalyptischen Reiter‹, verbunden mit der Öffnung der ersten 4 Siegel ↗, s. Apokalypse ↗. – Auf der myth. Stute Al-Burak erreichte Mohammed ↗ ›die 7 Himmel‹ (Abb. 6), was an die Niv ↗ erinnert. Sind die Himmel mit den Welten ident., geht die Reihe weiter zur Yggdrasil ↗ = Weltenbaum, Yggs ›Roß‹ genannt. Das 2. P. des Ygg = Wotan ↗ ist Sleipnir ↗, 8beinig: die Wellennatur des Lichts mit P. = Lichtgeschwindigkeit. – A. ein Medium ↗ kann P. gen. werden.

Abb. 1

Abb. 2

Abb. 4

Abb. 6

Abb. 3

Abb. 5

Pfingsten: ein christl. Fest ↗, das 50 Tage nach Ostern ↗ gefeiert wird in Erinnerung an die Ausgießung des Heiligen Geistes ↗ über die Apostel ↗ 50 Tage nach der Kreuzigung ↗: »Und als der Tag der Pfingsten erfüllet war, waren sie alle einmütig bei einander. Und es geschah schnell ein Brausen vom Himmel, als eines gewaltigen Windes, und erfüllete das ganze Haus, da sie saßen. Und man sah an ihnen die Zungen zerteilet, als wären sie feurig. Und er setzte sich auf einen jeglichen unter ihnen. Und wurden alle voll des Heiligen

Geistes und fingen an zu predigen mit anderen Zungen, nachdem der Geist ihnen gab auszusprechen... Die andern aber hatten ihren Spott und sprachen: Sie sind voll süßen Weines.« Diese anderen werden aufgezählt als »... Parther und Meder und Elamiter...«, die in Mesopotamien ↗ wohnen, als Ägypter, Libyer, Araber etc. Sie entsetzen sich, weil die Jünger plötzl. in all diesen Sprachen reden konnten. Petrus ↗ schiebt Trunkenheit als Grund weg u. behauptet, jetzt geschähe, was schon im AT prophezeit worden sei: »Und es soll geschehen in den letzten Tagen, spricht Gott, ich will ausgießen von meinem Geist auf alles Fleisch; und eure Söhne und eure Töchter sollen weissagen...« (Apostelgeschichte 2). Der Fehler der Ur-Christen ↗ war, diese ›letzten Tage‹ mit dem allg. Pfingsterlebnis schon zu ihrer Zeit anzusetzen, fast zweitausend J. zu früh, s. Endzeit ↗. These: P. ist a. die Erreichung des Pentagramms ↗. Das Wort kommt vom griech. Pentekoste = der 50. Tag.

Pflanze: in der afrik. Ntu-Philosophie Kintu ↗, assimilativ, worunter im Sonnenalphabet ↗ 2 Buchstaben fallen:

1) P (Grundmotiv Pflanzentanz ↗), das wären Einzeller wie Blaualge + Bakterie, die sich durch Chemosynthese ernähren; sie assimilieren mit Hilfe chem. Energie (statt Licht), die bei der Oxydation anorgan. Verbindungen frei wird.

2) Q (Grundmotiv Zelltanz ↗), alle P. die mit Photosynthese ↗ assimilieren.

Im Ggs. zum Tier ↗ ernähren sich alle P. selbständig u. sind nicht auf organ. Stoffe angewiesen. Durch Assimilation = Angleichung werden anorgan. Stoffe in körpereigene umgesetzt. Die dabei ausgestrahlten Kräfte kann der Mensch fühlen, weil sie in unser eigenes Kraftfeld eindringen. Die Indianer ↗ waren sich dessen bewußt; brauchte jemand neue Kraft, so ging er in den Wald, stellte sich mit ausgestreckten Armen unter einen best. Baum u. lehnte sich mit dem Rücken dagegen um zu ›tanken‹. Im Buch ›Das Geheime Leben der Pflanzen‹ (P. Tompkins + Chr. Bird, Scherz Verlag) heißt es: Pflanzen »... haben einen Sinn für Himmelsrichtungen und für zukünftige Ereignisse (z. B. Hurrikans, Erdbeben, Vulkanausbrüche). Francé betonte, daß Pflanzen dauernd Ereignisse und Erscheinungen beobachten und aufzeichnen, von denen der Mensch keine blasse Ahnung hat... Am meisten schockierte die wissenschaftliche Welt Francé's Theorie, daß die Bewußtheit der Pflanzen ihren Ursprung in einer feinstofflichen Welt kosmischer Wesen haben könnte« (S. 14–15). These: sie stehen durch Lichtöffnung ↗ mit dem Kosmos ↗ in Verbindung (bei der Photosynthese) bzw. enth. den Kosmos selbst (Pflanzentanz). — 4 hl. P. spielen bei den Sandbildern ↗ eine Rolle: Bohne, Kürbis, Tabak + Mais (Schema). Wahrsch. entspr. sie den 4 Elementen ↗ u. damit beim äg. 9fältigen Mensch ↗ Ba, der Elementarseele. Hier übernimmt der Mais ↗ die afrik. Kategorie Muntu ↗, Mensch, der nun über die Pfeife ↗, d. h. Tabak ↗ = Erde + Feuer + Luft die gleiche Rückverbindung zum

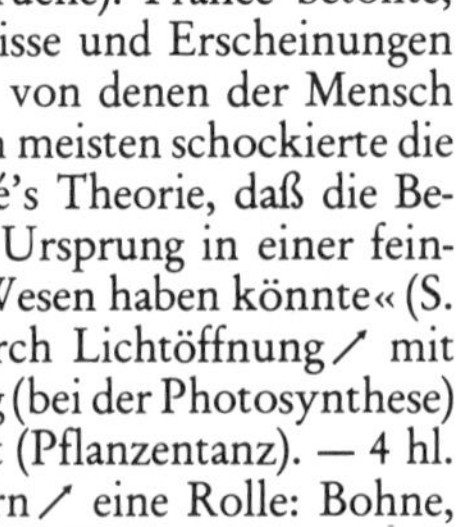

Himmel sucht, die die P. (als Fremdintelligenz = Kintu) von Natur aus hat. Vielleicht drückt sich der kosm. Bezug der P. a. im Mondkalender ↗ aus, während ihre Stilisierung zu Säulen ↗ die Par. zum Lichtstrahl ↗ verdeutlicht; als Lieferant von Rauschgift ↗ wiederum ermöglicht sie, was schon die Hauptfarbe Grün (im Ggs. zum Rot des Blutes) verspricht: Lichtöffnung u. dadurch Kontakt mit dem Heiligen Geist ↗ (s. Farben ↗).

Pflanzentanz: od. Einheit von Energie u. Materie heißt das Grundmotiv ↗, das sowohl einem Blatt, Schmetterling ↗ wie a. der Doppel-Axt ↗ gleicht. In der Reihenfolge des Kosmos ↗ ist es als letztes das Ziel ↗, d. h. dessen volle Ausdehnung, Entfaltung, Öffnung. In der Reihenfolge der Evolution ↗ leitet es die Pflanze ↗ ein, u. in der Geschichte ↗ (als 24. Rune ↗) zielt es auf die Fertigstellung der Psyche ↗ (als entsiegeltes ›Buch‹).

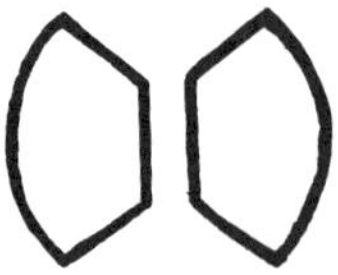

Phallus: Lingham ↗.

Phantasie: selbstproduzierte Bilder der Vorstellung (Imagination, von *image* = Urbild ↗), die scheinbar unwirklich sind. Betätigt sich im Traum ↗, Kunst ↗ + Mythos ↗.

Pharao: Bez. der äg. Könige ab Menes ↗; manche meinen erst ab 18. Dynastie ↗, davor habe sich dieser Titel ›Großes Haus‹ (Per ↗) nur auf den Palast des Königs bezogen. Dieser hatte jedoch eine höchst symbolträchtige Front, aus der sich der eigtl. Sinn herausholen läßt (Abb. 1): das Nommozeichen ↗, während dessen Wirkdauer (2. Hälfte des Zodiaksektors Zwilling ↗) lt. Dynastienliste ↗ das Königtum ↗ nach dem Osirismord ↗ a. begann:

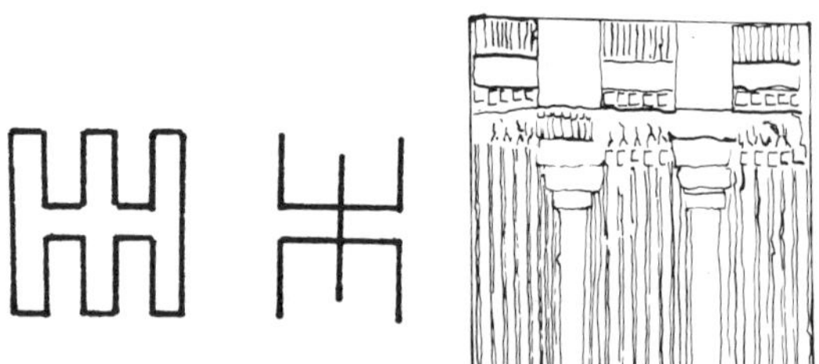

Abb. 1

Die Legitimation erfolgt, nachdem der zukünftige König seinen Anspruch begründet hat, *Sohn der Göttin* zu sein. Erkennt ihn diese als solchen an, begrüßt sie ihn als Horus ↗ (d. h., mit der Göttin ist Isis ↗ gemeint). Dieser sitzt als Falke ↗ über obigem Palastbild od. hinter dem P. (s. Chephren ↗). So ist der 1. der 5 pharaon. Titelnamen der Horusname (s. Schema 1 + 2), der 2. ist der ›Herrinnen-Name‹ (NBTJ), bestehend aus den Göttinnen Geier ↗ + Schlange ↗, die auf der Osirismumie ↗ auf der Stirn angebracht sind; der 3. ist der ›Gold-Horus‹ Name (HR-NBW; letzteres ist wohl äqv. Nabu ↗, wissend durch Initiation in den äg. Mysterien ↗, die für den P. obligatorisch war). Der 4. enthält Binse ↗ + Biene ↗ u. bez. ihn als König von Ober-

+ Unterägypten (s. Km.T ↗), wobei auf Bildern Binse mit Geier u. Biene mit Schlange korrespondiert (Abb. 2), u. der 5. Name macht ihn zum Sohn (die Gans) des

Beispiel einer vollständigen Titulatur (Thutmosis III.):

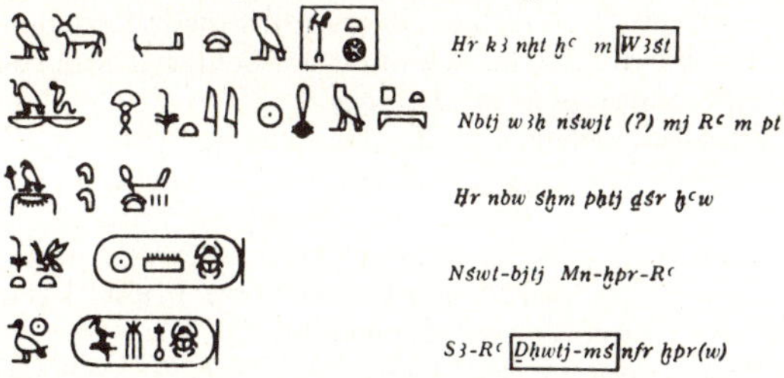

Schema 1

Re ↗ (der Sonne, hier das alte Sonnenzeichen ↗ Kreis mit Punkt); diese Hieroglyphen ↗ werden Sa-Re tradiert. Man ist versucht, an eine Urform von Sir zu denken. Nach diesen 5 Titeln folgen die jeweiligen unterschiedl. Namen ↗, im gezeigten Bsp. reduziert auf Tutmoses, bei Titel Nr. 5 umrandet als Dhwtj-Ms = Kind (Msj ↗) von Thot ↗ (Dhwtj), hier als Ibis ↗ eingesetzt. Dahinter stand all das, was zur Synthese ↗ (Symbolzahl 5) gebracht werden sollte, prakt. die Götterneunheit, u. wenn man die verwendeten Einzelglyphen zählt, sind es 9. Diese Synthese, zu verwirklichen durch den P., hatte ihr Gegenstück in der Mut ↗ mit Symbol Pentagramm ↗, aus der die Neunheit hervorgegangen war, mit Mut als deren Einheit. In eine Kartusche ↗ kamen nur die Namen der 4. + 5. Titulatur, was wohl den eigtl. Zwilling ausmacht, der in der Endzeit ↗ entstehen sollte: Amun ↗ (m. Gans als Symbol) + Hathor ↗ als Vereinigung von Binse + Biene (Nephtys + Isis) od. in der christl. Kirche Christus ↗ + Sophia ↗, s. Apokalypse ↗. Mit anderen Worten waren die meist männl., manchmal aber a. weibl. (wie Hatschepsut ↗) P. die Auferstehungslinie des ermordeten Osiris ↗. Ihre angestrebte Zwillingshaftigkeit drückt sich in Abb. 3 aus, wo der gleiche P. einmal mit roter Krone ↗, einmal mit weißer Krone auf dem (doppelten) Thron ↗ sitzt; darüber die Flügelsonne mit den Ara ↗ (Kobra-Göttinnen), darüber der Sternenhimmel als Nut ↗. In der Hand Palmen ↗-Rippen. Die Einrahmung ist ein (doppelter) Naos ↗. Auf beiden Seiten die gleiche Namenskartusche. Bonnet: »Die Einwohnung

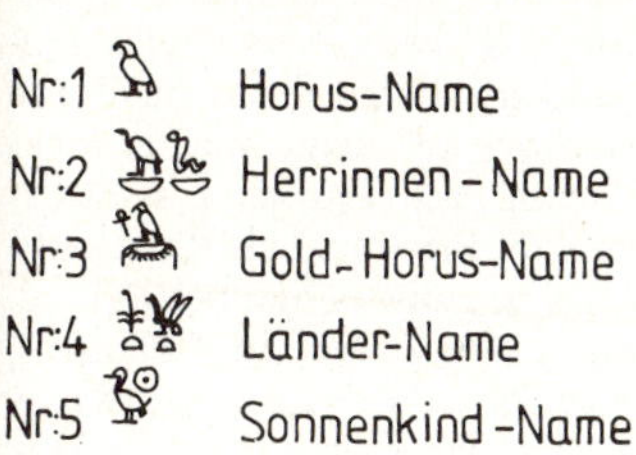

Schema 2

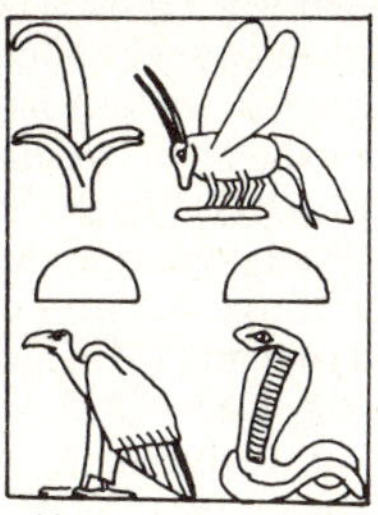

Abb. 2

Gottes im König ist keine dauernde; sie kann es nicht sein, denn die Könige wechseln. Sie haftet am Amt, darum hebt sie mit der Thronbesteigung erst an und geht nach dem Tode des Herrschers auf seinen Nachfolger über« (S. 381). Mit diesem einwohnenden Gott ist Horus gemeint. »Die Tatsache, daß der Horusname und der nb.tj (Herrinnen-Name) vielfach gleichlauten, legt ebenfalls die Vermutung nahe, daß man wie Horus so auch ›die beiden Herrinnen‹ in dem König einwohnend wähnte« (ebd.). D. h., die beiden Göttinnen, s. Abb. Stichw. Nephtys ↗, das diese einwohnende Dreiheit darstellt u. der Palastfront nahe kommt mit den 2 äußeren Türmen als den Pylonen ↗ (die wieder diese Göttinnen sind), u. dem mittleren als Djed ↗, der am Vorabend jeder Krönung + Thronbesteigung aufgerichtet wurde. Auf dem Thron das Symbol der Reichseinigung ↗, das wieder dem Nommozeichen (Palastfront) ähnelt:

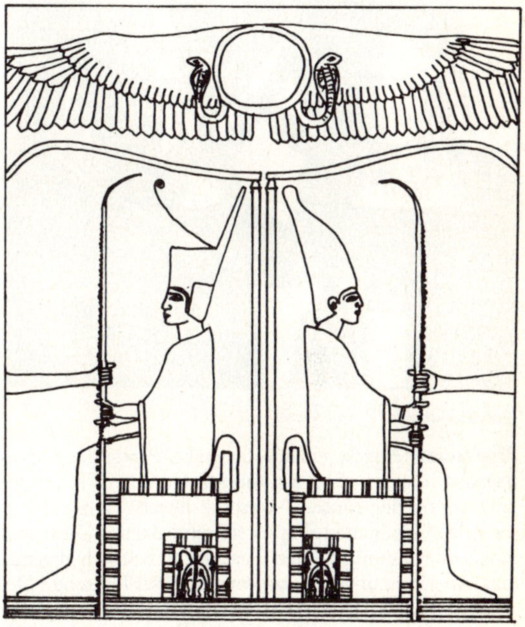

Abb. 3

Es heißt, es sei ein kosm. Ereignis gewesen, wenn der P. seinen Palast verließ, um dadurch Kräfte in Bewegung zu setzen (die Fortsetzung findet sich bei afrik. Oba ↗ = Königen, s. Yoruba ↗ u. a.). Die ihn kleideten u. pflegten, waren seine Söhne, denn sie mußten in der Lage sein, seine Strahlkraft zu ertragen. — Sein Tod ↗ war schon der ›3. Tod‹, denn während der lebenslangen Initiation auf sein Amt mußte der zukünftige P. 2 mal ›sterben‹, um ein 3. Mal ›geboren‹ zu werden. Dabei erlangte er lt. Dogma die Fähigkeit zur Himmelfahrt ↗ nach dem eigtl. Tod. — Seine Mumie ↗ wurde außerdem zur Osirismumie ↗ gemacht. — Die Vorsilbe Per erscheint a. im Begriff Pyramide ↗, die er als ›Königskopftuch‹ ↗ trug (statt Kronen). — Weitere Symbole ↗: der Tierschwanz ↗, die Brustplatte ↗, die Erburkunde Mekes ↗, Hirtenstab ↗ + Geißel ↗, als Prinz die Horuslocke ↗ u. a. mehr. — Da der Thron mit der weibl. Linie verbunden war, heiratete ein Sohn, um P. werden zu können, seine Mutter, Kandake ↗ (s. Inzest ↗ u. Abb. 4) od. Schwester.

Tutmoses IV. ging dem Vater von Echnaton ↗ + Tutenchamun ↗ voraus. Man beachte das X der Arme, das dem X der Beine des Oni ↗-Paares entspr.; die Königin trägt statt Geierkrone ↗ die Geiergöttin direkt ins

Haar eingraviert; darunter die Brüste zu 2 Sonnen ↗ gestaltet. Beide nur die Kobra ↗ auf der Stirn, der König ohne Bart ↗. — Prädynast. Vorgänger der P. waren die Horusdiener ↗. — S. P. als Greif ↗.

Abb. 4: Tutmoses IV. und Mutter

Pharisäer: Angeh. einer relig.-polit. Partei des Judentums ↗, die bes. starr am mündl. Gesetz, d. h. an der Auslegung der Moses ↗-Gesetze durch Talmud ↗ + Kabala ↗ festhielten. Papus schreibt dazu: »Diese beiden Teile des mündlichen Gesetzes setzen sich also nur aus Überlieferungen zusammen und aus logischen Deduktionen, die von diesen veranlaßt werden, um ihren wahren Sinn festzustellen. Zweifellos hatten sich nun viele apokryphe oder entstellte Überlieferungen eingeschlichen, auf Grund welcher die Pharisäer den Sinn des heiligen Gesetzes fälschten...« (1979, S. 329), was von Jesus ↗ streng verurteilt wurde, ebenso wie von den Essenern ↗ der Qumran-Sekte ↗, die sie direkt ›Kinder der Finsternis‹ nannten. Paulus ↗ war ein P.

P'Heling Pa: tib. Name für Europa ↗, als Vater (Pa) der Westlichen (P'helings), vielleicht der Fahlen = Weißen? »Es heißt, daß bis zu der Zeit, wo ›der große Juwel der Weisheit‹ (Maitreya ↗) sich herabläßt, in dem Lande der P'helings (Westlichen, jetzt aber USA ↗) wiedergeboren zu werden... es von wenig Nutzen sein wird zu versuchen, die falschen Auffassungen von P'heling-Pa (Europa) auszutilgen: seine Söhne werden auf niemanden hören« (Blavatsky, III, S. 413). Alte Prophezeiung des Lamaismus ↗.

Phi: eine bes. math. Größe, die schon Ägypten ↗ kannte: 1,618 u. von Plato ↗ nach Griechenland ↗ gebracht wurde. Es ist die Proportion des Goldenen Schnitts. Tompkins: »Wenn man die Seitenhöhe der Großen Pyramide ↗ (356 Ellen) durch die halbe Seite des Grundflächenquadrats (220 Ellen) teilt, ist das Resultat 89/55 oder 1,618« (1975, S. 211). Außerdem ist Phi + 1 = Phi hoch 2. Nach Ansicht Schwallers de Lubicz betrachteten die Ägypter P. nicht nur als Zahl, sondern a. als ein Symbol des schöpferischen Vermögens od. immer neuer Gestaltung in einer unendl. Folge. In der Renaissance ↗ diente die Phi-Proportion als die hermetische Regel, die der Komposition großer Kunstwerke zugrunde lag. Plato ging in seinem Timaios so weit, P. als die zwingendste aller math. Beziehungen zu betrachten u. sah in ihr den Schlüssel zum Bau des Kosmos. — S. Hl. Dreieck ↗.

Philister: drangen z. Z. des Pharao ↗ Ramses III. (1198–1166 v. Z.; 20. Dyn.) im südl. Küstengebiet von Kanaan ↗ ein, woraus dann Palästina ↗ wurde. A. ›Seevölker‹ gen., u. damit wahrsch. von den Kykladen ↗. Diop vermutet eine schwarze Priesterkaste. Urspr. waren sie wohl Kaphtorim ↗.

Philosophie: griech. Liebe *(philo)* zur Weisheit (Sophia ↗); als Wort vermutl. von Heraklit ↗ eingeführt u. von Plato ↗ best. als Streben nach dem höchstmöglichen Wissen um die göttl. Urbilder = die von Sokrates ↗ erwähnten präexitenten Ideen ↗. Besser wäre von Wissen ↗ + Erkenntnis ↗ (deren Synthese die Weisheit ist) zu sprechen. Das stellt P. an den Anfang der Kultur ↗ mit dem, was eintraf (s. Landung ↗) als dem ›Philosophischen Ei‹, einem offiz. ungeklärten Begriff der Alchemie ↗. These: es ist a. der ›Stein der Weisen‹ ↗, zunächst der Gral ↗, dann die Große Pyramide ↗, heute die Weltformel ↗. Bezieht man sich auf die Aussage der Gnosis ↗, daß Sophia die Schlange ↗ am Baum der Erkenntnis schickte, so hat sie selbst P. als Liebe zu sich begr., mit der Schlange als Durchlauf der Geschichte ↗. In Ägypten war außer einer vage erwähnen Musik-P. die P. wohl nicht von den anderen Wissenschaften ↗ getrennt, sondern im Gesamtsystem der großen Loge ↗ gegenwärtig, die möglicherweise nur ein Teil (= der 8er Kreis) der afrik. Ntu-Philosophie ↗ war, äqv. dem Tao ↗ im Taoismus, einer weibl. Philosophie. In Indien gelten die Veden ↗ als älteste philos. Schrift. Der ›Philosophus Teutonicus‹ od. philos. Drang der Deutschen = Tiodiska ↗ fängt keineswegs mit Leibniz ↗ als offiz. 1. dt. Philosoph an, a. nicht mit Paracelsus ↗ + Luther ↗. Er geht, wie es der Name nahelegt, auf Tiod ↗ zurück, äg. Thot ↗, griech. Hermes ↗, u. von da über die Var. Tuatha de Dannan ↗ auf die Göttin Anu ↗, die wieder der Sophia entspr. dürfte. Blavatsky: »Mutter aller Philosophien ist die Weisheitsreligion ↗...«, äqv. Geheimlehre. S. Hegel ↗, Novalis ↗ u. Nihilismus ↗. — Letzte weibl. Philosophin bis zum heutigen Wiedererscheinen war Hypatia ↗. Für alle griech. Denker (Philosophen) war es obligatorisch, in die äg. Mysterien ↗ eingeweiht zu werden. Jedoch standen ihnen nicht alle Grade offen, weshalb die westl. P. heute in einer Sackgasse gelandet ist. S. P'heling Pa ↗ (Europa) u. seine Erlösung durch Maitreya ↗. S. Priester ↗ als Philosoph.

Phönix: ein myth. Vogel u. globales Symboltier:

1) in China ↗ gen. Feng Huang, Z. des Yin ↗-Prinzips, d. h. weibl. (Abb.). Entspr. war die P.-Krone der Kaiserin vorbehalten, während der Kaiser die Drachen-Krone trug.

2) Symbol der Kanaanäer ↗, was zur Bez. ihrer Nachfolger als Phönizier ↗ führte;

3) das Wort selbst ist die Umbildung des äg. Benu ↗ durch die Griechen ↗, die folg. Mythos ↗ überlieferten: Der P. verbrennt sich selbst, um aus der Asche neugeboren emporzusteigen;

4) in der Alchemie ↗ wird der Drache in den P. verwandelt (s. Nr. 1);

5) der arab. P. od. ›Zimtvogel‹ starb niemals wirklich. Er entging dem Altern, indem er sich ins Feuer stürzte u. neugeboren der Asche entstieg;
6) der röm. Kaiser Elagabal aß vergebl. einen P., um nicht zu sterben;
7) Ägypten: Prädikat ›der von selbst entsteht‹ (d.h. ohne Zeugung, wie es die Legende z. B. a. Jesus ↗ zuschreibt) bzw. ›herrlicher Ba ↗, der aus dem Herzen des Osiris ↗ hervorging‹. Im Äg. Totenbuch ↗ heißt Kap. 83 *Um in einen Phönix verwandelt zu werden* u. läßt den Toten sagen:

»Ich trag in mir die Keime aller Götter ↗
Ich bin der Schlangengöttinnen vier Gestern
In mir verberg ich der Amenti ↗ sieben Zonen...«

8) im Lexikon des Geheimwissens entspr. der P. dem *Stein der Weisen* ↗.
9) These: über die Vorsilbe ist ein Zusammenhang mit Po ↗ gegeben.

Phönizier: von griech. Phoiniker; der Wortstamm *phoinos* kehrt in der lat. Bez. Poenus, der Punier ↗ wieder. Sie stammen von den Kanaanäern ↗ ab, weshalb umstritten ist, ob sich der Name auf Phönix ↗, ihre eigene rotbraune Hautfarbe (*phoinos* = dunkelrot) od. den doppelt gefärbten Blutpurpur aus Tyr ↗ bezieht, mit dem sie handelten. Wiederum nannten die Hellenen ↗ a. die Dattelpalme *phoinix*, weil sie deren Früchte zuerst von den P. bezogen hatten (sie war ein Symbol der Hathor ↗, s. Palme ↗). Der kanaan. Zusammenhang drückt sich darin aus, daß fast jede phöniz. Stadt dem Baal ↗ u. der Baalat ↗ als Tanit ↗ geweiht war. Ihre wichtigsten Städte waren Sidon ↗, Tyr u. Byblos ↗ sowie als Überseegründung Karthago ↗. Friedell: »Ihr Land aber nannten die Phoiniker Kana'an. Phoinike (Phönizien) hieß erst bei den Griechen der Küstensaum zwischen Meer (Mittelmeer ↗) und Libanon ↗, der nicht länger als etwa 100 km und dabei so schmal ist, daß er bisweilen nur knapp den Raum für eine Straße bietet« (1936). Lissner: »Die Phönizier waren aber nicht nur Kaufleute und Piraten - sie waren auch Kulturträger im wahrsten Sinne des Wortes. Sie trugen Wissenschaften und die Kunst zu schreiben aus Ägypten, aus Kreta und aus dem nahen Osten nach Griechenland, Afrika, Italien und Spanien. Sie verbanden Osten und Westen durch Handel. Sie waren die Mittelsmänner zwischen Babylon ↗ und Ägypten ↗. Mit den Ballen und Fässern ihrer Handelswaren trugen sie Kultur nach Europa ↗ und befreiten den damals neuen und jetzt alten Kontinent vom Leben in der Höhle« (S. 82). Die Karte (Abb. 1) zeigt einen Ausschnitt ihrer Schiffsrouten, die a. in der Odyssee ↗ vorkommen, wo es z. B. heißt: »Da nun kamen Phönizier, die schiffsgepriesenen Männer, Schelme, tausendfachen Tand mitführend im dunkeln Schiff...« (XV, 415). Aber sie waren a. in Amerika. Auf einem 1872 in Brasilien ↗ gefundenen petroglyphischen Text heißt es: »Wir sind die Söhne Kanaans von Sidon, der Stadt der Könige. Der Handel hat uns hierhergeführt.« Merkwürdigerweise liefen ihre Handelsschiffe oft in das Pferd ↗ aus (Abb. 2), was wundern läßt, ob a. Epona ↗ mit dem Wort P. verw. ist (wie die Briten ↗ mit den P.). — Unter Hiram ↗ bauten die P. u. a. den Tempel von Jerusalem ↗, wie ja ihre Vorfahren, die Kanaanäer, a. Himariten hießen, in Konsonantenschrift Hmr, woraus Homer ↗ wurde. Das Alphabet der P. wird Kadmos ↗ zugeschrieben u. bildet die Brücke zw. äg. Hieroglyphen ↗ u. Griechischem Alphabet ↗.

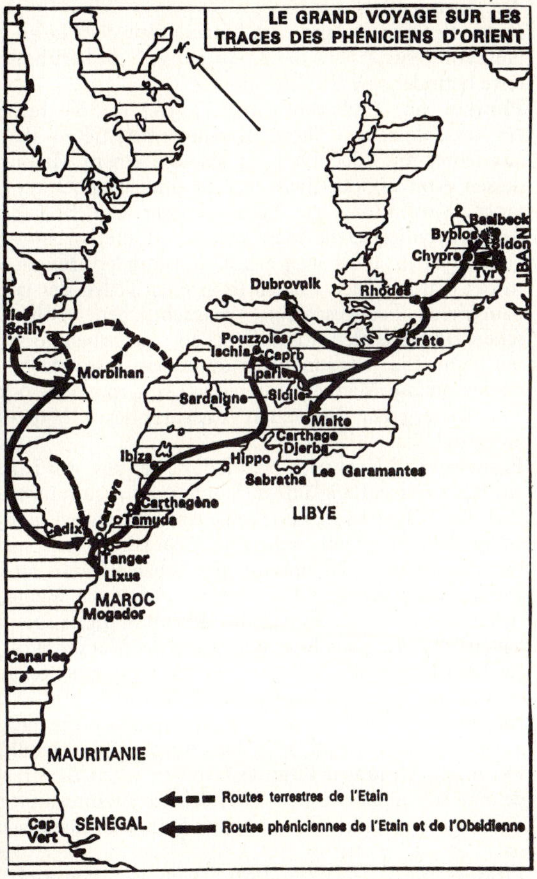

Abb. 1

Abb. 2

Photosynthese: die Stoffproduktion der Pflanzen ↗ - a. pflanzl. Primärproduktion gen. - als ein Kreisprozeß (Zyklus ↗), in dem durch Aufnahme von atmosphärischem Kohlendioxyd (CO_2) u. Wasser (H_2O) sowie Lichtenergie die Synthese ↗ eines Kohlehydrats (z.B. CH_2O) geschaffen wird, wobei Sauerstoff (O_2) abgegeben wird. Beides sind die Grundlage für die Existenz lebender Organismen auf der Erde. Gleichzeitig mit der P. findet unter Sauerstoffverbrauch eine Kohlendioxyd-Abgabe statt, gen. Lichtatmung. A. dieser Prozeß ist wie die P. lichtabhängig, arbeitet ihr aber hin-

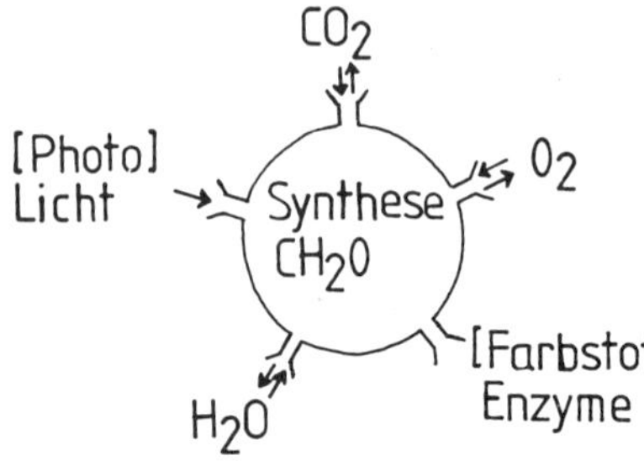

sichtl. der Kohlenstoff-(C) Bilanz genau entgegengesetzt u. bringt in der Regel 30 % Verlust der durch P. gewonnenen Stoffproduktion. Das Schema zeigt diesen Prozeß mit Hilfe des Grundmotivs Zelltanz ↗. Am 5. Kreisventil ist noch die Mitwirkung des grünen Farbstoffs Chlorophyll - der evtl. Lichtöffnung ↗ bewirkt - u. sog. Enzyme erwähnt. Zur Steigerung dieser Stoffproduktion versucht man heute, Pflanzen zu züchten, deren Verlust durch Lichtatmung ›unterdrückt‹ wird.

Physik: Wissenschaft ↗ zur Ergründung der Naturgesetze ↗, od. wie im Wort vorgegeben der Physis als räuml.-mater. Wirklichkeit (s. Hantu ↗) wie sie sich zeigt, wenn man sich *messend* mit ihr befaßt. Die physikal. Maßeinheiten unterscheiden
1) mechanische Größen wie Zeit ↗, Frequenz ↗, Länge, Masse (Gewicht, z.B. 1 kg), Geschwindigkeit etc.
2) thermische Größen wie Wärme, Energie ↗ etc. u.
3) elektrische Größen wie Stromstärke, Leitfähigkeit, magn. Polstärke etc.
Newton ↗ gilt als Mitbegründer der mod. P., v. a. wohl durch seine Forderung nach Experimental-P. mit der Gliederung: Eine Erscheinung muß eine Ursache haben - Experimentalp. erlaubt keine Hypothesen - nur eine hinreichende Anzahl von Versuchen kann eine Erscheinung erklären: »Alles nämlich, was nicht aus den Erscheinungen folgt, ist eine Hypothese, und Hypothesen, seien sie nun metaphysische oder physische, mechanische oder diejenigen der verborgenen Eigenschaften, dürfen nicht in die Experimentalphysik aufgenommen werden.« Dem geht aber schon Leonardo da Vinci ↗ mit der Forderung voraus: »... also, ihr Forscher, traut nicht den Autoren, die sich nur vermittels der Einbildungskraft zu Dolmetschern zwischen Natur ↗ und Mensch ↗ haben machen wollen, sondern einzig denen, die nicht auf Grund der Zeichen ↗ der Natur, vielmehr durch die Ergebnisse ihrer Versuche den Geist geübt haben.« Heute stößt man an die Grenzen der Erkenntnis durch Versuche (Experimente), weil evident wird, daß sie oft nur Reaktionen verursachen u. ›Phantomteilchen nachjagen‹ statt die eine, allmächtige ›Urkraft‹ zu ergründen.

Pi: die Relation von Kreisumfang + Kreisdurchmesser, annähernd 22 : 7 oder 3,14159... (unendl. Stellen nach dem Komma, die nie aufgehen, weshalb diese Relation heute irrational od. transzendental gen. wird). Lt. Tompkins war sie wie Phi ↗ den alten Ägyptern bek.: »Wenn man den Umfang des Grundquadrats der (Großen) Pyramide ↗ durch ihre doppelte Höhe teilt, erhält man als Quotienten 3,144, eine Zahl, die dem Wert von Pi bemerkenswert nahe kommt« (1975, S. 82).
These: die unmögl. ›Quadratur des Kreises‹ (Übertragung des Kreisumfangs über den Radius auf ein Quadrat vermittels Pi) war in der Großen Pyramide wahrsch. auf 2fache Weise eingebaut: Übertrag der Erdkugel auf das quadrat. Fundament äqv. Hunab Ku ↗ sowie des Gangsystem ↗-Kreises als Zodiak ↗ auf die Diagonalmaße des gleichen Fundaments.

Picasso, Pablo: span. Maler (1881-1973), der den Ankauf afrik. Masken ↗ monopolisierte u. mit dem danach konzipierten Bild ›Les Demoiselles d'Avignon‹ 1907 seine Negerperiode einleitete. »Das war der Dammbruch für die Moderne ↗ Kunst Europas... Seitdem gehören Masken nicht nur zum Repertoire, sondern zu den Quellen der modernen Kunst« (Weltkulturen u. mod. Kunst, 1972). Im gleichen J. entstand nach einer Grabfigur aus dem damals noch frz. Kongo der ›Tänzer‹.

Pietà: Bez. jeder Darst. von Maria ↗ mit dem Leichnam von Jesus ↗ nach der Kreuzigung ↗; die berühmteste befindet sich im Petersdom ↗.

Pimiko: jap. Zauberkönigin ↗ (3. Jh.) »... die hinter verschlossenen Türen in einem befestigten Palast lebte, mit 1000 Dienerinnen und einem Mann, dessen Amt es war, zwischen ihr und ihren Untertanen Verbindung zu halten. Dieser alte Brauch der Frauenherrschaft hielt sich mit Unterbrechungen in Japan ↗ bis weit ins 8. Jahrhundert hinein. In der Tat scheinen Frauen in großen Teilen der japanischen Frühgeschichte beträchtlichen politischen und sozialen Einfluß gehabt zu haben; erst seit dem 15. Jahrhundert mußten sie ihre Macht restlos an die Männer abtreten« (Leonard, 1978, S. 13). These: einer der letzten Ausläufer des 2. Matriarchats ↗.

Pingala: ein Meridian ↗ od. Nadi ↗, der zus. mit Ida am Rückgrat entlangläuft u. Suschumna ↗ einrahmt; P. rechts. Blavatsky ↗: »Der reine Akascha bewegt sich an Suschumna empor: seine zwei Aspekte strömen in Ida und Pingala. Das sind die drei Lebenswinde... Sie werden vom Willen ↗ beherrscht... Daher die Wichtigkeit der Reinheit der Kanäle... Ida und Pingala spielen entlang der bogenförmigen Wand des Markes, worin Suschumna sich befindet. Sie sind halbmateriell, positiv und negativ, Sonne ↗ und Mond ↗... Durch Konzentration auf Ida und Pingala wird das ›Heilige Feuer‹ erzeugt« (III, S. 537). Der Ausgangspunkt soll zw. analer Öffnung u. Geschlechtsorgan liegen, das Ende in den Nasenlöchern, worauf sich die Atemtechnik des Yoga ↗ gründet. P. ist also der männl. Sonnenkanal.

Pipil: Name der Azteken ↗ für die am weitesten nach Süden vorgedrungenen Nahua ↗; Wortbed. Kinder

(d. h. Abkömmlinge des Hauptvolkes) u. Fürsten (d. h. herrschende Schicht bei den Unterworfenen). Nach eigener Aussage entzogen sie sich durch diese Südwanderung der ›Tyrannei der Olmeken ↗‹. Jedoch führte ihre Invasion im 7. Jh. a. zum Zusammenbruch der kulturellen Klassik der Maya ↗; fast gleichzeitig mit dem Islamischen Blitzkrieg ↗ kann man hier von einem P.-

Pipil: Herz-Opferung

Blitzkrieg sprechen. Ein Zweig waren die Nicarao, nach denen Nicaragua seinen Namen erhielt. — Nur bei ihnen fanden sich Steinmonumente des Quetzalcoatl ↗, weit älter als bei den Azteken, mit Krokodilrachen, wahrsch. olmek. Einflusses. — P. nannten sie aber a. die Sonne als Sonnengott (Abb.) mit dem Opfer ↗ von Herzen wie bei den Tolteken ↗. Der Priester hält ihm auf diesem Basrelief, das deutl. toltek. Einfluß zeigt, das Herz eines Sakralopfers entgegen. Herkunftsort: Santa Lucia in Guatemala.

Pitris: 1. Wurzelrasse ↗ (ind.), hervorgebracht durch Yoga ↗; die 7 unkörperl. ätherischen ›Mondwesen‹ als Vorfahren der Menschen ↗, selbst zw. Göttern ↗ u. Menschen angesiedelt. Im Buch Dzyan ↗ die Schatten der Schatten, völlig geschlechtslos. — These: es gibt nur ein frz. Wort, das P. nahekommt: pittoresk = malerisch, farbig. Der angegebenen Zahl 7 entspr., müßte es sich um eine Art Geistwesen der 7 Regenbogenfarben ↗ gehandelt haben, die der Mond ↗ durch Lichtöffnung ↗ vielleicht ›absondern‹ kann.

Planet: jeder nichtleuchtende Himmelskörper, der sich um 1 (od. mehr) leuchtenden Zentralkörper (Sonne ↗) bewegt u. von diesem bestrahlt wird. Man kennt heute 9 P. in unserem Sonnensystem ↗, im folg. Schema in einer Reihe (die sie höchst selten bilden) samt Entfernung + Umlaufzeit aufgeführt:
Es gab aber zumindest 2 Völker, die von 12 P. sprachen, die Altägypter u. die Olmeken ↗; u. bei beiden ist der Planetoidengürtel ↗ zw. Mars + Jupiter erw.:
1) Äg. Totenbuch ↗:

»Die günstigen Tage und Stunden berechnend
Vergesse ich nicht des Orion ↗ und aller 12 Götter
Die jene regieren.
Seht, wie sie halten einander die Hände;
Aber der 6. von ihnen weilt am Rande des Abgrunds
Im Augenblick, wo der Dämon gestürzt...«
(Kap. 64; die Punkte markieren eine Lücke)

These: dieser 6. ist Jupiter ↗ (von außen gerechnet) u. war nahe, als der P. Ogo ↗ (hier Dämon gen.) zerstört wurde; lt. Dogon ↗ sind 1 od. 2 seiner Monde Trümmer von Ogo. Daß die Reihe ›gebrochen‹ wurde in 2 Teile, könnte sich a. im äg. Planetenstab ↗, der oft als 2 Stäbe erscheint, symbolisieren. An anderer Stelle wird von Planetengeistern ↗ statt ›Göttern‹ gesprochen.
2) bei den Olmeken waren die 12 P. als Tempel in ihre Stadt Teotihuacan ↗ eingebaut, geteilt in 6 innere u. 6 äußere; dazw. ein Flüßchen als Planetoidengürtel. Das bestätigt, daß es noch einen P. außerhalb von Pluto ↗ geben muß - er wird heute schon (wieder) vermutet + gesucht: »Die Nasa will in den kommenden Monaten intensiv nach Hinweisen auf einen weiteren Himmelskörper jenseits der Bahn des Pluto suchen. Dies wurde kürzlich während einer Fachtagung im Armes Research Center bei San Franzisko beschlossen, wie die Zeitschrift ›New Scientist‹ meldet. Die Existenz eines solchen Objekts am Rande des Sonnensystems wird schon lange vermutet« (FAZ, 14.7.1982). U. es setzt 2 weitere zw. Sonne u. Merkur ↗, gen. Olkan ↗ + Kinan ↗.
3) Letztere sind auf sum. Rollsiegeln als janusköpfige Planetengottheit eingezeichnet, s. Berg ↗.
4) A. die 12 Götter des Olymp ↗ scheinen urspr. die 12

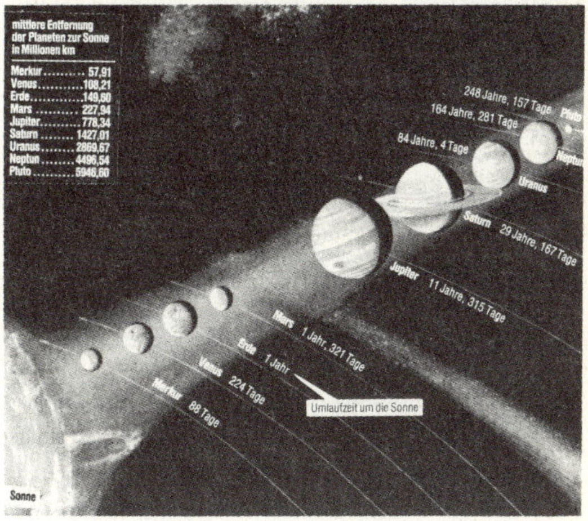

P. gewesen zu sein, was offensichtl. verloren ging.
5) Gleiches gilt wohl für die 12 Asen ↗ der Germanen ↗.
6) Von Indien berichtet Blavatsky ↗: »Es gibt nur sieben Planeten, die speziell mit der Erde ↗ in Zusammenhang stehen... oder, um die esoterische Ausdrucksweise zu gebrauchen, mit unserem siebenfältigen Sphärenringe... Die Menschheit, so lehrt uns der Okkultismus ↗, ist in sieben verschiedene Gruppen geteilt, mit

ihren intellektuellen, geistigen und körperlichen Unterteilungen. Daher gibt es sieben Hauptplaneten, die Sphären der innewohnenden sieben Geister (= Planetengeister), unter je einem derselben eine der menschlichen Gruppe geboren ist, und von ihm geleitet und beeinflußt wird« (I, S. 626).
7) die Chaldäische Planetenreihe ↗ setzt nur 5 ein, plus Sonne + Mond, genau wie
8) der Babylonische Turm ↗, dem man aber - unterird. - 2 weitere hinzurechnen kann, in Übereinstimmung mit der Weltenlehre ↗, dann sind es wieder 7 Hauptplaneten.
9) in der Apokalypse ↗ (Kap. 17) wird Babylon von einem Tier getragen, das 7 Köpfe (u. 10 Hörner, s. Satan ↗) hat, die sowohl 7 Berge (äqv. P.) u. 7 Könige (äqv. Wurzelrassen od. Welten) symbolisieren, denn es heißt weiter: 5 sind gefallen (wir sind am Ende der 5. Welt ↗), 1 ist u. der andere, 7. ist noch nicht gekommen. — Inwieweit a. die 12 Apostel ↗ (Jünger) den P. od. Planetengeistern entspr. sollten, bleibt wohl ein Mysteriengeheimnis von Jesus ↗.

Planetenbewegung: Eigenrotation + Bahn um die Sonne: a) Sonne, Planeten, außer Uranus ↗, u. fast alle Monde ↗ rotieren um ihre Achsen in der gleichen Richtung, wie die Planeten um die Sonne laufen, d.h. im Gegenuhrzeigersinn, s. Hakenkreuz ↗, wodurch sie in Bezug zum Zodiak ↗ (dem J.) stehen u. dort ›Häuser‹ erhalten. b) Die fast kreisförmigen Bahnen fallen fast zus. mit der Äquatorebene der Sonne ↗. Kepler ↗ berechnete, daß die Verbindungslinie Planet-Sonne in gleichen Zeiten gleiche Flächenstücke überstreicht, der Planet also in Sonnennähe schneller läuft als in Sonnenferne. Daß die Planeten ↗ um die Sonne kreisen, war lange vor Kepler, Kopernikus ↗ + Galilei bek., s. Zitat unter Stich. Planetengeister ↗.

Planetengeister: werden im Äg. Totenbuch ↗ erw.:

»Sei mir gegrüßt, o Ra! (od. Re ↗ = Sonne)
...
Wenn du segelst in deiner göttlichen Barke ↗
Mein Körper auf Erden badet im Licht deiner Strahlen
...
Die Planetengeister kreisend um dich
singen dir Ruhm;«

(Kap. 15)

Offensichtl. waren sie a. im Buddhismus ↗ anerkannt, denn Blavatsky ↗ schreibt: »Der wahre Buddhist, der keinen ›persönlichen Gott‹ und ›Schöpfer Himmels und der Erde‹ anerkennt, glaubt doch an ein *absolutes Bewußtsein*, Adi-Buddhi ↗; und der buddhistische Philosoph *weiß*, daß es Planetengeister gibt, die Dhyan Chohans.« Personifiziert wurden daraus die Planetengötter. In Ägypten z. b. Seth ↗. Wie also bei Mensch ↗ Körper, Seele + Geist unterschieden wird, so a. Planetenkörper (der Planet selbst) u. P. = das, was ihm vorausgegangen ist (s. Weltformel ↗), ihn ›bewohnt‹ u. sich von daher auswirkt auf Welten ↗, Völker ↗, Menschen.

Planetenkonstellationen: bes. Punkte der Umlaufbahn eines Planten ↗, die als Feste gefeiert wurden, insbes. die 3fache Begegnung (Konjunktion) von Jupiter ↗ + Saturn ↗ alle 20 J. in einem Gesamtdreieck von 60 J. = das afrik. Sigui-Fest ↗, wobei sich der Begegnungspunkt regelmäßig im Tierkreis ↗ verschiebt u. für 1 Durchlauf 2400 J. braucht (Schema):

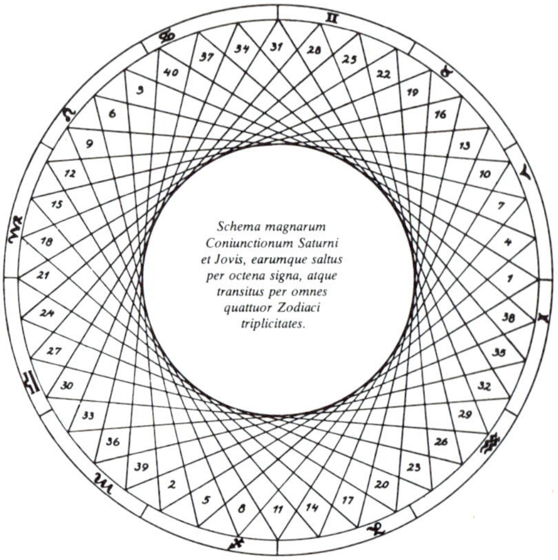

Schema der Großen Konjunktionen Saturns und Jupiters, ihrer Sprünge durch die je acht Zeichen und ihres Durchgangs durch alle vier Dreifältigkeiten des Tierkreises

Planetenstab: äg. Symbol, das über einem unten gegabelten Stock den Kopf des Seth ↗-Tieres zeigt, mal Hund, mal Fuchs (s. Renard Pale ↗) genannt. Er befindet sich auf Bildern entw. in der Hand der Götter ↗, od. er stützt in doppelter Ausführung den Himmel. Offiz. Interpretationen fehlen, der Name wird mit UAS ↗ oder ZAM ↗ angegeben. Man findet ihn z. B.: zus. mit Hirtenstab ↗ + Geißel ↗ in der Hand des von Isis ↗ gestützten Abdu ↗ = ermordeten, zum Fisch gewordenen Osiris ↗ in der Duat ↗ (Abb. 1). Doppelt sowohl in der Hand der 2 Maati ↗ (Abb. 2) wie als

Abb. 2

Abb. 4

Abb. 3

Abb. 5

Stützen des Himmels (Abb. 3). Dann in beiden Händen des auf dem Balken der Maat ↗ stehenden Falken ↗ (Abb. 4) u. als Stab des Thot als Ibis ↗ (Abb. 5), aber nie findet man ihn in der Hand des Seth, was bestätigt, daß er selbst der P. ist. Beim Bild des Chons ↗ schließl. wächst der P. mit jenem Djed ↗ zus., der als Abschluß das Lebenskreuz ↗ trägt - er hat also etwas mit dem Aufbau der Sonne ↗ zu tun. These: er vertritt den 12er Kreis od. die Gesamtheit der 12 Planeten ↗.

Abb. 1

Planetoidengürtel: zw. Planet ↗ Mars + Jupiter bewegen sich zehntausende von Planetoiden od. Resten eines explodierten Planeten, den z. B. die Dogon Ogo ↗ nennen u. die Maya Siebenpapagei ↗. 90 % haben einen Durchmesser kleiner als 60 km, die größten Brocken erreichen etwa 1000 km. Ihre Gesamtmasse ist geringer als die der Erde (Abb.):

»In der Astrologie ↗ werden, wegen der rechnerischen Schwierigkeiten, sie in einem Horoskop ↗ genau einzuordnen, die Planetoiden fast immer vernachlässigt. Manche Astrologen ordnen ihnen dagegen einen nicht unwesentlichen Einfluß auf das Tierkreiszeichen Fische ↗ zu« (Lexikon der Astrologie, Herder 1981). These: es wäre an die Zuordnung des 1 der 2 Fische zu

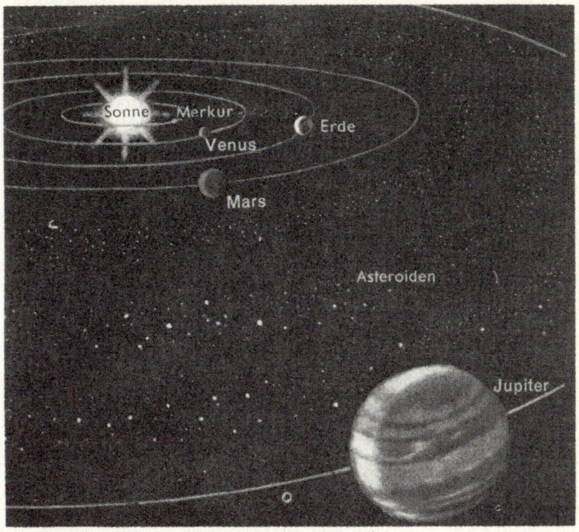

Der Asteroidengürtel zwischen Mars und Jupiter

denken = Antichrist ↗. Weitere myth. Zuordnung wahrsch. Okeanos ↗ u. Apophis ↗ sowie der Bruch beim Planetenstab ↗, dessen Name Zam ↗ dann Jam ↗ entspricht.

Plato, Platon: griech. Philosoph (427-347 v. Z.), Schüler von Sokrates ↗, der gleich nach dessen Tod nach Ägypten ↗ ging »... wo er in die niedrigen Grade des Tempelwissens eingeführt wurde...« (Tompkins, Cheops, S. 281). Blavatsky ↗: »Plato sagt in seinen Briefen, daß er seine Lehrsätze ›alten und heiligen Lehren‹ entnommen hat« (III, S. 13). Er wohnte in Heliopolis ↗ in Nähe der Großen Pyramide ↗ u. studierte wie Pythagoras ↗ vor ihm das Heilige Dreieck ↗. Als Lehrer hatte P. Sechnoufis; in Memphis ↗ den Prophet Chonouphis, ein Prof. der Philosophie ↗. Brunés vertritt die Ansicht, daß P. die geheimen Lehren der Ägypter in seinen Schriften, v. a. aber im Timaios niedergelegt hat. Er tat das aber nicht in allgemeinverständlicher Form, weil er eidlich zur Geheimhaltung (der Geheimlehre ↗ od. Mysterien ↗) verpflichtet war. Vielleicht stimmte deshalb a. die Präzession ↗, nach ihm (obwohl so vielen Völkern bek.) ›Platonisches Jahr‹ gen., nicht mehr ganz (25735 statt 25920 J.). Das gilt a. für Mu ↗ + Atlantis ↗: »Wenn Plato die Geschichte als dem Solon von den ägyptischen Priestern erzählt wiederholt, so vermischt er absichtlich - wie jeder Initiierte tun würde - die zwei Kontinente« (Blavatsky, II, S. 278). Von seinen fast vollständig erhaltenen Werken, in denen meist Sokrates das Gespräch führt, sind Apologie, Phaidon, Gastmahl, Staat u. Timaios die wichtigsten. Fortsetzung der Ideenlehre ↗; Nachwirkung im Neuplatonismus ↗.

Plazenta: kompliziertes weibl. Organ, das gebildet wird, sobald sich das befruchtete Ei in der Gebärmutter festgesetzt hat. Sorgt für Atmung, Ernährung, Ausscheidung u. Hormonbildung des sich bildenden Embryos während der Schwangerschaft ↗; nach der Geburt als ›Nachgeburt‹ abgestoßen. — Auf einer äg. Darst. (Abb. 1) ruht sie wie eine Art Urhügel ↗ auf einer Standarte, die von dem Planetenstab ↗ gehalten wird. Als ›Zwilling‹ in göttl. Gestalt wurde sie bei Prozessionen ↗ dem Pharao ↗ (symb.) vorausgetragen; ein

Brauch, der sich a. in anderen Teilen von Afrika findet. Bei den Dogon ↗ wird die P. mit dem Sonnensystem ↗ in Par. gesetzt mit dem Unterschied, daß z. B. Ogos ↗ P. unser Sonnensystem ist, Nommos ↗ P. aber das System des Sirius ↗, was sich in Ägypten auf den Pharao als Horus, Sohn des Osiris ↗ beziehen müßte,

Abb. 1

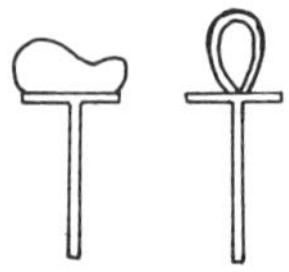

Abb. 2

Abb. 3

s. Chons ↗. Nimmt man also den Planetenstab als Planeten, so bliebe als Zuordnung für den T-förmigen Stab mit dem Wulst das Lebenskreuz übrig, mit Veränderung dessen Kreise (über dem T) zu 2 verschmolzenen Kreisen, äqv. der 2 Sirius-Sonnen (Abb. 2). Schon im Mutterleib (der Sonderlinie ↗ = Isisblut ↗) wäre ein solcher Embryo quasi an eine andere Atmung, Luft (Hantu ↗) angeschlossen, an einen anderen Ort u. Zeit. These: richtet man die 2 durch den Planetoidengürtel ↗ gebrochenen Planetenstäbe (je 6 Planeten umfassend) linear im Sonnensystem aus, so deutet einer zur Sonne, der andere zum unbek., heute Isis gen. 12. Planet, für den das Taichi ↗ des Taoismus eingesetzt wird (Abb. 3). Nun wird plötzl. augenfällig, daß diese bes. P. a. dessen unterer Hälfte gleicht (Abb. 4): Damit entspr. sie dem Kosmos ↗ u. par. dazu der Schwarzen Sonne ↗ als Zwillingshälfte des Horuskindes, das die weiße Sonne (s. Nomos) vertritt od. eben beides).

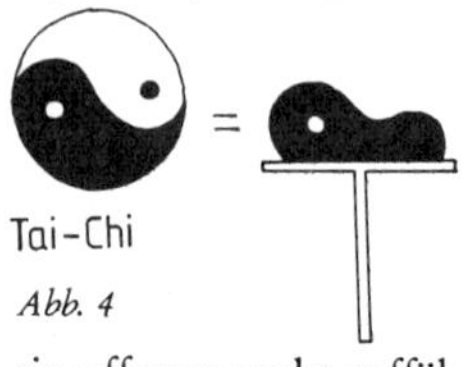

Abb. 4

Plejaden: das ›Siebengestirn‹, ein offener, recht auffälliger Sternenhaufen; in der griech. Mythol. die 7 Töchter des Atlas; in Südamerika die Lamaherde u. bei den Hopi ↗ ein Symbol der 7 Welten ↗ (s. Kiwa ↗); sie gehören zum Sternbild Stier ↗ (Abb. rechts oben).

Pluto: 11. Planet ↗ von innen, erst 1930 (wieder) entdeckt als bisher äußerster u. kleinster; selbst in den stärksten Fernrohren sieht man ihn nur als winzigen Lichtfleck, sehr gelb. Seine Bahn fällt völlig aus dem Rahmen u. ist zum sonst flachen Sonnensystem 17 Grad geneigt (Abb.). Dreht sich in 6,4 Tagen (= 1 P.-Tag) um sich selbt u. braucht 20,75 J. zum Durchlauf 1 Tierkreis ↗-Zeichens, d. h. nicht ganz 250 J. für den Gesamtkreis. Eigenschaften als Planetengeist ↗: überwertige Energie, die in der Verfolgung normaler Ziele

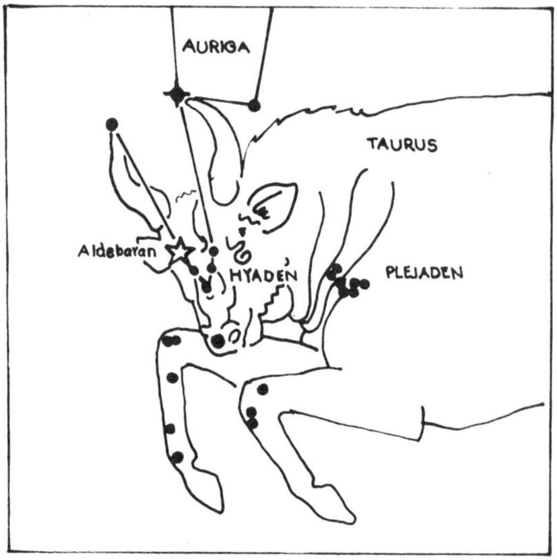

nicht untergebracht werden kann, Tendenz zum Maßlosen mit Entladung in außergewöhnlichen, unmotivierten Handlungen. Außenwelt-Beziehung, die ein Genie in den Wahnsinn führen kann. Suche nach Verborgenem, übersinnliche Aufnahmefähigkeit. Wie alle

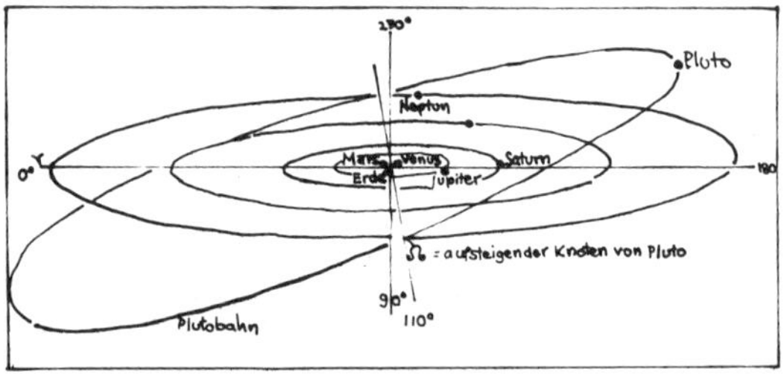

Positionen der Planeten am 1. Dezember 1980

Transsaturnier ↗ ein ›Aussteiger‹ u. Umformer-Symbol, jedoch mit gewaltsamem Zug unter Mitwirkung mag. Kräfte. — Der Name stand a. für Hades ↗ u. Reichtum. Plutokratie (griech.) ist Geldherrschaft, wozu sein Aussehen (wie ein Goldklumpen) bes. gut paßt. A. seine totale Vereisung. — Steht Patala ↗ unter seinem Einfluß?

Pneuma: Hauch (griech.), im AT der Geist ↗, der sich bes. Begnadeten mitteilt; im NT (s. Bibel ↗) verursacht er Pfingsten ↗.

Po: in Polynesien ↗ wird die Urzeit, aus der alles hervorging, als Leere, Nacht, Unendlichkeit, das ›Niemals in Besitzgenommene‹ od. die ›Äonen der Dunkelheit‹ = Po gen., die ›sehr weit, schwarz und das Niemals Endende‹ waren. These: der Kosmos ↗ vor Entstehung der Sonne ↗ (Sterne ↗). Man machte a. die Unterwelt ↗ daraus. In Afrika nennen die Dogon ↗ die Schwarze Sonne ↗ des Sirius Po, was von der geistigen Substanz her tats. ein Äqv. ist. In russ. Schreibweise ist es die Endsilbe von Sambo ↗ = Sampo.

Pochan, André: frz. Physiker + Mathematiker (geb. 1891), der im Buch ›L'énigme de la grande Pyramide‹ (das Geheimnis der Großen Pyramide ↗) v. a. deren Heilige Maße ↗ berechnete u. die richtige Dynastienliste ↗ vorstellt. In seinem Vorwort schreibt er: »Die

Große Pyramide ist eine gigantische Bibel, deren Entzifferung bis zum heutigen Tag der profanen Welt entgeht.«

Poitiers: Hauptstadt der westfrz. Landschaft Poitou, wo 732 Karl Martell ↗ das weitere Vordringen des Islamischen Blitzkriegs ↗ nach Europa stoppte (Karte).

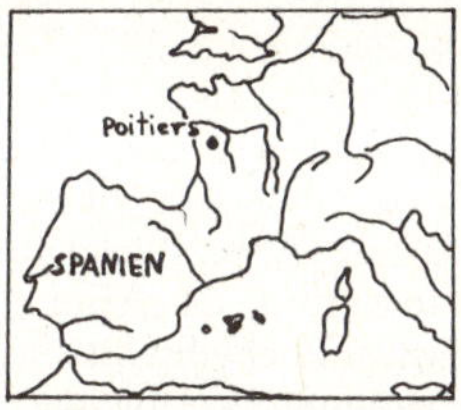

Pokal: ein bes. großes u. kostbares Trinkgefäß mit Fuß, symb. das Trinkglas der Götter ↗, schon im kanaan. Mythos vom Palastbau des Baal ↗ erw.:

»Sie gaben einen Becher in seine Hand
Einen Krug in seine beiden Hände;
Ein großes Gefäß, mächtig zu sehen,
Ein Pokal für die Bewohner des Himmels.«

Od. Göttin Anat ↗ (Baals Schwester) sagt zum Gott Il ↗:

»Wir beide wollen herbeitragen seinen Pokal...«

Anton Jirku: »Man hat den Eindruck, daß dieser Becher in der Hand der Gottheit schicksalsbestimmend ist« (1966, S. 80). Dieses mythol. Motiv hat a. einen starken Niederschlag im AT gefunden, man kannte es aber a. in Mesopotamien ↗. Auf einer babyl. Adorationsszene sehen wir neben dem Adoranten (Verehrer) eine Göttin abgebildet, die in der l. Hand einen Becher hält. These: als Gralsträgerin ↗ mit dem Gral ↗ als Pokal. Europ. Brautbecher drehen das Motiv des P. um u. machen eine weibl. Person mit großem Rock als Trinkgefäß daraus, die eine kleine bewegliche Schale hält (Abb.). Da im kanaan. Mythos aus dem P. nicht nur Wein, sondern a. das ›Blut der Bäume‹ getrunken wird, ist an das afrik. Wasser-Nommo ↗ als Inhalt zu denken.

Pok Ta Pok: hl. Ballspiel ↗ bei den Maya ↗; evtl. übersetzbar mit ›Welt zu Welt‹ im Rahmen der Weltenlehre ↗, mit Pok äqv. Pacha bei Pachacamac ↗. Merkwürdigerweise ist die Umdrehung Kop, u. als ›Kopf‹ wurde der Ball betrachtet (Kopf des Ahpu ↗).

Pola Pola: ein Land, aus dem Pele ↗ nach Hawaii ↗ kam. Konkret ist dies heute eine zu den Gesellschaftsinseln gehörige Insel im Pazifik ↗, Nv. Bora Bora. These: das himml. Pendant könnte das Land (La ↗) der Po ↗-Sonne sein, ein vergessenes, im Mythos ↗ versunkenes Land im Sirius-System ↗. Dann besteht Zusammenhang mit Nana Pola ↗.

Polarstern: Polaris, hellster Stern ↗ im kleinen Bär ↗, ein Zweisonnensystem ↗ (Doppelstern), ca. 400 Lichtjahre ↗ entfernt. A. Stella Maris genannt. Lt. Lexikon der Astrologie »von Saturn- und Venusart«, also auf den Babylonischen Turm ↗ bezogen sowohl das verlorene wie das wiederkehrende Paradies ↗ umfassend. — S. Nordpol ↗.

Pole, 2: die 2 Durchstoßpunkte der Erdachse an der Erdoberfläche: Nordpol ↗ + Südpol ↗, Schnittpunkte aller Meridiane ↗. Ihre Zonen (die Polarzonen), bis 23 ½ Grad vom Pol entfernt, zeigen während eines Teils ds Sommerhalbjahres die Sonne als nicht unter dem Horizont versinkend. Die Abb. enthält Stellungen der Mitternachtssonne jenseits des Polarkreises in Abständen von 15 Minuten.

Im übertragenen Sinn ist a. eine Stadt, griech. *polis,* ein P., an dem ›alle‹ Fäden zusammenlaufen bzw. eine kulturelle Achse durchstößt. Oft genug sitzt an ihr als Gegen-P. eine konträre Stadt, wobei die entstehende Polarität gewöhnl. auf die Ur-Pole weibl.-männl. (Yin ↗-Yang ↗) zurückfällt. Griech. Bsp.: Athen mit Athene ↗ ggb. Delphi ↗ mit Apollo ↗, Opfer wurde Sokrates ↗, der den Gifttod erlitt, weil er statt Athene Apol-

lo gehorchte. — P. hat a. die Zelle ↗ sowie ein Streitgespräch, bei dem ›polemisiert‹ wird. — S. Polsprung ↗ u. Metropole ↗.

Pollock, Jackson: Maler in USA ↗ (1912–1956), der unter Einfluß von Jazz ↗ der Auflösungstendenz der Moderne ↗ das Bewegungsmoment der Aktion (deshalb Action-painting gen.) hinzufügte. Bildtitel wie Totem ↗ lassen a. indian. Einfluß vermuten. S. Expressionismus ↗.

Polo, Marco: Kaufmann aus Venedig, der 1271–95 Zentralasien u. China bereiste u. vielgelesene Reiseberichte veröffentlichte, die Humanismus ↗ u. Kolonialismus ↗ mit ausgelöst haben dürften.

Polsprung: allein in den letzten 76 Mio. J. gab es mindestens 171 Umpolungen, in der ges. Erdgesch. vermutl. einige tausend. Abzulesen ist das an Spuren, die in altem Magma (Gesteinsschmelzfluß in den tieferen Bereichen der Erdkruste) eingefroren sind. Winzige Kristalle aus Eisenoxid richten sich beim Erkalten von Lavagestein nach den jeweiligen Polen ↗ aus. Da man die Gesteinsproben datieren kann, weiß man, wo in jener Zeit Nord- und Südpol gelegen haben. — Normaler Verlauf: die Feldstärke des Magnetfeldes der Erde schwächt sich bis auf rund 10 % ab, dann beginnt der Magnetpol wild zu pendeln u. wandert in einem Kreis um die Nordregion; schließl. kippt er mit einem Ruck in die umgekehrte Richtung. Danach baut sich das Magnetfeld wieder auf. Soweit sich Feinschichten mit magn. Kristallen datieren lassen, dauert der Vorgang zw. 1000–4000 Jahre. Zu dieser reinen Umpolung - aus N wird S u. aus S wird N (s. Abb.) - kann, muß aber wohl nicht, eine Verschiebung treten. These: die letzte im Jahr 11432 v. Z. betrug 26 Grad u. löste die Sintflut ↗ aus; sie ist im Gangsystem ↗ der Großen Pyramide ↗ enthalten. H.J. Anderson (Buch ›Polsprung und Sintflut‹) beschreibt die Polverschiebung als ein »Gleiten der Erdkruste über den Erdkern« (S. 26) u. bestätigt aus der Quellenforschung »... daß die Tradition alter Völker viermal eine Polwende registriert hat« (S. 45) (Altägypter, Maya, Chinesen, Maori). Spezifischer berichtet Altägypten, daß die Sonne zweimal im O u. zweimal im W aufging. Die Daten dafür sind unsicher. These: sie könnten mit dem Wechsel der Welten ↗ zusammenhängen. Da seit 1950, dem Beginn der Endzeit ↗, die Jetwinde von den Polen abwandern u. das Magnetfeld der Erde ↗ wieder an Intensität abnimmt, dürfte der nächste P. unmittelbar bevorstehen und den konkreten Hintergrund des Jüngsten Gerichts ↗ darstellen:

»Als ein recht bedenkliches Zeichen wird man aber die Veränderungen des Erdmagnetismus werten müssen. So hat der US-Physiker Prof. Dr. Kenneth McDonald eine deutliche Abschwächung des Erdfeldes festgestellt. Er stützte sich dabei auf Daten von über 200 meteorologischen Beobachtungsstationen. Daraus soll sich ergeben haben, daß der magnetische Gürtel, der die Erde umgibt, in den letzten Jahren um 15 % schwächer geworden ist. Würde sich dieser Prozeß gleichmäßig fortsetzen, so wäre das Erdfeld in wenigen Jahrzehnten völlig abgebaut, und manche Wissenschaftler befürchten, daß damit auch der biologisch so wichtige Schutz vor der Weltraumstrahlung wegfällt. Im Lichte der Polsprungtheorie ist aber eine zunehmend beschleunigte Entwicklung zu erwarten. Irgendwann wird ein kritischer Punkt erreicht, wo das geschwächte Erdfeld ziemlich plötzlich ganz zusammenbricht. Dann naht der dramatische Augenblick der Umpolung« (Anderson). S. Nostradamus ↗, Löwe ↗ u. Evolution ↗.

Polygamie: im Ggs. zur Monogamie u. Hierogamus ↗ die Ehe von 1 Mann mit vielen Frauen bzw. 1 Frau mit vielen Männern. A. bei den Tieren gibt es beides.

Polynesien: jener Teil der Inseln im Pazifik ↗, der östl. von Melanesien ↗ + Mikronesien ↗ liegt, mit rel. hellbrauner Bev., von der angenommen wird, sie stamme aus Indonesien. Sie selbst berichten: »Wir stammen vom großen Hawaiki ↗, vom langen Hawaiki, vom fernen Hawaiki« (Lissner, S. 235). Tats. sind kulturelle Ähnlichkeiten sowohl mit Asien wie mit den Indianern ↗ gegeben. Sollten sie den Untergang von Mu ↗ auf dem Himalaja ↗ überlebt haben, so ist die angegebene Einwanderung (Abb., Pfeile) nur eine Rückkehr, wofür a. die Einrichtung der Arioi ↗ spricht. Lissner: »Die polynesische Geschichte ist ein Drama von Ausstoßung, Verbannung, Verfolgung, Entdeckertragödien, Schiffbruch und Untergang in den Fluten, Kriegen von Inselgruppe zu Inselgruppe, von Kämpfen auf den Inseln selbst...« (S. 236) bis hin zur Dezimierung um teilweise 90 % der Bev. durch den Kolonialismus ↗. Ohne Schrift ↗ (die Rongo Rongo ↗ der Osterinsel ↗ sind anderen Ursprungs) besitzt das riesige Gebiet doch eine einheitl. Tradition ↗ über Schöpfung ↗, Paradies-Verlust ↗ u. Taten der Kulturbringer ↗. Der Ahu ↗ deutet die Kenntnis der Weltenlehre ↗ an. Am Uranfang stehen Io ↗ u. Po ↗, der unendl. Raum, der später zur Schale von Tangaroa ↗ wird »... so wie jedes Ding seine Schale hat. Der Himmel ist Schale... des Mannes Schale heißt Frau, der Frauen Schale heißt Frau...« (Poignant, Ozean. Mythol., S. 29), was a. hier den Kosmos ↗ weibl. macht. Kulturbringer sind Tane ↗ u. Pele ↗, ein mythol. Produkt der berühmte Tiki ↗ mit einer Hina ↗ als Frau;

Phasen eines Polsprunges

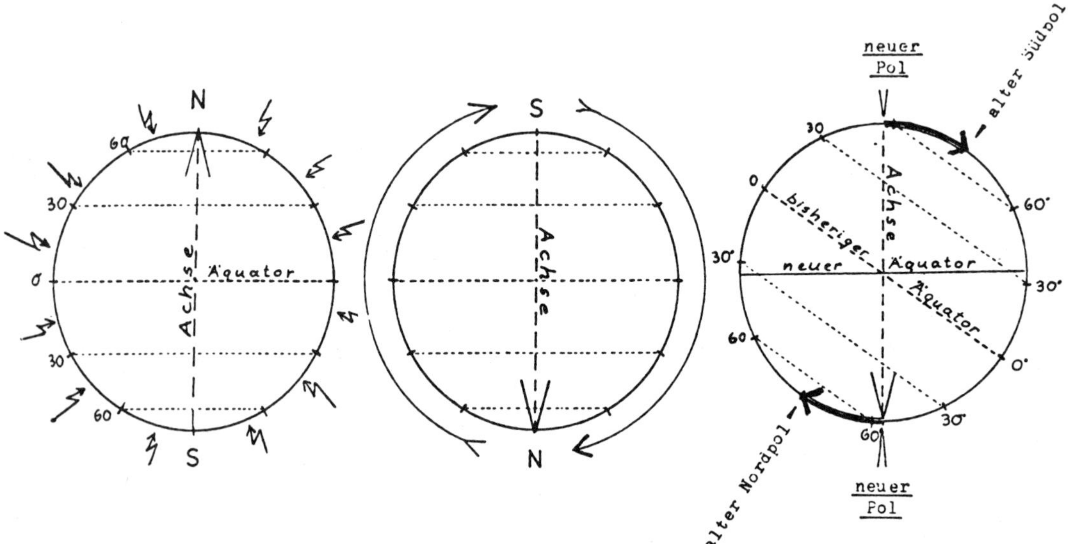

1. Phase
Kosmischer Blitz
Umpolung des Erdmagnetfeldes

2. Phase
Polwende
Nord-Süd-Drehung der Erde um 180°

3. Phase
Polverschiebung
Gleiten der Erdkruste über den Erdkern

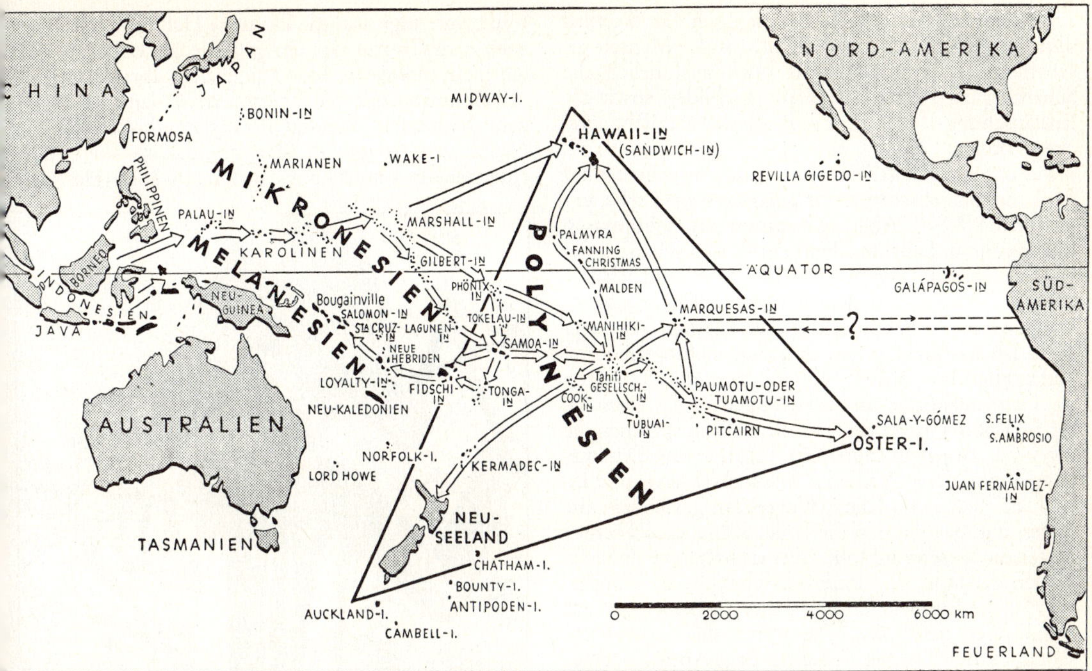

ihnen entstammte die königl. Familie, die in starrem Klassenunterschied den Ura↗-Gürtel tragen durfte als ›Nabelschnur zwischen Göttern und Menschen‹, s. Sonderlinie↗.

Polyrhythmik: Gleichzeitigkeit ungleicher Zeit bzw. ungleicher Rhythmen↗, Hauptbestandteil schwarzer Musik↗. Koppelt als Grundmotiv↗ eine gerade u. eine ungerade Linie, nicht unähnl. der Parabel↗. Äqv. Buchstabe K.

Poma: Ovids Ausdruck für die Äpfel der Hesperiden↗; das Wort enthält Po↗ (schwarz, Leere) u. Ma↗ (Sonne), könnte sich also auf die Schwarze Sonne↗ beziehen. Damit verw. Gott Poma u. Göttin Pomona aus der Urzeit von Italien↗, deren Kult erst in der Zeit von Augustus↗ wiederbelebt wurde. Von da wanderte der Apfel↗. – i. die Bibel↗. –

Pomponazzi, Pietro: ital. Lehrer der Philos. u. Medizin (1462–1525), in Konflikt mit der Kirche↗ durch seine ›Lehre von der doppelten Wahrheit‹ (äg. Maati↗).

Pontifex: Oberpriester im Staatskult des Alten Rom↗; in Persien der 7. Grad beim Mithraskult↗. An ihrer Spitze stand der P. Maxismus, ab Kaisertum der Kaiser (Cäsar↗). Ab Papst↗ Leo I. (440–61) ging dieser Titel an die Päpste über. S. Priester↗ allgemein.

Poona: nach Bombay + Nagpur 3. größte Stadt im ind. Staat Maharaschthra; 1817 von den Briten im Rahmen des Kolonialismus↗ erobert, dann ein Zentrum der nationalen Befreiungsbewegung. Seit 1975 Sitz von Bhagwan↗. These: lag einstmals an der Wanderroute von Jesus↗ u. hängt wohl mit dem Begriff Punarjanman = Wiedergeburt↗ zus., denn P. wird a. Puna geschrieben. S. Pahana↗, die hier evtl. als Po↗-Ona herauszuholen ist, letzteres ist die Endsilbe von Orejona↗.

Pop: Matte; wahrsch. das Weltideogramm↗ symbolisierend wie Name des 1. Monats im Maya↗-Kalender Haab↗. O Pop = ›der Herrscher betritt die Matte‹, 16. Juli als Neujahr↗; die weitere Zählung lautet 1 Pop, 2 Pop etc. Die entspr. Glyphe (Abb.) enthält r. das Weltideogramm. — S. Tzolkin↗. Solche Matten wurden a. zum Medizinbündel↗.

Popol Vuh: hl. Buch (= *Vuh*) des Volkes *(Popol)* der Maya↗, a. Maya-Bibel gen. od. ›Buch des Rates‹, was sich auf den Schöpfungsbeginn bezieht, der im P.V. von 7 Göttern beraten wird:

»Das ist die Kunde: Da war das ruhende All. Kein Hauch. Kein Laut. Reglos und schweigend die Welt. Und des Himmels Raum war leer... Unbeweglich und stumm war die Nacht, die Finsternis. Aber im Wasser, umflossen von Licht, waren diese: Tzakol↗, die Schöpferin, Bitol↗, der Former; der Sieger Tepeu und die Grünfederschlange Gucumatz↗; Alom↗ auch und Caholom↗, die Erzeuger. Unter grünen und blauen Federn waren sie verborgen... Große Weisheit und große Kunde ist ihr Wesen. Darum gab es den Himmel und des Himmels Herz, dessen Name ist Cabavil, Der-im-Dunklen-sieht. So wird berichtet.«

These: wollte man diese 7-heit im Ur-X↗ unterbringen, würden sich die 3 Göttinnen auf das weibl. Dreieck↗, die 3 Götter auf das männl. Dreieck reduzieren, u. das ›Herz‹ wäre der Brennpunkt dazwischen. A. im Bericht der Bibel↗ ist Elohim↗, gewöhnl. mit Gott übersetzt, eine Mehrz. wie hier. Diese Mehrz. sagt bald darauf: »Es geschehe! Es fülle sich die Leere↗! Weichet zurück, ihr Wasser, und gebet Raum, daß die Erde aufsteige und sich festige.« So sprachen sie. »Es werde Licht! Daß Himmel und

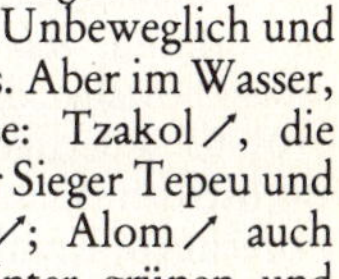

Erde sich erhellen! Nicht Ruhm noch Größe wird sein, bis der Mensch ↗ erscheint, bis der Mensch geschaffen.« Aber zuvor wird noch ausführlich die Schaffung der Pflanzen u. Tiere geschildert sowie die Enttäuschung von Tzakol + Bitol, daß sie nicht sprechen können:
»Was ist zu tun, daß man uns anrufe und erinnere auf der Erde? Schon schufen wir unsere ersten Werke, unsere ersten Wesen. Aber sie konnten uns nicht preisen und verehren. Laßt uns denn ein Wesen schaffen, das gehorsam sei und ergeben und uns nährt und erhält.« Folgt die wenig zufriedenstellende 1. Wurzelrasse ↗. U. es sagten die Schöpferin u. der Former: »Es zeigt sich, daß das nicht gehen und sich nicht vermehren kann. Hierüber müssen wir uns beraten.« So sagten sie. Dann zerstörten und zerschlugen sie das Werk ihrer Schöpfung, Ende der 1. Welt ↗. Nun sprechen die zwei: »... zu jenen Zauberern Tagahne und Dämmerungsahnin, deren Namen ↗ waren Ixpiyacoc und Ixmukane ↗« u. es wird die 2. Wurzelrasse geschaffen. ›Sie lebten und bevölkerten die Erde, Söhne und Töchter hatten die Wesen aus Holz. Aber sie hatten keine Seele, keinen Verstand, sie erinnerten sich nicht der Schöpferin ↗ u. des Formers. Ziellos gingen sie herum und auf allen vieren liefen sie... Das waren die ersten Menschen, zahlreich lebten sie auf der Erde Antlitz. Darauf wurden sie zerstört und vernichtet, diese Gebilde aus Holz, und empfingen den Tod. Eine FLut erweckte das Herz des Himmels...« Ende der 2. Welt. Folgt der Abschuß von Siebenpapagei ↗ u. die weitere Genesis ↗ ab Ixmukane; das Ballspiel ↗ beginnt. Ixquic ↗ gebiert Hunahpu ↗ + Ixbalanque; aber dieser Übergang von Naturmensch ↗ zu Kulturmensch ↗ wird im Mythos ↗ verhüllt. Der Bericht schließt mit den Königslisten der Quiché ↗ u. klagt: »Hiermit schließt dann das Leben in Quiché. Es gibt nichts mehr zu sehen. Die alte Weisheit der Könige ist dahin. So ist nun alles zu Ende in Quiché, Santa Cruz genannt.« — Niedergeschrieben von einem unbekannten Quiché nach der Überlieferung seines Stammes um die Mitte des 16. Jh., d. h. bald nach Einfall von Cortes ↗. Das Original ist verloren, aber der Inhalt wurde durch eine Abschrift bewahrt, die der Pfarrer Francisco Ximenez zw. 1701-03 anfertigte, in Quiché-Sprache, die mit lat. Buchstaben geschrieben war.

Poreskoro: Krankheit ↗ (Nr. 9) als hermaphrod. Dämon.

Portugal: bildet zus. mit Spanien ↗, mit dem es zeitweilig vereinigt war, die Iberische Halbinsel mit Pyrenäen ↗ als Grenze zum übrigen Europa. Urbev. waren die nicht-indogerm. Iberer (vielleicht Ibri ↗?), später verschmolzen mit den Phöniziern ↗, dann Kelten ↗, dann Römern ↗. Heutige Portugiesen halten sich für Nachf. von Atlantis ↗. Mag sein, daß das die von P. ausgehenden Entdeckungsfahrten seit 1416 (Heinrich

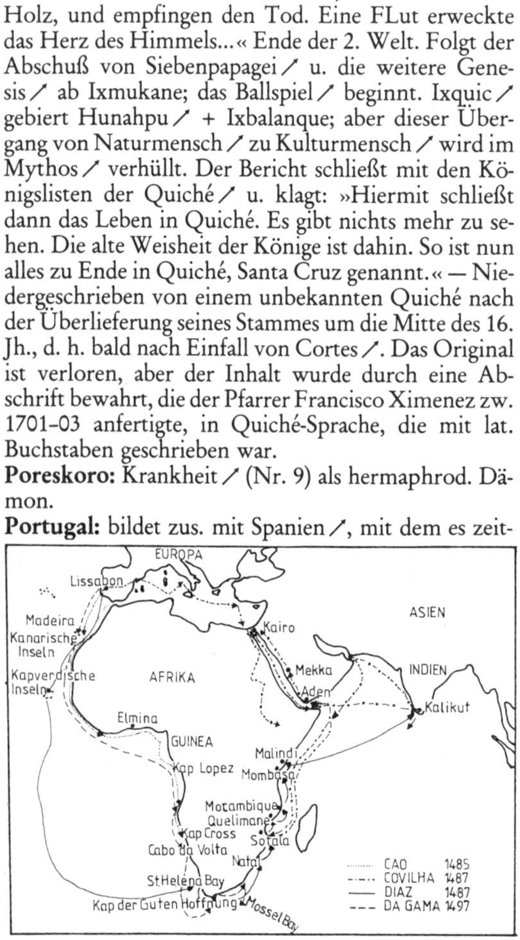

der Seefahrer, Vasco da Gama) förderte. Von P. Hauptstadt Lissabon ausgehend wurde Afrika umsegelt, s. Bild der Ankunft in Mali ↗, u. Indien besucht (Abb. 1); dann folgte 1500 die Besitzergreifung von Brasilien ↗; P. wurde vorübergehend zum reichsten Handelsstaat Europas. Pfefferproben aus Benin ↗ wurden »... unverzüglich nach Flandern und anderen Orten versandt, und alsbald erzielte der Pfeffer hohe Preise und wurde sehr geschätzt...«, so die königl. Annalen in Lissabon. Od.: »Der König von Benin erweist uns große Ehre und läßt uns mit seinem Sohn speisen, und alle Türen in seinem Palast stehen uns offen.« Aber a. 1526 von Nzinga Mbemba, König von Kongo an Johann III., König von P.: Täglich »... rauben diese Leute unsere Untertanen, die Söhne der Landbevölkerung ebenso wie die Söhne unserer Edelleute, Vasallen und Verwandten... und lassen sie verkaufen. Und sie sind so korrupt und zügellos, Majestät, daß unser Land bereits in äußerstem Maße entvölkert ist« (s. Sklaven ↗-Handel). Im J. 1680 konnte der portug. Historiker Cadornega errechnen, daß seine Landsleute im 16. Jh. »... fast eine Million Seelen aus Westkongo und dem nördlichen Angola versklavt hatten.« Abb. 2 zeigt eine Bronze-Platte aus Benin 16./17. Jh. mit einem Portugiesen, der in den Händen Schiffsanker u. Peitsche hält.

Poseidon: griech. Gott des Olymp ↗, röm. Neptun ↗, d. h. ein Planetengeist ↗. Als Eltern gelten Rhea ↗ + Kronos (= Saturn ↗). Mythos ↗: Wenn P. nicht auf dem Olymp war, verbrachte er den größten Teil seiner

Zeit im Meer bzw. fuhr in einem von 2 Pferden gezogenen Wagen über die Wellen. Als Symbol hält er in der Hand den Dreizack (Abb.), der für sich allein das Z. des Planeten ↗ Neptun ist. Als Schutzgott von Atlantis ↗ verband er sich mit Kleito ↗. So trugen nicht nur Könige von Atlantis, sondern a. 2 frühe Könige von Athen seinen Namen bzw. galten als seine Personifizierung. S. Griechen ↗.

Postmortal: nach dem Tod ↗.

Potiki: Beiname des Maui ↗, der Maui Tikitiki od. P. gen. wurde. Die Erweiterung von Tiki ↗ ist das Wort Po ↗.

Pr: äg. Schreibweise, heute Per ↗ vokalisiert.

Prädestination: Vorherbestimmung (des menschl. Schicksals ↗); Anlaß zu viel Streit, a. innerhalb der Kirche ↗. Führt bei zu starrer Auffassung zum Fatalismus ↗. Blavatsky ↗: »Es ist eine Vorherbestimmung (P.) in dem geologischen Leben unserer Kugel (Erde ↗ als Planet), sowie in der vergangenen und zukünftigen Geschichte der Rassen ↗ und Nationen. Diese steht in engem Zusammenhang mit dem, was wir Karma ↗ nennen, und was die westlichen Pantheisten Nemesis ↗ und Zyklen ↗ nannten. Das Gesetz der Evolution ↗ trägt uns jetzt entlang dem aufsteigenden Bogen *unseres* Zyklus...« (I, S. 702). These: nicht nur die Evolution, sondern a. die Geschichte ↗ ist von P. als Weltordnung ↗ geleitet, letztere war jedoch freiwillig verursacht, s. Eva ↗, im Ggs. zu ersterer. S. Präexistent ↗.

Prädynastisch: wird in Ägypten die Zeit vor *(prä)* Beginn der Dyn. der Pharaonen (ab Menes ↗) genannt. Lt. Dynastienliste ↗ umfaßt sie die ›Zeit der Geister des Todes‹ ab Weltuntergang ↗ od. das 2. Matriarchat ↗, das die Horusdiener ↗ hervorbrachte. Wie Merire ↗ zeigt, gehen wesentl. Elemente der äg. Kultur auf die P. Zeit zurück, wie Tempel ↗, Symbolik ↗ u. Doppel-Religion ↗.

Präexistent: alles, was vor *(prä)* seiner Existenz ↗ schon als Idee ↗ od. Name ↗ bzw. Wesen ↗ da ist: z. B. lt. Monadenlehre ↗ die Seele vor dem Körper; insbes. aber der Geist ↗ als Präexistente Ideen ↗ od. Logos vor jeder Logosverkörperung, z. B. als Christus ↗ (Logosstreit ↗). These: nur dadurch kann es Prädestination ↗ geben.

Präexistente Ideen: nannte Sokrates ↗ das unsichtbare Unvergängliche, das sich im Ggs. zum sinnlich Wahrnehmbaren niemals ändert. Nur durch Denken könne man sie aus der Fülle der Formen, die aus ihnen hervorgingen, zurückgewinnen. Eine best. Anzahl ist nicht überliefert. These: gemeint sind die 24 Grundmotive ↗ des Kosmos als Ideen ↗, die absolut Präexistent ↗ sind, d. h. allem vorausgehen, im Johannes ↗-Evangelium das ›Wort ↗, das am Anfang war‹, afrik. Nommo ↗, äg. Ka-Geister ↗, in den Veden ↗ die 24 Kategorien des Seins ↗.

Präfaschistische Sekten: Sekten ↗, die dem Faschismus ↗ vorausgingen bzw. als Wurzeln der Nazi-Religion ↗ gelten können, da sie sich im wesentl. als ›neugermanische Zusammenschlüsse‹ verstanden:

Freie Gemeinde vom deutschen Leben
Deutsche Gesellschaft für ethische Kultur
Deutscher Monistenbund
Deutscher Freidenkerbund
Jungdeutscher Kulturbund
Bund für weltliche Schule und Moralunterricht
Bund für persönliche Religion
Kartell der freiheitlichen Vereine Münchens
Kulturkartell Großberlin
Bund für Mutterschutz
Kartell freigeistiger Vereine Frankfurt/M.
Komitee Konfessionslos
Humboldtbund
Lichtfreunde
Bund freireligiöser Gemeinden Deutschlands
Lumen-Klub Wien
Deutschgläubige Bewegung
Deutscher Orden
Deutsche Schwesternschaft
Jungborn
Germanenring
Midgardbund (s. Midgard ↗)
Deutschgläubige Gemeinschaft
Deutsche Erneuerungsgemeinde
Germanenorden
Orden der Gottsucher
Jungdeutscher Orden
Germanische Glaubensgemeinschaft
Deutscher Schafferbund
Deutschbund
Heimatreligion
Deutsche Gotteskirche
Skythisch-germanische Nationalreligion des Gottmenschen Ea ↗
Bund für deutsche Kirche
Wodan-Gesellschaft (s. Wotan ↗)
Germanenbund
Neutempler ↗ (Ont) x
Armanenschaft (Guido von List ↗) x
Kalandsgesellschaft
Edda-Gesellschaft (s. Edda ↗)
Thule-Gesellschaft ↗ x
Thule-Orden (s. Thule ↗)

Manfred Ach: »Ohne die Verheißung zu kennen, die diese Gruppen ihren Anhängern gaben, ist ein Verständnis des Nationalsozialismus (s. Nazi ↗) schwierig« (1977, S. 10). Als die 3 einflußreichsten gelten die mit X versehenen. These: den Anstoß zum Wiederanknüpfen an die Germanen ↗ hatte die Romantik ↗ gegeben. — S. Johannisfeuer ↗ u. Golden Dawn ↗

Prajapati: Nv. von Brahma ↗, wenn er noch nicht männl. ist. Erst nach erfolgter Selbstteilung in 2 Hälften, Brahma Vach ↗ (die weibl.) und Brahma-Viraj (die männl.), wird P. zum männl. Brahma. Taucht die Mehrz. Prajapatis auf, u. zwar 7 wie im Popol Vuh ↗, sind die ›Erzeuger‹ (Schöpferin + Former) u. damit Herren + Herrinnen der Prajas ↗ (Geschöpfe) gemeint. Im Rigveda ↗ erschafft nicht Brahma, sondern die Prajapatis.

Prajas: Geschöpfe, Kreaturen (ind.), den Prajapatis ↗ unterstellt.

Prajna: Weisheit ↗ (ind.), indem gesagt wird: Buddha ↗ ist der Weg, P. das Ziel ↗. Dabei gilt Parabrahman ↗ als bloße Potentialität von P., die a. zu Prajnaparamita ↗ erweitert wird. P.s Titel ist Erlöserin ↗.

Prajnaparamita: die Vollkommenheit der Erkenntnis ↗. Personifiziert hält sie das scharfe Schwert des Unterscheidungsvermögens u. das Buch der Weisheit in Händen. Erweiterung von Prajna ↗. — S. Heilsgeschichte ↗.

Prakriti: ist lt. Blavatsky ↗ in ihrem urspr. Zustand Akasha ↗ u. zitiert: »Du bist jene Prakriti (Wesenheit), unendlich und zart, welche früher Brahma ↗ in ihrem Schoße trug... Du ewiges Wesen, die du in deiner Substanz die Wesenheit aller erschaffenen Dinge umfaßt, warst wesensgleich mit der Schöpfung ↗... Als Aditi ↗ bist du die Mutter der Götter... Du bist die Mutter der Erkenntnis ↗« (Vishnu Purana). Im Tantrismus ↗ heißt es: Der Kosmos ↗ entfaltet sich aus einem nichtmanifesten Urgrund, der P. gen. wird, das unendl. Sein ↗, gedacht als eine Gesamtheit von 3 unbestimmbaren u. unbegrenzten Kategorien, gen. Gunas ↗, die sich im Gleichgewicht befinden, bis Purusha ↗ es stört u. ihre Entfaltung von Bewegung angeregt wird. Das mater. Universum ist - als Produkt - nur eine Veränderung der Erscheinungsform der P. u. der 3 Gunas. Voraus geht Para-P., die quasi-monistische Form der P. od. Sakti ↗. Zu dieser Urwirklichkeit, die die Spaltungen des Dualismus ↗ überbrückt, kehren alle Dinge zurück, wobei sich die Abfolge (wie bei den Grundmotiven ↗ des Kosmos) umdreht. These: äqv. Mut ↗. Od. in der mod. Wissenschaft das Quantenfeld ↗. — Nv. Devaki ↗.

Pralaya: die zw. 2 Manvantara ↗ liegende Periode der Auflösung sichtbarer Dinge, d. h. ein Weltuntergang ↗ im Ggs. zu Mahapralaya ↗ (große Auflösung) od. dem ›individuellen Pralaya‹ = Tod ↗.

Prämisse: Voraussetzung bzw. ein vorausgeschicktes Argument, worauf sich die weitere Logik ↗ aufbaut. S. Hegel ↗ u. Historie ↗. Ist die P. falsch, nützt alle Logik nichts, die Schlußfolgerung wird ebf. falsch sein, obwohl als Folgerung ›richtig‹.

Pramlocha: lt. Blavatsky ↗ die ›indische Lilith ↗‹.

Prana: in den Veden ↗ Lebenskraft, symbolisiert durch das Pferd ↗, indem dessen Name Ashva zur Bez. von P. dient. — Stellt man heutige Ergebnisse der Wissenschaft ↗ par., so wäre an die Gesamtheit der 4 Wechselwirkungen der ›Naturkraft‹ zu denken: starke + schwache Kernkraft, elektromagn. Kraft + Gravitation. U. der Name ↗ ließe sich übersetzen als: Pr ↗ (=

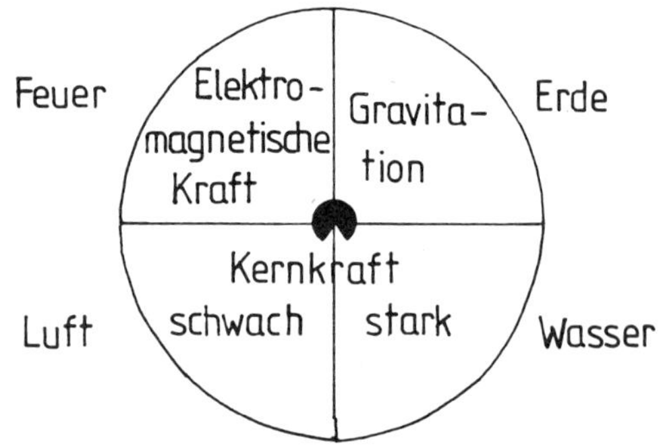

Per, Haus) An ↗ (Himmel) A, als Haus (äg. Barke ↗) des himml. A od. Sonnenkern ↗. Wie bei der kelt. Münze mit dem abstrakten Pferd landet man im 4er Kreis ↗. Das Schema zeigt die mögl. Zuordnung in Par. zu den Elementen ↗.

Präzession: Erdachsenpendel, von lat. *praecedere* = voranschreiten: die durch die Pole ↗ der Erde ↗ gehende Achse, um die sich der Globus dreht (= Tag + Nacht) während er um die Sonne ↗ wandert (= 1 Jahr ↗), beschreibt durch Mond ↗-Einfluß einen sehr langsamen Kreis durch die nördl. Zirkumpolarsterne ↗ wie Bär ↗ u.a., der 25920 J. dauert. Abb. 1 zeigt das Schema ohne weitere Angaben; jeder Kinderkreisel führt zu diesem Bild. Auf Abb. 2 ist der Winkel der Erdachse mit 23 ½ Grad eingezeichnet u. 1952 als genaue Ausrichtung auf den Polarstern ↗, während im J. 14000 Wega zum Himmelspol würde. Die P. beeinflußt aber nicht nur dessen Lage, son-

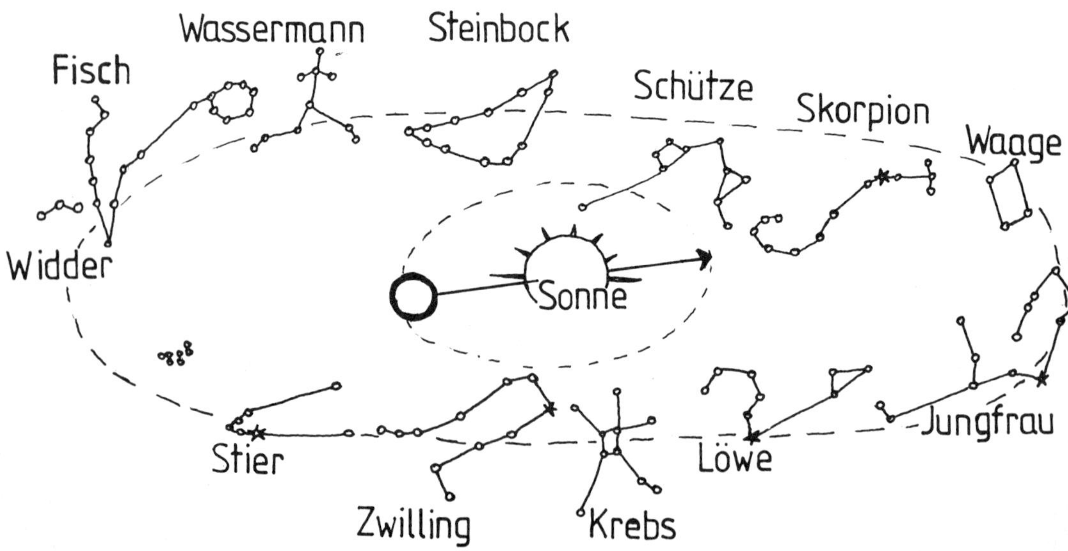

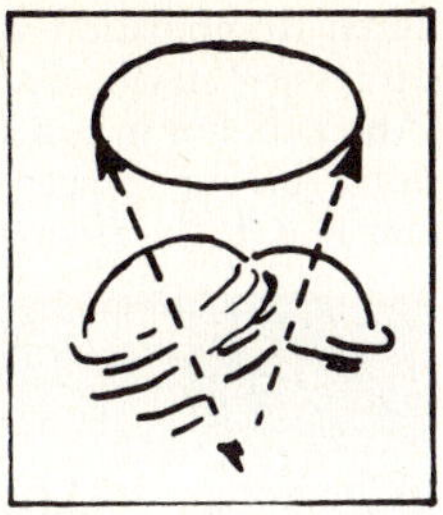
Abb. 1

dern a. »... die ganze Einordnung der Sterne in das auf die Richtung der Erdachse bezogene Gradnetz am Himmel« (Sterne). Dieses Gradnetz kannte schon das alte Ägypten in Gestalt der 36 Dekane ↗ à 10 Grad. Würde man im Gelände 2 Stäbe aufstellen u. den Aufgangspunkt der Sonne z. Z. der Frühjahrs-Tag- undnachtgleiche (21. März) fixieren, so hätte sich dieser Punkt nach 72 J. um 1 Grad verschoben - denn 72 x 360 (= Gradeinteilung des Gesamtkreises) = 25920. Selten genug wird erw., daß die äg. Tempel ↗-Achsen aus dem gleichen Grund immer wieder umgebaut wurden; sie wanderten mit der P. Da nun von der Erde aus gesehen die Sonne immer in einem Sternbild des Zodiaks ↗ aufgeht - s. Pfeil auf Abb. 3 - so verändert sich diese zodiakale Stellung ihres Aufgangs ebf. u. zwar bei 12 Sterngruppen geht sie alle 2160 J. in einem anderen Z. auf: seit 1950 wieder im Wassermann ↗. Davor lag die Ära des Fischsektors ↗, der 210 v. Z. begann usw. Der Mäander ↗ gilt als Rhythmusbild eines Sektors der P., wie überhaupt alle alten Kalender ↗ auf sie ausgerichtet waren, während heute fast jede Kenntnis fehlt. These: die P. bildete den Rahmen der menschl. Geschichte ↗.

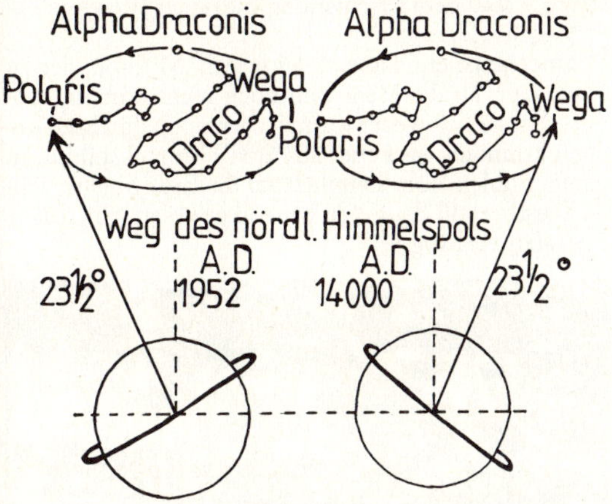

Abb. 2

Priester: »Genauso wie Diener den Lebenden aufwarten, so dienten Priester (im Ägyptischen hießen diese wirklich ›Diener der Götter ↗‹) den Göttern...« (Casson, 1977, S. 78), z. B. als Horusdiener ↗ u. Osiris-Diener ↗. Blavatsky ↗: »Die ägyptischen Priester waren streng genommen keine Religionsdiener. Das Wort ›Priester‹, eine Übersetzung, die unrichtig ausgelegt worden ist, hatte eine Bedeutung, die sehr verschieden war von der, die ihm bei uns beigelegt wird. In der Sprache des Altertums, und insbesondere im Sinne der Initiation der Priester im Alten Ägypten, war das Wort ›Priester‹ gleichbedeutend mit ›Philosoph‹...« (III, S. 163). These: das würde bed., daß der P. in Übereinstimmung mit dem Wort Philosophie ↗ statt einer ird. Frau Sophia ↗ (Weisheit) liebte bzw. der Weisheitsreligion ↗ diente od. selbst als Sophia-Stellvertretung (›Braut‹) dem entspr. ›Bräutigam‹ diente. So jedenfalls läßt sich folg. Beschreibung deuten:
»Alle Priester des Nillandes vollführten jeden Tag ein umfangreiches Morgenritual... Sie begannen ihren Dienst im Morgengrauen mit einem Reinigungsbad in dem heiligen Teich ↗ des Tempelbezirks. Ein Kollegium von etwa 12 Priestern schritt dann in feierlichem Aufzug durch die Tempeltore über einen offenen Hof in den Tempel ↗ hinein. Der Öffentlichkeit war es möglich, diese Prozession ↗ zu beobachten, aber was weiter geschah, blieb ihr verborgen. Im Heiligtum selbst näherte sich der Hohepriester dem Schrein (= Naos ↗) und erbrach die Tonsiegel seiner Türen.

Wenn die Sonne ihre ersten Strahlen über den Horizont warf, schwang er die Türen des Schreins auf, um das Bild des Gottes zu offenbaren, das gewöhnlich etwas kleiner war als ein Mensch. Er warf sich auf die Erde, erhob sich wieder, stimmte Gesänge an und reinigte die Luft mit Weihrauch ↗. Darauf nahm er das Bild des Gottes aus dem Schrein, entkleidete und reinigte es, bekleidete es mit neuen Gewändern, parfümierte es und setzte es an seinen Platz zurück. Als Abschluß der Zeremonie versiegelte der Hohepriester den Schrein und ging fort, wobei er seine Fußspuren und alle anderen Anzeichen seiner Anwesenheit sorgfältig auslöschte. Diese tägliche Routine änderte sich nur zur Zeit der großen Feste ↗, wenn die Bilder der Götter in vollem Staat, umgeben von der vollständigen Schar ihrer Diener, die Tempel verließen und durch das Land reisten.« Äg. Name Hm-W Ntr, was die Götter auf Ntr ↗ zurückgehen läßt, während Hm-W in Chemsu Hor = Horusdiener als Chemsu = Diener enth. ist. — 12 erinnert an die 12 Apostel ↗, aus denen die christl. P. hervorgingen; sie waren + sind v. a. Prediger, mit dem Papst ↗ als Pontifex ↗. In Ägypten war der Pharao ↗ der Hohepriester, od. dieser handelte in Pharaos Auftrag. Die Priesterin ↗ od. Hohepriesterin hatte andere, eigenständige Aufgaben. Das Klassensystem ↗ zeigt den Wechsel von P.-Herrschaft. — Äqv. anderer Völker waren u.a.: Brahmanen ↗, Chilam Balam ↗ u. Lama ↗. — These: die äg. Anzahl von 12 P. dürfte sich auf den Tierkreis ↗ bezogen haben, zumal der Hohepriester die Horuslocke ↗ trug u. ein Tierfell mit Sternchen, wie a. die Tempelachse mit der Präzession ↗ weiterrückte. — Die Abb. zeigt äg. P. beim Tragen der Barke, in der sich ein Naos befindet, auf dem die Plazenta ↗ ruht, gen. Barke des Chons ↗.
Hier sind die P. kahlgeschoren. Die Einrahmung des

Schiffes ↗ bilden 2 Falken- (= Horus-) Köpfe mit Brustplatte ↗.

Priesterin: in Ägypten neben dem Priester ↗ bzw. in der Frühzeit diesem vorausgehend entw. Prophetin ↗ od. Vorlesepriesterin gen.; meist dienten sie der Hathor ↗ od. der Neith ↗, aber a. männl. Göttern. So wird der Königin Ahmes-Nefretere das Amt des 2. Propheten des Amun ↗ zugesprochen, od. die Pallakide ↗ erhält den Titel ›Hohepriesterin des Amun‹. Bei den Mysterien ↗ agierten sie als Göttinnen ↗. — Die Germanen ↗ hatten bis auf das Kultpersonal der Nertus ↗ im Ggs. zu den Kelten ↗ nur P., gen. Seherinnen ↗, in Stellvertretung der Disen ↗. Ihre Initiation scheint der Thrudenring ↗ gewesen zu sein. — A. die Maya ↗ kennen P., die bei ihnen immer Gattin des Priesters sind; s. Nana Pola ↗. — Die letzte christl. P. (dann wurde alles vermännlicht) hieß Maximilla u. sagte in einer Predigt: »Nach mir wird kein Prophet mehr kommen, sondern die Endvollendung...«, worin sie sich, im Ggs. zu Menahem ↗, täuschte; sie predigte wie die P. Priscilla im 3. Jh.

»Den Römern fiel auf, welch große Rolle einige Priesterinnen in der Religion und sogar im öffentlichen Leben der Germanen spielten... Einige Priesterinnen standen in sehr hohem Ansehen, wie z. B. Albruna, oder Veleda, die eine große Rolle spielte beim Aufstand des Julius Civilis. Ihre Person war so heilig, daß sie nicht unmittelbar zum Volke sprach: die Antworten auf die ihr gestellten Fragen wurden von Zwischenpersonen übermittelt« (R. Derolz, 1976, S. 238). Lt. Derolez hatte sie v. a. mit dem Kult der Wanen ↗ zu tun. — S. Hesperiden ↗, Vestalinnen ↗ u. als rudimentäre Nachfolge die Nonne ↗.

Primär: anfängl. (von prim, lat. Vorsilbe für ›erst‹), wesentl., vorrangig; s. Primärschöpfung ↗ u. Primäre Kunst ↗.

Primäre Kunst: die Kunst ↗ von Afrika ↗, Ozeanien ↗ u. dem ›präkolumbischen Amerika‹, d. h. der Indianer ↗; ein Ausdruck, der langsam die von Rassismus ↗ geprägte Bez. ›Primitive Kunst‹ ablöst. Sie ist Primär ↗, weil sie nicht das Erscheinungsbild ↗ darstellt, sondern das, was ihm als Wesen ↗ vorausgeht od. als Name ↗, weshalb sie a. eine andere Art von Schrift ↗ ist. Das Typologische Gesetz ↗ der afrik. Kunst zeigt die Entstehung.

Primärschöpfung: die Schöpfung ↗ wird häufig unterteilt in prinzip. unterscheidbare Phasen, die am besten mit Ur-Schöpfung ↗, P. u. Sekundärschöpfung ↗ zu umschreiben sind, wobei erstere als Aditi ↗ od. Mut ↗ die Götter hervorbringt, die in der P. gg. das sog. Chaos ↗ eine neue Ordnung, d. h. das Gesetz der Evolution ↗ durchsetzen bis als Einleitung der Sekundärschöpfung das Licht ↗ entsteht u. als letzten Teil Leben ermöglicht. Sinnbildlich sind diese Stufen a. Schoß, Ei ↗ u. Welten ↗, äqv. Kosmos ↗, Sonne ↗, Welten. Erst bei der P. beginnt Kala ↗, Zeit, d. h. die Zählung von ›Schöpfungstagen‹ ↗, wobei der 7. als 1. Ruhetag die ganze Sekundärschöpfung, die wieder in ›Tage‹ aufgeteilt wird, überlagert. These: bezogen auf das Sonnenalphabet ↗ umfaßt die P. die Buchstaben C bis H als 6 tätige Tage od. die Erschaffung der Zahlen ↗ bis zum Atom ↗ inklusive.

Prisma: ein Körper aus einander zugeneigten ebenen Flächen; kann, muß aber nicht eine Pyramide ↗ sein: durch Kombination von Material u. Winkel ↗ wird das Licht ↗ in seine Farben zerlegt = in sein Spektrum (Abb.) od. nur in seiner Richtung verändert = Reflektion ↗ bis zur völligen Umkehr. S. Kommunikationstanz ↗ u. Lichtöffnung ↗.

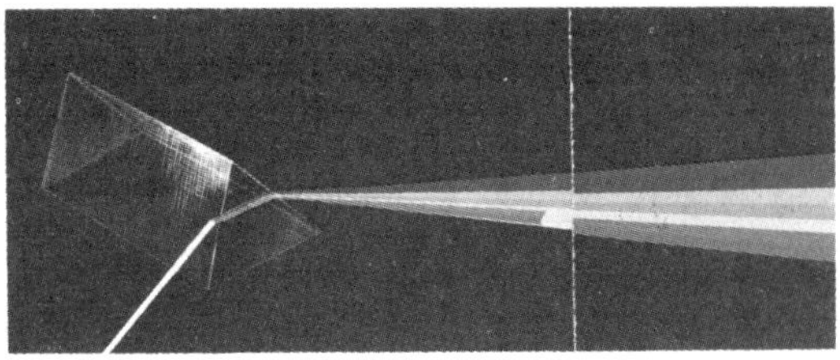

Profan: im Ggs. zu sakral ↗ (hl., Tabu ↗) nicht hl., alltäglich. Allerdings haben nicht alle Völker diese Trennung scharf vollzogen; od. das Profane war eine Analogie ↗ (Nachbildung) des Sakralen, s. Hestia ↗.

Projektion: Abbildung von etwas Vorhandenem wo anders hin. Kann sich im Außenbereich abspielen (Natur - Dia, Dia - Projektionswand), aber a. von innen nach außen wandern; solche ›Bildwerfungen‹ sind nicht nur Teil der Kunst ↗, sie können a. die Wahrnehmung ↗ verfälschen, wenn man ein innen produziertes Bild als Voreingenommenheit auf das Gegenüber (Natur, Mensch, Welt ↗) projiziert. Man begegnet dann mit Hilfe der Wort-Bild-Brücke ↗ einer verbildlichten Bestätigung eigener Gedanken u. Wertsysteme ↗ statt dem Erscheinungsbild eines Wesens ↗. — S. Museum ↗.

Prometheus: ein Titan ↗ der griech. Mythol., der zu einer Zeit, als die Menschen noch recht armselig lebten, weil sie sich weder warm halten noch ihr Essen kochen konnten, das Feuer aus dem Himmel stahl u. in einem hohlen Rohr heimlich auf die Erde hinabbrachte. Darüber soll Zeus ↗ so wütend gewesen sein, daß er 2 Strafen verhängte:

1) er ließ P. an einen Felsen im Kaukasus ↗ schmieden u. schickte einen Adler, der ihm jeden Tag seine Leber, die nachts wieder nachwuchs, heraushacken sollte. — Das Ende seiner Leiden ist umstritten, auf jeden Fall soll er 30000 J. an seiner Felsenspitze gehangen haben. These: das verlegt den Akt, wofür a. Nr. 2 spricht, *vor* den Beginn der Geschichte ↗ in die 3. Welt ↗. S. Epa-

phos ↗ im griech. Drama vom gefesselten P.
2) er ließ die 1. Frau, Pandora ↗, als ›Plage‹ erschaffen, damit sich die Menschen nicht lange der bequemeren Lebensbedingung erfreuten. Sie müssen also Hermaphroditen wie der Adam der Bibel vor Schaffung der Eva ↗ gewesen sein. Das rückt sie in die Zeit des Neandertalers ↗.
Auf Bildern modelliert P. Menschen, denen Athene ↗ den ›Schmetterling‹ ↗ (= Psyche ↗) gibt:
Offensichtl. sind P. + Athene eine Var. der Kulturbringer ↗.

Prophet, Prophetin: ein Medium ↗ für die Verkündung zukünftiger Ereignisse bis hin zur Projektion einer Offenbarung ↗. In Ägypten Name der Priesterin ↗; germ. Seherin ↗. Im AT kommen 16 P. der Israeliten ↗ zu Wort (alle männl.). Wie bei heutigen Marienerscheinungen (s. Fatima ↗) wird oft diktiert, z. B. Jeremia 36/2: »Nimm ein Buch und schreibe drein alle Reden, die ich zu dir geredet habe...« od. es wird befohlen: »Rüstet Schilde und Tartschen, und ziehet in den Streit!« Bzw. es wird verkündet: »Siehe, es kommen Wasser herauf von Mitternacht, die eine Flut machen werden...«. Neben diese aktuellen Themen tritt hin u. wieder eine Vorausschau ↗ auf die Endzeit ↗; bei Hesekiel in Form von Gog ↗ + Magog ↗, bei Daniel in Verbindung mit dem Traum ↗ des babyl. Königs Nebekadnezar ↗, in dem die Weltenlehre ↗ anklingt, schon als Hinweis auf das Jüngste Gericht ↗: »Das Gericht ward gehalten und die Bücher wurden aufgetan.« Als er aber fragt, was danach geschehen wird, heißt es: »Gehe hin, Daniel; denn es ist verborgen und versiegelt, bis auf die letzte Zeit.« S. Siegel ↗. In der Edda ↗ verkündet der Seherin Gesicht als Abschluß:

»Einen Saal seh ich strahlender als die Sonne
...
Es werden da wohnen wackere Völker
Und ohne Frist Freuden genießen.«

Eine ›heidnische‹ Vorwegnahme vom Friedensreich ↗.

Prosperina: röm. Nv. der griech. Persephone, deren Name aber nicht ausgesprochen wurde; man sagte nur Kore ↗ = Mädchen, die als Tochter der Demeter ↗ in deren Mysterien ↗ eine Rolle spielte. — P. heißt Blüte, übertr. auf Wohlstand, prosperieren.

Prostitution: das weibl. od. männl. Anbieten von Sex ↗ gg. Bezahlung. Die Wurzel dieses sehr alten, aber zweifellos nicht ältesten Gewerbes scheint im Tempel ↗ zu liegen. Hl. Prostituierte des Tempels wurden in Indien als Yoni ↗ od. Shakti ↗ verehrt; in Ägypten verfielen die Pallakiden ↗ zu etwas ähnlichem. Soweit ersichtl., ist sie Teil des Kali Yuga ↗, in dem überhaupt alle Sitten verfielen.

Protestantismus: Gesamtheit der aus der Reformation ↗ als Protest gg. den Katholizismus ↗ hervorgegangenen christl. Kirchen, die von Anf. an keine Einheit bildeten u. als gemeinsamen Faktor nur die Bibel ↗ akzeptieren sowie 2 Sakramente ↗: Taufe ↗ u. Abendmahl ↗, das jedoch nur im Gedenken an Jesus ↗ gefeiert wird u. nicht direkt dessen Leib (= Brot) u. Blut (= Wein) darstellt. Eine einschneidende Richtung wurden die Puritaner ↗.

Prozession: uralter Bestandteil der Religion ↗, äg. Pr.T = Auszug, nämlich einer der Götter ↗ aus dem Tempel ↗, entw. um dem Volk zu ›erscheinen‹, das sonst keinen Zugang hatte od. um - eingebettet in den Mythos ↗ - einen Besuch od. eine Reise zu unternehmen. Bonnet: »Manche Prozessionen sind überhaupt nichts anderes als eine Wiederholung von bedeutsamen Ereignissen der Urzeit« (S. 611). U. zwar der

Schöpfung ↗ ebenso wie der Geschichte ↗, bis in die vorausgesehene Zukunft hinein. Erstere dürfte die P. des Amun ↗ zum Hochzeitslager mit der Göttin Mut ↗ best. haben, eine geschichtl. P. war die der Tefnut ↗ als Wiederholung ihrer Rückkehr von Nubien nach Ägypten, die sich ganz als Schiffsp. auf dem Nil ↗ abspielte. Einen Blick in die Endzeit ↗ dürfte die P. der Hathor ↗ zu Horus ↗ als dessen Braut gewährt haben; ein röm. Basrelief (Abb.) zeigt die P. von Anhängern der Horusmutter Isis ↗, Vorbild der Schwarzen Madonna ↗, die neben dem Kruzifix ↗ so häufig auf P. der Christen erscheint. Auf allen P. - s. a. Abb. Stichw. Priester ↗ - werden Symbole ↗ mitgeführt für den Prozeß (im Wort P. enth.) der Transmutation ↗ des Menschen im Rahmen der letzten Präzession ↗, einem auffällig wortverwandten Begriff. — S. Schmetterling ↗.

Psi: griech. Buchstabe Ψ (PS), mit der Psyche ↗ anfängt; in der Psychologie ↗ der ungeklärte Faktor, auf dem Phänomene des Okkultismus ↗ beruhen. Meist wird Psi mit psych. od. parapsychisch übersetzt. Sog. Psi-Wellen sind ein »Beben noch unbekannter Natur« (Physikbuch), schneller als Licht ↗. These: da sich Psyche aus Seele ↗ + Geist ↗ zusammensetzt, u. der Psi-Buchstabe an Grundmotiv Kommunikationstanz ᛉ, äqv. 6. Rune ↗ ᛉ, erinnert, ist über Lichtöffnung ↗ an die 3. Natur des Lichts = das Sonnenalphabet ↗ zu denken u. dessen ›Rückfall‹ in Nommo ↗, das Wort des Anfangs. Die Macht dieses Wortes kennt keine Raum- od. Zeit-Begrenzung. S. das Prinzip der Feder ↗. — Psi-Forschung wird heute bes. in Rußland ↗ gefördert, aber a. als Staatsgeheimnis Nr. 1 behandelt. — Bei Umdrehung ↗ wird aus Psi Hl. (Is) Pflanzentanz ↗ (P).

Psyche: griech. ψυχή = Schmetterling ↗, fälschl. meist nur f. Seele ↗ eingesetzt. Da aber die Phönizier ↗, von denen die Griechen ↗ ihr Alphabet ableiteten, zw. vegetativer u. spiritueller Seele unterschieden, statt wie die Ägypter von Ba ↗ (Seele) u. Ka ↗ (Geist) zu sprechen, wäre empfehlenswert, im heutigen Sprachgebrauch die P. als zusammengesetzt aus Seele + Geist zu verstehen. Dafür spricht a., daß Blavatsky ↗ die göttl. Weisheit ↗ zur P. dergestalt in Beziehung setzt, daß letztere ein ›irdischer Widerschein‹ der ersteren ist. Deshalb gilt die P. oft als ›irdisch und böse‹, weil sie bis jetzt dem ›Original‹ nicht gleicht. These: das ist a. noch gar nicht mögl., weil sie keine fixe Größe ist, sondern ›unterwegs‹ wie die Raupe (die in Prozessionen ↗ auftritt!) zum Schmetterling. Jung ↗ drückt sich so aus: »... die Psyche (ist) durch eine Reihe von Introjektionsakten zu der Komplexität geworden, als die wir sie heute kennen« (1976). Zeitrahmen u. ein Grund werden nicht gegeben. Nur eine im Vergleich zum 9fältigen Menschen ↗ Altägyptens rel. grobe Dreiteilung in die ›persönliche Psyche‹, bestehend aus individ. Bewußtsein + individ. Unbewußtem sowie das nichtindivid. = kollektiven Unbewußten ↗. Jung: »Meine These lautet also wie folgt: Im Unterschied zur persönlichen Natur der bewußten Psyche gibt es ein zweites psychisches System, von kollektivem, nicht-persönlichem Charakter, neben unserem Bewußtsein ↗, das seinerseits durchaus persönlicher Natur ist und das wir - selbst wenn wir das persönliche Unbewußte als Anhängsel hinzufügen - für die einzig erfahrbare Psyche halten. Das kollektive Unbewußte entwickelt sich nicht individuell. ... Es besteht aus Archetypen ↗« (ebd., S. 56). Von Frankenberg ↗ hat Jungs Psychogramm (Abb.) zur Weltformel ↗ als P. erweitert mit dem Zusatz, daß die P. in dieser Zus. erst 1950 fertig war als Beendung des Raupenzustandes; daß die anschl. Endzeit ↗ der ›Verpuppung‹ zum Kokon dient mit ›Ausschlüpfen‹ des fertigen Schmetterlings 1998, wenn das entspr. 24. Grundmotiv  (P) zum letzten Mal wiederholt wird, s. Vorausschau ↗. Noch sehr hypothetisch wird das Modell aus 120 Bausteinen (= Chenti ↗) a. schon als Psychogramm ↗ für Charakter u. Reinkarnation benutzt.

Jungs Mitarbeiterin Marie-Louise von Franz: »Kein Haus wurde je erbaut, kein Kunstwerk geschaffen, keine wissenschaftliche Entdeckung gemacht, kein religiöser Ritus begangen ohne die menschliche Seele; auch die Atombombe, die uns vielleicht einmal alle vernichten wird, stammt aus der Psyche einiger Physiker. Was sich darum im Bereich der Psyche an Gesetzmäßigkeiten entdecken läßt, gilt für sämtliche Bereiche menschlichen Seins... Eigentlich ist es (das Unbewußte) ein modernsachlicher Ausdruck für eine innere Erfahrung, welche der Menschheit von jeher bekannt war, für die Erfahrung, daß uns aus unserer eigenen Innenwelt Fremdes und Unbekanntes zustößt, daß uns Wirkungen von innen plötzlich verändern können, daß wir Träume ↗ und Einfälle haben, von denen wir fühlen, daß wir sie nicht machen, sondern die fremd und übermächtig in uns auftauchen... daß es sich um etwas Übermächtiges handelt, dem das bewußte Ich ↗ ausgeliefert ist« (C.G. Jung, S. 12).

Psychogramm: Benutzung der Weltformel ↗ als Schema der Psyche ↗, um Charakter u. Reinkarnationen ↗ zu ermitteln. Benutzt werden nur die Namen ↗ u. Zahlen ↗ des Geburtsdatums, letztere als Indikator des Kontinents nach der Tabelle:

(1) 0 + 1 = Afrika
9 + 2 = Mu ↗ (od. seine Reste)
8 + 3 = Amerika
7 + 4 = Asien
6 + 5 = Atlantis ↗ bzw. Europa

wobei die Quersumme immer 11 ergibt. Das Jh. wird als Zahl weggelassen: 28.2.1925 = 280225, in dieser Reihenfolge auf jene 6 Reinkarnationen übertragen, die zw. heute u. Uranfang (zus. 8 Leben) liegen. Diese wiederum ergeben sich aus den 6 Grundmotiven ↗ der Geschichte ↗, die dem Kern des Rufnamens (3 Buchstaben), der Initiale des Familiennamens (1 Buchstabe), der Zodiakzeichen ↗-Hälfte der Geburt (1 Grundmotiv) u. dem Gegensektor des Geburtsjahres innerhalb der Vorausschau (1 Grundmotiv) entsprechen. Uranfang u. Heute werden bei allen Menschen ins X ↗ des Grundmotivkreises gesetzt. — Für die Ermittlung des Charakters wandern alle Buchstaben des Ruf- u. Familiennamens sowie des Familiennamens des Partners in den Buchstabenkreis (= Sonnenalphabet ↗), wobei es zu Häufungen kommt, die starke Ausprägung des betr. Motivs anzeigen. Hier liegt die große Veränderlichkeit, spez. durch Partnerwechsel. Alles weitere ergibt sich dann durch die Querverbindungen. An der Erarbeitung von Ursachen für Krankheit ↗ wird noch gearbeitet. These: a. der Diskus ↗ könnte ein P. gewesen sein wie ja behauptet wird, auf Ceylon gäbe es ein ganzes Archiv mit P. für heute Lebende aus aller Welt.

Psychologie: die Lehre od. Wissenschaft von der Psyche ↗, übergehend in Psychotherapie ↗. Der heutige Streit setzt den von Freud ↗ u. Jung ↗ fort, ob es Archetypen ↗ gibt od. nicht. Von Frankenberg ↗ geht einen Schritt weiter u. setzt die Präexistenten Ideen ↗ mit den Archetypen per se gleich. Spricht deshalb nicht mehr von P. sondern Nommo-Logie ↗. Ihre Weltformel ↗ ist das 1. theoret. Abbild der Psyche, die für die P. sonst vage u. nur experimentell erfahrbar bleibt. Die altäg. P. war berühmt, ist aber verloren gegangen. Bruchstücke geistern durchs Äg. Totenbuch u. die Symbolik ↗. A. der Schamanismus ↗ war natürl. P. - Rein strukturell bewegt sich der Rahmen der europ. P. zw. der Lehre von den Schichten der Seele bei Plato ↗ u. der Phasenlehre des ges. menschl. Lebensweges ↗ mit Rudolf Steiner ↗ beginnend. Bei Augustinus ↗ kommt die Trinität von Sein ↗, Erkennen u. Wollen (Wille ↗) dazu.

Psychotherapie: Heilbehandlung (Therapie) von Störungen der Psyche ↗ u. Krankheit ↗ durch psych. Beeinflussung. Bes. erfolgreich ist heute Makumba ↗ (Brasilien); noch umstritten die Rückführung (in Vorleben) od. Reinkarnationstherapie ↗. Neu studiert wird wieder der Medizinmann ↗ u. die Heilung durch Sandbilder ↗ u. Mandalas ↗ od. Voodoo ↗.

Ptah: männl.-weibl. Gottheit, die in sich die 4 Paare der Götterachtheit ↗ vereinigt u. deshalb auf dem Balken der Maat ↗ (Abb.) steht, um deren Weltordnung ↗ durchzusetzen. In diesem Fall das Tao ↗, wohl in der Endsilbe Tah (falls die heutige Schreibweise richtig ist) enthalten. Als Partnerin-Göttin gilt Sachmet ↗. Im Ggs. zu deren Symbolisierung als Löwin ↗ bleibt P. immer rein menschlich. Hymnen beschreiben, wie er (als Vater-Mutter) Re ↗ als Abbild der eigenen Schönheit mit seinen Händen schuf u. durch das Wort seines Mundes ins Leben rief, um durch das Licht ↗, das von den Augen dieses Kindes ausstrahlt, die Finsternis zu vertreiben. U. wie er es geschaffen, so erhält er Re (die Sonne) am Leben alle Tage und führt ihn am Leib der Nut ↗ und geleitet ihn auf den geheimen Wegen durch die untere Duat ↗. P. ›ist in der Sonne ↗ gegenwärtig‹, eben als 8er Kreis ↗. Auf der Skulptur (aus Tutenchamuns ↗ Grab) umschließen die Hände eine Kombination von Planetenstab ↗ + Djed ↗ mit Lebenskreuz ↗, sodaß am Aufbau der Sonne nur der 4er Kreis fehlt. Seine Gattin Sachmet ↗, Äqv. Mut ↗, drückt

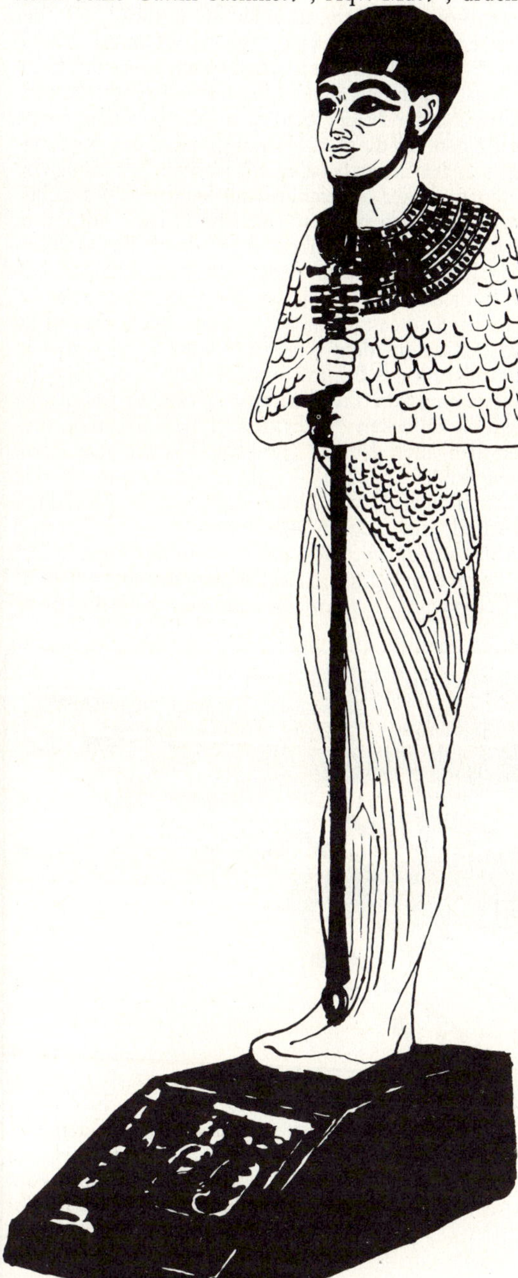

sich in der Umhüllung mit Geierfedern aus, die sonst die Osirismumie ↗ ganz ähnl. umhüllen. So wundert es nicht, daß er in diesem weibl. Aspekt ›Urheber des Eies‹ gen. wird. Bilder zeigen, wie er dieses Weltenei ↗ auf einer Töpferscheibe formt. Oft verschmilzt er mit Sokaris ↗. ›Erwählt von Ptah‹ wurde ein häufiger Zusatz in den Königsnamen (s. Pharao ↗) der Ptolemäer ↗, wo aus Ptah die Vorsilbe Pto wird.

Ptolemäer: aus Makedonien ↗ stammende Pharaonen ↗, von Ptolemäus I. ↗, nach dem sich der Name richtete, bis Kleopatra ↗, zeitl. 304–31 v. Z. A. ›makedonisches Herrschergeschlecht in Ägyten‹ gen., mit insg. 14 Vertretern. Während dieser ›Ptolemäerzeit‹ konnte man in ganz Ägypten ↗ Griechen ↗ antreffen. Aber die doppelte Politik einer Hellenisierung des Landes unter Beibehaltung der äg. Tradition erbrachte nicht die gewünschte Verbindung beider Kulturen, s. Hellenismus ↗. Es wurden v. a. alte Monumente renoviert u. zahlr. neue Tempel ↗ nachgebaut, nur waren jetzt die abgebildeten Personen od. Götter ↗ wie Griechen gekleidet – od. Griechen trugen äg. Kleidung. In der Kunst ↗ machte sich direkt eine tiefe Spaltung bemerkbar, u. es standen sich schließl. 2 Kunstrichtungen ggb.: die griech.-hellenist., schön, aber naturalistisch u. die ptolemäische, die traditionell (imitierend) äg. blieb, aber im Niveau absackte.

Ptolemäus I. Soter: 1. Ptolemäer ↗; wurde als Freund von Alexander dem Gr. von diesem als sein Leibwächter ernannt; dann General u. nach Alexanders Tod 304–282 v. Z. König von Ägypten. Ließ sich Soter ↗

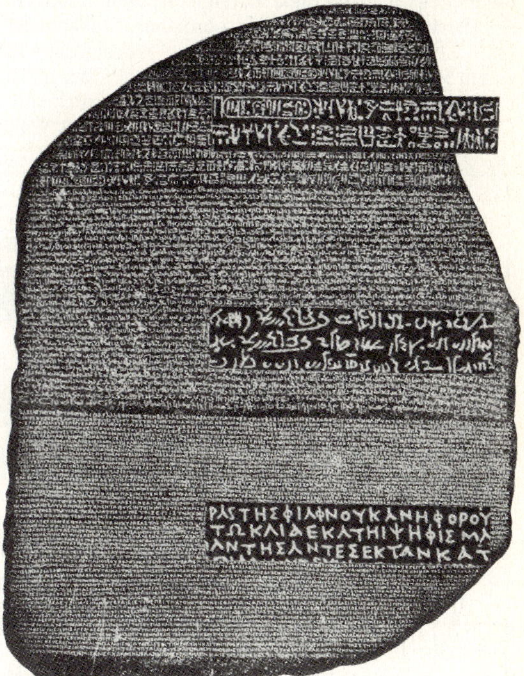

Abb. 1

nennen = Heiland od. östl. Heilbringer, der ein neues Zeitalter einleitet. Das fing jedoch erst 210 v. Z. mit dem Fischsektor ↗ an, markiert vom Auszug der Qumran-Sekte ↗. — Die Kartusche ↗ (Abb. 2) mit seinem auf Ptah ↗ ausgerichteten Namen, der v. a. in

Memphis ↗ verehrt wurde, wo sich die meisten Ptolemäer krönen ließen, führte innerhalb einer 3sprachigen Gedenktafel, gen. Stein von Rosette (1799 gefunden, Abb. 1) zum Beginn der Ägyptologie ↗ durch Hieroglyphen ↗-Übersetzung. Über dem Balken der Maat ↗, auf dem a. Ptah steht, im Namen eingesetzt als Ma, ein Löwe ↗, der sich auf den Soter-Anspruch be-

Abb. 2

ziehen dürfte. These: das Ende aus 2 Federn (jeweils die J-Hieroglyphe) u. dem stilisierten Falttuch (eine S-Var.) könnte sehr leicht JJS = Jesu ergeben, dessen Erwartung damals schon in der Luft lag, der a. Löwe (Juda) gen. wurde u. Gerechtigkeit ↗ (die Feder als Symbol der Maat) vertrat, von Menahem ↗ direkt Lehrer der Gerechtigkeit genannt. Ob P. schon ein solcher zu sein versuchte, ist unbek., bek. ist v. a., daß er – was Kopernikus ↗ wieder bereinigte - die Erde geozentrisch zum Mittelpunkt machte. Für ihn soll a. Manetho ↗ die Dynastienlisten ↗ aufgezeichnet haben.

Pudelmutter: Bez. der Percht ↗.

Pueblo: uralte, von weitem wie Tafelberge wirkende mehrstöckige Städte ohne Türen u. Straßen in USA ↗ der danach benannten Pueblo-Indianer ↗. Nach der span. Eroberung von Mesoamerika ↗ wurden sie von einem Schwarzen namens Estevan entdeckt, der dabei umkam. Er wurde von den Einwohnern zerstückelt u. Cibola ↗ schickte je 1 Stück an die anderen P. als Warnung. Das Wort P. ist span. u. bed. sowohl Volk, Ortschaft u. Stadt. Tats. beinhaltete jedes P. eine Sozialstruktur: jede Kernfamilie, bestehend aus Eltern, Kindern, Eingeheirateten u. deren Kindern, bewohnte 1-2 Räume des oft riesigen Wohnkomplexes mit hunterten von Räumen, die alle untereinander durch Türöffnungen verbunden waren. Der Ein- u. Ausstieg erfolgte per Leiter durch Dachluken, weshalb die Stockwerke (bis 7) terassenförmig versetzt waren. Jedes P. zerfiel in matrilineare ↗ Clans, Räume + Inhalt gehörte den Müttern u. wurde an die Töchter vererbt. Der Mann heiratete ein. Bei Trennung stellte die Frau seine Sandalen vor den Raum, u. er mußte zurück ins P. der Mutter. Als Gegengewicht war den Männern die Kiwa ↗ vorbehalten. Ansonsten herrschte eine fast kommun. Cooperation alle P.-Mitgl., Ernährung u. Bewirtschaftung der Felder betreffend, die meist sehr weit weg lagen. Da die P. a. Festungsmauern mit Wachtürmen an den Ecken besaßen, dürfte diese Trennung von offenem Acker u. geschlossener Stadt eine Vorsichtsmaßnahme gewesen sein (manche P. lagen auf od. in Felsklippen), nicht unberechtigt, denn das ›Goldene Zeitalter‹ der P.-Kultur endete schon um 1300, viele P. lagen danach 600 J. verlassen, bis weiße Siedler des 19. Jh. ihre Ruinen fanden. Man nimmt heute an, daß Jägerstämme aus dem Norden (Alaska v. a.) einfielen. Das Datum des Beginns um 700 fällt in die Zeit der Zerstörung von Teotihuacan ↗, sodaß als Initiatoren evtl. die Olmeken ↗ in Frage kommen, zumal sich unter dem alten Jebus ↗ (Jerusalem) Reste ganz ähnl. Schichtdörfer fanden. A. gibt es Anzeichen für den Quetzalcoatl ↗-Kult. Dann folgte ein Bevölkerungswechsel, die Hopi ↗ etablieren sich. — P. Bonito (Abb.) wurde zw. 900–1100 in Neu-Mexiko errichtet u. besaß 800 Räume f. 1200 Familien der Anasazi = die Alten, nämlich die Vorfahren der Hopi. »Pueblo Boni-

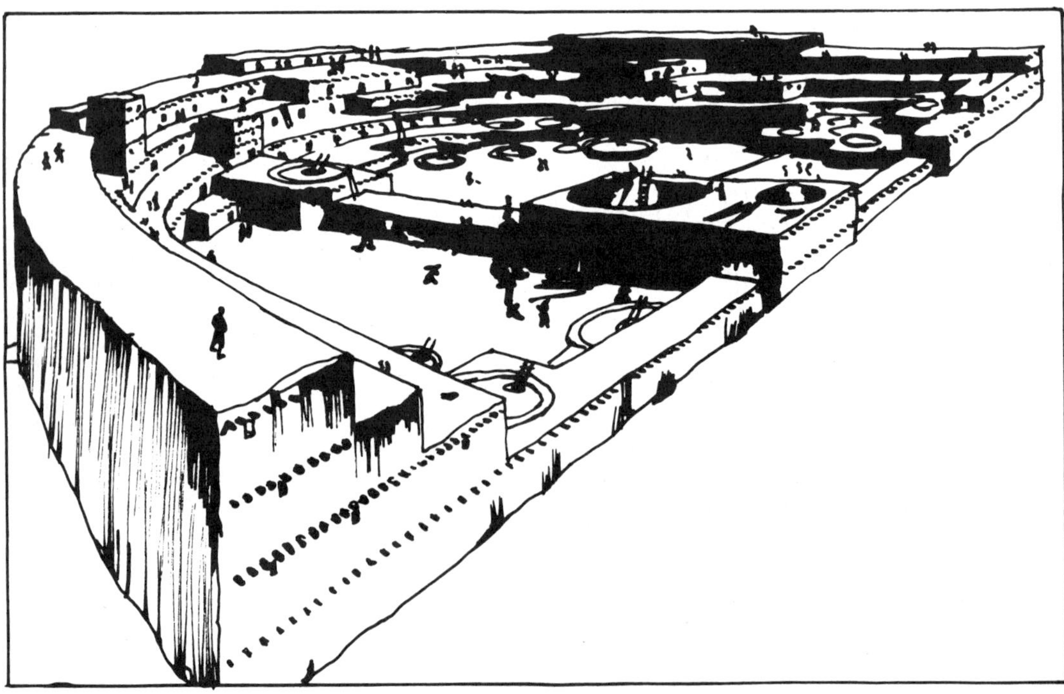

to wurde in Form eines ›D‹ aus luftgetrockneten Ziegeln erbaut. Es hatte zwei große Plätze, auf denen öffentliche Tanzveranstaltungen stattfanden. Die runden Gebilde sind Kivas, unterirdische Kultstätten, die auf Leitern betreten wurden« (Claibome, 1978, S. 123).

Pueblo-Indianer: Indianer ↗, die in Pueblos wohnen:
1) westl.: Hopi ↗, Hopi-Tewa, Zuni ↗, Acoma, Laguna
2) östl.: Keres, Tano
Ihre Kultur ist ausgezeichnet durch Katschina ↗-Kult u. Sandbilder ↗ mit den 4 hl. Pflanzen ↗ Bohne, Kürbis, Tabak ↗ u. Mais ↗, die sie a. anpflanzten. Im Zentrum die Maismutter ↗. — Von C.G. Jung ↗ besucht.

Pulque: mex. Rauschgetränk, gewonnen aus einer Agavenart, die im zentralmex. Hochland auf unübersehbaren Flächen wächst. Nur einmal in ihrem Leben, dann aber monatelang, läßt die Pflanze ihren süßen Saft in den ausgehöhlten Stumpf des abgeschnittenen, meterhohen Blütenschaftes sickern (bis zu 500 Liter). Dieser wird dann mit Flaschenkürbissen emporgesaugt. Die Azteken ↗ übernahmen die Sitte, verboten aber jeglichen P.-Genuß bis zum 70. Lebensjahr. Gott Tlaloc ↗ der Tolteken ↗ läßt sich ›Pulque der Erde‹ übersetzen, dann wird P. mit der Kategorie Regen ↗ (7. Sektor im 8er Kreis ↗) gleichgesetzt. Schabemesser aus Obsidian ↗ zur Steigerung des P.-Flusses deuten darauf hin, daß man die P.-Bereitung schon in Teotihuacan ↗ betrieb. P.-Götter trugen die Feder ↗-Krone. Die Pflanze selbst verkörpert sich in der Göttin Mayauel ↗. Von den Mixteken ↗ ist ein Bild des P.-Rührens überliefert.

Puma: eine amerik. Löwenart mit kleinem Kopf u. rötlich-grauem Fell, a. Silberlöwe gen.; äußerst blut-

durstig, schlägt manchmal zahlr. Schafe, nur um ihr Blut zu lecken. Als Symbol in Kolumbien ↗ u. Peru ↗ eingesetzt; nach ihm als Titi ↗ könnte der Titicacasee ↗ benannt sein. Auf der Abb. ein P.-gestaltiges Räuchergefäß im klass. Tiahuanaco ↗-Stil, entstanden in der 1. Hälfte des 1. Jt. n. Z.; unten der Mäander ↗, oben ein Kondor (Geier ↗), mit dem zus. der P. meist auftritt.

Punier: Phönizier ↗ in Karthago ↗, von den Römern in den 3 Punischen Kriegen ↗ besiegt.

Punische Kriege, 3: zw. Puniern ↗ u. Römern ↗ um die Vorherrschaft im westl. Mittelmeer ↗ geführt.
1) 264–241 v. Z.: Karthago muß auf Sizilien ↗ verzichten
2) 218–201 v. Z.: Karthago muß auf Spanien ↗ verzichten u. wird ganz auf Afrika begrenzt
3) 149–146 v. Z.: totale Zerstörung von Karthago.

Punt: äg. Bez. eines ostafrik. Lands, woher der Weihrauch ↗ bezogen wurde, deshalb a. ›Weihrauchland‹. Berühmt durch die Handelsexpedition der Pharaonin Hatschepsut ↗ dorthin. Heute wahrsch. Somalia ↗, d. h. damals zw. To-Mam ↗ u. To Ntr ↗ gelegen. Hängt evtl. mit Put ↗ zusammen.

Pupille: das Sehloch im Auge ↗, eine kreisrunde Öffnung der Regenbogenhaut ↗, äg. Kemur ↗, der Große Schwarze. These: wurde mit dem Sonnenkern ↗ verglichen.

Pur: Burg in der Induskultur ↗, äqv. Pr ↗ in Ägypten. Die einfallenden Arier ↗ waren ›Burgenbrecher‹, Zerstörer der Pur. — Evtl. Teil des Wortes Puranen ↗. S. Puramdara ↗

Pura Dai: weibl. Häuptling bei den Zigeunern ↗, deren Einfluß so groß ist, daß sich die männl. Häuptlinge (Kako) bei schwierigen Angelegenheiten ihren Rat holen. Wahrsch. Taro ↗-Karte Nr. 4, gen. Herrscherin. Daneben gab es die Drabarnis ↗.

Puramdara: Kriegsgott der Arier ↗ = Burgenbrecher, Zerstörer der Pur ↗.

Purana: Sanskrit ↗-Wort für Puranen ↗, die Hl. Bücher der Brahmanen ↗, betitelt Vishnu-P., Bhagavata-P., Matsya P. etc., je nach Inhalt, wie a. die Bibel ↗ in Bücher unterteilt ist.

Puranen: ind. Purana ↗, ca. ab 5. Jh. v. Z. schriftl. fixiert, was nichts über Alter u. Herkunft sagt. Blavatsky ↗ meint, P. u. Bibel ↗ seien 2 Kopien des gleichen (verlorenen) Originals, u. der Zohar ↗ wiederhole z. T. wörtlich. Und: »Die Orientalisten versichern uns, daß die Chronologie in den Puranen und anderen indischen Schriften sowohl hoffnungslos vermengt, als auch unsinnig übertrieben ist. Wir sind bereit, der Anklage zuzustimmen... Wenn sie (die indischen Arier ↗) Ereignisse durcheinander mischten und Zeitalter absichtlich vermengten, so geschah das nicht in der Absicht, irgend jemand zu täuschen, sondern um ihr Wissen vor dem spähenden Auge des Fremdlings zu bewahren« (II, S. 235–236). Jedoch nennt sie die P. an anderer Stelle a. exoterisch (äußerlich) zum Zwecke der Theol. u. des Dogmas. Man muß also recht vorsichtig sein mit den Angaben über die Schöpfung ↗, ausgehend von der 100köpfigen Schlange Ananta ↗ u. dem Ur-Paar Vishnu ↗ + Lakschmi ↗ über Brahma ↗ u. die Manvantaras ↗ bis zum Pralaya ↗, v. a. bei den Nullen der Zeitangaben. Vieles wirkt wie Allegorien zu den Angaben des Buches Dzyan ↗ u. der Veden ↗. So machen die P. aus den ersten 7 Strophen des Dzyan 7 Schöpfungen u. daraus die Bibel 7 Schöpfungstage; aber da ist schon untergegangen, daß es neben der Ur-Schöpfung nur noch eine Primärschöpfung ↗ u. Sekundärschöpfung ↗ gibt. Rechnet man aber letztere

als 7. Tag der ersteren, dann stimmt, daß die P. den Menschen ↗ (Urmensch) als 7. Schöpfung von Brahma betrachten. Blavatsky: »... die Ausdrucksweise ist absichtlich verhüllt.«
These: das Wort könnte sich aus Pur ↗ u. An ↗ zusammensetzen, Himmelsburg; in unserem Verständnis ein Behältnis für den Logos ↗, das Wort des Anf., womit sich die P. als Fragmente einer Art Akasha-Chronik ↗ vorstellen lassen.

Puritaner: Zweig des Protestantismus ↗, der sich in England bildete z. Z. des Königs Eduard VI. (1547–53); von pur = rein: die Reinheit der persönl. Lebensführung (nicht Lehre wie bei den Katharern ↗) in den Vordergrund stellend, mit bes. Ausprägung der ›puritanischen Moral‹ unter Königin Viktoria wie a. in den USA ↗, beginnend mit der 1. Gruppe von P., die sich ›Pilgrim Fathers‹ (Pilgerväter) nannten u. 1620 landeten. »Die Merkmale des Puritanismus – der standhafte Charakter, die entschlossene Handlungsweise und das persönliche Verantwortungsbewußtsein – sollten zum Rückgrat kapitalistischen Unternehmergeistes (d. h. des Kapitalismus)... werden« (Simon, 1978, S. 167). U. dies bis hin zum Wahn, Reichtum als Beweis für Gottgefälligkeit u. Armut als selbstverschuldete göttl. Ungnade zu bewerten, nach der bibl. Aufforderung: nimm dein Pfund und mehre es. Ihre angebl. Reinheit (kein Alkohol, viel Arbeit etc.) hinderte sie jedoch nicht daran, die Verträge mit den Indianern ↗ zu brechen, um zu Landbesitz zu kommen. Als schlimmste Bibelauslegung erwies sich der auf der Verdammung von Kanaan ↗ aufgebaute, unumstößlich ›gottgewollte‹ Rassismus ↗.

Puruscha: allfarbiger, göttl. Mensch, der sich im Sonnenjahr offenbart: »Ja, der Purusha, der dort in der Sonne ↗ weilt, der bin ich ... Und die Gestalt dieses Purusha – der dort in jener Sonnenscheibe ist – ist wie ein (gelbes) Safrangewand, wie ein weißes Schaffell, wie ein (roter) Indragopa-Käfer, wie Feuers Flamme, wie eine Lotosblüte, wie wenn es plötzlich blitzt...« (Wirth, S. 637) bzw. »... dessen eines Auge die Sonne, dessen anderes der Mond ist...« (ebd., S. 173), womit man bei einem ind. Horus ↗ landet. Die geläufige Übers. ›Geist‹ ist irreführung, besser wäre Logik ↗, Intelligenz, Sonnenalphabet ↗, aus dem bei der Evolution das Dasein ↗ entsteht. Blavatsky ↗: »Er ist das eine Dasein« (II, S. 633) od. »die Reflektion des ursprünglichen (männl.) Dreieck ↗ △ « (III, S. 444), was auf das gleiche herausläuft. Weibl. Pendant ist Prakriti ↗. In den Hymnen des Rigveda ↗ wird der ›himmlische Mensch‹ P., der ›Mensch‹ gen., von dem Viraj geboren wurde u. von Viraj der sterbl. Mensch; dann ist P. geschlechtslos wie im Satz: »Fürwahr, das ist Satyadharma, was an der Sonne das Sonnesein (das eigentliche Wesen) ist; das ist das Reine, ist das Purusha-Wesen, das Geschlechtslose (daher Purusham statt Purusha)« (Wirth, S. 637). These: hier landet man wohl bei Muntu ↗. Noch weiter zurück ist Brahman ↗ »seinem Wesen nach Prakriti und Purusha«; dann verschmilzt P. mit Brahma ↗, weil es heißen kann »... die geschaffene, begrenzte, geoffenbarte Gottheit genannt Brahma, Ishvara ↗ oder Purusha« (Blavatsky, II, S. 114).

Puschkin, Alexandr Sergejewitsch: russ. Dichter (1799–1837), in Moskau ↗ geboren. Die väterl. Linie führt zu einem alten, aber armen Adelshaus, die mütterl. nach Afrika (Abb.). »Er gilt unbestritten allen späteren russischen Autoren als Meister...« (Knaurs Geschichte der Weltliteratur), wurde jedoch zu Lebzeiten unablässig von Cliquen bekämpft u. fiel schließl. einer gemeinen Intrige mit Duell zum Opfer. Im Versroman Jewgenij (= Eugen) Onegin zeichnete er einen ›überflüssigen‹, zu keiner fruchtbaren Handlung fähigen, oberflächlich genießenden, alles versuchenden und nichts vollendenden Typ Mensch, der seither oft in der russ. Literatur wiederkehrt. Onegin entstammt, wie P. selbst im Prolog sagt

Puschkin im Alter von zwölf Jahren

»Dem Unmut bittrer Lebensglossen
Und meines Herzens tiefstem Leid«

u. gehört zu seinen Hauptwerken. Ihm ist in Moskau das P.-Museum gewidmet.

Pushkara: alter Name für Amerika ↗ im Vishnu-Purana (s. Puranen ↗), zweigeteilt in ›die beiden Varshas‹ (also früher nur aus Nord- u. Südamerika bestehend).

Put: 1 der 5 Kinder (Abstammungslinien) von Ham ↗; wird als einziges nicht weiter ausgeführt, sodaß unklar bleibt, in welchem Land die Linie siedelt. Es bleibt eigtl. nur Punt ↗, dem unbek. Wort am nächsten, übrig – od. Nordafrika mit der damals blühenden Sahara ↗, wo später die Punier ↗ anrückten. A. ihr Name ist ähnl.; es waren Abkömmlinge von Kanaan ↗, Puts Bruder.

Püükong: ein Katschina ↗, der als ›wiederkehrender Lichtbringer‹ in den Schnitt von Anf. + Ende des J. fällt. Seine Rückkehr erfolgt symb. in Gestalt eines Vogels, begleitet von 2 Jungfrauen, den Soyal Manas. Soyal setzt sich zus. aus So = alles u. Yal (wie Jul ↗) J., d. h. sie vertreten zus. das ganze J. als Abbild der Geschichte ↗ (germ. der Runen ↗) wie die äg. Hathor ↗ als Braut des Horus ↗, der dann P. entspr. u. ein Falke ist. Soyala = Wintersonnenwende ↗ bei den Hopi. Als Puppe erhält P. einen merkwürdig rechteckigen Kopf mit 2 Federn ↗, als Stirne 5 Zacken, eine Zahl, die sich ebf. mit Horus verbindet, darunter als Augen 2-mal Grundmotiv ⧗ Nr. 1 der Gesch. als Hl. Hochzeit ↗ = Anf. sowie seit 1950 die Endzeit ↗ mit der Wiederkehr ↗ überlagernd = Ende der Geschichte. An den Ohren 2 Kreise, wohl als Zweisonnensystem ↗; die Nase ist ein Schnabel.

Pwyll: myth. Vorfahre der Briten ↗, über den die Sage der Kelten ↗ folg. erzählt: »Im Verlauf einer Jagd begegnet Pwyll in der Tiefe des Waldes einem seltsamen Ritter. Er gibt sich als Arawn, den König der Unterwelt ↗ zu erkennen. Dieser bittet Pwyll, mit ihm die Rollen zu tauschen, wobei jeder die Gestalt und das Aussehen des anderen annimmt, Gemahl seiner Gattin und Herr seines Reiches wird. Ein Jahr lang soll Pwyll anstelle von Arawn regieren, ohne daß irgend jemand seine Stellvertreterschaft gewahr wird, und umgekehrt. Dann muß Pwyll eine rätselhafte Persönlichkeit, den König des Nachbarreichs besiegen, dem Arawn jährlich eine Schlacht liefert, der aber, obwohl er ihn enthauptet, unbesiegbar bleibt. Nachdem Pwyll diese Aufgabe erfüllt hat, kehrt jeder wieder zu den Seinen zurück, und Pwyll erhält aufgrund dieser Identifizierung mit Arawn von nun an den Titel ›Häuptling des Abgrunds‹. Durch die Initiation ↗, hier in Form einer Transfiguration in der Anderen Welt, wird Pwyll zum Vater des Pryderi ausersehen, der in der walisischen Sagenwelt als Stammvater der Briten gilt (Ableitung von Pryderi: Priteni, Pritani, Britanni, Bretonen). Eines Tages sieht Pwyll vom Gipfel eines Hügels aus eine Reiterin vorbeireiten. Er schickt einen seiner Männer aus, um zu erfahren, wer sie ist. Doch so schnell der Knappe auch hinter ihr her jagt, er vermag sie nicht einzuholen. Diese Szene wiederholt sich drei

Abb. 1

Abb. 2

Tage und bringt die schnellsten Pferde des Fürsten zur Erschöpfung. Schließlich nimmt Pwyll die Verfolgung selbst auf. Da wendet sich die Reiterin ihm zu, und im Lauf ihres Gesprächs gibt sie zu erkennen, daß sie Rhiannon (die walisische Epona ↗) ist.« Nachdem sie Pwylls Frau geworden ist, bringt sie einen Sohn (ein Füllen), Pryderi, zur Welt. P. gilt a. als Cerberus ↗, auf einer Münze aus dem Donaugebiet (Abb. 1) schlangenförmig ins Haar der Epona gesetzt, an deren Hinterkopf der Hinterleib des Pferdes ↗ u. vor deren Mund der Pferdekopf sichtbar wird als Odem, wie Lancelot Lengyel (Das geheime Wissen der Kelten) meint. Das entspräche Od ↗. Wenn diese Legende nur eine Einweihung meint, so dürfte sie sich in einer Isisgrotte ↗ abgespielt haben. Abb. 2 zeigt Abb. 1 als Schema Epona + P.

Pylone: 2 mächtige Türme, die den von Säulenhallen umsäumten Vorhof des äg. Tempels ↗ nach vorne abschließen; zw. ihnen liegt unten das Eingangstor, u. oben »... erscheint am Morgen die Sonne, um ihre Strahlen in das Innere des Tempels zu ergießen. Sie erinnern damit an das Schwesternpaar, das das Gestirn bei seinem Aufgang empfängt. Der eine ist Isis ↗, der andere ist Nephtys ↗...« (Bonnet, S. 787). Jedoch ist

Abb. 1: Horustempel zu Edfu

die Auslegung keineswegs einseitig auf den Sonnenaufgang gerichtet: »Vielmehr werden die sich im Turmpaar darstellenden Schwestern auch als Hüterinnen des Osiris ↗, d. h. als Wächterinnen über den im Allerheiligsten ruhenden Gott verstanden« (Bonnet, S. 787). Geschmückt wurden sie mit 4 (Abb. 1) Nischen od. 8 (Abb. 2) Fahnen, was ihrer Wertigkeit als 4er Kreis (Nephtys) u. 8er Kreis (Isis), zus. Grundmotiv Liebestanz ↗ entspricht. These: rein formal entspr. die P.-Front Buchstabe H, u. damit beginnt das Wort H.T ↗ = Tempel. Als Grundmotiv der Geschichte ↗ ist sie Archetyp ↗ Versteck, 1. Hälfte des Zwilling ↗-Sektors (6690–5610 v. Z.), u. in dieser Zeit dürften a. die Frauentürme ↗ der Tiodiska ↗ entstanden sein, deren Rune Ti im Runenkreis an gleicher Stelle liegt. Selbst die Gotik ↗ übernahm die P. für die Front der Kathedrale ↗. Das Wort ist griech. u. erhalten als

Abb. 2: Wandbild des Neuen Reiches

Pylorus = Magenausgang (Pförtner), was dem Tor entspräche; noch besser ist Philo in Philosophie ↗ = Liebe (äqv. Liebestanz), denn beide Schwestern liebten

Osiris, dessen Mumie ↗ im Tempel gesehen werden kann, mit den P. als Fuß ↗-Sohlen. Deren Endzahl 24 ergibt sich in Abb. 2 aus den 8 x 3 Fahnenstreifen, die an die 8 x 3 Linien des Tao ↗ erinnern.

Pyramide: ein Bau mit Quadrat ↗ als Grundriß u. glatten od. gestuften Dreiecken als Seiten, die, würde man sie auseinanderklappen, zu einem Stern ↗ werden (Abb.). Bei der Großen P. ↗ fehlte die Spitze, bei den Olmeken ↗ u. Maya ↗ stand auf dieser oberen Plattform noch ein kleiner Tempel.

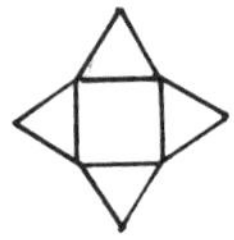

Über die Funktion wird bis heute gestritten: Grab, Machtsymbol, Beschäftigung der Massen, Testament ↗ etc. Das Wort enthält nur Pr ↗ = Großes Haus, wobei die Hieroglyphe ↗ P  das Quadrat darstellt, während das R als Archetyp Trinität ↗ dem Dreieck entspr. könnte, obwohl hieroglyph. ein Mund . Tats. war bei der Großen Pyramide das Hl. Dreieck ↗ als Maß verwendet worden, u. es entsprach der Trinität der Heiligen Hochzeit ↗. Für die Restsilbe kommen 2 Namen in Frage, die jedoch ineinander übergehen: Maati ↗ od. Mut ↗ (statt mide). Das würde aus der P. ein ›Haus der Wahrheit u. Gerechtigkeit‹ wie a. ein ›Haus der Herrin des Himmels‹ machen. Diese weibl. Fixierung wird dadurch bestätigt, daß lt. Bonnet die äg. P. als Frau personifiziert wurde. Darin drückt sich dann wohl der ganze Weg vom Tod ↗ bis zur Reinkarnation ↗ aus, den der Besitzer, Pharaonen ↗, durch Einfügung seines Sarkophags ↗ für sich fördern wollte. Immer standen sie westl. des Nil ↗, im Bereich der Nekropolen ↗. Das gilt nicht für die P. von Teotihuacan ↗, wo jede P. 1 der 12 Planeten ↗ repräsentierte; während die Stufenpyramiden ↗ der Maya ↗ der Weltenlehre ↗ entsprachen wie der Babylonische Turm ↗, der als Etemenanki ein Verbindungsglied zw. Himmel u. Erde war. These: eben das war a. die Pyramide. — S. Imhotep ↗, Baumeister der P. von Djoser.

Pyramide, Die Große: unter den Pyramiden ↗ von Ägypten fällt eine völlig aus dem Rahmen, weil die 4 Seitendreiecke nicht eben, sondern in der Mittellinie nach innen geknickt sind (Abb. 1), was sie am Funda-

Abb. 1

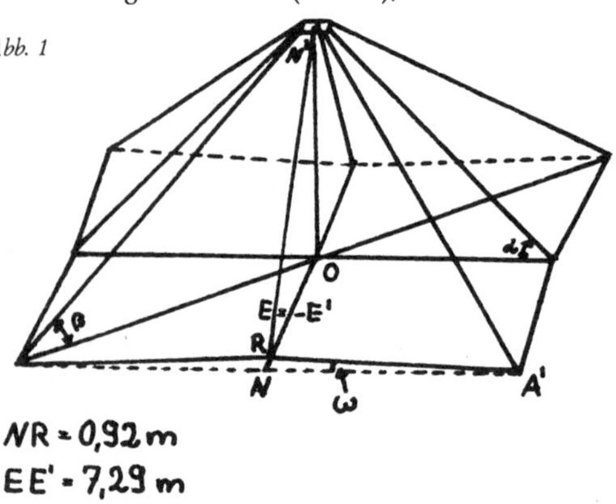

ment um 0,92 m verschiebt (auf dem Schema die Linie NR). Eine Erklärung wurde noch nie gegeben. These: dieser Knick diente der Lichtöffnung ↗ mit der einstmaligen Funktion, 11432 v. Z. den Weltenbrand ↗ auszulösen, wie das Gangsystem ↗ dem folg. Polsprung ↗ diente, der die Sintflut ↗ auslöste. Das war gewissermaßen die negative Seite, die zum Wechsel von 4. zu 5. Welt ↗ führte. Eben deshalb war sie a. ein Testament ↗. P. Lemesurier meint in seinem Buch ›Geheimcode Cheops‹: »Sie sollte dem Erbauer erworbenes Wissen, dessen er sich in einer späteren Inkarnatin vielleicht nicht mehr erinnern könnte, wieder zugänglich machen« (S. 27). Aber wer war der Erbauer? Pharao Cheops ↗ ganz sicher nicht, er übernahm sie bloß. These: deckt sich der Bau dieser P. mit dem Palastbau des Baal ↗, war die Auftraggeberin dessen Schwester Balat (weibl. Baal), gen. Anat ↗. Tats. wurde sie bei den Phöniziern ↗ als Pyramide dargestellt, Nv. Tanit ↗ (Abb. 2), was wundern läßt, wessen Inkarnation sie als Wissensspeicherung dienen sollte: Baal = Osiris ↗ od. Baalat = Nephtys ↗ od. beiden? Die 3 inneren Räume: Königskammer ↗, Königinkammer ↗ u. Grube ↗ dehnen die Speicherung a. auf Isis ↗ aus, u. damit auf deren Sohn Horus sowie das Produkt der Nephtys, Anubis ↗, was 5 direkte Nutznießer erahnen läßt, die bei der Wiederkehr ↗ eine Rolle spielen. Natürl. diente später die P. a. generell

Abb. 2

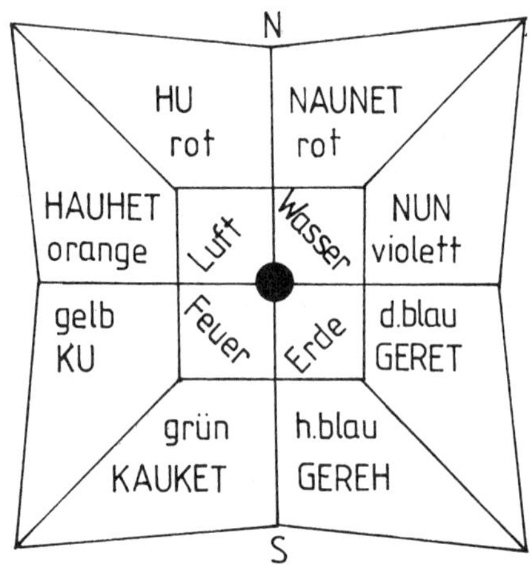

Abb. 4

der Initiation: »Es spricht vieles dafür, daß dieser Pyramide zu einer bestimmten Zeit - entweder psychisch oder symbolisch - eine initiatorische Funktion im Rahmen alter Mysterien ↗ zukam. Das wichtigste Zeugnis in dieser Hinsicht bietet die saitische Version des ägyptischen Totenbuch, in dem der Gang der Seele durch die Unterwelt ↗ geschildert wird: sie muß ein System von Hallen und Gängen durchmessen, das dem der Großen Pyramide überraschend ähnlich ist« (Lemesurier, S. 45). Das macht die G. P. zu einer verschachtelten Psyche ↗ od. Weltformel ↗, mit dem Kreis der Präzession ↗ als Zodiak = untere Duat ↗ so eingelagert, wie es Abb. 3 als Modell vorschlägt: es setzt die Königskammer mit dem leeren Sarkophag ↗ des ermordeten Osiris in den Sektor Jungfrau (Hase ↗), die Königinkammer in den Löwe-Sektor ↗, die Grube in den Krebs ↗, während die Nord-Süd-Achse - mit Luke ↗ im N - zur Zweiteilung der Ju-

nu ↗ wird, die a. den Aufbau von Ägypten als Km.T ↗ bestimmte im Übertrag dieser P. auf das Land. Das innere Schema ist von Lemesurier, die Hinzufügung des Zodiakkreises von Von Frankenberg ↗ als Erweiterung seiner Kreise, zw. denen die ›Ebene des Todes‹ u. ›Ebene der Hölle ↗‹ steht. Nun gibt es Überlieferungen, das Äußere der ›Cheops-Pyramide‹ – wie die G. P. meist fälschl. gen. wird – sei regenbogenfarbig gewesen. Stimmt diese Angabe, fällt auf jedes der 8 Hl. Dreiecke 1 der 7 Regenbogenfarben ↗, u. das 8. wäre wohl wieder rot wie Nr. 1 gewesen. Abb. 4 setzt damit die äg. Götterachtheit ↗ in Verbindung:
Die Plastizität der 4 nach innen gerichteten Knicke, die beim Original nur ganz selten als Luftaufnahme glückt (Abb. 5), wird hier leicht übertrieben, damit der Übergang ins Königskopftuch ↗ als einer gefalteten Pyramide hervortritt. Vergrößert in der Relation ist a. die Plattform als Schema der 4 Elemente ↗, mit denen die äg. Götterneunheit ↗ anklingt, die im übrigen erst wieder innen in der Großen Galerie ↗ vorkommt. Man kann aber schon folgern, daß sich (nur) diese Pyramide genau wie die äg. Doppel-Religion ↗ aus den beiden Göttersystemen zusammensetzt u. damit alle Weisheit ↗ enthält, das ›Philosophische Ei‹ der Alchemie ↗ ist od. der ›Stein der Weisen‹ bzw. das im Äg. Totenbuch ↗ zitierte ›Schicksalsbuch‹:

»Ich, der Phönix ↗ von Heliopolis
des Schicksalsbuches bin ich Hüter
in dem geschrieben
alles, was gewesen, alles was geschehen wird.«

Die G. P. liegt bei Heliopolis ↗ u. war zweifellos dieses Buch. Denn Pochan ↗ zitiert sogar Berichte, wonach sie nicht nur farbig, sondern a. über u. über mit Hieroglyphen ↗ bedeckt war, mengenmäßig etwa 10000 Buchseiten füllend. Aber dieser Außenmantel wurde von Arabern zerstört u. für Kairo ↗ verwendet. Sie enthielt die Heiligen Maße ↗, Phi ↗ u. Pi ↗. Die Hälfte ihrer Fundamentlänge wurde zum Symbol der Maat ↗, als folg. Balken: 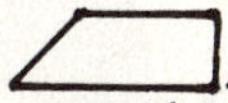. Man findet ihn a. im Namen Km.T = Ägypten, daneben die Eule ↗, was wieder den Bezug zur Weisheit bestätigt. Sie lag am Null-Meridian ↗ u. bestimmte den Systemwechsel ↗ nach dem Weltuntergang ↗ od. Wechsel vom 1. Reich ↗ (des Vaters) zum 2. Reich ↗ (des Sohnes) bis hin zum Jüngsten Gericht ↗, mit dem ihre Funktion

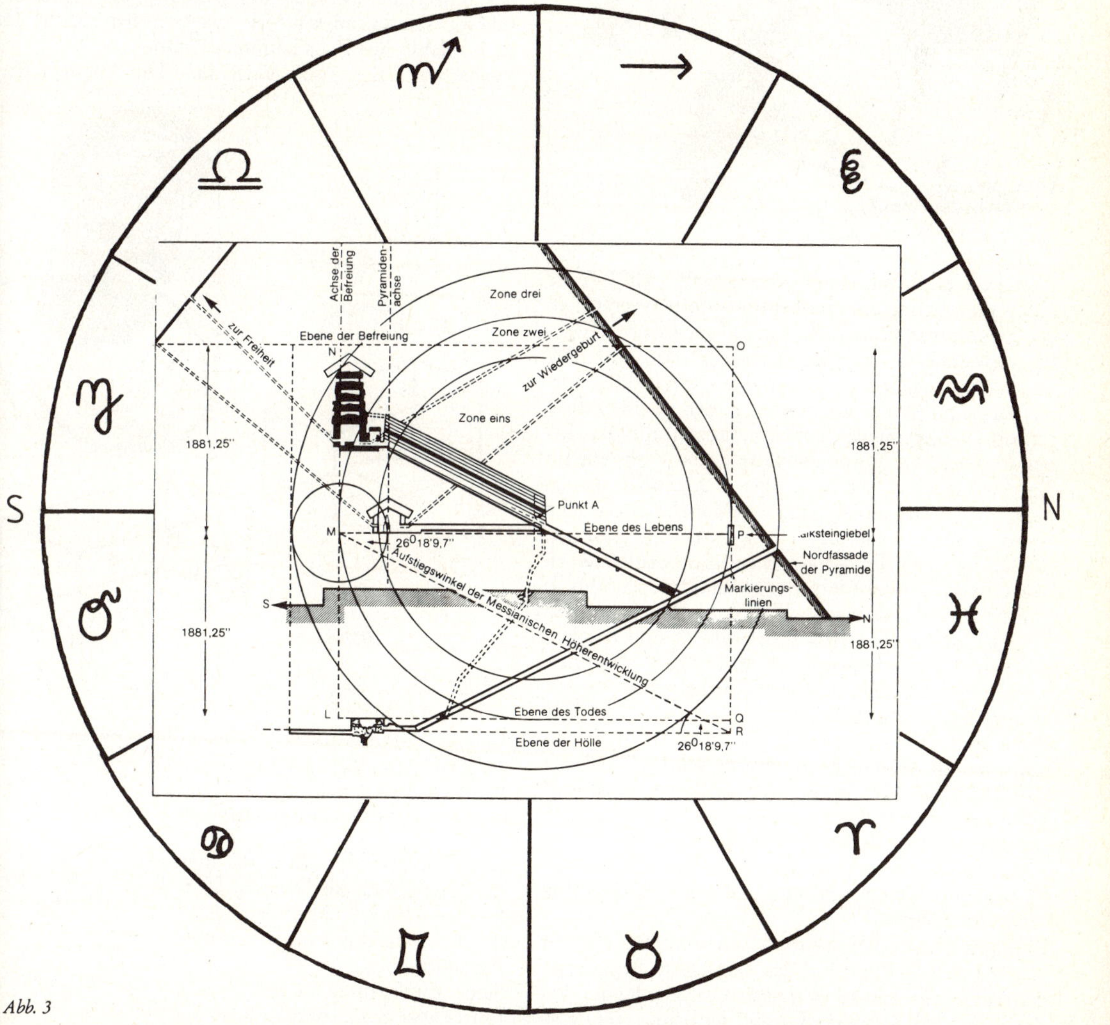

Abb. 3

abgeschlossen sein dürfte. U.: sie lebt im Osterei ↗ als Symbol. – Direkt in ihrer Nähe wurden dazugebaut die P. von Chephren ↗ u. Mykerinos, aus der Zeit des letzteren heißt die Nekropole von Gisa ↗ ›An der Seite der Erhöhung‹; auf der Abb. ist die G. P. in der Mitte, l. der Mastaba ↗-Felder. Die Aufnahme entstand während der Äquinoktien ↗ um 18 Uhr durch einen Apparat der Royal Air Force.

Abb. 5

These: die G. P. war eine Fortsetzung des Gral ↗; die Hauptplünderung erfolgte beim Mysterienverrat ↗ u. der Eigentümer war König Surid ↗ gewesen.

Pyramidentexte: zusammenfassende Bez. für alle Texte, die man in den äg. Pyramiden ↗ fand, d. h. in deren Sargkammern u. Vorräumen u. den zu ihnen führenden Gängen. Sie enth. Vorstellungen über das Leben im Jenseits ↗ u. sprechen die Toten ↗ an, wie im Äg. Totenbuch ↗; schildern aber a. geschichtl. Ereignisse, z. B. die Reichseinigung ↗. »Manche Textstücke gehen offenbar bis in die Vorzeit zurück...« (Bonnet, S. 622), d. h. in die Prädynastische ↗ Zeit, existierten also schon vor der Erbauung der Pyramiden, bewahrt u. kopiert im Lebenshaus ↗. »Texte, die Abschnitte aus der Geschichte des Osiris ↗ behandeln, sind anscheinend alten Mysterienspielen ↗ entnommen« (Bonnet, S. 621). Später gingen sie über in die Sargtexte ↗. – S. Himmelsleiter ↗ u. Pepi ↗.

Pyrenäen: das Grenzgebirge zw. Spanien u. Frankreich, bis zu 3404 m hoch. Wurde schräg überquert vom südlichsten der Sternenwege ↗, den die Römer ↗ als einzigsten nicht zerstören konnten, weil er zu hoch lag. So findet man dort noch Petroglyphen, in Stein geritzte alte Z. u. Symbole. Hierher verlagerte sich der Mythos vom Gral ↗, s. Montségur ↗ u. die Expedition von Otto Rahn ↗.

Pythagoras: griech. Philosoph (um 580–500 v. Z.), der »... 22 Jahre als Priester ↗ des Tempels in Ägypten ↗ verbrachte. Er kehrte erst nach Griechenland ↗ zurück, nachdem Kyros der Große, der König von Persien ↗, die Tempel von Memphis ↗ und Theben ↗ niederbrannte und ihn gefangen nach Babylon ↗ verschleppte. Wieder in Griechenland, lehrte Pythagoras Mathematik nach den Erkenntnissen, die er in Ägypten erworben hatte. Aber nach seinem Tode wurden seine Anhänger verfolgt und verbannt. Etwa achtzig Jahre später verließ Plato ↗ nach dem Tode des Sokrates ↗ Athen und schloß sich den pythagoreischen Geheimbünden an... Plato sammelte Urkunden und Schriften, die auf Pythagoras zurückgehen« (P. Tompkins 1975, S. 281). In Persien - od. schon Ägypten? - soll P. Zarathustra ↗ als Lehrer gehabt haben (Bennett, Gurdjieff). Sein berühmtester Lehrsatz: im rechtwinkligen Dreieck ist die Summe der Quadrate über den Katheten (im Schema 1 A + B) gleich dem Quadrat der Hypotenuse (C), ist so wenig von ihm wie das Hl. Dreieck ↗ u. andere sog. ›Pythagoreische Dreiecke‹; ihre Proportionen sind schon alle in der Großen Pyramide ↗ zu finden, lt. Tompson a. in deren Kammern (Schema 2).

Eigene Theorie dürfte gewesen sein, daß der Kosmos ↗ geometr. hervorgebracht worden sei, d. h. den Proportionen der Zahlen ↗ entspr. u., relig., daß Zeus ↗ od. der unmittelbare Erbauer des Weltalls nicht der höchste Gott sei, was an den Nerv der Griechen rührte, da sie bis dahin nur Zeus kannten. Zitat:

Pythagoras fragt: »Wie zählst du?« Die Antwort ist:

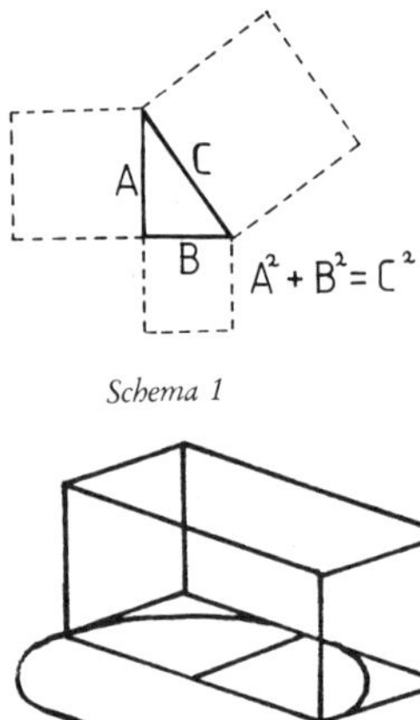

Schema 1

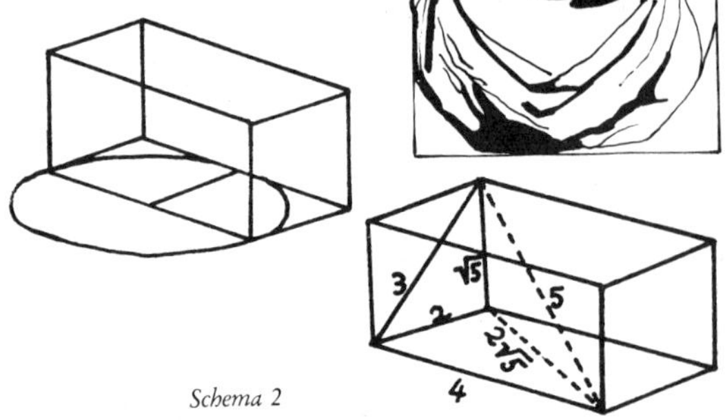

Schema 2

»Eins, Zwei, Drei, Vier.« Dann sagt Pythagoras: »Siehst du? In dem, was du wahrnimmst als Vier, sind Zehn, ein vollkommenes Dreieck und unser Schwur.« Letzterer war synonym mit 7, in seiner Schule als bes. hl. betrachtet; u. das Dreieck steht für 3. Die Zehn aber ergibt sich durch zusammenzählen von 1 + 2 + 3 + 4 aus dem äg. Bild einer Zahlenpyramide, in der man die 7, eingebaut ins Dreieck, als 6-Stern + Mittelpunkt finden kann - od. als Zodiakkreis in der Großen Pyramide ↗.

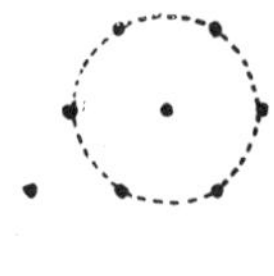

Seine Einweihung in äg. Sprache führte aber a. »... zu dem Problem afrikanischer Begriffe im Griechischen sowie der Art ihrer Benutzung« (Diop). Blavatsky ↗: »Nach der Zahl sieben setzte Pythagoras seine Lehre über die Harmonie und Musik der Sphären zusammen, indem er den Abstand des Mondes von der Erde einen ›Ton‹ nannte; vom Mond zum Merkur einen halben Ton, von da bis zur Venus dasselbe; von der Venus bis zur Sonne anderthalb Töne; von der Sonne zum Mars einen Ton; von da bis zum Jupiter einen halben Ton; vom Jupiter zum Saturn einen halben Ton; und von da bis zum Tierkreis ↗ einen Ton; das machte sieben Töne – die Oktavenharmonie. Die ganze Melodie der Natur ist in jenen sieben Tönen und wird daher die ›Stimme der Natur‹ genannt.« Dazu George G. M. James (Buch ›Stolen Legacy‹): »Pythagoras wurde von den ägyptischen Priestern auch in Musik ↗ unterrichtet... sie müsse zur Heilung der Seele ↗ benützt werden genau wie Medizin zur Heilung des Körpers« (S. 58). S. Ch'In ↗ u. Orphik ↗.

Python: in der Natur eine Riesenschlange (bis 10 m lang); das Weibchen legt 100 Eier auf einmal, eine Zahl, die an die 100 Me ↗ u. die 100köpfige Ananta ↗ bzw. Ladon ↗ erinnert, u. damit an den Gesamtkosmos ↗. Im griech. Mythos ↗ war sie in den frühsten Berichten weibl., in den späteren meist männl. u. lebte in Delphi ↗ als Wächter(in) des Orakels ↗, weshalb diese den Namen Pythia erhielt. Der Kampf zw. Gott u. Schlange (P.) spielte in versch. Riten eine bedeutende Rolle, die bei den delphischen Festen des Apollo ↗ gefeiert wurden. Ein Mythos des Sudan ↗ berichtet von einem jungen Mädchen, das als Opfer ↗ für den »... Wassergott Python in einen Fluß geworfen werden sollte. Da kam ein junger Mann herangaloppiert, entriß sie den Priestern ↗, tötete den Python – und dieser verwandelte sich in einen Regenbogen.« These: als Wassergott geht P. in Seth ↗ über, als Regenbogen in die Regenbogenschlange ↗, beim Kampf mit einem Gott jedoch a. in die Tiamat ↗. Jéan Guibé: »Die schlimmsten Feinde der Riesenschlangen sind ohne Zweifel die Frauen. Sie scheinen sich für das zu rächen, was die Schlange im Paradies ↗ ihrer Ahnherrin (Eva ↗) antat. In der Modewelt werden die Weichheit des Schlangenleders, die Schönheit seiner Musterung... hochgeschätzt... und so kommt es, daß man Riesenschlangen heute nur noch selten in Freiheit findet« (1965, s. 278). Blavatsky: »... Typhon ↗, der ägyptische Python« (II, S. 543). Womit sie Apophis ↗ zu meinen scheint.

Buchstabe **Q**

Grundmotiv 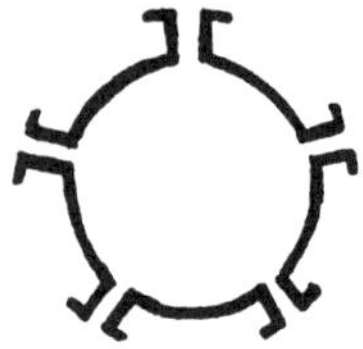 Zelltanz

Quadrat: gleichseitiges, rechtwinkliges Viereck, als Symbol: das Element Erde ↗ od. die mater. Eigenart der Natur ↗ (Tantrismus ↗); bildet das Grundformat der meisten Yantra ↗ als »Träger, Gefäß und Basis der sichtbaren Welt. Das Quadrat bezeichnet die irdische Welt, die transzendiert werden muß. Seine prosaische Regelmäßigkeit ist in den Kompaßpunkten der 4 Haupthimmelsrichtungen enthalten und seine numerische Entsprechung ist 4. Die Vier ist ein Symbol für die Welt ↗, die sich in vier Himmelsrichtungen ↗ erstreckt, in ihrer Horizontalen und Vertikalen Gegensatzpaare vereinigt und die Totalität des Raumes darstellt. Das Quadrat ist die Form von Ordnung und Vollkommenheit, tragende Stütze für das Yantra...« (Das große Yantra-Buch, S. 33). Die Abb. zeigt das Cit-kunda-Yantra mit dem Symbol für die Yoni ↗, dem Sitz der Glückseligkeit, im Zentrum von Kreis + Quadrat. Dessen 4 Eckpunkte sind hier stellvertretend für die 4 Aspekte des Atman ↗ u. bilden das Gefäß des inneren Bewußtseinstromes (cit-kunda).

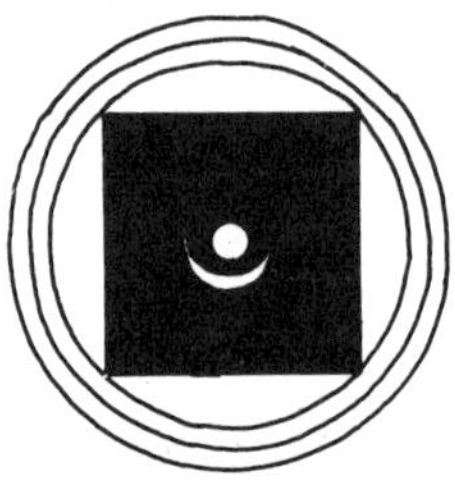

Welt ist wohl die beste An- Stufen des Babylonischen Turms ↗ wie das Fundament der Pyramide ↗ waren Quadrate. — Bei den Grundmotiven ↗ entspr. das ›Offene Quadrat‹, äqv. Buchstabe H; während der Evolution ↗ entstand in ihm das Atom ↗, während der Geschichte ↗ der Tempel ↗. S. Klassensystem ↗.

In der Mathematik sind ›Quadratzahlen‹ die Multiplikationen der Zahlen mit sich selbst: 1 (1 x 1 = 1), 4 (2 x 2 = 4), 9 (3 x 3 = 9), 16 (4 x 4 = 16), 25 (5 x 5 = 25) usw. bis zum Phänomen 144 (12 x 12) des Himmlischen Jerusalem ↗ (od. Maß der Engel), das in der Apokalypse ↗ ebf. quadrat. vorgestellt wird. In der Geometrie wird der Würfel ↗ daraus, Grundform des äg. Throns ↗.

Quant: in der Physik ↗ kleinste unteilbare Menge; als Lichtq. die Partikelnatur des Lichts ↗. Von Quantität, Menge; Unterkategorie des afrik. Bgriffs Kuntu ↗. Zu diesem Aspekt der Materie, s. Quadrat ↗, gehört als unlösl. Gegenpol das Quantenfeld ↗.

Quantenfeld: Begriff der Physik ↗ für das überall im Raum gegenwärtige Kontinuum, dessen Verdichtungen Quant ↗ gen. werden, als Sichtbarwerdung der im dahinterliegenden unsichtbaren Feld enthaltenen Möglichkeiten. Alter Begriff ›Leere‹ ↗, Nichts ↗, Chaos ↗ etc. China ↗: »Wenn man weiß, daß die Große Leere voll von Ch'I ↗ ist, wird einem klar, daß es so etwas wie ›Nichts‹ nicht gibt« (Capra, 1977, S. 220). These: afrik. Äqv. Che ↗ (schaffen, das Schaffende), altäg. Ka ↗ (Geist), übergehend in Nommo ↗, bibl. das Wort, das am Anf. war (ist) u. aus dem alles hervorgeht. Diese hervorgehenden Teilchen (Quanten) u. schließl. Formen ↗ sind dann keine unabhängigen physikal. Einheiten, sondern nur vergängl. Manifestationen (ind. Maya ↗) der zugrunde liegenden sog. Leere, die ergo ›lebt‹: »Die Unterscheidung zwischen Materie und leerem Raum mußte endgültig aufgegeben werden, als entdeckt wurde, daß virtuelle Teilchen (virtuell = scheinbar, der Kraft und Wirklichkeit nach vorhanden) spontan aus der Leere entstehen und wieder in die Leere verschwinden können ohne Anwesenheit irgendwelcher Nukleonen oder anderer stark wechselwirkender Partikel... Die Beziehung zwischen den virtuellen Teilchen und dem Vakuum ist eine im wesentlichen dynamische... Viele Physiker halten die Entdeckung der dynamischen Eigenschaft des Vakuums für eine der bedeutendsten in der modernen Physik. Aus seiner Rolle als leerer Behälter der physikalischen Phänomene wuchs das Vakuum zu einer dynamischen Größe von höchster Bedeutung hervor« (F. Capra, Der kosmische Reigen, 1977, S. 221–222). Es ist eine Wiederentdeckung, denn a. bei Nommo wird diese Dynamik als die ›treibende Kraft‹ erwähnt. — S. a. Taichi ↗.

Quauhxicalli: Opferblutschale, Adlerschale (azt.), d. h. Gefäß zur Aufnahme des Blutes u. der Herzen bei der Opferung, u. damit die Sonne ↗ (als Adler symbolisiert) darstellend, mit der die Q. dekoriert war. Neben Blut als ›Edelsteinwasser‹ wurde a. Pulque ↗ in solchen Schalen geopfert, s. Bild des Chac-Mool ↗.

Quechua: Khetchae ↗, Indianerstamm, deren Sprache die Inka ↗ übernahmen; seither nur diese Sprache bezeichnend. Beachtenswert die Nähe zu Quetza in Quetzal ↗.

Quelle: in der Natur stetiger Austritt von Wasser ↗ aus der Erde an die Erdoberfläche od. aus dem Dunklen, Verborgenen ins Helle, Sichtbare u. Zugängliche, wobei es die bisherige Qualität verändert. Symb. einer Geburt ↗ vergleichbar, aber als Archetyp ↗ Grundmotiv Zelltanz ↗ entspr., Buchstabe ;: ein Kreis ↗ (hier der Wasserkreislauf) mit ventilartigen Öffnungen. In der Gesch. entstand in diesem Grundmotiv der Mythos ↗, im Aufbau am besten beim Äg. Totenbuch ↗ studierbar, literar. Q. schlechthin. Im Mythos kann die Q. zum Jungbrunnen ↗ werden; Ofterdingen ↗ findet an ihr die Blaue Blume, u. in der Realität bauten die Christen ihre Kirchen ↗ vorzugsweise in Nähe einer Q.

Questenbaum: wurde der Maibaum ↗ der Germanen gen. od. noch kürzer Queste, bestehend aus Questenstamm - einem geschälten Eichen-Baumstamm mit Aststümpfen od. Einkerbungen zum Klettern - u. Questenkranz, einem das Jahr ↗ symbolisierenden Kranz aus Ästchen, der jedes J. neu gewunden u. aufgehängt wurde. Danach benannt z. B. Questenberg im Südharz (Abb.), wo ein Q. steht mit 1 Queste (Quaste,

Büschel aus Blätterzweigen) an der Spitze des Stammes u. 2 am Kranz je 1 l. + rechts. — Der Stamm allein entspr. der 6. Rune ↗ = *madr*, meist Mensch übersetzt. These: analog der Grammatik im Wort Baldr ↗, wäre aber in Ma ↗ u. Artikelanhängung DR zu trennen, was bei Ma = Sonne zur ›Sonnensäule‹ führt, wie eben a. der Q. gen. wurde. Eher sollte man einen aufgefächerten Lichtstrahl ↗ (der Sonne) darin sehen od.

Grundmotiv  , Archetyp Himmelsleiter ↗, (F) in dem der Runenkreis entstand.

Quetzal: Feder ↗ bei den Azteken ↗, aber nur des Quetzalvogels ↗ u. v. a. dessen metallisch-grüne Schwanzfedern, die sie nach dem Einfall in Mexiko ↗ kennenlernten u. dann höher schätzten als Gold, zurückgehend auf die Gottheit Quetzalcoatl ↗ bzw. die Quetzalsonne ↗, deren Standarte.

Quetzalcoatl: ›die mit Quetzal ↗-Federn bedeckte Schlange (= coatl)‹, ein azt. Wort für die olmek. Ichamna ↗, bei den Maya Kukulcan ↗. In diesem Fall offensichtl. ident. mit dem Kulturbringer ↗ anderer Völker, dessen Wiederkehr ↗ erwartet wird, wobei es anhaltenden Streit über die Hautfarbe (Rasse ↗) gibt: »Die Behauptung, Quetzalcoatl sei weiß und würde eines Tages zurückkehren, kann man nicht auf einheimische Quellen zurückführen. Sie stammt vielmehr von hispanisierten Chronisten, deren Quellenangaben außerdem recht ungenau sind... Die in Nahuatl ↗ geschriebenen einheimischen Quellen erzählen eine ganz andere Geschichte. Eine davon berichtet, Quetzalcoatl sei im Osten ein Raub der Flammen und dann in den Morgenstern verwandelt worden... wenn diese Gottheit in Kodizes (s. Codices ↗) ohne Schnabeltiermaske erscheint, dann ist das Gesicht ausnahmslos ganz schwarz« (Bevor Columbus kam, S. 217-18). Tatsache ist, daß die Figur im Codex Vaticanus (Abb. 2) ein weißes Gesicht für den Tod ↗, hier als Totenschädel, u. ein schwarzes Gesicht für die Wiedergeburt ↗ hat, was in Ägypten Seth ↗ + Osiris ↗ entspr. würde - christl. Antichrist ↗ + Christus ↗, eine Kombination für die es keinen Namen gibt. Die Q.-Figur ist mit den 20 Tagesz. 1 Monats ausgeschmückt, entspr. also a. 1 Uinal ↗ aus 20 Kin ↗ bei der Long Count ↗-Zählung der Olmeken ↗; reduziert man sie auf ein Z. (Abb. 1), entsteht eine Var. des Gesamtkosmos ↗, was in der Form der Beine zur umgek. Ka-Hieroglyphe ↗ = Himmel wird, hier markiert durch Jaguar ↗ + Adler ↗, gewissermaßen Nachthimmel = Kosmos ↗ + Sonne ↗. Im Popol Vuh ↗ ist die urspr. Schreibweise Yolcouat Quitzalcouat, nach Wirth ↗ etwa ›Julgott‹ Q., s. Jul ↗. Bei den Tolteken ↗ sind die Eltern Mixcoatl ↗ u. Chimalman ↗, was ihn zu einem Produkt von Himmel + Erde macht, äqv. Horus ↗ in Ägypten. Wie dieser geht er über in den ›Herr des Tierkreises ↗‹ u. dann ist er nur noch ein Titel wie z. B. bei Ce Acatl ↗. Dieser verbildlicht sich in der Gestalt einer Mäander ↗-förmigen Schlange mit Federn (Abb. 3), äqv. Vogelschlange ↗. Wenn sich der janusköpfige Q.

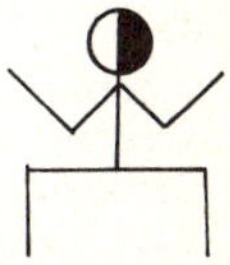

Abb. 1

Abb. 2

1 Krokodil 2 Wind 3 Haus 4 Eidechse 5 Schlange 6 Tod 7 Hirsch 8 Kaninchen 9 Wasser 10 Hund etc.

von Abb. 2 in 2 Götter teilt, wird aus dem Totenschädel Tezcatlipoca ↗ u. aus dem urspr. Krokodil ↗-rachenförmigen schwarzen Kopf Quetzalcoatl. Im Mythos der Schöpfung ↗ jedoch ist die Gesamtheit Q. weibl., wie Nommo als Logos (weibl.) u. Nommo als Astronaut ↗ (männl.). Ergo ist das Symbol eine Art Trinität ↗. A. der äg. Pharao ↗ wird durch Geier ↗ +

Schlange ↗ am Kopf zur ›Vogelschlange‹; beide Tiere sind Göttinnen. S. Quetzalvogel ↗ als Geier.

Abb. 3: Relief der Pyramide von Xochicalco

Quetzalsonne, Quetzal-Tonatiuh: eine Sonne ↗, hier weibl. als Tona, Herrin + Tiuh, göttl.; die innere Scheibe aus unterteilten Kreisen; mit dem äußeren Strahlenkranz aus Quetzal ↗, Federn des Quetzalvogels, aber nicht vom Schwanz = grün, sondern vom Brustgefieder = hellblau. Sie kommt auf Abb. 1 aus einem 3fach versperrten U-förmigen Abgrund, wohl aus der Unterwelt ↗ hervor. Nun hat unsere Sonne weiße bzw. gelbe Strahlen (Federn), bei Luftverschmutzung od. sehr feuchter Luft a. mal orangene bis rote, aber niemals blaue. Es ist also an eine andere Sonne zu denken, z. B. an die schwarze u. a. weibl. Sonne des Sirius ↗, die in der Spektralanalyse hellblau erscheint, afrik. Po ↗, bzw. deren Herausbildung als Neue Sonne ↗ in unserem eigenen Sonnensystem ↗. Da der Quetzalvogel ↗ eine taubengroße Geier ↗-Art ist, liegt nahe, die Geiergöttin als äg. Äqv. darin zu sehen, die rudimentär auf der r. Kopfseite der Osirismumien ↗ herauswächst. Rein optisch (Abb. 2) ist an das Symbol der Hathor ↗ zu denken, wo die Federn aber nur als Gesetzestafeln ↗ über dem ›Fächer‹ angebracht sind. S. den Djed ↗ mit der gleichen Doppelfeder mit eingelegter Sonne. — Die gezeigte Abbildung ist die Standarte des Quetzalcoatl ↗.

Abb. 1

Abb. 2

Quetzalvogel: ein taubengroßer Vogel mit stahlblau glänzender Brust u. langen meergrünen Schwanzfedern, der Gattung der Geier ↗ zugerechnet; Hauptverbreitungsgebiet: die Urwälder an der Grenze von Guatemala u. Chiapas, Mesoamerika ↗. Die Schwanzfedern wurden für Quetzalcoatl ↗, die Brustfedern für die Quetzalsonne ↗ verwendet. Wahrsch. entspr. ihm die Göttin Xochiquetzal (Abb.), da sie das Wort Quetzal ↗ enthält u. auf dem Kopf zwei Quetzal-Federbüsche trägt, nicht unähnl. der Doppelfeder der äg. Geierkrone ↗. Sie galt als Gattin des Tlaloc ↗ u. stand bei den Azteken ↗ alle 8 J. im Mittelpunkt eines Festes, was beides auf den 8. Sektor im 8er Kreis ↗ der Sonne verweist, im Tao ↗ der See, in der äg. Götterachtheit ↗ die Naunet ↗ - tats. gingen beim Fest der Xochiquetzal jung u. alt am frühen Morgen baden. — Im Bereich dieses 8. Sektors entsteht a. die Quetzalsonne mit Geburt in der Endzeit ↗, evtl. 1984, s. Vorausschau ↗. — In Berichten rissen sich junge Mädchen darum, für sie - bzw. den Q. -zu sterben. These: geschichtl. dürfte sich dieser ›Vogel‹ mit der Orejona ↗ decken, wobei deren ›große Ohren‹ zu den Federbüscheln wurden.

Aztekisches Tonfigürchen der Göttin Xochiquetzal

Quiché: ein Zweig der Maya ↗, die Q.-Maya; aus dem ›Waldland‹ = Q. stammend, zusammengesetzt aus *Qui* = viel u. *Che* = Baum. Die Azteken ↗ übersetzten das in ihre Sprache als Cuauhtlemallan, woraus die Spanier Guatemala machten; dort ist der Quetzalvogel ↗ zuhause. Von den O. stammt das Popol Vuh ↗, dessen Vorwort beginnt:

»Hier beginnt die alte Kunde von Quiché, wie es genannt wird. Hier werden wir sie aufschreiben, hier beginnen wir die alte Kunde: den Anfang und Ursprung von allem, was in der Stadt Quiche, was im Stamme Quiche geschah.«

Quirinus: Name des vergöttlichten Romulus ↗.

Qumran: Siedlung in Judäa ↗, östl. von Jerusalem ↗ am Toten Meer ↗. Auf einem Felsplateau wurde 1956 das Qumran-Kloster ↗ ausgegraben, dessen Bewohner, die Qumran-Sekte ↗, in den Höhlen nahegelegener Kalkfelsen geheime Schriftrollen versteckten, kurz bevor die Römer ↗ im J. 70 das Kloster zerstörten. Das sind die Qumran-Texte ↗.

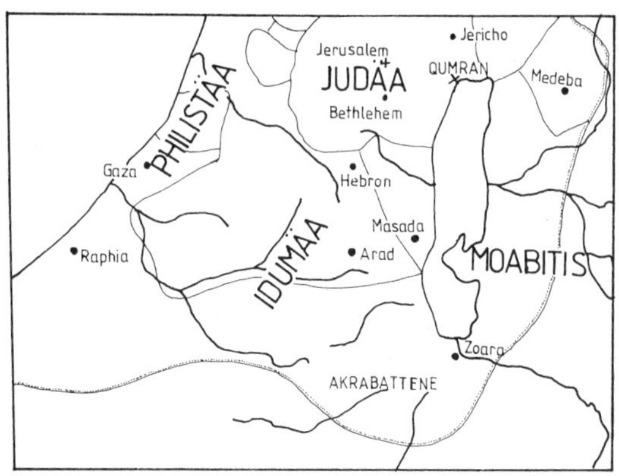

Die Karte (Abb.) betrifft die Zeit Palästinas unter den Makkabäern 166–63 v. Z.

Qumran-Kloster: am Anf. des Fischsektors ↗ (210 v. Z. - 1950), d. h. um 200 v. Z. von der Qumran-Sekte ↗ erbautes Kloster in Qumran ↗. Die guterhaltenen Fundamente, die bei der 1956 abgeschlossenen Ausgrabung freigelegt wurden, gestatten eine ziemlich genaue Rekonstruktion (Abb.). Das Hauptgebäude neben dem Wachturm war ca. 36 m lang u. 29 m breit. Gleich daneben der Schreibraum, wo die Qumran-Texte ↗ verfaßt bzw. kopiert wurden; man fand Tintenfässer u. sogar Schreibtische sowie eine Töpferei für die Krüge,

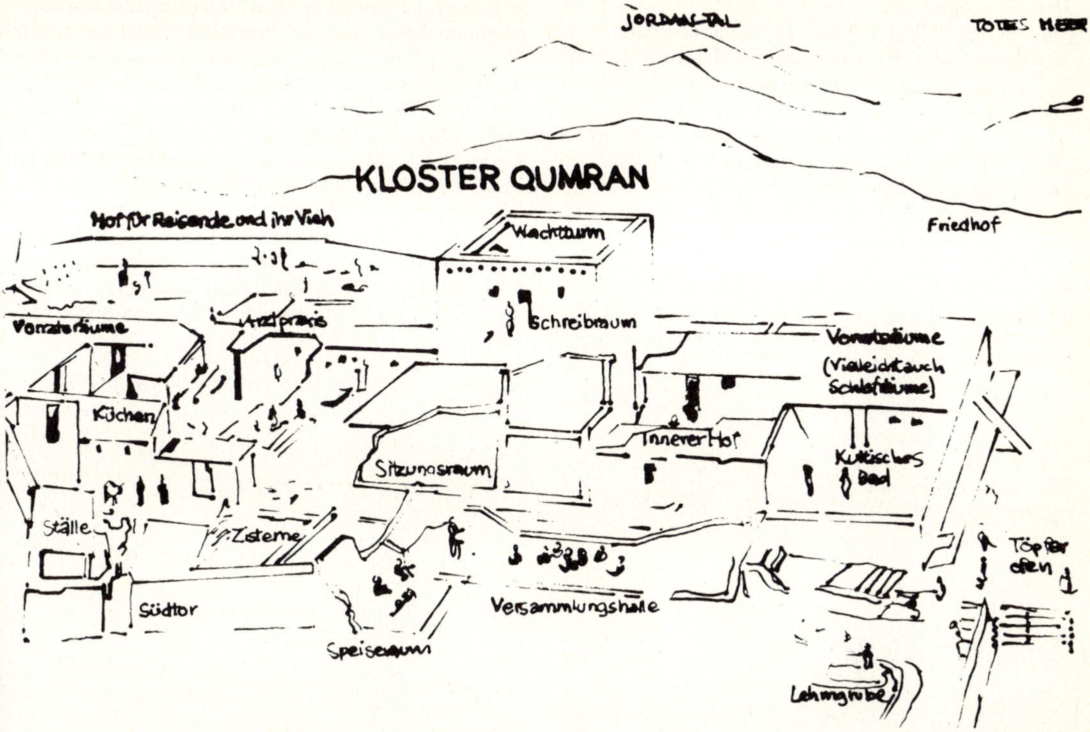

in die die Schriftrollen eingelegt u. später in umliegenden Höhlen versteckt wurden. Im ›Kultischen Bad‹ gab es wahrsch. schon jene Taufe ↗, die später Johannes der Täufer ↗ im Jordan ↗ praktizierte. Dieser Gebäudekomplex war der innerste Kern der Siedlung u. nur wenigen nach strengen Prüfungen zugänglich. Im Speiseraum soll schon das von Jesus ↗ später gehaltene Abendmahl praktiziert worden sein. Im Hintergrund, Richtung Jordan-Tal u. Totes Meer ↗, ein eigener Friedhof. Nach Meinung einiger Wissenschaftler wurde hier das Christentum geboren, wahrsch. unter dem wichtigsten Anführer Menahem ↗.

Qumran-Sekte: zählte etwa 4000 Mitgl. (Männer, Frauen u. Kinder) u. gehörte zu den Essenern ↗. Um 200 v. Z. verließen sie das von den Pharisäern ↗ kontrollierte Jerusalem ↗ u. ließen sich, unter Mitnahme verbotener Schriften, aus denen dann die Qumran-Texte ↗ wurden, in Qumran ↗ nieder, bis zu dessen Zerstörung durch die Römer im J. 70. Merkwürdigerweise wird diese Sekte in der Bibel ↗ mit keinem einzigen Wort erw., obwohl (od. weil?) sie schon 200 J. vor Jesus Gedanken niederschrieb, die später in dessen Lehre wieder auftauchten.

Qumran-Texte: 1947 entdeckten Beduinen in einer Höhle bei Qumran ↗ ein paar Tonkrüge und alte, stinkende Lederrollen. Mitten in den Kriegswirren vor Gründung des Staates Israel ↗ wanderten sie zunächst unerkannt von Hand zu Hand. Am 11. April 1948 veröffentlichte das Amerikanische Institut für Orientalistik die Fotokopien einiger dieser Schriftrollen u. teilte der Weltöffentlichkeit mit, man habe eine Handschrift der Bibel ↗ gefunden, die tausend J. älter sei als jede bisher bekannte Abschrift der Bibel. Die Sensation war da. 1949 wurde a. die bis dahin geheimgehaltene Höhle gefunden. Schließl. merkte man, daß nur 2 Rollen einen alttestamentarischen Text wiedergaben, gut erhaltene Abschriften des Propheten ↗ Jesaja. Die anderen Rollen waren keine Bibeltexte, sondern Schriften, die man bisher aus keiner anderen Übers. od. Handschrift kannte. Da waren Kommentare zu den Propheten Habakuk, Micha, Zephanja u. eine Hymnenrolle, in der bekannte Zitate im Sinne einer Erwartung des Weltendes ↗ gedeutet wurden. Da war die Rede von einem ›Lehrer der Gerechtigkeit‹ (s. Menahem ↗) u. von ›Söhnen des Lichts‹, die sich in die Wüste zurückgezogen hatten (= Qumran-Sekte ↗) u. von ›Söhnen der Finsternis‹, die vom ›Frevelpriester‹ verführt waren. Apok. Schriften, an denen auffiel, daß manche ihrer Sätze u. Gedanken fast wörtl. im NT wiederkehrten. System. wurden daraufhin 250 Höhlen in der Nähe der Ruine Qumran untersucht. Man fand noch ein Dutzend Verstecke mit Schriftrollen, Hausrat u. Münzen. Die Texte waren z. T. gar nicht hebr., sondern kanaan. od. in Geheimschrift geschrieben. Aber erst als man den sog. Sekten-Kanon fand, wurde klar, daß es sich um die Bibliothek der Essener ↗ handelte. Powell Davies: »Die Bibelgelehrten hat das, was sie in den Schriftrollen vom Toten Meer fanden, nicht aufgeregt, weil sie schon längst wußten, daß es sich mit dem Ursprung des Christentums anders verhielt als gewöhnlich angenommen wird. Die Laien wissen das nicht!« — In der sog. Kriegsrolle wird der Endkrieg ↗ in 3 größere Feldzüge eingeteilt: Der 1. beginnt (od. wird erkenntlich), wenn die Verdammten, die zu den *Kindern des Lichts* ↗ gehören, aus der Wüste der Heiden zurückkehren, um im Staub vor Jerusalem zu lagern. Der 2. wird gg. Ägypten gerichtet sein. Der 3. gg. die ›Könige des Nordens‹, die Nachf. von

Ham ↗ + Japhet ↗.
John Marco Allegro, Prof. an der Universität von Manchester: »Die Experten, die die Manuskripte vom Toten Meer studiert haben, verschweigen, was darin steht. Sie sind Priester, vor allem Jesuiten ↗, und haben Angst vor dem Entdeckten. Es ist sensationeller als sie vermuteten. Es ist eine Bombe, die die christlichen Religionen an ihren Fundamenten erzittern läßt.«
So prophezeien die Texte, daß nach Menahem noch 1 Lehrer der Gerechtigkeit, 1 Prophet u. 2 Messiasse kämen; danach der Krieg der Endzeit ↗ u. die Erneuerung des Bundes Gott-Noah ↗. Da sich die Priester des Qumran-Klosters ↗ von Salomos Hohepriester Zadok ↗ ableiteten u. gg. das Verbot der Rabbiner einen ›solaren Kalender ab Sintflut ↗‹ vertraten, kann angenommen werde, daß sie in großen Zügen den in der Großen Pyramide ↗ eingebauten Geschichtsplan kannten, das eigtl. Testament ↗. Es wird nämlich a. das Licht ↗ als Wahrheit ↗ beschrieben, wie sich die Sekte selbst ›das Licht der Welt‹ nennt. Jesus-Report im Stern Nr. 40/1970: »Es ist zu vermuten, daß Jesus ↗ und seine Jünger ebenfalls Mönche dieser Geheimsekte waren.« These: dann mußten sie alle natürl. a. den furchtbaren Eid schwören, keines der Geheimnisse der Texte zu offenbaren, u. sollte man sie a. zu Tode martern. — Das ›Buch der Geheimnisse‹ ist Teil der gefundenen Schriften, eine Übers. liegt noch nicht vor.

Buchstabe R

Grundmotiv 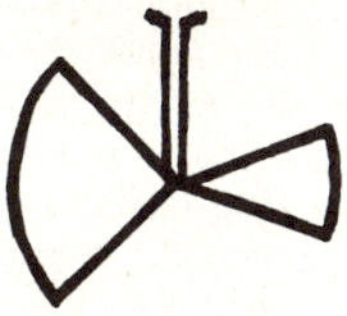 Machttanz

Ra: auf hunderten von Inseln Polynesiens ↗ das Wort für Sonne ↗ od. Sonnengott wie Re ↗ in Ägypten, das ebf. Ra vokalisiert wird, etwa bei folg. Übers. aus dem Äg. Totenbuch ↗:

»In seinem Palast der Jahrmillionen
sitzt Ra auf dem Thron
vor ihm, in Reih' und Glied, aufrecht die Götter ↗
und die Geister mit verschleiertem Antlitz
Die im Reich des ewigen Werdens schaffen und wirken
Sie regeln den Lauf des Geschehens
Aufzehrend das Zuviel;
Die Himmelsdrehung mit der Feuerscheibe anregend
werden sie selbst von ihr mitgerissen...«

oder:

»O Ra, laß deine feurige Sonnenscheibe mich schauen.«

Ein Übertrag erfolgte als Ramu ↗ u. Rama ↗. — In der nordamerik. Überlieferung der Bori-Indianer war die Sonne einst mit einem weißen Widder ↗ in einer Kiste aus Stein ↗ eingeschlossen. Die Kiste aus Stein war unter Wasser u. hatte nur 1 Öffnung. Die Göttin Ra läßt nun die Sonne aus der Steinkiste zum Himmel heraufführen; nach ihr wird die Sonne dann Rana genannt. Wirth ↗ meint, das sei ein alter Name der Atlantiker für das Weltkreismeer als Ur-Wasser ↗, u. das germ. Äqv. sei die Göttin Ran ↗, erhalten als Rano = Wasser auf Madagaskar ↗. Eigtl. das die Sonne = Ra enthaltende Wasser = N (s. äg. Hieroglyphe ↗ N als Wasserlinie). Ra, weibl. = Rait ↗.

Rabe: schwarzer Vogel, der sprechen lernen kann; lebt im Unterschied zu Krähe + Dohle nicht in größeren

Detail: Wotan+2 Raben

Gemeinschaften, sondern paarweise zusammen. Als Symbol ↗:
1) bei den Eskimo ↗ auf Alaska Weltenschöpfer, anthropomophes Trickster-Wesen, Kulturschöpfer.
2) bei den Indianern ↗ der Nordwestküste sowie in Nordostasien Hauptgestalt der Mythol. = Heilbringer.
3) bei den Germanen begleiten 2 R. Wotan ↗, gen. Hugin ↗ + Munin u. bringen ihm alle neuen Nachrichten vom ganzen Erdenkreis (Abb.).
4) Im Mithraskult ↗ der 1. Grad.

Rad: als Symbol ↗ führt prakt. die Sonne ↗ mit ihrem Sonnenzeichen ↗ über in eine R.-Scheibe mit unterschiedl. vielen Speichen = Sektoren, Unterteilungen, was z. B. zum lat. Ausdruck Deus in Rota = Gott ↗ im Rad führte, als Zentrum (Sonnenkern ↗), um das sich alles ›dreht‹. Aber a. das germ. Wort Jul ↗ stammt von Giuli u. bed. R.; in vielen Gegenden wurden daher zur Julzeit Räder angezündet u. den Abhang hinuntergerollt: dieses Julrad (a. Jol) war Sinnbild von Wrald = Wereld = Welt ↗ u. Percht ↗ zugleich, gewöhnl. mit 6 Speichen (Schema), woraus a. Perchts ›Spinnrad‹ ↗ wurde.

R. hieß angelsächs. aber a. die 5. Rune ↗ mit den Nv. *rit, rita, reid* (norweg. Wagen + Reiten), *rod* (engl., heute *road* = Weg ↗) u. Rota ↗, Umkehrung Taro ↗. Spiesberger: diese Rune war »... Symbol des rollenden

Abb. 1: Zwei liegende Gazellen mit dem Rad der Lehre (Lhasa)

Sonnenrades, des rollenden Rades an sich und der Rotation« (Buch ›Runen Magie‹, S. 30). These: da die Runen den Grundmotiven ↗ der Gesch. entspr., ist die 5. Rune Äqv. D, im Sonnenaufbau der Außenkreis = das

Sonnenalphabet ↗, u. eben das ergibt sich aus dem Wort Rad als Ra ↗ (Sonne) + D (Außenkreis). Macht man aus solchen Rädern einen Sonnenwagen ↗, erweitert sich bei 4 sechsspeichigen Julrädern die Zahl richtig auf 24.

Bevor Gautama ↗ als Buddha-Figur dargestellt wurde, vertrat ihn das ›Rad der Lehre‹ (Abb. 1) mit 12 Speichen, was sich auf den Zodiak ↗ beziehen dürfte, nach dem Ausspruch: Buddha ist der Weg (= das R.), Prajna ↗ das Ziel.

Abb. 2

Auf einer Mainzer Miniatur aus der 1. Hälfte des 13. Jh. ist a. Christus ↗ (womit hier Jesus ↗ gemeint ist) in 2 ineinander geschobene 6speichige Julräder gestellt worden, den ›symbolischen Rädern des Alten und Neuen Testaments‹, wie Wirth ↗ meint u. weiter notiert: »Die zwei 6speichigen Räder sind als Sinnbilder der beiden Weltzeitalter geflügelt dargestellt« (S. 139;

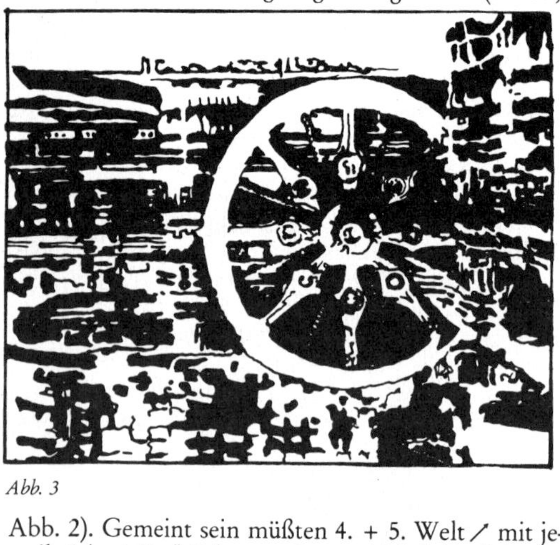

Abb. 3

Abb. 2). Gemeint sein müßten 4. + 5. Welt ↗ mit jeweils 6 (= 1 Rad) Sektoren des geschichtl. Zodiaks. A. die 2 Kalenderräder des Tzolkin ↗, der zu dem Long Count ↗ der Olmeken ↗ + Maya ↗ führt, gehören zum gleichen Weg, wärend die 8speichigen Räder, die oft an ind. Tempel ↗ gestellt wurden, ganz so, als sei er ein himml. Wagen, zum Tao ↗ gehören dürften, was a. Weg übers. wird, aber die Evolution ↗ meint. 24 solcher Räder säumen den Tempel zu Konarka, Indien, 13. Jh. (Abb. 3).

Radiokarbon-Methode: a. C14-Test zur Altersbetimmung geologischer + geschichtl. Gegenstände, die wie z. B. Holz, Leder, Papier, Fossilien, biolog. Farbe etc. in den Zellen das radioaktive Kohlenstoff-Isotop C14 enth., dessen Atomkern nicht stabil ist. Sobald der Organismus stirbt, u. damit sein Austausch mit der Atmosphäre abbricht, beginnt der Zerfall der instabilen C14-Atome, unter Abgabe eines Elektrons, zu Stickstoff. Der C14-Gehalt organ. Materie nimmt so im Verlauf von ca. 5700 J. um 50 % ab, was gemessen werden kann. Mit der R. kann man bis zu 50.000 J. zurückdatieren. Von Frankenbergs ↗ Anfrage bei der Münchner Universität: »Stimmt diese Methode noch, wenn es schon einmal einen Atomkrieg gegeben hat?« führte zur Antwort: »Dann natürlich nicht.« Jedoch wird bisher ein solcher noch nicht akzeptiert, s. Weltenbrand ↗ u. Ragnarök ↗.

Ragnarök: in der Edda ↗ Wort für Götterdämmerung ↗, Weltuntergang ↗, die letzten Schicksale der Götter ↗, hier *ragna*, statt Regin ↗. Voraus geht der Wanen-Asen-Krieg ↗ u. die Ermordung von Baldr ↗. Dann heißt es:

»Gräßlich heult Garmr ↗ vor der Gnipahöhle
Die Fessel reißt, der Gefräßige rennt.
Fern seh ich voraus, vieles kann ich sagen:
Der Welt Untergang, der Asen ↗ Vernichtung.
...
Surt fährt vom Süden mit flammendem Schwert,
Es glänzt sein Schwert in der Sonne der Götter.
Steinberge stürzen, Riesinnen ↗ straucheln,
Zur Hel ↗ fahren die Helden, der Himmel birst.«
(Der Seherin Gesicht)

In anderen Übers. heißt es nicht, der Himmel birst, sondern unter seinen (Surts) Tritten bricht die Himmelsbrücke, was dem letzten Polsprung ↗ eher entspricht.

Rahn, Otto: 1904 im Odenwald geb., 1939 auf dem Wilden Kaiser erfroren; studierte Jura, Philologie u. Gesch. u. begann dann zu reisen, um das Schicksal der Katharer ↗ u. Templer ↗ zu erforschen. 1933, im J. der Machtergreifung von Hitler ↗, erschien sein Buch ›Kreuzzug gegen den Gral‹ ↗. Im Vorwort schrieb er u. a.:

»Der mysteriösen Cathari wegen wurde dieses Buch geschrieben... Da fast ihre gesamte Literatur vernichtet wurde, wissen wir bis heute nur sehr wenig über sie...

Wenn ich mich zu einem langen Aufenthalt in einem der schönsten, aber wildesten und unwirtlichsten Teile der Pyrenäen ↗ entschloß, so geschah dies keineswegs, um – wie einige französische Zeitungen wissen wollten

– das Buch meines Freundes Maurice Magre nachzuprüfen (d. h. seine Annahme, die Cathari seien abendländische Buddhisten gewesen), sondern lediglich, um an Ort und Stelle einen Stoff zu gestalten, der mich zuinnerst gepackt hatte. Als ich in der Pariser Nationalbibliothek das Ergebnis meiner Forschungsarbeiten in den Pyrenäen sichten und nachprüfen wollte, stieß ich auf eine Broschüre von Peladan, in der dieser Vermutungen über geheimnisvolle Beziehungen zwischen catharischen Troubadouren / und den Templeisen, zwischen Montsalvat und der Burgruine Montségur /, der letzten Zuflucht der Cathari während der Albigenserkreuzzüge, andeutet...« S. Gralssuche /. – Die Abb. zeigt R. in einer Pyrenäen-Höhle.

Rai: Geistkind (Australien /) bzw. das, was dem noch nicht gezeugten + geborenen Kind vorausgeht. Kann in Visionen gesehen, gezeichnet u. dann ›gemacht‹ werden. Dürfte vom Wort her mit Ra / (Sonne) + I (Licht) zusammenhängen, d. h. eine Seele / sein.

Rait: weibl. Form von Ra /, durch Anhängung von T, eigtl. Ra.T od. Re.T. (Ägypten). Wurde »... als Beiwort od. selbständige Bezeichnung von Göttinnen gebraucht, die Himmels- und Sonnengottheiten bzw. Sonnenmütter sind, so der Mut /, der Neith / und vor allem der Hathor /« (Bonnet, S. 623). Die Sonderform Raittaui bed. weibl. Sonne der beiden Länder (= *taui*), d. h. Ägyptens; Symbol Geierhaube / + Kuhhörner mit Sonnenscheibe, Var. der Geierkrone /. – S. Kosmossonne /.

Rajas: im Tantrismus / das Prinzip der Bewegung, ein Bestandteil der Prakriti /, d. h. 1 der 3 Gunas /: Energie. Madhu Khanna (Das große Yantra-Buch) macht daraus a. die 5 Sinnesorgane + 5 Handlungskräfte:

Rajas

Ohren	Mund
Haut-Berührung	Genitalien
Augen-Sicht	Darm
Zunge-Geschmack	Hände
Nase-Geruch	Füße

S. Schema der Tattvas /. Weiter schreibt er, R. sei die Kraft od. Energie »... welche die Schöpfung / anstößt und vorwärtstreibt...« (Das große Yantra-Buch, S. 117), was das weibl. Prinzip Yin / im Ggs. zu manchen Überlieferungen zu einem aktiven macht. »Rajas, welches das dynamische oder schöpferische Prinzip anzeigt, ist rot« (ebd., S. 133).

Ra-Kedet: kleine äg. Ortschaft am Mittelmeer im Westeck des Nil-Delta /; war z. Z. der Dynastien / ein befestigter Vorposten, der Ägypten / gg. Piraten-einfälle vom Meer schützen sollte. Im Winter 332–331 v. Z. gründete Alexander der Große an dieser Stelle eine neue, nach ihm Alexandrien genannte Stadt mit dem ersten Museion /. Aus Quellen ergibt sich, »... daß das ägyptische Ra-Kedet als Stadtviertel der einheimischen Bevölkerung in die neue Stadt eingegliedert wurde. Die Griechen / bewohnten vor allem das ›Neapolis‹ genannte Stadtzentrum...« (Michalowski, S. 489).

Ram: in der Zeit, als Moses / lebte, umschlossen die Tempel / des äg. Theben / lt. Papus (Buch ›Die Kabbala‹) die Priesterarchive der Atlanten / u. die der Kirche Ram: »Die letzteren waren der Ausdruck des Esoterismus der schwarzen Rasse, der im alten Indien / seinen Sitz hatte, bevor dieses von den Weißen (d. h. Arier /) überschwemmt wurde« (1979, S. 42). Es sind also die Tamil / + Naga / gemeint, was nahelegt, daß das Wort auf Ramu / zurückgeht. Im Engl. bed. es Widder /, sodaß diese Religion / wie die früheste, auf das ›Lamm /‹ (Widder-Kleinform) fixierte Religion überhaupt wirkt.

Rama: 1) lt. Churchward / Titel jedes Gouverneurs einer Kolonie = Ma / des zentralen Kontinents Mu /, mit sich selbst als Sonne = Ra / dieser Kolonie, die jedoch nur eine halbe Sonne war im Vergleich zum Ramu /, dem Gottkönig von Mu. These: die 4 Horuskinder / dürften die ersten 4 R. gewesen sein. 2) In Indien / erhielt sich der Titel als Name bis ins 20. Jh. So hieß der Privatsekretär von Annie Besant / N.Sri Ram. 1. Jh. vor ihm lebte Ramakrischna /; am berühmtesten wurde der brahmanische ›Heldengott‹ mit Gattin Sita /, dessen Leben im Ramayana / beschrieben wird.

Ramakrischna: Gasadhar Chatterji (1834-1886) aus Bengalen, der diesen aus Rama / u. Krischna / zusammengesetzten Namen annahm u. die R.-Sekte gründete. Von seiner Frau, einer Sannyasi / (Nonne), lernte er die Tantras /, d. h. die Texte für den Kult d. Göttin Kali /, die für ihn im Mittelpunkt d. Religion stand. Konnte durch Hypnose den Samadhi /-Zustand a. auf andere übertragen.

Zitat: »Wenn dich die Askese / nach zwanzig Jahren nicht mehr lehren kann, als über das Wasser zu gehen, so zahle lieber den Fährmann und spare dir Zeit.«

Ramayana: Lebensweg (yana, enthält Ya / = gehen) des Rama /, des 1. Königs der Arier /, mystifiziert zum Kampf der Inkarnationen von Sonnengöttern (Rama) gg. solche der Mondgötter, womit offensichtl. die schwarzen Naga + Tamil gemeint sind als Urbev. von Indien. S. Hinduismus / + Ceylon /.

Ramessiden: die Pharaonen / der 19. Dyn., die 1306

Abb. 1: Fassade des Tempels Ramses' II.

v. Z. mit Ramses I. / begann u. dessen Name zum dynast. Begriff ausdehnte. Der Vater von Ramses II., Sethos I. / eroberte Palästina /. Ihre Steinkolosse von Abu Simbel, Nubien /, zeigen deutl. Spuren einer nichtäg. Rasse (Abb. 1). So hatte Ramses II. (Abb. 2)

Abb. 2

rotblondes Haar, wie die elektronenmikroskopische Untersuchung an der Mumie ↗ ergaben »... es sind typische Haare der weißen Mittelmeerrasse.« Ihnen voraus ging Echnaton ↗ u. die Ermordung von Tutenchamun ↗. Die R. enden mit Pharaonin Tausret, Nv. von Rait ↗-Taui.

Ramses I.: Gründer der Ramessiden ↗. Der Name ↗ setzt sich zus. aus Ra ↗ + Msj ↗, ergibt Sonnenkind. Urspr. Name war Paramessu, Sohn eines Offiziers namens Sethos u. vermutl. aus Auaris, der alten Hyksos ↗-Festung im NO des Nil-Delta ↗ stammend. Seine Krönung ↗ erfolgte unter Ausschaltung aller äg. Tradition durch Haremhab. Auaris wurde zur ›Ramsesstadt‹, später Tanis ↗ genannt. Sein Enkel, Ramses II., soll Kolchis ↗ besiedelt haben; evtl. stammten die Ramessiden also nicht vom Mittelmeer, sondern Schwarzen Meer ↗.

Ramu: lt. Churchward ↗ Titel des Gottkönigs = Ra ↗ von Mu ↗, im Unterschied zu den ihm unterstellten Rama ↗, Königen u. Gouverneuren seiner Kolonien (= Ma ↗). In einem Bericht aus Tibet ↗ sagt der letzte Ra-Mu kurz vor dem Untergang des Kontinents, als sich dessen 7 Städte ›wie Blätter in einem Sturm‹ bewegten, während ein ›Berg von Feuer und Rauch aus den Palästen‹ hochstieg: »Habe ich euch das nicht alles geweissagt? ... Ihr werdet alle zusammen sterben, mit euren Dienern und Reichtümern, und neue Nationen werden aus eurer Asche geboren (s. Mu-Nachfolge ↗) ... Wenn sie vergessen, daß sie nicht wegen ihrer Besitztümer überlegen sind, sondern wegen dem, was sie geben, wird sie das gleiche Schicksal erreichen!« Flammen u. Rauch erstickten die Stimme von R., das Land u. seine Einwohner wurden in Asche verwandelt, dann versank alles im Wasser (d. h. im Pazifik ↗). — S. Ram ↗.

Ran: germ. Göttin; das Wort bed. zunächst nur Wasser: z. B. Ran I Ar = Wasser in der Unterwelt, äqv. Rano = Wasser in Madagaskar ↗. Konkret meinte man das Wasser der Meere u. dessen verschlingende Kraft = R. als »... böses Meeresweib, das die Ertrinkenden zu sich herabzieht.« Die Wellen des Meeres galten als ihre ›Töchter‹, als Zahl ↗ wird 9 angegeben. Das macht die oft vermutete Par. zur Hel ↗ (aus der 9 Welten - statt Wellen - hervorgehen) wahrsch.; außerdem wurde sie a. als ›Todesgöttin‹ betrachtet. Da im Wort An ↗ = Himmel steckt, wäre an das weibl. Wasser in Ägypten = Naunet ↗, Gegen-Himmel, zu denken, mit Ägir ↗ als R.s Gatte = Nun ↗. S. Drachenschiff ↗, Fafnir ↗ u. Wirths Bezug zum Trudenfuß ↗.

Ranga: in Australien ↗ Bez. für Kultobjekte außerird. Ursprungs, Nv. Tschurunga ↗, Tschuringa. Die wertvollsten heißen seltsamerweise ›Baum‹ ↗, obwohl sie z. T. Steine ↗ sind. Sie gelten als ›Geist ↗-Wohnstätten‹. Bei den Indianern ↗ werden solche Objekte in Medizinbündeln ↗ verwahrt. Der Mythos der Djangawul-Schwestern ↗ erzählt vom Kampf um die R. — Evtl. steckt Rangi ↗ = Himmel darin.

Rangi: Himmel ↗ in Neuseeland, am Anf. der Schöpfung mit Papa = Erde als göttl. Urpaar ↗ so eng verschmolzen, daß die zw. ihnen entstehenden Götter (Kinder) weder etwas sehen noch sich bewegen konnten; es erfolgt die Trennung durch Hochhebung von R., äqv. dem der Nut ↗ in Ägypten. Jedoch sind hier die Geschlechter vertauscht worden, sodaß R. eher das Äqv. von Atea ↗ zu sein scheint. Alle Häuptlingsfamilien führten ihren Stammbaum auf das Paar zurück.

Rapanui: alter Name der Osterinsel ↗, polynes. Insel *(rapa)*, groß *(nui)*, Große Insel. Der brasil. Sprachwissenschaftler Prof. Vaz de Melo entschlüsselte in 15jähriger Arbeit die dortigen Schriftz. (s. Rongo Rongo ↗) u. meint, in den Texten sei die Rede von einer ungeheuren Katastrophe, die einen ganzen Archipel (s. Kontinent Mu ↗), zu dem die Insel einstmals gehörte, mit Ausnahme von R. vernichtete. Die Bewohner »... hatten vergeblich versucht, ihre Boote flott zu machen, als eine gewaltige Feuerkugel... aufschlug und einen ungeheueren Erdstoß verursachte« (Melo, 1973). Das gleiche berichtete schon früher Churchward ↗ im Buch ›Das geheime Universum von Mu‹ (1931): »Eine der Tafeln der Osterinsel sagt, daß diese einstmals Teil eines großen Kontinents war...« (S. 95); ähnliches überliefern schon seit Jt. die Hopi ↗-Indianer, die über diese beim Weltuntergang ↗ allein herausragende Insel nach Amerika flüchteten. Das ist 13000 J. her. Die Neubesiedlung erfolgte wahrsch. erst vor ca. 2000 Jahren. Pollenfunde enthüllen, daß sie zu der Zeit mit Palmen u. anderen Bäumen bewachsen war. Heute ist sie völlig kahl, Chile versucht eine Wiederaufforstung. Der Kahlschlag erfolgte, um die riesigen Steingiganten (ca. 400) aufzurichten, die inzw. gestürzt wurden u. am Boden liegen. Der letzte wurde 1840 von seinem Ahu ↗ gerissen u. in eine Grube geschleppt, als Endpunkt des überlieferten Krieges zw. den Langohren ↗ u. Kurzohren; letztere waren Polynesier, erstere stammten offensichtl. von Südamerika. Es werden 3 Bau-Perioden konstatiert, deren älteste die vollkommenste war. Die Giganten haben unterschiedl. Steinfarben, als seien sie den 3 Rassen ↗ gefolgt: erst schwarz, dann rot, dann gelbgrau (äqv. weiß) mit rotem Haarknoten; nur letzteres verbindet sich mit den Langohren. Huri Moai heißt die Zeit des Statuenstürzens, mit Moai = Bildhauer u. Statue. Bei den über 50 Tempelplattformen rund um die Küste wurden Par. zur Kultur des alten Peru ↗ konstatiert, das der Insel gegenüberliegt. Das Insel-Schema (Abb. 1) zeigt die wichtigsten Kultstätten:

Abb. 1

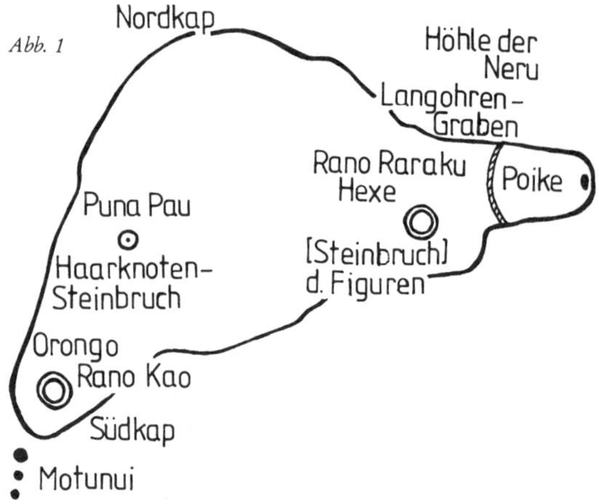

Geschichtl. Daten

3. Jh. - ca. 1100: Orongo-Kultzentrum für Make Make ↗, etwa 15 Zeremonialaltäre ohne Statuen, seezuge-

wandt. Auf der Erde stehende Steinstatuen im Tiahuanaco ⁄-Stil.
um 1100: nicht näher bestimmbare Verfallsperiode
1100 - ca. 1680: Wiedererrichtung der Altäre (Ahu), aber landzugewandt, mit Riesenstatuen aus den Rano-Raraku Steinbrüchen (gelbgrauer Stein); in Orongo ⁄ beginnt der Vogelmensch-Kult.
um 1500: Ankunft von Polynesiern aus dem W unter Tuuko-ihu (die Kurzohren). Sie übernehmen Religion + Kultur der Langohren u. helfen beim Errichten der Statuen.

Abb. 2: Wiederaufgerichtete Giganten

Um 1680: Revolte der Kurzohren. Die Langohren werden in der Schlacht am Poike-Graben geschlagen u. vernichtet bis auf einen letzten, verhungerten Typ, der seither immer wieder für Touristen geschnitzt wird (Abb. 3).

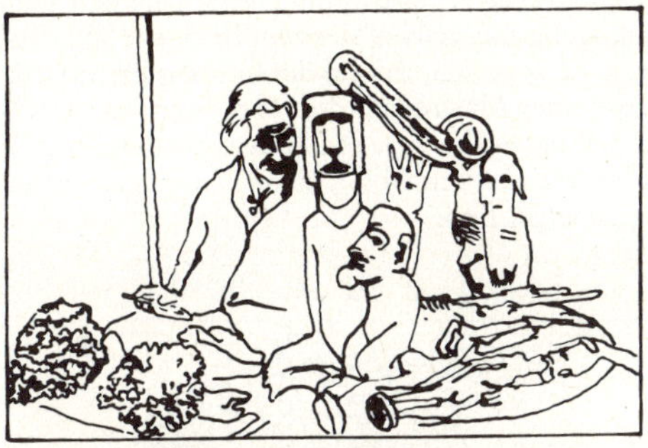

Abb. 3

1722: Entdeckung durch Holländer zu Ostern, danach Umbenennung in Oster-Insel.
Um 1770: Bürgerkrieg zw. dem Ko-hotu u. dem Kotuu Volk der Kurzohren, Beginn des Statuenstürzens.
1774: Besuch von Kapitän Cook, nennt die Inselbewohner ›klein, mager, furchtsam u. armselig‹.
1805: erste Sklavenjagd des Kolonialismus ⁄
1840: Sturz der letzten Statue
1862: Große Sklavenjagd
1864: Missionare ⁄ bringen das Christentum
1888: Annektion durch Chile
Abb. 3 zeigt geschnitzte Standardfiguren für Touristen: Gigant (l.), letztes Langohr (Mitte), Vogelmensch mit riesigem Schnabel u. ›magere bärtige Frau‹, vielleicht die ›Hexe‹, der die Legende nachsagte, sie habe durch Zauberkraft (Mana ⁄) die z. T. 50 Tonnen schweren, 12 m hohen Statuen vom Steinbruch zum Ahu bewegen können. Ihr Holz ist als einziges dunkel gehalten, geht also wohl auf die erste Besiedlungsphase dunkler Südamerikaner zurück.

Raphael: 1 der 7 Erzengel ⁄; in Papus' Buch über die Kabala ⁄ dem Planetengeist Merkur ⁄ entspr. u. ›Gottes Arzt‹ genannt. In der Gnosis ⁄ jedoch, wo es nur 4 Erzengel gab, die mit den Elementen korrespondierten wie die späteren Evangelisten ⁄, vertrat er als ›Drache‹ die Luft.

Rashichakram: Name des ind. Tierkreises ⁄, der von den Gurus ⁄ überwacht wird, aber nur bis zum nächsten Pralaya ⁄, dann »... können sie ihre Kreise und Instrumente zerbrechen, denn sie sind fürderhin nutzlos« (Blavatsky, III, S. 242). These: das Wort könnte sich zusammensetzen aus Ra ⁄ (Sonne)-Chi ⁄, hier Shi (= Kosmos)-Chakra ⁄(Kreis), d. h. der Kreis zw. Sonne u. Kosmos, was ja der Tierkreis a. ist. Blavatsky: »Im Jahre 1853 hielt der als Erard Mollien bekannte Gelehrte vor dem Institut von Frankreich eine Vorlesung mit der Absicht, das Alter des indischen Zodiaks zu beweisen... zum mindesten bis 3000 v. Ch. ...« (Agus, Die Bedeutung der jüdischen Geschichte), also vor der Zeit der Arier ⁄; dann war er Teil des berühmten Tamil ⁄-Kalenders.

Rasse: im Ggs. zu Pflanze + Tier sind alle R. des Menschen von 1 Art, nämlich der Art Mensch ⁄ u. lassen sich deshalb problemlos miteinander kreuzen - soweit es keinen Rassismus ⁄ gibt. Über den Ursprung herrscht Ungewißheit, weil Knochenfunde nichts aussagen; das Merkmal der R.-Unterscheidung liegt bei der Hautfarbe. Jedoch lehrt die Überlieferung lt. Papus (Buch: Die Kabbala) »... daß vor der weißen Rasse drei andere Menschenrassen nacheinander auf der Erde erschienen waren, indem immer eine Vernichtung durch Wasser oder durch Feuer den Fall der einen und das Aufkommen der folgenden bezeichnete. Zwei dieser Rassen hatten auf Kontinenten ⁄ gelebt, die heute verschwunden sind, und da gelegen waren, wo sich jetzt der pazifische und der atlantische Ozean ausdehnen.« Er meint Lemurien ⁄ mit den Lemuren u. Atlantis ⁄ mit den Atlantiern. Soweit ersichtl., waren erstere schwarz u. letztere rot. In der ind. Wurzelrassenlehre, die 7 Wurzelrassen ⁄ mit jeweils 7 Unter-R. kennt, sind die 3 R. Lemuren, Atlantier u. Arier ⁄ u. in dieser Reihenfolge jeweils mit der 3., 4. u. 5. Welt ⁄ verbunden. Was dem vorausgeht, war unkörperl., weshalb es bei 3 R. bleibt, genau wie in der Bibel ab Sintflut ⁄: Ham ⁄, Sem ⁄ u. Japhet ⁄. Über die Zeit davor macht sie leider keine Angaben. A. verstand sie unter Sem nicht die rote, sondern gelbe Rasse, weshalb bei Entdeckung der Indianer ⁄, zu Unrecht als Rothäute eingestuft, Probleme auftauchten. Das Weltideogramm ⁄ der Maya kennt 4 Farben: schwarz, rot, gelb u. weiß - plus hellblau = die ›Götter‹ (woher der Anspruch auf ›blaues‹ Blut kommt). Diop, der viele Höhlen u. Mumien untersuchte, kommt zum Ergebnis, daß die schwarze R. zuerst da war, dann die weiße folgte u. alles weitere ihre Kreuzungsprodukte seien. Das wirft die Frage nach der Entstehung der weißen R. auf, Streitpunkt per se. These: dafür könnte Seth ⁄ stehen, lt. Diop. geb. mit den Zügen eines Weißen mit roten Haaren - also ein Typ wie die Steingiganten der Langohren ⁄ auf Rapanui ⁄ (= Osterinsel) - den die Altägypter bis ans Ende ihrer Gesch. bei jeder Begegnung auf der Stelle töteten. Da in der Weltenlehre die Aufteilung der Urmenschheit in unterschiedl. R. erst mit der 4. Welt einsetzt, d. h. nach Paradies-Verlust ↗, wäre dieser äg. Seth wohl mit dem bibl. Seth, 2. Sohn von Eva ↗ identisch. Da im Hebr. Adam (Adama) sowohl Erde wie rot bed., wäre an folg. R.-Aufteilung ab Eva zu denken:

Astronaut ↗ (blau) X Eva (schwarze Urrasse)
=
Adam Rishon ↗ (rot?)
Kain (schwarz) Abel (rot?) Seth (weiß)

Die Gelben tauchen erst Jt. später auf. Zumindest sind a. bei den 4 Horuskindern ↗ 3 schwarz od. rot u. nur 1 hell. Alle weiteren R.-Unterschiede wie Haare, Augen, Nase, Kopfform etc. dürften Klima- u. Kontinentanpassungen gewesen sein. S. Schwarz ↗ u. Weiß ↗ in der Symbolik u. als System, z. B. im Taichi ↗.

Rassismus: obwohl die Rassen ↗ des Menschen biolog. keine Kreuzungsprobleme bieten, a. keinerlei Schwierigkeiten bei Blut- od. Herzverpflanzung usw., wurden u. werden immer wieder künstl. Schranken aufgebaut, meist verbunden mit Herabsetzung einer Rasse ggb. der anderen. So berichtet Blavatsky ↗ von Ägypten: »Es sieht so aus, als ob die heiligen Schreiber vom Nil ↗ absichtlich und in einem prophetischen Geist des Rassenhasses die (für sie) höchst undankbare Aufgabe ausgeführt hätten, die Generationen einer zukünftigen weißen Rasse von noch ungeborenen Ungläubigen zu täuschen und zu verwirren!« Hier also schwarz ↗ gg. weiß ↗, relig. best. durch Osiris ↗-Seth ↗. Umgek. liegt der Fall im ind. Klassensystem ↗ = weiß gg. schwarz. — Rabbi Jacob Agus: »Antisemitismus ist der natürliche Ausdruck des Fühlens der europäischen Völker und deshalb unausrottbar.« Hier als Japhet ↗ gg. Sem ↗. Aber älter scheint der R. der Juden ↗ gg. die schwarzen Kanaanäer ↗, während die Nazis ↗ Front gg. Schwarze u. Juden machten. »Es gibt keinen namhaften Anthropologen, der nicht der Meinung ist, daß der jüdische Rassismus ebenso verrückt wie der arische Rassismus ist« (Neue Politik, Juni 79). Da die Weltenlehre ↗ Rassen u. damit die Möglichkeit zu R. überhaupt nur für die 4. u. 5. Welt ansetzt, was mit Aussagen der Indianer ↗ übereinstimmt, daß der R. bald aufhören wird (wir sind am Ende der 5. Welt), hat R. eindeutig etwas mit Geschichte ↗ u. nicht mit Natur zu tun. Das berührt die wohl von Anf. an verteilten Aufgaben innerhalb deren Weg ↗ u. Ziel ↗ sowie die Reinkarnation ↗. Merkwürdigerweise haben a. die Pferde der 4 apok. Reiter ↗ die Farben der Rassen + Kontinente, was die Apokalypse ↗ insg. als Eklat des R. erscheinen läßt u. seinen unterschwelligen Hauptgrund mit der Wiederkehr ↗ verbindet od. mit der Frage nach der Farbe der ›wiederkehrenden Götter‹, was den R. zu einem Problem der Religion ↗ macht.

Ratio: Verstand ↗ (lat.); dessen Vorherrschen führt zum Rationalismus ↗. Hängt wohl mit Ra ↗ = Sonne (erhellen) zusammen.

Rationalismus: die Selbstbegründung aller Handlungen aus Begriffen, Urteilen, Schlüssen der Logik ↗. Jung ↗: »Der Rationalismus verbürgt keineswegs eine höhere Bewußtheit, sondern bloß eine einseitige!« (1976, S. 402). Descartes (1596–1650) als Begr. solch abstrakter Spekulationen verengte den R. auf den Ausspruch »Ich denke, also bin ich«. Er führte an, die Mathematik sei die einzige Sprache, in der man wissenschaftl. Ideen mit völliger Klarheit ausdrücken könne. Seine Schüler, die Cartesianer, hielten nur das Sichtbare ↗ für wahr. Das dürfte der Beginn des europ. Materialismus ↗ gewesen sein: er fällt in die Höllenzeiten ↗ u. hört hoffentl. mit diesen a. wieder auf; damit die Macht des Rauchenden Spiegels ↗.

Rauch: in der Natur: sichtbare Schwebeteilchen in der Luft, die durch Verbrennung entstehen u. zu deren Erscheinungsbild gehören. Als Symbol ↗ lt. Blavatsky ↗ für theol. Täuschung eingesetzt: ›Mögen jene, welche mit dem Rauche des Feuers zufrieden sind, darin bleiben, wo sie sind, d. h. in der ägyptischen Finsternis der theologischen Erdichtungen und buchstäblichen Auslegungen... der bloßen exoterischen ritualistischen Form.‹ Volksmund: das ist Schall u. Rauch. Par. Bild: die Vernebelungstaktik. S. Rauchender Spiegel ↗ u. Weihrauch ↗.

Rauchender Spiegel: Tezcatlipoca ↗ (*poca* = rauchend). Bildet im Mythos der Azteken ↗ als ›Urkrieger‹ mit Quetzalcoatl ↗ (dem ›Urpriester‹) ein Paar, steht aber a. Huitzilopochtli ↗ (Taghimmel) als Nachthimmel ggb., s. Tempel von Tenochtitlan ↗ (heute Mexiko City). In der azt. Weltenlehre ↗ steht der 1. Welt der R. S. vor; er verschlang die damaligen Menschen, indem er sich in Jaguare verwandelte, die sie auffraßen, während totale Finsternis hereinbrach, für die er a. steht. Eine seiner Manifestationen ist der Erdgott Tepeyollotli = Herz der Berge, was seine Par. zum äg. Seth ↗ (Erdtiefe) verstärkt, wie die Vorstellung, Quetzalcoatl + R. S. seien nach einem Weltuntergang ↗ zu 2 Bäumen (s. die 2 Djed ↗) geworden. Wenn nicht als Totenkopf eingesetzt, bekommt er eine schwarze Gesichtsbemalung mit gelben Streifen. In einem anderen Mythos wird er zum Sternbild des Großen Bär ↗ (wie Seth). Auf einer Malerei auf der Vorderseite eines Altars aus Lehmziegeln ist jedoch das Gesicht gelb mit nur 1 schwarzen Strich (Abb.), dafür sieht man hier seinen abgerissenen Fuß:

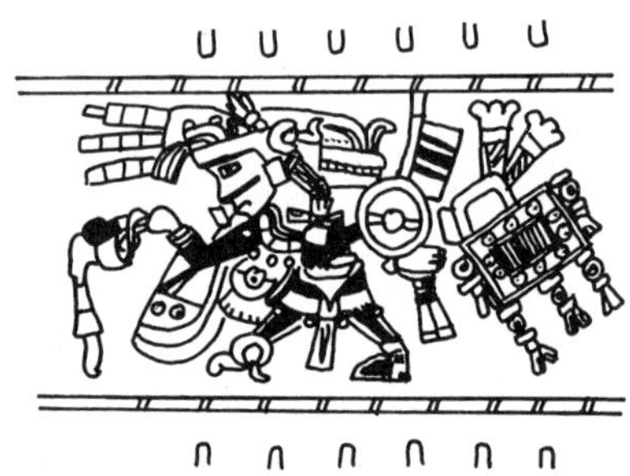

»Wenn er an diesem Beinstumpf und an der Schläfe – also an beiden Körperenden – einen rauchenden oder flammensprühenden Spiegel trägt, nach dem er sogar heißt, so sollten damit vielleicht die beiden Stellen am Horizont bezeichnet werden, an denen die Sonne aus dem Meer aufsteigt und im Meer versinkt; denn eine Wasserfläche nannten die Azteken, genau so wie wir, einen ›Wasserspiegel‹« (Altmex. Kulturen, S. 200). Womit a. die Brücke zu Jam ↗ anklingt (= Meer) bzw. zum ›Gläsernen Meer‹ ↗ der Bibel. Die Opposition zur Sonne drückt sich bei folg. Fest aus: »Wenn die

Sonne über Tenochtitlan im Zenit stand, also den Gipfel ihrer Macht erklommen hatte, (dort im Mai) wurde ein Repräsentant des Gottes Tezcatlipoca geopfert... (man) brachte ihn am frühen Morgen des Festtages, nachdem er feierlich von den Genossen seines kurzen Götterdaseins Abschied genommen hatte, im Kanu über den See zu einem kleinen Tempel Tezcatlipocas, um ihn dem Messer der Priester auszuliefern und gleichzeitig Huitzilopochtli, den jungen Sonnengott, an seine Stelle zu setzen« (ebd., S. 244). These: in Ägypten entspräche das der Einsetzung von Horus ↗, s. Junu ↗. — Bei den Tolteken ↗ war deren ›Goldenes Zeitalter‹ (ab 980) deshalb so kurz, weil ›Dämonen unter der Führung Tezcatlipocas‹ den zunächst tugendhaften Ce Acatl ↗ in »... Sünde stürzten, indem sie ihn seinen religiösen Pflichten abspenstig machten und zu Eitelkeit, Trunksucht und sexuellen Ausschweifungen verleiteten« (ebd., S. 309). Wir würden von Satan ↗ sprechen. Ähnl. passierte in größerem Ausmaß ab Höllenzeiten ↗ für ganz Amerika.

Raum: in der afrik. Ntu-Philosophie ↗ immer als untrennbar von Zeit ↗ definiert, s. Hantu ↗; in Europa für die längste Zeit nur geometr. erfaßt, erst in der Relativitätstheorie tauchte der notwendige Bezug zur Zeit auf; trotzdem läßt man a. da seine Geometrie (Form) von der Verteilung der Materie im Raum abhängen; R. ohne Materie ist noch undenkbar im Ggs. zur alten Kosmos ↗-Vorstellung. These: das zeigt sich im Wort selbst, das R. als das erscheinen läßt, was *um* die Sonne = Ra ↗ herum ist, zus. Ra-Um. — S. Raumschiff ↗.

Raumschiff: jedes Beförderungsmittel, das wie ein Schiff den Raum ↗ durchquert, wobei jedoch nur die ›Leere‹ zw. den Planeten ↗ u. Sternsystemen gemeint ist, a. Weltraum genannt. Von unserer Erde ↗ aus gibt es Raumfahrt erst seit Beginn der Endzeit ↗: 57 startete der 1. Satellit, 59 die 1. Raumsonde, ab 66 begannen Landungen auf dem Mond, aber erst 69 bemannt. Im genau gleichen Zeitraum begann das Phänomen der Ufo ↗, d. h. von R. außerird. Herkunft. Damit wurde endl. die Frage mögl., ob schon vor der Geschichte ↗ R. auf der Erde landeten, u. Kultur ↗ in Gang setzten, s. Landung ↗. Alter Ausdruck für R. evtl. Kamu ↗. — S. Astronauten ↗.

Raupe: langes, gefräßiges Vorstadium des Schmetterlings ↗: »Vor langer Zeit erlebte ein kleiner Ort in Südfrankreich eine seltsame Prozession ↗: Merkwürdige Pilger zogen in endlosen Reihen dahin. Ihr Heer war unübersehbar. Scharenweise erklommen sie auch die Kiefern, die ihnen im Wege standen und fraßen sie völlig kahl; die Bäume gingen zugrunde... einem alten Bericht zufolge belegte man damals die Tiere mit dem Kirchenbann...« (Das große Reader's Digest Tierbuch, S. 59). Es handelte sich um den ›Kiefernprozessionsspinner‹. Jede R. spinnt auf ihrem Weg einen Faden, der den nachfolgenden Artgenossen als Leitschnur dient. Da Psyche ↗ auf dt. Schmetterling heißt, sollte man bei deren Entwicklung a. dieses Stadium miteinbeziehen: Prozessionen spielten in allen Religionen ↗ eine große Rolle, u. der Leitfaden dazu wäre dann die Tradition ↗; sie lief bei Wiedereintritt in den Wassermann ↗ aus, seither befindet sich die menschl. Psyche im anschließenden Puppenstadium für die große Transmutation ↗. Da der R.-Körper ringförmig unterteilt ist, u. zwar 13gliedrig (s. Krokodil ↗), kann man tats. den ganzen Zodiak ↗ der Gesch. anlegen, von Wasermann bis Wassermann, u. erhält symb. die Dauer des R.-Stadiums der Menschheit: ab ›Biß‹ in den Baum der Erkenntnis mit anschließendem Paradies-Verlust ↗ - bis Endzeit ↗.

Rauschgift: Stoffe von Pflanzen, die in einem Rauschzustand den Menschen in andere Bewußtseinsebenen führt, mit der Gefahr, süchtig zu werden, bzw. die wie beim Traum ↗ gewonnenen Bilder nicht ins normale Bewußtsein hinübertransportieren zu können. Bei allen Völkern offen od. heiml. in Gebrauch, s. Opium ↗, Pulque ↗, Bilsenkraut im Bier bei den Germanen ↗, Peyotekaktus bei den Azteken ↗ u. der Rauch eines Pilzes bei den Maya ↗, die ihre ganze Kunst unter dessen Einwirkung hervorgebracht haben sollen: in Trance ↗. V. a. beim Schamanismus ↗ spielte R. eine Rolle.

Rauschning, Hermann: dt. Politiker, der in seinem Buch ›Hitler m'a dit‹ (›Gespräche mit Hitler‹), Paris 1939, Coopération, u. a. folg. Aussprüche überliefert: »Die Schöpfung ↗ ist nicht beendet. Der Mensch ↗ tritt in eine Phase der Metamorphose (s. Transmutation ↗) ein... und der Einsatz des Kampfes betrifft im größeren Rahmen die Ankunft der Söhne Gottes (s. Wiederkehr ↗). Die ganze schöpferische Kraft wird sich auf eine neue Menschenart (äqv. 6. Wurzelrasse ↗) konzentrieren« (Angebert, 1971, S. 216). Den ›neuen Menschen‹ soll Hitler angebl. schon geschaut haben. R. schreibt darüber: »Mir hat jemand aus seiner engsten täglichen Umgebung berichtet: er wache des Nachts mit Schreikrämpfen auf. Er schreie um Hilfe. Auf seiner Bettkante sitzend könne er sich nicht rühren...« Folgt die Beschreibung seiner Vision der Neuen Menschen. Od.: »Ich muß die Welt von ihrer geschichtlichen Vergangenheit befreien. Die Nationen sind die sichtbaren Materialien unserer Geschichte ↗. Ich muß diese Nationen zerbrechen...« U. R.s eigene Meinung: »So gehen unleugbare Kräfte durch Hitler durch; echt dämonische Kräfte, die den Menschen Hitler nur zum Werkzeug machen.« 1936 Flucht in die Schweiz u. als Anklage gg. die Nazi-Ideologie ↗ das 2. Buch ›Die Revolution des Nihilismus‹ (1938).

Raxa Lac: die ›grüne flache Schale‹ = die Erde (Maya).

Raxa Sel: die ›blaue gewölbte Schüssel‹ = der Himmel (Maya), ein Bsp. für die Gleichwertigkeit der Farbe ↗ grün + blau, beides Raxa.

Rba: ›groß durch himmlischen Ursprung‹ bei den Mandäern ↗; äqv. Rpa in Europa ↗ u. Ruba in Yoruba ↗. — So wurde z. B. aus dem hebr. Adam Kadmon ↗ = Adam R(ab)ba, beides der Adam des Himmels, hier definiert als ›Erstgeborener aller Lichtwelten und Sohn der kosmischen Mutter Himat Razia‹, sprich des Kosmos ↗.

Re: Sonne u. Sonnengott (äg.), äqv. Ra ↗: »Kam hervor aus dem verborgenen Ei als Kind der 8 Urgötter (der Götterachtheit ↗)«. In einem anderen Bild ist Re »... der große Lotos ↗, der aus dem Urwasser ↗ auftauchte.« Damit beginnt das Werden ↗, od. wie es im Äg. Totenbuch ↗ heißt: »Ich bin die schöpferische Seele ↗ des himmlischen Abgrunds. Keiner sieht mein Nest, keiner kann mein Ei zerbrechen, ich bin der Herr der Verschmelzung...« mit Atum ↗ zu Re-Atum. Die vor der Schöpfung liegende Einheit mit dem Kos-

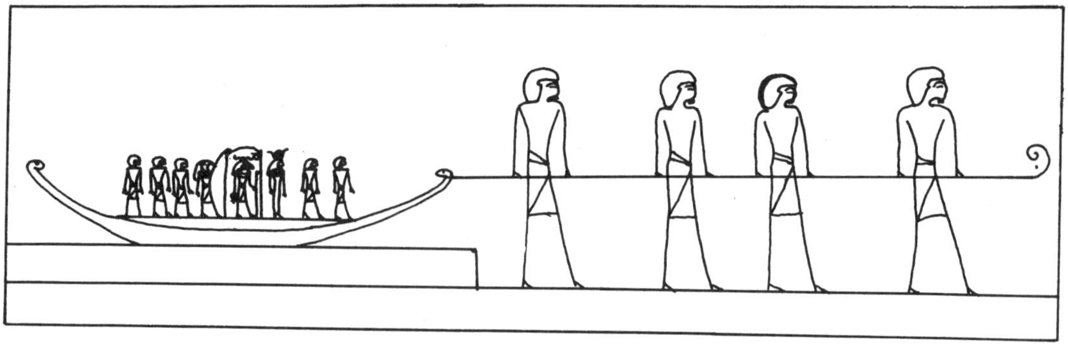

mos (Himmel) ist Ntr ↗ (Nut + Re). — Re überwindet in seinem Aufflammen die Mächte des Dunkels u. des Chaos ↗ u. stellt den geordneten, auf Maat ↗ gegründeten Weltzustand her. Bzgl. der Evolution ↗ steht also Re für die Sonne erst, nachdem das Licht ↗ entstanden ist u. damit nur für die Sekundärschöpfung ↗, wie sie z. B. Moses ↗ beschreibt. So zeichnet ihn der Mythos »... als einen Greis, der unter der Last der Jahre müde geworden ist und nach Ruhe verlangt, so daß die Herrschaft seinen schwachen Händen entgleitet, die Menschen sich auflehnen und selbst die Götter seine Schwäche nutzen...« (Bonnet, S. 628), was auf den Bruch zw. 6. Tag (Urmensch ↗) u. 7. Tag als Ruhetag, woraus die Geschichte ↗ wurde, hinzuweisen scheint. »Es mag sein, daß sich ihm das Bild des alternden Herrschers zugleich aus einer Überlieferung gestaltete, die dem Re eine wohl lange, aber doch zeitlich beschränkte Königsherrschaft in der Urzeit zuwies« (ebd., S. 629). Stellvertretende ›Kinder der Sonne‹ bzw. des Re (s. Ramses ↗) werden lt. Dogma die Pharaonen ↗, u. so, wie die sichtbare Sonne (Aton ↗) Re's Leib ist, so ist a. der Leib der Könige Re, indem sich die Kandake ↗ von den Strahlen des Aton befruchten läßt. U. wie der Sonnenaufbau in Kategorien zerfällt, so a. Re in ›Re-Götter‹, deren Symbol immer die Sonnenscheibe ist. Dann ist Re ›Herr aller Re-Götter‹, u. man findet ihn dargestellt als im Sonnenschiff ↗ thronend, umgeben von ihnen als ›Hofstaat‹. Er bekommt dann oft wie Horus ↗ einen Falkenkopf, sein Thron ↗ hat die Form des äg. Thrones. Bei der nächtl. Fahrt durch die Duat ↗ jedoch wird daraus der Kopf des Chepre ↗ (Abb.); man sieht auf der gezeigten Darst. aus dem Jenseitsbuch deutl., daß die Ägypter den Aufbau der Sonne kannten: 4 Figuren ziehen die Barke = 4er Kreis ↗, 8 Figuren befinden sich im Boot = 8er Kreis ↗. Es folgt die 12 als 12 Sektoren der Duat. Über das Sonnenalphabet ↗ (= Thot als Ibis ↗) erzählt der Mythos folgende Gesch.: Thot ↗ prahlt vor den anderen Göttern ↗ mit seinem Geschenk der Schrift ↗ an die Menschen, worauf sie ihn auslachten. Re fragte, was Thot denn damit bezwecke. »Den Menschen helfen, sich an Dinge zu erinnern!« Da lachte Re schallend: »Du hast den Menschen das Werkzeug gegeben, alles zu vergessen, was sie wissen. Sie werden sich nicht mehr zu erinnern brauchen, sie werden einfach alles aufschreiben wie Idioten ohne Sinn und Verstand« (Eliot, 1976, S. 122). Weibl. Form Re.T = Rait ↗. — S. Realisierung ↗.

Realisierung: Verwirklichung, Verdinglichung, Materialisierung einer Idee ↗ zur Form ↗; Prinzip von Re ↗ (der Sonne) bei der Sekundärschöpfung ↗, worauf sich das Wort Re + Al ↗ (Sonne, göttl.) beziehen dürfte. Im Popol Vuh ↗ ist das nicht Schöpfen (= Tzakol ↗), sondern Formen (= Bitol ↗). Trotzdem gilt, was realisiert wird, nicht überall als Realität ↗.

Realität: Wirklichkeit, in Indien z. B. nur Mulaprakriti ↗, was jede Realisierung ↗ seit Schöpfung des Menschen als R. ausschließt; all dies wird Maya ↗ = Illusion gen., weil vergängl. bzw. Dasein ↗ u. nicht unvergängl. = Sein ↗. Kein anderes Volk hat den Begriff so schroff eingeengt. Der ebenso schroffe Gegenpol ist die Einengung der R. auf das Sichtbare ↗, d. h. der Materialismus ↗. Alle Phänomene des Okkultismus ↗ wären demnach irreal, statt real. Das ganze ist eine Frage des Wertsystems ↗ u. subjektiv.

Recht: steht dem Unrecht ggb. wie Gut Böse, deren trennende Auseinanderhaltung vom Menschen ↗ aber erst durch (verbotene) Erkenntnis ↗ gewonnen wurde, was das immanente Natur-R. (etwa R. des Stärkeren, s. Darwin ↗) ablöste durch ewig umstrittene, vom Menschen gesetzte Bestimmungen, was erlaubt u. was

verboten sei. Ältestes Symbol ↗ die ›Waage der Gerechtigkeit‹, äg. Maat ↗, die allerdings nur im Jenseits für den Toten ↗ wirkl. funktionierte, während die diesseitigen Richter u. R.-Sprecher, die in Ägypten das Bild der Maat am Hals trugen, auf Unwahrheit hereinfallen konnten, sei es auf die der Täter + Zeugen, sei es auf die der Gesetze ↗, die wohl bei allen Völkern mit Religion ↗ verknüpft sind. Aktuellstes Bsp: die USA ↗, wo bis 1964 Mord an einem Schwarzen Amerikaner ↗ im öffentl. R. kein Mord war; od. die ›Rechtlosigkeit‹ im ind. Kastenwesen ↗ für die Paria ↗; od. im Islam ↗, wo die Frau ↗ bei der Rechtsfindung weniger Gewicht bei den Aussagen erhält als der Mann etc. Bei den Germanen wurde R. vom Jarlsäten ↗ aus gesprochen, in Afrika unter den 8 Nommo ↗-Stangen. These: das engl. *Right* (R., ausgesprochen Rait ↗) läßt an eine Wortherkunft von Re.T, weibl. Sonne denken, die beim Totengericht ↗ von Anubis ↗ vertreten wird. Das bestätigt wiederum, daß es R.-Sprechung erst ab Geschichte ↗ geben mußte. Das Äg. Totenbuch ↗ (Abb.) zeigt auf der Waage l. die Feder der Maat, dann Anubis, dann die Nilpferdgöttin ↗ u. auf der r. Waagschale das menschl. Herz ↗.

Rede an das christliche Europa: von Novalis ↗ 1799 verfaßt, aber nicht gehalten u. sogar von Goethe ↗ als Veröffentlichung blockiert. F. Giebel: »Die Rede, bestimmt für seine Zeit und seine Nation, blieb ungehört, ungelesen, ungedruckt. Unter dem Wust von hinterlassenen Papieren eines Einsamen wartete sie auf einen fernen Tag der Menschheit.« Es folgt ihre 7-Gliedrigkeit:

1) Urchristentum bis zur Spaltung im 9. Jh. (Schisma ↗)
2) 1. Fall in Besitz statt Liebe
3) 2. Fall in Religionskriege ↗ statt Friede
4) 3. Fall in Aufklärung u. Rationalismus ↗
5) Prophetie eines Zustandes, der noch nicht gekommen ist, aber vom ›Zauberstab der Analogie‹ (praktiziert in den Kunstmärchen der Romantik ↗) herbeigeführt werden soll
6) Novalis als Rufer nach einer friedenstiftenden Loge od. Urgemeinde für den kommenden Messias ↗ (Zitat: »Es sind die ersten Wehen, setze sich jeder in Bereitschaft zur Geburt!«) Bild vom Schleier ↗ u. der Jungfrau, Feststellung: »Das Papsttum liegt im Grabe und Rom ↗ ist zum zweitenmal eine Ruine geworden. Soll der Protestantismus ↗ nicht endlich aufhören und einer neuen, dauerhafteren Kirche ↗ Platz machen?«
7) Ankündigung des neuen Jerusalem ↗ als Hauptstadt der Welt, einer neuen Welt u. neuen Menschheit, mit Deutschland als dem Herz aller Völker.

Alle diese Hoffnungen, schreibt Giebel, verkehrten sich ins Gegenteil: in Nationalwahn u. Chauvinismus, in Burschenschaftswesen u. Reaktion, in Rassen- u. Klassenhaß u. den Triumph des Materialismus ↗, wie sie als verderbliche Früchte dem Fluch der Kriege von Napoleon ↗ folgten. — Das erwähnte Burschenschaftswesen wuchs sich zu den Präfaschistischen Sekten ↗ aus.

Re-Evolution: Rückkehr (Re = wieder, wie Reinkar-

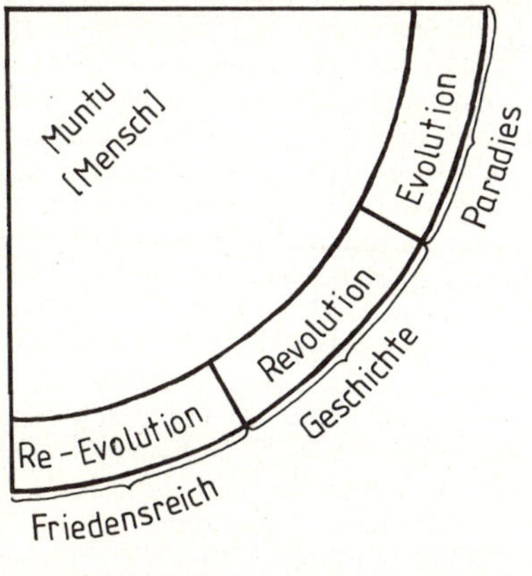

nation ↗ = Wiedergeburt) zur Evolution ↗, deren 7. Tag kein planmäßiger Ruhetag, sondern Geschichte ↗ (als Umweg) wurde, getrieben von Revolution ↗, die nun als Weltrevolution ↗ ausläuft. These: unter R. wäre dann der 8. Tag bzw. das wiederkehrende Paradies ↗ zu verstehen. So ließe sich das 4. Viertel Muntu ↗ (Mensch) a. unterteilen (Schema) in: Evolution = 6. Tag (2. + 3. Welt), Revolution = 7. Tag (4. + 5. Welt), Re-Evolution = 8. Tag (6. + 7. Welt), s. Weltenlehre ↗. Es wäre a. eine Rückkehr zur Ordnung von Re ↗, der Sonne, erleichtert durch deren Geburt einer Neuen Sonne ↗. S. Faschismus ↗.

Reflektion: eine Nichtaufnahme durch Rückwerfung bzw. Spiegelung von Licht ↗ (od. Information, wobei Nachdenken od. Grübeln entsteht). Unterschiede z. B. bei Farben + Rassen: schwarz ↗ schluckt, weiß ↗ reflektiert. Beim Van-Allen-Gürtel ↗ sind 3 Eigenschaften nebeneinander gegeben: reflektieren, schlucken (als Aufladung) u. ungehindertes Passieren. — Spiegel ↗ arbeiten je nach Oberflächenkrümmung. Farben nicht-selbstleuchtender Dinge entstehen durch R. der Farbe im Lichtstrahl ↗, die im eigenen System nicht vorhanden ist, quasi als unnötig zurückgeschickt wird. Was wieder unterstreicht, daß sich das Erscheinungsbild nicht mit dem Wesen ↗ deckt. — S. Prisma ↗.

Reformation: Wieder-(Re)herstellung (Formierung, Formung) der Kirche ↗ in urspr. Reinheit od. Form, ausgelöst durch Luther ↗ 1517. Führte aber zum Protestantismus ↗ als weiterer Kirchenspaltung, s. Schis-

Schluß mit dem Schlendrian

Das Konzil von Trient: Unter Luthers indirektem Einfluß beschlossen Bischöfe und Kardinäle, ihre Kirche von Grund auf zu erneuern.

ma ↗ u. zu Religionskriegen, s. *Rede an das christliche Europa* ↗, 2. Fall. Wie gewaltig die Auswirkung der R. war, machen Zahlen deutl.: die röm. Kirche verlor ⅔ ihrer Gläubigen in Europa. Ein schwerer Schock. Bischöfe u. Kardinäle der verbliebenen Diözesen trafen sich 1545 zum Konzil in Trient (Abb.) u. reorganisierten das durch Korruption u. verwilderte Sitten angeschlagene Machtgefüge, woraus schließl. die Gegenreformation ↗ wurde.

Daß die R. so schnell wirksam wurde, lag mit an der gerade erfundenen maschinellen Druckkunst, über die schon seit längerem unzufriedenen Gläubigen ergoß sich eine riesige, reformatorische Flugschriftenliteratur, die wissenschaftl. bis heute kaum erschlossen ist. Die R.-Deutung des Marxismus ↗ nennt die damalige Situation eine ›gesamtgesellschaftliche Krise‹ sowie die R. selbst eine ›frühbürgerliche Revolution ↗‹. Noch weiter geht der Berner Historiker P. Blickle: »Die Reformation muß verstanden werden als die weitestgehende Verzahnung sozialer und ideeller Bewegungen, die es in der europäischen Geschichte gegeben hat…« (Buch: Die Reformation im Reich). Bei dem Gießener Kirchenhistoriker M. Greschat (Buch: Die Reformationszeit. Gestalten der Kirchengeschichte) wiederum wird das R.-Zeitalter als eine Periode wahrnehmbar, die Individuen begünstigte, neue Aufgaben stellte, Freiräume für deren Gestaltung eröffnete, Leitfiguren hervorbrachte u. Anhängerschaften, die diesen zufielen u. folgten, u. zwar in nicht geringer Zahl u. in oft dramat. Konkurrenz. These: das sind Konsequenzen von Humanismus ↗ u. Renaissance ↗; ja, sie lassen in der beginnenden Einzelgefolgschaft schon das spätere Burschenschaftswesen mit Übergang in die Präfaschistischen Sekten ↗ erahnen, sowie das Einmünden dieser 1. kleinen Revolution in größere Revolutionen bis zum Einmünden in die Weltrevolution ↗. Als spez. dt. Phänomen kam durch die Freigabe der Bibel ans Laientum ↗ nach rund 1000jähriger Einklammerung des Denkens ab Missionierung ↗ der Germanen ↗ a. deren ›Deuttrieb‹ (s. Ti-Od ↗) wieder durch.

Regen: im Tao ↗ gen. Kan = das ›Abgründige ist in der Mitte voll‹, als Z. die Umkehrung von Li

N + O
Regen Stein

(Licht); a. ›fließendes Wasser‹ ggb. ruhendem Wasser = See ↗ u. mit der Eigenschaft ›gefährlich‹ belegt. Personifiziert als ›Regengott‹ findet sich bei den Tolteken ↗ Tlaloc ↗. Das Äqv. der äg. Götterachtheit ↗ wäre Nun ↗, männl. Wasser. Bes. inter. die Vorstellung der Schwarzen im malaiischen Dschungel (Kintak-Bong), im Himmel wachse eine ›Steinblume‹; neige sich deren Blüte nach oben, bliebe das Wetter trocken, neige sie sich nach unten, rinne Wasser aus ihrem Kelch u. tropfe als R. auf die Erde, was den engen Bezug von Wasser u. Stein ↗ spiegelt, s. 3. Tag der Sekundärschöpfung ↗ (Schema) mit den Buchstaben N (Wasser) + O (Stein). Interpreten meinen, mit der Steinblume sei der Mond ↗ gemeint, für den a. bei uns eine ›Bauernregel‹ sagt: zunehmend = (Blüte nach oben) trocken, abnehmend (Blüte nach unten) Regen. Die Darst. eines afrik. R.-Machers (Abb. 1) läßt eine Himmelsgöttin den R. herabsenden; in Mali ↗ stellten 3 R.-Göttinnen den R. dar (Abb. 2) u. ein Sandbild ↗ (Abb. 3) der Navajo-Indianer läßt ihn 4 ›Regengeistern‹ entströmen; es scheinen 2 Paare zu sein, gruppiert um den Mais ↗, die 4. hl. Pflanze ↗, ident. mit dem 4. Viertel Muntu ↗ = Mensch, das dem Element Wasser ↗ entspricht. Die Zahl 4 wiederholt sich in den 4 R.-Strängen jeder Figur. Hier fallen die schlangenartigen Füße auf, was Kan = R. im Tao mit Kan = Schlange verbindet u. zur Regenbogenschlange ↗ überleitet.

Abb. 2

Abb. 1

Abb. 3

Regenbogen: ein bogenförmiges Spektrum (außen rot), das durch Brechung, Beugung u. Reflektion ↗ des (Sonnen-)Lichts ↗ an Regen ↗-Tropfen, die wie ein Prisma ↗ wirken, entsteht. In der Bibel ↗ schließt Gott nach der Sintflut ↗ einen ›neuen Bund‹ zw. sich u. ›allem Fleisch auf Erden‹ (d. h. Tieren u. Menschen), dessen Z. der R. ist; es knüpft sich daran das Versprechen, keine Sintflut mehr kommen zu lassen. »Meinen Bogen hab ich gesetzt in die Wolken, der soll das Zeichen sein des Bundes zwischen mir und der Erde. Und wenn es kommt, daß ich Wolken über die Erde führe, so soll man meinen Bogen sehen in den Wolken. Alsdann will ich gedenken an meinen Bund zwischen mir und euch, und allem lebendigen Tiere in allerlei Fleisch, daß nicht mehr hinfort eine Sintflut komme« (1 Mose 9, 13–15). These: das klingt, als habe es davor, in der 4. Welt ↗, noch keinen R. gegeben, was daran liegen dürfte, daß die Sonne ↗ u. damit das Licht erst ab 5. Welt in den bis dahin ›schlafenden‹ 8. Sektor des 8er Kreises mit den Regenbogenfarben ↗ eintrat. In Ägypten dürfte dieser ›Neue Bund‹ die Große Pyramide ↗ gewesen sein.

Regenbogenfarben: erst durch Zerlegung des weißen Lichtstrahls der Sonne ↗ durch ein Prisma ↗ od. durch regengesättigte Luft beim Regenbogen ↗, fächert sich dieser auf u. zeigt folgende Zus.: rot, orange, gelb, grün, hellblau, dunkelblau, violett. Diesen 7 R. schließt sich wie in der Oktave ↗ eine Nr. 8 als Nr. 1 einer höheren Lage an, gewöhnl. Ultraviolett ↗ gen., weil über violett hinausgehend. Für das menschl. Auge außerhalb des sichtbaren Spektrums gelegen. Das äg. Lebenskreuz ↗ legt nahe, daß diesem äußeren Lichtkreis ein Innenkreis der Sonne ↗ entspricht.

Regenbogenhaut: sog. Iris der Augen ↗ mit Pupille ↗ im Zentrum. Gibt dem Auge die Farbe, die als Rassen ↗-Merkmal gilt. Als vorderes Viertel der Aderhaut bildet sie mit dieser die mittlere Augenhaut, zw. Retina ↗ (innen) u. Hornhaut außen. Der uralte Vergleich des Auges mit der Sonne ↗ (s. äg. Sonnenauge ↗) setzt begrifflich die R. dem Regenbogen ↗ (griech. Iris) gleich u. damit dem 8er Kreis ↗ der Sonne.

Regenbogenschlange: Symboltier ↗ im Mythos von Australien ↗ mit unzähligen Namen ↗ wie: Galaru,

Galeru, Julungul, Julungur, Kaleru, Karia, Muit, Olgadanj, Taipan, Ungud, Ungur, Wollunqua, Wonambi, Worombi etc. Da sie im Arnhemland ↗ mit der Mutter identifiziert wird, bietet sich die äg. Mut ↗ (äqv. Muit) an, obwohl diese R. (im Ggs. zur Mut) mit dem ›Stein‹ in Verbindung gebracht wird, der die Himmelswelt ausfüllt, hier als Quarzkristall gedacht, den sie ausscheidet u. der hellseherisch macht. In den kult. Darst. für die Initiation ↗ ist die Kulthütte ihr Leib u. das Schwirrholz ↗ ihre Stimme. Im NW schloß die Einführung des Medizinmanns ↗ in seine Kunst eine Reise in den Himmel ein, auf dem Rücken der R.; manchmal klingt durch, sie habe Federn gehabt, was zu Quetzalcoatl ↗ überleitet. Ihr Verschlucken der 2 Djangawul-Schwestern ↗ an der Hl. Quelle muß seither von jedem Initianden rituell nachvollzogen werden, ›zur Erlangung höherer Erkenntnis‹. Da es a. das hl. Schauspiel des Niederfallens der R. vom Baum ↗ nach Verschlucken der 2 weibl. Urwesen gibt, findet sich wohl a. die Par. zur Schlange im Paradies ↗ am Baum der Erkenntnis ↗, bei der Gnosis ↗ als Logos ↗ verstanden, was sich im Wort Jul ↗ (bei Julungul, Julungur) ausdrücken dürfte. Sie ›verbrannte‹ in der Traumzeit ↗ (wie bei anderen Völkern Phönix ↗), was den Bezug zum Regenbogen ↗ ausschließt, zumindest als Phänomen am Himmel. Eher ist der Regen ↗ selbst gemeint, dessen ›Bogen‹ zum Himmel u. auf afrik. Bildern sogar zur Himmelsgöttin führt. Diese Kategorie jedenfalls ging mit der Traumzeit tats. zu Ende, u. damit die ganze Schöpfung bis zum Weltenbrand ↗. — S. Darogo ↗, Kängeruh ↗ u. Kimberley-Berge ↗.

Regenwald: ein bis zu 7stöckiger Wald in bes. regenreichen Tropengebieten, s. Nigeria ↗; bleibt immer grün.

Regin: Götter bzw. Wesen, die sich beraten, Entscheidungen treffen u. herrschen, die Weltordnung instandhalten. Ein Mittel, um ihre Ratschlüsse kennenzulernen, waren die Runen ↗, die als Reginkunnar von den R. bzw. Göttern stammen. Auf dem Runenstein von Stora Noleby steht z. B. ›runo raginakundo‹ als Äqv., da verwandelt sich R. in Ragina; in Ragnarök ↗ wird *ragna* daraus. Abgeleitetes Wort: regieren. Reginakundo ist a. ›Götterkunde‹. Edda ↗, der Seherin ↗ Gesicht:

»Zum Richtstuhl gingen die regin alle
heil'ge Götter, und hielten Rat:
für Nacht und Neumond wählten sie Namen
benannten Morgen und Mittag auch,
Zwielicht und Abend, die Zeit zu messen.«

Mit diesem Rat-halten stehen sie in Par. zu den sich beratenden Urgöttern des Popol Vuh ↗. — R. wurde aber a. zum Name, so beim Zwerg Regin, der Sigurd ↗ den Drachen Fafnir ↗ töten u. dessen Schatz rauben ließ; er war ein Nibelunge ↗ u. hatte lt. Mythos als Schmied den jungen Sigurd (Siegfried ↗) adoptiert. — Als Beratungsort der R. (Götter ↗) dachte man sich das Thing ↗ im Himmel.

Rehu Arui: das Licht zw. Tag + Nacht bei den Arioi ↗, das bei Theatervorstellungen a. künstl. geschaffen wurde durch Nacht, Feuer u. Kerzen.

Reich: Herrschafts*bereich* von König (Königr.) od. Kaiser (Kaiserr.), gewissermaßen ein möglichst die ganze Welt umfassender Staat, in dem Re ↗, die Sonne (der Sonnengott) Ich ist, ich der Herrscher. Das ist schon wieder eine uralte Spiegelung des ›Reich Gottes‹, in Altägypten, unter dem Namen Km.T ↗ angelegt u. zweigeteilt in das 1. R. des Osiris ↗ (Vater) u. 2. R. des Horus ↗ (Sohnes). Von Jesus ↗ umgewandelt einmal in den Ausdruck ›mein Reich ist nicht von dieser Welt‹, also im Jenseits ↗, a. Himmelr. gen., äg. Earu ↗, dem Gefilde der Seligen. Wenn es bei Matthäus ↗ heißt: »Dann wird das Himmelreich gleich sein zehn Jungfrauen...« ist an die 10 Himmel des Pazifik zu denken, mit Io ↗ als 10. Himmel u. den Rest wohl als die 9 Welten ↗, was überleitet in ›Weltreich‹. These: jedoch wurden nur 2 Zentren zu einem R., das über polit. Grenzen hinausging (das 3. ist zukünftig):

4. Welt = 1. R. des Vaters: Landung ↗ von Astronauten ↗ bis Osirismord ↗ + Weltuntergang, mit Mu ↗ als Zentrum.

5. Welt = 2. R. des Sohnes: Große Pyramide ↗ als Testament bis Jüngstes Gericht ↗, von Ägypten ↗ dominiert.

6. + 7. Welt = 3. R. des Hl. Geistes, im Gnostischen Manifest ↗ 1908 verkündet, während das Evangelium ↗ den Ausdruck vom kommenden ›Gottesreich‹ beibehält, was nicht exakt ist u. an der Übers. Elohim ↗ liegen dürfte. — S. Naunet ↗.

Polit. R., die diesem geschichtsphilos. od. relig. Schema nacheiferten, waren u. a. das Römische Reich ↗ übergehend ins ›Heilige Römische Reich Deutscher Nation‹ ↗. Wie bei Ägypten (s. Reichseinigung ↗) ist an eine Mu-Nachfolge ↗ zu denken, denn auf dem Kontinent Mu begann letztl. die R.-Idee. — These: die Theorie ↗ bzgl. der Deutschen ↗ sei das Hl. Röm. Reich dt. Nation das 1. R., das Deutsche Reich ab Kaiserproklamation bis Ende des 1. Weltkriegs das 2. R. gewesen, dem sich das 3. R. von Hitler ↗ anschloß, ist falsch.

Reich, Deutsches: nach Zerfall des *Heiligen Römischen Reiches Deutscher Nation* ↗ zersplitterten die Deutschen ↗ in unzählige Fürstentümer mit nochmaliger Teilung in kath. u. protestant. durch die Reformation ↗ u. anschließende Religionskriege ↗. Durch Übergreifen des Absolutismus ↗ erstarkte Preußen u. setzte nach mehrmaligem Scheitern 1871 eine Reichseinigung durch. Das im vorausgegangenen Deutsch-Französischen Krieg (1870–71) besiegte Frankreich mußte so hohe Zahlungen leisten, daß im gegr. Dt. Reich eine hektische Industrialisierung einsetzte, die jedoch schon um 1900 Protest auslöste u. zum Wandervogel ↗ führte, mit Nachwirkungen bis heute. Politisierung erfolgte erst nach Zusammenbruch des Reiches am Ende des 1. Weltkriegs u. Flucht des letzten Kaisers Wilhelm II. — S. Reich ↗.

Reichseinigung: die prädynastische ↗ Zeit von Ägypten ↗ wurde beendet durch die Vereinigung der beiden Länder Unterägypten + Oberägypten od. Nord- u. Südreich. In ersterem wurde Horus ↗ als oberster Gott verehrt, zus. mit Isis ↗ als Landesgöttin, symbolisiert als Kobra Uto ↗ auf Papyrus ↗ als Wappenpflanze; in letzterem Thot ↗, zus. mit Nephtys als Landesgöttin, a. der Nechbet ↗-Geier auf der Lilie ↗. So sieht man auf Bildern dieser Einigung, einem Kernstück a. der altäg. Doppel-Religion ↗, Horus + Thot (Abb. 1) od. Horus + Seth ↗ die beiden Pflanzen zusammenbinden als Nechbet + Uto, die hier, den Pharao ↗ einrahmend, auf dem gleichen Thron ↗ sitzen, der deshalb 3 mal erscheint; darunter 3 mal die R., reduziert auf das Zusammenbinden ihrer 2 Pflanzen, ein Symbol ↗, das sonst die eingeschobene Seitenfront der Truhe ↗ ausfüllt (Abb. 2): im Zentrum als Befestigungssymbol ein T ↗ in einer Art Herz ↗, Deutung ungewiß. Aber was sonst als das Herz des toten Osiris ↗ könnte gemeint sein, wenn es im Äg. Totenbuch ↗ heißt:

»Am Tag, wo die zwei Länder vor Osiris vereint!«

(Kap. XVII)

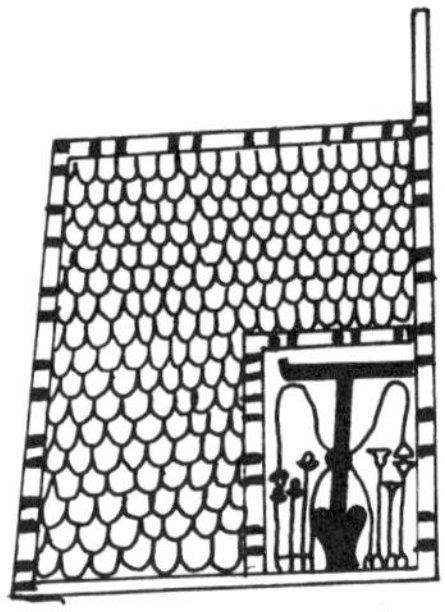

Abb. 2

Man beachte die Ähnlichkeit des äg. T-Herzens mit dem Wappen der Kardinäle von München ↗ (Abb. 3).

Abb. 3

Abb. 1

Reihenfolge: das festgelegte Nacheinander; z.B. von Buchstaben in einem Wort ↗ bzw. im Sonnenalphabet ↗ als Ordnung der Evolution ↗; dann die Grundmotive ↗ des Kosmos ↗, deren R. sich im ›Gegenkosmos‹ genau umdreht, s. Naunet ↗. These: in jedem Fall best. die R. den Weg ↗ mit dem letzten Buchstaben od. Grundmotiv als Ziel ↗; das dürfte a. für Namen ↗ gelten, weshalb man aus ihnen das Schicksal ↗ ablesen kann (nomen est omen), etwa nach dem Schema: 1. Buchstabe od. 1. Silbe = Ausgangsposition bei der Geburt, 2. Buchstabe od. 2. Silbe = Werden ↗ u. Endbuchstabe od. Endsilbe = Zukunft, Ziel. Was jeder R. den Faktor Zeit ↗ einbaut.

Reiher: storchenähnl. Vogel ↗ mit langen Stelzbeinen u. langem Schnabel; vor der Familienbildung genießt jedes Paar lange Flitterwochen: »Tagelang bleiben die beiden Reiher zusammen, und Stunde um Stunde sitzen sie regungslos da, das Weibchen auf einem Ast direkt unter ihrem Gefährten, den Kopf an seine Seite geschmiegt. Jedesmal, wenn sich ihre stille Freude zur Ekstase steigert, breiten beide Tiere ihre Flügel aus, recken ihre langen Hälse und in laute Liebesrufe ausbrechend, umschlingen sie sich. Die Reiherhälse sind so lang und biegsam, daß sie tatsächlich eine richtige Schlinge um den Hals des andern legen und ihn aufs innigste umfangen. Dann streichen sie zart und behutsam dem anderen über das schöne Gefieder, die Aigrette, den berühmten Reiherschmuck. Jede Feder bekommt einen langen, gleitenden ›Kuß‹ vom Ansatz bis zur Spitze. Wenn ihr Liebesspiel ausklingt, lösen sie sich voneinander und verfallen wieder in ihre stille Seligkeit, Seite an Seite, immer in Berührung miteinander...« (Alan Devoe, Das Große Reader's Digest Tierbuch, S. 340). Dies dürfte zeigen, warum in Ägypten ↗ der R. als Symbol ↗ für den Phönix ↗ gewählt wurde, dort Benu ↗ gen. u. auf Bildern spez. in Earu ↗, den Gefilden der Seligen gezeigt.

Reinkarnation: Wieder-(Re)Verkörperung (Inkarnation ↗) nach dem Tod ↗, lt. Tradition in folg. Intervallen:

Blavatsky ↗: »Ausgenommen im Fall von jungen Kindern und von Individuen, deren Leben durch irgend einen Zufall gewaltsam abgeschnitten worden sind, kann sich keine geistige Wesenheit reinkarnieren, bevor eine Periode von vielen Jahrhunderten vergangen ist« (II, S. 317). Von Ägypten berichtet Herodot ↗ noch exakter ›zyklisch alle 3000 Jahre‹, was zweifellos schematisch gemeint ist. An der Zeitspanne fällt jedoch auf, daß sie in die 25920 J. Geschichte ↗ achtmal hineinpaßt, was wieder zu folg. Satz paßt: »Wer Gott liebt, hat 7 Reinkarnationen« (Blavatsky, III), das ergibt mit dem Ausgangsleben, das noch keine R. ist, 1 + 7 = 8. Dabei wird, wie sie hinzufügt, die Natur Sklavin von Karma-Nemesis ↗. Fast ident. Aussage aus Amerika: »Redfield (Chan Kom, Washington 1934) hat um 1934 die Religion ↗ der Bevölkerung eines Maya ↗-Dorfes erforscht und vermerkt: Nach einer langen Zeitspanne kommen alle Seelen als Reinkarnation in Neugeborenen wieder auf die Erde zurück« (Arnold, 1978, S. 27). Paul Arnold, der dies im Buch: Das Totenbuch der Maya zitiert: »Die Entzifferung des Pariser Codex ↗ enthüllt uns ein ganzes Ritual, das hauptsächlich dazu diente, den Verstorbenen von der Zeit des Sterbens an durch die Verwandlungen der Seele ↗ bis zur Reinkarnation im Leib einer schwangeren Frau zu begleiten und ihr beizustehen. Diesem Glauben an eine zyklische Wiederkehr der Toten ↗ haben die Forscher sehr wenig Aufmerksamkeit gewidmet, es gibt nur einige seltene und kurze Anspielungen darauf. Aus meiner Entzifferung ergibt sich jedoch, daß diese Vorstellung der Angelpunkt des Denkens der Maya ist...« (ebd., S. 17). Mächtigstes Bindeglied ist hier der Chilan ↗ od. Chilam. Zw. 2. R. lag die sog. Seelenwanderung ↗, griech. Metempsychose, was zeigt, daß nicht nur die Seele, sondern die Psyche ↗ insg. gemeint ist; in Ägypten wanderten Ba ↗ + Ka ↗ getrennt u. die R. bestand in ihrer Wiedervereinigung, wobei wie bei den afrik. Dogon ↗ jeweils ein Teil der Eltern für 1 Teil der Psyche zuständig war: die männl. Linie für die Seele, die weibl. Linie für Nommo ↗, den Geist, mit dessen ›Ankunft‹ überhaupt erst R. begann, zus. mit Geschichte u. Auseinanderfall der schwarzen Urrasse, s. Lemuren ↗, in Rassen ↗, was wundern läßt, ob dann Rassismus ↗ mit R. zusammenhängt: quasi als Verhinderungsversuch, bei der nächsten R. in einer ›fremden‹ Rasse wiederzukehren u. deren Schicksal ↗ zu erleiden, statt das der eigenen Rasse. These: u. das könnte getragen sein von der durchgängigen Orientierung auf

die letzte Wiederkehr ↗ beim Jüngsten Gericht ↗ als Endabrechnung.
Eine Ausnahme der ›natürlichen Aufeinanderfolge der Wiedergeburten von allen‹ bilden z. B. in Indien ↗
1) die göttl., als Avatare ↗ bezeichneten Inkarnationen u.
2) jene Adepten, die auf Nirwana ↗ verzichten, um der Menschheit vorwärts zu helfen - die Nirmanakayas ↗.
Neben den zu Unrecht so gen. Totenbüchern ↗ beschäftigten sich mit R. die Eleusinischen Mysterien ↗, Mysterienspiele ↗ ganz allg., als Symbol die Kornmumie ↗, als Götter Ceres ↗, Kybele ↗, Ek Chuah ↗ u. a. — S. Reinkarnationstherapie ↗ u. Julnacht ↗ sowie den reinkarnativen Muntu ↗ der afrik. Philosophie.

Reinkarnationstherapie: geht davon aus, daß Krankheit ↗ im jetzigen Leben nicht wirkl. jetzt verursacht wird, sondern nur jetzt erlitten - während die Ursache in ein Vorleben zurückreicht u. durch Reinkarnation ↗ nach dem Gesetz des Karma ↗ die Vergeltung weiterreicht. Deshalb setzt diese Therapie ↗ (Heilung) bei einer Rückführung des Kranken in seine (vergessenen) Vorleben an, um den Grund zu finden. Sie knüpft damit an die Traumtherapie ↗ an, denn: »Wenn wir uns unserer Träume im Tiefschlaf erinnern könnten, dann wären wir im Stande, uns aller unserer vergangenen Inkarnationen zu erinnern« (Blavatsky, III, S. 585). S. Tempelschlaf ↗ u. Psychotherapie ↗.

Reishu: in der Weltenlehre ↗ der Mahikari ↗-Bewegung 1. Teil der 7. Welt als Zivilisation mit wirkl. schöpfer. Wissenschaft ↗ von sehr hohem Ausmaß.

Reiter, die 4 apokalyptischen: begleiten in der Apokalypse ↗ die ersten 4 Siegel ↗, die geöffnet werden; jeder sitzt auf einem andersfarbigen Pferd ↗ in folg. Reihenfolge:
1. Siegel = weißes Pferd: »Und der darauf saß, hatte einen Bogen; und ihm ward gegeben eine Krone, und er zog aus zu überwinden, und daß er siegte.« These: Maitreya ↗ (1981).

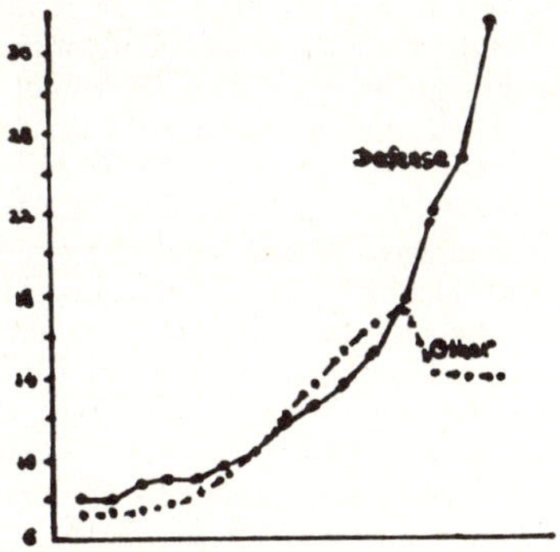

Abb. 1: Das Übergewicht der Verteidigung bei den amerikanischen Ausgaben (in Milliarden Dollar)

2. Siegel = rotes Pferd: »Und dem, der drauf saß, ward gegeben, den Frieden zu nehmen von der Erde und daß sie sich untereinander erwürgten; und ihm ward ein groß Schwert gegeben.« These: USA ↗ als roter Kontinent läßt eine Rüstung steil ansteigen (Abb. 1), um im Endkrieg ↗ einen atomaren Erstschlag gg. Rußland ↗ führen zu können; dabei destabilisiert sich Amerika, Bürgerkriege beginnen (1982).

3. Siegel = schwarzes Pferd: »Und der drauf saß, hatte eine Waage in seiner Hand. Und ich hörte eine Stimme unter den vier Tieren (Pferden) sagen: Ein Maß Weizen um einen Groschen, und drei Maß Gerste um ei-

Abb. 2: Die apokalyptischen Reiter als Geißeln der Menschheit

nen Groschen; und dem Öle und Wein tu kein Leid.« These: Diese Szene müßte sich in Afrika als schwarzem Kontinent abspielen, das 1983 tats. von den schrecklichsten Hungersnöten heimgesucht wird, weil konstant der Regen ausbleibt. Um so dringlicher sein Ruf, das Weltwirtschaftssystem ↗ gerechter zu gestalten (als Waage der Gerechtigkeit).
4. Siegel = gelbes Pferd: »Und der drauf saß, deß Name hieß Tod und die Hölle folgte ihm nach. Und ihnen ward Macht gegeben, zu töten das vierte Teil auf der Erde, mit dem Schwert und Hunger, und mit dem Tod, und durch die Tiere auf Erden.« These: das müßte sich nun v. a. in Asien als gelbem Kontinent abspielen. Tats. gibt es von dort 2 auf 1984 fallende Prophezeiungen:
a) bei den orthodoxen Juden die Zerstörung von Israel ↗
b) bei den Mahikari ↗-Anhängern soll bis 1984 Sekai So Honzan = das Zentrum zur Rettung der Menschheit fertig sein; sie nehmen an, daß Japan als erstes bei den erwarteten Erdumwälzungen untergehen wird.
Von Frankenberg ↗ setzt für Ende 84 aber a. das Eintreffen der Dunkelwolke ↗ an sowie die Geburt der Neuen Sonne ↗, was sich auf dem Beatus Manuskript (Abb. 2) aus dem 11. Jh. evtl. in dem Blauen Flügelwesen, gen. ›Hölle‹, ausdrücken könnte. Auf dieser Darst. der 4 Apok. Reiter stimmt die Farbe des 2. Pferdes nicht, es ist ebf. weiß statt rot. A. hat der 1. Reiter

Pfeil + Bogen, statt nur einen Bogen, u. die Krone ist keine Krone, sondern ein Gefäß.
Bei den Indianern ↗ treten als Äqv. nicht Pferde, sondern Schlangen in der gleichen Reihenfolge auf, um den Endkrieg zu symbolisieren, u. dies ganz unabhängig von der Bibel ↗.
Zusammenfassende These: die 4 Farben (der Pferde bzw. Schlangen) entspr. den 4 Ah Can Tun ↗ des Weltideogramms ↗ u. reichen über die 4 Kontinente mit ihren Rassen ↗, in denen sich evtl. die Elemente ↗ verbergen, da deren Reihenfolge im Begriff Inri ↗ genau den Pferde-Farben entspr., weit hinaus in die 4 uranfängl. Götter-Paare des Popol Vuh, die sich wie die insg. 7 Siegel, auf 7 Gottheiten erweitern.
Rekhti: Bez. des Äg. Totenbuchs ↗ für das ›Hoheitsgebiet‹ des Osiris ↗, in dem »während der Nacht des Zusammenbruchs«, d. h. des Weltuntergangs ↗, Horus ↗ Thronfolger wird, od. das 1. Reich ↗ des Vaters in das 2. Reich des Sohnes übergeht. Da es die Namen nicht mehr gibt, herrscht geograph. Unklarheit. In der anschließenden Zeile über die gleiche Nacht heißt es, da »... Isis ↗ in Abydos ↗ vor dem Sarg ihres Bruders wehklagt und schluchzt», der Osirismord ↗ also schon vollzogen ist. So könnte die Nekropole von Gise ↗ gemeint sein; Nv. Rosetau ↗. Als 2. Möglichkeit kommt die Übers. Rekh = Reich des Ti ↗ in Frage, mit Nv. Taui in Rait ↗-Raui, die beiden Länder (Ober- u. Unterägypten), also das ganze vorsintflutliche Ägypten meinend.
Religio: Rück-(Re)Verbindung (Ligio, erhalten als Liga, Bündnis u. Ligament, Band) als Kern von Religion ↗.
Religion: jede durch Kult ↗ u. Ritual ↗ geregelte Religio ↗ = Rückverbindung des Diesseits mit dem Jenseits ↗, ganz egal, ob dort Götter ↗ (= Polytheismus), eine Trinität od. eine einzelne Gottheit ↗ angesetzt wird (= Monotheismus ↗). Die nachfolg. Tabelle zeigt die heutige Verteilung des R. (Schema):

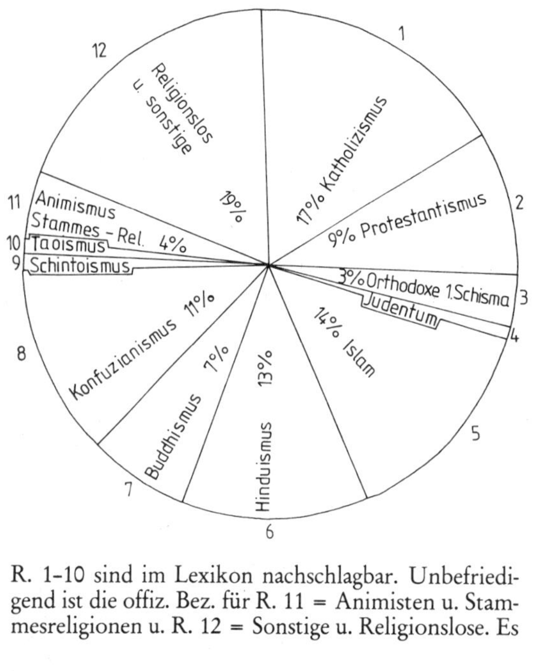

R. 1–10 sind im Lexikon nachschlagbar. Unbefriedigend ist die offiz. Bez. für R. 11 = Animisten u. Stammesreligionen u. R. 12 = Sonstige u. Religionslose. Es fehlen: alle afrik. Religionen, zentriert um Ntu ↗ u. die Orischa ↗ mit neuer Blüte im brasil. Makumba ↗, u. es fehlen alle R. der Indianer ↗, die sich vielleicht auf den gemeinsamen Nenner des Nagualismus ↗ bringen lassen. U. dann fehlen natürl. Hinweise auf die alten R., die in zahlr. Sekten ↗ (hier ›Sonstige‹) neu erblühen. Dazu gehören: der germ. Wotanismus ↗, der zeitw. in der Nazi-Religion ↗ kulminierte; u. als älteste Wurzel die Weisheitsreligion ↗ mit entspr. Verzweigung. — Über den Beginn von R.s Urreligion ↗, über den grundsätzl. Dualismus ↗ der R.s die altäg. Doppel-Religion ↗. Zusätze: »Grundlage des gesamten religiösen Systems der Ägypter war Sirius ↗« (Temple, 1977, S. 101). Das findet sich bis heute bei den afrik. Dogon ↗ erhalten. These: da aber die altäg. R. nicht nach Afrika, sondern die afrik. R. nach Altägypten wanderte, wird letztere unter Urreligion ausführlicher besprochen.
Griech. R.: die Griechen ↗ brachten nur Zeus ↗ mit, alle anderen Götter übernahmen sie lt. Herodot ↗ von Ägypten.
Röm. R.: beruhte im frühesten Stadium auf einem fast reinen Animismus ↗: alles war von Numina erfüllt u. dadurch beseelt. Es war die Aufgabe der R., die Numina so zu behandeln, daß ihre Kräfte zum Vorteil der Menschen wirkten. Alles, was sich außerdem in der Röm. R. findet, ist entlehnt; die Etrusker ↗ vermittelten die ›griech. Götter‹, s. Griech. R. Es entstanden dann 3 allg. anerkannte relig. Institutionen:
1) die Vestalinnen ↗
2) das Sibyllinische Orakel, s. Sibylle ↗
3) der Pontifex ↗
Unter den vielen R., die in Rom ↗ Fuß fassen konnten, war die der Ur-Christen ↗ die einzige, die man allenthalben verbot u. system. unterdrückte.
Dem Islam ↗ ging voraus: Mithraskult ↗ u. Zarathustra ↗-Lehre.
Dem Christentum ging voraus das Judentum ↗ u. diesem die R. von Ägypten ↗, Kanaan ↗ u. Babylon ↗, das seinerseits die R. von Sumer ↗ übernahm.
U. überall gab es immer wieder Religionskriege ↗.
Religionskriege: Kriege ↗ über die Art der Religio ↗, z. B. unter Diskriminierung von Religion ↗ als Irrglaube von Heiden ↗ + Ketzern ↗. Am bekanntesten der äg. Mysterienverrat ↗, das Geschehen auf Kreta ↗, die christl. Kreuzzüge ↗, übergehend in Kolonialismus ↗ u. den 30jährigen Krieg im Anschluß an die Reformation ↗, beschrieben im Simplizissimus ↗. Aber a. die Judenvergasung ↗ gehört dazu sowie die Islam. Revolution unter Khomeini ↗ u. der Endkrieg ↗ zw. den ›Kindern des Lichts‹ ↗ u. den ›Kindern der Finsternis‹ ↗, von dem schon die Qumran-Texte ↗ sprechen. Nicht zu vergessen die Massaker auf Rapanui ↗ (= Osterinsel) od. das der Arier ↗ gg. die Khetchae ↗. These: als Motiv schält sich heraus: Gott ↗ (im Zentrum der Sonne ↗ = Natur ↗, Evoltuion ↗, Seele ↗) u. dessen Anhänger gg. Kulturbringer ↗ (Sirius, Kultur ↗, Geschichte ↗, Geist ↗) u. deren Anhänger, sodaß es letztl. immer um die Art der menschl. Einmischung in die Schöpfung ↗ ging u. geht.
Reliquie: sichtbarer Überrest eines in der Religion ↗ verehrten Toten. So verehrten als R.:
Ägypter die 14 Teile des zerstückelten Osiris ↗
Inder die Teile der zerstückelten Sati ↗

Germanen ↗ die jeweils 4 Teile eines zerstückelten Königs, der offensichtl. Wotan ↗ gleichgesetzt wurde

Abb. 2

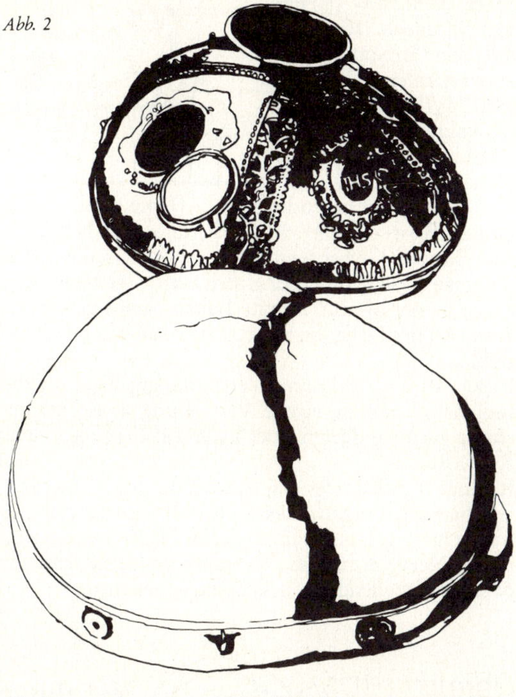

Christen unbegrenzt: 3 Nägel der Kreuzigung ↗, Dornenkrone von Jesus ↗ u. den Speer des Schicksals ↗ als Lanze, die ihn durchbohrte; Kleid der Maria ↗ + Gürtel; Linnen, das Jesus als Kind getragen haben soll sowie Linnen, in das er nach der Abnahme vom Kreuz gehüllt wurde u. das Blutspuren zeigt. Kopf von Johannes dem Täufer ↗. Ab Germanisierung der Kirche ↗ durch ›Heidenmission‹ (Missionierung ↗) blühte dann ein ganz ungewöhnl. R.-Kult auf für Knöchelchen aller Art von Heiligen, s. Hand ↗ u. Fuß ↗, aufbewahrt in Reliquienbehältern ↗, die zum Hauptanstoß für Kunst ↗ wurden. Insofern sind wohl a. die Mumienhüllen ↗ hinzuzurechnen. Abb. 1 zeigt 3 briefförmige ›Reliquienbeutel‹ mit Holz vom Sarg od. Erde vom Grab sog. Heiliger bzw. Seliger. Ungeheuerlich wirkt der ›Hirnschalenkelch des Hl. Sebastian‹ der Pfarrkirche Ebersberg. Noch Anf. dieses Jh. tranken Wallfahrer aus dem kelchförmigen Reliquiar; durch das Fensterchen (oben l.) konnten sich die Gläubigen vom Vorhandensein der Hirnschale überzeugen. Die R. wurde im 10. Jh. von Papst Stephan III. dem Probst Hunfried von Ebersberg gegeben u. galt als eine der mächtigsten Bayerns, zumal der Heilige als Pestpatron große Verehrung genoß (Abb. 2). Dann erzählt

Abb. 1

die Legende, daß die Sitzplatte vom Thron Karls des Großen ↗ ein Eichenbrett der Arche Noah ↗ gewesen sei, darunter befand sich ein Hohlraum, vermutl. für einen R.-Behälter, in dem sich blutgetränkte Erde des 1. christl. Märtyrers befand, sog. Stephans-Bursa, heute Schatzkammer, Wien. — R. waren eine best. Form der Religio ↗ (wortverw.).

Reliquienbehälter: kunstvoll gearbeiteter Behälter für eine Reliquie ↗; z. B. die 1. Goldmadonna der Maria ↗. A. in mittelalterl. Schwertgriffen waren Reliquien eingelassen. Man spricht von Stoff-Magie. Die unausbleibliche Merkantilisierung zum Wirtschaftszweig wurde im 13. Jh. zeitweilig eingeschränkt, indem der Papst ↗ als allein zuständig erklärt wurde. Letzte große Blüte im Barock ↗ als ›devotio reliquiarum‹ zur Entfesselung von Emotionen.

Rembrandt: holländ. Maler des Barock ↗ (1606–1669), starb verarmt. Typ. Licht-Dunkelheit Kontrast, fällt in die Wiederholung ↗ auf Grundmotiv ›Einheit von Gut und Böse‹. Themen der Bibel ↗ u. über 100 Selbstbildnisse.

Remenut: Nv. der Nut ↗; im Zodiak ↗ von Dendera als ›Trägerin‹ (was der Name nur bed. soll) des 4. Zodiakhauses (Stier, Widder, Fisch) eingesetzt, deshalb kuhgetaltig wie die Himmelskuh ↗. A. als Trägerin für den Reliquien ↗-Kasten von Abydos ↗ eingesetzt, wo die Kopfreliquie ↗ des Osiris verwahrt wurde. These: das Wort könnte Re ↗-Mu ↗-Nut gelautet haben, denn Mu (Wasser) ist das 4. Viertel der Sonne (Re). Remu ↗ wiederum führte evtl. zu Rom ↗.

Remu: Prototyp des etrusk. Ruma, woraus Rom ↗ wurde; über den Wortsinn s. Remenut ↗. Wohl erhalten als Remus ↗.

Remus: Zwillingsbruder von Romulus ↗, bei der Gründung von Remu ↗ = Ruma = Rom ↗ von diesem erschlagen. Als Mutter gilt die Vestalin ↗ Rhea Silvia, als Vater Mars ↗, d. h. die 5. Welt ↗.

Renaissance: Wieder-(Re)Geburt *(naissance)* der griech. u. röm. Antike, gefördert durch archäol. Ausgrabungen z. Z. des Humanismus ↗, dem sich die R. anschließt. Gewöhnl. läßt man mit ihr das Mittelalter ↗ enden u. die Neuzeit ↗ beginnen. These: was aber eigtl. beginnt, ist die letzte Wiederholung ↗ der Evolution mit Grundmotiv , Triumphtanz ↗, Archetyp Pfau ↗, der a. auf Bildern der R. erscheint (Abb.). Im Buchstaben-Äqv. A = Alpha ↗ drückt sich ein Anf. aus: geboren wird der Anf. der mod. Wissenschaft ↗ einerseits u. im Vollzug des neuen Ich ↗-Gefühls der Protestantismus ↗ andererseits. Als erster gebrauchte der Florentiner Bildhauer Ghiberti um die Mitte des 15. Jh. den Ausdruck ›rinascita‹, den Dürer später mit ›Wiedererwachsung‹ übersetzte. Im Mäander ↗ des Fischsektors ↗ fällt die R. auf den 5. Eckpunkt, beginnt 1438 u. geht 1519 in die Höllenzeiten ↗ über, mit geschichtl. Äqv. des Kali Yuga ↗. Die Literatur der R. zeigt deutl. den beginnenden Ego-Trip:

»... denn jeder Mensch glaubt, daß nur er allein
ein Phönix ↗ sei, und daß von jener Art
von der er ist, kein andrer könne sein.«

A. die Kunst läßt keinen Zweifel. Leonardo da Vinci ↗ zeichnet das Ende der Welt, Dürer schaut im Traum kosm. Eruptionen wie vorausgeahnte Atompilze, die nahende Apokalypse ↗ wirft deutl. Schatten, sodaß die einsetzende Lebenslust der R. fast wie eine Verdrängungsneurose wirkt: ›Das Dasein als Karneval ↗‹ ist folgende Beschreibung betitelt: »Die Renaissance war eine Zeit des Schaugepränges, der festlichen Spiele, prunkvollen Prozessionen und lärmenden Feierlich-

keiten, die ganze Städte in fröhlichen Aufruhr versetzten... Die Menschen der Renaissance brauchten keinen Grund zum Feiern - sie feierten das Leben ↗« (Hale, 1978, S. 149). Es folgte der Manierismus ↗.

Renard Pâle: ›Bleichfuchs‹ mit Namen Ogo ↗, eine zwiespältige Figur der schwarzen Genesis (Dogon ↗), die dem altäg. Seth ↗ zu entspr. scheint, s. Planetenstab ↗. Wurde Titel eines frz. Films über das Sigui-Fest ↗.

Renenet: Nv. der Naunet ↗, wahrsch. Re ↗-Naunet, der 8. Sektor der Sonne (Re) im 8er Kreis ↗. Die Ptolemäer ↗ machten die Göttin Thermuthis daraus u. verehrten sie als eine Gestalt der Isis ↗, die als 1 der Maati ↗ den ges. 8er Kreis vertreten konnte. Dann sind die restl. 7 Sektoren Isis' 7 ›Schleier‹ ↗.

Reptilien: Kriechtiere (lat.) mit Wirbelsäule ↗ u. schuppen- od. schildförmiger Haut; z. B. Echse ↗, Krokodil ↗, Schildkröte ↗ u. Schlange ↗, jeweils als Symbol eingesetzt. Größte inzw. ausgestorbene Art die Saurier ↗, auf die wahrsch. der ›Drache‹ zurückgeht.

Reschef, Resop: ein aus Kanaan stammender Gott, der a. im späteren Ägypten auftaucht (Abb.) u. durch die Gazelle ↗ auffällt, die um die weiße Krone ↗ gewunden ist. Attribute lt. Bonnet: »Streitaxt ↗, Speer u. Schild« (S. 638), was wundern läßt, ob er mit den Streitaxtleuten ↗ zusammenhängt. Jirku (Der Mythos der Kanaanäer) vokalisiert Raschap u. schreibt, er bringe über den Menschen einen »... nicht im Naturverlauf liegenden Tod...« (Iirku, 1966, S. 59). Das äg. Beiwort: Herr der Stärke unter der Neunheit läßt ihn zur Götterneunheit ↗ gehören, sodaß eigtl. nur eine Erscheinungsform des Seth ↗ gemeint sein kann; in der Bibel ↗ könnte Rahab daraus geworden sein, Nv. des Leviatan, Satan ↗ etc., kanaan. Jam ↗. S. Byblos ↗.

Reservat: abgeschlossene Vertreibungsgebiete für die Indianer ↗, wo sie eigene Verwaltung u. Rechtsprechung ausüben dürfen, aber kaum existieren können.

Re.T: Rait ↗.

Retina: Netzhaut des Auges, folgt der Iris ↗; hier laufen die eigtl. Vorgänge der Lichtwahrnehmung ab, ermöglicht durch ein kompliziertes Netz erregungsleitender Nervenfortsätze. Das empfangene Bild trifft auf dem Kopf stehend ein, s. Schema u. Sehen ↗.

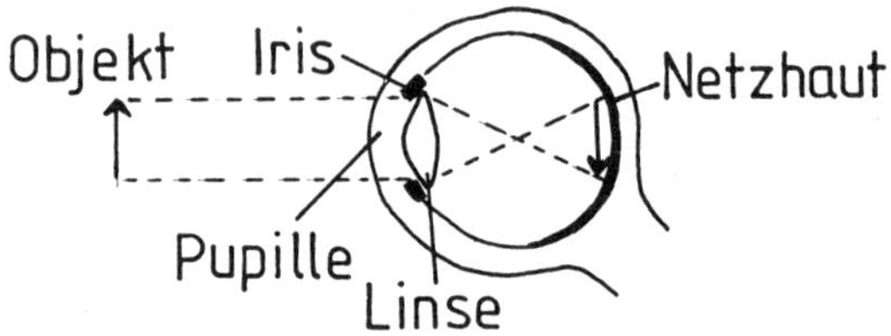

Revolution: Umwälzung der bestehenden Ordnung, gewaltsame Veränderung eines Systems ↗, kann die Religion ↗, Wissenschaft ↗, Kultur ↗ insg., Kunst ↗ od. die sozialen Verhältnisse betreffen: Klassensystem ↗, Kolonialismus ↗ etc. Vielleicht kann man sagen, daß die 1. (gewaltfreie) R. eine gg. die von Gott gesetzte Evolution ↗ war, ausgelöst durch Evas Griff nach Erkenntnis ↗, wodurch als neues System Geschichte ↗ eingeführt wurde. So spielten sich alle weiteren R. nur in ihrem Rahmen ab u. waren dann Umwälzungen, um ihr Steckenbleiben zu verhindern, was bes. in ihren letzten Jh. notwendig wurde: beginnend mit der Reformation ↗ als relig. R., setzt sich die wachsende Unruhe fort mit der 1. frz. R. unter Napoleon ↗, der industriellen R. in England unter Königin Viktoria, u. als Endmotiv der Wiederholung ↗ von Geschichte 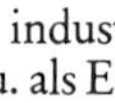 1847–1950 (Beginn Endzeit ↗) folgen:

1848 Juli-R. in Frankreich
1848–49 Aufstand in Ungarn
1849 Mai-Aufstand in Sachsen (unter Bakunin ↗)
1859–60 Aufstand in Italien (Garibaldi ↗)
1863–64 Aufstand in Polen
1871 Pariser Kommune, die Marx ↗ überraschte
1857–58 1. Aufstand in Indien

1861–65 Aufstand in USA ↗ (Sklavenbefreiung)
1900 Boxeraufstand in China ↗
1905 1. R. in Rußland ↗, die Lenin ↗ überraschte
1911 Aufstand in Mexiko ↗
1917 2. Russische R. (s. Ouspenski ↗)
1983 Wissenschaftliche Revolution ↗
um nur einiges zu nennen, das aber z. T. schon zur globalen Weltrevolution ↗ gehört. These: das Ziel ↗ ist der Eintritt in die 6. Welt ↗, mit der durch Re-Evolution ↗ alle R. wieder aufhören. – Als Grundmotiv ↗ dürfte generell die Offene Linie ↗ die Idee der R. ausdrücken. – Dazuzurechnen ist als R. der Kunst eigtl. a. die Moderne ↗.

Rhadamanthys: 2. Sohn von Europa ↗, Bruder des Minos ↗.

Rhea: Titanin, von den Griechen ↗ mit der phrygischen Göttin Kybele ↗ gleichgesetzt, d. h. ›Mutter der Götter‹; als Gattin ihres Bruders Kronos ↗ (Saturn) wird sie Mutter von Zeus ↗, Hera ↗, Hades ↗, Poseidon ↗, Hestia ↗ u. Demeter ↗. »Eine Zeitlang hielten sich, beherrscht von Kronos und seiner Gattin Rhea, die Titanen ↗ an der Macht (d. h. die Nachkommen der beiden). Doch auch Kronos fürchtete, gestürzt zu werden, und verschlang seine Kinder. Aber als Zeus geboren wurde, täuschte Rhea seinen Vater mit einem in Windeln gewickelten Stein. Zeus zwang Kronos, die anderen Götter wieder auszuspeien...« (Cavendish/Ling, 1981, S. 120). Nach der Überlieferung von Kreta ↗ wiederum wurde Zeus von R. in Lyktos auf Kreta geb. u. auf dem Berg Ida ↗ in einer Höhle dem Zugriff von Kronos entzogen. Eigtl. müßten diese myth. Ereignisse ins Ende der 3. Welt ↗ fallen, in der ja a. immer, in vielen Var., ein ›Stein‹ (Gral ↗) den weiteren Verlauf der Dinge beeinflußt. – Übernahme des Namens durch die Vestalin ↗ Rhea Silvia, Mutter des Remus ↗.

Rhein: wichtiger Fluß von Europa; beginnt mit Quellen im St. Gotthardmassiv der Tessiner Alpen u. mündet mit einem Delta in der Nordsee; ein Teil der S-N Achse ist Grenze zw. Deutschland + Frankreich. An ihn wurden die Nibelungen ↗ verlegt, wahrsch. in Analogie zum Nil ↗.

Rhomben- oder Rautenmuster: s. Rhombus ↗.

Rhombus: Form mit 4 gleichlangen Seiten, deren Eckpunkte überkreuz liegen, wobei die 2 vertikalen oft weiter voneinander entfernt sind als die 2 horizontalen. Aber es kann sich a. um ein auf der Spitze stehendes Quadrat handeln. Als Symbol ↗ findet es sich

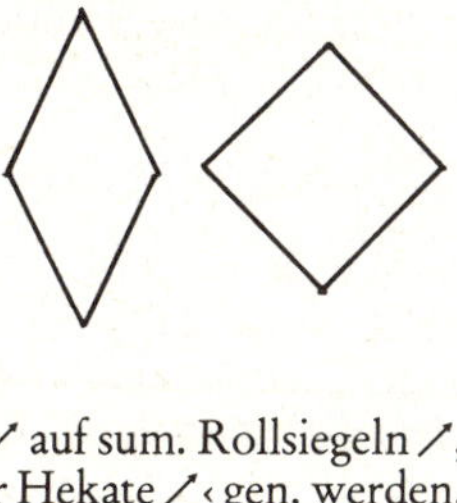

1) als Himmelsobjekt Schara ↗ auf sum. Rollsiegeln ↗,
2) die ihrerseits ›Rhomben der Hekate ↗‹ gen. werden.
3) Zum Rautenmuster vervielfältigt auf dem Gewand der Nut ↗,
4) was zum Kosmos ↗ überleitet, der als 1 der 4 Phasen des Gesamtkosmos ↗ - dessen Mittelstück allein zum R. wird - aber immer nur ½ R. darstellt.
5) Auf Münzen der Kelten ↗ wird, wie bei der äg. Nut, das gestirnte Firmament daraus, wobei die Sterne (Sonnen) jeweils im Zentrum eines R. sitzen. Dieses Rautenfirmament wirkt wie das Segel der Pferdegöttin Epona ↗ (Abb. 2). Da im Äg. Totenbuch ↗ bzgl. Totenschiff ↗ der Ausdruck ›Segel der Nut‹ fällt, folgt eine Gegenüberstellung von germ. Totenschiff, einem Runengedenkstein ↗ entnommen (Abb. 1), u. Epona mit Barke ↗ = Pferd ↗.

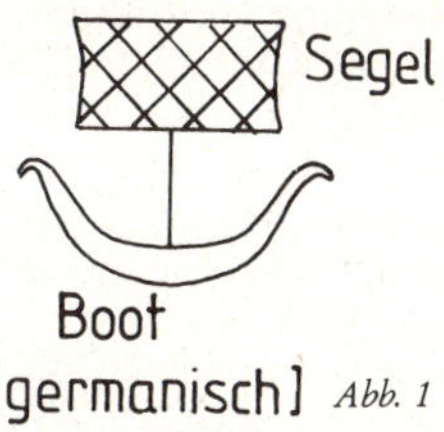

Abb. 1

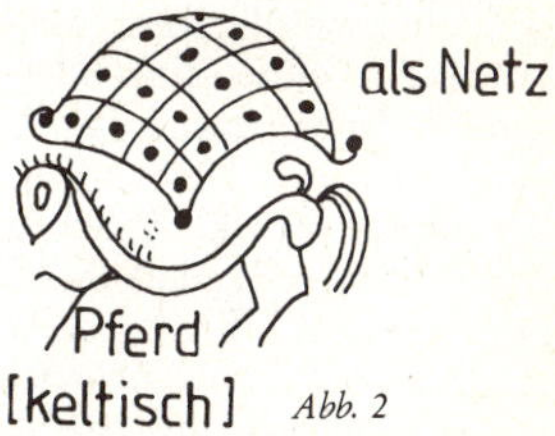

Abb. 2

Geometr. spricht man vom Kräfte-Parallelogramm; relig. vom Netz ↗.

Rhythmus: geht als Wort auf Rim ↗ (Zahl, zählen) zurück.

1) biolog.: Mit der Geburt beginnt beim Menschen ↗ ein Lebensr. seiner körperl., seelischen u. geistigen Kräfte, der sich auf Leitungsvermögen u. Stimmung auswirkt. Kompliziert wird dieser Lebensr. dadurch, daß jeder der 3 R. ein versch. langes Intervall hat. So dauert
eine körperl. Periode 23 Tage
seelische Priode 28 Tage
geistige Periode 33 Tage
d.h. es handelt sich um Polyrhythmik ↗. Treffen 2 od. noch schlimmer 3 Tiefpunkte zus., beteht erhöhte Unfallgefahr od. sogar Neigung zum Selbstmord. Deshalb läßt Japans größtes Taxi-Unternehmen seine 3000 Taxifahrer jeden Tag vor Arbeitsbeginn in ihrem Fahrtenbuch den Stand ihres Lebensr. eintragen u. bei genannter Gefahr ein Vorsichtschild am Taxi anbringen; angebl. Unfallrückgang um 50 %.

2) musikalisch: Zeitgliederung der Musik ↗, bes. kompliziert in Afrika ↗, wo sich der R. als ein rhythmisches System ↗ erweist, das die afrik. Philos. widerspiegelt. Die afrik. Perkussions-R. sind entw. polymtrisch oder polyrhythmisch. Bei der Polymetrie erklingen gleichzeitig mehrere verschiedenartige Grundmetren; bei der Polyrhythmik wird ein einzelnes Grundmetrum verschiedenartig akzentuiert u. synkopiert. Bei der Polymetrie schlägt z.B. eine Trommel ↗ einen Viervierteltakt, eine andere Trommel gleichzeitig einen Dreivierteltakt u. eine 3. Trommel einen Zweivierteltakt. Dabei müssen die Einsätze nicht übereinstimmen: will man die Partitur eines solchen Orchesters aufschreiben, kann man die Taktstriche nicht durchziehen. Bei der Polyrhythmik hingegen stehen die Taktstriche wie bei der europ. Musik senkrecht untereinander, doch werden mehrere rhythmische Versionen des einen Metrums miteinander kombiniert. Beiden Grundformen gemeinsam ist das Prinzip der Kreuzrhythmik, d. h. die Hauptakzente der verwendeten Grundformen stimmen nicht überein, sondern werden kreuzförmig (als X ↗, erweitert zum Gesamtkosmos ↗ od. Rautenmuster, s. Rhombus ↗) übereinandergelagert. Da all diese rhythmischen Formen der afrik. Kultur eigen sind u. in der abendländ. Musik nicht vorkommen, bietet ihr Auftreten ein zuverlässi-

ges Kennzeichen. These: seit Einfluß des Jazz ↗ hat sich das etwas verändert.
3) Kunst: der afrik. R. spielt in der Plastik die gleiche Rolle wie bei Dichtung, Tanz ↗ u. Musik. Führt zur Schrift ↗-Ablehnung.
4) Tanz: Singh berichtet, daß das Wachstum von Astern, Dotterblumen u. Petulien außerordentl. beschleunigt wurde, wenn Mädchen ohne jede Musikbegleitung, a. ohne klingenden Schmuck an den Fußgelenken, den Bharatnatyam tanzten, den ältesten Tanz von Indien ↗.
Berühmteste afrik. R.-Schlagformeln heißen Oru ↗, Zahl 24, u. gehen auf die Grundmotive ↗, d. h. auf Nommo ↗, das Treibende Wort zurück, u. das dürfte das Merkmal von R. überhaupt sein: antreibend, aktivierend, belebend etc., wie Atem + Herzschlag, deren Arithmetik in die Präzession ↗ übergeht:
18 Atemzüge/Minute = 25920 pro 24 Stunden (1 Tag)
72 Herzschläge/Min. = 25920 pro 6 Stunden

Rienzi: Titel der 1. Opfer von Wagner ↗, nach dem ital. Volkstribun Cola di Rienzo (1313–1354) benannt, der 1347 die Senatoren aus Rom ↗ vertrieb, um ein altröm. ›Reich des Heiligen Geistes‹ zu errichten; mißlang, er wurde ermordet. — Diese Idee griff dann Hitler ↗ wieder auf.

Riesen: Mythen von einem menschl. R.-Geschlecht in alter Zeit sind global u. existieren in mündl. wie schriftl. Lehre. Lt. Blavatsky ↗ gehörten sie der 4. Wurzelrasse ↗ an u. verschwanden alle mit der Sintflut ↗, was z. B. die Tolteken ↗ bestätigen. A. die Bibel ↗ verlegt die Nephilim ↗ vor diesen Weltuntergang: »Es waren auch zu den Zeiten Nephilim (Riesen, meist falsch mit Tyrannen übersetzt) auf Erden; denn da die Kinder Gottes (sprich von Elohim ↗) die Töch-

Felsmalerei aus Jabbaran (Tassili)

ter der Menschen beschliefen und ihnen Kinder zeugten, wurden daraus Gewaltige in der Welt und berühmte Leute« (1 Mose 6, 4). Ausführlicher in der Geheimlehre ↗ ‹ »Jene Riesen, Kinder des Himmels und der Erde, waren bei ihrer Geburt mit den Herrscherkräften begabt... mit außerordentlichen Fähigkeiten sowohl moralischer als auch physischer Art. Sie befahlen den Elementen, kannten die Geheimnisse des Himmels und der Erde, des Meeres und der ganzen Welt, und lasen die Zukunft in den Sternen... All diese Wesen sind durch ein Merkmal von Magie und Zauberei ausgezeichnet« (Creuzer, nach Blavatsky, II, S. 298). U. wieder Blavatsky: »Doch waren die Lemurier ↗ und die Atlantier, jene ›Kinder von Himmel und Erde‹, in der Tat durch ein Merkmal von Zauberei ausgezeichnet, denn die Geheimlehre beschuldigt sie genau dessen.« Auf der Felsmalerei (Abb.) von Tassili ↗, Nordafrika, sind Riese u. Riesin ↗ im Vergleich zu Mensch u. Tier von gewaltigem Ausmaß, außerdem schwarz, was zur Aussage des in Äthiopien ↗ gefundenen Buches Enoch ↗ paßt, das in 80 Kapiteln die Landung ↗ ›galaktischer Wesen‹ erzäht, die Töchter der Erde heirateten u. schwarz ↗ wurden. A. nach dem hebr. Zohar ↗, der sich auf die Kabala ↗ stützt, beginnt die Genesis ↗ mit dem Eintreffen galakt. Wesen um 22000 v. Z. Es soll damals ca. 1 Mio. Menschen auf der Erde gegeben haben. These: die Zeitangabe ist insofern stimmig, als sie in den Wassermann ↗ 23970–21810 v. Z. fällt u. damit dem Krokodil ↗ auf dem afrik. Landungsbild entspricht. U. Afrika erzählt, es seien von Norden (wo a. Tassili liegt) schwarze Gruppen gekommen, um sich im Delta des Schari (am Tschadsee ↗) niederzulassen: »Sie waren, erzählt die Legende, außerordentliche Riesen. Mit einer Hand sperrten sie die Wasserläufe ab. Sie forderten eine Stadt nach der anderen heraus und selbst die Erde ertrug ihr Gewicht nur schwer. Sie fanden, sagt man, an Ort und Stelle kleine Menschen vor« (J. Ki-Zerbo, 1979, S. 88). S. Nok ↗. Amerika: »Alle jene zahllosen gigantischen Ruinen, welche eine nach der anderen zu unserer Zeit entdeckt werden, alle jene ungeheueren Straßen kolossaler Ruinen, welche Nordamerika entlang und jenseits des Felsengebirges (Rocky Mountains) durchqueren, sind das Werk der Cyclopen ↗, der wirklichen und tatsächlichen Riesen der alten Zeit« (Blavatsky, II, S. 353). Die örtl. Überlieferung verweist auf Munte (?) als »... Landungspunkt jener Riesen, welche Amerika ↗ überfluteten, als es kaum sich aus den Wassern erhoben hatte« (De la Vega, IX, 9). Asien sagt das gleiche über die 5 R.-Statuen im Hindukush ↗ am Fuße des Koh-i-baba, die die 5 ersten Wurzelrassen ↗ darstellen sollen, wobei die ersten 3 aber nur ätherisch waren, sodaß die Höhe keine Körper in unserem Sinn meint. Die Maße lauten:
1. Wurzelrasse 173 Fuß (über 50 m)
2. Wurzelrasse 120 Fuß (ca. 40 m)
3. Wurzelrasse 60 Fuß (ca. 20 m)
4. Wurzelrasse 25 Fuß (ca. 8 m) Die körperl. R., s. Gilgamesch ↗
5. Wurzelrasse heutige Größe

»Riesen acht ich die Urgeborenen...« sagt am Anf. der Edda ↗ die Seherin, die von ihnen ›erzogen‹ worden ist. Kurz vor Ragnarök ↗ hat sich die Szene total verändert, sie berichtet »Ganz Riesenheim rast, zum Rat gehn die Götter« (regin ↗); dann zündet der schwarze Riese Sutur ↗ die Welt an, ›Riesinnen straucheln‹ etc. A. ein denkwürdiges Lied hat sich erhalten:

»Wir sind alle von Riesen gekommen
Riesen gekommen
wir machen 'nen Tanz...«

Aus dem holländ. Volksbrauch geht hervor, daß auf Prozessionen ↗ R. (Puppen) mitgeführt wurden, u. der Tanz ein ›Wendetanz‹, sprich Troya-Tanz ↗ war. Germ. Namen für R. waren: Jötunen, Jätin, Jetten,

Jekken; letztere reichen bis in den heutigen Karneval ↗ hinein. A. Hun ist überliefert, woraus Hünen u. die Hünengräber (Megalithgräber ↗) wurden. Möglicherweise geht Hun auf das Maya-Wort für Eins, s. Hunab Ku ↗ zurück, mit den Hunen = Riesen als den Ersten. U. wenn die 3 Disen ↗ ›Riesentöchter‹ gen. werden, so stimmt a. hier wieder die Zeit, denn mit ihnen geht das ›Goldene Zeitalter‹, sprich Paradies ↗ zu Ende. Vielleicht ist Jötunen (od. Jöten ↗) urspr. Jöt-Hunen, mit *jöt* = gut, die guten R., denn natürl. gab es a. böse durch Degeneration, z. B. auf Atlantis ↗. — S. Arnhemland ↗ u. Ceylon ↗.

Riesinnen: Jöten ↗, s. Riesen ↗. Namentlich gen. Fenja ↗ u. als Begriff die Wala ↗.

Rig: Nv. für Heimdall ↗, bei den Armanen ↗ äqv. Wassermann ↗, was folg. Mythos der Rassen ↗-Entstehung wie a. anderswo an den Anfang der 4. Welt ↗ setzt: R. wandelte einstmals auf Erden u. besuchte Ai u. Edda, mit der er einen dunklen Sohn zeugte. Dann ging er zu Afi u. Amma, mit der er einen roten Sohn zeugte. Und schließl. kehrte er bei einem namentl. nicht genannten Paar ein, wo er einen hellen Typ schuf. Der Rassismus ↗ verdreht das neuerdings gerne in Klassen ↗: Knecht, Freibauer, Fürst. — S. Rigveda ↗.

Rigveda: ältestes Teilstück der Veden ↗, ca. 10580 Verse in 1028 Hymnen, lt. Blavatsky ↗ bis heute nicht richtig verstanden, weil verschlüsselt. Beginnt wie die Bibel ↗ od. andere Hl. Schriften (z. B. Popol Vuh ↗) mit der Schöpfung ↗. Älteste Religionsschrift in Indien ↗, im 2. Jt. v. Z. schriftl. fixiert, aber wohl sehr viel länger mündl. überliefert. Gleich nach der Zusammenstellung begann man, Kommentare dazu zu schreiben, eine Gewohnheit, die Jh. hindurch beibehalten wurde. Das Schlußstück der daraus entstandenen Literatur sind die Upanischaden ↗, deren Ursprünge auf die Zeit um 700 v. Z. zurückgehen. Die älteste Hymnenform des R. soll in Dialogform verfaßt worden sein, die auf eine urtümliche Art des Theaterspiels - vielleicht das der Arioi? - hinweisen. Eine ›Froschhymne‹ setzt z. B. als Frösche verkleidete Darsteller voraus, die zu Ehren des Regen ↗-Gottes tanzen u. singen. In der äg. Götterachtheit ↗ trugen die 4 männl. Glieder Frösche als Symbol, die weibl. Schlangen. — Das Wort könnte sich aus Rig ↗ + Veda ↗ zusammensetzen, also das im Wassermann ↗ beginnende Wissen meinen, s. Landung ↗. — Gen. werden u. a. Prajapati ↗ u. Puruscha ↗. Weitere Zitate: »Der Pfad der Aditi ↗ am Himmel, der nicht überschritten werden kann...«, offensichtl. die äußere Grenze des Kosmos ↗ wie bei der äg. Nut ↗. Als Gegenpol Pitriyana, der Weg der Pitris ↗, der in die Erde führt »... die sich öffnet zu gütigem Empfang des Toten ↗ zur abermaligen Geburt...« (= Reinkarnation ↗. »Deinen Geist ↗, der zu den vier Enden der Welt weit hinweggegangen, den machen wir zurückkehren zu dir, daß hier du wohnest, hier du lebest.« (R. VII, 58, 4).

Rim: Zahl ↗ (angelsächs.), Riman = rechnen, zählen. These: Ahriman ↗ = Ah ↗ (Herr) Riman (Zahl)
Reihe, Reihenfolge, Zahl (ahd.)
Rechnung, Berechnung (spätaltnord.)
Lt. Wirth ↗ sind Querverbindung: Do-Rimu = Rechne, Zähle auf (altirisch) u. A*rith*mos = Reihe, Zahl (griech.), daher unsere Arithmetik = Zahlenlehre, das Rechnen mit Zahlen. These: eingebaut Rithm, woraus Rhythmus ↗ wurde. Als Begriff der Zeit sind die Rimstäbe ↗ erhalten.

Rimstab: Runa-Staff, Runenstab ↗ zum Berechnen (= Rim ↗) der Kalender ↗, d. h. Kalenderstäbe od. Zeitstäbe, beschriftet mit Runen. Fast alle, da aus Holz, sind verlorengegangen. Meist wurde eine Seite zur

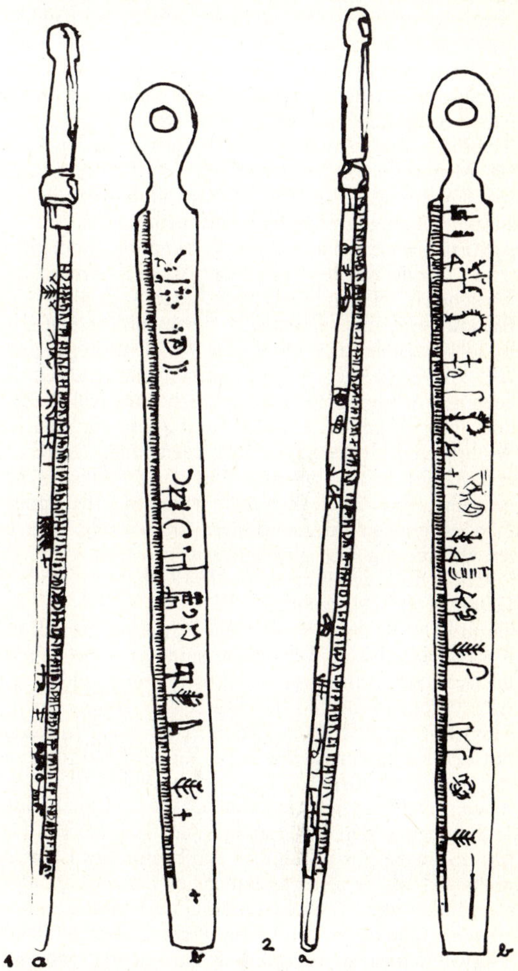

Winterhälfte, die andere Seite zur Sommerhälfte des Jahres ↗, aber nicht Julnacht ↗ bis Sommersonnenwende ↗, sondern 14. April - 14. Okt. (Sommer), letzteres war die ›erste Winternacht‹ mit symb. Bezug zur Winterzeit als Chaos ↗, aus dem die Sommerzeit als Schöpfung ↗ hervorgeht. Die Abb. zeigt Vor- (1) u. Rück- (2) Seiten zweierlei R.; a. mit Od ↗-Griff.

Rippe: als Symbol ↗: die Bibel ↗ behauptet, Gott habe auf den 1. Menschen ↗ einen tiefen Schlaf fallen lassen, u. nachdem er entschlafen war, eine seiner R. herausgenommen, um die 1. Frau ↗ daraus zu machen (1 Mose 2, 21-22), ein völlig unmögl. Vorgang. These: da aber die R. des menschl. Skeletts ↗ überraschend genau den Planeten ↗ entspr., wäre in Analogie zum Geschehen in unserem Sonnensystem ↗ die Interpretation naheliegend, daß die Geschlechter ↗ unterschiedl. Stadien des Sonnensystems darstellen: der Mann dasjenige ohne Venus ↗ (die ja konkret ›herausgenommen‹ wurde als einstmaliger Uranus-Mond, s. Aphrodite ↗) mit Ogo ↗, die Frau dasjenige mit Venus, ohne Ogo, jeweils mit anderer Position der Erde ↗. Außerdem fällt auf, daß in Sumer ↗, von wo z. B. a. der Sintflut ↗-Bericht in die Bibel übernommen wurde, Ti ↗ R. bedeutete, aber a. Leben, Pfeil, Schlüssel ↗. Es könnte sich also a. um einen Übersetzungsfehler handeln; s. Ninti ↗. In der Kabala ↗ ist dieses seltsam aneinandergekettete Paar Adam Rishon ↗ u. Eva ↗ (Bibel: sie werden sein ein Fleisch) nicht das einzige; unabhängig voneinander (nicht durch R.-Entnahme) wurden Adam Kadmon ↗ u. Lilith ↗ geschaffen.

Rishon, Adam: Ausdruck der Kabala ↗ für jenen 1. ird. Menschen, aus dessen ›Rippe‹ ↗ Eva ↗ gemacht worden sein soll. Das Wort könnte mit dem ind. Rishi zusammenhängen, etwa halbgöttl. bed., mit Rishi Prajapati als Urmensch u. in enger Verbindung mit den Pitris ↗. Für die Kirche ↗ gilt dieser Adam als Träger der Erbsünde ↗. Himml. Gegenpol Adam Kadmon ↗.

Ritual: wird im Vajrayana ↗ (Diamantfahrzeug des Buddhismus) definiert als »... das Mittel, ein gegebenes Ziel zu verwirklichen.« Konfuzianismus ↗: »Ritual bedeutet, daß hoch und niedrig ihren Rang haben, Alt und Jung ihren Unterschied, und Arm und Reich, Wichtig und Unbedeutend ihre Beziehung.« Im Ggs. zum Idealstaat des Taoismus ↗ ist der konfuzianische Idealstaat eine rituell geordnete Pyramide, die Ränge manifestieren sich in Gewändern. In den folg. Begriffen wird R. mit Li ↗ gleichgestellt:
Li-Chi = R.-Zeichnungen, die im 12. Jh. zur ›Großen Lehre‹ (Ta-Hsüeh) werden.
Chou-Li = R. der Chou-Völker ↗, die bis zurück in Knocheninschriften verfolgbar sind als »Herrschaft unsterblicher Prinzipien (= Rituale) und Zyklen ↗«.
Altägypten: »Noch in der Spätzeit erzählte man in Theben ↗, daß ein Falke ↗ den Priestern ↗ ein Buch mit den kultischen Gesetzen (= Ritualen) vom Himmel gebracht habe.«
These: als Zeitangabe verstanden, fällt die Entstehung u. Festlegung der grundsätzl. R. in den Adler ↗ (= Skorpion) -Sektor u. damit in den Beginn des 1. Patriarchats ↗, als dessen Fundament es dann überhaupt verstanden werden kann. Innerhalb der Geschichte ↗ würden dann die R. den Festen ↗ gefolgt sein, evtl. als Notwendigkeit, diese dauerhaft zu fixieren, während ihnen Urreligion ↗ u. Mythos ↗ gefolgt wären, deren Fundament die R. noch heute sind. Das Schema orientiert sich an den Zodiakzeichen ↗:

Optisch sieht das Zodiakz. Adler (bei uns Skorpion ↗), hier ›Ritualbuch‹ gen., wie die Horuskrone ↗ aus, der ein Pfeil entspringt; letzterer ist in Sumer als Ti ↗ u. a. für Leben ↗ eingesetzt. U. das äg. Verständnis der Funktion eines R. ist tats. die einer Belebung, Beseelung. Durch Vorschreibung jedes Handgriffs od. ›Ritualisierung‹ einer Handlung zur Zeremonie in einer logisch fortschreitenden Reihe von Symbol-Akten werden ›höhere Wirkungen‹ ausgelöst, profanes Tun wird sakral ↗.
Erhalten aus Ägypten das R. zur Besänftigung der Göttin Hathor ↗, das R. zur Bekämpfung des Seth ↗ u. natürl. das komplizierte R., das sich im Naos ↗ abspielte, zerlegt in einzelne, genau festgelegte Bewegungen, die weit über ihr optisches Bild hinausreichen: »Wenn z. B. der Priester den Kragen um den Hals des Gottesbildes legt, so denkt er der Arme, die Atum ↗ um das erste Götterpaar (Schu ↗ + Tefnut ↗) schlang, als er ihm seinen Ka ↗ gab...« etc.
In den Veden ↗ gibt es einen ›Ritualtext der 100 Pfade‹, im Schintoismus ↗ das Engi-Shiki mit 27 R., im Nagualismus ↗ den R.-Tanz bis hin zur christl. Kirche ↗, die R. für das Spenden der Sakramente ↗, Prozessionen ↗ u. a. festgelegt hat.
Das Wort dürfte mit Rta ↗ (Gesetz, Weltordnung) zusammenhängen. S. Jadschurveda ↗, Krönung ↗, Moi-

roloja ↗, Opfer ↗, Oba ↗ sowie die Mysterien ↗; aber a. der Geschlechterkampf ↗ wurde ritualisiert, z. T. nicht unähnl. dem der Tiere ↗, was einer Übernahme von Naturgesetzen ↗ (Li) in die Kultur ↗ gleichkommt. Oder: R. ist ein geordneter Kult mit der Gefahr, aus Religion ↗ eine reine R.-Religion zu machen. »Eine in Australien ↗ - wie übrigens auch in Südamerika - weit verbreitete mythische Anschauung behauptet demgegenüber, daß die sakralen Riten bis zu ihrer Übernahme durch die Männer ursprünglich unter weiblicher Herrschaft standen« (Cavendish/Ling, 1981, S. 290). Das dürfte sich auf die Djangawul-Schwestern ↗ beziehen u. den Totemismus ↗ als R. mit einbeziehen. Die Abb. zeigt ein Totem-R. der Irrikara.

Ritus: s. Ritual ↗.

Rögnir: Nv. für Ragna bei Ragnarök ↗ u. Regin ↗, aber Einz. = Gott, bzw. genau übers. Herrscher, bezogen auf Wotan ↗ durch Rögnirs Wagen ↗ (germ.).

Rögnirs Wagen: germ. *rognis reid* od. *reid hrungnis,* womit als Wotanswagen der Sonnenwagen ↗, äqv. Sonnenschiff ↗ in Ägypten, gemeint ist, s. Rögnir ↗.

Eddische Strophe:
»Auf dem Schild sind sie geritzt (die Runen ↗)
der steht vor dem scheinenden Gott
auf Arwarkrs Ohr und Alswidrs Huf
auf dem Rad, das da rollt unter Rögnirs Wagen
auf Sleipnirs Zähnen«
Dieser Schild ↗ wird an anderer Stelle ›fota Hrungirs‹ = die Füße ↗ von Hrungir = Rögnir = Wotan ↗ genannt.

Rokh: myth. Vogel ↗ im arab. Tausendundeine Nacht ↗, spez. der 2. Reise von Sindbad ↗; in der Tat fand später Marco Polo bei seinen Schiffsreisen heraus, daß auf den Inseln um Madagaskar ↗ ein riesiger Vogel *roc* gen. wird: er kann mit seinen Greifzehen große Tiere wegtragen u. scheint eine Art Vogel Strauß ↗ gewesen zu sein. Bei Sindbad allerdings versinkt er im Mythos ↗, trägt ihn hinweg in ein Paradies ↗, gen. ›Tal der Diamanten‹, wo faustgroße Diamanten + Schlangen R.s Nahrung sind. Churchward ↗ versichert in seinem Buch ›Der verlorene Kontinent Mu‹, dieser Vogel sei das hl. Symbol ↗ der Leute von Mu ↗ gewesen. These: da dieser Kontinent a. Tamoanchan ↗ gen. wurde, müßte R. mit Moan ↗ ident. sein, ein Vogel in 8facher Gestalt, d. h. der 8er Kreis ↗ (die Elementpaare) vertretend. Das tut in Ägypten die Maat ↗, geziert mit einer Straußenfeder. Von hier ist die Verbindung Rokh-Berg Kaf ↗ mögl., der der Großen Pyramide ↗ entspr., deren Fundament wieder die Maat (Symbol Balken) ist. Mit ihr wird der Phönix ↗ verbunden, den der R. - äqv. Ruach ↗ - wohl a. symbolisiert.

Rolandslied: berichtet von den Kämpfen, die Karl der Große ↗ 7 J. in Spanien gg. die Mauren des Islamischen Blitzkriegs ↗ ausfocht; sein Widerpart ist der König Marsilies von Saragossa; sein legendärer Mitstreiter Roland, an dessen Leiche er in einer Miniatur (Abb.) des 15. Jh. kniet, daneben das Rolandshorn Olifant, mit dem er um Hilfe rief. S. Martell ↗ u. Karolingische Renaissance ↗.

Rollsiegel: aus Stein geformte Rollen mit eingravierten Figuren, Z. bzw. ganzen Szenen der Religion, des Mythos od. Alltags, zur Druck-Vervielfältigung durch Abrollen. Von Sumer ↗ ausgehend, machten sie ihren Weg zum Indus ↗ u. bis nach Griechenland ↗ u. wurden a. von Babylon ↗ übernommen. 3000 J. lang im Gebrauch, findet man sie fast bei jeder Ausgrabung. Bisherige Entstehungsdatierung 4000 v. Z. Zunächst ohne Schrift (Abb. 1: Anbetung der Spinne ↗), gehen sie im 3. Jt. v. Z. in abstrakte Z. über (Abb. 2), aus denen sich die Keilschrift ↗ entwickelte, die dann zus. mit Figuren (Abb. 3) zu Signaturen von Eigentümern

Abb. 1: 4. Jt. v. Z.

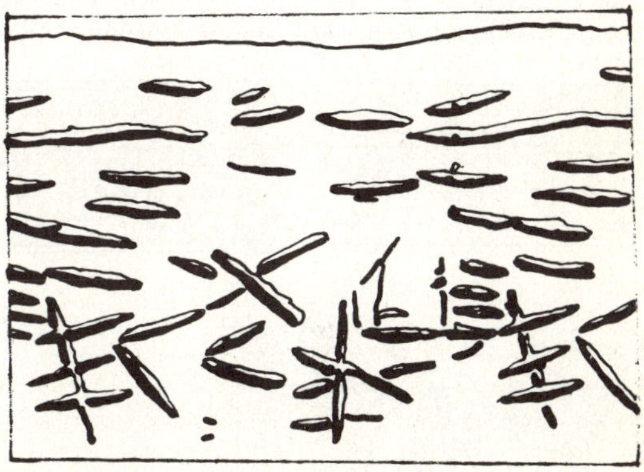

Abb. 2: 3. Jt. v. Z.

werden, nicht nur auf Handelsware, sondern a. auf Türen. 2 der Figuren tragen auf Abb. 3 die Hörnerkrone ↗. S. Stichw. Berg ↗. Ständig wiederkehrendes Motiv: eine in die Ul-Rune ↗ (mit 12 Zweigen = Geschichte ↗ als Zodiak ↗) eingesperrte Göttin, Abb. 4–7; auf Abb. 8 + 9 eine Art Hor Chan ↗ (Kopf der Schlange) als Priester; Tiamat ↗ mit Rhombus ↗ u. Mond ggb. Marduk ↗ mit Sonne, Abb. 10. Schließl. die nackte Ischtar ↗ u. 2 Gestalten mit Hirtenstab ↗, darunter das Ruti ↗-Paar (Abb. 11). Als letzte übernahmen die Perser ↗ diese Kunst (Abb. 12), auf dem

Abb. 4

Abb. 8

Abb. 5

Abb. 9

Abb. 10

Abb. 3: 2. Jt. v. Z.

gezeigten R.-Abdruck ganz l. König Darius, Vetter von Kambyses↗, bei der Löwenjagd. Am Himmel Ahura Mazdao↗. — Bei den sum. R. verblüffen Illu-

Abb. 6

Abb. 11

Abb. 7

strationen, deren Inhalte in die Bibel↗ eingeflossen sind: Eva↗ + Schlange am Baum der Erkenntnis z. B. — Man nannte sie a. Räder od. Rhomben der Hekate↗. — S. Os↗.

Abb. 12

Rom: lt. Legende eine Planung der Götter, die nach dem Fall von Troja↗ den besiegten Helden Äneas↗, Sohn der Venus, beauftragten, seine Mitflüchtlinge westwärts ›ins gelobte Land‹ (Italien↗) zu führen, das sie nach langen Irrfahrten u. Heimsuchungen erreichten. Dort vereinigten sie sich unter dem Königtum des Aeneas mit den Latinern u. gründeten Lavinium, eine in Küstennähe südöstl. des späteren R. gelegene Stadt. Im 8. Jh. gebar die Vestalin↗ Rhea Silvia, eine latinische Königstochter, Zwillinge - angebl. vom Mars↗. Zur Strafe für den Bruch ihres Gelübdes, jungfräulich zu bleiben, ließ sie ihr Onkel, König Amulius, einkerkern u. die Säuglinge Romulus↗ + Remus↗ in den ansteigenden Wassern des Tiber↗ aussetzen. Rechtzeitig wurden sie von einer Wölfin gefunden u. gesäugt, bis ein Hirte sie entdeckte u. mit nach Hause nahm, wo sie wie eigene Kinder aufwuchsen. Groß geworden, beschlossen sie, eine neue Stadt am Tiber zu errichten; Romulus zog die Grenze mit dem Pflug, tötete seinen Bruder u. gab der Stadt seinen Namen. Sein Grab befindet sich angebl. unter dem Forum Romanum, zentraler Platz der Stadt. Der Historiker Livius legt ihm die Worte in den Mund: »Geh und verkünde den Römern↗, der Wille der himmlischen Götter sei es, daß mein Rom des Erdkreises Haupt ist.«

Die Tatsachen sehen anders aus, denn der Boden R.s »... war bereits in vorgeschichtlicher Zeit, vielleicht seit dem späten zweiten vorchristlichen Jahrtausend besiedelt. Die Bewohner (Ligurer↗?) mochten sich wohl für einige Dauer eines ungestörten Lebens erfreut haben. Um 800 v. Chr. landete ein geheimnisvolles Volk, die Etrusker↗, an der Küste nördlich des Tibers und zog landeinwärts. Wahrscheinlich waren sie aus Kleinasien↗ gekommen. Man weiß jedoch nichts Bestimmtes darüber, teils weil ihre Sprache bis heute nicht enträtselt werden konnte. In der Entwicklung Roms sollten sie eine wichtige Rolle spielen« (Hadas, 1977, S. 35). Ihr Stadtname lautete Ruma od. Remu↗. These: die ominösen Zwillinge↗ könnten mit Remus die Etrusker u. mit Romulus die Römer symbolisieren, da offensichtl. beide im Abstand von ca. 200 J. aus dem gleichen Troja eintrafen, die Etrusker zuerst. Ihr letzter König wurde 509 v. Z. vertrieben, dann erst wurde R. röm. u. eine Republik, bis mit Cäsar↗ die röm. Kaiser einsetzten. Dazw. liegen die Besiegung der Griechen↗ u. die Punischen Kriege↗, danach war R. Weltmacht u. übernahm in seine Religion↗, die bis dahin Animismus gewesen war, alles, was die unterworfenen Völker hatten - nur nicht das Urchristentum, das bis ins 4. Jh. unerbittlich verfolgt wurde, s. Nero↗. Im Moment der Annahme entstand neben diesem R. I., das die Goten↗ zu Fall brachten, a. schon R. II = Byzanz↗ u. schließl. R. III = Moskau↗. A. Rienzi↗ konnte es nicht mehr zum ›Mittelpunkt‹ (Kopf) der Welt machen; dafür übernahm der Vatikan↗ die alte Idee, die urspr. wohl im Geodätischen Punkt↗ des Lapis Niger, Schwarzer Stein unter dem Forum Romanum, vorgegeben war. Roma↗ selbst wurde als Göttin personifiziert. Auf dem Forum außerdem das ewige Feuer der Vesta↗ in einem Rundtempel, gehütet von den Vestalinnen. Die männl. Hauptgötter waren Jupiter↗ + Mars↗. Da Vesta a. einem Planeten entspr., erscheint R. ganz fixiert auf den 12er Kreis↗ der Sonne, polit. widergespiegelt im Zwölferrat, äqv. Asgard↗, was den Namen R. in die Nähe von Rim↗ rückt, bis Luther↗ vom Sitz des Antichristen↗ sprach. Die Zahl 12 wiederholt sich im Grundstein der röm. Gesetzgebung, den um 450 v. Z. aufgestellten 12 Tafeln, die als ›Zwölf-Tafel-Gesetz‹ fast tausend J. gültig blieben; sowie in den 12 (nicht 7) Hügeln der Stadt. S. Römisches Reich↗.

Roma: Göttin, die Rom ↗ personifizierte u. in allen Provinzen des Römischen Reiches ↗ durch Schreine ↗ geehrt wurde; hier (Abb.) neben Augustus ↗; vielleicht ein Äqv. der äg. Remenut ↗.

Roma: Mensch ↗ bei den Zigeunern ↗; evtl. zurückgehend auf Romakupa ↗ u. Roma Tane ↗.
Romakupa: ›Haarpore‹ im Sanskrit ↗. Im Mahabharata ↗ heißt es von einem Volk namens Raumas (äqv. Roma?), es sei aus den Poren (R.) des schreckl. Riesen ↗ Virabhadra hervorgebracht worden, was sie lt. Blavatsky ↗ der frühen 3. Wurzelrasse ↗ zuordnet, die noch ›schweißgeboren‹ war u. unkörperlich.
Romanik: 1. Stil des Mittelalters ↗, a. romanischer Stil genannt. Wie in Rom ↗ stand im Vordergrund der Architektur der Bogen, die Wölbung, als Zusatz germ. Ornamente (Flechtwerk, Tiere); gleiches taucht in der romanischen Buchmalerei auf. In der romanischen Literatur werden Edda ↗ u. Ossian ↗ fixiert, ein ›Bogen‹ geschlagen zu alten Quellen wie a. zw. ›Heidentum‹ u. Christentum, an deren Krypta ↗ die R. ebf. erinnert, wie schon Rom einen Bogen um alle Völker schlingen wollte. Der R. folgte, aus anderen Quellen, die Go-

tik ↗. Die Abb. zeigt Santa Christina De Lena, 9. Jh., von innen. In der Karolinischen Renaissance ↗ werden weitere Motive auf die der Ul-Rune ↗ gleichenden Bögen aufgesetzt.
Romantik: zunächst ein engl. Schimpfwort, mit dem während der Aufklärung ↗ alles, was dem nüchternen

Abb. 1: Delacroix (1824)

Zeitgeist, dem Rationalismus ↗ widersprach, abgetan u. lächerlich gemacht wurde. Es bezog sich auf eine bestimmte, schwärmerische Roman-Art, die *romant*

Abb. 2: Füssli (ca. 1800)

hieß. Die positive Aufwertung setzte in Deutschland Mitte des 18. Jh. ein u. wahrsch. fiel die Entscheidung, die Reaktion gg. die Verstandesgläubigkeit Romantisch statt Transzendental zu nennen, in Gesprächen zw. Schlegel + Novalis ↗, dessen Blaue Blume ↗ dann zum Symbol ↗ der R. wurde. Die Stimmung drückt sich am besten in Schlegels Zeilen des Gedichtes ›Im Walde‹ aus:

»Frei gegeben alle Zügel
Schwingt sich der Gedanken Macht
Hört in Lüften ohne Grausen
Den Gesang der Geister brausen.«

Novalis: »Goethe ↗ wird und muß übertroffen werden, an Gehalt und Kraft, an Mannigfaltigkeit und

Tiefsinn.« Für die Romantiker gab es nur 2 vollkommene Sprachen:
1) die Natur ↗, die zu Gott ↗ führt
2) die Kunst ↗, die in die menschl. Tiefe, d. h. in das kollektive Unbewußte ↗ führt.
Eine zentrale Rolle im ›Romantikerkreis‹ spielte Bettina von Arnim, wie überhaupt das Weibliche die R. leitete, gipfelnd in Novalis' Figuren Sophia ↗ u. Saga ↗. — Die Malerei der R. setzte als Symbol das Weiße Pferd, s. Kalki ↗ (Abb. 1), u. deshalb kann man sagen, daß die R. nicht nur wie die Romanik ↗ den Bogen in die Vergangenheit zog, sondern a. eine »seherische Schau in die Zukunft« (Malerei der Romantik, Skira, S. 113) tat, s. Klingsor ↗-Märchen u. Füsslis Gemälde (Abb. 2) ›Titania findet den Zauberring‹. — Die philos. Par. war der Idealismus ↗.

Roma Tane: Gottheit der Arioi ↗; herrschte im himml. Paradies ↗, in das die Mitgl. des Tanztheaters zum Dank nach dem Tod kamen. Offensichtl. handelt es sich um eine Nv. von Tane ↗, äqv. Osiris ↗ im Earu ↗. Roma ↗ bed. bei den Zigeunern Mensch ↗, ergo R. T. = Gottmensch.

Römer: »Heutige Historiker können mit Sicherheit nur soviel sagen, daß die Römer ein indogermanisches

Feldzeichenträger *Jupiterstatue*

Opferstiere

Volk sind, daß ihre fernsten Ursprünge vielleicht bis nach Zentralasien reichen, daß die indogermanischen Stämme zunächst nach Mitteleuropa wanderten und an die Alpenpässe gelangten, schließlich um 1000 v. Chr. auf die italienische Halbinsel vordrangen und dort die bereits ansässigen Völker unterwarfen« (Hada, 1977, S. 16). D. h., sie sind Teil der Völkerwanderung ↗, die aber nicht von Zentralasien ausging, sondern vom Kaukasus ↗ u. sich von hier nach Asien u. Europa ausbreitete. Außerdem verweist die Legende von Rom ↗ auf eine spätere Einfallszeit u. als Zwischenstop nicht auf Mitteleuropa, sondern Troja ↗ od. Kleinasien. Eine Aufzeichnung ihrer militär. Prozession nach einem Sieg verweist auf die Streitaxtleute ↗, denn diese Streitaxt haben sie in der Hand (Abb.). Ihre Form wiederholt sich r. + l. jeder Feldstandarte. »Roms offiziell anerkannte Geschichtsschreibung bestand darauf, daß die Römer unbesiegbar seien. Im Werk des Historikers Livius ist ihre kriegerische Überlegenheit selbstverständlich... Der Römer war stolz auf seine durch Tradition und fortlaufende Gesetzgebung erzwungene Disziplin. Er sah sich als Vorbild nüchternen Anstandes und blickte auf die mehr künstlerisch gearteten und weniger gehemmten Griechen ↗ herab, die ihm frivol und unbeständig dünkten. Angesichts einer Betätigung, die er mit seiner Würde für unvereinbar hielt, gab sich der vornehme Römer als reservierter Zuschauer: nicht er würde sich schwitzend im Staub eines Sportplatzes wälzen oder vielleicht ein Musikinstrument in die Hand nehmen. Er würde auch kein philosophisches Buch schreiben - es sei denn, er fühlte sich genötigt, den Sachverstand eines der professionellen Metaphysiker in Abrede zu stellen« (ebd., S. 15). Wohl hielt er sich allein für Roma ↗ = Mensch, alle anderen waren Barbaren, gut für Versklavung; »Die vornehme Römerin betätigte sich zuvörderst in der Aufsicht ihres Personals. Jeder, was den Komfort betraf, nicht gänzlich anspruchslose Haushalt hatte für die lästigen Arbeiten wenigstens zwei bis drei Sklaven ↗. Reiche Familien besaßen Hunderte davon... Die kleine Oberschicht, die über den vielmals zahlreicheren Massen der Leibeigenen thronte, befand sich ständig in der Furcht vor einem Aufstand« (ebd., S. 84). These: wichtigste Leistung war die Visualisierung des Sonnenalphabets ↗, was ihre Verhaftung mit der Logik ↗ unterstreicht, ausgedrückt als Mos Maiorum (Denkart der Väter), mit Mos äqv. Nomos ↗. Von dieser ›römischen Zwangsjacke‹ sprach z. B. die Nazi-Ideologie ↗.

Römisches Reich: von Rom ↗ als Mittelpunkt ausgehende imperialist. Eroberung u. Eingliederung aller Länder um das Mittelmeer. Als der röm. Kaiser Trajan 117 starb, erstreckte es sich vom Kaspischen Meer bis an die span. Atlantikküste, vom N der brit. Inseln bis nach Ägypten ↗. Straßen von insg. 80000 km Länge (Abb.) verbanden die 43 Provinzen; an bes. gefährli-

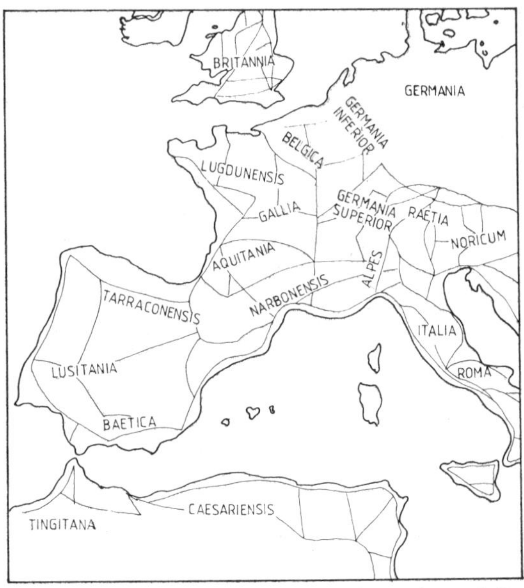

Straßennetz der Westhälfte

chen Grenzen wurden Wälle (Limes) u. Befestigungsanlagen err., so in Nordafrika, Syrien, England (gg.

Schottland). Bes. nachhaltige Folgen hatte die Zerstörung des Tempels von Jerusalem ↗ u. des Qumran-Klosters ↗ sowie die Ermordung des Juda von Gamala ↗, was den Einbruch des Christentums, dann den Einfall der gralssuchenden Goten ↗ nach sich zog u. das Reich ↗ zum Einsturz brachte, mit einer Art Auferstehung unter Karl dem Großen ↗ als: Heiliges Römisches Reich Deutscher Nation ↗.

Romulus: Zwillingsbruder von Remus ↗; beim Streit, welchen Namen die von ihnen gegr. Stadt tragen sollte, Remu ↗ od. Roma ↗, schworen sie angebl., »... das Ergebnis davon abhängig zu machen, wer von ihnen zuerst eine Schar von Geiern sehen werde. Remus, der auf dem Hügel Aventin in der Nähe des Tiber stand, erblickte bald sechs von den Vögeln. Gleich darauf sichtete Romulus zwölf. Jeder nahm den Sieg für sich in Anspruch. In dem Kampf, der zwischen ihnen und ihren rivalisierenden Anhängern ausbrach, wurde Remus getötet« (Reclams Lex. der antiken Mythol., S. 469). Nachdem R. 37 J. in Rom ↗ regiert hatte, »... wurde er während einer Truppenmusterung auf dem Marsfeld von einem plötzlichen Sturm in Wolken eingehüllt. Als der Sturm sich ebenso plötzlich wieder legte, war Romulus verschwunden. Die Senatoren, die dem König am nächsten gewesen waren, erklärten, er sei in den Himmel emporgeholt worden. Diese Geschichte wurde von den Soldaten begeistert angenommen, und es herrschte Übereinstimmung darüber, daß Romulus, ein Sohn des Mars ↗, selbst ein Gott geworden sei. Er wurde danach unter dem Namen Quirinus ↗ als Gott mit kriegerischen Eigenschaften (wie die der Römer ↗) verehrt. Trotzdem blieb ein Gerücht bestehen, daß Romulus in Wirklichkeit von den Senatoren in Stücke gerissen worden sei« (Reclams Lexikon der antiken Mythologie, S. 470). Inter. die Wiederholung der Zahl 12, die für Rom typ. wurde.

Rongo: im polynes. Mythos Bruder von Laka ↗ sowie Feuer, evtl. als Umdrehung ↗ von Agni ↗ über Agnir, Artikelanhängung R wie im Germ., plus Vokalverschiebung zu Ognor (mit *Or* = Gold, Licht); darauf verweist die Verdoppelung Rongo-Rongo ↗ für die Schrifttafeln auf Rapanui.

Rongo Rongo: Holzplatten mit unentzifferbaren Schriftz. auf Rapanui ↗, unter dem Druck der Missionierung ↗ bis auf etwa 12, die sich in Museen befinden, verbrannt. Z. T. sollen sie die Form eines Fisches mit Schwanz gehabt haben. Die Schriftlinien laufen wie Schlangenlinien fort, sodaß jede 2. Zeile auf dem Kopf

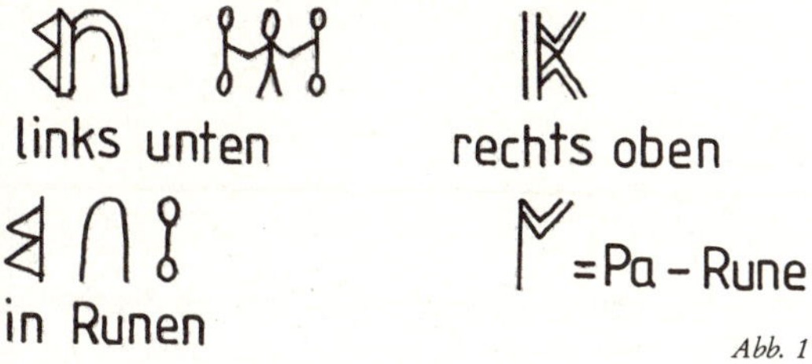

Abb. 1

steht bzw. die Tafel umgedreht werden muß. Die größte Tafel war 2 m lang. Die Überlieferung berichtet, Hotu Matua habe mit seiner Einwanderergruppe 67 solcher Tafeln mitgebracht; soweit ersichtl. aus Südamerika ↗, wohin sie aber vielleicht schon von Mu ↗ aus gebracht worden waren, als Abschriften des dortigen Weltarchivs ↗, die immer wieder kopiert wurden. Die Inselbewohner konnten sie nicht mehr lesen, kannten aber den Inhalt; die evtl. Übereinstimmung kann aber nicht überprüft werden, weil niemand mehr die Schrift kennt. Es soll sich um die Aufzeichnung von Ritualen ↗ handeln. Manche Z. erinnern an Runen ↗, manche an Figuren aus Australien ↗ od. vom Diskus ↗ (Kreta); der Vogelmensch ↗ kommt vor, das Hakenkreuz ↗, Tierköpfe, ein Fisch, ein X, Rhomben ↗. Oft gehen von den Figuren blütenartige Strahlen aus, wie in Ägypten von der Sonne od. Venus, sodaß an Licht ↗ zu denken ist, auf das sich das Wort Rongo ↗ zu beziehen scheint, ja, sogar die Form der Tafeln als ½ Horuskrone ↗. Ungewiß ist, ob sie a. als Schwirrhölzer ↗ dienten; einige sollen an den Statuen gehängt haben, wohl mit deren Gesch. od. Name, Abstammung etc. Es folgen 3 Z. (Abb. 1) der abgebildeten Platte (Abb. 2) mit äqv. Runen: Übersetzungsvorschlag: Ro-Ngo + R - Naga ↗, sprechende Schlange ↗, mit R als äg. Hieroglyphe ↗ für Mund, woraus die Tafelform wurde, u. Schlange als die Schlangenlinie der Schriftführung; womit man bei der Stimme von Gunabibi ↗ landet, der ›Regenbogenschlange‹ mit Verbindung zum Licht über den Regenbogen. S. Neru-Jungfrauen ↗ u. Tane ↗.

Abb. 2

Roots: Wurzeln (engl.); Titel des verfilmten Buches von Alex Haley, Schwarzer Amerikaner ↗ mit Bezug zu Muntu ↗. Verfolgt die Gesch. seiner Vorfahren während der Skalverei in USA ↗ bis zurück nach Afrika, wo er sogar noch auf Verwandte, den Ort der Verschleppung u. örtl. Historiker stößt, die sich der Gesch. erinnern. Die amerik. Nation wurde so aufgewühlt, daß zum ersten Mal klar wurde, sie habe ihre Wurzeln gefunden, nämlich in Afrika + Europa, mit einem nicht mehr trennbaren Stammbaum von schwarz + weiß. Seither blühen Institute auf, die sich der Ahnenforschung widmen.

Rose: als Symbol ↗ westl. Äqv. des Lotos ↗: »Die Rose von Jericho erleichtert die Geburt« (aus dem Sachwortregister Jakob Wolff 1617). Maria ↗ als R. = Geburtsstätte von Jesus; geht über in Rosenkranz, einer Kette aus Gebetsperlen für das ›Ave Maria‹ u. das Ro-

Abb. 1

senkreuz ↗. Auf einem Holzschnitt aus Süddeutschland (anonym) 16. Jh. wird die R. direkt an das weibliche ↗ Geschlechtsorgan bzw. die Geburtsöffnung gehalten (Abb. 1). In der r. Hand die Taube ↗. Populär-Information: Liebe (Liebestanz ↗), s. süddt. Backmodel mit Liebespaar in der R. (Abb. 2). Stilisierung als Rosette ↗; s. Hand der Mutter Anna ↗ u. Minnedienst ↗. Wohl ist a. das äg. Lebenskreuz ↗ Rosetau ↗ = eine R. mit Tau ↗ (T als Kreuz), übernommen von den Rosenkreuzern ↗.

Abb. 2

Rosenkreuz: Symbol der Rosenkreuzer ↗: ein gerades Kreuz ↗ für die mater. Welt, mit 1 od. mehreren Rosen ↗ für das göttl. Leben ↗ - od. Kreuz für Leid, aber a. Freiheit u. Erlösung plus Rose = Liebe, Selbsterkenntnis, geistige Wiedergeburt, ganz wie bei der alten Initiation ↗. Im gezeigten Bsp. ergeben Kreuz + 4 Rosen den 8er Kreis ↗ der altäg. Großen Loge ↗ (Abb.), darin zusätzl. ein

Fünfstern ↗ als Ziel ↗. Zählt man die Strahlen jeder Rose (= 11) + das Kreuz zus., ergibt sich die Zahl 48, d. h. der komplette Aufbau der Sonne ↗ als Himmelsrose.

Rosenkreuzer: Anhänger eines legendären Begr. der Idee vom Rosenkreuz ↗ sowie des Rosenkreuz-Ordens, der angebl. Christian Rosenkreutz (1378–1484) hieß; jedoch wird seine Existenz zuweilen in Zweifel gezogen, da sein Familienname sonst nirgends vorkommt. Möglicherweise handelt es sich um eine sog. Mystifikation. So schreibt Rijkenborgh (in: Apokalypse ↗ der neuen Zeit, S. 18) »Dieser Name weist nicht so sehr auf ein Wesen, das besteht oder bestanden hat, sondern auf einen Seinszustand, der in jedem Menschen zur Entwicklung kommen muß.« Nach Max Heindel ist die Lehre der R. »... eine Synthesis von Religion, Wissenschaft und Philosophie (also Theosophie ↗) im engen Zusammenhang mit den Mysterien ↗ und den Wahrheiten des Lebens von den frühesten Zeiten bis zur Gegenwart.« Die folg. Entwicklungstabelle zeigt, daß sie genau par. zu den Freimaurern ↗ liefen, hier FM abgekürzt, die schon im 13. Jh., direkt an die Gotik ↗ anschließend, entstanden, mit Wurzeln in den Mysterien u. bei den Ur-Christen ↗ (Abb. 2). Wegen der Verpflichtung zur Geheimhaltung ist wenig über die Tätigkeiten bek., sie unterschieden sich a. bei den di-

Abb. 1

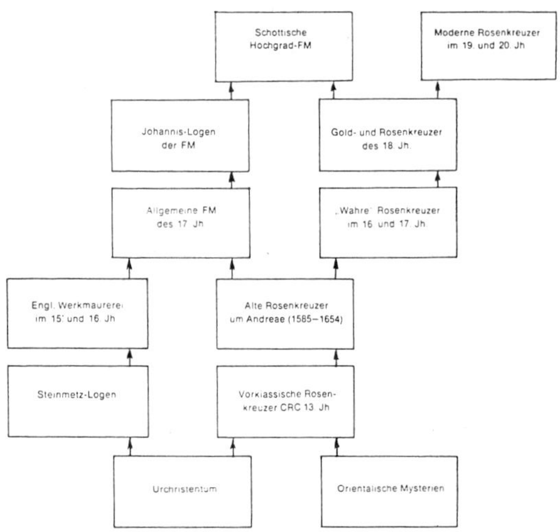

Abb. 2

versen Orden. 4 Säulen des Okkultismus ↗ gelten jedoch als gemeinsam: Alchemie ↗, Astrologie ↗, Mystik ↗ u. Magie ↗. Blavatsky ↗ äußert etwas abfällig: »Diese Sektierer beginnen mit dem Ende und geben als

das Symbol des prägenetischen Kosmos ⊕, und nennen es ›die Vereinigung von Rose ↗ und Kreuz‹ das große Geheimnis der occulten Zeugung, daher der

Name Rosenkreuzer (Rose-Kreuz)« (I, S. 47; Abb. 1). S. Golden Dawn ↗ u. Rosetau ↗.

Rosetau: ist ein alter Ortsname, der in der äg. Totenliteratur oft gen. wird, so im Amduat ↗ als ein Teil der Duat ↗; od. Sokar ↗ wird gen. ›der in Rosetau ist‹ u. hatte unter diesem Namen a. ein Heiligtum »... das auf dem Totenfeld von Gise ↗ in der Nähe des großen Sphinx ↗ lag. Der Name R. scheint dabei weniger auf diesen Bezirk als auf die ganze Nekropole ↗ bezogen zu werden... (außerdem) rückt R. in die Reihe der Osiris ↗stätten ein. Als solche wird es zum Ziel, nach dem der Tote ↗ begehrt...«, das himml. Rekhti ↗, Reich des ewigen Lebens, Earu ↗, wo Rose ↗ (Leben) u. Tau ↗ (Tod) zusammenfallen. Hier dürften u. a. die Rosenkreuzer ↗ angeknüpft haben. — Äg. Totenbuch ↗:

»Am Tag, wo die Erde die höchste Höhe erreicht
Enthüllen in Rosetau sich nun die Mysterien ↗....«

Kommentar: sie waren die schwierigsten Mysterien.

Rosette: stark stilisierte Rose ↗; Grundzahl 8: s. Diskus ↗, Moschee ↗, Nigeria ↗, Kopten ↗, Kathedrale ↗, Padma ↗. Die R. der Gotik ↗ weitet sich meist zu einer Art unkategorisierter Weltformel ↗ aus, Rta ↗ beinhaltend (Abb.), durch reine Verdoppelung 8-16-32-64, zus. 120 = Chenti ↗ erreichend.

Rosette von Notre-Dame (Paris)

Rot: Nr. 1 der sichtbaren Licht ↗-Wellen u. Regenbogenfarben ↗; beim nichtoptischen Empfinden von Farben ↗ heiß, brennend, was der Grenzstellung zur Wärme (über Infrarot) entspr. sowie die Gleichstellung von Feuer = rot, s. Agni ↗, u. Vertikale im Mahikari ↗-Kreuz, womit a. unsere Sonne ↗ insg. gemeint sein dürfte, die ja bei Luftverschmutzung od. bes. Luftfeuchtigkeit tats. zur roten Scheibe wird, äqv. der roten Krone ↗ von Unterägypten, bei der Reichseinigung ↗ von Horus ↗ vertreten, der als Falke bei Brustanhängern (Abb. 1) die Sonne aber a. direkt als rote Scheibe auf dem Kopf trägt. Im Stirnband der Königin Nofred (Abb. 2) erkennt man noch deutlicher den wahren Stellenwert der roten Sonne als 8er Kreis ↗ der

Abb. 2

Sonne, was verständl. macht, warum R. die Grundfarbe des Taoismus ↗ war. Deutl. wird hier a. der schwarze Sonnenkern ↗ u. die weiße Sektorentrennung, übergehend in die weiße Krone. Es entsteht ein 8speichiges Rad ↗, was rot zu rotieren überleitet bzw. zu Rta ↗, Ro-

Abb. 1

ta ↗. In den Fängen des Falken, wie häufiger in denen des Mut ↗-Geiers, 2 Omega ↗-Schleifen, rot ausgefüllt, hellblau umrandet. Auf Abb. 3 trennt sich diese Kombination: die Kobra ↗ trägt wie der Falke die rote Sonnenscheibe auf dem Kopf u. sitzt selbst auf der hellblauen Omega-Umrandung. Auf der äg. Brustplatte ↗ finden sich die 2 Farben rot + hellblau versteckt als Sechsstern ↗ eingebaut.

Abb. 3

Rota: Rad ↗ (lat.); s. Gilgal ↗ u. Rta ↗.

Rouach: in der Kabala ↗ »... ein vermittelndes und verbindendes Prinzip; die Hierarchie der unsichtbaren Wesen, die sogenannten ›Kanäle‹, die empfindende Seele...« (Papus, 1979, S. 45). Letzter Begriff ist mit Vorsicht einzusetzen, denn an anderer Stelle sind ›die Seelen (reine Geister)‹. Die beste Orientierung liefert eine den Sefirot ↗ par. laufende Tabelle, wo R. dem afrik. Kuntu ↗ entspr., der Modalität od. dem Wie-Dasein, äg. Tefnut ↗. Die Kanäle finden sich beim Schema der Sefirot in der Anzahl 24 eingeschoben u. gleichen den Meridianen ↗. Bez. werden sie mit den Buchstaben der Hebräischen Schrift ↗, wodurch der Übertrag zum Außenkreis des Taro ↗ gelingt u. damit zu den Runen ↗ als Rudiment der 24 Grundmotive ↗, d. h. wir landen nicht bei der Seele, sondern beim Logos ↗, was sich mit dem Satz Achath ↗ Ruach Elohim Chiim deckt. A. bei INRI ↗ wurde R. zu Luft = Geist, erhalten als ›ruchbar‹ (= riechbar im übertragenen Sinn) od. ›Ruchgras‹, eine bes. würzige Grasart. Genau genommen ist es aber a. nicht Luft, sondern Akasha ↗ als Ätherleib. These: könnte vom Vogel Rokh ↗ abgeleitet sein. Direkt übers. heißt R. Vogel, s. Friedenstaube ↗. Die Umdrehung ↗ könnte Gaur ↗ sein, mit Buddhi ↗ als ind. Äqv.

Rpa: ›Erbprinz(essin) der Götter‹ lt. Diop im alten Ägypten, erhalten als Endsilbe in Yoruba ↗ wie Europa ↗; vielleicht a. als Rapa = groß in Rapanui ↗ (Große Insel). Am deutlichsten wohl im Namen Rap-Saces des 2. Pharaos, 19. Dyn., erhalten mit offener Vokalisierung von Rp, 1. Silbe. Evtl. Zusammenhang mit Rupa ↗. Rapa'Uma sind in Kanaan ↗ halbgöttliche Wesen, woraus die Bibel Rephaim, Riesen ↗ machte: »Da sich mit dem Verbalstamm Rp' der Begriff ›heilen‹ verbindet, will Caquot in den Rapa'uma ›Heilsgötter‹ sehen...« (Jirku, 1966, S. 27). These: warum nicht Heilande, griech. Soter ↗, Soteira ↗, zumal der Anführer der Rapa'uma, Rapa'u (vokallos Rp) direkt Baal ↗ + Anat ↗ unterstellt ist? Die äg. Umdrehung ↗ wäre Pr ↗, Großes Haus, woraus Pharao ↗ wurde.

Rta: die Runen ↗-Reihe als Kreislauf u. Richtschnur der Völker (Wirth ↗); das Wort kommt aber aus dem Sanskrit ↗, u. in den Veden ↗ heißt das rechte Ding tun ›auf der Rta Pfad‹ wandeln. Wer hat der Sonne ↗ u. den Sternen den Weg gesetzt? Antwort im Rigveda ↗, daß das R. wäre, die große Satzung, mit Aditi ↗ als Herrin. Sie scheidet sich hier aber in helles u. dunkles Licht od. Mitra u. Varuna, die eine Zweiheit unter den Adityas ↗ bilden. Äg. Äqv. Ntr ↗, geschieden in Nut ↗ (Kosmos), dunkles Licht + Re ↗, Sonne, helles Licht. Darauf würden sich a. die 2 von Wirth angegebenen R.-Kreise  mit geradem (Sonne) u. schrägem Kreuz (X ↗) als Grundform des Zodiaks ↗ beziehen. Die Ausfächerung findet sich im Taro ↗, was einer Umdrehung von Rta als Rota ↗ (Rad) entspricht. Zum Zodiak: »Dies 12speichige Rad des Rta dreht immer wieder um den Himmel: denn nicht kann es sich abnützen« (Wirth, S. 99). — S. Nornen ↗ u. Ordo ↗, das wohl das germ. Äqv. ist (aus T wird D) mit heutiger Fortsetzung im Wort Ordnung; s. Weltordnung ↗.

Ruach: s. Rouach ↗.

Rübezahl: legendärer Riese ↗ im Riesengebirge, der den Armen hilft u. sich an Spöttern rächt. Von ›Rüben-Zählen‹. S. a. Giganten ↗.

Rückgrat: Wirbelsäule ↗.

Runa: Lanze, Speer ↗; danach Bez. der Runen ↗. Die Umdrehung ↗ führt noch richtiger zu *anur* = An ↗-Ur ↗, Urhimmel, Kosmos ↗, mit dessen 24 Grundmotiven ↗ die Runen an einigen Stellen noch ident. sind. S. Runebomme ↗.

Runebomme: Zaubertrommel bei den Lappen; hier ist Rune, äqv. Runa ↗, dem Zauber ↗ gleichgestellt; Ob auf dieser Trommel ↗ die Runen ↗ äqv. den Oru ↗ Schlagformeln waren, ist unbekannt. Sie wurde beim Schamanismus ↗ verwendet u. war flach wie ein Tamburin, das als Querschnitt, weil ohne Boden, genau die Form des äg. Himmels ↗ 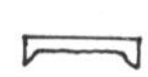 ergibt, der mit den Runen ident. ist.

Runen: 24 + 1 Z. der Germanen ↗, wobei die 25. Odil-Rune ↗ für sich stand u. entw. unter den Runenkreis ↗ od. in ihn hineingelegt wurde. Das urspr. R.-Alphabet ↗ bestand also aus 24 R., u. diese wurden in 3 Gruppen von je 8 eingeteilt, was noch nie erklärt worden ist. These: das ergibt als Form das weibl. Dreieck ↗, da die Reihenfolge im Kreis immer unten in der Mitte begann; u. ein solches Dreieck, wenn a. langgestreckt, war a. der bei Rögnirs Wagen ↗ erwähnte Schild ↗, auf dem die R. von den Göttern eingeritzt worden sein sollen = regin ↗ kunnar. Es folgen beide Anordnungen (Abb. 1 Kreis, Abb. 2 Dreieck):

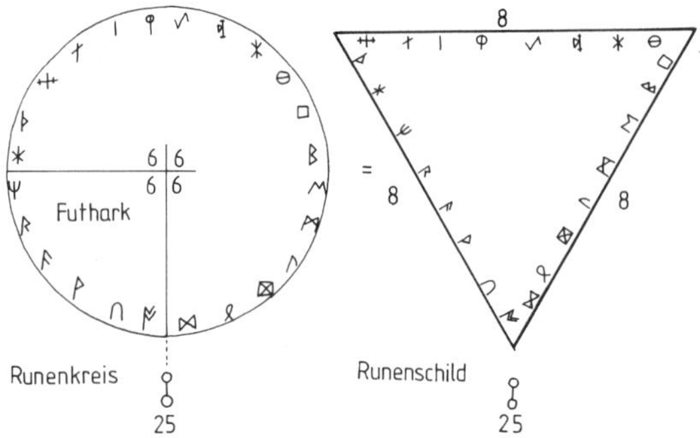

Die ersten 6 lesen sich

= 1. Zodiakhaus ↗. Über die Bed. der einzelnen Z. gibt es wenig mehr als Spekulationen, denn sie waren außer Buchstaben - die aber nicht mit denen übereinstimmen, die den Grundmotiven ↗ zugeordnet wurden - a. Begriffe; u. deren Anfangsbuchstabe wurde dann wohl herausgelöst. Denn urspr. handelte es sich nicht um ein Schriftalphabet, sondern einen Kalender ↗ = Ger ↗, das Jahr. U. Ger ist a. der Speer = Runa ↗. Insofern sind die Ger-Manen eigtl. R.-Menschen. Wirth: »Die Runenreihe war ein Kalender. Die Verwendung als Schriftzeichenreihe, als Alphabet, ist eine sekundäre« (Wirth, S. 29). »Bis zum Zeitpunkt, da sich die Germanen zum Christentum bekehrten (s. Missionierung ↗), spielte sich ihr gesamtes kulturelles Leben ohne Hilfe irgendeiner Schrift ab; verwendeten sie doch ihre Runenzeichen weder zur Niederschrift historischer oder religiöser Texte noch für Briefe, Gesetzbücher oder ähnliches« (R. Derolez, 1976, S. 237). Das stimmt schon, aber andererseits wurde dieses (als Text vermißte) Wissen direkt aus den R. herausgedeutet, denn die Edda ↗ sagt:

»Astrunen lerne, willst Arzt du sein
Und Wunden wissen zu heilen.«

Oder:

»Gerichtsrunen lerne, daß nicht mit Rache
Der Gegner dir vergelte.«

Oder:

»Geistrunen kenne, willst klüger du sein...«

usw.

Einigkeit herrscht darüber, daß die R. ›im Besitz einer beschränkten Gruppe‹ waren, daß man in ihre Geheimnisse ›eingeweiht‹ wurde; Wirth meint sogar, einst sei die Hvita quina, die ›weiße Frau‹, Trägerin des R.-Wissens gewesen, a. in der eddischen Überlieferung. Da die R. aber a. Megin-Runar heißen, ist an ein Äqv. zu den (100) Me ↗ zu denken, Restsilbe Gin; in diesem Fall würde sich die Zahl 25 auf 100 vervierfachen, den Gesamtkosmos ↗ beinhalten, u. da es für jede R. a. Variationen gibt, waren es vielleicht einmal hundert. Tats. findet man sie in Bruchstücken auf allen Kontinenten ↗, was den Ursprung offen läßt: s. MSJ ↗ in Ägypten, Rongo Rongo ↗, Pa ↗-Rune u. Katschinas ↗; Rollsiegel ↗ mit Ul-Rune ↗ u. das Kardinalswappen von München ↗. Es folgt der Versuch, Grundmotive u. R. gleichzustellen u. die Deutungen letzterer auf Übereinstimmung mit ersteren zu reduzieren:

R. Variationen — *Deutung* — *Grundmotiv*

①

F, V von: Pa, Fa, Va. Fa wie Familie, wie Fasen = zeugen, äqv. Heilige Hochzeit ↗, Nachf. Wanen ↗ Davon a. Fasenacht = Karneval ↗.

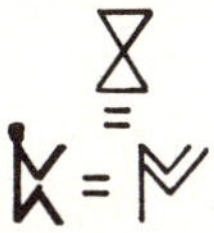

②

U, W von: Ur ↗, Ul ↗: im Ur stehen die Wurzeln des Weltenbaums, Archetyp Baum ↗ = Ul; *ulo* = Wald = wl; s. Var. 2 als L im Griechischen Alphabet ↗.

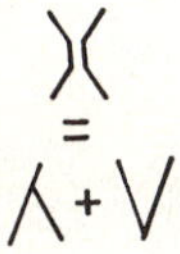

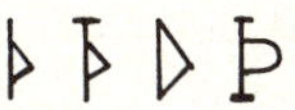

③

TH, D von Thurse = Riese ↗, Gigant (G) im Wendetanz, Wendekreis, Labyrinth ↗, Thing ↗ u. Ding. Die Dreh- u. Wendekraft; die Fesselrune (fesseln = umwickeln wie die Schlangenlinie)

④

A, O von Ase ↗, Ostara ↗; a. Wotans ↗ Rune, weil er der 1. Ase war; zeitl. fällt das mit der Geburt des Seth ↗ zus., Archetyp Medizinmann ↗. A. Ast u. Frucht, Nachkommenschaft, Wachstum.

Zwischenbemerkung: da Wotan, der jetzt erst als geschichtl. Figur auftritt, die R. durch Einweihung (9 Tage langes Hängen am Baum) erfuhr u. dann ritzte, müßte ihre Fixierung in die Zeit danach fallen, d. h. in den 3. Zodiaksektor Schütze ↗ (5. + 6. Rune).

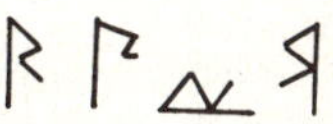

⑤

R von: Ritt, Rita, Rta ↗, Wagen ↗, Gerichtsrune. Sichten, Klären, Verstand ↗. Fest ins Auge fassen. Weckt den inneren Rat - sprich die Erinnerung ↗ (D), Weltordnung Rota ↗.

⑥

K, CH von: Ka, Kan ↗, Kuna, Kien (Kienspan), können, kennen, Kühnheit, Entscheidung, Scheideweg. Kona = Frau, Freya ↗ (= Isis ↗ = F) Satz: Ich kann, ich will ein Runenkundiger werden. Ka ↗-Rune, äg. Ka-Hieroglyphe ↗. Runenhand ↗.

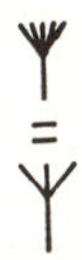

Zwischenbemerkung: hier endet FUTHARK, das 1. Viertel. These: Erst jetzt war der R.-Kalender (das R.-Alphabet) als ›Himmelsleiter‹ ↗ fertig; wahrsch. verbindet es sich mit Nemanus ↗, hier als Freya-Var., die als Mond ↗ a. für Lichtöffnung ↗ steht, was sich a..im Z. ausdrückt. Taro-Karte: Herkules ↗ am Scheideweg. Voraus geht Rota, Taro ↗, Schrift ↗ überhaupt u. die erste Offenbarung ↗.

⑦

G von: Gabe, Gibor; Walhall ↗ (W), Kristall, Ewiger Wechsel, Sturm, Zerstörung (s. Explosion ↗), Rosette ↗. Halb Weib, halb Adler ↗; od. Verbindung Mensch-Gott, Geist-Stoff. A. Gott-Rune, s. An ↗ =  . Hechsa ↗-Rune.

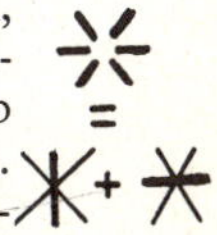

Bemerkung: hier taucht mit dem Adler zum 1. Mal ein Bezug zum Tierkreis ↗ auf.

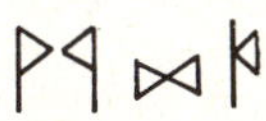

⑧

W von: Wonne = Entzücken, Zücken, Zacken, Dorn. Hegedorn, Schlaf- + Weckdorn, Dagrune (Tag), zus. Doppel-Dorn (Leben + Tod), der nun direkt dem Grundmotiv gleicht. Typ. Bsp: Brunhild ↗. Gen. wird a. der Skorpion ↗.

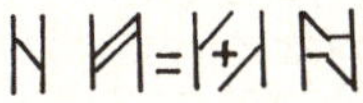

⑨

H von: Hag, Hegen, Halga = hl., Hag-All, Haal, All, Hagel. Über Hagelkorn findet man zur Verdichtung, Konzentration u. dann zur Implosion. — Gorsleben ordnet die Waage ↗ zu, was sie wieder als Zeit ausweist. All = alles, wie O, Omega ↗, als weibl.

 + männl.

 (Ehe).

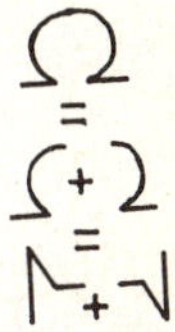

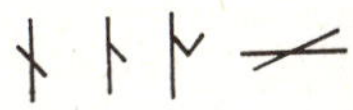

⑩

N von: Not, Zwang der Notwendigkeit, Schicksalszwang: die Notrune blüht am Nagel der Norn (s. Nornen ↗); Not-Angel, Naut, Nit (= Neith ↗). Vielleicht a. njet, nein. Nein zu Not, denn diese Notrune schlichtet Not, durch Einschalten ihrer Sendewellen »tritt man unter den Schutz unsichtbarer, geistiger Wesenheiten« (Derolez, 1976, S. 237); wieder Waage-Entsprechung. — Geht über

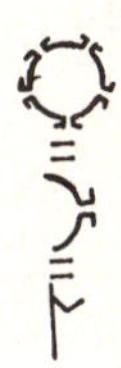

in Nautik (Schiffahrtskunde).

⑪

I, Y von: Is, Jis (Yes?), Eis, Ich, Selbstbewußtsein, Vollendung ↗, Weisheit ↗. Durch das zweifellose Bewußtsein werden die Wellen gebändigt = gefroren gemacht, sie erstarren zu Eis. Urwillensstrom, Weltachse ↗.

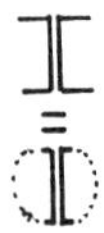

⑫

J von: Jahr ↗, Ger ↗ (engl. *Year*). Die Zweiteilung des Gesamtkreises in die 2 Gesichter der Janna ↗. Die ›Mitsommerstange‹ (s. Sommersonnenwende ↗) od. lt. Wirth ↗ ›die Nuß‹ mit den 2 Schalenhälften.

Bemerkung: mit dieser 12. R. endet die 1. Hälfte des R.-Kreises. In der Geschichte ↗ liegt hier Ragnarök ↗ u. die Teilung in 1. + 2. Reich ↗, äg. Junu ↗; als Fest ↗ das Johannisfeuer ↗.

⑬

S, Z, Sch von: Sieg, Sigi ↗, Sigil, Zil (Ziel); das *S*ausende, *Z*ischende, *Sch*äumende. Geiststrahl, Inspiration, Blitz. Steigert die Macht des Geistes ↗. Sabäisch = N, von Nahas, Schlange. Äg. Hieroglyphe ↗ N = Wasserlinie. Die 4. Var. ähnelt dem Zodiakzeichen ↗ Löwe od. der Horuslocke ↗. These: vertritt a. den Systemwechsel ↗, deshalb zum SS ↗-Symbol gemacht: Revolution ↗.

⑭

P von: Pertho, Fruchtbaum (keine weiteren Angaben) u. Peor, ½ Doppel-Axt ↗ = Hellebarde ↗; wurde evtl. *Pear* (engl. Birne als Fruchtbaum). A. beim Grundmotiv ist die halbe Doppelaxt vertreten.

⑮

HX von: Eolhx, Ilix, Lilie ↗; aber a. Tvimadr = 2 Menschen. Die ›Jahresblume, die in der Tiefe wurzelt‹, s. MSJ (Sproß aus der Unterwelt); oft als Symbol am Schiff ↗. Als Zeit: mit Muschel = Krebs ↗-Sektor.

⑯

? Wirth ↗ (S. 60) überliefert nur Tagundnachtgleiche, also Querteilung des Jahres; dann *sol, solu, soul* = Seele ↗ bzw. Skipsol, Sonnenschiff ↗. Das Grundmotiv ist ident. u. heißt Liebestanz ↗.

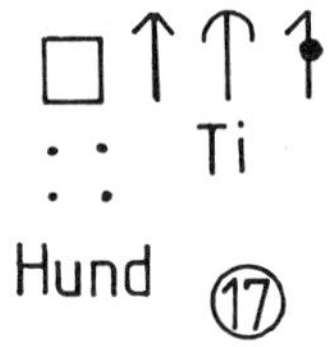

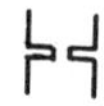

⑰

T, D von: Ti ↗, Tur, Tor, Tyr: entspr. Tarnen, Verbergen, Verhüllen. S. Archetyp ↗ Versteck, das dem Grundmotiv entspricht.

Bemerkung: mit dieser  R. beginnt das Wort Tiod ↗ bei Tiodiska = den Deutschen. A. der Runengedenkstein ↗ hatte oft diese Form.

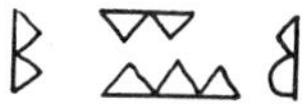

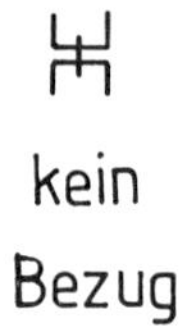

⑱

B von: Bar (leer), Berkana, Beork, Birke. Lt. Spiesberger ›Lösung aus fester Haft‹, was dem Archetyp Schlüssel ↗ des Grundmotivs entspricht. Die Birke paßt zweifach: sie löst ihre Borke u. ist schwarzweiß, s. Zwilling ↗ u. Nommozeichen ↗.

Bemerkung: die Birke symbolisiert bei den Tataren den Türgott, welcher den Schamanen ↗ den Zutritt zum Himmel öffnet. In ihren Stamm werden 9 Kerben mit dem Beil eingeschlagen, über die der Geweihte in den Wipfel klettert als ›Himmelsreise‹. Nach dem Zurückklettern sind es 18 Kerben für die 18. Rune. Vielleicht sind in den R. nur Kerben zu sehen. Lt. Wirth ist es die Berg-an-Rune.

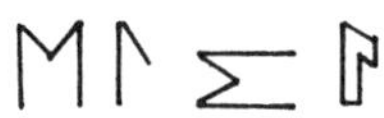

⑲

E von: Ehwaz = Pferd, Wellenroß, übergehend in Lagu, Lögr = Meer u. Log = Logik. Bei Wirth werden hier 3 x 4 Rosse aufgezählt als die 12 Monate in 3 Jahreszeiten. Das paßt zum Grundmotiv als Gläsernes Meer ↗ (Meer-Mare = Mähre, Ross) u. 12er Kreis ↗ mit den Zahlen. Bei Gorsleben Stier ↗-Zuordnung. Lagu-Ehu = Wasserroß.

⑳

M von Ma ↗, Mama, Man (Mensch), Manas (Minos? ↗), Ur-Licht ↗, manifestierter Logos; das ›gehörnte Ur‹ (Wirth).

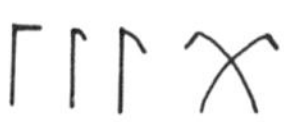

㉑

L von: Laukar (Lauch); Lina Laukar = Linnen + Lauch wurden zur Erhaltung des toten Körpers verwendet. A. Z. für Krieg, Untergang, Zerbrechen am Schicksal. Hacke.

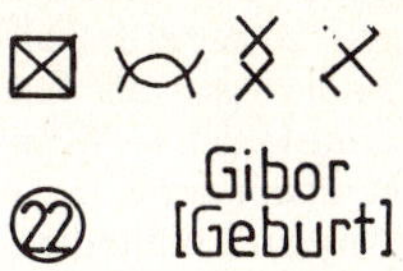

NG von: Ing, Inc, Ingr, Yng = Zugehörigkeit; heute oft in Ortsnamen (z. B. Ismaning ↗) zu finden. Auf Ingr als Gott bezogen sich die Ingäwonen ↗.

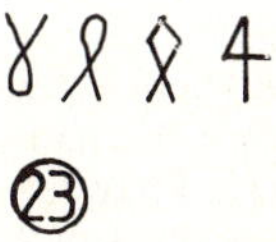

O von: Odal = Erbbesitz, Erbrecht, Heimat. A. Botenstab Kriwule, sog. Schulzenknüppel: wenn er zu dem Nachbarn geschickt wird, müssen sie zur Beratung kommen. Als Giebelz. an Häusern zu finden. — Äg. Äqv. ist die Sa-Schleife ↗.

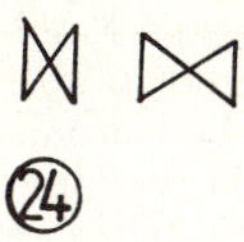

D von: Dagaz = Tag. Aber a. Stan, Stein, Wendestein, Steinmütterchen, Stanna = Auferstehung, s. Doppel-Axt. Rückkehr zum Jul-Monat, s. Verschlußstein im Thing ↗.

Zusatzrune für die Mütternacht ↗:

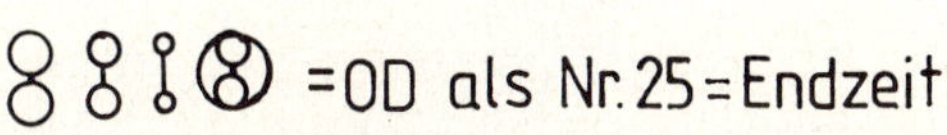

S. a. Runenjahr ↗, Runenstab ↗.

Runengedenkstein: eine auffällig in der Form von Altägyptens Mumienhülle ↗ gehaltene Stele ↗ aus Stein mit eingeritzten Runen ↗, meist a. mit Darst. des To-

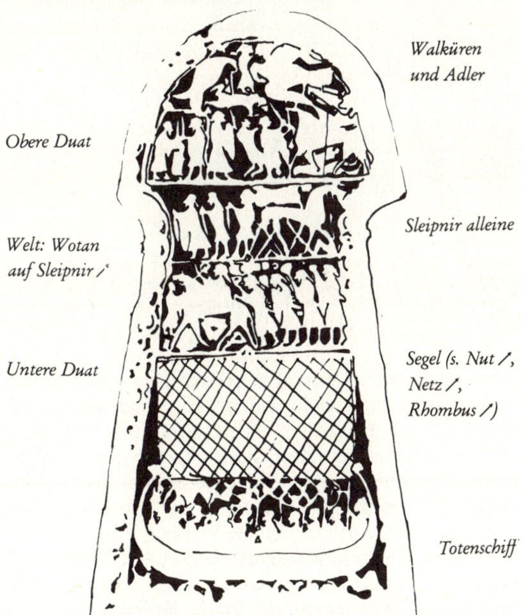

Abb. 1

tenschiffs ↗ (unten) u. Heimkehr zu Wotan ↗ (oben) für den Krieger u. zu Freya ↗ für die anderen, wobei

Abb. 2: Runenstein von Laeborg (Jütland, Dänemark)

sich eine 3-Teilung aus Unterwelt, Welt u. Jenseits ergibt. Erstere hieß germ. Helheim ↗. Man darf annehmen, daß die R. einem Toten ↗ galten. Die Runen sind dann Personenangaben + magische Hilfe (für drüben). Bei Abb. 1 wird das äg. Wort Duat ↗ benutzt. Der folg. Stein mit reiner Runenschrift ist in ähnl. Umdrehung zu lesen wie die Rongo Rongo ↗ der Osterinsel, wo es a. die merkwürdigen Neru-Jungfrauen ↗ gab: l. von unten nach oben, r. von oben nach unten. Am Ende jeder Zeile ist ein Hammer ↗ des Thor. Text: »Tue, der Nachkomme Hrafns, haute diese Runen ein zum Andenken an Thyre, seine Herrin.«

Runenhand: wird die 6. Rune ↗ gen., s. Jimmeken ↗. Sie findet sich verdoppelt auf den Externsteinen ↗; daneben zum Vergleich das gleiche Z. mit Schlange ↗ darüber:

Runenjahr: der Runenkreis ↗ bei den Germanen.

Runenkreis: die 24 Runen ↗ bildeten einen Kreis, in dem sich das Jahr ↗ ausdrückte mit je 2 Runen pro Monat ↗, auf 12 Steine reduziert im Thing ↗ d. als Jul ↗-Rad symbolisiert. Die Unterteilung auf Tage findet sich auf Runenstab ↗-Kalendern. These: urspr. war nicht das J. gemeint, sondern wie bei den 24 Grundmotiven ↗ die Geschichte ↗. Bei manchen Runen findet sich das noch als Bezug zum Tierkreis ↗; das Wissen um diesen Bezug ist aber verloren gegangen, u. zwar nicht erst bei der Missionierung ↗, sondern schon durch den Einfall der Streitaxtleute ↗ bei der Völkerwanderung. Gehütet in den Frauentürmen ↗, müssen v. a. die von Tacitus ↗ so gerühmten germ. Seherinnen ↗ ihr Wissen um ›alles, was war, ist und sein wird‹ aus dem R. geschöpft haben. Im übertragenen Sinn ist der R. wohl a. eine Art ›Buch des Enoch ↗‹ bzw. das große Arcanum des Taro ↗. In der Weltformel ↗ deckt er sich mit dem Außenkreis.

Runenstab: Rimstab ↗ als Äqv. des Runenkreises ↗. In Kalendern gab es aber a. ›Stäbe‹, die nur 1 Monat ausdrückten od. nur 1 Tag, s. Abb. für den 6. Hartung (Jan.) = letzter Tag der Jul ↗-Zeit, heute Tag der Drei-Könige ↗.

Rupa: Form ↗ (ind.) im Ggs. zu Arupa = Nichtform. Im Buch Dzyan ↗, Strophe II, heißt es:
»Wo waren die Bauleute... des aufdämmernden Manvantara ↗?... Die Hervorbringer von Rupa aus Arupa – der Wurzel der Welt (Mulaprakriti ↗)... ruhten in der Wonne des Nichtseins« (Blavatsky, I, S. 83; besser: des Seins ↗ als Nicht-Dasein). These: Form (R.) ist das Endprodukt eines realisierten Grundmotivs ↗, u. dieses, als präexistente Idee ↗, ist allein Arupa, Nichtform, Idee. Im Ind. ist jede Form Maya ↗, Illusion, Erscheinungsbild ↗. An anderer Stelle ist R. »... das Vehikel von Monaden ↗«; od. R. sind ›atomistische Formen‹, was bed. würde, daß R. mit dem Atom ↗ beginnt. Bzgl. den 7 Wurzelrassen ↗ ist die erste noch ohne R., die 2. bekommt »... ein gutes Rupa... Es konnte stehen, gehen, laufen, liegen oder fliegen. Aber es war noch immer nur ein Chhaya, ein Schatten ohne Verstand« (Blavatsky, II, S. 18). U. so kommt es a. zu Verweigerungen der Dhyani (Götter): »Sie fanden keinen Gefallen. ›Unser Fleisch ist nicht da. Keine geeigneten Rupas...« (ebd., S. 17). Insofern könnte sich a. Rpa ↗ auf R. beziehen als einer bes. guten Körperform für besondere Monaden, d. h. für die göttl. Sonderlinie ↗. – S. Rupa-Loka ↗.

Rupa-Loka: der Ort (= Loka ↗) des Daseins ↗, d. h. von Rupa ↗.

Russische Revolution: s. Revolution ↗ u. Rußland ↗. Die erste von 1905 scheiterte: Tausende strömten zum Petersburger Winterpalais, um dem letzten Zar ↗ eine Denkschrift zu überreichen. Aber bevor es dazu kam, feuerten Soldaten in die Menge u. es gab ein Blutbad. Streiks ließen die Versorgung zusammenbrechen, auf dem Panzerkreuzer Potemkin wurde gemeutert, dann der Kreml ↗ von Arbeitern belagert. Am 22. Okt. schrieb Nikolaus II. an seine Mutter: »Gott sei Dank! Der Aufruhr ist unterdrückt.« 12 J. später erschossen ihn die Bolschewiki samt Familie im Vollzug der geglückten Oktober-Revolution ↗ von 1917. Lenin ↗ zog in den Kreml ein. Seither arbeitet das in UDSSR ↗ umgetaufte Rußland an der globalen Durchsetzung der Weltrevolution ↗ u. wird deshalb von den USA ↗ im Vollzug des Endkriegs ↗ als ›Sitz des Bösen‹ (Reagan) deklariert u. eingekreist. – Weniger bek. ist die Tatsache, daß die Wurzeln der R. R. in der gescheiterten dt. Romantik ↗ liegen. Empfehlenswert zu diesem Thema das Buch ›Russische Denker‹ von Isaiah Berlin.

Rußland: besteht zum größten Teil aus einer riesigen Tiefebene, einst Boden eines Ozeans, der sich von der Arktis bis ans Schwarze Meer ↗ + Kaspische Meer erstreckte. Daß Asien ↗ früher kleiner war, ergibt sich a. aus anderen Berichten, z. B. der Weltenlehre ↗, s. Kontinente ↗. – Von den frühen Einwohnern des bewaldeten, zu Europa ↗ gehörenden R. gibt es vor dem 9. Jh. kaum Kunde. Man weiß nur, daß sie Slawen ↗ waren, eher ein sprachl. denn ethnischer Begriff. Schon im 7. Jh. folgten Händler u. Abenteurer aus Skandinavien ↗, die allg. als ›Waräger‹ bek. sind, den Flüssen Düna + Wolga in südöstl. Richtung bis zum Kaspischen Meer, segelten darüber hinweg u. reisten über Land weiter bis nach Bagdad am Tigris ↗. Lt. Chronik wurden die Slawen in der Mitte des 9. Jh. der Herrschaft der Waräger überdrüssig u. brachten es fertig, sie

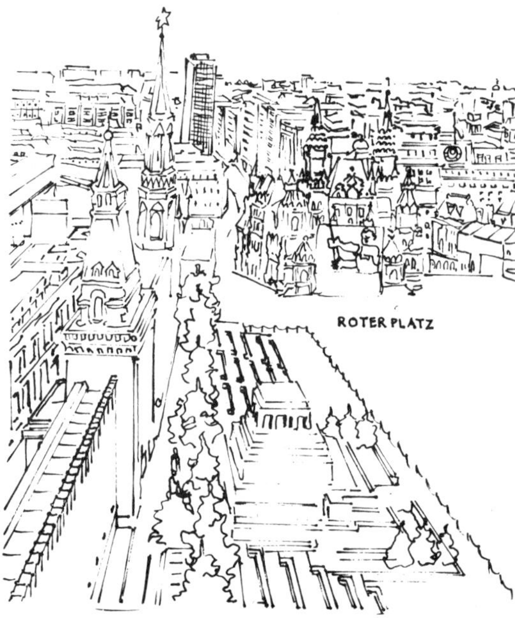

hinauszuwerfen. Dann aber zerstritten sie sich untereinander derart, daß der Entschluß gefaßt wurde, die Waräger zurückzubitten. »Also fuhren sie übers Meer zu den warägischen Rus: dieser Stamm der Waräger heißt Rus, genauso wie andere Schweden und wieder andere Normannen, Engländer oder Gotländer heißen.« Als Antwort sandten die Waräger Führer, u. »... aus diesem Grunde wurde das Gebiet um Nowgorod herum das Land Rus genannt.« Daher stammte, so nimmt der Chronist an, der Name Rußland.
Dieser germ. Komponente steht seltsamerweise eine altäg. ggb.: »Den Djnepr betrachtete man als das symmetrische Gegenstück zum Nil ↗. Schlüsselpositionen am Djneprlauf wurden mit entsprechenden Schlüssel-

positionen am Nillauf gleichgesetzt; dies ging soweit, daß man ägyptische Ortsnamen nach Rußland übertrug.« Vielleicht taten das die mysteriösen ›Cimmerier‹, die um 1200 v. Z. nach R. eindrangen; sie kommen a. bei Homer ↗ vor. André Dazier vermutet, ihr

Name habe mit Kimmer = Schwarzwerden zu tun od. mit dem phöniz. Kamar = dunkel. These: darin liegt noch deutlicher Km ↗, äg. schwarz, wie a. Ägypten früher Km.T hieß. Entw. waren es Ägypter od. Kanaanäer ↗ = Himariten ↗, die genau um diese Zeit von den ›Kindern Israel‹ ↗ vertrieben wurden.

Danach fielen aus den östl. Steppen ein:

die Skythen ↗ um 700 v. Z.,	sie wurden verdrängt durch
die Samaren	sie wurden verdrängt durch
die Hunnen ↗	sie wurden verdrängt durch
die Awaren um 558	sie wurden verdrängt durch
die Chasaren	sie wurden verdrängt durch
die Petschenegen	sie wurden verdrängt durch
die Polowzer	sie wurden verdrängt durch

die Mongolen ↗; deren Herrschaft dauerte rund 205 J. bis ca. 1500, beginnend mit Dschingis-Khan ↗.

Dazw. schiebt sich die Christianisierung:

988 wurde R. offiz. u. per Erlaß ein christl. Land nach Form der Kirche ↗ von Byzanz ↗ (= Rom II). Von Zauberern aufgestachelt, erhob sich die zwangsgetaufte Bev. jedoch wiederholt gg. die Kirche. Beginn der Ikonen-Malerei. R. gehörte nie zum Römischen Reich ↗, es hat weder die weltl. noch die geistl. Oberhoheit des Papstes ↗ je anerkannt. Dafür wurden die Russen ein für allemal in einen Geisteszustand versetzt, der sie zu einem myst. Chiliasmus ↗ führte. Es entstand die Lehre von der Erwartung eines Tausendjährigen Reiches ↗ am Ende der Zeiten (s. Endzeit ↗) mit der russ. Sendung, dem für irrgläubig gehaltenen westl. Abendland die richtige Weltanschauung u. deren Verwirklichung in einem ird. Paradies ↗ zu bringen. Als Vorstufe darf Moskau ↗ als 3. Rom, v. a. aber die Russische Revolution ↗ betrachtet werden, nach der R. zur UDSSR ↗ wurde, mit mehr als 100 Völkerschaften. — Russ. Vorausschau: ein 4. Rom wird es nicht geben. Sobald das 3. Rom (Moskau) in Ketzerei versinkt, ist das Weltende ↗ da. Bennett im Buch Gurdjieff ↗: »Die russische mystische Theologie akzeptiert die Lehre von den 7 Welten ↗« (1976, S. 210). These: das bestätigt sich z. B. im Mausoleum von Lenin ↗ auf dem Roten Platz, das genau wie der Babylonische Turm ↗ 7 Stockwerke hat (Abb.); dahinter die Mauer des Kreml ↗, darunter Lenins angestrahlter Leichnam im offenen Glassarg. Der größte Absatz der Stufenpyramide ↗ ist folgerichtig zw. 3. + 4. Stufe, d. h. am Ende der 3. Welt; 6. + 7. Welt als ›wiederkehrendes Paradies‹ sind zur Kuppel mit Säulen gestaltet.

Als letzter Zar ↗ wurde 1896 Nikolaus II. mit Frau Alexandra von Hessen gekrönt; der ges. europ. Hochadel reiste dazu an. Am letzten Tag der Feierlichkeiten (30. Mai) »... wollten die Majestäten auf dem Chodynski-Felde milde Gaben an Arme und Invaliden verteilen. Das kaiserliche Protokollamt hatte sich über die soziale Lage im Lande wohl nur unzureichend informiert und gar nicht erfaßt, wieviel Not und Verzweiflung da herrschte. Es kamen weit mehr Bedürftige, als man angenommen hatte... In unübersehbaren Mengen fluteten die Unglücklichen herbei. Ihre Hoffnung, etwas von den Geschenken zu erhaschen, steigerte sich zu verzweifelter Gier. Die Starken überrannten die Schwachen, die Jungen warfen die Alten zu Boden. Als der Spuk vorbei war, lagen 2900 Tote auf dem Chodynskij-Felde« (Temple, 1977, 171). Bald darauf begannen sich Angeh. der ›Intelligencija‹ in kleinen Widerstandsgruppen zusammenzuschließen; sie bildeten Vereinigungen mit Namen wie ›Volksfreunde‹ u. ›Land u. Freiheit‹ u. gingen aufs Land u. in die Fabriken. Es gab zündende Flugblätter, Demonstrationen, Streiks u. Attentate. V. a. ein Satz von Bakunin ↗ berauschte die Gemüter: »Aus einem Meer von Blut und Flammen wird sich in Moskau wunderbar der Stern der Revolution ↗ erheben, als Leitstern für das Glück der ganzen Menschheit!« Dagegen die Regierung 1904: »Um die revolutionäre Flut einzudämmen, brauchen wir einen kleinen siegreichen Krieg.« Der wurde 1904–05, bis zur eigenen Kapitulation, gg. Japan geführt, dann war die Revolution nicht mehr zu bremsen. — S. Sibirien ↗ mit uralten Felsskulpturen der Megalithkultur ↗ u. Labyrinth ↗. Dann die großen Esoteriker Blavatsky ↗, Ouspensky ↗ u. als Maler der Moderne ↗ Malewitsch ↗, Kandinsky ↗.

Rutas: Überlieferungen geben den Namen R. den Völkern, welche den riesigen Kontinent Mu ↗ od. Lemurien ↗ bewohnten u. von deren Sprache das Sanskrit ↗ herstammt. Soweit ersichtl., bezieht sich der Name auf eine Insel dieses Kontinents, gen. Ruta. Blavatsky ↗: »Die riesigen Magier von Ruta... die ›Herren des dunklen Gesichtes‹ können in der späteren Erzählung zu den ägyptischen Magiern geworden sein.« Es waren also Schwarze, sog. Lemuro-Atlantier, u. Riesen ↗ der 4. Wurzelrasse ↗. Die Ägypter waren für sie ›Ruta Atlantier‹. In Ägypten findet sich als ähnl. Wort Ruti ↗.

Ruti: ein Löwenpaar in Ägypten ↗, das mit »Schu ↗ und Tefnut ↗, den Zwillingskindern des Atum ↗ identifiziert wurde...« (Bonnet, S. 643). Dargestellt (Abb.) werden sie Rücken gg. Rücken,

den Urhügel ↗ mit einer Kugel tragend, äqv. dem Bild der Landung ↗ des Grals. Die Köpfe sind durch das Z. Himmel ↗ verbunden. These: da sie lt. Text nach rückwärts u. vorwärts schauen, kann man darin wohl ein Bild der äg. Mu-Nachfolge ↗ sehen u. die Erblinie der Rutas ↗, die Wurzel (entl. *Roots* ↗) der Sonderlinie ↗. Denn a. der König (Pharao ↗) wurde gelegentlich als R. bezeichnet. U. indem sich a. der Tote ↗ R. gleichsetzt, erzwingt er sich die ›Wanderung am Himmel‹, denn den R. gehören a. die 2 Barken ↗. Da diese weibl. sind, ist vielleicht eine Gleichstellung mit Atargatis ↗ möglich.

Rwanda: Republik in Zentral-Afrika im Südwesten des Viktoriasees, einstmaliges Königreich mit Ausdehnung bis zum Nil ↗. Hier ist die Ntu-Philosophie ↗ zuhause. — Während der Regentschaft des Ruganzu II Ndoli, 15. Jh., wurde das Trommel ↗-Emblem der Dyn., das Karinga (Unterpfand der Hoffnung) geschaffen. Die Königinmutter (s. Kandake ↗) Nyiarumaga, eine berühmte Dichterin, gab in dieser Zeit der dynast. Poesie ihre zeitgemäße Gestalt. U. zwar fügte sie die Strophen, die sich auf sämtl. Regierungen bezogen, zu einem einzigen Werk zus. u. trennte sie durch einen Leitmotivrefrain. Beim Kolonialismus ↗ wurde es erst dt., dann belgisch (1918), es gab eine Reihe von Aufständen, bis zur Wieder-Unabhängigkeit 1956. — Die Verwandtschaft zu den Bantu ↗ könnte über den Aristokraten-Stamm der Tussi = Batutsi laufen, mit Batu

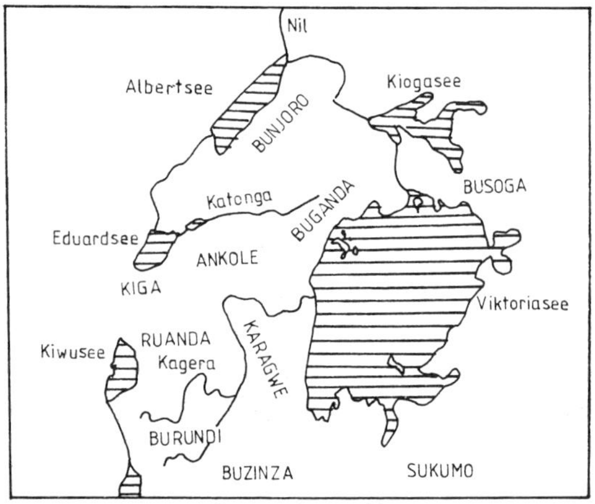

Die Königreiche der Großen Seen (17.-19. Jh.)

äqv. Bantu. Diese Tussi heißen a. Hima, s. Himariten ↗. Die Karte zeigt R. (Ruanda) als ›Königreich der Großen Seen‹.

Buchstabe S

Grundmotiv 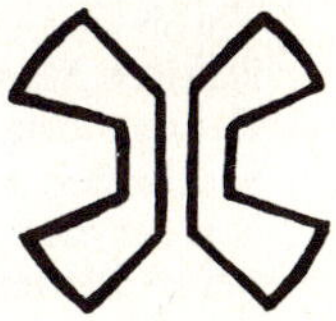 Doppelprinzip

Sa: alle Götter ↗ (äg.), symbolisiert als Sa-Schleife ↗. Evtl. Zusammenhang mit Sah ↗ (Mumie) u. Schai ↗ (Schicksal).

Saba: ehem. Königreich im heutigen Süd-Arabien mit hochentwickelter Kultur, war mit Tempeln (heute Ruinen) u. Stelen ↗ übersät; letztere wurden im Lauf umkreist. Heimat der Sabäer ↗, die wie andere Völker Nabatäer ↗ waren. Der Name geht auf Soba zurück, die als göttl. Ahnin gilt u. zum Namen großer Königinnen von S. wurde. Blavatsky ↗ hält für die Wurzel des Wortes »...Tsab, das einen Karren, ein Schiff und eine Armee bedeutet...« (III, S. 325), letzteres äqv. der himml. Heerschar ↗. Berühmteste Königin war Makeda, die König Salomo ↗ besuchte. Zu ihrem Herrschaftsbereich gehörte das einstmals zu Kanaan ↗, mit dem Verwandtschaft bestand, gehörige Gaza. Der männl. Herrschertitel lautete bis Karib'il Watar II. (410 v. Z.) Mukarrib, dann nach relig. Umsturz Wlk, wie die 10. der Sefirot ↗, hebr. *Malkuth* = König. — In der Bibel ↗ heißen Nachf. von Chus ↗: Seba, was S. entspr. dürfte. So finden sich Verbindungen zu Äthiopien ↗, wo z. B. das Buch ›Kebra Nagast‹ die Bundeslade ↗ als ›liebe Frau‹ anerkennt, mit Äqv. Ngoma ↗ bei Simbabwe ↗, wo man ähnl. elliptische Tempelanlagen findet wie in S. Unter den Göttern ↗ fällt Almaqah auf, der a. Tahwan gen. wurde = Stier des Baal ↗-Landes (d. h. von Kanaan) u. Herr von Saban. — S. Negus ↗.

Sabäer: die Leute von Saba ↗; sie verehrten lt. Blavatsky ↗ die ›Regenten der 7 Planeten‹ wie sie die Chaldäische Planetenreihe ↗ enthält u. hielten Seth ↗ »... für den höchsten unter den planetarischen Göttern« (III, S. 377). Schriften von der Religion u. den Satzungen der S. sind u. a.: ›Die Agrikultur der Nabatäer‹, d. h. sie sind a. Nabatäer ↗ od. chaldäische Sternenverehrer. Blavatsky spricht von Pyramiden, die bei ihnen das Planetensystem (besser Sonnensystem ↗) verkörpern und daß die S. dorthin wallfahrten u. siebenmal am Tag Gebete sangen, wobei sie sich nach Norden wandten, zum Berg Meru ↗. Ersteres erinnert an die Olmeken ↗-Stadt Teotihuacan ↗. »Der von David ↗ rund um die Bundeslade geführte Tanz war der Kreistanz, der von den Amazonen ↗ für die Mysterien vorgeschrieben sein soll... Er war einfach ein Merkmal des sabäischen Dienstes, denn er bedeutete die Bewegung der Planeten ↗ rund um die Sonne« (Blavatsky, II, 483). Sabäerdienst = Astrologie ↗.

Sabaoth: ein Titel des Jehova ↗, übers. mit ›Herr der Heerscharen‹, s. Saba ↗. Wörtl.: die ›Armee des Schiffes‹. These: offensichtl. des Sonnenschiffes ↗, mit Sabe = Sa ↗, alle Götter der Ba ↗ = Seele. Äg. Äqv.: Zebauti ↗.

Sabbat: hebr. Ruhetag, Freitagabend beginnend u. den Samstag (s. Woche ↗) umfassend, als 7. Tag der Schöpfung ↗. Aber Schabattu ↗ war schon in Sinear ↗ = Babylonien ein ›Tag der Beruhigung‹ der Götter, die Geschäfte ruhten. S. Karfreitag ↗, Klagemauer ↗ u. 7armiger Leuchter ↗. — Lt. Blavatsky ↗ bed. S. urpsr. Nirwana ↗ (Ruhe).

Sabia: Täufer bei den Mandäern ↗.

Sabiner: Stamm der Italiker ↗; wurden im 4./3. Jh. v. Z. von den Römern ↗ unterworfen.

Sach: beim 9fältigen Mensch ↗ äg. Version 1 der 3 Teile des Geistes; die anderen 2 heißen Ka ↗ u. Sechem ↗, was für S. nur die Zodiakzeichen ↗ übrig läßt.

Sachiko: Tochter von Sukuinushisama ↗, allg. bek. als Oshienushisama ↗ (Großer Lehrer) od. Keijusama = Gesegneter Juwel, spirit. Führerin von Mahikari ↗ seit 1975.

Sachmet: äg. Göttin des Geheimwissens, umgek. wie die Sphinx ↗ (Löwenkörper + Menschenkopf) dargestellt als Frauengestalt mit Löwenkopf (Abb. 1) = Löwengöttin ↗: Du hast dich ihrer bemächtigt, so entstand der Name ›Mächtige‹, heißt es im Mythos ↗ von der Himmelskuh ↗, der S. ausziehen läßt, um das sündige Menschengeschlecht zu vernichten. »Feuersglut geht von ihr aus und verbrennt die Glieder der Feinde...« (Bonnet, S. 644), im Weltenbrand ↗. Nach Aussagen Eingeweihter vertrat sie den Grünen Strahl, d. h. einen Aspekt der Tefnut ↗, mit der sie oft verschmolzen wurde. Jedoch sollen die zahlr. S.-Figuren, die Pharao Amenophis III. im Tempel ↗ der Mut ↗ aufstellen u. weihen ließ, Bilder der letzteren sein, sodaß die Endsilbe Met bei Sach-Met wohl eher Mut lau-

Abb. 1

tete. Ihr Gewand zeigt das Netz ↗ (Abb. 2), die Brustplatte ↗ nur 7 Ringe - der 7. Sektor des Zodiaks =

Abb. 2: Sachmet (Luxor, 18. Dynastie)

Löwe-Sektor ↗. Im Äg. Totenbuch ↗ wird sie u. a. auch ›Führerin zum Himmel‹ genannt. Auf dem Kopf die Sonne ↗ tragend, ist sie Sonnenmutter ↗ u. analog dazu Mutter des Pharaos ↗ u. geht dann a. in die feuerspeiende, grüne Uräus ↗-Schlange über, die sich auf dessen Stirne setzt od. zur Kronengöttin Uto ↗ (die Grüne) wird, eng mit dem Papyrus ↗ verbunden, den sie hir als Zepterstab in der l. Hand hält; r. das Lebenskreuz ↗. These: ihre Vermittlung zw. Kosmos ↗ u. Sonne setzt sie mit dem Zodiak ↗ in Verbindung, weshalb sie im äg. Dekanen ↗-Kalender 12 mal auf dem Thron sitzend erscheinen kann. Dann ist sie bzgl. des 9fältigen Menschen ↗ mit ihrer Vorsilbe Sach ↗ zum Geist gehörig. — Hauptkultort war Memphis ↗.

Sadduzäer: 1 der 4 Hauptzweige der jüd. Religion neben den Essenern ↗, Pharisäern ↗ u. Zeloten ↗. Waren lt. Blavatsky ↗ »die wirklichen Hüter der Gesetze des Moses ↗« (II, S. 64) u. lieferten fast alle Hohepriester von Judäa ↗. Verwarfen die angebl. ›Bücher des Moses‹: den Pentateuch ↗ der Synagoge u. den Talmud ↗. Für diese Juden ↗ galt nur die Thora ↗.

Sadhana: eine spirit. Übung im Tantrismus ↗ unter Leitung eines Guru ↗; möglicherweise ident. mit Sadanga, der Wissenschaft der Formen.

Sag: Göttin der Germanen ↗, wahrsch. für myst. Rede stehend. Lt. Überlieferung trinkt sie tägl. mit Odin ↗ mit goldenem Gefäß aus einem wahrsagenden Bach, ihre Wohnung in Asgard ↗ heißt der tiefliegende Sitz = *Sökkwabekk.* Das sie bei Novalis ↗ die 3 Nornen ↗ ablöst, dürfte die Nr. 12 des 12er Kreises ↗ der Sonne = Unsterblichkeit ↗ gemeint sein. Tritt im Klingsor ↗-Märchen auf.

Sagara: ein im ind. Ramayana ↗ gen. König, dessen ›60.000 Söhne‹ (= Soldaten seiner Armee) nur durch den Blick des Feindkönigs Kapila in Asche verwandelt werden, was eine Allegorie auf die atomaren Wunderwaffen vor dem Weltuntergang ↗ sein dürfte.

Sah: ein Edler mit Siegelring, der sich auf den urzeitl. Vorfahr zurückführt bzw. die übriggebliebene Schlange, während alle anderen Menschen zugrunde gingen. Äqv. Schah ↗. In Ägypten redete man a. von der Mumie ↗ als einem S. (hier sonst ein Edler, der am Hof Zutritt hat) u. bezog das Wort auf den verklärten Toten ↗, der im Vollbesitz seiner Kräfte im Gefolge der Gottheit wandelte.

Saham: ›ich bin sie‹, nämlich eine zur Identifizierung ausgewählte Göttin; par. Soham ↗, ich bin er, ein Gott. Die Auswahl erfolgt bei der ind. Unterrichtung durch einen Guru ↗.

Sahara: arab. Wort für Wüste; etwa in der Größe von ganz Europa den Kern von Nordafrika bildend u. regenärmste Region der Welt. Das war jedoch nicht immer so: vor 10.000 J. wuchsen dort noch Eichen u. Linden, waren alle Großtiere Afrikas heimisch u. Seen von der Größe Westdeutschlands vorhanden. Mitarbeiter des C-14-Laboratoriums in Heidelberg haben in versch. Oasen der S. Grundwasserproben entnommen u. erkannt, daß das in dem S.-Wasser gelöste Karbonat organ. Ursprungs ist. Daraus kann geschlossen werden, daß die S. zu der Zeit, als das heutige Grundwasser durch Niederschläge gebildet wurde, eine Humusschicht besaß, die nur gebildet worden sein kann, wenn in der Zeit vor 10.000–20.000 J. diese Niederschläge auf eine mit Vegetation bedeckte S. fielen. These: die Veränderung hängt mit dem letzten Polsprung ↗ vor rund 13.000 J. zus.; bis dahin war Europa Polarzone u. die S. ›europäisch‹, was das Klima betrifft. Beim nächsten Polsprung wird sich der Äquator hierher verlagern. — »Bis etwa um 2500 v. Z. bildete die Sahara das größte Bevölkerungszentrum des afrikanischen Kontinents. Es hat zu jener Zeit ein einziges, einheitliches und ausschließlich afrikanisches Afrika ohne bemerkenswerte Beziehungen zu fremden Kulturen gegeben. Vom 2. Jahrtausend v. Chr. an ändert sich dies alles...«, weil lt. R. u. M. Cornevin (Geschichte Afrikas, S. 6) die um 6000 v. Z. einsetzende sehr langsame Austrocknung etwa von 2500 v. Z. an wesentl. schneller wurde, d. h. ab Kali Yuga /. »Die Hypothese einer schwarzen Bevölkerung der Sahara vor der Austrocknung konnte durch das Studium der präbovidischen Felsmalereien im Tassili /-Gebirge, die eine außerordentlich große Ähnlichkeit der Tatuierungen und Masken / mit denen jetziger Völker Schwarzafrikas wie z. B. der Senufo / bestätigt werden« (ebd., S. 15). Diese nachf. von Ham / machten aber a. die sich ausbreitende Wüste S. mit Hilfe von Foggaras, einem unterird. Wasserversorgungssystem, fruchtbar u. ihr Wohlstand ließ schließl. weiße Siedler von der Küste Libyens / eindringen u. das Garamantenreich gründen, das seinerseits zerstört wurde, als sich der Islam /, d. h. die Araber ausbreiteten. Die Garamanten kamen auf 4spännigen Wagen u. gehören wohl zur Völkerwanderung /. Ihr Reich dauerte rund 1000 j., vom 6. Jh. v. Z. - 6. Jh. — These: die Angrenzung an Ägypten / läßt vermuten, daß dieses bis zur Reichseinigung / mit der S. zusammenhing u. bei der Umlegung des Nil / viele S.-Bewohner in das Großprojekt einspannte. Als die 12 Verlorenen Stämme / Ägypten wieder verließen, zogen 10 davon am Südrand der S. entlang zur afrik. Westküste. — S. Put / u. Hottentotten /; Mauren /.

Sais: im Nil-Delta / (am r. Ufer des kanopischen Nilarms) gelegene äg. Metropole, die der Göttin Neith / geweiht war. Ihr Tempel / hieß ›Haus der Biene /‹ u. war das Haupttheiligtum; lt. Herodot / lag dahinter ein Osirisgrab /. Aus S. stammte Fürst Psametich, der die 26. Dynastie / gründete; sie dauerte mit 6 Pharaonen / nur 100 J., Saitenzeit gen.: Saiten = Fürsten aus Sais. — Hierher schickte Novalis / im Geist die ›Lehrlinge zu Sais‹. In seinen Aufzeichnungen findet sich der Satz: »Einem gelang es - er hob den Schleier der Göttin zu Sais - Aber was sah er? Er sah - Wunder des Wunders - sich selbst.« S. Isis /.

Sak: Zac = weiß /, 1 der 18 Monatsnamen des Maya-J. Haab /, das gg. den Tzolkin / rotiert. *Sak-tok* = Opfermesser aus weißem Obsidian. Evtl. mit dem Tod / in Verbindung zu bringen.

Sakkara: 1 der 5 Nekropolen / bei Memphis / mit der Stufenpyramide von Djoser / als Wahrzeichen.

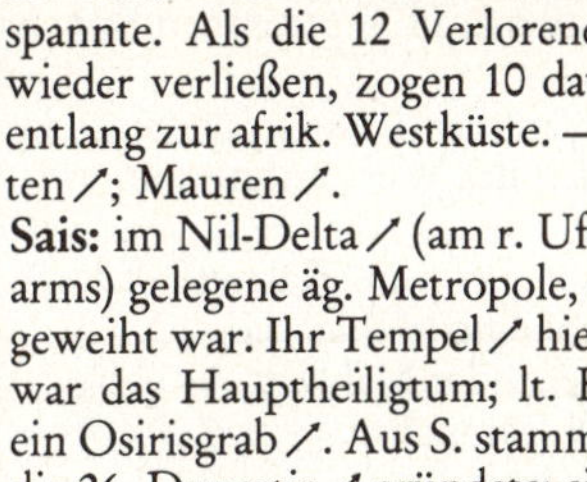

Abb. 1

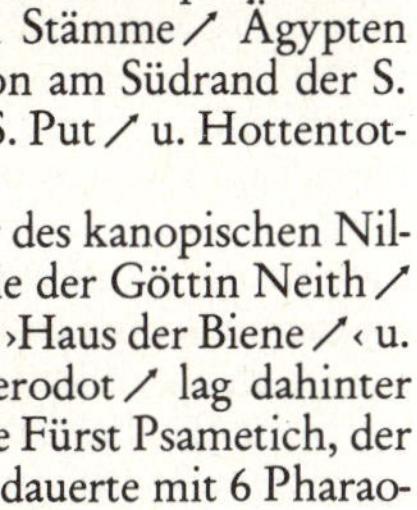

Abb. 2

Der Name S. leitet sich von Sokar / ab, erinnert aber a. an Kasskara /. Hier wurden neben Königen + Königinnen v. a. die Apis /-Stiere beigesetzt. Der älteste Teil der ca. 8 km langen Nekropole, auf einem Wüstenplateau am W-Ufer des Nil / gelegen, befindet sich im N u. beherbergt die Mastabas / der ersten Dynastien /, darunter die der Königin Merit-Neith (Abb. 1), nach der Göttin Neith / be. (1. Dyn.). Im exakt auf Ost-West ausgerichteten Serapeum (Abb. 2) = Apis-(Serapis /) Friedhof, 12 mumifizierte Stiere. Im Gegentrakt dann die mumifizierten Stiermütter, s. Bacheum /. Jede Tiermumie lag in einem gewaltigen Sarkophag / aus Granit od. Basalt u. die katakombenartige Anlage wurde bis in die Ptolemäerzeit hinein ständig erweitert. Zusätzl. fand man eine Ibis /- sowie eine Anubis /- od. Hundemumien-Nekropole, fast zum Labyrinth / gestaltet. Hier dürften sich wesentl. Teile des Sokarisfestes / abgespielt haben.

Sakr: im arab. Märchen Tausendundeine Nacht König der 24 Djinn /. These: das Wort dürfte auf Sokar / (äg.) zurückgehen wie a. den Kern von Sakral / abgeben.

Sakral: im Ggs. zu Profan / das Heilige, Göttliche bzw. Religiöse betr.; als Wort auf Sakr / rückführbar. Tempel / u. Kirchen / sind S.-Bauten, best. Rituale / der Religion Sakramente /. A. Gilgal / u. Thing / waren sakral.

Sakrament: eine sakrale / Handlung. Luther / anerkannte nur 2 direkt von Jesus / eingesetzte S. = Taufe / u. Abendmahl /. Der Katholizismus / erweiterte auf 7 durch Hinzufügung von Firmung, Buße (mit Beichte), Krankensalbung (s. Salbe /), Weihe des Priesters / mit Abverlangung des Zölibats = Ehelosigkeit, gen. Ordination, sowie der Ehe.

Sakti: ind. Göttin, Aussprache Shakti /.

Sal: Frau (su.) mit schwarzem Dreieck / ▼ als Symbol. Erweiterung: Salis /, Salem /, Salim /.

Salbe: schon im alten Ägypten / als ›Ausfluß des Re /‹ (Sonne, Sonnengott), d. h. als göttl. Emanation verstanden, deren geheime Kräfte in den Leib des Gesalbten überfließen u. wie Reinigung + Räucherung ›Wiederherstellung des Leibes und neues Leben‹ bewirken: »Dieses Leben hat aber eine besondere Verheißung: Öl glänzt und gibt darum Glanz. Der Gesalbte strahlt...« (Bonnet, S. 648), wie die Sonne /. Ja, die S. wurde direkt mit dem Horusauge / gleichgesetzt u. jeder Krönung eines Pharaos / ging die Salbung voraus: »Komm, nimm mit ihr (der Salbe) die Krone / gemäß dem Befehl des Horus selbst« (Bonnet, S. 648); schließl. heißt a. Messias / nichts anderes als ›der Gesalbte‹ (etwa der Heile, Geheilte, Heilende), denn S. heilt u. lindert Wunden u. Schäden, die für den Ägypter immer von Seth / ausgehen. »So stellt sich denn in der Salbung der Triumph und der Herrschaftsantritt des Horus / dar« (Bonnet, S. 647), wobei die S. selbst mit der Göttin Uto / (»die Grüne«) identifiziert wird. — S. Krankensalbung (letzte Ölung) als Sakrament /.

Salem: letzte Silbe bei Jerusalem / mit der Bed. Friede; arab. *Salem alaikum* (Friede sie mit dir), eigtl. Selam. Das hebr. Äqv. wurde Schalom /, s. König Salomo /. Noch älter ist Salim / (Kanaan), wo der Bezug erkenntlich wird: Friede = Venus / = 6. Welt /.

Salim: Abendstern als Teil der Venus /, die sich in Kanaan / aus S. + Sahr (Morgenstern) zusammensetztze. Daraus wurde a. Schalimu / bzw. Salem /.

Salis: Titel der germ. Göttin Nertus ↗, äqv. Salem ↗, Friede, da bei ihrem Umzug der Waffen schweigen mußten. Aber es ergibt sich a. die Kombination Sal ↗ (Frau) Is ↗ (hl.).

Salome: Enkelin von Herodes ↗ (gestorben zw. 54–62), die nach berückendem Tanz das Haupt von Johannes dem Täufer ↗ gefordert haben soll.

Salomo, König = Sohn von David ↗, verheiratet mit einer Tochter des äg. Königs Schoschenk, der zu den sog. Libyschen Dynastien ↗ (21., 22., 23. u. 24.) gehörte u. ihm die alte Krönungsstadt der Kanaanäer eroberte u. schenkte. Die Hergabe einer äg. Prinzessin war unägyptisch. Die Bibel ↗ schreibt darüber: »Und Salomo befreundete sich mit Pharao, dem Köni in Egypten, und nahm Pharao Tochter, und brachte sie in die Stadt Davids, bis er ausbauete sein Haus, und des Herrn Haus (= der Tempel von Jerusalem ↗) und die Mauern um Jerusalem her.« Bald darauf: »Also war Salomo ein Herr über alle Königreiche, von dem Wasser an in der Philister ↗ Lande, bis an die Grenze Egyptens, die ihm Geschenke zubrachten, und dienten ihm sein Lebenlang.« Folgt die Legende: »Daß die Weisheit Salomo größer war, denn aller Kinder gegen Morgen und aller Egypter Weisheit. Und war weiser, denn alle Menschen...« Die arab. Überlieferung ist bescheidener u. macht ihn nur zum letzten ›Meister der 24 Djinn ↗‹; er soll gesagt haben, daß nach ihm niemand mehr die Grundprinzipien (Grundmotive ↗?) manifestieren könne. Dazu tritt die Behauptung, er habe einen von Adam (Adam Kadmon ↗?) stammenden Ring besessen, auf der sich die Weltformel ↗ befand, nach der z.B. Einstein + von Braun als mod. Physiker vergebl. suchten. Ein bibl. Satz erstaunt: »Ich bin schwarz ↗, aber gar lieblich, ihr Töchter Jerusalems...« (Hohelied Salomo), was u. U. Maria ↗ als ›schwarze Madonna‹ erklären könnte u. S.s Zusammenhang mit den Olmeken ↗ = Kanaanäern; seine Schiffe sollen nach Amerika ↗ gefahren sein. Schließl. die Verbindung zum Tschadsee ↗, wo er die geheimnisvolle Stadt Hiram ↗ Aux Colonnes bauen ließ. Vorwurf der Bibel: »Aber der König Salomo liebte viel ausländische Weiber... Und er hatte sieben hundert Weiber zu Frauen, und drei hundert Kebsweiber (= Konkubinen)...« u. ließ sie statt der jüd. die eigenen Religionen praktizieren, ja, S. wandelte schließl. Astoret (Astarte ↗) nach statt Jahwe ↗, sodaß dieser ihn wissen läßt: »Weil solches bei dir geschehen ist, und hast meinen Bund und meine Gebote nicht gehalten; so will ich auch das Königreich (Israel ↗) von dir reißen...« Das geschieht, indem Syrien ↗ einfällt, was sich im Rahmen der Endzeit ↗ wiederholen könnte. Berühmt der Besuch der Königin von Saba ↗.

Salt Lake City: Salzsee-Stadt, südöstl. vom Großen Salzsee im W der USA ↗; 1847 von Mormonen ↗ besiedelt, seit 1896 amerik. Bundesstaat. Es gibt Gerüchte, man erwarte die endzeitl. Verwandlung der Stadt in das neue Jerusalem ↗.

Samadhi: bes. Trance ↗-Zustand, während dem der Mensch den Höhepunkt geistiger Erkenntnis ↗ erreicht bzw. das Selbst ↗ in Brahman ↗ untertaucht, eine Wonne, die aber nicht Nirwana ↗ ist (ind.); die dabei eingenommene Haltung ist a. die der Buddha ↗-Figuren. — Die nächste Stufe ist Nirmanakaya ↗. — Ramakrischna ↗ wird eine hohe Kunst des S. zugeschrieben.

Samael: ein Engel ↗, der in der Kabala ↗ für verborgene, okkulte Weisheit steht unter Gleichsetzung sowohl mit Lilith ↗ wie der verführenden Schlange ↗ der Genesis. Der Zohar ↗ macht aus Venus ↗ die Wohnung des S.; u. die Rabbiner lehren, daß Kain ↗ ein Sohn von Eva ↗ + S. sei, der Adams Stelle einnahm. Der Islam ↗ wiederum lehrt, er sei Mohammed ↗ erschienen, um die Geheimnisse des Himmels zu offenbaren, was er als Luzifer ↗ wohl schon sehr viel früher tat.

Samas: Schamasch ↗:

Samaveda: mit Rigveda ↗, Jadschurveda u. Atharwaveda die Bücher der Veden ↗ (Veda); der Hauptpriester der S. heißt *Udgatar* = Sängerpriester, der das Saman (Lied, Gesang, Melodie) singt, ein Wort, auf das sich a. S. beziehen dürfte. Man soll, heißt es, »... in den Welträumen das fünffache Saman verehren... Wer also dieses Saman als in das Weltall verwoben weiß, der wird zum Weltall.« Mit 5fach sind 5 Tages-, 5 Jahreszeiten u. die 5 Elemente ↗ gemeint.

Sambhogakaya: 16blättriges Lotoszentrum (Chakra ↗) in der Halsgegend; verbale Ebene der Mantras ↗ u. Anrufungen an die transzendentalen Buddhas ↗ (Tibet ↗). These: bezogen auf die Weltformel ↗ müßte es sich um die Kombination von 4er Kreis ↗ u. 12er Kreis ↗ (4 + 12 = 16) handeln, etwa Elemente ↗ als Vokale u. Zahlen als Strukturierung der Ursilben ↗. — Im Sanskrit ↗ dessen 16 Vokale, alle weibl. u. dynamisch verstanden ggb. den männl. = statischen Konsonanten.

Sambhu: ind. Gott, der mit der Shakti ↗ namens Hakini ↗ us. Mahat ↗ bildet; das Wort erinnert an Sambo ↗.

Sambo: rein äußerlich u. im finn. Kalewala-Epos ↗ vielfach beschrieben ist S. eine Mühle, die

> »... mahlt da zwischen jeder Mahlzeit
> einen Scheffel zum Verbrauchen,
> einen zweiten zum Verkaufen,
> einen dritten zum Verwahren.
> Freute sich die Pohjawirtin
> und versteckt den großen Sambo
> da in Pohjolas Gebirge...«

Vom Übersetzer des Kalewala ins Estnische, Prof. Eisen, erfährt man, es gäbe eine Überlieferung: Pohjola, das finstere Nordland, sei früher Päivölä = Sonnenland gewesen. These: das führt nicht nur in uralte Zeiten, sondern wohl a. auf einen anderen Kontinent (d. h. nicht Europa) zurück. Dagmar Welding (Kalewale in neuer Übersetzung) schreibt: »Man kann nicht umhin, ihn, ›das Gefäß der Fülle, des Wohlstandes‹ in Vergleich mit ähnlichen Gefäßen, z. B. den Kessel ↗ der Ceridven bei den Kelten ↗ zu sehen, nicht zuletzt auch in Analogie mit dem christlichen ›heiligen Gral ↗‹, ... Welche Vermutungen sind nicht angestellt worden: Lönnrot sprach von Sampo (russisch: Gott selbst), Castren von der Fruchtbarkeit, Comparetti behauptet, Sampo sei ein germanisch beeinflußter Ausdruck: sam = zusammen, bo = bauen, ackern, siedeln...« (1964, S. 636–637), was zu einem Mysterium menschl. Gesamtorganisation od. Kultur ↗ führt. Nun wird S. aber a. ›sprechende Truhe‹ gen., was an die Bundeslade ↗ erinnert wie an das afrik. Äqv. Ngoma ↗, mit der Übersetzungsmöglichkeit: Sam =

schwarz (wie Ham ↗, Kam ↗, Scham bei Schamasch ↗ etc.) + Bo = Mund (frz. *bouche*), zusammenfaßbar als Po ↗, die schwarze Sonne des Sirius ↗ als ›Mund‹ od. Stimme für Nommo ↗, das treibende Wort. Wie es im gleichen Buch heißt: »Die Töchter der Sambo-Besitzerin hatten noch ein Sonnenerbe des Sonnenreichs in sich« (eb., S. 638). Letzteres war urspr. Mu ↗, Äqv. Thule ↗, wo a. der Gral gelandet sein soll. Man wird sich wohl ein supertechnisches Gerät darunter vorstellen dürfen, das durch Lichtöffnung ↗ die 24 Grundmotive ↗ nutzbar machen konnte. In der Edda ↗ steht Grotti ↗ dafür, die a. Gold ›mahlen‹ kann bzw. bei Mißbrauch Brand entzündet. Die äg. Par. könnte jener ›Sitz der Sonne‹ sein, den Isis ↗ auf dem Kopf trägt u. der in Hieroglyphen von Isis, Osiris ↗ u. Nephtys ↗ erscheint, bei letzterer schon ›untergegangen im Wasser‹, wie a. S. von der letzten Besitzerin Louhi zerfetzt u. ins Wasser geworfen wird. S. Zerstückelung ↗.

Samhain-Fest: am 1. Nov., Altirland, als Beginn der 4. Jahreszeit (Winter): der Hain (das Feld) ist wieder leer, schwarz (*sam* wie bei Sambo ↗) wie der Kosmos ↗ vor Beginn der Evolution ↗: jungfräulich, eine ›schwarze Madonna‹, bildl. gesprochen.

Samnati: Demut, Mutter der Weisheit (ind.), ein Titel der Prakriti ↗, Aditi ↗ od. Devaki ↗.

Samsara: Verstrickung in die Vergänglichkeit der ›Wandelwelt‹ des Alltags, Dasein ↗, Gegenpol zu Nirwana ↗ = Leere, Sein ↗.

Samuel: jüd. Richter + Prophet, der zunächst Saul ↗, dann David ↗ als 1. König von Israel ↗ einsetzt. Ihm sind 2 Bücher der Bibel ↗ gewidmet. Vielleicht eine Nv. von Samael ↗.

San: afrik. Name der Buschmänner, eine kleine hellbraune Rasse, die unter dem Druck der Bantu ↗ nach

Abb. 2: Spanien (2000 v. Z.)

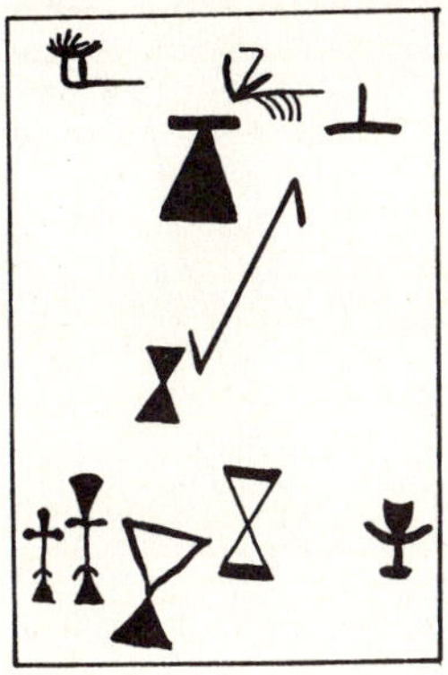

Abb. 1

Südafrika ↗ ausgewichen ist, früher aber a. in Europa ↗ gejagt haben, wie Funde des Cromagnon ↗ u. auch Felsbilder zeigen. »Die Buschmannzeichnungen Süd-Afrikas wurden schon vor langer Zeit entdeckt. Später fand man sie auch in Rhodesien, Südwest-Afrika, Ost-Afrika und im Atlas und der Sahara ↗ Nord-Afrikas. Heute gibt es kaum ein Land auf der Erde, in dem sie nicht gefunden wurden... Lange weigerte sich die Wissenschaft zu glauben, daß von so urtümlichen

Abb. 3

Menschen solche hochwertigen Kunstwerke stammen können« (Afrikanische Felskunst). Sie sind ungeheuer abstrakt u. expressiv u. es tauchen a. Grundmotive ↗ auf: Abb. 1: bemalte Straußeneier mit  , Abb. 2 desgl. in Kombination mit 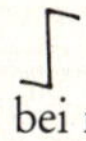 . Abb. 3 = Tanz ↗.

Sandbilder, Sandmandala: bei rituellem Heilen verwendet: Zeichnungen kosmographischen Charakters, die nicht gemalt, sondern mit versch. farbigem Sand auf den Boden gehäufelt werden, mit 30 cm bis 5 m Durchmesser. Es heißt, sie seien urspr. nur Eingeweihten gezeigt worden, da sie in Verbindung mit einer best. Zeremonie + Kultgesängen entstanden, die die myst. Vorkommnisse aus der Vorzeit wiederholten, während denen diese Gemälde-Rituale ↗ u. ihre segenspendende Kraft den Menschen ↗ von den Göttern ↗ geoffenbart wurden. — S. gehörten zur Pueblo ↗-Kultur u. werden heute spez. von den Navajo ↗-Indianern praktiziert. Die weiteren Det. beziehen sich auf die Navajo: 1 Bild muß an einem einzigen Tag hergetellt u. vor Sonnenuntergang wieder ausgelöscht werden. Meist werden Ereignisse aus dem Leben der ›Heiligen Leute‹ dargestellt, die nach einer großen Flut ↗ im Untergrund durch 12 unterird. Welten zur Erdoberfläche aufstiegen, wo sie die Menschen schufen. Zu ihnen gehört ›die Frau, die sich verändert‹, die den Menschen stets wohlgesonnen ist u. den Mais ↗ brachte. Er gehört zu den 4 hl. Pflanzen ↗, die neben den 4 Himmelsrichtungen ↗ u. 4 Elementen ↗, Kojote ↗ u. Schlange (a. in Mehrz.) die Hauptsymbole der S. sind, hineingelegt in einen Pheripheriekreis, der sich nach O öffnet. Nach Vollendung des Bildes als wichtigstem Teil des Kultgesanges wird der Kranke mitten auf das

S. gesetzt, damit er direkten Kontakt zu den ›heiligen Leuten‹ hat. Er bekommt einen Kräutertrank, dann berührt der Hatali (Sandmaler) zuerst die einzelnen Körperteile des dargestellten Wesens u. darauf die entspr. des Patienten, mit der Bitte um Heilung. Die Umfassung kann a. rechteckig wie das Weltideogramm ↗ sein (Abb.), aber nach O wieder offen, sodaß eine Var. der äg. Ka-Hieroglyphe ↗ entsteht, innen Himmel + Erde übereinander wie Nut ↗ + Geb ↗.

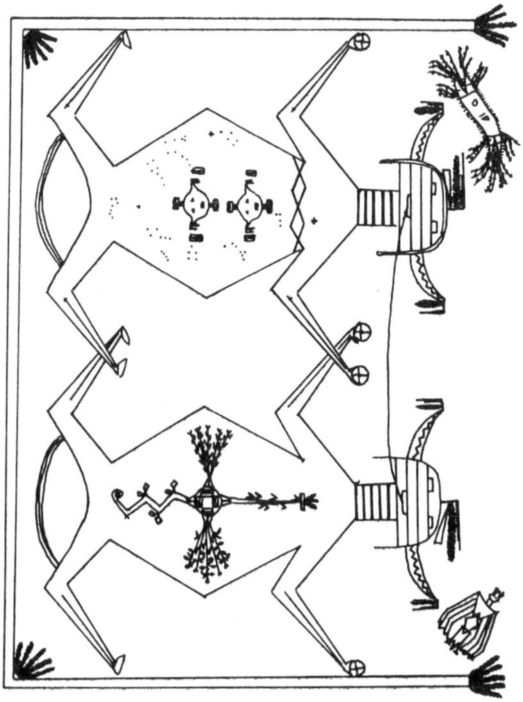

Sandbild der Navajo (Himmel und Erde darstellend)

Im Himmel als Köpfe Sonne + Mond, eingebettet in Sternbilder (Orion ↗, Plejaden ↗ etc.) u. als Brustlinie die Milchstraße ↗ mit 1 großen Stern als Kreuz, Angabe fehlt. In der Erde ein zentraler Wasserkreis mit ›4 Regenbogen‹ u. den 4 Planzen, deren je 3 Wurzeln zum Wasser zielen. Leicht lassen sich daraus die 4 + 8 + 12 Kategorien des Daseins ↗ - verbildlicht als 4 Pflanzen, 8 Regenogenstreifen u. 12 Wurzeln - zurückgewinnen. D. h., S. sind wie Mandalas ↗ eine figürl. Var. der Weltformel ↗. — S. Hogan ↗ u. Chumash ↗. — These: daß Sand verwendet wird, könnte sich auf Zerstückelung ↗ u. Wiedervereinigung beziehen.

San Franzisko: 1 der 3 rel. europ. Großstädte der USA ↗, an der nördl. Pazifikküste gelegen. Wurde 1776 von den Spaniern als befestigte Siedlung angelegt u. 1848 an die Amerikaner abgetreten. Für die Hopi ↗ wohnen seit langer Zeit auf den umgebenden Bergen die Katschina ↗. — Von 1942-52 u. 1974 - heute Zweitheimat von Kolawole ↗. — Der Name bezieht sich auf die Franziskaner, die hier eine Kette von Missionsstationen errichteten u. die Indianer ↗ als Arbeitskräfte benutzten, unter gleichzeitiger Christianisierung. Diese ›Missionsindianer‹ sind heute bis auf wenige hundert ausgestorben.

Sannyasi: Anhänger(in) von Bhagwan ↗, gekleidet in rötliche Farben, am Hals das Mala ↗. Da die Verheißung lautet, sie würden kleine Buddhas ↗ werden, darf man das Wort wohl auf *Sanjna* = geistiges Bewußtsein (u. ›Weib der Sonne‹, wie alle S. Liebende von Bhagwan sind) sowie Sang-gyas = Buddhas (im Lamaismus ↗) zurückführen. S. Manushi ↗.

Sanskrit: »... die Inder behaupten, die Devanagarizeichen (mit denen das Sanskrit gewöhnlich geschrieben wird) von Sarrasvati ↗, der Erfinderin des Sanskrit erhalten zu haben...« (Blavatsky, III, 99) wie es a. die Behauptung gibt, S. sei die ›Sprache der Götter‹ (devas). Auf jeden Fall kann man aus dem Namen *San* (= Hl.) *Skrit* (= Schrift) machen, eine hl. (od. eben göttl.) Schrift ↗. Die älteste ind. Legende fügt hinzu, daß sie von der Sprache der Rutas ↗ herstammt. Das würde verständl. machen, warum sie sowohl mit der Sprache der Olmeken ↗ wie a. mit der der Indogermanen ↗ verw. ist, d. h. eine gemeinsame Brücke von Schwarz ↗ + Weiß ↗ bildet. »Im Sanskrit, sowie im Hebräischen und in allen anderen Alphabeten, hat jeder Buchstabe seine occulte Bedeutung...« (Blavatsky, I, 121); es sind 51 : 16 weibl. Vokale, s. Sambhogakaya ↗ u. 35 männl. Konsonanten. Neben einer Zahl hat jeder Buchstabe eine Farbe, eine Silbe u. wird einem Teil des feinstofflichen Körpers zugeordnet (Abb. 1); a. werden sie in den hl. Ollas beständig so angeordnet, daß Musiknoten daraus werden können, d. h. der Text a. gesungen werden kann. U. wie in Ägypten ↗ gab es

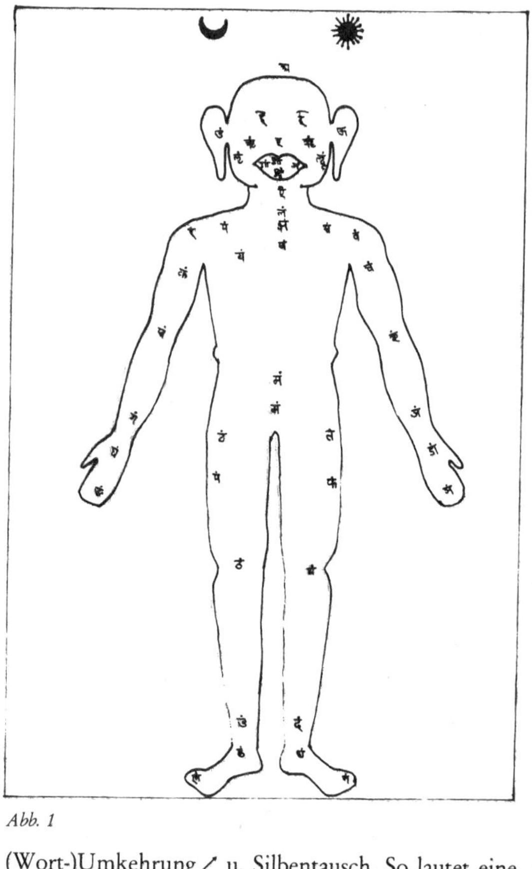

Abb. 1

(Wort-)Umkehrung ↗ u. Silbentausch. So lautet eine Anweisung: Permutiere die versch. Silben, die das

Wort zusammensetzen, u. untersuche die neuen Kombinationen, die auf diese Art entstehen, und ihre Bedeutungen. — Mantras ↗ (hl. Ursilben) können als zusammengesetzte S.-Buchstaben abstrakte Yantras ↗ ausfüllen. — In S. sind u. a. aufgezeichnet die Veden ↗; es war aber a. bis ins 20. Jh. (wie Latein) die Literatur- u. Gelehrtensprache. Heute jedoch kommen Inder nach Deutschland, um S. zu studieren. — Abb. 2 zeigt

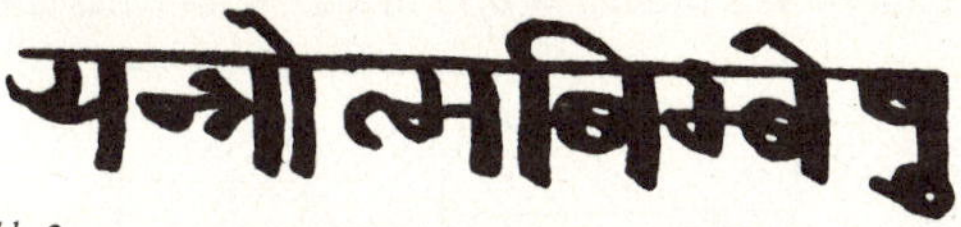

Abb. 2

eine S.-Schriftprobe. Der Inhalt lautet: »Die Scheibe des Körper-Kosmos ist das beste aller Yantras« (Sakta Darshan 15, 1, 30). S. Gobi ↗, Kali ↗ u. Zend ↗.

Santorin: Insel der Kykladen ↗ mit vulkan. Tätigkeit; letzter Ausbruch 1965. Minoisch ↗, dann griechisch.

Sao: Schwarze; ihre mysteriöse Kultur liegt südl. am Tschadsee ↗ u. wird mit der Zeit 5. Jh. v. Z. bis 18. Jh. angegeben. In den Legenden, die aus ihnen Riesen ↗ machen, erscheinen sie als zahlr., wohlorganisiertes Volk, das in 2 Wellen hier eintraf u. auf sehr kleine Ureinwohner stieß, die ebf. schwarz waren u. weichen mußten. Die S. verbrachten ganze Nächte mit Tanz ↗, trugen vorzugsweise Kupferschmuck u. hinterließen unzählige Terracotta-Figuren. — Da sich in Afrika Bronzekult mit Kult von Zwillingen ↗ verbindet, am stärksten bei den Yoruba ↗, wendet sich der Blick nach Ägypten ↗, wo sich als Vergleichsname Saosis als Nv. der Göttin Hathor ↗ findet, die immer 2 Gesichter (Zwillingbezug) hat u. zu deren Verehrung v. a. getanz wurde. »Champollion hat in Quadi-Halfa, Nubien ↗, eine Stele entdeckt, auf der der nubische Gott Muntu ↗ einem Pharao der 16. Dynastie ↗ die nubischen Völker präsentiert, darunter 2 Stämme mit den Namen Osaou und Schoat. Diese Namen erinnern erstaunlich an den Namen der legendären Sao« (Disp, Nations Nègreset Culture, S. 328). U. Lebeuf (Archéologie tschadienne) setzt den Namen mit dem Z.

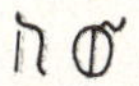 gleich, in dem sich der 2geteilte Kreis der äg. Junu ↗, übergehend in das Zodiakz. des Löwe-Sektors ↗, findet. Hier könnte sich die Verbindung zu Saophis ↗ ergeben, als Sohn (phis, frz. *fils*, fis gesprochen) der Sao. Ihre Stadt Makari erinnert an Mahikari ↗.

Saophis: von Eratosthenes (leitete im 3. Jh. die bibliothek des Museion ↗ von Alexandria) überlieferter Name ↗ für Cheops ↗ = Surid ↗. These: hängt mit den Sao ↗ als Abstammungslinie zus. u. ist der in Chemmis ↗ geborene, später ermordete Osiris ↗.

Sardis: antike Hauptstadt von Lydien, Westküste von Kleinasien ↗; heute zur Türkei ↗ gehörig. Ein Geodätischer Punkt ↗.

Sarg: Behälter für den Toten ↗; in reichster Form Sarkophag ↗ aus Stein, in ärmster Ausführung Korb od. Kiste aus Rohrgeflecht, Holz bzw. Tonkrug (a. in Menschengestalt). In Ägypten ↗ herrschte eine rechteckige Form mit 8facher Unterteilung vor (Abb. 1), die durch weitere Unterteilung (Abb. 2) in die Zahl 24 übergehen konnte. Durch Einzeichnung der 2 Horusaugen ↗, die sonst in den Himmel gezeichnet wurden, wird die Zuordnung Sarg = Himmel mögl., d. h. er ist die Nut ↗. Dafür spricht a. der Zuschnitt auf die Ka-Hieroglyphe ↗ 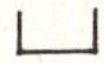 . Im S. von Abb. 1 ist sie so deutl. doppelt vertreten, daß man sie als quergelegtes Grundmotiv Todestanz ↗ auffassen kann. Die Ägypter empfanden den S. grundsätzl. als Haus, wo der Tote ›aus- und eingehen kann‹, wie die Totentexte sagen, sodaß a. eine Scheintür eingezeichnet werden konnte, u. zwar an

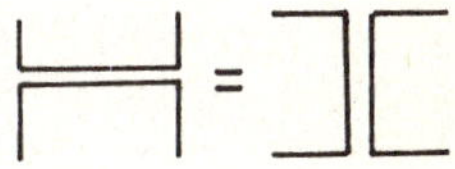

Abb. 1: Sarg des Mittleren Reiches

der Längsseite, die dem auf der l. Seite liegenden Toten zugewendet ist. Der S. von Abb. 2 sieht schon wie ein Palast aus u. gehört Pharao ↗ Mykerinos. Sargtexte ↗ enth. gewöhnl. ein Totengebet an Anubis ↗, der a. auf-

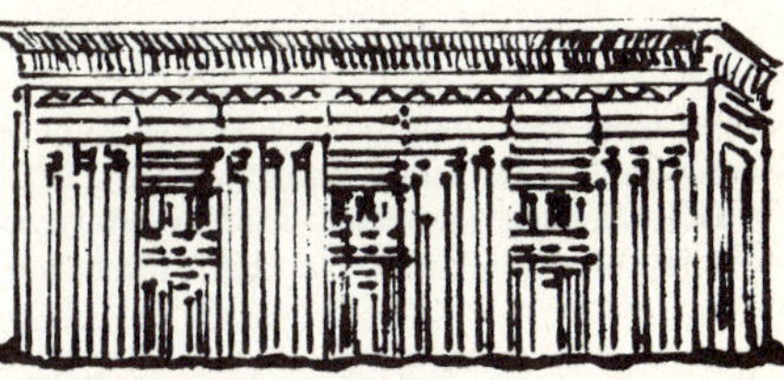

Abb. 2: Sarg des Mykerinos

gemalt wurde (Abb. 3) u. eine Anrufung der Nut, die ans Innere des S.-Deckels gemalt wurde als »Himmelsgöttin, die sich über den Toten beugt ... So weitet sich der S.-Deckel, ja der ganze S. dem Toten zum Himmel, nach dem er verlangt« (Bonnet, S. 659). Auf der Frontseite des 3. S. eine Figur wie das Nommozeichen ↗; der Deckel ist hier geschwungen wie beim Naos ↗. Immer

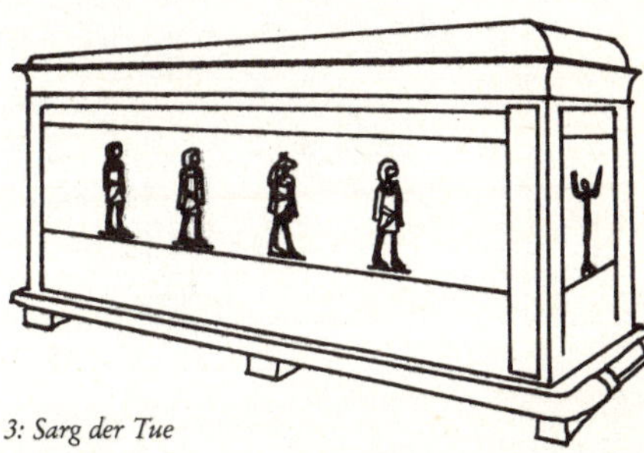

Abb. 3: Sarg der Tue

wird der S. zum ›Haus der Ewigkeit‹, bekam aber u. U. noch ein richtiges, d. h. ird. Haus in einer Nekropole ↗ = Totenstadt. — S. Horuskinder ↗ u. Sargwanne ↗.

Sargon von Akkad: a. Sargon I. (2414–2358 v. Z.); ein sem. Nomadensproß, der als königl. Mundschenk ein Komplott vorbereitete u. den N von Sumer ↗ unterwarf, das danach Akkad hieß u. sein Königreich wurde. Als Herkunftslegende findet sich eine ganz ähnl. Version wie später bei Moses ↗: »Sargon, der mächtige König, der König von Akkad, bin ich. Meine Mutter war eine Gottesherrin, meinen Vater kannte ich nicht... Es empfing mich die Mutter, die Gottesherrin. Im Geheimen gebar sie mich, setzte mich in ein Kästchen aus Schilf, mit Erdpech verschloß sie meine Tür, übergab mich dem Flusse (Euphrat ↗) ...« Histor. machte er sich damit selbst zum Gott, im angenommenen Namen S. wohl mit der Erstsilbe Sar, äqv. Zar ↗ u. Zarathustra ↗, Zweitsilbe gon = *gyne, genesis*, Abstammung. Nv. Scharru-kenu, von *Scharru* = König (äqv. Sar) u. *kenu* = rechtmäßig, von Geburt (äqv. gon). Schaaru = Sarra ↗. — Sargon II. folgte erst 722 als König von Assyrien.

Sargtexte: auf den äg. Sarg ↗ geschriebene Texte, die sich aber a. als Pyramidentexte ↗ u. Sprüche im Äg. Totenbuch ↗ wiederfinden. Sie sind jedoch oft nachlässig abgeschrieben, wenn nicht bis zur Verunstaltung erweitert. Wiederum zeigen nur sie, daß gewisse magische Sprüche best. Körperteilen entsprachen u. immer an der entspr. Sargstelle aufgeschrieben wurden.

Sargwanne: Bez. des Inneren eines äg. Sarkophags ↗, das zur Aufnahme von Mumie ↗ + Mumienhüllen ↗ deren Fischform annimmt, während das Äußere rechteckig bleibt. Die Ägypter selbst sprachen vom ›Ei‹.

Sarkophag: bes. Form des Sarges ↗, mit dem Volumen der Bundeslade ↗; symbolisierte in Ägypten das weibliche ↗ Prinzip u. war das Taufbecken, aus dem emporgestiegen, der Neophyt ↗ wiedergeboren war u. zum Adepten wurde (zum Eingeweihten). Ein engl. Schriftsteller behauptete, er sei für die Mysterien ↗ des Osiris ↗ benützt worden. Man darf annehmen, daß

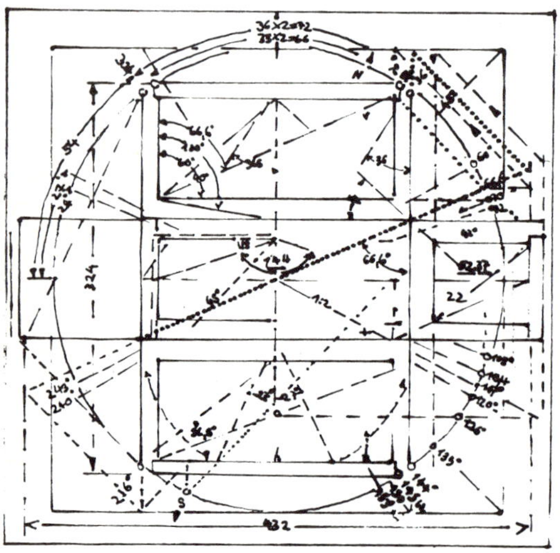

Abb. 1

das Vorbild der leere Granit-S. war, der in der Königskammer ↗ vorgefunden wurde. Als man ihn anhob (ca. 3 Tonnen Gewicht) u. einen Hammer gg. ihn schlug »... erzeugte dies einen tiefen Glockenton von außergewöhnlicher, geradezu zauberhafter Schönheit...« (Tompkins, 1975, 118). Genau auf N-S-Achse ausgerichtet, scheint sie die Hl. Maße ↗ beinhaltet zu haben, die ihrerseits a. Zeiten waren (Abb. 1). Z. B. lt. H. Raurich (Cheops):

äußere Länge 2,2915 m : 6 = 365,25 = die Tage des J.
innere Länge 2,292 m x Pi ↗ = 25920, die Präzession ↗
2 Längen + 2 Breiten = 6,55 m x 22 = 144, das a. im

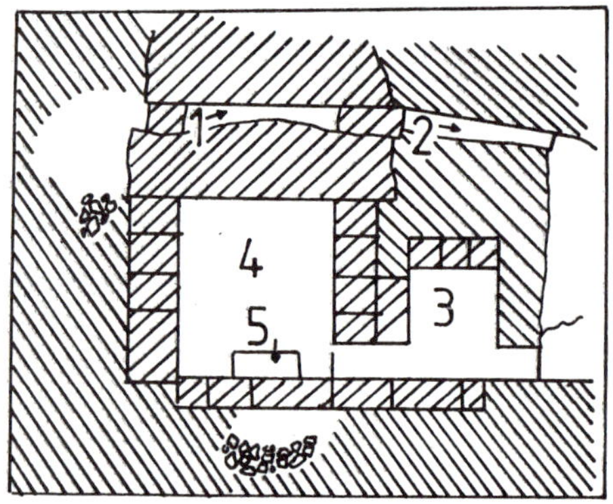

Abb. 2

Christentum auftauchende ›Maß des Himmlischen Jerusalem‹, zeitl. der Gesamtkosmos ↗ (144 Mrd. J.). Der 66,6. Grad deutet auf die Symbolik der ›Steintruhe‹ (s. Truhe ↗) u. taucht als ›eines Menschen Zahl 666‹ in der Apokalypse ↗ wieder auf. These: 3 x 666 = 1998, die Fertigstellung des wiederkehrenden Osiris (s. Wiederkehr ↗). Dieser S. der Königskammer (Abb. 2) war innen so rechteckig wie außen = ohne Sargwanne ↗ u. schokoladenbraun, d. h. in der Farbe der Stufe des Babylonischen Turmes ↗, die die 4. Welt ↗ symbolisierte, die der S. dann als Sambo ↗-Äqv. von Anf. bis Ende geleitet hatte. Die Fortsetzung war die Große Pyramide ↗, in der sie stand, als 5. Welt = rot. — S. Gangsystem ↗ u. osirismumie ↗ sowie der hölzerne S. von Kreta ↗. — Die 4 S.-Göttinnen sind Neith ↗, Selket ↗, Isis ↗ + Nephtys ↗; meist umfassen sie mit den Armen die Ecken des Schreines ↗, in die der S. geschoben wurde, Stichw. Duat ↗ u. Kanopen ↗.

Sarra: Endsilbe der sum. Enmesarra u. Ninmesarra ↗, wobei En = Herr u. Nin = Herrin u. Me ↗ = die 100 göttl. Kräfte sind. Von was, müßte das Wort S. aussagen. These: in Frage kommt der Gesamtkosmos ↗ (hundert Grundmotive) od., was wahrscheinlicher ist, das Zweisonnensystem Sirius ↗, das man als dessen Offenbarung betrachten kann mit der schwarzen Sonne als Ka ↗ u. der weißen Sonne als Ra ↗ = Kara, Schara ↗, zusammengesetzt in Zahlen aus 52 (s. Tzolkin ↗) + 48 (s. Weltformel ↗). A. Zarathustra ↗ enthält als *zara* (*zoro*, Zoroaster) die gleiche Silbe, direkt auf einen

Stern = *aster* bezogen; gleiches dürfte für Sarasvati, äqv. Sarrasvati ↗ gelten, Sargon ↗ u. Zar ↗.

Sarrasvati, Sarasvati: Erfinderin des Sanskrit ↗ u. ›Göttin der verborgenen Weisheit ↗‹; die Vorsilbe dürfte mit Sarra ↗ ident. sein, woraus sich als Äqv. die sum. Ninmesarra ↗ ergibt. Übersetzungsmöglichkeit: Sarras, d. h. des Sirius ↗, *Vati* = Veda ↗, Wissen, Weisheit.

Sartre, Jean-Paul: frz. Philosoph + Schriftsteller, Hauptvertreter des frz. Existentialismus ↗ (1905–80). Als bewußter Atheist interpretierte er den Menschen ↗ als ›zur Freiheit verurteilt‹ u. forderte, das Individuum möge sich zu seiner Tat als zu einer Selbstermächtigung u. Bestätigung seiner Freiheit bekennen bzw. den Sinn des Lebens selbst setzen, unter totaler Verantwortung (ohne Gott).

Sa-Schleife: Symbol für Sa ↗, eine Schleife, die der 23. Rune ↗ entspr. u. sich vornehml. in den Händen der Nilpferdgöttin ↗ befindet; entspräche dem Archetyp Verwandlung ↗. Wirth ↗ spricht von ›Schuldfessel‹, Spiesberger von ›Femeschlinge‹ mit der Umkehrung ›fesselsprengende‹ Kraft, geistiges Wachstum, was wieder einer Verwandlung entspr., hier durch die Mitwirkung ›aller götter‹ (= Sa). Wortverwandt mit Sat ↗.

Sat: ind. Wort für Sein ↗, die unendl. + ewige Ursache. Lt. Blavatsky ↗ das Parabrahman ↗ der Vedantisten, äqv. Mulaprakriti ↗ u. damit dem Ur-X ↗, was sich bei S. herausholen ließe als Sa ↗ (alle Götter ↗, sprich Grundmotive ↗), T (= verschlüsselt, s. Archetyp Schlüssel ↗), d. h. im Urzustand.

Satan: vom hebr. Zeitwort *Shatana* = feindl. sein, verfolgen, der Widersachen: in der Bibel von Gott + Mensch. Wird im NT zum Teufel u. Antichrist ↗, der bis zum Jüngsten Gericht ↗ mit Macht ausgestattet ist, dann aber besiegt wird. Als äg. Vorbild bietet sich Seth ↗ an, ständiger Verfolger von Isis ↗ + Horus ↗, nach dem Osirismord ↗. Der Talmud ↗ sagt, daß »... der Engel des Todes und der Satan dasselbe sind.« Gleiches wurde von Seth gesagt: die Menschen werden von den Mächten Seths dem Tod ↗ ausgeliefert. Blavatsky, II, 244: »Ihm sind anvertraut Gewicht und Maß und Zahl.« A. ›Engel des Stoffes‹, der mit Fesseln umschließt u. alle Dinge begrenzt. Der Bezug zur Zahl ↗ deckt sich mit Ahriman ↗ as Herr (= Ah ↗) von *Riman* = zählen. Im Buch Al Chazari erklärt ein jüd. Rabbi die Kabala ↗: »Man wird finden, daß Gewicht und Maß und Zahl im Sepher Jetzira die Attribute der Sephirot ↗ sind, welche der ganzen zusammengefaßten Zahl von 10 gleichkommen.« These: S. entspr. also in der Weltformel ↗ dem Zahlenkreis od. beim 9fältigen Mensch ↗ dem Schatten ↗. Blavatsky: sein Planet ist der Saturn ↗, griech. *Kronos* = Zeit (als Begrenzung). Das gilt nur astrol., macht aber verständl., warum die adamische Rasse die satanische gen. wird: es handelt sich um die 3. Wurzelrasse ↗, die am Ende der 3. Welt unter Herrschaft des Saturn körperl. wurde. Das war aber a. die Zeit der Zerstörung des Planeten Ogo ↗, der S.s 1. Manifestation gewesen sein könnte als jene ›alte Schlange‹ od. der ›Drache‹, mit dem in der Bibel gekämpft wird wie in Ägypten mit Apophis ↗. U.: »Satan repräsentiert ... die zentrifugale nergie des Weltalls« (Blavatsky, II, 244). These: u. die geht vom Grundmotiv  (C) aus, gen. 1 = 2 = 3 = alles, mit dem aus der Schöpfung Evolution ↗ wird, Vervielfältigung, Vielheit ↗ als Gegenpol zur Einheit. — S. Lotan ↗, Gnosis ↗, Dante ↗, Hiob ↗, Tezcatlipoca ↗ u. Kinder der Finsternis ↗.

Sati: im Hinduismus ↗ erste der Gattinnen von Shiva ↗. Mythos: als ihr Vater ein Opfer ↗ veranstaltete u. Shiva nicht dazu einlud, beging S. Selbstmord. Sie stürzte sich in das Opferfeuer u. wurde die erste ›Sati‹ = Witwe, die sich selbst verbrennt (ein Ritual, das es noch heute gibt). Shiva wanderte mit dem Leichnam in seinen Armen umher, tanzte, weinte u. versetzte die Erde in Aufregung, bis Vishnu ↗ den Leichnam zerstückelte. Überall, wohin ein Stück des toten Leibes fiel, errichtete man der Großen Göttin Schreine (s. Reliquie ↗); ihre nächste Inkarnation war Parvati ↗. Das Motiv der Zerstückelung ↗ ist global; s. Petroma ↗.

Satis: äg. Göttin u. Herrin von Nubien ↗. Pyramidentexte ↗ schreiben ihr zu, ›die beiden Länder‹ (d. h. Ägypten ↗) in Besitz genommen zu haben. Zeitl. könnte das in die Argonautik ↗ fallen, denn ihr Kopfsymbol sind 2 große, geschweifte Antilopen ↗-Hörner (Abb.), äqv. Steinbock, die weiße Krone ↗ einrahmend. Da sie a. ›Fürstin der Sterne‹ hieß, ist eine Par. zum Namen Sothis ↗ wahrsch., zumal sie a. an Hathor ↗ hjeranrückt. Die äg. Schreibweise Stj.T, heute Satet vokalisiert, läßt an Sati ↗.T denken; denn das vom Sirius gebrachte Wissen wurde durch die Argonautik ›zerstückelt‹ über die Welt verteilt (wie Sati).

Satori: Erleuchtung durch Eins-Werden (Japan).

Saturn: 1 der 12 Planeten ↗; mater. ein gigant. Gasball aus Wasserstoff, eingehüllt in eine quergestreifte Atmosphäre (wie Jupiter) mit Ring aus Einzelringen (Abb. 1), die aus unterschiedl. dicken Gesteins- u. Eisklötzchen bestehen. 17 Monde sind heute bekannt. Dauer des Sonnenumlaufs 29,46 J., s. Konjunktion ↗. Regierte lt. Weltenlehre ↗ die 3. Welt. — Griech. Kronos ↗, der im ›Kampf der Titanen‹ Uranus ↗ (den nächsten Planeten) ›kastrierte‹. Bei den Römern wurde S. an den Saturnalien ↗ gefeiert. — Astrol. Eigenschaften:

Abb. 1

Verneinung, negativer Existenzpol, kritisch-konservativ, Aufschwung hindernd, psych. Bleigewicht, asketische Strenge, Enthaltsamkeit, Dogmatismus, Verdrängung sinnlicher Empfindungen, sachlich, analyt., starr etc. »Saturn verkörpert die negativen Aspekte des Schicksals nicht nur in der westl. Astrologie ↗, sondern auch in der der Hindus ↗« (Mythen der Welt, S. 196). S. macht den Zusammenklang des Ganzen fragwürdig: »Die unter dem Saturn geborenen Nationen - z. B. die Jüdische, bei welcher er zum Jehova ↗ wurde, nachdem er als ein Sohn des Saturn oder Ildabaoth von den Ophiten und im Buch Jasher betrachtet wurde - lagen in ewigem Kampf mit jenen, die unter Jupiter, Merkur oder irgend einem anderen Planeten, ausgenommen Saturn-Jehovah, geboren waren« (Blavatsky, I, 631). Zusatz: U. Gott hat einen Gürtel um seine (Adams) Lenden getan = die Ringe des S. u. der Name des Gürtels ist Tod ↗. — Die amerik. Raumsonde Voyager 2 hat vom Planeten S. regelmäßig wiederkehrende, mächtige Ausbrüche von Radiowellen aufgefangen. Noch rätseln die Wissenschaftler über die Mechanik, die diese planetaren Geräusche steuert. Die Klänge hören sich wie moderne elektronische Musik an (Zeitungsbericht). U. das Ringsystem (Abb. 2) erinnert an eine Schallplatte!

Abb. 2

Saturnalien: röm. Fest zu Ehren des Saturn ↗ im Dezember. 5 Tage lang ließ man die Sklaven ↗ tun, was sie wollten, sie wurden sogar von ihren Herren bedient u. einer zum Karnevalskönig gekrönt. Das ist insofern inter., als Karneval ↗, das hier den S. zu entspr. scheint, etwas mit dem Endkrieg ↗ zu tun hat, der nur den Weltuntergang ↗ wiederholt. Und die S. dauerten 5 Tage, genau wie der Uayeb ↗ der Maya. — Einige Überlieferungen behaupten, Jesus ↗ sei während der S. geb. worden.

Saul: von Samuel ↗ gesalbter 1. König von Israel ↗, der lt. Bibel ↗ ›wider alle seine Feinde‹ streitet, bis Jahwe ↗ sein Königtum verwirft u. David ↗ statt seiner einsetzen läßt.

Säule: Hauptelement der Tempel ↗. In Ägypten immer mit lebhaften Farben (rot, gelb, grün, blau) bemalt, hl. Pflanzen, den Lichtstrahl ↗ od. Götter stilisierend: am bekanntesten Lotoss. (Abb. 1), Paparuss. (Abb. 2), Palmens. oder Hathors. (Abb. 3) u. sog. Kompositsäulen mit myth. Szenen + Hieroglyphen-Texten. Immer waren ›Stützen des Himmels‹ damit gemeint als Verbindungen zw. Himmel + Erde, wenn nicht deren Synthese ↗, auf die ja alles hinstrebte. Die Synthese-Zahl 5 findet sich überraschend konstant in 5 Querbändern bei Pflanzensäulen (als Photosynthese?), während Hathor ↗, den Sirius ↗ vertretend, schon die

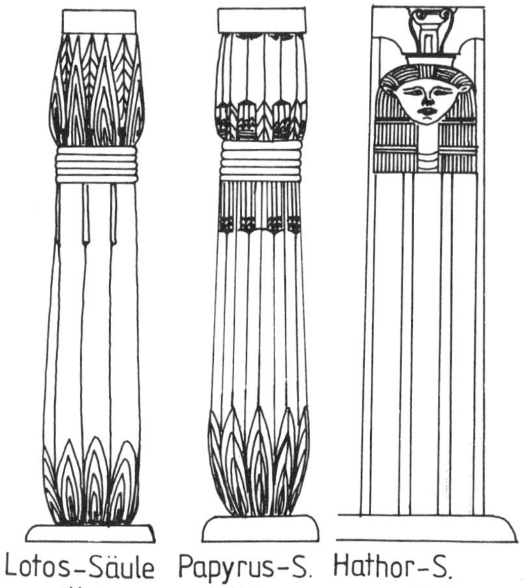

Abb. 1 *Abb. 2* *Abb. 3*

Synthese zweier Sonnen ankündigt u. damit den Übermensch ↗. Das zugrundeliegende Grundmotiv ↗ heißt ›Offene Säule‹.

Säule, offene: 1 der 24 Grundmotive ↗, Buchstabe I entspr., a. Vibrationsachse ↗ gen., Archetyp Verwandlung ↗, auf die innerhalb des Tempels bes. die Säule ↗ hinzielte, als vibrierende Achse zw. oben u. unten, s. Wirbelsäule ↗.

Saurid: Surid ↗.

Saurier: ausgestorbene Reptilien ↗ (Echsen); aus der Gruppe allesfressender Dinosaurier, die auf den Hinterbeinen gingen u. zu den größten aller Landtiere wurden, entwickelten sich die fleischfressenden Tyrannosaurier, die größten Raubtiere aller Zeiten. Ihr Schädel war so groß wie ein ganzes Kalb, das Dolchzahngebiß glich einer gigant., scharf gezackten Baggerschaufel u. der Schwanz war eine tödl. Peitsche - länger u. dicker als ein Krokodil. Erhielten sich als Drache ↗. Mit Flughaut versehen (ohne Federn) war schließl. der Flugsaurier, ein riesiges, vogelähnliches Reptil.

Schabattu: äqv. Sabbat ↗: schon in Babylonien ↗ ein ›Tag der Beruhigung der Götter‹, an dem a. die Geschäfte der Menschen ruhten. Das ind. Äqv. scheint Shatapatha Brahmana ↗ zu sein. Blavatsky (II, 638): »Hesiod gebrauchte die Worte, ›der siebente ist der heilige Tag‹, bevor man von dem Sabbath des Moses ↗ jemals gehört hatte. Der Gebrauch der Zahl sieben war niemals auf eine einzelne Nation beschränkt. Dies ist gut bezeugt durch die sieben Vasen im Tempel ↗ nahe den Ruinen von Babian in Oberägypten...« These: von ihnen könnten sich die 7 Schalen der Apokalypse ↗ ableiten, wenn der große Sch. od. 7. Tag der Sekundärschöpfung ↗ beendet wird.

Schädel: Skelett des Kopfes ↗, dessen ›Dach‹ od.

Gehirnschädel dem Skarabäus ↗ gleicht u. mit dem 4er Kreis ↗ der Sonne in Analogie gesetzt werden kann (Abb. 1), weil beim Neugeborenen a. die später einheitl. Stirnplatte noch 2-geteilt ist (Abb. 2). Die Zuteilung der 4 Elemente ↗ liest sich an der Stirne der Osirismumie ↗ ab: r. vorne Luft (äqv. Geier), l. vorne Feuer (äqv. Kobra), übergehend im Gesichtsschädel in die entspr. Sinnesorgane ↗ Nase (Luft) + Augen (Licht). Es folgen l. hinten Erde u. r. hinten Wasser, übergehend in die entspr. Sinnesorgane Mund (Erde, Geschmack) u. Haut (Wasser, Gefühl). Das Hinterhauptbein wäre dann als Nr. 8 den 7 Halswirbeln zuzurechnen = 8er Kreis mit den Ohren als analoges Sinnesorgan; s. Wirbelsäule ↗ u. Gehirn ↗.

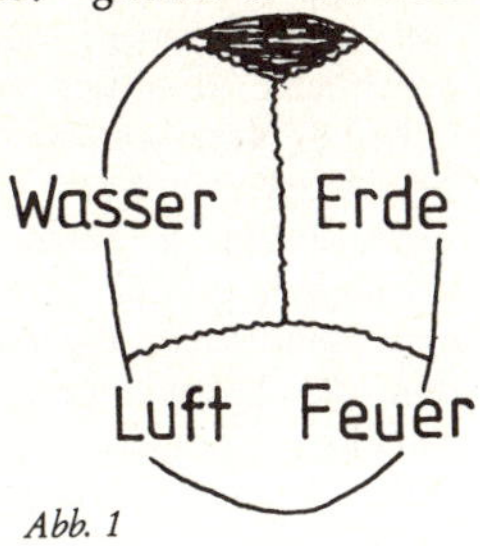

Abb. 1

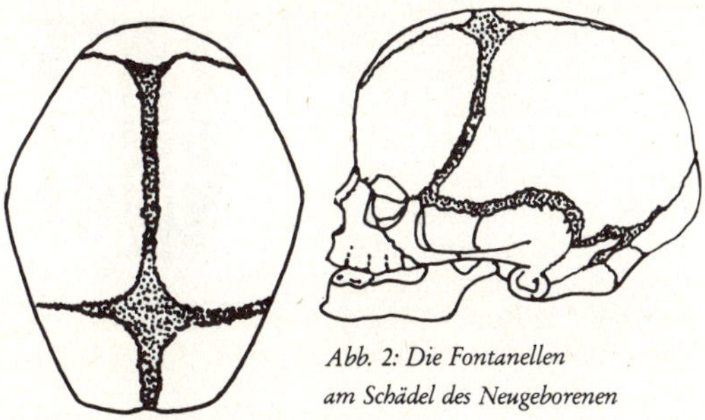
Abb. 2: Die Fontanellen am Schädel des Neugeborenen

Schädelgerüst: bei den Tolteken ↗ standen jeweils vor der großen Pyramide in einer Reihe hintereinander: eine gemauerte quadrat. Plattform mit der Opferblutschale, eine rechteckige Plattform mit dem Sch. (Gerüst für die Schädel der Opfer beim Ballspiel ↗) u.

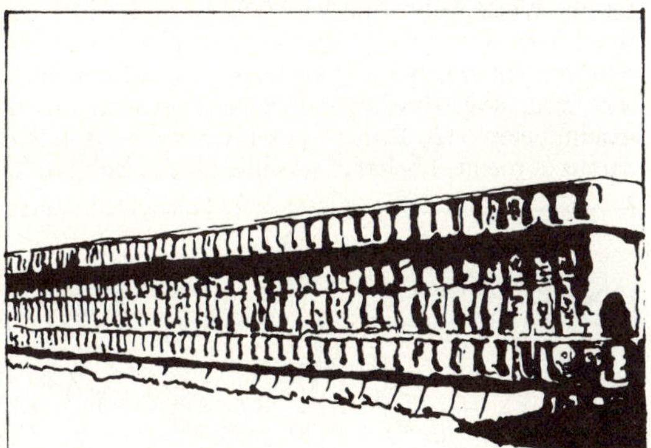
Unterbau eines toltekischen Schädelgerüstes (Chichen Itzá)

der Götterballspielplatz. Der steinerne Unterbau eines Sch. steht noch heute in Chichen Itza ↗ vor der toltek. Hauptpyramide: »... eine niedrige Plattform, deren Wandreliefs die hölzernen Querstangen mit den Schädeln zeigen, die einst in vielen Reihen übereinander zwischen senkrechten Holzpfosten angebracht waren (Abb.)«. (Altmex. Kulturen, S. 239) Die Geopferten dieser Schädel nannte man Adlerkrieger, weil ihr Blut den ›Adler‹ = die Sonne ↗ fütterte, auf die sich dann a. die Schädel ↗ bezogen haben dürfte. Aber a. der Ball des Ballspiels entsprach ja dem Kopf des Ahpu ↗, u. der Kampf um den Gral ↗, der sich im Ballspiel manifestierte, fiel auf den Adler ↗-Sektor der Geschichte.

Schah: Herrschertitel in Persien ↗, möglicherweise von Kambyses ↗ aus Ägypten als Sah ↗ übernommen. Den letzten Sch. verjagte Khomeini ↗. — Symbol Pfau ↗, als Pfauenthron.

Schai: Schicksal ↗ (äg.); gemacht von Aton ↗ berechnet Sch. die Tage ab Geburt ↗ u. läßt das Ende nahen (= der Tod ↗). Thausing konstruiert einen äg. Sch.-Begriff in seiner Auslegung des Maat ↗-Begriffs, der »in einer Uroffenbarung erfülltem Weltgesetz« (Bonnet, S. 681) gründet, ws gut zur Schlange ↗ als Sch.-Symbol paßt, soweit sie die Flügelsonne ziert u. deren 8er Kreis ↗ meint, äqv. Mora-Steine ↗. Hier treffen sich Lebensweg ↗ u. Karma ↗.

Schaiwiten: Anhänger von Schiwa ↗ (ind.), malen sich 4 Querstreifen auf die Stirne (Abb.)

Schale: als Symbol ↗, z. B. bei Nephtys ↗ als nach unten gebogener Halbkreis; beim Grundmotiv Liebestanz ↗ die untere Hälfte. In anderer Zeichenkombination ganz offensichtl. für die 4 Elemente eingesetzt, wozu der Schädel ↗ passen würde, der ja früher als Trinkschale benutzt wurde. S. Aufbau der Sonne ↗, evtl. Schalimu ↗.

Schalimu: kanaan. Schlm, Abenddämmerung (Zwilling von Schachar, Morgenröte); benutzt als 2. Teil des Ortsnamens Jeru-Schalem, woraus Jerusalem ↗ wurde, mit Sch. = Schalom ↗, Salem etc. = Friede. These: es bietet sich die Wortdeutung: Schale ↗ (statt schali) für Mu ↗, Wasser, Meer an, im Sinne von Kosmos ↗ als Schale des Ur-Wassers ↗, wohin die Sonne beim Untergang zurückkehrt, um wiedergeb. zu werden, s. Chepre ↗. U. allein dort ist Friede.

Schall: Schwingungen ↗ im Frequenz ↗-Bereich von 16 bis etwa 20.000 Hertz (1 Hertz = 1 Schwingung/sec.); sind sie regelmäßig, werden sie als Ton ↗ (Klang) empfunden, sind sie unregelmäßig, nur als Geräusch. Benötigen ein gasförmiges, flüssiges od. festes Medium, nach dem sich a. die Sch.-Geschwindigkeit richtet.

Schalom: Friede (hebr.), äqv. Schalimu ↗ (akkad.), eine Grußform. — S. a. Caholom ↗.

Schamane, Schamanin: praktizieren Schamanismus ↗. Im Besitz myth. Privilegien, betreffen ihre Ta-

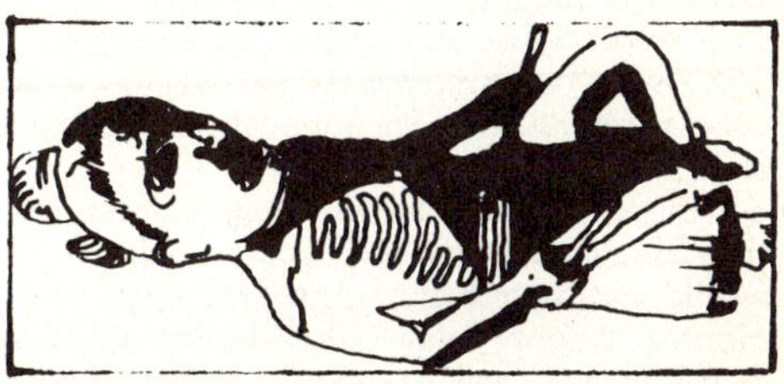

lente u. Funktionen: Krankheitsheilung (+ Erzeugung), Wetterbeeinflussung, Zukunftsvorausschau, magische Tricks, Verwandlungskünste, Begegnung mit verstorbenen Ahnen u. Geistern, Visionen. Im Ggs. zum Medizinmann ↗ heilt der Sch. aber nicht selbst, sondern vermittelt die heilende Begegnung mit den göttl. Mächten. Früher überwiegend von Frauen ausgeübt, was heute noch z. B. für Korea u. die Indianer von Kalifornien gilt. Die Sch. der Navajo ↗ neigten gelegentlich zu der Vorstellung, daß sie in Frauen verwandelt seien u. pflegten dann Frauenarbeit zu verrichten u. Frauenkleider zu tragen. Man betrachtete sie als sonderbare Mischwesen, aber zugleich als die von den Geistern Berufenen. Sie waren ihren Stammesgenossen über ihr Tun keine Rechenschaft schuldig. — Bei den Eskimo ↗ reiste der Sch. zur Göttin Sedna ↗ (unter Wasser); ähnliches findet sich von Westsibirien bis Nordamerika, wo der Sch., soweit männl., zu einer weibl. Unterwelts-Gottheit reisen mußte. Dem steht die weibl. Sch. ggb., die gewöhnl. nach oben ›fliegt‹ (wie die vermeintlichen Hexen ↗, die wohl a. Sch. waren). Diese Reise in die untere od. obere Duat ↗ wurde durch Trance ↗ (Trommel ↗, Rassel), Tabak ↗ od. Rauschgifte ↗ ermöglicht, a. die Tanzekstase half. Als Voraussetzung gilt angeborene seelische Labilität, die dann verstärkt wird bis zur Fähigkeit, die Seele ↗ bzw. den Geist ↗ vom Körper zu trennen, für die Reise und den Geisterkontakt. Die auf der Abb. gezeigte Holzfigur vom Stamm der Heida in Nordwestamerika zeigt einen Sch., der in Trance ins Jenseits reist.

Schamanin: s. Schamane ↗.

Schamanismus: älteste Form der Religion ↗ od. Rückverbindung *(religio)* zum Scham (= schwarz ↗, s. Km ↗) An ↗ (= Himmel), zum schwarzen Himmel od. Kosmos ↗, d. h. zu dessen ›Geistern‹ (äg. die Ka-Geister ↗), s. Schamane ↗ (Schamanin). Daß Tiere als ›Hilfsgeister‹ eine so große Rolle spielen, könnte mit dem Tierkreis ↗ zusammenhängen. So findet sich bes. das Hirsch-Geweih, das Tragen von Hörnern ↗ überhaupt, der Vogelkopf als Ausstattung sowie spez. Tiertänze für die Trance ↗. S. die Urform in China ↗ u. als neueste Var. Makumba ↗. Die interessanteste These findet sich bei Herbert Gottschalk (Buch ›Sonnengötter und Vampire‹): Sch. = Sehnen nach Unsterblichkeit ↗ bzw. Suche nach dem Elixier des Ewigen Lebens: »Für die Erlangung der Unsterblichkeit war natürlich der Schamanismus sehr nützlich, denn der Schamane gelangte bei seinem Geisterflug durch die verschiedenen Stufen der Oberwelt bis zum höchsten Himmel. Von dort hoffte man das Geheimnis des ewigen Lebens zu erfahren« (Gottschalk, 1978, 296). S. Chilam Balam ↗, Jaguar ↗, Orenda, Paradies ↗, Pfeife ↗, Mudang ↗, Oro ↗, Orejona ↗, Runebomme ↗.

Schamasch: Sonnengott ↗ (babyl.), sum. Utu ↗, s. Darst. auf einem Rollsiegel ↗, Stichw. Berg ↗. Im Namen steckt *Scham* = schwarz (äg. Km ↗) u. *Asch* = Gott, von As, Os ↗, was schwarzer Gott daraus machen würde, womit der Sonnenkern ↗ gemeint sein muß, afrik. Ntu ↗ statt Utu.

Schango: 1 der Orischas ↗, Gatte von Oja ↗. Lt. Mythos hing er sich mit einer Schlinge ›am Baum‹ auf, wurde erst dadurch zum Orischa u. stieg danach zum Himmel empor. Seine Überlieferung als ›Gott mit dem Widder ↗‹ paßt zum Kult, Oja Schafe zu opfern. Sog. Schangostäbe ↗ (Abb.) verweisen auf ein ähnl. Muster wie der äg. Djed ↗-Baum, soweit er oben über Widderhörnern mit der Doppel-Feder ↗ abschließt, die hier statt Scheibe (Neue Sonne ↗) einen Kopf einrahmt. Darunter exakt 4 Segmente über einer großen, spiraligen Wickelung, die dann den 6. Sektor des geschichtl. Tierkreises ↗ beträfe = der Weltuntergang ↗ mit Osirismord ↗. Ist aber der Baum, an den sich Sch. selbst ›aufhängt‹ für die Himmelfahrt ↗, der Baum der Erkenntnis ↗, so verschmilzt Sch. mit ihm u. ist ein Äqv.

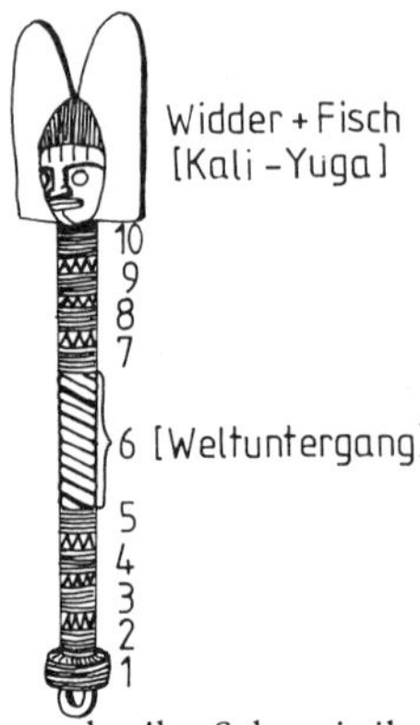

Schangostäbe: s. Schango ↗; eine andere Darst. zeigt Oja mit je 1 Sch. in jeder Hand, daneben unübersehbar die 12 Sektoren in 2 mal 6 halbiert, was zum Bild der Geschichte ↗ führt, halbiert in das 1. Reich ↗ des Vaters + 2. Reich des Sohnes, mit Schango als Zusammenfassung beider. Oja wird dabei wie die 12. Rune ↗ (Ger) zur Junu ↗ = Hathor (Abb.).

Schar: Zeiteinheit von 3600 J. in Sumer ↗, die lt. Sitchin mit der Umlaufbahn des Schara ↗ zusammenhing. These: sie setzt sich aber a. aus 60 Sigui-Festen ↗ (= 60 x 60) zus., was die Aussage wohl richtiger lenkt, denn 4 Sch. ergeben dann jene 14400 J., die von der Geburt des später ermordeten Osiris (afrik. Nommo ↗) bis zur Wiederkehr ↗ im Jahr 1992 (s. Endzeit ↗) verstrichen sind.

Schara, Scharra: wurde in Sumer ↗ ein Himmelsobjekt gen., über das heute Zweifel bestehen. Sitchin macht einen ›12. Planet‹ unseres Sonnensystems ↗ daraus u. meint, 1 Schar ↗ sei seine Umlaufbahn, d. h.

1 J. gewesen, bestehend aus 3600 Erdjahren. U. die Nephilim ↗ seien die Bewohner von Sch.; das widerspricht der Aussage der Dogon ↗, die vor langer Zeit auf der Erde gelandeten Astronauten ↗ seien vom Sirius ↗, auf den sich dann der Name Sch. beziehen dürfte, mit der Übersetzungsmöglichkeit *schar* (frz. *sur,* über)-*ra* (wie Re ↗, Sonne) = Übersonne ↗, enth. als Zara in Zarathustra ↗. Rollsiegel ↗ zeigen hinter pflügenden Bauern beide Siriussonnen, die weiße, sichtbare als

kopt. Kreuz ↗ u. die schwarze, unsichtbare als Rhombus ↗ (Abb.); eine Nv. ist zweifellos a. Kara ↗. — S. ist als Endsilbe bei Enmesarra ↗ + Ninmesarra ↗ enth., mit Sch. = Sarra. — S. Ballspiel ↗.

Schatten: 1 der Bestandteile des 9fältigen Menschen ↗, äg. Chai-Bit: »Insbesondere wird der Sch. mit der Seele ↗ verbunden; er tritt damit an die Stelle des Leibes bzw. der Mumie ↗. So sehen wir ihn, von dem Bavogel begleitet, auf der Bahre liegen oder aus dem Grabe steigen. Er ist dabei wie die irdische Gestalt des Toten ↗ gebildet; nur daß er schwarz ausgefüllt ist... Man erlebt den Sch. schlechthin als Offenbarung der Sonne ↗...« (Bonnet, S. 675). Dann muß er sich mit 1 ihrer inneren Kreise decken, wofür wohl nur der 12er Kreis ↗ in Frage kommt, äqv. Zahlen ↗; das manifestiert sich z. B. in der Sonnenuhr, durch deren 12 Stunden des Tages der Sch. wandert. These: der Sch. ist der 1. der 3 Teile des Körpers, s. 3. Wurzelrasse ↗, deren Astral-Sch. körperl. wurden. — S. Hades ↗, Paria ↗, Mephisto ↗.

Schechina: die geoffenbarte Thora ↗ od. mündl. Tradition, von den Juden ↗ verehrt als himml. Königin od. ›Jungfrau Israel‹ od. Braut, deren Bräutigam Gott ist: »In ihr sind alle Welten geformt und verschlossen.« Ihr Exil beginnt mit dem Sündenfall im Paradies ↗, ihre Rückkehr nach der Erlösung wird aus dem W erwartet. Jede jüd. Braut wird in Analogie zur Sch. mit 24 Stücken geschmückt u. blickt dann nach Westen. Da Thora nur Lehre heißt, muß es sich um jene 24 Grundmotive ↗ des Kosmos handeln, die als Erkenntnis ↗ a. den Kern der Geheimlehre ↗ bildeten. Sie waren ja wirkl. ›im Exil‹ u. tauchten im W wieder auf; als Weltordnung ↗ 1973 in München ↗, das damit zu Zion ↗ werden könnte, mit dem sich Sch. a. verbindet. — Nv. Schekina; evtl. Zusammenhang mit Dschina ↗.

Scheintür: eine zum Schein aufgemalte od. gebaute Tür, die sich nicht öffnet u. nur dem Toten ↗ dient; am äg. Sarg ↗ u. an Mastabas ↗ angebracht. Gelegentlich wurde zur Verdeutlichung dieses Gedankens ein Bild des Toten auf die Sch. gesetzt od. seine Statue in die Türnische gestellt: »Indem so die Sch. die Vermittlung zwischen der Welt der Toten und der Lebenden herstellt, ist sie geradezu der geistige Mittelpunkt des Grabes« (Bonnet, S. 678). So wie heute die Grabsteine, die vielleicht die Sch. (ohne weiteren Zusatz) fortsetzen.

Schem: die Nephilim ↗ waren »... die Mächtigen der Ewigkeit, das Volk des Schem...« (Sumer); es dürfte sich um ein Äqv. für Cham ↗ (Kem, Km ↗) handeln. Vielleicht entstand das Wort Sumerer ↗ daraus = Schem-erer: Nachf. von Schem.

Schicksal: das, was dem Menschen ›geschickt‹ wird, äg. Schai ↗. Man glaubte dort wie später in Rom ↗ (*nomen est omen,* der Name ist das Sch.), es verbände sich mit dem Namen ↗. Bei den Germanen ↗ spinnen die 3 Nornen ↗ die Sch.-Fäden, man unterschied aber zw. Fylgia ↗ (Sippensch.) u. Orlog ↗, quasi dem Weltensch. dem a. die Götter unterworfen waren. Das engl. Wort *fate* dürfte auf Fa ↗ zurückgehen u. führte zum Fatalismus ↗ als ergebene Unterwerfung unter die Prädestination ↗ (Vorausbestimmung), von der man jedoch lt. Ägypten ›befreit‹ werden konnte: so überliefert z. B. Apulejus (Metamorphosen XI, 6), wie Isis ↗ ihrem Adepten versichert, »... daß sie ihm das Leben über die vom Sch. gesetzte Grenze verlängern könne...« (Bonnet, S. 681). Unentrinnbar ist also das Sch. nicht. — S. Schicksalsbuch ↗ u. Schicksalsgöttin ↗.

Schicksalsbuch: wird im Äg. Totenbuch ↗ (Kap. XVII) erw.; als Hüter gilt der ›Phönix ↗ von Heliopolis ↗‹, sodaß naheliegt, die Große Pyramide ↗ darin zu sehen als eine Art Akasha-Chronik ↗ aus Stein. In diesem Sch. ist »geschrieben, alles, was gewesen, alles was geschehen wird.« Hier erweitert sich das Schicksal ↗ auf das aller Welten ↗.

Schicksalsgöttin: in Ägypten z. B. Hemsut, s. Mysterien ↗. A. bei den Germanen ↗ waren die das Schicksal tragenden Kräfte immer weiblich ↗, dito bei Römern (als Fata od. Parcae, aufgeteilt in Parzen ↗) u. Griechen (als Moira, aufgeteilt in Moiren ↗).

Schiff: als Symbol ↗:

Indien: »Du hast, o Surya ↗, dein Schiff mit hundert Rudern bestiegen.« These: die Zahl 100 ↗ der ›Ruder‹ verweist auf den Gesamtkosmos ↗ als Sch., Ur-Gefäß, Arc ↗, was in Arche = Sch. übergeht. Eine Var. wäre die 100köpfige Schlange Ananta ↗, was zum Schlangenschiff ↗ überleitet.

Ägypten: hatte ein ›Buch von dem Schutz des Gottesschiffes‹, das Neschmet hieß u. manchmal als men-

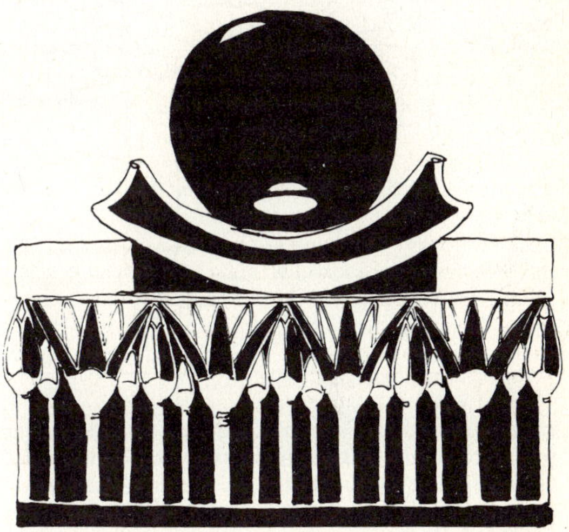

Abb. 1: Detail eines Colliers aus der Zeit Tutenchamuns

schengestaltige Göttin dargestellt wurde; hier ist der beförderte Gott Osiris ↗, was der ind. Surya (s. oben) entspr. könnte; das Sch. ist dann die Mut ↗, im Namen des Schiffes als Nachsilbe *met* (wohl falsch vokalisiert) enthalten. Es gab die 2 Barken ↗: die Nachtbarke als Mond (Abb. 1) u. das Sonnenschiff ↗ als Tagesbarke, wie auf astrol. Bildern alle Sterne ↗ in Barken (kleine Sch.) am Himmel schwimmen, der das jenseitige Wasser für diese ›Schiffe‹ ist. Einige wurden in Prozessionen ↗ mitgeführt. Dann gab es das im Äg. Totenbuch ↗ ausführl. beschriebene Totenschiff ↗, das andere Völker a. kannten.

Europa: Auf alteurop. Felszeichnungen ist es das Sch., das den ›Weihnachtsbaum‹ (Julbaum ↗, Weltenbaum) bringt, was sich im lappischen Jul-Opfer erhalten hat; es besteht aus einem kleinen Bootsmodell, das in einen

Baum gestellt wird. Das Jul-Sch. hat sich a. in dem niederdeutschen u. niederl. St. Nikolas-Kuchen erhalten (Wirth). These: ist dieser Baum ↗ der äg. Djed ↗, gibt es die Par. zu Ägypten (s. oben) mit Osiris in dem Neschmet-Schiff. — Beerdigungen im Sch. sind durch die Edda ↗ u. Ausgrabungen bezeugt, wie a. Grabsteinsetzungen in Sch.-Form erhalten sind, auf Nord-Süd ausgerichtet wie die Wilde Jagd ↗ mit dem N als Hölle (Hel ↗, Unterwelt) u. dem S als Auferstehungspunkt, s. Totenschiff. These: diese Orientierung bezieht sich auf den Runenkreis ↗, u. die Sch.-Richtung ist die Schnittlinie der 12. Rune, Ger ↗. Abb. 2 zeigt ein sol-

Abb. 2

ches bootförmiges Grab aus Tjelders, Gotland, aus der sog. Bronzezeit. Das Buch ›Götter und Mythen der Germanen‹ (S. 150) berichtet, »... daß die Göttin Isis ↗ (interpretatio romana), die von den Sueben verehrt wurde, als ihr signum oder Attribut eine liburna, d. h. ein kleines, schnell fahrendes Schiff, besaß. Auch die auf Walcheren verehrte Göttin Nehalennia wurde oft mit einem Schiff dargestellt. In diesem Zusammenhang zitiert man häufig einen Passus aus der Chronik der Äbte von Sint Truiden (belg. Limburg): Im Jahr 1133 wurde in dieser Gegend eine Art Schiffsumzug abgehalten, der die Empörung aller Wohlmeinenden erregte. In der Nähe von Aachen stellten Weber ein Schiff auf ein Gestell mit Rädern und zogen damit nach Aachen. Von dort ging der Zug nach Maastricht, Tongeren und Loos. In all diesen Ortschaften wurden bis spät in die Nacht hinein ärgerniserregende Tänze aufgeführt und Lieder gesungen; das Volk schien jedes Gefühl für Sittlichkeit verloren zu haben.« These: das erinnert an die Arioi ↗; die röm. Interpretation ist jedoch falsch, Isis wurde nie mit einem Schiff abgebildet, dafür aber Nephtys ↗, was das Sch. in ein Raumschiff ↗ übergehen läßt u. die Argonautik ↗ zur ird. Analogie von dessen Ankunft macht. Die weitere Fortsetzung ist Karneval ↗ (m. Schiffswagen). — Ein

Abb. 3

Schlangensch. (Abb. 3) wurde in Kleinformat (Länge 51 cm) in einer verlandeten Wasserstelle bei Roos Carr, Holderness, England gefunden; der Schlangen-(Sch.-) Kopf hat eingelegte Quarzaugen, der Leib Löcher zum Einstecken von 4 Figuren: Schiffe wurden in den meisten Sprachen mit weibl. Art. od. Endungen versehen; sie gingen im späteren Kult z. T. in den Wagen ↗ über. — A. die Kirche ↗ wird Sch. gen.; s. Priester ↗ u. Jul ↗.

Schiiten: Moslems ↗, die nur Nachkommen der Fatima ↗ als rechtmäßige Nachfolger von Mohammed ↗, d. h. als Imam ↗, anerkennen. Eigtl. heißen sie 12er-Sch., weil nur 12 Imame folgten, der 12. lt. Legende aber plötzl. verschwand u. erst als Khomeini ↗ wiederkehrte. Jedoch kam es zu einer Aufspaltung, denn nach dem Namen des als letzten Imam anerkannten Nachkommen unterscheidet man innerhalb der Sch. zw. Imamiten, Ismaeliten, zaiditen u. a.; die Zaiditen benennen sich nach Zaid, dem 5. Imam. — S. Heiland ↗.

Schild: konkretes od. magisches Mittel der Unverwundbarkeit; so wurde z. B. der Davidstern ↗ (Sechsstern) a. ›Schild David‹ gen., weil dieser ihn, getragen als Amulett, undurchdringlich gemacht haben soll. Tats. scheinen alle Kriegs-Sch. durch Symbole, an denen man die diversen Völker unterscheiden kann, ver-

Abb. 2

stärkt worden zu sein. Da Sch. bei den Indianern für die Erde steht, dürfte das aufgesetzte Symbol den Himmel betreffen (Beistand der jeweiligen Gottheit) u. eben diese Kombination entspr. wieder dem Sechsstern ↗, der seinerseits die Zeit umfaßt, in der allein es Kriege gab u. damit Sch.-Bedarf. Abb. 1 zeigt einen in Südengland gefundenen Sch. der Kelten ↗, der allerdings dem Kultgebrauch, nicht dem wirkl. Kampf diente, denn er hat eingelegte rote Glasscheiben. Abb. 2 zeigt das Mittelstück einer Schwertscheide, 4. Jh. v. Z., Zentralmuseum Mainz (gleiches Buch S. 116): Die Symbolik des Sch.s ist l. aufgelöst in ein 8speichiges Rad (Gilgal ↗), vom Mäander ↗ umrundet mit je 1

Abb. 1

Sonnenzeichen ↗ oben + unten; es folgen Krieger mit anderen Sch., in deren Mäandermitte ein Rhombus ↗ mit Blütenverzierung ist. — Die Germanen ↗ wiederum hatten lt. Edda auf ihrem langgezogenen Dreiecks-Sch. die Runen ↗ eingeritzt, s. Rögnir ↗. S. Tolteken-Sch. Chimalman ↗ als Weltenlehre ↗.

Schildkröte: als Symbol: »Diese Schildkröte sind diese Welten. Die untere flachere Schale ist die irdische Welt... die obere gewölbte Schale ist jener Himmel... und was zwischen den Schalen ist, ist der Luftraum« (Riveda ↗). S. dazu Schild ↗ allgemein. — Sch. (= Ac ↗) nannten die Maya ↗ eine Sterngruppe im Bild der Zwillinge ↗, was vorzüglich zur ind. Zwillingshaftigkeit der Sch. als Raumschiff (= Verbindung Himmel-Erde!) eingesetzt wird. - In China ↗ erzählt die Le-

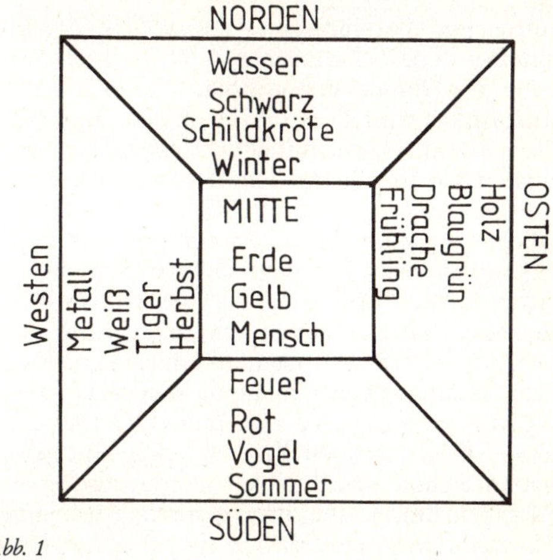

Abb. 1

gende, man habe die 8 Z. des Tao ↗ vom Rücken einer Sch. abgelesen; da sie aber a. zu den 5 hl. Tieren gehört (Abb. 1) u. den N vertritt, wo im Runenkreis ↗ der Weltuntergang ↗ liegt u. in Ägypten (s. Junu ↗) die Große Pyramide ↗ steht, die das Tao darstellt, erhält man auf Umwegen dessen wahre Entstehungszeit. — Schematisiert man schließl. die Sch., seitl. gesehen, auf einen nach oben gewölbten Halbkreis ◠, landet man, s. Isis ↗-Hieroglyphe, wieder beim 8er Kreis ↗ der Sonne, u. zwar der Sirius ↗-Sonne, wie er sich im Schild der Kelten als Gilgal niederschlägt. Der Sirius ist im Hund ↗ = Zwilling. Löst man das 2. Z. der Sirius-Hieroglyphe ↗ als Schlange ↗ auf, erweist sich die chin. Darst. Sch. + Schlange (Abb. 2) vielleicht als gleiche Aussage. — S. Kröte ↗ (ohne Schild) u. Mayauel ↗. — Als Tier gehört sie zu den Reptilien ↗.

Abb. 2: Die Schildkröte, eines der fünf heiligen Tiere der chinesischen Kosmologie, symbolisiert den Norden. Häufig scheint sie von einer Schlange umringelt (aus dem 3. Jh.)

Schilf, Schilfrohr: eine bis zu 4 m Höhe an Ufern u. stehenden Gewässern wachsende Grasart. Als ›Rohr‹ 13. Tag des Tzolkin ↗. Mit Tinte u. Rohrhalm schrieb der Ägypter auf Papyrus ↗. — Popol Vuh ↗: »Aus Tsité war des Mannes Fleisch gemacht, aber das

Fleisch der Frau machten die Schöpferin und der Former aus Schilf.« Tsité ist ein Baum mit bohnenartigen Früchten. Es handelt sich um die Menschen der 2. Welt ↗.

Schinto: chin. Wort für Kami ↗ *(Schin)* Weg *(To);* führte zum Begriff des Schintoismus ↗. Vielleicht ist Schin eine Nv. der Djinn ↗ u. Kat*schina* ↗.

Schintoismus: wird die jap. Religion des Kami ↗-Weges, äqv. Schinto ↗ gen.; mit der Unterscheidung eines populären Sch., häuslichen Sch. (Schrein ↗ im Haus), staatl. Sch. (nationalisierte Schreine) mit 13 Sekten u. dem Sch. des Kaiserhauses (3 Schreine auf dem Palast-Areal), woraus sich ein sog. ›Schrein-System‹ entwickelte. — Das Leben, so sagt die Götter- (Kami) Lehre des Sch., endet in einem Schwarzen Loch ↗. — Schintoistische Priester sollen Sukuinushisama ↗ aufgesucht haben, nachdem er durch Wunderheilungen bek. geworden war, ja, sie wollen die Offenbarung ↗ erhalten haben, daß er der Yo ↗ sei, auf den sie gewartet hatten. So holten sie ihn in ein schintoistisches Kloster u. gaben ihm 5 J. lang eine initiatische Ausbildung. — Als reine Touristenattraktion tanzen Schinto-Priester maskiert, mit Penissen aus Pappmaché, beim ›Fruchtbarkeitsfest‹ (Abb.).

Schisma: Kirchenspaltung, begr. durch die Weigerung der orthodoxen Kirche ↗, sich dem Papst ↗ unterzuordnen; seit 1054.

Schiwa: Shiva ↗ (geschrieben Siwa).

Schlafdorn: die 8. Rune ↗; mit ihr wurde lt. Mythos die Walküre Brunhild ↗ gestochen. Bei Gleichstellung dieser Rune mit dem 8. Grundmotiv ↗ der Geschichte ↗, fällt das Ereignis genau in die 2. Hälfte des Adler ↗-Sektors, in dem die Kriege um den Gral ↗ begannen.

Schlagformel: eine Formel (rhythmische Struktur), die auf der Trommel ↗ geschlagen wird; in Afrika als sakral ↗ abgesetzt die 24 Sch. = Oru ↗. — These: eine Art graph. Akustik ↗, die in akustische Graphik verwandelt wird.

Schlange: langgestrecktes, fußloses Reptil ↗, das sich durch schlängeln fortbewegt u. die mit Schuppen u. Schildern bedeckte Oberhaut regelmäßig abwirft = Häutung. Als Symbol ↗ global in folg. Versionen: ungehörnt, gehörnt; ungeflügelt, geflügelt; 1köpfig bis vielköpfig bzw. beidendköpfig. Eine Art Zusammenfassung findet sich auf dem mex. Bild von 2 beidendköpfigen Sch., von denen eine gehörnt ist. Ihre Ver-

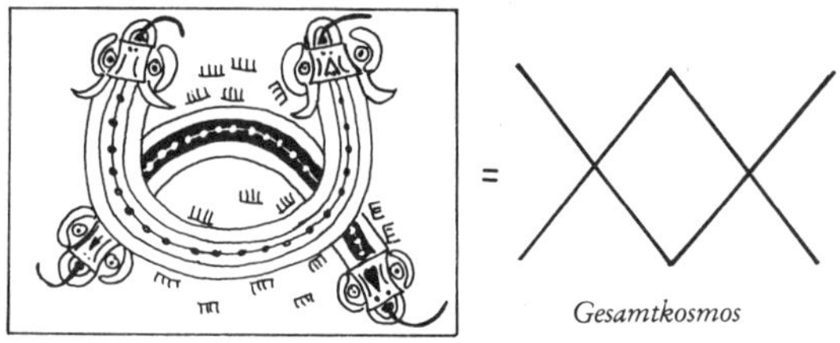

Abb. 1

schlingung erinnert an das Schema des Gesamtkosmos ↗ (Abb. 1), der in Indien zur einen, 100köpfigen Ananta ↗ wird. Die Doppelheit aus Mexiko ↗ drückt

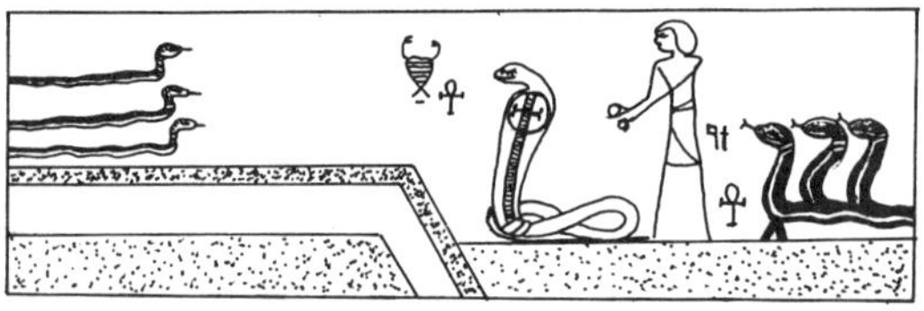

Abb. 2:

aber sehr eindringlich die Doppelnatur der Sch. aus wie a. C. G. Jung ↗ von ›geeinter Zwienatur‹ bzw. ›Geistkörper‹ spricht. Damit landen wir bei der sum. Tiamat ↗ (Sch.), die in Himmel (Geist ↗) u. Erde (Materie, Körper) geteilt wird. Kein Wunder also, daß man der Sch. sowohl als Logos ↗ (in der Gnosis ↗) wie a. als Schrecknis in der Unterwelt ↗ begegnet (Abb. 2, äg.), wieder in ganz unterschiedl. (3facher) Darst.: R. als Tod ↗ hinter dem Toten: 3köpfig mit 4 Beinen. Die Gesamtzahl 7 findet sich in der Apokalypse ↗ als 7köpfige Sch. = Satan ↗. In der Mitte vor dem Toten als beschützende Sch. die Kobra ↗, deren Schwanz die Unendlichkeitsschleife ↗ bildet. Sie kehrt wieder auf einem Sarkophag ↗ (Abb. 3) mit einem Z. am aufgeblähten Hals, das an die Aussage von Abb. 1 erinnert. L. (Abb. 2) sieht man 3 angriffslustige ›Ringler‹, die auf anderen Bildern der Duat ↗ so wellig sind wie die Meresger ↗ (Abb. 4):

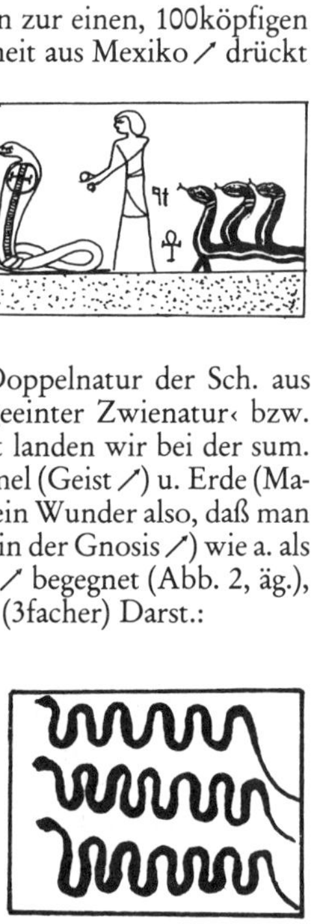

Abb. 4

So ließe sich die Unterweltsszene von Abb. 2 vielleicht folgendermaßen aufschlüsseln: l. 3 + r. 7 = 10, plus Unendlichkeitsschleife der Kobra ergibt zus. den kompletten Zahlenkreis der Weltformel ↗, der beim 9fältigen Menschen ↗ Chai-Bit = Schatten ↗ gen. wird – u. im Schattenreich befinden wir uns hier. Im chin. Tierkreis ↗ entspr. die Sch. unserem Sektor Jungfrau (I), was als Grundmotive wieder Reinkarnation ↗, Archetyp Ewiges Leben sowie den Todestanz ↗ enthält; Leben + Tod enthält a. der Quetzalcoatl ↗, weshalb die Häutung oft als Selbsterneuerung verstanden wird. — S. Apophis ↗, Kundalini ↗, Midgardschlange ↗, Naga ↗ u. Regenbogenschlange ↗. — Die Ambivalenz der

Sch. betrifft gleichfalls ihr Geschlecht, wobei die Alchemie ↗ die geflügelte weiblich ↗, die ungeflügelte männl. macht. Im Totemismus ↗ wird sie zum Totemtier der Mutter. Die Sisiutl ↗ (gehörnt) ist ein ›Helfer der Schamanen‹, ihre Haut wird zum ›magischen Gür-

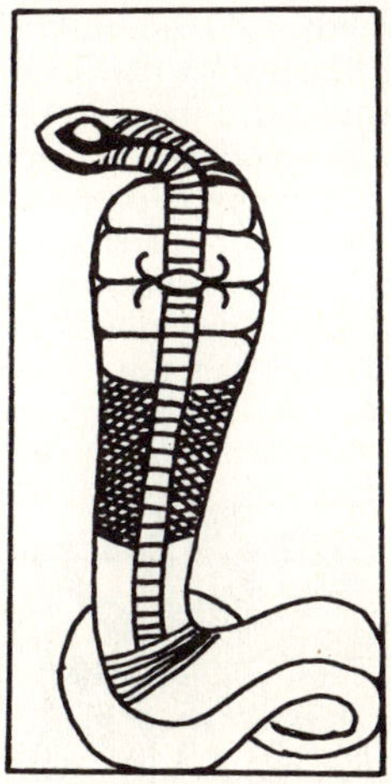

Abb. 3

tel‹; ein Äqv. dürfte die Sint-Hollo (hl. gehörnte Sch.) der Chicksaw-Indianer sein: »Nicht jeder kann sie sehen. Wer sie sieht, wird durch die Schlange weiser als andere gemacht« (Wirth, S. 370). Das erinnert an den germ. ›Lindwurm‹ ↗, dessen Blut Siegfried ↗ die Sprache der Vögel verstehen läßt, wie Sint an die Sintflut ↗ erinnert; tats. wird die gehörnte Sch. als ihr Erreger bezeichnet. — »... die vielfach gewundene Schlange, die Lilith ↗ ist« (Buch Emek-Ammeleh XI, zitiert in: Weiblich-Männlich, Hrsg. Brigitte Wartmann, 1980, Ästhetik und Kommunikation Verlag, Berlin, S. 74). Bes. symbolträchtige Einrichtungen waren das Schlangenschiff ↗ u. der Schlangenstein ↗; eine Mischform aus Mensch + Schlange die Schlangenjungfrau ↗, gekoppelt mit Schlangenhöhle ↗. S. a. Diskus ↗ von Kreta als Sch., äqv. Schlangenspiel in Ägypten.

Schlangenhöhle: wahrsch. äqv. Isisgrotte ↗, wie die Isis selbst als Schlangenjungfrau ↗ einzustufen ist. Im von Caligula errichteten Isistempel in Rom ↗ findet sich als Par. zur Grotte der ›Korb der Isis mit Schlange‹ (Abb.), die dessen Inhalt hütet: eine Darst. der Initiation in den Mysterien ↗.

Schlangenjungfrau: wird die dunkle Edem ↗ gen., die sich mit Elohim ↗ kreuzt, wobei 12 väterl. + 12 mütterl. Engel entstehen, was zus. dem Zodiak ↗ entspricht. Diese Jungfrau ist halb Weib, halb Schlange ↗ u. entspr. dann Eva ↗ (= Isis ↗), worauf das Christentum anspielt, wenn es auf deren Verwandtschaft mit der Schlange am Baum der Erkenntnis ↗ anspielt, die Eva dieser Verwandtschaft wegen so leicht ›verführen‹ konnte. Im Pazifik ist das die Verwandtschaft zw. Io Wahine ↗ u. Hina ↗, im Leben der Frau allg. die Analogie von Kosmos ↗ u. Schwangerschaft ↗. — S. die afrik. Duduwa ↗.

Schlangenschiff: ein Schiff ↗, symbolisiert als Schlange ↗, mit 1 Kopf od. a. an beiden Enden in den Schlangenkopf auslaufend als Totenschiff ↗. Äg. Darst. zeigen es auf dem ›himmlischen Nil‹ als der ›Großen Flut

der Nut ↗‹, die mäanderartig Amenti ↗ bewässert. Im S. eine 7stufige ›Treppe‹, lt. Champdor »... dem Symbol des letzten und endgültigen Aufstiegs der Seele zu den Gestirnen, mit denen sie sich vermischt.« These: sieht man in die Anordnung des 9fältigen Menschen ↗, so entspr. die Nut (das himml. Ur-Wasser ↗) dem Ka ↗, in der Weltformel ↗ den 24 Grundmotiven des Kosmos ↗, u. das Sch. den Archetypen ↗, äg. Sechem ↗; u. zusammengesetzt aus Archetypen erweist sich das Totenschiff im Äg. Totenbuch ↗.

Schlangenstein: ein äg. Symbol, das, doppelt, als ›Türhüter‹ vor Reichsheiligtümern aufgestellt wurde, wobei die ›Aufrichtung‹ eine bes. Zeremonie war. Sie konnten a. zu Lotos ↗-Knospen werden, die dann dem Stein ↗ entspr., der die Schlange ↗ in sich trägt. Lt. Bonnet gab es z. Z. des Mittleren Reiches (11. + 12. Dynastie ↗, die 11. wurde von Muntuhotep ↗ gegr.) auf Friedhöfen in Nubien ↗ eigenartige Stelen ↗: »Sie sind völlig schmucklos, haben aber ganz die Form der Schlangensteine« (Bonnet, S. 685). Die offiz. Deutung sieht einen Zusammenhang mit Horus ↗. These: der Stein ist a. die germ. Ul-Rune ↗ u. die in ihm verborgene Schlange wie in der Gnosis ↗ der Logos. Man vergl. die beiden Sch. (d. h. eine Verdoppelung der Abb.) mit den 2 Formen unter dem Jul ↗.

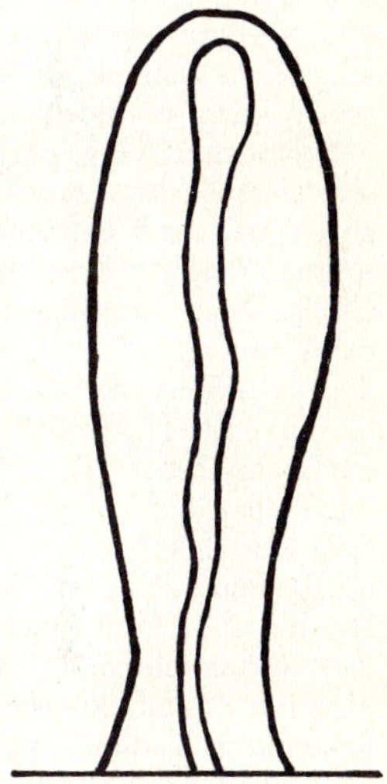

Schleier: Symbol der Verhüllung eines Geheimnisses, sodaß dessen Entschleierung einer Offenbarung ↗ gleichkommt bzw. der Erkenntnis ↗ u. Initiation ↗. »Die rituelle Entschleierung der ägypt. Göttin Isis ↗ z. B. war ein Symbol für das Erscheinen des göttl. Lichts ↗« (Herder Lexikon der Symbole). Jedoch sagt Isis auf dem Standbild zu Sais ↗, kein Sterblicher habe je ihren Sch. gelüpft. Setzt man die Regenbogenfarben ↗ des Lichts in Par., sind es 7 Sch.: die gleiche Zahl mit Nullen versehen taucht im Islam ↗ auf, für den das Angesicht von Allah ↗ als von 70000 Licht- u. Schatten-Sch. verhüllt gilt; eigtl., so erläutern manche Interpreten, umgeben die Sch. aber nicht Allah, sondern seine Geschöpfe u. nur den Heiligen ist es mögl., diese Sch. teilw. zu lüften. Der Koran ↗ spricht u. a. auch von einem Sch., der die Verdammten und die Auserwählten voneinander scheidet. — In Indien ↗ wird die Maya ↗ mit einem Sch. verglichen. Das Bild vom Sch. tauchte a. in der ›Rede an das christliche Europa‹ ↗ von Novalis auf. *Isis Entschleiert* war der Titel eines Buches von Blavatsky ↗. — These: a. Parzival ↗ heißt nichts anderes als ›den Schleier durchstoßen‹.

Schliemann, Heinrich: dt. Archäologe (1822-1890); grub Mykene ↗ u. Troja ↗ aus, letzteres angeregt durch Lesen der Ilias ↗. Lt. Churchward ↗ entdeckte er in einem alten buddhist. Tempel bei Lhasa ↗ (Tibet) einen Text, der die Zerstörung von Mu ↗ schildert. Es handelte sich um die Übers. einer uralten Schrifttafel, redigiert in einer Mischung aus Pali ↗ u. Tibetanisch.

Schlüssel: schließt zu u. auf. — Als Archetyp ↗: bei den Eleusinischen Mysterien ↗ (Spielen) nahmen Trägerinnen eines Sch.s als dem Symbol der Mysterien ↗ teil (R. Charroux). A. die Bibel ↗ spricht davon: »Wehe euch Schriftgelehrten, denn ihr den Schlüssel der Erkenntnis ↗ habt. Ihr kommt nicht hinein, und wehret denen, die hinein wollen« (Jesus ↗ lt. Lukas ↗ 11, 52). Nicht klar wird, ob dies a. der Sch. ist, den er an Petrus ↗ weiterreicht, was zum Schlüsselamt ↗ der Päpste führte, wo bald 2 Sch. daraus werden. Blavatsky ↗ wiederum spricht von 7 Sch.: »... der Tag, an dem alle sieben Schlüssel an die Wissenschaft übergeben sein werden (ist) noch nicht heraufgedämmert...« (I, 343) (vor ca. 100 J. geschrieben). Auffällig genug deckt sich diese Zahl mit den 7 Schleiern ↗ der Isis. These: angelegt an die Weltformel ↗ sind die 7 Sch., die zum ›Himmelreich‹ = Kosmos ↗, auf der Abb. als Aschluß des Sch.-Stabs eingefügt, führen:

die Archetypen
die Zodiakzeichen ↗
die Tiere des Tierkreises
die Buchstaben ↗
die Zahlen ↗
die Farben ↗
die Elemente ↗

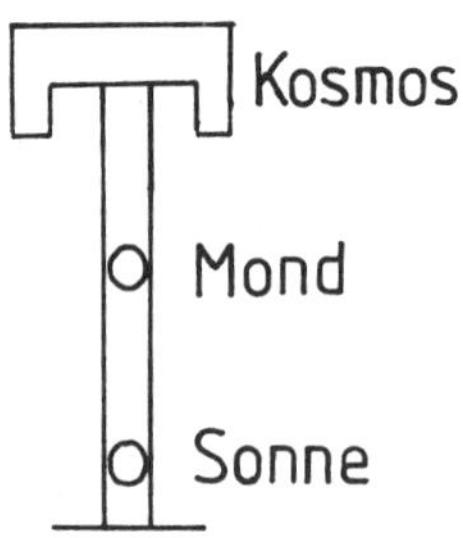

D. h. alles, was nicht die Grundmotive ↗ = Nommo ↗ sind od. eben Erkenntnis. U. diese 7 Sch. od. Schichten der Psyche ↗ wurden a. als Symbole ↗ verwendet. Natürl. kann man a. 2 Sch. durch Zuordnung von Sonne ↗ u. Mond ↗ daraus machen. Wer aber die Sch. in der Hand hat, müßte dann mit dem Sonnenkern = Gott ↗ gleichgesetzt werden. Blavatsky: »Der Schlüssel zu verborgenen Dingen, der Schlüssel zum Heiligtume. Das ist das heilige Wort ↗... Es ist die Quintessenz der Philosophien und der Dogmen... es ist das Licht, das Leben und die Weisheit ↗ des Universums« (III, 93). U. Louis Charpentier: »Offensichtlich hat die Menschheit ungeheuer wissende Menschen besessen (was nicht bedeutet, daß alle wissend waren) und ebenso offensichtlich ist, daß sie ihr Wissen ↗ nicht auf die Art vermittelten, wie es heute an unseren Schulen und Universitäten üblich ist und doch ist es, zumindest teilweise, weitergereicht worden, ohne daß noch etwas davon zu finden ist... dieses Wissen ist sogar auf dem Boden aufgezeichnet worden, oder in Symbolen, oder in Monumenten... aber man benötigte einen Schlüssel dazu. Einen Schlüssel, der nicht für jedermann war und den nicht einmal diejenigen entdecken können, die fähig sind zu verstehen, sondern nur die im Zustand des Wissens sind. Anders ausgedrückt kann der Mensch erst wissen, wenn er sich persönlich auf das Niveau der Wahrheit ↗ erhoben hat, die er sucht« (1971, 68). A. der Brahmatma, das Oberhaupt der ind. Initiierten, hatte auf seinem Kopfschmuck zwei Sch. als Symbol des geoffenbarten Geheimnisses von Leben ↗ u. Tod ↗, in kreuzweiser Anordnung. — S. Symbolik des Vatikan ↗. — Der schematisch abgebildete Sch. stammt aus der Völkerwanderungszeit u. war aus Eisen; evtl. germ., der Silbe Ti in Tiodiska ↗ entsprechend. — Als Buchstabe äqv. T.

Schlüsselamt: das Amt der Päpste ↗, seit Petrus ↗ wie im Himmel, so auf Erden ›zu binden und zu lösen‹. Als päpstl. Wappen im 13. Jh. mit Tiara ↗ über 2 gekreuzten Schlüsseln ↗ eingeführt, die man aber erst seit Mitte des 15. Jh. auf einen goldenen r. u. silbernen l. festlegte. 1929 wurde dieses Symbol ↗ zum offiz. Hoheitsz. des Vatikanstaates. — These: wie bei den äg. Horusaugen ↗ dürfte r. = gold der Sonne ↗ u. l. = silbern dem Mond ↗ entsprechen.

Schlüssel Petri mit der Tiara

Schmetterling: das griech. Symbol für Psyche ↗; in Mexiko ↗ entspr. er dem Wesen der Venus ↗, was schließen läßt, daß die Psyche des Menschen ↗ erst ab 6. Welt ↗ fertig ist. Vorstufen: Raupe ↗ + Kokoan. — V. a. die Krieger der Tolteken ↗ trugen ihn als Brustplatte od. a. über einer solchen (Abb.), z. B. auf den Seiten eines Türpfeilers am Jaguar ↗-Tempel von Chichen Itza ↗. Das Motiv findet sich aber v. a. in Teotihuacan ↗ u. geht vielleicht wie der Jaguar auf die Olmeken ↗ zurück. Beim ›Götterfest der Edelsteinarbeiter‹ wurde als wichtigste Gottheit (von 4) die ›Schmetterling-Geschmückte‹ Chicunahui Ytzcuintli ↗ gefeiert; sie trug den Sch. als Nasenschmuck.

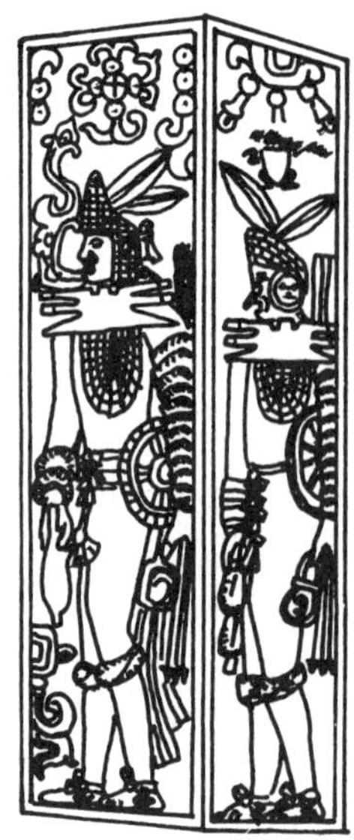

Eine hochinteressante Schmetterling-Fisch ↗-Maske stammt aus Neu-Guinea, Pazifik.

Schmetterling-Fisch: die Kombination von Schmetterling ↗ + Fisch ↗ ist als Maske in Neu-Guinea zu finden (Abb.). Die verschlüsselte Aussage könnte beinhalten, daß die Psyche ↗ (= der Schmetter-

ling) erst ertig ist, wenn die 2 Fische des Fischsektors ↗ (in Ägypten die Horusaugen ↗) wieder das X ↗ berühren, das hier zum entspr. Grundmotiv ↗

 in weißer Farbe wird: also nach 1950, s. Endzeit ↗. Da der Schmetterling formal dem 24.

Grundmotiv  (P, Doppel-Axt ↗) entspr., kann man zusätzl. lesen,

daß es von  bis

 (also 25920 J., s. Präzession ↗) dauerte, bis die Psyche (der Schmetterling) fertig war u. den gräuslichen Mund mit exakt 24 Zähnen als Raupe = Geschichte ↗ einsetzen; s. Zahn ↗ als Symbol.

Schmied: verändert durch Erhitzen von Metallen deren Form. Als Symbol ↗: schöpfer. Veränderer u. damit Helfer od. Gegenspieler von Gott, meist Kulturbringer ↗ genannt. In Afrika wird der vom Sirius

kommende Nommo ↗ ›Schmied‹ gen., hier kann man sagen, er ›schmiedet Pläne‹, u. zwar den Plan der Geschichte ↗. Bei den Germanen ↗ gibt es den ›guten‹ wie a. ›bösen‹ Waland ↗, woraus in späteren Legenden ›Wieland der Schmied‹ wird. Ein weibl. Pendant findet sich in Ägypten als ›höchste Göttin Smithis‹ (smith = Schm. + Is ↗ = hl.), äqv. Nechbet ↗. Dem griech. Zeus ↗ tritt ›Hephaistos der Schmied‹ an die Seite, ja, es findet sich sogar eine Darst. von Christus ↗, wie er als Sch. dem hl. Eligius den Huf am abgeschnittenen Bein des Pferdes beschlägt (Abb.). Bei den Juden ↗ brachte der gefallene Engel Azazel ↗ den Menschen die Kunst der Metallverarbeitung; die Burjäten, ein mongol. Stamm, spricht von Boschintoi, dem ›Schmied an der Sonnenesse‹, der seine 9 flammengefiederten Söhne schickte. Sie verbanden sich mit 9 ird. Bräuten u. daraus entstanden 9 ird. Familien von Schmieden. Bei den Dogon ↗ heißt der 1. ird. Sch. Hogon ↗. — S. a. Hun Batz ↗.

Scholastik: ›Schulwissenschaft‹, beherrschende Bewegung des Mittelalters ↗ (ca. 800–1500); Ziel: system. Darst. christl. Glaubensinhalte unter Verwendung aristotelischer Begriffe u. einer best. Art von Beweismethode für Thesen. Der aufgearbeitete Gesamtbestand wurde *summa* (Summe) gen., als Titel ›Summa theologiae‹ bei Thomas von Aquin zu finden. — Bsp. eines scholastischen Gottesbeweises: existiere er (Gott) nicht, dann ermangele ihm das Sein, mithin die Voraussetzung der Vollkommenheit überhaupt - folglich existiere er (Anselm von Canterbury), da wir ihn ja als vollkommenes Wesen denken. — These: 1. europ. Versuch einer Synthese ↗ von Religion ↗ + Wissenschaft ↗. Benutzte a. Meditation ↗.

Schöpfer, Schöpferin: verursachende Gottheit der Schöpfung ↗; ihr Geschlecht führt immer zu Streit. Im Popol Vuh ↗ (Maya) wird sehr genau zw. Schöpferin = Tzakol ↗ u. Former = Bitol ↗ unterschieden. In der Bibel ↗ taucht kein Substantiv Sch. auf, nur das Verb schaffen: »Am Anfang schuf Gott Himmel und Erde...«, wobei das Wort Gott eine zweifelhafte Übers. von Elohim ↗ ist. In Indien sind Aditi ↗ u. Brahma ↗ ›die Schöpfer‹, a. Mutter + Vater-Sohn-Gemahl gen.; die äg. Par. wäre Mut ↗ + Atum ↗, eingesetzt als Beginn der Götterneunheit ↗. Blavatsky (I, 101): »Die gnostische Sophia ↗ (Weisheit) ... ist der heilige Geist ↗ und der Schöpfer von allem, wie in den alten Systemen.« Hier müßte natürl. Schöpferin gesagt werden. — An einer Stelle der hl. Bücher der Brahmanen ↗ »... ist es der weibliche Schöpfer, welcher zuerst ein Keim, dann ein Tropfen himmlischen Taus, eine Perle und dann ein Ei ist... Das Ei bricht entzwei, die Schale wird zum Himmel, das Innere zur Erde und das Weiße bildet die irdischen Wasser...« (Blavatsky, I, 312). Kein glückliches Bild, denn in Afrika befindet sich dieses Weltenei, als Neutrum, zw. dem schöpfer. Urpaar ↗, auf das man sich zweifellos am leichtesten einigen kann. Es heißt Duduwa ↗ + Obatala bei den Yoruba ↗.

Schöpfung: das Hervortreten von Göttern ↗, Sonnen ↗ u. Welten ↗ aus dem scheinbaren Nichts ↗, am anschaulichsten im Popol Vuh ↗ (Maya) beschrieben. Jedoch hat der Streit der Religionen ↗ u. Wissenschaften ↗, was ›am Anfang‹ od. ›im Anfang‹ (Ausdruck bei Johannes ↗) war, bis heute nicht aufgehört. Die einen sprechen von Schöpferin und/od. Schöpfer ↗, die anderen von Ur-Knall ↗. Einigkeit herrscht nur in der Vorstellung, daß die Sch. stufenweise verläuft, in Schöpfungstagen od. als Abfolge von 7 Sch., od. als Evolution ↗, mit der der Begriff Sch. oft verwischt. These: man sollte zw. einer Ur-Schöpfung ↗, Primärschöpfung ↗ u. Sekundärschöpfung ↗ unterscheiden, mit den beiden letzteren als Evolution, der sich die Geschichte ↗ anschließt. Diese u. die Sekundärsch. überlappen die ind. Manvantaras ↗, was a. nur Sch. bed. soll. Das folg. Modell stammt von von Frankenberg ↗: Das Ur-X ↗ ist der Zustand der Ruhe, der der Sch. vorausgeht, Dauer: 1,44 Mrd. J. = 1/100 des Gesamtkosmos ↗.

Als Ur-Sch. wäre die Ausdehnung des Kosmos ↗, hier die gerade Linie des Hirtenstabs ↗, vom 1.–20. Grundmotiv ↗ zu verstehen, das den Sonnenkern ↗ u. die 2

Barken od. 4er u. 8er Kreis der Sonne hervorbringt, in Buchstaben des Sonnenalphabets ⁄ A + B.
Es folgen die 6 Tage der Primär-Sch., deren 7. Tag (Ruhetag des Brahma in Indien) die 6 Tage der Sekundär-Sch. überlagern, welche allein von Moses ⁄ beschrieben wurden. Deren 7. Tag od. Sabbat ⁄ wäre nun ›gestört‹ worden durch die Landung ⁄ von Astronauten (Kulturbringern), mythol. dem ›Schmied‹. Man sollte die Sch. genau davor, beim Umschlag der Kreiskurve aufhören lassen, denn da ist a. die größte Ausdehnung des Kosmos erreicht. Was folgt, ist Geschichte ⁄, ein nicht planmäßiger Schöpfungseingriff, den die Bibel ⁄ mit Schlange ⁄ + Baum der Erkenntnis ⁄ verbindet, s. Paradies-Verlust ⁄. Am Übergang vom 7. zum 8. Tag schließt sich die Endzeit ⁄ an (s. Schema). Die 4 Kreise im Hirtenstab entspr. der Sonne ⁄.
Schöpfungsgeschichte: Berichte über die Abfolge der Schöpfung ⁄, z. B. im Buch Dzyan ⁄, Popol Vuh ⁄, in der Bibel ⁄ u. direkt gespielt im Sigui-Fest ⁄.

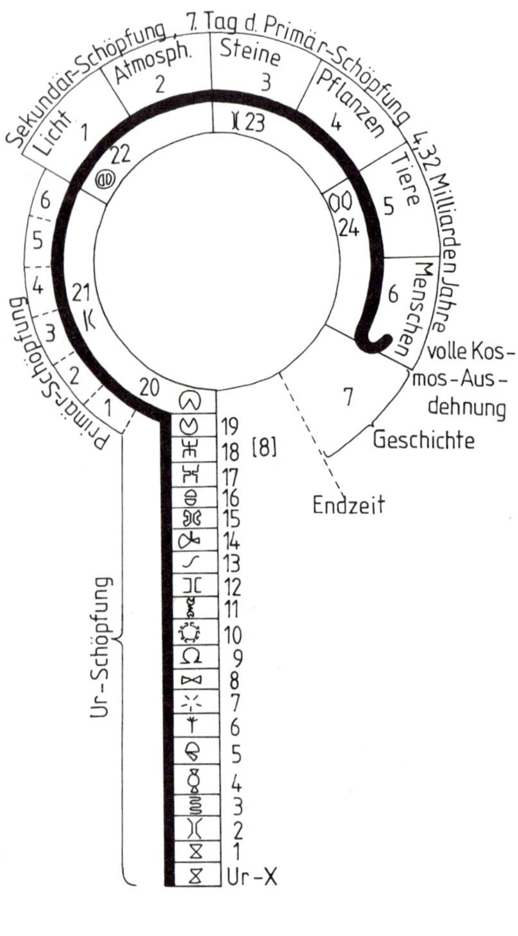

Schöpfungstage: ›Tage‹ gen. Abschnitte der Schöpfung ⁄, immer mit der Zahl 7 angegeben, unterteilt in 6 Arbeitstage + 1 Ruhetag. Über die Dauer 1 Tages, der natürl. kein Erdtag ist, herrscht Ungewißheit. These: bei der Primärschöpfung ⁄ dauert 1 Arbeitstag 360 Mio. J., bei der Sekundärschöpfung ⁄ das Doppelte, weil hier jeweils 2 Buchstaben des Sonnenalphabets ⁄ (mit je 360 Mio. J.) gekoppelt sind.
Schrein: Besonderheit des Schintoismus ⁄: auf einem abgegrenzten Areal, in das als Tor das Torii ⁄ führt, steht ein tempelartiges Häuschen auf einer balkonartigen Erhöhung, zu dem Treppen führen. Das Dach ist durch 2 X gekennzeichnet, sodaß man eine Umset-

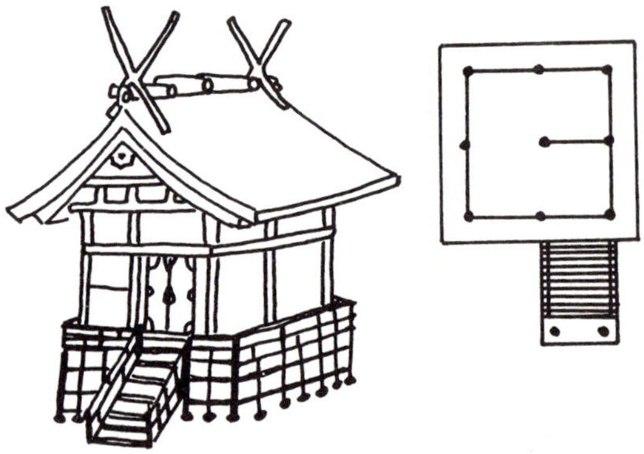

Abb. 1: Taisha Stil

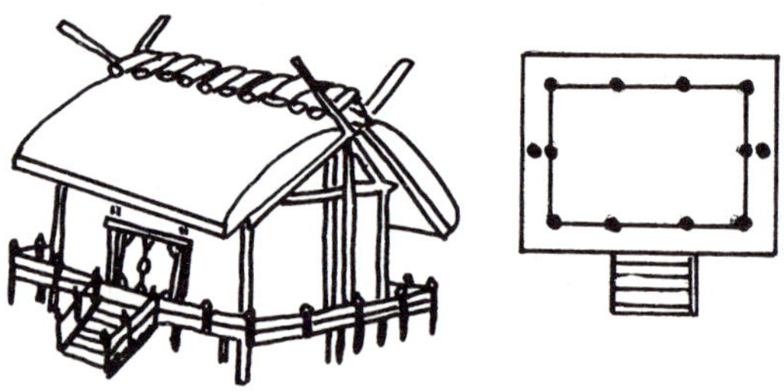

Abb. 2: Shinmei Stil

zung des Gesamtkosmos ⁄ darin erkennen kann. Der Shinmei-Stil (Abb. 2) ist der des großen Sch.s von Ise ⁄ u. heißt a. Tenchi Kongen = Himmel-Erde-Ursprung. In alter Zeit versahen die Schamaninnen ⁄ den Dienst = Kontakt mit den Kami ⁄, heute sind es meist männl. Shinto-Priester, die Zeremonien leiten u. die offiz. Ritual ⁄-Gebete lesen bzw. den Willen der Kami zu ergründen suchen. Im Innern jedes Sch.s befindet sich unsichtbar hinter einem Vorhang das Symbol des Kami (göttl. Wesns), das hier spez. verehrt wird. Davor oft ein Hraiguschi ⁄ u. Gohei ⁄, während die Shimenava ⁄ zw. den Türleisten od. Säulen des Eingangs hängen. Im Areal kann sich a. eine hl. Brücke, ein Theater für die Noh ⁄-Spiele etc. befinden; sehr selten sind Statuen od. Gräber. — Die Verkleinerungsform ist der Haus-Sch. im Privathaus, evtl. nur ein Kästchen. Heute wird jedes Behältnis für eine Reliquie ⁄ Sch. gen.; in Indien bezieht sich der Begriff v. a. auf Tempel, die der zerstückelten Sati ⁄ gewidmet sind.
Schrift: graph. Sichtbarmachung von Sprache ⁄. Über Entstehungszeit u. -ort herrschen Zweifel, obwohl Ägypten eine eindeutige Aussage macht: sie wurde von

Thot ↗ erfunden: »Er hat sie gegeben und nicht nur sie, sondern auch die geordnete Rede, deren Gefäß sie ist...« (Bonnet, S. 808), was bed. würde, daß Sprache + Sch. gleichzeitig entstanden. These: über die Zeit gibt nur noch sein Symboltier Pavian ↗ (= Affe = Schützesektor im Tierkreis ↗) Auskunft: vor rund 20000 Jahren. Das widerspricht sowohl der gängigen Meinung, sie sei vor ca. 5000 J. gleichzeitig in Sumer ↗ (als Keilschrift ↗) u. Ägypten ↗ (als Hieroglyphen ↗-Sch.) entstanden wie a. P. Carnac, für den sie 25000 J. alt ist, d. h. so alt wie die Geschichte ↗. Das Problem liegt in der Definition von Sch. überhaupt. Rechnet man schon die direkte, tonograph. Umsetzung von Ur-Silben in Yantras ↗ dazu, woraus das Sanskrit ↗ entstanden sein könnte, so stimmen die 25000 J., u. das gilt dann a. für Kunst ↗ als Sch., für die man allerdings einen (Übersetzungs-)Schlüssel ↗ braucht = das Ur-Alphabet ↗; od. rechnet man erst die aus ›Bilderschriften‹ abstrahierten Sch.-Zeichen (Abb.) dazu, dann gelten eher die 5000 Jahre.

»Es fehlt der Schriftgeschichte jede tiefere entwicklungsgeschichtliche Erkenntnis und Begründung in Hinblick auf die zeitlich und räumlich ungleich größere Vorstufe der geschichtlichen Schriftsysteme... (sie) harrt immer noch der Erschließung. Und diese Erschließung kann nur auf dem Wege der Paläo-Epigraphik, der Urschriftgeschichte als Ursymbolgeschichte erreicht werden... das einzelne Zeichen ↗ kann ebenso bereits eine ›schriftliche Quelle‹ sein... Die Frage ist nun, läßt sich der Name oder Lautwert, der Sinn, die Bedeutung des einzelnen Zeichens einwandfrei, mit unzweideutiger Sicherheit ermitteln und feststellen?« (Wirth, S. 1) Dieser Übers. widmete sich a. das Muiska-Museum ↗. Im übrigen lassen sich 3 Systeme unterscheiden, die a. miteinander vermischt wurden:

1) die Grundlage ist ein Alphabet ↗ u. reiht je 1 Z. pro Ton ↗ zum Wort ↗ aneinander
2) die Grundlage ist ein Syllabar ↗ u. setzt pro Silbe 1 Z. ein
3) Benutzung der Wort-Bild-Brücke ↗ mit 1 Bild pro Wort, das figürl. od. abstrakt sein kann u. neben der vollen Einsetzung a. auf den 1. Buchstaben des Wortes reduziert wurde: das gilt für die äg. Sch. wie für die Runen ↗. — Wirth konstatiert, daß bei den Germanen ↗ Schreiben (als Malen + Ritzen) Frauenwerk war, was die Frage nach der weibl. Beteiligung an Sch.-Erfindung aufwirft. Soweit ersichtl., überwiegt sie, denn

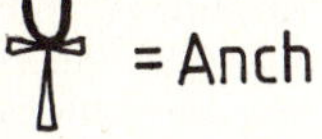

neben dem männl. Thot gelten 3 Göttinnen als Sch.-Erfinderinnen: Sarrasvati ↗, Nemanus ↗ u. Seschat ↗, gen. ›die zuerst geschrieben hat‹.

Vorteil der Buchstabensch.: man kommt mit wenigen Z. aus (22 bis 24). Nachteil: man muß die Sprache kennen. Das äg. Lebenskreuz Anch (Abb.) verlangt keine Kenntnis der äg. Sprache, denn es ist ein wissenschaftl. Denkmodell, es verlangt Denken od. Wissen ↗. Dafür braucht man abertausende solcher Zeichen. Diese Sch. be-schreibt kein Wissen, sondern *ist* Wissen. — »Es wäre falsch, die Frage zu stellen, warum sie (die Afrikaner) die Schrift nicht ›erfunden‹ haben, denn erstens wurde unsere Schrift wahrscheinlich von Afrikanern in Ägypten erfunden und dann von den Phöniziern ↗ weitergebildet, zweitens sind auch südlich der Sahara ↗ immer wieder Schriften erfunden worden... die Schrift der Vai ↗, das Nsibi und andere mehr« (J. Jahn im Buch Muntu, S. 191). Viele afrik. Sprachen sind Tonsprachen ↗, denen eine Buchstabensch. ohnehin nur sehr umständlich gerecht werden kann, adäquat sind Trommelschrift ↗ u. Tanz ↗: »Dank der Trommelschrift wurden in Kuba afrikanische Sprachreste bis heute bewahrt« (ebd., S. 193). Inter. die heutige These, es gäbe ohne Sch. keine Gesch. - die Folgerung, schriftlose Völker wären geschichtslose Völker, ist jedoch wegen der Tatsache, daß nur durch deren Kunst im Muiska-Museum 25000 J. Gesch. ausgegraben werden konnten, absurd. Kein schriftl. Buch enthält diese Spanne, es sei denn das im Äg. Totenbuch zitierte ›Schicksalsbuch‹ ↗. — Erwähnenswert a. die im Buch ›Gespräche mit Seth‹ spez. für Afrika konstatierten ›Inneren Manuskripte‹, die ›abgerufen‹ werden können.

Schu: mit Zwillingsschwester Tefnut ↗ das 1. Götterpaar, das aus Atum ↗ hervorgeht; Sch. als dessen Atem, wie er a. ›Herr der Luft‹ gen. wird, d. h. er

entspr. dem Element Luft ↗: »Fenster des Schu nennt man die Schlitze auf den Dächern der Tempelgemächer, die bestimmt sind, den Lufthauch eintreten zu lassen in die Nasen ihrer göttlichen Bewohner« (Bonnet, S. 685). Zusätzl. ist er der Gott des Luftraumes, der sich zw. Himmel u. Erde ausstreckt, weshalb sein Name a. ›Leere‹ bedeutet. ›Der den Himmel erhebt mit dem Hauch seines Mundes‹ ist eine andere Umschreibung; sie wird zum Bild eines Mannes, der die Nut ↗ über Geb ↗ hochhebt. Eine Nv. ist Ha (bzw. Hah), was zu Hantu ↗ überleitet. Äg. Totenbuch ↗:

»Der in Lichtgöttersphären
zu sich heranzieht die Luft der himmlischen Meere
seine Wirkung erstreckt sich
bis zu den Grenzen des Himmels
bis zu den Grenzen der Erde
bis zu den Grenzen des göttlichen Lichts.«

Die Abb. zeigt ihn auf der Hieroglyphe ›Gold‹ kniend.

Schütze: statt Affe ↗ eingesetztes Sternbild im Tierkreis ↗ u. als Pferd mit menschl. Oberteil gedacht, das Pfeil u. Bogen in den Händen hält; die Milchstraße ist hier am hellsten, denn in dieser Richtung befindet sich ihr Zentrum. In der griech. Sage schießt der Sch. auf den Skorpion ↗, weil dieser den ›Jäger Orion ↗‹ totgebissen hat, was konkret bed., daß Orion am Himmel nicht zu sehen ist, wenn Sch. u. Skorpion sichtbar sind. — S. Luzifer ↗ u. Herkules ↗. These: im Sch. entstand die Schrift, weshalb Kinder, die in der 1. Schulklasse das Alphabet ↗ lernen, ABC-Schützen gen. werden.

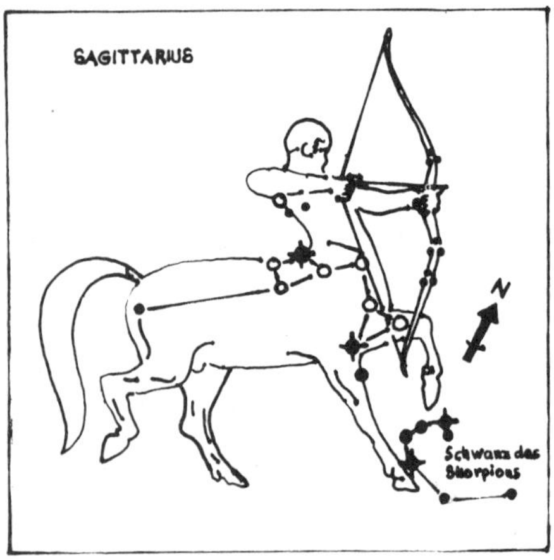

Schutzengel: global verbreitete Vorstellung, jeder Mensch habe einen ihn beschützenden Engel ↗, bei den Germanen Fylgakona ↗ gen.; indian. Äqv. die Katschina ↗.

Schwalbe: gehörte in Ägypten ↗ zu den Vogel ↗-Gestalten, die der Tote ↗ anzunehmen begehrt; wurde der Isis ↗ als hl. Symboltier ↗ zugesellt, was deren Rassenfarbe Schwarz ↗ (schwarze Sch.) unterstreichen dürfte. Auf der Osterinsel ↗ war eine See-Sch. die ird. Vertretung von Make Make ↗; um das Finden ihres 1. Eies entbrannte jedes J. bei Motu-Nui ein kult. Kampf, was vielleicht auf die einstmalige Landung ↗ des Grals anspielt.

Schwan: in Indien als schwarzer ↗ Sch.: Kali Hamsa od. Kala-Ham-Sa od. Kalahansa, ein Name ↗, der Brahman ↗ gegeben wurde. Als Hamsa-Vahana wird a. Brahmas ↗ Fahrzeug daraus. These: ein Hinweis auf die Verbundenheit von Logos ↗ + Sonnenkern ↗ (Brahma). — Kala-Ham-Sa kann a. ›Ich bin Ich in der Ewigkeit der Zeit‹ gelesen werden. — Bei den Germanen ↗ wurde der weiße Sch. zum Symbol der Walküren ↗: 8füßig wie Sleipnir ↗, glutflammend u. weiß ↗ ist er der Geleiter des Sonnenwagens ↗ (Wirth ↗).

Schwangerschaft: Zeit der Reifung des befruchteten Eies, das zus. mit dem vorausgegangenen Sex ↗ Grundmotiv  = X, Archetyp Urmutter ↗ bildet, bis zur Geburt des fertigen Kindes ↗. Letztere entspr. Grundmotiv  = A (Alpha ↗), u. das ist a. die Form der Gebärmutter. Auf altäg. Vasenmalerei (Abb.) sind weibl. Figürchen genau in diesem Grundmotiv gehalten.

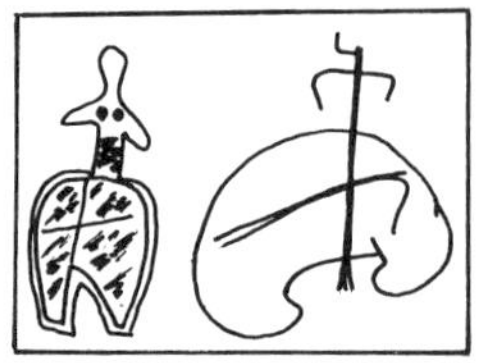

These: die Sch. selbst umfaßt jene 18 Grundmotive des Kosmos ↗, die zw. X + A liegen, sodaß jede Sch. die Sonnengeburt ↗ wiederholt. Als Berechnung der Sch.-Tage bietet sich, als Bruchteil, die Zahl 144 (Gesamtkosmos ↗) od. 1,44 pro Grundmotiv an, als 14,4 Tage pro Schw.-Motiv x 18 = 259,2 Tage, was den offiz. 260 Tagen fast nahtlos entspricht. Für die These spricht a., daß 14,4 x 25 (die 1 + 24 Grundmotive einer Kosmosphase) = 360 Tage ergibt, u. so wurde das Jahr ↗ sowohl in Ägypten wie bei den Maya ↗ (s. Haab ↗) gezählt! — S. Plazenta ↗, Msj ↗, Matrix ↗ u. Meschenet ↗. — Sch. trat erst ab Paradies-Verlust ↗ ein, d. h. it der 4. Welt ↗.

Schwarz: keine Farbe ↗, sondern die Einheit ↗ aller Farben, die sich im Ggs. zu Weiß ↗ (als Summe) nicht auffächern läßt. Stand in Ägypten für Auferstehung, sprich Wiederkehr ↗, vertreten durch Osiris ↗, wie das Land selbst Km.T ↗ (= ›Schwarz-Land‹) hieß, mit Km = Kem ↗, Cham ↗, Ham ↗ = schwarz. Ind. Äqv. Kali ↗, als Göttin das weibliche ↗ schlechthin vertretend, das a. im chin. Taichi ↗ schwarz als Grundfarbe hat. Schwarzes Licht ↗ ist lt. Blavatsky ↗ das wahre Licht. These: das zeigt sich bei der Schwarzen Sonne ↗. Als Negativ-Aspekt bietet sich statt Dunkelheit (Kosmos ↗) Finsternis an, wofür u. a. die Unterwelt ↗, äg. untere Duat ↗ steht od. das Kali Yuga ↗. — Alles verschwindet am Ende in einem Schwarzen Loch ↗, sagt der Schintoismus ↗, was wohl dem Ur-X ↗ entspricht. — Im afrik. Benin ↗ ist die sakrale Königin mit einer Schwarzen Krone ↗ geschmückt. An ihr kann man den Zusammenhang von Sch. mit dem Kosmos am besten ablesen. — Bzgl. der Hautfarbe der Menschen lehrt die ind. Wurzelrassen ↗-Theorie, daß die ersten körperl. Menschen sch. waren = die Lemuren ↗. Rassismus ↗ bewegt sich vornehml. zw. den Polen Schwarz-Weiß ↗. Dabei bildet die heutige Entstehung von Schwarz-Amerika ↗ den interessantesten Faktor. — In der Psychologie ↗ steht gewöhnl. sch. als dunkel für das kollektive Unbewußte ↗. — Der letzte sch. Priester von Ägypten soll Moses ↗ eingeweiht haben. Das portug. Wort *negro* = sch. führte zum Begriff Neger ↗, in dem aber a. Naga ↗ enth. sein dürfte. — Schwarz-Rot-Weiß sind die Farben der Sonne ↗, manifestiert in jedem Pharao ↗, wenn er auf sch. Gesicht die rote + weiße Krone ↗ trägt; ersteres ist als Atum ↗

= Sonnenkern ↗ zu betrachten.

Schwarz-Amerika: wird in USA ↗ von den Schwarzen Amerikanern ↗ inoffiz. gebildet, aber neuerdings a. offen gefordert, s. Muntu ↗, wobei noch gestritten wird, ob es sich um eine Absonderung von einigen Bundesstaaten als selbständiges Land handeln soll, was v. a. die Schwarzen Moslem ↗ vertreten od. um eine solche kulturelle + polit. Durchdringung des ›weißen Amerika‹, daß aus Sch. als bisherigem Untergrund eine Dominanz wird. These: das wäre die Umkehrung dessen, was einst in Ägypten ↗ passierte, das erst ein Neger-Empire war, heute aber von einer fremden hellen Oberschicht beherrscht wird, während die restl. Schwarzen niedrige Arbeit verrichten müssen. Ähnliches geschah noch krasser in Indien ↗ nach Einfall der Arier ↗ od. in Kanaan ↗ nach Einfall der ›Kinder Israel‹; die Bsp. ließen sich vermehren. Geschichtl. Regel: Sklaven ↗ werden nach einiger Zeit die Herren ihrer ehem. Herren.

Schwarze Amerikaner: sind mit einigen Ausnahmen Nachf. der von Afrika nach Amerika verschleppten Sklaven ↗, die im Kern den ›12 Verlorenen Stämmen‹ angehört haben sollen, was bed. würde, daß sie ehem. Altägypter u. Kanaanäer sind. Ihre urspr. Träume einer Heimkehr nach Afrika schlugen inzw. wegen Mißerfolg diesbzgl. Versuche in die Forderung nach einem Schwarz-Amerika ↗ um. — Im offiz. Verständnis meist nur wegen der Hervorbringung des Jazz ↗ bewunert, sind doch 2 Einzelne heute in ganz anderen Kultur ↗-Gebieten richtungsweisend: King ↗ u. Kolawole ↗.

Schwarze Krone: Symbol der sakralen Königin von Ile Ife ↗, Gattin des Oni ↗; alleine wird sie zur Schlange ↗, die sich um ein ähnl. Gefäß windet, das die äg.

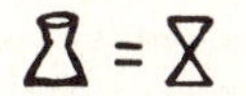
Ur-X

Nut ↗ (= Kosmos) auf dem Kopf trägt (Abb.); darunter ein für Ife typ. Sitz, der dem Abschluß der Krone ähnelt. These: mit der Krone = Kosmos ↗ müßte dieser Abschluß od. Sitz dem Ur-X ↗ entsprechen. Die Skulptur insg. drückt wohl die Entstehung der Urreligion ↗ aus.

Schwarze Madonna: bei den Christen Maria ↗, jedoch nicht in allen Darst., so daß anzunehmen ist, daß das Vorbild die äg. Isis ↗ war. Wurde in Polen als Schutzherrin des Landes erwählt, u. die Reisen des jetzigen, aus Polen stammenden Papstes ↗ sind meist eine ›Pilgerfahrt zur schwarzen Madonna‹. Obwohl Jesus ↗ als hellhäutig gilt, scheint das die Gläubigen nicht zu verwirren, ja, ihr Jesuskind ist dann a. schwarz ↗ dargestellt. These: in diesem Fall sind nicht die geschichtl. Personen gemeint, sondern Kosmos ↗ (äqv. Maria) u. Sonnenkern ↗ (äqv. Jesus), beides tats. schwarz.

Schwarze Moslem: Schwarze Amerikaner ↗, die zum Islam ↗ übergetreten sind u. sehr militant Schwarz-Amerika ↗ als abgetrennten Staat vertreten. Bek. wurde Malcolm X ↗.

Schwarze Rasse: »Laut Paracelsus ↗ ist das Schwarz ↗ Wurzel und Ursprung aller anderen Farben... das paßt zu unserer These, daß die Schwarzen die menschliche Rasse ↗ repräsentieren« (Charroux, 1967, 99). Überschrift des betr. Kap. dieses Autors: ›Eva ↗ und Adam waren Schwarze‹. Das deckt sich mit den Lemuren ↗ als 3. Wurzelrasse ↗, ebf. als Sch. R. angegeben u. vor Existenz jeder anderen Rasse körperl. präsent u. auf dieser Erde entstanden. Offensichtl. führte das zum Ausdruck ›eingeboren‹, die ›Eingeborenen‹. Charroux folgert richtig, daß in sie das Erbgut außerird. Astronauten ↗ eingekreuzt wurde (s. Hl. Hochzeit ↗); aus letzteren jedoch ›weiße ↗ Götter‹ zu machen, scheint weiße od. silberne Raumanzüge (die a. ird. Astronauten zur Strahlen-Reflektion tragen) mit Hautfarbe zu verwechseln, die wahrsch. hellblau (s. blaublütig ↗) war: so überliefern es die Altägypter, so lautet a. die These mod. russ. Forscher: Durch die Verbindung der Astronauten mit der Sch. R. gab es dann 2 sich ständig befehdende Linien von Nachf., ohne die die Geschichte ↗ niemals zu verstehen ist: Horus ↗ + Seth ↗, s. Sonderlinie ↗. Im übrigen wird diesen Streit, der zum Rassismus ↗ führte, nur die Hautfarbe des Wiederkehrenden lösen können, ind. Maitreya ↗ genannt.

Schwarzer Ritus: höchster Einweihungsgrad der äg. Mysterien ↗: »Es gibt Hinweise, wonach es beim ›Schwarzen Ritus‹ um astronomische Dinge ging... was durchaus heißen könnte, daß er die Existenz von Sirius B (s. Schwarze Sonne ↗) betraf...« (Temple, 1977, 82); dafür kommt im Gangsystem ↗ die Grube ↗ in Frage: »Es war ein Ritus, jenen vorbehalten, die sich in langer Probezeit als Eingeweihte niedrigerer Stufen bewährt hatten und nur seiner für würdig befunden worden waren - ein, wie es scheint, viel heiligeres Mysterium als jene Mysterien, die man im Licht beging« (ebd., 72). Hier wäre der Zusatz wichtig: im weißen Licht, während man beim Sch. R. Schwarzem Licht ↗ u. nicht einfach Finsternis, Nacht, abwesendem Licht ausgesetzt war. In einem Traktat behauptet Isis ↗, der Sch. R. gewähre Vollendung ↗. S. Kalkin ↗.

Schwarzes Licht: im Ggs. zum weißen Licht ↗ der Sterne ↗ (Sonnen) eine Schwingung ↗ nichtmeßbarer Frequenz ↗, die evtl. dem Vril ↗ entspricht. Der Zohar ↗ spricht von ›schwarzem Feuer‹, welches unbedingtes Licht ist - Weisheit ↗. These: es geht v. a. von der Schwarzen Sonne ↗ aus; die got. Kathedrale ↗ versuchte es zu erzeugen, mit hilfe von Mosaikfenstern aus alchem. Glas, zurückgehend auf Baugeheimnisse der äg. Tempel ↗ u. der Großen Pyramide ↗.

Schwarzes Loch: ein in sich zusammengefallener Stern ↗, der alls ›schluckt‹ u. nichts mehr an Strahlung ↗ od. Materie hergibt. So ist seine Präsenz a. nicht sicht- od. meßbar u. kann nur am Verhalten der Umgebung abgelesen werden. These: zunächst ist beim Tod eines Sternes (= Sonne) an den Sonnenkern ↗ zu denken, der vorübergehend übrig bleibt. Wenn jedoch der Schintoismus ↗ behauptet, am Ende verschwinde alles in einem Sch. L., so beinhaltet diese Aussage schon das Endstadium des sich wieder zusammenziehenden Kosmos, d. h. das Ur-X ↗ des Gegenkosmos, äg. Naunet ↗. — Z. Z. wird ein bes. großes Sch. L. am Himmel konstatiert, das pro Woche eingie Sterne verschlucken soll; es handelt sich aber um eine näherkommende Dunkelwolke ↗.

Schwarzes Meer: großes Nebenmeer des Mittelmeeres ↗, an das im SO der Kaukasus ↗ grenzt. Geschichtl. faßbar werden hier v. a. die Skythen ↗ (Abb. 1) u. Goten ↗. Im N münden große russ. Flüsse ein: Don (von den Griechen als Grenze des Europa ↗-Gebiets betrachtet), Dnjepr, Dnjestr, aber a. die von Süddeutschland kommende Donau, die von den Wikingern ↗ als Verbindungsweg zum Sch. M. benutzt wurde. Westl. grenzt u. a. die Türkei ↗ an, früher Lydien, mit Troja ↗ am Westende des Sch. M. Ans Sch. M. verpflanzten die Griechen die Argonauten ↗-Sage (s. Medea ↗, Kolchis ↗), wohl in Verbindung mit ihrer Kolonisierung der Küstengebiete. Das Röm. Reich machte bei der Vereinnahmung des Sch. M. den ›Pontus Euxinus‹ daraus. — Auf der im N liegenden Insel Krim fand man in einem Grab als goldenen Ohrring eine Frauenfigur, die auf einem Lamm ↗ sitzt (Abb. 2), vielleicht Medea mit dem vielgesuchten ›goldenen Widderfell‹.

Abb. 2

Abb. 1 ▲ Alte Städte

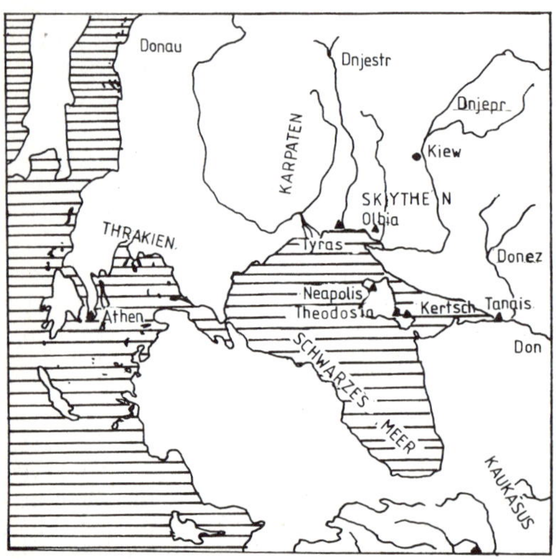

Schwarze Sonne: wird von den Dogon ↗ neben der weißen Sonne ↗ für das Zwei-Sonnensystem Sirius ↗ unter dem Namen Po ↗ überliefert. Die mod. Wissenschaft ist erst kürzlich auf deren Vorhandensein gestoßen, rückschließend von der beobachtbaren Tatsache, daß die weiße Sonne aus ihrer Zentralstellung herausgezogen wird u. gewissermaßen ›schlingert‹, was auf einen kreisenden Körper mit großer Zugkraft schließen läßt. »Ausgangspunkt der Schöpfung ist der als Digitaria bezeichnete Sirius-Begleiter, der den Sirius umkreist. Die Dogon betrachten ihn als kleinsen und schwersten aller Sterne ↗. Er enthält die Keime aller Dinge. Seine Bewegung um seine eigene Achse und rings um den Sirius garantiert das Fortwirken schöpferischer Kräfte im Weltraum. Wir werden sehen, daß diese Bewegung den Kalender ↗ bestimmte« (Temple: Das Sirius-Rätsel). U. zwar nicht nur den der Dogon, sondern schon den der Altägypter + Maya (s. Tzolkin ↗). Gleiches Buch: »Es handelt sich um einen so dichten, so komprimierten Stern, daß er gar nicht mehr aus regulärer Materie besteht.« These: Es it eine Geist-Sonne, Kara, Scharra, Zara ↗. »In Plutarchs Darstellung schien es, als ob Anubis ↗ sich ganz speziell auf die Umlaufbahn von Sirius B (ein Schema der Dogon) bezöge...« (Temple, 1977, 63); man sieht, wie versetzt vom Zentrum Sirius A ist, hier (Abb.) als eine Art Kreuz dargestellt, genau wie auf dem sum. Rollsiegel, Stichw. Schara ↗. U. noch einmal bzgl. der beiden Sonnen: »Der schwarze Sirius B ist stark, verglichen mit dem weißen Sirius A« (ebd., 175). Im Buch ›Die Götter des Sirius‹ (K. O. Schmidt) taucht ein weiterer Name auf: Anu ↗ (= Sirius B) ggb. Jiva (= Sirius A); These: damit landet man bei der Göttin Anu, die spez. von den Thuata de Dannan ↗, dem Volk der Göttin Anu, d. h. den Deutschen verehrt wurde, sum. Äqv. Antu ↗. A. der Schwarze Ritus ↗ könnte sich auf die Sch. S. bezogen haben, u. zwar im Bemühen, sie a. in unserem Sonnensystem als ›Neue Sonne‹ ↗ entstehen zu lassen. — S. Simbabwe ↗.

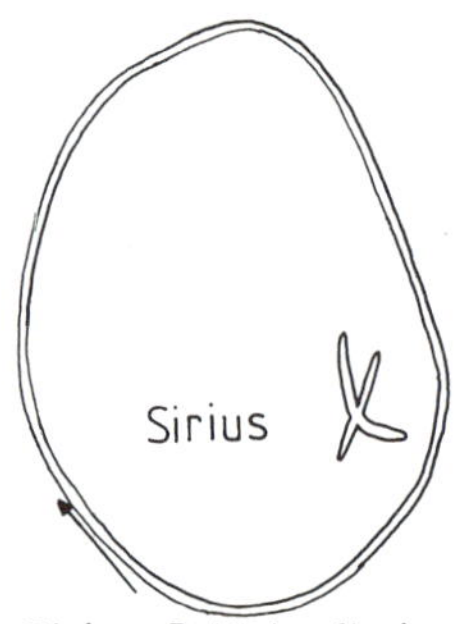

Sirius-B Umlaufbahn

Schwarz-Weiß: ist z. B. der Ibis ↗ als Symboltier des Thot ↗. These: da er zunächst das Sonnenalphabet ↗ vertritt, wäre dies der Farbe weiß ↗ zuzuordnen. Bei

Lichtöffnung ↗ fällt es jedoch zurück in die Reihenfolge der Grundmotive des Kosmos ↗, d. h. in Schwarzes Licht ↗. Als Inkarnation entsteht ein schwarz-weiß Zwilling ↗ (äg. Horus-Seth, beide a. einzeln durch Thot vertretbar; weibl. Äqv. Isis-Nephtys, beide a. ein-

zeln durch Hathor ↗ vertretbar), in dem sich letztl. das Zwei-Sonnensystem Sirius ↗ verkörpert, denn es hat eine weiße u. eine Schwarze Sonne ↗. — In Mexiko ↗ wurde Quetzalcoatl ↗ schwarz-weiß dargestellt, im Taoismus ↗ (China) das Z. Taichi ↗ mit weiblich ↗ = scharz u. männl. = weiß, in Afrika schließl. das Nommozeichen ↗ das beim Sigui ↗-Fest eine Rolle spielt. Unabhängig von menschl. Rassen ↗ kann man postulieren, daß am schöpfer. Ur-Anf. diese 2 polaren Farbzustände, die a. Einheit ↗ + Vielheit ↗ darstellen, ungetrennt sind. Die Trennung führt zur Schöpfung ↗, aber a. zum Wunsch der Wiedervereinigung ↗, ob nun der Geschlechter (die sich zuerst trennten) od. der Rassen mit ihrem Rassismus ↗ od. der entspr. Systeme ↗ (der Wissenschaft ↗ z. B.) betroffen sind. — Noch ungeklärt ist die permanente Entstehung von Weißen ↗ aus Schwarzen (Abb.), aber nie umgekehrt; einige Wissenschaftler vertreten die Ansicht, daß so die weiße Rasse entstanden ist: als Albino-Mutation, die friedl. od. unfriedl. abgesondert wird u. kühlere Lebensräume sucht. A. bei Pflanzen + Tieren gibt es diesen plötzl. + erbl. Farbpigment-Verlust. Aber seit wann? Könnten nicht all diese Phänomene mit der Landung ↗ der Astronauten ↗ u. damit von anderen Schwingungen ↗ abhängen, die es vor der Geschichte ↗ gab? S. Schwarze Rasse ↗ u. die Geburt des Seth ↗.

Schwingungen: Zustandsänderungen der Atome ↗ (u. dadurch der Moleküle als ihrer Verbindung im Periodensystem ↗), die durch Energiezufuhr wie ein Pendel aus der ›Ruhelage‹ geraten u. diese bei Energieverlust wieder einnehmen. Jedoch ist diese Ruhelage wohl nur eine illusorische Theorie ↗, da seit Beginn der Ur-Schöpfung ↗ alles schwingt od., poetisch ausgedrückt, Tanz ↗ ist od. Ton ↗ od. Wort ↗. — Die Anzahl der Sch. pro sec. nennt man Frequenz ↗, u. deren Einteilung durch Blavatsky ↗ zeigt deutl., daß Sch. weit über den atomaren Bereich hinausgehen, dann aber nicht mehr meßbar sind. Als graph. Bild werden heute nur harmonische (1), gedämpfte (2) u. aperiodische (3) Sch. angeführt (Abb.), aber das befriedigt nicht:

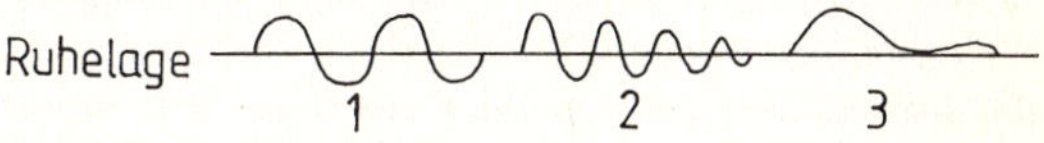

These: der graph. Ähnlichkeit wegen könnte die Grundlage jeder Sch. Grundmotiv , Buchstabe N (s. die entspr. Hieroglyphe ↗) sein, also eine Präexistente Idee ↗, die Sinne ↗ mögl. macht. — S. Schwirrholz ↗.

Schwirrholz: ein in Australien ↗, Afrika wie a. bei einigen Indianern übl. Kultgerät zur Erzeugung bes. Schwingungen ↗, die zu schwirrendem Summen werden, in dem sich die Stimme jenseitiger Wesen (z. B. gestorbener Vorfahren) manifestiert. Das benutzte Holz hat die Form der Gesetzestafeln ↗ (bugurum ↗) od., was auf das gleiche hinausläuft, einer riesigen Zunge, wobei an die Regenbogenschlange ↗ gedacht wird. am einen Ende ist eine Schnur befestigt (Schema), die man in die Hand nimmt u. mit kräftigen, kreisenden Bewegungen über dem Kopf durch die Luft zieht. Da das große Übung erfordert, ist ›Schwirrholzschwinger‹ ein besonderer Beruf. In der Verfilmung des Sigui-Festes ↗ hatte man tats. das Gefühl, die ›Worte‹ des Sch. fast zu verstehen; sie klangen außerirdisch, wie Schöpfungsworte. Mit der ›Zunge‹ (u. dem Herz) schafft a. in Ägypten Ptah ↗ = die Götterachtheit ↗, die ja als 8er Kreis ↗ hinter dem Regenbogen ↗ u. damit a. der Regenbogenschlange steht. Farben jedoch, so Blavatsky ↗, sind nur unhörbare Töne - offensichtl. werden sie hier hörbar gemacht, mit dem Sch. als ›Verstärker‹.

Scipio Africanus: röm. Fedherr aus dem Geschlecht der Scipionen, der Karthago ↗ zerstörte (146 v. Z.) u. die Etrusker ↗ aus dem Mittelmeerraum vertrieb.

Sebottendorf, Baron von: gründete im Aug. 1918 die Thule-Gesellschaft ↗, als Abzweigung des Germanenordens, in dem er einer der Chefs gewesen war. 1933 erschien sein Buch ›Bevor Hitler ↗ kam‹. — Geb. 1875 in Hoyerswerda, Sachsen, wahrsch. als Rudolf Glauer, arbeitete er 1897–1900 als Techniker in Ägypten u. ließ sich ab 1901 für 13 J. in der Türkei nieder, wo er sich neben der Arbeit als Ingenieur mit der Sufi ↗-Meditation u. Blavatskys Geheimlehre ↗ befaßte u. Kontakte zu türk. Freimaurern ↗ u. Derwischen ↗ aufnahm. — Zitate: »Thule-Leute waren es, zu denen Hitler zuerst kam, und Thule-Leute waren es, die sich mit Hitler zuerst verbanden...« Wir müssen das Verlorene Wissen ↗ wiederfinden. Thule ↗ stelle für ihn jenes verschwundene Königreich dar, von wo der vom Himmel gefallene Gral ↗ angebl. über die Wüste Gobi ↗, den Tibet ↗, Persien, Jerusalem u. Rom in die Pyrenäen ↗ getragen worden war, letzteres von König Alarich ↗. These: hier wurde ein Mythos ↗, der fast immer wahre Sachverhalte in falsche Zeiten u. Orte umbettet, für bare Münze genommen, jedenfalls wurde von dem dadurch inspirierten O. Rahn ↗ nichts gefunden. — Organ von S.s Leuten wurden: der ›Münchner Beobachter‹, der ›Thule-Bote‹ u. ›Die Runen‹. Aus ersterem wurde der ›Völkische Beobachter‹, den er schließl. für 100.000 Mark an Hitler abtrat. Aus der Verbindung seiner Thule-Gesellschaft mit der Deutschen Arbeiter-Partei resultierte die NSDAP ↗.

Sechat: äg. Göttin, die dem Lebenshaus ↗ (Per Ankh) vorsteht u. ›zuerst geschrieben hat‹, s. Schrift ↗. Wurde dem Thot ↗ als Schwester (Mariette, Abydos I. 51) od. Tochter (Mariette, Dendera II. 74) zugeordnet, wobei inter. ist, daß sie in Dendera ↗ zu einer Nv. der Hathor ↗ wird, die nur ›Schreiberin‹ bedeutet. A. Nephtys ↗ kann etwas ›in ihrem Namen Seschat‹ machen. Oft hat man S. ›die ägyptische Klio ↗‹ gen., was nur Geschichte ↗ bedeutet. Damit könnte ihr Kopfsymbol (Schema) so zusammenhängen: der sternförmige ausgefächerte Zweig

ist Grundmotiv  als Zeitangabe, was sie gleich neben Thot in die 2. Schütze ↗-Hälfte legt. Die Doppel-Feder ↗ darüber (ohne Kreis, also nicht mit der Geierkrone ↗ zu verwechseln) müßte dann für die Runen ↗ stehen, d. h. S. wäre die, die sie zuerst geschrieben (erfunden) hat, ein Äqv. zur Nemanus ↗.

Sechem: ›Mächte, die zwischen Göttern und Menschen‹ als ›Mittelwesen‹ stehen (äg.); es wird a. vom ›lebenden Bild‹ gesprochen, was an die Archetypen ↗ denken läßt, zumal S. beim 9fältigen Mensch ↗ zum Geist gehört u. das Symbol ↗ (Abb.) dem Anubis ↗ wie a. der Nekropolen ↗-Göttin zugeordnet wird. Über einem Stab eine Art Etui mit Augen, was bed. könnte, daß man S. nur sehen, aber nicht hören kann, was sich mit den Archetypen unbedingt deckt. Lt. Äg. Totenbuch ↗ entstand S. »während der Nacht des Zusammenbruchs... während der Nacht, da Horus Thronfolger wird von Osiris...«, also nach dem Osirismord ↗. Vielleicht bezieht sich das auf das Stummwerden der Archetypen durch den Schock. Weibl. Namensform Sechemet ↗, Sechmet, Sachmet. — Namensdeutung: Se (das Sein ↗) im Chem ↗ (Schwarzen, Dunklen, kollektiven Unbewußten ↗).

Sechemet, Sechem.T, Sechmet: Schreibvar. der Sachmet ↗ u. wahrsch. weibl. Form (immer das T als Anhängung) von Sechem ↗. Daran ist inter., daß das Grün (der Sachmet) in der Weltformel ↗ mit der Sechem (= Archetyp) Schuldhafte Tat in einer Linie steht, wie a. überliefert ist, daß sie »das sündige Menschengeschlecht vernichtet«, nämlich im Anschluß an diese schuldhafte Tat des Osirismordes ↗, dem eben der Weltuntergang ↗ folgt.

Sechsstern: »Dieses doppelte Dreieck ↗ ist ein Zeichen des Vishnu ↗; es ist das Siegel ↗ Salomons und das Shri-Antara der Brahmanen...« (Blavatsky, I, 143), s. Davidstern ↗. Die Deutungen dieses uralten Symbols ↗ schwanken; Pythagoras ↗ z. B. sah darin eine Darst. der Schöpfung ↗, während Kambyses ↗ feststellte, daß die Ägypter damit die Verbindung von Isis ↗ + Osiris ↗ darstellten als Var. der Hl. Hochzeit ↗. Tats. kann man ihn a. aus der Brustplatte ↗ des Pharaos herauslösen; dann werden die 12 Seiten zu den 12 Sektoren des geschichtl. Zodiaks ↗, d. h. zur Zeitspanne Astronauten ↗ bis Wiederkehr ↗. Vielleicht erklärt das, warum in einem Tantrika-Werk im Brit. Museum ein fürchterlicher Fluch auf das Haupt desjenigen herabgerufen wird, der jemals den Profanen das wirkl. okkulte Sechseck preisgeben wird.

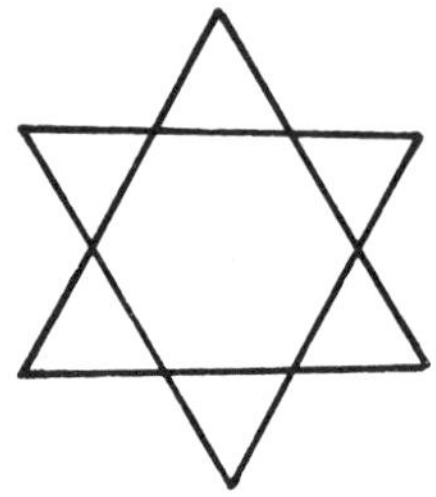

Sedfest: äg. 30-J. Fest, offensichtl. als 1/4 der Chenti ↗-Periode gefeiert. Sed alleine ist als Schakal überliefert, es hat also a. etwas mit dem Anubis ↗-Hund (als Kalender) zu tun, denn es traten u. a. dessen Propheten auf. Neben einer gewaltigen Zur-Schau-Stellung des Königtums ↗ wurden als Rituale einbezogen: Sokarisfest ↗ u. Aufrichtung des Djed ↗, Auslauf des Apis ↗, dem der König mit der Mekes ↗ in der Hand tanzend folgte. Urpsr. sollte es wohl 20 J. nach einer Krönung ↗ stattfinden, was aber nicht einzuhalten war, wenn ein Pharao ↗ vorher starb. Regierte er aber länger, so gab es alle 4 J. Wiederholungen des S. — S. Chembis ↗ u. Djoser ↗.

Sedna: eine Göttin der Eskimo, mit der ein Schamane ↗ im Zustand der Trance ↗ in Verbindung treten kann. Er beginnt seine Reise übers Meer, bis er zu einem großen Strudel kommt. dort wird er hinuntergezogen u. gelangt in ein herrliches, unter Wasser gelegenes Zelt. Hier sitzt die große dunkle Meerfrau auf einer Bank u. lauscht den Wünschen ihres Volkes, die von der Seele ↗ des Schamanen psalmodierend vorgetragen werde. Die Seele tanzt dabei vor ihr. Manchmal gibt S. ihr eine Botschaft mit; sie kehrt dann in den Körper des Schamanen zurück, er erlangt des Bewußtsein wieder u. teilt in einem magischen Gesang mit, was S. gesagt hat, woraufhin das Volk entspr. ihren Äußerungen handelt. — These: das Bild von Strudel + Zelt ergibt jenes X ↗, das im Sonnenalphabet ↗ zum Sektor See ↗ gehört u. die ganze 5. Welt ↗ regierte, u. nur in ihr gab es Eskimo, denn nach eigenen Aussagen wurden sie vor dem Weltuntergang ↗ (Ende der 4. Welt) in ihr jetziges Land evakuiert.

See: 1 der 8 Tao ↗-Z., weibl. Teil des Elements Wasser ↗ (männl. Teil = Regen ↗) u. damit äqv. Naunet ↗. Chin. Dui, das Heitere, ›die jüngste Schwester‹. Indian. Äqv. Chalchiutlique ↗.

Seele: nach Red Charles »alles, was natürlich ist«. Kabala: »Alle Seelen sind seit dem Ursprung der Welt geschaffen, und wenn alle im Zustand der Vollkommenheit sein werden, wird der Messias erscheinen.« Pythagoras: »Die Seele ist eine Welt, die selbstbewegt ist, die Seele enthält in sich und ist die Vierheit...«, was sie auf den 4er Kreis ↗ beschränken würde = Ba ↗ in Ägypten; im 9fältigen Menschen ↗ ist S. aber zusammengesetzt aus Ach ↗, Ba u. Ib = Kern, 4er u. 8er Kreis der Weltformel ↗. Jedoch wurde sie a. zur ganzen Sonne (= Stern) erweitert, wenn es von der Nut ↗ heißt: »Tausend sind ihre Seelen« od. wenn der Stab der Hathor ↗ den Namen ›die Seele mit ihren zwei Gesichtern‹ trägt bzw. Sirius ↗ als ›Seele des Osiris‹ gilt. Bonnet (S. 75): »Selbt das Sonnengestirn wird gelegentlich Seele des Sonnengottes (Re ↗) genannt.« »Solange deine Seele existiert, ist auch dein Herz ↗ bei dir...« wird der Tote ↗ getröstet, was die Verbindung des Ib-Herzens mit dem Ba unterstreicht u. die sog. Seelenwägung ↗ berührt. A. gab es einen ›Fahrplan‹ für ihren Rückflug zur Sonne ↗. Ungeheure Energie, so glaubte man, wurde benötigt, um die S. der Erdanziehung zu entreißen sowie den Wellengegendruck der Sonne zu überwinden. Kolpaktchy: »Der Ba (und Ib) waren vom ›zweiten Tod ↗‹, d. h. von der Zersetzung und von dem allmählichen und endgültigen Verlust der Bewußtheit bedroht...« (1975, 48), was die S. innerhalb der Psyche ↗ dem individ. Bewußtsein ↗ zuordnet. Das Äg. Totenbuch ↗ fängt so an:

»Hier beginnen die Sprüche,
Die vom Hinausgang der Seele berichten
Zum vollen Lichte des Tages,
Berichten von ihrer Auferstehung im Geiste,
Dem Eintritt in die Bereiche des Jenseits,
Von ihren Reisen darin.
Hier sind die Wort zu sprechen
Am Tag der Bestattung,
Da in die Welten des Jenseits die Seele einzieht,
Vom Leibe getrennt.«

Diese Trennung vom Körper ↗ beinhaltete 2 Möglichkeiten: »Dem Totenbuch zufolge werden die Konflikte, welche während unseres irdischen Lebens zwischen den verschiedenen Bestandteilen unserer Wesenheit ausbrechen, viel intensiver nach unserem Tode, wenn die irdische Hülle, welche sie in den engen Grenzen des Körpers abschwächte und zusammenpreßte, abgestreift wird. Die zentrifugalen Kräfte jenes zusammengesetzten Ganzen bewirken es, daß die betreffenden Bestandteile auseinandergehen und den ›unsichtbaren Menschen‹ einer peinlichen Prüfung unterwerfen. Wenn das Bewußtsein nach dem Tod wieder erwacht, fragt sich der Vertorbene angesichts jener ›Zerstreuung der Glieder des Osiris-Körpers‹, wie er ihre Kohäsion sichern und aufrecht erhalten könnte« (ebd., 46). These: ›Osiris-Körper‹ dürfte die Weltformel ↗ aus 120 Teilen = Chenti ↗ gemeint sein; die Angst bezieht sich dann auf deren ›Auseinanderfall‹ (= 2. Tod), analog der Zerstückelung ↗ (des Grals). Die Hoffnung dagegen war, die S. erhalte ›totale Freiheit‹:

»Nach dem Tode – kaum ist die irdische Hülle ausgeschieden worden – brechen die Möglichkeiten des Menschenwesens, welche während des irdischen Lebens zusammengepreßt und neutralisiert waren, heraus; und die allgemeine Verwandlung ↗, jene Funktion der absoluten Potentialität, tritt in seine Rechte ein. Der Verstorbene befindet sich von nun an in der ›Metamorphosen-Region‹, welche durch eine außerordentliche Verschiedenartigkeit und Schnelle der Verwandlungen charakterisiert wird... Auf diese Weise wurde die Metamorphose für den Ägypter zu einem Beweis seiner Freiheit, welche ihn mit den Göttern ↗ auf denselben Plan stellte. Dies war der Sinn der Frage, welche dem Verstorbenen gestellt wurde: ›Bist du dir jetzt deiner göttlichen Freiheit bewußt?‹« These: diese nicht ird. gebundene Seelenwanderung ↗ erlaubt in Sekundenschnelle zu sein, was war, ist u. sein wird: die Schlange ↗ (od. ›Göttin mit Schlangenkopf‹), Atum ↗ u. andere Götter, eine Schwalbe ↗, ein Löwe ↗ etc. — Die Sonnen-Analogie erweist sich a. im Satz:

»Sieh, gleich einem Weltenei in seinem Strahlenring
Steig ich zum Himmel empor des verborgenen Weltallts!«

These: dies wurde mit dem Omega ↗-Z. ausgedrückt, getragen von der Falken ↗-Kraft. Die Spätzeit machte daraus (ohne Z.) den ›Seelenvogel‹ mit menschl. Kopf (Abb.), der auffällig genug immer mit Bart ↗ ausgestattet ist; das macht die S. wie die Sonne zu einer prinzip. männl. Wesenheit.

Ind. Äqv. Monade ↗, Jiva ↗. Bei den Indianern ↗ lt. Wirth Seli, was man als Licht (= Li ↗) Sein (Se) verstehen kann, die Naturgesetze ↗ beinhaltend. — Nach chin. Auffassung zerfällt der Mensch bei seinem Tod in 2 S.:

1) P'O, die vergängl. Körper-S.
2) Hun, die unvergängl. Geist-Seele.

Seelenwägung: od. Jenseitsgericht: ging in Ägypten dem Flug der Seele ↗ zurück zur Sonne voraus. Die

bildl. Darst. enthält immer eine Waage, die entw. vor den 2 Maati ↗ (Abb.) od. vor Osiris ↗ steht, oft eingerahmt von Isis ↗ + Nephtys ↗. Auf der einen Waagschale entw. nur die Feder der Maat od. die Maat ↗ selbst, über dem Wägebalken nochmal der Kopf der Maat mit Feder. Hier könnte man folgern, daß sie oben als Gerechtigkeit eingesetzt ist, in der Schale aber als Wahrheit, da das gewogene Herz ↗ in der 2. Schale für den Toten (die Wahrheit) sprechen soll bzw. nicht schwerer als die Feder sein darf. Ist sie es doch, tritt Vergeltung (Karma ↗) in Kraft, u. die Nilpferdgöttin ↗ verschlingt das Herz bzw. die Seele: »Die Wahrheit ist ein trefflicher Helfer für den, der sie sagt, an jenem Tage, wo er zum Gericht kommt, das den Sünder bestraft und seine Seele hinmordet...« heißt es auf einem Denkstein (Bonnet, S. 340). Die Figur auf der Herzseite dürfte der Ka ↗ des Toten sein. Daneben sitzt Thot ↗ als Pavian ↗; er schreibt das Ergebnis in das Lebensbuch. Die ›Halle der beiden Wahrheitsgöttinnen‹ befindet sich, soweit ersichtl., vor den Pforten der unteren Duat.

Seelenwanderung: 1) von Ägypten nur als ›Metamorphosenzyklus‹ der Seele ↗ überliefert. 2) in Indien ↗ jedoch kann das Karma ↗ den Toten dazu verdammen, wirkl. als Pflanze od. Tier leben zu müssen, bis wieder eine menschl. Reinkarnation ↗ mögl. wird, d. h. eine Zusammenführung von Seele u. Geist ↗. — Ähnl. ist vom Manichäismus ↗ bekannt. — In Ägypten füllte jedoch die nicht-konkrete S. a. jene 3000 J. aus, die als Spanne zw. 2 Reinkarnationen galten.

Sefirot: Die 10 = Grundlage der Kabala ↗: »Alles, was kreatürliches Dasein ↗ hat, existiert nach dem Urbild (Dugma) der 10 Sefirot, deren Welt auch ›Thronwagen Gottes‹ heißt.« Das Wort ist abgeleitet von *safar* = zählen, d. h. es handelt sich um die 10 Zahlen ↗, die u. a. so angeordnet werden, daß ein Kreis (= die Null ↗) von einer Vertikalen (= die 1) halbiert wird, mit Eintragung der restl. Zahlen 2-9 (Abb. 1). Kreis + Vertikale sind dann a. die 10, s. Zahlenkreis der Weltformel ↗; od. wie es heißt: ihr Ende steckt in ihrem Anfang. Die S. tragen aber a. Namen, mit 1 beginnend:

Abb. 1

1 = Kether (Krone), die alles im Gleichgewicht haltende Vorsehung
2 = Chocma (Weisheit), Beweger der gestirnten Räder, d. h. der Sterne bzw. Sternen-Sphären
3 = Binah, die höchste, schöpfer. wirkende Intelligenz
4 = Hesed, die unendl. Barmherzigkeit
5 = Geburah, die absolute Gerechtigkeit
6 = Thiphereth, die unvergängl. Schönheit
7 = Netzah, der Sieg des Lebens über den Tod
8 = Hod, die Ewigkeit des Seins
9 = Jesod, die Zeugung, Grundstein des ewigen Bestandes
10 = Malkuth, das Reich der Formen

Diese allg. gehaltenen Begriffe erlauben noch keinen Bezug zu anderen Systemen; das wird erst durch folg. Zusatztabelle mögl. (Abb. 2), die merkwürdigerweise rückwärts läuft, aber durch die 3fache 3-er Kombination sowie die Worte ›Das Quantitative‹ u. ›Das Qualitative‹ an die 12 Unterkategorien der afrik. Ntu-Philosophie ↗ erinnert:

10	Das Allgemeine	Das Besondere	Das Konkrete
Neschama (Hantu)	9 Jechidad	8 Chaija	7 Die Erkenntnis
Ruach (Kuntu)	6 Das Äußere	5 Das Qualitative	4 Das Quantitative
Nephesch (Kintu)	3 Das Prinzip (Der Urgrund)	2 Die gestaltende Kraft	1 Die gestaltete Materie

Abb. 2

Da die Wurzeln der Kabala altäg. (also afrik.) sind, ist die analoge Anordnung im Kreis naheliegend (Schema):

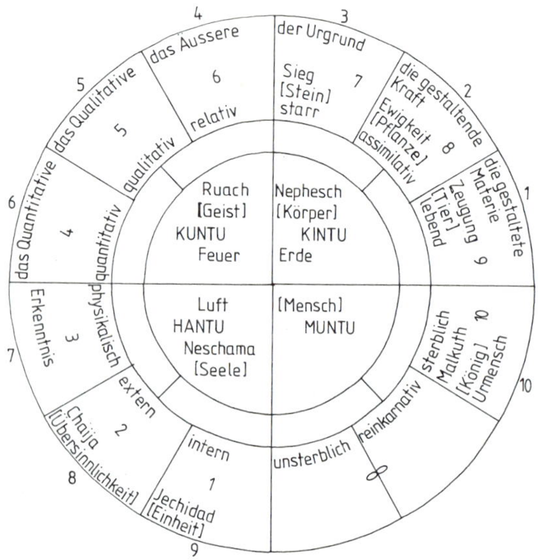

Da a. bei Moses ↗ eine Umstellung (zur Geheimhaltung) erfolgte, empfiehlt sich a. hier eine Umstellung, ebenso wie im Tao ↗. Ob sie schon geglückt ist, muß offenbleiben. Papus (1979, 64): »Ebenso wie die hebräische Sprache hat möglicherweise auch diese Lehre verschiedene Veränderungen erfahren.« — S. die Gestaltung der S. zum Sefirotischen Baum ↗.

Sefirotischer Baum: eine anordnung der 10 Sefirot ↗ zu einem Baum (Abb. 1), dessen ›Kanäle‹ (= Verbindungslinien) meist mit den 22 Buchstaben der Hebräi-

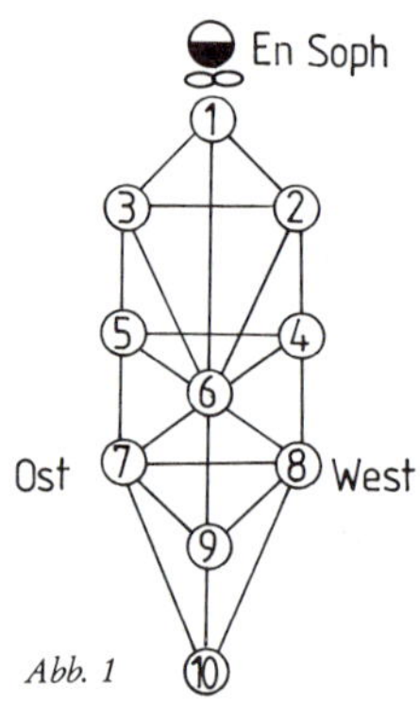

Abb. 1

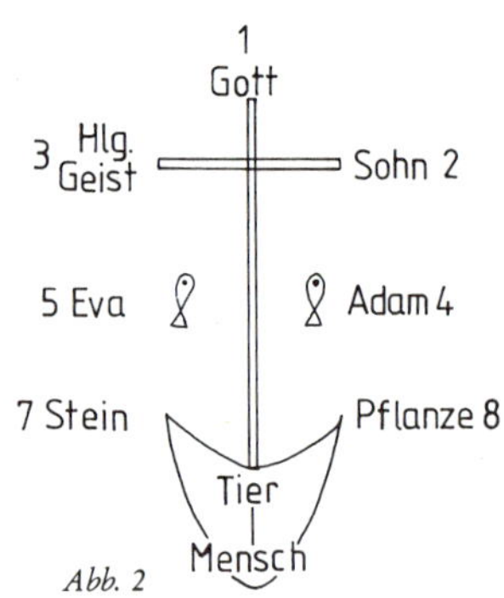

Abb. 2

schen Schrift ↗ belegt werden, wie ein Symbol darüber stehen kann, das auffällig an das schwarz-weiß Gefäß der äg. Nut ↗ erinnert; darunter jene Unendlichkeitsschleife ↗, die im Zahlenkreis der Weltformel ↗ die 2 letzten Sektoren umfaßt. Gewöhnl. wird die Zahlenreihe 2-4-8 als männl., 3-5-7 als weibl. u. die Mittellinie mit 1-6-9-10 als hermaphrodit. (männl. + weibl. in einem) empfunden. Jedoch scheint die Koppelung mit den Himmelsrichtungen: W - männl. u. O - weibl. nicht mehr zu stimmen, s. die äg. Göttin Amentet ↗ für W, während O als Sonnenaufgangspunkt männl. (= Sonne) nahelegt. In keinem kabalistischen Buch wird die Möglichkeit der Herauslösung eines urchristl. Symbols (Abb. 2) erw., das die Zahlen 7, 8, 9 + 10 zu jener ›Bootaxt‹ zusammenzieht, auf der das Kreuz, gebildet aus den Zahlen 1, 2, 3 (als Trinität) + 6 steht, während 4 + 5 zu Adam + Eva in Gestalt der 2 Fische ↗ werden, wie bei Papus mit Adam äqv. Gottsohn u. Eva äqv. Heiliger Geist ↗. Dabei wird das tragende Boot zur engeren Natur (Stein = 7, Pflanze = 8, Tier = 9 u. Urmensch ↗ = 10), u. die Achse verbindet Gott-Tier-Mensch, was an die äg. Darst. der götter als Tier-Mensch Koppelungen erinnert. Papus (1979, 64): »So wie wir die Kabbala auffassen, ist sie die vollständigste Zusammenfassung dessen, was von der Lehre der ägyptischen Mysterien ↗ auf uns gekommen ist.« Dann muß man den Vergleich mit Ägypten gestatten, nachdem Freud ↗ zugibt, daß die Bibel ↗ gefälscht wurde.

Sehen: 1) Wahrnehmung von Erscheinungsbildern ↗ der äußeren Welt über die Optik ↗ u. das Sinnesorgan Auge, das dem Sonnenauge ↗ entspr., äqv. Tagesbarke; 2) das Sehen des Unsichtbaren als 6. Sinn ↗, äqv. Mondauge ↗, Nachtbarke, wofür z. B. bei den Germanen ↗ die Seherin ↗ (= Wala) berühmt war; 3) als Mantik ↗.

Seherin: Wala ↗, Wölwa (germ.); mit ›Der Seherin Gesicht‹ beginnt die Edda ↗. — »Den Römern ↗ fiel es auf, welche große Rolle einige Priesterinnen in der Religion und sogar im öffentlichen Leben der Germanen ↗ spielten. Die Frau hatte für die Germanen etwas Geheimnisvolles und Prophetisches (Tacitus ↗); ihrem Vorgefühl und ihren Weissagungen maßen sie großen Wert bei... Die Wölwa (völva) hieß wahrscheinlich so, weil sie einen Stab (völr) trug. Sie war eine Prophetin, die nicht nur die Zukunft ergründete, sondern die Geheimnisse des ganzen Kosmos ↗ durchschaute. Sie wußte Bescheid über die Urzeit, über die Schöpfung ↗ der Welt und des Menschen, über die Entstehung des ersten Kampfes, kurzum über alles bis zum Ende dieser Welt; sie wußte um den letzten Kampf und um das Entstehen einer neuen Welt ↗« (R. Derolez, Götter und Mythen der Germanen, S. 238–39, Verlag F. Englisch 1976). Sie wußte damit das, was Isis ↗ behauptet zu sein bzw. konnte deren Schleier ↗ ›lüpfen‹. Sind dies 7 Schleier, so drückten sich diese vielleicht symb. im Frauenturm ↗ aus, der 7stöckig war u. Domizil der S.

Seid: eine spez. Wahrsagetechnik, die in der Edda ↗ mit der Wala ↗ verbunden wird, die deshalb a. ›Seidkona‹, d. h. S.-Frau (Seherin ↗) gen. werden kann. Manche übersetzen ›Seidkunst‹ mit Zauberei, R. Derolez verbindet sie mit Schamanismus ↗: »Magisch erscheint auch das Auftreten der Seidkona, die sich einer Art schamanistischer Technik bediente, um ihr Geheimwissen zu erlangen« (Götter u. Mythen der Germanen, S. 240). S. Ginnung ↗. — Die Umkehrung ↗ der Silben lautet Dise, u. auf die 3 Disen ↗ kann man S. beziehen. Abgeleitet etvl. das heutige Wort Seide, als Faden gesponnen von der Seidenraupe; a. die Disen spinnen Fäden - die des Schicksals; die Seidkona versucht sie zu ergründen.

Sein: im Ggs. zum Dasein ↗ das Ewige, Unvergängliche; in Ägypten ↗ nur die Ka-Geister ↗, denen die 24 Kategorien des Seins in den Veden u. die 24 Grundmotive ↗ od. ›präexistenten Ideen‹ (Sokrates ↗) äqv. sein dürften, zusammengefaßt als Nommo ↗ in Afrika. Von Frankenberg ↗ postuliert für die Zukunft des Friedensreiches ↗ statt der bisherigen Einbettung des Daseins im Sein (z. B. als Erde im Kosmos) ein ›Sein im Dasein‹ als Einbettung der Grundmotive (unverschlüsselt bzw. ohne Geheimhaltung im Ggs. zum Ur-Alphabet ↗) in das menschl. Dasein. Ein myth. Bild dafür wäre z. B. das ›Herabkommen des Himmlischen Jerusalem ↗ auf die Erde‹, s. Apokalypse ↗. — In der mod. Philos. wie im allg. Sprachgebrauch ist leider aus S. Dasein u. auch Nichtsein S. geworden. — S. Prakriti ↗. Ihr könnte das hebr. Verb Eve =

הוה = Seiendes Sein entspr., woraus dann wohl Eva ↗ wurde, im Sefirotischen Baum ↗ äqv. Heiliger Geist ↗ (Papus, S. 80).

Sekte: eine Gruppe, die sich von der Großgemeinschaft einer Religion ↗ abspaltet, weil sie nicht mit allen, sondern nur einigen Glaubensinhalten einverstanden ist. Die ›Präfaschistischen Sekten‹ ↗ z. B. waren teils Abspaltungen der Kirche ↗, teils Wiedererweckungen des Wotanismus ↗ od. der Ariosophie ↗. In Europa waren nach dessen Christianisierung nur christl. S. wie die Katharer ↗ aufgeblüht; jetzt, in der Endzeit ↗, herrscht geradezu ein S.-Chaos, sodaß 1982 in London eine internationale *Zentrale für neue Religionsbewegungen* gegr. wurde, die inzw. schon über 130 heutige S. ausführliches Material gesammelt hat (es gibt aber mehr als doppelt so viele!) u. 50 Psychologen, Soziologen u. Geistliche als ständige Korrespondenten beschäftigt. Neben der S. von Bhagwan ↗, Moon u. Mahikari ↗ gibt es die Pyramidologen, Satansanbeter u. ›Mission des göttlichen Lichts‹ (London), die ›Kinder Gottes‹ (Deutschland), Ananda-Marga Sekte (Schweden), Neu-Heiden u. a. mehr.

These: 2 Zeitpunkte im Mäander ↗ scheinen bes. prädestiniert für S.-Bildung: der Übergang vom 1. Sektor ↗ der Präzession ↗ zum nächsten, Bsp. Essener ↗ am Fischbeginn. U. der ›Sturz‹ der Mäanderwelle, was etwa ihrer Halbzeit entspr. od. dem Einsetzen des 2. Grundmotivs, wie der Übergang dem Einsetzen des 1. Grundmotivs (eines Sektors) entspricht. Mit anderen Worten könnte die Funktion der S. sein, dem Impuls des jeweils neuen Grundmotivs (was natürl. nicht bewußt ist) a. eine Erneuerung der *religio* (Rückverbindung) abzugewinnen. So setzte das seit 1950 regierende X schon vorher als schräges Hakenkreuz ↗ ein, treibt inzw. aber a. sonderbare Blüten im ›Hexenkult‹ feministischer Gruppen. — Das Wort ist verw. mit Sektor ↗.

Sektor: Teil eines Kreises; so bilden die Elemente ↗ einen 4-Sektoren-Kreis u. die 12 Tiere des Tierkreises ↗ einen 12-Sektorenkreis, d. h. 1 Tier = 1 Sektor. Das Wort ist verw. mit Sekte ↗ (= Abtrennung). Abb. nächste Seite.

Sekundärschöpfung: folgt der Primärschöpfung ↗ u. ist das, wovon z. B. Moses ↗ berichtet, jedoch unter Verdrehung der Logik:

Moses:
1. Tag - Licht
2. Tag - Feste zw. den Wassern (gen. Himmel)
3. Tag - Erde, Pflanzen
4. Tag - Sonne, Mond, Sterne
5. Tag - Fische + Vögel
6. Tag - Landtiere, Mensch
7. Tag - Ruhetag

Frage: wo soll das Licht ↗ herkommen, wenn es noch keine Sonne (Sterne) gibt?
Vorschlag einer Berichtigung, unter Hinzufügung der jeweiligen Buchstaben des Sonnenalphabets ↗, deren Dauer wie bei der Primärschöpung u. bis U inkl. 360 Mio J. beträgt:

1. Tag - I = Licht
K = Chemie (Molekülbildung)
2. Tag - L = Van-Allen-Gürtel ↗ als Feste + Mond
M = Erdachsenpendel ↗
3. Tag - N = Wasser
O = Stein (äqv. Erde bis 3. Tag von Moses)
4. Tag - P = Urpflanze
Q = höhere Pflanzen
5. Tag - R = Urtier
S = höhere Tiere
6. Tag - T = 2. Wurzelrasse ↗
U = 3. Wurzelrasse
zus. Urmensch ↗
7. Tag - W = 4. Welt ↗
X = 5. Welt
zus. Geschichte ↗

Im Schema der Schöpfung ↗ schieben sich die 6 Tage der S. unter den 7. Tag der Primärschöpfung u. umfassen insg. 4,32 Mrd. Jahre. Der Kosmos ↗ hat am Ende des 6. Tages der S. seine volle Ausdehung erreicht, sodaß man deren 7. Tag als ›Ausklingen‹ der Expansion bis hin zum Schwebezustand verstehen kann, der jetzt in der Endzeit ↗ gewissermaßen alles Irdische ebf. dem ›Fortschrittsdenken‹ entreißt: »Wissenschaft am Ende« od. »Philosophie in der Sackgasse« etc. sind typ. Phänomene, weshalb a. die Sekten ↗ so ungewöhnl. stark aufblühen. In Rußland ↗ gilt die S. als von Satan ↗ geschaffene mater. Schöpfung, deren Mißlingen dieser Eva ↗ anlasten will, weshalb Sophia ↗ den Logos ↗ als Schlange ↗ schickt (Gnosis ↗). — S. Puranen ↗.

Selbst: steht dem Ich ↗ als quasi höheres Ich ggb., ohne je einwandfrei definiert worden zu sein. Jung ↗ spricht vom »... Selbst, in welchem der Konflikt der Gegensätze zur Ruhe kommt...« (1976, 189), nennt es das Äqv. der Welt ↗, hält den Stein ↗ für sein Symbol, behauptet, es führe unbewußte Vorgänge vor Augen bzw. sei »... bewußtseinstranszendente Ganzheit« (Kreis, Kugel). These: es ist der äußerste Kreis der Psyche ↗ (= Weltformel ↗), wie das Ich der innere Zentralpunkt ist. Nur dieser äußere Kreis mit den 24 Grundmotiven ist die Ganzheit, in der die Ggs. zur Ruhe kommen, u. er ist das Unbewußte ↗.

Seligkeit: ergibt sich nach ind. Auffassung nur nach Befreiung aus den Geweben der Maya ↗ (Illusion). Strophe I des Dzyan ↗ enthält als 4. Absatz den Vers.: »Die sieben Wege zur Seligkeit existierten nicht. Die großen Ursachen des Leidens waren nicht vorhanden, denn es war niemand da, sie hervorzubringen oder in sie verstrickt zu werden« (I, 55). Wir befinden uns ganz offensichtl. im Ur-X ↗, denn der 4. Absatz fährt fort: »Dunkelheit allein erfüllte das unendliche All, denn Vater, Mutter und Sohn (s. Trinität ↗) waren wieder einmal Eins...
6. ... Nichts war.
7. Die Ursachen des Daseins ↗ waren beseitigt; das Sichtbare, welches war, und das Unsichtbare, welches ist, ruhten im ewigen Nichtsein - dem Einen Sein ↗.
8. Allein, erstreckte sich die eine Form des Seins unbegrenzt, unendlich, unverursacht, in traumlosem Schlaf...« Obwohl das Wort nicht fällt, ist an ein Äqv. für Nirwana ↗ zu denken. - In Ägypten lag das Land der S. ebf. im Jenseits u. wurde Amenti ↗ gen.; während für China ↗ als Paradies ↗-Form die ›Inseln der Seligen‹ eine ird. Erinnerung wachzuhalten scheinen, daß S. a. im Dieseits mögl. war u. irgendwann wiederkehrt, wie es z. B. a. die Apokalypse ↗ verspricht. These: dann wären die im Dzyan erwähnten ›7 Wege‹, die zu ihr führen u. U. die 7 Welten ↗. Schließl. schreibt a. Blav. ↗, der Mensch ↗ könne ›der falschen Wonne‹ (der ird. od. vergängl. S.) entkommen, indem er Erkenntnis ↗ u. Weisheit ↗ erlangt, welche allein die Früchte der Illusion (= Maya) u. Unkenntnis verbannen können. — Vielleicht entspr. die äg. Selket ↗ der Seligkeit.

Selket: äg. Göttin mit dem Skorpion ↗ als Kopfsymbol; zus. mit Neith ↗, Isis ↗ = Nephtys ↗ beschützt sie den Kanopen ↗-Schrein (Abb. 2). Im Äg. Totenbuch ↗ jedoch trägt sie ›die Möglichkeitskeime ↗‹, worunter man die Grundmotive ↗ verstehen kann, denn das Zodiakzeichen ↗ Skorpion enthält die Gesetzestafeln ↗ (Abb. 1). Sollte S. das 2. Zodiakviertel ↗

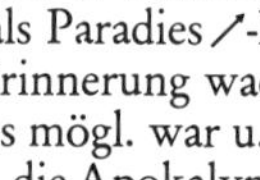
Abb. 1

vertreten, steht sie in Par. zur Tefnut ↗, evtl. angedeutet in ihren ›smaragdfarbenen Augen‹ = grün sowie in Bonnets Hinweis, sie rücke an die Uräusschlange heran, weil sie angeredet wurde als ›die am Scheitel des Re ↗ ist und ihre Flamme gegen seine Feinde wirft‹ (Element Feuer ↗). — Auf einem prädynastischen ↗ Denkmal zerstört sie einen Mauerring, was wundern läßt, ob sie a. die Seligkeit ↗ ist, die Maya (Illusion) zerstört.

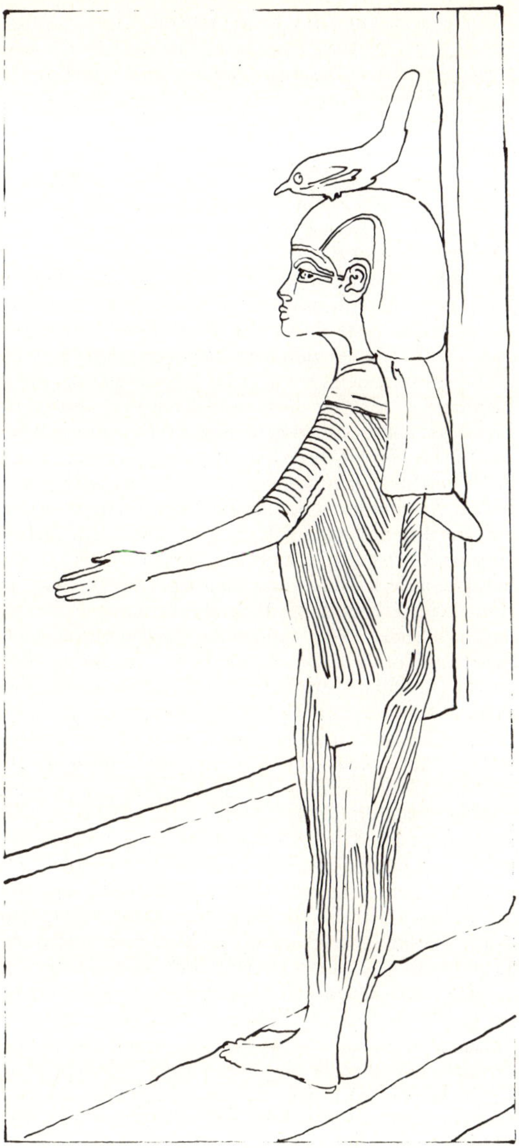

Abb. 2

Sem: 1 der 3 ›Söhne‹ (Stämme) von Noah ↗, bei den Mandäern ↗ geschrieben *Sum* (Sem) *Bar* (Sohn) *Nu* (Noah). Die Bibel ↗ nennt ihn merkwürdigerweise nur ›Japhets Bruder‹ (nie Hams Bruder), was die Nähe zur weißen Rasse betonen könnte. 1 Mose 10, 21: »Sem aber, Japhets, des größeren, Bruder, zeugte auch Kinder, der ein Vater it aller Kinder von Eber ↗.« 22: »Und dies sind seine Kinder: Elam, Assur, Arphachsad, Lud und Aram.« 24: »Arpachsad aber zeugte Salah, Salah zeugte Eber.«

Elam dürfte den Elamitern entspr., die als kampflustige Nomaden immer wieder von O her die Städte der Sumerer ↗ überfielen; sie gingen dann in Persien ↗ auf. Zum Land Elam gehörte einmal Susa ↗. — Assur wurde zu den Assyrern, Arpachsad zu den Hebräern, Lud wohl zu den Lydiern u. Aram zu den Aramäern, deren Sprache Jesus ↗ sprach. — Aus Arphachsad geht nach vielen Generationen Abraham ↗ hervor. — Heute gilt S. allg. als Stammvater der Semiten ↗. Der Name aucht aber a. als Semenchkare ↗ in Ägypten auf.

Semantik: als Erweiterung von Mantik ↗ die Erforschung der graph. Kommunikation zw. gesprochener u. geschriebener Sprache ↗ (Obenga); heute a. Semiotik od. Semiologie gen. als »... die Disziplin, die sich mit dem Studium der verschiedenen Systeme der Bedeutung und Kommunikation beschäftigt. Das heißt: nicht nur der Sprache, sondern auch der visuellen Systeme, der medizinischen Symptome, der gestischen Verhaltensweisen, der sozialen Strukturen ↗, sofern sie symbolische Strukturen sind. In das Forschungsgebiet gehören die verschiedenen Typen wissenschaftlicher und formalisierter Sprache, die kommunikativen Aspekte der Architektur und anderer gegenständlicher Systeme, die Bedeutungen künstlerischer Aktivitäten von der Literatur bis zur Ikonologie in der Malerei und den syntaktischen, wie semantischen Aspekten der Musik, einschließlich der noch in der Phase des experimentellen Studiums befindlichen Systeme wie Geruchs-Nerven-Gefühls-Kommunikation, der Kommunikation der Tiere u. a.« (Sinah Kessler). Also aller Systeme ↗ von Zeichen ↗. — S. Motion-Perception ↗ u. das Typologische Gesetz ↗ der afrik. Kunst.

Semenchkare: Bruder von Echnaton ↗; der Name ↗ setzt sich zus. aus Sem ↗, *ench* = Anch od. Ankh, das Lebenskreuz ↗, Ka ↗ u. Re ↗ (Abb. s. Stichw. Nofretete ↗, seine Schwägerin). Wahrsch. waren sie (mit gleichem Vater, aber ungleicher Mutter) nur Halbbrüder u. regierten, ungewöhnl. für Ägypten, gleichzeitig als Pharaonen ↗. Diese Doppel-Regierung legte sich, als S. die Stelle von Nofretete einzunehmen begann. Ebenso ungewöhnl.: sie sollen fast gleichzeitig gestorben sein. Es fehlt jedoch der Nachweis ihrer Mumien ↗; dafür fanden sich unter dem Grabschatz von Tutenchamun ↗, ihrem Nachfolger ungeklärter Verwandtschaft, Gegenstände von beiden. - These: sollte Echnaton Moses ↗ gewesen sein, war S. Aaron ↗, u. sie starben nicht in Ägypten, sondern unterwegs auf dem Weg nach Kanaan ↗, evtl. ermordet. — Da es in Ägypten Sem-Priester gab (als Titel etwa die Funktion eines Königspriesters bezeichnend, der den Pharao vertreten kann), könnte der Name ›Königspriester des Lebens der Kara ↗‹ bed. haben.

Semiten: Nachf. von Sem ↗ od., weniger richtig, er orientalische Rassenkreis. Zu den sem. Sprachen rechnen: akkad., ungarit., hebr., aramäisch, aber a. arab. u. äthiop. sowie syrisch. E. Friedell im Buch ›Kulturgeschichte Ägyptens und des Alten Orients‹ (1936, 349–350): »Der Semit denkt in Stämmen... Daß die alten Semiten sich nicht in das Leben der Einzelseele zu versetzen vermochten, weder einer fremden noch ihrer eigenen, hatte seine Wurzel in einem merkwürdigen Mangel, an dem sie allesamt litten: der auffallenden Dürftigkeit und Unfruchtbarkeit ihrer Phantasie. Wir pflegen zwar gemeinhin die Begriffe ›Orient‹ und ›phantasiereich‹ zu assoziieren. Aberr hierbei verwechseln wir Exotik mit Romantik. Was uns an den morgenländischen Geschichten besticht und bestrickt, ist das Fremdartige und das Quantitative: die hinaufgesteigerte Quantität... eine Vergrößerung und Verstärkung der realen Welt: alle Herrlichkeiten der Umgebung ins Gigantische vergrößert und verzerrt... Wenn die Tiere uns ihre Träume mitteilen könnten, so würde sich wahrscheinlich herausstellen, daß sie ›semitisch‹ träumen: die kriegerischen von Schlachten, Siegen und Myriaden niedergemetzelter Feinde oder erlegten Wildes, die technisch begabten von riesigen Palästen, Dämmen und Kanälen, und alle von Rudelhandlungen und unwahrscheinlichen Massen und Maßen.« — Diop: »Es muß mit allem Nachdruck gesagt werden, daß der Semit ein Weißer ist, der noch stärker oder schwächer die Spuren einer sehr alten Vermischung mit den Schwarzen trägt« (Antériorité des Civilisations Nègers, 60). Danach könnte *sem* wie *semi* ›halb‹ bed. (halb weiß, halb schwarz). Da nun die Weißen das Ich, das Individuum so betonen wie die Schwarzen das kollektive Unbewußte ↗, stehen die S. innerhalb der Psyche tats. ›halb‹ dazw., Stämme betonend (z. B. die 12 Stämme Israel ↗) statt Einzelseele od. Welt. S. Hyksos ↗, Sargon ↗ u. Sethos I. ↗.

Sensitiv: eine Unterkategorie von Kintu ↗, die höheren Pflanzen u. alle Tiere betreffend. Etwa: sehr empfindlich, leicht reizbar. — S. Organ ↗.

Senufo: afrik. Stamm südwestl. der Dogon ↗, teilw. in Mali ↗, Obervolta u. nördl. Elfenbeinküste ansässig.

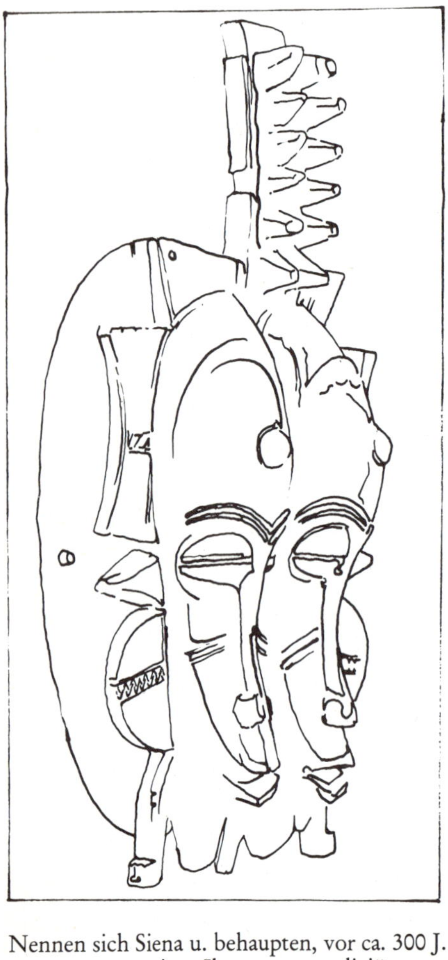

Nennen sich Siena u. behaupten, vor ca. 300 J. von N zugezogen zu sein. »Ihr gesamtes religiöses und soziales Leben ist vom Lo-Bund bestimmt. Er übermittelt die Schöpfungsmythen mit all ihren Konsequenzen« (Lenzinger, S. 66). Als rigorose Vertreter der Gleichberechtigung haben Männer u. Frauen jeweils die eigenen, geheimen Lo-Kultorte, wo die inzw. berühmten Skulpturen verborgen wurden. Ungewöhnl. eine Doppel-Maske (Abb.) mit einer Art Drittem Auge ↗ über jeder Stirn, gekrönt von 2 mal 6 Zacken in vertikaler Anordnung: Für die Deutung bieten sich die 2 Hälften der Geschichte ↗ u. das janusartige Gesicht der Hathor ↗ (Junu ↗) an. — S. Sahara ↗.

Sephirot: Sefirot ↗.

Seraphim: 6flüglige Engel, die lt. Bibel ↗ der Prophet Jesaja sieht: »... mit zween deckten sie ihr Antlitz, mit zween deckten sie ihre Füße, und mit zween flogen sie...« (6, 2). Ihre Anzahl wird nicht genannt. These: es müßten 4 sein, denn 4 x 6 = 24; d. h. sie müßten die 4 Elemente ↗ od. aber die 4 Zodiakviertel ↗ vertreten. Ersteres scheint zuzutreffen, denn bei Papus (Die Kabbala) heißt es: mit ihrer Dienstleistung erzeugte Gott die Elemente. Dann kehren sie in der Apokalypse ↗ bei der Beschreibung der Sonne ↗ als Symboltiere der 4 Evangelisten ↗ wieder, Kap. 4, 8: »Und ein jegliches der vier Tiere hatte sechs Flügel umher.«

Serapis: griech. Zusammenziehung von *Osiris* ↗ + *Apis* ↗, eingeführt durch Ptolemäus I. ↗.

Seschat: Sechat ↗; äg. Göttin des Geheimwissens.

Seth: äg. Gott, zur Götterneunheit ↗ zugehörig. Blavatsky (II, 133): »Seth ist kein Mensch, sondern eine Rasse ↗« Bonnet: die Geburt des Seth hat sich bis in die griechische Zeit als großes lokales Fest in Oxyrhynos behauptet, dessen heiliger Fisch ↗ sekundär an ihn angeschlossen wurde. — Der gleiche Ort galt als eine der Hauptstätten des Kampfes zw. Horus ↗ + S., was schon das eigtl. Thema berührt: die ewige Feindschaft zw. diesen beiden, nachdem S. Osiris ↗ ermordet hat, was ihn zum Träger des Bösen abstempelt, äqv. Satan ↗. Dazu tritt die Überlieferung: »Horus ist in der himmlischen Sphäre beheimatet; Seth aber gehört der Erde zu...«, was sich in seinen Symboltieren ↗ niederschlägt, unter denen sich alles, nur kein Vogel ↗ befindet: gejagt als weißes Nilpferd ↗, was Diop bestätigen könnte, der ihn als best. weißen ↗ Typ mit roten Haaren definiert, den die Ägypter spontan töteten. Man denkt an die rothaarigen hellen Giganten auf der Osterinsel ↗. — Sein Haupttier war der Hund ↗ (Abb.) dessen Unwirklichkeit die Ägyptologen zu zahlr. Deutungsversuchen wie Antilope, Wüstenspringmaus, Pinselschwein (s. Eber ↗), Kamel, Giraffe, Erdferkel u. Esel ↗ verleitete. Warum nicht a. Lama ↗? Od. Fuchs, s. *renard pâle* ↗ in Afrika, mit dem

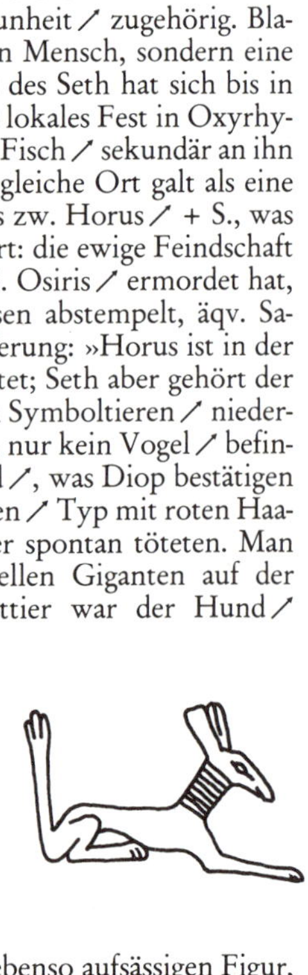

wir bei Ogo ↗ landen, einer ebenso aufsässigen Figur, wie es S. ist: »Er verwirrt alle Dinge und erfüllt Erde und Meer allenthalben mit Überln.« Auch das Meer, weshalb sich als Äqv. Jam ↗ anbietet, der kanaan. Mörder des Baal ↗: »Dem wohltätigen Nil ↗, in dem sich Osiris offenbart, tritt das grausige Meer als Erscheinungsform des S. gegenüber« (Plutarch de Is. 33). Sucht man ihn als göttl. Kategorie, so fällt das in der Apokalypse ↗ erwähnte Gläserne Meer ↗ ein, dritter Kreis der Sonne ↗. Dazu paßt, daß Thot »... aus dem

Scheitel des Seth hervorgeht...«; das wäre Thot als Ibis ↗ od. 4. Kreis der Sonne. S. als 12er Kreis ↗ stünde dann sowohl für die Zahlen ↗, was sich im 10fach unterteilten Stamm des Djed ↗ manifestiert, der das Lebenskreuz ↗ trägt, Äqv. Ahriman ↗ - wie für die Planeten ↗ insg., was sich im Planetenstab ↗ ausdrückt. »Weiter berührt sich S. durch den Gleichklang mit dem biblischen Seth, den die gnostische Sekte der Sethianer ↗ als Gottessohn und Antitypus des Christus ↗ verehrte. Ob man darum wirklich eine Gleichsetzung beider vollzog, wird sich vorerst nicht ohne weiteres sagen lassen; aber an Überdeckungen konnte es doch kaum fehlen« (Bonnet, S. 715). These: durch Moses ↗, den äg. Eingeweihten, floß die Geburt des S. - als 3. Sohn von Adam ↗ - in die Bibel ↗ ein, was sich auf das als Hund dargestellte Horuskind ↗ beziehen könnte, bzw. die Geburt der Weißen Rasse ↗, d. h. der Atlanten ↗. Weitere Äqv. sind Reschef ↗, Nubti ↗, Napa ↗ u. Quetzalcoatls Gegenspieler Rauchender Spiegel ↗. — S. Seth-Binden ↗ u. Sethisches Licht ↗. U. als Pharao-Name Sethos ↗.

Seth-Binden: die Binden der Mumie ↗, über die das Äg. Totenbuch ↗ sagt: »Seths unseliges Erbgut.« Dazu als Kommentar Kolpaktchy: »Die Mumienbinden sind ein Todessymbol; Seth, Osiris' Mörder, ist der Herr des Todes ↗.« A. Champdor: »Der Konflikt zwischen Osiris + Horus und Seth spiegelt den ewigen Kampf zwischen Gut und Böse, zwischen Licht und Finsternis, der sich seit Anbeginn der Welt abspielt, hier verebbt, dort aufflackert. Es ist der seit undenklichen Zeiten alles Dasein ↗ bestimmende Dualismus ↗ ... von den Mächten Seths dem Tod ausgeliefert, durch die Auferstehung des Osiris aberr in Hoffnung auf ein neues Leben« (= Reinkarnation ↗).

Sethianer: eine Sekte der Gnosis ↗, die Seth ↗, 3. Sohn von Adam, ›als Gottessohn und Antitypus des Christus ↗ verehrte‹, d. h. als Anti-Christ ↗.

Sethisches Licht: lt. Äg. Totenbuch ↗ wird der gerechtfertigte Tote in Earu ↗ »... vier Arten des Lichts erkennen: das ›sethische Licht‹, das keineswegs dasselbe wie das Sonnenlicht ist; das Licht der Finsternis; das Licht des Beginns der Weltschöpfung; und endlich das anubische Licht...« (s. Anubis ↗). Eine konkrete Definition fehlt. Sie läßt sich vielleicht aus folg. Zeilen herausholen:

»Könnt ich den Sieg davontragen über Seth ↗
...
Von meinem Platz aus seh ich den Dämon;
Emsig wirkt er im finsteren Tal der Gräber,
Gefährlich und durstig ist sein ätherischer
Schatten«

D. h., wir landen beim Schatten ↗, äg. Chai-Bit als einer Lichtsorte. Da ätherisch gen., wäre an die ätherische Frequenz ↗ zu denken. — S. Licht ↗.

Sethos: Vater von Ramses I. ↗, benannt nach Seth ↗.

Sethos I.: äg. Pharao ↗, der der 19. Dynastie ↗ angehört u. Ramses I. folgt; Regierungszeit 1318–1304 v. Z. (Michalowski). Ein Bild zeigt ihn am Busen der Göttin Mut, Stichw. Geierhaube ↗. Aus dieser ging die Götterneunheit ↗ hervor, der sich S., benannt nach Seth ↗, zurechnete. Er gehört zu den fremdländischen Ramesssiden ↗ u. benutzt daher zum 1. Mal den Seth-Namen. These: da sich erst mit seinem Regierungsdatum die Dynastienliste ↗ von Pochan ↗, berechnet nach Manetho ↗, u. die der Ägyptologie ↗ zu decken beginnen, möchte man annehmen, S. I. habe die Daten

der Vergangenheit verfälscht (verkürzt), um das afrik. Fundament des Landes Km.T ↗ auszuradieren. »Die Granitstatue Sethos' I., auf der später Ramses II. seine Namenskartusche anbrachte, zeigt den König auf seinem Thron sitzend und bekleidet mit einem durchscheinenden Gewand; sein Gesicht hat eine leicht gebogene Nase und feine, fast semitisch (s. Semiten ↗) wirkende Gesichtszüge... Die damals herrschende Schicht war anderer Abstammung. Die Statuen des Chephren ↗ und des Mykerinos tragen die Gesichtszüge ägyptischer Fellachen« (Michalowski, S. 217). Zusatz: »Ohne Zweifel haben die Heiratsverbindungen zwischen den Dynastien des Neuen Reiches und den Ländern des Orient, der Hethiter ↗ und Mitanni ↗, einen bestimmenden Einfluß auf den Körperbau der regierenden Schicht ausgeübt und sie von der übrigen Bevölkerung (sic: die der Schwarzen Rasse ↗ angehörte) anthropologisch getrennt.« — Weitere Veränderungen: Ägypten wird krieger. (Schlachtendarstellungen im Tempel von S. I. + Ramses III.). Die Macht der Priester ↗ nimmt zu bzw. überhand. Andererseits erscheinen diese fremden Pharaonen ›kniend und unterwürfig‹ vor den Göttern ↗, während sie zuvor gleichgestellt waren. Inter., daß S. auf seiner Statue nur den Hirtenstab ↗ hält (Abb. auf Seite 531).

Sex: engl. Bez. für Geschlecht ↗, Sexualität = Geschlechtsleben, das nach neuesten Ergebnissen (Tutzinger Tagung vom 4.2.1976) beim Menschen ↗ nicht etwas ist, »... das nun einmal da ist, nach Abfuhr drängt und dann mühsam gebändigt, kanalisiert, sublimiert werden muß; es ist weniger Produkt der Natur ↗, als der Kultur ↗ und wird - wie die Sprache ↗ - vom einzelnen im Prozeß seiner Sozialisation gelernt. Aber im Gegensatz zur Sprache ist ihre durchschnittliche Entwicklung einstweilen auf einer sehr primitiven Stufe zurückgeblieben.« These: das hängt zweifellos mit ihr. relig. Belastung als Erbsünde ↗, Sündenfall, Entfernung von Gott ↗ sowie Verflechtung mit Paradies-Verlust ↗ etc. zusammen. These: S. entspr. als Grundmotiv ↗ dem X = Energiekonzentration ↗, mit der die Geschichte ↗ in Gestalt der Hl. Hochzeit ↗ begann. Die nachfolg. Grundmotive manifestieren sich als Schwangerschaft ↗, weshalb zumindest die kath. Kirche ↗ darauf besteht, es dürfe S. nur in Kombination mit dem Wunsch nach einem Kind ↗ geben u. nicht als in sich geschlossenes Lustprinzip. Was wäre dabei? Ein Überhandnehmen des Archetyps Urmutter ↗, das nicht nur Mythen u. Mysterien belastet, sondern a. die ›moderne‹ Psyche ↗, sodaß C. G. Jung ↗ feststellt, die Mutterfigur gleite bei Sohn wie Tochter leicht ins Tierreich ab, werde z. B. zum Krokodil ↗ (s. Horusstele ↗), Salamander (Echse ↗) od. zur Schlange ↗, Sexualsymbol per se.

Shakespeare, William: engl. Dichter (1564–1616), wahrsch. schwarzhäutig wie z. B. Puschkin ↗, was jedoch vertuscht wurde: Leiche fehlt, keine Totenmaske. Überliefert ist nur, daß man ihn einen ›betrunkenen Wilden‹ nannte u. nach seinem Tod per Gesetz alle Theater schloß, um seine Stücke nicht mehr spielen zu müssen. Immerhin ist er der einzige in Europa, der einen Schwarzen ins Zentrum eines Theaterstückes rückte: Othello, dessen Geschichte vielleicht seine eigene berührt: Ermordung der weißen Geliebten, die ein weißer Rivale durch Betrug als untreu hinstellt. A. schrieb er 28 Sonette ›an die dunkle Geliebte‹. Originalmanuskripte sind nicht erhalten, vom Lebenslauf kaum etwas bekannt. Schließl. fällt auf, daß sich zur psychotherapeutischen Behandlung Schwarzer Amerikaner ↗ aus dem Bereich der europ. Literatur nur S. eignet. Warum? Goethe ↗ über S. (zum Shakespeare-Tag am 14.10.1771): »Seine Stücke drehen sich alle um den Geheimen Punkt - den noch kein Philosoph gesehen oder bestimmt hat - in dem das eigentümliche unseres Ichs, die prätendierte Freiheit des Wollens, mit dem notwendigen Gang des Ganzen zusammenstößt...« (d. h. mit dem Sollen ↗). These: S. fällt in der Wiederholung ↗ der Grundmotive ↗ auf K, als Konstruktionsform die Parabel ↗ sowie Archetyp Blau ↗, hier zu verstehen als Synthese ↗ von schwarz = kollektives Unbewußtes ↗, das Sollen - u. weiß = individ. Bewußtsein, das Wollen. — Seine Wiederentdeckung erfolgt vornehml. in Deutschland u. führte zur Romantik ↗ wie a. Klassik ↗, was seine Doppelheit unterstreicht. — S. Gandersheim ↗ u. Parallelismus ↗.

Shakti: bed. eigtl. nur Weiblich ↗ u. wird in Indien ↗ entw. als oberste Gottheit od. als Gefährtin einer männl. Gottheit, gewöhnl. Shiva ↗, begriffen. Blavatsky stellt fest: »... (weiblicher) heiliger Geist - (ist) die Shakti oder Energie« (I, 160). Afrika würde sagen: das treibende Wort Nommo ↗. Als Aufteilung werden 6 S. (Göttinnen) gen.:

1) Parashakti - wörtl. die große Kraft od. Macht. Sie bed. u. schließt in sich die Kräfte des Lichts ↗ u. der Wärme.
2) Inanashakti ↗ (Weisheit)
3) Ichchhashakti - wörtl. die Kraft des Willens ↗
4) Kriyashakti - die geheimnisvolle Kraft des Gedankens, welche denselben befähigt, äußere, wahrnehmbare, phänomenale Resultate durch die ihm innewohnende Energie hervorzubringen.

»Ein Yogi ↗ bewirkt im allgemeinen seine Wunder mit Hilfe von Ichchhashakti und Kriyashakti« (I, 312). Im Wort Kriya dürfte *crea* wie bei Creation, Schöfung ↗ stecken.

»Der erste Schritt zur Ausbildung von Kriyashakti ist der Gebrauch der Einbildung. Ein Ding sich einbilden heißt, mit Festigkeit ein in allen seinen Einzelheiten vollkommenes Modell dessen schaffen, was man begehrt. Dann wird der Wille in Tätigkeit gesetzt, und die Form dadurch auf die objektive Welt übertragen. Das ist Schöpfung durch Kriyashakti« (Blavatsky, III, 561).

5) Kundalini ↗-Shakti (Schlangenkraft)
6) Mantrikashakti - wörtl. die Kraft od. Macht der Buchstaben, der Sprache od. Musik. Lt. Tantrismus ↗ die uranfängl. Energie, latent in den Buchstaben der Mantras ↗ vorhanden.

»Die sechs Kräfte werden in ihrer Vereinigung repräsentiert durch das Astrallicht (Daiviprakriti, die siebente, das Licht des Logos ↗).«

Blavatsky meint außerdem, die 3 S. der Götter Vishnu ↗, Brahma ↗ u. Shiva seien die gleichen wie die ›3 Mütter‹ des Hebr. Alphabets. — S. Durga ↗.

Shambe: kleiner, wegen des Sudd ↗ unzugänglicher Ort im S des Sudan ↗ ohne weitere Bedeutung. These: das Wort erinnert an Sambo ↗ wie an Chembis ↗, weshalb in dieser Gegend die einstmalige Gralsburg ↗

angenommen werden kann. A. der Fluß Sambesi bei Simbabwe ↗ erinnert daran u. in letzterem war eine wichtige Vor-Station. — S. Osirismord ↗.

Shang-Dynastie: Yin ↗-Dyn.: wird als histor. Anf. von China ↗ eingestuft u. dauerte etwa 1500–1000 v. Z. Gegr. wurde sie von dem König T'ang, der von einem Mutter geb. worden sein soll, die ein vom Himmel gefallener Vogel ↗ befruchtete; ein Mythos ↗, der ihn zum ›Himmelssohn‹ macht u. zweifellos an die Hl. Hochzeit ↗ anknüpfte. Als Hauptstadt entstand Anyang ↗ u. zwar auf einem von Ägypten aus berechneten Geodätischen Punkt ↗. »Hier sind 11 riesige Königsgräber der Shang freigelegt worden. Der Holzsarg wurde in einer großen Grube beigesetzt, von deren Grund Treppen schräg nach oben führten. In einer Vertiefung unter dem Sarg wurde ein geopferter Hund ↗ eingescharrt.« Vielleicht als Äqv. für Anubis ↗, den Führer durchs Totenreich. — Auf Ritualgefäßen oft das Motiv von 2 Drachen ↗, die sich im Profil gegenüberstehen (Abb.). — Um 1000 v. Z. wurde das Reich am Gelben Fluß von W her von den krieger. Chou-Völkern ↗ überrannt. — S. Shang-Ti ↗ u. Konfuzius ↗.

Shang-Ti: oberste Gottheit der Shang-Dynastie ↗; wohnt u. regiert in einem am Polarstern gelegenen ›Palast‹ u. überschaut von hier aus das Weltgetriebe. In der Legende von der Geburt Hou-chis, des Ahnherrn der Chou-Dyn., heißt es, daß dessen Mutter »in die Fußspuren des Shang-ti getreten und dadurch schwanger geworden« sei. Die Chou-Völker übernahmen S. als T'Ien (Himmel). Shang-Ti (s. Ti ↗), T'ien u. Tao ↗ wurden die chin. Zentralbegriffe.

Shape Perception: Form-Wahrnehmung (engl.) ggb. Motion-Perception, Bewegungswahrnehmung. Aus letzterer resultiert z. B. Motion-Art ↗. — S. Form ↗ u. Kunst ↗ bzw. Erkenntnis ↗.

Shatapatha Brahmana: ind. Text, in dem es u. a. heißt, daß das ›Buttern des Milchmeeres‹ im Satya Yuga ↗ stattfand, im 1. Zeitalter, welches sofort auf die große Flut folgte, die lt. Blavatsky ↗ aber nicht die Sintflut ↗ war: »Dieses ›Buttern‹ bezieht sich auf eine Periode vor der Formung der Erde ↗, und steht in direktem Zusammenhang mit einer anderen universellen Legende, deren verschiedene und widersprechende Versionen in dem christlichen Dogma vom ›Kampf im Himmel‹ und dem ›Fall der Engel‹ kulminierten« (I, 97). These: Shatapatha dürfte mit Schabattu ↗ zusammenhängen, dem Beginn des 7. Tags der Sekundärschöpfung ↗ (= Ruhetag, Sabbat), an dem durch den 1. Besuch von Nommo ↗ der Planet Ogo ↗ abgeschossen wurde, was die Venus ↗ entstehen ließ u. die Position der Erde verschob, was eine Flut verursachte. Mit Milchmeer dürfte unsere Galaxie ↗ gemeint sein, die vielleicht noch weitere Veränderungen dabei durchmachte.

Shekina: Schechina ↗.

Shemsu-Hor: Horusdiener ↗.

Shimenawa: eine Variation des Gohei ↗, indem die 4stufigen Faltpapiere nebeneinander an eine hl. Schnur aufgehängt werden; gewöhnl. im Gelände des Kami ↗-Schreins angebracht. S. Tamagushi ↗ als weitere Variante.

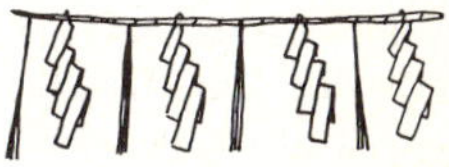

Shin: Schin = Kami ↗. S. Schintoismus ↗.

Shiva, Siva, Schiwa: 1 der 3 Hauptgötter des Hinduismus ↗, zurückgehend auf die Vedische Religion ↗, die anderen heißen Vishnu ↗ u. Brahma ↗. Eigtl. sind sie nur die 3 Seiten des männl. Dreiecks ↗, wobei S. die Rolle der Zerstörung (Auflösung) zufällt. »Der Shivaismus erlebte seine Blütezeit im 13./14. Jh., als zahlreiche philosophische Schulen ihn in den Mittelpunkt ihrer Erörterungen stellten. Shiva, der aus dem dunklen vedischen Rudra hervorgegangen ist, hat dessen Zwiespältigkeit und Doppelcharakter geerbt. Auch er entfaltet zerstörerische und segensreiche Kräfte. Mit seinem Tanz ↗ bewirkt er den Weltuntergang ↗, verkörpert aber gleichzeitig unter dem Symbol des Lingam (Lingham ↗) die Zeugungskraft. Den Weltschöpfer Shiva stellten sich seine Verehrer doppelgeschlechtlich vor, als den ›Herrn, der zur Hälfte weiblich ist‹, den Ardhanarishvara« (H. Gottschalk, 1978, 188). In letzterem Namen enth. Ardhanari ↗ als Göttin + Ishvara ↗ als Gott, der aber mit Brahma gleichgestellt werden kann. Daß der weibl. Teil die 4 Elemente ↗ vertritt, ergibt sich aus folg. Farben: »Bei den Aufzählungen der wiederholten Geburten des Shiva zeigen ihn diese in einem Kalpa (Zeitalter) von schwarzer Farbe, in einem anderen von weißer Farbe, in noch einem anderen von roter Farbe, worauf der Kumara (etwa Jungfrau-Jüngling) zu ›vier Jünglingen von gelber Farbe‹ wird... Shiva-Kumara tellt einfach allegorisch die menschlichen Rassen ↗ während der Entstehung der Menschen dar« (Blavatsky, I, 344). These: als Äqv. käme die indian. Weiße Büffelkuhfrau ↗ in Frage mit den gleichen 4 Farben; im 4er Kreis der Sonne ↗, äg. 1 der 2 Maati ↗, ist Luft = schwarz, Feuer = rot, Erde = gelb u. Wasser = weiß. — Künstlerische Darst. zeigen S. mit 3 Augen (das Dritte Auge ↗ heißt oft S.-Auge), evtl. 5 Gesichtern u. 4 (od. 8 od. 10) Armen; der Zahlensumme 12 gesellen sich 108 Tänze des S. hinzu, dargestellt auf einem Torturm im Nataraja-Tempel zu Cidambaram: ergibt zus. 120 = Chenti ↗, in Ägypten der vollkommene Mensch. Die Zahl 108 hat sich als Mala ↗ erhalten. Inter. die 21 Flammen auf dem äußeren Ring einer S.-Skulptur (Abb.) aus Bronze, Madras ↗, 10. Jh. Versteht man den Ring als Schleife vom Lebenskreuz ↗, d. h. als Sonnenalphabet ↗, so landet man mit dem 21. Buchstaben (= Flämmchen) W in der 4. Welt ↗ u. könnte die Flämmchen in S.s l. Hand als Nr. 22 = X = 5. Welt verstehen, zus. die Geschichte ↗; WX ergibt in Umkehrung ↗ XW, wo-

raus sich leicht Shiva (Xi-Wa) machen läßt. Während dieser 2 Welten allein gab es Rassen, s. 4. + 5. Wurzelrasse ↗. Vielleicht ist der stufenartige Unterbau eine Treppe wie beim äg. Min ↗, mit dem er Ähnlichkeiten aufweist, bes. wenn die Schwarze Kali ↗ zu seiner Gemahlin wird (äqv. Isis ↗), die auf seiner Leiche tanzt, um ihn wieder lebendig zu machen (wie Isis den Osiris). Stimmig ist dann a., daß die Griechen + Römer ihn mit Dionysos ↗ gleichsetzten. -Im Tantrismus ↗ geht es um die Vereinigung von Shakti ↗ + S. durch Kundalini ↗. — S. Schaiwiten ↗ u. Sati ↗.

Shulon: in der Mormonen ↗-Bibel erwähntes Land, das Enoch ↗ mit Anhang verläßt, um nach Kenan (!) zu ziehen. These: da dieser Thot ↗ entspr. wäre an das ähnl. lautende Thule ↗ zu denken.

Shushumna: Meridian ↗, der zw. Ida ↗ + Pingala ↗ durch die Wirbelsäule ↗ läuft, an der a. die Chakras ↗ liegen. Anscheinend befindet sich S. an derselben Stelle wie das Rückenmark, ist aber nicht physisch. Im Tantrismus ↗ sagt das Mahanirvana-Tantra u. a.: der Andächtige soll »... die Devi (Göttin Kalika, wohl Kali ↗) entlang der Sushumna führen, welche der Weg des Brahman ↗ zum herrlichen tausendblättrigen Lotos ist...«, hier also definiert als Weg des Brahman.

Shveta Dvipa: weiße (= *shveta*, was sich im Wort Schwede erhalten hat) Insel; kommt in den Puranen ↗ vor. Ragte lt. Blavatsky ↗ wie eine Riesenbergspitze aus dem Grunde des Meeres auf, während der frühen Tage von Lemurien ↗. Es wird leider nicht klar, welches Meer gemeint ist; jedoch bezieht sich bei ihr diese Insel auf die frühesten Teile od. Anfänge von Atlantis ↗. In jener Zeit war nicht viel von dem gegenwärtigen Asien ↗ vorhanden; denn die »... himalayischen Gegenden waren mit Meeren bedeckt, und jenseits derselben erstreckten sich die ›Lotosblätter‹ von Shveta-dvipa, die Länder, die jetzt Grönland, Ost- und Westsibirien usw. heißen« (Blavatsky, II, 342). Ein Äqv. scheint der Berg Meru ↗ zu sein; es handelt sich also nicht um die Insel Atlantis von Plato, sondern den 1. Kontinent ↗. Nach tib. Überlieferung ist die weiße Insel die einzige Örtlichkeit, welche dem allg. Schicksal der anderen 6 Kontinente entgeht; sie kann weder durch Feuer, noch durch Wasser zerstört werden, denn sie ist das ›ewige Land‹.

Sibirien: riesiges, ans Nordpolarmeer grenzendes Gebiet der UDSSR ↗; vor dem letzten Polsprung ↗ blühend, danach bis heute in vielen Gebieten 9 Monate Frost. Bev. etwa 80 % Russen, Rest Mongolen ↗ u. a., die Vorgeschichte liegt im Dunkeln. Lissner (Buch: So habt ihr gelebt) nennt merkwürdigerweise die Ainu ↗ auf Japan ›Alt-Sibirier‹ - »Menschen, die uns Westeuropäern nach Körperbau, Schädelform und Hautfarbe verwandt sind...« (Lissner, S. 191) - bzw. eine versprengte Gruppe Kaukasier ↗. Das würde bed., daß nach dem Weltuntergang ↗ von 11432 v. Z., dessen Zeugen gefrorene Massen zertrümmerter Großtiere sind, zunächst Kaukasier dorthin zogen, wohl im Rahmen der Völkerwanderung ↗. Darauf deuten z. B. Felszeichnungen (Abb. 1), die ganz eindeutig die Ger ↗-Rune  enthalten. Lt. Wirth ↗ war allen sibir. Völkern die Stara Baba hl., meist ›Alte Mutter‹ übers.; *stara* ist ungewöhnl. nahe an Ostara ↗. A. die Odil-Rune ↗ (Abb. 2) findet sich, allerdings nicht in, sondern über den Kreis gesetzt, der hier zusätzl. 4geteilt ist, was den 4 Zodiakvierteln ↗, äg. den Kanopen ↗-Göttinnen entspräche. Eingelegt weiter das X ↗, interpretierbar als Beginn der Geschichte ↗. — Noch weiter zurück scheinen die Eskimo ↗ von dort zu stammen, vor dem Weltuntergang in ›Metallvögeln‹ = Flugzeugen zu den heutigen Stammplätzen evakuiert. U. in ältester Zeit scheint S. zur Shveta Dvipa ↗ gehört zu haben. These: S. könnte nach dem nächsten Polsprung von 1999 ein Land der Zukunft werden, weil es dann wieder auftaut u. die enormen Bodenschätze zugängl. werden.

Abb. 1

Abb. 2

Sibylle: eine weissagende Frau od. Seherin ↗. Die ›Sibyllischen Weissagungen‹ füllten einst 9 Bücher, von denen 3 nach Rom ↗ gelangten. Eine S. od. Prophetin soll sie einem der frühen etrusk. Könige zum Kauf angeboten u. verärgert über seine Ablehnung, 3 verbrannt haben. Als der König a. die restl. 6 nicht erwerben mochte, warf sie 3 weitere ins Feuer, um mit dem letzten Drittel nochmal an den König heranzutreten. Dieser war jetzt neugierig geworden u. willigte in den Kauf ein, mußte aber den gleichen Preis zahlen, den die S. anfangs für alle 9 Bücher verlangt hatte. In der Röm. Religion ↗ spielten die 3 Bücher neben der Vestalin ↗ u. dem Olymp ↗ eine große Rolle mit Einfluß auf Staatsangelegenheiten.

Sichtbar: mit den Augen als Optik ↗ wahrnehmbare Erscheinungsbilder ↗, technisch erweitert durch Fernrohr bzw. Mikroskop etc. Im Materialismus ↗ befangene Menschen halten dies allein für Realität ↗, während der Okkultismus ↗ von Illusion (Maya ↗) spricht u. das Unsichtbare für wesentl. hält. Die Kunst ↗ nimmt insofern eine Sonderrolle ein, als sie das Unsichtbare sichtbar zu machen versucht. S. Seligkeit ↗.

Siderisch: siderische Körper sind Himmelskörper wie die weiße Sonne ↗ = Sterne, ihr Licht ↗ = siderisches Licht, u. das Siderische J. ist die Umlaufbahn eines Planeten ↗ um die Sonne. Für Paracelsus ↗ u. die Rosenkreuzer ↗ enthält u. reproduziert siderisches Licht alle Formen ↗. Äqv. Astrallicht bei Blavatsky ↗. — These: zu beziehen auf die Kategorien des Daseins ↗, ausgefächert im Sonnenalphabet ↗, das die Evolution ↗ leitet. Dem weißen Licht entspr. waren Sideriten ↗ helle Steine.

Sideriten: in einem Gedicht über ›Steine‹ ↗, das dem Orpheus ↗ zugeschrieben wird, werden im Altertum verehrte Steine, wie etwa Menhire ↗, Dolmen ↗, Stelen ↗, Mora-Steine ↗ u. die Steinsetzungen des Thing ↗ in Ophiten ↗ u. S. eingeteilt, Schlangensteine (dunkel) u. Sternsteine (hell). Auf letzteren konnten anscheinend Zeichen ↗ von selbst erscheinen, während erstere direkt ›sprachen‹ od. ›sangen‹ bzw. Musik machten. These: das würde sich damit decken, daß schwarzes Licht dem Wort ↗ entspr., Sonnenlicht aber dem Alphabet der Schrift. Die Kenntnis solcher ›beseelten‹ Steine scheint verloren gegangen.

Sidon: einstmalige Hafenstadt an der Mittelmeerküste von Kanaan ↗, dann Phönizien ↗. Wird in der Bibel ↗ als 1. Sohn von Hams Sohn Kanaan gen. u. Zidon geschrieben. Heutiger Name Saida, zum Libanon gehörig, mit alten Ruinen. Lt. Lissner verbrannten die stolzen (u. reichen) Einwohner ihre eigene Stadt, als sie von den Persern ↗ (unter Xerxes, 5. Jh. v. Z.) belagert wurde. 40000 Menschen kamen in dem Brand um. — Z. Z. von Salomo ↗ war dessen Freund Hiram ↗ König von Sidon.

Siebenarmiger Leuchter: s. Leuchter ↗ u. Hörnerkrone ↗.

Siebenfach versiegeltes Buch: das 5. Kap. der Apokalypse ↗ (sog. Joh.-Offenbarung) beginnt mit dem Satz: »Und ich sah in der rechten Hand dessen, der auf dem Stuhl saß, ein Buch, geschrieben inwendig und auswendig, versiegelt mit sieben Siegeln.« Es folgt die Bemerkung, niemand im Himmel, noch auf Erden, noch unter der Erde könne dieses Buch auftun u. hineinsehen. Dann aber öffnet das ›Lamm‹ ↗ succesiv diese Siegel ↗ u. es werden daraus die 7 J. des Endkriegs ↗. S. Schicksalsbuch ↗.

Siebenjäger: im Popol Vuh ↗ lediger Onkel von Hunahpu ↗ u. wie Einsjäger Sohn von Ixmukane ↗. Beide werden von Boten der Came ↗ zum Ballspiel ↗ gebeten: »So gingen Einsjäger und Siebenjäger davon, und die Boten zeigten ihnen den Weg. Über sehr steile Stufen stiegen sie nach Xibalba ↗ hinab.« Sie werden besiegt, geopfert, begraben. Von S. ist nichts mehr zu erfahren, nur sein Bruder erlebt durch Ixquic ↗ eine Auferstehung.

Sieben-Jahre-Rhythmus: bestimmt den menschl. Lebensweg ↗.

Siebenpapagei: wird im Popol Vuh ↗ ein aufsässiger Sonnentrabant gen., in der Mayasprache Uucubk'aquix. Er usurpiert den Titel des wahren Sonnengottes ↗ u. wird deshalb vernichtet u. ins Reich der Schatten geschickt. Text: »Himmel und Erde gab es schon, aber verhüllt war das Antlitz von Sonne und Mond. Sprach jener (S.): Wahrlich, noch bleiben einige von den Ertränkten und Zauberern sind sie gleich. Ich werde mächtig sein über alle geschaffenen und geformten Wesen. Ich bin die Sonne, bin das Licht, der Mond.« Dies zu einer Zeit, als es schon Menschen ↗ gibt, u. zwar die 3. Sorte ›aus Holz‹ (Schilf ↗ die Frau, Tsite der Mann); offensichtl. landet man in der 3. Welt ↗, die eine Flut ↗ beendet: »Ihn (s.) aber trieben Selbstüberhebung und Herrschsucht. Das war damals, als den Holzpuppen die Flut erweckt wurde. Wir werden nun erzählen, wie Siebenpapagei starb und besiegt wurde, und wie Tzakol ↗ und Bitol ↗ den (wahren) Menschen schufen.« Lt. Mythos wird S. von den ›göttlichen Zwillingen‹ Hunahpu + Ixbalanque ↗ per Blasrohr abgeschossen. — Etwas ähnl. erzählen a. die Dogon ↗ über Ogo ↗ u. die Griechen ↗ als Titanen ↗-Kampf. S. Planetoidengürtel ↗ u. Palenque ↗, wo auf einer Grabplatte der ›Abschuß‹ von S. dargestellt ist.

Sieg: Nike ↗ (griech.); im Äg. Totenbuch ↗ sagt der Tote:

»Könnt ich den Sieg davontragen über Seth ↗«

Dauerthema der äg. Doppel-Religion ↗. These: setzte sich in der christl. Kirche ↗ fort als Wunsch, den Sieg über den Anti-Christ ↗ zu erringen, was lt. Apokalypse ↗ jedoch erst am Ende der Endzeit ↗ gelingt. Seth wie a. Satan werden gerne als Drache (s. Apophis ↗) symbolisiert; so gehört a. Siegfried ↗ zu diesem Thema, zumal sich sagen läßt, daß erst nach dem S. Friede ↗ sein wird, s. Friedensreich ↗.

Siegel: im Ggs. zum Schlüssel ↗, der unbegrenzt verschließen u. öffnen kann, ein einmaliges Verschlußsystem, dessen Öffnung nur durch Zerstörung erfolgen kann u. deshalb nachweisbar ist. In Ägypten ↗ waren in den Nekropolen ↗ wichtige Gräber durch Eingipsen der Kartusche ↗ versiegelt; in Sumer ↗ wurden durch Rollsiegel ↗ Waren od. Türen versiegelt. In Europa Dokumente, Briefe. — Als Symbol ↗ taucht das Wort in der Apokalypse ↗ auf, wo von einem *siebenfach versiegelten Buch* ↗ gesprochen wird. Da das Hexagramm ↗ (der Sechsstern) a. Salomos S. gen. wird u. in sich die ges. Geschichte ↗ (als ›Buch‹) enthält, wäre an ein ›Zerbrechen‹ der beiden Dreiecke ↗ zu denken, was insofern paßt, als das nächste Zeichen das Pentagramm ↗ (Fünfstern) sein wird. Da in der Vorausschau ↗ die Öffnung des 1. S. auf 1981 fällt, läßt sich neben dem Auftreten des 1. Apokalyptischen Reiters ↗ konkret auf jeden Fall für dieses entscheidende J. das Erscheinung des Buches *Nommo* von Von Frankenberg ↗ konstatieren, in dem die bisher unbek. Gesch. ›entsiegelt‹ wird. Davor war der Inhalt wohl nur Teil der Akasha-Chronik ↗, denn lt. Blavatsky ↗ hat a. Akasha ›7 Tore‹ sprich Siegel. Dazu paßt vielleicht, daß das Grab von Tutenchamun ↗ auf dem S. Anubis ↗ trug, der Führer durch die untere Duat ↗, zu der 7 Tore angegeben werden. Angaben der Apokalypse:

1. S.: einer zieht aus zu siegen (s. Sieg ↗)
2. S.: der Friede wird von der Erde genommen.
3. S.: Lebensmittel werden gewogen
4. S.: Tod u. Hölle für ¼ der Erde
5. S.: ein ›weißes Kleid‹ für jede Seele, die um des Wortes ↗ willen gelitten hat. Es werden Menschen getötet aus dem gleichen Grund wie einstmals.
6. S.: großes ›Erheben‹, Tag des Zorns; dann werden 144.000 Menschen ›versiegelt‹.
7. S.: Stille im Himmel, Übergang in die 7 Posaunen. — These: Ende des Endkriegs ↗ u. Auswirkung der Nachfolgen.

Insg. scheint es sich um eine zeitverkürzte Wiederholung ↗ der Jahrtausende dauernden Kriege vor dem Osirismord ↗ zu handeln.

Siegfried: myth. Gestalt im Nibelungenlied ↗, die mit Zahlensymbolik ↗ ausgestattet wird: bekommt z. B. von Krimhild ↗ 24 goldene Spangen bzw. kommt mit 24 Recken am Rhein ↗ an. 24 Runen ↗ hatten die Germanen ↗, was S. der Geschichte ↗ zuweist, deren Hauptthema global der Sieg ↗ ist, nach dem er benannt ist. Dafür spricht a. sein Drachenkampf ↗-Motiv, hier gg. Fafnir ↗. Nv. in ältester Fassung ist Sigurd, statt aus Xanten stammt er dann aus Troja ↗ u. die

Herkunft wird ungewiß:
Sigurd: »Wundertier heiß' ich, ich wandert' umher
Ein mutterloser Mann.
Auch miss' ich den Vater, den Menschen sonst haben
Ich gehe einsam, allein.«
Fafnir: »Missest du den Vater, den Menschen sonst haben,
Welcher Zauber erzeugte dich?«

Lt. Epos ↗ erfolgt seine Erziehung bei einem Schmied ↗, der mal Regin ↗, mal Mime (wohl Mi-

Siegfried und seine Gefährten im Nibelungenlied der Zwerge (in einer Handschrift des 15. Jh.)

mir ↗) heißt u. ihm das Wunderschwert Gram schafft. Das Runenwissen erhält er durch Brunhild ↗, die er jedoch betrügt, was zum Untergang führt. Bearbeitung durch Wagner ↗. Nv. Sigurd ↗.

Sig, Sigi, Sigil: 13. Rune ↗, a. Rune des Sieges ↗ (vertikal) od. Wasserwelle (horizontal); letztere entspr. der Hieroglyphe ↗ N. »Hilft das materielle überwinden, steigert die Macht des Geistes« (Spiesberger, Runenonagie, 53), äqv. Archetyp Hirtenstab ↗; das N bei der Nut ↗, geschrieben N.T mit T = weiblich. Leitet als Nommo = Wort ↗ über zum Sigi des Sigui-Festes ↗. — Wurde doppelt zum Symbol der SS ↗.

Sigui-Fest: von den Dogon ↗ alle 60 J. zur ›Erneuerung der Welt‹ gefeiert; zum letzten Mal 1931 (Geburtsjahr von Kolawole ↗). Die Zermonie wandert dabei 7 J. lang von Ort zu Ort, jeder Teilnehmer hat einen geschnitzten + bemalten Dono dabei, der fast genau wie der äg. Planetenstab ↗ aussieht, was den Bezug zu Ogo ↗ herstellen könnte, den ›renard pâle‹ ↗, der die Rolle des bösen Geistes spielt, durch den der Tod ↗ in die Welt kam, aber a. Kultur ↗. Nach ihm benannte Jean Rouch, der als 1. Weißer Zutritt erhielt, seinen Film ›Der helle Fuchs‹. »Als das zehnstündige Opus der Fachwelt vorgeführt wurde, waren die Ethnologen, Claude Lévi-Strauss ↗ voran, betroffen, ja erschüttert; viele hatten das Überleben eines so komplexen Schöpfungsrituals nicht mehr für möglich gehalten.« Es betrifft also die Schöpfung ↗, die Amma ↗ zugeschrieben wird - bis zum Besuch des Nommo ↗-Paares.

Wahrsch. erst im 7. J. (äqv. 7. Tag der Sekundärschöpfung ↗) tragen die Tänzer das Nommozeichen ↗ auf dem Kopf (Abb. 1). Der Film ist insofern unauthentisch, als er 1967-74 gedreht wurde u. deshalb, was man nicht erfährt, gestellt gewesen sein muß. Auf dem Filmausschnitt (Abb. 2) ist der Planetenstab zusätzl. umrandet, um deutl. zu werden. Beim Trinken des blasigen Hirsebiers *dolo* dient er als Sitz. Sigi-Lugu, die Sigui-Berechnung, erfolgt durch

Abb. 1

Abb. 2: Filmausschnitt

Sternenbeobachtung u. scheint sich nach der Konjunktion ↗ von Jupiter + Saturn (alle 60 J.) zu richten. Den Sirius ↗, von dem Nommo kam, nennen die Dogon Sigi-Tolo = Sigui-Stern. Die Umlaufbahn seiner schwarzen Sonne (Po ↗) ist jedoch nicht die Grundlage der Festabstände. Der Bezug wird noch geheimgehalten, ebenso die Bed. eines übergeordneten Festes, das alle 1440 J. gefeiert wird, d. h. nach jeweils 24 Sigui. These: da aber a. je 2 Sigui auf 120 J. gekoppelt werden, was dem äg. Chenti ↗ entspr., liegt ein Bezug zum Osiris ↗ nahe, der dann dem vom ›Fuchsdämon‹ getöteten Urahn Djongu *Seru* entspr. müßte. Merkwürdigerweise ergibt die Osirisgeburt 12408 v. Z. plus 10 x 1440 das J. 1992 der Endzeit ↗, in dem sich das Nommozeichen zum letzten Mal wiederholt, was in der Vorausschau ↗ als ›In Erscheinungtreten von Nommo‹ registriert wird. Der Name Osiris, äg. Usir 6soweit richtig aus den Hieroglyphen ↗ herausgeholt) ist tats. nahe an Seru (bei Djongo Seru). — Als ›Maß der Schöpfung‹ gilt ein männl. Dreieck ↗ im weibl. Kreis ↗, dessen 3 Seiten für jeweisl 20 J. innerhalb der 60 stehen (Abb. 3); sie werden mit kleineren Festen gefeiert. Dogon-Zusatz: 60 ist die Zahl der Plazenta ↗ unserer Erde. - A. der äußere Kreis von Stonehenge ↗ bestand aus 60 Steinen! U. hat nicht unsere Stunde 60 Minuten, sodaß 1 Tag (= 24 Stunden) 1440 Minuten enthält, die Zahl des 2. Festes?

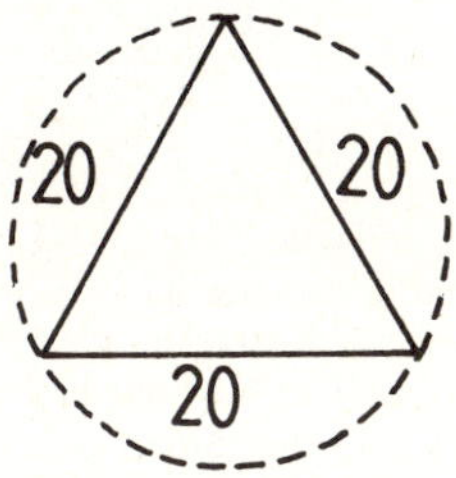

Abb. 3

Sigurd: alter Name des Siegfried ↗. Bed. evtl. Sig ↗ der Urd ↗.

Sigyn: Gemahlin des Loki ↗, Überlieferungen fehlen. Müßte im 8er Kreis (Tao ↗) dem Donner entspr., äg. Kauket ↗.

Silbenumstellung: z. B. Rune = Neru ↗; u. a. vom Sanskrit ↗ überliefert, wie Wortumkehrung von Ägypten. S. Umkehrung ↗ allgemein.

Simbabwe: zerfallene Metropole einer Hochkultur Altafrikas, wahrsch. zum ehem. To Ntr ↗, Land der Götter, zugehörig u. Stammgebiet der Bantu ↗. Genau ggb. liegt die Insel Madagaskar ↗ (Abb. 1), d. h. hier war einmal die direkte Verbindung mit Lemurien ↗. »Man unterscheidet bei den Überresten (Ruinen) drei Bezirke. Zunächst ein großes, umschlossenes Gebiet ovaler Form, dessen Umfang zweieinhalb und dessen größte Achse fast einen Kilometer mißt. Es sind bewundernswürdig zusammengefügte Trockenmauern. Ihre Dicke ist beträchtlich (bis zu sieben Meter) und erlaubte es, Mauern bis zu einer Höhe von zehn Metern zu errichten. Im Innern dieses umschlossenen Platzes mit Toren gibt es eine Reihe von Zickzack-Durchgängen, parallel verlaufenden Mauern und Terrassen. Schließlich befinden sich in einem besonders versteckten Winkel zwei massive Kegeltürme, von denen der größere zehn Meter aufragt wie ein gigantischer, rätselhafter Zuckerhut... Siebenhundert Meter weiter im Süden erheben sich auf einem Hügel die Überreste eines kolossalen Festungswerkes... Das ist die Akropolis... Nach Norden zu und weiter im Innern gibt es weitere charakteristische Ruinen, z. B. in Injangani, Dhlodhlo und Kami. Im allgemeinen sind es Reste von Befestigungen, für die man tonnenschwere Steinblöcke bearbeitet und aufeinandergeschichtet hat« (J. Ki-Zerbo,

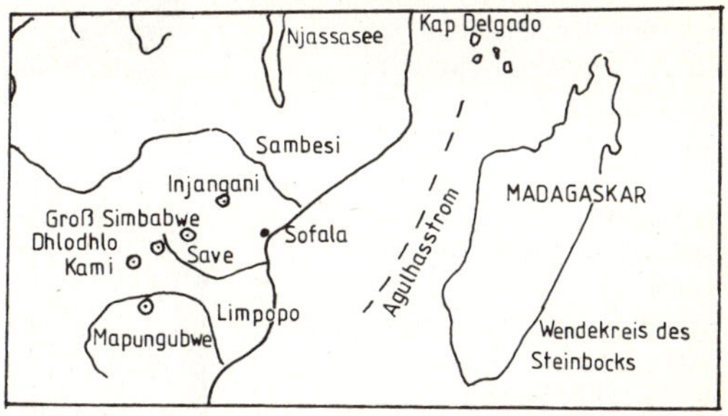

Abb. 1

1979, 195). Stil der Cyclopen ↗, Labyrinth ↗-Struktur. These: hier könnte sich das Enoichion ↗ befunden haben. »Die Priesterkönige von Simbabwe trugen den Titel Monomotapa ↗, was sie als ›Herrn der Bergwerke‹ ausweist. Tatsächlich, so bewiesen die Archäologen, beruhte die Bedeutung dieses Reiches auf der Förderung und Bearbeitung von Gold und Erzen« (W. Lützenkirchen). Es gibt Schätzungen, wonach zur Blütezeit bis zu 600.000 Tonnen Gold pro J. gefördert worden sein sollen. Viel aufregender ist der Fund von 8 ›Simbabwe-Vögeln‹ »Sie sind bis zu 30 cm hoch und haben wohl usprünglich auf Säulen gethront...« (Abb. 2), was unbedingt an die 8 Moan ↗-Vögel erinnert. Dann gibt es im heutigen Simbabwe-Museum ei-

Abb. 4

ne Karte für die Ruinen im elliptischen Wall (Abb. 3), die vage an das Sirius↗-Modell der Dogon↗ erinnert, wie der fenster- u. türenlose große ›Zuckerhut‹ dem ›Zahn‹ in der äg. Sirius-Hieroglyphe↗ gleicht (Abb. 4). Die Verbindung ist erlaubt, weil in Afrika nur Bantu + Dogon von Nommo↗ sprechen, der für die letzteren vom Sirius kam.

Im Raum S. ist die Trommel Ngoma↗ als Wanderheiligtum überliefert, sodaß die Deutung der 1. Worthälfte *simba* = Sambo↗ (›sprechende Truhe‹) naheliegt.

Abb. 2

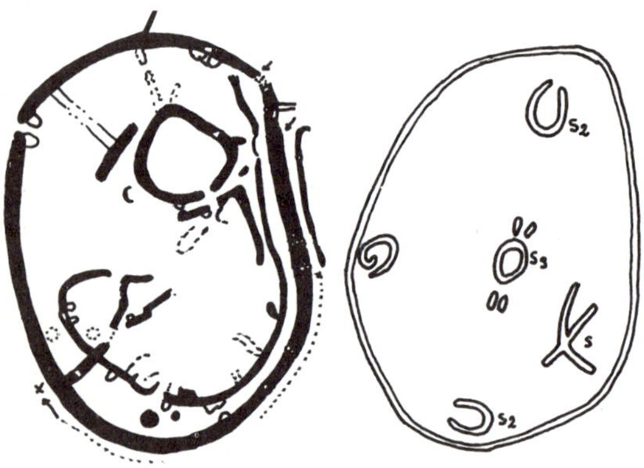

Abb. 3: Grundriß der Ruinen von Simbabwe, mit dem Sirius-Modell der Dogon verglichen (S_2 = schwarze Sonne, S_3 = ein Planet)

Simon Petrus: Petrus↗.

Simplizissimus, Simplicius: Titelheld des 1. dt. Romans, der den 30jährigen Religionskrieg↗ (1618–48) beschreibt, Stil Barock↗, Autor Grimmelshausen: ähnl. Parzival↗ wächst S. im Wald auf, wird von Soldaten aufgegriffen, flieht, erlebt Abenteuer, bis ihn eine unheilbare Enttäuschung des Irdischen packt: »Aber nun du, o meine Seele, was hast du von dieser ganzen Reise zuwege gebracht? ... Nichts ist, das mich erfreuet...« Kontakt mit den Geistern vom Mummelsee wecken metaphys. Beziehungen zum Ewigen, er endet als Einsiedler.

Sin: Mondgott (babyl.), äqv. Nanna in Sumer↗, Abk. von Man-Nar = Heller. Die Zus. von S. ist Su-En, äqv. Herr (= En↗) Su (od. Zu); letzteres war enth. in Seths↗ Schreibweise Suti od. Suta. Eine Par. könnte vorliegen, da S. als Gott vergebl. um das Anu↗-Amt, Enlil↗-Amt u. Ea↗-Amt kämpft u. dann mit Verbannung statt Hinrichtung bestraft wird. Der Bezug zum Mond↗ wird nicht klar, aber vielleicht gibt es einen zur Sintflut↗, wie *sin* im Engl. Sünde↗ bedeutet. Die Umkehrung↗ von Zu findet sich als Uz im Uzat↗ = Mondauge. — Evtl. ist Sin als Sen (heutige Schreibweise) Teil des Namens Anchsenamun↗. Nähe zum Begriff Zen↗.

Sinai: keilförmige Halbinsel, die an Ägypten↗ anschließt (Abb.), im Altertum aber wohl zu Kanaan↗ gehörte, denn von diesem ging lt. Bibel u. a. ein ›Sohn‹ namens Sini aus. Lange nahm man an, hier habe sich der Berg befunden, wo Moses↗ die Gesetzestafeln empfing. Neueste Untersuchungen des ital. Archäologen E. Anati machen jedoch den Safranberg im heutigen Israel↗ wahrscheinlicher, weil er am Fuß des Berges einen Altar aus 12 aneinandergereihten Steinen fand, die dem bibl. Satz entsprechen: »Da schrieb Moses alle Worte des Herrn auf und machte sich des Morgens früh auf und baute einen Altar unten am Berge mit zwölf Säulen nach den zwölf Stämmen Israels.« Auf dem S.-Berg wurden bisher keine archäol. Überreste gefunden, die vor die Zeitwende↗ zurückgehen.

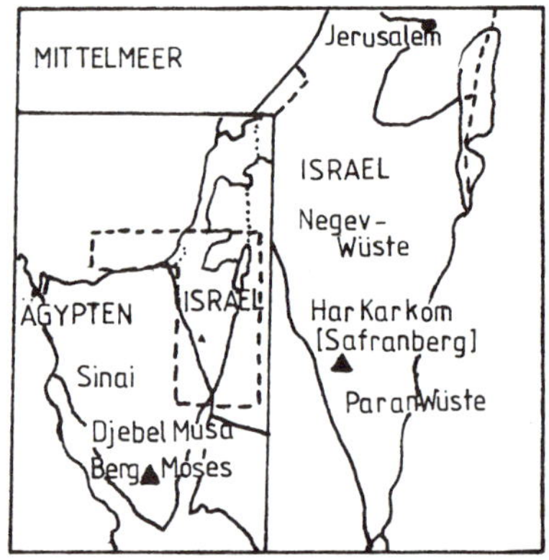

Sindbad: legendärer Seefahrer in Tausendundeine-Nacht↗, die wie die Odyssee↗ auf ein Manuskript Altägyptens zurückgeht. Vermutl. personifiziert deshalb S. äg. Schiffsreisen nach O zur Neuergründung der Welt nach dem Weltuntergang↗ von 11432 v. Z. So vertritt M. Gall eine Theorie, wonach S. auf seinen Reisen noch Nachf. einer verschwundenen, sehr hochentwickelten Zivilisation getroffen habe, die im Besitz wichtiger Geheimnisse waren. Dabei handle es sich nicht um Atlantis, sondern den berühmten Kontinent Mu↗, was sich a. in seiner Begegnung mit dem Vogel Rokh↗ ausdrücke. A. trifft er eine Ka↗ gen. geflügelte Schlange↗, die ihm erzählt, früher hätten auf der Insel 75 Schlangen wie sie gelebt, aber ein Stern sei vom Himmel gefallen u. habe alles verbrannt (evtl. Bezug zu den Naga↗). — Marco Polo↗ soll seiner Route gefolgt sein.

Sinear: alter Name für das Zweistromland↗, das lt. Bibel↗ Nimrod↗ (einer der ›Söhne‹ von Ham↗) zugesprochen wird. Im Buch ›Der 12. Planet‹ heißt es sogar, Schinear sei der bibl. Name für Sumer↗, mit Schreibvar. Schin-Ar. Da gerade in diesem Gebiet die Überlieferung von der Sintflut↗ am ausführlichsten ist, wäre zu fragen, ob der Name nicht Sin↗ + Ar↗ enthält, etwa Land des Sünden- (od. Mondgott-) Wassers.

Sini: bibl. Name für einen der ›Söhne‹ von Kanaan↗, woraus wohl Sinai↗ wurde.

Sinn: 1) Bed., Zweck, Ziel↗ von etwas, wobei den Menschen↗ der ›Sinn des Lebens‹ am brennendsten interessiert, ohne daß je eine wirkl. befriedigende Antwort gefunden worden wäre. Bes. heute in der Endzeit ↗ kippt die S.-Frage od. S.-Suche leicht in Verweigerung od. Verzweiflung um, alles erscheint ›sinnlos‹. Diese Haltung erwartet, daß das Leben ↗ den S. selbst setzt, während Sartre ↗ forderte, der Mensch solle ihn jeweils eigenmächtig konstruieren. These: in beiden Fällen bleibt unberücksichtigt, daß der S. des Lebens längst überlagert u. gestört wurde vom S. der Geschichte ↗, den Übermensch ↗ zu realisieren, begabt mit 6. + 7. Sinn (s. Nr. 2). Dabei läßt die Wortgleichheit mit Sinn = Sinnesorgan wundern, ob eine verborgene Relation besteht, sodaß sich mit jedem zusätzl. S.

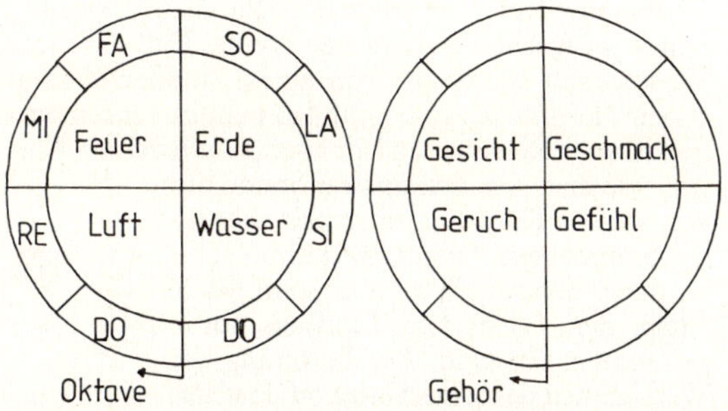

(Sinnesorgan) der S. der Welt ↗ ändert. — 2) Fähigkeit, Umwelteindrücke wahrzunehmen, ohne od. mit Hilfe von Sinnesorganen. Die heutige Wissenschaft unterscheidet ohne Entwicklungssystem: Licht-S., Gehör-S., statischer S. (Lage + Bewegung), chem. S. (Geschmack, Geruch), Tast-S., Temperatur-S., Schmerzsinn. Die letzten 3 wären als Gefühl zusammenzufassen. Es sind dann 5 S., von 6. u. 7. S. wird eher zurückhaltend bis ablehnend gesprochen. Ganz anders die alte Weltenlehre ↗: sie unterscheidet 7 Welten u. 7 S. u. behauptet, in jeder weiteren Welt sei ein weiterer S. dazugekommen, also 1. Welt = 1. S., 2. Welt 2 S. usw., sodaß wir jetzt, am Ende der 5. Welt, eben generell nur 5 S. haben. Leider stimmen die Überlieferungen bzgl. der Reihenfolge nicht überein. These: überzeugend ist, wenn lt. Blavatsky (I, 123) »... der Brahmana sagt, indem er über die Institution der sieben Opferpriester (Hotris) spricht: Die Nase und das Auge, und die Zunge, und die Haut, und das Ohr als fünter (oder Geruch, Gesicht, Geschmack, Gefühl und Gehör)...«, denn in der Weltformel ↗ decken sich die ersten 4 mit den Elementen ↗ u. der 5. mit dem nachfolg. 8er Kreis ↗ als Oktave (Gehör), s. Schema:
Zu den 7 Hotris werden außerdem Verstand + Intelligenz hinzugezählt, das wäre der folgende 12er Kreis als Intelligenz (besser Intellekt) u. der 24er Kreis = Verstand als Sonnenalphabet ↗. Der Verstand sagt im gleichen Werk: »Die Nase riecht nicht ohne mich, das Auge nimmt keine Farbe wahr ohne mich usw. Ich bin der ewige Führer unter allen Elementen (d. h. Sinnen). Ohne mich scheinen die Sinne niemals, gleich einer leeren Wohnung, oder gleich Feuern, deren Flammen erloschen sind. Ohne mich verfehlen alle Wesen, Qualitäten oder Objekte wahrzunehmen, selbst wenn die Sinne in Tätigkeit sind« (ebd.). Eine andere Tabelle von Blavatsky vertauscht nun, was nicht überzeugt, 2. + 3. S., bringt aber dafür den echten 6. + 7.:
1) gandischer, Geruchsinn
2) rasischer, Geschmacksinn
3) rupischer, der Zustand, sich als einen Körper zu fühlen u. ihn wahrzunehmen (*rupa* = Form ↗), äqv. Gesicht
4) sparschischer, Gefühlsinn (*sparscha* = Kontakt)
5) schabdischer, Gehörsinn (*schabda* = Ton)
6) Buddhischer; der Sinn dafür, eins mit dem Weltall zu sein; die Unmöglichkeit, sich getrennt von ihm vorzustellen (s. Buddhi ↗)
7) aurischer; ein Zustand voller Potentialität, aber nicht von Aktivität. Die Absolutheit, sprich Vollendung ↗; kein Fortschritt ist mehr möglich.
S. Rajas ↗, Schädel ↗ u. Pferd ↗, Bewußtsein ↗, Dimensionen ↗. Sinn (Nr. 1) der Sinne scheint eine Steigerung der Zugänglichkeit dessen zu sein, was sich hinter Maya ↗ verbirgt, näml. die urspr. Weltordnung ↗, sodaß u. U. die 7 S. a. mit den 7 Schleiern ↗ bzw. deren stufenweise Durchdringung korrespondieren. Insofern kann man a. von einer allmähl. Bewußtwerdung des Unbewußten ↗ sprechen, u. eben das wäre der S. von Revolution ↗ u. Re-Evolution ↗.

Sinnesorgane: Organe ↗ für die ersten 5 der insg. 7 Sinne ↗:
1) Nase (für den Geruchssinn)
2) Augen (für den Gesichtssinn)
3) Mund, Zunge (für den Geschmackssinn)
4) Haut (für den Gefühlssinn)
5) Ohren (für den Gehörsinn)
Natürl. gibt es übergreifende Querverbindungen; so können z. B. Blinde lernen, mit der Haut zu sehen. Umgek. können Augen über das Sehen hinaus u. ohne direkten Kontakt fühlen bzw. hören (bei Katzen nachweisbar) u. a.; s. Motion-Perception ↗.

Sinnsuche: Suche nach dem Sinn ↗; könnte der Gralssuche ↗ entsprechen.

Sintflut: von ahd. *sinvluot*, alles umfassende (= Sin ↗) Flut ↗: die von Moses ↗ überlieferte globale Überschwemmung, die Gott - fragliche Übers. von Elohim ↗ - wegen der Bosheit der Menschen schickt: »Ich will die Menschen, die ich geschaffen habe, vertilgen von der Erde, von den Menschen an, bis auf das Vieh, und bis auf das Gewürm, und bis auf die Vögel unter dem Himmel; denn es reut mich, daß ich sie gemacht habe. Aber Noah ↗ fand Gnade vor dem Herrn.« Ein älterer Bericht stammt aus Sinear ↗ (Sumer) u. bildet einen Teil des Gilgamesch-Epos ↗:

»Alle furchtbaren Stürme kamen zusammen
Die Sintflut, die vernichtende, raste mit ihnen.
Als sieben Tage, sieben Nächte
Die Sturmflut im Land gerast hatte,
Die gewaltige Arche auf dem großen Wasser im Sturme geschwankt hatte,
Kam der Sonnengott hervor, Himmel und Erde erleuchtend.
Ziusudra ↗ öffnete eine Luke ↗ der gewaltigen Arche.«

U. die germ. Edda ↗:

»Hrym (Sturm?) fährt von Osten, er hebt den Schild,
Die weltumgürtende Schlange wälzt sich in Riesenzorn.
Der Wurm schlägt die Flut, es faucht der Aar.
Leichen zerreißt er; los kommt Nagelfar ↗...
Die Menschen all müssen Midgard ↗ räumen.

Die Sonne wird schwarz, es sinkt die Erde ins Meer.«

Nur hier ist die S. noch Teil eines Weltuntergangs ↗, in dem, nach dem Wanen-Asen-Krieg ↗ alles brennt, zusammengefaßt als Götterdämmerung ↗.

Das alte Ägypten, in dem Moses eingeweiht wurde, schweigt sich aus u. berichtet nur vom Osirismord ↗. Aber Abou'l-Rihan el-Birouni (arab.) berichtet, man habe Spuren der S. als Ablagerungslinie auf halber Höhe der Großen Pyramide ↗ gefunden (es gibt sie nicht mehr, weil ihr Mantel zerstört worden ist). – Die Hopi ↗ wiederum wissen, daß Kasskara ↗ u. Atlantis ↗ in dieser S. untergingen. A. die Azteken ↗ haben lt. Blavatsky (I, 343) »... einen sehr vollkommenen Bericht über die Sintflut überliefert.« In Kanaan ↗ erzwingt Anat ↗ einen ›Palast‹ für Baal ↗, aus Angst vor Jam ↗. In der griech. Weltenlehre ↗ schickt Zeus ↗ die S., der nur 1 Paar entkommt. Hier ist in Zeus die Zeitangabe verborgen, denn er entspr. Jupiter ↗, der lt. Babylonischen Turm ↗ der 4. Welt vorstand; d. h., die S. beendet die 4. Welt od. das 1. Reich ↗ des Vaters, äg. Osiris ↗. Die äg. Dynastienliste ↗ enthält das genaue Datum: 11432 v. Z. – These: die S. war Folge eines künstl. Polsprungs ↗, der sich 1999 wiederholen wird als Jüngstes Gericht ↗. 5 Hochgeb. ragten aus den Fluten verschobener Ozeane heraus: Das Hochgeb. von To-Mam ↗, Kaukasus ↗, Atlas, Himalaja ↗ u. Rocky Mountains mit Anden ↗. U. dort nahmen die jeweils Überlebenden der Kontinente ↗ wieder ihren Ausgang, zurückgeschleudert in die ›Steinzeit‹ ↗.

Sion: Schreibvar. von Zion ↗: ›Sitz des höchsten Lichts‹.

Sioux: Sprachfamilie nordamerik. Indianer ↗, v. a. in den USA-Staaten Virginia + North Carolina, Atlantikküste. Im Aussehen den Irokesen ↗ ähnlich. Alte Keramikmalerei (Abb.) zeigt den inneren Aufbau der Sonne ↗, 4er u. 8er Kreis ↗. Der Büffel Tanka ↗ gilt in der Geheimsprache als Bez. für Menschen gleichen Ursprungs: auf Medizinzelten wird er schwarz gezeichnet, über ihm die Pfeife ↗. Äg. Äqv. wohl Kemur ↗. Schöpfungsmythe: »Diese Zeremonie (des Medizintanzes) begann unten, wo die Sonne aufgeht, im Makasutzi (Osten), wo die große grüne See ist. Die Vorfahren sagten, daß die Erde und alle Elemente ↗ gemacht wurden von Wakanda ↗, dem Schöpfer... Er wird auch Mao, Erdmacher genannt. Ein Wesen ward von oben gesandt zu den Vorvätern, welches sagte: ›Ich bin der Sohn Gottes‹. Er ist es, der die Menschen in Allem unterrichtete...« (Wirth ↗). These: der global überlieferte Kulturbringer ↗. – S. Pawnee ↗.

Sipapu: das Loch im Fundament der Kiwa ↗, gedacht als symb. Eingang zur Welt der Toten ↗. Aus ihm kommen die Katschina ↗ hervor u. tanzen durch die Pueblos ↗.

Sirius: hellster Fixstern an unserem Himmel, gehört zum Sternbild Hund ↗ (Chanis Major), deshalb a. ›Hundsstern‹. Ist ein Zweisonnensystem ↗ mit großer weißer u. winziger schwarzer Sonne, v. a. von den Dogon ↗ ausführl. überliefert als Herkunftsort von Nommo ↗. Äg. Name Sothis ↗ als Göttin od. Sopdet als Übers. der Sirius-Hieroglyphe ↗. Auf Himmelskarten vertritt die Göttin Hathor ↗ S., von dem es aber a. heißt ›Osiris ↗ ist Sirius‹, od. die Seele der Isis ↗ wohnt auf dem S., weshalb die Griechen sie auf einem Hund reitend darstellten. Nicht offiz. ist die Behauptung esot. Kreise, Isis stelle die sichtbare, Nephtys ↗ die unsichtbare S.-Sonne dar u. Anubis ↗ die Bahn der letzteren, afrik. Po ↗, was mit Anubis' eigtl. Schreibweise *anpo* (bzw. *anpu*) übereinstimmt. Da Sambo ↗ a. Sampo (russ.) geschrieben wurde, liegt nahe, daraus Cham (äqv. Km ↗) = schwarz u. Po. diese 2. (weibl.) Sonne zu machen = schwarze Sonne. Daß die mod. Wissenschaft stattdessen von einem ›weißen Zwerg‹ spricht, könnte daran liegen, daß man nur ihren weißen Kern wahrnimmt, nicht aber die schwarzen Körper, wie man ja a. von unserer Sonne nur den weißen Körper u. nicht den schwarzen Sonnenkern ↗ registriert (Abb.). These: dieses Schwarz-Weiß ↗ System des S. entspr. dem Taichi ↗ des Taoismus, nur in getrenntem Zustand. Die Betonung der Weiblichkeit des S. (als Sothis od. Hathor) findet sich a. bei den Dogon, insofern das S.-System (s. Simbabwe ↗) ›Welt der Frauen‹ gen. wird od. ›Zwillingsschwester des Erdformers‹ (letzterer ist Mao od. Wakanda bei den Sioux ↗); außerdem heißt es a. ›Sitz alles Wissens‹, äqv. ›der große Unterweiser der Menschheit‹ bei Blavatsky ↗. Plutarch berichtet von einer pres. Schilderung des Hundssterns, in der der ›lichte‹ u. der ›dunkle‹ Gott einander gegenüberstünden. – So wichtig war der heliakische S.-Aufgang für die alten Ägypter, daß man riesige Tempel ↗ baute, deren Achsen genau auf jenen Punkt am Horizont hin orientiert waren, wo S. dann, wenn man es von ihm erwartete, auftauchte. Dank genauer Ausrichtung strömte das S.-Licht den Gang entlang u. umflutete wie Scheinwerferlicht den Altar im Innern des Heiligtums. Ein solcher S.-Tempel war z. B. der Hathor-Tempel in Dendera ↗. Sumer ↗ kannte S. als Schara ↗; s. Abb. Stichw. Astrologie ↗, wo die helle Sonne im Ggs. zu unserer eigenen, die nur 7strahlig ist, 8strahlig erscheint, unter Betonung des wie das kopt. Kreuz ↗ wirkenden 4er Kreis ↗-Gerüstes, während die 2. kreisende Sonne als Thombus ↗ erscheint. Bei den Germanen ↗ wurde daraus die Göttin Anu od. Ger ↗, u. man hat das Gefühl, daß beide S.-Sonnen in den Externsteinen ↗ ausgedrückt wurden. Schließl. scheint sich a. Zoroaster ↗ = Zarathustra danach benannt zu haben, mit Übernahme des sum. Sarra ↗ als Zara, Zoro; denn die Nachsilbe *aster* heißt nur Stern ↗. – These: von S. kamen die Astronauten ↗ u. brachten den Gral ↗ nach Thule ↗, s. Landung ↗. Ziel der daraus resultierenden Geschichte ↗ ist, aus unserem eigenen Sonnensystem = Ogos Plazenta – ebf. ein Zweisonnensystem zu machen wie S., gen. ›Fischland‹ od. ›Doppel-Plazenta von Nommo‹. Die Erde sei dort rein, sagen die Dogon, unsere Erde dagegen (noch?) unrein. – Merkwürdigerweise dreht sich nach ihren Angaben Po-Tolo (S2) in 1 Jahr ↗ einmal um sich selbst = Bado-Ritus – was den Runenkreis ↗ erklären könnte. Die Umlaufbahn um S1 wird wechselnd mit 50 od. 52 J. angegeben = Tzol-

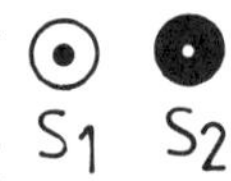

kin ↗. S. äg. Neujahr ↗, Sigui-Fest ↗ u. Quetzalsonne ↗.

Sirius-Hieroglyphe: Sirius ↗ wurde in Ägypten aus 2 Hieroglyphen ↗ zusammengesetzt, einem spitzen Zahn = Spd (etwa: spitz) u. einem Halbkreis = T, zus. Spdt, Sopdet ↗.

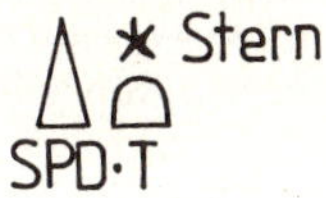

Sisiutl: gehörnte Schlange ↗, die ›in der Tiefe des Wassers‹ haust; man findet sie bei den Kwakiutl ↗-Indianern (Kanada) als Maske od. magischen Gürtel, die bei

Schamanismus hilft. Wie beim Lindwurm ↗-Motiv erzählt der Mythos ↗, das Bestreichen mit ihrem Blut mache die Haut zu Stein (Verhornung durch die Horn-Unke), das Essen ihres Fleisches vermittle Weisheit etc. Gewöhnl. wird sie 3köpfig dargestellt, mit insg. 4 Hörnern (Abb.), eine Zahlenkombination, die sich a. in Ägypten findet (3 Kopfe + 4 Beine od. beim Hl. Dreieck ↗ als Osiris = 3 u. Isis = 4, zus. eine Schlange bildend).

Sistrum: äg. Musik-Instrument ↗ aus gebogenen Drähten, die in einem Bügel sitzen u. rasseln; evtl. haben diese Drähte Schlangenform = Bügel-S. (Abb. 1) od. sie werden zu den eingerollten ›Hörnern‹ der Hathor ↗, quasi nachgestellte Hathor-Locken ↗, zw. die ein Naos ↗ gestellt wird = Naos-S. (Abb. 2); im Naos

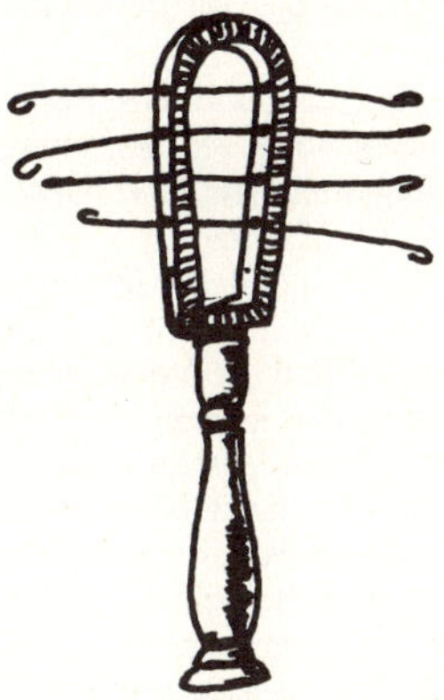
Abb. 1

Abb. 2

die Kobra ↗ mit Sonne. »Das Schütteln weist auf die dauernde Bewegung alles Seienden hin...« (Bonnet, S. 720) wie das S. als Symbol der Hathor auf deren allumfassende Macht hinweist. V. a. Frauen spielten es.

Sisyphos: Gestalt des griech. Mythos ↗, die wegen einer nicht weiter bezeichneten Freveltat im Hades ↗ landet u. dort als Buße einen riesigen Stein ↗ auf einen Berg wälzen muß; wenn er aber dessen Spitze fast erreicht hat, rollt der Stein zurück. Hat sich bis heute als ›Sisyphbos-Arbeit‹ erhalten. Wurde im Existentialismus ↗ von Camus als Symbol für die Vergeblichkeit menschl. Anstrengungen übernommen. da jedoch die Griechen ↗ ihre Mythen von anderen Völkern übernahmen, besteht der Verdacht, es sei etwas falsch übernommen worden, der Stein kein Stein, sondern z. B. jene Kugel, die der äg. Skarabäus ↗ so unermüdlich rollt.

Sita: im Ramayana ↗ Frau von Rama, welche von Ravana entführt wird, lt. Blavatsky ↗: »... einer symbolischen Personifikation der atlantischen Rasse.« Entführung + Zurückgewinnung spielen sich in prähistor. Flugzeugen (= Vimana ↗) ab.

Siva-Sakti: Shiva ↗ u. Shakti ↗.

Sizilien: größte Insel von Italien; wurde im 1. Punischen Krieg ↗ von Rom ↗ erobert, davor phönizisch. Man fand das gleicher Symbolfigürchen der Tanit ↗ (Abb.) wie in Karthago ↗ (5.–4. Jh. v. Z.). Während den Kreuzzügen ↗ fiel S. samt Süditalien an den Stauferkönig ↗, der hier sein Oktogon ↗ bauen ließ. Anschließend wechselweise frz., span., österreichisch. — Als Ureinwohner gelten die Sikuler, nach denen sich die Insel benennt; waren evtl. Pelasger ↗. Dazu gesellten sich im 8. Jh. v. Z. Griechen ↗.

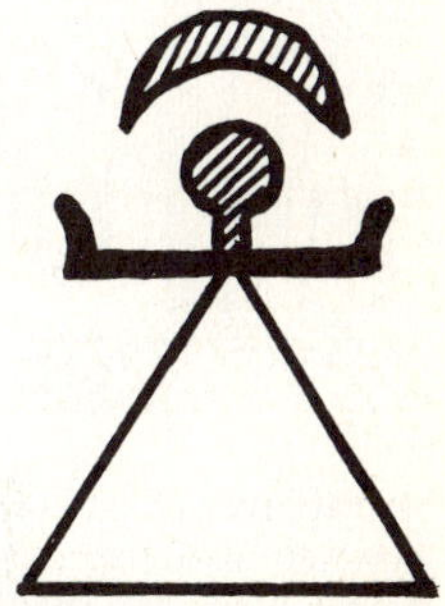

Skadi: die germ. ›Schneeschuh-Dise‹, evtl. mit Ingun ↗ identisch. Dürfte mit dem engl. Wort *skate* = leicht dahingleiten zusammenhängen.

Skalde: germ. Sänger-Dichter im Stil der Edda ↗: sog. ›Springender Stil‹ mit Einbau der Kenning gen. Umschreibung: Gold = Lindwurmlager, Zehen = der Füße Zweige, Feuer = Waldverwüster, geschmückte Frau = Göttin des Lindwurmlagers etc. Geht dem Minnelied ↗ voraus. S. wanderten im 8. + 9. Jh. durch ganz Europa u. sangen an Königshöfen bzw. Stammsitzen freier Bauern. Wiederholung ↗ von Grundmotiv

 = S, äqv. Odyssee ↗.

Skalp: engl. Wort für die von einem Menschen abgezogene Kopfhaut mit Haaren. »Schon Herodot ↗ berichtete über die Sitte des Skalpierens bei den Skythen ↗. In Südamerika hingegen war diese Sitte praktisch unbekannt; in Nordamerika mag sie vielleicht schon vor der Ankunft der Weißen existiert haben, allerdings nur in einigen wenigen beschränkten Gebieten des östlichen Waldlandes. Viele Historiker sind der Ansicht, die Indianer ↗ hätten das Skalpieren überhaupt erst von den weißen Siedlern gelernt. Durch großzügige Honorierung gelang es den Holländern, noch vor Ankunft der Engländer, die südlichen Teile von New York und New Jersey von Indianern zu ›säubern‹. In Massachusetts zahlte man im Jahr 1703 für jeden Indianerskalp einen Gegenwert von etwa 200 Mark« (P. Farb, Die Indianer, S. 156). S. USA ↗.

Skandinavien: nordeurop. Halbinsel, heute mit Norwegen u. Schweden, von *skandia* = Schild. »Die skandinavische Mythologie ist der bekannteste Zweig der vorchristlichen Mythologie der germanischen Völker.« Wotan ↗ hieß hier Odin, Freyr ↗ Fricko etc. Hier rückten die Goten ↗ als Streitaxtleute ↗ an u. fanden wie andere Stämme der Völkerwanderung ↗ in ganz Europa ↗ die Megalithkultur ↗ vor. Von hier brausten aber a. die Wikinger ↗ los, hier saßen die *rus*, die Rußland ↗ einigten. Schweden, von *Svita* = weiß, bewahrte das ›Heidentum‹ am längsten; noch im 12. Jh. entstand ein Wandteppich (Abb.) mit den Göttern des Wotanismus ↗, der heute in der Kirche von Skog hängt. Odin hält eine Axt, Thor ↗ seinen Hammer ↗ u. Freya ↗ eine Kornähre wie die griech. Demeter ↗.

Skarabäus: gehört zur Gattung der Mistkäfer (lat.), in Ägypten als Chepre ↗ verehrt. Rollt Mistkugeln, in die das Weibchen ihre Eier ablegt u. in denen sich die Larven verpuppen, bis der Käfer hervorschlüpft. Als Symbol: neben dem Rollen einer Neuen Sonne ↗ in der alten Sonne allg. für Werden ↗ eingesetzt. Man

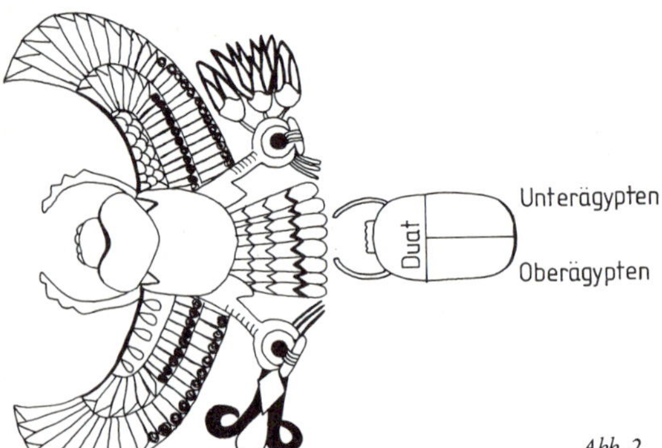

Abb. 2

trug ihn als Siegel ↗ am Ring od. als Amulett an der Halskette, auf Armreifen, u. eine Sonderform ist die Brustplatte ↗ (Abb. 1), hier im Sonnenschiff ↗ zw. Isis ↗ u. Nephtys ↗. Mischformen zeigen ihn mit Kopf + Flügel des Falken (Horus ↗-kraft, die die Sonne bewegt), häufiger jedoch mit Widder ↗-Kopf, evtl. kombiniert mit dem Kopf des Ibis ↗. Dem Toten ↗ verspricht ein Text: »Re-Chepre strahlt über deinem Leib, daß er die Finsternis verjage, die über dir ist, und für deine Augen leuchte.« Er verschmilzt also mit der Sonne = Re ↗. Nimmt man sein Rückenbild, das a. für Km.T ↗, das Land Ägypten gilt, hinzu,

Abb. 1

fällt die Par. zum Schädel ↗ auf. Die Verbindung mit Ägypten drückt sich aus, wenn der S. in den Hinterbeinen die 2 Wappenpflanzen hält (Abb. 2), l. die Lilie ↗ für Oberägypten; man müßte ihn dann umkippen, sodaß sein Kopf nach W zur Duat ↗ zeigt u. das r. Hinterbein nach Unterägypten.

Skelett: Knochengerüst des Körpers; setzt sich beim Menschen so zus., daß man an ein Auseinanderrollen der Kategorien der Sonne ↗ denken kann:

Schädel ↗	=	4 Elemente
Halswirbel, 7	=	7 Regenbogenfarben ↗
Brustwirbel, 12	=	12 Planeten ↗
mit Rippen ↗		mit Bahnen
U. als Sonnenalphabet ↗:		
Lendenwirbel, 5	=	A, B, C, D, E
Kreuzbein, 5	=	F, G, H, I, K
Steißbein	=	S
Steißbein dazu	=	L, M, N, O, P, Q, R
Hüftbein	=	S

Denn das Hüftbein sieht ganz ähnl. aus wie Grundmotiv ↗

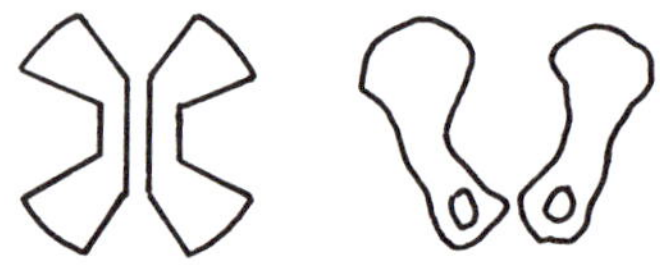

U. in der Evolution ↗ entsteht im S das Wirbeltier; daran schließt sich mit T + U der Urmensch ↗ an. Die Zahl 24 der *Kategorien des Daseins* ↗ wiederholt ist in den Meridianen ↗.

Skipsol: Schiff *(skip) Sol* (Sonne) = Sonnenschiff ↗ bei den Germanen ↗; in der Edda ↗ a. als Schild ↗ gedacht.

Sklave: ein Mensch, der entrechtet u. zum Besitz eines anderen Menschen gemacht wird. »In den letzten 500 Jahren wurden schätzungsweise eine Milliarde Menschen versklavt« (P. M., C. Marquardt, S. 63). Dabei war der persönl. Freiraum neben der Zwangsarbeit von Land zu Land verschieden, a. die Möglichkeit des Freikaufens. Fundament bildete die Versklavung von Kriegsgefangenen, manchmal a. ganze, durch Eroberung besiegt Völker; es konnten persönl. od. Staats-S. daraus werden. Über den wirtschaftl. Nutzeffekt heißt es: »Ein Sklave konnte Überschuß, also Handelsware erzeugen. Viele Sklaven begründeten die industrielle Massenproduktion. Sie arbeiteten bereits wie Maschinen, genau kalkulierbar und sogar abschreibbar. Die Frage war, ob es rationeller war, einen Arbeiter human zu behandeln und seine Arbeitskraft zu erhalten oder ihn schnell zu verbrauchen und einen neuen zu kaufen ... Wo immer wir gewohnt sind, von frühen Hochkulturen zu sprechen, in Mesopotamien, bei Ägyptern oder Hethitern, Phöniziern oder Griechen: Die Sklaven waren immer dabei« (ebd., S. 69). Eingegangen in die Geschichte ↗ sind die ›Kinder Israel‹, die Moses ↗ aus der Versklavung in Ägypten nach Kanaan ↗ führte sowie die spez. Tragödie des Sklavenhandels in Afrika durch den Islam ↗ u. die Christen; letztere verschleppten ca. 100 Mio. Neger ↗ nach Amerika, wobei schon auf dem Transport 80 Mio. umkamen. Das 1. S.-Schiff fuhr in diese Richtung 1562 u. hieß Jesus ↗. »Auf den amerikanischen Zuckerrohr- und Baumwollfeldern erzeugten Sklaven Ware, die in Europa verkauft wurde. Vom Gewinn rüsteten die weißen ↗ Händler neue

So wurden Sklaven verpackt

Sklaven beim Turmbau zu Babel

Sklavenschiffe aus, die dann wiederum mit Gewinn neue Arbeiter von Afrika nach Amerika brachten« (ebd., 63). Unbek. ist noch immer, daß an der ehem. Sklavenküste bevorzugt ehem. Altägypter in Form der ›Verlorenen Stämme‹ ↗ von Afrikanern selbst an die Europäer verkauft wurden, s. Ibo ↗. These: insofern ist das Jesus-Schiff ein makabres Symbol, denn aus dieser verkauften Elite - in der Yoruba ↗-Sprache, bed. S. = Edler! - entstand der heute Wiederkehrende Christus ↗. Kulturell bes. inter. die Spirituals ↗ der Schwarzen Amerikaner ↗, die das Weglaufen der S. per Technik des afrik. Witwenvogels ↗ meisterten. — Die Ilo, internationale Organisation für Arbeit beim Wirtschafts- u. Sozialrat der UNO, hat auf ihren Sitzungen einen ständigen Tagesordnungspunkt Nr. 8 = Sklaverei. Denn sie hat keineswegs aufgehört. — S. ›Füße‹ im ind. Kastensystem ↗, Römer ↗, Portugal ↗, Indianer ↗, Esel ↗, Malcolm X ↗.

Skorpion: 1 der 12 Sternbilder ↗ im Tierkreis ↗ (Abb. 1); wie alt der S. ist, beweist die äg. Göttin Selket ↗: »In der Nähe von Sais ↗... ist wahrscheinlich ein ›Skorpionhaus‹ genannter Ort anzusetzen« (Bonnet,

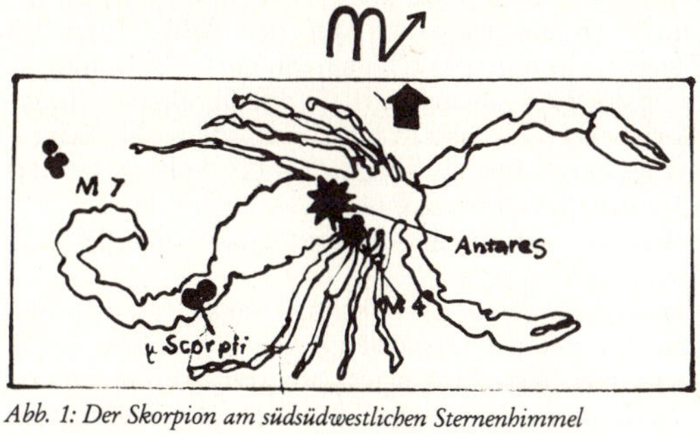

Abb. 1: Der Skorpion am südsüdwestlichen Sternenhimmel

S. 637). Er war a. das häufigste Symbol im alten Orient. Ein Rollsiegel ↗ aus Ur ↗ zeigt 2 S., einander zugewandt u. zw. den Scheren Grundmotiv  , Nr. 1 dieses Sektors der Geschichte ↗. Als Nr. 2  kann man dann die Anordnung der 2 Tiere verstehen, zus. Archetyp ↗ Gott als Alter König-Söhne, wobei Gott der sum. An ↗ (Anu) ist mit den 2 S., schon in die 2 Drachen ↗ übergehend, als ›Söhnen‹, die sich bekämpfen (Abb. 2). »Skorpion und Adler ↗ liegen als Sternbilder an gleicher Stelle, gehen zur gleichen Zeit auf« (Apokalypse entschleiert, S. 49). »Sieben Skorpione sollen der Isis ↗ gegen ihre Feinde geholfen haben...« (Götter und Symbole der alten Ägypter, S. 157), worin ebf. das Thema Krieg anklingt. These: in diesem Sektor (17490–15330 v. Z.) begann der Kampf um den Gral ↗, der schließl. mit Osirismord ↗ + Weltuntergang ↗ 11432 v. Z. endete. In natura ist der S., wenn überreizt, fähig zum Selbstmord mit Hilfe des eigenen giftigen Stachels. Passend a. die griech Sage, S. habe Orion ↗ (äg. Osiris) mit seinem Giftstachel gestochen u. so ›getötet‹.

Abb. 2

Skr: oberster der 24 Djinn ↗, a. ›König‹ gen.; vokalisiert als Sakr (wie sakral ↗), äg. aber Sokar ↗ (u. Sokaris).

Skuld: 1 der 3 Disen ↗ (germ.), gewöhnl. mit Zukunft ↗ übersetzt. These: im Wort steckt Schuld, was sich wie Karma ↗ als etwas verstehen läßt, das noch in Zukunft ›abgetragen‹, getan werden muß.

Skythen: Blavatsky (II, 212): »Die Mongolen ↗ wurden als Skythen bezeichnet.« Meist werden sie jedoch

Abb. 1

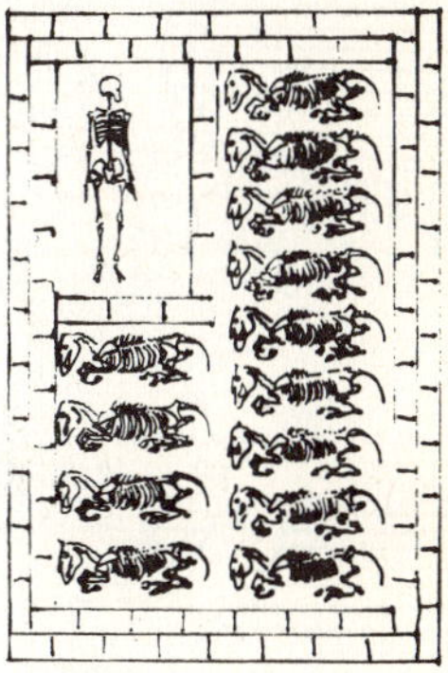

Abb. 2

als ›iranische‹ Reitervölker gelistet. Geschichtl. greifbar v. a. am Schwarzen Meer ↗, wo die Goten ↗ auf sie stießen. Herodot ↗: »An die Hafenstadt am Borysthenes (= Djnepr, russ. Fluß, der ins Schwarze Meer mündet) grenzen zunächst die Kallipiden, hellenische (hellenisierte, s. Hellenismus ↗) Skythen. Nordwärts von ihnen wohnt ein anderer Stamm mit ähnlicher Lebensweise... Nördlich von diesen Stämmen wohnen die Ackerbauskythen« (S. 46) u., wie H. Schreiber (Buch: Die Goten) fortfährt, waren östl. die ›nomadischen Skythen‹, vielleicht bis nach Sibirien ↗ hinein: »Um 500 vor Christus gibt es jedenfalls ein Skythenreich in Südrußland, und wie es der gewaltigen Armee des Darius (König von Persien ↗) widerstand, das kann man in aller Ausführlichkeit bei Herodot nachlesen« (S. 47). — Hängen evtl. die Schotten mit ihnen zusammen? Häuptlinge (Abb. 1) wurden, umgeben von ihren getöteten Pferden, in z. T. riesigen Hügelgräbern bestattet (Abb. 2), den Kurgas. Z. Z. von Zar ↗ Peter dem Großen hatte die Plünderung ihrer Goldschmuck-Schätze ein so ›professionelles Niveau‹ erreicht, daß man von ›Truppen von Grabplünderern‹, den *bugrowschtschiki* sprach.

Slawen: europider Stamm mit Sprache ↗. Werden heute geschieden in:
1) Ost-S. = Russen, Ukrainer, Weißrussen
2) Süd-S. = Slowenen, Kroaten, Serben, Bulgaren, Makedonen (s. Makedonien ↗)
3) West-S. = Polen, Tschechen, Slowaken u. a.
In der slaw. Mythol. werden von der Sintflut ↗ »... alle Menschen ertränkt und zwei alte Leute, ein Mann und sein Weib, bleiben allein übrig. Dann rät ihnen Pram'zimas, der ›Meister von allem‹, siebenmal auf die Felsen der Erde zu springen und sieben neue Rassen (Paare) werden geboren, von denen die neun litauischen Stämme herkommen« (Blavatsky ↗, Grimm zitierend). Das Osterei ↗ der slaw. Bauern war immer rot. Slaw. Länder »... sind voll von Legenden über die Bogaterey (mächtigen Riesen ↗) der alten Zeit« (Blavatsky, II, 283). Im Wort stecken *bog* = Gott (slaw.) u. *terey* wie *terre* = Erde, sodaß die Übers. besser ›Götter aus Erde‹ lautet, wie a. die Germanen ↗ z. B. Tuisto ↗ einen ›erdgeborenen Gott‹ nannten. »Von großer Bedeutung war auch die weibliche Gottheit Mokosch,

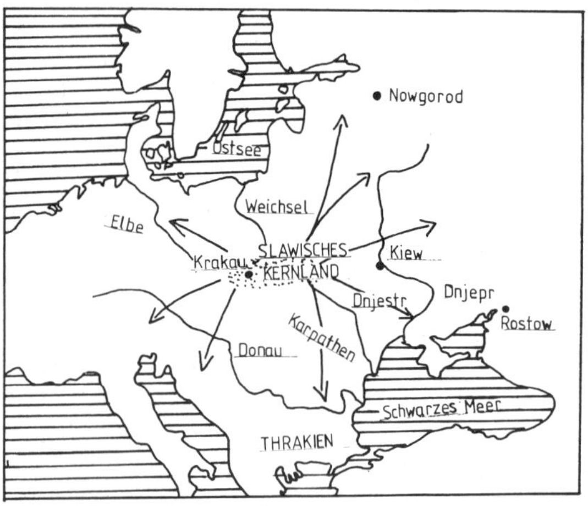

die der iranischen Anahita (der armenischen Anahit) entspricht« (Mythologie, S. 192). These: es handelt sich um die kanaan. Anat ↗. Leider gibt es wenig erhaltengebliebene Bildwerke der altslaw. Gottheiten, weil jedesmal, wenn ein slaw. Volk zum Christentum übertrat, eine außerordentl. gründliche Zerstörung erfolgte. — Das Kernland (Abb.) erreichten sie per Völkerwanderung ↗; am Schwarzen Meer gab es Kontakte mit den Skythen ↗. S. Rußland ↗.

Sleipnir: das 8beinige Roß von Wotan ↗ (germ.), abgebildet auf einem Grabstein aus Tjanvide, Götland, Schweden (Abb.). These: es handelt sich um ein Symbol für die 8 äußeren Kategorien des Lichtstrahls ↗ der Sonne, äqv. dem 8füßigen weißen Schwan ↗, der sich in 8 Walküren ↗ aufteilen kann. Eine Walküre scheint über Wotan + S. zu fleigen. In der Edda ↗ das Rad von Rögnir's Wagen ↗ »... auf Sleipnirs Zähnen.« A. Loki ↗ konnte sich offensichtl. in dieses Pferd verwandeln, das schneller als alles Bekannt (d. h. so schnell wie Lichtgeschwindigkeit ↗) war, u. dieser Name Loki bed. a. nur Licht (über *lux*, Lucia ↗).

Snorri Sturluson: isländ. Dichter (1178–1241; ermordet), der mündl. Überlieferungen schriftl. als Edda ↗ fixierte u. ein Lehrbuch über Dichtkunst für die Skalden ↗ schrieb.

Sodom und Gomorrha: 2 von Moses ↗ erwähnte Städte, die wegen ihrer Lasterhaftigkeit völlig zerstört wurden; Lots Frau ↗ erstarrte bei der Flucht zur ›Salzsäule‹. man vermutet die Ruinen am Grund des Toten Meeres ↗. Nach Sodom wurde das Wort Sodomie (Sex mit Tieren) gebildet.

Soham: ›ich bin Er‹ ggb. Saham ↗ (ich bin Sie); »In diesem einen Wort ist für den, der die Sprache der Weisheit versteht, das universale Mysterium, die Lehre von der Identität der Menschenwesenheit mit der Gottwesenheit (bzw. Göttinwesenheit) enthalten« (Blavatsky, I, 106). Da Saham die Umkehrung ↗ von Hamsa, dem schwarzen Schwan ↗ (= Brahman ↗) ist, dürfte S. Brahma ↗ entsprechen.

Sokar: äg. Gott, in den Pyramidentexten »als ein Name ↗, d. h. eine Erscheinungsform des Osiris ↗ angesprochen... und zwar denkt er (der Ägypter) im wesentlichen an den toten auf der Bahre liegenden Osiris...« (Bonnet, S. 725), also an die Osirismumie ↗. Bei Sakkara ↗ befand sich ein Heiligtum des S., geschrieben H.T ↗ Skr ↗. Daraus wurde wohl sakral ↗ sowie Sakr, König der Djinn ↗. — Nv. Sokaris, gefeiert im Sokarisfest ↗. — S. Rosetau ↗.

Sokaris: Sokar ↗, mit Anhängung der Silbe Is ↗ (hl.); s. Krys ↗.

Sokarisfest: Fest ↗ des Sokaris = Sokar ↗; wird schon von den ersten 2 Dynastien ↗ gen. u. zur Bez. der J. verwendet. »Man beging es damals in Abständen von sechs Jahren« (Bonnet, S. 725). These: das muß sich auf die ersten 6 Sektoren des Zodiaks ↗ der Geschichte ↗ bezogen haben, denn an deren Ende geschah der Osirismord ↗, der aus Osiris Sokar, die Osirismumie machte. Gefeiert wurde es vom 21.–26. Choiak, d. h. über die Sommersonnenwende ↗ (26. Choiak in Ägypten) hinweg u. endete am 30. mit der Aufrichtung des Djed, s. Djed-Fest ↗. Bei den übrigen Ritualen ↗ wurde u. a. »... ein Esel ↗ von den Festteilnehmern geschlagen und schließlich von dem König mit einer Lanze erstochen... Denn der Esel verkörpert den Seth ↗« (Bonnet, S. 726). — S. Gralsburg ↗.

Sokrates: Philosoph im griech. Athen; Vater Sophroniskos war Bildhauer, Mutter Phainarete Hebamme, eine medizin. Kunst, die den Griechen ↗ damals noch nicht geläufig war, sodaß angenommen werden kann, sie stammte aus Ägypten ↗. Dazu paßt die Beschreibung von Lissner (So habt ihr gelebt, S. 379-380): »Obgleich Sokrates ein guter Soldat war, er nahm an drei Feldzügen teil, schien er äußerlich eine ziemlich groteske Figur. Klein und rund, mit hervorquellenden Augen, platter Nase, breiten Nasenflügeln und großem Mund...« gleicht er eher einem Neger ↗, wozu paßt, daß er eine afrik. Lehrerin gehabt haben soll. Als ›Naturphilosoph, der in den Ästen kauerte‹ ist er von Aristophanes verhöhnt worden. Die Nazis ↗ lehnten ihn als ›Nichtgrieche‹ ab. Als er 399 v. Z. zum Tod durch Giftbecher verurteilt wurde, lautete die Anklage: »Irreführung der Jugend sowie Verachtung der alten Götter und Huldigung neuer.« Das, was die Ankläger ›andere Götter‹ nannten, war eine innere Stimme, sein ›Daimonion‹, ganz offentsichtl. der Logos ↗ als Zusammenfassung der Präexistenzen Ideen ↗, denn er sprach ja vom ›Dasein im Sein‹, s. Existentialismus ↗. W. Nestle (Griech. Geistesgeschichte, S. 258) schreibt: »Er erst hat den Menschen ganz zum geistigen Herrn seines Daseins gemacht, indem er ihm das Gesetz in seiner Brust, den Logos... als Leitstern seines Denkens und Handelns wies.« Überliefert nur durch seinen Schüler Plato ↗. Wiederaufgegriffen von Hegel ↗. — These: mit ihm beginnt die europ. Wiederholung ↗, d. h. Grundmotiv X als wiederholt Landung ↗ von Nommo, die sich für Athen, jedoch in der Geburt der Athener ↗ manifestierte. S. war ein junger Mann, als deren Tempel gebaut wurde.

Sol: röm. Sonnengott ↗, s. Solar ↗, Soluna ↗ u. Solstitium ↗.

Solar: auf die Sonne ↗ bezogen (lat.), von Sol ↗. Heute spez. als Solarplexus ↗ erhalten.

Solarplexus: Sonnengeflecht, von solar ↗. Lt. Blavatsky ↗ das ›Gehirn des Magens‹; die Hauptnervenstränge des S. laufen als Sympathikus zu beiden Seiten der Wirbelsäule ↗, von ihm führen zahlr. Nervenbahnen zu den Eingeweiden (Magen + Darm), der Brusthöhle u. dem Bauch u. umsprinnen a. die Blutgefäße. Wird im Okkultismus ↗ als Hellsehorgan betrachtet u. könnte deshalb der mater. ›Sitz‹ der Psyche ↗ sein. — S. Nirmanakaya ↗.

Sollen: ggb. dem Wollen = Wille ↗ ein dem Individuum nicht zur freien Entscheidung überlassenes Handlungsmotiv, das wohl meist dem kollektiven Unbewußten ↗ entspringt. Da S. im Finanzwesen Schuld bed., liegt a. die Verbindung zur Skuld ↗ nahe, d. h. zur Forderung der Zukunft. These: prinzip. ist v. a. der Plan der Geschichte ↗ ein S., weshalb die Archetypen ↗ ›wider Verstand und Wille‹ Zwänge ausüben. — S. Shakespeare ↗.

Solstitium: Sonnenwende: Sommersonnenwende ↗ u. Wintersonnenwende ↗, von Sol ↗ (Sonne). S. Äquinoktien ↗.

Soluna: die alchymische Hochzeit von Sonne ↗ *(Sol)* u. Mond ↗ *(Luna)*, Ziel der Alchemie ↗, wobei an die Wiedervereinigung von männl. (Sonne) u. weiblich (Mond) gedacht ist. Dem entspr. in Indien die Vereinigung von Schiwa ↗ + Shakti ↗.

Soma: mythol. Trank, der Unsterblichkeit ↗ verleiht, koreanisch Sam, awestisch Hom, Haoma. A. ›Saft der Mondpflanze‹, in der Vedischen Religion ↗ direkt der Mond ↗.

Rigveda ↗: »Wir haben den Soma getrunken
Wir sind unsterblich geworden
Wir sind zum Licht gedrungen
Und haben die Götter gefunden.«

Weitere Umschreibungen: ›Regen, der aus dem Mond kommt‹ u. ›Milch der Himmelskuh ↗‹. Letztere könnte sich im Wort finden als So (= Sonne, wie sol ↗) Ma ↗ (= Mutter) = Sonnenmutter ↗. - Es gab a. ein konkretes Getränk dieses Namens, das von den altind. Initiierten während der Mysterien ↗ getrunken wurde, man vermutet eine Rhabarberart, herausgequetscht als Rauschtrank. Er hatte angebl. die Eigenschaft, aus ihnen einen ›neuen Menschen‹ zu machen. In den Puranen ↗ gilt Buddha ↗ als ›Sohn des Soma‹. S. Indra ↗ u. Tara ↗.

Somalia: NO-afrik. Republik, nach dem vornehml. ansässigen Stamm Somal benannt, der die Sprache von Chus ↗ spricht u. von dort eingesickert ist. Umgibt als Küstenstrich Äthiopien ↗ u. gehörte wahrsch. zum alten Punt ↗. Durch den Kolonialismus ↗ in ital., frz. + engl. S. zersplittert, 1960 wieder unabhängig u. um Wissenschaftlichen Sozialismus ↗ bemüht. Ab 1978 Krieg mit Äthiopien.

Sommersonnenwende: höchster Stand der Sonne ↗ zur Mittagszeit am 21. Juni ↗ (bei manchen Völkern Neujahr ↗), bei den Germanen durch Sprung übers Feuer - christl. Johannisfeuer ↗ - gefeiert, was den Weltenbrand der Götterdämmerung ↗ symbolisierte, dem in Ägypten der Osirismord ↗ vorausging, geklagt im Sokarisfest ↗. A. im indian. Medizin-Rad ↗ ist die S. angegeben. Gegenpol ist die Wintersonnenwende ↗, dazw. liegt die Tag undnachtgleiche (zweimal), woraus sich als Schema 3 gestaffelte Sonnenlaufbögen ergeben; in Ägypten saß darauf die Schwalbe ↗ am S.-Punkt. In Babylon ↗ stand hier das Ischtar ↗-Tor. S. die S. des Guido von List ↗.

Sonderlinie: seit Einkreuzung der Erbmasse außerird. Übermenschen (= Astronauten ↗) läuft durch die Menschheit eine S. von Nachf. dieser Hl. Hochzeit ↗, um eine auferstehende Wiederkehr ↗ am Ende der Gesch. zu ermöglichen. These: sie spiegelte sich im Gangsystem ↗ der Großen Pyramide.

Sonne: Stern ↗, der das Zentrum unseres Sonnensystems ↗ bildet. Für die mod. Wissenschaft ↗ ist sie nichts anderes als ein glühender Gasball, der sich chem. aus ca. 75 % Wasserstoff, 23 % Helium (Nr. 1 + 2 des Periodensystems) u. 2 % schweren Elementen zusammensetzt. Dieser material. Auffassung stehen uralte Angaben über ihren kategorischen Aufbau ggb.:

1) Ägypten: Re ↗ = Atum ↗ in seinem Aton ↗. Mit der Formel Ptah ↗-Re ist a. die Götterachtheit ↗ zuzurechnen sowie Teile der Götterneunheit ↗, insofern Mut ↗ Atum (den Sonnenkern ↗) hervorbringt u. dieser Schu ↗ + Tefnut ↗ als Zwillingspaar, dem die 2 ersten Elemente ↗ Luft + Feuer entsprechen. Diese bringen Geb ↗, Erde hervor (sowie die Nut ↗ als ver-

änderter Himmel), sodaß bezogen auf den 4er Kreis ↗ der S. nur noch das Muntu ↗ = Menschviertel übrigbleibt. Hier stockt jedoch die Überlieferung u. führt stattdessen 2 Paare vor (Isis + Osiris, Nephtys + Seth), u. es helfen nur die Bilder weiter, z. B. Anch ↗, das Lebenskreuz ↗, das direkt unter der S. gezeichnet wurde, sodaß darin ein weiteres Denkmodell für den Aufbau zu vermuten ist, zumal in Kombination mit dem Djed ↗ od. Thot als Ibis ↗. Als sicherster Vergleich für die Stimmigkeit der Rekonstruktion dienen afrik. Ntu-Philosophie ↗ u. Apokalypse ↗, erstere mit den 24 Kategorien des Daseins ↗ als Sonnen-Innenteil, letztere mit den 24 ›Ältesten‹ im Außenkreis, als Sonnenalphabet ↗. Gibt zu. 48 Kategorien für die S. insg., s. Weltformel ↗, die sich z. B. in den ersten 2 Chakras ↗ von Tibet wiederfinden.
2) Germanen: dem entspr. in der inneren Hälfte Wotan ↗ mit 2 Raben + 2 Wölfen (= 4 Elemente), 8 Walküren ↗ + Asgard ↗ mit 12 Sitzen, die in Ägypten dem Djed entspr. würden.
3) Indien: dem entspr. Brahma ↗. 4köfpig (Kern + Elemente) mit den 8 Adityas ↗ (8er Kreis), der Rest fehlt. Seit Ende 1981 hat die Energieausstrahlung der S. in 18 Monaten um 1/10 % abgenommen, bei Fortsetzung dieses Prozesses wäre in 30 J. jegliches Leben ↗ unmöglich. These: das hängt jedoch mit der baldigen Geburt einer Neuen Sonne ↗ zus., sowie der Vorstufe einer Umwandlung von 7strahliger auf 8strahlige S., s. Astrologie ↗. Denn der 8. Sektor des 8er Kreises, Naunet ↗, ist noch nicht voll aktiviert. — Grundsätzl. kann die S. als Matrix der Seele ↗ betrachtet werden (ggb. Kosmos ↗ = Geist), obwohl sich a. im Skelett ↗ ein Übertrag findet. — Entstehung der S. s. Schöpfung ↗ + Evolution ↗, letztere geht größtenteils von ihr selbst aus. — Symbolisiert wurde sie als Sonnenauge ↗, Sonnenschiff ↗ bzw. Sonnenwagen ↗, abstrahiert als Sonnenzeichen ↗.

Sonnenalphabet: der Außenkreis der Sonne ↗, in der Apokalypse ↗ symbolisiert als ›die 24 Ältesten‹; These: gemeint ist die Weltordnung ↗ (Nr. 2) mit den 24 Kategorien des Daseins ↗ od. Buchstaben des Alphabets ↗. In Ägypten wurde es zur Henkelschleife des Lebenskreuzes ↗.

Sonnenauge: in Ägypten wurde die Sonne ↗ als ›rechtes Horusauge‹ bzw. als S. symbolisiert, was sich überschneidet mit ihrer Bez. als ›Auge des Re‹, da ja Re ↗ eben die Sonne ist, gewöhnl. als männl. eingestuft, während das S. genau wie das Mondauge ↗ (l.) als weibl. gilt, s. Auge ↗. Im Märchen ›Heimholung der Sonnenkatze ↗‹ wird deutl., daß Tefnut ↗ damit gemeint ist, einen Sonnenkategorie: Element Feuer ↗. Es kann sich ›entfernen‹ was mater. betrachtet einer Abnahme der Sonnenausstrahlung entspricht. Das war der Fall nach dem Weltuntergang ↗ u. bahnt sich a. jetzt wieder an, also beim Weltenwechsel ↗.

Sonnenboot: Barke ↗, Sonnenschiff ↗.

Sonnenfinsternis: entsteht, wenn der Mond ↗ sich zw. Sonne ↗ + Erde ↗ schiebt = Neumond. Durch den wechselnden Abstand des Mondes von der Erde sowie der Erde von der Sonne gibt es eine totale S. nur etwa alle 18 J., die anderen sind partiell od. ringförmig. — Der jetzige Papst ↗ heißt ›der von der Sonnenfinsternis‹; sie ereignete sich 1981 = Beginn des Endkriegs ↗. Die nächste fällt also auf 1999 = Jüngstes Gericht ↗. S. Konjunktion ↗.

Sonnenflecken: »Die Sonne ↗ zieht sich ebenso rhythmisch zusammen, als es das menschliche Herz bei jeder Rückkehr des Blutes tut. Nur braucht das Blut der Sonne, anstatt die Runde in 1 Sekunde oder dergleichen zu vollenden, 10 Jahre zu seinem Kreislauf und 1 volles Jahr zu seinem Durchgang durch Aurikel und Ventrikel, bevor es die Lungen wäscht und von da aus in die großen Arterien und Venen des Systems zurückkehrt« (Blavatsky, I, 591). In diesem 11-Jahre-Rhythmus entstehen in der sichtbaren Lichtkugel dunkle Flecken niedriger Temperaturen in Nähe des Sonnenäquators (Abb. 1). »Es sind Gebiete, in denen Materie mit einer Geschwindigkeit von rd. 2,5 km/s nach außen strömt... Mehrere Flecken ordnen sich zu Fleckengruppen, die im Mittel eine Lebensdauer von 6

Abb. 1

Tagen haben, gelegentlich aber mehr als 100 Tage lang bestehen können« (rororo-Lexikon). Im Verlauf dieses Jh. nahmen die S. stetig zu (Abb. 2). These: hängt mit der baldigen Geburt der Neuen Sonne ↗ zus., die, worauf sich die Zahl 11 beziehen könnte, im 11. Sektor des 12er Kreises ↗ der Sonne entsteht = beim X des Naunet ↗-Sektors. — Den Zusammenhang des Wachstums der Bäume mit den Sonnenflecken stellte 1901 in Tuscon, USA, der Naturwissenschaftler A. E. Dou-

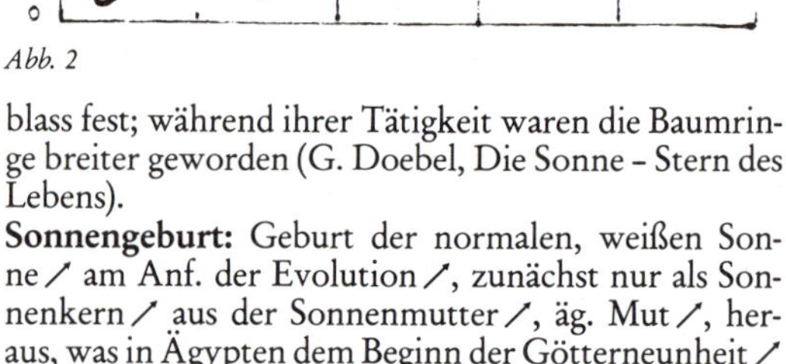

Abb. 2

blass fest; während ihrer Tätigkeit waren die Baumringe breiter geworden (G. Doebel, Die Sonne - Stern des Lebens).

Sonnengeburt: Geburt der normalen, weißen Sonne ↗ am Anf. der Evolution ↗, zunächst nur als Sonnenkern ↗ aus der Sonnenmutter ↗, äg. Mut ↗, heraus, was in Ägypten dem Beginn der Götterneunheit ↗ entspricht. These: das wird nach jeder Schwangerschaft ↗ mit der Geburt ↗ eines Kindes = Grundmotiv 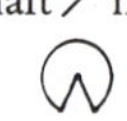 (A, Alpha ↗) wiederholt. Alle leuchtenden Sterne ↗ folgen diesem Prozeß. Für die mod. Wissenschaft ↗ ist er noch nicht geklärt. Sie meint: »Sterne (Sonnen) entwickeln sich aus kosmischem Gas« (Sterne, S. 48, von Prof. H. S. Zim). Darst. sind überraschend selten: entw. wächst, getragen von der Schlange Ananta ↗ aus Vishnus Nabel ein Lotos ↗ u. aus diesem

Abb. 2

Abb. 1

Brahma ↗ (ind.), od. verkürzt auf dem Lotos entsteht in ihm das ›Sonnenkind‹ (Abb. 1, äg.) od. es erfolgt die christl. Umsetzung des Moses ↗-Berichts, in dem Gott (als Übers. von Elohim ↗) Sonne + Mond fertig an den Himmel setzt, zus. mit den anderen Sternen (Abb. 2). Das befriedigt nicht, weil Gott außerhalb bleibt, denn dann müßte er als Kosmos ↗ weibl. sein = Elohim als weibl. Mehrz. = die 24 Grundmotive ↗. Ist er aber männl., gehört er – wie Jesus ↗ es in Kaschmir ↗ predigte – ins Zentrum der Sonne, als Sonnenkern, der sich dann als Sonne selbst vollendet. Eine Darstellungsweise ist a. das Weltenei im Chaos ↗, oft umringelt von der Schlange ↗, die es hervorgebracht hat.

Sonnengott: entw. nur der Sonnenkern ↗, z. B. Atum ↗, Ntu ↗, Utu ↗, Manitu ↗, Wotan ↗ u. El ↗; od. die ganze Sonne ↗ als Re ↗ od. 1 der 2 eigtl. Buddhas ↗, s. Mo-Diener ↗. — Seltener als Sonnengöttin ↗ verehrt.

Sonnengöttin: spez. in Japan als Amaterasu ↗ verehrt; üblicher ist der Sonnengott ↗.

Sonnenhände: 1) in Ägypten z. Z. von Echnaton ↗ direkt als Sonnenstrahlen mit Händen an Aton ↗ gezeichnet; 2) bei den Germanen ↗ wie menschl. Arme an eine Sonne aus 3 Kreisen gesetzt, die zum Kopf wird (Abb.). These: diese Arme sind dann als 4. Kreis = das Sonnenalphabet ↗ zu verstehen, wofür die Hand selbst spricht, denn als Hieroglyphe ↗ ist sie Buchstabe D, in dem am 2. Tag der Primärschöpfung ↗ eben dieser Kreis entstand. — S. die Überreichung des Lebenskreuzes ↗ durch die Sonnenhände.

Sonnenjahr: Jahr ↗ als Umlauf der Erde um die Sonne..

Sonnenkatze: äg. Göttin Tefnut ↗.

Sonnenkern: daß die Sonne ↗ einen zentralen Kern hat, ergibt sich schon aus dem alten Sonnenzeichen ↗

⊙ = Kreis mit Punkt. Daß er schwarz ↗ ist im Ggs. zum Weiß ↗ der äußeren Sonne, ergibt sich aus der äg. Bez. Kemur ↗. Ein Schwarzes Loch ↗ darf man sich aber nicht darunter vorstellen, denn es würde alles in sich hineinziehen. Also kann es sich nur um ein wirkl. Loch handeln, einen immateriellen Ort, wie es die afrik. Kategorie Hantu ↗ vorsieht, vergleichbar der Pupille ↗ im Auge od. dem Loch, das Neugeborene im Kopf ↗ aufweisen. Was aber hier mit Luft ausgefüllt wird, ist in der Sonne Gott ↗.

Sonnenkönig: durchweg, so scheint es, verstanden sich die Vertreter des sakralen Königtums ↗ als die Sonne ↗ äqv.: ›Du bist Re ↗ an Leib‹ bzw. ›dein Leib ist sein Leib‹ sagte man zum äg. König. Das setzte sich bei Nero ↗ fort u. bei Ludwig XIV. ↗, viel echter jedoch im afrik. Oni ↗, dessen Gesicht direkt mit Strahlen versehen wurde, mit Verehrung seiner Plazenta ↗ genau wie in Ägypten sowie unter Beachtung der Zugehörigkeit zur Sonderlinie ↗. Denn natürl. kann man S. nicht einfach werden od. spielen, mit allem Pomp nicht – man muß gewissermaßen ein Avatara ↗, eine direkte Sonneninkarnation sein, was äqv. zur Sonnenmutter ↗ eine Kandake ↗ voraussetzt.

Sonnenmutter: Göttin ↗, die die Sonne ↗ (bzw. Sterne ↗) hervorbringt, äg. wechselweise Mut ↗ od. Nut ↗, d. h. der Kosmos ↗.

Sonnenschiff: als Symbol ↗ älter als der Sonnenwagen ↗; es entspr. der Vorstellung vom Himmel = Nut ↗ als Wasser. »Die Pyramidentexte ↗ schildern es

als Schiff ↗ von 770 Ellen (s. Heilige Maße ↗), das Götter ↗ bauten und von Gold ↗ erstrahlt« (Bonnet, S. 738). Darst. zeigen in einem Naos ↗ den Widder ↗, r. außen den Falken ↗, l. den Ibis ↗. Dann ganz vorne die Maat ↗ (doppelt), was in Personifizierungen den Aufbau der Sonne ↗ ergibt: pro Kreis 1 Gottheit, Widder = Kern (Abb.).

Sonnenstrahl: Lichtstrahl ↗, wobei der Aufbau des S. nach Angabe des äg. Lebenskreuzes ↗ genau umgek. ist wie derjenige der Sonne ↗.

Sonnensystem: die Sonne ↗ mit ihren Planeten ↗ u. deren Monde ↗, bei den Dogon ›Plazenta‹ ↗ gen.; unser S. ist die Plazenta von Ogo ↗, das Zweisonnnsystem ↗ des Sirius ↗ ist die Plazenta von Nommo ↗. Nach Angaben der mod. Wissenschaft sind etwa ⅓ aller bisher gesichteten S. Systeme mit 2 Sonnen. Scorpii im Skorpion ↗ gehört dazu u. die Stella Maris ↗, heutiger Polarstern im Kleinen Bär ↗. Mio. S. bilden zus. eine Galaxie ↗.

Sonnenuhr: eine uralte Methode Zeit ↗ in Gestalt der Stunden 1 Tages zu messen, ist die S.; basiert auf dem Wandern des Schattens, den entw. die Gesamtanlage selbst wirft (Große Pyramide ↗) od. ein im Zentrum der Meßplatte angebrachtes Objekt. Auf den Treppen der Pyramiden von Teotihuacan ↗ gab es entspr. Markierungen; Obeliske ↗, Stelen ↗ u. Things ↗ u. a. gehörten a. dazu. Tempel ↗ jedoch dienten z. T. als Uhr der Präzession ↗. Hier folgten die Tempelachsen dem Wandern des Sonnenaufgangspunkts durch Umbau, während die S. selbst, ohne Veränderung, die Verschiebungen der Sonnenbahn während eines J., s. Äquinoktien ↗, auffangen muß.

Sonnenwagen: als Symbol ↗ jünger als das Sonnenschiff ↗; basiert auf der Vorstellung von der Sonne ↗

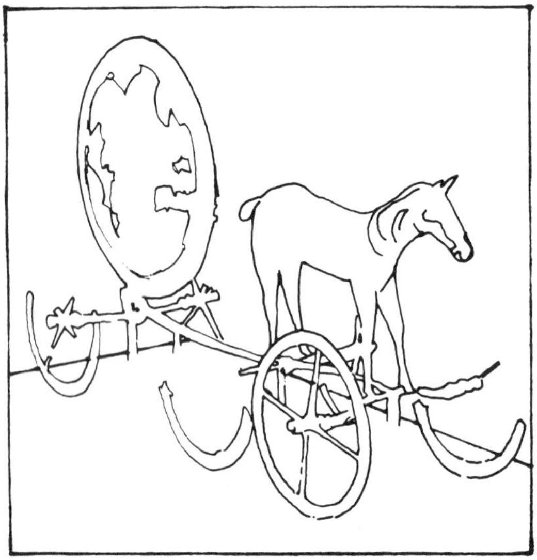

Abb. 1

als ›deus in rota‹, Gott in seinem Rad ↗, s. Rögnirs Wagen ↗, manchmal begleitet vom Schwan ↗. Am bekanntesten ist wohl der S. von Trundholm (Abb. 1), gefunden in einem Moor auf Seeland, Dänemark. Fahrgestell (6 Räder à 4 Speichen = 24, das Sonnenalphabet ↗), Pferd ↗ (hier wohl als Mähre = Meer = Gläsernes Meer ↗, der 12er Kreis) u. Scheibe (aus 2 durch Ring zusammengefaßte Scheiben = Maati ↗) sind aus Bronze gegossen, letztere mit aufgelegtem

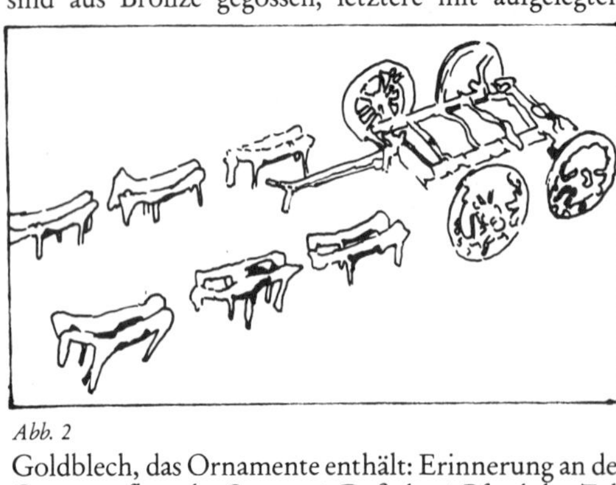

Abb. 2

Goldblech, das Ornamente enthält: Erinnerung an den Gesamtaufbau der Sonne ↗. Daß das 1 Pferd der Zahl 12 entspr. kann, ergibt sich aus einer anderen Var. vom S. (Abb. 2), dem 12 Pferde vorgespannt sind, wie die Planeten ↗ aufgeteilt in 2 x 6. Der 2. S. stammt aus einem Grabhügel in Kärnten, Österreich, ist aus Blei u. nur 30 cm lang (Wagen + Deichsel). S. Wagen ↗.

Sonnenwende, Sonnwendfeier: auf allen Kontinenten Teil des Kalenders ↗ als Sommersonnenwende ↗ + Wintersonnenwende ↗, s. Solstitium ↗ u. Äquinoktien ↗. Blühte spez. in der Nazi-Religion ↗ wieder auf.

Sonnenzeichen: ein Kreis mit Punkt ⊙ , lt. Churchward ↗ kollektives Symbol der Naga ↗ sowohl für Sonne ↗ wie a. Ra ↗. Als Jih (Sonne) findet es sich a. im archaischen Chinesisch. Blavatsky (I, 520): »Unsere Sonne ist zugleich mit Milliarden anderer Sonnen (Sternen ↗) die Wohnung oder der Träger eines Gottes (= der Punkt als Sonnenkern ↗) und einer Schar von Göttern...« (die restl. Kategorien des Aufbaus der Sonne = der Inhalt des Kreises). S. Schild ↗.

Sopdet: Übers. der Sirius-Hieroglyphe ↗; die Vorsilbe Sop wie bei En Soph ↗ u. Sophia ↗ bed. wohl Xp ↗.

Soph, En: das Unendliche od. ›Nichtseiende‹ bzw. ›absolutes endliches Nichtding‹, das grenzenlose All, die namenlose Gottheit ↗, das Nichts ↗. Steht oft über dem Sefirotischen Baum ↗. Blavatsky (III, 178): »Nehmt den Zohar ↗ und findet darin die Beschriebung, die sich auf Ain-Suph ↗, das Westliche oder Semitische Parabrahman ↗ bezieht. Welche Stellen erheben sich so nahe zu dem vedantistischen Ideal als die folgende:

> ›Die Schöpfung ↗ (das evolvierte Weltall) ist das Gewand von dem, was keinen Namen hat, das Gewand, gewoben aus der eigenen Substanz der Gottheit. (Zohar)‹«

These: entspr. es dem Parabrahman, entspr. es dem Ur-X ↗, wiederkehrend in der Unendlichkeitsschleife ↗ des Zahlenkreises der Weltformel ↗ als geschichtl. Auffächerung der Grundmotive von X-P (1. + 2. Reich ↗) über XX zu P-X (3. Reich), also das Mittelstück des Gesamtkosmos ↗ auf menschl. Ebene. Da dies a. dem Rhombus ↗ entspr., wird eine Verbindung von Soph (Nv. Suph, woraus die Sufi ↗ werden) zu Sopdet ↗ u. Sophia ↗ denkbar. — F. Kirchner erklärt es als ein Nicht-Seiendes »... weil Ain Suph - das Grenzenlose und das Unverursachte, das Unbewußte ↗ und Passive Prinzip -nichts anderem in der Welt ähnlich ist« (III, 402). Bes. inter. der Zusatz von Blavatsky ↗, daß »... Adam Kadmon ↗ nur die Shekina (kannte), obwohl er der Träger von Ain Suph war.« A. über diese Schechina ↗ findet man zur Sophia. — Nv. Ain Suph, En Sof etc.

Sophia: Weisheit ↗; enth. in Philosophie ↗. Spielt in der Gnosis ↗ eine Rolle, indem sie die Schlange ↗ ins Paradies ↗ sandte. Lt. Blavatsky ↗ galt sie den Ur-Christen ↗ als der ›weibliche Heilige Geist ↗‹. In der Pistis-Sophia (Buch der gnostischen Lehre), was Erkenntnis-Weisheit bed., wird S. dargestellt als verloren in den Wassern des Chaos ↗ auf dem Weg zum ›höchsten Licht‹ - im Zionismus ↗ ist dessen Sitz Zion ↗. Die Ophiten ↗ wiederum, äg. Gnostiker der ›Brüderschaft der Schlange‹, verehrten in ihren Zeremonien eine lebendige Schlange als das Emblem der göttl. S., was wundern läßt, ob sie dann nicht das ist, was sie zur Erde schickt - wie, wenn sie konkreter gefaßt der weibl. Astronaut ↗ wäre, in S-Amerika Orejona ↗ genannt. Dann wäre zumindest verständl., warum die Pistis-Sophia die emanierenden Kräfte der S. im Planeten Venus ↗ wohnen läßt, denn der entstand ja erst bei der Landung ↗. Dann kam sie vom Sirius ↗, äg. Sopdet ↗, was ihre Erstsilbe *sop* enthält, u. vertritt die dortige Schwarze Sonne, Po ↗ bei den Dogon, was fast eine Umkehrung ↗ von Sop ist, nämlich bei Weglassung des S.; das führt über deren Darst. als Rhombus ↗ (in Sumer) zurück zum En Soph ↗ der Kabala ↗, u. in Anbetracht der Apokalypse ↗, die S. als Braut von Christus ↗ betrachtet u. beider Wiedervereinigung verspricht, könnte man dieses En Soph od. Ur-X ↗ (Urpaar ↗) so verstehen, daß En ↗ (Herr in Sumer) das männl. Dreieck repräsentiert u. Soph als S. das weibl. Dreieck ↗ (Abb.). Das chin. Symbol Taichi ↗ ist natürl. a. nichts anderes, nur rund gestaltet.

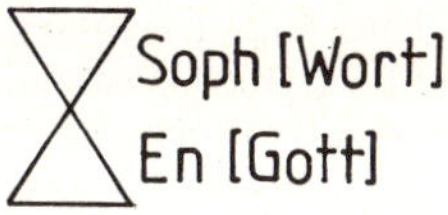

Soteira: Erlöserin, wurde Athene ↗ gen., weibl. Form von Soter ↗.

Soter: männl. Form von Soteira, äqv. Erlöser, Heiland ↗, Messias ↗ etc. Man wundert sich, ob nicht beides über die Vorsilbe *sot* auf Sothis ↗ zurückgeht.

Sothis: »Mit S. geben die Griechen ↗ den äg. Namen des Sirius ↗ wider. Dieser lautete Sopdet ↗ und wurde in später Zeit etwa Sote gesprochen« (Bonnet, 743). Von Sote ist der Schritt zu Soteira ↗ u. Soter ↗ nicht weit. Tats. trafen von diesem Zweisonnensystem ↗ nach Angaben der Dogon ↗ ein Nommo ↗-Paar ein, das den Urmenschen ↗ vom Zustand des Unwissens ›erlöste‹. Auf Bildern, die S. als Göttin personifizieren, trägt diese die ›Hörnerkrone‹ der Hathor ↗ od. erscheint direkt als Himmelskuh ↗. Ein weiterer Titel ist ›Herrin des Pfeiles und Fürstin des Bogens‹, was sich auf die 2 Z. der Sirius-Hieroglyphe ↗ beziehen könnte.

Sothis-Jahr: Zeitperiode der alten Ägypter von 4 x 365 = 1460 J., nach deren Ablauf der heliakische Frühaufgang des Sothis ↗ (Sirius), d. h. sein Erscheinen am Himmel kurz vor Sonnenaufgang, wieder auf Neujahr ↗ fiel. Die Zahl ist deshalb so inter., weil nach 1460 Tagen (4 J.) ein Schalttag eingeschoben werden muß; das war schon z. Z. des histor. Cheops ↗ bek. u. wird a. von uns noch so praktiziert. — Nachweisl. endete 2781 v. Z. u. 1321 v. Z. sowie im J. 140 je eine Sothisperiode.

Sowjetunion: UDSSR ↗.

Sozial: gesellsch. ein gemeinnütziges, aber noch nicht kollektives Zusammenleben. Wortverw. sozia = zusa in zusammen. Als Individuum a. für den anderen sorgen - asozial, diese Verantwortung ablehnen, was schon mit Kain ↗ beginnt, der auf die Frage nach dem getöteten Abel antwortet: soll ich meines Bruders Hüter sein? S. Sozialismus ↗.

Sozialismus: Bewegung, die ab Beginn des 19. Jh. die Mißstände des Kapitalismus zu überwinden versuchte, insbes. durch Anlehnung an die sozialen Formen der Ur-Christen ↗. Geriet dann unter den Einfluß von Marx ↗, der einen Wissenschaftlichen Sozialismus ↗ davon abzweigte. Beiden Formen, die das Internationale sozialer Probleme betonten, setzte Hitler ↗ einen nationalen S. ggb., s. Nazi ↗.

Spanien: bildet mit Portugal ↗ zus. die ›Iberische Halbinsel‹ im SW von Europa, zw. Pyrenäen ↗ u. den Säulen des Herkules ↗ (heute Gibraltar). Als Urbev. gelten die Ligurer ↗, mit denen die im Rahmen der Völkerwanderung ↗ eintreffenden Iberer u. Kelten ↗ verschmolzen. Ab 3. Jh. v. Z. von Karthago ↗ beherrscht, nachdem während der 2 Jt. davor schon Kanaanäer, s. Sternenweg ↗, u. Phönizier ↗ aufgekreuzt waren, erstere als Kulturbringer, letztere als Händler. Nach dem 2. Punischen Krieg ↗ wurde es röm. Provinz bis zur Eroberung durch die (W-) Goten ↗, die wiederum den Mauren im Islamischen Blitzkrieg ↗ unterlagen. Deren Bekehrung führte schließl. 1469 zur Begründung eines Span. Königreichs, kurz darauf folg-

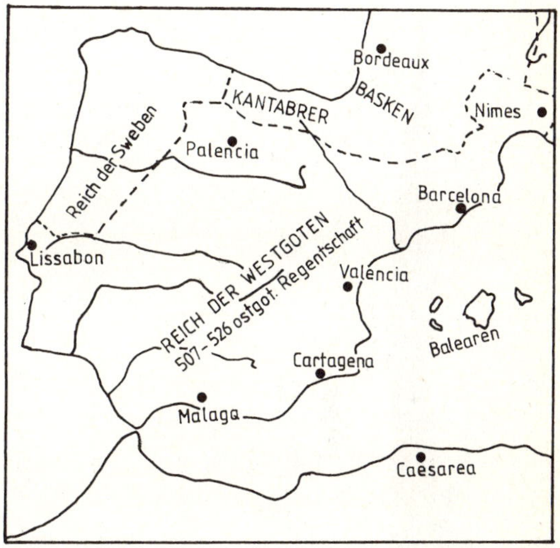

Abb. 2

te die Fahrt von Kolumbus ↗ nach Amerika ↗ (bzw. Asien, wie er meinte) u. der Einfall von Cortes ↗ nach Mexiko. Den Höhepunkt erlebte S. während des Absolutismus ↗, dann Machtzerfall durch dauernde Kriege mit Frankreich + England. Zweitw. Hochburg der Inquisition ↗, die hier erst Napoleon ↗ beendete. Scharfe soziale Ggs. führten 1936–39 zum Span. Bürgerkrieg; keine Beteiligung an den 2 Weltkriegen ↗. — Von den span. Troubadouren ↗ verbreitete sich wahrsch., zurückgehend auf die Westgoten, s. Alarich ↗, die Gralssuche ↗ + Parzival ↗ (Abb. 1). Die Karte (Abb. 2) zeigt S. als Reich der Westgoten. Vor der Küste einstmals Atlantis ↗, dessen Suche heute die span. Kirche immer wieder unterbindet.

Abb. 1: Galizischer Troubadour mit Spielmann und Sängerin (spanische Miniatur, 14. Jh.)

Sparta: um 900 v. Z. von einwandernden Dorern im Peloponnes ↗ gegr. Stadt; wurde um 500 v. Z. zur Hauptmacht von Griechenland ↗. Aus der unterdrückten Vorbev. wurden die Heloten ↗. S. Helena ↗.

Speer: s. Runa ↗, Ger ↗ u. Speer des Schicksals ↗.

Speer des Schicksals, der: Titel eines Buches von Trevor Ravenscroft (1974) über den Speer, mit dem Jesus ↗ durch einen röm. (wahrsch. germ.) Kriegsknecht am Kreuz verwundet wurde. Vorgesch.: er soll schon beim Fall von Jericho ↗ dabeigewesen sein, später von Saul ↗ gg. David ↗ geschleudert u. von Herodes ↗ als

›Zeichen der Macht über Leben und Tod‹ in seinen Händen gewesen sein, als er den Kindermord befahl. Dann taucht er bei Konstantin I. ↗ dem Großen auf (er sprach von der ›Schlangenkraft‹ des Speers), der ihn beim Abschreiten der Grenzlinien von Rom II ↗ vor sich hinhielt; der Speer soll den wunderbaren Sieg von Karl Martell ↗ gg. die Araber bewirkt haben (732 bei Poitiers). Karl der Große ↗ gründete seine Dyn. auf ihn u.: »Insgesamt fünfundvierzig Kaiser hatten in der Zeit zwischen der Krönung Karls des Großen in Rom

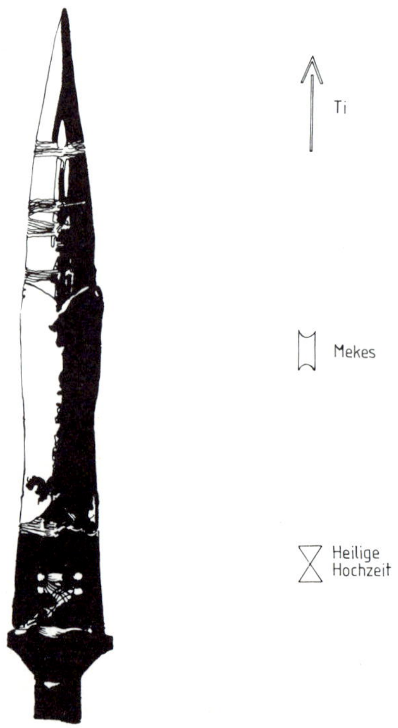

und dem Zusammenbruch des alten deutschen Reiches (sprich Heiliges Römiches Reich Deutscher Nation ↗) genau tausend Jahre später ihr Anrecht auf den Schicksalsspeer geltend gemacht... Der Speer war wie ein Finger des Schicksals durch dieses Jahrtausend gegangen und hatte immer neuer Schicksale gestaltet, die wieder und wieder die Geschichte Europas ↗ in völlig neue Bahnen lenkten« (Ravenscroft, 1974, 36). Er wurde dann mit der Kaiserkrone ↗ u. a. Reichskleinodien im Burgmuseum von Nürnberg aufbewahrt, 1796 300 m unter der Burg vor Napoleon ↗ versteckt, landete im 19. Jh. in Wien ↗ u. dort sah ihn Hitler ↗, 19jährig: »Der einsame, vom Alter geschwärzte Speerkopf ruhte auf einem verblichenen roten Sammetkissen in einem offenen Ledereetui. Die lange Spitze saß auf einem kräftigen Metallstück, dessen vorspringende Teile die Flügel einer Taube ↗ darstellten... Ganz unten waren 2 goldene Kreuze in den Speer getrieben. ›Ich wußte sofort, daß dies ein wichtiger Augenblick meines Lebens war‹ sagte Hitler... ›Der Speer schien eine Art magisches Offenbarungsmedium zu sein, denn er brachte die Welt der Ideen ↗ in eine so nahe und lebendige Perspektive, daß die menschliche Phantasie wirklicher wurde als die Welt der Sinne ↗. Ich glaubte zu spüren, daß ich ihn in einem früheren Jahrhundert der Geschichte ↗ schon einmal in Händen gehalten habe‹...« (ebd., 28). Er holte ihn 1938 beim Einmarsch in Österreich wieder nach Nürnberg, 1 J. später fing der 2. Weltkrieg ↗ an. A. die Amerikaner wußten davon u. fanden ihn schließl. im selben Tunnel unter der Burg, wo er, diesmal vergebl., erneut versteckt worden war. Heute wieder in Wien. — Stutzig macht die Tatsache (od. Legende), Jesus sei damit zw. 4. + 5. Rippe ↗ verwundet worden, also auf die Planeten ↗ übertr. zw. Venus ↗ u. Erde ↗. Da liegt im Lebensweg ↗ das gefährdete Alter von 33 J., das war die Position der Erde vor dem 1. Besuch von Nommo ↗ -. sind nicht Gral ↗ u. Speer a. in der Gralsburg ↗ eng verbunden? Man möchte deshalb annehmen, daß er - immer wieder nachgebaut - ein Symbol für Ti ↗ ist, als Rune ↗ dem Zwilling ↗ zugeordnet, dessen Zodiakzeichen ↗ sich als Mekes ↗ (Erburkunde) wiederfindet (Abb.). Das paßt zur Behauptung, der S. symbolisiere die magischen Kräfte, die im Blut des ›Auserwählten Volkes‹ sind, zurückgehend auf die Hl. Hochzeit ↗, die sich als X auf dem S. befindet. — Im übrigen heißt a. Runa ↗ nur Speer, während Ger ↗ (Speer) mehrdeutiger ist.

Speergott: einer der vielen Namen ↗ von Wotan ↗; bezieht sich auf den Ger ↗, hängt aber evtl. a. mit dem Speer des Schicksals ↗ zus., der über den Sieg ↗ bei einem Krieg entschied. In der Edda ↗ wird der S. als unberechenbar angeklagt:

»Schweig doch, Odin!
Gar schlecht verteiltest du
zwischen Kriegern das Kampfeslos:
gabst du doch oft, dem du nicht geben solltest,
dem Feigeren Erfolg.«

(Lokis Zankreden 22)

Sphären: ist neben Zahlen ↗ die Übers. von Sefirot ↗ u. bezieht sich dann auf die Planeten ↗, wie Pythagoras ↗ u. Schüler das für Menschen unhörbare Tönen der Himmelskörper S.-Harmonie nannten. Sphärisch = kugelförmig. Sphäre (in der Einz.) bed. a. Himmelskugel, Umwelt, Wirkungskreis.

Sphinx: personifiziert formal die ›furchtbare‹ od. ›verschlingende‹ Mutter (Jung ↗); kommt von Shespankh = lebende (Ankh ↗) Statue in Ägypten, wo in Gise ↗

Abb. 1

die berühmteste S. steht, mit Bantu ↗-Kopf (Diop) u. Körper einer Löwin ↗, urspr. mit kleiner Horus ↗-Statuette zw. den Pranken, was nahelegt, Isis ↗ darin zu sehen, u. zwar nach dem Osirismord ↗. Die Zeich-

Abb. 2

nung (Abb. 1) stammt aus dem 19. Jh. von einer frz. Wissenschaftsmission, an Napoleon ↗ anschließend. Gustav Flaubert notierte in seinem Reisebuch am

Abb. 3: Mähnensphinx des Königs Amenemhet III.

7.12.1849: »Der Kopf ist grau, die Ohren sind sehr groß und stehen ab wie bei einem Neger ↗. Der Hals ist verwittert und dünner geworden. Vor der Brust ist ein großes Loch im Sand« (C. W. Ceram, Götter, Gräben u. Gelehrte, S. 89–90). Schäden gibt es viele: »In islamischer Zeit, um 1400 n. Chr., zerstörte ein bilderstürmender Scheich, soviel er vermochte...« (ebd.). Von den Krallen bis zum Schweif mißt sie 73,5 m. Es gibt in Ägypten viele S., ja ganze Sphinxalleen ↗, die v. a. eines beweisen: es handelt sich immer um eine Verbildlichung des Tierkreises ↗, im Ggs. zum Greif od. der Nilpferdgöttin ↗ jedoch immer nur mit 1 Tier + menschl. Gesicht. Später gingen sie über in Königsbildnisse (Abb. 3), was viele annehmen läßt, a. die S. von Gise sei männlich. Jedoch regierten a. weibl. Pharaonen (mit Bart ↗) wie z. B. Hatschepsut ↗, u. auch diese ließ sich als S. darstellen. Die griech. S., der Ödipus ↗ begegnete, war eindeutig weibl. u. galt als Schwester des Cerberus ↗ (äg. Anubis ↗). In seiner Schrift über *Isis und Osiris* sagt Plutarch, daß die S. das Geheimnis der okkulten Weisheit ↗ symbolisiere. Er beschreibt sie als herrl. Geschöpfe mit Flügeln, die auf einem Hintergrund von Wolken die Regenbogenfarben ↗ widerspiegelten, bei Sonne aber wie Gold glänzten. Standort s. Chephren ↗. Aus dem übl. Rahmen fällt ›Die Göttin Tutu in Sphinxgestalt‹ (Abb. 2) aus der Zeit der Ptolemäer ↗. Der Löwenkörper ist geflügelt u. geht unter dem Kopf der Göttin in ein Krokodil ↗ über; außerdem zeigt er dessen 1. Grundmotiv ↗ als X.

Sphinxallee: säumte in Ägypten ↗ den Weg zum Tempel ↗, als Verlängerung der Tempelachse, manchmal ›Tempelwächter‹ genannt. Blütezeit im Neuen Reich, das in den Widder-Sektor ↗ fällt mit gut erhaltener S. aus Widdern, genau auf Achse des Tempels der Mut ↗ (Abb.), der in einen Teich ↗ gebettet ist. These: wie die einzelne Sphinx ↗ vertrat die S. den Tierkreis ↗.

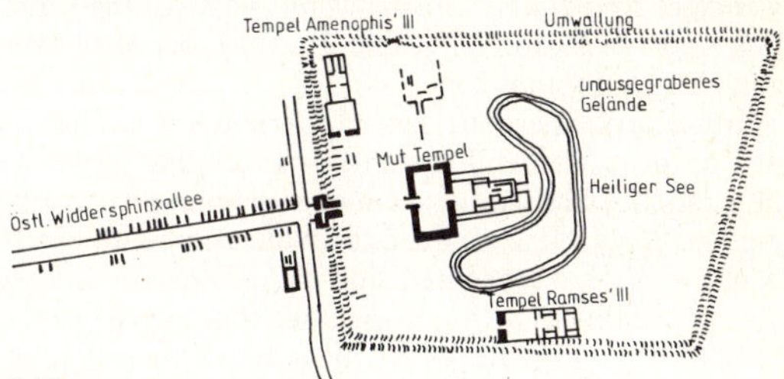

Bei Luxor

Spiegel: Mittel der Reflektion ↗; als Vorbild dürfte der Mond ↗ gedient haben, weshalb der Griff in Ägypten oft eine weibl. Figur (Abb.) ist, wie a. Göttinnen, z. B. Hathor ↗ u. Mut ↗ im Kult S. als Opfergabe dargebracht worden sind. In Europa findet man S. häufig in Brautkronen eingearbeitet, v. a. aber in den Kopfputz der Percht ↗, in deren Name die Doppel-Axt ↗ enth. ist, die man als Hohlform im äg. S.-Griff erkennen kann, gebildet aus Armen u. Blütenkelch = Grundmotiv Pflanzentanz ↗  = Buchstabe P. Erstaunlicherweise ergibt sich dann das Wort Po ↗ (P = Griff +

Spiegel (Neues Reich)

O = Spiegelkreis), was ebenso paßt wie die Umkehrung ↗ Op = Optik ↗. Ggs.: der Rauchende Spiegel Tezcatlipoca ↗, der das, was ein S. ›öffnet‹ bzw. zum Erkennen zurückwirft etc. wieder verhüllt (durch Rauch).

Spin: Drall, Drehimpuls; z. B. beim Elektron ↗ u. a. Elementarteilchen. *Spin* kommt aus dem Engl. u. bed. ›sich drehen‹; man kennt es von Spindel ↗, Spinne ↗, Spinnrad ↗ etc. Ein Denkmodell der mod. Physik ↗ (Abb.) zeigt als Par. zum Sonnensystem ↗ im Zentrum den Atomkern (= Sonne), die Bahn des Elektrons (= Planet) u. dessen Eigenrotation. Ob dabei wie beim Erdachsenpendel ↗ die S.-Achse zu einem langsamen Gegen-S. neigt, kann nicht gemessen werden, wie keineswegs klar ist, ob das Modell so stimmt.

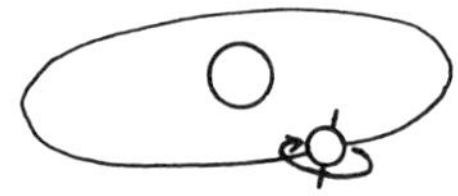

Spindel: Vorrichtung zum Verdrillen von Fasern beim Spinnen. Es gibt ein Kultbild der Athene ↗, auf dem sie r. ein Schwert u. l. eine S. trägt; das würde bed., daß sie Sonne (r.) u. Mond (l.) in sich vereint, od. Vielheit ↗ (das Schwert zerteilt) u. Einheit ↗ (die S. vereint Fasern zu 1 Faden), od. männl. + weibl. Entspr. war bei den Germanen ↗ die Schwertseite die männl. Verwandtschaft u. die S.-Seite die weibl., äqv. Amma-Linie (männl.) + Nommo ↗-Linie (weibl.) bei den Dogon ↗. — S. Spinnrad ↗.

Spinne: produziert aus dem Hinterleib wie ein lebendes ›Spinnrad‹ einen Faden, der – an Zugfestigkeit die des Stahl übertreffend – zu einem regelmäßigen od. unregelmäßigen Netz als Falle für Nahrungsbeute verarbeitet wird. Am schönsten sind die ›Radnetze‹, oft geschützt durch ein helles, eingesponnenes Signal (Kreis, Strich, X), damit die Vögel nicht hineinfliegen u. es zerstören. Ihre Verwendung als Symbol ↗ (s. Rollsiegel ↗) hängt zumindest bei den Indianern mit der Schöpfung ↗ u. Weltenlehre ↗ zus.; lt. Hopi ↗-Überlieferung stieg die Spinnenfrau mit den Götterzwillingen Pöokonghoya u. Balöongahoya aus der Unterweltsöffnung, dem Sipapu ↗, als erste am Kletterbaum Schalavi zur Oberwelt empor; od. sie wohnt in einer unterirdischen Kiwa ↗ u. die Zwillinge ↗ müssen die Leiter hinabsteigen, welche in ihr Haus führt. Bei den Navajo ↗ gelangen sie mit ihrer Hilfe zur Sonne. In Afrika wiederum besitzt die hl. S. einen Kürbis voller Wissen, den sie einen Baum hochträgt; dann fällt er herunter, zerspringt u. alle rennen mit einem Stück des Inhalts davon etc. Eindeutig steht sie für die Verbindung von Himmel + Erde = X, bes. ausgeprägt bei der Kreuzspinne od. im X-Signal des Netzes, kann also als Archetyp Urmutter ↗ eingestuft werden.

Spinnrad: eine rotierende Spindel ↗, die Fasern sowohl verdrillt wie a. den entstehenden Faden aufwickelt. ›Spindelgöttin‹ war z. B. die Berchta ↗ (Abb.): ihr S. ist 6speichig, d. h. eine Var. des Sechssterns ↗; auf dem Kopf die Mondsichel als Horn ↗-Paar. Das Innere des S. entspr. a. der 7. Rune ↗. Eine Querverbindung zum Netz ↗ des Kosmos u. der Spinne ↗ deutet vielleicht das Rhombus-Muster des Mieders an.

Spirale: eine kreisförmige Wendelinie, rudimentär im Buchstaben G, äqv. Grundmotiv Labyrinth ↗ enthalten. Bes. ausgeprägt bei den Muisca ↗-Indianern, wo die S. 4 mal mit einer Art Boot verbunden ist, was an die Argonautik ↗ von Mu zu den 4. restl. Kontinenten erinnert (Abb. 1). Vorbild ist die Muschel (Abb. 2) u.

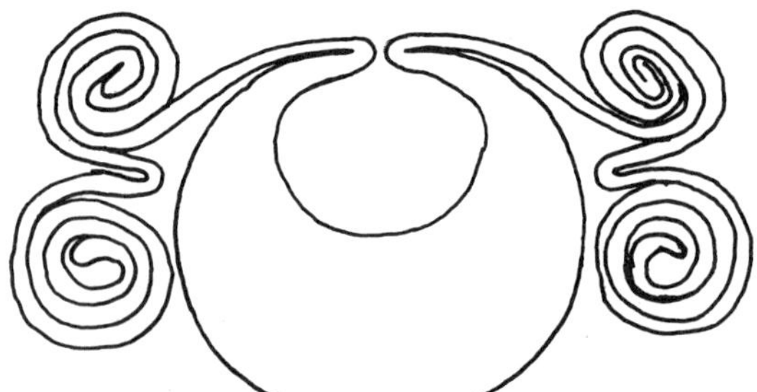

Abb. 1

das menschl. Ohr (Abb. 3), wie man ja a. von ›Ohrmuschel‹ spricht. In Ägypten sind vornehml. die Augen ↗ mit S. versehen: das sie Sonne + Mond vertreten, die in Schiffen ↗ schwimmend gedacht wurden, landet man über spiralige Gestirnsbahnen, deren Kreisform durch die Bewegung der Galaxie ↗ verspiralt wird, beim Troya-Tanz ↗ = Weltordnung ↗ gehen (od. tanzen).

Abb. 2

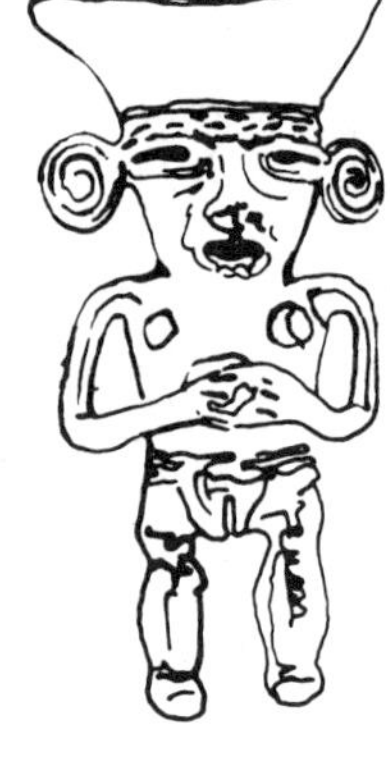

Abb. 3

U. da es 2 Ordnungen gibt, die sich a. als Ton ↗ (äqv. Ohr) u. Bild (äqv. Auge) manifetieren, kann man die S. a. auf beider Einheit, die Schlange ↗ zurückführen, die sich ja spiralig aufrollt, s. Diskus ↗. A. die Schrift auf den Rongo Rongo ↗ wurde spiralig angelegt. S. Meerfahrt ↗, Atlantis ↗, Megalithgrab ↗, Maori ↗, Madras ↗ u. Lug ↗. — B es. inter. der spiralige Ohrschmuck der Muisca (Abb. 4), der vom Motiv Hirtenstab ↗ ausgeht, s. Schöpfung ↗ u. Hathor-Locken ↗, wie man a. die Weltformel ↗ zur Spirale aufschneiden kann, sodaß man im Übertrag auf den Menschen ↗ bei der Kundalini ↗ landet, die spiralig am Rückgrat hochsteigt.

Abb. 4

Spirit: Geist ↗ (engl.); danach Spiriting ↗ u. Spiritual ↗.

Spiriting: als Var. von Spiritual ↗ nennt Kolawole ↗

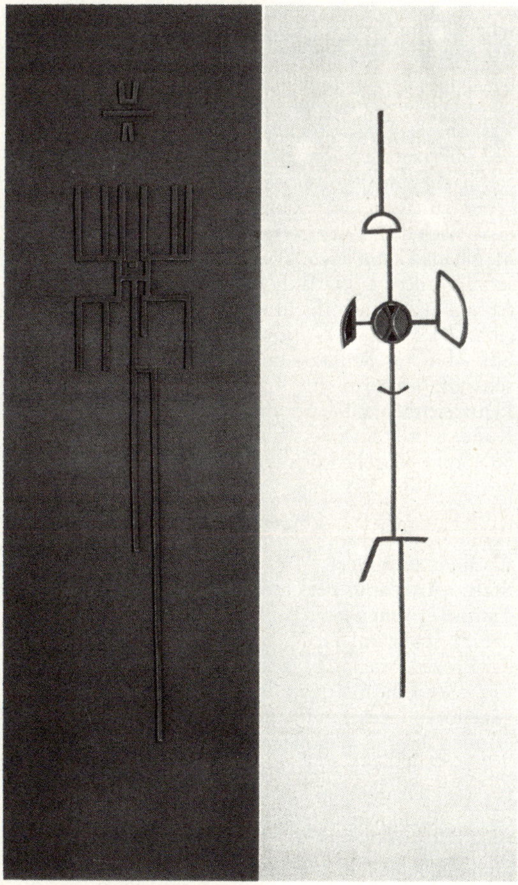
L. C. Kolawole: 2 Spiritings

jede der 12 Holzplatten, die 1971–72 in Paris entstanden sind u. Basis der 1. Muiska-Museum ↗ Ausstellung wurden, wobei jedes S. 1 Sektor des geschichtl. Zodiak ↗ vertrat, gewissermaßen als Erweiterung eines Zodiakzeichens ↗, mit denen beim 9fältigen Menschen ↗ der Geist beginnt. Alle tragen auf einer 2,50 m hochen, 0,75 m breiten ›leeren‹ Fläche eine vergoldete Reliefachse mit unterschiedl. Grundmotiven ↗ (Abb.); s. Weltachse ↗.

Spiritual: nach ihrer Zwangsmissionierung durften die als Sklaven ↗ nach USA ↗ verschleppten Afrikaner, deren Nachf. die Schwarzen Amerikaner ↗ sind, nur christl., d. h. vom Heiligen Geist ↗, engl. Holy Spirit ↗, geprägte Lieder singen. Sie verbanden die aufgezwungenen Inhalte mit Alltagserfahrungen u. eigenen Musikelementen zu ›Negro-Spirituals‹. Aber das war nicht alles: nach der Technik des afrik. Witwenvogels ↗ wurden in den Zeilen der Feinde - d. h. der weißen Christen - unhörbar für diese eigene Geheiminformationen eingebaut, mit deren Hilfe Tausenden die Flucht von den Südstaaten in den N gelang. Eine Schwarze (Sklavin) organisierte diese erfolgreiche Untergrundbewegung. Erst hundert J. später entdeckte man diesen Hintergrund der S.; sie enthielten aber a. schon eine Vorausschau:

»No more water
The fire next time.«

Die Katastrophe der Sintflut ↗ würde sich nächstes Mal nicht mit Wasser, sondern Feuer wiederholen - These: beim Endkrieg ↗. — Musikalische Technik = Modulation ↗.

Sprache: menschl. Fähigkeit, Gedanken in Worten ↗ mitzuteilen, deren tonale Ausformung durch sog. Sprechorgane in Hals (Kehlkopf) u. Mund (Zunge, Zähne, Lippen) bewerkstelligt wird. »Der Ursprung der S. ist trotz aller Theorien über ihre Entstehung dunkel« (rororo Lexikon). Zweifelsfrei erscheint nur, daß der Neandertaler ↗ noch keinen sprechfähigen Kehlkopf besaßt. »Während Biologen heute in der Sprache *das* zoologische Merkmal der Species Homo sehen, schätzen Kybernetiker, daß ohne Sprache als Medium des Austausches und der Speicherung von Erfahrungen einige 20 Millionen Jahre mehr vergangen wären, bevor der Mensch ↗ aufgrund von Evolution ↗ und Mutation ↗ seinen jetzigen Entwicklungsstand erreicht hätte« (R. Fester, S. 79). Genau an diesem Punkt müßte eigtl. klar sein, daß es für die Beschleunigung der Evolution nur ein überliefertes Ereignis gibt: Griff nach Erkenntnis ↗ - zweifellos direkt verbunden mit S., aber noch nicht Schrift ↗ (Schrift-S.). Ohne Erkenntnis kein Denken, kein Gedanke, der umgesetzt werden kann. Nun ist im Wort S. enth.: Rachen (als Werkzeug) u. Ra ↗ = Sonne, die sich mit ihren 48 Kategorien des Daseins komplett in den 2 ersten tib. Chakras ↗ wiederfindet, angesiedelt in Kopf u. Hals, also genau dort, wo S. (Denken im Kopf + Ausformung in der Kehle) entsteht. Nun hängt aber deren Aktivierung mit dem Hochsteigen der Kundalini ↗ zus.; setzen wir diese mit der Schlange ↗ am ›Baum der Erkenntnis‹ in Par., verstärkt sich die eingangs erwähnte zeitl. Fixierung zur These: Sprachbeginn hängt mit der Landung ↗ außerird. Kulturbringer ↗ zus., ist also keine evolutionäre Entwicklung. Tats. kann kein einziges Kind ↗ ohne Anleitung zum Sprachwesen werden, was S. von Tradition ↗ abhängig macht, die eben a. erst mit Kultur ↗ einzusetzen scheint. U. noch heute kommt ein Neugeborenes nicht mit fertig ausgebildeten Sprechorganen zur Welt, sie sind erst nach Abschluß des 1. Lebensjahres soweit. Sollte der Paläolinguist Fester recht haben, daß die S. eine »... Errungenschaft ist, die die Menschheit unseren frühen Frauen verdankt...« (ebd., S. 19), was sich wohl im Begriff Mutter-S. erhalten hat, landet man beim weibl. Astronaut Orejona ↗ als S.-Vermittlerin, Nv. Athene als Stoichea ↗. — S. Sprachfamilien ↗ u. Sprachverwirrung ↗.

Sprachfamilien: es gibt heute ca. 200 S., unter denen als bes. umfangreich BAntu ↗, die chin., idg. u. sem. herausragen. These: es könnte sich um die 1. Ausfächerung einer globalen Ursprache ↗ unter den 4 Rassen ↗ handeln, zusammenhängend mit dem Beginn von Schrift ↗ (= Schriftsprache) als Auslöser für Sprachverwirrung ↗.

Sprachgemeinschaft: Sprachfamilie ↗.

Sprachverwirrung: die Bibel ↗ überliefert eine sog. Babylonische S., bis zu der die Menschheit »... von einer Sprache ↗ und von einer Zunge...« war. Als Bestrafung für den Bau des Babylonischen Turms ↗ folgt als Beschluß von ›oben‹: »Wohlauf, laßt uns hernieder fahren, und ihre Sprache daselbst verwirren, daß keiner des andern Sprache vernehme.« Die befremdliche Mehrz. könnte sich auf die Elohim ↗ = Grundmotive ↗ beziehen, mit deren Offenbarung durch Thot ↗ unterschiedl. Schrift ↗ als Aufzeichnung von Sprache mögl. wurde, mit entspr. verändernder Rückwirkung. These: das ereignete sich aber nicht im heute allein bek. Babylon ↗, sondern in der ›Babylone‹ Simbabwe ↗, Jahrtausende früher.

Sri Yantra: wichtiges Yantra ↗ bei der Initiation durch einen Guru ↗ - der Göttin geweiht: Lakschmi ↗.

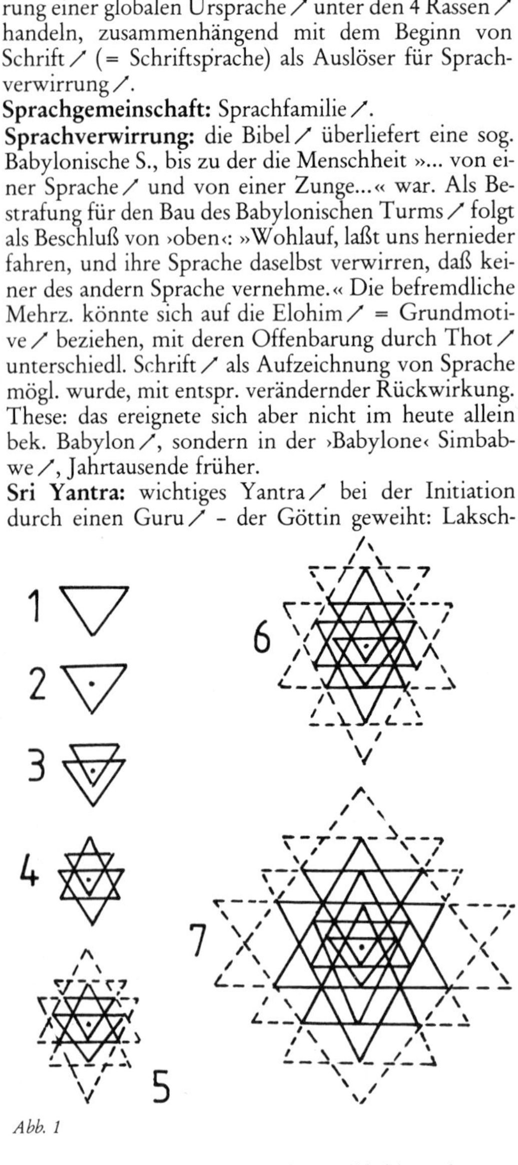

Abb. 1

Gilt als »... eine mystische Nachbildung des Kosmos ↗...« bzw. »... eine Vision von der Gesamtheit der Existenz.« Es wird aufgebaut aus 5 weibl. + 4 männl. Dreiecken ↗ plus Bindu (Punkt), die sich so ineinanderschachteln, daß eine 10fache Staffelung des Gesamtkosmos ↗ entsteht. Man denkt natürl. an die 9 Welten ↗ (wenn man den Vereinigungspunkt als Sonnenkern ↗ wegläßt) od. an die 10 Himmel, s. Io ↗. Das interessante ist, daß in der Kreiseinfassung (Abb. 2) 24 ›Flämmchen‹ od. ›Blätter‹ erscheinen: das wäre eine

Abb. 2: Aus einem Film von R. Nameth

schemahafte Entsprechung der 24 Grundmotive ↗ des Kosmos. U. dies bei einem S. Y., das in einem elektronischen Schwingungsfeld erzeugt wurde, als Experiment bei der Umsetzung von Klang (des entspr. Mantras) über Tonograph in Bild. Abb. 1 zeigt die traditionell überlieferte Form, das S. Y. aus dem weibl. Dreieck nach dem ›Evolutionsmodus‹ (sri-krama) hervorgehen zu lassen. Man kann aber a. umgek. verfahren, quasi nach dem Prinzip von Pralaya ↗ (Auflösung). Lt. M. Khanna kann das S. Y. in Par. zu den Chakras ↗ gesetzt werden u. ist dann »... ein zusammengesetztes Abbild des feinstofflichen Körpers ↗...« Außerdem gilt es als Meru ↗.

SS: Abk. für Schutzstaffel, eine wie die Katharer ↗ schwarz uniformierte ›Idealtruppe‹, gekennzeichnet mit einer doppelten Sig ↗-Rune. Unterteilt in Zivilisten u. Waffen-SS. Sollte durch Auswahl nord. Typen (groß, blond, blauäugig etc.) die Rassenlehre der Nazi-Ideologie ↗ verwirklichen, verübte jedoch zahl. Verbrechen u. trat in Rivalität zum Heer.

Stab: »Artapanus berichtet, daß die Ägypter in jedem Tempel ↗ einen Stab aufgestellt hätten...« (Bonnet, 256), u. zwar im Naos ↗ neben der Barke, um mit ihr bei Prozessionen ↗ hinausgeführt zu werden. Es sind »... Stöcke, die mit den Köpfen der Götter ↗, denen sie zugehören... geschmückt sind« (Bonnet, S. 254). Kees erinnert an die stabtragenden Vorläufer des Königs, d.h. an die Horusdiener ↗. Texte reden etwa von Horus als ›Herr des Stabes, um seinen Weg zu bahnen‹ od. direkt von ›Horus, der Stab‹; eine Sonderform ist der doppelgesichtige S. der Göttin Hathor ↗. These: diese Stäbe haben sich bis in die jüngste Zeit als Okute ↗ fortgesetzt u. symbolisieren wahrsch. die göttl. Sonderlinie ↗. Dafür spricht nicht zuletzt die Ähnlichkeit mit dem Z. für Ntr ↗, ein S. mit einer Art Axt ↗, an deren Stelle der jeweilige Kopf tritt. Das Ntr-Z. befin-

det sich a. in der Namensstandarte des Pharaos Thutmoses II. über der Ka-Hieroglyphe ↗ (Abb.): in dessen l. Hand ein S. dieser Art, evtl. sein Vorgänger. In der r. Hand die Feder der Maat ↗. — S. Stabreim ↗ + Yoruba ↗.

Stabreim: literar. Stil der Germanen ↗, bei dem sich Zeilen nicht am Ende durch Gleichlautigkeit reimen, sondern diese in die Zeile selbst eingebaut wird, entw. als Wiederholung der Endsilbe:

»Odins Meute eilte zur Beute«

od. als Wiederholung von Anfangskonsonanten:

»Da sah der *F*ürst *F*rauen reiten
*H*och in *H*elmen auf *H*immels Aun
Die *B*rünnen waren mit *B*lut *b*esprengt
Die *S*peerspitzen *s*prühten *S*trahlen«

(Die Rede ist von Walküren ↗) Mit Stab ↗ ist die Wiederholung ↗ in einer Linie gemeint, was sich in Par. zur Genesis der Sonderlinie ↗ bringen läßt. — Benutzt z. B. in der Edda ↗ u. im Nibelungenlied ↗.

Stadt: griech. *polis* = hl. (Is ↗) Pol, nämlich Zentrum von Kultur ↗, früher oft auf Geodätischen Punkten ↗ err. u. im Ggs. zum Land, das äqv. Quadrat = Erde in rechteckige Felder aufgeteilt ist, als Kreis ↗ angelegt wurde, der bei der äg. Zeichensetzung mit schrägem Kreuz = ⊗ versehen war. Im Wort Metropole ↗ liegt noch begraben, daß es der Pol der Mütter, *madres* war, von denen die Kultur ausging, s. Archetyp Urmutter ↗ als X.

Stamm: größere Gruppe Blutsverwandter, die sich auf einen gemeinsamen Vorfahr (Stammvater od. Stammmutter) bezieht, die oft als göttl. = vom Himmel stammend eingestuft werden. Kann sich matrilinear ↗ od. patrilinear forsetzen. Wird die Linie überliefert, liegt ein Stammbaum vor. Stark ausgeprägte S. verhindern oft die Bildung eines Volkes ↗, Staates bzw. einer Nation, weil Stammeskämpfe vorherrschen. Die immer zerstrittenen S. der Germanen ↗ führten sich auf den ›erdgeborenen Gott‹ Tuisto ↗ zurück. Außerdem gibt es Verlorene Stämme ↗.

Stammhirn: ältester Teil des Gehirns ↗. Verankerung von Verhaltensstrukturen (Instinkt ↗), die a. durch künstl. Impulse beliebig abgerufen werden können.

Stampe: Name der Percht ↗; von stampen abgeleitet.

Statue: plastisches Standbild eines Menschen, in Ägypten Ka-Haus gen. = künstl. Wohnstätte des ›geistigen Doppelgängers‹ (Ka) nach entspr. Ka-Transfer ↗. Die wichtigsten scheinen in der Großen Galerie ↗ getanden zu haben; entspr. findet man eine S. des Toten in seinem Totentempel ↗ od. Nekropolen ↗-Haus.

Stauferkönig: wurde der aus dem schwäb. Geschlecht der Hohenstaufen (Staufer) stammende Friedrich II. (1194–1250) gen., der 1220 dt. Kaiser wurde, gg. das Papsttum kämpfte, trotz Bann den 5. Kreuzzug ↗ organisierte u. dabei Jerusalem ↗ erhielt sowie durch Heirat König von Sizilien ↗ wurde, wo er sein mysteriöses Oktogon ↗ bauen ließ. Von manchen als ›Wiederkehrkaiser‹ ↗ verehrt.

Stein: starr gewordene Sonnenmasse (s. Materie), zugehörig zu Kintu ↗ u. am 3. Tag der Sekundärschöpfung ↗ im Buchstaben O entstanden. Grundmotiv Implosion, Verdichtung. »Die erste Kultgestalt, die wir kennen, sind die Steinkugeln... Man deutet sie als Abbild der Sonne zur Zeit der kälteren Perioden. Diese sorgfältig zugerichteten Steinbälle fanden sich in gesicherten Fundschichten in der Charente und in Nordafrika in pyramidenförmigem Aufbau (s. Große Pyramide ↗)... Bedeutend ist die Stellung der durchbohrten Steinscheibe im chinesischen Kulturraum. Hier das Männliche und die Sonne symbolisierend.« Die Abb. zeigt einen solchen Lochstein, äqv. Sonnenzeichen ↗ ⊙. Bei der Einteilung der S. in Ophiten ↗ u. Sideriten ↗ rechnet er zweifellos zu letzeren. Der schwarze Stein der Kybele ↗ jedoch, den die Römer als Lapis Niger 204 v. Z. während der Regierungszeit von Attalos nach Rom ↗ holten, verbindet sich mit ersteren bzw. dem Weiblichen u. ist der ›vom Himmel gefallene Stein‹, Bait-Elim phöniz., das Haus (Beta, Baiti) der Elohim (Elim) od. Grundmotive ↗ als erstarrtes Schwarzes Licht ↗, germ. Stan. U. so hieß a. die 24. Rune ↗. — S.-Sonderformen: Gral ↗, K'Aba ↗ u. Stein der Weisen ↗.

Steinbock: zum Tierkreis ↗ gehörend; eine ›Wildziege‹ des Hochgeb. mit sehr starken Hörnern. Äqv. sind

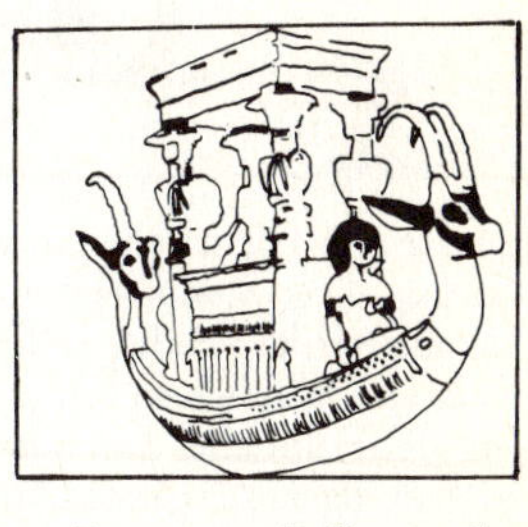

Ziege ↗, Gazelle ↗, Antilope, Lama ↗ u. in Sumer der Ziegenfisch ↗, bei dem sein 1. Grundmotiv ↗ 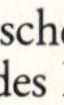 = Argonautik ↗ ebenso anklingt wie auf dem mit S.-Köpfen verzierten äg. Schiff ↗ (Abb.). Der S. erscheint a. auf der Horusstele ↗. Bei den 12 Arbeiten des Herakles ↗ wird die Hirschkuh ↗ daraus u. in der Höhlenmalerei ↗ der Hirsch ↗, was dem 2. Motiv Archetyp Medizinmann ↗ entspr. dürfte. Wirkdauer in der

Geschichte ↗: 21810 - 19650 v. Z.

Stein der Weisen: *lapis philosophorum,* eigtl. Philosophischer Stein ↗. Lt. Alchemie ↗ besteht er aus ›corpus et anima et spiritus‹, d. h. wie der äg. 9fältige Mensch ↗ aus Körper, Seele u. Geist, der hier aber als Anthropos ↗ im Stein der Weisen ›schläft‹. Dieser symb. Stein kann mit den Sinnen ↗ nicht erfaßt werden u. ist von solcher Subtilität, daß er alles durchdringen kann. Frühchristl. Philosophen »... haben den Jüngsten Tag ↗ in dieser Kunst, nämlich der Keimung und Geburt dieses Steines gesehen« (Marie-Louise von Franz, S. 275). These: es handelt sich um die Weltformel ↗. — S. Faust ↗, Friedrich der Große ↗, Philosophie ↗ u. Phönix ↗.

Steiner, Rudolf: österr. Geisteswissenschaftler (1861-1925), der sich zunächst als Goethe ↗-Forscher betätigte. Als 1902 in Anwesenheit von Annie Besant ↗ in Berlin eine Gesellschaft der Theosophie ↗ gegr. wurde, setzte man ihn als Generalsekretär für Deutschland ein. Bekennt 1905: »Vor H. P. Blavatsky ↗ stand ich noch vor 15 Jahren wie vor einem Rätsel, aber durch Frau Besant habe ich den Weg zu H. P. B. gefunden.« Nach dem Bruch wegen Krischnamurti ↗ gründet er die Anthroposophie ↗. In der 1. Ausgabe seiner Schrift ›Wie erlangt man Erkenntnisse der höheren Welten?‹ spricht er noch von der Yoga-Kraft Kundalini ↗, später werden ind. Begriffe weggelassen od. durch dt. ersetzt. Errichtete in Dornach bei Basel das Goetheanum als ›Hochschule für Geisteswissenschaft‹ u. ab 1913 die Waldorf-Schulen. Vorausschau für den Weltenwechsel nach Abschluß des Fischsektors ↗: 1975 werde der Impuls für die nächste Welt zum letzten Mal gegeben; wenn er dann nicht aufgenommen würde, käme er nie wieder. Er stamme nicht von einem Deutschen, weerde aber nach Deutschland gebracht. U.: in der Endzeit ↗ spiele Rußland ↗ eine positive Rolle für W.-Europa. — These: ersteres bezieht sich auf Kolawole ↗, 1975 in der 1. Ausstellung vom Muiska-Museum ↗ präsentiert. Das Datum geht auf Blavatsky zurück.

Steinkreis: aus Steinen ↗ gesetzte Einfach- od. Mehrfach-Kreise, germ. Thing ↗, hebr. Gilgal ↗, polynes.

Marae ↗. »Die irische Überlieferung schreibt den Ursprung ihrer Steinkreise einem Zauberer zu, welcher sie aus Afrika brachte« (Blavatsky, II, 359). Hier fand man erst kürzlich in Kenia (früher Land der Kene ↗?) ein ›Afrikanisches Stonehenge ↗‹ (Abb.), das 7 Sterne anpeilt, darunter Orion ↗ u. Sirius ↗. Im kenianischen Namen ↗ Namortunga steckt Mora, u. wie die Mora-Steine sind diese hier schwarz, d. h. aus Basalt: »Die Basaltblöcke sind von einem niedrigen Steinkreis umgeben... Die Schlußfolgerung der Wissenschaftler: Es handelt sich hier um das älteste Observatorium südlich der Sahara ↗, nicht unähnlich jenem Typ, wie er durch das berühmte Stonehenge in Großbritannien repräsentiert wird.« (P. M.) S. Medizin-Rad ↗, Mykene ↗, Intiwatana ↗ u. Steinmütterchen ↗.

Steinmütterchen: Steinkreis ↗, Babylone, Labyrinth ↗, Troya-Burg ↗.

Steinzeit: um die Jahrhundertwende geprägter Ausdruck für die sog. ›Vorgeschichte‹ der Menschheit, als Stein das einzige Material für Werkzeugherstellung war, wobei eine Altsteinzeit bis 9000 v. Z., Mittelsteinzeit 9000 - 4000 v. Z. u. Jungsteinzeit 4000 - 1800 v. Z. unterschieden wird; dann folgen Bronze- u. Eisenzeit, jedoch nicht in Australien ↗ u. a. isolierten Gegenden, weshalb man die entspr. Menschen für ›steinzeitlich‹ hält. These: der Begriff S. ist deshalb unsinnig, weil der von allen Völkern überlieferte Weltuntergang ↗ von 11432 v. Z. u. das enorm hohe Niveau der davorliegenden 4. Welt ↗ unberücksichtigt bleibt. Will man ihn beibehalten, so muß es heißen: die Menschheit hat sich vor rd. 13000 J. in die S. zurückgebombt, die davor nur dem Neandertaler ↗ u. ähnl. Urmenschen eigen war. — S. Kulturschichten ↗, Weltenbrand ↗, Sintflut ↗.

Stele: griech. Wort für Säule ↗; jedoch a. eingesetzt für freistehende, mit Bildern od. Inschriften versehene

Abb. 1: Ägyptische Stele des Oto

Abb. 2

Steine wie z. B. die Horusstele ↗ u. der Runengedenkstein ↗. Deren Form gleich auffallend oft der Ul-Rune ↗  u. geht in Ägypten als Außenumrahmung in die Göttin Nut ↗ über (Abb. 1), während ein Bsp. aus Frankreich direkt zur weibl. Figur wird (Abb. 2): Eine schmalere Var. ist der Menhir ↗ u. die indian. Kalendersteine, s. Katun ↗. A. in Saba ↗ waren S. verbreitet.

Stella Maris: Polarstern ↗, heute im Kleinen Bär ↗ u. nach Maria ↗ (= *maris*) benannt; *stella* = Stern ↗ (lat.); a. ›Leitstern des Frauenwagens‹ (Kleiner Bär = Kleiner Wagen), s. Wagen ↗ als Symbol. Wahrsch. bed. der Name nur ›Meerstern‹ mit *maris* = *mare* = Meer. Die Seeleute benutzen ihn zur Bestimmung der geograph. Breite.

Sterblichkeit: genau genommen das Wissen um den Tod ↗ lange vor dessen Eintreten; setzt beim Kind oft sehr früh ein. Nach afrik. Auffassung ist nur Muntu ↗, der Mensch sterbl., was sich seit Eintreffen von Nommo ↗ offensichtl. durch Reinkarnation ↗ eher verstärkt als abgeschwächt hat, s. Gilgamesch ↗ mit seiner verzweifelten Suche nach dem Kraut der Unsterblichkeit ↗. Nachweislich ist zumindest, daß der Neandertaler ↗, obwohl ohne Sprache ↗ u. Kunst ↗, schon blumengeschmückte Bestattungen machte. Der Ausdruck ›die sterblichen Reste‹ begraben macht wiederum deutl., daß sich S. nur auf den Körper ↗, nicht aber auf die Kausalseele ↗ bezieht; ein ähnl. Begriff ist die ›sterbliche Hülle‹. Möglicherweise geht die Problematik der S. für den Menschen vom Ka ↗ (Geist) aus.

Stern: »Sterne sind Sonnen: Himmelskörper, die in ihrem eigenen Licht ↗ scheinen... Unser nächster Stern, die Sonne ↗, ist ›nur‹ knapp 150 Millionen km entfernt. Danach kommt ein Stern, zu dem es fast 300000 mal so weit ist... 4,3 Lichtjahre...« (Zim, Sterne, S. 31), also knapp die Hälfte der Entfernung vom Sirius ↗. Zum Vergleich: unsere Galaxie ↗ hat einen Durchmesser von etwa 80000 Lichtjahren ↗ (Dicke 10000). »Sehr heiße Sterne erscheinen bläulich-weiß, kühle Sterne rötlich...«, d. h. die Farbe ↗ verrät die Oberflächentemperatur; unsere eigene Sonne liegt mit gelb in der mitte der Skala. Mit Alter od. Größe hat dies nichts zu tun, denn manche S. verändern regelmäßig od. unregelmäßig ihre Strahlung (Skalaposition) in Tagen, Wochen, Monaten od. einigen J., Grund unbekannt. Völlig offen ist noch, ob alle, viele, wenige od. gar keine S. Sonnensysteme ↗ mit Planeten ↗ haben, unter letzteren u. U. sogar Leben-tragende wie die Erde. Dabei ignoriert die mod. Wissenschaft ↗ die Überlieferung extraterr. Astronauten ↗, d. h. Wesen von einem anderen S. (bzw. dessen Planet). — ⅓ aller untersuchten S. sind Zweisonnensysteme ↗. Sehr alt die Zusammenfassung von S. zu Sternbildern ↗ u. die Einrichtung von Sternenwegen ↗. A. Steinkreise ↗ fixierten S. an. — S. Unterschied zw. Astronomie ↗ u. Astrologie ↗: *astr* = Stern wie bei Zoroaster ↗.

Sternbild: mit Name ↗ versehene Gruppe heller Sterne ↗, die bei der Orientierung am Himmel, spez. für

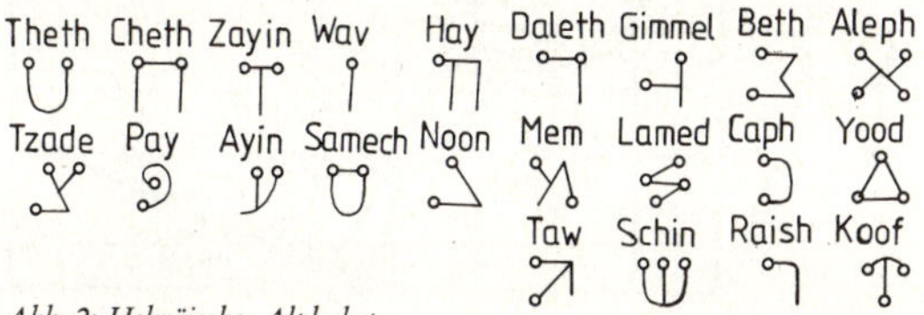

Abb. 2: Hebräisches Alphabet

die Berechnung des Kalenders helfen. Sonderfall: der Tierkreis ↗. Die Grenzen der 88 mod. S. sind international festgelegt. Bsp.: Plejaden ↗, Kleiner + Großer Bär ↗ etc. Meist wurden sie mit Mythen umgeben = Astralmythol. u. zu Göttern bzw. Sternengeistern; so sagt z. B. der Tote ↗ im Äg. Totenbuch ↗:

»Ich nehme nun wahr einen Sterngeist
dessen Antlitz leuchtet im Hüftengestirn (= Stb)
starren Auges schaut er mich an.«

Äg. Darst. kombinieren meist figürl. Göttergruppen mit den darüber gezeichneten Sterngruppen (Abb. 1). Die Kabala ↗ wiederum lehrt, man könne die einzelnen Sterne zu Buchstabenbildern - d. h. abstrakten S. - des hebr. Alphabets verbinden u. dann in geeigneter Weise zu Wörtern verknüpfen (Abb. 2 + 3). — S. Sternenwege ↗.

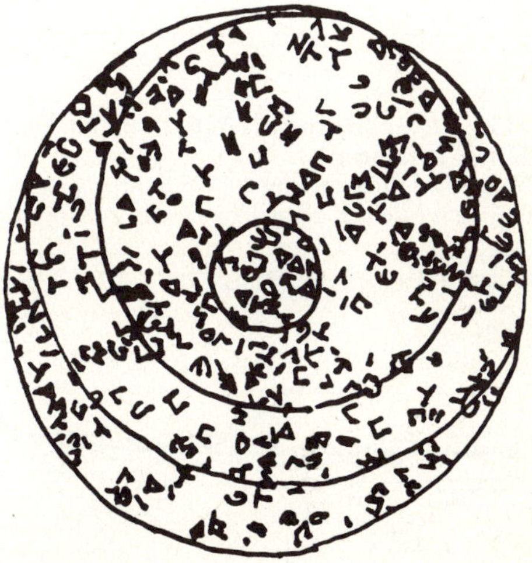

Abb. 3: Himmelskarte

Sternenwege: 3 soll es lt. L. Charpentier (Buch: Mystère de Compostelle) in Westeuropa bis zur Zerstörung durch das Römische Reich ↗ gegeben haben; sie folgten der (scheinbaren) Bewegung eines Sternbildes ↗ von O nach W u. endeten an der Küste des Atlantik. Es waren ›Pilgerwege zu den Symbolen‹ ↗, ist seine Meinung. Denn die Wege sind voller Petroglyphen als Übungsvorstufe für die endgültige Initiation ↗ dort, wo ca. um 2000 v. Z. fremde Kulturbringer auf Schiffen gelandet waren, wahrsch. Kanaanäer ↗, unter dem Druck der zu dieser Zeit beginnenden Völkerwanderung ↗ - od. um den Beginn der Wiederholung ↗ von der Evolution einzuleiten. Immerhin ist ihre Bindung zu Europa durch die kanaan. Prinzessin Europa ↗ bes. stark.

Nr. 1 lag am 42. Breitengrad (Abb. 1) u. führte schräg über die Pyrenäen ↗ zu einem Ort La Toja, was an den Begriff Troja ↗ erinnert; kurz davor das noch heute berühmte Compostelle.

Abb. 1: Himmelskonstellationen

Nr. 2 lag am 48. Breitengrad (Abb. 2), auf den sich später Nostradamus ↗ mit seiner Vorausschau bezog; an ihm liegt das berühmte Chartres ↗.

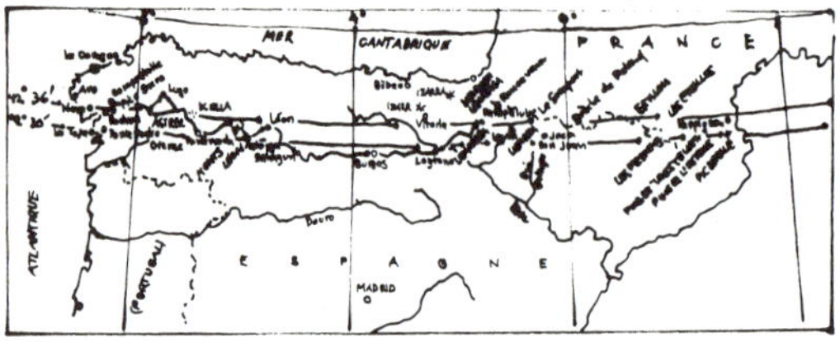

Abb. 1

Nr. 3 lag am 51. Breitengrad (Abb. 2); an ihm liegt das berühmte Stonehenge ↗.
Daß sich die Unterweisung auf das Sonnenalphabet ↗ bezog, ist vielleicht daran abzulesen, daß in Noya

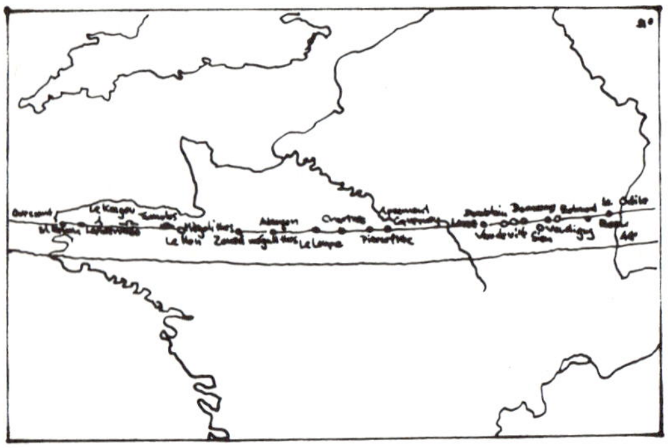

Abb. 2

(gleich neben La Toja) eine kleine Kirche entstand, deren Portal von den ›24 Ältesten‹, wie sie die Apokalypse ↗ anführt, umgeben war, u. sie entspr. ja dem Alphabet.

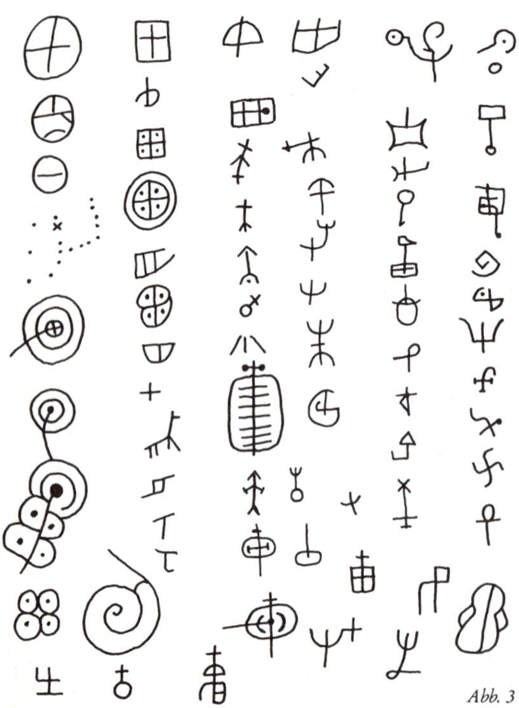

Abb. 3

Nun liegt a. München ↗ am 48. Breitengrad u. es fällt auf, daß beim Durchziehen des mittleren S. im Ansatz das Nommozeichen ↗ entsteht, und a. die Statuette der Göttin Europa auf Kreta, d. h. ihre Arme als Ka-Hieroglyphe ↗ für die S. 1 + 3, Kopf mit Taube ↗ u. Körperachse für den nun bis München verlängerten Weg 2 - u. hier soll ja in der Endzeit der Hl. Geist (= die Taube) herabsteigen! Jahrhunderte danach haben die gleichen Leute als Olmeken ↗ a. in Amerika die Wiederkehr ↗ vorbereitet. — Tats. finden sich unter den Petroglyphen sehr oft Nommo-ähnl. Z. (Abb. 3). — S. Bretonen ↗, Lug ↗, Esoterische Geographie ↗ u. Hesperia ↗.

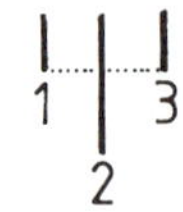

Stier: gehört als Sternbild zum Tierkreis ↗; s. Stiersektor ↗. Die Plejaden ↗ liegen in seinem Rücken (Abb.). Der S. wurde als Symbol a. anderweitig eingesetzt, spez. in Ägypten:
1) als Kemur ↗
2) als Muntu-Stier ↗
3) als Apis ↗
4) aber a. Saturn ↗, Mond, Sonne u. a. große Himmelskörper konnten »Stiere des Himmels« gen. werden (Bonnet, S. 752). Das dürfte mit dem weibl. Gegenstück der Himmelskuh ↗ zusammenhängen, deren

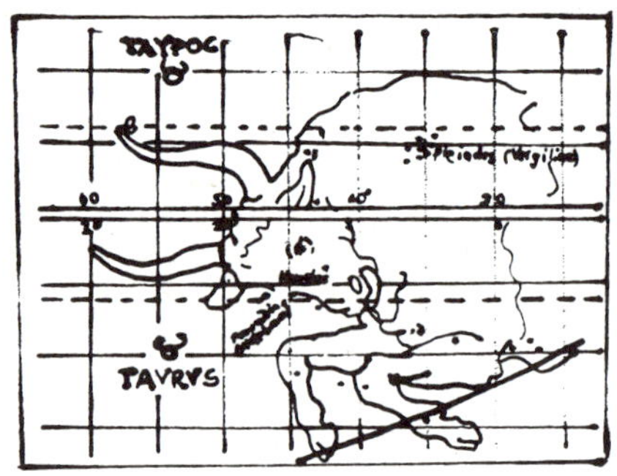

Aus dem Sternkatalog von John Flamsted (Paris, 1791)

›Söhne‹ die Sterne als S. dann sind. Außerdem ist der Stierkopf ↗ die unserem A entspr. Hieroglyphe, woraus Aleph ↗ u. schließl. Alpha ↗ wurde. — Als Zeitangabe ist der griech. Mythos von Zeus ↗ zu werten, der als S. Europa ↗ nach Kreta entführt; dort findet sich a. ein ausgeprägter Stierkult ↗. Bei den Christen wurde er dem Evangelisten ↗ Lukas zugeteilt. S. a. die S.-Tötung des Mithras ↗ sowie Baal ↗, Dionysos ↗, Bacchus ↗ + Buchis ↗.

Stierkopf: Buchstabe A (Aleph, Alpha) entspr. Hieroglyphe ↗; man kann ihn bes. gut am Sternbild Stier ↗ ablesen (Abb.).

Stierkult: bes. ausgeprägt auf Kreta ↗, wo unzählige Stier-Hörner den Palast von Knossos schmücken, zweifellos zurückgehend auf die Entstehung der Minoischen ↗ Kultur in der 2. Hälfte des Stierstektors ↗, mythologisiert als in einen Stier ↗ verwandelten Zeus ↗, der Europa ↗ entführt. Fortsetzung bildet der

Abb. 1

Minotaurus ↗ u. das berühmte Kultspiel eines doppelten Salto über einen lebenden Stier, dessen Bed. verlorenging. Abb. legen nahe, er habe zw. den Hörnern begonnen mit Aufsprung hinter dem Schwanz, wo eine

Abb. 2

weibl. Person (Abb. 1) zum Auffangen bereitsteht; a. die Hörner werden von einem Mädchen gehalten. Graham vermutet »... daß der Stier nach Beendigung des Spiels geopfert wurde« (Time & Life). Eine solche Opferung (Abb. 2) – die an die des Mithras ↗ erinnert – ist auf einem Sarkophag, um den der Tierkreis ↗ läuft, dargestellt: Das Stierblut wird von einer Priesterin vor der Doppel-Axt ↗ (P) dargebracht, während die Fesselung des Stiers ein X ist, was an das Christusmonogramm ↗ (XP ↗) erinnert – ein Äqv. zur Tötung des Baal ↗? A. auf dieser Abb. sind weibl. Personen an Kopf- u. Schwanzende, dazw. ein männl. Flötenspieler wie der Saltospringer von Abb. 1.

Stiersektor: geschichtl. Tierkreis ↗-Sektor im Z. des Stieres ↗, Dauer 4530–2370 v. Z. Mit ihm schießt der äg. Djed ↗ ab; nach ind. Definition folgt das Kali Yuga ↗. These: Hauptereignis ist der Mysterienverrat ↗ u. die Inkarnation von Krischna ↗.

Stiertötung: in Ägypten als Tötung des Apis ↗ (im 25. J.) äqv. Osiris ↗, äqv. Dionysos ↗ in Griechenland u. wohl a. dem unter Stichw. Stierkult ↗ abgebildeten namenlosen ›Stiergott‹, dessen Opferung der Tötung des kanaan. Baal ↗ entspr. könnte, da dieser a. als Stier ↗ symbolisiert wurde, u. die Kultur von Kreta ↗ über die Prinzessin Europa ↗ eben a. mit Kanaan zusammenhängt. D. h., die S. ist eine Version des echten Christus ↗-Mordes = Osirismord ↗; christl. Var. ›Schlachtung des Lammes‹. A. beim ›Taurobolium‹ (Taurus = Stier) der Kybele ↗-Mysterien wurde eine Taufe ↗-ähnl. Handlung mit dem Blut eines über der Opfergrube getöteten Stieres vorgenommen: »Dem Ritus gemäß muß das Tier (d. h. der Stier) hier getötet werden, und sie durchstechen seine Brust mit einem heiligen Speer (vielleicht mit dem Speer des Schicksals ↗?). Die aufklaffende Wunde (ewige Wunde des Gralskönigs ↗?) läßt eine Welle heißen Blutes ausströmen, das sich dampfend auf den Holzrost darunter ergießt und weit verbreitet. Dann regnet der Erguß durch die Tausende von Öffnungen in den Gittern hernieder wie ein ekelhafter Tau, den der in der Grube eingeschlossene Priester schamlos auffängt, indem er seinen Kopf unter alle Tropfen hält... Er wirft wahrhaftig sein Gesicht zurück, er bringt seine Wangen auf den Weg des Blutes, hält seine Ohren und Lippen darunter, ebenso seine Nasenlöcher, er wäscht selbst seine Augen mit dieser Flüssigkeit, und er läßt auch seine Kehle nicht aus, sondern befeuchtet seine Zunge und trinkt tatsächlich das dunkle Blut« (Geschichte der religiösen Ideen, 244). Was im 1. Prozeß an das Motiv der Zerstückelung ↗ erinnert, im 2. Prozeß an das Abendmahl ↗, das es schon in Ägypten ↗ gab mit der Farbe rot Blut, bei uns Rotwein) = Sonne, wie manifestiert in der Roten Krone ↗.

Stoicheia: Name für Athene ↗ als ›die um die Buchstabenreihe des Jahres Wissende‹, von *stoichos* = Reihe; s. Stoicheion ↗.

Stoicheion: hat im griech. folg. Bed.: die ›kleine aufrecht stehende Stange‹, der ›Stift an der Sonnenuhr ↗‹, der den Schatten ↗ wirft u. die Stunden ↗ des Tages dadurch angibt; dann dieser Schatten selbst u. das Gehen, Wandern (dieses Schattens); der Boden (auf dem man geht); die Erdoberfläche; ›Grundlage‹, ›Stütze‹; das ›Element‹; das ›Anfängliche‹; ›Buchstabe‹ u. ›Zodiakzeichen‹ ↗. Athene gilt als Erfinderin des S., deshalb a. Stoicheia ↗ genannt. Wirth ↗ gibt als verw. Wort Steige, Stiege an, mit Verbindung zu den Kerben des Rimstabs ↗, an dem der Kalender ↗ auf- und ab*steigt*, wie (scheinbar) die Sonne am Himmel im Verlauf von Tag od. Jahr: »Das Wort stoichos wie stoion gehört zum Verbum steicho, das ›gehen, vorwärtsgehen‹ bedeutet, sanskrit ↗ stighnoti« (Wirth, S. 95). These: sinnverw. ist der Begriff Troya-Tanz ↗.

Stonehenge: Ruine eines Steinkreises ↗, Südengland, nördl. Salibury, s. Sternenweg ↗. Wurde in alter Zeit Chior-Gaur gen.:

Chior – Gaur ↗
Cor
Chorea
Tanz ↗ – Stein ↗

Stein = engl. *stone*, womit S. beginnt; das folg. *henge* dürfte mit hängen ident. sein, was zu ›Schaukelsteinen‹

od. ›tanzenden Steinen‹ führt, die trotz ihrer Größe lt. Überlieferung so empfindlich waren, daß sie durch Gedanken bewegt werden konnten. Nun ist *gaur* ein uraltes Wort, das weit über Stein hinausführt: als ›gor-al‹ wurde es zum Gral ↗, dem von oben gekommenen

›göttl. Stein‹ – in Par. zur Weltformel ↗ müßte man also in irgendeiner Anordnung 120 Steine finden: das sind die 60 Blausteine, die eine schwarze Altarplatte im Ul ↗-förmigen Inneren einfassen, das doppelt angelegt ist wie zusammengeklappte Gesetzestafeln ↗ od., wenn man sie ›aufklappt‹, a. den ›Urhügeln‹ unter dem Runenkreis ↗ entspr., wo Fru Gaur ↗ – 2. Deutung des Wortes Gaur – auftauchen soll. Dann folgt weiter außen ein Ring aus 30 rechteckigen Säulen, die 30 Quersteine trugen. Diese Zahl 120 wiederholt sich in 2 weiteren Kreisen aus je 30 + 30 Löchern, denen ganz außen beim Erdwall noch einmal 56 Löcher + 4 ›Positionssteine‹ folgen. Sieht man sich die Rekonstruktion (Abb.) an, so entspr. sie der Ger ↗-Rune , u. die 2 hohen Eingangssteine an der Kreisteilung wären die Mütternacht ↗ mit den schon erw. ›aufgeklappten‹ Ul-Tafeln des Inneren. — Entstehungszeit 3. Jt. v. Z., Zerstörung um 1500 v. Z., evtl. durch Streitaxtleute ↗.

Strahlung: räuml. Ausbreitung von Energie ↗.

Strauß: flugunfähiger Laufvogel; wegen seines langen Halses u. merkwürdigen Ganges früher ›Kamelvogel‹ gen., was an den Vogel Rokh ↗ = ›fliegendes Kamel‹ erinnert; im Mythos kommt der ihm verw. Emu ↗

von Orion. In jedem Kiel stecken 2 Federn, d. h. eine Doppel-Feder ↗. In Ägypten wurde die S.-Feder zum Symbol der Maat ↗, die sich ebf. zu den 2 Maati verdoppelt, was im Aufbau der Sonne ↗ od. Seele – s. Seelenwägung ↗ – 4er u. 8er Kreis zu entspr. scheint, kompletter Stellenwert 12. Evtl. hängt damit zus., daß das S.-Weibchen rund 12 Eier legt. Es könnte aber a. die Form des Vogels, ein ausgesprochener Halbkreis, als Analogie gedient haben, findet sich doch auf einer äg. Zeichnung dieser, auf 2 Vertikalen stehend, mit der S.-Feder versehen (Abb.).

Streitaxt: eine alte Wurf- u. Hiebwaffe, nach der die in Europa ↗ einfallenden Leute der Völkerwanderung ↗ Streitaxtleute ↗ bzw. ihre Kultur S.-Kultur gen. wurde. Schwed. Zeichnungen (Abb. 1 + 2) legen eine Art Hellebarde ↗ nahe, im 1. Bsp. mit einem Sonnenzeichen ↗ als Figur verbunden. These: es sind Anhänger der Asen ↗, vermutl. auf Aton ↗ zurückgehend od. die A-) Weltordnung, das Sonnenalphabet ↗. Sieht man sich nach einem Vorbild um, so erscheint der Planetenstab ↗ (Abb. 4) am ähnlichsten, was bei 12 Planeten ↗ mit den 12 Sitzen der Asen ↗ in Asgard ↗ aufgeht. Abb. 3 könnte man als Zerstörung von Stonehenge ↗ auffassen.

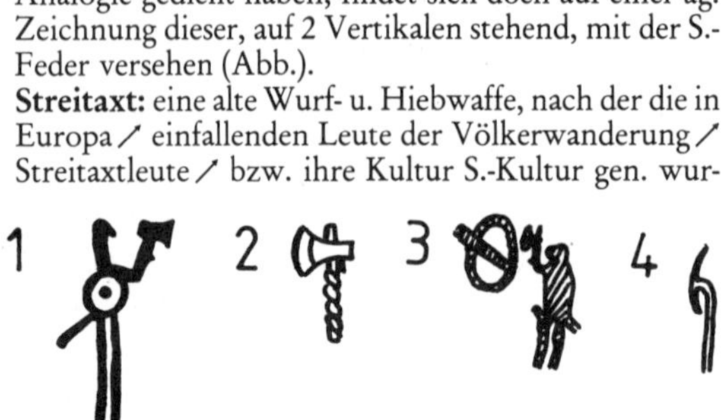

Streitaxtleute: von 2000 v. Z. an fand in Europa ↗ »... eine Vermischung zweier Kulturen statt, indem eine ältere, vorwiegend agrarische Kultur unter die Herrschaft einer dynamischeren Kriegerkultur geriet. Die erste kennzeichnete sich durch kollektive Megalithgräber ↗ (Dolmen ↗ und Ganggräber, sogenannte Hünengräber ↗)... Die zweite hatte als besondere Kennzeichen die Schnurkeramik und die Streitaxt ↗, nach der sie ›Streitaxtkultur‹ genannt wird« (R. Derolez, Götter und Mythen der Germanen, S. 16). These: es waren Kaukasier ↗.

Struktur: Aufbau, Gefüge, innere Gliederung = Li ↗ in China. Findet sich in chem. Verbindungen ebenso wie z. B. in Mythen; aus letzteren entstand der Strukturalismus ↗. Die folg. Bsp. zeigen die S. von Schneesternen bei unterschiedl. Temperaturen:

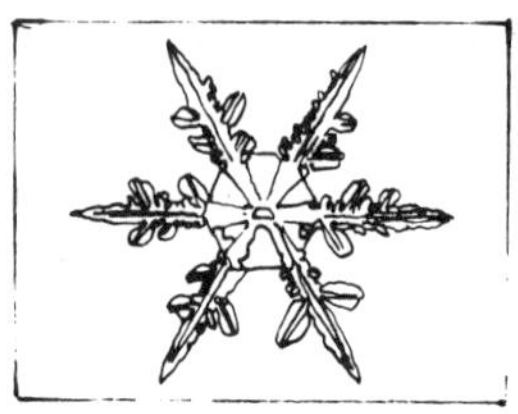

Zwischen minus 14° u. 17° entstehen bizarre Schneesterne

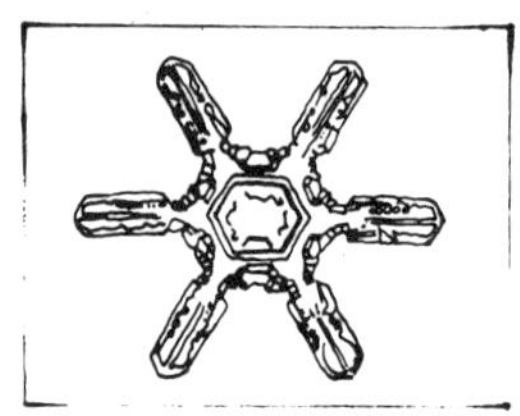

Bei tieferen o. höheren Temperaturen runden sich die Ecken ab.

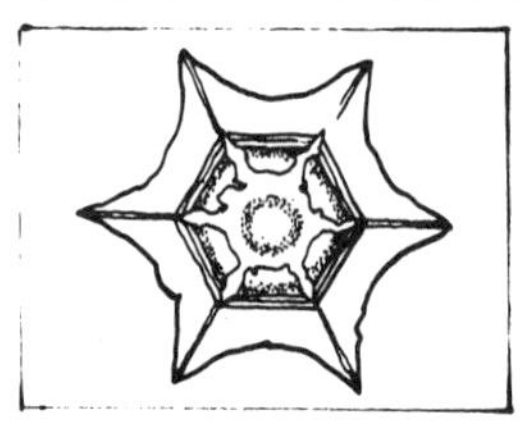

Um minus 10° u. bei extremer Kälte entstehen Plättchenformen

A. Yantras ↗ sind S. u. zeigen, um was es sich prinzip. handelt: Erstarrungen von Ursilben ↗ = Mantras ↗, materialisiertes Wort ↗, wenn man so will, weshalb man häufig auf reine Grundmotive ↗ stößt, hier auf  od. noch genauer auf die 7. Rune ↗ 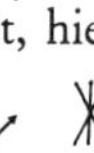. — S. Verhaltensstruktur.

Strukturalismus: ein Begriff, der v. a. in der Definition des Ethnologen Claude Levi-Strauss ↗ bek. wurde. Der ›authentische S.‹ beabsichtigt »... die inneren Eigenschaften bestimmter Ordnungstypen zu erfassen...« (Levi-Strauss, Mythologica IV). »Rolle der strukturalen Analyse ist es, hinter der scheinbaren Unordnung der Phänomene die zugrunde liegende Ordnung zu rekonstruieren...« (Strukt. Anthr.). Der S. »... entdeckt nämlich hinter den Dingen eine Einheit ↗ und Kohärenz, welche die bloße Beschreibung der Tatsachen nicht zu enthüllen vermochte, die gewissermaßen abgeflacht und ohne Ordnung unter dem Blick der

Erkenntnis verstreut lagen« (Mythologica IV, Der nackte Mensch, Finale).

Stufenpyramide: im Ggs. zur Großen Pyramide ↗, die mit einem heute fehlenden Außenmantel glatt ver-

Abb. 1

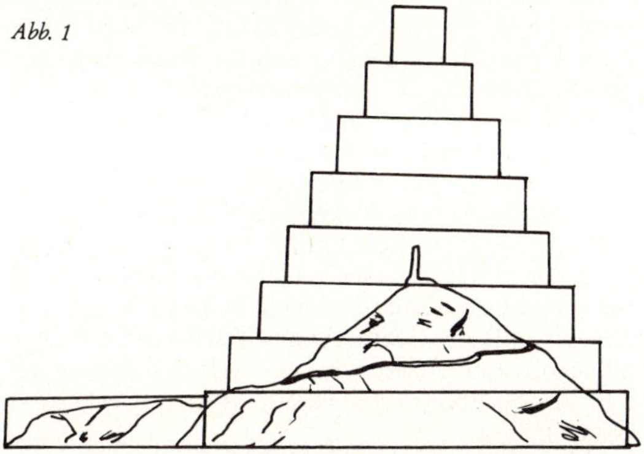

schalt war, von Anf. an als Bau gedacht, der sich stufenartig nach oben verjüngt, etwa wie der Babylonische Turm ↗, der jedoch nie S. gen. wurde. Er verweist aber auf deren Symbolgehalt: Darst. der Weltenlehre ↗, weshalb sie meist 9stufig sind. Das gilt für die sum. Zikkurate ↗, s. Rekonstruktion (Abb. 1), statt 9. Stufe eine Statue ↗ - u. es gilt f. die S. d. Maya (Abb. 2), m. Tempelhäuschen als Abschluß. Nur der pazif. Ahu ↗ fügt als Io ↗ (= 10. Himmel) eine 10. Abschluß-Stufe hinzu. Die äg. S. des Djoser ↗ drückt eine andere kalendarische Einheit aus, u. die S. von Teotihuacan ↗ direkt den Aufbau von Sonne + Planeten ↗.

Abb. 2: Chichen Itzá: Im Vordergrund ein Chac-Mool

Stunde: schon das alte Ägypten ↗ teilte den Tag u. die Nacht in je 12 Stunden ein, wie Pyramidentexte ↗ mitteilen. Jede S. hatte ihren eigenen Namen u. war in einer Göttin personifiziert; denn das Wort für S. ist weibl. Geschlechts: Wnw.T (Bonnet). Das braucht nicht zu wundern, denn als Stundenkreis gilt a. in der mod. Astrologie der Deklinationskreis am Himmel. Himmel = Nut ↗, was im Wort Wnw.T dann enth. ist, wenn man statt W das mit der gleichen Hieroglyphe ↗ geschriebene U einsetzt = Unu.T, zu übersetzen als U = Todestanz ↗, sprich auseinandergefallene Nut, was insofern paßt, als sie selbst als Kosmos ↗ die 24 als Zahl enthält. Da die 24 S.-Göttinnen männl. Begleiter hatten, wird man letztere dem Sonnenalphabet ↗ zuordnen dürfen. Beginn der Zählung 6 Uhr morgens, als Begrüßung des Krokodils ↗, was den Bezug zum Tierkreis ↗ herstellt. Eine ähnl. Koppelung findet sich dann bei der Stoicheia ↗ wieder: Buchstaben + Zodiakzeichen. – Zufall od. nicht, a. im Wort Stunde ist im Zentrum Tun, Umkehrung ↗ Nut enthalten.

Stupa: wichtigstes Symbol ↗ im Buddhismus ↗, insbes. im Vajrayana ↗; Sanskrit ↗-Wort für Hügelgrab. Im Ggs. zu den Hünengräbern der ›Hügelleute‹ ↗ diente es jedoch keinem Kollektiv, a. nicht Gautama ↗ allein, sondern es wurden nach diessen Tod u. Aufgehen im Paranirvana 8 S. über seinen sterbl. Resten err., in Übereinstimmung mit seiner Lehre vom 8fachen Pfad. In vorbuddhist. Zeit hatten die S. schon die

Abb. 1

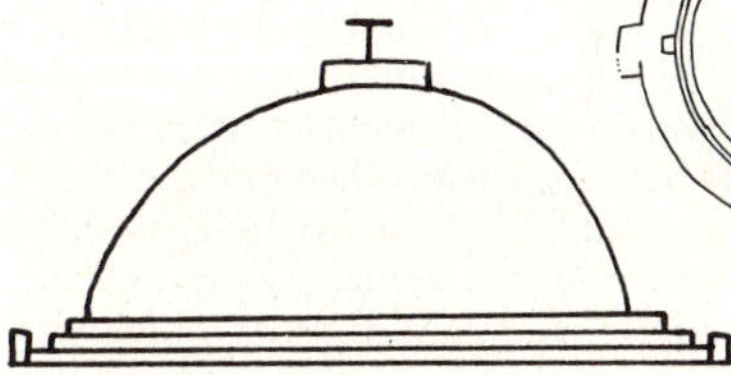

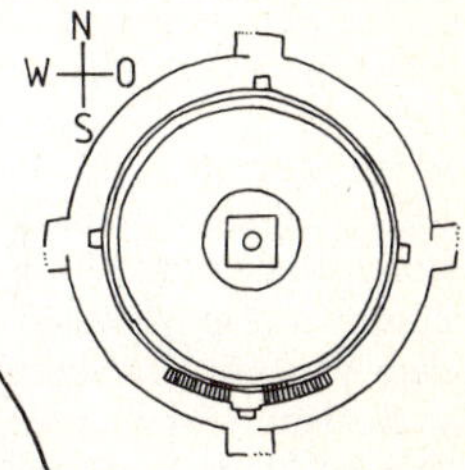

Abb. 2

Form einer Halbkugel wie die Kurgas im Kulturraum der Slawen ↗ (Abb. 1). Man solle die S. ›an einer Kreuzung von 4 Straßen‹ errichten, soll der geschichtl. Buddha ↗ gesagt haben. Daraus wurden die 4 auf die Himmelsrichtungen ↗ fixierten Tore im umgebenden ›steinernen Zaun‹, die zum linksdrehenden Hakenkreuz ↗ werden können (Abb. 2) u. folg. Bed. erhielten:

O-Tor: Sinnbild Buddhas Geburt = *buddha-jati*
S-Tor: Sinnbild seiner Erleuchtung = *sambodhi*
W-Tor: Sinnbild des ›In-Bewegung-Setzens des Rades der Lehre‹ = *dhammacakka-pavattana*
N-Tor: Sinnbild seiner endgültigen Befreiung = *parinibbana.*

Dies also linksdrehend, wie z. B. die Gesch. in der Großen Pyramide ↗, aber a. im N endend, wo dort die einzige Luke ↗ ist.

Der Kiosk (Harmika) auf der Halbkugel in Form eines

Abb. 3

kleinen steinernen Zaunes, der den Reliquien ↗-Schrein enthält, wurde dann weiter ausgebaut zu einer

Art Stufenpyramide ↗, die in einigen Fällen wie der Weltenbaum ↗ 9 sich verjüngende Scheiben aufweist (Abb. 3); es kann aber a. nur 1 ›Schirm‹ sein, od. andere Zahlen ↗ (3, 12, 16 u. 22–25) werden umgesetzt: Als Abschluß hier beim letzten Bsp. Sonne + Mond, jedoch in umgek. Reihenfolge wie auf dem Babyloni-

Abb. 4: Nepalesischer Stupa (nahe Katmandu)

schen Turm ↗. »In den späteren Schriften wird erklärt, daß die verschiedenen Ebenen des Konus (durch horizontale Einkerbungen unterteilt) bestimmten psychischen Fähigkeiten oder Bewußtseinsebenen auf dem Weg zur Erleuchtung entsprechen und den damit in Beziehung stehenden Weltenebenen... Nepalesische Stupas, die in vieler Hinsicht archaise Züge bewahrt haben, verzieren die Harmika (den Kiosk) mit aufgemalten menschlichen Augen ↗, was den Eindruck hervorruft, als säße ein Mensch in Meditationshaltung im Stupa verborgen, die gekreuzten Beine im Unterbau, den Körper bis zu den Schultern in der Halbkugel, das Haupt in der Harmika. Dies stimmt auch überein mit der Lehre von den Zentren psychischer Kräfte (Chakras ↗), die eins über dem anderen im menschlichen Körper angeordnet sind und durch die sich Bewußtsein in aufsteigender Ordnung entwickelt« (L. A. Govinda, S. 23). Abb. 4 zeigt die Augen.

Su: Schöpfergott in der Mahikari ↗-Bewegung, offensichtl. eine Übernahme des obersten Kami ↗, urspr. Ame-No-Minaka-Nushino-Kami gen., hier als Nv. Aamen, Amin, Kami-Nagara u. andere. Das äg. Äqv. dürfte Ammon ↗ sein, die Umkehrung ↗ von Su = Us, Os ↗, Gott, mit dem a. Osiris ↗ (Us-Ir) anfängt, weshalb Su a. Meshia, sprich Messias ↗ gen. wird.

Subjekt: im Ggs. zum Objekt ↗, afrik. Kintu ↗ (Ding), der Mensch ↗ als mit Bewußtsein ausgestattetem Ich, weshalb alles, was er zu erkennen meint, subjektiv gefärbt ist u. keine objektive Wahrheit ↗ ergibt. Mitgrund der Suchkrankheit ↗.

Suche: Motiv bei Parzival ↗, das aber schon in der äg. Doppel-Religion ↗ als S. der Teile des durch Seth ↗ ›zerstückelten‹ Osiris ↗ eine zentrale Rolle spielt: »Plutarch schildert beweglich, wie die Göttin (Isis ↗) irrend und forschend bis nach dem fernen Babylos ↗ dringt« (Bonnet, S. 569). In anderen Texten werden Fisch und Vogel aufgerufen, Osiris zu suchen. »Späte Schilderungen erzählen auch von Hunden als Helfer der Isis bei der Suche des toten Osiris. Das vermengt sich mit einer Suche nach dem Kind der Isis, dem jungen Horus ↗, wobei der ›Hundskopf‹, wie die antiken Schriften verächtlich sagen, als Finder gefeiert wird, oder es wird gar auf die Auffindung des Kindes des Osiris von Nephtys ↗, Anubis ↗ selbst, gedeutet« (Bonnet, S. 44). Für diesen scheinbaren Wirrwarr gibt es nur 1 logisch einsichtige Erklärung: da Osiris + Horus als 1. Reich + 2. Reich ↗ zus. die Geschichte ↗ ergeben u. diese den 24 Grundmotiven ↗ folgt, die a. Anubis entspr., da dieser die Bahn der 2. Sonne des Sirius ↗ symbolisiert, von wo der Gral zu uns gebracht wurde, betrifft die S. Nommo ↗ in zweierlei Form: als ›Wort‹ u. als Person. U. wenn die S., die erst mit dem Weltuntergang = Osirismord ↗ + Zerstörung des Grals vor rd. 13000 J. einsetzte, bei den Deutschen zur Suchkrankheit ↗ wurde, so nicht zuletzt deshalb, weil diese als Volk der Göttin Anu = Tuatha de Dannan ↗ bindend darauf fixiert waren. — Als Bestätigung der Zeit des Suchbeginns s. Hase ↗ (Osterei-Suchen) + Ostara ↗.

Suchkrankheit: fast jede Gesch. der Weltliteratur erw., daß es nur bei den Deutschen ↗ den sog. Sucherroman gibt: Parzival ↗ sucht die Gralsburg ↗, Faust ↗ ›was die Welt im Innersten zusammenhält‹, Novalis ↗ die ›Blaue Blume‹ ↗, um nur die wichtigsten zu nennen. Möglicherweise gehört die ganze Völkerwanderung ↗ dazu, auf jeden Fall aber die ›Sucherzüge nach Süden‹ nach Erscheinen der Kunstgeschichte von Winckelmann ↗. Aber erst Sebottendorf ↗ spricht aus, um was es wirkl. geht: »Wir müssen das Verlorene Wissen ↗ wiederfinden.« U. älter als all das ist ein Versprechen der Edda ↗ für die Zeit nach Ragnarök ↗, a. hier mit der Sintflut ↗ verbunden:

»Da seh ich aufsteigen zum andernmale
Aus dem Wasser die Erde und wieder grünen...
Da werden sich wieder die wundersamen
Goldenen Tafeln ↗ im Grase finden«

Hitler ↗ ließ danach suchen. Die alte Tradition ↗ aber behauptet: wenn wir wieder im Wassermann ↗ sind, wird das alte (verlorene) Wissen wieder auftauchen: = ab 1950.

Suchos: gräzisierte Nv. für das äg. Sobek = Krokodil ↗. Krokodilgestalt schrieb man der Sonne »in den ersten Stunden ↗ des Tageslaufes« (Bonnet, S. 757) zu.

Süd: bei den Germanen Modur Att ↗ (Mutter-Richtung), im Runenkreis ↗ Stelle der Mütternacht, heute X-Mas ↗.

Südafrika: Republik im S von Afrika ↗, wo ca. 3,5 Mio. Weiße, die im Rahmen des Kolonialismus ↗ ab 17. Jh. einfielen, 12,5 Mio. Bantu ↗ unterdrücken, deren Stammland es aber a. nicht ist. »Die ersten Bewohner Südafrikas, die historisch bekannt sind, waren die Buschmänner (San ↗) und die Hottentotten (Khoi ↗)... Seit dem Ende des 16. Jahrhunderts flüchteten die Buschmänner unter dem Druck der Bantuvölker in die Wüstensteppe der Kalahari, während die Hottentotten in die Kapregion vordrangen oder zum Teil auch mit den Eindringlingen aus dem Norden verschmolzen. Diese breiteten sich an der Ostküste aus und wurden schließlich von den Südostwinden in alle Richtungen versprengt. Die Swasi, Zulu, Pondo und Xosa setzten ihren unaufhaltsamen Vormarsch gen. Süden fort; Südafrika war kein unbesetztes Land...« (J. Ki-Zerbo, 1979, 362), wie so oft behauptet worden ist. S. Südpol ↗.

Südamerika: einstmals wesentl. kleiner als heute u. vom Amazonas ↗-See eingebuchtet, sodaß die Ruinenreste auf den Anden ↗ Küstenstädte waren, mit künstl. Kanal etwa bei Tiahuanaco ↗ für die von Mu ↗ ausgehende Argonautik ↗. Eine Urbevölk., die über dieses Datum hinausgeht, scheint zu fehlen. So wird man die Muisca ↗ u. Kara ↗-Maya als erste Einwanderer betrachten dürfen. Eine Durchwanderung der Hopi ↗ ist für die Zeit nach dem Untergang von Mu u. Auftauchen von Amerika ↗ belegt. U. kurz vor dem Einfall der Europäer, die El Dorado ↗ suchen, werden die Inka ↗ aggressiv. Außerdem soll es Verbindungen zw. Peru ↗ u. der Osterinsel ↗ gegeben haben; die Etrusker ↗ flüchteten hierher, insbes. aber scheint hier die äg. Odyssee ↗ das Reich der ›Amazonen‹ ↗ gesucht zu haben. - Wichtigste Überlieferung: Orejona ↗, die Astronautin. — Wiederaufblühen der afrik. Orischa-Religion als Makumba ↗. — Weibl. Plastiken von Valdivia ↗, das offiz. noch als älteste Kultur gilt, zeigen interessanterweise schwarze u. weiße Figuren (Abb.). These: in S. könnte die Weiße Rasse ↗ entstanden sein, äg. Seth ↗. — S. Südpol ↗.

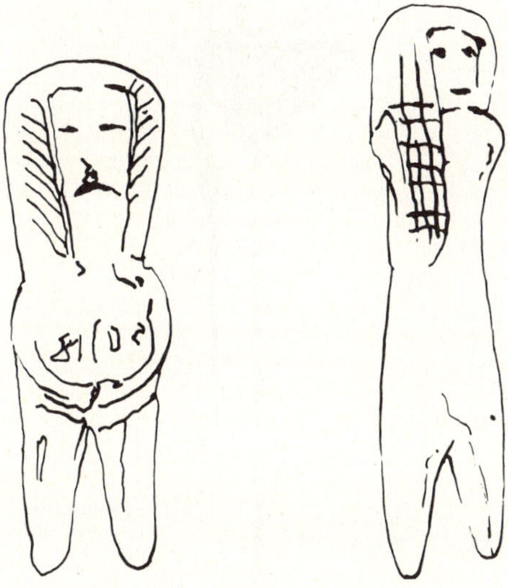

Sudan: afrik. Großlandschaft im S der Sahara ↗, vom Niger-Gebiet (West-S.) über den Tschadsee ↗ (Mittlerer S.) zur heutigen Republik S. im O reichend, beiderseits des mittleren + oberen Nil ↗ mit dem größten

Sumpf der Welt, dem Sudd ↗, einem Relikt vergessener Geschichte ↗. Dieser Ost-S. dürfte mit Kusch ↗, Nubien ↗, Äthiopien ↗ das einstige To-Mam ↗ gewesen sein. — S. Nuba ↗ u. Nigeria ↗. — Überreste vergangener Größe sind Reihen zerstörter Pyramiden (Abb.) auf ödem Geröllgebiet, das einst eine fruchtbare Ebene war; man nennt sie gewöhnl. Kusch-Pyramiden. — Z. Z. des europ. Kolonialismus ↗ wurde dieser Teil, zus. mit Ägypten ↗ engl. (1899–1955), Tschad, Niger u. West-S. französisch. Lange davor starke arab. Einflüsse durch den Islam ↗; diese ›Sudanaraber‹ betätigten sich vorzugsweise als Sklaven ↗-Jäger u. Händler ggb. den ›Sudannegern‹.

Sudd: arab. Hindernis: größter Sumpf der Welt im Einzugsgebiet des Nil ↗, zum Sudan ↗ gehörend, ein unübersehbares Schilf- und Papyrusdickicht, evtl. dem äg. Chemmis ↗ entsprechend. Es müßte sich dann uspr. um einen See mit Insel gehandelt haben, auf der die Gralsburg ↗ stand, Geburtsort des später ermordeten Osiris ↗. Der heute existierende Ort Shambe ↗ erinnert an das Wort Sambo ↗ (Truhe, Gral).

Südpol: seit dem letzten Polsprung ↗ in der Antarktis, die früher mit Südamerika ↗, Afrika, Indien u. Australien ↗ im Superkontinent Gondwana = Lemurien ↗ zusammengeklebt war. »Tatsächlich fanden Geologen auf dem Weißen Kontinent Gebirgssteine, die genau in das Bild passen, das sich die Wissenschaftler von früheren interkontinentalen Gebirgsketten gemacht hatten: Der Transantarktische Gebirgszug und das Adelaide-Gebirge Australiens sind ›aus einem Guß‹, und die Gebirgsketten der Westantarktis führten einst zum südafrikanischen Kap-Gebirge sowie zu den Sierragebirgen und den Anden ↗ Südamerikas. Die Sensation aber: In bis zu 3000 Meter dicken Sedimentschichten, die Wind und Wasser früher von den transantarktischen Gebirgshöhen herabgetragen haben mußten, fanden Forscher eine Fülle von Pflanzen- und Tierfossilien.« (P. M.) Das Schema zeigt, wie es unter der Eiskappe aussieht (Abb.). Der Pol ↗, als südl. Schnittpunkt der Erdachse mit der Erdoberfläche, liegt hier auf einem bis 3000 m hohen Plateau. — S. Pazifik ↗; Nordpol ↗.

Sufi: Anhänger des Sufismus ↗.

Sufismus: Sekte ↗ des Islam ↗, die auf der Grundlage eines aus Persien ↗ stammenden Mystizimus entstand. Bereits im 2. Jh. nach dem Tod von Mohammed ↗ gab es Moslems ↗, »... die wie die christlichen Eremiten durch ein einfaches Leben in Armut Erlösung suchten. Als Zeichen ihres Asketentums trugen sie grobe, ungefärbte Wollgewänder (auf arafisch Suf), von denen sich der Name Sufismus herleiten soll« (Time & Life, S. 86). These: naheliegender ist die Wortverwandtschaft mit Soph ↗ (Sof, Suf), das Eine, das ja jede Mystik ↗ sucht. Der größte Sufi-Dichter, Dschelal el-Din Rumi, gründete den Mönchsorden der Mewlewi od. tanzenden Derwische ↗. — Gurdjieff ↗ soll seine Lehre auf die Sufis zurückgeführt haben; Sebottendorf ↗ befaßte sich mit dem S. — S. Hayyat ↗ u. Berg Kaf ↗.

Sukhavati: Sphäre der Wonne, wo der Mensch vollkommene, ungemischte Glückseligkeit genießt, aber noch immer mit persönl. Dasein ↗ verknüpft ist; einer der 2 Arten von Samadhi ↗. — S. Hsi Wang Mu ↗.

Sukuinushisama: Retter od. Heiland (jap.); Bez., die Yoshikazu Okada ↗ verliehen wurde, dem Gründer der Mahikari ↗-Bewegung, da er die Sukyo ↗ (göttl. Grundsätze) befolgte.

Sukyo: göttl. Grundsätze (jap.); bezieht sich offensichtl. auf den obersten Kami Su ↗.

Sume: Nv. des im Popol Vuh ↗ erw. Came ↗; könnte sich im Wort Sumer ↗ wiederfinden.

Sumer: das Sinear ↗ der Bibel; wurde erst seit dem 19. Jh. unter vielen Sand- u. Trümmerschichten wiederentdeckt. Der Südteil bestand im Bereich seiner Flüsse Euphrat ↗ u. Tigris ↗ aus einer riesigen grünen, von Kanälen durchzogenen Fläche, aus der sich in Abständen Zikkurate ↗ (Tempeltürme) erhoben. Das spätere akkad. Wort Schumer bed. Kulturland, äqv. Sumerer ↗ = Kulturbringer. These. im Wort stecken die für S. zentral wichtigen Me ↗, weshalb die Vorsilbe eine Abwandlung von To = Land sein könnte, also ›Land der Me‹ = To-Me, mit den Leuten Sume ↗ = Sumerer, die eben a. Tame, Thume etc. hießen, schließl. Came ↗, zurückführbar auf Ham ↗, dessen ›Sohn‹ Nimrod nach der Sintflut ↗ S. erhält. Verbindungen zur Schwarzen Rasse ↗ ergeben sich aus der für die mod. Forschung nicht einzuordnenden Sprache (weder sem. noch idg.), wie z. B. Ku ↗ + Ki ↗ zeigen, enth. in den afrik. Begriffen Kuntu ↗ + Kintu ↗. Aber a. die große Göttin Nammu ↗ ist verdächtig nahe am

Abb. 1

afrik. Begriff Nommo ↗, ebenso wie sich Muntu ↗ wiederfindet im Namen des Königs (= Lugal) Lugal-Anne-*Mundu.* Schließl. ist den Forschern noch die Ähnlichkeit zw. dem sum. Dumuzi ↗ u. äg. Osiris ↗

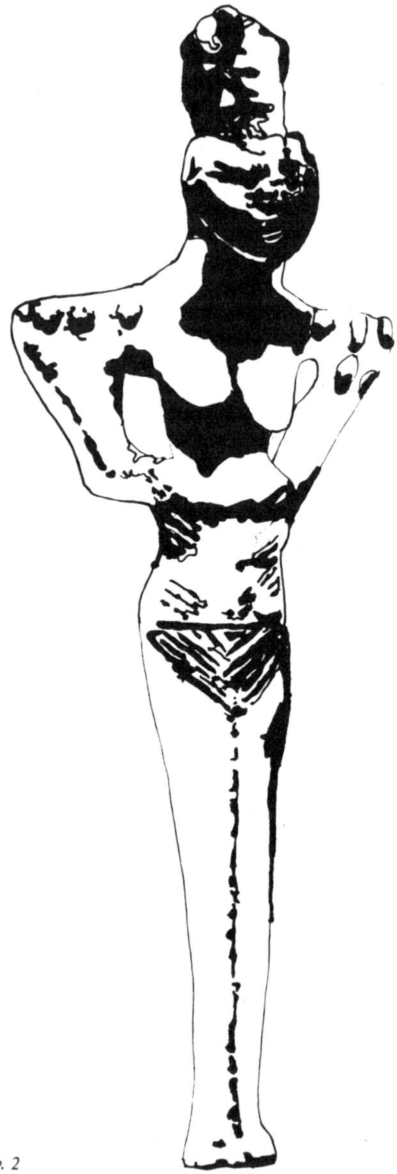

Abb. 2

aufgefallen - warum nicht a. dem äg. Atum ↗ im sum. Königsnamen Enannatum? - Keilschrifttafeln verweisen auf ein Paradies namen Tilmun ↗, das möglicherweise gesucht wurde, als S. seine Handelswege bis zum Indus ausdehnte u. dort die so verw. Induskultur ↗ gründete. — Skulpturen zeigen im 4. Jt. v. Z. eindeutig die Züge von Negern (Abb. 2), gefunden in der ältesten Stadt Ur ↗ (Karte, Abb. 1), während nach dem Einfall der Semiten ↗, die S. um 2000 v. Z. zerstörten, die Gesichter sem. werden. Über dieses Ende gibt es bewegende Klagen:

»In Trümmern liegen nun des Landes Städte...
Man trieb die Menschen aus der Heimat fort
Und führt' sie in der Feinde Länder weg...
Des Euphrat und des Tigris öde Ufer,
Die lassen wachsen nur noch böses Kraut.
Es wagt kein Mensch, die Straßen zu begehen,

Verängstigt hockt er in der Trümmerstadt,
in der nur Not und Tod noch Wohnung hat.«

These: Auswirkung des Beginns der Völkerwanderung ↗.

Sumerer: einheim. Bev. von Sumer ↗; nannten sich in ihren Texten selbst ›Schwarzköpfe‹. Im Zentrum des Mythos ↗ steht die Hl. Hochzeit ↗, die sich hier jedoch nicht zw. Gott + ird. Frau, sondern Göttin Inanna ↗ u. ird. Hirte Dumuzi ↗ abspielt, stellvertretend alljährl. nachgespielt von der Hohepriesterin u. dem König als Priesterfürst. Bildl. Darst. haben sich v. a. als Rollsiegel ↗ erhalten, während der Haupttext das Gilgamesch-Epos ↗ ist. Vieles davon floß in die Bibel ↗ ein. Die Sprache war ein Syllabar ↗. Ausgeprägte Astrologie ↗, s. Stichw. Berg ↗ mit Planetengöttern. Um dieses ›unbekannte Volk‹ ist der Gelehrtenstreit noch in vollem Gange. In Europa ↗ wird ihr Einfluß ab 2000 v. Z. deutl., also nach der Zerstörung von Sumer.

Sumeru: Nv. für Meru ↗, äqv. K'un-Lun, der Weltenberg mit 9 Etagen - s. Stufenpyramide ↗ - wo Hsi Wang Mu ↗ ›Besuche‹ empfängt.

Sünde: a) konkrete Sünden, Mehrz., als Verstöße gg. göttl. Gesetze. Schon im Äg. Totenbuch spricht der Tote ↗ ein ›negatives Glaubensbekenntnis‹ der angebl. Sündelosigkeit, indem er dem ›Geistigen Wesen‹ versichert:

1) Ich habe nie als Gottloser gehandelt!
2) Ich habe nie grausame Gewalttaten verübt!
3) Erfahre: mein Herz verabscheut die Rohheit.
4) Nie verübte ich Raub.
5) Wisse, den Mitmenschen habe ich wissentlich niemals geschadet

und so fort, 42 Punkte äqv. den 42 ›Richtern‹ der unteren Duat ↗. b) Von einem unkonkreten, allg. Sündenfall ↗ ist in Ägypten nirgends die Rede.

Sündenfall: das Tier »... erfüllt den Willen, der in ihm waltet, in nahezu vollkommener Weise. Wäre es bewußt, so wäre es frömmer als der Mensch ↗. Die Legende vom Sündenfall enthält eine tiefe Lehre; ist sie doch der Ausdruck eines dunklen Gefühls, daß die Emanzipation des Ichbewußtseins eine luziferische Tat darstellt. Die menschliche Weltgeschichte besteht von Anfang an in einer Auseinandersetzung des Minderwertigkeitsgefühles mit der Selbstüberhebung« (C. G. Jung, 1976, 246–247). Dies als mod. Umschreibung der bibl. Erbsünde ↗. — S. Freimaurer ↗ u. Sura ↗.

Sunniten: Anhänger der orthodoxen Hauptrichtung des Islam ↗, die sich auf die Sunna = Gewohnheit stützt, d. h. auf überlieferte Aussprüche u. Lebensgewohnheiten von Mohammed ↗.

Sunsum: bei den afrik. Ashanti der persönl. Charakter des einzelnen Individuums. Wird zus. mit Kra, dem beseelten Leben vom Vater übermittelt, äqv. Amma-Linie bei den Dogon ↗. Diesen Attributen auf Zeit, äg. Ba ↗ (Seele) steht Abusua ↗ gegenüber. — These: aus dem Wort kann Sun = Sonne ↗ = Sum = Summe gemacht werden, ›Sonnensumme‹, mit Kra als Ich-Kern. S. Weltformel ↗.

Suphis: Nv. für Surid ↗, Saophis, Cheops ↗ (Africanus-Eusebe).

Suprematismus: ein von Malewitsch ↗ ggr. russ. Kunststil; von Supremat = Vorrang, Oberhoheit, nämlich einfachster, geometr. Formen.

Sura: ggb. Asura (Nichtgötter) = Götter ↗; im Buch Dzyan ↗ heißt es:
»So brachte, zwei um zwei, in den seiben Zonen, die Dritte Rasse die Vierte hervor; die Sura wurden Asura« (Blavatsky, II, 23). D. h., die göttl. 3. Wurzelrasse ↗ der Lemuren brachte die nichtgöttl. 4. Wurzelrasse der Atlanten ↗ hervor, was in sich eine Var. des Sündenfalls ↗ enthält; u. da die Wurzelrassen mit den Welten konform gehen, landet man wieder beim Übergang von 3. Welt ↗ zu 4. Welt = Anf. der Geschichte ↗. — Als Mutter der S. gilt Aditi ↗ Surarani.

Surid: arab. Nv. für Cheops ↗ als einem König *vor* dem Weltuntergang ↗ 13432 v. Z., s. Dynastienliste ↗: »Surid, einer der Könige von Ägypten ↗, konstruierte die zwei großen Pyramiden vor der Sintflut ↗. Er befahl den Priestern, in ihrem Inneren die Summe der Weisheit und Kenntnisse zu deponieren.« These: es ist die Große Pyramide ↗ gemeint sowie ein nicht bei Gise ↗, sondern Baalbek liegender Scheinbau zur Irreführung der von den Feinden (Atlantis ↗?) zerstört wurde. — Sein Äqv. ist wohl a. Surt ↗.

Surrealismus: ein 1921 an den Dadaismus ↗ anschließender europ. Kunststil, der das kollektive Unbewußte ↗ sichtbar zu machen versuchte, die Über-(Sur) Realität, Träume ↗, Visionen.

Surt: die Edda ↗ erzählt über die Götterdämmerung ↗:

»Surt fährt von Süden mit flammendem Schwert
Es glänzt sein Schwert in der Sonne der Götter
Steinberge stürzen, Riesinnen ↗ straucheln
Zur Hel ↗ fahren die Helden, der Himmel birst.«

Nv. Sutur ↗. — Wahrsch. äqv. Surid ↗. — Als Tochter gilt Gunnlöd ↗.

Surya: Sonne ↗ (ind.), bei Blavatsky (I, 127) »... bloß eine Wiederspiegelung der zentralen geistigen Sonne... Surya, die Sonne, zeigt in seiner sichtbaren Reflektion den ersten oder niedersten Zustand des siebenten, höchsten Zustandes der universalen Gegenwart, des Reinen vom Reinen.« S. Werdanda ↗ u. Schiff ↗.

Susa: einstmals Hauptstadt der Elamiter, ca. 400 km östl. von Babylon ↗, aus dessen Marduk-Tempel sie die heute im Pariser Louvre befindliche Stele ↗ mit

Abb. 1

den Gesetzen des Hammurabi nach S. verschleppten, wo sie ausgegraben wurde. Nach den Medern ↗ machten die Perser ↗ S. zu ihrer Königsstadt. Hier erzwang

Abb. 2

Alexander der Große Massenehen zw. seinen griech. Soldaten + Perserinnen = Hochzeit von Susa. — Auf der Bemalung einer Keramik (Abb. 1) Zikkurat ↗-ähnl. Gebilde, die wohl für Städte stehen. — A. eine Stele des Sargon ↗ fand sich dort, abgeführte Gefangene darstellend. Das Motiv von Abb. 1 kehrt wieder auf einer Bronzetafel mit 2 hockenden Figuren, die ein Ritual ↗ zu praktizieren scheinen (Abb. 2), vielleicht das mit Soma ↗.

Suschumna: s. Susumna ↗.

Susumna: ein Nadi ↗ zw. Ida ↗ und Pingala ↗, d. h. ein zentraler psych. Kanal, der - übertr. auf die Tempel ↗-Architektur - zur inneren Kammer des Tempels, äg. Naos ↗, führt. Wiederum gilt der 1. der 7 myst. Strahlen der Sonne ↗ als Suschumna-Strahl, den v. a. die Yogis ↗ pflegen. Wenn sie sich mit ihm verbinden können, geraten sie in Verzückung. These: bezogen auf den 8er Kreis ↗ unserer Sonne, die ja bisher nur 7strahlig ist, s. Astrologie ↗, müßte der 1. Sektor, afrik. Hantu ↗, immateriell = Himmel im Tao ↗ - gemeint sein. — S. Nirwana ↗.

Suti: babyl. Name für Seth ↗.

Sutra(s): »Um die Pflichten des Menschen abzugrenzen und zu kodifizieren, schrieben die Brahmanen ↗ ausführliche Handbücher über rituelles und alltägliches Verhalten. Die ersten dieser Bücher waren Sammlungen kurzer Lehrsätze, Sutras genannt, die schon im 6. Jh. v. Chr. formuliert worden waren. Allmählich entstanden immer mehr Sutras, die sich mit den Alltagspflichten der Menschen beschäftigten, und so wurden sie zu einer umfangreichen selbständigen Literatur. Etwa zu Beginn der christlichen Zeitrechnung stellte man z. B. unter dem Titel ›Gesetze des Manu ↗‹ eine Fülle von Sutras zusammen, die eine umfassende, verbindliche Festlegung der religiösen und sozialen Vorschriften des Hinduismus ↗ darstellten.« (Time & Life: Das alte Indien)

Sutur: Nv. von Surt ↗: »... ein Riese, ›der Schwarze‹, welcher in Muspelheim ↗ als unversöhnlicher Feind der Asen ↗ herrscht und am Ende der Tage die ganze Welt in Flammen setzt...« (Mythologisches Lexikon), s. Weltenbrand ↗. These: dürfte über den Came ↗ mit den Kanaanäern ↗ u. schließl. Olmeken ↗ zuammenhängen, s. Verdammung von Kanaan ↗. — Zusatz der Edda ↗:

»Belil's Mörder mißt sich mit Sutur (Surt)...«

Da Belil Baal ↗ u. dieser Osiris ↗ entspr., ist der Mörder Seth ↗, in diesem Fall Atlantis ↗ personifizierend. Es kämpft = mißt sich bis zum Untergang mit Muspelheim = Mu ↗, bzw. Ägypten als Mu-Nachfolge ↗. In letzterem wurde durch Entzünden der für Surid ↗ gebauten Pyramide der Weltenbrand ausgelöst, s. Palastbau des Baal ↗. — Hopi ↗-Var.: Jemand hat damals ›auf den falschen Knopf gedrückt‹.

Suza: Name des Tempels, den die Mahikari ↗-Bewegung schon in Japan baut u. bis 1984 fertigstellen will, gen. ›Tempel der gesamten Menschheit‹. Ohne S., so der Glaube, können die Menschen nicht gerettet werden. — S. Endzeit ↗ u. Vorausschau ↗.

Svabhavikakaya: im Tibet ↗ hat das oberste Chakra ↗ (Lotoszentrum) 32 Blätter, »... ist die Ebene der Erfahrung des Intellekts, des unterscheidenden Denkens und wird als Zentrum der Erfahrung der großen Glückseligkeit des Svabhavikakaya bezeichnet.« (Der I. Lauf, Geheimlehren tib. Totenbücher) Bei Blavatsky ↗ ist Svabhava Prakriti ↗ u. Svabhavikas sind Philosophen der ältesten Schule des Buddhismus ↗.

Svastika: Schreibvar. von Swastika ↗.

Swastika: Hakenkreuz ↗, an das Surya ↗ gebunden ist.

Swedenborg, Emanuel: schwed. Naturphilosoph + Theosoph (1688–1772), womit nicht die von Blavatsky ↗ gegr. Theosophie ↗ gemeint ist. Fühlte sich berufen, den eigtl. Sinn von Bibel ↗ u. Offenbarung (= Apokalypse ↗) aufzuzeigen als Grundlage einer ›Neuen Kirche‹. Beeinflußte Friedrich den Großen ↗. Leicht abgewandelt finden sich die Riten der ›Neuen Kirche‹ bei den Martinisten ↗ wieder, die es bald in ganz Europa u. Rußland gab. Mit der Neuen Kirche war das Neue Jerusalem ↗ gemeint: S. u. Saint-Martin hatten Anteil »... an der romantisch-idealistischen Rückwendung zum Philosophus Teutonicus...« (Philosophie der Neuzeit); s. Teutonen ∕.

Sykomore: äg. Weltenbaum ∕, Symbol der Göttin Hathor ∕ od. Nut ∕: »ich sitze unter den Zweigen der Myrrhensykomore in der Hut der Hathor...« (Bonnet, S. 83), sagt der Tote ∕ in einem Sargtext; od. es heißt über einem Osirisgrab ∕: »Seine Mutter Nut ist die Sykomore, die ihn schirmen und seine Seele in ihren Zweigen verjüngen soll« (Bonnet, S. 83). Es handelt sich um einen Maulbeerbaum mit Feigen-ähnl. Früchten, der auffällig oft mit dem Christusdornbaum verschwimmt, dessen Zweige man später angebl. Jesus ∕ als ›Dornenkrone‹ ∕ aufdrückte. S. Kornmumie ∕.

Syllabar: eine aus reinen Ursilben ∕ bestehende Schrift ∕; heute sind nur noch 3 S.-Schriften bek.: die der Sumerer ∕, Etrusker ∕ u. Vai ∕. Das in einem etrusk. Grab gefundene ›Galassische Gefäß‹, heute im Museum des Vatikan ∕, zeigt in spiraligen Windungen 13 Gruppen zu je 4 Silben, beginnend mit der Gruppe des B-Konsonanten:

Bi Ba Bu Be

wovon Ba ∕ a. in Ägypten existierte, als Verdoppelung Babailu = Babylon ∕. Die Aneinanderreihung führt zu Worten ∕ anderer Völker, wie Mu-Is-Ca, Ti-Ti-Ka-Ka, Is-Is od. unserer Mama als Verdoppelung von Ma ∕ etc. A. die Mantras ∕ sind ähnl. gebaut. S. die Stichw. Muisca ∕, Titikakasee ∕ u. Isis ∕.

Symbiose: ein Zusammen- (= *Sym*) Leben (= *Bio*) von nicht verw. Lebewesen zum gegenseitigen Nutzen; bek. Bsp.: Krebs ∕: Einsiedlerkrebs + Seerose, Lehrbeispiel im Tierkreis ∕.

Symbol: eine Zusammen- (= *Sym*) Ballung *(Bol)* von Information zu einem einzigen Sinnbild, z. B. Schmetterling = Psyche ∕. Prinzip. werden vorhandene, studierbare Dinge der Natur od. Kultur als S. eingesetzt: Farben ∕, Zahlen ∕, geometr. Formen (Kreis ∕, Quadrat ∕, Dreieck ∕ etc.), Pflanzen ∕, Tiere ∕ (s. Symboltiere ∕), Himmelskörper, spez. Sonne + Mond ∕, z. B. als Augen ∕; Instrumente, z. B. Schlüssel ∕; Beförderungsmittel wie Schiff ∕ u. Wagen ∕; Dann Einzelteile: Feder ∕, Fuß ∕, Hand ∕, Rad ∕ etc. Sie machen im Analogie-Verfahren Unsichtbares sichtbar (genau wie Kunst ∕, die ja stark mit Symbolik ∕ arbeitet), jedoch betont indirekt, verschleiert, sodaß nur ein Wissender die verborgene Bed. erkennen kann, während ein Unwissender blind daran vorbei geht, was beabsichtigt ist. These: diese Art von Verschlüsselung ∕ könnte nach dem letzten Weltuntergang ∕ erdacht worden sein zur Verhinderung nochmaliger Verluste; insg. sind die alten S. wohl das wiedererarbeitete, gut verpackte Verlorene Wissen ∕ u. dürften als verbindl. Kunstkanon in Ägypten im Archetyp Schlüssel ∕ (2. Hälfte Zwillingsektor) fixiert worden sein. Im Ggs. zu in sich geschlossenen S.-Systemen wie Mandala ∕ u. Sandbild ∕, die man wie ein ›Alphabet‹ lernen muß, kann man sie ohne Anleitung erarbeiten, sie sind stimmig, keine Konvention. S. Sternenwege ∕, Symbolismus ∕ u. als Übergang von Tier zu S. Stichw. Strauß ∕.

Symbolik: Verwendung von Symbolen ∕ in Kunst (s. Symbolismus ∕) u. Politik; letzteres v. a. auf Fahnen ∕. Als älteste S. gilt die Mysterien ∕-Sprache.

Symbolismus: offiz. ein um 1886 in Frankreich begonnener Stil der Literatur, der den geheimnisvollen Zusammenhang zw. Idee, Ding u. Mensch auszudrücken versuchte. Man findet aber schon bei Heinrich Heine (1797–1856) die Überzeugung: »... daß der Künstler nicht alle seine Typen in der Natur auffinden kann, sondern daß ihm die bedeutendsten Typen, als eingeborene Symbolik eingeborener Ideen, gleichsam in der Seele offenbart werden.« Kommentar in 'Knaurs Geschichte der Weltliteratur: (S. 621) »Genauer kann der künstlerische Grundsatz des Symbolismus kaum ausgedrückt werden.« Mit diesen ›eingeborenen Ideen ∕‹ wird als Wurzel des S. schnell der Idealismus ∕ bzgl. die Romantik ∕ evident, weshalb man die Symbolisten a. Neu-Romantiker nannte. U. die ›Typen‹ eingeborener Symbolik – s. Blaue Blume ∕ als Symbol ∕ – werden später die Archetypen ∕. A. die alte Verschleierung ∕ wird neu formuliert: »Einen Gegenstand nennen, heißt drei Viertel des Genusses am Gecith unterdrücken, der im Glück des allmählichen Erratens besteht; ihn suggerieren, das ist der Traum. Im vollkommenen Gebrauch dieses Geheimnisses besteht das Symbol. Langsam einen Gegenstand hervorzauber, um einen Seelenzustand zu zeigen, oder umgekehrt, einen Gegenstand zu wählen und ihm durch eine Reihe von Entzifferungen einen Seelenzustand ablesen« (Mallarmé). S. Symboltiere ∕.

Symboltiere: neben dem Tierkreis ∕ wurden u. werden noch Tiere als Symbol ∕ bei allen Völkern bevorzugt eingesetzt, merkwürdigerweise spez. für Götter ∕: Himmelskuh ∕ = Himmel als Kuh od. Gesamtkosmos als 100köpfige Schlange Ananta ∕ leiten die lange Reihe ein – am Ende steht die Taube ∕ als Hl. Geist der christl. Kirche. Warum die Bevorzugung des Tieres? These: nur das Tier, s. Grundmotiv Tiertanz ∕, entspr. der Verschleierungsabsicht jeder Symbolik – während die Pflanze, s. Pflanzentanz ∕, zum Gegenpol des ›geöffneten Buches‹ tendiert.

Synkretismus: Vermischung versch. Religionen ∕, z. B. mißglückt im Hellenismus ∕. Solchen u. ähnl. Versuchen dürfte das geschichtl. Ziel einer Synthese ∕ zugrunde liegen.

Synthese: bei Hegel ∕ Aufhebung des sich in These u. Antithese Widersprechenden zu deren höherer Einheit. Mit anderen Worten u. in größerem Rahmen ist es die Sehnsucht der Menschen, seit Erwerbung von Erkenntnis ∕ u. den dadurch bedingten ›Fall‹ in Dualität des Denkens + Handelns, die urspr. Einheit ∕ auf einer neuen Ebene zurückzugewinnen. These: in Zeichen ∕ ausgedrückt, läuft diese Entwicklung vom Ur-X ∕ über den Sechsstern ∕ zum Fünfstern ∕. Od. begrifflich ausgedrückt, von der Dualität von Wissen ∕ u. Erkenntnis zur Weisheit ∕.

Syrien: Republik in Kleinasien ∕; urspr. Land Aram mit den Aramäern (deren Sprache Jesus ∕ redete), benannt nach einem der Söhne von Sem ∕. Schloß sich urspr. wohl direkt an Kanaan ∕ an – das es später teilw. schluckte – u. an Sumer ∕, wo später Assyrien entstand, das S. vorübergehend unterwarf u. von dem als Rudiment a. d. Name kommt. Die einstige Hauptstadt Ebla – unweit der heutigen, Damaskus, das beim alten Baalbe ∕ liegt – wird seit einigen J. ausgegraben; etwa 1974 stieß man in den Trümmern einer Palastanalge auf Tontafeln mit Keilschrift ∕-Texten, deren Übers. noch Jahre dauern wird. »Nach Ansicht des amerikanischen Archäologen und Bibelforschers David Noel Freeman aber kommen aus Ebla (Karte) auch die Urväter des Stammes Israel ↗. Diese brisante These leitet Freeman aus Ebla-Texten ab, in denen sich immer wieder Namen wie Abraham ↗, Ischmail oder Mi-

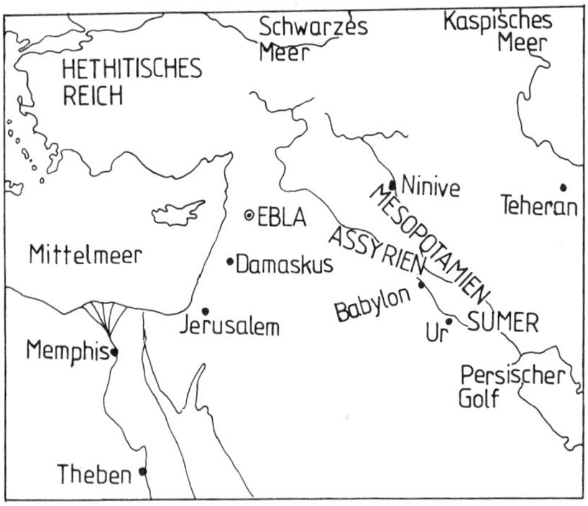

kailu fanden, die in der jüdischen Religionsgeschichte eine wichtige Rolle spielen.« Nun fürchten Kollegen in Rom um ihre guten Beziehungen zu S., dem es peinlich sein könnte, den ›Heim ins Reich‹-Ideologen des Erzfeindes Israel neue histor. Argumente geliefert zu haben (Rainer Gohr im Stern). S. Genezareth ↗, Hebräer ↗, Hethiter ↗, Jordan ↗, Palästina ↗, Islam ↗.

System: Ordnungsprinzip: so ist etwa das chem. Periodensystem ↗ ein von der Wissenschaft ↗ ergründetes S. der Natur - der Kapitalismus als Wirtschaftssystem aber ein von der Kultur ↗ ›künstlich‹ gesetztes S., dem sich inzw. das ebf. künstl. gesetzte S. des Wissenschaftlichen Sozialismus ↗ entgegensetzt. Der Streit um die Frage, welches S. ›recht‹ hat (richtig ist), wird so leidenschaftlich geführt, daß auf beiden Seiten Rufe nach Systemwechsel ↗ laut werden, weil ein Weltuntergang ↗ droht. Größtes S. - da Galaxie ↗ u. Kosmos ↗ keines sind - ist das Sonnensystem ↗ mit folg. Besonderheit: zunächst von der Natur gesetzt, genauer von der Evolution ↗, scheint es doch künstl. verändert worden zu sein mit dem Ziel der Geschichte ↗, ein Zweisonnensystem ↗ daraus zu machen, was eine bes. Art des Systemwechsels ist. — S. Wertsystem ↗ u. Revolution ↗.

Systemwechsel: soweit ersichtl., war der 1. u. zugleich größte Wechsel eines Systems ↗ der von natürl. Evolution ↗ zu künstl. Geschichte ↗ unter Einfluß außerird. Kulturbringer ↗, wobei - möglicherweise als Voraussetzung - a. das Sonnensystem durch Zertörung eines Planeten ↗ verändert wurde. Nach der 1. Geschichtshälfte, gen. 1. Reich ↗ u. unter dem Symbol der Geißel ↗ stehend, kam es zur Götterdämmerung ↗ gen. Katastophe u. nächstem S., geleitet von der Großen Pyramide ↗ u. Archetyp Hirtenstab ↗. Bald darauf wird das neue mit dem alten System = Geißel + Hirtenstab gekreuzt, als ob aus These + Antithese eine Synthese ↗ angestrebt werde. Die Ähnlichkeit des Symbols ↗ der kommun. Fahne der UdSSR ↗ mit diesem altäg. Symbol ist unübersehbar, sodaß anzunehmen ist, hier liege, bezogen auf die Wiederholung ↗ des letzten S. im J. 1987 der Endzeit ↗ die größere Zukunftspotenz, angedeutet durch den darübergesetzten Fünfstern ↗ als dem System, das den bisherigen Sechsstern ↗ ablösen soll:

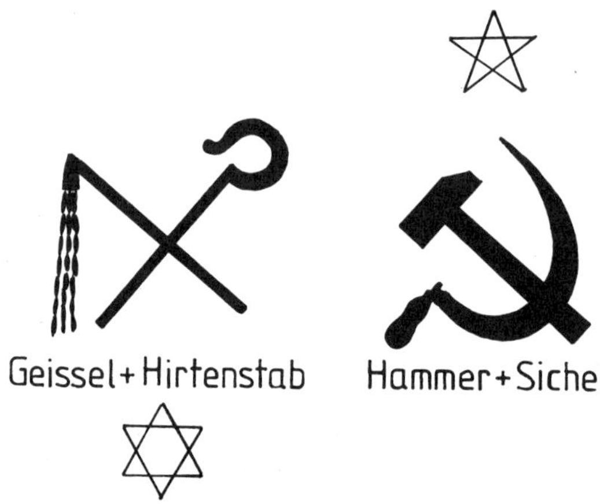

Letzterer war unter den gekreuzten Symbolen in der Brustplatte ↗ des Pharao verborgen. — Aus dem Hirtenstab wurde also die Sichel, aus der Geißel der Hammer, wenn man es so sehen will. Gemeinsam ist auf jeden Fall das X ↗ als Kreuzung bzw. Zusammenführung zweier Grundsysteme, die man auf Natur ↗ (s. Schöpfung ↗ als Hirtenstab, äqv. Sichel = Bauernstand) u. Kultur ↗ (s. Zahl 66 als Geißel, äqv. Arbeiterstand) reduzieren kann. Die Koppelung wurde zur äg. Doppel-Religion ↗, die Synthese steht noch aus u. wäre wohl der letzte S. überhaupt, denn mit ihm würde das Friedensreich ↗ beginnen.

Buchstabe **T**

Grundmotiv

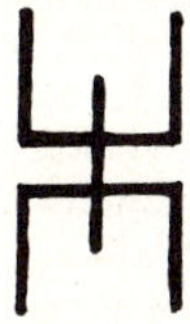

Identitätstanz (Nommo-Zeichen)

T: Tau ↗ (griech.); in Ägypten + Kanaan zur Bestimmung des Weiblichen eingesetzt, z.B.: *Si* (Sohn), *Sit* (Tochter); *Il* ↗ (Gott), *Ilt* (Göttin). Die Hieroglyphe ↗

 stellte urspr. einen Laib Brot dar. Genau dieses Bildes hat sich Jesus ↗ zur Erläuterung seiner messian. Mission bedient: »Ich bin das lebendige Brot, das vom Himmel herabgekommen ist. Wer von diesem Brot essen wird, der wird leben in Ewigkeit« (Joh. Evangelium 6, 51). S. Isis ↗-Hieroglyphe + Sirius-Hieroglyphe ↗. These: in diesem Fall ist das Tao ↗ gemeint, äqv. Tau, das T unter dem Kreis des Anch ↗ (Henkelkreuz, Lebenskreuz) = Z. für Ewiges Leben! — S. Reichseinigung ↗, Daksha ↗ + Davidstern ↗.

Ta: Ort, Land (indian.), z. B. Tamoanchan ↗; äqv. To ↗ (afrik.). In China bed. Ta = groß, z. B. Ta Tao ↗ = der große Weg.

Tabak: 1 der 4 hl. Pflanzen ↗, äqv. Element Erde. Deshalb trinken z. B. die Medizinmänner ↗ der Jivaro, Südamerika, T.-Saft, damit ihnen im Rausch die Erdgottheit erscheint u. sie sich mit ihr unterhalten können. A. im kalifornischen Schamanismus ↗ (meist Frauen) gehörte das zeremonielle Rauchen von bes. hierfür angebautem T. zu einer Krankenheilung. Der T. dient dazu, wie die Mythen ↗ mitteilen, die Geister zu rufen. Sein Rauchen stellt die Gemeinschaft zw. Menschen + Jenseits her. Lt. Popol Vuh schafft Came ↗ den Tabak. Er gehört zur Kultur ↗, weil man Pfeife ↗ u. Feuerbohrer ↗ besitzen muß, um rauchen zu können.

Tabu: polynes. Wort f. sozialen, wirtschaftl., hygienischen oder relig. Meidungsbann. Wenn etwas tabu ist, darf es nicht gegessen, berührt, getan werden.

Tachismus: im 2. Weltkrieg ↗ sich anbahnende Kunstrichtung der Moderne ↗, die mit Farbflecken = *taches* frz.) arbeitete u. zum abstrakten Expressionismus gehört; der wichtigste Vertreter, Pollock, malte seinen T. nur unter Einfluß von Jazz ↗.

Tachom: Falke ↗ (äg.); enthält *tacho* = schnell (griech.).

Tacitus, Cornelius: röm. Geschichtsschreiber (ca. 55–120). Behandelt in den ›Annalen‹ die Zeit 14–68 (keine Erwähnung von Jesus ↗), in den ›Historien‹ die von 69–96. Lapidarer Stil, der unromantisch die Entmachtung der Römer registriert. Seine ›Germania‹ ist die erste Schilderung der Germanen ↗: »Allgemeine Tracht ist ein Umhang, mit einer Spange oder notfalls einem Dorn zusammengehalten. Im übrigen sind sie unbekleidet; ganze Tage verbringen sie so am Herdfeuer... Gleich nach dem Schlafe, den sie häufig bis in den lichten Tag hinein ausdehnen, waschen sie sich, öfters warm, da bei ihnen die meiste Zeit Winter ist. Nach dem Waschen speisen sie; jeder hat einen Sitz für sich und einen eigenen Tisch...«

Tafeln: goldene T. tauchen in der Edda ↗ auf; steinerne sollen sich in der Bundeslade ↗ befunden haben; aus Stein waren a. die äg. Petroma ↗, offensichtl. schon eine Nachbildung von uralten Gesetzestafeln ↗, die a. als Doppel-Feder ↗ symbolisiert wurden. Hitler ↗ stellte sich den Gral ↗ als T. mit Mitteilungen in Runenschrift vor, die als Vermächtnis des Königreichs Thule ↗ galten. Dann soll ein früherer Buddha (nicht der geschichtl. Gautama ↗) Stein-T. gehabt haben, die angebl. auf Palmblätter kopiert sehr geheim in ›Körben‹ (Blavatsky ↗) aufbewahrt werden. These: hier klingt unbedingt die Überlieferung von Tane ↗ an. S. Suchkrankheit ↗.

Tafelrunde: alte Einrichtung der Germanen ↗, s. Ginerva ↗. Sie zählt um so mehr, als Tacitus ↗ berichtet, jede Person habe dort in Germanien am eigenen Tisch gegessen, ein extremer Individualismus, der sich im Einzelhof fortsetzt: »Daß die Völkerschaften der Germanen keine Städte bewohnen, ist hinreichend bekannt, ja daß sie nicht einmal zusammenhängende Siedlungen dulden. Sie hausen einzeln und gesondert...« So wären T. u. Thing ↗, die sich als Versammlungskreis recht ähnl. sind, ein Zugang zum Kollektiven ↗ gewesen, das in der Weltformel ↗ mit dem Tierkreis ↗ beginnt: s. Zahl 12 bei der T. am Gründonnerstag ↗.

Tag: entw. im Kalender die 24 Stunden ↗ einer Erdumdrehung od. nur deren Hälfte, die vom ›Tagesgestirn‹ = der Sonne regiert wird, weshalb das Sonnenschiff ↗ a. Tagesbarke ↗ hieß. Dann bilden Tag + Nacht ein Paar, nicht unähnl. dem Taichi ↗, u. bei der indian. Kalumet ↗ (Pfeifen) ist dann der Tag = männlich.

Tagesbarke: Sonnenschiff ↗ (äg.); im Mythos wird sie von Re ↗ im O bestiegen u. wandert über den Himmel, die Nut ↗. Im W besteigt Re die Nachtbarke u. fährt durch den Gegenhimmel, s. Chepre ↗ u. Duat ↗, d. h. von W nach O zurück. Der Wechsel geschieht so, daß sich die 2 entspr. Göttinnen »... die Sonnenscheibe reichen. Man hat darum angenommen, daß der Schiffswechsel dort stattfinde, wo West und Ost einander berühren, d. h. am Scheitel des Himmels in der Mitte der Tagesbahn.« S. Zodiakscheibe ↗ von Dendera, wo die Symbole ↗ der beiden Barken ↗ auftauchen.

Tahiti: Insel in Polynesien ↗, gen. Paradies ↗, weil die Kulturen kaum Pflege benötigen: ständig 30 Grad Wärme u. viel Regen. Pflanzung + Ernte verteilen sich übers ganze Jahr. — Hier soll ›Die Tapfere‹, eine vornehme Frau der naheliegenden Insel Raiatea, die Schule *Heilige Wolke des Himmels* gegr. haben. Dieser Inselname erinnert auffällig an die äg. Raitaui, für die Griechen übrigens äqv. Leto ↗. Hierher flüchtete Gauguin ↗. — Hauptfigur: Hina ↗.

Taichi, T'Ai-Chi: im Taoismus ↗ das ›Allererste, Eine‹, das zunächst nur ein Kreis ↗ ist = Wu Gi, der Uranfang ↗, woraus durch Teilung Yin ↗-Yang ↗ wurde, dann die 5 Elemente ↗, von denen sich die bek. 4 als Paarbildung im Tao ↗ finden, in das T. hineingesetzt werden kann. Nach chin. Volksglauben kann man das T. auf der Plazenta ↗ nach der Geburt erkennen. Die gezeigte Var. (Abb.) setzt die Teilung in den ›Augen‹ ↗ fort. These: mit Chi ↗ + X landen wir beim Ur-X ↗ als Vergleichsbasis des Uranfangs u. mit dem Zweisonnensystem des Sirius ↗ bei der realisierten Vollkommenheit des Taichi. — Die Farben des Symbols sind entw. Schwarz-Weiß ↗ od. Blau-Rot, letzteres wie im Kreuz der Mahikari ↗-Bewegung od. in der äg. Brustplatte ↗.

Taipan: Nv. der Regenbogenschlange ↗ (beim Stamm der Wikkalkan).

Taiping: großer Friede (chin.); danach benannt die T.-Rebellion in China ↗, die 1850–64 20 Mio. Tote kostete. Basierend auf der uralten Tradition des Taoismus ↗ rief der Anführer, der sich für den neuen Messias ↗ hielt, den ›Himmelsstaat vom höchsten Frieden‹ aus – viel zu früh wohl ein Äqv. für das Friedensreich ↗ – u. machte Nanking zur ›Himmelshauptstadt‹. Die T. verstehen sich als Anhänger dieser Idee, gelten als Vorläufer der chin. Kommunisten. Nach ihrer Niederschlagung wurde 1902 in Paris eine anarch. Zelle aufgebaut, befeuert von Bakunin ↗, die 1907 mit der Zeitschrift *Sin Shi-Chi* = Neues Jahrhundert an die Öffentlichkeit trat, 1921 aber wieder aus Frankreich abgeschoben wurde.

Takama Gahara Mythos: erzählt, wie Izanagi-no-Kami ↗ u. Izanami-no-kami die 14 Inseln von Japan ↗ schaffen sowie 40 Kami, die mit Wohnhäusern, Winden, Flüssen etc. in Beziehung stehen, bis Izanagi Amaterasu ↗ zur Welt bringt, Zentralgestalt dieses Mythos ↗, der durch die Erwähnung von Wohnhäusern sehr verschleiert Kultur ↗ als zeitl. Rahmen andeutet.

Talawaitichqua: Atlantis ↗ bei den Hopi ↗.

Talmud: Lehre (hebr.); eine auf der Kabala ↗ beruhende Sammlung von Schriften, verfaßt von den wenigen Juden, die nach der Diaspora ↗ in Palästina ↗ blieben. Hieß zunächst Mischna ↗: Sie sollte »... das im Alten Testament niedergelegte Gesetz ergänzen und wurde in Abschriften überallhin an jüdische Gemeinden geschickt. Um das Jahr 450 wurde die Mischna durch Erläuterungen und Kommentare zum palästinensischen Talmud erweitert, der ebenfalls für die Juden in fernen Ländern bestimmt war. Als Konstantin ↗ Kaiser wurde, schloß er die Rabbinerschulen. Nun übernahm Babylon ↗, wo seit den Tagen der Gefangenschaft eine große Judengemeinde existierte, die Rolle als wichtigster Mittelpunkt... jüdischer Kultur. Dort wurde 500 n. Chr. der brühmte babylonische Talmud zusammengestellt - ein Talmud, der den palästinensischen verdrängt hat und zusammen mit den Büchern des Alten Testaments noch heute die Heilige Schrift des Judentums ↗ ist« (N. B. Keyes). Offensichtl. gilt aber einigen die Mischna als »... der wahre und allein echt kabbalistische Talmud...« (Papus), 6teilig. Das 6. Buch heißt hier merkwürdigerweise Tarot ↗. — Anhänger nennt man Talmudisten, die vertretene Lehre a. Talmudismus, der dem späteren Chassidismus ↗ gegenüberstand. — Zur äußeren Form: »Fast jedes Blatt des Talmud zeigt dasselbe Bild: Der alte Text liegt in der Mitte, um ihn lagerte sich im Laufe der Zeit Schicht um Schicht...« Der alte Text ist evtl. nur ein Wort, während die Schichten der Auseinandersetzung damit immer ausführlicher werden. Nicht zuletzt, weil ständig interpretierende Vorgänger zitiert, verglichen u. wieder neu überdacht werden mit der ewigen Frage: was bed. es, daß geschrieben steht... »Methodisch betrachtet ist der Talmud Bibelauslegung« (R. Mayer).

Tamagushi: eine Var. des Gohei ↗, indem nur die 1 Treppenseite der Faltpapier in einen Zweig od. Baum gehängt wird (Abb. 1); findet sich entw. im Gelände des öffentl. Schreins ↗ od. sehr verkleinert beim Hausschrein (Abb. 2).

Abb. 2: Hausschrein

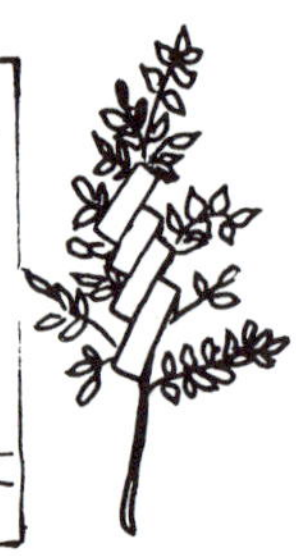

Abb. 1: Tamagushi

Tamayori-Hime: Mutter des ersten jap. Tenno ↗, Kaiser Jimmu; dessen Vater Yamasachi Hiko ↗, ihr Gemahl, war zugleich ihr Neffe.

Tame: Nv. für Came ↗; Verwandtschaft mit Tamil ↗ ist möglich.

Tamil: in den traditionellen Schriften der Leute von Ceylon ↗ u. Madras ↗ kann man lesen: »Die Heimat der Tamouls (einer dravidischen Rasse, die noch im meridionalen Indien ↗ lebt) lag einstmals im Süden der großen Insel Java... wo Lemurien ↗ gelegen hatte, Wiege aller Zivilisationen« (Charroux). U. Churchward ↗: »Die ersten Bewohner Süd-Indiens gehörten der schwarzen Rasse an und nannten sich Tamil. Die Ethnologen geben ihnen auch den Namen Drawida ↗... Sie kamen vom Süd-Westen des Mutterlandes (Mu ↗) und erreichten Indien über die malaisischen Inseln - nicht Birma wie die Naga ↗; sie müssen eine Weile in Malaisien geblieben sein, denn ihre Sprache enthält malaisische Vokabeln... die Sprache der Tamil war sehr komplex... Kein Historiker hat sich je dafür interessiert, woher die Tamil kamen. Im allgemeinen gehen sie der Frage aus dem Weg... (aber) eine Geschichte über Indien ohne Tamil gleicht einem Gebäude ohne Fenster.« Was den Namen ↗ betrifft, so enthält er für Blavatsky ↗ im Kern Adam = Mensch, eine doppelte Form des Daseins. Der Name Adam »... ist wesensgleich mit Athamas oder Thomas ↗, Tamil, Tam, welches durch das griechische Didymos, ein Zwilling ↗ wiedergegeben wird.« Dann müßte natürl. a. Tammuz ↗ mit den T. zusammenhängen. — Die T. - od. Schwarzen Veden ↗ sind die ältesten. — These: es handelt sich um die 3. Wurzelrasse ↗, die in Gestalt von Eva ↗ nach dem Baum der Erkenntnis ↗ griff, weshalb T. = Drawida = Druweda = Baum-Wissende sind od. solche mit dem Wissen = Weda (Veden) jenes ›Baumes‹, äg. Djed ↗, der den Tierkreis ↗ als Kalender ↗ enthält; der T.-Kalender ist bes. berühmt. — S. Melanesien ↗ u. Rashichakram ↗; Tamil-Siddhas ↗.

Tamil-Siddhas: Heilige (= siddhas) der Tamil ↗, verbunden mit der Induskultur ↗. Nach den Upanischaden ↗ sind diejenigen Siddhas, die von Geburt an im Besitz übermenschl. Kräfte sind, was in der Geheimlehre ↗ erklärt wird als freiwillige Inkarnation hochbewußter Geister in sterbl. Körper.

Tammuz: babyl. Nv. für den sum. Dumuzi ↗; die Schreibweise lautet jedoch nur Ta'Uz. Da enge Beziehungen zum äg. Osiriskult erwiesen sind u. Tam, Tamil ↗ wie Thomas ↗ nur Zwilling bed., liegt nahe, T. auseinanderzunehmen in Tam (od. Tamm) = Zwilling von Uz, Us (wie bei Us-Ir = Osiris ↗), Os ↗, ein Zwilling von Gott, ein Ausdruck, den die Dogon für Nommo ↗ einsetzen.

Tamoanchan: Ort bzw. Land (= Ta ↗) der Vogel- (= Moan ↗) Schlange (= Chan ↗). Die mex. Überlieferungen bez. T. als Urheimat des Maises, der Götter u. der Zivilisation. Man hat vergebens versucht, diese legendäre Wiege der Kultur auf mex. Boden zu lokalisieren. Die Glyphe für T. (Abb.) aus dem Codex Dresdensis drückt den Mythos aus, daß der Maya ↗-Mensch dort aus Mais ↗, vermischt mit dem Blut einer Schlange, die ein Sperber herbeigetragen hatte, geschaffen worden ist. Die Maya dramatisieren das a. heute noch, wenn sie das Blut des Neugeborenen mit Mais mischen. — These: es handelt sich um das Land, das die Hopi ↗ Kasskara ↗ nennen, u. die ›angeflogene Schlange‹ dürfte sich mit

derjenigen decken, die wir vom Paradies ↗ kennen, in der Gnosis ↗ richtig als Logos ↗ (Geist) eingestuft. A. in Afrika verbindet sich der Geist mit dem Blut zu Abusua ↗, der Blutseele. U. wenn Mais = Mensch der 4. Kategorie Muntu ↗ entspr., so lautet die auf T. eingegangene Verbindung Muntu + Nommo = Mensch + geflügelte Schlange ↗ = Intelligenz + Vernunft. — Andere Darst. s. Landung ↗.

Tan: Nv. für Dschen ↗, 1 der 8 Tao-Z.: als Element-Paar Donner bzw. das Erregende. Vielleicht findet sich deshalb das Wort als Schlangenname Nebush*tan* (s. Moses ↗) od. Drachenname Tannin ↗ u. schließl. als Tane ↗ = Kulturbringer. A. die taoistische Kombination Tan + Li ↗ ergibt hohe Kultur.

Tane: im Mythos der Maori ↗ ein Sohn des Urpaares Himmel + Erde wie Bruder von Tangaroa ↗, Rongo + Tu; wenn diese für die 4 Hauptkategorien von Atea ↗ (äqv. Ntu ↗) stehen, dann ist T. zunächst nur Muntu ↗, Mensch, Adam, aber der ›himmlische Mensch‹ wie Adam Kadmon ↗ in der Kabala. Seine ›Zeugungskraft‹ = Tiki ↗ wird zum Namen des 1. Mannes; das von ihm erschaffene 1. Weib Hina ↗ aber seine eigene Frau. In einer Version war seine Wohnung der 10. Himmel, von wo er mit dem Korb seiner blitzenden Muscheläxte zur Erde herabstieg, in einem anderen stieg er zu Io ↗ empor, um von ihm die ›3 Körbe der Lehre‹ zu erbitten u. nach Hawaiki ↗ ins Paradies zu bringen. »Tane soll auch zwei Steine mitgebracht haben... Ihre Nachbildungen befanden sich in jedem Whare ↗, u. auf ihnen standen am Prüfungstag die Schüler, um ihr Mana ↗ in sich aufzunehmen« (R. Poignant). Man denkt natürl. an die (2) Gesetzestafeln ↗, da T. aber gewöhnl. als Axt ↗ symbolisiert wurde a. an die Ntr ↗-Äxte auf dem Bild der Landung ↗ des Grals. Vielleicht ist Tanit ↗ die weibl. Form von Tane, nach dessen Nv. Kane ↗ evtl. das Land Kanaan ↗ benannt worden ist.

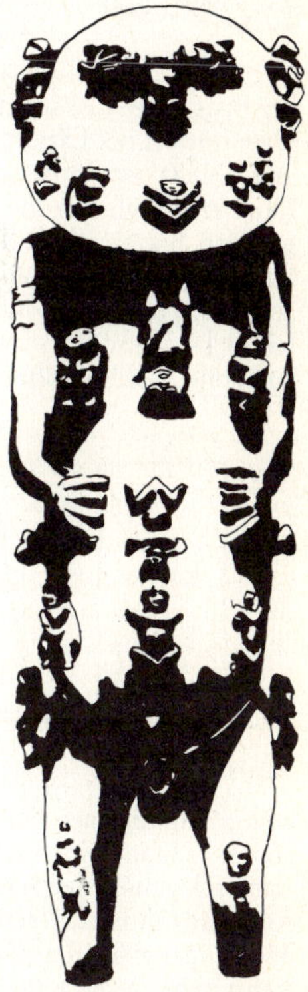

Tangaroa: wie Tane ↗ eine Ausfächerung von Atea ↗; Darst. zeigen ihn bei der Erschaffung anderer Wesen aus seinem Körper heraus (Abb.). Als Kategorie ist Kintu ↗ naheliegend: Erde + Gott = Dinge: Gott Tangaroa erschafft »... die Welt, die Götter, die Elemente, die Geister, Pflanzen und alles Leben der Erde...«, aufgeführt von den Arioi ↗.

Tangata Manu: Vogelmensch ↗ (Osterinsel); s. Manu ↗ = Mensch.

Tanis: Hauptkultort des Seth ↗ im nordöstl. Nil-Delta ↗; der Anf. ist um 1730 v. Z. = Hyksos ↗-Zeit zu setzen. Einen neuen Aufschwung erfuhr es durch die Ramessiden ↗, also immer mit Fremdherrschaft verbunden. »Die Tempelanlagen gehen in der Hauptsache auf Ramses II. zurück. Vor dem Temanos, das den Haupttempel umschließt, liegt ein Heiligtum der Anat ↗, die als Mutter des Seth wie des Königs verehrt wurde« (Bonnet). S. Anat = Tanit ↗; wahrsch. bed. T. nichts anderes als Ort dieser Göttin. Regierte hier doch a. der nach ihr benannte Ḥyksos-König Anat-Her.

Tanit: allg. bek. als ›Stadtgöttin von Karthago ↗‹, das jedoch als Ableger phöniz. Hafenstädte auf die Anat ↗ von Kanaan verweist. So fanden Tauchfischer erst kürzl. vor Palästinas Küste bei Shave-Ziyyon auf dem etwa 10 m tiefen Meeresgrund zunächst 3, später hunderte von fabrikmäßig hergestellten Terrakotta-Figürchen der T.: sie trägt ein Gewand, die l. Hand liegt vor

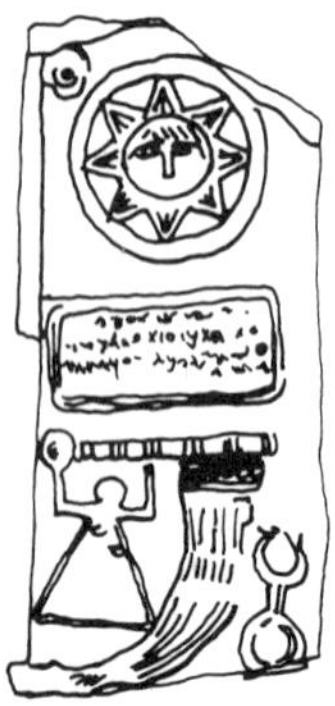

Abb. 1

Abb. 2

Abb. 3

der Brust, die r. ist segnend erhoben. Noch ist unklar, ob es Import od. Export war. Nur: »Der enge kulturelle Kontakt im Mittelmeerraum, den Phöniker und Griechen rivalisierend lange vor Roms Herrschaft geschaffen hatten, wird durch die Tanit-Figurinen von Shave-Ziyyon aufs neue deutlich bezeugt.« Sie war aber a. im äg. Tanis ↗ u. auf Sizilien ↗ zu finden. Bes. häufig sind ihre Darst. auf Grabstelen, wo die Ka-Hieroglyphe ↗ als Armhaltung überwiegt. Weitere Sym-

Abb. 4

bole ↗: unter einer 8strahligen Sonne (s. Astrologie ↗) in der r. Hand eine kleine - die Neue Sonne ↗? - vor der ein l. gehaltener Stab horizontal ausgeht, soweit erkennbar mit 6 x 2 Kerben = der Zodiak ↗, ein großes Horn, daneben die Odil-Rune ↗ (Abb. 1). Letztere kehrt sehr in die Länge gezogen unter der T. wieder (Abb. 2), deren Körper nun keine Pyramide mehr ist, sondern ein Kegelstumpf, auf dem wie eine Schale das Gesicht ruht; erinnert an das Symbol der äg. Nephtys ↗, mit der sie zusammenhängen dürfte. Dann bilden die Arme fast deren Thron ↗ + Gefäß, darüber schwebt ein Sechsstern ↗ (Abb. 3), s. Spinnrad ↗ der germ. Percht. Es folgt von Jean Mazel eine Bildreihe, gen. »Ursprung und Entwicklung des Zeichens der Tanit« (Abb. 4).
These: hier gibt's kaum mehr Zweifel, daß T. den Weltenbaum ↗ vertritt, s. Babylonischer Turm ↗ mit Sonne, dann Mond als Abschluß wie auf der Version von Abb. 4.

Tanka: in der Geheimsprache indian. Medizinmänner Bez. von Menschen, welche nach Glauben vieler Stämme den gleichen Ursprung haben sollen = Wakan ↗ (= hochheilig) Tanka der ›Altvater und Vater‹. Als Bemalung spez. Medizinzelte, in denen die hl. Pfeife ↗ aufbewahrt wird, wird aus T. ein schwarzer Stier, wie der äg. Kemur ↗. Einen Gegenpol bildet die Weiße Büffelkuhfrau ↗, die als Pfeifenbringerin gilt u. gesagt haben soll: »... in diesem Bündel ist eine heilige (wakan) Pfeife. Damit sollt ihr eure Stimme zu Wakan-Tanka senden.« — Der Name erinnert an *Tangaroa* ↗, wozu passen würde, daß auf den erw. Zelten T. unten ist (als Erde, Erdgott) u. nicht oben (Abb.); überträgt man jedoch auf die im Zelt liegende Pfeife - die hier vertikal steht u. Himmel + Erde verbindet - so ist das Mundstück immer im O (wo die Sonne aufgeht) u. Pfeifenkopf + T. kommen nach Westen ↗ - Anspielung auf den Ort der Wiederkehr ↗ als Messias.

Tanka

Tannin: im kanaan. Mythos vom Palastbau ↗ des Baal sagt Anat ↗ zu dessen Boten:

»Fürwahr, ich knebele Tannin, ich knebele ihn
Ich habe geschlagen die gewundene Schlange
Mächtig durch 7 Häupter.«

Übernahme in der Bibel ↗: »Warst nicht du es, der du Tannin durchbohrt hast?« (Jesaja 51, 9) A. Jirku: »Dieser Kampf gegen Tannin wird in die Endzeit ↗ verlegt. So lesen wir Jesaja 27, 1: An jenem Tag wird Jahwe töten den Tannin, der im Meere ist.« Nv. Jam ↗ (›Meer‹) u. Leviatan, von *liwja* = gewunden. S. den äg. Apophis ↗. Bibl. Übers. sind manchmal Schlange, manchmal Drache ↗; in der Apokalypse ↗ hat T. = ›das Tier‹ 7 Häupter + 10 Hörner u. verschmilzt mit Satan ↗ = der ›Drachen, die alte Schlange‹.

Tantra: ein Sanskrit ↗-Wort, das von der Wurzel *tan* = erweitern abgeleitet ist, d. h. T. od. Tantrismus ↗ bietet eine Methode für die Erweiterung des menschl. Bewußtseins an. Die ersten tantrischen Ritualsymbole wurden aus der Zeit um 3000 v. Z. im Indus ↗-Tal gefunden, also lange vor Einfall der Arier ↗ u. etwa z. Z. der Hochblüte von Sumer ↗. Um so erstaunlicher ist die enge Verwandtschaft zw. T. + Veda ↗. Als literar. Gattungsbegriff sind T. Texte für den Kali ↗-Kult; sie

sind urspr. anonym u. ihre Verfassung wird einem göttl. Ursprung zugeschrieben. Meist handelt es sich um Dialoge: Schiwa ↗ spricht Shakti ↗ an od. umgekehrt. Das kosm. Bewußtsein durch Schiwa-Shakti Vereinigung mit Hilfe der Erweckung der Kundalini ↗ führt zu Ananda ↗, ekstatischer Freude.
Methoden: Kundalini-Yoga, Mantras ↗, Yantras ↗ + Mandalas ↗. Die tantrische Weltanschauung ist gg. Askese: »Keiner erreicht die Vollendung ↗, nur weil er sich schwierigen und quälenden Übungen unterzog, denn Vollendung erreicht man nur in der Erfüllung der Wünsche.« Es wird aber a. gesagt, T. strebe eine Synthese von Bhoga (= Genuß) u. Yoga (= Befreiung) an.
Schülergrade für Sadhiki (weibl. Eingeweihte) + Sadhaka (männl. Eingeweihte):
1) Pasu - noch gebunden an die übl. Konventionen
2) Vira - kann schon mit dem spirit. Feuer spielen
3) Divya - göttl.
Die Verehrung der Shakti ist unter Tantrikern bes. verbreitet, weshalb Tantrismus a. eine ›Wiederentdeckung des Mysteriums der Frau‹ ist; man sieht in ihr ein Abbild der kosm. Energie (s. Kosmos ↗), die letzte Essenz der Wirklichkeit symbolisierend. Ihre Anbetung heißt Tantrika.
Trantrismus: Tantra ↗ als weltanschauliche Bewegung, Sonderzweig des Hinduismus ↗ mit Einfluß auf Buddhismus ↗.
Tanz: im alten Ägypten ↗ ›fast ganz Sache der Frauen‹ mit der Göttin Hathor ↗ als ›Herrin des Tanzes‹, der a. ihre ›Herzensnahrung‹ gen. wurde. »Der König be-

Abb. 2

sänftigt dich, siehe der König tanzt dir« heißt es in einem Hymnus, den man Hathor singt. Diese Ausnahme erinnert an den jährl. Tanz des Oba ↗ im Kreis der Okute ↗ od.: Tanz ist Ur-Schrift ↗, auf den Boden ›geschrieben‹ für den Himmel zum ›Lesen‹ u. dort bes. für Sirius ↗ (den Hathor vertritt) - mit dem Körper als Instrument schreiben sich die getanzten Aussagen natürl. a. in ihn hinein, weshalb T. heilende Kräfte haben

Abb. 1

kann u. eine Technik der Erinnerung ↗ ist a) zum Einlagern von Erkenntnis ↗, s. Arioi ↗ b) zum Aktivieren von latentem Wissen ↗, s. Troya-Tanz ↗. These: seine Verknüpfung mit dem Weiblichen - den Wanen ↗ warf man wegen ihrer Tanzerei vor, unmännl. zu sein - läßt vermuten, daß er, wie Motion-Art ↗, Grundmotive ↗ umsetzt, weshalb deren Definitionen meist das Wort T. anhängen: Liebestanz ↗, Todestanz ↗, Pflanzentanz ↗, Tiertanz ↗, Kommunikationstanz ↗ usw.; T. gehört zu den ältesten Darst. in der Kunst ↗; Abb. 1 + 2 zeigen ihn als Felsmalerei der Buschmänner in Südwestafrika.
Tao: »... soll ursprünglich eine südchinesische Muttergöttin gewesen sein...« (H. Gottschalk); heutige Übers.: Mutter - Weg - Wirken des Weltgesetzes -Sinn

Abb. 1

- sinnvoller Weg. Konfuzius ↗ faßt das T. als das Gesetz auf, das alles in geordnete Bahnen lenkt, u. im Taoteking ↗ schrieb jemand nieder:

»Der Mensch folgt den Gesetzen der Erde
Die Erde folgt den Gesetzen des Himmels
Der Himmel folgt den Gesetzen des Tao
Das Tao folgt den Gesetzen seiner inneren Natur.«

Bei Laotse ↗ ist T. »Mutter des Himmels und der Erde, Gebärerin der 10000 Wesen«. Das I Ging ↗ hat 2 Anordnungen der 8 Grundz. des T. überliefert, s. Abb. 2 + 3, die ganz offensichtl. beide ›durcheinandergestellt‹ sind zugunsten irgendeiner Spekulation, aber nicht das Grundmuster geben. Wahrsch. ist es verloren gegangen. Zunächst die 8 Z. linear, wie sie sich Schau Yung durch Brechung der 3 geraden Linien entstanden denkt (Abb. 1): Bei der obersten Reihe wechselt er Yang ↗ (männl., geschlossene Linie) u. Ying ↗ (weibl., offene Linie) $1/1$, bei der mittleren $2/2$ u. ganz unten $4/4$. These: aber Maat ↗, die Weltordnung wird nicht daraus. In Abb. 4 richtet sich die Reihenfolge nach den Begriffen
Kien = Himmel + *Sun* = Wind = Auffächerungspaar für Luft ↗
Li = Feuer (Licht) + *Dschen* = Donner = Auffächerungspaar für Feuer ↗
Kun = Erde (flach) + *Gen* = Berg = Auffächerungspaar für Erde ↗
Kan = Regen + *Dui* = See = Auffächerungspaar für Wasser ↗
Diese Logik, den Elementen ↗ zu folgen, findet sich in keiner Überlieferung; zur Orientierung empfiehlt sich das Studium der äg. Götterneunheit ↗ (für die Element-Folge) u. Götterachtheit ↗, die das urspr. T. dar-

stellen dürfte. Man beachte die Wortverwandtschaft von Tao (China ↗) u. Taui ↗ (Ägypten ↗) in Rait-Taui, ebf. eine Göttin, wobei die heutige Schreibweise fraglich ist; eine weitere Brücke zu Ägypten dürfte das

Abb. 4

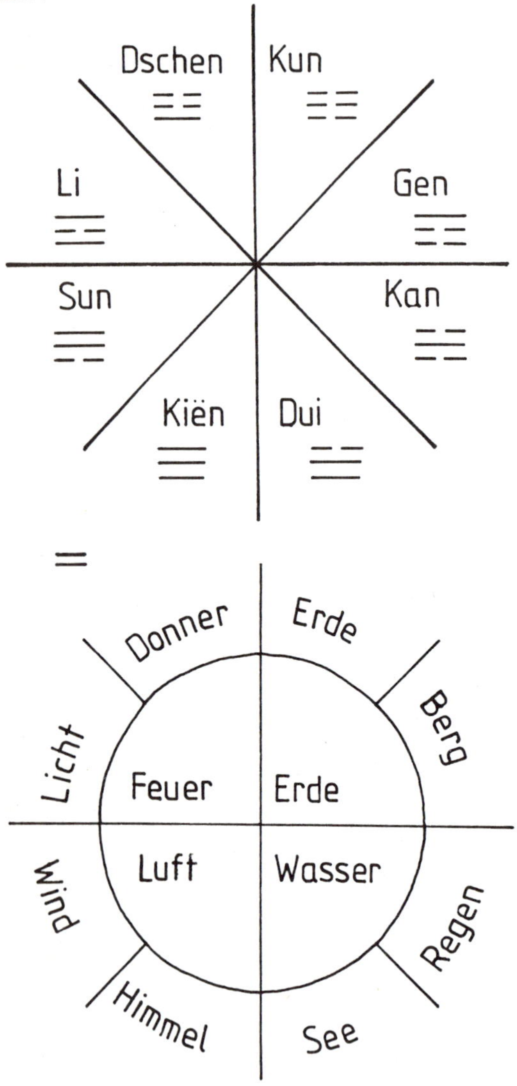

Reihenfolge G. von Frankenberg

Tau ↗ sein. — Heute wird überhaupt nur mit den 64 Doppelz. (Hexagrammen) gearbeitet, die sich durch Verbindung von je 2 der 8 Tao-Z. ergeben. Sie werden nach best. Regeln ausgelöst u. wie Orakel-Antworten benutzt. Jede Situation ist für den Fragenden offen für eine doppelte Erfassung: als individ. Erlebnis u. als (T.) Gesetz, das alle betrifft: dem des Erlebten. Abb. 5 zeigt die Kombinationstafel der 64 Hexagramme sowie die dazugehörigen Begriffe.

Wenn das T. dem 8er Kreis ↗ der Sonne u. damit a. dem Außenkreis des Lichts ↗ entspr. - u. dafür spricht a. das I Ging = Licht (I) -Buch (Ging) - kann man seine 8 x 3 Linien aufrollen u. den 24 Buchstaben des Sonnenalphabets ↗ gleichstellen. Interessanterweise fin-

Abb. 2

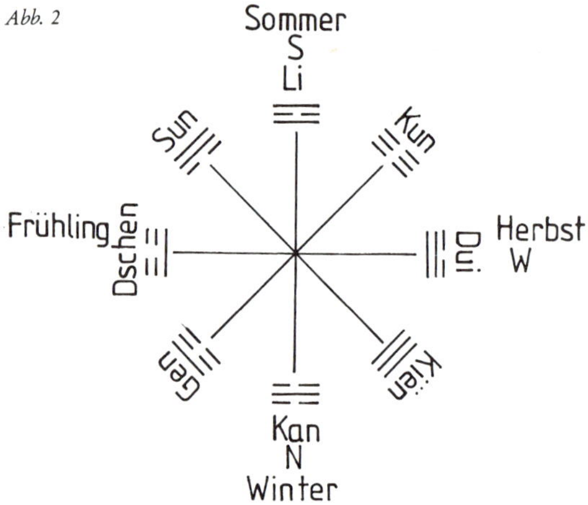

Reihenfolge des König Wen

Abb. 3

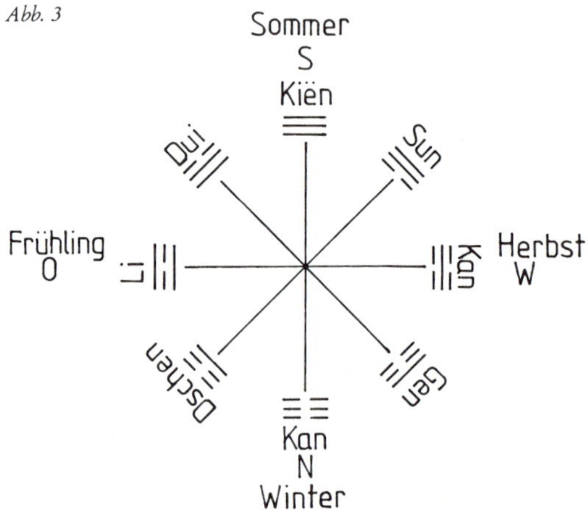

Reihenfolge des Fu Hi

den sich in den Interpretationen der 8 Z. höchst passende Begriffe:

Z = Bedrängnis
Y = Nachfolge → See
X = Heirat
W = das Abgründige
U = die Auflösung → Regen
T = das Hemmnis
S = Zersplitterung
R = Zähmung der Großen → Berg
Q = Anfang + Ende
P = alle ernähren
O = in der Stille reifen → Erde
N = Gebären
M = des Großen Macht
L = Befreiung → Donner
K = Wiederkehr
I = nach der Vollendung
H = Verhüllung des Lichts → Licht
G = der Wanderer

oben → / unten ↓	☰	☷	☳	☵	☶	☴	☲	☱
☰	*Kraft*	*Friede*	*Macht*	*Warten*	*Große Zähmung*	*Kleine Zähmung*	*Besitz von Großem*	*Durchbruch*
☷	*Stockung*	*Hingebung*	*Begeisterung*	*Zusammen halten*	*Zersplitte-rung*	*Weite Aussicht*	*Fortschritt*	*Sammlung*
☳	*Das Unerwartete*	*Wende*	*Erschütterung*	*Schwierigkeit*	*Ernäh-rung*	*Mehrung*	*Durchbeißen*	*Nachfolge*
☵	*Streit*	*Heer*	*Befreiung*	*Vernunft*	*Jugendtorheit*	*Auflösung*	*Vor der Vollendung*	*Bedrängnis*
☶	*Rückzug*	*Bescheidenheit*	*Übergewicht des Kleinen*	*Hemmnis*	*Stillhalten*	*Besserung*	*Trennung*	*Einwirkung*
☴	*Entgegen kommen*	*Verhüllung*	*Dauer*	*Brunnen*	*Arbeit am Ver-dorbenen*	*Gelingen*	*Tiegel*	*Übergewicht des Großen*
☲	*Gemeinschaft*	*Empordringen*	*Fülle*	*Nach der Vollendung*	*Ruhe*	*Sippe*	*Verklärung*	*Mauserung*
☱	*Auftreten*	*Annäherung*	*Unheil*	*Beschränkung*	*Minderung*	*Heil*	*Gegensatz*	*Freude*

Abb. 5: Kombinationstafel der 64 Hexagramme

F = Empordringen ⎫
E = Entwicklung ⎬ Wind
D = innere Wahrheit ⎭
C = Schöpferisch-Sein ⎫
B = Liebe ⎬ Himmel
A = Ursprung ⎭

Man vgl. mit den entspr. Grundmotiven ↗ sowie mit den Ereignissen an den jeweiligen ›Tagen‹ der Primär- u. Sekundärschöpfung ↗. Bes. passend z. B. P = Pflanzentanz = alle ernähren (was die Pflanze tut); H = Archetyp ↗ Versteck, hier Verhüllung usw. Man darf also annehmen, daß das nicht mehr existierende Original-T. Teil der Weltformel ↗ gewesen ist.

Taoismus: eine weibl., auf dem Tao ↗ beruhende Philos., die im 2. Jh. v. Z., nach der chin. Bücherverbrennung, in die Form einer Volksreligion überging. Die Wurzeln verlieren sich im ›prähistorischen‹ China ↗, die Verbindung zu den Ekstasen der damaligen Schamaninnen legt aber nahe, sie bei letzteren zu suchen. Die ›Elegien von Ch'U‹, der Schamanin, sind das Gedicht einer Paradiesreise, u. das verlorene Paradies ↗ wird als früh-taoistischer Idealstaat empfunden, in dem Herrscher + Untertanen fehlten. Der taoistische Traum von der wiederkehrenden Gleichheit wurde a. der der Ur-Christen ↗, dann der Kommunisten; s. Mao ↗. Da nun der T. bei Korrektur von 36 in 32 insg. 120 Paradiese od. Himmel kennt - Chenti ↗ in Ägypten - im Tibet die Gesamtzahl aller Lotosblätter der Chakras ↗ - läßt sich vorstellen, die zukünftige Gleichheit in Vollkommenheit ↗ beruhe auf der Weltformel ↗ als vollendeter Psyche ↗.

Taoistische Paradiese

16 große Höhlenhimmel		16
36 kleine Höhlenhimmel	Korrektur	32
72 Glücksländer (Fu-Ti ↗)		72
		120

Weitere Überlieferung: anfangs war das Paradies nur das die Kultur ↗ ringförmig umschließende Gebiet der Nicht-Kultur gewesen; dann wurden Inseln im Ozean daraus, das sog. Ost-Paradies (1) u. Gebirge im Tibet, das sog. West-Paradies (2), so beschrieben:

1) Paläste aus Gold + Unsterblichkeitskraut ↗; alle Unsterblichen, die nicht zum Himmel emporfahren wollen, begeben sich auf diesen Kontinent ↗ u. emp-

fangen dort die ›Uranfangs-Lebensurkunde‹.
2) Reich der Hsi Wang Mu ↗ (rein taoistische Göttin). These: 1 müßte mit Lemurien, dann Mu ↗ ident. sein, 2 mit der zukünftigen Mu-Nachfolge ↗ als Paradies-Wiederkehr im Westen. — Taoisten + Buddhisten machten gemeinsam Front gg. den Konfuzianismus ↗. — S. Taoteking ↗.

Taoma: Zwilling ↗, Einz. (hebr.); s. Thomas ↗.

Taoteking: Buch vom Sinne (= Tao ↗) u. Leben ↗ (Te), lt. Legende aufgeschrieben von dem Paßwächter an der Grenze zum Reich des Hsi Wang Mu ↗, nachdem ihm Laotse ↗ seine Lehre ›in 5000 Worten‹ mitgeteilt hatte. Sie betrifft den Taoismus ↗:

Kapitel 25

»Es gab ein Wesen, formlos und doch vollendet,
schon ehe Himmel und Erde bestanden.
Still war es, gestaltlos,
Abhängig von nichts, unwandelbar,
Ewig kreisend ohne Hindernis.
Man kann es die Mutter aller Dinge nennen.
Seinen Namen kenne ich nicht;
Geschrieben heißt es Tao.«

Tara: gilt in einem ind. Mythos als Gemahlin von Brihaspati ↗ (= Jupiter), die von Soma ↗ entführt wird u. mit diesem Buddha ↗ erzeugt, eine Art ›Krieg im Himmel‹ wie beim Titanen ↗-Kampf. Andererseits ist sie »... die Personifikation der Kräfte eines in die Gupta Vidya (geheime Wissenschaft) Initiierten.« Weiterer Titel: Erlöserin ↗.

Taranga: Mutter von Maui ↗; selbst Tochter von Muri-Ranga-Whenua, Königin eines mysteriösen Landes, das T. jeden Morgen besucht, indem sie - während alles noch schläft - ein Binsenbüschel ausreißt u. im Boden verschwindet. Die Binsen ↗ rücken danach von selbst wieder an ihren alten Platz. Vielleicht ein Hinweis darauf, daß mit dem Land Mu ↗ gemeint ist, von dem die Inseln, wo diese Dinge erzählt werden, Reste sind.

Taro: Tarock, Tarot; uraltes Spiel, das aus 108 Karten bestanden haben soll (Zahl der Perlen der Mala ↗); 30 gingen jedoch verloren u. heute sind es nur noch 78. Lt. Blavatsky ↗ enthält es in »... undeutlichen Spuren das Alphabet des Thot ↗«. Manche meinen, es sei den Bildern äg. Tempel ↗ entnommen, andere sehen einen Zusammenhang mit den Rollsiegeln ↗, wieder andere verweisen, weil es v. a. von Zigeunern ↗ gespielt wird, auf ind. Ursprung od. sehen einen gemeinsamen Ursprung des T. u. des ind. Devavatara, des »Spiel um die göttlichen Verkörperungen« = Avatara ↗ des Vishnu ↗. »Selbstverständlich kennen wir die restlichen 78 Blätter nicht in ihrer ursprünglichen Form. Immer wieder kopiert und vervielfältigt, sind die Bilder des Tarot, wie wir sie kennen, das Werk mittelalterlicher Kopisten. Zweifellos waren diese bemüht, die ursprüngliche Symbolik, die sie vielleicht nicht ganz verstanden, den Erfordernissen ihrer Zeit anzupassen und sie bei der Wiedergabe nach Gutdünken zu verändern« (F. Lionel). These: da das ›kleine Arcanum ↗‹ aus heute 56 Karten auf die 4 Elemente ↗ ausgerichtet ist, symbolisiert durch: Luft = Schwert - Feuer = Keule - Erde = Münze - Wasser = Kelch darf angenommen werden, daß das T. eine Verbildlichung der Weltformel ↗ war, mit den noch vorhandenen 4 König + Königin-Paaren als Götterachtheit ↗ (Tao ↗) etc. Court de Gébelin (1725–84): »Wenn man wüßte, daß in unseren Tagen noch ein Buch aus dem alten Ägypten ↗ existierte, eines jener Bücher, das der böswilligen Zerstörung entgangen ist..., ein Buch über die reinsten und interessantesten der ägyptischen Lehren, so würde ohne Zweifel jedermann ein solch außerordentliches und kostbares Buch kennenlernen wollen.« K. Seligmann: »Und dieses ägyptische Buch ist nach Gébelins Meinung das Tarock. Die alte Weisheit, so glaubt er, ging nicht verloren, weil sie klugerweise in das Gewand eines Spieles gekleidet wurde. So scheinbar harmloser Charakter bewahrte es vor der Barbarei, der Unwissenheit und jeder Art von Zerstörung.« Immer wieder ist eine Par. zw. den heute 22 Karten des Großen Arkanums u. den 22 Buchstaben der Hebräischen Schrift ↗ gesehen worden u. damit eine Verbindung T.-Kabala ↗. Die a. schon erfolgte Par. zu den Runen ↗ überzeugt jedoch mehr: Nr. 1 = Osiris äqv. Pa ↗... Nr. 12 Gehenkter äqv. Ger ↗ (Grundmotiv Todestanz), d. h. dieser T.-Kreis ist die Geschichte ↗. — Silben-Umdrehung: Ta-Ro = Rota ↗ (Rad) bzw. Tora ↗ = Lehre (Thora) = Troya-Tanz ↗, Weltordnung ↗-Gehen (tanzen). Es ist aber a. enth. Ta ↗ (Ort) Rock (des Vogel Rokh ↗), u. wenn dies der Vogel ist, der die Schlange nach Tamoanchan ↗ brachte, dann ergibt sich der Bezug Taro = Zoro ↗, Zara, Sarra = Sirius ↗, den in Ägypten die Göttin Hathor ↗ vertrat, deren Umdrehung ↗ Rohtah sehr schnell zu Rota führt, u. diese Deutung ist besser als die übl. gewordene Taro = Thot. Für die prinzip. Weiblichkeit des T. spricht die Form der Kartenanordnung beim ›Großen Spiel‹: 33 Karten werden in die Nut ↗-gestaltige Umrahmung gelegt, eine umgek. Ka-Hieroglyphe ↗, was als Symbolzahl an die Ringe des Hirtenstabs ↗ erinnert –die nächsten 33 Karten werden in den Kreis ↗ gelegt, der also mit Nr. 66 abschließt (was an die Geißel ↗ erinnert), die restl. 12 kommen in das weibl. Dreieck ↗ als 1 ›führende Karte‹ + 11 nicht benutzte Karten. Die 3 Seiten des Dreiecks u. der durch ihn 3geteilte Kreis sind wie bei den 3 Disen ↗ Vergangenheit, Gegenwart, Zukunft. - Wie das Tao fast nur noch zur Wahrsagerei benutzt. — S. Hekate ↗, Lehre ↗, Pura Dai ↗.

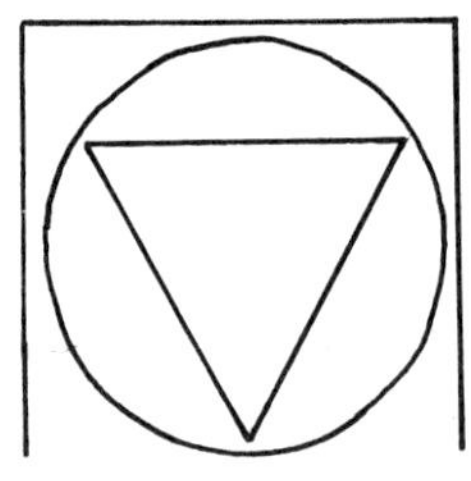

Tarock: s. Taro ↗.

Tarot: s. Taro ↗.

Tartaros: in der Ilias ↗ auftauchender Name für einen Teil der Unterwelt, hier Hades ↗, umgeben von einer 3fachen Mauer + Feuerstrom, in den bes. Frevler gestoßen wurden, z. B. Kronos ↗ u. andere Titanen ↗. Geschildert als ›sonnenloser Schreckensort‹; vielleicht der Teil des Sonnensystems ↗, der sich an den Planetoidengürtel ↗ anschließt (= Mauer + Feuerstrom). Gilt, personifiziert, als Bruder der Gäa ↗, mit der er zus. Echidna zeugte, Mutter des Cerberus ↗.

Tassili: Zufluchtsgebirge in der Sahara ↗; Tausende von Felsbildern »... verzeichnen das Kommen und Gehen vieler Völker und der verschiedensten Tiere...« (Time & Life), die »... ältesten Gemälde haben einen deutlich negroiden Aspekt, während die späteren Szenen rassisch unterschiedliche Einflüsse andeuten...« (J. Ki-Zerbo), d. h. die Neger ↗ waren zuerst da; sie tragen

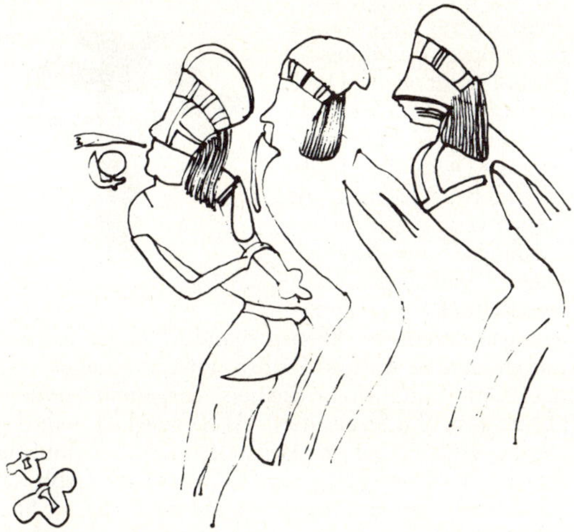

Felsbild (um 4000 v. Z.)

oft einen an Ägypten ↗ erinnernden Kopfputz (Abb.). Vor dem Mund der l. Figur das äg. Lebenskreuz ↗, ganz unten im l. Eck das 1. Grundmotiv ↗ ⧖ . S. Riesen ↗ u. Horn ↗.

Tat: gewöhnl. ›Das‹ übers., äqv. Mulaprakriti ↗ auf der niederen Ebene. Rigveda ↗:

»Nicht war Nichtseiendes, nicht Seiendes war damals
Nicht war Luftraum, Firmament über ihm
Was webte damals? Wo? In wessen Schutz?
Nicht Tod, nicht Leben war da
Nicht unterscheidendes Merkmal zwischen Tag und Nacht
Das (Tat) atmete, jedoch in eigener Weise
Ohne Hauch, das Eine.
Von ihm verschieden war sonst nichts vorhanden
Die Götter sind ja selber später als dieses (Tat)
Und sind selber durch das Auseinanderschaffen geworden.«
(RV X, 129)

Blavatsky ↗: »Der Logos ↗ schläft in dem Schoß von Tat, welches nicht schläft, noch jemals wach ist, denn es ist Sat oder Seinheit, nicht ein Wesen. Aus ihm geht der große unsichtbare Logos hervor...« Außer T. ist alles Maya ↗ (Illusion).

Tatanka: Nv. von Tanka ↗ (Sioux ↗).

Tataren: urspr. alle Mongolen ↗; später meist nur für ihre Vermischungen mit anderen Völkern als Bez. benutzt. So wurde Dschingis nach endlosen Kämpfen gg. viele T.-Stämme zum Khan der vereinigten Mongolen- u. T.-Stämme ernannt, s. Dschingis-Khan ↗. Nach dem großen Sturm gg. die Mauer, die T. schon zw. 200-400 überklettert hatten, wurde unter ihm China ↗ erobert, insbes. die Hauptstadt Yen-King, das heutige Peking, dessen nördl. Teil die ›Tatarenstadt‹ u. südl. Teil ›Chinesenstadt‹ (geblieben?) ist. In ersterer liegt ein inneres, ummauertes Rechteck, das ›Verbotene Reich der Kaiserlichen Paläste‹. Sie kannten - od. kennen noch? - die Präzession ↗, auf der ihr Van ↗ (Kalender-Einheit) beruht; evtl. hängt er mit dem Begriff Wan = Hakenkreuz ↗ der mongol. Buddhisten zusammen.

Tatenen: äg. Gott; wahrsch. nur eine Var. des Geb ↗ = Erde, die Te hieß. Die Anhängung NN = Müdigkeit ergab Ten od. Tenen, die beim Weltbeginn aus dem Urmeer aufgestiegene Erde, das ›erhobene Land‹, übergehend in die Urhügel ↗.

Tattva: s. Tattwa ↗.

Tattwa: »Das Weltall ist aus dem Tattwa gemacht, es wird durch das Tattwa erhalten und es verschwindet in das Tattwa...« sagt Shiva, wie aus dem Schivagama zitiert wird. Dazu Blavatsky ↗: »Wenn Prakriti ↗ siebenfältig ist, dann müssen auch die Tattwas ihrer sieben sein, denn sie sind beide, wie gesagt, Substanz und Kraft, oder atomistische Materie und der Geist, der sie beseelt... Die Lehre von den sieben Tattwas (den Prinzipien des Weltalls und auch des Menschen) wurden in alter Zeit von den Brahmanen ↗, die jetzt die Lehre nahezu vergessen haben, sehr heilig und daher sehr geheim gehalten... Die Esoterik lehrt, daß der Akascha die sieben Kraftzentren enthält und einschließt, und daher auch die sechs Tattwas, deren siebentes oder vielmehr deren Zusammenfassung er ist.« Ihre angeführte Liste ist die der Theosophie ↗:

1) Adi T. = Kraft, die aus dem ersten, unmanifestierten Logos ↗ hervorgeht
2) Anupadaka T. = Kraft, die aus dem zweiten, differenzierten Logos hervorgeht
3) Akascha T. = Kraft des Dritten Logos, die Schöpferische Kraft in dem bereits geoffenbarten Weltall
4) Vayu T. = der luftige Plan, wo die Substanz gasig ist
5) Taijas T. = der Plan unserer Atmosphäre, von *tejas*, leuchtend
6) Apas T. = wässrige od. flüssige Substanz od. Kraft
7) Prithivi T. = feste erdige Substanz, der ird. Geist od. Kraft, das niederste von allen

These: da 4-7 den 4 Elementen ↗ zu entspr. scheinen, kann man rückwärts zuteilen:
3) Sonnenkern ↗
2) die 24 Grundmotive des Kosmos ↗
1) das Ur-X ↗

u. zwar die Dichte od. Feinheit der Substanz betreffend. Blavatsky: »Die fünf körperlichen Sinne ↗ werden mit den fünf niederen Tattwas in Entsprechung gebracht.« 6. Sinn = Buddhi ↗, ergo mit dem differenzierten Logos = Nommo ↗, u. der 7. Sinn käme Adi (s. Aditi ↗), dem 1. T. als Ur-X nahe. Als »ursprüngliche, geistige Substanz« umhüllt das Adi T. den Menschen ↗ (in der 7. Welt ↗) als ›Aurisches Ei‹ u. ist lt. Blavatsky die Synthese aller Farben, Blau ↗. — S. Rajas ↗ u. Mantra ↗. — Ausfächerung von Tat ↗, im Wort enthalten.

Tatyüka: Sonnenhaus im SO des Weltideogramms ↗ der Maya, deckungsgleich mit dem roten Kreis u. Ende des Jahres.

Tau: griech. + hebr. (Schreibweise Thau) Buchstabe, der dem T entspr.; »... vor der Einführung der hebr. Buchstaben war Tau das ägypt. Henkelkreuz...« (Lexikon des Geheimwissens), d. h. Ankh ↗. These: es dürfte sich wohl nicht um das ganze Ankh, sondern nur um das am ›Henkel‹ hängende T handeln, das Tao ↗. Im hebr. Alphabet ↗ ist Thau Nr. 22 u. entspr. Synthese ↗. — S. Rose ↗ u. Nagel ↗.

Taube: fällt durch 2 Merkmale auf, die wohl dazu führten, sie zum Symbol ↗ für den Heiligen Geist ↗ zu machen:

1) ist dieser Vogel ↗ ungeheuer Kollektiv ↗; die inzw. ausgerottete amerik. Wander-T. fliegt in Wolken von über 1 Mrd. T. u. baut bis zu 200 Nester in 1 Baum

Abb. 2: Europa mit Taube

Abb. 3: Maria mit Taube

2) keine Theorie konnte bisher folg. Experiment erklären: nach langer Reise im verdeckten Käfig in stockfinsterer Nacht freigelassen, nahm eine T. innerhalb von 10 sec. Kurs auf ihren Heimatort: »Einige Naturforscher sind zu der Überzeugung gekommen, daß hier ei-

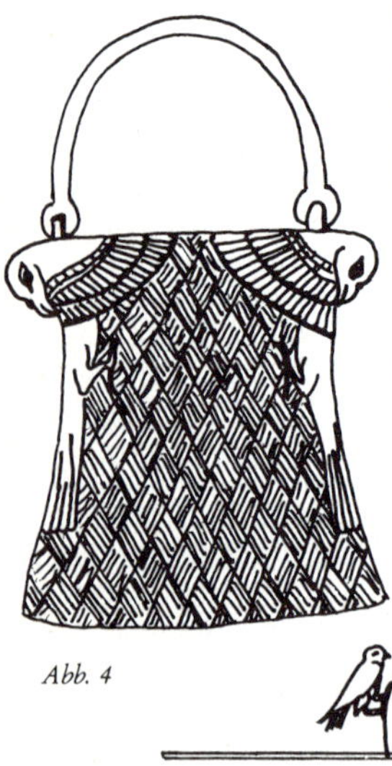

Abb. 4

Abb. 5

Abb. 6

ne unbekannte Kraft wirke, die nichts mit der sinnlichen Wahrnehmung zu tun hat, ja die außerhalb der Sphäre liegt, die der Wissenschaft ↗ bisher bekannt ist« (Das große Readers Digest Tierbuch). U. 3) als Symbol: »Komm Frau, die du die verborgenen Dinge zeigest und die unsagbaren Dinge offenbarest, heilige Taube, die du die Zwillingsnestvögel hervorbringst, komm, Geheime Mutter...« (Anrufung aus den Thomasakten ↗, 11. Jh.). Ihre Gleichsetzung mit weiblich ↗ bzw. Göttin ist sehr alt, wie die ›Göttin mit 3 Tauben‹ aus Schachtgrab III der Burg von Mykene ↗ (Abb. 1) zeigt od. die Darst. der Europa ↗ in Kreta, die man für Maria ↗ übernommen hat (Abb. 2 + 3), der die zitierte Anrufung gilt. Sie verweist sogar auf den Zwilling ↗. — Ägypten: »Der tägliche Nachrichtenaustausch zwischen dem Kulturzentrum Theben ↗ und all seinen ›Außenposten‹ wurde mittels Tauben aufrechterhalten, die man auf Omphalos ↗-Steinen dargestellt findet« (Temple in: Das Siriusrätsel). Als Bindeglied stellt der gleiche Autor eine in Mesopotamien ↗ gefundene Darst. eines Korbes für sakrale Zwecke vor (Abb. 4): »Der Korb, den Oannes ↗ ausnahmslos trug, ist hier mit zwei Tauben geschmückt, deren Köpfe zurückgewandt sind - ein typisches Omphalos-Motiv. Auch das Korbgeflecht gleicht hier unübersehbar dem Netzwerk, das in der Regel steinerne Omphaloi bedeckt.« These: mit dem Netz ↗ schließt sich a. die Verbindung zw. Kosmos ↗ + Taube. Sie verstärkt sich mit 2 äg. Bildern, die einmal 2 schwarze T. auf Steinen zeigen, die den Gesetzestafeln ↗ gleichen (Abb. 5), zum andern einen himmlischen ›Korb‹ mit 2 T., aus dem Chepre ↗ hervorkommt wie aus der Nut ↗, s. Duat ↗ (Abb. 6). — S. Koppelung von T. u. Taufe ↗ bei Jesus. Der ›Korb des Oannes‹, äqv. Dagon ↗, erinnert natürl. an die 3 Körbe, die Tane ↗ von Io ↗ zur Erde brachte, was dann zu Sambo ↗, der ›sprechenden Truhe‹ führt. — S. Friedenstaube ↗, Noah ↗ u. Ischtar ↗ sowie der Speer des Schicksals ↗.

Abb. 1

Taufe: 1) im alten Ägypten: lt. Blavatsky ↗ war die Große Pyramide ↗ im Innern »... ein majestätisches Heiligtum, in dessen düsterer Abgeschiedenheit die Mysterien ↗ vollzogen wurden, und dessen Mauern oft Zeugen der Initiationsscenen von Mitgliedern der königlichen Familie gewesen waren. Der Porphyrsarkophag... war das Taufbecken, aus dem emporgestiegen der Neophyt ↗ ›wiedergeboren‹ war und zum Adepten wurde.« S. Sarkophag ↗. 2) von der Qumran-Sekte ↗ ausgehend, gelangte die T. über Johannes den Täufer, der Jesus ↗ taufte, zur christl. Kirche ↗, wo sie ein Sakrament ↗ wurde u. zum kath. Dogma, vom Fall des Menschen an bis zur Stunde seiner T. habe der Teufel ↗ volle Gewalt über ihn u. besitze ihn rechtmäßig: »diabolum dominium et potestatem super homines habere et jure eos possidere.« Mit ›Fall‹ ist wohl nicht die Geburt, sondern die Entstehung durch Zeugung ↗ gemeint, u. die T. dient der Reinigung von der sog. Erbsünde ↗, der sich wie in Ägypten eine Wiedergeburt als ›Christ‹, durch Aufnahme in die Kirche, anschließt. S. den Taufteich bei den Mandäern ↗. Symb. läßt sich auf dem Täufling die Taube ↗ nieder, was dem äg. Ka-Transfer ↗ entspr. würde. Bei Kinds-T. ist dieser Akt unfreiwillig, weshalb z. B. die Wiedertäufer ↗ nur die Glaubens-T. Erwachsener zulassen. — Der T. ähnl.

war wohl a. die Reinigung durch Blut bei der Stiertötung ↗ od. das Untertauchen in der eingefaßten Quelle einer Isisgrotte ↗.

Taui: die beiden Länder der äg. Reichseinigung ↗ zu Km.T ↗ (Ägypten); strukturell Tao ↗ (die 4-Paare-Einteilung des Landes). Kombiniert mit Rait ↗ (Beiwort von Göttinnen) entsteht Rait-Taui, weibl. Sonne der beiden (äg.) Länder.

Tausendjähriges Reich: in der Apokalypse ↗, Kap. 20, wird mehrmals die Zeitspanne von 1000 J. erw.: »Und ich sah einen Engel vom Himmel fahren, der hatte den Schlüssel zum Abgrund und eine große Kette in seiner Hand; Und ergriff den Drachen, die alte Schlange, welche ist der Teufel und der Satan; und band ihn tausend Jahr, Und warf ihn in den Abgrund, und verschloß ihn und versiegelte oben darauf... bis daß vollendet würden tausend Jahr; und darnach muß er los werden eine kleine Zeit« (20, 1-3). Darauf gründete sich dann der Chiliasmus ↗ u. das (tausendjährige) 3. Reich ↗ von Hitler ↗. These: gemeint sind die 1000 J. nach dem Jüngsten Gericht ↗, weil sich dann die pendelnde Erdachse umdreht, s. Labyrinth ↗, was etwa 30 J. lang große Störungen hervorrufen wird.

Tausendundeine Nacht: Geschichten, die Schehrezad = ›die Edelgeartete‹, Tochter des Wesirs, dem Sultan Schehrijar Jahre hindurch allnächtlich od. genau: in 1001 Nächten erzählt, um nicht umgebracht zu werden. Denn nachdem die Gattin des Sultans diesem untreu geworden war, ließ er aus Rache jede weitere Frau schon nach der 1. Liebesnacht sofort hinrichten. Schehrezad nun erzählt nach dem Liebesspiel der 1. Nacht so spannend, daß die Hinrichtung von Nacht zu Nacht aufgeschoben wird. »Aber der einmal angeknüpfte Faden reißt nicht mehr ab: zu einem riesigen Teppich des Lebens verwoben, ranken sich bald die Ornamente einer größeren Geschichte um kleinere, eingeschaltete Begebenheiten, verästeln sich weiter mit neuen, wunderbaren Motiven, verschränken sich wiederum... Ergriffen von ihrer reinen, schauenden Spiegelung aller Dinge, nicht minder allmählich an die Erzählerin in herzlicher Liebe gewöhnt, gewährt der Herrscher Gnade und erhebt Schehrezad zur Gattin.« Soweit die Legende. Jedoch ist nachgewiesen, daß die Rahmenerzählung a. in Indien zu finden ist u. der Inhalt äg. Elemente aufweist, so Sindbad ↗, während die Djinn ↗ u. der Vogel Rokh ↗ arab. sind.

Tauta: Nv. für Tuath ↗ (Volk; Teutonen ↗).

Tauto: Nv. für Tuath ↗ (Volk; Teutonen ↗).

Tawa: das Sonnen-Katschina (Hopi ↗), als Nr. 1 der Katschina ↗ im Pa ↗-Monat auftretend. These: da 1 Monat beim Zodiak ↗ 2 Grundmotiven ↗ entspr., müßte T. die 2 ersten Grundmotive  +  vertreten: tats. sind sie zu sehen, Nr. 1 als Mund u. Nr. 2 als baumartiger Stab in der r. Hand (Abb.). Der Sonnenbezug ist durch die Adlerfedern um den Kopf gegeben, denn das Licht nennen die Indianer ›unseres Vaters Federn ↗‹.

Tawr.T: äg. Schreibweise der Toeris ↗.

Tcaridyi: ›die Glühende‹; wenn es ihr gelingt, in den Körper eines Menschen einzudringen, erregt sie glühende Fieberschauer. Bildet mit Tculo ↗ ein Paar u. gehört zur Krankheit ↗-erregenden Nachkommenschaft von Ana ↗, Königin der Keshalyi ↗ (Zigeuner).

Tculo: männl. Partner-Dämon der Tcaridyi ↗; wenn er in den menschl. Körper eindringt, ruft er heftige Schmerzen im Unterleib hervor.

Te: 1) Erde (äg.); Verlängerung *terra* (lat.) bzw. tellurisch, von der Erde stammend od. terrestrisch = ird. ggb. extraterr. = außerirdisch; 2) der Baum, dem sich Ixquic ↗ verbotenerweise nähert. Auf Bildern ist er T-förmig, das sog. Blätterkreuz ↗.

Tebah: Behälter (hebr.), für Arche ↗ ebenso eingesetzt wie für die Apollo-Kapsel des Fluges zum Mond. These: insofern muß die Arche Noah ↗ kein Schiff gewesen sein.

Technik: eine ›künstliche‹ Arbeitsweise mit Methoden, die von der Wissenschaft ↗ erdacht werden; von Techne = Kunst ↗ (griech.). Sie setzt den Unterschied zw. Naturmensch ↗ u. Kulturmensch = Homo Sapiens ↗.

Tefnut: äg. Göttin, gen. ›Herrin der Flamme‹ (Bonnet); gehört zur Götterneunheit ↗ u. geht mit ihrem Zwillingsbruder Schu ↗ als 1. Paar aus Atum ↗ hervor. These: vertritt das Element Feuer ↗, wozu paßt, daß sie »... ihren Feuerhauch gegen seine (des Re ↗) Feinde« sendet. Als Uräus ↗ ist sie die ›Stirnschlange am Haupt aller Götter‹; jedoch kann sie mit Schu a. das Löwenpaar Ruti ↗ bilden od. einzeln als Löwengöttin ↗ erscheinen, bes. im Märchen ›Heimführung der Sonnenkatze‹, das die Entstehung der Märchen ↗ überhaupt andeutet: sie ist nach Nubien ↗ geflohen u. Thot ↗ wird geschickt, sie nach Ägypten zurückzuholen. Während er zu ihrer Besänftigung Märchen erfindet, wird sie wechselweise zur zornigen Sachmet ↗ od. heiteren Bastet = Katze ↗. Eine alljährl. Prozession ↗ spielte ihre Heimkehr nach: vom unteren zum oberen Nil ↗, an diversen Städten landend, wo sie freudig begrüßt wurde. Aber es gab a. ein Königtum der T., auf das sich als Erbinnen ›Gottesweiber‹ (Pallakiden ↗) spez. der 25. (= nubischen) Dynastie ↗ beriefen. These: bezieht sich auf das 2. Matriarchat ↗.

Tehom: Urmeer (hebr.), äqv. Tiamat ↗.

Teich: zur Nebenanlage der äg. Tempel ↗ gehörte ein hl. T. (kleiner See), der entw. rechteckig (Abb.), hufeisenförmig, s. Abb. Stichw. Sphinxallee ↗ od. T-förmig war. Text zum Bild: »Die Seele erhebt sich aus der Lotosblume zu neuem Leben; die senkrecht verlaufenden Zickzacklinien in dem Rechteck deuten das Urwasser ↗ an. Jede Wiedergeburt ↗ ist nur nach der Rückkehr in den ursprünglichen Zustand möglich« (Papyrus Ani). Nachweislich wurde darin a. der Lotos ↗ angepflanzt Es ist a. der ›See der Läute-

rund‹, in dem der Priester ↗ für den Dienst im Naos ↗ ›rein‹ wird. Man denkt hier an den Ursprung der Taufe ↗.

Teilhard de Chardin, Pierre: frz. Jesuit ↗ (1881–1955), der Paläontologie ↗ betrieb u. ein hochinteress. Modell der Evolution des Homo Sapiens ↗ entwarf (Abb.) mit dem Textzusatz (S. 163) »Mit dem Homo Sapiens hingegen tritt plötzlich die Kunst ↗ auf und sie durchdringt von jetzt ab die ganze menschliche Kultur.« Zeitangabe des plötzl. Übergangs von Trieb

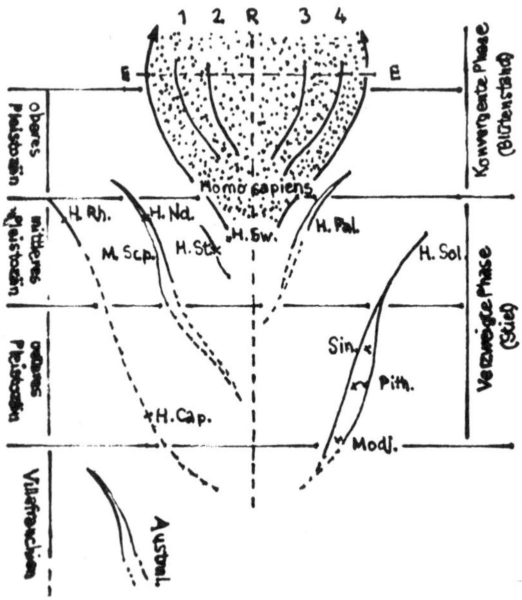

Hypothese einer ›schuppigen‹ Struktur der phyletischen Zusammensetzung der menschlichen Gruppe. Am Ende des mittleren Pleistozäns: Rhodesia-Mensch, Neandertaler, Mensch von Swanscombe, Mensch von Palästina; danach der Homo sapiens

mit Blättern aus Urmensch ↗-Typen wie Neandertaler ↗ u. a. zum Blütenstand mit den 4 Rassen ↗ ca. um 20000 v. Z. (S. 164). — Im Präzessionskalender der Geschichte ↗ würde das aufs Ende des Steinbock ↗-Sektors (21810–19650 v. Z.) fallen, als im Anschluß an die Argonautik ↗ das Welthüterquadrat ↗ fertig war u. damit, deckungsgleich, der Homo Sapiens global durchgebildet.

Te Io Ora: ist der männl. Kern von Io ↗ (pazif.), aus dem Atea ↗ entsteht. These: im Wort enth. Teo ↗ = Gott u. Ra = Re ↗, Sonne, weshalb Io dem äg. Ntr ↗ entspr. muß, das eine Zusammenziehung von Nut + Re ist. Der weibl. Kern ist Io Wahine ↗, der dann der Nut ↗ entspricht. Te Io Ora heißt a. ›Kern des Lebens‹, s. Leben ↗. Zieht man noch mehr zus., wird die Brücke zu Tora, Umdrehung Rota ↗ u. Taro ↗ deutlich.

Teje: aus Nubien ↗ stammende äg. Königin (ca. 1397–1360 v. Z.), die als erste bürgerlicher Herkunft war; schon bald nach der Hochzeit mit Pharao ↗ Amenophis III. widmete sich dieser »... mehr der Löwenjagd als den Staatsgeschäften und überließ der ›großen königlichen Gemahlin‹ das Regieren.« Auf einer Monumentalskulptur des Paares (Abb. 1) sind T.s Haare ↗ die Flügelfedern der Geiergöttin Mut ↗; das wiederholt sich auf einer kleinen Relieffigur aus Gold, auf der sie die Geierkrone ↗ trägt (Abb. 3). In der l. Hand eine Var. der Geißel ↗, fast zur Lilie ↗ umgewandelt. Auf dem Gewand das vertikal gestellte Z. des Gesamtkosmos ↗ aus zweifach gekreuzten Bändern. Sie vertritt also die von ihrem Stiefsohn Echnaton ↗ so bekämpfte Göttin Mut, wie sich ihr berühmter Sohn Tutenchamun ↗ nach Amun, Muts Gottgemahl benannte, während T.s Gemahl in seinem Namen ↗ Amun (als Amen eingesetzt) u. Wepwawet ↗, griech. Ophois (reduziert zu Ophis) vereint, was ihn als Zwilling ↗ kennzeichnet. T.s Eltern, Vater Juja u. Mutter Thuje, waren beide Hohepriester des Amun: »Beide zählten am Hofe des Pharao zu den höchstgeachteten Persönlichkeiten.« Um dem ganzen Volk u. auch fremden Stämmen deutl. zu machen, daß er keine Pharaonentochter heiratete, um den Thron ↗ zu bekommen, ließ Amenophis III. am Tag seiner Vermählung »... eine Reihe von Erinnerungs-Skarabäen herausgeben, die außer dem Namen der Königin ihre bescheidene Herkunft erwähnten, so daß keiner darüber im unklaren blieb.« Einen solchen

Abb. 3

Abb. 1

Skarabäus ↗ mit ihrem Namen fand man sogar auf Kreta ↗. Möglicherweise bestand Verwandtschaft zur Europa ↗, denn T. war eine außergewöhnl. Herrscherin. These: da bek. ist, daß sie allein während der Ketzerei von Echnaton zw. dessen Residenz Achetaton, arab. Tell El-Amarna ↗, u. den wütenden Amun-Priestern von Theben ↗ vermittelnd hin u. her pendelte, könnte sie es gewesen sein, die den Auszug der ›Kinder Israel‹ ↗ so organisierte, daß er den wichtigeren Rückzug der 12 Verlorenen Stämme ↗ deckte. — Auf ihre Erbschaft des Königtums der Tefnut ↗ könnte eine Darst. (Abb. 2) anspielen, die unter dem Thronstuhl der T. jene ›äthiopische Katze‹ zeigt, die sich in einem äg. Märchen ↗ immer wieder in die ›wütende Sach-

Abb. 2

met ↗‹ verwandelt, bis sie einwilligt, von Nubien nach Ägypten heimzukehren. Der Löwenbezug wird a. deutl. bei ihrer Wiedergabe als Sphinx ↗ auf der kleinen Sardonyx-Platte, die sich heute im Metropolitan Museum von New York befindet. Hier wird ihre Zugehörigkeit zur schwarzen Rasse (erkennbar am negroiden Gesicht) bes. deutlich. S. Traum ↗.

Telepathie: Kommunikation auf Entfernung: »Die großen Initiierten kennen das Geheimnis der Fern-Kommunikation. Der Magier spricht, agiert, tanzt und versetzt sich in Trance, um die Kleider mit Elektrizität aufzuladen. Der Klang seiner Worte wird nie am Bestimmungsort ankommen, aber die Nachricht überwindet in Form elektromagnetischer Wellen hunderte und sogar tausende von Kilometern.« (Charroux, Le Livre des Mondes Oubliés). S. Medizinmann ↗. Die 4. Wurzelrasse ↗ jedoch scheint gezielte T. praktiziert zu haben, man verständigte sich damit von Kontinent zu Kontinent, wovon a. Gurdjieff ↗ berichtet. Hier handelt es sich um direkte Gedankenübertragung. Gehört zum Okkultismus ↗. C. G. Jung ↗: »Das bei der Wandlung ↗ auftretende, ahnende Gefühl der Unsterblichkeit ↗ hängt mit der eigentümlichen Natur des Unbewußten ↗ zusammen. Es haftet ihm nämlich etwas Unräumliches wie Unzeitliches an. Der empirische Beweis hierfür findet sich in den sogenannten telepathischen Phänomenen, die zwar von einer übertriebenen Skepsis immer noch bestritten werden, in Wirklichkeit aber viel häufiger vorkommen, als man im allgemeinen meint.« S. Lamaismus ↗.

Tell El-Amarna: arab. Name für Achetaton = Tempel (Achet ↗) des Aton ↗, die neue Hauptstadt, die Echnaton ↗ bauen ließ, begrenzt von 14 aus dem Felsen gehauenen Stelen. Eingemeißelte Inschriften verkünden, daß er den Eid geleistet habe, diesen ›reinen Platz‹ weder im S noch im N jemals zu überschreiten. Die in kaum 10 J. vollendete Stadt enthielt neben Königspalast, Königsstraße u. Residenz einen großen Tempel ↗ des Aton, Archive, kleinere Tempel u. einen hl. Teich ↗, der hier quadrat. war. »Die auffälligste Eigenheit aller Sakralbauten in Amarna ist die große Anzahl ungedeckter Räume - vielleicht wollte man gerade da-

Abb. 1: Rekonstruiertes Geschäftsviertel

durch möglichst viel Sonnenlicht in das Tempelinnere gelangen lassen... An die Tempelanlagen und den Palast schloß sich unmittelbar die Stadt an. Neben dem Palast lagen die Häuser der Vornehmen, die in ihrer Anlage bestimmte Palasträume nachahmten. Sie enthielten Säulengänge, Säle, Gärten, Teiche, Höfe und verschiedene andere Räume (Abb. 1)... Eine Eigenheit der Wohnarchitektur von Amarna sei besonders erwähnt: in den Häusern fehlten eigene Gemächer für die Frauen« (K. Michalowski).

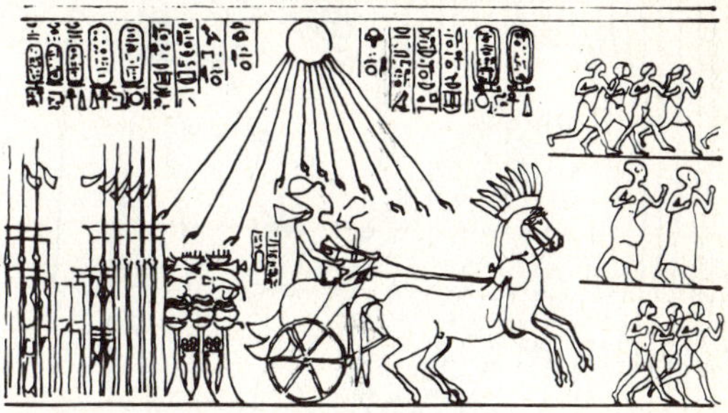

Abb. 2

These: das verrät Echnatons Konzept eines Monotheismus ↗, den es nur unter Ausschaltung der Göttin Mut ↗ geben kann, die er bes. heftig bekämpfte. Das weibl. ↗ Element wurde ganz auf die Maat ↗ reduziert, die mit Aton zus. Re ↗ (die Sonne ↗) ergibt. Deren Herrschaft drückt sich a. in den offenen Tempelräumen aus. Eine Darst. aus dem Grab des Mahu (Abb. 2) zeigt den Auszug von Echnaton + Nofretete ↗ auf einem Pferdewagen aus dem Atontempel, dessen Pylone ↗ 10 vorgestellte Fahnenstangen zeigen, evtl. schon Hinweis auf die späteren 10 Gebote des Moses ↗ bzw. die 10 Sefirot ↗ der Kabala. Über dem Paar die Sonne als Aton mit Strahlenhänden, die das Lebenskreuz ↗ überreichen.

Tellurische Kräfte: sind solche, die der Erde = Te ↗ entstammen, lat. *tellus*, a. als Göttin verehrt (Rom). Funktion der Dolmen ↗ soll es gewesen sein, sie aufzufangen u. zu verstärken wie man a. immer wieder tellurische Kraftzentren als Standort für Kulte u. Sakralbauten wählte, z. B. Chartres ↗ u. wohl a. der Thing ↗. Belegt ist die Verbindung mit T. K. durch die Pythia von Delphi ↗ u. a. Orakelstätten. Es könnte sich u. a. um das Wasser-Nommo ↗ der Erdtiefe handeln.

Temalacatl: azt. Wort für die ›steinerne Spinnwirtel‹, eine runde Stein ↗-Scheibe mit Loch im Zentrum mit Bild der Sonne auf der oberen Fläche. Beim Frühlingsfest ließ man einen Gefangenen, der mit einem Seil an das T. gefesselt wurde, mit 2 Kriegern kämpfen, band ihn, nachdem er niedergeschlagen worden war, an ein leiterartiges Gerüst u. erschoß ihn mit Pfeilen. Das Opfer scheint Tezcatlipoca ↗ vertreten zu haben.

Tempel: äg. H.T ↗, manchmal erweitert auf H.T Ntr, Haus der Gottheit = Ntr ↗ bzw. deren Teilung in Nut ↗ = Bemalung der Tempeldecke mit Sternen u. Vögeln (= Himmel) u. Re ↗ = Sonne, die sich auf zweierlei Weise manifestierte: als Lichtstrahl ↗ u. als Leben ↗.

»Die ägyptischen Sonnentempel wurden so gebaut, daß zur Sommersonnenwende bei dem Auf- oder Untergang der Sonne ein Lichtstrahl durch einen kunstvoll angelegten Gang genau in das dunkel gehaltene Innere des Allerheiligsten (s. Naos ↗) schoß. Die seitliche Ausbreitung des Sonnenlichts wurde durch Reihen von Säulen, die wie Schirme wirkten, verhindert... Dadurch erzielte man eine ähnliche Wirkung wie mit einem Fernrohr, das die Lichtstrahlen eines Himmelskörpers durch eine Reihe sich allmählich verengender Blenden auffängt. Je länger die Achse des Tempels, desto länger und schmaler wurde der Sonnenstrahl. Der damit verfolgte Zweck bestand nach Lockyer darin, den Lichtstrahl so sehr zu verengen, daß er den genauen Zeitpunkt der Sonnenwende markieren konnte« (P. Tompkins, Cheops). Sie war in Ägypten Neujahr ↗. Und d. h., bezogen auf die Gesch., die Wende vom 1. Reich ↗ des Vaters = Osiris ↗ zum 2. Reich des Sohnes = Horus ↗. These: deshalb kann man im äg. T. sowohl eine liegende Osirismumie ↗ äqv. Kornmumie ↗, sehen wie jenen Teil des Muntu ↗-Viertels, der zur Unterkategorie Reinkarnativ gehört, s. afrik. Ntu-Philosophie ↗. Damit repräsentierte der äg. T. a. Geschichte ↗, was sich als Tierkries ↗ in den Sphinxalleen ↗ ausdrückte, die zum T. führten. Diese noch nicht von der Ägyptologie ↗ entdeckte Analogie könnte a. die dogm. 3-Teilung der T. erklären in Ntu, Mu (zus. Muntu) + Nommo:

Naos = Ntu ↗ (Sonnenkern)

Halle der Erscheinungen = Mu ↗, Wasser – wofür deren ›Unterwassereffekt‹ spricht; da hier der Fußbodensockel mit Stauden + Blütenstengeln geschmückt war, während die Säulen ↗ aus der Erde aufsprießende Pflanzen darstellten, kann a. an den im Wasser des Pazifik ↗ untergegangenen Kontinent Mu als Rekonstruktion für den Kult gedacht werden

Hof = von Säulengängen eingefaßter, offener Vorbau, der mit den Pylonen ↗ abschließt. Auf diesen Säulen scheinen geschichtl. Ereignisse in Hieroglyphentext + Bildern vorzuherrschen, weshalb man den Hof, der allein den Normalmenschen zugängl. war, als Nommo ↗ einstufen kann; das würde aus dem T. insg. den Satz werden lassen: seit es den Muntu gibt, ist Nommo beim Muntu.

Abb. 2

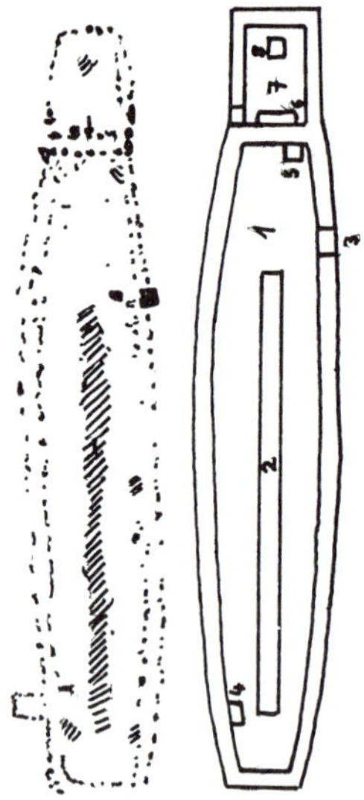

Abb. 3: Der Tempel von Hofstadir (Island). Aufgefundene Fundamente und schematischr Plan: 1 Saal für Kultfeste 2 langes Herdfeuer 3 Eingang 4, 5 kleinere Feuerstellen 7 Raum für Götterstatuen 6, 8 Feuerstellen

»So weitet sich der Tempel zu einem Abbild der Welt...« heißt es im ›Reallexikon der ägyptischen Religionsgeschichte‹, das allerdings die hier gen. Analogien nicht führt. Versuch einer Namensdeutung: T. kommt von *temp* = Zeit (frz. temps) + El ↗, Gott. U. eben dieses Zeitelement ist bes. stark vertreten: nicht nur durch die Fixierung der Sonnenwende, sondern a. durch das Mitgehen der T.-Achse mit der Präzession ↗, was Umbauten erforderl. machte, eingetragen in der Zodiakscheibe ↗ von Dendera. Aus dem Rahmen fällt der T. der Hathor ↗, ausgerichtet auf den Sirius ↗.

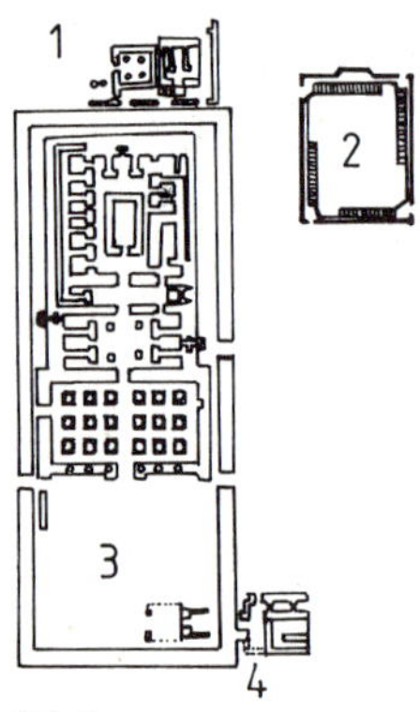

Abb. 1

Die rekonstruierte Anlage (Abb. 1) zeigt als hinteren Anbau (1) einen kleinen Isis ↗-T., den hl. Teich ↗ (2) u. den großen Hathor-T., dessen Hof (3) säulenfrei ist,

während im Mittelteil 24 Säulen eingetragen sind, Standardzahl für die Grundmotive ⁄. Ganz vorne als seitl. Anbau ein Per Anch ⁄ (4).
Eine äg. Darst. zeigt den gleichen T. in Form des Schriftbildes Achet ⁄, Horizont od. Urhügel ⁄, in den der Kopf der Hathor - die in diesem T. ›wohnt‹ - eingebettet ist. Darüber die Nut als Himmel, von dem die Sonnenstrahlen beim Aufgang direkt den T. treffen (Abb. 2). J.-L. de Cenival: »Das Thema der äg. Tempelsymbolik ist noch nie ausführlich behandelt worden.« — Man weiß nur, daß alle äg. Weisheit ⁄ im T. konzentriert war. Da wurden Leute wie Moses ⁄ u. Plato ⁄ eingeweiht. — Ein Gegenstück war der Totentempel ⁄. — S. T. von Jerusalem ⁄, aus dem die Templer ⁄ hervorgingen; seine Baupläne sollen auf die der Großen Pyramide ⁄ zurückgehen, die a. ein T. war, wie ja auf Stufenpyramiden ⁄ in Mexiko meist kleine T. angebracht waren. — T. des Buddhismus ⁄ waren dagegen keine ›Weltenuhr‹ ⁄, sondern ein Wagen ⁄, s. Rad ⁄; d. h., eher das Rollen der Zeit, als deren Messung. Ein sehr einfaches Äqv. kann man in dem germ. Schiffs-T. sehen (Abb. 3). Uhrzeiger, Wagen, Schiff ⁄ - immer drückt also der T. Bewegung aus, die z. B. im Tempel-Tanz ⁄ a. optisch manifest wurde; im Tempelschlaf ⁄ visionär. — S. Stab ⁄.

Tempel-Dirne: wird das Mädchen gen., das im Gilgamesch-Epos ⁄ zu Enkidu ⁄ geschickt wird, um ihn aus der Naturverbundenheit zu lösen u. in die Stadt ⁄ zu bringen, hier nach Uruk ⁄. Es wird zu ihr gesagt:

»Wirf ab dein Kleid, daß er sich auf dich lege
Errege seine Lust nach Frauenweise.
Denn siehe, danach wird das Wildgetier
Das in der Steppe aufwuchs, vor ihm fliehn...«

Kommentar: »Als sich Enkidu nach der sexuellen Sättigung wieder seinen Tieren zuwendet, fliehen sie vor ihm. Der Naturmensch ⁄ hat seine Unschuld verloren. Die Dirne bringt ihn in die Stadt.« Das klingt wie ein Nachhall auf den bibl. Paradies-Verlust ⁄. Offensichtl. ging Prostitution ⁄ in alter Zeit vom Tempel ⁄ aus, als Mittel des Ka-Transfer ⁄, denn nur der Ka ⁄ = Geist, äqv. Baum der Erkenntnis (wobei die Dirne die Rolle der verführenden Schlange ⁄ übernimmt) löst den Menschen ⁄ von der Natur ab u. läßt ihn zur Geschichte ⁄ überwechseln. U. letztere hat ihren zentralen Angelpunkt tats. im Tempel.

Tempelschlaf: die Inschrift eines Denksteines von Ägypten lehrt, daß im Heiligtum der Meresger ⁄ T. geübt wurde zur Hervorlockung von offenbarenden Träumen ⁄: »Kranke konnten hoffen, durch Traumorakel Weisungen für die Heilung ihrer Leiden zu erhalten... Einem Zauberer erteilt Thot ⁄ im Tempelschlaf seine Ratschläge...« (Bonnet). Im Anschluß an seine Initiation in die Mysterien ⁄ mußte der äg. Neophyt ⁄ 3 Tage T. unter einer Statue der Isis ⁄ absolvieren; noch schlafend wurde er dann aus dem Tempel ins Freie getragen u. erhielt die Petroma ⁄.

Tempel-Tanz: Gurdjieff ⁄ kam auf seiner Suche nach dem Verlorenen Wissen ⁄ im Tibet ⁄ mit dem T. von Priesterinnen in Berührung, den er ›lesen‹ konnte wie ein Buch. Das merkwürdige daran war, daß sie schon ›Übersetzerinnen‹ waren: es gab da unentzifferbare Tafeln (des Weltarchivs ⁄?) u. einen künstl. Baum aus afrik. Holz, dessen 7 Äste jeweils 7 Gelenke hatten, in denen sich Z. befanden. Offensichtl. wurde nun eine Stelle aus der Tafel auf den Baum übertragen, indem man dessen 49 Glieder umstrukturierte, dann übertrugen die Tempeltänzerinnen das entstandene Gebilde in Tanzbewegung, die zu Schrift ⁄ wurde. — Ob es Vergleichbares in äg. Tempeln ⁄ gab, die ja a. voller Z. waren, ist unbek., aber vorstellbar. Der T. müßte dann zum Aufgabenkreis der Pallakiden ⁄ gehört haben, die im Tempel dienten und u. a. ›das Herz der Gottheit‹, z. B. der Hathor ⁄ (a. Herrin von Tanz ⁄) durch Tänze erfreuten, die andererseits ein Mittel waren, relig. Geheimnisse auszudrücken.

Templer: geistlicher Ritterorden, der 1119 in Jerusalem ⁄ aus jenen 9 Franzosen hervorging, die nach den heiligen Maßen ⁄ des Tempels von König Salomo ⁄ suchten u. mit dem Fund die Gotik ⁄ in Gang setzten. Ihr Chef, Hugues de Payns, wurde der 1. Groß-Meister des Ordens, dessen Tracht ein weißer Mantel mit 8-spitzigem rotem Kreuz wurde. 9 J. lang blieben sie nur 9 T., dann erfolgte 1128 eine Bestätigung durch den Papst ⁄, obwohl sie im offiz. Sinn nicht relig. waren. Es folgte die Ausbreitung v. a. in Frankreich, wo der Orden bald in wachsenden Ggs. zum frz. Königtum geriet, bis ihm durch die Inquisition ⁄ 1307-11 der Prozeß gemacht wurde; 1312 folgte die Auflösung. — S. Otto Rahn ⁄ + Kathedrale ⁄. — These: eine veränderte Fortsetzung sind die Freimaurer ⁄.

Tenno: ›himmlischer Herrscher‹, Titel des Kaisers von Japan ⁄; der erste war Jimmu ⁄, Enkel von Amaterasu ⁄. Wurde immer mit den gleichen 3 Symbolen ausgestattet: dem ›Gebogenen Juwel‹, Schwert u. Siegel, die Jimmu vom Himmel mitgebracht haben soll. Die Rolle jedes T. blieb paradox: als Oberhaupt verehrt, war er in allen prakt. Dingen mehr relig. Symbol als Staatsoberhaupt. Der wirkl. Herrscher war ein Beamter; um diese Machtposition stritten sich mehrere Familien, die eigene Heere aufstellen konnten. A. gab es keine feste Erbfolge; wenn ein T. starb od. abgesetzt wurde, beschloß meist der regierende Beamte, welcher Prinz der kaiserlichen Familie das Erbe antreten sollte. Manchmal ließ er sogar mehrere junge Prinzen ermorden, um zukünftigen Rivalitäten vorzubeugen. T.s konnten entthront od. ermordet werden, die kaiserliche Familie jedoch wurde nie abgesetzt, weil ihre relig. Bed. zu wichtig war. Nur ein authentischer Kaiser, der direkt von Amaterasu abstammte, galt als göttl. u. konnte zum Wohle der Menschen mit dem Himmel in Verbindung treten. Dieser rituelle Nutzen sollte die T.-Familie über mehr als 1500 J. hinweg schützen u. erhalten. Nach dem 2. Weltkrieg ⁄ zwangen die Amerikaner 1946 den T. Hirohito, seine Göttlichkeit zu verleugnen. These: zw. dem Begriff Tenno, manchmal a. Teno geschrieben, u. Tenocha ⁄ bzw. Tenochtitlan ⁄ könnte ein Zusammenhang bestehen.

Tenocha: Name der Azteken ⁄, zurückgehend auf ihren ersten Stammeshäuptling Tenoch. These: dieser Name ist möglicherweise verw. mit Tenno ⁄, sodaß Tenoch a. nur ›himmlischer Herrscher‹, reduziert auf Häuptling bed., von T'Ien ⁄ = Himmel (chin.). Nach ihm wurde die Stadt Tenochtitlan ⁄ benannt.

Tenochtitlan: 1370 gegr. Stadt der Tenocha ⁄, die bis dahin als kleiner räuberischer Chichimeken ⁄ (= Barbaren)-Stamm am Westufer des Tetzcoco ⁄-Sees saßen. Als zuletzt Gekommene standen sie unter der Oberhoheit älterer u. mächtigerer Stadtstaaten, mit denen es immer häufiger Fehden gab, bis sich die Tenocha = Azteken ↗ auf Inseln im See zurückzogen u. dort T. anlegten, zunächst nur aus Schilf- u. Rohrhütten bestehend, die dann allmähl. durch steinerne Bauten ersetzt wurden. Lt. Legende jedoch war ihnen geweissagt worden, sich dort niederzulassen, wo sie einen Stein (tetl) mit einem Nopalkaktus (nochtli) fänden, auf dem ein Adler sitze, der eine Schlange fresse.

Abb. 1

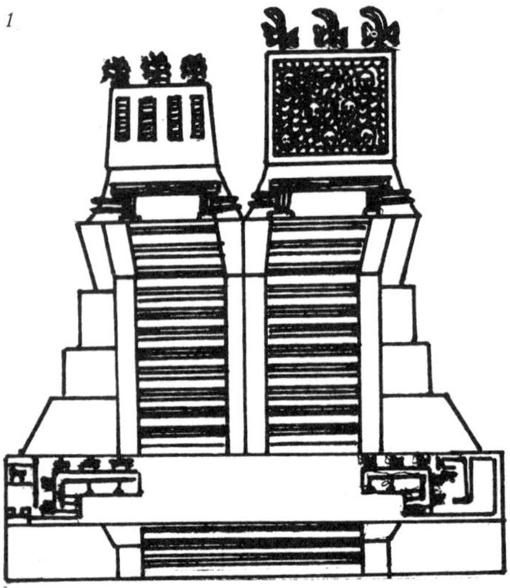

Deshalb läßt sich T. a. ›Ort des Kaktus auf dem Stein‹ übersetzen. Die Verbildlichung wurde Stadtsymbol u. ist heute Wappen des ganzen Landes Mexiko ↗. Auf die Häuptlinge der Anfangszeit folgte ab 1376 die Königszeit mit dem 1. König Acamapichtli, dessen Mut-

Abb. 2: Plan der Stadt in der lateinischen Fassung des zweiten Cortés-Briefes (Nürnberg 1524)

ter eine Tolteken ↗-Prinzessin war; die Übernahme toltek. Baupläne begann u. damit der Einfluß von Teotihuacan ↗ u. Tollan ↗. Die Hauptpyramide z. B. wurde mit dem ›Schlangenberg‹ (Coatepetl) identifiziert, der in Tollan lag u. auf dem einst Huitzilopochtli ↗ geboren worden war - ihm wurde der Südtempel auf der Plattform der Stufenpyramide ↗ geweiht, Tlaloc ↗ der Nordtempel. Die Breitseite der Pyramide, deren Basis ein Rechteck von 100 x 80 m war, lag nach W u. hatte eine riesige, in der Mitte 2geteilte Freitreppe (Abb. 1). Davor eine große steinerne Opferblutschale, eine Plattform mit Schädelgerüst ↗ u. der (Götter-) Ballspiel ↗-Platz. Die beiden Priester, die dem Huitzilopochtli- u. Tlaloc-Tempel vorstanden, führten den Amtstitel Quetzalcoatl ↗, u. so befanden sich a. an der Treppenballustrade Köpfe von Federschlangen. — Zur Symbolik läßt sich sagen, daß der Adler die Sonne ↗ u. den Taghimmel vertritt - die Par. dürfte der hellblaue Huitzilopochtli sein - u. die Schlange (ohne Federn) Kosmos + Nachthimmel, äqv. dem schwarzen Tlaloc. Quetzalcoatl als ›Vogel-Schlange‹ bzw. Tierkreis ↗ ist beides, d. h. die Koppelung. U. so koppelten die Erbauer der Stadt a. 2 Kulturen u. damit 2 Rassen, hell (Azteken) mit dunkel (Maya ↗, Olmeken ↗), letztl. China + Afrika. Dieser Koppelung, die z. B. in USA ↗ noch nicht glückt, machten die Spanier unter Cortes ↗ ein jähes Ende, obwohl sie von der Stadt begeistert waren: T. erinnerte sie an Venedig. Man hat aber eher den Eindruck, das ganz umwallte Stadtzentrum mit den beschriebenen Sakralbauten sei - unter Gleichsetzung von Tollan = Thule ↗ - eine Mini-Kopie des letzteren gewesen, mit den 4 auf die Himmelsrichtungen ↗ fixierten Straßen als ›Weltenkreuz‹ (Abb. 2), das die Stadt in 4 Viertel teilte, die vielleicht schon die 4 Kontinente wie im Weltideogramm ↗ der Maya symbolisierten. Dann wäre die außerhalb der zentralen Mauer gefundene Riesenstatue der Göttin Coatlique ↗ mit ihrem Tempel Tlillan-calli = Schwarzes Haus dem schwarzen Ah Can Tun ↗ äqv., d. h. Afrika. T. wurde 1521 von Cortes total zerstört u. eingeebnet; darüber entstand Mexiko-City ↗. — S. Rauchender Spiegel ↗.

Teo: Gott (indian.), äqv. Theo in Theologie ↗. Jedoch war das Wort lange vor Einfall des europ. Kolonialismus ↗ da, was die Christen bestürzte od. denken ließ, der Teufel sei ihnen vorausgeeilt, um ihre Missionierung ↗ zu untergraben. Das dachten sie a. bei Konfrontation mit dem Blätterkreuz ↗. — Zusammengesetztes Wort Teocalli ↗, Teotihuacan ↗. — Azt. Var. ist Teotl., da die Nahua-Sprachen tl anhängen. — Weibl. Form Teteo, s. Teteo Innan ↗.

Teocalli: indian. Wort für Tempel ↗, zusammengesetzt aus Teo ↗ u. Calli = Haus: Gotteshaus. — S. Calpulli ↗.

Teotihuacán: ›Ort, wo man zu Gott wird‹ - Name der Azteken ↗ für die heutige Ruinenstadt ca. 36 km im NO von Mexiko-City, ehem. Tenochtitlan ↗. Der alte Name ist unbekannt. Schon die Tolteken ↗, die sie vor den Azteken besetzten, legten ihre Gräber im Schutt der Ruinen an. An der endgültigen Zerstörung wirkten die Spanier unter Cortes ↗ mit. Übertrifft in der Größe alle anderen Städte von Mesoamerika ↗, allein der Tempelbezirk nimmt eine Fläche von mehr als 20 qkm ein. Offiz. heißt es, über die Herkunft der T.-Kultur ließe sich noch kein sicheres Urteil fällen, am nächsten stehe aber die der Olmeken ↗; es gäbe aber a. starke Maya ↗-Bande. 1. These: da man insg. 4 Bauphasen zählt, dürfte die Reihenfolge so ausgesehen haben: 1) Gründung + Konstruktionskonzept: Olmeken unter Hinzuziehung von Maya als Bau-Hilfskräfte, etwa 1200 v. Z. - 600.

2) Um 600 Invasion der Pipil ↗, die a. die Ursache für den Niedergang der klass. Maya-Kultur war; es besteht der Verdacht, daß diese erleichtert wurde, weil sich die Maya-Bauern gg. ihre Oberschicht, die Almehen ↗ (die es wohl den Olmeken gleichzutun versuchten)

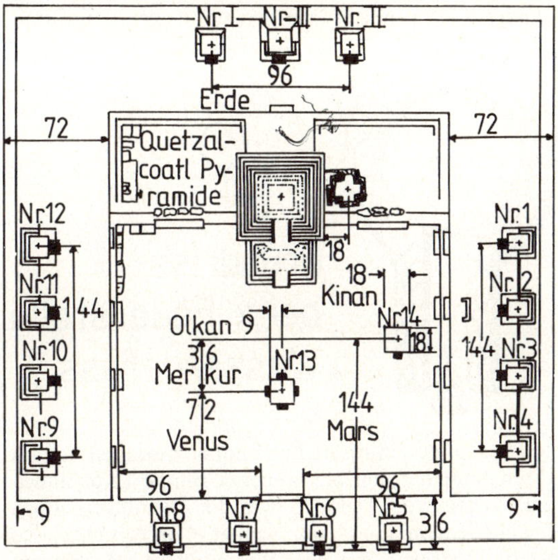

Abb. 1: Maßeinheiten für die ›inneren‹ Planeten

auflehnten. Insg. blieb aber das Gemeinwesen der Stadt, die Zentrum eines größeren Reiches gewesen war, als das spätere der Azteken, intakt.

3) Erst gg. 750 wurde T. prakt. zur Geisterstadt, u. zwar durch eine riesige Feuersbrunst, »... was man mit der Radiokarbonmethode an verkohlten Balken nachgewiesen hat, die unter den Überresten vieler Bauten lagen« (P. Tompkins). Erst um 850 kamen die Tolteken in die inzw. zu einem Dorf geschrumpfte Metropole, was ausschließt, daß sie die Brandstifter waren. Manche Wissenschaftler vermuten deshalb die Folgen eines Erdbebens. 2. These: da die Olmeken den großen Weltenbrand ↗ vor 13000 J. entfesselt zu haben scheinen, ist ihnen a. diese Selbstentzündung zuzutrauen, zumal sie ziemlich genau in die Zeit der Wiederholung ↗ des entspr. Grundmotivs der Geschichte ↗ fällt. Dann war T. eine Nachbildung Thule ↗, mit Fortsetzung in Tollan ↗ u. dann Tenochtitlan.

Anlage: »Harleston fand Hinweise darauf, daß die Hauptachse vielleicht als riesiges Planetarium, als maßgetreues Modell unseres Sonnensystems ↗ gedient hatte.« Dabei lagen Sonne u. die 6 ›inneren‹ Planeten plus Mond in einer ummauerten Zitadelle (Abb. 1), mit den nicht-linear verschachtelten Hunab ↗-Relationen:

Olkan ↗	= 9	Venus ↗	= 72
Kinan ↗	= 18	Erde ↗	= 96
Merkur ↗	= 36	Mars ↗	= 144

288 Hunabs vom Zentrum der Zitadelle folgte außerhalb der Umfassungsmauer ein Flüßchen, das für den Planetoidengürtel ↗ steht. Dann, entlang der genau nach N ausgerichteten Prozessionsstraße, die 6 äußeren Planeten, mit der größten, fälschl. nach der Sonne benannten Pyramide, die für Saturn eingesetzt wurde:

Jupiter ↗	= 520	Neptun ↗	= 3780
Saturn ↗	= 945	Pluto ↗	= 2880
Uranus ↗	= 1845	Xiknalkan ↗	= 7200

Wie man sieht, ist innen die Regel der Verdoppelung bis auf die Erde erhalten, außen nicht mehr (Abb. 2). »Man weiß immer noch nicht, wie die Basis der Sonnenpyramide (sprich Pyramide des Saturn) genau zu vermessen wäre, weil bisher nur die nordwestliche Ecke gefunden worden ist... Wenn jedoch Harlestons Rekonstruktion von 218 Hunabs stimmte, würde sie fast auf den Millimeter genau der Länge der Großen Pyramide ↗... entsprechen« (P. Tompkins). Das ergibt nun eindeutig die Brücke zu deren tats. Erbauern, den Kanaanäern ↗, s. Palastbau des Baal ↗. Stutzig macht natürl. die Überbetonung des Saturn - Erinnerung an das Paradies ↗ od. die 3. Welt ↗ mit dem Ereignis der Astronauten-Landung? Dazu könnte passen, daß den Azteken die T.-Epoche als prähistorisch galt u. in eines der durch Katastrophen vernichteten Weltalter verlegt wurde, dessen Zeitgenossen Riesen ↗ (Quiname) waren. Zudem fand der Engländer Bullock auf der Plattform ganz oben (gleiche Saturn-Pyramide) Muschelschalen, was ihn sehr überraschte, denn es waren die ersten, die er in Mexiko ↗ zu Gesicht bekam. Hatten die Olmeken sie dort deponiert, um jene Flut ↗ zu symbolisieren, die Lemurien ↗ auf Mu ↗ reduzierte? Harleston meint außerdem, »... die Anlage Teotihuacans enthalte nicht nur Schlüssel für die Wellenlängen der Strukturen von Schall, Wärme, Farbe, Geruch und Berührung, die uns umgeben, sondern auch genaue Hinweise auf die Wellenlängen des Lichts, den Mikrokosmos der Atome und den Makrokosmos der Galaxien.« Zur weiteren Information empfiehlt sich Tompkins Buch ›Die Wiege der Sonne‹.

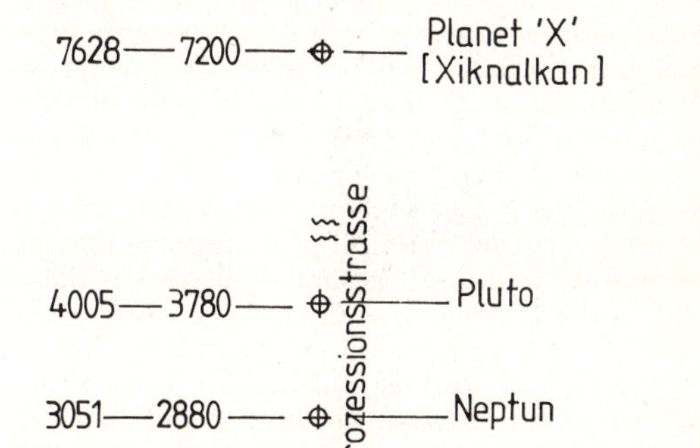

Abb. 2: Maßeinheiten für die übrigen Planeten

Tepeu: Eroberer, Sieger in der Schlacht (toltek.). Die Maya-Form ist Ah ↗ (Herr) Tepehual, a. für Regent, König, 1. Sprecher eingesetzt. Im Popol Vuh ↗ eine Art Zwillingshälfte von Gucumatz = Kukulkan = Quetzalcoatl ↗, nur am Anf. der Schöpfung ↗ erw.:

»In Dunkelheit und Nacht kamen Tepeu und Gucumatz zusammen und sprachen miteinander... sprachen von Leben ↗ und Licht ↗... ›Es geschehe! Es fülle sich die Leere! Weichet zurück, ihr Wasser, und gebet Raum, daß die Erde aufsteige und sich festige!‹ So sprachen sie. Darauf schufen sie die Erde. Die Wahrheit ist, daß sie die Erde schufen. ›Erde!‹ sagten sie, und im Augenblick war sie geschaffen.« Wie bei der Sekundärschöpfung ↗ des Moses geht die Schaffung des Lichts voraus.

Terrakotta: gebrannte (cotta) Erde (terra), d. h. hartgebrannte Tonware.

Territorium: abgegrenzte Erde (terre), die als Eigenbesitz gg. andere verteidigt wird. Tiere markieren es u. U. tägl. mit neuen Duftspuren, Menschen durch Grenzsteine etc. Territoriales Verhalten ist ein Instinkt ↗. S. den Grenzstein der Teutonen ↗ u. den afrik. Begriff To ↗ (Land), im Wort T. enthalten.

Testament: allg. die schriftl. Regelung, wer die Hinterlassenschaft eines Toten ↗ erben soll. Sonderfall: die 2 Teile der Bibel ↗, gen. Altes u. Neues T., wobei sich nur letzteres auf einen Toten bezieht. — Jesus ↗: »Denn wo ein Testament ist, da muß der Tod geschehen deß, der das Testament machte. Denn ein Testament wird fest durch den Tod, anders hat es noch nicht Macht, wenn der noch lebet, der es gemacht hat« (Hebräaer 9, 16–17). Jedoch wurde es erst durch die Evangelisten ↗ schriftl. fixiert; die ›Hinterlassenschaft‹ ist das noch ganz u. gar immaterielle zukünftige ›Himmelreich auf Erden‹. In der gleichen Epistel des Paulus an die Hebräer ↗ wird dann Bezug auf das Alte (hier Erste) T. genommen: »Daher auch das erste nicht ohne Blut gestiftet ward. Denn als Moses ↗ ausgeredet hatte von allen Geboten nach dem Gesetz zu allem Volk; nahm er Kälber- und Bocksblut... besprengte das Buch und alles Volk und sprach: Das ist das Blut des Testaments, das Jahwe ↗ euch geboten hat.« Dabei wird die Bundeslade ↗ zur ›Lade des Testaments‹ u. die Moses-Gebote ↗ sind die ›Tafeln des Testaments‹. — These: Bezogen auf Geschichte ↗ u. die ganze Menschheit war das eigtl. 1. T. der Gral ↗ od. das Ur-Alphabet ↗ u. das 2. T. die Große Pyramide ↗. Prophezeit wird noch ein 3. T., das in der Endzeit ↗ entsteht: »Um diese Zeit wird die Zukunft des Universums, auch das Geschick unserer Erde in ihrer Beziehung zu anderen Planeten aufgezeichnet werden. Diese Aufzeichnung könnte dann als eine Art 3. Testament gelten... Sie wird u. a. das ›Weltende‹ ankündigen, das in Wahrheit in einer bestimmten Form von Läuterung besteht« (der Seher Mario de Sabato, zitiert in ›Geheimcode Cheops‹, S. 287; Paris 1971). These: das sind Von Frankenbergs ↗ 2 Bände Nommo mit Weltformel ↗ u. Vorausschau ↗.

Tet: äg. Bez. des Isisbluts ↗, weshalb dieses Symbol ↗ a. Tet-Schleife heißt. Auf späteren Särgen findet man »... beiderseits des als Djed ↗ dargestellten Osiris ↗ je eine Tetschleife mit der Beischrift Isis bzw. Nephtys ↗. Gelegentlich wachsen die Göttinnen selbst halben Leibes aus dem Unterteil der Schleife hervor. Auch die ihnen... verwandte Nut ↗ kann in dieser Weise dargestellt werden« (Bonnet). These: das legt eine Par. zum ind. Tat ↗ nahe.

Teteo Innan: indian. Göttin (teteo äqv. Teo ↗, eigtl. weibl. Gott) mit vielen Nv. wie: Tonan, Tonantzin, Toci, Ilamatecutli, Mayauel ↗, Xochiquetzal ↗, Cihuacoatl ↗, Tlacolteotel u. Chalchiuhtlique. Als Symbol ↗ trägt sie die Quetzalvogel-Federmaske. Am 12. Dez. jedes J. strömten Männer + Frauen aller Altersklassen u. Bevölkerungsschichten an einen Berg im N des Tetzcoco ↗-Sees, der in dessen Wasser vorsprang, um der ›Göttermutter‹ Blumen zu bringen u. ihr ural-

te Tänze ↗ aufzuführen. Die Blumen beziehen sich auf ihren Namen ↗ ›aufrechtstehende Blume‹ (Xochiquetzal), Gattin von Tlaloc ↗, was die Zuordnung mögl. macht: See (im Tao ↗) od. Naunet ↗ (in Ägypten), das weibl. Wasser, s. die Bez. Wassergöttin od. ›die mit dem blauen Rock‹ = Matlalcueye. Deshalb stand sie a. dem indian. Schwitzbad vor, dessen Form (Abb.) nun den Bezug des Namens Innan zu Inanna ↗ u. Janna ↗ herstellen könnte, spez. deren Ger ↗-Rune: ♀ . Im Zuführgang, quasi an der Mutterstelle, Feuer (das X) u. Wassergefäß. Feuer ↗ u. Wasser ↗ sind weibl. Elemente.

Tetzcoco: 1) See in Mexiko ↗, auf dessen Hauptinsel

Karte des Hochtales von Mexiko (zur Zeit der Conquista)

Tenochtitlan ↗ erbaut wurde; weil er flach war, wurden Dämme erbaut in Fortsetzung der Straßen dieser Stadt, die a. Wasserleitungen trugen. Der Name stammt von der 2) Stadt am Ostufer, die als geistige Hauptstadt des Tals von Mexiko Tenochtitlan überragte; im N Teotihuacan ↗ (Abb.). T. enthielt große bilderschriftl. Archive (Codices ↗). Soweit ersichtl., waren zuerst barbar. Chichimeken ↗ da, die dann von Mixteken ↗ zivilisiert wurden. Daraufhin wurde Chichimecatl Tecutli = Chichimekenfürst ein Ehrentitel des Königs von T., dessen Palast starke Maya ↗-Einflüsse aufwies. Von den Spaniern zerstört. S. Göttin Teteo Innan ↗.

Teufel: gehört untrennbar zum Chritentum; noch Papst ↗ Paul VI. erklärte 1972: »Wir alle stehen unter seiner finsteren Herrschaft.« Luther ↗ nannte ihn ›den Fürsten dieser Welt‹ u. warf mit dem Tintenfaß nach ihm. Im Wort stecke Teufe, ein bergmännischer Ausdruck für Tiefe. Man kann aber a. über die Um-

Abb. 1

kehrung ↗ von Leviatan, reduziert auf Leviat = Taivel, Teufel eine Brücke zu uralten Vorstellungen finden. Von den Juden ↗, die a. das Wort Satan ↗ einführten u. in dessen Form Ahriman ↗ übernommen haben sollen, geht die Verbindung weiter zurück auf Seth ↗, ein permanenter ›Anti-Osiris‹ wie der christl. T. zum Anti-Christ ↗ wurde. Eine germ. Var. schleicht sich ein, wenn im 9.–13. Jh. der T. zum ›Bösen Waland ↗‹ wird; in etwa dieser Zeit beginnt a. die Koppelung mit der ›Hexe‹ ↗, die 9 Mio. Opfer kostete. Sie wiederholt prakt. die Überlieferung von ›gefallenen Engeln‹, die in der Urzeit mit schönen Erdentöchtern schliefen u. dabei Riesen ↗ zeugten. Ein Gemälde aus dem MA zeigt ihren Sturz vom Himmel in die ›Tiefe‹, dem Gott zusieht (Abb. 1). Das erinnert an die ind. Sura ↗, die Nicht-Götter = *asura* wurden; es erstaunt aber, daß auf dem Gemälde die T. (Mehrz.) nicht aus Gott od. dem ganzen Himmel herausfallen, sondern aus einem kreisförmigen Wolkengebilde, das

Abb. 2

Christus ↗ umrahmt, so daß sie wie dessen ›Abspaltung‹ wirken. Diese Vorstellung findet sich bei den Indianern als Quetzalcoatl u. Tezcatlipoca ↗. Bei C. G. Jung ↗ stellt der T. den Schatten dar, u. zwar »... einen solchen, der weit über Persönliches hinausragt und darum am ehesten mit einem Prinzip, wie zum Beispiel des Bösen, verglichen werden könnte. Es ist der gewaltige Schatten, den der Mensch ↗ wirft und den unsere Zeit in so erschütternder Weise erfahren mußte. Die Einordnung dieses Schattens in unseren Kosmos ist keine einfache Sache.« 2 weitere Figurationen (Abb. 2) lenken dann als Verteufelung auf Zerrbilder der Astronauten ↗: Aschtaroth = Astarte = Ischtar ↗ u. Bael = Baal ↗ als weibl. + männl. T., was nun den Tatsachen keineswegs entspricht. Es ist nur der richtige Zeitpunkt für die Scheidung von Gut + Böse gegeben: durch Erkenntnis ↗, weshalb der T. so oft als Förderer von Wissenschaft ↗ u. Kunst ↗ gilt. S. Belzebub ↗, Mephisto ↗, Teufelsbetten ↗ u. Frauenhaß ↗ u. auch den vom Teufelsglauben besessenen Gregor den Großen ↗, mit dem der Wahn der Teufelsaustreibung ↗ zu beginnen scheint.

Teufelsaustreibung: Exorzismus; der christl. Wahn, der Teufel ↗ könne von einem Menschen Besitz ergreifen u. durch besondere Methoden wieder aus ihm ›vertrieben‹ werden, wobei mit Vorliebe Frauen der T. anheimfallen: 1966 wurde Annette Hasler in der Schweiz vom Teufelsaustreiber Josef Stocker u. seinen Helfern totgeprügelt; 1976 starb die von 2 von der kath. Kirche ↗ bestellten Exorzisten zu Tode gequälte Anneliese Michel in Klingenberg, BRD. Der deswegen im März/April 1978 geführte Prozeß erregte weltweites Aufsehen. Aber das sind nur 2 Fälle von vielen. Begonnen haben dürfte die T. durch den Teufelswahn Gregors des Großen ↗.

Teufelsbetten: nannten christl. Missionare ↗ die Großgräber der Hügelleute ↗ u. zerstörten die meisten. Dies geht wohl auf die Verbindung des Teufels ↗ mit den Riesen ↗ zurück, d. h. man vermutete zu Unrecht, in diesen Gräbern der Megalithkultur ↗ seien Riesen (= Teufel) begraben.

Teutonen: Stamm der Germanen ↗, deren alte Bez. Tuatha ↗ für sich allein annektierend. Zuletzt als Nachbarn der Kimbern ↗, engster Verwandter, an der Nordsee wohnend, setzten sich beide Stämme wegen

Landüberflutung nach S ab, gen. kleine Völkerwanderung ↗. 113 v. Z. brachten reisende Kaufleute das unheimliche Gerücht nach Rom ↗, im N jenseits der Alpen sei ein Volk auf Wanderschaft, wie man es noch nie gesehen habe. Eine Mio. Menschen, zusammengepfercht auf Planwagen mit Ochsengespann seien unterwegs, fräßen das Land kahl wie Heuschrecken: »300000 Mann stark sei die Schar ihrer Krieger, furchterregende Gestalten, wahre Hünen, sechs Fuß groß die meisten von ihnen, tiefblond, blauäugig sie alle, die Kinder das Haar so weiß (-blond) wie Greise. Betagte Frauen, gekleidet in rauhes Leinen, zögen ihnen barfüßig voran, weissagten aus dem spritzenden Blut der den Göttern geopferten Gefangenen, von denen sie Tausende machten« (Die ersten Deutschen). Den Namen fand man später auf einem röm. Grenzstein, dem sog. Teutonenstein ↗. — S. Deutsch ↗ u. Swedenborg ↗.

Teutonenstein: am Südhang des Greinbergs, einer 452 m hohen Bergkuppe am l. Mainufer, wurde 1878 eine ca. 5 m hohe, vierkantige Säule aus rotem Sandstein gefunden, die oben in eine kegelförmige Spitze ausläuft, quasi ein Mini-Obelisk ↗. Die Inschrift aus fußgroßen, derb eingehauenen Buchstaben lautet

Inter (Grenze zw.
Toutones (Teutonen ↗
C (Kimbern ↗
A (und Ambronen
H (auf Befehl des ...)

Daß nur die Teutonen voll ausgeschrieben sind, dürfte die enge Verwandtschaft mit den anderen drei unterstreichen. Der Stein wurde nach ihrem Eindringen in Gallien von den Römern ↗ gesetzt zur warnenden Abgrenzung ihres eigenen Territoriums. Die Säule umgab eine geebnete, von Felsbänken eingefaßte Stelle, so daß sie a. der Mittelstein eines kleinen Thing ↗ gewesen sein könnte, wie man in der Nähe auf einen kleinen Tempelbezirk stieß. Man entdeckte Altäre, Reliefs u. die Statuette einer Gottheit: Wotan ↗, von den Römern durch Inschrift mit Merkur ↗ gleichgesetzt, was bis heute als ein Tag der Woche ↗ erhalten blieb.

Tezcatlipoca: ›Rauchender Spiegel‹ ↗, ein mex. Gott der Finsternis u. der aus ihr hervorgegangenen bösen Mächte, äqv. Satan ↗. Weitere Manifestationen sind Tepeyolliti = Herz der Berge od. ›Höhlengott‹ mit dem Höhlenportal als Drachenmaul, s. Leviatan als *draco in mari* (Drache im Meer) u. ›Erdgott‹, wie a. Seth ↗ die (innere) Erde vertritt. Im Mythos ↗ wird T. (wieder wie Seth) zum Sternbild des Großen Bär ↗. Zufall od. nicht: auf einer Darst. (Abb. 1) hat sein Schild 10 nach unten zeigende kurze Strahlen, was wie bei Ahriman ↗ die Verbindung zu den Zahlen ↗ od. 10 Sefirot ↗ liefern könnte. Es ist der Gott, der ›nach Gutdünken schaltet‹ bzw. ›dessen Sklaven wir sind‹. Farbe: weiß ↗ (Abb. 2) =

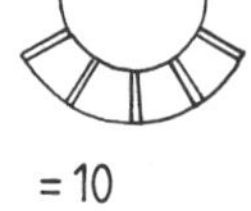

Tod ↗. So erscheint er a. als Zwilling von Quetzalcoatl ↗. In Tetzcoco verdrängte seine Einführung durch die Mixteken ↗ die ›Wolkenschlange‹ = Mixcoatl ↗ der Chichimeken. Es gibt a. die Ansicht, er sei dem Huracan ↗ des Popol Vuh gleich, des einen Beines wegen. U. ist nicht a. unser Teufel ↗ ein ›Hinkebein‹?

Abb. 1

Abb. 2

Theben: 1) in Ägypten: nur Nw-T = Stadt gen.; der Name Th. taucht erst in der Ilias ↗ auf. Rel. jung, gegr. von Muntuhotep ↗ als die ›Hunderttorige‹, Gegenpol zu Memphis ↗. Hier wurde die Trinität ↗ Mut ↗ + Amun ↗ + Chons ↗ verehrt. Im großen Tempel ↗-Komplex gesellte sich noch ein kleiner Tempel des Muntu-Stieres ↗ dazu, während ja Amun den Widder ↗ vertrat, mit Widder-Sphinxallee als Verbindung zum Tempel der Mut, der von einem hufeisenförmigen Teich ↗ umgeben war. Die Blütezeit fiel in die 18. Dynastie ↗, als Teje ↗ hier regierte u. Echnaton ↗ seine Ketzerei durchzusetzen versuchte. Bes. umfassend war in Th. die Bautätigkeit der Hatschepsut ↗. Zeitweilig standen hier 600 über 2 m hohe Steinstatuen der Sachmet ↗, die heute in versch. Museen verstreut sind. Östl. des Nil ↗ war das ›Theben der Lebenden‹ mit Karnak + Luxor, westl. das ›Theben der Toten‹, die Nekropole ↗ mit dem Tal der Königinnen + Tal der Könige, wo man a. das Grab von Tutenchamun ↗ fand. Wie Dendera ↗ lag Th. im auffälligen Bogenknick

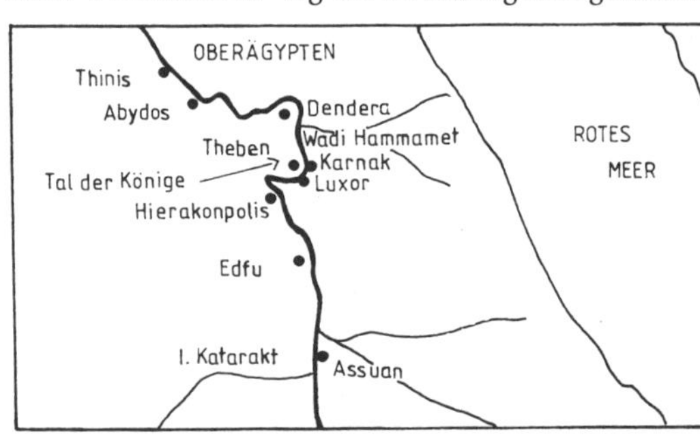

des Flusses, den Abydos ↗ abschloß, die offiz. ›Mordstätte‹ des Osiris. So wird es a. kein Zufall sein, daß quasi ggb. Krischna ↗ geboren wurde. — Die Assyrer verwüsteten 664 v. Z. diesen relig. + polit. Mittelpunkt so gründlich, daß er nie mehr wiederaufblühte. S. Omphalos ↗ u. Taube ↗.

2) Bald darauf blühte ein Th. in Griechenland ↗ auf, das wohl als Legende die Entstehung des äg. annektier-

te, s. Kadmos ↗. Wurde im 4. Jh. v. Z. vorübergehend zur mächtigsten griech. Stadt, die Alexander der Große 335 v. Z. zerstörte. Wurde später wieder aufgebaut, blieb aber ohne Bedeutung. Geringe Baureste.

Theoderich III., der Große: König der O-Goten ↗ (um 456–526); errichtete ein starkes Germanenreich auf röm. Boden; Grabmal in Ravenna, mit 12-Sektoren-Kuppel (Abb.). War Anhänger des Arianismus ↗, weshalb wohl sein Versuch scheiterte, eine dt. Vorherrschaft über den ganzen Kontinent Europa zu begründen. Das gelang erst dem christl. Karl dem Großen ↗, dessen Vorbild Th. wurde. S. Thidreks Saga ↗.

Theogamie: ein dem Hierogamus ↗ äqv. Begriff.

Theokratie: Gottes (= Teo ↗) Herrschaft, die dann gegeben ist, wenn wie in Ägypten ↗ der Herrscher (Pharao ↗) einen Gott vertritt. Das war bei den Azteken Quetzalcoatl ↗, das ist im Vatikan ↗ noch Jesus ↗, jeweils bis zur Wiederkehr ↗. Nicht zu verwechseln mit Theogonie, der Behauptung des Herrschers, wie z. B. des Tenno ↗, von einer Gottheit (hier Göttin Amaterasu) abzustammen; es handelt sich dann nicht um eine direkte Stellvertretung.

Theolinde: Tochter von Garibald, dem 1. urkundlich erwähnten bayr. König (um 555) u. Waldera, ihrerseits Tochter des Langobardenkönigs Wacho. Th. heiratete den Langobardenkönig Authari u. dadurch in die Mutterlinie zurück. Papst Gregor ↗ schenkte ihr das 1. Kruzifix ↗ mit Jesusgestalt.

Theologie: Lehre von Gott (= Theo, s. Teo ↗); in der griech. Antike das Erzählen von Mythen ↗, bei Aristoteles eine philos. Gotteslehre u. im Mittelalter ↗ dann eine Wissenschaft ↗, die in ihrer Forschung an Bibel ↗ u. Dogmen der Päpste ↗ gebunden ist. Erst die Th. des Protestantismus ↗ bezog eine kritische Stellung. — Schon die Th. von Ägypten ↗ war uneins bzgl. eines endgültigen Systems ↗, wie das Nebeneinander von Götterneunheit ↗ u. Götterachtheit ↗ deutl. macht. — These: solange Th. keine Nommo-Logie ↗ (Logoslehre) wird, fehlt das Prinzip der Einheit ↗ u. damit ein einheitl. System. — Frühere Alternative: die Theosophie ↗. — S. Theorie ↗.

Theorie: im Ggs. zur Theologie ↗ eine Lehre, die ohne Abstützung durch Heilige Bücher ↗ od. Offenbarung ↗ ein wissenschaftl. Erkenntnisbild zu entwerfen versucht. Dabei ist jedoch eine höchst verwirrende, keine dauerhafte Orientierung vermittelnde Th.-Vielfalt entstanden, die nicht zeigen kann, wie die ermittelten Sub-Systeme zu dem vorausgesetzten Gesamtsystem verknüpft werden können bzw. wie die Einzel-Theorien eine Gesamt-Th. ergeben = eine überzeugende Weltanschauung ↗, die weder Religion ↗ noch Ideologie wäre. Zu vermerken ist, daß seit Beginn der Endzeit ↗, bes. stark seit den 60er J., der Th.-Begriff enorm aufgewertet wurde; theoret. Schulung wurde Trumpf, Euphorie, wenn nicht Besessenheit. Buchtitel hießen: Theorie des Christentums, Theorie der Erziehung, Theorie der Herrschaft, Gesellschaftstheorie etc. u. liefen schließl. auf Theorien über die deutl. werdende Weltkrise ↗ hinaus. Daran ist bestürzend wenn a. ›logisch‹, daß keiner der vielen Theoretiker merkte, daß diese globale Krise – für die man umschichtig Christentum, Erziehung, Kapitalismus, Herrschaft überhaupt u. was noch alles verantwortlich machte unter Ausarbeitung weiterer Th. für die Verbesserung der Welt – den Apokalypse ↗ gen. Weltenwechsel einleitete. Jedoch kann a. die Theologie dies nicht ermitteln, weil Jesus ↗ das Datum verschwieg u. sie nicht eigenständig eine Zeit-Th. entwerfen darf. Inzw. ist a. die Th.-Debatte über Marx ↗ im Sand verlaufen, Th.-Müdigkeit breitet sich aus u. treibt die Intellektuellen in Sekten ↗; sie ist in der Tat so groß geworden, daß a. die Weltformel ↗ u. Vorausschau ↗ als ›Theorie‹ abgetan u. ignoriert werden.

Theosophie: nach Blavatsky ↗ »... Weisheitsreligion ↗ oder göttliche Weisheit; die Grundlage und der Extrakt aller Weltreligionen und Philosophien, gelehrt und praktiziert von einigen Auserwählten, seitdem der Mensch zu denken begann.« Das griech. Wort, das in der griech. Fassung des NT 1 Korinther 2, 6–7 in anderem Sinn vorkommt, setzt sich aus Teo ↗ (theos) = Gott + Sophia ↗ (Weisheit) zusammen. Die dt. Fassung lautet: »Sondern wir reden von der heimlichen, verborgenen Weisheit Gottes...«, was natürl. nicht bed., daß von Th. geredet wird. Denn diese beruft sich wie die Mystik ↗ auf unmittelbare menschl. Erleuchtung, unterscheidet sich aber von ihr dadurch, daß sie immer in der Form eines Systems ↗ od. einer zusammenhängenden Weltanschauung ↗ auftritt. Buddhismus ↗, Gnosis ↗ u. Neuplatonismus ↗ werden als ›theosophisch‹ eingestuft, aber die Wurzel liegt bei der 4. Wurzelrasse ↗, den Lemuro-Atlanten. — Auf der T. baute Blavatsky ihre Theosophische Gesellschaft ↗ auf.

Theosophische Gesellschaft: von Helena P. Blavatsky ↗ 1875 in New York gegr. u. auf Theosophie ↗ aufgebaut. Dem Datum unterliegt ihre Vorausschau, 100 J. danach werde der Impuls für die 6. Welt ↗ gegeben, s. Endzeit ↗. Ziel war zunächst das wissenschaftl. Studium der Phänomene des Okkultismus ↗. Dann wurden 3 Hauptzwecke herausgestellt:

1) Bruderschaft der Menschen ohne Unterschied von

Rasse, Religion od. Klasse
2) Studium der alten Religionen ↗ zum Zwecke des Vergleichs u. Ableitung einer universalen Ethik
3) Studium u. Entwicklung der latenten göttl. Kräfte im Menschen ↗
1882 wurde der Sitz nach Madras ↗ verlegt; etwa von diesem Zeitpunkt an verbreitete sich die T. G. mit Zweiggesellschaften über die ganze Welt. Amerik. Zeitungsbericht von 1888: »Unter den fesselndsten Büchern für Julilektüre befindet sich Frau Blavatskys Buch über Theosophie Die Geheimlehre ↗.« 4 J. danach entstand in Berlin eine T. G., die sich bes. den Doktrinen von Annie Besant ↗ widmete; aus ihr ging 1902 die von Steiner ↗ hervor, wie überhaupt global die Spaltungen u. unterschiedl. Auffassungen zunahmen, spez. hinsichtlich der Wiederkehr ↗ des Vishnu als Maitreya, für die die T. G. sich a. finanziell vorbereiten wollte. Man hört nichts mehr von dieser Vorbereitung.

Therapie: Heilung von Krankheit ↗: wird deren Ursache nur im Körper lokalisiert, beschränkt sich Th. auf chem. u. operative Behandlung. Wird jedoch die Krankheit nur als mater. Erscheinungsbild einer Störung der Psyche ↗ verstanden, wird deren Heilung angestrebt, z. B. durch Psychotherapie ↗, Traumtherapie ↗, Musik-Therapie ↗, Schamanismus ↗ od. Medizinmann ↗ u. noch tiefer greifend, durch Reinkarnationstherapie ↗ - wobei immer eine Neuordnung der Persönlichkeit angestrebt wird. C. G. Jung ↗ stellte fest, daß das Mandala ↗ eine therapeutische Wirkung auf den ausübt, der es spontan selbst entwirft, während rituelle Sandbilder ↗ ohne aktive Beteiligung des zu Heilenden wirken. — In Ägypten waren alle Therapeuten Priester der Göttin Sachmet ↗, während Seth ↗ als Quelle aller Störungen (Krankheiten) galt; gelehrt wurde Th. im Per Ankh ↗, ›Lebenshaus‹, wo a. die Traumtherapie stattfand.

Thidreks Saga: einige Zeit nach der Edda ↗ aufgezeichnete Sage, die aus Theoderich ↗ ›Dietrich von Bern‹ = Thidrek macht u. mit dem Nibelungenlied ↗ verbindet. Thidrek kämpft mit Riesen ↗, Zwergen + Drachen, steht dann Sigurd ↗ ggb., flüchtet 20 J. zu Attila ↗ u. erobert mit einem Heer der Hunnen ↗ Rom ↗. Statt normal zu sterben, entführt ihn am Ende der Saga ein schwarzes Pferd. Eingeschoben die Gesch. von Welent = Waland ↗, dem ›Schmied‹, der mit Hilfe eines Fluggewandes aus der Gewalt des Königs Nidung entflieht. — These: im Namen steckt Tiod ↗ (hier thid, theod) bzw. Thiudareik ↗; histor. ist nur Roms Eroberung.

Thing, Ting, Dinc: Steinkreis ↗ der Germanen ↗ mit unterschiedl. Anzahl der Steine u. entspr. unterschiedl. Funktion. Wirth ↗ behauptet, es seien zuerst 4 Steine gesetzt worden, als Quadrat (s. Weltideogramm ↗) od. überkreuz (Schema). Dann sei auf 8 erweitert worden, was er sowohl mit den 8 Att ↗ wie a. mit dem sum. Z. für Anu ↗ in Verbindung bringt, äqv. *dingir* in Ka-Dingir, babyl. Baba-Ilu (s. Babylon ↗). Erw. wird jedoch nicht die Ähnlichkeit von *dinc* (Ding, Thing) mit *dingir*. Jeder dieser 8 Mora-Steine ↗ konnte

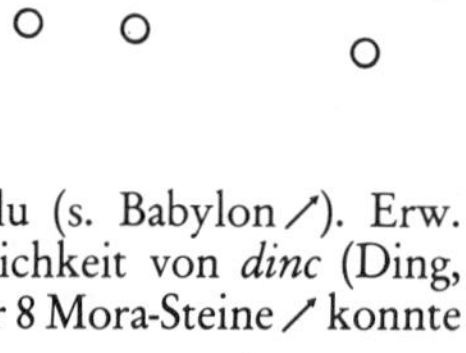

nun durch 3 ersetzt werden, was für ihn zu den 24 Stunden ↗ führt - aber natürl. a. an die Ausfächerung des Tao ↗ erinnert. Dann konnte jeder der 24 Steine od. *logs* (von Logik ↗?) nochmal durch 3 ersetzt werden u. es waren 72 - die 72 Wochen à 5 Tage (= 360 wie beim Haab ↗) mit 5 Resttagen, die sich a. bei den De-

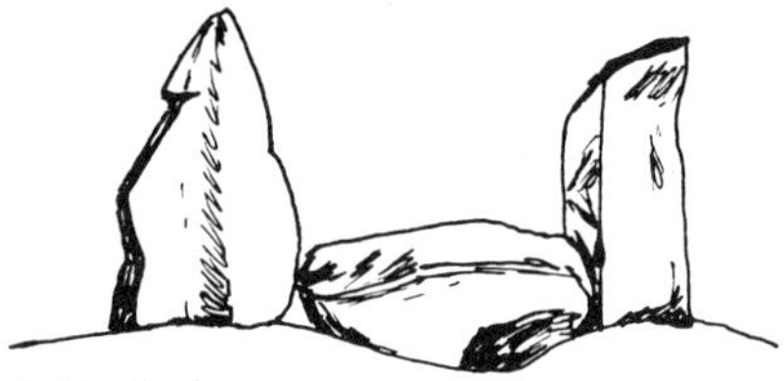

Abb. 1: In Schottland

kanen ↗ Ägyptens finden. Aber nur eine Sonnenuhr ↗ war das Th. natürl. nicht. Da es a. Th. mit 12 Steinen (Sitzen von Asgard ↗) gab, kann man nämlich folg. Rechnung versuchen:

  4
  8
 12
 24
 72
———
120

These: es handelt sich um Restwissen von der Weltformel ↗, wofür a. *dinc* = Gral ↗ spricht.
Funktionen:
Rechtsprechung (s. Maat ↗)
Tanzplatz (s. Troya-Tanz ↗)
Ort des Walpurgisnacht ↗-Feuers
Ort der Krönung eines Thiudareik ↗
Herausragend: Jul ↗-Th. u. Ostara ↗-Thing. Der ›Ver-

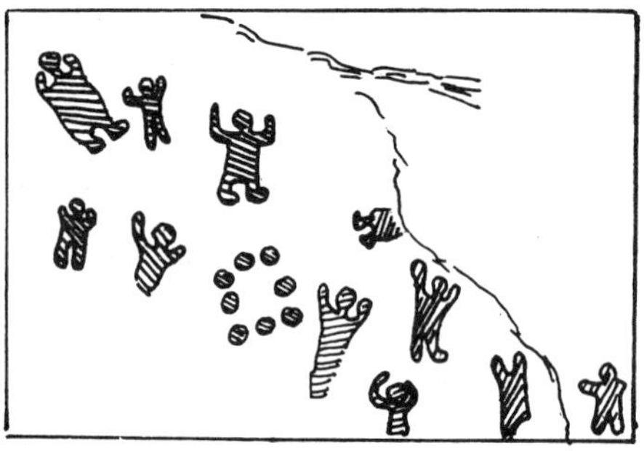

Abb. 2: In Schweden

schlußstein‹ lag im S als Äqv. der verschlossenen Unterwelt, aus der in der Julnacht ↗ = Mütternacht ↗ als kult. Vorspiel auf die Endzeit ↗ Frau Gaur ↗ auftauchen würde; er bestand aus 2 aufrechten u. einem liegenden Stein (Abb. 1), betraf aber nur den 12-Steine Kreis. These: bezogen auf den Tierkreis ↗, der als Klaubaufe ↗ die Percht ↗ begleitete, wäre der Verschluß zw. Anf. = Wassermann ↗ u. Ende = Fisch ↗ zu suchen. Auf einer schwed. Felszeichnung (Abb. 2) umrahmen Menschen mit Armhaltung wie die umgek. Ka-Hieroglyphe ↗ ein 8-Steine Th.; es entspr. dem äußeren Farbring des Lichtstrahls ↗. Alter: ›jüngere Steinzeit ↗‹. S. Stonehenge ↗, München ↗, Europa ↗. Über den Mittelstein, den es nur beim 8er Th. nicht gab, setzte sich später die Kirche ↗. Er hieß entw. Thiodute ↗, Lille Tule od., wenn doppelt in zweifacher

Größe wie die Sirius-Hieroglyphe ↗ angelegt, war der kleinere Sitz der des Richters od. Königs u. der große

Abb. 3

hieß Idavallsbord ↗ (Abb. 3); im gezeigten Bsp. sind den 12 Kreis-Steinen 8 als Zugang vorgebaut u. die Gesamtform ist der des indian. Schwitzbades von Teteo Innan ↗ gleich.

Thiod: s. Tiod ↗.

Thiodute: Mitelstein des Thing ↗, Schreibvar. Tiodute, von Tiod ↗, wahrsch. zusammengesetzt mit Uota (Ute) = Urahnin, mit der bei den Tiodiska ↗ immer die Göttin Anu ↗ gemeint ist.

Thiuda: Nv. der Tiodiska ↗, spätere Deutsche, mit dem Oberhaupt Thiudareik ↗ u. dem Land Thiudisca Liudi ↗.

Thiudareik: König (reik, wie rex od. rig bei Rigveda ↗ od. rag bei Ragnarök ↗ od. reg bei Regin ↗) der Thiuda ↗, a. Volksherrscher übers. mit Thiuda = Thuata ↗ (Volk.).

Thiudisca Liudi: Reich der Germanen ↗, d. h. der Tiodiska ↗.

Thoeris: äg. Nilpferdgöttin ↗, a. Toeris geschrieben u. zurückgehend auf äg. Ta-Wr.T = die Große; besser ist wohl: Weg (ta) des Wortes im Sinne von Logos ↗ = Wrt, Urt, Urd ↗, eine Var. der Nut ↗ in Gestalt der 12 Monate = Zodiak ↗.

Thomas: in den Evangelien ist von einem mysteriösen Zwilling ↗ die Rede, ohne daß man je genaueres erfährt. Es handelt sich um Th., gen. Didyme, bei Joh. XI, 16: »Da sprach Thomas, der da genannt ist Zwilling, zu den Jüngern...« u. XX, 24: »Thomas aber, der Zwölfen einer, der da heißt Zwilling...« Didyme bed. griech. Zwilling. Nimmt man ein hebr. Lexikon in die Hand, stellt man fest, daß Zwilling, Einz., Toama u. Mehrz. Taomim heißt. Thomas findet sich leicht in Taoma. In einem kopt. Manuskript des 5. Jh. findet man folg. überraschenden Satz: »Er (Jesus ↗) sprach mit ihnen in hebräischer Sprache und sagte: Guten Tag, mein hochwürdiger Bischof Petrus ↗. Guten Tag, Thomas, mein zweiter Chrestos ↗...« Diese Übers. stammt von Dr. Revillout, hier ist die unsrige: »Er (Jesus) sprach mit ihnen in hebräischer Sprache und sagte: Gegrüßt seist du, Kepha, mein Wächter, gegrüßt seist du, mein Zwilling, zweiter Chrestos.« Od. in hebr. »Schalom, taoma, scheni messiah!« (Charroux in ›Le livre du Mystérieux inconnu‹). Das gleiche Buch übers. den Namen Jesus-bar-Aba eines alten Manuskripts von Matthäus ↗ mit ›Jesus-der-versteckte-Sohn‹ u. meint, daß daraus später der obskure Barabas ↗ wurde, als weitere Tarnung von Th. dem Zwilling. S. Thomasakten ↗, Thomaschristen ↗ u. Tamil ↗. — These: Th. spielte die Auferstehung von Jesus, um dessen Flucht mit Maria ↗ nach Kaschmir ↗ zu decken u. folgte dann nach, starb aber unterwegs in Indien.

Thomasakten: nicht von der Kirche anerkannter Text der in Kap. eingeteilt ist, die überschrieben sind mit 1. Tat, 2. Tat usw. u. sich auf die Indienfahrt von Thomas ↗ beziehen. Beginnt so: »Zu jener Zeit waren wir Apostel ↗ alle in Jerusalem ↗... Wir verteilten die Gegenden der Erde, daß jeder von uns in die Gegend, die durch Los auf ihn käme... reisen solle. Nach dem Los kam nun Indien an Judas Thomas, der auch Zwilling heißt.« Als Ergebnis seiner Missionierung bildeten sich die Thomaschristen ↗. — S. Logos ↗ u. Taube ↗.

Thomaschristen: »Ähnlich den Thomasakten ↗, doch geographisch weit genauer, berichtet die Überlieferung der Thomaschristen, daß der Apostel - von Norden kommend - in Cranganur eine lebhafte Missionstätigkeit aufnahm. Weiterhin soll er Quilon, Niranam, Chayal, Palayur, Parur, Malayattur und andere Orte bereist haben. Dabei konnte er jedesmal einige Inder zum Christentum bekehren und taufen... Nach zwanzigjährigem Aufenthalt an der Malabarküste soll Thomas ↗ sich zu einer Reise an die Südostküste, die heutige Coromandelküste, aufgemacht haben. Hier scheint sich die Aktivität des Indienapostels auf die Gegend um Mylapore beim heutigen Madras ↗ konzentriert zu haben. In dem ›Buch der Bienen‹, das Solomon von Basora 1222 herausgab, heißt es: ›In Mahlup (Mylapore), einer Stadt im Lande der Inder, sei, wie andere sagen, der heilige Thomas begraben‹...« (S. Obermeier ›Starb Jesus in Kaschmir?‹).

Thonar: Nv. von Thor ↗.

Thor, Tor: Gott der Germanen ↗; hatte in Asgard ↗ den Thrudheim gen. Sitz u. ist insofern als Planet ↗ einzustufen, was sich im engl. *thursday* (Thors-Tag) = Donnerstag bestätigt, bei uns mit Nv. Donar eingesetzt, äqv. Jupiter ↗, s. Woche ↗. Da dieser im Babylonischen Turm ↗ die 4. Welt ↗ regierte, kann man die 12. Rune ↗, wenn sie statt Ger ↗ ›Thor belghbunden‹, d. h. Thor, im Balg gebunden heißt, so verstehen, daß nun, nach der 1. Hälfte der Geschichte ↗, Th.s Regentschaft endet. Daß sie damit die Zeit der Riesen ↗ umfaßt, ergibt sich aus folgendem: »Es geht wie ein Leitmotiv durch die ganze nordische Mythologie: ›Thor war im Osten, um die Riesen zu bekämpfen‹, oder: ›Thor kam eben von einem Feldzug gegen die Riesen zurück.‹ ... Eine stereotype Kenning ↗ für Thor ist Riesentöter« (R. Derolez). Edda ↗:

Abb. 1: Skandinavisches Relief

»Ich war im Osten und schlug Riesenvolk tot
böse Weiber, die zum Gebirge schritten;
überstark würden die Riesen, wenn sie alle lebten;
Ausgetilgt würden die Menschen in Midgard ↗«

Eine Darst. zeigt ihn mit Hymir im Schiff beim Kampf mit der Midgardschlange ↗, die darüber in vielen Windungen abgebildet ist (Abb. 1); falls diese für den Planetoidengürtel ↗ steht, ist Th. = Jupiter im Sonnensystem ↗ der direkte Nachbarplanet. — Symbol: Hammer ↗, den man auf einer seltenen Bronzestatue des Th. fast mit dem bek. Jupiter-Z. gleichsetzen kann

(Abb. 2). Er ›stirbt‹ bei der Götterdämmerung ↗.

Abb. 2

Thora: Lehre: die auf einer Rolle aufgezeichneten 5 Bücher von Moses ↗, sonst den Anf. der Bibel ↗ bildend. Neben diesem ›materiellen Körper‹ od. schriftl. Th. (a. ›Baum des Lebens‹ gen. - s. Djed ↗ mit Lebenskreuz - od. Licht ↗) gibt es noch die mündliche Th., ›die eine Lampe ist, welche das Licht trägt‹, a. Jungfrau od. ›Braut im Exil‹ = Schechina ↗. Es heißt, die schriftl. Th. bedürfe der mündlichen Th., um ihre Schwierigkeiten aufzulösen u. ihre Geheimnisse zu erklären. Den wörtl. Sinn nennen die Juden ↗ Peschat, den allegorischen od. myst. Midrasch, den tropischen Sechel u. den analogischen Kabala ↗. Schließl. wird die schriftl. Th. ›weißes Feuer‹ gen. od. ›das Gewand‹ der Schechina (mündliche Th.), die als ›Baum der Erkenntnis ↗‹ das ›schwarze Feuer‹ ist. Prophezeiung: »Die Aufhebung der Thora ist ihre Erfüllung und eine neue Thora wird ausgehen...« in der Endzeit ↗, s. Zion ↗. Z. B. ohne die 10 Gebote. These: in Anlehnung an die Weltformel ↗ läßt sich folg. Schema erstellen:

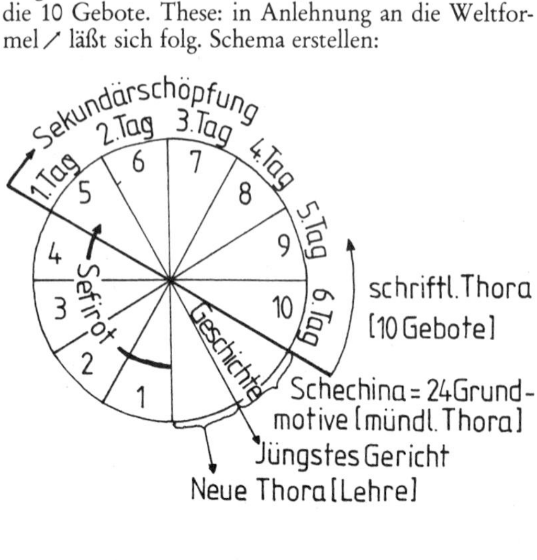

Die Th., a. Tora (od. Torah) geschrieben, ist a. das Taro ↗, nur anders erzählt, d. h. spez. mit der Gesch. von Israel ↗ verbunden, weshalb dogm. geglaubt wird, ihre Offenbarung gäbe Israel eine Sonderstellung unter den Völkern. — S. die Ähnlichkeit des Wortes mit Te Io Ora ↗.

Thot: äg. Gott, der mit 2 Symboltieren ↗ ausgestattet ist: 1) Ibis ↗, 2) Affe ↗ (Pavian ↗), äqv. dem germ. Tuisto ↗ = der Doppelte, der zweimal gerufen werden muß. Der Name ↗ selbst ist schon die griech. Form des Thout der Kopten ↗, während die Ägypter DHWTJ schrieben. These: aus diesem Wort ergab sich durch Silbenumstellung ↗ Dhw-Ti = Ti-WHD = Ti-Od ↗, wie die neubabyl. Fassung Tichut lautete. Es werden a. 2 ›Gefährtinnen‹ gen.:
zu 1) Göttin Maat ↗, was sich auf Th. als Ibis beziehen dürfe; er bildet dann mit ihr zus. das Lebenskreuz ↗ Anch, woraus sich der Name der Enoch ↗ gebildet haben dürfte, mit dem er ebf. ident. ist (Schema):

zu 2) Th. als Affe, Sektor Schütze ↗ mit der geschichtl. Gefährtin Nechmetaui ↗, die der Nemanus ↗ entspr. dürfte. Das ist a. Th. = Großer Horus ↗, äqv. Hermes ↗. Lt. Blavatsky ↗ ist das ›Alphabet des Thot‹ das Taro ↗. Auf dessen Offenbarung ↗ dürfte die Bez. ›Böser Waland ↗‹ zurückgehen. — Äg. Totenbuch ↗:

»... Sieh, hier ist Thot! In seinen Händen
Hält er das Buch der göttlichen Worte.«
(Kap. CLXX)

Es ist das ›Buch des Thot‹ (Blavatsky), s. Enoch, Buch des ↗, aus dem die Hermetischen Schriften ↗ hervorgegangen sein dürften. — S. Ngoma ↗, Shulon ↗ u. Tefnut ↗.

Thron: besonderer Sitz eines Herrschers, meist seine Stellvertretung der ›eigentlichen‹ Herrschaft des Himmels ↗ bzw. der Gottheit ↗ bzw. einen der Götter ↗ symbolisierend. In Ägypten ↗ scheint der ›himmli-

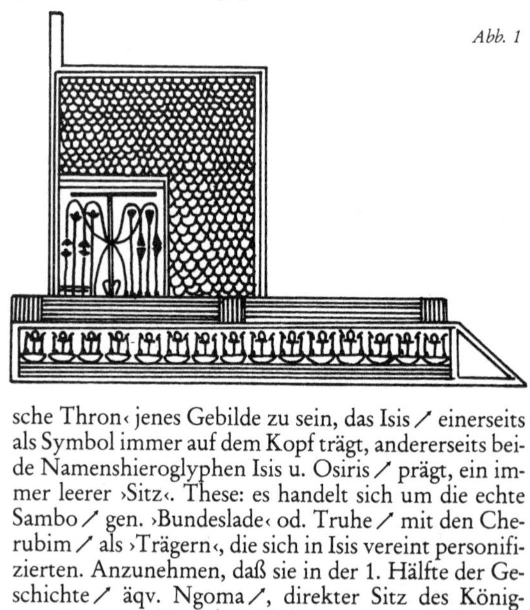

Abb. 1

sche Thron‹ jenes Gebilde zu sein, das Isis ↗ einerseits als Symbol immer auf dem Kopf trägt, andererseits beide Namenshieroglyphen Isis u. Osiris ↗ prägt, ein immer leerer ›Sitz‹. These: es handelt sich um die echte Sambo ↗ gen. ›Bundeslade‹ od. Truhe ↗ mit den Cherubim ↗ als ›Trägern‹, die sich in Isis vereint personifizierten. Anzunehmen, daß sie in der 1. Hälfte der Geschichte ↗ äqv. Ngoma ↗, direkter Sitz des Königtums ↗ war, Bilder gibt es dafür keine mehr. Nach ihrer Zerstörung beim letzten Weltuntergang ↗ vor rd.

13000 J. entstand der Würfel-Th. (Abb. 1), der aus folg. symb. Elementen besteht:

1) dem ›Balken‹ der Maat ↗, in den oft der Aufbau der Sonne ↗ hineingezeichnet wurde, den a. Thot als Ibis ↗ in der Hand halten kann. Hier wiederholt sich das Symbol 15 mal, was zu der Rechnung führt:

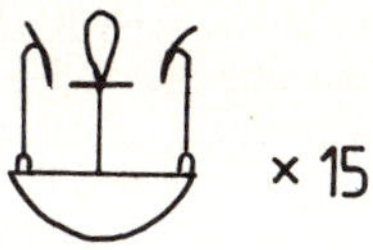

15 x 48 = 720

2) 1 schuppenförmiger Mäander ↗. Setzen wir für ihn die Präzession ↗ ein, setzt sich die Rechnung so fort:

25920 : 720 = 36

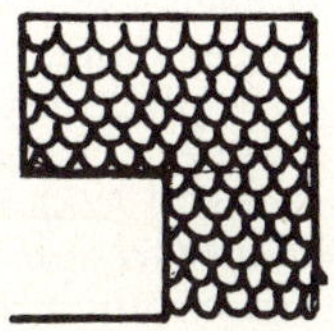

womit man bei den äg. Dekanen ↗ landet od. beim Ur-Alphabet ↗ mit der Möglichkeit, die Schuppen als jene Schlange ↗ zu verstehen, die das Hl. Dreieck ↗ (ohne Hypotenuse) ausmacht, mit den Sektoren des Tierkreises Krokodil ↗ (Wassermann) = Isis (s. ihre Bez. als Krokodilmutter) bis Fisch ↗ = Osiris (s. dessen Bez. als Großer Abdu ↗-Fisch). Alle 3 gen. Tiere haben Schuppen. Der auf dem Th. sitzende Pha-

Abb. 3

Abb. 2

rao ↗ wäre Horus ↗ als die 12 Tierkreissektoren od. die Brücke von Hl. Hochzeit ↗ bis Wiederkehr ↗. 3) In den Mäander eingeschoben die Truhe mit dem Symbol der Reichseinigung ↗, die zweifellos weit über das Land Km.T ↗ (Ägypten) hinausreicht. These: u. zwar zur Vereinigung von 1. + 2. Reich ↗ zum zukünftigen (3.) Friedensreich ↗.

Auf dem Gesamtfries (Abb. 2) wird klar, daß sich der Th. aus 3 Teilen zusammensetzt, die zu 3 Göttinnen werden: Isis hinter dem Pharao, Maat direkt vor ihm u. hinter der Maat Seschat ↗ mit der Palrippe (s. Palme ↗), was zur Kombination Kosmos + Sonne + Gesch. = Weltformel ↗ führt. Vereinfacht wurde dieser Th. a. zum Symbol ↗ der Anu ↗ bzw. Nephtys ↗, wie man a. im Tempel ↗ der Hathor ↗ eine Darst. findet, die den Th. zweimal zeigt, vorne mit Hathor, dahinter Horus als Falke (Abb. 3). These: so bezieht er sich a. auf den Sirius ↗, von dem Sambo zu uns gebracht wurde. In diesem Fall fehlt das Symbol der Reichseinigung ↗. D. h., dieser Doppel-Th. koppelt Sirius (Hathor) u. unser Sonnensystem (Horus).

Thrudenring: die 4 Einweihungsgrade der germ. Priesterinnen = Thruden: Hechsa ↗, Thruda, Wala ↗, Albruna ↗. Die Reihenfolge ist nicht mehr bek., a. nicht die Art der Einweihung. Da jedoch zu 1 Th. beim Tanz 6 Paare u. 1 Hohepriesterin gehörten, ist anzunehmen, daß er den Zodiak ↗ od. 12er Thing ↗ vertrat, mit den 4 Graden als den 4 Zodiakhäusern ↗ (Vierteln), die a. auf der äg. Zodiakscheibe ↗ von Dendera von 4 Göttinnen vertreten werden. Es resultierten daraus die ›Heilsrätinnen‹, unterteilt in Hagedisen, Thruden, Walen u. Albrunen, bei denen die Thiudareiks ↗ u. Kriegsherren wie Armin der Cherusker den letzten, entscheidenden Rat holten. Der Th. gehört der Religion der Wanen ↗ an. — Erhalten als Stadtteil Trudering von München ↗. — Wichtigste Funktion: Stärkung des Od ↗ (Geist). S. Trudenfuß ↗.

Thuata: Tuatha ↗ = Volk (die Deutschen).

Thuata De Dannan: Tuatha De Dannan ↗.

Thul, der Große: Nv. von Wotan ↗ mit der Bed.: Redner.

Thule: »... stellte für den Gründer der Thule-Gruppe ↗ Baron von Sebottendorf ↗ jenes verschwundene Königreich dar, von wo der vom Himmel gefallene Gral ↗ über die Wüste Gobi ↗, den Tibet ↗, Persien ↗, Jerusalem ↗ und Rom ↗ in die Pyrenäen ↗ getragen worden war. Dort suchte ihn der Romanist Otto Rahn ↗ 1931 zum 1. Mal bei Schloß Montségur ↗...« These: es kann sich nur um Mu ↗ handeln. Der Name ist als Tollan ↗ u. Tula ↗ in Mexiko erhalten bei den Tolteken ↗, die sich danach benannten; er wird aber a. in den Veden ↗ erw.: in Sanskrit ↗ bed., Th. = Waage. Blavatsky setzt Waage für die Geschlechter ↗ ein, in die sich die 3. Wurzelrasse ↗ auf eben diesem Kontinent = Paradies ↗ teilte.

Thule-Gesellschaft: gegr. 1918 als exoterische Hülle des Thule-Ordens ↗ in München ↗ von Sebottendorf ↗. Jeweils am 3. Samstag des Monats fanden zeremonielle Handlungen statt. Symbol: Hakenkreuz ↗ + roter Adler. »Thule-Leute waren es, zu denen Hitler ↗ zuerst kam, und Thule-Leute waren es, die sich mit Hitler zuerst verbanden« (Sebottendorf). Über Karl Haushofer (Mitgl.) soll die Gruppe wesentliche Impulse von Gurdjieff ↗ erhalten haben, mit dem dieser schon 1908–10 bei einer Ostasien-Reise Kontakt aufnahm. In Zusammenhang damit wird a. immer die ›Tibetanische Kolonie‹ in Berlin gen., die mit Funkgeräten - mit dem Buch Dzyan ↗ als Funkspruch-Code - die okkulte Achse Berlin-Lhasa ↗ hergestellt haben soll. Belege gibt es dafür nur wenig, denn: »Die wahre Geschichte der Thule-Gesellschaft und des Thule-Ordens ist weitgehend im dunklen geblieben. Bei den Rechercheuren sind die Unstimmigkeiten unübersehbar; sogar auf Sebottendorf als Gründer scheint man sich nicht einigen zu können: E. Miers z. B. schreibt, die Thule-Gesellschaft sei 1923 von Haushofer auf der Grundlage des Buches Dzyan gegründet worden, eines Buches übrigens, das außer Helena Petrowna Blavatsky ↗ niemand gesehen hat und das wahrscheinlich eine ihrer ›Findungen‹ oder besser Erfindungen ist« (Manfred Ach). S. Thule ↗ u. NSDAP ↗.

Thule-Gruppe: Thule-Orden ↗.

Thule-Kultur: ein von Wirth ↗ gebrauchter Ausdruck für die Kultur der ›Hügelleute‹ ↗ basierend auf Runen ↗, Thing ↗ u. den Großgräbern, s. Megalithgrab ↗. These: sein Fehler besteht darin, sie bodenständig mit Nordeuropa + Nordamerika zu verbinden, d. h. Thule ↗ im N zu suchen, zu beiden Seiten des Atlantik, weshalb er a. von ›atlantischer Kultur‹ spricht u. natürl. von einer ›hellen Thule-Rasse‹, die er mit den Ariern ↗ gleichsetzt. Dem gleichen Wahn verfielen Thule-Gesellschaft ↗ + Thule-Orden ↗, wo die Thule-Basis das Buch Dzyan ↗ u. der Gral ↗ wird. Da alle Kultur von Thule = Mu ↗ ausging u., wie die Argonautik ↗ zeigt, von dunklen + hellen ›Thule-Leuten‹ verbreitet wurde, wäre höchstens zu fragen, wer die ›Thule-Kultur‹ am reinsten aufbewahrt hat. Antwort: niemand. Jede Rasse ↗ bzw. jeder Kontinent ↗ hat 1 Teil bewahrt u. gepflegt; das Muiska-Museum ↗ arbeitete an der Wiederzusammenführung des gemeinsamen Erbes.

Thule-Orden: esot. Kern der Thule-Gesellschaft ↗, dessen ›Weihe‹ am 17.8.1918 vorgenommen wurde. Zu den Mitgl. zählten u.a.:
Freiherr Rudolf von Sebottendorf ↗
Guido von List ↗
Adolf Hitler ↗
Rudolf Heß
Hermann Göring
Heinrich Himmler an der Spitze der Nazi-Religion ↗
Alfred Rosenberg
Julius Streicher
Karl Harrer, Oberhaupt der DAP u. 1. Chef der NSDAP ↗
Prof. Dr. Karl Haushofer, ›Vater der Geopolitik‹
Prof. Dr. Theodor Morell, Hitlers Leibarzt
Anton Drexler, Gründer der DAP (Deutsche Arbeiterpartei)
S. a. Präfaschistische Sekten ↗ u. Faschismus ↗.

Thume: Came ↗.

Thunar: Donar, Thor ↗.

Thursen: Riesen ↗, benannt nach der 3. Rune ↗

ᚦ = *thurs;* evtl. zusammenhängend mit *thurs*day (engl.) = Donnerstag, Tag des *donar* = Thor ↗ (Jupiter). Als Thurs-Ass (od. Thorn-Os) gilt bei Wirth ↗

der ›Riese-Gott‹ Tuisto ↗, a. Ymer od. Thrym, der ›Zwiefache‹ genannt. Edda ↗:

»Da sagte Thrym, der Thursen Herrscher
Bring mir den Hammer, die Braut zu weihen
legt den Mjölnir ↗ der Maid in den Schoß...«

Bek. ist nur noch Bestla ↗ als Thursin. Das Geschlecht der Th. ertrank in der Sintflut ↗, mit Ausnahme von Berglmir, dessen Nachf. die Jöten ↗ sein sollen.

Thwiti: Nv. des Fenriswolfs Gjöll ↗.

Ti: wichtige Ursilbe ↗, die in mehreren Kulturen vorkommt:
1) in Sumer mit der Bed. Pfeil, Waffe, Leben, Rippe ↗ u. Schlüssel ↗. Ninti ↗ ist ›Herrin (= Nin) des Ti‹;
2) auf Kreta ↗ fand man das schriftbildl. Wort Ti-Ri-Po-De = Dreifuß ↗. Das Z. für Ti ist eine Art Pfeilspitze (Abb. 1);

3)bei den Tiodiska ↗ (Deutschen) ist die 1. Silbe Ti ebf. ein Pfeil, etwas auseinandergezogen im Vergleich zum kretischen Ti (Abb. 2); es ist a. die 17. Rune ↗ mit der Var. eines Quadrats, bei dem man an den äg. Thron ↗ denkt, insbes. da Tia ↗ = Sitz bed. (in Tihuanaco);

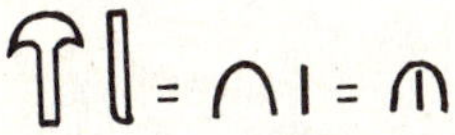

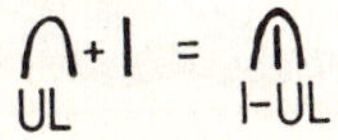

4) in China ↗ ist T'I der ›wahre Körper der (Menschheits-) Kultur ↗‹ – aber was ist das? These: der Zodiak ↗. Denn:

5) in der Verdoppelung Titi ↗, z. B. beim Titicacasee ↗ ist der Bezug zu Ca = Ka ↗ (Geist) gegeben, genau wie bei Ti-Od ↗;
6) total verbildlicht findet sich Ti in den Händen von Pachacamac ↗ (Abb. 3), dem Kulturbringer;
7) im Namen Tibet ↗ schließl., das a. Bhod (statt Bet) Yul hieß, wird die Par. Ti = Yul ↗ deutl. u. damit zum 12er Thing ↗, den man dann als Ti-Ing verstehen kann, Ort (= ing) des Ti (Zodiak). Ja, man findet sogar über das Wort Yul, verstanden als I-ul zum Kreta-Bild zurück, indem man das I in das Ul ↗ setzt (Abb. 4). Es handelt sich um den Baum ↗ (= Ul) der Wandlung ↗ (= I), d. h. der Erkenntnis ↗; vergleicht man mit sum. Rollsiegeln ↗, findet sich in diesem Ul-Baum immer eine Göttin eingesperrt – germ. ganz offensichtl. Fru Gaur ↗. Damit wird folg. Hypothese mögl.:
8) Ti ist zusammengesetzt aus den 2 Z. der Sirius-Hieroglyphe ↗ (Abb. 5).
S. Speer des Schicksals ↗.

Tia: Sitz; in Tiahuanaco ↗ wie wohl a. in der Tiara ↗.

Tiahuanaco: Sitz (Tia ↗) des weißen Lama ↗: Ruinenstadt in dem Hochland von Bolivien, 21 km südl. vom Titicacasee ↗, der eine hochgehobene Ozeanmulde ist. Heute ca. 4000 m hoch in sehr dünner Luft, die jede körperl. Arbeit erschwert, scheint das urspr. T. eine Hafenstadt gewesen zu sein vor Erhöhung von Amerika ↗ beim letzten Polsprung ↗. Die letzte Kulturblüte versank um 900; da die Ruinen von Lavaschichten bedeckt sind, ist an einen Vulkanausbruch zu denken. Dann trafen um 1000 die Inka ↗ ein u. wurden 1532 von den Spaniern zerschlagen. Die Indianer ↗ sagen, Riesen ↗ hätten vor uralten Zeiten die Baudenkmäler

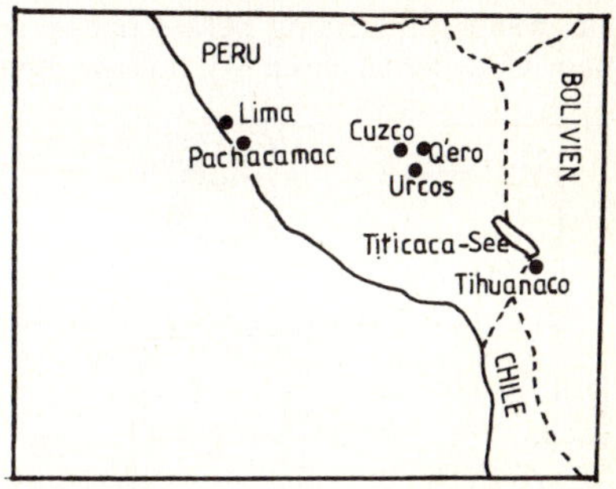

Abb. 1

aufgerichtet. »Durch ein gewöhnliches Erdbeben können die ungeheueren Blöcke von Tiahuanaco nicht derartig zertrümmert und durcheinander geworfen sein« (W. Cordan im Buch Mexiko). Das würde eine 1. Zerstörung beim Weltuntergang ↗ von 11432 v. Z. bestätigen. Jedoch ist eine Rekonstruktion unmögl., weil »... seit Jahrhunderten die Bauwerke willkommenes Baumaterial für die Bewohner der näheren Umgebung lieferten« (F. Anton, Das alte Amerika). Die Karte (Abb. 1) zeigt die Nähe zu Peru ↗, über das die T.-Leute geherrscht haben sollen. T. trägt hier die Nv. Tihuanaco. Geblieben ist das sog. ›Sonnentor‹ (Abb. 2); man fand es umgestürzt am Boden liegen. Erst 1908 wurde es vom Kongreß der Amerikanisten wieder aufgestellt, »... und zwar an der Fundstelle, also dort, wo

Abb. 3

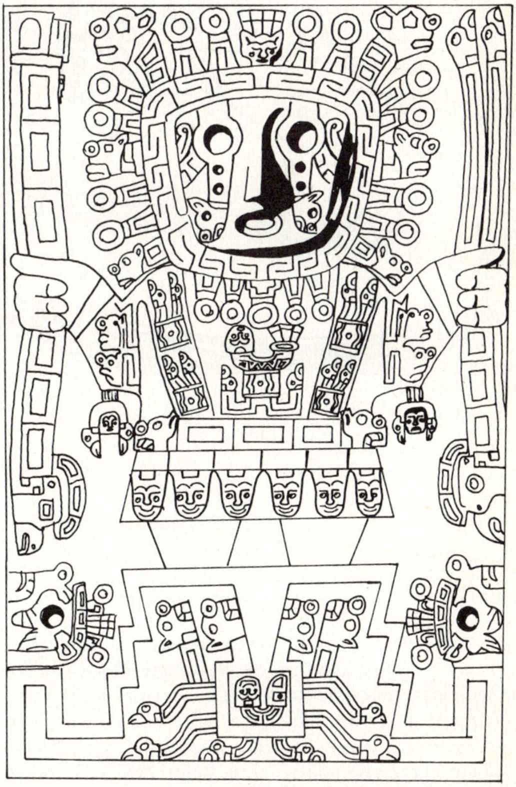

es von den Tihuanacu-Menschen aus einem Steinblock herausgemeißelt wurde, an der Arbeitsstätte. Man muß vermuten, daß die Tihuanaco-Priester den Riesensteinblock für das Sonnentor als etwas sehr Heiliges aus weiter Entfernung heranschaffen ließen, von einem Ort, der in ihrer Mythologie eine große Rolle

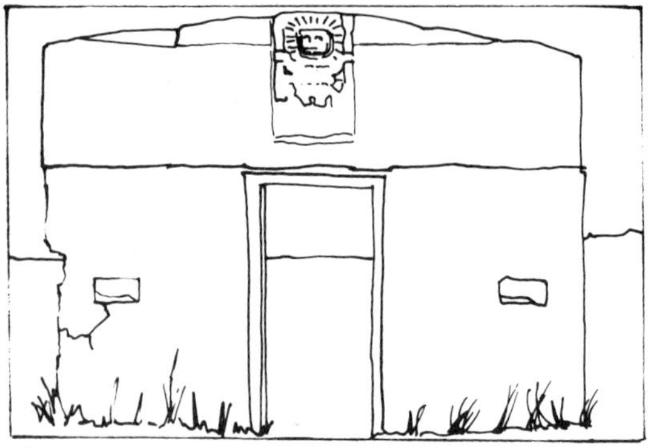

Abb. 2

spielte« (Lissner ›So habt ihr gelebt‹). Um welchen Ort es sich handeln könnte, wird nicht gesagt, nur, daß es die benutzte Gesteinsart nirgendwo in der Umgebung gibt. Sollte er von Kasskara ↗ hierhergebracht worden sein, vor dessen Untergang, als Erinnerung an

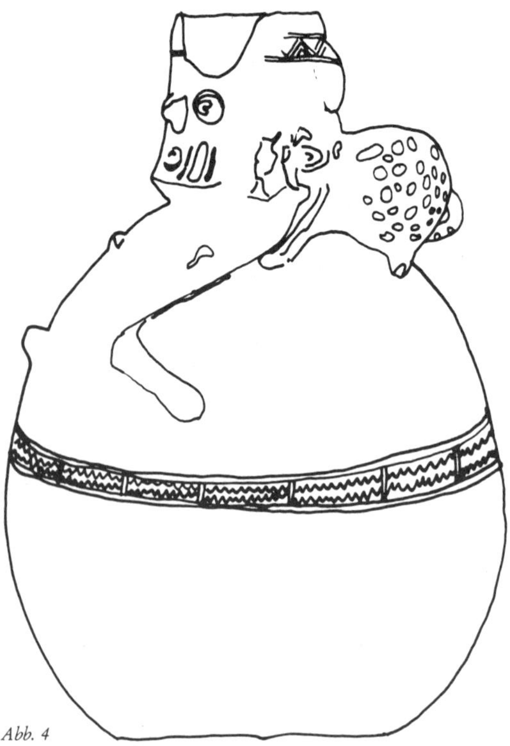

Abb. 4

die dortige Landung ↗ von Astronauten, zumal hier Orejona ↗ überliefert ist, deren Rakete über dem Tor abgebildet gewesen sein soll? Das legt nahe, die Figur (Abb. 3) unter der fehlenden Rakete sei sie u. nicht, wie gewöhnl. angenommen, Viracocha ↗; schließl. hat sie ein ›Trägerröckchen‹ an u. keine Hosen. Um den Kopf 24 Strahlen, eine Zahl, die sich mit der ›mündlichen Thora ↗‹ = dem ›schwarzen Licht‹ = Schechina ↗ verbindet, ihrem Äqv., genau wie die germ. Fru Gaur ↗ mit den 24 schwarzen Hunden, wobei auffällt, daß a. hier einige Kopfstrahlen in Hundeköpfe auslaufen. — Sucht man nach einer Verbildlichung des Wortes ›Sitz des Lamas‹, fällt ein eiförmiger Krug auf, der einen Menschen mit Lama auf der Schulter darstellt (Abb. 4 + Deutung im Buch ›Das alte Amerika‹); Herkunft: Küste von Peru. Da das Ei weibl. ist, könnte es sich wieder um Orejona handeln, als Mutter des ›Lama‹. A. sind die Ohren des Kopfes auffällig groß. Od.: die T. sind a. die späteren Langohren ↗ der Osterinsel. S. Germanen ↗ u. Hopi ↗, Göttin Ischtar ↗, Kara-Empire ↗ u. Ma Noa ↗.

Tiamat: die Schlange ↗, welche im Schöpfungsbericht der Chaldäer ↗ die Menschen zur Sünde verleitet, ist das Geschöpf der T., der ›unergründlichen Tiefe der Weisheit ↗‹ (Blavatsky ↗). These: dann ist sie die Sophia ↗ der Gnosis ↗, die ja a. die Schlange ins Paradies ↗ schickte. Auf einem assyr. Rollsiegel ↗ ist T. auf

dieser Schlange abgebildet, rennend, weil Marduk ↗, die Figur ganz r., sie bekämpft (Abb.). Am Himmel astrol. Z., von denen am merkwürdigsten der Rhombus ↗ zw. Schlange + T. ist. Im Ggs. zum vertikalen Rhombus, der in Sumer ↗ für die schwarze Sonne des Sirius ↗ eingesetzt wurde, liegt dieser jedoch quer u. erinnert mehr an das Mittelstück des Gesamtkosmos ↗, äg. die Göttin Mut ↗, mit der sie aus mehreren Gründen ident. sein könnte:

1) T. gilt wie die Mut als ›Mutter aller Götter‹. 2) wie in der Mut Mu ↗, das (Meer) Wasser steckt, so vertritt T. den Ur-Ozean od. wird Göttin des Meeres genannt. Im Ggs. zu Apsu ↗, dem Süßwasser, ist sie das Salzwasser des Uranfangs. Man könnte deshalb folgern, daß der Name eigtl. Tia-Mut, d. h. Sitz (= Tia ↗) des Wassers (= Mu), weibl. (= T) bedeutet. — Wenn Moses ↗ beginnt: »Am Anfang schuf Gott Himmel und Erde...«, so wäre das zurückzuführen auf die äg. Götterneunheit ↗, wo über Atum, Schu + Tefnut die Mut sich in Himmel = Nut ↗ u. Erde = Geb ↗ ausfächert, während Babylon schon auf Marduk reduziert, der T. entzwei schlägt, um Himmel + Erde zu schaffen, wobei Marduk als Jupiter keineswegs mehr stimmt. - Manche sehen in T. ein Äqv. zum Chaos ↗. — Nun findet sich, was die Trennung symbolisieren könnte, zw. den Beinen der T. eine Trennlinie, die oben 2 u. unten 7 Striche zeigt (Schema); sollte die 3 dem Himmel entspr., bliebe für die Erde ↗ die 7 = die 7 ›Häute‹ ihrer Oberflächengestaltung, während die 7 Welten sich dann in den 7 Kreisen

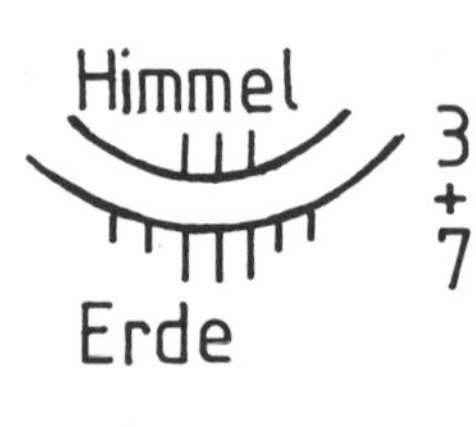

der Abb. als Planeten ↗ ausdrücken könnten, 1 davon ist in Marduks Hand als Jupiter, s. Chaldäische Planetenreihe ↗. Ja, es ließen sich wohl a. die 2 Bäume, zw. denen Marduk steht, als die 2 Bäume im Paradies interpretieren, denn die Schlange streift nur den einen, der der Baum der Erkenntnis ↗ sein müßte.

Tiara: Krone des Papstes ↗ aus 3 Reifen, die nacheinander hinzugefügt wurden: Nr. 2 13. Jh., Nr. 3 1302, um zur geistl. die weltl. Macht, ›Quelle allen Rechts‹ zu symbolisieren, während der anfängl. untere Zierrand als Nr. 1 die Lehrgewalt ausdrückt. Die T. bildet mit den gekreuzten Schlüsseln ↗ des Petrus ↗ das Hoheitsz. des Vatikan ↗. These: der Name setzt sich aus Tia ↗ (Sitz) = Ra (äg. Re ↗) zus. = Sitz der Sonne mit dem obersten Reif = Maat ↗ + 12er Kreis ↗ (die 12 Apostel ↗) + Sonnenalphabet ↗, was zus. den Aufbau der Sonne ↗ ergibt.

Tiber: Fluß in Italien, der im SW von Rom ↗ ins Tyrrhenische Meer mündet. In seiner Umgebung lagen die Städte der Etrusker ↗.

Tibet: größtes Hochland der Erde, dessen heutiges Niveau durchschnittlich 4500–5000 m über dem Meer beträgt. Jedoch enthält die Erde um die Hauptstadt Lhasa ↗ herum fossile Fische u. Muscheln, was die These von Angebert unterstützt, vor etwa 12000 J. – wir sagen bis zum Weltuntergang ↗ von 11432 v. Z. – habe sich der T. auf Meeresniveau befunden (wie z. B. Tiahuanaco ↗ a.), s. Asien ↗ allgemein. Die Tradition ↗ reicht bis zum Beginn der Geschichte ↗ zurück, denn in einem tib. Manuskript wird die Landung ↗ der ›Söhne des Himmels‹ (sprich der Astronauten ↗) beschrieben. Zw. Indien ↗, Nepal u. China ↗ angesiedelt, ist das Hochland auf 3 Seiten von Gebirgsketten umschlossen: im N von den Ketten des Kuen-Lun u. Tang-La Geb., im W vom Massiv des Karakorum u. den Bergen von Ladakh, im S erstreckt sich über 24000 km der Bogen des Himalaja ↗. Ein frühes Gedicht beschreibt T. als ›die Mitte hoher Schneeberge‹; tats. sind sie die höchsten der Erde. In der östl. Lücke entspr. die 3 Flüsse Yangtse, Mekong u. Dalwen, im SW Indus ↗ u. Brahmaputra, tib. Tsang-Po (Abb. 1). Durch die abgeschlossene Lage ist T. nie eine Durchgangsstraße für wandernde Völker od. erobernde Heere gewesen; so blieb es konservativ, homogen u. unabhängig – bis zum Einfall der chin. Kommunisten 1950, was geradezu symb. wirkt, da in dem J. die Endzeit ↗ begann, germ. die Jul ↗-Tage – wie kann es da wundern, daß T. Bhod-Yul hieß? Über den rassischen Ursprung der Tibetaner herrscht völlige Unklarheit, denn es gibt keine Skelette: die Toten wurden zerschnitten u. an Geier + Hund verfüttert, was an Ägypten ↗ erinnert, wo die Geiergöttin die Mumienhülle ↗ umarmt u. Anubis ↗ den Toten durch die untere Duat ↗ geleitet. A. die alte Bon ↗-Religion, die später der Lamaismus ↗ überlagerte, erinnert an Ägypten, u. von ihr stammen die tib. Totenbücher ↗, denen sich lamaist. nur hinzufügten. Die Gesamtzahl 120 (äg. Chenti ↗) der tib. Chakras ↗ unterstreicht diese alte Verbindung, ebenso wie die 100 Gottheiten des tib. Totenbuchs; im Äg. Totenbuch ↗ muß man die 100 Namen des Osiris ↗ kennen. — Im frühen 7. Jh. gelangte der Mahayana ↗-Buddhismus u. der Tantrismus ↗ in den T., gelehrt durch den ind. Guru ↗ Padmasambhava, den ein tib. Blockdruck (Abb. 2) mit seinen 2 wichtigsten Schülerinnen zeigt. Frauen haben im T. ein ungewöhnl. Ansehen, als einzige dürfen sie den Dalai Lama ↗ öffentl. kritisieren. Nach dem Einfall in China, dem die Forderung einer Prinzessin der Tang-Dyn. zugrunde lag, herrschten 630–1642 die Chö-Gye (Gesetzeskönige) als deren Nachfahren. Zur Besiegelung der dynast. Verwandtschaft wurde 821 sogar ein Vertrag zw. T. + China geschlossen

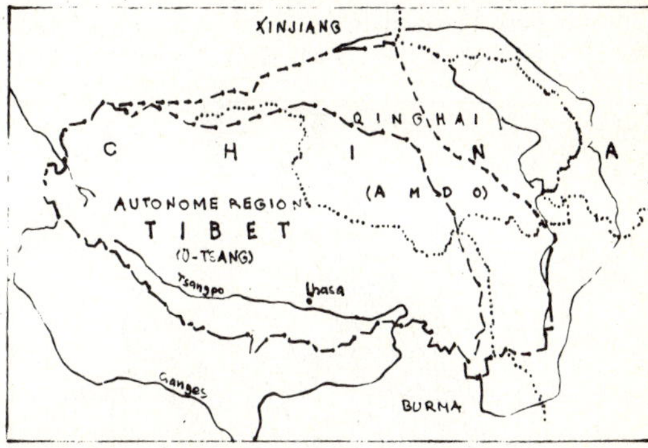

Abb. 1

Abb. 3

zur gegenseitigen Respektierung; er ist auf einer Steinsäule von Lhasa eingemeißelt: »Damit er niemals geändert wird, sind die 3 Kostbarkeiten der Religion, die Versammlung der Heiligen - Sonne + Mond - Planeten + Sterne als Zeugen angerufen worden...« Der Übergang zur Herrschaft des Dalai Lama erwuchs aus der Gelupa-Sekte ↗. — Nach dem Verlorenen Wis-

Abb. 2

sen ↗ suchten hier u. a. Gurdjieff ↗ u. eine von Hitler ↗ der Organisation ›Ahnenerbe‹ anvertraute Expedition; Auszüge ihrer Berichte existieren in den Mikrofilm-Archiven des State-Department von Washington, USA. — Anna Katherina Emmerick, stigmatisierte Visionärin des 19. Jh., erklärte Jesus ↗ als Initiierten des Tibet. — Text zur Abb. 3: ›Nach der Flucht des Dalai Lama 1959 sperrten die Chinesen die Mönche ein, zerstörten die Tempel und verboten jede religiöse Handlung. Erst 1979 wurde die Glaubensfreiheit wiederhergestellt. Heute dürfen die Tibeter wieder beten - so wie hier in den Ruinen des Klosters Dungar‹ (GEO).

T'Ien: Himmel in China ↗. Ihm geht voraus Tsi-Tsai, das Selbstexistierende, dunkle Unbekannte, offensichtl. äqv. dem Taichi ↗, Wurzel von Wu-liang-sheu, dem grenzenlosen Zeitalter. — T. könnte im Wort Tenno ↗ + Tenoch enth. u. die Umkehrung ↗ der äg. Neith ↗ sein.

Tier: in der afrik. Ntu-Philosophie ↗ als Kintu ↗ (Ding mit Fremdintelligenz) eingestuft, das im Ggs. zur Pflanze ↗ *lebend*, im Ggs. zum Mensch ↗ aber noch nicht *sterblich* gen. wird - es endet, verendet. Die Kategorie lebend dürfte in Ägypten ↗ dazu geführt haben, daß viele T. als Sammelpunkt best. göttl. Kräfte galten; zu offiz. Verehrung od. ›Inthronisation‹ (als Symboltier ↗) mußte ein Vertreter seiner Art besondere Zeichen ↗ aufweisen. Neben dem Tierkreis ↗ finden sich dort versch. Schlangen ↗, Ibis ↗, Geier ↗, Skarabäus ↗, Eber ↗, Nilpferd ↗, Esel ↗, Reiher als Phönix ↗ u. über allem die Himmelskuh ↗. Andere Völker benutzten die T. im Totemismus ↗ od. Schamanismus ↗: »Wem es gelingt, das ›magische‹ Tier, den symbolischen Vertreter der Tiermutter zu erlegen, der erlangt etwas von deren Riesenkraft. Das wird dadurch ausgedrückt, daß sich der Held in die Tierhaut kleidet« (C. G. Jung). Dabei fällt natürl. Herkules ↗ ein. Mit ›Tiermutter‹ (Abb.) meint Jung das Unbewußte ↗. These: da der Tierkreis männl. eingestuft wird, das T. im 8er Kreis ↗ jedoch mit dem weibl. Sektor der Erde - im Tao ↗ Berg - in Par. steht, wäre ›sensitive (= weibl.) Fremdintelligenz‹ besser. Wenn Jung weiter feststellt, daß Menschenmassen leicht dem Niveau der T.-Seele verfallen - also dem Instinkt ↗ der Fremdführung gehorchen - so trifft das eben diese Kategorie, ob sie nun einer Schafherde od. einem Wolfsrudel gleichen. — Über die zeitl. Entstehung des Tieres s. Sekundärschöpfung ↗, 5. Tag.

Aus Grächwil, Kanton Bern (600 v. Z., griechisch-unteritalienisch)

Tierkreis: der mit Tieren ↗ belegte Kreis der scheinbaren Sonnenbahn od. Ekliptik ↗, hinaustransportiert auf Sternbilder ↗. Dabei schwankt die Zahl der Tiere zw. 12 (Ägypten, Babylon, Griechenland + Rom), 18 (Mexiko) u. 24 (China), je nach Gradeinteilung des 360 Grad-Kreises in Sektoren von 30, 20 od. 15 Grad; in Ägypten wurden die 30 Grad noch in Dekane ↗ unterteilt. Nur eine röm. Gravierung zeigt noch die mit der Weltformel ↗ übereinstimmende Ordnung, daß der T. l. unten mit dem Wassermann ↗ beginnt u. r. unten mit den Fischen aufhört (Abb. 1). Die griech. Ptolemä-

Abb. 1

er ↗ dagegen verrutschten ihn bei seiner Darst. als Umrandung der Nut ↗ um 1 Sektor. A. waren zu der Zeit schon 6 Tiere verloren gegangen. Es folgt als These der urspr., durch Elohim ↗ u. Edem ↗ gesetzte T. der Geschichte ↗:

Krokodil ↗	äqv. Wassermann 23970–21810 v. Z.	
Gazelle ↗	äqv. Steinbock ↗ 21810–19650 v. Z.	(babyl. Ziegenfisch ↗) (Lama ↗, Ziege ↗ od. Hirsch ↗)

Affe ↗	äqv. Schütze 19650–17490 v. Z.	
Adler ↗ od.	Skorpion ↗ 17490–15330 v. Z.	(Var. Falke)
Biene ↗	äqv. Waage 15330–13170 v. Z.	
Hase ↗	äqv. Jungfrau 13170–11010 v. Z.	
Löwe ↗	ist geblieben 11010–8850 v. Z.	
Krebs ↗	ist geblieben 8850–6690 v. Z.	
Hund ↗	äqv. Zwilling ↗ 6690–4530 v. Z.	
Stier ↗	ist geblieben 4530–2370 v. Z.	
Widder ↗	ist geblieben 2370–210 v. Z.	
Fische ↗	ist geblieben 210 v. Z. - 1950	(Beginn Endzeit ↗)

Die Zeitangaben sind die der Präzession ↗ u. beinhalten die jeweilige Regentschaft eines Tieres als Lehrmeister der Menschen auf dem Weg von Naturmensch ↗ über Kulturmensch ↗ zu Übermensch ↗. Diese urspr.

Abb. 2

12 Tiere wurden so ausgewählt von den Astronauten ↗, daß jedes 2 der 24 Grundmotive ↗ als Überlebenstechnik praktizierte, ausführl. beschrieben im Buch Nommo ↗, Kap. Ur-Alphabet ↗. Jedes Tier wurde außerdem mti 1 Zodiakzeichen ↗ gekoppelt, die die gleichen Grundmotive als Kode abstrakt verschlüsseln. »Die Symbolik des Tierkreises war eine Geheimsprache« (Apokalypse entschleiert, S. 18). Neben diesem geschichtl. rechtsdrehenden T. gibt es den linksdrehenden Jahrestierkreis, dessen Daten heute so lauten:

Widder	*21. März* - 20. April	(Beginn Frühjahr)
Stier	21. April - 20. Mai	
Zwilling	21. Mai - 21. Juni	
Krebs	*22. Juni* - 22. Juli	(Sommersonnenwende ↗)
Löwe	23. Juli - 23. Aug.	
Jungfrau	24. Aug. - 23. Sept.	
Waage	*24. Sept.* - 23. Okt.	(Beginn Herbst)
Skorpion	24. Okt. - 22. Nov.	
Schütze	23. Nov. - 21. Dez.	
Steinbock	*22. Dez.* - 20. Jan.	(Wintersonnenwende ↗)
Wassermann	21. Jan. - 19. Febr.	
Fische	20. Febr. - 20. März	

Das Tier spielt als Geburtsmonat eine Rolle beim Horoskop ↗ u. Psychogramm ↗. Dann gibt es den Über-

Abb. 3

trag auf den Körper des Menschen, wobei der Widder auf dem Kopf lagert, der Stier hinter dem Nacken, die Zwillinge jeweils bei 1 Arm, in einer Reihe mit dem Krebs auf dem Brustbein, dann folgt der Rest vertikal nach unten mit den Füßen ↗ als Fischen endend, d. h. man hat ein christl. Kreuz daraus gemacht (Abb. 2); s. Lamm ↗.

Beim äg. Djed ↗ ist der Widder in Form seiner Hörner ebf. am oberen Ende, wird aber noch von einem Zusatz gekrönt, der für den Fisch als Abschluß steht; hier handelt es sich um den geschichtl. T. od. Zodiak ↗.

In China gibt es neben dem Jahres-T. mit 24 Tieren einen T., der mit 12 Tieren über 12 J. läuft, woraus sich folg. Tabelle ergibt, die sich beliebig verlängern läßt:

1)	Ratte	1924–1936–1948–1960–1972
2)	Büffel	1925–1937–1949–1961–1973
3)	Tiger	1926–1938–1950–1962–1974
4)	Katze	1927–1939–1951–1963–1975
5)	Drache	1928–1940–1952–1964–1976
6)	Schlange	1929–1941–1953–1965–1977
7)	Pferd	1930–1942–1954–1966–1978
8)	Ziege	1931–1943–1955–1967–1979
9)	Affe	1932–1944–1956–1968–1980
10)	Hahn	1933–1945–1957–1969–1981
11)	Hund	1934–1946–1958–1970–1982
12)	Schwein	1935–1947–1959–1971–1983

Abb. 3 zeigt die Umsetzung in eine Scheibe mit Mäandern ↗. These: da es nur 1 12-J.-Zyklus am Himmel gibt, nämlich die Bahn des Jupiter ↗ um die Sonne, dürfte sich dieser T. auf seinen Jahreskreis beziehen, zumal es noch einen 5 x 12 J.-Zyklus gibt, womit man bei den 60 J. der großen Konjunktion ↗ des Sigui-Festes ↗ landet. Zum mex. T., als dessen Gott Quetzalcoatl ↗ gilt, s. Tzolkin ↗. Der ind. T. entspr. dem eu-

Abb. 4

rop., koppelt aber im Ggs. zum röm. von Abb. 1 nicht mit 7, sondern 8 Planeten, wohl die Adityas ↗; in der Mitte die Sonne, gezogen von 7 Pferden, was sich auf unsere 7strahlige Sonne beziehen dürfte, s. Astrologie ↗ (Abb. 4). In Indien ↗ war der T. Teil des Aufgabenbereichs des Guru ↗. — Auf allen Kontinenten vertreten, ist er also globales Gut, was dafür spricht, daß die von Mu ↗ ausgehende Argonautik ↗ ihn als Fundament für die Erweiterung der menschl. Psyche ↗ benutzte, per Troya-Tanz ↗. — S. Sphinxallee ↗, in der

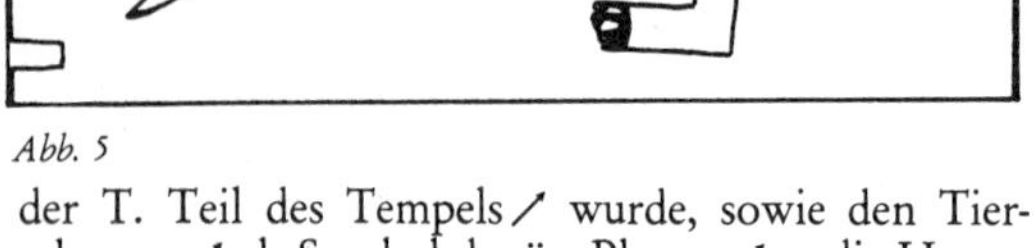

Abb. 5

der T. Teil des Tempels ↗ wurde, sowie den Tierschwanz ↗ als Symbol des äg. Pharao ↗ u. die Horusstele ↗ bzw. die Zodiakscheibe ↗ von Dendera. Für den afrik. T.-Bezug s. Bild mit Landung ↗ des Grals, wovon die folg. Reihe Krokodil (= Wassermann) - Steinbock ein Det. ist (Abb. 5). Israel ↗ ordnete seinen 12 Stämmen je 1 Tier des T. zu, wie a. die 12 Tore des Himmlischen Jerusalem ↗, das lt. Apokalypse ↗ in der Endzeit auf die Erde herunterkommt, den T. vertreten. — Bei den Germanen ↗ war offensichtl. der Tyr ↗-Kreis ein T.

Tierschwanz: als Symbol ↗ für den Tierkreis ↗ beim äg. Pharao ↗ zu finden, der Horus ↗ vertrat u. damit den Tierkreis, s. Horusstele ↗. Abb. zufolge trugen

Abb. 1: Teil des Streitkolbens des Königs Skorpion (prädynastisch)

ihn aber schon die prädynast. Horusdiener ↗, so ein ›König Skorpion‹ (Abb. 1), der nach einem Tier des Tierkreises benannt ist: der Skorpion ↗ ist direkt neben seinem Kopf; der Schwanz rel. kurz + dick. Pharao Thutmosis III. - die Kartusche ↗ neben seinem Kopf zeigt Thot (im Namen Thut geschrieben) als Ibis ↗, darunter die Hieroglyphe für MSJ ↗ - trägt einen sehr langen, dünnen (Abb. 2). Aber a. Horus selbst, mit Falkenkopf (Abb. 3), kann mit einem T. abgebildet werden, hier ist die Form fast eine Schwanzfeder. Was die Frage aufwirkt, ob die Art des T. mit dem Tierkreis-Sektor wechselte.

Thutmosis III. war Nachfolger der Hatschepsut ↗; er begießt 2 Djed ↗-Bäume, die hier wie Grundmotiv

wirken, Nr. 2 der Geschichte ↗ u. zugehörig zum Wassermann ↗. Tats. sieht auf der Zodiakscheibe ↗ von Dendera das Tierkreisbild für den Wassermann ganz ähnl. aus. Die Symbolik setzt sich fort im Fächerwedel hinter König Skorpion = 24 Rippen, An-

Abb. 2

Abb. 3

zahl der Grundmotive ⁄, die in den Zodiakzeichen ⁄ verkodet sind.

Tierseele: der Teil der Seele, der als Sektor das Tier ⁄ vertritt, im Sonnenalphabet ⁄ R + S. Bei Blavatsky ⁄ das ind. Kama Rupa, Vehikel der Begierden + Leidenschaften od. des niederen Manas: »Es heißt, daß Kama Rupa, das Vehikel des Niederen Manas, im physischen Gehirn, in den fünf physischen Sinnen ⁄ und in allen Sinnesorganen des physischen Körpers wohnt.« Es erfolgt a. die Gleichstellung mit Samael ⁄. — Setzt man *manas* mit dem lat. *mens* = denken gleich, so landet man mit einem ›niederen Denken‹ bei Instinkt od. eben Kintu ⁄ (= Unintelligentes Dasein, Fremdintelligenz).

Tiertanz: Grundmotiv ⁄ , a. Einheit von Gut + Böse. Nimmt man die graph. Elemente auseinander, gelangt man zur Formel:

 Einheit ⁄ = gut + Dualismus ⁄ = böse 

woran inter. ist, daß im Sonnenalphabet ⁄ dieses Motiv als Buchstabe Z den Abschluß bildet, d. h. die Vollkommenheit ⁄. Der Zusammenhang mit dem Tier ⁄ ist dadurch gegeben, daß sich der Mensch ⁄ in der 7. Welt, der dieses Motiv vorsteht, von einer ›Fremdintelligenz‹ leiten lassen wird, die aber nun keineswegs von der Natur gesetztes biolog. Erbgut sein wird, sondern die kollektive Hingabe an den Heiligen Geist ⁄, als ›Tier‹ die Taube ⁄, äg. Geier ⁄. Es fällt auf, daß dieses Grundmotiv auf assyr. Darst. einer Prozession ⁄ zum Kopf einer menschl. Figur wird, die der Priester auf der Hand trägt wie eine Zukunftsvision (Abb. 1); eine ganz ähnl. Figur findet sich als Felszeichnung in den Pyrenäen ⁄ (Abb. 2). Fragt man, was der Mensch vom Tier übernommen hat, so ist es das Gehirn ⁄ mit den klar getrennten Hälften: l. = Ratio, r. = Intuition; u. es sind die Augen ⁄, auf der Osirismumie ⁄ mit Schlange + Geier so kombiniert, daß an das Mitteltück des Gesamtkosmos ⁄ zu denken ist, von den gleichen 2 Göttinnen (Schlange + Geier) als Cherubim ⁄ gebildet. Darauf könnte sich das Z. aus Susa ⁄ (Abb. 3) beziehen, ebf. der Rhombus mit quergelegter Odil-Rune ⁄. Man darf also auf ein anderes Sehen schließen, eine Überwindung jenes Sehens, das sich ergab, nachdem im Paradies ⁄ durch Griff nach Erkenntnis ⁄ der Unterschied zw. Gut + Böse klar wurde, d.h. deren Einheit verloren ging.

Abb. 1

Auf einem Silberteller von Persien ⁄ (Abb. 4) findet sich schließl. dieses Grundmotiv verbunden mit dem Widder ⁄, was Tierkreis ⁄ u. damit Geschichte ⁄ tangiert. Zeitl. fällt in die Regentschaft dieses Grundmotivs die Entstehung der Bibel ⁄, die insofern die Einheit von Gut + Böse manifestiert, als unübersehbar Wahrheit (gut) u. Schwindel (böse) in ihr gekoppelt sind.

Abb. 2

Abb. 3

Abb. 4

Tigris: 1 der 2 Flüsse vom Zweistromland ⁄; entspringt in der Türkei ⁄ u. vereinigt sich erst kurz vor dem Persischen Golf mit dem Euphrat ⁄, d. h. östl. des sum. Eridu. Schon in Sumer ⁄ gab es zw. beiden Flüssen ein ausgedehntes Netz von Bewässerungskanälen, die Nil ⁄ = Kanal hießen, was bestätigen könnte, daß der äg. Nil ebf. ein künstl. Flußlauf (Kanal) war. Im Namen enth. Tiger-hl. (= Is ⁄); der Tiger heißt heute ›Panthera tigris‹, Tigris-Panther; läßt sich mit den sehr verw. Löwen kreuzen: Im Löwen ⁄ entstand der Nil - evtl. a. schon das Tigris-Kanalsystem. — S. Rußland ⁄.

Ti'i: Nv. von Tiki ⁄.

Tiki: auf Tahiti, einer Insel von Polynesien ⁄, von Tangaroa ⁄ geschaffener 1. Mann, dessen Tochter Hina ⁄ a. seine Frau wird, womit man bei einem Äqv. für Adam ⁄ + Eva zu landen scheint. Die hl. Lehre der Maori ⁄ nannte jedoch a. die Zeugungskraft von Tane ⁄ Tiki. Auf den Marquesasinseln war T. od. Ti'I - Ki-I auf Hawaii ⁄ - Tane selbst. Forschern ist die Par. zum südamerik. Kon Tiki aufgefallen, über den a. der äg. Chons ⁄ als Äqv. naherückt. Geschnitzte Figuren von T. zeigen ein eigenartiges Geschöpf voller Spiralen. Die bei Blavatsky ⁄ erwähnte ind. Var. scheint Tikkoun (Silbenumstellung ⁄) zu sein »... der Erstgeborene aus der passiven Gottheit«. Bei Wirth ⁄ erscheint die Namensdeutung Gottmensch, wobei sich Ti ⁄ auf das Göttliche u. Ki ⁄ auf die Erde bezieht, worauf sich evtl. die unterschiedl. Handhaltung der Figur (Abb.) bezieht: die r. Hand deutet nach unten zur Erde, die l. Hand deutet nach oben zum Himmel. — A. Patchacamac ⁄ trägt die Nv. Illa Ticci und ist dann im Vergleich mit der Kabala ⁄ der himml. (illa) Adam (T.), sprich Adam Kadmon ⁄, während T. dem ird. Adam = Adam Rishon entspr. dürfte. - D. h., T. ist ein Begriff, den z. B. a. Maui ⁄ als Maui-tiki-tiki-a-Taranga angehängt bekommt. — Nv. Titi ⁄. — These: a. Chenti ⁄ ist die Umdrehung von Tikkoun; Nv. Kontiki.

Tilmun: in Sumer ↗ Name für das Paradies ↗, »... wo es weder Krankheit ↗ noch Tod ↗ gab; wo der Löwe nicht tötet und der Wolf nicht das Lamm reißt. Auf dieser Insel gibt es keine Witwen, das Altern ist unbekannt.« Alte Texte suchen das Land ›im Aufgang der Sonne‹ od. nennen es direkt Land T., der Ort, wo die Sonne aufgeht, was sich nur auf Mu ↗ beziehen kann, denn es ist a. der Ort im ›Meer der aufgehenden Sonne‹ = Pazifik ↗. Der Name wurde dann auf die Golfinsel Bahrain übertragen, wo man einen leeren Thron ↗ mit Opfergrube davor fand, aber nicht weitergraben konnte, weil arab. Moslem ↗ Entdeckungen aus sum. Zeit behindern. In T. werden z. B. Enki ↗ u. Ninti ↗ angesiedelt. Evtl. Til = Thule ↗.

Timbuktu: Stadt im alten Königreich Mali ↗ mit einstmals berühmter Universität. Der Nachfolger von Abubakari II. ↗, Mansa Mussa od. nach seiner Mutter Kankan Mussa gen., ließ hier eine große Moschee ↗ u. eine Residenz = Magadu errichten: »Das ist ein großer viereckiger Saal mit einer Terrasse, die von einer Kuppel gekrönt ist. Seine Mauern waren mit Gips verputzt und mit auffallenden Ornamenten geschmückt« (J. Ki-Zerbo). Es war eine kultivierte Stadt mit buntgewürfelter Gesellschaft, über die Leo Africanus schrieb: »Es gibt in Timbuktu zahlreiche Richter, Doktoren und Priester, die alle vom König sehr gut besoldet werden. Er hält die Literatur sehr in Ehren.« Berühmte Schriftsteller durchquerten die Wüste, um hier Vorlesungen zu halten od. denen »... ihrer schwarzen Kollegen von Sankore (Stadtviertel von Timbuktu) zu folgen«. 1591 kam es zu einem großen Aufstand, dem Anarchie folgte. Als der Franzose R. Chaillié 1827 seinen großen Traum, T., besuchte, war er tief enttäuscht. Die sagenumwobene Stadt »... war völlig heruntergekommen und hatte seit dem 16. Jahrhundert ihren geheimnisvollen Glanz verloren...«.

Ting: Thing ↗.

Tinia: Gott od. Göttin der Etrusker ↗; herrscht über eine Götterachtheit ↗ u. einen göttl. 12er Rat, worüber leider Informationen fehlen. Eine Statue (Abb.) zeigt auf dem Kopf der Gottheit 2 Spiralen, die 5 gewellte Strahlen einfassen. These: man denkt dabei an Sonne + Mond, mit den übl. 5 Planeten, wie sie im Babylonischen Turm ↗ od. in unserer Woche ↗ ausgedrückt werden, die ja von den Römern ↗ stammt, die viel von den Etruskern übernommen haben. Offensichtl. a. den 12er Rat als Olymp, während die Achtheit fehlt. Diese gab es aber in Babylon ↗ in Gestalt von 8 Toren. Da die Etrusker aus Phönizien ↗ zu stammen scheinen, wäre bzgl. des Namens an eine Var. von Tanit ↗ = Anat ↗ = Athene ↗ = T. zu denken od. an die männl. Komponente Tane ↗ = T.: trefen doch beide in der 3. Welt ↗ ein u. setzten die weiteren Welten in Gang, die sich in T.s Krone manifestieren.

Ti-Od, Tiod: lautet die Übers. folg. 2 Runen (Abb. 1), eine direkte Deutung fehlt. Es bildete sich aber daraus Tiodiska ↗ u. Tuatha ↗: das 1. Wort heißt von T. abstammen, das 2. = Volk. Mit letzterem sind die Deutschen ↗ gemeint, dessen Wortanf. Deut = *Tiod* entspr., bei den Teutonen ↗ wurde *Teut* daraus, bei Tuatha *Tuat* usw. These: die 1. Rune Ti ↗ ist auf den gezeigten Bsp., die teils aus Amerika, teils aus Europa stammen, teilw. eindeutig ein Pfeil, teilw. aber abgerundet zu einer umgek. Bootaxt. Die Odil-Rune ↗ bleibt dagegen immer gleich (Abb. 2, 3, 4, 5, 6):

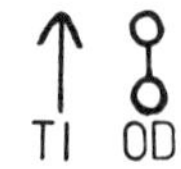

Abb. 1

Abb. 2: Spanien

Abb. 3: Spanien

Abb. 4: Nevada

Abb. 5: Californien

Abb. 6: Brasilien

In der Felszeichnung aus Nevada ist das Ti unter 2 Wasserlinien u. 1 Schlange angebracht u. fast so eckig wie der Schlüssel ↗, wozu es weitere Var. gibt, die das Z. eindeutig mit der Zahl 12 verbinden: das ist der Fall auf einer Münze, die sich im Museum von Kopenhagen befindet u. eine Figur in einem offenen Dreieck stehend zeigt (Abb. 7), dessen Maße (unten knapp 3 cm, vertikal knapp 4 cm) an das Hl. Dreieck ↗ (3:4) erinnern, was die Figur als Hypotenuse zu einem Horus ↗ machen würde. Der erhobene Arm ist Ti u. besteht im Stil des Schlüssels aus 12 Kugeln; darüber die ›Berge‹ der Mütternacht ↗, aus denen, wenn unter den Kreis der Runen ↗ gesetzt, eben die Odil-Rune erscheint. Wirth ↗ definiert: »Himmelschlüssel in den beiden Bergen« u. spricht bzgl. der Figur von einer Erscheinungsform des Tuisto ↗. (Abb. 8 wiederholt die 12 des Ti durch je 6 Striche seitl.) So könnte man den Pfeil am Stirnband als Zodiakzeichen ↗ Schütze einstufen, womit man bei dem äg. Thot ↗ landet, auf den sich T. insg. beziehen dürfte. Übersetzungsversuch: Erkenntnis (= Ti) der Grundmotive ↗ (= Od), wenn sie in der Endzeit ↗ auftauchen, u. zwar in ihrer kosm. Reihenfolge = Nommo ↗. Genau das ist 1973 durch die Deutsche G. von Frankenberg ↗ in München ↗ geschehen; s. die Zeichendeutung der Ger-

Abb. 7

Abb. 8

manen ↗. A. das Thing ↗ bezieht sich auf Ti (12 Steine) Od (24 Runen).

Tiodiska: alter Name der Deutschen ↗, zusammengesetzt aus Tiod ↗ u. *iska* = abstammen von. Sie stammen damit von Thot ↗ ab, aus dem der germ. Tuisto ↗ wurde. These: jedoch nicht direkt, sondern über dessen Tochter Nemanus ↗, die Manus ↗ gebar, Stammvater der Germanen ↗. Damit waren sie fixiert auf die endzeitl. Erkenntnis (Ti) der Grundmotive ↗ (Od), worauf sich a. ihr Name Tuatha De Dannan ↗, Volk der Göttin Anu ↗, beziehen dürfte. – S. Paititi ↗, Nibelungenlied ↗ u. Philosophie ↗.

Tirukkanda Panchanga: Kalender der Tamil ↗.

Titanen: vom griech. Mythos höchst unterschiedl. überlieferte Gegenspieler der Götter des Olymp ↗, wie diese in 6 Paaren gegliedert; man denkt dabei an den Kampf zw. Asen ↗ (= Olymp) u. Wanen ↗ (=

Theia · *Okeanos*
Rhea · *Koios*
Themis · *Krios*
Mnemosyne · *Hyperion*
Phoibe · *Japetos*
Thethys · *Kronos*

T.), wo letztere zuerst da waren, was bed. würde, daß sie im Aufbau der Sonne ↗ 4er Kreis (= die 4 Elemente ↗, 2 Paare) u. 8er Kreis (= Tao ↗, 4 Paare) verkörpern könnten, soweit nicht ihre ird. Abbilder, die Riesen ↗ gemeint sind. Die Liste oben ist dem Buch ›Mythen der Welt‹, Verlag C. J. Bucher entnommen: Nur beim ersten Paar klingen direkt Elemente an, Feuer ↗ (Theia, Prinzessin des Lichts gen.) u. Wasser ↗ (Okeanos = Ozean), dann werden die Bilder unklar. Immerhin ist das Wort T. dem äg. (Gott) Tatenen ↗ auffällig ähnl., der sich mit Ptah ↗ deckt, der Götterachtheit ↗ als Elementauffächerung. A. bei den Etruskern gab es unter Tinia ↗ diese Gegenüberstellung von (4 +) 8 u. 12. – Zitat aus Reclams Lexikon der antiken Mythologie: »Es ist allgemein anerkannt, daß die Titanen sehr alte Gottheiten waren, die in irgendeiner Weise mit den Mächten der Natur in Verbindung standen. Darüber hinaus herrschte wenig Übereinstimmung.«

Titi: Nv. für Tiki ↗. Kommt in Paititi ↗ u. Titikakasee ↗ vor.

Titicacasee: s. Titikakasee ↗.

Titikakasee: im Hochland der Anden ↗ 3812 m über dem Pazifik gelegener Salzwassersee, an dessen Südufer

Tiahuanaco ↗ liegt. Prof. A. Posansky hält ihn für ein in den Himmel gehobenes Kind des Pazifik. Dazu Lissner: »Daß der Titicacasee so eine hochgehobene Ozeanmulde ist, beweist seine Fauna, die der des Pazifiks ähnelt. So finden sich zum Beispiel der Hippocampus, ein Seepferdchen, in den Wassern des Titzicacasees, sowie verschiedene Muschelarten des Ozeans. Aus den viel wärmeren Fluten ihres Ursprungsozeans 4000 Meter in die Höhe und damit in eine viel kältere Temperatur versetzt, mußten aber die Lebewesen des Ozeans verkümmern.« Keine Theorie über den Grund dieser gewaltigen Erhöhung einer Pazifikmulde in einen Binnensee; den erfährt man bei den Hopi ↗: ganz Amerika ↗ wurde beim letzten Weltuntergang ↗ erst richtig aus dem Wasser gehoben, durch Polsprung ↗. – Im See sind Inseln, eine davon lange Zeit der heiligste Ort von Peru ↗. Die Inka ↗ machten daraus die ›Sonnen-Insel‹ mit Sonnenhaus des Obersten Inka u. Palast für die Sonnenjungfrauen, evtl. äqv. den germ. Walküren ↗. Eine andere hieß Mond-Insel, mit Mondtempel. Der alte Name war Mama-Cocha = Mutter-See. Als Ableger von Kasskara ↗ möchte man annehmen, daß dann Cocha Kasska entspr. u. das restl. Ra (äg. Re ↗) der Sonneninsel als Bild der aus dem Kosmos ↗ (= Ka ↗) auftauchenden Sonne. – Ein indian. Mythos erzählt, Viracocha ↗ habe die Flut (s. Sintflut ↗) geschickt, weil die Menschen ihm nicht gehorchten: »Die einzigen Überlebenden waren ein Mann und eine Frau, die sich in einer Kiste aufhielten und beim Sinken des Hochwassers vom Wind nach Tiahuanaco, dem Hauptsitz des Schöpfers, getrieben wurden.« Mit ›Schöpfer‹ ist Viracocha gemeint. – Gehörte evtl. zum Kara-Empire ↗; die ansässigen Indianer heißen Aymara, was eine Verschleifung des Wortes Kara-Maya ist. S. Kolla ↗ u. Puma ↗, der ein beim See gefundenes Gefäß ziert (Abb.).

Titus, Flavius Vespasianus: Römer ↗ (39-81), der Jerusalem ↗ belagerte, überrannte, wobei 1 Mio. Juden ↗ das Leben verloren haben sollen, u. schließl. dem Erdboden gleichmachte (70): »Nur einige wenige Kostbarkeiten wurden - zusammen mit ein paar prominenten Personen - geschont; sie sollten den Triumphzug des Feldherrn in Rom ↗ bereichern. Die Stadt war ausgelöscht. Von den überlebenden Einwohnern sind Be-

richten zufolge 100000 als Sklaven in ägyptische Bergwerke gebracht worden, während andere bei Schaukämpfen in Amphitheatern ums Leben kamen... In diesem Zug wurden heilige Gefäße aus dem Tempel, der goldene, siebenarmige Leuchter ↗ und die Gesetztesrollen mitgeführt... Später wurde auf dem Forum ein prachtvoller Triumphbogen erbaut, der von dem Untergang des jüdischen Nationalismus Zeugnis ablegen sollte (s. Titusbogen ↗). Wie es heißt, sind alle Tempelschätze aus Jerusalem im römischen Friedenstempel gesammelt worden. Nur die Schriftrollen mit dem Gesetz (s. Thora ↗) und der Vorhang des Allerheiligsten wurden sorgfältig im kaiserlichen Palast aufbewaht« (Vom Paradies bis Golgotha). 79 wurde T. röm. Kaiser, aber schon 81 auf Betreiben seiner Gemahlin ermordet.

Titusbogen: der auf dem Forum Romanum von Rom ↗ errichtete Triumphbogen, der den Sieg von Titus ↗ über die Juden feiert. Auf seinen Basreliefs (Abb.) sieht man v. a. den verschleppten Siebenarmigen Leuchter ↗ (l.); r., überkreuzt von 2 Tragstangen wahrsch. die Bundeslade ↗. Der Gotenkönig Alarich ↗ fand in Rom angebl. noch etwas: den Gral ↗, wobei nicht klar ist, ob es sich um den Ring von Salomo ↗ mit der Weltformel ↗ handelte od. andere uralte Tafeln mit Gesetzen.

Tiu: Ziu, Gott der Germanen ↗, aus dem die Römer Mars ↗ machten, erhalten als Dienstag = *Tuesday, Mardi,* s. Woche ↗. Die Zuordnung dürfte stimmen, denn bei den Goten ↗ galt er als ›Herr der Kriege‹, u. in der Edda ↗ sagt die Walküre ↗ Sigdrifa zu Sigurd ↗:

»Siegrunen lerne, willst Sieg du haben
Auf den Schwertknauf schneide sie,
auf die Blutrinne und des Rückens Breite
Und rufe zweimal zu Tyr!«

Tyr als Nv. von T. ist die Zusammenziehung von Tiwar (Tiu-Ar), was evtl. nichts anderes bed. als T. = Teo ↗ (Gott) Ar = Ares = Mars, also Gott Mars. Daß er zu den Planeten ↗ gehört, ergibt sich aus seiner Zuordnung zu den Asen ↗.

Tlachtli: nannten die Azteken ↗ das relig. Ballspiel ↗, das bei den Maya Pok Ta Pok ↗ hieß.

Tlacolteotl: Äqv. der Tolteken ↗ für die Göttermutter Tzacol ↗ im Popol Vuh ↗; zu ihrem Kult gehörte das Fliegerspiel ↗. Aus Tzacol wurde als Tlacol plus Anhängung Teotl = Göttin, anderswo Teteo Innan ↗. — Azt. Tlazolteotl.

Tlaloc: Gott der Tolteken ↗, gewöhnl. als ›Regengott‹ eingestuft; da seine Gattin Chalchiuhtlique ↗ = die mit dem Blauen Rock des Wassers = See ist, wäre T. mit der Kategorie Regen im Tao ↗ gleichzusetzen, in der äg. Götterachtheit ↗ Nun ↗ (männl. Wasser). Tempelfassaden zeigen als seine Maske in unendl. Wiederholungen (Abb. 3) einen seltsam geschwungenen Rüssel, über dem eine Art Bündel angebracht ist sowie als Außenbegrenzung von Augen u. Rachen, quasi als Ohren, je ein Quadrat mit X. Den oberen Abschluß bildet dann ein Fries aus 12 achtblättrigen Blumen (od. Sternen), was zu insg. 96 Blättern führen würde. Vergleicht man mit dem Abschlußfries aus 18 achtblättrigen Blüten = 144, bliebe als Symbolzahl für T. selbst 48 übrig, was sich dann ergibt, wenn man von X zu X (Abb. 4) in Gedanken einen Rhombus ↗ zieht, das Bündel als Grundmotiv 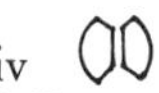 P (äqv. Doppelaxt ↗) versteht, womit er - Ur-X ↗ weggerechnet - die kosm.

Abb. 3: Tlaloc-Tempelwand

Reihenfolge X-P u. P-X darstellt. Natürl. erinnert diese Zahl a. an die 48 Perlen der äg. Geißel ↗ u. die 18 obersten Friesblüten an die 18 Ringe ihres Stils. Sollte außerdem der ›Rüssel‹ der Hirtenstab ↗ sein, wäre die Gleichstellung mit Osiris ↗ gegeben, dessen Name nur ›Sitz des Auges‹ bedeutet. Tats. trägt T. lt. Wirth ↗ »... ein von Dunkel umgebenes Auge auf dem Scheitel« (Abb. 2); versucht man daraufhin den Namen zu verstehen, zerfällt er in den Art. Tl (der) Al ↗ (hl.) Oc =

Os ↗ (Os-ir, Osiris). A. in Ägypten gab es die Verbindung Nun-Ptah-Osiris. — Damit erweist sich a. die von Wirth vollzogene Gleichstellung des Quetzalcoatl ↗ mit Tlaloc. U. wie dieser od. Osiris hat er eine schwar-

Abb. 2: Tlalocs Scheitel-Auge

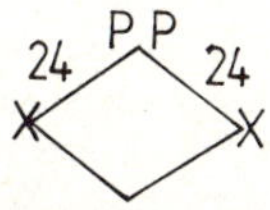

Abb. 1 *Abb. 4*

ze Hautfarbe, wenn als Person dargestellt (Abb. 1); a. seine Priester waren schwarz bemalt. Die Verbindung zu Ägypten braucht nicht zu wundern, denn T. war vornehml. in Teotihuacan ↗ zu Hause mit der Kulturfolge Olmeken ↗, Tolteken, Azteken. S. Kukulcan ↗ u. Tenochtitlan ↗.

To: Land (afrik.), s. To-Mam ↗ u. To Ntr ↗. So könnte a. im Wort Ägypten ↗ = Km.T das nachgestellte T diesem To entsprechen. Ein indian. Äqv. ist Ta ↗, z. B. in Tamoanchan ↗ = Land der Vogelschlange.

Tod: heutige Definition: endgültiges Erlöschen der Gesamtheit der Körperfunktionen. Bei Pythagoras ↗: Trennung des Zusammengesetzten, was Grundmotiv Todestanz ↗ entspricht. Äg. Totenbuch ↗: Der Tod ist eine Geburt im Reich des Geistes, der Verstorbene wird zu einem ›Neugeborenen‹ im Land seines Ursprungs, weshalb er sich dort wie zu Hause fühlt. Bevor er jedoch im Jenseits ↗ ›erwacht‹ u. lernt, in den Göttern ↗ Eltern u. Geschwister zu sehen bzw. sich wie sie als ›entbunden‹ zu erkennen, muß ein beängstigender ›Durchgang der Schwelle‹ bewältigt werden, den der Göttertod, einem Schlaf ähnl., nicht kannte. Kap. CLVIII schildert die ersten Eindrücke nach der ›Entbindung‹. Alle sog. Totenbücher (der Maya, des Tibet...) befassen sich mit der Vorbereitung auf den T. als Wechsel von Diesseits- zu Jenseitsleben u. Rückkehr von letzterem durch Reinkarnation ↗. Bei den Germanen ↗ kam man nach dem 1. T. nach Helheim ↗ u. nach dem - nicht notwendigen - 2. T. von dort nach Niflheim ↗. A. in Ägypten konnten bei ungünstig verlaufener Seelenwägung ↗ die Toten ↗ im Rachen der Nilpferdgöttin ↗ verschwinden. In der Kabala ↗, die 2 Ursachen für den T. nennt:

1) T. von oben od. von innen nach außen = die Gottheit schwächt allmähl. ihre beständige Einwirkung auf Neschama + Ruach ab od. läßt sie plötzl. ganz aufhören, wodurch Nephesch die Kraft verliert, den mater. Körper zu beleben

2) T. von unten od. von außen nach innen = der mater. Körper desorganisiert sich infolge einer Störung od. Verletzung u. verliert dadurch die Fähigkeit, von oben her die erforderl. Einwirkung zu empfangen

verläßt prinzip. erst der Geist ↗ den Menschen, was noch nicht zum T. führt, sondern u. U. eine ›Erleuchtung‹ in seinem Gefäß (Seele + Körper) auslöst; die Trennung von Seele + Körper jedoch ist schmerzvoll u. führt zum Tod. Hier unterscheidet der Talmud ↗ 900 versch. mehr od. minder schmerzvolle Todesarten; die sanfteste wird ›Kuß‹ gen., bei der schmerzvollsten hat der Sterbende die Empfindung »... daß ihm ein dicker Haarknoten aus dem Schlund gerissen wird«. — Es folgt der Versuch eines Schemas, das aber nicht für den Naturmensch ↗ gelten kann, da dieser noch keinen Geist, nur Seele + Körper besaß, deshalb noch keine Reinkarnation:

Tod

1. T.

1. Trennung Geist
Seele
Körper
führt zu Körpertod

od.

die Seele fliegt zur Sonne ↗
der Geist wandert in die Unterwelt = untere Duat ↗

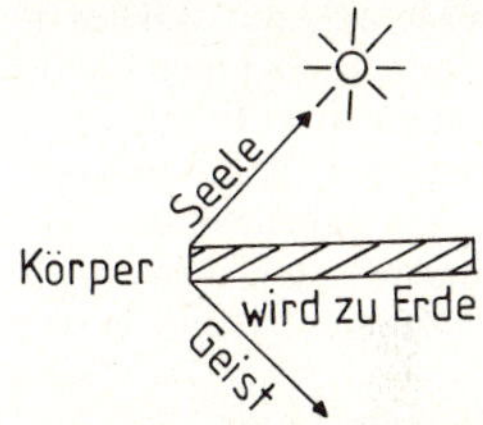

evtl. 2. T.
erlitten von Ba ↗ u.
Ib (Herz ↗)

Interessanteste These Ägyptens: »Wenn die Sonne ↗ und der Mond ↗, sagten sie, anstatt sich einander entgegenzusetzen... zu einer ›Synarchie‹ gelangen, dann werden das Geschlecht ↗ und der Tod, jene unseligen Folgen des ›Falles‹ besiegt sein« (Kolpaktchy). Man findet hier die Bibel ↗ mit dem ›Sündenfall‹ im Paradies ↗ vorgegeben. Offensichtl. wurde aus der Sterblichkeit erst ab 4. Welt der T. als Geburt - wie umgek. aus Geburt ↗ ein ›Tod‹ der Geistigkeit wurde - mit nochmaliger Veränderung nach dem Osirismord ↗, vor dem es eigtl. keine Seelenwägung u. damit keinen 2. T. gegeben haben kann - wie a. kein Osiris-Sein nach dem T. (woraus das ›in Christus Sterben‹ bei den Christen wurde). Lt. Kolpaktchy half dem Toten die Mumie - besser die osirische Mumienhülle ↗ - »... sich im Jenseits zu orientieren«. Von ihm stammt a. die Deutung: »Der Ba und Ib waren vom ›zweiten Tod‹, d. h. von der Zersetzung und von dem allmählichen und endgültigen Verlust der Bewußtheit bedroht.« These: beim 9fältigen Menschen ↗ (äqv. Chenti ↗ = Weltformel ↗) entspr. Ba dem 4er Kreis u. Ib (das unkörperl., mütterl. Herz) dem 8er Kreis: zus. die 2 Maati ↗. Deshalb heißt es im Totenbuch:

»Meine Seele vorwärts schreitet...
Nun komme ich zum Reich der Wahrheit-
Gerechtigkeit...« (der Maati),

wenn ›die Waage‹ sich dafür entschieden hat. A. macht das 17. Kap. überdeutl., daß das Böse der Seele anhaftet u. nicht dem Geist. Weiteres Problem im Totenreich ↗: nach Verlust des Körpers suchen Seele + Geist eine ›neue Koordination‹. — In Indien ist der T. das kleine Pralaya ↗, womit das Leiden nach dem T. keineswegs aufhört: »Ich glaube an Umwandlung, nicht an Tod.« D. h. es ist ‚wie in Ägypten, der Übergang von »einem Plane zu einem anderen« (Blavatsky ↗).

Todestanz: ein Grundmotiv ↗, das nichts anderes als eine vertikale Trennung (Abb. 1) offener Halbquadrate zeigt, die sonst nur beim Nommozeichen ↗, wenn a. in anderer Richtung sowie verbunden auftauchen. Das legt nahe, Tod ↗ als T-Od, d. h. Trennung (T) vom Od ↗ zu verstehen, das Nommo ↗ als Kosmos ↗ entspricht. Dazu paßt der Kosmos selbst, den die Maya ↗

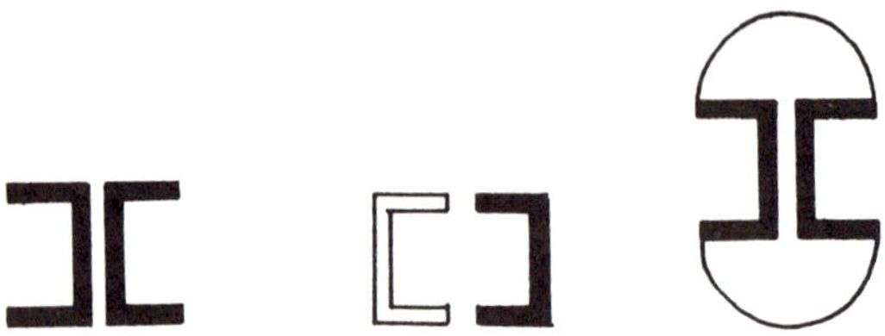

Abb. 1 *Abb. 2* *Abb. 3*

in umgek. Richtung als Tag- (hell) u. Nacht- (dunkel) Seite zeichnen (Abb. 2). Beim Menschen ↗ wäre es die Trennung von r. u. l. Körperseite, in Ägypten die der beiden Horusaugen ↗, in Indien von Pingala ↗ + Ida ↗, in gleicher Weise auf Sonne + Mond bezogen, deren ›Synarchie‹ in Ägypten der Überwindung von Tod entspr., s. Horussynthese ↗ od. Unsterblichkeit ↗. – Eine typ. Figur der Muisca ↗ (Abb. 3) zeigt

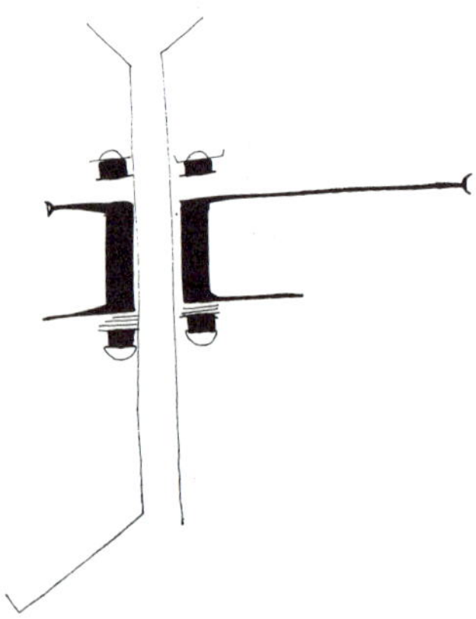

Abb. 4

das gleiche Grundmotiv, durch die 2 Barken ↗ verbunden, die allein dem Liebestanz ↗ entspr., was vorstellbar macht, es gäbe den Tod nur als Beendung der Liebe zum Leben ↗ od. ein Überhandnehmen der Mächte des Seth ↗ (der nichts liebt, sondern alles bekämpft), in Ägypten Ursache des Todes. – S. Sarg ↗ u. 12. Rune ↗, die einen Kreis in 2 Hälften schneidet u. diesem Grundmotiv von Kolawole ↗ (Abb. 4) äqv. ist.

Toeris: Nilpferdgöttin ↗; eigtl. Schreibweise Ta-Urt, s. Urd ↗.

Tohunga: Priester in Polynesien, tätig v. a. im Marae ↗ (Kultplatz); nur sie bekamen die Götterstatuen zu sehen, die auf dem Ahu ↗ aufgestellt wurden. Vielleicht kann man sie als Verhinderer von Tohu verstehen, s. Tohuwabohu ↗, d.h. von Chaos, womit sie Ordnungshüter sind, Hüter des Gesetzes der Lehre ↗.

Tohuwabohu: ›wüst und leer‹, äqv. Chaos ↗ (hebr.).

Tollan: ein myth. Reich von dem der Name Tolteken ↗ abgeleitet wurde. Es galt sowohl als Weltmitte ↗ wie a. als ird. u. himml. Paradies ↗. Beschreibung:

»... wo das blaue Wasser sich ausdehnt
und die weißen Binsen stehen,
wo das weiße Rohr sich breitet
und die weißen Weiden stehen,
wo der weiße Sand sich hinzieht
und die farbigen Baumwollflocken hängen,
wo die bunten Seerosen schwimmen
und der Zauberballspielplatz liegt.«

Auf das histor. Tula ↗ trifft diese Beschreibung nicht zu, wohl aber auf Thule ↗ od. Mu ↗, ›Reich der Mitte‹, des Lotos ↗ u. als Binse ↗ eine Wappenpflanze von Ägypten. »Weiß war in der aztekischen Bilderschrift und -sprache das Symbol der dämmerhaften Urzeit... Die Azteken ↗ übersetzten den Namen Tollan mit ›Binsenstadt‹ und gaben ihn daher in ihrer Bilderschrift durch eine Anzahl Binsen (Tolin) wieder... Tollan bezeichnete aber im altmexikanischen Weltbilde, ähnlich dem ›Himmlischen Jerusalem‹ ↗ im mittelalterlich-christlichen, nicht nur die Weltmitte, sondern auch den Himmel und im besonderen, wie K. Th. Preuss erkannt hat, den Nachthimmel. Wenn nämlich die aztekischen Berichte das mythische Tollan als Land des Überflusses und des Reichtums an allen Nahrungsmitteln und irdischen Gütern und seine Bewohner als die ersten Menschen schildern, dann kann damit nicht das Tollan (Tula) der Mesa Central gemeint sein, weil es auf einem relativ kargen Hochland lag und seine Bewohner ihre Kultur erst nach dem Untergang Teotihuacans ↗ entwickelten« (Altmex. Kulturen). Lt. ind. Wurzelrassenlehre entstanden die ersten (körperl.) Menschen Ende der 3. Welt ↗ in Lemurien ↗, sprich Thule. U. wenn es in den Annalen der Cakchiquel - die zu den Maya ↗ gehören - heißt: »Von Sonnenuntergang her, von Tula kamen wir, von jenseits des Meeres...«, dann ist a. hier eindeutig der von Mexiko ↗ aus im W gelegene Kontinent im Pazifik ↗ gemeint; im Popol Vuh ↗ wird Tulan daraus. Aus diesem Land stammt a. die Göttin Mayauel ↗, die Quetzalcoatl ↗ vom Himmel raubte: das Tamoanchan ↗, Land der Vogelschlange.

Tolteken: »Als kulturgeschichtliche Begriffe bezeichneten die Namen Chichimeken ↗ und Tolteken den Gegensatz zwischen Barbarei und Zivilisation... Natürlich sollte diese Zweiteilung der mexikanischen Völker nicht etwa eine ethnographische und noch viel weniger eine sprachliche Verwandtschaft innerhalb der beiden Gruppen konstatieren, sondern lediglich den Gegensatz zwischen unzivilisierten Einwanderern aus dem Norden und Alteingesessenen mit hoher Kultur hervorheben. Daher ist es ganz folgerichtig, wenn andere Quellen auch die historischen Tolteken, d. h. die Bewohner der Stadt Tollan, des heutigen Tula ↗, zu den ›Chichimeken‹ rechneten, denn sie waren ebenfalls Nachkommen eines aus dem Norden eingewanderten Stammes. Zu den ›Tolteken‹ rechneten außer den Tolteken aus Tollan die Mixteken ↗, Maya ↗ und das uralte Kulturvolk der Olmeken ↗... Bei den Azteken ↗ wurde ›Tolteke‹ geradezu die Bezeichnung für Künstler« (Altmex. Kulturen). Etwa: Menschen (teken, statt meken, mehen wie bei Al-Mehen = Olmeken) von Tollan = Thule ↗, wo Kunst ↗ entstand. — Hier werden nur die ›historischen‹ T. besprochen. These: sie kamen nicht aus dem N, sondern resultierten aus einer im 6. Jh. v. Z. aus Guatemala abgewanderten Gruppe Quiché ↗-Maya, wahrsch. rein männl., die sich im N mit Frauen der von N eingewanderten Chichimeken vermischten. Denn: der Maya-Kalender erfuhr im J. 580 v. Z. eine einschneidende Neuredaktion

- die die Abgewanderten nicht mehr miterlebt hatten, weshalb sie bei ihnen u. ihren Erben, den Azteken, fehlt. Ihre Gründung von Tollan fällt dann in dieses 6. Jh. v. Z. u. deckt sich mit dem Beginn der Wiederholung ↗ der Geschichte. Offiz. gilt als Gründungsjahr jedoch 856, weil mit diesem Datum die Liste der 10 toltek. Herrscher beginnt - laut Chronik der Azteken, die die Gesch. anderer Völker stark verfälscht haben. Der 5. hieß Ce Acatl Quetzalcoatl ↗. Die T.-Krieger (Abb.) tragen Stirnbinden mit Krone aus Adler ↗-Federn, als Brustplatte einen stilisierten Schmetterling ↗, dreieckige Hüfttücher, Gürtel mit sog. Kreuzspiegel hinten, der wie die Sonne ↗ wirkt, Sandalen, deren Hackenkappen mit der Quetzalcoatl ↗ (Federschlange) geschmückt sind, u. in den Händen die Speerschleuder = Atlatl ↗, Beutel mit Pfeilen, eine Art Krummschwert u. Speer. Für die Azteken war das die Tracht der ›Götter‹; heutige meinen für die Atlanten ↗. Ihre gigantischen Steinstatuen standen einstmals auf einer Stufenpyramide ↗ u. hielten wie Säulen das Dach des Tempels. Die Eroberer von Tollan - wahrsch. Pipil ↗ - erbauten auf der Pyramiden-Rückseite eine Rampe, um sie herunterzuwälzen. — Nach ihrer Flucht-Rückkehr wurden diese T. von den Quiché in Yucátan ↗ als verw. empfunden, man konnte sich sprachl. aber nicht mehr verständigen. Sie nahmen in Chichen Itzá ↗ wieder die Mayasprache an, führten sich aber als Sieger auf u. »... verbreiteten Verzweiflung unter den friedlichen Stämmen der Ebene. Diese sprachen untereinander: Lasset uns mit den hergekommenen Göttern (= Tolteken) ein Ende machen und mit denen, die in ihrem Namen peinigen.« Man findet ihre zeitw. Präsenz a. in Teotihuacan ↗. — Die Kopfkrone erinnert auffällig an die der Anuket ↗, wie a. deren Zweitsilbe Ket durch Umkehrung ↗ zu Tek der Teken wird, was Tollan zu einem Äqv. für Anu ↗ machen würde od. die T. zu ›himmlischen‹ Menschen.

Tomahawk: eine mit dem Kopf der Pfeife ↗ versehene Axt ↗ (Abb.) bei den Alonkin-Indianern, die mit den Sioux ↗ u. Irokesen ↗ verw. sind. Man findet sie vom Gebiet der Arktis bis nach Californien, USA. In ihrer Sprache heißt es Tamähakan, wobei *hakan* wohl dem Wakan ↗ bzw. *huacan* (= hl.) entspricht. Bleibt Tamä übrig, = Tame, äqv. Came ↗, im Popol Vuh ↗ ebf. leidenschaftlich rauchend. Geht man dann über Ka-Me als Geist (Ka ↗) der hundert göttl. Kräfte = Me ↗, in Konsonanten Km ↗, als Gesamtkosmos ↗ zurück auf dessen uranf., landet man bei NTR ↗, das ebf. als Axt symbolisiert wurde.

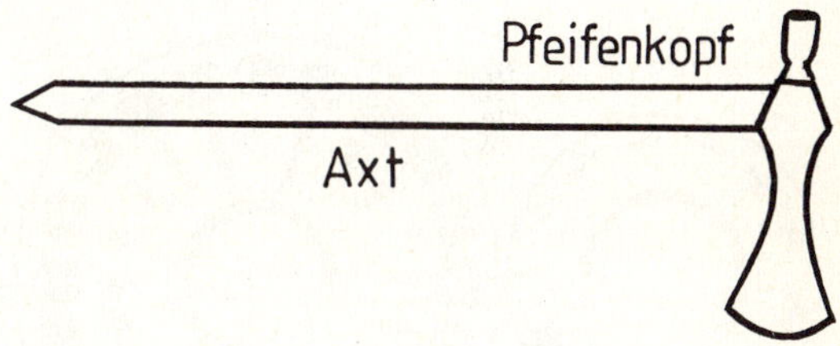

To-Mam: Mutterland (afrik.), gebildet aus To ↗ = Land = Mam = Mutter. Gemeint war damit Nubien ↗ z. Z. nach der Sintflut ↗ als Ausgangsland der schwarzen Rasse = Ham ↗ in der Bibel. — S. Sudan ↗.

Ton: Schwingung ↗ mit einer Frequenz ↗, die für den Menschen zw. 20–20000 pro sec. liegt, um akustisch wahrnehmbar zu sein. Baustein der Musik ↗ wie a. der Sprache, bes. bei Tonsprachen ↗. Das Wort ist verw. mit Aton ↗, dem unhörbaren Anfangs- (A, Alpha ↗) Ton der Sonne (*sonner* = klingen, frz.), in der a. die Gesetze der Tonleiter verankert sind.

Tona: Herr, z. B. in Tonatiu ↗ od. Herrin, z. B. in Tonacaciuatl ↗ od. neutral in Tonacatechutli ↗. Evtl. nur die Umkehrung ↗ von Aton ↗.

Tonacaciuatl: die ›Göttin mit dem Sternengewand‹; enthält Tona ↗ (Herrin, Göttin) + Ca = Ka ↗ (Geist, Kosmos ↗). Vom Priesterkönig von Tollan ↗ heißt es:

»... daß im Innern des Himmels
er als Götter verehrte, er anrief
Tonacaciuatl, Tonacatechutli ↗.«

Die Endung *ciuatl* ist ident. mit Cihuacoatl ↗ = weibl. *(ciua)* Schlange ↗ *(coatl)*, evtl. reduziert auf weibl. *(ciu)* Wasser (Atl ↗), äqv. der Nut ↗. — S. Tonantzin ↗.

Tonacatechutli: bei den Azteken ↗ die im 10. Himmel sitzende Gottheit, d. h. ein Äqv. von Io ↗ (Pazifik), so daß man wohl a. trennen kann in weibl. + männl. Kern:

Tonaca + Techutli
(weibl.) (männl.)

äqv. *Tonaca*ciuatl ↗
= Io-Wahine ↗ + Te-Io-Ora ↗
(vielleicht Ora = Licht = li ↗

Tonal: Schicksal, Seele ↗; enth. im Tonalpohualli ↗. S. a. Tonsprachen ↗.

Tonalpohualli: Grundeinheit des altmex. Kalenders ↗: besteht aus 260 Tagen, das einstmalige J. der Erde ↗, aufgeteilt in 13 ›Monate‹ à 20 Tage. Jeder Tag trug einen Namen u. bezeichnete ein Tier, eine Pflanze, einen Gegenstand, eine Naturerscheinung od. einen abstrakten Begriff. Die Monate wurden mit den Zahlen 1-13 belegt; durch die Rotationsverschiebung von 13 Monaten gg. 20 Tage dauerte es 260 Tage, bis der 1. Tag wieder die Zahl 1 trug. Bei den Maya ↗ begann die Zählung mit 1 Imix, es folgte 2 Ik, 2 Akbal etc. (Abb.), s. Tzolkin ↗. Die Azteken ↗ als ihre Schüler, die den tieferen Sinn kaum verstanden, machten daraus die Folge: 1 Cipactli (Krokodil), 2 Ehecatl (Wind), 3 Calli (Haus) etc. u. setzten Quetzalcoatl ↗, bestückt mit den entspr. Bildern ins Zentrum. Bei ihnen findet man noch die Rechnung: 146 T. = 104 Sonnenjahre (Haab ↗, also 2 Tzolkin à 52 J.) = 65 Venus ↗-Perioden. Den Long Count ↗ jedoch hatten sie nicht. S. Tonatiu ↗.

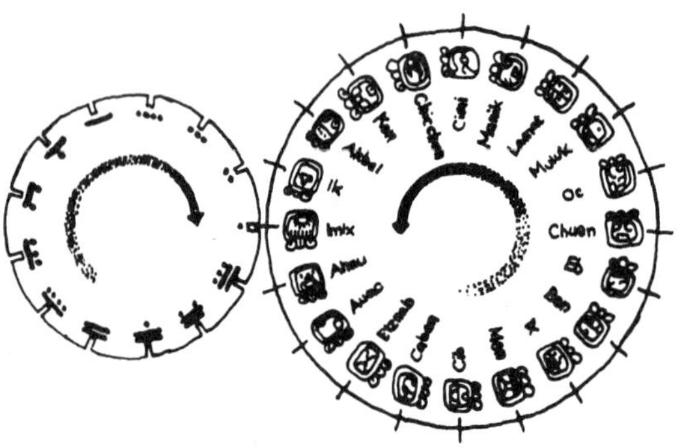

Tonan: Tonantzin ↗.

Tonantzin: Tonan (Unsere Mutter od. Herrin bzw. Göttin wie Tona ↗), Tzin wahrsch. wie T'Ien ↗ = Himmel, also Himmelsgöttin, mit den Erscheinungsformen der Chalchiuhtlique ↗, Cihuacoatl ↗ od. Xochiquetzal ↗; sie trägt die Quetzalvogelfedermaske. Lt. Wirth ↗ entspr. sie a.: Teteo Innan ↗, Mayauel ↗. An ihrem Fest trug der Priester eine Janus- (= Doppelgesicht) Maske, was die Brücke zur germ. Janna ↗ schlägt wie a. zur Hathor ↗. Bei den Azteken ↗ Mutter des Huitzilopochtli ↗.

Tonatiu: Gott der Azteken ↗ mit der Bed. ›der Leuchtende‹, der ›Adler, der sich in die Lüfte schwingt‹, bezogen auf die Sonne ↗. Deren Leuchtkörper wurde in Ägypten Aton ↗ gen., was man durch Umstellung von Tona zurückgewinnt. Bleibt Tiu äqv. Teo ↗ wie a. Ntu ↗, so daß man besser Sonnenkern übersetzt. Der azt. Kalenderstein zeigt T. tats. im Zentrum (Abb.), umgeben von Kalender ↗-Angaben wie: der Weltenlehre ↗, wobei T. die 5. Welt vertritt, die um ihn gelagerten 4 Kästen 1.-4 Welt; es folgt als 1. einrahmender Kreis das Tonalpohualli ↗ mit den Bildern von dessen 20 Tagen. Eine kleinere Var., aber a. mit Kopf im Zentrum, trugen die Krieger der Tolteken ↗ auf dem Rücken, gen. ›Spiegel‹. — Allerdings stimmte bei den Azteken die Dauer der 5 Welten nicht mehr. Die Kalenderscheibe wurde in Tenochtitlan ↗ gefunden. — T. dürfte a. Manitu ↗ entsprechen.

Tonsprachen: verschieben ein Wort in der Ton ↗-Höhe, wobei sich die Bed. verändert, bei den Yoruba ↗ bis zu 4 mal, weshalb sie als schwierigste Sprache ↗ gilt u. kaum geschrieben werden kann.

To Ntr: Land (= To ↗) der Götter (= Ntr ↗), alte Bez. des Landes, in dem heute Simbabwe ↗ liegt; evtl. das Nod (als rudimentäre Umdrehung von To N – Not, Nod), wohin Kain ↗ geflüchtet sein soll, dem Kalewa entspr. könnte wie Kalewala ↗ dann To Ntr ist. Mit dem Bab in Simbabwe wäre aber a. ein Babylon ↗ nahegelegt, das nicht dem bekannten entspr., wo aber die eigtl. Sprachverwirrung ↗ stattfand. Nun sagen die Bantu ↗, die hier ihr Stammgebiet hatten: »Nommo ↗ schafft auch Götter...«, womit jene Götter gemeint sein dürften, die a. in der äg. Dynastienliste ↗ auftauchen mit Zeitangaben. T. N.-Völker sind dann wohl jene Tornit-Völker ↗, von denen Wirth ↗ spricht u. die er auf Thor ↗, äqv. Tuisto ↗ bezieht, der wieder Thot ↗ entspricht. Wenn also nicht nur die Bantu, sondern a. die Tiodiska ↗ dazugehören, wäre ein Bsp. der Sprachverwirrung die Verwandlung von Ntu ↗ in Wotan ↗, von To-ntr in To-rnit, von Thot in Tiod u. a. mehr. — Hieroglyphen:

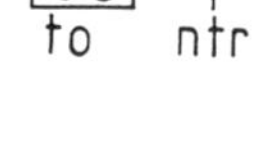

Tor: als Symbol ↗: scheidet beim Torii ↗ des jap. Schintoismus ↗ den profanen vom sakralen ↗ Bereich, während die alten Stadttore ledigl. beschützte Passagen waren, die ein Territorium ↗ absicherten. Nur in Babylon ↗, das als Name direkt ›Tor zu den Göttern‹ enthält, verbindet es sich mit der Göttin Ischtar ↗ u. bestand aus 2 hintereinander gelegenen Portalen, die von je 2 massiven Türmen flaniert waren (Abb.). Über dem Bogen des 1. Portals befinden sich genau 12 Kreise, was an den Zodiak ↗ denken läßt, womit es in Form u. Aussage genau der Ul ↗-Rune entspricht. Zählt man die Tiere der Front = 36, wird das Ur-Alphabet ↗ deutl., mit den 2 x 2

ausgeprägten Ringen der Türme u. den restl. 2 x 4 Kreisen, die horizontal den Torbogen auslaufen lassen, erhält man die Gesamtzahl 60, die tats. von Sumer ↗ überliefert ist u. den Stellenwert des Sigui-Festes ↗ haben könnte. Sollte die Verdoppelung von T.-Türmen wie bei Sigui eine Verdoppelung von 60 auf 120 (Chenti ↗) beinhalten, so paßt dies als Zahl der vollkommenen Psyche, verbunden mit Ischtar, sehr gut zu dem Babylonischen Turm ↗ als Weltenlehre, die Marduk ↗ vertritt. A. das Tor der äg. Tempel ↗ mit den 2 Pylonen ↗ (Türmen) zielt als verrutschender ›Zeiger‹ der Präzession ↗ in diese Richtung: ein Tor zur Zukunft zu sein.

Tora: Schreibvar. für Thora ↗. — S. Sadduzäer ↗.
Torii: das Tor ↗ zum Schrein ↗ der Kami ↗, geschrieben mit den jap. Z. (Abb. 1) Vogel (tori)-Sein (I), wofür es keine Erklärung gibt. Die sehr einfache Konstruktion hat über 20 Var., 3 werden hier gezeigt (Abb. 2), nicht das spez. Ise ↗-Torii. Der Weg, der zu einem T. führt, heißt *sando* = Annäherung. Manchmal werden ›Wächter‹ in Tierform r. + l. angebracht wie Löwe ↗, Hund ↗, Affe ↗, was den Tierkreis ↗ berührt, s. Sphinxallee ↗, die zum Tor der äg. Tempel ↗ führte.

Abb. 1

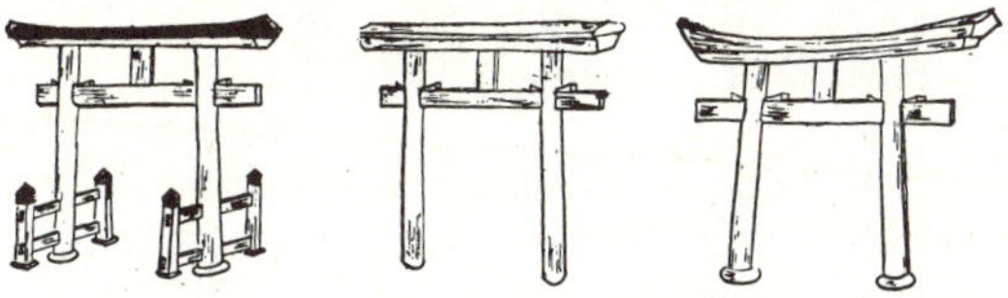

Abb. 2

Tornit-Völker: nennt Wirth ↗ die Träger der Thule ↗-Kultur u. meint, es handle sich um eine Urrasse, aus der später die Indogermanen ↗ hervorgingen. Richtiger wäre wohl, nur von Germanen ↗ zu sprechen, da sie allein sich auf Tuisto ↗ beziehen, der a. Thor ↗ hieß, was als Tor in Tornit enth. ist. Da Wirth in diesem Zusammenhang von ᛉ -Menschen spricht, läßt sich folg. These aufstellen: als 6. Rune ↗ gehört ᛉ in den Sektor Affe ↗, wodurch sich die Gleichstellung Tuisto = Thot ↗ anbietet, womit man in To Ntr ↗ landet, aus dem sich das Wort Tornit ergeben haben könnte. Nit heißt in Afrika aber a. Menschen, was Tor = Thot = Großer Horus ↗ übrig läßt u. aus T. Menschen macht, die insofern ein ›Gottesvolk‹ sind (Ausdruck von Wirth), als sie Osiris- od. Horusdiener ↗ gen. werden können, großes Thema z. B. des Äg. Totenbuchs ↗. Vielleicht hat a. der Torques ↗ etwas damit zu tun.
Torques: Z. der Göttlichkeit bei den Kelten ↗ s. Kernunnos ↗: eine zum Kreis gebogene Odil-Rune ↗.

 Könnte mit den Tornit-Völkern ↗ zusammenhängen, denn man findet die Form noch heute in Afrika, wo zusätzl. in der Mitte ein Kopf mit Hathor-Locken ↗ aufgesetzt ist (im Besitz des Muiska-Museums ↗).
Tortali: in Melanesien ↗ ›Herr der Sonne u. Geist des Tages‹, der sich mit der sterbl. Frau Avin verbindet. Sie lebte in Glück in einem Garten, der ihr immer die reichste Nahrung bot, vergleichbar der Situation von Eva ↗ im Paradies. Allen Mahnungen zum Trotz verbindet sie sich in Abwesenheit von T. mit Ul ↗ u. wird deshalb aus dem Garten verjagt, äqv. Paradies-Verlust ↗.
Tote, der, die: s. die Toten ↗.
Totem: das Wort stammt aus der Alonkin-Sprache (wie Tomahawk ↗), wo Ototeman etwa bed. ›es ist mein Verwandter‹. Die Kennzeichnung erfolgt durch ein gemeinsames Ding wie: Steine, Pflanzen, Tiere, Himmelskörper (Sterne, Mond), Regenbogen, Berufe, Gegenstände (Messer, Dolch) o.d Abstraktes wie Elemente ↗, Farben ↗, Zahlen ↗. Man spricht von Klassifizierungsbereich, insg. von Totemismus ↗.
Totemismus: ist eine sehr alte System ↗-Ordnung, die per Totem ↗ den Ausgleich von Natur ↗ u. Kultur ↗ sucht. Sie fördert sowohl das Anderssein wie a. die Kollektivverflechtung. Eine Totem-Gruppe hat folg. Funktionen:
1) zur Vermeidung von Inzest ↗ heiratet Adler nicht Adler, Mond nicht Mond usw. Zur Kennzeichnung können Totempfähle ↗ vor dem Haus err. werden.
2) Zur Verteilung von Arbeit + Verantwortung ist jede Totemgruppe verpflichtet, eine best. Pflanzen- od. Tierart zu fördern, meist das Totem selbst, damit die anderen Gruppen damit versorgt werden können - aber nicht die eigene, denn für sie ist das Totem tabu, darf nicht selbst gegessen werden. Das fördert die wechselseitige Abhängigkeit. Gleiches gilt für Totem-Berufe: ein Korbflechter flicht Körbe für die anderen, nicht für sich selbst.
3) Von Afrika ist überliefert, daß Totem-Tiere der betr. Totem-Gruppe ihre Techniken lehren (Colloquium on Negro Art); + sie wurden ausgesucht, weil sie gut zum Denken waren u. Denkverwandtschaft = Friede (u. U. das gleiche Wort) verursachten. Das erlaubt die These, daß T. aus dem Tierkreis ↗ resultierte, wo jedoch die 12 Tiere Lehrmeister für alle Menschen waren. In Australien ↗ schreibt man die Einführung

des T. den Djangawul-Schwestern ↗ zu.
4) Mit dem Totem werden Eßsitten, Verhaltenssitten, Bauformen, Tag- + Nachtrhythmus u. dergleichen übernommen, was zur totemist. ›Prägung durch Analogie-Rollen‹ führt; Adler-Menschen gleichen sich dem Adler an etc., mit gleitendem Übergang zum Nagualismus ↗.
5) Es entsteht a. so etwas wie ein Lexikon als Tradition ↗ mit erstaunlichen Naturkenntnissen, die direkt in die Sprache einfließen können. Die system. Gliederung kann so beginnen:
Alle Totems der Penobslot gehörten zu den Wassertieren, sie sind jedoch in Salzwasser- u. Süßwassertiere unterschieden. Die Ojibwa von Parry Island, deren Totemtiere Vögel waren, teilten diese in Vögel der Luft u. des Wassers; jene die Säugetiere zu ihren Totems machten, teilten sie in Landtiere (Elch, Wolf etc.) u. Wassertiere (Biber, Otter etc.). Dieser logische Anf. kompliziert sich u. U. so: »Die Biene ↗ ist sowohl in Afrika als auch in Australien ein Totem-Tier. Aber bei den Nuer handelt es sich um ein sekundäres Totem-Tier, das mit der Pythonschlange verbunden ist, weil beide einen ähnlich gezeichneten Körper haben. Wer die Pythonschlange als Totem hat, tötet keine Bienen und ißt keinen Honig« (Lévi-Strauss ↗). Hier entscheiden plötzl. Zeichen ↗ über die Zusammengehörigkeit u. nicht biolog. Ähnlichkeiten, d. h. T. ist a. Semantik ↗. Dieses Arbeiten auf mehreren Ebenen geht manchmal annähernd in die Ntu-Philosophie ↗ über. »So kennen die Ungarinyin drei aufeinanderfolgende Zweiteilungen: zunächst die von Dingen und Lebewesen in belebte und unbelebte; dann die der Lebewesen in vernünftige Lebewesen in männliche und weibliche. In den Sprachen mit sechs Klassen umfaßt die Klasse der gefertigten Gegenstände sowohl den Honig wie die Piroge (Einbaum), da der Honig von Bienen hergestellt ist wie die Piroge von den Menschen« (Lévi Strauss). U. Diop: »Der Totemismus von Ägypten ↗ ist im Altertum nie verschwunden; er hat bis zur Epoche der Römer ↗ existiert.« S. Ritual ↗.

Totempfahl: ein vor dem Haus aufgestellter, bis zu 15 m hoher Pfahl, in den das Totem ↗ der betr. Familie eingeschnitzt ist, etwa Koppelung von Adler (männl. Linie) + Biber (weibl. Linie); zu finden bei den Indianern ↗ wie a. in Polynesien ↗. Bei den Tlingit-Indianern wurden sie Särge gen. u. stellten nicht nur Wappenpfähle, sondern a. Behältnisse für die Toten ↗ dar, deren Asche in einer Nische auf der T.-Rückseite aufbewahrt wurde. Man kann also ruhig Stammbaum dazu sagen, geregelt nach den Gesetzen des Totemismus ↗. In Afrika sind die T. wesentl. dünner + feiner, so daß man sie a. beim Tanz in die Hand nehmen kann. Die Abb. (nächste Spalte) ist indianisch.

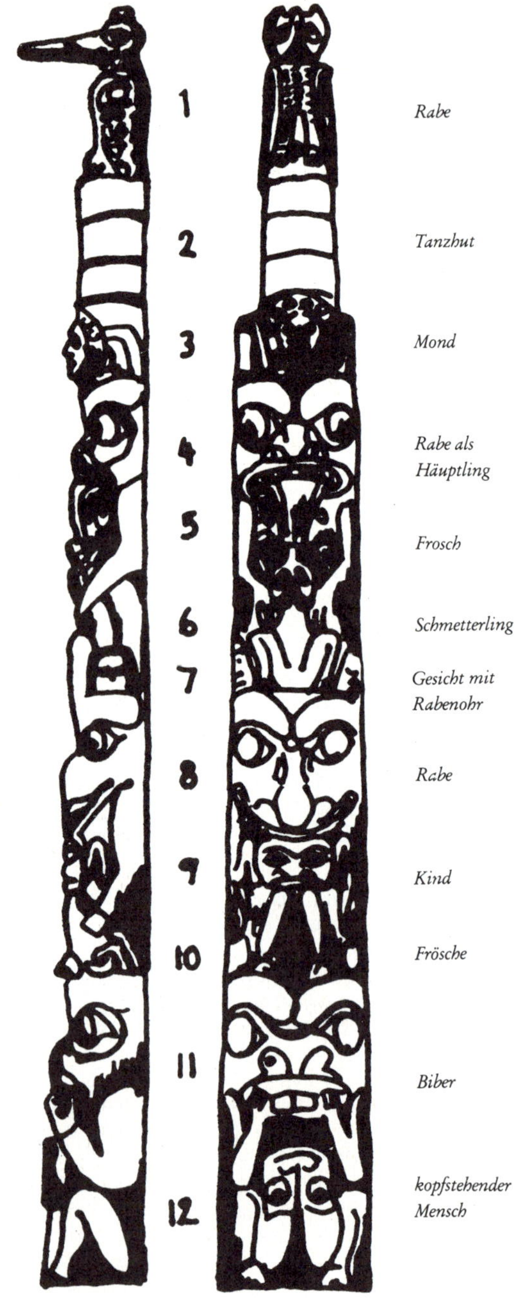

Toten, die: der psych. Mensch nach dem Tod ↗. Seine ›Geburt‹ u. Reise im Totenreich ↗ wird im Totenbuch ↗ vorbereitet bzw. geschildert als eine Metamorphose = Umwandlung ↗.

Totenbuch: ist in 3 Fällen der Titel von hl. Büchern, die den Toten ↗ eine Orientierung zu geben versuchen. So unterscheidet man das Äg. (1), Maya (2) u. Tib. (3) T.:
1) das Äg. T. heißt eigtl. ›Buch der Wandlung‹ u. wurde lt. Überlieferung von Thot ↗ verfaßt, was ihm ein Alter von über 20000 J. gäbe. Was sich heute unter diesem Titel findet, sind kodifizierte Fragmente aus dem 7. Jh. v. Z. = 165 Kap., die ihrerseits auf Pyramidentexte ↗ = in die Wände der Pyramiden eingemeißelte Texte zurückgehen = 453 Kapitel. Ob es urspr. 36525 waren - die dem Hermes ↗ zugeschriebenen Schriften - bleibt dahingestellt, weil der Mysterienverrat ↗ zu viel zerstört hat. Seit Beginn der 11. Dyn. (s. Muntuhotep ↗) verbreitete sich der Brauch, solche Inschriften auf den Sarkophag ↗-Wänden anzubringen, später auf Papyrusrollen, die man im Inneren des Sarges unterbrachte. Die heutigen Museen besitzen Hunderte solcher Rollen, aus denen einst die 165 Kap. - od. besser

Fragmente – ausgewählt wurden, die man heute T. nennt. Meist handelt es sich darin um ein ›Selbstgespräch des Toten‹, der immer wieder behauptet, diese Göttin od. jener Gott zu sein, was man den ›Metamorphosenzyklus‹ zu nennen pflegt. Er spiegelt das alte esot. Wissen um die Götter ⁄-Ordnungen wie a. Schöpfung ⁄ u. Geschichte ⁄, hervorgegangen aus deren Plänen, ohne daß eine Zeiteinheit preisgegeben wird. Schon am Anf. des 1. Kap. wird die Grundsituation deutl.:

»Nun leb ich, Osiris ⁄, in deiner Umfassung.
Den anderen, von Nut ⁄ geborenen Göttern
Gleich ich, die deine Feinde zerschmettern
Und die Dämonen bezwingen;
Denn ich gehöre zu deinem Gefolge, o Horus ⁄;
In deinem Namen schreite ich kämpfend fort.«

D. h., der Kampf gg. Seth ⁄ wird im Jenseits unvermindert fortgesetzt, wie a. die Arbeit an der Milderung der Folgen des Weltuntergangs ⁄:

»Nun empfange ich die heilige Waffe
und durchziehe den Himmel.
Die Wesen des Lichts ⁄ verherrlichen mich
denn groß ist meine Tatenlust; ich kenne keine Ruhe.
Re ⁄ selbst preist meine Taten
denn geleistet habe ich mein Höchstes
Um die Folgen zu mildern
des Zusammensturzes der Urzeit.«

Über die jenseitige Geographie gibt es eingestreute Hinweise. Z. B. als Einführung zu Kap. CLXI:

»Hier sind die Worte, von Thot offenbart, um ohne
Hindernis ins Innere des Sonnendiskus einzudringen«,

d. h. in den Aton ⁄, aber erst nach der Seelenwägung ⁄. D. h., die Seele landet zunächst in der Sonnenbarke, aber dabei bleibt es nicht unbedingt, denn an anderer Stelle heißt es a.:

»Darauf spaltest du die Menge der Götter,
die Re (die Sonne) umgeben,
und segelst in der Barke von Nut...
dann lenkst du die Schritte zur schönen Amenti ⁄.»

Das klingt nach einer jenseitigen Lichtöffnung ⁄.

»Nun gelanget zum Schluß meine Reise.
Alle Bahnen des Jenseits durchlaufend,
hab ich die fernsten Regionen des Duat ⁄ erreicht.
Mit Gewalt drang ich ein in die schöne Amenti.
Dem Sterngeist des Sirius ⁄ reicht ich sein Szepter.«

U. dann folgt die Reinkarnation ⁄:

»Jetzt verlaß ich die Eingeweide des Himmels
Und werde zum zweiten Male auf Erden geboren...«

Nachwort im letzten Kap.:
»Dieses Buch wird dich die Verwandlungen lehren können, die eine Seele ⁄ unter dem Einfluß des Lichts durchmacht.« Daß sie zeitweilig vom Ka ⁄ getrennt ist, beweist folg. Zeile:

»Meine Seele, sie sei einberufen, auf daß sie begleite
den Fürsten der Wahrheit-Gerechtigkeit (= Maat ⁄).
Nun komme ich zur Wohnstatt der Götter
wo sie seit uralten Zeiten gewesen.
Von nun an wird meine Seele
Mit meinem Ka weilen...«

2) T. der Maya ⁄: zusammengestellt aus den 3 Codices ⁄, die als einzige erhalten geblieben sind u. Titel des Buches von Paul Arnold (1978, Edition R. Laffont), aus dem hier zitiert wird: »Die Entzifferung des Pariser Codex enthüllt uns ein ganzes Ritual ⁄, das hauptsächlich dazu diente, den Verstorbenen von der Zeit des Sterbens an durch die Verwandlungen der ›Seele‹ bis zur Reinkarnation im Leib einer schwangeren Frau zu begleiten und ihr beizustehen.« Was ganz dem Äg. T. (1) entspricht. »Der Chilan ⁄ oder Chilam ist das eigentliche und mächtige Bindeglied zwischen der Welt der Lebenden und der Welt der ›Toten‹.« Die geläuterten Toten sind auf einer »... Existenzebene, die bis zu einem gewissen Grad dem tibetischen Bardo vergleichbar ist, ›zwischen zwei‹ inkarnierten Leben, aber bereits im Zustand der Läuterung.« Im Unterschied zum Äg. T. verknüpfen die Maya-Texte den Prozeß aber nicht mit Gesch., sondern mit dem Wachstum der Pflanzen, spez. dem Mais ⁄: »Wie die pflanzliche Saat keimen wird, so keimt im Toten neues Leben.« Inter. die Darst. der Seele als Sonnenzeichen ⁄ ⊙, das bei der Glyphe für Reinkarnation (Abb. 1) zur ›Wurzel‹ einer Art Baum wird, nicht unähnl. dem Grundmotiv ⁄ Reinkarnation. Beim Vergleich mit einer sprossenden Pflanze (Abb. 2) erscheint es als Samenkorn, dem 3 Keimblätter entsprossen. Übers.: ›Keimen‹ bzw. ›Nachkomme‹. Nun ähnelt das Z. für Seele (od. Korn) a. dem Auge ⁄, u. bei ihm setzt die Verwandlung im Jenseits an, s. die Glyphenreihe Stichw. Chilan; das T der Schlußphase erscheint wieder in der Glyphe ›Rückkehr zum Leben‹ (Abb. 3), die als von oben nach unten gesetzte Schwunglinie gezeichnet wird, die das T ›kreuzt‹. Daß dabei a. die Seite gewechselt wird, ergibt sich aus den Glyphen für oben (Abb. 4), unten (Abb. 5), Vorhimmel

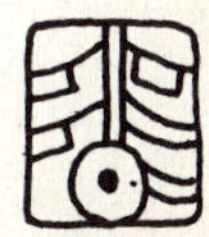

Abb. 1

Abb. 2

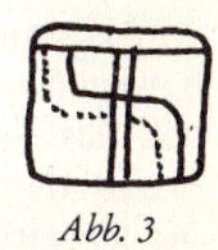

Abb. 3

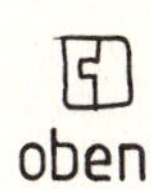

Abb. 4

Abb. 5

Abb. 6

Abb. 7

(Abb. 6) als Existenzraum der Erleuchteten Seele zw. oben + unten u. Kind (Abb. 7), das an der l. Seite die Glyphe für unten trägt – in Ägypten die Seite des Mondauges, was eben aus ›oben‹ das Sonnenauge macht. Die Schwierigkeit einer Übers. des Maya-T. ergibt sich aus folg. Satz-Glyphenbild (Abb. 8):

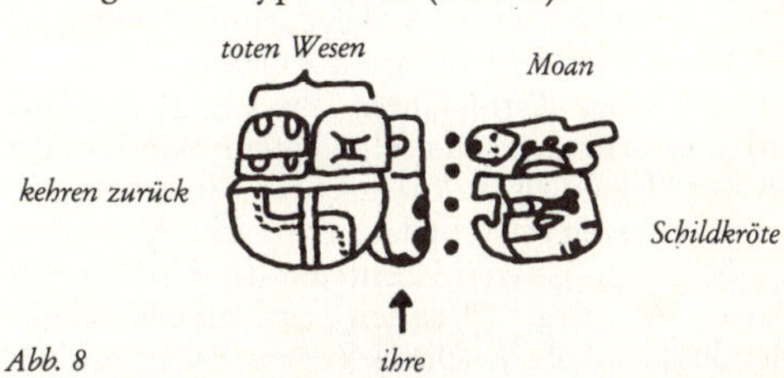

Abb. 8

P. Arnold: »Ihre toten Wesen kehren zurück dank Moan ↗ und Schildkröte...« = Ac ↗ im Sternbild Zwilling ↗ (= Hund), womit der Zusammenhang mit Sirius ↗ gegeben scheint, genau wie im Äg. Totenbuch. 3) Tib. T. = Bardo Thödol od. Bar-do ↗ thos-grol. Es »... handelt von den Ereignissen des Sterbens, den etwa zu erwartenden Jenseitserfahrungen, die sich zwischen

Abb. 9

vollkommener Befreiung und erneuter Inkarnation bewegen«. Als Par. zu Äg. (1) = Maya (2)-T. fällt auf, daß das Tib. T. 100 Gottheiten enthält (in Ägypten mußte der Tote die 100 Namen des Osiris kennen) u. die jenseitige ›Seelenführung‹ hier der Lama ↗ übernimmt, bei den Maya der Chilan (od. Chilam). Jedoch ist der Lamaismus ↗ nur aufgesetzt, im Kern gehen die tib. T. auf die Bon ↗-Religion zurück. Die 100 Gottheiten werden geschieden in 58 ›zornvolle‹ u. 42 ›friedvolle‹. Beim Bon-T. sollen es einige mehr sein, vielleicht urspr. 120 wie die Blätter der tib. Chakras ↗, zumal gesagt wird, daß diese Götter u. Göttinnen keine wirklichen sind: »... daß man die Bilder als Erscheinungsformen des eigenen Bewußtseins betrachten soll... Alle Gottheiten des Totenbuchs sind initiatorische Gestalten, ähnlich wie im ägyptischen Totenbuch. Sie sind, jede einzelne für sich, an eine auf die menschliche Psyche ↗ bezogene Symbolik gebunden.« Die äg. Verwandtschaft setzt sich fort im Wort für Seele, tib. Bla, äg. Ba ↗; u. wie bei der äg. Seelenwägung ↗ findet sich in der tib. ›Hölle‹ eine ›Waage der Gerechtigkeit‹, die der affenköpfige Karmaführer sPre'u mgo-can (äqv. Thot) in den Händen hält u. ein ›Totenrichter‹, an dessen r. Seite Tara ↗ als ›Erlöserin‹ sitzt. Wie ein Bild der Bardo-Gottheiten zeigt, bildet das inmitten der ›zornigen Gottheiten‹ gelagerte Zentrum das Ur-Paar Adibuddha ↗ + Prajna ↗ (Weisheit), zus. mit den 5 Dhyani Buddhas ↗ (Abb. 9). Dieses Zentrum war, mit vorbuddhist. Namen, das ›wahre Bon‹, aus dem alles weitere emaniert.

Es werden 6 Bardo-Zustände unterschieden:

1) Von Geburt bis Tod als Leben ↗ zw. 2 Todeserfahrungen mit dem Sinn der Aneignung von Erkenntnis ↗.

2) Traum ↗ mit dem Sinn zu erkennen, daß die Traumbilder Trug sind, die zu Formen der Erkenntnis geklärt werden können.

3) Meditation mit dem Sinn, a. deren Bilder + falsche Vorstellungen aufzulösen; Höhepunkt: Samadhi ↗ im

4) Augenblick des Sterbens als ein ›Hinaustreten ins volle weiße Tageslicht‹ (a. ein Titel des Äg. T.).

5) Es wird zu den Strahlen der 5 Elemente ↗, aus denen als Trübung die 100 Gottheiten auftauchen.

6) Entscheidung über die Art der Reinkarnation u. Suche des geeigneten Geburtsortes.

Bardo-Zustand im Sterben: »Dann schwindet zuerst das Augenlicht und die Formen werden unklar, danach verlischt das Gehörempfinden, und man nimmt keinen Ton mehr wahr. Dann sinkt das Riechvermögen ab und kein Duft ist mehr wahrnehmbar, der Geschmack schwindet dahin und man kann nichts mehr schmecken. Dann sinkt die Körperempfindung ab, und keine Berührung findet mehr statt. Erde (als Element) versinkt im Wasser (als Element) und das Wasser des Körpers kann nicht mehr gehalten werden. Wasser sinkt ins Feuer und trocknet die Rede aus, Feuer sinkt in das Luftelement und die Körperwärme schwindet dahin.« Dann erst sinkt man in das ›reine Licht‹ als ›Bewußtsein in Identität mit Akasha‹ (Nr. 4).

Totengericht: s. Seelenwägung ↗, die a. im Tib. Totenbuch ↗ erw. wird.

Totenklage: s. Moiroloja ↗.

Totenkult: alles, was mit den Toten ↗ zur Erleichterung des Aufenthalts im Jenseits ↗ bis zur Reinkarnation ↗ unternommen wird: Mumifizierung ↗, Grab ↗, evtl. in einer Totenstadt ↗; Rezitation u. Mitgabe dessen, was im Totenbuch ↗ steht. Direkte Verbindung mit den Toten durch Totenpriester ↗.

Totenpriester: Priester ↗, die sich um die Toten ↗

kümmerten, wie z. B. der Chilan ↗ in Mexiko. In Ägypten hießen sie Ka ↗-Diener u. taten wie die Horusdiener ↗ als Monatspriester in regelmäßigem Wechsel ihren Dienst am Totenkult ↗, vertraglich gebunden u. bezahlt durch Stiftungen. Auf Bildern findet man sie im Leopardenfell, wie der Chilam-Balam ↗ ein ›Jaguar-Priester‹ war. Das Fell symbolisiert das Jenseits als Sternenhimmel. Ein Papyrus (Abb.) zeigt ein totes Ehepaar hinter dem T., Kap. des Totenbuchs ↗ rezitierend. Der T. trägt die Horuslocke ↗, die Frau das Sistrum ↗ u. auf dem Kopf ↗ Duftkegel + Lotos ↗. Lt. Text ist man auf dem Weg zu den Pforten der Duat ↗. — S. Totenschiff ↗.

Totenreich: fast bei allen Völkern durch Wasser ↗, das die Toten ↗ entw. schwimmend (Abb. 2), od. per

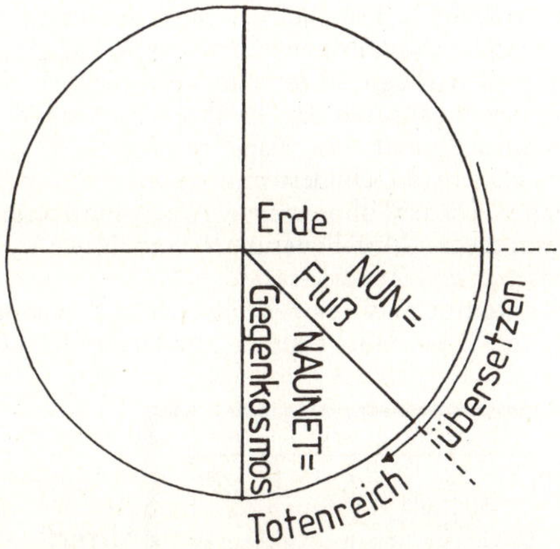

Abb. 1

Totenschiff ↗ od. über eine Brücke überqueren, vom Reich ↗ der Lebenden getrennt; in Ägypten war die Analogie der Nil ↗: »Man setzt ihn gern mit dem Ur-

Abb. 2

wasser Nun ↗ in Beziehung« (Bonnet). These: das erlaubt innerhalb der Weltformel ↗ folg. Schema (Abb. 1): Als T. wäre dann der Naunet ↗ gen. Gegenkosmos zu verstehen, in der Abb. Stichw. Chepre ↗ also die umgek. Richtung von XP ↗ = PX, die in jedem Fall Entmaterialisierung bedeutet. Sie würde sich der im Tib. Totenbuch ↗ geschilderten Rückläufigkeit der

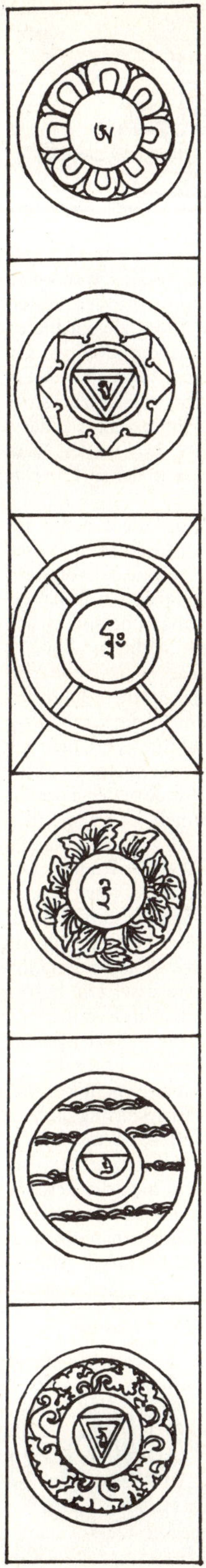

1.
Götter mit dem Mantra Om (Elemente) im Lotos
Kern + 4 Elemente Om
8er Kreis
(im tib. Bild des 8blättrigen Lotos)

2.
Titanen = Halbgötter
(8 Zacken 3 Halbkreise 1 Dreieck)
zus. 12
Planeten (12)
(äqv. Asen)

3.
Menschen
Sonnenalphabet als Leben

4.
Tiere (12 Blätter)
Tierkreis = 12

5.
Pretas (sog. Hungergeister)
Zodiakzeichen

6.
›Höllenwesen‹
Archetypen

Abb. 1

Auflösung der Elemente anschließen. Hier werden allerdings 6 unterschiedl. Jenseitsdimensionen unterschieden, wie Abb. 3 zeigt, die l. die zugeordneten Symbolbilder der Wesen setzt, die die jeweilige Dimension ›bevölkern‹ - r. den eigenen Versuch, jede Dimension als einen Bereich der Weltformel ↗ zu verstehen, vorstellt. Daß damit das T. prinzip. nichts anderes ist, als das nach Außen gestülpte Innere des Menschen ↗, also seine Psyche ↗, ist v. a. in der äg. Überlieferung zu finden.

Totenschiff: ein symb. Schiff ↗, das die Toten ↗ ins Totenreich ↗ ›übersetzt‹ bei den Germanen Nagelfar ↗ genannt. Im äg. Totenkult ↗ wurde die Mumie ↗ zuerst ganz konkret in einem T. über den Nil ↗ gesetzt; für die Strecken davor u. danach befand es sich auf einem von Rindern gezogenen Schlitten (Abb. 1), dem der Totenpriester ↗ räuchernd + libierend vorausgeht. In der Totenstadt ↗ angekommen, kann das T. für die Fahrt ins Jenseits direkt in die Grabanlage abgestellt werden, so bei Tutenchamun ↗; od. man gab ein kleines Holzmodell mit bzw. zeichnete es auf die Grabwand. Im Äg. Totenbuch ↗ mußte der Tote die Bestandteile des T. rezitieren können: da erfährt man z. B., daß das Segel die Nut ↗ ist od. »Meinen Namen sollst du erraten, sprechen die Nägel der Ruder - Der Unterwelt Pfeiler, so ist euer Name. Meinen Namen sollst du erraten, spricht der Schiffsraum - Gott Aker ↗, so ist dein Name... Unseren Namen sollst du erraten, sagen die Seiten des Bootes - Die beiden Göttinnen Merti, so ist euer Name...« usw. Die beiden Merti entspr. mit Lilie ↗ u. Papyrus ↗ als Krone Ober- u. Unterägypten, zus. Km.T ↗, Geier + Schlange, den Cherubim ↗ etc.; manchmal wird das T. direkt mit Hathor ↗ u. Isis ↗ gleichgesetzt, ist also nicht konkret zu fassen. Inter. die konstante Ausrichtung N-S in Ägypten (wie bei den Wikingern ↗), die man schon in der Großen Pyramide ↗ findet - selbst eine Art ›Totenschiff‹; an jeder der 4 Seiten fand man die Reste eines hölzernen ›Begleitschiffes‹ - wie a. in den Gräbern den T. kleine Begleitschiffsmodelle hinzugefügt wurden. — Oft fand man 2 T. (Abb. 2) für die Totentempel ↗.

Abb. 2: Totenfahrt nach Abydos

Totenstadt: Nekropole ↗ als Stadt der Toten ↗, äqv. unseren heutigen Friedhöfen, aber sehr viel größer angelegt als Analogie zu der Stadt der Lebenden. Die Pyramiden ↗ gehörten dazu u. ihre Totentempel ↗, die Mastabas ↗, evtl. mit Kapellen, Höfen, Magazinen etc., alles reich bebildert mit Szenen aus dem Totenreich ↗. Dazu Wohnungen + Arbeitsstätten für diejenigen, die die Mumifizierung ↗ vornahmen sowie für Aufseher u. Totenpriester ↗.

Totentempel: als Tempel ↗ der Toten ↗ fand man in der äg. Totenstadt ↗ oft in zweifacher Ausführung

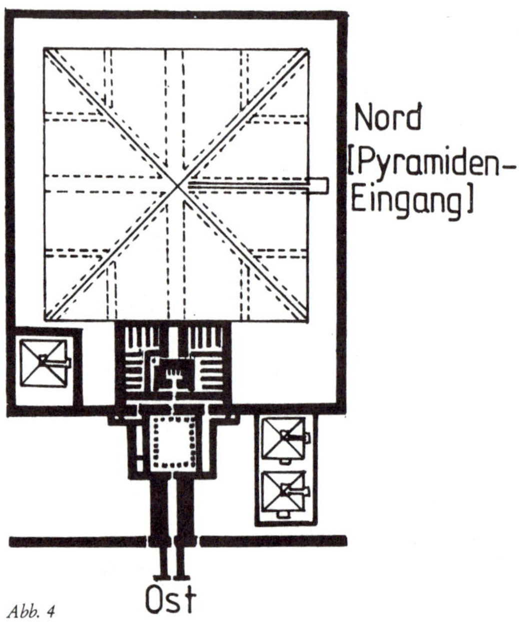

Abb. 4

(Abb. 1). 1) als sog. Taltempel in Nähe des Nil ↗: in ihm wurde entw. die Mumie ↗ hergestellt od. empfangen; dieser T. Nr. 1 lag im O u. war der Öffentlichkeit zugänglich. 2) In Richtung W folgte ein Aufweg u. T. Nr. 2, höher gelegen, auf der Abb. Verehrungstempel gen., besser wäre wohl Bergtempel: denn a. beim Totenschiff ↗ wurde zw. einem Segelboot für die Talfahrt u. einem Ruderboot für die Bergfahrt unterschieden. Im ›Bergtempel‹ von Chephren ↗ (Abb. 2) kann man

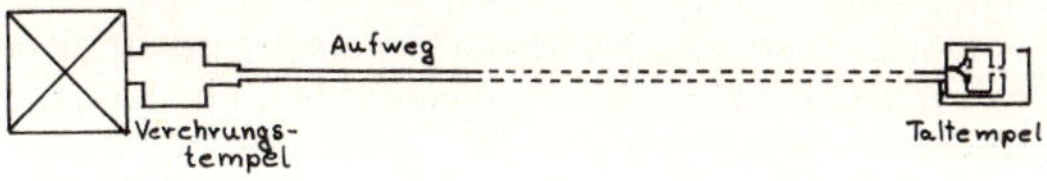

Abb. 1

den ›Berg‹ direkt als Konstruktion erkennen, die zunächst 3 sich verjüngende Stufen aufweist u. dann eine Lücke, der ein ›Turm‹ folgt. Zählt man hier die Säulenreihen weiter, folgen 5 weitere ›Stufen‹. Sollte die Weltenlehre ↗ damit gemeint sein - immerhin sind es 24 Säulen, verteilt auf 8 Stufen - landet man im anschließenden Teil in der 9. Welt, also auf der Spitze des Babylonischen Turms ↗ od. der Stufenpyramide ↗ von Mexiko ↗, sodaß der westl. Teil in Gestalt der X-förmigen Pyramide von Abb. 1 der 10. Himmel wäre: Io ↗ im Pazifik. Betrachtet man daraufhin den Taltempel (Abb. 3), erkennt man schnell das Nommozeichen ↗ od. einen Menschen, dessen Beine die 2 Eingänge bilden u. der in den Armen Geißel ↗ (mit 3 Strängen) u. Hirtenstab ↗ (der geschwungene Gang, der den Eingang kreuzt) hält, also prakt. eine Var. der Osirismumie ↗. Sie reist dann bis zum 10. Himmel als Paranirwana. Zur Ergründung der Zahlensymbolik ↗ empfiehlt sich der Vergleich des Bergtempels von Chephren (Abb. 2) mit dem von Sesostris (Abb. 4): Es wiederholt sich die Zahl 24 des 1. Teils, jetzt nur im Quadrat angeordnet. Es wiederholen sich a. die 2 letzten 5 Nischen, jetzt nicht übereinander, sondern nebeneinandergestellt; dann folgen an jeder Seite weitere 5 Nischen, dazu 5 kleine Nischen in der Mitte, zus. die Zahl 25 = 1 Phase des Kosmos ↗. Um noch einmal zur Zahl 25 u. damit zur 50 als Mittelstück des Gesamtkosmos ↗ = Rhombus ↗ zu kommen, der so sehr im Zentrum der äg. Symbolik steht, wäre also zur 24 des ersten Teils die Pyramide als Ur-X ↗ = 1 zuzurechnen. Will man a. im T. Nr. 2 im westl. Teil die 25 herausschälen, wäre zu den 10 der 2 x 5 Nischen die 12 Einfassungssäulen + Zentralsäule + seitl. ein nicht definierbares 2teiliges Gebilde hinzuzurechnen.

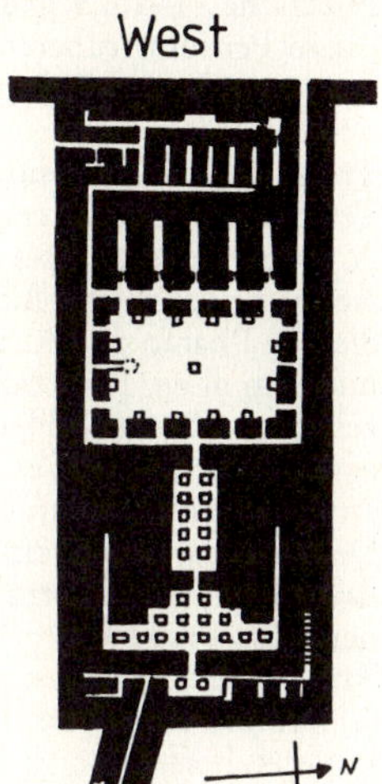

Abb. 2

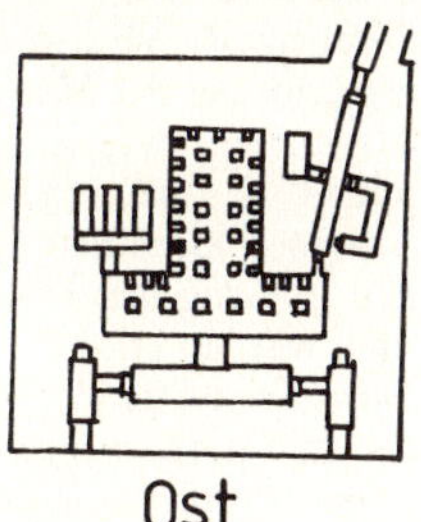

Abb. 3

Totentürme: od. ›Türme des Schweigens‹, pers. Dakhmas, nennen die Jünger von Zarathustra ↗ ihre Begräbnisstätten, auf denen die Toten ↗ unbeerdigt den Geiern überlassen werden. Es handelt sich eigtl. nicht um Türme, sondern Ringgemäuer, die einen abgeflachten Bergkegel umschließen. Darin 3 Ablagekreise für Männer, Frauen u. Kinder. Im Iran ↗ sind heute fast alle geschlossen, in Indien ↗ wird die Schließung schon diskutiert, weil die T. im Avesta ↗ nicht vorgeschrieben sind.

Totes Meer: 394 m unter dem Meeresspiegel liegender länglicher See, in den der Jordan ↗ mündet; extrem

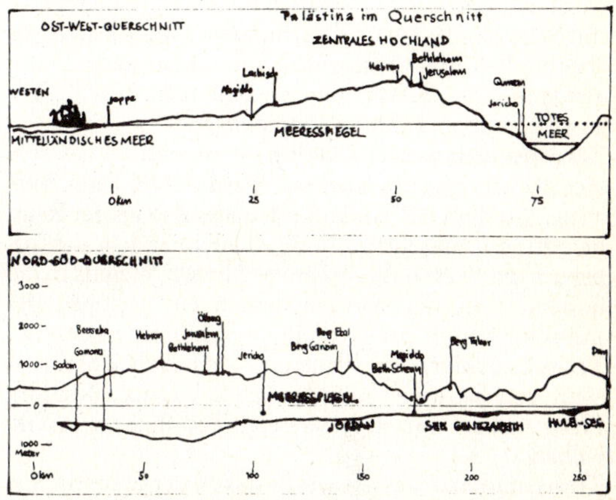

hoher Salzgehalt. N. B. Keyes: »Dort standen auch, in einem jetzt von den Wassern des Toten Meeres überfluteten Gebiet, die sündigen Städte Sodom ↗ und Gomorrha.« Auf 2 Karten zeigt der Autor Palästina ↗ im Querschnitt, man sieht darauf sehr anschaul. die Städte unter Wasser, dann Bethlehem ↗, Jerusalem ↗, Ölberg ↗, Jericho ↗ u. Qumran ↗.

Totonaken: Indianer ↗ der mex. Atlantikküste, die als erste auf die Seite von Cortes ↗ überliefen, weil sie von den Azteken ↗ ständig bekriegt u. als Gefangene für deren Opferung benutzt wurden. Sie fallen aus dem Rahmen, weil sie Unterlippenscheiben tragen (Abb), während ihre Religion wie die der Maya ↗ von einer Trinität ↗ ausgeht:

Himmelsgöttin X Sonnengott
↘ ↙
= Kulturbringer-Sohn

wobei die Himmelsgöttin zur Maismutter wird (s. Mais ↗). Die T. praktizierten den Nagualismus ↗: »Bei der totonakischen Landbevölkerung um Misantla herrschte noch in neuerer Zeit der Brauch, bei der Geburt eines Kindes dessen Schutzgeist zu erkunden, indem man Asche um das Haus streute und sie am Morgen nach den Fährten von Tieren untersuchte, die sich dem Hause nachts genähert und dadurch zu erkennen gegeben hatten, daß sie der ›Nagual‹ des Kindes seien« (Altmex. Kulturen).

Tradition: mündliche Überlieferung; von tradieren = mündlich weitergeben. Lorenz: »Totaler Traditionsverlust führt zur Unfähigkeit der Schaffung neuer Werte.« Zur T. gehören u. a.: Totemismus ↗, mündliche Thora ↗, Ntu-Philosophie ↗, direkt in Sprache eingebaut. Lexikon der Geheimwissenschaft: »Esoterische Lehren (die diese Bezeichnung verdienen!) werden im allgemeinen ›tradiert‹, d. h. nur mündlich überliefert.« S. Esoterik ↗ u. Licht-Wolken-Bahn ↗.

Trance: Zustand, bei dem die Herrschaft des Willens ↗ über den Körper aufgehoben wir; von *transitus* = hinübergehen. Erhalten als Transit = Durchgang, Grenzüberschreitung etc. Im Falle der T. ist ein Hinübergleiten ins Jenseits ↗ = *trans* (lat.) erwünscht, was sonst den Toten ↗ vorbehalten bleibt. Deshalb ist T. a. mit Schlaf-ähnl. Zustand verbunden. Ggs. Ekstase, die aber als T.-Mittel vorausgehen kann. Man sucht Transzendenz ↗. — S. Orejona ↗, Schamanismus ↗, Yoga ↗, Traum ↗, Hitler ↗, Samadhi ↗.

Transmutation: Umwandlung ↗ *(mutation)* des Wesens ↗, statt nur des Körpers. Wird durch Teilnahme an den Mysterien ↗ od. im Verlauf des Zyklus der Reinkarnation ↗ angestrebt. Jung ↗: »Es handelt sich dabei um die Verwandlung des sterblichen Wesens in ein unsterbliches, des körperlichen in ein geistiges, des menschlichen in ein göttliches.« S. Übermensch ↗.

Transsaturnier: alle Planeten ↗, die sich jenseits = *trans* von Saturn ↗ befinden, also: Uranus, Neptun, Pluto ↗ u. der unbek. äußerste, in Teotihuacan ↗ Xiknalkan ↗.

Transzendenz: was jenseits (= *trans*) der menschl. Erfahrung durch die Sinnesorgane ↗ liegt; von *transcendere* = hinübersteigen. Hilfsmittel: Trance ↗, Mystik ↗ etc.

Trapez: Viereck mit ungleich langen Par.  , im Extrem Dreieck ↗ ohne Spitze; s. Kerpa ↗ u. Lepenski Vir ↗.

Traum: Spiegelbild der Psyche ↗, lt. Freud ↗ die ›via regia‹, der königl. Weg zum Unbewußten ↗; er nannte eine ganze Reihe von ›Hürden‹, die auf dem Weg der Traumdeutung ↗ liegen:

1) T.-Zensur = Triebe u. Erinnerungen, die nicht ›gesellschaftsfähig‹ sind, werden zwar geträumt, aber vor dem Erwachen verdrängt, also scheinbar vergessen.

2) Verdichtung = versch. Personen od. unterschiedl. Empfindungen werden im T. zu 1 Person od. 1 Gefühl zusammengefaßt, verdichtet.

3) Aufspaltung = 1 Person des Lebens kann sich zu mehreren T.-Personen, aber a. Tieren etc. ausfächern, um den zusammengesetzten Charakter einsichtig zu machen.

4) Verschiebung = scheinbar unwichtige Elemente vom T. sind in Wirklichkeit sein Kern, andere Teile werden in den Mittelpunkt geschoben u. haben dennoch untergeordnete Bedeutung.

5) Umkehrung ↗: »Jedes Element des Traums kann für die Deutung auch sein Gegenteil darstellen... Man weiß nie im vorhinein, ob das eine oder das andere zu setzen ist; erst der Zusammenhang entscheidet hierüber« (Freud). So kann z. B. eine geträumte Geburtstagsfeier die Bed. eines Begräbnisses haben (muß aber nicht), was der vorhandenen Umkehrung von Geburt ↗ = Tod ↗ entspricht.

6) Symbolisierung: die Empfindungen u. Bilder sind so verschlüsselt, daß die Traumdeutung die Symbole ↗ wieder entschlüsseln muß, um ihre Bed. offenzulegen. Die älteste bek. Sammlung solcher Traumsymbole findet sich im ›Hieratischen Traumbuch‹ von Ägypten ↗, das folg. überliefert: man muß die Persönlichkeit des Träumenden berücksichtigen, d. h. bei der Deutung zw. ›horischen u. sethischen‹ Menschen unterscheiden, da die T. von einer Gottheit stammen, von Seth ↗ - od. allen anderen Göttern ↗, zusammengefaßt als Horus ↗. Der T. ist geschaffen, um dem, der ihn hat = der blind ist, den Weg ↗ zu weisen. Herausragend sind schon hier die im T. gegebenen Offenbarungen ↗. Aufregendes Bsp.: »Auch die Austreibung der Juden ↗ wurde nach Chairemon auf einen Traum zurückgeführt, den Isis ↗ dem Amenophis sandte« (Bonnet). Nun gibt es 4 Pharaonen ↗ dieses Namens, Nr. III war der Vater von Echnaton ↗, der Nr. IV wurde, sich dann aber umbenannte - es könnte also letzterer gemeint sein; entspr. Isis äqv. Teje ↗. S. Tempelschlaf ↗, Traumtherapie ↗ u. Traumzeit ↗. — Vorschlag einer Namensdeutung: Traum = T-Raum, ein Raum, zu dem man einen Schlüssel ↗ (= T) braucht. — Nietzsche ↗: »Im Schlafe und Traume machen wir das ganze Pensum früheren Menschtums durch.« Wozu wieder paßt, daß lt. Jung ↗ T. Archetypen ↗-Projektionen sind.

Traumdeutung: Deutung bzw. Entschlüsselung des Traumes ↗; in Ägypten zunächst eine Domäne des Per Anch od. Lebenshauses ↗. »Es ist darum verständlich, wenn die koptische Bibelübersetzung den Exegeten, die der Pharao zur Auslegung seiner Träume beruft, mit dem alten Titel ›Schreiber des Lebenshauses‹ bezeichnet« (Bonnet). Heute befaßt sich damit die Parapsychologie u. nennt es Traum-Analyse. C. G. Jung ↗ sammelte ganze Traum-Serien seiner Patienten, um die Deutung zu erleichtern, wobei er feststellen mußte, daß sie immer mit dem Archetyp Meerfahrt ↗ beginnen. S. a. Freud ↗.

Traumtherapie: Therapie ↗, die den Traum ↗ zu Hilfe nimmt, schon für Ägypten ↗ bezeugt: »Kranke konnten hoffen, durch Traum-Orakel Weisung für die Heilung ihrer Leiden zu erhalten« (Bonnet). Insbes. wird hier Meresger ↗ für den ›Heiltraum‹ genannt. — S. Traumzeit ↗.

Traumzeit: wird in Australien ↗ die dunkle Vorzeit gen., aus der der Mensch ↗ an einem best. Punkt ›herausgerissen‹ wurde: von diesem Moment an unterschied er zw. Wachsein u. Schlafen. Aber a. im Traum ↗ kann man in sie ›zurückversetzt‹ werden u. den ›Gesang der Traumzeitgeister‹ hören. Folg. Themen werden gen.:

1) im Traumzeitalter bestand ein Hund die 1. Prüfung der Initiation, weshalb seine Zähne am Stirnband getragen werden, s. Zahn ↗ als Symbol des Hundssterns Sirius ↗.

2) Die Regenbogenschlange ↗ verbrannte in der T. u. dieses Ereignis scheint sie a. beendet zu haben, s. Weltenbrand ↗.

3) Totem ↗ gelten als ›Traumzeitwesen‹; sie hinterließen an hl. Plätzen ihre Kraft, die das Leben der Menschen bis zum heutigen Tag schützt. Die Spuren dieser T.-Wesen überziehen die Wüste kreuz + quer wie ein Spinnennetz. Das Känguruh ↗ gehört z. B. dazu.

4) Rivalität zw. weibl. + männl. Kräften um den Besitz der Tschurungas ↗.

Treibende Kraft: Nommo ↗ in Afrika; offensichtl. bei Jung ↗ die Triebkraft ↗. — Äg. Symbol: Geißel ↗.

Treppe: als Symbol ↗: schon im Äg. Totenbuch ↗ erw.:

»O könnt ich das Schicksal besitzen der Wesen
Die auf der Spitze der himmlischen Treppe
weilen!«
(Kap. XXII)

Um wieviele T.-Stufen es sich handelt, wird nicht verraten. These: wie bei Ahu ↗, Stufenpyramide ↗ u. Totentempel ↗ dürfte es sich um die Weltenlehre ↗ handeln, mit 9 T.-Stufen bis zum Ziel. Reduziert bei ›Schmun‹ (Gottheit), was nur 8 bed. = Götterachtheit ↗ auf 7 u. bei Min ↗ wahrsch. auf noch weniger.

Treta Yuga: das Zeitalter (= Yuga ↗), das 12960 J. dauerte, also die 1. Hälfte der Geschichte ↗. Es schließt sich an das Dvarpa Yuga mit 8640 J., dann das Kali Yuga ↗ mit den restl. 4320 Jahren. — Exoterisch werden gewöhnl. noch Nullen angehängt.

Triebkraft: bei Jung im Ggs. zum Instinkt ↗ eine Treibende Kraft ↗, die den Archetypen ↗ entspringt.

Trinität: Dreieinigkeit, Dreifaltigkeit: im Christentum Gottvater, Gottsohn, Heiliger Geist ↗. War in älteren Var. a. anderen Völkern vertraut, am einprägsamsten bei den Totonaken ↗ als ein Grundmuster, dem alle weiteren Namen ↗ unterstellt werden können:

Himmelsgöttin	*Sonnengott*	*Heiland*
Heiliger Geist	Gott	Sohn
Mut ↗	Atum ↗	Schu ↗

wobei dieses äg. Bsp., mit dem die Götterneunheit ↗ beginnt, klarmacht, daß der ›Sohn‹ eigtl. ein Zwilling ↗ ist (hier Schu + Tefnut), was ebf. global ist.

Maya ↗:

Echse ↗	Schlange	Fisch (2 Fische ↗)

Bibel ↗:

Elohim ↗ (weibl. Mehrz.)	El ↗ (Vater)	Elohim (Sohn)

Afrika:

Nommo (als ›Wort‹) weibl.	Ntu ↗	Nommo (Kulturbringer ↗)

Da in Ägypten Atum mit Osiris verschmelzen kann, heißt eine weitere Var.:

Nut ↗	Osiris ↗	Horus ↗

in mex. Tierbildern:

Vogel	Schlange	Vogelschlange ↗

eine Symbolik, die sich a. in der Osirismumie ↗ findet. — T. ist a. ein Archetyp ↗, der sich in der Sphinx ↗ verkörperte. — These: die Einheit entspr. Ntr ↗, was bei Umkehrung ↗ Trn = Trinität ergibt. — S. Augustinus ↗ u. Seligkeit ↗.

Triumphtanz: ein Grundmotiv ↗, das Buchstabe A (Alpha, Anf.) u. dem Archetyp Pfau ↗ entspricht. Im Leben ↗ äqv. Geburt ↗, in der Psyche ↗ dem Ich-Kern. In der Architektur wurde der Triumphbogen daraus, durch den ein Sieger ritt; sein Bogen entspr. genau dem oberen Bogen des Grundmotivs, das ausgesparte Dreieck wäre der breitbeinige ›egozentrische‹ Triumphierende.

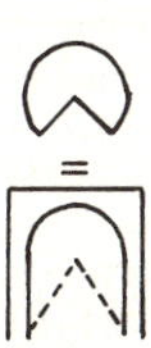

Troja: Stadt mit Burg, von Homer ↗ in der Ilias ↗ besungen, was Schliemann 1870–72 nach ihr graben ließ: er fand jedoch 9 T., eine Schicht von Stadtresten über der anderen. Die von den Griechen ↗ im ›Trojanischen Krieg‹ ↗ zerstörte lag ziemlich weit oben (Abb. 1), die älteste stammt aus dem 4. Jt. v. Z. »Im Verlauf mehrerer Grabungskampagnen fand er Mauern aus riesigen Steinblöcken. Er fand Tonscherben, Speerspitzen, Steinwaffen, mannshohe Lehmkrüge, viele Hinweise auf Feuer und Zerstörung. Er fand einen Palast

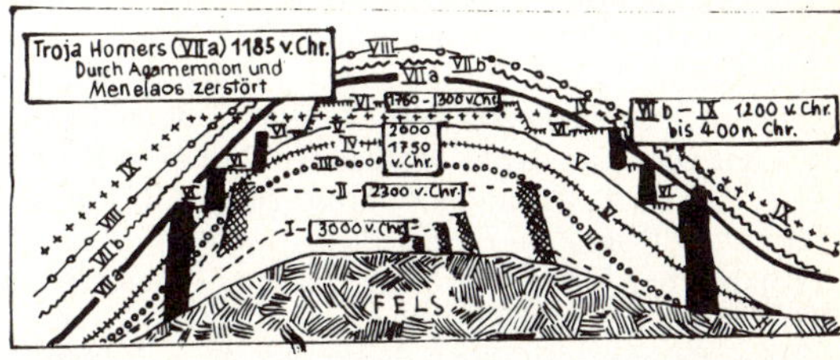

Abb. 1

und einen Schatz: eine Ansammlung von silbernen Vasen und Messern, goldenen Diademen, Ohrringen und über 8000 goldenen Ringen und Knöpfen.« Charroux: »In tieferen Schichten fand man Keramik mit dem Hakenkreuz ↗. Die Schutzgöttin war Minverva ↗... M. Alfred Maury nennt Minerfa eine pelasgische Göttin – sie wurde die Menerfa, Mnerfa der Etrusker ↗.« Die ersten Bewohner könnten also Pelasger ↗ gewesen

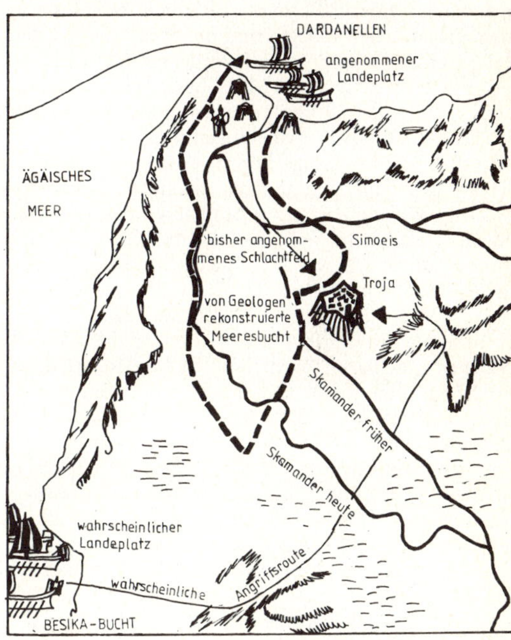

Abb. 2

sein. Neueste Erkenntnisse amerik. Geologen zeigen: T., auf dem heute zur Türkei ↗ gehörenden Hügel Hissarlik, lag direkt über den Klippen am Meer (Abb. 2); erst später wurde die Meeresbucht durch Flußablagerungen ausgefüllt, wobei sich die Küstenlinie um mehrere km verschob. »Die Achäer ↗, so stellten die Geologen außerdem fest, können gar nicht in der Bucht unterhalb der Stadt geankert haben. Sie wären im Treibsand steckengeblieben und hätten außerdem gleich nach der Ausschiffung steile Felsen erstürmen müssen – ein selbstmörderisches Unternehmen... In der Schicht VIIa des Ruinenhügels Hissarlik, die in die Zeit von 1230-1225 v. Chr. datiert wurde und als das Troja Homers gilt, wurden deutliche Hinweise auf ein Erdbeben gefunden. Das führte zu einer neuen Hypothese: Troja, so heißt es nun, konnte von den Achäern nicht eingenommen werden. Erst als ein Erdbeben die mächtigen Mauern sprengte, drangen die Achäer in die Stadt ein und machten sie dem Erdboden gleich...« (P. M.) U. wieder Charroux, der schreibt die Trojaner seien daraufhin zu den Phöniziern ↗ geflüchtet u. mit diesen nach Brasilien gefahren. Die dortige Stadt Tutoya käme von Toor Troya = Stadt der Troyer. — S. Paris ↗, La Toja ↗, Palladion ↗, Troya-Burg ↗ u. Troya-Tanz ↗. — Rom ↗. — Siegfried ↗.

Trojanischer Krieg: der wegen Helena ↗ ausgelöste Krieg um Troja ↗, beschrieben in der Ilias ↗. »Dramaturgen, Psychologen und Kriegsstrategen analysierten den Stil, verfolgten die Entwicklung der Hauptfiguren und die Taktik der Helden und Heerführer, um Hinweise darüber zu erhalten, ob die Epen von einem oder mehreren Autoren geschrieben sein können, ob es ältere und jüngere Mythen gibt, ob sich vielleicht sogar eine ›Ur-Ilias‹ herauskristallisieren läßt, die dann dem wahren Kern am nächsten käme. Letzten Aufschluß haben alle diese Forschungen nicht gebracht. Die Unsicherheit blieb so groß, daß Wissenschaftler heute immer noch ernsthaft behaupten können: es gab nie einen Trojanischen Krieg - und die Stadt, die auf dem Hügel Hissarlik ausgegraben wurde, braucht nicht unbedingt Troja zu sein« (P. M.). These: da fast jeder Mythos ↗ den realen Ort gg. einen erfundenen vertauscht (s. Kalewala-Epos ↗, Nibelungenlied ↗ u. a.) u. der Ilias die Odyssee ↗ folgt, könnte es sich einmal um La Toja ↗ handeln, zum anderen ein noch älteres Vorspiel im Waland ↗-Haus = Simbabwe von Ostafrika meinen, als einem Vorkrieg, der zur Götterdämmerung ↗ führte. Das wurde dann verschmolzen mit dem Krieg der Griechen ↗ im 13. Jh., s. Mykenische Kultur ↗, Dorer ↗, Pelasger ↗ u. Penthesileia ↗.

Trommel: Musikinstrument ↗, das mit Händen od. Stöcken geschlagen wird; bes. wichtig in Afrika ↗, weil man ohne sie die Orischa ↗ nicht rufen konnte. Es gab sie schon im alten Ägypten ↗, wo jedoch das Schlagen der T. am Osirisgrab ↗ verboten war: »Man fürchtete sonst den Ba ↗ des Osiris aus dem Schlaf zu wecken...« (Bonnet), u. dem wurde der Phönix ↗ gleichgesetzt. Das könnte unterstreichen, daß die T. ein Mittel ist, das Jenseits ↗ zu erreichen, weshalb sie a. im Schamanismus ↗ eine Rolle spielte, s. Runebomme ↗. ›Ngoma ↗ ya chibuka‹ heißt sowohl: die T. ist zerbrochen wie der König (od. Häuptling) ist tot. Zufall od. nicht, die Umkehrung ↗ von Trom (engl. drum) ist *Mort* = Tod ↗ (frz.), was der T. wohl a. die umgek. Wirkung zuspricht: zurückholen ins Leben durch Rhythmus ↗-Strukturen, die bei den 24 sakralen Schlagformeln ↗ u. U. genau dem Sonnenalphabet ↗ entsprechen. Das könnte die häufigste T.-Form, die einem Stück Lichtstrahl ↗ gleicht, erklären. Die andere, Sprech-T., ist X ↗-förmig, genau wie die in Schiwas ↗ r. Hand, äqv. Olokun ↗; s. Trommelschrift ↗ u. Nigeria ↗.

Trommelschrift: ist eine Form der afrik. ›Schrift‹ ↗, wie Kunst + Tanz. Sie ruft ›innere Manuskripte‹ ab u. überträgt sie auf andere; so z. B. unendl. lange Dynastienlisten einheim. Königreiche, Material der Religion + Mythen etc. Man kann das für eine Sonderform der Tradition ↗ halten, die sich direkt an die ›Blutseele‹ = Abusua ↗ wendet, wie man ja a., ohne dies zu wissen, sagt: die Rhythmen (= afrik. Tamtam) gehen ›ins Blut‹. S. Polyrhythmik ↗ u. Trommel ↗ allgemein.

Troubadours: ›Erfinder‹, d. h. Dichter des 12. + 13. Jh., die ihre Lyrik selbst vertonten u. persönl. vorsangen. Sie ging aus den Erregungen der Kreuzzüge ↗ hervor, weshalb ein zentrales Thema der Gral ↗ u. die Frauenverehrung ist, übergehend in das Minnelied ↗, Wolfram von Eschenbachs Parzival ↗ u. die König Arthur-Sage, s. Ginerva ↗. Wird aber nicht zur Gotik ↗, sondern zur Romanik ↗ gerechnet. S. Druiden u. das Buch ›Kreuzzug gegen den Gral‹ von Otto Rahn ↗.

Troya: Schreibvar. von Troja ↗, Stadt der Trojer, deren Burg möglicherweise a. eine Troya-Burg ↗ für das Tanzen der Weltordnung, d. h. den Troya-Tanz ↗ war.

Troya-Burg: ist bei Wirth ↗ nicht die zerstörte Burg von Troja ↗, sondern ein allg. Ausdruck für Babylone = Labyrinth ↗ u. Waland ↗-Haus, d. h. eine rituale Tanzburg. Das geschichtl. Troja = Ilion auf dem Ida-Berg (heute Hissarlik) sei die Kultstätte der Kybele ↗ gewesen. Sein ›Troyaburg‹ genanntes Labyrinth (Abb.) erinnert ein bißchen an das Simbabwe ↗-Burglabyrinth. Es handelt sich um eine sehr alte Spange aus Schweden, die er den Tornit-Völkern ↗ (Germanen) zuschreibt, wie er a. die Silbe Tro von Troya nicht nur als Rta (Rita, Rota ↗ etc.), sondern a. als Tor, Thor ↗ versteht.

Troya-Tanz: ein Gehen = Ya ↗, Yaa (od. Tanzen) der Weltordnung ↗ = Tro, Taro ↗, unter diesem Namen sowohl bei den Indianern ↗ wie a. bei den Tiodiska ↗ überliefert; letztere praktizierten ihn im Thing ↗. Lt. Wirth ↗ verband sich damit ein mitgeführter Riese, der *kruisboogschutter* = Armbrustschütze hieß. These: damit ist die geschichtl. Zeit der Entstehung des T. gegeben - Schütze-Sektor = Affe ↗. »Jungfrauen tanzten ihn mit wissenden Füßen«, womit die Jungfrauen der Gralspflege ↗ gemeint sein dürften. Heißt er aber ›Tanz des Riesen‹, so könnte es sich um Kalewa handeln, den ›bösen Waland ↗‹, Archetyp ↗ Luzifer. Daraus entstand dann wohl der Wahn, die Hexen ↗ flögen zum Teufel, um mit ihm zu tanzen. — A. aus Afrika ist ein ›Tanzen der Weltordnung‹ überliefert, jedoch nicht unter diesem Namen. Er dürfte sich dort mit der Oja ↗ verbinden, die als Oya in Troya enth. ist, was ihren Gatten Schango mit dem Waland verbindet.

Trudenfuß: der Fünfstern ↗ als ›Fuß‹ (od. ›Stern‹), in Ägypten ↗ immer ein Fünfstern (Abb.), der Trud od. weisen Frau, Jungfrau, als Z. ihrer göttl. Kraft. Wirth ↗ stellt die Trud mit der Ran ↗ gleich. Da Trudheim einer der 12 Sitze von Asgard ↗ war, muß es sich um einen Planeten ↗ handeln. These: Venus ↗, zukünftige Regentin der 6. Welt ↗. — A. die Truthühner ↗ sind danach benannt. — Als Symbol erscheint der T. oft auf

Stern

altdt. Truhen ↗.

Truhe: in der ältesten Überlieferung Sambo ↗, die ›sprechende Truhe‹, ein ›von oben‹ gekommenes Objekt, das sich erst im engl. Wort *chest* in folg. Deutungsmöglichkeiten auffächert: *chest* = Truhe, Kiste, Kasten, Lade, Brustkorb u. damit a. Korb. Mit der Lade wird die Verbindung zur Bundeslade ↗ deutl., mit dem Korb die zu Tane ↗, der 3 Körbe mit Wissen ins ird. Paradies ↗ bringt, zus. mit Äxten u. 2 Steintafeln. Aus letzteren wurden die Gesetzestafeln ↗, aus der Axt ↗ der ›Schlangenstab‹. These: insg. ergibt sich das Bild der Landung ↗, das sich nun in die gen. Einzelteile auflösen läßt (Abb.).

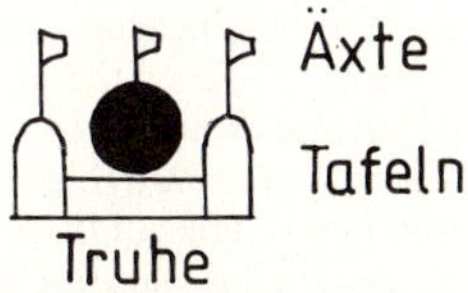

Sprechende T. paßt aber a. zu Ngoma ↗, einer Trommel ↗, die etwas enthält u. zugleich ein Sitz ist – genau wie das von Isis ↗ auf dem Kopf getragene Objekt, gen. ›Sitz der Sonne‹, Teil des äg. Thrones ↗, der deutl. macht, daß man beim Ur-Alphabet ↗ landet. Die Äxte sind das äg. Ntr ↗-Z.: statt das Wort in Nut ↗ (Kosmos) u. Re ↗ (Sonne) zu scheiden, läßt es sich nun a. zusammengezogen als ›Kosmossonne‹ verstehen. Od. die T. ist der ›Sitz der Schwarzen Sonne‹, afrik. Po ↗; stellt man das äg. Km ↗ = schwarz davor, wird Km-Po = Sambo daraus. A. der Bezug zum Gral ↗ ist gegeben, denn er wird sowohl als ›Gefäß‹ (die T.) wie a. als ›Buch‹ (die Tafeln) od. Stein (die Tafeln waren Steintafeln) definiert. Selbst die Kathedra Petri ↗ ist dieser T. analog, sowohl was die Form einer ›Sitz-Truhe‹ betrifft, wie a. ihre Symbole etwas mit der Lehre (die mit der T. verbunden ist) zu tun haben. Wir stoßen also auf das Initialgerät der Weisheitsreligion genannten Geheimlehre ↗. S. Petroma ↗ als Steintafeln u. Sarkophag ↗ als T. für Initiation, wie bei Tutenchamun ↗ der schwarze Hund Anubis ↗ als ›Herr der Truhe‹ erscheint.

Truthühner: spielen im Chilam Balam ↗ eine Rolle, wo es heißt:

»Die rote Mutter Ceiba ↗ steht im Osten... die roten Truthühner gehören ihr... Die weiße Mutter Ceiba... die weißen Truthühner gehören ihr... Die schwarze Mutter Ceiba des Westens... die schwarzen Truthühner gehören ihr... Die gelbe Mutter Ceiba... gelb sind ihre Truthühner.« Man scheint auf eine indian. Version des Thrudenrings ↗ zu stoßen, der sich in diesem Fall mit dem Weltideogramm ↗ deckt. Bei der rituellen T.-Opferung werden 2 Paare X-förmig verschlungen (Abb. 1) über der Grube vor dem Altar mit dem Blätterkreuz ↗, wo a. die 4 Ah Can Tun ↗ neu gelegt werden, getötet u. in 24 Stücke für das anschließende Mahl zerteilt. These: das entspr. letztl. der Auffächerung des kosm. Ur-X ↗ in die 24 Grundmotive ↗, wobei inter. ist, daß das T.-Paar ebenso schwarz-weiß ist wie das Gefäß der äg.

Nut ↗. Das nächste Schema (Abb. 2) zeigt diese Aufteilung als hl. Tisch mit zentralem X u. 24 Kreisen, am einen Ende Altar mit Blätterkreuz, am anderen die Grube (Quadrat). S. Maya ↗ u. Noh Chin Chan ↗.

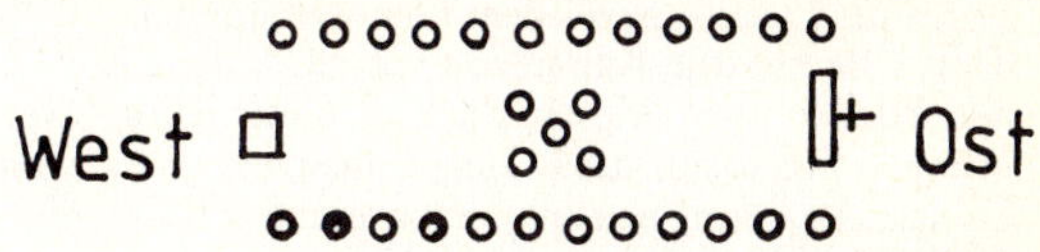

Tschad: Land in Afrika, das u.a. an Nigeria ↗ anstößt, s. Karte. Der Tschadsee ↗ verrät Merkwürdigkeiten.

Tschadsee: See im heutigen Tschad ↗, der die Grenze zu Nigeria ↗, Niger + Kamerun bildet, zur Großlandschaft Sudan ↗ gehörig. Er hat Zuflüsse (Logone, Schari), aber keinen Abfluß. Die mittlere Tiefe beträgt nur 1,5 m, der See versumpft, u. das Papyrus- und Schilfdickicht der Ufer zieht sich weit nach innen, wo es viele Inselchen gibt. Hier soll das Hiram der Säulen ↗ gelegen haben; hier gibt es die Überlieferung von Riesen ↗ mit Namen Sao ↗, u. noch heute heißt die Initiation ↗ in die echte afrik. Lehre Yondo ↗. These: in den T. floß vor Jt. der Nil ↗.

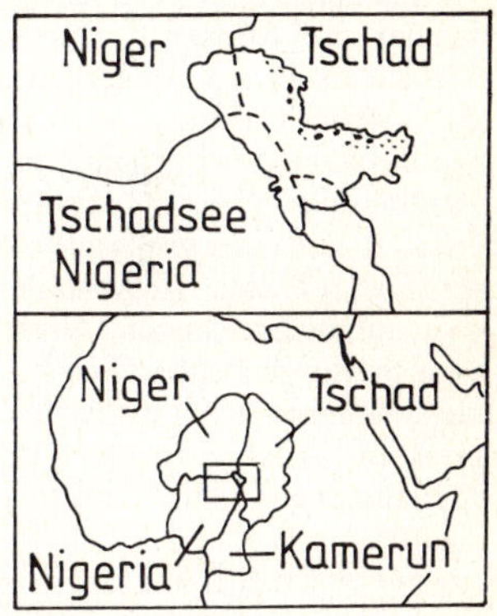

Tschuringa: s. Tschurunga ↗.

Tschurunga: Nv. Tschuringa; geweihte Gegenstände außerird. Ursprungs, um deren Besitz in der Traumzeit ↗ gekämpft wurde (Australien ↗), Thema a. des Mythos von den 2 Djangawul-Schwestern ↗. Es gehören dazu: das Schwirrholz ↗, hl. Steine mit Z.-Stenographie der Mythen, bestehend aus Spiralen ↗, Mäander ↗, ›Hufeisen-Fußspuren‹ als Wanderwege (s. Fuß ↗), Sanduhr-Motiv (= X) u. die sog. Fadenkreuze, die einen Rhombus ↗ darstellen (Abb.); ›Reibestein-Tschurungas‹, die als Eier der Regenbogenschlange ↗ gelten, u. der Bumerang. These: das Wort könnte eine Zus. von Zoro = *tschuru* u. Naga ↗ = *nga* sein, sich also auf die vom Sirius ↗ (= zoro) gekommene Schlange (nga), in der Gnosis ↗ = der Logos beziehen. So wundert es nicht, daß die wertvollsten T. a. Baum ↗ heißen, was sich über die Schlange mit dem Baum der Erkenntnis ↗ verbindet. Selbst hergestellt sind die T. ›Geiststätten bis zum Verfall‹, s. Geist ↗. In der Traumzeit, so heißt es, war jedoch T. mit einem Totem ↗-Vorfahren

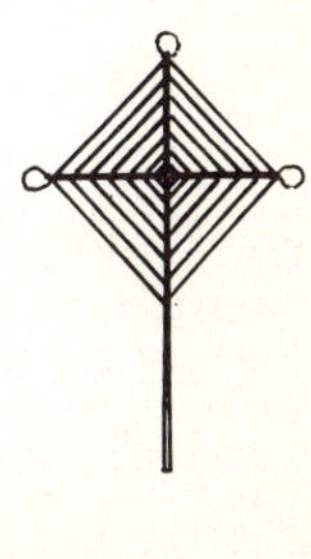

verbunden. — Evtl. ist die Silbe *tschur* a. mit dem germ. Ger ↗ (Gaur, Gorr ↗) verw., denn als ›Speer‹ ist die Form des Fadenkreuzes dem Ger sehr ähnlich.

Tsin Che Hoang: Kaiser von China ↗, der 240 v. Z. alle Bücher über Wissenschaft u. Geschichte ↗ verbrennen ließ u. nur das I Ging ↗ aussparte. Fing a. die Dynastienzählung neu an u. nannte sich 1. Kaiser. Sein Ch'in-Reich war jedoch nur von kurzem Bestand u. zerfiel nach einem Tod in weiteren Kämpfen zw. ehrgeizigen Feudalherren. Dann folgte das Imperium der Han ↗.

Tu: Nv. von Ku ↗ in Polynesien; einer der ›Söhne‹ von Atea ↗, als ›Kriegsgott‹ eingestuft. Dürfte dem Element Feuer entsprechen.

Tuareg: Eigenbez. Imuschag; afrik. Stamm in der westl. Sahara ↗; wechselweise als Hamiten ↗ od. Mauren ↗ eingestuft. Ihre Tradition ↗ überliefert Ruinen nahe der Oase Abalessa als Wohnsitz ihrer geheimnisvollen Vorfahren Tin Hinan. Dortige Ausgrabungen stießen auf ein Frauenskelett von äg. Typus. Andere Vermutungen definieren sie als Nachf. von Überlebenden der Insel Atlantis ↗, was evt. erklären könnte, warum sie als einzige Menschen nicht träumen können (Schocknachwirkung). — Waren meist der Oberhoheit des Königreichs Mali ↗ unterstellt.

Tuath, Tuatha: Volk ↗, Stamm. Ir. Mythos ↗: »Also ließ sich, von einer großen Wolke getragen, der Stamm der Göttin Dana ↗ (Tuatha de Dannan ↗), das Elfenvolk, auf die Erde herab... Dottin bemerkt, daß Tuatha zwar Stamm bedeutet, Tuath aber auch ›links‹ heißt. Hiervon leitet sich Tuathach, Zauberer, her« (L. Lengyel). Lt. Wirth ↗ ist der Ursprung des Namens die Runenformel Ti-Od ↗ mit folg. Wortbildungen:

↑ ᛟ = Tu-Ath = Thi-Ude = Thi-Oda = Thi-At = Thi-Uda = Di-Ot(a) = Ta-Uta = Ta-Oto = Ta-Ot, schließl. Teutonen ↗ u. Deutsch ↗. Ein Volk, dessen 3 Urstämme noch nach der Überlieferung des Tacitus ↗ Söhne des Manus ↗ waren u. sich letztl. auf Tuisto ↗ bezogen. These: äqv. Thot ↗ als Zusammenziehung von Tuat, Tiod.

Tuatha de Dannan: Volk (s. Tuath ↗) der Göttin Anu ↗, Dana, Dannan. Nach altir. Tradition kamen sie einst mit der Megalithkultur ↗ über Schottland nach Irland, von wo, wird nicht gesagt. Sie bekämpften die Fomori ↗, wurden aber besiegt. These: sie kamen aus Ägypten, wo die Anu als Stamm das Symbol der Nephtys ↗ besitzen, woraus die germ. Nertus ↗ wurde, die mit der Anu ident. sein müßte wie mit der kanaan. Anat ↗, deren Bruder Baal ↗ zum germ. Baldr ↗ wurde. Als Symboltier ↗ wird der Dana (Anu) der Geier ↗ zugeordnet. L. Lengyel (Das geheime Wissen der Kelten ↗): »Der Stamm der Göttin Dana führte die immateriellen Werte, die Magie und die List ein.« Ersteres brach im dt. Idealismus ↗ wieder durch. In Lengyels Analogie-Tabelle (S. 341) wird Dana mit Minerva ↗ gleichgestellt.

Tuisto: ›erdgeborener Gott‹, auf den sich über Manus ↗ die 3 Stämme der Germanen ↗ od. Tiodiska ↗ bzw. Tuatha de Dannan ↗ beziehen. »Sein Name wird meistens vom Zählwort ›zwei‹ abgeleitet: deutet der Name ursprünglich Zwilling ↗ an, oder war Tuisto vielleicht ein Hermaphrodit?« (R. Derolez). Im Museum von Stuttgart befindet sich lt. Wirth ↗ eine ›sinnbildliche Tuisto-Stele‹ (Abb.), die leider sehr primitiv ist, aber doch das wesentl. zeigt: 2 Gesichter wie z. B. die äg. Göttin Hathor ↗, was sowohl den Zwilling wie den Hermaphrodit ausschaltet. Näher liegt, ihn mit dem noch heute geläufigen engl. Wort *twisted* = verschlungen, doppelzüngig, unehrlich zu verbinden. Altisländ. Nv. Tvimadr = 2 Menschen in einem, also ein innerer ›Zwilling‹. So nannte sich die Ger ↗-Rune a. ›Tor-belgbunden‹, d. h. Tor ↗, äqv. Tuisto, im Kreis (balg) eingebunden, der der Runenkreis ↗ od. das ihm geweihte Thing ↗ war. Wirth nennt T. a. Tyr-Ullr, mit Tyr = Tor u. Ullr = Ul ↗: der ›Schütze, des Pfeiles Riese‹, s. Schütze ↗ als Zeitangabe. Dieser ›Pfeil‹ bildet den Anf. von Tiod ↗. Außerdem setzt er T. mit dem erdgeborenen Gott Stoichos von Attika, Griechenland ↗ gleich u. nennt ihn den Erfinder der nach ihm benannten ›Buchstaben‹ = Stoicheia ↗, deren Inhaberin Athena ist. Das unterstreicht, daß er dem äg. Thot ↗ entspr., ebf. Erfinder der Schrift. Weil er ein ›Zwiefacher‹ war, mußte T. zweimal gerufen werden; im übrigen hieß er a. Fulltrui = dem man volle Treue schenkt.

Tula: heutiger Name von Tollan ↗. Annalen der Cakchiquel-Maya: »Von Sonnenuntergang her, von Tula kamen wir, von jenseits des Meeres; und in Tula wurden wir bei der Ankunft hervorgebracht, im Kommen wurden wir hervorgebracht, durch unsere Väter und Mütter, wie sie sagen...« Das macht deutl., daß es 2 Stätten dieses Namens gab u. von Thule ↗ auf T. übertr. wurde.

Tulteka: Tolteken ↗.

Tum: heutige Schreibweise von Atum ↗; die Umkehrung ↗ Mut ↗ stellt die Verbindung zu jener Göttin her, die T. hervorbrachte, s. Götterneunheit ↗.

Tun: bei den Maya ↗ eine Kalender ↗-Einheit, nämlich die 360 Tage (Kin ↗) des Haab ↗, unterteilt in 18 Uinal ↗ (Monate), an die sich die 5 Uayeb ↗ anhängen. Ein T. entspr. also den 36 Dekanen ↗ von Ägypten, was wahrsch. macht, daß T. nur die Umkehrung ↗ von Nut ↗ ist. Die Rechnung geht weiter mit 20 T. = 1 Katun od. 7200 Tage u. 20 Katun = 1 Baktun od. 144000 Tage, lauter Zahlen ↗, die von Bed. sind mit 144 als Gesamtkosmos ↗ od. 36 (das T. ohne Null) als 1 Kosmosphase: Nut = 36 Mrd. Jahre. — S. Maisgott ↗ u. Mondkaninchen ↗.

Türkei: Land der Turkvölker od. Turk-Tataren ↗ wie a. Uiguren ↗ u. a.; im N das Schwarze Meer ↗, im W + O das Mittelmeer ↗. Erst 955 in Kleinasien ↗ gegr., später auf Europa übergreifend. S. Hatti ↗, Hethiter ↗ u. Sardis ↗. Die einstmalige Ausdehnung zeigt sich im Verlust von Armenien, Syrien ↗, Mesopotamien ↗, Palästina ↗, Arabien u. Ostthrakien 1920. Die Kreuzzüge ↗ kämpften gg. Türken in Jerusalem ↗. — Über den Namen gibt es keine Auskunft. Da aber der nördl. Zweig der Türken, die Jakuten, als Gott Tanara verehren, ein Nv. von Donar = Tor ↗ u. Tyr ↗, könnte er sich von letzterem ableiten, aufgegriffen vielleicht in Tyrus ↗. S. Troja ↗.

Turm: als Symbol: wie der Babylonische Turm ↗ eine ›Feste zwischen Himmel + Erde‹, eine Art Baumstamm-Stammbaum wie bei Maria Magdala ↗, gen. Davids Turm. Daß er prinzip. der Form des Archetyps Baum ↗ gleicht, zeigt ein Bild der Hl. Barbara, Teil eines Kreuzigungsaltars aus der Schloßkapelle zu Pfähl, Weilheim, entstanden um 1410 in Augsburg (Abb.). S. Turmlampe ↗ u. Turmpercht ↗.

Turmlampe: eine Lampe, die mit dem altgerm. Frauenturm ↗ zusammenhängt. Jede Seite trägt ein X, das sich auf das aus gekreuzten Bäumchen gefertigte X der Mütternacht ↗ beziehen dürfte, d. h. auf X-Mas ↗. Da sie ganz oben auf dem 7. Stock des Turms - den es a. als Turmpercht ↗ gab - von den Seherinnen ↗ bei best. Festen, evtl. in der Julnacht ↗, leuchtend gehalten wurde, kann sie wohl a. als 8. Stock des Turmes verstanden werden. Dann handelte es sich entw.:
1) um das X des 8. Sektors im 8er Kreis der Sonne ↗ = die ges. 5. Welt ↗; od.
2) um die Heilige Hochzeit auf dem 7. Stock des Babylonischen Turms mit der Lampenträgerin als Inanna ↗ (sum.), die der germ. Janna ↗ entspricht. Da diese aber a. der Runenkreis ↗ ist, läßt sich eine Lampenseite a. in Anf. + Ende der Runenreihe auseinandernehmen:

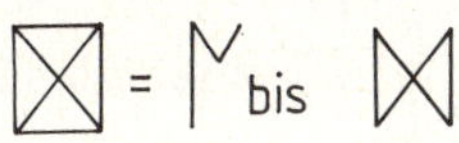

Turmpercht: 1 der 3 Formen der Percht ↗, symbolisiert durch einen langen, zuckerhut-förmigen Kopfaufsatz, der entw. auf den Frauenturm ↗ anspielt od. auf den 2., längeren Stein im Thing ↗ in Übereinstimmung mit dem ›Zahn‹ der Sirius-Hieroglyphe ↗, die sich a. in den Externsteinen ↗ spiegelt. — S. Nikolo ↗.

Tutenchamun: äg. Pharao ↗, der Echnaton ↗ folgte, u. zwar 11jährig. Nach 9 J. Regentschaft - die wahrsch. seine Mutter Teje ↗ ausübte - starb er schon 19jährig, zweifellos ermordet, denn man fand ein Loch in seinem Kopf. Außerdem wurde er fortan in der Dynastienliste ↗ u. dergleichen totgeschwiegen, was wohl spez. Haremhab ↗ zuzuschreiben ist. Als Witwe ließ er Anchsenamun ↗ zurück. Sein (ausnahmsweise) fast unversehrtes Grab wurde 1922, also nach ca. 3300 J. in der Nekropole ↗ von Theben ↗ gefunden, in Nachbarschaft der Gräber von Hatschepsut ↗ u. den versch. Muntuhoteps ↗, was auf Verwandtschaft schließen läßt. Die 4 Kammern der Grabanlage (Abb. 1) bargen rd. 5000 Kostbarkeiten u. wurden zum wertvollsten Fund der Archäologie. Aber: 5 Monate nach Brechung des Grab-Siegels ↗ starb plötzl. der Entdecker, was dem ›Fluch der Pharaonen‹ entspricht. Nur in dieser Anlage kann man noch die Symbolik des alten Km.T ↗ (Ägypten) studieren u. Zugang zum Verlorenen Wissen ↗ erhalten: so in der schwarzen Ka ↗-Statue (Abb. 2), die doppelt zu beiden Seiten der Sarkophag ↗-Kammer stand. Der Sarkophag bestand deutl.

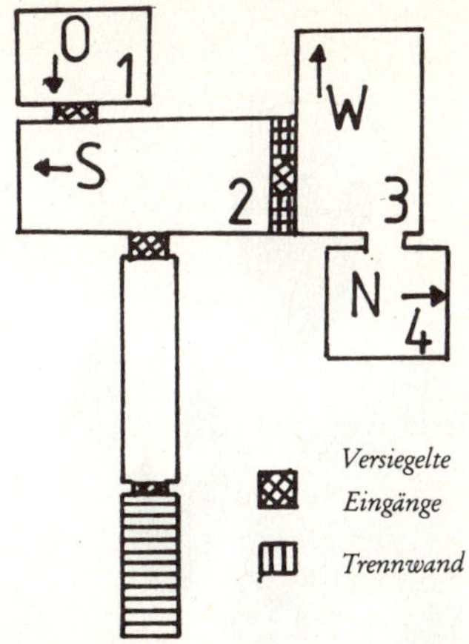

Abb. 1: Grab aus vier Kammern
1: Nach Osten (Saal der Wiedergeburt)
2: Nach Süden (Saal des ewigen Königtums)
3: Nach Westen (Saal des Aufbruchs zu den Verwandlungen im Tode)
4: Nach Norden (Saal der Wiederherstellung des Körpers)

Abb. 3

Abb. 2: Tut-Ench-Amun

aus 4 ineinander gelegten Mumienhüllen ↗ (Abb. 5) als den 4 Sektoren nach dem Osirismord ↗, s. Djed ↗, u. die wichtige Zahl 24, äqv. Grundmotive ↗ der Geschichte ↗, findet sich als Zeilenzahl der mit Hieroglyphen beschriebenen Innenwand einer 40 cm großen Osirismumie ↗ für T.s Eingeweide (Abb. 3). 4 dieser Figuren befanden sich im Kanopen ↗-Kasten (Abb. 4); rechnet man 4 x 24 u. die 4 Kanopen-Göttinnen dazu, erhält man wieder 100, wie bei Geißel ↗ + Hirtenstab

Abb. 4

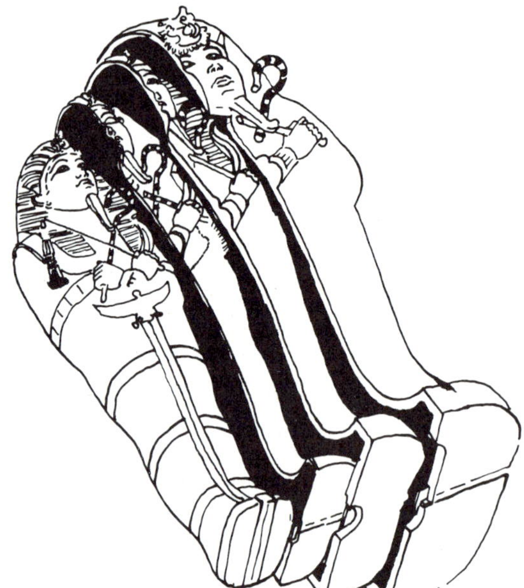

Abb. 5

+ X (als deren Kreuzung). Ein »... aus Gold-Cloisonné bestehendes Halsband trug als Anhänger einen großen Skarabäus ↗ aus schwarzem Harz mit dem rituellen Phönix ↗-Text.« Auf ihn dürfte sich sein 2. Krönungsname Nb-Chepre ↗-Re ↗ beziehen = Herr (Nb) der

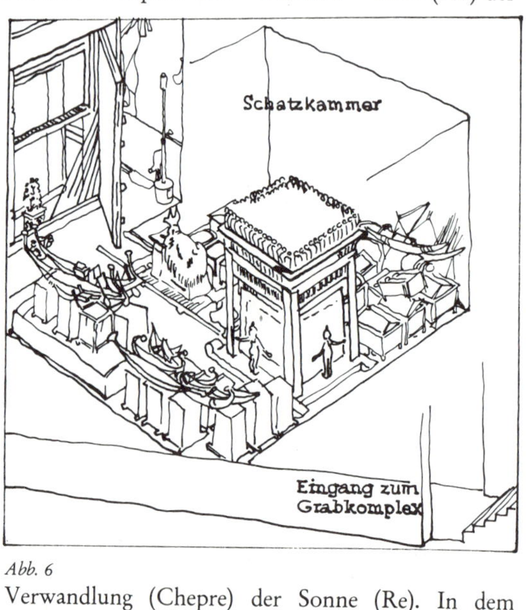

Abb. 6

Verwandlung (Chepre) der Sonne (Re). In dem ›Schatzkammer‹ gen. ›Saal der Wiederherstellung des Körpers‹, der nach N gerichtet ist wie die Luke ↗ der Großen Pyramide, sieht man vor dem Kanopenschrein Anubis ↗ als ›Herr der Truhe‹, daneben das

Abb. 7

Totenschiff ↗ (2 mal) u. Begleitschiffe (Abb. 6). Die offene Tür l. oben führt in die ineinander verschachtelten ›Schreine‹. Seine goldene ›Totenmaske‹ (Abb. 7)

Abb. 8

zeigt deutl. die 12 Perlenreihen der Brustplatte ↗ samt Verschluß mit Horus ↗-Falkenkopf sowie den blauen Götter-Bart ↗ u. die Haube Nemes ↗. — Der Name ↗ T. setzt sich zus. aus Thot ↗ (hier Tut), Ankh ↗ (hier Ench) u. Amun ↗. Kartuschenbilder erweisen ihn außerdem als Zwilling ↗, einmal schwarz, einmal weiß. (Abb. 8, Teil eines Gefäßes für Salbe ↗). — S. Mut ↗.

Tutmoses: Name mehrerer Pharaonen ↗, zusammengesetzt aus Tut = Thot ↗ u. Moses ↗ = MSJ, was nur ›Kind von Thot‹ bedeutet. T. IV. könnte der Großvater von Echnaton ↗ gewesen sein.

Typhon: Nv. für Python ↗, wahrsch. von Tep = Mund (äg.).

Typologisches Gesetz: zusammenfassender Begriff für die 4 Phasen, die jede Kunst ↗-Darst. in Afrika ↗ durchläuft:

1) das objektive Moment als Studium einer in der Natur vorkommenden Realität
2) Entflechtung der essentiellen Linien aus dem sinnlich wahrgenommenen Erscheinungsbild (Abstraktion)
3) Schaffung eines Motivs aus den gewonnenen essentiellen Linien heraus, das dem Alphabet der afrik. Kunstsprache zugehörig ist (Thematisierung) = die 24 Grundmotive ↗ u. ihre Varianten.
4) Komposition eines Kunstwerks, das aus den gewonnenen u. schon vorhandenen Motiven geschrieben wird wie ein Gedicht (Synthese).

D. h., Kunst ist hier Schrift ↗, heute vom Muiska-Museum ↗ in mühseliger Arbeit übersetzt. Diese Kunst ist Primär ↗ (nicht primitiv, wie so oft behauptet).

Tyr: Nv. von Thor ↗, aber a. Tiu ↗ (= Tiur) od. Ullr ↗; bei Wirth ↗ der ›Jahr-Gott‹, das ganze J., was sich im Runenkreis ↗ ausdrückte. These: dann ist er als Thor (bzw. Tor ↗) Jupiter = 4. Welt u. als Tiu Mars = 5. Welt, s. Babylonischer Turm ↗, u. das ergibt zus. die Geschichte ↗ als Tierkreis ↗ = der germ. Tyr-Kreis. — S. Germanen ↗ u. Garm ↗.

Tyrus: wichtigster Handelsplatz von Phönizien ↗ an der Ostküste des Mittelmeeres ↗, heute im S des Libanon ↗. Schon 2750 v. Z. gegr., als das Land noch Kanaan ↗ hieß. Ein berühmter König von Tyr war Hiram ↗; von hier könnten die Etrusker ↗ stammen, was den Bezug ihres Namens zu Tyr ↗ nahelegt, s. ihre Gottheit Tinia ↗. 574 v. Z. wurde T. von Nebukadnezar ↗ zerstört - Karthago ↗ hielt sich fast noch ½ Jt.; evtl. Gründer Agenor, Vater von Europa ↗.

Tzakol: im Popol Vuh ↗ ›Mutter von Schöpfung und Leben‹, die Schöpferin ↗ bzw. Ur-Göttin des Kosmos; von *tzac* = errichten. Im tägl. Leben manchmal als Ah Tzakol = Maurer eingesetzt. Text: »Tzakol und Bitol ↗, Gebärerin und Hüter des erleuchteten Geschlechts, der Lichttöchter, der Lichtsöhne; die Denker und Weisen über allem Sein im Himmel und auf Erden, in den Seen, in den Meeren.«

Tzolkin: Kalender ↗-Einheit der Maya ↗ in 2 Formen:

1) als Agrat-T. aus 260 Tagen, der feststeht. Evtl. das J. der Erde ↗, als sie noch die Position der Venus ↗ einnahm. Einteilung:

Sommer-Ordnung =	20 Tage Roden	80 Tage
	20 Tage Säubern	
	20 Tage Brennen	
	20 Tage Räuchern	

Regenzeit 180 Tage
Nach der ›Regen-Zeremonie‹ Weihung + Verteilung des Saatgutes, Begraben der Mais ↗-›Kornleiche‹. Sobald die 2 ersten Blätter erschienen sind, Häufelung einer Pyramide ↗; nun sieht es so aus, als treibe die Maisstaude aus dem Mittelpunkt eines Mul gen. Grabhügels hervor. Dann folgen 100 nichtgezählte Tage der Ruhe, des Tanzes, die prakt. schon zum Haab ↗ gehören.
2) der rotierende T.: läßt man Nr. 1 gg. den Haab rotieren (s. Tonalpohualli ↗), so ergeben 52 Haab = 73 T. Nr. 1 = 1 T. (Nr. 2) von 52 J. als ca. 1/100 des Long-Counts ↗. These: dies ist die Umlaufbahn der schwarzen Sonne (afrik. Po ↗) des Sirius ↗. — Eingebaut in beide Kalenderräder als Kultspiel das, was im Popol Vuh steht. »Es ist das Instrument, das Leben der Menschheit mit dem Kosmos zu verbinden.« Der Mensch, das ist der Mais, der Kosmos ↗ diese schwarze Kosmos-Sonne, deren Bahn in Ägypten Anubis ↗ vertrat. These: *Tzol* = Quetzal, *Kin* = Sonne, ergibt T. = Quetzalsonne ↗.

Buchstabe **U**

Grundmotiv 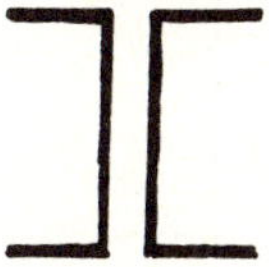 Todestanz

U: Mond ↗, Monat (Maya ↗); im Codex Vaticanus B sieht man in blauem U-Feld das ›Mondkaninchen‹ u. die Zahl 12 (), was wundern läßt, ob hier a. das 12. Grundmotiv im Sektor Hase ↗ = Todestanz ↗ (Buchstabe U) durchklingt.

Uakan: span. Schreibweise von Wakan ↗ (= hl.); so bei Uakan-Tanka ↗ od. Teotihuacan ↗.

Uakan Tanka: der hl. (= Uakan ↗) Tanka ↗.

Uas: Name des äg. Planetenstabs ↗ mit Kopf des Seth ↗-Tieres. Die gewellte Stabform wurde Zam ↗ genannt. Der U. konnte die Standarte des Wepwawet ↗-Hundes tragen (Abb.). Er fand a. bei der Ausmessung von Feldern Verwendung (Bonnet), was Zahl ↗ u. Maß entspr., d. h. Satan ↗, äqv. Seth.

Uayeb: die 5 ›Unglückstage‹ am Ende des Haab ↗, während derer die Haupttriten für das kommende Neujahr ↗ abgehalten wurden. Sie schlossen den Bau einer bes. Straße ein, die zu Götterbildern führte, die man in einer best. Himmelsrichtung unmittelbar außerhalb der Stadtgrenzen aufstellte. Jedes J. wählte man eine andere Richtung, wobei man gg. den Uhrzeigersinn vorging. — A. an die 36 Dekane ↗ der Ägypter schlossen sich 5 auf Götter bezogene Tage an, woraus später wohl die röm. Saturnalien ↗ wurden. — Die U. wurden von 5. Priesterinnen vertreten, die sich den Kopf mit der Nana Pola ↗ schmückten. These: im Übertrag darf man wohl die 50 Tage der Endzeit ↗ darin sehen.

Uaz: Schreibvar. von Uas ↗.

Übermensch: von Nietzsche ↗ als Begriff im Buch ›Also sprach Zarathustra ↗‹ eingeführt, auf den er sich als Vorbild bezog. Äqv. Anthropos ↗ bei den Anthroposophen, Chenti ↗ bei den Ägyptern u. Maitreya ↗ im Buddhismus. In der afrik. Ntu-Philosophie ↗ die letzte Kategorie Muntu ↗ (Mensch), unsterblich, was bzgl. der Weltenlehre ↗ in die 6. + 7. Welt fällt, zus. das 3. Reich ↗, worauf sich dann Hitler ↗ bezog. Klingt wieder an im Neofaschismus ↗. — S. Transmutation ↗.

Übersinnlich: über die normalen 5 Sinne ↗ hinausgehend in den Geist ↗ als ›übersinnliche Macht‹. Projektionen des Übersinnlichen finden sich spez. in der Kunst ↗.

Übersonne: beste Übers. für Sarra ↗, weil daraus a. Zara bei Zarathustra ↗ (s. Übermensch ↗) wurde, äqv. Kara ↗. Gemeint ist der Sirius ↗.

Überwelt: im Ggs. zur Unterwelt ↗ bzw. Welt ↗ das, was in der oberen Duat ↗ ist.

UdSSR: die von Lenin ↗ aus Rußland ↗ geformte ›Union der Sozialistischen Sowjetrepubliken‹ als Zentrum des Kommunismus ↗. Aus 152 Nationalitäten mit 130 Sprachen wurde eine nur auf dem Papier föderalistische Union aus 16 autonomen Republiken, 8 autonomen Gebieten, 10 Bezirken u. 120 Regionen mit Russ. als Behördensprache. Das gewünschte neue Nationalbewußtsein kam jedoch erst im 2. Weltkrieg ↗ durch den Fastzusammenbruch 1941/42 gg. Nazi ↗-Deutschland. Die Hoffnung, durch diesen Krieg zur gleichberechtigten Großmacht im Kreis der ›Großen Drei‹ (USA, Frankreich, England) zu werden, mit Hitler ↗ als Klammer für O u. W, erfüllte sich nicht; es wurden nur 2 große Sieger daraus, USA ↗ u. UDSSR, die sich im Rahmen des Endkriegs ↗ in totale Konfrontation stürzen. Als Führungsgremium steht an der Spitze ein 12gliedriges Politbüro, das alle 5 J., meist einstimmig, vom nominell höchsten Organ, dem Parteitag, gewählt wird, ebenso wie Parteichef (Generalsekretär) u. Zentralkomitee (ZK) aus über 500 Mitgl., das für die Durchsetzung der Entscheidung des Politbüros sorgt. S. Kreml ↗ (als dessen Sitz), Kolchose ↗, Moskau ↗ u. Chiliasmus ↗. — Das derzeitige Negativum einer alles erstickenden Bürokratie hatte schon Lenin vorausgesehen: »Man kann die Zaren ↗ verjagen, die Gutsbesitzer verjagen, die Kapitalisten verjagen, das haben wir getan. Aber man kann den Bürokratismus nicht verjagen.« Ein Sowjetbürger, so rechnete einmal die Parteizeitung Prawda vor, muß an jedem Tag seines Arbeitslebens durchschnittlich 7 Anträge schreiben. Was erklärt, warum der ganze Wirtschaftsmechanismus so ächzend u. quälend läuft u. vom Terror einer zentralistischen Planbürokratie gesprochen wird, die jedoch die zunehmende Homogenisierung der Völkerschaften erleichtert wie a. die Regierbarkeit dieses größten Staatsgebietes der Welt.

Ueb: äg. Priesterin ↗, a. Web; bei Umstellung zu Bwe wird die Endsilbe von Simbabwe ↗ deutl., was bei Simba-Sambo ↗ eine Hüterin der Truhe ↗ als Gralspflege ↗ daraus macht.

Ufo: Abk. für nichtidentifizierbares Objekt am Himmel, das fliegt. Ufos werden immer häufiger gesichtet u. photographiert (Abb. 1), wobei es natürl. a. zu Fälschungen kommt. Soweit erfahrbar, landen alle Pho-

Abb. 1

tos zunächst beim Militär, das die Fälschungen der Presse überläßt u. Originale zur Auswertung behält. »Einige Zeugenaussagen schreiben fliegenden Untertassen (Ufos) die Fähigkeit zu, sich materialisieren und entmaterialisieren zu können. In diesem Fall muß man ihren Insassen die Fähigkeit zuschreiben, das Raum-Zeit-Verhältnis zu manipulieren. Wenn dies möglich

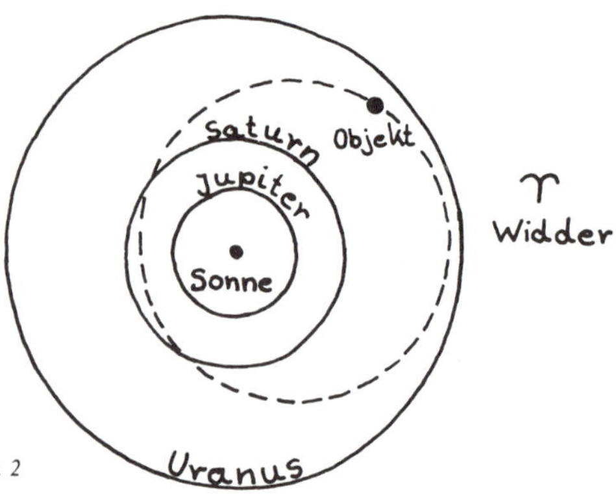

Abb. 2

ist, folgt daraus, daß unsere Auffassungen über die Beschaffenheit physikalischer Gesetze falsch sind« (Jean Sendy in: Die Ära des Wassermann ↗). These: es handelt sich um bemannte wie unbemannte Aufklärungsobjekte des vom Sirius ↗ wiederkehrenden Raumschiffes ↗, das lt. Dogon ↗ die Auferstehung von Nommo ↗ ›überwacht‹. Es wurde schon gesichtet (Abb. 2), aber noch nicht als solches erkannt, sondern ›10. Planet?‹ genannt. Insassen ließen angebl. Zeugen wissen: »Wir warten noch bis 1984 und greifen dann ein, denn ihr seid ja so blöd, den Globus doch noch zu zerstören.« Das paßt zu der Beobachtung, daß U. auffällig oft dort gesichtet werden, wo atomare Waffen gelagert sind.

Ugarit: ehem. Stadt in Kanaan ↗, von Ugr = *agros*, Feld; es gab einen Kultverein der Anat ↗, Tempel des Baal ↗ (ihres Bruders) u. sein Kultfigürchen (Abb. 1),

Abb. 2

auf der er eine der 2 äg. Kronen ↗ trägt. Außerdem Tafeln mit dem Mythos seines Palastbaus ↗. Heute liegt über U. ein Dorf namens Ras Shamra, das zu Syrien ↗ gehört (Abb. 2). Nicht weit entfernt Damaskus mit den Ruinen des ehem. Baalbek ↗.

Abb. 1

»Wie reich an mythologischen Vorstellungen diese Kanaanäer gewesen sein müssen, ließen uns schon die alttestamentlichen Schriften ahnen. Bestätigt wurde dies dann durch die Funde von Ras Schamra-Ugarit. Was im Alten Testament oft nur in Spuren erkennbar war, tritt uns hier in voller Klarheit entgegen« (A. Jirku). In einer U.-Urkunde heißt Mond = Jarach, woraus Jericho ↗ wurde. Lautverschiebungen dieser Art legen nahe, mit dem nichtgedeuteten Namen von 7 Göttinnen, den Kuscharatu (U.-Text) so zu spielen, daß sowohl Kasskara ↗ wie a. U. daraus wird:

Kasskara
Kusharatu
Ugharit

dann ist U. kein Feld, sondern eine Erinnerung an Kasskara; äg. Var. Sakkara ↗. Man würde besser verstehen, daß sich hier so alte Berichte wie Anat als ›fliegende Göttin‹, sprich Astronautin ↗ erhalten haben.

Uighur: einstmalige Hauptstadt in der heutigen Wüste Gobi ↗, aber a. Name des hellen Stammes, der von Mu ↗ nach Asien auswanderte u. dort ein Reich gründete, s. Kolonialisierung ↗. Ein Rest dürften die Uiguren ↗ in China sein, ein anderer die ›aufsässigen‹ 3 Stämme von Europa: Iren, Bretonen ↗ u. Basken ↗. — S. Asien ↗.

Uiguren: Stamm fremder Hilfstruppen, die ab 8. Jh. in der Politik von China ↗ mitredeten u. ihrer Religion, dem Manichäismus ↗, eine Sonderstellung sicherten. Man spricht a. vom ›innerasiatischen Turkvolk‹, s. Türkei ↗. These: gehen auf Uighur ↗ zurück. S. Mongolei ↗.

Uinal: 20 Tage, s. Quetzalcoatl ↗. — Dürfte mit Uinic ↗ zusammenhängen.

Uinic, Uinik: Mensch u. die Zahl 20 des Maya ↗-Kalenders, s. Tzolkin ↗ (20 x 13 Tage) u. Haab ↗ (20 x 18 Tage) sowie Uinal ↗. These: im Sonnenalphabet ↗ fällt 20 auf den Buchstaben U, womit Uinic beginnt u. auf die 3. Wurzelrasse ↗ mit dem ersten körperl. Menschen ↗. Man könnte also aus Uinic U-Ing machen (Weglassen des 2. I), mit *ing* = abstammen von (germ.), was zur Übers.: von U (= 20) abstammen führt.

Ul: 2. Rune, s. Ul-Rune ↗; bei den Wotjaken = Baum, was mit dem 2. Archetyp ↗ übereinstimmt; entspr. *ula* = Ast. Afrik. *Ulo* = Wald. Als ausgehöhlter Baum wird bei den Indianern ↗ Ulu = Schiff, Kanu, Ein*baum* daraus u. in Australien ↗ Ulburu = Trommel ↗ als Hohlinstrument aus einem Ast od. Stamm, evtl. als Zusammenfassung von Ul (Baum) u. Buru (= Bugari ↗, Urzeit). Dieser Urzeit-Baum war der Baum der Erkenntnis ↗, zusätzl. Ullr ↗ als Gottheit. A. Ul'Mu = Mensch (Lappland) gehört dazu mit dem Menschen als Baum (Ul) von Mu ↗ (dem Kontinent). Umkehrung ↗ Mu-Ul (mul) im Tzolkin ↗, der Grabhügel, dem der Mais ↗ (= Mensch) entsproß, germ. Ullas = Megalithgrab ↗. Im sog. Ul-Kreuz, Ausdruck von Wirth ↗ (Abb.), wird der Übergang zur Bootaxt-Kultur ↗ deutl., das ›Ul-Messer‹ wirderum ist bei den Eskimo das ›Frauenmesser‹ = das J., sprich Hand des Pachacamac ↗, wo es das T der Silbe Ti ↗ bildet. — Als Var. Wul bildet Ul die Endsilbe der Djangawul-Schwestern ↗, weiterführend über *wheel* (Rad) zu Vil ↗ = Kunst. Wie nahe Ul an Od ↗ liegt, zeigt z. B. die Verschiebung von Odysseus ↗ zu Ulixes (lat.)

Ulfilas, Wulfila: Bischof der (West-)Goten ↗ (ca. 311-383); hing dem Arianismus ↗ an u. übersetzte die Bibel ↗ ins Gotische. Wurde später als Ketzer ↗ verfolgt. Die 1. Zeile des Vaterunsers (Abb.) lautet bei ihm: *Atta*

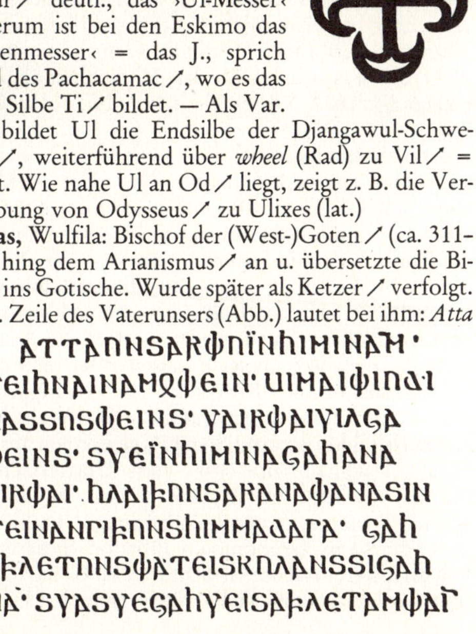

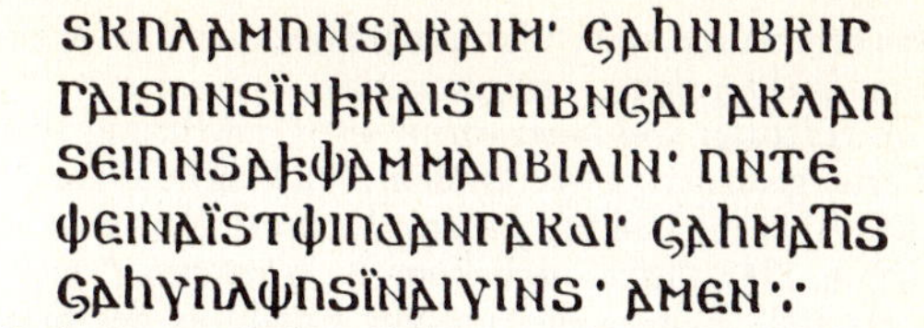

Codex Argenteus (5. Jh. n. Chr.)

Unsa Thu In Himinam, Vater unser du in den Himmeln ↗ (Mehrz.!). — Sein Name könnte Ul ↗ (Baum)-Filas (Sohn) bed., mit einer Verschiebung von Ul zu Wul.

Ullr: Nv. für Tyr ↗ (Tierkreis), bezogen auf Ul ↗ (germ.).

Ul-Rune: Nr. 2 im Runenkreis ↗, ein Tor ↗-artiger Bogen, der auf sum. Rollsiegeln ↗ als gebogener Baum = Ul ↗ erscheint, in den eine Göttin eingesperrt ist; in Umkehrung ↗ von Ul wohl Lu = Lucia ↗.

Ultima Thule: 1. Kontinent ↗, unter dem Eis der Arktis begraben. Bed. ›äußerstes Thule ↗‹. Ob die Angaben stimmen, ist offen, weil der heutige Nordpol früher Südpol ↗ war, s. Polsprung ↗, sodaß a. die Antarktis gemeint sein kann, die tats. mit Thule zusammenhing.

Ultraviolett: was im Regenbogen ↗ über violett hinausgeht; für den menschl. Sinn ↗ unsichtbar, für die Ameise z. B. nicht. Wahrsch. eine höhere Lage von rot, s. Farben ↗ u. Oktave ↗. Im 8er Kreis ↗ der Sonne = Götterachtheit ↗ (äg.) die Naunet ↗, d. h. Gegenkosmos, d. h. hier kippt das Licht ↗ in kosm. Strahlung um u. ist deshalb bei längerer Einwirkung schädlich; bräunt die Haut.

Umbilicus: sagenumwobene, ehem. sumpfige Stelle, die den Mittelpunkt von Rom ↗, d. h. den Nabel = U. = Omphalos ↗ bildet; heute im hellgepflasterten Platz mit schwarzen Marmorplatten = dem *Lapis niger* (schwarzen Stein) gekennzeichnet. S. Geodätischer Punkt ↗.

Umdrehung: Umkehrung als Wortumkehrung od. Silbenumstellung sowohl in Ägypten wie in der Kabala praktiziert. Bsp.:

Mut ↗	wird Tum ↗		
Nut ↗	wird Tun ↗ od. Nut ↗ u.	Ntu	wird Wotan ↗
Aton ↗	wird Tona ↗	Rouach ↗	wird Gaur ↗
Nommo ↗	wird Ammon ↗	Runa ↗	wird Anur ↗
Mekes ↗	wird Sechem ↗	Zahl ↗ (cal)	wird Lac (See)
Taro ↗	wird Rota (Rad ↗)	Dise ↗	wird Seid ↗

u. a. — Das Gesetz gilt a. im Traum ↗.

Umisachi Hiko: im jap. Mythos 1 der 3 Söhne von Ningi, Enkel von Amaterasu ↗ u. seinerseits Großvater von Jimmu ↗. Gattin war Toyotama, die sich in ein Krokodil ↗ verwandelt haben soll bei der Geburt ihres Sohnes = Vater von Jimmu. Das könnte die Zeitangabe beinhalten bzw. sich auf Isis ↗, hier Ise als Haupttempel der Kami ↗, beziehen. — S. Gohei ↗ evtl. als Weltenlehre.

Umkehrung: s. Umdrehung ↗.

Umwandlung: z. B. der Toten ↗ od. im längeren Prozeß als Transmutation ↗; das Äg. Totenbuch ↗ ist ebenso ›Buch der Wandlung‹ (U.) wie das I Ging ↗; s. Archetyp Verwandlung ↗.

Umweg: wird manchmal die Kultur ↗ gen., d. h. die Zeit vom Paradies-Verlust ↗ bis zur Wiederkehr ↗, was bed. würde, der vollkommene Mensch ↗ sei a. anders, direkter erreichbar gewesen.

Umwertung: von Nietzsche ↗ als ›Umkehrung aller Werte‹ gefordert, s. Wertsystem ↗ u. Offene Linie ↗.

UN: Abk. für United Nations, Vereinte Nationen, a. UNO; 1945 gleich nach dem 2. Weltkrieg ↗ gegr. überstaatl. Weltorganisation zur Erhaltung des Friedens, was selten glückt. Wahrsch. ist sie nur ein Deckmantel, da direkt ggb. des UNO-Gebäudes in New York der CFR ↗ sitzt, Organ der Insider ↗. Mindestens 47 CFR-Mitgl. waren maßgeblich an der Gründung beteiligt. »Nachdem die Insider de facto die Vereinigten Sozialistischen Staaten von Amerika – wenn auch nicht dem Namen nach – geschaffen haben, ist die Fusion aller Nationen der Welt in einer diktatorischen Weltregierung ↗ der nächste Schritt« (Gary Allen).

Unbewußte, das: bez. zunächst nur den Zustand verdrängter od. vergessener Inhalte. Wird von S. Freud ↗ aus der Philosophie ↗ aufgegriffen, aber nur als das ›persönliche Unbewußte‹ der Psyche ↗ erarbeitet. C. G. Jung ↗ hingegen führte zusätzl. das ›kollektive Unbewußte‹ ein mit Inhalten nichtpersönl. Art, welche überall u. in allen Individuen die gleichen sind u. als Archetypen ↗ od. ›mythologische Denkweise‹ greifbar werden. Ggs.: das Bewußtsein ↗. A. sieht Jung die Geheimlehre ↗ als typ. »... Ausdruck der Übermittlung kollektiver, ursprünglich dem Unbewußten entstammender Inhalte«. Und: »Das Wasser ↗ ist das geläufigste Symbol für das Unbewußte.« Jungscher Kernsatz: »Vom Unbewußten gehen determinierende Wirkungen aus, welche, unabhängig von Übermittlung, in jedem einzelnen Individuum Ähnlichkeit ja sogar Gleichheit der Erfahrung sowohl wie der imaginativen Gestaltung gewährleisten.« These: Kunst ↗ geht aber nicht nur aus dem kollektiven U. hervor, sie hat die Einlagerung dieser zusätzl. Schicht überhaupt erst verursacht. - Das U. ist a. das Dunkle, d. h. Yin ↗ (weibl.). S. Telepathie ↗.

Unendlichkeitsschleife: eine liegende 8, als Grenzwert der Zahlen ↗, insofern sie unendl. kleiner od. unendl. größer als jede Zahl bedeutet. S. Schlange ↗, Kobra ↗, Isis ↗, Ixmukane ↗.

Ungerechtigkeit: das Nichtbefolgen der Maat ↗ (Wahrheit + Gerechtigkeit), die bei der Seelenwägung ↗ die Waage ↗ symbolisiert, wofür im Sanskrit ↗ der Begriff Thule auftaucht = die ›Waage der Geschlechter ↗, d. h. von Yin-Yang ↗. Meist geht die U. vom jeweiligen Wertsystem ↗ aus, s. Ungleichheit ↗.

Ungleichheit: ist eine vorgegebene Tatsache seit dem Verlust der Einheit ↗ od. Beginn des Dualismus ↗ am Anf. der Schöpfung. Daß sich jedoch Ungerechtigkeit ↗ in der Bewertung des Ungleichen daraus entwickelte, ist dem menschl. Wertsystem ↗ anzulasten u. Ursache jeder Revolution ↗, insbes. der endzeitl. Weltrevolution ↗.

Ungur: Verkürzung von Yulungur ↗, der Regenbogenschlange ↗.

Uni: 1) Göttin der Etrusker ↗, bed. wohl nur ›die Eine‹, d. h. das Universum, der Kosmos ↗. 2) Abk. von Universität ↗.

Unio Mystica: die von der Mystik ↗ angestrebte ›mystische Vereinigung‹, bes. eindringlich beschrieben von Augustinus ↗ in seinen Konfessionen (Bekenntnisse), Kap. ›Das mystische Gespräch mit der Mutter‹: »Wir durchwanderten von Stufe zu Stufe die ganze Körperwelt und auch den Himmel, von dem Sonne, Mond und Sterne auf die Erde niederscheinen. Bald in stillem Sinnen, bald Worte wechselnd und deine Werke bewundernd, stiegen wir weiter empor und kamen in das Reich unserer Seelen ↗. Auch dieses durchschritten wir und gelangten endlich zu dem Lande unerschöpflicher Fülle... Da ist Leben Weisheit ↗, jene Weisheit, durch die alles wird, auch was einst war und künftig sein wird; aber sie selbst wird nicht, sondern ist so, wie sie war, und wird immer so sein. Vielmehr, in ihr war nichts und wird auch nichts sein, sondern in ihr gibt's nur Sein ↗, denn ewig ist sie.« Hier dürfte Dante ↗ angeknüpft haben.

Universität: nach dem Universum = Kosmos ↗ benanntes ›Haus der Forschung und Lehre von Wissen und Erkenntnis‹, heute von Wissenschaft ↗ u. Erkenntnistheorie ↗. Älteste Form ist das Per Ankh od. das Lebenshaus ↗ (äg.), dem das Museion ↗ folgte. A. Timbuktu ↗ war berühmt. In Europa entstehen U. als ›universitas‹ = Gemeinschaft von Lehrern + Schülern im 12. Jh. Ständige Spezialisierung in Einzelwissenschaften zerstörten die urspr. Einheit der U. u. machen heute Reformen od. Neuansatz notwendig; letzterer liegt im Muiska-Museum ↗ vor u. soll zur Von Frankenberg-Universität ↗ werden.

Unsterblichkeit: 24. u. letzte Kategorie der afrik. Ntu-Philosophie ↗, die die Transmutation ↗ des Menschen = Muntu ↗ beschließt. Das Vorauswissen um die Möglichkeit der U. findet sich in fast allen Religionen, Mythen u. Mysterienspielen, oft als Suche nach dem Unsterblichkeitskraut ↗ symbolisiert. In der Bibel ↗ steht dafür der von den Cherubim ↗ bewachte ›Baum des ewigen Lebens‹, wohl abgeleitet vom äg. Djed ↗ mit dem Ankh ↗ (Lebenskreuz) als Abschluß. These: U. betrifft den vorletzten Buchstaben des Sonnenalphabets ↗ = Y, Archetyp Ewiges Leben ↗, erst erreichbar in der 6. Welt ↗. Offensichtl. waren aber schon die vom Sirius ↗ kommenden Astronauten ↗ unsterbl., was sich bei der ird. Menschheit als Ziel ↗ eingeprägt hat. S. Neuer Mensch ↗, Nike ↗ u. Novalis ↗.

Unsterblichkeitskraut: ein myth. Kraut, das Unsterblichkeit ↗ verleihen soll, aber nicht wirkl. existiert. Im Gilgamesch-Epos ↗ wächst es unter Wasser ↗, d. h. im Unbewußten ↗ u. hat ›einen Dorn wie die Rose‹. Indem Gilgamesch sich Steine an die Füße bindet, sinkt er zum Meeresgrund, findet u. pflückt das U. und hofft, es nach Uruk ↗ bringen zu können. Als er aber in einer Quelle badet, wittert die darin am Grunde liegende Schlange ↗ dessen Süße, reißt es weg u. kann sich unmittelbar danach zur Verjüngung häuten. — S. Unsterblichkeitstrank ↗ u. Hsi Wang Mu ↗.

Unsterblichkeitstrank: Soma ↗, gewonnen aus einer Pflanze, weshalb eine par. zum Unsterblichkeitskraut ↗ vorliegt. Im Mythos wächst sie auf dem Mond ↗, was bei dessen Lichtöffnung ↗ wohl a. den U. in die kosm. Grundmotive führt od. in deren Einheit als Unverursachte Ursache ↗, weil Geburt ↗ (verursachte Ursache) zu Tod ↗ führt, der ja bei Unsterblichkeit ↗ ausgeschaltet werden soll. Das würde beinhalten, daß das, was sich sonst nach dem Tod im Jenseits abspielt, diesseitig wird.

Unterwasserarchäologie: eine Vergangenheitsforschung, die nicht in den Schichten der Erde gräbt, sondern unter dem Wasser nach Resten der Kultur ↗ sucht, so im Mittelmeer ↗ u. Atlantik nach Atlantis ↗ u. im Pazifik ↗ nach Mu. — Es gibt kurioserweise Widerstand der christl. Kirche ↗, obwohl sie doch die Sintflut ↗ überliefert hat, aber natürl. a. große Probleme mit dem Wasserdruck bei größerem Tiefgang der Forschungs-Unterseeboote u. Taucher.

Unterwelt: in Ägypten die untere Duat ↗; danach gestaltet bei den Griechen ↗: das unter der Erde liegende, von Gewässern umflossene Reich der Toten ↗, die gerichtet werden. Die Frommen gehen anschließend ins Elysium ↗ ein, die Verdammten werden in den Tartaros ↗ geworfen. Germ. Äqv. Hel ↗, Walhalla ↗ od. Niflheim ↗. Christl. Terminologie: Fegefeuer, dann himml. Paradies od. Hölle. — S. Jenseits ↗ u. Patala ↗ bzw. Totenreich ↗ u. Schlange ↗.

Unverursachte Ursache: wird allein die Ursache der Schöpfung ↗ gen., da sie selbst nichts hat, was ihr (als Ursache) vorausgeht: die eine Weisheit ↗ der Unio Mystica ↗ von Augustinus ↗, in der Kabala En (eine) Soph ↗, lt. Blavatsky ↗ das Parabrahman ↗. Materialisten zögern nicht, es Nihil ↗ zu nennen, aber: »Das ›Nihil‹ ist in Wirklichkeit die Absolute Gottheit selbst...«; im Johannes ↗-Evangelium die Einheit von Wort ↗ + Gott ↗. Daß sie sich nicht ›am Anfang‹, sondern ›im Anfang‹ befindet, dürfte sich mit der Definition eines ›nichtseienden Seins‹ decken: »Ein Nicht-Seiendes, weil Ain Suph - das Grenzenlose und das Unverursachte, das Unbewußte ↗ und Passive Prinzip nichts anderem in der Welt ähnlich ist... ein Seiendes, insofern es die Wurzel und Quelle aller anderen Dinge ist.« These: noch besser zu erklären als Ur-X ↗ (nichtseiend), aus dem als 24 Grundmotive ↗ das Sein ↗ (Seiende) hervorgeht: was dem Uranfang ↗ entspricht.

Unwirklichkeit: höchst unterschiedl. empfunden entw. als das, was keine konkrete, greifbare Realität besitzt wie Phantasie ↗, Okkultismus ↗, Glaubensinhalte der Religion ↗ od. umgek.: alles ist U. od. Maya ↗ (Illusion) u. nur die Unverursachte Ursache ↗ die Wirklichkeit schlechthin, weil alles be-wirkend, aber nicht selbst bewirkt, was immer Vergänglichkeit der Form ↗ beinhaltet. — S. Nihilismus ↗.

Upanischaden: Geheimlehren (Sanskrit ↗); gehören zu den Veden ↗, verhalten sich aber zu ihnen wie die Kabala ↗ zur jüd. Bibel »... sie behandeln und erklären die geheime und mystische Bedeutung der vedischen Texte. Sie sprechen von dem Ursprung des Weltalls, der Natur der Gottheit, und von Geist und Seele, sowie auch vom metaphysischen Zusammenhang von Gedanke und Stoff... Aber sie haben aufgehört, diese Erkenntnisse zu enthüllen seit den Tagen Buddhas ↗... Es wurden aber auch die Hälfte ihres Inhalts ausgemerzt und einiges neugeschrieben oder abgekürzt... Die Bezeichnung Upanischaden leitet sich von zwei Sanskritworten her, upa = nahe und schad = sitzen, denn sie waren entstanden, ehe die Kunst des Schreibens verbreitet war, und wurden von Weisen mündlich an die Schüler weitergegeben, die nahe bei ihnen saßen.« Hier wird das alte ved. Pantheon mit seinen unzähligen Göttern + Göttinnen auf Brahman ↗ als Ursprung aller Aspekte des Universums zurückgeführt. U. die gelehrte Reihenfolge läuft so: erfüllt das Individuum Dharma ↗, die bindende Pflicht in jeder Reinkarnation ↗, wird sein Karma ↗ gut sein u. seine Einzelseele, Atman ↗, am Ende mit Brahman verschmelzen, Endziel genannt. Deshalb die Grundsatzfrage: »Woher kommen wir, wo leben wir und wohin gehen wir?« S. Tamil-Siddhas ↗. — Schriftl. Fixierung wahrsch. im 6. Jh. v. Z. als Gautama ↗ (Buddha) lebt, der den Hinduismus ↗ ablehnte. — S. Rigveda ↗.

Ur: 1) groß (äg.), z. B. Kemur ↗, der große Schwarze od. Per ↗-Ur, der große Tempel der Göttin Mut ↗; in

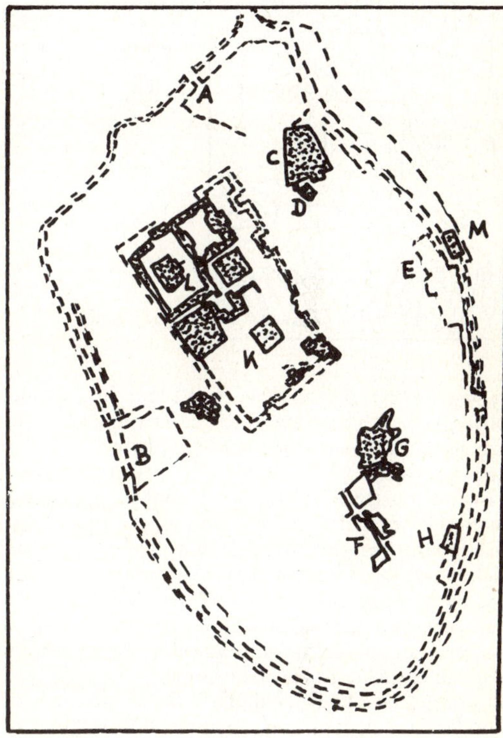

Abb. 1: Schematischer Plan der Stadt
A: Nordhafen
B: Westhafen
C: Palast der Oberpriesterin Belschaltinanna
D: Hafentempel
E: Häuser der Ur-III- bis Larsa-Zeit
F: Spätbabylonisches Wohnviertel
G: Häuser der Ur-III- bis Larsa-Zeit
H: Enki-Tempel
I: Wohnviertel von der Ur-III- bis zur Larsa-Zeit
K: Palast
L: Tempelturm
M: Festung

beiden Fällen geht der Begriff in unser Ur (Nr. 2) als uranfängl. über. — 2) Im Sinne von zuerst dagewesen wie: alle heutigen Schriften gehen aus einer Ur-Schrift ↗ hervor; od. dem Anf. der Evolution ↗ geht ein Uranfang ↗ der Schöpfung voraus; u. die Christen folgten den Ur-Christen ↗ etc., wobei nur das ›Ur‹ a. Pur = rein ist u. im Sinne von Nr. 1 groß. Für Wirth ↗

ist das Ur eine Var. des Ul ↗, dargestellt als Ka ↗; aus dem Ur-Ka = Orca wird a. der Dolmen ↗ (Abb.) od. die Urd ↗. — 3) Stadt in Sumer ↗ als Sitz der 1. u. 3. sum. Dynastie. Ausgrabungen fanden deren riesige Grabanlagen, sog. Königsgräber; einen Palast der Oberpriesterin, die Inanna ↗ vertrat u. den Tempel des Enki ↗, Königspalast sowie den 1. Stock eines Zikkurats ↗ od. Tempelturms, dessen Bau auf den 1. König der 3. Dyn., Urnamu, zu-

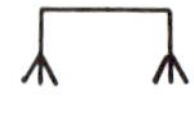

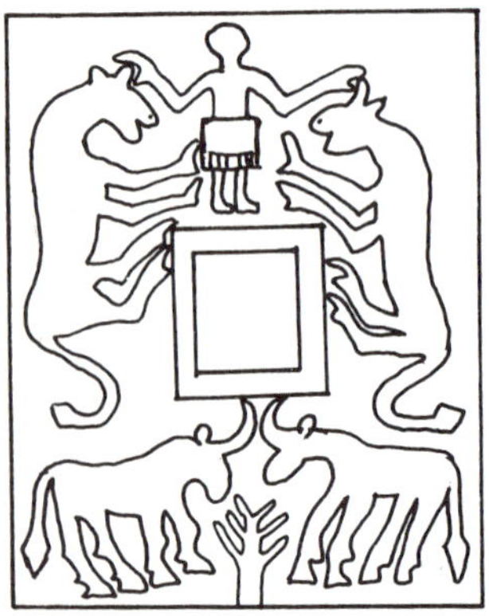

Abb. 2

rückgeht (2111-2094 v. Z.) u. etwa 1 ½ Jt. in Gebrauch blieb (Abb. 1). These: eine direkte Verwandtschaft mit Kanaan ↗ bietet sich auf einer Steinplatte an, die hier gefunden wurde (Abb. 2), denn sie enthält als Relief 2 Löwinnen u. 2 Stiere, kanaan. Symbol für Atargatis ↗ u. Baal ↗ in Baalbek. Die davon eingerahmte Figur dürfte eine Var. des Nommozeichens ↗ sein, worauf sich der König Urnamu als Ur-Nommo ↗ (= Nammu ↗) bezogen u. sich als Produkt des Kulturbringer ↗-Paares verstanden haben könnte. — Ur liegt an der Vereinigungsstelle von Euphrat u. Tigris, s. Karte von Sumer. Älter ist die Stadt Uruk ↗.

Ura: Gürtel der königl. Familie in Polynesien ↗; Symbol der ›Nabelschnur‹ zw. Göttern + Menschen, zurückgehend auf Tane ↗ u. Hina ↗. Hergestellt aus hl. roten Federn auf Tapa-Grund. Für jede Regierungszeit wurde ein neuer Abschnitt hinzugefügt. Vielleicht hat das Wort etwas mit Uräus ↗ zu tun.

Ur-Ägypten: vor dem bek. Ägypten = Km.T ↗ am Nil ↗ scheint es ein Ur-Ä. gegeben zu haben, das analog Ur-Km.T geheißen haben müßte; evtl. steht dafür Kemur ↗, das sich dann in Sakkara ↗ als Kasskara ↗ noch spiegelt, äqv. Hawaiki ↗ im Pazifik. Es spricht dafür a. die strikte 2-Teilung des Landes mit den Symbolen Biene ↗ u. Binse ↗; das Bild des Urhügels ↗ u. dem Begriff der Muu-Tänzer ↗. Wahrsch. ist a. die Beschreibung der ›schönen Amenti ↗‹ od. ›Insel der Seligen‹ nur ein Übertrag der Erinnerung an den verlorenen Kontinent.

Ur-Alphabet: als Begriff eingeführt durch Von Frankenberg ↗ als das dem Schrift-Alphabet vorausgegangene Geheimalphabet, das Geschichte ↗ u. Kunst ↗ initiierte: bestehend aus 12 Zodiakzeichen ↗ als Kode für die 24 Grundmotive ↗. Als sich daraus ergebende Erweiterung der Tierkreis ↗ u. die Archetypen ↗, zus. 72 Bausteine od. Wesenheiten, die folgendermaßen im Zohar ↗ erw. werden:
»Während er aber so erzählte, fand Rabbi Josse sich plötzlich vor einer Höhle und erblickte ein Buch, das war am Ende der Höhle in eine Felsspalte gesteckt. Als er es hervorzog und öffnete, sah er jene zweiundsiebzig heiligen Buchstaben, welche dem ersten Menschen anvertraut worden waren...« S. Thron ↗ von Ägypten, Testament ↗, die 2 unteren Chakras ↗ (8 + 64 = 72) des Tibet ↗ wie a. dessen 72 ›Höhlen-Paradiese‹. These: das U. ist im Kern das, was sich im Baum der Erkenntnis ↗ + seiner Schlange ↗ verbirgt, da letztere von der Gnosis ↗ Logos gen. wurde. — Es wurde a. der Kalender ↗ daraus. — S. Ur-Buch ↗ u. Weltformel ↗.

Uranfang: Anf. drückt sich gewöhnl. durch Alpha ↗, den 1. Buchstaben des Sonnenalphabets = 1. äg. Hieroglyphe ↗ aus, der Stierkopf, aus dem sich unser A entwickelte. Wenn es bei Moses ↗ heißt: »Am Anfang schuf Gott Himmel u. Erde...«, so ist das dieser Alpha-Anf., äqv. dem äg. Atum ↗, der Nut ↗ + Geb ↗ hervorbringt. Es ist aber nicht der U., denn Atum (Gott) geht in der Götterneunheit ↗ die Mut ↗ voraus, das dem Stierkopf-A vorangestellte Geier-A, das eigtl. ein X sein müßte. Das findet sich sowohl in Ägypten als die zum X gekreuzten Flügel der Geiergöttin auf dem Rücken jeder Osirismumie ↗ wie danach im X-förmigen A, mit dem das Alphabet der Hebräischen Schrift ↗ beginnt. Es heißt nicht nur Alef, sondern a. ›Mutter‹, als 1 der 3 Mütter, womit das Äqv. zur germ. Urd ↗ gegeben ist. — S. Taichi ↗.

Urania: wurde Aphrodite ↗ a. gen., weil sie einem abgeschlagenen Teil des Uranus ↗ ›entsprang‹. Der Name wurde außerdem für 1 der 9 Musen ↗ übernommen.

Uranus: 1 der 12 Planeten ↗, als Name wahrsch. auf Varuna ↗ zurückgehend (Blavatsky ↗); im Mythos der Griechen ↗ vertritt er den ›Himmel‹ u. gilt als 1. Sohn der Gäa ↗, die er a. ›heiratet‹. — Astrol Merkmale: 1. Transsaturnier ↗, deshalb ›Aussteiger‹ gen.; verleiht künstlerische Freiheit, Exzentrik bzw. Ausbruch aus Grenzen, was in seinem Z. (Abb.) als Pfeil angedeutet ist, der die Sonne (das Sonnezeichen ↗) verläßt. Tendiert zu den Archetypen ↗; deshalb ›Krisenplanet‹ u. Unruhe stiftend; Opponent aller Traditionshüter, Verschleuderer von Genieblitzen. — These: ein abgeschlagener U.-Mond wurde zu Urania ↗ = Venus ↗.

Uräus: Nv. für Ara ↗ im Sinne von ›die sich Aufbäumende‹, Symboltier Kobra ↗ als Tefnut ↗, Element Feuer. Man findet 1 U. als Königsdiadem bzw. Stirn-

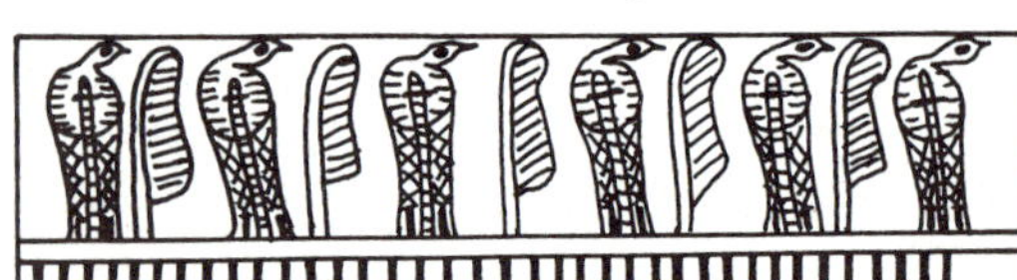

schlange des Re ↗ (der Sonne), aber a. 2 Uräen als Horusaugen ↗, wobei eines in den Geier übergehen kann. — S. Uto ↗ als U. — Bonnet: »Selbst Maat ↗ kann gelegentlich in die Stelle des U. gerückt werden...«, also die 2 Maati ↗ = die 2 Uräen. So findet sich eine Koppelung von Maat-Feder u. U. oft als Fries (Abb.). Die Zahl 12 der 2 Maati (Uräen) als 4er u. 8er Kreis der Sonne ↗ ergibt sich aus dem Satz, daß man auf Wunsch des Toten ↗ »... die 12 Feuer auf den Altären entfacht« (A. Champdor). Es ist, wie der Fries, das ›Feuer der Läuterung‹ od. Wandlung ↗.

Urbild: Archetyp ↗ od. das, was als Idee ↗ dahintersteht. Äg. Sechem ↗. — S. Mana ↗ u. Phantasie ↗.

Ur-Buch: von der Gnosis ↗ erw., aber indirekt a. vom Zohar ↗, s. Ur-Alphabet ↗, wo deutl. wird, daß es sich nicht um ein gewöhnl. Text-Buch handelt; a. der Gral ↗ - mit dem es ident. sein dürfte - wurde ›Buch‹ genannt. In der Apokalypse ↗ wurde wohl das (7fach) ›Versiegelte Buch‹ daraus.

Ur-Christen: nennt man die Anhänger von Jesus ↗ ab seinen zu Aposteln ↗ gemachten Jüngern sowie Judenchristen u. Heidenchristen ↗ bis entw. zur Erfassung ihrer Gemeinden als Kirche ↗ in Rom ↗ um 140 - die noch durch Christenverfolgungen bekämpft wurde - od. richtiger, bis zur staatl. Akzeptierung durch Kaiser Konstantin ↗ u. dem Edikt von Mailand 313, mit Regelung des Dogma auf dem Konzil von Nizäa ↗ 330, s. Logosstreit ↗. In der Wiederholung ↗ fällt ihr Ende in die Entstehung der Urreligion ↗. — Ihre bes. Merkmale waren: warten auf das Jüngste Gericht ↗, Treffen in Katakomben ↗, eine Lebensführung, die an Taoismus ↗, Sozialismus ↗ u. Kommunismus ↗ erinnert, aber a. an die Riten des Neophyten ↗. Im Zentrum noch Sophia ↗. All dies ging dann verloren, nicht zuletzt durch die Verfälschungen des Paulus ↗. — S. Nazarener ↗, Pfingsten ↗ u. Mäander ↗. Es sieht so aus, als hätten die Katharer ↗ an sie angeknüpft. Kunst ↗ aus dieser Zeit fehlt, man scheint sich noch an das Moses-Gebot gehalten zu haben. S. Bilderstreit ↗.

Urd: 1. der 3 germ. Nornen ↗, gen. ›Herrin des Schicksals‹; vertritt die Vergangenheit, äqv. Wort ↗ u. Wurzel. Der ›Urd-Brunnen‹ allein erhält den Weltenbaum Yggdrasil ↗; nach dem Prinzip der Umkehrung ↗ ergibt Urd = Dru, Baum, erhalten als Dru-Weda, woraus Druiden ↗ wurde. So verbindet sie sich mit Weda ↗, Wissen. — Schreibvar. Wyrd, Wurd, Wurt. — Da sie a. zur allg. Bez. für Schicksal wurde, ist an die Par. zu Orlog ↗ zu denken. — S. die äg. Urt-Hekau ↗. — Im Namen Sigurd ↗ enthalten.

Ur-Epos: wird von Sprachforschern als Wurzel jedes Epos' ↗ angenommen, aber nicht gefunden. In größte Nähe rückt das Kalewala-Epos ↗.

Ur-Formen: Nv. für Archetypen ↗: »Die Frage lautet einfach, gibt es solche universalen Formen, oder gibt es sie nicht? Wenn es sie gibt, dann besteht ein Bereich der Psyche ↗, den man das kollektive Unbewußte ↗ nennen kann« (C. G. Jung). Man kann die dahinterstehenden Grundmotive ↗ aber a. auf geometr. U. reduzieren u. landet dann bei Kreis ↗, Quadrat ↗, Dreieck ↗ u. Linie (Abb.): ○ □ △ od. ▽ u. | , aus denen sich die Yantras ↗ zusammensetzen = Klangbilder.

Urgötter: das, was sich an Wesenheiten am Uranf. im Wasser ↗ befindet u. die Schöpfung in Gang setzt: im Popol Vuh ↗ werden 7 Namen gen., beginnend mit Tzakol ↗ u. Bitol ↗, von denen angenommen werden darf, daß sie das Urpaar ↗ darstellen u. sich in den weiteren Namen nur ausfächern. Ähnl. Vorgang in Ägypten, wo die Götterneunheit mit Mut ↗ u. Atum ↗ beginnt, woran sich die Ausfächerung anschließt. Ihre Kombination ergibt dann die Vogelschlange ↗ (im Popol Vuh Gucumatz ↗), wenn die Mut als Geiergöttin symbolisiert wird u. Atum zur Schlange Kematef ↗ wird.

Urhügel: ›herrliche Stätte des Uranfangs‹ (äg.), worunter dreierlei verstanden werden kann: 1) die Geburt der Sonne ↗ aus dem Urwasser = Mu als Göttin Mut ↗ mit Fortsetzung des U. als Himmel = Nut ↗ mit Sonne (Abb. 1) od. umgedreht als Erde = Aker ↗ (Abb. 2) u. schließl. der Kontinent Mu ↗ mit den U. als Bild der Landung ↗ des Grals (Abb. 3). Die 2 Hügelspitzen werden aber a., ohne Querverbindung, die 2 Ben-Ben-Steine, germ. die 2 Hügel der Mütternacht ↗; sie sind letztl. die Gesetzestafeln ↗. — Man findet dieses U.-Bild a. bei anderen Völkern, z. B. bei den Etruskern ↗ (Abb. 4), wie Aker löwengestaltig; auf sum. Rollsiegeln, s. Stichw. Berg ↗ wieder unfigürl., aber kombiniert mit Sonnengott + Planeten. Auf einem weiteren Rollsiegel wie 2 Dreiecke, zw. denen ein Vogel schwebt, möglicherweise die Taube ↗ (Abb. 5), was sich auf Kreta ↗ als Taube auf dem Kopf der Göttin Europa ↗ findet, mit deren Armhaltung als eine Art U., im Palast von Knossos ↗ ständig als Stierhörner symbolisiert. Ein babyl. Relief wiederum (Abb. 6) macht aus den U. 2 Steinblöcke u. stellt die Lilitu ↗ mit Geier ↗-Füßen hinein. Es bietet sich von allein an, im U. den Tierkreis ↗ wiederzufinden; den jeweiligen Sektor als ›Horizont‹. Dazu paßt z. B. die Kopfreliquie ↗ des Osiris, der im U. als Stange mit Bienenkorb steckt, denn a. die Biene ↗ gehört zum Tierkreis. — S. München ↗.

Abb. 4

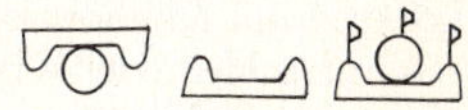

Abb. 1 *Abb. 2* *Abb. 3*

Abb. 6

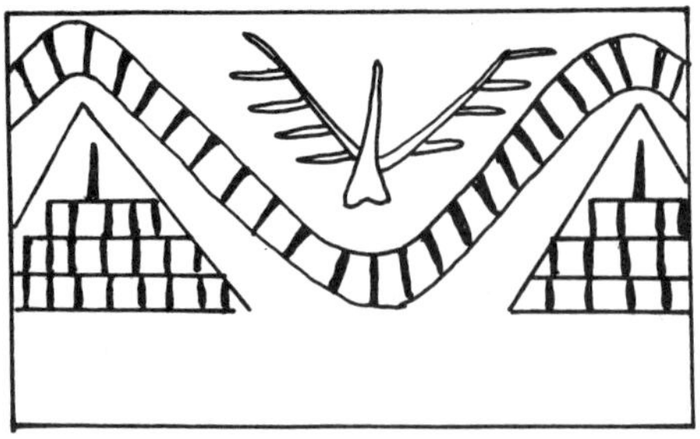

Abb. 5

Ur-Ideen: die präexistenten Ideen bei Sokrates ↗, äqv. Ur-Ka ↗ (Urgeist), nach äg. Version als Ka-Geister verifizierbar. — S. Musik-Therapie ↗.
Uriel: Schreibvar. des Ariel ↗.
Uritoi: Schreibvar. der Arioi ↗.
Ur-Ka: Ur ↗-Geist ↗ (Ka, äg.); nach Wirth ↗ ausgedrückt in Dolmen ↗ od. Fels-Z. (Abb.), die die Ka-Hieroglyphe ↗ in beiden Richtungen koppeln, wobei ei-

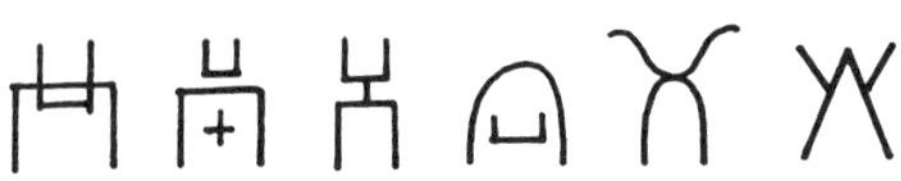

nes zu Ul ↗ werden kann: These: Nr. 85/22c ist nahe am Nommozeichen ↗, 85/6 eine abstrahierte Hathor-Locke ↗ mit Kuhhörnern, während 85/5 fast an den gehörnten Helm der Wikinger ↗ erinnert u. der Silbe Wa ↗ entspr. könnte.
Ur-Kirche: der nicht mir Kirchen ↗-Gebäuden verbundene Kreis von Ur-Christen ↗ einerseits; vom Wort Kirche = Kreis her aber a. der sogar der Urreligion ↗ vorausgehende Steinkreis ↗.
Urknall: Ausdruck der heutigen Physis ↗ für den Beginn der Kosmos ↗-Ausdehnung. Bild der Wissenschaft: »Mit dem Urknall beginnt das Weltall sich auszudehnen und abzukühlen. Ähnlich wie verkochtes Wasser durch Abbkühlen zur Flüssigkeit kondensiert und schließlich zu Eis kristallisiert, so kristallisieren sich auch die materiellen Strukturen im Submikroskopischen heraus (Abb.).

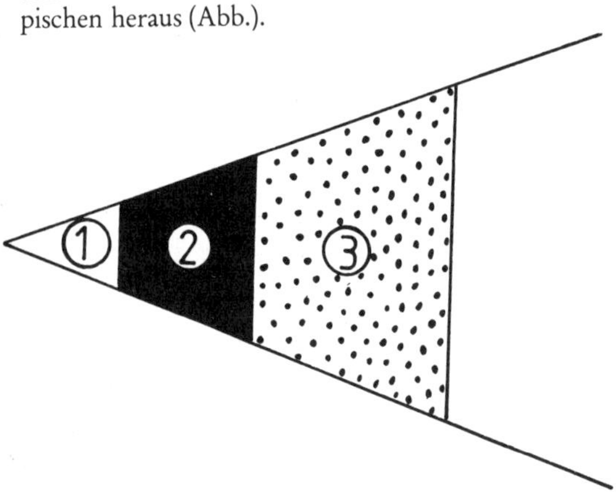

1) Die ersten 10^{-43} Sekunden entziehen sich unserer Kenntnis. Raum und Zeit ›kochen‹ noch.
2) Raum und Zeit sind ›kondensiert‹. Die Temperatur ist aber noch so hoch, daß die Symmetrie der Großen Vereinheitlichung voll realisiert ist: Alle Teilchen gleichen sich, ebenso die Wechselwirkungs-Bosonen.
3) Den X-Bosonen wird es zu kalt. Sie sterben aus. Die Materie gewinnt ein leichtes Übergewicht über die Antimaterie; Quarks und Leptonen beginnen, sich zu unterscheiden. Die Antiquarks werden vernichtet.
4) Die nächste ›Kristallisation‹: Quarks gefrieren in Dreiergruppen zu Protonen und Neutronen.
5) Die Vernichtungsschlacht zwischen Leptonen und Antileptonen beginnt. Aus Symmetriegründen bleibt pro Proton genau ein Elektron zurück. Die entstehende elektromagnetische Strahlung (Hintergrundstrahlung) steht ebenso wie die Neutrinos mit der restlichen Materie in so schwacher Wechselwirkung, daß sie aus dem Gleichgewicht gerät.
6) In den nächsten Minuten entstehen die ersten Atomkerne (Wasserstoff und Helium).
7) Die Atomkerne fangen Elektronen ein.
8) Erst nach etwa einer Million Jahre klumpen Wasserstoff- und Heliumatome zu ersten Galaxien ↗ und Sternen zusammen. In ihnen entstehen die höheren Elemente durch Kernfusion. Rund 15 Milliarden Jahre später beginnt das irdische Leben.«
Dieses Bild des Materialismus ↗ steht in krassem Ggs. zur Kosmogenese ↗ alter Kulturen, s. Schöpfung ↗ u. Evolution ↗. Was hier U. gen. wird, ist dort die Trennung des Urpaares ↗.
Urkönigin: ein Begriff, der sich mit dem Gral ↗ verbindet; als Name taucht Irmingard ↗ auf.
Urlac: ahd. Schreibweise für Orlog ↗; klingt über *lac* = See an Ur-Wasser ↗ an wie über *lac* = *lux* = Licht an Ur-Licht ↗.
Ur-Licht: heißt u. a. die 20. Rune ↗  , gesprochen Mama od. Mon; das kommt nahe an Mond ↗ heran, bei den Maya U ↗, u. dieser Buchstabe ist das Äqv. dieser Rune mit dem Grundmotiv  . Graph. gesehen verbindet sie die im äg. Ur-Tempel gezeigten 2 Ntr ↗-Äxte. Lt. Dr. Teltscher stellt sie den oberen Teil des Weltenbaums ↗ dar, was im Babylonischen Turm ↗ dem Mond entspricht. Von hier ist es nicht weit zu Urlac ↗, Orlog, Ur-Logos ↗, bei dem gleichen Autor der manifestierte Logos.
Urmensch: in der material. Wissenschaft der Naturmensch ↗, bis jetzt vor ca. 6 Mio. J. angesetzt mit Skelett ↗-Fund in Ostafrika, s. Teilhard ↗. In der Wurzelrassen ↗-Lehre gehört dieser Homo ↗ der vor 8 Mio. J. körperl. gewordenen 3. Wurzelrasse an, der 2 körperlose vorausgehen, eine These, die mit dem Popol Vuh ↗ übereinstimmt. Ja, sogar in Sumer ↗ klingt sie durch, wenn Nammu ↗ mit 8 anderen Göttinnen (= 9, s. Weltenlehre ↗) eine 1. schöne Menschenwelt schafft, dann eine der 8, Ninmah ↗, eine häßliche Menschenwelt dagegensetzt u. schließl. Enki ↗ den schönen Umu-Ul schafft, evtl. der hermaphrod. Adam ↗ der Bibel, der dann in die 2 Geschlechter auseinanderfällt. — In der afrik. Ntu-Philosophie ↗ ist Muntu ↗ die Idee des Menschen schlechthin u. teilt sich in Unterkategorien auf.
Urmutter: lt. Jung ↗ der stärkste Archetyp ↗, der v. a. bei Männern zur Neurose führt (Mutterkomplex), die zu einem Kastrationskomplex werden kann, s. Kybele ↗ u. Adonis. In bezug auf die präexistenten Ideen ↗ schreibt er: »Wäre ich ein Philosoph, so würde ich, meiner Voraussetzung nach, das Platonische Argu-

ment fortsetzen und sagen: Irgendwo, ›an einem himmlischen Orte‹, gibt es ein Urbild der Mutter, jeglichem Phänomen des ›Mütterlichen‹ präexistent und übergeordnet.« In Ägypten ist das die Mut ⁄, woher sich a. das Wort Mutter ableitet. In der Geschichte ⁄, die mit diesem Archetyp beginnt, wurden 2 U. daraus: Lilith ⁄ u. Eva ⁄ (Kabala) od. Nephtys ⁄ u. Isis ⁄ (Ägypten) od. Utset ⁄ u. Now'Utset bei den Indianern ⁄. — Das entspr. Grundmotiv ist X, was sich z. B. im altchin. Z. für Mutter (Abb. 1) findet.

These: geht man von 2 ird. U. aus u. reiht deshalb 2 X aneinander, landet man bei

Abb. 1

Gesamtkosmos ⁄  als wahrer U.; tats. stellten die Azteken ⁄ sie genau so dar, a. schon mit 2 Köpfen (Abb. 2). Text: »Die mythische Geburt der Götter ⁄, die im ersten Schöpfungsvorgang von der Großen Urmutter ins Leben gesetzt werden... (sie) ist Ursprung der Götter und Menschen.« Afrik. Äqv. Yemaya ⁄, in Sumer Nammu ⁄, ind. Mulaprakriti ⁄. — S. Göttin ⁄, Spinne ⁄, Neu-Guinea ⁄.

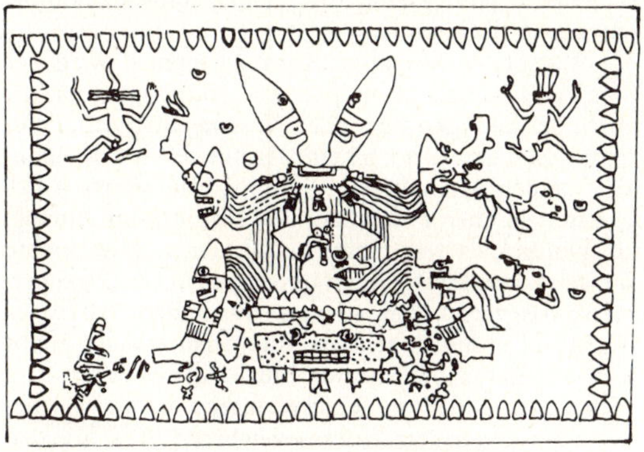

Abb. 2

Urne: hohes, geschlossenes Gefäß zur Aufbewahrung der Asche eines verbrannten Toten ⁄ im Haus = Haus-U. od. in spez. Feldern, was zum Begriff der Urnenfeldkultur führte. Die Form kann verkleinert das Wohnhaus od. den Menschen bzw. nur sein Gesicht nachahmen.

Urpaar: der Beginn der Kosmogenese ⁄ wird in fast allen alten Kulturen als Trennung eines göttl. U. gedacht, d. h. von Schöpferin ⁄ + Schöpfer ⁄ (Former) od. einfach Yin ⁄ (weibl.) u. Yang ⁄ (männl.), weshalb die Mystik ⁄ nach Wiedervereinigung strebt, der Unio Mystica ⁄. Sie drückt sich in Ägypten als Ntr ⁄ aus, Verschmelzung von Nut ⁄ (Himmel) u. Re ⁄ (Sonne); das christl. Äqv. dürfte Sophia ⁄ u. Christus ⁄ sein, das ind. Lakschmi ⁄ u. Vishnu ⁄. Bei den Yoruba ⁄ heißt das U. Oduduwa od. Duduwa ⁄ u. Obatala: sie lagen am Anf. der Dinge in Vereinigung, zw. ihnen, eng gepreßt, ein riesiges Ei ⁄; bei ihrer Trennung sprang a. das Ei in 2 Hälften; die obere wurde zum Himmel ⁄, die untere zur Erde ⁄. — A. das Thema Wiederkehr ⁄ bei der Endzeit ⁄ beinhaltet die Inkarnation dieses Urpaares. — S. Irokesen ⁄ u. das X der Truthühner ⁄ bzw. Ur-X ⁄.

Urphänomene: nannte Goethe ⁄ Grunderscheinungen, innerhalb derer das Mannigfaltige anzuschauen ist bzw. die urspr. Ganzheit (Einheit ⁄), die durch nichts anderes erklärbar ist, aus der jedoch alle anderen Erscheinungen abgeleitet werden können. Äqv. = präexistente Ideen bei Sokrates ⁄ u. Grundmotive ⁄ bei Kolawole.

Urreligion: »Es gab eine Zeit, da die ganze Welt, die Gesamtheit der Menschheit, eine einzige Religion ⁄ hatte, so wie sie von ›einer Zunge‹ war. Alle Religionen der Erde waren zuerst eine und gingen von einem Mittelpunkt aus, sagt Faber« (Blavatsky ⁄). An anderer Stelle bez. sie die Weisheitsreligion ⁄ als ›Mutter aller Religionen‹. Desgl. Wirth ⁄: »Der Begriff einer Urreligion als Urmonotheismus ist von Seiten der römisch-katholischen Wissenschaft (P. Wilhelm Schmidt) aufgestellt worden, auf Grund einer vergleichenden Untersuchung der späten Quellen, der Mythen ⁄ mutmaßlicher Urvölker. Unerschlossen bleiben damit immer noch die älteren und ältesten Quellen, die ›Kodifizierung‹ jener Urreligion.« These: diese Kodifizierung war von Anf. an das Ur-Alphabet ⁄ mit den Zodiakzeichen ⁄ als eigtl. Kode, u. das ist a. die Basis des Kalenders, s. Edem ⁄ + Elohim ⁄. In ihm steckten insg. 72 Bausteine, wie der Zohar ⁄ vermerkt. Ob daraus gleich od. erst später die Weltformel ⁄ wurde, läßt sich nicht ergründen. Eine wirkl. Religion wurde aber erst daraus, als die ›Götter‹ nicht mehr regierten, s. Dynastienliste ⁄. Das geschah im Sektor Biene ⁄ in Ile Ife ⁄; die Bildung des Mythos folgte, das Ritual ⁄ ging voraus; ebenso Schrift ⁄ u. Runenkreis ⁄. — S. Kopfreliquie ⁄, schwarze Krone ⁄ u. Petersdom ⁄.

Ur-Schöpfung: das, was der Primärschöpfung ⁄ u. Sekundärschöpfung ⁄ vorausgeht, am schönsten in der Schöpfungsmythe der Muisca ⁄ ausgedrückt: »Als es noch Nacht war, ehe es noch irgendetwas von der heutigen Welt gab, war das Licht in einem großen Etwas verschlossen, das die Muisca Chiminigagua nannten. Dieses etwas fing an, das Licht, das es in sich barg, zum Vorschein kommen zu lassen. Dann begann es, im Schein des ersten Licht die Dinge zu erschaffen.« Als Bild empfiehlt sich die Yin ⁄-Hälfte des Taichi ⁄ (Abb.), zumal Chiminigagua dem Ginnungagap ⁄ entspr., s. Schöpfung ⁄. Der Vorgang wiederholt sich in jeder Schwangerschaft ⁄.

Ur-Schrift: war keine Schrift ⁄ im heutigen Sinn, sondern wahrsch. Tanz ⁄, genauer das Tanzen der Weltordnung ⁄ als Troya-Tanz ⁄, zum 1. Mal praktiziert bei der echten Argonautik ⁄, wie es noch heute die Arioi ⁄ wiederholen. Dafür steht das G, Grundmotiv Labyrinth ⁄, in der Gesch. Archetyp ⁄ Meerfahrt, während es bei der Evolution, d. h. im Sonnenalphabet ⁄, als 5. Tag der Primärschöpfung ⁄ den Tanz od. die Bewegung der Himmelskörper verursacht, in die Bildung der Galaxien ⁄ mündend. A. der Tanz der Derwische ⁄ dürfte ein Rudiment davon sein. Letztl. handelt es sich um eine ›Himmelsschrift‹ kombinierter Sterne, d. h. von Sternbildern ⁄, aus denen z. B. a. das Hebr. Alphabet entstanden sein soll. Zohar: »Durch die ganze Weite des Himmels, der die Welt umgibt, zeigen sich bestimmte Figuren, Zeichen, durch die wir Geheimnisse und tiefste Mysterien erkennen können. Diese Zeichen werden durch die Konstellationen der Sterne gebildet... Wer am frühen Morgen wandert, soll aufmerksam nach Osten schauen. Er erkennt dort so etwas wie Buchstaben, die am Himmel entlangziehen, aufgehen oder untergehen. Diese leuchtenden Schriftzeichen sind die Lettern, mit denen Gott Himmel und Erde geschafften hat...« Auch die Ursprache ↗ dürfte sich aus den Gilgals ↗ (Steinkreis-Labyrinthe) ergeben haben, denn sie waren mit Ophiten ↗ = sprechenden Steinen umgeben, was einem Nachbau von Sambo ↗ = der sprechenden Truhe entspricht. Offensichtl. gab es (durch Truhe bzw. Steine) eine Hilfe für die Umwandlung von Z. in Laute od. Ursilben ↗.

Ursilben: im strengen Sinn nur die Koppelung von 1 Vokal mit 1 Konsonant wie im Syllabar ↗, wobei der Konsonant die zentrale Sinnbestimmung enthält, der Vokal eher die Sinnvar. wie die folg Reihe zeigt:

Ba ↗ = Seele
Ca = dies, das (frz.); wird Zahl ↗, Kal ↗ (zählen) *cacique* (frz.) = schlauer Fuchs = Seth ↗
Da = Dasein ↗, Dada ↗ (Natur)
Fa ↗ = Gesetz; wird Fatum (Schicksal) u. Fohat ↗
Ga = Bewegung wie in Gang, *naga* (Schlange), *gala* = sich drehen bis Galaxie ↗
Ha = Luft ↗ bis Ort wie in Hantu ↗ od. Haus, Tempel = hat (H.T ↗)
Ka ↗ = Geist
La ↗ = Land od. alles wie in Lahun ↗ (Umkehrung, al, alles)

usw. A. heutige Sprachforschung geht von Ba als 1. Ursilbe aus, fährt aber dann merkwürdigerweise fort, nur je 2 Konsonanten zu koppeln als Muster einer Wortausfächerung, so als Nr. 2 Kl, s. Buch ›Weib und Macht‹, wo alles evolutionär geschieht u. nicht initiiert durch Kulturbringer ↗. — Ind. U. werden Mantra ↗ gen. u. dienen der Aktivierung des jeweils korrespondierenden Yantra ↗. — These: es ist durchaus mögl., daß die echten U. dem Ablauf der Weltordnung ↗ entsprachen. S. Ursprache ↗, Struktur ↗ u. Ti ↗.

Ursprache: »Es möchte in der Tat erscheinen, daß in der Geschichte der menschlichen Rassen aus Ursachen, die wir mindestens gegenwärtig nicht verfolgen können, ein Abfall oder Verlust eingetreten ist von einer ursprünglichen vollkommenen Sprache und einem vollkommenen Wissenschaftssystem... Die Besonderheit dieser Sprache war, daß sie in einer anderen enthalten sein konnte, verborgen und nicht wahrnehmbar, ausgenommen mit Hilfe einer besonderen Unterweisung; Buchstaben und Silbenzeichen besaßen gleichzeitig die Kraft oder Bedeutung von Zahlen, von geometrischen Figuren, Bildern, oder Ideographen und Symbolen, und der beabsichtigte Zweck derselben konnte absichtlich durch Parabeln in Gestalt von Erzählungen oder Teilen von Erzählungen unterstützt werden; während er auch getrennt unabhängig und auf verschiedene Art, durch Bilder, in Steinwerken oder Erdkonstruktionen dargelegt werden konnte« (R. Skinner zitiert von Blavatsky ↗). S. Ursilben ↗ u. Sprache ↗.

Ur-Stier: Kemur ↗ (äg.), hervorgehend aus der Himmelskuh ↗.

Urt: Urd ↗, germ.; in Ägypten nur als Urt-Hekau ↗ erhalten.

Urt-Hekau: äg. Göttin, symbolisiert als Löwengöttin ↗; bed. als Adjektiv nur ›zauberreich‹ u. wird v. a. mit Sachmet ↗, Mut ↗ u. Hathor ↗ verbunden. Bei der Mut stellt sich die Verbindung zur Urd ↗ als ›Wort des Anfangs‹ ein, s. Zauber ↗.

Uruk: Stadt in Sumer ↗, in der Bibel Erech geschrieben. Lt. Mythos legte hier Inanna ↗ die 100 Me ↗ nieder, worauf es zur sum. Königsstadt erblühte, mit Gilgamesch ↗ als 5. Herrscher, Inanna aber offensichtl. als 1. Herrscherin. Heute heißt U. Warka, sodaß der eigtl. Namne wohl Ur-Ka ↗ lautete, was sich dann sowohl auf die Me wie auf Inanna selbst bezieht. Ihr Bruder Enmerkar wurde Nr. 2, u. ihm schreibt ein alter Text die Erfindung der sum. Schrift zu:

> »Nahm einen Klumpen Ton der Herr von Uruk
> schrieb darauf die Worte wie auf eine Tafel.
> Noch nie ward je ein Wort auf Ton gesetzt.
> Doch nun, da's ihm der Sonnengott so eingab,
> geschah's. Die Tafel schrieb Enmerkar.«

Die Betonung des Tones läßt an die Entstehung der Rollsiegel ↗ denken. Was aber seinen Namen betrifft, so heißt er wohl Enmesarra ↗ mit Inanna als Ninmesarra. — S. Kenotaph ↗.

Ur-Wasser: in fast allen Kosmogenesen ↗ wird der Ursprung von allem im Wasser ↗ gesehen, das natürl. nicht der heutigen Form des Wassers entsprach, denn zu der Zeit gab es noch keine Atome. Da nun die Bantu ↗ an den Anf. sowohl Nommo ↗ als ›Wort‹ = Logos stellen, aber a. den Satz überliefern: »Im Anfang, im Dunkel, da war nichts als Wasser...« (Geschichte der religiösen Ideen), kann unter diesem U. möglicherweise das verstanden werden, was andere Afrikaner Wasser-Nommo ↗ nennen. Interessanterweise ergibt sich aus der äg. Urmutter Mut ↗ dieses Wort ebf., wenn man Mu ↗ = Wasser einsetzt u. für T jenes Grundmotiv, das ein Nommozeichen ↗ ist. — S. a. den Teich ↗ hinter dem Mut-Tempel, Weisheit ↗ u. die Mu-Mu Tiamat ↗.

Ur-X: Grundmotiv Energiekonzentration ↗ , das der Ausdehnung des Kosmos ↗ vorausgeht, wie En Soph ↗ alles enthält u. nach 1,44 Mrd. J. Ruhe, dem Urknall ↗ vergleichbar, die primäre Weltordnung ↗ X-P entrollt, u. zwar auf einen Schlag, nicht sukzessiv.

Urzelle: s. Grundmotiv Zelltanz ↗.

USA: Vereinigte Staaten von (N-)Amerika ↗, hervorgegangen aus brit. Kolonien, die sich 1774 zusammenzuschließen begannen u. nach dem Unabhängigkeitskrieg (1775–83) Unabhängigkeit von England erkämpften. Dreihundert J. lang stemmten sich die Indianer ↗ gg. die Flut der weißen Einwanderer, die in Schüben (Karte) anrollten, vergeblich. Sie wurden schließl. auf unwirtliche Reservate ↗ abgedrängt, denn in den Augen der Puritaner ↗ waren sie »nicht der göttlichen Gnade teilhaftig... (sie) erschienen ihnen als Kinder des Satans, Anbeter des Teufels, gesetzlos, wilde Geschöpfe einer wilden Natur, die zu bekehren nicht ihr Auftrag war.« Diese Arroganz schlug voll durch, als zu Beginn des 20. Jh. Präsident Wilson verkündete, die amerik. Nation sei »... die einzige idealistische der Welt, betraut mit dem unendlichen Privileg, ihr Schicksal zu erfüllen und die Welt zu retten«. Dem steht nicht zuletzt die Sklaverei ggb., die nach dem Bürgerkrieg (1861–65) zwar formell beendet wurde, aber als Rassismus ↗, der den Schwarzen Amerikanern ↗ keine Bürgerrechte zubilligte, weitere 100 J. blühte. Vornehml. dank Martin Luther King ↗ wur-

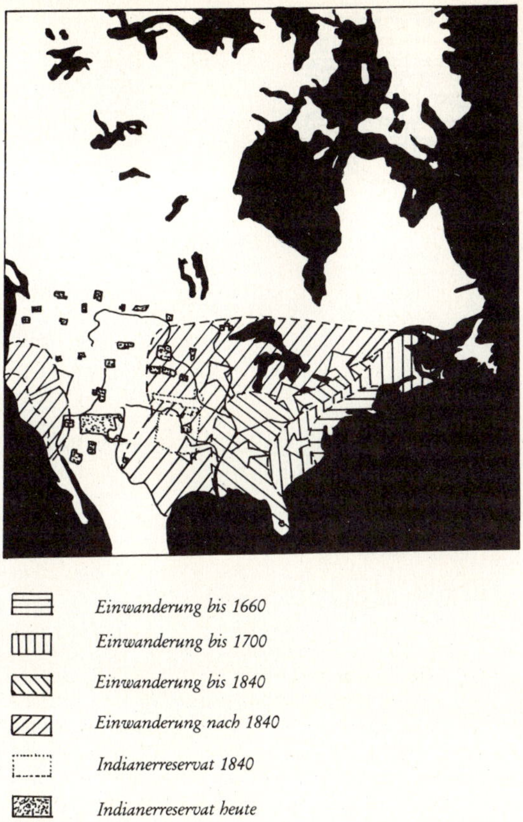

den sie 1965 endl. im Gesetz verankert, aber bis heute nur minimal praktiziert. Um als selbsternannter Weltpolizist ›die Welt zu retten‹, griffen die USA sowohl in den 1. wie 2. Weltkrieg ↗ ein, um dananch die UdSSR ↗ als ›Reich des Bösen‹ anzuvisieren. Manipuliert vom CFR, scheint sich an ihnen das Karma von Atlantis ↗ zu erfüllen. S. Insider ↗, P'Heling Pa ↗ u. Weltrevolution ↗.

Usir: Schreibvar. von Osiris ↗.

Uterus: Gebärmutter, altäg. Mwt Rmt, etwa Matrix (rmt) der Mut ↗, Mutter (Urmutter ↗), die als 1. A die Reihe der Hieroglyphen ↗ einleitet. Wurde a. durch die Hathor-Locken ↗ symbolisiert, gleicht aber rein organ. Grundmotiv ↗  , mit dem a. die Geburt ↗ eingeleitet wird.

Utiseta: das ›Draußensitzen‹ (germ.) als Geistbefragung, meist auf einer Wegkreuzung vorgenommen, gehüllt in die Haut eines frisch geschlachteten Rindes, was an die Himmelskuh ↗ anklingt.

Utnapischtim: babyl. Name des Königs Ziusudra ↗ (sum.), der wie Noah ↗ vor der Sintflut ↗ gewarnt wird u. eine Arche baut; geschildert im Gilgamesch-Epos ↗: »Er lud alle nötigen Vorräte ein, sogar Gold und Silber, und brachte seine Familie sowie einige Wildtiere an Bord. Dann kam ein schrecklicher Sturm auf... die Götter kauerten sich wie Hunde an der Mauer zusammen. Die Flut dauerte 7 Tage und Nächte.« Danach landete das Boot auf einem Berg. U. sandte zuerst eine Taube aus, dann eine Schwalbe u. schließl. einen Raben. Die ersten beiden kehrten zu ihm zurück, nicht jedoch der Rabe, weil sich das Wasser verlaufen hatte. U. opferte nun allen Göttern außer Enlil ↗, den er hauptsächlich für die Flut verantwortlich machte. Enlil ärgerte sich, daß jemand am Leben geblieben war, doch stimmte er zu, U. u. seine Frau zu segnen u. er sagte, sie sollten wie die Götter werden, d. h. unsterbl., weshalb dann Gilgamesch später bei ihnen nach dem Unsterblichkeitskraut ↗ fragt. — S. Ea ↗ u. Ninive ↗.

Uto: äg. Göttin, die Unterägypten u. den Papyrus ↗ vertritt sowie das l. Auge ↗ (der Horus); dargestellt als Kobra u. der Nechbet ↗ gegenübergestellt. »In einem späten Text wird sie als eine Gestalt der Isis ↗ angesprochen« (Bonnet). Die Griechen ↗ nannten sie Buto u. setzten sie mit Leto ↗ gleich. Mit ihrer Salbe ↗ wird die Stirn der Toten gesalbt, ›Feuerglut‹ übertragend. Der Name bed. nur grün, s. Farben ↗. Wahrsch. als Sitz von Buddha ↗ übernommen.

Utset: 1 der 2 Urmütter ↗ der Indianer ↗. Könnte dem äg. Uzat ↗ äqv. sein.

Utu: sum. Sonnengott, babyl. Schamasch ↗; nach einer Version Bruder der Inanna ↗. These: wahrsch. äqv. Ntu ↗. — Lt. Mythos versucht er, Inanna zur Heirat mit Dumuzi ↗ zu überreden, die zunächst Enkimdu ↗ bevorzugt. — Ihm opfert Ziusudra ↗ nach Errettung von der Sintflut ↗.

Uxmal: vom Urwald überwachsene Ruinenstadt in Yucatán ↗, einstmals Zentrum der Itzá ↗ (Maya). Abdrücke der Steinfresken trafen zur Weltausstellung ↗ 1890 in Chicago ein; es wurden davon (od. vom Original?) a. Zeichnungen angefertigt (Abb.), die den Mäander ↗ betonen, verbunden mit der ›Vogelschlange‹ Kukulcan ↗, hier als Maskenkopf mit Vogelschnabel u. gesonderter Schlangenlinie darunter. R. u. l. Darst. von Tlaloc ↗.

Uzat: ›heil‹, äg. Bez. für das Mondauge ↗, weil es geraubt od. zerstört u. wieder geheilt wurde; später für beide Horusaugen ↗ (Sonne + Mond). Als Amulett erscheinen a. 4 U., dazw. der Papyrus ↗-Stab als Symbol für Gedeihen, insg. ›Amulett der Befriedung‹ genannt. Lt. Bonnet sind auf einer Amulettafel 7 U. angebracht, leider ohne Erklärung. These: Wer diese ›7 heilen Augen‹ besitzt, kann durch sie 7 Schleier ↗ der Isis sehen. — Evtl. Äqv. der Indianer Utset ↗.

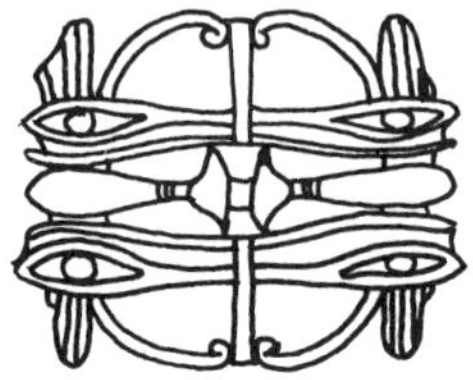

Hilfs-Buchstabe V

V: entspr. keinem Grundmotiv; wird wie F od. W ausgesprochen, ist also eine Var. dieser 2 Buchstaben. S. Dreieck ↗ n. weibl. Dreieck ↗.

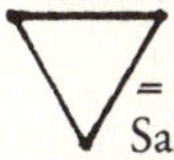

= rein optisch ist das V das weibl. Dreieck ↗, d. h. Sakti, die kosm. Energie = Yin ↗, bestehend aus den 3 Gunas ↗ (Eigenschaften) Schaffen, Erhalten, Zerstören, letzteres als Kali ↗-Aspekt = Maya (Illusionen) auflösen. — S. Gesamtkosmos ↗ u. Wiederholung im Sechsstern ↗, wo das V mit dem A gekreuzt ist.

Vach: ind. Göttin; lt. Blavatsky ↗ Mutter der Veden ↗. Im Rigveda ↗ ist V. die myst. Rede, durch welche okkultes Wissen u. Weisheit ↗ dem Menschen mitgeteilt werden u. sie wird Königin der Götter genannt. »Unsere alten Schriftsteller sagten, daß Vach von 4facher Art ist (siehe den Rig-Veda und die Upanischaden). Vaikhari Vach ist die, die wir aussprechen... der ganze Kosmos ↗ in seiner objektiven Form ist Vaikhari Vach, das Licht des Logos ist die Madhyamaform, und der Logos selbst ist die Pashyantiform und Parabrahman ↗ der Paraaspekt dieser Vach« (ein von Blavatsky zitierter Vedantist). Als Shata-Rupa ist sie die ›Hundertförmige‹ u. entspr. dann wohl dem Gesamtkosmos ↗ bzw. den 100 Me ↗. Blavatsky: »Aditi ↗-Vach ist der weibliche Logos ↗.«

Vadhallarne: ›Aufsichtshalter‹, 2 Stelen im Eingang zum Thing ↗, falls dieser überhaupt gekennzeichnet war.

Vai: afrik. Stamm im heutigen Liberia, der sprachl. auffällt, weil er ein Syllabar ↗ besitzt sowie Schriftz.: z. B. das des Gesamtkosmos ↗ in 2 Var. (Abb.), ausgesprochen Ne (statt Me ↗, sum.).

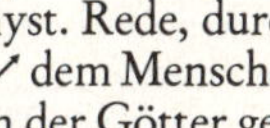

Vaivasvata: ind. Begriff für die jetzige körperl. Menschheit, gen. V.-Menschheit, ausgehend von Manu ↗ am Ende der 3. Welt; schwankende Überlieferungen berichten, wie V., an einem Flußufer in Andacht versunken, einen kleinen Fisch vor einem großen Fisch rettet, worauf ihm ersterer aus Dankbarkeit die Neuigkeit der kommenden Flut ↗ verrät. — S. Ida ↗.

Vajravarahi: Diamantwahrheit; Mutter aller Buddhas ↗. Nv. Prajnaparamita = Erkenntnis quer über den Fluß, mit der man in den Regionen der einen Wirklichkeit landet. Vajra = Diamant wie bei Vajrayana ↗.

Vajrayana: Diamant (vajra)-Fahrzeug (yana); eine Schule des Buddhismus ↗ wie Hinayana ↗ (kleines Fahrzeug) u. Mahayana (Großes Fahrzeug). Immer steht Yana für eine Art Fähre, derer man bedarf, um den Fluß zu überwinden, an dessen anderer Seite das Nirwana ↗ liegt. Beim V. hat sie mit Vajravarahi ↗ zu tun. — S. Ritual ↗ u. Stupa ↗.

Valdivia: indian. Kultur an der NW-Küste von Südamerika ↗, die Jahrtausende vor den Inka ↗ blühte; ge-

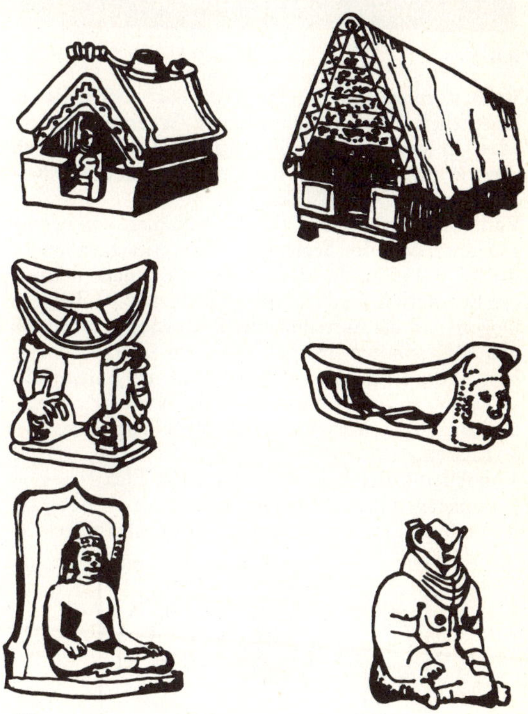

Abb. 1

hört heute zu Ekuador u. ist eingebettet zw. Peru ↗ im S u. Kolumbien ↗ im N; Text zu Abb. 1: »Ein Schau-Arrangement im Museum der Zentralbank von Quito zeigt Menschentypen, Hausformen und Geräte der regionalen Entwicklungsperiode, die auf überseeische Verbindungen Ekuadors mit Asien und der Südsee hinweisen« (P. Baumann, Valdivia, S. 226). Unter den

Stämmen gibt es Hinweise auf Ur-Kaukasier = Ainu ↗ (Blutuntersuchungen), deren Name so sehr an die Anu ↗ erinnert, die aber Schwarze waren, die sich hier ebf. finden. Ja, bis 1928 interessierten sich die Schwarzen allein für die immer wieder auftauchenden Kunstwerke dieser alten Kultur, s. Frauenfigur Stichw. Südamerika u. einen goldenen Brustschmuck (Abb. 2), der die Spirale ↗ betont, wie das v. a. die benachbarten Muisca ↗ tun.

Abb. 2

Valla, Lorenzo: ital. Humanist (ca. 1407–1457), der die Unechtheit der Konstantinischen Schenkung nachwies, in der Kaiser Konstantin ↗ dem damaligen Papst ↗ angebl. Rom u. die Westhälfte des Röm. Reiches übertrug. — S. Vatikan ↗.

Van: »Der tartarische Zyklus mit Namen Van betrug 180 Jahre, oder drei Sechziger; das multipliziert mit 12 mal 12 = 144 macht 25920 Jahre, die genaue Periode der Revolution des Himmels« (Blavatsky ↗). Bei den Dogon ↗ ist die Aufteilung der Präzession ↗ nicht 180 mal 144, sondern 18 mal 1440, ein übergeordnetes Fest, in das 1 Sigui-Fest ↗ (= 60 J.) 24 mal hineinpaßt. — Von V. = Wan ↗ dürften sich die Wanen ↗ abgeleitet haben; evtl. Verwandtschaft mit Djangawan ↗. — S. Tataren ↗.

Van-Allen-Gürtel: 2 vorwiegend mit Elektronen + Protonen gefüllte Schutzschalen der Erde ↗ (Abb.) gg. kosm. Strahlung. In ihnen werden die elektr. geladenen Teilchen dieser Strahlung vom Magnetfeld der Erde eingefangen u. so verdichtet, daß für das Leben schädliche Strahlung daran wie an einer Mauer abprallt. Nur an den Polen offen. Bei Polsprung ↗ kurzfristiger Ab- u. Neuaufbau mit Folgen, die evtl. dem Jüngsten Gericht ↗ entsprechen.

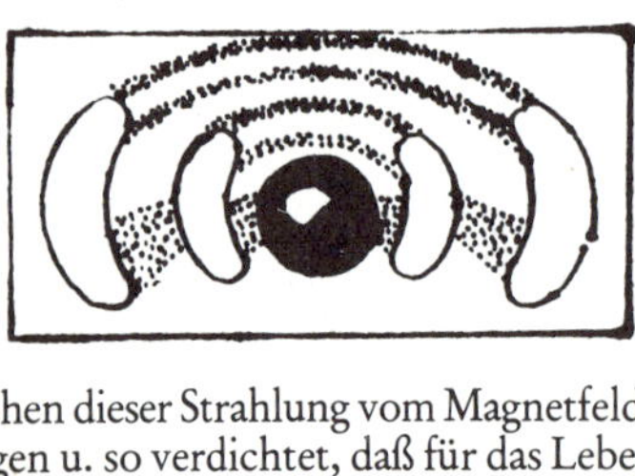

Varaha Kalpa: Zeitalter (kalpa) od. gegenwärtiges Manvantara ↗, in welcher die Erde aus dem Wasser gehoben wurde »... von Brahma ↗ in der Gestalt eines Ebers«, seinem Varaha (Eber) Avatara ↗ (Puranen ↗). Bezieht sich auf die Sintflut ↗; evtl. Zusammenhang mit dem äg. Eber ↗.

Varuna: ind. Gott; gehört zu den Adityas ↗: er »... ist herabgezogen aus dem unendlichen Raum, um als Neptun ↗ über die endlichen Meere zu herrschen« (Blavatsky ↗). Als Lokapala ↗ der Westen. These: ein Äqv. zu Uranus ↗ ist wahrscheinlicher.

Vasuki: ind. Schlangengott, der in Patala ↗, im ›Abgrund inmitten der Dornen‹ herrscht, a. ›der große Naga ↗‹, der Vishnu ↗ als Lager dient.

Vatikan: Wohnsitz des Papstes ↗. Der Name bezieht sich auf Vates = etrusk. Wahrsager, die hier ihre Orakelstätten hatten. Nach ihnen hieß der ganze Hügel ›collis vaticanus‹, Orakelberg. U. in diesem ›vatikanischen Viertel‹ von Rom ↗ liegt a. Romulus ↗ begraben, nicht nur Petrus ↗. Wurde im 15. + 16. Jh. zur größten Palastanlage der Welt ausgebaut mit Petersdom ↗, eigenem Museum u. Bibliothek, die folg. Schätze enthält:

700 000	Bücher	
60 000	bis ins 2. Jh. zurückreichende Kodexbände mit Handschriften in allen Weltsprachen	
7 000	Wiegendrucke	
40 000	Foliobände	Geheimarchiv
55 000	Schriftenbündel	

Die heutige V.-Stadt ist nur der Rest der von Valla ↗ aufgedeckten Fälschung eines riesigen Kirchenstaates, hat aber immer noch den Rang eines Staates, wenn a. des kleinsten der Welt: ca. 1000 Einwohner. — S. Schlüsselamt ↗, Hierarchie ↗, Theokratie ↗.

Veda: Wissen; Schreibvar. Weda ↗, Vidya ↗. Das eine Wissen wurde im Dvapara-Yuga zerteilt in die Veden ↗.

Vedantismus: neben der Wedischen Religion ↗ das Vertreten der Vedanta-Philos., die aber, fixiert als Weda ↗ (Veda ↗) nur ein Abglanz der lemuro-atlantischen Weisheitsreligion ↗ ist. Vedanta wird von Blavatsky ↗ übers. mit ›letztes Wort der menschlichen Erkenntnis‹. V. ist also ein erkenntnistheoret. System; im Zentrum Nirwana ↗.

Vedantisten: Vertreter des Vedantismus ↗.

Veden: als Mehrz. von Veda ↗, Weda ↗, eine Sammlung hl. Texte der Wedischen Religion ↗, bestehend aus Rigweda ↗, Samaweda ↗, Jadschur-Weda u. Atharwa-Weda sowie Interpretationen in Gestalt der Puranen ↗ u. Upanischaden ↗. Als Urfassung gilt manchen das Schwarze Yahur-Veda der Tamil ↗, ein Wort, das nahe am Zohar ↗ ist, während das Weiße Yahur-Veda als Neuschrift der Arier ↗ gilt u. mehr noch aus dem Buddhismus ↗ hervorgeht, unter Aufgabe der Lebensfreude: »Die Veden haben ausgesprochenermaßen eine doppelte Bedeutung – die eine wird durch den buchstäblichen Sinn der Worte dargestellt, die andere durch das Metrum und den Svara (die Intonation) angezeigt, welche das Leben der Veden ist... Gelehrte Pandits und Philologen leugnen natürlich, daß der Svara irgend etwas mit Philosophie oder alten esoterischen Lehren zu tun hat; aber der geheimnisvolle Zusammenhang zwischen Svara und Licht ↗ ist eines der tiefsten Geheimnisse... Im Rig Veda gilt als Mutter der Veden der weibliche Logos ↗, genannt Vach ↗, ›die mystische Rede‹«

(Blavatsky ↗). U. Churchward: »Das Rig-Weda hat unzweifelhaft zwei Quellen, die Archive der Tempel und die Legenden, entsprechend beinhaltet es die Vergangenheit und nicht die damalige Gegenwart (als es 1500 v. Z. niedergeschrieben wurde). Einige Stellen beziehen sich auf Dinge, die sich vor zehntausenden von Jahren ereigneten, wie sie in den Schriften des Mutterlandes (Mu ↗) überliefert worden waren. Ich bin absolut sicher, obwohl ich keinen formellen Beweis habe, daß das Rig-Weda Original von einem Naacal-Dichter komponiert und dann von den Ariern gestohlen wurde, die anschließend behaupteten, die Verfasser zu sein. Zu der Zeit, als das Rig-Weda geschrieben wurde, waren die Arier nicht kultiviert genug, um solche Verse zu verfassen, während es die Naacal waren. A. E. Smith schreibt: Das Alter der wedischen Literatur ist unbekannt, aber sie reicht in die zurückliegendsten Zeiten zurück. Smith hat vollkommen recht, denn es handelt sich dabei um die Übersetzungen der Literatur des Mutterlandes (Mu), die die Naacal vor zehntausenden von Jahren nach Indien ↗ brachten.« Kolosimo: »In den Weden spricht man von Vimana ↗ verschiedener Art und Größe: Vimana Agnihotra mit zwei vorantreibenden Feuern; Vimana Elephant, Riesengröße mit mehreren Motoren Vimana Alcion, Vimana Ibis u. a. klassifiziert, wie wir es machen, wenn wir von Flugzeugen und Raketen sprechen.« Inter. a., daß sich lt. Blavatsky in den V. nirgends das Wort Brahma ↗ findet. — Tamil-Veda:

»Oh Tänzer der Goldenen Halle
Er tanzt aus schierer Freude
Die Schöpfung gewinnt Gestalt
und er tanzt in manischer Raserei
Alle Welten zerfallen zu Trümmern.«

Ganz offensichtl. eine Vorwegnahme des späteren Schiwa ↗. These: wenn im Schwarzen Yahur-Veda die menschl. Seele ↗ Vereinigung sucht mit den 24 Kategorien des Seins ↗, wird das Ziel der Geschichte ↗ angesprochen.

Vel: Schreibvar. für Vil ↗ u. Wal ↗; etwa ›viel Kunst‹ wie bei Veleda ↗, Wala ↗ u. Waland ↗.

Veleda: germ. Seherin ↗, was im Namen ↗ begraben liegt als Vel ↗ (= viel Kunst) Eda, wie Edda ↗ = Weda ↗ (Wissen). Sie rettete als gefährl. Aufwieglerin aller Rheingermanen gg. die Römer ↗ die Stadt Köln.

Venus: Planet ↗, der erst spät hinzukam u., wie die Überlieferung von Urania ↗ = Aphrodite ↗ zeigt, ein abgeschlagener Mond des Uranus sein könnte. Dreht sich in etwa 247 Tagen einmal um die eigene Achse u. zwar in einem dem Sonnenumlauf (ca. 250 Tage) entgegengesetzten Sinn. Von der Erde ↗ aus gesehen, die sie aus ihrer urspr. Position verstoßen hat - s. Tzolkin ↗ von 260 Tagen - ist sie in folg. Zyklus zu sehen:

1) 250 Tage als Abendstern
2) 8 Tage unsichtbar
3) 236 Tage als Morgenstern
4) 90 Tage unsichtbar

Abb. 1

Abb. 2

585 Tage = V.-Periode im Tonalpohualli ↗ eingebaut. Die Maya ↗ setzten für sie 2 versch. Glyphen ein: eine Art Gesamtkosmos ↗ (Abb. 1), der sich vielleicht im figürl. Symbol des Schmetterlings ↗ bei den Tolteken wiederholt; u. eine mäander ↗-artige Schlangenlinie mit 2 Sonnenzeichen ↗, die möglicherweise für ihre 2 Aspekte Tag-Nacht stehen. Astrol. Eigenschaften: intellektualisiertes Empfinden, Empirismus, Sinnlichkeit, Kunst ↗-Empfinden, musisch, Fühldenken, Harmonie od. harmonisierend bzw. Eigenharmonie; deshalb Regentin des Z. Waage ↗. Friedl. stimmend, deshalb Regentin der 6. Welt ↗, s. Babylonischer Turm ↗. Synthetisch (s. Synthese ↗), was a. zu ihrem Symbol des Blauen Fünfstern ↗ führte. — Lt. Blavatsky ↗ ist sie der okkulteste, mächtigste u. geheimnisvollste aller Planeten; Pythagoras ↗ nennt sie *Sol alter* = die andere Sonne, was evtl. schon Bezug zur Neuen Sonne ↗ nimmt. — In unserer Woche ↗ ist ihr der Freitag gewidmet, benannt nach der Göttin Freya ↗. — S. Salim ↗, Ce Acatl Quetzalcoatl ↗ u. Samael ↗.

Venus-Tempel: bek. von Wien ↗ (das wahrsch. nach Venus ↗ benannt wurde), von Tula ↗ u. Teotihuacan ↗. In Chichen Itzá ↗ findet sich eine Venus-Darst. als ›Vogelschlange‹ ↗ auf der Rückseite des Jaguar ↗-Tempels (Abb.): Auf der Pyramide von Tenayucan fin-

den sich 156 züngelnde Schlangen: 52 an je 1 von 3 Seiten, was evtl. den Bezug Venus = Tzolkin ↗ (52 J.) = Quetzalsonne ↗, afrik. Po ↗ herstellt.

Verb(um): einerseits nur das Zeitwort (essen, singen, tun etc.), andererseits das mündl. Wort; verbal = wörtl., mündlich. Als Wort ↗ im Sinne von manifestiertem Logos oft mit Luzifer ↗ gleichgesetzt.

Verdammten, die: in den Qumran-Texten ↗ erw.: »Die Verdammten, die zu den Kindern des Lichts gehören, verlassen die Wüsten der Heiden und kehren zurück, um im Staub vor Jerusalem ↗ zu lagern...«, woran der Endkrieg ↗ erkenntlich werden soll. These: da in der Bibel ↗ nur Hams Sohn Kanaan ↗ verdammt wird, könnten dessen Nachf. gemeint sein, z. B. in Gestalt der Olmeken ↗. Inzw. wurde im Vollzug des Rassismus ↗ diese Verdammung in USA ↗ auf alle Schwarzen Amerikaner ↗ übertragen, die sich neuerdings die echten schwarzen Juden ↗ nennen; vielleicht spielte a. Martin Luther King ↗ darauf an. S. die Verlorenen Stämme ↗.

Verdoppelung: von Ursilben ↗ findet sich bes. häufig in Afrika + Ägypten: Dada ↗, Didi, Benben ↗, Isis ↗, Kaka ↗, aber a. in Sumer: Mumu (Tiamat ↗), Baba ↗ u. im Pazifik: Make Make ↗, Titi ↗. Am Bsp. Adad zeigt sich, daß die V. von Ad ↗, der Erste, in Adad = der Einzige totalisiert wird. So wird aus Ku ↗ = Licht Kuku = schwarz als Überhöhung ins Gegenteil, s. Kukumatz ↗. — Eine doppelte V. findet sich z. B. im Wort Titikakasee ↗. S. Vril ↗.

Verdrängung: von Inhalten der Psyche ↗ od. Erinnerung, die unangenehm sind, verbraucht ebenso viel Energie wie die, gg. die sich der intensive Widerstand richtet, wobei ein einmaliger Akt nicht ausreicht. Bewußtes unbewußt zu machen od. das Kollektive Unbewußte ↗ an Projektionen zu hindern, verlangt eine Art Dauernarkose durch Beschäftigungsneurose. Solche Akte werden nur verständl. aus der Furcht, am Ende werde etwas herauskommen, was die eigene Selbstgerechtigkeit in Frage stellt. These: die Haupt-V. gilt der Geschichte ↗ u. nicht dem Sex, wie die meisten Psychologen meinen; dieser leitet aber als Folge vom Paradies-Verlust ↗ direkt in diese unangenehme (u. verdrängte) Schwachstelle der Erbsünde ↗ ein.

Vergangenheit: germ. Urd ↗ u. damit das Wort ↗ des Anf., der dunkle Kosmos ↗, übergehend in Schwangerschaft ↗ u. Geschichte ↗, psych. das kollektive Unbewußte ↗. Im Vergleich zu Werden = Werdandi ↗ wird sie nicht, sondern ist immer u. ewig das Sein ↗. Das Gefühl, es sei ›vergangen‹ ist Illusion u. entspringt einem falschen Zeit ↗-Gefühl.

Vergil: richtiger Name Publius Vergilius Maro, röm. Dichter (70–19 v. Z.), der im Hauptwerk Äneas ↗ (12-bändig) an der Oberfläche Augustus ↗ verherrlicht u. Rom ↗ eine weltgeschichtl. Bed. zuweist (die Rialdi verdammt). Unterschwellig jedoch verkündet er schon das Ende der 5. Welt ↗, hier des ›eisernen Geschlechts‹ (Eisen = Mars ↗) od. der Geschichte ↗, worauf die 12-Teilung = Zodiak ↗ hinweist, mit 2-Teilung in der Mitte: im 6. Buch steigt seine Phantasiegestalt in die Unterwelt, wie Osiris ↗. Im MA bezog man das auf Christus ↗:

> Nun ist gekommen die letzte Zeit nach dem Spruch der Sybille ↗...«

Vergöttlichung: des Menschen ↗ ist die Aufgabe der Geschichte ↗, meist reduziert auf den Tierkreis ↗, wofür der Mythos des Herakles ↗ steht. Es wurden aber a. die Heiligen Maße ↗ dafür eingesetzt od. Städte wie Teotihuacan ↗. Statt V. kann man als Ziel a. den Übermensch ↗ einsetzen.

Verhaltensstruktur: Tierversuche haben ergeben, daß bei elektr. Reiz eines Punktes im älteren Teil des Gehirns ↗ (Stammhirn, Zwischenhirn) die jeweils dort verankerte V. abgerufen werden kann, u. zwar beliebig oft. So wird z. B. ein Hahn, ohne Rivale auf den Tisch gestellt u. entspr. gereizt, alle Einzeldet. eines beginnenden Hahnenkampfes ablaufen lassen: sie sind zu einer Struktur ↗ verbunden, ganz ohne sein Zutun, als ererbte Fremdintelligenz, s. Kintu ↗. Beim Menschen ↗ gilt dies offensichtl. nur für das aus dem Kollektiven Unbewußten ↗ gespeiste unwillentliche Befolgen von Archetypen ↗, wobei jedoch die Ausführung individ. gestaltet wird. A. Symbole ↗, z. B. der Fahne ↗, können sich in diesem Sinn als ›Befehl‹ auswirken; eine Verankerung im Gehirn gibt es nicht. Rituale ↗ sind extern angebotene V.

Verlorene Stämme: 1) das Königreich Israel ↗ fand 721 v. Z. sein Ende: »Aus den Zehn Stämmen, die man nach Assyrien verpflanzte, wurden die Verlorenen Stämme. Die Weltgeschichte hat nie wieder von ihnen vernommen« (Vom Paradies bis Golgatha). In der Bibel ↗ findet sich der Bericht im 2. Buch der Könige, Kap. 17, überschrieben: »Unter Hosea werden die zehn Stämme nach Asssyrien geführt«. Als Grund wird angegeben, statt Jahwe ↗ zu folgen, hätten sie Baal ↗ gedient: »Da ward der Herr sehr zornig über Israel und tat sie von seinem Angesicht, daß nichts übrigblieb denn der Stamm Juda ↗ alleine.« Alte Texte, gefunden in einem Palast nahe Ninive ↗, legen nahe, es sei Sargon II. gewesen, der sie wegführte: »Zu Anfang meiner Herrschaft, im ersten Jahr, da ich regierte, belagerte ich Samaria... 27290 Leute, die da wohnten, führte ich weg«. — 2) Kaum bek. ist die Tatsache, daß wesentl. früher, im 2. Jt. v. Z. 12 schwarze Stämme Ägypten ↗ verließen (Karte), 10 davon wanderten zur späteren Sklavenküste (Wiederholung der Zahl 10) u. wurden ab Kolumbus ↗ als Sklaven ↗ nach Amerika ↗

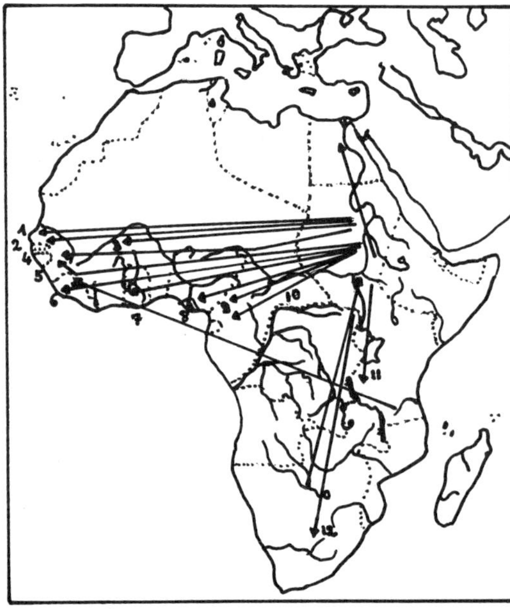

1 Toucouleur	*7 Ashanti*
2 Serer	*8 Yoruba*
3 Dogon	*9 Bamum*
4 Laobe	*10 Fang*
5 Peul	*11 Bantu*
6 Vai	*12 Zulu*

verkauft: Toucouleur, Serer, Dogon ↗, Laobé, Peul, Vai ↗, Aschanti, Yoruba ↗ Bamun ↗, Fang. Die 2 anderen, Bantu ↗ u. Zulu ↗ begaben sich nach Süden. These: ihr Abmarsch im Widder ↗-Sektor wurde von Teje ↗ erfolgreich verschleiert.

Verlorenes Wissen: taucht als Begriff in Bennetts Buch ›Gurdjieff – Der Aufbau einer neuen Welt‹ auf, wo er von Gurdjieff ↗ sagt: »Seine Suche galt dem ›verlorenen Wissen‹... Die Reihe von Reisen, die Gurdjieff zwischen 1890 und 1898 unternahm, waren vor allem darauf gerichtet, die Überzeugung, die er im Alter von vierzehn erlangt hatte, zu überprüfen, daß es wirklich ›Etwas‹ gab, was die Menschen früher gekannt hatten, daß jedoch diese Kenntnis vollkommen vergessen war... Wir hatten alle Hoffnungen verloren, irgendeinen Hinweis, der zu diesem Wissen führen könne, in der zeitgenössischen Naturwissenschaft, in den heutigen Büchern oder unter den Menschen von heute zu finden, und so lenkten wir unsere volle Aufmerksamkeit auf die alte Literatur.« An anderer Stelle sagt er, daß Gurdjieff 1892 »... zu dem eindeutigen Schluß kam, daß es ganz und gar unmöglich wäre, das herauszufinden, wonach ich unter meinen Zeitgenossen suchte.« Zu jener Zeit muß er 15 J. alt gewesen sein. 5 J. später kam er zu dem Schluß, daß »... man die Antworten, nach denen ich suchte..., falls sie überhaupt dem Menschen zugänglich sind, nur im Bereich des unterbewußten Denkens des Menschen finden kann.« Bald darauf bürgerte sich der Begriff des Kollektiven Unbewußten ↗ ein. These: u. eben dort ist das V. W. eingelagert; der äußere Verlust kennt mehrere Stadien: Weltuntergang ↗ vor ca. 13000 J., Mysterienverrat ↗ vor ca. 6000 J. u. schließl. die Folgen des Kali Yuga ↗ im Z. des Widder ↗, der äg. nur ›sich verstecken‹ bzw. ›unsichtbar werden‹ bedeutet. D. h., das V. W. wurde versteckt, wurde unsichtbar gemacht, soweit es noch vorhanden war. Dann taucht der Begriff wieder bei Sebottendorf ↗ auf. — S. Hermes ↗, Suchkrankheit ↗, Symbol ↗, Tempel-Tanz ↗ u. Tutenchamun ↗.

Vernunft: nach Kant ↗ die oberste Stufe der Erkenntnis ↗ u. im Unterschied zum Verstand (d. h. zur Intelligenz ↗) eine Geistestätigkeit, die auf Sinnzusammenhänge (d. h. das System der Einheit ↗) gerichtet ist, insbes. nach Erkenntnis der Ideen ↗ sucht. These: ihre Erkenntnisorgane *sind* die präexistenten Ideen od. Grundmotive ↗, d. h. sie ist der Logos ↗, afrik. Nommo ↗. S. die Kategorien von Muntu ↗ (Mensch), der immer intelligent ist, aber erst in seinem 2. Stadium vernünftig wird. Als Synthese von Intelligenz + V. wäre die Weisheit ↗ zu verstehen. — S. Homo Sapiens ↗ u. Isis Entschleiert ↗.

Verpuppung: Stadium des Übergangs von Raupe ↗ zu Schmetterling ↗; im Übertrag auf die menschl. Psyche ↗ das Stadium der Verwandlung während der Endzeit ↗ von Mensch zu Übermensch ↗: äußere Erstarrung vereint mit einer inneren, nichtdefinierbaren Angst.

Versailles: Stadt südwestl. von Paris ↗ mit Schloß- u. Parkanlage, erbaut für Ludwig XIV. ↗: »Die königlichen Gemächer sind entsetzlich unbehaglich: sie grenzen an die Toiletten und andere dunkle und übelriechende Räume. Die erstaunliche Pracht der Gärten findet ihre Entsprechung nur in dem schlechten Geschmack, mit dem sie entworfen wurden... Die Gewalt, die man der Natur angetan hat, ist abstoßend und abscheulich. Die zahllosen Wasserläufe, aus allen Richtungen hereingepumpt oder sonstwie herangeleitet, führen eine grüne, zähe und schlammige Brühe; sie schaffen eine ungesunde, spürbare Feuchtigkeit und strömen faule Dünste aus...« (Duc de Saint-Simon). Im Innern des Palastes waren Höflinge u. Diener gleichermaßen in ein ungeheures Kaninchengehege aus winzigen ungelüfteten Räumen gezwängt. Die Entfernungen waren berträchtlich, der Dienst im Schloß oft genug mit tägl. Meilenwanderungen in den Korridoren verbunden. Die Küchen waren so weit von den Staatsgemächern entfernt, daß das Essen des Königs im allg. kalt auf den Tisch kam, obwohl sich 498 Bedienstete mit seiner Zubereitung beschäftigt hatten. Die sanitären Anlagen waren völlig unzulänglich u. unbequem; selbst die vornehmsten Adligen urinierten auf die Treppen. Bäder waren nahezu unbek., statt dessen hüllten sich Männer wie Frauen hemmungslos in Wolken von Parfüm. Nichtsdestotrotz wurde es zum Mittelpunkt der europ. Kultur. — Hier wurde 1871 Wilhelm I. zum Deutschen Kaiser ausgerufen u. 1919 durch den V.-Vertrag der 1. Weltkrieg ↗ so beendet, daß Deutschland per Paragraph seine alleinige Kriegsschuld bestätigen mußte, mit den davon abgeleiteten Zahlungen + Gebietsverlusten. Die Unmöglichkeit der Erfüllung dieses Diktats führte zu Hitler ↗ u. 2. Weltkrieg.

Verschleierung: ist im Unterschied zur Verschlüsselung ↗ die Arbeitsweise der Nautur ↗, die ihr Wesen hinter Erscheinungsbildern versteckt sowie des Symbolismus ↗. Beides entspr. der ›7fach verschleierten Isis ↗‹.

Verschlüsselung: ist im Ggs. zur Verschleierung ↗ ein direktes Kodesystem, gut zu beobachten z. B. im Traum ↗ od. in der Zahlenmystik ↗. Ältestes Modell dürften die Zodiakzeichen ↗ sein.

Verschlußstein: nannte man den quergelegten Stein der Modur Att ↗ im germ. Thing ↗. These: er dürfte der Endzeit ↗ entspr. u. damit a. den indian. Uayeb ↗.

Versklavung: zwangsweise Herabminderung eines Menschen in den Zustand des Sklaven ↗. Wenn man der Bibel ↗ glaubt, begann sie erst nach der Sintflut ↗ durch Verdammung von Kanaan ↗, für immer u. ewig der Knecht seiner Brüder zu sein. Sie wäre also ein Kennz. der 5. Welt ↗, mit Ausartung im europ. Kolonialismus ↗ u. angestrebter Beendung durch die Weltrevolution ↗.

Versöhnung: ein von Hegel ↗ gebrauchter Ausdruck für das, was das 3. Reich ↗ des (Hl.) Geistes bringen soll. These: in äg. Begriffen ist es die Synthese ↗ von Isis ↗ (Natur) u. Osiris ↗ (Kultur ↗) am Ende der als Schlange gezeichneten Geschichte ↗, die mit ihrer Heiligen Hochzeit ↗ begann u. über den Sohn Horus (Tierkreis) zu dessen Braut Hathor ↗ führt, wofür sich a. Sophia = Weisheit ↗ einsetzen läßt als Versöhnung von Wissen + Erkenntnis.

Verstand: *mentis*, engl. *mind*, woraus sich folg. Zuordnung ableiten läßt: Min-D = mein D - in der Evolution das Sonnenalphabet ↗. Frz. Äqv. ist die Intelligenz ↗ od. der Intellekt; ein Verstandesmensch ist ein Intellektueller. Dazu paßt die Bemerkung einer Patientin von Jung ↗, Hermes ↗ sei der V., denn er vertritt das Sonnenalphabet. Von *mentis* kommt Mensch, in Afrika als Muntu ↗ immer intelligentes Dasein; die Vernunft ↗ gehört nicht unbedingt dazu u. ist a. keine urspr. Anlage wie der Verstand. — Die Definition der 5. Rune ↗ als V. entspr. ebf. dem D, Grundmotiv Erinnerung ↗.

Verwandlung: ein Archetyp ↗; lt. Jung ↗ ist ein Ort der V. »die Höhle, die jeder in sich trägt« als jene Dunkelheit, die hinter dem Bewußtsein liegt. Wer hineingerät, »... der wird in einen zunächst unbewußten Wandlungsprozeß verwickelt. Durch sein Eingehen ins Unbewußte ↗ verursacht er eine Verbindung seines Bewußtseins mit den unbewußten Inhalten. Daraus kann eine folgenschwere Veränderung seiner Persönlichkeit in positivem oder negativem Sinne erfolgen. Häufig wird diese Wandlung im Sinne einer Verlängerung des natürlichen Lebens oder als eine Anwartschaft auf die Unsterblichkeit ↗ gedeutet. Ersteres ist der Fall bei vielen Alchemisten... letzteres in klassischer Weise im Eleusinischen Mysterium ↗.« Im ›Buch der Wandlung‹ = I Ging ↗, das a. ›Buch des Lichts‹ übers. werden kann, wird V. eindeutig mit Licht ↗ gleichgesetzt, Buchstabe I. Tats. ist der Lichtstrahl ↗ in der sonst so festgefügten Natur, das einzige, was sich - durch Lichtöffnung ↗ - schlagartig verwandeln kann, u. U. sogar in jenen ›lapis philosophorum‹ od. philos. Stein, äqv. Stein der Weisen ↗, der für die

Alchemie ↗ Ziel aller Wandlungsprozesse war. Diese ›Versteinerung durch Licht‹ taucht a. bei den germ. Dunkelelfen ↗ auf, die jeden in die (Grab-)Höhle führen, für die man wohl Isisgrotte ↗ einsetzen kann. Wandlungssubstanz schlechthin ist der Gral ↗. Sein Nachbau als Große Pyramide ↗ führt genau vom 8er Kreis ↗ - beim Licht die Regenbogenfarben ↗ - innen in jene V., die sonst nur im Jenseits ↗ zw. Tod ↗ + Reinkarnation ↗ einsetzt; s. Totenbuch ↗, Umwandlung ↗, Transmutation ↗.

Vesta: röm. Name der griech. Hestia ↗; galt als ältestes Kind von Kronos ↗ + Rhea ↗ u. wurde als Mutter der Stadt Rom ↗ verehrt. Lt. Mythos hatte sie sich geweigert, Apollo ↗ zu heiraten u. gelobt, Jungfrau zu bleiben. Ihr dienten die Vestalinnen ↗. Das unauslöschliche Feuer in ihrem Tempel vergleicht Blavatsky ↗ mit den ›pfingstlichen Feuerzungen‹ wie a. mit Akasha ↗.

Vestalinnen: waren in Rom ↗ Jungfrauen, die die hl. Flamme der Vesta ↗ hüteten. Es symbolisierte Roms Staatlichkeit, war auf dem Forum Romanum in einem Rundtempel eingeschlossen u. durfte niemals verlöschen: »Um ihre Erhaltung rankte sich ein altes, kompliziertes Ritual, dem sich ursprünglich, wie man vermutet, die Töchter der Königs widmeten. Später übernahmen meistens Töchter aus den angesehensten Familien der Republik den außerordentlich ehrenvollen und Opfer fordernden Dienst, in den sie schon im Alter von 6–10 Jahren eintraten. Für die Dauer desselben waren sie zu strenger Keuschheit verpflichtet: eine Vestalin, die ihr Gelübde brach, pflegte man in einer unterirdischen Kammer lebendig zu begraben. Ihr Priestertum währte 3 Jahrzehnte. Im ersten, sagte man, lernte sie den Dienst, den sie im zweiten verrichtete und im Dritten die Novizenlehre« (Time & Life, Kaiserliches Rom). Blavatsky ↗: »Die Vestalin bereitete auch der ›heiligen Schlange‹ (der Naga ↗) die Mahlzeit mit derselben Sorgfalt, die sie dem heiligen Feuer erweist.« — »Nur wer eine hochgestellte Frau, eine Vestalin etwa, zur Mutter oder Frau hatte, konnte in Rom König werden« (Weib und Macht). S. Hesperiden ↗, Intiraymifest ↗ u. Remus ↗. — Der Name könnte mit Avesta ↗ zusammenhängen, hl. Bücher der Parsen ↗, die (a.) Feueranbeter gen. wurden.

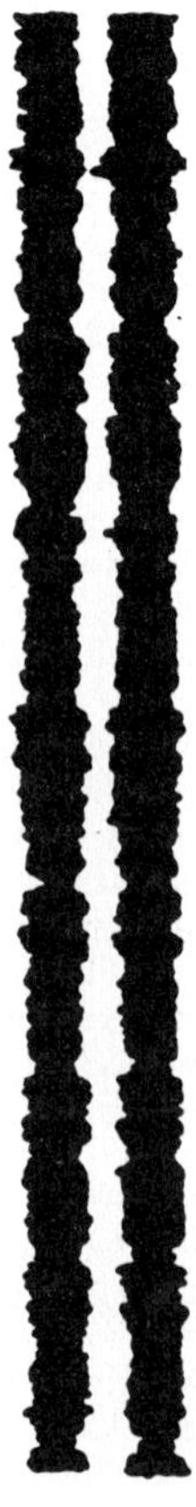

Vibrationen: feinste Schwingungen ↗: »Die menschliche Stimme umfaßt sowohl hörbare Frequenzen ↗, als auch unhörbare Frequenzmodulationen (Abkürzung FM). Eine Ausnahme bildet die Stimme des unter Streß stehenden Menschen, aus der die unhörbaren FM-Vibrationen verschwinden« (Das geheime Leben der Pflanzen). S. dazu das Bild der menschl. Stimme (Abb.). Im besten Fall wird daraus eine ›spirituelle Säule‹, Grundmotiv Vibrationsachse ↗ od. offene Säule. Man kann ableiten, daß dann aus dem Menschen - von *mentis*, Verstand ↗ - eine Person (Persönlichkeit) wird, von Per ↗-Sona = Klang-(*sona* = sound) Tempel. Spez. Sprachen, die nicht zu Schrift ↗ wurden wie die afrik. Tonsprachen ↗, haben sich die Vibrationssprache ↗ bewahrt. Sie kam dann v. a. im schwarzen Jazz ↗ wieder zum Vorschein. Diese V. bringen nicht nur Kopf-, Kehl- u. Brustraum zum Mitschwingen, sondern erreichen über das Drüsensystem den ges. Organismus bis hinein in den Zellkern ↗ u. schließl. in den subatomaren Bereich. Es ist eine Energiestrahlung, die z. B. a. menschl. Gedanken od. Empfindungen auf Pflanzen übertr. kann. »Das, was den Trägerwellen entspricht –was immer es auch sein mag – muß irgendwie über das elektromagnetische Spektrum hinausreichen. Es scheint vom Makrokosmos bis hinunter zum Mikrokosmos zu funktionieren« (op. cit.). These: es handelt sich um Graphische Akustik ↗.

Vibrationsachse: Grundmotiv , Buchstabe I gleichgesetzt. Diese Achse für Vibrationen ↗ kann der Lichtstrahl ↗, im Nachbau eine bes. Säule ↗ od. ein Obelisk ↗ sein, aber a. die Achse in der Großen Pyramide ↗ - als Achse im leeren Raum - u. wieder in der Nachgestaltung die durch die Wirbelsäule ↗ laufende Susumna ↗, an der dann Kundalini ↗ hochsteigt.

Vibrationssprache: auf dem 1. Welt-Festival der Kunst ↗ der Schwarzen in Dakar, Senegal 1966, wurde festgestellt, die Afrikaner hätten einmal ein aus 24 Motiven bestehendes Alphabet der V. besessen, es sei aber verloren gegangen, d. h. heute nicht mehr komplett u. in Einzelmotiven auf alle Stämme verstreut. These: es handelt sich um den Teil des Ur-Alphabets ↗, der in Gestalt der 24 Grundmotive ↗ bei Kolawole ↗ wieder graph. sichtbar gemacht wurde. Bilder, Töne, Worte, Tanz ↗ etc. wären dann nur Träger einer übergeordneten spirit. Sprache gewesen, die sich durch unhörbare Vibrationen ↗ kundtat. S. Dolmen ↗.

Vidya: ind. Wort für Kenntnis, Erkenntnis; Atma-Vidya = Geisterkenntnis. Kann aber a. der Kabala ↗ äqv. sein od. für hl. Wissenschaft stehen.

Vielheit: die Fülle des Daseins ↗ ggb. der Einheit ↗ als rein geistiges Sein ↗. In Indien ↗ findet sich folg. Definition: Was vor der Sonne ↗ (prag-aditya) da war, das ist das Nichtteilbare u. was mit der Sonne (aditya) anfing, das ist das Teilbare. Die Erscheinungform des Teilbaren ist das J. u. aus dem J. entspringen diese Geschöpfe. Durch das Jahr a., nachdem sie hier entsprungen, wachsen sie auf u. in das J. gehen sie wieder ein. Der Begriff für das Teilbare = die V., die aus Teilung entsteht - ist Savala u. läßt sich mit Evolution ↗ gleichstellen.

Vil: altgerm. Wort für Kunst.

Vimana: altind. Wort für Flugzeug, s. Veden ↗.

Viracocha: in der Quechua ↗-Sprache noch heute eine höfliche Anredeform, die ggb. Menschen von höherem Rang benutzt wird. Von den Inka ↗ übernommen für Pachacamac ↗ (Kulturbringer), deshalb nicht zu verwechseln mit ihrem Sonnengott Inti ↗. »Eine Version berichtet, daß der Gott Viracocha die Erde und den Himmel erschuf und die Erde mit Menschen bevölkerte... Jedoch gehorchten sie ihrem Schöpfer nicht, und daher beschloß er, sie zu vernichten, indem er einige in Steine verwandelte und die übrigen in einer

Flut ertränkte, die höher als die höchsten Berge der Welt anstieg. Die einzigen Überlebenden waren ein Mann und eine Frau, die sich in einer Kiste aufhielten und beim Sinken des Hochwassers vom Wind nach

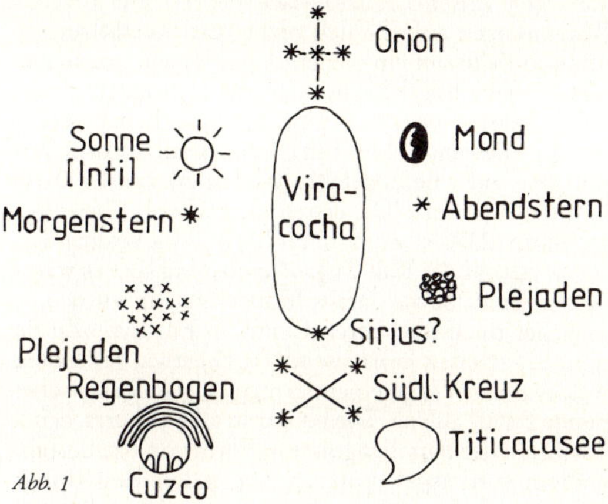

Abb. 1

Tiahuanaco ↗, dem Hauptsitz des Schöpfers, getrieben wurden« (Mythologie von R. Cavendish). Das Paar hieß Manco Capac u. Mama Ocllo, die sagenhaften

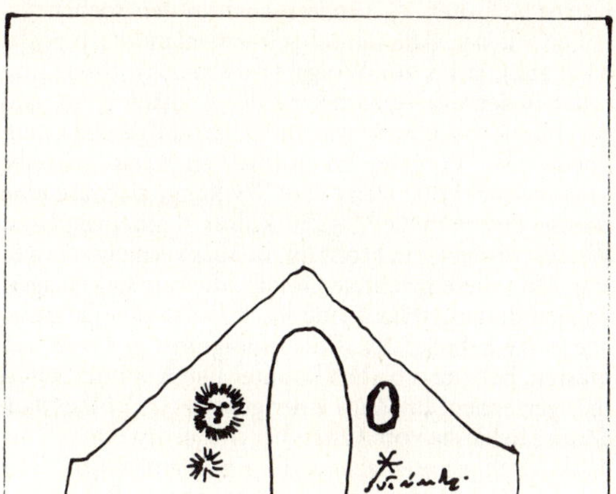

Abb. 2: Skizze des Inka Santa Cruz (mit Zusätzen des Pater Avila)

Gründer der Inka-Stadt Cuzco. Man sieht sie auf einer Skizze (Abb. 2, Mitte unten), die der Inka Santa Cruz im 17. Jh. vom ehem. Hochaltar in Cuzco machte, zw. Titicacasee (r. vom Mann) u. der vom Regenbogen überwölbten Stadt (l. von der Frau); im Original sollen sie 2 Goldstatuen gewesen sein. Über ihnen das Südl. Kreuz (Sternbild vom Südpol), dann ein Einzelstern samt riesiger Ovalbahn, die oben am Sternbild Orion ↗ hängt. Dies nun soll V. darstellen, eine weitere Erklärung fehlt. Als Herkunftsort der Kulturbringer ↗ käme nur der Sirius ↗ in Frage, a. in Ägypten über Osiris ↗ als Äqv. für V. – der a. Kon Tiki ↗ ist, äg. Chenti ↗ – mit Orion verbunden. Es folgen je beidseitig die Plejaden ↗ (Auf- u. Untergang), Venus ↗ (als Morgen- u. Abendstern) u. schließl. Sonne + Mond. Das Gitternetz ganz unten stellt wahrsch. die Treppen zum Tempel dar. Abb. 1 ist ein reduziertes Schema: Aus dem beigefügten Text wird deutl., daß die Plejaden als 14 Sternchen ihr sommerl. Anblick sind, die Par. als ›Steinhaufen‹ ihr Untergang z. Z. der Reife (Herbst), d. h. im Nebel od. Dunst: »Dann spielt der Drache seine Rolle«, gezeichnet als Tier unter dem Haufen.

Vishnu: in den Veden ↗ gen. Gott, der mit Lakschmi ↗ als Frau eine Art Urpaar ↗ bildet, bei Darst. meist auf der 100köpfigen Schlange Ananta ↗ ruhend. In diesem der Schöpfung ↗ vorausgehenden Schlafzustand wächst lt. Mythos aus seinem Nabel eine Lotos ↗-Blume, in der Brahma ↗ thront. Andererseits bildet er mit diesem u. Shiva ↗ a. die männl. Dreiheit ↗. Es werden 10 Avatara ↗ (Inkarnationen) gezählt, davon aber nur 5 menschengestaltig; der letzte wird u. a. Maitreya ↗ gen.: »Vishnu wird auf Kalki ↗, dem weißen Rosse, als der letzte Avatara inmitten von Feuer und Flammen wiederkehren.« In den lt. Blavatsky ↗ entstellten ›Satzungen des Manu‹ heißt es: »Die Finsternis entfernend, wurde der selbstbestehende Herr (Vishnu, Narayana etc.) offenbar und, in dem Wunsche, Wesen aus seiner Wesenheit hervorzubringen, schuf er im Anbeginne das Wasser allein. In dieses warf er Samen. Daraus wurde ein goldenes Ei.« Aus ihm geht im 11. Gesetz Brahma hervor: 11. »Dem, welches die ungetrennte (undifferenzierte) Ursache ist, dem Ewigen, welches ist und nicht ist, aus Diesem (neutrum) ging hervor jenes Männliche, welches in der Welt Brahma genannt wird.«

Offensichtl. wird hier der Lotos durch das Ei ↗ als Symbolbild ersetzt. — These: führt man V. ungespalten, als in sich vereintes Urpaar wirkl. auf den Uranfang zurück, so wird sogar im Wort, durch Umkehrung ↗, die Par. zu En Soph ↗ deutl.:

→ VISHNU
HPOS NE ←

Es ist anzunehmen, daß dafür sein Symbol, der Sechsstern ↗ eingesetzt wurde, statt dem Ur-X ↗. Man kann dann für V. Wissen ↗ einsetzen u. für Lakschmi Erkenntnis ↗, vereint als die eine Weisheit ↗. — Krischna ↗ war 1 der 5 menschl. Inkarnationen. — Symboltiere: Vogel + Schlange, s. Vogelschlange ↗.

Vlies, das Goldene: in der Argonautensage ↗ das goldene Fell des Widders ↗.

Vogel: als Symboltier ↗: ein Luftwesen u. damit lt. Jung ↗ »ein bekanntes Symbol des Geistes ↗«. In diesem Lexikon behandelt als: Schwalbe, Rokh, Phönix, Reiher, Ibis, Falke, bzw. Adler, Geier, Rabe, Taube, Moan u. Pfau. — In natura s. Witwenvogel ↗. — In Kombination s. Vogel-Fisch-Mensch ↗, Vogelmensch ↗, Vogelschlange ↗. — Äqv. Rouach ↗.

Vogel-Fisch-Mensch: in Neu-Guinea ↗ als Maske dargestellt. These: da die 2 Fische die Ohren verlängern, wären sie mit dem 5. Sinn ↗ gleichzusetzen = 8er Kreis der Sonne od. die Seele, was für den Vogel ↗ den Geist beläßt; aus beidem besteht die Psyche ↗ des Menschen.

Vogelmensch: fliegender Mensch = Astronaut ↗ od. Mensch mit Flügel, äqv. Engel ↗. Auf einem Bild aus Peru ↗ tragen 2 V. in einer Sänfte, deren Tragestangen in Schlangenköpfe auslaufen, eine Gottheit mit Strahlen (Abb.). Sollte sie die Sonne ↗ darstellen, ist die

Sänfte das Sonnenschiff ↗, das in Ägypten oft in Falkenköpfe auslief. Eigtl. ergibt die Kombination V. + Schlange die Vogelschlange ↗. — Taucht a. auf der Osterinsel auf, s. Rapanui ↗.

Vogelschlange: in Ägypten zunächst 2 Göttinnen, die als Cherubim ↗ einen Rhombus ↗, d. h. das Mittelstück des Gesamtkosmos ↗ bilden: Geier ↗ + Kobra ↗; sie kehren wieder auf der Stirn der Osiris-Mumienhülle ↗, sodaß Osiris selbst - was aber offiz. nicht passiert - V. gen. werden kann. Das ergibt ein Äqv. zur mex. Quetzal- (Vogel od. gefiedert) coatl ↗ (Schlange), im Schöpfungsbericht des Popol Vuh ↗ weibl., in der Inkarnation, Nv. Kukulcan ↗, dann männlich. Im äg. Fall darf man letztl. die Gesamtheit der Urgötter darin sehen, mit dem Geier als Mut ↗ die Götterneunheit ↗ vertretend u. mit der Kobra als Zusammenfassung die Götterachtheit ↗, was die äg. Doppel-Religion ↗ ausmacht. Man kann wohl a. Geist (= Vogel ↗) im Durchlauf zyklischer Verwandlungen (Schlange ↗) dazu sagen od. kosm. Ursubstanz (Akasha ↗) auf dem Weg zur Vollendung ↗.

Volk: bei der Biene alle Tiere, die sich um 1 Königin scharen u. hier a. von ihr abstammen. Wird das V. zu groß, spaltet sich 1 Teil ab u. bildet unter einer neu hervorgebrachten Königin ein wegfliegendes 2. Volk. — Das zeigt sehr schön, daß nicht das Territorium bindend ist, sondern ein gemeinsamer Mittelpunkt. Das kann beim Menschen - vorausgesetzt er überschreitet die genealogische Bindung des Stammes ↗ - a. das Königtum ↗ sein od. ein Kultbild wie das Wanderheiligtum Ngoma ↗ bzw. Bundeslade ↗ u. schließl. eine Gottheit, in der König als Stellvertreter u. Kultbild als Symbol treffen. So waren die Deutschen als Tuatha (= Volk) de Dannan ↗ auf die Göttin Anu ↗ fixiert, die Juden ↗ sind es noch auf Jahwe ↗. — Das heutige Recht versteht unter einem V. die Gesamtheit der in einem Staat zusammengefaßten Menschen = Staatsvolk.

Völkerwanderung: nach Ansicht der Wissenschaftler begab sich im 2. Jt. v. Z. ein Volk, das eine idg. Sprache hatte u. entw. in Nordiran (These: nein) od. im Kaukasus ↗-Gebiet (These: ja) beheimatet war, auf eine große Wanderung. Eine Gruppe zog nach Südosten, nach Indien ↗. Die Hindus nannten sie Arier ↗; eine andere Woge wurde westwärts nach Europa ↗ getragen. Eine genauere Zeit ergibt sich aus folg. Zitat: »Was die Indogermanen ↗ nicht hatten, waren Wörter für ›Kupfer‹, ›Bronze‹, ›Eisen‹. Hier weisen die Tochtersprachen Benennungen auf, die sich nicht zurückverfolgen lassen und nicht auf ein gemeinsames Urwort zurückgehen. Folgerichtig bedeutet das: die Ur-Indogermanen haben bereits vor dem Beginn der eigentlichen Metallzeit angefangen, sich in Einzelvölker aufzulösen. Womit man auf eine ungefähre Jahreszahl von 2500 vor Christus kommt« (Die ersten Deutschen). These: besser ist um 2370 v. Z., d. h. zu Beginn des Widder-Sektors ↗, damit das Kali Yuga ↗ einleitend. U.: es waren Kaukasier ↗, bevor daraus Indogermanen wurden. — Gleiches Buch über ihren Einfall in Europa: »Zu Beginn des zweiten Jahrtausends (v. Z.) etwa, geschah etwas, was den Vorgeschichtlern anfangs unlösbar scheinende Rätsel aufgab. Die bis dahin alles beherrschende Tradition der Familiengrüfte in Form von Riesensteingräbern wird abgelöst durch eine andere Bestattungsweise: durch das schlichte Einzelgrab... Am auffallendsten (als Grabbeigabe) ist eine Axt mit der Schneide auf der einen Seite und der Hammerfläche auf der anderen... Ein kriegerisches Volk zweifellos, dessen Spuren... sich plötzlich überall finden, nicht nur an der Ostsee (s. Goten ↗), sondern auch in der Poebene (s. Italien ↗), der Balkaninsel (Griechenland ↗, Jugoslawien etc.), ja bis zur Wolga! (Rußland ↗). Ihren Einbruch in den Ostseeraum kann der Archäologe anhand der Funde nachlesen wie in einem aufgeschlagenen Buch. ›Der Vorgang im nordischen Kreis‹ schreibt Ernst Sprockhoff, ›zeigt eine Wirkung, als wäre eine Bombe mitten in die Megalithkultur ↗ hineingeplatzt. Wo sie einschlug, in Holstein, ist alles vernichtet... wer war denn diese mächtige Gestalt, die mit so kräftiger, unbarmherziger Hand eine solch stolze Bevölkerung, wie es die Erbauer der Riesensteingräber gewesen sein müssen, beiseite schieben konnte? Die Antwort lautet: Indogermanen! Im Zuge einer gewaltigen Völkerwanderung fielen sie vom Osten her in Europa ein‹.« These: dadurch gerieten aber a. die schon ansässigen ›Germanen‹ ↗, die sich Tiodiska ↗ nannten, in Bewegung; einen weiteren innereurop. Wanderschub verursachten die Kelten ↗: »Gewöhnlich datiert man die Ankunft der gallischen Kelten im südlichen Punkt Spaniens auf das 5. Jh. v. Z. Man fügt hinzu, sie seien aus Zentralasien... gekommen. Aufeinanderfolgende Abmärsche aus dieser Gegend hätten zu den Joniern ↗, Dorern ↗, Kelten, Germanen und Slawen ↗ geführt« (Les Jacques). These: hier ist schon von einem Zurückwandern der in Indien eingefallenen Arier die Rede, wozu nicht die Germanen, aber die Streitaxtleute ↗ gehören. — Bild der Völker, Band 9: »Die erste Völkerwanderung auf europäischem Boden, von der die Schriftquellen berichten, ist die sog. Dorische Wanderung: die Griechen ↗ nannten sie auch die ›Rückkehr der Herakliden‹. Sie fand im 12. Jh. v. Chr. statt und ist wahrscheinlich die letzte Phase einer weit größeren Bewegung, die indogermanische Stämme aus dem Norden der Balkaninsel nach Griechenland und darüber hinaus in den Vorderen Orient brachte... Die Wanderbewegungen germanischer Stämme haben länger als tausend Jahre gedauert und gewaltige Umwälzungen hervorgrufen. Am Ende des 5. Jh. n. Chr. fiel ihnen das weströmische Reich zum Opfer.« Dieser Ausklang der tausend J. zw. Kelteneinfall u. Zerstörung des Römischen Reichs ↗ ist aber nur die Kleine Völkerwanderung. Mit der Missionierung ↗ legte sich dann die Unruhe.

Vollendung: beinhaltet im Wort Ende = Ziel ↗; im Tantra ↗ das Erreichen einer Synthese ↗ von Genuß + Befreiung, wofür man noch besser Friede + Freiheit einsetzen kann, das aktuelle Thema der Endzeit ↗, wo Kommunismus ↗ Friede u. Kapitalismus Freiheit verspricht, was zur Wiederholung des Wanen-Asen-Kriegs ↗ führt, um die V. zu erreichen, u. d. h. die Vollkommenheit ↗ des Menschen u. der Welt ↗.

Vollkommenheit: ein noch nicht eingetretener Zustand von Mensch ↗ u. Welt = Sonnensystem ↗, in dem beides dahin ›kommt‹, Voll zu sein, d. h. die uranfängl. Leere ↗, die alles nur als Ideen ↗ enthält, diese komplett verwirklicht. These: das ist erst am Ende der 7. Welt ↗ erreicht. Der Sirius ↗ könnte dieses Ziel ↗ schon erreicht haben. Uns fehlt noch die 2. Sonne u. die Erweiterung der Psyche ↗ - jetzt Chenti ↗ = 120 Bausteine, s. Weltformel ↗ - auf die Endzahl 144, das Himmlische Jerusalem ↗.

Von Frankenberg, Gisela: dt. Schriftstellerin (geb. 1925), Gründung des Muiska-Museums ↗ 1973, während der Eröffnungsausstellung 1975 Gründung der Nommo-Logie ↗; Vorausschau ↗ 1977 u. Weltformel ↗ 1978, als Performance vorgeführt auf der Biennale von Venedig. 1983 Gründung einer Von Frankenberg-Universität ↗.

Von Frankenberg-Universität: 1983 von der Schriftstellerin Von Frankenberg ↗ in München ↗ gegr. für die neue Wissenschaft Nommo-Logie ↗. Sie wird in 15 Fächer untergliedert, die dem Sonnenalphabet ↗ folgen, in Anlehnung an die Tage von Primär- u. Sekun-

VON FRANKENBERG - UNIVERSITÄT

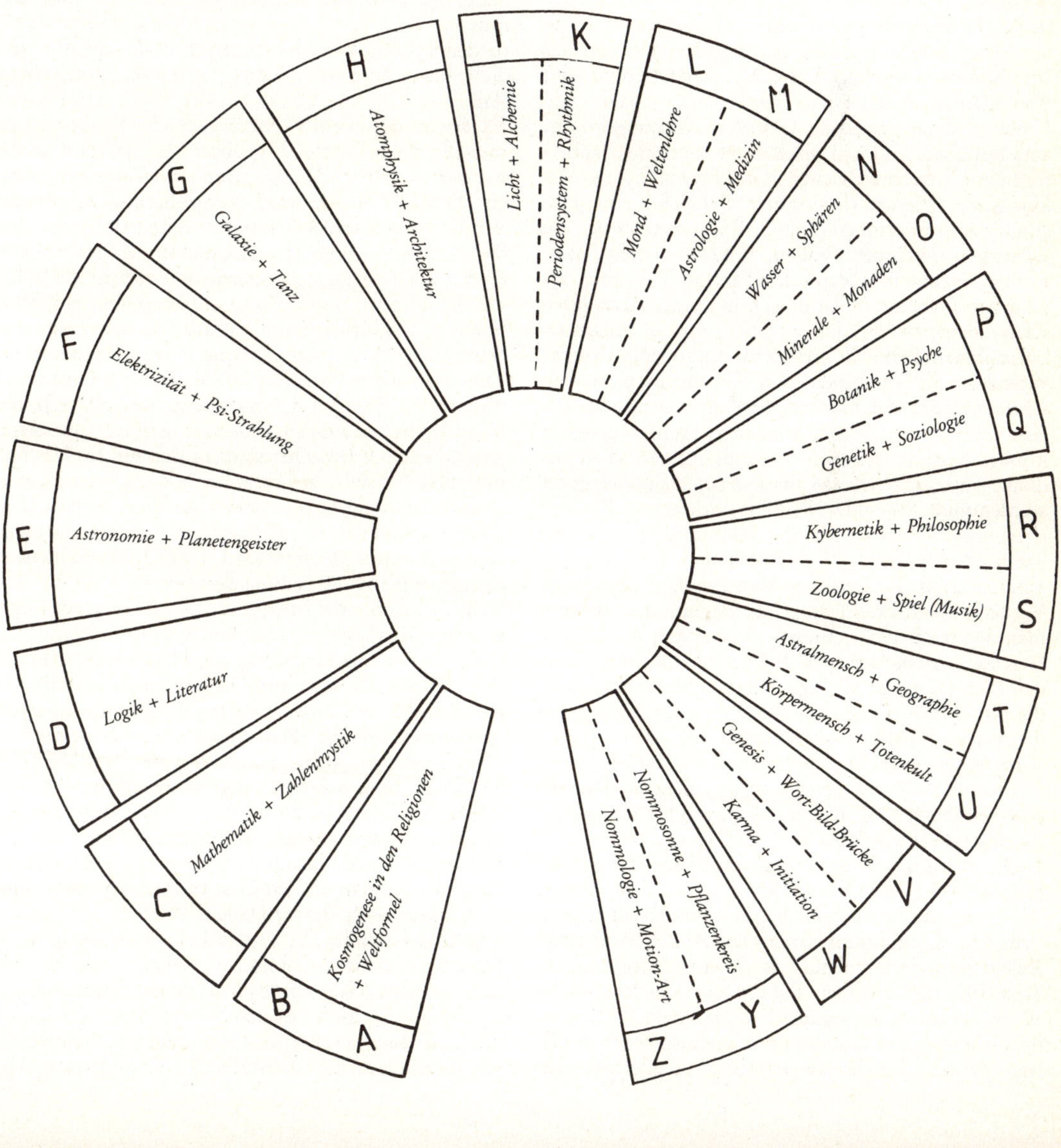

därschöpfung ↗. Die Abb. zeigt diese Struktur schon als Bau-Modell des für 1991 geplanten Welttempels ↗. Zur Förderung der zukünftigen Synthese ↗ hat jedes Fach einen doppelten Aspekt: konkret-mater. u. esot.-spirituell. Bsp.: 2. Fach (= 2. Gebäude): Mathematik (konkret) u. Zahlenmystik (esot.). Mit anderen Worten werden a. Natur- u. Geisteswissenschaften wieder zusammengeführt sowie mit den verlachten ›Grenzwissenschaften‹ vereinigt.

Voodoo: Geheimkult in Südamerika ↗ u. Karibik ↗, entstanden bei den dorthin verschleppten u. zwangschristianisierten Sklaven ↗, die Namen der aufgezwungenen Heiligen auf ihre afrik. Götter übertrugen. Schließl. wanderte diese sich ständig wandelnde relig. Bewegung wieder zurück nach Westafrika. Man kann nur durch versch. Initiationsstufen hineinwachsen. Die Zahl der heutigen Anhänger wird auf mindestens 50 Mio. geschätzt u. als urspr. Quelle wird Benin ↗ genannt. Das Wort V. kommt aus der Yoruba ↗-Sprache u. bed. soviel wie ›beschützender Geist‹. In Haiti heißt die ganze Familie der Götter Loas, während man sie in Brasilien ↗ Orischas ↗ nennt. In Haiti findet das Ritual ihrer Herbeirufung in einer Art Tempel statt. In der Mitte steht eine Säule, *poteaumitan* gen., an der sich die Loas (Orischas) zu den Menschen herablassen. Auf kleinen Altären Geschenke, die jeweils den Chrakter eines gerufenen Geistes widerspiegeln; auf dem Fußboden in Mehl gezeichnete ›optische Zauberformeln‹, d. h. ihre Zeichen ↗ od. Symbole ↗, s. Makumba ↗. Priester (houngans, vielleicht von Hogon ↗) u. Priesterinnen (mambos) tragen schwarz, die Gläubigen - Männer, Frauen, Kinder - weiß. Trommeln ↗ setzen ein u. dann der Tanz ↗. Tieropfer, bis einige in Trance ↗ fallen u. sich mit einem Loa (Orischa) identifizieren, dessen Bewegung + Aussehen übernehmen. Sollte diese Übernahme zu lange dauern, verändern die Trommeln den Rhythmus u. ›verabschieden‹ damit den Gott od. die Göttin. Ärzte bestätigen, daß Patienten, die sich in diese Trance versetzen können, stärker narkotisiert sind als mit normalen medizin. Mitteln, ohne daß ihr Körper chem. vergiftet werden muß. Sie eignet sich sehr wirksam als Psychotherapie ↗. — These: Mambo könnte ident. sein mit Sambo ↗ u. V., afrik. Vodu, mit *Odu*duwa ↗.

Vorausschau: 1977 erstellte Von Frankenberg ↗ eine V. nach folg. Überlegung: ab Beginn des Wassermanns ↗ im J. 1950 müssen - da dies den Zyklus der Geschichte ↗ beendet - 50 J. Endzeit ↗ angelegt werden als Äqv. für die 50 Tage = Pentecost im christl. J., die zw. Ostern u. Pfingsten ↗ verstreichen, bzw. Äqv. den Uayeb ↗ (Maya) od. der germ. Odil-Rune ↗. Als Aufteilung dieser 50 J. bot sich an, zweimal die 24 Grundmotive ↗ mit jeweils anschließendem ›Schaltjahr‹ (als deren Einheit) anzulegen, pro J. 1 Grundmotiv als letzte Wiederholung ↗ der Geschichte. Auf den 1. Durchlauf fällt dann polit. gesehen die Machtergreifung von Ho Tschi Minh 1950 bis zum Rausschmiß der USA aus Vietnam 1973; genau in der Mitte liegt 1961 (12. Grundmotiv Todestanz ↗) die endgültige Zweiteilung Deutschlands durch eine Mauer. Im 1. Schaltjahr 1974 ereignete sich die unerklärliche Licht-Wolken-Bahn ↗. Beginn des 2. Durchlaufs 1975, eines bei Gründung der Theosophie ↗ vorausgesehenen Datums für den Impuls der 6. Welt ↗, wiederholt von Steiner ↗. Der Endkrieg ↗ fällt auf die J. 1981–87, endet also mit den Höllenzeiten ↗ der Maya u. der Polsprung ↗ als Jüngstes Gericht auf das J. 1999, was mit Nostradamus ↗ übereinstimmt. D. h., diese V. konkretisiert die Apokalypse ↗. Das Gesetz der Wirksamkeit eines Gegensektors in einem Kreis manifestiert sich mehrfach:

1) das letzte Sigui-Fest ↗ von 1931 liegt dem Ende des 1. Durchlaufs 1973 ggb., als J., in dem die Reihenfolge des Uralphabets wiedergefunden wurde;
2) die Machtergreifung Hitlers ↗ von 1933 liegt dem Beginn des 2. Durchlaufs ggb., mit dem Hakenkreuz als Var. des 1. Grundmotivs X;
3) der 2. Weltkrieg liegt dem Endkrieg ggb.;
4) ggb. dem Beginn des 1. Durchlaufs von 1950 liegt die letzte Wiederholung des Nommozeichens ↗, sodaß angenommen werden kann, im J. 1992 - im Anschluß an das letzte Sigui-Fest - träte der Wiederkehrende (afrik. Nommo ↗) endgültig in Erscheinung;
5) ggb. dem Jüngsten Gericht von 1999 liegt ein 1957 gefeiertes ›Himmelsfest‹ jap. Künstler, in Zusammenhang mit dem 2500jährigen Jubiläum des Buddhismus ↗.

In den Mittelsektor des Gesamtkreises schließl. fällt die 1. Begegnung von Kolawole ↗ u. von Frankenberg 1963.

Vorform: der Form ↗ vorausgehender Realisierungsprozeß: »Vogel hatte als geübter Mikroskopist schon hunderte von Farb-Diapositiven vom Verhalten flüssiger Kristalle in 300facher Vergrößerung hergestellt. Auf der Projektionsleinwand konnten sie es mit den Werken eines begabten abstrakten Malers aufnehmen... Vogel gelangte zu dem Schluß, daß Kristalle, bevor sie in einen festen Zustand übergehen, von Vor-Formen, von Schattenbildern aus reiner Energie vorgebildet werden« (Das geheime Leben der Pflanzen). These: genaugenommen ist die V. bei jeder Existenz ↗ ›hinter‹ der äußeren Form präsent, weshalb z. B. ein Mensch, der für einige J. erblindet u. durch Operation wieder sehend gemacht wird, in den ersten Wochen nur diese V. sieht u. erst danach wieder Form, was dann a. für Neugeborene gelten dürfte. Es ist eine Umschaltung auf Motion-Perception ↗ = Bewegungswahrnehmung, die offensichtl. a. der 3. Wurzelrasse ↗ eigen war bis zur 3-Teilung der Zeit ↗.

Vril: 7. u. höchste Energie ↗, die ›felsenzerstörende Kraft‹, lt. Blavatsky ↗ von den Atlantiern Mash-Mak gen.; bei ihr taucht aber a. der Name Kuku-Ma auf (Band Esoterik), was eine Übers. ermöglicht: Kuku = schwarz, Ma = Sonne. Es handelt sich also um jene rein geistige Energie, die a. die schwarze Sonne des Sirius ↗ ausstrahlt, afrik. Po ↗: Sitz der höchsten Erkenntnis, was nahelegt, der Umgang mit diesem schwarzen Licht sei durch den symb. Baum der Erkenntnis ↗ zum Menschen gelangt. Mash-Mak läßt sich umkehren in das äg. Kem Kem ↗, Verdoppelung von Schwarz u. evtl. den Gesamtkosmos ↗ betr., mit V. = Me ↗. — S. die Vril-Gesellschaft ↗.

Vril-Gesellschaft: Dr. Willey Ley, einer der größten Experten auf dem Gebiet der Raketentechnik, floh 1933 vor den Nazis ↗ aus Deutschland. Durch ihn erfuhr man, daß kurz vor dem Aufkommen des Nationalsozialismus in Berlin eine kleine Geheimgesellschaft existierte, die buchstäblich auf dem Roman The

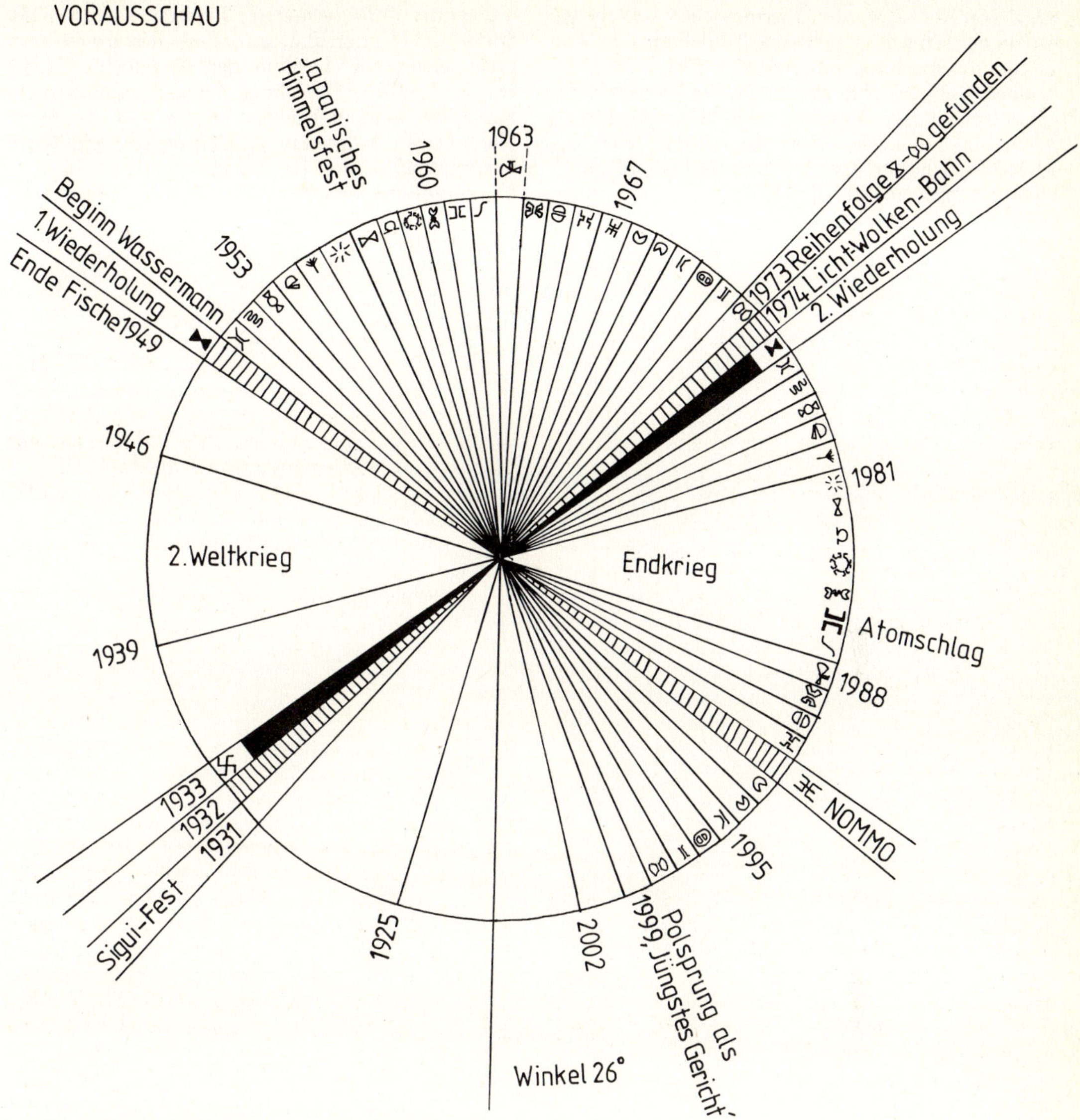

Coming Race des engl. Schriftstellers Bulwer-Lytton aufbaute. In ihm werden Menschen beschrieben, deren geistiges u. seelisches Leben wesentl. höher entwickelt ist als das unsere. Sie sind im Besitz einer Macht über sich selbst u. über die Dinge, die sie den Göttern ↗ gleichstellt. Diese Berliner Gemeinschaft nannte sich ›Die Loge der Brüder vom Licht‹ od. die Vril-Gesellschaft. Den Ausdruck Vril ↗ hatte Lytton einem alten Schrift-Bruchstück entnommen, dessen Herkunft unbek. blieb. Die Mitgl. der Loge hatten Freunde in der Theosophischen Gesellschaft ↗. Wie Jack Fishman (Buch The Seven Men Of Spandau) berichtet, gehörte a. Karl Haushofer der V. an. Von ihren Ritualen ist nur bek., daß die Mitgl. ihre Übungen damit begannen, daß sie sich in den Anblick eines in 2 Teile zerschnittenen Apfels versenkten. These: die Fläche eines halben Apfels gleicht Grundmotiv Pflanzentanz ↗, Buchstabe P (Abb. 1). Setzt man 2 nebeneinander, so wäre - mit Vril = Me ↗ - damit zweifellos der Gesamtkosmos ↗

Abb. 1

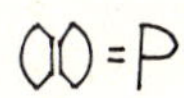

eingerahmt (Abb. 2). Man findet ein ähnl. Bild in Gestalt von 2 Doppel-Äxten ↗ auf einem Sarkophag von Kreta ↗. Die 2 P wiederholen sich im mittleren Rhom-

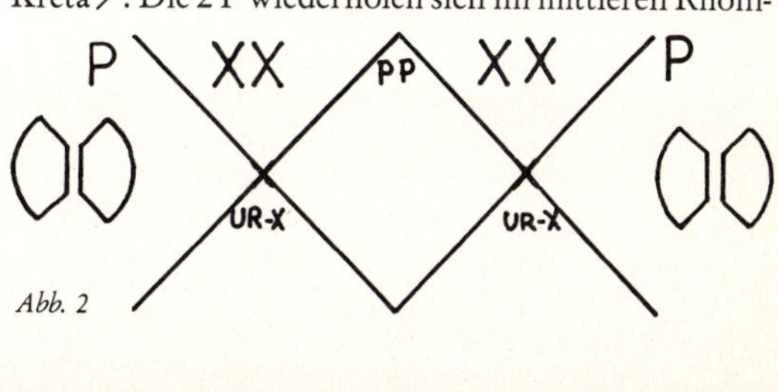

Abb. 2

bus ↗ von Abb. 2, wo der Übermensch ↗ entsteht, genau an der Schwelle von Kosmosausdehnung zu Wiederzusammenziehung od. Nut ↗ - Gegen-Nut, äg. Naunet ↗, ebf. zw. 2 P, was natürl. der Übung ebenso gut entspr. könnte. Vril bed. wohl nichts anderes als Vr = Ur ↗ u. Li = Licht, also Urlicht, eben das schwarze Licht, in das z. B. der Lichtstrahl durch Lichtöffnung ↗ zurückfallen kann.

Vulcanus: »Ein vermuteter Planet ↗ zwischen der Sonne und Merkurbahn; astronomisch ist die Existenz nicht gesichert« (Lexikon der Astrologie). These: entspr. dem röm. Hephaistos ↗ u. in Teotihuacan Olkan ↗ zw. Sonne u. Kinan.

Vulgata: die ›allgemein verbreitete‹ (direkte Wortübersetzung) u. allein für authentisch erklärte Bibel ↗-Übers. von Hieronymus in lat. Sprache. S. Luther ↗.

Buchstabe W

Grundmotiv  Explosion

W: weiblich ↗, z. B. als obere Hälfte des Gesamtkosmos ↗; am stärksten erhalten im Begriff der Wanen ↗ od. Wahine ↗, äqv. Oduduwa ↗, was das W auf die Ursilbe Wa ↗ erweiterte.

Wa: 1) alter Name für Japan, dokumentiert in den Annalen der chin. Han-Dynastie ↗: das Land Wa habe sich in der 2. Hälfte des 2. Jh. im Zustand des Bürgerkriegs u. der Anarchie befunden, bis die Königin Pimihu dem Land wieder Frieden verschaffte. D. h., dieser Name fällt in die Zeit der Zauberköniginnen ↗ als letztem Ausläufer des 2. Matriarchats ↗, worauf sich Wa direkt beziehen könnte. 2) Im Rahmen einer Wort-Bild-Brücke ↗ ist W ↗ die weibl. Hälfte des Gesamtkosmos ↗ u. A der Sonnenkern ↗, der aus ihm hervorgeht. Figürl. findet sich dieses Schema des Ur-Ka ↗ (Abb. 1) im steinzeitlichen Frankreich (Abb. 2), möglicherweise ein Symbol der Wanen ↗.

Abb. 1

Abb. 2

Waage: konkret: Instrument zum Messen der Masse eines Körpers im Vergleich mit der Masse eines geeichten Gewichts. Als Symbol: 1) im Sanskrit Thule ↗ gen. = die ›Waage der Geschlechter‹, d. h. deren Gleichgewicht, das es aber seit Paradies-Verlust ↗ nicht mehr gibt od. nur im großen Rahmen der ganzen Geschichte ↗ durch zweimaligen Wechsel von Matriarchat ↗ + Patriarchat ↗. 2) Zodiaksektor ↗ äqv. Biene ↗. Im Lexikon der Astrologie heißt es: »Saturn ist in der Waage erhöht, Venus hat hier ihr Haus...«, was insofern mit 1 zusammenhängt, als die W. der Geschlechter im Saturn = 3. Welt ↗ noch stimmte, dann aber erst wieder in der 6. Welt = Venus ↗ stimmen wird; 3) in Ägypten eingesetzt bei der Seelenwägung ↗ zum Vergleich von menschl. Herz mit Feder der Maat.

Waffentanz: ein Grundmotiv ↗, das Spitze gg. Spitze 2 Messer od. Dornen setzt; bei den Runen ↗ verkürzt auf 1 Dorn am Stil. Entspr. Buchstabe E, s. Vergleich (Abb.). U. a. zu verstehen als Sicherung einer Distanzschwelle. Gehört zur 2. Hälfte des Tierkreissektors Skorpion ↗ u. wurde als Erstkrieg ↗ realisiert. — Noch heute bei einigen Völkern direkt als Tanz praktiziert.

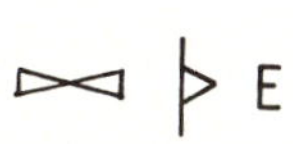

Wagen: als Symbol: der Zohar ↗ wird als ›Geschichte des Himmlischen Wagens‹ verstanden; im Buddhismus ↗ entstanden 3 unterschiedl. Schulen, jeweils als W. bez. = Yana ↗. Das führte soweit, daß buddhist. Tempel ↗ als W. verstanden wurden, an die a. das Rad ↗ angebaut wurde. Im Buch Dzyan ↗ kreisen die Planeten ↗ »... ihre Wagen lenkend um ihren Herrn, das Eine Auge unserer Welt«. Hier wird das Äqv. zum Schiff ↗ deutl., denn Ägypten setzte jeden Planeten, allerdings a. Sonne, Mond u. Sterne in solche Behälter. S. a. den germ. Sonnenwagen ↗. — In der heutigen Astrol. a. als kleiner u. großer W. für den Bär ↗ eingesetzt.

Wagner, Richard: dt. Komponist, geb. 1813 in Leipzig, gestorben 1883 in Venedig. Fragte sich selbst im Aufsatz ›Religion und Kunst‹: »Wollen Sie etwa eine Religion stiften?«, was heute damit beantwortet wird, daß er auf jeden Fall eine Weltanschauung ↗ gründete. These: durch Kombination von Edda ↗ u. Bakunin ↗, etwa Götterdämmerung ↗ (wie 1 seiner Opern hieß) plus Weltrevolution ↗. Bakunin gab sogar kompositorischen Rat: er möge ein »gigantisches Chorwerk« schaffen, in dem die Soprane »hänget sie« u. die Tenöre »köpfet sie« singen, während die Bässe »Feuer, Feuer« brummen. W. selbst glaubte, diese Revolution »... werde der ganzen Welt das neue Evangelium des Glückes...« verkünden, wozu offensichtl. die Befreiung des Weiblichen ↗ gehört, denn er schreibt am Tage des Todes: »Gleichwohl geht der Prozeß der Emanzipation des Weibes nur unter ekstatischen Zuckungen vor sich.« Inter. Zahlensymbolik: geb. 13 (1813), schrieb 13 Musikdramen u. starb am 13. Febr., als sein Sohn Siegfried ↗ 13 war. Hielt sich schon für den ›Neuen Mensch‹ ↗, war aber lt. Thomas Mann ›Bruder Hitler‹ ↗. Nietzsche ↗, anfangs ein kritischer Bewunderer, wurde sein Hasser u. schrieb: »Im Theater wird man Volk, Held, Weib, Pharisäer, Stimmvieh, Patronatsherr, Idiot - Wagnerianer, da unterliegt auch noch das persönliche Gewissen dem nivellierenden Zauber der großen Zahl.« Adorno meint, W.s Alberich, der das Rheingold (= Nibelungenhort ↗) rafft sowie der garstige Zwerg Mime (in der Edda Mimir ↗) u. a. seien Judenkarikaturen, womöglich gar Reflexe von Selbsthaß, denn - obwohl nichtjüd. - wurde W. in der Schule wegen seines jüdischen Aussehens böse gehänselt, Ausgangspunkt für seinen bek. Judenhaß. In der Urfassung des Siegfried als Teil des *Ring der Nibelungen* ↗ (Aufführungsdauer 14 ½ Std.) ist Mime (Mimir) noch »... ein deformiertes Monstrum mit abnorm großem Kopf und finsteren Zügen - eine Selbstkarikatur von Wagner, der in der Figurine des Mime sich seiner selbst mit Schrecken inneward« (Adorno). Im endgültigen Textbuch hat W. sein Selbstportrait gestrichen. These: zeitl. gesehen tippt W. mit der 1. Oper Rienzi ↗ - die Hitler zum 3. Reich ↗ inspirierte - die Zukunft an, während die Götterdämmerung als Ende des ›Ring‹ (Uraufführung 1872) weiteste Vergangenheit wiederbelebt. Sie endet bei W. damit, daß Brunhild ↗ die Welt anzündet; sie sagt:

»Denn der Götter Ende
dämmert nun herauf.
So - werf ich den Brand
in Walhalls ↗ prangende Burg.«

Den Anf. bildet das Gespräch der 3 Nornen ↗; W.-Zusatz: ihr ›Seil‹ (Schicksalsfaden) reißt, sie fassen die Stücke u. binden damit ihre Körper aneinander, verkündend:

»Zu End' ewiges Wissen!
Der Welt melden
Weise nicht mehr.«

These: spielt auf das Verlorene Wissen ↗ an.

Wägung der Herzen: Jenseitsgericht ↗, Seelenwägung ↗ (äg.).

Wahine: weibl. Teil des Kosmos; eigtl. Io Wahine ↗.

Wahrheit: äg. Maat ↗, jedoch ungetrennt von Gerechtigkeit, zus. W.-Gerechtigkeit, die 2 Maati ↗. Das engl. Wort für W. ist *truth* u. könnte auf das germ. *Trud* zurückgehen, erhalten im Thrudenring ↗, womit man im 4er Kreis ↗ landet, äg. Nachtbarke  . Dazu paßt, daß ›Wahrsagen‹ immer verborgene Dinge kündet; W. ist unsichtbar, verborgen. S. Wahrnehmung ↗ u. Hegel ↗ sowie Wajra Varahi ↗.

Wahrnehmung: meist nur das für ›wahr‹nehmen, was die Sinnesorgane ↗ über die Materie vermitteln. Sollte aber, s. Wahrheit ↗ als Verborgenheit, darüber hinausgehen u. durch Empfindungen den Bedeutungsinhalt od. das Wesen ↗ erfassen. Im engl. Wort *perception* - s. Formwahrnehmung (shape-perception) ggb. Bewegungswahrnehmung (motion-perception z. B. in Motion-Art ↗) - liegt *perc* wie bei Percht ↗ u. Parzival ↗ = etwas durchstoßen.

Wahrscheinlichkeit: neben dem strengen Kausalitätsgesetz ↗ die W. des Möglichen. Etwa wie oft man mit einem Würfel, der die Zahlen 1-6 enthält, die 6 würfeln kann = 1:6.

Waischnaviten: Anhänger des Vishnu ↗.

Wajra Varahi: ind. Göttin, gen. Diamantwahrheit = Vach ↗.

Wakan: ein Quechua ↗-Wort für hl., Heiligtum, span. Huacan z. B. in Teotihuacan ↗. Mit dem gleichen Wort bz. die heutigen Peruaner jeden Flecken Erde, der etwas mit den Dingen u. Toten der Vorzeit zu tun hat. Setzt sich zus. aus Wa ↗ (Kosmos) u. Kan, äqv. Chan ↗ (Schlange), vergleichbar der ind. Kosmosschlange Ananta ↗ od. dem Logos ↗ in der Gnosis ↗. D. h. W. = Hl. Geist, verkürzt auf heilig.

Wakanda: »Die Vorfahren sagten, daß die Erde und alle Elemente gemacht wurden durch Wakanda, den Schöpfer ↗. Er machte uns, die Menschen, und alle Dinge, die von Licht besessen sind: die Bäume, die Kräuter, die Gräser, und er gab jedem einen Gebrauch. Alle Vögel, die da fliegen, sind sein Werk; alle Insekten und Dinge, die kriechen und kauern auf und unter der Erde. So wird er Mao ↗, ›Erdmacher‹ genannt« (Sioux ↗). These: setzt sich zus. aus Wakan ↗ = hl. u. Da wie bei Dasein ↗, reduzierbar auf Ntu ↗ (Gott), hier *nda.*

Wakan Tanka: hl. (= Wakan ↗) Tanka ↗ (Urstier).

Wal: kommt in der germ. Edda ↗ vor:

»... wie Odins Falken, nach Atzung gierig
Wenn sie Wal wittern, warme Beute.«

S. Walküren ↗ u. Walhalla ↗. — Walstatt = Schlachtfeld.

Wala: wissende Frau in der Edda ↗; lt. Blavatsky ↗ ›priesterliche Verhüllerinnen mit geheimnisvollen Riten‹. 1 der 4 Titel im Thrudenring ↗; Nv. Wölwa ↗. — Männl. Form Waland ↗.

Waland: Wirth ↗: »Der altnordische Volundr, angelsächs. Veland, Velond, niederd. Weland usw. ist der kunstreiche Schmied ↗ (angelsächs. Vel, Vil, ›Geschmeide‹, altnord. Vêl, viel Kunst, Kunstwerk)... Der ›Schmid von oben‹ ist eine alte Benennung des Himmelsgottes, welcher den Ilmarinen ↗ in Finnland wie den altdeutschen Irmin ↗-Gott bezeichnet.« Der Begriff W. kommt aber a. in der Edda ↗ vor:

»Weib vom Waland, was willst du hier,
Heilloses Haupt, in meinem Hause?«

Dies sagt eine Riesin, das ›Felsenweib‹, zu Brunhild ↗, als sie nach der Götterdämmerung - s. Wagner ↗ - zur Hel ↗ hinabfuhr. Der Interpret, Dr. O. Uebel, Prof. an der Tulla-Oberrealschule von Mannheim schreibt dazu 1938: W. stünde hier »allgemein für südlisches Land«, was Verwirrung stiftet. Vielleicht hilft Wirths Aussage weiter: »Die Bezeichnung Völandar-Hus, ›Walant-‹, ›Welant-‹ oder ›Wielant-Haus‹ ist die altisländische für die Troyaburg ↗, die Babylone.« Man findet aber a. den Unterschied zw. dem ›guten‹ W., der ›von oben‹ kam (s. Astronaut ↗) u. dem ›bösen‹ W. od. ›svarze Meister‹, finn. Kalewa. Der Übergang zum Archetyp Luzifer ↗ erfolgt über *diavolo* (göttl. volo, wala ↗). So heißt auf Korsika der Dolmen ↗ *stazzone* = Schmiede od. ›Stazzone del Diavolo‹, Teufelsschmiede, Walandskunst. Daraus wird griech. *diabolos,* Teufel, worin natürl. Baal ↗ steckt. — S. Gral ↗ als *Vil Reine* = reine Kunst (Vil, Wal) bei Wolfram von Eschenbach.

Walaskjalf: Rundsitz im Zentrum von Asgard ↗. Dort ist, so heißt es, die ›Fensterbank‹ von Wotan ↗, von der er die ganze Welt überblicken kann. These: der Sonnenkern ↗.

Walhall(a): im Grimnirs Lied der Edda ↗ werden die ›Hallen‹ od. Sitze von Asgard ↗ aufgezählt. Zu W. heißt es da:

»Glanzheim heißt die fünfte, wo golden schimmert
Walhalls weitragende Halle.
Da kiest Odin ↗ sich alle Tag
Im Kampf erschlagene Krieger.
Es erkennen leicht, die zu Odin kommen,
Den Saal, wenn sie ihn sehen:
Die Sparren sind Speere, die Schindeln Schilde,
Mit Brünnen (= Rüstungen) sind die Bänke bestreut
...

Fünfhundert und vierzig Tore
Wähn ich in Walhall.
Achthundert Einherier ↗ ziehn aus jedem aus,
Wenn es dem Wolf zu wehren gilt.«

Dieser Wolf dürfte Fenris sein. — Die Zahl der Tore findet sich schon in Ägypten als die 540 Götter + Dämonen, die über die Duat ↗ regieren, aufgezählt am Grab von Thutmoses III. (A. Champdor). H. Schultz: »Runensteine zeigen unten das Totenschiff ↗ mit windgeschwelltem Segel und darüber die Ankunft eines Reiters auf dem achtbeinigen Rosse (= Sleipnir ↗) in Walhall... nach Walhall führt eine Brücke. Nicht je-

der kann hinüber. Unten rauscht ein Strom, in dem die Schwerter treiben.« Für diesen Strom setzte man beim konkreten W.-Bau (Ausführung Klenze) die Donau ein, als während der Kriege von Napoleon ↗ die Idee eines ›Pantheon der großen Deutschen‹ reifte. Seit 1808 sammelte der bayr. Kronprinz Ludwig I. die Marmorbüsten der ›Walhallagenossen‹; am 18. Okt. 1863, 50. Jahrestag der Völkerschlacht von Leipzig, wurde der Bau (Abb.) eröffnet. Hier kehrt die symb. Zahl 540 als 54 wieder = 48 Säulen auf 6 Sockeln, was die Zuordnung erleichtert, denn sie erinnern an die Stufen des Babylonischen Turms ↗. Bei ihm ist die 6. Stufe die Sonne ↗, die tats. aus 48 Kategorien besteht (die Säulen). — Nach W. wurden die ausgewählten toten Krieger von den Walküren ↗ gebracht.

Walküren: im germ. Mythos 7 ›Kampf-Jungfrauen‹ im Schwanengewand, die auf der Walstatt (= Schlachtfeld) den Sieg ↗ durch Kürung = Auswählung der gefallenen Krieger, die sie anschließend nach Walhall ↗ bringen, besiegeln, weshalb es a. heißt, ›sie wirken Schicksal‹. Möglicherweise sind sie a. die 7 Siegel ↗. Ihre Namen:
Hild (Heldin), a. Hildr
Hladgud (Schwanweiß)
Sigrun
Ölrun (Alraune)
Sigdrife = Brunhild ↗ (Siegspenderin)
Oddrun
Herwör Alwit
+
Freya ↗ als Anführerin. These: wurden zu den 7 Erzengeln vermännlicht, denn Engel ↗ = Federkleid (Vogel ↗), hier Schwan ↗. Als ›Walkürenroß‹ zitiert Wirth ↗ von einem Runenstein die ›histr kunar‹ od. *hestr Gunnar* = Schlange. These: ident. mit der Kobra ↗; im Wort enth. *kuna*, *gunna*, äqv. Chan ↗. — Wohl wurden daraus a. die 8 Mora-Steine ↗, von *moira* = Schicksal. Im Aufbau der Sonne ↗ - s. Wotan ↗ - der 8er Kreis.

Walmadjeri: Stamm in Australien ↗, der die dort 1963 einsetzende anti-weiße Cargo-Kult ↗ Bewegung trägt u. seit 1964 Richtung Zentrum der Welt wandert, um dort alles ›niederzulegen‹ - übl. Umschreibung für die Aufgabe von Kultobjekten, die hier Darogo heißen, sobald ein gestecktes Ziel erreicht ist - um die große Flut ↗ zu erwarten. Das *Danach* sei eine gereinigte Welt ohne Sorgen u. Nöte = 6. Welt ↗.

Walpurgisnacht: die Nacht zum 1. Mai, früher Wotans Hochzeit ↗ gen., später verunglimpft als Flug der Hexen ↗ zu ihren Tanzplätzen. — Äqv. bei den Kelten ↗ das ›Druidenfest‹, von K. Seligmann gleichgesetzt mit den Baccanalien, s. Dionysos ↗ u. das Fest der Diana ↗. — S. Thing ↗.

Walvater: Nv. von Wotan ↗, wohl als Vater von Walhall ↗ gedacht. Die Seherin nennt ihn zu Beginn der Edda ↗ so:

»Ich will Walvaters Wirken künden«

Wampum-Kreis: der Irokesen ↗ (Abb.), aus 50 Schnüren bestehend für den Rat der 50 Häuptlinge, dem - wie a. 2 Oberhäuptlingen, die wohl die Mitte einnahmen - die vereinigten Stämme unterstanden. — Ergibt die Zahl 52 wie beim rotierenden Tzolkin ↗.

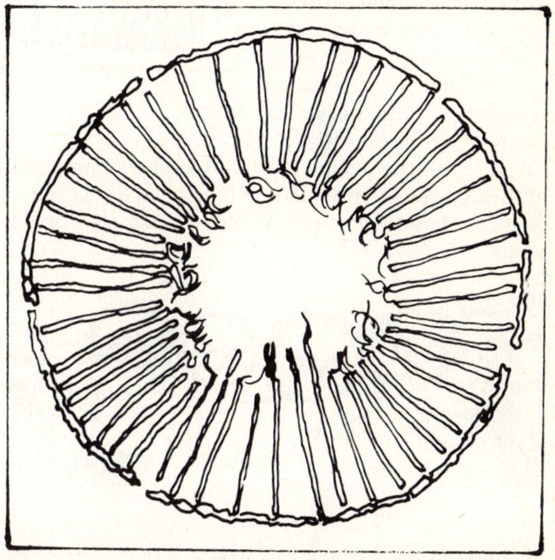

Wan: Schreibvar. für Van ↗.

Wana: Grundbed. Geist ↗ (Australien ↗); symb. Erscheinungsembleme sind Fadenkreuze, Fadenräder, Gittergestelle u. Gittermasken. Ihr Gebrauch beschränkt sich auf Tänze relig. Thematik. Keine Aufbewahrung, einmaliger Gebrauch. Nv. Wanina, Wanar, Wangara, Tschuringa ↗. — Es gab a. die Wana-Buga, eine baum-artige Zeremonialstange, an der bis zu 50 Schwirrhölzer ↗ hängen konnten. — S. Wanen ↗.

Wandervogel: eine um 1900 entstandene Protestbewegung der dt. Jugend gg. die überstürzte Industrialisierung unter dem 1. Deutschen Kaiser, ermöglicht durch große Reparationszahlungen der besiegten Franzosen ab 1871. Rückwendung zu ›freiem und natürlichen Leben‹ durch Wandern, Zelten etc. Rasche Ausbreitung bis zum 1. Weltkrieg ↗ (1914: 25000 Buben + Mädchen), noch ganz ohne Politisierung. 1933 durch Hitler ↗ aufgelöst, weil sich daraus Präfaschistische Sekten ↗ gebildet hatten. Sog. 1. Alternative, der mit den Sekten ↗ nach Ende des 2. Weltkriegs eine 2. Alternative folgte. — These: das Symbol Vogel ↗ unterstreicht die Tendenz: weg vom Materialismus ↗ (der Technik) u. hin zum Geistigen, Spirituellen, wozu die Natur ↗

allerdings kaum geeignet ist, s. Romantik ↗. — Par. lief der Jugendstil ↗.

Wandlung: Verwandlung ↗; das I Ging ↗ wird ›Buch der Wandlung‹ genannt.

Wandschina: in Australien ↗ ›Urmensch‹, aus dessen Körper die ersten Menschen der Kimberley-Berge hervorgingen; ohne Geschlechtsmerkmale u. ohne Mund, manchmal mit Strahlenkranz um den Kopf (Abb. 1), stehend od. liegend als Malerei in Felsgalerien zu finden. In liegender Stellung sprossen meist aus einer Seite weitere mundlose Köpfe (Abb. 2), was an die 2. Wurzelrasse ↗ erinnert. Die Überlieferung spricht von ›Geist-Wesen‹ od. Urzeitwesen, die sich in der Traumzeit ↗ zum Sterben in diese Felshöhlen zurückzogen, wo ihre Schatten zu Bildern wurden, während »... ihr Geist in eine nahe gelegene Wasserstelle tauchte, wo ihre Kraft für alle Zeiten erhalten und dem Menschen zugänglich blieb«. Im Wort enth. als Dschina evtl. die Djinn ↗, germ. die Ginnregin = die Wanen ↗, hier als Vorsilbe Wan.

Abb. 1

Abb. 2

Wanen: ein Göttergeschlecht, das in der Edda ↗ den Asen ↗ gegenübersteht, germ. *vanir,* Einz. *vanadis* = Wanengöttin u. *wanagud* = Wanengott. Namentlich werden v. a. gen.: Freya ↗ u. Freyr ↗ sowie Gullweig ↗; als Generalisierung taucht der Begriff ›Ginnregin‹ auf = die Götter (regin) der Ginn ↗ = magischen Kräfte. Es wird aber a. ein ›Volk der Wanen‹ erw., das dem Volk der Asen zahlenmäßig nicht nachsteht. Ihr Aufenthaltsort Wanheim ist 1 der 9 Welten, durch die der Weltenbaum Yggdrasil ↗ wächst. Als Eigentümlichkeit gilt die Geschwisterehe, s. Inzest ↗, für die Asen eine Blutschande. Da dies a. für Ägypten typ. war, bietet sich als Äqv. W. = Anu ↗ an. Einige Forscher betrachten die Hl. Hochzeit ↗ als wesentl. Teil des W.-Kultes, der im übrigen berühmt war für Tanz ↗ u. Zauber ↗, weshalb ihn die Asen als ›unmännlich‹ ablehnten. Mythologie (Christian-Verlag): »Es gab zwei Götterfamilien: die Asen - vermutlich die Götter der ›Streitaxtleute‹ ↗ und die Wanen - vermutlich die Götter der ›Großsteingräber-Leute‹...«, d. h. der Megalithkultur ↗. Nach der Völkerwanderung ↗ gingen beide Kulte eine ›Ehe‹ ein, wobei die Frauen den W. u. die Männer den Asen anhingen, nicht zuletzt, weil erstere nichtwaffentragend = friedl. waren, letztere aber kriegerisch. Der Wanen-Asen-Krieg ↗ führte zur Götterdämmerung ↗. — These: dann kann es sich bei den W. nur um die Lemuren ↗ bzw. bei den Asen um die Atlantier gehandelt haben, mit Koppelung Lemuro-Atlantier ↗. Eine solche Koppelung ist z. B. Baldr ↗ mit Freya als Mutter u. Wotan ↗ als Vater. - S. Gefjun ↗.

Wanen-Asen-Krieg: lt. Edda ↗ der Erstkrieg ↗ überhaupt. Er kam in die Welt - These: in die 4. Welt ↗ - als die Asen ↗ die Wanin Gullweig ↗ ›mit deren Geren stießen‹...

»Da gingen die Rater zum Richtstuhl alle,
Hochheilige Götter hielten Rat;
Ob die Asen sollten Untreue strafen
Oder alle Götter Sühnopfer empfahlen.
Gebrochen war der Burgwall der Asen
Schlachtkundge Wanen ↗ stampften das Feld...
Walküren ↗ sah ich weither kommen,
Bereit zu reiten zum Reich der Götter...
Ich sah Baldur, dem blutenden Gott,
Odins Sohn, Unheil drohen...
Gräßlich heult Garm ↗ vor der Gnipahöhle;
Die Fessel reißt, der Gefräßige rennt.
Fern seh ich voraus, vieles kann ich sagen:
Der Welt Untergang, der Asen Vernichtung.«

Nahtlos geht dieser Krieg in die Götterdämmerung ↗ od. den Weltuntergang ↗ über, wobei offensichtl. nur die Asen vernicht werden; die Wanen also siegen, was im Kalewale-Epos ↗ dem Sieg der Kalewiden entspräche od. in Ägypten dem Sieg über Seth ↗, Dauerthema des Äg. Totenbuchs ↗ wie im Pazifik der lange Krieg zw. Mu ↗ u. Atlantis ↗.

Wardhamana: Gründer des Dschainismus ↗.

Wasser: 1) 1 der 4 Elemente ↗, bedeckt als solches 71 % vom Planeten Erde. Lebewesen (Pflanze, Tier, Mensch) enth. zw. 60-90 % W., wie alle Lebensvorgänge in den Zellen ↗ an W. als Lösungs-, Transportmittel u. Baustoff gebunden sind. — Teilt sich im Tao ↗ auf in Regen ↗ (männl.) u. See ↗ (weibl.). — 2) Als Symbol: lt. Jung ↗ ›für die dunkle Psyche ↗‹, d. h. den Geist ↗, wozu Jungs Satz paßt: »Wenn aber der Geist schwer wird, so wird er zu Wasser.« Das äg. Wort für Geist ist Ka ↗, was sich leicht abgewandelt im lat. *Aqua* (W.) wiederfindet, direkter in Akasha ↗; dazu Blavatsky ↗: »*Die Wasser* sind ein anderer Name für die große Tiefe, die ursprünglichen Wasser des Raumes oder des Chaos, und haben auch die Bedeutung von Mutter... also die Bedeutung von Aditi ↗ und Akasha, der himmlischen Jungfrau-Mutter des sichtbaren Weltalls.« U. an anderer Stelle: »Gewässer und Wasser stehen als Symbol für Akasha, den ›ursprünglichen Ozean des Raumes‹...« womit man schon 3) beim Ur-W. landet, das allem vorausgeht. Jung: »... das, was nach dem Tode kommt, ist unerwarteterweise eine grenzenlose Weite voll unerhörter Unbestimmtheit, anscheinend kein Innen und kein Außen, kein Oben und kein Unten, kein Hier oder Dort, kein Mein und kein Dein, kein Gutes und kein Böses. Es ist die Welt des Wassers, in der alles Lebendige suspendiert schwebt...«, was z. B. die Fischform der Osirismumie ↗ erklärt sowie deren Einhüllung in die Flügel der Mut ↗ als eben dieses Urwasser. U. wie aus ihr Atum ↗ hervorgeht, so geht a. der ind. Brahma ↗ aus dem Ur-W. hervor, weshalb er u. a. Narayana heißt = der über das W. (hier nara) geht: »Der sich auf den (abstrakten) Wassern des Raumes bewegende Narayana«, was genau an den Bericht von Moses ↗ erinnert: »Und der Geist Gottes schwebte auf dem Wasser.« Im Popol Vuh ↗ ist am Anf. alles in grün-blaue Federn gehüllt, was ebf. diesem abstrakten Ur-Wasser ↗ entspricht. Da konkretes W. immer als Wellenlinien dargestellt wird, äg. Hieroglyphe ↗ N =  od. Mu ↗ = , muß man sich das abstrakte Ur-W. als reine Schwingung (ohne chem. Substanz) vorstellen, s. Wellen ↗. U. zwar einer Frequenz ↗, die dem Vril ↗ (Urlicht) entspr. dürfte, übergehend in das, was unsterbl. macht: »Die Wurzel des Lebens ↗ war in jedem Tropfen des Ozeans der Unsterblichkeit ↗ enthalten« (Buch Dzyan ↗). Od.: »Der himmlische Ozean, der Äther (sprich Akasha) ist... die Mutter, der heilige Geist...« (Pymander), äqv. Nommo ↗ als ›Wort des Anfangs‹. Von hier wird W. als Medium der Taufe ↗ verständlich. U. wie es in Ägypten einen himml. u. ird. Nil ↗ gab, so stößt man a. in der Bibel ↗ am 2. Tag der Sekundärschöpfung ↗ auf folg. Trennung: »Es werde eine Feste zwischen den Wassern; und die sei ein Unterschied zwischen den Wassern.« Blavatsky-Korrektur: »Es werde eine Feste zwischen den Wassern und die trenne die Wasser von den Wassern...«, nämlich: »Die Wasser, welche unter der Feste waren (unser geoffenbartes sichtares Weltall) von den Wassern, welche über der Feste waren, den für uns unsichtbaren Ebenen des Seins ↗.« These: diese Trennung findet sich a. als Zweiteilung der Mumu = zweimal Mu, bek. als Tiamat ↗: »Tiamat, die See, war die hervorbringende Mutter von ihnen allen – dies ist die kosmische Aditi« (Blavatsky). A. die ›ursprüngliche Weisheit ↗‹ ist in diesem geheimnisvollen Element zu finden od. das Unsterblichkeitskraut ↗. — S. Wasserkrug ↗ u. Wassermenschen ↗ sowie Kwan-Yin ↗.

Wasserherz: wird nach einer Maya ↗-Prophezeiung von der wiederkehrenden Ixpucyola ↗ zerstört, weitere Angaben fehlen. Es müßte der Anti-Christ ↗ gemeint sein.

Wasserkrug: als Symbol u. a. zu finden bei der äg. Nut ↗ u. ihr äqv. beim ind. Brahman ↗ (Abb.), gekoppelt mit dem Text: »Erhebe dich, o Krug, der du Brahman selbst bist...«, hier verbunden mit einer Doppel-Feder ↗. In Anbetracht der Augen ist naheliegend, im Krug einen ›Mund‹ zu sehen u. damit das Wort ↗ od. Wasser ↗ abstrakt als Urwasser.

Wassermann: s. Wassermann-Sektor ↗.

Wassermann-Sektor: 1) 23970–21810 v. Z. = Krokodil ↗ u. Anf. der Geschichte ↗ od. des Tierkreises, s. Horusstele ↗. 2) Wiedereintritt 1950, zugleich Beginn der Endzeit ↗. Im hinduistischen Tierkreis ↗ verkündet der W. die Rückkehr von der Vielheit ↗ in die Einheit ↗ – These: in Form einer Synthese ↗. Nach Meinung der traditionellen Astrol. entspr. er dem »... Werden des Überbewußtseins in der Form der Erleuchtung...« s. Wiederkehr ↗. — »Dominierende Idee im Mittelalter ↗: Mit vollen Kräften arbeiten und nicht hoffen, daß die Menschen ↗ vor der ›Zeit des Wassermanns‹ den Göttern ↗ gleich werden können« (J. Sendy in: L'ère du verseau). D. h., zum Übermensch ↗ werden. — Auf der äg. Zodiakscheibe ↗ von Dendera wird der W. symbolisiert als Mensch, der aus 2 Krügen Wasser ausleert, s. Wasserkrug ↗, was schon auf die Ausgießung des Hl. Geistes oder von Nommo ↗ (Brahman) hinweisen dürfte (Abb. 1). Dafür spricht a., daß auf einer Vignette der Äg. Totenbuchs ↗ der Tote aus dem gleichen Krug mit abstraktem Wasser übergossen wird, u. zwar in Amenti ↗ (Abb. 2).

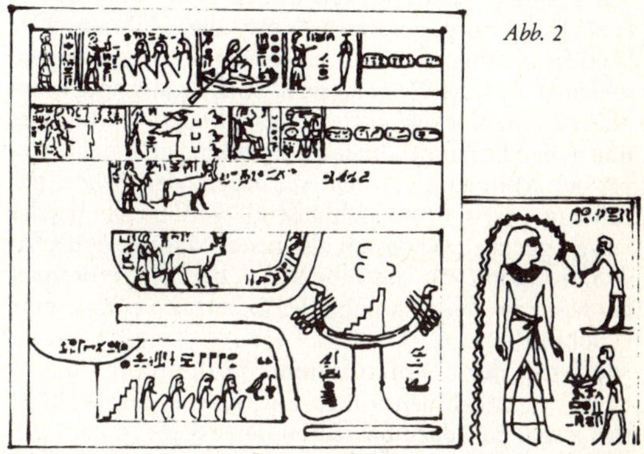

Abb. 2

Abb. 1

Bei den 12 Arbeiten des Herakles ↗ scheint das Äqv. das Rauben der Äpfel der Hesperiden ↗ zu sein. — S. Zodiakzeichen ↗.

Wassermenschen: nennt das Popol Vuh ↗ die ersten Menschen, die wohl der 1. Wurzelrasse ↗ entsprechen. Aber sie taugen nichts, sind ›zu weich‹... »Bald weichten es die Wasser auf, und es sank dahin.« A. im Buch Dzyan ↗ taucht der Ausdruck auf, s. Lhamayin ↗: Die Erde »... schuf aus ihrem eigenen Schoße. Sie brachte Wassermenschen hervor, schrecklich und böse.«

Wasser-Nommo: afrik. Ausdruck für Nommo ↗ als ›Wort‹ des Anf., wenn es sich im ird. Wasser ↗ befindet. Jedoch können es nur bes. tiefwurzelnde Bäume aus der Tiefe hervorholen, was dessen Vorhandensein in Flüssen, Ozeanen etc. ausscheidet. Leider ist nicht überliefert, wie es in der Erde entstehen kann, ob durch Tellurische Kräfte ↗ od. durch best. Steine wie beim Medizin-Wasser ↗.

Wasudhara: Göttin als Zentrum des himml. Bereiches von Buddhas u. Erlösungsgottheiten im Buddhismus ↗ von Nepal; evtl. äqv. Aditi ↗. Anfangssilbe Wa ↗.

Wawalag Mythos: im Arnhem-Land (Australien ↗) noch heute von Männern inszeniert: Sie legen sich nebeneinander auf den Boden mit dem hl. Dilly-Beutel der Djangawul-Schwestern ↗ zw. den Zähnen. Der Mythos erzählt nun, daß einstmals die Regenbogenschlange ↗ ihre 2 Wawalag gen. Töchter aussandte, um Männer anzulocken, die sie verschlingen wollte, was nun a. den Initianden in der Vorstellung geschieht, wobei der Kultplatz, auf dem sie liegen, den Schoß der Schlange darstellt. Anschließend werden sie wieder ›ausgespuckt‹ u. verlassen als ›neue‹ Männer den Ort. — S. Initiation ↗ u. die Silbe Wa ↗, die hier verdoppelt ist, wohl als Wiederholung der Geburt ↗, s. Zweimalgeboren ↗.

Wechsel der Dimensionen: Grundmotiv Labyrinth ↗; mit Dimensionen sind Kreise der Weltformel ↗ od. par. dazu Schichten der Psyche ↗ gemeint. Sie können jeweils nur durch Umkehrung bzw. Wende erreicht werden = 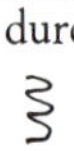 .

Wechselwirkung: Prana ↗ (ind.).

Weda: Veda ↗; s. Wedische Religion ↗ u. Wedisches Zeitalter ↗. Evtl. Zusammenhang mit dem Wedda ↗-Stamm u. der germ. Edda ↗.

Wedda: Urbev. von Ceylon ↗, heute stark mit den Tamil ↗ vermischt; lt. Blavatsky ↗ den gemischten Völkerschaften der Lemuro-Atlantier ↗ zugehörig. Leben aber heute ›verwildert‹ im Urwald. Der Begriff Weda, Veda ↗ könnte sich davon ableiten, denn urspr. dürften sie Drawida ↗, Dru-Weda (s. Druiden ↗) Baum-Wissende gewesen sein, was aber Jahrtausende zurückliegt.

Wedische Religion: auf den Veden ↗ gegr., aber zweifellos älter als das Wedische Zeitalter ↗, denn: »Bisher sind 20.000 Jahre für das Alter der Veden mathematisch nachgewiesen« (Blavatsky ↗). Wurde in den Hinduismus ↗ eingeschmolzen, wie man sie über die Edda wohl a. noch im Wotanismus ↗ findet. Wie überall ist die Kultbasis das Jahr ↗, das hier 2geteilt wurde in den Brahman ↗-Weg = Wintersonnenwende ↗ bis Sommersonnenwende ↗ u. den Pitri ↗-Weg wieder zurück von Nord nach Süd. Dieser Kreis ist das ›Haupt‹, aus dem die Weisheit ↗ geboren werden wird.

Wedisches Zeitalter: beginnt offiz. nach dem Einfall der Arier ↗ in Indien ca. ab 1500 v. Z., basiert auf den Veden ↗ u. wurde beendet durch die Lehren des Gautama ↗. Jedoch ergab sich in diesen rd. tausend J. ein unerfreulicher Wandel: »Die Gegensätze zwischen Beginn und Ende dieser Epoche sind rasch zu umreißen: Mit einfachem, unmittelbarem Empfinden den Menschen und den Göttern gegenüber waren die Arier nach Indien gekommen... Tausend Jahre später lebten hochfahrende, ehrgeizige Könige in ihren Palästen - in der Regel entschlossen, sich die ganze Welt zu unterwerfen... Und die Priester (s. Brahmanen ↗) waren mit Abstand die mächtigste Gruppe der Gemeinschaft. Der Hinduismus ↗ war entstanden. Gegen Ende der wedischen Epoche erhoben Männer wie Gautama Buddha... schwerwiegende Proteste« (Time & Life: Das alte Indien).

Weg: eine vorgezeichnete Linie, die ›weg‹ von einem Ausgangspunkt u. ›hin‹ zu einem Ziel ↗ führt; beginnt oft als neue Linie eines Einzelnen, dem andere folgen, sodaß ein ›Trampelweg‹ daraus wird, der, bei Bewährung, weiter ausgebaut wird. Als Symbol ↗: eine gesetzte Reihenfolge ↗, die einer Weltordnung ↗ folgt, z. B. als Geschichte ↗, abgestützt durch die Stationen des Zodiaks ↗. Findet sich als Ausdruck bei Gautama ↗ wie Jesus, mit der Aufforderung: ich bin der Weg, folget mir nach, wobei aber nur Buddha ↗ hinzufügte: ich bin der Weg, Prajna ↗ ist das Ziel. — Tao ↗ wird oft mit W. übersetzt.

Wehrwolf: urspr. Bez. für die 24 schwarzen Hunde der Frau Gaur ↗; in der Schreibweise Werwolf bed. später *wer* = Mensch, von Werden ↗, u. der W. wird zum Menschwolf od. Krieger, der sich schwarz anmalte. Übernommen von Hitler ↗ am Ende des 2. Weltkriegs ↗. — S. Wolf ↗.

Weiblich: bei Jung ↗ »... die Weisheit ↗ und die geistige Höhe jenseits des Verstandes ↗; das Gütige, Hegende, Tragende, Wachstums-, Fruchtbarkeit- und Nahrungspendende; die Stätte der magischen Verwandlung ↗, der Wiedergeburt ↗; der hilfreiche Instinkt oder Impuls; das Geheime, Verborgene, das Finstere, der Abgrund, die Totenwelt, das Verschlingende, Verführende und Vergiftende, das Angsterregende und Unentrinnbare.« Im Endeffekt läuft diese Widersprüchlichkeit auf die übl. Dreiheit ↗ schöpfen-erhalten-zerstören zurück, zusammengefaßt z. B. in der 3-köpfigen Diana ↗ od. ausgefächert in den 3 Gunas ↗.

Als Typus zählt Jung auf: die Göttin ↗, die Gottesmutter ↗ (äg. Sonnenmutter ↗), Sophia ↗, Demeter ↗ + Kore ↗, Kybele ↗, als »... das Ziel ↗ der Erlösungssehnsucht (Paradies ↗, Reich Gottes, das richtiger das 3. Reich ↗ ist, Himmlisches Jerusalem ↗); in weiterem Sinne die Kirche ↗, die Universität ↗, die Stadt (s. Metropole ↗), das Land, der Himmel ↗, die Erde, der Wald, das Meer und das stehende Gewässer (s. Wasser ↗ u. See ↗)... der Mond ↗... die Blume als Gefäß (Rose ↗ und Lotos ↗)... die Yoni ↗... Ein ambivalenter Aspekt ist die Schicksalsgöttin (Parzen, Grazien, Nornen ↗), nefast die Hexe ↗, der Drache (jedes verschlingende und umschlingende Tier, wie großer Fisch ↗ und Schlange ↗); das Grab, der Sarkophag ↗.« These: im Wort Weib, ausgesprochen Waib, stecken Wa ↗ u. Ib (s. Herz ↗), womit alles ausgedrückt ist. — S. Yin ↗ u. Jungs Deutung: »Schließlich aber ist die Leere ↗ ein großes weibliches Geheimnis. Sie ist das dem Manne Urfremde, das Hohle, das abgrundtief andere, das Yin.« Germ. Äqv. die Ginn ↗ des Ginnungagap (= gähnender Abgrund). Bei den Dogon ↗ ist Nommo ↗ weibl., äqv. Logos ↗ im Christentum. — Toni Wolff stellt in ihren ›Studien zu C. G. Jungs Psychologie‹ folg. Aufspaltung des Weibes in 4 Typen vor (Schema).

These: dies läßt sich ganz gut mit den 4 weibl. Teilen des Tao ↗ zusammenbringen, insofern die ätherische Hetäre - wohl abgeleitet von Hathor ↗ od. Lilith ↗ - od. hochgebildete Gefährtin dem Wind entspr., die Amazone ↗ od. Kriegerin - s. Anat ↗ - dem Donner; die mediale Frau - s. Medium ↗ u. Blavatsky ↗ - dem Berg u. die Mutter - s. Mut ↗ - dem Urwasser, wiederkehrend als See.

Weibliches Dreieck: s. Dreieck ↗; im Hexagramm ↗

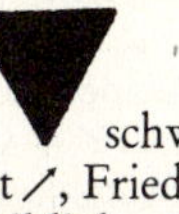

schwarz wie Yin ↗ od. hellblau wie die Kalumet ↗, Friedenspfeife. — Grundlage des Sri Yantra ↗.

Weibliches Prinzip: s. Weiblich ↗.

Weihnachten: urspr. die Mütternacht ↗, dann die Geburt von Jesus ↗, die jedoch zuerst am 6. Jan. gefeiert wurde u. erst im 4. Jh. am 25. Dez., sicher bezeugt für Rom im J. 354. Heute als X-Mas ↗ in der Nacht vom 24. auf 25.12., in Schweden nach wie vor Julnacht ↗. — Symbole: Baum ↗ u. Krippe, äqv. Königinkammer ↗.

Weihrauch: schon im alten Ägypten ↗ wurde »... während der ganzen Dauer heiliger Handlungen Weihrauch verbrannt...«, äg. SNTR, was NTR ↗ enthält; weiteres Wort ist STJ-NTR = Gottesduft. Man sah a. den Ka ↗ im W. gegenwärtig »... und mit ihm alle die Kräfte, die Menschen und Götter ↗ beleben.« Was beim Räuchern verbrannt wurde, ist ungewiß. Heute handelt es sich um ein Gemisch versch. Harze u. getrockneter Drogen.

Weishaupt, Adam und Eva: jüd. Ehepaar, das am 1. Mai 1779 in Bayern den Orden der Illuminaten ↗ gründete: »Das eigentliche Ziel unserer Gesellschaft ist nichts anderes, als Macht und Reichtum zu gewinnen, die weltlichen und religiösen Regierungen zu unterminieren und die Herrschaft der Welt zu erlangen... Ziel der Illuminaten ist es, aus den Menschen mittels einer langsamen und graduierten Erziehung ganz neue Wesen zu machen; sie gehorsam zu machen bis zum Wahnsinn, bis zum Tod, gehorsam unsichtbaren Oberen gebenüber.« S. Weltregierung ↗ u. Marx ↗.

Weisheit: Blavatsky ↗: »Der Zohar ↗ spricht von ›schwarzem Feuer‹, welches unbedingtes Licht ist = Weisheit.« Das paßt bzgl. der Schwarzen Sonne, afrik. Po ↗, zu folg. Satz: Gurdjieff ↗ sagte »... der Hund ↗ ist es, den sie finden müssen. Der Hund ist Sirius ↗, der Hundsstern, der in der zarathustrischen Überlieferung den Geist der Weisheit darstellt« (J. G. Bennett). U. Marie-Louise von Franz in ihrem Buch ›C. G. Jung‹: »Als ein letztes Bild in der Apokalypse ↗ erscheint das Motiv der ›Hochzeit des Lammes mit seinem Weibe‹, welch letzteres das vom Himmel herabkommende neue Jerusalem ist. Diese Stadt ist wiederum ein Aspekt der Sophia ↗«; gemeint ist das Himmlische Jerusalem ↗. Pythagoras ↗ definierte W. als ›Erkenntnis ↗ der seienden Dinge‹, was bed., daß der Weg zur W. das Ziel ↗ der Geschichte ↗ ist, beginnend im Paradies mit der durch Sophia geschickten, Eva ↗ verführenden Schlange, die lt. Gnosis ↗ den Logos darstellt als Durchlauf zu diesem Ziel. — S. Weisheitsreligion ↗ u. Unio Mystica ↗. Als theoret. W. Nommo-Logie ↗. — Ind. Prajna ↗.

Weisheitsreligion: im Besitz der Lemuro-Atlantier ↗, die urspr. Geheimlehre ↗; gilt als Mutter aller Religionen ↗. These: ausgelöst durch den Gral ↗, war das Ziel Weisheit ↗. Das frz. Wort *sagesse* (Weisheit) wäre als Saga ↗-Sein (esse) zu verstehen, was die W. a. mit dem Wotanismus ↗ verbindet u. nicht nur mit dem bekannteren Buddhismus ↗, den Blavatsky bzgl. W. lieber auf *buddh* statt auf Buddha ↗ bezieht; noch besser wäre die Bez. Buddhi ↗-ismus, s. 6. Welt ↗.

Weiß: physikal. die Summe aller Farben ↗, z. B. Lichtstrahl ↗; damit das Prinzip der Vielheit ↗ im Ggs. zu Schwarz ↗ als Prinzip der Einheit ↗. — Im Taoismus ↗ als Yang ↗ männlich. S. Weiße Rasse ↗, weiße Krone ↗ in Ägypten u. die weiße Thora ↗. — W. symbolisierte schon in Altägypten den Tod ↗, was sich z. B. deckt mit dem weißen Schwanenfederkleid der Walküren ↗, die den Toten ›küren‹, od. mit den ›Binden des Seth ↗‹, mit denen die Mumie ↗ umwickelt wurde. — S. Quetzalcoatl ↗ u. Weltideogramm ↗.

Weiße Büffelkuhfrau: Ausdruck der Sioux ↗ für die Frau, die die hl. Pfeife ↗ brachte u. sagte: »Betrachte diese Pfeife! Denke stets daran, wie heilig sie ist und behandle sie danach, denn sie soll euch bis zum Ende des Zeitalters mitnehmen. Denke daran, in mir sind vier Alter. Ich gehe jetzt, aber ich werde während all diesen Zeitaltern über dein Volk wachen und am Ende will ich wieder kommen. Nachdem sie im Sinne der Sonnenbahn das Zelt umschritten hatte, ging die heilige Frau, aber bald schaute sie zu den Menschen zurück und setzte sich nieder. Als sie sich erhob, sahen die Leute zu ihrem Erstaunen, daß sie ein rotbraunes Büffelkalb geworden. Dieses Kalb ging ein Stück weit, legte sich nieder und wälzte sich. Es schaute zu den Leuten zurück, und als es aufstand, war es ein weißer Büffel. Auch der weiße Büffel ging weiter fort, wälzte sich auf der Erde und wurde nun ein schwarzer Büffel. Dieser entfernte sich noch mehr von den Menschen, hielt an, und nachdem er sich nach allen vier Richtungen des Weltalls verneigt hatte, verschwand er über den Hügel« (Buch: Die heilige Pfeife, vom Sioux ›Schwarzer Hirsch‹). Die 4 Zeitalter erinnern an die 4 Yuga ↗ der Wedischen Religion ↗, das letzte ist das schwarze Kali Yuga ↗, das sich wohl in der letzten Verwandlung der W. B. in einen schwarzen Büffel spiegelt. Dazu paßt die Prophezeiung des gleichen Buches: »Und wir wurden auch gelehrt, die Weiße-Büffelkuh-Frau, die uns die heilige Pfeife brachte, werde am Ende dieser Welt wieder erscheinen - eine Wiederkunft, von der wir Indianer wissen, daß sie nicht mehr fern sein

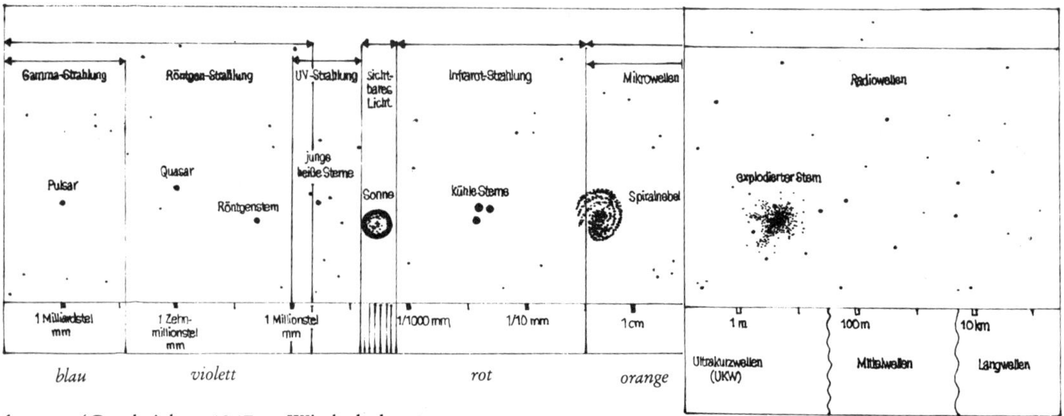

gelb *Abb. 2*

kann.« (Geschrieben 1947; s. Wiederkehr ↗.

Weiße Krone: s. Krone ↗.

Weiße Rasse: »Nach der Flut (gemeint ist die Sintflut ↗) wohnte die weiße Rasse am Fuß des Kaukasus ↗...« (Chourroux) u. teilte sich lt. Swami Matkormano in 2 Zweige, was mit der Völkerwanderung ↗ zusammenhängt. Der eine fiel in Indien ↗ ein u. nannte sich dann Arier ↗; der andere kam nach Europa als Streitaxtleute ↗; in der Bibel ↗ gehen sie alle auf Japhet ↗ zurück. Die Frage, wo sie vorher waren, ist schwerer zu lösen: sie werden in Atlantis ↗ erw., aber a. in Tiahuanaco ↗ sowie als Uiguren ↗ bei der von Mu ↗ ausgehenden Kolonialisierung ↗. Lt. Diop ist Seth ↗ geboren mit den Zügen eines Weißen mit fuchsroten Haaren, was dem afrik. Ogo ↗ od. ›Bleichfuchs‹ entspricht. S. Wurzelrassen ↗-Lehre.

Weißes Licht: s. Lichtstrahl ↗ unserer weißen Sonne ↗.

Welent: Waland ↗.

Wellen: sich fortpflanzende Schwingungen; die W.-Länge wird von ›Berg zu Berg‹ gerechnet (Abb. 1). Z. Z. endet die Beobachtung im Kosmos ↗ bei 3 mm W.-Länge, weshalb dessen Alter ungewiß bleibt. Über die W.-Länge anderer Strahlung s. Abb. 2. Sichtbar für das menschl. Auge ist nur der winzige Bereich des Sonnenlichts, eingezeichnet als Regenbogenfarben ↗, die merkwürdigerweise mitten in jener Farbskala liegen, die bei Lichtöffnung ↗ entsteht. These: auf gelb (oben) müßte noch grün folgen. — S. Orongo ↗.

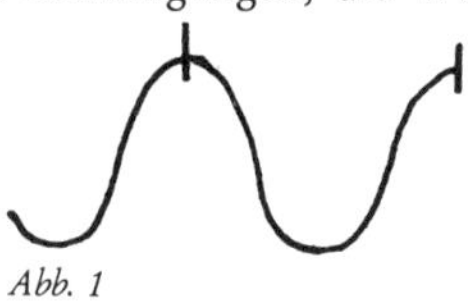

Abb. 1

Welt: umfaßt lt. Blavatsky ↗ als Begriff das Sonnensystem ↗. Durch Veränderungen desselben unterscheidet die Weltenlehre ↗ 7 W., während der Weltenbaum ↗ meist 9 W. durchwächst. Es folgen auffindbare Kurzangaben:

1. W.: beginnt, soweit ersichtl., mit der Sekundärschöpfung ↗, denn dann ist das Sonnensystem durch die Schaffung des Lichts erst fertig u. damit a. die 7 Pitris als 1. Wurzelrasse ↗. Wie sie ist die Welt noch nicht wirkl. fest, sondern astralhaft.

2. W.: umfaßt dann wohl die Sekundärschöpfung ab Eintritt ins Muntu ↗-Viertel mit der 2. Wurzelrasse, Buchstabe T, beendet durch die 1. Flut ↗. Bis dahin gibt es für die W. keine Planetenzuordnung, s. Babylonischer Turm ↗.

3. W.: das Paradies ↗. Landung ↗ von Astronauten, 1 Planet wird zerstört, afrik. Ogo ↗, im Popol Vuh Siebenpapagei ↗. Die Venus ↗ entsteht - s. Urania ↗ = Aphrodite ↗ - die Erde ↗ verändert ihren Sonnenabstand, Ursache der 2. Flut, Teile von Lemurien ↗ versinken, der Rest wird Mu ↗. Ende der Regentschaft des Saturn ↗; die 3. Wurzelrasse wird körperl. u. in Geschlechter getrennt.

4. W.: = 1. Hälfte der Geschichte ↗, a. 1. Reich ↗ (des Vaters), Beginn von Schwangerschaft ↗ u. Kultur ↗ sowie unterschiedl. Rassen ↗. Der Wanen-Asen-Krieg ↗ führt zum Mord an Baldr ↗ = Baal ↗ = Osiris ↗, Weltenbrand ↗ u. Sintflut ↗ durch (künstl.) Polsprung ↗. Atlantis ↗ u. Mu gehen unter. Die Mu-Nachfolge ↗ tritt Ägypten an, s. Dynastienliste ↗ mit dem Datum des Untergangs. Ende der Regentschaft des Jupiter ↗. Das Testament ↗ wird die Große Pyramide ↗.

5. W.: = 2. Reich (des Sohnes) bzw. 2. Hälfte der Gesch. od. Archetypen ↗. Versklavungen ↗ beginnen. Der Abfall von einstiger Größe wird bes. deutl. durch das Kali Yuga ↗ od. Finstere Zeitalter, in das a. die Völkerwanderung ↗ fällt. Als Gegenkraft schiebt sich die Wiederholung ↗ unter, äg. Whm. Mit dem letzten Grundmotiv ↗ setzt die Weltrevolution ↗ ein, zu der wohl a. Weltkrieg I u. II ↗ gehören. Hitler ↗ bringt die 5. W. zum Einsturz, setzt aber schon Signale für das zukünftige 3. Reich, bestehend aus 6. + 7. W., die dem Jüngsten Gericht ↗ folgen werden. Sie erst bringen Unsterblichkeit ↗ u. Vollkommenheit ↗.

Weltachse: wird Osiris ↗ manchmal gen.; da Welt ↗ gewöhnl. das ganze Sonnensystem umfaßt u. dieser Gottmensch od. ›kosmische Mensch‹ mit dem Djed ↗ symbolisiert wird, ist an jene Achse zu denken, der a. die äg. Tempel ↗ folgten - quer durch den Zodiak ↗, wahrsch. unser Sonnensystem mit dem des Sirius ↗ verbindend. Sie ›fällt‹ beim Osirismord ↗. These: diese Achse könnte a. die Vertikale der 12. Rune ↗  sein. Ihre Verlängerung ist die Verlängerung der Erdachse zur ›Himmelsachse‹, die beim Weltuntergang, germ. Ragnarök ↗, ›bricht‹, hier durch Sutur ↗.

Weltanschauung: das Bild, das sich ein Mensch od. eine ganze Gruppe von der Welt ↗ macht; wird meist zur Ideologie, basierend auf einer Theorie ↗.

Weltarchiv: taucht als Begriff im Äg. Totenbuch ↗

auf, wo es heißt, daß Horus ↗ nach dem Osirismord ↗ die Weltherrschaft zugeteilt wird aufgrund von Befehlen...
»Jene Befehle sind in den Weltarchiven bewahrt, eingegraben auf einer eisernen Tafel.«
Es sieht nun so aus, als seien die in der Wüste Gobi ↗ gefundenen Tafeln Abschriften dieser W., inzw. unlesbar geworden, aber durch Tempel-Tanz ↗ übersetzbar, wie Gurdjieff ↗ berichtet.

Weltausstellung: seit 1851 übl. gewordene Ausstellung, auf der die ›Welt‹ in Gestalt möglichst vieler Länder ihre derzeitigen Leistungen auf wirtschaftl., kulturellem + technischem Gebiet zeigt, u. U. a. Leistungen der vom Kolonialismus ↗ zerstörten Kulturen. So 1889 in Paris afrik. Kunst, die europ. Moderne ↗ auslösend; 1890 in Chicago Abzeichnungen von Uxmal ↗; 1964 in New York die unnachahmliche Trommelschrift ↗ von Afrika; sie war gekoppelt mit dem endgültigen Aufstand der Schwarzen Amerikaner ↗ unter Martin Luther King ↗, Slogan ›Wir wollen keine Weltausstellung, wir wollen eine faire Welt‹, was der Weltrevolution ↗ neuen Auftrieb gab.

Weltenbaum: der Baum ↗ als Symbol, die Welten ↗ durchwachsend; so die germ. Yggdrasil ↗ od. äg. Sykomore ↗. S. Tanit ↗.

Weltenbrand: ein wahrsch. durch die Große Pyramide ↗ in Gang gesetzter Brand, der die 4. Welt ↗ zerstörte, bevor sie in der Sintflut ↗ unterging. In Ägypten wird Sachmet ↗ gen., in der Edda Sutur ↗, aber a. die Olmeken ↗ scheinen zu den Schuldigen zu gehören. Spuren fanden sich u. a. im Nordirak, wo unter 13000 J. Kulturschichten eine von Hitze verglaste Schicht auftauchte, die dem glich, was sich nach Abwurf der 1. Atombombe in Hiroschima ergab. A. in Griechenland stieß man auf eine ungewöhnl. dicke Ascheschicht, die nicht grau, sondern so weiß war wie die Asche von Hiroschima. Im ind. Mahabharata ↗ heißt es: »Eine weißglühende Säule von Rauch und Flammen, so hell wie zehntausend Sonnen, erhob sich in all ihrem Glanz.« Im Tibet: »Flammen und Rauch erstickten die Stimme von Mu ↗; das Land und seine Einwohner wurden in Asche verwandelt, dann versank alles im Wasser« (Churchward ↗). Nicht unähnl. die Beschreibung von Ragnarök ↗: »In Suturs Lohe verbrennt die Himmelsburg. Dann wälzt sich das Meer über die grauenvolle Verwüstung. Alles Leben erlischt, und die Welt ist öde und leer wie am Anfang der Tage.« Im Gilgamesch-Epos ↗: »Die Anunaki ↗ hoben die Fackeln empor mit ihrem grausen Glanz das Land zu entflammen.« Inzw. fand man angebl. a. in Amerika ↗ eine Schicht wie die vom Nordirak; letztere ist nicht allzuweit entfernt von Sodom + Gomorrha, s. Lots Frau ↗ od. Baalbek ↗.

Weltende: Ende einer Welt ↗ beim Weltenwechsel, meist verbunden mit umgreifendem Weltuntergang ↗. Das nächste W. fällt auf 1999 als Abschluß der Endzeit ↗, wovon schon die Qumran-Texte ↗ sprechen, dann die Apokalypse ↗, anschließend der russ. Chiliasmus ↗ u. wieder Rußland ↗ im 20. Jh. — Wer die Weltenlehre ↗ nicht mehr kennt, rechnet natürl. mit einem totalen Ende u. versteht unter Welt nicht das ganze Sonnensystem, sondern nur den eigenen Planten Erde ↗, ohne zu wissen, daß a. der Mensch für 7 Welten angelegt ist (s. Wurzelrassen ↗).

Weltenei: kommt als Begriff im Äg. Totenbuch ↗ vor: der Tote ↗ sagt:

»Im Horusauge, im Weltenei verweil ich.«
(Kap. XLII)

Da die 2 Horusaugen ↗ Sonne u. Mond sind, kann nur die Sonne ↗ gemeint sein, als Ei, aus dem die Welt ↗ (das Sonnensystem) entsteht. Das W. geht hervor aus dem Kosmos ↗, weshalb es a. ›kosmisches Ei‹ heißt:

»Siehe, schwebend inmitten des himmlischen
Meeres (= Nut)
... halte ich Wache
Vor dem kosmischen Ei. Wenn ich erblühe
Es blüht auch das Ei. Wenn ich lebe
Lebt auch das Ei...«

Dazu als Vignette (Abb.) der Ba ↗-Vogel hinter dem

Weltenei

Toten, der das in die Urhügel eingebettete Ei, getragen von dem Löwenpaar Ruti ↗, anbetet. Die Koordination, daß das Leben der Sonne a. vom Leben der Seele abhängt, wiederholt sich auf brutalere Weise im mex. Opfer ↗, wo die Sonne = das W. mit Herzen gefüttert wird.

Weltenlehre: die Lehre von den 7 od. 9 Welten ↗; in Indien verbunden mit Wurzelrassen ↗ u. Sinnen ↗. Als Nachhall dann in Griechenland verbunden mit den entspr. Geschlechtern, die hier mit Metallen verglichen wurden: goldenes-silbernes-erzenes-bronzenes- u. eisernes Geschlecht für 1., 2., 3., 4. u. 5. Welt. Findet sich a. in der Bibel bei Prophet Daniel, der einen Traum des babyl. Königs Nebukadnezar ↗ deuten muß: dessen Traummonster hat einen goldenen Kopf, silberne Brust + Arme, erzenen Bauch + Lenden, »... seine Schenkel waren Eisen, seine Füße waren eines Teils Eisen und eines Teils Ton«, was sich auf die W. des Babylonischen Turms ↗ bezieht. Eine W. ist sowohl den Hopi ↗, Maya ↗ u. Azteken ↗ vertraut gewesen, meist verkürzt auf 4 od. 5 Welten. Dann den Germanen durch den Weltenbaum Yggdrasil ↗, entspr. den 9 ›Himmeln‹ im Pazifik, verbunden mit Io ↗. These: war von Anf. an Teil der Geheimlehre ↗. — In Ägypten findet man sie eingebaut in die Totentempel ↗.

Weltenuhr: im Ggs. zur Sonnenuhr ↗ (f. Tag + J.) zeigt die W. den größeren Zyklus der Welt ↗ an, d. h. die Präzession ↗. In Ägypten wanderte deshalb die Achse der Tempel ↗, was vermuten läßt, daß die Große Pyramide ↗ eine komplette W. war od. sogar noch ist. — Das gilt a. für die Weltformel ↗ u. letztl. für die menschl. Psyche ↗.

Weltenwechsel: der Wechsel von einer Welt ↗ zur nächsten, meist verbunden mit Katastrophen, s. Flut ↗ u. Weltenbrand ↗, aber s. Systemwechsel ↗ u. Reduzierung der Menschheit auf wenige Auserwählte, die dem nächsten Niveau entspr., s. Manvantara ↗.

Weltesche: der germ. Weltenbaum Yggdrasil ↗; Esche geht auf Ask ↗ zurück.

Weltformel: heute als ›Krone des Denkens‹ bez., aber

nur von der Physik ↗ als Zahlenformel – vergebl. – gesucht. Jedoch schreibt die Legende z. B. König Salomo ↗ den Besitz der W. zu, eingraviert in seinem Ring, der nach einer Version auf Adam zurückgehen soll. These: als logische Folgerung bietet sich an, jener Apfel ↗, den die Schlange Eva ↗ anbot, sei die W. gewesen, denn dessen Annahme führte ja zur Erkenntnis ↗. Wiedererstellt wurde sie 1978 durch Von Frankenberg ↗ (Abb.) auf folg. Weise:

1) Fund der Ordnung der 24 Grundmotive ↗ mit Hilfe der Zodiakzeichen ↗ 1973 (= Außenkreis)
2) Korrektur u. Zuordnung des Tierkreises ↗ sowie Gleichstellung der Grundmotive mit den Buchstaben ↗ 1974, noch ohne deren eigene Ordnung hinzuzufügen.
3) Ab 1975 Hinzunahme der Archetypen ↗, die aber nirgends komplett vorlagen. Einige stammten von Jung ↗, andere von Wirth ↗, der Rest wurde Mythen u. Märchen entnommen. Die Reihenfolge ergab sich wieder aus den Grundmotiven.
4) Ab 1976 Studium, Korrektur u. Einbau der 8 Z. des Tao ↗ u. davon abgeleitet die 4 Elemente ↗ in der Reihenfolge der äg. Götterneunheit ↗ sowie Ausfächerung zum Sonnenalphabet ↗.
5) 1977 Einbau der 24 Kategorien der afrik. Ntu-Philosophie ↗ mit entspr. Überlappungen; Hereinnahme der in Teotihuacán ↗ gefundenen 12 Planeten ↗ in deren 12er Kreis, wo dann a. die Zahlen ↗ angesiedelt wurden. Die sich ergebende Summe von 120 Bausteinen (aller Kulturen) mit dem äg. Titel Chenti ↗ in Verbindung gebracht, machte klar, daß es sich bei der W. a. um die menschl. Psyche ↗ handeln müsse bzw., bezogen auf Kern + 8 Kreise, um den 9fältigen Menschen ↗ äg. Überlieferung.

Betrachtet man die W. als Weltenuhr ↗, so braucht man mehrere Zeiger:
a) im äußersten Kosmos ↗-Kreis dauert 1 Grundmotiv 1,44 Mrd. J.
b) in seiner Wiederholung ↗ als Geschichte ↗ dauert 1 Archetyp 1080 J.
c) entspr. dauert 1 Zodiakzeichen, das 2 Archetypen umfaßt, 2160 J.: Beginn Wassermann ↗, Ende Fischsektor ↗. Das gleiche gilt natürl. für jedes Tier des anschließenden Tierkreises im Uhrzeigersinn. Bei der umgek. Richtung reduziert sich die Zeiteinheit auf 1 Monat im Jahr ↗;
d) es folgt der Sprung zu unserem Alphabet, das in der Evolution ↗ 360 Mio. J. pro Buchstabe bis U inkl. beansprucht u. im Lebensweg ↗ des einzelnen Individuums 3 ½ Jahre. Dann hört die W. als Weltenuhr auf, denn es folgen die Zahlen ↗, die zählen od. Uhr überhaupt erst mögl. machen. Kleinste Einheit: die 24 Buchstaben als 24 Stunden ↗ eines Tages, mit A = 6 Uhr = Sonnenaufgang äqv. Geburt ↗. Die Sonne ↗ selbst enthält als inneren Aufbau Kern + die 4 inneren Kreise: als Weltenei ↗, eingebettet in den Kosmos, hier der Außenkreis. — These: a. das Taro ↗ war urspr. die W., ebenso Stonehenge ↗, während das Thing ↗ meist nur 1 Kreis herausgriff. Als Symbol ↗ dürfte der ›Stein der Weisen‹ dafür stehen, als Ornament die Rosette ↗. S. Ur-Alphabet ↗ als Basis. — Sucht man als Gegenpol zur Sonne den Mond ↗, so verschmilzt er durch Lichtöffnung ↗ mit dem Außenkreis, wo a. die Schwangerschaft ↗ anzusiedeln ist, mit 14,4 Tagen pro Grundmotiv, womit prakt. die 2 Horusaugen ↗ in der W. ineinandergeschachtelt sind od. Geier + Schlange, zus. die Vogelschlange ↗, die man hier als aufgerolltes Labyrinth ↗ verstehen kann. Beim Aufrollen von innen nach außen lassen sich Teile der W. im menschl. Skelett ↗ wiederfinden.

Weltgericht: soll bei Jebus ↗ (heute Jerusalem) beginnen, was sich auf den Endkrieg ↗ beziehen dürfte, spez. die 4 Siegel ↗ od. die 4 apok. Reiter ↗, als Vorspiel zum Jüngsten Gericht ↗. These: gerichtet werden alle Reinkarnationen ↗ = 4. u. 5. Welt ↗.

Weltherrschaft: drückte sich in Ägypten durch das Omega ↗-Z. aus als ›alles, was die Sonne umkreist‹; daraus wurde a. die Kartusche ↗. Oft angestrebt, hat jedoch seit Beginn der Geschichte ↗ W. nie die ganze Welt ↗ umfaßt, weil immer die gleiche Gegenkraft dies bekämpfte: Seth ↗. Die letzte diesbzgl. Anstrengung gilt einer Weltregierung ↗.

Welthüterquadrat: am bildhaftesten im Weltideogramm ↗ ausgedrückt, aber a. die 4 Horuskinder ↗ dürften ihm entsprechen.

Weltideogramm: wird von den Maya ↗ alljährl. zu Neujahr ↗ erneuert: zuerst werden die 4 Ah Can Tun ↗ als die 4 kosm. Richtungen gelegt. Oben vertreten sie (Abb. 1) die 2 Götterpaare der Urschöpfung, wie sie im Popol Vuh ↗ gen. werden. Bezogen auf das Jahr ↗ werden Standorte der Sonne daraus: »Die Reihenfolge, in der die Steine auf dem Altar angeordnet werden, ist nicht willkürlich. Das kosmische Ideogramm wird immer auf die gleiche Weise zusammengesetzt. Man beginnt mit dem Stein am östlichen Punkt, der der Sonnenposition zur Sommersonnenwende ↗ entspricht; dann kommt der Stein der gegenüberliegenden westlichen Ecke, darauf der an der anderen westlichen Ecke, als nächster der am östlichen Punkt, der der Sonnenpo-

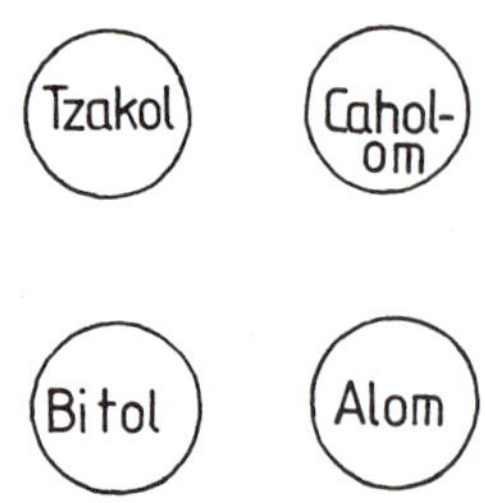

Abb. 1

sition während der Wintersonnenwende ↗ entspricht, und zum Schluß der des Zentrums...« (Abb. 2) als ›Herz des Himmels‹. Daran fällt zunächst auf, daß man die angegebene Reihenfolge der 4 Eckpunkte zur äg. Ka-Hieroglyphe ↗ ausziehen kann (Abb. 3). Bei Richtungswechsel wird die Nut ↗ als Himmel daraus, u. das Zentrum ist die aus ihr hervorgegangene Sonne (Abb. 4). Schließl. wird als ird. Spiegelbild die Lan-

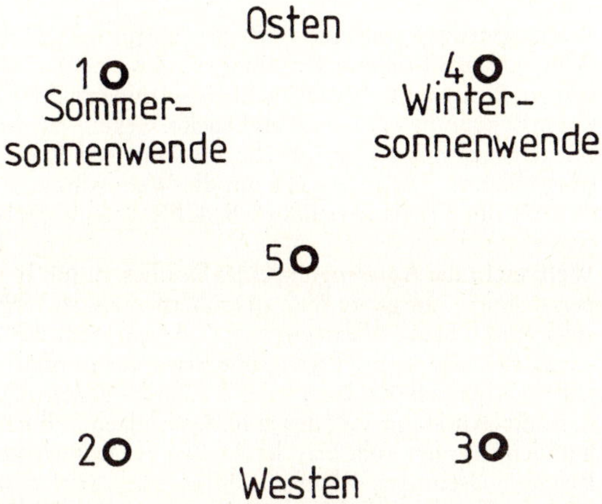

Abb. 2

dung ↗ des Grals daraus (Abb. 5), was – obwohl heute nicht mehr so erklärt – vorzüglich zu weiteren Ritualen paßt. Aussage des Popol Vuh: »Großartig war die Beschreibung und die Erzählung, wie alles im Himmel und auf Erden geschaffen, wie es geformt und in vier Teile geteilt wurde... nach den Weisungen Tzakols ↗,

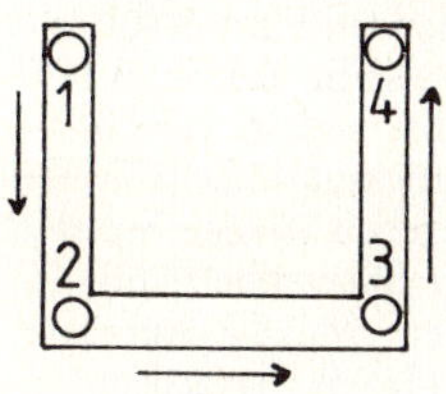

Abb. 3

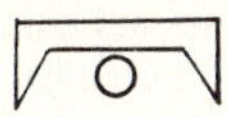
Abb. 4

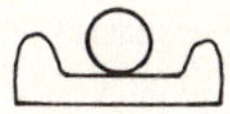
Abb. 5

Bitols ↗, Aloms ↗ und Caholoms ↗.« U. die Priesterschaft: »So machten sie (die Götter) es am Anfang der Welt, und so machen sie es heute noch. Danach müssen wir uns richten.« R. Girard: »Das kosmische Ideogramm ist das Urmodell des Altars, des Tempels, des Hauses, des Dorfes, des Gemeindebezirks, der Milpa (Feld), der Arbeiten des Mais ↗-Anbaus, der Plaza, der politisch-sozialen Struktur, der Riten, das Kalenders ↗ usw.« Im weiteren Verlauf treten noch 2 Figuren auf, Tepeu + Gucumatz, das 7. Element im Zentrum wird dann zum Ball beim Ballspiel ↗ (Abb. 6); in anderen Versionen sind die ›zwei, die zusammen kamen‹ die Zwillinge ↗; These: die Astronauten ↗. U. damit erhalten die Farben der 5 Steine a. den Stellenwert der 5 Kontinente ↗, mit dem 5. = hellblau = Mu ↗, in den Olympischen Rin-

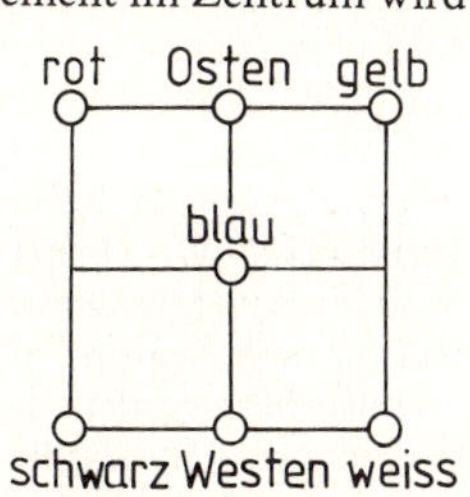

Abb. 6

gen ↗ für Australien ↗ als Rest erhalten, wenn a. aus dem Zentrum gerückt: rot = Amerika ↗, schwarz = Afrika ↗, wo offensichtl. die Came ↗ zuhause sind, gelb = Asien ↗ u. weiß das ehem. Atlantis ↗. Daran ist inter., daß die gleichen Farben (ohne Zentrum, das ja verloren ging: Tamoanchan ↗ bei den Maya) bei den apok. Reitern ↗ wiederkehren. Aus den 4 Eckpunkten können a. die 4 Bacab ↗ werden, aus den 7 die 7 Ahpu ↗ etc.; inwieweit a. die 7 Welten ↗, ist nicht überliefert, würde aber ganz richtig bed., daß 6. + 7. Welt aus dem Nommo ↗-Paar, das vom Sirius ↗ kam, hervorgehen wird, nach deren Wiederkehr ↗.

Weltkrieg I: 1914–18: hat seine Wurzeln in der europ. Rivalität beim Kolonialismus ↗; drohte schon früher, weshalb Bismarck 1878 - 7 J. nach Proklamation eines dt. Kaisers in Versailles ↗ - den ›Berliner Kongreß‹ einberief, um ihn zu verhindern. Dabei wurde ganz Afrika ›aufgeteilt‹ in ›Einflußzonen‹; die Deutschen bekamen SW-Afrika, Togo, Kamerun u. O-Afrika. Rußland ↗ zog mit seinem Imperialismus Richtung Ostasien, was 1905 zur ersten russ. Revolution ↗ führte, die aber scheiterte. Im Verlauf der gleichen Expansion kam es zum Ggs. Österreich-Ungarn, wo der Mord am österr. Thronfolgerpaar schließl. zum Auslöser des W. wurde. Lange Zeit v. a. ein Stellungskrieg im W zw. Frankreich + England (deren Bündnis Rußland angehörte) gg. das aggressive Deutschland, verschoben sich die Gewichte 1917, als Rußland nach dem Sieg der Oktoberrevolution ausschied u. dafür USA ↗ eingriff, bis Deutschland zusammenbrach u. in Versailles die Alleinschuld auf sich nehmen mußte. Folge: Hitler ↗ u. Weltkrieg II ↗.

Weltkrieg II: 1939–45: einerseits Folge von Weltkrieg I ↗, weil Hitler ↗ die ›Beseitigung des Diktats von Versailles ↗‹ forderte; andererseits Folge des Pangermanismus seiner Nazi-Ideologie ↗. Begann mit dem dt. Einmarsch in Polen, dem 1940 der Einfall in Norwegen, Dänemark u. Frankreich folgte. 1941 Beginn des Angriffs auf die UDSSR ↗, dem die gemeinsame Kriegserklärung von Japan u. Deutschland an USA folgte; a. N-Afrika wird zum Schlachtfeld. Größte dt. Machtausdehnung 1942, dann Wende. 43 bricht die Diktatur von Mussolini ↗ zus., am 6.6.44 landen brit.-amerik. Verbände im besetzten Frankreich, während die Russen nach W vorstoßen. 7./8. Mai 45 dt. Kapitulation u. Zweiteilung. Am 6.8.45 zünden die Amerikaner die 1. Atombombe über Japan (Hiroschima) u. am 9.8. die 2. (Nagasaki): Kapitulation der Japaner, Absetzung des Tenno ↗ (Kaiser). 5 J. danach beginnt die Endzeit ↗; der Begriff Weltkrise ↗ kommt auf.

Weltkrise: »So verdächtig es erscheint, die eigene Zeit als *den* Wendepunkt der Geschichte ↗ zu erklären, so kann man sich doch des Eindrucks nicht erwehren, daß nach 1920 Extremzustände erreicht worden sind, jenseits welcher man sich kaum etwas anderes vorzustellen vermag als die totale Katastrophe – oder den Beginn der Regeneration. Das scheint nicht eine der vielen Krisen zu sein ... sondern die Krise des Menschen ↗ schlechthin« (H. Sedlmayr in ›Verlust der Mitte‹). Nach 1920 beginnen u. a. die Auswirkungen von Weltkrieg I ↗ als Präfaschistische Sekten ↗ u. Nazi-Ideologie ↗ bzw. Nazi-Religion ↗ spürbar zu werden wie a. die der russ. Oktoberrevolution ↗, beides als Teil der Weltrevolution ↗ zu verstehen; ab 1925 setzt außerdem die letzte Wiederholung ↗ des U (= Todestanz) der Evolution ein u. geht 1950 in die Endzeit ↗ über. J. Romains sah die W. als Angriff der psych. Forschung auf die Wissenschaft ↗ u. meinte, sie werde ebenso schwer sein »... wie jene (Krise), die durch die Anwendung der physiaklischen Entdeckungen in der industriellen Technik entstand.« S. Theorie ↗.

Weltkultur: heute nur als Mehrz. gebraucht, so in der Ausstellung ›Weltkulturen‹ bei der Olympiade 1972 in München. Gedacht ist an den überregionalen, möglichst weltweiten Einfluß der Kultur ↗ eines Volkes, ob durch Kulturimperialismus ↗ erzwungen od., durch friedl. Ausbreitung erreicht. These: W., Einz., hat es wahrsch. nur zweimal gegeben: am Anf. der Geschichte ↗ mit Mu ↗ als Weltmitte ↗ mit dem Gral ↗ als gemeinsamer Basis, u. nach dessen Zerstörung im Weltuntergang in Ägypten ↗ als Mu-Nachfolge ↗ mit der Großen Pyramide ↗ als Testament, das jedoch beim Mysterienverrat ↗ veruntreut wurde. D. h., eine W., die für alle verbindlich, ist, benötigt ein stimmiges Weltbild; in der zukünftigen 6. Welt ↗ wird es sich wohl aus der Weltformel ↗ ergeben.

Weltmitte: steht Welt ↗ für das ganze Sonnensystem, so ist die Mitte - bis zur Geburt der Neuen Sonne ↗ - die Sonne ↗. In der Projektion auf Planet Erde gibt es natürl. keinen solchen Fixpunkt. Er wurde künstl. gelegt, wie etwa Tollan ↗ od. Ägypten durch den Meridian ↗ null, um den sich der Nil ↗ schlängelte u. von dem die Geodätischen Punkte ↗ global gelegt wurden. Durch Zionismus ↗ u. die Kreuzigung von Jesus ↗ wurde Jerusalem ↗ zur W. erklärt; aber erst das ›Neue Jerusalem‹ wird diesem Anspruch genügen, mit München ↗ als Anwärter.

Wertordnung: ob es, unabhängig vom Menschen, eine W. gibt, ist eine alte, noch nicht gelöste Streitfrage. Im alten Ägypten galt Maat ↗ als »Stück der göttlichen Weltordnung« (Bonnet). Sie tritt mit dem Siege des Lichtgottes Re ↗ in Kraft. Über das andere ›Stück‹ fehlen Überlieferungen, es müßte sich um die Ka-Geister ↗ handeln. These: es gibt 2 W., die des Kosmos ↗, bibl. das Wort ↗ des Anf., u. die der Sonne, als Sonnenalphabet ↗, wofür die Maat nur die Verschlüsselung darstellt, äqv. Tao ↗. Jede W. ist a. ein Weg ↗ od. Durchlauf, der jeweils Urschöpfung ↗ bzw. Evolution ↗ abrollen läßt. Als Wiederholung ↗ wurde W. I = die 24 Grundmotive ↗ zur Geschichte ↗. Prinzip. liegt der Unterschied zw. beiden W. nur in der Reihenfolge, wodurch aber a. das Geschlecht der W. gegeben ist.:

1) W. I beginnt mit X = weibl. (Yin ↗), wie z. B. bei den Maya alle Göttinnen mit der Vorsilbe Ix ↗ beginnen s. Ixmukane ↗ u. andere. Ende = Ziel ↗ ist Grundmotiv Pflanzentanz ↗, einem geöffneten Buch vergleichbar, wie a. die Yin-Linie – – offen ist.

2) W. II beginnt mit A = männ. (Yang ↗ ——), woraus bei den Maya Ah ↗ wurde, Vorsilbe der männl. Götter. Ende = Ziel ist Grundmotiv Tiertanz ↗, total geschlossen, wie a. die Yang-Linie geschlossen ist.

Als Kombination beider W. kann der Sechsstern ↗ gelten, in Indien Symbol von Vishnu ↗ + Lakschmi ↗, zus. das Urpaar ↗, was prinzip. bed., daß beide W. von Anf. an da sind, wobei sich die weibl. zuerst ausfächert u. als Sonnenkern ↗ die 2 hervorbringt für deren Ausfächerung. — Im antiken Griechenland ↗ lautete der ungelöste Streit, ob die Ordnung dem Menschen von der Natur ↗ geschenkt od. durch Kunst ↗ gesetzt sei. Natürl. gilt beides. — Im Judentum ↗ wäre W. I die schwarze Tora = Schechina ↗ u. W. II die weiße Tora, demnächst abgelöst durch eine neue W. (als Nr. 3), die von Zion ↗ ausgehen soll. In Afrika ↗ u. bei den Indianern ↗ gibt es das W.-Tanzen ↗.

Weltordnung-Tanzen: Weltordnung ↗ als Tanz ↗ statt Weltformel ↗ dargestellt, trug die Bez. Troya-Tanz ↗.

Weltregierung: eine einzige Regierung für die ganze Welt, d. h. alle Völker u. Kontinente, schwebt für 1984 den auf Weishaupt ↗ zurückgehenden Insidern ↗ vor, unter Benutzung der UN ↗ als Brücke. Gegenkraft ist der Anarchismus ↗, der für die Zukunft jede Regierung ablehnt. These: Es geht um die Weltordnung ↗ (Nr. 3) des Friedensreiches ↗. S. CFR ↗ u. Zionismus ↗.

Weltreich: die Anstrengung eines Reiches, durch Imperialismus ↗ die ganze Welt zu erobern, quasi als Vorspiel zum Thema Weltregierung ↗. Brach meist zus., wenn sich die urspr. Eigengröße etwa verzehnfacht hatte, als herrsche das Gesetz der Zahlen ↗ (10 Sefirot), d. h. der Anti-Christ ↗, der ja in der Endzeit ↗ überwunden werden soll. Als letzte Bsp. s. Römisches Reich ↗, Dschinghis-Khan ↗ u. Hitler ↗.

Weltrevolution: von Marx ↗ eingeführter Begriff für den nach seiner Meinung zwangsläufig eintretenden Sturz des Kapitalismus durch das Proletariat der ganzen Welt als Endphase des Klassenkampfes, s. Klassensystem ↗. These: ihr Beginn ab ca. 1847 kann aber a. ganz ohne Kommunismus ↗, als Endphase der geschichtl. Weltordnung ↗ gesehen werden: deren letztes Grundmotiv begann in der Wiederholung ↗ ebf. 1847, u. dies ist als einmaliger Fall seine Verdoppelung, denn als 2. Hälfte des entscheidenden Fisch-Sektors ↗ begann es 870. So verstärkt sich also im Zeitraum 1847 –1950 der Archertyp ↗ Aufgabe, was so verstanden werden kann, daß alle Unterdrückungsmechanismen unter dem Druck der W. aufgegeben werden müssen: Rassismus ↗ beginnend mit der Sklavenbefreiung im Bürgerkrieg der USA ↗ u. dem Maya ↗-Aufstand, Frauen ↗-Diskriminierung mit Helena Blavatsky ↗ als 1. wiederkehrendes Medium, Abbau der Klassenschranken, Aufstand gg. den Kolonialismus ↗. In der Endphase kann man a. den Wandervogel ↗ u. die Moderne ↗ dazurechnen. — S. Revolution ↗ allgemein. — Das entspr. Grundmotiv Pflanzentanz ↗ zeigt Öffnung od. freie Entfaltung. — Die Malerin K. Kollwitz ↗ zeichnete den Aufruhr, Wagner ↗ setzte ihn in Musik um. — S. Weltkrise ↗.

Weltschmerz: zum 1. Mal ausgedrückt im Gilgamesch-Epos ↗ als Schmerz über eine Welt ↗, in der der Mensch noch keine Unsterblichkeit ↗ erlangen kann. Im Lebensweg ↗ tritt er gewöhnl. im Alter von 33 J. auf, Kreuzigungsalter von Jesus ↗, was im Übertrag auf die Planeten ↗ Venus ↗ berührt. Das ist deshalb so inter., als sich mit ihrer Entstehung Paradies-Verlust ↗ verbindet = W.-Thema Nr. 1 und gleichzeitig die G.-Welt ↗ als wiederkehrendes Paradies-W.-Thema Nr. 2, weil seinem Beginn Endzeit ↗ u. Jüngstes Gericht ↗ vorausgehen werden. So überschattet der W. eigtl. die Geschichte ↗ insgesamt.

Welttempel: ist bei den Freimaurern ↗ als rein immaterielle Idee zu finden; bei der Präfaschistischen Sekte ⁄ der Neutempler jedoch als noch zu materialisierende Zukunftsidee, mit einem Standort, der sich auf die in einem Venustempel von Wien ⁄ gefundene Prophezeiung stützt, er solle auf dem 48. Breitengrad ent-

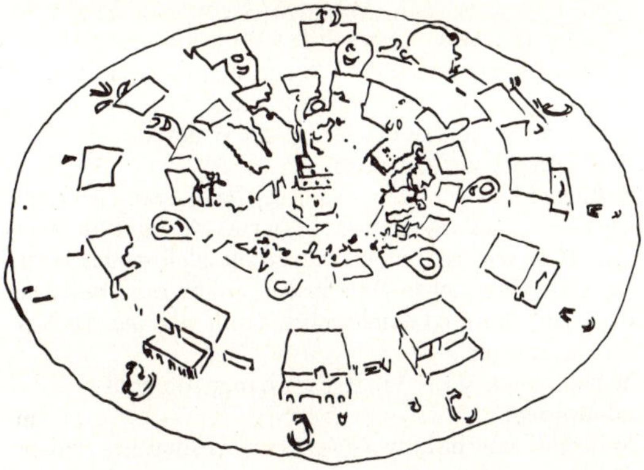

stehen. An ihm liegt u. a. Wien, aber a. München ⁄, für das Von Frankenberg ⁄ folg. Modell eines W. entwickelt hat:

1) im Zentrum ein 7stöckiger Turm, weiß
2) anschließend ein 8-Sektoren-Platz, schwarz
3) umgeben von der 15gliedrigen Von Frankenberg-Universität ⁄, wahrsch. hellblau
4) darum als geschlossener Ring das Muiska-Museum ⁄, in das
5) mäander-artig 12 private Häuser mit Studios u. Arkaden als Außenabschluß eingelagert sind (Abb.). A. hier wieder schwarz + weiß im Wechsel; gedacht ist an eine Art Taichi ⁄, sodaß der Tempel die zukünftige 6. Welt ⁄ als Zweisonnensystem ausdrückt, mit hellblau = Venus ⁄ = Synthese ⁄. Dies wäre die logische Fortsetzung des äg. Tempels ⁄, der nur 1 Sonnensektor + Weltenuhr ⁄ war.

Weltuntergang: bei jedem Weltenwechsel ⁄ gibt es ein mehr od. weniger abruptes u. katastrophenreiches Weltende ⁄. Als Sonderfall ragt der W. von 11432 v. Z. heraus; das Datum findet sich in der äg. Dynastienliste ⁄. Entgegen dem Bericht der Bibel ⁄, es habe sich nur um eine Sintflut ⁄ gehandelt, wissen andere Völker noch, daß ihr ein Weltenbrand ⁄ vorausging: »Die Regenschlange löscht durch eine Sintflut die alles versengende Feuerglut, welche aus den Wunden des vom Kaninchen verwundeten Manito-ahs ausströmt« (Nordamerik. Indianer, zitiert von Wirth ⁄). These: Kaninchen = Hase ⁄ als Zeitangabe. Die germ. Edda ⁄ spricht von Götterdämmerung od. Ragnarök ⁄. Charroux: »Im Buch ›Die verratenen Geheimnisse‹ Kapitel II und III haben wir die These eines Atomkrieges Mu ⁄ contra Atlantis ⁄ vertreten, unterstützt durch die Veden ⁄ und das Popol Vuh ⁄, heiliges Buch der alten Mexikaner... Aus den Menschen wurden Affen, sagt (bezüglich der Weltkatastrophe) das Popol Vuh; diese Mutationen legen die Idee einer Strahlenverseuchung nahe.« Als Untergangsbild von Mu, das im Ggs. zu Atlantis ebf. brannte, gilt folg. Vignette aus dem Äg. Totenbuch ⁄ (Abb.).

Deutung: in einer U-förmigen Senke des Pazifik ⁄ verschwinden 3 Dinge, der Kontinent Mu sowie das dort eingetroffene Wissen, zus. das Bild der Landung ⁄, Urhügel + Kugel etwas getrennt - sowie die Krone des Osiris ⁄, d. h. das 1. Reich ⁄ geht damit zu Ende. Die 3 oberen Zacken dürfen als Restinseln gelten, zu denen u. a. Australien ⁄ gehört. - Dieser W. setzte sich aus folg. Komponenten zus.: Osirismord ⁄, Zerstörung von Sambo ⁄, Entflammung der Welt sowie Polsprung ⁄, beides wahrsch. durch die Große Pyramide ⁄ ausgelöst; ersteres verursachte durch Ascheschichten am Himmel eine Verdunkelung der Sonne u. dadurch etwa 5tägige Vereisung, letzterer die Verlagerung der Ozeane, bek. als Sintflut. — Unübersehbar sind fast global merkwürdige Verglasungen, nicht nur in einer Schicht unter allen Kulturschichten, a. der Sand der Wüste Gobi ⁄ ist »... teilweise kilometerweise seit Jahrtausenden verglast« (M. Hesemann). Ähnl. Verglasungen, zerstörtes u. geschmolzenes Gestein mit daumendicken Blasen finden sich in südamerik. wie ind. u. austral. Ruinen. »Als 1816 J. S. Buckingham Kisch, die Nachbarstadt von Ur ⁄ ausgrub, wunderte er sich über den weißen Staub in den Fugen der Stadtmauer. Heute wissen wir, daß grauer Schnee oder weiße Asche ein Relikt von Wasserstoffbomben ist.« — These: dieser Atomkrieg wird sich im 6. Jahr des Endkriegs ⁄ 1986 wiederholen, s. Vorausschau ⁄.

Weltwende: als Wechsel von 5. zu 6. Welt ⁄ kündigten schon Johannes der Täufer ⁄ u. Jesus ⁄ an, ohne jedoch den Ur-Christen ⁄ das Datum zu geben. Dafür findet es sich bei Nostradamus ⁄ = 1999, der nächste Polsprung ⁄; im Babylonischen Turm ⁄ die Wende von der Regentschaft des Mars ⁄ zu der der Venus ⁄, s. Weltenlehre ⁄.

Weltwirtschaftssystem: ein auf dem Kapitalismus basierendes System globaler Wirtschaftsverflechtungen, das jedoch die hochentwickelten Industriestaaten immer reicher u. die durch Kolonialismus ⁄ unterentwickelten Länder immer ärmer werden läßt. Dieses W. dürfte Teil der Strategie für eine zukünftige Weltregierung ⁄ sein, gg. die die Weltrevolution ⁄ ankämpft. A. der 3. apok. Reiter ⁄ könnte sich darauf beziehen.

Weltzentrum: äqv. Weltmitte ⁄, ein Zentrum, von dem der Impuls für die jeweilige nächste Welt ⁄ ausgeht. Dem Anspruch von Moskau ⁄ steht neuerdings der Plan eines Welttempels ⁄ in München als Zentrum der 6. Welt ggb., basierend auf der Prophezeiung von R. Steiner ⁄, der Impuls für die zukünftige Welt stamme nicht von einem Deutschen, werde aber nach Deutschland gebracht. Er erscheine 1975 zum letzten Mal, u. wenn er nicht aufgenommen würde, erscheine er nie wieder. These: er wurde in Gestalt der Eröffnungsausstellung des Muiska-Museums ⁄ aufgenommen. Auf das gleiche Datum machte schon Blavatsky ⁄ durch Gründung der Theosophie ⁄ aufmerksam, jedoch fehlte hier die Ortsangabe. — Für den Zionismus ↗ wiederum soll Jerusalem zum W. werden.

Wepwawet: äg. Hund ↗ od. Wolf ↗, der im Ggs. zum immer liegenden Anubis ↗ steht: »Als Attribute werden ihm Keule und Bogen beigefügt. Sie deuten auf eine kriegerische Grundstimmung hin« (Bonnet). Es fällt das Wort ›Kriegsgott‹. Als krieger. Sohn des Osiris ↗ erscheint er »... unter dem Namen Makedon, wie er denn auch von Osiris zum König von Makedonien ↗ bestellt, diesem den Namen gegeben haben soll«. Erw. wird ein W.-Rudel bei Menes' ↗ Eroberung von Unterägypten. These: aus W. könnte der bibl. Name Japhet ↗ entstanden sein.

Werdanda: Nv. von Werdandi ↗.

Werdandi: 2. der 3 Nornen ↗, steht für Werden ↗, genau übers. das Werdende. These: im Sonnenalphabet ↗ vorangelegt.

Werden: in Ägypten als Skarabäus ↗ symbolisiert, der Erde zur Kugel rollt, das Ei hineinversenkt etc., immer in Par. mit der Sonnengeburt. Das legt nahe, unter W. wie bei der Norne Werdanda ↗ Sonnenalphabet = Evolution ↗ = Lebensweg ↗ zu verstehen, im Ggs. zu Urd ↗ als Wort des Anf. = Kosmos, äg. Nut ↗. These: im zukünftigen 3. Reich ↗ sollte dieser ständige Reifeprozeß beim Menschen, da er Unsterblichkeit ↗ erreicht, aufhören u. damit Geburt ↗ + Tod ↗.

Wertsystem: ein menschl. System, wie ›wertvoll‹ etwas ist bzw. wie ›wertlos‹. Jeder diesbzgl. Maßstab enthält natürl. Ungerechtigkeit ↗, ob nun Wirtschaftsgüter, Arbeitsleistungen od. Menschen selbst ›bewertet‹ werden. Im Vollzug des Materialismus ↗ od. quantitativen Denkens steigt z. B. der Wert allein durch Seltenheit; genau umgek. arbeitet die Vorstellung, ein Mann, der möglichst viele Kinder zeugt, habe einen größeren sozialen Wert, dies irrationalerweise trotz Überbevölkerung. Bei Frauen dagegen wird der höchste Wert dann angesetzt, wenn ein Kind ohne männl. Zutun zustande kommt, s. Maria ↗, aber a. die Mutter von Krischna, Buddha u. a.; da bei Maria der Hl. Geist mitwirkt, kann man Wort ↗ u. Wert als eigtl. Par. ziehen. Bei der fälligen ›Umwertung aller Werte‹, die Nietzsche ↗ forderte, wäre das nächste W. beim Wesen ↗ statt Erscheinungsbild ↗ anzusetzen. Schon in Ägypten richtete sich die Hoffnung einer objektiven Bewertung auf die Seelenwägung ↗ nach dem Tod, was die Frage aufwirft, wie sie schon im Diesseits praktizierbar wäre. These: durch Entwicklung des 6. Sinnes ↗.

Werwolf: s. Wehrwolf ↗.

Wesen, Wesenheit: stellt sich nach äg. Auffassung in dem Namen ↗ des jeweiligen Namen-Trägers dar u. geht dessen sichtbarem Erscheinungsbild ↗ voraus: »Schon das Kind, das zur Welt kommt, wird mit seinem Namen begrüßt; denn bei der Zeugung ward er bereits mit dem entstehenden Leben als dessen Urgrund in den werdenden Körper gelegt... Als immanente Kraft übt er seinen Einfluß und gestaltet Leben und Wesen seines Trägers. Damit gleicht er in seinem Wirken dem Ka ↗« (Bonnet). Od.: das W. ist der Geist, was damit übereinstimmt, daß alles aus dem Wort ↗ hervorgeht.

Westen: schon in den ältesten Texten von Ägypten ↗ über Nekropole ↗ u. Totenreich ↗ mit dem Jenseits ↗ schlechthin gleichgestellt. Dies jedoch nicht, weil im W die Sonne untergeht, denn die Ägypter überlieferten, daß diese zweimal im O u. zweimal im W unterging, s. Polsprung ↗. Über die Personifizierung des W. durch eine Göttin Amentet, was nur die weibl. Endung T an Amenti ↗ anhängt, geht diese schließl. in Hathor ↗ über, dann mit dem Beiwort ›Herrin des schönen Westens‹. Das würde O = Sonne, in China = Element Feuer bed. u. W = Sirius ↗, in China Element Wasser ↗, z. B. bei der Stadtanlage von Peking. — Maya: W = Heimat des Mondes ↗ u. des Maises ↗, der ebf. dem Wasser entspricht.

Whare: Haus der Lehre (Pazifik); das 1. stand im Himmel, das 2. im sagenhaften Hawaiki ↗, wo Tane ↗ als 1. Lehrer wirkte. Jedoch wurde diese einstmals bestehende wahre Lehre ausgelöscht, heißt es. These: bezieht sich auf die Geheimlehre ↗ od. allg. auf das Verlorene Wissen. ↗.

Wheel: engl. Wort für Rad ↗; hängt mit geol = Jul ↗ zusammen.

Whm: Wiederholung ↗ (äg.); ein Prädikat des Apis ↗.

Widar: Sohn der Riesin Grid; tötet Fenrir ↗ (germ.), nachdem dieser bei der Götterdämmerung ↗ Odin ↗ getötet hat.

Widder: 1) gehört zum Tierkreis ↗, s. Widder-Sektor ↗. In Ägypten als Sphinxallee ↗ die Zufahrt zum Tempel säumend. Seine Hörner sind dem Djed ↗ aufgesetzt, wshalb er a. Dedet hieß. Bildete mit Hatmehit ↗ (Fisch) ein Paar, äqv. Belen + Belisama ↗ in Frankreich. U. wie auf dem Djed als Abschluß eine Doppel-Feder ↗ mit Sonnenkugel thront, so a. direkt auf dem ›Widder des Amun‹ (Abb. 1) wie a. Amun ↗ selbst widderköpfig erscheinen kann. Der blütenförmige Fächer im Hintergrund zeigt hier 20 Blätter, woran auffällt, daß bei den Grundmotiven ↗ dem W. 20 vorausgehen u. dieser selbst Nr. 21 + 22 umfaßt. These: zieht man nun in der Weltformel ↗ den Tierkreis auf das Sonnenalphabet ↗ durch, umfaßt der W. die ganze Geschichte ↗ u. kann als ident. mit dem Lamm ↗ angesehen werden, wozu paßt, daß der W. als Sonderform des Osiris ↗ gilt. Eine Schematisierung (Abb. 2) versucht diesen Zusammenhang zu zeigen:

Abb. 1

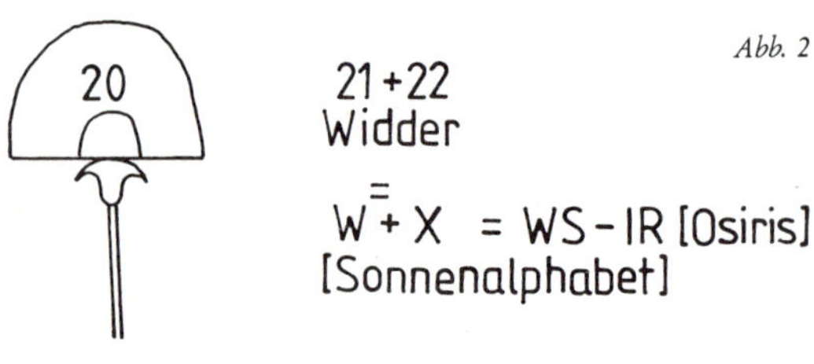

Abb. 2

2) ein alter, äg. Mythos ↗ läßt den Osiris mit der Seele des Re ↗ zusammentreffen: »Sie umarmen sich beide und werden so zu einer vereinigten Seele, die in dem Widder Gestalt gewinnt. Indem Re dabei sein Kinderpaar Schu ↗ und Tefnut ↗ mit sich zieht, taucht zugleich der Gedanke einer Vierheit auf... ›Widder, Leben

des Re, Widder, Leben des Schu, Widder, Leben des Geb ↗, Widder, Leben des Osiris‹ sind nun seine Namen« (Bonnet). Mit anderen Worten werden die 4 Elemente daraus (mit späterer Nachfolge des Inri ↗), wobei Re Tefnut ersetzt u. Osiris das ganze Muntu ↗-Viertel. So wird als Bild a. ein 4köpfiger W. daraus (Abb. 3):

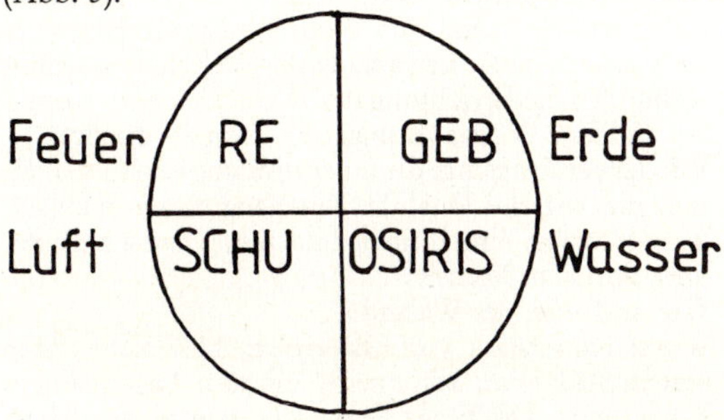

Abb. 3: 4köpfiger Widder

Das ind. Äqv. wäre – ohne W.-Bezug – der 4köpfige Brahma ↗. — S. Sonnenschiff ↗, Skarabäus ↗, Chnum ↗ u. Agni ↗.

Widder-Sektor: des geschichtl. Tierkreises ↗ = 2370 v. Z. – 210 v. Z. Der Widder ↗ als Lehrmeister geht zurück auf Amun ↗, in dem das äg. *imn* = sich verstecken, unsichtbar werden steckt. Dazu paßt das Abwandern, ›Verlorengehen‹ od. Sich-verstecken der Verlorenen Stämme ↗ ebenso wie die Zerstörung alter Kulturen durch die Völkerwanderung ↗ als Endphase des Verlorenen Wissens ↗. Mit dem W. beginnt außerdem das Kali Yuga ↗ od. die ›Verfinsterung‹.

Wiederauferstehung: nach dem Tod ↗ ist im Ggs. zur Wiedergeburt ↗ als direkte Wiederaufrichtung des menschl. Körper gedacht, der durch Verwandlung unverweslich wurde, aber nicht mehr grob mater. in der Substanz ist. Zunächst nur Jesus ↗ zugesprochen, seit 1950 aber a. Maria ↗. Möglicherweise ein myth. Vorgriff auf die kommende Unsterblichkeit ↗. — S. Hekat ↗.

Wiederentdeckung: Die W. der durch den letzten Weltuntergang ↗ veränderten Kontinente scheint das eigtl. Thema der Homerischen Gesänge ↗ zu sein; sie richtet sich nach Westen. Die Par. nach O liefert Sindbad der Seefahrer in Tausendundeiner Nacht ↗. Beide Wurzeln verlieren sich in altäg. Berichten. Amerika ↗ wurde 14 mal wiederentdeckt.

Wiedergeboren: s. Wiedergeburt ↗.

Wiedergeburt: spielt sich im Ggs. zur Reinkarnation ↗ innerhalb des individ. Lebensweges ↗ ab als Ergebnis von Initiation ↗ od. Mysterien ↗. Die 2. Geburt ↗ als Neu-Anf. folgt statt Schwangerschaft ↗ im Mutterleib einer verändernden Formung durch Einweihung. These: im wesentl. verschiebt diese den Durchlauf durch die Grundmotive ↗ vom Kosmos auf die Geschichte ↗, wobei sich das Ziel mitverschiebt: vom Naturmensch (Muntu ↗, sterbl.) auf den Übermensch (Muntu, unsterbl.). So dachten sich z. B. die Brahmanen ↗ als ›Zweimalgeborene‹. — C. G. Jung ↗: »Die Wiedergeburt ist kein Vorgang, den wir irgenwie beobachten könnten... Wir haben es mit einer rein psychischen Wirklichkeit zu tun... Aus der Anteilnahme am rituellen Geschehen entsteht dann als Wirkung zum Beispiel jene Unsterblichkeitshoffnung, die dem eleusinischen Mysten eigentümlich war.« S. Taufe ↗ u. Teich ↗.

Wiederholung: Whm ↗ in Ägypten als Attribut des Apis-Stieres. These: muß bed., daß sich ab Stiersektor ↗ etwas Vorausgegangenes wiederholte u. das kann nur das A (Alpha ↗, Anf.) der 2. Stiersektor-Hälfte betreffen, zunächst als Wiederholung der Evolution ↗ in Gestalt des Sonnenalphabets ↗ bis zum U = 3. Wurzelrasse ↗ inkl.; dann wiederholte sich Geschichte ↗, beides natürl. in stark verkürzten Zeiträumen, etwa pro Buchstabe bzw. Grundmotiv ungefähr 103 Jahre. Hakt man wie bei der Primärschöpfung ↗ A + B ab u. läßt sie noch in den Stiersektor fallen, ergibt die Rechnung: 42 x 103 = 4326 Jahre; es müßten 4320 J. sein für Widder + Fisch ↗ zus. (2160 pro Sektor). Im Mäander ↗-Schema (Abb.) beginnt C 2370 v. Z. mit dem Widder-Sektor ↗. Während die 1. W. der Evolution als

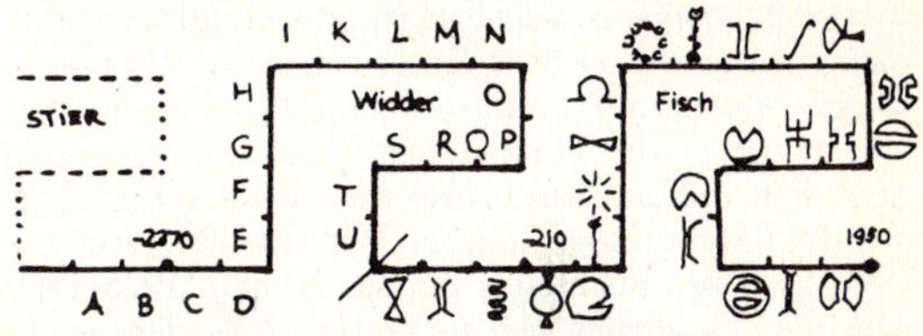

›alte Wissenschaft‹ nicht mehr nachprüfbar ist, so auf jeden Fall die 1. W. der Gesch. ab 418 v. Z. als bes. gut belegte europ. Kunst ↗ od. Geistesgeschichte ab Antike. Man kann sie in folg. 24 ›Stile‹ unterteilen:

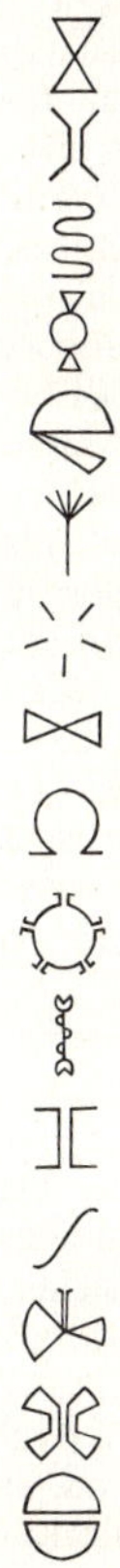

518 v. Z. – 415 v. Z.: Klassik
415 v. Z. – 312 v. Z.: ägyptophile Phase
312 v. Z. – 210 v. Z.: Hellenismus ↗
210 v. Z. – 107 v. Z.: Messianismus (röm.)
107 v. Z. – 4 v. Z.: Apollinismus (s. Vergil ↗)
4 v. Z. – 99 : urchristl. Symbolik
99 – 202 : Alchemie ↗
202 – 305 röm. Imperialismus
305 – 408 : Byzantinismus
408 – 511 : Arianismus ↗
511 – 614 : Gregorianismus
614 – 717 : Islamisierung
717 – 820 : Karolingische Renaissance ↗
820 – 923 : Romanik ↗
923 – 1027 : Skalden ↗-Zeit
1027 – 1130 : Minne ↗

1130	-1232	: Gotik ↗
1232	-1335	: Häresie-Gralsesoterik
1335	-1438	: Humanismus ↗
1438	-1540	: Renaissance ↗
1540	-1643	: Manierismus
1643	-1745	: Barock ↗
1745	-1847	: Idealismus ↗, Romantik ↗
1847	-1950	: Okkultismus ↗ (Einfluß Blavatsky ↗) u. als Teil davon die Moderne ↗

Ab 1950 Übergang in die Endzeit ↗. — Bildbsp. finden sich samt jeweiliger Stilerläuterung in Von Frankenbergs ↗ Büchern ›Nommo‹ u. die ›Blaue Blume‹; von ihr stammt a. die These dieser Wiederholung. — Sie setzt sich ab Renaissance, also wieder im A, fort als 2. W. der Evolution = Moderne Wissenschaft, jetzt mit etwa 25 J. pro Buchstabe. An das in die J. 1925–1950 fallende U schließen sich als Endzeit 2 W. der Gesch. an. — Zumindest die 1. W. der Gesch. läßt sich a. durch folg. Satz belegen: »Ein seltsamer geschichtlicher Zufall ließ bei fast allen alten Kulturen das 6. Jahrhundert zu einem Säkulum bemerkenswerter Erkenntnisse werden« (Time & Life, Das frühe Indien). Tats. fielen in das 6. Jh. v. Z. Gautama ↗ (Buddha), Zarathustra ↗, Laotse ↗ + Konfuzius ↗; die Tolteken ↗ gründeten Tollan ↗, was eine W. des untergegangenen Thule nahelegt. A. die afrik. Kunst von Nigeria ↗ begann im 6. Jh. v. Z., wie die aufsehenerregende Ausstellung Altnigerianischer Kunst in Hildesheim 1983 bewies, mit einer der griech. Klassik vergleichbaren Hochblüte.

Wiederkehr: wurde versprochen: von Nommo ↗, von Quetzalcoatl ↗, von Jesus ↗; in letztem Fall begrüßten sich deshalb die ersten Ur-Christen ↗ ›Maran Atha‹ = der Herr kommt, sprich wird zurückkehren. Die germ. Edda verspricht die W. von Baldr ↗, die Weiße Büffelkuhfrau ↗ verspricht sie für sich selbst u. die Maya ergänzen die W. von Ah Kantenal ↗ mit der von Ixpucyola ↗. These: es handelt sich in allen Fällen um die W. jenes Paares, das als Astronauten ↗ bzw. Kulturbringer vom Sirius ↗ gekommen war, über die entspr. Wiederkehrlinie ↗. Lt. Qumran-Texte wird der Grund die Rettung der ›Kinder des Lichts‹ ↗ sein. In Indien handelt es sich um die letzte Inkarnation von Vishnu ↗ u. Lakschmi ↗.

Wiederkehrlinie: jene Sonderlinie ↗, die zur Wiederkehr ↗ des die Geschichte ↗ initiierenden außerird. Paares führt, wobei vornehml. die männl. Linie belegt ist, z. B. als Gangsystem ↗ der Großen Pyramide. Da spez. Ägypten überliefert, daß nur Götter, nicht aber Göttinnen ›sterben‹ konnten, ist nicht einmal sicher, ob es für Orejona ↗ überhaupt zwischenzeitl. Erscheinungen gegeben hat.

Wiederkehrkaiser: eine dt. Legende, die sich auf Karl den Großen ↗ bezieht u. ihn ›lebend‹ im Grab od. in einem Berg wähnt, etwa wiederkehrend als Stauferkönig ↗ od. sogar Hitler ↗ bzw. noch später, irgendwann in der Endzeit ↗, quasi als Par. zur eigtl. Wiederkehr ↗, die das Motiv abgab.

Wiedertäufer: im 16. Jh. entstandene christl. Sekte, für die die Reformation ↗ nicht weit genug gegangen war. Lehnten Taufe ↗ im Kindesalter ab u. führten (wieder) Erwachsenentaufe ein sowie andere Sitten der Ur-Christen ↗, eine Art Kommunismus, Nichtbindung an den Staat, Erwartung des Weltendes u. damit verbunden die Errichtung des ›Gottesreiches‹, woraus bes. radikale W. das ›Königreich Zion ↗‹ machten.

Wiedervereinigung: die Überwindung von Gegensätzen, die wie die Dualität Yin-Yang ↗ od. Schwarz-Weiß ↗ urspr. eine Einheit bildeten, Thema z. B. der Initiation ↗ u. Mystik ↗.

Wieland: Nv. des Waland ↗.

Wien: Hauptstadt von Österreich, 1137 zum ersten Mal als Stadt erw.; davor zeitw. ein röm. Lager namens Vindo-bona. Die Frage liegt nahe, von wem es denn vindiziert = beansprucht worden war, da sich in noch älterer Zeit hier ein Venus-Tempel ↗ befunden haben soll, das dem Namen W. zweifellos näherliegt als *vindo.* Jedenfalls behaupten die Armanen ↗, es sei in dessen Ruinen eine Prophezeiung bzgl. der Endzeit ↗ gefunden worden. These: die Ankündigung, am 48. Breitengrad - an dem W., aber a. München ↗ liegt - werde ein neuer Welttempel des Hl. Geistes entstehen, bezog sich generell auf ein Zentrum für die 6. Welt ↗ mit Venus als Regentin, s. Babylonischer Turm ↗. Nicht uninter. in diesem Zusammenhang der zweimalige Ansturm der islam. Türken auf W. (1529 + 1683), die - vergebl. - diesen Zukunfts-Weltnabel im Auge gehabt haben könnten. U. wie passend ist es, daß hier der Speer des Schicksals ↗ wieder ruht? — S. Ariosophie ↗.

Wikinger: wahrsch. eine aggressive Männergenossenschaft der sonst friedl. Normannen, »... welche die Heirat ausschloß und nur die flüchtigen Verbindungen mit auf ihren Heereszügen gefangenen Weibern kannte... Die Generationen, die sich an den großen Heerfahrten des 9. und 10. Jahrhunderts beteiligten, haben nur das Schiff als ihre Heimat gekannt; die Saga beschreibt sie als die Leute, die kein berußtes Dach über dem Kopf hatten und das Fleisch roh zu essen pflegten.« Nach ihrem 1. Überfall eines ostengl. Klosters Juni 793 wurden sie von dessen obdachlos gewordenen Mönchen so beschrieben: blonde od. rothaarige, meist bärtige Muskelkerle in Röhrenhosen, Bundschuhen u. gegürteten Überhemden ohne Kragen, von denen manche außerdem Schutzwesten aus Kettengewirk od. Leder trugen. Auf den Köpfen halbkugelförmige Helme ohne Verzierung, als Waffe Schwerter od. klobige Kampfäxte (was an Nachf. der Streitaxtleute ↗ denken läßt). — Bald drangen sie auf ihren in Drachenköpfe auslaufenden Schiffen über Flüsse in europ. u. außereurop. Städte vor (s. Karte), wahrsch. a. mehrere Male nach Amerika ↗, beginnend mit Leif, dem Sohn von Erik dem Roten, ca. 990 u. endend mit der letzten dokumentarisch belegten W.-Fahrt nach Amerika 1347. Evtl. wurde einer von ihnen zu Ce Acatl Quetzalcoatl ↗. Merkwürdig an den W. sind Kunstraub, der sofort wieder in ihren als Schiffe ↗ angelegten Gräbern verschwand - sie hatten die Richtung von Wotans Wilder Jagd ↗ - u. das Auseinanderbiegen der Rippen

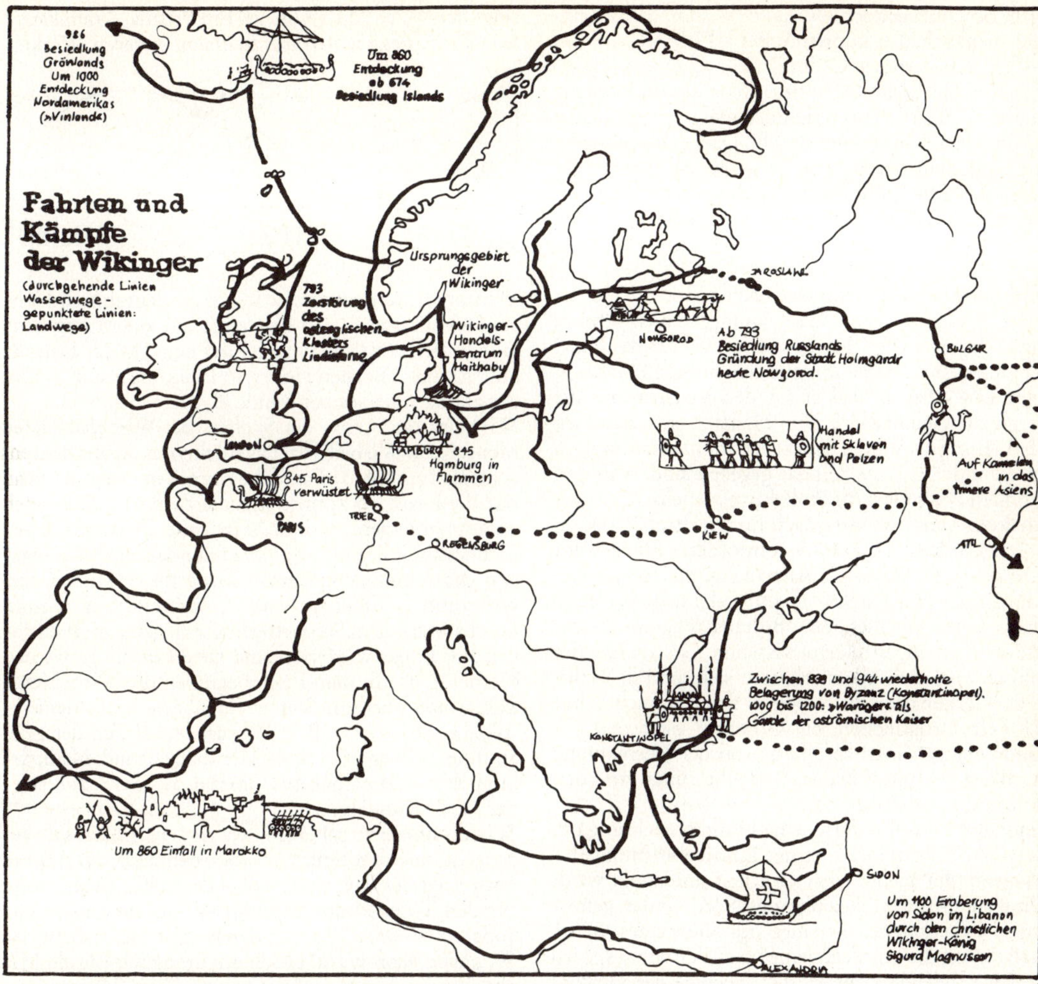

von Getöteten zum Bild des Adlers, was daran erinnert, daß geschichtl. im Adlersektor die Kriege um den Gral ↗ begannen. Außerdem fällt ihre räuberische Unruhe in die Grundmotive ↗ 13–17 der Wiederholung ↗, was in ihnen die ›Zeit der Geister des Todes‹ der äg. Dynastienliste ↗ wiederholt haben würde, u. wie Geister des Todes benahmen sie sich auch. — S. Drachenschiff ↗ u. Totenschiff ↗, Skandinavien ↗ u. Schwarzes Meer ↗ sowie ihre Gründung von Rußland ↗.

Wilde: Pflanzen, Tiere, Menschen werden dann als ›wild‹ bez., wenn sie sich im Urzustand der Natur befinden u. von Kultur ↗ ›unberührt‹ sind, ›unveredelt‹. These: jedoch trifft dieser Begriff für den Menschen schon lange nicht mehr zu, ein Naturmensch ↗ existiert nicht mehr; man muß sich vorstellen, daß bis z. Z. von Blavatsky ↗ die Inder für die Europäer ›Wilde‹ waren, Indianer ↗ u. Afrikaner z. T. sogar heute noch. Die Einschätzung beruht auf der Überbewertung sichtbarer Kulturgüter wie Kleider, Häuser, Maschinen u. auf dem Nichterkennen unsichtbarer Kulturgüter wie Okkultismus ↗, Philosophie ↗, Weltenlehre ↗ etc. — S. Expressionismus ↗, Marc ↗.

Wilde Jagd: tauchte in der Vorstellung der Germanen ↗ während der Jul ↗-Zeit auf, angeführt von Wotan ↗ od. Fru Gaur ↗ u. ihren 24 schwarzen Hunden, die dem ›Wotansheer‹ od. Muetisheer vorauseilten. Dieses bestand aus den Einheriern ↗, den ›schwarzen Totenkriegern‹, deren Zahl in der Edda ↗ mit 432000 angegeben wird: das ist merkwürdigerweise genau 3 mal die Zahl der 144000 Menschen, die lt. Apokalypse ↗ ›gerettet‹ werden. Der Bezug zum Weltende ↗ ist so gegeben: »In den Edden ist das Fortleben und Fortstreiten der Kampfgefallenen ein Stück mehr oder weniger fester mythologischer Theorie geworden etwa in dem Sinn, daß sie bis zum Weltende weiterfechten müssen« (O. Höfler, Kultische Geheimbünde der Germanen). In Norwegen wird dieses ›Wilde Heer‹ nach einem regelmäßigen Auftreten in der Lucien-Nacht - s. Lucia ↗ - oft Lussi-Faerden genannt. Aber Sagen über sie finden sich in ganz Europa ↗ u. auch außerhalb. Der Erzbischof von Paris Guilelmus Alvernus (gestorben 1249) erzählt in seinem Tractatus de Universo: »Wie soll dieser Krieg nicht allen bekannt sein, der schon 6000 Jahre oder länger dauert? Da sie diesen Krieg gegen ähnliche Wesen führen, nämlich unsterbliche und unverwundbare, sind offenbar beide Parteien höchst töricht, da sie sich gegenseitig mit Waffen verfolgen, obwohl sie doch zweifellos wissen, daß sie einander nicht schaden können.« Bei J. Grimm wird aus dem hessischen ›Karle Quintes‹ Alle Quinti u. Hellequine ↗ = Harlekin. Das altfrz. Gedicht von Luque la maudite schildert die ›Herlekinsteufel‹, wie sie durch die Luft rasen, Bäume entwurzeln, Dächer einreißen u. miteinander turnieren. Von da ist es nicht weit zum Karneval ↗. Die Richtung der W. J. verlief immer N-S kommend u. S-N weggehend, d. h. entlang der Trennlinie von Rune ↗ 12 = 

Wille: unterschiedl. definiert: nach Schopenhauer ist er das Wesen ↗ jeder Erscheinung, daher ich-los; Jung ↗ dagegen setzt den bewußten W. für das Ich ↗ ein u. Blavatsky ↗ stellt ihn mit dem höheren Manas ↗ gleich, erw. aber a., daß er für den Vedantismus die Energie des Gemüts, d. h. von Mahat ↗ ist. These: seine Erklärung als Wesen überzeugt am meisten, weil in ihm die individ. Unterschiede gegeben sind, während das Sollen ↗ als Ggs. ins Kollektive ↗ zielt.

Winckelmann, Johann Joachim: dt. Archäologe u. Kunsthistoriker (1717–1768, ermordet). Hauptwerk ›Geschichte der Kunst des Altertums‹, die mit der Abbildung einer Horusstele ↗ beginnt, »... stiftete, gleichsam als neuen Glauben, eine Bildungsreligion mit der Antike im heiligen Kern« (Knaurs Geschichte der Weltliteratur). Mit W. erneuerten sich die Pilgerfahrten dt. Geister über die Alpen u. wurden Sucherzüge nach dem Urbildlichen, bei Goethe ↗ nach den Urphänomenen ↗; man spricht a. von der Vermählung des Faust ↗ mit Helena ↗. Geht über in den Idealismus ↗.

Wind: als Symbol ↗ entw. eine Himmelsrichtung od. wie im Äg. Totenbuch ↗ einer Himmelsöffnung entspringend, die wieder einer Gottheit unterstellt wird: »Die erste Öffnung, diejenige des Nordwindes, gehört Osiris ↗; die zweite, diejenige des Südwindes, hängt von Re ↗ ab; die dritte, diejenige des Westwindes, wird von Isis ↗ befehligt; die vierte, diejenige des Ostwindes, gehorcht Nephtys ↗. Jeder von diesen Winden erreicht im Augenblick, da der Verstorbene (Tote ↗) in den Himmel eindringt, seinen Atem. Diejenigen, die nicht eingeweiht worden sind, ahnen nicht, was hinter diesen Dingen verborgen liegt; denn es ist ein Geheimnis, den großen Massen ganz unbekannt.« Im Symbolbild von Zion ↗ hat jeder W. 3 Tore u. geht damit über in den Bezug zum Zodiak ↗, was die Brücke schlägt zur Feststellung von Blavatsky ↗, die 4 Windgattungen od. Engel ↗, welche über die kosm. Kräfte von N, S, O und W herrschen, würden a. in Beziehung zum Karma ↗ stehen, »... da letzteres physische und materielle Agenten braucht, um seine Beschlüsse auszuführen.« Insofern ist W. ein ›Agens der Übertragung‹. — Außerdem Nr. 2 im Tao ↗, äqv. Ninlil ↗ in Sumer, in der Ntu-Philosophie ↗ ein ›materielles Wo-Wann-Dasein‹, äg. Hauhet ↗.

Winkel: Maß der Neigung zweier Geraden zueinander, wobei von den 360 Grad eines Kreises ausgegangen wird; ein rechter W. hat 90 Grad, was darunter liegt, wird spitzer W., was darüber liegt, stumpfer W. gen. (Abb. 1). Beim Hl. Dreieck ↗ der Großem Pyramide ↗ beträgt der W. 51° 51' (Abb. 2). Ein Prisma ↗ reflektiert jede Farbe des Lichtstrahls in einem anderen Winkel.

Abb. 2

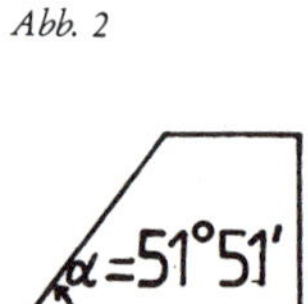

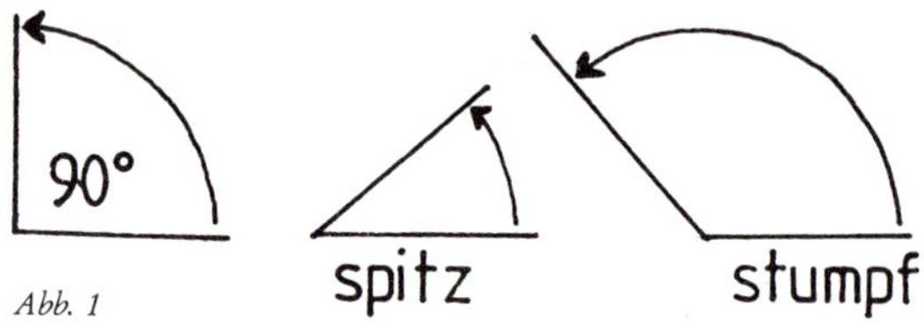

Abb. 1

Wintersonnenwende: die Sonne erreicht ihre südlichste Deklination u. den tiefsten Stand zur Mittagszeit; fällt in der nördl. Halbkugel auf den 21./22. Dez., s. Solstitium ↗. Bei den Hopi tritt Püükong ↗ auf. — Gegenpol Sommersonnenwende ↗.

Wirbelsäule: Achse des Skeletts bei Wirbeltieren + Mensch. Im Wirbelkanal das Rückenmark, aus dem 62 zentrale Nerven (31 Paare) hervorgehen. Rechnet man nur die Paare, so könnte sich die Zahl 31 aus: 24 + 7 zusammensetzen, womit sich eine Analogie zum Lichtstrahl ↗ ergibt, wenn man nur dessen 24 Buchstaben des Sonnenalphabets ↗ sowie die W.-Form mit Grundmotiv Offenen Säule ↗, während ein Schnitt durchs Mark dem Schmetterling ↗ gleicht, in Buchstaben I + P; das wiederum sind die 2 Grundmotive des Fisches ↗ u. mit dem Fisch beginnen die Wirbeltiere. Zählt man aber im Sonnenalphabet – s. Zahlenmystik ↗ – ist I = 9 u. P = 15, zus. 24, als Teil der gen. Summe. Diese gibt es als 24 Meridiane ↗, ind. Nadi, gekoppelt mit den Chakras ↗ im ind. System 7, zus. wieder 31. S. Kundalini ↗.

Wirklichkeit: zu scheiden in äußere u. innere. Die äußere ist mit den Sinnen ↗ wahrnehmbar, die innere entspringt der Psyche ↗, wobei nach altäg. Auffassung für den Toten ↗ durch ›Umstülpung‹ die innere zur äußeren W. wird. Da nun der Wahrheitsgehalt beider W. gleich groß wie a. gleich unzugänglich ist, die Mechanismen der Verschleierung ↗ bzw. Verschlüsselung ↗ aber ganz unterschiedl. arbeiten, kommt es zur Diskrepanz zw. Wissen ↗ u. Wissenschaft ↗, was u. U. in die Schizophrenie od. Neurose führen kann. Ein Schizophrener spaltet sich von der W. ab u. ersetzt sie durch eine Phantasiewelt mit Rückgriff auf archaische Denkmodelle; ein Neurotiker verfälscht die W.; dabei bleibt jedoch zu bedenken, daß in beiden Fällen W. früherer Reinkarnationen ↗ hineinspielen können. — S. Naturgesetz ↗ u. Prakriti ↗.

Wirth, Hermann, Prof. Dr.: dt. Wissenschaftler (1886–1981), der durch Fragen der Wandervögel ↗ auf Felszeichnungen aufmerksam gemacht wurde u. diese zu sammeln u. studieren begann bis zur Veröffentlichung seines Hauptwerkes ›Die Heilige Urschrift der Menschheit‹ 1931; im Zentrum die Thule-Kultur ↗. Hauptthese: »Der Kalender ↗ ist die ältste geistige Urkunde des homo sapiens ↗ und der Höhlenreligion.« War Mitgl. der NSDAP ↗ u. des ›Ahnenerbe‹ unter dem Kommando von Himmler, seinerseits Mitgl. des Thule-Ordens ↗, u. äußerte sich Anf. der dreißiger J. erwartungsfroh über Hitler ↗ als den ›Retter‹. Vor Eröffnung seines ›Ahnenerbemuseums‹ erschien Himmler als Reichsführer der SS ↗ u. erklärte: »Das ist ja großartig. Das ist das, was ich für die SS suche und brauche. Ich habe von ihren Schwierigkeiten mit Rosenberg gehört. Das ist eine fallende Größe. Ich biete Ihnen meinen Schutz an, so daß Sie ungestört arbeiten können und werde die Ausstellung unter mein Protectorat nehmen und im Rundfunk selber eröffnen!« W. willigte ein; 1938 erfolgte die Trennung von der Nazi-Ideologie ↗, die Ausreise wurde ihm nicht mehr gestattet. Seine Sammlung u. Bibliothek lagert heute in Frauenberg bei Marburg; auf ersterem scheint sich ein Frauenturm ↗ befunden zu haben.

Wissen: als Zugang zu den Geheimnissen des Daseins ↗ kann 1) unmittelbar oder 2) mittelbar sein. Zu 1) das unmittelbare W. wird ohne Erlernung aus dem eigenen Inneren zuteil u. ist lt. Koran ↗, Sure 18/64, Teil des Heilig ↗-Seins. These: hier stammen die Informationen entw. vom Zellkern ↗ od. von der Initiation ↗ einer früheren Reinkarnation ↗, weshalb man Wissende als ›alte Eingeweihte‹ empfindet, zugehörig zum kleinen Kreis der Geheimlehre ↗. Insbes. gehören die ›Götter‹ ↗ gen. Nachf. der Astronauten ↗ dazu, was in Ägypten darin gipfelte, Thot ↗ als »Herr des Wissens« (Bonnet) zu bez., äg. Sia. Das ind. Pendant dürfte Vishnu ↗ sein, Schreibvar. Wisnu, mit der gleichen Vorsilbe Wis wie bei *Wis*sen, die im Sanskrit ↗ ›durchstoßen‹ bed., äqv. *percer* (frz.) in Parzival ↗. Der immanent Wissende gilt als Besitzer des Grals ↗. — Aktivierungsmittel Tanz ↗. — 2) mittelbares W. wird von außen ›vermittelt‹: mündlich durch die Tradition ↗ od. schriftl. im weitesten Sinn = Texte + Bilder, im äg. Lebenshaus ↗ immer gekoppelt. Grundstock bilden hier die Hieroglyphen ↗; jede Hieroglyphe war eine Wissenschaft ↗. A. Kultgeräte (s. Ranga ↗) u. Rituale ↗ etc. vermitteln W.; gleiches gilt für die von Prof. Wirth ↗ eingesammelten Z. u. Bilder der Ur-Schrift ↗. — Gegenpol: Erkenntnis ↗. Als noch ausstehende Synthese von W. + Erkenntnis kann die Weisheit ↗ gelten.

Wissenschaft: vom Wort her ›das, was Wissen ↗ schafft‹. Heutige Definition: Wissenschaft bed. Einordnen eines Phänomens in ein bek. System ↗. Aber: »Ein einheitliches, schlüssiges System aller Wissenschaften gibt es trotz zahlreicher Ansätze nicht« (rororo-Lexikon). 1. These: u. weil dem so ist, jedenfalls im offiz. anerkannten W.-Bereich, kann es a. nur einen Plural von Wissenschaften geben, deren jede in ihr eigenes Ordnungssystem eingliedert. Jeweils in sich stimmig, läßt sich doch keines mit dem nächsten zusammenfügen. Da die wissenschaftl. Betrachtungsweise eine hochkünstl. Reduktion der Welterfahrung darstellt, kann dies - falls das erlangte Wissen überhaupt stimmt - nur einen Grund haben: die Reduktion ist ungenügend, dringt nicht vom System der Vielheit ↗ zum System der Einheit ↗ durch. Letzteres scheint aber am Anf. der Kultur ↗, zu der W. zählt, zu stehen, denn es heißt: »Es gab in der Morgendämmerung der Menschheit nur eine Wissenschaft, und die war durchaus göttlich.« Od.: »Es möchte in der Tat scheinen, daß in der Geschichte der menschlichen Rassen aus Ursachen, die wir mindestens gegenwärtig nicht verfolgen können, ein Abfall oder Verlust eingetreten ist von einer ursprünglich vollkommenen Sprache und einem vollkommenen Wissenschaftssystem - sollen wir sagen vollkommen, weil sie von göttlichem Ursprung und göttlicher Zuführung waren?« (R. Skinner, zitiert von Blavatsky ↗). Diesen Ursprung geben die Dogon ↗ mit Nommo ↗ an. Der Verlust betrifft das Thema Verlorenes Wissen ↗. Seit ›Nommos Auferstehung‹ bildet sich a. in neuer Form wieder die eine W. heraus, gen. Nommo-Logie ↗, basierend auf der Weltformel ↗ als dem einen Einordnungssystem, das möglicherweise a. am Anf. stand. Unüberwindlichste Kluft der mod. W. ist die Spaltung in:

Naturwissenschaften	u.	Geisteswissenschaften
wie		wie
Physik		Theol.
Chemie		Philos.
Mathematik		Gesch.
Geologie		Sprache
Botanik		Kunst
Zoologie		Psychol.
Biologie		Staat
Astronomie		Recht
Medizin		Politik
etc.		etc.

Das geht zurück auf die strikte Trennung von Natur ↗ u. Geist ↗. 2. These: das Muster der Wiederholung ↗ zeigt den prinzip. Grund der Zweiteilung: Natur-W. folgt dem Sonnenalphabet ↗, Geistes-W. dem kosm. Ur-Alphabet ↗, weshalb diese beiden Weltordnungen ↗ a. das jeweilige Einordnungssystem sein müssen; nur dann ist ihre Verbindung möglich. — Als Mutter aller Wissenschaften nennt Blavatsky die ›Weisheitsreligion‹ ↗, an anderer Stelle Wissenschaftsreligion genannt. S. Verfolgung von W. durch die Inquisition ↗, Hexe ↗ sowie Logik ↗.

Wissenschaftliche Revolution: 1983 durch Von Frankenberg ↗ auf dem 1. Symposion des Muiska-Museums ↗ verkündet als Veränderung sowohl der Art der Reduktion wie des Systems der Einordnung der bisherigen Wissenschaft ↗, mit der Weltformel ↗ als Reduktionsinstrument u. Einordnungssystem zugleich. Gedacht als Abschluß der Weltrevolution ↗ u. Fundament der zukünftigen 6. Welt ↗.

Wissenschaftlicher Sozialismus: durch Marx ↗ dem Sozialismus ↗ gegenübergestellt als Versuch, »... die Bewegung zum Idealzustand in einer zukünftigen gerechten Ordnung als naturnotwendigen Ablauf eines historisch-ökonomischen Prozesses darzustellen«. Gegenargument: »Unsinnig ist es, von einer ›Bestätigung durch die Wissenschaft ↗‹ zu sprechen, denn eine allgemeine Wissenschaft, die als übergeordnete Autorität gelten könnte, gibt es nicht« (Lexikon des Geheimwissens).

Witwe: prinzip. Isis ↗ nach dem Osirismord ↗; von diesem Zeitpunkt an empfand sich jeder Altägypter als ›Sohn der Witwe‹. — Wahrsch. wurde nach ihr der Witwenvogel ↗ benannt.

Witwenvogel: afrik. Singvogel, lat. *viduidae:* legt wie der Kuckuck sein Ei in ein fremdes Nest, jedoch ohne die schon vorhandenen Eier des Wirtsvogels zu entfernen, was nur dadurch mögl. ist, daß sein Ei exakt so aussieht wie die Wirtseier. A. das ausschlüpfende W.-Junge sieht exakt aus wie die Wirtsvogeljungen, sogar in der auffällig roten Ornamentierung des Schnabel-Inneren gibt es nicht den geringsten Unterschied, was bei der Atzung wichtig ist, denn jedes Z. von Fremdheit würde zur sofortigen Tötung führen. Der Trick geht weiter bei den meist 4zeiligen Hunger- u. Angstgesängen; sie wurden auf Tonband aufgenommen u. genau analysiert: der Gast singt genau wie der potentiell feindl. Wirt. Beginnt aber nun von Nest zu Nest der Werbegesang zw. den jungen W., die noch nicht fliegen können, zeigt sich, daß sie in die Wirtsgesänge so getarnt eigene Informationen einbauen, daß die Wirte nichts hören, die eigenen Artgenossen sie aber ›heraushören‹ u. auf gleiche Weise beantworten können. — Hundert J. nach Konstruktion des Spirituals ↗ fand man heraus, daß diese genauso gebaut sind. These: a. die äg. Kunst ↗ folgte dieser Verschlüsselungstechnik, sodaß angenommen werden kann, daß sich der Name W. auf die Witwe ↗ (Isis) bezieht, die ihren myth. Sohn immer vor Seth ↗ verstecken mußte. — S. Ostara ↗, Imn ↗, Modulation ↗ u. Sklaven ↗.

Wladimir I.: a. ›der Heilige‹; russ. Großfürst (978–1015), an den 986 die Vertreter von 3 Religionen ↗ herantraten, um ihn zum Übertritt zu bewegen: Judentum, Islam u. Christentum. An ersterem mißfiel ihm die Diaspora ↗ als Strafe eines zornigen Gottes; am Islam ↗ das Alkoholverbot a. im sonst so herrl. geschilderten Jenseits, zu dem er gesagt haben soll: »Trinken ist des Russen Lust. Wir können ohne diese Lust nicht leben.« An der längst durch Schisma geteilten christl. Kirche ↗ mißfiel ihm jedoch nur die röm.-kath., in der er ›keine Glorie‹ fand; die von Byzanz ↗ (Rom II) überwältigte ihn sofort; er ließ sich taufen u. ordnete an, daß alle Untertanen, ob sie es wollten od. nicht, ebf. die Taufe ↗ erhalten sollten. Wie Rußland ↗ später mit Stolz verkündete, wurde es dadurch richtig, d. h. essenisch, u. nicht falsch, d. h. paulinisch (s. Paulus ↗) missioniert. Bald danach blühte der Chiliasmus ↗ auf; Moskau ↗ wurde Rom III.

Woche: kalendarische Unterteilung von Jahr ↗ + Monat ↗, zw. 5–10 Tage umfassend. Seit dem 4. Jh. bürgerte sich in Europa ↗ eine 7tägige W. ein, die der Chaldäischen Planetenreihe ↗ entspricht. Die Namen lauten in lat., dt., frz., ital. + engl.:

♄	Dies Saturni	Samstag	Samedi	Sabbato	Saturday
☉	Dies Solis	Sonntag	Dimanche	Domenica	Sunday
☾	Dies Lunae	Montag	Lundi	Lunedi	Monday
♂	Dies Martis	Dienstag	Mardi	Martedi	Tuesday
☿	Dies Mercurii	Mittwoch	Mercredi	Mercoledi	Wednesday
♃	Dies Jovis	Donnerstag	Jeudi	Jovedi	Thursday
♀	Dies Veneris	Freitag	Vendredi	Venerdi	Friday

Aus diesen ›Tagesregenten‹ kann man noch germ. Götter-Par. herauslesen: Dienstag äqv. Tiu ↗ (statt Mars), Mittwoch äqv. Wotan ↗ (statt Merkur) u. Freitag äqv. Freya ↗ (statt Venus). Im Samstag, ital. Sabba-

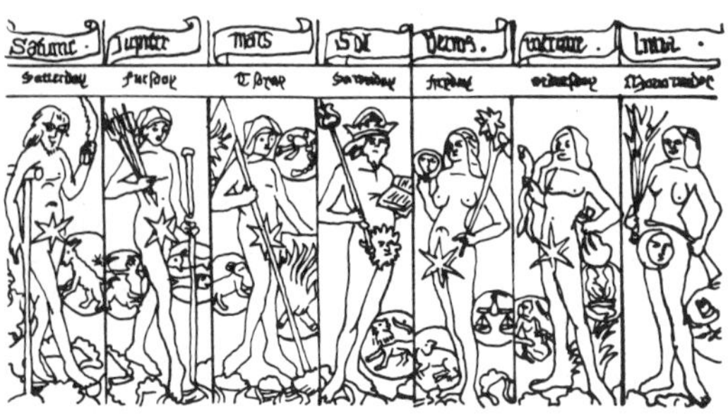

to, liegt der Sabbat ↗ begraben. Ein Bild aus Shephards Calender 1579 verbindet die Planeten ↗ zusätzl. mit ›Häusern‹ des Tierkreises ↗, wobei einige 2 Häuser (Tiere) haben, weil statt 12, nur 5 Planeten + Sonne + Mond eingesetzt sind (Abb.). Wie im Diskus ↗ (von Kreta) ist ein Haus der Venus die Waage; inter. a. die Verbindung von Merkur mit Zwilling ↗. Der Grund dieser Jahreseinteilung, die nicht aufgeht, ist mit Mond ↗-Viertel unzutreffend. These: da 365 : 7 (Jahrestage durch Wochentage) 52 (Rest 1) ergibt, wäre die Zahl 52 wohl entscheidend: sie bestimmt den Tzolkin ↗, wenn a. in Jahren.

Wodan: Wotan ↗.

Wolf: 1) 2 Wölfe, Geri ↗ + Freki ↗, begleiten Wotan ↗; daneben taucht der Fenris-Wolf ↗ auf sowie die 24 Wehrwölfe ↗ der Frau Gaur.

2) in Rom ↗ wurden die Zwillinge ↗ Romulus + Remus von einer Wölfin gesäugt. Hier gleitet der Bezug von W. zu Hund ↗ als Zodiaksektor Zwilling.

3) Bei den Irokesen ↗ wird jährl. ein weißer W. (Polar-W.) bei der Wintersonnenwende ↗ geopfert; er gilt als Bruder + Feind des ›Heilbringers‹, was die Par. zum äg. Seth ↗ herstellt. Lt. Wirth ↗ gibt W. + Schlange = Drache ↗. Als Bsp. für ›Schlangenwolf‹ gibt er den engl. ›Bruceton-Stone‹ (Abb.), zugehörig zu den Tuatha ↗. Es fällt die Koppelung mit der Ul ↗-Rune

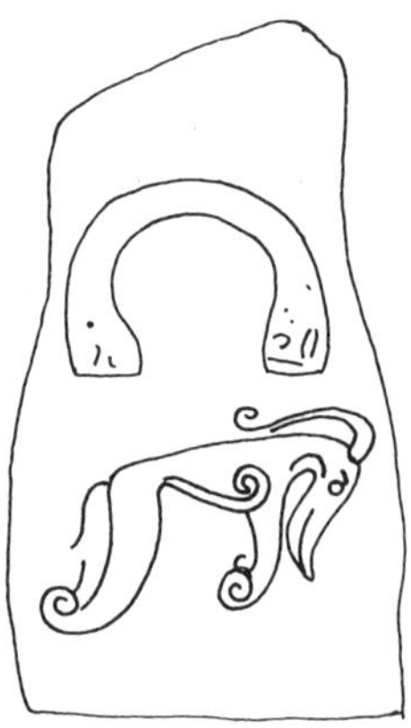

 über dem W. mit schlangenartig gerollten Beinen auf, was seine Zugehörigkeit zum Tierkreis bestätigen dürfte, wie zu dem von Wirth allein erw. Totenkult der ›Hügelleute‹ ↗. So wird es sicher kein Zufall sein, daß im Wort Wolf = Wulf, Ulfilas ↗ die Silbe Ul steckt. — S. Lug ↗ u. Wolfszeit ↗.

Wolfszeit: in der Edda die Zeit vor einem Weltende ↗, wenn Brüder zu Wölfen ↗ werden u. sich umbringen: »Sturmzeit und Wolfszeit ehe zerstürzt die Welt…« Hier ist Ragnarök ↗ gemeint; aber da der ›Wolfsmonat‹ bei den Germanen in die Jul-Zeit fiel – da kamen im Winter die Wölfe aus den Wäldern u. fielen die Menschen an – so ist in der W. a. schon die Endzeit ↗ enth., was mit Wirths ↗ Bemerkung zusammenpaßt, der Wolf erscheine am Ende des Ul ↗ = Tierkreis für die 5 Resttage vom Jahr ↗, äqv. Uayeb ↗.

Wolke: hochgestiegener Wasserdampf, der über 5000 m Abstand von der Erdoberfläche aus Eiskristallen besteht, bis ca. 2500 m aus einer Mischung von Eiskristallen + Wassertröpfchen u. darunter nur noch aus letzteren. Bleiben solche Kondensationen in Bodennähe, spricht man von Nebel. — Das kosm. Äqv. sind ›Nebelwolken‹ aus Gasmassen, evtl. um einen Zentralstern in der Mitte. In unserer Galaxie ↗ hat man ca. 100 solcher ›Wolken‹ ausfindig gemacht, am bekanntesten die im Orion ↗. Sonderfall: die sich auf uns zubewegende Dunkelwolke ↗. Auf sie könnten sich folg. 3 Stellen der Bibel ↗ beziehen:

1) Lt. AT wird in einer Vision des Propheten Daniel das Jüngste Gericht ↗ gehalten u. »die Bücher wurden aufgetan« … »und siehe, es kam einer in des Himmels

Wolken, wie eines Menschen Sohn...« (7/10 + 13), womit Christus ↗ gemeint ist, aber nicht Jesus ↗, den die Juden ↗ als Messias ablehnen.
2) Beim Propheten Hesekiel lautet die Version so: »Und ich sah, und siehe, es kam ein ungestümer Wind von Mitternacht her mit einer großen Wolke voll Feuers, das allenthalben umher glänzte; und mitten in demselbigen Feuer war es wie lichthelle...« (1/4)
3) Apokalypse ↗: »Und ich sah, und siehe, eine weiße Wolke, und auf der Wolke sitzen einen, der gleich war eines Menschen Sohn; der hatte eine güldene Krone auf seinem Haupt, und in seiner Hand eine scharfe Sichel.« (3/14)
Ungewiß ist, ob die ›Wolkenschlange‹ Mixcoatl ↗ damit in Zusammenhang steht; zunächst waren hier (bei den Chichimeken ↗) in einem ›himmlischen Krieg‹ die Sterne ↗ ganz allg. Mimixcoa = Wolkenschlangen bzw. Sternengötter, zu denen die Toten ↗ wurden. Es wäre dies die Möglichkeit, die Dunkelwolke als bei der Endzeit ↗ zurückkehrende Totengeister zu verstehen. — S. Globule ↗ u. Elefant ↗.

Wölwa: äqv. Wala ↗, Seidfrau, Seidkona, Prophetin: »Sie war gekleidet in einen blauen Mantel, und dieser war bis zum Saum mit kostbaren Steinen besetzt. Um den Hals trug sie Glasperlen, auf dem Kopf eine Mütze aus schwarzem Lammfell, die innen mit weißem Katzenfell ausgefüttert war.« These: hier spiegelt sich die Kenntnis, daß die Synthese ↗ von Schwarz + Weiß = Blau ↗ ergibt. — Beschreibung einer prophetischen Séance: »Am nächsten Tag ließ sie Frauen suchen, die das Zauberlied kannten. Dieses Lied hieß Vardlokur (Lied, um Geister heraufzubeschwören). Nur eine einzige Frau kannte dieses Lied; sie hatte es von ihrer Pflegemutter auf Island gelernt... Die Frauen bildeten einen Kreis um die Bühne, auf der die Wölwa saß. Die junge Frau sang das Zauberlied sehr gut und nach der Séance dankte die Wölwa ihr und ... fast alles, was sie vorhersagte, traf ein« (Götter u. Mythen der Germanen).

Wongar: Totem ↗-Wesen; sie wurden zu solchen durch die Djangawul-Schwestern ↗ gemacht (austral.).

Worringer, Wilhelm: dt. Kunstkritiker (1881–1965), der in seiner Dissertation ›Abstraktion und Einfühlung‹ (1906) schrieb: »Die banalen Nachahmungstheorien, von denen unsere Ästhetik dank der sklavischen Abhängigkeit unseres gesamten Bildungsgehaltes von aristotelischen Begriffen nie loskam, haben uns blind gemacht für die eigentlichen psychischen Werte, die Ausgangspunkt und Ziel aller künstlerischen Produktion sind. Im besten Falle sprechen wir von einer Metaphysik des Schönen mit Beiseitelassung alles Unschönen, das heißt Nichtklassischen. Aber neben dieser Metaphysik des Schönen gibt es eine höhere Metaphysik, die die Kunst ↗ in ihrem gesamten Umfang umfaßt und die über jede materialistische Deutung hinausweisend sich in allem Geschaffenen dokumentiert, sei es in den Schnitzereien der Maori ↗ oder im ersten besten assyrischen Relief. Diese metaphysische Auffassung ist mit der Erkenntnis gegeben, daß alle künstlerische Produktion nichts anderes ist als eine fortlaufende Registrierung des großen Auseinandersetzungsprozesses, in dem sich Mensch und Außenwelt seit Anbeginn der Schöpfung und in aller Zukunft befinden.« Zitiert von Kandinsky ↗ im Buch ›Über das Geistige in der Kunst‹. — Auf diesem Registrieren basierte die Kunstübersetzungsarbeit des Muiska-Museums ↗.

Wort: 1) Einheit von Buchstaben (Lauten) + Inhalt. Dazugehörig der Name ↗, äg. gleichgestellt mit dem Ka ↗, was überleitet zu 2) Logos ↗ (griech.), der dt. a. mit W. übers. wird: »Im Anfang war das Wort...« (Joh. Evangelium). Deshalb erscheint wahrsch., daß W. von Urd ↗ abstammt. In Indien ist Vach ↗ ›Göttin des Wortes‹ (Blavatsky ↗). 3) Bzgl. der Substanz ist W. immer u. in allen Fällen eine Einheit von Geist (Inhalt) u. Materie (Ton) u. deshalb durch Aussprechen in der Lage, sich zu verwirklichen. S. Salomo ↗ als Meister des direkten Wortes od. der Djinn ↗. Der Faktor der Verwirklichung od. Materialisierung liegt in der Koppelung von mindestens 2 Buchstaben od. Grundmotiven ↗ zu einer Ursilbe ↗, bei der a. die Wort-Bild-Brücke ↗ beginnt. 4) Altägypten: »Das Wort schafft alle Dinge: Alles, was wir lieben und hassen, die Gesamtheit der bestehenden Welt. Nichts ist, ehe es nicht mit lauter Stimme ›ins Leben gerufen‹ wird« (Seligmann). 5) Afrik. Äqv. ist Nommo ↗. S. Reihenfolge ↗, Sideriten ↗, Schwingung ↗, Schrift ↗ u. Sprache ↗.

Wort-Bild-Brücke: die Möglichkeit, aus einem Wort ↗ ein Bild zu machen od. umgek. aus einem Bild ein Wort herauszuholen; Teilgebiet der Nommo-Logie ↗. Beruht auf der Überlieferung, daß das Wort alle Dinge - die ja bildhaft, d. h. Erscheinungsbilder ↗ werden - schafft.
1. Bsp.: Mu ↗ = Einschiebung des U in die 2 Berge des M (Abb. 1)

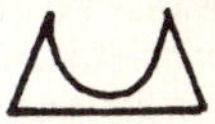

Abb. 1

2. Bsp.: Km.T ↗ = K zweimal nach der Regel, daß M das verdoppelt, was ihm vorausgeht, weil es selbst eine Verdoppelung (von A) ist. T = Verschließung, weshalb die 2 K einander zugeneigt werden. Tats. ergibt dies das Symbolbild von Ägypten = Km.T in Gestalt der 2 Cherubim ↗ (Abb. 2)

Abb. 2

S. Graphische Akustik ↗, Gurdjieff ↗, Ideogramm ↗.

Wotan: höchster Gott der Germanen ↗, ›Vater der Götter und Menschen‹: Alfadir = Allvater. Neben der Nv. Odin ↗, Wodan, Woden taucht bei den Wandalen a. Godan auf, was sich als God (engl. Form für das dt. Gott ↗) An ↗ = im Himmel lesen läßt; letzterer drückte sich in seinem wie bei der Wala ↗ blauen Mantel aus, der den Himmel vertrat, Nv. Heklumadr = Mantelmann. These: allein seine Symbole können noch Auskunft über den wahren Stellenwert geben: in seiner Gefolgschaft befanden sich
4 Tiere = Hugin ↗, Mugin, Geri ↗ u. Freki ↗ (= die 4 Elemente),
8 Walküren ↗ od. als Par. das 8füßige Roß Sleipnir ↗
12 Asen ↗ (= die Planeten ↗),
was genau den 24 Kategorien des Daseins ↗ entspr., äg. Ntw = die Gotteskräfte, afrik. Einz. Ntu ↗. Stellt man nach dem Gesetz der Umkehrung ↗ Ntw um, ergibt sich Wtn, vokalisiert Wotan. Mit anderen Worten ist er der ›Gott im Zentrum der Sonne‹, was sich a. in der Nv. Arnhofdi = Adlerkopf spiegelt, denn das Symbol der Sonne war bei den Indianern der Adler. J. Grimm hat die Namen *vada* = waten, dringen, durchdringen zusammengestellt u. hielt das Wesen dieses Gottes für eine ›alldurchdringende schaffende und bildende

Kraft‹, was die bisherige Deutung unterstreicht. ›Wotanswagen‹ waren ›Schiffskarren‹, was zum Sonnenschiff ↗ überleiten dürfte. Nun hieß er aber a. Tveggi = der Doppelte, was überleitet zu seinem Stellenwert als 1 der 12 Asen (Planetengeister); das ist der Merkur ↗, erhalten im Wochentag *mercredi* = Mittwoch = *wednesday* = Wotanstag. U. er hieß Driggi = der Dreifache, was sich auf eine geschichtl. Inkarnation beziehen müßte. Die These von Wirth ↗: Freyas ↗ Gatte

Abb. 1

Abb. 2

»... ist Odr, der Od-Gott, den sie verliert und den sie trauernd sucht und beweint: es ist der gleiche Mythos wie von Isis und Osiris ↗...« stellt W. mit Osiris gleich, was schon deshalb nicht überzeugt, weil ja Sohn Baldr ↗ u. nicht W. ermordet u. als Wiederkehrender erwartet wird. Außerdem ist W. als ›Speergott‹ ↗ zu krieger. für diese Figur. Eher ist an ein Äqv. für Herakles ↗ zu denken, nicht zuletzt deshalb, weil er die Runen ↗ nur durch Einweihung erlernt od. wie der Mythos ↗ erzählt, durch 9tägiges Hängen an der Yggdrasil ↗ ›stöhnend aufnimmt‹ u. dann ›herabstürzt‹: »Weise ward ich da.« Dazu paßt sein Name ›Wegwalt‹ = ewiger Wanderer. Die Überlieferung, daß W. beim Trinken aus Mimirs ↗ Quelle das l. Auge verliert -

Abb. 3

weshalb er meist einäugig dargestellt wurde - paßt eher zur Figur des äg. Horus ↗, der beim Kampf gg. Seth sein Mondauge ↗ = l. Auge verliert. U. wie dieser jagt u. tötet er den Eber ↗, was sich bei den Germanen als Juleber mit der Wilden Jagd ↗ verband. Münzanhänger (Abb. 1-3) zeigen neben dem Raben das Hakenkreuz ↗; der Wotanismus ↗ wurde Basis der Nazi-Religion ↗, evtl. sogar mit Hitler = W. bei der Eberjagd (Eber äqv. Hebräer ↗ = Juden).

Wotanismus: hat man die Religion der Germanen ↗ gen., nach Wotan ↗, ihrem Hauptgott; dessen Begleittier Wolf war ›das Tier ihrer Weihen‹ u. dessen Pferd das Opferfleisch, weshalb die Kirche ↗ das Essen von Pferdefleisch verbot. Daß der W. a. die Reinkarnation ↗ enthielt, ergibt sich aus folg. Satz: »Die Bestattung wird durch die Mitbestattung der Geliebten zu einer Art Totenhochzeit, und die im Tode Vereinten können zu neuen, ähnlichen Lebensläufen wiedergeboren werden.« »Unsere ältesten Zeugnisse vom Germanenglauben sind Bodenfunde, zumeist Gräber und Grabbeigaben; unsere Kenntnisse beginnen darum mit dem Totenkult.« Bsp. für Bestattung + Grab der Königin Asa: »Der Hügel war über der Yacht errichtet. Auf dem Schiff ↗ hatte man ihr die Grabkammer zurecht gezimmert und mit Ruhebetten ausgestattet. Die Leiche lag unterdessen in einer vorläufigen Grabhütte. Erst am Tag des Begräbnisses, das von einem großen Leichenschmaus, dem Erbmahl, begleitet war, wurde die Königin... in feierlichem Zug zu Schiff gebracht. Ein Vermummter mit dem ersten der fünf auf dem Schiff gefundenen Tierköpfe schritt voran... Zwei Tierkopfträger schritten dem Wagen voran, zwei folgten ihm. Die Tierköpfe waren paarweise mit einer Rassel ausgestattet... Das eine Paar wurde im Süden, das andere im Norden der Ostseite der Grabkammer niedergelegt. Die Ochsen (die den Wagen zogen) wurden an der Backbordseite geschlachtet, der eine im Achterschiff, der andere im Vorderschiff... Hinter dem Wagen fuhren im Leichenzug die vier Schlitten von Pferden, wahrscheinlich vierspännig, über den Moorgrund gezogen... Die Pferde wurden in Schweiß gejagt und getötet, die Leiber ohne Geschirr an verschiedene Stellen des Schiffes gelegt... Der Prunkwagen mit der Königin... könnte von der Art jener Wagen sein, mit denen Nerthus ihren Umzug hielt« (W. Schultz, Altgerm. Kultur). These: zählt man die Begleittiere zusammen: 5 (Hunde?), 2 Ochsen u. 16 Pferde sowie die mitbegrabene Dienerin, deren Opferung lt. Autor ›der spannendste Augenblick‹ war, ergibt sich die Zahl 24 der Runen ↗ u. die Königin fällt auf die Nr. 25 = Odil-Rune ↗. Im übrigen sind Totenschiff ↗ mit Schlittenkufen ausgesprochen ägyptisch. S. germ. Feste ↗ u. die Edda ↗ als Überlieferungsfragmente.

Wotans Hochzeit: die Hochzeit von Wotan ↗ u. Freya ↗; wurde als Walpurgisnacht in der Nacht zum 1. Mai gefeiert. Vielleicht geht die heute noch praktizierte Sitte, sich in dieser Nacht den Maibaum ↗ zu stehlen, auf den in der Edda ↗ erw. Versuch des Riesen Thrym zurück, ›Ods Braut‹ zu übernehmen:

»Odin schleuderte über das Volk den Speer;
Da kam zuerst Krieg in die Welt.
Da gingen die Rater zum Richtstuhl alle,
Hochheilige Götter hielten Rat,
Wer mit Frevel hätte die Luft erfüllt
Oder dem Riesenvolk verraten Ods Braut.«

(Der Seherin Gesicht 18-19)

Wunschdenken: nach neuesten Forschungen in USA ist der Mensch nicht in der Lage, objektiv zu denken, es wird immer W. daraus, d. h. die eigenen Wünsche projizieren sich in das Denken. Man beweist, was man möchte, es sei. Die Logik ↗ wird dabei bewahrt, also bestimmt deren Prämisse ↗ - unbewußt ausgesucht vom W. - das Ergebnis.

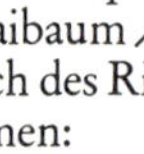

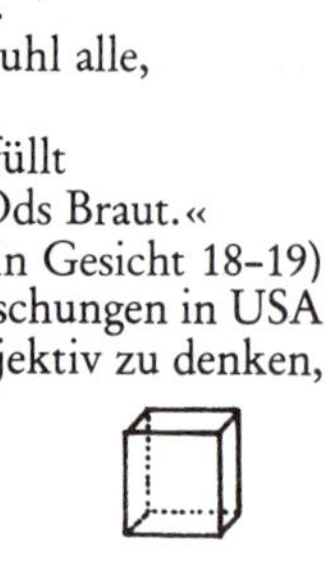

Würfel: eine aus 6 Quadraten ↗ bestehende Form mit den Zahlen 1-6, deren Summe 21 ergibt. 6 + 6 + 21 = 33, Alter von Jesus bei der Kreuzigung ↗. Es fällt auf, daß ein aufgeklappter Würfel genau zur Form jenes Kreuzes wird: »Während ein Würfel bloß sechs Flächen hat, zeigt die Darstellung des Kreuzes als entfalteter Würfel in Bezug auf die Kreuzbalken eine Fläche des Würfels beiden Balken gemeinsam, welche zu jedem von beiden gehörig gezählt, der in einmal horizontal und einmal vertikal, vier für den senkrechten, und drei für den Querbalken, alles zusammen sieben ergibt.« Reuchlin, zitiert von Blavatsky ⁄, die die Verbindung zum Tau ⁄ des äg. Lebenskreuzes ⁄ herstellt.

Wurzelrassen: Ausdruck der Theosophie ⁄ für die 7 *manushyas* = Menschheiten während der Manvantaras ⁄. Sie haben mit unserem Rassen ⁄-Begriff nichts zu tun, sondern beziehen sich auf die Gesamtmenschheit während 1 der 7 Welten ⁄:

1) Polarrasse, Schatten der Schatten, geschlechtslos u. doch dual; Abbilder der 7 Pitris ⁄. Kein Gefühl, kein Tod wie a. ›selbstgeboren‹, d. h. durch Wille u. Yoga ⁄. Im Buch Dzyan ⁄ wird von Wassermenschen ⁄ gesprochen.

2) Hyperboreer, immer noch ätherisch, geschlechtslos u. dual, wahrsch. äqv. mit den Wandschina ⁄. Es heißt: »Die zweite Rasse war die Hervorbringung von Knospung und Ausdehnung, die Ungeschlechtige von dem Geschlechtslosen. Das Äußere der ersten wurde das Innere der Zweiten.« These: jetzt erst kann man vom 1. Typ Urmensch ⁄ sprechen.

3) Lemuren ⁄, phys. Trennung in Geschlechter ⁄, im Besitz des 3. Auges; schwarze Hautfarbe, Bildung von Stämmen. Dzyan: »Dann entwickelte die Zweite die Eigeborenen, die Dritte. Der Schweiß wuchs, seine Tropfen wuchsen, und die Tropfen wurden hart und rund. Die Sonne erwärmte ihn; der Mond kühlte und gestaltete ihn; der Wind ernährte ihn bis zu seiner Reife. Der weiße Schwan vom Sternengewölbe überschattete den großen Tropfen. Das Ei der Zukünftigen Rasse, der Menschenschwan der späteren Dritten. Zuerst mannweiblich, dann Mann und Weib.« These: wir sind bei der Trennung des androgynen Adam in Adam u. Eva ⁄ gelandet.

4) Atlanten ⁄, grobphysisch, Trennung in Rassen: »... die Sura wurden Asura ⁄ ... Da wirkte das Dritte Auge ⁄ nicht mehr. Sie bauten große Städte... Die vierte Rasse entwickelte die Sprache ⁄.« D. h., Kultur ⁄ beginnt, vom Grund ist nichts zu erfahren. Übergangslos wird die Sintflut ⁄ angedeutet: »Das Wasser bedrohte die Vierte... Wenige blieben übrig. Einige gelbe, einige braune und schwarze und einige rote blieben übrig.« Bibl. Äqv. Noah ⁄ + Familie. Nicht nur beginnt mit der 4. W. Reinkarnation ⁄, es heißt a.: »Tatsächlich inkarnierte die letzte menschliche Monade ⁄ sich vor dem Beginn der fünften Wurzelrasse.« Lt. Blavatsky ⁄, die das schreibt, gehören wir zur 5. W. u. befinden uns nahe am Übergang zur 6., mit der die geschlechtl. Polarität wieder verschwinden wird, wie a. die Rassenunterschiede; Überwindung des Todes, d. h. ab 6. W. Unsterblichkeit ⁄. »Die 6. Wurzelrasse wird uns auf eine Parallellinie mit der Geistigkeit in der 2. Wurzelrasse bringen.« — These: da die 2. W. im Nommozeichen ⁄ stand, werden wir zu Nommo ⁄. — Blavatsky: »Am Ende der nächsten Runde wird die Menschheit wieder mann-weiblich werden und dann werden 2 Rückenmarke sein, gebildet aus dem jetzigen Rückenmark und dem sympathischen Nerv.« In der 7. W. werden beide in eins verschmelzen. Daran verblüfft, daß dann die Zahl 32 - unsere Wirbelsäule ⁄ hat z. Z. 31 Nervenpaare - erreicht wird, das vollendete Kopf-Chakra ⁄, worüber sie jedoch nichts sagt. Dafür vermerkt sie noch: »Der Organismus des Menschen war in einer jeden Rasse seinen Umgebungen angepaßt. Die erste Wurzelrasse war ebenso ätherisch, wie die unsere materiell ist.« Mit Umgebung sind die 7 Häute der Erde ⁄ gemeint; sie beziehen sich »... auf die sieben geologischen Veränderungen, welche die Entwicklung der sieben Wurzelrassen der Menschheit begleiten und mit ihr korrespondieren.« Dann erwähnt sie ein Rollsiegel ⁄ mit hl. Baum, Schlange, Mann + Weib: »Der Baum hat sieben Äste; drei auf der Seite des Mannes, vier auf der des Weibes. Diese Äste sind typisch für die sieben Wurzelrassen.« Was bed. würde, daß die ersten 3 unter männl. Ordnung stehen, s. Sonnenalphabet ⁄, u. die 4., 5., 6. u. 7. unter weibl. Ordnung, was insofern stimmt, als ab Paradies-Verlust ⁄ am Ende der 3. W. die Ordnung dem Kosmos ⁄ folgt u. daraus Geschichte ⁄ macht, mit Umdrehung der gleichen Reihenfolge X-P im 3. Reich ⁄ des Hl. Geistes. Vgl. mit dem afrik. Muntu ⁄, dessen 3 Unterkategorien sterbl.-reinkarnativ-unsterbl. dann jeweils 2 W. enth., die 1. nicht mitgerechnet. Daß diese 1. W. nur 3 Elemente ⁄ (also nicht das 4., in das Muntu fällt) enthielt, ergibt sich aus Blavatskys Satz: »Die erste Rasse hatte drei rudimentäre Elemente in sich.« Statt von Landung ⁄ der Astronauten ⁄ wird in Dzyan-Kommentaren vom Herabsteigen göttl. Könige gesprochen: nach der Trennung in Geschlechter »... war das Satya Yuga zu Ende. Der ewige Frühling wurde zum beständigen Wechsel, und Jahreszeiten folgten. Die Kälte zwang die Menschen, Wohnungen zu bauen und Kleidung zu erfinden. Dann wendete sich der Mensch an die oberen Väter (die höheren Götter oder Engel). Die Nirmanakayas der Nagas ⁄, die weisen Schlangen und Drachen des Lichtes kamen, und die Vorläufer der Erleuchteten (Buddhas ⁄). Göttliche Könige stiegen herab und lehrten die Menschen Wissenschaften ⁄ und Künste (Kunst ⁄)...« Das Satya Yuga ist das ›Goldene Zeitalter‹, das in der Edda ⁄ mit den 3 Nornen ⁄ aufhört. — Bezug zur Bibel ⁄: »Unsere Lehre von den sieben Rassen... kann selbst in der Offenbarung gefunden werden... (sie) spricht von den sieben Königen, von denen fünf gegangen sind...« (Apokalypse ⁄, 17, 2 u. 0) mit Gleichstellung der ›Könige‹ mit den Wurzelrassen.

Wurzelrassenlehre: s. Wurzelrassen ⁄.

Buchstabe X

Grundmotiv  Energiekonzentration

X: erscheint in 3 inter. Aussageformen:

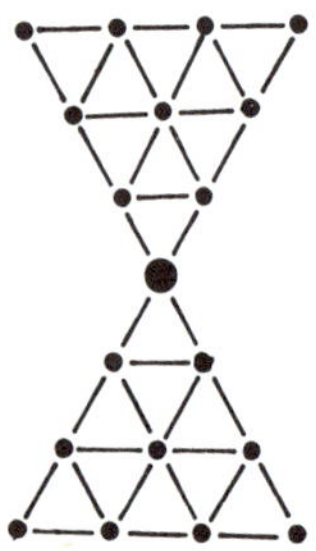

Abb. 1

1) ein X aus 19 Punkten ist das okkulte Z. für den Mond ↗-Sonne ↗-Zyklus aus 19 J. od. 6940 Tagen, die genau 235 synodischen Mondmonaten von 29,53 Tagen (gerechnet von Neumond zu Neumond) entspr., meist aufgeteilt in 125 zu 30 u. 110 zu 29 Tagen. Dieser Zyklus war z. B. Grundlage des griech. Lunisolar-Kalenders. These: die Wahl des X macht deutl., daß im Ur-X ↗ prinzip. Mond + Sonne als Urpaar ↗ vereinigt sind, mit dem weibl. Dreieck ↗ oben als Mond u. dem männl. Dreieck unten als Sonne (Abb. 1).

2) »Man betrachte die ersten Stadien einer Keimzelle. Ihr Kern wächst, verändert sich und bildet einen Doppelkegel oder eine Spindel, so  , innerhalb der Zelle ↗« (Blavatsky ↗). These: das wäre das X, das der nachfolg. Schwangerschaft ↗ vorausgeht.

3) Daß der Mensch ab Paradies-Verlust ↗ aus dem X hervorgeht, macht vielleicht eine Gewölbefigur am Chor der inzw. zerstörten St.-Emmerans-Kirche in Mainz, 14. Jh. deutl. (Abb. 2), gewöhnl. interpretiert als der ›neue Adam‹. — S. das X als doppeltes Krokodil ↗ auf der äg. Horusstele ↗; als Io ↗ u. Chi ↗, als Auge von Püükong ↗; Trommel ↗, Truthühner ↗ u. Turmlampe ↗. — Mit X beginnt die kosm. Weltordnung XP ↗, die a. zur Geschichte ↗ wurde. Deshalb fangen alle Göttinnen bei den Maya mit X an, geschrieben Ix wie bei Ixmukane ↗, Schreibvar. Xmukane.

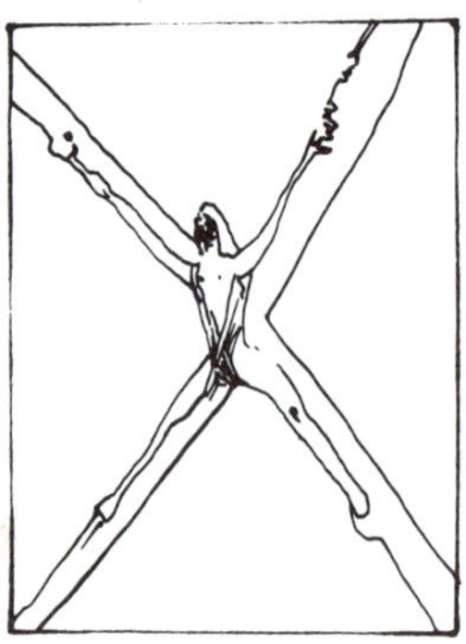

Abb. 2

Xa: Tanz ↗, z. B. bei Ah Poxa ↗. Vielleicht ergab sich daraus der Name Schiwa ↗, mit X = Chi ↗ u. wa reduziert auf a.

Xanthos: gilt in der Legende der Ionier ↗ als ›blonder Riese‹, der im Kampf gg. den ›schwarzen Riesen‹ Melanthos ↗ unterliegt. Bei Homer ↗ wird ein ›Flußgott‹ daraus, was vielleicht die Brücke zum kanaan. Jam ↗ schlägt, sowohl Meer wie Flußgott genannt.

Xaratanga: ›Mondgöttin‹ bei den Tarasken gen. Indianern von Mexiko ↗ sowie Patronin der Schwitzbäder wie der Götterballspiel ↗-Plätze, »... deren taraskische Bezeichnung Querehta im Namen der aus der neueren mexikanischen Geschichte bekannten Stadt Queretaro fortlebt« (Altmex. Kulturen). Ihr Äqv. scheint Teteo Innan ↗ zu sein, was wundern läßt, ob die Namensvorsilbe *xara* Zara ↗ entspricht.

Xibalba: im Popol Vuh ↗ der Maya die Unterwelt, äg. untere Duat ↗. Da *xibil* = verschwinden bed., kann man X. übersetzen ›wohin die Seele (Ba ↗) verschwindet‹, ins Totenreich ↗. Das 5. Kap. dieser Maya-Bibel ist so benannt. Als ›Regenten‹ tauchen die Came ↗ auf. Es heißt: »Was die von der Unterwelt wollten, war die Ballspielausrüstung von Einsjäger und Siebenjäger...«, s. Ballspiel ↗ bzw. Götterballspiel ↗. Die 2 letzteren werden dorthin eingeladen: »Boten zeigten ihnen den Weg. Über sehr steile Stufen stiegen sie nach Xibalba hinab. Es ging abwärts bis zu einem reißenden Fluß zwischen engen Schluchten... Sie kreuzten die Wasser. Dann kamen sie zu einem Fluß zwischen Stachelbäumen. Zahllos waren die Stachelbäume. Aber sie kamen ohne Wunden durch. Dann kamen sie zum Ufer eines Flutflusses. Sie überschritten ihn... Weiter wandernd kamen sie zu einem Punkt, wo sich vier Wege trafen... Ein roter Weg. Ein Weg aber schwarz. Weiß ein Weg. Gelb auch einer der vier Wege. Der schwarze Weg aber sprach: Ich bin der zu Nehmende...« Hier verbindet sich der Mythos ↗ mit dem Weltideogramm ↗, sodaß man annehmen kann, mit dem schwarzen Weg in Afrika zu landen, zumal sich für Ägypten = Km.T ↗ das Tor zur Unterwelt mit dem Einzugsgebiet des Nil ↗ verbindet, u. desen 3 Quellarme den 3 zitierten Flüssen entspr. könnten. Wurde also aus der einstmaligen Gralsburg ↗ das myth. Xibalba? Gemeinsam wären auf jeden Fall der ›Opfertod‹, s. Hunahpu ↗ + Ixquic ↗.

Xiknalkan: äußerster Planet ↗ in Teotihuacán ↗, bed. ›Fliegende Schlange‹; heutige Bez. Isis ↗. Gehört zu den Transsaturniern ↗, wird aber von der offiz. Astronomie noch nicht bestätigt, nur vermutet u. gesucht.

Ximenez, Francisco: span. Pastor, der 1688, erst 24jährig, mit einer Schiffsladung von Klerikern nach Guatemala kam. Bald darauf erlernte er versch. Maya ↗-Dialekte. »Padre Ximenez muß ungewöhnliche Charaktereigenschaften besessen haben. Denn es geschah das Unerhörte: man legte ihm den Text der ›Maya-Bibel‹ vor. Nach einem Wort des Cortes ↗: ›Acabar con el alma del Indio‹, die Seele des Indios auslöschen, hatten die Spanier in ganz Amerika ↗ systematisch die Kulturträger, das ist die Fürstenhäuser und die Priesterschaft, ausgerottet. Die Tempel wurden geschleift, die Götterbilder zerschlagen, die heiligen Schriften verbrannt. Man kann nach alledem ermessen, welchen Akt des Vertrauens es bedeutete, wenn dem Ximenez Älteste der Gemeinde eine Handschrift ihrer heiligsten Überlieferung zeigten...«, d. h. das Popol Vuh ↗ (aus dessen Einleitung von W. Cordan).

Xipe: Gott der Azteken ↗; stand für das Opfer ↗, weshalb Gefangene, die geopfert werden sollten, sein Kostüm anziehen mußten. Das zogen u. U. aber a. azt. Könige an, wenn sie ihren Tod nahen fühlten: rosa Reiherfedern.

Xiuhcoatl: Türkisschlange od. Tageshimmelschlange; Waffe des Huitzilopochtli ↗, mit der er seine feindl. Geschwister, Mond + Sonne, ›vernichtet‹, sprich den Nachthimmel vertreibt. Man kann also die Strahlen der Sonne darunter verstehen bzw. Element Feuer ↗, in Ägypten die Tefnut ↗, ebf. als Schlange empfunden. Als Relief auf einer azt. Muschelscheibe (Abb.) kann man evtl. den Aufbau des Lichtstrahls ↗ erkennen: außen 8 unbedeckte Rechtecke, innen 22 kleine Kreise; es müßten 24 sein - villeicht sind die 2 fehlenden Kategorien des Sonnenalphabets ↗ weggelassen od. verdeckt. Interessanterweise sind die 8 Rechtecke wie beim Tao ↗ die 8 Z. 3teilig.

X-Mas: engl. Bez. für Weihnachten ↗, mit dem X wohl noch auf die germ. Mütternacht ↗ anspielend, wenn in der Himmelsrichtung Süd ↗ 2 Bäume zum X gekreuzt wurden. Im Vergleich zum äqv. Wort *christmas* steht das X für Christus ↗ u. betrifft dann die 1. Rune Pa ↗ od. das X des Christusmonogramms ↗ XP. Im Sum. steht ›mas‹ für Sonne, in Namen Krischna ↗ *kris*, äqv. *chris*, für schwarz, was sich dann a. auf das X übertragen lassen müßte. Od.: X-Mas ist die noch ausstehende Geburt der Schwarzen Sonne, vertreten durch Frau Gaur ↗, die in der Mütternacht mit 24 schwarzen Hunden erschien. — Vergleichbar ist Xma Kana Kin äqv. Uayeb ↗. Hier reduziert sich *xmas* auf *xma*, mit Ma ↗ = Sonne: die X-Sonne, äqv. weibl. Sonne, s. Ix ↗.

Xochiquetzal: azt. Göttin, etwa die ›Blumen-Quetzalfeder‹; letztere verbindet sich a. mit Quetzalcoatl ↗. »In den Bilderhandschriften ist Xochiquetzal an den beiden hochaufragenden Federbüschen auf dem Scheitel, einem Blumenkranz um das Haar und einem Blumenstrauß in der Hand zu erkennen... Ihre Diener in Tenochtitlan ↗ wurden ›Huaxteken‹ genannt... Bei den Azteken ↗ stand Xochiquetzal alle acht Jahre im Mittelpunkt eines Festes... es gab Maskentänze, bei denen die Tiere des Feldes und alle Lebensmittel in persona auftraten, und einen Tanz ↗ mit lebenden Schlangen... Beim Fest der Xochiquetzal gingen alt und jung am frühen Morgen baden« (Altmex. Kulturen). Im Mythos gilt sie als Gemahlin des Tlaloc ↗, was die Zuordnung zur Nr. 8 des Tao ↗ = See (das Baden) od. die äg. Götterachtheit Naunet ↗ mögl. macht, wozu a. die Zahl 8 ihres alle 8 J. stattfindenden Festes paßt. Ein Äqv. müßte dann Chalchiuhtlique ↗ sein. — Xochi = Blume wie bei Xochitl ↗.

Xochitl: ›die Blume‹, Name einer schönen Jungfrau, die das Rauschgetränk Pulque ↗ zu den Tolteken ↗ gebracht haben soll u. zwar zur Regierungszeit von König Tecpancaltzin. Dem König, u. alsbald dem ganzen Volk, gefiel das Getränk so gut, daß sie sich bald ganz seinem Genuß hingaben u. nicht mehr arbeiteten, sodaß der Verfall des toltek. Imperiums einsetzte (offiz. Version heutiger mex. Schulbücher).

Xolotl: azt. Gott mit Hundekopf, dessen Name nur Zwilling ↗ bed., s. Gleichstellung Hund ↗ = Zwilling im Zodiak ↗ anderer Völker. Wie der äg. Anubis ↗ geleitet er den Toten ↗ in die Unterwelt (äg. Duat ↗), bei den Azteken ↗ auf dem Rücken ›heil über den neunfachen Strom‹. Oft gab man dem Toten einen getöteten Hund ins Grab mit, um X. zu symbolisierend. — Auf Bildern trägt X. aber a. die Sonne tägl. über diesen Strom u. zwar in doppelter Gestalt: beim Untergang als toter, beim Aufgang als lebender Hund (Abb.). Als Kopfschmuck sieht man eine Art Uhr mit 13 Doppelstrichen u. Zeiger; der azt. Tierkreis war 13teilig. Die Sonnenscheibe ist 8teilig, s. 8er Kreis ↗. Unten wahrsch. der Kopf des Quetzalcoatl ↗, als dessen Zwilling X. manchmal gilt, kombiniert mit dem Totenkopf von Tezcatlipoca ↗. — Manche Interpreten machen aus X. die Venus ↗ als Abendstern. — Bei anderen Indianern taucht als Äqv. der blaue Totengeleithund Xolocozcatl auf. — These: bei einer recht häufigen Konsonantverschiebung R zu L könnte dem Xolo (tl ist der angehängte Art.) Zoro bei Zoroaster ↗ entsprechen.

XP: Reduzierung der Grundmotiv-Reihenfolge des Kosmos ↗ bzw. der Geschichte ↗ auf Nr. 1 = X u. Nr. 24 = P. Frühchristl. Darst. lassen aus diesen 2 ineinandergeschachtelten Buchstaben einen Baum ↗ herauswachsen (Abb. aus den Katakomben ↗ von Rom), was beim Christusmonogramm ↗ wegfällt. These: es müß-

te sich um den Baum der Erkenntnis ↗ handeln, in dem diese Reihenfolge verschlüsselt ist, äqv. Ul ↗-Rune. — Aber natürl. kann man a. den Stammbaum der Wiederkehrlinie ↗ darin sehen, entstanden im X als Heilige Hochzeit ↗ u. zum P als Fisch ↗ der 2. Hälfte des Fischsektors führend. — S. Stierkult ↗ u. XP-Duat ↗.

XP-Duat: als Duat ↗ der XP ↗-Reihenfolge könnte man evtl. das äg. Wort Sopdet ↗ = Sirius (später Sothis) verstehen, wenn Sop als XP verstanden wird.

X-Reihe: bei Wirth ↗ findet sich immer wieder eine Reihe aus 4 X ↗ dargestellt, davon das 1. groß u. die folg. 3 klein. Seine Deutung: Muttergöttin mit den 3 Disen ↗. Manchmal werden die 4 X. a. gleichgroß nebeneinandergestellt; dann erinnern sie natürl. an die aufgeklappte Turmlampe ↗ der Frauentürme.

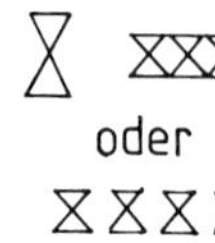

XX: eine Verdoppelung des X ↗ führt zum Z. des Gesamtkosmos ↗, s. Abb. einer afrik. Skulptur, auf der es in die zur umgek. Ka-Hieroglyphe ↗ gestalteten Arme einer weibl. Figur gezeichnet ist.

Buchstabe Y

Grundmotiv Reinkarnation

Ya: Ursilbe für Gehen, erhalten in Maya ↗ u. Troya-Tanz ↗; heutige indian. Var. *Yaa* = mehrere Personen bewegen sich. S. Yana ↗.

Yama: ind. Name für die Himmelsrichtung ↗ Süd; da der S für Sonnenwärme - wie der N für Kälte - steht, könnte sich das Wort aus: Ya ↗ u. Ma ↗ zusammensetzen = gehen (zur) Sonne.

Yamala: 1 der 3 Unterrichtstexte des Tantrismus ↗; die anderen 2 heißen Nigama u. Agama. Zitat: »Wahrlich, der Körper der Gottheit ersteht aus ihrem Keim-Grundmantra...« (Y.-Tantra). S. Yantra ↗.

Yamasachi Hiko: im jap. Mythos jüngerer Bruder von Umisachi Hiko u. wie dieser Kind von Ningi, seinerseits von Amaterasu ↗ abstammend. Durch Heirat der Toyotama führt die Linie schließl. zu Kaiser Jimmu ↗.

Yana: Vehikel od. Wagen ↗, als Symbol eingesetzt für Schulen des Buddhismus ↗, die sich unterscheiden als Mahayana ↗ + Hinayana ↗. Im Wort steckt Ya ↗, gehen, sich bewegen.

Yang: männl. im Taoismus ↗; im Taichi ↗-Symbol weiß mit schwarzem Kern, was prinzip. dem Aufbau der weißen Sonne ↗ entspricht. Gegenpol: Yin ↗. — »Yang bedeutet eigentlich: in der Sonne wehende Banner, also etwas Beleuchtetes, Helles.« So ist im Übertrag z. B. die Nordseite eines Berges Y., weil sie das Licht reflektiert, s. Reflektion ↗. Bei den Tao-Z. entspr. deshalb die geschlossene Linie —— yang. Bei Blavatsky ↗ ist das Wort Khin äqv. Yang. These: das leitet über zu Kin ↗ im indian. Bereich, was Sonne u. Tag bedeutet. — Als Tiersymbol wurde der Drache ↗ eingesetzt, bei Yin der Phönix ↗. — S. Hakenkreuz ↗.

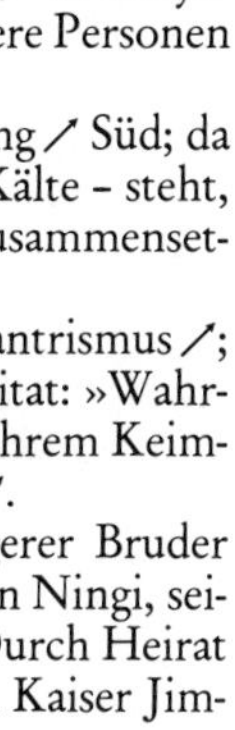

Yantra: energiegeladenes Strukturmuster, dessen Kraft proportional zur Abstraktion u. Genauigkeit des Diagramms zunimmt. Durch diese Kraft-Diagramme, die Mantras ↗ sichtbar machen, soll die Entstehung u. Kontrolle der Gedanken ermöglicht werden. Hilfsmittel bzw. Werkzeug in der Meditation des Tantrismus ↗, meist auf Papier gezeichnet od. in Metall eingraviert. Die geometr. Formen Punkt, Linie, Kreis, Dreieck, Quadrat werden in einer Komposition vereint, die sowohl statisch wie a. dynamisch ist. Kennz. aller Y. ist, daß sich die ganze Figur um ein Bindu ↗ gen. Zentrum aufbaut. Lt. Tantraraja-Tantra gibt es 960 Yantras. Y.-ähnl. Siegel wurden schon aus der Zeit um 3000 v. Z. im Indus ↗-Tal gefunden, insbes. das Hakenkreuz ↗ (Abb. 1), Quadratgitter (Abb. 2) u. ineinander verschachtetle Quadrate (Abb. 3). Die rituelle Verwendung blieb für Uneingeweihte ein Geheimnis u. setzte yogische Lebensform voraus, s. Yoga ↗. Heute sind Y. immer noch im Gebrauch, »... obwohl die letzten Überreste ihrer lebendigen Tradition nur noch in abgeschiedenen Gegenden Indiens gefunden werden mögen...« schreibt Madhu Khanna im Großen Yantra-Buch, insbes. bei den Tamil-Siddhas ↗ in Südindien. U.: »In seiner ursprünglichen Bedeutung kann sich ›yantra‹ auf jede Art von mechanischer Vorrichtung beziehen, die zur Stützung eines Unternehmens nutzbar gemacht wird. Ein Yantra in diesem Sinne ist daher jede Form von Maschine oder Instrument, wie sie in der Architektur, Astronomie, Alchimie, Chemie, im Kriegshandwerk oder Sport verwendet werden... Die Bedeutung des Begriffs Yantra hat sich auf religiöse Bezüge ausgedehnt und darin eine besondere Signifikanz erlangt. Mystische Yantras sind Hilfsmittel und die hauptsächlichen Werkzeuge für die meditative Disziplin... und Bewußtseinserweiterung... Vor allem glaubt man von ihnen, daß sie den inneren Grund der Formen und Gestaltungen sichtbar machen, mit denen das Universum angefüllt ist. Ebenso wie jegliche Materie, wie auch immer ihre äußere Struktur beschaffen sein mag, aus einer spezifischen Grundeinheit, dem Atom, zusammengefügt ist, kann auch jeder Aspekt der Welt in seiner strukturellen Form als Yantra wahrgenommen werden... In diesem Falle kann ein Yantra als letztliche Formgleichung einer besonderen Energiestruktur betrachtet werden... Durch ständige Verstärkung während des kultischen Rituals ↗ befreien sich die scheinbar leblosen Formen des Yantra aus ihrem Ruhezustand und wirken gemeinsam als sinnbildhafte

Abb. 1 *Abb. 2* *Abb. 3*

Zeichen für psychische Kraft... mit der sich selbst erzeugenden Neigung eine irdische Erfahrung in eine seelisch-geistige zu verwandeln. An diesem Punkt soll sich das Yantra ›enthüllen‹...«, nämlich als hl. Bezirk, Wohnstatt od. Gefäß einer Göttin (Kali ↗, Durga etc.) od. eines Gottes (Vishnu ↗, Krischna ↗ etc.); insofern korrespondiert es a. mit deren figürl. Darst. im Mandala ↗. Da sich das Sanskrit-Wort Y. von *yam* ableitet, wohl ein äqv. für Jam ↗, wundert es kaum, daß jedes Y. »auf den Gesetzmäßigkeiten von Raum, Schwingung, Zahl und Dynamik« beruht, s. Zahl ↗. Wichtigstes Y. ist das Sri Yantra ↗. Im Kali-Y. (Abb. 4) setzen sich 15 Eckpunkte des 5fachen weibl. Dreiecks ↗ +

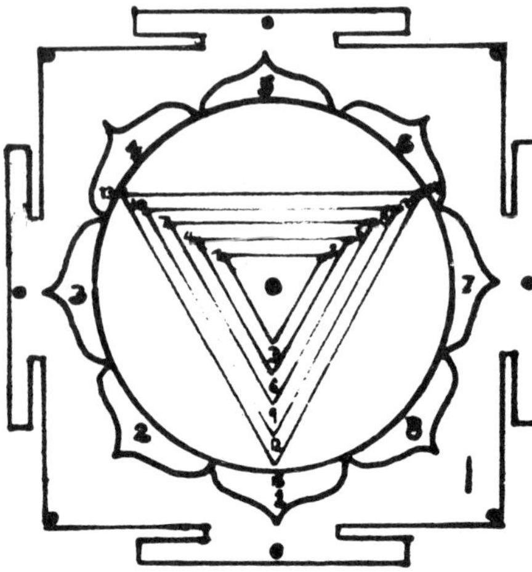

Abb. 4

Bindupunkt = 16 mit den 8 Lotos ↗-Blättern zur Zahl 24 der Grundmotive des Kosmos ↗ zusammen. Hier wird vom ›Mutterschoß der Welt‹ gesprochen, s. Welt ↗ als Sonnensystem, das ja aus dem Kosmos hervorgeht. An anderer Stelle wird es ›Abbild vom kosmischen Wirken der Höchsten Energie‹ genannt. — S. Sanskrit ↗ u. Schrift ↗.

Yashash: blau wie a. grün im Popol Vuh ↗. Schreibvar. *yax* in Yakin.

Yaxkin: Neue Sonne, s. Nana Pola ↗. Setzt sich zus. aus *yax* äqv. Yashash ↗, in diesem Fall Blau ↗ u. Kin ↗ = Sonne. These: es ist nicht die jährl. erneuerte Sonne ↗ gemeint, die wir schon haben - denn sie ist weiß od. rot, aber nie blau - sondern die in der Endzeit ↗ zu erwartende 2. Sonne, prinzip. schwarz, aber blau im Erscheinungsbild. — S. Anubis ↗.

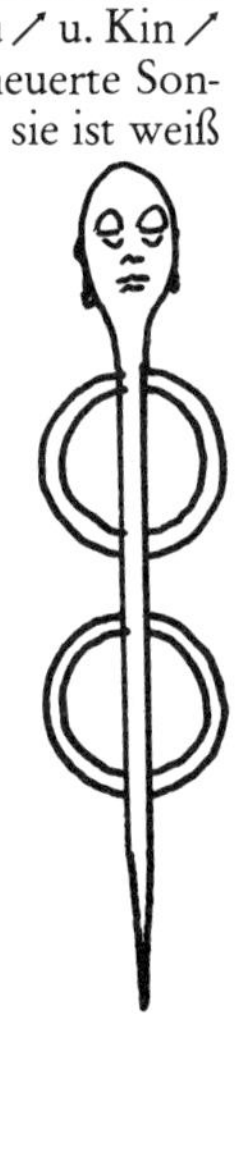

Yemaya: Mutter aller Orischa ↗ (afrik.), im Ogboni Geheimbund der Yoruba ↗ eine Skulptur (Abb.), die Kopf mit Vertikale wie eine Art ›Stecknadel‹ durch 2 Kreise steckt. These: die Ähnlichkeit zum abstrakten Bild von 2 Kreisen auf einer Horizontalen auf dem Bild der Landung ↗ von Astronauten könnte die Verbindung zum Sirius ↗, einem 2-Sonnen-System, herstellen, das sie dann vertritt wie Hathor ↗ in Ägypten. Als Äqv. ist die indian. Mutter aller Katschina ↗ naheliegend.

Yen: alter klass. Name für Peking; bed. Schwalbe ↗.

Ygg: ›der Schreckliche‹; einer der vielen Namen von Wotan ↗, Teil von Yggdrasil ↗.

Yggdrasil: der germ. Weltenbaum, hier Baum = Ross des Schrecklichen = Ygg ↗. Er hieß a. Mimameidr = Mutterbaum. These: in *drasil* verteckt sich *dru* = Baum wie in Druiden ↗, Umkehrung ↗ Urd, eine der 3 Nornen ↗, die unter den Wurzeln dieses Baumes hausen u. die Schicksalsfäden spinnen. Hervor geht er aber aus der Hel ↗. Er durchwächst 9 Welten, ist also ein Symbol der alten Weltenlehre ↗. Der Mythos erzählt, daß an seinen Wurzeln Nidhögg, der ›Neiddrache‹ nagt, während 4 Hirsche die Knospen = Stunden, Blüten = Tage u. Zweige = Jahreszeiten abfressen, bis er in der Götterdämmerung ↗ zusammenstürzt. Wie der Ceiba ↗ wird er im Zentrum der Erde angesiedelt, genau zw. Muspelheim ↗ u. Niflheim ↗. Unter den Wurzeln außerdem 3 Quellen: Hwergelmir ↗, der Brunnen von Mimir ↗ u. der Urdbrunnen, mit dessen Wasser er getränkt wird. Man hat ihn mit dem Pfahl od. Baumstamm verglichen, der im Schamanismus ↗ den Mast des Weltzeltes darstellt, da dieser manchmal mit Kerben versehen ist, deren sich der Schamane während seiner Ekstase zu einer ›Reise durch neun Welten‹ bedient. Wirth ↗ setzt als Äqv. »... das die Wurzel obenhabende 3 füßige Brahman ↗...« des Rigweda ↗. Schließl. wird sie Esche = Ask ↗ gen., was aber a. Speer ↗ bed., mit der Y. als ›Speerbaum‹, einen Bezug zu den Runen herstellend. Deshalb hängt z. B. Wotan = Odin ↗ ›9 Tage‹ an der Y., um sie zu erlernen. In der Edda ↗ sagt die Seherin gleich am Anf.:

»Neun Welten kenn ich, neun Äste weiß ich
An dem starken Stamm, der der Hel entsteigt...«

u. später

»Eine Esche weiß ich, heißt Yggdrasil,
Den hohen Baum netzt weißer Nebel;
Davon kommt der Tau, der in die Täler fällt;
Immer grün steht er über Urds Brunnen.
Davon kommen Frauen, vielwissende...«

Es folgt die Aufzählung der Nornen bzw. Disen ↗. — Obwohl 9 Äste gen. werden, als Par. zu den 9 Welten, bringt Wirth als Z. für die Y. einen Rhombus ↗ mit Stamm + 7 Ästen, insg. ein 8-strahliger Stern, der dem übl. Thing ↗ entspr., wie sich in der Vorstellung ein Thing a. am Fuß der Y. abspielte. Es folgt deshalb das Schema eines bes. großen Steinkreises ↗ (Abb. 2) als Vergleich zu diesem Y.-Zeichen (Abb. 1), weil die Steine des Sterns 120 = Chenti ↗ ergeben, im Außenkreis aber 24 große Steine, äqv. den 24 Runen ↗, stehen; sie vervierfachen sich durch je 3 weitere kleine Steine zu 96, was

Abb. 1

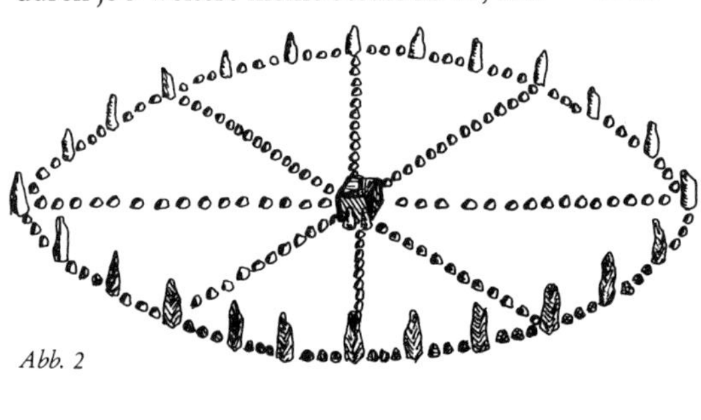

Abb. 2

insg. zur Zahl 216 führt. Durch Anhängung vom Kreis als O ergäbe sich 2160, Anzahl der J. 1 Sektors der Präzession ↗. Od.: der Weltenbaum ist die pendelnde Achse der Erde ↗, die immer wieder ›bricht‹, s. Sutur ↗ u. Bifröst ↗.

Yin: weiblich ↗ im Taoismus ↗; als Symbol im Taichi ↗ schwarz mit weißem Kern (Schema). Gegenpol Yang ↗. Wie letzterer vom Drachen, so wird Y. vom Phönix ↗ repräsentiert. Traumdeutung eines chin. Wahrsagers: »Über dem Eis, da ist Yang, das männliche Prinzip, unter dem Eis, da ist Yin, das weibliche Prinzip. Schmilzt das Eis, wird es eine Hochzeit geben.« Wir landen also mit Y. nicht nur im Dunklen, sondern a. im Wasser ↗ (unter dem Eis). U. das wird für das Unbewußte ↗ eingesetzt, eine andere Art von Dunkelheit. Wie die Blaue Kalumet ↗ steht Y. a. für Nacht, die ja den Kosmos ↗ mit den Sternen = Sonnen zeigt. These: so bed. das Y.-Symbol urspr. wohl nur Kosmos (schwarz), der die Sonne ↗ hervorbringt (der weiße Kern). In der Vollendung dieses Urbildes kann man dann a. die bei uns noch ausstehende schwarze Sonne, die der Sirius ↗ schon hat, darin sehen. Bei den Tao-Z. ist Y. eine offene Linie – – , wie ja a. die primäre (weibl.) Weltordnung ↗ zur Öffnung führt. Y. scheint wortverw. mit Djinn ↗, Ginn ↗, *gyne* (griech. a. nur weibl.) etc. zu sein. Die Yin-Yang-Lehre ↗ ist die philos. Basis von China ↗, das selbst einmal Yin (statt Chin in China) hieß wie a. eine Yin-Dynastie ↗ hatte. — Der übl. gewordenen Interpretation, Y. sei die Erde (Yang der Himmel), steht im I Ging ↗ der Satz ggb.: »Schwarzblau ist die Farbe des Himmels, Gelb ist die Farbe der Erde.« U. schwarz + blau sind die Farben des Yin. A. wird vom Yin-Licht gesprochen, das dann ein Äqv. zum Anubischen Licht ↗ sein müßte.

Yin-Dynastie: eine nach Yin ↗ benannte Dyn. von China ↗, deren Herrschaft ins 2. Jt. v. Z. fällt; manche meinen von 1766–1122 v. Z., andere sagen 1500–1028 v. Z. Es schließt sich die Dyn. der Chou-Völker ↗ an.

Yin-Yang: s. Yin-Yang-Lehre ↗.

Yin-Yang-Lehre: Basis des chin. Taoismus ↗: »Das Lichte und das Dunkle sind Kräfte. Durch Zusammenwirken dieser Kräfte entsteht das Stoffliche, Festes und Weiches. Dieses Stoffliche bildet die Form, den Leib aller Wesen im Himmel und auf Erden. Aber was es in Bewegung hält, das sind immer Kräfte. Und es kommt darauf an, Anschluß zu haben an diese Kräfte, diese göttlichen.« Dabei ist das Dunkle Yin ↗ u. das Helle Yang ↗. Od.: »Wenn man diese Prinzipien anwendet auf die Zeichen am Himmel (Sonne ↗ = licht, Mond ↗ = dunkel) und die Linienzüge auf Erden (Himmelsrichtungen), so erkennt man die Verhältnisse des Dunklen und Hellen, d. h. die Gesetze, die dem Lauf der Jahreszeiten und ihrem Wechsel zugrunde liegen... Auf diese Weise erkennt man durch Beobachtung der Anfänge und Endpunkte des Lebens, daß Geburt und Tod nichts anderes ist als ebenderselbe Kreislauf. Geburt ↗ ist das Hervortreten in die Welt der Sichtbarkeit (Helle, yang), Tod ↗ ist das Zurückkehren in die Gebiete des Unsichtbaren (Dunklen, yin).« Zu diesem Dunklen gehört natürl. a. die der Geburt vorausgehende Schwangerschaft ↗. — Das Äqv. ist der Dualismus ↗ schlechthin, der bei den Indianern in den 2 Kalumet ↗ ausgedrückt wird. Wahrsch. geht beides auf die Lehre von Io ↗ zurück, der Idee eines weibl. + männl. Kernes, vereint vor der Trennung, mit der die Kosmogenese ↗ beginnt. Das Symbol Taichi ↗ kann dann a. als Wiedervereinigung ↗ aufgefaßt werden.

Ymir: bed. als Wort ›immer‹ u. ist die Ewigkeit des Eises, der Kälte, des Todes; im Mythos der Edda ↗ ein männl. Urriese, der sich aus dem den Ginnungagap ↗ langsam ausfüllenden Ureis bildete: »Ihm gegenüber stand die Urhitze, die gegen die Kälte anbrandete, bis sich auch aus ihr ein Wesen formte: Es war die Urkuh Audumla ↗, das ewig Weibliche« (Das Neue Zeitalter). Nach Wafthrudnismal 33 wuchsen diesem Urriesen Y. je ein Mädchen u. ein Knabe zugleich unter den Armen hervor (Abb.); sie gelten als Stammesel-

tern der Riesen ↗, der ›Urgeborenen‹, wie die Seherin am Anf. der Edda sagt. Manche machen aus Y. das ›Urgebraus‹, das Chaos, denn

»Aus Ymirs Fleisch war die Erde geschaffen
Aus dem Schweiß (Blut) die See
Aus den Knochen die Berge
Aus dem Haar die Bäume
Aus der Hirnschale der Himmel.«

Ähnl. Vorstellungen betreffen den ind. Puruscha ↗. — Nv. Hymir ↗.

Yo: geben; Teil des Namens von Yosuka ↗. Auf einer Karte der Mahikari ↗-Bewegung aber a. alter Name von Europa, Var. Yoropa ↗. Dies scheint wiederum eine Var. von Yoruba ↗ zu sein.

Yoga: ›Befreiung‹ (ind.) od. ›mystische Meditation‹; wodurch diese Befreiung von den Erscheinungsbildern ↗ der 5 körpl. Sinne ↗ erlangt wird, s. Mystik ↗ allgemein. In der Wurzelrassen ↗-Lehre gilt die 3. Wurzelrasse kollektiv als ›Kinder des passiven Yoga‹, weil von der 2. Wurzelrasse unbewußt hervorgebracht, »... von welcher man, da sie intellektuell untätig war, annimmt, daß sie beständig in eine Art leerer oder abstrakter Contemplation versunken war, wie es die Bedingungen des Yogazustandes erfordern« (Blavatsky ↗). Vishnu Purana: »Indem er sein Gemüt in sich selbst sammelt (im Yoga-wollen), schafft Brahma ↗ die vier Ordnungen der Wesen, genannt die Götter, Dämonen, Vorfahren (Pitris ↗) und Menschen...«, weshalb exoterisch Y. die Vereinigung mit Brahma ist. Esot. ist die geheimnisvolle Y.-Kraft Kriya-Shakti, eine Form der Shakti ↗, die mit Gedankenkraft übers. wird. »Ein Yogi ↗ bewirkt im allgemeinen seine Wunder mit Hilfe von Ichchhashakti und Kriyashakti.« Letztere gilt als »... geheimnisvolle und göttliche Kraft, verborgen im Willen eines jeden Menschen, welche, wenn nicht ins Leben gerufen, angeregt und entwickelt durch Yogaübung, in 999999 Menschen unter einer Million schlummernd bleibt und so verkümmert.« — Definition von Wilson: Y. ist »... jene abstrakte Andacht, durch die übernatürliche Kräfte erlangt werden.« Atemübungen spielen dabei eine große

Rolle: »Es ist ein unbeweglicher Lebenswind oder Atem, die sogenannte Yogaeinatmung, welche der Atem des Einen oder höheren Selbst ↗ ist.« Nach Blavatsky ist dieser Atem »... die Vereinigung der sieben Sinne... und die Heerschar der Stimme...«, sprich die Vach ↗. — Bek. Formen sind das Buchstaben ↗-Y. u. Kundalini ↗-Y., das die Chakras ↗ zum Erblühen bringt, deshalb a. Chakra-Y. als Vorübung. Durch einen Guru ↗ Initiierte heißen Yogi (männl.) bzw. Yogini (weibl.) ... »jene, welche die wahre Weisheit ↗ kennen, und deren Gemüter rein sind«. — These: im Wort Y. könnten enth. sein Io ↗ (statt Yo) u. Ka ↗ (statt Ga), denn der ›Geist (Ka) des Io (Ur-X ↗)‹ ist ja die urspr. Weisheit, wie das (En) Soph ↗ der Kabala zeigt. — Die Meditationstechniken beim Kundalini-Y. sind:
Wiederholung von Mantras ↗
Konzentration auf ein Yantra ↗
Rhythmisches Atmen
Ausrichten des Bewußtseins auf 1 Punkt
Weitere Formen:
Inana ↗-Y. = Vereinigung durch Wissen (theoret.)
Raja-Y. = Vereinigung durch Willen ↗
Bhakti-Y. = Vereinigung durch Liebe
Hatha-Y. = Vereinigung durch Mut
Mantra-Y. = Vereinigung durch das Wort
Karma ↗-Y. = Vereinigung durch Handeln
These: die jeweilige Vereinigung ist eine Wiedervereinigung ↗. — Lt. Bhagwan ↗ wurde Hitler ↗ von 9 Yogis geleitet. — S. Naga ↗, Nirwana ↗, Susumna ↗ u. Tantra ↗.

Yogi: Asket des Buddhismus ↗, der seine Familie verlassen hat u. keusch lebt. Als myst. Aufgabe gilt die (Wieder-) Erlangung des Dritten Auges ↗. Weibl. Form: Yogini.

Yondo: heißt am Tschadsee ↗ die der Initiation ↗ zugrunde liegende altafrik. Lehre ↗, die natürl. total geheim ist. Vom Namen ↗ her jedoch liegt nahe, es würde sich um eine Kombination von Io ↗ (Yo) u. Ntu ↗ (Ndo) handeln.

Yoni: im Hinduismus ↗ der Kreis ↗ als weibl. Schoß od. Shakti ↗. Blavatsky meint, daß die 2 Cherubim ↗ auf der Bundeslade »... ihre Schwingen auf solche Art ausgebreitet hatten, daß sie eine volltändige Yoni bildeten, wie man sie jetzt in Indien sieht«. Dann würde man damit als Äqv. zum Kreis beim Rhombus ↗ landen, was z. B. a. die beiden Ger ↗-Runen bestätigen, die man leicht als Y. (Kreis bzw. Rhombus) + Lingham ↗ (die Vertikale) verstehen könnte. So ergibt sich als Wortverwandtschaft Y. = Janna ↗.

Yood: altertümliche Schreibweise für Jod, den 10. Buchstaben der Hebräischen Schrift ↗. Wortdeutung s. Io ↗.

Yoropa: alter Name für Europa ↗, Abk. Yo ↗. Die unübersehbare Wortverwandtschaft mit Yoruba ↗ legt als Deutung ›Erblinie von Yo, äqv. Io ↗‹ nahe.

Yoruba: altafrik. Königsstamm, heute in Nigeria ↗ ansässig, weshalb man von nigerianischen Teilen a. als Y.-Land spricht. Zu den 12 Verlorenen Stämmen ↗ zählend, sagen sie als einzige, daß sie Altägypter sind. Die Endsilbe *ruba* wird als Rba od. Rpa erklärt, was ›Erbprinz‹ od. königl. Erblinie bed., bleibt Yo ↗ übrig, was z. B. in Japan für Messias ↗ eingesetzt wird. Das würde sie zur Wiederkehrlinie ↗ machen, u. zwar für den männl. Teil, mit Pendant der Europa ↗, die das gleiche Wort im alten Namen Yoropa ↗ enthält, für den weibl. Teil Yo wäre dann a. Io ↗, das Urpaar ↗. — Als Religion haben die Y. den im Makumba ↗ wieder aufblühenden Orischa ↗-Kult, gehütet vom Ogboni Geheimbund ↗. Die Y. haben noch heute 4 mal so viel Zwillinge ↗ wie andere Völker der Erde, was die Zugehörigkeit zur Linie des Messias unterstreicht. Kolawole ↗ ist ein Y.-Nachfahre. — Einstmals von Ife ↗ ausgehend, brach das Y.-Reich 1837 zusammen.

Yoshikazu Okada: urspr. Name des später Sukuinushisama ↗ betitelten Yosuka ↗, der am 27.2.1959 morgens um 5 Uhr eine wichtige Offenbarung erhielt, die dann zur Mahikari ↗-Bewegung führte. Er war ein frommer Mann, der im Militärdienst u. versch. Geschäftsunternehmen engagiert war.

Yosuka: privater Name von Yoshikazu Okada ↗, der gedeutet wird als Yo ↗ = geben, Su = Gott u. Ka = Kraft, zus. Kraft Gottes geben. Die Umstellung Sukyo sind ›göttliche Grundsätze‹. Außerdem entspr. Yo = Messias ↗; Yo = Io ↗.

Ysrl: eine nicht mehr identifizierbare Gottheit in Kanaan ↗, aus der durch Vokalisierung Israel ↗ wurde. These: naheliegend wäre die Deutung von Ysr als Usir = Osiris ↗ mit der Anhängung von El ↗ = Gott, göttlich.

Yucatán: mittelamerik. Halbinsel auf der Atlantikseite mit Ruinen der nachklass. Maya ↗-Kultur (Abb.). Berühmte Städte waren Chichen Itzá ↗, Mayapan ↗ u. Uxmal ↗. Dichter Buschwald bedeckt die ganze Kalkplatte, aus der Y. besteht. Vor der Küste das wasserlose Eiland Jaina = ›Haus überm Meer‹ mit 2 verfallenen Maya-Pyramiden. Bes. inter. Palenque ↗.

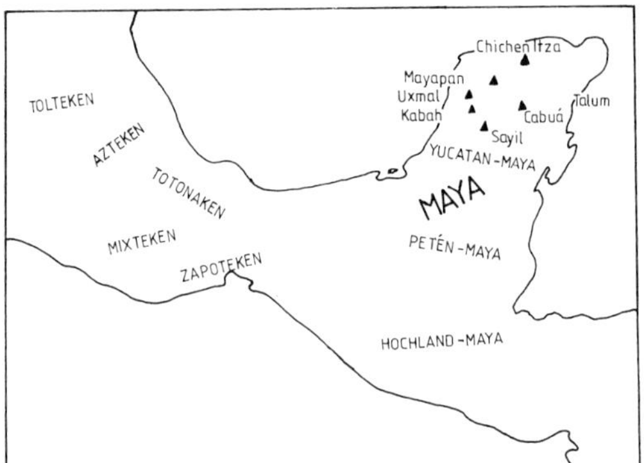

Yuga: Zeitalter bzw. astronom. Zyklus ↗ im Brahmanismus. Im ›Theosophist‹ vom Nov. 1885 – einer Zeitschrift der Theosophie ↗ – wurden folg. Berechnungen des Rao Bahadur P. Sreenivas Row mitgeteilt:

Krita Y.	1728000 J.
Treta Y.	1296000 J.
Dvapara Y.	864000 J.
Kali Y.	432000 J.
Maha Y. (Summe dieser 4 Yugas)	4320000 J.
1 Tag des Brahma = 1000 Maha Y.	4320000000 J.

Blavatsky ↗: »Dies sind die durch ganz Indien angenommenen exoterischen Zahlen...«, was bed., daß sie nur scheinbar stimmen. These: die Verhüllung nach außen (= Exoterik) liegt in den Nullen, während die Zahlen selbst stimmen. Beweis: im gleichen Buch Geheimlehre ↗ schreibt Blavatsky, daß das Kali Yuga ↗ nach dem Tod von Krischna ↗ einsetzte, was es um 2 Nullen reduziert auf 4320 J. od. 2 Sektoren der Präzession ↗. Diese würde sich dann aus Treta, Dvapara + Kali Y. zusammengesetzt haben = 25920 J., u. das Krita Y. od. Goldene Zeitalter - s. Nornen ↗ - wäre vorausgegangen. Inter. die ständige Wiederholung der Zahlen 432, die als Brahmas Ruhetag = 4,32 Mrd. J. zu stimmen scheint, s. Schöpfung ↗. »Die Heiligkeit des Cyklus von 4320, mit darauffolgenden Nullen, liegt in dem Umstande, daß die Ziffern, welche ihn bilden, einzeln oder in verschiedenen Zusammenstellungen vereint genommen, jede und alle die größten Geheimnisse in der Natur symbolisieren« (Blavatsky). Mathematisch gesehen ist 4320 auf jeden Fall eine Zahl, die mit sich selbst summiert zur Y.-Reihe führt: 4320 + 4320 = 8640 + 4320 = 12960 + 4320 = 17280, Gesamtsumme wieder 43200 u. so fort. — Da der 3. Teil von 432 = 144 ist, ergibt sich a. ein Zusammenhang mit dem Himmlischen Jerusalem ↗. Wiederum ist die Quersumme 9, Standardmaß für den Abstand der Planeten ↗ in Teotihuacan ↗.

Yukalpeten: ›Geschmeide am Hals der Erde‹ wurde die Perlenkette aus glänzenden Tempelstätten der Maya ↗ gen., die sich von Uaxactun im N des Sees von Peten u. Tikal nach Südost über Quirigua (Guatemala) bis Copan (Honduras) u. gen W über Piedras Negras, Yaxchilan, Bonampak bis Palenque ↗ zog, s. Karte Stichw. Yucatán ↗.

Yul: Schreibvar. von Jul ↗; existiert aber a. im alten Namen von Indien = Damze Yul. — S. Mäander ↗ u. Ti ↗.

Yulungur, Yurlunggur: Schlangengeist (Australien ↗); im Wawalag Mythos ↗ wurden von ihm die Wawalag-Schwestern verschlungen, nachgespielt in der Initiation. — Nv. Ulburu, Ulbara-Fluß = Milchstraße ↗. S. Gunabibi ↗ u. Guru ↗.

Yuz Asaf: Jesus ↗ (Yuz) der Versammler (Asaf); Plätze mit dieser Inschrift finden sich in den afghanischen Städten Ghazni u. Jalalabad. U. in der zu Beginn des 15. Jh. entstandenen pers. Schrift ›Tarikh-i-Kashmir‹ von Mulla Nadiri, den man den ersten islam. Historiker von Kaschmir ↗ nennt, steht unter Berufung auf alte Sanskrit ↗-Texte, zur Regierungszeit des lokalen buddhist. Fürsten Gepananda sei - auf unseren Kalender umgerechnet - im J. 78 ›Yus Asaf von den Stämmen Israels‹ in Kaschmir als Prophet aufgetreten.

Buchstabe Z

Grundmotiv  Tiertanz

Zadok: der Gerechte, Fromme; später Lehrer im Chassidismus ↗. — Name des Hohepriesters von König Salomo ↗, auf den sich als Nachf. die Priester der Qumran-Sekte ↗ bezogen; s. Qumran-Texte ↗. Nv. Zaddik (hebr.).

Zahl: hängt als Wort über Kal (in kalkulieren) mit dem ind. Kala ↗ = Zeit zusammen. These: schreibt man statt mit K mit C, wird C-Al daraus, das göttl. C im Sonnenalphabet ↗, Grundmotiv  1 = 2 = 3 alles. Die Umkehrung ↗ wäre *lac* = See, das Gläserne Meer ↗ in der Bibel, äqv. 12er Kreis der Weltformel ↗ mit den Zahlen 1–9, + 0 + Unendlich, wobei die O schon die 10 ist = die 10 Sefirot ↗ der Kabala. Von Pythagoras ↗ aus Ägypten mitgebracht ist die Pyramide aus 10 Punkten (Abb. 1), gen. Tetraktys, weil sie sich a. aus den 4 Zahlen 1 + 2 + 3 + 4 zusammensetzte, was wieder als Summe 10 ergibt. Evtl. sind damit a. die von Gautama ↗ (Buddha) gelehrten 10 Fesseln gemeint, von denen sich der Mensch befreien müsse.

Abb. 1

Allerdings ist zu unterscheiden zw. den mathematischen Zahlen, die so leicht in totalen Materialismus ↗ führen, u. dem, was ›dahinter‹ steht: »Vor den mathematischen Zahlen kommen die sich selbst bewegenden Zahlen, Keime und Schlüssel des Aufbaus der Welt ↗… wirklich, aber ohne wahrnehmbare Existenz« (Blavatsky ↗). Sie gelten bei der gleichen Autorin als männl., solange sie ohne Kombination mit der Null ↗ sind, die als weibl. angesehen wird: »Auf der oberen Ebene ist die Zahl keine Zahl, sondern eine Null – ein Kreis ↗. Auf der unteren Ebene wird sie zur Eins.« Im Hebr. Alphabet, das Buchstaben mit Zahlen kombiniert, ist 1 = Aleph ↗, äqv. 1 = Brahma ↗ in Indien. U.: »Zahl liegt der Form zugrunde und Zahl begleitet den Ton. Zahl liegt an der Wurzel des geoffenbarten Weltalls« (Blavatsky), was zum Yantra ↗ überleitet. Das floß a. in der Bibel ↗ ein als Satz: »Gott ↗ ordnete alle Dinge nach Zahl, Maß und Gewicht.« Bei Schülern des Pythagoras findet sich der Ausspruch: »Die Monade ↗ (das geoffenbarte Eine) ist der Urgrund aller Dinge. Aus der Monade und der unbestimmten Duade (dem Chaos) entsprangen die Zahlen; aus den Zahlen die Punkte; aus den Punkten die Linien; aus den Linien die Oberflächen; aus den Oberflächen die Körper; aus diesen die festen Körper, deren Elemente ↗ vier an Zahl sind, Feuer, Wasser, Luft Erde; aus allen diesen, umgewandelt (in Wechselbeziehung gebracht) und gänzlich verändert besteht die Welt.«

Es folgen Zahlenschreibweisen der 4 Kontinente:

Asien (ind. + arab.)	Europa (röm.)	Amerika (Maya)	Afrika (Tamaschek)
1	I		
2	II		
3	III		
4	IV		
5	V		
6	VI		
7	VII		
8	VIII		
9	IX		
10	X		

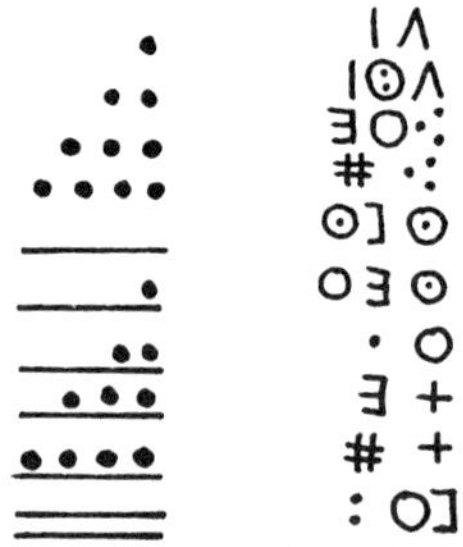

Zweifellos entspr. keines der 4 Systeme dem eigtl. Wesen der Zahlen, die – wenn Formen hervorbringend – eindeutig geometr. Art sein müßten, wobei man, um zur 10 zu kommen, wie in der pythagoräischen Pyramide nur 0 (der Kreis) u. 1 bis 4 benötigt. Abb. 2 macht diesen eigenen Vorschlag so sichtbar,

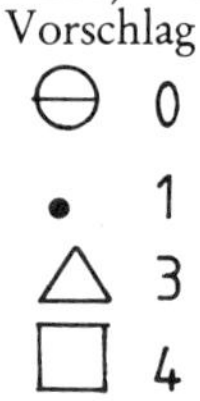

0 wie a. 2 u. 1 (=•), Grundmotiv Liebestanz ↗

Abb. 2

daß man die Grundformen erhält: Kreis, Linie, Punkt, Dreieck u. Quadrat. Die Linie im Kreis, die ihn zweiteilt, kann dann ebf. als 1 verstanden werden u. den Punkt ersetzen. Tats. sind a. die Grundmotive ↗ Var. dieser Grundformen. So kann man die Zahlen vielleicht als Brücke zw. Einheit ↗ u. Vielheit ↗ verstehen, mythol. als Satan ↗, Vermittler zw. Gott u. Mensch ↗, der bei den Maya der Zahl 20 entspr. = Uinic ↗. Diese wird als Muschel ausgedrückt, die in der untersten Zähllinie Null ist – es folgen die Zahlen 1 bis

19 - u. durch Anhebung der Muschel (Null) auf die nächsthöhere Zähllinie zu 20 wird. Od.: der Mensch ginge als Idee allem voraus, wenn man in Abb. 2 die 2-geteilte Null nicht nur als Null od. 2, sondern a. als potentielle 20 liest u. mit dem Strich = 1 zus. als 120, Chenti ↗.

Zahlenmystik: Mystik mit Zahlen ↗; z. B. Einsatz von Zahlen für Buchstaben - sodaß ein Wort a. eine Zahlensumme ergibt - Gedanken u. Zusammenhänge, s. Symbolik ↗ allgemein. V. a. in der Kabala ↗ gebräuchlich, aber a. in der altäg. Kunst nachweisbar, s. Hirtenstab ↗ u. Geißel ↗ als prägnanteste Beispiele. Eine Z. noch versteckterer Art findet sich in der afrik. Ntu-Philosophie ↗ durch reines Abzählen der Buchstaben:

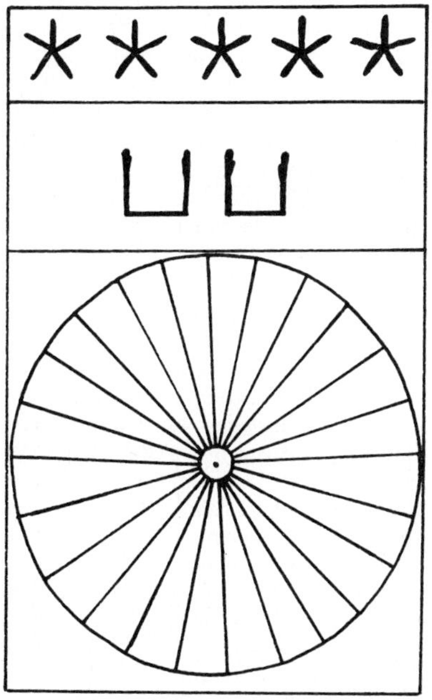

Abb. 1

Hantu + Kuntu + Kintu + Muntu = 20 = der
5 5 5 5 Mensch, s. Uinic ↗ bei den Maya;

bei Ntu in der Endung Tu vorgegeben, s. Urmensch ↗. Od.: Ntu läßt sich a. übersetzen als Hirtenstab (N)-Mensch (Tu) vor dem Eintreffen von Nommo ↗. Dabei ergibt sich die 4 x 5 aus den 2 x 5 Fingern u. 2 x 5 Zehen.

Abb. 3

Abb. 2

Zahlen als Begriffe:

0 = Nichts ↗
1 = Einheit ↗
2 = Dualität
3 = Trinität ↗ od. Osiris ↗ }
4 = Isis ↗ } im Heiligen Dreieck ↗
5 = Horus ↗ }
6 = Venus ↗ (bei Pythagoras)
7 = Erde ↗
8 = Große Pyramide ↗, Tao ↗
9 = Musen ↗, Welten ↗
10 = Dekan ↗
12 = Zodiak ↗
13 = Asgard ↗, Unglück
14 = Zerstückelung ↗ (13 + 1)
20 = Mensch (Uinic)
22 = chem. Elemente, Hebr. Alphabet (3 + 7 + 12)
24 = Stunden ↗
25 = Djinn ↗ (24 + 1)

Hier wäre einzuschieben, daß 25 a. der Ka-Hieroglyphe ↗ entspr., wie folg. äg. Bild zeigt, das sie auf 50 verdoppelt, wobei unten 24 Sektoren + Zentrum 25 erge-

Abb. 4

ben u. oben 5 5strahlige Sterne, äqv. 2 Ka-Hieroglyphen, die, wenn dazugerechnet, die Summe auf 100 erhöhen (Abb. 1) = Gesamtkosmos ↗.
Wie eng die Zahlen mit den Planeten ↗ zusammenhängen - in der Weltformel ↗ liegen sie im gleichen 12er Kreis - zeigen europ. Planeten-Zahlen-Siegel:
Abb. 2: Jupitersiegel, Quersumme immer 34 - taucht in Dürers Kupferstich ›Melancholie‹ auf (Abb. 4). Diese Zahlenreihe geht bis 17, d. h. die Hälfte der Quersumme. Letztere, 34, ergibt als weitere Quersumme 7

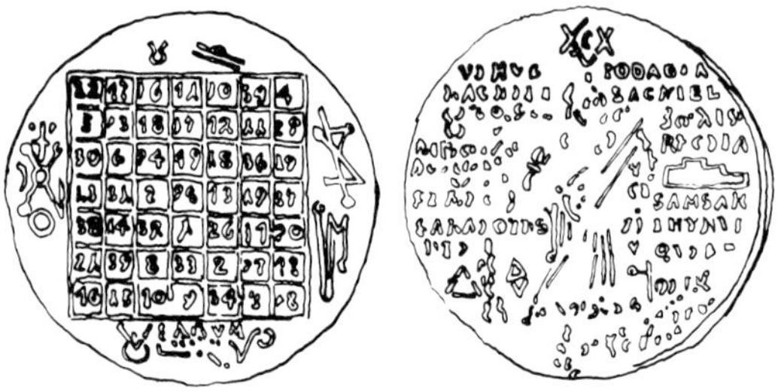

Abb. 5

(3 + 4); tats. ist Jupiter der 7. Planet von der Sonne aus gerechnet. Außerdem litete er von der 3. zur 4. Welt ↗ über. Ob diese versteckte Aussage bek. war, ist natürl. ungewiß. — Beim Marssiegel (Abb. 3) geht die Zahlenreihe bis 25, Quersumme immer 65, Aussage unergründlich. Beim Venussiegel schließl. geht die Reihe bis 49, Quersumme immer 175 (Abb. 5). Hier ist die Rückseite mit Venus als Göttin graviert, über ihr der Sechsstern, s. 6 als Zahl der Venus ↗.

Zahlensymbolik: S. Zahlenmystik ↗.

Zahn: »Wallis Budge informiert uns in der Hieroglyphenliste seines Werkes Egyptian Language (= ägyptische Sprache), daß das Zeichen für ›Dorn‹, also gewissermaßen für den ›Zahn einer Pflanze‹, fast identisch mit dem Zeichen für Sothis Sirius ↗ ist« (Temple in: Das Sirius-Rätsel). Das läßt wundern, ob die Umkehrung ↗ von Sothis ↗ zum engl. *the tooth* (der Zahn) geworden ist. Denn an europ. Fürsten- u. Königshöfen spielte der abgebildete, in Gold gefaßte Menschenhaizahn (Abb.) eine Rolle. Man beachte die Assoziation Zahn = Sirius = Fisch ↗ (Menschenfisch - Fischmensch). — These: da der Zahn in Realität als einziges Körperteil ausfällt u. wiederkehrt, ist sein Einsatz als Symbol für Reinkarnation ↗ durchaus denkbar, zumal sich diese wiederum mit der durch die Zahn-Hieroglyphe symbolisierten 2. Siriussonne verbindet.

Zam: Var. des Uas ↗-Zepters, gleicher Hundekopf, aber gerader Stab. Könnte wortverw. mit Jam ↗ sein.

Zapoteken: Indianer ↗, angesiedelt zw. Teotihuacán ↗ u. Maya ↗; Zentrum war der künstl. abgeplattete hl. Berg Monte Alban mit riesigen Tempelanlagen. Sie trugen lange gestickte Gewänder, ähnl. denen der Mauren ↗.

Zar: Herrschertitel des Kaisers von Rußland ↗, beginnend mit Iwan III. ↗ (1462–1505) durch Befreiung von der Mongolenherrschaft sowie Anspruch, Erbe von Byzanz zu sein mit Moskau ↗ als Rom III - bis Nikolaus II. (1894–1917), ermordet in der Oktoberrevolution. — Zar könnte mit Zara ↗ zusammenhängen. Var.: Zarizza = Zarin, Zarewitsch = Sohn, Zarewna = Tochter.

Zara: Vorsilbe von Zarathustra ↗, äqv. Zoro in Zoroaster ↗. Da ein Stern gemeint ist (*aster* in Zoroaster), kommt wohl nur der Sirius ↗ in Frage, der ›Zar ↗‹ unter den erdnahen Sternen, sum. Sarrah in Enmesarra u. Ninmesarra ↗ u. Kara in Kasskara ↗. Möglicherweise kann man das Urwort als Ka ↗ (Geist) Ra ↗ (Sonne) = Geistsonne, kosm. Sonne lesen, s. Schwarze Sonne ↗. Man wundert sich, ob aus Zara, Zoro etc. nicht a. Taro ↗ wurde bzw. *xara* in Xaratanga ↗.

Zarathustra: Nv. Zoroaster ↗; Stifter der altiran. Religion von Ahura Mazdao ↗ + Ahriman ↗ (gewöhnl. für Gut + Böse stehend), die aber wahrsch. sehr viel älter ist u. von ihm nur gg. den Mithraskult ↗ neu u. reformiert durchgesetzt wurde. Über seine Lebensdaten herrscht große Unsicherheit, meist wird er mit Kambyses ↗ u. dem Perserkönig Darius verbunden, dessen Taten angebl. im Auftrag von Ahura Mazdao geschahen. Blavatsky ↗ dagegen schreibt: »Es gab verschiedene Zarathustras, der Dabistan allein zählt dreizehn auf; aber diese waren alle Reinkarnationen des ersten.« Nach ihrer Aussage erschien der erste am Anf. der 4. Wurzelrasse ↗, als Reinkarnation ↗ begann; soweit ersichtl. als Herrscher u. Gesetzgeber auf Atlantis ↗. Dem Namen ↗ nach predigte er die Gesetze, die vom Sirius ↗ gebracht wurden, s. Zara ↗, der wie überall im Zentrum a. dieser Religion od. Lehre stand. Nietzsche ↗ widmete Z. sein Buch ›Also sprach Zarathustra‹, wo er als Übermensch ↗ gilt. - Die ›Bibel‹ des histor. Z. wurde später Zend Awesta ↗ genannt. »Die Perser berichteten, daß das ursprüngliche Werk auf 12000 Kuhhäuten in goldenen Lettern in der großen Bibliothek zu Persepolis ↗ aufbewahrt war. Als Alexander der Große den Palast von Persepolis niederbrannte, soll dieser Urtext in Flammen aufgegangen sein. Erhalten sind ein Buch und einige Fragmente« (Lissner). Die Gebote der Avesta ↗ nennt man *gathas.* — S. Zervan ↗ u. Parsen ↗.

Zauber: geht nach altäg. Auffassung im Ggs. zu Magie ↗ vom mütterl. Herz ↗ = Ib aus, was damit übereinstimmt, daß in Indien ↗ als wichtigste aller Zauberkräfte Brahman ↗ angesehen wird. A. Maya ↗ ist eine Zauberkraft. Germ. Begriffe dafür sind *spa* od. Seid ↗, entspr. ist die Spakona eine Zauberin, die Seidkona eine Schamanin ↗. — Allg. unterscheidet man zw. Bildzauber, Berührungszauber, Ableitungszauber, Blickzauber etc. - S. Juju ↗ (afrik.) u. Urt-Hekau ↗ (äg.). Von Japan ist noch ein Reich der Zauberköniginnen ↗ überliefert. Die Abb. zeigt einen äg. Zauberstab voller Symbole, r. beginnend mit dem Krokodil ↗, l. mit der Schlange Meresger ↗ endend, was eine Einbeziehung vom Tierkreis ↗ nahelegt. Dafür spricht auch die Gesamtform, die an die Ul ↗-Rune erinnert (Abb.), wie ja a. mit Hilfe der Runen ↗ gezaubert wurde, s. Runebomme ↗. Generelle Deutung: geheime Kraft, die übernatürl. Wirkungen hervorbringt. »Den Göttern ↗ eignet sie wesenhaft. Ihr ganzer Leib ist wie von einem Fluidum mit ihr erfüllt, sodaß, wer ihren Körper verschlingt, auch jene Zauberkraft in sich aufnimmt« (Pyramidentext). »Im 7. Jahrhundert v. Chr. sandte der König von Assyrien, Assurbanipal, dieses Gebet zu Sirius empor:

Sprich, und die Götter mögen dir beistehen;
Richte, gib dein Orakel kund.
Sieh an meine erhobenen Hände, höre meine Beschwörung.
Nimm den Zauber hinweg, lösch aus meine Sünden.«

Daran ist die Kombination Zauber u. Sirius ↗ bes. inter., weil erst durch das Wort, das von dort gebracht

wurde, Zauber – u. Sünde – mögl. wurde. Der zitierte Autor Seligmann vermutet, daß dieser König z. Z. von Zarathustra ↗ lebte.

Zauberin: Frau, die Zauber ↗ ausübt, germ. Heid ↗.

Zauberköniginnen: ein Reich von Königinnen im alten Japan ↗, die Zauber ↗ beherrschten; das Land hieß zu der Zeit noch Wa ↗, was nahelegt, daß noch Anklänge an die Zeit der Wanen ↗ existierten bzw. hier die letzten Ausläufer des 2. Matriarchats ↗ zu finden waren. Chin. Reisende »... liefern nur spärliche Angaben über diese Kultur; einer von ihnen berichtet im Jahr 238 n. Chr., Südwest-Japan, das er Wa nannte, sei in viele kleine Staaten aufgeteilt, die häufig von Zauberinnen regiert würden.« Namentlich gen. wird nur Pimiko ↗.

Zazan, Zazen: wörtl. ›in Meditation sitzen‹, Übung des Zen ↗.

Zebaoth: Heerscharen (hebr.); in der Wendung ›der Herr Zebaoth‹ wird der ›Herr der Himmlischen Heerscharen‹ daraus, Bez. für Gott ↗ in der Bibel. Lt. Blavatsky ↗ hat Z. »... zur Wurzel das Wort Tsab, das einen ›Karren‹, ein ›Schiff‹ oder eine ›Armee‹ bedeutet; Sabaoth bedeutet somit wörtlich die Armee des Schiffes, die Mannschaft oder ein Schiffsgeschwader, in dem der Himmel ↗ bildlich als der ›obere Ozean‹ in der Lehre bezeichnet wird.« These: es muß das Sonnenschiff ↗ gemeint sein. In der Sprache der Sabäer ↗ heißt Z. = Tsabaoth. Von beiden Nv. ist es nicht weit zum äg. Zebauti ↗.

Zebauti: äg. Gott, der als Reiher symbolisiert wurde, jedoch lt. Bonnet nicht ident. mit dem Phönix ↗ ist, sondern mit Atum ↗, gen. ›Ba ↗ des Re ↗‹ (Seele der Sonne). Das würde gut zur Nv. Zebaoth ↗ passen, mit dem der Elohim ↗ der Bibel gemeint ist, in diesem Fall als El ↗ (Gott, Herr) der Elohim = Grundmotive ↗ (weibl. Mehrz.) als ›himml. Heerschar‹ zu verstehen, in Ägypten die Ka-Geister ↗. – In Kanaan ↗ gab es wohl a. einen Baal ↗ Zebauti, woraus als spätere Diffamierung Belzebub ↗ wurde. Hier wäre ein Übertrag von El auf Baal bzw. äg. von Atum od. Re auf Osiris ↗, den Phönix erfolgt, sodaß der Name ↗ wohl nur ein Titel ist, etwa: Herr über die anderen, Götter, Sterne, Engel, Geister od. dergleichen.

Zeichen: »Das Zeichen ist der Ausdruck der Dinge; das Ding ist die (verborgene oder occulte) Kraft des Zeichens« (Blavatsky ↗). So kann man zu Z. a. Formel sagen, etwas, was der Form ↗ vorausgeht od. diese wieder darauf zu reduzieren, abstrahieren versucht, um die Signalwirkung – den Impuls ↗ – zu verstärken, denn a. im Wort Signal steckt *sign* (engl.) = Z. u. darin wohl zeigen: man möchte möglichst schnell das Wichtigste eines Dinges zeigen od. zeichnen: z. B. beim Sonnenzeichen ↗. Bei den Zodiakzeichen ↗ jedoch tritt noch ein anderes Element in Kraft, das die Brücke von *sign* zu Siegel ↗ schlägt; ein Z. kann also a. ein Signal od. eine Formel versiegeln, zum Kode machen. Auf reiner Konvention dagegen beruhen Satz-Z. u. viele, wenn a. nicht alle, Schrift-Z. = Buchstaben ↗; s. den Übergang von Form = Bild zum Z., z. B. in der sum. Keilschrift ↗. In der Höhlenmalerei ↗ sind die Übergänge kaum mehr nachvollziehbar. – Z. müssen nicht gezeichnet werden, sie können a. mit Händen, Armen, Füßen als Erkennungs-Z. gegeben werden, so für den Einweihungsgrad bei den Freimaurern ↗, wo das Z. des Kreuzes ↗ die Vorstufe bedeutet. Natürl. haben a. Steine, Pflanzen u. Tiere an sich selbst Z., weshalb Zeichendeutung ↗ a. in der Natur eine große Rolle spielte. – S. Sideriten ↗, Tschuringa ↗ u. Makumba ↗ bzw. Voodoo ↗; Totemismus ↗, Typologisches Gesetz ↗ (der afrik. Kunst).

Zeichendeutung: das Deuten, Entziffern, Verstehen der Informationen von Zeichen ↗ spielte wohl zum letzten Mal in der Romantik ↗ eine größere Rolle, die über die Lehrlinge zu Sais von Novalis ↗ aber a. nach Ägypten ↗ verweist u. nicht nur zu den Germanen ↗. In ersterem war die Deutung der Hieroglyphen ↗ – göttl. Zeichen – Basis des dem Per Ankh ↗ entspr. Geheimwissens, bei letzteren die der Runen ↗. S. Nonne ↗.

Zeit: »im Unterschied zum Raum die Ordnung des Nacheinander in den drei Dimensionen Vergangenheit, Gegenwart, Zukunft« (rororo-Lexikon). Diese Aufteilung entspr. den 3 Nornen ↗, wurde aber erst am Ende des Goldenen Zeitalters wirksam, d. h. ab 4. Welt ↗ mit ausgereiftem 4. Sinn ↗, der dem Körpergefühl zugeordnet wird. Tats. weiß man a. heute, daß der ganze Körper als Uhr funktioniert u. nicht ein best. Organ. Versuche in unterird. Bunkern ohne äußere Zeitsignale wie Sonnenlicht od. Uhr »... ließen an Eindeutigkeit nichts zu wünschen übrig. Die vegetativen Tagesrhythmen des Menschen bleiben auch erhalten, wenn jeder Zeitgeber fehlt; sie sind tatsächlich endogen. Angelegt sind sie in den Genen (s. Zellkern ↗). Beim Neugeborenen fehlen sie noch, erst nach dem dritten Lebensmonat treten sie in Erscheinung« (D. E. Zimmer im Zeit-Magazin). D. h., nach der Geburt ↗, was vorzüglich zum ind. Begriff Kala ↗ = Zeit paßt, die erst mit der Sonne einsetzt, also äqv. dem Lebensweg ↗. Hier ist aber nur das Zählen = Rim ↗, Rhythmus gemeint, heute bek. als innere Synchronisation

von unzähligen Körperrhythmen u. noch nicht das höchst subjektive Zeitbewußtsein einer scheinbaren Dreiteilung, die es im alten Ägypten a. schon gab: dort wurde die menschl. Zeit T gen., die Kreiszeit Tr u. die göttl. Ntr ↗. These: dem T, Hieroglyphe , dürfte der 8er Kreis ↗ entspr., dem Tr Tyr ↗ = der Tierkreis ↗ - womit prakt. Tageszeit + Jahreszeit berührt sind; während Ntr den Kosmos u. damit die Geschichte ↗ einbezieht. These: diese 3-Teilung geht von der Psyche ↗ aus. Außerdem ist die Abtrennung der Zeit vom Raum natürl. illusorisch, s. Grundmotiv ↗ ›Einheit von Zeit und Raum‹, das als Archetyp Baum ↗ allerdings a. 3fach zu finden ist: als
1) Weltenbaum ↗
2) Baum des ewigen Lebens (äg. Djed ↗ mit Lebenskreuz)
3) Baum der Erkenntnis ↗ (äg. Djed mit Geierkrone)
S. Motion-Perception ↗, Vorformen ↗, Sonnenuhr ↗, Reihenfolge ↗ u. Zeitfaktor ↗.

Zeitalter: Aion ↗ (griech.); z. B. ein Sektor der Präzession ↗ (= 2160 J.), aber a. deren Gesamtdauer od. andere Aufteilungen, s. Yuga ↗. Die New-Age-Bewegung ↗, d. h. Bewegung für ein neues Z., begann gleich nach Anf. der Endzeit ↗, ohne jedoch diese zu kennen, als Eintritt ins Wassermann ↗-Zeitalter, getragen von der Hippi-Bewegung in USA, die sich ihrerseits vornehml. an den Indianern ↗ orientierte. Man ging wie sie aus der Hüfte = hip heraus u. interessierte sich für ihre aus der Weltenlehre ↗ stammenden Zukunftsprophezeiungen. Weniger bek. ist die Beeinflussung durch Steiner ↗, der nach Ende des Fisch ↗-Zeitalters ein bes. umwälzendes Z. kommen sah. Im Hippie-Musical Hair (Haare) wurde jedenfalls lautstark verkündet, man sei jetzt ins Neue Z. (New Age) des Wassermanns eingetreten u. suche, um der damit verbundenen Vergeistigung zu entpsr., neue = alternative Lebensformen. Weitere Wurzeln laufen über Steiner-Blavatsky ↗ einerseits u. Ouspensky ↗-Gurdjieff ↗ andererseits zurück zur dt. Romantik ↗, spez. zur Ankündigung eines neuen Z. in Novalis' *Rede an das christliche Europa* ↗ u. von da in einem okkulten Sonderstrang vor zu Hitler ↗, der es in Gestalt des 3. Reiches ↗ beginnen wollte.

Zeitfaktor: die Tatsache, daß die an ein Grundmotiv ↗ od. Zyklus ↗ gebundene Zeit ↗-Spanne veränderlich ist; so ist sie z. B. beim Hirtenstab ↗ langsam, bei der Geißel ↗ schnell: pro Grundmotiv 1,44 Mrd. bzw. 1080 Jahre. Gleiches gilt für das Sonnenalphabet ↗ als Evolution = 360 Mio. J. pro Buchstabe bzw. als Lebensweg ↗ = 3 ½ Jahre. Beobachtbar ist v. a. der Zodiak ↗ als 1 J. bzw. als Präzession ↗ = 25920 J. zu verstehen als unterschiedl. Bewegung durch den gleichen Raum.

Zeitwende: wird von den Christen die Geburt von Jesus ↗ gen., vom Islam ↗ der Zug der ersten Moslems nach Medina 622 als Beginn des islam. Kalenders, aber a. Ptolemäus ↗ meinte, eine Z. einzuleiten. Im olmek. Kalender ist jeder Übergang zum nächsten Long Count ↗ eine Z., während die Weltenlehre ↗ noch langfristiger arbeitet. These: vom Wort her wäre eine echte ›Wende‹ von Zeit ↗ eigtl. nur das sich Umdrehen einer zeitl. Reihenfolge, nach der Struktur des Labyrinths ↗, also etwa die zu erwartende Gegenläufigkeit des Erdachsenpendels ↗ nach dem Tausendjährigen Reich der Apokalypse ↗.

Zelle: nächsthöhere Existenz ↗-Form od. Grundeinheit nach Atom ↗ u. Molekül (ab Zusammenschluß von mindestens 2 Atomen), die als Neuheit Vermehrung durch Teilung einführt. Über die Entstehungszeit gibt Gurdjieff ↗ folg. Theorie: »In Gurdjieffs Schema wurden jene Planeten, die eine Atmosphäre erlangten, zur Szene intensiver physikalischer Umwandlungen, die zu immer komplizierteren Verbindungen führten, welche schließlich die Eigenschaft der Selbsterneuerung entwickelten. Der Wendepunkt kam mit dem Auftauchen der Zellen, die der Anhäufung fähig sind und somit vielzellige Organismen bilden können. Dies ist der Übergang, der sich vor rund einer Milliarde Jahren auf dieser Erde ereignete, von den Protozoen (Einzellern) zu den Metazoen (Vielzellern), welche die Eigenschaft besaßen, mit einem gewissen Maß an Unabhängigkeit von den Umweltbedingungen existieren zu können.« Die ungefähre Mrd. paßt als Zeitangabe zum Grundmotiv Zelltanz ↗ der Sekundärschöpfung ↗. — Aufbau:
Die Zellmembran, bei Pflanzen fest, bei Tieren dünn + elastisch, umfaßt den Zelleib (das Protoplast) u. dieser den Zellkern ↗. Schematisch gleicht dies dem Sonnenzeichen ↗, was wohl Blavatsky ↗ zu folg. Ausspruch veranlaßte: »In der organischen Zelle fand die sichtbare Sonne ihre eigene richtige Matrix...« bzw. »... eine jede Zelle im menschlichen Körper hat ihre Monade ↗, sowie eine jede Zelle in tierischen, pflanzlichen und selbst in den sogenannten anorganischen Körpern.« These: das müßte bed., daß die Z. Bewußtsein ↗ besitzt. Die heutige Wissenschaft spricht zwar nicht davon, aber doch von unabhängigem Lebewesen.

Zellkern: zusammengeballte Masse der Chromosomen ↗ als Zentrum der Zelle ↗. In ihm liegt die ›zentrale Bibliothek‹; die darin gespeicherten Informationen entspr. nach heutiger Schätzung dem Inhalt einer Büchermenge, wie sie in einem 25 qm großen Zimmer Platz hätte, wenn man es vom Boden bis zur Decke mit Bänden in Lexikon-Format ausfüllt. Hier beginnt zwecks Vermehrung die Zellteilung; die Chromosomen spalten sich, sodaß jede neue Zelle das gleiche Erbgut mitbekommt. Einzige Ausnahme sind die sog. Keimzellen Ei + Same mit nur 1 Hälfte. Rein optisch gleicht die Teilung der Bildung von Sonnenflecken ↗, weil sich die Chromosomen zunächst an der Äquatorialebene aufbändern + teilen u. dann zu den Zellpolen abwandern. — Über den Kern einer befruchteten Eizelle schreibt Blavatsky ↗: »Man betrachte die ersten Stadien einer Keimzelle. Ihr Kern wächst, verändert sich und bildet einen Doppelkegel oder eine Spindel, so , innerhalb der Zelle (d. h. ein X ↗). Diese Spindel nähert sich der Wand der Zelle und eine Hälfte derselben wird in Form von sogenannten ›Polarzellen‹ ausgestoßen. Diese Polarzellen sterben jetzt und der Embryo entwickelt sich aus dem Wachstum und der Furchung des übrig bleibenden Teiles des Kernes, welcher durch die Substanz der Zelle ernährt wird.« These: dies klingt, als wiederhole sich hier die Schöpfung ↗ als Schwangerschaft ↗.

Zelltanz: Grundmotiv ↗, das Buchstabe Q gleichgesetzt werden kann. Rein formal entspr. es einem

Kreis mit ›Ventilen‹ (Abb.); tats. entspr. die Zelle ↗ dieser Idee, a. wenn sich der Kreis je nach organ. Spezialisierung bis zur Streckung der Nervenzelle stark verändern kann. Es fällt auf, daß die Ventile der Zellmembran hier einem anderen Grundmotiv gleichen, das Archetyp ↗ Baum entspr., was die Zelle zum Träger von Zeit ↗ machen würde, wie heute a. angenommen. Genaugenommen wäre sie eine Koppelung von Zeit-Raum-Einheiten = Zyklen ↗. Der Mythos ↗ ist so gebaut.

Zen: eine in China ↗ entstandene Schule des Buddhismus ↗, die Elemente des Konfuzianismus ↗ aufnahm, insbes. Disziplin u. Gehorsam. Sinn ist die plötzl. Erleuchtung = Erkenntnis der illusorischen Natur allen Daseins (Maya ↗ in Indien), als Ergebnis intensiver geistiger + körperl. Konzentration v. a. durch das Hilfsmittel Zazan ↗; Z. heißt nur Mediation, deshalb Z.-Buddhismus = Mediationsbuddhismus. Als Gründer gilt der Inder Bodhidharma (6. Jh.); im 13. Jh. breitete sich Z. a. in Japan aus u. nahm Elemente des Militarismus auf, d. h. den jap. Schwertkult. Hier wurde die Z.-

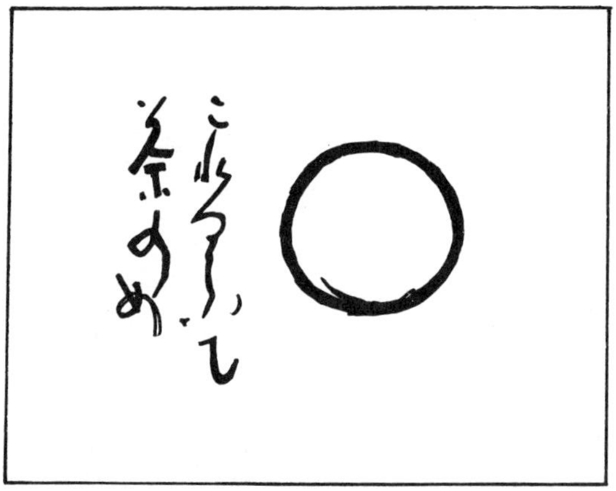

Erleuchtung als Kreis ↗ ohne Zentrum, d. h. als Kosmos ↗ dargestellt. Die Schriftzüge bedeuten: »Iß dies und nimm eine Tasse Tee.« Interpretation: nur die Ernährung des geistigen Selbst ↗ durch Meditation befähigt den Menschen, die Bed. des Seins ↗ zu erfassen. — Das jap. Wort ist Zen, das chin. Ch'an - s. Chan ↗ bei den Maya - u. das ind. wahrsch. Dzyan ↗; möglicherweise ist a. Zion ↗ eine Variante. — Aus dem jap. Z. entwickelte sich die Teezeremonie, deren Sinn nach den Worten eines Z.-Meisters darin liegt »... die Sinne ↗ zu reinigen, bis auch die Seele von allen Makeln gereinigt ist«. A. die Sparsamkeit der Formen in Haus, Garten u. Kunst wird auf Z. zurückgeführt, weil sie den Übergang zur ›Leere‹ ↗ erleichtert, wie der gezeigte Kreis ja a. die Null ↗ - das mathematische Nichts ↗ ist.

Zend Avesta: kommentiertes Avesta ↗. Zitat: es ist »... ein Feuer, welches Kenntnis der Zukunft, Wissenschaft und liebenswürdige Sprache gibt...«, s. den Feuertempel der Parsen ↗. Blavatsky ↗ setzt es Akasha ↗ gleich. — »Innerhalb des Avesta, der heiligen Schrift des Parsismus, gehen die Gathas, die ›Verspredigten‹, wohl unmittelbar auf Zarathustra ↗ selbst zurück« (Eliade). Zitat:

»Am Anfang haben die beiden Geister, die Zwillinge ↗, ihr Wesen kundgetan: das Gute und das Schlechte in Gedanken und Worten und Taten.« Gemeint sind Ahura Mazdao ↗ u. Ahriman ↗; sie gingen aus Zervan ↗ hervor.

(Zarathustra fragte:) »O Schöpfer der körperlichen Welt, du Heiliger, welches ist die Nahrung, die der Religion Mazdas entspricht?«

Ahura Mazda antwortete: »Es ist wieder und wieder das Korn, o Spitama Zarathustra. Wer Korn sät, der sät das Gesetz; er fördert und pflegt die Religion der Mazdaanbeter.« Wie in Indien wird mit 7 Kontinenten ↗ gerechnet im Satz: »Würde die Sonne nicht aufgehen, dann würden die Daevas (widergöttl. Wesen) alles zerstören, was in den sieben Erdteilen ist...« Ja, es gibt a. einen Hinweis, der über die Apokalypse ↗ hinausgeht: »Ormazd vollendet zu dieser Zeit sein Werk, und die Geschöpfe werden so, daß er ihretwegen keine Anstrengungen mehr zu machen braucht... Sie (die Auferstandenen) tun jetzt wie in der Welt (ind. 4. + 5. Welt ↗), aber Kinderzeugung findet nicht mehr statt« (Zendavesta). Das würde also für die 6. Welt gelten.

Zend Awesta: s. Zend Avesta ↗.

Zentrum der Welt: s. Weltzentrum ↗; z. B. im Cargo-Kult ↗ erw., wohl in Erinnerung an Thule ↗. Zukünftig: Zion ↗.

Zerstückelung: ein ständig wiederholtes Motiv des Mythos mit den berühmtesten Bsp. des Osiris ↗, Dionysos ↗ u. der Sati ↗. Es ist ein über Tod ↗ u. Opfer ↗ hinausgehender ›Opfertod‹, der die Welt transzendiert u. verwandelt zwecks Erreichung der Unsterblichkeit ↗. Ein vollendetes Selbst ↗ ist »... das Kleinod, das von allen begehrt wird und eifersüchtigen Streit erregt...« (Jung), bis es durch Z. assimiliert werden kann. Bei Jesus ↗ übernimmt diese Substanzverteilung das Abendmahl ↗. Es muß aber nicht unbedingt eine Gottheit sein, die zerstückelt wird, es kann sich a. um eine Sache handeln - Bsp. der Gral ↗.

Zervan: Zeit ↗ (pers.); dargestellt als hermaphrod. Wesen, manchmal mit Löwenkopf + Flügeln, von einer Schlange umwickelt, zw. deren Windungen die Tierkreis ↗-Zeichen angebracht sind. Die Nachsilbe

Van ↗ erinnert an den globalen Kalender der Präzession ↗ ebenso wie die Kombintion Tierkreis + Schlange ↗ an den Baum der Erkenntnis ↗ erinnert, zumal es

a. Darst. gibt, auf denen Z. einen ebenso stufenförmigen Unterbau hat wie der äg. Djed ↗ (Abb.). Lt. Zarathustra ↗ gehen aus Z. Ohrmuzd ↗ + Ahriman ↗ hervor. Wortverw. ist Zeroana = der ›grenzenlose Kreis der unbekannten Zeit‹, a. Kreis des Vishnu ↗ genannt. These: hier bietet sich die Trennung in Zero = Null ↗ u. An ↗ = Himmel an, personifiziert als Ana, kanaan. Anat ↗, was aus Z. richtig das vom Sirius ↗ gekommene Paar machen würde, hier vereint als Doppelwesen. Diese Zwillinge ↗ wären dann äqv. Horus ↗ + Seth ↗ (äg.). Die Z.-Verehrer hießen als spez. Sekte Zervanisten. — Als weitere Par. bietet sich Zer = Ger ↗ an, Zervan = der Ger-Kalender; u. warum soll daraus nicht a. das Wort Koran ↗ geworden sein?

Zeugung: nennt man im Unterschied zur Schöpfung ↗ (aus dem Wort) die sexuelle Vereinigung, die zu einem Kind ↗ führt (als ›Zeuge‹), wobei gewöhnl. nur der männl. Partner als ›Erzeuger‹ gilt. Biolog.: das ruhende, weibl. Ei ›empfängt‹ den sich auf es zubewegenden ›zeugenden‹ männl. Samen. Jedoch wurden z. B. im alten Ägypten ↗ die Kinder nicht als ›gezeugt von‹ benannt, sondern als ›geboren von‹, s. Geburt ↗ u. Name ↗. Nun steckt in Z. a. Zeug = Material, sodaß ebenso richtig wäre, daß männl. Same das Dasein ↗ erzeugt, während die Mutterlinie - afrik. Nommo ↗-Linie - das Sein ↗ vertritt.

Zeus: griech. Gott, der gewöhnl. den Olymp ↗ anführt; der Name bed. wohl nur Zeus = *deus* = Gott. Erst die Gleichstellung mit Jupiter ↗ bringt weitere Klärung. Als Eltern gelten Kronos ↗ + Rhea, als Hauptgattin Hera ↗. Die Vorstellung, er würde ›Donnerkeile‹ schleudern wie auf Vasenmalerei (Abb.) zw. Mäandern ↗ wiedergegeben, führte bei der Woche ↗ zu Donnerstag. Unter den unendl. Mythen fallen 2 heraus:

1) wie er die von ihm schwanger gewordene Metis verschluckt, um zu verhindern, daß ein ihn bekämpfender Sohn entsteht u. dann Athene ↗ zur Welt bringt;
2) wie er als Stier Europa ↗ raubt u. nach Kreta ↗ bringt.

Die Ptolemäer ↗ verschmolzen Z. mit Osiris ↗ u. machten Serapis daraus, d. h. eine Var. des Apis ↗. Auf Kreta, mit der wohl ältesten Version seiner dortigen Geburt, wurde er als heimlich in einer Höhle aufgezogenes Kind von der Ziege ↗ Amaltheia ernährt; ihr Name bed. nur ›Ernährerin‹. Sowohl Jupitar wie Zeus pater gehen auf das Sanskrit ↗-Wort *dyauspita* zurück = ›Himmelsvater‹. — Die germ. Par. ist Donar = Thor ↗ mit Hammer statt Blitzkeule. Bei Herodot ↗ taucht ein Z.-Belos auf, was *belos* = Baal ↗ in Erinnerung bringt, u. bei Blavatsky ↗ löst sich Z. zu einem Zeus-Zen, s. Zen ↗ auf u. vertritt nur Äther, wie sie schreibt. - S. Idakulthöhle ↗, Kritias ↗ u. die Par. zu Marduk ↗.

Zidon: Sidon ↗.

Ziege: »zu den Gebirgsziegen gehört der Steinbock ↗...«, sodaß man sie, falls im Mythos od. Tierkreis ↗ auftauchend, mit diesem gleichsetzen kann. Dafür spricht a. der Ziegenfisch ↗. Bei den Germanen nährt sich die Ziege Heidrun ↗ vom Laub der Yggdrasil ↗, während ihre Milch die Einherier ↗ ernährt, was über den Tierkreis hinausgehen dürfte, genau wie die Z., die Zeus ↗ ernährt. Möglicherweise hat sich hier das Grundmotiv vom Archetyp Medizinmann ↗ verselbständigt. Vergleiche mit dem Ziegenkopf ergeben eine große Ähnlichkeit (Abb.): die Hörner werden zum oberen Dreieck, der Bart zum unteren.

Ziegenfisch: »Name eines Tierkreiszeichens, das offensichtlich von Babylon nach Griechenland und Ägypten gekommen ist; es entspricht in der Gestalt

Abb. 1

dem Steinbock ↗ der mittelalterlichen Tradition« (Lexikon der Astrologie). Abb. 1 zeigt eine babyl. Darst., von r. nach l.: Wassermann ↗, Z. + Schütze ↗; Abb. 2 eine spätäg. Version der gleichen Reihenfolge. Hier ist inter., daß sich über dem Z. eine Gestalt befindet, die den Planetenstab ↗ des Seth ↗ in der Hand hält, was für dessen Geburt im Steinbock-Sektor spricht:

Abb. 2

Ziel: das angestrebte Ende eines Weges ↗; im Buddhismus Prajna ↗ (Weisheit). In den Mysterien ↗ meist Unsterblichkeit ↗ bzw. in den Veden Vollendung ↗. A. die 2 Weltordnungen ↗ beinhalten natürl. ein Z., hier ergibt es sich als letztes Grundmotiv der entspr. Reihenfolge ↗, was dann a. für Namen ↗ gelten könnte. Dann stehen die kollektiven Z. den individ. kleinen Lebens-Z. gegenüber.

Zigeuner: nichtseßhaftes Volk, Eigenbez. Rom od. Sinti; als Heimat gilt manchmal Indien ↗, der wahre Ursprung scheint aber der verschwundene Kontinent Mu ↗ zu sein, denn sie betrachten sich als Nachf. von

Kain ↗. Es verfolgt sie der 4. Nagel ↗ seit der Kreuzigung von Jesus ↗. Im Mittelpunkt die ›Schwarze Madonna‹ namens Sara, was an die sum. Ninmesarra ↗ erinnert; Sara bed. bei ihnen Exil, was die Brücke zur jüd. Schechina ↗ (im Exil) schlagen könnte. A. die Lilith ↗ der Kabala taucht bei ihnen auf, jedoch als Tochter einer Figur namens Ana, was als Äqv. die ind. Ananta ↗ nahelegt, eine 100köpfige Schlange, zumal Schlangentänze der Zigeunerinnen berühmt sind. U. nicht nur das, ihr weibl. Häuptling, *puru dai*, wird a. Bibi gen., was an die Schlange Gunabibi ↗ von Australien erinnert, das ja ein Rest von Mu ist. Bei den Z. von Transsylvanien ist Ana Königin der Keshalyi ↗ (guten Feen); ihrer Legende der zwangsweisen Verbindung mit dem König der Locolico ↗ (Erdgeister) entsprang die Z.-Heilkunde. — Bek. sind sie a. für das Wahrsagen mit Hilfe des Taro ↗. — Es gibt Aussagen, wonach nur die Kaldera-Zigeuner echte Z. sind; Kaldera heißt Kessel ↗, der bei ihnen ebf. eine große Rolle spielt. Die Verbindung zum Kessel der Druiden ↗ ergibt sich aus der Meinung, die Z. in Indien als jene von den Ariern ↗ besiegten u. zu den ›Unberührbaren‹ gemachten Urstämme lokalisieren zu können, die zu den Drawida ↗ gehören. — In Rußland (heute amtlich etwa 160000 Z.) wurden sie a. Zyghen gen., woraus Sigynnes wurde u. schließl. Zigeuner. In diesem Wort steckt vielleicht Ziege ↗, denn: in Irland errichten die Z. einmal jährl. einen hölzernen Turm u. stellen auf dessen Plattform einen lebenden Ziegenbock, der für diesen Tag zum ›König‹ erklärt wird. Vielleicht ist das eine Zeitangabe für ihre Entstehung im Steinbock-Sektor, in den Kain geschichtl. fällt.

Zikkurat: Tempelturm od. ›Himmelshügel‹ in Sumer ↗, eine Art Stufenpyramide ↗, die später zum Babylonischen Turm ↗ führte, die Etemenanki-Zikkurat. »Äußerlich ist die Zikkurat, ein treppenartig gestufter Ziegelturm mit einer kleinen Kapelle auf der Spitze, der Pyramide verwandt. In ihrem Wesen dagegen herrscht ein Gegensatz durch den sonnenüberfluteten Treppenaufgang zur Verbindung zwischen Erde und Himmel. Jede Terrasse war kleiner als die darunterliegende, und zwar nicht nur an Umfang, sondern auch an Höhe, und war mit ihr durch eine große Treppe verbunden. Die höchsten dieser Türme ragten 90 Meter hoch in den Himmel. Die unterste Terrasse bestand oft aus einem riesigen, aufgeschütteten Plateau, 50 bis 100 und mehr Meter breit und 5 mal so hoch wie ein Mensch. Der Grundriß war quadratisch oder rechteckig, kreisförmig oder oval.« These: da die Z. die Weltenlehre ↗ ausdrückt, müßte Verwandtschaft mit der Yggdrasil ↗ bestehen, etwa so:

Zikk - Urat
Ygg - Dra (sil)

zumal die Z. a. Ziggurat geschrieben werden konnte. Ja, die Umkehrung ↗ von Urat = Taru lädt sogar ein, Taro ↗ daraus zu machen, sodaß letztendl. eine Z. so etwas wie eine hochgestülpte Weltformel ↗ gewesen wäre.

Zion: Nv. Sion ↗; urspr. Name der Festung von Jebus ↗, die David ↗ eroberte, dann des Berges u. schließl. der Stadt Jerusalem ↗ als zukünftige Wohnstätte der Schechina ↗ od. ›Weisheit im Exil‹. Woher der Name Z. stammt, können die Juden ↗ nicht mehr sagen. Dafür gibt es von Jesaja (2/3) die Prophezeiung: »Von Zion wird das Gesetz ausgehen...«, in Verbindung mit der Thora ↗ das neue Gesetz, das diese (als altes Gesetz) ablösen wird. Z. würde damit zum ›Sitz des höchsten Lichts‹ u. das alte Jerusalem zum neuen Jerusalem, ident. mit dem Himmlischen Jerusalem, beschrieben in der Apokalypse ↗. So taucht diese erhoffte Verschmelzung schon im AT auf: »Tu wohl an Zion nach deiner Gnade, baue die Mauern zu Jerusalem« od. »Ach, daß die Hilfe aus Zion über Israel ↗ käme und Gott sein gefangen Volk erlösete!« Schon im nächsten Satz ist es jedoch nur der symb. Berg: »Gedenk an deine Gemeine, die du vor Alters erworben und dir zum Erbteil erlöset hast, an den Berg Zion, da du (Jahwe) auf wohnest«, u. zwar durch die Präsenz der Bundeslade ↗, die es aber nicht mehr gibt. 1. These: deshalb kann das neue Weltzentrum ↗ a. ganz wo anders entstehen; der Zionismus ↗ allerdings setzt alles daran, das alte Jerusalem dazu zu machen. — 2. These: das neue Gesetz betr., könnte Z. mit Zen ↗ zusammenhängen, nur nicht als Kreis des Kosmos, der die bisherige Geschichte ↗ bestimmte, sondern als Kreis des Gegenkosmos, äg. Naunet ↗. Anwärter, Z. zu werden, ist München ↗.

Zionismus: eine jüd. Bewegung, die um den Begriff Zion ↗ entstanden ist. Den Anstoß gab das Buch ›Der Judenstaat‹ von Theodor Herzl, erschienen 1896. Zitat: »Der essentielle Anspruch des Zionismus ist die Existenz einer Rasse, einer auserwählten Rasse, die nicht von anderen Rassen assimiliert worden ist, noch assimiliert werden darf.« Man meint jedoch, daß die ›messianische Zionssehnsucht‹ schon nach dem 1. russ. Pogrom an Juden ↗ begann, 1881. Der 1. Zionistische Weltkongreß fand 1897 in Basel statt. Es gab Pläne zur Einwanderung der im Exil lebenden Diaspora ↗ ins afrik. Uganda, die aber wieder verworfen wurden. Höchst umstrittene ›Protokolle der Weisen von Zion‹ sollen das Dokument dieses Kongresses gewesen sein mit angebl. Plänen zur Erlangung der Weltherrschaft ↗. Eine Kopie davon soll in die Hände von A. Rosenberg gelangt sein, der sie aus Rußland schmuggelte u. Hitler ↗ schenkte; die Veröffentlichung besorgte dann die Thule-Gesellschaft ↗. Zitat: »Wir wollen überall Unruhe, Streit und Feindschaft erzeugen... Wir werden einen fürchterlichen Krieg auf Erden entfesseln... werden die Völker in solche Bedrängnis bringen, daß sie uns freiwillig die Führerschaft anbieten, durch die wir die ganze Welt beherrschen können...«, was sich wohl schon auf den Endkrieg ↗ bezieht. Der russ. Schriftsteller Nilas, zu dessen Werk ›Der Antichrist‹ die Protokolle nur den Anhang bildeten, behauptet darin, auf dem 1. Z.-Kongreß seien führende Rabbiner aus ganz Europa sowie Nord- + Südamerika zusammengekommen, um Pläne zur Versklavung der ganzen Menschheit zu entwerfen. Sie bereiteten sich selber auf das Erscheinen des Antichristen ↗ vor, der als Jude geboren werden würde. Unter seiner Führung würden die Juden ihre weitgesteckten Ziele erreichen. Die veröffentlichten Protokolle (echt od. unecht) riefen einen solchen Haß hervor, daß Hitler davon zur Macht getragen wurde. Am 13. Juni 1933 erschienen folg. Sätze in der jüdischen Rundschau: »Der Zionismus erkennt die Existenz eines jüdischen Volkes. Um das Problem zu lösen, ist er bereit, mit allen Ländern zusammenzuarbeiten... mit denen sowohl, die freundlich, als auch mit denen, die feindlich den Juden gegenüber eingestellt sind.« Deshalb gab es schon 1933 Zionisten, die die Machtübernahme der Nazis ↗ in Deutschland nicht als Übel, sondern als einen verkappten Segen betrachteten, eine großartige histor. Gelegenheit, um den traditionellen Patriotismus der dt. Juden zu entwurzeln u. ihn durch einen ›jüdischen Nationalismus‹ zu ersetzen zur Förderung der Schaffung einer ›nationalen Heimstätte‹, zu der dann Palästina ↗ best. wurde. Benutzt man die Zahlenmystik der Kabala ↗, wird aus Sijjon (hebr.) leicht 144, das Himmlische Jerusalem ↗: S (ijj) = 60, O = 70, N = 14. U. so wundert es nicht, daß die israelische Arbeiterpartei im Z. den wahren Sozialismus ↗ sieht mit Ende der jetzigen Welt ↗ u. Wiedererrichtung des Paradieses ↗, äqv. 3. Reich ↗ bei den Förderern der Judenvergasung ↗. S. als Gegenpol Nazi-Religion ↗.

Zirkumpolarsterne: Sterne ↗, die um den Pol ↗ kreisen bzw. nie unter den Horizont verschwinden, was vom Standort des ird. Betrachters abhängt. Zu den nördl. Z. gehört z. B. der Bär ↗, zu den südl. das ›südliche Kreuz‹, s. Stichw. Viracocha ↗.

Ziu: Schreibvar. für Tiu ↗.

Ziusudra: der Noah ↗ in Sumer, ein König:

»Alle furchtbaren Stürme kamen zusammen
Die Sintflut ↗, die vernichtende, raste mit ihnen.
Als sieben Tage, sieben Nächte
Die Sturmflut im Land gerast hatte,
Die gewaltige Arche auf dem großen Wasser
im Sturme geschwankt hatte,
Kam der Sonnengott hervor
Himmel und Erde erleuchtend.
Ziusudra öffnete eine Luke der gewaltigen Arche...
Das Licht des Helden Utu ↗ trat ein
in die gewaltige Arche.
Ziusudra, der König
Warf sich nieder vor Utu.
Einen Ochsen schlachtete der König,
Schafopfer brachte er reichlich dar.«

Daraus wurde a. Utnapischtim ↗.

Zivilisation: verengt Kultur ↗ auf die Summe der durch Wissenschaft ↗ + Technik geschaffenen Verbesserungen der Lebensbedingungen; von zivil = bürgerlich (lat.). Das Muiska-Museum ↗ hat als Modell die Geschichte ↗ in zeitl. einander folg. 12 Z. unterteilt, d. h. 1 Z. pro Zodiaksektor ↗ angesetzt, deren jeweiligen Anfänge, Höhepunkte = Zerfallserscheinungen mit dem Rhythmus des Mäanders ↗ übereinstimmen. Denn es fällt unbedingt auf, daß technische Erfindungen immer wieder ›verloren‹ gehen u. Jahrtausende später an anderem Ort neu auftauchen. Verblüffendes Bsp.: auf Kreta ↗ gab es lange vor Einfall der Griechen gekachelte Badezimmer u. Wassertoiletten; es dauerte 5 Jt., bis letztere in Europa als ›neuste zivilisatorische Verbesserung‹ wiederentstanden. Obwohl einerseits die Große Pyramide ↗ als technische Meisterleistung gilt – u. noch heute nicht wieder nachgeahmt werden kann – gilt Ägypten ↗ doch nicht als hohe Z., sondern als Hochkultur. Unterschied: die Pyramide verbesserte nicht das Leben ↗ = Diesseits, sondern den Bezug zum Jenseits ↗.

Zodiak: Tierkreis ↗ plus Zodiakzeichen ↗. Cranac: »Dank astrologischer Folgerungen kann man annehmen, daß der Zodiakkreis ca. 26000 Jahre alt ist.« D. h., er ist prinzip. der Kalender der Geschichte ↗, eingebaut in den Zeitrahmen der Präzession ↗. Gleicher Autor: »Die Runddarstellungen des Zodiaks wie der Zodiak selbst sind universell.« U. wie wurde er das? »Newton glaubte, daß die Erfindung des Tierkreises bis auf den Argonauten-Zug zurückgeführt werden könne« (Blavatsky ↗). Versteht man unter der Argonautik ↗ nicht die griech., sondern die von Mu ↗, so stimmt zumindest der Zeitpunkt seiner globalen Verbreitung. Damit stimmen dann die Kanopen ↗ mit den 4 Horuskindern ↗ überein, die a. die sehr frühe Unterteilung des Z. in 4 Zodiakhäuser ↗ (od. Viertel) manifestieren, entspr. den 4 Kontinenten, die zu Kolonien = Ma ↗ wurden. Auf der Zodiakscheibe ↗ von Dendera sind als Z.-Träger allerdings 4 Göttinnen eingesetzt, die Nv. der Nut ↗ tragen, was den Bezug des Z. zum Kosmos unterstreicht. »Der Zodiak insgesamt wurde als Schlange ↗ dargestellt... Diese Anschauung ist belegt durch eine von Cumont editierte Stelle aus einem vatikanischen Kodex« (Blavatsky). These: damit ist der Bezug zur Schlange am bibl. ›Baum der Erkenntnis‹ ebenso hergestellt wie zur Schlange des Heiligen Dreiecks ↗, dem Heiligen Maß ↗ der Großen Pyramide ↗, in die er ebf. eingebaut war. 1 Zodiaksektor ↗ = 3 Dekane ↗.

Zodiakhäuser: wohl von Anf. an – s. die Schlangenjungfrau Edem ↗ – wurde der Zodiak ↗ als Kreis dargestellt, der in 4 Viertel eingeteilt war, jeweils 3 Zodiaksektoren ↗ umfassend. Ganz unterschiedl. ist dabei jedoch das Tier, das 1 Viertel repräsentiert, weil einmal ein Bezug zu den Kontinenten hergestellt scheint, wie sie später von den apok. Reitern ↗ heimgesucht werden = Horuskinder ↗ – od. zu den 4 Elementen wie bei den Evangelisten ↗.

Zodiakscheibe von Dendera: im Louvre, Paris, hängende äg. Scheibe mit dem Zodiak ↗ u. a. astrol. Angaben, aus dem Tempel der Hathor ↗ von Dendera ↗ stammend: »Die harte Steinscheibe des Tierkreises mißt etwa 2,40 Meter im Durchmesser, und die Sternbilder ↗ sind reliefartig herausgearbeitet. Sie sind in der Form einer Spirale angeordnet... Sirius ↗ ist als Kuh (= Hathor) in einem Boot mit einem Stern zwischen ihren Hörnern dargestellt. Im Mittelpunkt der Scheibe befindet sich unser Nordpol... (er) ist korrekt in das Sternbild des Schakals oder Kleinen Bären ↗ verlegt, wie das auch zu der Zeit der Fall war, als – irgendwann im 1. Jahrhundert v. Chr. – der Tierkreis angefertigt wurde... Eine genau nach Osten weisende Linie, die zwischen dem Ende des Widders ↗ und dem Anfang der Fische ↗ verläuft, deutet den Neubau des Tempels ↗ an, ungefähr 100 v. Chr. Eine andere, auch gegen Osten weisende Linie schneidet den Widder in der Mitte und deutet eine frühere Zeit an, etwa das Jahr 1600 v. Chr., als während der 12. Dynastie der Amun ↗-Kult seinen Höhepunkt erreicht hatte. Eine besondere Hieroglyphe am Rande des Tierkreises wird von einer Linie geschnitten, die zwischen den Zwillingen ↗ und dem Stier ↗ verläuft... sie verweist auf den Zeitpunkt, als das Reich des Menes ↗ begründet wurde... Gerade diese Präzession ↗ wurde von den Ägyptern als ein entscheidender Faktor der Himmelsmechanik betrachtet, der nicht nur die astronomischen Phänomene beherrscht, sondern auch jegliche Entwicklung auf Erden tief beeinflußt« (P. Tompkins in Cheops). Im gleichen Buch ein Schema (Abb. 2), das viele Sternbilder, so den Außenkreis mit den Dekanen ↗, wegläßt u. nur die nördl. Zirkumpolarsterne ↗ u. den bek. Tierkreis + Sirius zeigt, dazu die beschriebenen Tempelachsen des jeweiligen Neubaus. Deutl. vertreten die 4 Göttinnen, die sonst die Kanopen ↗ einrahmen, die Zodiakhäuser ↗, dazw. jeweils ein Falkenpärchen für die restl. Sektoren. Die zusätzl. Eintragungen des geschichtl. Wechsels von Matriarchat ↗ u. Patriarchat ↗ stammen von Von Frankenberg ↗. Man beachte den Ziegenfisch ↗ (statt Steinbock) u. 2 Hieroglyphen, die die urspr. Ost-Westachse z. Z. von Menes kennzeichnen - sie tauchen a. in den Barken ↗ auf (Abb. 1):

Abb. 1: (Est d-Origine) (ggb.)

These: ihre Hauptzeichen bilden zus. die Sirius-Hieroglyphe ↗, wie sich der Ka ↗-Bezug aus den Armhaltungen = Ka-Hieroglyphe ↗ ergibt: 12 mal nach oben + 12 Zwischenräume als Ka nach unten = 24, ein versteckter Bezug auf die 24 Grundmotive ↗ des Ur-Alphabets ↗.

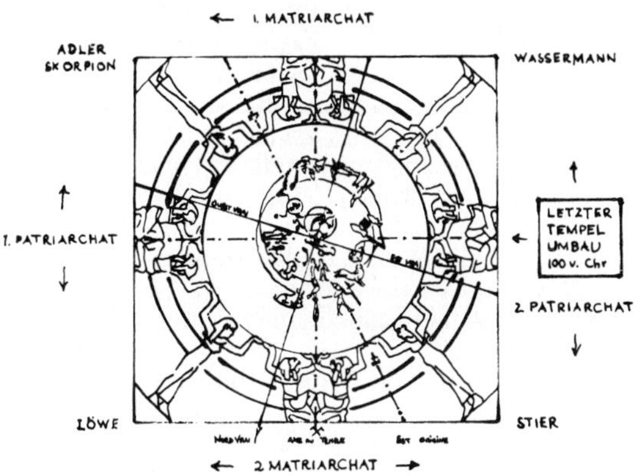

Abb. 2

Zodiaksektor: 1 Sektor des Zodiaks ↗, gekennzeichnet durch 1 Zodiakzeichen ↗, beträgt 30 Grad des Gesamtkreises = 3 Dekane ↗ in Ägypten. — Manchmal nennt man 1 Z. a. 1 Zeitalter ↗.
Zodiakviertel: s. Zodiakhäuser ↗.
Zodiakzeichen: die 12 abstrakten Zeichen, die den 12 Tieren des urspr. Zodiaks ↗ zugeordnet waren. Ohne es im geringsten zu beweisen od. wenigstens zu erläutern, schreibt H. Blavatsky ↗ in ihrer Geheimlehre: »Die ganze Weltgeschichte ist in den Tierkreiszeichen aufgezeichnet« (Anthropogenesis, S. 449). Unabhängig davon kam Von Frankenberg ↗ 1973 zum gleichen Ergebnis, das auf 2 Entschlüsselungen beruht:
1) In jedem Z. sind 2 Grundmotive ↗ verkodet:

= WASSERMANN ↗ =	= Energiekonzentration od. offenes Dreieck ↗
	= Einheit von Zeit u. Raum od. Sternentanz
= STEINBOCK ↗ =	= Labyrinth ↗ od. Wechsel von Dimensionen
	= Einheit von Körper u. Geist od. Heiltanz
= SCHÜTZE ↗ =	= Erinnerung od. Gegenwart als Zukunft von Vergangenheit
	= Kommunikationstanz od. Existenz als Unterhaltung
= SKORPION ↗ =	= Explosion od. Energieumwandlung
	= Waffentanz od. Existenz als Abschreckung
= WAAGE ↗ =	= Implosion od. Raumverwandlung
	= Zelltanz ↗ od. Einheit von Anf. u. Ende
= JUNGFRAU I ↗ =	= Reinkarnation ↗ od. die Dramatik der variierten Wiederholung
	= Todestanz ↗ od. Existenz als Eindämmung
= LÖWE ↗ =	= offene Linie od. Existenz in der Lücke
	= Machttanz od. Existenz als Einfluß
= KREBS ↗ =	= Doppelprinzip od. offene Balance
	= Liebestanz ↗ od. 2 = 1
= ZWILLING ↗ =	= offenes Quadrat od. Kräfteaustausch
	= Haßtanz od. Existenz als Identität (Nommozeichen ↗)
= STIER ↗ =	= offener Kreis od. 1 = 2 = 3 = alles
	= Triumphtanz od. Existenz als Selbstvollendung
= WIDDER ↗ =	= Polyrhythmik ↗ od. Gleichzeitigkeit ungleicher Zeit
	= Tiertanz ↗ od. Einheit von Gut + Böse

‖ = Vibrationsachse ↗ od. offene Säule ↗

♓ = FISCHE ↗ = OO = Pflanzentanz ↗ od. Einheit von Energie + Materie

Nach alter Überlieferung gehen die Tiere aus Elohim ↗ u. die Zodiakzeichen aus Edem ↗ hervor.
2) Die Geschichte ↗ läßt sich in großen Schritten aber a. direkt aus den Z. herauslesen:

♒ (23970–21810 v. Z.) = bewegte Wellen, als falle ein Stein ins Wasser = Landung ↗ des Grals od. 2 Urhügel ↗, die auf der Zodiakscheibe ↗ den Sirius tragen

♑ (21810–19650 v. Z.) = Bewegungsspirale als werde der obige Impuls ausgebreitet = Argonautik ↗

→ (19650–17490 v. Z.) = Pfeil, horizontal = Vorwärtsbewegung durch Information: z. B. Schrift ↗ (der ABC-Schütze), Runen ↗-Kalender (↑ = Runa)

♐ (17490–15330 v. Z.) = das Wissen um die Gesetzestafeln ↗ (= m) führt zu Waffen = hochfliegender Pfeil, Erstkrieg ↗

♎ (15330–13170 v. Z.) = Ei-Bildung (der Omega-Kreis), d. h. Bildung eines Testaments od. Gebetshaltung = Religion ↗, beides aus Angst vor kommendem Weltuntergang ↗

♍ (13170–11010 v. Z.) = Die Gesetzestafeln (= m) werden ›versenkt‹ (die Schleife nach unten), vergraben od. versteckt, als ›Osterei ↗‹

♌ (11010– 8850 v. Z.) = so sieht eine männl. Keim-Zelle = Samen aus, aber a. die Horuslocke ↗ = Keimen = Neuanfang nach dem Weltuntergang

♋ (8850– 6690 v. Z.) = 2 kleine Kreise in einem großen Kreis, aber a. Verdoppelung der Horuslocke zur Hathor-Locke ↗. Hathor = Sirius ↗ mit Übertrag: Befruchtung unserer Sonne ↗

♊ (6690– 4530 v. Z.) = das äg. Mekes ↗-Etui, die Erblinie der Zwillinge ↗ setzt sich in den Pharaonen ↗ fort

♉ (4530– 2370 v. Z.) = Kreis + Halbkreis wie Sonne + Mond (beim Merkur ↗-Zeichen) = die 2 Horusaugen ↗: Horus ist fertig in Gestalt von Krischna ↗

♈ (2370– 210 v. Z.) = rudimentäre Gesetzestafeln: ♈ statt m , die Moses-Tafeln ↗, ergo Moses ↗ u. Bibel ↗

♓ (210 v. Z. – 1950) = eine Brücke über 2 Kreise (Abb.):

das Jüngste Gericht ↗ bahnt sich an, über dessen Abgrund z. B. bei Zarathustra ↗ die Cinvat-Brücke führt für die Auslese. Der 1 Kreis ist die vergangene Gesch., der andere die Zukunft = das Friedensreich ↗.

Im Äg. Totenbuch ↗ werden die Z. einmal erw.:

»Weiche von dannen, Dämon mit Krokodilfratze, du!
Ich weiß: im Westen dein Wohnsitz
Und mit Tierkreis-Zeichen
Am liebsten ernährst du dich.«
(Kap. XXXII)

Krokodilköpfig ist die Nilpferdgöttin ↗.

Zohar: Teil der Kabala ↗ u. Kommentar zu den 5 Büchern von Moses ↗. Hier ist die unbek. Gottheit Soph, En ↗. Über das Alter des Z. streiten sich die Gelehrten. Einige behaupten, »... daß Rabbi Moses ben Nachmann dieses Buch im heiligen Land entdeckt, von wo es nach Arragonien und in die Hände des Rabbi Moses von Leon gekommen sei... Wieder andere meinten, daß Rabbi Moses von Leon als großer Gelehrter die Kommentare selbst geschrieben... habe.« David Luriah: »Rabbi Moses von Leon hat nicht den Zohar verfaßt... Der Zohar war vor dem Talmud ↗ beendigt.« Trotzdem erschienen die ersten Ausgaben erst 1558 in Cremona bzw. Mantua. Blavatsky ↗ sieht eine Verwandtschaft mit den Puranen ↗. Indeß ist wahrsch., daß das Wort Z., a. Sohar geschrieben, mit dem äg. Sokar ↗ ident. ist, denn es heißt u. a.: »Das Unendliche war vollständig unbekannt und verbreitete kein Licht, bevor der leuchtende Punkte mit Gewalt zur Sichtbarkeit durchbrach.« These: mit diesem Punkt müßte der Sonnenkern ↗ (Sokar) gemeint sein, zumal Z. a. mit

›Licht‹ übers. wird, womit aber nicht das 'weiße Licht ↗ der fertigen Sonne gemeint ist. Denn der Z. spricht a. von ›schwarzem Feuer‹, welches unbedingtes Licht ist, u. dazu gehört eben der schwarze Sonnenkern. Die seltsamste Behauptung besagt, daß die Schlange ↗, welche von Samael ↗ zur Verführung der Eva ↗ benützt wurde, eine Art von ›fliegendem Kamel‹ war. Für Papus ist der Z. Teil der theoret. Kabala u. ›Mercava‹ = Wagen ↗, mit folg. Einteilung:

Kabala
- Maasse Mercaba - Zohar (Gesch. des Wagens)
- Maasse Bereshit - Sepher Jesira (Gesch. der Schöpfung)

Zoro: Sirius ↗ in Zoroaster ↗.

Zoroaster: Nv. von Zarathustra ↗; hier wird deutl., daß die Endsilbe *aster* = Stern enthält - aber welchen? Da im Zoroastrismus neben der Sonne nur der Sirius ↗ eine zentrale Rolle spielt u. zwar - wie bei den Dogon ↗ - als Sitz der höchsten Weisheit ↗, kann man Z. als Titel der gleichen Bed. auf die Person Z. übertragen. Zoro entspr. dann Sarra in Ninmesarra ↗, a. Kara in Kasskara ↗ u. Sakkara ↗ bzw. Sr in Osiris ↗ etc.

Zufall: »Aber fürwahr, es ist kein Zufall in unseren Leben, kein mißratener Tag und kein Mißgeschick, die nicht auf unsere eigenen Taten in diesem oder in einem anderen Leben zurückgeführt werden könnten.« In ihren weiteren Ausführungen verweist Blavatsky ↗ auf Karma ↗ bzw. Nemesis ↗ als Kausalgesetz, aber: »Nicht Karma ist es daher, welches belohnt oder bestraft, sondern wir belohnen und bestrafen uns selbst...«, a. wenn wir es nicht erkennen wollen od. können u. deshalb von Zufall sprechen.

Zuni: nordamerik. Indianer ↗-Stamm mit dem am höchsten entfalteten Kultwesen aller nordamerik. Indianer. Es wird von 6 esot. Bünden repräsentiert:

1) Bund des Sonnenkults
2) Bund des Regenmacherkults
3) Bund des Katschina ↗-Kults
4) Bund des Katschinapriester-Kults
5) Bund des Kriegsgötter-Kults
6) Bund des Tiergötter-Kults mit 12 Medizinbünden, was mit der Zahl 12 wohl auf den Tierkreis ↗ anspielt.

Lt. Blavatsky ↗ besteht ihre Priesterhierarchie »... aus sechs ›Priestern des Hauses‹, die anscheinend zusammengefaßt sind in dem siebenten, welcher ein Weib ist, die ›Priestermutter‹. Vergleiche dies mit den ›sieben großen den Gottesdienst leitenden Priestern‹, von denen in der (ind.) Anugita gesprochen wird, welcher Name exoterisch den ›sieben Sinnen ↗‹ und esoterisch den sieben menschlichen Prinzipien (Wurzelrassen ↗, Welten ↗) gegeben ist.« Sprachl. gehören die Z., im Ggs. zu den Hopi ↗, von denen sie wahrsch. die Bauform der Pueblo ↗ übernahmen, zum ›Uto-Aztekischen‹, s. Azteken ↗ u. Koloowisi ↗.

Zweimalgeboren: beinhaltet nicht die Reinkarnation ↗, sondern eine 2. Geburt während des Lebens durch Initiation ↗. Da z. B. alle Brahmanen ↗ als Z. gelten, darf man ihrem Namen entspr. annehmen, daß hier die 2. Geburt aus Brahman ↗ als Par. zur körperl. Schwangerschaft ↗ erfolgt. Viele Belehrungen der Puranen ↗ richten sich nur an Z.: »Brahma ↗ hat wesentlich den Aspekt von Prakriti ↗, sowohl der evolvierten als auch der nichtevolvierten... Geist, o Zweimalgeborener (Initiierter) ist der vornehmste Aspekt von Brahma...« etc. These: in Ägypten dürfte der Ka-Transfer ↗ das Äqv. gewesen sein, in Afrika allg. die Passage ↗. — Möglicherweise hängt damit a. das Zweimütter ↗-Motiv zusammen.

Zweimütter: Kabala ↗ wie Indianer ↗ überliefern im Ggs. zur Bibel ↗, die Menschheit sei aus 2 Müttern hervorgegangen: im 1. Fall heißen sie Eva ↗ u. Lilith ↗, im 2. Fall Ut'set u. Now'utset, was sich entspr. müßte. Nur in der Kabala wird klar zw. ird. u. himml. Mutter unterschieden. a. im Äg. Totenbuch ↗ klingt dieses Thema an, wenn der Tote davon spricht, Isis ↗ habe ihn empfangen, Nephtys ↗ geboren, was evtl. zum ind. Ausdruck des Zweimalgeborenen ↗ überleitet. Denn beide äg. Göttinnen vereinen sich in der Hathor ↗, die der Initiation vorstand, weshalb hier der Initiand gefragt wird: »Kennst du das Geheimnis der Locke?« (d. h. der Hathorlocke). Automatisch ergibt sich a. ein Bezug zum Zweisonnensystem ↗.

Zweisonnensystem: etwa 1/3 aller bisher untersuchten Sterne ↗ haben nicht nur, wie wir, 1 Sonne ↗, sondern 2. Nur beim Sirius ↗ jedoch wird klar, daß die 2. Sonne eine total andere Qualität aufweist, s. Po ↗ bei den Dogon. Ob das für alle Z. gilt, ist noch unklar. Weitere Z. sind: Bungula, Rigel (Sternbild Orion), Procyon (Kleiner Hund), Aldebaran (Stier) u. Regulus (Löwe). »Die Komponenten einiger Doppelsterne kann man mit bloßem Auge erkennen. Im Fernrohr lassen sich Tausende von ihnen ›trennen‹. Weitere Tausende wurden mit Hilfe ihrer Spektren entdeckt.« These: sie sind als Höherentwicklung eine Wiederkehr des Taichi ↗. In Ägypten jedoch wurden für die 2 Sonnen des Sirius a. 2 Göttinnen eingesetzt: Isis ↗, die helle Sonne, Nephtys ↗ die dunkle 2. Sonne mit Anubis ↗ als Bahn, sodaß sich wohl a. ein Bezug zum Motiv der Zweimütter ↗ ergibt.

Zweistromland: Mesopotamien, das Land zw. den 2 Strömen Euphrat ↗ u. Tigris ↗. In älterer Zeit Sumer ↗. In der Bibel Sinear ↗, nach der Sintflut ↗ übergeben an 1 Nachf. von Ham ↗.

Zweitkultur: od. Sekundärkultur wäre, in Par. zur Sekundärschöpfung ↗, der richtige Ausdruck für Materialisierungen des Patriarchats ↗, da es sich immer überaus sichtbar manifestiert, während das jeweils vorausgehende Matriarchat ↗, das eine Primärkultur wäre, die relativ unsichtbaren Voraussetzungen dafür liefert - was selten anerkannt wird. Dieses Modell ergibt sich aber a. aus dem Klassensystem ↗. — Etwas ähnl. Duales läßt sich a. für Kunst ↗ ansetzen: primäre (statt primitive) Kunst ist abstrakter, sekundäre figürlicher.

Zweiwegebuch: älteste Spruchsammlung von Ägypten, die »... den Toten ↗ durch die verschlungenen Pfade des Jenseits zu führen verheißt... Ein Abschnitt schiebt sogar mit den Schlußworten ›diese Schrift war unter den Sohlen des Thot‹ die Herkunft der Sammlung oder wenigstens einzelner Teile auf Thot ↗ selbst zurück... Sämtliche Niederschriften nehmen den inneren Sargboden ein... Gemeinsam ist ihnen allen eine landkartenähnliche Zeichnung, in die zu beiden Seiten eines Feuerstromes zwei Wege eingetragen sind, die durch das Totenreich ↗ führen, der eine zu Lande, der andere zu Wasser... Größere Stücke des Z. sind in das Totenbuch ↗ übergegangen« (Bonnet). These: es scheint sich um das Gangsystem ↗ der großen Pyramide zu handeln.

Zwilling: 1) 1 Sektor vom Tierkreis ↗, äqv. Hund ↗ (2

Hunde), mit einem Zodiakzeichen ↗, das dem äg. Mekes ↗ gleicht, einem Etui für die »... Erburkunde, die einst dem Horus ↗ von seinem Vater Osiris ↗... übergeben wurde«. Dabei erhebt sich die Frage, wer hier als urspr. Zwilling zu verstehen ist, od. ob der Ausdruck in versch. Deutung auf beide Figuren zutrifft, die sich im Pharao ↗ fortsetzen als etwas ›Zwiefachem‹.
2) Durch die 2 Horusaugen ↗ = Sonne + Mond ist Horus als Sonne-Mond-Zwilling zu verstehen, was ein Äqv. im indian. Popol Vuh ↗ mit Hunahpu ↗ u. Ixbalanque ↗ findet, gen. die ›göttlichen Zwillinge‹, jungfräul. empfangen durch Ixquic ↗ vom ermordeten Ahpu - wie nach dem Weltuntergang die Witwe ↗ Isis vom ermordeten Osiris Horus empfängt. Nun trägt aber in den ersten Dynastien ↗ der Pharao den Titel Horus + Seth ↗, was einen weiteren Z. schafft, der zur Wiederkehr ↗ des Osiris führen soll. Der ist nach äg. Aussage zunächst Sirius ↗, vertritt also ein Zweisonnensystem ↗, was aus diesem Zwilling - genau wie bei Hathor ↗, die das gleiche vertritt - eine Koppelung von 2 versch. Sonnen macht. U. da eine davon weiß, die andere schwarz ist, landet man unweigerlich bei einem Schwarz-Weiß ↗ Zwilling, genau wie bei Quetzalcoatl ↗, wenn ungetrennt von Tezcatlipoca. These: die christl. Äqv. wären Christus ↗ u. Anti-Christ ↗, in der Endzeit ↗ zunächst eins, dann getrennt u. später wiedervereint. Zu all diesen nur namentlich versch. Endprodukten führt die Sonderlinie ↗, manifestiert im Gangsystem ↗ der großen Pyramide, in das anscheinend a. Jesus eingetragen ist.
3) Jesus ↗ u. Thomas ↗ waren (getrennte) Zwillinge. Das könnte sich sogar im Namen Ismu ↗ ausdrücken, denn I-Si-Mu hieß in Sumer nur Zwilling, woraus babyl. Us-Mu-U wurde, der Zweigesichtige. Eine Var. zum sum. Isimu ist Mas (Endsilbe von Thomas!), was mit verändertem Vokal zu Mes bei Hermes ↗ führt, äg. Thot ↗, ebf. ein innerer Zwilling wie Tuisto ↗ bei den Germanen. Ein weibl. Z. ist hier die Janna ↗.
4) Bei den afrik. Dogon sind alle Nommo ↗ Zwillinge, was den Bezug zum Logos - hier inkarniert - herstellt, d. h. zum Kosmos ↗. U. da dieser aus dem Ur-X ↗ hervorgeht, darf man dieses als Ur-Zwilling verstehen. Das würde sich sogar mit ›normalen‹ biolog. Zwillingen vertragen, s. Punkt 5.
5) Im heutigen biolog. Verständnis gibt es eineiige u. zweieiige Z.: erstere entstehen durch Spaltung eines befruchteten Eies, letztere durch Befruchtung von 2 weibl. Keimzellen. Diese Endprodukte sehen sich nicht ähnl., sind also keine wirkl. Z., da sie nur eine gemeinsame Geburt ↗ erleben. Man betrachte nun unter Zelle ↗ das  u. vgl. mit Punkt 4: setzt man hier eine Verdoppelung an, landet man bei  = , Gesamtkosmos ↗ als Doppel-X mit dem Stellenwert 100 = die Me ↗ in Sumer od. die Mes = Mas? 100 Namen hatte Osiris, der Zwilling. Bildl. setzt sich diese Zahl aus der Kreuzung von Hirtenstab ↗ u. Geißel ↗ zusammen. These: X-Mas ↗ ist die Geburt der fehlenden Zwillingshälfte in unserem Sonnensystem, der 2. Sonne, Frau Gaur ↗ germ., sodaß dieses Wort a. als X-Zwilling (= mas) zu verstehen wäre.
6) Die afrik. Yoruba ↗ haben noch heute 4 mal so viele Z.-Geburten als andere Völker. U. sie stellen in der Kunst vorzugsweise Z. dar (Abb.); sie sind männl.-weibl., d. h. Taichi ↗ (chin.). Solche Ibeji = Z.-Paare bekommen dort Mütter mit Z.-Geburten. Sie werden von ihnen regelmäßig gewaschen u. mit Bohnen ›gefüttert‹. Das könnte den Bezug zu den 4 hl. Pflanzen ↗ herstellen, äqv. den 4 Elementen, mit Bohne = Luft u. der Waschung = Wasser. Äg. Koppelung Schu ↗ + Mu ↗ - wir landen wieder bei Us-Mu-U (s. Punkt 3), Nv. Usumu, mit Sumu = Schu-Mu. Statt ›Luftwasser‹ wäre wohl Ur-Wasser ↗ richtig.

Ibeji-Paar

Zyklopen: Cyclopen ↗.
Zyklus: von *zyklo(o)*, griech. Kreis, kreisförmig: ein Kreislauf, mit ›zyklischer‹ Wiederkehr. Dazu gehören die 24 Stunden ↗. Tag + Nacht, als Drehung der Erde um sich selbst. Das Jahr ↗ als Drehung der Erde um die Sonne. U. die Präzession ↗ als Erdachsenpendel, in das nun ind. Yuga ↗ eingebaut sind, die manchmal a. Zyklen gen. werden; besser wäre Zeitalter ↗. Psyche ↗ u. Zelle ↗ synchronisieren viele Z., aber nicht alle sind bekannt.

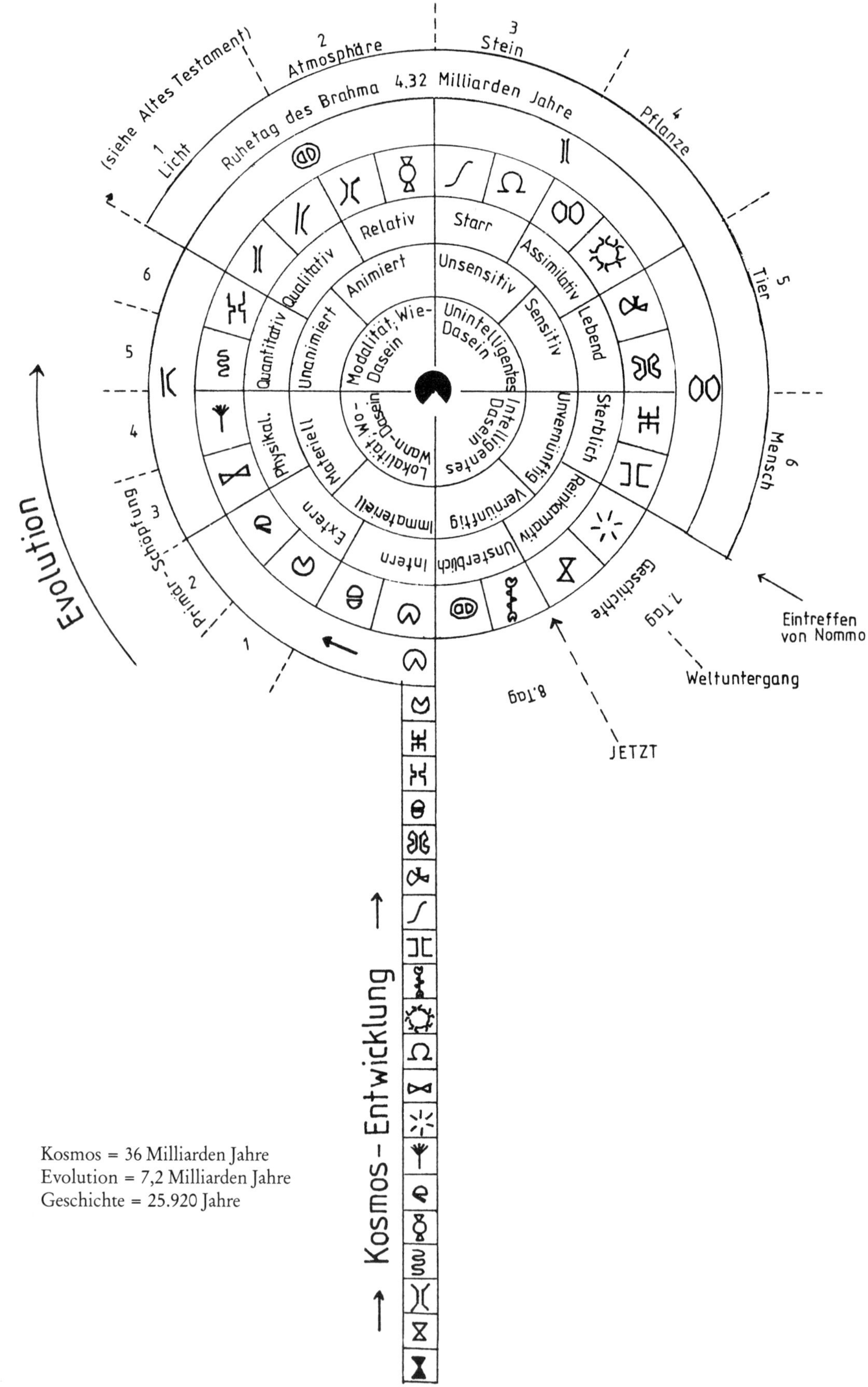

Kosmos = 36 Milliarden Jahre
Evolution = 7,2 Milliarden Jahre
Geschichte = 25.920 Jahre

Die Weltformel

Die Forscherin und Autorin Gisela von Frankenberg

Jahrgang 1925, sagt zu ihrer Person: »Mein Einzug in die deutsche Literatur begann am Vorabend der schwarzamerikanischen Revolution: Im Herbst 1963 gewann ich mit meinem ersten Roman-Manuskript ›New York 61. Straße‹ den Deutschen Erzählerpreis. Das Buch erschien 1964, ›Dem amerikanischen Negermaler Lawrence Compton gewidmet‹. Weil ich auf Beibehaltung dieser Widmung bestand, scheiterte das große Geschäft einer Übersetzung mit den USA. Damals durfte es malende Neger nicht geben. Es gab sie aber, vor allem den einsamen Spitzenreiter, der inzwischen L.C. Kolawole heißt. Auf seinen Zeichen ist nicht nur dieses Lexikon aufgebaut, sie geistern schon durch die Vorstufen. So durch meinen zweiten Roman ›Nenne mich X‹, der mit dem von schwarzen Freiheitskämpfern blockierten Eröffnungstag der New Yorker Weltausstellung im Frühjahr 1964 beginnt. So durch die Kolawole-Legende ›Der Blaue Mohr‹, die 1968 im Jahr der Ermordung Martin Luther Kings erscheint. Wegen eines begleitenden offenen Briefes werde ich am Stand der Frankfurter Buchmesse mit einem halben Jahr Gefängnis oder 25 000 Mark Geldstrafe bedroht. Das vierte Buch ›Wüstes Stück mit Herz‹ bringt mich in den PEN-Club. Aber ich trete bald wieder aus, schwarze Kultur gilt dort als ›exotisch‹. Von 1971 an bin ich dann für zehn Jahre eine Aussteigerin und gründe in München das Muiska-Museum - als ›Buch zum Durchlaufen‹. Titel der Ausstellung: ›25 000 Jahre Wissen als Kunst‹. In diesem hieroglyphischen Umfeld entsteht 1978 die Weltformel, deren Fund der Wissenschaft nicht glückt. Die Kunst aller Völker hat sie möglich gemacht. Diese Weltformel führe ich als Performance auf der Biennale von Venedig vor und baue eine ganzheitliche neue Wissenschaft darauf auf: Nommologie. 1981 melde ich mich als Schriftstellerin zurück und präsentiere im Buch ›Nommo‹ ein neues Geschichtsbild. Dazu verlangen die Leser ein Nachschlagwerk für unbekannte Begriffe - hier ist es. Ein Beitrag zur Völkerverständigung? Ich hoffe auf mehr...«

Gisela von Frankenberg mit Weltformel

Häufig benutzte Literatur

Ach, Manfred/Pentrop, Clemens
Hitlers Religion, Asgard-Edition 3, 1977.
Allen, Gary
Die Insider, Verlag VAP, Wiesbaden 1980.
Ambelain, R.
Jésus ou le mortel secret des Templiers, Editions Robert Laffont, Paris 1970.
Andersen, H.J.
Polsprung und Sintflut, Verlag Moestel, Fürth 1977.
Anglebert, J.M.
Hitler et la tradition cathare, Editions Robert Laffont, Paris 1971.
Anton, Ferdinand/Dockstadter, Frederick J.
Das alte Amerika, Holle Verlag, Baden-Baden 1967.
Arguelles, José und Miriam
Das Große Mandala-Buch, Ansum Verlag, Freiburg i. Br. 1974.
Arnold, Paul
Das Totenbuch der Maya, Scherz Verlag, Bern 1978.

Bauer, W.
China und die Hoffnung auf Glück, Carl Hanser Verlag, München 1971.
Baumann, P.
Valdivia. Die Entdeckung der ältesten Kultur Amerikas, Hoffmann & Campe, Hamburg 1978.
Becker, Udo
Lexikon der Astrologie, Herder Verlag, Freiburg i. Br.
Bennett, J.G.
Gurdjieff - Der Aufbau einer neuen Welt, Aurum Verlag, Freiburg i. Br. 1976.
Bhagwan, Shree
Ich bin der Weg, Rajneesh-Verlag, 1979.
Blavatsky, Helena P.
Die Geheimlehre, Band I-III, Verlag J.J. Couvreux, Den Haag, o.J.
Blickle, Peter
Die Reformation im Reich, Ulmer Verlag, Stuttgart 1982.
Bonnet, Hans
Reallexikon der ägyptischen Religionsgeschichte, Verlag Walter de Gruyter & Co., Berlin 1952.

Capra, Fritjof
Der kosmische Reigen, O.W. Barth Verlag, München 1977.
Casson, Lionel
Das alte Ägypten, Time-Life International, Amsterdam 1977.
Cavendish, R./Ling, R.O. (Hrsg.)
Mythologie, Christian-Verlag, München 1981.
Ceram, C.W.
Götter, Gräber und Gelehrte, Rowohlt, Reinbek b. Hamburg 1972.
Champdor, Albert
Das Ägyptische Totenbuch in Bild und Deutung, O.W. Barth-Verlag, München 1977.
Charpentier, Louis
Les mystères de la cathédrale de Chartres, Editions Robert Laffont, Paris 1966.
Les Jacques et le mystère de Compostelle, Editions Robert Laffont, Paris 1971.
Charroux, Robert
Le livre des maîtres du monde, Editions Robert Laffont, Paris 1967.
Le livre du mystérieux inconnu, Editions Robert Laffont, Paris 1969.
Le livre des mondes oubliés, Editions Robert Laffont, Paris 1977.
Die Meister der Welt, Droemer Knaur, München 1974.
Churchward, James
The Sacred Symbols of Mu, Neville Spearman, London 1960.

L'univers secret de Mu, Editions J'ai Lu, 1970.
Claibome, Robert
Die Besiedlung Amerikas, Time-Life International, Amsterdam 1978.
Clébert, J.P.
Das Volk der Zigeuner, Paul Neff Verlag, Wien 1964.
Coe, Michael D.
Die Maya, Bastei-Lübbe, Bergisch Gladbach 1977.
Cordan, Wolfgang
Mexiko. Versuch über das Unzerstörbare, Diederichs, Düsseldorf 1955.
Das Buch des Rates. Popol Vuh, aus dem Quiché übertragen und erläutert, Diederichs, Düsseldorf 1962.
Cornevin, Robert und Marianne
Geschichte Afrikas. Von den Anfängen bis zur Gegenwart, Ernst Klett Verlag, Stuttgart 1966.
Cottrell, Leonard
Jahrtausende blicken euch an, C. Bertelsmann Verlag, München 1963.

Davies, Nigel
Bevor Columbus kam, Econ Verlag, Düsseldorf 1978.
Derolez, R.L.M.
Götter und Mythen der Germanen, Verlag F. Englisch, Wiesbaden 1976.
Diop, Cheikh Anta
Nations nègres et culture, Editions Présence Africaine, Paris, o.J.
Disselhoff, Hans-Dietrich
Alt-Amerika, Holle Verlag, Voorburg 1964.

Ederer, R.
Die Grenzen der Kunst. Eine kritische Analyse der Moderne, Verlag Böhlau, Wien 1982.
Eliade, Mircea
Geschichte der religiösen Ideen, Herder, Freiburg i. Br. 1981.
Eliot, A.
Mythen der Welt, Verlag C.J. Bucher, München 1976.

Fester, Richard/König, Marie E.P./Jonas, F. und A. David
Weib und Macht, S. Fischer Verlag, Frankfurt a. M. 1979.
Fischer-Fabian, S.
Die ersten Deutschen, Knaur Verlag, München 1978.
Frankenberg, Gisela v.
Der Blaue Mohr, Chris-Verlag, München 1968.
Nommo. Der wiederkehrende Sonnenmensch. Das verlorene Wissen der Zukunft, Aurum Verlag, Freiburg i. Br. 1981.
Franz, Marie-Louise v.
C.G. Jung. Sein Mythos in unserer Zeit, Verlag Huber, Frauenfeld 1972.
Freud, Sigmund
Der Mann Moses, Suhrkamp Verlag, Frankfurt a. M. 1970.
Über Träume und Traumdeutungen, Fischer, Frankfurt a. M. 1971.
Friedell, Egon
Kulturgeschichte Ägyptens und des alten Orients, Phaidon Press, London 1947.

Girard, R.
Die ewigen Mayas, Vollmer Verlag, Wiesbaden 1972.
Gottschalk, Herbert
Sonnengötter und Vampire, Safari-Verlag, Berlin 1978.
Govinda, Anagarika Lama
Grundlagen tibetischer Mystik, Rascher Verlag, Zürich 1957.
Graham, James Walter
The Palace of Crete, Princeton University Press, Princeton 1962.
Greschat, M.
Gestalten der Kirchengeschichte. Die Reformationszeit, Kohlhammer Verlag, Stuttgart 1981.
Guibé, Jean
Die tödliche Umklammerung. Das große Reader's Digest Tierbuch, Verlag Das Beste, Stuttgart 1965.

Hadas, Moses
Kaiserliches Rom, Time-Life International, Amsterdam 1977.
Hale, John R.
Die Renaissance, Time-Life International, Amsterdam 1978.

Heindel, Max
Rosenkreuzer-Mysterien. Ein Grundriß ihrer Geheimlehren, Rosenkreuzer-Gemeinschaft, 1982.
Heyerdahl, Tor
Aku-Aku. Das Geheimnis der Osterinsel, Ullstein, Berlin 1957.
Hicks, Jim
Die Perser, Time-Life International, Amsterdam 1975.
Hirmer, Max/Otto, Eberhard
Ägyptische Kunst, dtv, München 1971.
Höfler, Otto
Kultische Geheimbünde der Germanen, Diesterweg, Frankfurt a. M. 1934.

Jahn, Janheinz
Muntu, Diederichs Verlag, Köln 1958.
James, George G.M.
Stolen Legacy, Marcus Books, 1954.
Jirku, Anton
Der Mythos der Kanaanäer, R. Habelt Verlag, Bonn 1966.
Jung, Carl Gustav
Symbole der Wandlung, Werke Bd. 5, Rascher Verlag, Zürich 1973.
Die Archetypen und das kollektive Unbewußte, Walter Verlag, Olten 1976.

Kandinsky, Wasily/Marc, Franz
Der Blaue Reiter, R. Piper & Co. Verlag, München 1965.
Kandinsky, Wasily
Über das Geistige in der Kunst, Benteli Verlag, Bern 1973.
Keye, Nelson Beecher
Vom Paradies bis Golgotha, Verlag Das Beste, Stuttgart 1964.
Khanna, Madhu
Das Große Yantra-Buch. Kosmische Einheit, Aurum Verlag, Freiburg i. Br. 1980.
Ki-Zerbo, J.
Die Geschichte Schwarz-Afrikas, Peter Hammer Verlag, Wuppertal 1979.
Knaurs Geschichte der Weltliteratur, Droemersche Verlagsanstalt, München 1953.
Kolosimo, Peter
Terre Enigmatique, Editions Michel Albin, Paris 1970.
Kolpaktchy, Grégoire
Ägyptisches Totenbuch, O.W. Barth Verlag, München 1975.
Krickeberg, Walter/Kutscher, Gerdt
Altmexikanische Kulturen, Safari-Verlag, Berlin 1968.

Lees-Milne, James
Sankt Peter. Mitte der Christenheit, Ullstein, Frankfurt a. M. 1968.
Lemusier, Peter
Geheimcode Cheops. Bauer Verlag, 1982[2].
Lengyel, Lancelot
Das geheime Wissen der Kelten, Hermann Bauer Verlag, Freiburg i. Br. 1976.
Leonard, J.N.
Das alte Japan, Time-Life International, Amsterdam 1978.
Leuzinger, Elsy
Die Kunst von Schwarz-Afrika, Verlag Bongers, Recklinghausen 1972.
Lissner, Ivar
Die Rätsel großer Kulturen, Walter Verlag, Olten 1963.
So habt ihr gelebt, Walter Verlag, Olten 1963.
Lurker, Manfred
Götter und Symbole der alten Ägypter, Scherz Verlag, Bern 1974.

Mayer, Reinhold
Judentum und Christentum. Ursprung, Geschichte, Aufgabe, Pattloch, Aschaffenburg 1973.
Mazel, Jean
Avec les Phéniciens, Editions Robert Laffont, Paris 1968.
Michalowski, Kaszimierz
Ägypten, Herder Verlag, Freiburg i. Br. 1969.
Miers, Horst E.
Lexikon des Geheimwissens, Verlag Hermann Bauer, Freiburg i. Br. 1970.
Mück, Otto
Alles über Atlantis, Econ Verlag, Düsseldorf 1976.

Nestle, Dieter
Eleu Hreria. Studium zum Wesen der Freiheit bei den Griechen und im Neuen Testament, Mohr, Tübingen 1967.
Neues Testament. Elementarische Texte der Verfolgten. Sprache der Liebe (Wort Gottes), Neukirchener Verlag, Neukirchen-Vluyn 1980.

Obama, Jean-Baptiste
Colloquium on Negro Art, Editions Présence Africaine, Paris 1968.
Obenga, Théophile
L'Afrique dans l'antiquité, Editions Présence Africaine, Paris 1973.
Obermeier, S.
Starb Jesus in Kaschmir? Das Geheimnis seines Lebens und Wirkens in Indien, Econ, Düsseldorf 1983.

Papus
Die Kabbala, Arkana-Verlag, Ulm/Donau 1962.
Pauwels, Louis/Bergier, Jacques
Aufbruch ins Dritte Jahrtausend, Goldmann, München Neuauflage 1982.
Pernoud, Régine
Les Gaulois, Editions du Seuil, Paris
Pierret, Paul
Le livre des morts des anciens Egyptiens, 1887.
Pochan, André
L'énigme de la grande pyramide, Editions Robert Laffont, Paris 1971.
Poesson, Paul
Le Testament de Noé, Editions Robert Laffont, Paris 1972.
Poignant, Roslyn
Ozeanische Mythologie, Vollmer Verlag, Wiesbaden 1968.
Pryse, James M.
Die Apokalypse entschleiert. Esoterische Interpretation der Offenbarung des Johannes, Ansata, 1981.

Rahn, Otto
Kreuzzug gegen den Gral, Hans E. Günther Verlag, Stuttgart 1964.
Ravenscroft, Trevor
Der Speer des Schicksals, Edition Sven Erik Berg, 1974.

Sedlmayr, Hans
Verlust der Mitte, Salzburg 1948.
Seligmann, Kurt
Das Weltreich der Magie, Verlag R. Löwit, Wiesbaden o.J.
Sendy, Jean
L'ère du verseau, Editions Robert Laffont, Paris 1970.
Simon, Edith
Die Reformation, Time-Life International, Amsterdam 1978.
Spiesberger, Karl
Runenmagie. Handbuch der Runenkunde, Schikowski, 1954.
Schreiber, Hermann
Auf den Spuren der Goten, Paul List Verlag, München 1977.
Schwarzer Hirsch
Die Heilige Pfeife (geschrieben 1947).
Stewart, D.
Die Frühzeit des Islam, Time-Life International, Amsterdam 1979.

Tarade, Guy 457, 21, lit4
Les archives du savoir perdu, Editions Robert Laffont, Paris 1972.
Teilhard de Chardin, Pierre
Das Auftreten des Menschen. Werke Bd. 3, Walter Verlag, Olten 1964.
Temple, Robert K.G.
Das Sirius-Rätsel, Umschau Verlag, Frankfurt a. M. 1977.
Tompkins, Peter
Cheops, Scherz Verlag, Bern 1975.
Tompkins, Peter/Bird, Christopher
Das geheime Leben der Pflanzen, Fischer, Frankfurt a. M. 1977.
Trippett, F.
Die ersten Reitervölker, Time-Life International, Amsterdam 1974.

Uhlig, Helmut
Die Sumerer, C. Bertelsmann Verlag, München 1976.

Wehr, Gerhard
C.G. Jung in Selbstzeugnissen und Bilddokumenten, rororo-Monographie, Reinbek b. Hamburg
Welding, Dagmar
Kalevala-Epos, Röhm Verlag, Stuttgart 1964.
Willett, Frank
Ife, Gustav Lübbe Verlag, Bergisch Gladbach 1967.
Wirth, Hermann
Die Heilige Urschrift der Menschheit, Koehler & Amelung, Leipzig 1931.
Die Frage der Frauenberge, Marburg 1972.
Wittlich, Bernhard
Symbole und Zeichen, Bouvier, Bonn 1982.
Worringer, W.
Abstraktion und Einfühlung, Piper Verlag, München 1908.

Zink, David
Von Atlantis zu den Sternen, C. Bertelsmann, München 1978.

Quellenvermerke zu den Abbildungen

Schemata und Skizzen sind Handzeichnungen von Ike Neumann

Übrige Abbildungen:

S. 334: P. Arnold, Totenbuch der Maya.
S. 328, 329, 337, 388, 668: U. Becker, Lexikon der Astrologie.
S. 107: R. Cavendish, Mythologie.
S. 20, 176, 525: A. Champdor, Das Ägyptische Totenbuch in Bild und Deutung.
S. 29, 105, 129, 143, 147, 172, 181, 182: A. Eliot, Mythen der Welt.
S. 291, 352: H. Gottschalk, Sonnengötter und Vampire.
S. 451: H. Hausmann, Über die Schrift.
S. 65, 89: M. Hirmer/E. Otto, Ägyptische Kunst.
S. 239: W. Kandinsky, Über das Geistige in der Kunst.
S. 626: Knaurs Geschichte der Weltliteratur.
S. 220, 333, 585: W. Krickeberg, Altmexikanische Kulturen.
S. 112, 245: L. Lengyel, Das geheime Wissen der Kelten.
S. 443: E. Leuzinger, Die Kunst Schwarz-Afrikas.
S. 435: I. Lissner, Die Rätsel großer Kulturen.
S. 19, 203, 322: K. Michalowski, Ägypten.
S. 490: E. Miers, Lexikon des Geheimwissens.
S. 86, 158, 301, 346, 349, 553, 606, 658: Muiska-Museum, München.
S. 138: R. Pernoud, Les Gaulois.
S. 174: K. Seligmann, Das Weltreich der Magie.
S. 406: P. Tompkins, Cheops.

Dr. P. Kiboaze hat sich der Mühe einer Gesamtdurchsicht des Manuskripts dieses Lexikons unterzogen, um durch eine weitgehende Einheitlichkeit der Gestaltung und der lexikographischen Konventionen den Zugang zum inhaltlichen Verständnis zu erleichtern.

Veröffentlichungen der Edition Die Maus (Stand: Frühjahr 1985)

Bücher

»dornröschen ist glatt abgehau'n«, Straßen-Reime von Gisela Meussling, 191 Seiten, Taschenbuchformat, Paperback, 9,80 DM

»Marias Leben«, Comic von Petra Kaster, 120 Seiten, DIN A4, Chromolux-Einband, 26,— DM

»Sing, Frau, sing...«, Liedertexte von Gisela Meussling mit Musik von Inge Latz, Petra Lorenz und Gisela Meussling, Illustrationen von Petra Kaster, 120 Seiten, DIN A4, silber bedruckter Einband, 28,50 DM

»Hexenlieder«, Liederzyklus zum Thema Hexen, Texte von Gisela Meussling, Musik von Petra Lorenz, 24 Seiten, DIN A4, geheftet, 5,— DM

»Alte Hexenlieder«, Liederzyklus, alte Hexentexte und -lieder, gesammelt und herausgegeben von Gisela Meussling, neu vertont von Inge Latz, Grafiken von Petra Kaster, 104 Seiten (58 Seiten Notenmaterial), DIN A4, 18,— DM

»Ich bin eine Hexe — Erfahrungen und Gedanken«, von Judith Jannberg (Gerlinde Adia Schilcher), aufgeschrieben von Gisela Meussling, 155 Seiten, Paperback, 14,40 DM

»Asphalt-Hexen 1«, Grafik-Band von Petra Kaster, 48 Seiten, DIN A4, 8,40 DM

»Hexen gegen den Atomtod«, von Renate Schweizer, 66 Seiten, Paperback, 9,— DM

»Kulturvergleichendes Lexikon — Von Abendland bis Zweisonnen-System«, von Gisela von Frankenberg, 704 Seiten, 68,— DM

»Auf der Reise nach Avalun« von Inca Petra Künkel, 206 Seiten, Paperback, 15,— DM

»Bruchstücke einer Mondin«, von Inca Petra Künkel, 190 Seiten, Taschenbuch, 9,— DM

Postkarten

1. Postkartenserie der Edition Die Maus, zwölf Karikaturen im Umschlag, schwarzweiß, Motive von Uliz, 3,50 DM
2. Postkartenserie der Edition Die Maus, zwölf Karikaturen im Umschlag, schwarzweiß, Motive von Uliz, 3,50 DM

Serie aus »Marias Leben« von Petra Kaster, zwölf Motive im Umschlag, schwarzweiß, 5,- DM

1. Weihnachtskartenserie, zwölf Weihnachtsmotive von Petra Kaster im Umschlag, schwarzweiß, 5,— DM

Aufkleber 457, 21, lit5

1. Auto- und Kofferaufkleber, Motiv: zwei Frauen mit Doppelaxt, leuchtend lila auf weiß, oval, Breite ca. 17 cm, 2,— DM
2. Auto- und Kofferaufkleber, Motiv: Frauen gegen Atomenergie, mittelblau auf weiß, oval, Breite ca. 17 cm, 2,— DM
3. Auto- und Kofferaufkleber, Motiv: § 218, leuchtend rot auf weiß, oval, Breite ca. 17 cm, 2,— DM
4. Auto- und Kofferaufkleber, Motiv: Ich mag mich, orange auf weiß, rund ○ 12 cm, 2,— DM
5. Auto- und Kofferaufkleber, Motiv: Frauen lernen leben, hellblau auf weiß, rund, ○ 12 cm, 2,— DM

Graphiken von Petra Kaster, bitte Prospekt anfordern.

Verlag Gisela Meussling (edition die maus), 5300 Bonn